D1696747

LA

SAINTE BIBLE

ISBN : 9798870772790

© 2023 Editions ToutChemin

Tous droits réservés

LA SAINTE BIBLE,

TRADUITE SELON LA VULGATE

PAR LEMAÎTRE DE SACI.

———

L'ANCIEN TESTAMENT DE CETTE ÉDITION COMPREND
TOUS LES LIVRES QUI SE TROUVENT DANS LE TEXTE HÉBREU.

———

L'Ancien Testament

GENÈSE.

CHAPITRE PREMIER.

AU commencement Dieu créa le ciel et la terre.

2 La terre était informe et *toute* nue ; les ténèbres couvraient la face de l'abîme ; et l'Esprit de Dieu était porté sur les eaux.

3 Or Dieu dit : Que la lumière soit faite. Et la lumière fut faite.

4 Dieu vit que la lumière était bonne, et il sépara la lumière d'avec les ténèbres.

5 Il donna à la lumière le nom de Jour, et aux ténèbres le nom de Nuit. Et du soir et du matin se fit le premier jour.

6 Dieu dit aussi : Que le firmament soit fait au milieu des eaux, et qu'il sépare les eaux d'avec les eaux.

7 Et Dieu fit le firmament ; et il sépara les eaux qui étaient sous le firmament, d'avec celles qui étaient au-dessus du firmament. Et cela se fit ainsi.

8 Et Dieu donna au firmament le nom de Ciel. Et du soir et du matin se fit le second jour.

9 Dieu dit encore : Que les eaux qui sont sous le ciel se rassemblent en un seul lieu, et que l'*élément* aride paraisse. Et cela se fit ainsi.

10 Dieu donna à l'*élément* aride le nom de Terre, et il appela Mers toutes ces eaux rassemblées. Et il vit que cela était bon.

11 Dieu dit encore : Que la terre produise de l'herbe verte qui porte de la graine, et des arbres fruitiers qui portent du fruit chacun selon son espèce, et qui renferment leur semence en eux-mêmes *pour se reproduire* sur la terre. Et cela se fit ainsi.

12 La terre produisit donc de l'herbe verte qui portait de la graine selon son espèce, et des arbres fruitiers qui renfermaient leur semence en eux-mêmes, chacun selon son espèce. Et Dieu vit que cela était bon.

13 Et du soir et du matin se fit le troisième jour.

14 Dieu dit aussi : Que des corps de lumière soient faits dans le firmament du ciel, afin qu'ils séparent le jour d'avec la nuit, et qu'ils servent de signes pour marquer les temps et les saisons, les jours et les années :

15 qu'ils luisent dans le firmament du ciel, et qu'ils éclairent la terre. Et cela se fit ainsi.

16 Dieu fit donc deux grands corps lumineux, l'un plus grand pour présider au jour, et l'autre moindre pour présider à la nuit : *il fit* aussi les étoiles.

17 Et il les mit dans le firmament du ciel pour luire sur la terre,

18 pour présider au jour et à la nuit, et pour séparer la lumière d'avec les ténèbres. Et Dieu vit que cela était bon.

19 Et du soir et du matin se fit le quatrième jour.

20 Dieu dit encore : Que les eaux produisent des animaux vivants qui nagent *dans l'eau*, et des oiseaux qui volent sur la terre sous le firmament du ciel.

21 Dieu créa donc les grands poissons, et tous les animaux qui ont la vie et le mouvement, que les eaux produisirent *chacun* selon son espèce, et il créa aussi tous les oiseaux selon leur espèce. Il vit que cela était bon.

22 Et il les bénit, en disant : Croissez et multipliez-vous, et remplissez les eaux de la mer; et que les oiseaux se multiplient sur la terre.

23 Et du soir et du matin se fit le cinquième jour.

24 Dieu dit aussi : Que la terre produise des animaux vivants chacun selon son espèce, les animaux *domestiques*, les reptiles et les bêtes *sauvages* de la terre selon leurs *différentes* espèces. Et cela se fit ainsi.

25 Dieu fit donc les bêtes *sauvages* de la terre selon leurs espèces, les animaux *domestiques* et tous les reptiles *chacun* selon son espèce. Et Dieu vit que cela était bon.

26 Il dit ensuite : Faisons l'homme à notre image et à notre ressemblance, et qu'il commande aux poissons de la mer, aux oiseaux du ciel, aux bêtes, à toute la terre, et à tous les reptiles qui se meuvent sur la terre.

27 Dieu créa donc l'homme à son image ; il le créa à l'image de Dieu, *et* il les créa mâle et femelle.

28 Dieu les bénit, et il leur dit : Croissez et multipliez-vous ; remplissez la terre, et vous l'assujettissez, et dominez sur les poissons de la mer, sur les oiseaux du ciel, et sur tous les animaux qui se meuvent sur la terre.

29 Dieu dit encore : Je vous ai donné toutes les herbes qui portent leur graine sur la terre, et tous les arbres qui renferment en eux-mêmes leur semence *chacun* selon son espèce, afin qu'ils vous servent de nourriture,

30 et à tous les animaux de la terre, à tous les oiseaux du ciel, à tout ce qui se meut sur la terre, et qui est vivant et animé, afin qu'ils aient de quoi se nourrir. Et cela se fit ainsi.

31 Dieu vit toutes les choses qu'il avait faites ; et elles étaient très-bonnes. Et du soir et du matin se fit le sixième jour.

CHAPITRE II.

LE ciel et la terre furent donc *ainsi* achevés avec tous leurs ornements.

2 Dieu termina au septième jour *tout* l'ouvrage qu'il avait fait ; et il se reposa le septième jour, après avoir achevé tous ses ouvrages.

3 Il bénit le septième jour, et il le sanctifia, parce qu'il avait cessé en ce jour *de produire* tous les ouvrages qu'il avait créés.

4 Telle a été l'origine du ciel et de la terre ; et c'est ainsi qu'ils furent créés au jour que le Seigneur Dieu fit l'un et l'autre,

5 et *qu'il créa* toutes les plantes des champs avant qu'elles fussent sorties de la terre, et toutes les herbes de la campagne avant qu'elles eussent poussé. Car le Seigneur Dieu n'avait pas *encore* fait pleuvoir sur la terre ; et il n'y avait point d'homme pour la labourer.

6 Mais il s'élevait de la terre une fontaine qui en arrosait toute la surface.

7 Le Seigneur Dieu forma donc l'homme du limon de la terre, il répandit sur son visage un souffle de vie, et l'homme devint vivant et animé.

8 Or le Seigneur Dieu avait planté dès le commencement un jardin délicieux, dans lequel il mit l'homme qu'il avait formé.

9 Le Seigneur Dieu avait aussi produit de la terre toutes sortes d'arbres beaux à la vue, et *dont le fruit était* agréable au goût, et l'arbre de vie au milieu du paradis, avec l'arbre de la science du bien et du mal.

10 Dans ce lieu de délices il sortait *de la terre* un fleuve pour arroser le paradis ; et de là *ce fleuve* se divise en quatre canaux :

11 L'un s'appelle Phison, et c'est celui qui coule tout autour du pays de Hévilath, où il vient de l'or ;

12 et l'or de cette terre est très-bon. C'est là aussi que se trouve le bdellium et la pierre d'onyx.

13 Le second fleuve s'appelle Géhon, et c'est celui qui coule tout autour du pays d'Ethiopie.

14 Le troisième fleuve s'appelle le Tigre, qui se répand vers les Assyriens. Et l'Euphrate est le quatrième de ces fleuves.

15 Le Seigneur Dieu prit donc l'homme, et le mit dans le paradis de délices, afin qu'il le cultivât et qu'il le gardât.

16 Il lui fit aussi ce commandement, et lui dit : Mangez de tous les *fruits des* arbres du paradis.

17 Mais ne mangez point *du fruit* de l'arbre de la science du bien et du mal. Car au même temps que vous en mangerez, vous mourrez très-certainement.

18 Le Seigneur Dieu dit aussi : Il n'est pas bon que l'homme soit seul ; faisons-lui une aide semblable à lui.

19 Le Seigneur Dieu ayant donc formé de la terre tous les animaux terrestres, et tous les oiseaux du ciel, il les amena devant Adam, afin qu'il vît comment il les appellerait. Et le nom qu'Adam donna à chacun des animaux est son nom *véritable*.

20 Adam appela donc tous les animaux d'un nom qui leur était propre, tant les oiseaux du ciel que les bêtes de la terre. Mais il ne se trouvait point d'aide pour Adam, qui lui fût semblable.

21 Le Seigneur Dieu envoya donc à Adam un profond sommeil ; et lorsqu'il était endormi, il tira une de ses côtes, et mit de la chair à la place.

22 Et le Seigneur Dieu forma la femme de la côte qu'il avait tirée d'Adam, et l'amena à Adam.

23 Alors Adam dit : Voilà maintenant l'os de mes os, et la chair de ma chair. Celle-ci s'appellera d'un nom qui marque l'homme, parce qu'elle a été prise de l'homme.

24 C'est pourquoi l'homme quittera son père et sa mère, et s'attachera à sa femme, et ils seront deux dans une seule chair.

25 Or Adam et sa femme étaient *alors* tous deux nus, et ils n'en rougissaient point.

CHAPITRE III.

OR le serpent était le plus fin de tous les animaux que le Seigneur Dieu avait formés sur la terre. Et il dit à la femme : Pourquoi Dieu vous a-t-il commandé de ne pas manger du fruit de tous les arbres qui sont dans le paradis ?

2 La femme lui répondit : Nous mangeons du fruit de tous les arbres qui sont dans le paradis :

3 mais pour ce qui est du fruit de l'arbre qui est au milieu du paradis, Dieu nous a commandé de n'en point manger, et de n'y point toucher, de peur que nous ne fussions en danger de mourir.

4 Le serpent repartit à la femme : Assurément vous ne mourrez point.

5 Mais c'est que Dieu sait, qu'aussitôt que vous aurez mangé de ce fruit, vos yeux seront ouverts, et vous serez comme des dieux, connaissant le bien et le mal.

6 La femme considéra donc que *le fruit de* cet arbre était bon à manger ; qu'il était beau et agréable à la vue. Et en ayant pris, elle en mangea, et en donna à son mari, qui en mangea *aussi*.

7 En même temps leurs yeux furent ouverts à tous deux : ils reconnurent qu'ils étaient nus ; et ils entrelacèrent des feuilles de figuier, et s'en firent de quoi se couvrir.

8 Et comme ils eurent entendu la voix du Seigneur Dieu qui se promenait dans le paradis après midi, lorsqu'il s'élève un vent doux, ils se retirèrent au milieu des arbres du paradis, pour se cacher de devant sa face.

9 Alors le Seigneur Dieu appela Adam, et lui dit : Où êtes-vous ?

10 Adam lui répondit : J'ai entendu votre voix dans le paradis, et j'ai eu peur, parce que j'étais nu : c'est pourquoi je me suis caché.

11 *Le Seigneur* lui repartit : Et d'où avez-vous su que vous étiez nu, sinon de ce que vous avez mangé *du fruit* de l'arbre dont je vous avais défendu de manger ?

12 Adam lui répondit : La femme que vous m'avez donnée pour compagne, m'a présenté *du fruit* de cet arbre ; et j'en ai mangé.

13 Le Seigneur Dieu dit à la femme : Pourquoi avez-vous fait cela ? Elle répondit : Le serpent m'a trompée ; et j'ai mangé *de ce fruit*.

14 Alors le Seigneur Dieu dit au serpent : Parce que tu as fait cela, tu es maudit entre tous les animaux et toutes les bêtes de la terre : tu ramperas sur le ventre, et tu mangeras la terre tous les jours de ta vie.

15 Je mettrai une inimitié entre toi et la femme, entre sa race et la tienne. Elle te brisera la tête, et tu tâcheras de la mordre par le talon.

16 *Dieu* dit aussi à la femme : Je vous affligerai de plusieurs maux pendant votre grossesse ; vous enfanterez dans la douleur : vous serez sous la puissance de votre mari, et il vous dominera.

17 Il dit ensuite à Adam : Parce que vous avez écouté la voix de votre femme, et que vous avez mangé *du fruit* de l'arbre dont je vous avais défendu de manger, la terre sera maudite à cause de ce que vous avez fait, et vous n'en tirerez de quoi vous nourrir pendant toute votre vie qu'avec beaucoup de travail.

18 Elle vous produira des épines et des ronces, et vous vous nourrirez de l'herbe de la terre.

19 Vous mangerez *votre* pain à la sueur de votre visage, jusqu'à ce que vous retourniez en la terre d'où vous avez été tiré : car vous êtes poudre, et vous retournerez en poudre.

20 Et Adam donna à sa femme le nom d'Eve, *qui signifie la vie*, parce qu'elle était la mère de tous les vivants.

21 Le Seigneur Dieu fit aussi à Adam et à sa femme des habits de peaux dont il les revêtit.

22 Et il dit : Voilà Adam devenu comme l'un de nous, sachant le bien et le mal. *Empêchons* donc maintenant qu'il ne porte sa main à l'arbre de vie, qu'il ne prenne aussi de son fruit, et que mangeant *de ce fruit* il ne vive éternellement.

23 Le Seigneur Dieu le fit sortir ensuite du jardin de délices, afin qu'il allât travailler à la culture de la terre dont il avait été tiré.

24 Et l'en ayant chassé, il mit des chérubins devant le jardin de délices, qui faisaient étinceler une épée de feu, pour garder le chemin qui conduisait à l'arbre de vie.

CHAPITRE IV.

OR Adam connut Eve, sa femme, et elle conçut et enfanta Caïn, en disant : Je possède un homme par la *grâce de* Dieu.

2 Elle enfanta de nouveau, et *mit au monde* son frère Abel. Or Abel fut pasteur de brebis, et Caïn s'appliqua à l'agriculture.

3 Il arriva longtemps après, que Caïn offrit au Seigneur des fruits de la terre.

4 Abel offrit aussi des premiers-nés de son troupeau, et de ce qu'il avait de plus gras. Et le Seigneur regarda *favorablement* Abel et ses présents.

5 Mais il ne regarda point Caïn, ni ce qu'il lui avait offert. C'est pourquoi Caïn entra dans une très-grande colère, et son visage en fut tout abattu.

6 Et le Seigneur lui dit : Pourquoi êtes-vous en colère, et pourquoi paraît-il un si grand abattement sur votre visage ?

7 Si vous faites bien, n'en serez-vous pas récompensé ? Et si vous faites mal, ne porterez-vous pas aussitôt *la peine de* votre péché ? Mais votre concupiscence sera sous vous, et vous la dominerez.

8 Or Caïn dit à son frère Abel : Sortons dehors. Et lorsqu'ils furent dans les champs, Caïn se jeta sur son frère Abel, et le tua.

9 Le Seigneur dit ensuite à Caïn : Où est votre frère Abel ? Il lui répondit : Je ne sais : suis-je le gardien de mon frère ?

10 Le Seigneur lui repartit : Qu'avez-vous fait ? La voix du sang de votre frère crie de la terre jusqu'à moi.

11 Vous serez donc maintenant maudit sur la terre qui a ouvert sa bouche, et qui a reçu le sang de votre frère, *lorsque* votre main *l'a répandu*.

12 Quand vous l'aurez cultivée, elle ne vous rendra point son fruit. Vous serez fugitif et vagabond sur la terre.

13 Caïn répondit au Seigneur : Mon iniquité est trop grande pour pouvoir en obtenir le pardon.

14 Vous me chassez aujourd'hui de dessus la terre, et j'irai me cacher de devant votre face. Je serai fugitif et vagabond sur la terre. Quiconque donc me trouvera, me tuera.

15 Le Seigneur lui répondit : Non, cela ne sera pas ; mais quiconque tuera Caïn, en sera puni très-sévèrement. Et le Seigneur mit un signe sur Caïn, afin que ceux qui le trouveraient, ne le tuassent point.

16 Caïn s'étant retiré de devant la face du Seigneur, fut vagabond sur la terre, et il habita vers la région orientale d'Eden.

17 Et ayant connu sa femme, elle conçut et enfanta Hénoch. Il bâtit *ensuite* une ville qu'il appela Hénoch, du nom de son fils.

18 Hénoch engendra Irad, Irad engendra Maviaël, Maviaël engendra Mathusaël, et Mathuaaël engendra Lamech,

19 qui eut deux femmes, dont l'une s'appelait Ada, et l'autre Sella.
20 Ada enfanta Jabel, qui fut père de ceux qui demeurent dans des tentes, et des pasteurs.
21 Son frère s'appelait Jubal ; et il fut le père de ceux qui jouent de la harpe et de l'orgue.
22 Sella enfanta aussi Tubalcaïn, qui eut l'art de travailler avec le marteau, et qui fut habile en toutes sortes d'ouvrages d'airain et de fer. Noéma était la sœur de Tubalcaïn.
23 Or Lamech dit à ses femmes Ada et Sella : Femmes de Lamech, entendez ma voix, écoutez ce que je vais dire : J'ai tué un homme l'ayant blessé : *j'ai assassiné* un jeune homme d'un coup que je lui ai donné.
24 On vengera sept fois *la mort* de Caïn, et *celle de* Lamech septante fois sept fois.
25 Adam connut encore sa femme, et elle enfanta un fils qu'elle appela Seth, *c'est-à-dire, substitué*, en disant : Le Seigneur m'a donné un autre fils au lieu d'Abel que Caïn a tué.
26 Il naquit aussi un fils à Seth, qu'il appela Enos. Celui-là commença d'invoquer le nom du Seigneur.

CHAPITRE V.

VOICI le dénombrement de la postérité d'Adam. Au jour que Dieu créa l'homme, Dieu le fit à sa ressemblance.
2 Il les créa mâle et femelle ; il les bénit, et il leur donna le nom d'Adam, *c'est-à-dire, terrestre*, au jour qu'ils furent créés.
3 Adam ayant vécu cent trente ans, engendra un fils à son image et à sa ressemblance, et il le nomma Seth.
4 Après qu'Adam eut engendré Seth, il vécut huit cents ans ; et il engendra des fils et des filles.
5 Et tout le temps de la vie d'Adam ayant été de neuf cent trente ans, il mourut.
6 Seth aussi ayant vécu cent cinq ans, engendra Enos.
7 Et après que Seth eut engendré Enos, il vécut huit cent sept ans ; et il engendra des fils et des filles.
8 Et tout le temps de la vie de Seth ayant été de neuf cent douze ans, il mourut.
9 Enos ayant vécu quatre-vingt-dix ans, engendra Caïnan.
10 Depuis la naissance de Caïnan il vécut huit cent quinze ans ; et il engendra des fils et des filles.
11 Et tout le temps de la vie d'Enos ayant été de neuf cent cinq ans, il mourut.
12 Caïnan ayant aussi vécu soixante et dix ans, engendra Malaléel.
13 Après avoir engendré Malaléel, il vécut huit cent quarante ans ; et il engendra des fils et des filles.
14 Et tout le temps de la vie de Caïnan ayant été de neuf cent dix ans, il mourut.
15 Malaléel ayant vécu soixante-cinq ans, engendra Jared.
16 Après avoir engendré Jared, il vécut huit cent trente ans ; et il engendra des fils et des filles.
17 Et tout le temps de la vie de Malaléel ayant été de huit cent quatre-vingt-quinze ans, il mourut.
18 Jared ayant vécu cent soixante-deux ans, engendra Hénoch.
19 Après avoir engendré Hénoch, il vécut huit cents ans ; et il engendra des fils et des filles.
20 Et tout le temps de la vie de Jared ayant été de neuf cent soixante-deux ans, il mourut.
21 Or Hénoch ayant vécu soixante-cinq ans, engendra Mathusala.
22 Hénoch marcha avec Dieu : et après avoir engendré Mathusala, il vécut trois cents ans ; et il engendra des fils et des filles.
23 Et tout le temps qu'Hénoch vécut *sur la terre*, fut de trois cent soixante-cinq ans.
24 Il marcha avec Dieu, et il ne parut plus, parce que Dieu l'enleva.
25 Mathusala ayant vécu cent quatre-vingt-sept ans, engendra Lamech,
26 Après avoir engendré Lamech, il vécut sept cent quatre-vingt-deux ans ; et il engendra des fils et des filles.
27 Et tout le temps de la vie de Mathusala ayant été de neuf cent soixante-neuf ans, il mourut.
28 Lamech ayant vécu cent quatre-vingt-deux ans, engendra un fils,
29 qu'il nomma Noé, *c'est-à-dire, repos ou soulagement*, en disant : Celui-ci *nous soulageant* parmi nos travaux et les œuvres de nos mains, nous consolera dans la terre que le Seigneur a maudite.
30 Lamech après avoir engendré Noé, vécut cinq cent quatre-vingt-quinze ans ; et il engendra des fils et des filles.
31 Et tout le temps de la vie de Lamech ayant été de sept cent soixante et dix-sept ans, il mourut. Or Noé ayant cinq cents ans, engendra Sem, Cham et Japheth.

CHAPITRE VI.

APRÈS que les hommes eurent commencé à se multiplier sur la terre, et qu'ils eurent engendré des filles,
2 les enfants de Dieu voyant que les filles des hommes étaient belles, prirent pour leurs femmes celles d'entre elles qui leur avaient plu.
3 Et Dieu dit : Mon esprit ne demeurera pas pour toujours avec l'homme, parce qu'il *n'est que* chair ; et le temps de l'homme ne sera plus que de six vingts ans.
4 Or il y avait des géants sur la terre en ce temps-là. Car depuis que les enfants de Dieu eurent épousé les filles des hommes, il en sortit des enfants qui furent des hommes puissants et fameux dans le siècle.
5 Mais Dieu voyant que la malice des hommes qui vivaient sur la terre était extrême, et que toutes les pensées de leur cœur étaient en tout temps appliquées au mal,
6 il se repentit d'avoir fait l'homme sur la terre. Et étant touché de douleur jusqu'au fond du cœur,
7 il dit : J'exterminerai de dessus la terre l'homme que j'ai créé ; *j'exterminerai tout*, depuis l'homme jusqu'aux animaux, depuis *tout* ce qui rampe *sur la terre* jusqu'aux oiseaux du ciel : car je me repens de les avoir faits.
8 Mais Noé trouva grâce devant le Seigneur.
9 Voici les enfants qu'engendra Noé : Noé fut un homme juste et parfait au milieu des hommes de son temps : il marcha avec Dieu ;
10 et il engendra trois fils, Sem, Cham et Japheth.
11 Or la terre était corrompue devant Dieu, et remplie d'iniquité.
12 Dieu voyant donc cette corruption de la terre (car la vie que tous les hommes y menaient était toute corrompue),
13 il dit à Noé : J'ai résolu de faire périr tous les hommes. Ils ont rempli toute la terre d'iniquité, et je les exterminerai avec la terre.
14 Faites-vous une arche de pièces de bois aplanies. Vous y ferez de petites chambres, et vous l'enduirez de bitume dedans et dehors.
15 Voici la forme que vous lui donnerez : Sa longueur sera de trois cents coudées ; sa largeur, de cinquante ; et sa hauteur, de trente.
16 Vous ferez a l'arche une fenêtre. Le comble qui la couvrira sera haut d'une coudée ; et vous mettrez la porte de l'arche au côté : vous ferez un étage tout en bas, un au milieu, et un troisième.
17 Je vais répandre les eaux du déluge sur la terre, pour faire mourir toute chair qui respire, et qui est vivante sous le ciel. Tout ce qui est sur la terre sera consumé.
18 J'établirai mon alliance avec vous ; et vous entrerez dans l'arche, vous et vos fils, votre femme et les femmes de vos fils avec vous.
19 Vous ferez entrer aussi dans l'arche deux de chaque espèce de tous les animaux, mâle et femelle, afin qu'ils vivent avec vous.
20 De chaque espèce des oiseaux vous en prendrez deux ; de chaque espèce des animaux *terrestres*, deux ; de chaque espèce de ce qui rampe sur la terre, deux. Deux de toute espèce entreront

avec vous *dans l'arche*, afin qu'ils puissent vivre.

21 Vous prendrez aussi avec vous de tout ce qui se peut manger, et vous le porterez dans l'arche, pour servir à votre nourriture, et à celle de tous les animaux.

22 Noé accomplit donc tout ce que Dieu lui avait commandé.

CHAPITRE VII.

LE Seigneur dit ensuite à Noé : Entrez dans l'arche, vous et toute votre maison ; parce qu'entre tous ceux qui vivent aujourd'hui *sur la terre*, j'ai reconnu que vous *seul* étiez juste devant moi.

2 Prenez sept mâles et sept femelles de tous les animaux purs ; et deux mâles et deux femelles des animaux impurs.

3 Prenez aussi sept mâles et sept femelles des oiseaux du ciel : afin d'en conserver la race sur la face de toute la terre.

4 Car je n'attendrai plus que sept jours, et après cela je ferai pleuvoir sur la terre durant quarante jours et quarante nuits, et j'exterminerai de dessus la terre toutes les créatures que j'ai faites.

5 Noé fit donc tout ce que le Seigneur lui avait commandé.

6 Il avait six cents ans, lorsque les eaux du déluge inondèrent toute la terre.

7 Noé entra dans l'arche, et avec lui ses fils, sa femme, et les femmes de ses fils, pour *se sauver* des eaux du déluge.

8 Les animaux purs et impurs, et les oiseaux, avec tout ce qui se meut sur la terre,

9 entrèrent aussi dans l'arche avec Noé, deux à deux, mâle et femelle, selon que le Seigneur l'avait commandé à Noé.

10 Après donc que les sept jours furent passés, les eaux du déluge se répandirent sur *toute* la terre.

11 L'année six cent de la vie de Noé, le dix-septième jour du second mois *de la même année*, toutes les sources du grand abîme des eaux furent rompues, et les cataractes du ciel furent ouvertes ;

12 et la pluie tomba sur la terre pendant quarante jours et quarante nuits.

13 Aussitôt que ce jour parut, Noé entra dans l'arche avec ses fils Sem, Cham et Japheth, sa femme, et les trois femmes de ses fils.

14 Tous les animaux *sauvages* selon leur espèce y entrèrent aussi avec eux, tous les animaux *domestiques* selon leur espèce ; tout ce qui se meut sur la terre selon son espèce ; tout ce qui vole chacun selon son espèce, tous les oiseaux, et tout ce qui s'élève dans l'air ;

15 *tous ces animaux* entrèrent avec Noé dans l'arche deux à deux, *mâle et femelle*, de toute chair vivante et animée.

16 Ceux qui y entrèrent étaient donc mâles et femelles et de toute espèce, selon que Dieu l'avait commandé à Noé ; et le Seigneur l'y enferma par dehors.

17 Le déluge se répandit sur la terre pendant quarante jours ; et les eaux s'étant accrues, élevèrent l'arche en haut au-dessus de la terre.

18 Elles inondèrent tout, et couvrirent toute la surface de la terre : mais l'arche était portée sur les eaux.

19 Les eaux crurent et grossirent prodigieusement au-dessus de la terre, et toutes les plus hautes montagnes qui sont sous toute l'étendue du ciel furent couvertes.

20 L'eau ayant gagné le sommet des montagnes, s'éleva encore de quinze coudées plus haut.

21 Toute chair qui se meut sur la terre en fut consumée, tous les oiseaux, tous les animaux, toutes les bêtes, et tout ce qui rampe sur la terre.

22 Tous les hommes moururent, et généralement tout ce qui a vie et qui respire sur la terre.

23 Toutes les créatures qui étaient sur la terre, depuis l'homme jusqu'aux bêtes, tant celles qui rampent que celles qui volent dans l'air, tout périt de dessus la terre : il ne demeura que Noé seul, et ceux qui étaient avec lui dans l'arche.

24 Et les eaux couvrirent toute la terre pendant cent cinquante jours.

CHAPITRE VIII.

MAIS Dieu s'étant souvenu de Noé, de toutes les bêtes *sauvages*, et de tous les animaux *domestiques* qui étaient avec lui dans l'arche, fit souffler un vent sur la terre, et les eaux commencèrent à diminuer.

2 Les sources de l'abîme furent fermées, aussi bien que les cataractes du ciel, et les pluies *qui tombaient* du ciel furent arrêtées.

3 Les eaux étant agitées de côté et d'autre, se retirèrent, et commencèrent à diminuer après cent cinquante jours.

4 Et le vingt-septième jour du septième mois, l'arche se reposa sur les montagnes d'Arménie.

5 Cependant les eaux allaient *toujours* en diminuant jusqu'au dixième mois, au premier jour duquel le sommet des montagnes commença à paraître.

6 Quarante jours s'étant *encore* passés, Noé ouvrit la fenêtre qu'il avait faite dans l'arche, et laissa aller un corbeau,

7 qui étant sorti ne revint plus, jusqu'à ce que les eaux de la terre fussent séchées.

8 Il envoya aussi une colombe *sept jours* après le corbeau, pour voir si les eaux avaient cessé de couvrir la terre.

9 Mais la colombe n'ayant pu trouver où mettre le pied, parce que la terre était toute couverte d'eaux, elle revint à lui, et Noé étendant la main, la prit et la remit dans l'arche.

10 Il attendit encore sept autres jours, et il envoya de nouveau la colombe hors de l'arche.

11 Elle revint à lui sur le soir, portant dans son bec un rameau d'olivier, dont les feuilles étaient toutes vertes. Noé reconnut donc que les eaux s'étaient retirées de dessus la terre.

12 Il attendit néanmoins encore sept jours ; et il envoya la colombe, qui ne revint plus à lui.

13 Ainsi l'an *de Noé* cent un, au premier jour du premier mois, les eaux qui étaient sur la terre se retirèrent *entièrement*. Et Noé ouvrant le toit de l'arche, et regardant de là, il vit que la surface de la terre s'était séchée.

14 Le vingt-septième jour du second mois la terre fut *toute* sèche.

15 Alors Dieu parla à Noé, et lui dit :

16 Sortez de l'arche, vous et votre femme, vos fils et les femmes de vos fils.

17 Faites-en sortir aussi tous les animaux qui y sont avec vous, de toutes sortes d'espèces, tant des oiseaux que des bêtes, et de tout ce qui rampe sur la terre ; et entrez sur la terre : croissez-y, et vous y multipliez.

18 Noé sortit donc *de l'arche* avec ses fils, sa femme, et les femmes de ses fils.

19 Toutes les bêtes *sauvages* en sortirent aussi, les animaux *domestiques*, et tout ce qui rampe sur la terre, *chacun* selon son espèce.

20 Or Noé dressa un autel au Seigneur ; et prenant de tous les animaux et de tous les oiseaux purs, il les lui offrit en holocauste sur cet autel.

21 Le Seigneur reçut *ce sacrifice* comme *on reçoit* une odeur très-agréable ; et il dit : Je ne répandrai plus ma malédiction sur la terre à cause des hommes ; parce que l'esprit de l'homme et toutes les pensées de son cœur sont portées au mal dès sa jeunesse. Je ne frapperai donc plus *de mort*, comme j'ai fait, tout ce qui est vivant et animé.

22 Tant que la terre durera, la semence et la moisson, le froid et le chaud, l'été et l'hiver, la nuit et le jour, ne cesseront point de s'entre-suivre.

CHAPITRE IX.

ALORS Dieu bénit Noé et ses enfants, et il leur dit : Croissez et multipliez-vous, et remplissez la terre.

2 Que tous les animaux de la terre et tous les oiseaux du ciel soient frappés de terreur et tremblent devant vous, avec tout ce qui se meut sur la terre. J'ai mis entre vos mains tous les poissons de

la mer.

3 Nourrissez-vous de tout ce qui a vie et mouvement : je vous ai abandonné toutes ces choses, comme les légumes et les herbes de la campagne.

4 J'excepte seulement la chair mêlée avec le sang, dont je vous défends de manger.

5 Car je vengerai votre sang de toutes les bêtes *qui l'auront répandu,* et je vengerai la vie de l'homme de la main de l'homme, et de la main de son frère *qui l'aura tué*.

6 Quiconque aura répandu le sang de l'homme, *sera puni* par l'effusion de son propre sang : car l'homme a été créé à l'image de Dieu.

7 Croissez donc vous autres, et multipliez-vous ; entrez sur la terre, et la remplissez.

8 Dieu dit encore à Noé, et à ses enfants aussi bien qu'à lui :

9 Je vais faire alliance avec vous, et avec votre race après vous,

10 et avec tous les animaux vivants qui sont avec vous, tant les oiseaux que les animaux, ou domestiques, ou de la campagne, qui sont sortis de l'arche, et avec toutes les bêtes de la terre.

11 J'établirai mon alliance avec vous ; et toute chair *qui a vie* ne périra plus désormais par les eaux du déluge ; et il n'y aura plus à l'avenir de déluge qui extermine *toute* la terre.

12 Dieu dit ensuite : Voici le signe de l'alliance que j'établis pour jamais entre moi et vous, et tous les animaux vivants qui sont avec vous :

13 Je mettrai mon arc dans les nuées, afin qu'il soit le signe de l'alliance que j'ai faite avec la terre.

14 Et lorsque j'aurai couvert le ciel de nuages, mon arc paraîtra dans les nuées ;

15 et je me souviendrai de l'alliance que j'ai faite avec vous et avec toute âme qui vit et anime la chair ; et il n'y aura plus à l'avenir de déluge qui fasse périr dans ses eaux toute chair *qui a vie.*

16 *Mon* arc sera dans les nuées, et en le voyant je me souviendrai de l'alliance éternelle qui a été faite entre Dieu et toutes les âmes vivantes qui animent toute chair qui est sur la terre.

17 Dieu dit encore à Noé : Ce sera là le signe de l'alliance que j'ai faite avec toute chair qui est sur la terre.

18 Noé avait donc trois fils qui sortirent de l'arche, Sem, Cham et Japheth. Or Cham est le père de Chanaan.

19 Ce sont là les trois fils de Noé, et c'est d'eux qu'est sortie toute la race des hommes qui sont sur la terre.

20 Noé s'appliquant à l'agriculture, commença à labourer et à cultiver la terre, et il planta une vigne ;

21 et ayant bu du vin, il s'enivra, et parut nu dans sa tente.

22 Cham, père de Chanaan, le trouvant en cet état, et voyant que ce que la pudeur obligeait de cacher en son père était découvert, sortit, et vint le dire à ses deux frères.

23 Mais Sem et Japheth ayant étendu un manteau sur leurs épaules, marchèrent en arrière, et couvrirent en leur père ce qui devait y être caché. Ils ne virent rien en lui de ce que la pudeur défendait de voir, parce qu'ils tinrent toujours leur visage tourné d'un autre côté.

24 Noé s'éveillant après cet assoupissement que le vin lui avait causé, et ayant appris de quelle sorte l'avait traité son second fils,

25 il dit : Que Chanaan soit maudit ! qu'il soit à l'égard de ses frères l'esclave des esclaves !

26 Il dit encore : Que le Seigneur, le Dieu de Sem, soit béni, et que Chanaan soit son esclave !

27 Que Dieu multiplie la postérité de Japheth, et qu'il habite dans les tentes de Sem ; et que Chanaan soit son esclave !

28 Or Noé vécut encore trois cent cinquante ans depuis le déluge.

29 Et tout le temps de sa vie ayant été de neuf cent cinquante ans, il mourut.

CHAPITRE X.

VOICI le dénombrement des fils de Sem, Cham et Japheth, enfants de Noé ; et ces fils naquirent d'eux après le déluge :

2 Les fils de Japheth *furent* Gomer, Magog, Madaï, Javan, Thubal, Mosoch et Thiras.

3 Les fils de Gomer *furent* Ascenez, Riphath et Thogorma.

4 Les fils de Javan *furent* Elisa, Tharsis, Cetthim et Dodanim.

5 Ils partagèrent entre eux les îles des nations, s'établissant en divers pays, où chacun eut sa langue, ses familles, et son peuple particulier.

6 Les fils de Cham *furent* Chus, Mesraïm, Phuth et Chanaan.

7 Les fils de Chus furent Saba, Hévila, Sabatha, Regma et Sabatacha. Les fils de Regma furent Saba et Dadan.

8 Or Chus engendra Nemrod, qui commença à être puissant sur la terre.

9 Il fut un violent chasseur devant le Seigneur. De là est venu ce proverbe : Violent chasseur devant le Seigneur, comme Nemrod.

10 La ville capitale de son royaume fut Babylone, outre celles d'Arach, d'Achad, et de Chalanné, dans la terre de Sennaar.

11 Assur sortit de ce même pays, et il bâtit Ninive, et les rues de cette ville, et Chalé.

12 *Il bâtit* aussi la grande ville de Résen, entre Ninive et Chalé.

13 Mais Mesraïm engendra Ludim, Anamim, Laabim, Nephthuim,

14 Phétrusim et Chasluim, d'où sont sortis les Philistins et les Caphtorins.

15 Chanaan engendra Sidon, qui fut son fils aîné, Héthéus,

16 Jébuséus, Amorrhéus, Gergéséus,

17 Hévéus, Aracéus, Sinéus,

18 Aradius, Samaréus et Amathéus ; et *c'est par eux que* les peuples des Chananéens se sont répandus depuis en divers endroits.

19 Les limites de Chanaan furent depuis le pays qui est en venant de Sidon à Gérara jusqu'à Gaza, et jusqu'à ce qu'on entre dans Sodome, dans Gomorrhe, dans Adama et dans Séboïm, jusqu'à Lésa.

20 Ce sont là les fils de Cham selon leurs alliances, leurs langues, leurs familles, leurs pays et leurs nations.

21 Sem, qui fut le père de tous les enfants d'Heber, et le frère aîné de Japheth, eut aussi *divers* fils.

22 Et ces fils de Sem *furent* Elam, Assur, Arphaxad, Lud et Aram.

23 Les fils d'Aram furent Us, Hul, Géther et Mès.

24 Or Arphaxad engendra Salé, dont est né Héber.

25 Héber eut deux fils : l'un s'appela Phaleg, *c'est-à-dire, division,* parce que la terre fut divisée de son temps *en des nations et des langues différentes* ; et son frère s'appelait Jectan.

26 Jectan engendra Elmodad, Saleph, Asarmoth, Jaré,

27 Aduram, Uzal, Décla,

28 Ebal, Abimaël, Saba,

29 Ophir, Hévila et Jobab. Tous ceux-ci *furent* enfants de Jectan.

30 Le pays où ils demeurèrent s'étendait depuis la sortie de Messa jusqu'à Séphar, qui est une montagne du côté de l'orient.

31 Ce sont là les fils de Sem selon leurs familles, leurs langues, leurs régions et leurs peuples.

32 Ce sont là les familles *des enfants* de Noé selon les diverses nations *qui en sont sorties*. Et c'est de ces familles que se sont formés tous les peuples de la terre après le déluge.

CHAPITRE XI.

LA terre n'avait alors qu'une seule langue et qu'une même manière de parler.

2 Et comme *ces peuples* étaient partis du côté de l'orient, ayant trouvé une campagne dans le pays de Sennaar, ils y habitèrent ;

3 et ils se dirent l'un à l'autre : Allons, faisons des briques, et cuisons-les au feu. Ils se servirent donc de briques comme de pierres, et de bitume comme de ciment.

4 Ils s'entre-dirent encore : Venez, faisons-nous une ville et une tour qui soit élevée jusqu'au ciel ; et rendons notre nom célèbre avant que nous nous dispersions par toute la terre.

5 Or le Seigneur descendit pour voir la ville et la tour que bâtissaient les enfants d'Adam,

6 et il dit : Ils ne sont tous maintenant qu'un peuple, et ils ont tous le même langage ; et ayant commencé à faire cet ouvrage, ils ne quitteront point leur dessein qu'ils ne l'aient achevé entièrement.

7 Venez donc, descendons *en ce lieu*, et confondons-y tellement leur langage, qu'ils ne s'entendent plus les uns les autres.

8 C'est en cette manière que le Seigneur les dispersa de ce lieu dans tous les pays du monde, et qu'ils cessèrent de bâtir cette ville.

9 C'est aussi pour cette raison que cette ville fut appelée Babel, *c'est-à-dire, dans la confusion*, parce que c'est là que fut confondu le langage de toute la terre. Et le Seigneur les dispersa ensuite dans toutes les régions *du monde*.

10 Voici la généalogie des enfants de Sem : Sem avait cent ans lorsqu'il engendra Arphaxad, deux ans après le déluge ;

11 et Sem, après avoir engendré Arphaxad, vécut cinq cents ans ; et il engendra des fils et des filles.

12 Arphaxad ayant vécu trente-cinq ans, engendra Salé ;

13 et Arphaxad, après avoir engendré Salé, vécut trois cent trois ans ; et il engendra des fils et des filles.

14 Salé ayant vécu trente ans, engendra Héber ;

15 et Salé, après avoir engendré Héber, vécut quatre cent trois ans ; et il engendra des fils et des filles.

16 Héber ayant vécu trente-quatre ans, engendra Phaleg ;

17 et Héber, après avoir engendré Phaleg, vécut quatre cent trente ans ; et il engendra des fils et des filles.

18 Phaleg ayant vécu trente ans, engendra Réu ;

19 et Phaleg, après avoir engendré Réu, vécut deux cent neuf ans ; et il engendra des fils et des filles.

20 Réu ayant vécu trente-deux ans, engendra Sarug ;

21 et Réu, après avoir engendré Sarug, vécut deux cent sept ans ; et il engendra des fils et des filles.

22 Sarug ayant vécu trente ans, engendra Nachor ;

23 et Sarug, après avoir engendré Nachor, vécut deux cents ans ; et il engendra des fils et des filles.

24 Nachor ayant vécu vingt-neuf ans, engendra Tharé ;

25 et Nachor, après avoir engendré Tharé, vécut cent dix-neuf ans ; et il engendra des fils et des filles.

26 Tharé ayant vécu soixante et dix ans, engendra Abram, Nachor et Aran.

27 Voici les enfants qu'eut Tharé : Tharé engendra Abram, Nachor et Aran. Or Aran engendra Lot.

28 Et Aran mourut avant son père Tharé au pays où il était né, dans Ur en Chaldée.

29 Mais Abram et Nachor prirent des femmes. La femme d'Abram s'appelait Saraï, et celle de Nachor s'appelait Melcha, fille d'Aran, qui fut père de Melcha et père de Jescha.

30 Or Saraï était stérile, et elle n'avait point d'enfants.

31 Tharé ayant donc pris Abram, son fils, Lot, son petit-fils, fils d'Aran, et Saraï, sa belle-fille, femme d'Abram, son fils, les fit sortir d'Ur en Chaldée, pour aller *avec lui* dans le pays de Chanaan ; et étant venus jusqu'à Haran, ils y habitèrent.

32 Et Tharé, après avoir vécu deux cent cinq ans, mourut à Haran.

CHAPITRE XII.

LE Seigneur dit ensuite à Abram : Sortez de votre pays, de votre parenté, et de la maison de votre père, et venez en la terre que je vous montrerai.

2 Je ferai sortir de vous un grand peuple ; je vous bénirai ; je rendrai votre nom célèbre, et vous serez béni.

3 Je bénirai ceux qui vous béniront, et je maudirai ceux qui vous maudiront ; et TOUS LES PEUPLES DE LA TERRE SERONT BÉNIS EN VOUS.

4 Abram sortit donc comme le Seigneur le lui avait commandé, et Lot alla avec lui. Abram avait soixante et quinze ans lorsqu'il sortit de Haran.

5 Il prit avec lui Saraï, sa femme, et Lot, fils de son frère, tout le bien qu'ils possédaient, avec toutes les personnes dont ils avaient augmenté leur famille à Haran ; et ils *en* sortirent pour aller dans le pays de Chanaan. Lorsqu'ils y furent arrivés,

6 Abram passa au travers du pays jusqu'au lieu appelé Sichem, et jusqu'à la vallée Illustre. Les Chananéens occupaient alors ce pays-là.

7 Or le Seigneur apparut à Abram, et lui dit : Je donnerai ce pays à votre postérité. Abram dressa en ce lieu-là un autel au Seigneur, qui lui était apparu.

8 Etant passé de là vers une montagne qui est à l'orient de Béthel, il y tendit sa tente, ayant Béthel à l'occident, et Haï à l'orient. Il dressa encore en ce lieu-là un autel au Seigneur, et il invoqua son nom.

9 Abram alla encore plus loin, marchant toujours et s'avançant vers le midi.

10 Mais la famine étant survenue en ce pays-là, Abram descendit en Égypte pour y passer quelque temps, parce que la famine était grande dans le pays *qu'il quittait*.

11 Lorsqu'il était près d'entrer en Égypte, il dit à Saraï, sa femme : Je sais que vous êtes belle ;

12 et que quand les Egyptiens vous auront vue, ils diront : C'est la femme de cet homme-là ; et ils me tueront, et vous réserveront *pour eux*.

13 Dites donc, je vous supplie, que vous êtes ma sœur : afin que ces gens-ci me traitent favorablement à cause de vous, et qu'ils me conservent la vie en votre considération.

14 Abram étant entré ensuite en Égypte, les Egyptiens virent que cette femme était très-belle.

15 Et les premières personnes du pays en ayant donné avis à Pharaon, et l'ayant fort louée devant lui, elle fut enlevée et menée au palais du roi.

16 Ils en usèrent bien à l'égard d'Abram à cause d'elle ; et il reçut des brebis, des bœufs, des ânes, des serviteurs et des servantes, des ânesses et des chameaux.

17 Mais le Seigneur frappa de très-grandes plaies Pharaon et sa maison, à cause de Saraï, femme d'Abram.

18 Et Pharaon ayant fait venir Abram, lui dit : Pourquoi avez-vous agi avec moi de cette sorte ? Que ne *m*'avez-vous averti qu'elle était votre femme ?

19 D'où vient que vous avez dit qu'elle était votre sœur, pour me donner lieu de la prendre pour ma femme ? Voilà donc votre femme *que je vous rends* présentement ; prenez-la, et vous en allez.

20 Et Pharaon ayant donné ordre à ses gens de prendre soin d'Abram, ils le conduisirent *jusque hors de l'Égypte* avec sa femme et tout ce qu'il possédait.

CHAPITRE XIII.

ABRAM étant donc sorti de l'Égypte avec sa femme et tout ce qu'il possédait, et Lot avec lui, alla *vers la terre de Chanaan* du côté du midi.

2 Il était très-riche, et il avait beaucoup d'or et d'argent.

3 Il retourna par le même chemin qu'il était venu, et *remonta* du midi à Béthel, jusqu'au lieu où il avait auparavant dressé sa tente, entre Béthel et Haï,

4 où était l'autel qu'il avait bâti avant *son départ* ; et il invoqua en ce lieu le nom du Seigneur.

5 Lot, qui était avec Abram, avait aussi des troupeaux de brebis, des troupeaux de bœufs, et des tentes.

6 Le pays ne leur suffisait pas pour pouvoir demeurer l'un avec l'autre, parce que leurs biens étaient fort grands, de sorte qu'ils ne pouvaient subsister ensemble.

7 C'est pourquoi il s'excita une querelle entre les pasteurs d'Abram et ceux de Lot. En ce temps-là les Chananéens et les Phérézéens habitaient en cette terre.

8 Abram dit donc à Lot : Qu'il n'y ait point, je vous prie, de dispute entre vous et moi, ni entre mes pasteurs et les vôtres, parce que nous sommes frères.

9 Vous voyez devant vous toute la terre. Retirez-vous, je vous prie, d'auprès de moi. Si vous allez à la gauche, je prendrai la droite ; si vous choisissez la droite, j'irai à la gauche.

10 Lot levant donc les yeux, considéra tout le pays situé le long du Jourdain, qui s'étendait de ce lieu-là jusqu'à ce qu'on vienne à Ségor, et qui avant que Dieu détruisît Sodome et Gomorrhe, paraissait un pays très-agréable, tout arrosé d'eau comme un jardin de délices, et comme l'Egypte *qui est arrosée des eaux du Nil*.

11 Et il choisit sa demeure vers le Jourdain, en se retirant du côté de l'orient. Ainsi les deux frères se séparèrent l'un de l'autre.

12 Abram demeura dans la terre de Chanaan, et Lot dans les villes qui étaient aux environs du Jourdain : et il habita dans Sodome.

13 Or les habitants de Sodome étaient devant le Seigneur des hommes perdus de vice ; et leur corruption était montée à son comble.

14 Le Seigneur dit donc à Abram, après que Lot se fut séparé d'avec lui : Levez vos yeux, et regardez du lieu où vous êtes, au septentrion et au midi, à l'orient et à l'occident.

15 Je vous donnerai à *vous* et à votre postérité pour jamais, tout le pays que vous voyez.

16 Je multiplierai votre race comme la poussière de la terre. Si quelqu'un d'entre, les hommes peut compter la poussière de la terre, il pourra compter aussi la suite de vos descendants.

17 Parcourez présentement toute *l'étendue* de cette terre dans sa longueur et dans sa largeur, parce que je vous la donnerai.

18 Abram levant donc sa tente, vint demeurer près de la vallée de Mambré, qui est vers Hébron ; et il dressa là un autel au Seigneur.

CHAPITRE XIV.

EN ce temps-là, Amraphel, roi de Sennaar, Arioch, roi du Pont, Chodorlahomor, roi des Elamites, et Thadal, roi des nations,

2 firent la guerre contre Bara, roi de Sodome, contre Hersa, roi de Gomorrhe, contre Sennaab, roi d'Adama, contre Séméber, roi de Séboïm, et contre le roi de Bala, qui est la même que Ségor.

3 Tous ces rois s'assemblèrent dans la vallée des Bois, qui est maintenant la mer Salée.

4 Ils avaient été assujettis à Chodorlahomor pendant douze ans ; et la treizième année ils se retirèrent de sa domination.

5 Ainsi l'an quatorzième Chodorlahomor vint avec les rois qui s'étaient joints à lui, et ils défirent les Raphaïtes dans Astarothcarnaïm, les Zuzites qui étaient avec eux, les Emites dans Savé-Cariathaïm,

6 et les Chorréens, *ou Horréens*, dans les montagnes de Séir, jusqu'aux campagnes de Pharan, qui est dans la solitude.

7 Etant retournés, ils vinrent à la fontaine de Misphat, qui est le même *lieu* que Cadès ; et ils ravagèrent tout le pays des Amalécites, et défirent les Amorrhéens qui habitaient dans Asasonthamar.

8 Alors le roi de Sodome, le roi de Gomorrhe, le roi d'Adama, le roi de Séboïm, et le roi de Bala, qui est *la même que* Ségor, se mirent en campagne, et rangèrent leurs troupes en bataille dans la vallée des Bois contre ces princes ;

9 c'est-à-dire, contre Chodorlahomor, roi des Elamites, Thadal, roi des nations, Amraphel, roi de Sennaar, et Arioch, roi du Pont : quatre rois contre cinq.

10 Il y avait beaucoup de puits de bitume dans cette vallée des Bois. Le roi de Sodome et le roi de Gomorrhe furent mis en fuite ; leurs gens y périrent : et ceux qui échappèrent, s'enfuirent sur une montagne.

11 *Les vainqueurs* ayant pris toutes les richesses et les vivres de Sodome et de Gomorrhe, se retirèrent ;

12 et ils emmenèrent aussi Lot, fils du frère d'Abram, qui demeurait dans Sodome, et tout ce qui était à lui.

13 En même temps un homme qui s'était sauvé vint donner avis de ceci à Abram, Hébreu, qui demeurait dans la vallée de Mambré, Amorrhéen, frère d'Escol et frère d'Aner, qui *tous trois* avaient fait alliance avec Abram.

14 Abram ayant su que Lot, son frère, avait été pris, choisit les plus braves de ses serviteurs au nombre de trois cent dix-huit, et poursuivit ces rois jusqu'à Dan.

15 Il forma deux corps *de ses gens et* de ses alliés, et venant fondre sur les ennemis durant la nuit, il les défit, et les poursuivit jusqu'à Hoba, qui est à la gauche de Damas.

16 Il ramena avec lui tout le butin qu'ils avaient pris, Lot, son frère, avec ce qui était à lui, les femmes et *tout* le peuple.

17 Et le roi de Sodome sortit au-devant de lui, lorsqu'il revenait après la défaite de Chodorlahomor, et des autres rois qui étaient avec lui, dans la vallée de Save, appelée aussi la vallée du Roi.

18 Mais Melchisédech, roi de Salem, offrant du pain et du vin, parce qu'il était prêtre du Dieu très-haut,

19 bénit Abram, en disant : Qu'Abram soit béni du Dieu très-haut, qui a créé le ciel et la terre !

20 et que le Dieu très-haut soit béni, lui qui par sa protection vous a mis vos ennemis entre les mains ! Alors *Abram* lui donna la dîme de tout *ce qu'il avait pris*.

21 Or le roi de Sodome dit à Abram : Donnez-moi les personnes, et prenez le reste pour vous.

22 Abram lui répondit : Je lève la main *et je jure* par le Seigneur, le Dieu très-haut, possesseur du ciel et de la terre,

23 que je ne recevrai rien de tout ce qui est à vous, depuis le moindre fil jusqu'à un cordon de soulier ! afin que vous ne puissiez pas dire que vous avez enrichi Abram.

24 J'excepte seulement ce que mes gens ont pris pour leur nourriture, et ce qui est dû à ceux qui sont venus avec moi, Aner, Escol et Mambré, qui pourront prendre leur part du butin.

CHAPITRE XV.

APRÈS cela le Seigneur parla à Abram dans une vision, et lui dit : Ne craignez point, Abram ; je suis votre protecteur, et votre récompense infiniment grande.

2 Abram lui répondit : Seigneur, *mon* Dieu ! que me donnerez-vous ? Je mourrai sans enfants ; et ce Damascus *est* le fils d'Eliézer, intendant de ma maison.

3 Pour moi, ajouta-t-il, vous ne m'avez point donné d'enfants : ainsi le fils de mon serviteur sera mon héritier.

4 Le Seigneur lui répondit aussitôt : Celui-là ne sera point votre héritier ; mais vous aurez pour héritier celui qui naîtra de vous.

5 Et après l'avoir fait sortir, il lui dit : Levez les yeux au ciel, et comptez les étoiles, si vous le pouvez. C'est ainsi, ajouta-t-il, que se multipliera votre race.

6 Abram crut à Dieu, et *sa foi* lui fut imputée à justice.

7 Dieu lui dit encore : Je suis le Seigneur qui vous ai tiré d'Ur en Chaldée, pour vous donner cette terre, afin que vous la possédiez.

8 Abram lui répondit : Seigneur, *mon* Dieu ! comment puis-je connaître que je dois la posséder ?

9 Le Seigneur lui répliqua : Prenez une vache de trois ans, une chèvre de trois ans, et un bélier qui soit aussi de trois ans, avec une tourterelle et une colombe.

10 Abram prenant donc tous ces animaux les divisa par la moitié, et mit les deux parties qu'il avait coupées vis-à-vis l'une de l'autre ; mais il ne divisa point la tourterelle ni la colombe.

11 Or les oiseaux venaient fondre sur ces bêtes mortes, et Abram les en chassait.

12 Lorsque le soleil se couchait, Abram fut surpris d'un profond sommeil, et il tomba dans un horrible effroi, se trouvant comme tout enveloppé de ténèbres.

13 Alors il lui fut dit : Sachez dès maintenant que votre postérité demeurera dans une terre étrangère, et qu'elle sera réduite en servitude et accablée de maux, pendant quatre cents ans.

14 Mais j'exercerai mes jugements sur le peuple auquel ils seront assujettis, et ils sortiront ensuite *de ce pays-là* avec de grandes richesses.

15 Pour vous, vous irez en paix avec vos pères, mourant dans une heureuse vieillesse.

16 Mais vos descendants reviendront en ce pays-ci après la quatrième génération, parce que la mesure des iniquités des Amorrhéens n'est pas encore remplie présentement.

17 Lors donc que le soleil fut couché, il se forma une obscurité ténébreuse ; il parut un four *d'où sortait une grande* fumée, et *l'on*

vit une lampe ardente qui passait au travers de ces *bêtes* divisées.

18 En ce jour-là, le Seigneur fit alliance avec Abram, en lui disant : Je donnerai ce pays à votre race, depuis le fleuve d'Egypte, jusqu'au grand fleuve d'Euphrate :

19 *tout ce que possèdent* les Cinéens, les Cénézéens, les Cedmonéens,

20 les Héthéens, les Phérézéens, les Raphaïtes,

21 les Amorrhéens, les Chananéens, les Gergéséens et les Jébuséens.

CHAPITRE XVI.

OR Saraï, femme d'Abram, ne lui avait point encore donné d'enfants ; mais ayant une servante égyptienne, nommée Agar,

2 elle dit à son mari : Vous savez que le Seigneur m'a mise hors d'état d'avoir des enfants : prenez donc, *je vous prie*, ma servante, afin que je voie si j'aurai au moins des enfants par elle. Et Abram s'étant rendu à sa prière,

3 Saraï prit sa servante Agar, qui était Egyptienne, et la donna pour femme à son mari, dix ans après qu'ils eurent commencé de demeurer au pays de Chanaan.

4 Abram en usa *selon le désir de Saraï*. Mais Agar voyant qu'elle avait conçu, commença à mépriser sa maîtresse.

5 Alors Saraï dit à Abram : Vous agissez avec moi injustement. Je vous ai donné ma servante pour être votre femme, et voyant qu'elle est devenue grosse, elle me méprise. Que le Seigneur soit juge entre vous et moi !

6 Abram lui répondit : Votre servante est entre vos mains, usez-en avec elle comme il vous plaira. Saraï l'ayant donc châtiée, Agar s'enfuit.

7 Et l'Ange du Seigneur la trouvant dans le désert auprès de la fontaine qui est le long du chemin de Sur, dans la solitude,

8 lui dit : Agar, servante de Saraï, d'où venez-vous, et où allez-vous ? Elle répondit : Je fuis de devant Saraï, ma maîtresse.

9 L'Ange du Seigneur lui repartit : Retournez à votre maîtresse, et humiliez-vous sous sa main.

10 Et il ajouta : Je multiplierai votre postérité de telle sorte, qu'elle sera innombrable.

11 Et continuant, il lui dit : Vous avez conçu, et vous enfanterez un fils ; et vous l'appellerez Ismaël, *c'est-à-dire, Dieu a écouté*, parce que le Seigneur a entendu *le cri de* votre affliction.

12 Ce sera un homme fier *et* sauvage, il *lèvera* la main contre tous, et tous *lèveront* la main contre lui ; et il dressera ses pavillons vis-à-vis de tous ses frères.

13 Alors Agar invoqua le nom du Seigneur qui lui parlait, *et elle dit* : Vous êtes le Dieu qui m'avez vue. Car il est certain, ajouta-t-elle, que j'ai vu ici par derrière celui qui me voit.

14 C'est pourquoi elle appela ce puits : Le puits de Celui qui est vivant et qui me voit. C'est le puits qui est entre Cadès et Barad.

15 Agar enfanta ensuite un fils à Abram, qui le nomma Ismaël.

16 Abram avait quatre-vingt-six ans lorsque Agar lui enfanta Ismaël.

CHAPITRE XVII.

ABRAM entrant déjà dans sa quatre-vingt-dix-neuvième année, le Seigneur lui apparut, et lui dit : Je suis le Dieu tout-puissant ; marchez devant moi, et soyez parfait.

2 Je ferai alliance avec vous, et je multiplierai votre race jusqu'à l'infini.

3 Abram se prosterna le visage contre terre.

4 Et Dieu lui dit : C'est moi qui vous parle : Je ferai alliance avec vous, et vous serez le père de plusieurs nations.

5 Vous ne vous appellerez plus Abram, *c'est-à-dire, père élevé* : mais vous vous appellerez Abraham, *c'est-à-dire, père élevé de la multitude* ; parce que je vous ai établi pour être le père d'une multitude de nations.

6 Je ferai croître votre race à l'infini, je vous rendrai le chef des nations, et des rois sortiront de vous.

7 J'affermirai mon alliance avec vous, et avec votre race après vous dans la suite de leurs générations, par un pacte éternel : afin que je sois votre Dieu, et le Dieu de votre postérité après vous.

8 Je vous donnerai, à vous et à votre race, la terre où vous demeurez *maintenant* comme étranger, tout le pays de Chanaan, afin que *vos descendants* le possèdent pour jamais ; et je serai leur Dieu.

9 Dieu dit encore à Abraham : Vous garderez donc aussi mon alliance, et votre postérité la gardera après vous de race en race.

10 Voici le pacte que je fais avec vous, afin que vous l'observiez, et votre postérité après vous : Tous les mâles d'entre vous seront circoncis.

11 Vous circoncirez votre chair, afin que *cette circoncision* soit la marque de l'alliance que je fais avec vous.

12 L'enfant de huit jours sera circoncis parmi vous ; *et dans la suite de* toutes les générations, tous les *enfants* mâles, tant les esclaves qui seront nés en votre maison, que tous ceux que vous aurez achetés, et qui ne seront point de votre race, seront circoncis.

13 Ce pacte que je fais *avec vous* sera *marqué* dans votre chair, comme le signe de l'alliance éternelle *que je fais avec vous*.

14 *Tout* mâle dont la chair n'aura pas été circoncise, sera exterminé du milieu de son peuple, parce qu'il aura violé mon alliance.

15 Dieu dit encore à Abraham : Vous n'appellerez plus votre femme Saraï, *c'est-à-dire, ma princesse* ; mais Sara, *la princesse*.

16 Je la bénirai, et je vous donnerai un fils né d'elle, que je bénirai *aussi* : il sera le chef des nations ; et des rois de *divers* peuples sortiront de lui.

17 Abraham se prosterna le visage contre terre, et il rit en disant au fond de son cœur : Un homme de cent ans aurait-il donc bien un fils ? Et Sara enfanterait-elle à quatre-vingt-dix ans ?

18 Et il dit à Dieu : Faites-moi la grâce qu'Ismaël vive.

19 Dieu dit encore à Abraham : Sara, votre femme, vous enfantera un fils que vous nommerez Isaac, *c'est-à-dire, ris* ; et je ferai un pacte avec lui, et avec sa race après lui, afin que mon alliance avec eux soit éternelle.

20 Je vous ai aussi exaucé touchant Ismaël : Je le bénirai, et je lui donnerai une postérité très-grande et très-nombreuse : douze princes sortiront de lui, et je le rendrai le chef d'un grand peuple.

21 Mais l'alliance que je fais *avec vous* s'établira dans Isaac, que Sara vous enfantera dans un an, en ce même temps.

22 L'entretien de Dieu avec Abraham étant fini, Dieu se retira.

23 Alors Abraham prit Ismaël, son fils, et tous les esclaves nés dans sa maison, tous ceux qu'il avait achetés, et généralement tous les mâles qui étaient parmi ses domestiques ; et il les circoncit tous aussitôt en ce même jour, selon que Dieu le lui avait commandé.

24 Abraham avait quatre-vingt-dix-neuf ans lorsqu'il se circoncit lui-même.

25 Et Ismaël avait treize ans accomplis lorsqu'il reçut la circoncision.

26 Abraham et son fils Ismaël furent circoncis en un même jour.

27 Et en ce même jour encore furent circoncis tous les mâles de sa maison, tant les esclaves nés chez lui, que ceux qu'il avait achetés, et qui étaient nés en des pays étrangers.

CHAPITRE XVIII.

LE Seigneur apparut un jour à Abraham en la vallée de Mambré, lorsqu'il était assis à la porte de sa tente dans la plus grande chaleur du jour.

2 Abraham ayant levé les yeux, trois hommes lui parurent près de lui. Aussitôt qu'il les eut aperçus, il courut de la porte de sa tente au-devant d'eux, et se prosterna en terre.

3 Et il dit : Seigneur, si j'ai trouvé grâce devant vos yeux, ne passez pas la maison de votre serviteur sans vous y arrêter.

4 Je vous apporterai un peu d'eau pour laver vos pieds ; et cependant vous vous reposerez sous cet arbre,

5 jusqu'à ce que je vous serve un peu de pain pour reprendre vos forces, et vous continuerez ensuite votre chemin : car c'est pour

cela que vous êtes venus vers votre serviteur. Ils lui répondirent : Faites ce que vous avez dit.

6 Abraham entra promptement dans sa tente, et dit à Sara : Pétrissez vite trois mesures de farine, et faites cuire des pains sous la cendre.

7 Il courut en même temps à son troupeau, et il y prit un veau très-tendre et fort excellent qu'il donna à un serviteur, qui se hâta de le faire cuire.

8 Ayant pris ensuite du beurre et du lait, avec le veau qu'il avait fait cuire, il le servit devant eux, et lui cependant se tenait debout auprès d'eux sous l'arbre où ils étaient.

9 Après qu'ils eurent mangé, ils lui dirent : Où est Sara, votre femme ? Il leur répondit : Elle est dans la tente.

10 L'un d'eux dit à Abraham : Je vous reviendrai voir dans un an, en ce même temps ; je vous trouverai tous deux en vie, et Sara, votre femme, aura un fils. Ce que Sara ayant entendu, elle se mit à rire derrière la porte de la tente.

11 Car ils étaient tous deux vieux et fort avancés en âge, et ce qui arrive d'ordinaire aux femmes avait cessé à Sara.

12 Elle rit donc secrètement, disant en elle-même : Après que je suis devenue vieille, et que mon seigneur est vieux aussi, penserais-je à user du mariage ?

13 Mais le Seigneur dit à Abraham : Pourquoi Sara a-t-elle ri, en disant : Serait-il bien vrai que je puisse avoir un enfant, étant vieille comme je suis ?

14 Y a-t-il rien de difficile à Dieu ? Je vous reviendrai voir, comme je vous l'ai promis, dans un an, en ce même temps ; je vous trouverai tons deux en vie, et Sara aura un fils.

15 Je n'ai point ri, répondit Sara ; et elle le nia, parce qu'elle était tout épouvantée. Non, dit le Seigneur, cela n'est pas ainsi ; car vous avez ri.

16 Ces hommes s'étant donc levés de ce lieu, ils tournèrent les yeux vers Sodome, et Abraham allait avec eux les reconduisant.

17 Alors le Seigneur dit : Pourrais-je cacher à Abraham ce que je dois faire,

18 puisqu'il doit être le chef d'un peuple très-grand et très-puissant, et que TOUTES LES NATIONS DE LA TERRE SERONT BÉNIES EN LUI ?

19 Car je sais qu'il ordonnera à ses enfants, et à toute sa maison après lui, de garder la voie du Seigneur, et d'agir selon l'équité et la justice, afin que le Seigneur accomplisse en faveur d'Abraham tout ce qu'il lui a promis.

20 Le Seigneur ajouta ensuite : Le cri des iniquités de Sodome et de Gomorrhe s'augmente de plus en plus, et leur péché est monté jusqu'à son comble.

21 Je descendrai donc, et je verrai si leurs œuvres répondent à ce cri qui est venu jusqu'à moi ; je descendrai pour savoir si cela est ainsi, ou si cela n'est pas.

22 Alors deux de ces hommes partirent de là, et s'en allèrent à Sodome : mais Abraham demeura encore devant le Seigneur.

23 Et s'approchant, il lui dit : Perdrez-vous le juste avec l'impie ?

24 S'il y a cinquante justes dans cette ville, périront-ils avec tous les autres ? Et ne pardonnerez-vous pas plutôt à la ville à cause de cinquante justes, s'il s'y en trouve autant ?

25 Non, sans doute, vous êtes bien éloigné d'agir de la sorte, de perdre le juste avec l'impie, et de confondre les bons avec les méchants. Cette conduite ne vous convient en aucune sorte ; et jugeant, comme vous faites, toute la terre, vous ne pourrez exercer un tel jugement.

26 Le Seigneur lui répondit : Si je trouve dans tout Sodome cinquante justes, je pardonnerai à cause d'eux à toute la ville.

27 Abraham dit ensuite : Puisque j'ai commencé, je parlerai encore à mon Seigneur, quoique je ne sois que poudre et que cendre.

28 S'il s'en fallait cinq qu'il n'y eût cinquante justes, perdriez-vous toute la ville, parce qu'il n'y en aurait que quarante-cinq ? Le Seigneur lui dit : Je ne perdrai point la ville, s'il s'y trouve quarante-cinq justes.

29 Abraham lui dit encore : Mais s'il y a quarante justes, que ferez-vous ? Je ne détruirai point la ville, dit le Seigneur, si j'y trouve quarante justes.

30 Je vous prie, Seigneur ! dit Abraham, de ne pas trouver mauvais si je parle encore : Si vous trouvez dans cette ville trente justes, que ferez-vous ? Si j'y en trouve trente, dit *le Seigneur*, je ne la perdrai point.

31 Puisque j'ai commencé, reprit *Abraham*, je parlerai *encore* à mon Seigneur : Et si vous en trouviez vingt ? *Dieu lui* dit : Je ne la perdrai point non plus, s'il y en a vingt.

32 Seigneur ! ajouta *Abraham*, ne vous fâchez pas, je vous supplie, si je parle encore une fois : Et si vous trouvez dix justes dans cette ville ? Je ne la perdrai point, dit *le Seigneur*, s'il y a dix justes.

33 Après que le Seigneur eut cessé de parler à Abraham, il se retira, et Abraham retourna chez lui.

CHAPITRE XIX.

SUR le soir deux anges vinrent à Sodome, lorsque Lot était assis à la porte de la ville. Les ayant vus, il se leva, alla au-devant d'eux, et s'abaissa jusqu'en terre.

2 Puis il leur dit : Venez, je vous prie, *mes* seigneurs, dans la maison de votre serviteur, et demeurez-y. Vous y laverez vos pieds, et demain vous continuerez votre chemin. Ils lui répondirent : Nous n'irons point chez vous ; mais nous demeurerons dans la rue.

3 Il les pressa de nouveau avec grande instance, et les força de venir chez lui. Après qu'ils furent entrés en sa maison, il leur fit un festin ; il fit cuire des pains sans levain ; et ils mangèrent.

4 Mais avant qu'ils se fussent retirés pour se coucher, la maison fut assiégée par les habitants de cette ville ; depuis les enfants jusqu'aux vieillards, tout le peuple s'y trouva.

5 Alors ayant appelé Lot, ils lui dirent : Où sont ces hommes qui sont entrés ce soir chez vous ? Faites-les sortir, afin que nous les connaissions.

6 Lot sortit de sa maison ; et ayant fermé la porte derrière lui, il leur dit :

7 Ne songez point, je vous prie, mes frères, ne songez point à commettre un si grand mal.

8 J'ai deux filles qui sont encore vierges ; je vous les amènerai : usez-en comme il vous plaira, pourvu que vous ne fassiez point de mal a ces hommes-là, parce qu'ils sont entrés dans ma maison comme dans un lieu de sûreté.

9 Mais ils lui répondirent : Retirez-vous. Et ils ajoutèrent : Vous êtes venu ici comme un étranger parmi nous, est-ce afin d'être notre juge ? Nous vous traiterons donc vous-même encore plus mal qu'eux. Et ils se jetèrent sur Lot avec grande violence. Lorsqu'ils étaient déjà près de rompre les portes,

10 ces *deux* hommes *qui étaient au dedans*, prirent Lot par la main, et l'ayant fait rentrer dans la maison, ils en fermèrent la porte,

11 et frappèrent d'aveuglement tous ceux qui étaient au dehors, depuis le plus petit jusqu'au plus grand, de sorte qu'ils ne purent plus trouver la porte *de la maison*.

12 Ils dirent ensuite à Lot : Avez-vous ici quelqu'un de vos proches, un gendre, ou des fils, ou des filles ? Faites sortir de cette ville tous ceux qui vous appartiennent :

13 car nous allons détruire ce lieu, parce que le cri *des abominations* de ces peuples s'est élevé de plus en plus devant le Seigneur, et il nous a envoyés pour les perdre.

14 Lot étant donc sorti, parla à ses gendres qui devaient épouser ses filles, et leur dit : Sortez promptement de ce lieu : car le Seigneur va détruire cette ville. Mais ils s'imaginèrent qu'il disait cela en se moquant.

15 A la pointe du jour, les anges pressaient fort Lot de sortir, en lui disant : Levez-vous, et emmenez votre femme, et vos deux filles, de peur que vous ne périssiez aussi vous-même dans la ruine de cette ville.

16 Voyant qu'il différait toujours, ils le prirent par la main : car le Seigneur voulait le sauver ; et ils prirent de même sa femme et ses

deux filles.

17 L'ayant ainsi fait sortir *de la maison*, ils le conduisirent hors de la ville ; et ils lui parlèrent de cette sorte : Sauvez votre vie, ne regardez point derrière vous, et ne vous arrêtez point dans tout le pays d'alentour ; mais sauvez-vous sur la montagne, de peur que vous ne périssiez aussi vous-même avec les autres.

18 Lot leur répondit : Seigneur,

19 puisque votre serviteur a trouvé grâce devant vous, et que vous avez signalé envers lui votre grande miséricorde en me sauvant la vie, *considérez*, je vous prie, *que* je ne puis me sauver sur la montagne, étant en danger que le malheur ne me surprenne auparavant, et que je ne meure.

20 Mais voilà ici près une ville où je puis fuir ; elle est petite, je puis m'y sauver. Vous savez qu'elle n'est pas grande, et elle me sauvera la vie.

21 L'ange lui répondit : J'accorde encore cette grâce à la prière que vous me faites, de ne pas détruire la ville pour laquelle vous me parlez.

22 Hâtez-vous de vous sauver en ce lieu-là, parce que je ne pourrai rien faire jusqu'à ce que vous y soyez entré. C'est pour cette raison que cette ville fut appelée Ségor, *c'est-à-dire, petite*.

23 Le soleil se levait sur la terre au même temps que Lot entra dans Ségor.

24 Alors le Seigneur fit descendre du ciel sur Sodome et sur Gomorrhe une pluie de soufre et de feu,

25 et il perdit ces villes avec tous leurs habitants, tout le pays d'alentour avec ceux qui l'habitaient, et tout ce qui avait quelque verdeur sur la terre.

26 La femme de Lot regarda derrière elle, et elle fut changée en une statue de sel.

27 Or Abraham s'étant levé le matin, vint au lieu où il avait été auparavant avec le Seigneur,

28 et regardant Sodome et Gomorrhe, et tout le pays d'alentour, il vit des cendres enflammées qui s'élevaient de la terre comme la fumée d'une fournaise.

29 Lorsque Dieu détruisait les villes de ce pays-là, il se souvint d'Abraham, et délivra Lot de la ruine de ces villes où il avait demeuré.

30 Lot étant dans Ségor, eut peur d'*y périr*, s'il y demeurait. Il se retira donc sur la montagne avec ses deux filles, entra dans une caverne, et y demeura avec elles.

31 Alors l'aînée dit à la cadette : Notre père est vieux, et il n'est resté aucun homme sur la terre qui puisse nous épouser selon la coutume de tous les pays.

32 Donnons *donc* du vin à *notre père*, et enivrons-le, et dormons avec lui, afin que nous puissions conserver de la race de notre père.

33 Elles donnèrent donc cette nuit-là du vin à boire à leur père : et l'aînée dormit avec lui, sans qu'il sentît ni quand elle se coucha, ni quand elle se leva.

34 Le jour suivant l'aînée dit à la seconde : Vous savez que je dormis hier avec mon père ; donnons-lui encore du vin à boire cette nuit, et vous dormirez aussi avec lui, afin que nous conservions de la race de notre père.

35 Elles donnèrent donc encore cette nuit-là du vin à leur père, et sa seconde fille dormit avec lui, sans qu'il sentît non plus ni quand elle se coucha, ni quand elle se leva.

36 Ainsi elles conçurent toutes deux de Lot, leur père.

37 L'aînée enfanta un fils, et elle le nomma Moab, *c'est-à-dire, engendré du père*. C'est lui qui est le père des Moabites, qui sont encore aujourd'hui.

38 La seconde enfanta aussi un fils qu'elle appela Ammon, c'est-à-dire, le fils de mon peuple. C'est lui qui est le père des Ammonites que nous voyons encore aujourd'hui.

CHAPITRE XX.

ABRAHAM étant parti de là pour aller du côté du midi, habita entre Cadès et Sur. Et étant allé à Gérara pour y demeurer quelque temps,

2 il dit, parlant de Sara, sa femme, qu'elle était sa sœur. Abimélech, roi de Gérara, envoya donc chez lui, et fit enlever Sara.

3 Mais Dieu pendant une nuit apparut en songe à Abimélech, et lui dit : Vous serez puni de mort à cause de la femme que vous avez enlevée, parce qu'elle a un mari.

4 Or Abimélech ne l'avait point touchée ; et il répondit : Seigneur ! punirez-vous de mort l'ignorance d'un peuple innocent ?

5 Cet homme ne m'a-t-il pas dit lui-même qu'elle était sa sœur ? Et elle-même aussi ne m'a-t-elle pas dit qu'il était son frère ? J'ai fait cela dans la simplicité de mon cœur, et *sans souiller* la pureté de mes mains.

6 Dieu lui dit : Je sais que vous l'avez fait avec un cœur simple ; c'est pour cela que je vous ai préservé, afin que vous ne péchassiez point contre moi, et que je ne vous ai pas permis de la toucher.

7 Rendez donc présentement cette femme à son mari, parce que c'est un prophète ; et il priera pour vous, et vous vivrez. Si vous ne voulez point la rendre, sachez que vous serez frappé de mort, vous et tout ce qui est à vous.

8 Abimélech se leva aussitôt, lorsqu'il était encore nuit, et ayant appelé tous ses serviteurs, il leur dit tout ce qu'il avait entendu, et ils furent tous saisis de frayeur.

9 Il manda aussi Abraham, et lui dit : Pourquoi nous avez-vous traités de la sorte ? Quel mal vous avions-nous fait, pour avoir voulu nous engager, moi et mon royaume, dans un si grand péché ? Vous avez fait *assurément* à notre égard ce que vous n'auriez point dû faire.

10 Et continuant encore ses plaintes, il ajouta : Qu'avez-vous envisagé en agissant ainsi *avec moi* ?

11 Abraham lui répondit : J'ai songé et j'ai dit en moi-même : Il n'y a peut-être point de crainte de Dieu en ce pays-ci ; et ils me tueront pour avoir ma femme.

12 D'ailleurs elle est véritablement ma sœur, étant fille de mon père, quoiqu'elle ne soit pas fille de ma mère : et je l'ai épousée.

13 Or depuis que Dieu m'a fait sortir de la maison de mon père, je lui ai dit : Vous me ferez cette grâce, dans tous les pays où nous irons, de dire que je suis votre frère.

14 Abimélech donna donc à Abraham des brebis, des bœufs, des serviteurs et des servantes ; il lui rendit Sara, sa femme ;

15 et il lui dit : Vous voyez devant vous toute cette terre, demeurez partout où il vous plaira.

16 Il dit ensuite à Sara : J'ai donné mille pièces d'argent à votre frère ; afin qu'en quelque lieu que vous alliez, vous ayez toujours un voile sur les yeux devant tous ceux avec qui vous serez, et souvenez-vous que vous avez été prise.

17 Abraham pria Dieu ensuite, et Dieu guérit Abimélech, sa femme et ses servantes, et elles enfantèrent ;

18 car Dieu avait frappé de stérilité toute la maison d'Abimélech, à cause de Sara, femme d'Abraham.

CHAPITRE XXI.

OR le Seigneur visita Sara, ainsi qu'il l'avait promis, et il accomplit sa parole.

2 Elle conçut et enfanta un fils en sa vieillesse, dans le temps que Dieu lui avait prédit.

3 Abraham donna le nom d'Isaac à son fils qui lui était né de Sara ;

4 et il le circoncit le huitième jour, selon le commandement qu'il en avait reçu de Dieu,

5 ayant alors cent ans ; car ce fut à cet âge-là qu'il devint père d'Isaac.

6 Et Sara dit alors : Dieu m'a donné un *sujet de ris et de* joie ; quiconque l'apprendra, s'en réjouira avec moi.

7 Et elle ajouta : Qui croirait qu'on aurait jamais pu dire à Abraham, que Sara nourrirait de son lait un fils qu'elle lui aurait enfanté lorsqu'il serait déjà vieux ?

8 Cependant l'enfant crût, et on le sevra ; et Abraham fit un grand festin au jour qu'il fut sevré.
9 Mais Sara ayant vu le fils d'Agar, Egyptienne, qui jouait avec Isaac, son fils, elle dit à Abraham :
10 Chassez cette servante avec son fils : car le fils de cette servante ne sera point héritier avec mon fils Isaac.
11 Ce discours parut dur à Abraham, à cause de son fils *Ismaël*.
12 Mais Dieu lui dit : Que ce que Sara vous a dit touchant votre fils et votre servante, ne vous paraisse point *trop* rude. Faites tout ce qu'elle vous dira, parce que c'est d'Isaac que sortira la race qui doit porter votre nom.
13 Je ne laisserai pas néanmoins de rendre le fils de votre servante chef d'un grand peuple, parce qu'il est sorti de vous.
14 Abraham se leva donc dès le point du jour, prit du pain et un vaisseau plein d'eau, le mit sur l'épaule d'Agar, lui donna son fils, et la renvoya. Elle étant sortie, errait dans la solitude de Bersabée.
15 Et l'eau qui était dans le vaisseau ayant manqué, elle laissa son fils couché sous un des arbres qui étaient là,
16 s'éloigna de lui d'un trait d'arc, et s'assit vis-à-vis, en disant : Je ne verrai point mourir *mon* enfant. Et élevant sa voix dans le lieu où elle se tint assise, elle se mit à pleurer.
17 Or Dieu écouta la voix de l'enfant ; et un ange de Dieu appela Agar du ciel, et lui dit : Agar, que faites-vous là ? Ne craignez point : car Dieu a écouté la voix de l'enfant du lieu où il est.
18 Levez-vous, prenez l'enfant, et tenez-le par la main : parce que je le rendrai chef d'un grand peuple.
19 En même temps Dieu lui ouvrit les yeux ; et ayant aperçu un puits plein d'eau, elle s'y en alla, y remplit son vaisseau, et *en* donna à boire à l'enfant.
20 Dieu assista cet enfant, qui crût et demeura dans les déserts, et il devint un jeune homme adroit à tirer de l'arc.
21 Il habita dans le désert de Pharan ; et sa mère lui fit épouser une femme du pays d'Egypte.
22 En ce même temps Abimélech, accompagné de Phicol qui commandait son armée, vint dire à Abraham : Dieu est avec vous dans tout ce que vous faites :
23 jurez-moi donc par *le nom de* Dieu, que vous ne me ferez point de mal, ni à moi, ni à mes enfants, ni à ma race ; mais que vous me traiterez, et ce pays dans lequel vous avez demeuré comme étranger, avec la bonté avec laquelle je vous ai traité.
24 Abraham lui répondit : Je vous le jurerai.
25 Et il fit ses plaintes à Abimélech, de la violence avec laquelle quelques-uns de ses serviteurs lui avaient ôté un puits.
26 Abimélech lui répondit : Je n'ai point su qui vous a fait cette injustice : vous ne m'en avez point vous-même averti ; et jusqu'à ce jour je n'en ai point entendu parler.
27 Abraham donna donc à Abimélech des brebis et des bœufs, et ils firent alliance ensemble.
28 Abraham ayant mis à part sept jeunes brebis qu'il avait tirées de son troupeau,
29 Abimélech lui demanda : Que veulent dire ces sept jeunes brebis que vous avez mises ainsi à part ?
30 Vous recevrez, dit Abraham, ces sept jeunes brebis de ma main, afin qu'elles me servent de témoignage, que c'est moi qui ai creusé ce puits.
31 C'est pourquoi ce lieu fut appelé Bersabée, *c'est-à-dire, puits du jurement*, parce qu'ils avaient juré là tous deux.
32 Et ils firent alliance près le puits du jurement.
33 Abimélech s'en alla ensuite avec Phicol, général de son armée ; et ils retournèrent au pays des Philistins. Mais Abraham planta un bois à Bersabée, et il invoqua en ce lieu-là le nom du Seigneur, le Dieu éternel.
34 Et il demeura longtemps au pays des Philistins.

CHAPITRE XXII.

APRÈS cela, Dieu tenta Abraham, et lui dit : Abraham ! Abraham ! Abraham lui répondit : Me voici, *Seigneur !*
2 *Dieu* ajouta : Prenez Isaac, Votre fils unique qui vous est si cher, et allez en la terre de Vision ; et là vous me l'offrirez en holocauste sur une des montagnes que je vous montrerai.
3 Abraham se leva donc avant le jour, prépara son âne, et prit avec lui deux jeunes serviteurs, et Isaac, son fils ; et ayant coupé le bois qui devait servir à l'holocauste, il s'en alla au lieu où Dieu lui avait commandé d'aller.
4 Le troisième jour levant les yeux en haut, il vit le lieu de loin ;
5 et il dit à ses serviteurs : Attendez-moi ici avec l'âne ; nous ne ferons qu'aller jusque-là, mon fils et moi ; et après avoir adoré, nous reviendrons aussitôt à vous.
6 Il prit aussi le bois pour l'holocauste, qu'il mit sur son fils Isaac ; et pour lui, il portait en ses mains le feu et le couteau. Ils marchaient ainsi eux deux ensemble,
7 lorsque Isaac dit à son père : Mon père. Abraham lui répondit : Mon fils, que voulez-vous ? Voilà, dit Isaac, le feu et le bois, où est la victime pour l'holocauste ?
8 Abraham lui répondit : Mon fils, Dieu aura soin de fournir lui-même la victime qui doit lui être offerte en holocauste. Ils continuèrent donc à marcher ensemble,
9 et ils vinrent au lieu que Dieu avait montré à Abraham. Il y dressa un autel, disposa dessus le bois pour l'holocauste, lia ensuite son fils Isaac, et le mit sur le bois qu'il avait arrangé sur l'autel.
10 En même temps il étendit la main, et prit le couteau pour immoler son fils.
11 Mais dans l'instant l'Ange du Seigneur lui cria du ciel : Abraham ! Abraham ! Il lui répondit : Me voici.
12 L'Ange ajouta : Ne mettez point la main sur l'enfant, et ne lui faîtes aucun mal. Car je connais maintenant que vous craignez Dieu, puisque pour m'obéir, vous n'avez point épargné votre fils unique.
13 Abraham levant les yeux, aperçut derrière lui un bélier qui s'était embarrassé avec ses cornes dans un buisson : et l'ayant pris, il l'offrit en holocauste au lieu de son fils.
14 Et il appela ce lieu d'un nom qui signifie, le Seigneur voit. C'est pourquoi on dit encore aujourd'hui : Le Seigneur verra sur la montagne.
15 L'Ange du Seigneur appela Abraham du ciel pour la seconde fois, et lui dit :
16 Je jure par moi-même, dit le Seigneur, que puisque vous avez fait cette action, et que pour m'obéir vous n'avez point épargné votre fils unique,
17 je vous bénirai, et je multiplierai votre race comme les étoiles du ciel et comme le sable qui est sur le rivage de la mer. Votre postérité possédera les villes de ses ennemis,
18 et TOUTES LES NATIONS DE LA TERRE SERONT BÉNIES DANS CELUI QUI SORTIRA DE VOUS ; parce que vous avez obéi à ma voix.
19 Abraham revint ensuite trouver ses serviteurs, et ils s'en retournèrent ensemble à Bersabée, où il demeura.
20 Après cela, on vint dire à Abraham que son frère Nachor avait eu de sa femme Melcha plusieurs fils :
21 Hus, son aîné ; Buz, son frère ; Camuel, père des Syriens ;
22 Cased, Azau, Pheldas, Jedlaph,
23 et Bathuel, dont Rebecca était fille. Ce sont là les huit fils que Nachor, frère d'Abraham, eut de Melcha, sa femme.
24 Sa concubine qui s'appelait Roma, lui enfanta aussi Tabée, Gaham, Tahas et Maacha.

CHAPITRE XXIII.

SARA ayant vécu cent vingt-sept ans,
2 mourut en la ville d'Arbée, qui est la même qu'Hébron, au pays de Chanaan. Abraham la pleura, et en fit le deuil.
3 Et s'étant levé, après s'être acquitté de ce devoir qu'on rend aux morts, il vint parler aux enfants de Heth, et il leur dit :
4 Je suis parmi vous *comme* un étranger et un voyageur, donnez-moi droit de sépulture au milieu de vous, afin que j'enterre la personne qui m'est morte.

5 Les enfants de Heth lui répondirent :

6 Seigneur, écoutez-nous : Vous êtes parmi nous comme un grand prince ; enterrez dans nos plus beaux sépulcres la personne qui vous est morte. Nul d'entre nous ne pourra vous empêcher de mettre dans son tombeau la personne qui vous est morte.

7 Abraham s'étant levé adora les peuples de ce pays-là, qui étaient les enfants de Heth ;

8 et il leur dit : Si vous trouvez bon que j'enterre la personne qui m'est morte, écoutez-moi, et intercédez pour moi envers Ephron, fils de Séor,

9 afin qu'il me donne sa caverne double, qu'il a à l'extrémité de son champ ; qu'il me la cède devant vous pour le prix qu'elle vaut, et qu'ainsi elle soit à moi pour en faire un sépulcre.

10 Or Ephron demeurait au milieu des enfants de Heth ; et il répondit à Abraham devant tous ceux qui s'assemblaient à la porte de la ville, et lui dit :

11 Non, mon seigneur, cela ne sera pas ainsi ; mais écoutez plutôt ce que je vais vous dire : Je vous donne le champ et la caverne qui y est, en présence des enfants de mon peuple : enterrez-y celle qui vous est morte.

12 Abraham fit une profonde révérence devant le peuple du pays,

13 et il dit à Ephron au milieu de tous : Ecoutez-moi, je vous prie : Je vous donnerai l'argent que vaut le champ ; recevez-le, et j'y enterrerai ensuite celle qui m'est morte.

14 Ephron lui répondit :

15 Mon seigneur, écoutez-moi : La terre que vous me demandez vaut quatre cents sicles d'argent. C'est son prix entre vous et moi : mais qu'est-ce que cela ? Enterrez celle qui vous est morte.

16 Ce qu'Abraham ayant entendu, il fit peser en présence des enfants de Heth l'argent qu'Ephron lui avait demandé, c'est-à-dire, quatre cents sicles d'argent en bonne monnaie, et reçue de tout le monde.

17 Ainsi le champ qui avait été autrefois à Ephron, dans lequel il y avait une caverne double qui regarde Mambré, fut livré à Abraham, tant le champ que la caverne, avec tous les arbres qui étaient autour,

18 et lui fut assuré comme un bien qui lui devint propre, en présence des enfants de Heth, et de tous ceux qui entraient dans l'assemblée à la porte de la ville.

19 Abraham enterra donc sa femme Sara dans la caverne double du champ qui regarde Mambré, où est la ville d'Hébron au pays de Chanaan.

20 Et le champ avec la caverne qui y était, fut livré en cette manière, et assuré à Abraham par les enfants de Heth, afin qu'il le possédât comme un sépulcre qui lui appartenait légitimement.

CHAPITRE XXIV.

OR Abraham était vieux et fort avancé en âge, et le Seigneur l'avait béni en toutes choses.

2 Il dit donc au plus ancien de ses domestiques, qui avait l'intendance sur toute sa maison : Mettez votre main sous ma cuisse,

3 afin que je vous fasse jurer par le Seigneur, le Dieu du ciel et de la terre, que vous ne prendrez aucune des filles des Chananéens parmi lesquels j'habite, pour la faire épouser à mon fils ;

4 mais que vous irez au pays où sont mes parents, afin d'y prendre une femme pour mon fils Isaac.

5 Son serviteur lui répondit : Si la fille ne veut pas venir en ce pays-ci avec moi, voulez-vous que je remène votre fils au lieu d'où vous êtes sorti ?

6 Abraham lui répondit : Gardez-vous bien de remener jamais mon fils en ce pays-là.

7 Le Seigneur, le Dieu du ciel, qui m'a tiré de la maison de mon père et du pays de ma naissance, qui m'a parlé et qui m'a juré en me disant : Je donnerai ce pays à votre race ; enverra lui-même son ange devant vous, afin que vous preniez une femme de ce pays-là pour mon fils.

8 Si la fille ne veut pas vous suivre, vous ne serez point obligé à votre serment ; seulement ne remenez jamais mon fils en ce pays-là.

9 Ce serviteur mit donc sa main sous la cuisse d'Abraham, son maître, et s'engagea par serment à faire ce qu'il lui avait ordonné.

10 En même temps il prit dix chameaux du troupeau de son maître ; il porta avec lui de tous ses biens ; et s'étant mis en chemin, il alla droit en Mésopotamie, en la ville de Nachor.

11 Étant arrivé sur le soir près d'un puits hors de la ville, au temps où les filles avaient accoutumé de sortir pour puiser de l'eau, et ayant fait reposer ses chameaux, il dit à Dieu :

12 Seigneur Dieu d'Abraham, mon maître ! assistez-moi aujourd'hui, je vous prie, et faites miséricorde à Abraham, mon seigneur.

13 Me voici près de cette fontaine, et les filles des habitants de cette ville vont sortir pour puiser de l'eau.

14 Que la fille donc à qui je dirai : Baissez votre vaisseau afin que je boive ; et qui me répondra : Buvez, et je donnerai aussi à boire à vos chameaux ; soit celle que vous avez destinée à Isaac, votre serviteur ; et je connaîtrai par là que vous aurez fait miséricorde à mon maître.

15 A peine avait-il achevé de parler ainsi en lui-même, lorsqu'il vit paraître Rebecca, fille de Bathuel, fils de Melcha, femme de Nachor, frère d'Abraham, qui portait sur son épaule un vaisseau plein d'eau.

16 C'était une fille très-agréable, et une vierge parfaitement belle, et inconnue à tout homme ; elle était déjà venue à la fontaine ; et ayant rempli son vaisseau, elle s'en retournait.

17 Le serviteur allant donc au-devant d'elle, lui dit : Donnez-moi un peu de l'eau que vous portez dans votre vaisseau, afin que je boive.

18 Elle lui répondit : Buvez, mon seigneur. Et ôtant aussitôt son vaisseau de dessus son épaule, et le penchant sur son bras, elle lui donna à boire.

19 Après qu'il eut bu, elle ajouta : Je vais aussi tirer de l'eau pour vos chameaux, jusqu'à ce qu'ils aient tous bu.

20 Aussitôt ayant versé dans les canaux l'eau de son vaisseau, elle courut au puits pour en tirer d'autre, qu'elle donna ensuite à tous les chameaux.

21 Cependant le serviteur la considérait sans rien dire, voulant savoir si le Seigneur avait rendu son voyage heureux, ou non.

22 Après donc que les chameaux eurent bu, cet homme tira des pendants d'oreilles d'or, qui pesaient deux sicles, et autant de bracelets qui en pesaient dix.

23 Et en les lui donnant, il lui dit : De qui êtes-vous fille ? Dites-le-moi, je vous prie. Y a-t-il dans la maison de votre père du lieu pour me loger ?

24 Elle répondit : Je suis fille de Bathuel, fils de Melcha et de Nachor, son mari.

25 Il y a chez nous, ajouta-t-elle, beaucoup de paille et de foin, et bien du lieu pour y demeurer.

26 Cet homme fit une profonde inclination, et adora le Seigneur,

27 en disant : Béni soit le Seigneur, le Dieu d'Abraham, mon maître, qui n'a pas manqué de lui faire miséricorde selon la vérité *de ses promesses*, et qui m'a amené droit dans la maison du frère de mon maître.

28 La fille courut donc à la maison de sa mère, et alla lui dire tout ce qu'elle avait entendu.

29 Or Rebecca avait un frère nommé Laban, qui sortit aussitôt pour aller trouver cet homme près de la fontaine.

30 Et ayant déjà vu les pendants d'oreilles et les bracelets aux mains de sa sœur, qui lui avait rapporté en même temps tout ce que cet homme lui avait dit, il vint à lui, lorsqu'il était *encore* près de la fontaine avec les chameaux ;

31 et il lui dit : Entrez, vous qui êtes béni du Seigneur : pourquoi demeurez-vous dehors ? J'ai préparé la maison, et un lieu pour vos chameaux.

32 Il le fit aussitôt entrer dans le logis ; il déchargea ses chameaux, leur donna de la paille et du foin ; et fit laver les pieds de cet homme, et de ceux qui étaient venus avec lui.

33 En même temps on lui servit à manger. Mais le serviteur leur dit : Je ne mangerai point, jusqu'à ce que je *vous* aie proposé ce que j'ai à vous dire. Vous le pouvez faire, lui dit *Laban.*

34 Et il *leur* parla de cette sorte : Je suis serviteur d'Abraham.

35 Le Seigneur a comblé mon maître de bénédictions, et l'a rendu grand *et riche.* Il lui a donné des brebis, des bœufs, de l'argent, de l'or, des serviteurs et des servantes, des chameaux et des ânes.

36 Sara, la femme de mon maître, lui a enfanté un fils dans sa vieillesse, et mon maître lui a donné tout ce qu'il avait.

37 Et il m'a fait jurer devant lui en me disant : *Promettez-moi que* vous ne prendrez aucune des filles des Chananéens dans le pays desquels j'habite, pour la faire épouser à mon fils ;

38 mais que vous irez à la maison de mon père, et *que* vous prendrez parmi ceux de ma parenté une femme pour mon fils.

39 *Et sur ce que* je dis alors à mon maître : Mais si la fille ne voulait point venir avec moi ?

40 il me répondit : Le Seigneur devant lequel je marche, enverra son ange avec vous, et *vous* conduira *dans* votre chemin, afin que vous preniez pour mon fils une femme qui soit de ma famille, et de la maison de mon père.

41 Si étant arrivé chez mes parents, ils vous refusent *ce que vous leur demanderez,* vous ne serez plus obligé à votre serment.

42 Je suis donc arrivé aujourd'hui près de la fontaine, et j'ai dit *à Dieu* : Seigneur Dieu d'Abraham, mon maître ! si c'est vous qui m'avez conduit dans le chemin où j'ai marché jusqu'à présent ;

43 me voici près de cette fontaine, que la fille donc qui sera sortie pour puiser de l'eau, à qui je dirai : Donnez-moi un peu à boire de l'eau que vous portez dans votre vaisseau,

44 et qui me répondra : Buvez, et je vais en puiser aussi pour vos chameaux ; soit celle que le Seigneur a destinée pour être la femme du fils de mon maître.

45 Lorsque je m'entretenais en moi-même de cette pensée, j'ai vu paraître Rebecca, qui venait avec son vaisseau qu'elle portait sur son épaule, et qui étant descendue à la fontaine, y avait puisé de l'eau. Je lui ai dit : Donnez-moi un peu à boire.

46 Elle aussitôt ôtant son vaisseau de dessus son épaule, m'a dit : Buvez vous-même, et je vais donner aussi à boire à vos chameaux. J'ai *donc* bu ; et elle a fait boire aussi mes chameaux.

47 Je l'ai ensuite interrogée, et je lui ai demandé : De qui êtes-vous fille ? Elle m'a répondu qu'elle était fille de Bathuel, fils de Nachor et de Melcha, sa femme. Je lui ai donc mis ces pendants d'oreilles pour parer son visage, et lui ai mis ces bracelets aux bras.

48 *Aussitôt* me baissant profondément, j'ai adoré et béni le Seigneur, le Dieu d'Abraham, mon maître, qui m'a conduit par le droit chemin pour prendre la fille du frère de mon maître, et la donner pour femme à son fils.

49 C'est pourquoi si vous avez véritablement dessein d'obliger mon maître, dites-le-moi. Si vous avez résolu autre chose, faites-le-moi connaître, afin que j'aille chercher *une fille* ailleurs.

50 Laban et Bathuel répondirent : C'est Dieu qui parle en cette rencontre ; nous ne pouvons vous dire autre chose que ce qui paraît conforme à sa volonté.

51 Rebecca est entre vos mains ; prenez-la, et l'emmenez avec vous, afin qu'elle soit la femme du fils de votre maître, selon que le Seigneur s'en est déclaré.

52 Le serviteur d'Abraham ayant entendu cette réponse, se prosterna contre terre, et adora le Seigneur.

53 Il tira ensuite des vases d'or et d'argent, et de *riches* vêtements, dont il fit présent à Rebecca. Il donna aussi des présents à ses frères et à sa mère.

54 Ils firent ensuite le festin, ils mangèrent et burent, et demeurèrent ensemble ce jour-là. *Le lendemain* le serviteur s'étant levé le matin, leur dit : Permettez-moi d'aller retrouver mon maître.

55 Les frères et la mère de Rebecca lui répondirent : Que la fille demeure au moins dix jours avec nous, et après elle s'en ira.

56 Je vous prie, dit le serviteur, de ne me point retenir davantage, puisque le Seigneur m'a conduit *dans tout* mon chemin. Permettez-moi d'aller retrouver mon maître.

57 Ils lui dirent : Appelons la fille, et sachons d'elle-même son sentiment.

58 On l'appela donc ; et étant venue, ils lui demandèrent : Voulez-vous bien aller avec cet homme ? Je le veux bien, répondit-elle.

59 Ils la laissèrent donc aller accompagnée de sa nourrice, avec le serviteur d'Abraham et ceux qui l'avaient suivi ;

60 et souhaitant toutes sortes de prospérités à Rebecca, ils lui dirent : Vous êtes notre sœur ; croissez en mille et mille générations ; et que votre race se mette en possession des villes de ses ennemis.

61 Rebecca et ses filles montèrent donc sur des chameaux, et suivirent cet homme, qui s'en retourna en grande diligence vers son maître.

62 En ce même temps, Isaac se promenait dans le chemin qui mène au puits appelé le puits de Celui qui vit et qui voit ; car il demeurait au pays du midi.

63 Il était alors sorti dans le champ pour méditer, le jour étant sur son déclin. Et avant levé les yeux, il vit de loin venir les chameaux.

64 Rebecca ayant aussi aperçu Isaac, descendit de dessus son chameau ;

65 et elle dit au serviteur. Qui est cette personne qui vient le long du champ au-devant de nous ? C'est mon maître, lui dit-il. Elle prit aussitôt son voile, et se couvrit.

66 Le serviteur alla cependant dire à Isaac tout ce qu'il avait fait.

67 Alors Isaac la fit entrer dans la tente de Sara, sa mère, et la prit pour femme ; et l'affection qu'il eut pour elle fut si grande, qu'elle tempéra la douleur que la mort de sa mère lui avait causée.

CHAPITRE XXV.

ABRAHAM épousa *ensuite* une autre femme, nommée Cétura ;

2 qui lui enfanta Zamran, Jecsan, Madan, Madian, Jesboc et Sué.

3 Jecsan engendra Saba et Dadan. Les enfants de Dadan furent Assurim, Latusim et Loomim.

4 Les enfants de Madian furent Epha, Opher, Hénoch, Abida et Eldaa. Tous ceux-ci *furent* enfants de Cétura.

5 Abraham donna à Isaac tout ce qu'il possédait :

6 il fit des présents aux fils de ses autres femmes, et de son vivant il les sépara de son fils Isaac, *les faisant aller* dans le pays qui regarde l'orient.

7 Tout le temps de la vie d'Abraham fut de cent soixante et quinze ans.

8 Et les forces lui manquant, il mourut dans une heureuse vieillesse et un âge très-avancé, étant parvenu à la plénitude de ses jours ; et il fut réuni a son peuple.

9 Isaac et Ismaël, ses enfants, le portèrent en la caverne double, située dans le champ d'Ephron, fils de Séor, Héthéen, vis-à-vis de Mambré,

10 qu'il avait acheté des enfants de Heth. C'est là qu'il fut enterré aussi bien que Sara, sa femme.

11 Après sa mort, Dieu bénit son fils Isaac, qui demeurait près du puits nommé *le puits* de Celui qui vit et qui voit.

12 Voici le dénombrement des enfants d'Ismaël, fils d'Abraham et d'Agar, Egyptienne, servante de Sara ;

13 et voici les noms de ses enfants, selon que les ont portés ceux qui sont descendus d'eux : Le premier-né d'Ismaël *fut* Nabajoth ; les autres *furent* Cédar, Adbéel, Mabsam,

14 Masma, Duma, Massa,

15 Hadar, Théma, Jéthur, Naphis et Cedma.

16 Ce sont là les enfants d'Ismaël ; et tels ont été les noms *qu'ils ont donnés* à leurs châteaux et à leurs villes, ayant été les douze chefs de leurs peuples.

17 Le temps de la vie d'Ismaël fut de cent trente-sept ans ; et les forces lui manquant il mourut, et fut réuni à son peuple.

18 Le pays où il habita fut depuis Hévila jusqu'à Sur, qui regarde l'Egypte lorsqu'on entre dans l'Assyrie : et il mourut au milieu de tous ses frères.

19 Voici quelle fut aussi la postérité d'Isaac, fils d'Abraham : Abraham engendra Isaac ;

20 lequel ayant quarante ans, épousa Rebecca, fille de Bathuel, Syrien de Mésopotamie, et sœur de Laban.

21 Isaac pria le Seigneur pour sa femme, parce qu'elle était stérile : et le Seigneur l'exauça, donnant à Rebecca la vertu de concevoir.

22 Mais les deux enfants dont elle était grosse s'entre-choquaient dans son sein, ce qui lui fit dire : Si cela devait m'arriver, qu'était-il besoin que je conçusse ? Elle alla donc consulter le Seigneur,

23 qui lui répondit : Deux nations sont dans vos entrailles, et deux peuples sortant de votre sein se diviseront l'un contre l'autre. L'un de ces peuples surmontera l'autre peuple, et l'aîné sera assujetti au plus jeune.

24 Lorsque le temps qu'elle devait accoucher fut arrivé, elle se trouva mère de *deux enfants* jumeaux.

25 Celui qui sortit le premier était roux, et tout velu comme une peau *d'animal*, et il fut nommé Esaü, *c'est-à-dire, homme fait.* L'autre sortit aussitôt, et il tenait de sa main le pied de son frère ; c'est pourquoi il fut nommé Jacob, *c'est-à-dire, supplantateur.*

26 Isaac avait soixante ans lorsque ces deux enfants lui naquirent.

27 Quand ils furent grands, Esaü devint habile à la chasse, et il s'appliquait à cultiver la terre : mais Jacob était un homme simple, et il demeurait retiré à la maison.

28 Isaac aimait Esaü, parce qu'il mangeait de ce qu'il prenait à la chasse : mais Rebecca aimait Jacob.

29 *Un jour* Jacob ayant fait cuire de quoi manger, Esaü retourna des champs étant *fort* las,

30 et il dit à Jacob : Donnez-moi de ce mets roux *que vous avez fait cuire*, parce que je suis extrêmement las. C'est pour cette raison qu'il fut depuis nommé Edom, *c'est-à-dire, roux.*

31 Jacob lui dit : Vendez-moi *donc* votre droit d'aînesse.

32 Esaü répondit : Je me meurs, de quoi me servira mon droit d'aînesse ?

33 Jurez-le-moi donc, lui dit Jacob. Esaü le lui jura, et lui vendit son droit d'aînesse.

34 Et ainsi ayant pris du pain et ce plat de lentilles, il mangea et but, et s'en alla, se mettant peu en peine de ce qu'il avait vendu son droit d'aînesse.

CHAPITRE XXVI.

CEPENDANT il arriva une famine en ce pays-là, comme il en était arrivé une au temps d'Abraham ; et Isaac s'en alla à Gérara vers Abimélech, roi des Philistins.

2 Car le Seigneur lui avait apparu, et lui avait dit : N'allez point en Égypte, mais demeurez dans le pays que je vous montrerai.

3 Passez-y quelque temps comme étranger, et je serai avec vous, et vous bénirai ; car je vous donnerai, à vous et à votre race, tous ces pays-ci, pour accomplir le serment que j'ai fait a Abraham, votre père.

4 Je multiplierai vos enfants comme les étoiles du ciel, je donnerai à votre postérité tous ces pays que vous voyez ; et TOUTES LES NATIONS DE LA TERRE SERONT BÉNIES DANS CELUI QUI SORTIRA DE VOUS :

5 parce qu'Abraham a obéi à ma voix, qu'il a gardé mes préceptes et mes commandements, et qu'il a observé les cérémonies et les lois que je lui ai données.

6 Isaac demeura donc à Gérara.

7 Et les habitants de ce pays-là lui demandant qui était Rebecca, il leur répondit : C'est ma sœur. Car il avait craint de leur avouer qu'elle était sa femme, de peur qu'étant frappés de sa beauté, ils ne résolussent de le tuer.

8 Il se passa ensuite beaucoup de temps, et comme il demeurait toujours dans le même lieu, il arriva qu'Abimélech, roi des Philistins, regardant par une fenêtre, vit Isaac qui se jouait avec Rebecca, sa femme.

9 Et l'ayant fait venir, il lui dit : Il est visible que c'est votre femme ; pourquoi avez-vous fait un mensonge, en disant qu'elle était votre sœur ? Il lui répondit : J'ai eu peur qu'on ne me fît mourir à cause d'elle.

10 Abimélech ajouta : Pourquoi nous avez-vous ainsi imposé ? Quelqu'un de nous aurait pu abuser de votre femme, et vous nous auriez fait tomber dans un grand péché. Il fit ensuite cette défense à tout son peuple :

11 Quiconque touchera la femme de cet homme-là, sera puni de mort.

12 Isaac sema ensuite en ce pays-là, et il recueillit l'année même le centuple ; et le Seigneur le bénit.

13 Ainsi son bien s'augmenta beaucoup ; et tout lui profitant il s'enrichissait de plus en plus, jusqu'à ce qu'il devînt extrêmement puissant.

14 Car il possédait une grande multitude de brebis, de troupeaux de bœufs, de serviteurs et de servantes. Ce qui ayant excité contre lui l'envie des Philistins,

15 ils bouchèrent tous les puits que les serviteurs d'Abraham, son père, avaient creusés, et les remplirent de terre.

16 Et Abimélech dit lui-même à Isaac : Retirez-vous d'avec nous, parce que vous êtes devenu beaucoup plus puissant que nous.

17 Isaac s'étant donc retiré, vint au torrent de Gérara pour demeurer en ce lieu,

18 et il fit creuser de nouveau *et déboucher* d'autres puits que les serviteurs d'Abraham, son père, avaient creusés, et que les Philistins *peu* après sa mort avaient remplis de terre ; et il leur donna les mêmes noms que son père leur avait donnés auparavant.

19 Ils fouillèrent aussi au fond du torrent, et ils y trouvèrent de l'eau vive.

20 Mais les pasteurs de Gérara firent encore là une querelle aux pasteurs d'Isaac, en leur disant : L'eau est à nous. C'est pourquoi il appela ce puits, Injustice, à cause de ce qui était arrivé.

21 Ils en creusèrent encore un autre ; et les pasteurs de Gérara les ayant encore querellés, il l'appela, Inimitié.

22 Étant parti de là, il creusa un autre puits, pour lequel ils ne disputèrent point : c'est pourquoi il lui donna le nom de Largeur, en disant : Le Seigneur nous a mis maintenant au large, et nous a fait croître *en biens* sur la terre.

23 Isaac retourna de là à Bersabée ;

24 et la nuit suivante le Seigneur lui apparut, et lui dit : Je suis le Dieu d'Abraham, votre père ; ne craignez point, parce que je suis avec vous. Je vous bénirai, et je multiplierai votre race à cause d'Abraham, mon serviteur.

25 Il éleva donc un autel en ce lieu-là ; et ayant invoqué le nom du Seigneur, il y dressa sa tente, et il commanda à ses serviteurs d'y creuser un puits.

26 Abimélech, Ochozath, son favori, et Phicol, général de son armée, vinrent de Gérara *le trouver* en ce même lieu ;

27 et Isaac leur dit : Pourquoi venez-vous trouver un homme que vous haïssez, et que vous avez chassé d'avec vous ?

28 Ils lui répondirent : Nous avons vu que le Seigneur est avec vous ; c'est pourquoi nous avons résolu de faire avec vous une alliance, qui sera jurée de part et d'autre,

29 afin que vous ne nous fassiez aucun tort, comme nous n'avons touché à rien qui fût à vous, ni rien fait qui pût vous offenser, vous ayant laissé aller en paix, comblé de la bénédiction du Seigneur.

30 Isaac leur fit donc un festin ; et après qu'ils eurent mangé et bu avec lui,

31 ils se levèrent le matin, et l'alliance fut jurée de part et d'autre. Isaac *les reconduisit* étant en fort bonne intelligence avec eux, et les laissa s'en retourner en leur pays.

32 Le même jour les serviteurs d'Isaac vinrent lui dire, qu'ils avaient trouvé de l'eau dans le puits qu'ils avaient creusé.

33 C'est pourquoi il appela ce puits, Abondance : et le nom de Bersabée, *c'est-à-dire, puits d'abondance,* fut donné à la ville, et lui est demeuré jusqu'aujourd'hui.

34 Or Ésaü ayant quarante ans, épousa Judith, fille de Béer, Héthéen ; et Basémath, fille d'Élon, du même pays ;

35 qui toutes deux s'étaient mises mal dans l'esprit d'Isaac et de Rebecca.

CHAPITRE XXVII.

ISAAC étant devenu fort vieux, ses yeux s'obscurcirent de telle sorte qu'il ne pouvait plus voir. Il appela donc Ésaü, son fils ainé, et lui dit : Mon fils. Me voici, dit Ésaü.

2 Son père ajouta : Vous voyez que je suis fort âgé, et que j'ignore le jour de ma mort.

3 Prenez vos armes, votre carquois et votre arc, et sortez ; et lorsque vous aurez pris quelque chose à la chasse,

4 vous me l'apprêterez comme vous savez que je l'aime ; et vous me l'apporterez, afin que j'en mange, et que je vous bénisse avant que je meure.

5 Rebecca entendit ces paroles ; et Ésaü étant allé dans les champs pour faire ce que son père lui avait commandé,

6 elle dit à Jacob, son fils : J'ai entendu votre père qui parlait à votre frère Ésaü, et qui lui disait :

7 Apportez-moi quelque chose de votre chasse, et préparez-moi de quoi manger, afin que je vous bénisse devant le Seigneur avant que je meure.

8 Suivez donc maintenant, mon fils, le conseil que je vais vous donner :

9 Allez-vous-en au troupeau, et apportez-moi deux des meilleurs chevreaux *que vous trouverez,* afin que j'en prépare a votre père une sorte de mets *que je sais* qu'il aime ;

10 et qu'après que vous le lui aurez présenté et qu'il en aura mangé, il vous bénisse avant qu'il meure.

11 Jacob lui répondit : Vous savez que mon frère Ésaü a le corps velu, et que moi je n'ai point de poil.

12 Si mon père vient donc à me toucher *avec la main,* et qu'il s'en aperçoive, j'ai peur qu'il ne croie que je l'ai voulu tromper, et qu'ainsi je n'attire sur moi sa malédiction au lieu de sa bénédiction.

13 Sa mère lui répondit : Mon fils, je me charge moi-même de cette malédiction *que vous craignez :* faites seulement ce que je vous conseille, et allez me quérir ce que je vous dis.

14 Il y alla, l'apporta, et le donna à sa mère, qui en prépara à manger à son père comme elle savait qu'il l'aimait.

15 Elle fit prendre ensuite à Jacob de très-beaux habits d'Ésaü, qu'elle gardait elle-même au logis.

16 Elle lui mit autour des mains la peau de ces chevreaux, et lui en couvrit le cou partout où il était découvert.

17 Puis elle lui donna ce qu'elle avait préparé à manger, et les pains qu'elle avait cuits.

18 Jacob porta le tout devant Isaac, et lui dit : Mon père. Je *vous* entends, dit Isaac : qui êtes-vous, mon fils ?

19 Jacob lui répondit : Je suis Ésaü, votre fils aîné : j'ai fait ce que vous m'avez commandé : levez-vous, mettez-vous sur votre séant, et mangez de ma chasse, afin que vous me donniez votre bénédiction.

20 Isaac dit encore à son fils : Mais comment avez-vous pu, mon fils, en trouver sitôt ? Il lui répondit : Dieu a voulu que ce que je désirais se présentât tout d'un coup à moi.

21 Isaac dit encore : Approchez-vous d'ici, mon fils, afin que je vous touche, et que je reconnaisse si vous êtes mon fils Ésaü, ou non.

22 Jacob s'approcha de son père ; et Isaac l'ayant tâté, dit : Pour la voix, c'est la voix de Jacob ; mais les mains sont les mains d'Ésaü.

23 Et il ne le reconnut point, parce que ses mains étant couvertes de poil parurent toutes semblables à celles de son aîné. Isaac le bénissant donc,

24 lui dit : Êtes-vous mon fils Ésaü ? Je le suis, répondit Jacob.

25 Mon fils, ajouta Isaac, apportez-moi à manger de votre chasse, afin que je vous bénisse. Jacob lui en présenta ; et après qu'il en eut mangé, il lui présenta aussi du vin qu'il but.

26 Isaac lui dit *ensuite* : Approchez-vous de moi, mon fils, et venez me baiser.

27 Il s'approcha *donc* de lui, et le baisa. Et Isaac aussitôt qu'il eut senti la bonne odeur qui sortait de ses habits, lui dit en le bénissant : L'odeur qui sort de mon fils est semblable à celle d'un champ plein *de fleurs* que le Seigneur a comblé de ses bénédictions.

28 Que Dieu vous donne une abondance de blé et de vin, de la rosée du ciel, et de la graisse de la terre !

29 Que les peuples vous soient assujettis, et que les tribus vous adorent ! Soyez le seigneur de vos frères, et que les enfants de votre mère s'abaissent *profondément* devant vous. Que celui qui vous maudira, soit maudit lui-même ; et que celui qui vous bénira, soit comblé de bénédictions !

30 Isaac ne faisait que d'achever ces paroles, et Jacob était *à peine* sorti, lorsque Esaü entra,

31 et que présentant à son père ce qu'il avait apprêté de sa chasse, il lui dit : Levez-vous, mon père ; et mangez de la chasse de votre fils, afin que vous me donniez votre bénédiction.

32 Isaac lui dit : Qui êtes-vous donc ? Esaü lui répondit : Je suis Esaü, votre fils aîné.

33 Isaac fut frappé d'un profond étonnement, et admirant au delà de tout ce qu'on peut croire *ce qui était arrivé*, il lui dit. Qui est donc celui qui m'a déjà apporté de ce qu'il avait pris à la chasse, et qui m'a fait manger de tout avant que vous vinssiez ? et je lui ai donné ma bénédiction, et il sera béni.

34 Esaü à ces paroles de son père jeta un cri furieux : et étant dans une *extrême* consternation, il lui dit : Donnez-moi aussi votre bénédiction, mon père.

35 Isaac lui répondit : Votre frère est venu me surprendre, et il a reçu la bénédiction qui vous était due.

36 C'est avec raison, dit Esaü, qu'il a été appelé Jacob, *c'est-à-dire, supplantateur* ; car voici la seconde fois qu'il m'a supplanté : il m'a enlevé auparavant mon droit d'aînesse ; et présentement il vient encore de me dérober la bénédiction qui m'était due. Mais, mon père, ajouta Esaü, ne m'avez-vous *donc* point réservé aussi une bénédiction ?

37 Isaac lui répondit : Je l'ai établi votre seigneur, et j'ai assujetti à sa domination tous ses frères ; je l'ai affermi dans la possession du blé et du vin ; et après cela, mon fils, que me reste-t-il que je puisse faire pour vous ?

38 Esaü lui repartit : N'avez-vous donc, mon père, qu'une seule bénédiction ? Je vous conjure de me bénir aussi. Il jeta ensuite de grands cris mêlés de larmes.

39 Et Isaac en étant touché, lui dit : Votre bénédiction sera dans la graisse de la terre et dans la rosée du ciel qui vient d'en haut :

40 vous vivrez de l'épée, vous servirez votre frère, et le temps viendra que vous secouerez son joug, et que vous vous en délivrerez.

41 Esaü haïssait donc toujours Jacob à cause de cette bénédiction qu'il avait reçue de son père ; et il disait en lui-même : Le temps de la mort de mon père viendra, et alors je tuerai mon frère Jacob.

42 Ce qui ayant été rapporté à Rebecca, elle envoya quérir son fils Jacob, et lui dit : Voilà votre frère Esaü qui menace de vous tuer.

43 Mais, mon fils, croyez-moi, hâtez-vous de vous retirer vers mon frère Laban, qui est à Haran.

44 Vous demeurerez quelques jours avec lui, jusqu'à ce que la fureur de votre frère s'apaise ;

45 que sa colère se passe, et qu'il oublie ce que vous avez fait contre lui. J'enverrai ensuite *pour* vous faire revenir ici. Pourquoi perdrai-je mes deux enfants en un même jour ?

46 Rebecca dit ensuite à Isaac : La vie m'est devenue ennuyeuse à cause des filles de Heth *qu'Esaü a épousées.* Si Jacob épouse une fille de ce pays-ci, je ne veux plus vivre.

CHAPITRE XXVIII.

ISAAC ayant donc appelé Jacob, le bénit, et lui fit ce commandement : Ne prenez point, lui dit-il, une femme d'entre les filles de Chanaan :

2 mais allez en Mésopotamie qui est en Syrie, en la maison de Bathuel, père de votre mère, et épousez une des filles de Laban, votre oncle.

3 Que le Dieu tout-puissant vous bénisse, qu'il accroisse et qu'il multiplie votre race ; afin que vous soyez le chef de plusieurs peuples.

4 Qu'il vous donne, et à votre postérité après vous, les bénédictions qu'il a promises à Abraham, et qu'il vous fasse posséder la terre où vous demeurez comme étranger, qu'il a promise à votre aïeul !

5 Jacob ayant pris ainsi congé d'Isaac, partit pour se rendre en Mésopotamie qui est en Syrie, chez Laban, fils de Bathuel, Syrien, frère de Rebecca, sa mère.

6 Mais Esaü voyant que son père avait béni Jacob, et l'avait envoyé en Mésopotamie de Syrie, pour épouser une femme de ce pays-là ; qu'après lui avoir donné sa bénédiction, il lui avait fait ce commandement : Vous ne prendrez point de femme d'entre les filles de Chanaan ;

7 et que Jacob obéissant à son père et à sa mère, était allé en Syrie ;

8 ayant vu aussi par expérience que les filles de Chanaan ne plaisaient point à son père,

9 il alla vers *la maison d'*Ismaël, et outre les femmes qu'il avait déjà, il épousa Mahéleth, fille d'Ismaël, fils d'Abraham, et sœur de Nabajoth.

10 Jacob étant donc sorti de Bersabée, allait à Haran ;

11 et étant venu en un certain lieu, comme il voulait s'y reposer après le coucher du soleil, il prit une des pierres qui étaient là, et la mit sous sa tête, et s'endormit dans ce même lieu.

12 Alors il vit en songe une échelle, dont le pied était appuyé sur la terre, et le haut touchait au ciel ; et des anges de Dieu montaient et descendaient le long de l'échelle.

13 Il vit aussi le Seigneur appuyé sur le haut de l'échelle, qui lui dit : Je suis le Seigneur, le Dieu d'Abraham, votre père, et le Dieu d'Isaac. Je vous donnerai à vous et à votre race la terre où vous dormez.

14 Votre postérité sera *nombreuse* comme la poussière de la terre : vous vous étendrez à l'orient et à l'occident, au septentrion et au midi ; et Toutes LES NATIONS DE LA TERRE SERONT BÉNIES EN VOUS, et dans celui qui sortira de vous.

15 Je serai votre protecteur partout où vous irez, je vous ramènerai dans ce pays, et je ne vous quitterai point que je n'aie accompli tout ce que je *vous* ai dit.

16 Jacob s'étant éveillé après son sommeil, dit ces paroles : Le Seigneur est vraiment en ce lieu-ci, et je ne le savais pas.

17 Et dans la frayeur dont il se trouva saisi, il ajouta : Que ce lieu est terrible ! C'est véritablement la maison de Dieu et la porte du ciel.

18 Jacob se levant donc le matin, prit la pierre qu'il avait mise sous sa tête, et l'érigea comme un monument, répandant de l'huile dessus.

19 Il donna aussi le nom de Béthel, *c'est-à-dire, maison de Dieu*, à la ville qui auparavant s'appelait Luza.

20 Et il fit ce vœu en même temps, en disant : Si Dieu demeure avec moi, s'il me protège dans le chemin par lequel je marche, et me donne du pain pour me nourrir, et des vêtements pour me vêtir ;

21 et si je retourne heureusement en la maison de mon père, le Seigneur sera mon Dieu ;

22 et cette pierre que j'ai dressée comme un monument, s'appellera la maison de Dieu ; et je vous offrirai, *Seigneur*, la dîme de tout ce que vous m'aurez donné.

CHAPITRE XXIX.

JACOB continua son chemin, et arriva au pays qui était vers l'orient.

2 Il entra dans un champ où il vit un puits, et trois troupeaux de brebis qui se reposaient auprès ; car c'était de ce puits qu'on abreuvait les troupeaux, et l'entrée en était fermée avec une grande pierre.

3 C'était la coutume de ne lever la pierre que lorsque tous les troupeaux étaient assemblés ; et après qu'ils avaient bu, on la remettait sur l'ouverture du puits.

4 Jacob dit donc aux pasteurs : Mes frères, d'où êtes-vous ? Ils lui répondirent : De Haran.

5 Jacob ajouta : Ne connaissez-vous point Laban, fils de Nachor ? Ils lui dirent : Nous le connaissons.

6 Se porte-t-il bien ? dit Jacob. Ils lui répondirent : Il se porte bien ; et voilà sa fille Rachel qui vient ici avec son troupeau.

7 Jacob leur dit : Il reste encore beaucoup de jour, et il n'est pas temps de remener les troupeaux dans l'étable : faites donc boire présentement les brebis, et ensuite vous les remènerez paître.

8 Ils lui répondirent : Nous ne pouvons le faire, jusqu'à ce que tous les troupeaux soient assemblés, et que nous ayons ôté la pierre de dessus le puits, pour leur donner à boire à *tous ensemble*.

9 Ils parlaient encore, lorsque Rachel arriva avec les brebis de son père : car elle menait paître elle-même le troupeau.

10 Jacob l'ayant vue, et sachant qu'elle était sa cousine *germaine*, et que ces troupeaux étaient à Laban, son oncle, ôta la pierre qui fermait le puits.

11 Et *ensuite* ayant fait boire son troupeau, il la baisa en haussant sa voix et en pleurant ;

12 car il lui avait dit qu'il était le frère de son père, et le fils de Rebecca. Rachel courut aussitôt le dire à son père ;

13 qui ayant appris que Jacob, fils de sa sœur, était venu, courut au-devant de lui, l'embrassa étroitement, et l'ayant baisé plusieurs fois, le mena en sa maison. Lorsqu'il eut su de lui-même le sujet de son voyage,

14 il lui dit : Vous êtes ma chair et mon sang. Et après qu'un mois se fut passé,

15 il dit à Jacob : Faut-il que vous me serviez gratuitement, parce que vous êtes mon frère ? Dites-moi donc quelle récompense vous désirez.

16 Or Laban avait deux filles, dont l'aînée s'appelait Lia, et la plus jeune Rachel.

17 Mais Lia avait les yeux chassieux ; au lieu que Rachel était belle et très-agréable.

18 Jacob ayant donc conçu de l'affection pour elle, dit à Laban : Je vous servirai sept ans pour Rachel, votre seconde fille.

19 Laban lui répondit : Il vaut mieux que je vous la donne qu'à un autre ; demeurez avec moi.

20 Jacob le servit donc sept ans pour Rachel : et ce temps ne lui paraissait que peu de jours, tant l'affection qu'il avait pour elle était grande.

21 Après cela il dit à Laban : Donnez moi ma femme, puisque le temps auquel je dois l'épouser est accompli.

22 Alors Laban fit les noces, ayant invité au festin ses amis qui étaient en fort grand nombre.

23 Et le soir il fit entrer Lia, sa fille, dans la chambre de Jacob,

24 et lui donna une servante *pour la servir*, qui s'appelait Zelpha. Jacob l'ayant prise pour sa femme, reconnut le matin que c'était Lia ;

25 et il dit à son beau-père : D'où vient que vous m'avez traité de cette sorte ? Ne vous ai-je pas servi pour Rachel ? Pourquoi m'avez-vous trompé ?

26 Laban répondit : Ce n'est pas la coutume de ce pays-ci, de marier les filles les plus jeunes avant *les aînées*.

27 Passez la semaine avec celle-ci ; et je vous donnerai l'autre ensuite, pour le temps de sept années que vous me servirez de nouveau.

28 Jacob consentit à ce qu'il voulait : et au bout de sept jours il épousa Rachel,

29 à qui son père avait donné une servante, nommée Bala.

30 Jacob ayant eu enfin celle qu'il avait souhaité d'épouser, il préféra la seconde à l'aînée dans l'affection qu'il lui portait, et servit encore Laban pour elle sept ans.

31 Mais le Seigneur voyant que Jacob avait du mépris pour Lia, la rendit féconde, pendant que sa sœur demeurait stérile.

32 Elle conçut donc, et enfanta un fils qu'elle nomma Ruben, *c'est-à-dire, fils de la vision*, en disant : Le Seigneur a vu mon humiliation ; mon mari m'aimera maintenant.

33 Elle conçut encore, et étant accouchée d'un fils, elle dit : Le Seigneur ayant connu que j'étais méprisée, il m'a donné ce second fils. C'est pourquoi elle le nomma Siméon, *c'est-à-dire, d'un nom qui signifie, écouter.*

34 Elle conçut pour la troisième fois, et étant encore accouchée d'un fils, elle dit ; Maintenant mon mari sera *plus* uni à moi, puisque je lui ai donne trois fils. C'est pourquoi elle le nomma Lévi, *qui signifie, union.*

35 Elle conçut pour la quatrième fois, et étant encore accouchée d'un fils, elle dit : Maintenant je louerai le Seigneur. C'est pourquoi elle lui donna le nom de Juda, *qui signifie, louange* ; et elle cessa pour lors d'avoir des enfants.

CHAPITRE XXX.

RACHEL voyant qu'elle était stérile, porta envie à sa sœur, et elle dit à son mari : Donnez-moi des enfants, ou je mourrai.

2 Jacob lui repondit en colère : Suis-je moi comme Dieu ? et n'est-ce pas lui qui empêche que votre sein ne porte son fruit ?

3 Rachel ajouta : J'ai Bala, ma servante ; allez à elle, afin que je reçoive entre mes bras ce qu'elle enfantera, et que j'aie des enfants d'elle.

4 Elle lui donna donc Bala pour femme.

5 Jacob l'ayant prise, elle conçut, et elle accoucha d'un fils.

6 Alors Rachel dit : Le Seigneur a jugé en ma faveur, et il a exauce ma voix en me donnant un fils. C'est pourquoi elle le nomma Dan, *qui signifie, jugement.*

7 Bala conçut encore, et étant accouchée d'un second fils,

8 Rachel dit de lui : Le Seigneur m'a fait entrer en combat avec ma sœur, et la victoire m'est demeurée. C'est pourquoi elle le nomma Nephthali, *qui signifie, mon combat.*

9 Lia voyant qu'elle avait cessé d'avoir des enfants, donna à son mari Zelpha, sa servante,

10 qui conçut et accoucha d'un fils.

11 Et Lia dit : A la bonne heure ! C'est pourquoi elle le nomma Gad, *c'est-à-dire, prospérité.*

12 Zelpha ayant eu un second fils,

13 Lia dit : C'est pour mon bonheur : car les femmes m'appelleront bienheureuse. C'est pourquoi elle le nomma Aser, *c'est-à-dire, bonheur.*

14 Or Ruben étant sorti à la campagne, lorsque l'on sciait le froment, trouva des mandragores qu'il apporta à Lia, sa mère, à laquelle Rachel dit : Donnez-moi des mandragores de votre fils.

15 Mais elle lui répondit : N'est-ce pas assez que vous m'ayez enlevé mon mari, sans vouloir encore avoir les mandragores de mon fils ? Rachel ajouta : Je consens qu'il dorme avec vous cette nuit, pourvu que vous me donniez de ces mandragores de votre fils.

16 Lors donc que Jacob sur le soir revenait des champs, Lia alla au-devant de lui, et lui dit : Vous viendrez avec moi, parce que j'ai acheté cette grâce, en donnant *à ma sœur* les mandragores de mon fils. Ainsi Jacob dormit avec elle cette nuit-là.

17 Et Dieu exauça ses prières : elle conçut, et elle accoucha d'un cinquième fils,

18 dont elle dit : Dieu m'a récompensée, parce que j'ai donné ma servante à mon mari ; et elle lui donna le nom d'Issachar, *c'est-à-dire, il y a récompense.*

19 Lia conçut encore, et accoucha d'un sixième fils,

20 et elle dit : Dieu m'a fait un excellent don : mon mari demeurera encore cette fois avec moi, parce que je lui ai donné six fils. Et elle le nomma Zabulon, *qui signifie, demeure.*

21 Elle eut ensuite une fille, qu'elle nomma Dina, *qui signifie, jugement.*

22 Le Seigneur se souvint aussi de Rachel ; il l'exauça, et lui ôta sa stérilité.

23 Elle conçut, et elle accoucha d'un fils, en disant : Le Seigneur m'a tirée de l'opprobre où j'ai été.

24 Et lui donnant le nom de Joseph, *qui signifie, accroissement*, elle dit : Que le Seigneur me donne encore un second fils !

25 Joseph étant né, Jacob dit à son beau-père : Laissez-moi aller, afin que je retourne en mon pays, et au lieu de ma naissance.

26 Donnez-moi mes femmes et mes enfants pour lesquels je vous ai servi, afin que je m'en aille. Vous savez quel a été le service que je vous ai rendu.

27 Laban lui répondit : Que je trouve grâce devant vous : j'ai reconnu par expérience, que Dieu m'a béni à cause de vous ;

28 jugez vous-même de la récompense que vous voulez que je vous donne.

29 Jacob lui répondit : Vous savez de quelle manière je vous ai servi, et comment votre bien s'est accru entre mes mains.

30 Vous aviez peu de chose avant que je fusse venu avec vous, et présentement vous voilà devenu riche ; Dieu vous a béni aussitôt que je suis entré en votre maison. Il est donc juste que je songe aussi maintenant à établir ma maison.

31 Laban lui dit : Que vous donnerai-je ? Je ne veux rien, dit Jacob ; mais si vous faites ce que je vais vous demander, je continuerai à mener vos troupeaux, et à les garder.

32 Visitez tous vos troupeaux, et mettez à part *pour vous présentement* toutes les brebis dont la laine est de diverses couleurs : et *à l'avenir* tout ce qui naîtra d'un noir mêlé de blanc, ou tacheté de couleurs différentes, soit dans les brebis ou dans les chèvres, sera ma récompense.

33 Et quand le temps sera venu de faire cette séparation selon notre accord, mon innocence me rendra témoignage devant vous ; et tout ce qui ne sera point tacheté de diverses couleurs, ou de noir mêlé de blanc, soit dans les brebis ou dans les chèvres, me convaincra de larcin.

34 Laban lui répondit : Je trouve bon ce que vous me proposez.

35 Le même jour Laban mit à part les chèvres, les brebis, les boucs et les béliers tachetés et de diverses couleurs. Il donna à ses enfants la garde de tout le troupeau qui n'était que d'une couleur, c'est-à-dire, qui était ou tout blanc ou tout noir.

36 Et il mit l'espace de trois journées de chemin entre lui et son gendre qui conduisait ses autres troupeaux.

37 Jacob prenant donc des branches vertes de peuplier, d'amandier et de plane, en ôta une partie de l'écorce : les endroits d'où l'écorce avait été ôtée parurent blancs, et les autres qu'on avait laissés entiers, demeurèrent verts : ainsi ces branches devinrent de diverses couleurs.

38 Il les mit ensuite dans les canaux qu'on remplissait d'eau, afin que lorsque les troupeaux y viendraient boire, ils eussent ces branches devant les yeux, et qu'ils conçussent en les regardant.

39 Ainsi il arriva que les brebis étant en chaleur, et ayant conçu à la vue des branches, eurent des agneaux tachetés et de diverses couleurs.

40 Jacob divisa son troupeau ; et ayant mis ces branches dans les canaux devant les yeux des béliers, ce qui était tout blanc ou tout noir était à Laban, et le reste à Jacob : ainsi les troupeaux étaient séparés.

41 Lors donc que les brebis devaient concevoir au printemps, Jacob mettait les branches dans les canaux devant les yeux des béliers et des brebis, afin qu'elles conçussent en les regardant.

42 Mais lorsqu'elles devaient concevoir en automne, il ne les mettait point devant elles. Ainsi ce qui était *conçu* en automne fut pour Laban, et ce qui était *conçu* au printemps fut pour Jacob.

43 Il devint de cette sorte extrêmement riche ; et il eut de grands troupeaux, des serviteurs et des servantes, des chameaux et des ânes.

CHAPITRE XXXI.

APRÈS cela Jacob entendit les enfants de Laban qui s'entre-disaient : Jacob a enlevé tout ce qui était à notre père, et il est devenu puissant en s'enrichissant de son bien.

2 Il remarqua aussi que Laban ne le regardait pas du même œil dont il le regardait auparavant.

3 Et de plus le Seigneur même lui dit : Retournez au pays de vos pères et vers votre famille, et je serai avec vous.

4 Il envoya donc quérir Rachel et Lia, et les fit venir dans le champ où il faisait paître ses troupeaux ;

5 et il leur dit : Je vois que votre père ne me regarde plus du même œil dont il me regardait ci-devant ; cependant le Dieu de mon père a été avec moi :

6 et vous savez vous-mêmes que j'ai servi votre père de toutes mes forces.

7 Il a même usé envers moi de tromperie, en changeant dix fois ce que je devais avoir pour récompense ; quoique Dieu ne lui ait pas permis de me faire tort.

8 Lorsqu'il a dit que les animaux de diverses couleurs seraient pour moi, toutes les brebis ont eu des petits de diverses couleurs. Et lorsqu'il a dit au contraire que tout ce qui serait blanc serait pour moi, tout ce qui est né des troupeaux a été blanc.

9 Ainsi Dieu a ôté le bien de votre père pour me le donner.

10 Car le temps où les brebis devaient concevoir étant venu, j'ai levé les yeux, et j'ai vu en songe que les mâles qui couvraient les femelles, étaient marquetés, tachetés et de diverses couleurs.

11 Et l'Ange de Dieu m'a dit en songe : Jacob ! Me voici, lui ai-je dit.

12 Et il a ajouté : Levez vos yeux, et voyez que tous les mâles qui couvrent les femelles, sont marquetés, tachetés et de couleurs différentes. Car j'ai vu tout ce que Laban vous a fait.

13 Je suis le Dieu de Béthel, où vous avez oint la pierre, et où vous m'avez fait un vœu. Sortez donc promptement de cette terre, et retournez au pays de votre naissance.

14 Rachel et Lia lui répondirent : Nous reste-t-il quelque chose du bien et de la part que nous devions avoir dans la maison de notre père ?

15 Ne nous a-t-il pas traitées comme des étrangères ? Ne nous a-t-il pas vendues, et n'a-t-il pas mangé ce qui nous était dû *pour notre travail* ?

16 Mais Dieu a pris les richesses de notre père, et nous les a données et à nos enfants : c'est pourquoi faites tout ce que Dieu vous a commandé.

17 Jacob fit donc monter aussitôt ses femmes et ses enfants sur des chameaux.

18 Et emmenant avec lui tout ce qu'il avait, ses troupeaux, et généralement ce qu'il avait acquis en Mésopotamie, il se mit en chemin pour s'en aller retrouver Isaac, son père, au pays de Chanaan.

19 Or Laban étant allé en ce temps-là faire tondre ses brebis, Rachel déroba les idoles de son père.

20 Et Jacob ayant résolu de se retirer si promptement, ne voulut point découvrir son dessein à son beau-père.

21 Lors donc qu'il s'en fut allé avec tout ce qui était à lui, comme il avait déjà passé le fleuve *d'Euphrate*, et qu'il marchait vers la montagne de Galaad,

22 Laban fut averti le troisième jour, que Jacob s'enfuyait.

23 Et aussitôt ayant pris avec lui ses frères, il le poursuivit durant sept jours, et le joignit à la montagne de Galaad.

24 Mais Dieu lui apparut en songe, et lui dit : Prenez garde de ne rien dire d'offensant à Jacob.

25 Jacob avait déjà tendu sa tente sur la montagne de Galaad ; et Laban l'y ayant joint avec ses frères, y tendit aussi la sienne.

26 Et il dit à Jacob : Pourquoi avez-vous agi de la sorte, en m'enlevant ainsi mes filles sans m'en rien dire, comme si c'étaient des prisonnières de guerre ?

27 Pourquoi avez-vous pris le dessein de vous enfuir sans que je le susse, et pourquoi ne m'avez-vous point averti que vous vouliez vous retirer, afin que j'allasse vous reconduire avec des chants de joie, au bruit des tambours et au son des harpes ?

28 Vous ne m'avez pas seulement permis de donner à mes filles et à mes fils le dernier baiser. Vous n'avez pas agi sagement. Et maintenant

29 je pourrais bien vous rendre le mal pour le mal ; mais le Dieu de votre père me dit hier : Prenez bien garde de ne rien dire d'offensant à Jacob.

30 Vous aviez peut-être envie de retourner vers vos proches, et vous souhaitiez de revoir la maison de votre père ; mais pourquoi m'avez-vous dérobé mes dieux ?

31 Jacob lui répondit : Ce qui m'a fait partir sans vous en avoir averti, c'est que j'ai eu peur que vous ne voulussiez me ravir vos filles par violence.

32 Mais pour le larcin dont vous m'accusez, je consens que quiconque sera trouvé avoir pris vos dieux, soit puni de mort en présence de nos frères. Cherchez partout, et emportez tout ce que vous trouverez à vous ici. En disant cela, il ne savait pas que Rachel avait dérobé ces idoles.

33 Laban étant donc entré dans la tente de Jacob, de Lia, et des deux servantes, ne trouva point ce qu'il cherchait. Il entra ensuite dans la tente de Rachel :

34 mais elle, ayant caché promptement les idoles sous la litière d'un chameau, s'assit dessus ; et lorsqu'il cherchait partout dans la tente sans y rien trouver,

35 elle lui dit : Que mon seigneur ne se fâche pas si je ne puis me lever maintenant devant lui, parce que le mal qui est ordinaire aux femmes vient de me prendre. Ainsi Rachel rendit inutile cette recherche qu'il faisait avec tant de soin.

36 Alors Jacob tout ému fit ce reproche à Laban : Quelle faute avais-je commise ? et en quoi vous avais-je offensé, pour vous obliger de courir après moi avec tant de chaleur,

37 et de fouiller *et renverser* tout ce qui est à moi ? Qu'avez-vous trouvé ici de toutes les choses qui étaient dans votre maison ? faites-le voir devant mes frères et devant les vôtres, et qu'ils soient juges entre vous et moi.

38 Est-ce donc pour cela que j'ai passé vingt années avec vous ? Vos brebis et vos chèvres n'ont point été stériles ; je n'ai point mangé les béliers de votre troupeau ;

39 je ne vous ai rien montré de ce qui avait été pris par les bêtes ; je prenais sur moi tout ce qui avait été perdu, et vous en tenais compte ; et vous exigiez de moi tout ce qui avait été dérobé ;

40 j'étais brûlé par la chaleur pendant le jour, et *transi* de froid pendant la nuit ; et le sommeil fuyait de mes yeux.

41 Je vous ai servi ainsi dans votre maison vingt ans : quatorze pour vos filles, et six pour vos troupeaux. Vous avez aussi changé dix fois ce que je devais avoir pour récompense.

42 Si le Dieu de mon père Abraham, et *le Dieu* que craint Isaac, ne m'eût assisté, vous m'auriez peut-être renvoyé tout nu *de chez vous*. Mais Dieu a regardé mon affliction et le travail de mes mains, et il vous a arrêté cette nuit par ses menaces.

43 Laban lui répondit : Mes filles et mes *petits*-fils, vos troupeaux et tout en que vous voyez est à moi. Que puis-je faire à mes filles et à mes petits-fils ?

44 Venez donc, et faisons une alliance qui serve de témoignage entre vous et moi.

45 Alors Jacob prit une pierre, et en ayant dressé un monument,

46 il dit à ses frères : Apportez des pierres. Et en ayant ramassé plusieurs ensemble, ils en firent un lieu élevé, et mangèrent dessus.

47 Laban le nomma *d'un nom chaldéen qui signifie*, Le monceau du témoin ; et Jacob, *d'un nom hébreu qui signifie*, Le monceau du témoignage, chacun selon la propriété de sa langue.

48 Et Laban dit : Ce lieu élevé sera témoin aujourd'hui entre vous et moi. C'est pourquoi on a appelé ce lieu Galaad, c'est-à-dire, Le monceau du témoin.

49 *Et il ajouta* : Que le Seigneur nous regarde et nous juge, lorsque nous nous serons retirés l'un de l'autre.

50 Si vous maltraitez mes filles, et si vous prenez encore d'autres femmes qu'elles, nul n'est témoin de nos paroles que Dieu, qui est présent et qui nous regarde.

51 Il dit encore à Jacob : Ce lieu élevé et cette pierre que j'ai dressée entre vous et moi,

52 nous serviront de témoin : ce lieu élevé, dis-je, et cette pierre porteront témoignage, si je passe au delà pour aller à vous, ou si vous passez *vous-même* dans le dessein de me faire quelque mal.

53 Que le Dieu d'Abraham et le Dieu de Nachor, que le Dieu de leur père soit notre juge. Jacob jura donc par le Dieu que craignait Isaac, son père ;

54 et après avoir immolé des victimes sur la montagne, il invita ses frères pour manger ensemble : et ayant mangé, ils demeurèrent là *pour y coucher*.

55 Mais Laban se levant avant qu'il fît jour, embrassa ses fils et ses filles, les bénit, et s'en retourna chez lui.

CHAPITRE XXXII.

JACOB continuant son chemin, rencontra des anges de Dieu.

2 Et les ayant vus, il dit : Voici le camp de Dieu. Et il appela ce lieu-là, Mahanaïm, c'est-à-dire, le camp, *ou les deux camps*.

3 Il envoya en même temps des gens devant lui pour donner avis de sa venue à son frère Esaü en la terre de Séir, au pays d'Edom ;

4 et il leur donna cet ordre : Voici la manière dont vous parlerez à Esaü, mon seigneur : Jacob, votre frère, vous envoie dire ceci : J'ai demeuré comme étranger chez Laban, et j'y ai été jusqu'aujourd'hui.

5 J'ai des bœufs, des ânes, des brebis, des serviteurs et des servantes ; et j'envoie maintenant vers mon seigneur, afin que je trouve grâce devant lui.

6 Ceux que Jacob avait envoyés revinrent lui dire : Nous avons été vers votre frère Esaü, et le voici qui vient lui-même en grande hâte au-devant de vous avec quatre cents hommes.

7 *À ces mots* Jacob eut une grande peur ; et dans la frayeur dont il fut saisi, il divisa en deux bandes tous ceux qui étaient avec lui, et les troupeaux, les brebis, les bœufs et les chameaux,

8 en disant : Si Esaü vient attaquer une des troupes, l'autre qui restera sera sauvée.

9 Jacob dit ensuite : Dieu d'Abraham, mon père ! Dieu de mon père Isaac ! Seigneur qui m'avez dit : Retournez, dans votre pays, et au lieu de votre naissance, et je vous comblerai de bienfaits !

10 je suis indigne de toutes vos miséricordes, et de la vérité que vous avez gardée dans toutes les promesses que vous avez faites à votre serviteur. J'ai passé ce fleuve du Jourdain n'ayant qu'un bâton, et je retourne maintenant avec *ces* deux troupes.

11 Délivrez-moi, *je vous prie*, de la main de mon frère Esaü, parce que je le crains extrêmement, de peur qu'à son arrivée il ne passe au fil de l'épée la mère avec les enfants.

12 *Souvenez-vous que* vous m'avez promis de me combler de biens, et de multiplier ma race comme le sable de la mer, dont la multitude est innombrable.

13 Jacob ayant passé la nuit en ce même lieu, il sépara de tout ce qui était à lui, ce qu'il avait destiné pour en faire présent à Esaü, son frère :

14 deux cents chèvres, vingt boucs, deux cents brebis et vingt béliers ;

15 trente femelles de chameaux avec leurs petits, quarante vaches, vingt taureaux, vingt ânesses et dix ânons.

16 Il envoya séparément chacun de ces troupeaux qu'il fit conduire par ses serviteurs, et il leur dit : Marchez toujours devant moi, et qu'il y ait de l'espace entre un troupeau et l'autre.

17 Il dit à celui qui marchait le premier : Si vous rencontrez Esaü mon frère, et qu'il vous demande : A qui êtes-vous ? ou bien : Où allez-vous ? ou : A qui sont ces bêtes que vous menez ?

18 vous lui répondrez : Elles sont à Jacob, votre serviteur, qui les envoie pour présent à mon seigneur Esaü ; et il vient lui-même après nous.

19 Il donna aussi le même ordre au second, au troisième, et à tous ceux qui conduisaient les troupeaux, en leur disant : Lorsque vous rencontrerez Esaü, vous lui direz la même chose.

20 Et vous ajouterez : Jacob, votre serviteur, vient aussi lui-même après nous. Car Jacob disait : Je l'apaiserai par les présents qui vont devant moi ; et ensuite quand je le verrai, peut-être qu'il me regardera favorablement.

21 Les présents marchèrent donc devant Jacob, et pour lui il demeura *pendant* cette nuit dans *son* camp.

22 Et s'étant levé de fort bonne heure, il prit ses deux femmes et leurs deux servantes, avec ses onze fils, et passa le gué de Jaboc.

23 Après avoir fait passer tout ce qui était a lui,

24 il demeura seul *en ce lieu-là*. Et il parut en même temps un homme qui lutta contre lui jusqu'au matin.

25 Cet homme, voyant qu'il ne pouvait le surmonter, lui toucha le nerf de la cuisse, qui se sécha aussitôt :

26 et il lui dit : Laissez-moi aller, car l'aurore commence déjà à paraître. Jacob lui répondit : Je ne vous laisserai point aller que vous ne m'avez béni.

27 Cet homme lui demanda : Comment vous appelez-vous ? Il lui répondit : *Je m'appelle* Jacob.

28 Et le même homme ajouta : On ne vous nommera plus à l'avenir Jacob, mais Israël, *c'est-à-dire, fort contre Dieu* : car si vous avez été fort contre Dieu, combien le serez-vous davantage contre les hommes ?

29 Jacob lui fit ensuite cette demande : Dites-moi, *je vous prie*, comment vous vous appelez. Il lui répondit : Pourquoi demandez-vous mon nom ? Et il le bénit en ce même lieu.

30 Jacob donna à ce lieu-là le nom de Phanuel, *ou Phéniel, c'est-à-dire, la face de Dieu*, en disant : J'ai vu Dieu face à face, et *cependant* mon âme a été sauvée.

31 Aussitôt qu'il eut passé *ce lieu qu'il venait de nommer* Phanuel, il vit le soleil qui se levait ; mais il se trouva boiteux d'une jambe.

32 C'est pour cette raison que jusqu'aujourd'hui les enfants d'Israël ne mangent point du nerf *de la cuisse des bêtes, se souvenant de celui* qui fut touché en la cuisse de Jacob, et qui demeura sans mouvement.

CHAPITRE XXXIII.

JACOB levant ensuite les yeux, vit Esaü qui s'avançait avec quatre cents hommes, et il partagea les enfants de Lia, de Rachel, et des deux servantes.

2 Il mit à la tête les deux servantes avec leurs enfants, Lia et ses enfants au second rang, Rachel et Joseph au dernier.

3 Et lui s'avançant adora Esaü, et se prosterna sept fois en terre jusqu'à ce que son frère fût proche de lui.

4 Alors Esaü courut au-devant de son frère, l'embrassa, le serra étroitement, et le baisa en versant des larmes.

5 Et ayant levé les yeux, il vit les femmes et leurs enfants, et il dit à Jacob : Qui sont ceux-là ? Sont-ils à vous ? Jacob lui répondit : Ce sont les petits enfant que Dieu a donnés à votre serviteur.

6 Et les servantes s'approchant avec leurs enfants, le saluèrent profondément.

7 Lia s'approcha ensuite avec ses enfants, et l'ayant aussi adoré, Joseph et Rachel l'adorèrent les derniers.

8 Alors Esaü lui dit : Quelles sont ces troupes que j'ai rencontrées ? Jacob lui répondit : *Je les ai envoyées* pour trouver grâce devant mon seigneur.

9 Esaü lui répondit : J'ai des biens en abondance, mon frère ; gardez pour vous ce qui est à vous.

10 Jacob ajouta : N'en usez pas ainsi, je vous prie ; mais si j'ai trouvé grâce devant vous, recevez de ma main ce petit présent. Car j'ai vu *aujourd'hui* votre visage comme si je voyais le visage de Dieu. Soyez-moi *donc* favorable,

11 et recevez ce présent que je vous ai offert, et que j'ai reçu de Dieu qui donne toutes choses. Esaü, après ces instances de son frère, reçut avec peine ce qu'il lui donnait.

12 Et il lui dit : Allons ensemble, et je vous accompagnerai dans votre chemin.

13 Jacob lui répondit : Vous savez, mon seigneur, que j'ai avec moi des enfants fort petits, et des brebis et des vaches pleines : si je les lasse en les faisant marcher trop vite, tous mes troupeaux mourront en un même jour.

14 Que mon seigneur marche donc devant son serviteur, et je le suivrai tout doucement, selon que je verrai que mes petits pourront le faire, jusqu'à ce que j'arrive chez mon seigneur en Séir.

15 Esaü lui dit : Je vous prie qu'il demeure au moins quelques-uns des gens que j'ai avec moi pour vous accompagner dans votre chemin. Jacob lui répondit : Cela n'est pas nécessaire ; je n'ai

besoin, mon seigneur, que d'une seule chose, qui est de trouver grâce devant vous.

16 Esaü s'en retourna donc le même jour en Séir, par le même chemin qu'il était venu.

17 Et Jacob vint à Socoth, où ayant bâti une maison et dressé ses tentes, il appela ce lieu-là Socoth, qui veut dire, les tentes.

18 Il passa ensuite jusqu'à Salem, qui est une ville des Sichimites, dans le pays de Chanaan, et il demeura près de cette ville depuis son retour de Mésopotamie qui est en Syrie.

19 Il acheta une partie du champ dans lequel il avait dressé ses tentes, et en paya cent agneaux aux enfants d'Hémor, père de Sichem.

20 Et ayant dressé là un autel, il y invoqua le Dieu très-fort d'Israël.

CHAPITRE XXXIV.

ALORS Dina, fille de Lia, sortit pour voir les femmes de ce pays-là.

2 Et Sichem, fils d'Hémor, Hévéen, prince du pays, l'ayant vue, conçut un grand amour pour elle, l'enleva, *et* dormit avec elle par force et par violence.

3 Son cœur demeura fortement attaché à cette fille ; et la voyant triste, il tâcha de la gagner par ses caresses.

4 Il alla ensuite trouver Hémor, son père, et il lui dit : Faites-moi épouser cette fille.

5 Jacob ayant été averti de cette violence, lorsque ses enfants étaient absents et occupés à la conduite de leurs troupeaux, il ne parla de rien jusqu'à ce qu'ils furent revenus.

6 Cependant Hémor, père de Sichem, vint pour lui parler.

7 En même temps les enfants de Jacob revinrent des champs ; et ayant appris ce qui était arrivé, ils entrèrent dans une grande colère, à cause de l'action honteuse que cet homme avait commise contre *la maison d'*Israël, en violant et traitant si outrageusement la fille de Jacob.

8 Hémor leur parla donc, et leur dit : Le cœur de mon fils Sichem est fortement attaché à votre fille. Donnez-la-lui *donc*, afin qu'il l'épouse.

9 Allions-nous réciproquement les uns avec les autres : donnez-nous vos filles en mariage, et prenez aussi les nôtres.

10 Habitez avec nous : la terre est en votre puissance : cultivez-la, trafiquez-y, et possédez.

11 Sichem dit aussi au père et aux frères de la fille : Que je trouve grâce devant vous, et je vous donnerai tout ce que vous désirerez.

12 Faites monter ses droits *aussi haut que vous voudrez*, demandez des présents, et je vous donnerai de tout mon cœur ce que vous voudrez : donnez-moi seulement cette fille, afin que je l'épouse.

13 Les enfants de Jacob, transportés de colère à cause de l'outrage fait à leur sœur, répondirent frauduleusement à Sichem et à son père, *et leur dirent* :

14 Nous ne pouvons faire ce que vous demandez, ni donner notre sœur à un homme incirconcis, ce qui est une chose défendue et abominable parmi nous.

15 Mais nous pourrons bien faire alliance avec vous, pourvu que vous vouliez devenir semblables à nous, et que tous les mâles qui sont parmi vous soient circoncis.

16 Nous vous donnerons alors nos filles en mariage, et nous prendrons les vôtres : nous demeurerons avec vous, et nous ne ferons plus qu'un peuple.

17 Si vous ne voulez point être circoncis, nous reprendrons notre fille, et nous nous retirerons.

18 Cette offre plut à Hémor et à Sichem, son fils ;

19 et ce jeune homme ne différa pas davantage a exécuter ce qu'on lui avait proposé ; parce qu'il aimait cette fille avec passion. Or il était le plus considéré dans la maison de son père.

20 Etant donc entrés *dans l'assemblée qui se tenait* à la porte de la ville, ils parlèrent ainsi au peuple :

21 Ces personnes sont des gens paisibles, qui veulent habiter avec nous : permettons-leur de trafiquer dans cette terre et de la labourer, étant spacieuse et étendue comme elle est, et ayant besoin de gens qui s'appliquent à la cultiver : nous prendrons leurs filles en mariage, et nous leur donnerons les nôtres.

22 Il n'y a qu'une chose qui pourrait différer un si grand bien, qui est qu'auparavant nous devons circoncire tous les mâles parmi nous, pour nous conformer à la coutume de ce peuple ;

23 après cela leurs biens, leurs troupeaux, et tout ce qu'ils possèdent, sera à nous : donnons-leur seulement cette satisfaction, et nous demeurerons ensemble pour ne faire plus qu'un même peuple.

24 Ils s'accordèrent tous à cette proposition : et tous les mâles furent circoncis.

25 Mais le troisième jour d'après, lorsque la douleur des plaies *de la circoncision* est plus violente, deux des enfants de Jacob, Siméon et Levi, qui étaient frères utérins de Dina, entrèrent hardiment dans la ville l'épée à la main, tuèrent tous les mâles,

26 et entre autres Hémor et Sichem ; et ensuite ils emmenèrent de la maison de Sichem leur sœur Dina.

27 Après qu'ils furent sortis, les autres enfants de Jacob se jetèrent sur les morts, pillèrent toute la ville pour venger l'outrage fait à leur sœur ;

28 prirent les brebis, les bœufs, et les ânes des habitants, ruinèrent tout ce qui était dans les maisons et dans les champs,

29 et emmenèrent leurs femmes captives avec leurs petits enfants.

30 Après cette exécution si violente, Jacob dit à Siméon et à Lévi : Vous m'avez mis tout en désordre, et vous m'avez rendu odieux aux Chananéens et aux Phérézéens qui habitent ce pays. Nous ne sommes que peu de monde ; ils s'assembleront tous pour m'attaquer, et ils me perdront avec toute ma maison.

31 Ses enfants lui répondirent : Devaient-ils abuser *ainsi* de notre sœur comme d'une prostituée ?

CHAPITRE XXXV.

CEPENDANT Dieu parla à Jacob, et lui dit : Allez promptement à Béthel ; demeurez-y, et y dressez un autel au Dieu qui vous apparut lorsque vous fuyiez Esaü, votre frère.

2 Alors Jacob ayant assemblé tous ceux de sa maison, leur dit : Jetez loin de vous les dieux étrangers qui sont au milieu de vous ; purifiez-vous, et changez de vêtements.

3 Venez, allons à Béthel pour y dresser un autel à Dieu qui m'a exaucé au jour de mon affliction, et qui m'a accompagné pendant mon voyage.

4 Ils lui donnèrent donc tous les dieux étrangers qu'ils avaient, et les pendants d'oreilles qui y étaient *attachés* : et Jacob les cacha dans la terre, sous un térébinthe qui est derrière la ville de Sichem.

5 S'étant mis alors en chemin, Dieu frappa de terreur toutes les villes voisines, et ils n'osèrent les poursuivre dans leur retraite.

6 Ainsi Jacob, et tout le peuple qui était avec lui, vint à Luza, surnommée Béthel, qui est dans le pays de Chanaan.

7 Il y bâtit un autel, et nomma ce lieu, La maison de Dieu ; parce que Dieu lui avait apparu en ce lieu-là lorsqu'il fuyait Esaü, son frère.

8 En ce même temps Débora, nourrice de Rebecca, mourut, et fut enterrée sous un chêne au pied *de la montagne* de Béthel ; et ce lieu fut nommé le Chêne des pleurs.

9 Or Dieu apparut encore à Jacob depuis son retour de Mésopotamie qui est en Syrie ; il le bénit,

10 et lui dit : Vous ne serez plus nommé Jacob, mais Israël sera votre nom ; et Dieu le nomma Israël.

11 Il lui dit encore : Je suis le Dieu tout-puissant, croissez et multipliez-vous : vous serez le chef des nations et d'une multitude de peuples, et des rois sortiront de vous.

12 Je vous donnerai, et à votre race après vous, la terre que j'ai donnée à Abraham et à Isaac.

13 Dieu se retira ensuite.

14 Et Jacob dressa un monument de pierre au même lieu où Dieu lui avait parlé ; il offrit du vin dessus, et y répandit de l'huile ;

15 et il appela ce lieu, Béthel, *maison de Dieu*.

16 Après qu'il fut parti de ce lieu-là, il vint au printemps sur le chemin qui mène à Ephrata, où Rachel étant en travail,

17 et ayant grande peine à accoucher, elle se trouva en péril de sa vie. La sage-femme lui dit : Ne craignez point ; car vous aurez encore ce fils.

18 Mais Rachel qui sentait que la violence de la douleur la faisait mourir, étant près d'expirer, nomma son fils Bénoni, c'est-à-dire, le fils de ma douleur ; et le père le nomma Benjamin, c'est-à-dire, le fils de la droite, *ou le fils de la vieillesse*.

19 Rachel mourut donc ; et elle fut ensevelie dans le chemin qui conduit à la ville d'Ephrata, appelée *depuis* Bethléem.

20 Jacob dressa un monument *de pierres* sur son sépulcre. C'est ce monument de Rachel que l'on voit encore aujourd'hui.

21 Apres qu'il fut sorti de ce lieu, il dressa sa tente au delà de la Tour du troupeau.

22 Et lorsqu'il demeurait en ce lieu-là, Ruben dormit avec Bala, qui était femme de son père ; et cette action ne put lui être cachée. Or Jacob avait douze fils :

23 Les fils de Lia *étaient* Ruben, l'aîné de tous, Siméon, Lévi, Juda, Issachar et Zabulon.

24 Les fils de Rachel *sont* Joseph et Benjamin.

25 Les fils de Bala, servante de Rachel, Dan et Nephthali.

26 Les fils de Zelpha, servante de Lia, Gad et Aser. Ce sont là les fils de Jacob qu'il eut en Mésopotamie qui est en Syrie, *excepté Benjamin*.

27 Jacob vint ensuite trouver Isaac, son père, en *la plaine de* Mambré, à la ville d'Arbée, appelée *depuis* Hébron, où Abraham et Isaac avaient demeuré comme étrangers.

28 Isaac avait alors cent quatre-vingts ans accomplis.

29 Et ses forces étant épuisées par son *grand* âge, il mourut. Ayant donc achevé sa carrière dans une extrême vieillesse, il fut réuni à son peuple : et ses enfants Esaü et Jacob l'ensevelirent.

CHAPITRE XXXVI.

VOICI le dénombrement des enfants d'Esaü, appelé *aussi* Edom.

2 Esaü épousa des femmes d'entre les filles de Chanaan : Ada, *ou Basémath,* fille d'Elon, Héthéen ; et Oolibama, *ou Judith,* fille d'Ann, *qui était* fille de Sébéon, Hévéen, *ou Héthéen*.

3 Il épousa aussi Basémath,*ou Mahéleth,* fille d'Ismaël et sœur de Nabajoth.

4 Ada enfanta Eliphaz ; Basémath fut mère de Rahuel.

5 Oolibama eut pour fils Jéhus, Ihélon et Coré. Ce sont là les fils d'Esaü qui lui naquirent au pays de Chanaan.

6 Or Esaü prit ses femmes, ses fils, ses filles, et toutes les personnes de sa maison, son bien, ses bestiaux, et tout ce qu'il possédait dans la terre de Chanaan, s'en alla en un autre pays, et se retira d'auprès de son frère Jacob.

7 Car comme ils étaient extrêmement riches, ils ne pouvaient demeurer ensemble ; et la terre où ils étaient comme étrangers, ne pouvait les contenir à cause de la multitude de leurs troupeaux.

8 Esaü, appelé *aussi* Edom, habita *donc* sur la montagne de Séir.

9 or voici les *noms des petits-fils* d'Esaü, père des Iduméens *qui lui naquirent* sur la montagne de Séir.

10 Voici les noms de ses enfants : Eliphaz fut fils d'Ada femme d'Esaü, et Rahuel fils de Basémath, qui fut *aussi* sa femme.

11. Les fils d'Eliphaz furent Théman, Omar, Sépho, Gatham et Cénez.

12 Eliphaz fils d'Esaü avait encore une femme *nommée* Thamna, qui lui enfanta Amalec. Ce sont là les *petits-*fils d'Ada, femme d'Esaü.

13 Les fils de Rahuel *furent* Nahath, Zara, Samma, et Méza. Ce sont là les petits-fils de Basémath, femme d'Esaü.

14 Jéhus, Ihélon et Coré, furent fils d'Oolibama, femme d'Esaü ; elle était fille d'Ana, et *Ana* fille de Sébéon.

15 Les princes d'entre les enfants d'Esaü, *furent d'entre* les fils d'Eliphaz, fils aîné d'Esaü ; le prince Théman, le prince Omar, le prince Sépho, le prince Cénez,

16 le prince Coré, le prince Gatham, le prince Amalech. Ce sont là les petits-fils d'Eliphaz, *qui étaient* dans le pays d'Edom, et les petits-fils d'Ada.

17 *D'entre* les enfants de Rahuel, fils d'Esaü, furent le prince Nahath, le prince Zara, le prince Samma, le prince Méza. Ce sont là les princes sortis de Rahuel au pays d'Edom, et ce sont les *petits-*fils de Basémath, femme d'Esaü.

18 *D'entre* les fils d'Oolibama, femme d'Esaü, *furent* le prince Jéhus, le prince Ihélon, le prince Coré. Ce sont là les princes sortis d'Oolibama, fille d'Ana et femme d'Esaü.

19 Voilà *donc tous* les fils d'Esaü appelé *aussi* Edom, et ceux d'entre eux qui ont été princes.

20 Les fils de Séir, Horréen, qui habitaient alors ce pays-là, sont Lotan, Sobal, Sébéon, Ana,

21 Dison, Eser et Disan. Ce sont là les princes horréens fils de Séir dans le pays d'Edom.

22 Les fils de Lotan *furent* Hori et Héman ; et ce Lotan avait une sœur *nommée* Thamna.

23 Les fils de Sobal *furent* Alvan, Manahat, Ebal, Sépho, et Onam.

24 Les fils de Sébéon *furent* Aïa et Ana. C'est cet Ana qui trouva des eaux chaudes dans la solitude, lorsqu'il conduisait les ânes de Sébéon son père.

25 *Ana* eut un fils *nommé* Dison, et une fille *nommée* Oolibama.

26. Les fils de Dison *furent* Hamdan, Eséban, Jéthram, et Charan.

27. Les fils d'Eser *furent* Balaan, Zavan, et Acan.

28. Les fils de Disan *furent* Hus et Aram.

29. Les princes des Horréens *furent ceux qui suivent* : le prince Lotan, le prince Sobal, le prince Sébéon, le prince Ana,

30 le prince Dison, le prince Eser, le prince Disan. Ce sont là les princes des Horréens qui commandèrent dans le pays de Séir.

31 Les rois qui régnèrent au pays d'Edom avant que les enfants d'Israël eussent un roi, furent ceux-ci :

32 Bêla, fils de Béor ; et sa ville s'appelait Dénaba.

33 Bêla étant mort, Jobab, fils de Zara, de Bosra, régna en sa place.

34 Après la mort de Jobab, Husam, qui était du pays des Thémanites, lui succéda au royaume.

35 Celui-ci étant mort, Adad, fils de Badad, régna après lui. *Ce fut lui* qui défit les Madianites au pays de Moab : sa ville s'appelait Avith.

36 Adad étant mort, Semla, qui était de Masréca, lui succéda au royaume.

37 Après la mort de Semla, Saül, qui était *des environs* du fleuve de Rohoboth, régna en sa place.

38 Saül étant mort, Balanan, fils d'Achobor, lui succéda au royaume.

39 Après la mort de Balanan, Adar régna en sa place. Sa ville s'appelait Phaü, et sa femme se nommait Meétabel, fille de Matred, *qui était fille* de Mézaab.

40 Les noms des princes *sortis* d'Esaü, selon leurs familles, les lieux de leur demeure, et les peuples qui en ont été nommés, furent ceux-ci : Le prince Thamna, le prince Alva, le prince Jétheth,

41 le prince Oohbama, le prince Ela, le prince Phinon,

42 le prince Cénez, le prince Théman, le prince Mabsar,

43 le prince Magdiel et le prince Hiram. Ce sont là les princes *sortis* d'Edom, qui ont habité dans les terres de son empire. C'est cet *Edom, appelé aussi* Esaü, *qui fut le* père des Iduméens.

CHAPITRE XXXVII.

JACOB demeura dans le pays de Chanaan, où son père avait été comme étranger.

2 Et voici ce qui regarde sa famille : Joseph, âgé de seize ans, et n'étant encore qu'enfant, conduisait le troupeau *de son père* avec ses frères, et il était avec les enfants de Bala et de Zelpha, femmes de son père. Il accusa alors ses frères devant son père d'un crime énorme.

3 Israël aimait Joseph plus que tous ses autres enfants, parce qu'il

l'avait eu étant déjà vieux, et il lui avait fait faire une robe de plusieurs couleurs.

4 Ses frères voyant donc que leur père l'aimait plus que tous ses autres enfants, le haïssaient, et ne pouvaient lui parler avec douceur.

5 Il arriva aussi que Joseph rapporte à ses frères un songe qu'il avait eu, qui fut *encore* la semence d'une plus grande haine.

6 Car il leur dit : Ecoutez le songe que j'ai eu :

7 Il me semblait que je liais avec vous des gerbes dans les champs ; que ma gerbe se leva et se tint debout, et que les vôtres étant autour de la mienne, l'adoraient.

8 Ses frères lui répondirent : Est-ce que vous serez notre roi, et que nous serons soumis à votre puissance ? Ces songes et ces entretiens allumèrent donc encore davantage l'envie et la haine qu'ils avaient contre lui.

9 Il eut encore un autre songe qu'il raconta à ses frères en leur disant : J'ai cru voir en songe que le soleil et la lune, et onze étoiles m'adoraient.

10 Lorsqu'il eut rapporté ce songe à son père et à ses frères, son père lui en fit réprimande, et lui dit : Que voudrait dire ce songe que vous avez eu ? Est-ce que votre mère, vos frères et moi, nous vous adorerons sur la terre ?

11 Ainsi ses frères étaient transportés d'envie contre lui : mais le père considérait tout ceci *avec attention* et dans le silence.

12 Il arriva alors que les frères de Joseph s'arrêtèrent à Sichem, où ils faisaient paître les troupeaux de leur père.

13 Et Israël dit à Joseph : Vos frères font paître nos brebis dans le pays de Sichem. Venez *donc*, et je vous enverrai vers eux.

14 Je suis tout prêt, lui dit Joseph. *Jacob ajouta* : Allez, et voyez si vos frères se portent bien, et si les troupeaux sont en bon état ; et vous me rapporterez ce qui se passe. Ayant *donc* été envoyé de la vallée d'Hébron, il vint à Sichem :

15 et un homme l'ayant trouvé errant dans la campagne, lui demanda ce qu'il cherchait.

16 Il lui répondit : Je cherche mes frères ; je vous prie de me dire où ils font paître leurs troupeaux.

17 Cet homme lui répondit : Ils se sont retirés de ce lieu ; et j'ai entendu qu'ils se disaient : Allons vers Dothaïn. Joseph alla donc après ses frères ; et il les trouva dans *la plaine de* Dothaïn.

18 Lorsqu'ils l'eurent aperçu de loin, avant qu'il se fût approché d'eux ils résolurent de le tuer ;

19 et ils se disaient l'un à l'autre : Voici notre songeur qui vient.

20 Allons, tuons-le, et le jetons dans cette vieille citerne : nous dirons qu'une bête sauvage l'a dévoré ; et après cela on verra à quoi ses songes lui auront servi.

21 Ruben les ayant entendus parler ainsi, tâchait de le tirer d'entre leurs mains, et il *leur* disait :

22 Ne le tuez point, et ne répandez point son sang ; mais jetez-le dans cette citerne qui est dans le désert, et conservez vos mains pures. Il disait ceci dans le dessein de le tirer de leurs mains, et de le rendre à son père.

23 Aussitôt donc que *Joseph* fut arrivé près de ses frères, ils lui ôtèrent sa robe de plusieurs couleurs, qui le couvrait jusqu'en bas ;

24 et ils le jetèrent dans cette vieille citerne qui était sans eau.

25 S'étant ensuite assis pour manger, ils virent des Ismaélites qui passaient, et qui venant de Galaad portaient sur leurs chameaux des parfums, de la résine et de la myrrhe, et s'en allaient en Égypte.

26 Alors Juda dit à ses frères : Que nous servira d'avoir tué notre frère, et d'avoir caché sa mort ?

27 Il vaut mieux le vendre à ces Ismaélites, et ne point souiller nos mains *de son sang* ; car il est notre frère et notre chair. Ses frères consentirent à ce qu'il disait.

28 L'ayant donc tiré de la citerne, et voyant ces marchands madianites qui passaient, ils le vendirent vingt pièces d'argent aux Ismaélites, qui le menèrent en Égypte.

29 Ruben étant retourné à la citerne, et n'y ayant point trouvé l'enfant,

30 déchira ses vêtements, et vint dire à ses frères : L'enfant ne paraît *plus*, et que deviendrai-je ?

31 Après cela ils prirent la robe de Joseph ; et l'ayant trempée dans le sang d'un chevreau qu'ils avaient tué,

32 ils l'envoyèrent à *son* père, lui faisant dire par ceux qui la lui portaient : Voici une robe que nous avons trouvée, voyez si c'est celle de votre fils, ou non.

33 Le père l'ayant reconnue, dit : C'est la robe de mon fils ; une bête cruelle l'a dévoré, une bête a dévoré Joseph.

34 Et ayant déchiré ses vêtements, il se couvrit d'un cilice, pleurant son fils fort longtemps.

35 Alors tous ses enfants s'assemblèrent, pour tâcher de soulager leur père dans sa douleur : mais il ne voulut point recevoir de consolation, et il leur dit : Je pleurerai toujours jusqu'à ce que je descende avec mon fils au fond de la terre. Ainsi il continua toujours de pleurer.

36 Cependant les Madianites vendirent Joseph en Égypte à Putiphar, eunuque de Pharaon, et général de ses troupes.

CHAPITRE XXXVIII.

EN ce même temps Juda quitta ses frères, et vint chez un homme d'Odollam, qui s'appelait Hira.

2 Et ayant vu en ce lieu la fille d'un homme chananéen, nommé Sué, il l'épousa, et vécut avec elle.

3 Elle conçut *ensuite*, et elle enfanta un fils qu'il nomma Her.

4 Ayant conçu une seconde fois, elle eut encore un fils qu'elle nomma Onan.

5 Et elle en enfanta encore un troisième, qu'elle nomma Séla, après lequel elle cessa d'avoir des enfants.

6 Juda fit épouser à Her, son fils aîné, *une fille* nommée Thamar.

7 Ce Her, fils aîné de Juda, fut un très-méchant homme ; et le Seigneur le frappa de mort.

8 Juda dit donc à Onan, son second fils : Epousez la femme de votre frère, et vivez avec elle, afin que vous suscitiez des enfants à votre frère.

9 Onan voyant la femme de son frère aîné, et sachant que les enfants qui naîtraient d'elle ne seraient pas à lui, empêchait, *par une action exécrable,* qu'elle ne devînt mère, de peur que ses enfants ne portassent le nom de son frère.

10 C'est pourquoi le Seigneur le frappa *de mort*, parce qu'il faisait une chose détestable.

11 Juda dit donc à Thamar, sa belle-fille : Demeurez veuve dans la maison de votre père, jusqu'à ce que mon fils Séla devienne grand ; car il avait peur que Séla ne mourût aussi comme ses autres frères. Ainsi Thamar retourna demeurer dans la maison de son père.

12 Beaucoup de temps s'étant passé, la fille de Sué, femme de Juda, mourut. Juda après l'avoir pleurée, et s'être consolé de cette perte, alla à Thamna, avec Hira, d'Odollam, le pasteur de ses troupeaux, pour voir ceux qui tondaient ses brebis.

13 Thamar ayant été avertie que Juda, son beau-père, allait à Thamna pour *faire* tondre ses brebis,

14 quitta ses habits de veuve, se couvrit d'un grand voile ; et s'étant déguisée, s'assit dans un carrefour sur le chemin de Thamna : parce que Séla étant en âge d'être marié, Juda ne le lui avait point fait épouser.

15 Juda l'ayant vue, s'imagina que c'était une femme de mauvaise vie, parce qu'elle s'était couvert le visage, de peur d'être reconnue.

16 Et s'approchant d'elle, il lui parla pour la faire consentir au *mauvais* désir qu'il avait ; car il ne savait pas que ce fût sa belle-fille. Elle lui répondit : Que me donnerez-vous pour ce que vous me demandez ?

17 Je vous enverrai, dit-il, un chevreau de mon troupeau. Elle repartit : Je consentirai à ce que vous voulez, pourvu que vous me donniez un gage en attendant que vous m'envoyiez ce que vous me promettez.

18 Que voulez-vous que je vous donne pour gage ? lui dit Juda. Elle lui répondit : Donnez-moi votre anneau, votre bracelet, et le

bâton que vous tenez à la main. Ainsi elle conçut de lui,

19 et s'en alla aussitôt ; et ayant quitté l'habit qu'elle avait pris, elle se revêtit de ses habits de veuve.

20 Juda envoya ensuite le chevreau par son pasteur qui était d'Odollam, afin qu'il retirât le gage qu'il avait donné à cette femme. Mais ne l'ayant point trouvée,

21 il demanda aux habitants de ce lieu : Où est une femme qui était assise dans ce carrefour ? Tous lui répondirent, qu'il n'y avait point eu en cet endroit de femme débauchée.

22 *Ainsi* il retourna à Juda, et lui dit : Je ne l'ai point trouvée ; et même les habitants de ce lieu m'ont dit que jamais femme de mauvaise vie ne s'était assise en cet endroit.

23 Juda dit : Qu'elle garde ce qu'elle a ; elle ne peut pas au moins m'accuser d'avoir manqué à ma parole. J'ai envoyé le chevreau que je lui avais promis, et vous ne l'avez point trouvée.

24 Mais trois mois après on vint dire à Juda : Thamar, votre belle-fille, est tombée en fornication, car on commence à s'apercevoir qu'elle est grosse. Juda répondit : Qu'on la produise en public, afin qu'elle soit brûlée.

25 Et lorsqu'on la menait au supplice, elle envoya dire à son beau-père : J'ai conçu de celui à qui sont ces gages. Voyez à qui est cet anneau, ce bracelet, et ce bâton.

26 Juda ayant reconnu ce qu'il lui avait donné, dit : Elle a moins de tort que moi : parce que j'ai manqué en ne la faisant point épouser à Séla, mon fils. Il ne la connut point néanmoins depuis.

27 Comme elle fut sur le point d'accoucher, il parut qu'il y avait deux jumeaux dans son sein. Et lorsque ces enfants étaient près de sortir, l'un des deux passa sa main, à laquelle la sage-femme lia un ruban d'écarlate, en disant :

28 Celui-ci sortira le premier.

29 Mais cet enfant ayant retiré sa main, l'autre sortit. Alors la sage-femme dit : Pourquoi avez-vous *ainsi* rompu le mur *qui vous divisait* ? C'est pourquoi il fut nommé Pharès, *c'est-à-dire, rupture ou division*.

30 Son frère qui avait le ruban d'écarlate à la main, sortit ensuite, et on le nomma Zara, *c'est-à-dire, orient*.

CHAPITRE XXXIX.

JOSEPH ayant donc été mené en Égypte, Putiphar, Egyptien, eunuque de Pharaon, et général de ses troupes, l'acheta des Ismaélites qui l'y avaient amené.

2 Le Seigneur était avec lui, et tout lui réussissait heureusement. Il demeurait dans la maison de son maître,

3 qui savait très-bien que le Seigneur était avec lui, et qu'il le favorisait et le bénissait en toutes ses actions.

4 Joseph ayant donc trouvé grâce devant son maître, se donna tout entier à son service ; et ayant reçu de lui l'autorité sur toute sa maison, il la gouvernait, et prenait soin de tout ce qui lui avait été mis entre les mains.

5 Le Seigneur bénit la maison de l'Egyptien à cause de Joseph, et il multiplia tout son bien, tant à la ville qu'à la campagne :

6 en sorte que *son maître* n'avait d'autre soin que de se mettre à table et de manger, *s'étant déchargé de tout sur Joseph*. Or Joseph était beau de visage, et très-agréable.

7 Longtemps après, sa maîtresse jeta les yeux sur lui, et lui dit : Dormez avec moi.

8 Mais Joseph, ayant horreur de consentir à une action si criminelle, lui dit : Vous voyez que mon maître m'a confié toutes choses, qu'il ne sait pas même ce qu'il a dans sa maison :

9 qu'il n'y a rien qui ne soit en mon pouvoir, et que m'ayant mis tout entre les mains, il ne s'est réservé que vous seule qui êtes sa femme : comment donc pourrais-je commettre un si grand crime, et pécher contre mon Dieu ?

10 Cette femme continua durant plusieurs jours à solliciter Joseph par de semblables paroles, et lui à résistera son infâme désir.

11 Or il arriva un jour que Joseph étant entré dans la maison, et y faisant quelque chose sans que personne fût présent,

12 sa maîtresse le prit par son manteau, et lui dit *encore* : Dormez avec moi. Alors Joseph lui laissant le manteau entre les mains, s'enfuit, et sortit hors du logis.

13 Cette femme se voyant le manteau entre les mains, et *dans la douleur* d'avoir été méprisée,

14 appela les gens de sa maison, et leur dit *en parlant de son mari* : Il nous a amené ici cet Hébreu pour nous faire insulte ; il est venu à moi dans le dessein de me corrompre, et m'étant mise à crier,

15 lorsqu'il a entendu ma voix, il m'a laissé son manteau que je tenais, et s'en est enfui dehors.

16 Lors donc que son mari fut retourné en sa maison, elle lui montra ce manteau qu'elle avait retenu comme une preuve de sa fidélité,

17 et lui dit : Cet esclave hébreu que vous nous avez amené, est venu pour me faire violence :

18 et m'ayant entendu crier, il m'a laissé son manteau que je tenais, et s'en est enfui dehors.

19 Le maître *de Joseph*, trop crédule aux accusations de sa femme, entra à ces paroles dans une grande colère,

20 et fit mettre Joseph en la prison où l'on gardait ceux que le roi faisait arrêter. Il était donc renfermé en ce lieu-là.

21 Mais le Seigneur fut avec Joseph : il en eut compassion, et il lui fit trouver grâce devant le gouverneur de la prison,

22 qui lui remit le soin de tous ceux qui y étaient enfermés. Il ne se faisait rien que par son ordre.

23 Et le gouverneur lui ayant tout confié, ne prenait connaissance de quoi que ce fût ; parce que le Seigneur était avec Joseph, et qu'il le faisait réussir en toutes choses.

CHAPITRE XL.

IL arriva ensuite que deux eunuques du roi d'Egypte, son grand échanson et son grand panetier, offensèrent leur seigneur.

2 Et Pharaon étant en colère contre ces deux officiers, dont l'un commandait à ses échansons, et l'autre à ses panetiers,

3 les fit mettre dans la prison du général de ses troupes, où Joseph était prisonnier.

4 Le gouverneur de la prison les mit entre les mains de Joseph, qui les servait et avait soin d'eux. Quelque temps s'étant passé, pendant lequel ils demeuraient toujours prisonniers,

5 ils eurent tous deux un songe en une même nuit, qui étant expliqué, marquait ce qui devait arriver à chacun d'eux.

6 Joseph entra le matin où ils étaient, et les ayant vus tristes,

7 il leur en demanda le sujet, et leur dit : D'où vient que vous avez le visage plus abattu aujourd'hui qu'à l'ordinaire ?

8 Ils lui répondirent : Nous avons eu *cette nuit* un songe, et nous n'avons personne pour nous l'expliquer. Joseph leur dit : N'est-ce pas à Dieu qu'il appartient de donner l'interprétation des songes ? Dites-moi ce que vous avez vu.

9 Le grand échanson lui rapporta le premier son songe *en ces termes : Il me semblait que* je voyais devant moi un cep de vigne,

10 où il y avait trois provins, qui poussaient peu à peu, premièrement des boutons, ensuite des fleurs, et à la fin des raisins mûrs ;

11 et qu'ayant dans la main la coupe de Pharaon, j'ai pris ces grappes de raisin, je les ai pressées dans la coupe que je tenais, et en ai donné à boire au roi.

12 Joseph lui dit : Voici l'interprétation de votre songe. Les trois provins de la vigne marquent trois jours,

13 après lesquels Pharaon se souviendra du service que vous lui rendiez : il vous rétablira dans votre première charge, et vous lui présenterez à boire selon que vous aviez accoutumé de le faire auparavant dans le rang que vous teniez.

14 Seulement souvenez-vous de moi, je vous prie, quand ce bonheur vous sera arrivé ; et rendez-moi ce bon office, de supplier Pharaon qu'il daigne me tirer de la prison où je suis ;

15 parce que j'ai été enlevé par fraude et par violence du pays des Hébreux, et que l'on m'a renfermé ici étant innocent.

16 Le grand panetier, voyant qu'il avait interprété ce songe si

sagement, lui dit : J'ai en aussi un songe. *Il me semblait* que je portais sur ma tête trois corbeilles de farine,
17 et qu'en celle qui était au-dessus des autres, il y avait de tout ce qui se peut apprêter avec la pâte pour servir sur une table, et que les oiseaux venaient en manger.
18 Joseph lui répondit : Voici l'interprétation de votre songe. Les trois corbeilles signifient *que vous avez* encore trois jours à vivre ;
19 après lesquels Pharaon vous fera couper la tête, et vous fera ensuite attacher à une croix, où les oiseaux déchireront votre chair.
20 Le troisième jour suivant étant celui de la naissance de Pharaon, il fit un grand festin à ses serviteurs, pendant lequel il se souvint du grand échanson et du grand panetier.
21 Il rétablit l'un dans sa charge, afin qu'il continuât à lui présenter la coupe *pour boire* ;
22 et il fit attacher l'autre à une croix : ce qui vérifia l'interprétation que Joseph avait donnée à leurs songes.
23 Cependant le grand échanson se voyant rentré en faveur après sa disgrâce, ne se souvint plus de son interprète.

CHAPITRE XLI.

DEUX ans après, Pharaon eut un songe. Il lui semblait qu'il était sur le bord du fleuve *du Nil*,
2 d'où sortaient sept vaches fort belles et extrêmement grasses, qui paissaient dans des marécages ;
3 qu'ensuite il en sortit sept autres toutes défigurées et extraordinairement maigres, qui paissaient *aussi* sur le bord du même fleuve, en des lieux pleins d'herbes ;
4 et que *ces dernières* dévorèrent les premières qui étaient si grasses et si belles. Pharaon s'étant éveillé,
5 se rendormit, et il eut un second songe. Il vit sept épis pleins de grain et très-beaux, qui sortaient d'une même tige.
6 Il en vit aussi paraître sept autres fort maigres, qu'un vent brûlant avait desséchés,
7 et *ces derniers* dévorèrent les premiers qui étaient si beaux. Pharaon s'étant éveillé,
8 fut saisi de frayeur ; et ayant envoyé dès le matin chercher tous les devins et tous les sages d'Égypte, il leur raconta son songe, sans qu'il s'en trouvât un seul qui pût l'interpréter.
9 Le grand échanson s'étant enfin souvenu *de Joseph*, dit au roi : Je confesse ma faute.
10 Lorsque le roi étant en colère contre ses serviteurs, commanda que je fusse mis avec le grand panetier dans la prison du général de ses troupes,
11 nous eûmes tous deux en une même nuit un songe, qui nous prédisait ce qui nous arriva ensuite.
12 Il y avait alors en cette prison un jeune homme hébreu, serviteur du même général de votre armée ; auquel ayant raconté chacun notre songe,
13 il nous dit tout ce que l'événement confirma depuis : car je fus rétabli dans ma charge, et le grand panetier fut pendu à une croix.
14 Aussitôt Joseph fut tiré de la prison par ordre du roi ; on le rasa, on lui fit changer d'habits, et on le présenta devant ce prince.
15 Alors *Pharaon* lui dit : J'ai eu des songes, et je ne trouve personne qui les interprète ; mais l'on m'a dit que vous aviez une grande lumière pour les expliquer.
16 Joseph lui répondit : Ce sera Dieu, et non pas moi, qui rendra au roi une réponse favorable.
17 Pharaon lui raconta donc ce qu'il avait vu : Il me semblait, *dit-il,* que j'étais sur le bord du fleuve,
18 d'où sortaient sept vaches fort belles et extrêmement grasses, qui paissaient l'herbe dans des marécages ;
19 et qu'ensuite il en sortit sept autres si défigurées et si prodigieusement maigres, que je n'en ai jamais vu de telles en Égypte.
20 Ces dernières dévorèrent et consumèrent les premières,
21 sans qu'elles parussent en aucune i sorte en être rassasiées ; mais *au contraire* elles demeurèrent aussi maigres et aussi affreuses qu'elles étaient auparavant. M'étant éveillé *après ce songe*, je me rendormis,
22 et j'en eus un second. Je vis sept épis pleins de grain et très-beaux, qui sortaient d'une même tige.
23 Il en parut en même temps sept autres fort maigres, qu'un vent brûlant avait desséchés,
24 *et* ces derniers dévorèrent les premiers qui étaient si beaux. J'ai dit mon songe à tous les devins, et je n'en trouve point qui me l'explique.
25 Joseph répondit : Les deux songes du roi signifient la même chose : Dieu a montré à Pharaon ce qu'il fera dans la suite.
26 Les sept vaches si belles, et les sept épis si pleins de grain, que *le roi* a vus en songe, marquent la même chose, et signifient sept années d'abondance.
27 Les sept vaches maigres et défaites, qui sont sorties du fleuve après ces premières ; et les sept épis maigres et frappés d'un vent brûlant, marquent sept années d'une famine qui doit arriver.
28 Et ceci s'accomplira de cette sorte :
29 Il viendra premièrement sept années d'une fertilité extraordinaire dans toute l'Égypte,
30 qui seront suivies de sept autres d'une si grande stérilité, qu'elle fera oublier toute l'abondance qui l'aura précédée (car la famine consumera toute la terre) ;
31 et cette fertilité si extraordinaire sera comme absorbée par l'extrême indigence *qui doit la suivre*.
32 Quant au second songe que vous avez eu, qui signifie la même chose, c'est une marque que cette parole de Dieu sera ferme, et qu'elle s'accomplira infailliblement et bientôt.
33 Il est donc de la prudence du roi, de choisir un homme sage et habile, à qui il donne le commandement sur toute l'Égypte ;
34 afin qu'il établisse des officiers dans toutes les provinces, qui pendant les sept années de fertilité qui vont venir, amassent dans les greniers publics la cinquième partie des fruits de la terre ;
35 que tout le blé *ainsi amassé* soit mis sous la puissance du roi, et qu'on le conserve dans les villes ;
36 afin qu'il soit tout préparé pour les sept années de la famine qui doit accabler l'Égypte, et que ce pays ne soit pas consumé par la faim.
37 Ce conseil plut à Pharaon et à tous ses ministres :
38 et il leur dit : Où pourrions-nous trouver un homme comme celui-ci, qui fût aussi rempli qu'il l'est de l'esprit de Dieu ?
39 Il dit donc à Joseph : Puisque Dieu vous a fait voir tout ce que vous avez dit, où pourrais-je trouver quelqu'un plus sage que vous, ou *même* semblable à vous ?
40 Ce sera *donc* vous qui aurez l'autorité sur ma maison. Quand vous ouvrirez la bouche pour commander, tout le peuple vous obéira : et je n'aurai au-dessus de vous que le trône et la qualité de roi.
41 Pharaon dit encore à Joseph : Je vous établis aujourd'hui pour commander à toute l'Égypte.
42 *En même temps* il ôta son anneau de sa main, et le mit en celle de Joseph ; il le fit revêtir d'une robe de fin lin, et lui mit au cou un collier d'or.
43 Il le fit *ensuite* monter sur l'un de ses chars, qui était le second après le sien, et fit crier par un héraut, que tout le monde eût à fléchir le genou devant lui, et que tous reconnussent qu'il avait été établi pour commander à toute l'Égypte.
44 Le roi dit encore à Joseph : Je suis Pharaon : nul ne remuera ni le pied ni la main dans toute l'Égypte que par votre commandement.
45 Il changea aussi son nom, et l'appela, en langue égyptienne, le Sauveur du monde. Et il lui fit *ensuite* épouser Aseneth, fille de Putipharé, prêtre d'Héliopolis. Après cela Joseph alla visiter l'Égypte :
46 (il avait trente ans lorsqu'il parut devant le roi Pharaon ;) et il fit le tour de toutes les provinces d'Égypte.
47 Les sept années de fertilité vinrent donc ; et le blé ayant été mis en gerbes, fut serré ensuite dans les greniers de l'Égypte.
48 On mit aussi en réserve dans toutes les villes cette grande abondance de grains.

49 Car il y eut une si grande quantité de froment, qu'elle égalait le sable de la mer, et qu'elle ne pouvait pas même se mesurer.
50 Avant que la famine vînt, Joseph eut deux enfants de sa femme Aseneth, fille de Putiphare, prêtre d'Héliopolis.
51 Il nomma l'aîné Manassé, *qui signifie, oubli,* en disant : Dieu m'a fait oublier tous mes travaux, et la maison de mon père.
52 Il nomma le second, Ephraïm, *qui signifie, fructification, ou accroissement,* en disant : Dieu m'a fait croître et fructifier dans la terre *de mon affliction* et de ma pauvreté.
53 Ces sept années de la fertilité d'Égypte étant donc passées,
54 les sept années de stérilité vinrent ensuite, selon la prédiction de Joseph : une grande famine survint dans tout le monde ; mais il y avait du blé dans toute l'Égypte.
55 Le peuple étant pressé de la famine, cria à Pharaon, et lui demanda de quoi vivre. Alors il leur dit : Allez *trouver* Joseph, et faites tout ce qu'il vous dira.
56 Cependant la famine croissait tous les jours dans toute la terre : et Joseph ouvrant tous les greniers, vendait du blé aux Egyptiens, parce qu'ils étaient tourmentés eux-mêmes de la famine.
57 Et on venait de toutes les provinces en Égypte pour acheter de quoi vivre, et pour trouver quelque soulagement dans la rigueur de cette famine.

CHAPITRE XLII.

CEPENDANT Jacob ayant ouï dire qu'on vendait du blé en Égypte, dit à ses enfants : Pourquoi négligez-vous *ce qui regarde notre soulagement* ?
2 J'ai appris qu'on vend du blé en Égypte ; allez y acheter ce qui nous est nécessaire, afin que nous puissions vivre, et que nous ne mourions pas de faim.
3 Les dix frères de Joseph allèrent donc en Égypte pour y acheter du blé ;
4 car Jacob retint Benjamin avec lui, ayant dit à ses frères qu'il craignait qu'il ne lui arrivât quelque accident dans le chemin.
5 Ils entrèrent dans l'Égypte avec les autres qui y allaient pour acheter *du blé* ; parce que la famine était dans le pays de Chanaan.
6 Joseph commandait dans toute l'Egypte, et le blé ne se vendait aux peuples que par son ordre. Ses frères l'ayant donc adoré,
7 il les reconnut ; et leur parlant assez rudement, comme à des étrangers, il leur dit : D'où venez-vous ? Ils lui répondirent : *Nous venons* du pays de Chanaan pour acheter ici de quoi vivre.
8 Et quoiqu'il connût bien ses frères, il ne fut pas néanmoins connu d'eux.
9 Alors se souvenant des songes qu'il avait eus autrefois, il leur dit : Vous êtes des espions, *et* vous êtes venus ici pour considérer les endroits les plus faibles de l'Egypte.
10 Ils lui répondirent : Seigneur, cela n'est pas ainsi ; mais vos serviteurs sont venus ici *seulement* pour acheter du blé.
11 Nous sommes tous enfants d'un seul homme, nous venons avec des pensées de paix, et vos serviteurs n'ont aucun mauvais dessein.
12 Joseph leur répondit : Non, cela n'est pas ; mais vous êtes venus pour remarquer ce qu'il y a de moins fortifié dans l'Egypte.
13 Ils lui dirent : Nous sommes douze frères, *tous* enfants d'un même homme dans le pays de Chanaan, et vos serviteurs. Le dernier de *tous* est avec notre père, et l'autre n'est plus *au monde*.
14 Voilà, dit Joseph, ce que je disais : Vous êtes des espions.
15 Je vais éprouver si vous dites la vérité. Vive Pharaon, vous ne sortirez point d'ici jusqu'à ce que le dernier de vos frères y soit venu.
16 Envoyez l'un de vous pour l'amener : cependant vous demeurerez en prison jusqu'à ce que j'aie reconnu si ce que vous dites est vrai ou faux ; autrement, vive Pharaon, vous êtes des espions.
17 Il les fit donc mettre en prison pour trois jours.
18 Et le troisième jour il les fit sortir de prison, et leur dit : Faites ce que je vous dis, et vous vivrez : car je crains Dieu.

19 Si vous venez ici dans un esprit de paix, que l'un de vos frères demeure lié dans la prison ; et allez-vous-en, *vous autres* ; emportez en votre pays le blé que vous avez acheté,
20 et amenez-moi le dernier de vos frères, afin que je puisse reconnaître si ce que vous dites est véritable, et que vous ne mouriez point. Ils firent ce qu'il leur avait ordonné.
21 Et ils se disaient l'un à l'autre : C'est justement que nous souffrons tout ceci, parce que nous avons péché contre notre frère, et que voyant la douleur de son âme, lorsqu'il nous priait *d'avoir compassion de lui*, nous ne l'écoutâmes point : c'est pour cela que nous sommes tombés dans cette affliction.
22 Ruben, l'un d'entre eux, leur disait : Ne vous dis-je pas *alors* : Ne commettez point un si grand crime contre cet enfant ? Et *cependant* vous ne m'écoutâtes point. C'est son sang maintenant que *Dieu nous* redemande.
23 En s'entretenant ainsi, ils ne savaient pas que Joseph les entendît, parce qu'il leur parlait par un truchement.
24 Mais il se retira pour un peu de temps, et versa des larmes. Et étant revenu, il leur parla *de nouveau*.
25 Il fit prendre Siméon, et le fit lier devant eux ; et il commanda à ses officiers d'emplir leurs sacs de blé, et de remettre dans le sac de chacun d'eux l'argent qu'ils avaient donné, en y ajoutant encore des vivres pour se nourrir pendant le chemin : ce qui fut exécuté aussitôt.
26 Les frères de Joseph s'en allèrent donc, emportant leur blé sur leurs ânes.
27 Et l'un d'eux ayant ouvert son sac dans l'hôtellerie pour donner à manger à son âne, vit son argent à l'entrée du sac,
28 et il dit à ses frères : On m'a rendu mon argent ; le voici dans mon sac. Ils furent tous saisis d'étonnement et de trouble ; et ils s'entre-disaient : Quelle est cette conduite de Dieu sur nous ?
29 Lorsqu'ils furent arrivés chez Jacob, leur père, au pays de Chanaan, ils lui racontèrent tout ce qui leur était arrivé, en disant :
30 Le seigneur de ce pays-là nous a parlé durement, et il nous a pris pour des espions qui venaient observer le royaume.
31 Nous lui avons répondu : Nous sommes gens paisibles, et très-éloignés d'avoir aucun mauvais dessein.
32 Nous étions douze frères, *tous* enfants d'un même père. L'un n'est plus *au monde*, le plus jeune est avec notre père au pays de Chanaan.
33 Il nous a répondu : Je veux éprouver s'il est vrai que vous n'ayez que des pensées de paix. Laissez-moi donc ici l'un de vos frères ; prenez le blé qui vous est nécessaire pour vos maisons, et vous en allez ;
34 et amenez-moi le plus jeune de vos frères, afin que je sache que vous n'êtes point des espions ; que vous puissiez ensuite remener avec vous celui que je retiens prisonnier, et qu'il vous soit permis à l'avenir d'acheter ici ce que vous voudrez.
35 Après avoir ainsi parlé *à leur père*, comme ils jetaient leur blé hors de leurs sacs, ils trouvèrent chacun leur argent lié à l'entrée du sac, et ils en furent tous épouvantés.
36 Alors Jacob, leur père, leur dit : Vous m'avez réduit à être sans enfants. Joseph n'est plus *au monde*, Siméon est en prison, et vous voulez *encore* m'enlever Benjamin. Tous ces maux sont retombés sur moi.
37 Ruben lui répondit : Faites mourir mes deux enfants, si je ne vous le ramène. Confiez-le-moi, et je vous le rendrai *certainement*.
38 Non, dit Jacob, mon fils n'ira point avec vous. Son frère est mort, et il est demeuré seul. S'il lui arrive quelque malheur au pays où vous allez, vous accablerez ma vieillesse d'une douleur qui m'emportera dans le tombeau.

CHAPITRE XLIII.

CEPENDANT la famine désolait extraordinairement tout le pays ;
2 et le blé que les enfants de Jacob avaient apporté d'Égypte étant consumé, Jacob leur dit : Retournez en *Égypte* pour nous acheter *encore* un peu de blé.
3 Juda *lui* répondit : Celui qui commande en ce pays-là nous a

déclaré sa volonté avec serment, en disant : Vous ne verrez point mon visage à moins que vous n'ameniez avec vous le plus jeune de vos frères.

4 Si vous voulez donc l'envoyer avec nous, nous irons ensemble, et nous achèterons ce qui vous est nécessaire.

5 Si vous ne voulez pas, nous n'irons point : car cet homme, comme nous *vous* l'avons dit plusieurs fois, nous a déclaré que nous ne verrions point son visage, si nous n'avions avec nous notre jeune frère.

6 Israël leur dit : C'est pour mon malheur que vous lui avez appris que vous aviez encore un autre frère.

7 Mais ils lui répondirent : Il nous demanda par ordre toute la suite de notre famille : si notre père vivait ; si nous avions encore un frère : et nous lui répondîmes conformément à ce qu'il nous avait demandé. Pouvions-nous deviner qu'il nous dirait : Amenez avec vous votre jeune frère ?

8 Juda dit encore à son père : Envoyez l'enfant avec moi, afin que nous puissions partir et avoir de quoi vivre, et que nous ne mourions pas, nous et nos petits enfants.

9 Je me charge de cet enfant, et c'est à moi à qui vous en demanderez compte. Si je ne le ramène, et si je ne vous le rends, je consens que vous ne me pardonniez jamais cette faute.

10 Si nous n'avions point tant différé, nous serions déjà revenus une seconde fois.

11 Israël, leur père, leur dit donc : Si c'est une nécessité *absolue*, faites ce que vous voudrez. Prenez avec vous des plus excellents fruits de ce pays-ci, pour en faire présent à celui qui commande ; un peu de résine, de miel, de storax, de myrrhe, de térébenthine et d'amandes.

12 Portez aussi deux fois autant d'argent qu'au premier voyage, et reportez celui que vous avez trouvé dans vos sacs, de peur que ce ne soit une méprise.

13 Enfin menez votre frère avec vous, et allez vers cet homme.

14 Je prie mon Dieu, *le Dieu* tout-puissant, de vous le rendre favorable, afin qu'il renvoie avec vous votre frère qu'il tient prisonnier, et Benjamin *que je vous confie* : cependant je demeurerai seul, comme si j'étais sans enfants.

15 Ils prirent donc avec eux les présents, et le double de l'argent *qu'ils avaient la première fois*, avec Benjamin ; et étant partis ils arrivèrent en Égypte, où ils se présentèrent devant Joseph.

16 Joseph les ayant vus, et Benjamin avec eux, dit à son intendant : Faites entrer ces personnes chez moi ; niez des victimes, et préparez un festin : parce qu'ils mangeront à midi avec moi.

17 L'intendant exécuta ce qui lui avait été commandé, et les fit entrer dans la maison.

18 Alors étant saisis de crainte, ils s'entre-disaient : C'est *sans doute* à cause de cet argent que nous avons remporté dans nos sacs, qu'il nous fait entrer ici, pour faire retomber sur nous ce reproche, et nous opprimer en nous réduisant en servitude, et *se saisissant de* nos ânes.

19 C'est pourquoi étant encore à la porte, ils s'approchèrent de l'intendant de Joseph,

20 et lui dirent : Seigneur, nous vous supplions de nous écouter : Nous sommes déjà venus une fois acheter du blé :

21 et après l'avoir acheté, lorsque nous fûmes arrivés à l'hôtellerie, en ouvrant nos sacs, nous y trouvâmes notre argent, que nous vous rapportons maintenant au même poids.

22 Et nous vous en rapportons encore d'autre, pour acheter ce qui nous est nécessaire : mais nous ne savons en aucune sorte qui a pu remettre cet argent dans nos sacs.

23 L'intendant leur répondit : Ayez l'esprit en repos ; ne craignez point. Votre Dieu, et le Dieu de votre père, vous a donné des trésors dans vos sacs : car pour moi j'ai reçu l'argent que vous m'avez donné, et j'en suis content. Il fit sortir aussi Siméon *de la prison*, et le leur amena.

24 Après les avoir fait entrer en la maison, il leur apporta de l'eau, ils se lavèrent les pieds, et il donna à manger à leurs ânes.

25 Cependant ils tinrent leurs présents tout prêts, attendant que Joseph entrât sur le midi, parce qu'on leur avait dit qu'ils devaient manger en ce lieu-là.

26 Joseph étant donc entré dans sa maison, ils lui offrirent leurs présents qu'ils tenaient en leurs mains, et ils l'adorèrent en se baissant jusqu'en terre.

27 Il les salua aussi, en leur faisant bon visage, et il leur demanda : Votre père, ce bon vieillard dont vous m'aviez parlé, vit-il encore ? se porte-t-il bien ?

28 Ils lui répondirent : Notre père, votre serviteur, est encore en vie, et il se porte bien. Et en se baissant profondément, ils l'adorèrent.

29 Joseph levant les yeux, vit Benjamin, son frère, fils de *Rachel*, sa mère, et il leur dit : Est-ce là le plus jeune de vos frères dont vous m'aviez parlé ? Mon fils, ajouta-t-il, je prie Dieu qu'il *vous conserve* et vous soit toujours favorable.

30 Et il se hâta de *sortir*, parce que ses entrailles avaient été émues en voyant son frère, et qu'il ne pouvait plus retenir ses larmes. Passant donc dans une autre chambre, il pleura.

31 Et après s'être lavé le visage il revint, se faisant violence, et il dit *à ses gens* : Servez à manger.

32 On servit Joseph à part, et ses frères à part, et les Egyptiens qui mangeaient avec lui *furent aussi servis* à part (car il n'est pas permis aux Egyptiens de manger avec les Hébreux, et ils croient qu'un festin de cette sorte serait profane).

33 Ils s'assirent donc en présence de Joseph, l'aîné le premier selon son rang, et le plus jeune selon son âge. Et ils furent extrêmement surpris,

34 en voyant les parts qu'il leur avait données, de ce que la part la plus grande était venue à Benjamin : car elle était cinq fois plus grande que celle des autres. Ils burent ainsi avec Joseph, et firent grande chère.

CHAPITRE XLIV.

OR Joseph donna cet ordre à l'intendant de sa maison, et lui dit : Mettez dans les sacs de ces personnes autant de blé qu'ils pourront en tenir, et l'argent de chacun à l'entrée du sac.

2 et mettez ma coupe d'argent à l'entrée du sac du plus jeune, avec l'argent qu'il a donné pour le blé. Cet ordre fut donc exécuté.

3 Et *le lendemain* dès le matin on les laissa aller avec leurs ânes *chargés*.

4 Lorsqu'ils furent sortis de la ville, comme ils n'avaient fait encore que peu de chemin, Joseph appela l'intendant de sa maison, et lui dit : Courez vite après ces gens ; arrêtez-les, et leur dites : Pourquoi avez-vous rendu le mal pour le bien ?

5 La coupe que vous avez dérobée, est celle dans laquelle mon seigneur boit, et dont il se sert pour deviner. Vous avez fait une très-méchante action.

6 L'intendant fit ce qui lui avait été commandé ; et les ayant arrêtés, il leur dit tout ce qu'il lui avait été ordonné de leur dire.

7 Ils lui répondirent : Pourquoi mon seigneur parle-t-il ainsi à ses serviteurs, et les croit-il capables d'une action si honteuse ?

8 Nous vous avons rapporté du pays de Chanaan l'argent que nous trouvâmes à l'entrée de nos sacs. Comment donc se pourrait-il faire que nous eussions dérobé *et enlevé* de la maison de votre seigneur de l'or ou de l'argent ?

9 Que celui de vos serviteurs, quel qu'il puisse être, à qui l'on trouvera ce que vous cherchez, meure ; et nous serons esclaves de mon seigneur.

10 Il leur dit : Que ce que vous prononcez soit exécuté. *Ou plutôt*, que celui qui se trouvera avoir pris ce que je cherche, soit mon esclave ; pour vous, vous en serez innocents.

11 Ils déchargèrent donc aussitôt leurs sacs à terre, et chacun ouvrit le sien.

12 *L'intendant* les ayant fouillés, en commençant depuis le plus grand jusqu'au plus petit, trouva la coupe dans le sac de Benjamin.

13 Alors avant déchiré leurs vêtements et rechargé leurs ânes, ils revinrent à la ville.

14 Juda se présenta le premier avec ses frères devant Joseph, qui

n'était pas encore sorti du lieu *où il était* ; et ils se prosternèrent tous ensemble à terre devant lui.

15 Joseph leur dit : Pourquoi avez-vous agi ainsi *avec moi* ? Ignorez-vous qu'il n'y a personne qui m'égale dans la science de deviner *les choses cachées* ?

16 Juda lui dit : Que répondrons-nous à mon seigneur ? Que lui dirons-nous, et que pouvons-nous lui représenter avec quelque ombre de justice pour notre défense ? Dieu a trouvé l'iniquité de vos serviteurs. Nous sommes tous les esclaves de mon seigneur, nous et celui à qui on a trouvé la coupe.

17 Joseph répondit : Dieu me garde d'agir de la sorte ! Que celui qui a pris ma coupe soit mon esclave ; et pour vous autres, allez en liberté retrouver votre père.

18 Juda s'approchant alors plus près de Joseph, lui dit avec assurance : Mon seigneur, permettez, je vous prie, à votre serviteur de vous adresser la parole, et ne vous mettez pas en colère contre votre esclave : car après Pharaon, c'est vous qui êtes

19 mon seigneur. Vous avez demandé d'abord à vos serviteurs : Avez-vous encore votre père ou quelque autre frère ?

20 Et nous vous avons répondu, mon seigneur : Nous avons un père qui est vieux, et un jeune frère qu'il a eu dans sa vieillesse, dont le frère qui était né de la même mère est mort : il ne reste plus que celui-là, et son père l'aime tendrement.

21 Vous dîtes alors à vos serviteurs : Amenez-le-moi, je serai bien aise de le voir.

22 Mais nous vous répondîmes, mon seigneur : Cet enfant ne peut quitter son père ; car s'il le quitte, il le fera mourir.

23 Vous dîtes a vos serviteurs : Si le dernier de vos frères ne vient avec vous, vous ne verrez plus mon visage.

24 Lors donc que nous fûmes retournés vers notre père, votre serviteur, nous lui rapportâmes tout ce que vous aviez dit, mon seigneur.

25 Et notre père nous ayant dit *quelque temps après* : Retournez en Égypte pour nous acheter *encore* un peu de blé ;

26 nous lui répondîmes : Nous ne pouvons y aller *seuls*. Si notre jeune frère y vient avec nous, nous irons ensemble : mais à moins qu'il ne vienne, nous n'osons nous présenter devant celui qui commande en ce pays-là.

27 Il nous répondit : Vous savez que j'ai eu deux fils de *Rachel*, ma femme.

28 L'un d'eux étant allé aux champs, vous m'avez dit qu'une bête l'avait dévoré, et il ne paraît point jusqu'à cette heure.

29 Si vous emmenez encore celui-ci, et qu'il lui arrive quelque accident dans le chemin, vous accablerez ma vieillesse d'une affliction qui la conduira dans le tombeau.

30 Si je me présente donc à mon père, votre serviteur, et que l'enfant n'y soit pas, comme sa vie dépend de celle de son fils,

31 lorsqu'il verra qu'il n'est point avec nous, il mourra, et vos serviteurs accableront sa vieillesse d'une douleur qui le mènera au tombeau.

32 Que ce soit donc plutôt moi qui sois votre esclave, puisque je me suis rendu caution de cet enfant, et que j'en ai répondu à mon père, en lui disant : Si je ne le ramène, je veux bien que mon père m'impute cette faute, et qu'il ne me la pardonne jamais.

33 Ainsi je demeurerai votre esclave, et je servirai mon seigneur en la place de l'enfant, afin qu'il retourne avec ses frères.

34 Car je ne puis pas retourner vers mon père sans que l'enfant soit avec nous, de peur que je ne sois moi-même témoin de l'extrême affliction qui accablera notre père.

CHAPITRE XLV.

JOSEPH ne pouvait plus se retenir ; et parce qu'il était environne de plusieurs personnes, il commanda que l'on fît sortir tout le monde, afin que nul étranger ne fût présent lorsqu'il se ferait connaître à ses frères.

2 Alors les larmes lui tombant des yeux, il éleva fortement sa voix, qui fut entendue des Egyptiens et de toute la maison de Pharaon.

3 Et il dit à ses frères : Je suis Joseph. Mon père vit-il encore ? Mais ses frères ne purent lui répondre, tant ils étaient saisis de frayeur.

4 Il leur parla *donc* avec douceur, et leur dit : Approchez-vous de moi. Et s'étant approchés de lui, il ajouta : Je suis Joseph, votre frère, que vous avez vendu *à des marchands qui m'ont amené* en Égypte.

5 Ne craignez point, et ne vous affligez point de ce que vous m'avez vendu *pour être conduit* en ce pays-ci : car Dieu m'a envoyé en Égypte avant vous pour votre salut.

6 Il y a déjà deux ans que la famine a commencé sur la terre, et il en reste encore cinq, pendant lesquels on ne pourra ni labourer ni recueillir.

7 Dieu m'a fait venir ici avant vous, pour vous conserver la vie, et afin que vous puissiez avoir des vivres pour subsister.

8 Ce n'est point par votre conseil que j'ai été envoyé ici, mais par la volonté de Dieu, qui m'a rendu comme le père de Pharaon, le *grand* maître de sa maison, et le prince de toute l'Égypte.

9 Hâtez-vous d'aller trouver mon père, et dites-lui : Voici ce que vous mande votre fils Joseph : Dieu m'a rendu *comme* le maître de toute l'Égypte : venez me trouver, ne différez point.

10 Vous demeurerez dans la terre de Gessen, vous serez près de moi, vous et vos enfants, et les enfants de vos enfants ; vos brebis, vos troupeaux de bœufs, et tout ce que vous possédez.

11 Et je vous nourrirai là, parce qu'il reste encore cinq années de famine ; de peur qu'autrement vous ne périssiez avec toute votre famille et tout ce qui est à vous.

12 Vous voyez de vos yeux, vous et mon frère Benjamin, que c'est moi-même qui vous parle de ma propre bouche.

13 Annoncez à mon père quelle est la gloire dont je suis ici comblé, et tout ce que vous avez vu dans l'Égypte. Hâtez-vous de me l'amener.

14 Et s'étant jeté au cou de Benjamin, son frère, pour l'embrasser, il pleura ; et Benjamin pleura aussi en le tenant embrassé.

15 Joseph embrassa aussi tous ses frères, il pleura sur chacun d'eux ; et après cela ils se rassurèrent pour lui parler.

16 Aussitôt il se répandit un grand bruit dans toute la cour du roi, et on dit publiquement que les frères de Joseph étaient venus. Pharaon s'en réjouit avec toute sa maison.

17 Et il dit à Joseph, qu'il donnât cet ordre à ses frères : Chargez vos ânes *de blé*, et retournez en Chanaan ;

18 amenez de là votre père avec toute votre famille, et venez me trouver. Je vous donnerai tous les biens de l'Égypte, et vous serez nourris de ce qu'il y a de meilleur dans cette terre.

19 Ordonnez-leur aussi d'emmener des chariots de l'Égypte, pour faire venir leurs femmes et leurs petits enfants, et dites-leur : Amenez votre père, et hâtez-vous de revenir le plus tôt que vous pourrez,

20 sans rien laisser de ce qui est dans vos maisons, parce que toutes les richesses de l'Égypte seront à vous.

21 Les enfants d'Israël firent ce qui leur avait été ordonné. Et Joseph leur fit donner des chariots, selon l'ordre qu'il en avait reçu de Pharaon, et des vivres pour le chemin.

22 Il commanda aussi que l'on donnât deux robes à chacun de ses frères ; mais il en donna cinq des plus belles à Benjamin, et trois cents pièces d'argent.

23 Il envoya autant d'argent et de robes pour son père, avec dix ânes chargés de tout ce qu'il y avait de plus précieux dans l'Égypte, et autant d'ânesses qui portaient du blé et du pain pour le chemin.

24 Il renvoya donc *ainsi* ses frères, et leur dit en partant : Ne vous mettez point en colère pendant le chemin.

25 Ils vinrent donc de l'Égypte au pays de Chanaan vers Jacob, leur père.

26 Et ils lui dirent cette *grande* nouvelle : Votre fils Joseph est vivant, et commande dans toute la terre d'Égypte. Ce que Jacob ayant entendu, il se réveilla comme d'un profond sommeil, et cependant il ne pouvait croire ce qu'ils lui disaient.

27 Ses enfants insistaient au contraire, en lui rapportant comment

toute la chose s'était passée. Enfin ayant vu les chariots, et tout ce que Joseph lui envoyait, il reprit ses esprits ;

28 et il dit : Je n'ai plus rien à souhaiter, puisque mon fils Joseph vit encore : j'irai, et je le verrai avant que je meure.

CHAPITRE XLVI.

ISRAEL partit donc avec tout ce qu'il avait, et vint au Puits du jurement ; et ayant immolé en ce lieu des victimes au Dieu de son père Isaac,

2 il l'entendit dans une vision pendant la nuit, qui l'appelait et qui lui disait : Jacob ! Jacob ! Il lui répondit : Me voici.

3 Et Dieu ajouta : Je suis le Très-Fort, le Dieu de votre père : ne craignez point, allez en Égypte, parce que je vous y rendrai le chef d'un grand peuple.

4 J'irai là avec vous, et je vous en ramènerai lorsque vous en reviendrez. Joseph aussi vous fermera les yeux de ses mains.

5 Jacob étant donc parti du Puits du jurement, ses enfants l'amenèrent avec ses petits enfants et leurs femmes, dans les chariots que Pharaon avait envoyés pour faire venir ce *bon* vieillard,

6 avec tout ce qu'il possédait au pays de Chanaan : et il arriva en Égypte avec toute sa race ;

7 ses fils, ses petits-fils, ses filles, et tout ce qui était né de lui.

8 Or voici les noms des enfants d'Israël qui entrèrent dans l'Égypte, lorsqu'il y vint avec toute sa race. Son fils aîné était Ruben.

9 Les fils de Ruben *étaient* Hénoch, Phalu, Hesron et Charmi.

10 Les fils de Siméon *étaient* Jamuel, *ou Namuel*, Jamin, Ahod, Jachin, Sohar, *ou Zaré*, et Saül fils d'une femme de Chanaan.

11 Les fils de Lévi *étaient* Gerson, Caath et Mérari.

12 Les fils de Juda : Her, Onan, Séla, Pharès et Zara. Her et Onan moururent dans le pays de Chanaan. Les fils de Pharès étaient Hesron et Hamul.

13 Les fils d'Issachar : Thola, Phua, Job, *ou Jasub*, et Semron, *ou Semran*.

14 Les fils de Zabulon : Sared, Élon et Jahélel, *ou Jalel*.

15 Ce sont là les fils de Lia qu'elle eut en Mésopotamie qui est en Syrie, avec sa fille Dina. Ses fils et ses filles étaient en tout trente-trois personnes.

16 Les fils de Gad *étaient* Séphion, *ou Séphon*, Haggi, Suni, Esebon, *ou Ozni*, Heri, Arodi et Aréli, *ou Her, Arod et Ariel*.

17 Les fils d'Aser : Jamné, *ou Jemna*, Jésua, Jessui, Béria, *ou Brié*, et Sara, leur sœur. Les fils de Béria *étaient* Héber et Melchiel.

18 Ce sont là les fils de Zelpha, que Laban avait donnée à Lia, sa fille, qui étaient aussi fils de Jacob, *et qui faisaient* seize personnes,

19 Les fils de Rachel, femme de Jacob, *étaient* Joseph et Benjamin.

20 Joseph étant en Égypte, eut deux fils de sa femme Aseneth, fille de Putiphare, prêtre d'Héliopolis, *qui se nommaient* Manassé et Ephraïm.

21 Les fils de Benjamin *étaient* Béla, Béchor, Asbel, Géra, Naaman, Echi, Ros, *ou Ahiram*, Mophim, ou Supham, Ophim, *ou Hupham*, et Ared.

22 Ce sont là les fils que Jacob eut de Rachel, qui sont en tout quatorze personnes.

23 Dan n'eut qu'un fils qui se nomma Husim, *ou Suhana*.

24 Les fils de Nephthali *étaient* Jasiel, *ou Jésiel*, Guni, Jéser, et Sallem, *ou Sellem*.

25 Ce sont là les fils de Bala, que Laban avait donnée à Rachel, sa fille, qui étaient aussi fils de Jacob, *et qui faisaient* en tout sept personnes.

26 Tous ceux qui vinrent en Égypte avec Jacob, et qui étaient sortis de lui, sans compter les femmes de ses fils, étaient en tout soixante-six personnes.

27 *Il faut y joindre* les deux enfants de Joseph qui lui étaient nés en Égypte, *et Joseph lui-même*. Ainsi toutes les personnes de la maison de Jacob qui vinrent en Égypte, furent au nombre de soixante et dix.

28 Or Jacob envoya Juda devant lui vers Joseph, pour l'avertir de sa venue, afin qu'il vînt au-devant de lui en la terre de Gessen.

29 Quand Jacob y fut arrivé, Joseph fit mettre les chevaux à son chariot, et vint au même lieu au-devant de son père : et le voyant, il se jeta à son cou, et l'embrassa en pleurant.

30 Jacob dit à Joseph : Je mourrai maintenant avec joie, puisque j'ai vu votre visage, et que je vous laisse après moi.

31 Joseph dit a ses frères, et à toute la maison de son père : Je vais dire à Pharaon, que mes frères et tous ceux de la maison de mon père sont venus me trouver de la terre de Chanaan où ils demeuraient :

32 que ce sont des pasteurs de brebis, qui s'occupent à nourrir des troupeaux, et qu'ils ont amené avec eux leurs brebis, leurs bœufs, et tout ce qu'ils pouvaient avoir.

33 Et lorsque Pharaon vous fera venir, et vous demandera : Quelle est votre occupation ?

34 vous lui répondrez : Vos serviteurs sont pasteurs depuis leur enfance jusqu'à présent, et nos pères l'ont toujours été comme nous. Vous direz ceci pour pouvoir demeurer dans la terre de Gessen ; parce que les Egyptiens ont en abomination tous les pasteurs de brebis.

CHAPITRE XLVII.

JOSEPH étant donc allé trouver Pharaon, lui dit : Mon père et mes frères sont venus du pays de Chanaan, avec leurs brebis, leurs troupeaux, et tout ce qu'ils possèdent, et ils se sont arrêtés en la terre de Gessen.

2 Il présenta aussi au roi cinq de ses frères.

3 Et le roi leur ayant demandé : A quoi vous occupez-vous ? Ils lui répondirent : Vos serviteurs sont pasteurs de brebis, comme l'ont été nos pères.

4 Nous sommes venus passer quelque temps dans vos terres, parce que la famine est si grande dans le pays de Chanaan, qu'il n'y a plus d'herbe pour les troupeaux de vos serviteurs. Et nous vous supplions d'agréer que vos serviteurs demeurent dans la terre de Gessen.

5 Le roi dit donc à Joseph : Votre père et vos frères sont venus vous trouver.

6 Vous pouvez choisir dans toute l'Egypte ; faites-les demeurer dans *l'endroit* du pays *qui vous paraîtra* le meilleur, et donnez-leur la terre de Gessen. si vous connaissez qu'il y ait parmi eux des hommes habiles, donnez-leur l'intendance sur mes troupeaux.

7 Joseph introduisit ensuite son père devant le roi, et il le lui présenta. Jacob *salua Pharaon, et* lui souhaita toute sorte de prospérités.

8 Le roi lui ayant demandé quel âge il avait,

9 il *lui* répondit : Il y a cent trente ans que je suis voyageur, et ce petit nombre d'années, qui n'est pas venu jusqu'à égaler celui des années de mes pères, a été traversé de beaucoup de maux.

10 Et après avoir souhaité toute sorte de bonheur au roi, il se retira.

11 Joseph, selon le commandement de Pharaon, mit son père et ses frères en possession de Ramessès, dans le pays le plus fertile de l'Egypte.

12 Et il les nourrissait avec toute la maison de son père, donnant à chacun ce qui lui était nécessaire pour vivre.

13 Car le pain manquait dans tout le monde, et la famine affligeait toute la terre ; mais principalement l'Egypte et le pays de Chanaan.

14 Joseph ayant amassé tout l'argent qu'il avait reçu des Egyptiens et des Chananéens, pour le blé qu'il leur avait vendu, le porta au trésor du roi.

15 Et lorsqu'il ne restait plus d'argent à personne pour en acheter, tout le peuple de l'Egypte vint dire à Joseph : Donnez-nous du pain : pourquoi nous laissez-vous mourir faute d'argent ?

16 Joseph leur répondit : Si vous n'avez plus d'argent, amenez

vos troupeaux, et je vous donnerai du blé en échange.

17 Ils lui amenèrent donc leurs troupeaux, et il leur donna du blé pour le prix de leurs chevaux, de leurs brebis, de leurs bœufs et de leurs ânes ; et il les nourrit cette année-là pour les troupeaux qu'il reçut *d'eux* en échange.

18 Ils revinrent l'année d'après, et lui dirent : Nous ne vous cacherons point, mon seigneur, que l'argent nous ayant manqué d'abord, nous n'avons plus aussi de troupeaux ; et vous n'ignorez pas, qu'excepté nos corps et nos terres, nous n'avons rien.

19 Pourquoi donc mourrions-nous à vos yeux ? nous nous donnons à vous, nous et nos terres : achetez-nous pour être les esclaves du roi, et donnez-nous de quoi semer, de peur que la terre ne demeure en friche, si vous laissez périr ceux qui peuvent la cultiver.

20 Ainsi Joseph acheta toutes les terres de l'Egypte, chacun vendant tout ce qu'il possédait, à cause de l'extrémité de la famine. Et il acquit de cette sorte à Pharaon toute l'Egypte,

21 avec tous les peuples, depuis une extrémité du royaume jusqu'à l'autre,

22 excepté les seules terres des prêtres qui leur avaient été données par le roi : car on leur fournissait une certaine quantité de blé des greniers publics ; c'est pourquoi ils ne furent point obligés de vendre leurs terres.

23 Après cela Joseph dit au peuple : Vous voyez que vous êtes à Pharaon, vous et toutes vos terres. Je vais donc vous donner de quoi semer, et vous sèmerez vos champs,

24 afin que vous puissiez recueillir des grains. Vous en donnerez la cinquième partie au roi ; et je vous abandonne les quatre autres pour semer les terres, et pour nourrir vos familles et vos enfants.

25 Ils lui répondirent : Notre salut est entre vos mains. Regardez-nous seulement, mon seigneur, *d'un œil favorable*, et nous servirons le roi avec joie.

26 Depuis ce temps-là jusqu'aujourd'hui, on paye aux rois dans toute l'Égypte la cinquième partie *du revenu de toutes les terres*, et ceci est comme passé en loi ; excepté la terre des prêtres, qui est demeurée exempte de cette sujétion.

27 Israël demeura donc en Égypte, c'est-à-dire, dans la terre de Gessen, dont il jouit comme de son bien propre, et où sa famille s'accrut et se multiplia extraordinairement.

28 Il y vécut dix-sept ans ; et tout le temps de sa vie fut de cent quarante-sept ans.

29 Comme il vit que le jour de sa mort approchait, il appela son fils Joseph, et lui dit : Si j'ai trouvé grâce devant vous, mettez votre main sous ma cuisse, et donnez-moi cette marque de la bonté que vous avez pour moi, de me promettre avec vérité, que vous ne m'enterrerez point dans l'Égypte ;

30 mais que je reposerai avec mes pères ; que vous me transporterez hors de ce pays, et me mettrez dans le sépulcre de mes ancêtres. Joseph lui répondit : Je ferai ce que vous me commandez.

31 Jurez-le-moi donc, dit Jacob. Et pendant que Joseph jurait, Israël adora Dieu, se tournant vers le chevet de son lit.

CHAPITRE XLVIII.

APRÈS cela on vint dire un jour à Joseph que son père était malade : alors prenant avec lui ses deux fils, Manassé et Ephraïm, il alla le voir.

2 On dit donc à Jacob : Voici votre fils Joseph qui vient vous rendre visite. Jacob reprenant ses forces, se mit sur son séant dans son lit.

3 Et il dit à Joseph lorsqu'il fut entré : Le Dieu tout-puissant m'a apparu à Luza qui est au pays de Chanaan, et m'ayant béni,

4 il m'a dit : Je ferai croître et je multiplierai beaucoup votre race : je vous rendrai le chef d'une multitude de peuples ; et je vous donnerai cette terre, et à votre race après vous, afin que vous la possédiez pour jamais.

5 C'est pourquoi vos deux fils Ephraïm et Manassé, que vous avez eus en Égypte avant que je vinsse ici avec vous, seront à moi ; et ils seront mis au nombre de mes enfants, comme Ruben et Siméon.

6 Mais les autres que vous aurez après eux, seront à vous, et ils porteront le nom de leurs frères dans les terres qu'ils posséderont.

7 Car lorsque je revenais de Mésopotamie, je perdis Rachel, qui mourut en chemin au pays de Chanaan : c'était au printemps, à l'entrée d'Ephrata, et je l'enterrai sur le chemin d'Ephrata, qui s'appelle aussi Bethléem.

8 Alors Jacob voyant les fils de Joseph, lui demanda : Qui sont ceux-ci ?

9 Joseph lui répondit : Ce sont mes enfants, que Dieu m'a donnés en ce pays. Approchez-les de moi, dit Jacob, afin que je les bénisse.

10 Car les yeux d'Israël s'étaient obscurcis à cause de sa grande vieillesse, et il ne pouvait bien voir. Les ayant donc fait approcher de lui, il les embrassa et les baisa ;

11 et il dit à son fils : Dieu a voulu me donner la joie de vous voir, et il y ajoute encore celle de voir vos enfants.

12 Joseph les ayant retirés d'entre les bras de son père, adora en se prosternant en terre.

13 Et ayant mis Ephraïm à sa droite, c'est-à-dire, à la gauche d'Israël, et Manassé à sa gauche, c'est-à-dire, à la droite de son père, il les approcha tous deux de Jacob ;

14 lequel étendant sa main droite, la mit sur la tête d'Ephraïm qui était le plus jeune, et mit sa main gauche sur la tête de Manassé qui était l'aîné, changeant ainsi de place ses deux mains.

15 Et bénissant les enfants de Joseph, il dit : Que le Dieu en la présence de qui ont marché mes pères Abraham et Isaac, le Dieu qui me nourrit depuis ma jeunesse jusqu'à ce jour ;

16 que l'Ange qui m'a délivré de tous maux, bénisse ces enfants ; qu'ils portent mon nom, et les noms de mes pères Abraham et Isaac, et qu'ils se multiplient de plus en plus sur la terre !

17 Mais Joseph voyant que son père avait mis sa main droite sur la tête d'Ephraïm, en eut de la peine ; et prenant la main de son père, il tâcha de la lever de dessus la tête d'Ephraïm, pour la mettre sur la tête de Manassé,

18 en disant à son père : Vos mains ne sont pas bien, mon père : car celui-ci est l'aîné : mettez votre main droite sur sa tête.

19 Mais refusant de le faire, il lui dit : Je le sais bien, mon fils, je le sais bien : celui-ci sera aussi chef de peuples, et sa race se multipliera ; mais son frère qui est le plus jeune sera plus grand que lui, et sa postérité se multipliera dans les nations.

20 Jacob les bénit donc alors, et dit : Israël sera béni en vous, et on dira : Que Dieu vous bénisse comme Ephraïm et Manassé ! Ainsi il mit Ephraïm devant Manassé.

21 Il dit ensuite à Joseph, son fils : Vous voyez que je vais mourir : Dieu sera avec vous, et il vous ramènera au pays de vos pères.

22 Je vous donne de plus qu'à vos frères cette part de mon bien que j'ai gagnée sur les Amorrhéens avec mon épée et mon arc.

CHAPITRE XLIX.

OR Jacob appela ses enfants, et leur dit : Assemblez-vous tous, afin que je vous annonce ce qui doit vous arriver dans les derniers temps.

2 Venez tous ensemble, et écoutez, enfants de Jacob, écoutez Israël, votre père :

3 Ruben, mon fils aîné, vous étiez toute ma force, et vous êtes devenu la principale cause de ma douleur : vous deviez être le plus favorisé dans les dons, et le plus grand en autorité et en commandement.

4 Mais vous vous êtes répandu comme l'eau. Puissiez-vous ne point croître, parce que vous avez monte sur le lit de votre père, et que vous avez souillé sa couche.

5 Siméon et Lévi, frères dans le crime, instruments d'un carnage plein d'injustice.

6 À Dieu ne plaise que mon âme ait aucune part à leurs conseils, et que ma gloire soit ternie en me liant avec eux ; parce qu'ils ont

signalé leur fureur en tuant des hommes, et leur volonté criminelle en renversant une ville.

7 Que leur fureur soit maudite, parce qu'elle est opiniâtre, et que leur colère soit en exécration, parce qu'elle est dure et inflexible ! Je les diviserai dans Jacob, et je les disperserai dans Israël.

8 Juda, vos frères vous loueront : votre main mettra sous le joug vos ennemis ; les enfants de votre père vous adoreront.

9 Juda est un jeune lion. Vous vous êtes levé, mon fils, pour ravir la proie. En vous reposant vous vous êtes couché comme un lion et comme une lionne : qui osera le réveiller ?

10 Le sceptre ne sera point ôté de Juda, ni le prince de sa postérité, jusqu'à ce que celui qui doit être envoyé soit venu ; et c'est lui qui sera l'attente des nations,

11 Il liera son ânon à la vigne ; il liera, ô mon fils ! son ânesse à la vigne. Il lavera sa robe dans le vin, et son manteau dans le sang des raisins.

12 Ses yeux sont plus beaux que le vin, et ses dents plus blanches que le lait.

13 Zabulon habitera sur le rivage de la nier, et près du port des navires, et il s'étendra jusqu'à Sidon.

14 Issachar, comme un âne fort et dur au travail, se tient dans les bornes de son partage.

15 Et voyant que le repos est bon, et que sa terre est excellente, il a baissé l'épaule sous les fardeaux, et il s'est assujetti à payer les tributs.

16 Dan gouvernera son peuple, aussi bien que les autres tribus d'Israël.

17 Que Dan devienne comme un serpent dans le chemin, et comme un céraste dans le sentier, qui mord le pied du cheval, afin que celui qui le monte tombe à la renverse.

18 Seigneur ! J'attendrai le salut que vous devez envoyer.

19 Gad combattra tout armé à la tête d'Israël, et il retournera ensuite couvert de ses armes.

20 Le pain d'Aser sera excellent, et les rois y trouveront leurs délices.

21 Nephthali sera comme un cerf qui s'échappe, et la grâce sera répandue sur ses paroles.

22 Joseph va toujours croissant et s'augmentant en vertu et en gloire. Son visage est beau et agréable, les filles ont couru sur la muraille pour le voir.

23 Mais ceux qui étaient armés de dards l'ont piqué avec des paroles aigres, l'ont querellé, et lui ont porté envie.

24 Il a mis son arc et sa confiance dans le Très-Fort, et les chaînes de ses mains et de ses bras ont été rompues par la main du tout-puissant Dieu de Jacob. Il est sorti de là pour être le pasteur et la force d'Israël.

25 Le Dieu de votre père sera votre protecteur, et le Tout-Puissant vous comblera des bénédictions du haut du ciel, des bénédictions de l'abîme des eaux d'en bas, des bénédictions du lait des mamelles et du fruit des entrailles.

26 Les bénédictions que vous donne votre père surpassent celles qu'il a reçues de ses pères ; elles dureront jusqu'à ce que le désir des collines éternelles soit accompli. Que ces bénédictions se répandent sur la tête de Joseph, et sur le haut de la tête de celui qui est comme un nazaréen entre ses frères.

27 Benjamin sera un loup ravissant ; il dévorera la proie le matin, et le soir il partagera les dépouilles.

28 Ce sont là les chefs des douze tribus d'Israël. Leur père leur parla de cette sorte, et il bénit chacun d'eux en leur donnant les bénédictions qui leur étaient propres.

29 Il leur fit aussi ce commandement, et leur dit : Je vais être réuni à mon peuple ; ensevelissez-moi avec mes pères dans la caverne double qui est dans le champ d'Ephron, Héthéen,

30 qui regarde Mambré au pays de Chanaan, et qu'Abraham acheta d'Ephron, Héthéen, avec tout le champ où elle est, pour y avoir son sépulcre.

31 C'est là qu'il a été enseveli avec Sara, sa femme. C'est aussi où Isaac a été enseveli avec Rebecca, sa femme, et où Lia est encore ensevelie.

32 Après avoir achevé de donner ses ordres et ses instructions à ses enfants, il joignit ses pieds sur son lit, et mourut ; et il fut réuni avec son peuple.

CHAPITRE L.

JOSEPH voyant son père expiré, se jeta sur son visage, et le baisa en pleurant.

2 Il commanda aux médecins qu'il avait à son service, d'embaumer le corps de son père.

3 Et ils exécutèrent l'ordre qu'il leur avait donné ; ce qui dura quarante jours, parce que c'était la coutume d'employer ce temps pour embaumer les corps morts. Et l'Égypte pleura Jacob soixante et dix jours.

4 Le temps du deuil étant passé, Joseph dit aux *principaux* officiers de Pharaon : Si j'ai trouvé grâce devant vous, je vous prie de représenter au roi,

5 que mon père m'a dit en mourant : Vous voyez que je me meurs : promettez-moi avec serment que vous m'ensevelirez dans mon sépulcre que je me suis préparé au pays de Chanaan. J'irai donc *avec l'agrément du roi*, ensevelir mon père, et je reviendrai aussitôt.

6 Pharaon lui dit : Allez, et ensevelissez votre père selon qu'il vous y a engagé par serment.

7 Et lorsque Joseph y alla, les premiers officiers de la maison de Pharaon, et les plus grands de l'Égypte, l'y accompagnèrent tous ;

8 avec la maison de Joseph, et tous ses frères qui le suivirent, laissant au pays de Gessen leurs petits enfants et tous leurs troupeaux.

9 Il y eut aussi des chariots et des cavaliers qui le suivirent ; et il se trouva là une grande multitude de personnes.

10 Lorsqu'ils furent venus à l'aire d'Atad, qui est située au delà du Jourdain, ils y célébrèrent les funérailles pendant sept jours avec beaucoup de pleurs et de grands cris.

11 Ce que les habitants du pays de Chanaan ayant vu, ils dirent : Voilà un grand deuil parmi les Egyptiens. C'est pourquoi ils nommèrent ce lieu, le Deuil d'Égypte.

12 Les enfants de Jacob accomplirent donc ce qu'il leur avait commandé ;

13 et l'ayant porté au pays de Chanaan, ils l'ensevelirent dans la caverne double qu'Abraham avait achetée d'Ephron, Héthéen, avec le champ qui regarde Mambré, pour en faire le lieu de son sépulcre.

14 Aussitôt que Joseph eut enseveli son père, il retourna en Égypte avec ses frères et toute sa suite.

15 Après la mort de Jacob, les frères de Joseph eurent peur, et ils s'entre-dirent : Joseph pourrait bien présentement se souvenir de l'injure qu'il a soufferte, et nous rendre tout le mal que nous lui avons fait.

16 Ils lui envoyèrent *donc* dire : Votre père avant de mourir nous a commandé,

17 de vous dire de sa part : Je vous conjure d'oublier le crime de vos frères, et cette malice noire dont ils ont usé contre vous. Nous vous conjurons aussi de pardonner cette iniquité aux serviteurs du Dieu de votre père. Joseph pleura, ayant entendu ces paroles.

18 Et ses frères étant venus le trouver, se prosternèrent devant lui en l'adorant, et lui dirent : Nous sommes vos serviteurs.

19 Il leur répondit : Ne craignez point ; pouvons-nous résister à la volonté de Dieu ?

20 *Il est vrai que* vous avez eu dessein de me faire du mal : mais Dieu a changé ce mal en bien, afin de m'élever comme vous voyez maintenant, et de sauver plusieurs peuples.

21 Ne craignez *donc* point : je vous nourrirai vous et vos enfants. Et il les consola en leur parlant avec beaucoup de douceur et de tendresse.

22 Il demeura en Égypte avec toute la maison de son père, et il vécut cent dix ans. Il vit les enfants d'Ephraïm jusqu'à la troisième génération. Machir, fils de Manassé, eut aussi des enfants, qui furent élevés sur les genoux de Joseph.

23 Joseph dit ensuite à ses frères : Dieu vous visitera après ma mort, et il vous fera passer de cette terre à celle qu'il a juré de donner à Abraham, à Isaac et à Jacob.

24 Lorsqu'il leur eut dit : Dieu vous visitera, *il ajouta* : Transportez mes os avec vous hors de ce lieu, et promettez-le-moi avec serment.

25 Il mourut *ensuite*, âgé de cent dix ans accomplis ; et son corps ayant été embaumé, fut mis dans un cercueil en Égypte.

EXODE.

CHAPITRE PREMIER.

VOICI les noms des enfants d'Israël qui vinrent en Égypte avec Jacob, et qui y entrèrent chacun avec sa famille :

2 Ruben, Siméon, Lévi, Juda,

3 Issachar, Zabulon, Benjamin,

4 Dan, Nephthali, Gad et Aser.

5 Tous ceux qui étaient sortis de Jacob étaient donc en tout soixante et dix personnes. Joseph était en Égypte.

6 Et après sa mort, et celle de tous ses frères, et de toute cette *première* génération,

7 les enfants d'Israël s'accrurent et se multiplièrent extraordinairement ; et étant devenus extrêmement forts, ils remplirent le pays *où ils étaient*.

8 Cependant il s'éleva dans l'Égypte un roi nouveau, à qui Joseph était inconnu ;

9 et il dit à son peuple : Vous voyez que le peuple des enfants d'Israël est devenu très-nombreux, et qu'il est plus fort que nous.

10 Opprimons-les donc avec sagesse, de peur qu'ils ne se multiplient encore davantage ; et que si nous nous trouvions surpris de quelque guerre, ils ne se joignent à nos ennemis, et qu'après nous avoir vaincus, ils ne sortent de l'Égypte.

11 il établit donc des intendants des ouvrages, afin qu'ils accablassent les Hébreux de fardeaux *insupportables*. Et ils bâtirent à Pharaon des villes *pour servir* de magasins ; *savoir*, Phithom et Ramessès.

12 Mais plus on les opprimait, plus leur nombre se multipliait et croissait *visiblement*.

13 Les Egyptiens haïssaient les enfants d'Israël ; ils les affligeaient en leur insultant,

14 et ils leur rendaient la vie ennuyeuse, en les employant à des travaux pénibles de mortier et de brique, et à toute sorte d'ouvrages de terre dont ils étaient accablés.

15 Le roi d'Égypte parla aussi aux sages-femmes qui accouchaient les femmes des Hébreux, dont l'une se nommait Séphora, et l'autre Phua,

16 et il leur fit ce commandement : Quand vous accoucherez les femmes des Hébreux, au moment que l'enfant sortira, si c'est un enfant mâle, tuez-le ; si c'est une fille, laissez-la vivre.

17 Mais les sages-femmes furent touchées de la crainte de Dieu, et ne firent point ce que le roi d'Égypte leur avait commandé ; mais elles conservèrent les enfants mâles.

18 Le roi les ayant donc fait venir, leur dit : Quel a été votre dessein lorsque vous avez épargné ainsi les enfants mâles ?

19 Elles lui répondirent : Les femmes des Hébreux ne sont pas comme celles d'Égypte ; car elles savent elles-mêmes comment il faut accoucher, et avant que nous soyons venues les trouver, elles sont déjà accouchées.

20 Dieu fit donc du bien à ces sages-femmes ; et le peuple s'accrut et se fortifia extraordinairement.

21 Et parce que les sages-femmes avaient craint Dieu, il établit leurs maisons.

22 Alors Pharaon fit ce commandement à tout son peuple : Jetez dans le fleuve tous les enfants mâles qui naîtront *parmi les Hébreux*, et ne réservez que les filles.

CHAPITRE II.

QUELQUE temps après, un homme de la maison de Lévi ayant épousé une femme de sa tribu,

2 sa femme conçut et enfanta un fils ; et voyant qu'il était beau, elle le cacha pendant trois mois.

3 Mais comme elle vit qu'elle ne pouvait plus tenir la chose secrète, elle prit un panier de jonc, et l'ayant enduit de bitume et de poix, elle mit dedans le petit enfant, l'exposa parmi des roseaux sur le bord du fleuve,

4 et fit tenir sa sœur loin de là, pour voir ce qui en arriverait.

5 En en même temps la fille de Pharaon vint au fleuve pour se baigner, accompagnée de ses filles, qui marchaient le long du bord de l'eau. Et ayant aperçu ce panier parmi les roseaux, elle envoya une de ses filles qui le lui apporta.

6 Elle l'ouvrit, et trouvant dedans ce petit enfant qui criait, elle fut touchée de compassion, et elle dit : C'est un des enfants des Hébreux.

7 La sœur de l'enfant *s'étant approchée*, lui dit : Vous plaît-il que j'aille quérir une femme des Hébreux qui puisse nourrir ce petit enfant ?

8 Elle lui répondit : Allez. La fille s'en alla donc, et fit venir sa mère.

9 La fille de Pharaon lui dit : Prenez cet enfant et me le nourrissez, et je vous en récompenserai. La mère prit l'enfant et le nourrit ; et lorsqu'il fut assez fort, elle le donna à la fille de Pharaon,

10 qui l'adopta pour son fils, et le nomma Moïse, *c'est-à-dire, tiré de l'eau* : parce que, disait-elle, je l'ai tiré de l'eau.

11 Lorsque Moïse fut devenu grand, il sortit pour aller voir ses frères. Il vit l'affliction où ils étaient, et il trouva que l'un d'eux, Hébreu comme lui, était outragé par un Egyptien.

12 Il regarda en même temps de tous côtés, et ne voyant personne auprès de lui, il tua l'Egyptien, et le cacha dans le sable.

13 Le lendemain il trouva deux Hébreux qui se querellaient ; et il dit à celui qui outrageait l'autre : Pourquoi frappez-vous votre frère ?

14 Cet homme lui répondit : Qui vous a établi sur nous pour prince et pour juge ? Est-ce que vous voulez me tuer comme vous tuâtes hier un Egyptien ? Moïse eut peur, et il dit : Comment cela s'est-il découvert ?

15 Pharaon en ayant été averti, cherchait à faire mourir Moïse. Mais il s'enfuit de devant lui, et se retira au pays de Madian, où il s'assit près d'un puits.

16 Or le prêtre de Madian avait sept filles, qui étant venues pour puiser de l'eau, et en ayant rempli les canaux, voulaient faire boire les troupeaux de leur père.

17 Mais des pasteurs étant survenus, les chassèrent. Alors Moïse se levant, et prenant la défense de ces filles, fit boire leurs brebis.

18 Lorsqu'elles furent retournées chez Raguel, leur père, il leur dit : Pourquoi êtes-vous revenues plus tôt qu'à l'ordinaire ?

19 Elles lui répondirent : Un Egyptien nous a délivrées de la violence dès pasteurs ; et il a même tiré de l'eau avec nous, et a donné à boire à nos brebis.

20 Où est-il ? dit leur père : pourquoi avez-vous laissé aller cet homme ? Appelez-le, afin que nous le fassions manger.

21 Moïse lui jura donc qu'il demeurerait avec lui. Il épousa ensuite sa fille, *qui s'appelait* Séphora.

22 Et elle lui enfanta un fils qu'il nomma Gersam, *c'est-à-dire, qui est là voyageur*, en disant : J'ai été voyageur dans une terre étrangère. Elle eut encore un autre fils qu'il nomma Eliézer, *c'est-à-dire, Dieu est mon secours,* en disant : Le Dieu de mon père, qui est mon protecteur, m'a délivré de la main de Pharaon.

23 Longtemps après, le roi d'Égypte mourut, et les enfants d'Israël gémissant sous le poids des ouvrages qui les accablaient,

crièrent *vers le ciel* : et les cris que tirait d'eux l'excès de leurs travaux, s'élevèrent jusqu'à Dieu.

24 Il entendit leurs gémissements, il se souvint de l'alliance qu'il avait faite avec Abraham, Isaac et Jacob.

25 Et le Seigneur regarda *favorablement* les enfants d'Israël, et il les reconnut *pour son peuple*.

CHAPITRE III.

CEPENDANT Moïse conduisait les brebis de Jéthro, son beau-père, prêtre de Madian ; et ayant mené son troupeau au fond du désert, il vint à la montagne de Dieu, *nommée* Horeb.

2 Alors le Seigneur lui apparut dans une flamme de feu qui sortait du milieu d'un buisson : et il voyait brûler le buisson sans qu'il se consumât.

3 Moïse dit donc : Il faut que j'aille reconnaître quelle est cette merveille que je vois, et pourquoi ce buisson ne se consume point.

4 Mais le Seigneur le voyant venir pour considérer ce qu'il voyait, l'appela du milieu du buisson, et lui dit : Moïse ! Moïse ! Il lui répondit : Me voici.

5 Et Dieu ajouta : N'approchez pas d'ici : ôtez les souliers de vos pieds, parce que le lieu où vous êtes est une terre sainte.

6 Il dit encore : Je suis le Dieu de votre père, le Dieu d'Abraham, le Dieu d'Isaac et le Dieu de Jacob. Moïse se cacha le visage, parce qu'il n'osait regarder Dieu.

7 Le Seigneur lui dit : J'ai vu l'affliction de mon peuple qui est en Égypte : j'ai entendu le cri qu'il jette à cause de la dureté de ceux qui ont l'intendance des travaux :

8 et sachant quelle est sa douleur, je suis descendu pour le délivrer des mains des Egyptiens, et pour le faire passer de cette terre en une terre bonne et spacieuse, en une terre où coulent des ruisseaux de lait et de miel, au pays des Chananéens, des Héthéens, des Amorrhéens, des Phérézéens, *des Gergéséens*, des Hévéens et des Jébuséens.

9 Le cri des enfants d'Israël est donc venu jusqu'à moi ; j'ai vu leur affliction, et de quelle manière ils sont opprimés par les Egyptiens.

10 Mais venez, et je vous enverrai vers Pharaon, afin que vous fassiez sortir de l'Égypte les enfants d'Israël, qui sont mon peuple.

11 Moïse dit à Dieu : Qui suis-je moi, pour aller vers Pharaon, et pour faire sortir de l'Égypte les enfants d'Israël ?

12 Dieu lui répondit : Je serai avec vous ; et ce sera là le signe qui vous fera connaître que c'est moi qui vous aurai envoyé. Lorsque vous aurez tiré mon peuple de l'Égypte, vous offrirez à Dieu un sacrifice sur cette montagne.

13 Moïse dit à Dieu : J'irai donc vers les enfants d'Israël, et je leur dirai : Le Dieu de vos pères m'a envoyé vers vous. Mais s'ils me disent : Quel est son nom ? que leur répondrai-je ?

14 Dieu dit à Moïse : Je suis Celui qui Est. Voici, ajouta-t-il, ce que vous direz aux enfants d'Israël : Celui qui Est m'a envoyé vers vous.

15 Dieu dit encore à Moïse : Vous direz ceci aux enfants d'Israël : Le Seigneur, le Dieu de vos pères, le Dieu d'Abraham, le Dieu d'Isaac, le Dieu de Jacob, m'a envoyé vers vous. Ce *premier* nom est celui que j'ai dans toute l'éternité ; et celui-ci est le nom qui me fera connaître dans la suite de tous les siècles.

16 Allez, assemblez les anciens d'Israël, et dites-leur : Le Seigneur, le Dieu de vos pères, m'est apparu. Le Dieu d'Abraham, le Dieu d'Isaac, le Dieu de Jacob, m'a dit : Je suis venu vous visiter, et j'ai vu tout ce qui vous est arrivé en Égypte.

17 J'ai résolu de vous tirer de l'oppression des Egyptiens, et de vous faire passer au pays des Chananéens, des Héthéens, des Amorrhéens, des Phérézéens, *des Gergéséens,* des Hévéens et des Jébuséens, en une terre où coulent des ruisseaux de lait et de miel.

18 Ils écouteront votre voix, et vous irez, vous et les anciens d'Israël, vers le roi d'Égypte ; vous lui direz : Le Seigneur, le Dieu des Hébreux, nous a appelés. C'est pourquoi nous sommes obligés d'aller trois journées de chemin dans le désert, pour sacrifier au Seigneur, notre Dieu.

19 Mais je sais que le roi d'Égypte ne vous laissera point aller, s'il n'y est contraint par une main forte.

20 J'étendrai donc ma main, et je frapperai *les peuples d'Égypte* par *toutes sortes* de prodiges que je ferai au milieu d'eux ; et après cela il vous laissera aller.

21 Je ferai trouver grâce à ce peuple dans l'esprit des Egyptiens : et lorsque vous partirez, vous ne sortirez pas les mains vides ;

22 mais chaque femme demandera à sa voisine et à son hôtesse des vases d'or et d'argent, et des vêtements *précieux* : vous en habillerez vos fils et vos filles, et vous dépouillerez l'Égypte.

CHAPITRE IV.

MOISE répondit *à Dieu* : Ils ne me croiront pas, et ils n'écouteront point ma voix ; mais ils diront : Le Seigneur ne vous a point apparu.

2 *Dieu* lui dit donc : Que tenez-vous en votre main ? Une verge, lui répondit-il.

3 Le Seigneur ajouta : Jetez-la à terre. Moïse la jeta, et elle fut changée en serpent ; de sorte que Moïse s'enfuit.

4 Le Seigneur lui dit encore : Etendez votre main, et prenez ce serpent par la queue. Il étendit la main, et le prit ; et aussitôt la verge *changée en serpent* redevint verge.

5 *Le Seigneur* ajouta : *J'ai fait ceci* afin qu'ils croient que le Seigneur, le Dieu de leurs pères, vous a apparu, le Dieu d'Abraham, le Dieu d'Isaac et le Dieu de Jacob.

6 Le Seigneur lui dit encore : Mettez votre main dans votre sein. Et l'ayant mise dans son sein, il l'en retira pleine d'une lèpre *blanche* comme la neige.

7 Remettez, dit le Seigneur, votre main dans votre sein. Il la remit, et il l'en retira toute semblable au reste de son corps.

8 S'ils ne vous croient pas, dit le Seigneur, et s'ils n'écoutent pas la voix du premier miracle, ils écouteront celle du second.

9 Si à ces deux miracles ils ne croient point encore, et qu'ils n'écoutent point votre voix, prenez de l'eau du fleuve, répandez-la sur la terre, et tout ce que vous en aurez puisé sera changé en sang.

10 Moïse dit *alors* : Seigneur ! je vous prie *de considérer que* je n'ai jamais eu la facilité de parler ; et depuis même que vous avez commencé à parler à votre serviteur, j'ai la langue encore moins libre et plus embarrassée.

11 Le Seigneur lui répondit : Qui a fait la bouche de l'homme ? qui a formé le muet et le sourd, celui qui voit, et celui qui est aveugle ? N'est-ce pas moi ?

12 Allez donc, je serai dans votre bouche, et je vous apprendrai ce que vous aurez à dire.

13 Je vous prie, Seigneur ! repartit Moïse, envoyez celui que vous devez envoyer.

14 Le Seigneur se fâcha contre Moïse, et lui dit : Je sais qu'Aaron, votre frère, de la race de Lévi, s'exprime aisément : il va venir au-devant de vous ; et quand il vous verra, son cœur sera plein de joie.

15 Parlez-lui, et mettez mes paroles dans sa bouche. Je serai dans votre bouche et dans la sienne, et je vous montrerai ce que vous aurez à faire.

16 Il parlera pour vous au peuple, et il sera votre bouche, et vous le conduirez dans tout ce qui regarde Dieu.

17 Prenez aussi cette verge en votre main : car c'est avec quoi vous ferez des miracles.

18 Moïse s'en alla donc, et retourna chez Jéthro, son beau-père, et il lui dit : Je m'en vais retrouver mes frères en Égypte, pour voir s'ils sont encore en vie. Jéthro lui dit : Allez en paix.

19 Or le Seigneur dit à Moïse, lorsqu'il était encore en Madian : Allez, retournez en Égypte ; car tous ceux qui voulaient vous ôter la vie, sont morts.

20 Moïse prit donc sa femme et ses fils, les mit sur un âne, et retourna en Égypte, portant à la main la verge de Dieu.

21 Et le Seigneur lui dit, lorsqu'il retournait en Égypte : Ne manquez pas de faire devant Pharaon tous les miracles que je vous ai donné le pouvoir de faire. J'endurcirai son cœur, et il ne laissera

point aller *mon* peuple.

22 Vous lui parlerez donc de cette sorte : Voici ce que dit le Seigneur : Israël est mon fils aîné.

23 Je vous ai *déjà* dit : Laissez aller mon fils, afin qu'il me rende le culte qui m'est dû ; et vous n'avez point voulu le laisser aller : c'est pourquoi je vais tuer votre fils aîné.

24 Moïse étant en chemin, le Seigneur se présenta à lui dans l'hôtellerie, et il voulait lui ôter la vie.

25 Séphora prit aussitôt une pierre très-aiguë, et circoncit la chair de son fils ; et touchant les pieds *de Moïse*, elle lui dit : Vous m'êtes un époux de sang.

26 Alors *le Seigneur* laissa Moïse, après que *Séphora* eut dit à cause de la circoncision : Vous m'êtes un époux de sang.

27 Cependant le Seigneur dit à Aaron : Allez au-devant de Moïse dans le désert. Et Aaron alla au-devant de lui jusqu'à la montagne de Dieu, et il le baisa.

28 Moïse raconta à Aaron tout ce que le Seigneur lui avait dit en l'envoyant, et les miracles qu'il lui avait ordonné de faire.

29 Et étant venus tous deux *en Égypte*, ils firent assembler tous les anciens d'entre les enfants d'Israël.

30 Et Aaron rapporta tout ce que le Seigneur avait dit à Moïse, et fit des miracles devant le peuple.

31 Le peuple le crut, et ils comprirent que le Seigneur avait visité les enfants d'Israël, et qu'il avait regardé leur affliction ; et se prosternant *en terre*, ils l'adorèrent.

CHAPITRE V.

APRÈS cela Moïse et Aaron vinrent trouver Pharaon, et lui parlèrent en ces termes : Voici ce que dit le Seigneur, le Dieu d'Israël : Laissez aller mon peuple, afin qu'il me sacrifie dans le désert.

2 Mais il répondit : Qui est le Seigneur, pour que je sois obligé d'écouter sa voix, et de laisser sortir Israël ? Je ne connais point le Seigneur, et je ne laisserai point sortir Israël.

3 Ils lui dirent encore : Le Dieu des Hébreux nous a ordonné d'aller trois journées de chemin dans le désert pour sacrifier au Seigneur, notre Dieu, de peur que nous ne soyons frappés de la peste ou de l'épée.

4 Le roi d'Égypte leur répondit : Moïse et Aaron, pourquoi détournez-vous le peuple de leurs ouvrages ? Allez à votre travail.

5 Pharaon dit encore : Ce peuple s'est fort multiplié *dans mon royaume* : vous voyez que cette populace s'est beaucoup accrue : combien croîtrait-elle davantage si on lui relâchait quelque chose de son travail !

6 *Le roi* donna donc, ce jour-là même, cet ordre à ceux qui avaient l'intendance des ouvrages du peuple d'Israël, et qui exigeaient d'eux les travaux qu'on leur avait imposés, et leur dit :

7 Vous ne donnerez plus, comme auparavant, de paille à ce peuple pour faire leurs briques : mais qu'ils en aillent chercher eux-mêmes.

8 Et vous ne laisserez pas d'exiger d'eux la même quantité de briques qu'ils rendaient auparavant, sans en rien diminuer. Car ils n'ont pas de quoi s'occuper. C'est pourquoi ils crient, et se disent *l'un à l'autre* : Allons sacrifier à notre Dieu.

9 Qu'on les accable de travaux, qu'ils fournissent *tout ce qu'on exige d'eux*, afin qu'ils ne se repaissent plus de paroles de mensonge.

10 Alors ceux qui avaient l'intendance des ouvrages, et qui les exigeaient du peuple, dirent *aux Hébreux* : Voici l'ordre de Pharaon : Je ne vous donnerai plus de paille.

11 Allez, et cherchez-en où vous pourrez en trouver ; et néanmoins on ne diminuera rien de vos ouvrages.

12 Le peuple se répandit donc dans toute l'Égypte, afin d'amasser des pailles.

13 Et ceux qui avaient l'intendance des travaux les pressaient en leur disant : Rendez tous les jours la même quantité de briques que vous rendiez lorsqu'on vous donnait des pailles.

14 Ceux donc qui étaient commis sur les ouvrages des enfants d'Israël, furent battus de verges par les exacteurs de Pharaon, qui leur disaient : Pourquoi n'avez-vous pas rendu, ni hier, ni aujourd'hui, la même quantité de briques que vous faisiez auparavant ?

15 Alors ces gens qui commandaient aux enfants d'Israël pour les faire travailler, vinrent crier à Pharaon, en lui disant : Pourquoi traitez-vous ainsi vos serviteurs ?

16 On ne nous donne plus de paille, et on nous commande de rendre le même nombre de briques qu'auparavant. Nous sommes battus de verges, nous qui sommes vos serviteurs, et on tourmente injustement votre peuple.

17 Il leur répondit : Vous avez trop de loisir, et c'est ce qui vous fait dire : Allons sacrifier au Seigneur.

18 Allez donc, et travaillez : on ne vous donnera point de paille, et vous rendrez toujours la même quantité de briques.

19 Ainsi ceux qui étaient commis sur les ouvrages des enfants d'Israël, se trouvèrent dans une grande extrémité, à cause qu'on ne voulait leur rien diminuer du nombre des briques *qu'ils étaient auparavant obligés de fournir* chaque jour.

20 Et ayant rencontré Moïse et Aaron, qui s'étaient tenus près de là, *attendant* que ces Israélites sortissent d'avec Pharaon,

21 ils leur dirent : Que le Seigneur voie ceci, et en soit le juge : car vous nous avez mis en mauvaise odeur devant Pharaon et devant ses serviteurs ; et vous lui avez donné une épée pour nous tuer.

22 Moïse étant retourné vers le Seigneur, lui dit : Seigneur ! pourquoi avez-vous affligé ce peuple ? pourquoi m'avez-vous envoyé ?

23 Car depuis que je me suis présenté devant Pharaon pour lui parler en votre nom, il a tourmenté *encore plus* votre peuple, et vous ne l'avez point délivré.

CHAPITRE VI.

LE Seigneur dit à Moïse : Vous verrez maintenant ce que je vais faire à Pharaon. Car je le contraindrai par la force de mon bras à laisser aller les Israélites, et ma main puissante l'obligera de les faire *lui-même* sortir de son pays.

2 Le Seigneur parla encore à Moïse, et lui dit : Je suis le Seigneur,

3 qui ai apparu à Abraham, à Isaac et à Jacob, comme le Dieu tout-puissant : mais je ne me suis point fait connaître à eux sous ce nom *qui marque que je suis* Celui qui est.

4 Et j'ai fait alliance avec eux, en leur promettant de leur donner la terre de Chanaan, la terre dans laquelle ils ont demeuré comme voyageurs et étrangers.

5 J'ai entendu les gémissements des enfants d'Israël *parmi les travaux* dont les Egyptiens les accablent, et je me suis souvenu de mon alliance.

6 C'est pourquoi dites *de ma part* aux enfants d'Israël : Je suis le Seigneur : c'est moi qui vous tirerai de la prison des Egyptiens, qui vous délivrerai de la servitude, et qui vous rachèterai en *déployant* la force de mon bras, et *en faisant éclater* la sévérité de mes jugements.

7 Je vous prendrai pour mon peuple, et je serai votre Dieu ; et vous saurez que c'est moi qui suis le Seigneur, votre Dieu, lorsque je vous aurai délivrés de la prison des Egyptiens ;

8 et que je vous aurai fait entrer dans cette terre que j'ai juré de donner à Abraham, à Isaac et à Jacob : car je vous la donnerai, et je vous en mettrai en possession, moi *qui suis* le Seigneur.

9 Moïse rapporta donc tout ceci aux enfants d'Israël : mais ils ne l'écoutèrent point, à cause de leur extrême affliction, et de l'excès des travaux dont ils étaient accablés.

10 Dieu parla ensuite à Moïse, et lui dit :

11 Allez trouver Pharaon, roi d'Egypte, et parlez-lui, afin qu'il permette aux enfants d'Israël de sortir de son pays.

12 Moïse répondit au Seigneur : Vous voyez que les enfants d'Israël ne m'écoutent point : comment donc Pharaon m'écouterait-il, principalement étant, comme je suis, incirconcis des lèvres ?

13 Le Seigneur parla *encore* à Moïse et à Aaron : il leur donna ordre d'aller trouver les enfants d'Israël, et Pharaon, roi d'Egypte, pour faire sortir de l'Egypte les enfants d'Israël.

14 Voici les noms des princes des maisons *d'Israël*, selon l'ordre de leurs familles : Les enfants de Ruben, fils aîné d'Israël, furent Hénoch, Phallu, Hesron et Charmi.

15 Ce sont là les familles de Ruben. Les enfants de Siméon furent Jamuel, *ou Namuel*, Jamin, Ahod, Jachin, Soar, *ou Zaré*, et Saül, fils d'une femme de Chanaan. Ce sont là les familles de Siméon.

16 Voici les noms des enfants de Lévi, et la suite de leurs familles : Ses enfants furent Gerson, Caath et Mérari. Le temps de la vie de Lévi fut de cent trente-sept ans.

17 Les enfants de Gerson furent Lobni et Séméi, qui eurent chacun leurs familles.

18 Les enfants de Caath furent Amram, Isaar, Hébron et Oziel. Le temps de la vie de Caath fut de cent trente-trois ans.

19 Les enfants de Mérari furent Moholi et Musi. Ce sont là les enfants sortis de Lévi, chacun dans sa famille.

20 Or Amram épousa Jochabed, fille de son oncle paternel, dont il eut Aaron et Moïse : et le temps que vécut Amram fut de cent trente-sept ans.

21 Les enfants d'Isaar furent Coré, Népheg et Zechri.

22 Les enfants d'Oziel furent Misaël, Elisaphan et Séthri.

23 Aaron épousa Elisabeth, fille d'Aminadab, sœur de Nahasson, dont il eut Nadab, Abiu, Eléazar et Ithamar.

24 Les enfants de Coré furent Aser, *ou Asir*, Elcana et Abiasaph. Ce sont là les familles sorties de Coré.

25 Eléazar, fils d'Aaron, épousa une des filles de Phutiel, dont il eut Phinéès. Ce sont là les chefs des familles de Lévi, qui eurent chacun leurs enfants.

26 Aaron et Moïse sont ceux auxquels le Seigneur commanda de faire sortir de l'Egypte les enfants d'Israël, selon leurs bandes *et leurs troupes différentes*.

27 Ce sont eux qui parlèrent à Pharaon, roi d'Egypte, pour faire sortir de l'Egypte les enfants d'Israël. Moïse et Aaron *furent ceux qui lui parlèrent*,

28 lorsque le Seigneur donna ses ordres à Moïse dans l'Egypte.

29 Car le Seigneur parla à Moïse, et lui dit : Je suis le Seigneur : dites à Pharaon, roi d'Egypte, tout ce que je vous ordonne de lui dire.

30 Et Moïse répondit au Seigneur : Vous voyez que je suis incirconcis des lèvres : comment Pharaon m'écoutera-t-il ?

CHAPITRE VII.

ALORS le Seigneur dit à Moïse : Je vous ai établi le Dieu de Pharaon : et Aaron, votre frère, sera votre prophète.

2 Vous direz à Aaron tout ce que je vous ordonne de dire ; et Aaron parlera à Pharaon, afin qu'il permette aux enfants d'Israël de sortir de son pays.

3 Mais j'endurcirai son cœur, et je signalerai ma puissance dans l'Egypte par un grand nombre de prodiges et de merveilles.

4 Car *comme* Pharaon ne vous écoutera point, j'étendrai ma main sur l'Egypte ; et après y avoir fait éclater la sévérité de mes jugements, j'en ferai sortir mon armée et mon peuple, *qui sont* les enfants d'Israël.

5 Les Egyptiens apprendront que je suis le Seigneur, après que j'aurai étendu ma main sur l'Egypte, et que j'aurai fait sortir les enfants d'Israël du milieu d'eux.

6 Moïse et Aaron firent donc et se conduisirent selon que le Seigneur le leur avait ordonné.

7 Moïse avait quatre-vingts ans, et Aaron quatre-vingt-trois, lorsqu'ils parlèrent à Pharaon.

8 Le Seigneur dit encore à Moïse et à Aaron :

9 Lorsque Pharaon vous dira : Faites des miracles devant nous ; vous direz à Aaron : Prenez votre verge, et jetez-la devant Pharaon, et elle sera changée en serpent.

10 Moïse et Aaron étant donc allés trouver Pharaon, firent ce que le Seigneur leur avait commandé. Aaron jeta sa verge devant Pharaon et ses serviteurs, et elle fut changée en serpent.

11 Pharaon ayant fait venir les sages *d'Egypte*, et les magiciens, ils firent aussi la même chose par les enchantements du pays, et par les secrets de leur art.

12 Et chacun d'eux ayant jeté sa verge, elles furent changées en serpents : mais la verge d'Aaron dévora leurs verges.

13 Alors le cœur de Pharaon s'endurcit, et il n'écouta point Moïse et Aaron, selon que le Seigneur l'avait ordonné.

14 Et le Seigneur dit à Moïse : Le cœur de Pharaon s'est endurci ; il ne veut point laisser aller *mon* peuple.

15 Allez le trouver dès le matin : il sortira pour aller sur l'eau ; et vous vous tiendrez sur le bord du fleuve pour venir au-devant de lui. Vous prendrez en votre main la verge qui a été changée en serpent,

16 et vous lui direz : Le Seigneur, le Dieu des Hébreux, m'a envoyé vers vous pour vous dire : Laissez aller mon peuple, afin qu'il me sacrifie dans le désert : et jusqu'à présent vous n'avez point voulu m'écouter.

17 Voici donc ce que dit le Seigneur : Vous connaîtrez en ceci que je suis le Seigneur : je vais frapper l'eau de ce fleuve avec la verge que j'ai en ma main ; et elle sera changée en sang.

18 Les poissons aussi qui sont dans le fleuve mourront ; les eaux se corrompront, et les Egyptiens souffriront *beaucoup* en buvant de l'eau du fleuve.

19 Le Seigneur dit encore à Moïse : Dites à Aaron : Prenez votre verge, et étendez votre main sur les eaux d'Egypte, sur les fleuves, sur les ruisseaux, sur les marais et sur les eaux de tous les lacs, afin qu'elles soient changées en sang, et qu'il n'y ait que du sang en toute l'Egypte, dans tous les vaisseaux ou de bois ou de pierre.

20 Moïse et Aaron firent donc ce que le Seigneur leur avait ordonné. *Aaron* élevant sa verge, frappa l'eau du fleuve devant Pharaon et ses serviteurs, et l'eau fut changée en sang.

21 Les poissons qui étaient dans le fleuve moururent ; le fleuve se corrompit, les Egyptiens ne pouvaient boire de ses eaux, et il y eut du sang dans tout le pays d'Egypte.

22 Les magiciens d'Egypte firent la même chose avec leurs enchantements ; et le cœur de Pharaon s'endurcit. Il n'écouta point Moïse et Aaron, selon que le Seigneur l'avait ordonné.

23 Il se retira de devant eux, et entra dans sa maison, et il ne fléchit point encore son cœur pour cette fois.

24 Tous les Egyptiens creusèrent la terre le long du fleuve, et y cherchèrent de l'eau pour boire, parce qu'ils ne pouvaient boire de l'eau du fleuve.

25 Et il se passa sept jours entiers, depuis la plaie dont le Seigneur avait frappé le fleuve.

CHAPITRE VIII.

LE Seigneur dit encore à Moïse : Allez trouver Pharaon, et lui dites : Voici ce que dit le Seigneur : Laissez aller mon peuple, afin qu'il me sacrifie.

2 Si vous ne voulez pas le laisser aller, je frapperai toutes vos terres, *et je les couvrirai* de grenouilles.

3 Le fleuve en produira une infinité, qui entreront dans votre maison, qui monteront dans la chambre où vous couchez et sur votre lit, *qui entreront* dans les maisons de vos serviteurs et dans celles de tout votre peuple, *qui passeront jusque* dans vos fours, *et jusque* sur les restes de vos viandes.

4 *C'est ainsi que* vous serez tourmentés de ces grenouilles, vous, votre peuple et tous vos serviteurs.

5 Le Seigneur dit donc à Moïse : Dites à Aaron : Etendez votre main sur les fleuves, sur les ruisseaux et sur les marais, et faites venir des grenouilles sur *toute* la terre d'Egypte.

6 Aaron étendit sa main sur les eaux d'Egypte ; et les grenouilles en sortirent, et couvrirent l'Egypte *de toutes parts*.

7 Les magiciens firent aussi la même chose par leurs enchantements, et ils firent venir des grenouilles sur la terre d'Egypte.

8 Pharaon appela ensuite Moïse et Aaron, et leur dit : Priez le Seigneur, afin qu'il me délivre, moi et mon peuple, de ces grenouilles, et je laisserai aller le peuple, afin qu'il sacrifie au Seigneur.

9 Moïse répondit à Pharaon : Marquez-moi le temps auquel vous voulez que je prie pour vous, pour vos serviteurs et pour votre peuple, afin que les grenouilles soient chassées loin de vous et de votre maison, de vos serviteurs et de votre peuple ; et qu'elles ne demeurent plus que dans le fleuve.

10 Demain, répondit Pharaon. Je ferai, dit Moïse, ce que vous me demandez, afin que vous sachiez que nul n'est égal au Seigneur, notre Dieu.

11 Les grenouilles se retireront de vous, de votre maison, de vos serviteurs et de votre peuple, et elles ne demeureront plus que dans le fleuve.

12 Moïse et Aaron étant sortis de devant Pharaon, Moïse cria au Seigneur pour *accomplir* la promesse qu'il avait faite à Pharaon, de le délivrer des grenouilles au jour qu'il avait marqué.

13 Et le Seigneur fit ce que Moïse lui avait demandé ; et les grenouilles moururent dans les maisons, dans les villages et dans les champs.

14 On les amassa en de grands monceaux, et la terre en fut infectée.

15 Mais Pharaon voyant qu'il avait un peu de relâche, appesantit son cœur, et il n'écouta point Moïse et Aaron, comme le Seigneur l'avait ordonné.

16 Alors le Seigneur dit à Moïse : Dites à Aaron : Etendez votre verge, et frappez la poussière de la terre ; et que toute la terre de l'Egypte soit remplie de moucherons.

17 Ils firent ce que Dieu leur avait dit : et Aaron tenant sa verge étendit la main, et frappa la poussière de la terre ; et les hommes et les bêtes furent tout couverts de moucherons, et toute la poussière de la terre fut changée en moucherons dans toute l'Egypte.

18 Les magiciens voulaient faire la même chose par leurs enchantements, et produire de ces moucherons, mais ils ne le purent ; et les hommes et les bêtes en étaient couverts.

19 Ces magiciens dirent donc à Pharaon : C'est le doigt de Dieu qui agit ici. Mais le cœur de Pharaon s'endurcit ; et il n'écouta point Moïse et Aaron, comme le Seigneur l'avait ordonné.

20 Le Seigneur dit encore à Moïse : Levez-vous dès la pointe du jour, et présentez-vous devant Pharaon ; car il sortira pour aller sur l'eau, et vous lui direz : Voici ce que dit le Seigneur : Laissez aller mon peuple, afin qu'il me sacrifie.

21 Si vous ne le laissez point aller, je vais envoyer contre vous, contre vos serviteurs, contre votre peuple, et dans vos maisons, des mouches de toutes sortes ; et les maisons des Egyptiens, et tous les lieux où ils se trouveront, seront remplis de toutes sortes de mouches.

22 Et je rendrai ce jour-là la terre de Gessen, où est mon peuple, une terre miraculeuse, où il ne se trouvera aucune de ces mouches : afin que vous sachiez que c'est moi *seul* qui suis le Seigneur dans toute la terre.

23 Je séparerai ainsi mon peuple d'avec votre peuple : demain ce miracle se fera.

24 Le Seigneur fit ce qu'il avait dit. Une multitude de mouches très-dangereuses vint dans les maisons de Pharaon, de ses serviteurs, et par toute l'Egypte ; et la terre fut corrompue par cette sorte de mouches.

25 Alors Pharaon appela Moïse et Aaron, et leur dit : Allez sacrifier à votre Dieu dans ce pays-ci.

26 Moïse répondit : Cela ne peut point se faire : car nous sacrifierions au Seigneur, notre Dieu, *des animaux dont la mort paraîtrait* une abomination aux Egyptiens. Si nous tuons devant les yeux des Egyptiens ce qu'ils adorent, ils nous lapideront.

27 Nous irons dans le désert trois journées de chemin, et nous sacrifierons au Seigneur, notre Dieu, comme il nous l'a commandé.

28 Et Pharaon lui dit : Je vous laisserai aller dans le désert pour sacrifier au Seigneur, votre Dieu ; mais n'allez donc pas plus loin : priez Dieu pour moi.

29 Moïse répondit : Je prierai le Seigneur aussitôt que je serai sorti d'auprès de vous, et demain toutes les mouches se retireront de Pharaon, de ses serviteurs et de son peuple. Mais ne me trompez donc plus, ne laissant point encore aller le peuple pour sacrifier au Seigneur.

30 Moïse étant sorti d'avec Pharaon, pria le Seigneur.

31 Et le Seigneur fit ce que Moïse lui avait demandé : il chassa toutes les mouches qui tourmentaient Pharaon, ses serviteurs et son peuple, sans qu'il en restât une seule.

32 Mais le cœur de Pharaon s'endurcit, en sorte qu'il ne voulut point permettre encore pour cette fois que le peuple s'en allât.

CHAPITRE IX.

LE Seigneur dit à Moïse : Allez trouver Pharaon, et lui dites : Voici ce que dit le Seigneur, le Dieu des Hébreux : Laissez aller mon peuple, afin qu'il me sacrifie.

2 Si vous refusez *de m'obéir*, et si vous le retenez encore,

3 je vais étendre ma main sur vos ! champs : et les chevaux, les ânes, les chameaux, les bœufs et les brebis seront frappés d'une peste très-dangereuse.

4 Et le Seigneur fera un miracle pour discerner ce qui appartient aux enfants d'Israël d'avec ce qui appartient aux Egyptiens ; en sorte que de tout ce que possèdent les enfants d'Israël rien ne périra.

5 Le Seigneur en a marqué lui-même le temps, et il déclare que ce sera demain qu'il fera cette merveille sur la terre.

6 Le Seigneur fit donc le lendemain ce qu'il avait dit. Toutes les bêtes des Egyptiens moururent, et nulle de toutes celles des enfants d'Israël ne périt.

7 Pharaon envoya voir ; et l'on trouva que rien n'était mort de tout ce que possédait Israël. Mais le cœur de Pharaon s'endurcit, et il ne laissa point aller le peuple.

8 Alors le Seigneur dit à Moïse et à Aaron : Prenez plein vos mains de la cendre qui est dans la cheminée, et que Moïse la jette au ciel devant Pharaon ;

9 et que cette poussière se répande sur toute l'Egypte. Il s'en formera des ulcères et des tumeurs dans les hommes et dans les animaux, par toute l'Egypte.

10 Ayant donc pris de la cendre de la cheminée, ils se présentèrent devant Pharaon, et Moïse la jeta au ciel. En même temps il se forma des ulcères et des tumeurs dans les hommes et dans les animaux.

11 Et les magiciens ne pouvaient se tenir devant Moïse, à cause des ulcères qui leur étaient venus comme à tout le reste des Egyptiens.

12 Et le Seigneur endurcit le cœur de Pharaon, et il n'écouta point Moïse et Aaron, selon que le Seigneur l'avait prédit à Moïse.

13 Le Seigneur dit encore à Moïse : Levez-vous dès le point du jour, et présentez-vous devant Pharaon, et lui dites : Voici ce que dit le Seigneur, le Dieu des Hébreux : Laissez aller mon peuple, afin qu'il me sacrifie.

14 Car c'est maintenant que je vais faire fondre toutes mes plaies sur votre cœur, sur vos serviteurs et sur votre peuple ; afin que vous sachiez que nul n'est semblable à moi dans toute la terre.

15 C'est maintenant que je vais étendre ma main, et frapper de peste vous et votre peuple ; et vous périrez de dessus la terre.

16 Car je vous ai établi, pour faire éclater en vous ma toute-puissance, et pour rendre mon nom célèbre dans toute la terre.

17 Quoi ! vous retenez encore mon peuple, et vous ne voulez pas le laisser aller ?

18 Demain à cette même heure, je ferai pleuvoir une horrible grêle, *et* telle qu'on n'en a point vu de semblable dans l'Egypte, depuis qu'elle est fondée jusqu'aujourd'hui.

19 Envoyez donc dès maintenant à la campagne, et faites-en retirer vos bêtes et tout ce que vous y avez : car les hommes et les bêtes, et toutes les choses qui se trouveront dehors, et qu'on n'aura point retirées des champs, mourront étant frappées de la grêle.

20 Ceux d'entre les serviteurs de Pharaon qui craignirent la parole du Seigneur, firent retirer leurs serviteurs et leurs bêtes dans leurs maisons.

21 Mais ceux qui négligèrent ce que le Seigneur avait dit, laissèrent leurs serviteurs et leurs bêtes dans les champs.

22 Alors le Seigneur dit à Moïse : Etendez votre main vers le ciel, afin qu'il tombe une grêle dans toute l'Egypte, sur les hommes, sur les bêtes, et sur toute l'herbe de la campagne.

23 Moïse ayant levé sa verge vers le ciel, le Seigneur fit fondre la grêle sur la terre au milieu des tonnerres et des feux qui brillaient de toutes parts ; le Seigneur fit pleuvoir la grêle sur la terre d'Egypte.

24 La grêle et le feu mêlés l'un avec l'autre tombaient ensemble ; et cette grêle fut d'une telle grosseur qu'on n'en avait jamais vu auparavant de semblable dans toute l'étendue de l'Egypte, depuis l'établissement de son peuple.

25 Dans tout le pays de l'Egypte la grêle frappa de mort tout ce qui se trouva dans les champs, depuis les hommes jusqu'aux bêtes. Elle fit mourir toute l'herbe de la campagne, et elle rompit tous les arbres.

26 Il n'y eut qu'au pays de Gessen, où étaient les enfants d'Israël, que cette grêle ne tomba point.

27 Alors Pharaon envoya appeler Moïse et Aaron, et leur dit : J'ai péché encore cette fois : le Seigneur est juste ; moi et mon peuple nous sommes des impies.

28 Priez le Seigneur, afin qu'il fasse cesser ces grands tonnerres et la grêle ; et que je vous laisse aller, sans que vous demeuriez ici davantage.

29 Moïse lui répondit : Quand je serai sorti de la ville, j'élèverai mes mains vers le Seigneur, et les tonnerres cesseront, et il n'y aura plus de grêle, afin que vous sachiez que la terre est au Seigneur.

30 Mais je sais que vous ne craignez point encore le Seigneur, *notre* Dieu, ni vous, ni vos serviteurs.

31 Le lin et l'orge furent donc gâtés *de la grêle*, parce que l'orge avait déjà poussé son épi, et que le lin commençait à monter en graine.

32 Mais le froment et les blés ne furent point gâtés, parce qu'ils étaient plus tardifs.

33 Après que Moïse eut quitté Pharaon, et fut sorti de la ville, il éleva les mains vers le Seigneur : et les tonnerres et la grêle cessèrent, sans qu'il tombât plus une goutte d'eau sur la terre.

34 Mais Pharaon voyant que la pluie, la grêle et les tonnerres étaient cessés, augmenta encore son péché.

35 Son cœur et celui de ses serviteurs s'appesantit et s'endurcit de plus en plus ; et il ne laissa point aller les enfants d'Israël, selon que le Seigneur l'avait ordonné par Moïse.

CHAPITRE X.

ALORS le Seigneur dit à Moïse : Allez trouver Pharaon : car j'ai endurci son cœur, et celui de ses serviteurs, afin que je fasse éclater ces prodiges de ma puissance en sa personne ;

2 et que vous racontiez à vos enfants et aux enfants de vos enfants, de combien de plaies j'ai frappé les Egyptiens, et combien de merveilles j'ai faites parmi eux, et que vous sachiez que je suis le Seigneur.

3 Moïse et Aaron vinrent donc trouver Pharaon, et lui dirent : Voici ce que dit le Seigneur, le Dieu des Hébreux : Jusqu'à quand refuserez-vous de vous assujettir à moi ? Laissez aller mon peuple, afin qu'il me sacrifie.

4 Si vous résistez encore, et si vous ne voulez pas le laisser aller, je ferai venir demain des sauterelles dans votre pays,

5 qui couvriront la surface de la terre, en sorte qu'elle ne paraîtra plus, et qui mangeront tout ce que la grêle n'aura pas gâté : car elles rongeront tous les arbres qui poussent dans les champs.

6 Elles rempliront vos maisons, les maisons de vos serviteurs et de tous les Egyptiens ; en sorte que ni vos pères, ni vos aïeux n'en ont jamais vu une si grande quantité, depuis le temps qu'ils sont nés sur la terre jusqu'aujourd'hui. Moïse se détourna aussitôt de devant Pharaon, et se retira.

7 Mais les serviteurs de Pharaon dirent à ce prince : Jusqu'à quand souffrirons-nous ce scandale ? Laissez aller ces gens-là, afin qu'ils sacrifient au Seigneur, leur Dieu. Ne voyez-vous pas que l'Egypte est toute perdue ?

8 Ils rappelèrent donc Moïse et Aaron pour parler à Pharaon, qui leur dit : Allez, sacrifiez au Seigneur, votre Dieu : mais qui sont ceux qui doivent y aller ?

9 Moïse lui répondit : Nous irons avec nos petits enfants et nos vieillards, avec nos fils et nos filles, avec nos brebis et tous nos troupeaux : car c'est la fête solennelle du Seigneur, notre Dieu.

10 Pharaon lui repartit : Que le Seigneur soit avec vous en la même manière que je vous laisserai aller avec vos petits enfants. Qui doute que vous n'ayez *en cela* un très-mauvais dessein ?

11 Il n'en sera pas ainsi ; mais allez seulement, vous autres hommes, et sacrifiez au Seigneur : car c'est ce que vous avez demandé vous-mêmes. Et aussitôt ils furent chassés de devant Pharaon.

12 Alors le Seigneur dit à Moïse : Etendez votre main sur l'Egypte, pour faire venir les sauterelles, afin qu'elles montent sur les terres, et qu'elles dévorent toute l'herbe qui est restée après la grêle.

13 Moïse étendit donc sa verge sur la terre de l'Egypte, et le Seigneur fit souffler un vent brûlant tout le jour et toute la nuit. Le matin ce vent brûlant fit élever les sauterelles ;

14 qui vinrent fondre sur toute l'Egypte, et s'arrêtèrent dans toutes les terres des Egyptiens en une quantité si effroyable, que ni devant ni après on n'en vit jamais un si grand nombre.

15 Elles couvrirent toute la surface de la terre, et gâtèrent tout. Elles mangèrent toute l'herbe et tout ce qui se trouva de fruit sur les arbres qui était échappé à la grêle ; et il ne resta absolument rien de vert, ni sur les arbres, ni sur les herbes de la terre, dans toute l'Egypte.

16 C'est pourquoi Pharaon se hâta de faire venir Moïse et Aaron, et il leur dit : J'ai péché contre le Seigneur, votre Dieu, et contre vous.

17 Mais pardonnez-moi ma faute encore cette fois, et priez le Seigneur, votre Dieu, afin qu'il retire de moi cette mort.

18 Moïse étant sorti de devant Pharaon, pria le Seigneur,

19 qui ayant fait souffler un vent très-violent du côté de l'occident, enleva les sauterelles, et les jeta dans la mer Rouge. Il n'en demeura pas une seule dans toute l'Egypte.

20 Mais le Seigneur endurcit le cœur de Pharaon, et il ne laissa point encore aller les enfants d'Israël.

21 Le Seigneur dit donc à Moïse : Etendez votre main vers le ciel ; et qu'il se forme sur la terre de l'Egypte des ténèbres si épaisses, qu'elles soient palpables.

22 Moïse étendit sa main vers le ciel, et des ténèbres horribles couvrirent toute la terre de l'Egypte pendant trois jours.

23 Nul ne vit son frère, ni ne se remua du lieu où il était ; mais le jour luisait partout où habitaient les enfants d'Israël.

24 Alors Pharaon fit venir Moïse et Aaron, et leur dit : Allez sacrifier au Seigneur : que vos brebis seulement et vos troupeaux demeurent ici, et que vos petits enfants aillent avec vous.

25 Moïse lui répondit : Vous nous donnerez aussi des hosties et des holocaustes pour les offrir au Seigneur, notre Dieu.

26 Tous nos troupeaux marcheront avec nous, et il ne demeurera pas seulement une corne de leurs pieds ; parce que nous en avons nécessairement besoin pour le culte du Seigneur, notre Dieu, et d'autant plus que nous ne savons pas ce qui doit lui être immolé jusqu'à ce que nous soyons arrivés au lieu même *qu'il nous a marqué.*

27 Mais le Seigneur endurcit le cœur de Pharaon, et il ne voulut point les laisser aller.

28 Pharaon dit donc à Moïse : Retirez-vous, et gardez-vous bien de paraître jamais devant moi : car en quelque jour que ce soit que vous vous montriez à moi, vous mourrez.

29 Moïse lui répondit : Ce que vous ordonnez sera fait : je ne

verrai plus jamais votre visage.

CHAPITRE XI.

LE Seigneur dit à Moïse : Je ne frapperai plus Pharaon et l'Egypte que d'une seule plaie, et après cela il vous laissera aller, et vous pressera même de sortir.

2 Vous direz donc à tout le peuple : Que chaque homme demande à son ami, et chaque femme à sa voisine, des vases d'argent et d'or.

3 Et le Seigneur fera trouver grâce à son peuple devant les Egyptiens. Or Moïse était devenu très-grand dans toute l'Egypte, tant aux yeux des serviteurs de Pharaon, que de tout son peuple.

4 Et il *lui* dit *avant de la quitter* : Voici ce que dit le Seigneur : Je sortirai sur le minuit, et je parcourrai l'Egypte ;

5 et tous les premiers-nés mourront dans les terres des Egyptiens, depuis le premier-né de Pharaon qui est assis sur son trône, jusqu'au premier-né de la servante qui tourne la meule dans le moulin, et jusqu'aux premiers-nés des bêtes.

6 Il s'élèvera un grand cri dans toute l'Egypte, et tel que ni devant ni après il n'y en eut et il n'y en aura jamais un semblable.

7 Mais parmi tous les enfants d'Israël, depuis les hommes jusqu'aux bêtes, on n'entendra pas seulement un chien crier : afin que vous sachiez combien grand est le miracle par lequel le Seigneur discerne Israël d'avec les Egyptiens.

8 Alors tous vos serviteurs que vous voyez ici, viendront à moi, et ils m'adoreront, en disant : Sortez, vous et tout le peuple qui vous est soumis. Et après cela nous sortirons.

9 Et *Moïse* se retira de devant Pharaon dans une très-grande colère. Or le Seigneur dit à Moïse : Pharaon ne vous écoutera point, afin qu'il se fasse un grand nombre de prodiges dans l'Egypte.

10 Moïse et Aaron firent devant Pharaon tous les prodiges qui sont écrits *dans ce livre*. Mais le Seigneur endurcit le cœur de Pharaon : et *ce prince* ne permit point aux enfants d'Israël de sortir de ses terres.

CHAPITRE XII.

LE Seigneur dit aussi à Moïse et à Aaron dans l'Egypte :

2 Ce mois-ci sera pour vous le commencement des mois : ce sera le premier des mois de l'année.

3 Parlez à toute l'assemblée des enfants d'Israël, et dites-leur : Qu'au dixième jour de ce mois chacun prenne un agneau pour sa famille et pour sa maison.

4 S'il n'y a pas dans la maison assez de personnes pour pouvoir manger l'agneau, il en prendra de chez son voisin dont la maison tient à la sienne, autant qu'il en faut pour pouvoir manger l'agneau.

5 Cet agneau sera sans tache ; ce sera un mâle, et il n'aura qu'un an. Vous pourrez aussi prendre un chevreau qui ait ces mêmes conditions.

6 Vous le garderez jusqu'au quatorzième jour de ce mois, et toute la multitude des enfants d'Israël l'immolera au soir.

7 Ils prendront de son sang, et ils en mettront sur l'un et l'autre poteau, et sur le haut des portes des maisons où ils le mangeront.

8 Et cette même nuit ils en mangeront la chair rôtie au feu, et des pains sans levain, avec des laitues sauvages.

9 Vous n'en mangerez rien qui soit cru, ou qui ait été cuit dans l'eau, mais seulement rôti au feu. Vous en mangerez la tête avec les pieds et les intestins :

10 et il n'en demeurera rien jusqu'au matin. S'il en reste quelque chose, vous le brûlerez au feu.

11 Voici comment vous le mangerez : Vous vous ceindrez les reins, vous aurez des souliers aux pieds, et un bâton à la main, et vous mangerez à la hâte : car c'est la pâque (c'est-à-dire, le passage) du Seigneur.

12 Je passerai cette nuit-là par l'Egypte ; je frapperai dans les terres des Egyptiens tous les premiers-nés, depuis l'homme jusqu'aux bêtes, et j'exercerai mes jugements sur tous les dieux de l'Egypte, moi qui suis le Seigneur.

13 Or le sang dont sera marquée chaque maison où vous demeurerez, servira de signe en votre faveur. Je verrai ce sang, et je passerai vos maisons ; et la plaie de mort ne vous touchera point lorsque j'en frapperai toute l'Egypte.

14 Ce jour vous sera un monument éternel : et vous le célébrerez de race en race, par un culte perpétuel, comme une fête solennelle à la gloire du Seigneur.

15 Vous mangerez des pains sans levain pendant sept jours. Dès le premier jour il ne se trouvera point de levain dans vos maisons. Quiconque mangera du pain avec du levain depuis le premier jour jusqu'au septième, périra du milieu d'Israël.

16 Le premier jour sera saint et solennel, et le septième sera une fête également vénérable. Vous ne ferez aucune œuvre servile durant ces *deux* jours, excepté ce qui regarde le manger.

17 Vous garderez donc cette fête des pains sans levain ; car en ce même jour je ferai sortir toute votre armée de l'Egypte, et vous observerez ce jour de race en race par un culte perpétuel.

18 Depuis le quatorzième jour du premier mois sur le soir, vous mangerez des pains sans levain jusqu'au soir du vingt et unième jour de ce même mois.

19 Il ne se trouvera point de levain dans vos maisons pendant *ces* sept jours. Quiconque mangera du pain avec du levain, périra du milieu de l'assemblée d'Israël, soit qu'il soit étranger ou naturel du pays.

20 Vous ne mangerez rien avec du levain : vous userez de pain sans levain dans toutes vos maisons.

21 Moïse, appela ensuite tous les anciens des enfants d'Israël, et il leur dit : Allez prendre un agneau dans chaque famille, et immolez la pâque.

22 Trempez un petit bouquet d'hysope dans le sang que vous aurez mis sur le seuil de votre porte, et vous en ferez une aspersion sur le haut de la porte et sur les deux poteaux. Que nul de vous ne sorte hors de la porte de sa maison jusqu'au matin.

23 Car le Seigneur passera en frappant *de mort* les Egyptiens ; et lorsqu'il verra ce sang sur le haut de vos portes et sur les deux poteaux, il passera la porte de votre maison, et il ne permettra pas à l'*ange* exterminateur d'entrer dans vos maisons ni de vous frapper.

24 Vous garderez cette coutume qui doit être inviolable à jamais, tant pour vous que pour vos enfants.

25 Lorsque vous serez entrés dans la terre que le Seigneur vous donnera selon sa promesse, vous observerez ces cérémonies.

26 Et quand vos enfants vous diront : Quel est ce culte religieux ?

27 vous leur direz : C'est la victime du passage du Seigneur, lorsqu'il passa les maisons des enfants d'Israël dans l'Egypte, frappant *de mort* les Egyptiens, et délivrant nos maisons. *Alors* le peuple se prosternant en terre, adora *le Seigneur*.

28 Les enfants d'Israël étant sortis, firent ce que le Seigneur avait ordonné à Moïse et à Aaron.

29 Sur le milieu de la nuit, le Seigneur frappa tous les premiers-nés de l'Egypte, depuis le premier-né de Pharaon qui était assis sur son trône, jusqu'au premier-né de la femme esclave qui était en prison, et jusqu'au premier-né de toutes les bêtes.

30 Pharaon s'étant donc levé la nuit, aussi bien que tous ses serviteurs et tous les Egyptiens, un grand cri se fit entendre dans toute l'Egypte, parce qu'il n'y avait aucune maison où il n'y eût un mort.

31 Et Pharaon ayant fait venir cette même nuit Moïse et Aaron, il leur dit : Retirez-vous promptement d'avec mon peuple, vous et les enfants d'Israël ; allez sacrifier au Seigneur, comme vous le dites.

32 Menez avec vous vos brebis et vos troupeaux, selon que, vous l'avez demandé, et en vous en allant priez pour moi.

33 Les Egyptiens pressaient aussi le peuple de sortir promptement de leur pays, en disant : Nous mourrons tous.

34 Le peuple prit donc la farine qu'il avait pétrie avant qu'elle fût levée, et la liant en des manteaux, la mit sur ses épaules.

35 Les enfants d'Israël firent aussi ce que Moïse leur avait ordonné, et ils demandèrent aux Egyptiens des vases d'argent et d'or, et beaucoup d'habits.

36 Et le Seigneur rendit favorables à son peuple les Egyptiens, afin qu'ils leur prêtassent ce qu'ils demandaient : et ainsi ils dépouillèrent les Egyptiens.

37 Les enfants d'Israël partirent donc de Ramessès et vinrent à Socoth, étant près de six cent mille hommes de pied, sans les enfants.

38 Ils furent suivis d'une multitude innombrable de petit peuple, et ils avaient avec eux une infinité de brebis, de troupeaux, et de bêtes de toutes sortes.

39 Ils firent cuire la farine qu'ils avaient emportée, il y avait du temps, toute pétrie, de l'Egypte, et ils en firent des pains sans levain cuits sous la cendre ; parce qu'ils n'avaient pu les faire lever, les Egyptiens les contraignant de partir, et ne leur permettant pas de tarder un moment ; et ils n'avaient pas eu non plus le temps de rien préparer à manger *dans le chemin*.

40 Le temps que les enfants d'Israël avaient demeuré dans l'Egypte *et dans la terre de Chanaan, eux et leurs pères*, fut de quatre cent trente ans :

41 après lesquels ce même jour toute, l'armée du Seigneur sortit de l'Égypte.

42 Cette nuit dans laquelle le Seigneur les a tirés de l'Égypte, doit être consacrée en l'honneur du Seigneur, et tous les enfants d'Israël doivent l'observer *et l'honorer* dans la suite de tous les âges.

43 Le Seigneur dit aussi à Moïse et à Aaron : Le culte de la pâque s'observera de cette sorte : Nul étranger n'en mangera.

44 Tout esclave que l'on aura acheté, sera circoncis, et après cela il en mangera.

45 Mais l'étranger et le mercenaire n'en mangeront point.

46 L'agneau se mangera dans une même maison. Vous ne transporterez dehors rien de sa chair, et vous n'en romprez aucun os.

47 Toute rassemblée d'Israël fera la pâque.

48 Si quelqu'un des étrangers veut vous être associé, et faire la pâque du Seigneur, tout ce qu'il y aura de mâle avec lui sera circoncis auparavant ; et alors il pourra la célébrer, et il sera comme habitant de *votre* terre : mais celui qui ne sera point circoncis, n'en mangera point.

49 La même loi se gardera pour les habitants du pays, et pour les étrangers qui demeurent avec vous.

50 Tous les enfants d'Israël exécutèrent ce que le Seigneur avait commandé à Moïse et à Aaron.

51 Et en ce même jour le Seigneur fit sortir de l'Égypte les enfants d'Israël en diverses bandes.

CHAPITRE XIII.

LE Seigneur parla *encore* à Moïse, et lui dit :

2 Consacrez-moi tous les premiers-nés qui ouvrent le sein de leur mère parmi les enfants d'Israël, tant des hommes que des bêtes ; car toutes choses sont à moi.

3 Et Moïse dit au peuple : Souvenez-vous de ce jour auquel vous êtes sortis de l'Égypte, et de la maison de *votre* esclavage : souvenez-vous que le Seigneur vous a tirés de ce lieu par la force de son bras, et gardez-vous de manger du pain avec du levain.

4 Vous sortez aujourd'hui dans ce mois des nouveaux blés.

5 Et lorsque le Seigneur vous aura fait entrer dans la terre des Chananéens, des Héthéens, des Amorrhéens, des Hévéens et des Jébuséens, *des Gergéséens et des Phérézéens,* qu'il a juré à vos pères de vous donner, dans cette terre où coulent des ruisseaux de lait et de miel, vous célébrerez en ce mois ce culte sacré.

6 Vous mangerez des pains sans levain pendant sept jours ; et le septième sera encore la fête solennelle du Seigneur.

7 Vous mangerez, *dis-je,* des pains sans levain pendant sept jours : il n'y aura rien chez vous où il y ait du levain, non plus qu'en toutes vos terres.

8 Et en ce jour-là vous direz à votre fils : *Je fais ceci en mémoire de* la grâce que le Seigneur m'a faite lorsque je sortis de l'Égypte.

9 Et ceci sera comme un signe dans votre main, et comme un monument devant vos yeux, afin que la loi du Seigneur soit toujours dans votre bouche : parce que le Seigneur vous a tirés de l'Égypte par la force de son bras.

10 Vous observerez ce culte tous les ans au jour qui vous a été ordonné.

11 Et lorsque le Seigneur vous aura fait entrer en la terre des Chananéens, selon le serment qu'il *vous* en a fait, à vous et à vos pères, et qu'il vous l'aura donnée,

12 vous séparerez pour le Seigneur tout ce qui ouvre le sein de sa mère, tous les premiers-nés de vos bestiaux ; et vous consacrerez au Seigneur tous les *premiers-nés* mâles que vous aurez.

13 Vous échangerez le premier-né de l'âne pour une brebis : si vous ne le rachetez point, vous le tuerez. Et vous rachèterez avec de l'argent tous les premiers-nés de vos enfants.

14 Quand donc votre fils vous interrogera un jour, et vous dira : Que signifie ceci ? vous lui répondrez : Le Seigneur nous a tirés de l'Égypte, de la maison de *notre* esclavage, par la force de son bras.

15 Car Pharaon étant endurci, et ne voulant pas nous laisser aller, le Seigneur tua dans l'Égypte tous les premiers-nés, depuis les premiers-nés des hommes jusqu'aux premiers-nés des bêtes. C'est pourquoi j'immole au Seigneur tous les mâles qui ouvrent le sein de leur mère, et je rachète tous les premiers-nés de mes enfants.

16 Ceci donc sera comme un signe en votre main, et comme une chose suspendue devant vos yeux pour exciter votre souvenir, parce que le Seigneur nous a tirés de l'Égypte par la force de son bras.

17 Or Pharaon ayant fait sortir de ses terres le peuple *d'Israël*, Dieu ne les conduisit point par le chemin du pays des Philistins qui est voisin, de peur qu'ils ne vinssent à se repentir d'être ainsi sortis, s'ils voyaient s'élever des guerres contre eux, et qu'ils ne retournassent en Égypte.

18 Mais il leur fit faire un long circuit par le chemin du désert, qui est près de la mer Rouge. Les enfants d'Israël sortirent ainsi en armes de l'Égypte.

19 Et Moïse emporta aussi avec lui les os de Joseph, selon que Joseph l'avait fait promettre avec serment aux enfants d'Israël, en leur disant : Dieu vous visitera ; emportez d'ici mes os avec vous.

20 Etant donc sortis de Socoth, ils campèrent à Etham, à l'extrémité de la solitude.

21 Et le Seigneur marchait devant eux pour leur montrer le chemin ; paraissant durant le jour en une colonne de nuée, et pendant la nuit en une colonne de feu, pour leur servir de guide le jour et la nuit.

22 Jamais la colonne de nuée ne manqua de paraître devant le peuple pendant le jour, ni la colonne de feu pendant la nuit.

CHAPITRE XIV.

LE Seigneur parla *encore* à Moïse, et lui dit :

2 Dites aux enfante d'Israël : Qu'ils retournent, et qu'ils campent devant Phihahiroth, qui est entre Magdal et la mer, vis-à-vis de Béelséphon. Vous camperez vis-à-vis de ce lieu sur le bord de la mer.

3 Car Pharaon va dire des enfants d'Israël : Ils sont embarrassés en des lieux étroits, et renfermés par le désert.

4 Je lui endurcirai le cœur, et il vous poursuivra : je serai glorifié dans Pharaon et dans toute son armée, et les Egyptiens sauront que je suis le Seigneur. Les enfants d'Israël firent donc ce que le Seigneur leur avait ordonné.

5 Et l'on vint dire au roi des Egyptiens, que les Hébreux avaient pris la fuite. En même temps le cœur de Pharaon et de ses serviteurs fut changé à l'égard de ce peuple, et ils dirent : A quoi avons-nous pensé, de laisser *ainsi* aller les Israélites, afin qu'ils ne nous fussent plus assujettis ?

6 Il fit donc préparer son chariot *de guerre*, et prit avec lui tout son peuple.

7 Il emmena aussi six cents chariots choisis, et tout ce qui se trouva de chariots de guerre dans l'Égypte, avec les chefs de toute l'armée.

8 Le Seigneur endurcit le cœur de Pharaon, roi d'Égypte, et il se mit à poursuivre les enfants d'Israël. Mais ils étaient sortis sous la conduite d'une main puissante.

9 Les Egyptiens poursuivant donc les Israélites qui étaient devant, et marchant sur leurs traces, les trouvèrent dans leur camp sur le bord de la mer. Toute la cavalerie et les chariots de Pharaon, avec toute son armée, étaient à Phihahiroth, vis-à-vis de Béelséphon.

10 Lorsque Pharaon était déjà proche, les enfants d'Israël levant les yeux, et ayant aperçu les Egyptiens derrière eux, furent saisis d'une grande crainte. Ils crièrent au Seigneur ;

11 et ils dirent à Moïse : Peut-être qu'il n'y avait point de sépulcres en Égypte ; c'est pour cela que vous nous avez amenés ici, afin que nous mourions dans la solitude. Quel dessein aviez-vous, quand vous nous avez fait sortir de l'Égypte ?

12 N'était-ce pas là ce que nous vous disions étant *encore* en Égypte : Retirez-vous de nous, afin que nous servions les Egyptiens ? Car il valait beaucoup mieux que nous fussions leurs esclaves, que de *venir* mourir dans ce désert.

13 Moïse répondit au peuple : Ne craignez point, demeurez fermes, et considérez les merveilles que le Seigneur va faire aujourd'hui : car ces Egyptiens que vous voyez devant vous *vont disparaître*, et vous ne les verrez plus jamais.

14 Le Seigneur combattra pour vous, et vous demeurerez dans le silence.

15 Le Seigneur dit ensuite à Moïse : Pourquoi criez-vous vers moi ? Dites aux enfants d'Israël qu'ils marchent.

16 Et pour vous, élevez votre verge, et étendez votre main sur la mer, et la divisez, afin que les enfants d'Israël marchent à sec au milieu de la mer.

17 J'endurcirai le cœur des Egyptiens, afin qu'ils vous poursuivent ; et je serai glorifié dans Pharaon et dans toute son armée, dans ses chariots et dans sa cavalerie.

18 Et les Egyptiens sauront que je suis le Seigneur, lorsque je serai ainsi glorifié dans Pharaon, dans ses chariots et dans sa cavalerie.

19 Alors l'ange de Dieu qui marchait devant le camp des Israélites, alla derrière eux ; et en même temps la colonne de nuée quittant la tête du peuple,

20 se mit aussi derrière, entre le camp des Egyptiens et le camp d'Israël ; et la nuée était ténébreuse *d'une part*, et *de l'autre* elle éclairait la nuit, en sorte que les deux armées ne purent s'approcher dans tout le temps de la nuit.

21 Moïse ayant étendu sa main sur la mer, le Seigneur l'entr'ouvrit, en faisant souffler un vent violent et brûlant pendant toute la nuit ; et il *en* dessécha *le fond*, et l'eau fut divisée *en deux*.

22 Les enfants d'Israël marchèrent à sec au milieu de la mer, ayant l'eau à droite et à gauche, qui leur servait comme d'un mur.

23 Et les Egyptiens marchant après eux, se mirent à les poursuivre au milieu de la mer, avec toute la cavalerie de Pharaon, ses chariots et ses chevaux.

24 Mais lorsque la veille du matin fut venue, le Seigneur ayant regardé le camp des Egyptiens au travers de la colonne de feu et de la nuée, fit périr toute leur armée ;

25 il renversa les roues des chariots, et ils furent entraînés dans le fond *de la mer*. Alors les Egyptiens s'entre-dirent : Fuyons les Israélites, parce que le Seigneur combat pour eux contre nous.

26 En même temps le Seigneur dit à Moïse : Etendez votre main sur la mer, afin que les eaux retournent sur les Egyptiens, sur leurs chariots et sur leur cavalerie.

27 Moïse étendit donc la main sur la mer ; et dès la pointe du jour elle retourna au même lieu où elle était auparavant. Ainsi lorsque les Egyptiens s'enfuyaient, les eaux vinrent au-devant d'eux, et le Seigneur les enveloppa au milieu des flots.

28 Les eaux étant retournées de la sorte, couvrirent et les chariots et la cavalerie de toute l'armée de Pharaon, qui était entrée dans la mer en poursuivant *Israël*, et il n'en échappa pas un seul.

29 Mais les enfants d'Israël passèrent à sec au milieu de la mer, ayant les eaux à droite et à gauche, qui leur tenaient lieu de mur.

30 En ce jour-là le Seigneur délivra Israël de la main des Egyptiens.

31 Et ils virent les corps morts des Egyptiens sur le bord de la mer, et *les effets* de la main puissante que le Seigneur avait étendue contre eux. Alors le peuple craignit le Seigneur, il crut au Seigneur, et à Moïse, son serviteur.

CHAPITRE XV.

ALORS Moïse et les enfants d'Israël chantèrent ce cantique au Seigneur, dirent : Chantons des hymnes au Seigneur, parce qu'il a fait éclater sa grandeur et sa gloire, et qu'il a précipité dans la mer le cheval et le cavalier.

2 Le Seigneur est ma force et le sujet de mes louanges, parce qu'il est devenu mon Sauveur : c'est lui qui est mon Dieu, et je publierai sa gloire ; il est le Dieu de mon père, et je relèverai sa grandeur.

3 Le Seigneur *a paru*, comme un guerrier : son nom est, le Tout-Puissant.

4 Il a fait tomber dans la mer les chariots de Pharaon et son armée : les plus grands d'entre ses princes ont été submergés dans la mer Rouge.

5 Ils ont été ensevelis dans les abîmes, ils sont tombés comme une pierre au fond des eaux.

6 Votre droite, Seigneur, s'est signalée, et a fait éclater sa force ; votre droite, Seigneur ! a frappe l'ennemi *de votre peuple*.

7 Et vous avez renversé vos adversaires par la grandeur *de votre puissance et* de votre gloire. Vous avez envoyé *le feu de* votre colère, qui les a dévorés comme une paille.

8 Vous avez excité un vent furieux : et à son souffle les eaux se sont resserrées : l'eau qui coule *naturellement* s'est arrêtée ; et les abîmes *des eaux* se sont pressés, *et ont remonté des deux côtés* au milieu de la mer.

9 L'ennemi a dit : Je les poursuivrai, et je les atteindrai ; je partagerai leurs dépouilles, et mon âme sera pleinement satisfaite ; je tirerai mon épée, et ma main les fera tomber morts.

10 Vous avez répandu votre souffle, et la mer les a enveloppés ; ils ont été submergés sous la violence des eaux, *et y sont tombés* comme *une masse* de plomb.

11 Qui d'entre les forts est semblable à vous, Seigneur ! qui vous est semblable, à vous qui êtes tout éclatant de sainteté, terrible et digne de toute louange, et qui faites des prodiges ?

12 Vous avez étendu votre main, et la terre les a dévorés.

13 Vous vous êtes rendu, par votre miséricorde, le conducteur du peuple que vous avez racheté, et vous l'avez porte par votre puissance jusqu'au lieu de votre demeure sainte.

14 Les peuples se sont élevés et se sont irrités : ceux qui habitent la Palestine ont été saisis d'une profonde douleur.

15 Alors les princes d'Edom ont été troublés, l'épouvante a surpris les forts de Moab ; et tous les habitants de Chanaan ont séché de crainte.

16 Que l'épouvante et l'effroi tombent sur eux, Seigneur ! à cause de la puissance de votre bras ; qu'ils deviennent immobiles comme une pierre jusqu'à ce que votre peuple soit passé, jusqu'à ce que soit passé ce peuple que vous vous êtes acquis.

17 Vous les introduirez et vous les établirez, Seigneur ! sur la montagne de votre héritage, sur cette demeure très-ferme que vous vous êtes préparée vous-même, dans votre sanctuaire, Seigneur ! que vos mains ont affermi.

18 Le Seigneur régnera dans l'éternité, et au delà *de tous les siècles*.

19 Car Pharaon est entré à cheval dans la mer avec ses chariots et ses cavaliers : et le Seigneur a fait retourner sur eux les eaux de la mer : mais les enfants d'Israël ont passé à sec au milieu des eaux.

20 Marie prophétesse, sœur d'Aaron, prit donc un tambour à la main : toutes les femmes marchèrent après elle avec des tambours, formant des chœurs *de musique* :

21 et Marie chantait la première, en disant : Chantons des hymnes au Seigneur, parce qu'il a signalé sa grandeur et sa gloire, et qu'il a précipite dans la mer le cheval et le cavalier.

22 Après donc que Moïse eut fait partir les Israélites de la mer Rouge, ils entrèrent au désert de Sur ; et ayant marché trois jours dans la solitude, ils ne trouvaient point d'eau.

23 Ils arrivèrent à Mara, et ils ne pouvaient boire des eaux de Mara, parce qu'elles étaient amères. C'est pourquoi on lui donna un nom qui lui était propre, en l'appelant Mara, c'est-à-dire, amertume.

24 Alors le peuple murmura contre Moïse, en disant : Que boirons-nous ?

25 Mais Moïse cria au Seigneur, lequel lui montra un certain bois qu'il jeta dans les eaux ; et les eaux, *d'amères qu'elles étaient,* devinrent douces. Dieu leur donna en ce lieu des préceptes et des ordonnances, et il y éprouva son peuple,

26 en disant : Si vous écoutez la voix du Seigneur, votre Dieu, et que vous fassiez ce qui est juste devant ses yeux ; si vous obéissez à ses commandements, et si vous gardez tous ses préceptes, je ne vous frapperai point de toutes les langueurs dont j'ai frappé l'Egypte : parce que je suis le Seigneur qui vous guéris.

27 Les enfants d'Israël vinrent ensuite à Elim, où il y avait douze fontaines et soixante et dix palmiers ; et ils campèrent auprès des eaux.

CHAPITRE XVI.

TOUTE la multitude des enfants d'Israël étant partie d'Elim, vint au désert de Sin, qui est entre Elim et Sinaï, le quinzième jour du second mois depuis leur sortie d'Egypte.

2 Et les enfants d'Israël étant dans ce désert, murmurèrent tous contre Moïse et Aaron,

3 en leur disant : Plût à Dieu que nous fussions morts dans l'Egypte par la main du Seigneur, lorsque nous étions assis près des marmites pleines de viande, et que nous mangions du pain tant que nous voulions ! pourquoi nous avez-vous amenés dans ce désert, pour y faire mourir de faim tout le peuple ?

4 Alors le Seigneur dit à Moïse : Je vais vous faire pleuvoir des pains du ciel : que le peuple aille en amasser ce qui lui suffira pour chaque jour, afin que j'éprouve s'il marche, ou non, dans ma loi.

5 Qu'ils en ramassent le sixième jour pour le garder chez eux, et qu'ils en recueillent deux fois autant qu'en un autre jour.

6 Alors Moïse et Aaron dirent à tous les enfants d'Israël : Vous saurez ce soir que c'est le Seigneur qui vous a tirés de l'Egypte ;

7 et vous verrez demain matin éclater la gloire du Seigneur, parce qu'il a entendu vos murmures contre lui. Car qui sommes-nous *nous autres*, pour que vous murmuriez contre nous ?

8 Moïse ajouta : Le Seigneur vous donnera ce soir de la chair à manger, et au matin il vous rassasiera de pains ; parce qu'il a entendu les paroles de murmure que vous avez fait éclater contre lui. Car pour nous, qui sommes-nous ? Ce n'est point nous que vos murmures attaquent, c'est le Seigneur.

9 Moïse dit aussi à Aaron : Dites à toute l'assemblée des enfants d'Israël : Approchez-vous devant le Seigneur ; car il a entendu vos murmures.

10 Et lorsque Aaron parlait encore à toute l'assemblée des enfants d'Israël, ils regardèrent du côté du désert ; et la gloire du Seigneur parut tout d'un coup sur la nuée.

11 Alors le Seigneur parla à Moïse, et lui dit :

12 J'ai entendu les murmures des enfants d'Israël ; dites-leur : Vous mangerez ce soir de la chair, et au matin vous serez rassasiés de pains, et vous saurez que je suis le Seigneur, votre Dieu.

13 Il vint donc le soir un grand nombre de cailles qui couvrirent tout le camp ; et le matin il se trouva aussi en bas une rosée tout autour du camp.

14 Et la surface de la terre en étant couverte, on vit paraître dans le désert quelque chose de menu et comme pilé au mortier, qui ressemblait à ces petits grains de gelée blanche, qui *pendant l'hiver* tombent sur la terre.

15 Ce que les enfants d'Israël ayant vu, ils se dirent l'un à l'autre : Man-h'u ? c'est-à-dire : Qu'est-ce que cela ? Car ils ne savaient ce que c'était. Moïse leur dit : C'est là le pain que le Seigneur vous donne à manger.

16 Et voici ce que le Seigneur ordonne : Que chacun en ramasse ce qu'il lui en faut pour manger ; prenez-en un gomor pour chaque personne, selon le nombre de ceux qui demeurent dans chaque tente.

17 Les enfants d'Israël firent ce qui leur avait été ordonné ; et ils en amassèrent, les uns plus, les autres moins.

18 Et l'ayant mesuré à la mesure du gomor, celui qui en avait plus amassé n'en eut pas davantage, et celui qui en avait moins préparé, n'en avait pas moins ; mais *il se trouva que* chacun en avait amassé selon qu'il en pouvait manger.

19 Moïse leur dit : Que personne n'en garde jusqu'au *lendemain* matin.

20 Mais ils ne l'écoutèrent point ; et quelques-uns en ayant gardé jusqu'au matin, *ce qu'ils avaient réservé* se trouva plein de vers, et tout corrompu. Et Moïse se mit en colère contre eux.

21 Chacun donc en recueillait le matin autant qu'il lui en fallait pour se nourrir ; et lorsque la chaleur du soleil était venue, elle se fondait.

22 Le sixième jour ils en recueillirent une fois plus qu'à l'ordinaire, c'est-à-dire, deux gomors pour chaque personne. Or tous les princes du peuple vinrent en donner avis à Moïse,

23 qui leur dit : C'est ce que le Seigneur a déclaré : il sera demain le jour du sabbat, dont le repos est consacré au Seigneur. Faites donc *aujourd'hui* tout ce que vous avez à faire. Faites cuire tout ce que vous avez à cuire, et gardez pour demain matin ce que vous aurez réservé *d'aujourd'hui*.

24 Et ayant fait ce que Moïse leur avait commandé, *la manne* ne se corrompit point, et il n'y trouva aucun ver.

25 Moïse leur dit ensuite : Mangez aujourd'hui ce que vous avez gardé ; parce que c'est le sabbat du Seigneur, et que vous n'en trouverez point aujourd'hui dans les champs.

26 Recueillez donc pendant les six jours la manne ; car le septième jour, c'est le sabbat du Seigneur ; c'est pourquoi vous n'y en trouverez point.

27 Le septième jour étant venu, quelques-uns du peuple allèrent pour recueillir de la manne ; et ils n'en trouvèrent point.

28 Alors le Seigneur dit à Moïse : *Dites ceci aux enfants d'Israël de ma part :* Jusqu'à quand refuserez-vous de garder mes commandements et ma loi ?

29 Considérez que le Seigneur a établi le sabbat parmi vous, et qu'il vous donne pour cela le sixième jour une double nourriture. Que chacun donc demeure chez soi et que nul ne sorte de sa place au septième jour.

30 Ainsi le peuple garda le sabbat au septième jour.

31 Et la maison d'Israël donna à cette nourriture le nom de manne. Elle ressemblait à la graine de coriandre ; elle était blanche, et elle avait le goût qu'aurait la plus pure farine mêlée avec du miel.

32 Moïse dit encore : Voici ce qu'a ordonné le Seigneur : Emplissez de manne un gomor, et qu'on la garde pour les races à venir ; afin qu'elles sachent quel a été le pain dont je vous ai nourris dans le désert, après que vous avez été tirés de l'Egypte.

33 Moïse dit donc à Aaron : Prenez un vase, et mettez-y de la manne autant qu'un gomor peut en tenir, et le placez devant le Seigneur, afin qu'elle se garde pour les races à venir ;

34 selon que le Seigneur l'a ordonné à Moïse. Et Aaron mit ce vase en réserve dans le tabernacle.

35 Or les enfants d'Israël mangèrent de la manne pendant quarante ans, jusqu'à ce qu'ils vinssent dans la terre où ils devaient habiter. C'est ainsi qu'ils furent nourris jusqu'à ce qu'ils entrassent sur les premières terres du pays de Chanaan.

36 Or le gomor est la dixième partie de l'éphi.

CHAPITRE XVII.

TOUS les enfants d'Israël étant partis du désert de Sin, et ayant demeuré dans les lieux que le Seigneur leur avait marqués, ils campèrent à Raphidim, où il ne se trouva point d'eau à boire pour le peuple.

2 Alors ils murmurèrent contre Moïse, et lui dirent : Donnez-nous de l'eau pour boire. Moïse leur répondit : Pourquoi murmurez-vous contre moi ? pourquoi tentez-vous le Seigneur ?

3 Le peuple se trouvant donc en ce lieu pressé de la soif et sans eau, murmura contre Moïse, en disant : Pourquoi nous avez-vous fait sortir de l'Egypte, pour nous faire mourir de soif, nous et nos enfants, et nos troupeaux ?

4 Moïse cria alors au Seigneur, et lui dit : Que ferai-je à ce peuple ? il s'en faut peu qu'il ne me lapide.

5 Le Seigneur dit à Moïse : Marchez devant le peuple : menez avec vous des anciens d'Israël ; prenez en votre main la verge dont vous avez frappé le fleuve, et allez jusqu'à la pierre d'Horeb.

6 Je me trouverai là moi-même présent devant vous : vous frapperez la pierre, et il en sortira de l'eau, afin que le peuple ait à boire. Moïse fit devant les anciens d'Israël ce que le Seigneur lui avait ordonné.

7 Et il appela ce lieu, Tentation *et murmure*, à cause du murmure des enfants d'Israël, et parce qu'ils tentèrent là le Seigneur, en disant : Le Seigneur est-il au milieu de nous, ou n'y est-il pas ?

8 Cependant Amalec vint à Raphidim combattre contre Israël.

9 Et Moïse dit à Josué : Choisissez des hommes, et allez combattre contre Amalec. Je me tiendrai demain sur le haut de la colline, ayant en main la verge de Dieu.

10 Josué fit ce que Moïse lui avait dit, et il combattit contre Amalec. Mais Moïse, Aaron et Hur montèrent sur le haut de la colline.

11 Et lorsque Moïse tenait les mains élevées, Israël était victorieux ; mais lorsqu'il les abaissait un peu, Amalec avait l'avantage.

12 Cependant les mains de Moïse étaient *lasses et* appesanties. C'est pourquoi ils prirent une pierre, et l'ayant mise sous lui, il s'y assit ; et Aaron et Hur lui soutenaient les mains des deux côtés. Ainsi ses mains ne se lassèrent point jusqu'au coucher du soleil.

13 Josué mit donc en fuite Amalec, et *fit passer* son peuple au fil de l'épée.

14 Alors le Seigneur dit à Moïse : Ecrivez ceci dans un livre, afin que ce soit un monument *pour l'avenir*, et faites-le entendre à Josué : car j'effacerai la mémoire d'Amalec de dessous le ciel.

15 Moïse dressa là un autel, qu'il appela de ce nom, le Seigneur est ma gloire. Car, dit-il,

16 la main du Seigneur s'élèvera de son trône contre Amalec, et le Seigneur lui fera la guerre dans la suite de toutes les races.

CHAPITRE XVIII.

OR Jéthro, prêtre de Madian et allié de Moïse, ayant appris tout ce que Dieu avait fait en faveur de Moïse et d'Israël, son peuple, et comment il l'avait fait sortir de l'Egypte,

2 prit Séphora, femme de Moïse, qu'il lui avait renvoyée,

3 et ses deux fils, l'un desquels avait été nommé Gersam, *c'est-à-dire, qui est là voyageur ;* son père ayant dit : J'ai été voyageur en une terre étrangère :

4 et l'autre Eliézer, *c'est-à-dire, Dieu est mon secours ;* Moïse ayant dit encore : Le Dieu de mon père a été mon protecteur, et il m'a sauvé de l'épée de Pharaon.

5 Jéthro, allié de Moïse, vint donc le trouver avec ses enfants et sa femme dans le désert, où il avait fait camper le peuple près de la montagne de Dieu.

6 Et il envoya dire à Moïse : C'est Jéthro, votre allié, qui vient vous trouver avec votre femme et vos deux enfants.

7 Moïse étant allé au-devant de son beau-père, se baissa profondément devant lui, et le baisa ; et ils se saluèrent en se souhaitant l'un à l'autre toute sorte de bonheur. Jéthro entra ensuite dans la tente de Moïse,

8 qui raconta à son beau-père toutes les merveilles que le Seigneur avait faites contre Pharaon et contre les Egyptiens en faveur d'Israël, tous les travaux qu'ils avaient soufferts dans le chemin, et la manière dont le Seigneur les avait sauvés.

9 Jéthro se réjouit beaucoup de toutes les grâces que le Seigneur avait faites à Israël, et de ce qu'il l'avait tiré de la puissance des Egyptiens ;

10 et il dit : Béni soit le Seigneur qui vous a délivres de la main des Egyptiens et de la tyrannie de Pharaon, et qui a sauvé son peuple de la puissance d'Egypte.

11 Je connais maintenant que le Seigneur est grand au-dessus de tous les dieux, comme il a paru *à l'égard des Egyptiens*, lorsqu'ils se sont élevés si insolemment contre son peuple.

12 Jéthro, allié de Moïse, offrit donc à Dieu des holocaustes et des hosties ; et Aaron et tous les anciens d'Israël vinrent manger du pain avec lui devant le Seigneur.

13 Le lendemain Moïse s'assit pour rendre justice au peuple, qui se présentait devant lui depuis le matin jusqu'au soir.

14 Et son beau-père ayant vu tout ce qu'il faisait pour ce peuple, lui dit : D'où vient que vous agissez ainsi à l'égard du peuple ? Pourquoi êtes-vous seul assis *pour le juger*, et que tout le peuple attend ainsi depuis le matin jusqu'au soir ?

15 Moïse lui répondit : Le peuple vient à moi pour consulter Dieu.

16 Et lorsqu'il leur arrive quelque différend, ils viennent à moi, afin que j'en sois le juge, et que je leur fasse connaître les ordonnances et les lois de Dieu.

17 Vous ne faites pas bien, répondit Jéthro.

18 Il y a de l'imprudence à vous consumer ainsi par un travail inutile, vous et le peuple qui est avec vous. Cette entreprise est au-dessus de vos forces, et vous ne pourrez la soutenir seul.

19 Mais écoutez ce que j'ai à vous dire, et le conseil que j'ai à vous donner, et Dieu sera avec vous. Donnez-vous au peuple pour toutes les choses qui regardent Dieu, pour lui rapporter les demandes et les besoins du peuple ;

20 et pour apprendre au peuple les cérémonies, la manière d'honorer Dieu, la voie par laquelle ils doivent marcher, et ce qu'ils doivent faire.

21 Mais choisissez d'entre tout le peuple des hommes fermes et courageux qui craignent Dieu, qui aiment la vérité, et qui soient ennemis de l'avarice : et donnez la conduite aux uns de mille *hommes*, aux autres de cent, aux autres de cinquante, et aux autres de dix.

22 Qu'ils soient occupés à rendre la justice au peuple en tout temps ; mais qu'ils réservent pour vous les plus grandes affaires, et qu'ils jugent seulement les plus petites. Ainsi ce fardeau qui vous accable, deviendra plus léger étant partagé avec d'autres.

23 Si vous faites ce que je vous dis, vous accomplirez le commandement de Dieu, vous pourrez suffire à exécuter ses ordres, et tout ce peuple retournera en paix à sa maison.

24 Moïse ayant entendu *son beau-père* parler de la sorte, fit tout ce qu'il lui avait conseillé.

25 Et ayant choisi d'entre tout le peuple d'Israël des hommes fermes et courageux, il les établit princes du peuple, pour commander les uns mille hommes, les autres cent, les autres cinquante, et les autres dix.

26 Ils rendaient justice au peuple en tout temps : mais ils rapportaient à Moïse toutes les affaires les plus difficiles, jugeant seulement les plus aisées.

27 Après cela Moïse laissa aller son beau-père, qui s'en retourna en son pays.

CHAPITRE XIX.

LE troisième jour du troisième mois depuis que les enfants d'Israël furent sortis de l'Egypte, ils vinrent au désert de Sinaï.

2 Etant partis de Raphidim, et arrivés en ce désert, ils campèrent au même lieu ; et Israël y dressa ses tentes vis-à-vis de la

montagne.

3 Moïse monta ensuite pour parler à Dieu ; car le Seigneur l'appela du haut de la montagne, et lui dit : Voici ce que vous direz à la maison de Jacob, et ce que vous annoncerez aux enfants d'Israël :

4 Vous avez vu vous-mêmes ce que j'ai fait aux Egyptiens, et de quelle manière je vous ai portés, comme l'aigle porte ses aiglons sur ses ailes, et je vous ai pris pour être à moi.

5 Si donc vous écoutez ma voix, et si vous gardez mon alliance, vous serez le seul de tous les peuples que je posséderai comme mon bien propre : car toute la terre est à moi.

6 Vous serez mon royaume, *et un royaume* consacré par la prêtrise ; vous serez la nation sainte. C'est là ce que vous direz aux enfants d'Israël.

7 Moïse étant donc venu vers le peuple, fit assembler les anciens, et leur exposa tout ce que le Seigneur lui avait commandé de leur dire.

8 Le peuple répondit tout d'une voix : Nous ferons tout ce que le Seigneur a dit. Moïse rapporta au Seigneur les paroles du peuple.

9 Et le Seigneur lui dit : Je vais venir à vous dans une nuée sombre et obscure, afin que le peuple m'entende lorsque je vous parlerai, et qu'il vous croie dans toute la suite. Après que Moïse eut rapporté au Seigneur les paroles du peuple,

10 il lui dit : Allez trouver le peuple, *purifiez-le,* et sanctifiez-le aujourd'hui et demain ; qu'ils lavent leurs vêtements,

11 et qu'ils soient prêts pour le troisième jour : car dans trois jours le Seigneur descendra devant tout le peuple sur la montagne de Sinaï.

12 Vous marquerez tout autour des limites pour le peuple, et vous leur direz : Prenez bien garde de ne pas monter sur la montagne, ni d'en approcher tout autour. Quiconque touchera la montagne, sera puni de mort.

13 La main *de l'homme* ne le touchera point *pour le tuer*, mais il sera lapidé ou percé de flèches : soit que ce soit une bête de service, ou un homme, il perdra la vie. Quand la trompette commencera à sonner, qu'ils montent alors vers la montagne.

14 Moïse étant descendu de la montagne, vint trouver le peuple, et il le sanctifia. Et après qu'ils eurent lavé leurs vêtements,

15 il leur dit : Soyez prêts pour le troisième jour, et ne vous approchez point de vos femmes.

16 Le troisième jour étant arrivé, sur le matin, comme le jour était déjà grand, on commença à entendre des tonnerres, et à voir briller des éclairs ; une nuée très-épaisse couvrit la montagne, la trompette sonna avec grand bruit, et le peuple qui était dans le camp fut saisi de frayeur.

17 Alors Moïse le fit sortir du camp pour aller au-devant de Dieu, et ils demeurèrent au pied de la montagne.

18 Tout le mont Sinaï était couvert de fumée ; parce que le Seigneur y était descendu au milieu des feux. La fumée s'en élevait en haut comme d'une fournaise ; et toute la montagne causait de la terreur.

19 Le son de la trompette s'augmentait aussi peu à peu, et devenait plus fort et plus perçant. Moïse parlait à Dieu, et Dieu lui répondait.

20 Le Seigneur étant descendu sur Sinaï, sur le sommet de la montagne, appela Moïse au lieu le plus haut. Et lorsqu'il y fut monté,

21 Dieu lui dit : Descendez vers le peuple, et déclarez-lui hautement ma volonté, de peur que dans le désir de voir le Seigneur il ne passe les limites *qu'on lui a marquées*, et qu'un grand nombre d'entre eux ne périsse.

22 Que les prêtres aussi qui s'approchent du Seigneur, se sanctifient, de peur qu'il ne les frappe *de mort*.

23 Moïse répondit au Seigneur : Le peuple ne pourra monter sur la montagne de Sinaï, parce que vous m'avez fait vous-même ce commandement très-exprès, en me disant : Mettez des limites autour de la montagne, et sanctifiez le *peuple*.

24 Le Seigneur lui dit : Allez, descendez. Vous monterez ensuite, vous, et Aaron avec vous. Mais que les prêtres et le peuple ne passent point les limites, et qu'ils ne montent point où est le Seigneur, de peur qu'il ne les fasse mourir.

2ô Moïse descendit donc vers le peuple, et lui rapporta tout ce que Dieu lui avait dit.

CHAPITRE XX.

LE Seigneur parla ensuite de cette sorte *à Israël :*

2 Je suis le Seigneur, votre Dieu, qui vous ai tiré de l'Egypte, de la maison de servitude.

3 Vous n'aurez point de dieux étrangers devant moi.

4 Vous ne vous ferez point d'image taillée, ni aucune figure de tout ce qui est en haut dans le ciel, et en bas sur la terre, ni de tout ce qui est dans les eaux sous la terre.

5 Vous ne les adorerez point, et vous ne leur rendrez point le *souverain* culte. Car je suis le Seigneur, votre Dieu, le Dieu fort et jaloux, qui venge l'iniquité des pères sur les enfants jusqu'à la troisième et quatrième génération dans tous ceux qui me haïssent,

6 et qui fais miséricorde dans la suite de mille *générations* à ceux qui m'aiment et qui gardent mes préceptes.

7 Vous ne prendrez point en vain le nom du Seigneur, votre Dieu ; car le Seigneur ne tiendra point pour innocent celui qui aura pris en vain le nom du Seigneur, son Dieu.

8 Souvenez-vous de sanctifier le jour du sabbat.

9 Vous travaillerez durant six jours, et vous y ferez tout ce que vous aurez à faire.

10 Mais le septième jour est le *jour du* repos *consacré* au Seigneur, votre Dieu. Vous ne ferez en ce jour aucun ouvrage, ni vous, ni votre fils, ni votre fille, ni votre serviteur, ni votre servante, ni vos bêtes de service, ni l'étranger qui sera dans l'enceinte de vos villes.

11 Car le Seigneur a fait en six jours le ciel, la terre et la mer, et tout ce qui y est renfermé, et il s'est reposé le septième jour. C'est pourquoi le Seigneur a béni le jour du sabbat, et il l'a sanctifié.

12 Honorez votre père et votre mère, afin que vous viviez longtemps sur la terre que le Seigneur, votre Dieu, vous donnera.

13 Vous ne tuerez point.

14 Vous ne commettrez point de fornication.

15 Vous ne déroberez point.

16 Vous ne porterez point faux témoignage contre votre prochain.

17 Vous ne désirerez point la maison de votre prochain : vous ne désirerez point sa femme, ni son serviteur, ni sa servante, ni son bœuf, ni son âne, ni aucune de toutes les choses qui lui appartiennent.

18 Or tout le peuple entendait les tonnerres et le sonde la trompette, et voyait les lampes ardentes, et la montagne toute couverte de fumée. Et dans la crainte et l'effroi dont ils étaient saisis, ils se tinrent éloignés,

19 et ils dirent à Moïse : Parlez-nous vous-même, et nous vous écouterons : mais que le Seigneur ne nous parle point, de peur que nous ne mourions.

20 Moïse répondit au peuple : Ne craignez point ; car c'est pour vous éprouver que Dieu est venu, et pour imprimer en vous sa crainte, afin que vous ne péchiez point.

21 Le peuple demeura donc bien loin ; et Moïse s'approcha de l'obscurité où Dieu était.

22 Le Seigneur dit encore à Moïse : Vous direz ceci aux enfants d'Israël : Vous avez vu que je vous ai parlé du ciel.

23 Vous ne vous ferez point de dieux d'argent, ni de dieux d'or.

24 Vous me dresserez un autel de terre, et vous m'offrirez dessus vos holocaustes, vos hosties pacifiques, vos brebis et vos bœufs, en tous les lieux où la mémoire de mon nom sera établie ; alors je viendrai à vous et je vous bénirai.

25 Si vous me faites un autel de pierre, vous ne le bâtirez point de pierres taillées : car il sera souillé, si vous y employez le ciseau.

26 Vous ne monterez point par des degrés à mon autel, de peur que votre nudité ne soit découverte.

CHAPITRE XXI.

VOICI les ordonnances de justice que vous proposerez au peuple :

2 Si vous achetez un esclave hébreu, il vous servira durant six ans ; et au septième il sortira libre sans vous rien donner.

3 Il s'en ira de chez vous avec le même habit qu'il y est entré ; et s'il avait une femme, elle sortira aussi avec lui.

4 Mais si son maître lui en a fait épouser une dont il ait eu des fils et des filles, sa femme et ses enfants seront à son maître, et pour lui il sortira avec son habit.

5 Si l'esclave dit : J'aime mon maître, et ma femme et mes enfants ; je ne veux point sortir pour être libre :

6 son maître le présentera devant les juges, et ensuite l'ayant fait approcher des poteaux de la porte *de sa maison*, il lui percera l'oreille avec une alêne, et il demeurera son esclave pour jamais.

7 Si quelqu'un a vendu sa fille pour être servante, elle ne sortira point comme les autres servantes ont accoutumé de sortir.

8 Si elle déplaît au maître à qui elle avait été donnée, il la laissera aller : mais l'ayant ainsi méprisée, il n'aura pas le pouvoir de la vendre à un peuple étranger.

9 S'il la fait épouser à son fils, il la traitera comme l'on traite d'ordinaire les filles *libres*.

10 Mais s'il fait épouser à son fils une autre femme, il donnera à la fille ce qui lui est dû pour son mariage, et des vêtements, et il ne lui refusera pas le prix qui est dû à sa virginité.

11 S'il ne fait point ces trois choses, elle sortira *libre*, sans qu'il puisse en tirer d'argent.

12 Si quelqu'un frappe un homme avec dessein de le tuer, qu'il soit puni de mort.

13 Quant à celui qui ne lui a point dressé d'embûches, mais entre les mains duquel Dieu l'a fait tomber *par une rencontre imprévue*, je vous marquerai un lieu où il pourra se réfugier.

14 Si quelqu'un tue son prochain de dessein prémédité, et lui ayant dressé des embûches, vous l'arracherez *même* de mon autel pour le faire mourir.

15 Celui qui aura frappé son père ou sa mère, sera puni de mort.

16 Celui qui aura enlevé un homme, et l'aura vendu, s'il est convaincu de ce crime, sera puni de mort.

17 Celui qui aura maudit son père ou sa mère, sera puni de mort.

18 Si deux hommes se querellent, et que l'un frappe l'autre avec une pierre ou avec le poing, et que le blessé n'en meure pas, mais qu'il soit obligé de garder le lit ;

19 s'il se lève ensuite, et qu'il marche dehors s'appuyant sur son bâton, celui qui l'avait blessé sera regardé comme innocent *de sa mort* ; mais il sera obligé de le dédommager pour *le temps où il n'aura pu s'appliquer* à son travail, et *de lui rendre tout* ce qu'il aura donné à ses médecins.

20 Si un homme frappe son esclave ou sa servante avec une verge, et qu'ils meurent entre ses mains, il sera coupable de crime.

21 Mais s'ils survivent un ou deux jours, il n'en sera point puni, parce qu'il les a achetés de son argent.

22 Si des hommes se querellent, et que l'un d'eux ayant frappé une femme grosse, elle accouche d'un enfant mort sans qu'elle en meure elle-même, il sera obligé de payer ce que le mari de la femme voudra, et ce qui aura été ordonné par des arbitres.

23 Mais si la femme en meurt, il rendra vie pour vie ;

24 *et en général on rendra* œil pour œil, dent pour dent, main pour main, pied pour pied,

25 brûlure pour brûlure, plaie pour plaie, meurtrissure pour meurtrissure.

26 Si un homme donne un coup dans l'œil à son esclave ou à sa servante, et qu'ensuite ils en perdent l'œil, il les renverra libres pour l'œil qu'il leur a fait perdre.

27 Il renverra encore libres son esclave ou sa servante, s'il leur fait sortir une dent de la bouche.

28 Si un bœuf frappe de sa corne un homme ou une femme, et qu'ils en meurent, le bœuf sera lapidé, et on ne mangera point de sa chair ; mais le maître du bœuf sera jugé innocent.

29 S'il y a déjà quelque temps que le bœuf frappait de la corne, et que le maître ne l'ait point renfermé après en avoir été averti, en sorte qu'ensuite il tue un homme ou une femme, le bœuf sera lapidé, et le maître puni de mort.

30 Si on le taxe a une somme d'argent, il donnera pour racheter sa vie tout ce qu'on lui demandera.

31 Si son bœuf frappe aussi un garçon ou une fille, le même jugement aura lieu.

32 Si son bœuf frappe un esclave ou une servante, il payera à leur maître trente sicles d'argent, et le bœuf sera lapidé.

33 Si quelqu'un a ouvert sa citerne, ou creusé la terre sans la couvrir, et qu'il y tombe un bœuf ou un âne,

34 le maître de la citerne rendra le prix de ces bêtes, et la bête qui sera morte sera pour lui.

35 Si le bœuf d'un homme blesse le bœuf d'un autre, et qu'il en meure, ils vendront le bœuf qui est vivant, et ils en partageront le prix entre eux : ils partageront de même le bœuf mort.

36 Si le maître sachant qu'il y avait déjà quelque temps que son bœuf frappait de la corne, n'a pas eu soin de le garder, il rendra bœuf pour bœuf, et tout le bœuf mort sera pour lui.

CHAPITRE XXII.

SI quelqu'un vole un bœuf ou une brebis, et qu'il les tue ou qu'il les vende, il rendra cinq bœufs pour un bœuf, et quatre brebis pour une brebis.

2 Si un voleur est surpris rompant la porte d'une maison, ou perçant la muraille pour y entrer, et qu'étant blessé il en meure, celui qui l'aura blessé ne sera point coupable de sa mort.

3 S'il a tué le voleur en plein jour, il a commis un homicide, et il sera puni de mort. Si le voleur n'a pas de quoi rendre ce qu'il a dérobé, il sera vendu lui-même.

4 Si ce qu'il avait dérobé se trouve encore vivant chez lui, soit que ce soit un bœuf, ou un âne, ou une brebis, il rendra le double.

5 Si un homme fait quelque dégât dans un champ ou dans une vigne, en y laissant aller sa bête pour manger ce qui n'est pas à lui, il donnera ce qu'il aura de meilleur dans son champ ou dans sa vigne, pour payer le dommage selon l'estimation qui en sera faite.

6 Si le feu gagnant peu à peu trouve des épines, et se prend ensuite à un tas de gerbes de blé, ou aux blés qui sont encore sur pied dans les champs, celui qui aura allumé le feu payera la perte qu'il aura causée.

7 Si quelqu'un met en dépôt de l'argent chez son ami, ou quelque meuble en garde, et qu'on le dérobe chez celui qui en était le dépositaire : si l'on trouve le voleur, il rendra le double.

8 Si le voleur ne se trouve point, le maître de la maison sera obligé de se présenter devant les juges, et il jurera qu'il n'a point pris ce qui était à son prochain,

9 et qu'il n'a point eu de part à ce vol, soit que ce soit un bœuf, ou un âne, ou une brebis, ou généralement quelque autre chose qui ait été perdue. Les juges examineront la cause, de l'un et de l'autre ; et s'ils condamnent le dépositaire, il rendra le double à celui à qui était le dépôt.

10 Si un homme donne à garder à un autre un âne, un bœuf, une brebis, ou quelque autre bête, et que ce qu'il avait mis en garde, meure, ou dépérisse, ou soit pris par les ennemis sans que personne l'ait vu ;

11 *celui à qui il l'avait confié* fera serment devant les juges qu'il n'a point pris ce qui n'était pas à lui, et le maître *de ce qui aura été perdu* s'en tiendra à ce serment, sans qu'il puisse le contraindre de payer la perte.

12 Si ce qu'il avait en garde est dérobé, il dédommagera celui à qui il appartenait.

13 Mais s'il est mangé par une bête, il rapportera au propriétaire ce qui en sera resté, sans être obligé à rien rendre.

14 Si quelqu'un emprunte d'un autre quelqu'une de ces *bêtes*, et qu'elle vienne à dépérir ou à mourir en l'absence du propriétaire, il sera obligé de la rendre.

15 Si le maître s'y trouve présent, celui qui se servait de la bête ne

la restituera point, principalement s'il l'avait louée pour en payer l'usage qu'il en tirerait.

16 Si quelqu'un séduit une vierge qui n'était point encore fiancée, et qu'il la corrompe, il lui donnera une dot, et il l'épousera lui-même.

17 Si le père de la fille ne veut pas la lui donner, il donnera au père autant d'argent qu'il en faut d'ordinaire aux filles pour se marier.

18 Vous ne souffrirez point ceux qui usent de sortilèges et d'enchantements ; mais vous leur ôterez la vie.

19 Celui qui aura commis un crime abominable avec une bête, sera puni de mort.

20 Quiconque sacrifiera à d'autres dieux qu'au seul Seigneur *véritable*, sera puni de mort.

21 Vous n'attristerez et n'affligerez point l'étranger : parce que vous avez été étrangers vous-mêmes dans le pays d'Egypte.

22 Vous ne ferez aucun tort à la veuve ni à l'orphelin.

23 Si vous les offensez en quelque chose, ils crieront vers moi, et j'écouterai leurs cris :

24 et ma fureur s'allumera contre vous ; je vous ferai périr par l'épée, et vos femmes deviendront veuves, et vos enfants orphelins.

25 Si vous prêtez de l'argent à ceux de mon peuple qui sont pauvres parmi vous, vous ne les presserez point comme un exacteur *impitoyable*, et vous ne les accablerez point par des usures.

26 Si votre prochain vous a donné son habit pour gage, vous le lui rendrez avant que le soleil soit couché :

27 car c'est le seul habit qu'il a pour se vêtir, c'est celui dont il se sert pour couvrir son corps, et il n'en a point d'autre pour mettre sur lui quand il dort : s'il crie vers moi, je l'exaucerai, parce que je suis bon *et* compatissant.

28 Vous ne parlerez point mal des juges, et vous ne maudirez point les princes de votre peuple.

29 Vous ne différerez point à payer les dîmes et les prémices de vos biens, et vous me consacrerez le premier-né de vos fils.

30 Vous ferez la même chose de vos bœufs et de vos brebis, vous les laisserez sept jours avec la mère, et vous me les offrirez le huitième.

31 Vous serez saints et consacrés particulièrement à mon service. Vous ne mangerez point de la chair dont les bêtes auront mangé avant vous, mais vous la jetterez aux chiens.

CHAPITRE XXIII.

VOUS ne recevrez point la parole de mensonge, et vous ne prêterez point la main à l'impie, pour porter un faux témoignage en sa faveur.

2 Vous ne vous laisserez point emporter à la multitude pour faire le mal : et dans le jugement, vous ne vous rendrez point à l'avis du grand nombre pour vous détourner de la vérité.

3 Vous n'aurez point aussi de compassion du pauvre dans vos jugements.

4 Si vous rencontrez le bœuf de votre ennemi, ou son âne, lorsqu'il est égaré, vous le lui ramènerez.

5 Si vous voyez l'âne de celui qui vous hait, tombé sous sa charge, vous ne passerez point outre, mais vous l'aiderez à le relever.

6 Vous ne vous écarterez point de la justice pour condamner le pauvre.

7 Vous fuirez le mensonge ; vous ne ferez point mourir l'innocent et le juste, parce que j'abhorre l'impie.

8 Vous ne recevrez point de présents, parce qu'ils aveuglent les sages mêmes, et qu'ils corrompent les jugements des justes.

9 Vous ne ferez point de peine à l'étranger. Car vous savez quel est l'état des étrangers, puisque vous l'avez été vous-mêmes dans l'Egypte.

10 Vous sèmerez votre terre pendant six années, et vous en recueillerez les fruits.

11 Mais vous ne la cultiverez point la septième année, et vous la laisserez reposer, afin que ceux qui sont pauvres parmi votre peuple trouvent de quoi manger, et que ce qui restera soit pour les bêtes sauvages. Vous ferez la même chose à l'égard de vos vignes et de vos plants d'oliviers.

12 Vous travaillerez durant six jours, et le septième vous ne travaillerez point ; afin que votre bœuf et votre âne se reposent, et que le fils de votre servante et l'étranger aient quelque relâche.

13 Observez toutes les choses que je vous ai commandées. Ne jurez point par le nom des dieux étrangers, et que leur nom ne sorte jamais de votre bouche.

14 Vous célébrerez des fêtes en mon honneur trois fois chaque année.

15 Vous garderez la fête solennelle des pains sans levain. Vous mangerez, comme je vous l'ai ordonné, des pains sans levain pendant sept jours dans le mois des *fruits* nouveaux, auquel temps vous êtes sortis d'Egypte. Vous ne vous présenterez point devant moi les mains vides.

16 Vous célébrerez aussi la fête solennelle de la moisson et des prémices de votre travail, de tout ce que vous aurez semé dans le champ ; et la *troisième* fête solennelle à la fin de l'année, lorsque vous aurez recueilli tous les fruits de votre champ.

17 Tous les mâles qui sont parmi vous viendront se présenter trois fois l'année devant le Seigneur, votre Dieu.

18 Vous ne m'offrirez point avec du levain le sang de la victime qui m'est immolée ; et la graisse de l'hostie qui m'est offerte solennellement, ne demeurera point jusqu'au lendemain.

19 Vous viendrez offrir en la maison du Seigneur, votre Dieu, les prémices des fruits de votre terre. Vous ne ferez point cuire le chevreau lorsqu'il tette encore le lait de sa mère.

20 Je vais envoyer mon ange afin qu'il marche devant vous, qu'il vous garde pendant le chemin, et qu'il vous fasse entrer dans la terre que je vous ai préparée.

21 Respectez-le, écoutez sa voix, et gardez-vous bien de le mépriser, parce qu'il ne vous pardonnera point lorsque vous pécherez, et qu'il parle en mon nom *et par mon autorité*.

22 Si vous entendez sa voix, et que vous fassiez tout ce que je vous dis, je serai l'ennemi de vos ennemis, et j'affligerai ceux qui vous affligent.

23 Mon ange marchera devant vous, il vous fera entrer dans la terre des Amorrhéens, des Héthéens, des Phérézéens, des Chananéens, *des Gergéséens,* des Hévéens et des Jébuséens ; car je les exterminerai.

24 Vous n'adorerez point leurs dieux, et vous ne leur rendrez point le culte *suprême*. Vous n'imiterez point leurs œuvres ; mais vous les détruirez, et vous briserez leurs statues.

25 Vous servirez le Seigneur, votre Dieu, afin que je bénisse le pain que vous mangerez, et les eaux que vous boirez, et que je bannisse toutes les maladies du milieu de vous.

26 Il n'y aura point dans votre terre de femme stérile et inféconde ; et je remplirai le nombre de vos jours *et de vos années*.

27 Je ferai marcher devant vous la terreur de mon nom ; j'exterminerai tous les peuples dans le pays desquels vous entrerez, et je ferai fuir tous vos ennemis devant vous.

28 J'enverrai d'abord des frelons, qui mettront en fuite les Hévéens, les Chananéens et les Héthéens, avant que vous entriez *dans leur pays*.

29 Je ne les chasserai pas de devant votre face en une seule année, de peur que la terre ne soit réduite en solitude, et que les bêtes se multipliant, *ne se soulèvent* contre vous.

30 Je les chasserai peu à peu de devant vous, jusqu'à ce que vous croissiez *en nombre*, et que vous vous rendiez maîtres de tout le pays.

31 Les limites que je vous marquerai seront depuis la mer Rouge jusqu'à la mer des Philistins, et depuis le désert *de l'Arabie* jusqu'au fleuve *de l'Euphrate*. Je livrerai entre vos mains les habitants de cette terre, et je les mettrai en fuite devant vous.

32 Vous ne ferez point d'alliance avec eux, ni avec les dieux qu'ils adorent.

33 Ils n'habiteront point dans votre terre, de peur qu'ils ne vous portent à m'offenser en servant les dieux qu'ils adorent ; ce qui sera certainement votre ruine.

CHAPITRE XXIV.

DIEU dit aussi à Moïse : Montez vers le Seigneur, vous et Aaron, Nadab et Abiu, et les soixante et dix anciens d'Israël, et vous adorerez de loin.

2 Le seul Moïse montera où est le Seigneur ; mais pour les autres ils n'approcheront point : et le peuple ne montera point avec lui.

3 Moïse vint donc rapporter au peuple toutes les paroles et toutes les ordonnances du Seigneur : et le peuple répondit tout d'une voix : Nous ferons tout ce que le Seigneur a dit.

4 Moïse écrivit toutes les ordonnances du Seigneur ; et se levant dès le point du jour, il dressa, au pied de la montagne, un autel *de terre*, et douze monuments *de pierres*, selon le nombre des douze tribus d'Israël.

5 Et ayant envoyé de jeunes gens d'entre les enfants d'Israël, ils offrirent des holocaustes, et ils immolèrent des victimes pacifiques au Seigneur, *savoir,* des veaux.

6 Moïse prit la moitié du sang qu'il mit en des coupes, et il répandit l'autre sur l'autel.

7 Il prit ensuite le livre où l'alliance était écrite, et il le lut devant le peuple, qui dit après l'avoir entendu : Nous ferons tout ce que le Seigneur a dit, et nous lui serons obéissants.

8 Alors prenant le sang *qui était dans les coupes*, il le répandit sur le peuple, et il dit : Voici le sang de l'alliance que le Seigneur a faite avec vous, selon tout ce qui vient d'être dit.

9 Moïse, Aaron, Nadab, Abiu, et les soixante et dix anciens d'Israël étant montés,

10 ils virent le Dieu d'Israël ; son marchepied paraissait un ouvrage fait de saphir, et ressemblait au ciel lorsqu'il est le plus serein.

11 La main de Dieu ne frappa point ces princes qui *s'étaient avancés*, ayant laissé bien loin *derrière eux* les enfants d'Israël ; mais après avoir vu Dieu *ils s'en retournèrent*, et ils burent et mangèrent *comme auparavant*.

12 Or le Seigneur dit à Moïse : Montez au haut de la montagne où je suis, et vous y demeurerez : je vous donnerai des tables de pierre, et la loi et les commandements que j'ai écrits *dessus*, afin que vous *en* instruisiez le peuple.

13 Moïse se leva ensuite avec Josué qui le servait ; et montant sur la montagne de Dieu,

14 il dit aux anciens : Attendez-nous ici jusqu'à ce que nous revenions à vous. Vous avez avec vous Aaron et Hur : s'il survient quelque difficulté, vous vous en rapporterez à eux.

15 Moïse étant monté, la nuée couvrit la montagne,

16 la gloire du Seigneur reposa sur Sinaï, l'enveloppant d'une nuée pendant six jours : et le septième jour Dieu appela Moïse du milieu de cette obscurité.

17 Ce qui paraissait de cette gloire du Seigneur était comme un feu ardent *qui brûlait* au plus haut de la montagne, et qui se faisait voir à tous les enfants d'Israël.

18 Et Moïse passant au travers de la nuée, monta sur la montagne, et y demeura quarante jours et quarante nuits.

CHAPITRE XXV.

LE Seigneur parla donc à Moïse, et lui dit :

2 Ordonnez aux enfants d'Israël de mettre à part les prémices qu'ils m'offriront : et vous les recevrez de tous ceux qui me les présenteront avec une pleine volonté.

3 Voici les choses que vous devez recevoir : De l'or, de l'argent et de l'airain,

4 de l'hyacinthe, de la pourpre, de l'écarlate teinte deux fois, du fin lin, des poils de chèvres,

5 des peaux de moutons teintes en rouge, et d'autres teintes en violet, et des bois de setim,

6 de l'huile pour entretenir les lampes, des aromates pour composer l'huile *sainte destinée* aux onctions et les parfums d'excellente odeur ;

7 des pierres d'onyx, et des pierres précieuses pour orner l'éphod et le rational.

8 Ils me dresseront un sanctuaire, afin que j'habite au milieu d'eux ;

9 selon la forme très-exacte du tabernacle que je vous montrerai, et de tous les vases qui y serviront au culte sacré. Voici la manière dont vous ferez ce sanctuaire :

10 Vous ferez une arche de bois de setim, qui ait deux coudées et demie de long, une coudée et demie de large, et une coudée et demie de haut.

11 Vous la couvrirez *de lames* d'un or très-pur dedans et dehors : vous y ferez au-dessus une couronne d'or, qui régnera tout autour.

12 Vous mettrez quatre anneaux d'or aux quatre coins de l'arche, deux d'un côté, et deux de l'autre.

13 Vous ferez aussi des bâtons de bois de setim que vous couvrirez d'or ;

14 et vous les ferez entrer dans les anneaux qui sont aux côtés de l'arche, afin qu'ils servent à la porter.

15 Les bâtons demeureront toujours dans les anneaux, et on ne les en tirera jamais.

16 Vous mettrez dans l'arche les tables de la loi, que je vous donnerai.

17 Vous ferez aussi le propitiatoire d'un or très-pur. Il aura deux coudées et demie de long, et une coudée et demie de large.

18 Vous mettrez aux deux extrémités de l'oracle deux chérubins d'or battu :

19 un chérubin d'un côté, et l'autre de l'autre.

20 Ils tiendront leurs ailes étendues des deux côtés du propitiatoire et de l'oracle, dont ils le couvriront, et ils se regarderont l'un l'autre, ayant le visage tourné vers le propitiatoire qui couvrira l'arche,

21 où vous mettrez les tables de la loi, que je vous donnerai.

22 C'est de là que je vous donnerai mes ordres. Je vous parlerai de dessus le propitiatoire, du milieu des deux chérubins qui seront au-dessus de l'arche du témoignage, pour vous faire savoir tout ce que je voudrai commander aux enfants d'Israël.

23 Vous ferez aussi une table de bois de setim, qui aura deux coudées de long, une coudée de large, et une coudée et demie de haut.

24 Vous la couvrirez d'un or très-pur, et vous y ferez tout autour une bordure d'or.

25 Vous appliquerez sur la bordure une couronne de sculpture à jour, haute de quatre doigts, et vous mettrez encore au-dessus une autre couronne d'or.

26 Vous ferez aussi quatre anneaux d'or, que vous mettrez aux quatre coins de la table, un à chaque pied.

27 Les anneaux d'or seront au-dessous de la couronne pour y passer les bâtons, afin qu'on s'en serve à porter la table.

28 Vous ferez aussi de bois de setim ces bâtons sur lesquels la table sera portée, et vous les couvrirez d'or.

29 Vous ferez aussi d'un or très-pur des plats, des coupes, des encensoirs, et des tasses dans lesquelles vous mettrez les liqueurs que l'on doit m'offrir.

30 Et vous mettrez sur cette table les pains de proposition, *qui seront* toujours *exposés* devant moi.

31 Vous ferez aussi un chandelier de l'or le plus pur battu au marteau, avec sa tige, ses branches, ses coupes, ses pommes, et les lis qui en sortiront.

32 Six branches sortiront des côtés de la tige, trois d'un côté et trois de l'autre.

33 Il y aura trois coupes en forme de noix, avec une pomme et un lis à une des branches : il y aura de même trois coupes en forme de noix, avec une pomme et un lis à une autre branche ; et toutes les six branches qui sortiront de la tige, seront de la même sorte :

34 mais la tige du chandelier aura quatre coupes en forme de noix, accompagnées chacune de sa pomme et de son lis.

35 Il y aura trois pommes en trois endroits de la tige ; et de chaque pomme sortiront deux branches, qui feront en tout six branches naissant d'une même tige.

36 Ces pommes et ces branches sortiront donc du chandelier, étant toutes d'un or très-pur battu au marteau.

37 Vous ferez aussi sept lampes que vous mettrez au-dessus du chandelier, afin qu'elles éclairent ce qui est vis-à-vis.

38 Vous ferez encore des mouchettes, et les vases destinés pour y éteindre ce qui aura été mouché des lampes, le tout d'un or très-pur.

39 Le chandelier avec tout ce qui sert a son usage, pèsera un talent d'un or très-pur.

40 Considérez bien *toutes choses*, et faites *tout* selon le modèle qui vous a été montré sur la montagne.

CHAPITRE XXVI.

VOUS ferez le tabernacle en cette manière : Il y aura dix rideaux de fin lin retors, de couleur d'hyacinthe, de pourpre et d'écarlate teinte deux fois. Ils seront parsemés d'ouvrages de broderie.

2 Chaque rideau aura vingt-huit coudées de long et quatre de large. Tous les rideaux seront d'une même mesure.

3 Cinq de ces rideaux tiendront l'un à l'autre, et les cinq autres seront joints de même.

4 Vous mettrez des cordons d'hyacinthe aux bords des rideaux des deux côtés, afin qu'ils puissent s'attacher l'un à l'autre.

5 Chaque rideau aura cinquante cordons de chaque côté, placés de telle sorte que lorsqu'on approchera les rideaux, les cordons de l'un répondent à ceux de l'autre, et qu'on puisse les attacher ensemble.

6 Vous ferez aussi cinquante anneaux d'or, qui serviront à joindre ensemble les *deux* voiles composés *chacun des cinq* rideaux, afin qu'il ne s'en fasse qu'un seul tabernacle.

7 Vous ferez encore onze couvertures de poils de chèvres pour couvrir le dessus du tabernacle.

8 Chacune de ces couvertures aura trente coudées de long et quatre de large ; et elles seront toutes de la même mesure.

9 Vous en joindrez cinq ensemble séparément, et les six autres se tiendront aussi l'une à l'autre, en sorte que la sixième puisse se replier en deux au frontispice du tabernacle.

10 Vous mettrez aussi cinquante cordons au bord d'une de ces couvertures, afin qu'on puisse la joindre avec l'autre *qui est proche* ; et cinquante au bord de l'autre, pour l'attacher à celle qui la touchera.

11 Vous ferez aussi cinquante boucles d'airain, par lesquelles vous ferez passer ces cordons, afin que de toutes ces couvertures il ne s'en fasse qu'une seule.

12 Et parce que de ces couvertures destinées a couvrir le tabernacle, il y en aura une de surplus, vous en emploierez la moitié pour couvrir le derrière du tabernacle.

13 Et comme ces couvertures déborderont d'une coudée d'un côté, et d'une coudée de l'autre, ce qui pendra de surplus servira à couvrir les deux côtés du tabernacle.

14 Vous ferez encore, pour mettre à couvert le tabernacle, une troisième couverture de peaux de moutons teintes en rouge ; et par-dessus vous y en mettrez encore une quatrième de peaux teintes en violet.

15 Vous ferez des ais de bois de setim pour le tabernacle, qui se tiendront debout *étant joints ensemble*.

16 Chacun de ces ais aura dix coudées de haut, et une coudée et demie de large.

17 Chaque ais aura une rainure *d'un côté* et une languette *de l'autre*, afin qu'ils s'emboîtent l'un dans l'autre ; et tous les ais seront disposés de cette même manière.

18 Il y en aura vingt du côté méridional qui regarde le vent du midi.

19 Vous ferez fondre aussi quarante bases d'argent, afin que chaque ais soit porté sur deux bases qui en soutiennent les deux angles.

20 Il y aura aussi vingt ais au second côté du tabernacle, qui regarde l'aquilon.

21 Ils seront soutenus sur quarante bases d'argent, chaque ais en ayant deux pour le porter.

22 Mais vous ferez six ais pour le côté du tabernacle qui regarde l'occident ;

23 et deux autres qui seront dressés aux angles du derrière du tabernacle.

24 Ces ais seront joints depuis le bas jusqu'au haut, et ils seront tous emboîtés l'un dans l'autre. Deux ais aussi qui seront mis aux angles, seront joints comme les six autres.

25 Il y aura donc au fond huit ais en tout, qui auront seize bases d'argent, chaque ais en ayant deux pour le soutenir.

26 Vous ferez aussi des barres de bois de setim, cinq pour tenir fermes tous les ais d'un des côtés du tabernacle ;

27 cinq autres pour l'autre côté, et cinq de même pour celui qui regarde l'occident.

28 Elles s'appliqueront de travers contre tous ces ais depuis un bout jusqu'à l'autre.

29 Vous couvrirez les ais *de lames* d'or, et vous y ferez des anneaux d'or pour y passer les barres de bois qui tiendront ensemble tous les ais ; et vous couvrirez aussi ces barres de lames d'or.

30 Vous dresserez le tabernacle selon le modèle qui vous en a été montré sur la montagne.

31 Vous ferez aussi un voile de couleur d'hyacinthe, de pourpre, d'écarlate teinte deux fois et de fin lin retors, où vous tracerez un ouvrage de broderie avec une agréable variété.

32 Vous le suspendrez à quatre colonnes de bois de setim, qui seront couvertes d'or, et qui auront des chapiteaux d'or et des bases d'argent.

33 Le voile tiendra aux colonnes par des anneaux. Vous mettrez au dedans du voile l'arche du témoignage, et le voile séparera le saint d'avec le saint des saints.

34 Vous mettrez aussi dans le saint des saints le propitiatoire au-dessus de l'arche du témoignage.

35 Vous mettrez la table au dehors du voile, et le chandelier vis-à-vis de la table au côté du tabernacle qui est au midi, parce que la table sera placée du côté du septentrion.

36 Vous ferez aussi pour l'entrée du tabernacle un voile qui sera d'hyacinthe, de pourpre, d'écarlate teinte deux fois, de fin lin retors, sur lequel vous ferez un ouvrage de broderie.

37 Le voile sera suspendu à cinq colonnes de bois de setim couvertes d'or, dont les chapiteaux seront d'or et les bases d'airain.

CHAPITRE XXVII.

VOUS ferez aussi un autel de bois de setim, qui aura cinq coudées de long et autant de large, c'est-à-dire, qu'il sera carré, et aura trois coudées de haut.

2 Quatre cornes s'élèveront des quatre coins de l'autel, et vous le couvrirez d'airain.

3 Vous ferez pour l'usage de l'autel des vaisseaux qui serviront a en recevoir les cendres, des tenailles, des pincettes, *des crocs,* des brasiers ; et vous ferez toutes ces choses d'airain.

4 Vous ferez aussi une grille d'airain en forme de rets, qui aura quatre anneaux d'airain aux quatre coins,

5 et vous les mettrez au-dessous du foyer de l'autel. La grille s'étendra jusqu'au milieu de l'autel.

6 Vous ferez aussi pour l'autel deux bâtons de bois de setim, que vous couvrirez de lames d'airain.

7 Vous les ferez passer dans les anneaux des deux côtés de l'autel, et ils serviront à le porter.

8 Vous ne ferez point l'autel solide, mais il sera vide et creux au dedans, selon le modèle qui vous en a été montré sur la montagne.

9 Vous ferez aussi le parvis du tabernacle. Au côté du midi vous dresserez des rideaux de fin lin retors. Chaque côté aura cent coudées de long.

10 Vous y poserez vingt colonnes, avec autant de bases d'airain : leurs chapiteaux et leurs ornements seront d'argent.

11 Il y aura de même du côté de l'aquilon des rideaux de cent coudées de long, avec vingt colonnes qui auront chacune leurs bases d'airain, leurs chapiteaux et leurs ornements d'argent.

12 La largeur du parvis qui regarde l'occident aura cinquante coudées, le long de laquelle vous mettrez des rideaux, et dix colonnes avec autant de bases.

13 La largeur du parvis qui regarde l'orient aura aussi cinquante coudées.

14 Vous y mettrez des rideaux d'un côté dans l'espace de quinze coudées, et trois colonnes avec autant de bases.

15 Vous mettrez de l'autre côté des rideaux dans le même espace de quinze coudées, avec trois colonnes et autant de bases.

16 À l'entrée du parvis, vous mettrez dans l'espace de vingt coudées des rideaux d'hyacinthe et de pourpre, d'écarlate teinte deux fois et de fin lin retors, le tout en ouvrage de broderie. Cette entrée aura quatre colonnes avec autant de bases.

17 Toutes les colonnes du parvis tout autour seront revêtues de lames d'argent : elles auront leurs chapiteaux d'argent, et leurs bases d'airain.

18 Le parvis aura cent coudées de long, cinquante de large, et cinq de haut. *Ses rideaux* se feront de fin lin retors, et les bases seront d'airain.

19 Tous les vases qui serviront à tous les usages et à toutes les cérémonies du tabernacle, et tous les pieux qui seront employés tant au tabernacle qu'au parvis, seront d'airain.

20 Ordonnez aux enfants d'Israël, de vous apporter l'huile la plus pure des olives qui auront été pilées au mortier, afin que les lampes brûlent toujours

21 dans le tabernacle du témoignage, hors le voile qui est suspendu devant l'arche du témoignage. Aaron et ses enfants *prépareront et* placeront les lampes, afin qu'elles luisent jusqu'au matin devant le Seigneur. Ce culte se continuera toujours, et passera de race en race parmi les enfanta d'Israël.

CHAPITRE XXVIII.

FAITES aussi approcher de vous Aaron, votre frère, avec ses enfants, *en les séparant* du milieu d'Israël, afin qu'ils exercent devant moi les fonctions du sacerdoce, Aaron, Nadab, Abiu, Eléazar et Ithainar.

2 Vous ferez un vêtement saint *et sacré* à Aaron, votre frère, pour la gloire et l'ornement *du culte divin*.

3 Vous parlerez à tous ceux dont le cœur est plein de sagesse, et que j'ai remplis de l'esprit d'intelligence, afin qu'ils fassent des vêtements à Aaron, votre frère, et qu'étant ainsi sanctifié il me serve *dans son ministère*.

4 Voici les vêtements qu'ils feront : Le rational, l'éphod, la robe de dessous *l'éphod*, la tunique de lin qui sera plus étroite, la mitre et la ceinture. Ce seront là les vêtements saints qu'ils feront pour Aaron, votre frère, et pour ses enfants, afin qu'ils exercent devant moi les fonctions du sacerdoce.

5 Ils y emploieront l'or, l'hyacinthe, la pourpre, l'écarlate teinte deux fois et le fin lin.

6 Ils feront l'éphod d'or, d'hyacinthe, de pourpre, d'écarlate teinte deux fois et de fin lin retors, dont l'ouvrage sera tissu du mélange de ces couleurs.

7 L'éphod par le haut aura deux ouvertures sur les épaules, qui répondront l'une à l'autre, et ces ouvertures *s'étendant pour le mettre*, se rejoindront *quand on l'aura mis*.

8 Tout l'ouvrage sera tissu avec une *agréable* variété, d'or, d'hyacinthe, de pourpre, d'écarlate teinte deux fois et de fin lin retors.

9 Vous prendrez aussi deux pierres d'onyx, où vous graverez les noms des enfants d'Israël.

10 Il y aura six noms sur une pierre, et six sur l'autre, selon l'ordre de leur naissance.

11 Vous y emploierez l'art du sculpteur et du lapidaire, et vous y graverez les noms des enfants d'Israël, après avoir enchâssé les pierres dans l'or.

12 Vous les mettrez sur l'éphod de côté et d'autre, comme un monument en faveur des enfants d'Israël. Et Aaron portera leurs noms devant le Seigneur, gravés sur les deux pierres qui seront sur ses épaules, pour en renouveler le souvenir.

13 Vous ferez aussi des boucles d'or,

14 et deux petites chaînes d'un or très-pur, dont les anneaux soient enlacés les uns dans les autres, que vous ferez entrer dans ces boucles.

15 Vous ferez aussi le rational du jugement qui sera tissu comme l'éphod, d'or, d'hyacinthe, de pourpre, d'écarlate teint deux fois et de fin lin retors, mêlés ensemble à fils tissus de différentes couleurs.

16 Il sera carré et double, et aura la grandeur d'un palme tant en longueur qu'en largeur.

17 Vous y mettrez quatre rangs de pierres précieuses : Au premier rang il y aura la sardoine, la topaze et l'émeraude ;

18 au second, l'escarboucle, le saphir et le jaspe ;

19 au troisième, le ligure, l'agate et l'améthyste ;

20 au quatrième, la chrysolithe, l'onyx et le béryl. Ils seront enchâssés dans l'or, selon leur rang.

21 Vous y mettrez les noms des enfants d'Israël : *leurs* douze noms y seront gravés selon leurs douze tribus, chaque nom sur chaque pierre.

22 Vous ferez pour le rational deux petites chaînes d'un or très-pur, dont les anneaux soient enlacés l'un dans l'autre ;

23 et deux anneaux d'or, que vous mettrez au haut du rational à ses deux côtés.

24 Vous passerez les deux chaînes d'or dans ces deux anneaux qui seront aux extrémités du rational ;

25 et vous attacherez les extrémités de ces deux chaînes à deux agrafes d'or qui seront aux deux côtés de l'éphod qui répond au rational.

26 Vous ferez aussi deux anneaux d'or, que vous mettrez aux deux côtés d'en bas du rational, qui regardent vers le bas de l'éphod, et vers ce qui n'en est point exposé à la vue.

27 Vous ferez encore deux autres anneaux d'or, que vous mettrez aux deux côtés du bas de l'éphod, qui répondent aux deux anneaux d'or du bas du rational, afin que l'on puisse ainsi attacher le rational avec l'éphod ;

28 et que les anneaux du rational soient attachés aux anneaux de l'éphod par un ruban de couleur d'hyacinthe, afin qu'ils demeurent proprement liés l'un avec l'autre, et que le rational et l'éphod ne puissent être séparés.

29 Aaron portera les noms des enfants d'Israël sur le rational du jugement, qu'il aura sur sa poitrine lorsqu'il entrera dans le sanctuaire, afin qu'il serve d'un monument éternel devant le Seigneur.

30 Vous graverez *ces deux mots* sur le rational du jugement, Doctrine et Vérité, qui seront sur la poitrine d'Aaron lorsqu'il entrera devant le Seigneur, et il portera toujours sur sa poitrine le *rational du* jugement des enfants d'Israël devant le Seigneur.

31 Vous ferez aussi la tunique de l'éphod. Elle sera toute de couleur d'hyacinthe.

32 Il y aura en haut une ouverture au milieu, et un bord tissu tout autour, comme on fait d'ordinaire aux extrémités des vêtements, de peur qu'il ne se rompe.

33 Vous mettrez au bas et tout autour de la même robe comme de *petites* grenades faites d'hyacinthe, de pourpre et d'écarlate teinte deux fois, entremêlées de sonnettes ;

34 en sorte qu'il y aura une sonnette d'or et une grenade, une sonnette d'or et une grenade, *et ainsi de suite*.

35 Aaron sera revêtu de cette robe lorsqu'il fera les fonctions de son ministère, afin qu'on entende le son de ces sonnettes lorsqu'il entrera dans le sanctuaire devant le Seigneur, ou qu'il en sortira, et qu'il ne meure point.

36 Vous ferez aussi une lame d'un or très-pur, sur laquelle vous ferez graver par un ouvrier *habile ces mots* : La Sainteté est au

Seigneur.

37 Vous l'attacherez sur la tiare avec un ruban de couleur d'hyacinthe,

38 sur le front du souverain pontife. Et Aaron portera toutes les iniquités que les enfants d'Israël commettront dans tous les dons et tous les présents qu'ils offriront et qu'ils consacreront au Seigneur. Il aura toujours cette lame devant le front, afin que le Seigneur leur soit favorable.

39 Vous ferez aussi une tunique étroite de fin lin. Vous ferez encore la tiare de fin lin, et la ceinture sera d'un ouvrage de broderie.

40 Vous préparerez des tuniques de *fin* lin pour les fils d'Aaron, des ceintures et des tiares pour la gloire et pour l'ornement *de leur ministère*.

41 Vous revêtirez Aaron, votre frère, et ses fils avec lui, de tous ces vêtements. Vous leur sacrerez les mains à tous, et vous les sanctifierez, afin qu'ils exercent les fonctions de mon sacerdoce.

42 Vous leur ferez aussi des caleçons de lin pour couvrir ce qui n'est pas honnête dans le corps, depuis les reins jusqu'au bas des cuisses.

43 Aaron et ses enfants s'en serviront lorsqu'ils entreront dans le tabernacle du témoignage, ou lorsqu'ils approchent de l'autel pour servir dans le sanctuaire, de peur qu'ils ne soient coupables d'iniquité, *et* qu'ils ne meurent. Cette ordonnance sera stable et perpétuelle pour Aaron et pour sa postérité après lui.

CHAPITRE XXIX.

VOICI ce que vous ferez pour consacrer prêtres Aaron et ses fils : Prenez du troupeau un veau et deux béliers qui soient sans tache,

2 des pains sans levain, des gâteaux aussi sans levain, arrosés d'huile, des tourteaux de même sans levain, sur lesquels on aura versé de l'huile. Vous ferez toutes ces choses de la plus pure farine de froment.

3 Et les ayant mis dans une corbeille, vous *me* les offrirez. Vous amènerez le veau et les deux béliers.

4 Vous ferez approcher Aaron et ses enfants de l'entrée du tabernacle du témoignage ; et lorsque vous aurez lavé avec de l'eau le père et ses enfants,

5 vous revêtirez Aaron de ses vêtements, c'est-à-dire, de la tunique de lin, de la robe *de couleur d'hyacinthe*, de l'éphod et du rational, que vous lierez avec la ceinture ;

6 et vous lui mettrez la tiare sur la tête, et la lame sainte sur la tiare.

7 Vous répandrez ensuite sur sa tête de l'huile de consécration, et il sera sacré de cette sorte.

8 Vous ferez approcher aussi ses enfants, vous les revêtirez de leurs tuniques de lin, vous les ceindrez de leurs ceintures.

9 C'est ce que vous ferez à Aaron et à ses enfants. Vous leur mettrez la mitre sur la tête ; et ils seront mes prêtres pour me rendre un culte perpétuel. Après que vous aurez consacre leurs mains,

10 vous amènerez le veau devant le tabernacle du témoignage, et Aaron et ses enfants lui mettront les mains sur la tête,

11 et vous le sacrifierez devant le Seigneur, à l'entrée du tabernacle du témoignage.

12 Vous prendrez du sang du veau, que vous mettrez avec le doigt sur les cornes de l'autel, et vous répandrez le reste du sang au pied du même autel.

13 Vous prendrez aussi toute la graisse qui couvre les entrailles et la membrane qui enveloppe le foie, avec les deux reins et la graisse qui les couvre, et vous les offrirez en les brûlant sur l'autel ;

14 mais vous brûlerez hors de l'enceinte du camp toute la chair du veau, sa peau et ses excréments, parce que c'est une hostie pour le péché.

15 Vous prendrez aussi un des béliers, et Aaron et ses enfants lui mettront les mains sur la tête ;

16 et lorsque vous l'aurez immolé, vous en prendrez du sang, et le répandrez autour de l'autel.

17 Vous couperez ensuite le bélier par morceaux, et en ayant lavé les intestins et les pieds, vous les mettrez sur les parties de son corps que vous aurez ainsi coupées, et sur sa tête ;

18 et vous offrirez le bélier en le brûlant tout entier sur l'autel : car c'est l'oblation du Seigneur, et une hostie dont l'odeur lui est très-agréable.

19 Vous prendrez aussi l'autre bélier, et Aaron et ses enfants lui mettront les mains sur la tête ;

20 et l'ayant égorgé, vous prendrez de son sang, et vous en mettrez sur le bas de l'oreille droite d'Aaron et de ses enfants, sur le pouce de leur main *droite* et de leur pied droit ; et vous répandrez le reste du sang sur l'autel tout autour.

21 Vous prendrez aussi du sang qui est sur l'autel, et de l'huile de consécration ; vous en ferez l'aspersion sur Aaron et sur ses vêtements, sur ses enfants et sur leurs vêtements ; et après les avoir consacrés avec leurs vêtements,

22 vous prendrez la graisse du bélier, la queue, la graisse qui couvre les entrailles, la membrane qui enveloppe le foie, les deux reins et la graisse qui est dessus, et l'épaule droite, parce que c'est un bélier de consécration.

23 Vous prendrez aussi une partie d'un pain, un des gâteaux trempés dans l'huile, et un tourteau de la corbeille des azymes, qui aura été exposée devant le Seigneur.

24 Vous mettrez toutes ces choses sur les mains d'Aaron et de ses fils, et vous les sanctifierez en élevant ces dons devant le Seigneur.

25 Vous reprendrez ensuite toutes ces choses de leurs mains, et vous les brûlerez sur l'autel en holocauste, pour répandre une odeur très-agréable devant le Seigneur, parce que c'est son oblation.

26 Vous prendrez aussi la poitrine du bélier qui aura servi à la consécration d'Aaron, et vous la sanctifierez en l'élevant devant le Seigneur, et elle sera réservée pour votre part *du sacrifice*.

27 Vous sanctifierez aussi la poitrine qui aura été consacrée, et l'épaule que vous aurez séparée du bélier,

28 par lequel Aaron et ses enfants auront été consacrés, et elles seront réservées *des oblations* des enfants d'Israël, pour être la part d'Aaron et de ses enfants par un droit perpétuel ; parce qu'elles sont comme les prémices et les premières parties des victimes pacifiques qu'ils offrent au Seigneur.

29 Les enfants d'Aaron porteront après sa mort les saints vêtements qui lui auront servi, afin qu'en étant revêtus, ils reçoivent l'onction sainte, et que leurs mains soient consacrées au Seigneur.

30 Celui d'entre ses enfants qui aura été établi pontife en sa place, et qui entrera dans le tabernacle du témoignage pour exercer ses fonctions dans le sanctuaire, portera ses vêtements pendant sept jours.

31 Vous prendrez aussi le bélier qui sera offert pour la consécration du pontife, et vous en ferez cuire la chair dans le lieu saint,

32 dont Aaron mangera avec ses enfants. Ils mangeront aussi à l'entrée du tabernacle du témoignage les pains qui seront demeurés dans la corbeille :

33 afin que ce soit un sacrifice qui rende Dieu favorable, et que les mains de ceux qui les offrent soient sanctifiées. L'étranger ne mangera point de ces viandes, parce qu'elles sont saintes.

34 S'il demeure quelque chose de cette chair consacrée, ou de ces pains, jusqu'au matin, vous brûlerez au feu tous ces restes : on n'en mangera point, parce qu'ils sont sanctifiés.

35 Vous aurez soin de faire tout ce que je vous commande touchant Aaron et ses enfants. Vous consacrerez leurs mains pendant sept jours ;

36 et vous offrirez chaque jour un veau pour l'expiation du péché. Lorsque vous aurez immolé l'hostie de l'expiation, vous purifierez l'autel, et vous y ferez les onctions saintes pour le sanctifier *de nouveau*.

37 Vous purifierez et sanctifierez l'autel pendant sept jours, et il sera très-saint. Quiconque le touchera, se sanctifiera auparavant.

38 Voici ce que vous ferez sur l'autel : Vous sacrifierez chaque jour, sans y manquer, deux agneaux d'un an,
39 un le matin et l'autre le soir.
40 Vous offrirez avec le premier agneau la dixième partie *d'un éphi* de la plus pure farine de froment, mêlée avec de l'huile *d'olives* pilées, plein le quart de la mesure appelée hin, et autant de vin pour l'offrande de liqueur.
41 Vous offrirez au soir un second agneau comme un sacrifice d'une excellente odeur, en la même manière que nous avons dit que se devait faire l'oblation du matin.
42 C'est le sacrifice qui doit être offert au Seigneur par un culte continué de race en race, à l'entrée du tabernacle du témoignage devant le Seigneur, où j'ai résolu de vous parler.
43 C'est de là que je donnerai mes ordres pour les enfants d'Israël, et l'autel sera sanctifié par *la présence de* ma gloire.
44 Je sanctifierai aussi le tabernacle du témoignage avec l'autel, et Aaron avec ses fils, afin qu'ils exercent les fonctions de mon sacerdoce.
45 J'habiterai au milieu des enfants d'Israël, et je serai leur Dieu,
46 et ils connaîtront que je suis le Seigneur, leur Dieu, qui les ai tirés de l'Egypte, afin que je demeurasse au milieu d'eux, moi qui suis le Seigneur, leur Dieu.

CHAPITRE XXX.

VOUS ferez aussi un autel de bois de setim, pour y brûler des parfums.
2 Il aura une coudée de long et une coudée de large, afin qu'il soit carré. Il aura deux coudées de haut, et des cornes sortiront de ses quatre angles.
3 Vous couvrirez d'un or très-pur la table de cet autel, et les quatre côtés avec ses cornes. Et vous y ferez une couronne d'or qui régnera tout autour,
4 et deux anneaux d'or de chaque côté sous la couronne, pour y faire entrer les bâtons qui serviront à le porter.
5 Vous ferez aussi les bâtons de bois de setim, et vous les couvrirez d'or.
6 Vous mettrez cet autel *dans le saint* vis-à-vis du voile, qui est suspendu devant l'arche du témoignage, devant le propitiatoire qui couvre l'*arche du* témoignage, où je vous parlerai.
7 Et Aaron y brûlera de l'encens d'excellente odeur : il le brûlera le matin lorsqu'il accommodera les lampes ;
8 et lorsqu'il les allumera au soir, il brûlera *encore* de l'encens devant le Seigneur : ce qui s'observera continuellement parmi vous dans la succession de tous les âges.
9 Vous n'offrirez point sur cet autel des parfums d'une autre composition *que de celle que je vous prescrirai* : vous n'y présenterez ni oblations, ni victimes, et vous n'y ferez aucun sacrifice de liqueurs.
10 Aaron priera une fois l'an sur les cornes de cet autel, en y répandant du sang de l'hostie qui aura été offerte pour le péché ; et cette expiation continuera toujours parmi vous de race en race. Ce sera là un *culte* très-saint pour *honorer* le Seigneur.
11 Le Seigneur parla aussi à Moïse, et lui dit :
12 Lorsque vous ferez le dénombrement des enfants d'Israël, chacun donnera quelque chose au Seigneur pour le prix de son âme ; et ils ne seront point frappés de plaies, lorsque ce dénombrement aura été fait.
13 Tous ceux qui seront comptés dans ce dénombrement, donneront un demi-sicle selon la mesure du temple. Le sicle a vingt oboles. Le demi-sicle sera offert au Seigneur.
14 Celui qui entre dans ce dénombrement, c'est-à-dire, qui a vingt ans et au-dessus, donnera ce prix.
15 Le riche ne donnera point plus d'un demi-sicle, et le pauvre n'en donnera pas moins.
16 Et ayant reçu l'argent qui aura été donné par les enfants d'Israël, vous l'emploierez pour les usages du tabernacle du témoignage, afin que cette oblation porte le Seigneur à se souvenir d'eux, et qu'elle serve à l'expiation de leurs âmes.

17 Le Seigneur parla encore à Moïse, et lui dit :
18 Vous ferez aussi un bassin d'airain élevé sur une base pour s'y laver ; et vous le mettrez entre le tabernacle du témoignage et l'autel *des holocaustes*. Et après que vous y aurez mis de l'eau,
19 Aaron et ses fils en laveront leurs mains et leurs pieds,
20 lorsqu'ils devront entrer au tabernacle du témoignage, ou quand ils devront approcher de l'autel pour y offrir des parfums au Seigneur ;
21 de peur qu'autrement ils ne soient punis de mort. Cette ordonnance sera éternelle pour Aaron et pour tous ceux de sa race qui doivent lui succéder.
22 Le Seigneur parla encore à Moïse,
23 et lui dit : Prenez des aromates ; *savoir :* le poids de cinq cents sicles de la myrrhe la première et la plus excellente ; la moitié moins de cinnamome, c'est-à-dire, le poids de deux cent cinquante sicles ; et de même deux cent cinquante sicles de canne *aromatique* ;
24 cinq cents sicles de canelle au poids du sanctuaire, et une mesure de hin d'huile d'olive.
25 Vous ferez de toutes ces choses une huile sainte pour servir aux onctions, un parfum composé selon l'art du parfumeur.
26 Vous en oindrez le tabernacle du témoignage et l'arche du testament ;
27 la table avec ses vases, le chandelier et tout ce qui sert à son usage, l'autel des parfums,
28 et celui des holocaustes, et tout ce qui est nécessaire pour *le service et* le culte qui s'y doit rendre, et *le bassin avec sa base*.
29 Vous sanctifierez toutes ces choses, et elles deviendront saintes et sacrées. Celui qui y touchera, sera sanctifié.
30 Vous en oindrez Aaron et ses fils, et vous les sanctifierez, afin qu'ils exercent les fonctions de mon sacerdoce.
31 Vous direz aussi *de ma part* aux enfants d'Israël : Cette huile qui doit servir aux onctions me sera consacrée parmi vous, et parmi les enfants qui naîtront de vous.
32 On n'en oindra point la chair de l'homme, et vous n'en ferez point d'autre de même composition, parce qu'elle est sanctifiée, et que vous la considérerez comme sainte.
33 Quiconque en composera de semblable, et en donnera à un étranger, sera exterminé du milieu de son peuple.
34 Le Seigneur dit encore à Moïse : Prenez des aromates, *c'est-à-dire,* du stacté, de l'onyx, du galbanum odoriférant, et de l'encens le plus luisant ; et que le tout soit de même poids.
35 Vous ferez un parfum composé de toutes ces choses selon l'art du parfumeur, qui étant mêlé avec soin, sera très-pur et très-digne de m'être offert.
36 Et lorsque vous les aurez battues et réduites toutes en une poudre très-fine, vous en mettrez devant le tabernacle du témoignage, qui est le lieu où je vous apparaîtrai. Ce parfum vous deviendra saint et sacré.
37 Vous n'en composerez point de semblable pour votre usage, parce qu'il est consacré au Seigneur.
38 L'homme, quel qu'il soit, qui en fera de même pour *avoir le plaisir d'*en sentir l'odeur, périra du milieu de son peuple.

CHAPITRE XXXI.

LE Seigneur parla encore à Moïse, et lui dit :
2 J'ai appelé nommément Béséléel, fils d'Uri, *qui est* fils de Hur, de la tribu de Juda ;
3 et je l'ai rempli de l'esprit de Dieu : *je l'ai rempli* de sagesse, d'intelligence et de science pour toutes sortes d'ouvrages,
4 pour inventer tout ce que l'art peut faire avec l'or, l'argent, l'airain,
5 le marbre, les pierres précieuses, et tous les bois différents.
6 Je lui ai donné pour compagnon Ooliab, fils d'Achisamech, de la tribu de Dan ; et j'ai répandu la sagesse dans le cœur de tous *les artisans* habiles, afin qu'ils fassent tout ce que je vous ai ordonné de faire :
7 le tabernacle de l'alliance, l'arche du témoignage, le

propitiatoire qui est au-dessus, et tout ce qui doit servir dans le tabernacle,

8 la table avec ses vases, le chandelier *d'or* très-pur avec tout ce qui sert à son usage, l'autel des parfums,

9 et l'autel des holocaustes avec tous leurs vases, et le bassin avec sa base ;

10 les vêtements saints destinés au ministère du *grand* prêtre Aaron et de ses fils, afin qu'ils soient revêtus d'ornements sacrés en exerçant les fonctions de leur sacerdoce ;

11 l'huile d'onction et le parfum aromatique qui doit servir au sanctuaire. *Ces personnes* exécuteront tout ce que je vous ai commandé de faire.

12 Le Seigneur parla encore à Moïse, et lui dit :

13 Parlez aux enfants d'Israël, et dites-leur : Ayez grand soin *néanmoins* d'observer mon sabbat, parce que c'est la marque que j'ai établie entre moi et vous, et qui doit passer après vous à vos enfants : afin que vous sachiez que c'est moi qui suis le Seigneur qui vous sanctifie.

14 Observez mon sabbat, parce qu'il vous doit être saint. Celui qui l'aura violé, sera puni de mort. Si quelqu'un travaille ce jour-là, il périra du milieu de son peuple.

15 Vous travaillerez pendant six jours ; mais le septième jour est le sabbat et le repos consacré au Seigneur. Quiconque travaillera ce jour-là, sera puni de mort.

16 Que les enfants d'Israël observent le sabbat, et qu'ils le célèbrent d'âge en âge. C'est un pacte éternel

17 entre moi et les enfants d'Israël, et une marque qui durera toujours : car le Seigneur a fait en six jours le ciel et la terre, et il a cessé d'agir au septième.

18 Le Seigneur ayant achevé de parler de cette sorte sur la montagne de Sinaï, donna à Moïse les deux tables du témoignage, qui étaient de pierre, et écrites du doigt de Dieu.

CHAPITRE XXXII.

MAIS le peuple voyant que Moïse différait longtemps à descendre de la montagne, s'assembla *en s'élevant* contre Aaron, et lui dit : Venez, faites-nous des dieux qui marchent devant nous : car pour ce qui est de Moïse, cet homme qui nous a tirés de l'Egypte, nous ne savons ce qui lui est arrivé.

2 Aaron leur répondit : Otez les pendants d'oreilles de vos femmes, de vos fils et de vos filles, et apportez-les-moi.

3 Le peuple fit ce qu'Aaron lui avait commandé, et lui apporta les pendants d'oreilles.

4 Aaron les ayant pris, les jeta en fonte, et il en forma un veau. Alors les Israélites dirent, : Voici vos dieux, ô Israël, qui vous ont tiré de l'Egypte.

5 Ce qu'Aaron ayant vu, il dressa un autel devant le veau, et il fit crier par un héraut : Demain sera la fête solennelle du Seigneur.

6 S'étant levés du matin, ils offrirent des holocaustes et des hosties pacifiques. Tout le peuple s'assit pour manger et pour boire, et ils se levèrent ensuite pour jouer.

7 Alors le Seigneur parla à Moïse, et lui dit : Allez, descendez ; car votre peuple que vous avez tiré de l'Egypte a péché.

8 Ils se sont retirés bientôt de la voie que vous leur aviez montrée : ils se sont fait un veau jeté en fonte, ils l'ont adoré ; et lui immolant des hosties, ils ont dit : Ce sont là vos dieux, Israël, qui vous ont tiré de l'Egypte.

9 Le Seigneur dit encore à Moïse : Je vois que ce peuple a la tête dure.

10 Laissez-moi faire, afin que la fureur de mon indignation s'allume contre eux, et que je les extermine ; et je vous rendrai le chef d'un grand peuple.

11 Mais Moïse conjurait le Seigneur, son Dieu, en disant : Seigneur ! pourquoi votre fureur s'allume-t-elle contre votre peuple, que vous avez fait sortir de l'Egypte, avec une grande force et une main puissante ?

12 Ne permettez-pas, je vous prie, que les Egyptiens disent : Il les a tirés *d'Egypte* avec adresse pour les tuer sur les montagnes, et pour les exterminer de la terre. Que votre colère s'apaise, et laissez-vous fléchir pour pardonner à l'iniquité de votre peuple.

13 Souvenez-vous d'Abraham, d'Isaac et d'Israël, vos serviteurs, auxquels vous avez juré par vous-même, en disant : Je multiplierai votre race comme les étoiles du ciel, et je donnerai à votre postérité toute cette terre dont je vous ai parlé, et vous la posséderez pour jamais.

14 Alors le Seigneur s'apaisa ; et il résolut de ne point faire à son peuple le mal dont il venait de parler.

15 Moïse retourna donc de dessus la montagne, portant en sa main les deux tables du témoignage, écrites des deux côtés.

16 Elles étaient l'ouvrage de Dieu : comme l'écriture qui était gravée sur ces tables, était aussi *de la main* de Dieu.

17 Or, Josué entendant le tumulte et les cris du peuple, dit à Moïse : On entend dans le camp *comme* les cris de personnes qui combattent.

18 Moïse lui répondit : Ce n'est point là le cri de personnes qui s'exhortent au combat, ni les voix confuses de gens qui poussent leur ennemi pour le mettre en fuite : mais j'entends la voix de personnes qui chantent.

19 Et s'étant approché du camp, il vit le veau et les danses. Alors il entra dans une grande colère : il jeta les tables qu'il tenait à la main, et les brisa au pied de la montagne ;

20 et prenant le veau qu'ils avaient fait, il le mit dans le feu, et le réduisit en poudre : il jeta cette poudre dans l'eau, et il en fit boire aux enfants d'Israël.

21 Moïse dit ensuite à Aaron : Que vous a fait ce peuple pour *vous porter à* attirer sur lui un si grand péché ?

22 Il lui répondit : Que mon seigneur ne se mette point en colère : car vous connaissez ce peuple, et *vous savez* combien il est porté au mal.

23 Ils m'ont dit : Faites-nous des dieux qui marchent devant nous : car nous ne savons ce qui est arrivé à ce Moïse qui nous a tirés de l'Egypte.

24 Je leur ai dit : Qui d'entre vous a de l'or ? Ils l'ont apporté, et me l'ont donné ; j'ai jeté dans le feu, et ce veau en est sorti.

25 Moïse voyant donc que le peuple était demeuré tout nu (car Aaron l'avait dépouillé par cette abomination honteuse, et l'avait mis tout nu au milieu de ses ennemis),

26 se tint à la porte du camp, et dit : Si quelqu'un est au Seigneur, qu'il se joigne à moi. Et les enfants de Lévi s'étant tous assemblés autour de lui,

27 il leur dit : Voici ce que dit le Seigneur, le Dieu d'Israël : Que chaque homme mette son épée à son côté. Passez et repassez au travers du camp d'une porte à l'autre, et que chacun tue son frère, son ami, et celui qui lui est plus proche.

28 Les enfants de Lévi firent ce que Moïse avait ordonné, et il y eut environ vingt-trois mille hommes de tués en ce jour-là.

29 Alors Moïse leur dit : Vous avez chacun consacré vos mains au Seigneur en tuant votre fils et votre frère, afin que la bénédiction *de Dieu* vous soit donnée.

30 Le lendemain Moïse dit au peuple : Vous avez commis un très-grand péché : Je monterai vers le Seigneur, pour voir si je pourrai en quelque sorte *le fléchir et* obtenir le pardon de votre crime.

31 Et étant retourné vers le Seigneur, il lui dit : Ce peuple a commis un très-grand péché, et ils se sont fait des dieux d'or : mais je vous conjure de leur pardonner cette faute ;

32 ou, si vous ne le faites pas, effacez-moi de votre livre que vous avez écrit.

33 Le Seigneur lui répondit : J'effacerai de mon livre celui qui aura péché contre moi.

34 Mais pour vous, allez, et conduisez ce peuple au lieu que je vous ai dit. Mon ange marchera devant vous : et au jour de la vengeance je visiterai *et punirai* ce péché qu'ils ont commis.

35 Le Seigneur frappa donc le peuple pour le crime du veau qu'Aaron leur avait fait.

CHAPITRE XXXIII.

LE Seigneur parla ensuite à Moïse, et lui dit : Allez, sortez de ce lieu, vous et votre peuple que vous avez tiré de l'Egypte, et allez en la terre que j'ai promise avec serment à Abraham, à Isaac et à Jacob, en disant : Je donnerai cette terre à votre race ;

2 et j'enverrai un ange pour vous servir de précurseur, afin que j'en chasse les Chananéens, les Amorrhéens, les Héthéens, les Phérézéens, *les Gergéséens,* les Hévéens et les Jébuséens ;

3 et que vous entriez dans un pays où coulent *des ruisseaux de lait et de* miel. Car je n'y monterai pas avec vous, de peur que je ne vous extermine pendant le chemin, parce que vous êtes un peuple d'une tête dure.

4 Le peuple entendant ces paroles si fâcheuses, se mit à pleurer, et nul d'entre eux ne se revêtit de ses ornements accoutumés.

5 *Car* le Seigneur dit à Moïse : Dites aux enfants d'Israël : Vous êtes un peuple d'une tête dure. Si je viens une fois au milieu de vous, je vous exterminerai. Quittez donc présentement tous vos ornements, afin que je sache de quelle manière j'en userai avec vous.

6 Les enfants d'Israël quittèrent donc leurs ornements au pied de la montagne d'Horeb.

7 Moïse aussi prenant le tabernacle, le dressa bien loin hors du camp, et l'appela, le Tabernacle de l'alliance. Et tous ceux du peuple qui avaient quelque difficulté, sortaient hors du camp pour aller au tabernacle de l'alliance.

8 Lorsque Moïse sortait pour aller au tabernacle, tout le peuple se levait, et chacun se tenait à l'entrée de sa tente, et regardait Moïse par derrière, jusqu'à ce qu'il fût entré dans le tabernacle.

9 Quand Moïse était entré dans le tabernacle de l'alliance, la colonne de nuée descendait et se tenait à la porte, et *le Seigneur* parlait avec Moïse.

10 Tous les enfants d'Israël voyant que la colonne de nuée se tenait à l'entrée du tabernacle, se tenaient aussi eux-mêmes à l'entrée de leurs tentes, et y adoraient *le Seigneur*.

11 Or le Seigneur parlait à Moïse face à face, comme un homme a accoutumé de parler à son ami. Et lorsqu'il retournait dans le camp, le jeune Josué, fils de Nun, qui le servait, ne s'éloignait point du tabernacle.

12 Or Moïse dit au Seigneur : Vous me commandez d'emmener ce peuple ; et vous ne me dites pas qui vous devez envoyer avec moi, quoique vous m'ayez dit : Je vous connais par votre nom, et vous avez trouvé grâce devant moi.

13 Si j'ai donc trouvé grâce devant vous, faites-moi voir votre visage, afin que je vous connaisse, et que je trouve grâce devant vos yeux. Regardez favorablement cette grande multitude qui est votre peuple.

14 Le Seigneur lui dit : Je marcherai en personne devant vous, et je vous procurerai le repos.

15 Moïse lui dit : Si vous ne marchez vous-même devant nous, ne nous faites point sortir de ce lieu.

16 Car comment pourrons-nous savoir, moi et votre peuple, que nous avons trouvé grâce devant vous, si vous ne marchez avec nous, afin que nous soyons en honneur et en gloire parmi tous les peuples qui habitent sur la terre ?

17 Le Seigneur dit à Moïse : Je ferai ce que vous venez de me demander : car vous avez trouvé grâce devant moi, et je vous connais par votre nom.

18 Moïse lui dit : Faites-moi voir votre gloire.

19 Le Seigneur lui répondit : Je vous ferai voir toutes sortes de biens. Je ferai éclater devant vous le nom du Seigneur. Je ferai miséricorde à qui je voudrai, et j'userai de clémence envers qui il me plaira.

20 Dieu dit encore : Vous ne pourrez voir mon visage : car nul homme ne me verra sans mourir.

21 Il ajouta : Il y a un lieu où je suis, où vous vous tiendrez sur la pierre ;

22 et lorsque ma gloire passera, je vous mettrai dans l'ouverture de la pierre, et je vous couvrirai de ma main jusqu'à ce que je sois passé :

23 j'ôterai ensuite ma main, et vous me verrez par derrière ; mais vous ne pourrez voir mon visage.

CHAPITRE XXXIV.

LE Seigneur dit ensuite *à Moïse* : Faites-vous deux tables de pierre qui soient comme les premières, et j'y écrirai les paroles qui étaient sur les tables que vous avez rompues.

2 Soyez prêt dès le matin pour monter aussitôt sur la montagne de Sinaï, et vous demeurerez avec moi sur le haut de la montagne.

3 Que personne ne monte avec vous, et que nul ne paraisse sur toute la montagne ; que les bœufs mêmes et les brebis ne paissent point vis-à-vis.

4 Moïse tailla donc deux tables de pierre, telles qu'étaient les premières, et se levant avant le jour, il monta sur la montagne de Sinaï, portant avec lui les tables, selon que le Seigneur le lui avait ordonné.

5 Alors le Seigneur étant descendu au milieu de la nuée, Moïse demeura avec lui, et il invoqua le nom du Seigneur.

6 Et lorsque le Seigneur passait devant Moïse, il lui dit : Dominateur *souverain !* Seigneur Dieu ! qui êtes plein de compassion et de clémence, patient, riche en miséricorde, et véritable ;

7 qui conservez *et faites sentir votre* miséricorde jusqu'à mille *générations* ; qui effacez l'iniquité, les crimes et les péchés ; devant lequel nul n'est innocent par lui-même, et qui rendez l'iniquité des pères aux enfants et aux petits-enfants, jusqu'à la troisième et à la quatrième génération.

8 Dans cet instant Moïse se prosterna contre terre, et adorant *Dieu*,

9 il ajouta : Seigneur ! si j'ai trouvé grâce devant vous, marchez, je vous supplie, avec nous, puisque ce peuple a la tête dure ; effacez nos iniquités et nos péchés, et possédez-nous *comme votre héritage*.

10 Le Seigneur lui répondit : Je ferai alliance *avec ce peuple* à la vue de tout le monde ; je ferai des prodiges qui n'ont jamais été vus sur la terre, ni dans aucune nation : afin que ce peuple au milieu duquel vous êtes, considère l'ouvrage terrible que doit faire le Seigneur.

11 Gardez toutes les choses que je vous ordonne aujourd'hui. Je chasserai moimême devant vous les Amorrhéens, les Chananéens, les Héthéens, les Phérézéens, les Hévéens, *les Gergéséens* et les Jébuséens.

12 Prenez garde de ne jamais faire amitié avec les habitants de ce pays, ce qui causerait votre ruine ;

13 mais détruisez leurs autels, brisez leurs statues, coupez leurs bois *consacrés à leurs dieux*.

14 N'adorez point de dieu étranger. Le Seigneur s'appelle le *Dieu* jaloux ; Dieu veut être aimé uniquement.

15 Ne faites point d'alliance avec les habitants de ce pays-là, de peur que lorsqu'ils se seront corrompus avec leurs dieux, et qu'ils auront adoré leurs statues, quelqu'un d'entre eux ne vous invite à manger des viandes *qu'il leur aura* immolées.

16 Vous ne ferez point épouser leurs filles à vos fils, de peur qu'après qu'elles se seront corrompues elles-mêmes, elles ne portent vos fils à se corrompre aussi *comme elles* avec leurs dieux.

17 Vous ne vous ferez point de dieux jetés en fonte.

18 Vous observerez la fête solennelle des pains sans levain. Vous mangerez sept jours durant des pains sans levain, au mois des nouveaux *fruits*, comme je vous l'ai ordonné : car vous êtes sorti de l'Egypte au mois où commence le printemps.

19 Tout mâle qui sort le premier du sein de sa mère sera à moi ; les premiers-nés de tous les animaux, tant des bœufs que des brebis, seront à moi.

20 Vous rachèterez avec une brebis le premier-né de l'âne ; et si vous ne le rachetez point, vous le tuerez. Vous rachèterez le premier-né de vos fils ; et vous ne paraîtrez point devant moi les mains vides.

21 Vous travaillerez pendant six jours, et le septième jour vous cesserez de labourer la terre et de moissonner.

22 Vous célébrerez la fête solennelle des semaines, en offrant les prémices des fruits de la moisson du froment ; et vous ferez la fête *des dépouilles des fruits* à la fin de l'année, lorsqu'on les aura tous recueillis.

23 Tous vos enfants mâles se présenteront trois fois l'année devant le Seigneur tout-puissant, le Dieu d'Israël.

24 Car lorsque j'aurai chassé les nations de devant votre face, et que j'aurai étendu les limites de votre pays, si vous montez et si vous vous présentez trois fois l'année devant le Seigneur, votre Dieu, nul ne formera des entreprises secrètes contre votre pays.

25 Vous ne m'offrirez point avec du levain le sang de la victime qui m'est immolée ; et il ne restera rien de l'hostie de la fête solennelle de Pâque jusqu'au matin.

26 Vous offrirez les prémices des fruits de votre terre dans la maison du Seigneur, votre Dieu. Vous ne ferez point cuire le chevreau *lorsqu'il tette encore* le lait de sa mère.

27 Le Seigneur dit encore à Moïse : Ecrivez pour vous ces paroles, par lesquelles j'ai fait alliance avec vous et avec Israël.

28 Moïse demeura donc quarante jours et quarante nuits avec le Seigneur sur la montagne. Il ne mangea point de pain, et il ne but point d'eau *dans tout ce temps* ; et *le Seigneur* écrivit sur les tables les dix paroles de l'alliance.

29 Après cela Moïse descendit de la montagne de Sinaï, portant les deux tables du témoignage ; et il ne savait pas que de l'entretien qu'il avait eu avec le Seigneur, il était resté des rayons *de lumière* sur son visage.

30 Mais Aaron et les enfants d'Israël voyant que le visage de Moïse jetait des rayons, craignirent d'approcher de lui.

31 Moïse appela donc Aaron et les princes de l'assemblée, qui revinrent le trouver. Et après qu'il leur eut parlé,

32 tous les enfants d'Israël vinrent aussi vers lui ; et il leur exposa tous les ordres qu'il avait reçus du Seigneur sur la montagne de Sinaï.

33 Quand il eut achevé de leur parler, il mit un voile sur son visage.

34 Lorsqu'il entrait *dans le tabernacle*, et qu'il parlait avec le Seigneur, il ôtait ce voile jusqu'à ce qu'il en sortît, et il rapportait ensuite aux enfants d'Israël toutes les choses que Dieu lui avait commandé de *leur dire*.

35 Lorsque Moïse sortait *du tabernacle, les Israélites* voyaient que son visage jetait des rayons ; mais il le voilait de nouveau toutes les fois qu'il leur parlait.

CHAPITRE XXXV.

MOISE ayant donc assemblé tous les enfants d'Israël, leur dit : Voici les choses que le Seigneur a commandé que l'on fasse :

2 Vous travaillerez pendant six jours ; et le septième jour vous sera saint, étant le sabbat et le repos du Seigneur. Celui qui fera quelque travail eu ce jour-là, sera puni de mort.

3 Vous n'allumerez point de feu dans toutes vos maisons au jour du sabbat.

4 Moïse dit encore à toute l'assemblée des enfants d'Israël : Voici ce que le Seigneur a ordonné ; il a dit :

5 Mettez à part chez vous les prémices *de vos biens pour les offrir* au Seigneur. Vous lui offrirez de bon cœur et avec une pleine volonté, l'or, l'argent, l'airain,

6 l'hyacinthe, la pourpre, l'écarlate teinte deux fois, le fin lin, les poils de chèvres,

7 des peaux de moutons teintes en rouge, des peaux violettes, des bois de setim,

8 de l'huile pour entretenir les lampes, et des aromates pour composer des onctions et des parfums d'excellente odeur,

9 des pierres d'onyx et des pierres précieuses pour orner l'éphod et le rational.

10 Quiconque parmi vous est habile à travailler, qu'il vienne pour faire ce que le Seigneur a commandé ;

11 savoir : Le tabernacle avec le toit et la couverture, les anneaux, les ais et les barres de bois *qui les traversent*, les pieux et les bases ;

12 l'arche avec les bâtons *pour la porter*, le propitiatoire, et le voile qui doit être suspendu devant l'arche ;

13 la table avec les bâtons *pour la porter*, et ses vases et les pains qu'on expose devant le Seigneur ;

14 le chandelier qui doit soutenir les lampes, tout ce qui sert à son usage ; les lampes, et l'huile pour entretenir le feu ;

15 l'autel des parfums avec les bâtons *pour le porter*, l'huile pour faire les onctions, le parfum composé d'aromates, le voile suspendu à l'entrée du tabernacle ;

16 l'autel des holocaustes, sa grille d'airain avec ses bâtons *pour le porter*, et tout ce qui sert à son usage ; le bassin avec sa base ;

17 les rideaux du parvis *du tabernacle* avec leurs colonnes et leurs bases, et le voile de l'entrée du vestibule ;

18 les pieux du tabernacle et du parvis avec leurs cordons ;

19 les vêtements qui doivent être employés au culte du sanctuaire, et les ornements destinés au pontife Aaron et à ses fils, afin qu'ils exercent les fonctions de mon sacerdoce.

20 Après que tous les enfants d'Israël furent partis de devant Moïse,

21 ils offrirent au Seigneur avec une volonté prompte et pleine d'affection les prémices *de leurs biens*, pour tout ce qu'il y avait à faire au tabernacle du témoignage, et pour tout ce qui était nécessaire pour le culte sacré et pour les ornements sacerdotaux.

22 Les hommes avec les femmes donnèrent leurs chaînes, leurs pendants d'oreilles, leurs bagues et leurs bracelets : tous les vases d'or furent mis à part pour être présentés au Seigneur.

23 Ceux qui avaient de l'hyacinthe, de la pourpre, de l'écarlate teinte deux fois, du fin lin, des poils de chèvres, des peaux de moutons teintes en rouge, des peaux violettes,

24 de l'argent et de l'airain, les offrirent au Seigneur avec des bois de setim pour *les employer* à divers usages.

25 Les femmes aussi qui étaient habiles, donnèrent ce qu'elles avaient filé d'hyacinthe, de pourpre, d'écarlate *teinte deux fois*, de fin lin,

26 et de poils de chèvres, et donnèrent tout de grand cœur.

27 Les princes *d'entre le peuple* offrirent des pierres d'onyx, et des pierres précieuses pour l'éphod et le rational,

28 des aromates et de l'huile pour entretenir les lampes, et pour préparer des onctions, et composer le parfum d'excellente odeur.

29 Tous les hommes et toutes les femmes firent leurs offrandes de bon cœur pour faire les ouvrages que le Seigneur avait ordonnés par Moïse. Tous les enfants d'Israël firent ces offrandes au Seigneur avec une pleine volonté.

30 Alors Moïse dit aux enfants d'Israël : Le Seigneur a appelé par un choix particulier Béséléel, fils d'Uri, *qui est* fils de Hur, de la tribu de Juda ;

31 et il l'a rempli de l'esprit de Dieu, de sagesse, d'intelligence, de science, et d'une parfaite connaissance,

32 pour inventer et pour exécuter tout ce qui peut se faire en or, en argent et en airain ;

33 pour tailler et graver les pierres, et pour tous les ouvrages de menuiserie.

34 Il lui a mis dans l'esprit tout ce que l'art peut inventer ; *et il lui a joint* Ooliab, fils d'Achisamech, de la tribu de Dan.

35 Il les a remplis tous deux de sagesse, pour faire toutes sortes d'ouvrages qui peuvent se faire en bois, en étoffes de différentes couleurs, et en broderie d'hyacinthe, de pourpre, d'écarlate teinte deux fois et de fin lin, afin qu'ils travaillent à tout ce qui se fait avec la tissure, et qu'ils y ajoutent tout ce qu'ils pourront inventer de nouveau.

CHAPITRE XXXVI.

BÉSÉLÉEL travailla donc à tous ces ouvrages avec Ooliab, et tous les hommes habiles à qui le Seigneur avait donné la sagesse et l'intelligence, afin qu'ils sussent faire excellemment ce qui était nécessaire pour l'usage du sanctuaire, et tout ce que le Seigneur avait ordonné.

2 Car Moïse les ayant fait venir avec tous les hommes habiles auxquels le Seigneur avait donné la sagesse, et ceux qui s'étaient offerts d'eux-mêmes pour travailler à cet ouvrage,

3 il leur mit entre les mains toutes les oblations des enfants d'Israël. Et comme ils s'appliquaient à avancer cet ouvrage, le peuple offrait encore tous les jours au matin de nouveaux dons.

4 C'est pourquoi les ouvriers furent obligés

5 de venir dire à Moïse : Le peuple offre plus *de dons* qu'il n'est nécessaire.

6 Moïse commanda donc qu'on fît cette déclaration publiquement par la voix d'un héraut : Que nul homme, ni nulle femme, n'offre plus rien à l'avenir pour les ouvrages du sanctuaire. Ainsi on cessa d'offrir des présents *à Dieu*,

7 parce que ce qu'on avait déjà offert suffisait, et qu'il y en avait même plus qu'il n'en fallait.

8 Tous ces hommes dont le cœur était rempli de sagesse pour travailler aux ouvrages du tabernacle, firent donc dix rideaux de fin lin retors, d'hyacinthe, de pourpre et d'écarlate teinte deux fois, le tout en broderie et d'un ouvrage excellent de différentes couleurs.

9 Chaque rideau avait vingt-huit coudées de long, et quatre de large ; et tous les rideaux étaient d'une même mesure.

10 *Béséléel* joignit cinq de ces rideaux l'un à l'autre, et il joignit de même les cinq autres.

11 L'un des rideaux avait des cordons d'hyacinthe sur le bord des deux côtés, et l'autre rideau avait de même des cordons au bord ;

12 *chaque rideau avait cinquante cordons de chaque côté,* afin que les cordons se trouvant vis-à-vis l'un de l'autre, les rideaux fussent joints ensemble.

13 C'est pourquoi il fit aussi fondre cinquante anneaux d'or où se pussent attacher les cordons des rideaux, afin qu'il ne s'en fît qu'un seul tabernacle.

14 Il fit aussi onze couvertures de poils de chèvres pour couvrir le dessus du tabernacle.

15 Chacune de ces couvertures avait trente coudées de long, et quatre de large ; et elles étaient toutes de même mesure.

16 Il enjoignit cinq ensemble, et les six autres séparément.

17 Il fit aussi cinquante cordons au bord de l'une des couvertures, et cinquante au bord de l'autre, afin qu'elles fussent jointes ensemble.

18 Il fit encore cinquante boucles d'airain pour les tenir attachées, afin qu'il ne s'en fît qu'une seule couverture.

19 Il fit de plus une *troisième* couverture du tabernacle de peaux de moutons teintes en rouge ; et par-dessus encore une *quatrième* de peaux teintes en violet.

20 Il fit aussi des ais de bois de setim pour le tabernacle, qui se tenaient debout *étant joints ensemble*.

21 Chacun de ces ais avait dix coudées de long, et une coudée et demie de large.

22 Chaque ais avait une languette et une rainure, afin qu'ils entrassent l'un dans l'autre. Tous les ais du tabernacle étaient faits de cette sorte.

23 Or il y en avait vingt du côté méridional, qui regarde le midi,

24 avec quarante bases d'argent. Chaque ais était porté sur deux bases de chaque côté des angles, à l'endroit où l'enchâssure des côtés se termine dans les angles.

25 Il fit aussi pour le côté du tabernacle qui regarde l'aquilon, vingt ais,

26 avec quarante bases d'argent, deux bases pour chaque ais.

27 Mais pour le côté du tabernacle qui est à l'occident, et qui regarde la mer, il n'y fit que six ais,

28 et deux autres qui étaient dressés aux angles du derrière du tabernacle.

29 Ils étaient joints depuis le bas jusqu'au haut, et ne composaient qu'un corps tous ensemble. Il garda cette disposition dans les angles des deux côtés.

30 Il y avait huit ais en tout, qui avaient seize bases d'argent, y ayant deux bases pour chaque ais.

31 Il fit aussi de grandes barres de bois de setim, cinq pour traverser *et* tenir ensemble tous les ais d'un des côtés du tabernacle,

32 cinq autres pour traverser *et* tenir ensemble les ais de l'autre côté ; et outre celles-là, cinq autres encore pour le côté du tabernacle qui est à l'occident et qui regarde la mer.

33 Il fit aussi une autre barre qui passait par le milieu des ais depuis un coin jusqu'à l'autre.

34 Il couvrit *de lames* d'or tous ces ais *soutenus sur* des bases d'argent qui avaient été jetées en fonte. Il y mit de plus des anneaux d'or pour y faire entrer les barres de bois qu'ils couvrirent aussi de lames d'or.

35 Il fit un voile d'hyacinthe, de pourpre, d'écarlate, de fin lin retors, le tout en broderie et d'un ouvrage admirable par son excellente variété.

36 Il fit quatre colonnes de bois de setim qu'il couvrit *de lames* d'or, avec leurs chapiteaux *qui étaient d'or*, et leurs bases étaient d'argent.

37 Il fit encore le voile pour l'entrée du tabernacle, qui était d'hyacinthe, de pourpre, d'écarlate, de fin lin retors, le tout en broderie.

38 Il fit aussi cinq colonnes avec leurs chapiteaux : il les couvrit d'or ; et leurs bases furent jetées en fonte et faites d'airain.

CHAPITRE XXXVII.

BÉSÉLÉEL fit aussi l'arche de bois de setim. Elle avait deux coudées et demie de long, une coudée et demie de large, une coudée et demie de haut : il la couvrit d'un or très-pur dedans et dehors.

2 Et il fit une couronne d'or qui régnait tout autour.

3 Il fit jeter en fonte quatre anneaux d'or *qu'il mit* aux quatre coins de l'arche, deux d'un côté et deux de l'autre.

4 Il fit aussi des bâtons de bois de setim, qu'il couvrit d'or,

5 et les fit entrer dans les anneaux qui étaient aux côtés de l'arche pour *servir à* la porter.

6 Il fit encore le propitiatoire, c'est-à-dire, l'oracle, d'un or très-pur, qui avait deux coudées et demie de long, et une coudée et demie de large.

7 Comme aussi deux chérubins d'or battu, qu'il mit aux deux côtés du propitiatoire :

8 un chérubin à l'extrémité d'un des deux côtés, et l'autre chérubin à l'extrémité de l'autre côté : ainsi chacun des deux chérubins était à l'une des extrémités du propitiatoire.

9 Ils étendaient leurs ailes dont ils couvraient le propitiatoire, et ils se regardaient l'un l'autre, aussi bien que le propitiatoire.

10 Il fit encore une table de bois de setim, qui avait deux coudées de long, une coudée de large, et une coudée et demie de haut.

11 Il la couvrit d'un or très-pur, et il y fit tout autour une bordure d'or.

12 Il *appliqua* sur la bordure une couronne d'or de sculpture à jour, haute de quatre doigts, et *il mit encore* au-dessus une autre couronne d'or.

13 Il fit fondre aussi quatre anneaux d'or, qu'il mit aux quatre coins de la table, un à chaque pied,

14 au-dessous de la couronne ; et il y fit passer les bâtons, afin qu'ils servissent a porter la table.

15 Les bâtons qu'il fit étaient de bois de setim, et il les couvrit de lames d'or.

16 Pour les différents usages de cette table, il *fit* des plats d'un or très-pur, des coupes, des encensoirs, et des tasses pour y mettre les oblations de liqueur qu'on offrait *à Dieu*.

17 Il fit aussi le chandelier de l'or le plus pur battu au marteau. Il y avait des branches, des coupes, des pommes et des lis qui sortaient de sa tige.

18 Six branches sortaient des deux côtés de sa tige, trois d'un côté, et trois d'un autre.

19 Il y avait trois coupes en forme de noix, avec des pommes et

des lis en l'une des branches ; et trois coupes de même en forme de noix, avec des pommes et des lis en l'autre branche. Et toutes les six branches qui sortaient de la tige étaient travaillées de même.

20 Mais la tige du chandelier avait quatre coupes en forme de noix, accompagnées chacune de sa pomme et de son lis.

21 Il y avait trois pommes en trois endroits de la tige, et de chaque pomme sortaient deux branches, qui faisaient en tout six branches naissant d'une même tige.

22 Ces pommes et ces branches sortaient donc du chandelier, étant toutes d'un or très-pur battu au marteau.

23 Il fit aussi d'un or très-pur sept lampes avec leurs mouchettes, et les vases destinés pour y éteindre ce qui avait été mouché des lampes.

24 Le chandelier avec tout ce qui servait à son usage, pesait un talent d'or.

25 Il fit encore l'autel des parfums de bois de setim, qui avait une coudée en carré, et deux coudées de haut ; et d'où sortaient *quatre* cornes aux *quatre* angles.

26 Il le couvrit d'un or très-pur, avec sa grille, ses *quatre* côtés et ses *quatre* cornes.

27 Il fit une couronne d'or qui régnait tout autour ; et il y avait des deux côtés au-dessous de la couronne deux anneaux d'or pour y faire entrer les bâtons qui devaient servir à porter l'autel.

28 Il fit ces bâtons de bois de setim, et les couvrit de lames d'or.

29 Il composa aussi l'huile pour en faire les onctions de consécration, et les parfums composés d'aromates très-exquis, selon l'art des plus habiles parfumeurs.

CHAPITRE XXXVIII.

BÉSÉLÉEL fit aussi l'autel des holocaustes de bois de setim, qui avait cinq coudées en carré, et trois de haut.

2 *Quatre* cornes s'élevaient de ses *quatre* coins ; et il le couvrit de lames d'airain.

3 Il fit d'airain plusieurs instruments différents pour l'usage de cet autel, des vaisseaux *pour en recevoir les cendres*, des tenailles, des pincettes, des crocs et des brasiers ;

4 une grille d'airain en forme de rets, et au-dessous un foyer au milieu de l'autel.

5 Il jeta en fonte quatre anneaux qu'il mit aux quatre coins de cette grille pour y passer des bâtons *qui pussent servir* pour porter l'autel.

6 Il fit aussi ces bâtons de bois de setim, il les couvrit de lames d'airain,

7 et les fit passer dans les anneaux qui sortaient des côtés de l'autel. Or l'autel n'était pas solide, mais il était composé d'ais, étant creux et vide au dedans.

8 Il fit encore un bassin d'airain avec sa base, des miroirs des femmes qui veillaient à la porte du tabernacle.

9 *Voici la manière dont* il fit le parvis : Au côté du midi il y avait des rideaux de fin lin retors, dans l'espace de cent coudées.

10 Il y avait vingt colonnes d'airain avec leurs bases ; et les chapiteaux de ces colonnes avec tous leurs ornements étaient d'argent.

11 Du côté du septentrion il y avait des rideaux qui tenaient le même espace. Les colonnes avec leurs bases, et leurs chapiteaux étaient de même mesure, de même métal, et travaillés de même.

12 Mais au côté du parvis qui regardait l'occident, les rideaux ne s'étendaient que dans l'espace de cinquante coudées : il y avait seulement dix colonnes d'airain avec leurs bases ; et les chapiteaux des colonnes avec tous leurs ornements étaient d'argent.

13 Du côté de l'orient il mit de même des rideaux qui occupaient cinquante coudées de long :

14 dont il y avait quinze coudées d'un côté avec trois colonnes et leurs bases ;

15 et quinze coudées aussi de l'autre côté avec les rideaux, trois colonnes et leurs bases : car au milieu entre les deux il fit l'entrée du tabernacle.

16 Tous ces rideaux du parvis étaient tissus de fin lin retors.

17 Les bases des colonnes étaient d'airain : leurs chapiteaux avec tous leurs ornements étaient d'argent ; et il couvrit les colonnes mêmes du parvis *de lames* d'argent.

18 Il fit le grand voile qui était à l'entrée du parvis, d'un ouvrage de broderie d'hyacinthe, de pourpre, d'écarlate et de fin lin retors. Il avait vingt coudées de long, et cinq coudées de haut, selon la hauteur de tous les rideaux du parvis.

19 Il y avait quatre colonnes à l'entrée *du parvis*, avec leurs bases d'airain ; et leurs chapiteaux, ainsi que leurs ornements, étaient d'argent.

20 Il fit aussi des pieux d'airain pour mettre tout autour du tabernacle et du parvis.

21 Ce sont là toutes les parties qui composaient le tabernacle du témoignage que Moïse commanda à Ithamar, fils d'Aaron, *grand*-prêtre, de donner par compte aux lévites, dans les cérémonies, afin qu'ils en fussent chargés.

22 Béséléel, fils d'Uri, *qui était* fils de Huc, de la tribu de Juda, acheva tout l'ouvrage, selon l'ordre que le Seigneur en avait donné par la bouche de Moïse.

23 Il eut pour compagnon Ooliab, fils d'Achisamech, de la tribu de Dan, ouvrier excellemment habile en bois, en étoffes tissues de fils de différentes couleurs, et en broderie d'hyacinthe, de pourpre, d'écarlate et de fin lin.

24 Tout l'or qui fut employé pour les ouvrages du sanctuaire, et qui fut offert *à Dieu* dans les dons volontaires du peuple, étaient de vingt-neuf talents et de sept cent trente sicles, selon la mesure du sanctuaire.

25 *L'argent qui fut donné par ceux dont se fit le dénombrement, fut de cent talents mille sept cent soixante et quinze sicles, selon le poids du sanctuaire. On donna un demi-sicle par tête, selon le poids du sanctuaire.* Ces oblations furent faites par ceux qui entrèrent dans le dénombrement, ayant vingt ans et au-dessus, et qui étaient au nombre de six cent trois mille cinq cent cinquante hommes portant les armes.

26 *Les* cent talents d'argent furent employés à faire les bases du sanctuaire, et de l'entrée où le voile était suspendu.

27 De ces cent talents furent faites cent bases ; chaque base était d'un talent.

28 Les mille sept cent soixante et quinze sicles d'argent servirent à faire les chapiteaux des colonnes, et à revêtir ces mêmes colonnes *de lames* d'argent.

29 L'airain qui fut offert montait à deux mille soixante et dix talents et quatre cents sicles,

30 qui furent employés à faire les bases à l'entrée du tabernacle du témoignage, et l'autel d'airain avec sa grille, et tous les vases qui devaient servir à son usage ;

31 et les bases du parvis qui étaient tout autour et à l'entrée, avec les pieux autour du tabernacle et du parvis.

CHAPITRE XXXIX.

BÉSÉLÉEL fit aussi d'hyacinthe, de pourpre, d'écarlate et de fin lin, les vêtements dont Aaron devait être revêtu dans son ministère saint, selon l'ordre que Moïse en avait reçu du Seigneur.

2 Il fit donc l'éphod d'or, d'hyacinthe, de pourpre, d'écarlate teinte deux fois et de fin lin retors,

3 le tout étant d'un ouvrage tissu de différentes couleurs. Il coupa des feuilles d'or fort minces, qu'il réduisit en fils d'or pour les faire entrer dans la tissure de ces autres fils de plusieurs couleurs.

4 Les deux côtés de l'éphod venaient se joindre au bord de l'extrémité d'en haut ;

5 et il fit la ceinture du mélange des mêmes couleurs, selon l'ordre que Moïse en avait reçu du Seigneur.

6 Il tailla deux pierres d'onyx qu'il enchâssa dans de l'or, sur lesquelles les noms des enfants d'Israël furent écrits selon l'art du lapidaire.

7 Il les mit aux deux côtés de l'éphod comme un monument en

faveur des enfants d'Israël, selon que le Seigneur l'avait ordonné à Moïse.

8 Il fit le rational tissu du mélange de fils différents comme l'éphod, d'or, d'hyacinthe, de pourpre, d'écarlate teinte deux fois et de fin lin retors ;

9 dont la forme était carrée, l'étoffe double, et la longueur et la largeur de la mesure d'un palme.

10 Il mit dessus quatre rangs de pierres précieuses : Au premier rang il y avait la sardoine, la topaze *et* l'émeraude ;

11 au second, l'escarboucle, le saphir et le jaspe ;

12 au troisième, le ligure, l'agate et l'améthyste ;

13 au quatrième, la chrysolithe, l'onyx et le béryl ; et il les enchâssa dans l'or, chacune en son rang.

14 Les noms des douze tribus d'Israël étaient gravés sur ces douze pierres précieuses, chaque nom sur chaque pierre.

15 Ils firent au rational deux petites chaînes d'un or très-pur, dont les chaînons étaient enlacés l'un dans l'autre,

16 deux agrafes et autant d'anneaux d'or. Ils mirent les anneaux aux deux côtés du rational,

17 et ils y suspendirent les deux chaînes d'or qu'ils attachèrent aux agrafes, qui sortaient des angles de l'éphod.

18 Tout cela se rapportait si juste devant et derrière, que l'éphod et le rational demeuraient liés l'un avec l'autre ;

19 étant resserrés vers la ceinture, et liés étroitement par des anneaux dans lesquels était passé un ruban d'hyacinthe, afin qu'ils ne fussent point lâches, et qu'ils ne pussent s'écarter l'un de l'autre, selon que le Seigneur l'avait ordonné à Moïse.

20 Ils firent aussi la tunique de l'éphod, toute d'hyacinthe.

21 Il y avait en haut une ouverture au milieu, et un bord tissu autour de cette ouverture.

22 Au bas de la robe vers les pieds il y avait des grenades faites d'hyacinthe, de pourpre, d'écarlate et de fin lin retors ;

23 et des sonnettes d'un or très-pur qu'ils entremêlèrent avec les grenades tout autour du bas de la robe.

24 Les sonnettes d'or et les grenades étaient ainsi entremêlées ; et le pontife était revêtu de cet ornement lorsqu'il faisait les fonctions de son ministère, selon que le Seigneur l'avait ordonné à Moïse.

25 Ils firent encore pour Aaron et pour ses fils des tuniques tissues de fin lin,

26 des mitres de fin lin, avec leurs petites couronnes ;

27 et des caleçons qui étaient de lin et de fin lin *retors* ;

28 avec une ceinture en broderie de fils différents de fin lin retors, d'hyacinthe, de pourpre et d'écarlate teinte deux fois, selon que le Seigneur l'avait ordonné à Moïse.

29 Ils firent la lame sacrée *et digne* de toute vénération, d'un or très-pur, et gravèrent dessus en la manière qu'on écrit sur les pierres précieuses, *ces mots :* La Sainteté Est Au Seigneur.

30 Ils l'attachèrent à la mitre avec un ruban d'hyacinthe, comme le Seigneur l'avait ordonné à Moïse.

31 Ainsi tout l'ouvrage du tabernacle et de la tente du témoignage fut achevé. Les enfants d'Israël firent tout ce que le Seigneur avait ordonné à Moïse.

32 Ils offrirent le tabernacle avec sa couverture, et tout ce qui servait à son usage ; les anneaux, les ais, les bâtons, les colonnes avec leurs bases,

33 la couverture de peaux de moutons teintes en rouge, et l'autre couverture de peaux violettes,

34 le voile, l'arche, les bâtons *pour la porter*, le propitiatoire,

35 la table avec ses vases, et avec les pains exposés *devant le Seigneur ;*

36 le chandelier, les lampes, et tout ce qui devait y servir, avec l'huile ;

37 l'autel d'or, l'huile destinée aux onctions, les parfums composés d'aromates ;

38 et le voile à l'entrée du tabernacle ;

39 l'autel d'airain avec la grille, les bâtons *pour le porter*, et toutes les choses qui y servaient ; le bassin avec sa base, les rideaux du parvis, et les colonnes avec leurs bases ;

40 le voile à l'entrée du parvis, ses cordons et ses pieux. Il ne manqua rien de tout ce que Dieu avait ordonné de faire pour le ministère du tabernacle et pour la tente de l'alliance.

41 Les enfants d'Israël offrirent aussi les vêtements dont les prêtres, Aaron et ses fils, devaient se servir

42 dans le sanctuaire, selon que le Seigneur l'avait ordonné.

43 Et Moïse voyant que toutes ces choses étaient achevées, les bénit.

CHAPITRE XL.

LE Seigneur parla ensuite à Moïse, et lui dit :

2 Vous dresserez le tabernacle du témoignage au premier jour du premier mois.

3 Vous y mettrez l'arche, et vous suspendrez le voile au devant.

4 Vous apporterez la table, et vous mettrez dessus ce que je vous ai commandé, selon l'ordre qui vous a été prescrit. Vous placerez le chandelier avec ses lampes,

5 et l'autel d'or sur lequel se brûle l'encens, devant l'arche du témoignage. Vous mettrez le voile à l'entrée du tabernacle,

6 et au devant du voile, l'autel des holocaustes ;

7 le bassin que vous remplirez d'eau, *sera* entre l'autel et le tabernacle.

8 Vous entourerez de rideaux le parvis, et *vous étendrez le voile* à son entrée.

9 Et prenant l'huile des onctions, vous en oindrez le tabernacle avec ses vases, afin qu'ils soient sanctifiés ;

10 l'autel des holocaustes et tous ses vases,

11 le bassin avec sa base : vous consacrerez toutes ces choses avec l'huile destinée pour les onctions, afin qu'elles soient saintes et sacrées.

12 Vous ferez venir Aaron et ses fils à l'entrée du tabernacle du témoignage : et les ayant fait laver dans l'eau,

13 vous les vêtirez des vêtements saints, afin qu'ils me servent, et que leur onction passe pour jamais dans tous les prêtres qui leur succéderont.

14 Et Moïse fit tout ce que le Seigneur lui avait commandé.

15 Ainsi le tabernacle fut dressé le premier jour du premier mois de la seconde année.

16 Moïse l'ayant dressé, il mit les ais avec les bases et les barres de bois *pour les contenir*, et il posa les colonnes.

17 Il étendit le toit au-dessus du tabernacle, et mit dessus la couverture, selon que le Seigneur le lui avait commandé.

18 Il mit le témoignage dans l'arche, au-dessous des deux côtés les bâtons *pour la porter*, et l'oracle au-dessus.

19 Et ayant porté l'arche dans le tabernacle, il suspendit le voile au devant, pour accomplir le commandement du Seigneur.

20 Il mit la table dans le tabernacle du témoignage, du côté du septentrion, hors du voile,

21 et plaça dessus en ordre devant *le Seigneur* les pains qui devaient être toujours exposés, selon que le Seigneur le lui avait commandé.

22 Il mit aussi le chandelier dans le tabernacle du témoignage, du côté du midi, vis-à-vis de la table,

23 et il y disposa les lampes selon leur rang, comme le Seigneur le lui avait ordonné.

24 Il mit encore l'autel d'or sous la tente du témoignage devant le voile,

25 et il brûla dessus l'encens composé d'aromates, selon que le Seigneur le lui avait commandé.

26 Il mit aussi le voile à l'entrée du tabernacle du témoignage,

27 et l'autel de l'holocauste dans le vestibule du témoignage, sur lequel il offrait l'holocauste et les sacrifices, selon que le Seigneur l'avait commandé.

28 Il posa aussi le bassin entre le tabernacle du témoignage et l'autel, et le remplit d'eau.

29 Moïse, et Aaron et ses fils, y lavèrent leurs mains et leurs pieds,

30 avant d'entrer dans le tabernacle de l'alliance et de s'approcher de l'autel, comme le Seigneur l'avait ordonné à Moïse.

31 Il dressa aussi le parvis autour du tabernacle et de l'autel, et mit le voile à l'entrée. Après que toutes choses eurent été achevées,

32 la nuée couvrit le tabernacle du témoignage, et il fut rempli de la gloire du Seigneur.

33 Et Moïse ne pouvait entrer dans la tente de l'alliance, parce que la nuée couvrait tout, et que la majesté du Seigneur éclatait de toutes parts, tout étant couvert de cette nuée.

34 Quand la nuée se retirait du tabernacle, les enfants d'Israël partaient *et marchaient en ordre* par diverses bandes :

35 si elle s'arrêtait au-dessus, ils demeuraient dans le même lieu.

36 Car la nuée du Seigneur se reposait sur le tabernacle durant le jour, et une flamme y paraissait pendant la nuit, tout le peuple d'Israël la voyant de tous les lieux où ils logeaient.

LÉVITIQUE.

CHAPITRE PREMIER.

LE Seigneur appela Moïse, et lui parlant du tabernacle du témoignage *où il résidait*, il lui dit :

2 Vous parlerez aux enfants d'Israël, et vous leur direz : Lorsque quelqu'un d'entre vous offrira au Seigneur une hostie de bêtes à quatre pieds, c'est-à-dire, de bœufs et de brebis, lors, *dis-je,* qu'il offrira ces victimes,

3 si son oblation est un holocauste, et si elle est de bœufs, il prendra un mâle sans tache, et l'offrira à la porte du tabernacle du témoignage, pour se rendre favorable le Seigneur.

4 Il mettra la main sur la tête de l'hostie, et elle sera reçue *de Dieu*, et lui servira d'expiation.

5 Il immolera le veau devant le Seigneur ; et les prêtres, enfants d'Aaron, en offriront le sang, en le répandant autour de l'autel qui est devant la porte du tabernacle.

6 Ils ôteront la peau de l'hostie, et ils en couperont les membres par morceaux.

7 Ils mettront le feu sur l'autel, après avoir auparavant préparé le bois.

8 Ils arrangeront dessus les membres qui auront été coupés ; savoir, la tête et tout ce qui tient au foie,

9 les intestins et les pieds ayant été auparavant lavés dans l'eau : et le prêtre les brûlera sur l'autel pour être au Seigneur un holocauste et une *oblation d'*agréable odeur.

10 Si l'offrande est du *menu* bétail, *c'est-à-dire,* si c'est un holocauste de brebis ou de chèvres, celui qui l'offre choisira un mâle sans tache ;

11 et il l'immolera devant le Seigneur au côté de l'autel qui regarde l'aquilon ; et les enfants d'Aaron en répandront le sang sur l'autel tout autour.

12 Ils en couperont les membres, la tête et tout ce qui tient au foie, qu'ils arrangeront sur le bois, au-dessous duquel ils doivent mettre le feu.

13 Ils laveront dans l'eau les intestins et les pieds. Et le prêtre brûlera sur l'autel toutes ces choses offertes, pour être au Seigneur un holocauste et une *oblation de* très-agréable odeur.

14 Si on offre en holocauste au Seigneur des oiseaux, *on prendra* des tourterelles, ou des petits de colombe,

15 et le prêtre offrira l'hostie à l'autel ; et lui tournant avec violence la tête en arrière sur le cou, il lui fera une ouverture et une plaie, par laquelle il fera couler le sang sur le bord de l'autel.

16 Il jettera la petite vessie du gosier, et les plumes auprès de l'autel du côté de l'orient, au lieu où l'on a accoutumé de jeter les cendres.

17 Il lui rompra les ailes sans les couper, et sans diviser l'hostie avec le fer, et il la brûlera sur l'autel, après avoir mis le feu sous le bois. C'est un holocauste offert au Seigneur, et une oblation qui lui est d'une odeur très-agréable.

CHAPITRE II.

LORSQU'UN homme présentera au Seigneur une oblation *de farine ou de pain* en sacrifice, son oblation sera de pure farine, sur laquelle il répandra de l'huile, et il mettra de l'encens *dessus*.

2 Il la portera aux prêtres, enfants d'Aaron ; et l'un d'eux prendra une poignée de cette farine arrosée d'huile, et tout l'encens, et il les fera brûler sur l'autel en mémoire *de l'oblation*, et comme une odeur très-agréable au Seigneur.

3 Ce qui restera du sacrifice sera pour Aaron et ses enfants, et sera très-saint, *comme venant* des oblations du Seigneur.

4 Mais lorsque vous offrirez un sacrifice de farine cuite au four, *ce sera* des pains sans levain, dont la farine aura été mêlée d'huile, et de petits gâteaux sans levain arrosés d'huile par-dessus.

5 Si votre oblation se fait d'une chose faite dans la poêle, *elle sera* de fleur de farine détrempée dans l'huile et sans levain.

6 Vous la couperez par petits morceaux, et vous répandrez de l'huile par-dessus.

7 Si le sacrifice se fait d'une chose cuite sur le gril, vous mêlerez aussi la fleur de farine avec l'huile ;

8 et l'offrant au Seigneur, vous la mettrez entre les mains du prêtre ;

9 qui l'ayant offerte, ôtera du sacrifice ce qui en doit être le monument devant Dieu, et le brûlera sur l'autel pour être d'une odeur agréable au Seigneur.

10 Tout ce qui en restera sera pour Aaron et pour ses fils, comme une chose très-sainte *qui vient* des oblations du Seigneur.

11 Toute oblation qui s'offre au Seigneur se fera sans levain, et vous ne brûlerez point sur l'autel ni de levain, ni de miel, dans le sacrifice qu'on offre au Seigneur.

12 Vous les offrirez seulement comme des prémices et comme des dons ; mais on ne les mettra point sur l'autel pour être une oblation d'agréable odeur.

13 Vous assaisonnerez avec le sel tout ce que vous offrirez en sacrifice, et vous ne retrancherez point de votre sacrifice le sel de l'alliance que votre Dieu a faite avec vous. Vous offrirez le sel dans toutes vos oblations.

14 Si vous présentez au Seigneur une oblation des prémices de vos grains, des épis qui sont encore verts, vous les ferez rôtir au feu, vous les briserez comme le blé froment, et vous offrirez ainsi vos prémices au Seigneur,

15 répandant l'huile dessus, et y mettant l'encens, parce que c'est l'oblation du Seigneur.

16 Le prêtre brûlera en mémoire du présent qui aura été fait à Dieu, une partie du froment qu'on aura brisé, et de l'huile, et tout l'encens.

CHAPITRE III.

SI l'oblation *d'un homme* est une hostie pacifique, et qu'il veuille prendre sa victime d'entre les bœufs, *il choisira* un mâle ou une femelle qui soient sans tache, *et il les* offrira au Seigneur.

2 Il mettra la main sur la tête de sa victime, qui sera immolée à l'entrée du tabernacle du témoignage ; et les prêtres, enfants d'Aaron, répandront le sang autour de l'autel.

3 Ils offriront au Seigneur la graisse qui couvre les entrailles de l'hostie pacifique, et tout ce qu'il y a de graisse au dedans,

4 les deux reins avec la graisse qui couvre les flancs, et la taie du foie avec les reins ;

5 et ils feront brûler tout cela sur l'autel en holocauste, après avoir mis le feu sous le bois, pour être une oblation d'une odeur très-agréable au Seigneur.

6 Si l'oblation *d'un homme* se fait de brebis, et que ce soit une hostie pacifique, soit qu'il offre un mâle ou une femelle, ils seront sans tache.

7 S'il offre un agneau devant le Seigneur,

8 il mettra la main sur la tête de sa victime, qui sera immolée à l'entrée du tabernacle du témoignage ; les enfants d'Aaron en répandront le sang autour de l'autel,

9 et ils offriront de cette hostie pacifique en sacrifice au Seigneur, la graisse et la queue entière,

10 avec les reins et la graisse qui couvre le ventre et toutes les entrailles, l'un et l'autre rein avec la graisse qui couvre les flancs, et la membrane du foie avec les reins ;

11 et le prêtre fera brûler tout ceci sur l'autel pour être la pâture du feu, et servir à l'oblation qu'on fait au Seigneur.

12 Si l'offrande *d'un homme* est une chèvre, et qu'il la présente au Seigneur,

13 il lui mettra la main sur la tête, et l'immolera à l'entrée du tabernacle du témoignage ; les enfants d'Aaron en répandront le sang autour de l'autel,

14 et ils prendront de l'hostie, pour entretenir le feu du Seigneur, la graisse qui couvre le ventre et toutes les entrailles,

15 les deux reins avec la taie qui est dessus près des flancs, et la graisse du foie avec les reins ;

16 et le prêtre les fera brûler sur l'autel, afin qu'ils soient la nourriture du feu, et une oblation d'agréable odeur. Toute la graisse appartiendra au Seigneur,

17 par un droit perpétuel de race en race, et dans toutes vos demeures ; et vous ne mangerez jamais ni sang, ni graisse.

CHAPITRE IV.

LE Seigneur parla encore à Moïse, et lui dit ;

2 Dites *ceci* aux enfants d'Israël ; Lorsqu'un homme a péché par ignorance, et a violé quelqu'un de tous les commandements du Seigneur, en faisant quelque chose qu'il a défendu de faire ;

3 si le *grand* prêtre, qui a reçu l'onction sainte, est celui qui a péché en faisant pécher le peuple, il offrira au Seigneur pour son péché un veau sans tache ;

4 et l'ayant amené à l'entrée du tabernacle du témoignage devant le Seigneur, il lui mettra sa main sur la tête, et il l'immolera au Seigneur.

5 Il prendra aussi du sang du veau, qu'il portera dans le tabernacle du témoignage ;

6 et ayant trempé son doigt dans le sang, il en fera l'aspersion sept fois en présence du Seigneur devant le voile du sanctuaire.

7 Il mettra de ce même sang sur les cornes de l'autel des parfums d'une odeur très-agréable au Seigneur, lequel est dans le tabernacle du témoignage ; et il répandra tout le reste du sang au pied de l'autel des holocaustes qui est à l'entrée du tabernacle.

8 Il prendra la graisse du veau offert pour le péché, tant celle qui couvre les entrailles, que toute celle qui est au dedans ;

9 les deux reins, la taie qui est sur les reins près des flancs, et la graisse du foie avec les reins,

10 comme on les ôte du veau de l'hostie pacifique ; et il les brûlera sur l'autel des holocaustes.

11 Et pour ce qui est de la peau et de toutes les chairs, avec la tête, les pieds, les intestins, les excréments,

12 et tout le reste du corps, il les emportera hors du camp, dans un lieu net, où l'on a accoutumé de répandre les cendres ; et il les brûlera sur du bois où il aura mis le feu, afin qu'ils soient consumés au lieu où les cendres sont jetées.

13 Si c'est tout le peuple d'Israël qui ait ignoré, et qui par ignorance ait commis quelque chose contre le commandement du Seigneur,

14 et qu'il reconnaisse ensuite son péché, il offrira pour son péché un veau qu'il amènera a l'entrée du tabernacle.

15 Les plus anciens du peuple mettront leurs mains sur la tête de l'hostie devant le Seigneur. Et ayant immolé le veau en la présence du Seigneur,

16 le *grand* prêtre qui a reçu l'onction portera du sang du veau dans le tabernacle du témoignage ;

17 et ayant trempé son doigt dans ce sang, il fera sept fois l'aspersion devant le voile.

18 Il mettra du même sang sur les cornes de l'autel *des parfums* qui est devant le Seigneur dans le tabernacle du témoignage ; et il répandra tout le reste du sang au pied de l'autel des holocaustes qui est à l'entrée du tabernacle du témoignage.

19 Il en prendra toute la graisse, et la brûlera sur l'autel,

20 faisant de ce veau comme il a été dit qu'on ferait de l'autre ; et le prêtre priant pour eux, le Seigneur leur pardonnera leur péché.

21 Le prêtre emportera aussi le veau hors du camp, et le brûlera comme il a été dit du premier ; parce que c'est pour le péché de tout le peuple.

22 Si un prince pèche, et qu'ayant fait par ignorance quelqu'une des choses qui sont défendues par la loi du Seigneur,

23 il reconnaisse ensuite son péché, il offrira pour hostie au Seigneur un bouc sans tache pris d'entre les chèvres.

24 Il lui mettra la main sur la tête ; et lorsqu'il l'aura immolé au lieu où l'on a accoutumé de sacrifier les holocaustes devant le Seigneur, comme c'est pour le péché,

25 le prêtre trempera son doigt dans le sang de l'hostie offerte pour le péché, il en touchera les cornes de l'autel des holocaustes, et répandra le reste au pied de l'autel.

26 Il fera brûler la graisse sur l'autel, comme on a accoutumé de faire aux victimes pacifiques ; et le prêtre priera pour lui et pour son péché, et il lui sera pardonné.

27 Si quelqu'un d'entre le peuple pèche par ignorance, et qu'ayant fait quelqu'une des choses qui sont défendues par la loi du Seigneur, et étant tombé en faute,

28 il reconnaisse son péché, il offrira une chèvre sans tache.

29 Il mettra sa main sur la tête de l' hostie qui s'offre pour le péché, et il l'immolera au lieu destiné pour l'holocauste.

30 Le prêtre ayant pris avec son doigt du sang *de la chèvre*, il en touchera les cornes de l'autel des holocaustes, et répandra le reste au pied de l'autel.

31 Il en ôtera aussi toute la graisse, comme on a accoutumé de l'ôter aux victimes pacifiques ; il la fera brûler sur l'autel devant le Seigneur comme une *oblation d'*agréable odeur ; il priera pour celui qui a commis la faute, et elle lui sera pardonnée.

32 S'il offre pour le péché une victime du *menu* bétail, il prendra une brebis qui soit sans tache.

33 Il lui mettra la main sur la tête, et il l'immolera au lieu où l'on a accoutumé d'égorger les hosties des holocaustes.

34 Le prêtre ayant pris avec son doigt du sang de la brebis, il en touchera les cornes de l'autel des holocaustes, et répandra le reste au pied de l'autel.

35 Il en ôtera aussi toute la graisse, comme on a accoutumé de l'ôter au bélier qui s'offre pour l'hostie pacifique ; il la brûlera sur l'autel comme un encens offert au Seigneur ; il priera pour celui qui offre et pour son péché, et il lui sera pardonné.

CHAPITRE V.

SI un homme pèche, en ce qu'ayant entendu quelqu'un qui faisait un serment, et pouvant être témoin de la chose, ou pour l'avoir vue, ou pour en être très-assuré, il ne veut pas en rendre témoignage, il portera *la peine de* son iniquité.

2 Si un homme touche à une chose impure, comme serait un animal tué par une bête, ou qui soit mort de soi-même, ou quelque bête qui rampe, *encore* qu'il ait oublié cette impureté, il ne laisse pas d'être coupable, et il a commis une faute ;

3 et s'il a touché quelque chose d'un homme qui soit impur, selon toutes les impuretés dont l'homme peut être souillé, et que n'y ayant pas pris garde d'abord, il le reconnaisse ensuite, il sera coupable de péché.

4 Si un homme ayant juré et prononcé de ses lèvres, et confirmé par serment et par sa parole qu'il ferait quelque chose de bien ou de mal, l'oublie ensuite, et après cela se ressouvient de sa faute,

5 qu'il fasse pénitence pour son péché,

6 et qu'il prenne dans les troupeaux une jeune brebis, ou une chèvre, qu'il offrira ; et le prêtre priera pour lui et pour son péché.

7 Mais s'il n'a pas le moyen d'offrir ou une brebis, ou une chèvre,

qu'il offre au Seigneur deux tourterelles, ou deux petits de colombe, l'un pour le péché, et l'autre en holocauste.

8 Il les donnera au prêtre, qui offrant le premier pour le péché, lui fera retourner la tête du côté des ailes, en sorte néanmoins qu'elle demeure toujours attachée au cou, et qu'elle n'en soit pas tout à fait arrachée.

9 Il fera ensuite l'aspersion du sang de l'hostie sur les côtés de l'autel ; et il en fera distiller tout le reste au pied, parce que c'est pour le péché.

10 Il brûlera l'autre et en fera un holocauste, selon la coutume ; et le prêtre priera pour cet homme et pour son péché, et il lui sera pardonné.

11 S'il n'a pas le moyen d'offrir deux tourterelles ou deux petits de colombe, il offrira pour son péché la dixième partie d'un éphi de fleur de farine. Il ne l'arrosera point d'huile, et ne mettra point d'encens dessus, parce que c'est pour le péché.

12 Il la présentera au prêtre, lequel en prendra une poignée, la brûlera sur l'autel en mémoire de celui qui l'aura offerte,

13 priant pour lui, et expiant sa faute ; et *le prêtre* aura le reste comme un don *qui lui appartient.*

14 Le Seigneur parla encore à Moïse, et lui dit :

15 Si un homme pèche par ignorance contre les cérémonies dans les choses qui sont sanctifiées au Seigneur, il offrira pour sa faute un bélier sans tache pris dans les troupeaux, qui peut valoir deux sicles, selon le poids du sanctuaire ;

16 il restituera le tort qu'il a fait, en y ajoutant par-dessus une cinquième partie qu'il donnera au prêtre, lequel offrant le bélier, priera pour lui, et son péché lui sera pardonné.

17 Si un homme pèche par ignorance en faisant quelqu'une des choses qui sont défendues par la loi du Seigneur, et qu'étant coupable de cette faute, il reconnaisse ensuite son iniquité,

18 il prendra *du milieu* des troupeaux un bélier sans tache, qu'il offrira au prêtre selon la mesure et l'estimation du péché ; le prêtre priera pour lui, parce qu'il a fait cette faute sans la connaître, et elle lui sera pardonnée,

19 parce qu'il a péché par ignorance contre le Seigneur.

CHAPITRE VI.

LE Seigneur parla à Moïse, et lui dit :

2 L'homme qui aura péché en méprisant le Seigneur, et refusant à son prochain ce qui avait été commis à sa *bonne* foi, ou qui aura par violence ravi quelque chose, ou qui l'aura usurpé par fraude *et* par tromperie ;

3 ou qui ayant trouvé une chose qui était perdue, le nie, et y ajoute encore un faux serment ; ou qui aura fait quelque autre faute de toutes celles *de cette* nature que les hommes ont accoutumé de commettre ;

4 étant convaincu de son péché,

5 il rendra en son entier tout ce qu'il a voulu usurper injustement. Il donnera de plus une cinquième partie *de sa valeur* à celui qui en était le possesseur légitime, et à qui il avait voulu faire tort ;

6 et il offrira pour son péché un bélier sans tache pris du troupeau, qu'il donnera au prêtre, selon l'estimation et la qualité de la faute.

7 Le prêtre priera pour lui devant le Seigneur, et tout le mal qu'il a fait en péchant lui sera pardonné.

8 Le Seigneur parla encore à Moïse, et lui dit ;

9 Ordonnez *ceci* à Aaron et à ses fils ; Voici quelle est la loi de l'holocauste ; Il brûlera sur l'autel toute la nuit jusqu'au matin ; le feu sera pris de l'autel même.

10 Le prêtre étant vêtu de sa tunique par-dessus le vêtement de lin qui lui couvre les reins, prendra les cendres qui resteront après que le feu aura tout consumé, et les mettant près de l'autel,

11 il quittera ses premiers vêtements, en prendra d'autres, portera les cendres hors du camp, et achèvera de les faire entièrement consumer dans un lieu très-net.

12 Le feu brûlera toujours sur l'autel, et le prêtre aura soin de l'entretenir, en y mettant le matin de chaque jour du bois, sur lequel ayant posé l'holocauste, il fera brûler par-dessus la graisse des hosties pacifiques.

13 C'est là le feu qui brûlera toujours sur l'autel, sans qu'on le laisse jamais éteindre.

14 Voici la loi du sacrifice et des offrandes de fleur de farine, que les fils d'Aaron offriront devant le Seigneur et devant l'autel ;

15 Le prêtre prendra une poignée de la plus pure farine mêlée avec l'huile, et tout l'encens qu'on aura mis dessus, et les fera brûler sur l'autel, comme un monument d'une odeur très-agréable au Seigneur.

16 Et pour ce qui reste de la pure farine, Aaron le mangera sans levain avec ses fils ; et il le mangera dans le lieu saint, dans le parvis du tabernacle.

17 On ne mettra point de levain dans cette farine, parce qu'on en prendra une partie qu'on offrira comme un encens au Seigneur. Ce sera *donc* une chose très-sainte, comme ce qui s'offre pour le péché et pour la faute ;

18 et il n'y aura que les mâles de la race d'Aaron qui en mangeront. Ce sera là une loi éternelle touchant les sacrifices du Seigneur, qui passera parmi vous de race en race ; Que tous ceux qui toucheront à ces choses soient saints *et* purs.

19 Le Seigneur parla encore à Moïse, et lui dit :

20 Voici l'oblation d'Aaron et de ses fils, qu'ils doivent offrir au Seigneur le jour de leur onction : Ils offriront pour sacrifice perpétuel la dixième partie d'un éphi de fleur de farine, la moitié le matin et l'autre moitié le soir.

21 Elle sera mêlée avec l'huile, et se cuira dans la poêle. Le prêtre qui aura succédé légitimement à son père, l'offrira toute chaude pour être d'une odeur très-agréable au Seigneur,

22 et elle brûlera tout entière sur l'autel.

23 Car tous les sacrifices des prêtres seront consumés par le feu, et personne n'en mangera.

24 Or le Seigneur parla à Moïse, et lui dit :

25 Dites *ceci* à Aaron et à ses fils : Voici la loi de l'hostie *offerte* pour le péché ; Elle sera immolée devant le Seigneur, au lieu où l'holocauste est offert. C'est une chose très-sainte ;

26 et le prêtre qui l'offre la mangera dans le lieu saint, dans le parvis du tabernacle.

27 Tout ce qui en aura touché la chair sera sanctifié. S'il rejaillit du sang de l'hostie sur un vêtement, il sera lavé dans le lieu saint.

28 Le vaisseau de terre dans lequel elle aura été cuite sera brisé. Si le vaisseau est d'airain, on le nettoiera avec grand soin, et on le lavera avec de l'eau.

29 Tout mâle de la race sacerdotale mangera de la chair de cette hostie, parce qu'elle est très-sainte.

30 Car quant à l'hostie qui s'immole pour le péché, dont on porte le sang dans le tabernacle du témoignage pour faire l'expiation dans le sanctuaire, on n'en mangera point, mais elle sera brûlée par le feu.

CHAPITRE VII.

VOICI la loi de l'hostie pour la faute ; cette hostie est très-sainte ;

2 c'est pourquoi au même lieu où l'on immolera l'holocauste, on y sacrifiera aussi la victime pour la faute ; son sang sera répandu autour de l'autel.

3 On en offrira la queue et la graisse qui couvre les entrailles ;

4 les deux reins, la graisse qui est près des flancs, et la taie du foie avec les reins.

5 Le prêtre les fera brûler sur l'autel ; c'est *comme* l'encens du Seigneur *qu'on offre* pour la faute.

6 Tout mâle de la race sacerdotale mangera de la chair de cette hostie dans le lieu saint, parce qu'elle est très-sainte.

7 Comme on offre une hostie pour le péché, on l'offre de même pour la faute ; une seule loi sera pour ces deux hosties. *L'une et l'autre* appartiendra au prêtre qui l'aura offerte.

8 Le prêtre qui offre la victime de l'holocauste en aura la peau.

9 Tout sacrifice de fleur de farine qui se cuit dans le four, ou qui se rôtit sur le gril, ou qui s'apprête dans la poêle, appartiendra an prêtre par lequel elle est offerte.

10 Soit qu'elle soit mêlée avec l'huile, soit qu'elle soit sèche, elle sera partagée également entre tous les fils d'Aaron.

11 Voici la loi des hosties pacifiques qui s'offrent au Seigneur :

12 Si c'est une oblation pour l'action de grâces, on offrira des pains sans levain mêlés d'huile, des gâteaux sans levain arrosés d'huile par-dessus, de la plus pure farine qu'on aura fait cuire, et de petits tourteaux arrosés et mêlés d'huile.

13 On offrira aussi des pains où il y a du levain avec l'hostie des actions de grâces, qui s'immole pour les sacrifices pacifiques.

14 L'un de ces pains sera offert au Seigneur pour les prémices, et il appartiendra au prêtre qui répandra le sang de l'hostie.

15 On mangera la chair de l'hostie le même jour, et il n'en demeurera rien jusqu'au lendemain.

16 Si quelqu'un offre une hostie après avoir fait un vœu, ou bien volontairement, on la mangera aussi le même jour ; et quand il en demeurera quelque ; chose pour le lendemain, il sera permis aussi d'en manger ;

17 mais tout ce qui s'en trouvera de reste au troisième jour, sera consumé par le feu.

18 Si quelqu'un mange de la chair de la victime pacifique le troisième jour, l'oblation deviendra inutile, et elle ne servira de rien à celui qui l'aura offerte ; mais au contraire quiconque se sera souillé en mangeant ainsi de cette hostie, sera coupable du violement de la loi.

19 La chair qui aura touché quelque chose d'impur ne se mangera point, mais elle sera consumée par le feu ; celui qui sera pur, mangera de la chair de la victime *pacifique*.

20 L'homme qui étant souillé mangera de la chair des hosties pacifiques qui auront été offertes au Seigneur, périra du milieu de son peuple.

21 Celui qui ayant touché à quelque chose d'impur, soit d'un homme ou d'une bête, ou généralement à toute autre chose qui peut souiller, ne laisse pas de manger de cette chair *sainte*, périra du milieu de son peuple.

22 Le Seigneur parla encore à Moïse, et lui dit :

23 Dites aux enfants d'Israël ; Vous ne mangerez, point la graisse de la brebis, du bœuf, ni de la chèvre.

24 Vous vous servirez pour divers usages de celle d'une bête qui sera morte d'elle-même, et de celle qui a été prise par une autre bête ; *mais vous n'en mangerez point.*

25 Si quelqu'un mange de la graisse qui doit être offerte et brûlée devant le Seigneur comme un encens, il périra du milieu de son peuple.

26 Vous ne prendrez point non plus pour nourriture du sang d'aucun animal, tant des oiseaux que des troupeaux.

27 Toute personne qui aura mangé du sang périra du milieu de son peuple.

28 Le Seigneur parla encore à Moïse, et lui dit ;

29 Parlez aux enfants d'Israël, et dites-leur : Que celui qui offre au Seigneur une hostie pacifique, lui offre en même temps le sacrifice, c'est-à-dire, les libations dont elle doit être accompagnée.

30 Il tiendra dans ses mains la graisse et la poitrine de l'hostie ; et lorsqu'il aura consacré l'une et l'autre au Seigneur en les offrant, il les donnera au prêtre,

31 qui fera brûler la graisse sur l'autel ; et la poitrine sera pour Aaron et pour ses fils.

32 L'épaule droite de l'hostie pacifique appartiendra aussi au prêtre comme les prémices *de l'oblation*.

33 Celui d'entre les fils d'Aaron qui aura offert le sang et la graisse, aura aussi l'épaule droite pour sa portion du sacrifice.

34 Car j'ai réservé de la chair des hosties pacifiques des enfants d'Israël, la poitrine qu'on élève devant moi, et l'épaule qu'on *en* a séparée, et je les ai données au prêtre Aaron et à ses fils, par une loi qui sera toujours observée par tout le peuple d'Israël.

35 C'est là *le droit de* l'onction d'Aaron et de ses fils dans les cérémonies du Seigneur, qu'ils ont acquis au jour que Moïse les présenta devant lui pour exercer les fonctions du sacerdoce ;

36 et c'est ce que le Seigneur a commandé aux enfants d'Israël de leur donner *au jour de leur onction* par une observation religieuse, qui doit passer d'âge en âge dans toute leur postérité.

37 C'est là la loi de l'holocauste, du sacrifice pour le péché et pour la faute, et du sacrifice des consécrations et des victimes pacifiques,

38 que le Seigneur donna à Moïse sur la montagne de Sinaï, lorsqu'il ordonna aux enfants d'Israël d'offrir leurs dilations au Seigneur, dans le désert de Sinaï.

CHAPITRE VIII.

LE Seigneur parla encore à Moïse, et lui dit ;

2 Prenez Aaron avec ses fils, leurs vêtements, l'huile d'onction, le veau *qui doit être offert* pour le péché, deux béliers et une corbeille de pains sans levain,

3 et assemblez tout le peuple à l'entrée du tabernacle.

4 Moïse fit ce que le Seigneur lui avait commandé ; et ayant assemblé tout le peuple devant la porte du tabernacle,

5 il leur dit : Voici ce que le Seigneur a ordonné que l'on fasse.

6 En même temps il présenta Aaron et ses fils ; et les ayant lavés *avec de l'eau*,

7 il revêtit le grand prêtre de la tunique de fin lin, et le ceignit avec la ceinture ; il le revêtit par-dessus de la robe d'hyacinthe, mit l'éphod sur la robe ;

8 et le serrant avec la ceinture, y attacha le rational, sur lequel étaient écrits ces mots : Doctrine Et Vérité.

9 Il lui mit aussi la tiare sur la tête ; et au bas de la tiare, en l'endroit qui couvrait le front, il mit la lame d'or consacrée par le saint nom *qu'elle portait*, selon que le Seigneur le lui avait ordonné.

10 Il prit aussi l'huile d'onction, dont il mit sur le tabernacle et sur toutes les choses qui servaient à son usage ;

11 et ayant fait sept fois les aspersions sur l'autel pour le sanctifier, il y versa l'huile aussi bien que sur tous ses vases ; et il sanctifia *de même* avec l'huile le grand bassin avec la base qui le soutenait.

12 Il répandit *aussi* l'huile sur la tête d'Aaron, dont il l'oignit et le consacra ;

13 et ayant de même présenté les fils d'Aaron, il les revêtit de tuniques de lin, les ceignit de leurs ceintures, leur mit des mitres sur la tête, comme le Seigneur l'avait commandé.

14 Il offrit aussi un veau pour le péché ; et Aaron et ses fils ayant mis leurs mains sur la tête du veau,

15 Moïse l'égorgea, et en prit le sang ; il y trempa son doigt, et en mit sur les cornes de l'autel tout à l'entour ; et l'ayant ainsi purifié et sanctifié, il répandit le reste du sang au pied de l'autel.

16 Il fit brûler sur l'autel la graisse qui couvre les entrailles, la taie du foie, et les deux reins avec la graisse qui y est attachée ;

17 et il brûla le veau hors du camp, avec la peau, la chair et la fiente, comme le Seigneur l'avait ordonné.

18 Il offrit aussi un bélier en holocauste ; et Aaron avec ses fils lui ayant mis leurs mains sur la tête,

19 il l'égorgea, et en répandit le sang autour de l'autel.

20 Il coupa aussi le bélier en morceaux, et il en fit brûler dans le feu la tête, les membres et la graisse,

21 après en avoir lavé les intestins et les pieds. Il brûla sur l'autel le bélier tout entier, parce que c'était un holocauste d'une odeur très-agréable au Seigneur, comme il le lui avait ordonné.

22 Il offrit encore un second bélier pour la consécration des prêtres ; et Aaron avec ses fils lui ayant mis leurs mains sur la tête,

23 Moïse l'égorgea ; et prenant de son sang, il en toucha l'extrémité de l'oreille droite d'Aaron, et le pouce de sa main droite et de son pied *droit*.

24 Ayant aussi présenté les fils d'Aaron, il prit du sang du bélier qui avait été immolé, en toucha l'extrémité de l'oreille droite de chacun d'eux, et les pouces de leur main droite et de leur pied droit, et répandit sur l'autel tout autour le reste du sang.

25 Il mit à part la graisse, la queue, et toutes les graisses qui couvrent les intestins, la taie du foie, et les deux reins avec la

graisse qui y est attachée, et l'épaule droite.

26 Et prenant de la corbeille des pains sans levain qui était devant le Seigneur, un pain sans levain, un tourteau arrose d'huile, et un gâteau, il les mit sur les graisses de l'hostie et sur l'épaule droite.

27 Il mit toutes ces choses entre les mains d'Aaron et de ses fils, qui les élevèrent devant le Seigneur.

28 Moïse les ayant prises de nouveau, et reçues de leurs mains, les brûla sur l'autel des holocaustes, parce que c'était une oblation pour la consécration, et un sacrifice d'une odeur très-agréable au Seigneur.

29 Il prit aussi la poitrine du bélier immolé pour la consécration des prêtres, et il l'éleva devant le Seigneur, comme la part qui lui était destinée, selon l'ordre qu'il en avait reçu du Seigneur.

30 Ayant pris ensuite l'huile d'onction, et le sang qui était sur l'autel, il fit l'aspersion sur Aaron et sur ses vêtements, sur les fils d'Aaron et sur leurs vêtements ;

31 et après les avoir sanctifiés dans leurs vêtements, il leur ordonna *ceci*, et leur dit : Faites cuire la chair des victimes devant la porte du tabernacle, et la mangez en ce même lieu. Mangez-y aussi les pains de consécration, qui ont été mis dans la corbeille, selon que le Seigneur me l'a ordonné, en disant ; Aaron et ses fils mangeront de ces pains ;

32 et tout ce qui restera de cette chair et de ces pains, sera consumé par le feu.

33 Vous ne partirez point aussi de l'entrée du tabernacle pendant sept jours, jusqu'au jour que le temps de votre consécration sera accompli ; car la consécration s'achève en sept jours,

34 comme vous venez de le voir présentement, afin que les cérémonies de ce sacrifice soient accomplies.

35 Vous demeurerez jour et nuit dans le tabernacle en veillant devant le Seigneur, de peur que vous ne mouriez ; car il m'a été ainsi commandé.

36 Et Aaron et ses fils firent tout ce que le Seigneur leur avait ordonné par Moïse.

CHAPITRE IX.

LE huitième jour, Moïse appela Aaron et ses fils, et les anciens d'Israël, et il dit à Aaron ;

2 Prenez de *votre* troupeau un veau pour le péché, et un bélier pour *en faire* un holocauste, l'un et l'autre sans tache, et offrez-les devant le Seigneur.

3 Vous direz aussi aux enfants d'Israël : Prenez un bouc pour le péché, un veau et un agneau d'un an sans tache, pour en faire un holocauste,

4 un bœuf et un bélier pour les hosties pacifiques ; et immolez-les devant le Seigneur en offrant dans le sacrifice de chacune *de ces bêtes*, de la pure farine mêlée avec l'huile ; car le Seigneur vous apparaîtra aujourd'hui.

5 Ils mirent donc à l'entrée du tabernacle tout ce que Moïse leur avait ordonné ; et toute l'assemblée du peuple se tenant là debout,

6 Moïse leur dit ; C'est là ce que le Seigneur vous a commandé ; faites-le, et sa gloire vous apparaîtra.

7 Alors il dit a Aaron ; Approchez-vous de l'autel, et immolez pour votre péché ; offrez l'holocauste, et priez pour vous et pour le peuple ; et lorsque vous aurez sacrifié l'hostie pour le peuple, priez pour lui selon que le Seigneur l'a ordonné.

8 Aaron aussitôt s'approchant de l'autel, immola un veau pour son péché ;

9 et ses fils lui en ayant présenté le sang, il y trempa le doigt, dont il toucha les cornes de l'autel, et il répandit le reste du sang au pied de l'autel.

10 Il fit brûler aussi sur l'autel la graisse, les reins et la taie du foie qui sont pour le péché, selon que le Seigneur l'avait commandé à Moïse ;

11 mais il consuma par le feu hors du camp la chair et la peau.

12 Il immola aussi la victime de l'holocauste ; et ses fils lui en ayant présenté le sang, il le répandit autour de l'autel.

13 Ils lui présentèrent aussi l'hostie coupée par morceaux, avec la tête et tous les membres ; et il brûla le tout sur l'autel,

14 après en avoir lavé dans l'eau les intestins et les pieds.

15 Il égorgea aussi un bouc qu'il offrit pour le péché du peuple ; et ayant purifié l'autel,

16 il offrit l'holocauste,

17 et il ajouta à ce sacrifice les oblations qui se présentent en même temps, qu'il fit brûler sur l'autel, outre les cérémonies de l'holocauste qui s'offre *tous* les matins.

18 Il immola aussi un bœuf et un bélier, qui étaient les hosties pacifiques pour le peuple ; et ses fils lui en présentèrent le sang qu'il répandit sur l'autel tout autour.

19 Ils mirent aussi sur la poitrine de ces hosties la graisse du bœuf, la queue du bélier, les reins avec leur graisse, et la taie du foie.

20 Et les graisses ayant été brûlées sur l'autel,

21 Aaron mit à part la poitrine et l'épaule droite des hosties *pacifiques*, les élevant devant le Seigneur, comme Moïse l'avait ordonné.

22 Il étendit ensuite ses mains vers le peuple, et le bénit. Ayant ainsi achevé les *oblations des* hosties pour le péché, des holocaustes, et des victimes pacifiques, il descendit de l'autel.

23 Moïse et Aaron entrèrent alors dans le tabernacle du témoignage, et en étant ensuite sortis, ils bénirent le peuple. En même temps la gloire du Seigneur apparut à toute l'assemblée du peuple ;

24 car un feu sorti du Seigneur dévora l'holocauste et les graisses qui étaient sur l'autel. Ce que tout le peuple ayant vu, ils louèrent le Seigneur en se prosternant le visage contre terre.

CHAPITRE X.

ALORS Nadab et Abiu, fils d'Aaron, ayant pris leurs encensoirs, y mirent du feu et de l'encens dessus, et ils offrirent devant le Seigneur un feu étranger, ce qui ne leur avait point été commandé ;

2 et en même temps un feu étant sorti du Seigneur les dévora, et ils moururent devant le Seigneur.

3 Moïse dit donc à Aaron ; Voilà ce que le Seigneur a dit : Je serai sanctifié dans ceux qui m'approchent, et je serai glorifié devant tout le peuple. Aaron entendant ceci se tut.

4 Et Moïse ayant appelé Misaël et Elisaphan, fils d'Oziel, qui était oncle d'Aaron, il leur dit ; Allez, ôtez vos frères de devant le sanctuaire, et emportez-les hors du camp.

5 Ils allèrent aussitôt les prendre couchés *et morts* comme ils étaient, vêtus de leurs tuniques de lin, et ils les jetèrent dehors, selon qu'il leur avait été commandé.

6 Alors Moïse dit à Aaron, et à Eléazar et Ithamar, ses *autres* fils : Prenez garde de ne pas découvrir votre tête, et de ne pas déchirer vos vêtements, de peur que vous ne mouriez, et que la colère du Seigneur ne s'élève contre tout le peuple. Que vos frères et toute la maison d'Israël pleurent l'embrasement qui est venu du Seigneur ;

7 mais pour vous ne sortez point hors des portes du tabernacle, autrement vous périrez ; parce que l'huile de l' onction sainte a été répandue sur vous. Et ils firent tout selon que Moïse le leur avait ordonné.

8 Le Seigneur dit aussi à Aaron :

9 Vous ne boirez point, vous et vos enfants, de vin, ni rien de ce qui peut enivrer, quand vous entrerez dans le tabernacle du témoignage, de peur que vous ne soyez punis de mort ; parce que c'est une ordonnance éternelle *qui passera* dans toute votre postérité ;

10 afin que vous ayez la science de discerner entre ce qui est saint ou profane, entre ce qui est souillé et ce qui est pur ;

11 et que vous appreniez aux enfants d'Israël toutes mes lois et mes ordonnances, que je leur ai prescrites par Moïse.

12 Moïse dit alors à Aaron, et à Eléazar et Ithamar, ses fils qui lui étaient restés ; Prenez le sacrifice qui est demeuré de l'oblation du Seigneur, et mangez-le sans levain près de l'autel, parce que c'est une chose très-sainte.

13 Vous le mangerez dans le lieu saint, comme vous ayant été

donné, à vous et à vos enfants, des oblations du Seigneur, selon qu'il m'a été commandé.

14 Vous mangerez aussi, vous, vos fils et vos filles avec vous, dans un lieu très-pur, la poitrine qui en a été offerte, et l'épaule qui en a été mise à part. Car c'est ce qui a été réservé pour vous et pour vos enfants, des hosties pacifiques des enfants d'Israël ;

15 parce qu'ils ont élevé devant le Seigneur l'épaule, la poitrine, et les graisses de la victime qui se brûle sur l'autel, et que ces choses vous appartiennent à vous et à vos enfants, par une ordonnance perpétuelle, selon l'ordre que le Seigneur en a donné.

16 Cependant Moïse cherchant le bouc qui avait été offert pour le péché du peuple, trouva qu'il avait été brûlé ; et entrant en colère contre Eléazar et Ithamar, enfants d'Aaron, qui étaient restés, il leur dit :

17 Pourquoi n'avez-vous pas mangé dans le lieu saint l'hostie qui s'offre pour le péché, dont la chair est très-sainte, et qui vous a été donnée, afin que vous portiez l'iniquité du peuple, et que vous priiez pour lui devant le Seigneur ;

18 et d'autant plus qu'on n'a point porté du sang de cette hostie dans le sanctuaire, et que vous devriez l'avoir mangée dans le lieu saint, selon qu'il m'avait été ordonné ?

19 Aaron lui répondit ; La victime pour le péché a été offerte aujourd'hui, et l'holocauste a été présenté devant le Seigneur ; mais pour moi il m'est arrivé ce que vous voyez. Comment *donc* aurais-je pu manger de cette hostie, ou plaire au Seigneur dans ces cérémonies *saintes*, avec un esprit abattu d'affliction ?

20 Ce que Moïse ayant entendu, il reçut l'excuse qu'il lui donnait.

CHAPITRE XI.

LE Seigneur parla ensuite à Moïse et à Aaron, et leur dit :

2 Déclarez ceci aux enfants d'Israël : Entre tous les animaux de la terre, voici quels sont ceux dont vous mangerez :

3 De toutes ces bêtes à quatre pieds vous pourrez manger de celles dont la corne du pied est fendue, et qui ruminent.

4 Quant à celles qui ruminent, mais dont la corne du pied n'est point fendue, comme le chameau et les autres, vous n'en mangerez point, et vous les considérerez comme impures.

5 Le lapin qui rumine, mais qui n'a point la corne fendue, est impur.

6 Le lièvre aussi est impur ; parce que quoiqu'il rumine, il n'a point la corne fendue.

7 Le pourceau aussi est impur ; parce que quoiqu'il ait la corne fendue, il ne rumine point.

8 Vous ne mangerez point de la chair de ces bêtes, et vous ne toucherez point à leurs corps morts, parce que vous les tiendrez comme impures.

9 Voici celles des bêtes qui naissent dans les eaux, dont il vous est permis de manger ; Vous mangerez de tout ce qui a des nageoires et des écailles, tant dans la mer que dans les rivières et dans les étangs.

10 Mais tout ce qui se remue et qui vit dans les eaux sans avoir de nageoires ni d'écailles, vous sera en abomination et en exécration.

11 Vous ne mangerez point de la chair de ces animaux, et vous n'y toucherez point lorsqu'ils seront morts.

12 Tous ceux qui n'ont point de nageoires ni d'écailles dans les eaux, vous seront impurs.

13 Entre les oiseaux, voici quels sont ceux que vous aurez soin d'éviter ; L'aigle, le griffon, le faucon,

14 le milan, le vautour et tous ceux de son espèce,

15 le corbeau et tout ce qui est de la même espèce,

16 l'autruche, le hibou, le larus, l'épervier et toute son espèce,

17 le chat-huant, le cormoran, l'ibis,

18 le cygne, le butor, le porphyrion,

19 le héron, la cigogne et tout ce qui est de la même espèce, la huppe et la chauve-souris.

20 Tout ce qui vole et qui marche sur quatre pieds, vous sera en abomination.

21 Mais pour tout ce qui marche sur quatre pieds, et qui ayant les pieds de derrière plus longs saute sur la terre,

22 vous pouvez en manger ; comme le bruchus, selon son espèce, l'attacus, l'ophiomachus et la sauterelle, chacun selon son espèce.

23 Tous les animaux qui volent et qui n'ont que quatre pieds, vous seront en exécration.

24 Quiconque y touchera lorsqu'ils seront morts, en sera souillé, et il demeurera impur jusqu'au soir.

25 S'il est nécessaire qu'il porte quelqu'un de ces animaux quand il sera mort, il lavera ses vêtements, et il sera impur jusqu'au coucher du soleil.

26 Tout animal qui a de la corne au pied, mais dont la corne n'est point fendue, et qui ne rumine point, sera impur ; et celui qui l'aura touché *après sa mort*, sera souillé.

27 Entre tous les animaux à quatre pieds, ceux qui ont comme des mains sur lesquelles ils marchent, seront impurs ; celui qui y touchera lorsqu'ils seront morts, sera souillé jusqu'au soir.

28 Celui qui portera de ces bêtes lorsqu'elles seront mortes, lavera ses vêtements, et il sera impur jusqu'au soir ; parce que tous ces animaux vous seront impurs.

29 Entre les animaux qui se remuent sur la terre, vous considérerez encore ceux-ci comme impurs ; La belette, la souris et le crocodile, chacun selon son espèce ;

30 la musaraigne, le caméléon, le stellion, le lézard et la taupe ;

31 tous ces animaux sont impurs. Celui qui y touchera lorsqu'ils seront morts, sera impur jusqu'au soir ;

32 et s'il tombe quelque chose de leurs corps morts sur quoi que ce soit, il sera souillé, soit que ce soit un vaisseau de bois, ou un vêtement, ou des peaux et des cilices ; tous les vases dans lesquels on fait quelque chose, seront lavés dans l'eau ; ils demeureront souillés jusqu'au soir, et après cela ils seront purifiés.

33 Mais le vaisseau de terre dans lequel quelqu'une de ces choses sera tombée, en sera souillé ; c'est pourquoi il faut le casser.

34 Si l'on répand de l'eau *de ces vaisseaux souillés* sur la viande dont vous mangerez, elle deviendra impure ; et toute liqueur qui peut se boire sortant de quelqu'un de tous ces vaisseaux *impurs*, sera souillée.

35 S'il tombe quelque chose de ces bêtes mortes sur quoi que ce soit, il deviendra impur ; soit que ce soient des fourneaux, ou des marmites, ils seront censés impurs, et seront rompus.

36 Mais les fontaines, les citernes et tous réservoirs d'eaux seront purs. Celui qui touchera les charognes des animaux *dont on a parlé*, sera impur.

37 S'il en tombe quelque chose sur la semence, elle ne sera point souillée.

38 Mais si quelqu'un répand de l'eau sur la semence, et qu'après cela elle touche à une charogne, elle en sera aussitôt souillée.

39 Si un animal de ceux qu'il vous est permis de manger, meurt *de lui-même*, celui qui en touchera la charogne sera impur jusqu'au soir.

40 Celui qui en mangera, ou qui en portera quelque chose, lavera ses vêtements, et sera impur jusqu'au soir.

41 Tout ce qui rampe sur la terre sera abominable, et on n'en prendra point pour manger.

42 Vous ne mangerez point de tout ce qui ayant quatre pieds, marche sur la poitrine, ni de ce qui a plusieurs pieds, ou qui se traîne sur la terre, parce que ces animaux sont abominables.

43 Prenez garde de ne pas souiller vos âmes, et ne touchez aucune de ces choses, de peur que vous ne soyez impurs.

44 Car je suis le Seigneur, votre Dieu ; soyez saints, parce que je suis saint. Ne souillez point vos âmes par *l'attouchement d'*aucun des reptiles qui se remuent sur la terre.

45 Car je suis le Seigneur qui vous ai tirés du pays de l'Egypte pour être votre Dieu. Vous serez *donc* saints, parce que je suis saint.

46 C'est là la loi pour les bêtes, pour les oiseaux, et pour tout animal vivant qui se remue dans l'eau, ou qui rampe sur la terre ;

47 afin que vous connaissiez la différence de ce qui est pur ou impur, et que vous sachiez ce que vous devez manger ou rejeter.

CHAPITRE XII.

LE Seigneur parla encore à Moïse, et lui dit :

2 Parlez aux enfants d'Israël, et dites-leur ; Si une femme ayant usé du mariage enfante un mâle, elle sera impure pendant sept jours, selon le temps qu'elle demeurera séparée à cause de ses purgations accoutumées.

3 L'enfant sera circoncis le huitième jour ;

4 et elle demeurera *encore* trente-trois jours pour être purifiée de la suite de ses couches. Elle ne touchera à rien qui soit saint, et elle n'entrera point dans le sanctuaire jusqu'à ce que les jours de sa purification soient accomplis.

5 Si elle enfante une fille, elle sera impure pendant deux semaines, comme lorsqu'elle est séparée à cause de ses purgations accoutumées ; et elle demeurera *encore* soixante-six jours pour être purifiée de la suite de ses couches.

6 Lorsque les jours de sa purification auront été accomplis, ou pour un fils ou pour une fille, elle portera à l'entrée du tabernacle du témoignage un agneau d'un an pour être offert en holocauste, et pour le péché le petit d'une colombe, ou une tourterelle, qu'elle donnera au prêtre,

7 qui les offrira devant le Seigneur, et priera pour elle ; et elle sera ainsi purifiée de toute la suite de sa couche. C'est là la loi pour celle qui enfante un enfant mâle ou une fille.

8 Si elle ne trouve pas le moyen de pouvoir offrir un agneau, elle prendra deux tourterelles ou deux petits de colombe, l'un pour être offert en holocauste, et l'autre pour le péché ; et le prêtre priera pour elle, et elle sera ainsi purifiée.

CHAPITRE XIII.

LE Seigneur parla encore à Moïse et à Aaron, et leur dit :

2 L'homme dans la peau ou dans la chair duquel il se sera formé une diversité de couleur, ou une pustule, ou quelque chose de luisant qui paraisse la plaie de la lèpre, sera amené au prêtre Aaron, ou à quelqu'un de ses fils ;

3 et s'il voit que la lèpre paraisse sur la peau, que le poil ait changé de couleur et soit devenu blanc, que les endroits où la lèpre paraît soient plus enfoncés que la peau et que le reste de la chair, *il déclarera que* c'est la plaie de la lèpre, et le fera séparer de la compagnie des autres.

4 S'il paraît une blancheur luisante sur la peau, sans que cet endroit soit plus enfoncé que le reste de la chair, et si le poil est de la couleur qu'il a toujours été, le prêtre le renfermera pendant sept jours ;

5 et il le considérera le septième jour ; et si la lèpre n'a pas crû davantage, et n'a point pénétré dans la peau plus qu'auparavant, il le renfermera encore sept autres jours.

6 Au septième jour il le considérera, et si la lèpre paraît plus obscure, et ne s'est point plus répandue sur la peau, il le déclarera pur, parce que c'est la gale, *et non la lèpre* ; cet homme lavera ses vêtements, et il sera pur.

7 Si après qu'il aura été vu par le prêtre et déclaré pur, la lèpre croît de nouveau, on le lui ramènera,

8 et il sera condamné comme impur.

9 Si la plaie de la lèpre se trouve en un homme, on l'amènera au prêtre,

10 et il le considérera ; et lorsqu'il paraîtra sur la peau une couleur blanche, que les cheveux auront changé de couleur, et qu'on verra même paraître la chair vive,

11 on jugera que c'est une lèpre très-invétérée, et enracinée dans la peau. C'est pourquoi le prêtre le déclarera impur, et il ne le renfermera point, parce que son impureté est toute visible.

12 Si la lèpre paraît comme en fleur, en sorte qu'elle coure sur la peau, et qu'elle la couvre depuis la tête jusqu'aux pieds, dans tout ce qui peut en paraître à la vue,

13 le prêtre le considérera, et il jugera que la lèpre qu'il a est la plus pure de toutes ; parce qu'elle est devenue toute blanche ; c'est pourquoi cet homme sera déclaré pur.

14 Mais quand la chair vive paraîtra dans lui,

15 alors il sera déclaré impur par le jugement du prêtre, et il sera mis au rang des impurs. Car si la chair vive est mêlée de lèpre, elle est impure.

16 Si elle se change et devient encore toute blanche, et qu'elle couvre l'homme tout entier,

17 le prêtre le considérera, et il déclarera qu'il est pur.

18 Quand il y aura eu dans la chair ou dans la peau de quelqu'un un ulcère qui aura été guéri,

19 et qu'il paraîtra une cicatrice blanche, ou tirant sur le roux au lieu où était l'ulcère, on amènera cet homme au prêtre ;

20 qui voyant que l'endroit de la lèpre est plus enfoncé que le reste de la chair, et que le poil s'est changé et est devenu plus blanc, il le déclarera impur ; car c'est la plaie de la lèpre qui s'est formée dans l'ulcère.

21 Si le poil est de la couleur qu'il a toujours été, et la cicatrice un peu obscure, sans être plus enfoncée que la chair d'auprès, le prêtre le renfermera pendant sept jours.

22 Et si le mal croît, il déclarera que c'est la lèpre.

23 S'il s'arrête dans le même lieu, c'est seulement la cicatrice de l'ulcère, et l'homme sera déclaré pur.

24 Lorsqu'un homme aura été brûlé en la chair, ou sur la peau, et que la brûlure étant guérie, la cicatrice en deviendra blanche ou rousse,

25 le prêtre la considérera ; et s'il voit qu'elle est devenue toute blanche, et que cet endroit est plus enfoncé que le reste de la peau, il le déclarera impur, parce que la plaie de la lèpre s'est formée dans la cicatrice.

26 Si le poil n'a point changé de couleur, si l'endroit blessé n'est pas plus enfoncé que le reste de la chair, et si la lèpre même paraît un peu obscure, le prêtre le renfermera pendant sept jours,

27 et il le considérera le septième jour. Si la lèpre est crue sur la peau, il le déclarera impur.

28 Si cette tache blanche s'arrête au même endroit, et devient un peu plus sombre, c'est *seulement* la plaie de la brûlure ; c'est pourquoi il sera déclaré pur, parce que cette cicatrice est l'effet du feu qui l'a brûlé.

29 SI la lèpre paraît et pousse sur la tête d'un homme ou d'une femme, ou à la barbe *d'un homme*, le prêtre les considérera ;

30 et si cet endroit est plus enfoncé que le reste de la chair, et le poil tirant sur le jaune et plus délié qu'à l'ordinaire, il les déclarera impurs, parce que c'est *la teigne, c'est-à-dire,* la lèpre de la tête et de la barbe.

31 Mais s'il voit que l'endroit de la tache est égal à la chair d'auprès, et que le poil *de l'homme* soit noir, il le renfermera pendant sept jours.

32 et il le considérera le septième jour. Si la tache ne s'est point agrandie, si le poil a retenu sa couleur, et si l'endroit du mal est égal à tout le reste de la chair,

33 on rasera tout le poil de l'homme, hors l'endroit de cette tache, et on le renfermera pendant sept autres jours.

34 Le septième jour, si le mal semble s'être arrêté dans le même endroit, et s'il n'est point plus enfoncé que le reste de la chair, le prêtre le déclarera pur, et ayant lavé ses vêtements, il sera *tout à fait* pur.

35 Si après qu'il aura été jugé pur, cette tache croît encore sur la peau,

36 il ne recherchera plus si le poil aura changé de couleur, et sera devenu jaune, parce qu'il est visiblement impur.

37 Mais si la tache demeure dans le même état, et si le poil est noir, qu'il reconnaisse par là que l'homme est guéri, et qu'il prononce sans rien craindre qu'il est pur.

38 S'il paraît une blancheur sur la peau d'un homme ou d'une femme,

39 le prêtre les considérera ; et s'il reconnaît que cette blancheur qui paraît sur la peau est un peu sombre, qu'il sache que ce n'est point la lèpre, mais seulement une tache d'une couleur blanche, et que l'homme est pur.

40 Lorsque les cheveux tombent de la tête d'un homme, il devient

chauve, et il est pur.

41 Si les cheveux tombent du devant de la tête, il est chauve par devant, et il est pur.

42 Si sur la peau de la tête, ou du devant de la tête, qui est sans cheveux, il se forme une tache blanche et rousse,

43 le prêtre l'ayant vue, le condamnera indubitablement, comme frappé d'une lèpre qui s'est formée au lieu d'où ses cheveux sont tombés.

44 Tout homme donc qui sera infecté de lèpre, et qui aura été séparé des autres par le jugement du prêtre,

45 aura ses vêtements décousus, la tête nue, le visage couvert de son vêtement, et il criera qu'il est impur et souillé.

46 Pendant tout le temps qu'il sera lépreux et impur, il demeurera seul hors du camp.

47 Si un vêtement de laine ou de lin est infecté de lèpre,

48 dans la chaîne ou dans la trame ; ou si c'est une peau, ou quelque chose fait de peau,

49 quand on y verra des taches blanches ou rousses, on jugera que c'est la lèpre, et on les fera voir au prêtre,

50 qui les ayant considérés, les tiendra enfermés pendant sept jours.

51 Le septième jour il les considérera encore ; et s'il reconnaît que ces taches sont crues, ce sera une lèpre enracinée ; il jugera que ces vêtements et toutes les autres choses où ces taches se trouveront, sont souillées ;

52 c'est pourquoi on les consumera par le feu.

53 S'il voit que les taches ne soient point crues,

54 il ordonnera qu'on lave ce qui paraît infecté de lèpre, et il le tiendra renfermé pendant sept autres jours.

55 Et voyant qu'il n'a point repris sa première couleur, quoique la lèpre ne soit pas augmentée, il jugera que ce vêtement est impur, et il le brûlera dans le feu, parce que la lèpre s'est répandue sur la surface, ou l'a même tout pénétré.

56 Mais si après que le vêtement aura été lavé, l'endroit de la lèpre est plus sombre, il le déchirera, et le séparera du reste.

57 Si après cela il paraît encore une lèpre vague et volante dans les endroits qui étaient sans tache auparavant, le tout doit être brûlé.

58 Si ces taches s'en vont, on lavera une seconde fois avec l'eau ce qui est pur, et il sera purifié.

59 C'est là la loi touchant la lèpre d'un vêtement de laine ou de lin, de la chaîne, ou de la trame, et de tout ce qui est fait de peau ; afin qu'on sache comment on doit le juger pur ou impur.

CHAPITRE XIV.

LE Seigneur parla encore à Moïse, et lui dit :

2 Voici ce que vous observerez touchant le lépreux, lorsqu'il doit être déclaré pur : Il sera amené au prêtre ;

3 et le prêtre étant sorti du camp, lorsqu'il aura reconnu que la lèpre est bien guérie,

4 il ordonnera à celui qui doit être purifié, d'offrir pour soi deux passereaux vivants dont il est permis de manger, du bois de cèdre, de l'écarlate et de l'hysope.

5 Il ordonnera de plus, que l'un des passereaux soit immolé dans un vaisseau de terre sur de l'eau vive.

6 Il trempera l'autre passereau qui est vivant, avec le bois de cèdre, l'écarlate et l'hysope, dans le sang du passereau qui aura été immolé.

7 Il fera sept fois les aspersions avec le sang sur celui qu'il purifie, afin qu'il soit légitimement purifié. Après cela il laissera aller le passereau vivant, afin qu'il s'envole dans les champs.

8 Et lorsque cet homme aura lavé ses vêtements, il rasera tout le poil de son corps, et il sera lavé dans l'eau ; et étant ainsi purifié, il entrera dans le camp, de telle sorte néanmoins qu'il demeurera sept jours hors de sa tente.

9 Le septième jour il se rasera les cheveux de la tête, la barbe et les sourcils, et tout le poil du corps ; et ayant encore lavé ses vêtements et son corps,

10 le huitième jour il prendra deux agneaux sans tache, et une brebis de la même année, qui soit aussi sans tache, et trois dixièmes de fleur de farine mêlée d'huile, pour être employée au sacrifice, et de plus une chopine d'huile à part.

11 Et lorsque le prêtre qui purifie cet homme, l'aura présenté avec toutes ces choses devant le Seigneur, à l'entrée du tabernacle du témoignage,

12 il prendra un des agneaux, et il l'offrira pour l'offense, avec le vaisseau d'huile ; et ayant offert toutes ces choses devant le Seigneur,

13 il immolera l'agneau au lieu où l'hostie pour le péché et *la victime de* l'holocauste ont accoutumé d'être immolées, c'est-à-dire, dans le lieu saint. Car l'hostie qui s'offre pour l'offense appartient au prêtre, comme celle qui s'offre pour le péché ; et la chair en est très-sainte.

14 Alors le prêtre prenant du sang de l'hostie qui aura été immolée pour l'offense, en mettra sur l'extrémité de l'oreille droite de celui qui se purifie, et sur les pouces de sa main droite et de son pied *droit*.

15 Il versera aussi de l'huile de la chopine dans sa main gauche,

16 et il trempera le doigt de sa main droite dans cette huile, et en fera sept fois les aspersions devant le Seigneur ;

17 et il répandra ce qui restera d'huile en sa main gauche sur l'extrémité de l'oreille droite de celui qui est purifié, sur les pouces de sa main droite et de son pied droit, et sur le sang qui a été répandu pour l'offense,

18 et sur la tête de cet homme.

19 Le prêtre en même temps priera pour lui devant le Seigneur, et il offrira le sacrifice pour le péché. Alors il immolera l'holocauste,

20 et il le mettra sur l'autel avec les libations qui doivent l'accompagner ; et cet homme sera purifié selon la loi.

21 S'il est pauvre, et s'il ne peut pas trouver tout ce qui a été marqué, il prendra un agneau qui sera offert pour l'offense, afin que le prêtre prie pour lui, et un dixième de fleur de farine mêlée d'huile pour être offert en sacrifice, avec une chopine d'huile,

22 et deux tourterelles ou deux petits de colombe, dont l'un sera pour le péché, et l'autre pour l'holocauste.

23 Et au huitième jour de sa purification il les offrira aux prêtres à l'entrée du tabernacle du témoignage, devant le Seigneur.

24 Alors le prêtre recevant l'agneau pour l'offense, et la chopine d'huile, il les élèvera ensemble ;

25 et ayant immolé l'agneau, il en prendra du sang qu'il mettra sur l'extrémité de l'oreille droite de celui qui se purifie, et sur les pouces de sa main droite et de son pied droit.

26 Il versera aussi une partie de l'huile en sa main gauche,

27 et y ayant trempé le doigt de sa main droite, il en fera sept fois les aspersions devant le Seigneur.

28 Il en touchera l'extrémité de l'oreille droite de celui qui se purifie, et les pouces de sa main droite et de son pied droit, au même lieu qui avait été arrosé du sang répandu pour l'offense ;

29 et il mettra sur la tête de celui qui est purifié le reste de l'huile qui est en sa main gauche, afin de lui rendre le Seigneur favorable.

30 Il offrira aussi une tourterelle, ou le petit d'une colombe ;

31 l'un pour l'offense, et l'autre pour servir d'holocauste, avec les libations qui l'accompagnent.

32 C'est là le sacrifice du lépreux qui ne peut pas avoir pour sa purification tout ce qui a été ordonné.

33 Le Seigneur parla encore à Moïse et à Aaron, et leur dit :

34 Lorsque vous serez entrés dans le pays de Chanaan, que je vous donnerai afin que vous le possédiez, s'il se trouve une maison frappée de la plaie de la lèpre,

35 celui à qui appartient la maison ira en avertir le prêtre, et lui dira : Il semble que la plaie de la lèpre paraisse dans ma maison.

36 Alors le prêtre ordonnera qu'on emporte tout ce qui est dans la maison avant qu'il y entre, et qu'il voie si la lèpre y est, de peur que tout ce qui est dans cette maison ne devienne impur. Il entrera après dans la maison pour considérer si elle est frappée de lèpre ;

37 et s'il voit dans les murailles comme de petits creux, et des endroits défigurés par des taches pâles ou rougeâtres, et plus

enfoncés que le reste de la muraille,

38 il sortira hors de la porte de la maison, et la fermera aussitôt, *sans l'ouvrir* pendant sept jours.

39 Il reviendra le septième jour, et la considérera ; et s'il trouve que la lèpre se soit augmentée,

40 il commandera qu'on arrache les pierres infectées de lèpre, qu'on les jette hors de la ville dans un lieu impur ;

41 qu'on racle au dedans les murailles de la maison tout autour, qu'on jette toute la poussière qui en sera tombée en les raclant, hors de la ville dans un lieu impur ;

42 L'on remette d'autres pierres au lieu de celles qu'on aura ôtées, et qu'on crépisse de nouveau avec d'autre terre *les murailles de* la maison.

43 Mais si après qu'on aura ôté les pierres *des murailles*, qu'on en aura raclé la poussière, et qu'on les aura crépies avec d'autre terre,

44 le prêtre y entrant trouve que la lèpre y soit revenue, et que les murailles soient gâtées de ces mêmes taches, il jugera que c'est une lèpre enracinée, et que la maison est impure.

45 Elle sera détruite aussitôt, et on en jettera les pierres, le bois, toute la terre *et* la poussière hors de la ville dans un lieu impur.

46 Celui qui entrera dans cette maison lorsqu'elle a été fermée, sera impur jusqu'au soir ;

47 et celui qui y dormira et y mangera quelque chose, lavera ses vêtements.

48 Si le prêtre entrant en cette maison voit que la lèpre ne se soit point répandue sur les murailles, après qu'elles auront été enduites de nouveau, il la purifiera comme étant devenue saine :

49 et il prendra pour la purifier deux passereaux, du bois de cèdre, de l'écarlate et de l'hysope ;

50 et ayant immolé l'un des passereaux dans un vase, de terre sur des eaux vives,

51 il trempera dans le sang du passereau qui a été immolé, et dans les eaux vives, le bois de cèdre, l'hysope, l'écarlate, et l'autre passereau qui est vivant. Il fera sept fois les aspersions dans la maison,

52 et il la purifiera, tant par le sang du passereau qui aura été immolé, que par les eaux vives, par le passereau qui sera vivant, par le bois de cèdre, par l'hysope et par l'écarlate.

53 Et lorsqu'il aura laissé aller l'autre passereau, afin qu'il s'envole en liberté dans les champs, il priera pour la maison, et elle sera purifiée selon la loi.

54 C'est là la loi qui regarde toutes les espèces de lèpre, et de plaie qui dégénère en lèpre ;

55 comme aussi la lèpre des vêtements et des maisons,

56 les cicatrices, les pustules, les taches luisantes, et les divers changements de couleurs qui arrivent sur le corps :

57 afin que l'on puisse reconnaître quand une chose sera pure ou impure.

CHAPITRE XV.

LE Seigneur parla encore à Moïse et à Aaron, et leur dit :

2 Parlez aux enfants d'Israël, et dites-leur ; L'homme qui souffre ce qui ne doit arriver que dans l'usage du mariage, sera impur.

3 Et on jugera qu'il souffre cet accident, lorsqu'à chaque moment il s'amassera une humeur impure, qui s'attache à sa personne.

4 Tous les lits où il dormira, et tous les endroits où il se sera assis, seront impurs.

5 Si quelque homme touche son lit, il lavera ses vêtements ; et s'étant lui-même lavé dans l'eau, il demeurera impur jusqu'au soir.

6 S'il s'assied où cet homme se sera assis, il lavera aussi ses vêtements ; et s'étant lavé dans l'eau, il demeurera impur jusqu'au soir.

7 Celui qui aura touché la chair de cet homme, lavera ses vêtements ; et s'étant lui-même lavé dans l'eau, il demeurera impur jusqu'au soir.

8 Si cet homme jette de sa salive sur celui qui est pur, celui-ci lavera ses vêtements ; et s'étant lavé dans l'eau, il sera impur jusqu'au soir.

9 La selle sur laquelle il se sera assis sera impure ;

10 et tout ce qui aura été sous celui qui souffre cet accident, sera impur jusqu'au soir. Celui qui portera quelqu'une de ces choses, lavera ses vêtements ; et après avoir été lui-même lavé dans l'eau, il sera impur jusqu'au soir.

11 Si un homme en cet état, avant que d'avoir lavé ses mains, en touche un autre, celui qui aura été touché lavera ses vêtements ; et ayant été lavé dans l'eau, il sera impur jusqu'au soir.

12 Quand un vaisseau aura été touché par cet homme, s'il est de terre, il sera brisé ; s'il est de bois, il sera lavé dans l'eau.

13 Si celui qui souffre cet accident est guéri, il comptera sept jours après en avoir été délivré, et ayant lavé ses habits et tout son corps dans des eaux vives, il sera pur.

14 Le huitième jour il prendra deux tourterelles ou deux petits de colombe, et se présentant devant le Seigneur, à l'entrée du tabernacle du témoignage, il les donnera au prêtre,

15 qui en immolera l'un pour le péché, et offrira l'autre en holocauste, et qui priera pour lui devant le Seigneur, afin qu'il soit purifié de cette impureté.

16 L'homme à qui il arrive ce qui est l'effet de l'usage du mariage, lavera d'eau tout son corps, et il sera impur jusqu'au soir.

17 Il lavera dans l'eau la robe et la peau qu'il aura eue sur lui, et elle sera impure jusqu'au soir.

18 La femme dont il se sera approché, sera lavée d'eau, et elle sera impure jusqu'au soir.

19 La femme qui souffre ce qui dans l'ordre de la nature arrive chaque mois, sera séparée pendant sept jours.

20 Quiconque la touchera sera impur jusqu'au soir ;

21 et toutes les choses sur lesquelles elle aura dormi, et où elle se sera assise pendant les jours de sa séparation, seront souillées.

22 Celui qui aura touché son lit lavera ses vêtements ; et après s'être lui-même lavé dans l'eau, il sera impur jusqu'au soir.

23 Quiconque aura touché à toutes les choses sur lesquelles elle se sera assise, lavera ses vêtements ; et s'étant lui-même lavé dans l'eau, il sera souillé jusqu'au soir. *Et quand ce serait quelque chose qui aurait seulement été sur le lit de cette femme, ou sur le siège sur lequel elle se sera assise, celui qui touchera cette chose sera impur jusqu'au soir.*

24 Si un homme s'approche d'elle lorsqu'elle sera dans cet état qui vient chaque mois, il sera impur pendant sept jours ; et tous les lits sur lesquels il dormira seront souillés.

25 La femme qui hors le temps ordinaire souffre plusieurs jours cet accident qui ne doit arriver qu'à chaque mois, ou dans laquelle cet accident ordinaire continue lors même qu'il aurait dû cesser, demeurera impure, comme elle est chaque mois, tant qu'elle sera sujette à cet accident.

26 Tous les lits sur lesquels elle aura dormi, et toutes les choses sur lesquelles elle se sera assise, seront impures.

27 Quiconque les aura touchées lavera ses vêtements ; et après s'être lui-même lavé dans l'eau, il demeurera impur jusqu'au soir.

28 Si cet accident s'arrête et n'a plus son effet, elle comptera sept jours pour sa purification ;

29 et au huitième jour elle offrira pour elle au prêtre deux tourterelles ou deux petits de colombe, à l'entrée du tabernacle du témoignage.

30 Le prêtre en immolera l'un pour le péché, et offrira l'autre en holocauste ; et il priera devant le Seigneur pour elle, et pour ce qu'elle a souffert d'impur.

31 Vous apprendrez donc aux enfants d'Israël à se garder de l'impureté, afin qu'ils ne meurent point dans leurs souillures, après avoir violé la sainteté de mon tabernacle qui est au milieu d'eux.

32 C'est là la loi qui regarde celui qui souffre ce qui ne doit arriver que dans l'usage du mariage, ou qui se souille en s'approchant d'une femme ;

33 et c'est aussi la loi qui regarde la femme qui est séparée à cause de ce qui lui arrive chaque mois, ou en laquelle ce même accident continue dans la suite ; et qui regarde aussi l'homme qui se sera approché d'elle en cet état.

CHAPITRE XVI.

LE Seigneur parla à Moïse après la mort des deux fils d'Aaron, lorsque offrant *à Dieu* un feu étranger ils furent tués ;

2 et il lui donna cet ordre, et lui dit : Dites à Aaron, votre frère, qu'il n'entre pas en tout temps dans le sanctuaire qui est au dedans du voile devant le propitiatoire qui couvre l'arche, de peur qu'il ne meure ; car j'apparaîtrai sur l'oracle dans la nuée.

3 Qu'il n'y entre point qu'après avoir fait ceci ; il offrira un veau pour le péché, et un bélier en holocauste.

4 Il se revêtira de la tunique de lin ; il couvrira ce qui doit être couvert, avec un vêtement de lin ; il se ceindra d'une ceinture de lin ; il mettra sur sa tête une tiare de lin ; car ces vêtements sont saints ; et il les prendra tous après s'être lavé.

5 Il recevra de toute la multitude des enfants d'Israël deux boucs pour le péché, et un bélier pour être offert en holocauste.

6 Et lorsqu'il aura offert le veau, et qu'il aura prié pour soi et pour sa maison,

7 il présentera devant le Seigneur les deux boucs à l'entrée du tabernacle du témoignage ;

8 et jetant le sort sur les deux boucs, pour voir lequel sera immolé au Seigneur, et lequel sera le bouc émissaire,

9 il offrira pour le péché le bouc sur lequel sera tombé le sort qui le destinait au Seigneur.

10 Et pour celui sur qui sera tombé le sort qui le destinait à être le bouc émissaire, il l'offrira vif devant le Seigneur, afin de faire sur lui les prières, et de l'envoyer *ensuite* dans le désert.

11 Faisant donc ces choses selon l'ordre qui lui est prescrit, il offrira le veau, et priant pour soi et pour sa maison, il l'immolera.

12 Puis il prendra l'encensoir qu'il aura rempli de charbons de l'autel, et prenant avec la main les parfums qui auront été composés pour servir d'encens, il entrera au dedans du voile dans le saint des saints ;

13 afin que les parfums aromatiques étant mis sur le feu, la fumée et la vapeur qui en sortira couvre l'oracle qui est au-dessus du témoignage, et qu'il ne meure point.

14 Il prendra aussi du sang du veau, et y ayant trempé son doigt, il en fera sept fois les aspersions vers le propitiatoire du côté de l'orient.

15 Et après avoir immolé le bouc pour le péché du peuple, il en portera le sang au dedans du voile, selon qu'il lui a été ordonné touchant le sang du veau, afin qu'il en fasse les aspersions devant l'oracle,

16 et qu'il purifie le sanctuaire des impuretés des enfants d'Israël, des violements qu'ils ont commis contre la loi, et de tous leurs péchés. Il fera la même chose au tabernacle du témoignage qui a été dressé parmi eux, au milieu des impuretés qui se commettent dans leurs tentes.

17 Que nul homme ne soit dans le tabernacle quand le pontife entrera dans le saint des saints, pour prier pour soi-même, pour sa maison, et pour toute l'assemblée d'Israël, jusqu'à ce qu'il en soit sorti.

18 Et lorsqu'il en sera sorti pour venir à l'autel *des parfums* qui est devant le Seigneur, qu'il prie pour soi ; et ayant pris du sang du veau et du bouc, qu'il le répande sur les cornes de l'autel tout autour.

19 Ayant aussi trempé son doigt dans le sang, qu'il en fasse sept fois les aspersions, et qu'il expie l'autel et le sanctifie, *le purifiant* des impuretés des enfants d'Israël.

20 Après qu'il aura purifié le sanctuaire, le tabernacle et l'autel, il offrira le bouc vivant ;

21 et lui ayant mis les deux mains sur la tête, il confessera toutes les iniquités des enfants d'Israël, toutes leurs offenses et tous leurs péchés ; il en chargera avec imprécation la tête de ce bouc, et l'enverra au désert par un homme destiné à cela.

22 Après que le bouc aura porté toutes leurs iniquités dans un lieu solitaire, et qu'on l'aura laissé aller dans le désert,

23 Aaron retournera au tabernacle du témoignage, et ayant quitté les vêtements dont il était auparavant revêtu lorsqu'il entrait dans le sanctuaire, et les ayant laissés là,

24 il lavera son corps dans le lieu saint, et il se revêtira de ses habits. Il sortira ensuite, et après avoir offert son holocauste et celui du peuple, il priera tant pour soi que pour le peuple ;

25 et il fera brûler sur l'autel la graisse qui a été offerte pour les péchés.

26 Quant à celui qui aura été conduire le bouc émissaire, il lavera dans l'eau ses vêtements et son corps, et après cela il rentrera dans le camp.

27 On emportera hors du camp le veau et le bouc qui avaient été immolés pour le péché, et dont le sang avait été porté dans le sanctuaire pour en faire la cérémonie de l'expiation, et on en brûlera dans le feu la peau, la chair et la fiente.

28 Quiconque les aura brûlées, lavera dans l'eau ses vêtements et son corps, et après cela il rentrera dans le camp.

29 Cette ordonnance sera gardée éternellement parmi vous : Au dixième jour du septième mois vous affligerez vos âmes ; vous ne ferez aucune œuvre de vos mains, soit ceux qui sont nés en votre pays, soit ceux qui sont venus de dehors, et qui sont étrangers parmi vous.

30 C'est en ce jour que se fera votre expiation et la purification de tous vos péchés ; *et* vous serez *ainsi* purifiés devant le Seigneur ;

31 car c'est le sabbat *et le grand jour* du repos, et vous y affligerez vos âmes par un culte religieux qui sera perpétuel.

32 Cette expiation se fera par le *grand* prêtre qui aura reçu l'onction sainte, dont les mains auront été consacrées pour faire les fonctions du sacerdoce à la place de son père ; et s'étant revêtu de la robe de lin et des vêtements saints,

33 il expiera le sanctuaire, le tabernacle du témoignage et l'autel, les prêtres aussi, et tout le peuple.

34 Et cette ordonnance sera gardée éternellement parmi vous, de prier une fois l'année pour les enfants d'Israël, et pour tous leurs péchés. Moïse fit donc tout cela, selon que le Seigneur le lui avait ordonné.

CHAPITRE XVII.

LE Seigneur parla encore à Moïse, et lui dit :

2 Parlez à Aaron, à ses fils, et à tous les enfants d'Israël, et dites-leur : Voici ce que le Seigneur a ordonné, voici ce qu'il a dit :

3 Tout homme de la maison d'Israël, *ou des prosélytes établis parmi vous*, qui aura tué *en sacrifice* un bœuf, ou une brebis, ou une chèvre, dans le camp ou hors du camp,

4 et qui ne l'aura pas présentée à l'entrée du tabernacle pour être offerte au Seigneur, sera coupable de meurtre, et il périra du milieu de son peuple, comme s'il avait répandu le sang *de l'homme*.

5 C'est pourquoi les enfants d'Israël doivent présenter au prêtre les hosties, au lieu de les égorger dans les champs ; afin qu'elles soient consacrées au Seigneur devant l'entrée du tabernacle du témoignage, et qu'ils les immolent au Seigneur comme des hosties pacifiques.

6 Le prêtre en répandra le sang sur l'autel du Seigneur à l'entrée du tabernacle du témoignage, et il en fera brûler la graisse comme une odeur agréable au Seigneur ;

7 et ainsi ils n'immoleront plus à l'avenir leurs hosties aux démons, au culte desquels ils se sont abandonnés. Cette loi sera éternelle pour eux et pour leur postérité.

8 Et vous leur direz encore : Si un homme de la maison d'Israël, ou de ceux qui sont venus de dehors, et qui sont étrangers parmi vous, offre un holocauste ou une victime,

9 sans l'amener à l'entrée du tabernacle du témoignage, afin qu'elle soit offerte au Seigneur, il périra du milieu de son peuple.

10 Si un homme quel qu'il soit, ou de la maison d'Israël, ou des étrangers qui sont venus demeurer parmi eux, mange du sang, j'arrêterai sur lui l'œil de ma colère, et je le perdrai du milieu de son peuple,

11 parce que la vie de la chair est dans le sang ; et je vous l'ai donné, afin qu'il vous serve sur l'autel pour l'expiation de vos âmes, et que l'âme soit expiée par le sang.

12 C'est pourquoi j'ai dit aux enfants d'Israël : Que nul d'entre vous, ni même des étrangers qui sont venus demeurer parmi vous, ne mange du sang.

13 Si quelque homme d'entre les enfants d'Israël, ou d'entre les étrangers qui sont venus demeurer parmi vous, prend à la chasse quelqu'une des bêtes, ou au filet quelqu'un des oiseaux dont il est permis de manger, qu'il en répande le sang, et qu'il le couvre de terre.

14 Car la vie de toute chair est dans le sang ; c'est pourquoi j'ai dit aux enfants d'Israël : Vous ne mangerez point du sang de toute chair, parce que la vie de la chair est dans le sang ; et quiconque en mangera sera puni de mort.

15 Si quelqu'un, ou du peuple d'Israël, ou des étrangers, mange d'une bête qui sera morte d'elle-même, ou qui aura été prise par une autre bête, il lavera ses vêtements, et se lavera lui-même dans l'eau ; il sera impur jusqu'au soir, et il deviendra pur en cette manière.

16 S'il ne lave point ses vêtements et son corps, il portera *la peine de* son iniquité.

CHAPITRE XVIII.

LE Seigneur parla à Moïse, et lui dit :

2 Parlez aux enfants d'Israël, et dites-leur *de ma part :* Je suis le Seigneur, votre Dieu.

3 Vous n'agirez point selon les coutumes du pays d'Egypte, où vous avez demeuré ; et vous ne vous conduirez point selon les mœurs du pays de Chanaan, dans lequel je vous ferai entrer ; vous ne suivrez point leurs lois ni leurs règles.

4 Vous exécuterez mes ordonnances, vous observerez mes préceptes, et vous marcherez selon ce qu'ils vous prescrivent. Je suis le Seigneur, votre Dieu.

5 Gardez mes lois et mes ordonnances. L'homme qui les gardera, y trouvera la vie. Je suis le Seigneur.

6 Nul homme ne s'approchera de celle qui lui est unie par la proximité du sang, pour découvrir ce que la pudeur veut qui soit caché. Je suis le Seigneur.

7 Vous ne découvrirez point dans votre mère ce qui doit être caché, en violant le respect dû à votre père ; elle est votre mère ; vous ne découvrirez rien en elle contre la pudeur.

8 Vous ne découvrirez point dans la femme de votre père ce qui doit être caché, parce que vous blesseriez le respect dû à votre père.

9 Vous ne découvrirez point ce qui doit être caché dans celle qui est votre sœur de père, ou votre sœur de mère, qui est née ou dans la maison ou hors de la maison.

10 Vous ne découvrirez point ce qui doit être caché dans la fille de votre fils, ou dans la fille de votre fille, parce que c'est votre propre chair.

11 Vous ne découvrirez point ce qui doit être caché dans la fille de la femme de votre père, qu'elle a enfantée à votre père, et qui est votre sœur.

12 Vous ne découvrirez point ce qui doit être caché dans la sœur de votre père, parce que c'est la chair de votre père.

13 Vous ne découvrirez point ce qui doit être caché dans la sœur de votre mère, parce que c'est la chair de votre mère.

14 Vous ne découvrirez point ce que le respect dû à votre oncle paternel veut qui soit caché, et vous ne vous approcherez point de sa femme, parce qu'elle vous est unie par une étroite alliance.

15 Vous ne découvrirez point ce qui doit être caché dans votre belle-fille, parce qu'elle est la femme de votre fils ; et vous y laisserez couvert ce que le respect veut qui soit caché.

16 Vous ne découvrirez point ce qui doit être caché dans la femme de votre frère, parce que c'est la chair de votre frère.

17 Vous ne découvrirez point dans la fille de votre femme ce qui doit être caché, parce que c'est la chair de votre femme. Vous ne prendrez point la fille de son fils, ni la fille de sa fille, pour découvrir ce que l'honnêteté veut qui soit caché, parce qu'elles sont la chair de votre femme, et qu'une telle alliance est un inceste.

18 Vous ne prendrez point la sœur de votre femme pour la rendre sa rivale, et vous ne découvrirez point dans elle du vivant de votre femme ce que la pudeur veut qui soit caché.

19 Vous ne vous approcherez point d'une femme qui souffre ce qui arrive tous les mois, et vous ne découvrirez point en elle ce qui n'est pas pur.

20 Vous ne vous approcherez point de la femme de votre prochain, et vous ne vous souillerez point par cette union honteuse et illégitime.

21 Vous ne donnerez point de vos enfants pour être consacrés à l'idole de Moloch, et vous ne souillerez point le nom de votre Dieu. Je suis le Seigneur.

22 Vous ne commettrez point cette abomination où l'on se sert d'un homme comme si c'était une femme.

23 Vous ne vous approcherez d'aucune bête, et vous ne vous souillerez point avec elle. La femme ne se prostituera point aussi en cette manière à une bête, parce que c'est un crime *abominable*.

24 Vous ne vous souillerez point par toutes ces infamies dont se sont souillés tous les peuples que je chasserai devant vous,

25 et qui ont déshonoré ce pays-là ; et je punirai moi-même les crimes détestables de cette terre, en sorte qu'elle rejettera avec horreur ses habitants hors de son sein.

26 Gardez mes lois et mes ordonnances, et que ni les Israélites, ni les étrangers qui sont venus demeurer chez vous, ne commettent aucune de toutes ces abominations.

27 Car ceux qui ont habité cette terre avant vous, ont commis toutes ces infamies exécrables, et l'ont *tout à fait* souillée.

28 Prenez donc garde que commettant les mêmes crimes qu'ils ont commis, cette terre ne vous rejette avec horreur hors de son sein, comme elle en aura rejeté tous ces peuples qui l'ont habitée avant vous.

29 Tout homme qui aura commis quelqu'une de ces abominations, périra du milieu de son peuple.

30 Gardez mes commandements. Ne faites point ce qu'ont fait ceux qui étaient avant vous *dans ce pays*, et ne vous souillez point par ces infamies, Je suis le Seigneur, votre Dieu.

CHAPITRE XIX.

LE Seigneur parla à Moïse, et lui dit :

2 Parlez à toute l'assemblée des enfants d'Israël, et dites-leur : Soyez saints, parce que je suis saint, moi *qui suis* le Seigneur, votre Dieu.

3 Que chacun respecte avec crainte son père et sa mère. Gardez mes jours de sabbat. Je suis le Seigneur, votre Dieu.

4 Gardez-vous bien de vous tourner vers les idoles, et ne vous faites point de dieux jetés en fonte. Je suis le Seigneur, votre Dieu.

5 Si vous immolez au Seigneur une hostie pacifique, afin qu'il vous soit favorable,

6 vous la mangerez le même jour, et le jour d'après qu'elle aura été immolée ; et vous consumerez par le feu tout ce qui en restera le troisième jour.

7 Si quelqu'un en mange après les deux jours, il sera profane, et coupable d'impiété ;

8 il portera *la peine de* son iniquité, parce qu'il a souillé ce qui était consacré au Seigneur ; et cet homme périra du milieu de son peuple.

9 Lorsque vous ferez la moisson dans vos champs, vous ne couperez point jusqu'au pied ce qui sera crû sur la terre, et vous ne ramasserez point les épis qui seront restés.

10 Vous ne recueillerez point aussi dans votre vigne les grappes qui restent, ni les grains qui tombent ; mais vous les laisserez prendre aux pauvres et aux étrangers. Je suis le Seigneur, votre Dieu.

11 Vous ne déroberez point. Vous ne mentirez point ; et nul ne trompera son prochain.

12 Vous ne jurerez point faussement en mon nom, et vous ne souillerez point le nom de votre Dieu. Je suis le Seigneur.

13 Vous ne calomnierez point votre prochain, et vous ne l'opprimerez point par violence. Le prix du mercenaire qui vous donne son travail, ne demeurera point chez vous jusqu'au matin.

14 Vous ne parlerez point mal du sourd, et vous ne mettrez rien devant l'aveugle qui puisse le faire tomber ; mais vous craindrez le Seigneur, votre Dieu, parce que je suis le Seigneur.

15 Vous ne ferez rien contre l'équité, et vous ne jugerez point injustement. N'ayez point d'égard *contre la justice* à la personne du pauvre, et ne respectez point *contre la justice* la personne de l'homme puissant. Jugez votre prochain selon la justice.

16 Vous ne serez point parmi votre peuple ni un calomniateur public, ni un médisant secret. Vous ne ferez point d'entreprises contre le sang de votre prochain. Je suis le Seigneur.

17 Vous ne haïrez point votre frère en votre cœur, mais vous le reprendrez publiquement, de peur que vous ne péchiez vous-même sur son sujet.

18 Ne cherchez point à vous venger, et ne conservez point le souvenir de l'injure de vos citoyens. Vous aimerez votre ami comme vous-même. Je suis le Seigneur.

19 Gardez mes lois. Vous n'accouplerez point une bête domestique avec des animaux d'une autre espèce. Vous ne sèmerez point votre champ de semence différente. Vous ne vous revêtirez point d'une robe tissue de fils différents.

20 Si un homme dort avec une femme, et abuse de celle qui était esclave et en âge d'être mariée, mais qui n'a point été rachetée à prix d'argent, et à qui on n'a point donne la liberté ; ils seront battus tous deux, et ils ne mourront pas, parce que ce n'était pas une femme libre.

21 L'homme offrira au Seigneur pour sa faute un bélier à l'entrée du tabernacle du témoignage ;

22 le prêtre priera pour lui et pour son péché devant le Seigneur, et il rentrera en grâce devant le Seigneur, et son péché lui sera pardonné.

23 Lorsque vous serez entrés dans la terre *que je vous ai promise*, et que vous y aurez planté des arbres fruitiers, vous aurez soin de les circoncire ; *c'est-à-dire*, que les premiers fruits qui en sortiront vous étant impurs, vous n'en mangerez point *pendant trois ans*.

24 La quatrième année tout leur fruit sera sanctifié et consacre à la gloire du Seigneur ;

25 et la cinquième année vous en mangerez les fruits, en recueillant ce que chaque arbre aura porté. Je suis le Seigneur, votre Dieu.

26 Vous ne mangerez rien avec le sang. Vous n'userez point d'augures, et vous n'observerez point les songes.

27 Vous ne couperez point vos cheveux en rond ; et vous ne raserez point votre barbe.

28 Vous ne ferez point d'incisions dans votre chair en pleurant les morts, et vous ne ferez aucune figure ni aucune marque sur votre corps. Je suis le Seigneur.

29 Ne prostituez point votre fille, de peur que la terre ne soit souillée, et qu'elle ne soit remplie d'impiété.

30 Gardez mes jours de sabbat, et tremblez devant mon sanctuaire. Je suis le Seigneur.

31 Ne vous détournez point *de votre Dieu*, pour aller chercher des magiciens, et ne consultez point les devins, de peur de vous souiller en vous adressant à eux. Je suis le Seigneur, votre Dieu.

32 Levez-vous devant ceux qui ont les cheveux blancs ; honorez la personne du vieillard ; et craignez le Seigneur, votre Dieu. Je suis le Seigneur.

33 Si un étranger habite dans votre pays, et demeure au milieu de vous, ne lui faites aucun reproche ;

34 mais qu'il soit parmi vous comme s'il était né dans votre pays ; et aimez-le comme vous-mêmes ; car vous avez été aussi vous-mêmes étrangers dans l'Egypte. Je suis le Seigneur, votre Dieu.

35 Ne faites rien contre l'équité, ni dans les jugements, ni dans ce qui sert de règle, ni dans les poids, ni dans les mesures.

36 Que la balance soit juste, et les poids tels qu'ils doivent être ; que le boisseau soit juste, et que le setier ait sa mesure. Je suis le Seigneur, votre Dieu, qui vous ai tirés de l'Egypte.

37 Gardez tous mes préceptes et toutes mes ordonnances, et exécutez-les. Je suis le Seigneur.

CHAPITRE XX.

LE Seigneur parla encore à Moïse, et lui dit :

2 Vous direz ceci aux enfants d'Israël : Si un homme d'entre les enfants d'Israël, ou des étrangers qui demeurent dans Israël, donne de ses enfants à l'idole de Moloch, qu'il soit puni de mort, *et que* le peuple du pays le lapide.

3 J'arrêterai l'œil de ma colère sur cet homme, et je le retrancherai du milieu de son peuple, parce qu'il a donné de sa race à Moloch, qu'il a profané mon sanctuaire, et qu'il a souillé mon nom saint.

4 Si le peuple, du pays faisant paraître de la négligence, et comme du mépris pour mon commandement, laisse aller cet homme qui aura donné de ses enfants à Moloch, et ne veut pas le tuer ;

5 j'arrêterai l'œil de ma colère sur cet homme et sur sa famille, et je le retrancherai du milieu de son peuple, lui et tous ceux qui auront consenti à la fornication par laquelle il s'est prostitué à Moloch.

6 Si un homme se détourne *de moi* pour aller chercher les magiciens et les devins, et s'abandonne à eux par *une espèce de* fornication, il attirera sur lui l'œil de ma colère, et je l'exterminerai du milieu de son peuple.

7 Sanctifiez-vous et soyez saints, parce que je suis *saint, moi qui suis* le Seigneur, votre Dieu.

8 Gardez mes préceptes, et exécutez-les. Je suis le Seigneur qui vous sanctifie.

9 Que celui qui aura outragé de parole son père ou sa mère, soit puni de mort ; son sang retombera sur lui, parce qu'il a outragé son père ou sa mère.

10 Si quelqu'un abuse de la femme d'un autre, et commet un adultère avec la femme de son prochain, que l'homme adultère et la femme adultère meurent tous deux.

11 Si un homme abuse de sa belle-mère, et viole à son égard le respect qu'il aurait dû porter à son père, qu'ils soient tous deux punis de mort ; leur sang retombera sur eux.

12 Si quelqu'un abuse de sa belle-fille, qu'ils meurent tous deux, parce qu'ils ont commis un *grand* crime : leur sang retombera sur eux.

13 Si quelqu'un abuse d'un homme comme si c'était une femme, qu'ils soient tous deux punis de mort, comme ayant commis un crime exécrable : leur sang retombera sur eux.

14 Celui qui, après avoir épousé la fille, épouse encore la mère, commet un crime énorme ; il sera brûlé tout vif avec elles, et une action si détestable ne demeurera pas impunie au milieu de vous.

15 Celui qui se sera corrompu avec une bête, quelle qu'elle soit, sera puni de mort ; et vous ferez aussi mourir la bête.

16 La femme qui se sera aussi corrompue avec une bête, quelle qu'elle soit, sera punie de mort avec la bête, et leur sang retombera sur elles.

17 Si un homme s'approche de sa sœur qui est fille de son père, ou fille de sa mère, et s'il voit en elle, ou si elle voit en lui, ce que la pudeur veut qui soit caché, ils ont commis un crime énorme ; et ils seront tués devant le peuple, parce qu'ils ont découvert l'un à l'autre ce qui aurait dû les faire rougir, et ils porteront *la peine due à* leur iniquité.

18 Si un homme s'approche d'une femme dans le temps qu'elle souffre l'accident ordinaire à son sexe, et qu'il découvre *en elle* ce que l'honnêteté aurait dû cacher, et si la femme elle-même se fait voir en cet état, ils seront tous deux exterminés du milieu de leur peuple.

19 Vous ne découvrirez point ce qui doit être caché dans votre tante maternelle, ou dans votre tante paternelle ; celui qui le fait découvre la honte de sa propre chair, et ils porteront tous deux *la peine de* leur iniquité.

20 Si un homme s'approche de la femme de son oncle paternel ou

maternel, et découvre *en elle* ce qu'il aurait dû cacher par le respect qu'il doit à ses proches, ils porteront tous deux *la peine de leur péché* ; et ils mourront sans enfants.

21 Si un homme épouse la femme de son frère, il fait une chose que Dieu défend, il découvre ce qu'il devait cacher pour l'honneur de son frère ; et ils n'auront point d'enfants.

22 Gardez mes lois et mes ordonnances, et exécutez-les, de peur que la terre dans laquelle vous devez entrer et où vous devez demeurer, ne vous rejette aussi *avec horreur hors de son sein.*

23 Ne vous conduisez point selon les lois *et* les coutumes des nations que je dois chasser de la terre où je veux vous établir. Car elles ont fait toutes ces choses, et je les ai eues en abomination.

24 Mais pour vous, voici ce que je vous dis ; Possédez la terre de ces peuples, que je vous donnerai en héritage, cette terre où coulent des ruisseaux de lait et de miel. Je suis le Seigneur, votre Dieu, qui vous ai séparés de tout le reste des peuples.

25 Séparez donc aussi vous autres les bêtes pures d'avec les impures, les oiseaux purs d'avec les impurs ; ne souillez point vos âmes en mangeant des bêtes ou des oiseaux, et de ce qui a mouvement et vie sur la terre, que je vous ai marqué comme impur.

26 Vous serez mon peuple saint, parce que je suis saint, moi qui suis le Seigneur, et que je vous ai séparés de tous les autres peuples, afin que vous fussiez particulièrement à moi.

27 Si un homme ou une femme a un esprit de Python, ou un esprit de divination, qu'ils soient punis de mort ; ils seront lapidés, et leur sang retombera sur leurs têtes.

CHAPITRE XXI.

LE Seigneur dit aussi à Moïse : Parlez aux prêtres, enfants d'Aaron, et dites-leur ; Que le prêtre, à la mort de ses citoyens, ne fasse rien qui le rende impur *selon la loi,*

2 à moins que ce ne soit ceux qui lui sont unis plus étroitement par le sang, et qui sont ses plus proches ; c'est-à-dire, son père et sa mère, son fils et sa fille, son frère aussi,

3 sa sœur qui était vierge, et qui n'avait point encore été mariée ;

4 mais il ne fera rien de ce qui peut le rendre impur *selon la loi*, à la mort même du prince de son peuple.

5 Les prêtres ne raseront point leurs têtes, ni leurs barbes, ils ne feront point d'incision dans leurs corps.

6 Ils se conserveront saints pour leur Dieu, et ils ne souilleront point son nom ; car ils présentent l'encens du Seigneur, et ils offrent les pains de leur Dieu ; c'est pourquoi ils seront saints.

7 Ils n'épouseront point une femme déshonorée, ou qui ait été prostituée à l'impudicité publique, ni celle qui aura été répudiée par son mari ; parce qu'ils sont consacrés à leur Dieu,

8 et qu'ils offrent les pains qu'on expose devant lui. Qu'ils soient donc saints, parce que je suis saint moi-même, moi qui suis le Seigneur qui les sanctifie.

9 Si la fille d'un prêtre est surprise dans un crime contre son honneur, et qu'elle ait déshonoré le nom de son père, elle sera brûlée *toute vive.*

10 Le pontife, c'est-à-dire, celui qui est le grand prêtre parmi ses frères, sur la tête duquel l'huile d'onction a été répandue, dont les mains ont été consacrées pour faire les fonctions du sacerdoce, et qui est revêtu des vêtements saints, ne se découvrira point la tête, ne déchirera point ses vêtements,

11 et n'ira jamais a aucun mort, quel qu'il puisse être. Il ne fera rien qui puisse le rendre impur *selon la loi,* même a la mort de son père ou de sa mère.

12 Il ne sortira point alors des lieux saints, afin qu'il ne viole point le sanctuaire du Seigneur, parce que l'huile de l'onction sainte de son Dieu a été répandue sur lui. Je suis le Seigneur.

13 Il prendra pour femme une vierge.

14 Il n'épousera point une veuve ou une femme qui ait été répudiée, ou qui ait été déshonorée, ou une infâme ; mais il prendra une fille du peuple d'Israël.

15 Il ne mêlera point le sang de sa race avec une personne du commun du peuple ; parce que je suis le Seigneur qui le sanctifie.

16 Le Seigneur parla encore à Moïse, et lui dit :

17 Dites *ceci* à Aaron : Si un homme d'entre les familles de votre race a une tache sur le corps, il n'offrira point les pains à son Dieu,

18 et il ne s'approchera point du ministère de son autel ; s'il est aveugle, s'il est boiteux, s'il a le nez ou trop petit, ou trop grand, ou tortu,

19 s'il a le pied ou la main rompue,

20 s'il est bossu, s'il est chassieux, s'il a une taie sur l'œil, s'il a une gale qui ne le quitte point, ou une grattelle répandue sur le corps, ou une descente.

21 Tout homme de la race du prêtre Aaron qui aura quelque tache, ne s'approchera point pour offrir des hosties au Seigneur, ou des pains à son Dieu.

22 Il mangera néanmoins des pains qui sont offerts dans le sanctuaire ;

23 mais de telle sorte qu'il n'entrera point au dedans du voile, et qu'il ne s'approchera point de l'autel, parce qu'il a une tache, et qu'il ne doit point souiller mon sanctuaire. Je suis le Seigneur qui les sanctifie.

24 Moïse dit donc à Aaron, à ses fils, et à tout Israël, tout ce qui lui avait été commandé.

CHAPITRE XXII.

LE Seigneur parla aussi à Moïse, et lui dit :

2 Parlez à Aaron et à ses fils, afin qu'ils ne touchent pas *en certains temps* aux oblations sacrées des enfants d'Israël, pour ne pas souiller ce qu'ils m'offrent et qui m'est consacré. Je suis le Seigneur.

3 Dites-leur *ceci* pour eux et pour leur postérité : Tout homme de votre race qui étant devenu impur, s'approchera des choses qui auront été consacrées, et que les enfants d'Israël auront offertes au Seigneur, périra devant le Seigneur. Je suis le Seigneur.

4 Tout homme de la race d'Aaron qui sera lépreux, ou qui souffrira ce qui ne doit arriver que dans l'usage du mariage, ne mangera point des choses qui m'ont été sanctifiées, jusqu'à ce qu'il soit guéri. Celui qui touchera à un homme devenu impur pour avoir touché à un mort, ou à un homme qui souffrira ce qui ne doit arriver que dans l'usage du mariage,

5 ou qui touchera ce qui rampe sur la terre, et généralement tout ce qui est impur, et que l'on ne peut toucher sans être souillé,

6 sera impur jusqu'au soir, et il ne mangera point des choses qui auront été sanctifiées ; mais après qu'il se sera lavé le corps dans l'eau,

7 et que le soleil sera couché, alors étant purifié, il mangera des choses sanctifiées, parce que c'est sa nourriture.

8 *Les enfants d'Aaron* ne mangeront point d'une bête qui est morte d'elle-même, ou qui aura été prise par une autre bête, et ils ne se souilleront point par ces viandes. Je suis le Seigneur.

9 Qu'ils gardent mes préceptes, afin qu'ils ne tombent point dans le péché, et qu'ils ne meurent point dans le sanctuaire après qu'ils l'auront souillé. Je suis le Seigneur qui les sanctifie.

10 Nul étranger ne mangera des choses sanctifiées ; celui qui est venu de dehors demeurer avec le prêtre, ou le mercenaire qui est chez lui, n'en mangeront point.

11 Mais celui que le prêtre aura acheté, ou qui sera né dans sa maison d'un esclave qui est à lui, en mangera.

12 Si la fille d'un prêtre épouse un homme du peuple, elle ne mangera point des choses qui auront été sanctifiées, ni des prémices ;

13 mais si étant veuve ou répudiée, et sans enfants, elle retourne à la maison de son père, elle mangera des viandes dont mange son père, comme elle avait accoutume étant fille. Nul étranger n'aura le pouvoir de manger de ces viandes.

14 Celui qui aura mangé sans le savoir des choses qui ont été sanctifiées, ajoutera une cinquième partie à ce qu'il aura mangé, et il donnera le tout au prêtre pour le sanctuaire.

15 Que les hommes ne profanent point ce qui aura été sanctifié, et

offert au Seigneur par les enfants d'Israël ;

16 de peur qu'ils ne portent la peine de leur péché lorsqu'ils auront mangé les choses sanctifiées. Je suis le Seigneur qui les sanctifie.

17 Le Seigneur parla encore à Moïse, et lui dit :

18 Parlez à Aaron, à ses fils et à tous les enfants d'Israël, et dites-leur : Si un homme de la maison d'Israël, ou des étrangers qui habitent parmi vous, présente son oblation, ou en rendant ses vœux, ou en offrant de sa pure volonté ce qu'il présente, quoi que ce soit qu'il offre pour être présenté par les prêtres en holocauste au Seigneur ;

19 si son oblation est de bœufs, ou de brebis, ou de chèvres, il faut que ce soit un mâle qui n'ait point de tache ;

20 s'il a une tache, vous ne l'offrirez point, et il ne sera point agréable *au Seigneur*.

21 Si un homme offre au Seigneur une victime pacifique, ou en rendant ses vœux, ou en faisant une offrande volontaire, soit de bœufs ou de brebis, ce qu'il offrira sera sans tache, afin qu'il soit agréable *au Seigneur* ; il n'y aura aucune tache dans ce qu'il offrira.

22 Si c'est une bête aveugle, ou qui ait quelque membre rompu, ou une cicatrice *en quelque partie*, ou des pustules, ou la gale, ou le farcin ; vous n'offrirez point des bêtes de cette sorte au Seigneur, et vous n'en ferez rien brûler sur l'autel du Seigneur.

23 Vous pouvez donner volontairement un bœuf ou une brebis dont on aura coupé une oreille ou la queue ; mais on ne peut pas s'en servir pour s'acquitter d'un vœu qu'on aura fait.

24 Vous n'offrirez au Seigneur nul animal qui aura ce qui a été destiné à la conservation de son espèce, ou froissé, ou foulé, ou coupé, ou arraché ; et gardez-vous absolument de faire cela en votre pays.

25 Vous n'offrirez point à votre Dieu des pains de la main d'un étranger, ni quelque autre chose que ce soit qu'il voudra donner ; parce que tous ces dons sont corrompus et souillés ; et vous ne les recevrez point.

26 Le Seigneur parla encore à Moïse, et lui dit :

27 Lorsqu'un veau, ou une brebis, ou une chèvre seront nés, ils demeureront sept jours à têter sous leurs mères ; mais le huitième jour et les jours d'après, ils pourront être offerts au Seigneur.

28 On n'offrira point en un même jour, ou la vache, ou la brebis, avec leurs petits.

29 Si vous immolez pour action de grâces une hostie au Seigneur, afin qu'il puisse vous être favorable,

30 vous la mangerez le même jour, et il n'en demeurera rien jusqu'au matin du jour suivant. Je suis le Seigneur.

31 Gardez mes commandements, et exécutez-les. Je suis le Seigneur.

32 Ne souillez point mon nom qui est saint ; afin que je sois sanctifié au milieu des enfants d'Israël. Je suis le Seigneur qui vous sanctifie,

33 et qui vous ai tirés de l'Egypte, afin que je fusse votre Dieu. Je suis le Seigneur.

CHAPITRE XXIII.

LE Seigneur parla de nouveau à Moïse, et lui dit :

2 Parlez aux enfants d'Israël, et dites-leur : Voici les fêtes du Seigneur, que vous appellerez saintes ;

3 Vous travaillerez pendant six jours ; le septième jour s'appellera saint, parce que c'est le repos du sabbat. Vous ne ferez ce jour-là aucun ouvrage ; car c'est le sabbat du Seigneur, qui doit être observé partout où vous demeurerez.

4 Voici donc les fêtes du Seigneur qui seront saintes, que vous devez célébrer chacune en son temps ;

5 Au premier mois, le quatorzième jour du mois sur le soir, c'est la pâque du Seigneur ;

6 et le quinzième jour du même mois, c'est la fête solennelle des azymes du Seigneur. Vous mangerez des pains sans levain pendant sept jours.

7 Le premier jour vous sera le plus célèbre et *le plus* saint ; vous ne ferez en ce jour-là aucune œuvre servile ;

8 mais vous offrirez au Seigneur pendant sept jours un sacrifice qui se consumera par le feu. Le septième jour sera plus célèbre et plus saint que les autres ; vous ne ferez en ce jour-là aucune œuvre servile.

9 Le Seigneur parla encore à Moïse, et lui dit :

10 Parlez aux enfants d'Israël, et dites-leur : Lorsque vous serez entrés dans la terre que je vous donnerai, et que vous aurez coupé les grains, vous porterez au prêtre une gerbe d'épis, comme les prémices de votre moisson ;

11 et le lendemain de ce sabbat, *qui est la pâque*, le prêtre élèvera devant le Seigneur cette gerbe, afin que le Seigneur vous soit favorable en la recevant, et il la consacrera *au Seigneur*.

12 Le même jour que cette gerbe sera consacrée, on immolera au Seigneur un holocauste d'un agneau sans tache qui n'aura qu'un an.

13 On présentera pour offrande avec l'agneau, deux dixièmes de pure farine mêlée avec de l'huile, comme un encens d'une odeur très-agréable au Seigneur ; *l'on présentera* aussi pour offrande de vin, la quatrième partie de la mesure appelée hin.

14 Vous ne mangerez ni pain ni bouillie, ; ni farine desséchée des grains nouveaux, jusqu'au jour où vous en offrirez les prémices à votre Dieu. Cette loi sera éternellement observée de race en race dans tous les lieux où vous demeurerez.

15 Vous compterez donc depuis le second jour du sabbat, auquel vous avez offert la gerbe des prémices, sept semaines pleines,

16 jusqu'au jour d'après que la septième semaine sera accomplie, c'est-à-dire, cinquante jours ; et alors vous offrirez au Seigneur pour un sacrifice nouveau,

17 de tous les lieux où vous demeurerez, deux pains de prémices de deux dixièmes de pure farine avec du levain que vous ferez cuire pour être les prémices du Seigneur ;

18 et vous offrirez avec les pains sept agneaux sans tache, qui n'auront qu'un an, et un veau pris du troupeau, et deux béliers, qui seront offerts en holocauste avec les offrandes *de farine et* de liqueur comme un sacrifice d'une odeur très-agréable au Seigneur.

19 Vous offrirez aussi un bouc pour le péché, et deux agneaux d'un an pour être des hosties pacifiques ;

20 et lorsque le prêtre les aura élevés devant le Seigneur avec les pains des prémices, ils lui appartiendront.

21 Vous appellerez ce jour-là très-célèbre et très-saint ; vous ne ferez aucun ouvrage servile en ce jour. Cette ordonnance sera observée éternellement dans tous les lieux où vous demeurerez, et dans toute votre postérité.

22 Quand vous scierez les grains de votre terre, vous ne les couperez point jusqu'au pied ; et vous ne ramasserez point les épis qui seront restés, mais vous les laisserez pour les pauvres et les étrangers. Je suis le Seigneur, votre Dieu.

23 Le Seigneur parla encore à Moïse, et lui dit :

24 Parlez aux enfants d'Israël, *et dites-leur :* Au premier jour du septième mois vous célébrerez par le son des trompettes un sabbat, pour servir de monument, et il sera appelé saint.

25 Vous ne ferez en ce jour-là aucune œuvre servile, et vous offrirez un holocauste au Seigneur.

26 Le Seigneur parla encore à Moïse, et lui dit :

27 Le dixième jour de ce septième mois sera le jour des expiations ; il sera très-célèbre, et il s'appellera saint ; vous affligerez vos âmes en ce jour-là, et vous offrirez un holocauste au Seigneur.

28 Vous ne ferez aucune œuvre servile dans tout ce jour, parce que c'est un jour de propitiation, afin que le Seigneur, votre Dieu, vous devienne favorable.

29 Tout homme qui ne se sera point affligé en ce jour-là, périra du milieu de son peuple.

30 J'exterminerai encore du milieu de son peuple celui qui en ce jour-là fera quelque ouvrage.

31 Vous ne ferez donc aucun ouvrage en ce jour-là ; et cette ordonnance sera éternellement observée dans toute votre postérité,

et dans tous les lieux où vous demeurerez.

32 Ce jour-là vous sera un repos de sabbat, et vous affligerez vos âmes le neuvième jour du mois *au soir*. Vous célébrerez vos fêtes d'un soir jusqu'à un autre soir.

33 Le Seigneur parla encore à Moïse, et lui dit :

34 Dites *ceci* aux enfants d'Israël : Depuis le quinzième de ce septième mois, la fête des tabernacles se célébrera en l'honneur du Seigneur pendant sept jours.

35 Le premier jour sera très-célèbre et très-saint ; vous ne ferez aucune œuvre servile en ce jour-là.

36 Et vous offrirez au Seigneur des holocaustes pendant les sept jours ; le huitième sera aussi très-célèbre et très-saint, et vous offrirez au Seigneur un holocauste ; car c'est le jour d'une assemblée solennelle ; vous ne ferez aucune œuvre servile pendant ce jour.

37 Ce sont là les fêtes du Seigneur, que vous appellerez très-célèbres et très-saintes ; et vous y offrirez au Seigneur des oblations, des holocaustes et des offrandes de liqueurs, selon qu'il est ordonné pour chaque jour ;

38 outre les *sacrifices des autres* sabbats du Seigneur, et les dons que vous lui présentez, ce que vous offrez par vœu, ou ce que vous donnez volontairement au Seigneur.

39 Ainsi depuis le quinzième jour du septième mois, lorsque vous aurez recueilli tous les fruits de votre terre, vous célébrerez une fête en l'honneur du Seigneur pendant sept jours ; le premier jour et le huitième vous seront des jours de sabbat, c'est-à-dire, de repos.

40 Vous prendrez au premier jour *des branches* du plus bel arbre avec ses fruits, des branches de palmier, des rameaux de l'arbre le plus touffu, et des saules qui croissent le long des torrents ; vous vous réjouirez devant le Seigneur, votre Dieu ;

41 et vous célébrerez chaque année cette fête solennelle pendant sept jours ; cette ordonnance sera observée éternellement dans toute votre postérité. Vous célébrerez cette fête au septième mois,

42 et vous demeurerez sous l'ombre des branches d'arbres pendant sept jours ; tout homme qui est de la race d'Israël demeurera sous les tentes.

43 afin que vos descendants apprennent que j'ai fait demeurer sous des tentes les enfants d'Israël, lorsque je les ai tirés de l'Egypte, moi qui suis le Seigneur, votre Dieu.

44 Moïse déclara donc toutes ces choses aux enfants d'Israël touchant les fêtes solennelles du Seigneur.

CHAPITRE XXIV.

LE Seigneur parla encore à Moïse, et lui dit :

2 Ordonnez aux enfants d'Israël de vous apporter de l'huile d'olive très-pure et très-claire, pour en faire toujours brûler dans les lampes,

3 hors du voile du témoignage dans le tabernacle de l'alliance. Aaron les disposera devant le Seigneur pour y être depuis le soir jusqu'au matin, et cette cérémonie s'observera par un culte perpétuel dans toute votre postérité.

4 Les lampes se mettront toujours sur un chandelier très-pur devant le Seigneur.

5 Vous prendrez aussi de la pure farine, et vous en ferez cuire douze pains, qui seront chacun de deux dixièmes de farine ;

6 et vous les exposerez sur la table très-pure devant le Seigneur, six d'un côté et six de l'autre.

7 Vous mettrez dessus de l'encens très-luisant, afin que ce pain soit un monument de l'oblation faite au Seigneur.

8 Ces pains se changeront pour en mettre d'autres devant le Seigneur à chaque jour de sabbat, après qu'on les aura reçus des enfants d'Israël, par un pacte qui sera éternel ;

9 et ils appartiendront à Aaron et à ses enfants, afin qu'ils les mangent dans le lieu saint ; parce que c'est une chose très-sainte, et qu'ils leur appartiennent des sacrifices du Seigneur par un droit perpétuel.

10 Cependant il arriva que le fils d'une femme israélite qu'elle avait eu d'un Egyptien parmi les enfants d'Israël, eut une dispute dans le camp avec un Israélite ;

11 et qu'ayant blasphémé le nom *saint*, et l'ayant maudit, il fut amené à Moïse. Sa mère s'appelait Salumith, et elle était fille de Dabri, de la tribu de Dan.

12 Cet homme fut mis en prison, jusqu'à ce qu'on eût su ce que le Seigneur en ordonnerait.

13 Alors le Seigneur parla à Moïse,

14 et lui dit : Faites sortir hors du camp ce blasphémateur. Que tous ceux qui ont entendu *ses blasphèmes*, lui mettent les mains sur la tête, et qu'il soit lapidé par tout le peuple.

15 Vous direz aussi aux enfants d'Israël ; Celui qui aura maudit son Dieu, portera *la peine de* son péché.

16 Que celui qui aura blasphémé le nom du Seigneur, soit puni de mort ; tout le peuple le lapidera, soit qu'il soit citoyen ou étranger. Que celui qui aura blasphémé le nom du Seigneur, soit puni de mort.

17 Que celui qui aura frappé et tué un homme, soit puni de mort.

18 Celui qui aura tué une bête, en rendra une autre en sa place ; c'est-à-dire, il rendra une bête pour une bête.

19 Celui qui aura blessé quelqu'un de ses citoyens, sera traité comme il a traité l'autre ;

20 il recevra fracture pour fracture, et perdra œil pour œil, dent pour dent ; il sera contraint de souffrir le même mal qu'il aura fait souffrir à l'autre.

21 Celui qui aura tué une bête domestique, en rendra une autre. Celui qui aura tué un homme, sera puni de mort.

22 Que la justice se rende également parmi vous, soit que ce soit un étranger ou un citoyen qui ait péché ; parce que je suis le Seigneur, votre Dieu.

23 Moïse ayant déclaré ces choses aux enfants d'Israël, ils firent sortir hors du camp celui qui avait blasphémé, et ils le lapidèrent. Et les enfants d'Israël firent ce que le Seigneur avait ordonné à Moïse.

CHAPITRE XXV.

LE Seigneur parla encore à Moïse sur la montagne de Sinaï, et lui dit :

2 Parlez aux enfants d'Israël, et dites-leur : Quand vous serez entrés dans la terre que je vous donnerai, observez le sabbat en l'honneur du Seigneur.

3 Vous sèmerez votre champ six ans de suite, et vous taillerez aussi votre vigne, et en recueillerez les fruits durant six ans ;

4 mais la septième année, ce sera le sabbat de la terre, consacré à l'honneur du repos du Seigneur ; vous ne sèmerez point votre champ, et vous ne taillerez point votre vigne.

5 Vous ne moissonnerez point ce que la terre aura produit d'elle-même ; vous ne recueillerez point les raisins de la vigne *dont vous avez accoutumé d'offrir* des prémices, *vous ne les recueillerez point* comme *pour faire* vendange ; car c'est l'année du repos de la terre.

6 Mais tout ce qui naîtra alors de soi-même servira à vous nourrir, vous, votre esclave et votre servante, le mercenaire qui travaille pour vous, et l'étranger qui demeure parmi vous ;

7 et il servira encore à nourrir vos bêtes de service et vos troupeaux.

8 Vous compterez aussi sept semaines d'années, c'est-à-dire, sept fois sept, qui font en tout quarante-neuf ans ;

9 et au dixième jour du septième mois, qui est le temps de la fête des expiations, vous ferez sonner du cor dans toute votre terre.

10 Vous sanctifierez la cinquantième année, et vous publierez la liberté *générale* à tous les habitants du pays ; parce que c'est *l'année du* jubilé. Tout homme rentrera dans le bien qu'il possédait, et chacun retournera à sa première famille ;

11 parce que c'est *l'année du* jubilé, l'année cinquantième. Vous ne sèmerez point, et vous ne moissonnerez point ce que la terre aura produit d'elle-même, et vous ne recueillerez point aussi *les fruits* de vos vignes, *pour en offrir* les prémices,

12 afin de sanctifier le jubilé ; mais vous mangerez les premières choses que vous trouverez.

13 En l'année du jubilé tous rentreront dans les biens qu'ils avaient possédés.

14 Quand vous vendrez quelque chose à un de vos citoyens, ou que vous achèterez de lui quelque chose, n'attristez point votre frère ; mais achetez de lui à proportion des années *qui se seront écoulées* depuis le jubilé ;

15 et il vous vendra à proportion de ce qui reste de temps pour en recueillir le revenu.

16 Plus il restera d'années d'un jubilé jusqu'à l'autre, plus le prix de la chose augmentera ; et moins il restera de temps *jusqu'au jubilé*, moins s'achètera ce qu'on achète ; car *celui qui vend*, vous vend *selon* ce qui reste de temps pour le revenu.

17 N'affligez point ceux qui vous sont unis par une même tribu ; mais que chacun craigne son Dieu, parce que je suis le Seigneur, votre Dieu.

18 Exécutez mes préceptes, gardez mes ordonnances, et accomplissez-les, afin que vous puissiez habiter sur la terre sans aucune crainte,

19 et que la terre vous produise ses fruits, dont vous puissiez manger et vous rassasier, sans appréhender la violence de qui que ce soit.

20 Que si vous dites ; Que mangerons-nous la septième année, si nous n'avons point semé, et si nous n'avons point recueilli de fruit de nos terres ?

21 Je répandrai ma bénédiction sur vous en la sixième année, et elle portera autant de fruit que trois autres.

22 Vous sèmerez la huitième année, et vous mangerez vos anciens fruits jusqu'à la neuvième année ; vous vivrez des vieux jusqu'à ce qu'il en soit venu de nouveaux.

23 La terre aussi ne se vendra point à perpétuité ; parce qu'elle est à moi, et que vous y êtes comme des étrangers à qui je la loue.

24 C'est pourquoi tout le fonds que vous posséderez, se vendra toujours sous condition de rachat.

25 Si votre frère étant devenu pauvre, vend le petit héritage qu'il possédait, le plus proche parent pourra, s'il le veut, racheter ce que celui-là a vendu.

26 S'il n'a point de proches parents, et qu'il puisse trouver de quoi racheter son bien,

27 on comptera les *années des* fruits depuis le temps de la vente qu'il a faite ; afin que rendant le surplus a celui à qui il a vendu, il rentre ainsi dans son bien.

28 S'il ne peut point trouver de quoi rendre le prix de son bien, celui qui l'aura acheté en demeurera en possession jusqu'à l'année du jubilé. Car cette année-là tout bien vendu retournera au propriétaire qui l'avait possédé d'abord.

29 Celui qui aura vendu une maison dans l'enceinte des murs d'une ville, aura le pouvoir de la racheter pendant un an.

30 S'il ne la rachète point *en ce temps-là*, et qu'il ait laissé passer l'année, celui qui l'a achetée la possédera, lui et ses enfants pour toujours, sans qu'elle puisse être rachetée, même au jubilé.

31 Si cette maison est dans un village qui n'a point de murailles, elle sera vendue selon la coutume des terres ; et si elle n'a point été rachetée auparavant, elle retournera au propriétaire en l'année du jubilé.

32 Les maisons des Lévites qui sont dans les villes, peuvent toujours se racheter.

33 Si elles n'ont point été rachetées, elles retourneront aux propriétaires en l'année du jubilé ; parce que les maisons que les Lévites ont dans les villes, sont l'héritage qu'ils possèdent parmi les enfants d'Israël.

34 Mais leurs faubourgs ne seront point vendus, parce que c'est un bien qu'ils possèdent pour toujours.

35 Si votre frère est devenu fort pauvre, et qu'il ne puisse plus travailler des mains, et si vous l'avez reçu comme un étranger qui est venu d'ailleurs, et qu'il ait vécu avec vous,

36 ne prenez point d'intérêt de lui, et ne tirez point de lui plus que vous ne lui avez donné. Craignez votre Dieu, afin que votre frère puisse vivre chez vous.

37 Vous ne lui donnerez point votre argent à usure, et vous n'exigerez point de lui plus de grains que vous ne lui en aurez donné.

38 Je suis le Seigneur, votre Dieu, qui vous ai fait sortir de l'Egypte, pour vous donner la terre de Chanaan, et pour être votre Dieu.

39 Si la pauvreté réduit votre frère à se vendre à vous, vous ne l'opprimerez point en le traitant comme les esclaves ;

40 mais vous le traiterez comme un mercenaire et comme un fermier ; il travaillera chez vous jusqu'à l'année du jubilé,

41 et il sortira après avec ses enfants, et retournera à la famille et à l'héritage de ses pères.

42 Car ils sont mes esclaves ; c'est moi qui les ai tirés de l'Egypte. Ainsi qu'on ne les vende point comme les autres esclaves.

43 N'accablez *donc* point votre frère par votre puissance ; mais craignez votre Dieu.

44 Ayez des esclaves et des servantes des nations qui sont autour de vous.

45 Vous aurez aussi pour esclaves les étrangers qui sont venus parmi vous, ou ceux qui sont nés d'eux dans votre pays.

46 Vous les laisserez à votre postérité par un droit héréditaire, et vous en serez les maîtres pour toujours ; mais n'opprimez point par votre puissance les enfants d'Israël, qui sont vos frères.

47 Si un étranger qui est venu d'ailleurs s'enrichit chez vous par son travail, et qu'un de vos frères étant devenu pauvre se vende à lui ou à quelqu'un de sa famille,

48 il pourra être racheté après qu'il aura été vendu. Celui de ses parents qui voudra le racheter, pourra le faire ;

49 son oncle, ou le fils de son oncle, et celui qui lui est uni par le sang ou par alliance. S'il peut lui-même se racheter, il le fera,

50 en supputant le nombre des années qui resteront depuis le temps qu'il aura été vendu jusqu'a l'année du jubilé, et en rabattant à son maître sur le prix qu'il avait donné en l'achetant ce qui peut lui être dû à lui-même pour le temps qu'il l'a servi, en comptant ses journées comme celles d'un mercenaire.

51 S'il reste beaucoup d'années jusqu'au jubilé, il payera aussi plus d'argent ;

52 s'il en reste peu, il comptera avec son maître selon le nombre des années qui resteront, et il lui rendra l'argent à proportion du nombre des années,

53 en rabattant sur le prix ce qui lui sera dû à lui-même pour le temps qu'il l'aura servi. Que son maître ne le traite point avec dureté et avec violence devant vos yeux.

54 S'il ne peut être racheté en cette manière, il sortira libre en l'année du jubilé avec ses enfants.

55 Car les enfants d'Israël sont mes esclaves, eux que j'ai fait sortir de l'Egypte.

CHAPITRE XXVI.

JE suis le Seigneur, votre Dieu ; vous ne vous ferez point d'idole ni d'image taillée ; vous ne dresserez point de colonnes *ni* de monuments, et vous n'érigerez point dans votre terre de pierre remarquable *par quelque superstition*, pour l'adorer. Car je suis le Seigneur, votre Dieu.

2 Gardez mes jours de sabbat, et tremblez devant mon sanctuaire. Je suis le Seigneur.

3 Si vous marchez selon mes préceptes, si vous gardez et pratiquez mes commandements, je vous donnerai les pluies *propres* à chaque saison.

4 La terre produira les grains, et les arbres seront remplis de fruits.

5 La moisson, avant d'être battue, sera pressée par la vendange ; et la vendange sera elle-même, *avant qu'on l'achève*, pressée par le temps des semailles. Vous mangerez votre pain, et vous serez rassasiés, et vous habiterez dans votre terre sans aucune crainte.

6 J'établirai la paix dans l'étendue de votre pays ; vous dormirez

en repos, et il n'y aura personne qui vous inquiète. J'éloignerai de vous les bêtes qui pourraient vous nuire ; et l'épée *des ennemis* ne passera point par vos terres.

7 Vous poursuivrez vos ennemis, et ils tomberont en foule devant vous.

8 Cinq d'entre vous en poursuivront cent, et cent d'entre vous en poursuivront dix mille ; vos ennemis tomberont sous l'épée devant vos yeux.

9 Je vous regarderai favorablement, et je vous ferai croître ; vous vous multiplierez de plus en plus, et j'affermirai mon alliance avec vous.

10 Vous mangerez les fruits de la terre que vous aviez en réserve depuis longtemps, et vous rejetterez *à la fin* les vieux dans la grande abondance des nouveaux.

11 J'établirai ma demeure au milieu de vous, et je ne vous rejetterai point.

12 Je marcherai parmi vous, je serai votre Dieu, et vous serez mon peuple.

13 Je suis le Seigneur, votre Dieu, qui vous ai tirés de la terre des Egyptiens, afin que vous ne fussiez point leurs esclaves, et qui ai brisé les chaînes qui vous faisaient baisser le cou, pour vous faire marcher la tête levée.

14 Si vous ne m'écoutez point, et que vous n'exécutiez point tous mes commandements ;

15 si vous dédaignez de suivre mes lois, et que vous méprisiez mes ordonnances ; si vous ne faites point ce que je vous ai prescrit, et que vous rendiez mon alliance vaine *et* inutile ;

16 voici la manière dont j'en userai aussi avec vous ; Je vous punirai bientôt par l'indigence et par une ardeur qui vous desséchera les yeux et vous consumera. Ce sera en vain que vous sèmerez vos grains, parce que vos ennemis les dévoreront.

17 J'arrêterai sur vous l'œil de ma colère ; vous tomberez devant vos ennemis, et vous serez assujettis à ceux qui vous haïssent ; vous fuirez sans que personne vous poursuive.

18 Si après cela même vous ne m'obéissez point, je vous châtierai encore sept fois davantage à cause de vos péchés,

19 et je briserai la dureté de votre orgueil. Je ferai que le ciel sera pour vous comme de fer, et la terre *comme* d'airain.

20 Tous vos travaux seront rendus inutiles, la terre ne produira point de grains, ni les arbres ne donneront point de fruits.

21 Si vous vous opposez encore à moi, et que vous ne vouliez point m'écouter, je multiplierai vos plaies sept fois davantage à cause de vos péchés.

22 J'enverrai contre vous des bêtes sauvages qui vous consumeront vous et vos troupeaux, qui vous réduiront à un petit nombre, et qui de vos chemins feront des déserts.

23 Si après cela vous ne voulez point encore vous corriger, et que vous continuiez à marcher contre moi ;

24 je marcherai aussi moi-même contre vous, et je vous frapperai sept fois *davantage* à cause de vos péchés.

25 Je ferai venir sur vous l'épée qui vous punira pour avoir rompu mon alliance ; et quand vous vous serez réfugiés dans les villes, j'enverrai la peste au milieu de vous, et vous serez livrés entre les mains de vos ennemis,

26 après que j'aurai brisé votre soutien qui est le pain ; en sorte que dix femmes cuiront du pain dans un même four, et le rendront au poids, et que vous en mangerez sans en être rassasiés.

27 Si même après cela vous ne m'écoutez pas encore, et que vous continuiez à marcher contre moi,

28 je marcherai aussi contre vous, j'opposerai ma fureur à la vôtre, et je vous châtierai de sept plaies *nouvelles* a cause de vos péchés,

29 jusqu'à *vous réduire à* manger la chair de vos fils et de vos filles.

30 Je détruirai vos hauts lieux, et je briserai vos statues. Vous tomberez parmi les ruines de vos idoles, et mon âme vous aura eu une telle abomination,

31 que je changerai vos villes en solitudes ; je ferai de vos sanctuaires des lieux déserts, et je ne recevrai plus de vous l'odeur très-agréable *des sacrifices*.

32 Je ravagerai votre pays, je le rendrai l'étonnement de vos ennemis mêmes, lorsqu'ils en seront devenus *les maîtres et* les habitants.

33 Je vous disperserai parmi les nations, je tirerai l'épée après vous, votre pays sera désert, et vos villes ruinées.

34 Alors la terre se plaira dans les jours le son repos pendant le temps qu'elle demeurera déserte.

35 Quand vous serez dans une terre ennemie, elle se reposera, et elle trouvera son repos étant seule *et abandonnée* ; parce qu'elle ne l'a point trouvé dans vos jours de sabbat, lorsque vous l'habitiez.

36 Quant à ceux d'entre vous qui resteront, je frapperai leurs cœurs d'épouvante au milieu de leurs ennemis ; le bruit d'une feuille qui vole les fera trembler ; ils fuiront comme s'ils voyaient une épée, et ils tomberont sans que personne les poursuive ;

37 ils tomberont chacun sur leurs frères, comme s'ils fuyaient du combat ; nul J'entre vous ne pourra résister à vos ennemis.

38 Vous périrez au milieu des nations, et vous mourrez dans une terre ennemie.

39 S'il en demeure encore quelques-uns d'entre ceux-là, ils sécheront au milieu de leurs iniquités dans la terre de leurs ennemis, et ils seront accablés d'affliction à cause des péchés de leurs pères et de leurs propres péchés,

40 jusqu'à ce qu'ils confessent leurs iniquités et celles de leurs ancêtres, par lesquelles ils ont violé mes ordonnances, et ont marché contre moi.

41 Je marcherai donc aussi moi-même contre eux, et je les ferai aller dans un pays ennemi, jusqu'à ce que leur âme incirconcise rougisse de honte ; ce sera alors qu'ils prieront pour leurs impiétés.

42 Et je me souviendrai de l'alliance que j'ai faite avec Jacob, Isaac et Abraham. Je me souviendrai aussi de la terre,

43 qui ayant été laissée par eux se plaira dans ses jours de sabbat, souffrant *volontiers* d'être seule *et abandonnée* à cause d'eux. Ils me demanderont alors pardon pour leurs péchés, parce qu'ils auront rejeté mes ordonnances et méprisé mes lois.

44 Ainsi lors même qu'ils étaient dans une terre ennemie, je ne les ai pas néanmoins tout à fait rejetés, et je ne les ai point méprisés jusqu'à les laisser périr entièrement, et à rendre vaine l'alliance que j'ai faite avec eux. Car je suis le Seigneur, leur Dieu.

45 Et je me souviendrai de cette ancienne alliance que j'ai faite avec eux, quand je les ai tirés de l'Egypte à la vue les nations, afin que je fusse leur Dieu. Je suis le Seigneur. Ce sont là les ordonnances, les préceptes, et les lois que le Seigneur donna par Moïse sur la montagne de Sinaï, *comme un pacte* entre lui et es enfants d'Israël.

CHAPITRE XXVII.

LE Seigneur parla encore à Moïse, et lui dit :

2 Parlez aux enfants d'Israël, et dites-leur : L'homme qui aura fait un vœu et qui aura promis a Dieu de lui consacrer sa vie, payera *pour se décharger de son vœu* un *certain* prix, selon l'estimation *suivante :*

3 Si c'est un homme depuis la vingtième année jusqu'à la soixantième, il donnera cinquante sicles d'argent selon le poids du sanctuaire ;

4 si c'est une femme, elle en donnera trente.

5 Depuis cinq ans jusqu'à vingt, l'homme donnera vingt sicles, et la femme dix.

6 Depuis un mois jusqu'à cinq ans, on donnera cinq sicles pour un garçon, et trois pour une fille.

7 Depuis soixante ans et au-dessus, un homme donnera quinze sicles, et une femme dix.

8 Si c'est un pauvre, et qu'il ne puisse payer le prix de son vœu selon l'estimation *ordinaire*, il se présentera devant le prêtre qui en jugera, et il donnera autant que le prêtre le verra capable de payer.

9 Si quelqu'un voue au Seigneur une bête qui puisse lui être immolée, elle sera sainte,

10 et elle ne pourra être changée ; c'est-à-dire, qu'on ne pourra en

donner ni une meilleure pour une mauvaise, ni une pire pour une bonne. Si celui qui l'a vouée, la change ; et la bête qui aura été changée, et celle qui aura été substituée en sa place, sera consacrée au Seigneur.

11 Si quelqu'un voue au Seigneur une bête impure qui ne puisse lui être immolée, elle sera amenée devant le prêtre,

12 qui jugera si elle est bonne ou mauvaise, et y mettra le prix.

13 Si celui qui offre la bête, veut en payer le prix, il ajoutera encore un cinquième à l'estimation *qui en sera faite*.

14 Si un homme voue sa maison, et la consacre au Seigneur, le prêtre considérera si elle est bonne ou mauvaise, et elle sera vendue selon le prix qu'il y aura mis.

15 Si celui qui a fait le vœu veut la racheter, il ajoutera un cinquième à l'estimation *qui en aura été faite*, et il aura la maison.

16 S'il a voué et consacré au Seigneur le champ qu'il possède, on y mettra le prix à proportion de la quantité de grain qu'on emploie pour le semer ; s'il faut trente muids d'orge pour semer le champ, il sera vendu cinquante sicles d'argent.

17 Si un homme fait vœu de donner son champ dès le commencement de l'année du jubilé, il sera estimé autant qu'il pourra valoir.

18 S'il le voue quelque temps après, le prêtre supputera l'argent selon le nombre des années qui restent jusqu'au jubilé, et il en ôtera autant du prix.

19 Si celui qui avait voué son champ veut le racheter, il ajoutera un cinquième à l'estimation *qui en aura été faite*, et il le possédera de nouveau.

20 S'il ne veut pas le racheter, et s'il a été vendu à un autre, il ne sera plus au pouvoir de celui qui l'avait voué de le racheter ;

21 parce que lorsque le jour du jubilé sera venu, il sera consacré au Seigneur, et qu'un bien consacré appartient aux prêtres.

22 Si le champ qui a été consacré au Seigneur, a été acheté, et n'est pas venu à celui qui le donne, de la succession de ses ancêtres,

23 le prêtre en fixera le prix, en supputant les années qui restent jusqu'au jubilé ; et celui qui l'avait voué, donnera ce prix au Seigneur ;

24 mais en l'année du jubilé le champ retournera à l'ancien propriétaire qui l'avait vendu, et qui l'avait possédé comme un bien qui lui était propre.

25 Toute estimation se fera au poids du sicle du sanctuaire. Le sicle a vingt oboles.

26 Personne ne pourra consacrer ni vouer les premiers-nés, parce qu'ils appartiennent au Seigneur ; soit que ce soit un veau ou une brebis, ils sont au Seigneur.

27 Si la bête est impure, celui qui l'avait offerte la rachètera suivant votre estimation, et il ajoutera encore le cinquième du prix. S'il ne veut pas la racheter, elle sera vendue à un autre au prix que vous l'aurez estimée.

28 Tout ce qui est consacré au Seigneur, *par une espèce d'anathème*, soit que ce soit un homme ou une bête, ou un champ, ne se vendra point et ne pourra être racheté. Tout ce qui aura été consacré *ainsi* une fois au Seigneur sent pour lui, comme étant une chose très-sainte.

29 Tout ce qui aura été offert par un homme, et consacré au Seigneur *comme par anathème*, ne se rachètera point, mais il faudra nécessairement qu'il meure.

30 Toutes les dîmes de la terre, soit des grains, soit des fruits des arbres, appartiennent au Seigneur et lui sont consacrées.

31 Mais si quelqu'un veut racheter ses dîmes, il donnera un cinquième par-dessus le prix qu'elles seront estimées.

32 Tout animal qui naît le dixième, soit des bœufs, des brebis et des chèvres, et de tout ce qui passe sous la verge du pasteur, sera offert au Seigneur.

33 On ne choisira ni un bon ni un mauvais, et on ne changera point l'un pour l'autre. Si quelqu'un fait ce changement, ce qui aura été changé, et ce qui aura été mis en sa place, sera consacré au Seigneur, et ne pourra être racheté.

34 Ce sont là les ordonnances que le Seigneur a données à Moïse pour les enfants d'Israël sur la montagne de Sinaï.

NOMBRES.

CHAPITRE PREMIER.

LA seconde année après la sortie des enfants d'Israël hors de l'Egypte, le premier jour du second mois, le Seigneur parla à Moïse au désert de Sinaï dans le tabernacle de l'alliance, et lui dit :

2 Faites un dénombrement de toute l'assemblée des enfants d'Israël par familles, par maisons et par têtes, *c'est-à-dire*, de tous les mâles,

3 depuis vingt ans et au-dessus, de tous les hommes forts d'Israël ; vous les compterez tous par leurs bandes, vous et Aaron.

4 Et ceux qui sont dans leurs familles les princes de leurs tribus et de leurs maisons, seront avec vous.

5 Voici les noms de ces princes ; De *la tribu de* Ruben, Elisur, fils de Sédéur ;

6 de *la tribu de* Siméon, Salamiel, fils de Surisaddaï ;

7 de *la tribu de* Juda, Nahasson, fils d'Aminadab ;

8 de *la tribu d'*Issachar, Nathanaël, fils de Suar ;

9 de *la tribu de* Zabulon, Eliab, fils d'Hélon.

10 Et entre les enfants de Joseph ; D'Ephraïm, Elisama, fils d'Ammiud ; de Manassé, Gamaliel, fils de Phadassur.

11 De Benjamin, Abidan, fils de Gédéon ;

12 de Dan, Ahiézer, fils d'Ammisaddaï ;

13 d'Aser, Phégiel, fils d'Ochran ;

14 de Gad, Eliasaph, fils de Duel ;

15 de Nephthali, Ahira, fils d'Enan.

16 C'étaient là les plus illustres et les princes du peuple dans leurs tribus et dans leurs familles, et les principaux chefs de l'armée d'Israël.

17 Moïse et Aaron les ayant pris avec toute la multitude du peuple,

18 les assemblèrent au premier jour du second mois, et en firent le dénombrement par tiges, par maisons et par familles, en comptant chaque personne et prenant le nom de chacun, depuis vingt ans et au-dessus,

19 selon que le Seigneur l'avait ordonné à Moïse. Le dénombrement se lit dans le désert de Sinaï.

20 On fit le dénombrement de *la tribu de* Ruben, fils aîné d'Israël. Tous les mâles depuis vingt ans et au-dessus, qui pouvaient aller à la guerre, furent comptés par tiges, par familles et par maisons ; et tous *ayant été marqués* par leurs noms,

21 il s'en trouva quarante-six mille cinq cents.

22 On fit le dénombrement des enfants de Siméon. Tous les mâles depuis vingt ans et au-dessus, qui pouvaient aller à la guerre, furent comptés par tiges, par familles et par maisons ; et *étant tous marqués* par leur *propre* nom,

23 il s'en trouva cinquante-neuf mille trois cents.

24 On fit le dénombrement des enfants de Gad. Tous ceux qui avaient vingt ans et au-dessus, et qui pouvaient aller à la guerre, furent comptés par tiges, par familles et par maisons ; et *étant tous marqués* par leur *propre* nom,

25 il s'en trouva quarante-cinq mille six cent cinquante.

26 On fit le dénombrement des enfants de Juda. Tous ceux qui avaient vingt ans et au-dessus, et qui pouvaient aller à la guerre, furent comptés par tiges, par familles et par maisons ; et *étant tous marqués* par leur *propre* nom,

27 il s'en trouva soixante et quatorze mille six cents.

28 On fit le dénombrement des enfants d'Issachar. Tous ceux qui avaient vingt ans et au-dessus, et qui pouvaient aller à la guerre, furent comptés par tiges, par familles et par maisons ; et *étant tous marqués* par leur *propre* nom,

29 il s'en trouva cinquante-quatre mille quatre cents.

30 On fit le dénombrement des enfants de Zabulon. Tous ceux qui avaient vingt ans et au-dessus, et qui pouvaient aller à la guerre, furent comptés par tiges, par familles et par maisons ; et *étant* tous *marqués* par leur *propre* nom,

31 il s'en trouva cinquante-sept mille quatre cents.

32 On fit le dénombrement des enfants de Joseph, et premièrement des enfants d'Ephraïm. Tous ceux de cette tribu qui avaient vingt ans et au-dessus, et qui pouvaient aller à la guerre, furent comptes par tiges, par familles et par maisons ; et *étant* tous *marqués* par leur *propre* nom,

33 il s'en trouva quarante mille cinq cents.

34 On fit ensuite le dénombrement des enfants de Manassé. Tous ceux qui avaient vingt ans et au-dessus, et qui pouvaient aller à la guerre, furent comptés par tiges, par familles et par maisons ; et *étant* tous *marqués* par leur *propre* nom,

35 il s'en trouva trente-deux mille deux cents.

36 On fit le dénombrement des enfants de Benjamin. Tous ceux qui avaient vingt ans et au-dessus, et qui pouvaient aller ù la guerre, furent comptés par tiges, par familles et par maisons ; et *étant* tous *marqués* par leur *propre* nom,

37 il s'en trouva trente-cinq mille quatre cents.

38 On fit le dénombrement des enfants de Dan. Tous ceux qui avaient vingt ans et au-dessus, et qui pouvaient aller à la guerre, furent comptés par tiges, par familles et par maisons ; et *étant* tous *marqués* par leur *propre* nom,

39 il s'en trouva soixante - deux mille sept cents.

40 On fit le dénombrement des enfants d'Aser. Tous ceux qui avaient vingt ans et au-dessus, et qui pouvaient aller à la guerre, furent comptés par tiges, par familles et par maisons ; et *étant* tous *marqués* par leur *propre* nom,

41 il s'en trouva quarante et un mille cinq cents.

42 On fit le dénombrement des enfants de Nephthali. Tous ceux qui avaient vingt ans et au-dessus, et qui pouvaient aller à la guerre, furent comptés par tiges, par familles et par maisons ; et étant toua marqués par leur propre nom,

43 il s'en trouva cinquante-trois mille quatre cents.

44 C'est là le dénombrement *des enfants d'Israël*, qui fut fait par Moïse, par Aaron et par les douze princes d'Israël, chacun étant marqué par sa maison et par sa famille.

45 Et le compte des enfants d'Israël qui avaient vingt ans et au-dessus, et qui pouvaient aller à la guerre, *ayant été fait* par maisons et par familles,

46 il s'en trouva *en tout* six cent trois mille cinq cent cinquante.

47 Mais les Lévites ne furent point comptés parmi eux selon les familles de leur tribu.

48 Car le Seigneur parla à Moïse, et lui dit :

49 Ne faites point le dénombrement de la tribu de Lévi, et n'en marquez point le nombre avec celui des enfants d'Israël ;

50 mais établissez-les pour avoir soin du tabernacle du témoignage, de tous ses vases et de tout ce qui regarde les cérémonies. Ils porteront eux-mêmes le tabernacle et tout ce qui sert à son usage ; ils s'emploieront au ministère du Seigneur, et ils camperont autour du tabernacle.

51 Lorsqu'il faudra partir, les Lévites détendront le tabernacle ; lorsqu'il faudra camper, ils le dresseront. Si quelque étranger se joint à eux, il sera puni de mort.

52 Les enfants d'Israël camperont tous par diverses compagnies et divers bataillons dont leurs troupes seront composées.

53 Mais les Lévites dresseront leurs tentes autour du tabernacle, de peur que l'indignation *du Seigneur* ne tombe sur la multitude des enfants d'Israël, et ils veilleront pour la garde du tabernacle du témoignage.

54 Les enfants d'Israël exécutèrent donc toutes les choses que le Seigneur avait ordonnées à Moïse.

CHAPITRE II.

LE Seigneur parla encore à Moïse et à Aaron, et leur dit :

2 Les enfants d'Israël camperont autour du tabernacle de l'alliance par diverses bandes, chacun sous ses drapeaux et sous ses enseignes, et selon leurs familles et leurs maisons.

3 Juda dressera ses tentes vers l'orient, *dans un corps distingué* par bandes ; et Nahasson, fils d'Aminadab, sera le prince de sa tribu.

4 Le nombre des combattants de cette tribu est de soixante et quatorze mille six cents.

5 Ceux de la tribu d'Issachar camperont auprès de Juda ; leur prince est Nathanaël, fils de Suar ;

6 et le nombre de tous ses combattants est de cinquante-quatre mille quatre cents.

7 Eliab, fils d'Hélon, est le prince de la tribu de Zabulon ;

8 et tout le corps des combattants de sa tribu est de cinquante-sept mille quatre cents.

9 Tous ceux que l'on a comptés comme devant être du camp de Juda, sont au nombre de cent quatre-vingt-six mille quatre cents ; et ils marcheront les premiers, chacun dans sa bande.

10 Du côté du midi, Elisur, fils de Sédéur, sera le prince dans le camp des enfants de Ruben ;

11 et tout le corps de ses combattants, dont on a fait le dénombrement, *est* de quarante-six mille cinq cents.

12 Ceux de la tribu de Siméon camperont auprès de Ruben, et leur prince est Salamiel, fils de Surisaddaï ;

13 tout le corps de ses combattants, dont on a fait le dénombrement, est de cinquante-neuf mille trois cents.

14 Eliasaph, fils de Duel, est le prince de la tribu de Gad ;

15 et tout le corps de ses combattants, dont on a fait le dénombrement, est de quarante-cinq mille six cent cinquante.

16 Tous ceux dont on a fait le dénombrement pour être du camp de Ruben, *sont au nombre de* cent cinquante et un mille quatre cent cinquante, *distingués tous* par leurs bandes ; ceux-ci marcheront au second rang.

17 Alors le tabernacle du témoignage sera porté par le ministère des Lévites, *qui marcheront étant distingués* selon leurs bandes. On le détendra, et on le dressera *toujours* dans le même ordre ; et les Lévites marcheront chacun en sa place et en son rang.

18 Les enfants d'Ephraïm camperont du côté de l'occident ; Elisama, fils d'Ammiud, en est le prince ;

19 et tout le corps de ses combattants, dont on a fait le dénombrement, *est* de quarante mille cinq cents.

20 La tribu des enfants de Manassé sera auprès d'eux ; Gamaliel, fils de Phadassur, en est le prince ;

21 et tout le corps de ses combattants, dont on a fait le dénombrement, *est* de trente-deux mille deux cents.

22 Abidan, fils de Gédéon, est le prince de la tribu des enfants de Benjamin ;

23 et tout le corps de ses combattants, dont on a fait le dénombrement, est de trente-cinq mille quatre cents.

24 Tous ceux dont on a fait le dénombrement pour être du camp d'Ephraïm, sont *au nombre de* cent huit mille cent hommes, distingués tous par leurs bandes ; ceux-ci marcheront au troisième rang.

25 Les enfants de Dan camperont du côté de l'aquilon, et Ahiézer, fils d'Ammisaddaï, en est le prince.

26 Tout le corps de ses combattants, dont on a fait le dénombrement, est de soixante-deux mille sept cents.

27 Ceux de la tribu d'Aser dresseront leurs tentes près de Dun, et leur prince est Phégiel, fils d'Ochran.

28 Tout le corps de ses combattants, dont on a fait le dénombrement, *est* de quarante et un mille cinq cents.

29 Ahira, fils d'Enan, est le prince de la tribu des enfants de Nephthali.

30 Tout le corps de ses combattants *est* de cinquante-trois mille quatre cents.

31 Le dénombrement de ceux qui seront dans le camp de Dan, *est* de cent cinquante-sept mille six cents ; et ils marcheront au dernier rang.

32 Toute l'armée des enfants d'Israël étant distinguée par diverses

bandes, selon leurs maisons et leurs familles, était *donc* de six cent trois mille cinq cent cinquante.

33 Mais les Lévites n'ont point été comptés dans ce dénombrement des enfants d'Israël ; car le Seigneur l'avait ainsi ordonné à Moïse.

34 Et les enfants d'Israël exécutèrent tout ce que le Seigneur leur avait commandé. Ils se campèrent par diverses bandes, et ils marchèrent selon le rang des familles et des maisons de leurs pères.

CHAPITRE III.

VOICI la postérité d'Aaron et de Moïse, au temps que le Seigneur parla à Moïse sur la montagne de Sinaï ;

2 Voici les noms des enfants d'Aaron ; L'aîné était Nadab, et les autres étaient Abiu, Eléazar et Ithamar.

3 Voilà *donc* les noms des enfants d'Aaron qui ont été prêtres, qui ont reçu l'onction, et dont les mains ont été remplies et consacrées pour exercer les fonctions du sacerdoce.

4 Or Nadab et Abiu ayant offert un feu étranger devant le Seigneur au désert de Sinaï, moururent sans enfants ; et Eléazar et Ithamar exercèrent les fonctions du sacerdoce du vivant de leur père Aaron.

5 Le Seigneur parla donc à Moïse, et lui dit :

6 Faites approcher la tribu de Lévi, faites que ceux de cette tribu se tiennent devant Aaron, *grand* prêtre, afin qu'ils le servent, qu'ils veillent *à la garde du tabernacle*,

7 qu'ils observent tout ce qui regardera le culte que le peuple doit me rendre devant le tabernacle du témoignage ;

8 qu'ils aient en garde les vases du tabernacle, et qu'ils rendent tous les services qui regardent le saint ministère.

9 Vous donnerez les Lévites

10 à Aaron et à ses fils, comme un présent que leur font les enfants d'Israël. Mais vous établirez Aaron et ses enfants pour les fonctions du sacerdoce. Tout étranger qui s'approchera du saint ministère, sera puni de mort.

11 Le Seigneur parla encore à Moïse, et lui dit :

12 J'ai pris les Lévites d'entre les enfants d'Israël en la place de tous les premiers-nés qui sortent les premiers du sein de leur mère d'entre les enfants d'Israël ; c'est pourquoi les Lévites seront à moi.

13 Car tous les premiers-nés sont à moi. Depuis que j'ai frappé dans l'Egypte les premiers-nés, j'ai consacré à moi tout ce qui naît le premier en Israël, depuis les hommes jusqu'aux bêtes ; ils sont tous à moi. Je suis le Seigneur.

14 Le Seigneur parla de nouveau à Moïse au désert de Sinaï, et lui dit :

15 Faites le dénombrement des enfants de Lévi selon toutes les maisons de leurs pères, et leurs familles différentes, et comptez tous les mâles depuis un mois et au-dessus.

16 Moïse en fit *donc* le dénombrement comme le Seigneur l'avait ordonné.

17 Et il trouva entre les enfants de Lévi ceux qui suivent, dont voici les noms ; Gerson, Caath et Mérari.

18 Les fils de Gerson sont Lebni et Seméi.

19 Les fils de Caath sont Amram, Jésaar, Hébron et Oziel.

20 Les fils de Mérari sont Moholi et Musi.

21 De Gerson sont sorties deux familles, celle de Lebni, et celle de Seméi,

22 dont tous les mâles ayant été comptés depuis un mois et au-dessus, il s'en trouva sept mille cinq cents.

23 Ceux-ci doivent camper derrière le tabernacle vers l'occident,

24 ayant pour prince Eliasaph, fils de Laël.

25 Et ils veilleront dans le tabernacle de l'alliance,

26 *ayant en leur garde* le tabernacle même, et sa couverture, le voile qu'on tire devant la porte du tabernacle de l'alliance, et les rideaux du parvis ; comme aussi le voile qui est suspendu à l'entrée du parvis du tabernacle, tout ce qui appartient au ministère de l'autel, les cordages du tabernacle, et tout ce qui est employé à son usage.

27 De Caath sont sorties les familles des Amramites, des Jésaarites, des Hébronites et des Oziélites. Ce sont là les familles des Caathites, dont on a fait le dénombrement selon leurs noms.

28 Tous les mâles depuis un mois et au-dessus sont au nombre de huit mille six cents. Ils veilleront à la garde du sanctuaire,

29 et ils camperont vers le midi.

30 Leur prince sera Elisaphan, fils d'Oziel.

31 Ils garderont l'arche, la table, le chandelier, les autels et les vases du sanctuaire qui servent au saint ministère, le voile, *le bassin avec sa base*, et toutes les choses de cette nature.

32 Eléazar, fils d'Aaron, *grand* prêtre, et prince des princes des Lévites, sera au-dessus de ceux qui veilleront à la garde du sanctuaire.

33 Les familles sorties de Mérari sont les Moholites et les Musites, dont on a fait le dénombrement selon leurs noms.

34 Tous les mâles depuis un mois et au-dessus sont au nombre de six mille deux cents.

35 Leur prince est Suriel, fils d'Abihaël ; ils camperont vers le septentrion.

36 Ils auront en garde les ais du tabernacle et leurs barres, les colonnes avec leurs bases, et tout ce qui appartient à ces choses ;

37 les colonnes qui environnent le parvis avec leurs bases, et les pieux avec leurs cordages.

38 Moïse et Aaron avec ses fils, qui ont la garde du sanctuaire au milieu des enfants d'Israël, camperont devant le tabernacle de l'alliance, c'est-à-dire, du côté de l'orient. Tout étranger qui s'en approchera sera puni de mort.

39 Tous les mâles d'entre les Lévites depuis un mois et au-dessus, dont Moïse et Aaron firent le dénombrement selon leurs familles, comme le Seigneur le leur avait commandé, se trouvèrent au nombre de vingt-deux mille.

40 Le Seigneur dit encore à Moïse ; Comptez tous les mâles premiers-nés d'entre les enfants d'Israël depuis un mois et au-dessus, et vous en tiendrez le compte.

41 Vous prendrez pour moi les Lévites en la place de tous les premiers-nés des enfants d'Israël. Je suis le Seigneur ; et les troupeaux des Lévites seront pour tous les premiers-nés des troupeaux des enfants d'Israël.

42 Moïse fit *donc* le dénombrement des premiers-nés des enfants d'Israël, comme le Seigneur l'avait ordonné ;

43 et tous les mâles ayant été marqués par leurs noms depuis un mois et au-dessus, il s'en trouva vingt-deux mille deux cent soixante et treize.

44 Le Seigneur parla de nouveau à Moïse, et lui dit :

45 Prenez les Lévites pour les premiers-nés des enfants d'Israël, et les troupeaux des Lévites pour leurs troupeaux ; et les Lévites seront à moi. Je suis le Seigneur.

46 Et pour le prix des deux cent soixante et treize premiers-nés des enfants d'Israël qui passent le nombre des Lévites,

47 vous prendrez cinq sicles par tête au poids du sanctuaire. Le sicle a vingt oboles.

48 Et vous donnerez cet argent à Aaron et à ses fils, pour le prix de ceux qui sont au-dessus du nombre *des Lévites*.

49 Moïse prit donc l'argent de ceux qui passaient le nombre de ceux qui avaient été rachetés par *échange avec* les Lévites.

50 Ce *qu'il prit* pour les premiers-nés des enfants d'Israël, fit la somme de mille trois cent soixante-cinq sicles au poids du sanctuaire ;

51 et il donna cet argent à Aaron et à ses fils, selon l'ordre que le Seigneur lui avait donné.

CHAPITRE IV.

LE Seigneur parla encore à Moïse et à Aaron, et leur dit :

2 Faites le dénombrement des fils de Caath séparément des autres Lévites, par maisons et par familles,

3 depuis trente ans et au-dessus jusqu'à cinquante ans, *marquant les noms* de tous ceux qui entrent dans le tabernacle de l'alliance

pour y assister et pour y servir.

4 Voici quelles doivent être les fonctions des fils de Caath ; Lorsqu'il faudra décamper,

5 Aaron et ses fils entreront dans le tabernacle de l'alliance, et dans le saint des saints. Ils détendront le voile qui est tendu devant l'entrée *du sanctuaire*, et en couvriront l'arche du témoignage ;

6 ils mettront encore par-dessus une couverture de peaux de couleur violette ; ils étendront sur cette couverture un drap de couleur d'hyacinthe, et ils feront passer les bâtons *dans les anneaux de l'arche*.

7 Ils envelopperont aussi dans un drap d'hyacinthe la table des pains exposés *devant Dieu*, et ils mettront avec elle les encensoirs, les petits mortiers, les petits vases et les coupes pour les oblations de liqueur ; et les pains seront toujours sur la table.

8 Ils étendront par-dessus un drap d'écarlate, qu'ils couvriront encore d'une couverture de peaux violettes, et ils feront passer les bâtons *dans les anneaux de la table*.

9 Ils prendront aussi un drap d'hyacinthe, dont ils couvriront le chandelier avec ses lampes, ses pincettes, ses mouchettes et tous les vases à l'huile, *c'est-à-dire*, tout ce qui est nécessaire pour entretenir les lampes.

10 Ils couvriront toutes ces choses avec des peaux violettes, et feront passer les bâtons *dans les anneaux*.

11 Ils envelopperont aussi l'autel d'or d'un drap d'hyacinthe, ils étendront pardessus une couverture de peaux violettes, et ils feront passer les bâtons *dans les anneaux*.

12 Ils envelopperont de même d'un drap d'hyacinthe tous les vases dont on se sert dans le sanctuaire. Ils étendront par-dessus une couverture de peaux violettes, et ils feront passer les bâtons *dans les anneaux*.

13 Ils ôteront aussi les cendres de l'autel, et ils l'envelopperont dans un drap de pourpre.

14 Ils mettront avec l'autel tous les vases qui sont employés au ministère de l'autel, les brasiers, les pincettes, les fourchettes, les crochets et les pelles. Ils couvriront les vases de l'autel tous ensemble d'une couverture de peaux violettes, et ils feront passer les bâtons *dans les anneaux*.

15 Après qu'Aaron et ses fils auront enveloppé le sanctuaire avec tous ses vases, quand le camp marchera, les fils de Caath s'avanceront pour porter toutes ces choses enveloppées ; et ils ne toucheront point les vases du sanctuaire, de peur qu'ils ne meurent. C'est là ce que les fils de Caath doivent porter du tabernacle de l'alliance.

16 Eléazar, fils d'Aaron, *grand* prêtre, sera au-dessus d'eux, et c'est lui qui aura soin de l'huile pour entretenir les lampes, de l'encens composé *de parfums*, du sacrifice perpétuel, de l'huile d'onction, de tout ce qui appartient au culte du tabernacle, et de tous les vases qui sont dans le sanctuaire.

17 Le Seigneur parla donc à Moïse et à Aaron, et leur dit :

18 N'exposez pas le peuple de Caath à être exterminé du milieu des Lévites ;

19 mais prenez garde qu'ils ne touchent point au saint des saints, afin qu'ils vivent et qu'ils ne meurent pas. Aaron et ses fils entreront, ils disposeront ce que chacun *des fils de Caath* doit faire, et ils partageront la charge que chacun devra porter.

20 Que les autres cependant n'aient aucune curiosité, pour voir les choses qui sont dans le sanctuaire, avant qu'elles soient enveloppées ; autrement ils seront punis de mort.

21 Le Seigneur parla encore à Moïse, et lui dit :

22 Faites aussi un dénombrement des fils de Gerson, par maisons, par familles et par tiges,

23 depuis trente ans et au-dessus jusqu'à cinquante ans. Comptez tous ceux qui entrent et qui servent dans le tabernacle de l'alliance.

24 Voici quelle sera la charge de la famille des Gersonites :

25 Ils porteront les rideaux du tabernacle, la *première* couverture *du tabernacle* de l'alliance, la seconde couverture, et la couverture de peaux violettes qui se met sur ces deux autres, avec le voile qui est tendu à l'entrée du tabernacle de l'alliance,

26 les rideaux du parvis, et le voile qui est à l'entrée devant le tabernacle. Les fils de Gerson porteront tout ce qui appartient à l'autel, les cordages et les vases du ministère,

27 selon l'ordre qu'ils en recevront d'Aaron et de ses fils ; et chacun saura quelle est la charge qu'il doit porter.

28 C'est là l'emploi de la famille des Gersonites à l'égard du tabernacle de l'alliance ; et ils seront soumis à Ithamar, fils d'Aaron, *grand* prêtre.

29 Vous ferez aussi le dénombrement des fils de Mérari, par familles et par les maisons de leurs pères ;

30 en comptant depuis trente ans et au-dessus jusqu'à cinquante, tous ceux qui viennent faire les fonctions de leur ministère, et qui s'appliquent au culte de l'alliance du témoignage.

31 Voici la charge qui leur sera destinée : Ils porteront les ais du tabernacle et leurs barres, les colonnes avec leurs bases,

32 comme aussi les colonnes qui sont tout autour du parvis avec leurs bases, leurs pieux et leurs cordages. Ils prendront par compte tous les vases, et tout ce qui sert au tabernacle, et le porteront ensuite.

33 C'est là l'emploi de la famille des Mérarites, et le service qu'ils rendront au tabernacle de l'alliance ; et ils seront soumis à Ithamar, fils d'Aaron, *grand* prêtre.

34 Moïse et Aaron firent donc avec les princes de la synagogue le dénombrement des fils de Caath, par familles et par les maisons de leurs pères,

35 en comptant depuis trente ans et au-dessus jusqu'à cinquante, tous ceux qui sont employés au ministère du tabernacle de l'alliance ;

36 et il s'en trouva deux mille sept cent cinquante.

37 C'est là le nombre du peuple de Caath qui entre dans le tabernacle de l'alliance. Moïse et Aaron en firent le dénombrement, selon que le Seigneur l'avait ordonné par Moïse.

38 On fit aussi le dénombrement des fils de Gerson, par familles et par les maisons de leurs pères ;

39 et tous ceux qui sont employés au ministère du tabernacle de l'alliance ayant été comptés depuis trente ans et au-dessus jusqu'à cinquante,

40 il s'en trouva deux mille six cent trente.

41 C'est là le peuple des Gersonites, dont Moïse et Aaron prirent le nombre selon l'ordonnance du Seigneur.

42 On fit aussi le dénombrement des fils de Mérari, par familles et par les maisons de leurs pères ;

43 et tous ceux qui sont employés au culte et aux cérémonies du tabernacle de l'alliance ayant été comptés depuis trente ans et au-dessus jusqu'à cinquante,

44 il s'en trouva trois mille deux cents.

45 C'est là le nombre des fils de Mérari, qui furent comptés par Moïse et Aaron, selon que le Seigneur l'avait commandé à Moïse.

46 Tous ceux d'entre les Lévites dont on fit le dénombrement, que Moïse et Aaron, et les princes d'Israël firent marquer chacun par leur nom, par familles et par les maisons de leurs pères,

47 depuis trente ans et au-dessus jusqu'à cinquante, et qui étaient employés an ministère du tabernacle, et à porter les fardeaux,

48 se trouvèrent en tout au nombre de huit mille cinq cent quatre-vingts.

49 Moïse en fit le dénombrement par l'ordre du Seigneur, marquant chacun d'eux selon son emploi et selon la charge qu'il devait porter, comme le Seigneur le lui avait ordonné.

CHAPITRE V.

LE Seigneur parla encore à Moïse, et lui dit :

2 Ordonnez aux enfants d'Israël de chasser du camp tout lépreux, et celui qui souffrira ce qui ne devrait arriver que dans l'usage du mariage, ou qui sera devenu impur pour *avoir touché* un mort.

3 Chassez-les du camp, soit que ce soit un homme ou une femme, de peur qu'ils ne souillent le lieu dans lequel je demeure au milieu de vous.

4 Les enfants d'Israël firent ce qui leur avait été commandé, et ils chassèrent ces personnes hors du camp, selon que le Seigneur

l'avait ordonné a Moïse.

5 Le Seigneur parla encore à Moïse, et lui dit :

6 Dites ceci aux enfants d'Israël : Lorsqu'un homme ou une femme auront commis quelqu'un des péchés qui arrivent d'ordinaire aux hommes, et qu'ils auront violé par négligence le commandement du Seigneur, et seront tombés en faute,

7 ils confesseront leur péché, et ils rendront à celui contre qui ils ont péché le juste prix du tort qu'ils lui auront fait, en y ajoutant encore le cinquième par-dessus.

8 S'il ne se trouve personne à qui cette restitution puisse se faire, ils la donneront au Seigneur, et elle appartiendra au prêtre, outre le bélier qui s'offre pour l'expiation, afin que l'hostie soit reçue favorablement *du Seigneur*.

9 Toutes les prémices qui s'offrent par les enfants d'Israël, appartiennent aussi au prêtre ;

10 et tout ce qui est offert au sanctuaire par les particuliers, et mis entre les mains du prêtre, appartiendra au prêtre.

11 Le Seigneur parla encore a Moïse, et lui dit :

12 Parlez aux enfants d'Israël, et dites-leur : Lorsqu'une femme sera tombée en faute, et que méprisant son mari,

13 elle se sera approchée d'un autre homme, en sorte que son mari n'ait pu découvrir la chose, et que son adultère demeure caché, sans qu'elle en puisse être convaincue par des témoins, parce qu'elle n'a point été surprise dans ce crime ;

14 si le mari est transporté de l'esprit de jalousie contre sa femme, qui aura été souillée véritablement, ou qui en est accusée par un faux soupçon,

15 il la mènera devant le prêtre, et présentera pour elle en offrande la dixième partie d'une mesure de farine d'orge. Il ne répandra point d'huile par-dessus, et il n'y mettra point d'encens ; parce que c'est un sacrifice de jalousie, et une oblation pour découvrir l'adultère.

16 Le prêtre l'offrira donc, et la présentera devant le Seigneur ;

17 et ayant pris de l'eau sainte dans un vaisseau de terre, il y mettra un peu de la terre du pavé du tabernacle.

18 Alors la femme se tenant debout devant le Seigneur, le prêtre lui découvrira la tête, et lui mettra sur les mains le sacrifice destiné pour renouveler le souvenir *du crime dont elle est accusée*, et l'oblation de la jalousie ; et il tiendra lui-même entre ses mains les eaux très-amères, *c'est-à-dire, les eaux* sur lesquelles il a prononcé les malédictions avec exécration.

19 Il conjurera la femme, et lui dira ; Si un homme étranger ne s'est point approché de vous, et que vous ne vous soyez point souillée en quittant le lit de votre mari, ces eaux très-amères, que j'ai chargées de malédictions, ne vous nuiront point.

20 Mais si vous vous êtes retirée de votre mari, et que vous vous soyez souillée en vous approchant d'un autre homme,

21 ces malédictions tomberont sur vous. Que le Seigneur vous rende un objet de malédiction et un exemple pour tout son peuple ; qu'il fasse pourrir votre cuisse, que votre ventre s'enfle, et qu'il crève enfin ;

22 que ces eaux de malédiction entrent dans votre ventre, et qu'étant devenu tout enflé, votre cuisse se pourrisse. Et la femme répondra ; Amen, amen, *qu'il arrive ainsi*.

23 Alors le prêtre écrira ces malédictions sur un livre, et il les effacera ensuite avec ces eaux très-amères qu'il aura chargées de malédictions,

24 et il les lui donnera à boire. Lorsqu'elle les aura prises,

25 le prêtre lui retirera des mains le sacrifice de jalousie, il l'élèvera devant le Seigneur, et il le mettra sur l'autel ; en sorte néanmoins

26 qu'il ait séparé auparavant une poignée de ce qui est offert en sacrifice, afin de la faire brûler sur l'autel, et qu'alors il donne à boire à la femme les eaux très-amères.

27 Lorsqu'elle les aura bues, si elle a été souillée et qu'elle ait méprisé son mari en se rendant coupable d'adultère, elle sera pénétrée par ces eaux de malédiction, son ventre s'enflera, et sa cuisse pourrira ; et cette femme deviendra un objet de malédiction et un exemple pour tout le peuple.

28 Si elle n'a point été souillée, elle n'en ressentira aucun mal, et elle aura des enfants.

29 C'est là la loi *du sacrifice* de jalousie. Si la femme s'étant retirée de son mari, et s'étant souillée,

30 le mari poussé par un esprit de jalousie, l'amène devant le Seigneur, et si le prêtre lui fait tout ce qui a été écrit ici,

31 le mari sera exempt de faute, et la femme recevra *la peine de* son crime.

CHAPITRE VI.

LE Seigneur parla encore à Moïse, et lui dit :

2 Parlez aux enfants d'Israël, et dites-leur : Lorsqu'un homme ou une femme auront fait un vœu de se sanctifier, et qu'ils auront voulu se consacrer au Seigneur ;

3 ils s'abstiendront de vin, et de tout ce qui peut enivrer ; ils ne boiront point du vinaigre qui est fait de vin, ou de tout autre breuvage, ni rien de ce qui se tire des raisins ; ils ne mangeront point de raisins nouvellement cueillis, ni de raisins secs.

4 Pendant tout le temps qu'ils seront consacrés au Seigneur, selon le vœu qu'ils lui auront fait, ils ne mangeront rien de tout ce qui peut sortir de la vigne, depuis le raisin sec jusqu'à un pépin.

5 Pendant tout le temps de la séparation du nazaréen, le rasoir ne passera point sur sa tête, jusqu'à ce que les jours de sa consécration au Seigneur soient accomplis. Il sera saint, laissant croître les cheveux de sa tête.

6 Tant que durera le temps de sa consécration, il ne s'approchera point d'un mort,

7 et il ne se souillera point en assistant aux funérailles même de son père ou de sa mère, ou de son frère ou de sa sœur, parce que la consécration de son Dieu est sur sa tête.

8 Pendant tout le temps de sa séparation il sera saint, *et consacré au Seigneur.*

9 Si quelqu'un meurt subitement devant lui, la consécration de sa tête sera souillée ; il se fera raser aussitôt ce même jour de sa purification, et se rasera encore le septième.

10 Le huitième jour il offrira au prêtre à l'entrée du tabernacle de l'alliance deux tourterelles, ou deux petits de colombe.

11 Et le prêtre en immolera l'un pour le péché, et l'autre en holocauste, et il priera pour lui, parce qu'il a péché *et s'est souillé par la vue de* ce mort ; il sanctifiera de nouveau sa tête en ce jour-là ;

12 et il consacrera au Seigneur les jours de sa séparation, en offrant un agneau d'un an pour son péché ; en sorte néanmoins que tout le temps de sa séparation d'auparavant deviendra inutile, parce que sa consécration a été souillée.

13 Voilà la loi pour la consécration *du nazaréen*. Lorsque les jours pour lesquels il s'est obligé par son vœu seront accomplis, *le prêtre* l'amènera à l'entrée du tabernacle de l'alliance,

14 et il présentera au Seigneur son oblation, savoir, un agneau d'un an et sans tache pour être offert en holocauste, une brebis d'un an et sans tache pour le péché, et un bélier sans tache pour l'hostie pacifique.

15 Il offrira aussi une corbeille de pains sans levain pétris avec de l'huile, et des tourteaux sans levain arrosés d'huile par-dessus, accompagnés de leurs offrandes *de farine et* de liqueur.

16 Le prêtre les offrira devant le Seigneur, et il sacrifiera l'hostie pour le péché, aussi bien que celle de l'holocauste.

17 Il immolera encore au Seigneur le bélier pour l'hostie pacifique, et il offrira en même temps la corbeille de pains sans levain, avec les offrandes *de farine et* de liqueur qui doivent s'y joindre selon la coutume.

18 Alors la chevelure du nazaréen consacrée à Dieu sera rasée devant la porte du tabernacle de l'alliance ; le prêtre prendra ses cheveux, et les brûlera sur le feu qui aura été mis sous le sacrifice des pacifiques ;

19 et il mettra entre les mains du nazaréen, après que sa tête aura été rasée, l'épaule cuite du bélier, un tourteau sans levain pris de la corbeille, et un gâteau aussi sans levain.

20 Et le nazaréen les remettra entre les mains du prêtre, qui les élèvera devant le Seigneur ; et ayant été sanctifiés, ils appartiendront au prêtre, comme la poitrine qu'on a commandé de séparer, et la cuisse. Le nazaréen après cela pourra boire du vin.

21 C'est là la loi du nazaréen, lorsqu'il aura voué son oblation au Seigneur pour le temps de sa consécration, sans les autres sacrifices qu'il pourra faire de lui-même. Il exécutera pour achever sa sanctification ce qu'il avait arrêté dans son esprit lorsqu'il fit son vœu.

22 Le Seigneur parla encore à Moïse, et lui dit :

23 Dites à Aaron et à ses fils : C'est ainsi que vous bénirez les enfants d'Israël, et vous direz :

24 Que le Seigneur vous bénisse, et qu'il vous conserve !

25 Que le Seigneur vous découvre son visage, et qu'il ait pitié de vous !

26 Que le Seigneur tourne son visage vers vous, et qu'il vous donne la paix !

27 C'est ainsi qu'ils invoqueront mon nom sur les enfants d'Israël, et je les bénirai.

CHAPITRE VII.

LORSQUE Moïse eut achevé le tabernacle, et qu'il l'eut dressé, oint et sanctifié avec tous ses vases, ainsi que l'autel avec tous ses vases,

2 les princes d'Israël et les chefs des familles dans chaque tribu, qui commandaient à tous ceux dont on avait fait le dénombrement,

3 offrirent leurs présents devant le Seigneur ; *savoir*, six chariots couverts, avec douze bœufs. Deux chefs offrirent un chariot, et chacun d'eux un bœuf, et ils les présentèrent devant le tabernacle.

4 Alors le Seigneur dit à Moïse :

5 Recevez d'eux *ces chariots* pour les employer au service du tabernacle, et vous les donnerez aux Lévites, *afin qu'ils s'en servent* selon les fonctions et le rang de leur ministère.

6 Moïse ayant donc reçu les chariots et les bœufs, les donna aux Lévites.

7 Il donna aux fils de Gerson deux chariots et quatre bœufs, selon le besoin qu'ils en avaient.

8 Il donna aux fils de Mérari les quatre autres chariots et les huit bœufs, pour s'en servir à toutes les fonctions de leur charge, sous les ordres d'Ithamar, fils d'Aaron, *grand* prêtre.

9 Pour ce qui est des fils de Caath, il ne leur donna point de chariots ni de bœufs, parce qu'ils servent en ce qui regarde le sanctuaire, et qu'ils portent eux-mêmes leurs charges sur leurs épaules.

10 Les chefs firent donc leurs oblations devant l'autel, pour la dédicace de l'autel, au jour qu'il fut consacré par l'onction.

11 Et le Seigneur dit à Moïse ; Que chacun des chefs offre chaque jour ses présents pour la dédicace de l'autel.

12 Le premier jour Nahassou, fils d'Aminadab, de la tribu de Juda, offrit son oblation ;

13 et son présent fut un plat d'argent du poids de cent trente sicles, et un vase d'argent de soixante et dix sicles, au poids du sanctuaire, tous deux pleins de farine mêlée avec de l'huile pour le sacrifice ;

14 un petit vase d'or du poids de dix sicles, plein d'encens ;

15 un bœuf pris du troupeau, un bélier, et un agneau d'un an pour l'holocauste ;

16 un bouc pour le péché ;

17 et pour le sacrifice des pacifiques, deux bœufs, cinq béliers, cinq boucs, et cinq agneaux d'un an. Ce fut là l'offrande de Nahassou, fils d'Aminadab.

18 Le second jour Nathanaël, fils de Suar, chef de la tribu d'Issachar,

19 offrit un plat d'argent pesant cent trente sicles, et un vase d'argent de soixante et dix sicles, au poids du sanctuaire, tous deux pleins de farine mêlée avec de l'huile pour le sacrifice ;

20 un petit vase d'or du poids de dix sicles, plein d'encens ;

21 un bœuf du troupeau, un bélier, et un agneau d'un an pour l'holocauste ;

22 un bouc pour le péché ;

23 et pour le sacrifice des pacifiques, deux bœufs, cinq béliers, cinq boues, et cinq agneaux d'un an. Ce fut là l'offrande de Nathanaël, fils de Suar.

24 Le troisième jour Eliab, fils d'Hélon, prince des enfants de Zabulon,

25 offrit un plat d'argent pesant cent trente sicles, *et* un vase d'argent de soixante et dix sicles, au poids du sanctuaire, tous deux pleins de farine mêlée avec de l'huile pour le sacrifice ;

26 un petit vase d'or du poids de dix sicles, plein d'encens ;

27 un bœuf du troupeau, un bélier, et un agneau d'un an pour l'holocauste ;

28 un bouc pour le péché ;

29 et pour le sacrifice des pacifiques, deux bœufs, cinq béliers, cinq boucs, et cinq agneaux d'un an. Ce fut là l'offrande d'Eliab, fils d'Hélon.

30 Le quatrième jour Elisur, fils de Sédéur, prince des enfants de Ruben,

31 offrit un plat d'argent qui pesait cent trente sicles, *et* un vase d'argent de soixante et dix sicles, au poids du sanctuaire, tous deux pleins de farine mêlée avec de l'huile pour le sacrifice ;

32 un petit vase d'or du poids de dix sicles, plein d'encens ;

33 un bœuf du troupeau, un bélier, et un agneau d'un an pour l'holocauste ;

34 un bouc pour le péché ;

35 et pour les hosties des pacifiques, deux bœufs, cinq béliers, cinq boucs, et cinq agneaux d'un an. Ce fut là l'offrande d'Elisur, fils de Sédéur.

36 Le cinquième jour Salamiel, fils de Surisaddaï, prince des enfants de Siméon,

37 offrit un plat d'argent qui pesait cent trente sicles, et un vase d'argent de soixante et dix sicles, au poids du sanctuaire, tous deux pleins de farine mêlée avec de l'huile pour le sacrifice ;

38 un petit vase d'or du poids de dix sicles, plein d'encens ;

39 un bœuf du troupeau, un bélier, et un agneau d'un an pour l'holocauste ;

40 un bouc pour le péché ;

41 et pour les hosties des pacifiques, deux bœufs, cinq béliers, cinq boucs, et cinq agneaux d'un an. Ce fut là l'offrande de Salamiel, fils de Surisaddaï.

42 Le sixième jour Eliasaph, fils de Duel, prince des enfants de Gad,

43 offrit un plat d'argent qui pesait cent trente sicles, *et* un vase d'argent de soixante et dix sicles, au poids du sanctuaire, tous deux pleins de farine mêlée avec de l'huile pour le sacrifice ;

44 un petit vase d'or du poids de dix sicles, plein d'encens ;

45 un bœuf du troupeau, un bélier, un agneau d'un au pour l'holocauste ;

46 un bouc pour le péché ;

47 et pour les hosties des pacifiques, deux bœufs, cinq béliers, cinq boucs, et cinq agneaux d'un an. Ce fut là l'offrande d'Eliasaph, fils de Duel.

48 Le septième jour Elisama, fils d'Ammiud, prmce des enfants d'Ephraïm,

49 offrit un plat d'argent qui pesait cent trente sicles, *et* un vase d'argent de soixante et dix sicles, au poids du sanctuaire, tous deux pleins de farine mêlée avec de l'huile pour le sacrifice ;

50 un petit vase d'or du poids de dix sicles, plein d'encens ;

51 un bœuf du troupeau, un bélier, et un agneau d'un an pour l'holocauste ;

52 un bouc pour le péché ;

53 et pour les hosties des pacifiques, deux bœufs, cinq béliers, cinq boucs, et cinq agneaux d'un an. Ce fut là l'offrande d'Elisama, fils d'Ammiud.

54 Le huitième jour Gamaliel, fils de Phadassur, prince des enfants de Manassé,

55 offrit un plat d'argent qui pesait cent trente sicles, *et* un vase d'argent de soixante et dix sicles, au poids du sanctuaire, tous deux

pleins de farine mêlée avec de l'huile pour le sacrifice ;

56 un petit vase d'or du poids de dix sicles, plein d'encens ;

57 un bœuf du troupeau, un bélier, un agneau d'un an pour l'holocauste ;

58 un bouc pour le péché ;

59 et pour les hosties des pacifiques, deux bœufs, cinq béliers, cinq boues, et cinq agneaux d'un an. Ce fut là l'offrande de Gamaliel, fils de Phadassur.

60 Le neuvième jour Abidan, fils de Gédéon, prince des enfants de Benjamin,

61 offrit un plat d'argent qui pesait cent trente sicles, *et un vase d'argent de soixante et dix sicles*, au poids du sanctuaire, tous deux pleins de farine mêlée avec de l'huile pour le sacrifice ;

62 un petit vase d'or du poids de dix sicles, plein d'encens ;

63 un bœuf du troupeau, un bélier, un agneau d'un an pour l'holocauste ;

64 un bouc pour le péché ;

65 et pour les hosties des pacifiques, deux bœufs, cinq béliers, cinq boucs, et cinq agneaux d'un an. Ce fut là l'offrande d'Abidan, fils de Gédéon.

66 Le dixième jour Ahiézer, fils d'Ammisaddaï, prince des enfants de Dan,

67 offrit un plat d'argent qui pesait cent trente sicles, *et un vase d'argent de soixante et dix sicles*, au poids du sanctuaire, tous deux pleins de farine mêlée avec de l'huile pour le sacrifice ;

68 un petit vase d'or du poids de dix sicles, plein d'encens ;

69 un bœuf du troupeau, un bélier, un agneau d'un an pour l'holocauste ;

70 un bouc pour le péché ;

71 et pour les hosties des pacifiques, deux bœufs, cinq béliers, cinq boucs, et cinq agneaux d'un an. Ce fut là l'offrande d'Ahiézer, fils d'Ammisaddaï.

72 Le onzième jour Phégiel, fils d'Ochran, prince des enfants d'Aser,

73 offrit un plat d'argent qui pesait cent trente sicles, *et un vase d'argent de soixante et dix sicles*, au poids du sanctuaire, tous deux pleins de farine mêlée avec de l'huile pour le sacrifice ;

74 un petit vase d'or du poids de dix sicles, plein d'encens ;

75 un bœuf du troupeau, un bélier, un agneau d'un an pour l'holocauste ;

76 un bouc pour le péché ;

77 et pour les hosties des pacifiques, deux bœufs, cinq béliers, cinq boucs, et cinq agneaux d'un un. Ce fut là l'offrande de Phégiel, fils d'Ochran.

78 Le douzième jour Ahira, fils d'Enan, prince des enfants de Nephthali,

79 offrit un plat d'argent qui pesait cent trente sicles, *et un vase d'argent de soixante et dix sicles*, au poids du sanctuaire, tous deux pleins de farine mêlée avec de l'huile pour le sacrifice ;

80 un petit vase d'or du poids de dix sicles, plein d'encens ;

81 un bœuf du troupeau, un bélier, un agneau d'un an pour l'holocauste ;

82 un bouc pour le péché ;

83 et pour les hosties des pacifiques, deux bœufs, cinq béliers, cinq boucs, et cinq agneaux d'un an. Ce fut là l'offrande d'Ahira, fils d'Enan.

84 Voilà donc tout ce qui fut offert par les princes d'Israël à la dédicace de l'autel, au jour qu'il fut consacré ; Douze plats d'argent, douze vases d'argent, et douze petits vases d'or ;

85 chaque plat d'argent pesant cent trente sicles, et chaque vase soixante et dix ; en sorte que tous les vases d'argent pesaient ensemble deux mille quatre cents sicles, au poids du sanctuaire ;

86 douze petits vases d'or pleins d'encens, dont chacun pesait dix sicles au poids du sanctuaire, et qui faisaient tous ensemble cent vingt sicles d'or ;

87 douze bœufs du troupeau pour l'holocauste, douze béliers, douze agneaux d'un an, avec leurs oblations de liqueurs, et douze boucs pour le péché ;

88 et pour les hosties des pacifiques, vingt-quatre bœufs, soixante béliers, soixante boucs, soixante agneaux d'un an. Ce sont là les offrandes qui furent faites à la dédicace de l'autel, lorsqu'il fut oint *et sacré*.

89 Et quand Moïse entrait dans le tabernacle de l'alliance pour consulter l'oracle, il entendait la voix de celui qui lui parlait du propitiatoire, qui était au-dessus de l'arche du témoignage entre les deux chérubins, d'où il parlait à Moïse.

CHAPITRE VIII.

LE Seigneur parla à Moïse, et lui dit :

2 Parlez à Aaron, et dites-lui : Lorsque vous aurez placé les sept lampes, *prenez garde* que le chandelier soit dressé du côte du midi. Donnez donc ordre que les lampes posées du côté opposé au septentrion regardent en face la table des pains exposés devant le Seigneur, parce qu'elles doivent toujours jeter leur lumière vers cette partie qui est vis-à-vis du chandelier.

3 Aaron exécuta *ce qui lui avait été dit*, et il mit les lampes sur le chandelier, selon que le Seigneur l'avait ordonné à Moïse.

4 Or ce chandelier était fait de cette sorte ; Il était tout d'or battu au marteau, tant la tige du milieu que les branches qui en naissaient des deux côtés ; et Moïse l'avait fait selon le modèle que le Seigneur lui avait fait voir.

5 Le Seigneur parla encore à Moïse, et lui dit :

6 Prenez les Lévites du milieu des enfants d'Israël, et purifiez-les

7 avec ces cérémonies ; Vous répandrez sur eux de l'eau d'expiation, et ils raseront tout le poil de leur corps. Et après qu'ils auront lavé leurs vêtements, et qu'ils se seront purifiés,

8 ils prendront un bœuf du troupeau, avec l'offrande de farine mêlée d'huile, qui doit l'accompagner. Vous prendrez aussi un autre bœuf du troupeau pour le péché,

9 et vous ferez approcher les Lévites devant le tabernacle de l'alliance, après que vous aurez fait assembler tous les enfants d'Israël.

10 Lorsque les Lévites seront devant le Seigneur, les enfants d'Israël mettront leurs mains sur eux,

11 et Aaron offrira les Lévites comme un présent que les enfants d'Israël font au Seigneur, afin qu'ils servent dans les fonctions du culte du Seigneur.

12 Les Lévites mettront aussi leurs mains sur la tête des *deux* bœufs, dont vous sacrifierez l'un pour le péché, et vous offrirez l'autre au Seigneur en holocauste, afin d'obtenir par vos prières que Dieu leur soit favorable.

13 Vous présenterez ensuite les Lévites devant Aaron et ses fils, et vous les consacrerez après les avoir offerts au Seigneur.

14 Vous les séparerez du milieu des enfants d'Israël, afin qu'ils soient à moi ;

15 et après cela ils entreront dans le tabernacle de l'alliance pour me servir. Voilà la manière dont vous les purifierez, et dont vous les consacrerez en les offrant au Seigneur ; parce qu'ils m'ont été donnés par les enfants d'Israël.

16 Je les ai reçus en la place de tous les premiers-nés d'Israël, qui sortent les premiers du sein de la mère.

17 Car tous les premiers-nés des enfants d'Israël, tant des hommes que des bêtes, sont à moi. Je me les suis consacrés au jour que je frappai dans l'Egypte tous les premiers-nés ;

18 et *maintenant* j'ai pris les Lévites pour tous les premiers-nés des enfants d'Israël,

19 et j'en ai fait un don à Aaron et à ses fils, *après les avoir tirés* du milieu du peuple, afin qu'ils me servent dans le tabernacle de l'alliance en la place *des enfants* d'Israël, et qu'ils prient pour eux, dé peur que le peuple ne soit frappé de quelque plaie, s'il ose s'approcher du sanctuaire.

20 Moïse et Aaron, et toute l'assemblée des enfants d'Israël, firent donc touchant les Lévites ce que le Seigneur avait ordonné à Moïse.

21 Ils furent purifiés, et ils lavèrent leurs vêtements, et Aaron les présenta en offrande devant le Seigneur, et pria pour eux,

22 afin qu'ayant été purifiés, ils entrassent dans le tabernacle de

l'alliance, pour y faire leurs fonctions devant Aaron et ses fils. Tout ce que le Seigneur avait ordonné à Moïse touchant les Lévites, fut exécuté.

23 Le Seigneur parla *de nouveau* à Moïse, et lui dit :

24 Voici la loi pour les Lévites : Depuis vingt-cinq ans et au-dessus ils entreront dans le tabernacle de l'alliance, pour s'occuper à leur ministère ;

25 et lorsqu'ils auront cinquante ans accomplis, ils ne serviront plus ;

26 ils aideront seulement leurs frères dans le tabernacle de l'alliance, pour garder ce qui leur a été confié ; mais ils ne feront plus leurs actions ordinaires. C'est ainsi que vous réglerez les Lévites touchant les fonctions de leurs charges.

CHAPITRE IX.

LA seconde année après la sortie du peuple hors de l'Egypte, et au premier mois, le Seigneur parla à Moïse dans le désert de Sinaï, et lui dit :

2 Que les enfants d'Israël fassent la pâque au temps prescrit,

3 c'est-à-dire, le quatorzième jour de ce mois sur le soir, selon toutes les cérémonies et les ordonnances *qui leur ont été marquées*.

4 Moïse ordonna donc aux enfants d'Israël de faire la pâque ;

5 et ils la firent au temps qui avait été prescrit, le quatorzième jour du mois au soir, près de la montagne de Sinaï. Les enfants d'Israël firent toutes choses selon que le Seigneur l'avait ordonné à Moïse.

6 Or il arriva que quelques-uns qui étaient *devenus* impurs pour *avoir approché d'*un corps mort, et qui ne pouvaient pour cette raison faire la pâque en ce jour-là, vinrent trouver Moïse et Aaron,

7 et leur dirent ; Nous sommes devenus impurs, parce que nous avons approché d'un corps mort ; pourquoi serons-nous privés pour cela d'offrir en son temps l'oblation au Seigneur, comme tout le reste des enfants d'Israël ?

8 Moïse leur répondit ; Attendez que je consulte le Seigneur, pour savoir ce qu'il ordonnera de vous.

9 Le Seigneur parla ensuite à Moïse, et lui dit :

10 Dites aux enfants d'Israël : Si un homme de votre peuple est devenu impur pour avoir approché d'un corps mort, ou s'il est en voyage bien loin, qu'il fasse la pâque du Seigneur

11 au second mois, le quatorzième jour du mois sur le soir ; il mangera la pâque avec des pains sans levain et des laitues sauvages.

12 Il n'en laissera rien jusqu'au matin, il n'en rompra point les os, et il observera toutes les cérémonies de la pâque.

13 Mais si quelqu'un étant pur, et n'étant point en voyage, ne fait point néanmoins la pâque, il sera exterminé du milieu de son peuple, parce qu'il n'a pas offert en son temps le sacrifice au Seigneur ; il portera lui-même *la peine de* son péché.

14 S'il se trouve parmi vous des étrangers et des gens venus d'ailleurs, ils feront aussi la pâque en l'honneur du Seigneur, selon toutes ses cérémonies et ses ordonnances. Le même précepte sera gardé parmi vous, tant par ceux de dehors que par ceux du pays.

15 Le jour donc que le tabernacle fut dressé, il fut couvert d'une nuée. Mais depuis le soir jusqu'au matin on vit paraître comme un feu sur la tente.

16 Et ceci continua toujours ; Une nuée couvrait le tabernacle pendant le jour ; et pendant la nuit c'était comme une espèce de feu qui le couvrait.

17 Lorsque la nuée qui couvrait le tabernacle se retirait de dessus *et* s'avançait, les enfants d'Israël partaient ; et lorsque la nuée s'arrêtait, ils campaient en ce même lieu.

18 Ils partaient au commandement du Seigneur, et à son commandement ils dressaient le tabernacle. Pendant tous les jours que la nuée s'arrêtait sur le tabernacle, ils demeuraient au même lieu ;

19 si elle s'y arrêtait longtemps, les enfants d'Israël veillaient dans l'attente *des ordres* du Seigneur, et ils ne partaient point

20 pendant tous les jours que la nuée demeurait sur le tabernacle. Ils dressaient leurs tentes au commandement du Seigneur, et à son commandement ils les détendaient.

21 Si la nuée étant demeurée sur le tabernacle depuis le soir jusqu'au matin, le quittait au point du jour, ils partaient aussitôt ; et si elle se retirait après un jour et une nuit, ils détendaient aussitôt leurs pavillons.

22 Si elle demeurait sur le tabernacle pendant deux jours ou un mois, ou encore plus longtemps, les enfants d'Israël demeuraient aussi au même lieu, et n'en partaient point ; mais aussitôt que la nuée se retirait, ils décampaient.

23 Ils dressaient leurs tentes au commandement du Seigneur, et ils partaient à son commandement, demeurant ainsi toujours dans l'attente *des ordres* du Seigneur, selon qu'il l'avait prescrit par le ministère de Moïse.

CHAPITRE X.

LE Seigneur parla encore à Moïse, et lui dit :

2 Faites-vous deux trompettes d'argent, battues au marteau, afin que vous puissiez vous en servir pour assembler tout le peuple lorsqu'il faudra décamper.

3 Et quand vous aurez sonné de ces trompettes, tout le peuple s'assemblera près de vous à l'entrée du tabernacle de l'alliance.

4 Si vous ne sonnez qu'une fois, les princes et les chefs du peuple d'Israël viendront vous trouver.

5 Mais si vous sonnez plus longtemps de la trompette, et d'un son plus *serré et* entrecoupé, ceux qui sont du côté de l'orient décamperont les premiers.

6 Au second son de la trompette, et au bruit semblable au premier, ceux qui sont vers le midi détendront leurs pavillons ; et les autres feront de même au bruit des trompettes qui sonneront le décampement.

7 Mais lorsqu'il faudra *seulement* assembler le peuple, les trompettes sonneront d'un son plus simple *et plus uni*, et non de ce son entrecoupé *et serré*.

8 Les prêtres, enfants d'Aaron, sonneront des trompettes ; et cette ordonnance sera toujours gardée dans toute votre postérité.

9 Si vous sortez de votre pays pour aller à la guerre contre vos ennemis qui vous combattent, vous ferez un bruit éclatant avec ces trompettes ; et le Seigneur, votre Dieu, se souviendra de vous, pour vous délivrer des mains de vos ennemis.

10 Lorsque vous ferez un festin, que vous célébrerez les jours de fête, et les premiers jours des mois, vous sonnerez des trompettes en offrant vos holocaustes et vos hosties pacifiques, afin que votre Dieu se ressouvienne de vous. Je suis le Seigneur, votre Dieu.

11 Le vingtième jour du second mois de la seconde année, la nuée se leva de dessus le tabernacle de l'alliance ;

12 et les enfants d'Israël partirent du désert de Sinaï, rangés selon leurs *diverses* bandes ; et la nuée se reposa dans la solitude de Pharan.

13 Les premiers qui décampèrent par le commandement du Seigneur, qu'ils reçurent de Moïse,

14 furent les enfants de Juda, distingués selon leurs bandes, dont Nahasson, fils d'Aminadab, était le prince.

15 Nathanaël, fils de Suar, était le prince de la tribu des enfants d'Issachar.

16 Eliab, fils d'Hélon, était le prince de la tribu de Zabulon.

17 Le tabernacle ayant été détendu, les enfants de Gerson et de Mérari le portèrent, et se mirent en chemin.

18 Les enfants de Ruben partirent ensuite, chacun dans sa bande et dans son rang ; et Elisur, fils de Sédéur, en était le prince.

19 Salamiel, fils de Surisaddaï, était le prince de la tribu des enfants de Siméon.

20 Eliasaph, fils de Duel, était le prince de la tribu de Gad.

21 Les Caathites qui portaient le sanctuaire partirent après ; et on portait toujours le tabernacle jusqu'à ce qu'on fût arrivé au lieu où il devait être dressé.

22 Les enfants d'Ephraïm décampèrent aussi chacun dans sa

bande ; et Elisama, fils d'Ammiud, était le prince de leur corps.

23 Gamaliel, fils de Phadassur, était le prince de la tribu des enfants de Manassé ;

24 et Abidan, fils de Gédéon, était chef de la tribu de Benjamin.

25 Ceux qui partirent les derniers de tout le camp furent les enfants de Dan, *qui marchaient* chacun dans sa bande ; et Ahiézer, fils d'Ammisaddaï, était le prince de leur corps.

26 Phégiel, fils d'Ochran, était le prince de la tribu des enfants d'Aser ;

27 et Ahira, fils d'Enan, était le prince de la tribu des enfants de Nephthali.

28 C'est là l'ordre du camp, et la manière dont les enfants d'Israël devaient marcher selon leurs *diverses* bandes lorsqu'ils décampaient.

29 Alors Moïse dit à Hobab, fils de Raguel, Madianite, son allié ; Nous partons pour nous rendre au lieu que le Seigneur doit nous donner ; venez avec nous, afin que nous vous comblions de biens ; parce que le Seigneur en a promis *de très-grands* à Israël.

30 Hobab lui répondit ; Je n'irai point avec vous ; mais je retournerai en mon pays où je suis né.

31 Ne nous abandonnez pas, répondit Moïse ; parce que vous savez en quels lieux nous devons camper dans le désert, et vous serez notre conducteur.

32 Et quand vous serez venu avec nous, nous vous donnerons ce qu'il y aura de plus excellent dans toutes les richesses que le Seigneur doit nous donner.

33 Ils partirent donc de la montagne du Seigneur, et marchèrent pendant trois jours. L'arche de l'alliance du Seigneur allait devant eux, marquant le lieu ou ils devaient camper pendant ces trois jours.

34 La nuée du Seigneur les couvrait aussi durant le jour lorsqu'ils marchaient.

35 Et lorsqu'on élevait l'arche, Moïse disait ; Levez-vous, Seigneur ! que vos ennemis soient dissipés, et que ceux qui vous haïssent, fuient devant votre face.

36 Et lorsqu'on abaissait l'arche, il disait ; Seigneur ! retournez à l'armée d'Israël, *votre* peuple.

CHAPITRE XI.

CEPENDANT le peuple se laissa emporter au murmure contre le Seigneur, comme se plaignant de la fatigue qu'il endurait. Le Seigneur l'ayant entendu, entra en colère ; et une flamme *qui venait* du Seigneur s'étant allumée contre eux, dévora *tout ce qui était* à l'extrémité du camp.

2 Alors le peuple ayant adressé ses cris à Moïse, Moïse pria le Seigneur, et le feu s'éteignit.

3 Et il appela ce lieu, l'Incendie ; parce que le feu du Seigneur s'y était allumé contre eux.

4 Or une troupe de petit peuple qui était venu *d'Égypte* avec eux, désira *de la chair* avec grande ardeur, et s'assit en pleurant, et les enfants d'Israël s'étant joints à eux, ils commencèrent à dire ; Qui nous donnera de la chair à manger ?

5 Nous nous souvenons des poissons que nous mangions en Égypte, *presque* pour rien ; les concombres, les melons, les poireaux, les oignons et l'ail nous reviennent dans l'esprit.

6 Notre vie est languissante, nous ne voyons que manne sous nos yeux.

7 Or la manne était comme la graine de la coriandre, de la couleur du bdellium.

8 Le peuple allait la chercher autour du camp, et l'ayant ramassée, il la broyait sous la meule, ou il la pilait dans un mortier ; il la mettait cuire *ensuite* dans un pot, et en faisait des tourteaux qui avaient le goût comme d'un pain pétri avec de l'huile.

9 Quand la rosée tombait sur le camp durant la nuit, la manne y tombait aussi en même temps.

10 Moïse entendit donc le peuple qui pleurait chacun dans sa famille, et qui se tenait à l'entrée de sa tente. Alors le Seigneur entra en une grande fureur ; et ce murmure parut aussi insupportable à Moïse,

11 et il dit au Seigneur ; Pourquoi avez-vous affligé votre serviteur ? pourquoi ne trouvé-je point grâce devant vous ? et pourquoi m'avez-vous chargé du poids de tout ce peuple ?

12 Est-ce moi qui ai conçu toute cette grande multitude, ou qui l'ai engendrée pour que vous me disiez ; Portez-les dans votre sein, comme une nourrice a accoutumé de porter son petit enfant, et menez-les en la terre que j'ai promise à leurs pères avec serment ?

13 Où trouverai-je de la chair pour en donner à un si grand peuple ? Ils pleurent *et crient* contre moi en disant ; Donnez-nous de la viande, afin que nous en mangions.

14 Je ne puis porter seul tout ce peuple, parce que c'est un fardeau trop pesant pour moi.

15 Si votre volonté s'oppose en cela à mon désir, je vous conjure de me faire *plutôt* mourir, et que je trouve grâce devant vos yeux, pour n'être point accablé de tant de maux.

16 Le Seigneur répondit à Moïse ; Assemblez-moi soixante et dix hommes des anciens d'Israël, que vous saurez être les plus expérimentés et les plus propres a gouverner, et menez-les à l'entrée du tabernacle de l'alliance, où vous les ferez demeurer avec vous.

17 Je descendrai là pour vous parler ; je prendrai de l'esprit qui est en vous, et je leur en donnerai, afin qu'ils soutiennent avec vous le fardeau de ce peuple, et que vous ne soyez point trop chargé *en le portant* seul.

18 Vous direz aussi au peuple ; Purifiez-vous ; vous mangerez demain de la chair ; car je vous ai entendu dire ; Qui nous donnera de la viande à manger ? nous étions bien dans l'Egypte. Le Seigneur vous donnera donc de la chair, afin que vous en mangiez,

19 non un seul jour, ni deux jours, ni cinq, ni dix, ni vingt ;

20 mais pendant un mois entier, jusqu'à ce qu'elle vous sorte par les narines, et qu'elle vous fasse soulever le cœur ; parce que vous avez rejeté le Seigneur, qui est au milieu de vous, et que vous avez pleuré devant lui, en disant ; Pourquoi sommes-nous sortis de l'Egypte ?

21 Moïse lui dit ; Il y a six cent mille hommes de pied dans ce peuple, et vous dites ; Je leur donnerai de la viande à manger pendant tout un mois.

22 Faut-il égorger tout ce qu'il y a de brebis et de bœufs pour pouvoir fournir à leur nourriture ? ou ramassera-t-on tous les poissons de la mer pour les rassasier ?

23 Le Seigneur lui répondit ; La main du Seigneur est-elle impuissante ? Vous allez voir présentement si l'effet suivra ma parole.

24 Moïse étant donc venu vers le peuple, lui rapporta les paroles du Seigneur ; et ayant rassemblé soixante et dix hommes *choisis* parmi les anciens d'Israël, il les plaça près du tabernacle.

25 Alors le Seigneur étant descendu dans la nuée, parla à Moïse, prit de l'esprit qui était en lui, et le donna à ces soixante et dix hommes. L'esprit s'étant donc reposé sur eux, ils commencèrent à prophétiser, et continuèrent toujours depuis.

26 Or deux de ces hommes, dont l'un se nommait Eldad, et l'autre Médad, étant demeurés dans le camp, l'esprit se reposa sur eux ; car ils avaient aussi été marqués avec les autres ; mais ils n'étaient point sortis pour aller au tabernacle.

27 Et lorsqu'ils prophétisaient dans le camp, un jeune homme courut à Moïse, et lui dit ; Eldad et Médad prophétisent dans le camp.

28 Aussitôt Josué, fils de Nun, qui excellait entre tous les ministres de Moïse, lui dit ; Moïse, mon seigneur, empêchez les.

29 Mais Moïse lui répondit ; Pourquoi avez-vous des sentiments de jalousie en ma considération ? Plût à Dieu que tout le peuple prophétisât, et que le Seigneur répandît son esprit sur eux !

30 Après cela Moïse revint au camp avec les anciens d'Israël.

31 En même temps un vent excité par le Seigneur emportant des cailles de delà la mer *Rouge*, les amena, et les fit tomber dans le camp et autour du camp, en un espace aussi grand qu'est le chemin que l'on peut faire en un jour, et elles volaient en l'air, n'étant

élevées au-dessus de la terre que de deux coudées.

32 Le peuple se levant donc amassa durant tout ce jour, et la nuit suivante et le lendemain, une si grande quantité de cailles, que ceux qui en avaient le moins, en avaient dix mesures ; et ils les firent sécher tout autour du camp.

33 Ils avaient encore la chair entre les dents, et ils n'avaient pas achevé de manger cette viande, que la fureur du Seigneur s'alluma contre le peuple, et le frappa d'une très-grande plaie.

34 C'est pourquoi ce lieu fut appelé, les Sépulcres de concupiscence, parce qu'ils y ensevelirent le peuple qui avait désiré *de la chair*. Et étant sortis des Sépulcres de concupiscence, ils vinrent à Haséroth, où ils demeurèrent.

CHAPITRE XII.

ALORS Marie et Aaron parlèrent contre Moïse, à cause de sa femme qui était Ethiopienne,

2 et ils dirent ; Le Seigneur n'a-t-il parlé que par le seul Moïse ? ne nous a-t-il pas aussi parlé comme à lui ? Ce que le Seigneur ayant entendu,

3 (parce que Moïse était le plus doux de tous les hommes qui demeuraient sur la terre,)

4 il parla aussitôt à Moïse, et à Aaron et à Marie, et leur dit ; Allez vous trois seulement au tabernacle de l'alliance. Et lorsqu'ils y furent allés,

5 le Seigneur descendit dans la colonne de nuée, et se tenant à l'entrée du tabernacle, il appela Aaron et Marie. Ils s'avancèrent,

6 et il leur dit ; Ecoutez mes paroles ; S'il se trouve parmi vous un prophète du Seigneur, je lui apparaîtrai en vision, ou je lui parlerai en songe.

7 Mais il n'en est pas ainsi de Moïse, qui est mon serviteur très-fidèle dans toute ma maison.

8 Car je lui parle bouche à bouche ; et il voit le Seigneur clairement, et non sous des énigmes et sous des figures. Pourquoi donc n'avez-vous pas craint de parler contre mon serviteur Moïse ?

9 Il entra ensuite en colère contre eux, et s'en alla.

10 La nuée se retira en même temps *de l'entrée* du tabernacle, et Marie parut aussitôt toute blanche de lèpre comme de la neige. Aaron ayant jeté les yeux sur elle, et la voyant toute couverte de lèpre,

11 dit à Moïse ; Seigneur, je vous conjure de ne nous imputer pas ce péché que nous avons commis follement,

12 et que celle-ci ne devienne pas comme morte, et comme un fruit avorté qu'on jette hors du sein de sa mère. Vous voyez que la lèpre lui a déjà mangé la moitié du corps.

13 Alors Moïse cria au Seigneur, et lui dit ; O Dieu ! guérissez-la, je vous prie.

14 Le Seigneur lui répondit ; Si son père lui avait craché au visage, n'aurait-elle pas dû demeurer au moins pendant sept jours couverte de honte ? Qu'elle soit donc séparée hors du camp pendant sept jours, et après cela on la fera revenir.

15 Marie fut donc chassée hors du camp pendant sept jours ; et le peuple ne sortit point de ce lieu, jusqu'à ce que Marie fût rappelée *dans le camp*.

CHAPITRE XIII.

APRÈS cela le peuple partit de Haséroth, et alla dresser ses tentes dans le désert de Pharan.

2 Le Seigneur parla à Moïse en ce lieu-là, et lui dit :

3 Envoyez des hommes pour considérer le pays de Chanaan que je dois donner aux enfants d'Israël ; *choisissez-les* d'entre les principaux de chaque tribu.

4 Moïse fit ce que le Seigneur lui avait commandé ; et il envoya du désert de Pharan des hommes d'entre les principaux *de chaque tribu*, dont voici les noms :

5 De la tribu de Ruben, Sammua, fils de Zechur ;

6 de la tribu de Siméon, Saphat, fils d'Huri ;

7 de la tribu de Juda, Caleb, fils de Jéphoné ;

8 de la tribu d'Issachar, Igal, fils de Joseph ;

9 de la tribu d'Ephraïm, Osée, fils de Nun ;

10 de la tribu de Benjamin, Phalti, fils de Raphu ;

11 de la tribu de Zabulon, Geddiel, fils de Sodi ;

12 de la tribu de Joseph, *c'est-à-dire*, de la tribu de Manassé, Gaddi, fils de Susi ;

13 de la tribu de Dan, Ammiel, fils de Gémalli ;

14 de la tribu d'Aser, Sthur, fils de Michaël ;

15 de la tribu de Nephthali, Nahabi, fils de Vapsi ;

16 de la tribu de Gad, Guel, fils de Machi.

17 Ce sont là les noms des hommes que Moïse envoya considérer la terre ; et il donna à Osée, fils de Nun, le nom de Josué.

18 Moïse les envoya donc pour considérer le pays de Chanaan, et il leur dit : Montez du côté du midi ; et lorsque vous serez arrivés aux montagnes,

19 considérez quelle est cette terre, et quel est le peuple qui l'habite ; s'il est fort ou faible ; s'il y a peu ou beaucoup d'habitants.

20 *Considérez* aussi quelle est la terre, si elle est bonne ou mauvaise ; quelles sont les villes ; si elles ont des murs ou si elles n'en ont point ;

21 si le terroir est gras ou stérile ; s'il est planté de bois ou s'il est sans arbres. Soyez fermes *et résolus*, et apportez-nous des fruits de la terre. Or c'était alors le temps auquel on pouvait manger les premiers raisins.

22 Ces hommes étant donc partis, considérèrent la terre depuis le désert de Sin jusqu'à Hohob à l'entrée d'Emath, *au septentrion*.

23 Ils remontèrent *ensuite* vers le midi, et vinrent à Hébron, où étaient Achiman, Sisaï et Tholmaï, *tous trois* fils d'Enac ; car Hébron a été bâtie sept ans avant Tanis, ville d'Egypte.

24 Et étant allés jusqu'au Torrent de la grappe de raisin, ils coupèrent une branche de vigne avec sa grappe, que deux hommes portèrent sur un levier. Ils prirent aussi des grenades et des figues de ce lieu-là,

25 qui fut appelé depuis Néhel-escol. c'est-à-dire, le Torrent de la grappe, parce que les enfants d'Israël emportèrent de là cette grappe de raisin.

26 Ceux qui avaient été considérer le pays revinrent quarante jours après, en ayant fait tout le tour.

27 Ils vinrent trouver Moïse et Aaron, et toute l'assemblée des enfants d'Israël, dans le désert de Pharan qui est vers Cadès ; et *leur* ayant fait leur rapport, à eux et à tout le peuple, ils leur montrèrent des fruits de la terre,

28 et leur dirent ; Nous avons été dans le pays où vous nous avez envoyés, et où coulent véritablement des ruisseaux de lait et de miel, comme on peut le connaître par ces fruits.

29 Mais elle a des habitants très-forts, et de grandes villes fermées de murailles. Nous y avons vu la race d'Enac.

30 Amalec habite vers le midi ; les Héthéens, les Jébuséens et les Amorrhéens sont dans les pays des montagnes ; et les Chananéens *sont* établis le long de la mer et le long du fleuve du Jourdain.

31 Cependant le murmure commençant à s'élever contre Moïse, Caleb fit ce qu'il put pour l'apaiser, en disant ; Allons et assujettissons-nous ce pays ; car nous pouvons nous en rendre maîtres.

32 Mais les autres qui y avaient été avec lui, disaient au contraire ; Nous ne pouvons point aller combattre ce peuple, parce qu'il est plus fort que nous.

33 Et ils décrièrent devant les enfants d'Israël le pays qu'ils avaient vu, en disant ; La terre que nous avons été considérer dévore ses habitants ; le peuple que nous y avons trouvé est d'une hauteur extraordinaire.

34 Nous avons vu là des hommes qui étaient comme des monstres, des fils d'Enac, de la race des géants, auprès desquels nous ne paraissions que comme des sauterelles.

CHAPITRE XIV.

TOUT le peuple se mit donc à crier, et pleura toute la nuit,

2 et tous les enfants d'Israël murmurèrent contre Moïse et Aaron, en disant :

3 Plût à Dieu que nous fussions morts dans l'Égypte ! et puissions-nous périr plutôt dans cette vaste solitude, que non pas que le Seigneur nous fasse entrer dans ce pays-là ! de peur que nous ne mourions par l'épée, et que nos femmes et nos enfants ne soient emmenés captifs. Ne vaut-il pas mieux que nous retournions en Égypte ?

4 Ils commencèrent donc à se dire l'un à l'autre ; Etablissons-nous un chef, et retournons en Égypte.

5 Moïse et Aaron ayant entendu cela, se prosternèrent en terre, à la vue de toute la multitude des enfants d'Israël.

6 Mais Josué, fils de Nun, et Caleb, fils de Jéphoné, qui avaient aussi eux-mêmes considéré cette terre, déchirèrent leurs vêtements,

7 et dirent à toute l'assemblée des enfants d'Israël ; Le pays dont nous avons fait le tour est très-bon.

8 Si le Seigneur nous est favorable, il nous y fera entrer, et nous donnera cette terre où coulent des ruisseaux de lait et de miel.

9 Ne vous rendez point rebelles contre le Seigneur ; et ne craignez point le peuple de ce pays-là, parce que nous pouvons le dévorer ainsi qu'un morceau de pain. Ils sont destitués de tout secours ; le Seigneur est avec nous, ne craignez point.

10 Alors tout le peuple jetant de grands cris et voulant les lapider, la gloire du Seigneur parut à tous les enfants d'Israël sur le tabernacle de l'alliance.

11 Et le Seigneur dit à Moïse ; Jusqu'à quand ce peuple m'outragera-t-il par ses paroles ? Jusqu'à quand ne me croira-t-il point, après tous les miracles que j'ai faits devant leurs yeux ?

12 Je les frapperai donc de peste, et je les exterminerai ; et pour vous, je vous établirai prince sur un autre peuple, plus grand et plus fort que n'est celui-ci.

13 Moïse répondit au Seigneur : *Vous voulez donc que* les Egyptiens, du milieu desquels vous avez tiré ce peuple,

14 et les habitants de ce pays, qui ont ouï dire, Seigneur ! que vous habitez au milieu de ce peuple, que vous y êtes vu face à face, que vous les couvrez de votre nuée, et que vous marchez devant eux pendant le jour dans une colonne de nuée, et pendant la nuit dans une colonne de feu :

15 *vous voulez, dis-je*, qu'ils apprennent que vous avez fait mourir une si grande multitude comme un seul homme, et qu'ils disent ;

16 Il ne pouvait faire entrer ce peuple dans le pays qu'il leur avait promis avec serment ; c'est pourquoi il les a fait tous mourir dans le désert.

17 Que le Seigneur fasse donc éclater la grandeur de sa puissance, selon que vous l'avez juré, en disant :

18 Le Seigneur est patient et plein de miséricorde, il efface les iniquités et les crimes, et il ne laisse impuni aucun coupable, visitant les péchés des pères dans les enfants jusqu'a la troisième et à la quatrième génération.

19 Pardonnez, je vous supplie, le péché de ce peuple selon la grandeur de votre miséricorde, selon que vous leur avez été favorable depuis leur sortie d'Égypte jusqu'en ce lieu.

20 Le Seigneur lui répondit : *Je leur* ai pardonné, selon que vous me l'avez demandé.

21 Je jure par moi-même, que toute la terre sera remplie de la gloire du Seigneur.

22 Mais cependant tous les hommes qui ont vu l'éclat de ma majesté, et les miracles que j'ai faits dans l'Égypte et dans le désert, et qui m'ont déja tenté dix fois, et n'ont point obéi à ma voix,

23 ne verront point la terre que j'ai promise à leurs pères avec serment ; et nul de ceux qui m'ont outragé par leurs paroles, ne la verra.

24 Mais pour ce qui est de Caleb, mon serviteur, qui étant plein d'un autre esprit m'a suivi, je le ferai entrer dans cette terre dont il a fait tout le tour, et sa race la posségera.

25 Comme les Amalécites et les Chananéens *que vous craignez*, habitent dans les vallées *voisines*, décampez demain, et retournez dans le désert par le chemin de la mer Rouge.

26 Le Seigneur parla encore à Moïse et à Aaron, et leur dit :

27 Jusqu'à quand ce peuple impie *et ingrat* murmurera-t-il contre moi ? J'ai entendu les plaintes des enfants d'Israël.

28 Dites-leur donc ; Je jure par moi-même, dit le Seigneur, que je vous traiterai selon le souhait que je vous ai entendu faire.

29 Vos corps seront étendus morts dans ce désert. Vous tous qui avez été comptés depuis l'âge de vingt ans et au-dessus, et qui avez murmuré contre moi,

30 vous n'entrerez point dans cette terre dans laquelle j'avais juré que je vous ferais habiter, excepté Caleb, fils de Jéphoné, et Josué, fils de Nun.

31 Mais j'y ferai entrer vos petits enfants, dont vous avez dit, qu'ils seraient la proie de vos ennemis ; afin qu'ils voient cette terre qui vous a déplu.

32 Vos corps seront étendus morts en cette solitude.

33 Vos enfants seront errants dans ce désert pendant quarante ans, et ils porteront la peine de votre révolte contre moi, jusqu'à ce que les corps morts de leurs pères soient consumés dans le désert,

34 selon le nombre des quarante jours pendant lesquels vous avez considéré cette terre, en comptant une année pour chaque jour. Vous recevrez donc pendant quarante ans la peine de vos iniquités, et vous saurez quelle est ma vengeance ;

35 parce que je traiterai en la manière que je le dis tout ce méchant peuple qui s'est soulevé contre moi ; il sera consumé dans cette solitude, et il y mourra.

36 Tous ces hommes que Moïse avait envoyés pour considérer la terre promise, et qui étant revenus avaient fait murmurer tout le peuple contre lui, en décriant cette terre comme mauvaise,

37 moururent donc ayant été frappés par le Seigneur.

38 Et il n'y eut que Josué, fils de Nun, et Caleb, fils de Jéphoné, qui survécurent de tous ceux qui avaient été reconnaître la terre *promise*.

39 Moïse rapporta toutes les paroles du Seigneur à tous les enfants d'Israël, et il y eut un grand deuil parmi le peuple.

40 Mais le lendemain s'étant levés de grand matin, ils montèrent sur le haut de la montagne, et ils dirent ; Nous sommes prêts à aller au lieu dont le Seigneur nous a parlé ; car nous avons péché.

41 Moïse leur dit ; Pourquoi voulez-vous marcher contre la parole du Seigneur ? Ce dessein ne vous réussira point.

42 Cessez *donc* de vouloir monter (parce que le Seigneur n'est point avec vous), de peur que vous ne soyez renversés devant vos ennemis.

43 Les Amalécites et les Chananéens sont devant vous, et vous tomberez sous leur épée, parce que vous n'avez point voulu obéir au Seigneur, et le Seigneur ne sera point avec vous.

44 Mais eux étant frappés d'aveuglement, ne laissèrent pas de monter sur le haut de la montagne. Cependant l'arche de l'alliance du Seigneur et Moïse ne sortirent point du camp.

45 Les Amalécites et les Chananéens qui habitaient sur la montagne descendirent donc contre eux ; et les ayant battus et taillés en pièces, ils les poursuivirent jusqu'à Horma.

CHAPITRE XV.

LE Seigneur parla à Moïse, et lui dit :

2 Parlez aux enfants d'Israël, et dites-leur : Lorsque vous serez entrés dans le pays que je vous donnerai pour y habiter,

3 et que vous offrirez au Seigneur ou un holocauste, ou une victime en vous acquittant de vos vœux, ou en lui offrant volontairement vos dons, ou en faisant brûler dans vos fêtes solennelles des offrandes d'une odeur agréable au Seigneur, soit de bœufs ou de brebis ;

4 quiconque aura immolé l'hostie, offrira pour le sacrifice de farine la dixième partie d'un éphi, mêlée avec une mesure d'huile

qui tiendra la quatrième partie du hin ;

5 et il donnera, soit pour l'holocauste, soit pour la victime, la même mesure de vin pour l'oblation de liqueur, pour chaque agneau.

6 Et pour chaque bélier il offrira en sacrifice deux dixièmes de farine, mêlée avec une mesure d'huile de la troisième partie du hin ;

7 et il offrira en oblation de liqueur la troisième partie de la même mesure comme *un sacrifice* d'une odeur agréable au Seigneur.

8 Mais lorsque vous offrirez des bœufs, ou en holocauste, ou en sacrifice, pour accomplir votre vœu, ou pour offrir des victimes pacifiques,

9 vous donnerez pour chaque bœuf trois dixièmes de farine, mêlée avec une mesure d'huile de la moitié du hin ;

10 et vous y joindrez pour offrande de liqueur la même mesure de vin, comme une oblation d'une odeur très-agréable au Seigneur.

11 Vous en userez de même

12 pour les bœufs, les béliers, les agneaux et les chevreaux *que vous offrirez*.

13 Ceux du pays, et les étrangers également,

14 offriront les sacrifices avec les mêmes cérémonies.

15 Il n'y aura qu'une même loi et une même ordonnance, soit pour vous, soit pour ceux qui sont étrangers en votre pays.

16 Le Seigneur parla à Moïse, et lui dit :

17 Parlez aux enfants d'Israël, et dites-leur :

18 Lorsque vous serez arrivés dans la terre que je vous donnerai,

19 et que vous aurez mangé des pains de ce pays-là, vous mettrez à part les prémices

20 de ce que vous mangerez, *pour les offrir* au Seigneur. Comme vous mettez à part les prémices *des grains* de l'aire,

21 vous donnerez aussi au Seigneur les prémices de la farine que vous pétrirez.

22 Si vous oubliez par ignorance à faire quelqu'une de ces choses que le Seigneur a dites à Moïse,

23 et qu'il vous a ordonnées par lui dès le *premier* jour qu'il a commencé à vous faire ses commandements, et depuis ;

24 et si toute la multitude du peuple est tombée dans cet oubli, ils offriront un veau du troupeau en holocauste d'une odeur très-agréable au Seigneur, avec l'oblation de farine et les liqueurs selon *l'ordre* des cérémonies, et un bouc pour le péché.

25 Et le prêtre priera pour toute la multitude des enfants d'Israël, et il leur sera pardonné ; parce qu'ils n'ont pas péché volontairement, et qu'ils ne laisseront pas néanmoins d'offrir l'holocauste au Seigneur, pour eux-mêmes, pour leur péché et leur ignorance ;

26 et il sera pardonné ainsi à tout le peuple des enfants d'Israël, et aux étrangers qui seront venus demeurer parmi eux ; parce que c'est une faute que tout le peuple a faite par ignorance.

27 Si une personne *particulière* a péché par ignorance, elle offrira une chèvre d'un an pour son péché,

28 et le prêtre priera pour elle, parce qu'elle a péché devant le Seigneur sans le savoir ; et il obtiendra le pardon pour elle, et sa faute lui sera remise.

29 La même loi sera gardée pour tous ceux qui auront péché par ignorance, soit qu'ils soient du pays ou étrangers.

30 Mais celui qui aura commis quelque péché par orgueil, périra du milieu de son peuple, soit qu'il soit citoyen ou étranger, parce qu'il a été rebelle contre le Seigneur.

31 Car il a méprisé la parole du Seigneur, et il a rendu vaine son ordonnance ; c'est pourquoi il sera exterminé, et il portera *la peine de* son iniquité.

32 Or les enfants d'Israël étant dans le désert, il arriva qu'ils trouvèrent un homme qui ramassait du bois le jour du sabbat ;

33 et l'ayant présenté à Moïse, à Aaron, et à tout le peuple,

34 ils le firent mettre en prison, ne sachant ce qu'ils en devaient faire.

35 Alors le Seigneur dit à Moïse ; Que cet homme soit puni de mort, et que tout le peuple le lapide hors du camp.

36 Ils le firent donc sortir dehors, et le lapidèrent ; et il mourut selon que le Seigneur l'avait commandé.

37 Le Seigneur dit aussi à Moïse :

38 Parlez aux enfants d'Israël, et dites-leur qu'ils mettent des franges aux coins de leurs manteaux, et qu'ils y joignent des bandes de couleur d'hyacinthe,

39 afin que les voyant ils se souviennent de tous les commandements du Seigneur, et qu'ils ne suivent point leurs pensées ni *l'égarement de* leurs yeux, qui se prostituent à divers objets ;

40 mais que se souvenant au contraire des ordonnances du Seigneur, ils les accomplissent, et qu'ils se conservent saints *et purs* pour leur Dieu.

41 Je suis le Seigneur, votre Dieu, qui vous ai tirés de l'Egypte, afin que je fusse votre Dieu.

CHAPITRE XVI.

EN ce temps-là, Coré, fils d'Isaar, *petit*-fils de Caath, et *arrière-petit*-fils de Lévi, Dathan et Abiron, fils d'Eliab, et Hon, fils de Phéleth, *tous les trois* de la famille de Ruben,

2 s'élevèrent contre Moïse, avec deux cent cinquante hommes des enfants d'Israël, qui étaient des principaux de la synagogue, et qui dans le temps des assemblées étaient appelés *et distingués entre les autres* par leur nom.

3 S'étant donc soulevés contre Moïse et contre Aaron, ils leur dirent : Qu'il vous suffise que tout le peuple est un peuple de saints, et que le Seigneur est avec eux. Pourquoi vous élevez-vous sur le peuple du Seigneur ?

4 Ce que Moïse ayant entendu, il se jeta le visage contre terre,

5 et dit à Coré et à toute sa troupe ; Demain au matin le Seigneur fera connaître qui sont ceux qui lui appartiennent. Il joindra à lui ceux qui sont saints ; et ceux qu'il a élus s'approcheront de lui.

6 Faites donc ceci ; Que chacun *de vous* prenne son encensoir, vous Coré, et toute votre troupe ;

7 et demain ayant pris du feu, vous offrirez de l'encens devant le Seigneur ; et celui-là sera saint, que le Seigneur aura lui-même choisi. Vous vous élevez beaucoup, enfants de Lévi.

8 Il dit encore à Coré ; Ecoutez, enfants de Lévi :

9 Est-ce peu de chose pour vous, que le Dieu d'Israël vous ait séparés de tout le peuple, et vous ait joints à lui pour le servir dans le culte du tabernacle, et pour assister devant tout le peuple, en faisant les fonctions de votre ministère ?

10 Est-ce pour cela qu'il vous a fait approcher de lui, vous et tous vos frères, les enfants de Lévi, afin que vous usurpiez même le sacerdoce,

11 et que toute votre troupe se soulève contre le Seigneur ? Car qui est Aaron pour être l'objet de vos murmures ?

12 Moïse envoya donc appeler Dathan et Abiron, fils d'Eliab, qui répondirent ; Nous n'irons point.

13 Ne vous doit-il pas suffire que vous nous ayez fait sortir d'une terre où coulaient des ruisseaux de lait et de miel, pour nous faire périr dans ce désert, sans vouloir encore nous dominer avec empire ?

14 Ne nous avez-vous pas véritablement tenu parole en nous faisant entrer dans une terre où coulent des ruisseaux de lait et de miel, et en nous donnant des champs et des vignes pour les posséder ? Voudriez-vous encore nous arracher les yeux ? Nous n'irons point.

15 Moïse entrant donc dans une grande colère, dit au Seigneur ; Ne regardez point leurs sacrifices. Vous savez que je n'ai jamais rien reçu d'eux, non pas même un ânon, et que je n'ai jamais fait tort à aucun d'eux.

16 Et il dit à Coré : Présentez-vous demain, vous et toute votre troupe d'un côté devant le Seigneur, et Aaron s'y présentera de l'autre.

17 Prenez chacun vos encensoirs, et mettez-y de l'encens, offrant au Seigneur deux cent cinquante encensoirs ; et qu'Aaron tienne aussi son encensoir.

18 Ce que *Coré et sa troupe* ayant fait *le lendemain* en présence

de Moïse et d'Aaron,

19 et ayant assemblé tout le peuple à l'opposite d'eux à l'entrée du tabernacle, la gloire du Seigneur apparut à tous.

20 Le Seigneur parla à Moïse et à Aaron, et leur dit :

21 Séparez-vous du milieu de cette assemblée, afin que je les perde tout d'un coup.

22 Moïse et Aaron se jetèrent le visage contre terre, et ils dirent ; O Tout-Puissant ! ô Dieu des esprits *qui animent* toute chair ! votre colère éclatera-t-elle contre tous pour le péché d'un homme seul ?

23 Le Seigneur dit à Moïse :

24 Commandez à tout le peuple qu'il se sépare des tentes de Coré, de Dathan et d'Abiron.

25 Moïse se leva donc, et s'en alla aux tentes de Dathan et d'Abiron, étant suivi des anciens d'Israël ;

26 et il dit au peuple : Retirez-vous des tentes de *ces* hommes impies, et prenez garde de ne pas toucher à aucune chose qui leur appartienne, de peur que vous ne soyez enveloppés dans *la peine de* leurs péchés.

27 Lorsqu'ils se furent retirés de tous les environs de leurs tentes, Dathan et Abiron sortant dehors se tenaient à l'entrée de leurs pavillons avec leurs femmes et leurs enfants, et toute leur troupe.

28 Alors Moïse dit *au peuple* : Vous reconnaîtrez à ceci que c'est le Seigneur qui m'a envoyé pour faire tout ce que vous voyez, et que ce n'est point moi qui l'ai inventé de ma tête.

29 Si *ces gens-ci* meurent d'une mort ordinaire aux hommes, et qu'ils soient frappés d'une plaie dont les autres ont accoutumé d'être aussi frappés, ce n'est point le Seigneur qui m'a envoyé ;

30 mais si le Seigneur fait par un prodige nouveau que la terre s'entr'ouvrant les engloutisse avec tout ce qui est à eux, et qu'ils descendent tout vivants en enfer, vous saurez alors qu'ils ont blasphémé contre le Seigneur.

31 Aussitôt donc qu'il eut cessé de parler, la terre se rompit sous leurs pieds,

32 et s'entr'ouvrant, elle les dévora avec leurs tentes, et tout ce qui était à eux.

33 Ils descendirent tout vivants dans l'enfer étant couverts de terre, et ils périrent du milieu du peuple.

34 Tout Israël qui était là autour, s'enfuit aux cris des mourants, en disant : Craignons que la terre ne nous engloutisse aussi *avec eux*.

35 En même temps le Seigneur fit sortir un feu qui tua les deux cent cinquante hommes qui offraient de l'encens.

36 Et le Seigneur parla à Moïse, et lui dit :

37 Ordonnez au prêtre Eléazar, fils d'Aaron, de prendre les encensoirs qui sont demeurés au milieu de l'embrasement, et d'en jeter le feu de côté et d'autre ; parce qu'ils ont été sanctifiés

38 dans la mort des pécheurs ; et après qu'il les aura réduits en lames, qu'il les attache à l'autel, parce qu'on y a offert de l'encens au Seigneur, et qu'ils ont été sanctifiés ; afin qu'ils soient comme un signe et un monument exposé sans cesse aux yeux des enfants d'Israël.

39 Le prêtre Eléazar prit donc les encensoirs d'airain dans lesquels ceux qui furent dévorés par l'embrasement avaient offert *de l'encens*, et les ayant fait réduire en lames, il les attacha à l'autel,

40 pour servir à l'avenir *d'un signe et* d'un avertissement aux enfants d'Israël ; afin que nul étranger, *c'est-à-dire,* nul de ceux qui ne sont pas de la race d'Aaron, n'entreprenne de s'approcher du Seigneur, pour lui offrir de l'encens ; de peur qu'il ne souffre la même peine qu'a soufferte Coré et toute sa troupe, selon que le Seigneur l'avait prédit à Moïse.

41 Le lendemain toute la multitude des enfants d'Israël murmura contre Moïse et Aaron, en disant : Vous avez tué, vous autres, le peuple du Seigneur.

42 Et comme la sédition se formait, et que le tumulte s'augmentait,

43 Moïse et Aaron s'enfuirent au tabernacle de l'alliance. Lorsqu'ils y furent entrés, la nuée les couvrit, et la gloire du Seigneur parut *devant tous*.

44 Et le Seigneur dit à Moïse :

45 Retirez-vous du milieu de cette multitude, je vais les exterminer tous présentement. Alors s'étant prosterné contre terre,

46 Moïse dit à Aaron ; Prenez votre encensoir, mettez-y du feu de l'autel et l'encens dessus, et allez vite vers le peuple, afin de prier pour lui ; car la colère est déjà sortie *du trône* de Dieu, et la plaie commence à éclater.

47 Aaron fit ce que Moïse lui commandait ; il courut au milieu du peuple que le feu embrasait déjà, il offrit l'encens,

48 et se tenant debout entre les morts et les vivants, il pria pour le peuple, et la plaie cessa.

49 Le nombre de ceux qui furent frappés de cette plaie, fut de quatorze mille sept-cents hommes, sans ceux qui étaient péris dans la sédition de Coré.

50 Et Aaron revint trouver Moïse à l'entrée du tabernacle de l'alliance, après que la mort se fut arrêtée.

CHAPITRE XVII.

LE Seigneur parla ensuite à Moïse, et lui dit :

2 Parlez aux enfants d'Israël, et prenez d'eux une verge pour la race de chaque tribu, douze verges pour tous les princes des tribus ; et vous écrirez le nom de chaque prince sur sa verge.

3 Mais le nom d'Aaron sera sur *la verge de* la tribu de Lévi, et toutes les tribus seront écrites chacune séparément sur sa verge.

4 Vous mettrez ces verges dans le tabernacle de l'alliance devant *l'arche du* témoignage, où je vous parlerai.

5 La verge de celui d'entre eux que j'aurai élu, fleurira ; et j'arrêterai ainsi les plaintes des enfants d'Israël, et les murmures qu'ils excitent contre vous.

6 Moïse parla donc aux enfants d'Israël ; et tous les princes de chaque tribu ayant donné chacun leur verge, il s'en trouva douze sans la verge d'Aaron.

7 Moïse les ayant mises devant le Seigneur dans le tabernacle du témoignage,

8 trouva le jour suivant lorsqu'il revint, que la verge d'Aaron qui était pour la famille de Lévi avait fleuri ; et qu'ayant poussé des boutons il en était sorti des fleurs, d'où, après que les feuilles s'étaient ouvertes, il s'était formé des amandes.

9 Moïse ayant donc pris toutes les verges de devant le Seigneur, les porta à tous les enfants d'Israël ; et chaque tribu vit et reçut sa verge.

10 Et le Seigneur dit à Moïse ; Reportez la verge d'Aaron dans le tabernacle du témoignage, afin qu'elle y soit gardée pour mémoire de la rébellion des enfants d'Israël, et qu'ils cessent de former des plaintes contre moi, de peur qu'ils ne soient punis de mort.

11 Moïse fit ce que le Seigneur lui avait commandé.

12 Mais les enfants d'Israël dirent à Moïse ; Vous voyez que nous sommes consumés, et que nous périssons tous.

13 Quiconque s'approche du tabernacle du Seigneur, est frappé de mort. Serons-nous donc tous exterminés sans qu'il en demeure un seul ?

CHAPITRE XVIII.

LE Seigneur dit à Aaron : Vous serez responsables des fautes *qui se commettront* contre le sanctuaire, vous et vos fils, et la maison de votre père avec vous, et vous répondrez des péchés de votre sacerdoce, vous et vos fils avec vous.

2 Prenez aussi avec vous vos frères de la tribu de Lévi, et toute la famille de votre père, et qu'ils vous assistent et vous servent ; mais vous et vos fils vous exercerez votre ministère dans le tabernacle du témoignage.

3 Les Lévites seront toujours prêts à exécuter vos ordres, pour tout ce qu'il y aura à faire dans le tabernacle ; sans qu'ils s'approchent néanmoins ni des vases du sanctuaire, ni de l'autel ; de peur qu'ils ne meurent, et que vous ne périssiez aussi avec eux.

4 Qu'ils soient avec vous, et qu'ils veillent à la garde du tabernacle et à l'accomplissement de toutes ses cérémonies. Nul

étranger ne se mêlera avec vous.

5 Veillez à la garde du sanctuaire, et *servez* au ministère de l'autel ; de peur que mon indignation n'éclate contre les enfants d'Israël.

6 Je vous ai donné les Lévites qui sont vos frères, en les séparant du milieu des enfants d'Israël, et j'en ai fait un don au Seigneur, afin qu'ils le servent dans le ministère de son tabernacle.

7 Mais pour vous, conservez votre sacerdoce, vous et vos fils ; et que tout ce qui appartient au culte de l'autel, et qui est au dedans du voile, se fasse par le ministère des prêtres. Si quelque étranger s'en approche, il sera puni de mort.

8 Le Seigneur parla encore à Aaron *en ces termes :* Je vous ai donné la garde des prémices qui me sont offertes. Je vous ai donné, à vous et à vos fils, pour les fonctions sacerdotales, tout ce qui m'est consacré par les enfants d'Israël ; et cette loi sera observée à perpétuité.

9 Voici donc ce que vous prendrez des choses qui auront été sanctifiées et offertes au Seigneur ; Toute oblation, tout sacrifice, et tout ce qui m'est offert pour le péché et pour l'offense, et qui devient par là une chose très-sainte, sera pour vous et pour vos fils.

10 Vous le mangerez dans le lieu saint ; et il n'y aura que les mâles qui en mangeront, parce qu'il vous est *destiné comme une chose* consacrée.

11 Mais pour ce qui regarde les prémices que les enfants d'Israël m'offriront, ou après en avoir fait vœu, ou de leur propre mouvement, je *vous* les ai données, à vous, à vos fils et à vos filles, par un droit perpétuel ; celui qui est pur dans votre maison en mangera.

12 Je vous ai donné tout ce qu'il y a de plus excellent dans l'huile, dans le vin et dans le blé, tout ce qu'on offre de prémices au Seigneur.

13 Toutes les prémices des biens que la terre produit, et qui sont présentées au Seigneur, seront réservées pour votre usage ; celui qui est pur en votre maison en mangera.

14 Tout ce que les enfants d'Israël me donneront pour s'acquitter de leurs vœux, sera à vous.

15 Tout ce qui sort le premier de toute chair, soit des hommes ou des bêtes, et qui est offert au Seigneur, vous appartiendra ; en sorte néanmoins que vous recevrez le prix pour le premier-né de l'homme, et que vous ferez racheter *le premier-né* de tout animal impur.

16 *Le premier-né de l'homme* se rachètera un mois après sa naissance, cinq sicles d'argent au poids du sanctuaire. Le sicle a vingt oboles.

17 Mais vous ne ferez point racheter les premiers-nés du bœuf, de la brebis et de la chèvre, parce qu'ils sont sanctifiés *et consacrés* au Seigneur. Vous en répandrez seulement le sang sur l'autel, et vous en ferez brûler la graisse comme une oblation d'une odeur très-agréable au Seigneur.

18 Mais leur chair sera réservée pour votre usage ; elle sera à vous comme la poitrine qui est consacrée, et l'épaule droite.

19 Je vous ai donné, à vous, à vos fils et à vos filles, par un droit perpétuel, toutes les prémices du sanctuaire, que les enfants d'Israël offrent au Seigneur. C'est un pacte inviolable et éternel à perpétuité devant le Seigneur, pour vous et pour vos enfants.

20 Le Seigneur dit encore à Aaron : Vous ne posséderez rien dans la terre des enfants d'Israël, et vous ne la partagerez point avec eux. C'est moi qui suis votre part et votre héritage au milieu des enfants d'Israël.

21 Pour ce qui regarde les enfants de Lévi, je leur ai donné en possession toutes les dîmes d'Israël, pour les services qu'ils me rendent dans leur ministère au tabernacle de l'alliance ;

22 afin que les enfants d'Israël n'approchent plus à l'avenir du tabernacle, et qu'ils ne commettent point un péché qui leur cause la mort ;

23 mais que les seuls fils de Lévi me rendent service dans le tabernacle, et qu'ils portent les péchés du peuple. Cette loi sera observée à perpétuité dans toute votre postérité. Les Lévites ne posséderont rien autre chose,

24 et ils se contenteront des oblations des dîmes que j'ai séparées pour leur usage, et pour tout ce qui leur est nécessaire.

25 Le Seigneur parla aussi à Moïse, et lui dit :

26 Ordonnez et déclarez *ceci* aux Lévites : Lorsque vous aurez reçu des enfants d'Israël les dîmes que je vous ai données, offrez-en les prémices au Seigneur, c'est-à-dire, la dixième partie de la dîme ;

27 afin que cela vous tienne lieu de l'oblation des prémices, tant des grains de la terre que du vin ;

28 et offrez au Seigneur les prémices de toutes *les dîmes* que vous aurez reçues, et donnez-les au *grand* prêtre Aaron.

29 Tout ce que vous offrirez des dîmes, et que vous mettrez à part pour être offert en don au Seigneur, sera toujours le meilleur et le plus excellent.

30 Vous leur direz encore : Si vous offre ce qu'il y aura dans les dîmes de plus précieux et de meilleur, il sera considère comme les prémices que vous auriez données de *vos* grains et de *votre* vin ;

31 et vous mangerez de ces dîmes, vous et vos familles, dans tous les lieux où vous habiterez ; parce que c'est le prix du service que vous rendez au tabernacle du témoignage.

32 Vous prendrez donc garde de ne pas tomber dans le péché, en réservant pour vous ce qu'il y aura de meilleur et de plus gras ; de peur que vous ne souilliez les oblations des enfants d'Israël, et que vous ne soyez punis de mort.

CHAPITRE XIX.

LE Seigneur parla encore à Moïse et à Aaron, et leur dit :

2 Voici la cérémonie de la victime qui a été ordonnée par le Seigneur ; Commandez aux enfants d'Israël de vous amener une vache rousse qui soit dans la force de son âge, et sans tache, et qui n'ait point porté le joug ;

3 et vous la donnerez au prêtre Eléazar, qui l'ayant menée hors du camp, l'immolera devant tout le peuple ;

4 et trempant son doigt dans le sang de cette vache, il en fera sept fois les aspersions, vers la porte du tabernacle,

5 et il la brûlera à la vue de tous, en consumant par la flamme tant la peau et la chair, que le sang et les excréments de l'hostie.

6 Le prêtre jettera aussi dans le feu qui brûle la vache, du bois de cèdre, de l'hysope, et de l'écarlate teinte deux fois.

7 Et enfin, après avoir lavé ses vêtements et son corps, il reviendra au camp, et il sera impur jusqu'au soir.

8 Celui qui aura brûlé la vache, lavent aussi ses vêtements et son corps, et il sera impur jusqu'au soir.

9 Un homme qui sera pur recueillera les cendres de la vache, et les répandra hors du camp en un lieu très-pur, afin qu'elles soient gardées avec soin pour tous les enfants d'Israël, et qu'elles leur servent à faire une eau d'aspersion ; parce que la vache a été brûlée pour le péché.

10 Et lorsque celui qui aura porté les cendres de la vache, aura lavé ses vêtements, il sera impur jusqu'au soir. Cette ordonnance sera sainte et inviolable par un droit perpétuel aux enfants d'Israël, et aux étrangers qui habitent parmi eux.

11 Celui qui pour avoir touché le corps mort d'un homme en demeurera impur durant sept jours,

12 recevra l'aspersion de cette eau le troisième et le septième jour, et il sera ainsi purifié. S'il ne reçoit point cette aspersion le troisième jour, il ne pourra être purifié le septième.

13 Quiconque ayant touché le corps mort d'un homme, n'aura point reçu l'aspersion de cette eau ainsi mêlée, souillera le tabernacle du Seigneur, et il périra du milieu d'Israël ; il sera impur, parce qu'il n'a point été purifié par l'eau d'expiation, et son impureté demeurera sur lui.

14 Voici la loi pour un homme qui meurt dans sa tente : Tous ceux qui seront entrés dans sa tente, et tous les vases qui s'y trouveront, seront impurs pendant sept jours.

15 Le vaisseau qui n'aura point de couvercle, ou qui ne sera point lié par-dessus, sera impur.

16 Si quelqu'un touche dans un champ le corps d'un homme qui

aura été tué, ou qui sera mort de lui-même, ou s'il en touche un os ou le sépulcre, il sera impur pendant sept jours.

17 Ils prendront des cendres de la vache brûlée pour le péché, et ils mettront de l'eau vive par-dessus ces cendres dans un vaisseau ;

18 et un homme pur y ayant trempé de l'hysope, il en fera des aspersions sur toute la tente, sur tous les meubles, et sur toutes les personnes qui auront été souillées par cette sorte d'impureté ;

19 et ainsi le pur purifiera l'impur le troisième et le septième jour ; et celui qui aura été purifié de la sorte le septième jour, se lavera lui-même et ses vêtements, et il sera impur jusqu'au soir.

20 Si quelqu'un n'est point purifié en cette manière, il périra du milieu de l'assemblée ; parce qu'il a souillé le sanctuaire du Seigneur, et que l'eau d'expiation n'a point été répandue sur lui.

21 Cette ordonnance est une loi qui se gardera à perpétuité. Celui qui aura fait les aspersions de l'eau, lavera aussi ses vêtements. Quiconque aura touché l'eau d'expiation, sera impur jusqu'au soir.

22 Celui qui est impur rendra impur tout ce qu'il touchera ; et celui qui aura touché à quelqu'une de ces choses, sera impur jusqu'au soir.

CHAPITRE XX.

AU premier mois *de la quarantième année*, toute la multitude des enfants d'Israël vint au désert de Sin ; et le peuple demeura à Cadès. Marie mourut là, et fut ensevelie au même lieu.

2 Et comme le peuple manquait d'eau, ils s'assemblèrent contre Moïse et Aaron ;

3 et ayant excité une sédition, ils leur dirent : Plût à Dieu que nous fussions péris avec nos frères devant le Seigneur !

4 Pourquoi avez-vous fait venir le peuple du Seigneur dans cette solitude, afin que nous mourions, nous et nos bêtes ?

5 Pourquoi nous avez-vous fait sortir de l'Egypte, et nous avez-vous amenés en ce lieu malheureux, où l'on ne peut semer ; où ni les figuiers, ni les vignes, ni les grenadiers ne peuvent venir, et où l'on ne trouve pas même d'eau pour boire ?

6 Moïse et Aaron ayant quitté le peuple, entrèrent dans le tabernacle de l'alliance, et s'étant jetés le visage contre terre, ils crièrent au Seigneur, et lui dirent ; Seigneur Dieu ! écoutez le cri de ce peuple, et ouvrez-leur votre trésor, *donnez-leur* une fontaine d'eau vive, afin qu'étant désaltérés ils cessent de murmurer. Alors la gloire du Seigneur parut au-dessus d'eux.

7 Et le Seigneur parla à Moïse, et lui dit :

8 Prenez *votre* verge, et assemblez le peuple, vous et votre frère Aaron ; parlez à la pierre devant eux, et elle vous donnera des eaux. Et lorsque vous aurez fait sortir l'eau de la pierre, tout le peuple boira, et *toutes* ses bêtes.

9 Moïse prit donc sa verge qui était devant le Seigneur, selon qu'il le lui avait ordonné,

10 et ayant assemblé le peuple devant la pierre, il leur dit : Ecoutez, rebelles et incrédules ; Pourrons-nous vous faire sortir de l'eau de cette pierre ?

11 Moïse leva ensuite la main, et ayant frappé deux fois la pierre avec sa verge, il en sortit une grande abondance d'eau, en sorte que le peuple eut à boire, et *toutes* les bêtes *aussi*.

12 En même temps le Seigneur dit à Moïse et à Aaron : Parce que vous ne m'avez pas cru, et que vous ne m'avez pas sanctifié devant les enfants d'Israël, vous ne ferez point entrer ces peuples dans la terre que je leur donnerai.

13 C'est là l'eau de contradiction, où les enfants d'Israël murmurèrent contre le Seigneur, et où il fit paraître *sa puissance et* sa sainteté au milieu d'eux.

14 Cependant Moïse envoya de Cadès des ambassadeurs au roi d'Edom, pour lui dire : Voici ce que votre frère Israël vous mande : Vous savez tous les travaux que nous avons soufferts,

15 de quelle sorte nos pères étant descendus en Égypte, nous y avons habité longtemps, et que les Egyptiens nous ont affligés, nous et nos pères ;

16 et comment *enfin* ayant crié au Seigneur, il nous a exaucés, et a envoyé son ange, qui nous a fait sortir de l'Égypte. Nous sommes maintenant près de la ville de Cadès, qui est à l'extrémité de votre royaume.

17 Nous vous conjurons de nous permettre de passer par votre pays. Nous n'irons point au travers des champs, ni dans les vignes, et nous ne boirons point des eaux de vos puits ; mais nous marcherons par le chemin public, sans nous détourner ni à droite ni à gauche, jusqu'à ce que nous soyons passés hors de vos terres.

18 Edom leur répondit ; Vous ne passerez point sur mes terres, autrement j'irai en armes au-devant de vous.

19 Les enfants d'Israël *lui* répondirent ; Nous marcherons par le chemin ordinaire ; et si nous buvons de vos eaux, nous et nos troupeaux, nous payerons ce qui sera juste ; il n'y aura point de difficulté pour le prix ; souffrez seulement que nous passions sans nous arrêter.

20 Mais il répondit ; Vous ne passerez point. Et aussitôt il marcha au-devant d'eux avec une multitude infinie qui faisait une puissante armée ;

21 et quelques prières qu'on lui fit, il ne voulut point les écouter, ni accorder le passage par son pays ; c'est pourquoi Israël se détourna de ses terres.

22 Et ayant décampé de Cadès, ils vinrent à la montagne de Hor, qui est sur les confins du pays d'Edom.

23 Le Seigneur parla en ce lieu à Moïse,

24 et lui dit : Qu'Aaron aille se joindre à son peuple ; car il n'entrera point dans la terre que j'ai donnée aux enfants d'Israël, parce qu'il a été incrédule aux paroles de ma bouche, au *lieu nommé les* Eaux de contradiction.

25 Prenez donc Aaron et son fils avec lui, et menez-les sur la montagne de Hor.

26 Et ayant dépouillé le père de sa robe, vous en revêtirez Eléazar, son fils ; et Aaron sera réuni *à ses pères*, et mourra en ce lieu.

27 Moïse fit ce que le Seigneur lui avait commandé ; ils montèrent sur la montagne de Hor devant tout le peuple.

28 Et après qu'il eut dépouillé Aaron de ses vêtements, il en revêtit Eléazar, son fils.

29 Aaron étant mort sur le haut de la montagne, Moïse descendit avec Eléazar.

30 Et tout le peuple voyant qu'Aaron était mort, le pleura dans toutes ses familles pendant trente jours.

CHAPITRE XXI.

ARAD, roi des Chananéens, qui habitait vers le midi, ayant appris qu'Israël était venu par le chemin des espions, combattit contre Israël, et l'ayant vaincu, il en emporta des dépouilles.

2 Mais Israël s'engagea par un vœu au Seigneur, en disant : Si vous livrez ce peuple entre mes mains, je ruinerai ses villes.

3 Le Seigneur exauça les prières d'Israël, et lui livra les Chananéens, qu'il fit passer au fil de l'épée, ayant détruit leurs villes ; et il appela ce lieu Horma, c'est-à-dire, anathème.

4 Ensuite ils partirent de la montagne de Hor par le chemin qui mène à la mer Rouge, pour aller autour du pays d'Edom. Et le peuple commençant à s'ennuyer du chemin et du travail,

5 il parla contre Dieu et contre Moïse, et lui dit ; Pourquoi nous avez-vous fait sortir de l'Égypte, afin que nous mourussions dans ce désert ? Le pain nous manque, nous n'avons point d'eau ; le cœur nous soulève maintenant à la vue de cette chétive nourriture.

6 C'est pourquoi le Seigneur envoya contre le peuple des serpents brûlants. Plusieurs en ayant été ou blessés, ou tués,

7 ils vinrent à Moïse, et lui dirent : Nous avons péché, parce que nous avons parlé contre le Seigneur et contre vous ; priez-le qu'il nous délivre de ces serpents. Moïse pria donc pour le peuple,

8 et le Seigneur lui dit ; Faites un serpent d'airain, et mettez-le pour *servir de* signe ; quiconque étant blessé des serpents le regardera, sera guéri.

9 Moïse fit donc un serpent d'airain, et il le mit pour *servir de* signe ; et ceux qui ayant été blessés le regardaient, étaient guéris.

10 Les enfants d'Israël étant partis de ce lieu, campèrent à Oboth,

11 d'où étant sortis, ils dressèrent leurs tentes à Jéabarim dans le désert qui regarde Moab vers l'orient.

12 Ayant décampé de ce lieu, ils vinrent au torrent de Zared,

13 qu'ils laissèrent ; et ils campèrent vis-à-vis *le torrent* d'Arnon qui est dans le désert, et qui sort de la frontière des Amorrhéens. Car l'Arnon est à l'extrémité de Moab, et sépare les Moabites des Amorrhéens.

14 C'est pourquoi il est écrit dans le livre des guerres du Seigneur : Il fera dans les torrents d'Arnon ce qu'il a fait dans la mer Rouge.

15 Les rochers des torrents se sont abaissés, pour descendre vers Ar, et se reposer sur les confins des Moabites.

16 *Au sortir* de ce lieu parut le puits dont le Seigneur parla à Moïse, en lui disant : Assemblez le peuple, et je lui donnerai de l'eau.

17 Alors Israël chanta ce cantique : Que le puits monte. Et ils chantaient tous ensemble :

18 C'est le puits que les princes ont creusé, que les chefs du peuple ont préparé par l'ordre de celui qui a donné la loi, et avec leurs bâtons. De ce désert le peuple vint à Matthana ;

19 de Matthana à Nahaliel ; de Nahaliel à Bamoth ;

20 de Bamoth on vient à une vallée dans le pays de Moab près de la montagne de Phasga qui regarde le désert.

21 Or Israël envoya des ambassadeurs à Séhon, roi des Amorrhéens, pour lui dire :

22 Nous vous supplions de nous permettre de passer par votre pays ; nous ne nous détournerons point ni dans les champs ni dans les vignes ; nous ne boirons point des eaux de vos puits ; mais nous marcherons par la voie publique, jusqu'à ce que nous soyons passés hors de vos terres.

23 Séhon ne voulut point permettre qu'Israël passât par son pays ; et ayant même assemblé son armée, il marcha au-devant de lui dans le désert, vint à Jasa, et lui donna la bataille.

24 Mais il fut taillé en pièces par Israël, qui se rendit maître de son royaume depuis *le torrent d'*Arnon jusqu'à celui de Jéboc, et jusqu'aux *confins des* enfants d'Ammon ; car la frontière des Ammonites était défendue par de fortes garnisons.

25 Israël prit donc toutes les villes de ce prince, et il habita dans les villes des Amorrhéens, c'est-à-dire, dans Hésébon, et dans les bourgs de son territoire.

26 Car la ville d'Hésébon appartenait à Séhon, roi des Amorrhéens, qui avait combattu contre le roi de Moab, et lui avait pris toutes les terres qu'il possédait jusqu'à l'Arnon.

27 C'est pourquoi on dit en proverbe : Venez à Hésébon ; que la ville de Séhon s'élève et se bâtisse.

28 Le feu est sorti d'Hésébon, la flamme *est sortie* de la ville de Séhon, et elle a dévoré Ar des Moabites, et les habitants des hauts lieux de l'Arnon.

29 Malheur à toi, Moab ! tu es perdu, peuple de Chamos. *Chamos* a laissé fuir ses enfants, et a livré ses filles captives à Séhon, roi des Amorrhéens.

30 Leur joug a été brisé depuis Hésébon jusqu'à Dibon. Ils sont venus *tout* lassés *de leur fuite* à Nophé, et jusqu'à Médaba.

31 Israël habita donc dans le pays des Amorrhéens.

32 Et Moïse ayant envoyé des gens pour considérer Jazer, ils prirent les villages qui en dépendaient, et se rendirent maîtres des habitants.

33 Ayant ensuite tourné *d'un autre côté*, et étant montés par le chemin de Basan, Og, roi de Basan, vint au-devant d'eux avec tout son peuple pour les combattre à Edraï.

34 Et le Seigneur dit à Moïse : Ne le craignez point, parce que je l'ai livré entre vos mains avec tout son peuple et son pays ; et vous le traiterez comme vous avez traité Séhon, roi des Amorrhéens, qui habitait à Hésébon.

35 Ils taillèrent donc en pièces ce roi avec ses enfants et tout son peuple, sans qu'il en restât un seul, et ils se rendirent maîtres de son pays.

CHAPITRE XXII.

ETANT partis *de ce lieu*, ils campèrent dans les plaines de Moab près du Jourdain, au delà duquel est situé Jéricho.

2 Mais Balac, fils de Séphor, considérant tout ce qu'Israël avait fait aux Amorrhéens,

3 et *voyant* que les Moabites en avaient une grande frayeur, et qu'ils n'en pourraient soutenir les attaques,

4 il dit aux plus anciens de Madian : Ce peuple exterminera tous ceux qui demeurent autour de nous, comme le bœuf a accoutumé de brouter les herbes jusqu'à la racine. Balac en ce temps-là était roi de Moab.

5 Il envoya donc des ambassadeurs à Balaam, fils de Béor, qui était un devin, et qui demeurait près du fleuve *de l'Euphrate, au delà* du pays des enfants d'Ammon, afin qu'ils le fissent venir, et qu'ils lui dissent ; Voilà un peuple sorti de l'Egypte, qui couvre toute la face de la terre, et qui s'est campé près de moi.

6 Venez donc pour maudire ce peuple, parce qu'il est plus fort que moi ; afin que je tente si je pourrai par quelque moyen le battre et le chasser de mes terres. Car je sais que celui que vous bénirez, sera béni ; et que celui sur qui vous aurez jeté la malédiction, sera maudit.

7 Les vieillards de Moab et les plus anciens de Madian s'en allèrent donc, portant avec eux de quoi payer le devin ; et étant venus trouver Balaam, ils lui exposèrent tout ce que Balac leur avait commandé de lui dire.

8 Balaam leur répondit ; Demeurez, ici cette nuit, et je vous dirai tout ce que le Seigneur m'aura déclaré. Ils demeurèrent donc chez Balaam, et Dieu étant venu à lui, il lui dit :

9 que vous veulent ces gens qui sont chez vous ?

10 Balaam répondit : Balac, fils de Séphor, roi des Moabites, m'a envoyé

11 dire : Voici un peuple sorti de l'Egypte qui couvre toute la face de la terre ; venez le maudire, afin que je tente si je pourrai par quelque moyen le combattre et le chasser.

12 Dieu dit à Balaam : Gardez-vous bien d'aller avec eux, et ne maudissez point ce peuple, parce qu'il est béni.

13 Balaam s'étant levé le matin, dit aux princes *qui étaient venus le trouver :* Retournez en votre pays, parce que le Seigneur m'a défendu d'aller avec vous.

14 Ces princes s'en retournèrent, et dirent à Balac : Balaam n'a pas voulu venir avec nous.

15 Alors Balac lui envoya de nouveau d'autres ambassadeurs en plus grand nombre, et de plus grande qualité que ceux qu'il avait envoyés d'abord ;

16 qui étant arrivés chez Balaam, lui dirent : Voici ce que dit Balac, fils de Séphor : Ne différez plus à venir vers moi ;

17 je suis prêt à vous honorer, et je vous donnerai tout ce que vous voudrez ; venez, et maudissez ce peuple.

18 Balaam répondit : Quand Balac me donnerait plein sa maison d'or et d'argent, je ne pourrais pas pour cela changer la parole du Seigneur, mon Dieu, pour dire ou plus ou moins qu'il ne m'a dit.

19 Je vous prie de demeurer ici encore cette nuit, afin que je puisse savoir ce que le Seigneur me répondra de nouveau.

20 Dieu vint donc la nuit à Balaam, et lui dit : Si ces hommes sont venus pour vous quérir, levez-vous, allez avec eux, mais à condition que vous ferez ce que je vous commanderai.

21 Balaam s'étant levé le matin, sella son ânesse, et se mit en chemin avec eux.

22 Alors Dieu se mit en colère *de ce qu'il s'en allait*, et un ange du Seigneur se présenta dans le chemin devant Balaam qui était sur son ânesse, et qui avait deux serviteurs avec lui.

23 L'ânesse voyant l'ange qui se tenait dans le chemin, ayant à la main une épée nue, se détourna du chemin, et allait à travers champ. Lorsque Balaam la battait et voulait la ramener dans le chemin,

24 l'ange se tint dans un lieu étroit entre deux murailles qui enfermaient des vignes.

25 L'ânesse le voyant se serra contre le mur, et pressa le pied de

celui qu'elle portait. Il continua à la battre ;

26 mais l'ange passant en un lieu encore plus étroit, où il n'y avait pas moyen de se détourner ni à droite ni à gauche, s'arrêta devant l'ânesse,

27 qui voyant l'ange arrêté devant elle tomba sous les pieds de celui qu'elle portait. Alors Balaam, tout transporté de colère, se mit à battre encore plus fort avec un bâton les flancs de l'ânesse.

28 Mais le Seigneur ouvrit la bouche de l'ânesse, et elle dit *à Balaam* : Que vous ai-je fait ? Pourquoi m'avez-vous frappée déjà trois fois ?

29 Balaam lui répondit : Parce que tu l'as mérité, et que tu t'es moquée de moi. Que n'ai-je une épée pour te tuer !

30 L'ânesse lui dit : Ne suis-je pas votre bête sur laquelle vous avez toujours accoutumé de monter jusqu'aujourd'hui ? Dites-moi si je vous ai jamais rien fait de semblable. Jamais, lui répondit-il.

31 Aussitôt le Seigneur ouvrit les yeux à Balaam, et il vit l'ange qui se tenait dans le chemin ayant une épée nue, et il l'adora s'étant prosterné en terre.

32 L'ange lui dit : Pourquoi avez-vous battu votre ânesse par trois fois ? Je suis venu pour m'opposer à vous, parce que votre voie est corrompue, et qu'elle m'est contraire ;

33 et si l'ânesse ne se fût détournée du chemin, en me cédant, lorsque je m'opposais à son passage, je vous eusse tué, et elle serait demeurée en vie.

34 Balaam lui répondit : J'ai péché, ne sachant pas que vous vous opposiez à moi ; mais maintenant s'il ne vous plaît pas que j'aille là, je m'en retournerai.

35 L'ange lui dit : Allez avec eux, mais prenez bien garde de ne rien dire que ce que je vous commanderai. Il s'en alla donc avec ces princes.

36 Balac ayant appris sa venue, alla au-devant de lui jusqu'à une ville des Moabites, qui est située à l'extrémité du territoire *arrosé par* l'Arnon.

37 Et il dit à Balaam ; J'ai envoyé des ambassadeurs pour vous faire venir ; pourquoi n'êtes-vous pas venu me trouver aussitôt ? Est-ce que je ne puis pas vous récompenser pour votre peine ?

38 Balaam lui répondit ; Me voilà venu. Mais pourrai-je dire autre chose que ce que Dieu me mettra dans la bouche ?

39 Ils s'en allèrent donc ensemble, et ils vinrent en une ville qui était à l'extrémité de son royaume.

40 Et Balac ayant fait tuer des bœufs et des brebis, envoya des présents à Balaam, et aux princes qui étaient avec lui.

41 Le lendemain dès le matin il le mena sur les hauts lieux de Baal, et il lui fit voir de là *tout* le *camp du* peuple *d'Israël* jusqu'aux extrémités.

CHAPITRE XXIII.

ALORS Balaam dit à Balac ; Faites-moi dresser ici sept autels, et préparez autant de veaux, et autant de béliers.

2 Et Balac ayant fait ce que Balaam avait demandé, ils mirent ensemble un veau et un bélier sur chaque autel.

3 Et Balaam dit à Balac : Demeurez un peu auprès de votre holocauste, jusqu'à ce que j'aille voir si le Seigneur se présentera à moi, afin que je vous dise tout ce qu'il me commandera.

4 S'en étant allé promptement, Dieu se présenta à lui. Et Balaam dit au Seigneur : J'ai dressé sept autels, et j'ai mis un veau et un bélier sur chacun.

5 Mais le Seigneur lui mit la parole dans la bouche, et lui dit : Retournez à Balac, et vous lui direz ces choses.

6 Etant retourné, il trouva Balac debout auprès de son holocauste, avec tous les princes des Moabites ;

7 et commençant à prophétiser, il dit : Balac, roi des Moabites, m'a fait venir d'Aram, des montagnes de l'orient ; Venez, m'a-t-il dit, et maudissez Jacob ; hâtez-vous de détester Israël.

8 Comment maudirai-je celui que Dieu n'a point maudit ? Comment détesterai-je celui que le Seigneur ne déteste point ?

9 Je le verrai du sommet des rochers, je le considérerai du haut des collines. Ce peuple habitera tout seul, et il ne sera point mis au nombre des nations.

10 Qui pourra compter *la multitude des descendants* de Jacob *innombrable comme* la poussière, et connaître le nombre des enfants d'Israël ? Que je meure de la mort des justes, et que la fin de ma vie ressemble à la leur.

11 Alors Balac dit à Balaam : Qu'est-ce que vous faites ? Je vous ai fait venir pour maudire mes ennemis, et au contraire vous les bénissez.

12 Balaam lui répondit : puis-je dire autre chose que ce que le Seigneur m'aura commandé ?

13 Balac lui dit donc : Venez avec moi en un autre lieu, d'où vous voyiez une partie d'Israël, sans que vous puissiez le voir tout entier, afin qu'étant là vous le maudissiez.

14 Et l'ayant mené en un lieu fort élevé sur le haut de la montagne de Phasga, Balaam y dressa sept autels, mit sur chaque autel un veau et un bélier,

15 et dit à Balac : Demeurez ici auprès de votre holocauste, jusqu'à ce que j'aille voir si je rencontrerai *le Seigneur*.

16 Le Seigneur s'étant présenté devant Balaam, lui mit la parole dans la bouche, et lui dit : Retournez à Balac, et vous lui direz ces choses.

17 Balaam étant retourné, trouva Balac debout auprès de son holocauste, avec les princes des Moabites. Alors Balac lui demanda : Que vous a dit le Seigneur ?

18 Mais Balaam commençant à prophétiser, *lui* dit : Levez-vous, Balac, et écoutez ; prêtez l'oreille, fils de Séphor.

19 Dieu n'est point comme l'homme, pour être capable de mentir ; ni comme le fils de l'homme, pour être sujet au changement. Quand donc il a dit une chose, ne la fera-t-il pas ? quand il a parlé, n'accomplira-t-il pas sa parole ?

20 J'ai été amené ici pour bénir ce peuple ; je ne puis m'empêcher de le bénir.

21 Il n'y a point d'idole dans Jacob, et on ne voit point de statue dans Israël. Le Seigneur, son Dieu, est avec lui, et on entend *déjà* parmi eux le son *des trompettes*, pour marque de la victoire de leur roi.

22 Dieu l'a fait sortir de l'Egypte, et sa force est semblable à celle du rhinocéros.

23 Il n'y a point d'augures dans Jacob, ni de devins dans Israël. On dira en son temps à Jacob et à Israël ce que Dieu aura fait *parmi eux*.

24 Ce peuple s'élèvera comme une lionne, il s'élèvera comme un lion ; il ne se reposera point jusqu'à ce qu'il dévore sa proie, et qu'il boive le sang de ceux qu'il aura tués.

25 Balac dit alors à Balaam : Ne le maudissez point ; mais ne le bénissez point aussi.

26 Balaam lui répondit ; Ne vous ai-je pas dit que je ferais tout ce que Dieu me commanderait ?

27 Venez, lui dit Balac, et je vous mènerai à un autre lieu, pour voir s'il ne plairait point à Dieu que vous les maudissiez de cet endroit-là.

28 Et après qu'il l'eut mené sur le haut de la montagne de Phogor, qui regarde vers le désert,

29 Balaam lui dit : Faites-moi dresser ici sept autels, et préparez autant de veaux et autant de béliers.

30 Balac fit ce que Balaam lui avait dit ; et il mit un veau et un bélier sur chaque autel.

CHAPITRE XXIV.

BALAAM voyant que le Seigneur voulait qu'il bénît Israël, n'alla plus comme auparavant pour chercher à faire ses augures ; mais tournant le visage vers le désert,

2 et élevant les yeux, il vit Israël campé dans ses tentes, *et distingué* par tribus. Alors l'esprit de Dieu s'étant saisi de lui,

3 il commença à prophétiser, et à dire : Voici ce que dit Balaam, fils de Béor ; voici ce que dit l'homme qui a l'œil fermé ;

4 voici ce que dit celui qui entend les paroles de Dieu, qui a vu les visions du Tout-Puissant, qui tombe, et qui en tombant a les yeux

ouverts :

5 Que vos pavillons sont beaux, ô Jacob ! que vos tentes sont belles, ô Israël !

6 Elles sont comme des vallées couvertes de grands arbres ; comme des jardins le long des fleuves, toujours arrosés d'eaux ; comme des tentes que le Seigneur même a affermies ; comme des cèdres plantés sur le bord des eaux.

7 L'eau coulera *toujours* de son sceau, et sa postérité se multipliera comme l'eau des fleuves. Son roi sera rejeté à cause d'Agag, et le royaume lui sera ôté.

8 Dieu l'a fait sortir de l'Égypte, et sa force est semblable à celle du rhinocéros. Ils dévoreront les peuples qui seront leurs ennemis, ils leur briseront les os, et les perceront d'outre en outre avec leurs flèches.

9 Quand il se couche, il dort comme un lion, et comme une lionne que personne n'oserait éveiller. Celui qui te bénira, sera béni lui-même ; et celui qui te maudira, sera regardé comme maudit.

10 Balac se mettant en colère contre Balaam, frappa des mains, et lui dit : Je vous avais fait venir pour maudire mes ennemis ; et vous les avez au contraire bénis par trois fois.

11 Retournez-vous-en chez vous. J'avais résolu de vous faire des présents magnifiques ; mais le Seigneur vous a privé de la récompense que je vous avais destinée.

12 Balaam répondit à Balac : N'ai-je pas dit à vos ambassadeurs que vous m'avez envoyés :

13 Quand Balac me donnerait plein sa maison d'or et d'argent, je ne pourrais pas passer les ordres du Seigneur, mon Dieu, pour inventer la moindre chose de ma tête ou en bien ou en mal ; mais je dirai tout ce que le Seigneur m'aura dit.

14 Néanmoins en m'en retournant en mon pays, je vous donnerai un conseil, afin que vous sachiez ce que votre peuple pourra faire enfin contre celui-ci.

15 Il commença donc à prophétiser de nouveau, en disant : Voici ce que dit Balaam, fils de Béor ; voici ce que dit un homme dont l'œil est fermé ;

16 voici ce que dit celui qui entend les paroles de Dieu, qui connaît la doctrine du Très-Haut, qui voit les visions du Tout-Puissant, et qui en tombant a les yeux ouverts :

17 Je le verrai, mais non maintenant ; je le considérerai, mais non pas de près. Une Etoile sortira de Jacob, un rejeton s'élèvera d'Israël, et il frappera les chefs de Moab, et ruinera tous les enfants de Seth.

18 Il possédera l'Idumée, l'héritage de Séir passera à ses ennemis, et Israël agira avec un grand courage.

19 Il sortira de Jacob un dominateur, qui perdra les restes de la cité.

20 Et ayant vu Amalec, il fut saisi de l'esprit prophétique, et il dit : Amalec a été le premier des peuples *ennemis d'Israël*, et à la fin il périra.

21 Il vit aussi les Cinéens, et prophétisant il dit : Le lieu où vous demeurez est fort ; mais quoique vous ayez établi *votre demeure* et votre nid dans la pierre,

22 et que vous ayez été choisi de la race de Cin, combien de temps pourrez-vous demeurer en cet état ? Car l'Assyrien doit vous prendre un jour.

23 Il prophétisa encore en disant : Hélas ! qui se trouvera en vie lorsque Dieu fera toutes ces choses ?

24 Ils viendront d'Italie dans des vaisseaux, ils vaincront les Assyriens, ils ruineront les Hébreux, et à la fin ils périront aussi eux-mêmes.

25 Après cela Balaam se leva, et s'en retourna en sa maison. Balac aussi s'en retourna par le même chemin qu'il était venu.

CHAPITRE XXV.

EN ce temps-là Israël demeurait à Settim, et le peuple tomba dans la fornication avec les filles de Moab.

2 Elles appelèrent les Israélites à leurs sacrifices, et ils en mangèrent. Ils adorèrent leurs dieux,

3 et Israël se consacra au culte de Béelphégor ; c'est pourquoi le Seigneur étant irrité,

4 dit à Moïse : Prenez tous les princes du peuple, *qu'ils fassent mourir les coupables d'entre le peuple,* et pendez-les à des potences en plein jour, afin que ma fureur ne tombe point sur Israël.

5 Moïse dit donc aux juges d'Israël : Que chacun fasse mourir ceux de ses proches qui se sont consacrés au culte de Béelphégor.

6 En ce même temps il arriva qu'un des enfants d'Israël entra dans la tente d'une Madianite, femme débauchée, à la vue de Moïse et de tous les enfants d'Israël, qui pleuraient devant la porte du tabernacle.

7 Ce que Phinéès, fils d'Eléazar, qui était fils du *grand* prêtre Aaron, ayant vu, il se leva du milieu du peuple ; et ayant pris un poignard,

8 il entra apres l'Israélite dans ce lieu infâme, il les perça tous deux l'homme et la femme d'un même coup dans les parties que la pudeur cache ; et la plaie dont les enfants d'Israël avaient été frappés, cessa aussitôt.

9 Il y eut alors vingt-quatre mille hommes qui furent tués.

10 Et le Seigneur dit à Moïse :

11 Phinéès, fils d'Eléazar, fils du *grand* prêtre Aaron, a détourné ma colère de dessus les enfants d'Israël ; parce qu'il a été animé de mon zèle contre eux, afin que je n'exterminasse point moi-même les enfants d'Israël dans la *fureur de* mon zèle.

12 C'est pourquoi dites-lui, que je lui donne la paix de mon alliance ;

13 et que le sacerdoce lui sera donné, à lui et a sa race, par un pacte éternel ; parce qu'il a été zélé pour son Dieu, et qu'il a expié le crime des enfants d'Israël.

14 Or l'Israélite qui fut tué avec la Madianite, s'appelait Zambri, fils de Salu, et il était chef d'une des familles de la tribu de Siméon.

15 Et la femme madianite qui fut tuée avec lui, se nommait Cozbi, et était fille de Sur, l'un des plus grands princes parmi les Madianites.

16 Le Seigneur parla encore à Moïse, et lui dit :

17 Faites sentir aux Madianites que vous êtes leurs ennemis, et faites-les passer au fil de l'épée ;

18 parce qu'ils vous ont aussi traités vous-mêmes en ennemis, et vous ont séduits artificieusement par l'idole de Phogor, et par Cozbi, leur sœur, fille du prince de Madian, qui fut frappée au jour de la plaie, à cause du sacrilège de Phogor.

CHAPITRE XXVI.

APRÈS que le sang des criminels eut été répandu, le Seigneur dit à Moïse et à Eléazar, *grand* prêtre, fils d'Aaron :

2 Faites un dénombrement de tous les enfants d'Israël depuis vingt ans et au-dessus, en comptant par maisons et par familles tous ceux qui peuvent aller a la guerre.

3 Moïse donc, et Eléazar, *grand* prêtre, étant dans la plaine de Moab le long du Jourdain, vis-a-vis de Jéricho, parlèrent à ceux qui avaient

4 vingt ans et au-dessus, selon que le Seigneur l'avait commandé, dont voici le nombre :

5 Ruben fut l'aîné d'Israël ; ses fils furent Hénoch, de qui sortit la famille des Hénochites ; Phallu, de qui sortit la famille des Phalluites ;

6 Hesron, de qui sortit la famille des Hesronites, et Charmi, de qui sortit la famille des Charmites.

7 Ce sont là les familles de la race de Ruben ; et il s'y trouva le nombre de quarante-trois mille sept cent trente hommes.

8 Eliab fut fils de Phallu, et eut pour fils Namuel, Dathan et Abiron.

9 Ce Dathan et Abiron, qui étaient des premiers d'Israël, furent ceux qui s'élevèrent contre Moïse et contre Aaron dans la sédition de Coré, lorsqu'ils se révoltèrent contre le Seigneur ;

10 et que la terre s'entr'ouvrant *les* dévora, *eux et* Coré, plusieurs

étant morts en même temps, lorsque le feu brûla deux cent cinquante hommes. Il arriva alors un grand miracle,

11 qui est que Coré périssant, ses fils ne périrent point avec lui.

12 Les fils de Siméon furent comptés aussi selon leurs familles ; savoir, Namuel, chef de la famille des Namuélites ; Jamin, chef de la famille des Jaminites ; Jachin, chef de la famille des Jachinites ;

13 Zaré, chef de la famille des Zaréites ; Saül, chef de la famille des Saülites.

14 Ce sont là les familles de la race de Siméon, qui faisaient en tout le nombre de vingt-deux mille deux cents hommes.

15 Les fils de Gad furent comptés par leurs familles ; savoir, Séphon, chef de la famille des Séphonites ; Aggi, chef de la famille des Aggites ; Suni, chef de la famille des Sunites ;

16 Ozni, chef de la famille des Oznites ; Her, chef de la famille des Hérites ;

17 Arod, chef de la famille des Arodites ; Ariel, chef de la famille des Ariélites.

18 Ce sont là les familles de Gad, qui faisaient en tout le nombre de quarante mille cinq cents hommes.

19 Les fils de Juda furent Her et Onan, qui moururent tous deux dans le pays de Chanaan.

20 Et les *autres* fils de Juda, distingués par leurs familles, furent Séla, chef de la famille des Sélaïtes ; Pharès, chef de la famille des Pharésites ; Zaré, chef de la famille des Zaréites.

21 Les fils de Pharès furent Hesron, chef de la famille des Hesronites ; et Hamul, chef de la famille des Hamulites.

22 Ce sont là les familles de Juda, qui se trouvèrent au nombre de soixante et seize mille cinq cents hommes.

23 Les fils d'Issachar, distingués par leurs familles, furent Thola, chef de la famille des Tholaïtes ; Phua, chef de la famille des Phuaïtes ;

24 Jasub, chef de la famille des Jasubites ; Semran, chef de la famille des Semranites.

25 Ce sont là les familles d'Issachar, qui se trouvèrent au nombre de soixante-quatre mille trois cents hommes.

26 Les fils de Zabulon, distingués par leurs familles, furent Sared, chef de la famille des Sarédites ; Elon, chef de la famille des Elonites ; Jalel, chef de la famille des Jalélites.

27 Ce sont là les familles de Zabulon, qui se trouvèrent au nombre de soixante mille cinq cents hommes.

28 Les fils de Joseph, distingués par leurs familles, furent Manassé et Ephraïm.

29 De Manassé sortit Machir, chef de la famille des Machirites. Machir engendra Galaad, chef de la famille des Galaadites.

30 Les fils de Galaad furent Jézer, chef de la famille des Jézérites ; Hélec, chef de la famille des Hélécites ;

31 Asriel, chef de la famille des Asriélites ; Séchem, chef de la famille des Séchémites ;

32 Sémida, chef de la famille des Sémidaïtes ; et Hépher, chef de la famille des Héphérites.

33 Hépher fut père de Salphaad, qui n'eut point de fils, mais seulement des filles, dont voici les noms ; Maala, Noa, Hégla, Melcha et Thersa.

34 Ce sont là les familles de Manassé, qui se trouvèrent au nombre de cinquante-deux mille sept cents hommes.

35 Les fils d'Ephraïm, distingués par leurs familles, furent ceux-ci : Suthala, chef de la famille des Suthalaïtes ; Bécher, chef de la famille des Béchérites ; Théhen, chef de la famille des Théhénites.

36 Or le fils de Suthala fut Héran, chef de la famille des Héranites.

37 Ce sont là les familles des fils d'Ephraïm, qui se trouvèrent au nombre de trente-deux mille cinq cents hommes.

38 Ce sont là les fils de Joseph, distingués par leurs familles. Les fils de Benjamin, distingués par leurs familles, furent Bêla, chef de la famille des Bélaïtes ; Asbel, chef de la famille des Asbélites ; Ahiram, chef de la famille des Ahiramites ;

39 Supham, chef de la famille des Suphamites ; Hupham, chef de la famille des Huphamites.

40 Les fils de Béla furent Héred et Norman. Héred fut chef de la famille des Hérédités ; Noéman fut chef de la famille des Noémanites.

41 Ce sont là les enfants de Benjamin, divisés par leurs familles, qui se trouvèrent au nombre de quarante-cinq mille six cents hommes.

42 Les fils de Dan, divisés par leurs familles, furent Suham, chef de la famille des Suhamites. Voilà les enfants de Dan divisés par familles.

43 Ils furent tous Suhamites, et se trouvèrent au nombre de soixante-quatre mille quatre cents hommes.

44 Les fils d'Aser, distingués par leurs familles, furent Jemna, chef de la famille des Jemnaïtes ; Jessui, chef de la famille des Jessuites ; Brié, chef de la famille des Briéites.

45 Les fils de Brié furent Héber, chef de la famille des Hébérites, et Melchiel, chef de la famille des Melchiélites.

46 Le nom de la fille d'Aser fut Sara.

47 Ce sont là les familles des fils d'Aser, qui se trouvèrent au nombre de cinquante-trois mille quatre cents hommes.

48 Les fils de Nephthali, distingués pur leurs familles, furent Jésiel, chef de la famille des Jésiélites ; Guni, chef de la famille des Gunites ;

49 Jéser, chef de la famille des Jésérites ; Sellem, chef de la famille des Sellémites.

50 Ce sont là les familles des fils de Nephthali, distingués par leurs maisons, qui se trouvèrent au nombre de quarante-cinq mille quatre cents hommes.

51 Et le dénombrement de tous les enfants d'Israël ayant été achevé, il se trouva six cent et un mille sept cent trente hommes.

52 Le Seigneur parla ensuite à Moïse, et lui dit :

53 La terre sera partagée entre tous ceux qui ont été comptés, afin qu'ils la possèdent selon leur nombre, et la distinction de leurs noms *et de leurs familles*.

54 Vous en donnerez une plus grande partie à ceux qui seront en plus grand nombre, et une moindre à ceux qui seront en plus petit nombre ; et l'héritage sera donné à chacun selon le dénombrement qui vient d'être fait,

55 mais en sorte que la terre soit partagée au sort entre les tribus et les familles.

56 Et tout ce qui sera échu par le sort, sera le partage ou du plus grand nombre ou du plus petit nombre.

57 Voici aussi le nombre des fils de Lévi, distingués par leurs familles ; Gerson, chef de la famille des Gersonites ; Caath, chef de la famille des Caathites ; Mérari, chef de la famille des Mérarites.

58 Voici les familles de Lévi ; La famille de Lobni, *fils de Gerson,* la famille d'Hébroni, *ou Hébron, fils de Caath,* la famille de Moholi et la famille de Musi, *qui étaient fils de Mérari,* la famille de Coré, *fils d'Isaar et petit-fils de Caath.* Mais Caath engendra *aussi* Amram,

59 qui eut pour femme Jochabed, *petite*-fille de Lévi, qui lui naquit en Égypte. Jochabed eut d'Amram, son mari, *deux* fils, Aaron et Moïse, et Marie, leur sœur.

60 Aaron eut pour fils Nadab et Abiu, Eléazar et Ithamar.

61 Nadab et Abiu avant offert un feu étranger devant le Seigneur, furent punis de mort.

62 Et tous ceux qui furent comptés *de la famille de Lévi,* se trouvèrent au nombre de vingt-trois mille hommes depuis un mois et au-dessus ; parce qu'on n'en fit point le dénombrement entre les enfants d'Israël, et qu'on ne leur donna point d'héritage avec les autres.

63 C'est là le nombre des enfants d'Israël, qui furent comptés par Moïse et par Eléazar, *grand* prêtre, dans la plaine de Moab, le long du Jourdain, vis-à-vis de Jéricho ;

64 entre lesquels il ne s'en trouva aucun de ceux qui avaient été comptés auparavant par Moïse et par Aaron dans le désert de Sinaï.

65 Car le Seigneur avait prédit qu'ils mourraient tous dans le désert. C'est pourquoi il n'en demeura pas un seul, hors Caleb, fils de Jéphoné, et Josué, fils de Nun.

CHAPITRE XXVII.

OR les filles de Salphaad, fils d'Hépher, fils de Galaad, fils de Machir, fils de Manassé, qui fut fils de Joseph ; dont les noms sont Maala, Noa, Hégla, Melcha et Thersa,

2 se présentèrent à Moïse, à Eléazar, *grand* prêtre, et à tous les princes du peuple, à l'entrée du tabernacle de l'alliance, et elles dirent :

3 Notre père est mort dans le désert ; il n'avait point eu de part à la sédition qui fut excitée par Coré contre le Seigneur ; mais il est mort dans son péché comme les autres, et il n'a point eu d'enfants mâles. Pourquoi donc son nom périra-t-il de sa famille, parce qu'il n'a point eu de fils ? Donnez-nous un héritage entre les parents de notre père.

4 Moïse rapporta leur affaire au jugement du Seigneur,

5 qui lui dit :

6 Les filles de Salphaad demandent une chose juste. Donnez-leur des terres à posséder entre les parents de leur père, et qu'elles lui succèdent comme ses héritières.

7 Et voici ce que vous direz aux enfants d'Israël :

8 Lorsqu'un homme sera mort sans avoir de fils, son bien passera à sa fille qui en héritera.

9 S'il n'a point de fille, il aura ses frères pour héritiers.

10 S'il n'a pas même de frères, vous donnerez sa succession aux frères de son père ;

11 et s'il n'a point non plus d'oncles paternels, sa succession sera donnée à ses plus proches. Cette loi sera gardée inviolablement à perpétuité par les enfants d'Israël, selon que le Seigneur l'a ordonné à Moïse.

12 Le Seigneur dit aussi à Moïse : Montez sur cette montagne d'Abarim, et considérez de là la terre que je dois donner aux enfants d'Israël ;

13 et après que vous l'aurez regardée, vous irez aussi à votre peuple, comme Aaron, votre frère, y est allé ;

14 parce que vous m'avez offensé tous deux dans le désert de Sin *au temps de* la contradiction du peuple, et que vous n'avez point voulu rendre gloire à ma puissance et à ma sainteté devant Israël au sujet des eaux ; de ces eaux de la contradiction, *que je fis sortir* à Cadès, au désert de Sin.

15 Moïse lui répondit :

16 Que le Seigneur, le Dieu des esprits de tous les hommes, choisisse lui-même un homme qui veille sur tout ce peuple ;

17 qui puisse marcher devant eux et les conduire, qui les mène et les ramène ; de peur que le peuple du Seigneur ne soit comme des brebis qui sont sans pasteur.

18 Le Seigneur lui dit : Prenez Josué, fils de Nun, cet homme en qui l'esprit réside, et imposez-lui les mains,

19 en le présentant devant le *grand* prêtre Eléazar, et devant tout le peuple.

20 Donnez-lui des préceptes à la vue de tous, et une partie de votre gloire, afin que toute l'assemblée des enfants d'Israël l'écoute *et lui obéisse*.

21 C'est pour cela que lorsqu'il faudra entreprendre quelque chose, le grand prêtre Eléazar consultera le Seigneur *par l'urim*. Et selon la parole d'Eléazar, ils régleront toutes leurs démarches, lui, les enfants d'Israël et toute la multitude du peuple.

22 Moïse fit donc ce que le Seigneur lui avait ordonné. Et ayant pris Josué, il le présenta devant le grand prêtre Eléazar, et devant toute l'assemblée du peuple.

23 Et après lui avoir imposé les mains sur la tête, il lui déclara ce que le Seigneur avait commandé.

CHAPITRE XXVIII.

LE Seigneur dit aussi à Moïse :

2 Ordonnez ceci aux enfants d'Israël, et dites-leur : Offrez-moi aux temps que je vous ai marqués les oblations qui me doivent être offertes, les pains et les hosties qui se brûlent devant moi et dont l'odeur m'est très-agréable.

3 Voici les sacrifices que vous devez offrir : Vous offrirez tous les jours deux agneaux d'un an sans tache, comme un holocauste perpétuel ;

4 l'un le matin, et l'autre le soir ;

5 avec un dixième d'éphi de farine, qui soit mêlée avec une mesure d'huile très-pure, de la quatrième partie du hin.

6 C'est l'holocauste perpétuel que vous avez offert sur la montagne de Sinaï, comme un sacrifice d'une odeur très-agréable au Seigneur, qui était consumé par le feu.

7 Et vous offrirez pour offrande de liqueur une mesure de vin de la quatrième partie du hin pour chaque agneau, dans le sanctuaire du Seigneur.

8 Vous offrirez de même au soir l'autre agneau avec toutes les mêmes cérémonies du sacrifice du matin, et ses offrandes de liqueur, comme une oblation d'une odeur très-agréable au Seigneur.

9 Le jour du sabbat vous offrirez deux agneaux d'un an, sans tache, avec deux dixièmes de farine mêlée avec l'huile pour le sacrifice, et les offrandes de liqueurs,

10 qui se répandent selon qu'il est prescrit chaque jour de la semaine, pour servir à l'holocauste perpétuel.

11 Au premier jour du mois vous offrirez au Seigneur en holocauste deux veaux du troupeau, un bélier, sept agneaux d'un an, sans tache,

12 et trois dixièmes de farine mêlée avec l'huile, pour le sacrifice de chaque veau ; et deux dixièmes de farine mêlée avec l'huile, pour chaque bélier.

13 Vous offrirez aussi la dixième partie d'un dixième de farine mêlée avec l'huile, pour le sacrifice de chaque agneau. C'est un holocauste d'une odeur très-agréable et d'une oblation consumée par le feu à la gloire du Seigneur.

14 Voici les offrandes de vin qu'on doit répandre pour chaque victime. Une moitié du hin pour chaque veau, une troisième partie pour le bélier, et une quatrième pour l'agneau. Ce sera là l'holocauste qui s'offrira tous les mois qui se succèdent l'un à l'autre dans tout le cours de l'année.

15 On offrira aussi au Seigneur un bouc pour les péchés, outre l'holocauste perpétuel, qui s'offre avec ses libations.

16 Le quatorzième jour du premier mois sera la pâque du Seigneur,

17 et la fête solennelle le quinzième. On mangera pendant sept jours des pains sans levain.

18 Le premier jour sera particulièrement vénérable et saint ; vous ne ferez point en ce jour-là d'œuvre servile.

19 Vous offrirez au Seigneur en sacrifice d'holocauste deux veaux du troupeau, un bélier, et sept agneaux d'un an, qui soient sans tache.

20 Les offrandes de farine pour chacun seront de farine mêlée avec l'huile, trois dixièmes pour chaque veau, deux dixièmes pour le bélier,

21 et une dixième partie d'un dixième pour chaque agneau, c'est-à-dire, pour chacun des sept agneaux,

22 avec un bouc pour le péché, afin que vous en obteniez l'expiation,

23 sans compter l'holocauste du matin, que vous offrirez toujours.

24 Vous ferez chaque jour ces oblations pendant ces sept jours, pour entretenir le feu *de l'autel*, et l'odeur très-agréable au Seigneur, qui s'élèvera de l'holocauste, et des libations qui accompagneront chaque victime.

25 Le septième jour vous sera aussi très-célèbre et saint ; vous ne ferez point en ce jour-là d'œuvre servile.

26 Le jour des prémices, lorsqu'après l'accomplissement des *sept* semaines *depuis Pâque* vous offrirez au Seigneur les nouveaux grains, vous sera aussi vénérable et saint ; vous ne ferez aucune œuvre servile en ce jour-là.

27 Et vous offrirez au Seigneur en holocauste d'une odeur très-agréable, deux veaux du troupeau, un bélier, et sept agneaux d'un an, qui soient sans tache ;

28 avec les oblations qui doivent les accompagner dans le

sacrifice : savoir, trois dixièmes de farine mêlée avec l'huile pour chaque veau, deux pour les béliers,

29 et la dixième partie d'un dixième pour les agneaux, c'est-à-dire, pour chacun des sept agneaux.

30 Vous offrirez aussi le bouc qui est immolé pour l'expiation *du péché* ; outre l'holocauste perpétuel accompagné de ses libations.

31 Toutes ces victimes que vous offrirez avec leurs libations seront sans tache.

CHAPITRE XXIX.

LE premier jour du septième mois vous sera aussi vénérable et saint ; vous ne ferez aucune œuvre servile en ce jour-là, parce que c'est le jour du son éclatant et *du bruit* des trompettes.

2 Vous offrirez au Seigneur en holocauste d'une odeur très-agréable, un veau du troupeau, un bélier, et sept agneaux d'un an, qui soient sans tache ;

3 avec les oblations qui doivent les accompagner dans le sacrifice ; savoir, trois dixièmes de farine mêlée avec l'huile pour chaque veau, deux dixièmes pour le bélier,

4 un dixième pour chaque agneau, c'est-à-dire, pour chacun des sept agneaux ;

5 et le bouc pour le péché, qui est offert pour l'expiation *des péchés* du peuple ;

6 sans compter l'holocauste des premiers jours du mois avec ses oblations, et l'holocauste perpétuel, avec les offrandes de farine et de liqueur accoutumées, que vous offrirez toujours avec les mêmes cérémonies, comme une odeur très-agréable qui se brûle devant le Seigneur.

7 Le dixième jour de ce septième mois vous sera aussi saint et vénérable ; vous affligerez vos âmes en ce jour-là ; et vous n'y ferez aucune œuvre servile.

8 Vous offrirez au Seigneur en holocauste d'une odeur très-agréable, un veau du troupeau, un bélier, et sept agneaux d'un an, qui soient sans tache ;

9 avec les oblations qui doivent les accompagner dans le sacrifice ; savoir, trois dixièmes de farine mêlée avec l'huile pour chaque veau, deux dixièmes pour le bélier,

10 la dixième partie d'un dixième pour chaque agneau, c'est-à-dire, pour chacun des sept agneaux ;

11 avec le bouc pour le péché, outre les choses qu'on a accoutumé d'offrir pour l'expiation de la faute, et sans compter l'holocauste perpétuel avec ses oblations de farine et ses offrandes de liqueur.

12 Au quinzième jour du septième mois, qui vous sera saint et vénérable, vous ne ferez aucune œuvre servile, mais vous célébrerez en l'honneur du Seigneur une fête solennelle pendant sept jours.

13 Vous offrirez au Seigneur en holocauste d'une odeur très-agréable, treize veaux du troupeau, deux béliers, et quatorze agneaux d'un an, qui soient sans tache ;

14 avec les oblations qui doivent les accompagner ; savoir, trois dixièmes de farine mêlée avec l'huile pour chaque veau, c'est-à-dire, pour chacun des treize veaux ; deux dixièmes pour un bélier, c'est-à-dire, pour chacun des deux béliers ;

15 la dixième partie d'un dixième pour chaque agneau, c'est-à-dire, pour chacun des quatorze agneaux ;

16 et le bouc qui s'offre pour le péché, sans compter l'holocauste perpétuel, et ses oblations de farine et de liqueur.

17 Le second jour vous offrirez douze veaux du troupeau, deux béliers, et quatorze agneaux d'un an, qui soient sans tache.

18 Vous y joindrez aussi, selon qu'il vous est prescrit, les oblations de farine et de liqueur pour chacun des veaux, des béliers et des agneaux ;

19 et le bouc pour le péché, sans compter l'holocauste perpétuel, et ses oblations de farine et de liqueur.

20 Le troisième jour vous offrirez onze veaux, deux béliers, et quatorze agneaux d'un an, qui soient sans tache.

21 Vous y joindrez aussi, selon qu'il vous est prescrit, les oblations de farine et de liqueur pour chacun des veaux, des béliers et des agneaux ;

22 et le bouc pour le péché, sans compter l'holocauste perpétuel, et ses oblations de farine et de liqueur.

23 Le quatrième jour vous offrirez dix veaux, deux béliers, et quatorze agneaux d'un an, qui soient sans tache.

24 Vous y joindrez aussi, selon qu'il vous est prescrit, les oblations de farine et de liqueur pour chacun des veaux, des béliers et des agneaux ;

25 et le bouc pour le péché, sans compter l'holocauste perpétuel, et ses oblations de farine et de liqueur.

26 Le cinquième jour vous offrirez neuf veaux, deux béliers, et quatorze agneaux d'un an, qui soient sans tache.

27 Vous y joindrez aussi, selon qu'il vous est prescrit, les oblations de farine et de liqueur pour chacun des veaux, des béliers et des agneaux ;

28 et le bouc pour le péché, sans compter l'holocauste perpétuel, et ses oblations de farine et de liqueur.

29 Le sixième jour vous offrirez huit veaux, deux béliers, et quatorze agneaux d'un an, qui soient sans tache.

30 Vous y joindrez aussi, selon qu'il vous est prescrit, les oblations de farine et de liqueur pour chacun des veaux, des béliers et des agneaux ;

31 et le bouc pour le péché, sans compter l'holocauste perpétuel, et ses oblations de farine et de liqueur.

32 Le septième jour vous offrirez sept veaux, deux béliers, et quatorze agneaux d'un an, qui soient sans tache.

33 Vous y joindrez aussi, selon qu'il vous est prescrit, les oblations de farine et de liqueur pour chacun des veaux, des béliers et des agneaux ;

34 et le bouc pour le péché, sans compter l'holocauste perpétuel, et ses oblations de farine et de liqueur.

35 Le huitième jour qui sera très-célèbre, vous ne ferez aucune œuvre servile,

36 et vous offrirez au Seigneur en holocauste d'une odeur très-agréable, un veau, un bélier et sept agneaux d'un an, qui soient sans tache.

37 Vous y joindrez aussi, selon qu'il vous est prescrit, les oblations de farine et de liqueur pour chacun des veaux, des béliers et des agneaux ;

38 et le bouc pour le péché, sans compter l'holocauste perpétuel, et ses oblations de farine et de liqueur.

39 Voilà ce que vous offrirez au Seigneur dans vos fêtes solennelles ; sans compter les holocaustes, les oblations de farine et de liqueur, et les hosties pacifiques que vous offrirez à Dieu, soit pour vous acquitter de vos vœux, ou volontairement.

CHAPITRE XXX.

MOISE rapporta aux enfants d'Israël tout ce que le Seigneur lui avait commandé ;

2 et il dit aux princes des tribus des enfants d'Israël : Voici ce que le Seigneur a ordonné :

3 Si un homme a fait un vœu au Seigneur, ou s'est lié par un serment, il ne manquera point à sa parole, mais il accomplira tout ce qu'il aura promis.

4 Lorsqu'une femme aura fait un vœu, et se sera liée par un serment, si c'est une jeune fille qui soit encore dans la maison de son père, et que le père ayant connu le vœu qu'elle a fait, et le serment par lequel elle s'est engagée, n'en ait rien dit, elle sera obligée à son vœu ;

5 et elle accomplira effectivement tout ce qu'elle aura promis et juré.

6 Mais si le père s'est opposé à son vœu aussitôt qu'il lui a été connu, ses vœux et ses serments seront nuls, et elle ne sera point obligée à ce qu'elle aura promis, parce que le père s'y est opposé.

7 Si c'est une femme mariée, *demeurant encore dans la maison de son père,* qui ait fait un vœu, et si la parole étant une fois sortie de sa bouche, l'a obligée par serment,

8 et que son mari ne l'ait point désavouée le jour même qu'il l'a

su, elle sera obligée à son vœu, et elle accomplira tout ce qu'elle aura promis.

9 Si son mari l'ayant su la désavoue aussitôt, et rend vaines ses promesses, et les paroles par lesquelles elle s'est engagée, le Seigneur lui pardonnera.

10 La femme veuve et la femme répudiée accompliront tous les vœux qu'elles auront faits.

11 Si une femme étant dans la maison de son mari s'est liée par un vœu et par un serment,

12 et que le mari l'ayant su n'en dise mot et ne désavoue point la promesse qu'elle aura faite, elle accomplira tout ce qu'elle avait promis.

13 Mais si le mari la désavoue aussitôt, elle ne sera point tenue à sa promesse, parce que son mari l'a désavouée, et le Seigneur lui pardonnera.

14 Si elle a fait un vœu, et si elle s'est obligée par serment d'affliger son âme ou par le jeûne, ou par d'autres sortes d'abstinences, il dépendra de la volonté de son mari qu'elle le fasse ou qu'elle ne le fasse pas.

15 Si son mari l'ayant su n'en a rien dit, et a différé au lendemain à en dire son sentiment, elle accomplira tous les vœux et toutes les promesses qu'elle avait faites ; parce que le mari n'en a rien dit aussitôt qu'il l'a appris.

16 Si aussitôt qu'il a su le vœu de sa femme, il l'a désavouée, il sera lui seul chargé de toute sa faute.

17 Ce sont là les lois que le Seigneur a données à Moïse pour être gardées entre le mari et la femme, entre le père et la fille qui est encore toute jeune, ou qui demeure dans la maison de son père.

CHAPITRE XXXI.

LE Seigneur parla ensuite à Moïse, et lui dit :

2 Vengez premièrement les enfants d'Israël des Madianites, et après cela vous serez réuni à votre peuple.

3 Aussitôt Moïse dit au peuple : Faites prendre les armes à quelques-uns d'entre vous, et les préparez au combat, afin qu'ils puissent exécuter la vengeance que le Seigneur veut tirer des Madianites.

4 Choisissez mille hommes de chaque tribu d'Israël, pour les envoyer à la guerre.

5 Ils donnèrent donc mille soldats de chaque tribu, c'est-à-dire, douze mille hommes prêts à combattre,

6 qui furent envoyés par Moïse avec Phinéès, fils du *grand* prêtre Eléazar, auquel il donna encore les vases saints, et les trompettes pour en sonner.

7 Ils combattirent donc contre les Madianites ; et les ayant vaincus, ils passèrent tous les mâles au fil de l'épée,

8 et tuèrent leurs rois, Evi, Récem, Sur, Hur et Rébé, cinq princes de la nation, avec. Balaam, fils de Béor ;

9 et ils prirent leurs femmes, leurs petits enfants, tous leurs troupeaux, et tous leurs meubles. Ils pillèrent tout ce qu'ils avaient.

10 Ils brûlèrent toutes leurs villes, tous leurs villages, et tous leurs châteaux.

11 Et ayant emmené leur butin, et tout ce qu'ils avaient pris, tant des hommes que des bêtes,

12 ils les présentèrent à Moïse, à Eléazar, *grand* prêtre, et à toute la multitude des enfants d'Israël ; et ils portèrent au camp dans la plaine de Moab, le long du Jourdain, vis-à-vis de Jéricho, tout le reste de ce qu'ils avaient pris qui pouvait servir à quelque usage.

13 Moïse, Eléazar, *grand* prêtre, et tous les princes de la synagogue, sortirent donc au-devant d'eux hors du camp.

14 Et Moïse se mit en colère contre les principaux officiers de l'armée, contre les tribuns et les centeniers qui venaient du combat,

15 et leur dit : Pourquoi avez-vous sauvé les femmes ?

16 Ne sont-ce pas elles qui ont séduit les enfants d'Israël, selon le conseil de Balaam, et qui vous ont fait violer la loi du Seigneur par le péché commis à Phogor, qui attira la plaie dont le peuple fut frappé ?

17 Tuez donc tous les mâles d'entre les enfants mêmes, et faites mourir les femmes dont les hommes se sont approchés ;

18 mais réservez pour vous toutes les petites filles, et toutes les autres qui sont vierges ;

19 et demeurez sept jours hors du camp. Celui qui aura tué un homme, ou qui aura touché à un homme qu'on aura tué, se purifiera le troisième et le septième jour, *lui et ses captives*.

20 Vous purifierez aussi tout le butin, les vêtements, les vaisseaux, et tout ce qui peut être de quelque usage, soit qu'il soit fait de peaux, ou de poil de chèvre, ou de bois.

21 Le *grand* prêtre Eléazar parla aussi de cette sorte aux gens de l'armée qui avaient combattu ; Voici ce qu'ordonne la loi que le Seigneur a donnée à Moïse ;

22 Que l'or, l'argent, l'airain, le fer, le plomb et l'étain,

23 et tout ce qui peut passer par les flammes, soit purifié par le feu *et par l'eau d'expiation* ; et que tout ce qui ne peut souffrir le feu soit sanctifié par l'eau d'expiation.

24 Vous laverez vos vêtements le septième jour, et après avoir été purifiés, vous rentrerez dans le camp.

25 Le Seigneur dit aussi à Moïse :

26 Faites un dénombrement de tout ce qui a été pris depuis les hommes jusqu'aux bêtes, vous, le *grand* prêtre Eléazar, et les princes du peuple ;

27 et partagez le butin également *en deux parts : l'une* pour ceux qui ont combattu et qui ont été à la guerre, et *l'autre* pour tout le reste du peuple.

28 Vous séparerez aussi la part du Seigneur de tout le butin de ceux qui ont combattu, et qui ont été à la guerre. De cinq cents hommes, ou bœufs, ou ânes, ou brebis, vous en prendrez un,

29 que vous donnerez au *grand* prêtre Eléazar, parce que ce sont les prémices du Seigneur.

30 Quant à l'autre moitié du butin qui appartiendra aux enfants d'Israël ; de cinquante hommes, ou bœufs, ou ânes, ou brebis, ou autres animaux, quels qu'ils soient, vous en prendrez un que vous donnerez aux Lévites qui veillent à la garde et aux fonctions du tabernacle du Seigneur.

31 Moïse et Eléazar firent donc ce que le Seigneur avait ordonné.

32 Et on trouva que le butin que l'armée avait pris était de six cent soixante et quinze mille brebis,

33 de soixante et douze mille bœufs,

34 de soixante et un mille ânes,

35 et de trente-deux mille personnes du sexe féminin, *c'est-à-dire,* de filles qui étaient demeurées vierges.

36 La moitié fut donnée à ceux qui avaient combattu, savoir, trois cent trente-sept mille cinq cents brebis,

37 dont on réserva pour la part du Seigneur six cent soixante et quinze brebis ;

38 trente-six mille bœufs, dont on en réserva soixante et douze ;

39 trente mille cinq cents ânes, dont on en réserva soixante et un ;

40 et seize mille filles, dont trente-deux furent réservées pour la part du Seigneur.

41 Moïse donna au *grand* prêtre Eléazar, selon qu'il lui avait été commandé, le nombre des prémices du Seigneur,

42 qu'il tira de la moitié du butin des enfants d'Israël, qu'il avait mise à part pour ceux qui avaient combattu.

43 Quant à l'autre moitié du butin qui fut donnée au reste du peuple, et qui se montait à trois cent trente-sept mille cinq cents brebis,

44 trente-six mille bœufs,

45 trente mille cinq cents ânes,

46 et seize mille filles,

47 Moïse en prit la cinquantième partie, qu'il donna aux Lévites qui veillaient à la garde et aux fonctions du tabernacle du Seigneur, selon que le Seigneur l'avait ordonné.

48 Alors les principaux officiers de l'armée, les tribuns et les centeniers vinrent trouver Moïse, et lui dirent :

49 Nous avons compté, nous qui sommes vos serviteurs, tous les soldats que nous commandions, et il ne s'en est pas trouvé un seul de manque.

50 C'est pourquoi nous offrons chacun en don au Seigneur ce que nous avons pu trouver d'or dans le butin, en jarretières, en bagues, en anneaux, en bracelets et en colliers, afin que vous offriez pour nous vos prières au Seigneur.

51 Moïse et Eléazar, *grand* prêtre, reçurent donc des tribuns et des centeniers tout l'or en diverses espèces,

52 qui pesait seize mille sept cent cinquante sicles.

53 Car chacun avait eu pour soi le butin qu'il avait pris.

54 Et ayant reçu cet or, ils le mirent dans le tabernacle du témoignage, pour être un monument des enfants d'Israël devant le Seigneur.

CHAPITRE XXXII.

OR les enfants de Ruben et de Gad avaient un grand nombre de troupeaux, et ils possédaient en bétail des richesses infinies. Voyant donc que les terres de Jazer et de Galaad étaient propres à nourrir des bestiaux,

2 ils vinrent trouver Moïse et Eléazar le *grand* prêtre, et les princes du peuple et ils leur dirent :

3 Ataroth, Dibon, Jazer, Nemra, Hésébon, Eléalé, Saban, Nébo et Béon,

4 toutes terres que le Seigneur a réduites sous la domination des enfants d'Israël sont un pays très-fertile et propre à la nourriture du bétail ; et nous avons, nous autres, vos serviteurs, beaucoup de bestiaux.

5 Si nous avons donc trouvé grâce devant vous, nous vous supplions de nous donner la possession de cette terre à nous qui sommes vos serviteurs, sans que vous nous fassiez passer le Jourdain.

6 Moïse leur répondit : Vos frères iront-ils au combat pendant que vous demeurerez ici en repos ?

7 Pourquoi jetez-vous l'épouvante dans les esprits des enfants d'Israël, afin qu'ils n'osent passer dans le pays que le Seigneur doit leur donner ?

8 N'est-ce pas ainsi qu'ont agi vos pères, lorsque je les envoyai de Cadès-Barné pour considérer ce pays ?

9 Car étant venus jusqu'à la Vallée de la grappe de raisin, après avoir considéré tout le pays, ils jetèrent la frayeur dans le cœur des enfants d'Israël, pour les empêcher d'entrer dans la terre que le Seigneur leur avait donnée.

10 Et le Seigneur fit ce serment dans sa colère :

11 Ces hommes, dit-il, qui sont sortis de l'Egypte depuis l'âge de vingt ans et au-dessus, ne verront point la terre que j'ai promise avec serment à Abraham, à Isaac et à Jacob, parce qu'ils n'ont point voulu me suivre,

12 excepté Caleb, fils de Jéphoné, Cénézéen, et Josué, fils de Nun, qui ont accompli ma volonté.

13 Et le Seigneur étant en colère contre Israël, l'a fait errer par le désert pendant quarante ans, jusqu'à ce que toute cette race d'hommes qui avait ainsi péché en sa présence, fût entièrement éteinte.

14 Et maintenant, ajouta Moïse, vous avez succédé à vos pères comme des enfants et des rejetons d'hommes pécheurs, pour augmenter encore la fureur du Seigneur contre Israël.

15 Si vous ne voulez point suivre le Seigneur, il abandonnera le peuple dans ce désert, et vous serez la cause de la mort de tout *ce peuple*.

16 *Mais les enfants de Ruben et de Gad* s'approchant *de Moïse*, lui dirent : Nous ferons des parcs pour nos brebis, et des étables pour nos bestiaux, et nous bâtirons des villes fortes pour y mettre nos petits enfants ;

17 mais pour nous, nous marcherons armés et prêts à combattre à la tête des enfants d'Israël, jusqu'à ce que nous les ayons mis en possession des lieux où ils doivent s'établir. Cependant nos petits enfants demeureront dans les villes ceintes de murailles, avec tout ce que nous pouvons avoir de bien ; afin qu'ils ne soient point exposés aux insultes des gens du pays.

18 Nous ne retournerons point dans nos maisons, jusqu'à ce que les enfants d'Israël possèdent la terre qui doit être leur héritage ;

19 et nous ne demanderons point de part au delà du Jourdain, parce que nous possédons déjà la nôtre dans le pays qui est à l'orient de ce fleuve.

20 Moïse leur répondit ; Si vous êtes résolus de faire ce que vous promettez, marchez devant le Seigneur tout prêts à combattre ;

21 que tous ceux d'entre vous qui peuvent aller à la guerre, passent le Jourdain en armes, jusqu'à ce que le Seigneur ait détruit ses ennemis,

22 et que tout le pays lui soit assujetti ; et alors vous serez irréprochables devant le Seigneur et devant Israël, et vous posséderez, avec l'assistance du Seigneur, les terres que vous désirez.

23 Mais si vous ne faites point ce que vous dites, il est indubitable que vous pécherez contre Dieu ; et ne doutez point que votre péché ne retombe sur vous.

24 Bâtissez donc des villes pour vos petits enfants, et faites des parcs et des étables pour vos brebis et pour vos bestiaux, et accomplissez ce que vous avez promis.

25 Les enfants de Gad et de Ruben répondirent à Moïse : Nous sommes vos serviteurs, nous ferons ce que notre seigneur nous commande.

26 Nous laisserons dans les villes de Galaad nos petits enfants, nos femmes, nos troupeaux et nos bestiaux ;

27 et pour nous autres, vos serviteurs, nous irons tous à la guerre prêts à combattre, comme vous, seigneur, nous le commandez.

28 Moïse donna donc cet ordre à Eléazar, *grand* prêtre, à Josué, fils de Nun, et aux princes des familles dans chaque tribu d'Israël, et leur dit :

29 Si les enfants de Gad et les enfants de Ruben passent tous le Jourdain, et vont en armes avec vous pour combattre devant le Seigneur ; après que le pays vous aura été assujetti, donnez-leur Galaad, afin qu'ils le possèdent comme leur propre héritage.

30 Mais s'ils ne veulent pas passer avec vous en armes dans la terre de Chanaan, qu'ils soient obligés de prendre au milieu de vous le lieu de leur demeure.

31 Les enfants de Gad et les enfants de Ruben répondirent : Nous ferons ce que le seigneur a dit à ses serviteurs.

32 Nous marcherons en armes devant le Seigneur dans le pays de Chanaan ; et nous reconnaissons avoir déjà reçu au deçà du Jourdain la terre que nous devons posséder.

33 Moïse donna aux enfants de Gad et de Ruben, et à la moitié de la tribu de Manassé, fils de Joseph, le royaume de Séhon, roi des Amorrhéens, et le royaume d'Og, roi de Basan, et leur pays avec toutes les villes qui y sont comprises.

34 Les enfants de Gad rebâtirent ensuite les villes de Dibon, d'Ataroth, d'Aroër,

35 d'Etroth, de Sophan, de Jazer, de Jegbaa,

36 de Bethnemra et de Bétharan, en les rendant des villes fortes ; et firent des étables pour leurs troupeaux.

37 Les enfants de Ruben rebâtirent aussi Hésébon, Eléalé, Cariathaïm,

38 Naba, Baalméon et Sabama, en changeant leurs noms, et donnant des noms nouveaux aux villes qu'ils avaient bâties.

39 Et les enfants de Machir, fils de Manassé, entrèrent dans le pays de Galaad, et le ravagèrent après avoir tué les Amorrhéens qui l'habitaient.

40 Moïse donna donc le pays de Galaad à *la famille de* Machir, fils de Manassé, et *la postérité de* Machir y demeura.

41 Jaïr, fils de Manassé, étant entré ensuite dans le pays, se rendit maître de plusieurs bourgs, qu'il appela Havoth-Jaïr, c'est-à-dire, les bourgs de Jaïr.

42 Nobé y entra aussi, et prit Canath avec tous les villages qui en dépendaient ; et il lui donna son nom, l'appelant Nobé.

CHAPITRE XXXIII.

VOICI les demeures des enfants d'Israël, après qu'ils furent sortis de l'Egypte en diverses bandes sous la conduite de Moïse et d'Aaron,

2 qui furent décrites par Moïse, selon les lieux de leurs campements, qu'ils changeaient par le commandement du Seigneur ;

3 Les enfants d'Israël étant donc partis de Ramessé le quinzième jour du premier mois, le lendemain de la pâque, par un effet de la main puissante du Seigneur, à la vue de tous les Egyptiens,

4 qui ensevelissaient leurs premiers-nés, que le Seigneur avait frappés, ayant exercé sa vengeance sur leurs dieux mêmes,

5 ils allèrent camper à Soccoth.

6 De Soccoth ils vinrent à Etham, qui est dans l'extrémité du désert.

7 Etant sortis de là, ils vinrent vis-à-vis de Phihahiroth, qui regarde Béelséphon, et ils campèrent devant Magdal.

8 De Phihahiroth ils passèrent par le milieu de la mer *et entrèrent* dans le désert ; et ayant marché trois jours par le désert d'Etham, ils campèrent à Mara.

9 De Mara ils vinrent à Elim, où il y avait douze fontaines d'eaux et soixante et dix palmiers ; et ils y campèrent.

10 De là ayant décampé, ils allèrent dresser leurs tentes près de la mer Rouge. Et étant partis de la mer Rouge,

11 ils campèrent dans le désert de Sin.

12 De Sin ils vinrent à Daphca.

13 De Daphca ils vinrent camper à Alus.

14 Et étant sortis d'Alus, ils vinrent dresser leurs tentes à Raphidim, où le peuple ne trouva point d'eau pour boire.

15 De Raphidim ils vinrent camper au désert de Sinaï.

16 Etant sortis du désert de Sinaï, ils vinrent aux Sépulcres de concupiscence.

17 Des Sépulcres de concupiscence ils vinrent camper à Haséroth.

18 De Haseroth ils vinrent *à Cadès-Barné dans le désert de Pharan ; d'où ils vinrent* à Rethma.

19 De Rethma ils vinrent camper à Remmonpharès ;

20 d'où étant sortis, ils vinrent à Lebna.

21 De Lebna ils allèrent camper à Ressa.

22 Etant partis de Ressa, ils vinrent à Céelatha.

23 De là ils vinrent camper au mont de Sépher.

24 Et ayant quitté le mont de Sépher, ils vinrent à Arada.

25 D'Arada ils vinrent camper à Macéloth.

26 Et étant sortis de Macéloth, ils vinrent à Thahath.

27 De Thahath ils allèrent camper à Tharé ;

28 d'où ils vinrent dresser leurs tentes à Methca.

29 De Methca ils allèrent camper à Hesmona.

30 Et étant partis de Hesmona, ils vinrent à Moséroth.

31 De Moséroth ils allèrent camper à Béné-Jaacan.

32 De Béné-Jaacan ils vinrent à la montagne de Gadgad ;

33 d'où ils allèrent camper à Jetebatha.

34 De Jetebatha ils vinrent à Hébrona.

35 De Hébrona ils allèrent camper à Asion-gaber.

36 D'où étant partis, ils vinrent au désert de Sin, qui est Cadès.

37 De Cadès ils vinrent camper sur la montagne de Hor, à l'extrémité du pays d'Edom.

38 Et Aaron, *grand* prêtre, étant monté sur la montagne de Hor, par le commandement du Seigneur, y mourut le premier jour du cinquième mois de la quarantième année après la sortie des enfants d'Israël du pays d'Egypte,

39 étant âgé de cent vingt-trois ans.

40 Alors Arad, roi des Chananéens, qui habitait vers le midi, apprit que les enfants d'Israël étaient venus *pour entrer* dans le pays de Chanaan.

41 Etant partis de la montagne de Hor, ils vinrent camper à Salmona ;

42 d'où ils vinrent à Phunon.

43 De Phunon ils allèrent camper à Oboth.

44 D'Oboth ils vinrent à Jié-abarim, qui est sur la frontière des Moabites.

45 Etant partis de Jié-abarim, ils vinrent dresser leurs tentes à Dibon-gad ;

46 d'où ils allèrent camper à Helmon-déblathaïm.

47 Ils partirent de Helmon-déblathaïm, et vinrent aux montagnes d'Abarim, vis-à-vis de Nabo.

48 Et ayant quitté les montagnes d'Abarim, ils passèrent dans les plaines de Moab, sur le bord du Jourdain, vis-à-vis de Jéricho,

49 où ils campèrent dans les lieux les plus plats du pays des Moabites, depuis Beth-simoth jusqu'à Abel-satim.

50 Ce fut là que le Seigneur parla à Moïse, et lui dit :

51 Ordonnez ceci aux enfants d'Israël, et dites-leur : Quand vous aurez passé le Jourdain, et que vous serez entrés dans le pays de Chanaan,

52 exterminez tous les habitants de ce pays-là ; brisez les pierres érigées *en l'honneur des fausses divinités ;* rompez leurs statues, et renversez tous leurs hauts lieux,

53 pour purifier ainsi la terre, afin que vous y habitiez ; car je vous l'ai donnée, afin que vous la possédiez ;

54 et vous la partagerez entre vous par sort. Vous en donnerez une plus grande partie à ceux qui seront en plus grand nombre, et une moindre à ceux qui seront moins. Chacun recevra son héritage selon qu'il lui sera échu par sort ; et le partage s'en fera par tribus et par familles.

55 Que si vous ne voulez pas tuer *tous* les habitants du pays ; ceux qui en seront restés vous deviendront comme des clous dans les yeux, et comme des lances aux côtés ; ils vous combattront dans le pays où vous devez habiter ;

56 et je vous ferai à vous-mêmes tout le mal que j'avais résolu de leur faire.

CHAPITRE XXXIV.

LE Seigneur parla encore à Moïse, et lui dit :

2 Ordonnez ceci aux enfants d'Israël, et dites-leur : Lorsque vous serez entrés dans le pays de Chanaan, et que vous y posséderez chacun ce qui vous sera échu par sort, voici quelles en seront les limites :

3 Le côté du midi commencera au désert de Sin, qui est près d'Edom ; et il aura pour limites vers l'orient la mer Salée, *ou mer Morte*.

4 Ces limites du midi seront le long du circuit que fait la montée du Scorpion, passeront par Senna, et s'étendront depuis le midi jusqu'à Cadès-Barné. Delà ils iront jusqu'au village nommé Adar, et s'étendront jusqu'à Asémona.

5 D'Asémona ils iront en tournant jusqu'au torrent de l'Egypte, et ils finiront au bord de la Grande mer, *ou mer Méditerranée*.

6 Le côté de l'occident commencera à la Grande mer, et s'y terminera pareillement.

7 Les limites du côté du septentrion commenceront à la Grande mer, et s'étendront jusqu'à la haute montagne *du Liban*.

8 De là ils iront vers Emath, jusqu'aux confins de Sédada ;

9 et ils s'étendront jusqu'à Zéphrona, et au village d'Enan. Ce seront là les limites du côté du septentrion.

10 Les limites du côté de l'orient se mesureront depuis ce même village d'Enan jusqu'à Séphama.

11 De Séphama ils descendront à Rébla, vis-à-vis de la fontaine de Daphnis. De là ils s'étendront le long de l'orient jusqu'à la mer de Cénéreth, *ou lac de Génésareth*,

12 et passeront jusqu'au Jourdain, et ils se termineront enfin à la mer Salée. Voilà quelles seront les limites et l'étendue du pays que vous devez posséder.

13 Moïse donna donc cet ordre aux enfants d'Israël, et leur dit : Ce sera là la terre que vous posséderez par sort, et que le Seigneur a commandé que l'on donnât aux neuf tribus, et à la moitié de la tribu de Manassé.

14 Car la tribu des enfants de Ruben avec toutes ses familles ; la tribu des enfants de Gad, distinguée aussi selon le nombre de ses familles ; et la moitié de la tribu de Manassé ;

15 c'est-à-dire, deux tribus et demie, ont déjà reçu leur partage au deçà du Jourdain, vis-à-vis de Jéricho, du côté de l'orient.

16 Le Seigneur dit aussi à Moïse :

17 Voici les noms de ceux qui partageront la terre entre vous :

Eléazar, *grand* prêtre, et Josué, fils de Nun,

18 avec un prince de chaque tribu,

19 dont voici les noms : De la tribu de Juda, Caleb, fils de Jéphoné ;

20 de la tribu de Siméon, Samuel, fils d'Ammiud ;

21 de la tribu de Benjamin, Elidad, fils de Chasélon ;

22 de la tribu des enfants de Dan, Bocci, fils de Jogli.

23 Des enfants de Joseph, *savoir,* de la tribu de Manassé, Hanniel, fils d'Ephod ;

24 et de la tribu d'Ephraïm, Camuel, fils de Sephtan.

25 De la tribu de Zabulon, Elisaphan, fils de Pharnach ;

26 de la tribu d'Issachar, le prince Phaltiel, fils d'Ozan ;

27 de la tribu d'Aser, Ahiud, fils de Salomi ;

28 de la tribu de Nephthali, Phédaël, fils d'Ammiud,

29 Ce sont là ceux à qui le Seigneur a commandé de partager aux enfants d'Israël le pays de Chanaan.

CHAPITRE XXXV.

LE Seigneur dit encore ceci à Moïse dans les plaines de Moab, le long au Jourdain, vis-à-vis de Jéricho :

2 Ordonnez aux enfants d'Israël que des terres qu'ils posséderont, ils donnent aux Lévites

3 des villes pour y habiter, et les faubourgs qui les environnent ; afin qu'ils demeurent dans les villes, et que les faubourgs soient pour leurs troupeaux et pour leurs bêtes.

4 Ces faubourgs, qui seront au dehors des murailles de leurs villes, s'étendront tout autour dans l'espace de mille pas.

5 Leur étendue sera de deux mille coudées du côté de l'orient, et de même de deux mille du côté du midi. Ils auront la même mesure vers la mer qui regarde l'occident ; et le côté du septentrion sera terminé par de semblables limites. Les villes seront au milieu, et les faubourgs seront *tout autour* au dehors des villes.

6 De ces villes que vous donnerez aux Lévites, il y en aura six de séparées pour servir de refuge aux fugitifs, afin que celui qui aura répandu le sang *d'un homme* puisse s'y retirer. Et outre ces villes, il y en aura quarante-deux autres ;

7 c'est-à-dire, qu'il y en aura en tout quarante-huit avec leurs faubourgs.

8 Ceux d'entre les enfants d'Israël qui posséderont plus de terre, donneront aussi plus de ces villes ; ceux qui en posséderont moins, en donneront moins ; et chacun donnera des villes aux Lévites à proportion de ce qu'il possède.

9 Le Seigneur dit aussi à Moïse :

10 Parlez aux enfants d'Israël, et dites-leur : Lorsque vous aurez passé le Jourdain, et que vous serez entrés dans le pays de Chanaan,

11 marquez les villes qui devront servir de refuge aux fugitifs qui auront répandu contre leur volonté le sang *d'un homme* ;

12 afin que le parent de celui qui aura été tué ne puisse tuer le fugitif lorsqu'il s'y sera retiré, jusqu'à ce qu'il se présente devant le peuple, et que son affaire soit jugée.

13 De ces villes qu'on séparera des autres pour être l'asile des fugitifs,

14 il y en aura trois au deçà du Jourdain, et trois dans le pays de Chanaan,

15 qui serviront, et aux enfants d'Israël, et aux étrangers qui seront venus de dehors, afin que celui qui aura répandu contre sa volonté le sang *d'un homme,* y trouve un refuge.

16 Si quelqu'un frappe avec le fer, et que celui qui aura été frappé meure, il sera coupable d'homicide, et il sera lui-même puni de mort.

17 S'il jette une pierre, et que celui qu'il aura frappé en meure, il sera puni de même.

18 Si celui qui aura été frappé avec du bois, meurt, sa mort sera vengée par l'effusion du sang de celui qui l'aura frappé.

19 Le parent de celui qui aura été tué, tuera l'homicide ; il le tuera aussitôt qu'il l'aura pris.

20 Si un homme pousse rudement celui qu'il hait, ou s'il jette quelque chose contre lui par un mauvais dessein ;

21 ou si étant son ennemi, il le frappe de la main, et qu'il en meure ; celui qui aura frappe sera coupable d'homicide, et le parent de celui qui aura été tué, pourra le tuer aussitôt qu'il l'aura trouvé.

22 Si c'est par hasard, sans haine,

23 et sans aucun mouvement d'inimitié, qu'il a fait quelqu'une de ces choses,

24 et que cela se prouve devant le peuple, après que la cause du meurtre aura été abritée entre celui qui aura frappé et le parent du mort ;

25 il sera délivré, comme étant innocent, des mains de celui qui voulait venger *le sang répandu*, et il sera ramené par sentence dans la ville où il s'était réfugié, et y demeurera jusqu'à la mort du grand prêtre qui a été sacré de l'huile sainte.

26 Si celui qui aura tué est trouvé hors les limites des villes qui ont été destinées pour les bannis,

27 et qu'il soit tué par celui qui voulait venger le sang répandu ; celui qui l'aura tué, ne sera point censé coupable ;

28 car le fugitif devait demeurer à la ville jusqu'à la mort du pontife ; et après sa mort, celui qui aura tué, retournera en son pays.

29 Ceci sera observé comme une loi perpétuelle dans tous les lieux où vous pourrez habiter.

30 On *ne* punira d'homicide *qu'*après avoir entendu les témoins. Nul ne sera condamné sur le témoignage d'un seul.

31 Vous ne recevrez point d'argent de celui qui veut se racheter de la mort qu'il a méritée pour avoir répandu le sang ; mais il mourra aussitôt lui-même.

32 Les bannis et les fugitifs ne pourront revenir en aucune sorte à leur ville avant la mort du pontife ;

33 de peur que vous ne souilliez la terre où vous habiterez, et qu'elle ne demeure impure par le sang *impuni* des innocents *qu'on a répandu* ; parce qu'elle ne peut être autrement purifiée que par l'effusion du sang de celui qui aura versé le sang.

34 C'est ainsi que votre terre deviendra pure, et que je demeurerai parmi vous. Car c'est moi qui suis le Seigneur qui habite au milieu des enfants d'Israël.

CHAPITRE XXXVI.

ALORS les princes des familles de Galaad, fils de Machir, fils de Manassé, de la race des enfants de Joseph, vinrent parler à Moïse devant les princes d'Israël, et lui dirent :

2 Le Seigneur vous a ordonné, à vous qui êtes notre seigneur, de partager la terre *de Chanaan* par sort entre les enfants d'Israël, et de donner aux filles de Salphaad, notre frère, l'héritage qui était dû à leur père.

3 Si elles épousent maintenant des hommes d'une autre tribu, leur bien les suivra ; et étant transféré à une autre tribu, il sera retranché de l'héritage qui nous appartient.

4 Ainsi il arrivera que lorsque l'année du jubilé, c'est-à-dire, la cinquantième, qui est celle de la remise *de toutes choses*, sera venue, les partages qui avaient été faits par sort seront confondus, et le bien des uns passera aux autres.

5 Moïse répondit aux enfants d'Israël, et il leur dit, selon l'ordre qu'il en reçut du Seigneur : Ce que la tribu des enfants de Joseph a représenté est très-raisonnable ;

6 et voici la loi qui a été établie par le Seigneur sur le sujet des filles de Salphaad ; Elles se marieront à qui elles voudront, pourvu que ce soit à des hommes de leur tribu ;

7 afin que l'héritage des enfants d'Israël ne se confonde point en passant d'une tribu à une autre. Car tous les hommes prendront des femmes de leur tribu et de leur famille ;

8 et toutes les filles *héritières* prendront des maris de leur tribu ; afin que les mêmes héritages demeurent toujours dans les familles,

9 et que les tribus ne soient point mêlées les unes avec les autres, mais qu'elles demeurent

10 toujours séparées entre elles, comme elles l'ont été par le Seigneur. Les filles de Salphaad firent ce qui leur avait été commandé.

11 Ainsi Maala, Thersa, Hégla, Melcha et Noa épousèrent les fils de leur oncle paternel,

12 de la famille de Manassé, fils de Joseph ; et le bien qui leur avait été donné, demeura de cette sorte dans la tribu et dans la famille de leur père.

13 Ce sont là les lois et les ordonnances que le Seigneur donna par Moïse aux enfants d'Israël, dans la plaine de Moab, le long du Jourdain, vis-à-vis de Jéricho.

DEUTÉRONOME.

CHAPITRE PREMIER.

VOICI les paroles que Moïse dit à tout *le peuple* d'Israël au deçà du Jourdain dans une plaine du désert, vis-à-vis de la mer Rouge, entre Pharan, Thophel, Laban et Haséroth, où il y a beaucoup d'or.

2 *Il y avait onze journées de chemin* depuis la *montagne* d'Horeb en venant jusqu'à Cadès-Barné par la montagne de Séir.

3 En la quarantième année *depuis la sortie d'Egypte*, le premier jour du onzième mois *de cette année*, Moïse dit aux enfants d'Israël tout ce que le Seigneur lui avait ordonné de leur dire ;

4 après la défaite de Séhon, roi des Amorrhéens, qui habitait à Hésébon, et d'Og, roi de Basan, qui demeurait à Astaroth et à Edraï,

5 *les Israélites étant* au deçà du Jourdain dans le pays de Moab ; et il commença à leur expliquer la loi, et à leur dire :

6 Le Seigneur, notre Dieu, nous parla à Horeb, et il nous dit : Vous avez assez demeuré auprès de cette montagne :

7 mettez-vous en chemin, et venez vers la montagne des Amorrhéens, et en tous les lieux voisins, dans les campagnes, les montagnes et les vallées vers le midi, et le long de la côte de la mer *Méditerranée* : *passez* dans le pays des Chananéens et du Liban jusqu'au grand fleuve de l'Euphrate.

8 Voilà, dit-il, que je vous l'ai livré ; entrez-y, et mettez-vous en possession de la terre que le Seigneur avait promis avec serment de donner à vos pères, Abraham, Isaac et Jacob, et à leur postérité après eux.

9 Et moi en ce même temps je vous dis :

10 Je ne puis seul suffire à vous tous ; parce que le Seigneur, votre Dieu, vous a tellement multipliés, que vous égalez aujourd'hui en nombre les étoiles du ciel.

11 (Que le Seigneur, le Dieu de vos pères, ajoute encore à ce nombre plusieurs milliers, et qu'il vous bénisse selon qu'il l'a promis.)

12 Je ne puis porter seul le poids de vos affaires et de vos différends.

13 Choisissez d'entre vous des hommes sages et habiles, qui soient d'une vie exemplaire et d'une probité reconnue parmi vos tribus, afin que je les établisse pour être vos juges et vos commandants.

14 Vous me répondîtes alors : C'est une *très-*bonne chose que vous voulez faire.

15 Et je pris de vos tribus des hommes sages et nobles, je les établis pour être vos princes, vos tribuns, vos commandants de cent hommes, de cinquante et de dix, pour vous instruire de toutes choses.

16 Je leur donnai ces avis en même temps, et je leur dis : Ecoutez *ceux qui viendront à vous*, citoyens ou étrangers, et jugez-les selon la justice.

17 Vous ne mettrez aucune différence entre les personnes : vous écouterez le petit comme le grand, et vous n'aurez aucun égard à la condition de qui que ce soit, parce que le jugement appartient à Dieu. Si vous trouvez quelque chose de plus difficile, vous me le rapporterez, et je l'écouterai.

18 Et je *vous* ordonnai *alors* tout ce que vous deviez faire.

19 Etant partis d'Horeb, nous passâmes par ce grand et effroyable désert que vous avez vu, par le chemin qui conduit à la montagne des Amorrhéens, selon que le Seigneur, notre Dieu, nous l'avait commandé. Et étant venus à Cadès-Barné,

20 je vous dis : Vous voilà arrivés vers la montagne des Amorrhéens, que le Seigneur, notre Dieu, doit nous donner.

21 Considérez la terre que le Seigneur, votre Dieu, vous donne : montez-y, et vous en rendez maître, selon que le Seigneur, notre Dieu, l'a promis à vos pères : ne craignez point, et que rien ne vous étonne.

22 Alors vous vîntes tous me trouver, et vous me dîtes : Envoyons des hommes qui considèrent le pays, et qui nous marquent le chemin par où nous devons entrer, et les villes où nous devons aller.

23 Ayant approuvé cet avis, j'envoyai douze hommes d'entre vous, un de chaque tribu :

24 qui s'étant mis en chemin, et ayant passé les montagnes, vinrent jusqu'à la Vallée de la grappe de raisin ; et après avoir considéré le pays,

25 ils prirent des fruits qu'il produit, pour nous faire voir combien il était fertile ; et nous les ayant apportés, ils nous dirent : La terre que le Seigneur, notre Dieu, veut nous donner est *très-*bonne.

26 Mais vous ne voulûtes point y aller ; et étant incrédules à la parole du Seigneur, notre Dieu,

27 vous murmurâtes dans vos tentes, en disant : Le Seigneur nous hait, et il nous a fait sortir de l'Égypte pour nous livrer entre les mains des Amorrhéens, et pour nous exterminer.

28 Où monterons-nous ? Ceux que nous avons envoyés nous ont jeté l'épouvante dans le cœur, en nous disant : Ce pays est extrêmement peuplé : les hommes y sont d'une taille beaucoup plus haute que nous : leurs villes sont grandes et fortifiées de murs qui vont jusqu'au ciel ; nous avons vu là des gens de la race d'Enac, *c'est-à-dire, des géants.*

29 Et je vous dis alors : N'ayez point de peur, et ne les craignez point.

30 Le Seigneur, *votre* Dieu, qui est votre conducteur, combattra lui-même pour vous, ainsi qu'il a fait en Égypte à la vue de tous les peuples :

31 et vous avez vu vous-même dans ce désert, que le Seigneur, votre Dieu, vous a porté dans tout le chemin par où vous avez passé, comme un homme a accoutumé de porter son petit enfant entre ses bras, jusqu'à ce que vous soyez arrivés en ce lieu.

32 Mais tout ce que je vous dis alors, ne vous put engager à croire le Seigneur, votre Dieu,

33 qui a marché devant vous dans *tout* le chemin, qui vous a marqué le lieu où vous deviez dresser vos tentes, et qui vous a montré la nuit le chemin par *la colonne de* feu, et le jour par la colonne de nuée.

34 Le Seigneur ayant donc entendu vos murmures, entra en colère, et dit avec serment :

35 Nul des hommes de cette race criminelle ne verra l'excellente terre que j'avais promis avec serment de donner à vos pères ;

36 excepté Caleb, fils de Jéphoné. Car celui-ci la verra, et je lui donnerai, à lui et à ses enfants, la terre où il a marché, parce qu'il a suivi le Seigneur.

37 (Et on ne doit pas s'étonner de cette indignation du Seigneur contre le peuple ; puisque s'étant mis en colère contre moi-même à cause de vous, il me dit : Vous-même, vous n'y entrerez point ;

38 mais Josué, fils de Nun, votre ministre, y entrera au lieu de vous. Exhortez-le, et le fortifiez : car ce sera lui qui partagera la terre par sort a tout Israël.)

39 *Et le Seigneur continuant de vous parler, ajouta* : Vos petits enfants, que vous avez dit qui seraient emmenés captifs, et vos enfants qui ne savent pas encore discerner le bien et le mal, seront ceux qui entreront en cette terre. Je la leur donnerai, et ils la

posséderont.

40 Mais pour vous, retournez, et allez-vous-en dans le désert par le chemin qui conduit vers la mer Rouge.

41 Vous me répondîtes *alors* : Nous avons péché contre le Seigneur. Nous monterons et nous combattrons comme le Seigneur, notre Dieu, nous l'a ordonné. Et lorsque vous marchiez les armes à la main vers la montagne,

42 le Seigneur me dit : Dites-leur : N'entreprenez point de monter et de combattre, parce que je ne suis pas avec vous, et que vous succomberez devant vos ennemis.

43 Je vous le dis, et vous ne m'écoutâtes point : mais vous opposant au commandement du Seigneur, et étant enflés d'orgueil, vous montâtes vers la montagne.

44 Alors les Amorrhéens qui habitaient sur les montagnes ayant paru, et étant venus au-devant de vous, vous poursuivirent comme les abeilles poursuivent *celui qui les irrite*, et vous taillèrent en pièces depuis Séir jusqu'à Horma.

45 Etant retournés *de là*, et ayant pleuré devant le Seigneur, il ne vous écouta point, et il ne voulut point se rendre à vos prières.

46 Ainsi vous demeurâtes longtemps à Cadès-Barné.

CHAPITRE II.

NOUS partîmes de ce lieu-là, et nous vînmes au désert qui mène à la mer Rouge, selon que le Seigneur me l'avait ordonné ; et nous tournâmes longtemps autour du mont Séir.

2 Le Seigneur me dit alors :

3 Vous avez assez tourné autour de cette montagne ; allez maintenant vers le septentrion ;

4 et ordonnez ceci au peuple, et lui dites : Vous passerez aux extrémités des terres des enfants d'Esaü, vos frères, qui habitent en Séir, et ils vous craindront.

5 Prenez donc bien garde de ne les point attaquer : car je ne vous donnerai pas un seul pied de terre dans leur pays, parce que j'ai abandonné à Esaü le mont Séir, afin qu'il le possédât.

6 Vous achèterez d'eux pour de l'argent tout ce que vous mangerez, et vous achèterez aussi l'eau que vous puiserez et que vous boirez.

7 Le Seigneur, votre Dieu, vous a béni dans toutes les œuvres de vos mains : le Seigneur, votre Dieu, a eu soin de vous dans votre chemin, lorsque vous avez passé par ce grand désert : il a habité avec vous pendant quarante ans, et vous n'avez manqué de rien.

8 Après que nous eûmes passé les terres des enfants d'Esaü, nos frères, qui habitaient en Séir, marchant par le chemin de la plaine d'Elath et d'Asion-gaber, nous vînmes au chemin qui mène au désert de Moab.

9 Alors le Seigneur me dit : Ne combattez point les Moabites, et ne leur faites point la guerre : car je ne vous donnerai rien de leur pays, parce que j'ai donné Ar aux enfants de Lot, afin qu'ils la possèdent.

10 Les Emins ont habité les premiers ce pays ; c'était un peuple grand et puissant, et d'une si haute taille qu'on les croyait de la race d'Enac comme les géants,

11 étant semblables aux enfants d'Enac. Enfin les Moabites les appellent Emins, *c'est-à-dire, terribles*.

12 Quant au pays de Séir, les Horrhéens y ont habité autrefois ; mais en ayant été chassés et exterminés, les enfants d'Esaü y habitèrent, comme le peuple d'Israël s'est établi dans la terre que le Seigneur lui a donnée pour la posséder.

13 Nous nous disposâmes donc à passer le torrent de Zared, et nous vînmes près de ce torrent.

14 Or le temps que nous mîmes à marcher depuis Cadès-Barné jusqu'au passage du torrent de Zared, fut de trente-huit ans, jusqu'à ce que toute la race des *premiers* gens de guerre eût été exterminée du camp, selon que le Seigneur l'avait juré :

15 car sa main a été sur eux, pour les faire tous périr du milieu du camp.

16 Après la mort de tous ces hommes de guerre,

17 le Seigneur me parla, et me dit :

18 Vous passerez aujourd'hui les confins de Moab et la ville d'Ar ;

19 et lorsque vous approcherez des frontières des enfants d'Ammon, gardez-vous bien de les combattre et de vous porter à leur faire la guerre : car je ne vous donnerai rien du pays des enfants d'Ammon, parce que je l'ai donné aux enfants de Lot, afin qu'ils le possèdent.

20 Ce pays a été considéré autrefois comme le pays des géants, parce que les géants y ont habité, ceux que les Ammonites appellent Zomzommim, *c'est-à-dire, scélérats*.

21 C'était un peuple grand et nombreux, et d'une taille fort haute comme les Enacins. Le Seigneuries a exterminés par les Ammonites, qu'il a fait habiter en leur pays au lieu d'eux,

22 comme il avait fait à l'égard des enfants d'Esaü qui habitent en Séir, ayant exterminé les Horrhéens, et donné leur pays à ces enfants d'Esaü qui le possèdent encore aujourd'hui.

23 Les Hévéens de même, qui habitaient à Hasérim jusqu'à Gaza, en furent chassés par les Cappadociens, qui étant sortis de la Cappadoce, les exterminèrent, et s'établirent au lieu d'eux en ce pays-là.

24 Levez-vous *donc, vous dit alors le Seigneur*, et passez le torrent d'Arnon ; car je vous ai livré Séhon, Amorrhéen, roi d'Hésébon : commencez à entrer en possession de son pays, et combattez contre lui.

25 Je commencerai aujourd'hui à jeter la terreur et l'effroi de vos armes dans tous les peuples qui habitent sous le ciel ; afin qu'au seul bruit de votre nom ils tremblent, et qu'ils soient pénétrés de frayeur et de douleur, comme les femmes qui sont dans le travail de l'enfantement.

26 J'envoyai donc du désert de Cadémoth des ambassadeurs vers Séhon, roi d'Hésébon, pour lui porter des paroles de paix, en lui disant :

27 Nous ne demandons qu'à passer par vos terres : nous marcherons par le grand chemin ; nous ne nous détournerons ni à droite ni à gauche.

28 Vendez-nous tout ce qui nous sera nécessaire pour manger ; donnez-nous aussi de l'eau pour de l'argent, afin que nous puissions boire : et permettez-nous seulement de passer par votre pays,

29 comme ont bien voulu nous le permettre les enfants d'Esaü qui habitent en Séir, et les Moabites qui demeurent à Ar : jusqu'à ce que nous soyons arrivés au bord du Jourdain, et que nous passions dans la terre que le Seigneur, notre Dieu, doit nous donner.

30 Mais Séhon, roi d'Hésébon, ne voulut point nous accorder le passage ; parce que le Seigneur, votre Dieu, lui avait affermi et endurci le cœur, afin qu'il fût livré entre vos mains, comme vous voyez maintenant *qu'il l'a été*.

31 Alors le Seigneur me dit : J'ai déjà commencé à vous livrer Séhon avec son pays ; commencez *aussi* à entrer en possession de cette terre.

32 Séhon marcha donc au-devant de nous avec tout son peuple, pour nous donner bataille à Jasa :

33 et le Seigneur, notre Dieu, nous le livra ; et nous le défîmes avec ses enfants et tout son peuple.

34 Nous prîmes en même temps toutes ses villes, nous en tuâmes tous les habitants, hommes, femmes et petits enfants, et nous n'y laissâmes rien du tout.

35 Nous en exceptâmes les bestiaux qui furent le partage de ceux qui les pillèrent ; et les dépouilles des villes que nous prîmes,

36 depuis Aroër, qui est sur le bord du torrent d'Arnon, ville située dans la vallée, jusqu'à Galaad. Il n'y eut ni village, ni ville qui pût échapper de nos mains : mais le Seigneur, notre Dieu, nous les livra toutes ;

37 hors le pays des enfants d'Ammon, dont nous n'avons point approché, et tout ce qui est aux environs du torrent de Jéboc, et les villes situées sur les montagnes, avec tous les lieux où le Seigneur, notre Dieu, nous a défendu d'aller.

CHAPITRE III.

AYANT donc pris un autre chemin, nous allâmes vers Basan : et Og, roi de Basan, marcha au-devant de nous avec *tout* son peuple, pour nous donner bataille à Edraï.

2 Alors le Seigneur me dit : Ne le craignez point ; parce qu'il vous a été livré avec tout son peuple et son pays : et vous le traiterez comme vous avez traité Séhon, roi des Amorrhéens, qui habitait à Hésébon.

3 Le Seigneur, notre Dieu, nous livra donc aussi Og, roi de Basan, et tout son peuple : nous les tuâmes tous, sans en épargner aucun,

4 et nous ravageâmes toutes leurs villes en un même temps. Il n'y eut point de ville qui pût nous échapper : nous en prîmes soixante, tout le pays d'Argob, qui était le royaume d'Og, en Basan.

5 Toutes les villes étaient fortifiées de murailles très-hautes, avec des portes et des barres, outre un très-grand nombre de bourgs qui n'avaient point de murailles.

6 Nous exterminâmes ces peuples comme nous avions fait Séhon, roi d'Hésébon, en ruinant toutes leurs villes, en tuant les hommes, les femmes et les petits enfants ;

7 et nous prîmes leurs troupeaux avec les dépouilles de leurs villes.

8 Nous nous rendîmes donc maîtres en ce temps-là du pays des deux rois des Amorrhéens, qui étaient au deçà du Jourdain, depuis le torrent d'Arnon jusqu'à la montagne d'Hermon,

9 que les Sidoniens appellent Sarion, et les Amorrhéens Sanir ;

10 et nous prîmes toutes les villes qui sont situées dans la plaine, et tout le pays de Galaad et de Basan jusqu'à Selcha et Edraï, qui sont des villes du royaume d'Og, en Basan.

11 Car Og, roi de Basan, était resté seul de la race des géants *de ce pays-là*. On montre encore son lit de fer dans Raboath, *qui est une ville* des enfants d'Ammon : il a neuf coudées de long, et quatre de large, selon la mesure d'une coudée ordinaire.

12 Nous entrâmes donc alors en possession de ce pays-là, depuis Aroër, qui est sur le bord du torrent d'Arnon, jusqu'au milieu de la montagne de Galaad : et j'en donnai les villes aux tribus de Ruben et de Gad.

13 Je donnai l'autre moitié de Galaad et tout le pays de Basan qui était le royaume d'Og, et le pays d'Argob, à la moitié de la tribu de Manassé. Tout ce pays de Basan a été appelé la terre des géants.

14 Jaïr, *arrière-petit-*fils de Manassé, est entré en possession de tout le pays d'Argob, jusqu'aux confins de Gessuri et de Machati ; et il a appelé de son nom les bourgs de Basan, Havoth-Jaïr, c'est-à-dire, les bourgs de Jaïr, comme ils se nomment encore aujourd'hui.

15 Je donnai aussi Galaad à Machir.

16 Mais je donnai aux tribus de Ruben et de Gad la partie de ce même pays de Galaad, qui s'étend jusqu'au torrent d'Arnon, jusqu'au milieu du torrent, et ses confins jusqu'au torrent de Jéboc, qui est la frontière des enfants d'Ammon,

17 avec la plaine du désert, *le long du* Jourdain, et depuis Cénéreth jusqu'à la mer du désert, appelée la mer Salée, et jusqu'au pied de la montagne de Phasga, qui est vers l'orient.

18 Je donnai en ce même temps cet ordre *aux trois tribus*, et je leur dis : Le Seigneur, votre Dieu, vous donne ce pays pour votre héritage. Marchez donc en armes devant les enfants d'Israël qui sont vos frères, vous tous qui êtes des hommes robustes et courageux ;

19 en laissant chez vous vos femmes, vos petits enfants et vos troupeaux. Car je sais que vous avez un grand nombre de bestiaux ; et ils doivent demeurer dans les villes que je vous ai données,

20 jusqu'à ce que le Seigneur mette vos frères dans le repos où il vous a mis, et qu'ils possèdent aussi eux-mêmes la terre qu'il doit leur donner au delà du Jourdain : alors chacun de vous reviendra pour jouir des terres que je vous ai données.

21 Je donnai aussi alors cet avis à Josué : Vos yeux ont vu de quelle manière le Seigneur, votre Dieu, a traité ces deux rois : il traitera de même tous les royaumes dans lesquels vous devez entrer.

22 Ne les craignez *donc* point : car le Seigneur, votre Dieu, combattra pour vous.

23 En ce même temps je fis cette prière au Seigneur, et je lui dis :

24 Seigneur Dieu ! vous avez commencé à signaler votre grandeur et votre main toute-puissante devant votre serviteur : car il n'y a point d'autre Dieu, soit dans le ciel, soit dans la terre, qui puisse faire les œuvres que vous faites, ni dont la force puisse être comparée à la vôtre.

25 Permettez donc que je passe au delà du Jourdain, et que je voie cette terre si fertile, cette excellente montagne, et le Liban.

26 Mais le Seigneur étant en colère contre moi à cause de vous, ne m'exauça point, et il me dit : C'est assez, ne me parlez plus jamais de cela.

27 Montez sur le haut de la montagne de Phasga, et portez vos yeux de tous côtés, et regardez vers l'occident, vers le septentrion, vers le midi, et vers l'orient : car vous ne passerez point ce fleuve du Jourdain.

28 Donnez mes ordres à Josué ; affermissez-le, et fortifiez-le, parce que c'est lui qui marchera devant ce peuple, et qui lui partagera la terre que vous verrez.

29 Nous demeurâmes donc en cette vallée, vis-à-vis du temple de Phogor.

CHAPITRE IV.

MAINTENANT, ô Israël, écoutez les lois et les ordonnances que je vous enseigne : afin que vous trouviez la vie en les observant, et qu'étant entrés dans la terre que le Seigneur, le Dieu de vos pères, doit vous donner, vous la possédiez *comme votre héritage*.

2 Vous n'ajouterez ni n'ôterez rien aux paroles que je vous dis. Gardez les commandements du Seigneur, votre Dieu, que je vous annonce *de sa part*.

3 Vos yeux ont vu tout ce que le Seigneur a fait contre Béelphégor, et de quelle sorte il a exterminé tous les adorateurs de cette idole du milieu de vous.

4 Mais vous qui vous êtes attachés au Seigneur, votre Dieu, vous avez tous été conservés en vie jusqu'aujourd'hui.

5 Vous savez que je vous ai enseigné les lois et les ordonnances, selon que le Seigneur, mon Dieu, me l'a commandé : vous les pratiquerez donc dans la terre que vous devez posséder ;

6 vous les observerez et vous les accomplirez effectivement. Car c'est en cela que vous ferez paraître votre sagesse et votre intelligence devant les peuples, afin qu'entendant parler de toutes ses lois, ils disent : Voilà un peuple vraiment sage et intelligent, voilà une nation grande *et illustre*.

7 Il n'y a point en effet d'autre nation, quelque puissante qu'elle soit, qui ait des dieux aussi proche d'elle, comme notre Dieu est proche *de nous*, et présent à toutes nos prières.

8 Car où est un autre peuple si célèbre, qui ait *comme celui-ci* des cérémonies, des ordonnances pleines de justice, et toute une loi semblable à celle que j'exposerai aujourd'hui devant vos yeux ?

9 Conservez-vous donc vous-même, et gardez votre âme avec un grand soin. N'oubliez point les *grandes* choses que vos yeux ont vues, et qu'elles ne s'effacent point de votre cœur tous les jours de votre vie. Enseignez-les à vos enfants et à vos petits-enfants :

10 *toutes ces choses qui se sont passées* depuis le jour que vous vous présentâtes devant le Seigneur, votre Dieu, à Horeb, lorsque le Seigneur me parla, et me dit : Faites assembler tout le peuple devant moi, afin qu'il entende mes paroles, et qu'il apprenne à me craindre tout le temps qu'il vivra sur la terre, et qu'il donne les mêmes instructions à ses enfants.

11 Vous approchâtes alors du pied de cette montagne, dont la flamme montait jusqu'au ciel, et qui était environnée de ténèbres, de nuages et d'obscurités.

12 Le Seigneur vous parla du milieu de cette flamme. Vous entendîtes la voix qui proférait ses paroles ; mais vous ne vîtes *en lui* aucune forme.

13 Il vous fit connaître son alliance, qu'il vous ordonna d'observer, et les dix commandements qu'il écrivit sur les deux

tables de pierre.

14 Il m'ordonna en ce même temps de vous apprendre les cérémonies et les ordonnances que vous devez observer dans la terre que vous allez posséder.

15 Appliquez-vous donc avec grand soin à la garde de vos âmes. *Souvenez-vous que* vous n'avez vu aucune *figure* ni ressemblance au jour que le Seigneur vous parla à Horeb du milieu du feu :

16 de peur qu'étant séduits, vous ne vous fassiez quelque image de sculpture, quelque figure ou d'homme ou de femme,

17 ou de quelqu'une des bêtes qui sont sur la terre, ou des oiseaux qui volent sous le ciel,

18 ou des animaux qui rampent et se remuent sur la terre, ou des poissons qui sont sous la terre dans les eaux ;

19 ou qu'élevant vos yeux au ciel, et y voyant le soleil, la lune et tous les astres, vous ne tombiez dans l'illusion et dans l'erreur, et que vous ne rendiez un culte d'adoration des créatures que le Seigneur, votre Dieu, a faites pour le service de toutes les nations qui sont sous le ciel.

20 Car pour vous, le Seigneur vous a tirés et fait sortir de l'Egypte comme d'une fournaise *ardente* où l'on fond le fer, pour avoir en vous un peuple dont il fît son héritage, comme on le voit aujourd'hui.

21 Et le Seigneur étant en colère contre moi à cause de vos murmures, a juré que je ne passerais pas le Jourdain, et que je n'entrerais point dans cet excellent pays qu'il doit vous donner.

22 Je vais donc mourir en ce lieu-ci, et je ne passerai point le Jourdain : mais pour vous, vous le passerez, et vous posséderez ce beau pays.

23 Prenez garde de n'oublier jamais l'alliance que le Seigneur, votre Dieu, a faite avec vous, et de ne vous faire en sculpture l'image d'aucune des choses dont le Seigneur a défendu d'en faire ;

24 parce que le Seigneur, votre Dieu, est un feu dévorant, et un Dieu jaloux.

25 Si après avoir eu des enfants et des petits-enfants, et avoir demeuré dans ce pays, vous vous laissez séduire, jusqu'à vous former quelque figure, en commettant devant le Seigneur, votre Dieu, un crime qui attire sur vous sa colère ;

26 j'atteste aujourd'hui le ciel et la terre, que vous serez bientôt exterminés de ce pays que vous devez posséder après avoir passé le Jourdain. Vous n'y demeurerez pas longtemps ; mais le Seigneur vous détruira,

27 il vous dispersera dans tous les peuples, et vous ne resterez qu'un petit nombre parmi les nations où le Seigneur vous aura conduits.

28 Vous adorerez là des dieux qui ont été faits par la main des hommes : du bois et de la pierre, qui ne voient point, qui n'entendent point, qui ne mangent point, et qui ne sentent point.

29 Si dans ces lieux-là mêmes vous cherchez le Seigneur, votre Dieu, vous le trouverez, pourvu toutefois que vous le cherchiez de tout votre cœur, et dans toute l'amertume et l'affliction de votre âme.

30 Après que vous vous serez trouvé accablé de tous ces maux qui vous avaient été prédits, vous reviendrez enfin au Seigneur, votre Dieu, et vous écouterez sa voix ;

31 parce que le Seigneur, votre Dieu, est un Dieu plein de miséricorde : il ne vous abandonnera point, et ne vous exterminera point entièrement, et n'oubliera point l'alliance qu'il a jurée, et qu'il a faite avec vos pères.

32 Interrogez les siècles les plus reculés qui ont été avant vous, et *considérez* d'une extrémité du ciel jusqu'à l'autre, depuis le jour auquel le Seigneur créa l'homme sur la terre, s'il s'est jamais rien fait de semblable, et si jamais on a ouï dire,

33 qu'un peuple ait entendu la voix de Dieu qui lui parlait du milieu des flammes, comme vous l'avez entendue, sans avoir perdu la vie ;

34 qu'un Dieu soit venu prendre pour lui un peuple au milieu des nations, en faisant éclater sa puissance par des épreuves, des miracles et des prodiges, par des combats où il s'est signalé avec une main forte et un bras étendu, et par des visions horribles, selon tout ce que le Seigneur, votre Dieu, a fait pour vous dans l'Egypte, comme vous l'avez vu de vos yeux :

35 afin que vous sussiez que le Seigneur est le véritable Dieu, et qu'il n'y en a point d'autre que lui.

36 Il vous a fait entendre sa voix du haut du ciel pour vous instruire, et il vous a fait voir son feu sur la terre, un feu effroyable, et vous avez entendu *sortir* ses paroles du milieu de ce feu ;

37 parce qu'il a aimé vos pères, et qu'après eux il a choisi pour lui leur postérité. Il vous a tiré de l'Egypte en marchant devant vous avec sa grande puissance,

38 pour exterminer à votre entrée de très-grandes nations, qui étaient plus fortes que vous ; pour vous faire entrer dans leur pays, et vous faire posséder leur terre, comme vous le voyez vous-mêmes aujourd'hui.

39 Reconnaissez donc en ce jour, et que cette pensée soit *toujours gravée* dans votre cœur, que le Seigneur est l'unique Dieu, depuis le haut du ciel jusqu'au plus profond de la terre, et qu'il n'y en a point d'autre *que lui*.

40 Gardez ses préceptes et ses commandements que je vous prescris aujourd'hui, afin que vous soyez heureux, vous et vos enfants après vous, et que vous demeuriez longtemps dans la terre que le Seigneur, votre Dieu, doit vous donner.

41 Alors Moïse destina trois villes au deçà du Jourdain vers l'orient,

42 afin que celui qui aurait tué son prochain contre sa volonté, sans qu'il eût été son ennemi un ou deux jours auparavant, pût se retirer en quelqu'une de ces villes, *et y être en sûreté*.

43 Ces villes furent Bosor, dans le désert, située dans la plaine appartenant à la tribu de Ruben ; Ramoth, en Galaad, qui est de la tribu de Gad ; et Golan, en Basan, qui est de la tribu de Manassé.

44 Voici *maintenant* la loi que Moïse proposa aux enfants d'Israël ;

45 (et ce sont les préceptes, les cérémonies et les ordonnances qu'il prescrivit aux enfants d'Israël après qu'ils furent sortis de l'Egypte ;)

46 *voici donc ce qu'il leur dit*, étant au deçà du Jourdain dans la vallée qui est vis-à-vis du temple de Phogor, au pays de Séhon, roi des Amorrhéens, qui habita à Hésébon, et qui fut défait par Moïse. Car les enfants d'Israël qui étaient sortis de l'Egypte

47 possédèrent ses terres, et les terres d'Og, roi de Basan, qui étaient les deux rois des Amorrhéens qui régnaient au deçà du Jourdain vers le levant,

48 depuis Aroër, qui est située sur le bord du torrent d'Arnon, jusqu'au mont Sion, qui s'appelle aussi Hermon,

49 *c'est-à-dire*, toute la plaine au deçà du Jourdain vers l'orient, jusqu'à la mer du désert, *ou mer Morte*, et jusqu'au pied du mont Phasga.

CHAPITRE V.

MOÏSE ayant donc fait venir tout *le peuple* d'Israël, lui dit : Ecoutez, Israël, les cérémonies et les ordonnances que je vous déclare aujourd'hui ; apprenez-les, et les pratiquez.

2 Le Seigneur, notre Dieu, a fait alliance avec nous à Horeb.

3 Ce n'est point avec nos pères qu'il a fait alliance ; mais *c'est* avec nous, qui sommes et qui vivons aujourd'hui.

4 Il nous a parlé face à face sur la montagne, du milieu du feu.

5 Je fus alors l'entremetteur et le médiateur entre le Seigneur et vous, pour vous annoncer ses paroles. Car vous appréhendâtes ce *grand* feu, et vous ne montâtes point sur la montagne ; et il dit :

6 Je suis le Seigneur, votre Dieu, qui vous ai tiré de l'Egypte, de ce séjour de servitude.

7 Vous n'aurez point en ma présence de dieux étrangers.

8 Vous ne vous ferez point d'image de sculpture, ni de figure de tout ce qui est ou en haut dans le ciel, ou en bas sur la terre, ou qui vit sous terre dans les eaux.

9 Vous ne les adorerez et ne les servirez point. Car je suis le

Seigneur, votre Dieu ; un Dieu jaloux, qui punis l'iniquité des pères sur les enfants jusqu'à la troisième et quatrième génération de ceux qui me haïssent ;

10 et qui fais miséricorde jusqu'à mille et mille générations à ceux qui m'aiment et qui gardent mes préceptes.

11 Vous ne prendrez point le nom du Seigneur, votre Dieu, en vain : car celui qui aura attesté *la sainteté de* son nom sur une chose vaine, ne sera point impuni.

12 Observez le jour du sabbat, et ayez soin de le sanctifier, selon que le Seigneur, votre Dieu, vous l'a ordonné.

13 Vous travaillerez pendant six jours, et vous y ferez tous vos ouvrages.

14 Mais le septième jour est celui du sabbat, c'est-à-dire, le jour du repos du Seigneur, votre Dieu. Vous ne ferez aucune œuvre *servile* en ce jour-là, ni vous, ni votre fils, ni votre fille, ni votre serviteur, ni votre servante, ni votre bœuf, ni votre âne, ni aucune de vos bêtes, ni l'étranger qui est au milieu de vous : afin que votre serviteur et votre servante se reposent comme vous.

15 Souvenez-vous que vous avez vous-même été esclave dans l'Egypte, et que le Seigneur, votre Dieu, vous en a tiré par sa main toute-puissante, et en déployant toute la force de son' bras. C'est pourquoi il vous a ordonné d'observer le jour du sabbat.

16 Honorez votre père et votre mère, selon que le Seigneur, votre Dieu, vous l'a ordonné ; afin que vous viviez longtemps, et que vous soyez heureux dans la terre que le Seigneur, votre Dieu, doit vous donner.

17 Vous ne tuerez point.

18 Vous ne commettrez point de fornication.

19 Vous ne déroberez point.

20 Vous ne porterez point de faux témoignage contre votre prochain.

21 Vous ne désirerez point la femme de votre prochain, ni sa maison, ni son champ, ni son serviteur, ni sa servante, ni son bœuf, ni son âne, ni aucune chose qui lui appartienne.

22 Le Seigneur prononça ces paroles avec une voix forte devant vous tous sur la montagne, du milieu du feu, de la nuée et de l'obscurité, sans y ajouter rien davantage ; et il les écrivit sur les deux tables de pierre qu'il me donna.

23 Mais après que vous eûtes entendu sa voix du milieu des ténèbres, et que vous eûtes vu la montagne toute en feu, vous m'envoyâtes tous les princes de vos tribus et vos anciens, et vous me dîtes :

24 Le Seigneur, notre Dieu, nous a fait voir sa majesté et sa grandeur ; et nous avons entendu sa voix du milieu du feu ; et nous avons éprouvé aujourd'hui que Dieu a parlé à un homme, sans que l'homme en soit mort.

25 Pourquoi donc mourrons-nous, et serons-nous dévorés par ce grand feu ! Car si nous entendons davantage la voix du Seigneur, notre Dieu, nous mourrons.

26 Qu'est tout homme revêtu de chair, pour pouvoir entendre la voix du Dieu vivant, *et* parlant du milieu du feu, comme nous l'avons entendue, sans qu'il en perde la vie ?

27 Approchez-vous donc plutôt vous-même de *lui* ; et écoutez tout ce que le Seigneur, notre Dieu, vous dira : vous nous le rapporterez ensuite ; et quand nous l'aurons appris, nous le ferons.

28 Ce que le Seigneur ayant entendu, il me dit : J'ai entendu les paroles que ce peuple vous a dites : il a bien parlé dans tout ce qu'il a dit.

29 Qui leur donnera un tel esprit *et un tel cœur*, qu'ils me craignent, et qu'ils gardent en tout temps tous mes préceptes ; afin qu'ils soient heureux pour jamais, eux et leurs enfants ?

30 Allez, et dites-leur : Retournez en vos tentes.

31 Et pour vous, demeurez ici avec moi, et je vous dirai tous mes commandements, mes cérémonies et mes ordonnances ; et vous les leur enseignerez, afin qu'ils les observent dans la terre que je leur donnerai en héritage.

32 Observez donc et exécutez ce que le Seigneur, *votre* Dieu, vous a commandé. Vous ne vous détournerez ni à droite ni à gauche :

33 mais vous marcherez par la voie que le Seigneur, votre Dieu, vous a prescrite ; afin que vous viviez, que vous soyez heureux, et que vos jours se multiplient dans la terre que vous allez posséder.

CHAPITRE VI.

VOICI les préceptes, les cérémonies et les ordonnances que le Seigneur, votre Dieu, m'a commandé de vous enseigner, afin que vous les observiez dans la terre dont vous allez vous mettre en possession :

2 afin que vous craigniez le Seigneur, votre Dieu, et que tous les jours de votre vie vous gardiez tous ses commandements et ses préceptes que je vous donne, à vous, à vos enfants et aux enfants de vos enfants ; et que vous viviez longtemps *sur la terre*.

3 Ecoutez, Israël, et ayez grand soin de faire ce que le Seigneur vous a commandé ; afin que vous soyez heureux, et que vous vous multipliiez de plus en plus, selon la promesse que le Seigneur, le Dieu de vos pères, vous a faite de vous donner une terre où couleraient des ruisseaux de lait et de miel.

4 Ecoutez, Israël : le Seigneur, notre Dieu, est le seul *et* unique Seigneur.

5 Vous aimerez le Seigneur, votre Dieu, de tout votre cœur, de toute votre âme et de toutes vos forces.

6 Ces commandements que je vous donne aujourd'hui seront gravés dans votre cœur :

7 vous en instruirez vos enfants ; vous les méditerez assis dans votre maison, et marchant dans le chemin, *la nuit* dans *les intervalles du sommeil*, *le matin* à votre réveil.

8 Vous les lierez comme une marque dans votre main ; vous les porterez *sur le front* entre vos yeux ;

9 vous les écrirez sur le seuil et sur les poteaux de la porte de votre maison.

10 Et lorsque le Seigneur, votre Dieu, vous aura fait entrer dans la terre qu'il a promise avec serment à vos pères, Abraham, Isaac et Jacob ; et qu'il vous aura donné de grandes et de très-bonnes villes que vous n'aurez point fait bâtir,

11 des maisons pleines de toutes sortes de biens, que vous n'aurez point fait faire, des citernes que vous n'aurez point creusées, des vignes et des plants d'oliviers que vous n'aurez point plantés,

12 et que vous vous serez nourri et rassasié *de toutes ces choses* ;

13 prenez bien garde de ne pas oublier le Seigneur qui vous a tiré du pays d'Egypte, de ce séjour de servitude. Vous *ne* craindrez *que* le Seigneur, votre Dieu ; vous ne servirez que lui seul, et vous *ne* jurerez *que* par son nom.

14 Vous ne suivrez point les dieux étrangers d'aucune des nations qui sont autour de vous ;

15 parce que le Seigneur, votre Dieu, qui est au milieu de vous, est un Dieu jaloux : de peur que la fureur du Seigneur, votre Dieu, ne s'allume contre vous, et qu'il ne vous extermine de dessus la terre.

16 Vous ne tenterez point le Seigneur, votre Dieu, comme vous l'avez tenté au lieu de la Tentation.

17 Gardez les préceptes du Seigneur, votre Dieu, les ordonnances et les cérémonies qu'il vous a prescrites.

18 Faites ce qui est bon et agréable aux yeux du Seigneur : afin que vous soyez heureux, et que vous possédiez cet excellent pays ou vous allez entrer, que le Seigneur a juré de donner à vos pères,

19 en leur promettant d'exterminer devant vous tous vos ennemis.

20 Et lorsque vos enfants vous interrogeront à l'avenir, et vous diront : Que signifient ces commandements, ces cérémonies et ces ordonnances que le Seigneur, notre Dieu, nous a prescrites ?

21 vous leur direz : Nous étions esclaves de Pharaon dans l'Egypte, et le Seigneur nous a tirés de l'Egypte avec une main forte :

22 il a fait devant nos yeux dans l'Egypte de grands miracles et des prodiges terribles contre Pharaon, et contre toute sa maison ;

23 et il nous a tirés de ce pays-là pour nous faire entrer dans cette terre, qu'il avait promis avec serment à nos pères de nous donner :

24 et le Seigneur nous a commandé ensuite d'observer toutes ces

lois, et de craindre le Seigneur, notre Dieu, afin que nous soyons heureux tous les jours de notre vie, comme nous le sommes aujourd'hui.

25 Le Seigneur, notre Dieu, nous fera miséricorde, si nous observons et si nous pratiquons devant lui tous ses préceptes, selon qu'il nous l'a commandé.

CHAPITRE VII.

LORSQUE le Seigneur, votre Dieu, vous aura fait entrer en cette terre que vous allez posséder, et qu'il aura exterminé devant vous plusieurs nations, les Héthéens, les Gergéséens, les Amorrhéens, les Chananéens, les Phérézèens, les Hévéens et les Jébuséens, qui sont sept peuples beaucoup plus nombreux et plus puissants que vous n'êtes ;

2 lorsque le Seigneur, votre Dieu, vous les aura livrés, vous les ferez tous passer au fil de l'épée, sans qu'il en demeure un seul. Vous ne ferez point d'alliance avec eux, et vous n'aurez aucune compassion d'eux.

3 Vous ne contracterez point de mariage avec ces peuples. Vous ne donnerez point vos filles a leurs fils, ni vos fils n'épouseront point leurs filles ;

4 parce qu'elles séduiront vos fils, et leur persuaderont de m'abandonner, et d'adorer des dieux étrangers plutôt que moi. Ainsi la fureur du Seigneur s'allumera *contre vous*, et vous exterminera dans peu de temps.

5 Voici au contraire la manière dont vous agirez avec eux : Renversez leurs autels, brisez leurs statues, abattez leurs bois *profanes*, et brûlez tous leurs ouvrages de sculpture ;

6 parce que vous êtes un peuple saint *et consacré* au Seigneur, votre Dieu. Le Seigneur, votre Dieu, vous a choisi, afin que vous fussiez le peuple qui lui fût propre et particulier d'entre tous les peuples qui sont sur la terre.

7 Ce n'est pas que vous surpassassiez en nombre toutes les nations, que le Seigneur s'est uni à vous, et vous a choisis pour lui : puisqu'au contraire vous êtes en plus petit nombre que tous les autres peuples :

8 mais c'est parce que le Seigneur vous a aimés, et qu'il a gardé le serment qu'il avait fait à vos pères, en vous faisant sortir *de l'Egypte* par sa main toute-puissante, en vous rachetant de ce séjour de servitude, et en vous tirant des mains de Pharaon, roi d'Egypte.

9 Vous saurez donc que le Seigneur, votre Dieu, est lui-même le Dieu fort et fidèle, qui garde son alliance et sa miséricorde jusqu'à mille générations, envers ceux qui l'aiment et qui gardent ses préceptes ;

10 et qui au contraire punit promptement ceux qui le haïssent, en sorte qu'il ne diffère pas de les perdre entièrement, et de leur rendre sur-le-champ ce qu'ils méritent.

11 Gardez donc les préceptes, les cérémonies et les ordonnances que je vous commande aujourd'hui d'observer.

12 Si après avoir entendu ces ordonnances, vous les gardez et les pratiquez, le Seigneur, votre Dieu, gardera aussi à votre égard l'alliance et la miséricorde qu'il a promise à vos pères avec serment.

13 Il vous aimera, *vous bénira* et vous multipliera ; il bénira le fruit de votre ventre et le fruit de votre terre, votre blé, vos vignes, votre huile, vos bœufs et vos troupeaux de brebis, dans la terre qu'il a promis avec serment à vos pères de vous donner.

14 Vous serez béni entre tous les peuples. Il n'y aura point parmi vous de stérile de l'un ni de l'autre sexe, ni dans les hommes ni dans vos troupeaux.

15 Le Seigneur éloignera de vous toutes les langueurs, et il ne vous frappera point des plaies très-malignes dont vous savez qu'il a frappé l'Egypte ; mais il en frappera au contraire tous vos ennemis.

16 Vous exterminerez tous les peuples que le Seigneur, votre Dieu, doit vous livrer. Votre œil ne sera touché d'aucune compassion pour eux, et vous n'adorerez point leurs dieux, de peur qu'ils ne deviennent le sujet de votre ruine.

17 Si vous dites en votre cœur : Ces nations sont plus nombreuses que nous ; comment pourrons-nous les exterminer ?

18 ne craignez point, mais souvenez-vous de la manière dont le Seigneur, votre Dieu, a traité Pharaon et tous les Egyptiens,

19 de ces grandes plaies dont vos yeux ont été témoins, de ces miracles et de ces prodiges, de cette main forte et de ce bras étendu que le Seigneur, votre Dieu, a fait paraître pour vous tirer *de l'Egypte*. C'est ainsi qu'il traitera tous les peuples que vous pouvez craindre.

20 Le Seigneur, votre Dieu, enverra même contre eux des frelons, jusqu'à ce qu'il ait détruit et perdu entièrement tous ceux qui auront pu vous échapper et se cacher !

21 Vous ne les craindrez *donc* point ; parce que le Seigneur, votre Dieu, est au milieu de vous, *lui qui est* le Dieu grand et terrible.

22 Ce sera lui-même qui perdra devant vous ces nations peu à peu et par parties. Vous ne pourrez les exterminer toutes ensemble, de peur que les bêtes de la terre ne se multiplient *et ne s'élèvent* contre vous.

23 Mais le Seigneur, votre Dieu, vous abandonnera ces peuples, et il les fera mourir jusqu'à ce qu'ils soient détruits entièrement.

24 Il vous livrera leurs rois entre les mains, et vous exterminerez leur nom de dessous le ciel. Nul ne pourra vous résister, jusqu'à ce que vous les ayez réduits en poudre.

25 Vous jetterez dans le feu les images taillées de leurs dieux : vous ne désirerez ni l'argent ni l'or dont elles sont faites, et vous n'en prendrez rien du tout pour vous, de peur que ce ne vous soit un sujet de ruine, parce qu'elles sont l'abomination du Seigneur, votre Dieu.

26 Il n'entrera rien dans votre maison qui vienne de l'idole, de peur que vous ne deveniez anathème comme l'idole même. Vous la détesterez comme de l'ordure, vous l'aurez en abomination comme les choses les plus sales et qui font le plus d'horreur, parce que c'est un anathème.

CHAPITRE VIII.

PRENEZ bien garde d'observer avec grand soin tous les préceptes que je vous prescris aujourd'hui ; afin que vous puissiez vivre, que vous vous multipliiez *de plus en plus*, et que vous possédiez le pays où vous allez entrer, que le Seigneur a promis à vos pères avec serment.

2 Vous vous souviendrez de tout le chemin par où le Seigneur, votre Dieu, vous a conduit dans le désert pendant quarante ans, pour vous punir et vous éprouver : afin que ce qui était caché dans votre cœur fût découvert, *et* que l'on connût si vous seriez fidèle ou infidèle à observer ses commandements.

3 Il vous a affligé de la faim, et il vous a donné pour nourriture la manne qui était inconnue à vous et à vos pères, pour vous faire voir que l'homme ne vit pas seulement de pain, mais de toute parole qui sort de la bouche de Dieu.

4 Voici la quarantième année *que vous êtes en chemin*, et cependant les habits dont vous étiez couverts ne se sont point rompus par la longueur de ce temps, ni les souliers que vous aviez à vos pieds ne se sont point usés.

5 Pensez donc en vous-même que le Seigneur, votre Dieu, s'est appliqué à vous instruire et à vous régler, comme un homme s'applique à instruire *et* à corriger son fils :

6 afin que vous observiez les commandements du Seigneur, votre Dieu, que vous marchiez dans ses voies, et que vous soyez pénétré de sa crainte.

7 Car le Seigneur, votre Dieu, est près de vous faire entrer dans une bonne terre, dans une terre pleine de ruisseaux, d'étangs et de fontaines, où les sources des fleuves répandent leurs eaux en abondance dans les plaines et le long des montagnes ;

8 dans une terre qui produit du froment, de l'orge et des vignes, où naissent les figuiers, les grenadiers, les oliviers ; dans une terre d'huile et de miel ;

9 où vous mangerez votre pain sans que vous en manquiez

jamais, où vous serez dans une abondance de toutes choses, *une terre* dont les pierres sont du fer, et des montagnes de laquelle on tire les métaux d'airain :

10 afin qu'après avoir mangé et vous être rassasié, vous bénissiez le Seigneur, votre Dieu, qui vous aura donné une terre si excellente.

11 Prenez bien garde de n'oublier jamais le Seigneur, votre Dieu, et de ne point négliger sas préceptes, ses lois et ses cérémonies que je vous prescris aujourd'hui :

12 de peur qu'après que vous aurez mangé et que vous vous serez rassasié, que vous aurez bâti de belles maisons, et que vous vous y serez établi,

13 que vous aurez eu des troupeaux de bœufs et des troupeaux de brebis, et une abondance d'or et d'argent, et de toutes choses,

14 votre cœur ne s'élève, et que vous ne vous souveniez plus du Seigneur, votre Dieu, qui vous a tiré du pays d'Egypte, de ce séjour de servitude ;

15 qui a été votre conducteur dans un désert vaste et affreux, où il y avait des serpents qui brûlaient par leur souffle, des scorpions et des dipsades, et où il n'y avait aucune eau ; qui a fait sortir des ruisseaux de la pierre la plus dure ;

16 qui vous a nourri dans cette solitude de la manne inconnue à vos pères, et qui après vous avoir puni et vous avoir éprouvé, a eu enfin pitié de vous :

17 afin que vous ne dissiez point dans votre cœur : C'est par ma propre puissance et par la force de mon bras que j'ai acquis toutes ces choses ;

18 mais que vous vous souveniez que c'est le Seigneur, votre Dieu, qui vous a donné lui-même toute votre force, pour accomplir ainsi l'alliance qu'il a jurée avec vos pères, comme il paraît par ce que vous voyez aujourd'hui.

19 Si après cela, oubliant le Seigneur, votre Dieu, vous suivez des dieux étrangers, et que vous les serviez et les adoriez, je vous prédis dès maintenant que vous serez tout à fait détruits.

20 Vous périrez misérablement, comme les nations que le Seigneur a détruites à votre entrée, si vous êtes désobéissants à la voix du Seigneur, votre Dieu.

CHAPITRE IX.

ECOUTEZ, Israël : Vous passerez aujourd'hui le Jourdain pour vous rendre maître de ces nations qui sont plus nombreuses et plus puissantes que vous ; de ces grandes villes dont les murailles s'élèvent jusqu'au ciel ;

2 de ce peuple d'une taille haute et surprenante ; de ces enfants d'Enac que vous avez vus vous-même, et dont vous avez entendu parler, et à qui nul homme ne peut résister.

3 Vous saurez donc aujourd'hui que le Seigneur, votre Dieu, passera lui-même devant vous comme un feu dévorant et consumant, qui les réduira en poudre, les perdra, les exterminera en peu de temps devant votre face, selon qu'il vous l'a promis.

4 Après que le Seigneur, votre Dieu, les aura détruits devant vos yeux, ne dites pas dans votre cœur : C'est à cause de ma justice, que le Seigneur m'a fait entrer dans cette terre, et qu'il m'en a mis en possession ; puisque ces nations ont été détruites à cause de leurs impiétés.

5 Car ce n'est ni votre justice, ni la droiture de votre cœur, qui sera cause que vous entrerez dans leur pays pour le posséder ; mais elles seront détruites à votre entrée, parce qu'elles ont agi d'une manière impie, et que le Seigneur voulait accomplir ce qu'il a promis avec serment à vos pères, Abraham, Isaac et Jacob.

6 Sachez donc que ce ne sera point pour votre justice, que le Seigneur, votre Dieu, vous fera posséder cette terre si excellente, puisque vous êtes *au contraire* un peuple d'une tête très-dure *et inflexible*.

7 Souvenez-vous, et n'oubliez jamais de quelle manière vous avez excité contre vous la colère du Seigneur, votre Dieu, dans le désert. Depuis le jour que vous êtes sorti de l'Egypte, jusqu'à ce lieu où nous sommes, vous avez toujours murmuré contre le Seigneur.

8 Car vous l'avez irrité dès le temps que nous étions à Horeb ; et s'étant mis en colère contre vous, il voulut vous perdre *dès lors*.

9 Ce fut quand je montai sur la montagne pour y recevoir les tables de pierre, les tables de l'alliance que le Seigneur fit avec vous : et je demeurai toujours sur cette montagne pendant quarante jours et quarante nuits, sans boire ni manger.

10 Le Seigneur me donna alors deux tables de pierre écrites du doigt de Dieu, qui contenaient toutes les paroles qu'il vous avait dites du haut de la montagne du milieu du feu, lorsque tout le, peuple était assemblé.

11 Après que les quarante jours et les quarante nuits furent passés, le Seigneur me donna les deux tables de pierre, les tables de l'alliance ;

12 et il me dit : Levez-vous, descendez vite de cette montagne, parce que votre peuple que vous avez tiré de l'Egypte, a promptement abandonné la voie que vous lui aviez montrée : ils se sont fait une idole jetée en fonte.

13 Le Seigneur me dit encore : Je vois que ce peuple a la tête dure :

14 laissez-moi faire, et je le réduirai en poudre ; j'effacerai son nom de dessous le ciel, et je vous établirai sur un autre peuple qui sera plus grand et plus puissant que celui-ci.

15 Je descendis donc de cette montagne qui était toute ardente, tenant dans mes deux mains les deux tables de l'alliance.

16 Et voyant que vous aviez péché contre le Seigneur, votre Dieu, que vous vous étiez fait un veau de fonte, et que vous aviez abandonné sitôt sa voie qu'il vous avait montrée ;

17 je jetai de mes mains les tables, et je les brisai à vos yeux ;

18 je me prosternai devant le Seigneur comme j'avais fait auparavant, *et je demeurai* quarante jours et quarante nuits sans boire ni manger, à cause de tous les péchés que vous aviez commis contre le Seigneur, et par lesquels vous aviez excité sa colère contre vous.

19 Car j'appréhendais l'indignation et la fureur qu'il avait conçue contre vous, et qui le portait à vouloir vous exterminer. Et le Seigneur m'exauça encore pour cette fois.

20 Il fut aussi extrêmement irrité contre Aaron, et il voulait le perdre ; mais je l'apaisai de même, en priant pour lui.

21 Je pris alors votre péché ! c'est-à-dire, le veau que vous aviez fait ; et l'ayant brûlé dans le feu, je le rompis en morceaux, je le réduisis tout à fait en poudre, et je le jetai dans le torrent qui descend de la montagne.

22 Vous avez aussi irrité le Seigneur dans *les trois lieux, dont l'un fut appelé* l'Embrasement ; *l'autre*, la Tentation ; et *le troisième*, les Sépulcres de concupiscence.

23 Et lorsque le Seigneur vous envoya de Cadès-Barné, en *vous disant* : Montez et allez prendre possession de la terre que je vous ai donnée, vous méprisâtes le commandement du Seigneur, votre Dieu, vous ne crûtes point ce qu'il vous disait, et vous ne voulûtes point écouter sa voix ;

24 mais vous lui avez toujours été rebelles depuis le jour que j'ai commencé à vous connaître.

25 Je me prosternai donc devant le Seigneur quarante jours et quarante nuits, le priant et le conjurant de ne vous point perdre selon la menace qu'il en avait faite ;

26 et je lui dis dans ma prière : Seigneur Dieu ! ne perdez point votre peuple et votre héritage ; ne perdez point ceux que vous avez rachetés par votre grande puissance, que vous avez tirés de l'Egypte par la force de votre bras.

27 Souvenez-vous de vos serviteurs Abraham, Isaac et Jacob ; ne considérez point la dureté de ce peuple, ni leur impiété et leur péché :

28 de peur que les habitants du pays d'où vous nous avez tirés, ne disent : Le Seigneur ne pouvait les faire entrer dans le pays qu'il leur avait promis ; mais comme il les haïssait, il les a tirés *de l'Egypte* pour les faire mourir dans le désert.

29 Cependant ils sont votre peuple et votre héritage, et ce sont eux que vous avez fait sortir *de l'Egypte* par votre grande

puissance, et en déployant toute la force de votre bras.

CHAPITRE X.

EN ce temps-là le Seigneur me dit : Taillez-vous deux tables de pierre, comme étaient les premières ; et montez vers moi sur la montagne, et faites-vous une arche de bois.

2 J'écrirai sur ces tables les paroles qui étaient sur celles que vous avez rompues auparavant, et vous les mettrez dans l'arche.

3 Je fis donc une arche de bois de setim ; et ayant taillé deux tables de pierre comme les premières, je montai sur la montagne les tenant entre mes mains.

4 Et le Seigneur écrivit sur ces tables, comme il avait fait sur les premières, les dix commandements qu'il vous fit entendre en vous parlant du haut de la montagne du milieu du feu, lorsque le peuple était assemblé ; et il me les donna.

5 Je revins ensuite, et descendis de la montagne, et je mis les tables dans l'arche que j'avais faite, où elles sont demeurées jusqu'aujourd'hui, selon que le Seigneur me l'avait commandé.

6 Or les enfants d'Israël décampèrent de Béroth qui appartenait aux enfants de Jacan, et ils allèrent à Moséra, *au pied du mont Hor*, où Aaron est mort et où il a été enseveli ; Eléazar, son fils, lui avant succédé dans les fonctions du sacerdoce.

7 Ils vinrent de là à Gadgad, d'où étant partis ils campèrent à Jetebatha, qui est une terre pleine d'eaux et de torrents.

8 En ce temps-là le Seigneur sépara la tribu de Lévi *des autres tribus*, afin qu'elle portât l'arche de l'alliance du Seigneur, qu'elle assistât devant lui dans les fonctions de son ministère, et qu'elle donnât la bénédiction *au peuple* en son nom, comme elle fait encore jusqu'aujourd'hui.

9 C'est pourquoi Lévi n'a point eu part avec ses frères au pays qu'ils possèdent, parce que le Seigneur est lui-même son partage, selon que le, Seigneur, votre Dieu, le lui a promis.

10 Et pour moi je demeurai encore sur la montagne quarante jours et quarante nuits, comme j'avais fait la première fois, et le Seigneur m'exauça encore pour lors, et ne voulut pas vous perdre.

11 Il me dit ensuite : Allez et marchez à la tête de ce peuple, afin qu'ils entrent en possession de la terre que j'ai promis avec serment à leurs pères de leur donner.

12 Maintenant donc, Israël, qu'est-ce que le Seigneur, votre Dieu, demande de vous, sinon que vous craigniez le Seigneur, votre Dieu, que vous marchiez dans ses voies, que vous l'aimiez, que vous serviez le Seigneur, votre Dieu, de tout votre cœur et de toute votre âme,

13 et que vous observiez les commandements et les cérémonies du Seigneur, que je vous prescris aujourd'hui, afin que vous soyez heureux ?

14 Vous voyez que le ciel et le ciel des cieux, la terre et tout ce qui est dans la terre, appartiennent au Seigneur, votre Dieu.

15 Et cependant le Seigneur a fait une étroite alliance avec vos pères, les a aimés, et a choisi leur postérité après eux, c'est-à-dire, vous-mêmes, d'entre toutes les nations, comme il paraît visiblement en ce jour.

16 Ayez donc soin de circoncire votre cœur, et ne vous endurcissez pas davantage :

17 parce que le Seigneur, votre Dieu, est lui-même le Dieu des dieux et le Seigneur des seigneurs ; le Dieu grand, puissant et terrible, qui n'a point d'égard à la qualité des personnes, qu'on ne gagne point par les présents ;

18 qui fait justice à l'orphelin et à la veuve, qui aime l'étranger, et qui lui donne de quoi vivre et de quoi se vêtir.

19 Aimez donc aussi les étrangers, parce que vous l'avez été vous-mêmes dans l'Égypte.

20 Vous *ne* craindrez *que* le Seigneur, votre Dieu, et vous ne servirez *que* lui seul. Vous *ne* serez attaché *qu'*à lui, et vous *ne* jurerez *que* par son nom.

21 C'est lui-même qui est votre gloire et votre Dieu. C'est lui qui a fait en votre faveur ces merveilles si grandes et si terribles, dont vos yeux ont été témoins.

22 Vos pères n'étaient qu'au nombre de soixante et dix personnes lorsqu'ils descendirent en Égypte ; et vous voyez maintenant que le Seigneur, votre Dieu, vous a multipliés comme les étoiles du ciel.

CHAPITRE XI.

AIMEZ donc le Seigneur, votre Dieu, et gardez en tout temps ses préceptes et ses cérémonies, ses lois et ses ordonnances.

2 Reconnaissez aujourd'hui ce que vos enfants ignorent, eux qui n'ont point vu les châtiments du Seigneur, votre Dieu, ses merveilles, *et les effets* de sa main toute-puissante et de la force de son bras,

3 les miracles et les œuvres *prodigieuses* qu'il a faites au milieu de l'Égypte sur le roi Pharaon et sur tout son pays,

4 sur toute l'armée des Egyptiens, sur leurs chevaux et leurs chariots ; de quelle sorte les eaux de la mer Rouge les ont enveloppés lorsqu'ils vous poursuivaient, le Seigneur les ayant exterminés comme on le voit encore aujourd'hui.

5 *Souvenez-vous* aussi de tout ce qu'il a fait à votre égard dans ce désert, jusqu'à ce que vous soyez arrivés en ce lieu-ci ;

6 et de quelle sorte il punit Dathan et Abiron, enfants d'Eliab, qui était fils de Ruben, la terre s'étant entr'ouverte, et les ayant abîmés avec leurs maisons, leurs tentes, et tout ce qu'ils possédaient au milieu d'Israël.

7 Vous avez vu de vos yeux toutes les œuvres merveilleuses que le Seigneur a faites,

8 afin que vous gardiez tous ses préceptes que je vous prescris aujourd'hui, que vous puissiez vous mettre en possession de la terre en laquelle vous allez entrer,

9 et que vous viviez longtemps en cette terre où coulent des ruisseaux de lait et de miel, et que le Seigneur avait promise avec serment à vos pères et à leur postérité.

10 Car la terre dont vous allez entrer en possession, n'est pas comme la terre d'Égypte d'où vous êtes sorti, où après qu'on a jeté la semence, on fait venir l'eau par des canaux pour l'arroser, comme on fait dans les jardins ;

11 mais c'est une terre de montagnes et de plaines qui attend les pluies du ciel,

12 que le Seigneur, votre Dieu, a toujours visitée, et sur laquelle il jette des regards favorables depuis le commencement de l'année jusqu'à la fin.

13 Si donc vous obéissez aux commandements que je vous fais aujourd'hui d'aimer le Seigneur, votre Dieu, et de le servir de tout votre cœur et de toute votre âme,

14 il donnera à votre terre les premières et les dernières pluies, afin que vous recueilliez de vos champs le froment, le vin et l'huile,

15 et du foin pour nourrir vos bêtes, et que vous ayez vous-mêmes de quoi manger et vous rassasier.

16 Prenez bien garde que votre cœur ne se laisse pas seduire, et que vous n'abandonniez pas le Seigneur pour servir et adorer des dieux étrangers ;

17 de peur que le Seigneur étant en colère ne ferme le ciel, que les pluies ne tombent plus, que la terre ne produise plus son fruit, et que vous ne soyez exterminés en peu de temps de cette terre excellente que le Seigneur va vous donner.

18 Gravez dans vos cœurs et dans vos esprits ces paroles que je vous dis, et tenez-les attachées à vos mains et présentes à vos yeux pour vous en souvenir.

19 Apprenez-les à vos enfants, afin qu'ils les méditent ; *instruisez-les* lorsque vous êtes assis en votre maison, ou que vous marchez, lorsque vous vous couchez, ou que vous vous levez.

20 Ecrivez-les sur les poteaux et sur les portes de votre logis :

21 afin que vos jours et ceux de vos enfants se multiplient dans la terre que le Seigneur a promis avec serment de donner à vos pères, pour la posséder tant que le ciel couvrira la terre.

22 Car si vous observez et si vous pratiquez les commandements que je vous fais, d'aimer le Seigneur, votre Dieu, de marcher dans

toutes ses voies, et de demeurer très-étroitement unis à lui ;

23 le Seigneur exterminera devant vos yeux toutes ces nations qui sont plus grandes et plus puissantes que vous, et vous posséderez leur pays.

24 Tout lieu où vous aurez mis le pied sera à vous. Les confins de votre pays seront depuis le désert *du midi* jusqu'au Liban, et depuis le grand fleuve d'Euphrate jusqu'à la mer occidentale.

25 Nul ne pourra subsister devant vous. Le Seigneur, votre Dieu, répandra la terreur et l'effroi de votre nom sur toute la terre où vous devez mettre le pied, selon qu'il vous l'a promis.

26 Vous voyez que je vous mets aujourd'hui devant les yeux la bénédiction et la malédiction :

27 la bénédiction, si vous obéissez aux commandements du Seigneur, votre Dieu, que je vous prescris aujourd'hui ;

28 et la malédiction, si vous n'obéissez point aux ordonnances du Seigneur, votre Dieu, et si vous vous retirez de la voie que je vous montre maintenant, pour courir après des dieux étrangers que vous ne connaissez pas.

29 Mais lorsque le Seigneur, votre Dieu, vous aura fait entrer dans la terre que vous allez habiter, vous ferez publier la bénédiction sur la montagne de Garizim, et la malédiction sur la montagne d'Hébal,

30 qui sont au delà du Jourdain, à côté du chemin qui mène vers l'occident, dans les terres des Chananéens, qui habitent dans les plaines vis-à-vis de Galgala, près d'une vallée qui s'étend et s'avance bien loin.

31 Car vous passerez le Jourdain pour posséder la terre que le Seigneur, votre Dieu, doit vous donner, afin que vous en soyez les maîtres, et qu'elle soit votre héritage.

32 Prenez donc bien garde à accomplir les cérémonies et les ordonnances que je vous proposerai aujourd'hui.

CHAPITRE XII.

VOICI les préceptes et les ordonnances que vous devez observer dans le pays que le Seigneur, le Dieu de vos pères, doit vous donner, afin que vous le possédiez pendant tout le temps que vous serez sur la terre.

2 Renversez tous les lieux où les nations dont vous posséderez le pays ont adoré leurs dieux sur les hautes montagnes et sur les collines, et sous tous les arbres couverts de feuilles.

3 Détruisez leurs autels, brisez leurs statues, brûlez leurs bois *profanes*, réduisez en poudre leurs idoles, et effacez de tous ces lieux *la mémoire de* leur nom.

4 Vous ne vous conduirez pas comme ces nations à l'égard du Seigneur, votre Dieu ;

5 mais vous viendrez au lieu que le Seigneur, votre Dieu, aura choisi d'entre toutes vos tribus pour y établir son nom, et pour y habiter ;

6 et vouiis offrirez dans ce lieu-là vos holocaustes et vos victimes, les dîmes et les prémices *des ouvrages* de vos mains, vos vœux et vos dons, les premiers-nés de vos bœufs et de vos brebis.

7 Vous mangerez là en la présence du Seigneur, votre Dieu, et vous y goûterez avec joie, vous et vos familles, de tous les *fruits des* travaux de vos mains, que le Seigneur, votre Dieu, aura bénis.

8 Vous ne vivrez plus alors comme on vit ici aujourd'hui, où chacun fait ce qui paraît droit à ses yeux.

9 Car vous n'êtes point encore entrés jusqu'à ce jour dans le repos et l'héritage que le Seigneur, votre Dieu, doit vous donner.

10 Vous passerez le Jourdain, et vous habiterez dans le pays que le Seigneur, votre Dieu, vous donnera, afin que vous y soyez en repos du côté de tous les ennemis qui vous environnent, et que vous demeuriez sans aucune crainte,

11 dans le lieu que le Seigneur, votre Dieu, aura choisi pour y établir *sa gloire et* son nom. Ce sera là que vous apporterez, selon l'ordre que je vous prescris, vos holocaustes, vos hosties, vos dîmes, et les prémices *des ouvrages* de vos mains, et tout ce qu'il y aura de meilleur dans les dons que vous aurez fait vœu d'offrir au Seigneur.

12 C'est là que vous ferez des festins de réjouissance devant le Seigneur, votre Dieu, vous, vos fils et vos filles, vos serviteurs et vos servantes, et les Lévites qui demeurent dans vos villes : car ils n'ont point d'autre part, et ils ne possèdent point d'autre chose parmi vous.

13 Prenez bien garde de ne point offrir vos holocaustes dans tous les lieux que vous verrez ;

14 mais offrez vos hosties dans celui que le Seigneur aura choisi en l'une de vos tribus, et observez-y tout ce que je vous ordonne.

15 Si vous voulez manger *de la viande*, si vous aimez à vous nourrir de chair, tuez *des bêtes*, et mangez-en selon la bénédiction que le Seigneur, votre Dieu, vous aura donnée dans vos villes ; soit que ces bêtes soient impures, c'est-à-dire, qu'elles aient quelque tache ou quelque défaut dans les membres du corps, soit qu'elles soient pures, c'est-à-dire, entières et sans tache, comme celles qui peuvent être offertes à Dieu, mangez-en, ainsi que *vous mangez* de la chèvre et du cerf.

16 Abstenez-vous seulement de manger du sang, et ayez soin de le répandre sur la terre comme de l'eau.

17 Vous ne pourrez manger dans vos villes la dîme de votre froment, de votre vin et de votre huile, ni les premiers-nés des bœufs et des autres bestiaux, ni rien de ce que vous aurez voué, ou que vous voudrez de vous-même offrir à Dieu, ni les prémices *des ouvrages* de vos mains :

18 mais vous mangerez de ces choses devant le Seigneur, votre Dieu, dans le lieu que le Seigneur, votre Dieu, aura choisi, vous, votre fils et votre fille, votre serviteur et votre servante, et les Lévites qui demeurent dans vos villes ; et vous prendrez votre nourriture avec joie devant le Seigneur, votre Dieu, en recueillant le fruit de tous les travaux de vos mains.

19 Prenez bien garde de ne pas abandonner le Lévite pendant tout le temps que vous serez sur la terre.

20 Quand le Seigneur, votre Dieu, aura étendu vos limites, selon qu'il vous l'a promis, et que vous voudrez manger de la chair dont vous aurez envie ;

21 si le lieu que le Seigneur, votre Dieu, aura choisi pour y établir son nom est éloigné, vous pourrez tuer des bœufs et des brebis que vous aurez, selon que je vous l'ai ordonné, et vous en mangerez dans vos villes comme vous le désirerez.

22 Vous mangerez de cette chair comme vous mangez de celle des chèvres et des cerfs : et le pur et l'impur en mangeront indifféremment.

23 Gardez-vous seulement de manger du sang de ces bêtes : car leur sang est leur vie ; et ainsi vous ne devez pas manger avec leur chair *ce qui est* leur vie.

24 Mais vous répandrez ce sang sur la terre comme de l'eau :

25 afin que vous soyez heureux, vous et vos enfants après vous, ayant fait ce qui est agréable aux yeux du Seigneur.

26 Quant aux choses que vous aurez consacrées, et que vous aurez vouées au Seigneur, vous les prendrez, et étant venu au lieu que le Seigneur aura choisi,

27 vous présenterez en oblation la chair et le sang *de vos holocaustes* sur l'autel du Seigneur, votre Dieu. Vous répandrez le sang des *autres* hosties autour de l'autel, et pour vous, vous mangerez vous-même de leur chair.

28 Observez et écoutez bien toutes les choses que je vous ordonne, afin que vous soyez heureux pour jamais, vous et vos enfants après vous, lorsque vous aurez fait ce qui est bon et agréable aux yeux du Seigneur, votre Dieu.

29 Quand le Seigneur, votre Dieu, aura exterminé devant vous les nations dont vous allez posséder le pays ; que vous en serez actuellement en possession, et que vous habiterez dans leurs terres ;

30 prenez bien garde de ne pas imiter ces nations, après qu'elles auront été détruites à votre entrée ; et ne vous informez pas de leurs cérémonies, en disant : Je veux suivre moi-même le culte dont ces nations ont honoré leurs dieux.

31 Vous ne rendrez point de semblable culte au Seigneur, votre Dieu. Car elles ont fait pour *honorer* leurs dieux toutes les

abominations que le Seigneur a en horreur, en leur offrant *en sacrifice* leurs fils et leurs filles, et les brûlant dans le feu.

32 Faites seulement en l'honneur du Seigneur ce que je vous ordonne, sans y rien ajouter ni en rien ôter.

CHAPITRE XIII.

S'IL s'élève au milieu de vous un prophète, ou quelqu'un qui dise qu'il a eu une vision en songe, et qui prédise quelque chose d'extraordinaire et de prodigieux,

2 et que ce qu'il avait prédit soit arrivé ; et qu'il vous dise en même temps : Allons, suivons les dieux étrangers qui vous sont inconnus, et servons-les :

3 vous n'écouterez point les paroles de ce prophète ou de cet inventeur de *visions et de* songes ; parce que le Seigneur, votre Dieu, vous éprouve, afin qu'il paraisse clairement si vous l'aimez de tout votre cœur et de toute votre âme, ou si vous ne l'aimez pas de cette sorte.

4 Suivez le Seigneur, votre Dieu, craignez-le, gardez ses commandements, écoutez sa voix, servez-le, et attachez-vous à lui seul :

5 mais que ce prophète ou cet inventeur de songes soit puni de mort, parce qu'il vous a parlé pour vous détourner du Seigneur, votre Dieu, qui vous a tirés de l'Egypte, et qui vous a rachetés du séjour de servitude, et pour vous détourner de la voie que le Seigneur, votre Dieu, vous a prescrite ; et vous ôterez ainsi le mal du milieu de vous.

6 Si votre frère, fils de votre mère, ou votre fils, ou votre fille, ou votre femme qui vous est si chère, ou votre ami que vous aimez comme votre vie, veut vous persuader et vient vous dire en secret : Allons, et servons les dieux étrangers qui vous sont inconnus, comme ils l'ont été à vos pères,

7 *les dieux* de toutes les nations dont nous sommes environnés, soit de près ou de loin, depuis un bout de la terre jusqu'à l'autre ;

8 ne vous laissez point aller à ses discours, et n'y prêtez point l'oreille, et que la compassion ne vous porte point à l'épargner ou à lui donner retraite ;

9 mais tuez-le aussitôt. Que votre main lui donne le premier coup, et que tout le peuple le frappe ensuite.

10 Qu'il périsse accablé de pierres, parce qu'il a voulu vous arracher du culte du Seigneur, votre Dieu, qui vous a tiré de l'Egypte, de ce séjour de servitude :

11 afin que tout Israël entendant cet exemple, soit saisi de crainte, et qu'il ne se trouve plus personne qui ose entreprendre rien de semblable.

12 Si dans quelqu'une de vos villes que le Seigneur, votre Dieu, vous aura données pour les habiter, vous entendez dire à quelques-uns,

13 que des enfants de Bélial sont sortis du milieu de vous, et ont perverti les habitants de leur ville, en leur disant : Allons, et servons les dieux étrangers qui vous sont inconnus ;

14 informez-vous avec tout le soin possible de la vérité de la chose ; et après l'avoir connue, si vous trouvez que ce qu'on vous avait dit est certain, et que cette abomination a été commise effectivement,

15 vous ferez passer aussitôt au fil de l'épée les habitants de cette ville, et vous la détruirez avec tout ce qui s'y rencontrera, jusqu'aux bêtes.

16 Vous amasserez aussi au milieu des rues tous les meubles qui s'y trouveront, et vous les brûlerez avec la ville, consumant tout en l'honneur du Seigneur, votre Dieu, en sorte que cette ville demeure éternellement ensevelie sous ses ruines, et qu'elle ne soit jamais rebâtie.

17 Et il ne demeurera rien de cet anathème dans vos mains, afin que le Seigneur apaise sa colère et sa fureur, qu'il ait pitié de vous, et qu'il vous multiplie comme il l'a juré à vos pères,

18 tant que vous écouterez la voix du Seigneur, votre Dieu, et que vous observerez toutes ses ordonnances que je vous prescris aujourd'hui, afin que vous fassiez ce qui est agréable aux yeux du Seigneur, votre Dieu.

CHAPITRE XIV.

SOYEZ les *dignes* enfants du Seigneur, votre Dieu. Ne vous faites point d'incisions, et ne vous rasez point en pleurant les morts ;

2 parce que vous êtes un peuple saint *et consacré* au Seigneur, votre Dieu, et qu'il vous a choisi de toutes les nations qui sont sur la terre, afin que vous fussiez particulièrement son peuple.

3 Ne mangez point de ce qui est impur.

4 Voici les animaux dont vous devez manger : Le bœuf, la brebis, le chevreau,

5 le cerf, la chèvre sauvage, le buffle, le chèvre-cerf, le chevreuil, l'oryx, la girafe.

6 Vous mangerez de tous les animaux qui ont la corne divisée en deux et qui ruminent.

7 Mais vous ne devez point manger de ceux qui ruminent, et dont la corne n'est point fendue, comme du chameau, du lièvre, du chœrogrille. Ces animaux vous seront impurs, parce qu'encore qu'ils ruminent, ils n'ont point la corne fendue.

8 Le pourceau aussi vous sera impur, parce qu'encore qu'il ait la corne fendue, il ne rumine point. Vous ne mangerez point la chair de ces animaux, et vous n'y toucherez point lorsqu'ils seront morts.

9 Entre tous les animaux qui vivent dans les eaux, vous mangerez de ceux qui ont des nageoires et des écailles.

10 Vous ne mangerez point de ceux qui n'ont point de nageoires ni d'écaillés, parce qu'ils sont impurs.

11 Mangez de tous les oiseaux qui sont purs :

12 mais ne mangez point de ceux qui sont impurs, qui sont l'aigle, le griffon, l'aigle de mer,

13 l'ixion, le vautour et le milan selon ses espèces ;

14 les corbeaux, et tout ce qui est de la même espèce ;

15 l'autruche, la chouette, le larus avec l'épervier, et tout ce qui est de la même espèce ;

16 le héron, le cygne, l'ibis,

17 le plongeon, le porphyrion, le hibou,

18 l'onocrotalus, et le charadrius, chacun selon son espèce ; la huppe et la chauve-souris.

19 Tout ce qui rampe *sur la terre*, et qui a des ailes, sera impur, et on n'en mangera point.

20 Mangez de tout ce qui est pur.

21 Ne mangez d'aucune bête qui sera morte d'elle-même ; mais donnez-la, ou vendez-la à l'étranger qui est dans l'enceinte de vos murailles, afin qu'il en mange ; parce que pour vous, vous êtes le peuple saint du Seigneur, votre Dieu. Vous ne ferez point cuire le chevreau dans le lait de sa mère.

22 Vous mettrez à part chaque année le dixième de tous vos fruits qui naissent de la terre ;

23 et vous mangerez en la présence du Seigneur, votre Dieu, au lieu qu'il aura choisi afin que son nom y soit invoqué, la dixième partie de votre froment, de votre vin et de votre huile, et les premiers-nés de vos bœufs et de vos brebis : afin que vous appreniez à craindre le Seigneur, votre Dieu, en tout temps.

24 Mais lorsque vous aurez un trop long chemin à faire *pour aller* jusqu'au lieu que le Seigneur, votre Dieu, aura choisi, et que le Seigneur, votre Dieu, vous ayant béni, vous ne pourrez lui apporter toutes ces dîmes,

25 vous vendrez tout, et en aurez de l'argent que vous porterez en votre main, et vous irez au lieu que le Seigneur, votre Dieu, aura choisi.

26 Vous achèterez de ce même argent tout ce que vous voudrez, soit des bœufs, soit des brebis, du vin aussi et du cidre, et de tout ce que vous désirerez ; et vous en mangerez devant le Seigneur, votre Dieu, vous réjouissant, vous et votre famille,

27 avec le Lévite qui est dans l'enceinte de vos murailles : prenez bien garde de ne le pas abandonner, parce qu'il n'a point d'autre part dans la terre que vous possédez.

28 Tous les trois ans vous séparerez encore une autre dîme de tous les biens lui vous seront venus en ce temps-là, et vous la mettrez en réserve dans vos maisons ;

29 et le Lévite qui n'a point d'autre part dans la terre que vous possédez, l'étranger, l'orphelin et la veuve qui sont dans vos villes, viendront en manper et se rassasier : afin que le Seigneur, votre Dieu, vous bénisse dans tout le travail que vous ferez de vos mains.

CHAPITRE XV.

LA septième année sera l'année de la remise,

2 qui se fera en cette manière : Un homme à qui il sera dû quelque chose par son ami, ou son prochain et son frère, ne pourra le redemander, parce que c'est l'année de la remise du Seigneur.

3 Vous pourrez l'exiger de l'étranger et de celui qui est venu de dehors en votre pays : mais vous n'aurez point le pouvoir de le redemander à vos citoyens et à vos proches.

4 Et il ne se trouvera parmi vous aucun pauvre ni aucun mendiant, afin que le Seigneur, votre Dieu, vous bénisse dans le pays qu'il doit vous donner pour le posséder.

5 Si toutefois vous écoutez la voix du Seigneur, votre Dieu, et que vous observiez ce qu'il vous a commandé, et ce que je vous prescris aujourd'hui ; c'est alors qu'il vous bénira, comme il vous l'a promis.

6 Vous prêterez à beaucoup de peuples, et vous n'emprunterez rien vous-mêmes de personne ; vous dominerez sur plusieurs nations, et nul ne vous dominera.

7 Si étant dans le pays que le Seigneur, votre Dieu, doit vous donner, un de vos frères qui demeurera dans votre ville, tombe dans la pauvreté, vous n'endurcirez point votre cœur, et ne resserrerez point votre main ;

8 mais vous l'ouvrirez au pauvre, et vous lui prêterez ce dont vous verrez qu'il aura besoin.

9 Prenez garde de ne vous point laisser surprendre à cette pensée impie, et de ne pas dire dans votre cœur : La septième année, qui est l'année de la remise, est proche ; et de ne pas détourner ainsi vos yeux de votre frère qui est pauvre, sans vouloir lui prêter ce qu'il vous demande ; de peur qu'il ne crie contre vous au Seigneur, et que cela ne vous soit imputé à péché :

10 mais vous lui donnerez *ce qu'il désire*, et vous n'userez d'aucune finesse lorsqu'il s'agit de le soulager dans sa nécessité : afin que le Seigneur, votre Dieu, vous bénisse en tout temps, et dans toutes les choses que vous entreprendrez.

11 Il y aura toujours des pauvres dans le pays où vous habiterez. C'est pourquoi je vous ordonne d'ouvrir votre main aux besoins de votre frère qui est pauvre et sans secours, et qui demeure avec vous dans votre pays.

12 Lorsque votre frère ou votre sœur Hébreux d'origine, vous ayant été vendus, vous auront servi six ans, vous les renverrez libres la septième année :

13 et vous ne laisserez pas aller les mains vides celui à qui vous donnerez la liberté ;

14 mais vous lui donnerez pour subsister dans le chemin quelque chose de vos troupeaux, de votre grange et de votre pressoir, comme des biens que vous avez reçus par la bénédiction du Seigneur, votre Dieu.

15 Souvenez-vous que vous avez été esclave vous-même dans l'Egypte, et que le Seigneur, votre Dieu, vous a mis en liberté : c'est pour cela que je vous ordonne ceci maintenant.

16 Si votre serviteur vous dit, qu'il ne veut pas sortir, parce qu'il vous aime, vous et votre maison, et qu'il trouve son avantage à être avec vous,

17 vous prendrez une alêne, et vous lui percerez l'oreille à la porte de votre maison, et il vous servira pour jamais. Vous ferez de même à votre servante.

18 Ne détournez point vos yeux de dessus eux, après que vous les aurez renvoyés libres, puisqu'ils vous ont servi pendant six ans, comme vous aurait servi un mercenaire : afin que le Seigneur, votre Dieu, vous bénisse dans toutes les choses que vous ferez.

19 Vous consacrerez au Seigneur, votre Dieu, tous les mâles d'entre les premiers-nés de vos bœufs et de vos brebis. Vous ne labourerez point avec le premier-né du bœuf, et vous ne tondrez point les premiers-nés de vos moutons.

20 Mais vous les mangerez chaque année, vous et votre maison, en la présence du Seigneur, votre Dieu, au lieu que le Seigneur aura choisi.

21 Si le premier-né a une tache, s'il est boiteux ou aveugle, s'il a quelque difformité ou quelque défaut en quelque partie du corps, il ne sera point immolé au Seigneur, votre Dieu ;

22 mais vous le mangerez dans l'enceinte des murailles de votre ville : le pur et l'impur en mangeront indifféremment comme on mange du chevreuil et du cerf.

23 Vous prendrez garde seulement de ne manger point de leur sang, mais vous i le répandrez sur la terre comme de l'eau.

CHAPITRE XVI.

OBSERVEZ le mois des grains nouveaux, qui est au commencement du printemps, en célébrant la pâque en l'honneur du Seigneur, votre Dieu ; parce que c'est le mois où le Seigneur, votre Dieu, vous a fait sortir de l'Égypte pendant la nuit.

2 Vous immolerez la pâque au Seigneur, votre Dieu, en lui sacrifiant des brebis et des bœufs, dans le lieu que le Seigneur, votre Dieu, aura choisi pour y établir la gloire de son nom.

3 Vous ne mangerez point pendant cette fête de pain avec du levain : mais pendant sept jours vous mangerez du pain d'affliction où il n'y ait point de levain ; parce que vous êtes sorti del'Égypte dans une grande frayeur, afin que vous vous souveniez du jour de votre sortie d'Égypte tous les jours de votre vie.

4 Il ne paraîtra point de levain dans toute l'étendue de votre pays pendant sept jours, et il ne demeurera rien de la chair de l'hostie qui aura été immolée au soir du premier jour, jusqu'au matin.

5 Vous ne pourrez pas immoler la pâque indifféremment dans toutes les villes que le Seigneur, votre Dieu, doit vous donner,

6 mais seulement dans le lieu que le Seigneur, votre Dieu, aura choisi pour y établir son nom ; et vous immolerez la pâque le soir au soleil couchant, qui est le temps où vous êtes sorti d'Égypte.

7 Vous ferez cuire l'hostie, et vous la mangerez au lieu que le Seigneur, votre Dieu, aura choisi ; et vous levant le matin *au lendemain de la fête*, vous retournerez dans vos maisons.

8 Vous mangerez des pains sans levain pendant six jours ; et le septième jour vous ne ferez point d'œuvre *servile*, parce que ce sera le jour d'une assemblée *solennelle en l'honneur* du Seigneur, votre Dieu.

9 Vous compterez sept semaines depuis le jour que vous aurez mis la faucille dans les grains ;

10 et vous célébrerez la fête des semaines en l'honneur du Seigneur, votre Dieu, en lui présentant l'oblation volontaire *du travail* de vos mains, que vous lui offrirez, selon que le Seigneur, votre Dieu, y aura donné sa bénédiction.

11 Et vous ferez devant le Seigneur, votre Dieu, des festins de réjouissance, vous, votre fils et votre fille, votre serviteur et votre servante, le Lévite qui est dans l'enceinte de vos murailles, l'étranger, l'orphelin et la veuve qui demeurent avec vous, dans le lieu que le Seigneur, votre Dieu, aura choisi pour y établir son nom.

12 Vous vous souviendrez que vous avez été vous-même esclave en Égypte, et vous aurez soin d'observer et de faire ce qui vous a été commandé.

13 Vous célébrerez aussi la fête solennelle des tabernacles pendant sept jours, lorsque vous aurez recueilli de l'aire et du pressoir les fruits de vos champs ;

14 et vous ferez des festins de réjouissance en cette fête, vous, votre fils et votre fille, votre serviteur et votre servante, avec le Lévite, l'étranger, l'orphelin et la veuve qui sont dans vos villes.

15 Vous célébrerez cette fête pendant sept jours en l'honneur du Seigneur, votre Dieu, dans le lieu que le Seigneur aura choisi ; et

le Seigneur, votre Dieu, vous bénira dans tous les fruits de vos champs, et dans tout le travail de vos mains, et vous serez dans la joie.

16 Tous vos enfants mâles paraîtront trois fois l'année devant le Seigneur, votre Dieu, dans le lieu qu'il aura choisi : à la fête solennelle des pains sans levain, à la fête solennelle des semaines, et à la fête solennelle des tabernacles. Ils ne paraîtront point les mains vides devant le Seigneur ;

17 mais chacun offrira à proportion de ce qu'il aura, selon que le Seigneur, son Dieu, y aura donné sa bénédiction.

18 Vous établirez des juges et des magistrats à toutes les portes *des villes* que le Seigneur, votre Dieu, vous aura données, en chacune de vos tribus, afin qu'ils jugent le peuple selon la justice,

19 sans se détourner ni d'un côté ni d'un autre. Vous n'aurez point d'égard à la qualité des personnes, et vous ne recevrez point de présents, parce que les présents aveuglent les yeux des sages, et corrompent les sentiments des justes.

20 Vous vous attacherez à ce qui est juste, dans la vue de la justice : afin que vous viviez, et que vous possédiez la terre que le Seigneur, votre Dieu, vous aura donnée.

21 Vous ne planterez ni de grands bois ni aucun arbre auprès de l'autel du Seigneur, votre Dieu.

22 Vous ne vous ferez et ne vous dresserez point de statue, parce que le Seigneur, votre Dieu, hait toutes ces choses.

CHAPITRE XVII.

VOUS n'immolerez point au Seigneur, votre Dieu, une brebis, ni un bœuf, qui ait quelque tache ou quelque défaut ; parce que c'est une abomination devant le Seigneur, votre Dieu.

2 Lorsque l'on aura trouve parmi vous, dans une des villes que le Seigneur, votre Dieu, doit vous donner, un homme ou une femme qui commettent le mal devant le Seigneur, votre Dieu, et qui violent son alliance

3 en servant les dieux étrangers et les adorant, savoir, le soleil et la lune, et toutes les étoiles du ciel, contre le commandement que je vous ai fait ;

4 et que l'on vous en aura fait rapport : si après l'avoir appris vous vous en êtes informé très-exactement, et que vous avez reconnu que la chose est véritable, et que cette abomination a été commise dans Israël ;

5 vous amènerez à la porte de votre ville l'homme ou la femme qui auront fait une chose si détestable, et ils seront lapidés.

6 Celui qui sera puni de mort, sera condamné sur la déposition de deux ou trois témoins ; et nul ne mourra sur le témoignage d'un seul.

7 Les témoins lui jetteront les premiers la pierre de leur propre main, et ensuite tout le reste du peuple le lapidera, afin que vous ôtiez le mal du milieu de vous.

8 Lorsqu'il se trouvera une affaire embrouillée, et où il soit difficile de juger et de discerner entre le sang et le sang, entre une cause et une cause, entre la lèpre et la lèpre ; si vous voyez que dans les assemblées qui se tiennent à vos portes, les avis des juges soient partagés ; allez au lieu que le Seigneur, votre Dieu, aura choisi ;

9 et adressez-vous aux prêtres de la race de Lévi, et à celui qui aura été établi en ce temps-là le juge du peuple : vous les consulterez, et ils vous découvriront la vérité du jugement *que vous derez en porter*.

10 Vous ferez tout ce qu'auront dit ceux qui président au lieu que le Seigneur aura choisi, et tout ce qu'ils vous auront enseigné

11 selon la loi ; et vous suivrez leurs avis, sans vous détourner ni à droite ni à gauche.

12 Mais celui qui s'enflant d'orgueil ne voudra point obéir au commandement du pontife qui en ce temps-là sera ministre du Seigneur, votre Dieu, ni à l'arrêt du juge, sera puni de mort, et vous ôterez le mal du milieu d'Israël,

13 afin que tout le peuple entendant ce jugement soit saisi de crainte, et qu'à l'avenir nul ne s'élève d'orgueil.

14 Quand vous serez entre dans le pays que le Seigneur, votre Dieu, doit vous donner, que vous en serez en possession, et que vous y demeurerez, si vous venez à dire : Je choisirai un roi pour me commander, comme en ont toutes les nations qui nous environnent ;

15 vous établirez celui que le Seigneur, votre Dieu, aura choisi du nombre de vos frères. Vous ne pourrez prendre pour roi un homme d'une autre nation *et* qui ne soit point votre frère.

16 Et lorsqu'il sera établi roi, il n'amassera point un grand nombre de chevaux, et il ne ramènera point le peuple en Égypte, s'appuyant sur le grand nombre de sa cavalerie, principalement après que le Seigneur vous a commandé de ne retourner plus à l'avenir par la même voie.

17 Il n'aura point une multitude de femmes qui attirent son esprit par leurs caresses, ni une quantité immense d'or et d'argent.

18 Après qu'il sera assis sur le trône, il fera transcrire pour soi dans un livre ce Deutéronome et cette loi *du Seigneur*, dont il recevra une copie des mains des prêtres de la tribu de Lévi.

19 Il l'aura avec soi, et la lira tous les jours de sa vie, pour apprendre à craindre le Seigneur, son Dieu, et à garder ses paroles et ses cérémonies qui sont prescrites dans la loi.

20 Que son cœur ne s'élève point d'orgueil au-dessus de ses frères, et qu'il ne se détourne ni à droite ni à gauche : afin qu'il règne longtemps, lui et ses fils, sur le peuple d'Israël.

CHAPITRE XVIII.

LES prêtres ni les Lévites, ni aucun de ceux qui sont de la même tribu, n'auront point de part ni d'héritage avec le reste d'Israël, parce qu'ils mangeront des sacrifices du Seigneur et des oblations qui lui seront faites ;

2 et ils ne prendront rien autre chose de ce que leurs frères posséderont, parce que le Seigneur est lui-même leur héritage, selon qu'il le leur a dit.

3 Voici ce que les prêtres auront droit de prendre du peuple et de ceux qui offrent des victimes : soit qu'ils immolent un bœuf ou une brebis, ils donneront au prêtre l'épaule et la poitrine.

4 Ils lui donneront aussi les prémices du froment, du vin et de l'huile, et une partie des laines, lorsqu'ils feront tondre leurs brebis.

5 Car le Seigneur, votre Dieu, l'a choisi d'entre toutes vos tribus, afin qu'il assiste devant le Seigneur, et qu'il serve à *la gloire de* son nom, lui et ses enfants, pour toujours.

6 Si un Lévite sort de l'une de vos villes répandues dans tout Israël, dans laquelle il habite, et qu'il veuille aller demeurer au lieu que le Seigneur aura choisi,

7 il sera employé au ministère du Seigneur, votre Dieu, comme tous les Lévites, ses frères, qui assisteront pendant ne temps-là devant le Seigneur :

8 il recevra la même part que les autres des viandes *qui seront offertes*, outre la part qui lui est acquise dans sa ville par la succession aux droits de son père.

9 Lorsque vous serez entré dans le pays que le Seigneur, votre Dieu, vous donnera, prenez bien garde de ne pas vouloir imiter les abominations de ces peuples ;

10 et qu'il ne se trouve personne parmi vous qui prétende purifier son fils ou sa fille en les faisant passer par le feu, ou qui consulte les devins, ou qui observe les songes et les augures, ou qui use de maléfices,

11 de sortilèges *et* d'enchantements, ou qui consulte ceux qui ont l'esprit de Python et qui se mêlent de deviner, ou qui interroge les morts pour apprendre d'eux la vérité.

12 Car le Seigneur a en abomination toutes ces choses, et il exterminera tous ces peuples à votre entrée à cause de ces sortes de crimes qu'ils ont commis.

13 Vous serez parfait et sans tache avec le Seigneur, votre Dieu.

14 Ces nations dont vous allez posséder le pays, écoutent les augures et les devins : mais pour vous, vous avez été instruit autrement par le Seigneur, votre Dieu.

15 Le Seigneur, votre Dieu, vous suscitera un prophète comme moi, de votre nation et d'entre vos frères : c'est lui que vous écouterez,

16 selon la demande que vous fîtes au Seigneur, votre Dieu, près du mont Horeb, où tout le peuple était assemblé, en lui disant : Que je n'entende plus la voix du Seigneur, mon Dieu, et que je ne voie plus ce feu effroyable, de peur que je ne meure.

17 Et le Seigneur me dit : Tout ce que ce peuple vient de dire est raisonnable.

18 Je leur susciterai du milieu de leurs frères un prophète semblable à vous ; je lui mettrai mes paroles dans la bouche, et il leur dira tout ce que je lui ordonnerai.

19 Si quelqu'un ne veut pas entendre les paroles que ce prophète prononcera en mon nom, ce sera moi qui en ferai la vengeance.

20 Si un prophète corrompu par son orgueil entreprend de parler en mon nom, et de dire des choses que je ne lui ai point commandé de dire, ou s'il parle au nom des dieux étrangers, il sera puni de mort.

21 Si vous dites secrètement en vous-même : Comment puis-je discerner une parole que le Seigneur n'a point dite ?

22 voici le signe que vous aurez *pour le connaître* : Si ce que ce prophète a prédit au nom du Seigneur n'arrive point, c'est une marque que ce n'était point le Seigneur qui l'avait dit, mais que ce prophète l'avait inventé par l'orgueil et l'enflure de son esprit. C'est pourquoi vous n'aurez aucun respect pour ce prophète.

CHAPITRE XIX.

QUAND le Seigneur, votre Dieu, aura exterminé les peuples dont il doit vous donner la terre, que vous en serez en possession, et que vous demeurerez dans les villes et dans les maisons du pays ;

2 vous vous destinerez trois villes au milieu du pays dont le Seigneur, votre Dieu, doit vous mettre en possession.

3 Vous aurez soin d'en rendre le chemin aisé, et de séparer en trois parties égales toute l'étendue du pays que vous posséderez, afin que celui qui sera obligé de s'enfuir pour avoir tué un homme, ait un lieu proche où il puisse se retirer en sûreté.

4 Voici laloi que vous garderez à l'égard de l'homicide fugitif à qui on devra conserver la vie : Si quelqu'un a frappé son prochain par mégarde, et qu'il soit prouvé qu'il n'avait aucune haine contre lui quelques jours auparavant :

5 mais qu'il s'en était allé avec lui simplement en une forêt pour couper du bois, et que le fer de sa cognée, lorsqu'il en voulait couper un arbre, s'est échappé de sa main, et sortant du manche ou il était attaché, a frappé son ami et l'a tué, il se retirera dans l'une de ces trois villes, et sa vie y sera en sûreté :

6 de peur que le plus proche parent de celui dont le sang a été répandu, étant emporté par sa douleur, ne poursuive l'homicide et ne l'atteigne, si le chemin est trop long, et ne tue celui qui n'est point digne de la mort, parce qu'il ne paraît point qu'il ait eu auparavant aucune haine contre celui qui est tué.

7 C'est pour cela que je vous ordonne de mettre ces trois villes dans une égale distance de l'une à l'autre.

8 Mais lorsque le Seigneur, votre Dieu, aura étendu vos limites, selon qu'il en a assuré vos pères avec serment, et qu'il vous aura donné toute la terre qu'il leur a promise,

9 (au cas néanmoins que vous gardiez ses ordonnances, et que vous fassiez ce que je vous prescris aujourd'hui ; qui est d'aimer le Seigneur, votre Dieu, et de marcher dans ses voies en tout temps ;) vous ajouterez trois autres villes à ces premières, et vous en doublerez *ainsi* le nombre :

10 afin qu'on ne répande pas le sang innocent au milieu du pays que le Seigneur, votre Dieu, doit vous faire posséder, et que vous ne deveniez pas vous-même coupable de l'effusion du sang.

11 Mais si quelqu'un haïssant son prochain, a cherché l'occasion de le surprendre et de lui ôter la vie, et que l'attaquant il le frappe et le tue, et qu'il s'enfuie dans l'une de ces villes,

12 les anciens de cette ville-là l'enverront prendre, et l'ayant tiré du lieu où il s'était mis en sûreté, ils le livreront entre les mains du parent de celui dont le sang aura été répandu, et il sera puni de mort.

13 Vous n'aurez point pitié de lui, et vous ôterez du milieu d'Israël le crime commis par l'effusion du sang innocent, afin que vous soyez heureux.

14 Vous ne lèverez point, et vous ne transporterez point les bornes de votre prochain placées par vos prédécesseurs dans l'héritage que le Seigneur, votre Dieu, vous donnera dans le pays que vous devez posséder.

15 Un seul témoin ne suffira point contre quelqu'un, quelle que soit la faute ou le crime dont il l'accuse ; mais tout sera décidé sur la déposition de deux ou trois témoins.

16 Si un faux témoin entreprend d'accuser un homme d'avoir violé la loi,

17 dans ce démêlé qu'ils auront ensemble, ils se présenteront tous deux devant le Seigneur, en la présence des prêtres et des juges qui seront en charge en ce temps-là.

18 Et lorsque après une très-exacte recherche ils auront reconnu que le faux témoin a avancé une calomnie contre son frère,

19 ils le traiteront comme il avait dessein de traiter son frère ; et vous ôterez le mal du milieu de vous :

20 afin que les autres entendant ceci soient dans la crainte, et qu'ils n'osent entreprendre rien de semblable.

21 Vous n'aurez point compassion du coupable ; mais vous ferez rendre vie pour vie, œil pour œil, dent pour dent, main pour main, pied pour pied.

CHAPITRE XX.

LORSQUE vous irez faire la guerre contre vos ennemis, et qu'ayant vu leur cavalerie et leurs chariots, vous trouverez que leur armée sera plus nombreuse que la vôtre, vous ne les craindrez point ; parce que le Seigneur, votre Dieu, qui vous a tiré de l'Egypte, est avec vous.

2 Et quand l'heure du combat sera proche, le pontife se présentera à la tête de l'armée, et il parlera ainsi au peuple :

3 Ecoutez, Israël : Vous devez aujourd'hui combattre contre vos ennemis ; que votre cœur ne s'étonne point ; ne craignez point ; ne reculez point devant eux, et n'en ayez aucune peur :

4 car le Seigneur, votre Dieu, est au milieu de vous, et il combattra pour vous contre vos ennemis, afin de vous délivrer du péril.

5 Les officiers aussi crieront chacun à la tête de son corps, en sorte que l'armée l'entende : Y a-t-il quelqu'un qui ait bâti une maison neuve, et qui n'y ait pas encore logé ? qu'il s'en aille, et retourne en sa maison, de peur qu'il ne meure dans le combat, et qu'un autre ne loge le premier dans sa maison.

6 Y a-t-il quelqu'un qui ait planté une vigne, laquelle ne soit pas encore en état que tout le monde ait la liberté d'en manger ? qu'il s'en aille, et retourne en sa maison, de peur que s'il vient à mourir dans le combat, un autre ne fasse ce qu'il devait faire.

7 Y a-t-il quelqu'un qui ait été fiancé à une fille, et qui ne l'ait pas encore épousée ? qu'il s'en aille, et retourne en sa maison, de peur qu'il ne meure dans le combat, et qu'un autre ne l'épouse.

8 Après avoir dit ces choses, ils ajouteront encore ce qui suit, et ils diront au peuple : Y a-t-il quelqu'un qui soit timide, et dont le cœur soit frappé de frayeur ? qu'il s'en aille, et retourne en sa maison, de peur qu'il ne jette l'épouvante dans le cœur de ses frères, comme il est déjà lui-même tout effrayé et saisi de crainte.

9 Et après que les officiers de l'armée auront cessé de parler, chacun préparera ses bataillons pour le combat.

10 Quand vous vous approcherez d'une ville pour l'assiéger, d'abord vous lui offrirez la paix.

11 Si elle l'accepte, et qu'elle vous ouvre ses portes, tout le peuple qui s'y trouvera sera sauvé, et vous sera assujetti moyennant le tribut.

12 Si elle ne veut point recevoir les conditions de paix, et qu'elle commence à vous déclarer la guerre, vous l'assiégerez ;

13 Et lorsque le Seigneur, votre Dieu, vous l'aura livrée entre les

mains, vous ferez passer tous les mâles au fil de l'épée,

14 en réservant les femmes, les enfants, les bêtes, et tout le reste de ce qui se trouvera dans la ville. Vous distribuerez le butin à toute l'armée, et vous vous nourrirez des dépouilles de vos ennemis que le Seigneur, votre Dieu, vous aura données.

15 C'est ainsi que vous en userez à l'égard de toutes les villes qui seront fort éloignées de vous, et qui ne sont pas de celles que vous devez recevoir pour les posséder.

16 Mais quant à ces villes qui vous seront données *pour héritage*, vous ne laisserez la vie à aucun de leurs habitants,

17 mais vous les ferez tous passer au fil de l'épée, c'est-à-dire, les Héthéens, les Amorrhéens, les Chananéens, les Phérézéens, les Hévéens, les Jébuséens *et les Gergéséens*, comme le Seigneur, votre Dieu, vous l'a commandé ;

18 de peur qu'ils ne vous apprennent à commettre toutes les abominations qu'ils ont commises eux-mêmes dans le culte de leurs dieux, et que vous ne péchiez contre le Seigneur, votre Dieu.

19 Lorsque vous mettrez le siège devant une ville, et que le siège continuant longtemps, vous élèverez tout autour des forts et des remparts, afin de la prendre, vous n'abattrez point les arbres *qui portent du fruit* dont on peut manger, et vous ne renverserez point à coups de cognées tous les arbres du pays d'alentour, parce que ce n'est que du bois, et non pas des hommes qui puissent accroître le nombre de vos ennemis.

20 Si ce ne sont point des arbres fruitiers, mais des arbres sauvages qui servent aux autres usages de la vie, vous les abattrez pour en faire des machines, jusqu'à ce que vous ayez pris la ville qui se défend contre vous.

CHAPITRE XXI.

LORSQUE dans le pays que le Seigneur, votre Dieu, doit vous donner, il se trouvera le corps mort d'un homme qui aura été tué, sans qu'on sache qui est celui qui a commis ce meurtre,

2 les anciens, et ceux que vous aurez pour juges, viendront et mesureront l'espace qui se trouvera depuis le corps mort jusqu'à toutes les villes d'alentour ;

3 et ayant reconnu celle qui en sera la plus proche, les anciens de cette ville-là prendront dans le troupeau une génisse qui n'aura point encore porté le joug, ni labouré la terre ;

4 ils la mèneront dans une vallée toute raboteuse et pleine de cailloux, qui n'ait jamais été ni labourée ni semée, et ils couperont là le cou à la génisse.

5 Les prêtres, enfants de Lévi, que le Seigneur, votre Dieu, aura choisis pour exercer les fonctions de leur ministère, afin qu'ils donnent la bénédiction en son nom, et que toute affaire qui survient, tout ce qui est pur ou impur se juge par leurs avis, s'approcheront ;

6 et les anciens de cette ville-là viendront près du corps de celui qui aura été tué, ils laveront leurs mains sur la génisse qu'on aura fait mourir dans la vallée,

7 et ils diront : Nos mains n'ont point répandu ce sang, et nos yeux ne l'ont point vu *répandre*.

8 Seigneur ! soyez favorable à votre peuple d'Israël que vous avez racheté, et ne faites pas retomber au milieu d'Israël, votre peuple, *la vengeance* de ce sang innocent. Ainsi le crime de ce meurtre ne tombera point sur eux ;

9 et vous n'aurez aucune part à cette effusion du sang innocent, lorsque vous aurez fait ce que le Seigneur vous a commandé.

10 Si étant allé combattre vos ennemis, le Seigneur, votre Dieu, vous les livre entre les mains, et que les emmenant captifs,

11 vous voyiez parmi les prisonniers de guerre une femme qui soit belle, que vous conceviez pour elle de l'affection, et que vous vouliez l'épouser,

12 vous la ferez entrer dans votre maison, où elle se rasera les cheveux, et se coupera les ongles ;

13 elle quittera la robe avec laquelle elle a été prise ; et se tenant assise en votre maison, elle pleurera son père et sa mère un mois durant : après cela vous la prendrez pour vous, vous dormirez avec elle, et elle sera votre femme.

14 Si dans la suite du temps elle ne vous plaît pas, vous la renverrez libre, et vous ne pourrez point la vendre pour de l'argent, ni l'opprimer par votre puissance, parce que vous l'avez humiliée.

15 Si un homme a deux femmes, dont il aime l'une et n'aime pas l'autre, et que ces deux femmes ayant eu des enfants de lui, le fils de celle qu'il n'aime pas soit l'aîné,

16 lorsqu'il voudra partager son bien entre ses enfants, il ne pourra pas faire son aîné le fils de celle qu'il aime, ni le préférer au fils de celle qu'il n'aime pas ;

17 mais il reconnaîtra pour l'aîné le fils de celle qu'il n'aime pas, et lui donnera une double portion dans tout ce qu'il possède ; parce que c'est lui qui est le premier de ses enfants, et que le droit d'aînesse lui est dû.

18 Si un homme a un fils rebelle et insolent, qui ne se rende au commandement ni de son père, ni de sa mère, et qui en ayant été repris, refuse avec mépris de leur obéir

19 ils le prendront et le mèneront aux anciens de sa ville, et à la porte où se rendent les jugements ;

20 et ils leur diront : Voici notre fils qui est un rebelle et un insolent ; il méprise et refuse d'écouter nos remontrances, et il passe sa vie dans les débauches, dans la dissolution et dans la bonne chère.

21 Alors le peuple de cette ville le lapidera, et il sera puni de mort : afin que vous ôtiez le mal du milieu de vous, et que tout Israël entendant cet exemple soit saisi de crainte.

22 Lorsqu'un homme aura commis un crime digne de mort, et qu'ayant été condamné à mourir, il aura été attaché à une potence ;

23 son corps mort ne demeurera point à cette potence, mais il sera enseveli le même jour : parce que celui qui est pendu au bois est maudit de Dieu. Et vous prendrez garde de ne pas souiller la terre que le Seigneur, votre Dieu, vous aura donnée pour la posséder.

CHAPITRE XXII.

LORSQUE vous verrez le bœuf ou la brebis de votre frère égarés, vous ne passerez point outre, mais vous les ramènerez à votre frère,

2 quand il ne serait point votre parent, et quand même vous ne le connaîtriez pas : vous les mènerez à votre maison, et ils y demeureront jusqu'à ce que votre frère les cherche, et les reçoive de vous.

3 Vous ferez de même à l'égard de l'âne, ou du vêtement, ou de quoi que ce soit que votre frère ait perdu ; et quand vous l'aurez trouvé, vous ne le négligerez point, sous prétexte qu'il n'est point à vous, mais à un autre.

4 Si vous voyez l'âne ou le bœuf de votre frère tombés dans le chemin, vous n'y serez point indifférent ; mais vous l'aiderez à le relever.

5 Une femme ne prendra point un habit d'homme, et un homme ne prendra point un habit de femme : car celui qui le fait, est abominable devant Dieu.

6 Si marchant dans un chemin vous trouvez sur un arbre ou à terre le nid d'un oiseau, et la mère qui est sur ses petits ou sur ses œufs, vous ne retiendrez point la mère avec ses petits ;

7 mais ayant pris les petits, vous la laisserez aller : afin que vous soyez heureux, et que vous viviez longtemps.

8 Lorsque vous aurez bâti une maison neuve, vous ferez un *petit* mur tout autour du toit ; de peur que le sang ne soit répandu en votre maison, et que quelqu'un tombant de ce lieu élevé en bas, vous ne soyez coupable *de sa mort*.

9 Vous ne sèmerez point d'autre graine dans votre vigne ; de peur que la graine Que vous aurez semée, et ce qui naîtra de la vigne, ne se corrompent l'un l'autre.

10 Vous ne labourerez point avec un bœuf et un âne attelés ensemble.

11 Vous ne vous revêtirez point d'un habit qui soit tissu de laine et de lin.

12 Vous ferez avec de petits cordons des franges que vous mettrez

aux quatre coins du manteau dont vous vous couvrirez.

13 Si un homme ayant épousé une femme, en conçoit ensuite de l'aversion,

14 et que cherchant un prétexte pour la répudier, il lui impute un crime honteux, en disant : J'ai épousé cette femme ; mais m'étant approché d'elle, j'ai reconnu qu'elle n'était point vierge :

15 son père et sa mère la prendront, et ils représenteront aux anciens de la ville qui seront dans le siège de la justice, les preuves de la virginité de leur fille ;

16 et le père dira : J'ai donné ma fille à cet homme pour sa femme ; mais parce qu'il en a maintenant de l'aversion,

17 il lui impute un crime honteux, en disant : Je n'ai pas trouvé que votre fille fût vierge. Et cependant voici les preuves de la virginité de ma fille. Ils représenteront en même temps les vêtements devant les anciens de la ville ;

18 et ces anciens de la ville prenant cet homme, lui feront souffrir la peine du fouet,

19 et le condamneront de plus à payer cent sicles d'argent qu'il donnera au père de la fille, parce qu'il a déshonoré par une accusation d'infamie une vierge d'Israël ; et elle demeurera sa femme, sans qu'il puisse la répudier tant qu'il vivra.

20 Si ce qu'il objecte est véritable, et s'il se trouve que la fille, quand il l'épousa, n'était pas vierge,

21 on la chassera hors de la porte de la maison de son père, et les habitants de cette ville la lapideront, et elle mourra, parce qu'elle a commis un crime détestable dans Israël, étant tombée en fornication dans la maison de son père : et vous ôterez le mal du milieu de vous.

22 Si un homme dort avec la femme d'un autre, l'un et l'autre mourra, l'homme adultère et la femme adultère : et vous ôterez le mal du milieu d'Israël.

23 Si après qu'une fille a été fiancée étant vierge, quelqu'un la trouve dans la ville et la corrompt,

24 vous les ferez sortir l'un et l'autre à la porte de la ville, et ils seront tous deux lapidés : la fille, parce qu'étant dans la ville, elle n'a pas crié ; et l'homme, parce qu'il a abusé de la femme de son prochain : et vous ôterez le mal du milieu de vous.

25 Si un homme trouve dans un champ une fille qui est fiancée, et que lui faisant violence, il la déshonore, il sera lui seul puni de mort :

26 la fille ne souffrira rien, et elle n'est point digne de mort ; parce que de même qu'un voleur s'élevant tout d'un coup contre son frère, lui ôte la vie, aussi cette fille a souffert une semblable violence :

27 elle était seule dans un champ, elle a crié, et personne n'est venu pour la délivrer.

28 Si un homme trouve une fille vierge qui n'a point été fiancée, et que lui faisant violence, il la déshonore, les juges ayant pris connaissance de cette affaire,

29 condamneront celui qui l'a déshonorée à donner au père de la fille cinquante sicles d'argent, et il la prendra pour femme, parce qu'il en a abusé, et de sa vie il ne pourra la répudier.

30 Un homme n'épousera point la femme de son père, et il ne découvrira point en elle ce que la pudeur doit cacher.

CHAPITRE XXIII.

L'EUNUQUE, dans lequel ce que Dieu a destiné à la conservation de l'espèce aura été ou retranché, ou blessé d'une blessure incurable, n'entrera point en l'assemblée du Seigneur.

2 Celui qui est bâtard, c'est-à-dire, qui est né d'une femme prostituée, n'entrera point en l'assemblée du Seigneur jusqu'à la dixième génération.

3 L'Ammonite et le Moabite n'entreront jamais dans l'assemblée du Seigneur, non pas même après la dixième génération :

4 parce qu'ils n'ont pas voulu venir au-devant de vous avec du pain et de l'eau, lorsque vous étiez en chemin, après votre sortie de l'Egypte ; et parce qu'ils ont gagné et fait venir contre vous Balaam, fils de Béor, de Mésopotamie qui est en Syrie, afin qu'il vous maudît.

5 Mais le Seigneur, votre Dieu, ne voulut point écouter Balaam ; et parce qu'il vous aimait, il obligea Balaam de vous donner des bénédictions au lieu des malédictions qu'il voulait vous donner.

6 Vous ne ferez point de paix avec ces peuples, et vous ne leur procurerez jamais aucun bien tant que vous vivrez.

7 Vous n'aurez point l'Iduméen en abomination, parce, qu'il est votre frère ; ni l'Egyptien, parce que vous avez été étranger en son pays.

8 Ceux qui seront nés de ces deux peuples entreront à la troisième génération dans l'assemblée du Seigneur.

9 Lorsque vous marcherez contre vos ennemis pour les combattre, vous aurez soin de vous abstenir de toute action mauvaise.

10 Si un homme d'entre vous a souffert quelque chose d'impur dans un songe pendant la nuit, il sortira hors du camp,

11 et il n'y reviendra point, jusqu'à ce qu'au soir il se soit lavé dans l'eau ; et après le coucher du soleil, il reviendra dans le camp.

12 Vous aurez un lieu hors du camp, où vous irez pour vos besoins naturels ;

13 et portant un bâton pointu à votre ceinture, lorsque vous voudrez vous soulager, vous ferez un trou en rond, que vous recouvrirez de la terre sortie du trou

14 après vous être soulagé. (Car le Seigneur, votre Dieu, marche au milieu de votre camp pour vous délivrer de tout péril, et pour vous livrer vos ennemis.) Ainsi vous aurez soin que votre camp soit pur et saint, et qu'il n'y paraisse rien qui le souille, de peur que le Seigneur ne vous abandonne.

15 Vous ne livrerez point l'esclave à son maître, quand il se sera réfugié vers vous.

16 Il demeurera parmi vous où il lui plaira, et il trouvera le repos *et la sûreté* ans quelqu'une de vos villes, sans que vous lui fassiez aucune peine.

17 Il n'y aura point de femme prostituée d'entre les filles d'Israël, ni de fornicateur et d'abominable d'entre les enfants d'Israël.

18 Vous n'offrirez point dans la maison du Seigneur, votre Dieu, la récompense de la prostituée, ni le prix du chien, quelque vœu que vous ayez fait : parce que l'un et l'autre est abominable devant le Seigneur, votre Dieu.

19 Vous ne prêterez point à usure à votre frère ni de l'argent, ni du grain, ni quelque autre chose que ce soit,

20 mais seulement aux étrangers. Vous prêterez à votre frère ce dont il aura besoin, sans en tirer aucun intérêt : afin que le Seigneur, votre Dieu, vous bénisse en tout ce que vous ferez dans le pays dont vous devez entrer en possession.

21 Lorsque vous aurez fait un vœu au Seigneur, votre Dieu, vous ne différerez point de l'accomplir ; parce que le Seigneur, votre Dieu, vous en demandera compte, et que si vous différez, il vous sera imputé à péché.

22 Vous éviterez le péché, si vous ne vous engagez par aucune promesse :

23 mais lorsqu'une fois la parole sera sortie de votre bouche, vous l'observerez, et vous ferez selon ce que vous avez promis au Seigneur, votre Dieu, l'ayant fait par votre propre volonté, et l'ayant déclaré par votre bouche.

24 Quand vous entrerez dans la vigne de votre prochain, vous pourrez manger des raisins autant que vous voudrez, mais vous n'en emporterez point dehors avec vous.

25 Si vous entrez dans les blés de votre ami, vous pourrez en cueillir des épis, et les froisser avec la main ; mais vous ne pourrez en couper avec la faucille.

CHAPITRE XXIV.

SI un homme ayant épousé une femme, et ayant vécu avec elle, en conçoit ensuite du dégoût à cause de quelque défaut honteux, il fera un écrit de divorce, et l'ayant mis entre les mains de cette femme, il la renverra hors de sa maison.

2 Si étant sortie, et ayant épousé un second mari,

3 ce *second* conçoit aussi de l'aversion pour elle, et qu'il la

renvoie encore hors de sa maison après lui avoir donné un écrit de divorce, ou s'il vient même à mourir ;

4 le premier mari ne pourra plus la reprendre pour sa femme, parce qu'elle a été souillée, et qu'elle est devenue abominable devant le Seigneur : ne souffrez pas qu'un tel péché se commette dans la terre dont le Seigneur, votre Dieu, doit vous mettre en possession.

5 Lorsqu'un homme aura épousé une femme depuis peu, il n'ira point à la guerre, et on ne lui imposera aucune charge publique ; mais il pourra, sans aucune faute, s'appliquer à sa maison, et passer une année en joie avec sa femme.

6 Vous ne recevrez point pour gage la meule de dessus ou de dessous du moulin ; parce que celui qui vous l'offre, vous engage sa propre vie.

7 Si un homme est surpris en tendant un piège à son frère d'entre les enfants d'Israël, et que l'ayant vendu comme esclave, il en ait reçu le prix, il sera puni de mort : et vous "ôterez le mal du milieu de vous.

8 Evitez avec un extrême soin tout ce qui pourrait vous faire tomber dans la plaie de la lèpre : faites pour cela tout ce que les prêtres de la race de Lévi vous enseigneront, selon ce que je leur ai commandé, et accomplissez-le exactement.

9 Souvenez-vous de la manière dont le Seigneur, votre Dieu, a traité Marie dans le chemin après votre sortie de l'Égypte.

10 Lorsque vous redemanderez à votre prochain quelque chose qu'il vous doit, vous n'entrerez point dans sa maison pour en emporter quelque gage ;

11 mais vous vous tiendrez dehors, et il vous donnera lui-même ce qu'il aura.

12 S'il est pauvre, le gage qu'il vous aura donné ne passera pas la nuit chez vous ;

13 mais vous le lui rendrez aussitôt avant le coucher du soleil, afin que dormant dans son vêtement il vous bénisse, et que vous soyez trouvé juste devant le Seigneur, votre Dieu.

14 Vous ne refuserez point à l'indigent et au pauvre ce que vous lui devez, soit qu'il soit votre frère, ou qu'étant venu de dehors il demeure avec vous dans votre pays et dans votre ville ;

15 mais vous lui rendrez le même jour le prix de son travail avant le coucher du soleil, parce qu'il est pauvre et qu'il n'a que cela pour vivre ; de peur qu'il ne crie contre vous au Seigneur, et que cela ne vous soit imputé à péché.

16 On ne fera point mourir les pères pour les enfants, ni les enfants pour les pères ; mais chacun mourra pour son péché.

17 Vous ne violerez point la justice dans la cause de l'étranger ni de l'orphelin, et vous n'ôterez point à la veuve son vêtement pour vous tenir lieu de gage.

18 Souvenez-vous que vous avez été esclave en Égypte, et que le Seigneur, votre Dieu, vous en a tiré. C'est pourquoi voici ce que je vous commande de faire :

19 Lorsque vous aurez coupé vos grains dans votre champ, et que vous y aurez laissé une javelle par oubli, vous n'y retournerez point pour l'emporter ; mais vous la laisserez prendre a l'étranger, à l'orphelin et à la veuve : afin que le Seigneur, votre Dieu, vous bénisse dans toutes les œuvres de vos mains.

20 Quand vous aurez cueilli les fruits des oliviers, vous ne reviendrez point prendre ceux qui seront restés sur les arbres ; mais vous les laisserez à l'étranger, à l'orphelin et à la veuve.

21 Quand vous aurez vendangé votre vigne, vous n'irez point cueillir les raisins qui y seront demeurés ; mais ils seront pour l'étranger, pour l'orphelin et pour la veuve.

22 Souvenez-vous que vous avez été vous-même esclave en Égypte ; car c'est pour cela que je vous fais ce commandement.

CHAPITRE XXV.

S'IL s'excite un différend entre deux hommes, et qu'ils portent l'affaire devant les juges ; celui qu'ils reconnaîtront avoir la justice de son côté, sera justifié par eux, et gagnera sa cause ; et ils condamneront d'impiété celui qu'ils auront jugé impie.

2 S'ils trouvent que celui qui aura fait la faute, mérite d'être battu, ils ordonneront qu'il soit couché par terre, et qu'il soit battu devant eux. Le nombre des coups se réglera sur la qualité du péché ;

3 en sorte néanmoins qu'il ne passera point celui de quarante ; de peur que votre frère ne se retire déchire misérablement devant vos yeux.

4 Vous ne lierez point la bouche du bœuf qui foule vos grains dans l'aire.

5 Lorsque deux frères demeurent ensemble, et que l'un d'eux sera mort sans enfants, la femme du mort n'en épousera point d'autre que le frère de son mari, qui la prendra pour femme, et suscitera des enfants à son frère ;

6 et il donnera le nom de son frère a l'aîné des fils qu'il aura d'elle, afin que le nom de son frère ne se perde point dans Israël.

7 S'il ne veut pas épouser la femme de son frère, qui lui est due selon la loi, cette femme ira à la porte de la ville, et elle s'adressera aux anciens, et leur dira : Le frère de mon mari ne veut pas susciter dans Israël le nom de son frère, ni me prendre pour sa femme :

8 et aussitôt ils le feront appeler, et ils l'interrogeront. S'il répond : Je ne veux point épouser cette femme-là ;

9 la femme s'approchera de lui devant les anciens, lui ôtera son soulier du pied, et lui crachera au visage, en disant : C'est ainsi que sera traité celui qui ne veut pas établir la maison de son frère ;

10 et sa maison sera appelée dans Israël, la maison du déchausse.

11 S'il arrive un démêlé entre deux hommes, et qu'ils commencent à se quereller l'un l'autre, et que la femme de l'un voulant tirer son mari d'entre les mains de l'autre qui sera plus fort que lui, étende la main, et le prenne par un endroit que la pudeur défend de nommer ;

12 vous lui couperez la main, sans vous laisser fléchir d'aucune compassion pour elle.

13 Vous n'aurez point en réserve plusieurs poids, l'un plus fort et l'autre plus faible ;

14 et il n'y aura point dans votre maison une mesure plus grande et une plus petite.

15 Vous n'aurez qu'un poids juste et véritable ; et il n'y aura chez vous qu'une mesure qui sera la véritable et toujours la même : afin que vous viviez longtemps sur la terre que le Seigneur, votre Dieu, vous aura donnée.

16 Car le Seigneur, votre Dieu, a en abomination celui qui fait ces choses, et il a horreur de toute injustice.

17 Souvenez-vous de ce que vous a fait Amalec dans le chemin, lorsque vous sortiez de l'Égypte ;

18 de quelle sorte il marcha à vous, et tailla en pièces les derniers de votre armée que la lassitude avait obligés de s'arrêter, lorsque vous étiez vous-même tout épuisé de faim et de travail, sans qu'il ait eu aucune crainte de Dieu.

19 Lors donc que le Seigneur, votre Dieu, vous aura donné du repos, et qu'il vous aura assujetti toutes les nations j situées tout autour de vous dans la terre qu'il vous a promise, vous exterminerez de dessous le ciel le nom d'Amalec. Et prenez bien garde de ne le pas oublier.

CHAPITRE XXVI.

LORSQUE vous serez entré dans le i pays dont le Seigneur, votre Dieu, ! doit vous mettre en possession, que vous en serez devenu maître, et que vous y serez établi,

2 vous prendrez les prémices de tous les fruits de votre terre ; et les ayant mis dans un panier, vous irez au lieu que le Seigneur, votre Dieu, aura choisi pour y faire invoquer son nom.

3 Là vous approchant du prêtre qui sera en ce temps-là, vous lui direz : Je reconnais aujourd'hui publiquement devant le Seigneur, votre Dieu, que je suis entré dans la terre qu'il avait promis avec serment à nos pères de nous donner.

4 Et le prêtre prenant le panier de votre main, le mettra devant l'autel du Seigneur, votre Dieu ;

5 et vous direz en la présence du Seigneur, votre Dieu : Lorsque

le Syrien poursuivait mon père, il descendit en Égypte, et il y demeura comme étranger, ayant très-peu de personnes avec lui ; mais il s'accrut depuis, jusqu'à former un peuple grand et puissant, qui se multiplia jusqu'à l'infini.

6 Cependant les Egyptiens nous affligèrent et nous persécutèrent, nous accablant de charges insupportables ;

7 mais nous criâmes au Seigneur, le Dieu de nos pères, qui nous exauça, et qui regardant favorablement notre affliction, nos travaux, et l'extrémité où nous étions réduits,

8 nous tira d'Égypte par sa main toute-puissante et en déployant toute la force de son bras, ayant jeté une frayeur extraordinaire dans ces peuples par des miracles et des prodiges inouïs ;

9 et il nous a fait entrer dans ce pays, et nous a donné cette terre où coulent des ruisseaux de lait et de miel.

10 C'est pourquoi j'offre maintenant les prémices des fruits de la terre que le Seigneur m'a donnée. Vous laisserez ces prémices devant le Seigneur, votre Dieu ; et après avoir adoré le Seigneur, votre Dieu,

11 vous ferez un festin de réjouissance en mangeant de tous les biens que le Seigneur, votre Dieu, vous aura donnés et à toute votre maison, vous et le Lévite, et l'étranger qui est avec vous.

12 Lorsque vous aurez achevé de donner la dîme de tous vos fruits, vous donnerez la troisième année les dîmes aux Lévites, à l'étranger, à l'orphelin et à la veuve, afin qu'ils mangent au milieu de vous et qu'ils soient rassasiés ;

13 et vous direz ceci devant le Seigneur, votre Dieu : J'ai ôté de ma maison ce qui vous était consacré, et je l'ai donné au Lévite, à l'étranger, à l'orphelin et à la veuve, comme vous me l'avez commandé ; je n'ai point négligé vos ordonnances, ni oublié ce que vous m'avez commandé.

14 Je n'ai point mangé de ces choses étant dans le deuil ; je ne les ai point mises à part pour m'en servir en des usages profanes, et je n'en ai rien employé dans les funérailles des morts ; j'ai obéi à la voix du Seigneur, mon Dieu, et j'ai fait tout ce que vous m'aviez ordonné.

15 Regardez-nous donc de votre sanctuaire et de ce lieu où vous demeurez au plus haut des cieux, et bénissez Israël, votre peuple, et la terre que vous nous avez donnée, selon le serment que vous en avez fait à nos pères, cette terre où coulent des ruisseaux de lait et de miel.

16 Le Seigneur, votre Dieu, vous commande aujourd'hui d'observer ces ordonnances et ces lois, de les garder et de les accomplir de tout votre cœur et de toute votre âme.

17 Vous avez aujourd'hui choisi le Seigneur, afin qu'il soit votre Dieu : afin que vous marchiez dans ses voies, que vous gardiez ses cérémonies, ses ordonnances et ses lois, et que vous obéissiez à ses commandements.

18 Et le Seigneur vous a aussi choisi aujourd'hui, afin que vous soyez son peuple particulier, selon qu'il vous l'a déclare : afin que vous observiez ses préceptes ;

19 et qu'il vous rende le peuple le plus illustre de toutes les nations qu'il a créées pour sa louange, pour son nom et pour sa gloire, et que vous soyez le peuple saint du Seigneur, votre Dieu, selon sa parole.

CHAPITRE XXVII.

MOÏSE et les anciens d'Israël ordonnèrent *encore* ceci au peuple, et lui dirent : Observez toutes les ordonnances que je vous prescris aujourd'hui.

2 Et lorsqu'ayant passé le Jourdain, vous serez entré dans le pays que le Seigneur, votre Dieu, vous donnera, vous élèverez de grandes pierres que vous enduirez de chaux,

3 pour y pouvoir écrire toutes les paroles de la loi que je vous donne, quand vous aurez passé le Jourdain, pour entrer dans la terre que le Seigneur, votre Dieu, doit vous donner, cette terre où coulent des ruisseaux de lait et de miel, selon que le Seigneur l'avait juré à vos pères.

4 Lors donc que vous aurez passé le Jourdain, vous élèverez ces pierres sur le mont Hébal, selon que je vous l'ordonne aujourd'hui, et vous les enduirez de chaux.

5 Vous dresserez là aussi au Seigneur, votre Dieu, un autel de pierres où le fer n'aura point touché,

6 de pierres brutes et non polies ; et vous offrirez sur cet autel des holocaustes au Seigneur, votre Dieu.

7 Vous immolerez des hosties pacifiques, dont vous mangerez en ce lieu avec joie devant le Seigneur, votre Dieu.

8 Et vous écrirez distinctement et nettement sur les pierres toutes les paroles de la loi que je vous propose.

9 Alors Moïse et les prêtres de la race de Lévi dirent à tout Israël : Soyez attentif, ô Israël, et écoutez : Vous êtes devenu aujourd'hui le peuple du Seigneur, votre Dieu.

10 Ecoutez donc sa voix, et observez les préceptes et les ordonnances que je vous prescris.

11 Ce jour-là même Moïse fit ce commandement au peuple, et lui dit :

12 Après que vous aurez passé le Jourdain, Siméon, Lévi, Juda, Issachar, Joseph et Benjamin se tiendront sur la montagne de Garizim, pour bénir le peuple.

13 Et Ruben, Gad, Aser, Zabulon, Dan et Nephthali se tiendront de l'autre côté sur le mont Hébal, pour le maudire.

14 Et les Lévites prononceront ces paroles à haute voix, et diront devant tout le peuple d'Israël :

15 Maudit est l'homme qui fait une image de sculpture ou jetée en fonte, qui est l'abomination du Seigneur, et l'ouvrage de la main d'un artisan, et qui la met dans un lieu secret. Et tout le peuple répondra et dira : Amen !

16 Maudit celui qui n'honore point son père et sa mère. Et tout le peuple répondra : Amen !

17 Maudit celui qui change les bornes de *l'héritage de* son prochain. Et tout le peuple répondra : Amen !

18 Maudit celui qui fait égarer l'aveugle dans le chemin. Et tout le peuple répondra : Amen !

19 Maudit celui qui viole la justice dans la cause de l'étranger, de l'orphelin et de la veuve. Et tout le peuple répondra : Amen !

20 Maudit celui qui dort avec la femme de son père, et qui découvre la couverture de son lit. Et tout le peuple répondra : Amen !

21 Maudit celui qui dort avec toutes sortes de bêtes. Et tout le peuple répondra : Amen !

22 Maudit celui qui dort avec sa sœur, qui est la fille de son père ou de sa mère. Et tout le peuple répondra : Amen !

23 Maudit celui qui dort avec sa belle-mère. Et tout le peuple répondra : Amen !

24 Maudit celui qui frappe son prochain en secret. Et tout le peuple répondra : Amen !

25 Maudit celui qui reçoit des présents pour répandre le sang innocent. Et tout le peuple répondra : Amen !

26 Maudit celui qui ne demeure pas ferme dans les ordonnances de cette loi, et qui ne les accomplit pas effectivement. Et tout le peuple répondra : Amen !

CHAPITRE XXVIII.

SI vous écoutez la voix du Seigneur, votre Dieu, en gardant et observant toutes ses ordonnances que je vous prescris aujourd'hui, le Seigneur, votre Dieu, ! vous élèvera au-dessus de toutes les nations qui sont sur la terre.

2 Toutes ces bénédictions se répandront sur vous, et vous en serez comblé ; pourvu néanmoins que vous obéissiez a ses préceptes.

3 Vous serez béni dans la ville, vous serez béni dans les champs.

4 Le fruit de votre ventre, le fruit de votre terre, et le fruit de vos bestiaux sera béni ; vos troupeaux de bœufs et vos troupeaux de brebis seront bénis.

5 Vos greniers seront bénis, et les fruits que vous mettrez en réserve participeront à la même bénédiction.

6 A l'entrée et à la fin *de toutes vos actions* vous serez béni.

7 Le Seigneur fera que vos ennemis qui s'élèveront contre vous,

tomberont devant vos yeux. Ils viendront vous attaquer par un chemin, et ils s'enfuiront par sept *autres* devant vous.

8 Le Seigneur répandra sa bénédiction sur vos celliers, et sur tous les travaux de vos mains ; et il vous bénira dans le pays que vous aurez reçu de lui.

9 Le Seigneur se suscitera et se formera en vous un peuple saint, selon qu'il vous l'a juré ; pourvu que vous observiez les commandements du Seigneur, votre Dieu, et que vous marchiez dans ses voies.

10 Tous les peuples de la terre verront que vous portez véritablement le nom de peuple de Dieu, et ils vous craindront.

11 Le Seigneur vous mettra dans l'abondance de toutes sortes de biens, *en multipliant* le fruit de votre ventre, le fruit de vos bestiaux, et le fruit de votre terre, laquelle il a promis et juré à vos pères de vous donner.

12 Le Seigneur ouvrira le ciel qui est son riche trésor, pour répandre sur votre terre la pluie en son temps ; et il bénira tous les travaux de vos mains. Vous prêterez à plusieurs peuples, et vous n'emprunterez de personne.

13 Le Seigneur vous mettra *toujours* à la tête *des peuples*, et non derrière eux, et vous serez toujours au-dessus, et non au-dessous ; pourvu néanmoins que vous écoutiez les ordonnances du Seigneur, votre Dieu, que je vous prescris aujourd'hui, que vous les gardiez et les pratiquiez,

14 sans vous en détourner ni à droite ni à gauche ; et que vous ne suiviez ni n'adoriez les dieux étrangers.

15 Si vous ne voulez point écouter la voix du Seigneur, votre Dieu, et que vous ne gardiez et ne pratiquiez pas toutes ses ordonnances et les cérémonies que je vous prescris aujourd'hui, toutes ces malédictions fondront sur vous, et vous accableront.

16 Vous serez maudit dans la ville, et vous serez maudit dans les champs.

17 Votre grenier sera maudit, et les fruits que vous aurez mis en réserve seront maudits.

18 Le fruit de votre ventre, et le fruit de votre terre sera maudit, aussi bien que vos troupeaux de bœufs et vos troupeaux de brebis.

19 Vous serez maudit à l'entrée et à la fin *de toutes vos actions*.

20 Le Seigneur enverra parmi vous l'indigence et la famine, et il répandra sa malédiction sur tous vos travaux, jusqu'à ce qu'il vous réduise en poudre, et qu'il vous extermine en peu de temps, à cause des actions pleines de malice par lesquelles vous l'aurez abandonné.

21 Le Seigneur vous affligera par la peste, jusqu'à ce qu'il vous ait fait périr dans le pays où vous allez entrer pour le posséder.

22 Le Seigneur vous frappera de misère et de pauvreté, de fièvre, de froid, d'une chaleur brûlante, de corruption d'air, et de nielle, et il vous poursuivra jusqu'à ce que vous périssiez entièrement.

23 Le ciel qui est au-dessus de vous sera d'airain ; et la terre sur laquelle vous marchez sera de fer.

24 Le Seigneur répandra sur votre terre *des nuées* de poussière au lieu de pluie, et il fera tomber du ciel sur vous de la cendre, jusqu'à ce que vous soyez réduit en poudre.

25 Le Seigneur vous fera tomber devant vos ennemis ; vous marcherez par un seul chemin contre eux, et vous fuirez par sept, et vous serez dispersé dans tous les royaumes de la terre.

26 Vos corps après votre mort serviront de nourriture à tous les oiseaux du ciel, et à toutes les bêtes de la terre, sans que personne se mette en peine de les chasser.

27 Le Seigneur vous frappera d'ulcères, comme il en frappa *autrefois* l'Egypte ; et il frappera aussi d'une gale et d'une démangeaison incurable la partie du corps par laquelle la nature rejette ce qui lui est resté de sa nourriture.

28 Le Seigneur vous frappera de frénésie, d'aveuglement et de fureur ;

29 en sorte que vous marcherez à tâtons en plein midi, comme l'aveugle a accoutumé de faire, étant tout enseveli dans les ténèbres ; et que vous ne réussirez point en ce que vous aurez entrepris. Vous serez noirci eu tout temps par des calomnies, et opprimé par des violences, sans que vous ayez personne pour vous délivrer.

30 Vous épouserez une femme, et un autre la prendra pour lui. Vous bâtirez une maison, et vous ne l'habiterez point. Vous planterez une vigne, et vous n'en recueillerez point le fruit.

31 Votre bœuf sera immolé devant vous, et vous n'en mangerez point. Votre âne vous sera ravi devant vos yeux, et on ne vous le rendra point. Vos brebis seront livrées à vos ennemis, et personne ne se mettra en peine de vous secourir.

32 Vos fils et vos filles seront livrés à un peuple étranger ; vos yeux le verront, et seront tout desséchés par la vue continuelle *de leur misère* ; et vos mains se trouveront sans aucune force *pour les délivrer*.

33 Un peuple qui vous sera inconnu dévorera tout ce que votre terre avait produit, et tout le fruit de vos travaux ; vous serez toujours abandonné à la calomnie et exposé à l'oppression tous les jours *de votre vie* ;

34 et vous demeurerez comme interdit et hors de vous par la frayeur des choses que vous verrez de vos yeux.

35 Le Seigneur vous frappera d'un ulcère très-malin dans les genoux et dans le gras des jambes, et d'un mal incurable depuis la plante des pieds jusqu'au haut de la tête.

36 Le Seigneur vous emmènera, vous et votre roi, que vous aurez établi sur vous, parmi un peuple que vous aurez ignoré, vous et vos pères ; et vous adorerez là des dieux étrangers, du bois et de la pierre.

37 Et vous serez dans la dernière misère, et comme le jouet et la fable de tous les peuples où le Seigneur vous aura conduit.

38 Vous sèmerez beaucoup de grain dans votre terre, et vous en recueillerez peu, parce que les sauterelles mangeront tout.

39 Vous planterez une vigne, et vous la labourerez ; mais vous n'en boirez point de vin, et vous n'en recueillerez rien, parce qu'elle sera gâtée par les vers.

40 Vous aurez des oliviers dans toutes vos terres, et vous ne pourrez en retirer d'huile pour vous en frotter, parce que tout coulera et tout périra.

41 Vous mettrez au monde des fils et des filles, et vous n'aurez point la joie de les posséder, parce qu'ils seront emmenés captifs.

42 La nielle consumera tous vos arbres et les fruits de votre terre.

43 L'étranger qui est avec vous dans votre pays, s'élèvera au-dessus de vous, et deviendra plus puissant ; et pour vous, vous descendrez et vous serez au-dessous de lui.

44 Ce sera lui qui vous prêtera de l'argent, et vous ne lui en prêterez point. Il sera lui-même à la tête, et vous ne marcherez qu'après lui.

45 Toutes ces malédictions fondront sur vous, et elles vous accableront jusqu'à ce que vous périssiez entièrement ; parce que vous n'aurez point écouté la voix du Seigneur, votre Dieu, ni observé ses ordonnances et les cérémonies qu'il vous a prescrites.

46 *Ces malédictions, dis-je*, demeureront à jamais et sur vous et sur votre postérité, comme une marque étonnante *de la colère de Dieu* sur vous ;

47 parce que vous n'aurez point servi le Seigneur, votre Dieu, avec la reconnaissance et la joie du cœur que demandait cette abondance de toutes choses.

48 Vous deviendrez l'esclave d'un ennemi que le Seigneur vous enverra ; *vous le servirez* dans la faim, dans la soif, dans la nudité, et dans le besoin de toutes choses ; et il vous fera porter un joug de fer, jusqu'à ce que vous en soyez écrasé.

49 Le Seigneur fera venir d'un pays reculé et des extrémités de la terre, un peuple qui fondra sur vous comme un aigle fond sur sa proie, et dont vous ne pourrez entendre la langue ;

50 un peuple fier et insolent, qui ne sera touché ni de respect pour les vieillards, ni de pitié pour les plus petits enfants.

51 Il dévorera tout ce qui naîtra de vos bestiaux, et tous les fruits de votre terre, jusqu'à ce que vous périssiez : il ne vous laissera ni blé, ni vin, ni huile, ni troupeaux de bœufs, ni troupeaux de brebis, jusqu'à ce qu'il vous détruise entièrement.

52 Il vous réduira en poudre dans toutes vos villes ; et vos murailles si fortes et si élevées, où vous avez mis votre confiance,

tomberont dans toute *l'étendue de* votre pays. Vous demeurerez assiégé dans toutes les villes du pays que le Seigneur, votre Dieu, vous donnera ;

53 et vous mangerez le fruit de votre ventre, et la chair de vos fils et de vos filles, que le Seigneur, votre Dieu, vous aura donnés, tant sera grande l'extrémité de la misère où vos ennemis vous auront réduit.

54 L'homme d'entre vous le plus délicat et le plus plongé dans les plaisirs refusera à son frère, et à sa femme qui dort auprès de lui,

55 et ne voudra pas leur donner de la chair de ses fils dont il mangera, parce qu'il n'aura rien autre chose à manger pendant le siège dont il se verra resserré, et dans le besoin extrême où vous réduiront vos ennemis par leur violence dans l'enceinte de toutes vos villes.

56 La femme délicate accoutumée à une vie molle, qui ne pouvait pas seulement marcher, et qui avait peine à poser un pied sur la terre à cause de son extrême mollesse et délicatesse, refusera à son mari qui dort auprès d'elle, de lui donner de la chair de son fils et de sa fille ;

57 de cette masse d'ordures qu'elle a jetée hors d'elle *en se délivrant de son fruit*, et de la chair de son enfant qui ne venait que de naître : car ils mangeront en cachette leurs propres enfants, n'ayant plus de quoi se nourrir dans cette cruelle famine, où pendant le siège vos ennemis vous réduiront par leur violence dans l'enceinte de vos villes.

58 Si vous ne gardez et n'accomplissez toutes les paroles de cette loi, qui sont écrites dans ce livre, et si vous ne craignez son nom glorieux et terrible, c'est-à-dire, le Seigneur, votre Dieu ;

59 le Seigneur augmentera de plus en plus vos plaies, et les plaies de vos enfants, des plaies grandes et opiniâtres, des langueurs malignes et incurables.

60 Il fera retomber sur vous toutes ces plaies dont il a affligé l'Égypte, et dont vous avez été effrayés, et elles s'attacheront inséparablement à vous.

61 Le Seigneur fera encore fondre sur vous toutes les langueurs et toutes les plaies qui ne sont point écrites dans le livre de cette loi, jusqu'à ce qu'il vous réduise en poudre ;

62 et vous demeurerez un très-petit nombre d'hommes, vous qui étiez multipliés auparavant comme les étoiles du ciel, parce que vous n'aurez point écouté la voix du Seigneur, votre Dieu.

63 Et comme le Seigneur avait pris plaisir auparavant à vous combler de biens, et à vous multiplier de plus en plus ; ainsi il prendra plaisir à vous perdre, à vous détruire, et à vous exterminer de la terre où vous allez entrer pour la posséder.

64 Le Seigneur vous dispersera parmi tous les peuples, depuis une extrémité de la terre jusqu'à l'autre ; et vous adorerez là des dieux étrangers que vous ignoriez, vous et vos pères, *des dieux* de bois et de pierre.

65 Etant même parmi ces peuples, vous ne trouverez aucun repos, et vous ne trouverez pas seulement où asseoir en paix la plante de votre pied. Car le Seigneur vous donnera un cœur toujours agité de crainte, des yeux languissants, et une âme tout abîmée dans la douleur.

66 Votre vie sera comme en suspens devant vous : vous tremblerez nuit et jour, et vous ne croirez pas à votre vie.

67 Vous direz le matin : Qui me donnera de voir le soir ? et le soir : Qui me donnera de voir le matin ? tant votre cœur sera saisi d'épouvante, et tant la vue des choses qui se passeront devant vos yeux, vous effrayera.

68 Le Seigneur vous fera remener par mer en Égypte, dont il vous avait dit que vous ne deviez jamais reprendre le chemin. Vous serez vendus là à vos ennemis, *vous* pour être leurs esclaves, et *vos femmes* pour être leurs servantes ; et il ne se trouvera pas même de gens pour vous acheter.

CHAPITRE XXIX.

VOICI les paroles de l'alliance que le Seigneur commanda à Moïse de faire avec les enfants d'Israël dans le pays de Moab, outre la première alliance qu'il avait faite avec eux sur le mont Horeb.

2 Moïse fit donc assembler tout le peuple d'Israël, et leur dit : Vous avez vu tout ce que le Seigneur a fait devant vous en Égypte, de quelle manière il a traité Pharaon, tous ses serviteurs et tout son royaume ;

3 vous avez vu de vos yeux les grandes plaies par lesquelles il les a éprouvés, ces miracles et ces prodiges épouvantables ;

4 et le Seigneur ne vous a point donné jusqu'aujourd'hui un cœur qui eût de l'intelligence, des yeux qui pussent voir, et des oreilles qui pussent entendre.

5 Il vous a conduits jusqu'ici par le désert pendant quarante ans : vos vêtements se sont conservés, et les souliers qui sont à vos pieds ne se sont point usés pendant tout ce temps.

6 Vous n'avez ni mangé de pain, ni bu de vin ou de cidre : afin que vous sussiez que c'est moi qui suis le Seigneur, votre Dieu.

7 Lorsque vous êtes venus en ce lieu, Séhon, roi d'Hésébon, et Og, roi de Basan, ont marché au-devant de nous pour nous combattre, et nous les avons taillés en pièces.

8 Nous avons pris leur pays, et nous l'avons donné à Ruben, à Gad et à la moitié de la tribu de Manassé, afin qu'ils le possédassent.

9 Gardez donc les paroles de cette alliance, et accomplissez-les ; en sorte que tout ce que vous faites, vous le fassiez avec intelligence.

10 Nous voilà tous aujourd'hui présents devant le Seigneur, votre Dieu, les princes de vos tribus, les anciens et les docteurs, et tout le peuple d'Israël,

11 vos enfants, vos femmes, et l'étranger qui demeure avec vous dans le camp, outre ceux qui coupent le bois, et ceux qui apportent l'eau ;

12 *vous êtes, dis-je, tous ici*, afin que vous entriez dans l'alliance du Seigneur, votre Dieu, cette alliance que le Seigneur, votre Dieu, contracte et jure aujourd'hui avec vous :

13 afin qu'il fasse de vous son propre peuple, et qu'il soit lui-même votre Dieu, selon qu'il vous l'a promis, et selon qu'il l'a juré à vos pères, Abraham, Isaac et Jacob.

14 Cette alliance que je fais aujourd'hui, ce serment que je confirme de nouveau, n'est pas pour vous seuls ;

15 mais pour tous ceux qui sont présents ou absents.

16 Car vous savez de quelle manière nous avons demeuré dans l'Égypte, et comment nous avons passé au milieu des nations, et qu'en passant,

17 vous y avez vu des abominations et des ordures, c'est-à-dire, leurs idoles, le bois et la pierre, l'argent et l'or qu'ils adoraient.

18 Qu'il ne se trouve donc pas aujourd'hui parmi vous un homme ou une femme, une famille ou une tribu, dont le cœur se détournant du Seigneur, notre Dieu, aille adorer les dieux de ces nations ; qu'il ne se produise pas parmi vous une racine et un germe de fiel et d'amertume ;

19 et que quelqu'un ayant entendu les paroles de cette alliance que Dieu a jurée avec vous, ne se flatte pas en lui-même, en disant : Je ne laisserai pas de vivre en paix, quand je m'abandonnerai à la dépravation de mon cœur ; de peur qu'enivré *de cette erreur* il n'entraîne avec lui les innocents.

20 Le Seigneur ne pardonnera point à cet homme ; mais sa fureur s'allumera alors d'une terrible manière, et sa colère éclatera contre lui : il se trouvera accablé de toutes les malédictions qui sont écrites dans ce livre ; le Seigneur effacera la mémoire de son nom de dessous le ciel ;

21 il l'exterminera pour jamais de toutes les tribus d'Israël, selon les malédictions qui sont contenues dans ce livre de la loi et de l'alliance *du Seigneur*.

22 La postérité qui viendra après nous, les enfants qui naîtront dans la suite d'âge en âge, et les étrangers qui seront venus de loin, voyant les plaies de ce pays, et les langueurs dont le Seigneur l'aura affligé ;

23 voyant qu'il l'aura brûlé par le soufre et par un sel brûlant, de sorte qu'on n'y jettera plus aucune semence, et qu'on n'y verra

plus pousser aucune verdeur, et qu'il y aura renouvelé une image de la ruine de Sodome et de Gomorrhe, d'Adama et de Séboïm, que le Seigneur a détruites dans sa colère et dans sa fureur ;

24 *la postérité, dis-je*, et tous les peuples diront, *en voyant ces choses* : Pourquoi le Seigneur a-t-il traité ainsi ce pays ? d'où vient qu'il a fait éclater sa fureur avec tant de violence ?

25 Et on leur répondra : Parce qu'ils ont abandonné l'alliance que le Seigneur avait faite avec leurs pères, lorsqu'il les tira d'Egypte ;

26 et qu'ils ont servi et adoré des dieux étrangers qui leur étaient inconnus, et au culte desquels ils n'avaient point été destinés.

27 C'est pour cela que la fureur du Seigneur s'est allumée contre *le peuple de* ce pays ; qu'il a fait fondre sur eux toutes les malédictions qui sont écrites dans ce livre ;

28 qu'il les a chassés de leur pays dans sa colère, dans sa fureur, et dans son extrême indignation ; et qu'il les a envoyés bien loin dans une terre étrangère, comme on le voit aujourd'hui.

29 Ces secrets étaient cachés dans le Seigneur, notre Dieu, et maintenant il nous les a découverts, à nous et à nos enfants pour jamais, afin que nous accomplissions toutes les paroles de cette loi.

CHAPITRE XXX.

LORS donc que tout ce que je viens de dire vous sera arrivé, et que les bénédictions ou les malédictions que je viens de vous représenter seront venues sur vous, et qu'étant touché de repentir au fond du cœur, parmi les nations dans lesquelles le Seigneur, votre Dieu, vous aura dispersé,

2 vous reviendrez à lui avec vos enfants, et que vous obéirez à ses commandements de tout votre cœur et de toute votre âme, selon que je vous l'ordonne aujourd'hui :

3 le Seigneur, votre Dieu, vous fera revenir de votre captivité ; il aura pitié de vous, et il vous rassemblera encore en vous retirant du milieu de tous les peuples où il vous avait auparavant dispersé.

4 Quand vous auriez été dispersé jusqu'aux extrémités du monde, le Seigneur, votre Dieu, vous en retirera ;

5 il vous reprendra à lui, et vous ramènera dans le pays que vos pères auront possédé, et vous le posséderez *de nouveau* : et vous bénissant il vous fera croître en plus grand nombre que n'auront été vos pères.

6 Le Seigneur, votre Dieu, circoncira votre cœur, et le cœur de vos enfants, afin que vous aimiez le Seigneur, votre Dieu, de tout votre cœur et de toute votre âme, et que vous puissiez vivre.

7 Il fera retomber toutes ces malédictions sur vos ennemis, sur ceux qui vous haïssent et vous persécutent.

8 Et pour vous, vous reviendrez, et vous écouterez la voix du Seigneur, votre Dieu, et vous observerez toutes les ordonnances que je vous prescris aujourd'hui ;

9 et le Seigneur, votre Dieu, vous comblera de biens dans tous les travaux de vos mains, dans les enfants qui sortiront de votre sein, dans tout ce qui naîtra de vos troupeaux, dans la fécondité de votre terre, et dans une abondance de toutes choses. Car le Seigneur reviendra à vous, pour mettre sa joie à vous combler de biens, comme il avait fait à l'égard de vos pères ;

10 pourvu néanmoins que vous écoutiez la voix du Seigneur, votre Dieu, que vous observiez ses préceptes et les cérémonies qui sont écrites dans la loi que je vous propose, et que vous retourniez au Seigneur, votre Dieu, de tout votre cœur et de toute votre âme.

11 Ce commandement que je vous prescris aujourd'hui, n'est ni au-dessus de vous, ni loin de vous.

12 Il n'est point dans le ciel, pour vous donner lieu de dire : Qui de nous peut monter au ciel, pour nous apporter ce commandement, afin que l'ayant entendu, nous l'accomplissions par nos œuvres ?

13 Il n'est point aussi au delà de la mer, pour vous donner lieu de vous excuser, en disant : Qui de nous pourra passer la mer, pour l'apporter jusqu'à nous, afin que l'ayant entendu, nous puissions faire ce qu'on nous ordonne ?

14 Mais ce commandement est tout proche de vous, il est dans votre bouche et dans votre cœur, afin que vous l'accomplissiez.

15 Considérez que j'ai proposé aujourd'hui devant vos yeux, d'un côté la vie et les biens, et de l'autre la mort et les maux :

16 afin que vous aimiez le Seigneur, votre Dieu, que vous marchiez dans ses voies, que vous observiez ses préceptes, ses cérémonies et ses ordonnances ; et que vous viviez, et qu'il vous multiplie et vous bénisse dans la terre où vous entrerez pour la posséder.

17 Si votre cœur se détourne de lui, si vous ne voulez pas l'écouter, et que vous laissant séduire à l'erreur, vous adoriez et vous serviez des dieux étrangers :

18 je vous déclare aujourd'hui par avance, que vous périrez ; que vous ne demeurerez pas longtemps dans la terre où, après avoir passé le Jourdain, vous devez entrer pour la posséder.

19 Je prends aujourd'hui à témoin le ciel et la terre, que je vous ai proposé la vie et la mort, la bénédiction et la malédiction. Choisissez donc la vie, afin que vous viviez, vous et votre postérité :

20 que vous aimiez le Seigneur, votre Dieu, que vous obéissiez à sa voix, et que vous demeuriez attaché à lui (comme étant votre vie, et celui qui doit vous donner une longue suite d'années), afin que vous habitiez dans le pays que le Seigneur avait juré de donner à vos pères, Abraham, Isaac et Jacob.

CHAPITRE XXXI.

MOÏSE alla donc déclarer toutes ces choses à tout le peuple d'Israël,

2 et leur dit : J'ai présentement cent vingt ans ; je ne puis plus vous conduire, principalement après que le Seigneur m'a dit : Vous ne passerez point *ce fleuve* du Jourdain.

3 Le Seigneur, votre Dieu, passera donc devant vous ; ce sera lui-même qui exterminera à vos yeux toutes ces nations dont vous posséderez le pays ; et Josué, que vous voyez, marchera à votre tête, selon que le Seigneur l'a ordonné.

4 Le Seigneur traitera ces peuples comme il a traité Séhon et Og, rois des Amorrhéens, avec tout leur pays, et il les exterminera.

5 Lors donc que le Seigneur vous aura livré aussi ces peuples, vous les traiterez comme vous avez traité les autres, selon que je vous l'ai ordonné.

6 Soyez courageux et ayez de la fermeté : ne craignez point, et ne vous laissez point saisir de frayeur en les voyant ; parce que le Seigneur, votre Dieu, est lui-même votre conducteur, et qu'il ne vous laissera point et ne vous abandonnera point.

7 Moïse appela donc Josué, et lui dit devant tout le peuple d'Israël : Soyez ferme et courageux : car c'est vous qui ferez entrer ce peuple dans la terre que le Seigneur a juré à leurs pères de leur donner, et c'est vous aussi qui la partagerez au sort *entre les tribus*.

8 Le Seigneur qui est votre conducteur, sera lui-même avec vous ; il ne vous laissera point et ne vous abandonnera point : ne craignez point, et ne vous laissez point intimider.

9 Moïse écrivit donc cette loi, et il la donna aux prêtres, enfants de Lévi, qui portaient l'arche de l'alliance du Seigneur, et à tous les anciens d'Israël.

10 Et il leur donna cet ordre, et leur dit : Tous les sept ans, lorsque l'année de la remise sera venue, et au temps de la fête des tabernacles,

11 quand tous les enfants d'Israël s'assembleront pour paraître devant le Seigneur, votre Dieu, au lieu que le Seigneur aura choisi, vous lirez les paroles de cette loi devant tout Israël, qui l'écoutera *attentivement*,

12 tout le peuple étant assemblé, tant les hommes que les femmes, les petits enfants et les étrangers qui se trouveront dans vos villes : afin que l'écoutant ils l'apprennent, qu'ils craignent le Seigneur, votre Dieu, qu'ils observent et accomplissent toutes les ordonnances de cette loi ;

13 et que leurs enfants mêmes qui n'en ont *encore* aucune connaissance, puissent les entendre, et qu'ils craignent le Seigneur,

leur Dieu, pendant tout le temps qu'ils demeureront dans la terre que vous allez posséder, quand vous aurez passé le Jourdain.

14 Alors le Seigneur dit à Moïse : Le jour de votre mort s'approche ; faites venir Josué, et présentez-vous *tous deux* devant le tabernacle du témoignage ; afin que je lui donne mes ordres. Moïse et Josué allèrent donc se présenter devant le tabernacle du témoignage :

15 et le Seigneur y parut en même temps dans la colonne de nuée, qui s'arrêta à l'entrée du tabernacle.

16 Le Seigneur dit alors à Moïse : Vous allez vous reposer avec vos pères, et ce peuple s'abandonnera et se prostituera a des dieux étrangers dans le pays où il va entrer pour y habiter. Il se séparera de moi lorsqu'il y sera, et il violera l'alliance que j'avais faite avec lui.

17 Et ma fureur s'allumera contre lui en ce temps-là ; je l'abandonnerai, et lui cacherai mon visage, et il sera exposé en proie. Tous les maux et toutes les afflictions viendront en foule sur lui, et le contraindront de dire en ce jour-là : Véritablement c'est à cause que Dieu n'est point avec moi, que je suis tombe dans tous ces maux.

18 Cependant je me cacherai, et je *lui* couvrirai ma face, à cause de tous les maux qu'il aura faits en suivant des dieux étrangers.

19 Maintenant donc écrivez pour vous ce cantique, et apprenez-le aux enfants d'Israël, afin qu'ils le sachent par cœur, qu'ils l'aient dans la bouche et qu'ils le chantent, et que ce cantique me serve d'un témoignage parmi les enfants d'Israël.

20 Car je les ferai entrer dans la terre que j'ai juré de donner à leurs pères, où. coulent des ruisseaux de lait et de miel. Et lorsqu'ils auront mangé, et qu'ils se seront rassasiés et engraissés, ils se détourneront de moi pour aller après des dieux étrangers, ils les adoreront, ils parleront contre moi, et ils violeront mon alliance.

21 Et lorsque les maux et les afflictions seront tombés en foule sur eux, ce cantique portera contre eux un témoignage qui vivra dans la bouche de leurs enfants, sans qu'il puisse jamais être effacé. Car je connais leurs pensées : et ce qu'ils doivent faire m'est connu dès aujourd'hui avant que je les fasse entrer dans la terre que je leur ai promise.

22 Moïse écrivit donc le cantique *qui suit*, et il l'apprit aux enfants d'Israël.

23 Alors le Seigneur donna cet ordre à Josué, fils de Nun, et lui dit : Soyez ferme et courageux : car ce sera vous qui ferez entrer les enfants d'Israël dans la terre que je leur ai promise, et je serai avec vous.

24 Après donc que Moïse eut achevé d'écrire dans un livre les ordonnances de cette loi,

25 il donna ordre aux Lévites qui portaient l'arche de l'alliance du Seigneur, et il leur dit :

26 Prenez ce livre, et mettez-le à côté de l'arche de l'alliance du Seigneur, votre Dieu, afin qu'il y serve de témoignage contre vous, ô Israël !

27 Car je sais quelle est votre obstination, et combien vous êtes dur et inflexible. Pendant tout le temps que j'ai vécu et que j'ai agi parmi vous, vous avez toujours disputé et murmuré contre le Seigneur ; combien plus le ferez-vous quand je serai mort !

28 Assemblez devant moi tous les anciens de vos tribus et tous vos docteurs, et je prononcerai devant eux les paroles de ce *cantique* ; et j'appellerai à témoin contre eux le ciel et la terre.

29 Car je sais qu'après ma mort vous vous conduirez fort mal, que vous vous détournerez bientôt de la voie que je vous ai prescrite : et vous vous trouverez enfin surpris de beaucoup de maux, lorsque vous aurez péché devant le Seigneur en l'irritant par les œuvres de vos mains.

30 Moïse prononça donc les paroles de ce cantique, et il le récita jusqu'à la fin devant tout le peuple d'Israël qui l'écoutait.

CHAPITRE XXXII.

CIEUX, écoutez ce que je vais dire ; que la terre entende les paroles de ma bouche.

2 Que les vérités que j'enseigne soient comme la pluie qui s'épaissit *dans les nuées* ; que mes paroles se répandent comme la rosée, comme la pluie *qui se répand* sur les plantes, et comme les gouttes de l'eau *du ciel qui tombent* sur l'herbe qui commence à pousser.

3 Car je vais célébrer le nom du Seigneur. Rendez l'honneur qui est dû à la grandeur de notre Dieu.

4 Les œuvres de Dieu sont parfaites, et toutes ses voies sont pleines d'équité : Dieu est fidèle *dans ses promesses*, il est éloigné de toute iniquité ; et il est rempli de justice et de droiture.

5 Ils ont péché contre lui ; et depuis qu'ils se sont souillés, ils ne sont plus ses enfants ; c'est une race pervertie et corrompue.

6 Est-ce ainsi, peuple fou et insensé, que vous témoignez votre reconnaissance envers le Seigneur ? N'est-ce pas lui qui est votre père, qui vous a possédé *comme son héritage*, qui vous a fait, et qui vous a créé ?

7 Consultez les siècles anciens ; considérez ce qui s'est passé dans la suite de toutes les races : interrogez votre père, et il vous instruira : *interrogez* vos aïeux, et ils vous diront *ce que le Seigneur a fait*.

8 Quand le Très-Haut a divisé les peuples, quand il a séparé les enfants d'Adam, il a marqué les limites des peuples *chananéens*, selon le nombre des enfants d'Israël *qu'il avait en vue*.

9 Et il a choisi son peuple pour être particulièrement à lui, il a pris Jacob pour son partage.

10 Il l'a trouvé dans une terre déserte, dans un lieu affreux, et dans une vaste solitude ; il l'a conduit par divers chemins ; il l'a instruit ; il l'a conservé comme la prunelle de son œil.

11 Comme un aigle attire ses petits pour apprendre à voler, et voltige *doucement* sur eux ; il a *de même* étendu ses ailes, il a pris son peuple sur lui, et l'a porté sur ses épaules, *comme l'aigle porte ses aiglons*.

12 Le Seigneur a été seul son conducteur ; et il n'y avait point avec lui de dieu étranger.

13 Il l'a établi dans une terre élevée et excellente pour y manger les fruits de la campagne, pour sucer le miel de la pierre, et *tirer* l'huile des plus durs rochers ;

14 *pour s'y nourrir* du beurre des troupeaux, et du lait des brebis, de la graisse des agneaux, des moutons du pays de Basan, et des chevreaux, avec la fleur du froment ; et pour y boire le vin le plus pur.

15 Ce peuple si aimé *de Dieu* s'étant engraissé *de ses dons*, s'est révolté contre lui : après avoir été engraissé, rempli d'embonpoint, et mis dans une pleine abondance, il a abandonné Dieu, son Créateur, et s'est éloigné de Dieu, son Sauveur.

16 Ces *rebelles* l'ont irrité en *adorant* des dieux étrangers : ils ont attiré sa colère par les abominations qu'ils ont commises.

17 Au lieu d'offrir leurs sacrifices à Dieu, ils les ont offerts aux démons, à des dieux qui leur étaient inconnus, à des dieux nouveaux venus, que leurs pères n'avaient jamais révérés.

18 *Peuple ingrat*, tu as abandonné le Dieu qui t'a donné la vie ; tu as oublié le Seigneur qui t'a créé.

19 Le Seigneur l'a vu, et il en a été ému de colère ; parce que ce sont ses propres fils et ses propres filles qui l'ont irrité.

20 Alors il a dit : Je leur cacherai mon visage, et je considérerai leur fin malheureuse : car ce peuple est une race corrompue, ce sont des enfants infidèles.

21 Ils m'ont piqué de jalousie, en adorant ceux qui n'étaient point dieux, et ils m'ont irrité par leurs vanités sacrilèges. Et moi je les piquerai aussi de jalousie, en *aimant* ceux qui ne forment point un peuple, et je les irriterai *en substituant à leur place* une nation insensée.

22 Ma fureur s'est allumée *contre eux* comme un feu ; elle les brûlera jusques au fond des enfers ; elle dévorera la terre avec ses moindres herbes ; elle embrasera les montagnes jusque dans leurs fondements.

23 Je les accablerai de maux ; je tirerai contre eux toutes mes flèches.

24 La famine les consumera, et des oiseaux *de carnage* les déchireront par leurs morsures cruelles. J'armerai contre eux les dents des bêtes *farouches*, et la fureur de celles qui se traînent et qui rampent sur la terre.

25 L'épée les désolera au dehors, et la frayeur au dedans ; les jeunes hommes avec les vierges, les vieillards avec les enfants qui tettent encore.

26 J'ai dit *alors* : Où sont-ils *maintenant* ? Je veux effacer leur mémoire de l'esprit des hommes.

27 Mais j'ai différé *ma vengeance*, pour *ne satisfaire pas* la fureur des ennemis de mon peuple ; de peur que leurs ennemis ne s'élevassent d'orgueil, et ne dissent : Ce n'a point été le Seigneur, mais c'est notre main très-puissante qui a fait toutes ces choses *contre Israël*.

28 Ce peuple n'a point de sens ; il n'a aucune sagesse.

29 Ah ! s'ils avaient de la sagesse ! ah ! s'ils comprenaient *ma conduite*, et qu'ils prévissent à quoi tout se terminera !

30 Comment se peut-il faire qu'un seul ennemi batte mille *Hébreux*, et que deux en fassent fuir dix mille ? N'est-ce pas à cause que leur Dieu les a vendus, et que le Seigneur les a livrés en proie *à leurs ennemis* ?

31 Car notre Dieu n'est point comme les dieux de ces *idolâtres* ; *j'en prends* pour juges nos ennemis mêmes.

32 Leurs vignes sont des vignes de Sodome, des vignes des faubourgs de Gomorrhe ; leurs raisins sont des raisins de fiel, et leurs grappes ne sont qu'amertume.

33 Leur vin est un fiel de dragons, c'est un venin d'aspics qui est incurable.

34 Toutes ces choses ne sont-elles pas renfermées, *dit le Seigneur*, dans les secrets de ma connaissance? et ne les tiens-je pas scellées dans mes trésors ?

35 C'est moi-même qui me vengerai, et je leur rendrai en son temps ce qui leur est dû : leurs pieds ne trouveront que pièges ; le jour de leur perte s'approche, et les moments s'en avancent.

36 Le Seigneur se déclarera le vengeur de son peuple, et il aura pitié de ses serviteurs : lorsqu'il verra que la main *de ceux qui les défendaient* n'aura plus de force ; que ceux mêmes qui étaient renfermés *dans les citadelles* seront péris, et que les autres auront été de même consumés ;

37 il dira : Où sont leurs dieux dans lesquels ils avaient mis leur confiance,

38 lorsqu'ils mangeaient de la graisse des victimes qu'on leur offrait, et buvaient du vin de leurs sacrifices *profanes* ? Qu'ils viennent présentement vous secourir, et qu'ils vous protègent dans l'extrémité où vous êtes.

39 Considérez que je suis le Dieu unique, qu'il n'y en a point d'autre que moi seul. C'est moi qui fais mourir, et c'est moi qui fais vivre ; c'est moi qui blesse, et c'est moi qui guéris ; et nul ne peut rien soustraire à mon souverain pouvoir.

40 Je lèverai ma main au ciel, et je dirai : C'est moi qui vis éternellement.

41 Si je rends mon épée aussi pénétrante que les éclairs, et que j'entreprenne d'exercer mon jugement selon ma puissance, je me vengerai de mes ennemis, et je traiterai ceux qui me haïssent comme ils m'ont traité.

42 J'enivrerai mes flèches de leur sang, et mon épée se soûlera de leur chair ; *mes armes* seront teintes du sang des morts : mes ennemis perdront la liberté avec la vie.

43 Nations, louez le peuple du Seigneur, parce qu'il vengera le sang de ses serviteurs ; il tirera vengeance de leurs ennemis, et il se rendra favorable à la terre de son peuple.

44 Moïse prononça donc avec Josué, fils de Nun, toutes les paroles de ce cantique devant le peuple *qui l'écoutait*.

45 Et après qu'il eut achevé de le réciter devant tout Israël,

46 il leur dit : Gravez dans votre cœur toutes les protestations que je vous fais aujourd'hui ; afin de recommander à vos enfants de garder, de pratiquer et d'accomplir tout ce qui est écrit en cette loi :

47 parce que ce n'est pas en vain que ces ordonnances vous ont été prescrites ; mais c'est afin que chacun de vous y trouve la vie ; et que les gardant vous demeuriez longtemps dans le pays que vous allez posséder, après que vous aurez passé le Jourdain.

48 Le même jour le Seigneur parla à Moïse, et lui dit :

49 Montez sur cette montagne d'Abarim, c'est-à-dire, des passages ; sur la montagne de Nébo, qui est au pays de Moab vis-à-vis de Jéricho ; et considérez la terre de Chanaan, que je donnerai en possession aux enfants d'Israël ; et mourez sur cette montagne.

50 *Car* quand vous y serez monté, vous serez réuni à votre peuple, comme Aaron, votre frère, est mort sur la montagne de Hor, et a été réuni à son peuple :

51 parce que vous avez péché *l'un et l'autre* contre moi, au milieu des enfants d'Israël, aux eaux de contradiction à Cadès, au désert de Sin ; et que vous n'avez pas rendu gloire à ma sainteté devant les enfants d'Israël.

52 Vous verrez devant vous le pays que je donnerai aux enfants d'Israël, et vous n'y entrerez point.

CHAPITRE XXXIII.

VOICI la bénédiction que Moïse, homme de Dieu, donna aux enfants d'Israël avant sa mort.

2 Il dit : Le Seigneur est venu de Sinaï, il s'est levé sur nous de Séir, il a paru sur le mont Pharan, et des millions de saints avec lui. Il porte en sa main droite la loi de feu.

3 Il a aimé les peuples, tous les saints sont dans sa main, et ceux qui se tiennent à ses pieds recevront *ses instructions* et sa doctrine.

4 Moïse nous a donné une loi pour être l'héritage de tout le peuple de Jacob.

5 Elle tiendra lieu de roi dans *Jacob*, tant qu'il aura le cœur droit, les princes du peuple étant unis avec les tribus d'Israël.

6 Que Ruben vive, et qu'il ne meure pas, mais qu'il soit en petit nombre.

7 Voici la bénédiction de Juda : Seigneur ! écoutez la voix de Juda, et donnez-lui parmi son peuple la part que vous lui avez destinée : ses mains combattront pour Israël, et il sera son protecteur contre ceux qui l'attaqueront.

8 Il dit aussi à Lévi : *O Dieu !* votre perfection et votre doctrine *a été donnée* à l'homme que vous vous êtes consacré, que vous avez éprouvé dans la tentation, et que vous avez jugé aux eaux de contradiction ;

9 qui a dit à son père et à sa mère : Je ne vous connais point ; et à ses frères : Je ne sais qui vous êtes. Et ils n'ont point connu leurs propres enfants. Ce sont ceux-là qui ont exécuté votre parole, et qui ont gardé votre alliance ;

10 *qui ont observé* vos ordonnances, ô Jacob ! et votre loi, ô Israël ! Ce sont ceux-là, *Seigneur !* qui offriront de l'encens dans *le temps de* votre fureur, et qui mettront l'holocauste sur votre autel.

11 Bénissez sa force, Seigneur ! et recevez les œuvres de ses mains. Chargez à dos ses ennemis, et que ceux qui le haïssent, *tombent* sans pouvoir se relever.

12 *Moïse* dit aussi à Benjamin : Celui qui est le bien-aimé du Seigneur demeurera en lui avec confiance. *Le Seigneur* habitera au milieu de lui tout le jour, comme dans sa chambre nuptiale ; et il se reposera entre ses bras.

13 *Moïse* dit aussi à Joseph : Que la terre de Joseph soit remplie des bénédictions du Seigneur, des fruits du ciel, de la rosée, et des sources d'eaux cachées sous la terre ;

14 des fruits produits par la vertu du soleil et de la lune ;

15 des fruits *qui croissent* sur le haut des montagnes anciennes, et sur les collines éternelles ;

16 de tous les grains, et de toute l'abondance de la terre. Que la bénédiction de celui qui a paru dans le buisson, vienne sur la tête de Joseph ; sur le haut de la tête de celui qui a été *comme* un nazaréen entre ses frères.

17 Sa beauté est semblable au premier-né du taureau ; ses cornes sont semblables à celle du rhinocéros ; il en élèvera en l'air *tous*

les peuples jusqu'aux extrémités de la terre. Telles seront les troupes innombrables d'Ephraïm, et les millions de Manassé.

18 *Moïse* dit ensuite à Zabulon : Réjouissez-vous, Zabulon, dans votre sortie ; et vous, Issachar, dans vos tentes.

19 *Vos enfants* appelleront les peuples sur la montagne *de Sion*, où ils immoleront des victimes de justice. Ils suceront comme le lait les richesses de la mer, et les trésors cachés dans le sable.

20 *Moïse* dit à Gad : Gad a été comblé de bénédictions ; il s'est reposé comme un lion, il a saisi le bras et la tête *de sa proie*.

21 Il a reconnu sa principauté en ce que le docteur *d'Israël* devait être mis dans son partage. Il a marché avec les princes de son peuple, et a observé à l'égard d'Israël les lois du Seigneur, et les ordres qu'on lui avait prescrits.

22 Moïse dit ensuite à Dan : Dan est comme un jeune lion : il se répandra de Basan, *et il s'étendra* bien loin.

23 *Moïse* dit aussi à Nephthali : Nephthali jouira en abondance de toutes choses ; il sera comblé des bénédictions du Seigneur ; il possédera la mer et le midi.

24 Il dit ensuite à Aser : Qu'Aser soit béni entre tous les enfants *d'Israël*, qu'il soit agréable à ses frères, et qu'il trempe son pied dans l'huile.

25 Sa chaussure sera de fer et d'airain. Les jours de ta vieillesse, ô *Aser !* seront comme ceux de ta jeunesse.

26 Il n'y a point d'autre Dieu qui soit comme le Dieu de *votre père, qui a eu le cœur* si droit. Votre protecteur est celui qui est monté au-dessus des cieux. C'est par sa haute puissance qu'il règle le cours des nuées.

27 Sa demeure est au plus haut *des cieux*, et au-dessous il *fait sentir les effets* de son bras éternel. Il fera fuir devant vous vos ennemis, et il leur dira : Soyez réduits en poudre.

28 Israël habitera *sur la terre* dans une pleine assurance, et *il y habitera* seul. L'œil de Jacob verra sa terre *pleine* de blé et de vin ; et l'air sera obscurci par l'eau *de la pluie et* de la rosée.

29 Tu es heureux, ô Israël ! qui est semblable à toi, ô peuple qui trouves ton salut dans le Seigneur ? Il te sert de bouclier pour te défendre, et d'épée pour te procurer une glorieuse victoire. Tes ennemis refuseront de te reconnaître ; mais tu fouleras leurs têtes sous tes pieds.

CHAPITRE XXXIV.

MOISE monta donc de la plaine de Moab sur la montagne de Nebo, au haut de Phasga, vis-à-vis de Jéricho ; et le Seigneur lui fit voir de là tout le pays de Galaad jusqu'à Dan,

2 tout Nephthali, toute la terre d'Ephraïm et de Manassé, et tout le pays de Juda jusqu'à la mer occidentale.

3 tout le côté du midi, toute l'étendue de la campagne de Jéricho, qui est la ville des palmes, jusqu'à Ségor.

4 Et le Seigneur lui dit : Voilà le pays pour lequel j'ai fait serment à Abraham, a Isaac et à Jacob, en leur disant : Je donnerai ce pays à votre postérité. Vous l'avez vu de vos yeux, et vous n'y passerez point.

5 Moïse, serviteur du Seigneur, mourut ainsi en ce même lieu dans le pays de Moab, par le commandement dû Seigneur,

6 qui l'ensevelit dans la vallée du pays de Moab, vis-à-vis de Phogor ; et nul homme jusqu'aujourd'hui n'a connu le lieu où il a été enseveli.

7 Moïse avait cent vingt ans lorsqu'il mourut : sa vue ne baissa point *pendant tout ce temps*, et ses dents ne furent point ébranlées.

8 Les enfants d'Israël le pleurèrent dans la plaine de Moab pendant trente jours, et le deuil de ceux qui le pleuraient finit ensuite.

9 Pour ce qui est de Josué, fils de Nun, il fut rempli de l'esprit de sagesse, parce que Moïse lui avait imposé les mains, et les enfants d'Israël lui obéirent en faisant ce que le Seigneur avait commandé à Moïse.

10 Il ne s'éleva plus dans Israël de prophète semblable à Moïse, à qui le Seigneur parlât *comme à lui* face à face ;

11 ni qui ait fait des miracles et des prodiges comme ceux que le Seigneur envoya faire par Moïse dans l'Egypte aux yeux de Pharaon, de ses serviteurs et de tout son royaume ;

12 ni qui ait agi avec un bras si puissant, et qui ait fait des œuvres aussi grandes et aussi merveilleuses que celles que Moïse a faites devant tout Israël.

JOSUÉ

CHAPITRE PREMIER.

APRÈS la mort de Moïse, serviteur du Seigneur, le Seigneur parla à Josué, fils de Nun, ministre de Moïse, et lui dit :

2 Moïse, mon serviteur, est mort : levez-vous, et passez ce *fleuve du* Jourdain, vous et tout le peuple avec vous, *pour entrer* dans la terre que je donnerai aux enfants d'Israël.

3 Partout où vous aurez mis le pied, je vous livrerai ce lieu-là, selon que je l'ai dit à Moïse.

4 Vos limites seront depuis le désert au midi, et le Liban *au nord*, jusqu'au grand fleuve de l'Euphrate *à l'orient*, tout le pays des Héthéens, jusqu'à la Grande mer qui regarde le soleil couchant.

5 Nul ne pourra vous résister, *à vous ni à mon peuple,* tant que vous vivrez. Je serai avec vous, comme j'ai été avec Moïse : je ne vous laisserai point, je ne vous abandonnerai point.

6 Soyez ferme et courageux : car vous partagerez au sort à tout ce peuple la terre que j'ai promis avec serment à leurs pères de leur donner.

7 Prenez donc courage, et armez-vous d'une grande fermeté pour observer et accomplir toute la loi que mon serviteur Moïse vous a prescrite. Ne vous en détournez ni à droite ni à gauche, afin que vous fassiez avec intelligence tout ce que vous avez à faire.

8 Que le livre de cette loi soit continuellement en votre bouche ; et ayez soin de le méditer jour et nuit, afin que vous observiez et que vous fassiez tout ce qui y est écrit. Ce sera alors que vous rendrez votre voie droite, et que vous vous y conduirez avec intelligence.

9 Je vous l'ordonne : soyez ferme et courageux. Ne craignez point, et ne vous épouvantez point : car quelque part que vous alliez, le Seigneur, votre Dieu, sera avec vous.

10 Josué fit donc ce commandement aux princes du peuple, et leur dit : Passez par le milieu du camp, et donnez cet ordre au peuple, et dites-leur :

11 Faites provision de vivres ; car dans trois jours vous passerez le Jourdain, et vous irez prendre possession de la terre que le Seigneur, votre Dieu, doit vous donner.

12 Il dit aussi à ceux de la tribu de Ruben, à ceux de la tribu de Gad, et à la demi-tribu de Manassé :

13 Souvenez-vous de ce que vous a ordonné Moïse, serviteur du Seigneur, lorsqu'il vous a dit : Le Seigneur, votre Dieu, vous a mis en repos, et vous a donné tout ce pays-ci.

14 Vos femmes, vos enfants et vos bestiaux demeureront dans la terre que Moïse vous a donnée au deçà du Jourdain. Mais pour vous, passez en armes à la tête de vos frères, tous tant que vous êtes de vaillants hommes, et combattez pour eux,

15 jusqu'à ce que le Seigneur mette vos frères en repos, comme il vous y a mis, et qu'ils possèdent aussi eux-mêmes la terre que le Seigneur, votre Dieu, doit leur donner ; et après cela vous reviendrez dans le pays que vous possédez, pour y habiter comme dans le lieu que Moïse, serviteur du Seigneur, vous a donné au deçà du Jourdain, vers le soleil levant.

16 Ils répondirent à Josué, et lui dirent : Nous ferons tout ce que vous nous avez ordonné ; et nous irons partout où vous nous enverrez.

17 Comme nous avons obéi à Moïse en toutes choses, nous vous obéirons aussi. Seulement que le Seigneur, votre Dieu, soit avec

vous, comme il a été avec Moïse.

18 Que celui qui contredira *aux paroles qui sortiront de* votre bouche, et qui n'obéira pas à tout ce que vous lui ordonnerez, soit puni de mort. Soyez ferme seulement, et agissez avec un grand courage.

CHAPITRE II.

JOSUÉ, fils de Nun, envoya donc secrètement de Setim deux espions, et il leur dit : Allez, et reconnaissez bien le pays et la ville de Jéricho. Etant partis, ils entrèrent dans la maison d'une femme débauchée, nommée Rahab, et se reposèrent chez elle.

2 Le roi de Jéricho en fut averti, et on lui dit : Des hommes d'entre les enfants d'Israël sont entrés ici la nuit, pour reconnaître le pays.

3 Le roi de Jéricho envoya donc chez Rahab, et lui fit dire : Faites sortir les hommes qui sont venus vous trouver, et qui sont entrés dans votre maison : car ce sont des espions qui sont venus reconnaître tout le pays.

4 Cette femme, prenant ces hommes, les cacha, et répondit : Il est vrai qu'ils sont venus chez moi ; mais je ne savais pas d'où ils étaient.

5 Et lorsqu'on fermait la porte pendant la nuit, ils sont sortis en même temps, et je ne sais où ils sont allés : poursuivez-les vite, et vous les atteindrez.

6 Or elle avait fait monter ces hommes sur la terrasse de sa maison, et les avait cachés sous des bottes de lin qui y étaient.

7 Ceux donc qui avaient été envoyés *de la part du roi*, les poursuivirent par le chemin qui mène au gué du Jourdain ; et aussitôt qu'ils furent sortis, les portes furent fermées.

8 Ces hommes qu'elle avait cachés n'étaient pas encore endormis, lorsqu'elle monta où ils étaient, et elle leur dit :

9 Je sais que le Seigneur a livré entre vos mains tout ce pays : car la terreur de votre nom nous a tous saisis ; et tous les habitants de ce pays sont tombés dans le découragement.

10 Nous avons appris qu'à votre sortie d'Egypte, le Seigneur sécha les eaux de la mer Rouge aussitôt que vous y fûtes entrés, et de quelle sorte vous avez traité les deux rois des Amorrhéens qui étaient au delà du Jourdain, Séhon et Og, que vous avez fait mourir.

11 Ces nouvelles nous ont épouvantés, la frayeur nous a saisis jusqu'au fond de l'âme ; et il ne nous est demeuré aucune force à votre arrivée : car le Seigneur, votre Dieu, est lui-même le Dieu qui règne en haut dans le ciel, et ici-bas sur la terre.

12 Jurez-moi donc maintenant par le Seigneur, que vous userez envers la maison de mon père, de la même miséricorde dont j'ai usé envers vous, et que vous me donnerez un signal assuré,

13 pour sauver mon père et ma mère, mes frères et mes sœurs, et tout ce qui est à eux, et pour nous délivrer de la mort.

14 Ils lui répondirent : Notre vie répondra de la vôtre, pourvu néanmoins que vous ne nous trahissiez point : et lorsque le Seigneur nous aura livré ce pays, nous userons envers vous de miséricorde, et nous exécuterons avec fidélité nos promesses.

15 Elle les fit donc descendre par une corde qu'elle attacha à sa fenêtre ; car sa maison tenait aux murs de la ville ;

16 et elle leur dit ; Allez du côté des montagnes, de peur qu'ils ne vous rencontrent quand ils reviendront ; et demeurez là cachés pendant trois jours, jusqu'à ce qu'ils soient de retour ; et après cela vous reprendrez votre chemin.

17 Ils lui répondirent : Nous nous acquitterons du serment que vous avez exigé de nous,

18 si lorsque nous entrerons dans ce pays, vous mettez pour signal ce cordon d'écarlate ; si vous l'attachez à la fenêtre par laquelle vous nous avez fait descendre ; et que vous ayez soin en même temps d'assembler dans votre maison votre père et votre mère, vos frères et tous vos parents.

19 *Après cela* si quelqu'un est trouvé hors de la porte de votre maison, son sang retombera sur sa tête, et nous n'en serons pas responsables : mais si l'on touche à quelqu'un de ceux qui seront avec vous dans votre maison, leur sang retombera sur notre tête.

20 Si au contraire vous voulez nous trahir, et publier ce que nous vous disons, nous serons quittes de ce serment que vous avez exigé de nous.

21 Et elle leur répondit : Qu'il soit fait comme vous le dites. Et les laissant partir, elle pendit un cordon d'écarlate a sa fenêtre.

22 Eux s'étant mis en chemin, marchèrent jusqu'aux montagnes, et y demeurèrent trois jours, jusqu'à ce que ceux qui les poursuivaient fussent retournés : car les ayant cherchés dans tout leur chemin, ils ne les trouvèrent point.

23 Et après qu'ils furent rentrés dans la ville, les espions étant descendus de la montagne, s'en retournèrent : et ayant repassé le Jourdain, ils vinrent trouver Josué, fils de Nun, et lui racontèrent tout ce qui leur était arrivé.

24 Ils lui dirent : Le Seigneur a livré tout ce pays-là entre nos mains, et tous ses habitants sont consternés par la frayeur qui les a saisis.

CHAPITRE III.

JOSUÉ s'étant donc levé avant le jour, décampa ; et étant sortis de Setim, lui et tous les enfants d'Israël, ils vinrent jusqu'au Jourdain, où ils demeurèrent trois jours.

2 Après ce temps expiré, les hérauts passèrent par le milieu du camp,

3 et commencèrent à crier : Quand vous verrez l'arche de l'alliance du Seigneur, votre Dieu, et les prêtres de la race de Lévi qui la porteront, levez-vous aussi, vous *autres* ; et marchez après eux :

4 et qu'il y ait entre vous et l'arche un espace de deux mille coudées, afin que vous puissiez la voir de loin, et connaître le chemin par où vous irez ; parce, que vous n'y avez jamais passé : et prenez garde de ne vous point approcher de l'arche.

5 Josué dit aussi au peuple : Sanctifiez-vous : car le Seigneur fera demain des choses merveilleuses parmi vous.

6 Et il dit aux prêtres : Prenez l'arche de l'alliance, et marchez devant le peuple. Ils firent ce qu'il leur avait commandé ; et ayant pris l'arche, ils marchèrent devant le peuple.

7 Alors le Seigneur dit à Josué : Je commencerai aujourd'hui à vous relever devant tout Israël ; afin qu'ils sachent que je suis avec vous comme j'ai été avec Moïse.

8 Donnez donc cet ordre aux prêtres qui portent l'arche de l'alliance, et leur dites : Lorsque vous serez au milieu de l'eau du Jourdain, arrêtez-vous là.

9 Alors Josué dit aux enfants d'Israël : Approchez-vous, et écoutez la parole du Seigneur, votre Dieu.

10 Puis il ajouta : Vous reconnaîtrez à ceci, que le Seigneur, le Dieu vivant, est au milieu de vous, et qu'il exterminera à vos yeux les Chananéens, les Héthéens, les Hévéens, les Phérézéens, les Gergéséens, les Jébuséens et les Amorrhéens.

11 L'arche de l'alliance du Seigneur de toute la terre marchera devant vous au travers du Jourdain.

12 Tenez prêts douze hommes des douze tribus d'Israël, un de chaque tribu.

13 Et lorsque les prêtres qui portent l'arche du Seigneur, le Dieu de toute la terre, auront mis les pieds dans les eaux du Jourdain, les eaux d'en bas s'écouleront et laisseront le fleuve à sec ; mais celles qui viennent d'en haut s'arrêteront et *demeureront* suspendues.

14 Le peuple sortit donc de ses tentes pour passer le Jourdain ; et les prêtres qui portaient l'arche de l'alliance marchaient devant lui.

15 Et aussitôt que ces prêtres furent entrés dans le Jourdain, et que l'eau commença à mouiller leurs pieds (c'était au temps de la moisson, où le Jourdain regorgeait par-dessus ses bords),

16 les eaux qui venaient d'en haut s'arrêtèrent en un même lieu, et s'élevant comme une montagne, elles paraissaient de bien loin, depuis la ville qui s'appelle Adom, jusqu'au lieu appelé Sarthan : mais les eaux d'en bas s'écoulèrent dans la mer du désert, qui est appelée maintenant *la mer Morte*, jusqu'à ce qu'il n'en restât point

du tout.

17 Cependant le peuple marchait vis-à-vis de Jéricho ; et les prêtres qui portaient l'arche de l'alliance du Seigneur, se tenaient *toujours* au même état sur la terre sèche au milieu du Jourdain ; et tout le peuple passait au travers du canal qui était à sec.

CHAPITRE IV.

APRÈS qu'ils furent passés, le Seigneur dit à Josué :

2 Choisissez douze hommes, un de chaque tribu,

3 et commandez-leur d'emporter du milieu du lit du Jourdain, où les pieds des prêtres se sont arrêtés, douze pierres très-dures, que vous mettrez dans le camp au lieu où vous aurez dressé vos tentes cette nuit.

4 Josué appela donc douze hommes qu'il avait choisis d'entre les enfants d'Israël, un de chaque tribu,

5 et il leur dit : Allez devant l'arche du Seigneur, votre Dieu, au milieu du Jourdain, et que chacun de vous emporte de là une pierre sur ses épaules, selon le nombre *des tribus* des enfants d'Israël :

6 afin qu'elles servent de signe *et de monument* parmi vous ; et à l'avenir quand vos enfants vous demanderont : que veulent dire ces pierres ?

7 vous leur répondrez : Les eaux du Jourdain se sont séchées devant l'arche de l'alliance du Seigneur, lorsqu'elle passait au travers de ce fleuve. C'est pourquoi ces pierres ont été mises en ce lieu, pour servir aux enfants d'Israël d'un monument éternel.

8 Les enfants d'Israël firent donc ce que Josué leur avait ordonné. Ils prirent du milieu du lit du Jourdain douze pierres, selon le nombre *des tribus* des enfants d'Israël, comme le Seigneur le lui avait commandé ; et les portant jusqu'au lieu où ils campèrent, ils les y posèrent.

9 Josué mit aussi douze autres pierres au milieu du lit du Jourdain, où les prêtres qui portaient l'arche de l'alliance s'étaient arrêtés ; et elles y sont demeurées jusqu'aujourd'hui.

10 Or les prêtres qui portaient l'arche se tenaient au milieu du Jourdain, jusqu'à ce que tout ce que le Seigneur avait commandé à Josué de dire au peuple, et que Moïse lui avait dit, fût accompli. Et le peuple se hâta, et passa le fleuve.

11 Et après que tous furent passés, l'arche du Seigneur passa aussi, et les prêtres allèrent se mettre devant le peuple.

12 Les enfants de Ruben et de Gad, et la demi-tribu de Manassé allaient aussi en armes devant les enfants d'Israël, selon que Moïse le leur avait ordonné.

13 Et quarante mille combattants marchaient sous leurs enseignes en diverses bandes *devant le Seigneur*, au travers de la plaine et des terres de la ville de Jéricho.

14 En ce jour-là le Seigneur éleva beaucoup Josué devant tout Israël, afin qu'ils le respectassent comme ils avaient respecté Moïse pendant qu'il vivait.

15 Et il avait dit à Josué :

16 Ordonnez aux prêtres qui portent l'arche de l'alliance de sortir du Jourdain.

17 Josué leur donna cet ordre, et leur dit : Sortez du Jourdain.

18 Et les prêtres qui portaient l'arche de l'alliance du Seigneur étant sortis du fleuve, et ayant commencé à marcher sur la terre sèche, les eaux du Jourdain revinrent dans leur lit, et coulèrent comme auparavant.

19 Or le peuple sortit du Jourdain le dixième jour du premier mois, et ils campèrent à Galgala, vers le côté de l'orient de la ville de Jéricho.

20 Josué mit aussi à Galgala les douze pierres qui avaient été prises du fond du Jourdain,

21 et il dit aux enfants d'Israël : Quand vos enfants interrogeront un jour leurs pères, et leur diront : Que veulent dire ces pierres ?

22 vous le leur apprendrez, et vous leur direz : Israël a passé à sec au travers du lit du Jourdain,

23 le Seigneur, votre Dieu, en ayant séché les eaux devant vous, jusqu'à ce que vous fussiez passés,

24 comme il avait fait auparavant en la mer Rouge, dont il sécha les eaux, jusqu'à ce que nous fussions passés :

25 afin que tous les peuples de la terre reconnaissent la main toute-puissante du Seigneur : et que vous appreniez vous-mêmes à craindre en tout temps le Seigneur, votre Dieu.

CHAPITRE V.

TOUS les rois des Amorrhéens qui habitaient au delà du Jourdain du côté de l'occident, et tous les rois de Chanaan qui possédaient le pays le plus proche de la Grande mer, ayant appris que le Seigneur avait séché les eaux du Jourdain devant les enfants d'Israël, jusqu'à ce qu'ils fussent passés, leur cœur fut tout abattu, et il ne demeura plus en eux aucune force, tant ils craignaient que les enfants d'Israël n'entrassent dans leur pays.

2 En ce temps-là le Seigneur dit à Josué : Faites-vous des couteaux de pierre, et renouvelez parmi les enfants d'Israël *l'usage de* la circoncision.

3 *Josué* fit ce que le Seigneur lui avait commandé, et il circoncit les enfants d'Israël sur la colline de la Circoncision.

4 Et voici la cause de cette seconde circoncision : Tous les mâles d'entre le peuple, qui étaient sortis d'Egypte, c'*est-à-dire,* tous les hommes de guerre, moururent dans le désert pendant ces longs circuits du chemin qu'ils y firent ;

5 et ils avaient tous été circoncis. Mais le peuple qui naquit dans le désert

6 pendant les quarante années de marche dans cette vaste solitude, n'avait point été circoncis ; *Dieu l'ayant ainsi ordonné,* jusqu'à ce que ceux qui n'avaient point écouté la voix du Seigneur, et auxquels il avait juré auparavant qu'il ne leur ferait point voir la terre où coulaient le lait et le miel, fussent morts.

7 Les enfants de ceux-ci prirent la place de leurs pères, et furent circoncis par Josué ; parce qu'ils étaient demeurés incirconcis comme ils étaient nés, et que pendant le chemin personne ne les avait circoncis.

8 Or, après qu'ils eurent tous été circoncis, ils demeurèrent au même lieu sans décamper, jusqu'à ce qu'ils fussent guéris.

9 Alors le Seigneur dit à Josué : J'ai levé aujourd'hui de dessus vous l'opprobre de l'Egypte. Et ce lieu fut appelé Galgala, comme on l'appelle encore aujourd'hui.

10 Les enfants d'Israël demeurèrent à Galgala, et ils y firent la pâque le quatorzième jour du mois sur le soir dans la plaine de Jéricho.

11 Le lendemain ils mangèrent des fruits de la terre, des pains sans levain, et de la farine d'orge de la même année, qui était séchée au feu.

12 Et après qu'ils eurent mangé des fruits de la terre, la manne cessa, et les enfants d'Israël n'usèrent plus de cette nourriture ; mais ils mangèrent des fruits que la terre de Chanaan avait portés l'année même.

13 Lorsque Josué était sur le territoire de la ville de Jéricho, il leva les yeux ; et ayant vu devant lui un homme qui était debout, et qui tenait en sa main une épée nue, il alla à lui, et lui dit : Etes-vous des nôtres, ou des ennemis ?

14 Il lui répondit : Non ; mais je suis le Prince de l'armée du Seigneur, et je viens *ici* maintenant *de sa part*.

15 Josué se jeta le visage contre terre, et en l'adorant, il dit : Qu'est-ce que mon Seigneur veut ordonner à son serviteur !

16 Otez, lui dit-il, vos souliers de vos pieds, parce que le lieu où vous êtes est saint. Et Josué fit ce qu'il lui avait commandé.

CHAPITRE VI.

CEPENDANT Jéricho était fermée et bien munie dans la crainte où l'on y était des enfants d'Israël ; et nul n'osait y entrer, ni en sortir.

2 Alors le Seigneur dit à Josué : Je vous ai livré entre les mains Jéricho et son roi, et tous les vaillants hommes qui y sont.

3 Faites le tour de la ville, tous tant que vous êtes de gens de guerre, une fois par jour. Vous ferez la même chose pendant six

jours :

4 mais qu'au septième jour les prêtres prennent les sept trompettes dont on doit se servir dans l'année du jubilé, et qu'ils marchent devant l'arche de l'alliance. Vous ferez sept fois le tour de la ville, et les prêtres sonneront de la trompette.

5 Et lorsque les trompettes sonneront d'un son plus long et plus coupé, et que ce bruit aura frappé vos oreilles, tout le peuple élevant sa voix tout ensemble jettera un grand cri, et alors les murailles de la ville tomberont jusqu'aux fondements, et chacun entrera par l'endroit qui se trouvera vis-à-vis de lui.

6 En même temps Josué, fils de Nun, appela les prêtres, et leur dit : Prenez l'arche de l'alliance, et que sept autres prêtres prennent les sept trompettes du jubilé, et qu'ils marchent devant l'arche du Seigneur.

7 Il dit aussi au peuple : Allez, et faites le tour de la ville, marchant les armes à la main devant l'arche du Seigneur.

8 Josué ayant fini ces paroles, les sept prêtres commencèrent à sonner des sept trompettes devant l'arche de l'alliance du Seigneur.

9 Toute l'armée marcha devant l'arche, et le reste du peuple la suivit ; et le bruit des trompettes retentit de toutes parts.

10 Or Josué avait donné cet ordre au peuple : Vous ne jetterez aucun cri, on n'entendra aucune voix, et il ne sortira aucune parole de votre bouche, jusqu'à ce que le jour soit venu où je vous dirai : Criez et faites grand bruit.

11 Ainsi l'arche du Seigneur fit le *premier* jour une fois le tour de la ville ; et elle retourna au camp, et y demeura.

12 Et *le lendemain* Josué s'étant levé avant le jour, les prêtres prirent l'arche du Seigneur,

13 et sept d'entre eux prirent les sept trompettes dont on se sert en l'année du jubilé ; et ils marchèrent devant l'arche du Seigneur, et sonnèrent de la trompette en allant. Toute l'armée marchait devant eux, et le reste du peuple suivait l'arche, et retentissait du bruit des trompettes.

14 Et ayant fait une fois le tour de la ville au second jour, ils revinrent dans le camp. Ils firent la même chose pendant six jours.

15 Mais le septième jour s'étant levés de grand matin, ils firent sept fois le tour de la ville, comme il leur avait été ordonné :

16 et pendant que les prêtres sonnaient de la trompette au septième tour, Josué dit à tout Israël : Jetez un grand cri ; car le Seigneur vous a livré Jéricho.

17 Que cette ville soit anathème, et que tout ce qui s'y trouvera soit consacré au Seigneur. Que la seule Rahab, courtisane, ait la vie sauve, avec tous ceux qui se trouveront dans sa maison ; parce qu'elle a caché ceux que nous avions envoyés pour reconnaître le pays.

18 Mais pour vous, donnez-vous bien de garde de toucher à rien de cette ville contre l'ordre qu'on vous donne : de peur de vous rendre coupables de prévarication, et d'attirer ainsi le trouble et le péché sur toute l'armée d'Israël.

19 Que tout ce qui se trouvera d'or, d'argent, et de vases d'airain et de fer, soit consacré au Seigneur, et mis en réserve dans ses trésors.

20 Tout le peuple ayant donc jeté un grand cri, et les trompettes sonnant, la voix et le son n'eurent pas plutôt frappé les oreilles de la multitude, que les murailles tombèrent ; et chacun monta par l'endroit qui était vis-à-vis de lui. Ils prirent ainsi la ville,

21 et ils tuèrent tout ce qui s'y rencontra, depuis les hommes jusqu'aux femmes, et depuis les enfants jusqu'aux vieillards. Ils firent passer aussi au fil de l'épée les bœufs, les brebis et les ânes.

22 Alors Josué dit aux deux hommes qui avaient été envoyés pour reconnaître le pays : Entrez dans la maison de la courtisane, et faites-la sortir avec tout ce qui est à elle, comme vous le lui avez promis avec serment.

23 Les deux jeunes hommes étant entrés dans la maison, en firent sortir Rahab, son père et sa mère, ses frères et ses parents, et tout ce qui était à elle, et les firent demeurer hors du camp d'Israël.

24 Après cela ils brûlèrent la ville, et tout ce qui se trouva dedans, à la réserve de l'or et de l'argent, des vases d'airain et de fer, qu'ils consacrèrent pour le trésor du Seigneur.

25 Mais Josué sauva Rahab, courtisane, et la maison de son père avec tout ce qu'elle avait ; et ils demeurèrent au milieu du peuple d'Israël, comme ils y sont encore aujourd'hui : parce qu'elle avait caché les deux hommes qu'il avait envoyés pour reconnaître Jéricho. Alors Josué fit cette imprécation :

26 Maudit soit devant le Seigneur l'homme qui relèvera et rebâtira la ville de Jéricho ! Que son premier-né meure lorsqu'il en jettera les fondements, et qu'il perde le dernier de ses enfants lorsqu'il en mettra les portes !

27 Le Seigneur fut donc avec Josué, et son nom devint célèbre dans toute la terre.

CHAPITRE VII.

OR les enfants d'Israël violèrent la défense qui leur avait été faite, et ils prirent pour eux de ce qui avait été mis sous l'anathème. Car Achan, fils de Charmi, fils de Zabdi, fils de Zaré, de la tribu de Juda, déroba quelque chose de l'anathème ; et le Seigneur se mit en colère contre les enfants d'Israël.

2 En même temps Josué envoya de Jéricho des hommes contre Haï, qui est près de Bethaven, à l'orient de la ville de Béthel ; et il leur dit : Allez, et reconnaissez le pays. Ils firent ce qui leur avait été commandé, et reconnurent la ville de Haï.

3 Et étant revenus, ils lui dirent : Qu'on ne fasse point marcher tout le peuple : mais qu'on envoie deux ou trois mille hommes pour détruire cette ville. Qu'est-il nécessaire de fatiguer inutilement tout le peuple contre un si petit nombre d'ennemis ?

4 Trois mille hommes marchèrent donc en armes contre Haï. Mais ayant tourné le dos aussitôt,

5 ils furent chargés par ceux de la ville de Haï, et il y en eut trente-six de tués. Les ennemis les poursuivirent depuis leur porte jusqu'à Sabarim, et tuèrent ceux qui s'enfuyaient vers le bas de la colline. Alors le cœur du peuple fut saisi de crainte, et devint comme de l'eau qui s'écoule.

6 Mais Josué déchira ses vêtements, se jeta le visage contre terre devant l'arche du Seigneur, *et demeura prosterné* avec tous les anciens d'Israël jusqu'au soir, et ils se mirent de la poussière sur la tête.

7 Et Josué dit : Hélas ! Seigneur Dieu ! avez-vous donc voulu faire passer à ce peuple le fleuve du Jourdain pour nous livrer entre les mains des Amorrhéens, et pour nous perdre ? Il eût été à souhaiter que nous fussions demeurés au delà du Jourdain, comme nous avions commencé *d'y demeurer*.

8 Que dirai-je, ô Dieu, mon Seigneur ! en voyant Israël prendre la fuite devant ses ennemis ?

9 Les Chananéens et tous les habitants du pays l'entendront dire ; et s'unissant ensemble ils nous envelopperont, et extermineront notre nom de dessus la terre : et alors que deviendra la gloire de votre grand nom ?

10 Le Seigneur dit à Josué : Levez-vous ; pourquoi vous tenez-vous couché par terre ?

11 Israël a péché, et il a violé l'accord que j'avais fait avec lui. Ils ont pris de l'anathème ; ils en ont dérobé, ils ont menti, et ils ont caché leur vol parmi leur bagage.

12 Israël ne pourra plus tenir contre ses ennemis ; et il fuira devant eux, parce qu'il est souillé de l'anathème. Je ne serai plus avec vous, jusqu'à ce que vous ayez exterminé celui qui est coupable de ce crime.

13 Levez-vous, sanctifiez le peuple, et dites-leur : Sanctifiez-vous pour demain : car voici ce que dit le Seigneur, le Dieu d'Israël : L'anathème est au milieu de vous, Israël : vous ne pourrez soutenir l'effort de vos ennemis, jusqu'à ce que celui qui est souillé de ce crime soit exterminé du milieu de vous.

14 Vous vous présenterez demain au matin chacun dans votre tribu : et le sort étant tombé sur l'une des tribus, on passera de cette tribu aux familles *qui la composent*, des familles aux maisons, et de la maison à chaque particulier.

15 Et quiconque sera trouvé coupable de ce crime, sera brûlé avec

tout ce qui lui appartient, parce qu'il a violé l'alliance du Seigneur, et qu'il a fait une chose détestable dans Israël.

16 Josué se levant donc de grand matin, fit assembler Israël par tribus : et le sort tomba sur la tribu de Juda.

17 Comme elle se fut présentée avec toutes ses familles, le sort tomba sur la famille de Zaré. Cette famille s'étant présentée par maison, le sort tomba sur la maison de Zabdi,

18 dont tous les particuliers s'étant présentés séparément, le sort tomba sur Achan, fils de Charmi, fils de Zabdi, fils de Zaré, de la tribu de Juda.

19 Et Josué dit à Achan : Mon fils, rendez gloire au Seigneur, le Dieu d'Israël : confessez *votre faute*, et déclarez-moi ce que vous avez fait, sans en rien cacher.

20 Et Achan répondit à Josué : Il est vrai que j'ai péché contre le Seigneur, le Dieu d'Israël ; et voici ce que j'ai fait :

21 Ayant vu parmi les dépouilles un manteau d'écarlate qui était fort bon, et deux cents sicles d'argent avec un lingot d'or de cinquante sicles, j'eus une grande passion de les avoir ; et les ayant pris, je les cachai en terre au milieu de ma tente, et je cachai aussi l'argent dans une fosse que j'y fis.

22 Josué envoya donc des gens, qui coururent à la tente d'Achan, et trouvèrent tout ce qui y était caché, avec l'argent au même lieu qu'il l'avait dit.

23 Et ayant tiré toutes ces choses hors de sa tente, ils les portèrent à Josué, et à tous les enfants d'Israël, et les jetèrent devant le Seigneur.

24 Or Josué et tout Israël qui était avec lui, ayant pris Achan, fils de Zaré, et l'argent, le manteau et la règle d'or, avec ses fils et ses filles, ses bœufs, ses ânes et ses brebis, et sa tente même, et tout ce qui était à lui, les menèrent en la vallée d'Achor,

25 où Josué lui dit : Parce que vous nous avez troublés tous, que le Seigneur vous trouble *et* vous extermine en ce jour-ci. Et tout Israël le lapida : et tout ce qui avait été à lui fut consumé par le feu.

26 Et ils amassèrent sur lui un grand monceau de pierres qui est demeuré jusqu'aujourd'hui. Ainsi la fureur du Seigneur se détourna de dessus eux ; et ce lieu fut appelé, et s'appelle encore aujourd'hui, la vallée d'Achor, *c'est-à-dire, la vallée du trouble.*

CHAPITRE VIII.

LE Seigneur dit alors à Josué : Ne craignez point, et ne vous effrayez point. Allez, conduisez toute l'armée et marchez contre la ville de Haï. Je vous en ai livré le roi et le peuple, la ville et tout le pays.

2 Et vous traiterez la ville de Haï et son roi, comme vous avez traité Jéricho et son roi ; mais vous prendrez pour vous tout le butin et tous les bestiaux : dressez une embuscade derrière la ville.

3 Josué se leva donc, et toute l'armée avec lui, pour marcher contre Haï, et il envoya la nuit trente mille hommes choisis des plus vaillants,

4 auxquels il donna cet ordre : Dressez une embuscade derrière la ville ; ne vous éloignez pas beaucoup, et tous tant que vous êtes, tenez-vous prêts :

5 et pour moi, j'irai attaquer la ville d'un autre côté avec tout le reste du peuple qui est avec moi : et lorsqu'ils sortiront contre nous, nous tournerons le dos pour fuir comme nous avons fait auparavant,

6 jusqu'à ce que ceux qui nous poursuivront aient été attirés plus loin de la ville : car ils croiront que nous fuirons en effet, comme nous avons fait la première fois.

7 Lors donc que nous fuirons, et qu'ils nous poursuivront, vous sortirez de votre embuscade, et vous détruirez la ville : car le Seigneur, votre Dieu, vous la livrera entre les mains.

8 Quand vous l'aurez prise, mettez-y le feu, et faites tout selon l'ordre que je vous donne.

9 Josué les ayant donc fait marcher, ils allèrent au lieu de l'embuscade, et se mirent entre Béthel et Haï, du côté qui regarde l'occident de la ville de Haï : mais Josué demeura cette nuit-là au milieu du peuple ;

10 et le lendemain s'étant levé avant le jour, il fit la revue de ses gens, et marcha avec les anciens à la tête de l'armée, soutenu du gros de ses troupes.

11 Et lorsqu'ils furent arrivés et qu'ils furent montés devant la ville, ils s'arrêtèrent du côté du septentrion : il y avait une vallée entre eux et la ville.

12 Josué avait choisi cinq mille hommes, qu'il avait mis en embuscade entre Béthel et Haï, à l'occident de la même ville ;

13 et tout le reste de l'armée marchait en bataille du côté du septentrion, en sorte que les derniers rangs s'étendaient jusqu'a l'occident de la ville. Josué ayant donc marché cette nuit-là, s'arrêta au milieu de la vallée.

14 Ce que le roi de Haï ayant vu, il sortit en grande hâte dès le point du jour avec toute l'armée qui était dans la ville, et il conduisit ses troupes vers le désert, ne sachant pas qu'il y avait des gens en embuscade derrière lui.

15 En même temps Josué et tout Israël lâchèrent le pied, faisant semblant d'être épouvantés, et fuyant par le chemin qui mène au désert.

16 Mais ceux de Haï jetant tous ensemble un grand cri, et s'encourageant mutuellement, les poursuivirent : et étant tous sortis de la ville,

17 sans qu'il en demeurât un seul dans Haï et dans Béthel qui ne poursuivît Israël, parce qu'ils étaient sortis tous en foule, ayant laissé leurs villes ouvertes,

18 le Seigneur dit à Josué : Levez contre la ville de Haï le bouclier que vous tenez à la main, parce que je vous la livrerai.

19 Et ayant levé son bouclier contre la ville, ceux qui étaient cachés eu embuscade se levèrent aussitôt, et marchèrent vers la ville, la prirent, et y mirent le feu.

20 Or les gens de la ville qui poursuivaient Josué, regardant *derrière eux*, et voyant la fumée de la ville qui s'élevait jusqu'au ciel, ne purent plus fuir ni d'un côté ni d'un autre ; surtout parce que ceux qui avaient fait semblant de fuir, et qui marchaient du côté du désert, tournèrent visage contre eux, et attaquèrent vivement ceux qui les avaient poursuivis jusqu'alors.

21 Car Josué et tout Israël voyant que la ville était prise, et que la fumée en montait en haut, se retournèrent contre ceux de Haï, et les taillèrent en pièces.

22 En même temps ceux qui avaient pris et brûlé la ville, en étant sortis pour venir au-devant des leurs, commencèrent à charger et à envelopper les ennemis, qui se trouvèrent tellement battus devant et derrière, qu'il ne s'en sauva pas un seul d'un si grand nombre.

23 Ils prirent aussi vif le roi de la ville de Haï, et le présentèrent à Josué.

24 Tous ceux donc qui avaient poursuivi les Israélites lorsqu'ils fuyaient vers le désert, ayant été tués, et s'en étant fait un grand carnage en ce même lieu, les enfants d'Israël entrèrent dans la ville, et tuèrent tout ce qui s'y rencontra.

25 En ce jour-là il fut tué depuis les hommes jusqu'aux femmes douze mille personnes, qui étaient toutes de la ville de Haï.

26 Et Josué tenant son bouclier, ne baissa point la main qu'il avait élevée en haut, jusqu'à ce que tous les habitants de Haï fussent tués.

27 Les enfants d'Israël partagèrent entre eux les bestiaux et tout le butin de la ville, selon l'ordre que Josué en avait reçu du Seigneur.

28 Josué brûla ensuite la ville, et il en fit un tombeau éternel.

29 Il fit attacher aussi à une potence le roi de Haï, qui y demeura jusqu'au soir et jusqu'au soleil couché : et alors Josué commanda qu'on descendît le corps de la croix, ce qui fut fait : et ils le jetèrent à l'entrée de la ville, et mirent sur lui un grand monceau de pierres, qui y est demeuré jusqu'aujourd'hui.

30 Alors Josué éleva un autel au Seigneur, le Dieu d'Israël, sur le mont Hébal,

31 selon que Moïse, serviteur du Seigneur, l'avait ordonné aux enfants d'Israël, et qu'il est écrit dans le livre de la loi de Moïse. Il fit cet autel de pierres non polies que le fer n'avait point touchées ; et il offrit dessus des holocaustes au Seigneur, et immola des

victimes pacifiques.

32 Il écrivit aussi sur des pierres le Deutéronome de la loi de Moïse, que Moïse avait exposé devant les enfants d'Israël.

33 Tout le peuple et les anciens, les officiers et les juges étaient debout des deux côtés de l'arche, devant les prêtres qui portaient l'arche de l'alliance du Seigneur ; les étrangers y étant *en leur rang* comme ceux du peuple. La moitié était près du mont Garizim, et l'autre moitié près du mont Hébal, selon que Moïse, serviteur du Seigneur, l'avait ordonné. Josué bénit premièrement le peuple d'Israël ;

34 et après cela il lut toutes les paroles de bénédiction et de malédiction, et tout ce qui était écrit dans le livre de la loi.

35 Il n'omit rien de tout ce que Moïse avait commandé de dire ; mais il représenta de nouveau toutes choses devant tout le peuple d'Israël, devant les femmes, les petits enfants, et les étrangers qui demeuraient parmi eux.

CHAPITRE IX.

TOUTES ces choses ayant été publiées, les rois de deçà le Jourdain qui demeuraient dans les montagnes et dans les plaines, dans les lieux maritimes et sur le rivage de la Grande mer, et ceux qui habitaient près du Liban, les Héthèens, les Amorrhéens, les Chananéens, les Phérézéens, les Hévéens, *les Gergéséens* et les Jébuséens,

2 s'unirent tous ensemble pour combattre contre Josué et contre Israël, d'un même cœur et d'un même esprit.

3 Mais les habitants de Gabaon, ayant appris tout ce que Josué avait fait à Jéricho et à la ville de Haï,

4 et usant d'adresse, prirent des vivres avec eux, et mirent de vieux sacs sur leurs ânes, des vaisseaux pour mettre le vin, qui avaient été rompus et recousus,

5 de vieux souliers rapiécetés pour les faire paraître encore plus vieux. Ils étaient aussi couverts de vieux habits ; et les pains qu'ils portaient pour leur nourriture durant le chemin étaient fort durs, et rompus par morceaux.

6 Ils se présentèrent en cet état à Josué, qui était alors dans le camp de Gaigala, et ils lui dirent, et à tout Israël : Nous venons d'un pays très-éloigné, dans le désir de faire la paix avec vous. Les enfants d'Israël leur répondirent :

7 Peut-être demeurez-vous dans ce pays-ci, qui nous a été réservé comme notre partage ; et *en ce cas* nous ne pourrions faire alliance avec vous.

8 Mais ils dirent à Josué : Nous sommes vos serviteurs. Qui êtes-vous, leur dit Josué, et d'où venez-vous ?

9 Ils lui répondirent : Vos serviteurs sont venus d'un pays très-éloigné, au nom du Seigneur, votre Dieu. Car le bruit de sa puissance est venu jusqu'à nous : nous avons été informés de toutes les choses qu'il a faites dans l'Égypte ;

10 et de quelle manière il a traité les deux rois des Amorrhéens qui étaient au delà du Jourdain, Séhon, roi d'Hésébon, et Og, roi de Basan, qui était à Astaroth :

11 nos anciens et tous les habitants de notre pays nous ont dit : Prenez avec vous des vivres pour un si long voyage, et allez au-devant d'eux, et leur dites : Nous sommes vos serviteurs ; faites alliance avec nous.

12 Voilà les pains que nous prîmes tout chauds quand nous partîmes de chez nous pour venir vous trouver ; et maintenant ils sont tout secs, et se rompent en pièces, tant ils sont vieux.

13 Ces vaisseaux étaient tout neufs quand nous les avons remplis de vin ; et maintenant ils sont tout rompus : nos habits, et les souliers que nous avons aux pieds, se sont tout usés dans un si long voyage, et ils ne valent plus rien.

14 *Les principaux d'Israël* prirent donc de leurs vivres, et ils ne consultèrent point le Seigneur.

15 Et Josue ayant pour eux des pensées de paix, fit alliance avec eux, et leur promit qu'on leur sauverait la vie : ce que les princes du peuple leur jurèrent aussi.

16 Mais trois jours après que l'alliance fut faite, ils apprirent que ces peuples habitaient dans le pays voisin, et demeureraient ainsi au milieu d'eux.

17 Et les enfants d'Israël ayant décampé, vinrent trois jours après dans les villes des Gabaonites, dont voici les noms : Gabaon, Caphira, Béroth et Cariath-iarim.

18 Cependant ils ne les tuèrent point, parce que les princes du peuple avaient juré l'alliance avec eux au nom du Seigneur, le Dieu d'Israël. Mais tout le peuple murmura contre les princes ;

19 et les princes leur répondirent : Nous leur avons juré au nom du Seigneur, le Dieu d'Israël : ainsi nous ne pouvons leur faire aucun mal.

20 Mais voici comme nous les traiterons : Ils auront à la vérité la vie sauve, de peur que la colère du Seigneur ne s'élève contre nous, si nous nous parjurons ;

21 mais ils vivront de telle sorte, qu'ils seront employés à couper du bois et à porter de l'eau pour le service de tout le peuple. Lorsque ces princes parlaient ainsi,

22 Josué appela les Gabaonites, et leur dit : Pourquoi avez-vous voulu nous surprendre par votre mensonge, en disant : Nous demeurons fort loin de vous ; puisqu'au contraire vous êtes au milieu de nous ?

23 C'est pour cela que vous serez sous la malédiction *de la servitude*, et qu'il y aura toujours dans votre race des gens qui couperont le bois et qui porteront l'eau dans la maison de mon Dieu.

24 Ils lui répondirent : Le bruit était venu jusqu'à nous, qui sommes vos serviteurs, que le Seigneur, votre Dieu, avait promis à Moïse, son serviteur, de vous donner tout ce pays, et d'en exterminer tous les habitants : ce qui nous jeta dans une grande crainte, et nous obligea par la terreur dont nous nous trouvâmes frappés, à former ce dessein pour mettre nos vies en sûreté.

25 Mais maintenant nous sommes en votre main : faites de nous tout ce que vous jugerez bon et selon l'équité.

26 Josué fit donc ce qu'il avait dit : et il les délivra des mains des enfants d'Israël, en ne permettant point qu'on les tuât.

27 Et il arrêta dès ce jour-là, qu'ils seraient employés au service de tout le peuple, et de l'autel du Seigneur, coupant le bois et portant l'eau au lieu que le Seigneur aurait choisi, comme ils font encore jusqu'à présent.

CHAPITRE X.

MAIS Adonisédec, roi de Jérusalem, ayant appris que Josué avait pris et détruit la ville de Haï (car il avait traité Haï et le roi de Haï comme il avait traité Jéricho et le roi de Jéricho), et que les Gabaonites les abandonnant avaient passé du côté des enfants d'Israël, et avaient fait alliance avec eux ;

2 il fut saisi d'une grande crainte. Car Gabaon était une grande ville, *comme* une des villes royales, et plus grande que la ville de Haï, et tous les gens de guerre de cette ville étaient très-vaillants.

3 Alors donc Adonisédec, roi de Jérusalem, envoya vers Oham, roi d'Hébron, vers Pharâm, roi de Jérimoth, vers Japhia, roi de Lachis, vers Dabir, roi d'Eglon, et leur fit dire :

4 Venez avec moi, et me donnez du secours, afin que nous prenions Gabaon *et* que nous nous en rendions les maîtres, parce qu'elle a passé du côté de Josué et des enfants d'Israël.

5 Ainsi ces cinq rois des Amorrhéens s'unirent ensemble, le roi de Jérusalem, le roi d'Hébron, le roi de Jérimoth, le roi de Lachis, le roi d'Eglon, et ils marchèrent avec toutes leurs troupes ; et ayant campé près de Gabaon, ils l'assiégèrent.

6 Or les habitants de Gabaon voyant leur ville assiégée, envoyèrent à Josué, qui était alors dans le camp près de Galgala, et lui dirent : Ne refusez pas votre secours à vos serviteurs ; venez vite, et délivrez-nous par l'assistance que vous nous donnerez : car tous les rois des Amorrhéens qui habitent dans les montagnes, se sont unis contre nous.

7 Josué partit donc de Galgala, et avec lui tous les gens de guerre de son armée, qui étaient très-vaillants.

8 Et le Seigneur dit à Josué : Ne les craignez point : car je les ai

livrés entre vos mains, et nul d'eux ne pourra vous résister.

9 Josué étant donc venu toute la nuit de Galgala, se jeta tout d'un coup sur eux :

10 et le Seigneur les épouvanta *et* les mit tous en désordre à la vue d'Israël ; et *Israël* en fit un grand carnage près de Gabaon. Il les poursuivit par le chemin qui monte vers Beth-horon, et les tailla en pièces jusqu'à Azéca et Macéda.

11 Et lorsqu'ils fuyaient devant les enfants d'Israël, et qu'ils étaient dans la descente de Beth-horon, le Seigneur fit tomber du ciel de grosses pierres sur eux jusqu'à Azéca ; et cette grêle de pierres qui tomba sur eux, en tua beaucoup plus que les enfants d'Israël n'en avaient passé au fil de l'épée.

12 Alors Josué parla au Seigneur, en ce jour auquel il avait livré les Amorrhéens entre les mains des enfants d'Israël, et il dit en leur présence : Soleil, arrête-toi sur Gabaon ; lune, n'avance point sur la vallée d'Aïalon.

13 Et le soleil et la lune s'arrêtèrent jusqu'à ce que le peuple se fût vengé de ses ennemis. N'est-ce pas ce qui est écrit au livre des Justes ? Le soleil s'arrêta donc au milieu du ciel, et ne se hâta point de se coucher durant l'espace d'un jour.

14 Jamais jour ni devant ni après ne fut si long que celui-là, le Seigneur obéissant alors à la voix d'un homme, et combattant pour Israël.

15 Josué retourna ensuite au camp de Galgala avec tout Israël.

16 Car les cinq rois s'étaient sauvés par la fuite, et s'étaient cachés dans une caverne de la ville de Macéda.

17 Et l'on vint dire à Josué, qu'on avait trouvé les cinq rois cachés dans une caverne de la ville de Macéda.

18 Alors Josué donna cet ordre à ceux qui l'accompagnaient : Roulez de grandes pierres à l'entrée de la caverne, et laissez des hommes intelligents pour garder ceux qui y sont cachés.

19 Mais pour vous, ne vous arrêtez point ; poursuivez l'ennemi, tuez les derniers des fuyards, et ne souffrez pas qu'ils se sauvent dans leurs villes, puisque le Seigneur, *votre* Dieu, vous les a livrés entre les mains.

20 Les ennemis ayant donc été tous défaits et taillés en pièces, sans qu'il en demeurât presque un seul, ceux qui purent échapper des mains d'Israël, se retirèrent dans les villes fortes :

21 et toute l'armée revint sans aucune perte et en même nombre vers Josué à Macéda, où le camp *de ce corps d'armée* était alors ; et nul n'osa seulement ouvrir la bouche contre les enfants d'Israël.

22 Alors Josué fit ce commandement : Ouvrez la caverne, et amenez devant moi les cinq rois qui y sont cachés.

23 Ses gens firent ce qui leur avait été commandé ; et faisant sortir de la caverne les cinq rois, ils les lui amenèrent, le roi de Jérusalem, le roi d'Hébron, le roi de Jérimoth, le roi de Lachis *et* le roi d'Eglon.

24 Et après qu'ils eurent été amenés en sa présence, il convoqua tout le peuple d'Israël, et s'adressant aux principaux officiers de l'armée qui étaient avec lui, leur dit : Allez, et mettez le pied sur le cou de ces rois. Ils y allèrent, et pendant qu'ils leur tenaient le pied sur la gorge,

25 Josué ajouta : N'ayez point de peur, bannissez toute crainte, ayez de la fermeté, et armez-vous de courage : car c'est ainsi que le Seigneur traitera tous les ennemis que vous avez à combattre.

26 Après cela Josué frappa ces rois, et les tua, et les fit ensuite attacher à cinq potences, où ils demeurèrent pendus jusqu'au soir.

27 Et lorsque le soleil se couchait, il commanda à ceux qui l'accompagnaient de les descendre de la potence ; et les ayant descendus, ils les jetèrent dans la caverne où ils avaient été cachés, et mirent à l'entrée de grosses pierres qui y sont demeurées jusqu'aujourd'hui.

28 Josué prit aussi la ville de Macéda le même jour, et y fit tout passer au fil de l'épée. Il en fit mourir le roi et tous les habitants, sans qu'il en restât aucun, et traita le roi de Macéda comme il avait traité le roi de Jéricho.

29 De Macéda il passa avec tout Israël à Lebna, et l'ayant attaquée,

30 le Seigneur livra et la ville et le roi entre les mains d'Israël. Ils firent passer au fil de l'épée tout ce qui se trouva d'habitants dans cette ville, sans y rien laisser de reste, et traitèrent le roi de Lebna comme ils avaient traité le roi de Jéricho.

31 De Lebna il passa à Lachis, avec tout Israël ; et ayant posté son armée autour de la ville, il commença à l'assiéger :

32 et le Seigneur livra Lachis entre les mains d'Israël. Josué la prit le second jour, et fit passer au fil de l'épée tout ce qui se trouva dedans, comme il avait fait à Lebna.

33 En ce même temps Horam, roi de Gazer, marcha pour secourir Lachis ; mais Josué le défit avec tout son peuple, sans qu'il en demeurât un seul.

34 Il passa de Lachis à Eglon, et y mit le siège.

35 Il la prit le même jour, fit passer au fil de l'épée tout ce qui se trouva dedans, et la traita comme il avait traité Lachis.

36 Il marcha ensuite avec tout Israël d'Eglon à Hébron ; et l'ayant attaquée,

37 il la prit, et tailla tout en pièces ; il tua le roi, et tout ce qui se trouva dans la ville et dans toutes les autres villes de ce pays-là, sans y rien épargner. Il traita Hébron comme il avait fait Eglon, et fit main basse sur tout ce qui s'y rencontra.

38 De là il revint à Dabir,

39 qu'il prit et ravagea : et il en fit aussi passer le roi au fil de l'épée avec tout ce qui se trouva dans la ville et dans les villes d'alentour, sans y rien laisser de reste ; et il traita Dabir et le roi de cette ville comme il avait traité Hébron et Lebna, et les rois de ces deux villes.

40 Josué ravagea donc tout le pays tant du côté des montagnes et du midi que de la plaine, comme aussi Asédoth, avec leurs rois, sans y laisser les moindres restes : il tua tout ce qui avait vie (comme le Seigneur, le Dieu d'Israël, le lui avait commandé),

41 depuis Cadès-Barné jusqu'à Gaza. *Il fit de même* dans tout le pays de Gosen jusqu'à Gabaon :

42 il prit et ruina en même temps *toutes les villes de cette contrée*, tous leurs rois et toutes leurs terres ; parce que le Seigneur, le Dieu d'Israël, combattit pour lui ;

43 et il revint avec tout Israël à Galgala, où était le camp *général*.

CHAPITRE XI.

MAIS lorsque Jabin, roi d'Asor, eut appris ces nouvelles, il envoya vers Jobab, roi de Madon, vers le roi de Séméron, vers le roi d'Achsaph,

2 et vers les rois du septentrion, qui habitaient dans les montagnes et dans la plaine du côté du midi de Cénéroth. Il envoya aussi vers ceux qui habitaient dans les campagnes et dans le pays de Dor, le long de la mer ;

3 vers les Chananéens à l'orient et à l'occident ; vers les Amorrhéens, les Héthéens, les Phérézéens, les Jébuséens, dans les montagnes, et vers les Hévéens qui habitaient au pied du mont Hermon, dans la terre de Maspha.

4 Ils se mirent tous en campagne avec leurs troupes, qui consistaient eu une multitude de gens de pied aussi nombreuse que le sable qui est sur le rivage de la mer, et un très-grand nombre de cavalerie et de chariots.

5 Et tous ces rois se joignirent vers les eaux de Mérom, pour combattre contre Israël.

6 Alors le Seigneur dit à Josué : Ne les craignez point : car demain à cette même heure, je vous les livrerai tous pour être taillés en pièces à la vue d'Israël. Vous ferez couper le nerf des jambes à leurs chevaux, et réduirez en cendres leurs chariots.

7 Josué marcha donc *en diligence* contre eux avec toute l'armée jusqu'aux eaux de Mérom ; et les ayant chargés à l'improviste,

8 le Seigneur les livra entre les mains des enfants d'Israël, qui les défirent et les poursuivirent jusqu'à la grande Sidon, jusqu'aux eaux de Masérèphoth, et jusqu'à la campagne de Maspha, qui est vers l'orient. Josué tua tout, sans en rien laisser échapper.

9 Il coupa le nerf des jambes de leurs chevaux, et fit mettre le feu à leurs chariots, comme le Seigneur le lui avait commandé.

10 Et étant retourné de là aussitôt, il prit Asor, et en tua le roi. Car

Asor avait été de tout temps la première et la capitale de tous ces royaumes.

11 Il en passa au fil de l'épée tous les habitants ; il ravagea et extermina tout, sans y laisser rien sur pied, et il réduisit la ville en cendres.

12 Il prit aussi et ruina de même toutes les villes d'alentour avec leurs rois qu'il fit mourir, comme Moïse, serviteur du Seigneur, le lui avait commandé.

13 Israël brûla toutes les villes, excepté celles qui étaient situées sur des collines et sur des hauteurs : il n'y eut qu'Asor qui étant très-forte fut toute brûlée.

14 Les enfants d'Israël partagèrent entre eux tout le butin et les bestiaux de ces villes, après en avoir tué tous les habitants.

15 Les ordres que le Seigneur avait donnés à Moïse, son serviteur sont les mêmes que Moïse donna à Josué, et il les exécuta tous, sans omettre la moindre chose de tout ce que le Seigneur avait commandé à Moïse.

16 Josué prit donc tout le pays des montagnes et du midi, toute la terre de Gosen et la plaine, et la contrée occidentale, la montagne d'Israël et ses campagnes ;

17 une partie de la montagne qui s'élève vers Séir jusqu'à Baal-gad, le long de la plaine du Liban, au-dessous du mont Hermon. Il prit tous leurs rois, les frappa, et les fit exécuter à mort.

18 Josué combattit longtemps contre ces rois.

19 Il n'y eut point de ville qui se rendît aux enfants d'Israël, hors les Hévéens qui demeuraient à Gabaon, et il les prit toutes de force.

20 Car ç'avait été la volonté du Seigneur, que leurs cœurs s'endurcissent, qu'ils combattissent contre Israël, qu'ils fussent défaits, qu'ils ne méritassent aucune clémence, et qu'enfin ils fussent exterminés, selon que le Seigneur l'avait ordonné à Moïse.

21 En ce temps-là Josué ayant marché contre les géants *de la race* d'Enac qui habitaient les montagnes, les tua et les extermina d'Hébron, de Dabir, d'Anab, et de toute la montagne de Juda et d'Israël, et ruina toutes leurs villes.

22 Il ne laissa aucun de la race des géants dans la terre des enfants d'Israël, hors les villes de Gaza, de Geth et d'Azot, dans lesquelles seules il en laissa.

23 Josué, prit donc tout le pays, selon que le Seigneur l'avait promis à Moïse, et il le donna aux enfants d'Israël, afin qu'ils le possédassent selon la part qui était échue à chacun dans sa tribu ; et la guerre cessa dans tout le pays.

CHAPITRE XII.

VOICI les rois que les enfants d'Israël défirent, et dont ils possédèrent le pays au delà du Jourdain vers l'orient, depuis le torrent d'Amon jusqu'au mont Hermon, et toute la contrée orientale qui regarde le désert :

2 Séhon, roi des Amorrhéens, qui demeurait à Hésébon, et qui régnait depuis Aroër, qui est située sur le bord du torrent d'Arnon, depuis le milieu de la vallée, et la moitié de Galaad, jusqu'au torrent de Jaboc, qui fait les limites des enfants d'Ammon ;

3 et depuis le désert jusqu'à la mer de Cénéroth vers l'orient, et jusqu'à la mer du désert, qui est la mer Salée, vers l'orient, le long du chemin qui mène à Beth-simoth, et du côté du midi jusqu'à *la plaine* qui est sous Asédoth-Phasga.

4 Le royaume d'Og, roi de Basan, qui était des restes des géants, et qui demeurait à Astaroth et à Edraï, s'étendait depuis la montagne d'Hermon, et depuis Salécha, et tout le territoire de Basan, jusqu'aux confins

5 de Gessuri, de Machati et de la moitié de Galaad, qui étaient les bornes de Séhon, roi d'Hésébon.

6 Moïse, serviteur du Seigneur, et les enfants d'Israël défirent ces rois ; et Moïse donna leur pays à la tribu de Ruben, à la tribu de Gad et à la demi-tribu de Manassé, afin qu'ils s'y établissent.

7 Voici les rois que Josué et les enfants d'Israël défirent dans le pays au deçà du Jourdain du côté de l'occident, depuis Baal-gad, dans la campagne du Liban, jusqu'à la montagne dont une partie s'élève vers Séir ; lequel pays Josué donna aux tribus d'Israël, afin que chacun en possédât la part qui lui serait échue,

8 tant dans le pays des montagnes, que dans la plaine et dans la campagne. Les Héthéens, les Amorrhéens, les Chananéens, les Phérézéens, les Hévéens et les Jébuséens habitaient dans Asédoth, dans le désert et vers le midi.

9 Il y avait un roi de Jéricho, un roi de Haï, qui est à côté de Béthel,

10 un roi de Jérusalem, un roi d'Hébron,

11 un roi de Jérimoth, un roi de Lachis,

12 un roi d'Eglon, un roi de Gazer,

13 un roi de Dabir, un roi de Gader,

14 un roi d'Herma, un roi d'Héred,

15 un roi de Lebna, un roi d'Odullam,

16 un roi de Macéda, un roi de Béthel,

17 un roi de Taphua, un roi d'Opher,

18 un roi d'Aphce, un roi de Saron,

19 un roi de Madon, un roi d'Asor,

20 un roi de Séméron, un roi d'Achsaph,

21 un roi de Thénac, un roi de Mageddo,

22 un roi de Cadès, un roi de Jachanan du Carmel,

23 un roi de Dor et de la province de Dor, un roi des nations de Galgal,

24 un roi de Thersa : il y avait en tout trente et un rois.

CHAPITRE XIII.

JOSUÉ étant vieux et fort avancé en âge, le Seigneur lui dit : Vous êtes vieux et dans un âge bien avancé, et il reste un très-grand pays qui n'a point encore été divisé par sort ;

2 savoir, toute la Galilée, le pays des Philistins, et toute la terre de Gessuri ;

3 depuis le fleuve d'eau trouble qui arrose l'Egypte, jusqu'aux confins d'Accaron vers l'aquilon : la terre de Chanaan, qui est partagée entre les cinq princes des Philistins ; *savoir,* celui de Gaza, celui d'Azot, celui d'Ascalon, celui de Geth et celui d'Accaron.

4 Au midi sont les Hévéens, toute la terre de Chanaan, Maara, qui est aux Sidoniens, jusqu'à Aphec, et jusqu'aux frontières des Amorrhéens,

5 jusqu'aux terres qui leur sont voisines : le pays du Liban vers l'orient, depuis Baal-gad au-dessous du mont Hermon, jusqu'à l'entrée d'Emath ;

6 tous ceux qui habitent sur la montagne depuis le Liban jusqu'aux eaux de Maséréphoth, et tous les Sidoniens. C'est moi qui les exterminerai devant la face des enfants d'Israël. Que ces pays tombent donc dans la portion de l'héritage d'Israël, comme je vous l'ai ordonné.

7 Et maintenant partagez la terre que les neuf tribus et la moitié de la tribu de Manassé doivent posséder,

8 l'autre moitié de cette tribu étant déjà en possession avec les tribus de Ruben et de Gad, de la terre que Moïse, serviteur du Seigneur, leur a donnée au delà du Jourdain du côté de l'orient ;

9 depuis Aroër, qui est sur le bord du torrent d'Arnon, et au milieu de la vallée, et toute la campagne de Médaba, jusqu'à Dibon ;

10 et toutes les villes de Séhon, roi des Amorrhéens, qui régnait depuis Hésébon jusqu'aux frontières des enfants d'Ammon ;

11 Galaad, les confins de Gessuri et de Machati, tout le mont Hermon et tout Basan jusqu'à Salécha ;

12 tout le royaume d'Og au pays de Basan, qui régnait à Astaroth et à Edraï, et qui était des restes des géants : Moïse défit ces peuples, et les détruisit.

13 Et les enfants d'Israël ne voulurent point exterminer ceux de Gessuri et de Machati ; et ils sont demeurés au milieu d'Israël jusqu'aujourd'hui.

14 Mais Moïse ne donna point de terre en partage à la tribu de Lévi, parce que les sacrifices et les victimes du Seigneur, le Dieu d'Israël, sont *sa part et* son héritage, comme *le Seigneur* le lui a dit.

15 Moïse partagea donc la terre à la tribu des enfants de Ruben selon ses familles *et* ses maisons ;

16 et leur pays fut depuis Aroër, qui est sur le bord du torrent d'Arnon, et au milieu de la vallée où est le même torrent, toute la plaine qui mène à Médaba,

17 Hésébon, avec tous ses villages qui sont dans la plaine, Dibon, Bamothbaal, la ville de Baal-maon,

18 Jassa, Cédimoth, Méphaat,

19 Cariathaïm, Sabama, et Sarath-asar dans la montagne de la vallée,

20 Beth-phogor, Asédoth-phasga, Bethjésimoth,

21 toutes les villes de la plaine, tout le royaume de Séhon, roi des Amorrhéens, qui régna à Hésébon, que Moïse défit avec les princes de Madian, Evi, Récem, Sur, Hur, Bébé, qui étaient des chefs *dépendant* de Séhon, et qui habitaient dans le pays.

22 Les enfants d'Israël firent aussi mourir par l'épée le devin Balaam, fils de Béor, avec les autres qui furent tués.

23 Et le pays des enfants de Ruben se termina au fleuve du Jourdain. C'est là la terre, les villes et les villages que possède la tribu de Ruben, selon ses familles *et* ses maisons.

24 Moïse donna aussi à la tribu de Gad et à ses enfants la terre qu'elle devait posséder selon ses familles, dont voici la division :

25 Elle possédait Jaser, toutes les villes de Galaad, la moitié de la terre des enfants d'Ammon, jusqu'à Aroër, qui est vis-à-vis Rabba ;

26 depuis Hésébon jusqu'à Ramoth, Masphé et Bétonim ; et depuis Manaïm jusques aux confins de Dabir.

27 Elle s'étendait aussi dans la vallée de Beth-aran, de Beth-nemra, de Socoth et de Saphon, et le reste du royaume de Séhon, roi d'Hésébon : son pays se termine aussi au Jourdain jusqu'à l'extrémité de la mer de Cénéreth, au delà du Jourdain vers l'orient.

28 C'est là la terre, les villes et les villages que possèdent les enfants de Gad, selon leurs familles et leurs maisons.

29 *Moïse* donna aussi à la moitié de la tribu de Manassé et à ses enfants la terre qu'elle devait posséder selon ses familles :

30 elle comprenait depuis Manaïm tout Basan, tous les royaumes d'Og, roi de Basan, tous les bourgs de Jaïr qui sont en Basan, *au nombre de* soixante villes ;

31 la moitié de Galaad, Astaroth et Edraï, villes du royaume d'Og en Basan, *tout cela, dis-je, fut donné* aux enfants de Machir, fils de Manassé, c'est-à-dire, à la moitié des enfants de Machir, selon leurs familles.

32 Moïse partagea ainsi la terre dans la plaine de Moab, au delà du Jourdain, vis-à-vis de Jéricho vers l'orient.

33 Mais il ne donna point de terre en partage à la tribu de Lévi ; parce que le Seigneur, le Dieu d'Israël, est son partage, selon qu'il le lui a dit.

CHAPITRE XIV.

VOICI ce que les enfants d'Israël ont possédé dans la terre de Chanaan, qu'Eléazar, *grand* prêtre, Josué, fils de Nun, et les princes des familles de chaque tribu d'Israël

2 distribuèrent aux neuf tribus et à la moitié de la tribu *de Manassé*, en faisant tout le partage au sort, comme le Seigneur l'avait ordonné à Moïse.

3 Car Moïse avait donné aux deux autres tribus et à une moitié de la tribu *de Manassé* des terres au delà du Jourdain, sans compter les Lévites qui ne reçurent point de terre comme tous leurs frères.

4 Mais les enfants de Joseph, Manassé et Ephraïm, divisés en deux tribus, succédèrent en leurs places ; et les Lévites n'eurent point d'autre part dans la terre de Chanaan, que des villes pour y habiter, avec leurs faubourgs, pour nourrir leurs bêtes et leurs troupeaux.

5 Les enfants d'Israël exécutèrent ce que le Seigneur avait ordonné à Moïse, et ils partagèrent la terre.

6 Alors les enfants de Juda vinrent trouver Josué à Galgala ; et Caleb, fils de Jéphoné, Cénézéen, lui parla de cette sorte : Vous savez ce que le Seigneur dit de moi et de vous à Moïse, homme de Dieu, lorsque nous étions à Cadès-Barné.

7 J'avais quarante ans lorsque Moïse, serviteur du Seigneur, m'envoya de Cadès-Barné pour reconnaître la terre ; et je lui fis mon rapport tel que je le croyais véritable.

8 Mais mes frères qui y étaient allés avec moi, jetèrent l'épouvante dans le cœur du peuple ; et je ne laissai pas néanmoins de suivre le Seigneur, mon Dieu.

9 En ce jour-là Moïse me jura et me dit : La terre où vous avez mis le pied sera votre héritage, et *l'héritage* de vos enfants pour jamais ; parce que vous avez suivi le Seigneur, mon Dieu.

10 Le Seigneur m'a donc conservé la vie jusqu'aujourd'hui, comme il le promit *alors*. Il y a quarante-cinq ans que le Seigneur dit cette parole à Moïse, lorsque Israël allait par le désert. J'ai maintenant quatre-vingt-cinq ans ;

11 et je suis aussi fort que j'étais au temps que je fus envoyé pour reconnaître le pays. La même vigueur que j'avais alors m'est demeurée jusqu'aujourd'hui, soit pour combattre, ou pour marcher.

12 Donnez-moi donc cette montagne que le Seigneur m'a promise, comme vous l'avez entendu vous-même, sur laquelle il y a des géants *de la race* d'Enac, et des villes grandes et fortes : afin que j'éprouve si le Seigneur sera avec moi, et si je pourrai les exterminer, ainsi qu'il me l'a promis.

13 Josué bénit donc Caleb, et il lui donna Hébron pour son héritage.

14 Depuis ce temps-là Hébron a été à Caleb, fils de Jéphoné, Cénézéen, jusqu'aujourd'hui, parce qu'il suivit le Seigneur, le Dieu d'Israël.

15 Hébron s'appelait auparavant Cariath-Arbé. Et il y avait eu en ce lieu-là un grand homme, *célèbre* parmi les géants *mêmes*. Toutes les guerres cessèrent pour lors dans la terre de Chanaan.

CHAPITRE XV.

VOICI le partage échu par sort aux enfants de Juda selon leurs familles : Les limites de leur pays sont depuis la frontière de l'Idumée, *en passant par* le désert de Sin vers le midi, jusqu'à l'extrémité de la contrée méridionale.

2 Il commence à la pointe de la mer Salée, et à cette langue de mer qui regarde le midi.

3 Il s'étend vers la montée du Scorpion, et passe jusqu'à Sina, *ou Sin*. Il monte vers Cadès-Barné, vient jusqu'à Esron, monte vers Addar, et tourne vers Carcaa ;

4 et passant de là jusqu'à Asémona, il arrive jusqu'au torrent d'Egypte, et se termine à la Grande mer. Ce sont là ses limites du côté du midi.

5 Du côté de l'orient *la tribu de Juda* commence à la mer Salée, *et s'étend* jusqu'à l'extrémité du Jourdain, *en remontant* du côté de l'aquilon, depuis la langue de mer jusqu'à *l'endroit où* ce même fleuve du Jourdain *entre dans la mer*.

6 Sa frontière monte à Beth-hagla, passe au septentrion de Beth-araba, monte à la pierre de Boën, fils de Ruben,

7 et s'étend jusqu'à Débéra depuis la vallée d'Achor. Elle regarde vers le septentrion Galgala, qui est vis-à-vis de la montée d'Adommim, au côté du torrent qui regarde le midi ; elle passe les eaux qui s'appellent la Fontaine du soleil, et vient se terminer à la fontaine de Rogel.

8 Elle monte par la vallée du fils d'Ennom au côté méridional du pays des Jébuséens, où est la ville de Jérusalem ; et de là montant jusqu'au haut de la montagne qui est vis-à-vis de Géennom à l'occident, à l'extrémité de la vallée des Géants vers l'aquilon,

9 elle passe depuis le haut de la montagne jusqu'à la fontaine de Nephtoa, et s'étend jusqu'aux villages du mont Ephron. Elle baisse ensuite vers Baala, qui est Cariath-iarim, c'est-à-dire, la ville des forêts ;

10 et de Baala tourne vers l'occident jusqu'à la montagne de Séir, passe au côté du mont Jarim au septentrion vers Cheslon, descend vers Beth-samès, passe jusqu'à Thamna,

11 vient vers le côté septentrional d'Accaron, baisse vers Sechrona, passe le mont Baala, s'étend jusqu'à Jebnéel, et se termine enfin du côté de l'occident par la Grande mer.

12 Telles sont les limites des enfants de Juda de tous côtés selon leurs familles.

13 Mais Josué suivant l'ordonnance du Seigneur, donna à Caleb, fils de Jéphoné, pour son partage au milieu des enfants de Juda, Cariath-Arbé, *c'est-à-dire, la ville d'Arbé,* père d'Enac, qui est la même qu'Hébron.

14 Et Caleb extermina de cette ville les trois enfants d'Enac, Sésaï, Ahiman et Tholmaï, de la race d'Enac ;

15 et montant de ce lieu il marcha vers les habitants de Dabir, qui s'appelait auparavant Cariath-Sépher, c'est-à-dire, la ville des lettres.

16 Alors Caleb dit : Je donnerai ma fille Axa en mariage à quiconque prendra et détruira Cariath-Sepher.

17 Et Othoniel, fils de Cenez et jeune frère de Caleb, l'ayant prise, il lui donna sa fille Axa pour femme.

18 Et lorsqu'ils marchaient *tous* ensemble, son mari lui conseilla de demander un champ a son père. Axa étant donc montée sur un âne, se mit à soupirer; et Caleb lui dit : Qu'avez-vous ?

19 Elle lui répondit : Donnez-moi votre bénédiction, *et m'accordez une grâce.* Vous m'avez donné une terre exposée au midi et toute sèche ; ajoutez-y-en une autre où il y ait des eaux eu abondance. Caleb lui donna donc une terre dont le haut et le bas étaient arrosés d eau.

20 Voici l'héritage de la tribu des enfants de Juda, divisé selon ses familles :

21 Vers l'extrémité de la terre des enfants de Juda le long des frontières d'Edom, du côté du midi, les villes sont Cabséel, Eder, Jagur,

22 Cina, Dimona, Adada,

23 Cadès, Asor, Jethnam,

24 Ziph, Télem, Baloth,

25 Asor la nouvelle, et Carioth-Hesron, qui est la même qu'Asor,

26 Amam, Sama, Molada,

27 Aser-gadda, Hassémon, Beth-phélet,

28 Haser-sual, Ber-sabée, Baziothia,

29 Baala, Iim, Esem,

30 Eltholad, Césil, Harma,

31 Siceleg, Méduména, Sensenna,

32 Lébaoth, Sélim, Aën et Kemmon ; qui toutes font vingt-neuf villes avec leurs villages.

33 Et dans la plaine, Estaol, Saréa, Aséna,

34 Zanoé, En-gannim, Taphua, Enaïm,

35 Jérimoth, Adullam-Socho, Azéca,

36 Saraïm, Adithaïm, Gédéra et Gédérothaïm ; qui toutes font quatorze villes avec leurs villages.

37 Sanan, Hadassa, Magdal-gad,

38 Déléan, Masépha, Jecthel,

39 Lachis, Bascath, Eglon,

40 Chebbon, Léhéman, Cethlis,

41 Gidéroth, Beth-dagon, Naama et Macéda ; qui toutes font seize villes avec leurs villages.

42 Labana, *ou Lebna,* Ether, Asan,

43 Jephta, Esna, Nésib,

44 Ceila, Achzib, Marésa ; qui toutes font neuf villes avec leurs villages.

45 Accaron, avec ses bourgs et ses villages.

46 Depuis Accaron jusqu'à la mer, tout le pays vers Azot et ses villages.

47 Azot, avec ses bourgs et ses villages, Gaza, avec ses bourgs et ses villages, jusqu'au torrent d'Egypte ; et la Grande mer la termine.

48 Et dans les montagnes, Samir, Jéther, Socoth,

49 Danna, Cariath-senna, qui est la même que Dabir,

50 Anab, Istémo, Anim,

51 Gosen, Olon, Gilo ; qui toutes font onze villes avec leurs villages.

52 Arab, Ruma, Esaan,

53 Januin, Beth-thaphua, Aphéca,

54 Athmatha, Cariath-Arbé, qui est la même qu'Hébron, et Sior ; qui toutes font neuf villes avec leurs villages.

55 Maon, Carmel, Ziph, Jota,

56 Jezraël, Jucadam, Zanoé,

57 Accaïn, Gabaa, Thamna : qui toutes font dix villes avec leurs villages.

58 Halhul, Beth-sur, Gédor,

59 Mareth, Beth-anoth, Eltécon : six villes avec leurs villages.

60 Cariath-baal, qui est la même que Cariath-iarim, *c'est-à-dire,* la ville des forêts, et Arebba : deux villes et leurs villages.

61 Dans le désert, Beth-araba, Meddin, Sachacha,

62 Nebsan, *Hir-Mélach, c'est-à-dire,* la ville du sel, et En-gaddi : six villes et leurs villages.

63 Mais les enfants de Juda ne purent exterminer les Jébuséens qui habitaient dans Jérusalem, et les Jébuséens ont habité dans Jérusalem avec les enfants de Juda jusqu'aujourd'hui.

CHAPITRE XVI.

LE partage échu par sort aux enfants de Joseph, fut depuis le Jourdain, vis-à-vis de Jéricho, jusqu'aux eaux de cette ville vers l'orient, *d'où il traverse* le désert qui monte de Jéricho à la montagne de Béthel.

2 Il va de Béthel vers Luza, passe le long des contins d'Archi-Ataroth,

3 descend à l'occident jusqu'aux confins de Jephlet, et jusqu'aux confins de Beth-horon la basse, et jusqu'à Gazer ; et son pays finit à la Grande mer.

4 C'est ce que les enfants de Joseph, Manassé et Ephraïm, ont possédé.

5 La frontière des enfants d'Ephraïm, divisés par leurs familles dans la terre qu'ils possèdent, est vers l'orient, Ataroth-addar, jusqu'à Beth-horon la haute.

6 Elle se termine dans ses confins à la mer, *revient à* Machméthath, qui regarde vers le septentrion, et tourne vers l'orient en Thanath-sélo, passe de l'orient jusqu'à Janoé ;

7 de Janoé descend jusqu'à Ataroth et à Naaratha, vient jusqu'à Jéricho, et se termine au Jourdain.

8 De Taphua elle passe vers la mer jusqu'à la Vallée des roseaux, et se termine à la mer Salée. C'est là l'héritage de la tribu des enfants d'Ephraïm, divisés par leurs familles.

9 Et il y eut des villes avec les villages de leur dépendance, que l'on sépara du milieu de l'héritage des enfants de Manassé, pour les donner aux enfants d'Ephraïm.

10 Les enfants d'Ephraïm n'exterminèrent point les Chananéens qui habitaient dans Gazer ; mais les Chananéens ont habité jusqu'aujourd'hui au milieu d'Ephraïm, ayant été rendus tributaires.

CHAPITRE XVII.

VOICI le partage échu par sort à la tribu de Manassé, qui fut le fils aîné de Joseph, à Machir, fils aîné de Manassé et père de Galaad, qui fut un vaillant homme, et qui eut le pays de Galaad et de Basan,

2 et au reste des enfants de Manassé divisés selon leurs familles, aux enfants d'Abiézer, *ou Jézer,* aux enfants d'Hélec, aux enfants d'Esriel, *ou Asriel,* aux enfants de Séchem, aux enfants d'Hépher, et aux enfants de Sémida. Ce sont là les enfants mâles de Manassé, fils de Joseph, divisés selon leurs familles.

3 Mais Salphaad, fils d'Hépher, fils de Galaad, fils de Machir, fils de Manassé, n'avait point eu de fils, mais des filles seulement, dont voici les noms : Maala, Noa, Hégla, Melcha et Thersa.

4 Ces filles vinrent se présenter devant Eléazar, *grand* prêtre, devant Josué, fils de Nun, et les princes *du peuple,* et leur dirent : Le Seigneur a ordonné par Moïse qu'on nous donnât des terres en partage au milieu de nos frères. Josué leur donna donc des terres

en partage au milieu des frères de leur père, selon que le Seigneur l'avait commandé.

5 Ainsi la tribu de Manassé eut dix portions dans la terre *de Chanaan*, outre le pays de Galaad et de Basan, qui lui fut donné au delà du Jourdain.

6 Car les filles de Manassé eurent des terres pour leur héritage parmi les enfants de Manassé ; et le pays de Galaad échut en partage aux autres enfants de Manassé.

7 La frontière de Manassé fut depuis Aser jusqu'à Machméthath, qui regarde vers Sichem, et elle s'étendait à main droite le long des habitants de la Fontaine de Taphua.

8 Car le territoire de Taphua était échu par sort à Manassé ; mais la ville de Taphua, qui est aux confins de Manassé, fut donnée aux enfants d'Ephraïm.

9 Cette frontière descendait à la Vallée des roseaux vers le midi du torrent des villes d'Ephraïm, qui sont au milieu des villes de Manassé. La frontière de Manassé est depuis le septentrion du torrent, d'où elle va se terminer à la mer.

10 Ainsi ce qui est du côté du midi est a Ephraïm, et ce qui est du côté du septentrion est à Manassé ; et la mer est la fin de l'un et de l'autre : en sorte que du côté du septentrion ils s'unissent à la tribu d'Aser, et du côté du levant à la tribu d'Issachar.

11 Manassé eut pour héritage dans la tribu d'Issachar et d'Aser, Bethsan avec ses villages, Jéblaam avec ses villages, les habitants de Dor avec leurs bourgs, les habitants d'Endor avec leurs villages, les habitants de Thénac avec leurs villages, les habitants de Mageddo avec leurs villages, et la troisième partie de la ville de Nophet.

12 Les enfants de Manassé ne purent détruire ces villes ; mais les Chananéens commencèrent à habiter dans ce pays-là.

13 Et après que les enfants d'Israël se furent fortifiés, ils s'assujettirent les Chananéens, et se les rendirent tributaires ; mais ils ne les tuèrent pas.

14 Les enfants de Joseph s'adressèrent à Josué, et lui dirent : Pourquoi ne m'avez-vous donné qu'une part pour héritage, étant comme je suis un peuple si nombreux, et le Seigneur m'ayant béni *et multiplié comme vous voyez* ?

15 Josué leur répondit : Si vous êtes un peuple si nombreux, montez à la forêt, et faites-vous place en coupant le bois dans le pays des Phérézéens et des Raphaïm, puisque la montagne d'Ephraïm est trop étroite *et trop petite* pour vous.

16 Les enfants de Joseph lui répondirent : Nous ne pourrons gagner le pays des montagnes, parce que les Chananéens qui habitent dans la plaine où est Bethsan avec ses villages, et Jezraël qui est au milieu de la vallée, ont des chariots armés *de faux et* de fers *tranchants*.

17 Josué répondit à la maison de Joseph, Ephraïm et Manassé : Vous êtes un peuple nombreux, et vous avez de grandes forces : vous ne vous contenterez pas d'une seule part ;

18 mais vous passerez à la montagne, et vous gagnerez de la place pour y habiter, en coupant les arbres et défrichant la forêt : et vous pourrez passer encore plus loin lorsque vous aurez exterminé les Chananéens, que vous dites qui ont des chariots armés *de faux et* de fers *tranchants*, et être un peuple très-fort.

CHAPITRE XVIII.

TOUS les enfants d'Israël s'assemblèrent à Silo, et y dressèrent le tabernacle du témoignage ; et le pays leur était soumis.

2 Or il était demeuré sept tribus des enfants d'Israël, qui n'avaient pas encore reçu leur partage.

3 Josué leur dit donc : Jusqu'à quand demeurerez-vous lâches et paresseux, sans vous mettre en possession de la terre que le Seigneur, le Dieu de vos pères, vous a donnée ?

4 Choisissez trois hommes de chaque tribu, afin que je les envoie, qu'ils aillent faire le tour du pays, et qu'ils en fassent la description, selon le nombre de ceux qui doivent le posséder, et qu'ils m'en fassent rapport quand ils l'auront faite.

5 Divisez entre vous la terre en sept parts : que Juda demeure dans ses limites du côté du midi, et la maison de Joseph du côté du septentrion.

6 Décrivez le reste de la terre qui n'est point à eux, et faites-en sept parts ; et puis venez me trouver ici, afin que je jette vos partages au sort devant le Seigneur, votre Dieu.

7 Car les Lévites n'ont aucune part entre vous, parce que le sacerdoce du Seigneur est *leur part et* leur héritage. Quant à la tribu de Gad, à la tribu de Ruben, et à la moitié de la tribu de Manassé, elles avaient déjà reçu les terres qu'elles devaient posséder au delà du Jourdain à l'orient, et qui leur avaient été données par Moïse, serviteur du Seigneur.

8 Ces hommes se préparant donc à partir pour aller faire la description de tout le pays, Josué leur donna cet ordre : Faites le tour et la description de la terre, et revenez me trouver, afin que je jette ici à Silo vos partages au sort devant le Seigneur.

9 Etant donc partis, ils reconnurent avec soin la terre, et divisèrent ses villes en sept parts, qu'ils écrivirent dans un livre, et ils revinrent trouver Josué, au camp à Silo.

10 Josué jeta le sort devant le Seigneur à Silo, et divisa la terre en sept parts pour les enfants d'Israël.

11 Le premier partage échu par le sort, fut celui des enfants de Benjamin, distingués selon leurs familles, qui eurent pour leur part le pays situé entre les enfants de Juda et les enfants de Joseph.

12 Leur frontière vers le septentrion commence au bord du Jourdain, d'où elle s'étend au côté septentrional de Jéricho. De là elle monte sur les côtes des montagnes vers l'occident, et vient jusqu'au désert de Beth-aven.

13 Elle passe ensuite vers le midi le long de Luza, qui s'appelle aussi Béthel. Elle descend a Ataroth-addar, près de la montagne qui est au midi de Beth-horon la basse ;

14 puis elle tourne en baissant vers la mer au midi de la montagne qui regarde Beth-horon du côté du midi, et elle se termine à Cariath-baal, qui s'appelle aussi Cariath-iarim, ville des enfants de Juda. C'est là ce qu'elle s'étend vers la mer du côté de l'occident.

15 Du côté du midi sa frontière s'étend depuis Cariath-iarim vers la mer, et vient jusqu'à la fontaine des eaux de Nephtoa.

16 Elle descend jusqu'à la partie de la montagne qui regarde la vallée des enfants d'Ennom, et qui est du côté du septentrion à l'extrémité de la vallée des Géants. Elle descend vers Géennom, c'est-à-dire, vers la vallée d'Ennom, au côté des Jébuséens au midi, et elle vient jusqu'à la fontaine de Rogel.

17 Elle passe vers le septentrion, s'étend jusqu'à En-sémès, c'est-à-dire, la fontaine du soleil.

18 Elle passe jusqu'aux terres élevées qui sont vis-à-vis de la montée d'Adommim. Elle descend jusqu'à Aben-Boën, c'est-à-dire,la pierre de Boën, fils de Ruben, et elle passe du côté du septentrion jusqu'aux campagnes, et descend dans la plaine.

19 Elle s'étend vers le septentrion au delà de Beth-hagla, et elle se termine à la pointe septentrionale de la mer Salée, au bout du Jourdain qui regarde le midi,

20 et qui la termine du côté de l'orient. Ce sont là les limites et l'étendue du partage des enfants de Benjamin, distribué selon leurs familles.

21 Ses villes sont Jéricho, Beth-hagla, la vallée de Casis,

22 Beth-araba, Samaraïm, Béthel,

23 Avim, Aphara, Ophéra,

24 la ville d'Emona, Ophni et Gabée ; *qui toutes font* douze villes avec leurs villages.

25 Gabaon, Rama, Béroth,

26 Mesphé, Caphara, Amosa,

27 Récem, Jaréphel, Tharéla,

28 Séla, Eleph, Jébus, qui est la même que Jérusalem, Gabaath et Cariath ; qui toutes font quatorze villes avec leurs villages. C'est là ce que possèdent les enfants de Benjamin, distingués selon leurs familles.

CHAPITRE XIX.

LE second partage échu par sort, fut celui des enfants de Siméon, distingués selon leurs familles ; et leur héritage

2 fut pris au milieu de celui des enfants de Juda ; *savoir,* Bersabée, ou Sabée, Molada,

3 Haser-sual, Bala, *ou Baala,* Asem, ou Esem,

4 Eltholad, Béthul, *ou Césil,* Harma,

5 Siceleg, Beth-marchaboth, *ou Médéména,* Hasersusa, *ou Sensenna,*

6 Beth-lébaoth, Sarohen, *ou Saraïm ;* qui *toutes* font treize villes avec leurs villages.

7 Aïn, *ou Aën,* Remmon, Athar, ou Ether, Asan : quatre villes avec leurs villages :

8 tous les villages des environs de ces villes, jusqu'à Baalath-Béer-Ramath du côté du midi. C'est là le partage des enfants de Siméon, distingués selon leurs familles,

9 qui fut pris du territoire que possédaient les enfants de Juda, parce qu'il était trop grand pour eux. C'est pourquoi les enfants de Siméon prirent leur partage au milieu de l'héritage de Juda.

10 Le troisième partage échu par sort, fut celui des enfants de Zabulon, distingués selon leurs familles. Leur frontière s'étendait jusqu'à Sarid,

11 montait de la mer vers Mérala, et venait jusqu'à Debbaseth, jusqu'au torrent qui est vers Jéconam.

12 Elle retournait de Sared vers l'orient aux confins de Céséleth-thabor, s'avançait vers Dabéreth, et montait vers Japhié.

13 De là elle passait jusqu'à l'orient de Geth-hépher et Thacasin, s'étendait vers Remmon, Amthar et Noa,

14 tournait au septentrion vers Hanathon, se terminait à la vallée de Jephtaël,

15 et *comprenait* Cateth, Naalol, Séméron, Jédala, Bethléhem : douze villes avec leurs villages.

16 C'est là l'héritage de la tribu des enfants de Zabulon, distingués selon leurs familles, avec leurs villes et leurs villages.

17 Le quatrième partage échu par sort, fut celui *de la tribu* d'Issachar, distinguée selon ses familles,

18 et il comprenait Jezraël, Casaloth, Sunem,

19 Hapharaïm, Séon, Anaharath,

20 Rabboth, Césion, Abès,

21 Rameth, En-gannim, En-hadda, Beth-phésès

22 et sa frontière venait jusqu'à Thabor, Séhésima et Beth-samès, et se terminait au Jourdain ; et tout son pays comprenait seize villes avec leurs villages.

23 C'est là l'héritage des enfants d'Issachar, distingués selon leurs familles, avec leurs villes et leurs villages.

24 Le cinquième héritage échu par sort, fut celui de la tribu des enfants d'Aser, distingués selon leurs familles.

25 Leur frontière fut Halcath, Chali, Béten, Axaph,

26 Elmélech, Amaad et Messal ; et elle s'étendait jusqu'au Carmel, vers la mer, et jusqu'à Sihor et Labanath ;

27 et elle retournait du côté d'orient vers Beth-dagon, passait jusqu'à Zabulon et à la vallée de Jephtaël vers l'aquilon, et jusqu'à Beth-émec et Néhiel. Elle s'étendait à main gauche vers Cabul,

28 Abran, Rohob, Hamon, Cana, et jusqu'à la grande Sidon.

29 Elle retournait vers Horma, jusqu'à la forte ville de Tyr, et jusqu'à Hosa, et elle se terminait a la mer vers Achziba ;

30 et comprenait Amma, Aphec et Rohob : ce qui faisait en tout vingt-deux villes avec leurs villages.

31 C'est là l'héritage des enfants d'Aser, distingués selon leurs familles, avec leurs villes et leurs villages.

32 Le sixième partage échu par sort, fut celui des enfants de Nephthali, distingués selon leurs familles.

33 Leur frontière s'étendait de Héleph et d'Elon en Saananim, et Adami,qui est aussi Néceb, et de Jebnaël jusqu'à Lécum, et se terminait au Jourdain ;

34 elle retournait du côté d'occident vers Azanoth-thabor ; elle allait de là vers Hucuca, passait vers Zabulon du côté du midi, vers Aser du côté de l'occident, et vers Juda du côté du Jourdain au soleil levant.

35 Ses villes qui sont très-fortes, étaient Assédim, Ser, Emath, Reccath, Cénéreth,

36 Edéma, Arama, Asor,

37 Cédés, Edraï, En-hasor,

38 Jéron, Magdal-el, Horem, Bethanath et Beth-samès ; qui font en tout dix-neuf villes avec leurs villages.

39 C'est là l'héritage de la tribu des enfants de Nephthali, distingués selon leurs familles, avec leurs villes et leurs villages.

40 Le septième partage échu par sort, fut celui de la tribu des enfants de Dan, distingués selon leurs familles.

41 Le pays de cette tribu contenait Saraa, Esthaol, Hir-sémès, c'est-à-dire, la ville du soleil,

42 Sélébin, Aïalon, Jéthéla,

43 Elon, Themna, Acron,

44 Elthécé, Gebbéthon, Balaath,

45 Jud, Bané, Barach, Geth-remmon,

46 Méjarcon, et Arécon, avec ses confins qui regardent Joppé ;

47 et c'est là que se termine ce partage. Mais les enfants de Dan ayant marché contre Lésem, l'assiégèrent et la prirent : ils passèrent au fil de l'épée tout ce qui s'y rencontra ; ils s'en rendirent maîtres, et y habitèrent, l'appelant Lésem-Dan, du nom de Dan, leur père.

48 C'est là le partage que posséda la tribu des enfants de Dan, distingués selon leurs familles, avec leurs villes et leurs villages.

49 Josué ayant achevé de faire les partages de la terre, en donnant à chaque tribu la part qui lui était échue par sort, les enfants d'Israël donnèrent à Josué, fils de Nun, pour héritage au milieu d'eux,

50 selon que le Seigneur l'avait ordonné, la ville qu'il leur demanda, qui fut Thamnath-Saraa, sur la montagne d'Ephraïm, et il y bâtit une ville où il demeura.

51 Ce sont là les héritages que partagèrent au sort Eléazar, *grand* prêtre, Josué, fils de Nun, et les princes des familles et des tribus des enfants d'Israël, à Silo, devant le Seigneur, à la porte du tabernacle du témoignage. C'est ainsi qu'ils partagèrent la terre.

CHAPITRE XX.

APRÈS cela le Seigneur parla à Josué en ces termes : Parlez aux enfants d'Israël, et dites-leur :

2 Marquez les villes dont je vous ai parlé par Moïse, pour ceux qui cherchent un lieu de refuge :

3 afin que quiconque aura tué un homme sans y penser, s'y retire pour y être en sûreté, et pour éviter la colère du plus proche parent *du mort,* qui veut venger son sang.

4 Et lorsqu'il s'y sera réfugié dans une de ces villes, il se présentera à la porte de la ville, et il exposera aux anciens tout ce qui peut justifier son innocence ; et après cela ils le recevront, et lui donneront un lieu pour y demeurer.

5 Si celui qui veut venger le mort, vient le poursuivre, ils ne le livreront point entre ses mains, parce qu'il a tue son prochain sans y penser, et qu'on ne saurait prouver que deux ou trois jours auparavant il ait été son ennemi.

6 Il demeurera dans cette même ville jusqu'à ce qu'il puisse se présenter devant les juges, et leur rendre compte de son action, et jusqu'à la mort du grand prêtre qui sera en ce temps-là. Alors l'homicide reviendra, et rentrera dans sa ville et dans sa maison, d'où il s'était retiré dans sa fuite.

7 Ils marquèrent donc *pour villes de refuge :* Cédés en Galilée, sur la montagne de Nephthali ; Sichem, sur le mont d'Ephraïm, et Cariath-Arbé, qui se nomme aussi Hébron, et qui est sur la montagne de Juda.

8 Et au delà du Jourdain, vers l'orient de Jéricho, ils choisirent Bosor, qui est dans la plaine du désert de la tribu de Ruben ; Ramoth en Galaad, de la tribu de Gad, et Gaulon en Basan, de la tribu de Manassé.

9 Ces villes furent établies pour tous les enfants d'Israël, et pour tous les étrangers qui habitaient parmi eux ; afin que celui qui aurait tué un homme sans y penser, pût s'y réfugier, et qu'il ne fût point tué par le parent *du mort* qui voudrait venger son sang, jusqu'à ce qu'il pût se présenter et défendre sa cause devant le

peuple.

CHAPITRE XXI.

ALORS les princes des familles de Lévi vinrent trouver Eléazar, *grand* prêtre, Josué, fils de Nun, et les chefs des familles de chaque tribu des enfants d'Israël ;

2 et ils leur parlèrent à Silo dans le pays de Chanaan, et leur dirent : Le Seigneur a commandé par Moïse qu'on nous donnât des villes où nous puissions demeurer, avec leurs faubourgs, pour y nourrir nos bêtes.

3 Alors les enfants d'Israël détachèrent des héritages dont ils étaient en possession des villes avec leurs faubourgs, et les donnèrent aux Lévites, selon que le Seigneur l'avait commandé.

4 Et le sort ayant été jeté pour la famille de Caath, treize villes des tribus de Juda, de Siméon et de Benjamin échurent aux enfants d'Aaron, *grand* prêtre.

5 Dix villes des tribus d'Ephraïm, de Dan, et de la demi-tribu de Manassé, échurent aux autres enfants de Caath, c'est-à-dire, aux Lévites.

6 Le sort ayant été jeté pour les enfants de Gerson, treize villes des tribus d'Issachar, d'Aser, de Nephthali, et de la demi-tribu de Manassé en Basan, leur échurent en partage.

7 Et douze villes des tribus de Ruben, de Gad et de Zabulon furent données aux enfants de Mérari, distribués selon leurs familles.

8 Les enfants d'Israël donnèrent aux Lévites ces villes et leurs faubourgs, comme le Seigneur l'avait ordonné par Moïse, les partageant entre eux selon qu'elles leur étaient échues par sort.

9 Josué leur donna donc les villes des tribus des enfants de Juda et de Siméon, dont voici les noms :

10 Aux enfants d'Aaron d'entre les familles de Caath de la race de Lévi, parce que le premier partage qui échut par sort fut pour eux :

11 Cariath-Arbé, *ou la ville d'Arbé,* père d'Enac, qui s'appelle *maintenant* Hébron, sur la montagne de Juda, avec les faubourgs dont elle est environnée.

12 Quant à son territoire, et aux villages qui en dépendent, il les avait donnés à Caleb, fils de Jéphoné, comme l'héritage qu'il devait posséder.

13 Il donna donc aux fils d'Aaron, *grand* prêtre, Hébron, ville de refuge, avec ses faubourgs ; Lobna, *ou Lebna,* avec ses faubourgs,

14 Jéther, Estémo, *ou Istémo,*

15 Holon, *ou Olon,* Dabir,

16 Aïn, *ou Aën,* Jéta, *ou Jota,* et Bethsamès, avec leurs faubourgs ; qui sont neuf villes de deux tribus, comme il a été dit auparavant.

17 Et de la tribu des enfants de Benjamin, Gabaon, Gabaé, *ou Gabée,*

18 Anathoth et Almon : quatre villes avec leurs faubourgs.

19 Ainsi treize villes en tout furent données avec leurs faubourgs aux enfants d'Aaron, *grand* prêtre.

20 Voici celles qui furent données aux autres familles des enfants de Caath, de la race de Lévi :

21 Ils eurent de la tribu d'Ephraïm, Sichem, *l'une* des villes de refuge, avec ses faubourgs ; sur la montagne d'Ephraïm, Gazer,

22 Cibsaïm et Beth-horon, avec leurs faubourgs : ce sont quatre villes.

23 De la tribu de Dan ils eurent aussi Elthéco, ou *Elthécé,* Gabathon, *ou Gebbéthon,*

24 Aïalon et Geth-remmon : quatre villes avec leurs faubourgs.

25 Et de la demi-tribu de Manassé, ils eurent deux villes, avec leurs faubourgs : Thanach, *ou Thénac,* et Geth-remmon, *ou Jéblaam.*

26 Ainsi dix villes en tout, avec leurs faubourgs, furent données aux enfants de Caath, qui étaient dans un degré inférieur *aux prêtres.*

27 Quant aux enfants de Gerson, de la race de Lévi, il leur donna, de la demi-tribu de Manassé *au delà du Jourdain,* deux villes : Gaulon en Basan, l'une des villes de refuge, et Bosra, avec leurs faubourgs.

28 De la tribu d'Issachar, Césion, Dabéreth,

29 Jaramoth, *ou Rameth,* et En-gannim : quatre villes avec leurs faubourgs.

30 De la tribu d'Aser, Masal, *ou Messal,* Abdon, *ou Abran,*

31 Helcath, *ou Halcath,* et Rohob : quatre villes avec leurs faubourgs.

32 Il donna aussi, de la tribu de Nephthali, Cédès en Galilée, *l'une* des villes de refuge, Hammoth-dor et Carthan ; qui sont trois villes avec leurs faubourgs.

33 Ainsi toutes les villes qui furent données aux familles de Gerson, furent treize villes avec leurs faubourgs.

34 Il donna aussi, de la tribu de Zabulon, aux enfants de Mérari, Lévites d'un degré inférieur, distingués selon leurs familles, Jecnam, *ou Jéconam,* Cartha, *ou Cateth,*

35 Damna, *ou Remmon,* et Naalol : quatre villes avec leurs faubourgs.

36 De la tribu de Ruben au delà du Jourdain vis-à-vis de Jéricho, Bosor, l'une des villes de refuge dans la solitude de Misor, *ou dans la plaine du désert,* Jaser, *ou Jassa,* Jethson, *ou Cadémoth,* et Méphaath : quatre villes avec leurs faubourgs.

37 De la tribu de Gad il leur donna Ramoth en Galaad, *l'une* des villes de refuge, Manaïm, Hésébon et Jaser : quatre villes avec leurs faubourgs.

38 Les enfants de Mérari, distingués selon leurs familles et leurs maisons, reçurent en tout douze villes.

39 Ainsi toutes les villes qu'eurent les Lévites au milieu de l'héritage des enfants d'Israël, furent au nombre de quarante-huit,

40 avec leurs faubourgs ; et elles furent toutes distribuées selon l'ordre des familles.

41 Le Seigneur Dieu donna ainsi à Israël toute la terre qu'il avait promis avec serment à leurs pères de leur donner, et ils la possédèrent, et l'habitèrent.

42 Il leur donna la paix avec tous les peuples qui les environnaient, et nul d'entre leurs ennemis n'osa leur résister ; mais ils furent tous assujettis à leur puissance.

43 Il n'y eut pas une seule parole de tout ce que Dieu avait promis de donner aux Israélites qui demeurât sans effet ; mais tout fut accompli très-exactement.

CHAPITRE XXII.

EN ce même temps Josué fit venir ceux des tribus de Ruben et de Gad, et la demi-tribu de Manassé,

2 et il leur dit : Vous avez fait tout ce que Moïse, serviteur du Seigneur, vous avait ordonné : vous m'avez aussi obéi en toutes choses ;

3 et dans un si long temps vous n'avez point abandonné vos frères jusqu'à ce jour ; mais vous avez observé tout ce que le Seigneur, votre Dieu, vous a commandé.

4 Puis donc que le Seigneur, votre Dieu, a donné la paix et le repos à vos frères, selon qu'il l'avait promis, allez-vous-en, et retournez dans vos tentes et dans le pays qui est à vous, que Moïse, serviteur du Seigneur, vous a donné au delà du Jourdain.

5 Ayez soin seulement d'observer exactement et de garder effectivement les commandements et la loi que Moïse, serviteur du Seigneur, vous a prescrite, qui est d'aimer le Seigneur, votre Dieu, de marcher dans toutes ses voies, d'observer ses commandements, et de vous attacher à lui, et le servir de tout votre cœur et de toute votre âme.

6 Josué les bénit ensuite, et les renvoya : et ils retournèrent à leurs tentes.

7 Or Moïse avait donné à la demi-tribu de Manassé les terres qu'elle devait posséder dans le pays de Hasan ; et Josué avait donné à l'autre moitié de cette tribu sa part de la terre promise, parmi ses frères, au deçà du Jourdain, vers l'occident. Josué les renvoyant donc dans leurs tentes, après leur avoir souhaité toute sorte de bonheur,

8 leur dit : Vous retournez dans vos maisons avec beaucoup de bien et de grandes richesses, ayant de l'argent, de l'or, de l'airain, du fer, et des vêtements de toutes sortes. Partagez *donc* avec vos frères le butin que vous avez remporté sur vos ennemis.

9 Ainsi les enfants de Ruben et les enfants de Gad, avec la demi-tribu de Manassé, se retirèrent d'avec les enfants d'Israël qui étaient à Silo au pays de Chanaan, et se mirent en chemin pour retourner en Galaad, pays qu'ils possédaient, et qui leur avait été accordé par Moïse, selon le commandement du Seigneur.

10 Et étant arrivés aux digues du Jourdain, dans le pays de Chanaan, ils bâtirent auprès du Jourdain un autel d'une grandeur immense.

11 Ce que les enfants d'Israël ayant appris, et ayant su par des nouvelles certaines que les enfants de Ruben, de Gad et de la demi-tribu de Manassé avaient bâti un autel au pays de Chanaan sur les digues du Jourdain, à la vue des enfants d'Israël,

12 ils s'assemblèrent tous à Silo, pour marcher contre eux, et les combattre.

13 Et cependant ils envoyèrent vers eux au pays de Galaad Phinéès, fils d'Eléazar, *grand* prêtre,

14 et dix des principaux du peuple avec lui, un de chaque tribu,

15 qui étant venus trouver les enfants de Ruben, de Gad et de la demi-tribu de Manassé, au pays de Galaad, leur parlèrent de cette sorte :

16 Voici ce que tout le peuple du Seigneur nous a ordonne de vous dire : D'où vient que vous violez ainsi la loi du Seigneur ? Pourquoi avez-vous abandonné le Seigneur, le Dieu d'Israël, en dressant un autel sacrilège, et vous retirant du culte qui lui est dû ?

17 N'est-ce pas assez que vous ayez péché à Béelphégor, et que la tache de ce crime ne soit pas encore aujourd'hui effacée de dessus nous, après qu'il en a coûté la vie à tant de personnes de notre peuple ?

18 Vous abandonnez encore aujourd'hui vous autres le Seigneur, et demain sa colère éclatera sur tout Israël.

19 Si vous croyez que la terre qui vous a été donnée en partage soit impure, passez à celle où est le tabernacle du Seigneur, et demeurez parmi nous ; pourvu seulement que vous ne vous sépariez point du Seigneur, et que vous ne vous divisiez point d'avec nous, en bâtissant un autel contre l'autel du Seigneur, notre Dieu.

20 N'est-ce pas ainsi qu'Achan, fils de Zarè, viola le commandement du Seigneur, dont la colère tomba ensuite sur tout le peuple d'Israël ? Et cependant il avait pêche tout seul. Et plût à Dieu qu'après son crime il fût aussi péri seul !

21 Les enfants de Ruben, de Gad et de la demi-tribu de Manassé répondirent ainsi aux principaux d'Israël qui avaient été envoyés vers eux :

22 Le Seigneur, le Dieu très-fort, sait notre intention ; il la sait, ce Seigneur, ce Dieu très-fort, et Israël la saura encore. Si nous avons fait cet autel par un esprit de désobéissance et de révolte, que le Seigneur cesse de nous protéger, et qu'il nous punisse en ce même moment.

23 Si nous l'avons fait dans le dessein d'offrir dessus des holocaustes, des sacrifices et des victimes pacifiques, que Dieu nous en redemande compte, et que lui-même se fasse justice.

24 *Mais nous déclarons* au contraire, que la pensée qui nous est venue dans l'esprit *en dressant cet autel*, a été, que vos enfants pourraient bien dire un jour à nos enfants : Qu'y-a-t-il de commun entre vous et le Seigneur, le Dieu d'Israël ?

25 ô enfants de Ruben et de Gad, le Seigneur a mis le fleuve du Jourdain entre vous et nous comme les bornes qui nous divisent ; et vous n'avez point de part avec le Seigneur : qu'ainsi ce pourrait être là un jour un sujet à vos enfants de détourner les nôtres de la crainte du Seigneur. Nous avons donc cru qu'il était meilleur *d'en user ainsi* ;

26 et nous avons dit *ensuite en nous-mêmes :* Faisons un autel, non pour y offrir des holocaustes et des victimes ;

27 mais afin que ce soit un témoignage entre vous et nous, et entre nos enfants et vos enfants, que nous voulons servir le Seigneur, et que nous avons droit de lui offrir des holocaustes, des victimes et des hosties pacifiques ; et qu'à l'avenir vos enfants ne disent pas à nos enfants : Vous n'avez point de part avec le Seigneur.

28 S'ils veulent parler de cette sorte, ils leur répondront : Voilà l'autel du Seigneur, qu'ont fait nos pères, non pour y offrir des holocaustes ou des sacrifices, mais pour être un témoignage *de l'union qui a toujours été* entre vous et nous.

29 Dieu nous préserve d'un si grand crime de penser jamais à abandonner le Seigneur, et à cesser de marcher sur ses traces, en bâtissant un autel pour y offrir des holocaustes, des sacrifices et des victimes, hors l'autel du Seigneur, notre Dieu, qui a été dressé devant son tabernacle.

30 Phinéès, prêtre, et les principaux du peuple que les Israélites avaient envoyés avec lui, ayant entendu ces paroles, s'apaisèrent ; et ils furent parfaitement satisfaits de cette réponse des enfants de Ruben, de Gad, et de la demi-tribu de Manassé.

31 Alors Phinéès, prêtre, fils d'Eléazar, leur dit : Nous savons maintenant, que le Seigneur est avec nous, puisque vous êtes si éloignés de commettre cette perfidie, et que *par votre fidélité* vous avez délivré les enfants d'Israël de la vengeance de Dieu.

32 Après cela ayant quitté les enfants de Ruben et de Gad, il revint avec les principaux du peuple, du pays de Galaad au pays de Chanaan, vers les enfants d'Israël, et il leur fit son rapport.

33 Tous ceux qui l'entendirent en furent très-satisfaits. Les enfants d'Israël louèrent Dieu, et ils ne pensèrent plus ft marcher contre leurs frères pour les combattre, ni à ruiner le pays qu'ils possédaient.

34 Les enfants de Ruben et les enfants de Gad appelèrent l'autel qu'ils avaient bâti, *le Témoin, en disant :* C'est l'autel qui nous rendra témoignage que le Seigneur est le vrai Dieu.

CHAPITRE XXIII.

OR longtemps après que le Seigneur eut donné la paix à Israël, et qu'il lui eut assujetti toutes les nations qui l'environnaient, Josué étant déjà vieux et fort avancé en âge,

2 fit assembler tout Israël, les anciens, les princes, les chefs et les magistrats, et il leur dit : Je suis vieux, et mon âge est fort avancé.

3 Vous voyez tout ce que le Seigneur, votre Dieu, a fait à toutes les nations qui vous environnent, de quelle sorte il a lui-même combattu pour vous ;

4 et comment il vous a partagé au sort toute cette terre, depuis la partie orientale du Jourdain jusqu'à la Grande mer. Et quoique plusieurs nations restent encore *à vaincre*,

5 le Seigneur, votre Dieu, les exterminera et les détruira devant vous, et vous posséderez cette terre, selon qu'il vous l'a promis.

6 Fortifiez-vous seulement *de plus en plus ;* et gardez avec grand soin tout ce qui est écrit dans le livre de la loi de Moïse, sans vous en détourner ni à droite, ni à gauche ;

7 de peur que vous mêlant parmi ces peuples qui demeureront parmi vous, vous ne juriez au nom de leurs dieux, et que vous ne les serviez et ne les adoriez.

8 Mais attachez-vous au Seigneur, votre Dieu, selon que vous l'avez fait jusqu'à ce jour.

9 Alors le Seigneur, votre Dieu, exterminera devant vous ces nations grandes et puissantes, et nul ne pourra vous résister :

10 un seul d'entre vous poursuivra mille de vos ennemis, parce que le Seigneur, votre Dieu, combattra lui-même pour vous, comme il l'a promis.

11 Prenez garde seulement, et ayez soin sur toutes choses d'aimer le Seigneur, votre Dieu.

12 Si vous voulez vous attacher aux erreurs de ces peuples qui demeurent parmi vous, et vous mêler avec eux par le lien du mariage, et par une union d'amitié ;

13 sachez dès maintenant que le Seigneur, votre Dieu, ne les exterminera point devant vous ; mais qu'ils deviendront à votre égard comme un piège et comme un filet, comme des pointes qui vous perceront les côtés, et comme des épines dans vos yeux,

jusqu'à ce qu'il vous enlève et vous extermine de cette terre excellente qu'il vous a donnée.

14 Pour moi, je suis aujourd'hui sur le point d'entrer dans la voie de toute la terre : et vous devez considérer avec une parfaite reconnaissance que tout ce que le Seigneur avait promis de vous donner, est arrivé effectivement, sans qu'aucune de ses paroles soit tombée à terre.

15 Comme donc Dieu a accompli tout ce qu'il vous avait promis, et que tout vous a réussi très-heureusement ; ainsi il fera tomber sur vous tous les maux dont il vous a menacés, jusqu'à ce qu'il vous enlève et vous extermine de cette excellente terre qu'il vous a donnée,

16 si vous violez l'alliance que le Seigneur, votre Dieu, a faite avec vous, si vous servez et adorez des dieux étrangers : car alors la fureur du Seigneur s'élèvera tout d'un coup contre vous, et vous serez promptement enlevés de cette excellente terre qu'il vous a donnée.

CHAPITRE XXIV.

JOSUÉ ayant ensuite assemblé toutes les tribus d'Israël à Sichem, fit venir les anciens, les princes, les juges et les magistrats, qui se présentèrent devant le Seigneur.

2 Et il parla ainsi au peuple : Voici ce que dit le Seigneur, le Dieu d'Israël : Vos pères *jusqu'à* Tharé, père d'Abraham et de Nachor, ont habité dans les premiers temps au delà du fleuve *d'Euphrate,* et ils ont servi des dieux étrangers.

3 Mais je tirai Abraham, votre père, de la Mésopotamie, et je l'amenai au pays de Chanaan ; je multipliai sa race ;

4 je lui donnai Isaac, et à Isaac je donnai Jacob et Esaü. Je donnai à Esaü le mont de Séir pour le posséder : mais Jacob et ses enfants descendirent en Égypte.

5 Depuis j'envoyai Moïse et Aaron : je frappai l'Égypte par un grand nombre de miracles et de prodiges.

6 Je vous fis sortir ensuite, vous et vos pères, de l'Égypte, et vous vîntes à la mer ; et les Égyptiens poursuivirent vos pères avec *un grand nombre de* chariots *et de* cavalerie jusqu'à la mer Rouge.

7 Alors les enfants d'Israël crièrent au Seigneur ; et il mit des ténèbres *épaisses* entre vous et les Egyptiens : il fit revenir la mer sur eux, et il les enveloppa dans ses eaux. Vos yeux ont vu tout ce que j'ai fait dans l'Égypte, *dit le Seigneur*. Vous avez demeuré longtemps dans le désert.

8 Après cela je vous ai fait entrer dans le pays des Amorrhéens qui habitaient au delà du Jourdain. Lorsqu'ils combattaient contre vous, je les ai livrés entre vos mains, et les ayant fait passer au fil de l'épée, vous vous êtes rendus maîtres de leur pays.

9 Balac, fils de Séphor, roi de Moab, s'éleva alors et entreprit de combattre contre Israël. Il envoya vers Balaam, fils de Béor, et il le fit venir pour vous maudire.

10 Mais je ne voulus point l'écouter : je vous bénis au contraire par lui, et je vous délivrai de ses mains.

11 Vous avez passé le Jourdain, et vous êtes venus à Jéricho. Les gens de cette ville ont combattu contre vous, les Amorrhéens, les Phérézéens, les Chananéens, les Héthéens, les Gergéséens, les Hévéens et les Jébuséens, et je les ai livrés entre vos mains.

12 J'ai envoyé devant vous des mouches piquantes, et je les ai chassés de leur pays. *Je vous ai livré* deux rois des Amorrhéens ; et ce n'a été ni par votre épée ni par votre arc *qu'ils ont été vaincus.*

13 Je vous ai donné une terre que vous n'aviez point cultivée ; des villes pour vous y retirer, que vous n'aviez point bâties ; des vignes et des plants d'oliviers que vous n'aviez point plantés.

14 Maintenant donc, craignez le Seigneur, et servez-le avec un cœur parfait et sincère. *Otez du milieu de vous* les dieux que vos pères ont adorés dans la Mésopotamie et dans l'Egypte, et servez le Seigneur.

15 Si vous croyez que ce soit un malheur pour vous de servir le Seigneur, vous êtes dans la liberté de prendre tel parti que vous voudrez. Choisissez aujourd'hui ce qu'il vous plaira ; et voyez qui vous devez plutôt adorer, ou les dieux auxquels ont servi vos pères dans la Mésopotamie, ou les dieux des Amorrhéens au pays desquels vous habitez : mais pour ce qui est de moi et de ma maison, nous servirons le Seigneur.

16 Le peuple lui répondit : A Dieu ne plaise que nous abandonnions le Seigneur, et que nous servions les dieux étrangers !

17 C'est le Seigneur, notre Dieu, qui nous a tirés lui-même, nous et nos pères, du pays d'Egypte, de la maison de servitude : qui a fait de très-grands prodiges devant nos yeux, qui nous a gardés dans tout le chemin par où nous avons marché, et parmi tous les peuples par où nous avons passé.

18 C'est lui qui a chassé toutes ces nations, et les Amorrhéens qui habitaient le pays où nous sommes entrés. Nous servirons donc le Seigneur, parce que c'est lui-même qui est notre Dieu.

19 Josué répondit au peuple : Vous ne pourrez servir le Seigneur, parce que c'est un Dieu saint, un Dieu fort et jaloux, et il ne vous pardonnera point vos crimes et vos péchés.

20 Si vous abandonnez le Seigneur, et si vous servez des dieux étrangers, il se tournera *contre vous ;* il vous affligera, et vous ruinera après tous les biens qu'il vous a faits.

21 Le peuple dit à Josué : Ces maux dont vous nous menacez, n'arriveront point ; mais nous servirons le Seigneur.

22 Josué répondit au peuple : Vous êtes témoins que vous avez choisi vous-mêmes le Seigneur pour le servir. Ils lui répondirent : Nous en sommes témoins.

23 Otez donc maintenant du milieu de vous, ajouta-t-il, les dieux étrangers, et abaissez vos cœurs, et les soumettez au Seigneur, le Dieu d'Israël.

24 Le peuple dit à Josué : Nous servirons le Seigneur, notre Dieu, et nous obéirons à ses ordonnances.

25 Josué fit donc alliance *de la part du Seigneur* en ce jour-là avec le peuple, et il lui représenta les préceptes et les ordonnances *du Seigneur* à Sichem.

26 Il écrivit aussi toutes ces choses dans le livre de la loi du Seigneur, et il prit une très-grande pierre qu'il mit sous un chêne, qui était dans le sanctuaire du Seigneur,

27 et il dit à tout le peuple : Cette pierre que vous voyez vous servira *de monument et* de témoignage qu'elle a entendu toutes les paroles que le Seigneur vous a dites, de peur qu'à l'avenir vous ne vouliez le nier, et mentir au Seigneur, votre Dieu.

28 Il renvoya ensuite le peuple, chacun dans ses terres.

29 Après cela Josué, fils de Nun, serviteur du Seigneur, mourut étant âgé de cent dix ans ;

30 et ils l'ensevelirent dans la terre qui était à lui à Thamnath-saré, qui est située sur la montagne d'Ephraïm, vers le septentrion du mont Gaas.

31 Israël servit le Seigneur pendant toute la vie de Josué et des anciens qui vécurent longtemps après Josué, et qui savaient toutes les œuvres *merveilleuses* que le Seigneur avait faites dans Israël.

32 Ils prirent aussi les os de Joseph, que les enfants d'Israël avaient emportés d'Egypte, et ils les ensevelirent à Sichem, dans cet endroit du champ que Jacob avait acheté des enfants d'Hémor, père de Sichem, pour cent jeunes brebis, et qui fut depuis aux enfants de Joseph.

33 Eléazar, fils d'Aaron, mourut aussi, et ils l'ensevelirent à Gahaath, qui était à Phinéès, son fils, et qui lui avait été donnée en la montagne d'Ephraïm.

JUGES.

CHAPITRE PREMIER.

APRÈS la mort de Josué, les enfants d'Israël consultèrent le Seigneur, et lui dirent : Qui marchera à notre tête pour combattre les Chananéens, et qui sera notre chef dans cette guerre ?

2 Le Seigneur répondit : Ce sera Juda qui marchera devant vous : je lui ai livré le pays.

3 Alors Juda dit à Siméon, son frère : Venez m'aider à me rendre maître de la part qui m'est échue au sort, et à combattre les Chananéens ; et ensuite j'irai vous aider à conquérir ce qui vous est échu. Siméon s'en alla donc avec Juda.

4 Et Juda ayant marché *contre les ennemis*, le Seigneur livra entre leurs mains les Chananéens et les Phérézéens, et ils taillèrent en pièces dix mille hommes à Bézec.

5 Ils trouvèrent à Bézec, Adonibézec : ils le combattirent, et défirent les Chananéens et les Phérézéens.

6 Adonibézec ayant pris la fuite, ils le poursuivirent, le prirent et lui coupèrent les extrémités des mains et des pieds.

7 Alors Adonibézec dit : J'ai fait couper l'extrémité des mains et des pieds à soixante et dix rois qui mangeaient sous ma table les restes de ce qu'on me servait. Dieu m'a traité comme j'ai traité les autres. Ensuite ils l'amenèrent à Jérusalem, où il mourut.

8 Car les enfants de Juda ayant mis le siège devant Jérusalem, la prirent, taillèrent en pièces tout ce qu'ils y trouvèrent, et mirent le feu dans toute la ville.

9 Ils descendirent ensuite pour combattre les Chananéens dans le pays des montagnes, vers le midi et dans la plaine.

10 Et Juda ayant marché contre les Chananéens qui habitaient à Hébron, dont le nom était autrefois Cariath-Arbé, défit Sésaï, Ahiman et Tholmaï.

11 Etant parti de là, il marcha contre les habitants de Dabir, qui s'appelait autrefois Cariath-Sépher, c'est-à-dire, la ville des lettres.

12 Alors Caleb dit : Je donnerai ma fille Axa pour femme à celui qui prendra et ruinera Cariath-Sépher.

13 Et Othoniel, fils de Cénez et jeune frère de Caleb, l'ayant prise, il lui donna pour femme sa fille Axa.

14 Et lorsque Axa était en chemin, son mari l'avertit de demander un champ à son père. Axa donc étant montée sur un âne, commença à soupirer. Et Caleb lui dit : Qu'avez-vous ?

15 Elle lui répondit : Donnez-moi votre bénédiction, *et m'accordez une grâce*. Vous m'avez donné une terre sèche, donnez m'en aussi une où il y ait des eaux en abondance. Caleb donc lui donna une terre dont le haut et le bas étaient arrosés d'eau.

16 Or les enfants de *Jéthro*, Cinéen, allié de Moïse, montèrent de la ville des palmes avec les enfants de Juda, au désert qui était échu en partage à cette tribu, et qui est vers le midi d'Arad ; et ils habitèrent avec eux.

17 Juda s'en étant allé aussi avec son frère Siméon, ils défirent ensemble les Chananéens qui habitaient à Séphaath, et les passèrent au fil de l'épée. Et cette ville fut appelée Horma, c'est-à-dire, anathème.

18 Juda prit aussi Gaza avec ses confins, Ascalon et Accaron avec leurs confins.

19 Le Seigneur fut avec Juda, et il se rendit maître de toutes les côtes des montagnes ; mais il ne put défaire ceux qui habitaient dans la vallée, parce qu'ils avaient une grande quantité de chariots armés de faux.

20 Et ils donnèrent, selon que Moïse l'avait ordonné, Hébron à Caleb, qui en extermina les trois fils d'Enac.

21 Mais les enfants de Benjamin ne tuèrent point les Jébuséens qui demeuraient à Jérusalem : et les Jébuséens demeurèrent à Jérusalem avec les enfants de Benjamin, comme ils y sont encore aujourd'hui.

22 La maison de Joseph marcha aussi contre Béthel, et le Seigneur était avec eux.

23 Car lorsqu'ils assiégeaient la ville, qui s'appelait auparavant Luza,

24 ayant vu un homme qui en sortait, ils lui dirent : Montrez-nous par où l'on peut entrer dans la ville, et nous vous ferons miséricorde.

25 Cet homme le leur ayant montré, ils passèrent au fil de l'épée tout ce qui se trouva dans la ville, et conservèrent cet homme avec toute sa maison.

26 Cet homme étant libre, s'en alla au pays d'Hetthim, où il bâtit une ville qu'il appela Luza, qui est le nom qu'elle porte encore aujourd'hui.

27 Manassé aussi ne détruisit pas Bethsan et Thanac avec les villages qui en dépendent, ni les habitants de Dor, de Jéblaam et de Magedo, avec les villages voisins ; et les Chananéens commencèrent à demeurer avec eux.

28 Lorsque Israël fut devenu plus fort, il les rendit tributaires ; mais il ne voulut point les exterminer.

29 Ephraïm ne tua point aussi les Chananéens qui habitaient à Gazer ; mais *les Chananéens* demeurèrent avec eux.

30 Zabulon n'extermina point les habitants de Cétron et de Naalol ; mais les Chananéens demeurèrent au milieu d'eux, et ils devinrent leurs tributaires.

31 Aser n'extermina point non plus les habitants d'Accho, de Sidon, d'Ahalab, d'Achazib, d'Helba, d'Aphec et de Rohob ;

32 et ils demeurèrent au milieu des Chananéens qui habitaient dans ce pays-là, et ils ne les tuèrent point.

33 Nephthali n'extermina point non plus les habitants de Beth-samès et de Beth-anath ; mais il demeura au milieu des Chananéens qui habitaient en ce pays-là ; et ceux de Beth-samès et de Beth-anath lui devinrent tributaires.

34 Les Amorrhéens tinrent les enfants de Dan fort resserrés dans la montagne, sans leur donner lieu de s'étendre en descendant dans la plaine :

35 et les Amorrhéens habitèrent sur la montagne d'Harès, c'est-à-dire, de l'argile, dans Aïalon et dans Salébim ; mais la maison de Joseph étant devenue plus puissante, elle se les rendit tributaires.

36 Et le pays des Amorrhéens eut pour limites la montée du Scorpion, Pétra, et les lieux plus élevés.

CHAPITRE II.

ALORS l'Ange du Seigneur vint de Galgala au *lieu appelé le* Lieu des pleurants, et il dit : Je vous ai tirés de l'Egypte, je vous ai fait entrer dans la terre que j'avais juré de donner à vos pères, et je vous ai promis de garder à jamais l'alliance que j'avais faite avec vous ;

2 mais à condition que vous ne feriez point d'alliance avec les habitants du pays de Chanaan, et que vous renverseriez leurs autels ; et cependant vous n'avez point voulu écouter ma voix. Pourquoi avez-vous agi de la sorte ?

3 C'est pour cette raison que je n'ai point aussi voulu exterminer ces *peuples* devant vous ; en sorte que vous les ayez pour ennemis, et que leurs dieux vous soient un sujet de ruine.

4 Lorsque l'Ange du Seigneur disait ces paroles à tous les enfants d'Israël, ils élevèrent leur voix, et se mirent à pleurer.

5 Et ce lieu fut appelé le Lieu des pleurants, ou *le lieu* des larmes : et ils immolèrent des hosties au Seigneur.

6 Josué renvoya donc le peuple ; et les enfants d'Israël s'en allèrent chacun dans le pays qui leur était échu en partage, pour s'en rendre maîtres :

7 et ils servirent le Seigneur tout le temps de la vie de Josué et des anciens qui vécurent longtemps après lui, et qui savaient toutes les œuvres *merveilleuses* que le Seigneur avaient faites en faveur d'Israël.

8 Cependant Josué, fils de Nun, serviteur du Seigneur, mourut âgé de cent dix ans,

9 et on l'ensevelit dans l'héritage qui lui était échu à Thamnath-saré, sur la montagne d'Ephraïm, vers le septentrion du mont Gaas.

10 Toute la race de ces premiers hommes ayant donc été réunie à leurs pères, il s'en éleva d'autres en leur place qui ne connaissaient point le Seigneur, ni les merveilles qu'il avait faites en faveur d'Israël.

11 Alors les enfants d'Israël firent le mal à la vue du Seigneur, et ils servirent Baal.

12 Ils abandonnèrent le Seigneur, le Dieu de leurs pères, qui les avait tirés du pays de l'Egypte ; et ils servirent des dieux'

étrangers, les dieux des peuples qui demeuraient autour d'eux. Ils les adorèrent, et ils irritèrent la colère, du Seigneur,

13 l'ayant quitté pour servir Baal et Astaroth.

14 Le Seigneur étant donc en colère contre Israël, les exposa en proie et les livra entre les mains de leurs ennemis, qui les ayant pris, les vendirent aux nations ennemies qui demeuraient autour d'eux, et ils ne purent résister à ceux qui les attaquaient.

15 Mais de quelque côté qu'ils allassent, la main du Seigneur était sur eux, comme le Seigneur le leur avait dit, même avec serment ; et ils tombèrent dans des misères extrêmes.

16 Dieu leur suscita *ensuite* des juges, pour les délivrer des mains de ceux qui les opprimaient ; mais ils ne voulurent pas seulement les écouter.

17 Ils se prostituèrent aux dieux étrangers en les adorant. Ils abandonnèrent bientôt la voie par laquelle leurs pères avaient marche ; et ayant entendu les ordonnances du Seigneur, ils firent tout le contraire.

18 Lorsque Dieu leur avait suscité des juges, il se laissait fléchir à sa miséricorde pendant que ces juges vivaient : il écoutait les soupirs des affligés, et les délivrait de ceux qui les avaient pillés et qui en avaient fait un grand carnage.

19 Mais après que le juge était mort, ils retombaient aussitôt dans leurs péchés, et faisaient des actions encore plus criminelles que leurs pères, en suivant des dieux étrangers, en les servant et les adorant. Ils ne quittaient point leurs malheureuses habitudes, ni la voie très-dure par laquelle ils avaient accoutumé de marcher.

20 La fureur du Seigneur s'alluma donc contre Israël, et il dit : Puisque ce peuple a violé l'alliance que j'avais faite avec ses pères, et qu'il a néglige d'entendre ma voix,

21 je n'exterminerai point aussi les nations que Josué a laissées lorsqu'il est mort :

22 afin que j'éprouve par là si les enfants d'Israël gardent ou ne gardent pas la voie du Seigneur, et s'ils y marchent comme leurs pères y ont marché.

23 C'est pour cette raison que le Seigneur laissa subsister toutes ces nations, qu'il ne voulut point les détruire en peu de temps, et qu'il ne les livra point entre les mains de Josué.

CHAPITRE III.

VOICI les peuples que le Seigneur laissa *vivre*, pour servir d'exercice et d'instruction aux Israélites, et à tous ceux qui ne connaissaient point les guerres des Chananéens :

2 afin que leurs enfants apprissent après eux à combattre contre leurs ennemis, et qu'ils s'accoutumassent à ces sortes de combats.

3 *Ces peuples furent* les cinq princes des Philistins, tous les Chananéens, les Sidoniens et les Hévéens qui habitaient sur le mont Liban, depuis la montagne de Baal-Hermon jusqu'à l'entrée d'Emath.

4 Le Seigneur laissa ces peuples pour éprouver ainsi Israël, et pour voir s'il obéirait ou s'il n'obéirait pas aux commandements du Seigneur qu'il avait donnés à leurs pères par Moïse.

5 Les enfants d'Israël habitèrent donc au milieu des Chananéens, des Héthéens, des Amorrhéens, des Phérézéens, des Hévéens et des Jébuséens.

6 Ils épousèrent leurs filles, et donnèrent leurs filles en mariage à leurs fils, et ils adorèrent leurs dieux.

7 Ils firent le mal aux yeux du Seigneur, et ils oublièrent leur Dieu, adorant Baalim et Astaroth.

8 Le Seigneur donc étant en colère contre Israël, les livra entre les mains de Chusan-Rasathaïm, roi de Mésopotamie, auquel ils furent assujettis pendant huit ans.

9 Et ayant crié au Seigneur, il leur suscita un sauveur qui les délivra : savoir, Othoniel, fils de Cénez, frère puîné de Caleb.

10 L'Esprit du Seigneur fut en lui, et il jugea Israël. Et s'étant mis en campagne pour combattre Chusan-Rasathaïm, roi de Syrie, le Seigneur le livra entre les mains d'Othoniel qui le défit.

11 Le pays demeura en paix durant quarante ans, et Othoniel, fils de Cénez, mourut ensuite.

12 Alors les enfants d'Israël commencèrent encore à faire le mal aux yeux du Seigneur, qui fortifia contre eux Eglon, roi de Moab, parce qu'ils avaient péché devant lui.

13 Il joignit les enfants d'Ammon et d'Amalec à Eglon, qui s'étant avancé *avec eux*, défit Israël, et se rendit maître de la ville des palmes.

14 Les enfants d'Israël furent assujettis à Eglon, roi de Moab, pendant dix-huit ans.

15 Après cela ils crièrent au Seigneur, et il leur suscita un sauveur nommé Aod, fils de Géra, fils de Jémini, qui se servait de la main gauche comme de la droite. Les enfants d'Israël envoyèrent par lui des présents à Eglon, roi de Moab.

16 Aod se fit faire une dague à deux tranchants, qui avait une garde de la longueur de la paume de la main, et il la mit sous sa casaque à son côté droit.

17 Et il offrit ses présents à Eglon, roi de Moab. Or Eglon était extrêmement gros.

18 Et Aod lui ayant offert ses présents, s'en retourna avec ses compagnons qui étaient venus avec lui.

19 Puis étant retourne de Galgala, où étaient les idoles, il dit au roi : J'ai un mot à vous dire en secret, ô prince. Le roi ayant fait signe qu'on se tût, et tous ceux qui étaient auprès de sa personne étant sortis,

20 Aod s'approcha du roi qui était seul assis dans sa chambre d'été, et il lui dit : J'ai à vous dire une parole de la part de Dieu. Aussitôt le roi se leva de son trône.

21 Et Aod ayant porté la main gauche à la dague qu'il avait à son côté droit, la tira et la lui enfonça si avant dans le ventre,

22 que la poignée y entra tout entière avec le fer, et se trouva serrée par la grande quantité de graisse *qui se rejoignit par-dessus*. Aod ne retira donc point sa dague : mais après avoir donné le coup, il la laissa dans le corps ; et aussitôt les excréments qui étaient dans le ventre s'écoulèrent par les conduits naturels.

23 Mais Aod ayant fermé *à clef* avec grand soin les portes de la chambre,

24 sortit par la porte de derrière. Cependant les serviteurs du roi étant venus, trouvèrent la porte fermée, et ils dirent : C'est peut-être qu'il a quelque besoin dans sa chambre d'été.

25 Et après avoir longtemps attendu jusqu'à en devenir tout honteux, voyant que personne n'ouvrait, ils prirent la clef, ouvrirent la chambre, et trouvèrent leur seigneur étendu mort sur la place.

26 Pendant ce grand trouble où ils étaient, Aod trouva le moyen de se sauver ; et ayant passé le lieu des idoles, d'où il était revenu, il vint à Séirath.

27 Aussitôt il sonna de la trompette sur la montagne d'Ephraïm, et les enfants d'Israël descendirent avec Aod qui marchait à leur tête,

28 et qui leur dit : Suivez-moi : car le Seigneur nous a livré entre les mains les Moabites, nos ennemis. Les Israélites suivirent Aod, se saisirent des gués du Jourdain par où l'on passe au pays de Moab, et ne laissèrent passer aucun des Moabites.

29 Ils en tuèrent environ dix mille, qui étaient tous hommes forts et vaillants. Et nul d'entre eux ne put échapper.

30 Moab fut humilié en ce jour-là sous la main d'Israël, et le pays demeura en paix pendant quatre-vingts ans.

31 Après Aod, Samgar, fils d'Anath, fut en sa place. Ce fut lui qui tua six cents Philistins avec un soc de charrue : et il fut aussi le défenseur *et le libérateur* d'Israël.

CHAPITRE IV.

LES enfants d'Israël recommencèrent encore à faire le mal aux yeux du seigneur après la mort d'Aod.

2 Et le Seigneur les livra entre les mains de Jabin, roi des Chananéens, qui régna dans Asor. Il avait pour général de son armée un nommé Sisara, et il demeurait à Haroseth, *ville des nations*.

3 Les enfants d'Israël crièrent donc au Seigneur. Car Jabin ayant

neuf cents chariots armés de faux, les avait étrangement opprimés pendant vingt ans.

4 Il y avait en ce temps-là une prophétesse nommée Débora, femme de Lapidoth, laquelle jugeait le peuple.

5 Elle s'asseyait sous un palmier qu'on avait appelé de son nom, entre Rama et Béthel, sur la montagne d'Ephraïm ; et les enfants d'Israël venaient à elle, pour faire juger tous leurs différends.

6 Elle envoya donc vers Barac, fils d'Abinoëm, de Cédés de Nephthali ; et l'ayant fait venir, elle lui dit : Le Seigneur, le Dieu d'Israël, vous donne cet ordre : Allez, et menez l'armée sur la montagne de Thabor. Prenez avec vous dix mille combattants des enfants de Nephthali et des enfants de Zabulon.

7 Quand vous serez au torrent de Cison, je vous amènerai Sisara, général de l'armée de Jabin, avec ses chariots et toutes ses troupes, et je vous les livrerai entre les mains.

8 Barac lui répondit : Si vous venez avec moi, j'irai ; si vous ne voulez point venir avec moi, je n'irai point.

9 Débora lui dit : Je veux bien aller avec vous ; mais la victoire pour cette fois ne vous sera point attribuée, parce que Sisara sera livré entre les mains d'une femme. Débora partit donc aussitôt, et s'en alla à Cédés avec Barac ;

10 lequel ayant fait venir ceux de Zabulon et de Nephthali, marcha avec dix mille combattants, étant accompagné de Débora.

11 Or Haber, Cinéen, s'était retiré il y avait longtemps de ses autres frères Cinéens, fils d'Hobab, allié de Moïse, et il avait dressé ses tentes jusqu'à la vallée appelée Sennim, et il était près de Cèdes.

12 En même temps Sisara fut averti que Balac, fils d'Abinoëm, s'était avancé sur la montagne de Thabor.

13 Et il fit assembler ses neuf cents chariots armés de faux, et fit marcher toute son armée de Haroseth, *pays des* gentils, au torrent de Cison.

14 Alors Débora dit à Barac : Courage : car voici le jour où le Seigneur a livré Sisara entre vos mains ; voilà le Seigneur lui-même qui vous conduit. Barac descendit donc de la montagne de Thabor, et dix mille combattants avec lui.

15 En même temps le Seigneur frappa de terreur Sisara, tous ses chariots et toutes ses troupes, *et les fit passer* au fil de l'épée aux yeux de Barac ; de sorte que Sisara sautant de son chariot en bas, s'enfuit à pied.

16 Barac poursuivit les chariots qui s'enfuyaient et toutes les troupes jusqu'à Haroseth, *pays des* gentils ; et toute cette multitude si nombreuse d'ennemis fut taillée en pièces, sans qu'il en restât un seul.

17 Sisara fuyant ainsi, vint à la tente de Jahel, femme d'Haber, Cinéen. Car il y avait paix alors entre Jabin, roi d'Asor, et la maison d'Haber, Cinéen.

18 Jahel étant donc sortie au-devant de Sisara, lui dit : Entrez chez moi, mon seigneur ; entrez, ne craignez point. Il entra donc dans sa tente, et elle le couvrit d'un manteau.

19 Sisara lui dit : Donnez-moi, je vous prie, un peu d'eau, parce que j'ai une extrême soif. Elle lui apporta un vase plein de lait, et l'ayant découvert, elle lui en donna à boire, et remit le manteau sur lui.

20 Alors Sisara lui dit : Tenez-vous à l'entrée de votre tente, et si quelqu'un vous interroge, et vient vous dire : N'y a-t-il personne ici ? vous lui répondrez : Il n'y a personne.

21 Jahel, femme d'Haber, ayant donc pris un des grands clous de sa tente, avec un marteau, entra tout doucement sans faire aucun bruit ; et ayant mis le clou sur la tempe de Sisara, elle le frappa avec son marteau, et lui en transperça le cerveau, l'enfonçant jusque dans la terre : et Sisara ayant été tué de cette sorte, passa du sommeil *naturel à celui de* la mort.

22 En même temps Barac arriva poursuivant Sisara ; et Jahel étant sortie au-devant de lui, lui dit : Venez, je vous montrerai l'homme que vous cherchez. Il entra chez elle, et il vit Sisara étendu mort, ayant la tempe percée de ce clou.

23 Dieu confondit donc en ce jour-là Jabin, roi de Chanaan, devant les enfants d'Israël,

24 qui croissant tous les jours en vigueur, se fortifièrent de plus en plus contre Jabin, roi de Chanaan, et l'accablèrent jusqu'à ce qu'il fût ruiné entièrement.

CHAPITRE V.

EN ce jour-là Débora et Barac, file d'Abinoëm, chantèrent ce cantique :

2 Vous qui vous êtes signalés parmi les enfants d'Israël, en exposant volontairement votre vie au péril, bénissez le Seigneur.

3 Ecoutez, rois ; princes, prêtez l'oreille. C'est moi, c'est moi qui chanterai un cantique au Seigneur, qui consacrerai des hymnes au Seigneur *qui est* le Dieu d'Israël.

4 Seigneur ! lorsque vous êtes sorti de Séïr, et que vous passiez par le pays d'Edom, la terre a tremblé, les cieux et les nuées se sont fondues en eaux.

5 Les montagnes se sont écoulées comme l'eau, devant la face du Seigneur ; aussi bien que Sinaï, en la présence du Seigneur *qui est* le Dieu d'Israël.

6 Au temps de Samgar, fils d'Anath, au temps de Jahel, les sentiers n'étaient plus battus de personne ; et ceux qui devaient y aller ont marché par des routes détournées.

7 On a cessé de voir de vaillants hommes dans Israël. Il ne s'en trouvait plus, jusqu'à ce que Débora se soit élevée, jusqu'à ce qu'il se soit élevé une mère dans Israël.

8 Le Seigneur a choisi de nouveaux combats, et il a renversé lui-même les portes des ennemis ; *au lieu qu'auparavant* on ne voyait ni bouclier ni lance parmi quarante mille soldats d'Israël.

9 Mon cœur aime les princes d'Israël. Vous qui vous êtes exposés volontairement au péril, bénissez le Seigneur.

10 Parlez, vous autres, vous qui montez sur des ânes d'une force et d'une beauté singulière ; vous qui remplissez les sièges de la justice, vous qui êtes sur les chemins.

11 Que dans le lieu où les chariots ont été brisés, l'armée des ennemis taillée en pièces, l'on publie la justice du Seigneur, et sa clémence envers les braves d'Israël : alors le peuple du Seigneur a paru aux portes *des villes*, et s'est acquis la principauté.

12 Courage, courage, Débora ; excitez-vous, animez-vous, et chantez un cantique *au Seigneur*. Excitez-vous, ô Barac, saisissez-vous des captifs que vous avez faits, fils d'Abinoëm.

13 Les restes du peuple *de Dieu* ont été sauvés : c'est le Seigneur qui a combattu dans les vaillants hommes.

14 Il s'est servi d'Ephraïm pour exterminer les *Chananéens* en la personne des Amalécites ; *et il s'est servi* encore depuis de Benjamin contre tes peuples, ô Amalec. Les princes sont descendus de Machir, et il en est venu de Zabulon pour mener l'armée au combat.

15 Les chefs d'Issachar ont été avec Débora, et ont suivi les traces de Barac, qui s'est jeté dans le péril comme s'il se fût précipité dans un abîme. Ruben alors était divisé contre lui-même, et les plus vaillants de cette tribu n'ont fait autre chose que disputer.

16 Pourquoi donc demeurez-vous entre deux limites pour entendre les cris des troupeaux ? *Car* Ruben étant divisé contre lui-même, les plus vaillants de cette tribu ne se sont occupés qu'à contester.

17 *Mais* pendant que Galaad était en repos au delà du Jourdain, et que Dan s'occupait à ses vaisseaux, qu'Aser demeurait sur le rivage de la mer, et se tenait dans ses ports,

18 Zabulon et Nephthali se sont exposés à la mort au pays de Méromé.

19 Les rois sont venus, et ont combattu ; les rois de Chanaan ont combattu à Thanach, près les eaux de Mageddo, et ils n'ont pu remporter aucun butin.

20 On a combattu contre eux du haut du ciel : les étoiles demeurant dans leur rang et dans leur cours ordinaire, ont combattu contre Sisara.

21 Le torrent de Cison a entraîné leurs corps morts, le torrent de Cadumim, le torrent de Cison ; ô mon âme, foule aux pieds les corps de ces braves.

22 Leurs chevaux se sont rompu la corne du pied dans l'impétuosité de leur course ; les plus vaillants des ennemis fuyant à toute bride, et se renversant les uns sur les autres.

23 Malheur à la terre de Méroz ! dit l'Ange du Seigneur : malheur à ceux qui l'habitent, parce qu'ils ne sont point venus au secours du Seigneur, au secours des plus vaillants d'entre ses guerriers !

24 Bénie soit entre les femmes Jahel, femme d'Haber, Cinéen, et qu'elle soit bénie dans sa tente !

25 Lorsque Sisara lui demanda de l'eau, elle lui donna du lait ; elle lui présenta de la crème dans un vase digne d'un prince.

26 Elle prit le clou de la main gauche, et de la droite le marteau des ouvriers ; et choisissant l'endroit de la tête de Sisara où elle donnerait son coup, elle lui enfonça son clou dans la tempe.

27 Il tomba à ses pieds, et perdit toute sa force : il rendit l'esprit, après s'être roulé et agité devant elle ; et il demeura étendu mort sur la terre, dans un état misérable.

28 *Cependant* sa mère regardait par la fenêtre ; et parlant de sa chambre, elle criait : Pourquoi son char ne revient-il pas encore ? pourquoi ses chevaux tardent-ils tant ?

29 Et la plus sage d'entre les femmes de Sisara répondit ainsi à sa belle-mère :

30 Peut-être que maintenant on partage le butin, et qu'on choisit pour Sisara la plus belle d'entre les captives ; on choisit d'entre toutes les dépouilles des vêtements de diverses couleurs pour les donner à Sisara, et on lui destine quelque écharpe précieuse brodée à l'aiguille, qu'il puisse porter sur lui comme un ornement.

31 Qu'ainsi périssent, Seigneur ! tous vos ennemis : mais que ceux qui vous aiment, brillent comme le soleil, lorsque ses rayons éclatent au matin.

32 Tout le pays ensuite demeura en paix pendant quarante ans.

CHAPITRE VI.

LES enfants d'Israël firent encore le mal aux yeux du Seigneur, et il les livra pendant sept ans entre les mains des Madianites.

2 Ces peuples les tinrent dans une si grande oppression, qu'ils furent obligés de se retirer dans les antres et dans les cavernes des montagnes, et dans les lieux les plus forts, pour pouvoir résister aux Madianites.

3 Après que les Israélites avaient semé, les Madianites, les Amalécites et les autres peuples de l'Orient venaient *sur leurs terres*,

4 y dressaient leurs tentes, ruinaient tous les grains en herbe jusqu'à l'entrée de Gaza, et ne laissaient aux Israélites rien de tout ce qui était nécessaire à la vie, ni brebis, ni bœufs, ni ânes.

5 Car ils venaient avec tous leurs troupeaux et avec leurs tentes ; et comme ils étaient une multitude innombrable d'hommes et de chameaux, semblable à un nuage de sauterelles, ils remplissaient tout, et gâtaient tout par où ils passaient.

6 Israël fut donc extrêmement humilié sous Madian.

7 Et ils crièrent au Seigneur, lui demandant secours contre les Madianites.

8 Alors le Seigneur leur envoya un prophète qui leur dit : Voici ce que dit le Seigneur, le Dieu d'Israël : Je vous ai fait sortir d'Egypte, et je vous ai tirés d'un séjour de servitude :

9 je vous ai délivrés de la main des Egyptiens, et de tous les ennemis qui vous affligeaient : j'ai chassé les Amorrhéens de cette terre à votre entrée, je vous ai donné le pays qui était à eux.

10 Et je vous ai dit : Je suis le Seigneur, votre Dieu ; ne craignez point les dieux des Amorrhéens dans le pays desquels vous habitez : cependant vous n'avez point voulu écouter ma voix.

11 Or l'Ange du Seigneur vint s'asseoir sous un chêne qui était à Ephra, et qui appartenait à Joas, père de la famille d'Ezri, *ou d'Abiézer*. Et Gédéon, son fils, était occupé alors à battre le blé dans le pressoir, et à le vanner, pour se sauver ensuite *avec son blé* des incursions des Madianites.

12 L'Ange du Seigneur apparut donc à Gédéon, et lui dit : Le Seigneur est avec vous, ô le plus fort d'entre les hommes !

13 Gédéon lui répondit : D'où vient donc, mon Seigneur, je vous prie, que tous ces maux sont tombés sur nous, si le Seigneur est avec nous ? Où sont ces merveilles qu'il a faites, et que nos pères nous ont rapportées en nous disant : Le Seigneur nous a tirés de l'Egypte ? Et maintenant le Seigneur nous a abandonnés, et nous a livrés entre les mains des Madianites.

14 Alors le Seigneur le regardant, lui dit : Allez dans cette force dont vous êtes rempli, et vous délivrerez Israël de la puissance des Madianites. Sachez que c'est moi qui vous ai envoyé.

15 Gédéon lui répondit : Hélas ! mon Seigneur, comment, je vous prie, délivrerai-je Israël ? Vous savez que ma famille est la dernière de Manassé, et que je suis le dernier dans la maison de mon père.

16 Le Seigneur lui dit : Je serai avec vous, et vous battrez les Madianites, comme s'ils n'étaient qu'un seul homme.

17 Sur quoi Gédéon repartit : Si j'ai trouvé grâce devant vous, faites-moi connaître par un signe que c'est vous qui me parlez.

18 Et ne vous retirez point d'ici, jusqu'à ce que je retourne vers vous, et que j'apporte un sacrifice pour vous l'offrir. L'Ange lui répondit : J'attendrai votre retour.

19 Gédéon étant donc entré chez lui, fit cuire un chevreau, et fit d'une mesure de farine des pains sans levain ; et ayant mis la chair dans une corbeille, et le jus de la chair dans un pot, il apporta tout sous le chêne, et le lui offrit.

20 L'Ange du Seigneur lui dit : Prenez la chair et les pains sans levain, mettez-les sur cette pierre, et versez dessus le jus de la chair. Ce que Gédéon ayant fait,

21 l'Ange du Seigneur étendit le bout du bâton qu'il tenait en sa main, et en toucha la chair et les pains sans levain : et aussitôt il sortit un feu de la pierre qui consuma la chair et les pains sans levain ; et en même temps l'Ange du Seigneur disparut de devant ses yeux.

22 Gédéon voyant que c'était l'Ange du Seigneur, dit : Hélas ! Seigneur, mon Dieu ! car j'ai vu l'Ange du Seigneur face à face.

23 Le Seigneur lui dit : La paix soit avec vous ! Ne craignez point : vous ne mourrez pas.

24 Gédéon éleva donc en ce même lieu un autel au Seigneur, et l'appela, la Paix du Seigneur, nom qu'il garde encore aujourd'hui. Et lorsqu'il était encore à Ephra, qui appartient à la famille d'Ezri,

25 le Seigneur lui dit la nuit suivante : Prenez un taureau de votre père, et un autre taureau de sept ans, et renversez l'autel de Baal qui est à votre père, et coupez par le pied le bois qui est autour de l'autel.

26 Dressez aussi un autel au Seigneur, votre Dieu, sur le haut de cette pierre, sur laquelle vous avez offert votre sacrifice, et prenez le second taureau que vous offrirez en holocauste sur un bûcher fait des branches d'arbres que vous aurez coupées de ce bois.

27 Gédéon ayant donc pris dix de ses serviteurs, fit ce que le Seigneur lui avait commandé. Il ne voulut pas néanmoins le faire le jour, parce qu'il craignait ceux de la maison de son père, et les hommes de cette ville-là ; mais il fit tout pendant la nuit.

28 Les habitants de cette ville étant donc venus au matin, virent l'autel de Baal détruit, le bois coupé, et le second taureau mis sur l'autel qui venait d'être élevé.

29 Alors ils se dirent les uns aux autres : Qui est-ce qui a fait cela ? Et cherchant partout qui était l'auteur de cette action, on leur dit : C'est Gédéon, fils de Joas, qui a fait toutes ces choses.

30 Ils dirent donc à Joas : Faites venir ici votre fils, afin qu'il meure ; parce qu'il a détruit l'autel de Baal, et qu'il en a coupé le bois.

31 Joas leur répondit : Est-ce à vous à prendre la vengeance de Baal et à combattre pour lui ? Que celui qui est son ennemi, meure avant que le jour de demain soit venu. Si Baal est dieu, qu'il se venge de celui qui a détruit son autel.

32 Depuis ce jour Gédéon fut appelé Jérobaal, à cause de cette parole que Joas avait dite : Que Baal se venge de celui qui a renversé son autel.

33 Cependant tous les Madianites, les Amalécites et les peuples d'Orient se joignirent ensemble, et ayant passé le Jourdain, ils vinrent se camper dans la vallée de Jezraël.

34 En même temps l'Esprit du Seigneur remplit Gédéon, qui sonnant de la trompette assembla toute la maison d'Abiézer, afin qu'elle le suivît.

35 Il envoya aussi des gens dans toute la tribu de Manassé, qui le suivit aussi ; et il en envoya d'autres dans la tribu d'Aser, de Zabulon et de Nephthali : et ceux de ces tribus vinrent au-devant de lui.

36 Alors Gédéon dit à Dieu : Si vous voulez vous servir de ma main pour sauver Israël, comme vous l'avez dit,

37 je mettrai dans l'aire cette toison ; et si toute la terre demeurant sèche, la rosée ne tombe que sur la toison, je reconnaîtrai par là que vous vous servirez de ma main, selon que vous l'avez promis, pour délivrer Israël.

38 Ce que Gédéon avait proposé, arriva. Car s'étant levé de grand matin, il pressa la toison, et remplit une tasse de la rosée qui en sortit.

39 Gédéon dit encore à Dieu : Que votre colère ne s'allume pas contre moi, si je fais encore une fois une épreuve, en demandant un second signe dans la toison. Je vous prie, *Seigneur !* que toute la terre soit trempée de la rosée, et que la toison seule demeure sèche.

40 Le Seigneur fit cette nuit-là même ce que Gédéon avait demandé. La rosée tomba sur toute la terre, et la toison seule demeura sèche.

CHAPITRE VII.

JÉROBAAL, qui s'appelle aussi Gédéon, se leva donc avant le jour, et vint, accompagné de tout le peuple, à la fontaine nommée Harad. Quant aux Madianites, ils étaient campés dans la vallée, vers le côté septentrional d'une colline fort élevée.

2 Alors le Seigneur dit à Gédéon : Vous avez avec vous un grand peuple. Madian ne sera point livré entre les mains de tant de gens, de peur qu'Israël ne se glorifie contre moi, et ne dise : C'est par mes propres forces que j'ai été délivré.

3 Parlez au peuple, et faites publier ceci devant tous : Que celui qui est timide, et qui manque de cœur, s'en retourne. Et vingt-deux mille hommes du peuple se retirèrent de la montagne de Galaad, et s'en retournèrent ; et il n'en demeura que dix mille.

4 Alors le Seigneur dit à Gédéon : Le peuple est encore en trop grand nombre. Menez-les près de l'eau, et je les éprouverai là. Je vous marquerai celui que je veux qui aille avec vous ; et celui que j'en empêcherai, s'en retournera.

5 Le peuple étant venu en un lieu où il y avait des eaux, le Seigneur dit encore à Gédéon : Mettez d'un côté ceux qui auront pris de l'eau avec la langue, comme les chiens ont accoutumé de faire ; et mettez de l'autre ceux qui auront mis les genoux en terre pour boire.

6 Il s'en trouva donc trois cents qui prenant l'eau avec la main, la portèrent a leur bouche ; mais tout le reste du peuple avait mis les genoux en terre pour boire.

7 Après quoi le Seigneur dit à Gédéon : C'est par ces trois cents hommes qui ont pris l'eau avec la langue, *sans mettre les genoux en terre,* que je vous délivrerai, et que je ferai tomber Madian entre vos mains : faites donc retirer le reste du peuple.

8 Gédéon leur ayant commandé à tous de se retirer dans leurs tentes, prit des vivres avec des trompettes pour le nombre de gens qu'il avait, et marcha avec ses trois cents hommes pour combattre les ennemis. Or le camp de Madian était en bas dans la vallée.

9 La nuit suivante le Seigneur dit à Gédéon : Levez-vous, et descendez dans le camp, parce que j'ai livré les Madianites entre vos mains.

10 Si vous craignez d'y aller seul, que Phara, votre serviteur, y aille avec vous.

11 Et lorsque vous aurez entendu ce que les Madianites diront, vous en deviendrez plus fort, et vous descendrez ensuite avec plus d'assurance pour attaquer le camp des ennemis. Gédéon prenant donc avec lui son serviteur Phara, s'en alla à l'endroit du camp où étaient les sentinelles de l'armée.

12 Or les Madianites, les Amalécites, et tous les peuples de l'Orient étaient étendus dans la vallée comme une multitude de sauterelles, avec des chameaux sans nombre, comme le sable qui est sur le rivage de la mer.

13 Et lorsque Gédéon se fut approché, il entendit un *soldat* qui contait son songe à un autre, et qui lui rapportait ainsi ce qu'il avait vu : J'ai eu un songe, *disait-il,* et il me semblait que je voyais comme un pain d'orge cuit sous la cendre, qui roulait en bas et descendait dans le camp des Madianites ; et y ayant rencontré une tente, il l'a ébranlée, renversée, et jetée tout à fait par terre.

14 Celui à qui il parlait lui répondit : Tout cela n'est autre chose que l'épée de Gédéon, fils de Joas, Israélite ; parce que le Seigneur lui a livré entre les mains les Madianites avec toute leur armée.

15 Gédéon ayant entendu ce songe et l'interprétation qui en avait été donnée, adora *Dieu.* Et étant retourné au camp d'Israël, il dit *aux siens :* Allons promptement : car le Seigneur a livré entre nos mains le camp de Madian.

16 Et ayant divisé ses trois cents hommes en trois bandes, il leur donna des trompettes à la main et des pots de terre vides avec des lampes au milieu des pots ;

17 et il leur dit : Faites ce que vous me verrez faire. J'entrerai par un endroit du camp : faites tout ce que je ferai.

18 Quand vous me verrez sonner de la trompette que j'ai à la main, sonnez de même de la trompette tout autour du camp ; et criez *tous* ensemble : *L'épée* du Seigneur et de Gédéon.

19 Gédéon suivi de ses trois cents hommes, entra donc par un endroit du camp au commencement de la veille du milieu de la nuit. Et les gardes s'étant réveillés, *Gédéon et ses gens* commencèrent à sonner de la trompette, et à heurter leurs pots de terre l'un contre l'autre.

20 Faisant donc autour du camp en trois endroits différents un fort grand bruit, et ayant rompu leurs pots de terre, ils tinrent leurs lampes de la main gauche, et de la droite les trompettes dont ils sonnaient, et crièrent *tous* ensemble : L'épée du Seigneur et de Gédéon.

21 Chacun demeura en son poste autour du camp des ennemis. Aussitôt le camp des Madianites se trouva tout en désordre : ils jetèrent de grands cris, et ils s'enfuirent tous.

22 Les trois cents hommes continuèrent à sonner toujours de la trompette, et le Seigneur tourna les épées de tous ceux du camp les unes contre les autres, et ils se tuaient mutuellement.

23 *Et ceux qui échappèrent de ce carnage,* s'enfuirent jusqu'à Beth-setta et jusqu'au bord d'Abel-méhula en Tebbath. Mais les enfants d'Israël des tribus de Nephthali et d'Aser, et tous ceux de la tribu de Manassé criant *tous* ensemble, poursuivirent les Madianites.

24 Et Gédéon envoya des gens sur toute la montagne d'Ephraïm, pour dire au peuple : Marchez au-devant des Madianites, et saisissez-vous des eaux jusqu'à Beth-béra, et de tous les passages du Jourdain. Tous ceux d'Ephraïm criant donc *aux armes,* se saisirent des bords de l'eau, et de tous les passages du Jourdain jusqu'à Beth-béra.

25 Et ayant pris deux chefs des Madianites, Oreb et Zeb, ils tuèrent Oreb au rocher d'Oreb, et Zeb au pressoir de Zeb : et ils poursuivirent les Madianites, ayant à la main les têtes d'Oreb et de Zeb, qu'ils portèrent à Gédéon au delà du Jourdain.

CHAPITRE VIII.

ALORS les enfants d'Ephraïm lui dirent : Pourquoi nous avez-vous traités de cette sorte, de ne nous avoir pas fait avertir, lorsque vous alliez combattre les Madianites ? Et ils le querellèrent fort aigrement, jusqu'à en venir presque à la violence.

2 Gédéon leur répondit : Que pouvais-je faire qui égalât ce que vous avez fait ? N'est-il pas vrai qu'une grappe de raisin d'Ephraïm vaut mieux que toutes les vendanges d'Abiézer ?

3 Le Seigneur a livré entre vos mains les princes de Madian, Oreb et Zeb. Qu'ai-je pu faire qui approchât de ce que vous avez fait ? Leur ayant parlé de cette sorte, il apaisa leur colère, lorsqu'elle

était près d'éclater contre lui.

4 Gédéon étant venu ensuite sur le bord du Jourdain, le passa avec les trois cents hommes qui le suivaient, qui étaient si las qu'ils ne pouvaient plus poursuivre les Madianites qui fuyaient.

5 Il dit donc à ceux de Soccoth : Donnez, je vous prie, du pain à ceux qui sont avec moi, parce qu'ils n'en peuvent plus : afin que nous puissions poursuivre les rois des Madianites, Zébée et Salmana.

6 Mais les principaux de Soccoth lui répondirent : C'est peut-être que vous avez déjà Zébée et Salmana en votre pouvoir ; et c'est ce qui vous fait demander ainsi que nous donnions du pain à vos gens.

7 Gédéon leur répondit : Lors donc que le Seigneur aura livré entre mes mains Zébée et Salmana, je vous ferai briser le corps avec les épines et les ronces du désert.

8 Ayant passé au delà, il vint à Phanuel ; et il fit la même demande aux habitants du pays, qui lui firent la même réponse que ceux de Soccoth.

9 Gédéon leur répliqua donc de même : Lorsque je serai revenu en paix et victorieux , j'abattrai cette tour-là.

10 Or Zébée et Salmana reprenaient haleine-avec le reste de leur armée : car il n'était resté à ce peuple d'Orient que quinze mille hommes de toutes leurs troupes, ayant perdu en cette défaite cent vingt mille hommes, tous gens de guerre et portant les armes.

11 Gédéon tirant donc vers ceux qui habitaient dans les tentes du côté oriental de Nobé et de Jegbaa, défit l'armée des ennemis, qui se croyaient en assurance, s'imaginant qu'ils n'avaient plus rien à craindre.

12 Zébée et Salmana s'enfuirent aussitôt, toutes leurs troupes étant en désordre : mais Gédéon les poursuivit, et les prit tous deux.

13 Il retourna du combat avant le lever du soleil ;

14 et ayant pris un jeune homme de ceux de Soccoth, il demanda les noms des principaux et des sénateurs de Soccoth : cet homme lui en marqua soixante et dix-sept.

15 Gédéon étant venu à Soccoth, dit aux premiers de la ville : Voici Zébée et Salmana sur le sujet desquels vous m'avez insulté, en me disant : C'est peut-être que vous avez déjà Zébée et Salmana en votre pouvoir ; et c'est ce qui vous fait demander ainsi que nous donnions du pain à vos gens qui sont si las qu'ils n'en peuvent plus.

16 Ayant donc pris les anciens de la ville die Soccoth, il leur brisa le corps avec les épines et les ronces du désert.

17 Il abattit aussi la tour de Phanuel, après avoir tué les habitants de la ville.

18 Il dit ensuite à Zébée et à Salmana : Comment étaient faits ceux que vous avez tués au mont Thabor ? Ils lui répondirent : Ils étaient comme vous, et l'un d'eux paraissait un fils de roi.

19 Gédéon ajouta : C'étaient mes frères et les enfants de ma mère. Vive le Seigneur ! si vous leur aviez sauvé la vie, je ne vous tuerais pas maintenant.

20 Il dit ensuite à Jéther, son fils aîné : Allez, tuez-les. Mais Jéther ne tira point son épée, parce qu'il craignait, n'étant encore qu'un enfant.

21 Zébée et Salmana dirent donc à Gédéon : Venez vous-même, et tuez-nous : car c'est l'âge qui rend l'homme fort. Gédéon s'étant avancé, tua Zébée et Salmana. Il prit ensuite tous les ornements et les bossettes qu'on met d'ordinaire au cou des chameaux des rois.

22 Alors tous les enfants d'Israël dirent à Gédéon : Soyez notre prince, et commandez-nous, vous, votre fils et le fils de votre fils, parce que vous nous avez délivrés de la main des Madianites.

23 Gédéon leur répondit : Je ne serai point votre prince, et je ne vous commanderai point, ni moi, ni mon fils ; mais ce sera le Seigneur qui sera votre prince, et qui vous commandera.

24 Et il ajouta : Je ne vous demande qu'une chose : Donnez-moi les pendants d'oreilles que vous avez eus de votre butin. Car les Ismaélites qu'ils venaient de défaire, avaient accoutumé de porter des pendants d'oreilles d'or.

25 Ils lui répondirent : Nous vous les donnerons de tout notre cœur. Et étendant un manteau sur la terre, ils jetèrent dessus les pendants d'oreilles qu'ils avaient eus de leur butin.

26 Ces pendants d'oreilles que Gédéon avait demandés, se trouvèrent peser mille sept cents sicles d'or, sans les ornements, les colliers précieux, et les vêtements d'écarlate dont les rois de Madian avaient accoutumé d'user, et sans les carcans d'or des chameaux.

27 Gédéon fit de toutes ces choses précieuses un éphod qu'il mit dans sa ville d'Ephra. Et cet éphod devint aux Israélites un sujet de tomber dans la prostitution de l'idolâtrie, et causa la ruine de Gédéon et de toute sa maison.

28 Les Madianites furent donc humiliés devant les enfants d'Israël, et ils ne purent plus lever la tête : mais tout le pays demeura en paix pendant les quarante années du gouvernement de Gédéon.

29 Après cela Jérobaal, fils de Joas, étant revenu, demeura dans sa maison :

30 et il eut soixante et dix fils qui étaient sortis de lui, parce qu'il avait plusieurs femmes ;

31 et sa concubine qu'il avait à Sichem, eut de lui un fils nommé Abimélech.

32 Gédéon, fils de Joas, mourut enfin dans une heureuse vieillesse, et il fut enseveli dans le sépulcre de Joas, son père. à Ephra, qui appartenait à la famille d'Ezri.

33 Après la mort de Gédéon, les enfants d'Israël se détournèrent du culte de Dieu, et se prostituèrent à l'idolâtrie de Baal. Ils firent alliance avec Baal, afin qu'il fût leur dieu :

34 et ils oublièrent le Seigneur, leur Dieu, qui les avait délivrés des mains de tous leurs ennemis, dont ils étaient environnés.

35 Ils n'usèrent point de miséricorde envers la maison de Gédéon, appelé aussi Jérobaal, pour reconnaître tout le bien qu'il avait fait à Israël.

CHAPITRE IX.

ALORS Abimélech, fils de Jérobaal, s'en alla à Sichem trouver les frères de sa mère, et tous ceux de la famille du père de sa mère, et il leur parla à tous en ces termes :

2 Représentez ceci, leur dit-il, à tous les habitants de Sichem : Lequel est le meilleur pour vous, ou d'être dominés par soixante et dix hommes, tous enfants de Jérobaal, ou de n'avoir qu'un seul homme qui vous commande ? Et de plus considérez que je suis votre chair et votre sang.

3 Tous les parents de sa mère ayant donc parlé de lui en cette manière à tous les habitants, ils gagnèrent leur cœur et leur affection pour Abimélech, en leur disant : C'est notre frère.

4 Et ils lui donnèrent soixante et dix sicles d'argent, qu'ils prirent du temple de Baal-bérith. Abimélech avec cet argent leva une troupe de gens misérables et vagabonds qui le suivirent :

5 et étant venu en la maison de son père à Ephra, il tua sur une même pierre les soixante et dix fils de Jérobaal, ses frères ; et de tous les enfants de Jérobaal il ne resta que Joatham, le plus jeune de tous, que l'on cacha.

6 Alors tous les habitants de Sichem s'ćtant assemblés avec toutes les familles de la ville de Mello, allèrent établir roi Abimélech près du chêne qui est à Sichem.

7 Joatham en ayant reçu la nouvelle, s'en alla au haut de la montagne de Garizim, où se tenant debout il cria à haute voix, et parla de cette sorte : Ecoutez-moi, habitants de Sichem, comme vous voulez que Dieu vous écoute.

8 Les arbres s'assemblèrent un jour pour s'élire un roi, et ils dirent à l'olivier : Soyez notre roi.

9 L'olivier leur répondit : Puis-je abandonner mon suc et mon huile dont les dieux et les hommes se servent, pour venir m'établir au-dessus des arbres ?

10 Les arbres dirent ensuite au figuier : Venez régner sur nous.

11 Le figuier leur répondit : Puis-je abandonner la douceur de mon suc et l'excellence de mes fruits, pour venir m'établir au-dessus des arbres ?

12 Les arbres s'adressèrent encore à la vigne, et lui dirent : Venez prendre le commandement sur nous.

13 La vigne leur répondit : Puis-je abandonner mon vin qui est la joie de Dieu et des hommes, pour venir m'établir au-dessus des arbres ?

14 Enfin tous les arbres dirent au buisson : Venez, vous serez notre roi.

15 Le buisson leur répondit : Si vous m'établissez véritablement pour votre roi, venez vous reposer sous mon ombre : si vous ne le voulez pas, que le feu sorte du buisson, et qu'il dévore les cèdres du Liban.

16 Considérez donc maintenant si c'a été pour vous une action juste et innocente d'établir ainsi Abimélech pour votre prince ; si vous avez bien traité Jérobaal et sa maison ; si vous avez reconnu, comme vous deviez, les grands services de celui qui a combattu pour vous,

17 et qui a exposé sa vie à tant de périls pour vous délivrer des mains des Madianites ;

18 et si vous avez dû vous élever, comme vous avez fait, contre la maison de mon père, en tuant sur une même pierre ses soixante et dix fils, et en établissant Abimélech, fils de sa servante, pour prince sur les habitants de Sichem, parce qu'il est votre frère.

19 Si donc vous avez traité comme vous deviez Jérobaal et sa maison, et que vous ne lui ayez point fait d'injustice, qu'Abimélech soit votre bonheur, et puissiez-vous être aussi le bonheur d'Abimélech.

20 Mais si vous avez agi contre toute justice, que le feu sorte d'Abimélech, qu'il consume les habitants de Sichem, et la ville de Mello ; et que le feu sorte des habitants de Sichem et de la ville de Mello, et qu'il dévore Abimélech.

21 Ayant dit ces paroles, il s'enfuit, et s'en alla à Béra, où il demeura, parce qu'il craignait Abimélech, son frère.

22 Abimélech fut donc prince d'Israël pendant trois ans.

23 Mais le Seigneur envoya un esprit de haine et d'aversion entre Abimélech et les habitants de Sichem, qui commencèrent à le détester,

24 et à faire retomber sur Abimélech, leur frère, et sur les principaux des Sichimites qui l'avaient soutenu, le crime du meurtre des soixante et dix fils de Jérobaal, et de la cruelle effusion de leur sang.

25 Ils lui dressèrent donc des embûches au haut des montagnes, et en attendant qu'il vînt, ils s'exerçaient à des brigandages, et volaient les passants ; mais Abimélech en fut averti.

26 Cependant Gaal, fils d'Obed, vint avec ses frères, et passa à Sichem ; et les Sichimites à son arrivée ayant pris une nouvelle confiance,

27 sortirent en campagne, ravagèrent les vignes, foulèrent aux pieds les raisins, et dansant et chantant, ils entrèrent dans le temple de leur dieu, où parmi les festins et les pots ils faisaient des imprécations contre Abimélech ;

28 et Gaal, fils d'Obed, criait à haute voix : Qui est Abimélech ? et quelle est la ville de Sichem pour être assujettie à Abimélech ? N'est-il pas fils de Jérobaal ? et cependant il a établi un Zébul, son serviteur, pour gouverner sous lui ceux de la maison d'Hémor, père de Sichem. Pourquoi donc serons-nous assujettis à Abimélech ?

29 Plût à Dieu que quelqu'un me donnât l'autorité sur ce peuple pour exterminer Abimélech ! Cependant on vint dire à Abimélech : Assemblez une grande armée, et venez.

30 Zébul, gouverneur de la ville, ayant entendu ces discours de Gaal, fils d'Obed, entra dans une grande colère,

31 et envoya en secret des courriers à Abimélech, pour lui dire : Gaal, fils d'Obed, est venu à Sichem avec ses frères, et il presse la ville de se déclarer contre vous.

32 Venez donc de nuit avec les troupes qui sont avec vous ; tenez-vous caché dans les champs ;

33 et au point du jour, lorsque le soleil se lèvera, venez fondre sur la ville. Gaal sortira contre vous avec ses gens, et alors usez de vos forces contre lui.

34 Abimélech ayant donc marché de nuit avec toute son armée, dressa des embuscades en quatre endroits près de Sichem.

35 Gaal, fils d'Obed, étant sorti de la ville, se tint à l'entrée de la porte, et Abimélech sortit de l'embuscade avec toute son armée.

36 Gaal ayant aperçu les gens d'Abimélech, dit a Zébul : Voilà bien du monde qui descend des montagnes. Zébul lui répondit : Ce sont les ombres des montagnes, qui vous paraissent des têtes d'hommes, et c'est là ce qui vous trompe.

37 Gaal lui dit encore : Voilà un grand peuple qui sort du milieu de la terre, et j'en vois venir une grande troupe par le chemin qui regarde le chêne.

38 Zébul lui répondit : Où est maintenant cette audace avec laquelle vous disiez : Qui est Abimélech, pour nous tenir assujettis à lui ? Ne sont-ce pas là les gens que vous méprisiez ? Sortez donc, et combattez contre eux.

39 Gaal sortit ensuite à la vue de tout le peuple de Sichem, et combattit contre Abimélech.

40 Mais Abimélech le contraignit de fuir, le poursuivit et le chassa jusqu'à la ville ; et plusieurs de ses gens furent tués jusqu'a la porte de Sichem.

41 Abimélech s'arrêta ensuite à Ruma ; et Zébul chassa de la ville Gaal avec ses gens, et ne souffrit plus qu'il y demeurât.

42 Le lendemain le peuple de Sichem se mit en campagne, et Abimélech en ayant eu nouvelle,

43 mena son armée contre les Sichimites, la divisa en trois bandes, et leur dressa des embuscades dans les champs. Lorsqu'il vit que les habitants sortaient de la ville, il se leva de l'embuscade,

44 il les chargea vivement avec ses troupes, et il vint assiéger la ville. Cependant les deux autres corps de son armée poursuivaient les ennemis qui fuyaient çà et là dans la campagne.

45 Abimélech attaqua la ville pendant tout ce jour ; et l'ayant prise il en tua tous les habitants, et la détruisit d'une telle sorte qu'il sema du sel au lieu où elle avait été.

46 Ceux qui habitaient dans la tour de Sichem ayant appris ceci, entrèrent dans le temple de leur dieu Bérith, où ils avaient fait alliance avec lui : ce qui avait fait donner à ce lieu le nom *de Bérith* ; et ce lieu était extrêmement fort.

47 Abimélech ayant appris de son côté, que tous ceux de cette tour s'étaient réfugiés et renfermés tous ensemble en un seul lieu,

48 il monta sur la montagne de Selmon avec tous ses gens, coupa une branche d'arbre avec une hache, la mit sur son épaule, et dit à ses compagnons : Faites promptement ce que vous m'avez vu faire.

49 Ils coupèrent donc tous à l'envi des branches d'arbres, et suivirent leur chef ; et environnant cette forteresse, ils y mirent le feu, qui y prit d'une telle force, que mille personnes, tant hommes que femmes, qui demeuraient dans cette tour de Sichem, y furent tous étouffés par le feu ou par la fumée.

50 Abimélech marcha de là vers la ville de Thèbes, qu'il investit et assiégea avec son armée, *et la prit*.

51 Il y avait au milieu de la ville une haute tour, où tous les principaux de la ville, hommes et femmes, s'étaient réfugiés : ils avaient bien fermé *et* barricadé la porte, et étaient montés sur le haut de la tour *pour se défendre* par les créneaux.

52 Abimélech était au pied de la tour combattant vaillamment ; et s'approchant de la porte, il tâchait d'y mettre le feu.

53 En même temps une femme jetant d'en haut un morceau d'une meule de moulin, cassa la tête à Abimélech, et lui en fit sortir la cervelle.

54 Aussitôt il appela son écuyer, et lui dit : Tirez votre épée, et tuez-moi, de peur qu'on ne dise que j'ai été tué par une femme. L'écuyer faisant ce qu'il lui avait commandé, le tua.

55 Abimélech étant mort, tous ceux d'Israël qui étaient avec lui retournèrent chacun en sa maison.

56 Et Dieu rendit à Abimélech le mal qu'il avait commis contre son père, en tuant ses soixante et dix frères.

57 Les Sichimites aussi reçurent la punition de ce qu'ils avaient fait ; et la malédiction que Joatham, fils de Jérobaal, avait prononcée, tomba sur eux.

CHAPITRE X.

APRÈS Abimélech, Thola, fils de Phua, oncle paternel d'Abimélech, qui était de la tribu d'Issachar et qui demeurait à Samir en la montagne d'Ephraïm, fut établi chef d'Israël.

2 Et après avoir jugé Israël pendant vingt-trois ans, il mourut, et fut enseveli dans Samir.

3 Jaïr de Galaad lui succéda, et il fut juge dans Israël pendant vingt-deux ans.

4 Il avait trente fils qui montaient sur trente poulains d'ânesses, et qui étaient princes de trente villes au pays de Galaad, qui jusqu'aujourd'hui sont nommées de son nom, Havoth-Jaïr, c'est-à-dire, les villes de Jaïr.

5 Jaïr mourut depuis, et fut enseveli au lieu appelé Camon.

6 Mais les enfants d'Israël joignant de nouveaux crimes aux anciens, firent le mal aux yeux du Seigneur, et adorèrent les idoles de Baal et d'Astaroth, et les dieux de Syrie et de Sidon, de Moab, des enfants d'Ammon, et des Philistins : ils abandonnèrent le Seigneur et cessèrent de l'adorer.

7 Le Seigneur étant en colère contre eux, les livra entre les mains des Philistins et des enfants d'Ammon.

8 Et tous ceux qui habitaient au delà du Jourdain, au pays des Amorrhéens qui est en Galaad, furent affligés et opprimés cruellement pendant dix-huit ans :

9 de sorte que les enfants d'Ammon ayant passé le Jourdain, ravagèrent les tribus de Juda, de Benjamin et d'Ephraïm ; et Israël se trouva dans une extrême affliction.

10 Les Israélites crièrent donc au Seigneur, et lui dirent : Nous avons péché contre vous, parce que nous avons abandonné le Seigneur, notre Dieu, et que nous avons servi Baal.

11 Et le Seigneur leur dit : Les Egyptiens, les Amorrhéens, les enfants d'Ammon, les Philistins,

12 les Sidoniens, les Amalécites et les Chananéens, ne vous ont-ils pas autrefois opprimés ? et quand vous avez crié vers moi, ne vous ai-je pas délivrés d'entre leurs mains ?

13 Après cela néanmoins vous m'avez abandonné, et vous avez adoré les dieux étrangers. C'est pourquoi je ne penserai plus désormais à vous délivrer.

14 Allez, et invoquez les dieux que vous vous êtes choisis, et qu'ils vous délivrent eux-mêmes de l'affliction qui vous accable !

15 Les enfants d'Israël répondirent au Seigneur : Nous avons péché ; faites-nous vous-même tout le mal qu'il vous plaira ; mais au moins pour cette heure délivrez-nous *de nos maux*.

16 Après avoir prié de la sorte, ils jetèrent hors de leurs terres toutes les idoles des dieux étrangers, et ils adorèrent le Seigneur Dieu, qui se laissa toucher de leur misère.

17 Cependant les enfants d'Ammon s'étant assemblés avec de grands cris, se campèrent dans le pays de Galaad ; et les enfants d'Israël s'étant assembles de leur côté pour le combattre, se campèrent à Maspha.

18 Alors les princes de Galaad se dirent les uns aux autres : Le premier d'entre nous qui commencera à combattre contre les enfants d'Ammon, sera le chef du peuple de Galaad.

CHAPITRE XI.

EN ce temps-là il y avait un homme de Galaad, nommé Jephté, homme de guerre et fort vaillant, qui fut fils d'une courtisane, et qui eut pour père Galaad.

2 Galaad, son père, avait sa femme dont il eut des enfants, qui étant devenus grands chassèrent Jephté de la maison, en lui disant : Vous ne pouvez pas être héritier en la maison de notre père, parce que vous êtes né d'une autre mère.

3 Jephté les fuyant donc et évitant de les rencontrer, demeura au pays de Tob : et des gens qui n'avaient rien et qui vivaient de brigandages, s'assemblèrent près de lui, et le suivaient comme leur chef.

4 En ce même temps les enfants d'Ammon combattaient contre Israël.

5 Et comme ils le pressaient vivement, les anciens de Galaad allèrent trouver Jephté au pays de Tob, pour le faire venir à leur secours.

6 Ils lui dirent donc : Venez, et soyez notre prince pour combattre contre les enfants d'Ammon.

7 Jephté leur répondit : N'est-ce pas vous qui me haïssiez, et qui m'avez chassé de la maison de mon père ? et maintenant vous venez à moi, parce que la nécessité vous y contraint.

8 Les principaux de Galaad lui dirent : C'est pour cela même que nous venons vous trouver ; afin que vous marchiez avec nous, que vous combattiez contre les enfants d'Ammon, et que vous soyez le chef de tous ceux qui habitent dans *le pays de* Galaad.

9 Jephté leur répondit : Si c'est avec un désir sincère que vous venez m'engager à combattre pour vous contre les enfants d'Ammon, en cas que le Seigneur me les livre entre les mains, serai-je votre prince ?

10 Ils lui répondirent : Que le Seigneur qui nous entend, soit entre vous et nous, et soit témoin que nous voulons accomplir ce que nous vous promettons !

11 Jephté s'en alla donc avec les principaux de Galaad, et tout le peuple l'élut pour son prince. Jephté ayant fait d'abord devant le Seigneur toutes ses protestations à Maspha,

12 il envoya ensuite des ambassadeurs au roi des enfants d'Ammon, pour lui dire de sa part : Qu'y a-t-il de commun entre vous et moi ? Pourquoi êtes-vous venu m'attaquer et ravager mon pays ?

13 Le roi des Ammonites leur répondit : C'est parce qu'Israël venant d'Egypte m'a pris mon pays depuis les confins de l'Arnon jusqu'au Jaboc et jusqu'au Jourdain. Rendez-le-moi donc maintenant de vous-même, et demeurons en paix.

14 Jephté donna de nouveau ses ordres aux ambassadeurs, et leur commanda de dire au roi des Ammonites :

15 Voici ce que dit Jephté : Les Israélites n'ont pris ni le pays de Moab, ni le pays des enfants d'Ammon :

16 mais lorsqu'ils sortirent d'Egypte, ils marchèrent par le désert jusqu'à la mer Rouge, et étant venus à Cadès,

17 ils envoyèrent des ambassadeurs au roi d'Edom, et lui firent dire : Laissez-nous passer par votre pays. Et le roi d'Edom ne voulut point leur accorder ce qu'ils demandaient. Ils envoyèrent aussi des ambassadeurs au roi de Moab, qui les méprisa, et ne voulut point leur donner passage. Ils demeurèrent donc à Cadès ;

18 et ayant côtoyé le pays d'Edom et le pays de Moab, ils vinrent par le côté oriental du pays de Moab se camper au deçà de l'Arnon, sans vouloir entrer dans le pays de Moab : car l'Arnon est la frontière de la terre de Moab.

19 Les Israélites envoyèrent ensuite des ambassadeurs vers Séhon, roi des Amorrhéens, qui habitait dans Hésébon, pour lui dire : Laissez-nous passer par vos terres jusqu'au Jourdain.

20 Séhon méprisant comme les autres la demande des Israélites, leur refusa le passage par ses terres ; et ayant assemblé une armée d'une multitude innombrable, il marcha contre les Israélites à Jasa, et s'opposa à leur passage de toutes ses forces.

21 Mais le Seigneur le livra entre les mains d'Israël avec toute son armée, et Israël le défit et se rendit maître de toutes les terres des Amorrhéens qui habitaient en ce pays-là,

22 et de tout ce qui était renfermé dans leurs limites depuis l'Arnon jusqu'au Jaboc, et depuis le désert jusqu'au Jourdain.

23 Ainsi le Seigneur, le Dieu d'Israël, a ruiné les Amorrhéens, lorsque les Israélites, qui étaient son peuple, combattaient contre eux ; et vous prétendez maintenant que les terres que possède le peuple de Dieu vous appartiennent !

24 Ne croyez-vous pas avoir droit de posséder ce qui appartient à Chamos, votre dieu ? Il est de même bien juste que nous possédions ce que le Seigneur, notre Dieu, s'est acquis par ses victoires.

25 Est-ce que vous êtes plus considérable que Halac, fils de Séphor, roi de Moab ? Ou pouvez-vous faire voir qu'il ait formé contre les Israélites les plaintes que vous formez présentement, ou qu'il leur ait *pour cela* déclaré la guerre,

26 tant qu'Israël a habité dans Hésébon et dans ses villages, dans Aroër et dans les villages qui en dépendent, ou dans toutes les villes qui sont le long du Jourdain, pendant trois cents ans ? D'où vient que pendant tout ce temps-là vous n'avez fait aucune démarche pour rentrer dans ces droits prétendus ?

27 Ce n'est donc point moi qui vous fais injure ; mais c'est vous qui me la faites, en me déclarant une guerre injuste. Que le Seigneur soit notre arbitre, et qu'il décide aujourd'hui ce différend entre Israël et les enfants d'Ammon.

28 Mais le roi des enfants d'Ammon ne voulut point se rendre à ce que Jephté lui avait fait dire par ses ambassadeurs.

29 Après cela donc l'Esprit du Seigneur se saisit de Jephté ; de sorte qu'allant par tout le pays de Galaad et de Manassé, il passa de Maspha de Galaad jusqu'aux enfants d'Ammon,

30 et fit ce voeu au Seigneur : Seigneur ! si vous livrez entre mes mains les enfants d'Ammon,

31 je vous offrirai en holocauste le premier qui sortira de la porte de ma maison, et qui viendra au-devant de moi, lorsque je retournerai victorieux *du pays* des enfants d'Ammon.

32 Jephté passa ensuite dans les terres des enfants d'Ammon pour les combattre ; et le Seigneur les livra entre ses mains.

33 Il prit et ravagea vingt villes depuis Aroër jusqu'à Mennith, et jusqu'à Abel, qui est planté de vignes. Les enfants d'Ammon perdirent dans cette défaite un grand nombre d'hommes, et ils furent désolés par les enfants d'Israël.

34 Mais lorsque Jephté revenait de Maspha dans sa maison, sa fille qui était unique, parce qu'il n'avait point eu d'autres enfants qu'elle, vint au-devant de lui en dansant au son des tambours.

35 Jephté l'ayant vue, déchira ses vêtements, et dit : Ah ! malheureux que je suis ! ma fille, vous m'avez trompé, et vous vous êtes trompée vous-même : car j'ai fait un voeu au Seigneur *de lui offrir ce qui se présenterait à moi*, et je ne puis faire autre chose que ce que j'ai promis.

36 Sa fille lui répondit : Mon père, si vous avez fait voeu au Seigneur, faites de moi tout ce que vous avez promis, après la grâce que vous avez reçue de prendre vengeance de vos ennemis, et d'en remporter une si grande victoire.

37 Accordez-moi seulement, ajouta-t-elle, la prière que je vous fais : Laissez-moi aller sur les montagnes pendant deux mois, afin que je pleure ma virginité avec mes compagnes.

38 Jephté lui répondit : Allez. Et il la laissa libre pendant ces deux mois. Elle allait donc avec ses compagnes et ses amies, et elle pleurait sa virginité sur les montagnes.

39 Après les deux mois elle revint trouver son père, et il accomplit ce qu'il avait voué à l'égard de sa fille, qui en effet ne connut point d'homme. De là vint la coutume qui s'est toujours depuis observée en Israël,

40 que toutes les filles d'Israël s'assemblent une fois l'année, pour pleurer la fille de Jephté de Galaad pendant quatre jours.

CHAPITRE XII.

CEPENDANT il s'excita une sédition dans la tribu d'Ephraïm : car ceux de cette tribu passant vers le septentrion, dirent à Jephté : Pourquoi n'avez-vous point voulu nous appeler lorsque vous alliez combattre les enfants d'Ammon, afin que nous y allassions avec vous ? Nous allons donc mettre le feu à votre maison.

2 Jephté leur répondit : Nous avions une grande guerre, mon peuple et moi, contre les enfants d'Ammon ; je vous ai priés de nous donner secours, et vous ne l'avez point voulu faire.

3 Ce qu'ayant vu, j'ai exposé ma vie ; j'ai marché contre les enfants d'Ammon, et le Seigneur me les a livrés entre les mains. Qu'ai-je fait en tout cela qui mérite que vous veniez me faire la guerre ?

4 Jephté ayant donc fait assembler tous ceux de Galaad, combattit contre Ephraïm ; et ceux de Galaad défirent ceux d'Ephraïm, qui disaient *par mépris* : Galaad est un fugitif d'Ephraïm, qui demeure au milieu d'Ephraïm et de Manassé.

5 Mais ceux de Galaad se saisirent des gués du Jourdain, par où ceux d'Ephraïm devaient repasser à leur pays : et lorsque quelqu'un d'Ephraïm fuyant de la bataille, venait sur le bord de l'eau, et disait à ceux de Galaad : Je vous prie de me laisser passer ; ils lui disaient : N'êtes-vous pas Ephratéen ? et lui répondant que non,

6 ils lui répliquaient : Dites donc Schibboleth (qui signifie un épi). Mais comme il prononçait Sibboleth, parce qu'il ne pouvait pas bien exprimer la première lettre de ce nom, ils le prenaient aussitôt, et le tuaient au passage du Jourdain : de sorte qu'il y eut quarante-deux mille hommes de la tribu d'Ephraïm qui furent tués en ce jour-là.

7 Jephté de Galaad jugea donc le peuple d'Israël pendant six ans ; et il mourut ensuite, et fut enseveli dans sa ville de Galaad.

8 Abesan de Bethléhem fut après lui juge d'Israël.

9 Il avait trente fils et autant de filles. Il fit sortir celles-ci de sa maison en les mariant, et il y fit venir autant de filles qu'il donna pour femmes à ses fils ; et après avoir jugé Israël pendant sept ans,

10 il mourut, et fut enseveli dans Bethléhem.

11 Ahialon de Zabulon lui succéda, et il jugea Israël pendant dix ans ;

12 et étant mort, il fut enseveli dans Zabulon.

13 Abdon, fils d'Illel, de Pharathon, fut après lui juge d'Israël.

14 Il eut quarante fils, et de ces fils trente petits-fils, qui montaient tous sur soixante et dix poulains d'ânesses. Il jugea Israël pendant huit ans ;

15 et étant mort, il fut enseveli à Pharathon, au pays d'Ephraïm, sur la montagne d'Amalec.

CHAPITRE XIII.

LES enfants d'Israël commirent encore le mal aux yeux du Seigneur, qui les livra entre les mains des Philistins pendant quarante ans.

2 Or il y avait un homme de Saraa, de la race de Dan, nommé Manué, dont la femme était stérile.

3 Et l'Ange du Seigneur apparut à sa femme, et lui dit : Vous êtes stérile et sans enfants ; mais vous concevrez et vous enfanterez un fils.

4 Prenez donc bien garde de ne point boire de vin, ni rien de ce qui peut enivrer, et de ne manger rien d'impur ;

5 parce que vous concevrez et vous enfanterez un fils, sur la tête duquel le rasoir ne passera point : car il sera nazaréen, consacré à Dieu dès son enfance et dès le ventre de sa mère, et c'est lui qui commencera à délivrer Israël de la main des Philistins.

6 Etant donc venu trouver son mari, elle lui dit : Il est venu à moi un homme de Dieu, qui avait un visage d'ange, et qui était terrible à voir. Je lui ai demandé qui il était, d'où il venait, et comment il s'appelait ; et il n'a pas voulu me le dire.

7 Mais voici ce qu'il m'a dit : Vous concevrez et vous enfanterez un fils. Prenez bien garde de ne point boire de vin, ni rien de ce qui peut enivrer, et de ne manger rien d'impur : car l'enfant sera nazaréen, consacré à Dieu dès son enfance, et depuis le ventre de sa mère jusqu'au jour de sa mort.

8 Manué pria donc le Seigneur, et lui dit : Seigneur ! je vous prie que l'homme de Dieu que vous avez envoyé, vienne encore, afin qu'il nous apprenne ce que nous devons faire de cet enfant qui doit naître.

9 Le Seigneur exauça la prière de Manué ; et l'Ange de Dieu apparut encore à sa femme, lorsqu'elle était assise dans les champs. Manué, son mari, n'était pas alors avec elle. Ayant donc vu l'Ange,

10 elle courut vite à son mari, et lui dit : Voilà ce même homme que j'avais vu auparavant, qui m'est encore apparu.

11 Manué se leva aussitôt, et suivit sa femme. Et étant venu vers cet homme, il lui dit : Est-ce vous qui avez parlé à cette femme ? Il lui répondit : C'est moi.

12 Manué lui dit : Quand ce que vous avez prédit sera accompli, que voulez-vous que fasse l'enfant, et de quoi devra-t-il s'abstenir ?

13 L'Ange du Seigneur répondit à Manué : Qu'il s'abstienne de tout ce que j'ai marqué à votre femme :

14 qu'il ne mange rien de ce qui naît de la vigne, ni de ce qui peut enivrer ; qu'il ne mange rien d'impur ; et qu'il accomplisse et garde avec soin ce que j'ai ordonné sur son sujet.

15 Manué dit à l'Ange du Seigneur : Je vous prie de m'accorder ce que je vous demande, et de permettre que nous vous préparions un chevreau.

16 L'Ange lui répondit : Quelque instance que vous me fassiez, je ne mangerai point de votre pain ; mais si vous voulez faire un holocauste, offrez-le au Seigneur. Or Manué ne savait pas que ce fût l'Ange du Seigneur.

17 Et il dit à l'Ange : Comment vous appelez-vous ? afin que nous puissions vous honorer, si vos paroles s'accomplissent.

18 L'Ange lui répondit : Pourquoi demandez-vous à savoir mon nom, qui est admirable ?

19 Manué prit donc le chevreau, avec les libations : il les mit sur une pierre, et les offrit au Seigneur, qui est l'auteur des œuvres miraculeuses ; et il considérait, lui et sa femme, *ce qui en arriverait*.

20 Alors la flamme de l'autel montant vers le ciel, l'Ange du Seigneur y monta aussi au milieu des flammes : ce que Manué et sa femme ayant vu, ils tombèrent le visage contre terre ;

21 et l'Ange du Seigneur disparut de devant leurs yeux. Manué reconnut aussitôt que c'était l'Ange du Seigneur,

22 et il dit à sa femme : Nous mourrons certainement, parce que nous avons vu Dieu.

23 Sa femme lui répondit : Si le Seigneur voulait nous faire mourir, il n'aurait pas reçu de nos mains l'holocauste, et les libations que nous lui avons offertes : il ne nous aurait point fait voir toutes ces choses, ni prédit ce qui doit arriver.

24 Elle enfanta donc un fils, et elle l'appela Samson. L'enfant crût, et le Seigneur le bénit.

25 Et l'Esprit du Seigneur commença à être avec lui, lorsqu'il était dans *le lieu appelé* le Camp de Dan, entre Saraa et Esthaol.

CHAPITRE XIV.

SAMSON étant descendu à Thamnatha, et ayant vu là une femme entre les filles des Philistins,

2 il revint en parler à son père et à sa mère, et leur dit : J'ai vu dans Thamnatha une femme d'entre les filles des Philistins ; je vous prie de me la faire donner pour femme.

3 Son père et sa mère lui dirent : N'y a-t-il point de femme parmi les filles de vos frères et parmi tout notre peuple, pour vouloir prendre une femme d'entre les Philistins qui sont incirconcis ? Samson dit à son père : Donnez-moi celle-là, parce qu'elle m'a plu quand je l'ai vue.

4 Or son père et sa mère ne savaient pas que ceci se faisait par l'ordre du Seigneur, et qu'il cherchait une occasion pour perdre les Philistins : car en ce temps-là les Philistins dominaient sur Israël.

5 Samson vint donc avec son père et sa mère à Thamnatha. Et lorsqu'ils furent arrivés aux vignes qui sont près de la ville, il parut tout d'un coup un jeune lion furieux et rugissant, qui vint au-devant de Samson.

6 Mais l'Esprit du Seigneur se saisit de Samson : il déchira le lion comme il aurait fait un chevreau, et le mit en pièces, sans avoir rien dans la main. Et il ne voulut point le déclarer à son père ni à sa mère.

7 Il alla ensuite parler à la femme qui lui avait plu.

8 Et quelques jours après il revint pour épouser cette femme. Et s'étant détourné du chemin pour voir le corps du lion *qu'il avait tué*, il trouva un essaim d'abeilles dans la gueule du lion, et un rayon de miel.

9 Il prit ce rayon de miel entre ses mains, et il en mangeait en marchant. Et lorsqu'il fut arrivé où étaient son père et sa mère, il leur en donna une partie qu'ils mangèrent. Mais il ne voulut point leur découvrir qu'il avait pris ce miel dans la gueule du lion mort.

10 Son père vint donc chez cette femme ; et il fit un festin pour son fils Samson, selon la coutume que les jeunes gens avaient alors.

11 Les habitants de ce lieu l'ayant vu, lui donnèrent trente jeunes hommes pour l'accompagner ;

12 auxquels Samson dit : Je vais vous proposer une énigme ; et si vous pouvez me l'expliquer dans les sept jours du festin, je vous donnerai trente robes et autant de tuniques.

13 Si vous ne pouvez l'expliquer, vous me donnerez aussi trente robes et trente tuniques. Ils lui répondirent : Proposez votre énigme, afin que nous sachions ce que c'est.

14 Samson leur dit : La nourriture est sortie de celui qui mangeait, et la douceur est sortie du fort. Ils ne purent pendant trois jours expliquer cette énigme.

15 Mais le septième jour s'approchant, ils dirent à la femme de Samson : Gagnez votre mari par vos caresses, et faites qu'il vous découvre ce que son énigme signifie. Si vous ne voulez pas le faire, nous vous brûlerons, vous et toute la maison de votre père. Est-ce que vous nous avez conviés à vos noces pour nous dépouiller ?

16 Cette femme pleurait donc auprès de Samson, et se plaignait de lui, en disant : Vous me haïssez, et vous ne m'aimez point ; et c'est pour cela que vous ne voulez point m'expliquer l'énigme que vous avez proposée aux jeunes gens de mon peuple. Samson lui répondit : Je ne l'ai point voulu dire à mon père ni à ma mère : comment *donc* pourrais-je vous le dire ?

17 Elle pleura ainsi auprès de lui pendant les sept jours du festin. Enfin le septième jour, vaincu par ses importunités, il lui découvrit l'énigme ; et elle alla le redire aussitôt à ceux de sa ville,

18 qui vinrent le même jour, avant que le soleil fut couché, dire à Samson : Qu'y a-t-il de plus doux que le miel, et de plus fort que le lion ? Samson leur répondit : Si vous n'eussiez pas labouré avec ma génisse, vous n'eussiez jamais trouvé ce que mon énigme voulait dire.

19 En même temps l'Esprit du Seigneur saisit Samson, et étant venu à Ascalon, il y tua trente hommes, dont il prit les vêtements, et les donna à ceux qui avaient expliqué son énigme. Et étant dans une très-grande colère, il revint dans la maison de son père.

20 Cependant sa femme épousa un de ces jeunes hommes et de ses amis qui l'avaient accompagné à ses noces.

CHAPITRE XV.

PEU de temps après, lorsque les jours de la moisson des blés étaient proches, Samson voulant aller voir sa femme, vint lui apporter un chevreau ; et lorsqu'il voulait entrer en sa chambre selon sa coutume, son père l'en empêcha, en disant :

2 J'ai cru que vous aviez de l'aversion pour elle ; c'est pourquoi je l'ai donnée à un de vos amis. Mais elle a une sœur qui est plus jeune et plus belle qu'elle, prenez-la pour votre femme au lieu d'elle.

3 Samson lui répondit : Désormais les Philistins n'auront plus sujet de se plaindre de moi, si je leur rends le mal *qu'ils m'ont fait*.

4 Après cela il alla prendre trois cents renards qu'il lia l'un à l'autre par la queue, et y attacha des flambeaux ;

5 et les ayant allumés, il chassa les renards, afin qu'ils courussent de tous côtés. Les renards aussitôt allèrent courir au travers des blés des Philistins, et y ayant mis le feu, les blés qui étaient déjà en gerbe, et ceux qui étaient encore sur pied, furent brûlés ; et le feu même se mettant dans les vignes, et dans les plants d'oliviers, consuma tout.

6 Alors les Philistins dirent : Qui a fait ce désordre ? On leur répondit : C'est Samson, gendre d'un homme de Thamnatha, qui a fait tout ce mal, parce que son beau-père lui a ôté sa femme, et l'a donnée à un autre. Et les Philistins étant venus chez cet homme, brûlèrent la femme de Samson avec son père.

7 Alors Samson leur dit : Quoique vous en ayez usé ainsi, je veux néanmoins me venger encore de vous ; et après cela je me tiendrai en repos.

8 Il les battit ensuite, et en fit un si grand carnage, que mettant la

jambe sur la cuisse ils demeuraient tout interdits. Après cela Samson demeura dans la caverne du rocher d'Etam.

9 Les Philistins étant donc venus dans le pays de Juda, se campèrent au lieu qui depuis fut appelé Léchi, c'est-à-dire, la mâchoire, où leur armée fut mise en fuite.

10 Ceux de la tribu de Juda leur dirent : Pourquoi êtes-vous venus contre nous ? Les Philistins leur répondirent : Nous sommes venus pour lier Samson, afin de lui rendre le mal qu'il nous a fait.

11 Alors trois mille hommes de la tribu de Juda vinrent à la caverne du rocher d'Etam, et dirent à Samson : Ne savez-vous pas que nous sommes assujettis aux Philistins ? pourquoi les avez-vous traités de la sorte ? Il leur répondit : Je leur ai rendu le mal qu'ils m'ont fait.

12 Nous sommes venus, lui dirent-ils, pour vous lier, et pour vous livrer entre les mains des Philistins. Jurez-moi, leur dit Samson, et promettez-moi que vous ne me tuerez point.

13 Ils lui répondirent : Nous ne vous tuerons point ; mais après vous avoir lié, nous vous livrerons aux Philistins. Ils le lièrent donc de deux grosses cordes neuves, et ils l'enlevèrent du rocher d'Etam.

14 Etant arrivé au lieu appelé la Mâchoire, les Philistins vinrent à sa rencontre avec de grands cris : alors l'Esprit du Seigneur se saisit tout d'un coup de Samson, il rompit en même temps et brisa les cordes dont il était lié, comme le lin se consume lorsqu'il sent le feu ;

15 et ayant trouvé là une mâchoire d'âne qui était à terre, il la prit, et en tua mille hommes ;

16 et il dit : Je les ai défaits avec une mâchoire d'âne, avec la mâchoire d'un poulain d'ânesse ; et j'ai tué mille hommes.

17 Et après qu'il eut dit ces paroles en chantant, il jeta de sa main la mâchoire, et appela ce lieu-là Ramath-léchi, c'est-à-dire, l'élévation de la mâchoire.

18 Il fut ensuite pressé d'une grande soif, et criant au Seigneur, il dit : C'est vous qui avez sauvé votre serviteur, et qui lui avez donné cette grande victoire ; et maintenant je meurs de soif, et je tomberai entre les mains de ces incirconcis.

19 Le Seigneur ouvrit donc une des grosses dents de cette mâchoire d'âne, et il en sortit de l'eau ; Samson en ayant bu, revint de sa défaillance, et reprit ses forces. C'est pourquoi ce lieu a été appelé jusqu'aujourd'hui, la Fontaine sortie de la mâchoire par l'invocation *de Dieu*.

20 Et Samson jugea pendant vingt ans le peuple d'Israël, lorsqu'il était dominé par les Philistins.

CHAPITRE XVI.

APRES cela Samson alla à Gaza ; et y avant vu une courtisane, il alla chez elle.

2 Les Philistins l'ayant appris, et le bruit s'étant répandu parmi eux, que Samson était entré dans la ville, ils l'environnèrent, et mirent des gardes aux portes de la ville, où ils l'attendirent en silence toute la nuit pour le tuer au matin lorsqu'il sortirait.

3 Samson dormit jusque sur le minuit. Et s'étant levé alors, il alla prendre les deux portes de la ville avec leurs poteaux et la serrure, les mit sur ses épaules, et les porta sur le haut de la montagne qui regarde Hébron.

4 Après cela il aima une femme qui demeurait dans la vallée de Sorec, et s'appelait Dalila.

5 Et les princes des Philistins étant venus trouver cette femme, ils lui dirent : Trompez Samson, et sachez de lui d'où lui vient une si grande force, et comment nous pourrions le vaincre, et le tourmenter après l'avoir lié. Si vous faites cela, nous vous donnerons chacun onze cents pièces d'argent.

6 Dalila dit donc à Samson : Dites-moi, je vous prie, d'où vous vient cette force si grande ; et avec quoi il faudrait vous lier, pour vous ôter le moyen de vous sauver.

7 Samson lui dit : Si on me liait avec sept grosses cordes, qui ne fussent pas sèches, mais qui eussent encore leur humidité, je deviendrais faible comme les autres hommes.

8 Les princes des Philistins lui apportèrent donc sept cordes comme elle avait dit, dont elle le lia ;

9 et ayant fait cacher dans sa chambre des hommes, qui attendaient l'événement de cette action, elle lui cria : Samson, voila les Philistins qui fondent sur vous. Et aussitôt il rompit les cordes comme se rompt un fil d'étoupe lorsqu'il sent le feu ; et on ne connut point d'où lui venait cette *grande* force.

10 Dalila lui dit : Vous vous êtes joué de moi, et vous m'avez dit une chose qui n'était point vraie : découvrez-moi donc au moins maintenant avec quoi il faudrait vous lier.

11 Samson lui répondit : Si on me liait avec des cordes toutes neuves dont on ne se serait jamais servi, je deviendrais faible et semblable aux autres hommes.

12 Dalila l'en ayant encore lié, après avoir fait cacher des gens dans sa chambre, elle lui cria : Samson, voilà les Philistins qui fondent sur vous. Et aussitôt il rompit ces cordes comme ou romprait un filet.

13 Dalila lui dit encore : Jusqu'à quand me tromperez-vous, et me direz-vous des choses fausses ? Dites-moi donc avec quoi il faudrait vous lier. Samson lui dit : Si vous faites sept tresses des cheveux de ma tête avec le fil des tisserands, et qu'ayant fait passer un clou par dedans, vous l'enfonciez dans la terre, je deviendrai faible.

14 Ce que Dalila ayant fait, elle lui dit : Samson, voilà les Philistins qui fondent sur vous. Et s'éveillant tout d'un coup, il arracha le clou avec ses cheveux, et le fil *qui les tenait*.

15 Alors Dalila lui dit : Comment dites-vous que vous m'aimez, puisque vous ne témoignez que de l'éloignement pour moi ? Vous m'avez déjà menti par trois fois, et vous n'avez pas voulu me dire d'où vous vient cette grande force.

16 Et comme elle l'importunait sans cesse, et qu'elle se tint plusieurs jours attachée auprès de lui, sans lui donner aucun temps pour se reposer, enfin la fermeté de son cœur se ralentit, et il tomba dans une lassitude mortelle.

17 Alors lui découvrant toute la vérité de la chose, il lui dit : Le rasoir n'a jamais passé sur ma tête, parce que je suis nazaréen, c'est-à-dire, consacré à Dieu dès le ventre de ma mère. Si l'on me rase la tête, toute ma force m'abandonnera, et je deviendrai faible comme les autres hommes.

18 Dalila voyant qu'il lui avait confessé tout ce qu'il avait dans le cœur, envoya vers les princes des Philistins, et leur fit dire : Venez encore pour cette fois, parce qu'il m'a maintenant ouvert son cœur. Ils vinrent donc chez elle, portant avec eux l'argent qu'ils lui avaient promis.

19 Dalila fit dormir Samson sur ses genoux, et lui fit reposer sa tête dans son sein ; et ayant fait venir un barbier, elle lui fit raser les sept touffes de ses cheveux : après quoi elle commença à le chasser et à le repousser d'auprès d'elle ; car sa force l'abandonna au même moment ;

20 et elle lui dit : Samson, voilà les Philistins qui viennent fondre sur vous. Samson s'éveillant, dit en lui-même : J'en sortirai comme j'ai fait auparavant, et je me dégagerai d'eux. Car il ne savait pas que le Seigneur s'était retiré de lui.

21 Les Philistins l'ayant donc pris, lui arrachèrent aussitôt les yeux, et l'ayant mené à Gaza chargé de chaînes, ils l'enfermèrent dans une prison, où ils lui firent tourner la meule d'un moulin.

22 Ses cheveux commençaient déjà à revenir,

23 lorsque les princes des Philistins firent une grande assemblée pour immoler des hosties solennelles à leur dieu Dagon, et pour faire des festins de réjouissance, en disant : Notre dieu nous a livré entre les mains Samson, notre ennemi.

24 Ce que le peuple ayant aussi vu, il publiait les louanges de son dieu, en disant comme eux : Notre dieu a livré entre nos mains notre ennemi, qui a ruiné notre pays, et qui en a tué plusieurs.

25 Ils firent donc des festins avec de grandes réjouissances ; et après le dîner, ils commandèrent que l'on fît venir Samson, afin qu'il jouât devant eux. Samson ayant été amené de la prison, jouait devant les Philistins, et ils le firent tenir debout entre deux colonnes.

26 Alors Samson dit au garçon qui le conduisait : Laissez-moi toucher les colonnes qui soutiennent toute la maison : afin que je m'appuie dessus, et que je prenne un peu de repos.

27 Or la maison était pleine d'hommes et de femmes. Tous les princes des Philistins y étaient, et il y avait bien trois mille personnes de l'un et de l'autre sexe, qui du haut de la maison regardaient Samson jouer *devant eux*.

28 Samson ayant alors invoqué le Seigneur, lui dit : Seigneur, *mon* Dieu ! souvenez-vous de moi ; mon Dieu ! rendez-moi maintenant ma première force : afin que je me venge de mes ennemis en une seule fois pour la perte de mes deux yeux.

29 Et prenant les deux colonnes *du milieu* sur lesquelles la maison était appuyée, tenant l'une de la main droite et l'autre de la gauche,

30 il dit : Que je meure avec les Philistins. Et ayant fortement ébranlé les colonnes, la maison tomba sur tous les princes et sur tout le reste du peuple qui était là ; et il en tua beaucoup plus en mourant, qu'il n'en avait tué pendant sa vie.

31 Ses frères et tous ses parents étant venus en ce lieu, prirent son corps, et l'ensevelirent entre Saraa et Esthaol dans le sépulcre de son père Manué, après qu'il eut été juge d'Israël pendant vingt ans.

CHAPITRE XVII.

EN ce temps-là il y eut un homme de la montagne d'Ephraïm, nommé Michas,

2 qui dit à sa mère : Les onze cents pièces d'argent que vous aviez mises à part pour vous, et sur le sujet desquelles vous aviez fait devant moi des imprécations, *afin qu'on vous les rendît,* sont entre mes mains, et je les ai présentement. Sa mère lui répondit : Que le Seigneur comble mon fils de ses bénédictions !

3 Michas rendit donc ces pièces d'argent à sa mère, qui lui dit : J'ai consacré cet argent au Seigneur, et j'en ai fait vœu : afin que mon fils le reçoive de ma main, et qu'il en fasse faire une image de sculpture, et une jetée en fonte : c'est pour cela que je vous le donne maintenant.

4 Après donc qu'il eut rendu cet argent à sa mère, elle en prit deux cents pièces d'argent qu'elle donna à un ouvrier, afin qu'il en fît un ouvrage de sculpture et une jetée en fonte, qui demeura dans la maison de Michas.

5 Michas fit aussi un petit temple pour le dieu, avec un éphod et des théraphim, c'est-à-dire, le vêtement sacerdotal et les idoles ; et il remplit *d'offrandes* la main d'un de ses fils, qui fut établi son prêtre.

6 En ce temps-là il n'y avait point de roi dans Israël ; mais chacun faisait tout ce qui lui semblait bon.

7 Il y avait aussi un autre jeune homme de Bethléhem en Juda, qui était de la tribu de Juda *par sa mère* ; il était Lévite, et demeurait là.

8 Il était sorti de Bethléhem dans le dessein d'aller s'établir ailleurs, partout où il trouverait son avantage. Et étant venu en la montagne d'Ephraïm, lorsqu'il était en chemin il se détourna un peu pour aller en la maison de Michas.

9 Michas lui demanda d'où il venait. Il lui répondit : Je suis Lévite de Bethléhem en Juda : je cherche à m'établir où je pourrai, et où je verrai qu'il me sera le plus utile.

10 Michas lui dit : Demeurez chez moi ; vous me tiendrez lieu de père et de prêtre : je vous donnerai chaque année dix pièces d'argent, deux habits, et ce qui est nécessaire pour la vie.

11 Le Lévite s'y accorda, et il demeura chez lui, où il fut traité comme l'un de ses enfants.

12 Michas lui remplit la main *d'offrandes*, et il retint ce jeune homme chez lui en qualité de prêtre.

13 Je sais maintenant, disait-il, que Dieu me fera du bien, puisque j'ai chez moi un prêtre de la race de Lévi.

CHAPITRE XVIII.

EN ce temps-là il n'y avait point de roi dans Israël, et la tribu de Dan cherchait des terres pour y habiter : car jusqu'alors elle n'avait pu se mettre en possession de ce qui lui était échu comme aux autres tribus.

2 Les enfants de Dan ayant donc choisi de Saraa et d'Esthaol cinq hommes de leur race et de leur famille, qui étaient très-vaillants, ils les envoyèrent pour reconnaître le pays, et pour y remarquer tout avec grand soin, et ils leur dirent : Allez, et reconnaissez bien le pays. S'étant donc mis en chemin, ils vinrent à la montagne d'Ephraïm, et entrèrent chez Michas, où ils se reposèrent.

3 Ils reconnurent à la parole le jeune homme lévite, et demeurant avec lui, ils lui dirent : Qui vous a amené ici ? qu'y faites-vous ? et quel est le sujet qui vous a porté à y venir ?

4 Il leur répondit : Michas a fait pour moi telle et telle chose, et il m'a donné des gages, afin que je lui tienne lieu de prêtre.

5 Ils le prièrent donc de consulter le Seigneur, afin qu'ils pussent savoir si leur voyage serait heureux, et s'ils viendraient à bout de leur entreprise.

6 Il leur répondit : Allez en paix, le Seigneur favorise votre voyage.

7 Ces cinq hommes s'en étant donc allés, vinrent à Laïs, et ils trouvèrent le peuple de cette ville comme ont accoutumé d'être les Sidoniens, sans aucune crainte, en paix et en assurance, n'y ayant personne qui le troublât, extrêmement riche, fort éloigné de Sidon, et séparé de tous les autres hommes.

8 Ils revinrent ensuite trouver leurs frères à Saraa et à Esthaol : et lorsqu'ils leur demandèrent ce qu'ils avaient fait, ils leur répondirent :

9 Hâtons-nous d'aller trouver ces gens-là ; car le pays que nous avons vu est très-riche et très-fertile : ne négligez rien ; ne perdez point de temps : allons nous mettre en possession de cette terre ; nous la ferons sans peine.

10 Nous trouverons des gens en une pleine assurance, une contrée fort étendue ; et le Seigneur nous donnera ce pays, où il ne manque rien de tout ce qui croît sur la terre.

11 Il partit donc alors de la tribu de Dan, c'est-à-dire, de Saraa et d'Esthaol, *un corps de* six cents hommes en armes,

12 qui étant venus à Cariath-iarim de la tribu de Juda, y campèrent : et ce lieu depuis ce temps-là s'appela le Camp de Dan, qui est derrière Cariath-iarim.

13 Ils passèrent de là en la montagne d'Ephraïm, et étant venus à la montagne de Michas,

14 ces cinq hommes qui avaient été envoyés auparavant pour reconnaître le pays de Laïs, dirent à leurs autres frères : Vous savez qu'en cette maison-là il y a un éphod, des théraphim une image de sculpture, et une jetée en fonte. Voyez sur cela ce qu'il vous plaît de faire.

15 S'étant donc un peu détournés, ils entrèrent dans le logis du jeune Lévite qui était dans la maison de Michas, et le saluèrent civilement.

16 Cependant les six cents hommes demeurèrent à la porte sous les armes,

17 et ceux qui étaient entrés où logeait ce jeune homme, tâchaient d'emporter l'image de sculpture, l'éphod, les théraphim, et l'image jetée en fonte ; et le prêtre se tenait à la porte pendant que les six cents hommes fort vaillants attendaient non loin de là *les cinq autres*.

18 Ceux donc qui étaient entrés emportèrent l'image de sculpture, l'éphod ; les idoles, et l'image jetée en fonte. Le prêtre leur dit : Que faites-vous ?

19 Ils lui répondirent : Taisez-vous, n'ouvrez pas seulement la bouche, venez avec nous, afin que vous nous teniez lieu de père et de prêtre. Lequel vous est le plus avantageux, ou d'être prêtre dans la maison d'un particulier, ou de l'être dans une tribu et dans toute une famille d'Israël ?

20 Le Lévite les ayant entendus parler ainsi, se rendit à ce qu'ils disaient : et prenant l'éphod, les idoles, et l'image de sculpture, il s'en alla avec eux.

21 Lorsqu'ils étaient en chemin, ayant fait marcher devant eux les petits enfants, les bestiaux, et tout ce qu'ils avaient de plus

précieux ;

22 et étant déjà loin de la maison de Michas, ceux qui demeuraient chez Michas les suivirent avec grand bruit,

23 et commencèrent à crier après eux. Ces gens s'étant retournés pour voir ce que c'était, ils dirent à Michas : Que demandez-vous ? Pourquoi criez-vous *de la sorte* ?

24 Il leur répondit : Vous m'emportez mes dieux que je me suis faits, et vous m'emmenez mon prêtre et tout ce que j'avais ; et *après cela* vous me dites : Qu'avez-vous à crier ?

25 Les enfants de Dan lui dirent : Prenez garde de ne nous parler pas davantage, de peur qu'il ne vienne des gens qui s'emportent de colère contre vous, et que vous ne périssiez avec toute votre maison.

26 Ils continuèrent ensuite leur chemin, et Michas voyant qu'ils étaient plus forts que lui, s'en retourna à sa maison.

27 Cependant les six cents hommes emmenèrent le prêtre avec ce que nous avons dit auparavant ; et étant venus à Laïs, ils trouvèrent un peuple qui se tenait en assurance et dans un plein repos. Ils firent passer au fil de l'épée tout ce qui se trouva dans la ville ; ils y mirent le feu et la brûlèrent,

28 sans qu'il se trouvât personne pour les secourir, parce qu'ils demeuraient loin de Sidon, et qu'ils n'avaient aucune société ni aucun commerce avec qui que ce soit. Or la ville était située au pays de Rohob, et l'ayant rebâtie, ils y demeurèrent.

29 Ils l'appelèrent Dan du nom de leur père, qui était fils d'Israël, au lieu qu'auparavant elle s'appelait Laïs.

30 Ils se dressèrent l'image de sculpture, et ils établirent Jonathan, fils de Gersam, qui était fils de Moïse, pour servir de prêtre, lui et ses fils, dans la tribu de Dan, jusqu'au jour qu'ils furent emmenés captifs *chez les Philistins* ;

31 et l'idole de Michas demeura parmi eux pendant tout le temps que la maison de Dieu fut à Silo. En ce temps-là il n'y avait point de roi dans Israël.

CHAPITRE XIX.

UN Lévite qui demeurait au côté de la montagne d'Ephraïm, ayant pris une femme de Bethléhem qui est en Juda,

2 sa femme le quitta ; et étant retournée à Bethléhem en la maison de son père, elle demeura chez lui pendant quatre mois.

3 Son mari voulant se réconcilier avec elle, vint la trouver pour lui témoigner de l'amitié et la ramener chez lui, étant suivi d'un serviteur avec deux ânes. Sa femme le reçut bien, et le fit entrer dans la maison de son père. Son beau-père l'ayant appris, et le voyant venir, alla au-devant de lui avec joie,

4 et l'embrassa. Il demeura dans la maison de son beau-père pendant trois jours, mangeant et buvant avec lui avec beaucoup de familiarité.

5 Le quatrième jour le Lévite se levant avant le jour, voulut s'en aller ; mais son beau-père le retint, et lui dit : Prenez un peu de pain auparavant pour vous fortifier, et après cela vous vous mettrez en chemin.

6 Ils s'assirent donc, et ils mangèrent et burent ensemble. Le beau-père dit ensuite à son gendre : Je vous prie de demeurer encore ici aujourd'hui, afin que nous le passions ensemble dans la joie.

7 Le Lévite se levant, voulut s'en aller ; mais son beau-père le conjura avec tant d'instance, qu'il le retint et le fit demeurer chez lui.

8 Le lendemain au matin le Lévite se préparait à s'en aller ; mais son beau-père lui dit de nouveau : Je vous prie de manger un peu auparavant, afin qu'ayant pris des forces, vous vous en alliez quand le jour sera plus avancé. Ils mangèrent donc ensemble :

9 et le jeune homme se levant, voulait s'en aller avec sa femme et son serviteur ; mais son beau-père lui dit encore : Considérez que le jour est fort avancé, et que le soir approche ; demeurez encore chez moi aujourd'hui, et réjouissons-nous : vous partirez demain pour retourner en votre maison.

10 Son gendre ne voulut point se rendre à ses prières ; mais il partit aussitôt, et vint proche de Jébus, qui s'appelle autrement Jérusalem, menant avec lui ses deux ânes chargés, et sa femme.

11 Et lorsqu'ils étaient déjà proche de Jébus, et que le jour finissant, la nuit commençait, le serviteur dit à son maître : Allons, je vous prie, à la ville des Jébuséens, et y demeurons.

12 Son maître lui répondit : Je n'entrerai point dans une ville d'un peuple étranger, qui n'est point des enfants d'Israël ; mais je passerai jusqu'à Gabaa :

13 et quand je serai arrivé là, nous y demeurerons, ou au moins en la ville de Rama.

14 Ils passèrent donc Jébus ; et continuant leur chemin, ils se trouvèrent au coucher du soleil près de Gabaa, qui est dans la tribu de Benjamin.

15 Ils y allèrent pour y demeurer ; et y étant entrés, ils s'assirent en la place de la ville, sans qu'il y eût personne qui voulût les retirer et les loger chez lui.

16 Mais sur le soir on vit venir un vieillard qui retournait des champs après son travail, qui était lui-même de la montagne d'Ephraïm, et qui demeurait comme étranger en la ville de Gabaa. Or les hommes de ce pays-là étaient enfants de Jémini.

17 Ce vieillard levant les yeux vit le Lévite assis dans la place de la ville avec son petit bagage : et s'adressant à lui, il lui dit : D'où venez-vous ? et où allez-vous ?

18 Le Lévite lui répondit : Nous sommes partis de Bethléhem qui est en Juda, et nous retournons en notre maison, qui est au côté de la montagne d'Ephraïm, d'où nous étions allés à Bethléhem : nous allons maintenant à la maison de Dieu, et personne ne veut nous recevoir chez lui,

19 quoique nous ayons de la paille et du foin pour les ânes, avec du pain et du vin pour moi et pour votre servante, et pour le serviteur qui est avec moi. Nous n'avons besoin de rien, sinon qu'on nous loge.

20 Le vieillard lui répondit : La paix soit avec vous : je vous donnerai tout ce qui vous sera necessaire ; je vous prie seulement de ne point demeurer dans cette place.

21 Il les fit donc entrer dans sa maison, il donna à manger aux ânes ; et *pour eux,* après qu'ils eurent lavé leurs pieds, il les fit mettre à table, et leur fit festin.

22 Pendant qu'ils étaient à table, et que fatigués du chemin ils mangeaient et buvaient pour reprendre leurs forces, il vint des hommes de cette ville, qui étaient des enfants de Bélial, c'est-à-dire, sans joug ; et environnant la maison du vieillard, ils commencèrent à frapper à la porte, en criant au maître de la maison, et lui disant : Faites sortir cet homme qui est entré chez vous, afin que nous en abusions.

23 Le vieillard sortit dehors pour leur parler, et leur dit : Gardez-vous, mes frères, gardez-vous bien de faire un si grand mal ; car j'ai reçu cet homme comme mon hôte : cessez de penser à cette folie.

24 J'ai une fille vierge, et cet homme a sa concubine ; je vous les amènerai, et vous les aurez pour satisfaire votre passion : je vous prie seulement de ne pas commettre à l'égard d'un homme ce crime *détestable* contre la nature.

25 Mais le Lévite voyant qu'ils ne voulaient point se rendre à ses paroles, leur amena sa femme, et l'abandonna à leurs outrages ; et ayant abusé d'elle toute la nuit, quand le matin fut venu, ils la laissèrent.

26 Lorsque les ténèbres de la nuit se dissipaient, cette femme vint à la porte de la maison où était son mari, et y tomba étendue par terre.

27 Le matin son mari s'étant levé, ouvrit la porte pour continuer son chemin, et il y trouva sa femme couchée par terre, ayant les mains étendues sur le seuil de la porte.

28 Il crut d'abord qu'elle était endormie, et lui dit : Levez-vous, et allons-nous-en. Mais elle ne répondant rien, il reconnut qu'elle était morte ; et l'ayant prise, il la remit sur son âne, et s'en retourna en sa maison.

29 Etant venu chez lui, il prit un couteau, et divisa le corps de sa femme avec ses os en douze parts, et en envoya une part en

chacune des tribus d'Israël.

30 Ce que les enfants d'Israël ayant vu, ils crièrent tous d'une voix : Jamais rien de tel n'est arrivé dans Israël, depuis le jour que nos pères sortirent d'Egypte jusqu'aujourd'hui : prononcez là-dessus, et ordonnez tous ensemble ce qu'il faut faire en cette rencontre.

CHAPITRE XX.

ALORS tous les enfants d'Israël se mirent en campagne, et s'étant assemblés comme un seul homme, depuis Dan jusqu'à Bersabée et de la terre *même* de Galaad, se rendirent à Maspha, *pour consulter* le Seigneur.

2 Tous les chefs du peuple et toutes les tribus d'Israël se trouvèrent dans l'assemblée du peuple de Dieu, au nombre de quatre cent mille hommes de pied, tous hommes de guerre.

3 Et les enfants de Benjamin surent bientôt que les enfants d'Israël étaient allés tous ensemble à Maspha. Le Lévite, mari de la femme qui avait été tuée, étant interrogé de quelle manière un si grand crime s'était commis,

4 répondit : Etant allé dans la ville de Gabaa, de la tribu de Benjamin, avec ma femme, pour y passer la nuit ;

5 les hommes de cette ville-là vinrent tout d'un coup la nuit environner la maison où j'étais, pour me tuer, et ils ont outragé ma femme avec une brutalité si furieuse et si incroyable, qu'enfin elle en est morte.

6 Ayant pris ensuite son corps, je l'ai coupé en morceaux, et j'en ai envoyé les parts dans tout le pays que vous possédez, parce qu'il ne s'est jamais commis un si grand crime, ni un excès si abominable dans tout Israël.

7 Vous voilà tous, ô enfants d'Israël ! voyez ce que vous devez faire.

8 Tout le peuple qui était là lui répondit comme s'ils n'eussent été qu'un seul homme : Nous ne retournerons point à nos tentes, et personne ne retournera en sa maison,

9 jusqu'à ce que nous ayons exécuté ceci tous ensemble contre Gabaa :

10 Qu'on choisisse d'entre toutes les tribus d'Israël dix hommes de cent, cent de mille, et mille de dix mille, afin qu'ils portent des vivres à l'armée, et que nous puissions combattre contre Gabaa de Benjamin, et rendre la punition que nous en ferons égale au crime qu'elle a commis.

11 Ainsi tout Israël se ligua contre cette ville, comme s'il n'eût été qu'un seul homme, n'ayant tous qu'un même esprit et une même résolution ;

12 et ils envoyèrent des ambassadeurs vers toute la tribu de Benjamin, pour leur dire : Pourquoi une action si détestable s'est-elle commise parmi vous ?

13 Donnez-nous les hommes de Gabaa qui sont coupables de ce crime infâme, afin qu'ils meurent, et que le mal soit banni d'Israël. Les Benjamites ne voulurent point se rendre à cette proposition des enfants d'Israël qui étaient leurs frères ;

14 mais étant sortis de toutes les villes de leur tribu, ils s'assemblèrent à Gabaa, pour secourir ceux de cette ville, et pour combattre contre tout le peuple d'Israël.

15 Il se trouva dans la tribu de Benjamin vingt-cinq mille hommes portant armes, outre les habitants de Gabaa,

16 qui étaient sept cents hommes très-vaillants combattant de la gauche comme de la droite, et si adroits à jeter des pierres avec la fronde, qu'ils auraient pu même frapper un cheveu, sans que la pierre qu'ils auraient jetée se fût tant soit peu détournée de part ou d'autre.

17 Il se trouva aussi parmi les enfants d'Israël, sans compter ceux de Benjamin, quatre cent mille hommes portant armes et prêts à combattre.

18 S'étant donc mis en campagne, ils vinrent à la maison de Dieu, c'est-à-dire, à Silo, où ils consultèrent Dieu, et lui dirent : Qui sera le général de notre armée pour combattre les enfants de Benjamin ? Le Seigneur leur répondit : Que Juda soit votre général.

19 Aussitôt les enfants d'Israël marchant dès la pointe du jour, vinrent se camper près de Gabaa.

20 Et s'avançant de là pour combattre les enfants de Benjamin, ils commencèrent à assiéger la ville.

21 Mais les enfants de Benjamin étant sortis de Gabaa, tuèrent en ce jour vingt-deux mille hommes de l'armée des enfants d'Israël.

22 Les enfants d'Israël s'appuyant sur leurs forces et sur leur grand nombre, se remirent encore en bataille dans le même lieu où ils avaient combattu.

23 Auparavant néanmoins ils allèrent pleurer jusqu'à la nuit devant le Seigneur, et ils le consultèrent, en disant : Devons-nous combattre encore contre les enfants de Benjamin qui sont nos frères, ou en demeurer là. Le Seigneur leur répondit : Marchez contre eux, et donnez-leur bataille.

24 Le lendemain les enfants d'Israël s'étant présentés encore pour combattre les enfants de Benjamin,

25 ceux de Benjamin sortirent avec impétuosité des portes de Gabaa, et les ayant rencontrés, ils en firent un si grand carnage, qu'ils tuèrent sur la place dix-huit mille hommes de guerre.

26 C'est pourquoi tous les enfants d'Israël vinrent en la maison de Dieu, et étant assis, ils pleuraient devant le Seigneur. Ils jeûnèrent ce jour-là jusqu'au soir, et ils offrirent au Seigneur des holocaustes et des hosties pacifiques,

27 et le consultèrent touchant l'état où ils se trouvaient. En ce temps-là l'arche de l'alliance du Seigneur était en ce lieu ;

28 et Phinéès, fils d'Eléazar, fils d'Aaron, tenait le premier rang dans la maison *de Dieu*. Ils consultèrent donc le Seigneur, et lui dirent : Devons-nous encore combattre les enfants de Benjamin qui sont nos frères, ou demeurer en paix ? Le Seigneur leur dit : Marchez contre eux : car demain je les livrerai entre vos mains.

29 Les enfants d'Israël dressèrent ensuite des embuscades autour de la ville de Gabaa,

30 et marchèrent en bataille pour la troisième fois contre Benjamin, comme ils avaient déjà fait la première et la seconde fois.

31 Les enfants de Benjamin sortirent aussi de la ville avec une grande audace ; et voyant fuir leurs ennemis, ils les poursuivirent bien loin, et ils en blessèrent quelques-uns, comme ils avaient fait le premier et le second jour, et taillèrent en pièces ceux qui fuyaient par deux chemins, dont l'un va à Béthel, et l'autre à Gabaa, et ils tuèrent environ trente hommes ;

32 car ils se flattaient de les tailler en pièces, comme les deux premières fois. Mais les enfants d'Israël feignaient adroitement de fuir, à dessein de les engager loin de la ville, et de les attirer en ces chemins dont nous venons de parler.

33 Tous les enfants d'Israël se levant donc du lieu où ils étaient, se mirent en bataille dans le lieu appelé Baal-thamar. Les gens des embuscades qu'on avait dressées autour de la ville, commencèrent aussi à paraître peu à peu,

34 et à marcher du côté de la ville qui regarde l'occident. Et les autres dix mille hommes de l'armée d'Israël *qui avaient fui*, attiraient au combat les habitants de la ville. Ainsi les enfants de Benjamin se trouvèrent accablés de gens de guerre ; et ils ne s'aperçurent point qu'une mort présente les environnait de toutes parts.

35 Ainsi le Seigneur les tailla en pièces aux yeux des enfants d'Israël, qui tuèrent en ce jour-là vingt-cinq mille cent hommes, tous gens de guerre et de combat,

36 Les enfants de Benjamin voyant qu'ils étaient trop faibles, commencèrent à fuir. Ce que les enfants d'Israël ayant aperçu, ils leur firent place, afin que s'enfuyant ils tombassent dans les embuscades qui étaient toutes prêtes, et qu'ils leur avaient dressées le long de la ville.

37 Ces gens étant donc sortis tout d'un coup de l'embuscade, taillèrent en pièces les Benjamites qui fuyaient devant eux, entrèrent ensuite dans la ville, et y passèrent tout au fil de l'épée.

38 Or les enfants d'Israël avaient donné pour signal à ceux qu'ils avaient mis en embuscade, qu'ils allumassent un grand feu après

avoir pris la ville, afin que la fumée qui s'élèverait en haut, fût la marque de la prise de la ville.

39 C'est en effet de quoi s'aperçurent les Israélites pendant le combat. Car ceux de Benjamin s'étant imaginé d'abord que ceux d'Israël fuyaient, les avaient poursuivis vivement, après avoir tué trente hommes de leurs troupes.

40 Mais lorsqu'on vit comme une colonne de fumée qui s'élevait au-dessus des maisons, ceux de Benjamin regardant aussi derrière eux, s'aperçurent que la ville était prise, et que les flammes s'élevaient en haut.

41 Et alors les Israélites qui auparavant faisaient semblant de fuir, commencèrent à tourner visage contre eux, et à les charger vivement. Ce que les enfants de Benjamin ayant vu, ils se mirent à fuir,

42 et à gagner le chemin du désert : mais leurs ennemis les y poursuivirent. Et ceux qui avaient mis le feu à la ville, vinrent à leur rencontre.

43 Ainsi les Benjamites ayant leurs ennemis en tête et en queue, furent taillés en pièces devant et derrière, sans que rien arrêtât un si grand carnage. Ils tombèrent morts sur la place au côté de la ville de Gabaa qui regarde l'orient.

44 Dix-huit mille hommes furent tués en ce même endroit, tous hommes de guerre et très-vaillants.

45 Ceux qui étaient restés des Benjamites voyant la défaite de leurs gens, s'enfuirent dans le désert, pour gagner le rocher appelé Remmon. Mais comme ils étaient tous dispersés dans cette fuite, l'un d'un côté et l'autre d'un autre, il y en eut cinq mille de tués. Et ayant passé plus loin, ceux d'Israël les poursuivirent, et en tuèrent encore deux mille.

46 Ainsi il y eut en tout vingt-cinq mille hommes de la tribu de Benjamin qui furent tués en cette journée, en divers endroits, tous gens de guerre et très-vaillants ;

47 de sorte qu'il ne resta de toute la tribu de Benjamin, que six cents hommes qui ayant pu se sauver et s'enfuir dans le désert, demeurèrent au rocher de Remmon pendant quatre mois.

48 Les enfants d'Israël étant retournés du combat, firent passer au fil de l'épée tout ce qui se trouva de reste dans la ville depuis les hommes jusqu'aux bêtes ; et toutes les villes et les villages de Benjamin furent consumés par les flammes.

CHAPITRE XXI.

LES enfants d'Israël firent aussi un serment à Maspha, et ils dirent : Nul d'entre nous ne donnera sa fille en mariage aux enfants de Benjamin.

2 Et ils vinrent tous en la maison de Dieu, *c'est-à-dire,* à Silo, et se tenant assis en sa présence jusqu'au soir, ils élevèrent la voix, et commencèrent à pleurer en jetant de grands cris, et disant :

3 Seigneur, Dieu d'Israël ! pourquoi est-il arrivé un si grand malheur à votre peuple, qu'aujourd'hui une des tribus ait été retranchée d'entre nous ?

4 Le lendemain s'étant levés au point du jour, ils élevèrent un autel, y offrirent des holocaustes et des victimes pacifiques, et dirent :

5 Qui d'entre toutes les tribus d'Israël n'a point marché avec l'armée du Seigneur ? Car étant à Maspha, ils s'étaient engagés par un grand serment à tuer tous ceux qui auraient manqué de s'y trouver.

6 Et les enfants d'Israël touchés de repentir de ce qui était arrivé à leurs frères de Benjamin, commencèrent à dire : Une des tribus a été retranchée d'Israël ;

7 où prendront-ils des femmes ? Car nous avons juré tous ensemble, que nous ne leur donnerions point nos filles.

8 Ils s'entre-dirent donc : Qui sont ceux de toutes les tribus d'Israël qui ne sont point venus devant le Seigneur à Maspha ? Et il se trouva que les habitants de Jabès-Galaad ne s'étaient point trouvés dans l'armée.

9 En effet, en ce même temps auquel les enfants d'Israël étaient à Silo, il ne se trouva parmi eux aucun homme de Jabès.

10 Ils envoyèrent donc dix mille hommes très-vaillants avec cet ordre : Allez, et faites passer au fil de l'épée tous les habitants de Jabès-Galaad, sans épargner ni les femmes ni les petits enfants.

11 Et vous observerez ceci en même temps : Tuez tous les mâles et toutes les femmes qui ne sont plus au rang des filles ; mais réservez les vierges.

12 Il se trouva dans Jabès-Galaad quatre cents vierges qui étaient demeurées toujours pures ; et ils les emmenèrent au camp à Silo, au pays de Chanaan.

13 Ils envoyèrent ensuite des députés aux enfants de Benjamin qui étaient au rocher de Remmon, avec ordre de leur dire qu'on voulait vivre en paix avec eux.

14 Alors les enfants de Benjamin revinrent chez eux, et on leur donna pour femmes ces filles de Jabès-Galaad : mais on n'en trouva point d'autres qu'on pût leur donner de la même manière.

15 Tout Israël fut touché alors d'une grande douleur, et ils eurent un extrême regret qu'une des tribus d'Israël fût périe de cette sorte.

16 Et les plus anciens du peuple dirent : Que ferons-nous aux autres à qui on n'a pas donné de femmes ? Car toutes les femmes de la tribu de Benjamin ont été tuées.

17 Et il n'y a rien que nous ne devions faire pour empêcher, autant qu'il est en notre pouvoir, qu'une des tribus d'Israël ne périsse.

18 Cependant nous ne pouvons leur donner nos filles, étant liés comme nous sommes par notre serment, et par les imprécations que nous avons faites, en disant : Maudit soit celui qui donnera sa fille en mariage aux enfants de Benjamin.

19 Voici donc la résolution qu'ils prirent entre eux ; ils dirent : Voici la fête solennelle du Seigneur qui se célèbre tous les ans à Silo, qui est située au septentrion de la ville de Béthel, et à l'orient du chemin qui va de Béthel à Sichem, et au midi de la ville de Lébona.

20 Puis ils donnèrent cet ordre aux enfants de Benjamin : Allez, leur dirent-ils, cachez-vous dans les vignes.

21 Et lorsque vous verrez les filles de Silo, qui viendront danser selon la coutume, sortez tout d'un coup des vignes, et que chacun de vous en prenne une pour sa femme, et retournez-vous-en au pays de Benjamin.

22 Et lorsque leurs pères et leur frères viendront se plaindre de vous, en vous accusant de cette violence, nous leur dirons : Ayez compassion d'eux : car ils ne les ont pas prises comme des victorieux prennent des captives par le droit de la guerre ; mais après qu'ils vous ont suppliés de leur donner vos filles, vous les leur avez refusées ; et ainsi la faute est venue de vous.

23 Les enfants de Benjamin firent ce qui leur avait été commandé ; et selon le nombre qu'ils étaient, chacun d'eux enleva une des filles qui dansaient, pour être sa femme. Etant ensuite retournés chez eux, ils bâtirent des villes, et y habitèrent.

24 Les enfants d'Israël retournèrent aussi dans leurs tentes, chacun dans sa tribu et dans sa famille. En ce temps-là il n'y avait point de roi dans Israël ; mais chacun faisait ce qu'il jugeait à propos.

RUTH.

CHAPITRE PREMIER.

DANS le temps qu'Israël était gouverné par des juges, il arriva sous le gouvernement de l'un d'eux une famine dans le pays, pendant laquelle un homme de Bethléhem, ville de Juda, s'en alla avec sa femme et ses deux fils au pays des Moabites, pour y passer quelque temps.

2 Cet homme s'appelait Elimélech, et sa femme Noémi. L'un de ses fils s'appelait Mahalon, et l'autre Chélion ; et ils étaient d'Ephrata, *c'est-à-dire*, de Bethléhem, qui est en Juda. Etant donc venus au pays des Moabites, ils y demeurèrent.

3 Elimélech, mari de Noémi, mourut ensuite, et elle demeura avec ses deux fils.

4 Ils prirent pour femmes des filles de Moab, dont l'une s'appelait Orpha, et l'autre Ruth. Après avoir passé dix ans en ce pays-là,

5 ils moururent tous deux, savoir, Mahalon et Chélion ; et Noémi demeura seule, ayant perdu son mari et ses deux enfants.

6 Elle résolut donc de retourner en son pays avec ses deux belles-filles qui étaient de Moab ; parce qu'elle avait appris que le Seigneur avait regardé son peuple, et qu'il leur avait donné de quoi se nourrir.

7 Après donc être sortie avec ses deux belles-filles de cette terre étrangère, et étant déjà en chemin pour retourner au pays de Juda,

8 elle leur dit : Allez en la maison de votre mère : que le Seigneur use de sa bonté envers vous, comme vous en avez usé envers ceux qui sont morts et envers moi.

9 Qu'il vous fasse trouver votre repos dans la maison des maris que vous prendrez. Elle les baisa ensuite ; et ses deux belles-filles se mirent à pleurer ; et élevant la voix, elles lui dirent :

10 Nous irons avec vous vers ceux de votre peuple.

11 Noémi leur répondit : Retournez, mes filles ; pourquoi venez-vous avec moi ? Ai-je encore des enfants dans mon sein pour vous donner lieu d'attendre de moi des maris ?

12 Retournez, mes filles, et allez-vous-en : car je suis déjà usée de vieillesse, et hors d'état de rentrer dans les liens du mariage. Quand je pourrais même concevoir cette nuit et mettre au monde des enfants,

13 si vous vouliez attendre qu'ils fussent grands et en âge de se marier, vous seriez devenues vieilles avant de pouvoir les épouser. Non, mes filles, ne faites point cela, je vous prie : car votre affliction ne fait qu'accroître la mienne, et la main du Seigneur s'est appesantie sur moi.

14 Elles élevèrent donc encore leur voix, et recommencèrent à pleurer. Orpha baisa sa belle-mère, et s'en retourna ; mais Ruth s'attacha à Noémi, *sans vouloir la quitter*.

15 Noémi lui dit : Voilà votre sœur qui est retournée à son peuple et à ses dieux, allez-vous-en avec elle.

16 Ruth lui répondit : Ne vous opposez point à moi, en me portant à vous quitter et à m'en aller ; car en quelque lieu que vous alliez, j'irai avec vous, et partout où vous demeurerez, j'y demeurerai aussi ; votre peuple sera mon peuple, et votre Dieu sera mon Dieu.

17 La terre où vous mourrez me verra mourir ; et je serai ensevelie où vous le serez. *Je veux bien* que Dieu me traite dans toute sa rigueur, si jamais rien ne me sépare de vous que la mort seule.

18 Noémi voyant donc Ruth dans une résolution si déterminée d'aller avec elle, ne voulut plus s'y opposer, ni lui persuader d'aller retrouver sa famille.

19 Et étant parties ensemble, elles arrivèrent à Bethléhem. Sitôt qu'elles y furent entrées, le bruit en courut de toutes parts, et les femmes disaient : Voilà cette Noémi.

20 Noémi leur dit : Ne m'appelez plus Noémi (c'est-à-dire, belle) ; mais appelez-moi Mara (c'est-à-dire, amère) ; parce que le Tout-Puissant m'a toute remplie d'amertume.

21 Je suis sortie d'ici pleine, le Seigneur m'y ramène vide. Pourquoi donc m'appelez-vous Noémi, puisque le Seigneur m'a humiliée, et que le Tout-Puissant m'a comblée d'affliction ?

22 C'est ainsi que Noémi étant retournée de la terre étrangère où elle avait demeuré, avec Ruth, Moabite, sa belle-fille, revint à Bethléhem, lorsqu'on commençait à couper les orges.

CHAPITRE II.

OR il y avait un homme puissant et extrêmement riche, appelé Booz, qui était de la famille d'Elimelech.

2 Et Ruth, Moabite, dit à sa belle-mère : Si vous l'agréez, j'irai dans quelque champ, et je ramasserai les épis qui seront échappés aux moissonneurs partout où je trouverai quelque père de famille qui me témoigne de la bonté. Noémi lui répondit : Allez, ma fille.

3 Elle s'en alla donc, et elle recueillait les épis derrière les moissonneurs. Or il se trouva que le champ où elle était appartenait à Booz, le parent d'Elimélech.

4 Et étant venu lui-même de Bethléhem, il dit à ses moissonneurs : Le Seigneur soit avec vous ! Ils lui répondirent : Le Seigneur vous bénisse !

5 Alors Booz dit au jeune homme qui veillait sur les moissonneurs : A qui est cette fille ?

6 Il lui répondit : C'est cette Moabite qui est venue avec Noémi du pays de Moab.

7 Elle nous a priés de trouver bon qu'elle suivît les moissonneurs, pour recueillir les épis qui seraient demeurés : et elle est dans le champ depuis le matin jusqu'à cette heure, sans être retournée un moment chez elle.

8 Booz dit à Ruth : Ecoutez, ma fille, n'allez point dans un autre champ pour glaner, et ne sortez point de ce lieu ; mais joignez-vous à mes filles,

9 et suivez partout où on aura fait la moisson : car j'ai commandé à mes gens, que nul ne vous fasse aucune peine ; et quand même vous aurez soif, allez où sont les vaisseaux, et buvez de l'eau dont mes gens boivent.

10 Ruth se prosternant le visage contre terre adora, et elle dit à Booz : D'où me vient ce bonheur, que j'ai trouvé grâce devant vos yeux, et que vous daigniez me traiter favorablement, moi qui suis une femme étrangère ?

11 Il lui répondit : On m'a rapporté tout ce que vous avez fait à l'égard de votre belle-mère après la mort de votre mari, et de quelle sorte vous avez quitté vos parents et le pays où vous êtes née, pour venir parmi un peuple qui vous était inconnu auparavant.

12 Que le Seigneur vous rende le bien que vous avez fait, et puissiez-vous recevoir une pleine récompense du Seigneur, le Dieu d'Israël, vers lequel vous êtes venue, et sous les ailes duquel vous avez cherché votre refuge.

13 Elle lui répondit : J'ai trouvé grâce devant vos yeux, mon seigneur, de m'avoir ainsi consolée, et d'avoir parlé au cœur de votre servante, qui ne mérite pas d'être l'une des filles qui vous servent.

14 Booz lui dit : Quand l'heure du manger sera venue, venez ici, et mangez du pain, et trempez votre morceau dans le vinaigre. Elle s'assit donc au côté des moissonneurs, et prit de la bouillie pour elle ; elle en mangea, elle en fut rassasiée, et garda le reste.

15 Elle se leva de là pour continuer à recueillir les épis. Or Booz donna cet ordre à ses gens : Quand elle voudrait couper l'orge avec vous, vous ne l'empêcherez point.

16 Vous jetterez même exprès des épis de vos javelles, et vous en laisserez sur le champ, afin qu'elle n'ait point de honte de les recueillir, et qu'on ne la reprenne jamais de ce qu'elle aura ramassé.

17 Elle amassa donc dans le champ jusqu'au soir ; et ayant battu avec une baguette les épis qu'elle avait recueillis, et en ayant tiré le grain, elle trouva environ la mesure d'un éphi d'orge (c'est-à-dire, trois boisseaux).

18 S'en étant chargée, elle retourna à la ville, et les montra à sa belle-mère ; elle lui présenta aussi et lui donna les restes de ce qu'elle avait mangé, dont elle avait été rassasiée.

19 Sa belle-mère lui dit : Où avez-vous glané aujourd'hui, et où avez-vous travaillé ? Béni soit celui qui a eu pitié de vous. Ruth lui marqua celui dans le champ duquel elle avait travaillé, et lui dit que cet homme s'appelait Booz.

20 Noémi lui répondit : Qu'il soit béni du Seigneur ! car il a gardé pour les morts la même bonne volonté qu'il a eue pour les vivants. Et elle ajouta : Cet homme est notre proche parent.

21 Ruth lui dit : Il m'a donné ordre encore de me joindre à ses moissonneurs jusqu'à ce qu'il eût recueilli tous ses grains.

22 Sa belle-mère lui répondit : Il vaut mieux, ma fille, que vous alliez moissonner parmi les filles de cet homme ; de peur que

quelqu'un ne vous fasse de la peine dans le champ d'un autre.

23 Elle se joignit donc aux filles de Booz, et elle alla toujours à la moisson avec elles, jusqu'à ce que les orges et les blés eussent été mis dans les greniers.

CHAPITRE III.

RUTH étant revenue trouver sa belle-mère, Noémi lui dit : Ma fille, je pense à vous mettre en repos, et je vous pourvoirai d'une telle sorte que vous serez bien.

2 Booz, aux filles duquel vous vous êtes jointe dans le champ, est notre proche parent, et il vannera cette nuit son orge dans son aire.

3 Lavez-vous donc, parfumez-vous d'huile de senteur, et prenez vos plus beaux habits, et allez à son aire. Que Booz ne vous voie point, jusqu'à ce qu'il ait achevé de boire et de manger.

4 Quand il s'en ira pour dormir, remarquez le lieu où il dormira ; et y étant venue, vous découvrirez la couverture dont il sera couvert du côté des pieds, et vous vous jetterez là, et y dormirez. Après cela il vous dira lui-même ce que vous devez faire.

5 Ruth lui répondit : Je ferai tout ce que vous me commanderez.

6 Elle alla donc à l'aire *de Booz*, et elle fit tout ce que sa belle-mère lui avait commandé.

7 Et lorsque Booz, après avoir bu et mangé, étant devenu plus gai, s'en alla dormir près d'un tas de gerbes, elle vint tout doucement, et ayant découvert sa couverture du côté des pieds, elle se coucha là.

8 Sur le minuit Booz fut effrayé et se troubla, voyant une femme couchée à ses pieds,

9 et il lui dit : Qui êtes-vous ? Elle lui répondit : Je suis Ruth, votre servante : étendez votre couverture sur votre servante, parce que vous êtes mon proche parent.

10 Booz lui dit : Ma fille, que le Seigneur vous bénisse ! cette dernière bonté que vous témoignez passe encore la première ; parce que vous n'avez point été chercher de jeunes gens, ou pauvres, ou riches.

11 Ne craignez donc point ; je ferai tout ce que vous m'avez dit : car tout le peuple de cette ville sait que vous êtes une femme de probité.

12 Pour moi je ne désavoue pas que je sois parent ; mais il y en a un autre plus proche que moi.

13 Reposez-vous cette nuit ; et aussitôt que le matin sera venu, s'il veut vous retenir par son droit de parenté, à la bonne heure : s'il ne le veut pas, je vous jure par le Seigneur, qu'indubitablement je vous prendrai. Dormez là jusqu'au matin.

14 Elle dormit donc à ses pieds jusqu'à ce que la nuit fût passée ; et elle se leva le matin avant que les hommes se pussent entre-connaître. Booz lui dit encore : Prenez bien garde que personne ne sache que vous soyez venue ici.

15 Et il ajouta : Etendez le manteau que vous avez sur vous, et tenez-le bien des deux mains. Ruth l'ayant étendu et le tenant, il lui mesura six boisseaux d'orge et les chargea sur elle, et elle les emportant retourna à la ville,

16 et vint trouver sa belle-mère, qui lui dit : Ma fille, qu'avez-vous fait ? Elle lui raconta tout ce que Booz avait fait pour elle,

17 et lui dit : Voilà six boisseaux d'orge qu'il m'a donnés, en me disant : Je ne veux pas que vous retourniez les mains vides vers votre belle-mère.

18 Noémi lui dit : Attendez, ma fille, jusqu'à ce que nous voyions à quoi se terminera cette affaire. Car cet homme n'aura point de repos, qu'il n'ait accompli tout ce qu'il a dit.

CHAPITRE IV.

BOOZ alla donc à la porte *de la ville*, et s'y assit ; et voyant passer ce parent dont il a été parlé auparavant, il lui dit en l'appelant par son nom : Venez un peu, et asseyez-vous ici. Ce parent vint donc, et s'assit.

2 Et Booz ayant pris dix hommes des anciens de la ville, leur dit : Asseyez-vous ici.

3 Après qu'ils furent assis, il parla à son parent de cette sorte : Noémi qui est revenue du pays de Moab, doit vendre une partie du champ d'Elimélech, notre parent.

4 J'ai désiré que vous sussiez ceci, et vous l'ai voulu dire devant tous ceux des anciens de mon peuple qui sont assis en ce lieu. Si vous voulez l'acquérir par le droit de parenté, achetez-le et le possédez. Si vous n'y avez pas d'inclination, déclarez-le-moi, afin que je sache ce que j'ai à faire. Car il n'y a point d'autre parent plus proche que vous qui êtes le premier, et moi qui suis le second. Il lui répondit : J'achèterai le champ.

5 Booz ajouta : Quand vous aurez acheté le champ de Noémi, il faudra aussi que vous épousiez Ruth, Moabite, qui a été la femme du défunt : afin que vous fassiez revivre le nom de votre parent dans son héritage.

6 Il lui répondit : Je vous cède mon droit de parenté : car je ne dois pas éteindre moi-même la postérité de ma famille. Usez vous-même du privilège qui m'est acquis, dont je déclare que je me déporte volontiers.

7 Or c'était une ancienne coutume dans Israël entre les parents, que s'il arrivait que l'un cédât son droit à l'autre, afin que la cession fût valide, celui qui se démettait de son droit, ôtait son soulier et le donnait à son parent : c'était là le témoignage de la cession en Israël.

8 Booz dit donc à son parent : Otez votre soulier. Et lui l'ayant aussitôt ôté de son pied,

9 Booz dit devant les anciens et devant tout le peuple : Vous êtes témoins aujourd'hui que j'acquiers tout ce qui a appartenu à Elimélech, à Chélion et à Mahalon, l'ayant acheté de Noémi ;

10 et que je prends pour femme Ruth, Moabite, femme de Mahalon : afin que je lasse revivre le nom du défunt dans son héritage, et que son nom ne s'éteigne pas dans sa famille parmi ses frères et parmi son peuple. Vous êtes, dis-je, témoins de ceci.

11 Tout le peuple qui était à la porte et les anciens répondirent : Nous en sommes témoins. Que le Seigneur rende cette femme qui entre dans votre maison, comme Rachel et Lia, qui ont établi la maison d'Israël : afin qu'elle soit un exemple de vertu dans Ephrata, et que son nom soit célèbre dans Bethléhem ;

12 que votre maison devienne comme la maison de Pharès, que Thamar enfanta à Juda, par la postérité que le Seigneur vous donnera de cette jeune femme.

13 Booz prit donc Ruth, et l'épousa : et après qu'elle fut mariée, le Seigneur lui fit la grâce de concevoir et d'enfanter un fils.

14 Et les femmes dirent à Noémi : Béni soit le Seigneur qui n'a point permis que votre famille fût sans successeur, et qui a voulu que son nom se conservât dans Israël ;

15 afin que vous ayez un enfant qui console votre âme, et qui vous nourrisse dans votre vieillesse : car il vous est né un enfant de votre belle-fille qui vous aime, et qui vous vaut beaucoup mieux que si vous aviez sept fils.

16 Noémi ayant pris l'enfant, le mit dans son sein, et elle le portait, et lui tenait lieu de nourrice.

17 Les femmes, ses voisines, s'en conjouissaient avec elle, en disant : Il est né un fils à Noémi ; et elles l'appelèrent Obed : c'est lui qui fut père d'Isaï, père de David.

18 Voici la suite de la postérité de la famille de Pharès : Pharès fut père d'Esron ;

19 Esron, d'Aram ; Aram, d'Aminadab ;

20 Aminadab, de Nahasson ; Nahasson, de Salmon ;

21 Salmon, de Booz ; Booz, d'Obed ;

22 Obed, d'Isaï ; et Isaï fut père de David.

ROIS

LIVRE PREMIER.

CHAPITRE PREMIER.

IL y avait dans les montagnes d'Ephraïm un homme *de la ville* de Ramatha *surnommée* Sophim, qui s'appelait Elcana : il était le fils de Jéroham, fils d'Esliu, fils de Tohu, fils de Suph, et était *établi dans la tribu* d'Ephraïm.

2 Il avait deux femmes, dont l'une s'appelait Anne, et la seconde Phénenna. Phénenna avait des enfants, et Anne n'en avait point.

3 Cet homme allait de sa ville à Silo aux jours solennels, pour y adorer le Seigneur des armées et pour lui offrir des sacrifices. Les deux fils d'Héli, Ophni et Phinéès, y faisaient la fonction de prêtres du Seigneur.

4 Un jour donc Elcana ayant offert son sacrifice, il donna à Phénenna, sa femme, et à tous ses fils et à toutes ses filles, leur part *de l'hostie.*

5 Il n'en donna qu'une à Anne, et *en la lui donnant* il était triste, parce qu'il l'aimait, et que le Seigneur l'avait rendue stérile.

6 *Phénenna,* sa rivale, l'affligeait aussi et la tourmentait excessivement, jusqu'à lui insulter de ce que le Seigneur l'avait rendue stérile.

7 Elle en usait ainsi tous les ans, lorsque le temps était venu de monter au temple du Seigneur ; elle la piquait ainsi de jalousie, et Anne se mettait à pleurer, et ne mangeait point.

8 Elcana, son mari, lui dit donc : Anne, pourquoi pleurez-vous ? pourquoi ne mangez-vous point ? et pourquoi votre cœur s'afflige-t-il ? Ne vous suis-je pas plus que ne vous seraient dix enfants ?

9 Après donc qu'Anne eut mangé et bu à Silo, elle se leva : et dans le même temps que le *grand* prêtre Héli était assis sur son siège devant la porte du temple du Seigneur,

10 Anne qui avait le cœur plein d'amertume, pria le Seigneur en répandant beaucoup de larmes,

11 et elle fit un vœu en ces termes : Seigneur des armées ! si vous daignez regarder l'affliction de votre servante, si vous vous souvenez de moi, si vous n'oubliez point votre servante, et si vous donnez à votre esclave un enfant mâle, je vous le donnerai pour tous les jours de sa vie, et le rasoir ne passera point sur sa tête.

12 Comme Anne demeurait ainsi longtemps en prière devant le Seigneur, Héli observa le mouvement de ses lèvres.

13 Or Anne parlait dans son cœur, et l'on voyait seulement remuer ses lèvres, sans qu'on entendît aucune parole. Héli crut donc qu'elle avait bu avec excès ;

14 et il lui dit : Jusqu'à quand serez-vous ainsi ivre ? Laissez un peu reposer le vin qui vous trouble.

15 Anne lui répondit : Pardonnez-moi, mon seigneur, je suis une femme comblée d'affliction : je n'ai bu ni vin, ni rien qui puisse enivrer ; mais j'ai répandu mon âme en la présence du Seigneur.

16 Ne croyez pas que votre servante soit comme l'une des filles de Bélial : car il n'y a que l'excès de ma douleur et de mon affliction qui m'ait fait parler jusqu'à cette heure.

17 Alors Héli lui dit : Allez en paix ; et que le Dieu d'Israël vous accorde la demande que vous lui avez faite.

18 Anne lui répondit : Plût à Dieu que votre servante trouvât grâce devant vos yeux ! Elle s'en alla ensuite *retrouver son mari,* elle mangea, et elle ne changea plus de visage *comme auparavant.*

19 S'étant levés dès le matin, ils adorèrent le Seigneur, s'en retournèrent et arrivèrent à leur maison à Ramatha. Elcana connut sa femme, et le Seigneur se souvint d'elle.

20 Quelque temps après, elle conçut, et enfanta un fils, qu'elle appela Samuel, *c'est-à-dire, qui est accordé de Dieu,* parce qu'elle l'avait demandé au Seigneur.

21 Elcana, son mari, vint ensuite avec toute sa maison, pour immoler au Seigneur l'hostie ordinaire, *et pour lui rendre* son vœu.

22 Mais Anne n'y alla point, ayant dit à son mari : Je n'irai point au temple jusqu'à ce que l'enfant soit sevré, et que je le mène, afin que je le présente au Seigneur, et qu'il demeure toujours devant lui.

23 Elcana, son mari, lui dit : Faites comme vous le jugerez à propos ; et demeurez jusqu'à ce que vous ayez sevré l'enfant. Je prie le Seigneur qu'il accomplisse sa parole. Anne demeura donc, et elle nourrit son fils de son lait, jusqu'à ce qu'elle l'eût sevré.

24 Et lorsqu'elle l'eut sevré, elle prit avec elle trois veaux, trois boisseaux de farine, et un vaisseau plein de vin, et elle amena son fils à Silo, en la maison du Seigneur. Or l'enfant était encore tout petit.

25 Ils le présentèrent à Héli, après avoir immolé un veau.

26 Et Anne lui dit : Je vous conjure, mon seigneur, de croire comme il est vrai que vous vivez, que je suis cette femme que vous avez vue ici prier le Seigneur.

27 Je le suppliais de me donner cet enfant, et le Seigneur m'a accordé la demande que je lui ai faite.

28 C'est pourquoi je le lui remets entre les mains, afin qu'il soit à lui tant qu'il vivra. Ils adorèrent donc le Seigneur en ce lieu, et Anne fit sa prière, en ces termes :

CHAPITRE II.

MON cœur a tressailli d'allégresse dans le Seigneur, et mon Dieu a relevé ma gloire. Ma bouche s'est ouverte pour répondre à mes ennemis, parce que je me suis réjouie dans le salut que j'ai reçu de vous.

2 Nul n'est saint comme le Seigneur : car il n'y en a point, *Seigneur !* d'autre que vous, et nul n'est fort comme notre Dieu.

3 Cessez donc *à l'avenir* de vous glorifier avec des paroles insolentes. Que votre ancien langage ne sorte plus de votre bouche ; parce que le Seigneur est le Dieu de toute connaissance, et qu'il pénètre le fond des pensées.

4 L'arc des forts a été brisé, et les faibles ont été remplis de force.

5 Ceux qui étaient auparavant comblés de biens, se sont loués pour avoir du pain, et ceux qui étaient pressés de la faim, ont été rassasiés. Celle qui était stérile est devenue mère de beaucoup d'enfants ; et celle qui avait beaucoup d'enfants est tombée dans l'impuissance *d'en avoir.*

6 C'est le Seigneur qui ôte et qui donne la vie ; qui conduit aux enfers et qui en retire.

7 C'est le Seigneur qui fait le pauvre et qui fait le riche ; c'est lui qui abaisse et qui élève.

8 Il tire le pauvre de la poussière et l'indigent du fumier, pour le faire asseoir entre les princes, et lui donner un trône de gloire. C'est au Seigneur qu'appartiennent les fondements de la terre, et il a posé le monde sur eux.

9 Il gardera les pieds de ses saints, et les impies seront réduits au silence dans leurs ténèbres, parce que l'homme ne sera point affermi par sa propre force.

10 Les ennemis du Seigneur trembleront devant lui ; il tonnera sur eux du haut des cieux. Le Seigneur jugera toute la terre : il donnera l'empire à celui qu'il a fait Roi, et il comblera de gloire le règne de son Christ.

11 Après cela Elcana s'en retourna à sa maison à Ramatha. Et l'enfant servait en la présence du Seigneur devant le grand prêtre Héli.

12 Or les enfants d'Héli étaient des enfants de Bélial, qui ne connaissaient point le Seigneur,

12 ni le devoir des prêtres à l'égard du peuple : car qui que ce soit qui eût immolé une victime, le serviteur du prêtre venait pendant qu'on en faisait cuire la chair, et tenant à la main une fourchette à trois dents,

14 il la mettait dans la chaudière ou dans le chaudron, dans la marmite ou dans le pot, et tout ce qu'il pouvait enlever avec la fourchette était pour le prêtre. Ils traitaient ainsi tout le peuple

d'Israël qui venait à Silo.

15 Avant qu'on fît aussi brûler la graisse de l'hostie, le serviteur du prêtre venait, et disait à celui qui immolait : Donnez-moi de la chair, afin que je la fasse cuire pour le prêtre ; car je ne recevrai point de vous de chair cuite, mais *j'en veux* de crue.

16 Celui qui immolait lui disait : Qu'on fasse auparavant brûler la graisse de l'hostie selon la coutume, et après cela prenez de la chair autant que vous en voudrez. Mais le serviteur lui répondait : Non, vous en donnerez présentement, ou j'en prendrai par force.

17 Et ainsi le péché de ces enfants *d'Héli* était très-grand devant le Seigneur, parce qu'ils détournaient les hommes du sacrifice du Seigneur.

18 Cependant l'enfant Samuel servait devant le Seigneur, vêtu d'un éphod de lin.

19 Et sa mère lui faisait une petite tunique qu'elle apportait aux jours solennels, lorsqu'elle venait avec son mari pour offrir le sacrifice ordinaire.

20 Héli bénit Elcana et sa femme, et il dit à Elcana : Que le Seigneur vous rende des enfants de cette femme pour le dépôt que vous avez mis entre les mains du Seigneur. Et ils s'en retournèrent chez eux.

21 Le Seigneur visita donc Anne, et elle conçut, et enfanta trois fils et deux filles ; et l'enfant Samuel croissait devant le Seigneur.

22 Or Héli était extrêmement vieux ; et ayant appris la manière dont ses enfants se conduisaient à l'égard de tout le peuple d'Israël, et qu'ils dormaient avec les femmes qui venaient veiller à l'entrée du tabernacle,

23 il leur dit : Pourquoi faites-vous toutes ces choses que j'apprends, ces crimes détestables dont j'entends que tout le peuple parle ?

24 Ne faites plus cela, mes enfants : car il est bien fâcheux que l'on publie de vous, que vous portez le peuple du Seigneur à violer ses commandements.

25 Si un homme pèche contre un homme, on peut lui rendre Dieu favorable ; mais si un homme pèche contre le Seigneur, qui priera pour lui ? Et les enfants d'Héli n'écoutèrent point la voix de leur père, parce que le Seigneur voulait les perdre.

26 Cependant l'enfant Samuel s'avançait et croissait, et il était agréable à Dieu et aux hommes.

27 Or un homme de Dieu vint trouver Héli, et lui dit : Voici ce que dit le Seigneur : Ne me suis-je pas fait connaître visiblement à la maison de votre père, lorsqu'ils étaient en Égypte sous la domination de Pharaon ?

28 Je l'ai choisi de toutes les tribus d'Israël pour être mon prêtre, pour monter à mon autel, pour m'offrir des parfums et porter l'éphod en ma présence ; et j'ai donné part à la maison de votre père à tous les sacrifices des enfants d'Israël.

29 Pourquoi avez-vous foulé aux pieds mes victimes et les dons que j'ai commandé qu'on m'offrît dans le temple ? et pourquoi avez-vous plus honoré vos enfants que moi, pour manger avec eux les prémices de tous les sacrifices de mon peuple d'Israël ?

30 C'est pourquoi, voici ce que dit le Seigneur, le Dieu d'Israël : J'avais déclaré et promis que votre maison et la maison de votre père servirait pour jamais devant ma face. Mais maintenant je suis bien éloigné de cette pensée, dit le Seigneur : car je glorifierai quiconque m'aura rendu gloire ; et ceux qui me méprisent, tomberont dans le mépris.

31 Il va venir un temps où je couperai votre bras, et le bras de la maison de votre père : en sorte qu'il n'y aura point de vieillard dans votre maison.

32 Et lorsque tout Israël sera dans la prospérité, vous verrez dans le temple un homme qui sera l'objet de votre envie ; et il n'y aura jamais de vieillard dans votre maison.

33 Néanmoins je n'éloignerai pas entièrement de mon autel tous ceux de votre race ; mais je ferai que vos yeux seront obscurcis, et que votre âme séchera *de langueur* ; et une grande partie de ceux de votre maison mourront, lorsqu'ils seront venus en âge d'homme.

34 La marque que vous en aurez, est ce qui arrivera à vos deux fils, Ophni et Phinéès, qui mourront tous deux en un même jour.

35 Et je me susciterai un prêtre fidèle, qui agira selon mon cœur et selon mon âme. Je lui établirai une maison stable, et il marchera toujours devant mon christ.

36 Alors quiconque restera de votre maison viendra, afin que l'on prie pour lui ; et il offrira une pièce d'argent et un morceau de pain, en disant : Donnez-moi, je vous prie, une portion sacerdotale, afin que j'aie une bouchée de pain à manger.

CHAPITRE III.

OR le jeune Samuel servait le Seigneur en la présence d'Héli. La parole du Seigneur était alors *rare et* précieuse, et on ne connaissait plus guère de vision *ni de prophétie*.

2 Les yeux d'Héli s'étaient obscurcis, et il ne pouvait voir. Il arriva un jour, lorsqu'il était couché en son lieu *ordinaire*,

3 que Samuel dormant dans le temple du Seigneur, où était l'arche de Dieu, avant que la lampe qui brûlait dans le temple de Dieu fût éteinte,

4 le Seigneur appela Samuel, et Samuel lui répondit : Me voici.

5 Il courut aussitôt à Héli, et lui dit : Me voici, car vous m'avez appelé. Héli lui dit : Je ne vous ai point appelé ; retournez et dormez. Samuel s'en alla et se rendormit.

6 Le Seigneur appela encore une fois Samuel. Et Samuel s'étant levé, s'en alla à Héli, et lui dit : Me voici, car vous m'avez appelé. Héli lui répondit : Mon fils, je ne vous ai point appelé : retournez et dormez.

7 Or Samuel ne connaissait point encore *les voies du* Seigneur, et jusqu'alors la parole du Seigneur ne lui avait point été révélée.

8 Le Seigneur appela donc encore Samuel pour la troisième fois, et Samuel se levant s'en alla à Héli,

9 et lui dit : Me voici, car vous m'avez appelé. Héli reconnut alors que le Seigneur appelait l'enfant : et il dit à Samuel : Allez et dormez ; et si l'on vous appelle encore une fois, répondez : Parlez, Seigneur ! parce que votre serviteur vous écoute. Samuel s'en retourna donc en son lieu, et s'endormit.

10 Le Seigneur vint encore, et étant près de Samuel, il l'appela, comme il avait fait les autres fois : Samuel ! Samuel ! Samuel lui répondit : Parlez, Seigneur ! parce que votre serviteur vous écoute.

11 Et le Seigneur dit à Samuel : Je vais faire dans Israël une chose que nul ne pourra entendre sans être frappé d'un profond étonnement.

12 En ce jour-là j'exécuterai tout ce que j'ai dit contre Héli et contre sa maison : je commencerai et j'achèverai.

13 Car je lui ai prédit que j'exercerais mon jugement contre sa maison pour jamais à cause de son iniquité : parce que sachant que ses fils se conduisaient d'une manière indigne, il ne les a point punis.

14 C'est pourquoi j'ai juré à la maison d'Héli, que l'iniquité de cette maison ne sera jamais expiée, ni par des victimes ni par des présents.

15 Or Samuel ayant dormi jusqu'au matin, alla ouvrir les portes de la maison du Seigneur : et il craignait de dire à Héli la vision qu'il avait eue.

16 Héli appela donc Samuel, et lui dit : Samuel, mon fils. Il lui répondit : Me voici.

17 Héli lui demanda : Qu'est-ce que le Seigneur vous a dit ? Ne me le cachez point, je vous prie. Que le Seigneur vous traite dans toute sa sévérité, si vous me cachez rien de toutes les paroles qui vous ont été dites.

18 Samuel lui dit donc tout ce qu'il avait entendu, et ne lui cacha rien. Héli répondit : Il est le Seigneur : qu'il fasse ce qui est agréable à ses yeux.

19 Or Samuel croissait en âge : le Seigneur était avec lui, et nulle de ses paroles ne tomba par terre.

20 Et tout Israël connut, depuis Dan jusqu'à Bersabée, que Samuel était le fidèle prophète du Seigneur.

21 Le Seigneur continua à paraître dans Silo : car ce fut à Silo qu'il se découvrit à Samuel, et qu'il lui fit connaître sa parole. Et

tout ce que Samuel dit à tout le peuple d'Israël fut accompli.

CHAPITRE IV.

Or il arriva dans ce temps-là que les Philistins s'assemblèrent pour faire la guerre. Le peuple d'Israël se mit aussi en campagne pour aller combattre les Philistins, et l'armée campa près de la Pierre du secours. Les Philistins vinrent à Aphec,

2 et rangèrent leurs troupes pour combattre contre Israël. La bataille s'étant donnée, les Israélites furent mis en fuite par les Philistins, qui courant partout au travers des champs, en tuèrent environ quatre mille dans ce combat.

3 Lorsque le peuple fut revenu dans le camp, les plus anciens d'Israël dirent : Pourquoi le Seigneur nous a-t-il frappés aujourd'hui de cette plaie devant les Philistins ? Amenons ici de Silo l'arche de l'alliance du Seigneur, et qu'elle vienne au milieu de nous, afin qu'elle nous sauve de la main de nos ennemis.

4 Le peuple ayant donc envoyé à Silo, on en fit venir l'arche de l'alliance du Seigneur des armées assis sur les chérubins ; et les deux fils d'Héli, Ophni et Phinéés, accompagnaient l'arche de l'alliance de Dieu.

5 Lorsque l'arche de l'alliance du Seigneur fut venue dans le camp, tout le peuple d'Israël jeta un grand cri dont la terre retentit.

6 Les Philistins l'ayant entendu, s'entre-disaient : Que veut dire ce grand bruit qui vient du camp des Hébreux ? Et ils apprirent que l'arche du Seigneur était venue dans le camp.

7 Les Philistins eurent donc peur, et ils dirent : Dieu est venu dans *leur* camp.

8 Malheur à nous ! ajoutèrent-ils en soupirant : car ils n'étaient point dans une si grande joie ni hier ni avant-hier. Malheur à nous ! Qui nous sauvera de la main de ce Dieu puissant ? C'est ce Dieu qui a frappé l'Egypte d'une si grande plaie dans le désert.

9 Mais prenez courage, Philistins, et agissez en hommes de cœur. Ne devenez point les esclaves des Hébreux, comme ils ont été les vôtres. Prenez courage et combattez vaillamment.

10 Les Philistins donnèrent donc la bataille, et Israël fut défait. Tous s'enfuirent dans leurs tentes ; et la perte fut si grande du côté des Israélites, qu'il demeura trente mille hommes de pied sur la place.

11 L'arche de Dieu fut prise, et les deux fils d'Héli, Ophni et Phinéés, y furent tués.

12 Le jour même un homme de la tribu de Benjamin, échappé du combat, vint en courant à Silo. Il avait ses habits déchirés, et sa tête couverte de poussière.

13 Dans le temps que cet homme arrivait, Héli était assis sur son siège et tourné vers le chemin : car son cœur tremblait de crainte pour l'arche de Dieu. Cet homme étant donc entré dans la ville, et ayant dit les nouvelles du combat, il s'éleva des cris lamentables parmi tout le peuple.

14 Héli ayant entendu le bruit de ces clameurs, dit : Qu'est-ce que ce bruit confus que j'entends ? Sur cela cet homme vint à Héli en grande hâte, et lui dit cette nouvelle.

15 Héli avait alors quatre-vingt-dix-huit ans : ses yeux s'étaient obscurcis, et il ne pouvait plus voir.

16 Cet homme dit donc à Héli : C'est moi qui reviens de la bataille, et qui suis échappé aujourd'hui du combat. Héli lui dit : Qu'est-il arrivé, mon fils ?

17 Cet homme qui avait apporté la nouvelle lui répondit : Israël a fui devant les Philistins : une grande partie du peuple a été taillée en pièces ; et même vos deux fils, Ophni et Phinéés, ont été tués ; et l'arche de Dieu a été prise.

18 Lorsqu'il eut nommé l'arche de Dieu, Héli tomba de son siège à la renverse près de la porte ; et s'étant cassé la tête, il mourut. Il était vieux et fort avancé en âge, et il avait jugé Israël pendant quarante ans.

19 La femme de Phinéés, belle-fille d'Héli, était alors grosse et près d'accoucher ; et ayant appris la nouvelle que l'arche de Dieu avait été prise, et que son beau-père et son mari étaient morts, se trouvant surprise tout d'un coup par la douleur, elle se baissa, et accoucha.

20 Et comme elle allait mourir, les femmes qui étaient auprès d'elle lui dirent : Ne craignez point, car vous avez enfanté un fils. Elle ne leur répondit rien, et ne fit point d'attention *à ce qu'elles lui disaient*.

21 Mais elle appela son fils, Ichabod, *c'est-à-dire, où est la gloire ?* en disant : Israël a perdu sa gloire. Ce qu'elle dit à cause que l'arche de Dieu avait été prise, et à cause *de la mort* de son beau-père et de son mari :

22 et elle dit qu'Israël avait perdu sa gloire, parce que l'arche de Dieu avait été prise.

CHAPITRE V.

LES Philistins ayant donc pris l'arche de Dieu, l'emmenèrent de la Pierre du secours à Azot.

2 Ils mirent l'arche de Dieu qu'ils avaient prise dans le temple de Dagon, et la placèrent auprès de Dagon.

3 Le lendemain ceux d'Azot s'étant levés dès le point du jour, trouvèrent Dagon tombé le visage contre terre devant l'arche du Seigneur : ils le relevèrent et le remirent à sa place.

4 Le jour suivant s'étant encore levés dès le matin, ils trouvèrent Dagon tombé par terre sur le visage devant l'arche du Seigneur : mais la tête et les deux mains en ayant été coupées, étaient sur le seuil de la porte ;

5 et le tronc seul de Dagon était demeuré en sa place. C'est pour cette raison que jusqu'aujourd'hui les prêtres de Dagon, et tous ceux qui entrent en son temple dans Azot, ne marchent point sur le seuil de la porte.

6 Or la main du Seigneur s'appesantit sur ceux d'Azot, et les réduisit a une extrême désolation. Il frappa ceux de la ville et de la campagne *de maladie* dans les parties secrètes du corps. Il sortit tout d'un coup des champs et des villages une multitude de rats, et l'on vit dans toute la ville une confusion de mourants et de morts.

7 Ceux d'Azot voyant une telle plaie, s'entre-dirent : Que l'arche du Dieu d'Israël ne demeure point parmi nous, parce que sa main nous frappe, nous et Dagon, notre Dieu, d'une manière insupportable.

8 Et ayant envoyé quérir tous les princes des Philistins, ils leur dirent : Que ferons-nous de l'arche du Dieu d'Israël ? Ceux de Geth répondirent : Qu'on mène l'arche du Dieu d'Israël de ville en ville. Ils commencèrent donc à mener l'arche du Dieu d'Israël d'un lieu en un autre.

9 Et pendant qu'ils la menaient de cette sorte, le Seigneur étendait sa main sur chaque ville, et y tuait un grand nombre d'hommes. Il en frappait *de maladie* tous les habitants depuis le plus petit jusqu'au plus grand ; et les intestins sortant hors du conduit naturel, se pourrissaient. C'est pourquoi ceux de Geth ayant consulté ensemble, se firent des sièges de peaux.

10 Ils envoyèrent ensuite l'arche de Dieu à Accaron. Et lorsque l'arche de Dieu fut venue à Accaron, ceux de la ville commencèrent à crier et à dire : Ils nous ont amené l'arche du Dieu d'Israël, afin qu'elle nous tue, nous et notre peuple.

11 Ils envoyèrent donc à tous les princes des Philistins, qui s'étant assemblés leur dirent : Renvoyez l'arche du Dieu d'Israël, et qu'elle retourne au lieu où elle était, afin qu'elle ne nous tue plus, nous et notre peuple.

12 Car chaque ville *où elle allait* était remplie de la frayeur de la mort, et la main de Dieu s'y faisait sentir effroyablement, (eux qui n'en mouraient pas étaient frappés *de maladie* dans les secrètes parties du corps : et les cris de chaque ville montaient jusqu'au ciel.

CHAPITRE VI.

L'ARCHE du Seigneur ayant été dans le pays des Philistins pendant sept mois,

2 les Philistins firent venir leurs prêtres et leurs devins, et leur dirent : Que ferons-nous de l'arche du Seigneur ? Dites-nous

comment nous la renverrons au lieu où elle était. Ils leur répondirent :

3 Si vous renvoyez l'arche du Dieu d'Israël, ne la renvoyez point vide ; mais rendez-lui ce que vous lui devez pour *l'expiation de* votre péché ; et alors vous serez guéris, et vous saurez pourquoi sa main ne se retire point de dessus vous.

4 Ils leur demandèrent ensuite ; Qu'est-ce que nous devons lui rendre pour notre péché ? Les prêtres répondirent :

5 Faites cinq anus d'or, et cinq rats d'or, selon le nombre des provinces des Philistins ; parce que vous avez tous été frappés, vous et vos princes, d'une même plaie. Vous ferez donc des figures de la partie qui a été malade, et des figures des rats qui ont ravagé la terre ; et vous rendrez gloire au Dieu d'Israël, pour voir s'il retirera sa main de dessus vous, de dessus vos dieux, et de dessus votre terre.

6 Pourquoi appesantissez-vous vos coeurs, comme l'Egypte et comme Pharaon appesantit son cœur ? Ne renvoya-t-il pas enfin les Israélites après avoir été frappé *de diverses plaies*, et ne les laissa-t-il pas aller ?

7 Prenez donc un chariot que vous ferez faire tout neuf, et attelez-y deux vaches qui nourrissent leurs veaux, auxquelles on n'aura point encore imposé le joug, et renfermez leurs veaux dans l'étable.

8 Prenez l'arche du Seigneur, mettez-la sur le chariot, et ayant mis à côté dans une cassette les figures d'or que vous lui aurez payées pour votre péché, laissez-la aller.

9 Et vous verrez *ce qui en arrivera.* Si elle va par le chemin qui mène en son pays vers Beth-samès, ce sera le Dieu d'Israël qui nous aura fait tous ces grands maux. Si elle n'y va pas, nous reconnaîtrons que ce n'a point été sa main qui nous a frappés, mais que ces maux sont arrivés par hasard.

10 Ils firent donc ce que leurs prêtres leur avaient conseillé ; et prenant deux vaches qui nourrissaient leurs veaux de leur lait, ils les attelèrent au chariot, après avoir renfermé leurs veaux dans l'étable ;

11 et ils mirent l'arche de Dieu sur le chariot avec la cassette où étaient les rats d'or et les figures des anus.

12 Les vaches ayant commencé d'aller, marchèrent tout droit par le chemin qui mène à Beth-samès, et avançaient toujours d'un même pas en meuglant, sans se détourner ni à droite ni à gauche. Les princes des Philistins les suivirent jusqu'à ce qu'elles fussent arrivées sur les terres de Beth-samès.

13 Les Bethsamites sciaient alors le blé dans une vallée : et levant les yeux ils aperçurent l'arche, et eurent une grande joie en la voyant.

14 Le chariot vint se rendre dans le champ de Josué, Bethsamite, et s'arrêta là. Il y avait au même lieu une grande pierre ; et les Bethsamites ayant coupé en pièces le bois du chariot, mirent les vaches dessus et les offrirent au Seigneur en holocauste.

15 Les Lévites descendirent l'arche de Dieu avec la cassette qui était auprès, où étaient les figures d'or, et ils les mirent sur cette grande pierre. Les Bethsamites offrirent alors des holocaustes, et immolèrent des victimes au Seigneur.

16 Les cinq princes des Philistins ayant vu ceci, retournèrent le même jour à Accaron.

17 Voici les cinq anus d'or que les Philistins rendirent au Seigneur pour leur péché : Azot, Gaza, Ascalon, Geth et Accaron en donnèrent chacun un,

18 avec autant de rats d'or qu'il y avait de villes *capitales* dans les cinq provinces des Philistins, et autant même qu'il y avait de villes murées et jusqu'aux villages sans murs, jusqu'à *la pierre nommée* le grand Abel, sur laquelle ils mirent l'arche du Seigneur, et qui est encore aujourd'hui dans le champ de Josué, Bethsamite.

19 Or, le Seigneur punit de mort les habitants de Beth-samès, parce qu'ils avaient regardé l'arche du Seigneur ; et il fit mourir soixante et dix personnes *des principaux de la ville,* et cinquante mille hommes du *petit* peuple : et ils pleurèrent tous de ce que le Seigneur avait frappé le peuple d'une si grande plaie.

20 Alors les Bethsamites dirent : Qui pourra subsister en la présence du Seigneur, qui est un Dieu si saint ? et chez qui d'entre nous pourra-t-il demeurer ?

21 Ils envoyèrent donc des gens aux habitants de Cariath-iarim, et leur firent dire : Les Philistins ont ramené l'arche du Seigneur : venez, et emmenez-la chez vous.

CHAPITRE VII.

CEUX de Cariath-iarim étant venus, ramenèrent l'arche du Seigneur : ils la mirent dans la maison d'Abinadab à Gabaa, et consacrèrent son fils Eléazar, afin qu'il gardât l'arche du Seigneur.

2 Il s'était passé beaucoup de temps depuis que l'arche du Seigneur demeurait a Cariath-iarim ; et il y avait déjà vingt ans, lorsque toute la maison d'Israël commença à chercher son repos dans le Seigneur.

3 Alors Samuel dit à toute la maison d'Israël : Si vous revenez au Seigneur de tout votre cœur, ôtez du milieu de vous les dieux étrangers, Baal et Astaroth : tenez vos cœurs prêts *à obéir* au Seigneur, et ne servez que lui seul ; et il vous délivrera de la main des Philistins.

4 Les enfants d'Israël rejetèrent donc Baal et Astaroth, et ne servirent que le Seigneur.

5 Et Samuel leur dit : Assemblez tout Israël à Masphath, afin que je prie le Seigneur pour vous.

6 Et ils s'assemblèrent à Masphath : ils puisèrent de l'eau qu'ils répandirent devant le Seigneur, ils jeûnèrent ce jour-là, et dirent : Nous avons péché contre le Seigneur. Or Samuel jugea les enfants d'Israël à Masphath.

7 Les Philistins ayant appris que les enfants d'Israël s'étaient assemblés à Masphath, leurs princes marchèrent contre Israël : ce que les enfants d'Israël ayant appris, ils eurent peur des Philistins.

8 Et ils dirent a Samuel : Ne cessez point de crier pour nous au Seigneur, notre Dieu, afin qu'il nous sauve de la main des Philistins.

9 Samuel prit un agneau qui tétait encore ; il l'offrit tout entier en holocauste au Seigneur. Samuel cria au Seigneur pour Israël, et le Seigneur l'exauça.

10 Lorsque Samuel offrait son holocauste, les Philistins commencèrent le combat contre Israël, et le Seigneur fit éclater en ce jour-là son tonnerre avec un bruit épouvantable sur les Philistins, et les frappa de terreur. Ainsi ils furent défaits par Israël.

11 Les Israélites étant sortis de Masphath, poursuivirent les Philistins en les taillant en pièces jusqu'au lieu qui est au-dessous de Bethchar.

12 Et Samuel prit une pierre qu'il mit entre Masphath et Sen ; et il appela ce lieu, la Pierre du secours, en disant : Le Seigneur est venu jusqu'ici à notre secours.

13 Les Philistins furent alors humiliés, et ils n'osèrent plus venir sur les terres d'Israël. Car la main du Seigneur fut sur les Philistins tant que Samuel gouverna *le peuple.*

14 Les villes que les Philistins avaient prises sur Israël, depuis Accaron jusqu'à Geth, furent rendues avec toutes leurs terres au peuple d'Israël. Ainsi Samuel délivra les Israélites de la main des Philistins ; et il y avait paix entre Israël et les Amorrhéens.

15 Samuel jugea Israël pendant tous les jours de sa vie.

16 Il allait tous les ans à Béthel, à Gaigala et à Masphath, et il y rendait la justice à Israël.

17 Il retournait *de là* à Ramatha, qui était le lieu de sa demeure, et où il jugeait aussi le peuple. Il y bâtit même un autel au Seigneur.

CHAPITRE VIII.

SAMUEL étant devenu vieux, établit ses enfants pour juges sur Israël.

2 Son fils aîné s'appelait Joël, et le second Abia. *Ils exerçaient la fonction de* juges dans Bersabée.

3 Mais ils ne marchèrent point dans ses voies : ils se laissèrent corrompre par l'avarice, reçurent des présents, et rendirent des

jugements injustes.

4 Tous les anciens d'Israël s'étant donc assemblés, vinrent trouver Samuel à Ramatha,

5 et lui dirent : Vous voilà devenu vieux, et vos enfants ne marchent point dans vos voies. Etablissez donc sur nous un roi, comme en ont toutes les nations, afin qu'il nous juge.

6 Cette proposition déplut à Samuel, voyant qu'ils lui disaient : Donnez-nous un roi, afin qu'il nous juge. Il offrit sa prière au Seigneur,

7 et le Seigneur lui dit : Ecoutez la voix de ce peuple dans tout ce qu'ils vous disent : car ce n'est point vous, mais c'est moi qu'ils rejettent, afin que je ne règne point sur eux.

8 C'est ainsi qu'ils ont toujours fait depuis le jour où je les ai tirés de l'Egypte jusqu'aujourd'hui. Comme ils m'ont abandonné, et qu'ils ont servi des dieux étrangers, ils vous traitent aussi de même.

9 Ecoutez donc maintenant ce qu'ils vous disent ; mais protestez-leur de ma part, et déclarez-leur quel sera le droit du roi qui doit régner sur eux.

10 Samuel rapporta au peuple, qui lui avait demandé un roi, tout ce que le Seigneur lui avait dit ;

11 et il ajouta : Voici quel sera le droit du roi qui vous gouvernera : Il prendra vos enfants pour conduire ses chariots ; il s'en fera des gens de cheval, et les fera courir devant son char ;

12 il en fera ses officiers pour commander, les uns mille hommes, et les autres cent ; il prendra les uns pour labourer ses champs et pour recueillir ses blés, et les autres pour lui faire des armes et des chariots.

13 Il fera de vos filles des parfumeuses, des cuisinières et des boulangères.

14 Il prendra aussi ce qu'il y aura de meilleur dans vos champs, dans vos vignes, et dans vos plants d'oliviers, et le donnera à ses serviteurs.

15 Il vous fera payer la dîme de vos blés et du revenu de vos vignes, pour avoir de quoi donner à ses eunuques et à ses officiers.

16 Il prendra vos serviteurs, vos servantes, et les jeunes gens les plus forts, avec vos ânes, et les fera travailler pour lui.

17 Il prendra aussi la dîme de vos troupeaux, et vous serez ses serviteurs.

18 Vous crierez alors contre votre roi que vous vous serez élu, et le Seigneur ne vous exaucera point, parce que c'est vous-mêmes qui avez demandé d'avoir un roi.

19 Le peuple ne voulut point écouter ce discours de Samuel : Non, lui dirent-ils, nous aurons un roi qui nous gouvernera :

20 nous serons comme toutes les autres nations : notre roi nous jugera, il marchera à notre tête, et il combattra pour nous dans toutes nos guerres.

21 Samuel ayant entendu toutes ces paroles du peuple, les rapporta au Seigneur.

22 Et le Seigneur dit à Samuel : Faites ce qu'ils vous disent, et donnez-leur un roi qui les gouverne. Samuel dit donc au peuple d'Israël : Que chacun retourne en sa ville.

CHAPITRE IX.

IL y avait un homme de la tribu de Benjamin qui s'appelait Cis. Il était fils d'Abiel, fils de Séror, fils de Béchorath, fils d'Aphia, fils d'un homme de la race de Benjamin. C'était un homme puissant et fort.

2 Il avait un fils appelé Saül, qui était parfaitement bien fait ; et de tous les enfants d'Israël il n'y en avait point de mieux fait que lui. Il était plus grand qu'aucun du peuple de toute la tête.

3 Or les ânesses de Cis, père de Saül, s'étant égarées, il dit à son fils Saül : Prenez avec vous un de mes serviteurs, et allez chercher ces ânesses. Ayant donc passé par la montagne d'Ephraïm,

4 et par le pays de Salisa, sans les avoir trouvées, ils parcoururent encore le pays de Salim sans les rencontrer, et le pays de Jémini sans en avoir de nouvelles.

5 Lorsqu'ils furent venus sur la terre de Suph, Saül dit à ce serviteur qui était avec lui : Allons, retournons-nous-en ; de peur que mon père ne commence à oublier ses ânesses, et ne soit plus en peine que de nous.

6 Le serviteur lui dit : Voici une ville où il y a un homme de Dieu qui est fort célèbre : tout ce qu'il dit arrive infailliblement. Allons donc le trouver présentement : peut-être qu'il nous donnera quelque lumière sur le sujet qui nous a fait venir ici.

7 Saül dit à son serviteur : Allons-y : mais que porterons-nous à l'homme de Dieu ? Le pain qui était dans notre sac nous a manqué, et nous n'avons ni argent ni quoi que ce soit pour donner à l'homme de Dieu.

8 Le serviteur répliqua à Saül : Voici le quart d'un sicle d'argent que j'ai trouvé sur moi : donnons-le à l'homme de Dieu, afin qu'il nous découvre ce que nous devons faire.

9 (Autrefois dans Israël tous ceux qui allaient consulter Dieu, s'entre-disaient : Venez, allons au voyant. Car celui qui s'appelle aujourd'hui prophète, s'appelait alors le voyant.)

10 Saül répondit à son serviteur ; Vous dites très-bien. Venez, allons-y. Et ils allèrent dans la ville où était l'homme de Dieu.

11 Lorsqu'ils montaient par le coteau qui mène à la ville, ils trouvèrent des filles qui en sortaient pour aller puiser de l'eau ; et ils leur dirent : Le voyant est-il ici ?

12 Elles leur répondirent : Il y est ; le voilà devant vous : allez vite le trouver ; car il est venu aujourd'hui dans la ville, parce que le peuple doit offrir un sacrifice sur le lieu haut.

13 Vous ne serez pas plutôt entrés dans la ville, que vous le trouverez avant qu'il monte au lieu haut pour manger ; et le peuple ne mangera point jusqu'à ce qu'il soit venu, parce que c'est lui qui bénit l'hostie ; et après cela ceux qui y ont été appelés commencent à manger. Montez donc présentement : car aujourd'hui vous le trouverez.

14 Ils montèrent donc à la ville ; et y étant entrés, ils virent Samuel qui venait au-devant d'eux, prêt à monter au lieu haut.

15 Or le Seigneur avait révélé à Samuel la venue de Saül, le jour de devant qu'il fût arrivé, en lui disant :

16 Demain à cette même heure je vous enverrai un homme de la tribu de Benjamin, que vous sacrerez pour être le chef d'Israël, mon peuple ; et il sauvera mon peuple de la main des Philistins : parce que j'ai regardé mon peuple, et que leurs cris sont venus jusqu'à moi.

17 Samuel ayant donc envisagé Saül, le Seigneur lui dit : Voici l'homme dont je vous avais parlé : c'est celui-là qui régnera sur mon peuple.

18 Saül étant *encore* au milieu de *la place qui était à* la porte *de la ville*, s'approcha de Samuel, et lui dit : Je vous prie de me dire où est la maison du voyant.

19 Samuel répondit à Saül : C'est moi qui suis le voyant. Montez avant moi au lieu haut, afin que vous mangiez aujourd'hui avec moi ; et demain matin je vous renverrai. Je vous dirai tout ce que vous avez dans le cœur :

20 et pour les ânesses que vous avez perdues il y a trois jours, n'en soyez pas en peine, parce qu'elles sont retrouvées. Et à qui sera tout ce qu'il y a de meilleur dans Israël, sinon à vous et à toute la maison de votre père ?

21 Saül lui répondit : Ne suis-je pas de la tribu de Benjamin, qui est la plus petite d'Israël ? et ma famille n'est-elle pas la moindre de toutes celles de cette tribu ? Pourquoi donc me parlez-vous de cette sorte ?

22 Samuel ayant pris Saül et son serviteur, les mena dans la salle ; et les ayant fait asseoir au-dessus des conviés qui étaient environ trente personnes,

23 il dit au cuisinier : Servez ce morceau de viande que je vous ai donné, et que je vous ai commandé mettre à part.

24 Le cuisinier avant pris une épaule, la servit devant Saül. Et Samuel lui dit : Voilà ce qui est demeuré ; mettez-le devant vous, et mangez : parce que je vous l'ai fait garder exprès lorsque j'ai invité le peuple. Et Saül mangea ce jour-là avec Samuel.

25 Après cela ils descendirent du lieu haut dans la ville. Samuel parla à Saül sur la terrasse du logis, et il y fit préparer un lit où

Saül dormit.

26 S'étant levés au matin lorsqu'il faisait déjà jour, Samuel appela Saül qui était sur la terrasse, et lui dit : Venez, que je vous renvoie. Saül étant allé à lui, ils sortirent tous deux, lui et Samuel.

27 Et lorsqu'ils descendaient au bas de la ville, Samuel dit à Saül : Dites à votre serviteur qu'il passe, et qu'il aille devant nous. Pour vous, demeurez un peu, afin que je vous fasse savoir ce que le Seigneur m'a dit.

CHAPITRE X.

EN même temps Samuel prit une petite fiole d'huile, qu'il répandit sur la tête de Saül, et il le baisa, et lui dit : Le Seigneur par cette onction vous sacre pour prince sur son héritage ; et vous délivrerez son peuple de la main de ses ennemis qui l'environnent. Voici la marque que vous aurez que Dieu vous a sacré pour prince :

2 Lorsque vous m'aurez quitté aujourd'hui, vous trouverez deux hommes près du sépulcre de Rachel sur la frontière de Benjamin vers le midi, qui vous diront : Les ânesses que vous étiez allé chercher, sont retrouvées, votre père n'y pense plus : mais il est en peine de vous ; et il dit : Que ferai-je pour retrouver mon fils ?

3 Lorsque vous serez sorti de là, et qu'ayant passé outre vous serez arrivé au chêne de Thabor, vous serez rencontré là par trois hommes qui iront adorer Dieu a Béthel, dont l'un portera trois chevreaux, l'autre trois tourteaux, et l'autre une bouteille de vin.

4 Après qu'ils vous auront salué, ils vous donneront deux pains, et vous les recevrez de leurs mains.

5 Vous viendrez après à la colline de Dieu, où il y a une garnison de Philistins ; lorsque vous serez entré dans la ville, vous rencontrerez une troupe de prophètes qui descendront du lieu haut, précédés de personnes qui ont des lyres, des tambours, des flûtes et des harpes, et ces prophètes prophétiseront.

6 En même temps l'Esprit du Seigneur se saisira de vous ; vous prophétiserez avec eux, et vous serez changé en un autre homme.

7 Lors donc que tous ces signes vous seront arrivés, faites tout ce qui se présentera à faire, parce que le Seigneur sera avec vous.

8 Vous irez avant moi à Galgala, où j'irai vous trouver, afin que vous offriez un sacrifice *au Seigneur*, et que vous lui immoliez des victimes pacifiques. Vous m'attendrez pendant sept jours, jusqu'à ce que je vienne vous trouver, et que je vous déclare ce que vous aurez à faire.

9 Aussitôt donc que Saül se fut retourné en quittant Samuel, Dieu lui changea le cœur, et lui en donna un autre, et tous ces signes lui arrivèrent le même jour.

10 Lorsqu'il fut venu avec son serviteur à la colline qui lui avait été marquée, il fut rencontré par une troupe de prophètes. L'Esprit du Seigneur se saisit de lui, et il prophétisa au milieu d'eux.

11 Tous ceux qui l'avaient connu peu auparavant, voyant qu'il était avec les prophètes et qu'il prophétisait, s'entredisaient : Qu'est-il donc arrivé au fils de Cis ? Saül est-il aussi prophète ?

12 Et d'autres leur répondaient : Et qui est le père des autres prophètes ? C'est pourquoi cette parole passa en proverbe : Saül est-il aussi prophète ?

13 Saül ayant cessé de prophétiser, vint au haut lieu ;

14 et son oncle lui dit, à lui et à son serviteur : Où avez-vous donc été ? Ils lui répondirent : *Nous avons été* chercher des ânesses ; et ne les ayant point trouvées, nous nous sommes adressés à Samuel.

15 Son oncle lui dit : Dites-moi ce que Samuel vous a dit.

16 Saül répondit à son oncle : Il nous a appris que les ânesses étaient retrouvées. Mais il ne découvrit rien à son oncle de ce que Samuel lui avait dit touchant sa royauté.

17 *Après cela* Samuel fit assembler tout le peuple devant le Seigneur à Maspha,

18 et il dit aux enfants d'Israël : Voici ce que dit le Seigneur, le Dieu d'Israël : C'est moi qui ai tiré Israël de l'Egypte, et qui vous ai délivrés de la main des Egyptiens, et de la main de tous les rois qui vous affligeaient.

19 Mais vous avez aujourd'hui rejeté votre Dieu, qui seul vous a sauvés de tous les maux et de toutes les misères qui vous accablaient. Nous ne vous écouterons point, m'avez-vous répondu ; mais établissez un roi sur nous. Maintenant donc présentez-vous devant le Seigneur, chacun dans le rang de sa tribu et de sa famille.

20 Et Samuel ayant jeté le sort sur toutes les tribus d'Israël, le sort tomba sur la tribu de Benjamin.

21 Il jeta ensuite le sort sur les familles de la tribu de Benjamin ; et le sort tomba sur la famille de Métri, et enfin jusque sur la personne de Saül, fils de Cis. On le chercha donc ; mais il ne se trouva point.

22 Ils consultèrent ensuite le Seigneur, pour savoir s'il viendrait en ce lieu-là ; et le Seigneur leur répondit : Vous le trouverez caché dans sa maison.

23 Ils y coururent donc, le prirent, et l'emmenèrent ; et lorsqu'il fut au milieu du peuple, il parut plus grand que tous les autres de toute la tête.

24 Samuel dit alors à tout le peuple : Vous voyez quel est celui que le Seigneur a choisi, et qu'il n'y en a point dans tout le peuple qui lui soit semblable. Et tout le peuple s'écria : Vive le roi !

25 Samuel prononça ensuite devant le peuple la loi du royaume, qu'il écrivit dans un livre, et il le mit en dépôt devant le Seigneur. Après cela Samuel renvoya tout le peuple chacun chez soi.

26 Saül s'en retourna aussi chez lui à Gabaa, accompagné d'une partie de l'armée, *qui étaient* ceux dont Dieu avait touché le cœur.

27 Les enfants de Bélial commencèrent à dire au contraire : Comment celui-ci pourrait-il nous sauver ? Et ils le méprisèrent, et ne lui firent point de présents ; mais Saül faisait semblant de ne les entendre pas.

CHAPITRE XI.

ENVIRON un mois après, Naas, roi des Ammonites, se mit en campagne, et attaqua Jabès en Galaad. Et tous les habitants de Jabès dirent à Naas : Recevez-nous à composition, et nous vous serons assujettis.

2 Naas, roi des Ammonites, leur répondit : La composition que je ferai avec vous, sera de vous arracher à tous l'œil droit, et de vous rendre l'opprobre de tout Israël.

3 Les anciens de Jabès lui répondirent : Accordez-nous sept jours, afin que nous envoyions des courriers dans tout Israël ; et s'il ne se trouve personne pour nous défendre, nous nous rendrons à vous.

4 Les courriers étant venus à Gabaa, où Saül demeurait, firent ce rapport devant le peuple ; et tout le peuple élevant la voix se mit à pleurer.

5 Saül retournait alors de la campagne en suivant ses bœufs, et il dit : Qu'a le peuple pour pleurer de cette sorte ? Ou lui raconta ce que les habitants de Jabès avaient envoyé dire.

6 Aussitôt que Saül eut entendu ces paroles, l'Esprit du Seigneur se saisit de lui, et il entra dans une grande colère.

7 Il prit ses deux bœufs, les coupa en morceaux, et les envoya par les courriers *de Jabès* dans toutes les terres d'Israël, en disant : C'est ainsi qu'on traitera les bœufs de tous ceux qui ne se mettront point eu campagne pour suivre Saül et Samuel. Alors le peuple fut frappé de la crainte du Seigneur, et ils sortirent *tous en armes* comme s'ils n'eussent été qu'un seul homme.

8 Saül en ayant fait la revue à Bézech, il se trouva dans son armée trois cent mille hommes des enfants d'Israël, et trente mille de la tribu de Juda.

9 Et ils firent cette réponse aux courriers qui étaient venus de Jabès : Vous direz ceci aux habitants de Jabès en Galaad : Vous serez secourus demain, lorsque le soleil sera dans sa force. Les courriers portèrent donc cette nouvelle aux habitants de Jabès, qui la reçurent avec grande joie.

10 Et ils dirent *aux Ammonites : Demain* au matin nous nous rendrons à vous, et vous nous traiterez comme il vous plaira.

11 Le lendemain étant venu, Saül divisa son armée en trois corps ; et étant entré dès la pointe du jour dans le camp *des ennemis*, il tailla en pièces les Ammonites jusqu'à ce que le soleil fût dans sa

force. Ceux qui échappèrent furent dispersés çà et là, sans qu'il en demeurât seulement deux ensemble.

12 Alors le peuple dit à Samuel : Qui sont ceux qui ont dit : Saül sera-t-il notre roi ? Donnez-nous ces gens-là, et nous les ferons mourir présentement.

13 Mais Saül leur dit : On ne fera mourir personne en ce jour, parce que c'est le jour auquel le Seigneur a sauvé Israël.

14 Après cela Samuel dit au peuple : Venez, allons à Galgala, et y renouvelons l'élection du roi.

15 Tout le peuple alla donc à Galgala, et il y reconnut *de nouveau* Saül pour roi en la présence du Seigneur. Ils immolèrent au Seigneur des victimes pacifiques ; et Saül et tous les Israélites firent en ce lieu-là une très-grande réjouissance.

CHAPITRE XII.

ALORS Samuel dit à tout *le peuple d'*Israël : Vous voyez que je me suis rendu à tout ce que vous m'avez demandé, et que je vous ai donné un roi.

2 Votre roi maintenant marche à votre tête. Pour moi je suis vieux et *déjà tout* blanc, et mes enfants sont avec vous. Ayant donc vécu parmi vous depuis ma jeunesse jusqu'à ce jour, me voici prêt *à répondre de toute ma vie.*

3 Déclarez devant le Seigneur et devant son christ, si j'ai pris le bœuf ou l'âne de personne ; si j'ai imputé à quelqu'un de faux crimes ; si j'ai opprimé quelqu'un par violence ; si j'ai reçu des présents de qui que ce soit ; et je vous ferai connaître le peu d'attache que j'y ai, en vous le rendant présentement.

4 Ils lui répondirent : Vous ne nous avez point opprimés ni par de fausses accusations, ni par violence, et vous n'avez rien pris de personne.

5 Samuel ajouta : Le Seigneur m'est donc témoin aujourd'hui contre vous, et son christ m'est aussi témoin, que vous n'avez rien trouvé en moi *qu'on puisse me reprocher*. Le peuple lui répondit : Oui, ils en sont témoins.

6 Alors Samuel dit au peuple : Le Seigneur qui a fait Moïse et Aaron, et qui a tiré nos pères de la terre d'Egypte *m'est donc témoin.*

7 Venez maintenant en sa présence, afin que je vous appelle en jugement devant lui touchant toutes les miséricordes que le Seigneur a faites à vous et à vos pères.

8 *Vous savez* de quelle manière Jacob entra dans l'Egypte ; comment vos pères crièrent au Seigneur, et le Seigneur envoya Moïse et Aaron, tira vos pères de l'Egypte, et les établit en ce pays-ci.

9 Ils oublièrent *depuis* le Seigneur, leur Dieu ; et il les livra entre les mains de Sisara, général d'armée d'Hasor, entre les mains des Philistins, et entre les mains du roi de Moab, qui combattirent contre eux.

10 Ils crièrent ensuite au Seigneur, et ils lui dirent : Nous avons péché, parce que nous avons abandonné le Seigneur, et servi Baal et Astaroth ; mais délivrez-nous maintenant de la main de nos ennemis, et nous vous servirons.

11 Et le Seigneur envoya Jérobaal, Badan, Jephté et Samuel ; il vous délivra de la main des ennemis qui vous environnaient, et vous avez habité *dans vos maisons* en une pleine assurance.

12 Cependant voyant que Naas, roi des enfants d'Ammon, marchait contre vous, vous êtes venus me dire : Non, *nous ne ferons point ce que vous dites ;* mais nous aurons un roi pour nous commander ; quoique alors le Seigneur, votre Dieu, fût le roi qui vous commandait.

13 Maintenant donc vous avez votre roi que vous avez choisi et que vous avez demandé. Vous voyez que le Seigneur vous a donné un roi.

14 Si vous craignez le Seigneur, si vous le servez, si vous écoutez sa voix, et que vous ne vous rendiez point rebelles à sa parole ; vous serez, vous et le roi qui vous commande, à la suite du Seigneur, votre Dieu, *comme son peuple.*

15 Mais si vous n'écoutez point la voix du Seigneur, et que vous rendiez rebelles à sa parole, la main du Seigneur sera sur vous, comme *elle a été* sur vos pères.

16 Et maintenant prenez garde, et considérez bien cette grande chose que le Seigneur va faire devant vos yeux.

17 Ne fait-on pas aujourd'hui la moisson du froment ? Et cependant je vais invoquer le Seigneur, et il fera éclater les tonnerres et tomber la pluie : afin que vous sachiez et que vous voyiez combien est grand devant le Seigneur le mal que vous avez fait en demandant un roi.

18 Samuel cria donc au Seigneur, et le Seigneur en ce jour-là fit éclater les tonnerres, et tomber la pluie.

19 Et tout le peuple fut saisi de la crainte du Seigneur et de Samuel. Et ils dirent tous ensemble à Samuel : Priez le Seigneur, votre Dieu, pour vos serviteurs, afin que nous ne mourions pas. Car nous avons encore ajouté ce péché à tous les autres que nous avions faits, de demander un roi qui nous gouverne.

20 Samuel répondit au peuple : Ne craignez point. *Il est vrai que* vous avez fait tout ce mal ; mais néanmoins ne quittez point le Seigneur, et servez-le de tout votre cœur.

21 Ne vous détournez point *de lui*, pour suivre des choses vaines, qui ne vous serviront point, et qui ne vous délivreront point, parce qu'elles sont vaines.

22 Le Seigneur n'abandonnera point son peuple à cause de son grand nom ; parce qu'il a juré qu'il vous rendrait son peuple.

23 Pour moi, Dieu me garde de commettre ce péché contre lui, que je cesse jamais de prier pour vous. Je vous enseignerai toujours la bonne et la droite voie.

24 Craignez donc le Seigneur, et servez-le dans la vérité, et de tout votre cœur : car vous avez vu les merveilles qu'il a faites parmi vous.

25 Si vous persévérez à faire le mal, vous périrez tous ensemble, vous et votre roi.

CHAPITRE XIII.

SAÜL était *comme* un enfant d'un an lorsqu'il commença de régner, et il régna deux ans sur Israël.

2 Il choisit trois mille hommes du peuple d'Israël, dont il y en avait deux mille avec lui à Machmas, et sur la montagne de Béthel, et mille avec Jonathas à Gabaa, *dans la tribu* de Benjamin ; et il renvoya le reste du peuple chacun chez soi.

3 Jonathas avec ses mille hommes battit la garnison des Philistins qui étaient à Gabaa. De quoi les Philistins furent aussitôt avertis ; et Saül le fit publier à son de trompe dans tout le pays, en disant : Que les Hébreux entendent ceci.

4 Ainsi le bruit se répandit dans tout Israël : Que Saül avait battu la garnison des Philistins, et qu'Israël s'était élevé contre eux : et le peuple s'assembla avec de grands cris auprès de Saül à Galgala.

5 Les Philistins s'assemblèrent aussi pour combattre contre Israël, ayant trente mille chariots, six mille chevaux, et une multitude de gens de pied aussi nombreuse que le sable qui est sur le rivage de la mer. Et ils vinrent se camper à Machmas, vers l'orient de Bethaven.

6 Les Israélites se voyant ainsi réduits à l'extrémité, le peuple fut tout abattu, et ils allèrent se cacher dans les cavernes, dans les lieux les plus secrets, dans les rochers, dans les antres et dans les citernes.

7 Les *autres* Hébreux passèrent le Jourdain, et *vinrent* au pays de Gad et de Galaad. Saül était encore à Galgala ; mais tout le peuple qui le suivait était dans l'effroi.

8 Il attendit sept jours, comme Samuel lui avait ordonné. Cependant Samuel ne venait point à Galgala, et peu à peu tout le peuple l'abandonnait.

9 Saül dit donc : Apportez-moi l'holocauste et les pacifiques. Et il offrit l'holocauste.

10 Lorsqu'il achevait d'offrir l'holocauste, Samuel arriva. Et Saül alla au-devant de lui pour le saluer.

11 Samuel lui dit : Qu'avez-vous fait ? Saül lui répondit ; Voyant que le peuple me quittait ; que vous n'étiez point venu au jour que

vous aviez dit ; et que les Philistins s'étaient assemblés à Machmas ;

12 j'ai dit *en moi-même* : Les Philistins vont venir m'attaquer à Galgala, et je n'ai point encore apaisé le Seigneur. Etant donc contraint par cette nécessité, j'ai offert l'holocauste.

13 Samuel dit à Saül : Vous avez fait une folie, et vous n'avez point gardé les ordres que le Seigneur, votre Dieu, vous avait donnés. Si vous n'aviez point fait cette faute, le Seigneur aurait maintenant affermi pour jamais votre règne sur Israël.

14 Mais votre règne ne subsistera point à l'avenir. Le Seigneur s'est pourvu d'un homme selon son cœur, et il a ordonné qu'il soit le chef de son peuple : parce que vous n'avez point observé les ordres qu'il vous a donnés.

15 Samuel s'en alla ensuite, et passa de Galgala à Gabaa *de la tribu* de Benjamin ; et le reste du peuple marchant avec Saül contre les troupes qui les attaquaient, passa aussi de Galgala à Gabaa, sur la colline de Benjamin. Saül ayant fait la revue du peuple qui était demeuré avec lui, trouva environ six cents hommes.

16 Saül et Jonathas, son fils, étaient donc à Gabaa de Benjamin avec ceux qui les avaient suivis ; et les Philistins étaient campés à Machmas.

17 Il sortit alors trois partis du camp des Philistins pour aller piller : l'un prit le chemin d'Ephra vers le pays de Suai ;

18 l'autre marcha comme pour aller à Beth-horon ; et le troisième tourna vers le chemin du coteau qui borne la vallée de Séboïm du côté du désert.

19 Or il ne se trouvait point de forgeron dans toutes les terres d'Israël. Car les Philistins avaient pris cette précaution, pour empêcher que les Hébreux ne forgeassent ni épées ni lances.

20 Et tous les Israélites étaient obligés d'aller chez les Philistins pour faire aiguiser le soc de leurs charrues, leurs hoyaux, leurs cognées et leurs serfouettes.

21 C'est pourquoi le tranchant des socs de leurs charrues, des boyaux, des fourches et des cognées était usé, sans qu'ils eussent seulement de quoi aiguiser une pointe.

22 Et lorsque le jour du combat fut venu, hors Saül et Jonathas, son fils, il ne se trouva personne de tous ceux qui les avaient suivis, qui eût une lance ou une épée à la main.

23 Et la garde avancée des Philistins étant sortie de Machinas, s'avança *vers Gabaa*.

CHAPITRE XIV.

UN jour il arriva que Jonathas, fils de Saül, dit à un jeune homme qui était son écuyer : Venez *avec moi*, et passons jusqu'à cette garde *avancée* des Philistins, qui est au delà de ce lieu que vous voyez. Et il n'en dit rien à son père.

2 Saul cependant était logé à l'extrémité de Gabaa, sous un grenadier qui était à Magron ; et il avait environ six cents hommes avec lui.

3 Achias, fils d'Achitob, frère d'Ichabod, fils de Phinéès, fils d'Héli, *grand* prêtre du Seigneur à Silo, portait l'éphod. Et le peuple ne savait point non plus où était allé Jonathas.

4 Le lieu par où Jonathas tâchait de monter au poste que les Philistins occupaient, était bordé de côté et d'autre de deux rochers fort hauts et fort escarpés, qui s'élevaient en pointe comme des dents : l'un s'appelait Bosès, et l'autre Séné.

5 L'un de ces rochers était situé du côté du septentrion, vis-à-vis de Machmas, et l'autre du côté du midi, vis-à-vis de Gabaa.

6 Jonathas dit donc au jeune homme, son écuyer : Venez, passons jusqu'au poste de ces incirconcis : peut-être que le Seigneur combattra pour nous ; car il lui est également aisé de donner la victoire avec un grand ou avec un petit nombre.

7 Son écuyer lui répondit : Faites tout ce qu'il vous plaira ; allez où vous voudrez, et je vous suivrai partout.

8 Jonathas lui dit : Nous allons vers ces gens-là. Lors donc qu'ils nous auront aperçus,

9 s'ils nous parlent de cette sorte : Demeurez là jusqu'à ce que nous allions à vous ; demeurons à notre place, et n'allons point à eux.

10 Mais s'ils nous disent : Montez vers nous ; montons-y : car ce sera la marque que le Seigneur les aura livrés entre nos mains.

11 Lors donc que la garde des Philistins les eut aperçus tous deux, les Philistins dirent : Voilà les Hébreux qui sortent des cavernes où ils s'étaient cachés.

12 Et les plus avancés de leur camp s'adressant à Jonathas et à son écuyer, leur dirent : Montez ici, et nous vous ferons voir quelque chose. Jonathas dit alors à son écuyer : Montons, suivez-moi : car le Seigneur les a livrés entre les mains d'Israël.

13 Jonathas monta donc, grimpant avec les mains et les pieds, et son écuyer derrière lui : aussitôt on vit les uns tomber sous la main de Jonathas, et son écuyer qui le suivait tuait les autres.

14 Ce fut là la première défaite des Philistins, où Jonathas et son écuyer tuèrent d'abord environ vingt hommes, dans la moitié d'autant de terre qu'une paire de bœufs peut en labourer dans un jour.

15 L'effroi se répandit aussitôt dans la campagne, par *toute* l'armée *des Philistins*. Tous les gens de leur camp qui étaient allés pour piller, furent frappés d'étonnement, tout le pays fut en trouble, et il parut que c'était Dieu qui avait fait ce miracle.

16 Les sentinelles de Saül qui étaient à Gabaa de Benjamin, jetant les yeux de ce côté-là, virent un grand nombre de gens étendus sur la place, et *d'autres* qui fuyaient en désordre çà et là.

17 Alors Saül dit à ceux qui étaient avec lui : Cherchez, et voyez qui est sorti de notre camp. Et quand on eut fait cette recherche, on trouva que Jonathas et son écuyer n'y étaient pas.

18 Saül dit donc à Achias : Consultez l'arche de Dieu. Car l'arche de Dieu était là alors avec les enfants d'Israël.

19 Pendant que Saül parlait au prêtre, on entendit un bruit confus *et* tumultueux, qui venant du camp des Philistins, s'augmentait peu à peu, et qui retentissait de plus en plus. Saül dit donc au prêtre : C'est assez.

20 Et aussitôt il jeta un grand cri, qui fut accompagné de celui de tout le peuple : et étant venus au lieu du combat, ils trouvèrent que les Philistins s'étaient percés l'un l'autre de leurs épées, et qu'il s'en était fait un grand carnage.

21 Les Hébreux aussi qui avaient été avec les Philistins il n'y avait que deux ou trois jours, et qui étaient allés dans leur camp avec eux, vinrent se rejoindre aux Israélites qui étaient avec Saül et Jonathas.

22 Tous les Israélites aussi qui s'étaient cachés dans la montagne d'Ephraïm, ayant appris que les Philistins fuyaient, se réunirent avec leurs gens pour les combattre ; et il y avait déjà environ dix mille hommes avec Saül.

23 En ce jour-là le Seigneur sauva Israël : on poursuivit les ennemis jusqu'à Beth-aven ;

24 et les Israélites se réunirent en ce jour-là. Saül fit alors devant le peuple cette protestation avec serment : Maudit soit celui qui mangera avant le soir, jusqu'à ce que je me sois vengé de mes ennemis ! C'est pourquoi tout le peuple s'abstint de manger.

25 En même temps ils vinrent tous dans un bois où la terre était couverte de miel.

26 Le peuple y étant entre, vit paraître ce miel qui découlait, et personne n'osa en porter à sa bouche, parce qu'ils craignaient le serment du roi.

27 Mais Jonathas n'avait point entendu cette protestation que son père avait faite avec serment devant le peuple : c'est pourquoi étendant la baguette qu'il tenait en sa main, il en trempa le bout dans un rayon de miel, et en ayant ensuite porté à sa bouche avec la main, ses yeux reprirent une nouvelle vigueur.

28 Quelqu'un du peuple lui dit : Votre père a engagé tout le peuple par serment, en disant : Maudit soit celui qui mangera d'aujourd'hui ! Or ils étaient tous extrêmement abattus.

29 Jonathas répondit : Mon père a troublé tout le monde : vous avez vu vous-mêmes que mes yeux ont repris une nouvelle vigueur, parce que j'ai goûté un peu de ce miel.

30 Combien donc le peuple se serait-il plus fortifié, s'il eût mangé

de ce qu'il a rencontré dans le pillage des ennemis ? La défaite des Philistins n'en aurait-elle pas été plus grande ?

31 Les Hébreux battirent les Philistins en ce jour-là, et les poursuivirent depuis Machmas jusqu'à Aïalou. Et le peuple étant extrêmement las,

32 se jeta sur le butin, prit des brebis, des bœufs et des veaux, et les tuèrent sur la place, et le peuple mangea *de la chair* avec le sang.

33 Saül en fut averti, et on lui dit, que le peuple avait péché contre le Seigneur en mangeant des viandes avec le sang. Saül leur dit : Vous avez violé la loi : qu'on me roule ici une grande pierre.

34 Et il ajouta : Allez par tout le peuple, et dites-leur : Que chacun amène ici son bœuf et son bélier : égorgez-les sur cette pierre, et après cela vous en mangerez, et vous ne pécherez pas contre le Seigneur en mangeant de la chair avec le sang. Chacun vint donc amener là son bœuf jusqu'à la nuit, et ils les tuèrent sur la pierre.

35 Alors Saül bâtit un autel au Seigneur ; et ce fut là la première fois qu'il lui éleva un autel.

36 Saül dit ensuite : Jetons-nous cette nuit sur les Philistins, et taillons-les en pièces jusqu'au point du jour sans qu'il en reste un seul d'entre eux. Le peuple lui répondit : Faites tout ce qu'il vous plaira. Alors le prêtre lui dit : Allons ici consulter Dieu.

37 Saül consulta donc le Seigneur, et lui dit : Poursuivrai-je les Philistins, et les livrerez-vous entre les mains d'Israël ? Mais le Seigneur ne lui répondit point pour cette fois.

38 Alors Saül dit : Faites venir ici tous les principaux du peuple ; qu'on s'informe, et qu'on sache qui est celui par qui le péché est venu aujourd'hui parmi nous.

39 Je jure par le Seigneur, qui est le Sauveur d'Israël, que si Jonathas, mon fils, se trouve coupable de ce péché, il mourra sans rémission. Et nul du peuple ne le contredit lorsqu'il parla de la sorte.

40 Saül dit donc à tout Israël : Mettez-vous tous d'un côté, et je me tiendrai moi et mon fils Jonathas de l'autre. Le peuple répondit à Saül : Faites tout ce qu'il vous plaira.

41 Et Saül dit au Seigneur, le Dieu d'Israël : Seigneur, Dieu d'Israël ! faites-nous connaître d'où vient que vous n'avez point répondu aujourd'hui à votre serviteur : si cette iniquité est en moi ou en mon dis Jonathas, découvrez-le-nous ; ou si elle est dans votre peuple, sanctifiez-le. Le sort tomba sur Jonathas et sur Saül, et le peuple fut hors *de péril*.

42 Saül dit alors : Jetez le sort entre moi et Jonathas, mon fils. Et le sort tomba sur Jonathas.

43 Saül dit donc à Jonathas : Découvrez-moi ce que vous avez fait. Jonathas avoua tout, et lui dit : J'ai pris un peu de miel au bout d'une baguette que je tenais à la main, et j'en ai goûté ; et je meurs pour cela.

44 Saül lui dit : Que Dieu me traite avec toute sa sévérité, si vous ne mourez très-certainement *aujourd'hui*, Jonathas !

45 Le peuple dit à Saül : Quoi donc ! Jonathas mourra-t-il, lui qui vient de sauver Israël d'une manière si merveilleuse ? Cela ne se peut. Nous jurons par le Seigneur qu'il ne tombera pas sur la terre un seul cheveu de sa tête : car il a agi aujourd'hui *trop visiblement* avec Dieu. Le peuple délivra donc Jonathas, et le sauva de la mort.

46 Après cela Saül se retira, sans poursuivre davantage les Philistins ; et les Philistins s'en retournèrent aussi chez eux.

47 Saül ayant ainsi affermi son règne sur Israël, combattait de tous côtés contre tous ses ennemis : contre Moab, contre les enfants d'Ammon, contre Edoni, contre les rois de Soba, et contre les Philistins. Et de quelque côté qu'il tournât ses armes, il en revenait victorieux.

48 Ayant assemblé son armée, il défit les Amalécites, et délivra Israël de la main de ceux qui pillaient toutes ses terres.

49 Or Saül eut *trois* fils, Jonathas, Jessui et Melchisua ; et deux filles, dont l'aînée s'appelait Mérob, et la plus jeune Michol.

50 La femme de Saül se nommait Achinoain, et était fille d'Achimaas. Le général de son année était Abner, fils de Ner, cousin germain de Saül.

51 Car Cis, père de Saül, et Ner, père d'Abner, *étaient tous deux* fils d'Abiel.

52 Pendant tout le règne de Saül il y eut une forte guerre contre les Philistins. Et aussitôt que Saül avait reconnu qu'un homme était vaillant, et propre à la guerre, il le prenait auprès de lui.

CHAPITRE XV.

APRÈS cela Samuel vint dire à Saül : *C'est moi que* le Seigneur a envoyé pour vous sacrer roi sur Israël, son peuple. Ecoutez donc maintenant ce que le Seigneur vous commande :

2 Voici ce que dit le Seigneur des armées : J'ai rappelé en ma mémoire tout ce qu'Amalec a fait *autrefois* à Israël, et de quelle sorte il s'opposa à lui dans son chemin lorsqu'il sortait de l'Egypte.

3 C'est pourquoi marchez contre Amalec, taillez-le en pièces, et détruisez tout ce qui est à lui. Ne lui pardonnez point : ne désirez rien de ce qui lui appartient ; mais tuez *tout*, depuis l'homme jusqu'à la femme, jusqu'aux petits enfants, et ceux qui sont encore à la mamelle, jusqu'aux bœufs, aux brebis, aux chameaux et aux ânes.

4 Saül commanda donc au peuple *de prendre les armes*, et en ayant fait la revue comme s'ils avaient été des agneaux, il se trouva deux cent mille hommes de pied, et dix mille hommes de la tribu de Juda.

5 Il marcha ensuite jusqu'à la ville d'Amalec, il dressa des embuscades le long du torrent ;

6 et il dit aux Cinéens : Allez, retirez-vous, séparez-vous des Amalécites, de peur que je ne vous enveloppe avec eux. Car vous avez usé de miséricorde envers tous les enfants d'Israël lorsqu'ils revenaient de l'Egypte. Les Cinéens se retirèrent donc du milieu des Amalécites.

7 Et Saül tailla en pièces les Amalécites, depuis Hévila jusqu'à Sur, qui est vis-à-vis de l'Egypte.

8 Il prit vif Agag, roi des Amalécites, et fit passer tout le peuple au fil de l'épée.

9 Mais Saül avec le peuple épargna Agag. Il réserva ce qu'il y avait de meilleur dans les troupeaux de brebis et de bœufs, dans les béliers, dans les meubles et les habits, et généralement tout ce qui était de plus beau ; et ils ne voulurent point le perdre : mais ils tuèrent, ou ils détruisirent tout ce qui se trouva de vil et de méprisable.

10 Le Seigneur adressa alors sa parole à Samuel, et lui dit :

11 Je me repens d'avoir fait Saül roi, parce qu'il m'a abandonné, et qu'il n'a point exécuté mes ordres. Samuel en fut tout attristé, et il cria au Seigneur toute la nuit.

12 Et s'étant levé avant le jour pour aller trouver Saül au matin, on vint lui dire que Saül était venu sur le Carmel, où il s'était dressé un arc de triomphe, et qu'au sortir de là il était descendu à Galgala. Samuel vint donc trouver Saül, qui offrait au Seigneur un holocauste des prémices du butin qu'il avait emmené d'Amalec.

13 Samuel s'étant approché de Saül, Saül lui dit : Béni soyez-vous du Seigneur ! J'ai accompli la parole du Seigneur.

14 Samuel lui dit : D'où vient donc ce bruit de troupeaux de brebis et de bœufs que j'entends ici, et qui retentit à mes oreilles ?

15 Saül lui dit : On les a amenés d'Amalec : car le peuple a épargné ce qu'il y avait de meilleur parmi les brebis et les bœufs, pour les immoler au Seigneur, votre Dieu ; et nous avons tué tout le reste.

16 Samuel dit à Saül : Permettez-moi de vous dire ce que le Seigneur m'a dit cette nuit. Dites, répondit Saül.

17 Samuel ajouta : Lorsque vous étiez petit à vos yeux, n'êtes-vous pas devenu le chef de toutes les tribus d'Israël ? Le Seigneur vous a sacré roi sur Israël ;

18 il vous a envoyé à cette guerre, et il vous a dit : Allez, faites passer au fil de l'épée les Amalécites qui sont des méchants : combattez contre eux jusqu'à ce que vous ayez tout tué.

19 Pourquoi donc n'avez-vous point écouté la voix du Seigneur ? pourquoi vous êtes-vous laissé aller au désir du butin, et pourquoi avez-vous péché aux yeux du Seigneur ?

20 Saül dit à Samuel : Au contraire, j'ai écouté la voix du Seigneur : j'ai exécuté l'entreprise pour laquelle il m'avait envoyé ; j'ai amené Agag, roi d'Amalec, et j'ai tué les Amalécites.
21 Mais le peuple a pris du butin, des brebis et des bœufs, qui sont les prémices de ce qui a été tué, pour les immoler au Seigneur, son Dieu, à Galgala.
22 Samuel lui répondit : Sont-ce des holocaustes et des victimes que le Seigneur demande ? et ne demande-t-il pas plutôt que l'on obéisse à sa voix ? L'obéissance est meilleure que les victimes, et il vaut mieux se rendre à sa voix, que de lui offrir les béliers les plus gras.
23 Car la désobéissance *aux ordres du Seigneur* est un péché égal à celui de la magie ; et la résistance *à sa volonté* est un crime égal à l'idolâtrie. Puis donc que vous avez rejeté la parole du Seigneur, le Seigneur vous a rejeté, et il ne veut plus que vous soyez roi.
24 Saül dit à Samuel : J'ai péché, parce que j'ai agi contre la parole du Seigneur, et contre ce que vous m'aviez dit, par la crainte du peuple, et par le désir de le satisfaire.
25 Mais portez, je vous prie, mon péché ; et venez avec moi, afin que j'adore le Seigneur.
26 Samuel répondit à Saül : Je n'irai point avec vous, parce que vous avez rejeté la parole du Seigneur, et que le Seigneur vous a rejeté, et ne veut plus que vous soyez roi d'Israël.
27 En même temps Samuel se retourna pour s'en aller ; mais Saül le prit par le coin de son manteau, qui se déchira.
28 Alors Samuel lui dit : Le Seigneur a déchiré aujourd'hui le royaume d'Israël, et vous l'a arraché des mains pour le donner à un autre, qui vaut mieux que vous.
29 Celui qui triomphe dans Israël, ne pardonnera point, et il demeurera inflexible sans se repentir de ce qu'il a fait : car il n'est pas un homme pour se repentir.
30 Saül lui dit : J'ai péché, mais honorez-moi maintenant devant les anciens de mon peuple et devant Israël ; et revenez avec moi, afin que j'adore le Seigneur, votre Dieu.
31 Samuel retourna donc, et suivit Saül ; et Saül adora le Seigneur.
32 Alors Samuel dit : Amenez-moi Agag, roi d'Amalec. On lui présenta Agag, qui était fort gras, et tout tremblant. Et Agag dit : Faut-il qu'une mort amère me sépare ainsi *de tout* ?
33 Samuel lui dit : Comme votre épée a ravi les enfants à tant de mères ; ainsi votre mère parmi les femmes sera sans enfants. Et il le coupa en morceaux devant le Seigneur à Galgala.
34 Samuel s'en retourna ensuite à Ramatha, et Saül s'en alla en sa maison à Gabaa.
35 Depuis ce jour-là Samuel ne vit plus Saül jusqu'au jour de sa mort ; mais il le pleurait sans cesse, parce que le Seigneur se repentait de l'avoir établi roi sur Israël.

CHAPITRE XVI.

ENFIN le Seigneur dit à Samuel : Jusqu'à quand pleurerez-vous Saül, puisque je l'ai rejeté, et que je ne veux plus qu'il règne sur Israël ? Emplissez d'huile la corne que vous avez, et venez, afin que je vous envoie à Isaï de Bethléhem : car je me suis choisi un roi entre ses enfants.
2 Samuel lui répondit : Comment irai-je ? car Saül l'apprendra, et il me fera mourir. Le Seigneur lui dit : Prenez avec vous un veau du troupeau, et vous direz : Je suis venu pour sacrifier au Seigneur.
3 Vous appellerez Isaï au *festin du* sacrifice ; je vous ferai savoir ce que vous aurez à faire, et vous sacrerez celui que je vous aurai montré.
4 Samuel fit donc ce que le Seigneur lui avait dit. Il vint à Bethléhem, et les anciens de la ville en furent tout surpris : ils allèrent au-devant de lui, et lui dirent : Nous apportez-vous la paix ?
5 Il leur répondit : Je vous apporte la paix : je suis venu pour sacrifier au Seigneur. Purifiez-vous, et venez avec moi, afin que j'offre la victime. Samuel purifia donc Isaï et ses fils, et les appela à son sacrifice.

6 Et lorsqu'ils furent entrés, Samuel dit en voyant Eliab ; Est-ce là celui que le Seigneur a choisi pour être son christ ?
7 Le Seigneur dit à Samuel : N'ayez égard ni à sa bonne mine, ni à sa taille avantageuse, parce que je l'ai rejeté, et que je ne juge pas des choses par ce qui en paraît aux yeux des hommes : car l'homme ne voit que ce qui paraît au dehors ; mais le Seigneur regarde le *fond du* cœur.
8 Isaï appela ensuite Abinadab, et le présenta à Samuel. Et Samuel lui dit : Ce n'est point non plus celui-là que le Seigneur a choisi.
9 Il lui présenta Samma ; et Samuel lui dit : Le Seigneur n'a point encore choisi celui-là.
10 Isaï fit donc venir ses sept fils devant Samuel ; et Samuel lui dit : Le Seigneur n'en a choisi aucun de ceux-ci.
11 Alors Samuel dit à Isaï : Sont-ce là tous vos enfants ? Isaï lui répondit : Il en reste encore un petit qui garde les brebis. Envoyez-le quérir, dit Samuel : car nous ne nous mettrons point à table qu'il ne soit venu.
12 Isaï l'envoya donc quérir, et le présenta *à Samuel*. Or il était roux, d'une mine avantageuse, et il avait le visage fort beau. Le Seigneur lui dit : Sacrez-le présentement, car c'est celui-là.
13 Samuel prit donc la corne pleine d'huile, et il le sacra au milieu de ses frères : depuis ce temps-là l'Esprit du Seigneur fut toujours en David. Et quant à Samuel, il s'en retourna à Ramatha.
14 Or l'Esprit du Seigneur se retira de Saül, et il était agité du malin esprit *envoyé* par le Seigneur.
15 Alors les officiers de Saül lui dirent : Vous voyez que le malin esprit *envoyé* de Dieu vous inquiète.
16 S'il plaît au *roi*, notre seigneur, de l'ordonner, vos serviteurs qui sont auprès de votre personne, chercheront un homme qui sache toucher la harpe, afin qu'il en joue lorsque le malin esprit envoyé par le Seigneur vous agitera, et que vous en receviez du soulagement.
17 Saül dit à ses officiers : Cherchez-moi donc quelqu'un qui sache bien jouer *de la harpe*, et amenez-le-moi.
18 L'un d'entre eux lui répondit : J'ai vu l'un des fils d'Isaï de Bethléhem, qui sait fort bien jouer *de la harpe*. C'est un jeune homme très-fort, propre à la guerre, sage dans ses paroles, d'une mine avantageuse ; et le Seigneur est avec lui.
19 Saül fit donc dire à Isaï : Envoyez-moi votre fils David, qui est avec vos troupeaux.
20 Isaï aussitôt prit un âne qu'il chargea de pain, d'une bouteille de vin et d'un chevreau, et il les envoya à Saül par son fils David.
21 David vint donc trouver Saül, et se présenta devant lui. Saül l'aima fort, et le fit son écuyer.
22 Il envoya ensuite dire à Isaï : Que David demeure auprès de ma personne : car il a trouvé grâce devant mes yeux.
23 Ainsi toutes les fois que l'esprit malin *envoyé* du Seigneur se saisissait de Saül, David prenait sa harpe et en jouait ; et Saül en était soulagé, et se trouvait mieux : car l'esprit malin se retirait de lui.

CHAPITRE XVII.

LES Philistins assemblèrent *de nouveau* toutes leurs troupes pour combattre *Israël :* ils se rendirent tous à Socho *dans la tribu* de Juda, et se campèrent entre Socho et Azéca, dans le pays de Dommim.
2 Saül d'autre part et les enfants d'Israël s'étant *aussi* assemblés, vinrent en la vallée du Térébinthe, et mirent leur armée en bataille pour combattre les Philistins.
3 Les Philistins étaient d'un côté sur une montagne, Israël était de l'autre sur une autre montagne ; et il y avait une vallée entre deux.
4 Or il arriva qu'un homme qui était bâtard sortit du camp des Philistins. Il s'appelait Goliath ; il était de Geth, et il avait six coudées et un palme de haut.
5 Il avait en tête un casque d'airain ; il était revêtu d'une cuirasse à écailles, qui pesait cinq mille sicles d'airain.
6 Il avait sur les cuisses des cuissards d'airain ; et un bouclier

d'airain lui couvrait les épaules.

7 La hampe de sa lance était comme ces grands bois dont se servent les tisserands ; et le fer de sa lance pesait six cents sicles de fer : et son écuyer marchait devant lui.

8 Cet homme vint se présenter devant les bataillons d'Israël, et leur criait : Pourquoi venez-vous donner bataille ? Ne suis-je pas Philistin, et vous serviteurs de Saül ? Choisissez un homme d'entre vous, et qu'il vienne se battre seul à seul.

9 S'il ose se battre contre moi et qu'il m'ôte la vie, nous serons vos esclaves ; mais si j'ai l'avantage sur lui, et que je le tue, vous serez nos esclaves, et vous nous serez assujettis.

10 Et ce Philistin disait : J'ai défié aujourd'hui toute l'armée d'Israël, et je leur ai dit : Donnez-moi un homme, et qu'il vienne se battre contre moi.

11 Saül et tous les Israélites entendant ce Philistin parler de la sorte, étaient frappés d'étonnement, et tremblaient de peur.

12 Or David était fils de cet homme d'Ephrata, dont il a été parlé auparavant, de la ville de Bethléhem en Juda, qui s'appelait Isaï et avait huit fils, et qui était l'un des plus vieux et des plus avancés en âge du temps de Saül.

13 Les trois plus grands de ses fils avaient suivi Saül à l'armée : l'aîné de ces trois qui étaient allés à la guerre, s'appelait Eliab, le second Abinadab, et le troisième Samma.

14 David était le plus petit de tous. Et les trois plus grands ayant suivi Saül,

15 il était revenu d'auprès de Saül, et s'en était allé à Bethléhem pour mener paître les troupeaux de son père.

16 Cependant ce Philistin se présentait au combat le matin et le soir, et cela dura pendant quarante jours.

17 Il arriva qu'*au même temps* Isaï dit à David, son fils : Prenez pour vos frères une mesure de farine *d'orge* et ces dix pains, et courez à eux jusqu'au camp.

18 Portez aussi ces dix fromages pour leur mestre de camp : voyez comment vos frères se portent, et sachez en quelle compagnie ils sont.

19 Or Saül, et ces fils d'Isaï, et tous les enfants d'Israël étaient prêts à combattre contre les Philistins en la vallée du Térébinthe.

20 David s'étant donc levé dès la pointe du jour, laissa à un homme le soin de son troupeau, et s'en alla chargé au camp, selon l'ordre qu'Isaï lui avait donné. Il vint au lieu appelé Magala, où l'armée s'était avancée pour donner bataille ; et l'on entendait déjà les cris *pour le signal* du combat.

21 Car Israël avait rangé en bataille toutes ses troupes ; et de l'autre côté les Philistins se préparaient à les combattre.

22 David ayant donc laissé au bagage tout ce qu'il avait apporté, entre les mains d'un homme pour en avoir soin, courut au lieu du combat, et s'enquit de l'état de ses frères, et s'ils se portaient bien.

23 Lorsqu'il leur parlait encore, ce Philistin de Geth, appelé Goliath, qui était bâtard, sortit du camp des Philistins ; et David lui entendit dire les mêmes paroles *qu'il disait toujours*.

24 Tous les Israélites ayant vu Goliath, fuirent devant lui tremblants de peur.

25 Et quelqu'un *du peuple* d'Israël se mit à dire : Voyez-vous cet homme qui se présente *au combat* ? Il vient pour insulter Israël. S'il se trouve un homme qui puisse le tuer, le roi le comblera de richesses, lui donnera sa fille en mariage, et rendra la maison de son père exempte de tribut dans Israël.

26 David dit donc à ceux qui étaient auprès de lui : Que donnera-t-on à celui qui tuera ce Philistin, et qui ôtera l'opprobre d'Israël ? Car qui est ce Philistin incirconcis, pour insulter ainsi l'armée du Dieu vivant ?

27 Et le peuple lui répétait les mêmes choses, en disant : On donnera telle récompense à celui qui l'aura tué.

28 Mais Eliab, frère aîné de David, l'ayant entendu parler ainsi avec d'autres, se mit en colère contre lui, et lui dit : Pourquoi êtes-vous venu, et pourquoi avez-vous abandonné dans le désert ce peu de brebis *que nous avons* ? Je sais quel est votre orgueil et la malignité de votre cœur, et que vous n'êtes venu ici que pour voir le combat.

29 David lui dit : Qu'ai-je fait ? N'est-il pas permis de parler ?

30 Et s'étant un peu détourné de lui, il s'en alla vers un autre, et il dit la même chose ; et le peuple lui répondit comme auparavant.

31 Or ces paroles de David ayant été entendues, elles furent rapportées à Saül.

32 Et Saül l'ayant fait venir devant lui, David lui parla de cette sorte : Que personne ne s'épouvante de ce Philistin ; votre serviteur est prêt à aller le combattre.

33 Saül lui dit : Vous ne sauriez résister à ce Philistin, ni combattre contre lui ; parce que vous êtes *encore* tout jeune, et que celui-ci est un homme nourri à la guerre depuis sa jeunesse.

34 David répondit à Saül : Lorsque votre serviteur menait paître le troupeau de son père, il venait quelquefois un lion ou un ours qui emportait un bélier du milieu du troupeau.

35 Alors je courais après eux, je les battais, et je leur arrachais *le bélier* d'entre les dents ; et lorsqu'ils se jetaient sur moi, je les prenais à la gorge, je les étranglais et je les tuais.

36 C'est ainsi que votre serviteur a tué un lion et un ours ; et il en sera autant de ce Philistin incirconcis. J'irai *contre lui*, et je ferai cesser l'opprobre du peuple. Car qui est ce Philistin incirconcis qui ose maudire l'armée du Dieu vivant ?

37 Et David ajouta : Le Seigneur qui m'a délivré des griffes du lion et de la gueule de l'ours, me délivrera encore de la main de ce Philistin. Saül dit donc à David : Allez, et que le Seigneur soit avec vous !

38 Il le revêtit ensuite de ses armes, lui mit sur la tête un casque d'airain, et l'arma d'une cuirasse.

39 Et David s'étant mis une épée au côté, commença à essayer s'il pourrait marcher avec ces armes, ne l'ayant point fait jusqu'alors. Et il dit à Saül : Je ne saurais marcher ainsi ; parce que je n'y suis pas accoutumé. Ayant donc quitté ces armes,

40 il prit le bâton qu'il avait toujours à la main ; il choisit dans le torrent cinq pierres très-polies, et les mit dans sa panetière qu'il avait sur lui ; et tenant à la main sa fronde, il marcha contre le Philistin.

41 Le Philistin s'avança aussi, et s'approcha de David, ayant devant lui son écuyer.

42 Et lorsqu'il eut aperçu David, et qu'il l'eut envisagé, *voyant que* c'était un jeune homme roux et fort beau, il le méprisa,

43 et lui dit : Suis-je un chien, pour que tu viennes à moi avec un bâton ? Et ayant maudit David *en jurant* par ses dieux,

44 il ajouta : Viens à moi, et je donnerai ta chair à manger aux oiseaux du ciel et aux bêtes de la terre.

45 Mais David dit au Philistin : Tu viens à moi avec l'épée, la lance et le bouclier ; mais moi je viens à toi au nom du Seigneur des armées, du Dieu des troupes d'Israël, auxquelles tu as insulté aujourd'hui.

46 Le Seigneur te livrera entre mes mains ; je te tuerai, et je te couperai la tête ; et je donnerai aujourd'hui les corps morts des Philistins aux oiseaux du ciel et aux bêtes de la terre : afin que toute la terre sache qu'il y a un Dieu dans Israël,

47 et que toute cette multitude d'hommes reconnaisse que ce n'est point par l'épée ni par la lance que le Seigneur sauve ; parce qu'il est l'arbitre de la guerre, et ce sera lui qui vous livrera entre nos mains.

48 Le Philistin s'avança donc, et marcha contre David. Et lorsqu'il en fut proche, David se hâta, et courut contre lui pour le combattre.

49 Il mit la main dans sa panetière, il en prit une pierre, la lança avec sa fronde, et en frappa le Philistin dans le front. La pierre s'enfonça dans le front du Philistin, et il tomba le visage contre terre.

50 Ainsi David remporta la victoire sur le Philistin avec une fronde et une pierre *seule :* il le renversa par terre, et le tua. Et comme il n'avait point d'épée à la main,

51 il courut, et se jeta sur le Philistin : il prit son épée, la tira du fourreau, et acheva de lui ôter la vie en lui coupant la tête. Les Philistins voyant que le plus vaillant d'entre eux était mort, s'enfuirent.

52 Et les Israélites et ceux de Juda s'élevant avec un grand cri, les poursuivirent jusqu'à la vallée et aux portes d'Accaron. Et plusieurs des Philistins tombèrent percés de coups dans le chemin de Saraïm, jusqu'à Geth et Accaron.

53 Les enfants d'Israël étant revenus après avoir poursuivi les Philistins, pillèrent leur camp.

54 Et David prit la tête du Philistin, la porta à Jérusalem, et mit ses armes dans son logement.

55 Lorsque Saül vit David qui marchait pour combattre le Philistin, il dit à Abner, général de son armée : Abner, de quelle famille est ce jeune homme ? Abner lui répondit : Seigneur, je vous jure que je n'en sais rien.

56 Et le roi lui dit : Enquérez-vous de qui ce jeune homme est fils.

57 Et lorsque David fut retourné du combat après avoir tué le Philistin, Abner l'emmena et le présenta à Saül, ayant la tête du Philistin à la main.

58 Et Saül dit à David : Jeune homme, de quelle famille êtes-vous ? David lui répondit : Je suis fils de votre serviteur Isaï, qui est de Bethléhem.

CHAPITRE XVIII.

LORSQUE David achevait de parler à Saül, l'âme de Jonathas s'attacha étroitement à celle de David, et il l'aima comme lui-même.

2 Saül depuis ce jour-là voulut toujours avoir David auprès de lui, et il ne lui permit plus de retourner en la maison de son père.

3 David et Jonathas firent aussi alliance ensemble : car Jonathas l'aimait comme lui-même.

4 C'est pourquoi il se dépouilla de la tunique dont il était revêtu, et la donna à David avec le reste de ses vêtements, jusqu'à son épée, son arc et son baudrier.

5 David allait partout où Saül l'envoyait, et il se conduisait avec beaucoup de prudence ; et Saül lui donna le commandement sur des gens de guerre : il était fort aimé du peuple, et surtout des officiers de Saül.

6 Or, quand David revint après avoir tué le Philistin, les femmes sortirent de toutes les villes d'Israël au-devant du roi Saül en chantant et en dansant, témoignant leur réjouissance avec des tambours et des timbales.

7 Et les femmes dans leurs danses et dans leurs chansons se répondaient l'une à l'autre, et disaient : Saül en a tué mille, et David en a tué dix mille.

8 Cette parole mit Saül dans une grande colère, et lui déplut étrangement. Ils ont donné, dit-il, dix mille hommes à David, et à moi mille : que lui reste-t-il après cela que d'être roi ?

9 Depuis ce jour-là Saül ne regarda plus David de bon œil.

10 Le lendemain il arriva que l'esprit malin *envoyé* de Dieu se saisit de Saül, et il était agité au milieu de sa maison, comme un homme qui a perdu le sens. David jouait de la harpe devant lui, comme il avait accoutumé de faire ; et Saül ayant la lance à la main,

11 la poussa contre David, dans le dessein de le percer d'outre en outre avec la muraille : mais David se détourna, *et* évita le coup par deux fois.

12 Saül commença donc à appréhender David, voyant que le Seigneur était avec David, et qu'il s'était retiré de lui.

13 C'est pourquoi il l'éloigna d'auprès de sa personne, et lui donna le commandement de mille hommes. Ainsi David menait le peuple à la guerre et le ramenait.

14 David aussi se conduisait dans toutes ses actions avec grande prudence, et le Seigneur était avec lui.

15 Saül voyant donc qu'il était extraordinairement prudent, commença à s'en donner plus de garde.

16 Mais tout Israël et tout Juda aimait David, parce que c'était lui qui allait en campagne avec eux, et qui marchait à leur tête.

17 Alors Saül dit à David : Vous voyez Mérob, ma fille aînée ; c'est elle que je vous donnerai en mariage : soyez seulement courageux, et combattez pour le service du Seigneur. Et en même temps il disait en lui-même : Je ne veux point le tuer de ma main ; mais je veux qu'il meure par la main des Philistins.

18 David répondit à Saül : Qui suis-je moi ? quelle est la vie que j'ai menée, et quelle est dans Israël la famille de mon père, pour que je devienne gendre du roi ?

19 Mais le temps étant venu que Mérob, fille de Saül, devait être donnée à David, elle fut donnée en mariage à Hadriel, Molathite.

20 Michol, seconde fille de Saül, avait de l'affection pour David : ce qui ayant été rapporté à Saül, il en fut bien aise,

21 et il dit : Je donnerai celle-ci à David, afin qu'elle soit la cause de sa ruine, et qu'il tombe entre les mains des Philistins. C'est pourquoi il lui dit : Vous serez aujourd'hui mon gendre à deux conditions.

22 Et Saül donna cet ordre à ses serviteurs : Parlez à David comme de vous-mêmes, et dites-lui : Vous voyez que le roi a de la bonne volonté pour vous, et que tous ses officiers vous aiment. Pensez donc maintenant à devenir gendre du roi.

23 Les officiers de Saül dirent tout ceci à David. Et David leur répondit : Croyez-vous que ce soit peu de chose que d'être gendre du roi ? Pour moi je suis pauvre, je n'ai point de bien.

24 Les serviteurs de Saül lui rapportèrent ceci, et lui dirent : David nous a fait cette réponse.

25 Mais Saül leur dit : Voici ce que vous direz à David : Le roi n'a point besoin de douaire pour sa fille : il ne vous demande pour cela que cent prépuces de Philistins, afin que le roi soit vengé de ses ennemis. Mais le dessein de Saül était de faire tomber David entre les mains des Philistins.

26 Les serviteurs de Saül ayant rapporté à David ce que Saül leur avait dit, il agréa la proposition qu'ils lui firent pour devenir gendre du roi.

27 Peu de jours après il marcha avec les gens qu'il commandait ; et ayant tué deux cents Philistins, il en apporta les prépuces au roi, qu'il lui donna par compte, afin de devenir son gendre. Saül lui donna donc en mariage sa fille Michol.

28 Et il comprit clairement que le Seigneur était avec David. Quant à Michol, sa fille, elle avait beaucoup d'affection pour David.

29 Saül commença à le craindre de plus en plus ; et son aversion pour lui croissait tous les jours.

30 Les princes des Philistins se mirent *encore depuis* en campagne. Et d'abord qu'ils parurent, David fit paraître plus de conduite que tous les officiers de Saül ; de sorte que son nom devint très-célèbre.

CHAPITRE XIX.

OR Saül parla à Jonathas, son fils, et à tous ses officiers pour les porter à tuer David ; mais Jonathas, son fils, qui aimait extrêmement David,

2 vint lui en donner avis, et lui dit : Saül, mon père, cherche le moyen de vous tuer : c'est pourquoi tenez-vous sur vos gardes, je vous prie, demain matin : retirez-vous en un lieu secret, où vous vous tiendrez caché.

3 Et pour moi, je sortirai avec mon père, et je me tiendrai auprès de lui dans le champ où vous serez. Je parlerai de vous à mon père, et je viendrai vous dire tout ce que j'aurai pu apprendre.

4 Jonathas parla donc favorablement de David à Saül, son père, et lui dit : *Seigneur* roi, ne faites point de mal à David, votre serviteur, parce qu'il ne vous en a point fait, et qu'il vous a rendu *au contraire* des services très-importants.

5 Il a exposé sa vie à un extrême péril ; il a tué le Philistin, et le Seigneur a sauvé tout Israël d'une manière pleine de merveilles. Vous l'avez vu, et vous en avez eu de la joie. Pourquoi donc voulez-vous maintenant faire une faute en répandant le sang innocent, et en tuant David qui n'est point coupable ?

6 Saül ayant entendu ce discours de Jonathas, fut apaisé par ses raisons, et fit cette protestation : Vive le Seigneur, je vous promets qu'il ne mourra point !

7 Jonathas ensuite fit venir David, lui rapporta tout ce qui s'était

passé, le présenta de nouveau à Saül ; et David demeura auprès de Saül, comme il y avait été auparavant.

8 La guerre ensuite recommença, et David marcha contre les Philistins, les combattit, en tailla en pièces un grand nombre, et mit le reste en fuite.

9 *Alors* le malin esprit *envoyé* par le Seigneur se saisit *encore* de Saül : il était assis dans sa maison une lance à la main. Et comme David jouait de la harpe,

10 Saül tâcha de le percer de sa lance d'outre en outre avec la muraille ; mais David qui s'en aperçut, se détourna, et la lance, sans l'avoir blessé, donna dans la muraille. Il s'enfuit aussitôt, et se sauva ainsi pour cette nuit-là.

11 Saül envoya donc ses gardes en la maison de David pour s'assurer de lui, et le tuer le lendemain dès le matin. Michol, femme de David, lui rapporta tout ceci, et lui dit : Si vous ne vous sauvez cette nuit, vous êtes mort demain au matin.

12 Elle le descendit *aussitôt* en bas par une fenêtre. David s'échappa, s'enfuit et se sauva.

13 Michol ensuite prit une statue qu'elle coucha sur le lit de David. Elle lui mit autour de la tête une peau de chèvre avec le poil, et sur le corps la couverture du lit.

14 Saül envoya *dès le matin* des archers pour prendre David, et on leur dit qu'il était malade.

15 Il envoya encore d'autres gens avec ordre de le voir, et il leur dit : Apportez-le-moi dans son lit, afin qu'il meure.

16 Ces gens étant venus, on ne trouva sur le lit qu'une statue, qui avait la tête couverte d'une peau de chèvre.

17 Alors Saül dit à Michol : Pourquoi m'avez-vous trompé de la sorte, et pourquoi avez-vous laissé échapper mon ennemi ? Michol répondit à Saül : C'est qu'il m'a dit : Laissez-moi aller, ou je vous tuerai.

18 C'est ainsi que David s'enfuit, et se sauva ; et étant venu trouver Samuel à Ramatha, il lui rapporta la manière dont Saül l'avait traité, et ils s'en allèrent ensemble à Naïoth, où ils demeurèrent *quelque temps*.

19 Quelques gens vinrent en donner avis à Saül, et lui dirent : David est à Naïoth *auprès* de Ramatha.

20 Saül donc envoya des archers pour prendre David : mais les archers ayant vu une troupe de prophètes qui prophétisaient, et Samuel qui présidait parmi eux, ils furent saisis eux-mêmes de l'Esprit du Seigneur, et ils commencèrent à prophétiser comme les autres.

21 Saül en ayant été averti, envoya d'autres gens, qui prophétisèrent aussi comme les premiers. Il en envoya pour la troisième fois, et ils prophétisèrent encore. Et *alors* entrant dans une grande colère,

22 il s'en alla lui-même à Ramatha, s'avança jusqu'à la grande citerne qui est à Socho, et demanda en quel lieu étaient Samuel et David ; on lui répondit : Ils sont à Naïoth de Ramatha.

23 Aussitôt il s'y en alla, et fut saisi lui-même de l'Esprit du Seigneur ; et il prophétisait durant tout le chemin, jusqu'à ce qu'il fût arrivé à Naïoth près de Ramatha.

24 Il se dépouilla aussi lui-même de ses habits ; prophétisa avec les autres devant Samuel, et demeura nu par terre tout le jour et toute la nuit : ce qui donna lieu à ce proverbe : Saül est-il donc aussi devenu prophète ?

CHAPITRE XX.

OR David s'enfuit de Naïoth près de Ramatha ; et étant venu parler à Jonathas, il lui dit : Qu'ai-je fait ? Quel est mon crime ? Quelle faute ai-je commise contre votre père, pour l'obliger à vouloir ainsi m'ôter la vie ?

2 Jonathas lui dit : Non, vous ne mourrez point : car mon père ne fait aucune chose, ni grande ni petite, sans m'en parler. N'y aurait-il donc que cela seul qu'il aurait voulu me cacher ? Non, cela ne sera point.

3 Et il se lia de nouveau à David par serment. Mais David lui dit : Votre père sait très-bien que j'ai l'honneur d'être dans vos bonnes grâces : c'est pourquoi il aura dit en lui-même : Il ne faut point que Jonathas sache ceci, afin qu'il ne s'en afflige point : car je vous jure par le Seigneur, et je vous jure par votre vie, qu'il n'y a, pour ainsi dire, qu'un point entre ma vie et ma mort.

4 Jonathas lui répondit : Je ferai pour vous tout ce que vous me direz.

5 Il est demain, dit David, le premier jour du mois, et j'ai accoutumé de m'asseoir auprès du roi pour manger : permettez-moi donc de me cacher dans un champ jusqu'au soir du troisième jour.

6 Si votre père regardant *à côté de lui* me demande, vous lui répondrez : David m'a prié que j'agréasse qu'il fît promptement un tour à Bethléhem d'où il est, parce qu'il y a là un sacrifice solennel pour tous ceux de sa tribu.

7 S'il vous dit : A la bonne heure ; il n'y a rien à craindre pour votre serviteur : mais s'il se met en colère, soyez persuadé que sa mauvaise volonté est arrivée à son comble.

8 Faites-moi donc cette grâce, puisque vous avez voulu qu'étant votre serviteur, comme je le suis, nous nous promissions amitié l'un à l'autre en *la présence du* Seigneur : Si je suis coupable de quelque chose, ôtez-moi vous-même la vie ; mais ne m'obligez point de paraître devant votre père.

9 Jonathas lui dit : Dieu vous garde de ce malheur ! mais si je reconnais que la haine que mon père a conçue contre vous, soit sans remède, assurez-vous que je ne manquerai pas de vous le faire savoir.

10 David dit à Jonathas : S'il arrive que lorsque vous parlerez de moi à votre père, il vous donne une réponse fâcheuse, par qui le saurai-je ?

11 Jonathas lui répondit : Venez, et sortons à la campagne. Etant tous deux sortis dans les champs,

12 Jonathas dit à David : Seigneur Dieu d'Israël ! si je puis découvrir le dessein de mon père demain ou après-demain, et si voyant quelque chose de favorable pour David, je ne le lui envoie pas dire aussitôt, et ne le lui fais pas savoir,

13 traitez, ô Seigneur ! Jonathas avec toute votre sévérité. Mais si la mauvaise volonté de mon père continue toujours contre vous, je vous en donnerai avis, et je vous renverrai, afin que vous alliez en paix, et que le Seigneur soit avec vous comme il a été avec mon père.

14 Si je vis, vous me traiterez avec toute la bonté possible ; et si je meurs,

15 vous ne cesserez jamais d'en user avec bonté *et* compassion envers ma maison, quand le Seigneur aura exterminé les ennemis de David de dessus la terre jusqu'au dernier. *Si je vous manque de parole*, que Dieu retranche Jonathas de sa maison, et que le Seigneur venge David de ses ennemis.

16 Jonathas fit donc alliance avec la maison de David ; mais le Seigneur voulut punir les ennemis de David.

17 Jonathas conjura encore David *de ceci* pour l'amour qu'il lui portait, car il l'aimait comme sa vie.

18 Et il dit à David : C'est demain le premier jour du mois ; et on demandera où vous serez.

19 Car on verra votre place vide ces deux jours-ci. Vous viendrez donc promptement le jour d'après le sabbat ; vous vous rendrez au lieu où vous devez être caché, et vous vous tiendrez près de la pierre qui s'appelle Ezel.

20 Je tirerai trois flèches près de cette pierre, comme si je m'exerçais à tirer au blanc.

21 J'enverrai aussi un petit garçon, et je lui dirai : Allez, et apportez-moi mes flèches.

22 Si je lui dis : Les flèches sont en deçà de vous, ramassez-les : venez me trouver, car tout sera en paix pour vous ; et vous n'aurez rien à craindre, *je vous en assure* par le *nom du* Seigneur. Si je dis à l'enfant : Les flèches sont au delà de vous : allez-vous-en en paix ; parce que le Seigneur veut que vous vous retiriez.

23 Mais pour la parole que nous nous sommes donnée l'un à l'autre, que le Seigneur *en* soit *témoin* pour jamais entre vous et moi.

24 David se cacha donc dans le champ, et le premier jour du mois étant venu, le roi se mit à table pour manger ;

25 et étant assis, selon la coutume, sur son siège qui était contre la muraille, Jonathas se leva, Abner s'assit au côte de Saül, et la place de David demeura vide.

26 Saül n'en parla point ce premier jour, ayant cru que peut-être David ne se serait pas trouvé pur ce jour-là.

27 Le second jour étant venu, la place de David se trouva encore vide. Alors Saül dit à Jonathas, son fils : Pourquoi le fils d'Isaï n'est-il pas venu manger ni hier ni aujourd'hui ?

28 Jonathas répondit à Saül : Il m'a prié avec beaucoup d'instance d'agréer qu'il allât à Bethléhem,

29 en me disant : Laissez-moi aller, je vous prie, parce qu'il y a un sacrifice solennel en notre ville, et l'un de mes frères est venu me prier d'y aller : si donc j'ai trouvé grâce devant vos yeux, permettez-moi d'y faire un tour pour voir mes frères. C'est pour cela qu'il n'est pas venu manger avec le roi.

30 Alors Saül se mettant en colère contre Jonathas, lui dit : Fils de femme prostituée, est-ce que j'ignore que tu aimes le fils d'Isaï à ta honte et à la honte de ta mère infâme ?

31 Car tant que le fils d'Isaï vivra sur la terre, tu ne seras jamais en sûreté, ni pour ta vie, ni pour le droit que tu as à la couronne. Envoie donc présentement *le chercher*, et amène-le-moi : car il faut qu'il meure.

32 Jonathas répondit à Saül, son père : Pourquoi mourra-t-il ? qu'a-t-il fait ?

33 Saül prit une lance pour l'en percer. Jonathas reconnut donc que son père était résolu de faire mourir David ;

34 et il se leva de table tout en colère, et ne mangea point ce second jour, parce qu'il était affligé de l'état de David, et de ce que son père l'avait outragé lui-même.

35 Le lendemain dès le point du jour Jonathas vint dans le champ, selon qu'il en était demeuré d'accord avec David, et il amena avec lui un petit garçon,

36 auquel il dit : Allez, et rapportez-moi les flèches que je tire. L'enfant ayant donc couru *pour rapporter la première*, Jonathas en tira une autre plus loin.

37 L'enfant étant donc venu au lieu où était la *première* flèche que Jonathas avait tirée, Jonathas cria derrière lui, et lui dit : Voilà la flèche qui est au delà de vous.

38 Il lui cria encore, et lui dit : Allez vite, hâtez-vous, ne demeurez point. L'enfant ayant ramassé les flèches de Jonathas, les rapporta à son maître,

39 sans rien comprendre à ce qui se faisait : car il n'y avait que Jonathas et David qui le sussent.

40 Jonathas ensuite donna ses armes à l'enfant, et lui dit : Allez, et reportez-les à la ville.

41 Quand l'enfant s'en fut allé, David sortit du lieu où il était, qui regardait le midi. Il fit par trois fois une profonde révérence *à Jonathas* en se baissant jusqu'en terre ; et s'étant salués en se baisant, ils pleurèrent tous deux, mais David encore plus.

42 Jonathas dit donc à David : Allez en paix ; que ce que nous avons juré tous deux au nom du Seigneur *demeure ferme ;* et que le Seigneur, comme nous avons dit, soit témoin entre vous et moi, et entre votre race et ma race pour jamais.

43 David en même temps se retira, et Jonathas rentra dans la ville.

CHAPITRE XXI.

APRÈS cela David alla à Nobé vers le *grand* prêtre Achimélech. Achimélech fut surpris de sa venue, et lui dit : D'où vient que vous venez seul, et qu'il n'y a personne avec vous ?

2 David répondit au *grand* prêtre Achimélech : Le roi m'a donné un ordre, et m'a dit : Que personne ne sache pourquoi je vous envoie, ni ce que je vous ai commandé. J'ai même donné rendez-vous à mes gens en tel et tel lieu.

3 Si donc vous avez quelque chose à manger, quand ce ne serait que cinq pains, ou quoi que ce soit, donnez-le-moi.

4 Le *grand* prêtre répondit à David : Je n'ai point ici de pain pour le peuple : je n'ai que du pain qui est saint, pourvu que vos gens soient purs, particulièrement à l'égard des femmes.

5 David répondit au *grand* prêtre, et lui dit : Pour ce qui regarde les femmes, depuis hier et avant-hier que nous sommes partis, nous ne nous en sommes point approchés, et nos vêtements aussi étaient purs. Il est vrai qu'il y est arrivé quelque impureté *légale* en chemin ; mais ils en seront aujourd'hui purifiés.

6 Le *grand* prêtre lui donna donc du pain sanctifié : car il n'y en avait point là d'autre que les pains exposés devant le Seigneur, qui avaient été ôtés de devant sa présence, pour y en mettre de chauds en la place.

7 Or un certain homme des officiers de Saül se trouva alors au dedans du tabernacle du Seigneur. C'était un Iduméen, nommé Doëg, et le plus puissant d'entre les bergers de Saül.

8 David dit encore à Achimélech : N'avez-vous point ici une lance, ou une épée ? Car je n'ai point apporté avec moi mon épée, ni mes armes, parce que l'ordre du roi pressait fort.

9 Le *grand* prêtre lui répondit : Voilà l'épée de Goliath le Philistin, que vous avez tué dans la vallée du Térébinthe. Elle est enveloppée dans un drap derrière l'éphod. Si vous la voulez, prenez-la ; parce qu'il n'y en a point d'autre ici. David lui dit : Il n'y en a point qui vaille celle-là, donnez-la-moi.

10 David partit donc alors ; et s'enfuyant de devant Saül, il se réfugia vers Achis, roi de Geth.

11 Les officiers d'Achis ayant vu David, dirent à Achis : N'est-ce pas là ce David qui est *comme* roi dans son pays ? N'est-ce pas pour lui qu'on a chanté dans les danses publiques : Saül en a tué mille, et David dix mille ?

12 David fut frappé de ces paroles jusqu'au cœur ; et il commença à craindre extrêmement Achis, roi de Geth.

13 C'est pourquoi il se contrefit le visage devant les Philistins, il se laissait tomber entre leurs mains, il se heurtait contre les poteaux de la porte, et sa salive découlait sur sa barbe.

14 Achis dit donc à ses officiers : Vous voyiez bien que cet homme était fou : pourquoi me l'avez-vous amené ?

15 Est-ce que nous n'avons pas assez de fous sans nous amener celui-ci, afin qu'il fît des folies en ma présence ? Doit-on laisser entrer un tel homme dans ma maison ?

CHAPITRE XXII.

DAVID sortit donc *ainsi* de Geth, et se retira dans la caverne d'Odollam. Ses frères et toute la maison de son père l'ayant appris, vinrent l'y trouver.

2 Et tous ceux qui avaient de méchantes affaires, et ceux qui étaient accablés de dettes ou mécontents, s'assemblèrent auprès de lui. Il devint leur chef, et il se trouva avec lui environ quatre cents hommes.

3 Il s'en alla de là à Maspha, qui est au pays de Moab ; et il dit au roi de Moab : Je vous prie de permettre que mon père et ma mère demeurent avec vous, jusqu'à ce que je sache ce que Dieu ordonnera de moi.

4 Il les laissa auprès du roi de Moab, et ils y demeurèrent tout le temps que David fut dans cette forteresse.

5 Ensuite le prophète Gad dit à David : Ne demeurez point dans ce fort ; sortez-en, et allez en la terre de Juda. David partit donc de ce lieu-là, et vint dans le bois de Haret.

6 Saül aussitôt fut averti que David avait paru avec les gens qui l'accompagnaient. Pendant que Saül demeurait à Gabaa, un jour qu'il était dans un bois près de Rama, ayant une lance à la main, et étant environné de tous ses officiers,

7 il dit à tous ceux qui étaient auprès de lui : Ecoutez-moi, enfants de Benjamin : Le fils d'Isaï vous donnera-t-il à tous des champs et des vignes, et vous fera-t-il tous tribuns et centeniers,

8 pour que vous ayez tous conjuré contre moi, sans qu'il y ait personne qui me donne aucun avis *de ce que fait David* ; jusque-là même que mon fils s'est lié d'une étroite amitié avec le fils d'Isaï ? Il n'y en a pas un d'entre vous qui soit touché de mon malheur, ni qui m'avertisse *de ce qui se passe ;* à cause que mon

propre fils a soulevé contre moi l'un de mes serviteurs, qui ne cesse jusqu'aujourd'hui de me tendre des pièges pour me perdre.

9 Doëg, Iduméen, qui était alors présent, et le premier d'entre les officiers de Saül, lui repondit : J'ai vu le fils d'Isaï à Nobé, chez le *grand* prêtre Achimélech, fils d'Achitob,

10 qui a consulté le Seigneur pour lui, qui lui a donné des vivres, et l'épée même de Goliath le Philistin.

11 Le roi envoya donc quérir le *grand* prêtre Achimélech, fils d'Achitob, avec tous les prêtres de la maison de son père, qui étaient à Nobé ; et ils vinrent tous trouver le roi.

12 Saül dit alors à Achimélech : Ecoutez, fils d'Achitob. Achimélech lui répondit : Que vous plaît-il, seigneur ?

13 Saül ajouta : Pourquoi avez-vous conjuré contre moi, vous et le fils d'Isaï ? Pourquoi lui avez-vous donné des pains et une épée ? et pourquoi avez-vous consulté Dieu pour lui, afin qu'il s'élevât contre moi, lui qui ne cesse point jusqu'aujourd'hui de chercher des moyens pour me perdre ?

14 Achimélech répondit au roi : Y a-t-il ; quelqu'un entre tous vos serviteurs qui vous soit aussi fidèle que David, lui qui est le gendre du roi, qui marche pour exécuter vos ordres, et qui a tant d'autorité dans votre maison ?

15 Est-ce d'aujourd'hui que j'ai commencé à consulter le Seigneur pour lui ? J'étais bien éloigné de prétendre rien faire en cela contre votre service ; et je prie le roi de ne pas concevoir un soupçon si désavantageux ni de moi, ni de toute la maison de mon père : car pour ce qui est de ce que vous dites présentement *contre David*, votre serviteur n'en a su quoi que ce soit.

16 Le roi lui dit : Vous mourrez présentement, Achimélech, vous et toute la maison de votre père.

17 Et il dit ensuite aux gardes qui l'environnaient : Tournez *vos armes* contre les prêtres du Seigneur, et tuez-les : car ils sont d'intelligence avec David. Ils savaient bien qu'il s'enfuyait, et ils ne m'en ont point donné avis. Mais les officiers du roi ne voulurent point porter leurs mains sur les prêtres du Seigneur.

18 Alors le roi dit à Doëg : Vous, *Doëg,* allez et jetez-vous sur ces prêtres. Doeg, Iduméen, se tournant contre les prêtres, se jeta sur eux, et tua en ce jour-là quatre-vingt-cinq hommes qui portaient l'éphod de lin.

19 Il alla ensuite à Nobé, qui était la ville des prêtres, et il fit passer au fil de l'épée les hommes et les femmes, sans épargner les petits enfants, ni ceux mêmes qui étaient à la mamelle, ni les bœufs, ni les ânes, ni les brebis.

20 L'un des fils d'Achimélech, fils d'Achitob, qui s'appelait Abiathar, s'étant échappé de ce carnage, s'enfuit vers David,

21 et vint lui dire que Saül avait tué les prêtres du Seigneur.

22 David répondit à Abiathar : Je savais bien que Doëg l'Iduméen s'étant trouvé là lorsque j'y étais, ne manquerait pas d'avertir Saül. Je suis cause de la mort de toute la maison de votre père.

23 Demeurez avec moi, et ne craignez rien. Il faudra entreprendre sur ma vie, pour entreprendre sur la vôtre ; et si je suis en sûreté, vous y serez aussi.

CHAPITRE XXIII.

APRÈS cela on vint dire à David : Voilà les Philistins qui attaquent Céila, et qui pillent les granges.

2 Sur quoi David consulta le Seigneur, et lui dit : Marcherai-je contre les Philistins, et pourrai-je les défaire ? Le Seigneur répondit à David : Allez ; vous déferez les Philistins, et vous sauverez Céila.

3 Les gens qui étaient avec David, lui dirent alors : Vous voyez qu'étant ici en Judée, nous n'y sommes pas sans crainte : combien *serons-nous* plus *en* danger si nous allons à Céila attaquer les troupes des Philistins !

4 David consulta encore le Seigneur, qui lui répondit : Allez, marchez à Céila : car je vous livrerai les Philistins entre les mains.

5 David s'en alla donc avec ses gens à Céila ; il combattit contre les Philistins, en fit un grand carnage, emmena leurs troupeaux, et sauva les habitants de Céila.

6 Or, quand Abiathar, fils d'Achimélech, se réfugia vers David à Céila, il apporta avec lui l'éphod *du grand prêtre.*

7 Lorsque Saül eut appris que David était venu à Céila, il dit : Dieu me l'a livré entre les mains. Il est pris, puisqu'il est entré dans une ville ou il y a des portes et des serrures.

8 Il commanda donc à tout le peuple de marcher contre Céila, et d'y assiéger David et ses gens.

9 David fut averti que Saül se préparait secrètement à le perdre : et il dit au prêtre Abiathar : Prenez l'éphod.

10 Et David dit : Seigneur Dieu d'Israël ! votre serviteur a entendu dire que Saül se prépare à venir à Céila, pour détruire cette ville à cause de moi.

11 Les habitants de Céila me livreront-ils entre ses mains ? Et Saül y viendra-t-il comme votre serviteur l'a ouï dire ? Seigneur Dieu d'Israël ! faites-le connaître à votre serviteur. Le Seigneur répondit : *Saül* viendra.

12 David dit encore : Ceux de Céila me livreront-ils avec mes gens entre les mains de Saül ? Le Seigneur lui répondit : Ils vous livreront.

13 David s'en alla donc *aussitôt* avec ses gens, qui étaient environ six cents ; et étant partis de Céila, ils erraient çà et là, sans savoir où s'arrêter. Saül ayant appris que David s'était retiré de Céila, et s'était sauvé, il ne parla plus d'y aller.

14 Or David demeurait dans le désert, en des lieux très-forts ; et il se retira sur la montagne du désert de Ziph, qui était fort couverte d'arbres. Saül le cherchait sans cesse ; mais Dieu ne le livra point entre ses mains.

15 David sut que Saül s'était mis en campagne pour trouver moyen de le perdre : c'est pourquoi il demeura *toujours* au désert de Ziph dans la forêt.

16 Jonathas, fils de Saül, vint l'y trouver, et le fortifia en Dieu, en lui disant :

17 Ne craignez point : car Saül, mon père, *quoi qu'il fasse,* ne vous trouvera point. Vous serez roi d'Israël, et je serai le second après vous ; et mon père le sait bien lui-même.

18 Ils firent donc tous deux alliance devant le Seigneur. Et David demeura dans la forêt, et Jonathas retourna en sa maison.

19 Cependant ceux de Ziph vinrent trouver Saül à Gabaa, et lui dirent : Ne savez-vous pas que David est caché parmi nous, dans l'endroit le plus fort de la forêt, vers la colline d'Hachila, qui est à la droite du désert ?

20 Puis donc que vous désirez de le trouver, vous n'avez qu'à venir, et ce sera à nous à le livrer entre les mains du roi.

21 Saül leur répondit : Bénis soyez-vous du Seigneur, vous qui avez été touchés de mes maux.

22 Allez donc, je vous prie ; faites toute sorte de diligence ; cherchez avec tout le soin possible ; considérez bien où il peut être, ou qui peut l'avoir vu : car il se doute bien que je l'observe, et que je l'épie pour le surprendre.

23 Examinez et remarquez tous les lieux où il a accoutumé de se cacher : et lorsque vous vous serez bien assurés de tout, revenez me trouver, afin que j'aille avec vous. Quand il se serait caché au fond de la terre, j'irai l'y chercher avec tout ce qu'il y a d'hommes dans Juda.

24 Ceux de Ziph s'en retournèrent ensuite chez eux avant Saül. Or David et ses gens étaient alors dans le désert de Maon dans la plaine, à la droite de Jésimon.

25 Saül accompagné de tous ses gens alla donc l'y chercher. David en ayant eu avis, se retira aussitôt au rocher du désert de Maon, dans lequel il demeurait. Saül en fut averti, et il entra dans le désert de Maon pour l'y poursuivre.

26 Saül côtoyait la montagne d'un côté, et David avec ses gens la côtoyait de l'autre. David désespérait de pouvoir échapper des mains de Saül : car Saül et ses gens tenaient David, et ceux qui étaient avec lui, environnés comme dans un cercle pour les prendre.

27 Mais en même temps un courrier vint dire à Saül : Hâtez-vous de venir, car les Philistins sont entrés en grand nombre sur les terres *d'Israël.*

28 Saül cessa donc de poursuivre David, pour aller faire tête aux Philistins. C'est pourquoi l'on a appelé ce lieu-là, le Rocher de séparation.

CHAPITRE XXIV.

DAVID étant sorti de ce lieu-là, demeura à Engaddi, dans des lieux tres-sûrs.

2 Et Saül étant revenu après avoir poursuivi les Philistins, on vint lui dire que David était dans le désert d'Engaddi.

3 Il prit donc avec lui trois mille hommes choisis de tout Israël, et il se mit en campagne, résolu d'aller chercher David et ses gens jusque sur les rochers les plus escarpés, où il n'y a que les chèvres sauvages qui puissent monter.

4 Et étant venu à des parcs de brebis qu'il rencontra dans son chemin, il se trouva là une caverne, où il entra pour une nécessité naturelle. Or David et ses gens s'étaient cachés dans le fond de la même caverne.

5 Les gens de David lui dirent : Voici le jour dont le Seigneur vous a dit : Je vous livrerai votre ennemi, afin que vous le traitiez comme il vous plaira. David s'étant donc avancé, coupa tout doucement le bord de la casaque de Saül.

6 Et aussitôt il se repentit en lui-même, de ce qu'il lui avait coupé le bord de son vêtement.

7 Et il dit à ses gens : Dieu me garde de commettre cet excès à l'égard de celui qui est mon maître et l'oint du Seigneur, que de mettre la main sur lui, puisqu'il est le christ *et l'oint* du Seigneur !

8 David par ses paroles arrêta la violence de ses gens, et les empêcha de se jeter sur Saül. Saül étant sorti de la caverne continua son chemin.

9 David le suivit ; et étant sorti de la caverne il cria après lui, et lui dit : Mon seigneur et mon roi. Saül regarda derrière lui ; et David lui fit une profonde révérence en se baissant jusqu'en terre,

10 et lui dit : Pourquoi écoutez-vous les paroles de ceux qui vous disent : David ne cherche qu'une occasion de vous perdre ?

11 Vous voyez aujourd'hui de vos yeux que le Seigneur vous a livré entre mes mains dans la caverne. On a voulu me porter à vous ôter la vie, mais je n'ai point voulu le faire. Car j'ai dit : Je ne porterai point la main sur mon maître, parce que c'est le christ *et l'oint* du Seigneur.

12 Voyez vous-même, mon père, et reconnaissez si ce n'est pas là le bord de votre casaque que je tiens dans ma main, et qu'en coupant l'extrémité de votre vêtement, je n'ai point voulu porter la main sur vous. *Après cela* considérez, et voyez vous-même que je ne suis coupable d'aucun mal ni d'aucune injustice, et que je n'ai point péché contre vous. Et cependant vous cherchez tous les moyens de m'ôter la vie.

13 Que le Seigneur soit le juge entre vous et moi. Que le Seigneur me venge lui-même de vous ; mais pour moi je ne porterai jamais la main sur vous.

14 C'est aux impies à faire des actions impies, selon l'ancien proverbe. Ainsi il ne m'arrivera jamais de porter la main sur vous.

15 Qui poursuivez-vous, ô roi d'Israël ? qui poursuivez-vous ? Vous poursuivez un chien mort et une puce.

16 Que le Seigneur en soit le juge, et qu'il juge *lui-même* entre vous et moi ; qu'il considère *ce qui se passe*, qu'il prenne la défense de ma cause, et me délivre de vos mains.

17 Après que David eut parlé de cette sorte à Saül, Saül lui dit : N'est-ce pas là votre voix que j'entends, ô mon fils David ? En même temps il jeta un grand soupir, et versa des larmes ;

18 et il ajouta : Vous êtes plus juste que moi : car vous ne m'avez fait que du bien, et je ne vous ai rendu que du mal.

19 Et vous m'avez fait connaître aujourd'hui la bonté de votre cœur à mon égard, lorsque le Seigneur m'ayant livré entre vos mains, vous m'avez conservé la vie.

20 Car qui est celui qui ayant trouvé son ennemi *à son avantage*, le laisse aller sans lui faire aucun mal ? Que le Seigneur récompense lui-même cette bonté que vous m'avez témoignée aujourd'hui.

21 Et comme je sais que vous régnerez très-certainement, et que vous posséderez le royaume d'Israël,

22 jurez-moi par le Seigneur, que vous ne détruirez point ma race après moi, et que vous n'exterminerez point mon nom de la maison de mon père.

23 David le jura à Saül. Ainsi Saül retourna en sa maison ; et David et ses gens se retirèrent en des lieux plus sûrs.

CHAPITRE XXV.

EN ce temps-là Samuel mourut. Tout Israël s'étant assemblé le pleura ; et il fut enterré en sa maison de Ramatha. Alors David se retira dans le désert de Pharan.

2 Or il y avait dans le désert de Maon un homme qui avait son bien sur le Carmel. Cet homme était extrêmement riche : il avait trois mille brebis et mille chèvres. Il arriva qu'il fit tondre *alors* ses brebis sur le Carmel.

3 Il s'appelait Nabal, et sa femme Abigaïl. Cette femme était très-prudente et fort belle ; mais pour son mari, c'était un homme dur, brutal et très-méchant. Il était de la race de Caleb.

4 David ayant donc appris dans le désert, que Nabal faisait tondre ses brebis,

5 lui envoya dix jeunes hommes, auxquels il dit : Allez-vous-en sur le Carmel trouver Nabal : saluez-le de ma part civilement,

6 et dites-lui : Que la paix soit à mes frères et à vous ! que la paix soit en votre maison ! que la paix soit sur tout ce que vous possédez !

7 J'ai su que vos pasteurs qui étaient avec nous dans le désert, tondent *vos brebis* : nous ne leur avons jamais fait aucune peine ; et ils n'ont rien perdu de leur troupeau pendant tout le temps qu'ils ont été avec nous sur le Carmel.

8 Demandez-le à vos gens, et ils vous le diront. Maintenant donc, que vos serviteurs trouvent grâce devant vos yeux : car nous venons *à vous* dans un jour de joie. Donnez à vos serviteurs et à David, votre fils, tout ce qu'il vous plaira.

9 Les gens de David étant venus trouver Nabal, lui dirent toutes ces mêmes paroles de la part de David, et attendirent sa réponse.

10 Mais Nabal leur répondit : Qui est David, et qui est le fils d'Isaï ? On ne voit autre chose aujourd'hui que des serviteurs qui fuient leurs maîtres.

11 Quoi donc ! j'irai prendre mon pain et mon eau, et la chair des bêtes que j'ai fait tuer pour ceux qui tondent mes brebis, et je les donnerai à des gens que je ne connais point !

12 Les gens de David étant retournés sur leurs pas, vinrent le retrouver, et lui rapportèrent tout ce que Nabal leur avait dit.

13 Alors David dit à ses gens : Que chacun prenne son épée. Tous prirent leurs épées ; et David prit aussi la sienne, et marcha suivi d'environ quatre cents hommes, et deux cents demeurèrent pour garder le bagage.

14 Alors un des serviteurs de Nabal dit à Abigaïl, sa femme : David vient d'envoyer du désert quelques-uns de ses gens pour faire compliment à notre maître ; et il les a rebutés avec rudesse.

15 Ces gens-là nous ont été très-utiles, et ils ne nous ont fait aucune peine. Tant que nous avons été avec eux dans le désert, il ne s'est rien perdu *de ce qui était à vous*.

16 Ils nous servaient comme de muraille tant de nuit que de jour, pendant le temps que nous avons été au milieu d'eux avec nos troupeaux.

17 C'est pourquoi voyez, et pensez à ce que vous avez à faire : car quelque grand malheur est près de tomber sur votre mari et sur votre maison, parce que cet homme-là est un fils de Bélial, et personne ne saurait plus lui parler.

18 En même temps Abigaïl prit en grande hâte deux cents pains, deux vaisseaux pleins de vin, cinq moutons tout cuits, cinq boisseaux de farine d'orge, cent paquets de raisins secs, et deux cents cabas de figues sèches. Elle mit tout cela sur des ânes,

19 et elle dit à ses gens : Allez devant moi, je vais vous suivre. Et elle ne dit rien de tout cela à Nabal, son mari.

20 Etant donc montée sur un âne, comme elle descendait au pied

de la montagne, elle rencontra David et ses gens, qui venaient dans le même chemin.

21 David disait alors ; C'est bien en vain que j'ai conservé dans le désert tout ce qui était à cet homme, sans qu'il s'en soit rien perdu, puisqu'après cela il me rend le mal pour le bien.

22 Que Dieu traite les ennemis de David dans toute sa sévérité, comme *il est vrai que* je ne laisserai en vie demain au matin de tout ce qui appartient à Nabal, ni homme, ni bête.

23 Or Abigaïl n'eut pas plutôt aperçu David, qu'elle descendit de dessus son âne ; elle lui fit une profonde révérence, en se prosternant le visage contre terre,

24 et se jetant à ses pieds, elle lui dit : Que cette iniquité, mon seigneur, tombe sur moi. Permettez *seulement*, je vous prie, à votre servante de vous parler, et ne refusez pas d'entendre les paroles de votre servante.

25 Que le cœur de mon seigneur et de mon roi ne soit point sensible à l'injustice de Nabal : parce qu'il est insensé ; et son nom même marque sa folie. Car pour moi, mon seigneur, je n'ai point vu les gens que vous avez envoyés.

26 Maintenant donc, mon seigneur, comme Dieu est vivant, et *comme* votre âme est vivante, *il est vrai aussi* que le Seigneur vous a empêché de venir répandre le sang, et qu'il a conservé vos mains *innocentes*. Que vos ennemis qui cherchent les moyens de vous nuire, deviennent semblables à Nabal.

27 Mais recevez, je vous prie, ce présent que votre servante vous apporte a vous, mon seigneur, et faites-en part aux gens qui vous suivent.

28 Remettez l'iniquité de votre servante : car le Seigneur très-certainement établira votre maison, parce que vous combattez pour lui. Qu'il ne se trouve donc en vous, mon seigneur, aucun mal pendant tous les jours de votre vie.

29 S'il s'élève un jour quelqu'un qui vous persécute, mon seigneur, et qui cherche à vous ôter la vie, votre âme précieuse au Seigneur, votre Dieu, sera du nombre de celles des vivants qu'il tient comme en sa garde ; mais l'âme de vos ennemis sera agitée et jetée bien loin, comme une pierre lancée d'une fronde avec grand effort.

30 Lors donc que le Seigneur vous aura fait tous les grands biens qu'il a prédits de vous, et qu'il vous aura établi chef sur Israël,

31 le cœur de mon seigneur n'aura point ce scrupule ni ce remords, d'avoir répandu le sang innocent, et de s'être vengé lui-même. Et quand Dieu vous aura comblé de biens, vous vous souviendrez, mon seigneur, de votre servante.

32 David répondit à Abigaïl : Que le Seigneur, le Dieu d'Israël, soit béni de vous avoir envoyée aujourd'hui au-devant de moi ! Que votre parole soit bénie,

33 et soyez bénie vous-même, de ce que vous m'avez empêché de répandre le sang, et de me venger de ma propre main !

34 Car à moins de cela, je jure parle Seigneur, le Dieu d'Israël, qui m'a empêché de vous faire du mal, que si vous ne fussiez venue promptement au-devant de moi, il ne serait resté en vie demain au matin dans la maison de Nabal, ni homme, ni bête.

35 David reçut donc de sa main tout ce qu'elle avait apporté, et lui dit : Allez en paix en votre maison : j'ai fait ce que vous m'avez demandé, et j'ai eu de la considération pour votre personne.

36 Abigaïl ensuite vint à Nabal ; et elle trouva qu'il faisait dans sa maison un festin de roi. Son cœur nageait dans la joie ; car il avait tant bu qu'il était tout ivre. Abigaïl ne lui parla de rien jusqu'au matin.

37 Mais le lendemain, lorsqu'il eut un peu dissipé les vapeurs du vin, sa femme lui rapporta tout ce qui s'était passé ; et son cœur fut comme frappé de mort en lui-même, et demeura *insensible* comme une pierre.

38 Dix jours s'étant passés, le Seigneur frappa Nabal, et il mourut.

39 David ayant appris la mort de Nabal, dit : Béni soit le Seigneur qui m'a vengé de la manière outrageuse dont Nabal m'avait traité, qui a préservé son serviteur du mal qu'il était près de faire, et qui a fait que l'iniquité de Nabal est retombée sur sa tête. David envoya donc vers Abigaïl, et lui fit parler pour la demander en mariage.

40 Les gens de David vinrent la trouver sur le Carmel, et lui dirent : David nous a envoyés vers vous, pour vous témoigner qu'il souhaite de vous épouser.

41 Abigaïl aussitôt se prosterna jusqu'en terre, et dit : Votre servante serait trop heureuse d'être employée à laver les pieds des serviteurs de mon seigneur.

42 Abigaïl ensuite se levant promptement, monta sur un âne, et cinq filles qui la servaient allèrent avec elle. Elle suivit les gens de David, et elle l'épousa.

43 David épousa aussi Achinoam, qui était de Jezrahel ; et l'une et l'autre fut sa femme.

44 Mais Saül de son côté donna Michol, sa fille, femme de David, à Phalti, fils de Laïs, qui était de Gallim.

CHAPITRE XXVI.

CEPENDANT ceux de Ziph vinrent trouver Saül à Gabaa, et lui dirent : David est caché dans la colline d'Hachila, qui est vis-à-vis du désert.

2 Saül aussitôt prit avec lui trois mille hommes choisis de tout Israël, et alla chercher David dans le désert de Ziph.

3 Il campa sur la colline d'Hachila, qui est vis-à-vis du désert sur le chemin. David demeurait alors dans ce désert. Comme on lui dit que Saül venait l'y chercher,

4 il envoya des gens pour le reconnaître, et il apprit qu'il était venu très-certainement.

5 Il partit donc sans bruit, et s'en vint au lieu où était Saül ; il remarqua l'endroit où était la tente de Saül, et d'Abner, fils de Ner, général de son armée. Et voyant que Saül dormait dans sa tente, et tous ses gens autour de lui,

6 il dit à Achimélech, Héthéen, et à Abisaï, fils de Sarvia, frère de Joab : Qui veut venir avec moi dans le camp de Saül ? Abisaï lui dit : J'irai avec vous.

7 David et Abisaï allèrent donc la nuit parmi les gens de Saül, et ils trouvèrent Saül couché et dormant dans sa tente : sa lance était à son chevet fichée en terre, et Abner avec tous ses gens dormaient autour de lui.

8 Alors Abisaï dit à David : Dieu vous livre aujourd'hui votre ennemi entre les mains : je vais donc avec ma lance le percer jusqu'en terre d'un seul coup, et il n'en faudra pas un second.

9 David répondit à Abisaï : Ne le tuez point : car qui étendra la main sur l'oint du Seigneur, et sera innocent ?

10 Et il ajouta : Vive le Seigneur, à moins que le Seigneur ne frappe lui-même Saül, ou que le jour de sa mort n'arrive, ou qu'il ne soit tué dans une bataille, *il ne mourra point !*

11 Dieu me garde de porter la main sur l'oint du Seigneur ! Prenez seulement sa lance qui est à son chevet, et sa coupe ; et allons-nous-en.

12 David prit donc la lance et la coupe qui était au chevet de Saül, et ils s'en allèrent. Il n'y eut personne qui les vît, ni qui sût ce qui se passait, ou qui s'éveillât ; mais tous dormaient, parce que le Seigneur les avait assoupis d'un profond sommeil.

13 David étant passé de l'autre côté, s'arrêta sur le haut d'une montagne qui était fort loin, y ayant un grand intervalle entre lui et le camp.

14 Il appela de là à haute voix les gens de Saül, et Abner, fils de Ner, lui cria : Abner, ne répondrez-vous donc point ? Abner répondit : Qui êtes-vous qui criez *de la sorte*, et qui troublez le repos du roi ?

15 David dit à Abner : N'êtes-vous pas un homme de cœur ? et y a-t-il quelqu'un dans Israël qui vous soit égal ? Pourquoi donc n'avez-vous pas gardé le roi, votre seigneur ? Car il est venu quelqu'un d'entre le peuple pour tuer le roi, votre seigneur.

16 Ce n'est pas là bien faire votre devoir. Je jure par le Seigneur, que vous méritez tous la mort, pour avoir si mal gardé votre maître, qui est l'oint du Seigneur. Voyez donc maintenant où est la lance du roi, et la coupe qui était à son chevet.

17 Saül reconnut la voix de David, et lui dit : N'est-ce pas là votre voix que j'entends, mon fils David ? David lui dit : C'est ma voix, mon seigneur *et mon roi*.

18 Et il ajouta : Pourquoi mon seigneur persécute-t-il son serviteur ? Qu'ai-je fait ? De quel mal ma main est-elle souillée ?

19 Souffrez donc, mon seigneur et mon roi, que votre serviteur vous dise cette parole : Si c'est le Seigneur qui vous pousse contre moi, qu'il reçoive l'odeur du sacrifice *que je lui offre ;* mais si ce sont les hommes, ils sont maudits devant le Seigneur, de me chasser ainsi aujourd'hui, afin que je n'habite point dans l'héritage du Seigneur, en me disant : Allez, servez les dieux étrangers.

20 Que mon sang ne soit donc point répandu sur la terre à la vue du Seigneur. Et fallait-il que le roi d'Israël se mît en campagne pour courir après une puce, comme on court par les montagnes après une perdrix ?

21 Saül lui répondit : J'ai péché ; revenez, mon fils David, je ne vous ferai plus de mal à l'avenir, puisque ma vie a été aujourd'hui précieuse devant vos yeux. Car il paraît que j'ai agi comme un insensé, et que j'ai été mal informé de beaucoup de choses.

22 David dit ensuite : Voici la lance du roi ; que l'un de ses gens passe ici, et qu'il l'emporte.

23 Au reste le Seigneur rendra à chacun selon sa justice et selon sa fidélité : car le Seigneur vous a livré aujourd'hui entre mes mains, et je n'ai point voulu porter la main sur l'oint du Seigneur.

24 Comme donc votre âme a été aujourd'hui précieuse devant mes yeux, qu'ainsi mon âme soit précieuse devant les yeux du Seigneur, et qu'il me délivre de tous les maux.

25 Saül répondit à David : Béni soyez-vous, mon fils David ; vous réussirez certainement dans vos entreprises, et votre puissance sera grande. David ensuite s'en alla, et Saül s'en retourna chez lui.

CHAPITRE XXVII.

APRÈS cela David dit en lui-même : Je tomberai l'un de ces jours entre les mains de Saül. Ne vaut-il pas mieux que je m'enfuie, et que je me sauve au pays des Philistins ; afin que Saül désespère *de me trouver*, et qu'il cesse de me chercher, comme il fait, dans toutes les terres d'Israël ? Je me retirerai donc d'entre ses mains.

2 Ainsi David partit, et s'en alla avec ses six cents hommes chez Achis, fils de Maoch, roi de Geth.

3 Il y demeura avec ses gens, dont chacun avait sa famille ; et il y amena ses deux femmes, Achinoam de Jezrahel, et Abigaïl, *qui avait été* femme de Nabal du Carmel.

4 Saül fut averti aussitôt, que David s'était retiré à Geth, et il ne se mit plus en peine d'aller le chercher.

5 Or David dit à Achis : Si j'ai trouvé grâce devant vos yeux, donnez-moi un lieu dans une des villes de ce pays où je puisse demeurer : car pourquoi votre serviteur demeurera-t-il avec vous dans la ville royale ?

6 Achis lui donna donc alors Siceleg *pour sa demeure ;* et c'est en cette manière que Siceleg est venue aux rois de Juda, qui la possèdent encore aujourd'hui.

7 David demeura dans les terres des Philistins pendant quatre mois.

8 Il faisait des courses avec ses gens, et pillait Gessuri, Gerzi et les Amalécites : car ces bourgs étaient autrefois habités vers le chemin de Sur, jusqu'au pays d'Egypte.

9 Et il tuait tout ce qu'il rencontrait dans le pays, sans laisser en vie ni homme ni femme ; et après qu'il avait enlevé les brebis, les bœufs, les ânes, les chameaux et les habits, il revenait trouver Achis.

10 Et lorsque Achis lui disait : Où avez-vous couru aujourd'hui ? David lui répondait : Vers la partie méridionale de Juda, vers le midi de Jéraméel, et le midi de Céni.

11 David ne laissait en vie ni homme ni femme, et il n'en amenait pas un à Geth : de peur, disait-il, que ces gens-là ne parlent contre nous. C'est ainsi que David se conduisait, et c'est ce qu'il avait accoutumé de faire pendant tout le temps qu'il demeura parmi les Philistins.

12 Achis se fiait donc tout à fait à David, et il disait en lui-même : Il a fait de grands maux à Israël, son peuple : c'est pourquoi il demeurera toujours attaché à mon service.

CHAPITRE XXVIII.

EN ce temps-là les Philistins assemblèrent leurs troupes, et se préparèrent à combattre contre Israël. Alors Achis dit à David : Assurez-vous que je vous mènerai avec moi à la guerre, vous et vos gens.

2 David lui répondit : Vous verrez maintenant ce que votre serviteur fera. Et moi, lui dit Achis, je vous confierai toujours la garde de ma personne.

3 Or Samuel était mort ; tout Israël l'avait pleuré, et il avait été enterré dans la ville de Ramatha, lieu de sa naissance. Et Saül avait chassé les magiciens et les devins de son royaume.

4 Les Philistins s'étant donc assemblés, vinrent camper à Sunam. Saül de son côté assembla toutes les troupes d'Israël, et vint à Gelboé.

5 Et ayant vu l'armée des Philistins, il fut frappé d'étonnement, et la crainte le saisit jusqu'au fond du cœur.

6 Il consulta le Seigneur ; mais le Seigneur ne lui répondit ni en songes, ni par les prêtres, ni par les prophètes.

7 Alors Saul dit à ses officiers : Cherchez-moi une femme qui ait un esprit de Python, afin que j'aille la trouver, et que par son moyen je puisse le consulter. Ses serviteurs lui dirent : Il y a à Endor une femme qui a un esprit de Python.

8 Saül se déguisa donc, prit d'autres habits, et s'en alla accompagné de deux hommes seulement. Il vint la nuit chez cette femme, et lui dit : Découvrez-moi l'avenir par l'esprit de Python *qui est en vous*, et faites-moi venir celui que je vous dirai.

9 Cette femme lui répondit : Vous savez tout ce qu'a fait Saül, et de quelle manière il a exterminé les magiciens et les devins de toutes ses terres : pourquoi donc me tendez-vous un piège pour me faire perdre la vie ?

10 Saül lui jura par le Seigneur, et lui dit : Vive le Seigneur, il ne vous arrivera de ceci aucun mal !

11 La femme lui dit : Qui voulez-vous que je vous fasse venir ? Il lui répondit : Faites-moi venir Samuel.

12 La femme ayant vu *paraître* Samuel, jeta un grand cri, et dit à Saül : Pourquoi m'avez-vous trompée ? car vous êtes Saül.

13 Le roi lui dit : Ne craignez point : qu'avez-vous vu ? J'ai vu, lui dit-elle, un dieu qui sortait de la terre.

14 Saül lui dit : Comment est-il fait ? C'est, dit-elle, un vieillard couvert d'un manteau. Saül reconnut que c'était Samuel, et il lui fit une profonde révérence en se baissant jusqu'en terre.

15 Samuel dit à Saül : Pourquoi avez-vous troublé mon repos, en me faisant venir ici ? Saül lui répondit : Je suis dans une étrange extrémité : car les Philistins me font la guerre, et Dieu s'est retiré de moi. Il ne m'a voulu répondre, ni par les prophètes, ni en songes : c'est pourquoi je vous ai fait évoquer, afin que vous m'appreniez ce que je dois faire.

16 Samuel lui dit : Pourquoi vous adressez-vous a moi, puisque le Seigneur vous a abandonné, et qu'il est passé à votre rival ?

17 Car le Seigneur vous traitera comme je vous l'ai dit de sa part : il déchirera votre royaume, *et l'arrachera* d'entre vos mains, pour le donner à David, votre gendre ;

18 parce que vous n'avez point obéi à la voix du Seigneur, et que vous n'avez point exécuté l'arrêt de sa colère contre les Amalécites : c'est pour cela que le Seigneur vous envoie aujourd'hui ce que vous souffrez.

19 Le Seigneur livrera aussi Israël avec vous entre les mains des Philistins : demain vous serez avec moi, vous et vos fils ; et le Seigneur abandonnera aux Philistins le camp même d'Israël.

20 Saül tomba aussitôt, et demeura étendu sur la terre : car les paroles de Samuel l'avaient épouvanté, et les forces lui manquèrent, parce qu'il n'avait point mangé de tout ce jour-là.

21 La magicienne vint trouver Saül dans ce grand trouble où il

était, et elle lui dit : Vous voyez que votre servante vous a obéi ; que j'ai exposé ma vie pour vous, et que je me suis rendue à ce que vous avez désiré de moi.

22 Ecoutez donc aussi maintenant votre servante, et souffrez que je vous serve un peu de pain, afin qu'ayant mangé vous repreniez vos forces, et que vous puissiez vous mettre en chemin.

23 Saül le refusa, et lui dit : Je ne mangerai point. Mais ses serviteurs et cette femme le contraignirent de manger ; et s'étant enfin rendu à leurs prières, il se leva de terre, et s'assit sur le lit.

24 Or cette femme avait dans sa maison un veau gras, qu'elle alla tuer aussitôt : elle prit de la farine, la pétrit, et en fit des pains sans levain,

25 qu'elle servit devant Saül et ses serviteurs. Après donc qu'ils eurent mangé, ils s'en allèrent, et marchèrent toute la nuit.

CHAPITRE XXIX.

CEPENDANT toutes les troupes des Philistins s'étant assemblées à Aphec, Israël vint aussi camper à la fontaine de Jezrahel.

2 Les princes des Philistins marchaient à la tête de leurs troupes distribuées par cent et par mille. Et David accompagné de ses gens était à l'arrière-garde avec Achis.

3 Alors les princes des Philistins dirent à Achis : Que font là ces Hébreux ? Achis répondit aux princes des Philistins : Est-ce que vous ne connaissez pas David, qui a servi Saül, roi d'Israël ? Il y a plus d'un an qu'il est avec moi ; et je n'ai rien trouvé à redire en lui, depuis le jour qu'il s'est réfugié auprès de moi, jusqu'aujourd'hui.

4 Mais les princes des Philistins se mirent en colère contre lui, et lui dirent : Que cet homme-là s'en retourne, qu'il demeure au lieu où vous l'avez mis ; et qu'il ne se trouve point avec nous à la bataille, de peur qu'il ne se tourne contre nous quand nous aurons commencé à combattre. Car comment pourra-t-il autrement apaiser son maître, que par notre sang ?

5 N'est-ce pas là ce David, à qui ceux qui dansaient disaient dans leurs chants de réjouissance : Saül en a tué mille, et David dix mille ?

6 Achis appela donc David, et lui dit : Je vous jure par le Seigneur, que pour moi je ne trouve en vous que sincérité et fidélité ; j'approuve la manière dont vous vous êtes conduit dans mon camp, et je n'ai trouvé en vous aucun sujet de plainte, ; depuis le temps où vous êtes venu auprès de moi, jusqu'aujourd'hui : mais vous n'agréez pas aux princes.

7 Retournez-vous-en donc, et allez en paix ; afin que vous ne blessiez point les yeux des princes des Philistins.

8 David dit à Achis : Qu'ai-je donc fait, et qu'avez-vous trouvé dans votre serviteur, depuis le temps où j'ai paru devant vous jusqu'à ce jour, pour ne me permettre pas d'aller avec vous, et de combattre contre les ennemis de mon seigneur *et de mon roi* ?

9 Achis répondit à David : *Pour moi* je sais que vous êtes un homme de bien, et je vous regarde comme un ange de Dieu ; mais les princes des Philistins ont résolu *absolument* que vous ne vous trouveriez point avec eux dans le combat.

10 C'est pourquoi tenez-vous prêt dès le matin, vous et les serviteurs de votre maître qui sont venus avec vous : levez-vous avant le jour, et dès qu'il commencera à paraître, allez-vous-en.

11 Ainsi David se leva avec ses gens pendant la nuit, pour partir dès le matin, et pour retourner au pays des Philistins ; et les Philistins marchèrent à Jezrahel.

CHAPITRE XXX.

TROIS jours après, David étant arrivé avec ses gens à Siceleg, *trouva que* les Amalécites ayant fait des courses du côté du midi, étaient venus à Siceleg, l'avaient prise, et y avaient mis le feu.

2 Ils en avaient emmené les femmes captives, et tous ceux qu'ils y avaient trouvés, depuis le plus petit jusqu'au plus grand. Ils n'avaient tué personne ; mais ils emmenaient tout avec eux, et s'en retournaient.

3 David et ses gens étant donc arrivés à Siceleg, et ayant trouvé la ville brûlée, et leurs femmes, leurs fils, et leurs filles emmenées captives,

4 ils commencèrent tous à crier et à pleurer jusqu'à ce que leurs larmes fussent épuisées.

5 Les deux femmes de David, Achinoam de Jezrahel, et Abigaïl, veuve de Nabal du Carmel, avaient aussi été emmenées captives.

6 David fut saisi d'une extrême affliction : car le peuple voulait le lapider, tous étant dans une douleur amère pour avoir perdu leurs fils et leurs filles. Mais il mit sa force *et sa confiance* dans le Seigneur, son Dieu.

7 Et il dit au *grand* prêtre Abiathar, fils d'Achimélech : Prenez pour moi l'éphod. Et Abiathar se revêtit de l'éphod pour David.

8 Et David consulta le Seigneur, en lui disant : Poursuivrai-je ces brigands, et les prendrai-je, ou ne les prendrai-je pas ? Le Seigneur lui répondit : Poursuivez-les : car indubitablement vous les prendrez, et vous retirerez de leurs mains tout ce qu'ils ont pris.

9 David marcha aussitôt avec les six cents hommes qui l'accompagnaient, et ils vinrent jusqu'au torrent de Bésor, où quelques-uns d'entre eux s'arrêtèrent, étant fatigués.

10 Et David poursuivit les Amalécites avec quatre cents hommes *de ses gens* : car deux cents s'étaient arrêtés, n'ayant pu passer le torrent de Résor, parce qu'ils étaient las.

11 Ils trouvèrent en chemin un Egyptien qu'ils amenèrent à David, et à qui ils donnèrent du pain à manger, et de l'eau à boire,

12 avec une partie d'un cabas de figues, et deux paquets de raisins secs. L'Egyptien ayant mangé, reprit ses esprits et revint à lui : car il y avait déjà trois jours et trois nuits qu'il n'avait ni mangé de pain, ni bu d'eau.

13 David lui dit : A qui es-tu ? d'où viens-tu ? et où vas-tu ? Il lui répondit : Je suis un esclave égyptien, qui sers un Amalécite. Mon maître m'a laissé là, parce que je tombai malade avant-hier.

14 Car nous avons fait une irruption vers la partie méridionale des Céréthiens, vers Juda et vers le midi de Caleb, et nous avons brûlé Siceleg.

15 David lui dit : Pourras-tu me mener à ces gens-là ? L'Egyptien lui répondit : Jurez-moi par le nom de Dieu, que vous ne me tuerez point, et que vous ne me livrerez point entre les mains de mon maître, et je vous mènerai où ils sont. David le lui jura.

16 L'Egyptien l'ayant donc conduit, ils trouvèrent les Amalécites qui étaient couchés sur la terre par toute la campagne, mangeant et buvant, et faisant une espèce de fête, pour tout le butin et les dépouilles qu'ils avaient prises sur les terres des Philistins et de Juda.

17 David *les chargea, et* les tailla en pièces depuis ce soir-là jusqu'au soir du lendemain, et il ne s'en échappa aucun, hors quatre cents jeunes hommes qui montèrent sur des chameaux, et s'enfuirent.

18 David recouvra donc tout ce que les Amalécites avaient pris, et il délivra *de leurs mains* ses deux femmes.

19 Il ne se trouva rien de perdu depuis le plus petit jusqu'au plus grand, tant des garçons que des filles, ni de toutes les dépouilles ; et David ramena généralement tout ce qu'ils avaient pris.

20 Il reprit tous les troupeaux de moutons et de bœufs, et les fit marcher devant lui. Sur quoi ses gens disaient : Voilà le butin de David.

21 David vint joindre ensuite les deux cents hommes qui étant las s'étaient arrêtés et n'avaient pu le suivre, et à qui il avait commandé de demeurer sur le bord du torrent de Bésor. Ils vinrent au-devant de lui et de ceux qui l'accompagnaient. David s'approchant d'eux leur fit bon visage.

22 Mais tout ce qu'il y avait de gens méchants et corrompus qui avaient suivi David, commencèrent à dire : Puisqu'ils ne sont point venus avec nous, nous ne leur donnerons rien du butin que nous avons pris. Que chacun se contente qu'on lui rende sa femme et ses enfants ; et après cela qu'il s'en aille.

23 Mais David leur dit : Ce n'est pas ainsi, mes frères, que vous devez disposer de ce que le Seigneur nous a mis entre les mains : *Puisque* c'est lui qui nous a conservés, et qui nous a livré ces

brigands qui étaient venus nous piller.

24 Personne n'écoutera cette proposition que vous faites. Car celui qui aura combattu et celui qui sera demeuré au bagage, auront la même part au butin, et ils partageront également.

25 C'est ce qui s'est pratiqué depuis ce temps-là, et il s'en est fait ensuite une règle stable dans Israël, et comme une loi qui dure encore aujourd'hui.

26 David étant arrivé à Siceleg, envoya du butin qu'il avait pris, aux anciens de Juda qui étaient ses proches, en leur faisant dire : Recevez cette bénédiction des dépouilles des ennemis du Seigneur.

27 Il en envoya à ceux qui étaient à Béthel, à ceux de Ramoth vers le midi, à ceux de Jéther,

28 à ceux d'Aroër, de Séphamoth, d'Esthamo,

29 et de Rachal, à ceux qui étaient dans les villes de Jéraméel, et dans les villes de Céni,

30 à ceux d'Arama, à ceux du lac d'Asan, à ceux d'Athach,

31 à ceux d'Hébron, et à tous les autres qui étaient dans les lieux où David avait demeuré avec ses gens.

CHAPITRE XXXI.

CEPENDANT la bataille se donna entre les Philistins et les Israélites. Les Israélites furent mis en fuite devant les Philistins, et il en fut tué un grand nombre sur la montagne de Gelboé.

2 Les Philistins vinrent fondre sur Saül et sur ses enfants ; ils tuèrent Jonathas, Abinadab, et Melchisua, fils de Saül,

3 et tout l'effort du combat tomba sur Saül. Les archers le joignirent, et le blessèrent dangereusement.

4 Alors Saül dit à son écuyer : Tirez votre épée et tuez-moi, de peur que ces incirconcis ne m'insultent *encore* en m'ôtant la vie. Mais son écuyer, tout épouvanté *de ces paroles,* ne voulut point le faire. Saül prit donc son épée, et se jeta dessus.

5 Et son écuyer voyant qu'il était mort, se jeta lui-même sur son épée, et mourut auprès de lui.

6 Ainsi Saül mourut en ce jour-là, et avec lui trois de ses fils, son écuyer, et tous ceux qui se trouvèrent auprès de sa personne.

7 Or les Israélites qui étaient au delà de la vallée *de Jezrahel*, et au deçà du Jourdain, ayant appris la défaite de l'armée d'Israël, et la mort de Saül et de ses enfants, abandonnèrent leurs villes et s'enfuirent ; et les Philistins y vinrent, et s'y établirent.

8 Le lendemain les Philistins vinrent dépouiller ceux qui avaient été tués *à la bataille*, et ils trouvèrent Saül avec ses trois fils, étendus *morts* sur la montagne de Gelboé.

9 Ils coupèrent la tête de Saül, et lui ôtèrent ses armes ; et ils envoyèrent *des courriers* par tout le pays des Philistins, pour publier cette nouvelle dans le temple de leurs idoles, et *la répandre* parmi *tous* les peuples.

10 Ils mirent les armes de Saül dans le temple d'Astaroth, et ils pendirent son corps sur la muraille de Bethsan.

11 Les habitants de Jabès de Galaad ayant appris le traitement que les Philistins avaient fait à Saül,

12 tous les plus vaillants *d'entre eux* sortirent, marchèrent toute la nuit, et ayant enlevé les corps de Saül et de ses enfants *qui étaient* sur la muraille de Bethsan, ils revinrent à Jabès de Galaad, où ils les brûlèrent.

13 Ils prirent leurs os, les ensevelirent dans le bois de Jabès, et jeûnèrent pendant sept jours.

ROIS.

LIVRE SECOND.

CHAPITRE PREMIER.

APRÈS la mort de Saül, David étant revenu à Siceleg, après la défaite des Amalécites, y avait passé deux jours.

2 Le troisième jour, il parut un homme qui venait du camp de Saül ; ses habits étaient déchirés, et il avait la tête pleine de poussière. S'étant approché de David, il le salua en se prosternant jusqu'en terre.

3 David lui dit : D'où venez-vous ? Je me suis sauvé, dit-il, de l'armée d'Israël.

4 David ajouta : Qu'est-il arrivé ? dites-le-moi. Il lui répondit : La bataille s'est donnée : le peuple a fui ; plusieurs sont morts dans cette défaite : Saül même et Jonathas, son fils, y ont été tués.

5 David dit au jeune homme qui lui apportait cette nouvelle : Comment savez-vous que Saül et son fils Jonathas soient morts ?

6 Ce jeune homme lui répondit : Je me suis rencontré par hasard sur la montagne de Gelboé, et j'y ai trouvé Saül qui s'était jeté sur la pointe de sa lance. Et comme des chariots et des cavaliers s'approchaient,

7 il m'a aperçu en se tournant, et m'a appelé. Je lui ai répondu : Me voici.

8 Il m'a demandé qui j'étais ; et je lui ai dit que j'étais Amalécite.

9 Et il a ajouté : Approchez-vous de moi, et me tuez ; parce que je suis accablé de douleur, et que je suis encore plein de vie.

10 M'étant donc approché de lui, je l'ai tué : car je savais bien qu'il ne pouvait pas survivre à sa ruine. Et je lui ai ôté son diadème de dessus la tête, et le bracelet de son bras ; et je vous les ai apportés, à vous qui êtes mon seigneur.

11 Alors David prit ses vêtements et les déchira, et tous ceux qui étaient auprès de lui firent la même chose.

12 Ils s'abandonnèrent au deuil et aux larmes, et ils jeûnèrent jusqu'au soir, à cause de la mort de Saül et de Jonathas, son fils, et du malheur du peuple du Seigneur et de la maison d'Israël, dont un si grand nombre avait été passé au fil de l'épée.

13 David dit au jeune homme qui lui avait apporté cette nouvelle : D'où êtes-vous ? Il lui répondit : Je suis fils d'un étranger, d'un Amalécite.

14 David lui dit : Comment n'avez-vous point craint de mettre la main sur le christ du Seigneur, et de le tuer ?

15 Et David appelant un de ses gens, lui dit : Jetez-vous sur cet homme, et le tuez. Aussitôt il le frappa, et il mourut ;

16 et David ajouta : C'est vous seul qui êtes cause de votre mort ; parce que votre propre bouche a porté témoignage contre vous, en disant : C'est moi qui ai tué le christ du Seigneur.

17 Or David fit cette complainte sur la mort de Saül et de Jonathas, son fils,

18 (et il ordonna à ceux de Juda d'apprendre à leurs enfants à tirer de l'arc, comme il est écrit dans le livre des Justes ;) et il dit : Considérez, ô Israël ! qui sont ceux qui sont morts sur vos coteaux, percés de leurs plaies.

19 Les plus illustres d'Israël ont été tués sur vos montagnes. Comment ces vaillants hommes sont-ils tombés morts ?

20 N'annoncez point cette nouvelle dans Geth, ne la publiez point dans les places publiques d'Ascalon : de peur que les filles des Philistins ne s'en glorifient, et que les filles des incirconcis n'en triomphent de joie.

21 Montagnes de Gelboé, que la rosée et la pluie ne tombent jamais sur vous ; qu'il n'y ait point sur vos coteaux de champs dont on offre les prémices : parce que c'est là qu'a été jeté le bouclier des vaillants d'Israël, le bouclier de Saül, comme s'il n'eût point été sacré de l'huile sainte.

22 Jamais la flèche de Jonathas n'est retournée en arrière ; mais elle a toujours été teinte du sang des morts, du carnage des plus vaillants ; et l'épée de Saül n'a jamais été tirée en vain.

23 Saül et Jonathas, ces princes qui pendant leur vie étaient si aimables, et d'une si grande majesté, n'ont point été divisés dans leur mort même. Ils étaient plus vîtes que les aigles, et plus courageux que les lions.

24 Filles d'Israël, pleurez sur Saül, qui vous revêtait d'écarlate parmi la pompe et les délices, et qui vous donnait des ornements d'or pour vous parer.

25 Comment les forts sont-ils tombés dans le combat ? Comment

Jonathas a-t-il été tué sur vos montagnes ?

26 Votre mort me perce de douleur, Jonathas, mon frère, le plus beau *des princes*, plus aimable que les plus aimables des femmes. Je vous aimais comme une mère aime son fils unique.

27 Comment les forts sont-ils tombés ? Comment la gloire des armes a-t-elle été anéantie ?

CHAPITRE II.

APRÈS cela David consulta le Seigneur, et lui dit : Irai-je dans quelqu'une des villes de Juda ? Le Seigneur lui dit : Allez. David lui demanda : Où irai-je ? Le Seigneur lui répondit : *Allez à Hébron*.

2 David y alla donc avec ses deux femmes, Achinoam de Jezrahel, et Abigaïl, veuve de Nabal du Carmel.

3 David y mena aussi les gens qui étaient avec lui, dont chacun y vint avec sa famille : et ils demeurèrent dans les villes d'Hébron.

4 Alors ceux de la tribu de Juda étant venus à Hébron, y sacrèrent David *de l'huile sainte*, afin qu'il régnât sur la maison de Juda. En même temps on rapporta à David, que ceux de Jabès en Galaad avaient enseveli Saul.

5 Il y envoya aussitôt des gens, et leur fit dire : Bénis soyez-vous du Seigneur, de ce que vous avez usé de cette humanité envers Saul, votre seigneur, et que vous l'avez enseveli.

6 Maintenant donc le Seigneur vous *le* rendra selon sa miséricorde et sa vérité ; et moi-même je vous récompenserai de cette action que vous avez faite.

7 Ne vous laissez point abattre, et soyez gens de cœur : car encore que Saül, votre roi, soit mort, néanmoins la maison de Juda m'a sacré pour être son roi.

8 D'un autre côté Abner, fils de Ner, général de l'armée de Saül, prit Isboseth, fils de Saül, et l'ayant fait mener dans tout le camp,

9 l'établit roi sur Galaad, sur Gessuri, sur Jezrahel, sur Ephraïm, sur Benjamin, et sur tout Israël.

10 Isboseth, fils de Saül, avait quarante ans lorsqu'il commença à régner sur Israël ; et il régna deux ans. Il n'y avait alors que la seule maison de Juda qui suivît David.

11 Et il demeura à Hébron sept ans et demi, n'étant roi que de la tribu de Juda.

12 Alors Abner, fils de Ner, sortit de son camp, et vint à Gabaon avec les gens d'Isboseth, fils de Saül.

13 Joab, fils de Sarvia, marcha contre lui avec les troupes de David, et ils se rencontrèrent près de la piscine de Gabaon. Les armées s'étant approchées, s'arrêtèrent l'une devant l'autre : l'une était d'un côté de la piscine, et l'autre de l'autre.

14 Alors Abner dit à Joab : Que quelques jeunes gens s'avancent, et qu'ils s'exercent devant nous. Joab répondit : Qu'ils s'avancent.

15 Aussitôt douze hommes de Benjamin du côté d'Isboseth, fils de Saül, parurent, et se présentèrent : il en vint aussi douze du côté de David.

16 Et chacun d'eux ayant pris par la tête celui qui se présenta devant lui, ils se passèrent tous l'épée au travers du corps, et tombèrent morts tous ensemble : et ce lieu s'appela, le Champ des vaillants, à Gabaon.

17 Il se donna aussitôt un rude combat ; et Abner fut défait avec ceux d'Israël par les troupes de David.

18 Les trois fils de Sarvia, Joab, Abisaï et Asaël, étaient dans ce combat. Or Asaël était extrêmement *agile* et léger à la course, en quoi il égalait les chevreuils qui sont dans les bois.

19 Il s'attacha donc à poursuivre Abner, sans se détourner ni à droite ni à gauche, et sans le quitter jamais.

20 Abner regardant derrière lui, lui dit : Etes-vous Asaël ? Il lui répondit : Oui, je le suis.

21 Abner lui dit : Allez ou à droite ou à gauche, et attaquez quelqu'un de ces jeunes gens, et prenez ses dépouilles. Mais Asaël ne voulut point cesser de le poursuivre.

22 Abner parla donc encore à Asaël, et lui dit : Retirez-vous, ne me suivez pas davantage, de peur que je ne sois obligé de vous percer *de ma lance*, et qu'après cela je ne puisse plus paraître devant Joab, votre frère.

23 Mais Asaël méprisa ce qu'il lui disait, et ne voulut point se détourner. Abner lui porta donc de l'arrière-main dans l'aine un coup de la pointe de sa lance, qui le perça, et le tua sur la place. Tous ceux qui passaient par ce lieu où Asaël était tombé mort, s'arrêtaient.

24 Mais Joab et Abisaï continuant à poursuivre Abner qui s'enfuyait, le soleil se coucha lorsqu'ils arrivèrent à la colline de l'Aqueduc, qui est vis-à-vis de la vallée, au chemin du désert de Gabaon :

25 et les enfants de Benjamin se rallièrent auprès d'Abner ; et ayant fait un gros, s'arrêtèrent sur le sommet d'une éminence.

26 Alors Abner cria à Joab : Votre épée ne se rassasiera-t-elle donc point *de sang et* de meurtres ? Ignorez-vous qu'il est dangereux de jeter son ennemi dans le désespoir ? N'est-il pas temps enfin de dire au peuple qu'il cesse de poursuivre ses frères ?

27 Joab lui répondit : Vive le Seigneur ! si vous l'eussiez *plus tôt* dit, le peuple se fût retiré dès le matin, et il eût cessé de poursuivre ses frères.

28 Joab fit donc sonner la retraite ; et toute l'armée s'arrêta, et cessa de poursuivre Israël, et de le combattre.

29 Abner avec ses gens marcha par la campagne toute cette nuit ; et ayant passé le Jourdain et traversé tout Béthoron, il revint au camp.

30 Joab ayant cessé de poursuivre Abner, et étant revenu, assembla toute l'armée ; et on ne trouva de morts du côté de David, que dix-neuf hommes, sans compter Asaël.

31 Mais les gens de David tuèrent de Benjamin et de ceux qui étaient avec Abner, trois cent soixante hommes qui moururent *en cette défaite*.

32 On emporta le corps d'Asaël, et on le mit dans le sépulcre de son père à Bethléhem. Et Joab ayant marché toute la nuit avec les gens qui étaient avec lui, arriva à Hébron au point du jour.

CHAPITRE III.

IL se fit donc une longue guerre entre la maison de Saül et la maison de David ; David s'avançant toujours et se fortifiant de plus en plus, et la maison de Saül au contraire s'affaiblissant de jour en jour.

2 Pendant que David était à Hébron, il eut plusieurs enfants : L'aîné fut Amnon, qu'il eut d'Achinoam de Jezrahel ;

3 le second, Chéléab, qu'il eut d'Abigaïl, veuve de Nabal du Carmel ; le troisième, Absalom, qu'il eut de Maacha, fille de Tholmaï, roi de Gessur ;

4 le quatrième, Adonias, fils d'Haggith ; le cinquième, Saphathia, fils d'Abital ;

5 le sixième, Jethraam, *fils* d'Egla, femme de David. David eut ces six enfants à Hébron.

6 La maison de Saül était donc en guerre avec la maison de David, et Abner, fils de Ner, était le chef de la maison de Saül.

7 Or Saül avait eu une concubine nommée Respha, fille d'Aïa. Et Isboseth dit à Abner :

8 Pourquoi vous êtes-vous approché de la concubine de mon père ? Abner, étrangement irrité de ce reproche, lui répondit : Suis-je un homme à être traité comme un chien, moi qui me suis déclaré aujourd'hui contre Juda pour soutenir dans sa chute la maison de Saül, votre père, ses frères et ses proches, et qui ne vous ai point livré entre les mains de David ? Et après cela vous venez aujourd'hui chercher querelle avec moi pour une femme !

9 Que Dieu traite Abner avec toute sa sévérité, si je ne procure à David ce que le Seigneur a juré en sa faveur,

10 en faisant que le royaume soit transféré de la maison de Saül *en la sienne*, et que le trône de David soit élevé sur Israël comme sur Juda, depuis Dan jusqu'à Bersabée.

11 Isboseth n'osa lui répondre, parce qu'il le craignait.

12 Abner envoya donc des courriers à David pour lui dire de sa part : A qui appartient tout ce pays, *sinon à vous ?* et pour ajouter : Si vous voulez me donner part à votre amitié, je prendrai votre

parti, et je ferai que tout Israël se réunira à vous.

13 David lui répondit : Je le veux bien : je ferai amitié avec vous ; mais je vous demande une chose : Vous ne me verrez point que vous ne m'ayez ramené auparavant Michol, fille de Saül : à cette condition vous pourrez venir et me voir.

14 David ensuite envoya des courriers à Isboseth, fils de Saül, et lui fit dire : Rendez-moi Michol, ma femme, que j'ai épousée pour cent prépuces de Philistins.

15 Isboseth l'envoya querir aussitôt, et l'ôta à son mari Phaltiel, fils de Laïs.

16 Son mari la suivait en pleurant jusqu'à Bahurim. Et Abner lui dit : Allez, retournez-vous-en. Et il s'en retourna.

17 Après cela Abner parla aux anciens d'Israël, et leur dit : Il y a déjà longtemps que vous souhaitiez d'avoir David pour roi.

18 Faites-le donc maintenant ; puisque le Seigneur a parlé à David, et a dit *de lui* : Je sauverai par David, mon serviteur, Israël, mon peuple, de la main des Philistins, et de tous ses ennemis.

19 Abner parla aussi à ceux de Benjamin ; et il alla trouver David à Hébron, pour lui dire tout ce qu'Israël et tous ceux de la tribu de Benjamin avaient résolu.

20 Il y arriva accompagné de vingt hommes. David lui fit un festin, et à ceux qui étaient venus avec lui.

21 Alors Abner dit à David : Je vais rassembler tout Israël, afin qu'il vous reconnaisse, comme je fais, pour seigneur et pour roi ; qu'ils fassent tous alliance avec vous, et que vous régniez sur eux tous comme vous le désirez. David ayant donc reconduit Abner, et Abner s'en étant allé en paix,

22 les gens de David survinrent aussitôt avec Joab, revenant de tailler en pièces des brigands, et rapportant un très-grand butin. Abner n'était plus à Hébron avec David, parce qu'il avait déjà pris congé de lui, et s'en était retourné en paix,

23 lorsque Joab arriva avec toute l'armée. Joab apprit donc de quelqu'un, qu'Abner, fils de Ner, était venu *parler* au roi ; que le roi l'avait renvoyé, et qu'il s'en était retourné en paix.

24 Joab aussitôt alla trouver le roi, et lui dit : Qu'avez-vous fait ? Abner vient de venir vers vous ; pourquoi l'avez-vous renvoyé, et l'avez-vous laissé aller ?

25 Ignorez-vous quel est Abner, fils de Ner, et qu'il n'est venu ici que pour vous tromper, pour reconnaître toutes vos démarches, et pour savoir tout ce que vous faites ?

26 Joab étant donc sorti d'avec David, envoya des courriers après Abner, et le fit revenir de la citerne de Sira, sans que David le sût.

27 Et lorsqu'il fut arrivé à Hébron, Joab le tira à part au milieu de la porte pour lui parler en trahison, et il le frappa dans l'aine, et le tua pour venger la mort de son frère Asaël.

28 David ayant su ce qui s'était passé, dit : Je suis innocent pour jamais devant le Seigneur, moi et mon royaume, du sang d'Abner, fils de Ner.

29 Que son sang retombe sur Joab et sur la maison de son père ; et qu'il y ait à jamais dans la maison de Joab des gens qui souffrent un flux honteux, qui soient lépreux, qui tiennent le fuseau, qui tombent sous l'épée, et qui demandent leur pain.

30 Joab et Abisaï, son frère, tuèrent donc Abner ; parce qu'il avait tué Asaël, leur frère, dans le combat à Gabaon.

31 Alors David dit à Joab, et à tout le peuple qui était avec lui : Déchirez vos vêtements, couvrez-vous de sacs, et pleurez aux funérailles d'Abner. Et le roi David marchait après le cercueil.

32 Après qu'Abner eut été enseveli à Hébron, le roi David éleva sa voix, et pleura sur son tombeau, tout le peuple pleurant aussi *avec lui*.

33 Et le roi témoignant son deuil par ses larmes, dit ces paroles : Abner n'est point mort comme les lâches ont coutume de mourir.

34 Vos mains n'ont point été liées, et vos pieds n'ont point été chargés de fers ; mais vous êtes mort comme *les hommes de cœur*, qui tombent devant les enfants d'iniquité. Tout le peuple à ces mots redoubla ses larmes.

35 Et tous étant revenus pour manger avec David, lorsqu'il était encore grand jour, David jura et dit : Que Dieu me traite avec toute sa sévérité, si je prends une bouchée de pain, ou quoi que ce soit, avant que le soleil soit couché !

36 Tout le peuple entendit ces paroles ; et tout ce que le roi avait fait, lui plut *extrêmement*.

37 Et le peuple et tout Israël fut persuadé ce jour-là, que le roi n'avait eu aucune part à l'assassinat d'Abner, fils de Ner.

38 Le roi dit aussi à ses serviteurs : Ignorez-vous que c'est un prince et un grand *prince* qui est mort aujourd'hui dans Israël ?

39 Pour moi je *ne* suis roi *que* par l'onction, et encore peu affermi ; et ces gens-ci, ces enfants de Sarvia, sont trop violents pour moi. Que le Seigneur traite celui qui fait le mal selon sa malice !

CHAPITRE IV.

ISBOSETH, fils de Saül, ayant appris qu'Abner avait été tué à Hébron, perdit courage, et tout Israël se trouva dans un grand trouble.

2 Isboseth avait à son service deux chefs de voleurs, dont l'un s'appelait Baana, l'autre Réchab : *ils étaient* fils de Remmon de Béroth, de la tribu de Benjamin ; car Béroth a été autrefois censée de Benjamin.

3 Mais les habitants de cette ville s'enfuirent à Gethaïm, où ils ont demeuré comme étrangers jusqu'aujourd'hui.

4 Or Jonathas, fils de Saül, avait un fils qui était incommodé des deux jambes : car il n'avait que cinq ans, lorsque la nouvelle vint de Jezrahel *de la mort* de Saül et de Jonathas ; sa nourrice l'ayant pris *entre ses bras*, s'enfuit ; et comme elle fuyait avec précipitation, l'enfant tomba, et en fut boiteux. Il s'appelait Miphiboseth.

5 Réchab et Baana, fils de Remmon de Béroth, entrèrent dans la maison d'Isboseth, lorsqu'il dormait sur son lit, vers le midi en la plus grande chaleur du jour. La femme qui gardait la porte de la maison s'était endormie en nettoyant du blé.

6 Ils vinrent donc secrètement dans la maison, en prenant des épis de blé, et ils frappèrent Isboseth dans l'aine, et s'enfuirent.

7 Car étant entrés dans sa maison, et l'ayant trouvé dans sa chambre qui dormait sur son lit, ils le tuèrent, prirent sa tête, et ayant marché toute la nuit par le chemin du désert,

8 ils la présentèrent à David dans Hébron, et lui dirent : Voici la tête d'Isboseth, fils de Saül, votre ennemi, qui cherchait à vous ôter la vie ; et le Seigneur venge aujourd'hui mon seigneur *et mon* roi, de Saül et de sa race.

9 David répondit à Réchab et à Baana, son frère, fils de Remmon de Béroth : Vive le Seigneur, qui a délivré mon âme de tous les maux dont elle était pressée !

10 Si j'ai fait arrêter et tuer à Siceleg, celui qui vint me dire que Saül était mort, lui qui crut m'apporter une bonne nouvelle, et qui en attendait une *grande* récompense ;

11 combien plus maintenant que des méchants ont tué un homme innocent dans sa maison, sur son lit, vengerai-je son sang sur vous qui l'avez répandu de vos mains, et vous exterminerai-je de dessus la terre !

12 David commanda donc à ses gens *de les tuer ;* et ils les tuèrent : et leur ayant coupé les mains et les pieds, ils les pendirent près la piscine d'Hébron. Ils prirent aussi la tête d'Isboseth, et l'ensevelirent dans le sépulcre d'Abner, à Hébron.

CHAPITRE V.

ALORS toutes les tribus d'Israël vinrent trouver David à Hébron, et lui dirent : Nous sommes vos os et votre chair.

2 Il y a déjà longtemps que lorsque Saül était notre roi, vous meniez Israël au combat, et vous l'en rameniez ; et le Seigneur vous a dit : C'est vous qui serez le pasteur d'Israël, mon peuple ; c'est vous qui serez le chef d'Israël.

3 Les anciens d'Israël vinrent aussi trouver David à Hébron. David y fit alliance avec eux devant le Seigneur ; et ils le sacrèrent roi sur Israël.

4 David avait trente ans lorsqu'il commença à régner, et il régna

quarante ans.

5 Il régna sept ans et demi à Hébron sur Juda, et trente-trois dans Jérusalem sur Juda et sur tout Israël.

6 Alors le roi accompagné de tous ceux qui étaient avec lui, marcha vers Jérusalem contre les Jébuséens qui y habitaient. Les assiégés disaient à David, Vous n'entrerez point ici que vous n'en ayez chassé les aveugles et les boiteux ; comme pour lui dire qu'il n'y entrerait jamais.

7 Néanmoins David prit la forteresse de Sion, qui est appelée *aujourd'hui*, la Ville de David.

8 Car David avait proposé alors une récompense pour celui qui battrait les Jébuséens, qui pourrait gagner le haut de la forteresse, et qui chasserait les aveugles et les boiteux, ennemis de David. C'est pourquoi on dit en proverbe : Les aveugles et les boiteux n'entreront point dans le temple.

9 David prit son logement dans la forteresse, et il l'appela, la Ville de David : il la fit environner depuis Mello, et fit bâtir au dedans.

10 David s'avançait toujours et croissait de plus en plus ; et le Seigneur, le Dieu des armées, était avec lui.

11 Hiram, roi de Tyr, envoya aussi des ambassadeurs à David, avec du bois de cèdre, des charpentiers et des tailleurs de pierres ; et ils bâtirent la maison de David.

12 Et David reconnut que le Seigneur l'avait confirmé roi sur Israël, et qu'il l'avait élevé au gouvernement d'Israël, son peuple.

13 Il prit donc encore des concubines et des femmes de Jérusalem, après qu'il y fut venu d'Hébron ; et il en eut d'autres fils et d'autres filles.

14 Voici le nom des fils qu'il eut à Jérusalem : Samua, Sobab, Nathan, Salomon,

15 Jéhahar, Elisua, *Eliphaleth, Nogé,* Népheg,

16 Japhia, Elisama, Elioda et Eliphaleth.

17 Les Philistins ayant appris que David avait été sacré roi sur Israël, s'assemblèrent tous pour lui faire la guerre. David l'ayant su, se retira dans un lieu fort.

18 Les Philistins vinrent se répandre dans la vallée de Raphaïm.

19 Et David consulta le Seigneur, et lui dit : Marcherai-je contre les Philistins, et les livrerez-vous entre mes mains ? Le Seigneur lui dit : Allez : car je les livrerai assurément entre vos mains.

20 David vint donc à Baal-Pharasim, où il défit les Philistins, et il dit : Le Seigneur a dispersé mes ennemis de devant moi, comme les eaux qui se dispersent *et se perdent dans la campagne*. C'est pour cette raison que ce lieu fut appelé Baal-Pharasim, *c'est-à-dire, la plaine des divisions*.

21 Les Philistins laissèrent là leurs idoles, que David et ses gens emportèrent.

22 Les Philistins revinrent encore une autre fois, et ils se répandirent dans la vallée de Raphaïm.

23 David consulta le Seigneur, *et lui dit :* Irai-je contre les Philistins, et les livrerez-vous entre mes mains ? Le Seigneur lui répondit : N'allez point droit à eux ; mais tournez derrière leur camp, jusqu'à ce que vous soyez venu vis-à-vis des poiriers.

24 Et lorsque vous entendrez au haut des poiriers comme le bruit de quelqu'un qui marche, vous commencerez à combattre ; parce que le Seigneur marchera alors devant vous pour combattre l'armée des Philistins.

25 David fit donc ce que le Seigneur lui avait commandé ; et il battit *et poursuivit* les Philistins depuis Gabaa jusqu'à Gézer.

CHAPITRE VI.

DAVID assembla encore toute l'élite d'Israël, au nombre de trente mille hommes,

2 et s'en alla accompagné de tous ceux de la tribu de Juda qui se trouvèrent avec lui, pour amener l'arche de Dieu, en présence de laquelle est invoqué le nom du Seigneur des armées, qui est assis au-dessus d'elle sur les chérubins.

3 Ils mirent l'arche de Dieu sur un chariot tout neuf, et l'emmenèrent de la maison d'Abinadab, habitant de Gabaa. Oza et Ahio, fils d'Abinadab, conduisaient ce chariot tout neuf.

4 Et l'arche ayant été tirée de la maison d'Abinadab qui la gardait à Gabaa, Ahio la conduisait en marchant devant.

5 Cependant David et tout Israël jouaient devant le Seigneur de toutes sortes d'instruments de musique, de la harpe, de la lyre, du tambour, des sistres et des timbales.

6 Mais lorsqu'on fut arrivé près de l'aire de Nachon, Oza porta la main à l'arche de Dieu, et la retint ; parce que les bœufs regimbaient, et l'avaient fait pencher.

7 En même temps la colère du Seigneur s'alluma contre Oza, et il le frappa de mort à cause de sa témérité : et Oza tomba mort sur la place devant l'arche de Dieu.

8 David fut affligé de ce que le Seigneur avait frappé Oza ; et ce lieu fut appelé, le Châtiment d'Oza, qui est le nom qu'il garde encore aujourd'hui.

9 Alors David eut une grande crainte du Seigneur, et il dit : Comment l'arche du Seigneur viendra-t-elle chez moi ?

10 Et il ne voulut pas que l'on amenât l'arche du Seigneur chez lui en la ville de David ; mais il la fit entrer dans la maison d'Obédédom de Geth.

11 L'arche du Seigneur demeura donc trois mois dans la maison d'Obédédom de Geth ; et le Seigneur le bénit, lui et toute sa maison.

12 On vint dire ensuite au roi David, que le Seigneur avait béni Obédédom et tout ce qui lui appartenait, à cause de l'arche de Dieu. David s'en alla donc en la maison d'Obédédom, et il en amena l'arche de Dieu en la ville de David avec *une grande* joie. Il y avait *toujours* auprès de David sept chœurs, et un veau pour servir de victime.

13 Et lorsque ceux qui portaient l'arche avaient fait six pas, il immolait un bœuf et un bélier.

14 David revêtu d'un éphod de lin, dansait devant l'arche de toute sa force ;

15 et étant accompagne de toute la maison d'Israël, il conduisait l'arche de l'alliance du Seigneur, avec des cris de joie, et au son des trompettes.

16 Lorsque l'arche du Seigneur fut entrée dans la ville de David, Michol, fille de Saül, regardant par une fenêtre, vit le roi David qui dansait et qui sautait devant le Seigneur ; et elle s'en moqua en elle-même.

17 *Les Lévites* firent donc entrer l'arche du Seigneur dans la tente que David avait fait dresser, et ils la posèrent au milieu, en la place qui lui avait été destinée ; et David offrit des holocaustes et des sacrifices d'action de grâces devant l'arche du Seigneur.

18 Lorsqu'il eut achevé d'offrir les holocaustes et les sacrifices d'action de grâces, il bénit le peuple au nom du Seigneur des armées.

19 Et il donna à toute cette troupe d'Israélites, tant hommes que femmes, à chacun un pain en façon de gâteau, un morceau de bœuf rôti, et un tourteau de farine cuite avec l'huile : et chacun s'en retourna chez soi.

20 David se retira aussi *en son palais*, pour faire part à sa maison de la bénédiction *de ce jour*. Et Michol, fille de Saül, étant venue au-devant de David, lui dit : Que le roi d'Israël a eu de gloire aujourd'hui, en se découvrant devant les servantes de ses sujets, et paraissant nu comme ferait un bouffon !

21 David répondit à Michol : *Oui*, devant le Seigneur, qui m'a choisi plutôt que votre père et que toute sa maison, et qui m'a commandé d'être chef de son peuple dans Israël,

22 je danserai, et je paraîtrai vil encore plus que je n'ai paru : je serai méprisable à mes yeux, et par là j'aurai plus de gloire devant les servantes dont vous parlez.

23 C'est pour cette raison que Michol, fille de Saül, n'eut point d'enfants jusqu'à sa mort.

CHAPITRE VII.

LE roi s'étant établi dans sa maison, et le Seigneur lui ayant donné la paix de tous côtés avec tous ses ennemis,

2 il dit au prophète Nathan : Ne voyez-vous pas que je demeure

dans une maison de cèdre, et que l'arche de Dieu ne loge que sous des peaux ?

3 Nathan dit au roi : Allez, faites tout ce que vous avez dans le cœur ; parce que le Seigneur est avec vous.

4 Mais la nuit suivante le Seigneur parla à Nathan, et lui dit :

5 Allez vers mon serviteur David, et dites-lui : Voici ce que dit le Seigneur : Me bâtirez-vous une maison afin que j'y habite ?

6 Car depuis que j'ai tiré de l'Egypte les enfants d'Israël jusqu'aujourd'hui, je n'ai eu aucune maison ; mais j'ai toujours été sous des pavillons et sous des tentes.

7 Dans tous les lieux où j'ai passé avec tous les enfants d'Israël, quand j'ai donné ordre à quelqu'une des tribus de conduire mon peuple, lui ai-je dit : Pourquoi ne m'avez-vous point bâti une maison de cèdre ?

8 Maintenant vous direz donc ceci à mon serviteur David : Voici ce que dit le Seigneur des armées : Je vous ai choisi lorsque vous meniez paître les troupeaux, afin que vous fussiez le chef d'Israël, mon peuple.

9 J'ai été avec vous partout où vous avez été ; j'ai extermine tous vos ennemis devant vous ; et j'ai rendu votre nom illustre comme est celui des grands de la terre.

10 Je mettrai Israël, mon peuple, dans un lieu stable : je l'y établirai, et il y demeurera ferme sans être plus agité de trouble ; et les enfants d'iniquité n'entreprendront plus de l'affliger comme *ils ont fait* auparavant,

11 depuis le temps que j'ai établi des juges sur Israël, mon peuple ; et je vous donnerai la paix avec tous vos ennemis. De plus, le Seigneur vous promet qu'il fera lui-même votre maison.

12 Et lorsque vos jours seront accomplis, et que vous vous serez endormi avec vos pères, je mettrai sur votre trône après vous votre fils qui sortira de vous, et j'affermirai son règne.

13 Ce sera lui qui bâtira une maison à mon nom ; et j'établirai pour jamais le trône de son royaume.

14 Je serai son père, et il sera mon fils ; et s'il commet quelque chose d'injuste, je le châtierai avec la verge dont on châtie les hommes, et je le punirai des plaies dont on punit les enfants des hommes.

15 Mais je ne retirerai point ma miséricorde de lui, comme je l'ai retirée de Saül, que j'ai rejeté de devant ma face.

16 Votre maison sera stable, vous verrez votre royaume subsister éternellement, et votre trône s'affermira pour jamais.

17 Nathan parla *donc* à David, et lui rapporta tout ce que *Dieu* lui avait dit, et tout ce qu'il lui avait fait voir *sur son sujet*.

18 Alors le roi David alla se présenter devant le Seigneur, et dit : Qui suis-je, ô Seigneur *mon* Dieu ! et quelle est ma maison, pour que vous m'ayez élevé à l'état où je me trouve *aujourd'hui ?*

19 Mais cela même a paru peu de chose à vos yeux, ô Seigneur *mon* Dieu ! si vous n'assuriez encore votre serviteur *de l'établissement* de sa maison pour les siècles à venir : car c'est là la loi *des enfants* d'Adam, ô Seigneur *mon* Dieu !

20 Après cela que peut vous dire David pour vous exprimer *son ressentiment ?* Car vous connaissez votre serviteur, ô Seigneur *mon* Dieu !

21 Vous avez fait toutes ces grandes merveilles pour *accomplir* votre parole, selon qu'il vous a plu ; et vous les avez même fait connaître à votre serviteur.

22 Je reconnais donc, ô Seigneur *mon* Dieu ! par toutes les choses que nous avons entendues de nos oreilles, que vous êtes *infiniment* grand ; qu'il n'y a rien qui vous soit semblable, et que hors vous il n'y a point de Dieu.

23 Y a-t-il encore sur *toute* la terre une nation comme Israël, votre peuple, que vous avez vous-même été racheter pour en faire votre peuple ; où vous avez rendu votre nom célèbre par les merveilles et les prodiges terribles que vous avez faits dans *votre* terre pour *chasser* les nations et leurs dieux de devant votre peuple que vous avez racheté de l'Egypte ?

24 Car vous avez choisi Israël pour être éternellement votre peuple ; et vous êtes devenu leur Dieu, ô Seigneur *mon* Dieu !

25 Maintenant donc, ô Seigneur *mon* Dieu ! accomplissez pour jamais la parole que vous avez prononcée sur votre serviteur et sur sa maison, et exécutez ce que vous avez dit :

26 afin que votre nom soit éternellement glorifié, et que l'on dise, Le Seigneur des armées est le Dieu d'Israël ; et que la maison de votre serviteur David demeure stable devant le Seigneur.

27 Vous avez révélé à votre serviteur, ô Seigneur des armées ! ô Dieu d'Israël ! que vous vouliez lui établir sa maison : c'est pour cela que votre serviteur a trouvé son cœur pour vous adresser cette prière.

28 Seigneur *mon* Dieu ! vous êtes Dieu, et vos paroles se trouveront véritables : car vous avez fait à votre serviteur ces grandes promesses.

29 Commencez donc, et bénissez la maison de votre serviteur, afin qu'elle subsiste éternellement devant vous ; parce que c'est vous, ô Seigneur *mon* Dieu ! qui avez parlé, et qui répandrez pour jamais votre bénédiction sur la maison de votre serviteur.

CHAPITRE VIII.

APRÈS cela David battit les Philistins, les humilia, et affranchit *Israël* de la servitude du tribut qu'il leur payait.

2 Il défit aussi les Moabites ; et les ayant fait coucher par terre, il les fit mesurer avec des cordes, *comme on aurait mesuré un champ,* et il en fit deux parts, dont il destina l'une à la mort, et l'autre à la vie. Et Moab fut assujetti à David, et lui paya tribut.

3 David défit aussi Adarézer, fils de Rohob, roi de Soba, lorsqu'il marcha pour étendre sa domination jusque sur l'Euphrate.

4 David lui prit dix-sept cents chevaux, et vingt mille hommes de pied ; coupa les nerfs des jambes à tous les chevaux des chariots, et n'en réserva que pour cent chariots.

5 Les Syriens de Damas vinrent au secours d'Adarézer, roi de Soba ; et David en tua vingt-deux mille.

6 Il mit des garnisons dans la Syrie de Damas : la Syrie lui fut assujettie, et lui paya tribut ; et le Seigneurie conserva dans toutes les guerres qu'il entreprit.

7 Il prit les armes d'or des serviteurs d'Adarézer, et les porta à Jérusalem.

8 Il enleva encore une prodigieuse quantité d'airain des villes de Bété et de Béroth, qui appartenaient à Adarézer.

9 Thoü, roi d'Emath, ayant appris que David avait défait toutes les troupes d'Adarézer,

10 envoya Joram, son fils, lui faire compliment, pour lui témoigner sa joie, et lui rendre grâces de ce qu'il avait vaincu Adarézer, et avait taillé son armée en pièces. Car Thoü était ennemi d'Adarézer. Joram apporta avec lui des vases d'or, d'argent et d'airain,

11 que le roi David consacra au Seigneur, avec ce qu'il lui avait déjà consacré d'argent et d'or pris sur toutes les nations qu'il s'était assujetties ;

12 sur la Syrie, sur Moab, sur les Ammonites, sur les Philistins, sur Amalec, avec les dépouilles d'Adarézer, fils de Rohob et roi de Soba.

13 David s'acquit aussi un grand nom dans la vallée des Salines, où il tailla en pièces dix-huit mille hommes, lorsqu'il retournait après avoir pris la Syrie.

14 Il mit de plus des officiers et des garnisons dans l'Idumée ; et toute l'Idumée lui fut assujettie. Le Seigneur le conserva dans toutes les guerres qu'il entreprit.

15 David régna donc sur tout Israël ; et dans les jugements qu'il rendait, il faisait justice à tout son peuple.

16 Joab, fils de Sarvia, était général de ses armées ; et Josaphat, fils d'Ahilud, avait la charge des requêtes.

17 Sadoc, fils d'Achitob, et Achimélech, fils d'Abiathar, étaient *grands* prêtres ; Saraïas était secrétaire.

18 Banaïas, fils de Joïada, commandait les Céréthiens et les Phéléthiens ; et les enfants de David étaient prêtres.

CHAPITRE IX.

DAVID dit alors : N'est-il point resté quelqu'un de la maison de Saül, à qui je puisse faire du bien à cause de Jonathas ?

2 Or il y avait un serviteur de la maison de Saül, qui s'appelait Siba. Et le roi l'ayant fait venir, lui dit : Etes-vous Siba ? Il lui répondit : Je le suis, pour vous servir.

3 Le roi lui dit : Est-il resté quelqu'un de la maison de Saül, que je puisse combler de grâces ? Siba dit au roi : Il reste encore un fils de Jonathas, qui est incommodé des jambes.

4 Où est-il ? dit David. Il est, dit Siba, à Lodabar, dans la maison de Machir, fils d'Ammiel.

5 Le roi David envoya donc des gens, et le fit venir de Lodabar, de la maison de Machir, fils d'Ammiel.

6 Miphiboseth, fils de Jonathas, fils de Saül, étant venu devant David, lui fit une profonde révérence en se prosternant en terre. David lui dit : Miphiboseth ! Il lui répondit : Me voici pour vous servir.

7 David lui dit : Ne craignez point ; parce que je suis résolu de vous traiter avec toute sorte d'affection, à cause de Jonathas, votre père. Je vous rendrai toutes les terres de Saül. votre aïeul, et vous mangerez toujours a ma table.

8 Miphiboseth se prosternant devant lui, lui dit : Qui suis-je moi, votre serviteur, pour avoir mérité que vous regardiez un chien mort tel que je suis ?

9 Le roi fit donc venir Siba, serviteur de Saül, et lui dit : J'ai donné au fils de votre maître tout ce qui était à Saül, et toute sa maison.

10 Faites donc valoir ses terres pour lui, vous et vos fils, et vos serviteurs ; afin que le fils de votre maître ait de quoi subsister : mais Miphiboseth. fils de votre maître, mangera toujours à ma table. Or Siba avait quinze fils, et vingt serviteurs.

11 Et il dit au roi : Mon seigneur et mon roi, votre serviteur fera comme vous lui avez commandé. Et Miphiboseth mangera à ma table comme l'un des enfants du roi.

12 Or Miphiboseth avait un fils encore enfant, appelé Micha. Toute la famille de Siba servait Miphiboseth.

13 Miphiboseth demeurait à Jérusalem, parce qu'il mangeait toujours à la table du roi ; et il était boiteux des deux jambes.

CHAPITRE X.

IL arriva que quelque temps après le roi des Ammonites vint à mourir ; et Hanon, son fils, régna en sa place.

2 Alors David dit : Je veux témoigner de l'affection envers Hanon, fils de Naas, comme son père m'en a témoigné. Il lui envoya donc des ambassadeurs pour le consoler de la mort de son père. Mais lorsqu'ils furent arrivés sur les terres des Ammonites,

3 les plus grands du pays dirent à Hanon, leur maître : Croyez-vous que ce soit pour honorer votre père et pour vous consoler, que David vous ait envoyé ici des ambassadeurs ? et ne voyez-vous pas qu'il *ne* l'a fait *que* pour reconnaître la *principale* ville *de vos États*, pour y remarquer toutes choses, et pour la détruire *un jour* ?

4 Hanon fit donc prendre les serviteurs de David, leur fit raser la moitié de la barbe, et leur fit couper la moitié de leurs habits, jusqu'au haut des cuisses, et les renvoya.

5 David avant reçu la nouvelle qu'ils avaient été outragés si honteusement, envoya au-devant d'eux, et leur donna cet ordre : Demeurez à Jéricho jusqu'à ce que votre barbe soit crue ; et après cela vous reviendrez.

6 Or les Ammonites voyant qu'ils avaient offensé David, envoyèrent vers les Syriens de Rohob, et les Syriens de Soba, et ils firent lever à leurs dépens vingt mille hommes de pied. Ils prirent aussi mille hommes du roi de Maacha, et douze mille d'Istob.

7 David en ayant été averti, envoya *contre eux* Joab avec toutes ses troupes.

8 Les Ammonites s'étant mis en campagne, rangèrent leur armée en bataille a l'entrée de la porte *de la ville* ; et les Syriens de Soba et de Rohob, d'Istob et de Maacha, étaient dans un corps séparé dans la plaine.

9 Joab voyant donc les ennemis préparés à le combattre de front et par derrière, choisit des gens de toutes les meilleures troupes d'Israël, et marcha en bataille contre les Syriens.

10 Il donna le reste de l'armée à Abisaï, son frère, qui marcha pour combattre les Ammonites.

11 Et Joab dit *à Abisaï* : Si les Syriens ont de l'avantage sur moi, vous viendrez à mon secours ; et si les Ammonites eu ont sur vous, je viendrai *aussi* vous secourir.

12 Agissez en homme de cœur, et combattons pour notre peuple et pour la cité de notre Dieu ; et le Seigneur ordonnera de tout comme il lui plaira.

13 Joab attaqua donc les Syriens avec les troupes qu'il commandait ; et aussitôt les Syriens fuirent devant lui.

14 Les Ammonites voyant la fuite des Syriens, s'enfuirent aussi eux-mêmes devant Abisaï, et se retirèrent dans la ville. Joab après avoir battu les Ammonites, s'en retourna, et revint à Jérusalem.

15 Les Syriens voyant qu'ils avaient été défaits par Israël, s'assemblèrent tous.

16 Adarézer envoya demander du secours aux Syriens qui étaient au delà du fleuve, et en tira des troupes dont il donna le commandement à Sobach, général de son armée.

17 David en ayant reçu nouvelle, assembla toutes les troupes d'Israël, passa le Jourdain, et vint à Hélam. Les Syriens marchèrent contre David, et lui donnèrent bataille.

18 Mais ils s'enfuirent dès qu'ils furent en présence *de l'armée* d'Israël, et David tailla en pièces sept cents chariots de leurs troupes et quarante mille chevaux ; et blessa tellement Sobach, général de l'armée, qu'il mourut sur-le-champ.

19 Tous les rois qui étaient venus au secours d'Adarézer, se voyant vaincus par les Israélites, furent saisis de frayeur, et s'enfuirent devant eux avec cinquante-huit mille hommes. Ils firent la paix ensuite avec les Israélites, et leur furent assujettis. Depuis ce temps-là les Syriens appréhendèrent de donner secours aux Ammonites.

CHAPITRE XI.

L'ANNÉE suivante, au temps où les rois ont accoutumé d'aller à la guerre, David envoya Joab avec ses officiers et toutes les troupes d'Israël, qui ravagèrent le pays des Ammonites, et assiégèrent Rabba. Mais David demeura à Jérusalem.

2 Pendant que ces choses se passaient, il arriva que David s'étant levé de dessus son lit après midi, se promenait sur la terrasse de son palais ; alors il vit une femme vis-à-vis de lui, qui se baignait sur la terrasse de sa maison ; et cette femme était fort belle.

3 Le roi envoya donc savoir qui elle était. On vint lui dire que c'était Bethsabée, fille d'Eliam, femme d'Urie, Héthéen.

4 David ayant envoyé des gens, la fit venir ; et quand elle fut venue vers lui, il dormit avec elle ; et aussitôt elle se purifia de son impureté,

5 et retourna chez elle ayant conçu. Dans la suite elle envoya dire à David : J'ai conçu.

6 Après quoi David manda à Joab de lui envoyer Urie, Héthéen. Joab le lui envoya.

7 Et quand il fut venu, David lui demanda en quel état était Joab et le peuple, et ce qui se passait à la guerre.

8 Et il dit à Urie : Allez-vous-en chez vous, lavez-vous les pieds. Urie sortit du palais ; et le roi lui envoya des mets de sa table.

9 Mais Urie passa la nuit suivante devant la porte du palais du roi avec les autres officiers ; et il n'alla point en sa maison.

10 David en ayant été averti, dit à Urie : D'où vient que revenant d'un voyage, vous n'êtes pas allé chez vous ?

11 Urie répondit à David : L'arche de Dieu, Israël et Juda demeurent sous des tentes ; et Joab, mon seigneur, et les serviteurs de mon seigneur couchent à plate terre : et moi cependant j'irai en ma maison manger et boire, et dormir avec ma femme. Je jure par la vie et par le salut de mon roi, que je ne le ferai jamais.

12 David dit à Urie : Demeurez ici encore aujourd'hui, et je vous renverrai demain. Urie demeura donc à Jérusalem ce jour-là, et *jusqu'au* lendemain.

13 David le fit venir pour manger et pour boire à sa table, et il l'enivra. Mais s'en étant retourné au soir, il dormit dans son lit avec les officiers du roi ; et il n'alla point chez lui.

14 Le lendemain matin David envoya à Joab, par Urie même, une lettre,

15 écrite en ces termes : Mettez Urie à la tête de vos gens où le combat sera le plus rude ; et faites en sorte qu'il soit abandonné, et qu'il y périsse.

16 Joab continuant donc le siège de la ville, mit Urie vis-à-vis le lieu où il savait qu'étaient les meilleures troupes *des ennemis*.

17 Les assiégés ayant fait une sortie, chargèrent Joab et tuèrent quelques-uns des gens de David, entre lesquels Urie, Héthéen, demeura mort *sur la place*.

18 Joab envoya donc aussitôt à David, pour lui faire savoir tout ce qui s'était passé dans le combat,

19 en donnant cet ordre au courrier : Lorsque vous aurez achevé de dire au roi tout ce qui s'est passé à l'armée,

20 si vous voyez qu'il se fâche, et qu'il dise : Pourquoi êtes-vous allés combattre si près des murs ? Ignoriez-vous combien on lance de traits de dessus une muraille ?

21 Qui tua Abimélech, fils de Jérobaal ? Ne fut-ce pas une femme qui jeta sur lui *du haut* de la muraille un morceau d'une meule, et le tua à Thèbes ? Pourquoi vous êtes-vous approchés si près des murs ? Vous lui direz : Urie, Héthéen, votre serviteur, a aussi été tué.

22 Le courrier partit donc, et vint dire à David ce que Joab lui avait commandé ;

23 et il lui parla en ces termes : Les assiégés ont eu *quelque* avantage sur nous ; ils sont sortis hors de la ville pour nous charger, et nous les avons poursuivis avec grande vigueur jusqu'à la porte de la ville.

24 Mais les archers ont lancé leurs traits contre nous du haut des murailles. Quelques-uns de vos gens y ont été tués ; et Urie, Héthéen, votre serviteur, y est demeuré mort entre les autres.

25 David répondit au courrier : Vous direz ceci à Joab : Que cela ne vous étonne point : car les événements de la guerre sont journaliers ; et tantôt l'un, tantôt l'autre, périt par l'épée. Relevez le courage de vos soldats, et animez-les contre la ville, afin que vous puissiez la détruire.

26 La femme d'Urie ayant appris que son mari était mort, le pleura.

27 Et après que le *temps du* deuil fut passé, David la fit venir en sa maison, et l'épousa. Elle lui enfanta un fils. Et cette action qu'avait faite David, déplut au Seigneur.

CHAPITRE XII.

LE Seigneur envoya donc Nathan vers David. Et Nathan étant venu le trouver, lui dit : Il y avait deux hommes dans une ville, dont l'un était riche, et l'autre pauvre.

2 Le riche avait un grand nombre de brebis et de bœufs.

3 Le pauvre n'avait rien du tout qu'une petite brebis, qu'il avait achetée et avait nourrie ; qui était crue parmi ses enfants en mangeant de son pain, buvant de sa coupe, et dormant dans son sein ; et il la chérissait comme sa fille.

4 Un étranger étant venu voir le riche, celui-ci ne voulut point toucher à ses brebis ni à ses bœufs pour lui faire festin ; mais il prit la brebis de ce pauvre homme et la donna à manger à son hôte.

5 David entra dans une grande indignation contre cet homme, et dit à Nathan : Vive le Seigneur ! celui qui a fait cette action est digne de mort.

6 Il rendra la brebis au quadruple pour en avoir usé de la sorte, et pour n'avoir point épargné ce *pauvre*.

7 Alors Nathan dit à David : C'est vous-même qui êtes cet homme. Voici ce que dit le Seigneur, le Dieu d'Israël : Je vous ai sacré roi sur Israël, et vous ni délivré de la main de Saül.

8 Je vous ai mis entre les mains la maison et les femmes de votre seigneur, et vous ai rendu maître de toute la maison d'Israël et de Juda. Si cela paraît peu de chose, je suis prêt à y en ajouter encore beaucoup d'autres.

9 Pourquoi donc avez-vous méprisé ma parole, jusqu'à commettre le mal devant mes yeux ? Vous avez fait perdre la vie à Urie, Héthéen : vous lui avez ôté sa femme, et l'avez prise pour vous ; et vous l'avez tué par l'épee des enfants d'Ammon.

10 C'est pourquoi l'épée ne sortira jamais de votre maison ; parce que vous m'avez méprisé, et que vous avez pris pour vous la femme d'Urie, Héthéen.

11 Voici donc ce que dit le Seigneur : Je vais vous susciter des maux *qui naîtront* de votre propre maison. Je prendrai vos femmes à vos yeux ; je les donnerai à un autre qui vous est proche, et il dormira avec elles aux yeux de ce soleil *que vous voyez*.

12 Car pour vous, vous avez fait cette action en secret ; mais pour moi je la ferai à la vue de tout Israël, et à la vue du soleil.

13 David dit à Nathan : J'ai péché contre le Seigneur. Et Nathan lui répondit : Le Seigneur aussi a transféré votre péché ; et vous ne mourrez point.

14 Mais néanmoins, parce que vous avez été cause par votre péché que les ennemis du Seigneur ont blasphémé *contre lui*, le fils qui vous est né va certainement perdre la vie.

15 Nathan retourna ensuite à sa maison. *En même temps* le Seigneur frappa l'enfant que la femme d'Urie avait eu de David, et il fut désespéré.

16 David pria le Seigneur pour l'enfant ; il jeûna, il se retira en particulier, et demeura couché sur la terre.

17 Les principaux de sa maison vinrent le trouver, et lui firent de grandes instances pour l'obliger à se lever de terre ; mais il le refusa, et ne mangea point avec eux.

18 Le septième jour l'enfant mourut, et les serviteurs de David n'osaient lui dire qu'il était mort ; car ils s'entre-disaient : Lorsque l'enfant vivait encore et que nous lui parlions, il ne voulait pas nous écouter : combien donc s'affligera-t-il encore davantage, si nous lui disons qu'il est mort ?

19 David voyant que ses officiers parlaient tout bas *entre eux*, reconnut que l'enfant était mort ; et le leur ayant demandé, ils lui répondirent qu'il était mort.

20 Aussitôt il se leva de terre, alla au bain, prit de l'huile *de parfum* ; et ayant changé d'habit, il entra dans la maison du Seigneur, et l'adora : il revint ensuite en sa maison, il demanda qu'on lui servît à manger, et il prit de la nourriture.

21 Alors ses officiers lui dirent : D'où vient cette conduite *si extraordinaire ?* Vous jeûniez et vous pleuriez pour l'enfant lorsqu'il vivait encore : et après qu'il est mort, vous vous êtes levé, et vous avez mangé.

22 David leur répondit : J'ai jeûné et j'ai pleuré pour l'enfant tant qu'il a vécu ; parce que je disais : Qui sait si le Seigneur ne me le donnera point, et s'il ne lui sauvera point la vie ?

23 Mais maintenant qu'il est mort, pourquoi jeûnerais-je ? Est-ce que je puis encore le faire revivre ? C'est moi plutôt qui irai à lui ; et il ne reviendra jamais à moi.

24 David ensuite consola sa femme Bethsabée ; il dormit avec elle, et elle eut un fils, qu'il appela Salomon : le Seigneur aima cet enfant.

25 Et ayant envoyé *à David* le prophète Nathan, il donna à l'enfant le nom d'Aimable-au-Seigneur ; parce que le Seigneur l'aimait.

26 Joab continua à battre Rabbath, *ville des Ammonites* ; et étant près de prendre cette ville royale,

27 il envoya des courriers à David, avec ordre de lui dire : J'ai battu jusqu'ici Rabbath ; et cette ville environnée d'eau va être prise.

28 Faites assembler le reste du peuple, et venez au siège de la ville, et la prenez ; de peur que lorsque je l'aurai détruite, on ne m'attribue *l'honneur de* cette victoire.

29 David assembla donc tout le peuple, et marcha contre Rabbath ; et apres quelques combats, il la prit.

30 Il ôta de dessus la tête du roi des Ammonites le diadème qui pesait un talent d'or, et était enrichi de pierreries très-précieuses ; et il fut mis sur la tête de David. Il remporta aussi de la ville un fort grand butin :

31 et ayant fait sortir les habitants, il les coupa avec des scies ; fit passer sur eux des chariots avec des roues de fer ; les tailla en pièces avec des couteaux, et les jeta dans des fourneaux où l'on cuit la brique : c'est ainsi qu'il traita toutes les villes des Ammonites. David revint ensuite à Jérusalem avec toute son armée.

CHAPITRE XIII.

APRÈS cela Amnon, fils de David, conçut une passion violente pour la sœur d'Absalom, *aussi* fils de David, qui était très-belle, et qui s'appelait Thamar.

2 L'affection qu'il avait pour elle devint si excessive, que cet amour le rendit malade ; parce que, comme elle était vierge, il paraissait difficile à Amnon de rien faire avec elle contre l'honnêteté.

3 Or Amnon avait un ami fort prudent, qui s'appelait Jonadab, fils de Semmaa, frère de David.

4 Jonadab dit donc à Amnon : D'où vient, mon prince, que vous maigrissez ainsi de jour en jour ? pourquoi ne m'en dites-vous point la cause ? Amnon lui répondit : J'aime Thamar, sœur de mon frère Absalom.

5 Jonadab lui dit : Couchez-vous sur votre lit, et faites semblant d'être malade ; et lorsque votre père viendra vous visiter, dites-lui : Que ma sœur Thamar vienne, je vous prie, pour m'apprêter à manger ; et qu'elle me prépare quelque chose que je reçoive de sa main.

6 Amnon se mit donc au lit, et commença à faire le malade. Et lorsque le roi fut venu le visiter, Amnon lui dit : Que ma sœur Thamar vienne, je vous prie, et qu'elle fasse devant moi deux petits gâteaux, afin que je prenne à manger de sa main.

7 David envoya donc chez Thamar, et lui fit dire : Allez à l'appartement de votre frère Amnon, et préparez-lui à manger.

8 Thamar y étant venue, trouva son frère Amnon qui était couché. Elle prit de la farine, la pétrit et la délaya, et fit cuire le tout devant lui.

9 Et prenant ce qu'elle avait fait cuire, elle le mit dans un vase, et le lui présenta ; mais Amnon n'en voulut point manger, et il dit : Qu'on fasse sortir tout le monde. Lorsque tout le monde fut sorti,

10 Amnon dit à Thamar : Apportez *ici* dans mon alcôve ce que vous avez apprêté, afin que je le reçoive de votre main. Thamar prit donc les petits gâteaux qu'elle avait faits, et les porta à Amnon, son frère, dans son alcôve.

11 Et après qu'elle les lui eut présentés, Amnon se saisit d'elle, et lui dit : Venez, ma sœur, couchez avec moi.

12 Elle lui répondit : Non, mon frère ; ne me faites pas violence, cela n'est pas permis dans Israël : ne faites pas cette folie.

13 Car je ne pourrai porter mon opprobre ; et vous passerez dans Israël pour un insensé. Mais demandez-moi plutôt au roi en mariage, et il ne refusera pas de me donner à vous.

14 Mais Amnon ne voulut point se rendre à ses prières ; et étant plus fort qu'elle, il lui fit violence, et abusa d'elle.

15 Aussitôt il conçut pour elle une étrange aversion ; de sorte que la haine qu'il lui portait était encore plus excessive que la passion qu'il avait eue pour elle auparavant. Il lui dit donc : Levez-vous, et allez-vous-en.

16 Thamar lui répondit : L'outrage que vous me faites maintenant en me chassant *de la sorte*, est encore plus grand que celui que vous venez de *me* faire. Amnon ne voulut point l'écouter ;

17 mais ayant appelé un de ses domestiques qui le servait, il lui dit : Mettez-la hors d'ici, et fermez la porte après elle.

18 Thamar était vêtue d'une robe qui traînait en bas ; les filles des rois qui étaient encore vierges ayant accoutumé de s'habiller de la sorte. L'officier d'Amnon la mit donc hors de la chambre, et ferma la porte après elle.

19 Alors Thamar ayant mis de la cendre sur sa tête, et déchiré sa robe, s'en alla en jetant de grands cris, et tenant sa tête couverte de ses deux mains.

20 Absalom, son frère, lui dit : Est-ce que votre frère Amnon a abusé de vous ? Mais, ma sœur, n'en dites rien à présent, car c'est votre frère ; et ne vous affligez point de ce qui vous est arrivé. Thamar demeura donc dans la maison d'Absalom, son frère, séchant *d'ennui et de douleur*.

21 Le roi David ayant appris ce qui s'était passé, s'en affligea fort ; mais il ne voulut point attrister Amnon, son fils, parce qu'il l'aimait, étant son aîné.

22 Absalom ne parla en aucune sorte *de tout ceci* à Amnon ; mais il conçut contre lui une *grande* haine, de ce qu'il avait violé sa sœur Thamar.

23 Deux ans après il arriva qu'Absalom fit tondre ses brebis à Baalhasor, qui est près *de la tribu* d'Ephraïm ; et il invita tous les enfants du roi *à venir chez lui.*

24 Il vint *pour cela* trouver le roi, et lui dit : Votre serviteur fait tondre ses brebis ; je supplie *donc* le roi de venir avec les princes chez son serviteur.

25 Le roi dit à Absalom : Non, mon fils, ne nous priez pas de venir tous pour vous incommoder. Et Absalom lui fit encore de grandes instances ; mais David refusa *toujours* d'y aller, et il lui souhaita toutes sortes de bénédictions.

26 Alors Absalom lui dit : Si vous ne voulez pas y venir, je vous supplie au moins que mon frère Amnon vienne avec nous. Le roi lui répondit : Il n'est point nécessaire qu'il y aille.

27 Néanmoins Absalom l'en conjura avec tant d'instances, qu'il laissa aller avec lui Amnon avec tous ses frères. Absalom avait fait préparer un festin de roi.

28 Et il avait donné cet ordre à ses officiers : Prenez garde quand Amnon commencera à être troublé par le vin, et que je vous ferai signe : frappez-le, et le tuez. Ne craignez point, car c'est moi qui vous le commande. Soyez résolus, et agissez en gens de cœur.

29 Les officiers d'Absalom exécutèrent donc à l'égard d'Amnon le commandement que leur maître leur avait fait ; et *aussitôt* tous les enfants du roi se levant de table, montèrent chacun sur leur mule, et s'enfuirent.

30 Ils étaient encore en chemin, lorsque le bruit vint jusqu'aux oreilles de David, qu'Absalom avait tué tous les enfants du roi, sans qu'il en fût resté un seul.

31 Le roi se leva aussitôt, déchira ses vêtements, se jeta par terre ; et tous ses officiers qui étaient près de lui, déchirèrent leurs vêtements.

32 Alors Jonadab, fils de Semmaa, frère de David, prenant la parole, dit au roi : Que le roi, mon seigneur, ne s'imagine pas que tous les enfants du roi aient été tués. Amnon seul est mort ; parce qu'Absalom avait résolu de le perdre, depuis le jour qu'il avait fait violence à sa sœur Thamar.

33 Que le roi, mon seigneur, ne se mette donc pas cela dans l'esprit, et qu'il ne croie pas que tous ses enfants aient été tués ; Amnon seul est mort.

34 Cependant Absalom s'enfuit ; et celui qui était en sentinelle levant les yeux, vit une grande troupe de monde qui venait par un chemin détourné à côté de la montagne.

35 Jonadab dit au roi : Voilà les enfants du roi qui viennent : ce qu'avait dit votre serviteur s'est trouvé vrai.

36 Il n'eut pas plutôt dit ces mots, qu'on vit paraître les enfants du roi. Et lorsqu'ils furent arrivés, ils commencèrent a jeter des cris et à pleurer, et le roi et tous ses serviteurs fondirent aussi en larmes.

37 Absalom ayant pris la fuite, se retira chez Tholomaï, fils d'Ammiud, roi de Gessur ; et David pleurait son fils *Amnon* tous les jours.

38 Absalom demeura trois ans à Gessur, où il était venu se réfugier.

39 Et le roi David cessa de le poursuivre ; parce qu'il s'était *enfin* consolé de la mort d'Amnon.

CHAPITRE XIV.

JOAB, fils de Sarvia, ayant reconnu que le cœur du roi se rapprochait d'Absalom,

2 fit venir de Thécua une femme sage, et lui dit : Faites semblant d'être dans l'affliction : prenez un habit de deuil, et ne vous parfumez point, afin que vous paraissiez comme une femme qui pleure un mort depuis longtemps.

3 Ensuite vous vous présenterez au roi *en cet état*, et vous lui tiendrez tels et tels discours. Et Joab lui mit en la bouche *toutes* les paroles *qu'elle devait dire*.

4 Cette femme de Thécua s'étant donc présentée au roi, se jeta à terre devant lui ; et ainsi prosternée, elle lui dit : Seigneur, sauvez-moi.

5 Le roi lui dit : Quelle est votre affaire ? Elle lui répondit : Hélas ! je suis une femme veuve : car mon mari est mort.

6 Votre servante avait deux fils qui se sont querellés dans les champs, où il n'y avait personne qui pût les séparer ; et l'un d'eux a frappé l'autre, et l'a tué.

7 Et maintenant tous les parents se soulèvent contre votre servante, et me disent : Donnez-nous celui qui a tué son frère, afin que le sang de son frère qu'il a répandu soit vengé par sa mort, et que nous fassions périr l'héritier : ainsi ils veulent éteindre la seule étincelle qui m'est demeurée, afin qu'il ne reste plus personne sur la terre qui puisse faire revivre le nom de mon mari.

8 Le roi dit à cette femme : Retournez-vous-en chez vous, je donnerai ordre que vous soyez satisfaite.

9 Elle lui répondit : Mon seigneur *et mon roi*, s'il y a en ceci de l'injustice, *qu'elle* retombe sur moi et sur la maison de mon père ; mais que le roi et son trône soit innocent.

10 Le roi ajouta : Si quelqu'un vous dit un mot, amenez-le-moi, et assurez-vous qu'il ne vous troublera plus.

11 Elle dit encore : Je vous conjure par le Seigneur, votre Dieu, *d'empêcher* que les parents ne s'élèvent l'un après l'autre, pour venger par la mort de mon fils le sang de celui qui a été tué. Le roi lui répondit : Vive le Seigneur ! il ne tombera pas à terre un seul poil de la tête de votre fils.

12 Cette femme ajouta : Que mon seigneur *et mon* roi permette à sa servante de lui dire une parole. Parlez, dit le roi.

13 La femme lui dit : Pourquoi refusez-vous au peuple de Dieu la grâce que vous m'accordez ? et pourquoi le roi se résout-il de pécher, plutôt que de rappeler son *fils qu'il a* banni ?

14 Nous mourons tous, et nous nous écoulons sur la terre comme des eaux qui ne reviennent plus : et Dieu ne veut pas qu'une âme périsse ; mais il diffère l'exécution de son arrêt, de peur que celui qui a été rejeté ne se perde entièrement.

15 C'est pourquoi je suis venue pour dire cette parole au roi, mon seigneur, devant le peuple, et votre servante a dit : Je parlerai au roi, pour voir si je ne pourrai point obtenir de lui en quelque manière la grâce que je lui demande.

16 Le roi a déjà écouté sa servante, pour la délivrer, elle et son fils, de la main de tous ceux qui voulaient les exterminer de l'héritage du Seigneur.

17 Permettez donc à votre servante de vous supplier encore, que ce que le roi, mon seigneur, a ordonné, s'exécute comme un sacrifice *promis à Dieu*. Car le roi, mon seigneur, est comme un ange de Dieu qui n'est touché ni des bénédictions ni des malédictions. C'est pourquoi le Seigneur, votre Dieu, est avec vous.

18 Alors le roi dit à cette femme : Je vous demande une chose ; avouez-moi la vérité. La femme lui répondit : Mon seigneur *et mon* roi, dites *ce qu'il vous plaira*.

19 Le roi lui dit : N'est-il pas vrai que tout ce que vous venez de me dire est de l'invention de Joab ? Elle lui répondit : Mon seigneur *et mon* roi, je vous jure par votre vie, que Dieu conserve, que rien n'est plus véritable que ce que vous dites : car c'est *en effet* votre serviteur Joab qui m'a donné cet ordre *de me présenter devant vous*, et qui a mis dans la bouche de votre servante tout ce que je viens de vous dire.

20 C'est lui qui m'a commandé de vous parler ainsi en parabole. Mais vous, ô mon seigneur *et mon roi* ! vous êtes sage comme l'est un ange de Dieu, et vous pénétrez tout *ce qui se fait* sur la terre.

21 Le roi dit donc à Joab : Je vous accorde la grâce que vous me demandez : allez, et faites revenir mon fils Absalom.

22 Alors Joab se prosternant le visage contre terre, salua profondément le roi, lui souhaita les bénédictions du ciel, et lui dit : O mon seigneur et mon roi ! votre serviteur reconnaît aujourd'hui qu'il a trouvé grâce devant vous ; puisque vous avez fait ce qu'il vous avait supplié de faire.

23 Joab partit donc *aussitôt*, et s'en alla à Gessur : d'où il amena Absalom à Jérusalem.

24 Et le roi dit : Qu'il retourne en sa maison ; mais il ne me verra point. Absalom revint donc en sa maison, et il ne vit point le roi.

25 Or il n'y avait point d'homme dans tout Israël qui fût si bien fait ni si beau qu'était Absalom : depuis la plante des pieds jusqu'à la tête, il n'y avait pas en lui le moindre défaut.

26 Lorsqu'il se faisait faire les cheveux (ce qu'il faisait une fois tous les ans, parce qu'ils lui chargeaient trop la tête), on trouvait que ses cheveux pesaient deux cents sicles selon le poids ordinaire.

27 Il avait trois fils, et une fille appelée Thamar, qui était fort belle.

28 Absalom demeura deux ans à Jérusalem sans voir le roi.

29 Et ensuite il manda Joab pour l'envoyer vers David. Mais Joab ne voulut pas venir le trouver. L'ayant mandé une seconde, fois, et Joab n'ayant pas encore voulu venir,

30 il dit à ses serviteurs : Vous savez que Joab a un champ qui est auprès du mien, où il y a de l'orge ; allez donc, et y mettez le feu. Ses gens *aussitôt* brûlèrent cet orge. Les serviteurs de Joab vinrent ensuite trouver leur maître, ayant déchiré leurs vêtements, et lui dirent : Les serviteurs d'Absalom ont brûlé une partie de votre champ.

31 Joab alla donc trouver Absalom dans sa maison, et lui dit : Pourquoi vos gens ont-ils mis le feu à mes orges ?

32 Absalom répondit à Joab : *C'est que vous n'êtes pas venu lorsque* je vous ai fait prier de venir me voir, afin de vous envoyer vers le roi pour lui dire *de ma part* : Pourquoi suis-je revenu de Gessur ? Il vaudrait mieux que j'y fusse encore. Je demande donc la grâce de voir le roi : s'il se souvient encore de ma faute, qu'il me fasse mourir.

33 Joab étant allé trouver le roi, lui représenta tout ce qu'Absalom lui avait dit : après quoi Absalom fut mandé : il se présenta devant le roi, et se prosterna en terre devant lui ; et le roi le baisa.

CHAPITRE XV.

APRÈS cela Absalom se fit *faire des* chariots, *prit avec lui* des gens de cheval, et cinquante hommes qui marchaient devant lui.

2 Et se levant dès le matin, il se tenait à l'entrée *du palais* ; il appelait tous ceux qui avaient des affaires, et qui venaient demander justice au roi. Et il disait à chacun d'eux : D'où êtes-vous ? Cet homme lui répondait : Votre serviteur est d'une telle tribu d'Israël.

3 Et Absalom lui disait : Votre affaire me paraît bien juste. Mais il n'y a personne qui ait ordre du roi de vous écouter. Et il ajoutait :

4 Oh ! qui m'établira juge sur la terre, afin que tous ceux qui ont des affaires viennent à moi, et que je les juge selon la justice !

5 Et lorsque quelqu'un venait lui faire la révérence, il lui tendait la main, le prenait et le baisait.

6 Il traitait ainsi ceux qui venaient de toutes les villes d'Israël demander justice au roi ; et il s'insinuait *par là* dans l'affection des peuples.

7 (Quatre ans après, Absalom dit au roi David : Permettez-moi d'aller à Hébron, pour y accomplir les vœux que j'ai faits au Seigneur.

8 Car lorsque j'étais à Gessur en Syrie, j'ai fait ce vœu à Dieu : Si le Seigneur me ramène à Jérusalem, je lui offrirai un sacrifice.

9 Le roi David lui dit : Allez en paix. Et *aussitôt* il partit, et s'en alla à Hébron.

10 En même temps Absalom envoya dans toutes les tribus d'Israël des gens qu'il avait gagnés, avec cet ordre : Aussitôt que vous entendrez sonner la trompette, publiez qu'Absalom règne dans Hébron.

11 Absalom emmena avec lui deux cents hommes de Jérusalem, qui le suivirent simplement, sans savoir en aucune sorte le dessein *de ce voyage*.

12 Absalom fit venir aussi de la ville de Gilo Achitophel, conseiller de David, qui était de la même ville. Et lorsqu'on offrait des victimes, il se forma une puissante conspiration ; et la foule du peuple, qui accourait *de toutes parts* pour suivre Absalom, croissait de plus en plus.

13 Il vint aussitôt un courrier à David, qui lui dit : Tout Israël suit Absalom de tout son cœur.

14 David dit à ses officiers qui étaient avec lui à Jérusalem : Allons-nous-en, fuyons d'ici : car nous ne pourrions éviter de tomber entre les mains d'Absalom. Hâtons-nous de sortir, de peur qu'il ne nous prévienne, qu'il ne nous accable de maux, et qu'il ne fasse passer *toute* la ville au fil de l'épée.

15 Les officiers du roi lui dirent : Nous exécuterons *toujours* de tout notre cœur tout ce qu'il vous plaira de nous commander.

16 Le roi sortit donc à pied avec toute sa maison ; et laissa dix femmes de ses concubines pour garder son palais.

17 Etant sorti en cette manière avec tous les Israélites *qui l'accompagnaient*, il s'arrêta lorsqu'il était déjà loin de sa maison.

18 Tous ses officiers marchaient auprès de lui : les légions des Céréthiens et des Phéléthiens, et les six cents hommes de pied de la ville de Geth qui avaient suivi David, et qui étaient très-vaillants, marchaient tous devant lui.

19 Alors le roi dit à Ethaï, Gethéen : Pourquoi venez-vous avec nous ? Retournez, et allez avec le *nouveau* roi ; parce que vous êtes étranger, et que vous êtes sorti de votre pays.

20 Vous n'êtes que d'hier à Jérusalem, et vous en sortiriez aujourd'hui à cause de moi ? Pour moi, j'irai où je dois aller : mais pour vous, retournez, et remmenez vos gens avec vous ; et le Seigneur qui est plein de bonté et de justice, récompensera lui-même le zèle et la fidélité avec laquelle vous m'avez *toujours* servi.

21 Ethaï lui répondit : Vive le Seigneur, et vive le roi, mon maître ! en quelque état que vous puissiez être, mon seigneur *et mon* roi, votre serviteur y sera, soit à la mort ou à la vie.

22 David lui répondit : Venez donc, et passez. Ainsi Ethaï, Gethéen, passa *le torrent* avec tous les gens qui le suivaient, et tout le reste du peuple.

23 Tout le peuple pleurait dans ce passage, et on entendait partout retentir leurs cris. Le roi passa aussi le torrent de Cédron, et tout le peuple allait le long du chemin qui regarde le désert.

24 En même temps Sadoc, *grand* prêtre, vint accompagné de tous les Lévites, qui portaient l'arche de l'alliance de Dieu, et ils la posèrent *sur un lieu élevé*. Abiathar monta, en attendant que tout le peuple qui sortait de la ville, fût passé.

25 Alors le roi dit à Sadoc : Reportez à la ville l'arche de Dieu. Si je trouve grâce devant le Seigneur, il me ramènera, et il me fera revoir son arche et son tabernacle.

26 S'il me dit : Vous ne m'agréez point ; je suis tout prêt : qu'il fasse de moi ce qu'il lui plaira.

27 Le roi dit encore en parlant au grand *prêtre* Sadoc : O voyant ! retournez en paix à la ville avec Achimaas, votre fils, et Jonathas, fils d'Abiathar ; *retournez l'un et l'autre* avec vos deux fils.

28 Pour moi, je vais me cacher dans les plaines du désert, jusqu'à ce que vous m'envoyiez des nouvelles de l'état des choses.

29 Sadoc et Abiathar reportèrent donc à Jérusalem l'arche de Dieu, et y demeurèrent.

30 Cependant David montait la colline des Oliviers, et pleurait en montant. Il allait nu-pieds et la tête couverte ; et tout le peuple qui était avec lui montait la tête couverte et en pleurant.

31 Or David reçut nouvelles qu'Achitophel même était aussi dans la conjuration d'Absalom ; et il dit *à Dieu* : Seigneur ! renversez, je vous prie, les conseils d'Achitophel.

32 Et lorsque David arrivait au haut de la montagne où il devait adorer le Seigneur, Chusaï d'Arach vint au-devant de lui, ayant ses vêtements déchirés, et la tête couverte de terre.

33 David lui dit : Si vous venez avec moi, vous me serez à charge :

34 mais si vous retournez à la ville, et si vous dites à Absalom : Mon roi, je viens vous offrir mon service, je vous servirai comme j'ai servi votre père ; vous dissiperez le conseil d'Achitophel.

35 Vous avez avec vous les *grands* prêtres Sadoc et Abiathar, auxquels vous direz tout ce que vous aurez appris chez le roi.

36 Ils ont leurs deux fils, Achimaas, fils de Sadoc, et Jonathas, fils d'Abiathar. Vous m'enverrez dire par eux tout ce que vous aurez appris.

37 Chusaï, ami de David, retourna donc à Jérusalem ; et Absalom y entrait en même temps.

CHAPITRE XVI.

APRÈS que David eut passé un peu le haut de la montagne, Siba, serviteur de Miphiboseth, vint au-devant de lui avec deux ânes chargés de deux cents pains, de cent paquets de raisins secs, de cent cabas de figues, et d'un vaisseau plein de vin.

2 Le roi lui dit : Que voulez-vous faire de cela ? Siba lui répondit : Les ânes sont pour servir de monture aux officiers du roi ; les pains et les figues, pour donner à ceux qui vous suivent ; et le vin, afin que si quelqu'un se trouve faible dans le désert, il puisse en boire.

3 Le roi lui dit : Où est le fils de votre maître ? Il est demeuré, dit Siba, dans Jérusalem, en disant : La maison d'Israël me rendra aujourd'hui le royaume de mon père.

4 Le roi dit à Siba : Je vous donne tout ce qui était à Miphiboseth. Siba lui répondit : Ce que je souhaite, mon seigneur *et mon* roi, c'est d'avoir quelque part à vos bonnes grâces.

5 Le roi David étant venu jusqu'auprès de Bahurim, il en sortit un homme de la maison de Saül, appelé Seméi, fils de Géra, qui s'avançant dans son chemin maudissait David,

6 lui jetait des pierres et à tous ses gens, pendant que tout le peuple et tous les hommes de guerre marchaient à droite et à gauche, à côté du roi.

7 Et il maudissait le roi en ces termes : Sors, sors, homme de sang, homme de Bélial.

8 Le Seigneur a fait retomber sur toi tout le sang de la maison de Saül, parce que tu as usurpé le royaume, pour te mettre en sa place. Et maintenant le Seigneur fait passer le royaume entre les mains d'Absalom, ton fils ; et tu te vois accablé des maux que tu as faits, parce que tu es un homme de sang.

9 Alors Abisaï, fils de Sarvia, dit au roi : Faut-il que ce chien mort maudisse le roi, mon seigneur ? Je vais lui couper la tête.

10 Le roi dit à Abisaï : Qu'y a-t-il de commun entre vous et moi, enfants de Sarvia ? Laissez-le faire : car le Seigneur lui a ordonné de maudire David ; et qui osera lui demander pourquoi il l'a fait ?

11 Le roi dit encore à Abisaï, et à tous ses serviteurs : Vous voyez que mon fils, qui est sorti de moi, cherche à m'ôter la vie : combien plus un fils de Jémini me traitera-t-il de cette sorte ! Laissez-le faire ; laissez-le maudire, selon l'ordre qu'il en a reçu du Seigneur ;

12 et peut-être que le Seigneur regardera mon affliction, et qu'il me fera quelque bien pour ces malédictions que je reçois aujourd'hui.

13 David continuait donc son chemin accompagné de ses gens ; et Seméi qui le suivait marchant à côté sur le haut de la montagne, le maudissait, lui jetait des pierres, et faisait voler la poussière *en l'air*.

14 Le roi arriva enfin à *Bahurim*, et avec lui tout le peuple qui l'accompagnait, fort fatigué, et ils prirent là un peu de repos.

15 Cependant Absalom entra dans Jérusalem suivi de tous ceux de son parti, et accompagné d'Achitophel.

16 Chusaï d'Arach, ami de David, vint lui faire la révérence, et lui dit : Mon roi, Dieu vous conserve ! Dieu vous conserve, mon roi !

17 Absalom lui répondit : Est-ce donc là la reconnaissance que vous avez pour votre ami ? D'où vient que vous n'êtes pas allé avec votre ami ?

18 Dieu m'en garde ! dit Chusaï : car je serai à celui qui a été élu par le Seigneur, par tout ce peuple et par tout Israël, et je demeurerai avec lui.

19 Et de plus, qui est celui que je viens servir ? N'est-ce pas le fils du roi ? Je vous obéirai comme j'ai obéi à votre père.

20 Absalom dit alors à Achitophel : Consultez ensemble pour voir ce que nous avons à faire.

21 Achitophel dit à Absalom : Abusez des concubines de votre père, qu'il a laissées pour garder son palais : afin que lorsque tout Israël saura que vous avez déshonoré votre père, ils s'attachent plus fortement à votre parti.

22 On fit donc dresser une tente pour Absalom sur la terrasse *du palais du roi* ; et il abusa devant tout Israël des concubines de son père.

23 Or les conseils que donnait Achitophel étaient regardés alors comme des oracles de Dieu même : et on les considérait toujours en cette manière ; soit lorsqu'il était avec David, soit lorsqu'il était avec Absalom.

CHAPITRE XVII.

ACHITOPHEL dit donc à Absalom : Si vous l'agréez, je vais prendre douze mille hommes choisis ; j'irai poursuivre David cette même nuit ;

2 et fondant sur lui *et sur ses gens, qui sont tous* las et hors de défense, je les battrai *sans peine*. Tout le monde fuira, et le roi se trouvant seul, je m'en déferai.

3 Je ramènerai tout ce peuple comme si ce n'était qu'un seul homme : car vous ne cherchez qu'une personne ; et après cela tout sera en paix.

4 Cet avis plut à Absalom, et à tous les anciens d'Israël.

5 Néanmoins Absalom dit : Faites venir Chusaï d'Arach, afin que nous sachions aussi son avis.

6 Chusaï étant venu devant Absalom, Absalom lui dit : Voici le conseil qu'Achitophel vient de nous donner : devons-nous le suivre ? Que nous conseillez-vous ?

7 Chusaï répondit à Absalom : Le conseil qu'a donné Achitophel ne me paraît pas bon pour cette fois.

8 Vous n'ignorez pas, ajouta-t-il, quel est votre père ; que les gens qui sont avec lui sont très-vaillants ; et que maintenant ils ont le cœur outré comme une ourse qui est en furie dans un bois, de ce qu'on lui a ravi ses petits. Votre père aussi qui sait parfaitement la guerre, ne s'arrêtera point avec ses gens.

9 Il est peut-être maintenant caché dans une caverne, ou dans quelque autre lieu qu'il aura choisi. Si quelqu'un de vos gens est tué d'abord, on publiera aussitôt partout que le parti d'Absalom a été battu.

10 Et en même temps les plus hardis de ceux qui vous suivent, et qui ont des cœurs de lion, seront saisis d'effroi : car tout le peuple d'Israël sait que votre père et tous ceux qui sont avec lui sont très-vaillants.

11 Voici donc, ce me semble, le meilleur conseil que vous puissiez suivre : Faites assembler tout Israël depuis Dan jusqu'à Bersabée, comme le sable de la mer qui est innombrable, et vous serez au milieu d'eux.

12 Et en quelque lieu qu'il puisse être, nous irons nous jeter sur lui : nous l'accablerons *par notre grand nombre*, comme quand la rosée tombe sur la terre ; et nous ne laisserons pas un seul de tous les gens qui sont avec lui.

13 S'il se retire dans quelque ville, tout Israël en environnera les murailles de cordes, et nous l'entraînerons dans un torrent, sans qu'il en reste seulement une petite pierre.

14 Alors Absalom, et tous les principaux d'Israël, dirent : L'avis de Chusaï d'Arach est meilleur que celui d'Achitophel. Mais ce fut par la volonté du Seigneur, que le conseil d'Achitophel, qui était *le plus* utile, fut ainsi détruit ; afin que le Seigneur fît tomber Absalom dans le malheur *dont il était digne*.

15 Alors Chusaï dit aux *grands* prêtres Sadoc et Abiathar : Voici l'avis qu'Achitophel a donné à Absalom et aux anciens d'Israël ; et voici celui que j'ai donné.

16 Envoyez donc en diligence à David, pour lui en donner nouvelle : et faites-lui dire, qu'il ne demeure point cette nuit dans les plaines du désert ; mais qu'il passe au plus tôt le Jourdain, de peur qu'il ne périsse, lui et tous ses gens.

17 Jonathas et Achimaas étaient près de la fontaine de Rogel, n'osant se montrer, ni entrer dans la ville ; et une servante alla les avertir de tout ceci. Ils partirent en même temps pour en porter la nouvelle au roi David.

18 Il arriva néanmoins qu'un garçon les vit, et en donna avis à Absalom : mais ils entrèrent aussitôt chez un homme de Bahurim, qui avait un puits à l'entrée de sa maison, dans lequel ils descendirent.

19 Et la femme de cet homme étendit une couverture sur la bouche du puits, comme si elle eût fait sécher des grains pilés : ainsi la chose demeura cachée.

20 Les gens d'Absalom étant venus dans cette maison, dirent à la femme : Où sont Achimaas et Jonathas ? Elle leur répondit : Ils ont pris un peu d'eau, et s'en sont allés bien vite. Ainsi ceux qui les cherchaient ne les ayant point trouvés, revinrent à Jérusalem.

21 Après qu'ils s'en furent retournés, Achimaas et Jonathas sortirent du puits, continuèrent leur chemin, et vinrent dire à David : Décampez, et passez le fleuve au plus tôt ; parce qu'Achitophel a donné un tel conseil contre vous.

22 David marcha donc aussitôt avec tous ses gens, et passa le Jourdain avant la pointe du jour, sans qu'il en demeurât un seul au deçà du fleuve.

23 Achitophel voyant qu'on n'avait point suivi le conseil qu'il avait donné, fit seller son âne, s'en alla à la maison qu'il avait en sa ville *de Gilo*, et ayant disposé de toutes ses affaires, il se pendit, et fut enseveli dans le sépulcre de son père.

24 David vint ensuite au camp, et Absalom suivi de tout Israël passa *aussi* le Jourdain.

25 Absalom fit général de son armée au lieu de Joab, Amasa, fils d'un homme de Jezraël nommé Jétra, qui avait épousé Abigaïl, fille de Naas, et sœur de Sarvia, mère de Joab.

26 Israël se campa avec Absalom dans le pays de Galaad.

27 David étant venu au camp, Sobi, fils de Naas de Rabbath, ville des Ammonites, Machir, fils d'Ammihel de Lodabar, et Berzellaï de Rogelim en Galaad,

28 lui offrirent des lits, des tapis, des vaisseaux de terre, du blé, de l'orge, de la farine, de l'orge séché au feu, des fèves, des lentilles et des pois fricassés,

29 du miel, du beurre, des brebis et des veaux gras. Ils apportèrent tout ceci à David, et à ceux qui le suivaient ; parce qu'ils crurent bien que le peuple venant de passer par le désert, était abattu de faim, de soif et de lassitude.

CHAPITRE XVIII.

DAVID ayant fait la revue de ses gens, établit sur eux des tribuns et des centeniers.

2 Il donna le tiers de ses troupes à commander à Joab, le tiers à Abisaï, fils de Sarvia et frère de Joab, et le tiers à Ethaï de Geth. Le roi dit ensuite à ses gens : Je veux me trouver au combat avec vous.

3 Mais ses gens lui répondirent : Vous ne viendrez point avec nous : car quand les ennemis nous auraient fait fuir, ils ne croiraient pas avoir fait grande chose ; et quand ils auraient taillé en pièces la moitié de nos troupes, ils n'en seraient pas fort satisfaits ; parce que vous êtes considéré vous seul comme dix mille hommes. Il vaut donc mieux que vous demeuriez dans la ville, afin que vous soyez en état de nous secourir.

4 Le roi leur dit : Je ferai ce que vous voudrez. Il se tint donc à la porte *de la ville de Mahanaïm*, pendant que toute l'armée *en* sortait en diverses troupes de cent hommes et de mille hommes.

5 En même temps il donna cet ordre à Joab, à Abisaï et à Ethaï : Conservez-moi mon fils Absalom. Et tout le peuple entendit le roi qui recommandait Absalom à tous ses généraux.

6 L'armée marcha donc en bataille contre Israël, et la bataille fut donnée dans la forêt d'Ephraïm.

7 L'armée de David tailla en pièces celle d'Israël. La défaite fut grande, et vingt mille hommes demeurèrent sur la place.

8 Les gens d'Absalom fuyant après le combat, furent dispersés de tous côtés : et il y en eut beaucoup plus qui périrent dans la forêt, qu'il n'y en eut qui moururent par l'épee en ce jour-là.

9 Absalom même fut rencontré par les gens de David : car lorsqu'il était sur son mulet, et qu'il passait sous un grand chêne fort touffu, sa tête s'embarrassa dans les branches du chêne ; et son mulet passant outre, il demeura suspendu entre le ciel et la terre.

10 Un *soldat* le vit en cet état, et vint dire à Joab : J'ai vu Absalom pendu à un chêne.

11 Joab dit à celui qui lui avait apporté cette nouvelle : Si tu l'as vu, pourquoi ne lui as-tu pas passé ton épée au travers du corps ? et je t'aurais donné dix sicles d'argent et un baudrier.

12 Il répondit à Joab : Quand vous me donneriez présentement mille pièces d'argent, je me garderais bien de porter la main sur la personne du fils du roi : car nous avons tous entendu l'ordre que le roi vous a donné, à vous, à Abisaï et à Ethaï, lorsqu'il vous a dit : Conservez-moi mon fils Absalom.

13 Et si je m'étais hasardé à faire une action si téméraire, elle n'aurait pu être cachée au roi ; et vous seriez-vous opposé *à lui ?*

14 Joab lui dit : Je ne m'en rapporterai pas à toi ; mais je l'attaquerai moi-même en ta présence. Il prit donc en sa main trois dards, dont il perça le cœur d'Absalom. Et lorsqu'il respirait encore, toujours pendu au chêne,

15 dix jeunes écuyers de Joab accoururent, le percèrent de coups, et l'achevèrent.

16 Aussitôt Joab fit sonner la retraite ; et voulant épargner le peuple, il empêcha ses gens de poursuivre davantage les Israélites qui fuyaient.

17 Ainsi les Israélites se retirèrent chacun chez soi. On emporta Absalom, et on le jeta dans une grande fosse qui était dans le bois, sur laquelle on éleva un grand monceau de pierres.

18 Or Absalom, lorsqu'il vivait encore, s'était fait dresser une colonne dans la vallée du Roi. Je n'ai point de fils, disait-il, et ce sera là un monument *qui fera vivre* mon nom. Il donna donc son nom à cette colonne, et on l'appelle encore aujourd'hui, la Main d'Absalom.

19 *Après la mort d'Absalom*, Achimaas, fils de Sadoc, dit à Joab : Je vais courir vers le roi, et lui dire que Dieu lui a fait justice, et l'a vengé de ses ennemis.

20 Joab lui dit : Vous porterez les nouvelles une autre fois, mais non aujourd'hui : je ne veux pas que ce soit vous présentement, parce que le fils du roi est mort.

21 Joab dit donc à Chusi : Allez-vous-en, vous, et annoncez au roi ce que vous avez vu. Chusi lui fit une profonde révérence, et se mit à courir.

22 Achimaas, fils de Sadoc, dit encore à Joab : Mais si je courais aussi après Chusi ? Mon fils, dit Joab, pourquoi voulez-vous courir ? Vous serez le porteur d'une méchante nouvelle.

23 Mais enfin si je courais ? ajouta Achimaas. Courez *donc*, répondit Joab. Ainsi Achimaas courant par un chemin plus court, passa Chusi.

24 Cependant David était assis entre les deux portes de la ville ; et la sentinelle qui était sur la muraille au haut de la porte, levant les yeux, vit un homme qui courait tout seul,

25 et jetant un grand cri, il en avertit le roi. Le roi lui dit : S'il est seul, il porte une bonne nouvelle. Lorsque ce premier s'avançait à grande hâte, et était déjà proche,

26 la sentinelle en vit un second qui courait *aussi* ; et criant d'en haut, il dit : Je vois courir encore un autre homme qui est seul. Le roi lui dit : Il apporte aussi une bonne nouvelle.

27 La sentinelle ajouta : A voir courir le premier, il me semble que c'est Achimaas, fils de Sadoc. Le roi lui dit : C'est un homme de bien, et il nous apporte de bonnes nouvelles.

28 Achimaas criant *de loin*, dit au roi : Seigneur, que Dieu vous conserve ! Et s'abaissant jusqu'en terre devant lui, il ajouta : Béni soit le Seigneur, votre Dieu, qui a livré entre vos mains ceux qui s'étaient soulevés contre le roi, mon seigneur !

29 Le roi lui dit : Mon fils Absalom est-il en vie ? Achimaas lui répondit : Lorsque Joab, votre serviteur, m'a envoyé vers vous, j'ai vu s'élever un grand tumulte : c'est tout ce que je sais.

30 Passez, lui dit le roi, et tenez-vous là. Lorsqu'il fut passé, et qu'il se tenait en sa place,

31 Chusi parut, et il dit en arrivant : Mon seigneur *et mon* roi, je vous apporte une bonne nouvelle : car le Seigneur a jugé aujourd'hui en votre faveur, et vous a délivré de la main de tous ceux qui s'étaient soulevés contre vous.

32 Le roi dit à Chusi : Mon fils Absalom est-il en vie ? Chusi lui répondit : Que les ennemis de mon roi, et tous ceux qui se soulèvent contre lui pour le perdre, soient traités comme il l'a été !

33 Le roi étant donc saisi de douleur, monta à la chambre qui était au-dessus de la porte, et se mit à pleurer. Et il disait en se promenant : Mon fils Absalom ! Absalom, mon fils ! que ne puis-je donner ma vie pour la tienne ! mon fils Absalom ! Absalom, mon fils !

CHAPITRE XIX.

EN même temps on avertit Joab que le roi était dans les larmes, et qu'il pleurait son fils ;

2 et la victoire fut changée en deuil dans toute l'armée, parce que tout le peuple sut que le roi était affligé de la mort d'Absalom.

3 Les troupes entrèrent dans la ville *sans bruit, et* sans oser presque se montrer, comme une armée qui aurait été défaite et mise en fuite dans une bataille.

4 Le roi cependant s'étant couvert la tête, criait à haute voix : Mon fils Absalom ! Absalom, mon fils ! mon fils !

5 Joab étant entré au lieu où était le roi, lui dit : Vous avez aujourd'hui couvert de confusion tous les serviteurs qui vous ont sauvé la vie, et qui l'ont sauvée à vos fils et à vos filles, a vos femmes et à vos concubines.

6 Vous aimez ceux qui vous haïssent, et vous haïssez ceux qui vous aiment. Vous avez fait voir aujourd'hui que vous ne vous mettez nullement en peine ni de vos officiers, ni de vos soldats ; et je vois fort bien que si Absalom vivait, et que nous eussions tous été tués, vous seriez content.

7 Venez donc présentement vous montrer à vos serviteurs : parlez-leur, et témoignez-leur la satisfaction que vous avez d'eux : car je vous jure par le Seigneur, que si vous ne le faites, vous n'aurez pas cette nuit un seul homme auprès de vous ; et vous vous trouverez dans un plus grand péril que vous n'avez jamais été depuis les premières années de votre vie jusqu'aujourd'hui.

8 Le roi alla donc s'asseoir à la porte *de la ville* ; et le peuple ayant été averti qu'il était là, tout le monde vint se présenter devant lui. Cependant, comme après la fuite *des troupes* d'Israël chacun s'était retiré chez soi,

9 le peuple dans toutes les tribus s'entre-disait à l'envi l'un de l'autre : Le roi nous a délivrés de nos ennemis, il nous a sauvés de la main des Philistins, et il a été contraint de fuir hors de son pays à cause du soulèvement d'Absalom.

10 Absalom que nous avions sacré pour roi, est mort dans le combat : qu'attendez-vous donc, et pourquoi ne faites-vous point revenir le roi ?

11 Le roi David ayant été averti de cette bonne volonté que tout Israël avait pour lui, envoya dire aux *grands* prêtres Sadoc et Abiathar : Parlez aux anciens de Juda, et dites-leur : Pourquoi êtes-vous les derniers à faire revenir le roi en sa maison ?

12 Vous êtes mes frères, vous êtes mes os et ma chair ; pourquoi êtes-vous les derniers à faire revenir le roi ?

13 Dites aussi à Amasa : N'êtes-vous pas mes os et ma chair ? Que Dieu me traite avec toute sa sévérité, si je ne vous fais pour toujours général de mon armée en la place de Joab.

14 Il gagna *ainsi* le cœur de tous ceux de Juda, qui tous unanimement lui envoyèrent dire : Revenez, vous, et tous ceux qui sont demeurés attachés à votre service.

15 Le roi retourna donc, et s'avança jusqu'au Jourdain ; et tout Juda vint au-devant de lui jusqu'à Galgala, pour lui faire passer le fleuve.

16 Or Seméi de Bahurim, fils de Géra, de la tribu de Benjamin, vint à grande hâte avec ceux de Juda au-devant du roi David,

17 suivi de mille hommes de Benjamin. Siba, serviteur de la maison de Saül, y vint aussi avec ses quinze fils, et vingt serviteurs. Ils se hâtèrent de passer le Jourdain pour aller trouver le roi.

18 Ils le passèrent à gué pour faire passer toute la maison du roi, et pour faire tout ce qu'il leur commanderait. Lorsque le roi eut passé le Jourdain, Seméi, fils de Géra, se prosternant devant lui,

19 lui dit : Ne me traitez point selon mon iniquité, mon seigneur : oubliez les injures que vous avez reçues de votre serviteur le jour que vous sortîtes de Jérusalem ; et que votre cœur, ô mon seigneur *et mon* roi ! n'en conserve point de ressentiment.

20 Car je reconnais le crime que j'ai commis : c'est pourquoi je suis venu le premier de toute la maison de Joseph au-devant de mon seigneur *et de mon* roi.

21 Abisaï, fils de Sarvia, dit alors : Ces paroles donc suffiront-elles pour sauver la vie à Seméi, après qu'il a maudit l'oint du Seigneur ?

22 Mais David répondit à Abisaï : Qu'y a-t-il entre vous et moi, enfants de Sarvia ? Pourquoi me devenez-vous aujourd'hui des tentateurs ? Est-ce ici un jour à faire mourir un Israélite ? Et puis-je ignorer que je deviens aujourd'hui roi d'Israël ?

23 Alors il dit à Seméi : Vous ne mourrez point. Et il le lui jura.

24 Miphiboseth, fils de Saül, vint aussi au-devant du roi. Depuis le jour que David était sorti *de Jérusalem* jusqu'à celui-ci qu'il retournait en paix, il n'avait ni lavé ses pieds, ni fait faire sa barbe, ni pris aucun soin de ses vêtements.

25 Étant donc venu faire la révérence au roi à Jérusalem, le roi lui dit : Miphiboseth, pourquoi n'êtes-vous point venu avec moi ?

26 Miphiboseth lui répondit : Mon seigneur *et mon* roi, mon serviteur n'a pas voulu m'obéir : car étant incommodé des jambes, comme je le suis, je lui avais dit de me préparer un âne pour vous suivre ;

27 et au lieu de le faire, il est venu m'accuser devant mon seigneur. Mais pour vous, ô mon seigneur *et mon* roi ! vous êtes comme un ange de Dieu ; faites de moi tout ce qu'il vous plaira.

28 Car au lieu que vous pouviez traiter toute la maison de mon père comme digne de mort, vous m'avez donné place à votre table. De quoi donc pourrais-je me plaindre avec quelque justice ? et quel sujet aurais-je de vous importuner encore ?

29 Le roi lui répondit : C'est assez, n'en dites pas davantage ; ce que j'ai ordonné subsistera. Vous et Siba, partagez le bien.

30 Miphiboseth répondit au roi : Je veux bien même qu'il ait tout ; puisque je vois mon seigneur *et mon* roi revenu heureusement en sa maison.

31 Berzellaï de Galaad, étant venu de Rogelim, accompagna aussi le roi à son passage du Jourdain ; et il était prêt à le conduire encore au delà du fleuve.

32 C'était un homme fort vieux, qui avait déjà quatre-vingts ans. Il avait fourni des vivres au roi lorsqu'il était au camp : car il était extrêmement riche.

33 Le roi lui dit donc : Venez avec moi, afin que vous viviez en repos auprès de moi dans Jérusalem.

34 Berzellaï dit au roi : Suis-je maintenant en âge d'aller avec le roi à Jérusalem ?

35 Ayant, comme j'ai, quatre-vingts ans, peut-il me rester quelque vigueur dans les sens, pour discerner ce qui est doux d'avec ce qui est amer ? Puis-je trouver quelque plaisir à boire et à manger, ou à entendre la voix des musiciens et des musiciennes ? Pourquoi votre serviteur serait-il à charge à mon seigneur *et à mon* roi ?

36 Je vous suivrai encore un peu après avoir passé le Jourdain ; mais je n'ai point mérité la grâce que vous voulez me faire.

37 Permettez-moi seulement de m'en retourner, afin que je meure dans mon pays, et que je sois enseveli auprès de mon père et de ma mère. Mais, mon seigneur *et mon* roi, voilà *mon fils* Chamaam, votre serviteur, que vous pouvez emmener avec vous, et faire de lui ce qu'il vous plaira.

38 Le roi dit à Berzellaï : Que Chamaam passe avec moi : je ferai pour lui tout ce que vous voudrez, et je vous accorderai tout ce que vous me demanderez.

39 Le roi passa *ensuite* le Jourdain avec tout le peuple : il baisa Berzellaï, et lui souhaita les bénédictions du ciel ; et Berzellaï retourna en sa maison.

40 Le roi passa à Galgala, et Chamaam avec lui. Lorsque le roi passa le Jourdain, il fut accompagné de toute la tribu de Juda ; et il ne s'y trouva que la moitié du peuple d'Israël.

41 Tous ceux d'Israël s'adressèrent donc en foule au roi, et lui dirent : Pourquoi nos frères de Juda nous ont-ils enlevé le roi *sans nous attendre*, avant de lui faire passer le Jourdain avec sa maison et toute sa suite ?

42 Tous ceux de Juda leur répondirent : C'est que le roi nous touche de plus près : quel sujet avez-vous de vous fâcher ? Avons-nous vécu aux dépens du roi ? ou nous a-t-on fait quelques présents ?

43 Ceux d'Israël leur répondirent : Le roi nous considère *comme étant* dix fois plus que vous ; et *ainsi* David nous appartient plus qu'à vous. Pourquoi nous avez-vous fait cette injure ? et pourquoi n'avons-nous pas été avertis les premiers pour ramener notre roi ? Mais ceux de Juda répondirent un peu durement à ceux d'Israël.

CHAPITRE XX.

EN même temps il se trouva là un homme de Belial, nommé Séba, fils de Bochri, de la tribu de Benjamin, et il commença à sonner de la trompette, en disant : Nous n'avons que faire de David, et nous n'attendons rien du fils d'Isaï : Israël, retournez chacun dans votre maison.

2 Ainsi tout Israël se sépara de David, et suivit Séba, fils de Bochri. Mais ceux de Juda demeurèrent toujours auprès du roi, et *l'accompagnèrent* depuis le Jourdain jusqu'à Jérusalem.

3 Le roi étant revenu en son palais à Jérusalem, commanda que les dix concubines qu'il avait laissées pour le garder, fussent renfermées dans une maison, où il leur faisait donner ce qui leur était nécessaire ; et il ne s'approcha plus d'elles, mais elles demeurèrent ainsi enfermées, vivant comme veuves jusqu'au jour de leur mort.

4 Le roi dit alors à Amasa : Faites-moi venir dans trois jours tous ceux de Juda, et trouvez-vous-y avec eux.

5 Amasa partit aussitôt pour assembler *ceux de* Juda ; mais il ne vint pas dans le temps que le roi lui avait marqué.

6 David dit donc à Abisaï : Séba, fils de Bochri, va maintenant nous faire plus de mal que ne nous en a fait Absalom. C'est pourquoi prenez avec vous ce que j'ai ici de troupes, et poursuivez-le, de peur qu'il ne se rende maître de *quelques* places fortes, et qu'il ne nous échappe.

7 Il partit donc de Jérusalem accompagné des gens de Joab, des Céréthiens et des Phéléthiens, et de tous les plus vaillants hommes, afin de poursuivre Séba, fils de Bochri.

8 Lorsqu'ils furent près de la grande pierre qui est à Gabaon, ils rencontrèrent Amasa qui venait *trouver le roi*. Joab était revêtu d'un habillement étroit qui lui était juste sur le corps, et par-dessus il avait son épée pendue au côté dans un fourreau fait de telle sorte, qu'on pouvait la tirer et en frapper en un moment.

9 Joab dit donc à Amasa : Bonjour, mon frère. Et il prit de sa main droite le menton d'Amasa comme pour le baiser.

10 Et comme Amasa ne prenait pas garde à l'épée qu'avait Joab, Joab l'en frappa dans le côté : les entrailles *aussitôt* lui sortirent hors du corps ; et sans qu'il fût besoin d'un second coup, il tomba mort. Joab et Abisaï, son frère, continuèrent à poursuivre Séba, fils de Bochri.

11 Quelques-uns des gens de Joab s'étant arrêtés près du corps

d'Amasa, disaient : Voilà celui qui voulait être général de David au lieu de Joab.

12 Cependant Amasa tout couvert de son sang était étendu au milieu du chemin. Mais quelqu'un voyant que tout le peuple s'arrêtait pour le voir, le tira hors du chemin dans le champ *le plus proche*, et le couvrit d'un manteau, afin que ceux qui passaient ne s'arrêtassent plus à cause de lui.

13 Lors donc qu'on l'eut ôté du chemin, tout le monde marcha après Joab, et poursuivit Séba, fils de Bochri.

14 Séba ayant passé au travers de toutes les tribus d'Israël, était allé à Abéla-Beth-Maacha ; et tous les hommes choisis d'Israël s'étaient ralliés auprès de lui.

15 Joab et ses gens vinrent donc l'assiéger à Abéla-Beth-Maacha : ils élevèrent des terrasses autour de la ville, et l'investirent ; et tous les gens de Joab travaillaient à saper la muraille.

16 Alors une femme de la ville, qui était fort sage, s'écria : Ecoutez, écoutez : dites à Joab qu'il s'approche, et que je veux lui parler.

17 Joab s'étant approché, elle lui dit : Etes-vous Joab ? Il lui répondit : *Oui*, je le suis. Ecoutez, lui dit-elle, les paroles de votre servante. Il lui répondit : Je vous écoute.

18 Elle ajouta : Autrefois on disait d'ordinaire : Que ceux qui demandent conseil, le demandent à Abéla ; et ils terminaient ainsi leurs affaires.

19 N'est-ce pas moi qui dis la vérité : dans Israël à ceux qui me la demandent ? Et cependant vous voulez ruiner cette ville *si célèbre*, et renverser une ville mère *de tant d'autres ?* Pourquoi détruisez-vous l'héritage du Seigneur ?

20 Joab lui répondit : A Dieu ne plaise ! je ne viens point pour ruiner, ni pour détruire.

21 Ce n'est point là mon intention ; mais je cherche un Séba, fils de Bochri, de la montagne d'Ephraïm, qui s'est soulevé contre le roi David. Rendez-nous seulement cet homme, et nous nous retirerons *aussitôt*. Cette femme dit à Joab : On va vous jeter sa tête par-dessus la muraille.

22 Elle alla ensuite trouver tout le peuple, et leur parla si sagement, qu'en même temps on coupa la tête à Séba, fils de Bochri, et on la jeta à Joab. Il fit aussitôt sonner la retraite, l'armée leva le siège de devant la ville, et chacun s'en retourna chez soi. Joab revint trouver le roi à Jérusalem.

23 Joab était donc général de toute l'armée d'Israël. Banaïas, fils de Joïada, commandait les Céréthiens et les Phéléthiens.

24 Aduram était surintendant des tributs. Josaphat, fils d'Ahilud, avait la garde des requêtes.

25 Siva était secrétaire ; Sadoc et Abiathar, *grands* prêtres ;

26 et Ira, de Jaïr *en Galaad*, était prêtre de David.

CHAPITRE XXI.

DU temps de David il y eut une famine qui dura trois ans. David consulta l'oracle du Seigneur ; et le Seigneur lui répondit, que cette famine était arrivée à cause de Saül et de sa maison, qui était une maison de sang ; parce qu'il avait tué les Gabaonites.

2 Or les Gabaonites n'étaient point des enfants d'Israël, mais un reste des Amorrhéens. Les Israélites leur avaient promis avec serment, *qu'ils ne les feraient point mourir :* cependant Saül avait entrepris de les perdre par un faux zèle pour les enfants d'Israël et de Juda.

3 David fit donc venir les Gabaonites, et leur dit : Que puis-je vous faire pour réparer l'injure que vous avez reçue, afin que vous bénissiez l'héritage du Seigneur ?

4 Les Gabaonites répondirent : Nous ne voulons pour satisfaction ni or, ni argent. Nous demandons justice contre Saül et contre sa maison ; et *hors cela* nous ne voulons point qu'on fasse mourir aucun homme d'Israël. Que voulez-vous donc, dit David, que je fasse pour vous ?

5 Ils lui répondirent : Nous devons tellement exterminer *la race de* celui qui nous a tourmentés et opprimés si injustement, qu'il n'en reste pas un seul dans toutes les terres d'Israël.

6 Qu'on nous donne *au moins* sept de ses enfants, afin que nous les mettions en croix, pour *satisfaire* le Seigneur à Gabaa d'où était Saül, qui fut autrefois l'élu du Seigneur. Le roi leur dit : Je vous les donnerai.

7 Il épargna Miphiboseth, fils de Jonathas, fils de Saül, à cause de l'alliance que Jonathas et lui s'étaient jurée au nom du Seigneur.

8 Mais il prit les deux fils de Respha, fille d'Aïa, Armoni et Miphiboseth, qu'elle avait eus de Saül ; et cinq fils que Mérob, fille de Saül, avait eus d'Hadriel, fils de Berzellaï, qui était de Molathi ;

9 et il les mit entre les mains des Gabaonites, qui les crucifièrent sur une montagne devant le Seigneur. Ainsi moururent ces sept hommes, ayant été exécutés tous ensemble dans les premiers jours de la moisson, lorsque l'on commençait à couper les orges.

10 Respha, fille d'Aïa, prenant un cilice, l'étendit sur une pierre, et demeura là depuis le commencement de la moisson jusqu'à ce que l'eau du ciel tombât sur eux ; et elle empêcha les oiseaux de déchirer leurs corps pendant le jour, et les bêtes de les manger pendant la nuit.

11 Et cette action de Respha, fille d'Aïa, concubine de Saül, fut rapportée à David.

12 Alors David alla prendre les os de Saül et de Jonathas, son fils, à Jabès en Galaad ; ceux de cette ville les ayant enlevés de la place de Bethsan, où les Philistins les avaient pendus après que Saül eut été tué à Gelboé.

13 David transporta donc de là les os de Saül et de Jonathas, son fils ; et ayant fait recueillir les os de ceux qui avaient été crucifiés *à Gabaon*,

14 il les fit ensevelir avec ceux de Saül et de Jonathas, son fils, dans le sépulcre de Cis, père de Saül, à Séla, au pays de Benjamin. Les ordres que le roi avait donnés *sur ce sujet*, furent exactement exécutés ; et après cela Dieu se rendit propice à la terre *comme auparavant*.

15 Les Philistins firent encore une guerre contre Israël. David marcha contre eux avec son armée, leur donna bataille, et s'étant trouvé las *dans le combat*,

16 Jesbibénob, de la race d'Arapha, qui avait une lance dont le fer pesait trois cents sicles, et une épée qui n'avait point encore servi, était près de le tuer :

17 mais Abisaï, fils de Sarvia, prévint le Philistin, le tua, et sauva David. Alors les gens de David lui firent cette protestation avec serment : Nous ne souffrirons plus que vous veniez à la guerre avec nous, de peur que vous n'éteigniez la lampe d'Israël.

18 Il y eut une seconde guerre à Gob, *ou Gazer*, contre les Philistins : où Sobochaï de Husathi tua Saph, descendu d'Arapha, de la race des géants.

19 Il y eut aussi une troisième guerre à Gob, contre les Philistins ; en laquelle Elehanan, fils de Jaaré, *surnommé* Orgim, de Bethléhem, tua le frère de Goliath de Geth, qui avait une lance dont la hampe était comme le grand bois dont se servent les tisserands.

20 Il se fit une quatrième guerre à Geth ; où il se trouva un grand homme qui avait six doigts aux pieds et aux mains, c'est-à-dire, vingt-quatre doigts ; et qui était de la race d'Arapha.

21 Il vint outrager insolemment Israël : mais Jonathan, fils de Samaa, frère de David, le tua.

22 Ces quatre hommes étaient de Geth, de la race d'Arapha ; et ils furent tués par David, ou par ses gens.

CHAPITRE XXII.

DAVID prononça ce cantique à la louange du seigneur, après que le Seigneur l'eut délivré de la main de tous ses ennemis, ainsi que de la main de Saül ;

2 et il dit : *Je vous aimerai, Seigneur ! qui êtes ma force :* le Seigneur est mon rocher, il est ma force, il est mon Sauveur.

3 Mon Dieu est mon soutien, j'espérerai en lui : il est mon bouclier, il est l'appui de mon salut : c'est lui qui m'élève *au-dessus de mes ennemis*, il est mon refuge : mon Sauveur ! vous me

délivrerez de l'iniquité.

4 J'invoquerai le Seigneur *qui est* digne de toute louange, et il me délivrera de mes ennemis.

5 Car les flots de la mort m'ont assiégé ; les torrents de Bélial m'ont épouvanté.

6 Les liens de l'enfer m'ont environné ; les filets de la mort m'ont enveloppé.

7 J'invoquerai le Seigneur dans mon affliction, et je crierai vers mon Dieu ; et il entendra ma voix de son temple, et mes cris viendront jusqu'à ses oreilles.

8 La terre s'est émue, et a tremblé ; les fondements des montagnes ont été agités et ébranlés ; parce que *le Seigneur* était en colère contre eux.

9 La fumée de ses narines s'est élevée en haut ; un feu dévorant est sorti de sa bouche ; et des charbons en ont été allumés.

10 Il a abaissé les cieux, et il est descendu ; un nuage sombre était sous ses pieds.

11 Il a monté sur les chérubins, et il a pris son vol ; il a volé sur les ailes des vents.

12 Il s'est caché dans les ténèbres qui l'environnaient ; il a fait distiller les eaux des nuées du ciel.

13 Devant lui brille une lumière qui allume des charbons de feu.

14 Le Seigneur a tonné du ciel ; le Très-Haut a fait retentir sa voix.

15 Il a tiré ses flèches, et les a dispersés ; il a lancé ses foudres, et les a consumés.

16 La mer s'est ouverte jusqu'au fond des abîmes, et les fondements du monde ont été découverts par les menaces du Seigneur, et par le souffle impétueux de sa colère.

17 Il a étendu *sa main* du haut du ciel ; il m'a pris, et m'a retiré du milieu des eaux.

18 Il m'a délivré d'un ennemi très-puissant, et de ceux qui me haïssaient, et qui étaient plus forts que moi.

19 Il m'a prévenu au jour de mon affliction, et le Seigneur a été mon ferme appui.

20 Il m'a mis au large ; il m'a délivré, parce que je lui ai plu.

21 Le Seigneur me rendra selon ma justice ; et il me traitera selon la pureté de mes mains.

22 Car j'ai gardé les voies du Seigneur, et je n'ai point commis d'infidélité contre mon Dieu.

23 J'ai eu toutes ses ordonnances devant mes yeux, et je ne me suis point détourné de ses préceptes.

24 Je serai parfait *en demeurant* avec lui ; je me tiendrai sur mes gardes contre mon iniquité.

25 Et le Seigneur me rendra selon ma justice, et selon que mes mains seront pures à ses yeux.

26 Vous serez saint avec les saints, et parfait avec les forts.

27 Vous serez pur avec les purs, et vous paraîtrez méchant avec les méchants.

28 Vous sauverez le peuple pauvre ; et d'un clin d'œil vous humilierez les superbes.

29 Seigneur ! vous êtes ma lampe : c'est vous, Seigneur ! qui éclairez mes ténèbres.

30 Je cours avec vous tout prêt a combattre ; le secours de mon Dieu me fait franchir la muraille.

31 La voie de Dieu est irrépréhensible ; la parole du Seigneur *est pure comme l'or qui* a passé par le feu. Il est le bouclier de tous ceux qui espèrent en lui.

32 Y a-t-il un autre Dieu que le Seigneur ? y a-t-il un autre fort que notre Dieu ?

33 ce Dieu qui m'a revêtu de force, et qui a aplani la voie parfaite où je marche ;

34 qui a rendu mes pieds aussi vites que ceux des biches, et qui m'a établi dans les lieux hauts où je suis ;

35 qui instruit mes mains à combattre, et qui rend mes bras fermes comme un arc d'airain.

36 Vous m'avez couvert de votre protection, comme d'un bouclier ; *votre droite m'a soutenu*, et vous m'avez fait grand par votre bonté.

37 Vous avez élargi le chemin sous mes pas, et mes pieds n'ont point chancelé.

38 Je poursuivrai mes ennemis, et je les réduirai en poudre ; je ne retournerai point que je ne les aie détruits.

39 Je les détruirai, et je les briserai, sans qu'ils puissent se relever ; ils tomberont sous mes pieds.

40 Vous m'avez revêtu de force pour combattre ; vous avez fait plier sous moi ceux qui s'opposaient à moi.

41 Vous avez fait tourner le dos à mes ennemis, à ceux qui me haïssaient ; et je les exterminerai.

42 Ils crieront, et nul ne viendra à leur secours ; *ils crieront* au Seigneur, et il ne les exaucera point.

43 Je les dissiperai comme la poussière de la terre ; je les écraserai, et je les foulerai aux pieds comme la boue des rues.

44 Vous me délivrerez des contradictions de mon peuple ; vous me conserverez pour être le chef des nations : un peuple que j'ignore me servira.

45 Des enfants étrangers me résisteront ; mais ils m'obéiront quand ils entendront ma voix.

46 Les enfants étrangers se fondront *comme la cire*, et ils trembleront de peur dans les lieux où ils se seront cachés.

47 Vive le Seigneur, et que mon Dieu soit béni ! que le Dieu fort, *le Dieu* qui me sauve, soit glorifié !

48 vous, ô Dieu ! qui me vengez, et qui abattez les peuples sous moi ;

49 qui me délivrez de mes ennemis, qui me mettez au-dessus de ceux qui me résistent, et qui me sauverez de l'homme injuste.

50 Je vous en rendrai, Seigneur ! des actions de grâces au milieu des nations, et je chanterai des cantiques *en l'honneur* de votre nom ;

51 vous qui signalez votre grandeur en sauvant le roi que vous avez choisi, qui faites miséricorde à David, votre oint, et *qui la ferez* à sa race éternellement.

CHAPITRE XXIII.

VOICI les dernières paroles que David a dites : David, fils d'Isaï, cet homme établi pour être l'oint du Dieu de Jacob, ce chantre célèbre d'Israël :

2 L'Esprit du Seigneur s'est fait entendre par moi : sa parole a été sur ma langue.

3 Le Dieu d'Israël m'a parlé ; le Fort d'Israël m'a dit : Que celui qui est le dominateur des hommes soit juste, et qu'il règne dans la crainte de Dieu.

4 C'est ainsi qu'il deviendra comme la lumière de l'aurore, lorsque le soleil se levant au matin brille sans aucun nuage, et comme l'herbe qui germe de la terre, étant arrosée par l'eau de la pluie.

5 Ma maison sans doute n'était point telle devant Dieu, qu'il dût faire avec moi une alliance éternelle, une alliance ferme et entièrement inébranlable. Car il m'a sauvé de tous les périls, il a exécuté tout ce que je voulais, et je n'ai rien désiré qui n'ait réussi.

6 Mais les violateurs de la loi seront tous exterminés comme des épines que l'on arrache, auxquelles on ne touche point avec la main :

7 mais on s'arme pour cela du fer, ou du bois d'une lance ; ou on y met le feu pour les consumer, jusqu'à ce qu'elles soient réduites à rien.

8 Voici le nom des plus vaillants hommes de David : Adino, Hesnite, fut le premier d'entre les trois *les plus signalés*. Il s'assit dans la chaire comme très-sage ; et il tua huit cents hommes sans se reposer.

9 Eléazar, Ahohite, fils de Dodo, était le second entre les trois plus vaillants, qui se trouvèrent avec David lorsqu'on insulta aux Philistins, et qu'ils s'assemblèrent en un certain lieu pour donner bataille.

10 Les Israélites ayant fui, Eléazar *seul* fit ferme, et battit les Philistins, jusqu'à ce que sa main se lassât *de tuer*, et qu'elle demeurât attachée à son épée. Le Seigneur donna en cette journée

une grande victoire à Israël ; et ceux qui avaient fui, retournèrent pour prendre les dépouilles des morts.

11 *Le plus estimé* après lui était Semma, fils d'Agé d'Arari. Les Philistins s'étant *un jour* assemblés près d'un château, où il y avait un champ plein de lentilles, et ayant fait fuir le peuple devant eux,

12 il demeura ferme au milieu du champ, le défendit *contre eux*, et en tua un grand nombre ; et Dieu *lui* fit remporter une victoire signalée.

13 *Longtemps* auparavant, les trois qui étaient les premiers entre les trente, étaient venus trouver David dans la caverne d'Odollam : c'était au temps de la moisson ; et les Philistins étaient campés dans la Vallée des géants,

14 et avaient mis des gens dans Bethléhem. David étant donc dans *son* fort,

15 dit comme étant pressé de la soif : Oh ! si quelqu'un me donnait à boire de l'eau de la citerne qui est à Bethléhem, auprès de la porte !

16 *Aussitôt* ces trois vaillants hommes passèrent au travers du camp des Philistins, et allèrent puiser de l'eau dans la citerne de Bethléhem, qui est auprès de la porte, et l'apportèrent à David ; mais David ne voulut point en boire, et il l'offrit au Seigneur,

17 en disant : Dieu me garde de faire *cette faute !* boirais-je le sang de ces hommes, et ce qu'ils ont acheté au péril de leur vie ? Ainsi il ne voulut point boire de cette eau. Voilà ce que firent ces trois vaillants hommes.

18 Abisaï, frère de Joab, fils de Sarvia, était le premier de ces trois. C'est lui qui s'éleva *seul* contre trois cents hommes, qu'il tua de sa lance. Il s'était acquis un grand nom parmi les trois *seconds*.

19 C'était le plus estimé d'entre eux, et il en était le chef ; mais il n'égalait pas néanmoins les trois premiers.

20 Banaïas de Cabséel, fils de Joïada, qui fut un homme très-vaillant, fit aussi de très-grandes actions : il tua les deux lions de Moab ; et lorsque la terre était couverte de neige, il descendit dans une citerne où il tua un lion.

21 C'est lui aussi qui tua un Egyptien d'une grandeur extraordinaire. L'Egyptien *parut* la lance à la main, et Banaïas la lui arracha, n'ayant qu'une baguette seulement, et le tua de sa propre lance.

22 Voilà ce que fit Banaïas, fils de Joïada.

23 Il était illustre entre les trois qui étaient les plus estimés des trente ; mais néanmoins il n'égalait pas les trois *premiers*. David le prit auprès de sa personne pour exécuter ses commandements.

24 Entre les trente étaient encore Asaël, frère de Joab ; Eléhanan de Bethléhem, fils de l'oncle paternel d'Asaël ;

25 Semma de Harodi ; Elica de Harodi ;

26 Hélès de Phalti ; Hira de Thécua, fils d'Accès ;

27 Abiézer d'Anathoth ; Mobonnaï de Husati ;

28 Selmon d'Ahoh ; Maharaï de Nétophath ;

29 Héled, fils de Baana, qui était aussi de Nétophath ; Ithaï, fils de Ribaï, de Gabaath dans la tribu de Benjamin ;

30 Banaïa de Pharathon ; Heddaï du torrent de Gaas ;

31 Abialbon d'Arbath ; Azmaveth de Béromi ;

32 Eliaba de Salaboni ; Jonathan des enfants de Jassen ;

33 Semma de Orori ; Aïam d'Aror, fils de Sarar ;

34 Eliphélet, fils d'Aasbaï, qui était fils de Machati ; Eliam de Gélo, fils d'Achitophel ;

35 Hesraï du Carmel ; Pharaï d'Arbi ;

36 Igaal de Soba, fils de Nathan ; Bonni de Gadi ;

37 Sélec d'Ammoni ; Naharaï de Béroth, écuyer de Joab, fils de Sarvia ;

38 Ira de Jethrit ; Gareb, qui était aussi de Jethrit ;

39 Urie, Héthéen : qui font trente-sept en tout.

CHAPITRE XXIV.

LA colère du Seigneur s'alluma encore contre Israël ; et de là vint *que pour les punir, il permit* que David donna ordre que l'on comptât *tout ce qu'il y avait d'hommes dans* Israël et *dans* Juda.

2 *Ce prince* dit donc à Joab, général de son armée : Allez dans toutes les tribus d'Israël, depuis Dan jusqu'à Bersabée ; et faites le dénombrement du peuple, afin que je sache combien il y a d'hommes.

3 Joab répondit au roi : Que le Seigneur, votre Dieu, veuille multiplier votre peuple, et même le faire croître au centuple de ce qu'il est aux yeux du roi, mon seigneur ! mais que prétend faire mon seigneur par ce *nouvel* ordre ?

4 Néanmoins la volonté du roi l'emporta sur les remontrances de Joab et des principaux officiers de l'armée. Joab partit donc avec eux d'auprès du roi, pour faire le dénombrement du peuple d'Israël.

5 Ayant passé d'abord le Jourdain, ils vinrent à Aroër, au côté droit de la ville qui est dans la vallée de Gad,

6 et à Jazer. Ils allèrent de là en Galaad, et au bas pays d'Hodsi. Ils vinrent au bois de Dan, ils tournèrent autour de Sidon.

7 Ils passèrent près des murailles de Tyr, traversèrent tout le pays des Hévéens et des Chananéens, et vinrent à Bersabée, qui est au midi de la tribu de Juda.

8 Ainsi ayant parcouru toutes les terres d'Israël, ils se rendirent à Jérusalem après neuf mois et vingt jours.

9 Joab donna au roi le dénombrement qu'il avait fait du peuple ; et il se trouva d'Israël huit cent mille hommes forts et propres à porter les armes ; et de Juda cinq cent mille.

10 Après ce dénombrement du peuple, David sentit un remords en son cœur ; et il dit au Seigneur : J'ai commis un grand péché dans cette action ; mais je vous prie, Seigneur ! de détourner *de devant vos yeux* l'iniquité de votre serviteur : car j'ai fait une très-grande folie.

11 *Le lendemain* matin lorsque David se fut levé, le Seigneur adressa sa parole à Gad, prophète, et voyant de David, et lui dit :

12 Allez dire à David : Voici ce que dit le Seigneur : Je vous donne le choix de trois *fléaux ;* choisissez celui que vous voudrez que je vous envoie.

13 Gad étant donc venu vers David, lui dit de la part du Seigneur : Ou votre pays sera affligé de la famine pendant trois ans ; ou vous fuirez durant trois mois devant vos ennemis qui vous poursuivront ; ou la peste sera dans vos États pendant trois jours. Délibérez donc maintenant, et voyez ce que vous voulez que je réponde à celui qui m'a envoyé.

14 David répondit à Gad : Je me trouve dans une étrange perplexité ; mais il vaut mieux que je tombe entre les mains du Seigneur, puisqu'il est plein de miséricorde, que dans les mains des hommes.

15 Le Seigneur envoya donc la peste dans Israël depuis le matin *de ce jour-là* jusqu'au temps arrêté : et depuis Dan jusqu'à Bersabée il mourut du peuple soixante et dix mille personnes.

16 L'ange du Seigneur étendait déjà sa main sur Jérusalem pour la ravager, lorsque Dieu eut compassion de tant de maux, et dit à l'ange exterminateur : C'est assez, retenez votre main. L'ange du Seigneur était alors près de l'aire d'Aréuna, *ou Ornan*, Jébuséen.

17 Et David le voyant qui frappait le peuple, dit au Seigneur : C'est moi qui ai péché ; c'est moi qui suis le coupable : qu'ont fait ceux-ci qui ne sont que des brebis ? Que votre main, je vous prie, se tourne contre moi et contre la maison de mon père.

18 Alors Gad vint dire à David : Allez dresser un autel au Seigneur dans l'aire d'Aréuna, Jébuséen.

19 David, suivant cet ordre que Gad lui donnait de la part de Dieu, s'y en alla aussitôt.

20 Aréuna levant les yeux, aperçut le roi et ses officiers qui venaient à lui.

21 Il alla au-devant du roi ; il lui fit une profonde révérence en se baissant jusqu'en terre, et il lui dit : D'où vient que mon seigneur *et mon* roi vient trouver son serviteur ? David lui répondit : C'est pour acheter votre aire, et y dresser un autel au Seigneur ; afin qu'il fasse cesser cette peste qui tue tant de peuple.

22 Aréuna dit à David : Le roi, mon seigneur, peut prendre tout ce qu'il lui plaira pour offrir à Dieu. Voilà des bœufs pour l'holocauste, un chariot et des jougs de bœufs pour le bois.

23 Le roi Aréuna supplia le roi d'accepter toutes ces choses ; et il

ajouta : Je prie le Seigneur, votre Dieu, d'agréer le vœu que vous lui faites.

24 Le roi lui répondit : Je ne puis recevoir ce que vous m'offrez : mais je l'achèterai de vous ; et je n'offrirai point en holocauste au Seigneur, mon Dieu, ce qui ne m'appartient pas. David acheta donc l'aire *six cents sicles d'or ;* et les bœufs, cinquante sicles d'argent ;

25 et il dressa là au Seigneur un autel, sur lequel il offrit des holocaustes et des hosties pacifiques. Ainsi le Seigneur se réconcilia avec Israël, et fit cesser la plaie dont il avait frappé son peuple.

ROIS.

LIVRE TROISIÈME.

CHAPITRE PREMIER.

LE roi David était vieux, et dans un âge fort avancé ; et quoiqu'on le couvrît beaucoup, il ne pouvait échauffer.

2 Ses serviteurs lui dirent donc : Nous chercherons, *si vous l'agréez*, une jeune fille vierge pour le roi, notre seigneur ; afin qu'elle se tienne devant le roi *pour le servir*, qu'elle l'échauffe, et que dormant auprès de lui, elle remédie à ce grand froid du roi, notre seigneur.

3 Ils cherchèrent donc dans toutes les terres d'Israël une fille qui fût jeune et belle ; et ayant trouvé Abisag de Sunam, ils l'amenèrent au roi.

4 C'était une fille d'une grande beauté ; elle dormait auprès du roi, et elle le servait, et le roi la laissa toujours vierge.

5 Cependant Adonias, fils d'Haggith, s'élevait, en disant : Ce sera moi qui régnerai. Et il se fit faire des chariots, prit des gens de cheval, et cinquante hommes pour courir devant lui.

6 Jamais son père ne l'en reprit en lui disant : Pourquoi agissez-vous ainsi ? Il était aussi parfaitement beau, et le second après Absalom.

7 Il s'était lié avec Joab, fils de Sarvia, et avec Abiathar, *grand* prêtre, qui soutenaient son parti.

8 Mais Sadoc, *grand* prêtre, Banaïas, fils de Joïada, le prophète Nathan, Seméi et Réi, ni les plus vaillants de l'armée de David, n'étaient point pour Adonias.

9 Adonias ayant donc immolé des béliers, des veaux et toutes sortes de *victimes* grasses auprès de la pierre de Zoheleth qui était près de la fontaine de Rogel, convia *à un festin qu'il fit* tous ses frères, les fils du roi, et tous ceux de Juda qui étaient au service du roi.

10 Mais il n'y convia point le prophète Nathan, ni Banaïas, ni tous les plus vaillants *de l'armée*, ni Salomon, son frère.

11 Alors Nathan dit à Bethsabée, mère de Salomon : Savez-vous qu'Adonias, fils d'Haggith, s'est fait roi, sans que David, notre seigneur, le sache ?

12 Venez donc, et suivez le conseil que je vous donne : sauvez votre vie et celle de votre fils Salomon.

13 Allez vous présenter au roi David, et dites-lui : O roi, mon seigneur ! ne m'avez-vous pas juré, à moi qui suis votre servante, en me disant : Salomon, votre fils, régnera après moi ; et c'est lui qui sera assis sur mon trône ? Pourquoi donc Adonias règne-t-il ?

14 Pendant que vous parlerez encore au roi, je surviendrai après vous, et j'appuierai tout ce que vous aurez dit.

15 Bethsabée alla donc trouver le roi dans sa chambre. Le roi était fort vieux, et Abisag de Sunam le servait.

16 Bethsabée se baissa profondément, et adora le roi. Le roi lui dit : Que désirez-vous ?

17 Elle lui répondit : Mon seigneur, vous avez juré à votre servante par le Seigneur, votre Dieu, *et vous m'avez dit :* Salomon, votre fils, régnera après moi, et c'est lui qui sera assis sur mon trône.

18 Cependant voilà Adonias qui s'est fait roi, sans que vous le sachiez, ô roi, mon seigneur !

19 Il a immolé des bœufs, toutes sortes de *victimes* grasses, et un grand nombre de béliers ; il y a convié tous les enfants du roi, le grand prêtre même Abiathar, et Joab, général de l'armée : mais il n'a point convié Salomon, votre serviteur.

20 Or tout Israël a maintenant les yeux sur vous, ô roi, mon seigneur ! afin que vous leur déclariez, vous qui êtes mon seigneur *et mon* roi, qui est celui qui doit être assis après vous sur votre trône.

21 Car après que le roi, mon seigneur, se sera endormi avec ses pères, nous serons *traités comme* criminels, moi et mon fils Salomon.

22 Elle parlait encore au roi, lorsque le prophète Nathan arriva.

23 Et l'on dit au roi : Voilà le prophète Nathan. Nathan s'étant présenté devant le roi, l'adora en se baissant profondément en terre,

24 et lui dit : O roi, mon seigneur ! avez-vous dit : Qu'Adonias règne après moi, et que ce soit lui qui soit assis sur mon trône ?

25 Car il est descendu aujourd'hui, il a immolé des bœufs, des *victimes* grasses et plusieurs béliers, et il y a convié tous les fils du roi, les généraux de l'armée, et le *grand* prêtre Abiathar, qui ont mangé et bu avec lui, en disant : Vive le roi Adonias !

26 Mais pour moi qui suis votre serviteur, il ne m'a point convié, ni le *grand* prêtre Sadoc, ni Banaïas, fils de Joïada, non plus que Salomon, votre serviteur.

27 Cet ordre est-il venu de la part du roi, mon seigneur ? et ne m'avez-vous point déclaré, à moi votre serviteur, qui était celui qui devait être assis après vous, ô roi, mon seigneur, sur son trône ?

28 Le roi David dit : Qu'on me fasse venir Bethsabée. Bethsabée s'étant présentée devant le roi, et se tenant devant lui,

29 le roi lui jura, et lui dit : Vive le Seigneur qui a délivré mon âme de toute sorte de périls !

30 ainsi que je vous ai juré par le Seigneur, le Dieu d'Israël, en vous disant : Salomon, votre fils, régnera après moi, et c'est lui qui sera assis en ma place sur mon trône : je le ferai aussi, *et je l'exécuterai* dès aujourd'hui.

31 Bethsabée baissant le visage jusqu'en terre, adora le roi, et lui dit : Que David, mon seigneur, vive à jamais !

32 Le roi David dit encore : Faites-moi venir le *grand* prêtre Sadoc, le prophète Nathan, et Banaïas, fils de Joïada. Lorsqu'ils se furent présentés devant le roi,

33 il leur dit : Prenez avec vous les serviteurs de votre maître : faites monter sur ma mule mon fils Salomon, et menez-le à la *fontaine de* Gihon,

34 et que Sadoc, *grand* prêtre, et Nathan, prophète, le sacrent en ce lieu, pour être roi d'Israël ; et vous sonnerez aussi de la trompette, et vous crierez : Vive le roi Salomon !

35 Vous retournerez en le suivant, et il viendra s'asseoir sur mon trône : il régnera en ma place, et je lui ordonnerai de gouverner Israël et Juda.

36 Banaïas, fils de Joïada, répondit au roi : Qu'il soit ainsi. Que le Seigneur, le Dieu du roi, mon seigneur, l'ordonne ainsi.

37 Comme le Seigneur a été avec le roi, mon seigneur, qu'il soit de même avec Salomon, et qu'il élève son trône encore plus que ne l'a été le trône de David, mon roi et mon seigneur.

38 Alors le *grand* prêtre Sadoc descendit avec le prophète Nathan, Banaïas, fils de Joïada, les Céréthiens et les Phéléthiens, et ils firent monter Salomon sur la mule du roi David, et le menèrent à Gihon.

39 Et Sadoc, *grand* prêtre, prit du tabernacle une corne *pleine* d'huile, et sacra Salomon. Ils sonnèrent de la trompette, et tout le monde s'écria : Vive le roi Salomon !

40 Tout le peuple vint après lui : plusieurs jouaient de la flûte, et

donnaient toutes les marques d'une grande joie, et la terre retentissait de leurs acclamations.

41 Adonias, et tous ceux qu'il avait conviés, entendirent ce bruit lorsque le festin était déjà achevé ; et Joab ayant ouï sonner de la trompette, dit : Que veulent dire ces cris et ce tumulte de la ville ?

42 Lorsqu'il parlait encore, Jonathas, fils d'Abiathar, *grand* prêtre, se présenta ; et Adonias lui dit : Entrez, car vous êtes un brave homme, et vous nous apportez de bonnes nouvelles.

43 Jonathas répondit à Adonias : Je n'en ai point de bonnes à vous dire : car le roi David, notre seigneur, a établi roi Salomon.

44 Il a envoyé avec lui le *grand* prêtre Sadoc, le prophète Nathan, Banaïas, fils de Joïada, les Céréthiens et les Phéléthiens, et ils l'ont fait monter sur la mule du roi.

45 Et Sadoc, *qrand* prêtre, et le prophète Nathan, l'ont sacré roi à Gihon, d'où ils sont revenus avec des cris de réjouissance qui ont retenti par *toute* la ville : c'est là le bruit que vous avez entendu.

46 Salomon même est déjà assis sur le trône du royaume.

47 Et les serviteurs du roi ont été témoigner leur joie au roi David, notre seigneur, en lui disant : Que Dieu rende le nom de Salomon encore plus illustre que le vôtre, et qu'il élève son trône au-dessus de votre trône. Et le roi adorant *Dieu* dans son lit,

48 a dit : Béni soit le Seigneur, le Dieu d'Israël, qui m'a fait voir aujourd'hui du mes propres yeux *mon fils* assis sur mon trône.

49 Ceux donc qu'Adonias avait invités *à son festin*, se levèrent tous saisis de frayeur, et chacun s'en alla de son côté.

50 Adonias craignant Salomon, se leva *de même*, sortit au plus tôt, et s'en alla embrasser la corne de l'autel.

51 Alors on vint dire à Salomon : Voilà Adonias qui craignant le roi Salomon, se tient attaché à la corne de l'autel, et qui dit : Que le roi Salomon me jure aujourd'hui, qu'il ne fera point mourir son serviteur par l'épée.

52 Salomon répondit : S'il se conduit en homme de bien, il ne tombera pas en terre un seul cheveu de sa tête ; mais s'il se conduit mal, il mourra.

53 Le roi Salomon envoya donc *vers Adonias*, et le fit tirer de l'autel : et *Adonias* s'étant présenté devant le roi Salomon, l'adora ; et Salomon lui dit : Allez-vous-en en votre maison.

CHAPITRE II.

OR le jour de la mort de David étant proche, il donna ces avis à Salomon, son fils, et lui dit :

2 Me voici près du terme où tous les hommes doivent arriver. Armez-vous de fermeté, et conduisez-vous en homme de cœur.

3 Observez tout ce que le Seigneur, votre Dieu, vous a commandé. Marchez dans ses voies, gardez ses cérémonies, ses préceptes, ses ordonnances et ses lois, selon qu'il est écrit dans la loi de Moïse ; afin que tout ce que vous avez à faire et tout ce que vous entreprendrez, vous le fassiez avec sagesse.

4 C'est ainsi que le Seigneur vérifiera la parole qu'il m'a donnée, lorsqu'il m'a dit : Si vos enfants veillent sur leurs voies, et qu'ils marchent devant moi dans la vérité de tout leur cœur et de toute leur âme, vous aurez toujours quelqu'un de vos descendants qui sera assis sur le trône d'Israël.

5 Vous savez aussi de quelle manière m'a traité Joab, fils de Sarvia, et ce qu'il a fait à deux généraux de l'armée d'Israël, à Abner, fils de Ner, et à Amasa, fils de Jéther, qu'il a assassinés, ayant répandu leur sang durant la paix comme *il aurait fait* durant la guerre, et en ayant ensanglanté le baudrier qui était sur ses reins, et les souliers qu'il avait aux pieds.

6 Vous ferez donc selon votre sagesse, et vous ne permettrez pas qu'après avoir vieilli, il descende en paix dans le tombeau.

7 Vous témoignerez aussi votre reconnaissance aux fils de Berzellaï de Galaad, et ils mangeront à votre table, parce qu'ils sont venus au-devant de moi lorsque je fuyais devant Absalom, votre frère.

8 Vous avez de plus auprès de vous Seméi, fils de Géra, fils de Jémini, de Bahurim, qui prononça des malédictions contre moi, *et* me dit les outrages les plus sanglants, lorsque je m'en allais au camp ; mais parce qu'il vint au-devant de moi quand je passai le Jourdain, je lui jurai par le Seigneur que je ne le ferais point mourir par l'épée :

9 ne laissez pas *néanmoins* son crime impuni. Vous êtes sage pour savoir comment vous devez le traiter, et vous aurez soin qu'en sa vieillesse il ne descende au tombeau que par une mort sanglante.

10 David s'endormit donc avec ses pères, et il fut enseveli dans la ville de David.

11 Le temps du règne de David sur Israël fut de quarante ans. Il régna sept ans à Hébron, et trente-trois dans Jérusalem.

12 En même temps Salomon prit possession du royaume de David, son père, et son règne s'affermit puissamment.

13 Alors Adonias, fils d'Haggith, vint trouver Bethsabée, mère de Salomon. Bethsabée lui dit : Venez-vous ici avec un esprit de paix ? Il lui répondit : *Oui*, j'y viens avec des pensées de paix.

14 Et il ajouta : J'ai un mot à vous dire. Dites, répondit Bethsabée.

15 Vous savez, dit Adonias, que la couronne m'appartenait, et que tout Israël m'avait choisi par préférence pour être son roi ; mais le royaume a été transféré, et il est passé à mon frère ; parce que c'est le Seigneur qui le lui a donné.

16 Maintenant donc je n'ai qu'une prière à vous faire ; ne me faites pas cette confusion que de me refuser. Bethsabée ajouta : Expliquez-vous.

17 Adonias lui dit : Comme le roi Salomon ne peut vous rien refuser, je vous prie de lui demander pour moi Abisag de Sunam, afin que je l'épouse.

18 Bethsabée lui répondit : *Je le veux* bien, je parlerai pour vous au roi.

19 Bethsabée vint donc trouver le roi Salomon, afin de lui parler pour Adonias. Le roi se leva, vint au-devant d'elle, la salua profondément, et s'assit sur son trône ; et l'on mit un trône pour la mère du roi, laquelle s'assit à sa main droite.

20 *Bethsabée* dit à Salomon : Je n'ai qu'une petite prière à vous faire ; ne me donnez pas la confusion d'être refusée. Le roi lui dit : Ma mère, dites ce que vous demandez ; car il ne serait pas juste de vous renvoyer mécontente.

21 Bethsabée lui dit : Donnez Abisag de Sunam à votre frère Adonias, afin qu'il l'épouse.

22 Le roi Salomon répondit à sa mère, et lui dit : Pourquoi demandez-vous Abisag de Sunam pour Adonias ? Demandez donc aussi pour lui le royaume : car il est mon frère aîné ; et il a *déjà pour lui* Abiathar, *grand* prêtre, et Joab, fils de Sarvia.

23 Salomon jura donc par le Seigneur, et dit : Que Dieu me traite dans toute sa sévérité, s'il n'est vrai qu'Adonias par cette demande a parlé contre sa propre vie.

24 Et maintenant je jure par le Seigneur qui m'a assuré *la couronne*, qui m'a fait asseoir sur le trône de David, mon père, et qui a établi ma maison comme il l'avait dit, qu'Adonias sera mis à mort aujourd'hui.

25 Et le roi Salomon ayant envoyé Banaïas, fils de Joïada, pour exécuter cet ordre, il perça Adonias, et le tua.

26 Le roi dit aussi à Abiathar, *grand* prêtre : Allez à Anathoth dans la terre qui vous appartient ; vous méritez la mort, mais je ne vous ferai pas mourir ; parce que vous avez porté l'arche du Seigneur, *notre* Dieu, devant David, mon père, et que vous avez accompagné mon père dans tous les travaux qu'il a endurés.

27 Salomon relégua donc Abiathar, afin qu'il ne fît plus les fonctions de *grand* prêtre du Seigneur, et que la parole que le Seigneur avait prononcée dans Silo touchant la maison d'Héli, fût *ainsi* accomplie.

28 Cette nouvelle étant venue à Joab, qui avait suivi le parti d'Adonias, et non celui de Salomon, il s'enfuit dans le tabernacle du Seigneur, et prit la corne de l'autel.

29 On vint dire au roi Salomon, que Joab s'en était fui dans le tabernacle du Seigneur, et qu'il se tenait à l'autel ; et Salomon envoya Banaïas, fils de Joïada, et lui dit : Allez, *et* le tuez.

30 Banaïas vint au tabernacle du Seigneur, et dit à Joab : Le roi vous commande de sortir de là. Joab lui répondit : Je ne sortirai

point, mais je mourrai en ce lieu. Banaïas fit son rapport au roi, et lui dit : Voilà la réponse que Joab m'a faite.

31 Le roi lui dit : Faites comme il vous a dit : tuez-le, et l'ensevelissez ; et vous empêcherez que ni moi ni la maison de mon père ne soyons chargés du sang innocent répandu par Joab.

32 Et le Seigneur fera retomber son sang sur sa tête, parce qu'il a assassiné deux hommes justes qui valaient mieux que lui, et qu'il a tué par l'épée, sans que mon père David le sût, Abner, fils de Ner, général de l'armée d'Israël, et Amasa, fils de Jéther, général de l'armée de Juda ;

33 et leur sang retombera pour jamais sur la tête de Joab et sur sa postérité. Mais que le Seigneur donne une éternelle paix à David et à sa postérité, à sa maison et à son trône.

34 Banaïas, fils de Joïada, étant donc allé *trouver Joab*, il l'attaqua et le tua ; et on l'ensevelit en sa maison dans le désert.

35 Alors le roi établit en la place de Joab, Banaïas, fils de Joïada, pour être général de l'armée, et Sadoc, pour *grand* prêtre en la place d'Abiathar.

36 Le roi envoya aussi appeler Seméi, et lui dit : Bâtissez-vous une maison dans Jérusalem, et demeurez-y, et n'en sortez point pour aller d'un côté ou d'un autre.

37 Si vous en sortez jamais, et que vous passiez le torrent de Cédron, sachez que vous serez tué au même jour, et votre sang retombera sur votre tête.

38 Seméi dit au roi : Cet ordre est très-juste. Ce que le roi, mon seigneur, a dit, sera exécuté par son serviteur. Seméi demeura donc longtemps à Jérusalem.

39 Mais trois ans s'étant passés, il arriva que les esclaves de Seméi s'enfuirent vers Achis, fils de Maacha, roi de Geth : et on vint dire à Seméi que ses esclaves étaient allés à Geth.

40 Seméi fit donc aussitôt seller son âne, et s'en alla vers Achis à Geth pour redemander ses esclaves, et les ramena de Geth.

41 Salomon ayant été averti que Semei avait été de Jérusalem à Geth, et en était revenu,

42 l'envoya quérir, et lui dit : Ne vous ai-je pas averti auparavant, et ne vous ai-je pas juré par le Seigneur, en vous disant : Si vous sortez jamais pour aller d'un côté ou d'un autre, sachez que vous serez puni de mort au même jour ? et vous m'avez répondu : Rien n'est plus juste que ce que je viens d'entendre.

43 Pourquoi donc n'avez-vous pas gardé le serment que vous avez fait au Seigneur, et l'ordre que je vous avais donné ?

44 Et le roi dit à Seméi : Vous savez tout le mal que votre conscience vous reproche d'avoir fait à David, mon père. Le Seigneur a fait retomber votre méchanceté sur votre tête.

45 Mais le roi Salomon sera béni, et le trône de David sera stable éternellement devant le Seigneur.

46 Le roi donna donc l'ordre à Banaïas, fils de Joïada, qui étant allé l'exécuter, frappa Seméi, et le tua.

CHAPITRE III.

LE règne de Salomon s'étant ainsi affermi, il s'allia avec Pharaon, roi d'Egypte : car il épousa sa fille, qu'il amena dans la ville de David, jusqu'à ce qu'il eût achevé de bâtir sa maison, la maison du Seigneur, et les murs *qu'il faisait faire* tout autour de Jérusalem.

2 Cependant le peuple immolait *toujours* dans les hauts lieux, parce que jusqu'alors on n'avait point encore bâti de temple au nom du Seigneur.

3 Or Salomon aima le Seigneur, et se conduisit selon les préceptes de David, son père, excepté qu'il sacrifiait et qu'il brûlait de l'encens dans les hauts lieux.

4 Il s'en alla donc à Gabaon pour y sacrifier, parce que c'était là le plus considérable de tous les hauts lieux ; et il offrit mille hosties en holocauste sur l'autel qui était à Gabaon.

5 Or le Seigneur apparut à Salomon en songe pendant la nuit, et lui dit : Demandez-moi ce que vous voulez que je vous donne.

6 Salomon lui répondit : Vous avez usé d'une grande miséricorde envers David, mon père, votre serviteur, selon qu'il a marché devant vous dans la vérité et dans la justice, et que son cœur a été droit à vos yeux : vous lui avez conservé votre grande miséricorde, et vous lui avez donné un fils qui est assis sur son trône, comme il paraît aujourd'hui.

7 Maintenant donc, ô Seigneur, mon Dieu ! vous m'avez fait régner, moi qui suis votre serviteur, en la place de David, mon père ; mais je ne suis encore qu'un jeune enfant qui ne sait de quelle manière il doit se conduire.

8 Et votre serviteur se trouve au milieu de votre peuple que vous avez choisi, d'un peuple infini qui est innombrable à cause de sa multitude.

9 *Je vous supplie* donc de donner à votre serviteur un cœur docile, afin qu'il puisse juger votre peuple, et discerner entre le bien et le mal : car qui pourra rendre la justice à votre peuple, à ce peuple qui est si nombreux ?

10 Le Seigneur agréa donc que Salomon lui eût fait cette demande.

11 Et il dit à Salomon : Parce que vous m'avez fait cette demande, et que vous n'avez point désiré que je vous donnasse un grand nombre d'années, ou de grandes richesses, ou la vie de vos ennemis : mais que vous m'avez demandé la sagesse pour discerner ce qui est juste,

12 j'ai déjà fait ce que vous m'avez demandé, et je vous ai donné un cœur si plein de sagesse et d'intelligence, qu'il n'y a jamais eu d'homme avant vous qui vous ait égalé, et qu'il n'y en aura point après vous *qui vous égale*.

13 Mais je vous ai même donné *de plus* ce que vous ne m'avez point demandé, savoir, les richesses et la gloire. de sorte qu'aucun roi ne vous aura jamais égalé *en ce point* dans tous les siècles passés.

14 Si vous marchez dans mes voies, et que vous gardiez mes préceptes et mes ordonnances, comme votre père les a gardées, je vous donnerai encore une longue vie.

15 Salomon s'étant éveillé, fit réflexion au songe qu'il avait eu : et étant venu à Jérusalem, il se présenta devant l'arche de l'alliance du Seigneur, offrit des holocaustes et des victimes pacifiques, et fit à tous ses serviteurs un grand festin.

16 Alors deux femmes de mauvaise vie vinrent trouver le roi, et se présentèrent devant lui,

17 dont l'une lui dit : Je vous prie, mon seigneur, *faites-moi justice*. Nous demeurions, cette femme et moi, dans une maison, et je suis accouchée dans la même chambre où elle était.

18 Elle est accouchée aussi trois jours après moi : nous étions ensemble, et il n'y avait qui que ce soit dans cette maison, que nous deux.

19 Le fils de cette femme est mort pendant la nuit, parce qu'elle l'a étouffé en dormant ;

20 et se levant dans le silence d'une nuit profonde, pendant que je dormais, moi qui suis votre servante, elle m'a ôté mon fils que j'avais à mon côté ; et l'ayant pris auprès d'elle, elle a mis auprès de moi son fils qui était mort.

21 M'étant levée le matin pour donner à téter à mon fils, il m'a paru qu'il était mort ; et le considérant avec plus d'attention au grand jour, j'ai reconnu que ce n'était point le mien que j'avais enfanté.

22 L'autre femme lui répondit : Ce que vous dites n'est point vrai ; mais c'est votre fils qui est mort, et le mien est vivant. La première au contraire répliquait : Vous mentez ; car c'est mon fils qui est vivant, et le vôtre est mort. Et elles disputaient ainsi devant le roi.

23 Alors le roi dit : Celle-ci dit : Mon fils est vivant, et le vôtre est mort. Et l'autre répond : Non ; mais c'est votre fils qui est mort, et le mien est vivant.

24 Le roi ajouta : Apportez-moi une épée. Lorsqu'on eut apporté une épée devant le roi,

25 il dit *à ses gardes :* Coupez en deux cet enfant qui est vivant, et donnez-en la moitié à l'une, et la moitié à l'autre.

26 Alors la femme dont le fils était vivant, dit au roi (car ses entrailles furent émues *de tendresse* pour son fils) : Seigneur, donnez-lui, je vous supplie, l'enfant vivant, et ne le tuez point.

L'autre disait au contraire : Qu'il ne soit ni à moi, ni à vous ; mais qu'on le divise.

27 Alors le roi prononça *cette sentence* : Donnez à celle-ci l'enfant vivant, et qu'on ne le tue point : car c'est elle qui est sa mère.

28 Tout Israël ayant donc su la manière dont le roi avait jugé cette affaire, ils eurent tous de la crainte *et du respect* pour lui, voyant que la sagesse de Dieu était en lui pour rendre justice.

CHAPITRE IV.

OR le roi Salomon régnait sur tout Israël ;

2 et voici quels étaient ses principaux officiers : Azarias, *petit*-fils du *grand* prêtre Sadoc ;

3 Elihoreph et Ahia, fils de Sisa, étaient secrétaires ; Josaphat, fils d'Ahilud, était chancelier ;

4 Banaïas, fils de Joïada, était général d'armée ; Sadoc et Abiathar étaient *grands* prêtres ;

5 Azarias, fils de Nathan, avait l'intendance sur ceux qui étaient toujours auprès du roi ; Zabud, prêtre, fils de Nathan, était favori du roi ;

6 Ahisar était grand maître de sa maison ; et Adoniram, fils d'Abda, était surintendant des tributs.

7 Salomon avait établi sur tout Israël douze officiers, qui avaient soin d'entretenir la table du roi et de sa maison ; chacun fournissait pendant un mois de l'année tout ce qui était nécessaire *à la maison du roi*.

8 Voici les noms de ces officiers : Benhur *avait l'intendance* sur la montagne d'Ephraïm ;

9 Bendecar, à Maccès, Salébim, Bethsamès, Elon et Bethanan ;

10 Benhésed, à Aruboth ; il avait *aussi* Socho et toute la terre d'Epher ;

11 Bénabinadab, qui avait l'intendance de tout *le pays de* Néphath-Dor, eut pour femme Tapheth, fille de Salomon ;

12 Bana, fils d'Ahilud, était gouverneur de Thanach, de Mageddo, de tout *le pays de* Bethsan, qui est proche de Sarthana au-dessous de Jezrahel, depuis Bethsan jusqu'à Abel-Méhula, vis-à-vis de Jecmaan ;

13 Bengaber *était intendant* de Ramoth-Galaad, et il avait les bourgs de Jaïr, fils de Manassé, qui sont en Galaad ; il commandait dans tout le pays d'Argob qui est en Basan, à soixante villes qui étaient *fort* grandes et fermées de murailles, *et dont les portes* avaient des barres d'airain ;

14 Ahinadab, fils d'Addo, était intendant en Manaïm ;

15 Achimaas, en Nephthali, et il eut aussi pour femme une fille de Salomon, nommée Basemath ;

16 Baana, fils d'Husi, *était intendant* dans *tout le pays d'*Aser et *de* Baloth ;

17 Josaphat, fils de Pharué, en Issachar ;

18 Seméi, fils d'Ela, en Benjamin ;

19 Gaber, fils d'Uri, en la province de Galaad, dans le pays de Séhon, roi des Amorrhéens, et d'Og, roi de Basan, et sur tout ce qui était en cette terre.

20 Le peuple de Juda et d'Israël était innombrable comme le sable de la mer ; et tous mangeaient et buvaient dans une grande joie.

21 Salomon avait sous sa domination tous les royaumes depuis le fleuve *d'Euphrate jusqu'*au pays des Philistins, et jusqu'à la frontière d'Egypte. Ils lui offraient tous des présents, et lui demeurèrent assujettis tous les jours de sa vie.

22 Les vivres pour la table de Salomon étaient chaque jour trente mesures de fleur de farine, et soixante de farine *ordinaire*,

23 dix bœufs gras, vingt bœufs des pâturages, cent béliers, outre la *viande de* venaison, les cerfs, les chevreuils, les bœufs sauvages et la volaille.

24 Car il dominait sur tous les pays qui étaient au deçà du fleuve *d'Euphrate*, depuis Thapsaque jusqu'à Gaza : et tous les rois de ces provinces lui étaient assujettis ; et il avait la paix de toutes parts avec tous ceux qui étaient autour de lui.

25 Dans Juda et dans Israël *tout homme* demeurait sans aucune crainte, chacun sous sa vigne et sous son figuier, depuis Dan jusqu'à Bersabée, pendant tout le règne de Salomon.

26 Et Salomon avait quarante mille chevaux dans ses écuries pour les chariots, et douze mille chevaux de selle.

27 Ces *douze* officiers du roi, dont on a déjà parlé, *avaient la charge* de les nourrir, et ils fournissaient dans le temps avec un extrême soin tout ce qui était nécessaire pour la table du roi Salomon.

28 Ils faisaient aussi porter l'orge et la paille pour les chevaux et les autres bêtes au lieu où était le roi, selon l'ordre qu'ils avaient reçu.

29 Dieu donna de plus à Salomon une sagesse et une prudence prodigieuse, et un esprit capable de s'appliquer à autant de choses qu'il y a de grains de sable sur le rivage de la mer.

30 Et la sagesse de Salomon surpassait la sagesse de tous les Orientaux et de tous les Egyptiens.

31 Il était plus sage que tous les hommes ; plus sage qu'Ethan, Ezrahite, qu'Héman, et que Chalcol et Dorda, enfants de Mahol : et sa réputation était répandue dans toutes les nations voisines.

32 Salomon composa aussi trois mille paraboles, et fit cinq mille cantiques.

33 Il traita aussi de tous les arbres, depuis le cèdre qui est sur le Liban, jusqu'à l'hysope qui sort de la muraille ; et il traita de même des animaux de la terre, des oiseaux, des reptiles et des poissons.

34 Il venait des gens de tous les pays pour entendre la sagesse de Salomon ; et tous les rois de la terre envoyaient vers lui, pour être instruits par sa sagesse.

CHAPITRE V.

HIRAM, roi de Tyr, envoya aussi ses serviteurs vers Salomon, ayant appris qu'il avait été sacré roi en la place de son père : car Hiram avait toujours été ami de David.

2 Or Salomon envoya vers Hiram, et lui fit dire :

3 Vous savez quel a été le désir de David, mon père, et qu'il n'a pu bâtir une maison au nom du Seigneur, son Dieu, à cause des guerres *et des ennemis* qui le menaçaient de toutes parts, jusqu'à ce que le Seigneur les eût tous mis sous ses pieds.

4 Mais maintenant le Seigneur, mon Dieu, m'a donné la paix avec tous les peuples qui m'environnent, et il n'y a plus d'ennemi qui s'élève contre moi, ni qui m'attaque.

5 C'est pourquoi j'ai dessein *maintenant* de bâtir un temple au nom du Seigneur, mon Dieu, selon que le Seigneur l'a ordonné à David, mon père, en lui disant : Votre fils que je ferai asseoir en votre place sur votre trône, sera celui qui bâtira une maison *à la gloire de* mon nom.

6 Donnez donc ordre à vos serviteurs, qu'ils coupent pour moi des cèdres du Liban, et mes serviteurs seront avec les vôtres, et je donnerai à vos serviteurs telle récompense que vous me demanderez : car vous savez qu'il n'y a personne parmi mon peuple qui sache couper le bois comme les Sidoniens.

7 Hiram ayant entendu ces paroles de Salomon, en eut une grande joie, et il dit : Béni soit aujourd'hui le Seigneur Dieu, qui a donné à David un fils très-sage pour gouverner un si grand peuple.

8 Et il envoya dire à Salomon : J'ai entendu tout ce que vous m'avez fait dire : j'exécuterai tout ce que vous désirez pour les bois de cèdre et de sapin.

9 Mes serviteurs les porteront du Liban sur le bord de la mer ; et je les ferai mettre sur mer en radeaux *pour les transporter* jusqu'au lieu que vous m'aurez marqué ; je les y ferai débarquer, et vous aurez soin de les *faire* prendre : et *pour cela* vous me ferez donner *tout* ce qui me sera nécessaire pour nourrir ma maison.

10 Hiram donna donc à Salomon des bois de cèdre et de sapin autant qu'il en désirait.

11 Et Salomon donnait à Hiram pour l'entretènement de sa maison vingt mille mesures de froment, et vingt *mille* mesures d'huile très-pure : ce sont là les provisions que Salomon envoyait chaque année à Hiram.

12 Le Seigneur donna aussi la sagesse à Salomon, selon qu'il le lui avait promis. Il y avait paix entre Hiram et Salomon, et ils firent alliance l'un avec l'autre.

13 Le roi Salomon choisit aussi des ouvriers dans tout Israël ; et il ordonna que l'on prendrait *pour cet ouvrage* trente mille hommes.

14 Il les envoyait au Liban tour à tour, dix mille chaque mois, de sorte qu'ils demeuraient deux mois dans leurs maisons ; et Adoniram avait l'intendance sur tous ces gens-là.

15 Salomon avait soixante et dix mille *manœuvres* qui portaient les fardeaux, et quatre-vingt mille qui taillaient les pierres sur la montagne ;

16 sans ceux qui avaient l'intendance sur chaque ouvrage, qui étaient au nombre de trois mille trois cents, et qui donnaient les ordres au peuple et à ceux qui travaillaient.

17 Et le roi leur commanda aussi de prendre de grandes pierres, des pierres d'un grand prix, pour les fondements du temple, et de les préparer *pour cet effet ;*

18 et les maçons de Salomon et ceux d'Hiram eurent soin de les tailler ; et ceux de Giblos apprêtèrent les bois et les pierres pour bâtir la maison *du Seigneur*.

CHAPITRE VI.

ON commença donc à bâtir une maison au Seigneur quatre cent quatre-vingts ans après la sortie des enfants d'Israël hors de l'Egypte, la quatrième année du règne de Salomon sur Israël, au mois de Zio, qui est le second mois *de l'année sacrée*.

2 La maison que le roi Salomon bâtissait *à la gloire du* Seigneur avait soixante coudées de long, vingt coudées de large, et trente coudées de haut.

3 Il y avait devant le temple un vestibule de vingt coudées de long, autant que le temple avait de largeur ; et il avait dix coudées de large, *et ce vestibule était* devant la face du temple.

4 Et il fit au temple des fenêtres obliques.

5 Et il bâtit des étages sur les murailles du temple, autour de l'enceinte du temple et de l'oracle, et il fit des *bas* côtés tout à l'entour.

6 L'étage d'en bas avait cinq coudées de large ; celui du milieu avait six coudées de large, et le troisième en avait sept. Il mit des poutres autour de la maison par le dehors, afin que *ces étages* ne fussent point appuyés sur les murs du temple.

7 Lorsque la maison se bâtissait, elle fut bâtie de pierres qui étaient *déjà* toutes taillées et achevées de *polir :* en sorte qu'on n'entendit dans la maison ni marteau, ni cognée, ni *le bruit* d'aucun instrument pendant qu'elle se bâtit ?

8 La porte du milieu des *bas* côtés était au côté droit de la maison *du Seigneur*, et on montait en la chambre du milieu par un escalier qui allait en tournant, et de celle du milieu on *montait* en la troisième.

9 Il bâtit *ainsi*, et acheva la maison *du Seigneur*, et il la revêtit de lambris de cèdre.

10 Et il fit un plancher au-dessus de tout l'édifice de cinq coudées de haut, et il couvrit cette maison de bois de cèdre.

11 Alors le Seigneur parla à Salomon, et lui dit :

12 *J'ai vu* cette maison que vous bâtissez : si vous marchez dans mes préceptes, si vous exécutez mes ordonnances, et que vous gardiez tous mes commandements sans vous en détourner d'un pas, je vérifierai en votre personne la parole que j'ai dite à David, votre père :

13 J'habiterai au milieu des enfants d'Israël, et je n'abandonnerai point Israël, mon peuple.

14 Salomon bâtit donc la maison *du Seigneur*, et l'acheva.

15 Il lambrissa d'ais de cèdre le dedans des murailles du temple, depuis le pavé du temple jusqu'au haut des murailles et jusqu'au plancher d'en haut ; il le couvrit par le dedans de lambris de cèdre ; et il planchéia *tout* le temple de bois de sapin.

16 Il fit aussi une séparation d'ais de cèdre de vingt coudées au fond du temple, *qu'il éleva* depuis le plancher jusqu'au haut ; et il fit *en cet espace* le lieu intérieur de l'oracle, qui est le saint des saints.

17 Le temple depuis l'entrée de l'oracle avait quarante coudées.

18 Et tout le temple était au dedans lambrissé de cèdre, et les jointures du bois étaient faites avec grand art, et ornées de sculptures et de moulures. Tout était revêtu de lambris de cèdre, et il ne paraissait point de pierres dans la muraille.

19 Il fit l'oracle au milieu du temple en la partie la plus intérieure, pour y mettre l'arche de l'alliance du Seigneur.

20 L'oracle avait vingt coudées de long, vingt coudées de large, et vingt coudées de haut, et il le couvrit et revêtit d'or très-pur ; il couvrit aussi l'autel de bois de cèdre.

21 Il couvrit encore d'un or très-pur la partie du temple qui était devant l'oracle, et il attacha les lames d'or avec des clous d'or.

22 Et il n'y avait rien dans le temple qui ne fût couvert d'or. Il couvrit aussi d'or tout l'autel *qui était* devant l'oracle.

23 Il fit dans l'oracle deux chérubins de bois d'olivier, qui avaient dix coudées de haut.

24 L'une des ailes du chérubin avait cinq coudées, et l'autre avait aussi cinq coudées ; ainsi il y avait dix coudées depuis l'extrémité d'une des ailes jusqu'à l'extrémité de l'autre.

25 Le second chérubin avait aussi dix coudées avec les mêmes dimensions, et l'ouvrage de tous les deux était le même ;

26 c'est-à-dire, que le premier chérubin avait dix coudées de haut, et le second avait aussi la même hauteur.

27 Il mit les chérubins au milieu du temple intérieur, et ils avaient leurs ailes étendues. L'une des ailes *du premier chérubin* touchait l'une des murailles, et l'aile du second chérubin touchait l'autre muraille, et leurs secondes ailes venaient se joindre au milieu du temple.

28 Il couvrit aussi d'or les chérubins.

29 Il orna toutes les murailles du temple tout à l'entour de moulures et de sculptures, où il fit des chérubins et des palmes en bas-relief, et diverses peintures qui semblaient se détacher de leur fond et sortir de la muraille.

30 Il couvrit aussi d'or le pavé du temple, au dedans et au dehors.

31 Il fit à l'entrée de l'oracle de petites portes de bois d'olivier, et des poteaux qui étaient de cinq pans.

32 Il fit *ces* deux portes de bois d'olivier ; et il y fit tailler des figures de chérubins et de palmes, et des basses-tailles avec beaucoup de relief ; et il couvrit d'or tant les chérubins que les palmes, et *tout* le reste.

33 Il mit à l'entrée du temple des poteaux de bois d'olivier qui étaient taillés à quatre faces ;

34 et *il y mit* deux portes de bois de sapin, l'une d'un côté, et l'autre de l'autre ; chaque porte était brisée, et elle s'ouvrait ayant ses deux parties unies ensemble.

35 Il fit tailler des chérubins, des palmes, et *d'autres* ornements avec beaucoup de saillie, et il couvrit de lames d'or le tout bien dressé à la règle et à l'équerre.

36 Il bâtit aussi le parvis intérieur de trois assises de pierres polies, avec un lambris de bois de cèdre.

37 Les fondements de la maison du Seigneur furent posés la quatrième année au mois de Zio ;

38 et la onzième année au mois de Bul, qui est le huitième mois, elle fut entièrement achevée, et dans toutes ses parties et dans tout ce qui devait servir *au culte de Dieu :* et *ainsi* Salomon fut sept ans à la bâtir.

CHAPITRE VII.

SALOMON bâtit et acheva entièrement son palais en *l'espace* de treize ans.

2 Il bâtit encore *le palais appelé*, la Maison du bois du Liban, qui avait cent coudées de long, cinquante coudées de large, et trente coudées de haut ; il y avait quatre galeries entre des colonnes de bois de cèdre : car il avait fait tailler des colonnes de bois de cèdre.

3 Et il revêtit de lambris de bois de cèdre tout le plafond, qui était soutenu par quarante-cinq colonnes. Chaque rang avait quinze colonnes,

4 qui étaient posées l'une vis-à-vis de l'autre,

5 et se regardaient l'une l'autre, étant placées en égale distance ; et il y avait sur les colonnes des poutres carrées toutes d'une même grosseur.

6 Il fit une *autre* galerie de colonnes qui avait cinquante coudées de long, et trente coudées de large ; et encore une autre galerie au front de la plus grande, avec des colonnes et des architraves sur les colonnes.

7 Il fit aussi la galerie du trône, où était le tribunal, et il la lambrissa de bois de cèdre depuis le plancher jusqu'au haut.

8 Il y avait au milieu de la galerie un parquet où était son lit de justice qui était de même ouvrage. Salomon fit aussi pour la fille de Pharaon, qu'il avait épousée, un palais qui était bâti d'une même architecture que cette galerie.

9 Tous ces bâtiments depuis les fondements jusqu'au haut des murs, et par dehors jusqu'au grand parvis, étaient construits de pierres parfaitement belles, dont les deux parements, tant l'intérieur que l'extérieur, avaient été sciés tout d'une même forme et d'une même mesure.

10 Les fondements étaient aussi de pierres parfaitement belles et très-grandes, *les unes* ayant dix coudées, *les autres* huit.

11 Il y avait au-dessus de très-belles pierres taillées, d'une même grandeur, couvertes aussi de lambris de cèdre.

12 Le grand parvis était rond, et avait trois rangs de pierres taillées, et un rang lambrissé de cèdre, ce qui était observé aussi dans le parvis intérieur de la maison du Seigneur, et dans le vestibule du temple.

13 Le roi Salomon fit aussi venir de Tyr Hiram,

14 qui était fils d'une femme veuve de la tribu de Nephthali, et dont le père était de Tyr. Il travaillait en bronze, et il était rempli de sagesse, d'intelligence et de science pour faire toutes sortes d'ouvrages de bronze. Hiram étant donc venu trouver le roi Salomon, fit tous les ouvrages qu'il lui ordonna.

15 Il fit deux colonnes de bronze, dont chacune avait dix-huit coudées de haut, et un réseau de douze coudées qui entourait chaque colonne.

16 Il fit aussi deux chapiteaux de bronze qu'il jeta en fonte, pour mettre sur le haut de chaque colonne : l'un des chapiteaux avait cinq coudées de haut, et l'autre avait aussi la même hauteur de cinq coudées ;

17 et *on y voyait* une espèce de rets et de chaînes entrelacées l'une dans l'autre avec un art admirable. Chaque chapiteau de ces colonnes était jeté en fonte : il y avait sept rangs de mailles dans le réseau de l'un des chapiteaux, et autant dans l'autre.

18 Il fit ces colonnes de manière qu'il y avait deux rangs de mailles qui couvraient et entouraient les chapiteaux, ces mailles étant posées au-dessus des grenades : il fit le second chapiteau comme le premier.

19 Les chapiteaux qui étaient au haut des colonnes dans le parvis, étaient faits en façon de lis, et avaient quatre coudées *de hauteur.*

20 Et il y avait encore au haut des colonnes au-dessus des rets d'autres chapiteaux proportionnés à la colonne ; et autour de ce second chapiteau il y avait deux cents grenades disposées en *deux* rangs.

21 Il mit *ces* deux colonnes au vestibule du temple : et ayant posé la colonne droite, il l'appela Jachin ; il posa de même la seconde colonne, qu'il appela Booz.

22 Il mit au-dessus des colonnes cet ouvrage fait en forme de lis, et l'ouvrage des colonnes fut *ainsi* entièrement achevé.

23 Il fit aussi une mer de fonte, de dix coudées d'un bord jusqu'à l'autre, qui était toute ronde : elle avait cinq coudées de haut, et elle était environnée tout à l'entour d'un cordon de trente coudées.

24 Au-dessous de son bord il y avait des espèces de consoles qui l'entouraient ; savoir, dix dans l'espace de chaque coudée : et il y avait deux rangs de ces consoles qui avaient été aussi jetées en fonte.

25 *Cette mer* était posée sur douze bœufs, trois desquels regardaient le septentrion, trois l'occident, trois le midi, et trois l'orient ; et la mer était portée par ces bœufs, dont tout le derrière du corps était caché sous la mer.

26 Le bassin avait trois pouces d'épaisseur, et son bord était comme le bord d'une coupe, et comme la feuille d'un lis qui est épanoui ; et il contenait deux mille baths.

27 Il fit aussi dix socles d'airain, dont chacun avait quatre coudées de long, quatre coudées de large, et trois coudées de haut.

28 Ces socles paraissaient comme assemblés de plusieurs pièces, les unes limées et polies, les autres gravées ; et il y avait des ouvrages de sculpture entre les jointures.

29 Là entre des couronnes et des entrelas, il y avait des lions, des bœufs, et des chérubins : et au droit des jointures il y avait aussi, tant dessus que dessous, des lions, des bœufs, *et* comme des courroies d'airain qui pendaient.

30 Chaque socle avait quatre roues d'airain et des essieux d'airain : aux quatre angles il y avait comme de grandes consoles jetées en fonte, qui soutenaient la cuve, et se regardaient l'une l'autre.

31 Au haut du socle il y avait une cavité, dans laquelle entrait la cuve : ce qui en paraissait au dehors était tout rond et d'une coudée, *en sorte que* le tout était d'une coudée et demie ; et il y avait diverses gravures dans les angles des colonnes ; et ce qui était entre les colonnes n'était pas rond, mais carré.

32 Les quatre roues qui étaient au droit des quatre angles, étaient jointes ensemble par-dessous le socle, et chacune de ces roues avait une coudée et demie de hauteur.

33 Ces roues étaient semblables à celles d'un chariot : leurs essieux, leurs rais, leurs jantes et leurs moyeux étaient tous jetés en fonte.

34 Et les quatre consoles qui étaient aux quatre angles de chaque socle, faisaient une même pièce avec le socle, et étaient de même fonte.

35 Au haut du socle il y avait un rebord d'une demi-coudée de haut, qui était rond, et travaillé d'une telle manière, que *le fond de* la cuve pût s'y enchâsser ; et il était orné de gravures et de sculptures différentes, qui étaient d'une même pièce avec le socle.

36 Hiram fit encore dans les entre-deux *des jointures*, qui étaient aussi d'airain, et aux angles, des chérubins, des lions et des palmes ; *ces chérubins* représentant un homme qui est debout, en sorte que *ces figures* paraissaient non point gravées, mais *des ouvrages* ajoutés tout a l'entour.

37 Il fit ainsi dix socles fondus d'une même manière, de même grandeur, et de sculpture pareille.

38 Il fit aussi dix cuves d'airain, chacune desquelles contenait quarante baths, et était de quatre coudées *de haut ;* et il posa chaque cuve sur chacun des dix socles.

39 Il plaça ces dix socles ; *savoir,* cinq au côté droit du temple, et cinq autres au côté gauche, et il mit la mer *d'airain* au côté droit du temple entre l'orient et le midi.

40 Hiram fit aussi des marmites, des chaudrons et des bassins ; et il acheva tout l'ouvrage que le roi Salomon voulait faire dans le temple du Seigneur.

41 *Il fit donc* deux colonnes et deux cordons sur les chapiteaux, avec deux réseaux pour couvrir les deux cordons qui étaient aux chapiteaux des colonnes ;

42 et quatre cents grenades dans les deux réseaux ; savoir, deux rangs de grenades dans chaque réseau dont étaient couverts les *deux* cordons des chapiteaux qui étaient au haut des colonnes ;

43 dix socles, et dix cuves sur les socles ;

44 une mer, et douze bœufs sous cette mer ;

45 des marmites, des chaudrons et des bassins. Tous les vases que Hiram fit par l'ordre du roi Salomon pour la maison du Seigneur, étaient de l'airain le plus pur.

46 Le roi les fit fondre dans une plaine proche le Jourdain, en un champ où il y avait beaucoup d'argile, entre Sochoth et Sarthan.

47 Salomon mit dans le temple tous les vases ; et il y en avait une si grande quantité, qu'on ne pouvait marquer le poids de l'airain *qu'on y avait employé.*

48 Salomon fit aussi tout ce qui devait servir dans la maison du Seigneur, l'autel d'or, et la table d'or sur laquelle on devait mettre

les pains toujours exposés devant le Seigneur ;

49 et les chandeliers d'or, cinq à droite et cinq à gauche, devant l'oracle, *qui étaient* de fin or, et au-dessus desquels il y avait des fleurs de lis et des lampes d'or. *Il fit* aussi des pincettes d'or,

50 des vases à mettre de l'eau, des fourchettes, des coupes, des mortiers, et des encensoirs d'un or très-pur. Les gonds des portes de la maison intérieure du saint des saints, et des portes de la maison du temple, étaient aussi d'or.

51 Ainsi Salomon acheva tous les ouvrages qu'il avait résolu de faire pour la maison du Seigneur, et il porta *dans le temple* l'argent, l'or, et les vases que David, son père, avait consacrés à Dieu, et les mit en réserve dans les trésors de la maison du Seigneur.

CHAPITRE VIII.

ALORS tous les anciens d'Israël, avec les princes des tribus, et tous les chefs des familles des enfants d'Israël, s'assemblèrent, et vinrent trouver le roi Salomon dans Jérusalem, pour transporter l'arche de l'alliance du Seigneur de la ville de David, c'est-à-dire, de Sion.

2 Tout Israël s'assembla donc auprès du roi Salomon en un jour solennel du mois d'Ethanim, qui est le septième mois.

3 Tous les anciens d'Israël étant venus, les prêtres prirent l'arche *du Seigneur*,

4 et la portèrent avec le tabernacle de l'alliance, et tous les vases du sanctuaire qui étaient dans le tabernacle, et les prêtres et les Lévites les portèrent.

5 Le roi Salomon et tout le peuple qui s'était assemblé auprès de lui, marchaient devant l'arche ; et ils immolaient une multitude de brebis et de bœufs, sans prix et sans nombre.

6 Les prêtres portèrent l'arche de l'alliance du Seigneur au lieu qui lui était destiné, dans l'oracle du temple, dans le saint des saints, sous les ailes des chérubins.

7 Car les chérubins étendaient leurs ailes au-dessus du lieu où était l'arche, et ils couvraient l'arche et les bâtons qui y tenaient.

8 Et ils retirèrent les bâtons en devant, en sorte qu'on en voyait les extrémités *dès l'entrée* du sanctuaire devant l'oracle, mais elles ne paraissaient point au dehors : et ils sont demeurés là jusqu'à ce jour.

9 Or il n'y avait dans l'arche que les deux tables de pierre que Moïse y avait mises à Horeb, lorsque le Seigneur fit alliance avec les enfants d'Israël, aussitôt après leur sortie d'Egypte.

10 Après que les prêtres furent sortis du sanctuaire, une nuée remplit la maison du Seigneur ;

11 et les prêtres ne pouvaient plus s'y tenir, ni faire les fonctions de leur ministère à cause de la nuée, parce que la gloire du Seigneur avait rempli la maison du Seigneur.

12 Alors Salomon dit : Le Seigneur a dit qu'il habiterait dans une nuée.

13 O Dieu ! j'ai bâti *cette* maison, afin qu'elle vous tienne lieu de demeure, et que votre trône y soit établi pour jamais.

14 Et le roi se tournant vers toute l'assemblée d'Israël, lui souhaita les bénédictions du ciel. Car tout Israël était assemblé en ce lieu-là.

15 Et Salomon dit : Béni soit le Seigneur, le Dieu d'Israël, qui a parlé de sa bouche à David, mon père, et qui par sa puissance a exécuté sa parole, en disant :

16 Depuis le jour que j'ai tiré de l'Egypte Israël, mon peuple, je n'avais point encore choisi de ville dans toutes les tribus d'Israël, afin qu'on m'y bâtît une maison, et que mon nom y fût établi ; *et je n'avais point choisi d'homme pour lui donner la conduite d'Israël, mon peuple. Mais maintenant j'ai choisi Jérusalem pour être le lieu où mon nom soit honoré,* et j'ai choisi David, afin qu'il fût chef d'Israël, *qui est* mon peuple.

17 Mon père avait voulu bâtir une maison au nom du Seigneur, *qui est* le Dieu d'Israël.

18 Mais le Seigneur dit à David, mon père : Quand vous avez formé dans votre cœur le dessein de bâtir une maison à *la gloire de* mon nom, vous avez bien fait de prendre en vous-même cette résolution.

19 Néanmoins ce ne sera pas vous qui me bâtirez une maison ; mais votre fils qui sortira de vous, sera celui qui bâtira une maison à *la gloire de* mon nom.

20 Le Seigneur a vérifié la parole qu'il avait dite : J'ai succédé à David, mon père ; je me suis assis sur le trône d'Israël, comme le Seigneur l'avait prononcé, et j'ai bâti une maison au nom du Seigneur, *qui est* le Dieu d'Israël.

21 J'ai établi ici le lieu de l'arche, où est l'alliance que le Seigneur fit avec nos pères, lorsqu'ils sortirent du pays d'Egypte.

22 Salomon se mit ensuite devant l'autel du Seigneur, à la vue de toute l'assemblée d'Israël ; et tenant ses mains étendues vers le ciel,

23 il dit : Seigneur Dieu d'Israël ! il n'y a point de Dieu qui vous soit semblable, ni au plus haut du ciel, ni sur *toute la face de* la terre ; *à vous* qui conservez l'alliance et la miséricorde que vous avez faite à vos serviteurs, qui marchent devant vous de tout leur cœur ;

24 *à vous, dis-je,* qui avez gardé *fidèlement* à David, mon père, votre serviteur, tout ce que vous lui avez promis. Votre bouche l'a prononcé, et vos mains l'ont accompli, comme ce jour en est une preuve.

25 Conservez donc maintenant, Seigneur Dieu d'Israël ! à David, mon père, votre serviteur, ce que vous lui avez promis, en lui disant : Vous ne manquerez point d'héritiers qui soient assis devant moi sur le trône d'Israël, pourvu néanmoins qu'ils veillent sur leurs voies, en sorte qu'ils marchent en ma présence comme vous avez marché devant moi.

26 Accomplissez donc, ô Seigneur Dieu d'Israël ! les paroles que vous avez dites à David, mon père, votre serviteur.

27 Est-il donc croyable que Dieu habite véritablement sur la terre ? Car si les cieux et le ciel des cieux ne peuvent vous comprendre, combien moins cette maison que j'ai bâtie ?

28 Mais ayez égard, ô Seigneur mon Dieu ! à l'oraison de votre serviteur et à ses prières ; écoutez l'hymne et l'oraison que votre serviteur vous offre aujourd'hui :

29 afin que vos yeux soient ouverts jour et nuit sur cette maison, de laquelle vous avez dit, C'est là que sera mon nom ; afin que vous exauciez la prière que votre serviteur vous offre en ce lieu :

30 que vous exauciez, *dis-je,* la prière de votre serviteur, et toutes celles qu'Israël, votre peuple, vous offrira dans ce même lieu ; que vous les exauciez du lieu de votre demeure dans le ciel, et les ayant exaucés vous leur fassiez miséricorde.

31 Lorsqu'un homme aura péché contre son prochain, n'ayant pas gardé le serment par lequel il s'était lié, et qu'il viendra dans votre maison et devant votre autel pour prêter serment,

32 vous écouterez du ciel, et vous ferez justice à l'égard de vos serviteurs ; vous condamnerez le coupable, en faisant retomber sa perfidie sur sa tête, et vous justifierez le juste en lui rendant selon sa justice.

33 Lorsque Israël, votre peuple, fuira devant ses ennemis, parce qu'il péchera *un jour* contre vous, et que faisant pénitence et rendant gloire a votre nom, ils viendront vous prier, et qu'ils imploreront votre miséricorde dans cette maison ;

34 exaucez-les du ciel, et pardonnez le péché d'Israël, votre peuple, et ramenez-les en la terre que vous avez donnée à leurs pères.

35 Lorsque le ciel sera fermé, et qu'il n'en tombera point de pluie à cause de leurs péchés, et que priant en ce lieu ils feront pénitence pour honorer votre nom, et se convertiront et quitteront leurs péchés à cause de l'affliction où ils seront ;

36 exaucez-les du ciel, et pardonnez les péchés de vos serviteurs et d'Israël, votre peuple ; montrez-leur une voie droite par laquelle ils marchent ; et répandez la pluie sur votre terre, que vous avez donnée à votre peuple, afin qu'il la possédât.

37 Lorsqu'il viendra sur la terre, ou famine, ou peste, ou corruption de l'air ; ou que la nielle, la sauterelle, ou quelque maligne humeur gâtera les blés, ou que votre peuple sera pressé

d'un ennemi qui se trouvera à ses portes et l'assiégera, ou frappé de quelque plaie ou de quelque langueur que ce puisse être ;

38 quand un homme, quel qu'il puisse être, d'Israël, votre peuple, vous offrira ses vœux et ses prières, et que reconnaissant la plaie de son cœur, il étendra ses mains vers vous dans cette maison ;

39 vous l'exaucerez du ciel, du lieu de votre demeure, vous vous rendrez de nouveau propice, et vous lui ferez *miséricorde*, selon que vous verrez *la disposition de* son cœur, rendant à chacun selon toutes ses œuvres et ses désirs, parce qu'il n'y a que vous seul qui connaissiez le fond du cœur des enfants des hommes,

40 afin que *vos serviteurs* vous craignent tant qu'ils vivront sur la face de la terre que vous avez donnée à nos pères.

41 Lorsqu'un étranger, qui ne sera point d'Israël, votre peuple, viendra d'un pays fort éloigné, étant attiré par votre nom, parce que la grandeur de votre nom, la force de votre main et la puissance de votre bras

42 se feront connaître de tous côtés : lorsqu'un étranger, *dis-je*, sera venu prier en ce lieu,

43 vous l'exaucerez du ciel, du firmament où vous demeurez, et vous ferez tout ce que l'étranger vous aura prié de faire ; afin que tous les peuples de la terre apprennent à craindre votre nom, comme fait Israël, votre peuple, et qu'ils éprouvent *eux-mêmes* que votre nom a été invoqué sur cette maison que j'ai bâtie.

44 Lorsque votre peuple ira à la guerre contre ses ennemis, et que, marchant par le chemin par lequel vous les aurez envoyés, ils vous adresseront leurs prières en regardant vers la ville que vous avez choisie, et vers cette maison que j'ai bâtie à *la gloire de* votre nom,

45 vous exaucerez du ciel leurs oraisons et leurs prières, et vous leur rendrez justice.

46 Si votre peuple pèche contre vous (car il n'y a point d'homme qui ne pèche), et qu'étant en colère contre eux vous les livriez entre les mains de leurs ennemis, et qu'ils soient emmenés captifs, ou près, ou loin, dans une terre ennemie ;

47 s'ils font pénitence *du fond* du cœur dans le lieu de leur captivité, et que se convertissant à vous étant captifs, ils implorent votre miséricorde, en disant : Nous avons péché, nous avons commis l'iniquité, nous avons fait des actions impies :

48 s'ils reviennent à vous de tout leur cœur et de toute leur âme, dans le pays de leurs ennemis où ils ont été emmenés captifs, et s'ils vous prient en regardant vers la terre que vous avez donnée à leurs pères, vers la ville que vous avez choisie, et le temple que j'ai bâti à *la gloire de* votre nom ;

49 vous exaucerez du ciel, de cette demeure stable où est votre trône, leurs oraisons et leurs prières, vous prendrez en main la défense de leur cause,

50 vous vous réconcilierez avec votre peuple qui a péché contre vous, et *vous leur pardonnerez* toutes les iniquités par lesquelles ils ont violé votre loi, et vous inspirerez de la tendresse pour eux à ceux qui les auront emmenés captifs, afin qu'ils aient de la compassion d'eux.

51 Car ils sont votre peuple et votre héritage, *eux* que vous avez tirés du pays d'Egypte, du milieu d'une fournaise de fer.

52 Que vos yeux *donc* soient ouverts aux prières de votre serviteur et d'Israël, votre peuple, afin que vous les exauciez dans toutes les demandes qu'ils vous feront.

53 Car c'est vous, ô Seigneur Dieu ! qui les avez séparés de tous les peuples de la terre pour en faire votre héritage, selon que vous l'avez déclaré par Moïse, votre serviteur, lorsque vous avez tiré nos pères *du pays* d'Egypte.

54 Salomon ayant achevé d'offrir au Seigneur cette oraison et cette prière, se leva de devant l'autel du Seigneur : car il avait mis les deux genoux en terre, et il tenait les mains étendues vers le ciel.

55 Etant donc debout *devant le peuple*, il bénit toute l'assemblée d'Israël, en disant à haute voix :

56 Béni soit le Seigneur, qui a donné la paix à Israël, son peuple, selon toutes les promesses qu'il avait faites. Tous les biens qu'il nous avait promis par Moïse, son serviteur, nous sont arrivés, sans qu'il soit tombé une seule de ses paroles *à terre*.

57 Que le Seigneur, notre Dieu, soit avec nous, comme il a été avec nos pères ; qu'il ne nous abandonne et ne nous rejette point :

58 mais qu'il incline nos cœurs vers lui, afin que nous marchions dans toutes ses voies, et que nous gardions ses préceptes, ses cérémonies, et toutes les ordonnances qu'il a prescrites à nos pères.

59 Que les paroles de cette prière que j'ai faite devant le Seigneur soient présentes jour et nuit au Seigneur, notre Dieu, afin que chaque jour il fasse justice à son serviteur, et à Israël, son peuple ;

60 en sorte que tous les peuples de la terre sachent que c'est le Seigneur qui est *le vrai* Dieu, et qu'après lui il n'y en a point d'autre.

61 Que notre cœur aussi soit parfait avec le Seigneur, notre Dieu, afin que nous marchions selon ses préceptes, et que nous gardions *toujours* ses ordonnances, comme *nous faisons* en ce jour.

62 Le roi, et tout Israël avec lui, immolèrent donc des victimes devant le Seigneur.

63 Et Salomon pour hosties pacifiques égorgea et immola au Seigneur vingt deux mille bœufs, et cent vingt mille brebis ; et le roi, avec les enfants d'Israël, dédièrent ainsi le temple du Seigneur.

64 En ce jour-là le roi consacra le milieu du parvis qui était devant la maison du Seigneur, en y offrant des holocaustes, des sacrifices et la graisse des hosties pacifiques, parce que l'autel d'airain qui était devant le Seigneur était trop petit, et ne pouvait suffire pour les holocaustes, les sacrifices, et les graisses des hosties pacifiques.

65 Salomon fit donc alors une fête très-célèbre, et tout Israël *la fit aussi* avec lui, y étant venu en foule depuis l'entrée d'Emath jusqu'au fleuve d'Egypte, devant le Seigneur, notre Dieu, pendant sept jours, et sept *autres* jours *ensuite*, c'est-à-dire, pendant quatorze jours.

66 Et au huitième jour il renvoya les peuples, qui bénissant le roi s'en retournaient en leurs maisons avec une allégresse *publique*, ayant le cœur plein de joie pour tous les biens que le Seigneur avait faits à David, son serviteur, et à Israël, son peuple.

CHAPITRE IX.

SALOMON ayant achevé de bâtir la maison du Seigneur, le palais du roi, et tout ce qu'il avait souhaité, et qu'il avait voulu faire,

2 le Seigneur lui apparut une seconde fois, comme il lui avait apparu à Gabaon,

3 et lui dit : J'ai exaucé votre prière et la supplication que vous m'avez faite. J'ai sanctifié cette maison que vous avez bâtie pour y établir mon nom à jamais, et mes yeux et mon cœur y seront toujours attentifs.

4 Si vous marchez en ma présence, comme votre père y a marché, dans la simplicité et la droiture de votre cœur ; si vous faites tout ce que je vous ai commandé, et que vous gardiez mes lois et mes ordonnances,

5 j'établirai votre trône et votre règne sur Israël pour jamais, selon que je l'ai promis à David, votre père, en lui disant : Vous aurez toujours de votre race des successeurs qui seront assis sur le trône d'Israël.

6 Mais si vous vous détournez de moi, vous et vos enfants, si vous cessez de me suivre et de garder mes préceptes et les cérémonies que je vous ai prescrites, et que vous alliez servir et adorer les dieux étrangers,

7 j'exterminerai les Israélites de la terre que je leur ai donnée, je rejetterai loin de moi ce temple que j'ai consacré à mon nom, Israël deviendra la fable et l'objet des railleries de tous les peuples,

8 et cette maison sera *considérée* comme un exemple *de ma justice ;* et quiconque passera devant, sera frappé d'étonnement, et lui insultera, en disant : D'où vient que le Seigneur a traité ainsi cette terre et cette maison ?

9 Et on lui répondra : Le Seigneur a frappé ces peuples de tous ces maux, parce qu'ils ont abandonné le Seigneur, leur Dieu, qui avait tiré leurs pères de l'Egypte, et qu'ils ont suivi des dieux étrangers, et les ont adorés et servis.

10 Vingt ans s'étant passés pendant lesquels Salomon bâtit les deux maisons, c'est-à-dire, la maison du Seigneur et la maison du roi,

11 (Hiram, roi de Tyr, lui envoyant tous les bois de cèdre et de supin, et l'or selon le besoin qu'il en avait,) Salomon donna à Hiram vingt villes dans le pays de Galilée.

12 Hiram, roi de Tyr, vint pour voir les villes que Salomon lui avait données ; mais elles ne lui plurent pas,

13 et il dit : Sont-ce là, mon frère, les villes que vous m'avez données ? Et il appela cette contrée, la terre de Chabul, comme elle s'appelle encore aujourd'hui.

14 Hiram avait envoyé aussi au roi Salomon cent vingt talents d'or.

15 Et la raison qu'eut le roi Salomon de mettre un tribut *sur son peuple*, fut la grande dépense qu'il fut obligé de faire pour bâtir la maison du Seigneur et sa maison, pour bâtir Mello, les murailles de Jérusalem, Héser, Mageddo et Gazer.

16 Pharaon, roi d'Egypte, était venu prendre Gazer et l'avait brûlée, et il avait défait les Chananéens qui habitaient dans la ville, et il l'avait donnée pour dot à sa fille que Salomon avait épousée.

17 Salomon rebâtit donc Gazer et la basse Bethoron,

18 Baalath, et Palmyre dans le pays du désert.

19 Il fortifia aussi tous les bourgs qui étaient à lui, et qui n'avaient point de murailles, les villes des chariots, et les villes des gens de cheval, et tout ce qu'il lui plut de bâtir dans Jérusalem, sur le Liban, et dans toute l'étendue de son royaume.

20 Quant à tout ce qui était demeuré de peuple des Amorrhéens, des Héthéens, des Phérézéens, des Hévéens et des Jébuséens, qui n'étaient point les enfants d'Israël,

21 Salomon rendit tributaires leurs enfants qui étaient demeurés dans le pays, que les enfants d'Israël n'avaient pu exterminer, *et ils sont demeurés tributaires* jusqu'aujourd'hui.

22 Il ne voulut point qu'aucun des enfants d'Israël fût assujetti *à travailler à ses ouvrages* ; mais il en fit ses hommes de guerre, ses ministres, ses principaux officiers, et les chefs de ses armées, et ils commandaient les chariots et la cavalerie.

23 Il y avait cinq cent cinquante hommes établis sur tous les ouvrages de Salomon, à qui le peuple était soumis, et qui avaient l'intendance de tous les ouvrages qu'il avait entrepris.

24 Après cela la fille de Pharaon vint de la ville de David dans sa maison que Salomon lui avait bâtie ; et *ce fut* alors que le roi bâtit Mello.

25 Salomon offrait aussi trois fois l'année des holocaustes et des victimes pacifiques sur l'autel qu'il avait élevé au Seigneur, et brûlait du parfum devant le Seigneur, après que le temple eut été achevé.

26 Le roi Salomon équipa aussi une flotte pour *envoyer à* Asiongaber, qui est près d'Elath, sur le rivage de la mer Rouge, au pays d'Idumée :

27 et Hiram envoya avec cette flotte quelques-uns de ses gens ; gens de mer, qui entendaient fort bien la navigation, qui se joignirent aux gens de Salomon ;

28 et étant allés en Ophir, ils y prirent quatre cent vingt talents d'or qu'ils apportèrent au roi Salomon.

CHAPITRE X.

LA reine de Saba ayant entendu parler de la grande réputation que Salomon s'était acquise *par tout ce qu'il faisait* au nom du Seigneur, vint pour en faire expérience en *lui proposant des questions obscures* et des énigmes ;

2 et étant entrée dans Jérusalem avec une grande suite et un riche équipage, avec des chameaux qui portaient des aromates, et une quantité infinie d'or, et des pierres précieuses, elle se présenta devant le roi Salomon, et lui découvrit tout ce qu'elle avait dans le cœur.

3 Salomon l'instruisit sur toutes les choses qu'elle lui avait proposées ; et il n'y en eut aucune que le roi ignorât, et sur laquelle il ne la satisfît par ses réponses.

4 Or la reine de Saba, voyant toute la sagesse de Salomon, la maison qu'il avait bâtie,

5 les mets de sa table, les logements de ses officiers, le bel ordre avec lequel ils le servaient, *la magnificence de* leurs habits, ses échansons, et les holocaustes qu'il offrait dans la maison du Seigneur, elle était toute hors d'elle-même ;

6 et elle dit au roi : Ce qu'on m'avait rapporté dans mon royaume

7 de vos entretiens et de votre sagesse est véritable ; et je ne croyais pas néanmoins ce qu'on m'en disait, jusqu'à ce que je sois venue moi-même, et que je l'aie vu de mes propres yeux ; et j'ai reconnu qu'on ne m'avait pas dit la moitié *de ce qui en est*. Votre sagesse et votre conduite passe tout ce que la renommée m'en avait appris.

8 Heureux ceux qui sont à vous ; heureux vos serviteurs, qui jouissent toujours de votre présence, et qui écoutent votre sagesse !

9 Béni soit le Seigneur, votre Dieu, qui a mis son affection en vous, qui vous a fait asseoir sur le trône d'Israël, parce qu'il a aimé Israël pour jamais, et qu'il vous a établi roi pour régner avec équité, et pour rendre la justice.

10 La reine de Saba donna ensuite au roi cent vingt talents d'or, une quantité infinie de parfums, et des pierres précieuses. On n'a jamais apporté depuis à Jérusalem tant de parfums que la reine de Saba en donna au roi Salomon.

11 La flotte d'Hiram qui apportait l'or d'Ophir, apporta aussi en même temps une quantité de bois très-rares, et des pierres précieuses.

12 Et le roi fit faire de ces bois rares les balustres de la maison du Seigneur et de la maison du roi, des harpes et des lyres pour les musiciens. On n'apporta et on ne vit jamais de cette sorte de bois jusqu'à ce jour.

13 Or le roi Salomon donna à la reine de Saba tout ce qu'elle désira et ce qu'elle lui demanda, outre les présents qu'il lui fit de lui-même avec une magnificence royale ; et la reine s'en retourna et s'en alla en son royaume avec ses serviteurs.

14 Le poids de l'or qu'on apportait à Salomon chaque année était de six cent soixante-six talents d'or,

15 sans ce que lui rapportaient ceux qui avaient l'intendance des tributs, les gens de trafic, les marchands de choses curieuses, tous les rois d'Arabie, et les gouverneurs de tout le pays *qui lui était assujetti*.

16 Le roi Salomon fit aussi deux cents *grands* boucliers d'un or très-pur ; il donna pour chaque bouclier six cents sicles d'or.

17 Il fit aussi trois cents *autres* boucliers de fin or plus petits ; chacun de ces boucliers était revêtu de trois mines d'or ; et le roi les mit dans la maison du bois du Liban.

18 Le roi Salomon fit aussi un grand trône d'ivoire, qu'il revêtit d'un or très-pur.

19 Ce trône avait six degrés. Le haut était rond par derrière, et il avait deux mains, l'une d'un côté, et l'autre de l'autre, qui tenaient le siège, et deux lions auprès des deux mains.

20 Il y avait douze lionceaux sur les six degrés, six d'un côté, et six de l'autre : il ne s'est jamais fait un si bel ouvrage dans tous les royaumes du monde.

21 Tous les vases où le roi Salomon buvait, étaient aussi d'or, et toute la vaisselle de la maison du bois du Liban était d'un or très-pur. Il n'y *en* avait point *qui fût* d'argent : car on ne faisait aucun cas de ce métal sous le règne de Salomon ;

22 parce que sa flotte, avec celle du *roi* Hiram, faisait voile de trois ans en trois ans, et allait en Tharsis ; d'où elle rapportait de l'or, de l'argent, des dents d'éléphant, des singes et des paons.

23 Le roi Salomon surpassa donc tous les rois du monde en richesses et en sagesse,

24 et toute la terre désirait *de voir* le visage de Salomon pour écouter la sagesse que Dieu lui avait répandue dans le cœur ;

25 et chacun lui envoyait tous les ans des présents, des vases d'argent et d'or, des étoffes *précieuses*, des armes, des parfums, des chevaux et des mulets.

26 Et Salomon amassa un grand nombre de chariots et de gens de cheval. Il eut mille quatre cents chariots, et douze mille hommes

de cheval, et il les distribua dans les villes fortes, et *en retint une partie pour être* près de sa personne dans Jérusalem.

27 Il fit que *de son temps* l'argent devint aussi commun à Jérusalem que les pierres, et qu'on y vit autant de cèdres que de ces sycomores qui naissent dans la campagne.

28 On faisait venir aussi de l'Egypte et de Coa des chevaux pour Salomon. Car ceux qui trafiquaient pour le roi les achetaient à Coa, et les lui amenaient pour un certain prix.

29 On lui amenait quatre chevaux d'Egypte pour six cents sicles d'argent, et un cheval pour cent cinquante : et tous les rois des Héthéens et de Syrie lui vendaient ainsi des chevaux *de leur pays*.

CHAPITRE XI.

OR le roi Salomon aima passionnément plusieurs femmes étrangères, avec la fille de Pharaon, des femmes de Moab et d'Ammon, des femmes d'Idumée, des Sidoniennes, et du pays des Héthéens,

2 qui étaient toutes des nations dont le Seigneur avait dit aux enfants d'Israël : Vous ne prendrez point pour vous des femmes de ces pays-là, et vos filles n'en épouseront point des hommes : car ils vous pervertiront le cœur très-certainement, pour vous faire suivre leurs dieux. Salomon s'attacha donc à ces femmes avec une passion très-ardente ;

3 et il eut sept cents femmes qui étaient comme des reines, et trois cents qui étaient comme ses concubines : et les femmes lui pervertirent le cœur.

4 Il était déjà vieux, lorsque les femmes lui corrompirent le cœur pour lui faire suivre des dieux étrangers : et son cœur n'était point parfait devant le Seigneur, son Dieu, comme *avait été* le cœur de David, son père.

5 Mais Salomon servait Astarthé, déesse des Sidoniens, et Moloch, l'idole des Ammonites ;

6 et Salomon fit ce qui n'était point agréable au Seigneur, et ne suivit point le Seigneur parfaitement, comme avait fait David, son père.

7 En ce même temps, Salomon bâtit un temple à Chamos, idole des Moabites, sur la montagne qui était vis-à-vis de Jérusalem, et à Moloch, l'idole des enfants d'Ammon.

8 Et il fit la même chose pour toutes ses femmes étrangères, qui brûlaient de l'encens et sacrifiaient à leurs dieux.

9 Le Seigneur se mit donc en colère contre Salomon, de ce que son esprit s'était détourné du Seigneur, le Dieu d'Israël, qui lui avait apparu une seconde fois,

10 et qui lui avait défendu expressément de suivre les dieux étrangers ; et de ce qu'il n'avait point gardé ce que le Seigneur lui avait commandé.

11 Le Seigneur dit donc à Salomon : Puisque vous vous comportez ainsi, et que vous n'avez point gardé mon alliance, ni les commandements que je vous avais faits, je déchirerai et diviserai votre royaume, et je le donnerai à l'un de vos serviteurs.

12 Je ne ferai point néanmoins cette division pendant votre vie, à cause de David, votre père ; mais je la ferai lorsque le royaume sera entre les mains de votre fils.

13 Je ne lui ôterai pas néanmoins le royaume tout entier ; mais j'en donnerai une tribu à votre fils, à cause de David, mon serviteur, et de Jérusalem que j'ai choisie.

14 Or le Seigneur suscita pour ennemi à Salomon, Adad, Iduméen de la race royale qui était dans Edom.

15 Car lorsque David était dans l'Idumée, Joab, général de son armée, y vint pour ensevelir ceux qui avaient été tués, et pour tuer tous les mâles dans l'Idumée.

16 Et il y demeura pendant six mois avec toute l'armée d'Israël, pendant qu'il tuait tous les mâles de l'Idumée.

17 *Et en même temps* Adad s'enfuit du pays avec des Iduméens, serviteurs de son père, pour se retirer en Égypte, et Adad n'était alors qu'un petit enfant.

18 De Madian ils allèrent à Pharan, et ayant pris avec eux des gens de Pharan, ils entrèrent en Égypte, et se présentèrent à Pharaon, roi d'Égypte, qui donna une maison à Adad, lui fit fournir ce lui était nécessaire pour sa table, et lui donna le gouvernement d'un certain pays.

19 Et Adad s'acquit tellement l'affection de Pharaon, qu'il lui fit épouser la propre sœur de la reine Taphnès, sa femme.

20 Et de cette sœur de la reine il eut un fils nommé Génubath, que Taphnès nourrit dans la maison de Pharaon ; et Génubath demeurait dans le palais de Pharaon avec les enfants du roi.

21 Adad ayant *ensuite* appris dans l'Égypte, que David s'était endormi avec ses pères, et que Joab, général de son armée, était mort, il dit à Pharaon : Laissez-moi aller, afin que je retourne en mon pays.

22 Pharaon lui dit : Mais qu'est-ce qui vous manque chez moi, pour penser à retourner en votre pays ? Adad lui répondit : Rien ne me manque ; mais je vous supplie de me permettre de m'en retourner.

23 Dieu lui suscita aussi pour ennemi Razon, fils d'Eliada, qui s'en était fui d'auprès d'Adarézer, roi de Soba, son seigneur ;

24 et qui assemblant auprès de lui des gens de guerre, devint leur chef, lorsque David défaisait l'armée d'Adarézer. Etant allés à Damas, ils y habitèrent, et l'établirent roi à Damas.

25 Il fut ennemi d'Israël pendant tout le *reste du* règne de Salomon. Voilà d'où vint la mauvaise volonté et la haine d'Adad contre Israël, et *comment Razon* régna en Syrie.

26 Jéroboam, fils de Nabat, Ephrathéen de Saréda, serviteur de Salomon, dont la mère était une femme veuve qui s'appelait Sarva, se souleva aussi contre le roi.

27 Et le sujet de sa révolte contre ce prince vint de ce que Salomon avait bâti Mello, et avait rempli l'endroit creux et profond qui était dans la ville de David, son père.

28 Or Jéroboam était un homme fort et puissant ; et Salomon voyant que c'était un jeune homme intelligent et très-capable d'affaire, il lui avait donné l'intendance des tributs de toute la maison de Joseph.

29 Il arriva en ce même temps, que Jéroboam sortit de Jérusalem, et qu'Ahias, Silonite, prophète, ayant sur lui un manteau tout neuf, rencontra Jéroboam dans le chemin. Ils n'étaient qu'eux deux dans le champ.

30 Et Ahias prenant le manteau neuf qu'il avait sur lui, le coupa en douze parts,

31 et dit à Jéroboam : Prenez dix parts pour vous : car voici ce que dit le Seigneur, le Dieu d'Israël : Je diviserai *et arracherai* le royaume des mains de Salomon, et je vous en donnerai dix tribus :

32 il lui en demeurera néanmoins une tribu à cause de David, mon serviteur, et de la ville de Jérusalem que j'ai choisie d'entre toutes les tribus d'Israël :

33 parce que Salomon m'a abandonné, et qu'il a adoré Astarthé, déesse des Sidoniens, Chnmos, dieu de Moab, et Moloch, dieu des enfants d'Ammon : et qu'il n'a point marché dans mes voies pour faire ce qui était juste devant moi, *et pour accomplir* mes préceptes et mes ordonnances, comme David, son père.

34 Je ne retirerai pas néanmoins le royaume d'entre ses mains ; mais je le lui laisserai gouverner le reste de ses jours, à cause de David, mon serviteur, que j'ai choisi, qui a gardé mes ordonnances et mes préceptes.

35 Mais j'ôterai le royaume d'entre les mains de son fils, et je vous en donnerai dix tribus ;

36 et j'en donnerai une tribu à son fils, afin qu'il demeure toujours à mon serviteur David une lampe qui luise devant moi dans la ville de Jérusalem, que j'ai choisie afin que mon nom y soit honoré.

37 Mais pour vous, je vous prendrai, et vous régnerez sur tout ce que votre âme désire, et vous serez roi dans Israël.

38 Si vous écoutez donc tout ce que je vous ordonne ; si vous marchez dans mes voies, et que vous fassiez ce qui est *juste et droit* devant mes yeux en gardant mes ordonnances et mes préceptes, comme a fait David, mon serviteur, je serai avec vous, je vous ferai une maison qui sera *stable et* fidèle, comme j'en ai fait une à mon serviteur David, et je vous mettrai en possession *du*

royaume d'Israël.

39 Et j'affligerai en ce point la race de David, mais non pour toujours.

40 Salomon voulut donc faire mourir Jéroboam ; mais il s'enfuit en Égypte, vers Sésac, roi d'Égypte, et y demeura jusqu'à la mort de Salomon.

41 Tout le reste des actions de Salomon, tout ce qu'il a fait, et tout ce qui regarde sa sagesse, est écrit dans le livre du Règne de Salomon.

42 Le temps pendant lequel il régna dans Jérusalem sur tout Israël, fut de quarante ans ;

43 et Salomon s'endormit avec ses pères, et il fut enseveli en la ville de David, son père ; et Roboam, son fils, régna en sa place.

CHAPITRE XII.

ALORS Roboam vint à Sichem, parce que tout Israël s'y était assemblé pour l'établir roi.

2 Mais Jéroboam, fils de Nabat, qui était encore en Égypte, où il s'était réfugié dans la crainte qu'il avait du roi Salomon, ayant appris sa mort, revint de l'Égypte,

3 parce qu'on lui avait envoyé des gens pour le faire revenir. Jéroboam vint donc avec tout le peuple d'Israël trouver Roboam, et ils lui dirent :

4 Votre père nous avait chargés d'un joug très-dur. Diminuez donc maintenant quelque chose de l'extrême dureté du gouvernement de votre père, et de ce joug très-pesant qu'il avait imposé sur nous, et nous vous servirons.

5 Roboam lui répondit : Allez-vous-en *maintenant*, et dans trois jours revenez me trouver. Le peuple s'étant retiré,

6 le roi Roboam tint conseil avec les vieillards qui étaient auprès de Salomon, son père, lorsqu'il vivait encore ; et il leur dit : Quelle réponse me conseillez-vous de faire à ce peuple ?

7 Ils lui répondirent : Si vous obéissez maintenant à ce peuple, et que vous leur cédiez, en vous rendant à leur demande, et en leur parlant avec douceur, ils s'attacheront pour toujours à votre service.

8 Mais Roboam n'approuvant point le conseil que les vieillards lui avaient donné, voulut consulter les jeunes gens qui avaient été nourris avec lui, et qui étaient toujours près de sa personne ;

9 et il leur dit : Quelle réponse me conseillez-vous de faire à ce peuple qui est venu me dire : Adoucissez un peu le joug que votre père a imposé sur nous ?

10 Ces jeunes gens qui avaient été nourris avec ce prince, lui répondirent : Voici la réponse que vous ferez à ce peuple qui est venu vous dire, Votre père a rendu notre joug très-pesant, nous vous prions de nous soulager ; et vous lui parlerez en ces termes : Le plus petit de mes doigts est plus gros que n'était le dos de mon père.

11 Mon père, *à ce que vous dites,* a imposé sur vous un joug pesant, et moi je le rendrai encore plus pesant ; mon père vous a battus avec des verges, et moi je vous châtierai avec des verges de fer.

12 Jéroboam vint donc avec tout le peuple trouver Roboam, le troisième jour, selon que Roboam leur avait dit : Revenez me trouver dans trois jours.

13 Et le roi répondit durement au peuple, et abandonnant le conseil que les vieillards lui avaient donné,

14 il leur parla selon que les jeunes gens lui avaient conseillé, et leur dit : Mon père vous a imposé un joug pesant ; mais moi je le rendrai encore plus pesant : mon père vous a battus avec des verges ; mais moi je vous châtierai avec des verges de fer.

15 Et le roi ne se rendit point à la volonté du peuple, parce que le Seigneur s'était détourné de lui *dans sa colère*, pour vérifier la parole qu'il avait dite à Jéroboam, fils de Nabat, par Ahias, Silonite.

16 Le peuple voyant donc que le roi n'avait point voulu les écouter, commença à dire : Qu'avons-nous de commun avec David ? Quel héritage avons-nous à espérer du fils d'Isaï ? Israël, retirez-vous dans vos tentes ; et vous, David, pourvoyez maintenant à votre maison. Israël se retira donc dans ses tentes.

17 Mais Roboam régna sur tous les enfants d'Israël qui demeurèrent dans les villes de Juda.

18 Le roi Roboam envoya ensuite Aduram, qui avait la surintendance des tributs : mais tout le peuple le lapida, et il mourut. Le roi Roboam monta aussitôt sur son char, et s'enfuit à Jérusalem.

19 Et Israël se sépara de la maison de David, comme il l'est encore aujourd'hui.

20 Tous ceux d'Israël ayant ouï dire que Jéroboam était revenir, l'envoyèrent quérir, et le firent venir dans une assemblée générale où ils l'établirent roi sur tout Israël : et nul ne suivit la maison de David, que la seule tribu de Juda.

21 Roboam étant venu à Jérusalem, assembla toute la tribu de Juda et la tribu de Benjamin, et vint avec cent quatre-vingt mille hommes de guerre choisis, pour combattre contre la maison d'Israël, et pour réduire le royaume sous l'obéissance de Roboam, fils de Salomon.

22 Alors le Seigneur adressa sa parole à Seméias, homme de Dieu, et lui dit :

23 Parlez à Roboam, fils de Salomon, roi de Juda, à toute la maison de Juda et de Benjamin, et à tout le reste du peuple, et dites-leur :

24 Voici ce que dit le Seigneur : Vous ne vous mettrez point en campagne, et vous ne ferez point la guerre contre les enfants d'Israël, qui sont vos frères. Que chacun retourne en sa maison : car c'est moi qui ai fait ceci. Ils écoutèrent la parole du Seigneur, et ils s'en retournèrent selon que le Seigneur le leur avait commandé.

25 Or Jéroboam rebâtit Sichem, sur la montagne d'Ephraïm, et il y établit sa demeure ; et étant sorti de là, il bâtit Phanuel.

26 Mais Jéroboam dit en lui-même : Le royaume retournera bientôt à la maison de David,

27 si ce peuple va à Jérusalem pour y offrir des sacrifices en la maison du Seigneur ; le cœur de ce peuple se tournera alors vers Roboam, roi de Juda, son seigneur ; et ils me tueront, et retourneront à lui.

28 Et après y avoir bien pensé, il fit deux veaux d'or, et dit au peuple : N'allez plus à l'avenir à Jérusalem. Israël, voici vos dieux qui vous ont tiré de l'Egypte.

29 Il les mit, l'un à Béthel, et l'autre à Dan :

30 ce qui devint un sujet *de scandale et* de péché : car le peuple allait jusqu'à Dan pour y adorer ce veau.

31 Il fit aussi des temples dans les hauts lieux, et il établit pour prêtres les derniers du peuple, qui n'étaient point enfants de Lévi.

32 Il ordonna aussi qu'on célébrerait un jour solennel dans le huitième mois, qui serait le quinzième du même mois, pour répondre au jour solennel qui se célébrait en Juda ; et il montait lui-même à l'autel. Il fit la même chose à Béthel, sacrifiant aux veaux qu'il avait fait faire, et il établit dans Béthel des prêtres des hauts lieux qu'il avait bâtis.

33 Le quinzième jour du huitième mois, qu'il avait fait *solennel* à sa fantaisie, il monta à l'autel qu'il avait bâti dans Béthel, et il fit faire une fête solennelle aux enfants d'Israël, et monta à l'autel pour y offrir de l'encens.

CHAPITRE XIII.

EN même temps un homme de Dieu vint de Juda à Béthel par l'ordre du Seigneur, lorsque Jéroboam était près de l'autel, et qu'il y brûlait de l'encens ;

2 et il s'écria contre l'autel, en parlant ainsi de la part du Seigneur : Autel, autel, voici ce que dit le Seigneur : Il naîtra dans la maison de David un fils qui s'appellera Josias, et il immolera sur toi les prêtres des hauts lieux qui t'encensent maintenant, et brûlera sur toi les os des hommes.

3 Et en même temps, pour preuve de ce qu'il disait, il ajouta : Voici ce qui fera connaître que le Seigneur a parlé : L'autel va tout

présentement se rompre, et la cendre qui est dessus se répandra par terre.

4 Le roi ayant entendu ces paroles que l'homme de Dieu avait prononcées à haute voix contre l'autel qui était à Béthel, étendit sa main de dessus l'autel, et dit : Qu'on l'arrête. Et en même temps la main qu'il avait étendue contre le prophète, se sécha, et il ne put plus la retirer à lui.

5 L'autel aussitôt se rompit en deux, et la cendre qui était dessus se répandit, selon le miracle que l'homme de Dieu avait, par le commandement du Seigneur, prédit *devoir arriver*.

6 Alors le roi dit à l'homme de Dieu : Offrez vos prières au Seigneur, votre Dieu, et priez-le pour moi, afin qu'il me rende *l'usage de* ma main. Et l'homme de Dieu pria le Seigneur, et le roi retira sa main à lui, et elle devint comme elle était auparavant.

7 Le roi dit encore à l'homme de Dieu : Venez dîner avec moi en ma maison, et je vous ferai des présents.

8 L'homme de Dieu dit au roi : Quand vous me donneriez la moitié de votre maison, je n'irai point avec vous, et je ne mangerai point de pain, ni ne boirai point d'eau en ce lieu-ci.

9 Car le Seigneur, en me donnant cet ordre, m'a fait ce commandement : Vous ne mangerez point *là* de pain, et n'*y* boirez point d'eau, et vous ne vous en retournerez point par le même chemin par lequel vous êtes venu.

10 Il s'en alla donc par un autre chemin, et il ne retourna pas par le même chemin par lequel il était venu à Béthel.

11 Or il y avait un vieux prophète qui demeurait à Béthel, à qui ses enfants vinrent dire toutes les œuvres *merveilleuses* que l'homme de Dieu avait faites ce jour-là à Béthel, et ils rapportèrent à leur père les paroles qu'il avait dites au roi.

12 Leur père leur dit : Par où s'en est-il allé ? Ses enfants lui montrèrent le chemin par où l'homme de Dieu, qui était venu de Juda, s'en était allé ;

13 et il dit à ses fils : Sellez-moi mon âne. Après qu'ils l'eurent sellé, il monta dessus,

14 et s'en alla après l'homme de Dieu, qu'il trouva assis sous un térébinthe, et il lui dit : Êtes-vous l'homme de Dieu qui êtes venu de Juda ? Il lui répondit : Je le suis.

15 Venez, lui dit-il, avec moi en ma maison, pour manger *un peu* de pain.

16 L'homme de Dieu lui répondit : Je ne puis retourner ni aller avec vous, et je ne mangerai point de pain, et ne boirai point d'eau en ce lieu-ci :

17 car le Seigneur, en me parlant comme le Seigneur a coutume de parler, m'a donné cet ordre : Vous ne mangerez point de pain, et ne boirez point d'eau en ce lieu-là, et vous ne retournerez point par le chemin par lequel vous serez allé.

18 Cet homme lui répondit : Je suis moi-même prophète comme vous, et un ange est venu me dire de la part du Seigneur : Ramenez-le avec vous en votre maison, afin qu'il mange du pain et qu'il boive de l'eau. Et il le trompa,

19 et l'emmena avec lui. L'homme de Dieu mangea du pain dans sa maison, et il but de l'eau.

20 Et lorsqu'ils étaient assis à table, le Seigneur fit entendre sa parole au prophète qui l'avait ramené,

21 et il cria à l'homme de Dieu, qui était venu de Juda, et dit : Voici ce que dit le Seigneur : Parce que vous n'avez pas obéi à la parole du Seigneur, et que vous n'avez point gardé le commandement que le Seigneur, votre Dieu, vous avait fait,

22 et que vous êtes revenu en ce lieu, où vous avez mangé du pain et bu de l'eau, quoique Dieu vous eût commandé de n'y point manger de pain, et de n'y point boire d'eau, votre corps mort ne sera point porté au sépulcre de vos pères.

23 Après que l'homme de Dieu eut bu et mangé, *le vieux prophète* sella son âne pour le prophète qu'il avait ramené.

24 Et comme l'homme de Dieu était en chemin pour s'en retourner, il fut rencontré par un lion qui le tua ; et son corps demeura étendu mort dans le chemin ; l'âne se tint auprès de lui, et le lion demeura auprès de son corps

25 Des gens qui passaient par là virent son corps étendu dans le chemin, et le lion qui se tenait près du corps ; et ils vinrent publier *ce qu'ils avaient vu*, dans la ville où ce vieux prophète demeurait.

26 Ce prophète qui l'avait fait revenir de son chemin, l'ayant appris, dit : C'est un homme de Dieu, qui a été désobéissant à la parole du Seigneur, et le Seigneur l'a livré à un lion qui l'a mis en pièces, et l'a tué selon la parole que le Seigneur lui avait dite.

27 Et il dit à ses fils : Sellez-moi mon âne. Après qu'ils l'eurent sellé,

28 il s'en alla, et il trouva le corps mort étendu dans le chemin, et l'âne et le lion qui se tenaient près du corps. Le lion ne mangea point du corps mort, et ne fit point de mal à l'âne.

29 Le prophète prit donc le corps mort de l'homme de Dieu, le mit sur son âne, et le ramena dans la ville où il demeurait, pour le pleurer.

30 Il mit le corps mort dans son sépulcre, et ils le pleurèrent, en disant : Hélas ! hélas ! mon frère.

31 Après qu'ils l'eurent pleuré, il dit à ses fils : Quand je serai mort, ensevelissez-moi dans le même sépulcre où repose l'homme de Dieu ; mettez mes os auprès de ses os.

32 Car ce qu'il a prédit de la part du Seigneur contre l'autel qui est à Béthel, et contre tous les temples des hauts lieux qui sont dans les villes de Samarie, arrivera très-certainement.

33 Après ces choses Jéroboam ne revint point du dérèglement de sa voie toute corrompue ; mais il prit au contraire des derniers du peuple pour en faire les prêtres des hauts lieux. Quiconque le voulait, remplissait sa main, et il devenait prêtre des hauts lieux.

34 Ce fut là le péché de la maison de Jéroboam, et c'est pour cela qu'elle a été détruite et exterminée de dessus la terre.

CHAPITRE XIV.

EN ce temps-là Abia, fils de Jéroboam, tomba malade,

2 et Jéroboam dit à sa femme : Allez, déguisez-vous, afin qu'on ne connaisse point que vous êtes femme de Jéroboam, et allez-vous-en à Silo, où est le prophète Ahias, qui m'a prédit que je régnerais sur ce peuple.

3 Prenez avec vous dix pains, un tourteau et un vase plein de miel, et allez le trouver : car il vous fera savoir ce qui doit arriver à cet enfant.

4 La femme de Jéroboam fit ce qu'il lui avait dit : elle s'en alla aussitôt à Silo, et vint en la maison d'Ahias. Ahias ne pouvait plus voir, parce que ses yeux s'étaient obscurcis à cause de son grand âge.

5 Le Seigneur dit donc à Ahias : Voici la femme de Jéroboam qui vient vous consulter sur son fils qui est malade : vous lui direz telle et telle chose. Comme la femme de Jéroboam entrait, en dissimulant qui elle était,

6 Ahias à son arrivée entendit le bruit qu'elle fit en marchant ; il lui dit : Entrez, femme de Jéroboam ; pourquoi feignez-vous d'être une autre que vous n'êtes ? Mais j'ai été envoyé pour vous annoncer une méchante nouvelle.

7 Allez, et dites à Jéroboam : Voici ce que dit le Seigneur, le Dieu d'Israël : Je vous ai élevé du milieu des Israélites, je vous ai établi chef d'Israël, mon peuple,

8 j'ai divisé le royaume de la maison de David, et je vous l'ai donné ; et *après cela* vous n'avez point été comme mon serviteur David, qui a gardé mes commandements, et qui m'a suivi de tout son cœur, en faisant ce qui m'était agréable :

9 mais vous avez fait plus de mal que tous ceux qui ont été avant vous, et vous vous êtes forgé des dieux étrangers et jetés en fonte, pour irriter ma colère, et vous m'avez rejeté derrière vous.

10 C'est pourquoi je ferai tomber *toutes sortes de* maux sur la maison de Jéroboam, et je ferai mourir *dans la maison* de Jéroboam jusqu'aux animaux, jusqu'à celui que l'on conservait précieusement, et jusqu'au dernier qui se trouvera dans Israël : et je nettoierai tous les restes de la maison de Jéroboam, comme on a accoutumé de nettoyer le fumier, jusqu'à ce qu'il n'en reste plus rien.

11 Ceux de *la maison de* Jéroboam, qui mourront dans la ville,

seront mangés par les chiens ; et ceux qui mourront à la campagne, seront mangés par les oiseaux du ciel : car *c'est* le Seigneur *qui* a parlé.

12 Allez-vous-en donc, et retournez en votre maison ; et au même temps que vous mettrez le pied dans la ville, l'enfant mourra,

13 et tout Israël le pleurera et l'ensevelira. C'est le seul *de la maison* de Jéroboam qui sera mis dans le tombeau, parce qu'il est le *seul* de la maison de Jéroboam, en qui il se soit trouvé quelque chose d'agréable au Seigneur, le Dieu d'Israël.

14 Mais le Seigneur s'est établi un roi sur Israël qui ruinera la maison de Jéroboam en ce jour, et en ce temps même *où nous vivons*.

15 Le Seigneur Dieu frappera Israël, *et le rendra* comme le roseau qui est agité dans les eaux, et il arrachera Israël de cette terre si excellente qu'il a donnée à leurs pères, et il les dispersera au delà du fleuve *de l'Euphrate :* parce qu'ils ont consacré *à leur impiété* de *grands* bois pour irriter le Seigneur contre eux.

16 Et le Seigneur livrera *en proie* Israël à cause des péchés de Jéroboam, qui a péché, et qui a fait pécher Israël.

17 La femme de Jéroboam s'en retourna donc, et vint à Thersa, et lorsqu'elle mettait le pied sur le pas de la porte de sa maison, l'enfant mourut.

18 Il fut enseveli ensuite ; et tout Israël le pleura, selon que le Seigneur l'avait prédit par le prophète Ahias, son serviteur.

19 Le reste des actions de Jéroboam, ses combats, et la manière dont il régna, sont écrits dans le livre des Annales des rois d'Israël.

20 Le temps du règne de Jéroboam fut de vingt-deux ans ; il s'endormit ensuite avec ses pères, et Nadab, son fils, régna en sa place.

21 Cependant Roboam, fils de Salomon, régnait sur Juda ; il avait quarante et un ans lorsqu'il commença à régner, et il régna dix-sept ans en la ville de Jérusalem, que le Seigneur avait choisie dans toutes les tribus d'Israël pour y établir son nom. Sa mère s'appelait Naama, et elle était du pays des Ammonites.

22 Et Juda fit le mal devant le Seigneur, et ils l'irritèrent par les péchés qu'ils commirent, plus que leurs pères ne l'avaient irrité par tous leurs crimes.

23 Car ils s'élevèrent aussi des autels, et se firent des statues et des bois sur toutes les collines élevées, et sous tous les arbres touffus.

24 Il y eut aussi dans leur pays des efféminés, et ils commirent toutes les abominations de ces peuples que le Seigneur avait détruits à la vue des enfants d'Israël.

25 Mais la cinquième année du règne de Roboam, Sésac, roi d'Egypte, vint à Jérusalem ;

26 il enleva les trésors de la maison du Seigneur, et les trésors du roi, et pilla tout. Il prit aussi les boucliers d'or que Salomon avait faits,

27 en la place desquels le roi Roboam en fit faire d'airain, et les mit entre les mains de ceux qui avaient soin des boucliers, et de ceux qui faisaient sentinelle devant la porte de la maison du roi :

28 et lorsque le roi entrait dans la maison du Seigneur, ceux qui devaient marcher devant lui portaient ces boucliers, et ils les reportaient ensuite au lieu destiné à garder les armes.

29 Le reste des actions de Roboam, et tout ce qu'il a fait, est écrit dans le livre des Annales des rois de Juda.

30 Et il y eut toujours guerre entre Roboam et Jéroboam.

31 Et Roboam s'endormit avec ses pères, et il fut enseveli avec eux dans la ville de David. Sa mère qui était Ammonite, s'appelait Naama ; et Abiam, son fils, régna en sa place.

CHAPITRE XV.

LA dix-huitième année du règne de Jéroboam, fils de Nabat, Abiam régna sur Juda.

2 Il régna trois ans dans Jérusalem. Sa mère se nommait Maacha, *et était* fille d'Abessalom.

3 Il marcha dans tous les péchés que son père avait commis avant lui, et son cœur n'était point parfait avec le Seigneur, son Dieu, comme l'avait été le cœur de David, son père.

4 Mais néanmoins le Seigneur, son Dieu, lui donna, à cause de David, une lampe dans Jérusalem en suscitant son fils après lui, et conservant *la puissance de* Jérusalem :

5 parce que David avait fait ce qui était droit *et* juste aux yeux du Seigneur, et que dans tous les jours de sa vie il ne s'était point détourné de tout ce qu'il lui avait commandé, excepté ce qui se passa à l'égard d'Urie, Héthéen.

6 Néanmoins Roboam, tant qu'il vécut, fut en guerre avec Jéroboam.

7 Le reste des actions d'Abiam, et tout ce qu'il fit, est écrit au livre des Annales des rois de Juda : et il se donna une bataille entre Abiam et Jéroboam.

8 Après cela Abiam s'endormit avec ses pères, et on l'ensevelit dans la ville de David ; et son fils Asa régna à sa place.

9 La vingtième année de Jéroboam, roi d'Israël, Asa, roi de Juda, commença son règne.

10 Il régna quarante et un ans dans Jérusalem. Sa mère s'appelait Maacha, *ou Ana,* et était fille d'Abessalom.

11 Et Asa fit ce qui était droit *et juste* aux yeux du Seigneur, comme *avait fait* David, son père.

12 Il chassa de ses terres les efféminés ; il purgea *Jérusalem* de toutes les infamies des idoles que ses pères y avaient dressées.

13 Il ôta aussi l'autorité à sa *grand'*-mère Maacha, afin qu'elle n'eût plus l'intendance des sacrifices de Priape et du bois qu'elle lui avait consacré. Il renversa la caverne où il était honoré ; il brisa cette idole infâme, et la brûla dans le torrent de Cédron.

14 Cependant Asa ne détruisit pas les hauts lieux, et toutefois le cœur d'Asa était parfait avec le Seigneur pendant tous les jours de sa vie.

15 Il porta aussi dans la maison du Seigneur ce que son père et lui avaient fait vœu d'y donner, l'or, l'argent et les vases.

16 Or il y eut guerre entre Asa et Baasa, roi d'Israël, tant qu'ils vécurent.

17 Et Baasa, roi d'Israël, vint en Juda, et bâtit *la forteresse de* Rama, afin que personne ne pût sortir ni entrer dans les États d'Asa, roi de Juda.

18 Alors Asa prenant tout l'argent et l'or qui étaient demeurés dans les trésors de la maison du Seigneur et dans les trésors du palais du roi, les mit entre les mains de ses serviteurs, et les envoya à Henadad, fils de Tabrémon, fils d'Hésion, roi de Syrie, qui demeurait à Damas, et lui fit dire :

19 Il y a alliance entre vous et moi, comme il y en a eu entre mon père et le vôtre. C'est pourquoi je vous ai envoyé des présents, de l'argent et de l'or, et je vous prie de venir, et de rompre l'alliance que vous avez avec Baasa, roi d'Israël, afin qu'il se retire de dessus mes terres.

20 Benadad s'étant rendu à la prière du roi Asa, envoya les généraux de son armée contre les villes d'Israël, et ils prirent Ahion, Dan, Abel-maison-de-Maacha, et toute la contrée de Cennéroth, c'est-à-dire, toutes les terres de Nephthali.

21 Baasa ayant reçu ces nouvelles, cessa de bâtir *la ville de* Rama, et s'en revint à Thersa.

22 Alors le roi Asa fit publier ceci par des courriers dans toute l'étendue de Juda : Que tous sans exception *viennent à Rama*. Et toutes les pierres et tout le bois que Baasa avait employé à bâtir Rama ayant été emportés, le roi Asa l'employa à bâtir Gabaa en Benjamin, et Maspha.

23 Le reste des actions d'Asa, et toutes les entreprises où il signala sa valeur, tout ce qu'il fit, et les villes qu'il bâtit ; tout cela, dis-je, est écrit au livre des Annales des rois de Juda. Il eut un grand mal aux pieds, lorsqu'il était déjà vieux ;

24 il s'endormit ensuite avec ses pères, et fut enseveli avec eux dans la ville de David, son père ; et Josaphat, son fils, régna en sa place.

25 La seconde année d'Asa, roi de Juda, Nadab, fils de Jéroboam, commença a régner sur Israël, et il régna deux ans sur Israël.

26 Il fit le mal devant le Seigneur, et il marcha dans les voies de son père, et dans les péchés qu'il avait fait commettre à Israël.

27 Mais Baasa, fils d'Ahias, de la maison d'Issachar, fit une entreprise secrète contre sa personne, et le tua près de Gebbéthon, qui est une ville des Philistins, que Nadab et tout Israël assiégeait alors.

28 Baasa tua donc Nadab, et régna en sa place, la troisième année du règne d'Asa, roi de Juda.

29 Baasa étant devenu roi, tua tous ceux de la maison de Jéroboam. Il n'en laissa pas vivre un seul de sa race, jusqu'à ce qu'il l'eût exterminée entièrement, selon que le Seigneur l'avait prédit par Ahias, Silonite, son serviteur.

30 *Et ceci arriva* à cause des péchés que Jéroboam avait commis et qu'il avait fait commettre à Israël, et à cause du péché par lequel ils avaient irrité le Seigneur, le Dieu d'Israël.

31 Le reste des actions de Nadab, et tout ce qu'il fit, est écrit au livre des Annales des rois d'Israël.

32 Et il y eut guerre entre Asa et Baasa, roi d'Israël, tant qu'ils vécurent.

33 La troisième année d'Asa, roi de Juda, Baasa, fils d'Ahias, régna surtout Israël dans Thersa, et son règne fut de vingt-quatre ans.

34 Il fit le mal devant le Seigneur, et il marcha dans la voie de Jéroboam et dans les péchés qu'il avait fait commettre à Israël.

CHAPITRE XVI.

OR le Seigneur adressa sa parole à Jéhu, fils d'Hanani, contre Baasa, et lui dit : *Vous direz ceci de ma part à Baasa :*

2 Je vous ai élevé de la poussière, et je vous ai établi chef sur Israël, mon peuple, et *après cela* vous avez marché dans la voie de Jéroboam, et vous avez fait pécher Israël, mon peuple, pour m'irriter par leurs péchés.

3 C'est pourquoi je retrancherai de dessus la terre la postérité de Baasa et la postérité de sa maison, et je ferai de votre maison ce que j'ai fait de la maison de Jéroboam, fils de Nabat.

4 Celui de la race de Baasa qui mourra dans la ville sera mangé par les chiens, et celui qui mourra à la campagne sera mangé par les oiseaux du ciel.

5 Le reste des actions de Baasa, et tout ce qu'il a fait, et ses combats, tout cela est écrit au livre des Annales des rois d'Israël.

6 Baasa s'endormit donc avec ses pères ; ! il fut enseveli à Thersa, et Ela, son fils, régna en sa place.

7 Mais le prophète Jéhu, fils d'Hanani, ayant déclaré à Baasa ce que le Seigneur avait prononcé contre lui et contre sa maison, à cause de tous les maux qu'il avait faits aux yeux du Seigneur pour l'irriter par les œuvres de ses mains, et que le Seigneur traiterait sa maison comme celle de Jéroboam : par cette raison il le fit mourir, c'est-à-dire, le prophète Jéhu, fils d'Hanani.

8 La vingt-sixième année d'Asa, roi de Juda, Ela, fils de Baasa, régna sur Israël à Thersa, et son règne *ne* dura *que* deux ans.

9 Car Zambri, son serviteur, qui commandait la moitié de sa cavalerie, se révolta contre lui ; et pendant qu'il buvait à Thersa, et qu'il était ivre dans la maison d'Arsa, gouverneur de Thersa,

10 Zambri se jetant sur lui tout d'un coup, le frappa, et le tua la vingt-septième année du règne d'Asa, roi de Juda, et il régna en sa place.

11 Lorsqu'il fut établi roi, et qu'il fut assis sur son trône, il extermina toute la maison de Baasa, sans en laisser aucun reste, et sans épargner aucun de ses proches ou de ses amis.

12 Zambri détruisit ainsi toute la maison de Baasa, selon la parole que le Seigneur avait fait dire à Baasa par le prophète Jéhu,

13 à cause de tous les péchés de Baasa et de son fils Ela, qui avaient péché et fait pécher Israël, en irritant le Seigneur, le Dieu d'Israël, par leurs vanités *et leurs mensonges*.

14 Le reste des actions d'Ela, et tout ce qu'il fit, est écrit au livre des Annales des rois d'Israël.

15 La vingt-septième année d'Asa, roi de Juda, Zambri régna à Thersa pendant sept jours. L'armée *d'Israël*, qui assiégeait alors Gebbéthon, ville des Philistins,

16 ayant appris que Zambri s'était révolté et avait tué le roi, tout Israël établit roi Amri, général de l'armée d'Israël, qui était alors dans le camp.

17 Amri quittant donc Gebbéthon, marcha avec l'armée d'Israël, et vint assiéger Thersa.

18 Zambri voyant que la ville allait être prise, entra dans le palais, et se brûla avec la maison royale, et mourut

19 dans les péchés qu'il avait commis en faisant le mal devant le Seigneur, et marchant dans la voie de Jéroboam, et dans le péché par lequel il avait fait pécher Israël.

20 Le reste des actions de Zambri, de sa conjuration et de sa tyrannie, est écrit au livre des Annales des rois d'Israël.

21 Alors le peuple d'Israël se divisa en deux partis : la moitié du peuple suivait Thebni, fils de Gineth, pour l'établir roi, et l'autre moitié suivait Amri.

22 Mais le peuple qui était avec Amri eut l'avantage sur le peuple qui était avec Thebni, fils de Gineth : et Thebni étant mort, Amri régna seul.

23 La trente et unième année d'Asa, roi de Juda, Amri régna sur Israël. Son règne dura douze ans, dont il en régna six à Thersa.

24 Il acheta la montagne de Samarie de Somer, pour deux talents d'argent, et il bâtit une ville qu'il appela Samarie, du nom de Somer, à qui avait été la montagne.

25 Amri fit le mal devant le Seigneur, et les crimes qu'il commit surpassèrent encore ceux de tous ses prédécesseurs.

26 Il marcha dans toute la voie de Jéroboam, fils de Nabat, et dans les péchés par lesquels il avait fait pécher Israël, pour irriter le Seigneur, le Dieu d'Israël, par ses vanités *et par ses mensonges*.

27 Le reste des actions d'Amri, avec les combats qu'il donna, est écrit au livre des Annales des rois d'Israël.

28 Amri s'endormit avec ses pères, et fut enseveli à Samarie ; et Achab, son fils, régna en sa place.

29 La trente-huitième année du règne d'Asa, roi de Juda, Achab, fils d'Amri, régna sur Israël. Il régna sur Israël à Samarie, et son règne dura vingt-deux ans.

30 Achab, fils d'Amri, fit le mal devant le Seigneur, et surpassa *en impiété* tous ceux qui avaient été avant lui.

31 Il ne se contenta pas de marcher dans les péchés de Jéroboam, fils de Nabat ; mais il épousa Jézabel, fille d'Ethbaal, roi des Sidoniens, et il alla servir Baal, et l'adora.

32 Il mit l'autel de Baal dans le temple de Baal qu'il avait bâti à Samarie,

33 et il planta un bois, et ajoutant toujours crime sur crime, il irrita le Seigneur, le Dieu d'Israël, plus que tous les rois d'Israël qui avaient été avant lui.

34 Pendant son règne, Hiel, qui était de Béthel, bâtit Jéricho. Il perdit Abiram, son fils aîné, lorsqu'il en jeta les fondements, et Ségub, le dernier de ses fils, lorsqu'il en posa les portes, selon que le Seigneur l'avait prédit par Josué, fils de Nun.

CHAPITRE XVII.

EN ce temps-là Elie de Thesbé, qui était un des habitants de Galaad, dit à Achab : Vive le Seigneur, le Dieu d'Israël, devant lequel je suis *présentement !* il ne tombera pendant ces années ni rosée ni pluie, que selon la parole qui sortira de ma bouche.

2 Le Seigneur s'adressa ensuite à Elie, et lui dit :

3 Retirez-vous d'ici : allez vers l'orient, et cachez-vous sur le bord du torrent de Carith, qui est vis-à-vis le Jourdain.

4 Vous boirez là de l'eau du torrent ; et j'ai commandé aux corbeaux de vous nourrir en ce même lieu.

5 Elie partit donc selon l'ordre du Seigneur, et alla demeurer sur le bord du torrent de Carith, qui est vis-à-vis du Jourdain.

6 Les corbeaux lui apportaient le matin du pain et de la chair, et le soir encore du pain et de la chair, et il buvait de l'eau du torrent.

7 Quelque temps après, le torrent se sécha, car il n'avait point plu sur la terre :

8 et alors le Seigneur lui parla en ces termes :

9 Allez à Sarepta, *qui est une ville* des Sidoniens, et demeurez-y : car j'ai commandé à une femme veuve de vous nourrir.

10 Elie aussitôt s'en alla à Sarepta. Lorsqu'il fut venu à la porte de la ville, il aperçut une femme veuve qui ramassait du bois ; il l'appela, et lui dit : Donnez-moi un peu d'eau dans un vase, afin que je boive.

11 Lorsqu'elle s'en allait lui en quérir, il lui cria derrière elle : Apportez-moi aussi, je vous prie, en votre main une bouchée de pain.

12 Elle lui répondit : Vive le Seigneur, votre Dieu. ! je n'ai point de pain : j'ai seulement dans un pot autant de farine qu'il peut en tenir dans le creux de la main, et un peu d'huile dans un petit vase. Je viens ramasser ici deux morceaux de bois pour aller apprêter à manger à moi et à mon fils, afin que nous mangions et que nous mourions *ensuite*.

13 Elie lui dit : Ne craignez point ; faites comme vous avez dit : mais faites pour moi auparavant de ce petit reste de farine un petit pain cuit sous la cendre, et apportez-le-moi, et vous en ferez après cela pour vous et pour votre fils.

14 Car voici ce que dit le Seigneur, le Dieu d'Israël : La farine qui est dans ce pot ne manquera point, et l'huile qui est dans ce petit vase ne diminuera point, jusqu'au jour auquel le Seigneur doit faire tomber la pluie sur la terre.

15 Cette femme s'en alla donc, et fit ce qu'Elie lui avait dit. Elie mangea, et elle aussi, avec toute sa maison ; et depuis ce jour-là

16 la farine du pot ne manqua point, et l'huile du petit vase ne diminua point, selon que le Seigneur l'avait prédit par Elie.

17 Il arriva ensuite que le fils de cette femme, mère de famille, devint malade d'une maladie si violente, qu'il rendit enfin le dernier soupir.

18 Cette femme dit donc à Elie : Qu'y a-t-il entre vous et moi, homme de Dieu ? Etes-vous venu chez moi pour renouveler la mémoire de mes péchés, et pour faire mourir mon fils ?

19 Elie lui dit : Donnez-moi votre fils. Et l'ayant pris d'entre ses bras, il le porta dans la chambre où il demeurait, et il le mit sur son lit.

20 Il cria ensuite au Seigneur, et lui dit : Seigneur mon Dieu ! avez-vous aussi affligé cette bonne veuve qui a soin de me nourrir comme elle peut, jusqu'à faire mourir son fils ?

21 Après cela il se mit sur l'enfant par trois fois, en se mesurant *à son petit corps*, et il cria au Seigneur, et lui dit : Seigneur mon Dieu ! faites, je vous prie, que l'âme de cet enfant rentre dans son corps.

22 Et le Seigneur exauça la voix d'Elie : l'âme de l'enfant rentra en lui, et il recouvra la vie.

23 Elie ayant pris l'enfant, le descendit de sa chambre au bas de la maison, le mit entre les mains de sa mère, et lui dit : Voilà votre fils en vie.

24 La femme répondit à Elie : Je reconnais maintenant après cette action, que vous êtes un homme de Dieu, et que la parole du Seigneur est véritable dans votre bouche.

CHAPITRE XVIII.

LONGTEMPS après, le Seigneur adressa sa parole à Elie la troisième année, et lui dit : Allez, présentez-vous devant Achab, afin que je fasse tomber la pluie sur la terre.

2 Elie s'en alla donc pour se présenter devant Achab. Cependant la famine était extrême dans Samarie :

3 et Achab fit venir Abdias, intendant de sa maison. C'était un homme qui craignait fort le Seigneur.

4 Car lorsque Jézabel faisait mourir les prophètes du Seigneur, il en prit cent qu'il cacha dans des cavernes, cinquante en l'une et cinquante en l'autre, et il les nourrit de pain et d'eau.

5 Achab dit donc à Abdias : Allez par tout le pays à toutes les fontaines et à toutes les vallées, pour voir si nous pourrons trouver de l'herbe, afin de sauver les chevaux et les mulets, et que toutes les bêtes ne meurent pas.

6 Ils partagèrent donc le pays entre eux pour aller chercher de tous côtés. Achab allait par un chemin, et Abdias séparément allait par un autre.

7 Et lorsque Abdias était en chemin, Elie vint au-devant de lui. Abdias l'ayant reconnu, se prosterna le visage contre terre, et lui dit : Est-ce vous, Elie, mon seigneur ?

8 Il lui répondit : C'est moi. Allez, et dites à votre maître : Voici Elie.

9 Quel péché ai-je commis, dit Abdias, pour que vous me livriez entre les mains d'Achab, moi qui suis votre serviteur, afin qu'il me fasse mourir ?

10 Vive le Seigneur, votre Dieu ! il n'y a point de nation ni de royaume où mon seigneur n'ait envoyé vous chercher ; et tous lui disant que vous n'y étiez pas, et voyant qu'on ne vous trouvait point, il a conjuré les rois et les peuples *de lui découvrir où vous étiez*

11 Et maintenant vous me dites : Allez, et dites à votre maître : Voici Elie.

12 Et après que je vous aurai quitté, l'Esprit du Seigneur vous transportera en quelque lieu qui me sera inconnu ; et quand j'aurai averti Achab *de votre venue, si après cela* il ne vous trouve point, il me fera mourir. Cependant votre serviteur craint le Seigneur depuis son enfance.

13 Ne vous a-t-on pas dit, à vous, mon seigneur, ce que je fis lorsque Jézabel tuait les prophètes du Seigneur, et que je cachai cent de ses prophètes dans des cavernes, en ayant mis cinquante d'un côté, et cinquante d'un autre, et que je les nourris de pain et d'eau ?

14 Et après cela vous me dites, Allez et dites à votre maître, Voici Elie ; afin qu'il me tue.

15 Elie lui dit : Vive le Seigneur des armées, en la présence duquel je suis ! je me présenterai aujourd'hui devant Achab.

16 Abdias alla donc trouver Achab, et lui rapporta *ce qu'il avait vu :* et Achab vint aussitôt au-devant d'Elie.

17 Et le voyant, il lui dit : N'êtes-vous pas celui qui trouble *tout* Israël ?

18 Elie lui répondit : Ce n'est pas moi qui ai troublé Israël, mais c'est vous-même et la maison de votre père, lorsque vous avez abandonné les commandements du Seigneur, et que vous avez suivi Baal.

19 Néanmoins envoyez maintenant vers Israël, et faites assembler tout le peuple sur le mont Carmel, et les quatre cent cinquante prophètes de Baal, avec les quatre cents prophètes des grands bois, que Jézabel nourrit de sa table.

20 Achab envoya donc quérir tous les enfants d'Israël, et il assembla les prophètes sur la montagne de Carmel.

21 Alors Elie s'approchant de tout le peuple, lui dit : Jusqu'à quand serez-vous comme un homme qui boite des deux côtés ? Si le Seigneur est Dieu, suivez-le ; et si Baal est dieu, suivez-le aussi. Et le peuple ne lui répondit pas un seul mot.

22 Elie dit encore au peuple : Je suis demeuré tout seul d'entre les prophètes du Seigneur ; au lieu que les prophètes de Baal sont au nombre de quatre cent cinquante.

23 Qu'on nous donne deux bœufs : qu'ils en choisissent un pour eux, et que l'ayant coupé par morceaux, ils le mettent sur du bois sans mettre de feu par-dessous ; et moi je prendrai l'autre bœuf, et le mettant aussi sur du bois, je ne mettrai point non plus de feu au-dessous.

24 Invoquez le nom de vos dieux, et moi j'invoquerai le nom de mon Seigneur, et que le Dieu qui *déclarera* par le feu, qu'il aura exaucé *les vœux qu'on lui a faits*, soit reconnu pour Dieu. Tout le peuple répondit : La proposition est très-juste.

25 Elie dit donc aux prophètes de Baal : Choisissez un bœuf pour vous, et commencez les premiers, parce que vous êtes en plus grand nombre, et invoquez les noms de vos dieux sans mettre le feu au bois.

26 Avant donc pris le bœuf qui leur fut donné, ils préparèrent leur sacrifice, et ils invoquaient le nom de Baal depuis le matin jusqu'à midi, en disant : Baal, exaucez-nous. Mais Baal ne disait mot ; et il n'y avait personne pour leur répondre, pendant qu'ils passaient d'un côté à l'autre de l'autel qu'ils avaient fait.

27 Il était déjà midi, et Elie commença à leur insulter, en disant :

Criez plus haut : car votre dieu Baal parle peut-être à quelqu'un, ou il est en chemin, ou dans une hôtellerie ; il dort peut-être, et il a besoin qu'on le réveille.

28 Ils se mirent donc à crier encore plus haut, et ils se faisaient des incisions, selon leur coutume, avec des couteaux et des lancettes, jusqu'à ce qu'ils fussent couverts de leur sang.

29 Midi étant passé, et le temps étant venu auquel on avait accoutumé d'offrir le sacrifice, les prophètes avaient beau crier et invoquer ; leur dieu Baal était sourd, et il n'y avait personne qui leur répondît, ni qui parût entendre leurs prières.

30 Alors Elie dit à tout le peuple : Venez avec moi. Et le peuple s'étant approché de lui, il rétablit l'autel du Seigneur qui avait été détruit.

31 Il prit douze pierres, selon le nombre des tribus des enfants de Jacob, auquel le Seigneur avait adressé sa parole en lui disant : Israël sera votre nom.

32 Et il bâtit de ces pierres un autel au nom du Seigneur. Il fit une rigole et comme deux petits sillons autour de l'autel ;

33 il prépara le bois, coupa le bœuf par morceaux, et le mit sur le bois,

34 et dit : Emplissez d'eau quatre cruches, et répandez-les sur l'holocauste et sur le bois. Il ajouta : Faites encore la même chose une seconde fois. Et l'ayant fait une seconde fois, il leur dit : Faites encore la même chose pour la troisième fois. Et ils le firent pour la troisième fois ;

35 en sorte que les eaux couraient autour de l'autel, et que la rigole en était toute pleine.

36 Le temps étant venu d'offrir l'holocauste, le prophète Elie s'approcha, et dit : Seigneur Dieu d'Abraham, d'Isaac et d'Israël ! faites voir aujourd'hui que vous êtes le Dieu d'Israël, et que je suis votre serviteur, et que c'est par votre ordre que j'ai fait toutes ces choses.

37 Exaucez-moi, Seigneur ! exaucez-moi, afin que ce peuple apprenne que vous êtes le Seigneur Dieu, et que vous avez de nouveau converti leur cœur.

38 En même temps le feu du Seigneur tomba, et dévora l'holocauste, les bois et les pierres, la poussière même et l'eau qui était dans la rigole *autour de l'autel*.

39 Ce que tout le peuple ayant vu, il se prosterna le visage contre terre, et il dit : C'est le Seigneur qui *le vrai* Dieu ! c'est le Seigneur qui est *le vrai* Dieu !

40 Alors Elie leur dit : Prenez les prophètes de Baal, et qu'il n'en échappe pas un seul. Et le peuple s'étant saisi d'eux, Elie les mena au torrent de Cison, où il les fit mourir.

41 Elie dit ensuite à Achab : Allez, mangez et buvez : car j'entends le bruit d'une grande pluie.

42 Achab s'en alla pour manger et pour boire ; et Elie monta sur le haut du Carmel, où se penchant en terre, il mit son visage entre ses genoux,

43 et il dit à son serviteur : Allez et regardez du côté de la mer. Ce serviteur étant allé regarder, vint lui dire : Il n'y a rien. Elie lui dit encore : Retournez-y par sept fois.

44 Et la septième fois il parut un petit nuage qui s'élevait de la mer comme le pied d'un homme. Elie dit *à son serviteur :* Allez dire à Achab : Faites mettre les chevaux à votre char, et allez vite, de peur que la pluie ne vous surprenne.

45 Et lorsqu'il se tournait de côté et d'autre, le ciel tout d'un coup fut couvert de ténèbres, *on vit paraître* des nuées, le vent *s'éleva*, et il tomba une grande pluie. Achab montant donc *sur son char*, s'en alla à Jezrahel ;

46 et en même temps la main du Seigneur fut sur Elie, et s'étant ceint les reins, il courait devant Achab jusqu'à ce qu'il vînt à Jezrahel.

CHAPITRE XIX.

ACHAB ayant rapporté à Jézabel tout ce qu'Elie avait fait, et de quelle manière il avait tué par l'épée tous les prophètes *de Baal*,

2 Jézabel envoya un homme à Elie pour lui dire : Que les dieux me traitent dans toute leur sévérité, si demain à la même heure je ne vous fais perdre la vie, comme vous l'avez fait perdre à chacun de ces *prophètes !*

3 Elie eut donc peur, et s'en alla aussitôt partout où son désir le portait. Etant venu à Bersabée, en Juda, il y laissa son serviteur.

4 Il fit dans le désert une journée de chemin ; et étant venu sous un genièvre, il s'y assit, et souhaitant la mort, il dit à Dieu : Seigneur ! c'est assez ; retirez mon âme de mon corps : car je ne suis pas meilleur que mes pères.

5 Et il se jeta par terre, et s'endormit à l'ombre du genièvre. En même temps un ange du Seigneur le toucha, et lui dit : Levez-vous, et mangez.

6 Elie regarda, et vit auprès de sa tête un pain cuit sous la cendre et un vase d'eau. Il mangea donc et but, et s'endormit encore.

7 L'ange du Seigneur revenant la seconde fois, le toucha *de nouveau*, et lui dit : Levez-vous, et mangez : car il vous reste un grand chemin à faire.

8 S'étant levé, il mangea et but, et s'étant fortifié par cette nourriture, il marcha quarante jours et quarante nuits, jusqu'à Horeb, la montagne de Dieu.

9 Etant arrivé là, il demeura dans une caverne, et le Seigneur lui adressant sa parole, lui dit : Que faites-vous là, : Elie ?

10 Elie lui répondit : Je brûle de zèle pour vous, Seigneur Dieu des armées ! parce que les enfants d'Israël ont abandonné votre alliance, qu'ils ont détruit vos autels, qu'ils ont tué vos prophètes par l'épée, et qu'étant demeuré seul, ils cherchent encore à m'ôter la vie.

11 Le Seigneur lui dit : Sortez, et tenez-vous sur la montagne devant le Seigneur. En même temps le Seigneur passa, *et on entendit* devant le Seigneur un vent violent et impétueux, capable de renverser les montagnes et de briser les rochers ; et le Seigneur n'était point dans le vent. Après le vent il se fit un tremblement *de terre ;* et le Seigneur n'était point dans ce tremblement.

12 Après le tremblement, il s'alluma un feu ; et le Seigneur n'était point dans ce feu. Après ce feu on entendit le souffle d'un petit vent.

13 Ce qu'Elie ayant entendu, il se couvrit le visage de son manteau, et étant sorti, il se tint à l'entrée de la caverne ; et en même temps une voix se fit entendre, qui lui dit : Que faites-vous là, Elie ? Il répondit :

14 Je brûle de zèle pour vous, Seigneur Dieu des armées ! parce que les enfants d'Israël ont abandonné votre alliance, qu'ils ont détruit vos autels, qu'ils ont tué vos prophètes par le fer, et qu'étant demeure seul, ils cherchent encore à m'ôter la vie.

15 Et le Seigneur lui dit : Allez, retournez par le chemin par où vous êtes venu le long du désert vers Damas, et lorsque vous y serez arrivé, vous sacrerez d'huile Hazaël pour être roi de Syrie ;

16 vous sacrerez aussi Jéhu, fils de Namsi, pour être roi d'Israël ; et vous sacrerez Elisée, fils de Saphat, qui est d'Abel-Méhula, pour être prophète en votre place.

17 Quiconque aura échappé à l'épée d'Hazaël, sera tué par Jéhu ; et quiconque aura échappé à l'épée de Jéhu, sera tué par Elisée.

18 Et je me suis réservé dans Israël sept mille hommes qui n'ont point fléchi le genou devant Baal, et qui ne l'ont point adoré en portant la main à leur bouche pour la baiser.

19 Elie étant donc parti de là, trouva Elisée, fils de Saphat, qui labourait avec douze paires de bœufs, et conduisait lui-même une des charrues des douze paires de bœufs. Elie s'étant approché d'Elisée, mit son manteau sur lui.

20 Elisée aussitôt quitta ses bœufs, courut après Elie, et lui dit : Permettez-moi, je vous prie, que j'aille baiser mon père et ma mère, et après cela je vous suivrai. Elie lui répondit : Allez, et revenez : car j'ai fait pour vous ce qui dépendait de moi.

21 Elisée étant retourné *vers ses proches*, prit ensuite une paire de bœufs, qu'il tua ; il en fit cuire la chair avec le bois de la charrue *dont il avait labouré*, et la donna au peuple, qui en mangea ; il s'en alla aussitôt après, et il suivait Elie et le servait.

CHAPITRE XX.

OR Benadad, roi de Syrie, ayant assemblé toute son armée, sa cavalerie et ses chariots, et trente-deux rois avec lui, vint pour attaquer Samarie, et il l'assiégea.

2 En même temps il envoya dans la ville des ambassadeurs à Achab, roi d'Israël,

3 pour lui dire : Voici ce que dit Benadad : Votre argent et votre or est à moi ; vos femmes et vos enfants les mieux faits sont à moi.

4 Le roi d'Israël lui répondit : O roi, mon seigneur ! je suis à vous comme vous le dites, et tout ce que j'ai est à vous.

5 Les ambassadeurs revenant encore *vers Achab, lui* dirent : Voici ce que dit Benadad qui nous avait envoyés vers vous : Vous me donnerez votre argent, votre or, vos femmes et vos fils.

6 Demain donc à la même heure j'enverrai mes serviteurs vers vous, ils visiteront votre maison, et la maison de vos serviteurs, et ils prendront tout ce qui leur plaira, et l'emporteront.

7 Alors le roi d'Israël fit venir tous les anciens de son peuple, et leur dit : Considérez et voyez qu'il nous tend un piège. Car il m'a *déjà* envoyé pour mes femmes, pour mes fils, pour mon argent et mon or, et je ne lui ai rien refusé.

8 Tous les anciens et tout le peuple lui répondirent : Ne l'écoutez point, et ne vous rendez point à ce qu'il désire.

9 Achab répondit donc aux ambassadeurs de Benadad : Dites au roi, mon seigneur : Je ferai toutes les choses que vous m'avez fait demander, comme étant votre serviteur, mais pour cette *dernière* chose je ne puis la faire.

10 Les ambassadeurs étant revenus, firent leur rapport à Benadad, qui les renvoya encore, et fit dire à Achab : Que les dieux me traitent dans toute leur sévérité, si toute la poussière de Samarie suffit pour remplir seulement le creux de la main de tous les gens qui me suivent.

11 Le roi d'Israël leur répondit : Dites à votre maître : Ce n'est pas lorsqu'on prend les armes qu'on doit se vanter, c'est quand on les quitte.

12 Benadad reçut cette réponse lorsqu'il buvait dans sa tente avec les autres rois ; et il dit aussitôt à ses gens : Qu'on aille investir la ville. Et ils l'investirent.

13 En même temps un prophète vint trouver Achab, roi d'Israël, et lui dit : Voici ce que dit le Seigneur : Vous avez vu toute cette multitude innombrable ; je vous déclare que je vous la livrerai aujourd'hui entre les mains, afin que vous sachiez que c'est moi qui suis le Seigneur.

14 Achab lui demanda : Par qui ? Il lui répondit : Voici ce que dit le Seigneur : Ce sera par les valets de pied des princes des provinces. Achab ajouta : Qui commencera le combat ? Ce sera vous, dit le prophète.

15 Achab fit donc la revue des valets de pied des princes des provinces, et il en trouva deux cent trente-deux. Il fit ensuite la revue du peuple, de tous les enfants d'Israël, *et il en trouva* sept mille.

16 Ils sortirent de la ville sur le midi. Cependant Benadad était dans sa tente, qui buvait et qui était ivre ; et les trente-deux rois qui étaient venus à son secours, *buvaient aussi* avec lui.

17 Les valets de pied des princes des provinces marchaient à la tête de l'armée. Benadad ayant envoyé *pour les reconnaître*, on vint lui dire : Ce sont des gens qui sont sortis de Samarie.

18 Il dit *à ceux qui lui parlaient :* Soit qu'ils viennent pour traiter de la paix, soit qu'ils viennent pour combattre, prenez-les tout vifs.

19 Les valets de pied des princes des provinces s'avancèrent donc, et le reste de l'armée après eux ;

20 et chacun d'eux tua ceux qui se présentèrent devant lui : et aussitôt les Syriens s'enfuirent, et l'armée d'Israël les poursuivit. Benadad, roi de Syrie, s'enfuit aussi à cheval avec les cavaliers qui l'accompagnaient.

21 Et le roi d'Israël étant sorti de Samarie, tua les chevaux, renversa les chariots, et frappa la Syrie d'une grande plaie.

22 Alors un prophète vint trouver le roi d'Israël, et lui dit : Allez, fortifiez-vous, et considérez bien ce que vous avez à faire : car le roi de Syrie viendra *encore* l'année suivante pour vous combattre.

23 Mais les serviteurs du roi de Syrie lui dirent : Leurs dieux sont les dieux des montagnes, et c'est pour cela qu'ils nous ont vaincus : il faut que nous combattions contre eux en pleine campagne, et nous les vaincrons.

24 Voici donc ce que vous avez à faire : Faites retirer tous les rois de votre armée, et mettez en leur place vos principaux officiers ;

25 rétablissez vos troupes, en y remettant autant de soldats qu'il en a été tué, autant de chevaux qu'il y en avait dans votre armée, et autant de chariots que vous en avez eu auparavant, et nous combattrons contre eux en pleine campagne, et vous verrez que nous les battrons. Il crut le conseil qu'ils lui donnèrent, et il fit ce qu'ils lui avaient dit.

26 Un an après, Benadad fit la revue des Syriens, et vint à Aphec pour combattre contre Israël.

27 Les enfants d'Israël firent aussi la revue de leurs troupes ; et ayant pris des vivres, ils marchèrent contre les Syriens, et campèrent vis-à-vis d'eux. *Ils ne paraissaient que* comme deux petits troupeaux de chèvres, au lieu que les Syriens couvraient toute la terre.

28 Alors un homme de Dieu vint trouver le roi d'Israël, et lui dit : Voici ce que dit le Seigneur : Parce que les Syriens ont dit : Le Seigneur est le Dieu des montagnes, mais il n'est pas le Dieu des vallées ; je vous livrerai toute cette grande multitude, et vous saurez que c'est moi qui suis le Seigneur.

29 Les deux armées furent rangées en bataille l'une devant l'autre pendant sept jours. Le septième jour la bataille se donna ; et les enfants d'Israël tuèrent en un jour cent mille hommes de pied des Syriens.

30 Ceux qui échappèrent s'enfuirent dans la ville d'Aphec, et une muraille tomba sur vingt-sept mille hommes qui étaient restés. Benadad s'enfuyant entra dans la ville, et se retira dans le lieu le plus secret d'une chambre.

31 Alors ses serviteurs lui dirent : Nous avons entendu dire que les rois de la maison d'Israël sont *doux et* cléments. Mettons donc des sacs sur nos reins et des cordes à notre cou, et allons trouver le roi d'Israël : peut-être qu'il nous donnera la vie.

32 Ainsi ils se mirent des sacs sur les reins et la corde au cou, et vinrent trouver le roi d'Israël, et lui dirent : Benadad, votre serviteur, vous envoie faire supplication : Accordez-moi la vie. Il leur répondit : S'il est encore en vie, c'est mon frère.

33 Les Syriens tirèrent de là un bon présage, et prenant aussitôt ce mot de sa bouche, ils lui dirent : Votre frère Benadad *vous fait cette prière*. Il leur répondit : Allez et amenez-le-moi. Benadad vint donc se présenter à Achab, qui le fit monter sur son chariot.

34 Et Benadad lui dit : Je vous rendrai les villes que mon père a prises sur votre père ; et faites-vous des places publiques dans Damas, comme mon père en avait fait *pour lui* dans Samarie. Et quand nous aurons fait cette alliance entre nous, je me retirerai. Achab fit donc cette alliance avec lui, et le laissa aller.

35 Alors un des enfants des prophètes dit de la part du Seigneur à un de ses compagnons : Frappez-moi. Et comme il ne voulut pas le frapper,

36 il lui dit : Parce que vous n'avez pas voulu écouter la voix du Seigneur *en me frappant*, aussitôt que vous m'aurez quitté, un lion vous tuera. Lorsqu'il fut un peu éloigné de lui, un lion le trouva et le tua.

37 Ayant rencontré un autre homme, il lui dit : Frappez-moi. Cet homme le frappa, et le blessa.

38 Le prophète s'en allant donc, vint au-devant du roi qui était en chemin, et il se rendit méconnaissable, en mettant de la poussière sur son visage et sur ses yeux ;

39 et lorsque le roi fut passé, il cria après lui, et lui dit : Votre serviteur s'était avancé pour combattre les ennemis de près, et l'un d'eux s'en étant fui, quelqu'un me l'a amené, et m'a dit : Gardez-moi bien cet homme-là ; et s'il s'échappe, votre vie répondra de la sienne, ou vous payerez un talent d'argent.

40 Et comme, étant troublé, je me tournais de côté et d'autre, cet homme est disparu tout d'un coup. Le roi d'Israël lui dit : Vous

avez vous-même prononcé votre arrêt.

41 Aussitôt il essuya la poussière de dessus son visage ; et le roi d'Israël reconnut qu'il était du nombre des prophètes.

42 Il dit au roi : Voici ce que dit le Seigneur : Parce que vous avez laissé échapper de vos mains un homme digne de mort, votre vie répondra pour la sienne, et votre peuple pour son peuple.

43 Mais le roi d'Israël retourna en sa maison, ne faisant pas de cas de ce que ce prophète lui avait dit : et il entra plein de fureur dans Samarie.

CHAPITRE XXI.

APRÈS ces événements *il en arriva un autre* dans le même temps. Naboth de Jezrahel avait à lui, dans Jezrahel même, une vigne près du palais d'Achab, roi de Samarie.

2 Et Achab lui dit : Donnez-moi votre vigne, afin que je puisse faire un jardin potager, parce qu'elle est proche de ma maison, et je vous en donnerai une meilleure : ou, si cela vous accommode mieux, je vous la payerai en argent au prix qu'elle vaut.

3 Naboth lui répondit : Dieu me garde de vous donner l'héritage de mes pères.

4 Achab revint donc chez lui tout en colère et plein de fureur, à cause de cette parole de Naboth de Jezrahel qui lui avait dit : Je ne vous donnerai point l'héritage de mes pères. Et se jetant sur son lit, il se tourna du côté de la muraille, et ne mangea point.

5 Jézabel, sa femme, étant venue le trouver, lui dit : Qu'est-ce donc que cela ? D'où vous vient cette tristesse ? et pourquoi ne mangez-vous point ?

6 Il lui répondit : J'ai parlé à Naboth de Jezrahel, et je lui ai dit : Donnez-moi votre vigne, et je vous en donnerai l'argent ; ou, si vous l'aimez mieux, je vous en donnerai une meilleure pour celle-là. Et il m'a répondu : Je ne vous donnerai point ma vigne.

7 Jézabel, sa femme, lui dit : Votre autorité est grande, *à ce que je vois,* et vous gouvernez bien le royaume d'Israël. Levez-vous, mangez, et ayez l'esprit en repos ; je me charge de vous livrer la vigne de Naboth de Jezrahel.

8 Aussitôt elle écrivit, au nom d'Achab, des lettres qu'elle cacheta du cachet du roi, et elle les envoya aux anciens et aux premiers de la ville de Naboth qui demeuraient avec lui.

9 Ces lettres étaient conçues en ces termes : Publiez un jeûne, et faites asseoir Naboth entre les premiers du peuple,

10 et gagnez contre lui deux enfants de Bélial, qui rendent un faux témoignage, en disant : Naboth a blasphémé contre Dieu et contre le roi : qu'on le mène hors de la ville, qu'il soit lapidé et mis à mort.

11 Les anciens et les premiers de la ville de Naboth qui demeuraient avec lui, firent ce que Jézabel leur avait commandé, et ce que portait la lettre qu'elle leur avait envoyée.

12 Ils publièrent un jeûne, et firent asseoir Naboth entre les premiers du peuple ;

13 et ayant fait venir deux enfants du diable, ils les firent asseoir vis-à-vis de lui. Et ces deux enfants du diable portèrent témoignage contre lui devant l'assemblée, en disant : Naboth a blasphémé contre Dieu et contre le roi. Et ensuite de ce témoignage, ils le menèrent hors de la ville, et le lapidèrent.

14 Ils envoyèrent aussitôt à Jézabel, pour lui dire : Naboth a été lapidé, et il est mort.

15 Jézabel ayant appris que Naboth avait été lapidé, et qu'il était mort, vint dire à Achab : Allez, et rendez-vous maître de la vigne de Naboth de Jezrahel, qui n'a pas voulu se rendre à votre désir, ni vous la donner pour le prix qu'elle valait : car Naboth n'est plus en vie ; mais il est mort.

16 Achab ayant appris la mort de Naboth, s'en alla aussitôt dans la vigne de Naboth de Jezrahel, pour s'en rendre maître.

17 En même temps le Seigneur adressa sa parole à Elie de Thesbé, et lui dit :

18 Allez tout présentement au-devant d'Achab, roi d'Israël, qui est dans Samarie : car le voilà qui va dans la vigne de Naboth, pour s'en rendre maître.

19 Et vous lui parlerez en ces termes : Voici ce que dit le Seigneur : Vous avez tué *Naboth*, et de plus vous vous êtes emparé *de sa vigne*. Et vous lui direz ensuite : Voici ce que dit le Seigneur : En ce même lieu où les chiens ont léché le sang de Naboth, ils lécheront aussi votre sang.

20 Et Achab dit à Elie : En quoi avez-vous trouvé que je me déclarasse votre ennemi ? Elie lui répondit : En ce que vous vous êtes vendu pour faire le mal aux yeux du Seigneur.

21 *Voici ce que dit le Seigneur :* Je vais faire fondre tous les maux sur vous. Je vous retrancherai, vous et votre postérité, de dessus la terre ; et je tuerai de la maison d'Achab jusqu'aux plus petits enfants et aux animaux, et depuis le premier jusqu'au dernier dans Israël.

22 Je rendrai votre maison comme la maison de Jéroboam, fils de Nabat, et comme la maison de Baasa, fils d'Ahia, parce que vos actions ont irrité ma colère, et que vous avez fait pécher Israël.

23 Le Seigneur a prononcé aussi cet arrêt contre Jézabel : Les chiens mangeront Jézabel, dans le champ de Jezrahel.

24 Si Achab meurt dans la ville, il sera mangé par les chiens ; et s'il meurt dans les champs, il sera mangé par les oiseaux du ciel.

25 Achab n'eut donc point son semblable en méchanceté, comme ayant été vendu pour faire le mal aux yeux du Seigneur. (Car il y fut excité *encore* par Jézabel, sa femme.)

26 Et il devint tellement abominable, qu'il suivait les idoles des Amorrhéens que le Seigneur avait exterminés à l'entrée des enfants d'Israël *en leur pays.*

27 Achab ayant entendu ces paroles, déchira ses vêtements, couvrit sa chair d'un cilice, jeûna et dormit avec le sac, et marcha ayant la tête baissée.

28 Alors le Seigneur adressa sa parole à Elie de Thesbé, et lui dit :

29 N'avez-vous pas vu Achab humilié devant moi ? Puis donc qu'il s'est humilié à cause de moi, je ne ferai point tomber *sur lui* pendant qu'il vivra les maux *dont je l'ai menacé ;* mais je les ferai tomber sur sa maison, sous le règne de son fils.

CHAPITRE XXII.

AINSI trois ans se passèrent sans qu'il y eût guerre entre la Syrie et Israël.

2 Mais la troisième année, Josaphat, roi de Juda, vint trouver le roi d'Israël.

3 (Car le roi d'Israël avait déjà dit à ses serviteurs : Ignorez-vous que la ville de Ramoth en Galaad est à nous, et cependant nous ne pensons point à la retirer des mains du roi de Syrie ?)

4 Et le roi d'Israël dit à Josaphat : Viendrez-vous avec moi à la guerre pour prendre Ramoth en Galaad ?

5 Josaphat répondit au roi d'Israël : Vous pouvez disposer de moi comme de vous-même. Mon peuple et votre peuple ne sont qu'un seul *peuple ;* et ma cavalerie est votre cavalerie. Et il ajouta en parlant au *même* roi d'Israël : Consultez néanmoins aujourd'hui, je vous prie, quelle est la volonté du Seigneur.

6 Le roi d'Israël assembla donc ses prophètes qui se trouvèrent environ quatre cents, et il leur dit : Dois-je aller à la guerre pour prendre Ramoth en Galaad, ou me tenir en paix ? Ils lui répondirent : Allez, et le Seigneur livrera la ville entre les mains du roi.

7 Josaphat lui dit : N'y a-t-il point ici quelque prophète du Seigneur, afin que nous le consultions par lui ?

8 Le roi d'Israël répondit à Josaphat : Il est demeuré un homme par qui nous pouvons consulter le Seigneur ; mais je hais cet homme-là, parce qu'il ne me prophétise jamais rien de bon, et qu'il ne me prédit que du mal. C'est Michée, fils de Jemla. Josaphat lui répondit : O roi ! ne parlez point ainsi.

9 Le roi d'Israël ayant appelé un eunuque, lui dit : Faites venir présentement Michée, fils de Jemla.

10 Le roi d'Israël et Josaphat, roi de Juda, étaient dans une place près la porte de Samarie, assis chacun sur leur trône avec des habits d'une magnificence royale, et tous les prophètes prophétisaient devant eux.

11 Sédécias, fils de Chanaana, s'était fait faire aussi des cornes de fer, et il dit : Voici ce que dit le Seigneur : Vous battrez avec ces *cornes, et* vous agiterez la Syrie jusqu'à ce que vous l'ayez toute détruite.

12 Tous les prophètes prophétisaient de même, et disaient : Allez contre Ramoth en Galaad, et marchez heureusement, et le Seigneur la livrera entre les mains du roi.

13 Celui qu'on avait envoyé pour faire venir Michée, lui dit : Voilà tous les prophètes qui dans leurs réponses prédisent tous d'une voix un bon succès au roi ; que vos paroles soient donc semblables aux leurs, et que votre prédiction soit favorable.

14 Michée lui répondit : Vive le Seigneur ! je ne dirai que ce que le Seigneur m'aura dit.

15 Michée se présenta donc devant le roi, et le roi lui dit : Michée, devons-nous aller à la guerre pour prendre Ramoth en Galaad, ou demeurer en paix ? Michée lui répondit : Allez, marchez heureusement, et le Seigneur la livrera entre les mains du roi.

16 Le roi ajouta : Je vous conjure au nom du Seigneur, de ne me parler que selon la vérité.

17 Michée lui dit : J'ai vu tout Israël dispersé dans les montagnes comme des brebis qui n'ont point de pasteur, et le Seigneur a dit : Ils n'ont point de chef ; que chacun retourne en paix en sa maison.

18 Aussitôt le roi d'Israël dit à Josaphat : Ne vous avais-je pas bien dit que cet homme ne me prophétise jamais rien de bon, mais qu'il me prédit toujours du mal ?

19 Et Michée ajouta : Ecoutez la parole du Seigneur : J'ai vu le Seigneur assis sur son trône, et toute l'armée du ciel autour de lui à droite et à gauche.

20 Et le Seigneur a dit : Qui séduira Achab, roi d'Israël, afin qu'il marche contre Ramoth en Galaad, et qu'il y périsse ? Et l'un dit une chose, et l'autre une autre.

21 Mais l'esprit *malin* s'avança, et se présentant devant le Seigneur, il lui dit : C'est moi qui séduirai Achab. Le Seigneur lui dit : Et comment ?

22 Il répondit : J'irai, et je serai un esprit menteur en la bouche de tous ses prophètes. Le Seigneur lui dit : Vous le séduirez, et vous aurez l'avantage *sur lui*. Allez, et faites comme vous le dites.

23 Maintenant donc, le Seigneur a mis un esprit de mensonge en la bouche de tous vos prophètes qui sont ici, et le Seigneur a prononcé votre arrêt.

24 En même temps Sédécias, fils de Chanaana, s'approcha de Michée, et lui donna un soufflet sur la joue, et lui dit : L'Esprit du Seigneur m'a-t-il donc quitté pour vous parler ?

25 Michée lui dit : Vous le verrez au jour où vous passerez dans la chambre la plus retirée, pour vous *y* cacher.

26 Alors le roi d'Israël dit *à ses gens :* Prenez Michée, et qu'on le mène chez Amon, gouverneur de la ville, et chez Joas, fils d'Amélech ;

27 et dites-leur : Voici ce que le roi a ordonné : Renfermez cet homme dans la prison, et qu'on le nourrisse de pain de douleur et d'eau d'affliction jusqu'à ce que je revienne en paix.

28 Michée lui dit : Si vous revenez en paix, le Seigneur n'a point parlé par moi. Et il ajouta : Que tout le monde entende *ce que je dis.*

29 Le roi d'Israël et Josaphat, roi de Juda, marchèrent donc contre Ramoth en Galaad ;

30 et le roi d'Israël dit à Josaphat : Prenez vos armes, et combattez avec vos habits *ordinaires.* Mais le roi d'Israël se déguisa avant de commencer le combat.

31 Or le roi de Syrie avait donné cet ordre aux trente-deux capitaines de ses chariots : Ne combattez contre qui que ce soit, ni petit ni grand ; n'attaquez que le seul roi d'Israël.

32 Les capitaines des chariots ayant donc vu Josaphat, s'imaginèrent que c'était le roi d'Israël, et étant fondus sur lui *en même temps*, ils le combattaient. Alors Josaphat jeta un grand cri,

33 et les capitaines des chariots reconnurent que ce n'était pas le roi d'Israël, et ne le pressèrent pas davantage.

34 Il arriva cependant qu'un homme ayant tendu son arc, tira une flèche au hasard, et elle vint percer le roi d'Israël entre le poumon et l'estomac. Il dit aussitôt à son cocher : Tourne bride, et retire-moi *du milieu* des troupes, parce que je suis fort blessé.

35 Le combat dura tout le jour, et le roi d'Israël demeura dans son chariot tournant face vers les Syriens. Le sang coulait de sa plaie sur tout son chariot, et il mourut le soir.

36 Avant que le soleil fût couché, un héraut sonna de la trompette dans toute l'armée, et dit : Que chacun s'en retourne dans sa ville et dans son pays.

37 Le roi étant donc mort, fut porté à Samarie, où il fut enseveli.

38 On lava son chariot et les rênes *de ses chevaux* dans la piscine de Samarie, et les chiens léchèrent son sang, selon la parole que le Seigneur avait prononcée.

39 Le reste des actions d'Achab, et tout ce qu'il fit, la maison *ornée* d'ivoire qu'il fit faire, et toutes les villes qu'il fit bâtir, sont écrites au livre des Annales des rois d'Israël.

40 Achab s'endormit donc avec ses pères ; et Ochozias, son fils, régna en sa place.

41 Josaphat, fils d'Asa, avait commencé à régner sur Juda, la quatrième année d'Achab, roi d'Israël.

42 Il avait trente-cinq ans lorsqu'il commença à régner, et il régna vingt-cinq ans dans Jérusalem : sa mère s'appelait Azuba, fille de Salaï.

43 Il marcha dans toutes les voies d'Asa, son père, sans se détourner, et il fit ce qui était droit *et juste* devant le Seigneur.

44 Néanmoins il ne détruisit pas les hauts lieux : car le peuple y sacrifiait encore, et y brûlait de l'encens.

45 Josaphat eut la paix avec le roi d'Israël.

46 Le reste des actions de Josaphat, tout ce qu'il fit, et tous ses combats, sont écrits au livre des Annales des rois de Juda.

47 Il extermina aussi de la terre les restes des efféminés qui étaient demeurés pendant le règne d'Asa, son père ;

48 et il n'y avait point alors de roi établi dans Edom.

49 Le roi Josaphat avait fait faire une flotte *pour la mettre en mer*, afin qu'elle fît voile en Ophir, pour *en apporter* de l'or. Mais ses vaisseaux ne purent y aller, parce qu'ils furent brisés à Asiongaber.

50 Alors Ochozias, fils d'Achab, dit à Josaphat : Que mes serviteurs aillent en mer avec les vôtres. Mais Josaphat ne voulut pas.

51 Josaphat s'endormit avec ses pères, et il fut enseveli avec eux dans la ville de David, son père ; et Joram, son fils, régna en sa place.

52 Ochozias, fils d'Achab, avait commencé à régner sur Israël dans Samarie la dix-septième année de Josaphat, roi de Juda, et il régna deux ans sur Israël.

53 Il fit le mal devant le Seigneur : il marcha dans la voie de son père et de sa mère, et dans la voie de Jéroboam, fils de Nabat, qui avait fait pécher Israël.

54 Il servit aussi Baal, et l'adora ; et il irrita le Seigneur, le Dieu d'Israël, par toutes les mêmes choses que son père avait faites *pour l'irriter.*

ROIS.

LIVRE QUATRIÈME.

CHAPITRE PREMIER.

APRÈS la mort d'Achab, Moab se révolta contre Israël.

2 Il arriva aussi qu'Ochozias étant tombé par la fenêtre d'une chambre haute qu'il avait à Samarie, en fut bien malade, et il envoya de ses gens, en leur disant : Allez, consultez Béelzébub, le

dieu d'Accaron, *pour savoir* si je pourrai relever de cette maladie.

3 En même temps un Ange du Seigneur parla à Elie de Thesbé, et lui dit : Allez au-devant des gens du roi de Samarie, et dites-leur : Est-ce qu'il n'y a pas un Dieu dans Israël, que vous consultez ainsi Béelzébub, le dieu d'Accaron ?

4 C'est pourquoi, voici ce que dit le Seigneur : Vous ne relèverez point du lit où vous êtes ; mais vous mourrez très-certainement. Ensuite *de quoi* Elie s'en alla *exécuter cet ordre*.

5 Ceux qu'Ochozias avait envoyés étant donc revenus, il leur dit : D'où vient que vous êtes retournés ?

6 Ils lui répondirent : Un homme est venu au-devant de nous, qui nous a dit : Allez, retournez vers le roi qui vous a envoyés, et dites-lui : Voici ce que dit le Seigneur : Est-ce qu'il n'y a point de Dieu en Israël, que vous envoyez *ainsi* consulter Béelzébub, le dieu d'Accaron ? C'est pour cela que vous ne relèverez point du lit où vous êtes ; mais vous mourrez très-certainement.

7 Le roi leur dit : Quelle est la figure et l'habit de cet homme qui est venu au-devant de vous, et qui vous a dit ces paroles ?

8 Ils lui répondirent : C'est un homme couvert *d'un vêtement* de poil, et qui est ceint sur les reins d'une ceinture de cuir. C'est Elie de Thesbé, leur dit-il.

9 Et *aussitôt* il envoya un capitaine de cinquante hommes, et les cinquante soldats qui étaient sous lui. Ce capitaine monta vers Elie, qui était assis sur le haut d'une montagne, et lui dit : Homme de Dieu, le roi vous commande de descendre.

10 Elie lui répondit : Si je suis homme de Dieu, que le feu descende du ciel, et vous dévore avec vos cinquante hommes. Aussitôt le feu du ciel descendit, et dévora le capitaine avec les cinquante hommes qui étaient avec lui.

11 Ochozias envoya encore un autre capitaine avec ses cinquante soldats, qui dit à Elie : Homme de Dieu, le roi m'a commandé de vous dire : Hâtez-vous de descendre.

12 Elie lui répondit : Si je suis homme de Dieu, que le feu du ciel descende, et vous dévore avec vos cinquante hommes. Et aussitôt le feu du ciel descendit, et dévora le capitaine et les cinquante hommes qui étaient avec lui.

13 Ochozias envoya encore un troisième capitaine et ses cinquante hommes avec lui. Ce capitaine étant venu devant Elie, se mit à genoux, et lui fit cette prière : Homme de Dieu, sauvez-moi la vie ; et sauvez-la aussi à vos serviteurs qui sont avec moi.

14 Le feu est déjà descendu du ciel, et il a dévoré les deux premiers capitaines, et les cinquante hommes que commandait chacun d'eux : mais je vous supplie présentement de me sauver la vie.

15 En même temps l'Ange du Seigneur parla à Elie, et lui dit : Descendez avec lui, et ne craignez point. Elie se leva donc, et descendit avec ce capitaine pour aller trouver le roi,

16 auquel il parla de cette sorte : Voici ce que dit le Seigneur : Parce que vous avez envoyé des gens pour consulter Béelzébub, le dieu d'Accaron, comme s'il n'y avait pas un Dieu en Israël que vous pussiez consulter ; vous ne relèverez point du lit sur lequel vous êtes couché, mais vous mourrez certainement.

17 Ochozias mourut donc, selon la parole que le Seigneur avait dite par Elie ; et Joram, son frère, régna en sa place la seconde année de Joram, fils de Josaphat, roi de Juda : car Ochozias n'avait point de fils.

18 Le reste des actions d'Ochozias est écrit au livre des Annales des rois d'Israël.

CHAPITRE II.

LORSQUE le Seigneur voulut enlever Elie au ciel par le moyen d'un tourbillon, il arriva qu'Elie et Elisée venaient de Galgala.

2 Et Elie dit à Elisée : Demeurez ici, parce que le Seigneur m'a envoyé jusqu'à Bethel. Elisée lui répondit : Vive le Seigneur, et vive votre âme ! je ne vous abandonnerai point. Ils allèrent donc à Béthel,

3 et les enfants des prophètes qui étaient à Béthel, vinrent dire à Elisée : Ne savez-vous pas que le Seigneur vous enlèvera aujourd'hui votre maître ? Elisée leur répondit : Je sais comme vous, n'en dites rien.

4 Elie dit encore à Elisée : Demeurez ici, parce que le Seigneur m'a envoyé à Jéricho. Elisée lui répondit : Vive le Seigneur, et vive votre âme ! je ne vous abandonnerai point. Lorsqu'ils furent arrivés à Jéricho,

5 les enfants des prophètes qui étaient à Jéricho, vinrent dire à Elisce : Ne savez-vous pas que le Seigneur vous enlèvera aujourd'hui votre maître ? Il leur répondit : Je sais comme vous, n'en dites rien.

6 Elie dit encore à Elisée : Demeurez ici, parce que le Seigneur m'a envoyé jusqu'au Jourdain. Elisée lui répondit : Vive le Seigneur, et vive votre âme ! je ne vous abandonnerai point. Ils allèrent donc tous deux ensemble,

7 et cinquante des enfants des prophètes les suivirent, qui s'arrêtèrent bien loin vis-à-vis d'eux. Et ils se tinrent tous deux au bord du Jourdain.

8 Alors Elie prit son manteau, et l'ayant plié, il *en* frappa les eaux qui se divisèrent en deux parts, et ils passèrent tous deux à sec.

9 Lorsqu'ils furent passés, Elie dit à Elisée : Demandez-moi ce que vous voudrez, afin que je l'obtienne pour vous, avant que je sois enlevé d'avec vous. Elisée lui répondit : Je vous prie de faire que j'aie une double portion de votre esprit.

10 Elie lui dit : Vous me demandez une chose bien difficile. Néanmoins si vous me voyez lorsque je serai enlevé d'avec vous, vous aurez ce que vous avez demandé ; mais si vous ne me voyez pas, vous ne l'aurez point.

11 Lorsqu'ils continuaient leur chemin, et qu'ils marchaient en s'entretenant, un char de feu et des chevaux de feu les séparèrent tout d'un coup l'un de l'autre, et Elie monta au ciel au milieu d'un tourbillon.

12 Elisée le voyait *monter*, et criait : Mon père ! mon père ! *qui étiez* le char d'Israël et son conducteur. Après cela il ne le vit plus. Et prenant ses vêtements, il les déchira en deux parts.

13 Il leva de terre en même temps le manteau qu'Elie avait laissé tomber, afin qu'il lui demeurât : et s'en revenant, il s'arrêta sur le bord du Jourdain,

14 et prit le manteau qu'Elie avait laissé tomber pour lui ; il *en* frappa les eaux, et elles ne furent point divisées. Alors il dit : Où est maintenant le Dieu d'Elie ? Et frappant les eaux *une seconde fois*, elles se partagèrent d'un côté et d'un autre, et il passa *au travers*.

15 Ce que voyant les enfants des prophètes qui étaient dans Jéricho, vis-à-vis de ce lieu-là, ils dirent : L'esprit d'Elie s'est reposé sur Elisée. Et venant au-devant de lui, ils se prosternèrent à ses pieds avec un profond respect,

16 et lui dirent : Il y a entre vos serviteurs cinquante hommes forts, qui peuvent aller chercher votre maître : car peut-être que l'Esprit du Seigneur l'aura enlevé, et jeté quelque part sur une montagne ou dans une vallée. Elisée leur répondit : N'y envoyez point.

17 Mais ils le contraignirent *par leurs instances* à y condescendre *enfin*, et à leur dire : Envoyez-y. Ils envoyèrent donc cinquante hommes, qui l'ayant cherché pendant trois jours ne le trouvèrent point.

18 Ils revinrent ensuite trouver Elisée, qui demeurait à Jéricho, et il leur dit : Ne vous avais-je pas dit : N'y envoyez point ?

19 Les habitants de la ville dirent aussi à Elisée : Seigneur, la demeure de cette ville est très-commode, comme vous le voyez vous-même ; mais les eaux y sont très-mauvaises, et la terre stérile.

20 Elisée leur répondit : Apportez-moi un vaisseau neuf, et mettez du sel dedans. Lorsqu'ils le lui eurent apporté,

21 il alla à la fontaine, et ayant jeté le sel dans l'eau, il dit : Voici ce que dit le Seigneur : J'ai rendu ces eaux saines, et elles ne causeront plus à l'avenir ni mort ni stérilité.

22 Ces eaux donc devinrent saines comme elles le sont encore aujourd'hui, selon la parole qu'Elisée prononça *alors*.

23 Elisée vint de là à Béthel ; et lorsqu'il marchait dans le

chemin, de petits enfants étant sortis de la ville, se raillaient de lui, en disant : Monte, chauve ! monte, chauve !

24 Elisée regardant, jeta les yeux sur eux, et les maudit au nom du Seigneur. En même temps deux ours sortirent du bois ; et s'étant jetés sur cette troupe d'enfants, ils en déchirèrent quarante-deux.

25 Elisée alla ensuite sur la montagne du Carmel, d'où il revint à Samarie.

CHAPITRE III.

LA dix-huitième année du règne de Josaphat, roi de Juda, Joram, fils d'Achab, régna sur Israël dans Samarie, et son règne dura douze ans.

2 Il fit le mal devant le Seigneur, mais non pas autant que son père et sa mère : car il ôta les statues de Baal que son père avait fait faire.

3 Il demeura néanmoins toujours dans les péchés de Jéroboam, fils de Nabat, qui avait fait pécher Israël, et il ne s'en retira point.

4 Or Mésa, roi de Moab, nourrissait de grands troupeaux, et payait au roi d'Israël cent mille agneaux et cent mille moutons avec leur toison.

5 Mais après la mort d'Achab il rompit l'accord qu'il avait fait avec le roi d'Israël.

6 C'est pourquoi le roi Joram, étant sorti alors de Samarie, fit la revue de toutes les troupes d'Israël,

7 et envoya dire à Josaphat, roi de Juda : Le roi de Moab s'est soulevé contre moi ; venez avec moi pour le combattre. Josaphat lui répondit : J'irai avec vous : ce qui est à moi, est à vous : mon peuple est votre peuple, et mes chevaux sont vos chevaux.

8 Et il ajouta : Par quel chemin irons-nous ? Joram lui répondit : Par le désert de l'Idumée.

9 Le roi d'Israël, et le roi de Juda, et le roi d'Edom marchèrent donc avec leurs gens, et ils tournoyèrent par le chemin pendant sept jours. Mais il n'y avait point d'eau pour l'armée, ni pour les bêtes qui la suivaient.

10 Alors le roi d'Israël dit : Hélas ! hélas ! hélas ! Le Seigneur nous a ici joints trois rois ensemble, pour nous livrer entre les mains de Moab.

11 Josaphat répondit : N'y a-t-il point ici de prophète du Seigneur, pour implorer par lui la miséricorde du Seigneur ? L'un des serviteurs du roi d'Israël répondit : Il y a ici Elisée, fils de Saphat, qui versait de l'eau sur les mains d'Elie.

12 Josaphat dit : La parole du Seigneur est en lui. Alors le roi d'Israël, Josaphat, roi de Juda, et le roi d'Edom allèrent trouver Elisée :

13 et Elisée dit au roi d'Israël : Qu'y a-t-il entre vous et moi ? Allez-vous-en aux prophètes de votre père et de votre mère. Le roi d'Israël lui dit : D'où vient que le Seigneur a assemblé ces trois rois pour les livrer entre les mains de Moab ?

14 Elisée lui dit : Vive le Seigneur des armées en la présence duquel je suis ! si je ne respectais la personne de Josaphat, roi de Juda, je n'eusse pas seulement jeté les yeux sur vous, et ne vous eusse pas regardé.

15 Mais maintenant faites-moi venir un joueur de harpe. Et lorsque cet homme chantait sur sa harpe, la main du Seigneur fut sur Elisée, et il dit :

16 Voici ce que dit le Seigneur : Faites plusieurs fosses le long du lit de ce torrent.

17 Car voici ce que dit le Seigneur : Vous ne verrez ni vent ni pluie, et *néanmoins* le lit de ce torrent sera rempli d'eau, et vous boirez, vous, vos serviteurs et vos bêtes.

18 Et ceci n'est encore qu'une petite partie de ce que le Seigneur veut faire pour vous : mais de plus, il livrera Moab entre vos mains.

19 Vous détruirez toutes les villes fortes, toutes les places les plus importantes ; vous couperez par le pied tous les arbres fruitiers ; vous boucherez toutes les fontaines ; et vous couvrirez de pierres tous les champs les plus fertiles.

20 Le lendemain matin, sur l'heure qu'on a accoutumé d'offrir le sacrifice, les eaux vinrent tout d'un coup le long du chemin d'Edom, et la terre fut remplie d'eaux.

21 Les Moabites ayant appris que ces rois étaient venus pour les combattre, assemblèrent tous ceux qui portaient les armes, et vinrent *tous ensemble* les attendre sur leurs frontières.

22 Et s'étant levés dès le point du jour, dès que les rayons du soleil brillèrent sur les eaux, elles leur parurent rouges comme du sang ;

23 et ils s'entre-dirent : C'est l'épée qui a répandu tant de sang. Les rois se sont battus l'un contre l'autre, et se sont entre-tués. Moabites, marchez *hardiment* pour *enlever* les dépouilles.

24 Ils vinrent donc au camp d'Israël ; mais les Israélites sortant tout d'un coup, battirent les Moabites, qui s'enfuirent devant eux. Les victorieux les poursuivant, les taillèrent en pièces,

25 détruisirent leurs villes, remplirent tous les champs les plus fertiles de pierres que chacun vint y jeter, bouchèrent toutes les fontaines, abattirent tous les arbres fruitiers, et ne laissèrent sur pied que les murailles faites de terre. La ville aussi fut investie par les frondeurs, et une grande partie *des murailles* fut abattue *par les pierres qu'on jetait avec des machines*.

26 Le roi de Moab, voyant qu'il ne pouvait plus résister aux ennemis, prit avec lui sept cents hommes de guerre, pour forcer le quartier du roi d'Edom : mais ils ne purent en venir à bout.

27 Alors prenant son fils aîné qui devait régner après lui, il l'offrit en holocauste sur la muraille. *Ce que* les Israélites *ayant vu, ils* eurent horreur d'une action si barbare. Et s'étant retirés aussitôt de dessus les terres de Moab, ils s'en retournèrent en leur pays.

CHAPITRE IV.

ALORS une femme de l'un des prophètes vint crier à Elisée, et lui dit : Mon mari, qui était votre serviteur, est mort, et vous savez que votre serviteur craignait le Seigneur ; et maintenant son créancier vient pour prendre mes deux fils et en faire ses esclaves.

2 Elisée lui dit : Que voulez-vous que je fasse ? Dites-moi, qu'avez-vous dans votre maison ? Elle répondit : Votre servante n'a dans sa maison qu'un peu d'huile pour m'en oindre.

3 Elisée lui dit : Allez, empruntez de vos voisins un grand nombre de vaisseaux vides ;

4 et étant rentrée *dans votre maison*, fermez la porte sur vous. Et vous tenant au dedans, vous et vos fils, versez de cette huile que vous avez dans tous ces vases, et quand ils seront pleins, vous les ôterez.

5 Cette femme s'en alla donc *faire ce qu'Elisée lui avait dit*. Elle ferma la porte sur elle et sur ses enfants : ses enfants lui présentaient les vaisseaux, et elle versait de l'huile dedans.

6 Et lorsque *tous* les vaisseaux furent remplis, elle dit à son fils : Apportez-moi encore un vaisseau. Il lui répondit : Je n'en ai plus. Et l'huile s'arrêta.

7 Cette femme alla rendre compte de tout à l'homme de Dieu, qui lui dit : Allez, vendez cette huile, rendez à votre créancier *ce qui lui est dû ;* ensuite, vous et vos fils, vivez du reste.

8 Un jour Elisée passait par Sunam, et une femme fort considérable le retint par force pour manger ; et passant souvent par là, il allait loger chez elle pour y manger.

9 Alors cette femme dit à son mari : Je vois que cet homme qui passe souvent chez nous est un homme de Dieu, *et un saint*.

10 Faisons-lui donc faire une petite chambre, et mettons-y un petit lit, une table, un siège et un chandelier, afin que lorsqu'il viendra nous voir, il demeure là.

11 Un jour donc Elisée étant venu *à Sunam*, il alla loger en cette chambre, et y reposa.

12 Il dit ensuite à Giézi, son serviteur : Faites venir cette Sunamite. Giézi l'ayant fait venir, et elle se tenant devant lui,

13 il dit à son serviteur : Dites-lui *de ma part :* Vous nous avez rendu avec soin toutes sortes de services ; que voulez-vous donc que je fasse pour vous ? Avez-vous quelque affaire, et voulez-vous que je parle *pour vous* au roi, ou au général de ses armées ? Elle lui répondit : Je demeure ici *en paix* au milieu de mon peuple.

14 Elisée dit à Giézi : Que veut-elle donc que je fasse pour elle ? Giézi lui répondit : Il n'est pas besoin de le lui demander : car elle n'a point de fils, et son mari est déjà vieux.

15 Elisée commanda donc à Giézi, de faire venir cette femme ; et étant venue, elle se tenait devant la porte *de la chambre*.

16 Elisée lui dit : Dans un an, en ce même temps et à cette même heure, si Dieu vous conserve la vie, vous aurez un fils dans vos entrailles. Elle lui répondit : Non, mon seigneur, non, homme de Dieu, ne trompez pas, je vous prie, votre servante.

17 Cette femme conçut ensuite, et elle enfanta un fils au même temps et à la même heure qu'Elisée lui avait dit.

18 L'enfant crût ; et étant un jour allé trouver son père qui était avec ses moissonneurs,

19 il lui dit : La tête me fait mal, la tête me fait mal. Son père dit à un de ses serviteurs : Prenez cet enfant, et menez-le à sa mère.

20 Il le prit, et le porta à sa mère ; et elle l'ayant tenu sur ses genoux jusqu'à midi, il mourut.

21 Elle monta ensuite *à la chambre de l'homme de Dieu*, et elle mit l'enfant sur son lit, et ayant fermé la porte, elle vint trouver son mari,

22 et lui dit : Envoyez avec moi, je vous prie, un de vos serviteurs, et je prendrai l'ânesse pour courir jusqu'à l'homme de Dieu, et m'en revenir.

23 Son mari lui répondit : D'où vient que vous allez le trouver ? Ce n'est point aujourd'hui le premier jour du mois, ni un jour de sabbat. Elle lui répondit : Je suis bien aise d'y aller.

24 Elle fit *donc* seller l'ânesse, et dit à son serviteur : Menez-moi en diligence ; que rien ne m'arrête dans mon voyage, et faites tout ce que je vous ordonne.

25 S'étant donc mise en chemin, elle vint trouver l'homme de Dieu sur la montagne du Carmel ; et l'homme de Dieu l'ayant aperçue qui venait à lui, il dit à Giézi, son serviteur : Voilà cette Sunamite.

26 Allez au-devant d'elle, et dites-lui : Tout va-t-il bien chez vous ? Vous et votre mari, et votre fils, se portent-ils bien ? Et elle lui répondit : Fort bien.

27 Et étant venue trouver l'homme de Dieu sur la montagne, elle se jeta à ses pieds, et Giézi s'approcha d'elle pour la retirer. Mais l'homme de Dieu lui dit : Laissez-la ; son âme est dans l'amertume, et le Seigneur me l'a caché, et ne me l'a point fait connaître.

28 Alors cette femme lui dit : Vous ai-je demandé un fils, mon seigneur ? Ne vous ai-je pas dit : Ne me trompez point ?

29 Elisée dit à Giézi : Ceignez vos reins ; prenez mon bâton à votre main, et allez-vous-en. Si vous rencontrez quelqu'un, ne le saluez point ; et si quelqu'un vous salue, ne lui répondez point ; et mettez mon bâton sur le visage de l'enfant.

30 Mais la mère de l'enfant dit *à Elisée :* Vive le Seigneur, et vive votre âme ! je ne vous quitterai point. Il partit donc, et la suivit.

31 Cependant Giézi était allé devant eux, et il avait mis le bâton *d'Elisée* sur le visage de l'enfant. Mais ni la parole ni le sentiment ne lui étaient point revenus. Il retourna donc au-devant de son maître, et vint lui dire : L'enfant n'est point ressuscité.

32 Elisée entra ensuite dans la maison, et il trouva l'enfant mort couché sur son lit.

33 Il ferma aussitôt la porte sur lui et sur l'enfant, et pria le Seigneur.

34 Après cela il monta *sur le lit* et se coucha sur l'enfant. Il mit sa bouche sur sa bouche, ses yeux sur ses yeux, et ses mains sur ses mains, et il se courba sur l'enfant ; et la chair de l'enfant fut échauffée.

35 Et étant descendu *de dessus le lit*, il se promena et fit deux tours dans la chambre. Il remonta encore *sur le lit* et se coucha sur l'enfant. Alors l'enfant bâilla sept fois, et ouvrit les yeux.

36 Elisée ensuite appela Giézi, et lui dit : Faites venir cette Sunamite. Elle vint aussitôt, et elle entra dans la chambre. Elisée lui dit : Emmenez votre fils.

37 Cette femme s'approcha de lui, et se jeta à ses pieds, et elle adora sur la terre ; et ayant pris son fils, elle s'en alla.

38 Elisée retourna à Galgala. Or la famine était en ce pays-là, et les enfants des prophètes demeuraient avec Elisée. Il dit donc à l'un de ses serviteurs : Prenez un grand pot, et préparez à manger pour les enfants des prophètes.

39 Et l'un d'eux étant sorti dehors pour cueillir des herbes des champs, il trouva une espèce de vigne sauvage ; et il en cueillit des coloquintes sauvages plein son manteau. Etant revenu, il les coupa par morceaux et les mit cuire dans le pot : car il ne savait ce que c'était.

40 Ils servirent ensuite à manger aux disciples d'Elisée, qui en ayant goûté, s'écrièrent : Homme de Dieu, il y a un poison mortel dans ce pot. Et ils ne purent en manger.

41 Elisée leur dit : Apportez-moi de la farine. Ils lui en apportèrent. Il la mit dans le pot, et leur dit : Servez-en maintenant à tout le monde, afin que chacun en mange. Et il n'y eut plus ensuite aucune amertume dans le pot.

42 Et il vint un homme de Baalsalisa qui portait à l'homme de Dieu des pains des prémices, vingt pains d'orge, et du froment nouveau dans sa besace. Elisée dit *à son serviteur :* Donnez *ces pains* à manger au peuple.

43 Son serviteur lui répondit : Qu'est-ce que cela pour servir à cent personnes ? Il redit encore : Donnez *ce pain* à manger au peuple : car voici ce que dit le Seigneur : Ils mangeront, et il y en aura de reste.

44 Il servit donc ces pains devant ces personnes ; ils en mangèrent, et il y en eut de reste, selon la parole du Seigneur.

CHAPITRE V.

NAAMAN, général de l'armée du roi de Syrie, était un homme puissant et en grand honneur auprès du roi, son maître, parce que le Seigneur avait sauvé par lui la Syrie. Il était vaillant et riche, mais lépreux.

2 Or quelques brigands étant sortis de Syrie, avaient emmené captive une petite fille du pays d'Israël, qui fut *depuis mise* au service de la femme de Naaman.

3 Cette fille dit à sa maîtresse : Plût à Dieu que mon seigneur eût été trouver le prophète qui est à Samarie. Il l'aurait sans doute guéri de sa lèpre.

4 Sur cela Naaman vint trouver son maître, et lui dit : Une fille d'Israël a dit telle et telle chose.

5 Le roi de Syrie lui répondit : Allez, j'écrirai *pour vous* au roi d'Israël. Il partit donc *de Syrie ;* il prit avec lui dix talents d'argent, six mille écus d'or, et dix habillements neufs,

6 et porta au roi d'Israël la lettre *du roi de Syrie*, qui était conçue en ces termes : Lorsque vous aurez reçu cette lettre, vous saurez que je vous ai envoyé Naaman, mon serviteur, afin que vous le guérissiez de sa lèpre.

7 Le roi d'Israël ayant reçu cette lettre, déchira ses vêtements, et dit : Suis-je un Dieu pour pouvoir ôter et rendre la vie ? Pourquoi m'envoyer ainsi un homme, afin que je le guérisse de sa lèpre ? Vous voyez que ce prince ne cherche qu'une occasion pour rompre avec moi.

8 Elisée, homme de Dieu, ayant appris que le roi d'Israël avait déchiré ainsi ses vêtements, lui envoya dire : Pourquoi avez-vous déchiré vos vêtements ? Que cet homme vienne à moi, et qu'il sache qu'il y a un prophète dans Israël.

9 Naaman vint donc avec ses chevaux et ses chariots, et se tint à la porte de la maison d'Elisée.

10 Et Elisée lui envoya une personne pour lui dire : Allez vous laver sept fois dans le Jourdain, et votre chair sera guérie et deviendra nette.

11 Naaman tout fâché commençait à se retirer, en disant : Je croyais qu'il viendrait me trouver, et que se tenant debout, il invoquerait le nom du Seigneur, son Dieu, qu'il toucherait de sa main ma lèpre, et qu'il me guérirait.

12 N'avons-nous pas à Damas les fleuves d'Abana et de Pharphar, qui sont meilleurs que tous ceux d'Israël, pour m'y laver, et me rendre le corps net ? Comme donc il avait déjà tourné

le visage, et qu'il s'en allait tout indigné,

13 ses serviteurs s'approchèrent de lui, et lui dirent : Père, quand le prophète vous aurait ordonné quelque chose de bien difficile, vous auriez dû néanmoins le faire : combien donc devez-vous plutôt lui obéir, lorsqu'il vous a dit : Allez vous laver, et vous deviendrez net !

14 Il s'en alla *donc*, et se lava sept fois dans le Jourdain, selon que l'homme de Dieu lui avait ordonné ; et sa chair devint comme la chair d'un petit enfant, et il fut guéri *de sa lèpre*.

15 Après cela il retourna avec toute sa suite pour voir l'homme de Dieu, et il vint se présenter devant lui, et lui dit : Je sais certainement qu'il n'y a point d'autre Dieu dans toute la terre que *celui qui est* dans Israël. Je vous conjure donc de recevoir ce que votre serviteur vous offre.

16 Elisée lui répondit : Vive le Seigneur devant lequel je suis présentement ! je ne recevrai rien de vous. Et quelque instance que fît Naaman, il ne voulut jamais se rendre.

17 Naaman lui dit donc : Il faut faire ce que vous voulez ; mais je vous conjure de me permettre d'emporter la charge de deux mulets de la terre de ce pays. Car à l'avenir votre serviteur n'offrira plus d'holocaustes ou de victimes aux dieux étrangers ; mais il ne sacrifiera qu'au Seigneur.

18 Il n'y a qu'une chose pour laquelle je vous supplie de prier le Seigneur pour votre serviteur, qui est, que lorsque le roi, mon seigneur, entrera dans le temple de Remmon pour adorer en s'appuyant sur ma main, si j'adore dans le temple de Remmon, lorsqu'il y adorera lui-même, que le Seigneur me le pardonne.

19 Elisée lui répondit : Allez en paix. Naaman se sépara ainsi de lui, et il avait déjà fait une lieue de chemin,

20 lorsque Giézi qui servait l'homme de Dieu, dit en *lui-même* : Mon maître a épargné ce Naaman de Syrie, et n'a voulu rien prendre. Vive le Seigneur ! je courrai après lui, et j'en recevrai quelque chose.

21 Giézi s'en alla donc après Naaman, et Naaman le voyant courir vers lui, descendit promptement de son chariot, vint au-devant de lui, et lui dit : Tout va-t-il bien ?

22 Giézi lui répondit : Fort bien. Mon maître m'a envoyé vous dire, que deux jeunes hommes des enfants des prophètes lui sont arrivés tout à l'heure de la montagne d'Ephraïm. Il vous prie de me donner pour eux un talent d'argent et deux habits.

23 Naaman lui dit : Il vaut mieux que je vous donne deux talents. Et il le contraignit *de les recevoir ;* et ayant mis les deux talents d'argent et les deux habits dans deux sacs qu'il lia, il en chargea deux de ses serviteurs qui les portèrent devant Giézi.

24 Le soir étant venu, il les prit de leurs mains et les serra dans sa maison, et renvoya ces gens qui s'en retournèrent.

25 Giézi entra ensuite et vint se présenter devant son maître. Et Elisée lui dit : D'où venez-vous, Giézi ? Giézi lui répondit : Votre serviteur n'a été nulle part.

26 Mais Elisée lui répondit : Mon cœur n'était-il pas présent *avec vous*, lorsque cet homme est descendu de son chariot pour aller au-devant de vous ? Maintenant donc vous avez reçu de l'argent et des habits pour acheter des plants d'oliviers, des vignes, des bœufs, des brebis, des serviteurs et des servantes.

27 Mais aussi la lèpre de Naaman s'attachera à vous et à toute votre race pour jamais. Et Giézi se retira d'avec son maître tout couvert d'une lèpre blanche comme la neige.

CHAPITRE VI.

UN jour les enfants des prophètes dirent à Elisée : Vous voyez que ce lieu-ci où nous demeurons avec vous est trop petit pour nous.

2 Permettez-nous d'aller jusqu'au Jourdain, afin que chacun de nous prenne du bois de la forêt, et que nous nous bâtissions là un logement où nous puissions demeurer. Elisée leur répondit : Allez.

3 L'un d'eux lui dit : Venez donc aussi vous-même avec vos serviteurs. Il lui répondit : J'irai.

4 Et il s'en alla avec eux. Lorsqu'ils furent venus jusqu'au Jourdain, ils commencèrent à couper du bois.

5 Mais il arriva que comme l'un d'eux abattait un arbre, le fer de sa cognée tomba dans l'eau. Aussitôt il s'écria, et dit *à Elisée* : Hélas ! mon seigneur, hélas ! j'avais emprunté cette cognée.

6 L'homme de Dieu lui dit : Où *le fer* est-il tombé ? Il lui montra l'endroit. Elisée coupa donc un morceau de bois et le jeta au même endroit, et le fer *revint et* nagea sur l'eau.

7 Elisée lui dit : Prenez-le. Il étendit sa main, et le prit.

8 Le roi de Syrie combattait un jour contre Israël ; et tenant conseil avec ses officiers, il leur dit : Il faut que nous dressions une embuscade en tel et tel endroit.

9 L'homme de Dieu envoya donc dire au roi d'Israël : Prenez garde de ne pas passer par là, parce que les Syriens doivent y dresser une embuscade.

10 Le roi d'Israël envoya au lieu que lui avait dit l'homme de Dieu, et il s'en saisit le premier, et il se garda ainsi *des Syriens* plus d'une et deux fois.

11 Le cœur du roi de Syrie fut troublé de cet accident, et ayant assemblé ses serviteurs, il leur dit : Pourquoi ne me découvrez-vous point qui est celui qui me trahit auprès du roi d'Israël ?

12 L'un de ses officiers lui répondit : Ce n'est point qu'on vous trahisse, ô roi, mon seigneur ! mais c'est le prophète Elisée qui est en Israël, qui découvre au roi d'Israël tout ce que vous dites *en secret* dans votre chambre.

13 Il leur répondit : Allez, voyez où il est, afin que j'envoie le prendre. Ils vinrent donc l'avertir, et ils lui dirent : Elisée est à Dothan.

14 *Le roi de Syrie* y envoya aussitôt de la cavalerie, des chariots et ses meilleures troupes ; et étant arrivés la nuit, ils investirent la ville.

15 Le serviteur de l'homme de Dieu se levant au point ; du jour, sortit dehors ; et ayant vu l'armée autour de la ville, la cavalerie et les chariots, il vint en avertir son maître, et lui dit : Hélas ! mon seigneur, hélas ! que ferons-nous ?

16 Elisée lui répondit : Ne craignez point : car il y a plus de monde avec nous, qu'il n'y en a avec eux.

17 En même temps Elisée faisant sa prière, dit à Dieu : Seigneur ! ouvrez-lui les yeux afin qu'il voie. Le Seigneur ouvrit les yeux de ce serviteur, et il vit aussitôt la montagne pleine de chevaux et de chariots de feu qui étaient autour d'Elisée.

18 Cependant les ennemis vinrent à lui ; et Elisée fit sa prière au Seigneur, et lui dit : *Seigneur !* frappez, je vous prie, tout ce peuple d'aveuglement. Et aussitôt le Seigneur les frappa d'aveuglement, selon la prière d'Elisée.

19 Alors Elisée leur dit : Ce n'est pas ici le chemin ni la ville : suivez-moi, et je vous montrerai l'homme que vous cherchez. Il les mena donc dans Samarie ;

20 et lorsqu'ils furent entrés dans la ville, Elisée dit *à Dieu* : Seigneur ! ouvrez-leur les yeux, afin qu'ils voient. Le Seigneur leur ouvrit les yeux, et ils reconnurent qu'ils étaient au milieu de Samarie.

21 Le roi d'Israël les ayant vus, dit à Elisée : Mon père, ne les tuerai-je pas ?

22 Elisée lui répondit : Vous ne les tuerez point : car vous ne les avez point pris avec l'épée ni avec l'arc, pour *avoir droit de* les tuer. Mais faites-leur servir du pain et de l'eau, afin qu'ils mangent et qu'ils boivent, et qu'ils s'en retournent vers leur maître.

23 Le roi d'Israël leur fit donc servir une grande quantité de viandes ; et après qu'ils eurent mangé et bu, il les renvoya, et ils retournèrent vers leur maître. *Depuis ce temps*-là les Syriens ne vinrent plus par troupes pour piller les terres d'Israël.

24 Quelque temps après, Benadad, roi de Syrie, assembla toutes ses troupes, et vint assiéger Samarie.

25 Et la ville fut pressée d'une famine extrême, jusque-là que le siège continuant toujours, la tête d'un âne fut vendue quatre-vingts pièces d'argent ; et la quatrième partie d'un cab de fiente de pigeon, cinq pièces d'argent.

26 Et le roi d'Israël passant le long des murailles, une femme s'écria, *et* lui dit : O roi, mon seigneur ! sauvez-moi.

27 Il lui répondit : Le Seigneur ne vous sauve pas, d'où prendrais-je de quoi vous sauver ? Serait-ce de l'aire ou du pressoir ? Et le roi ajouta : Que voulez-vous dire ? Elle lui répondit :

28 Voilà une femme qui m'a dit : Donnez votre fils, afin que nous le mangions aujourd'hui, et demain nous mangerons le mien.

29 Nous avons donc fait cuire mon fils, et nous l'avons mangé. Je lui ai dit le jour d'après : Donnez votre fils, afin que nous le mangions. Mais elle a caché son fils.

30 Le roi l'ayant entendue parler de la sorte, déchira ses vêtements. Et il passait le long des murailles, et tout le monde vit le cilice dont il était couvert sur sa chair.

31 Et le roi dit : Que Dieu me traite dans toute sa sévérité, si la tête d'Elisée, fils de Saphat, est sur ses épaules aujourd'hui *au soir*.

32 Cependant Elisée était assis dans sa maison, et des vieillards étaient assis avec lui. *Le roi* envoya donc un homme *pour le tuer* ; et avant que cet homme fût arrivé, *Elisée* dit à ces vieillards : Savez-vous que ce *prince*, fils d'un meurtrier, a envoyé ici un homme pour me couper la tête ? Prenez donc garde lorsqu'il arrivera ; fermez-lui la porte, et ne le laissez pas entrer : car j'entends le bruit des pieds de son seigneur qui vient après lui.

33 Lorsque Elisée parlait encore, on vit paraître cet homme qui venait à lui ; *mais le roi étant survenu, adressa la parole à Elisée*, et lui dit : Vous voyez l'extrême malheur où Dieu nous réduit : que puis-je attendre davantage du Seigneur ?

CHAPITRE VII.

ELISÉE lui répondit : Ecoutez la parole du Seigneur : Voici ce que dit le Seigneur : Demain à cette même heure, la mesure de pure farine se donnera pour un sicle à la porte de Samarie, et on aura pour un sicle deux mesures d'orge.

2 Un des grands de la cour, sur la main duquel le roi s'appuyait, répondit à l'homme de Dieu : Quand le Seigneur ferait pleuvoir des vivres du ciel, ce que vous dites pourrait-il être ? Elisée lui répondit : Vous le verrez de vos yeux, et vous n'en mangerez point.

3 Or il y avait près de la porte *de la ville* quatre lépreux qui se dirent l'un à l'autre : Pourquoi demeurons-nous ici, où nous ne pouvons attendre que la mort ?

4 Soit que nous entrions dans la ville, nous mourrons de faim ; soit que nous demeurions ici, nous ne pouvons éviter la mort. Allons-nous-en donc au camp des Syriens, et rendons-nous à eux. S'ils ont pitié de nous, nous vivrons ; et s'ils veulent nous tuer, nous mourrons comme nous ferions ici.

5 Ils partirent donc le soir pour aller au camp des Syriens. Et étant venus à l'entrée du camp, ils ne trouvèrent personne.

6 Car le Seigneur avait fait entendre dans le camp des Syriens un grand bruit *comme* de chariots, de chevaux, et d'une armée innombrable ; et les Syriens *l'entendant* s'étaient dit l'un à l'autre : Le roi d'Israël a fait venir à son secours contre nous les rois des Héthéens et des Egyptiens, et les voilà qui viennent *tous fondre* sur nous.

7 Et en même temps ils avaient *tous* fui pendant la nuit, abandonnant dans leur camp leurs tentes, leurs chevaux et leurs ânes, et tous s'en étaient allés çà et là, ne pensant qu'à sauver leur vie.

8 Ces lépreux étant donc venus à l'entrée du camp *des Syriens*, entrèrent dans une tente, où ils mangèrent et burent : et ayant pris de l'argent, de l'or et des vêtements, ils s'en allèrent les cacher ; et étant retournés, ils entrèrent dans une autre tente, et en emportèrent de même diverses choses qu'ils cachèrent.

9 Alors ils se dirent l'un à l'autre : Nous ne faisons pas bien : car ce jour est un jour de bonne nouvelle. Si nous demeurons dans le silence, et si nous n'en donnons point avis avant demain matin, on nous en fera un crime. Allons donc porter cette nouvelle à la cour du roi.

10 Lorsqu'ils furent venus à la porte de la ville, ils parlèrent *à ceux qui étaient en garde*, et leur dirent : Nous avons été au camp des Syriens, et nous n'y avons pas trouvé un seul homme, mais seulement des chevaux et des ânes qui y sont liés, et leurs tentes qui y sont encore dressées.

11 Les gardes de la porte allèrent au palais du roi, et ils firent entendre cette nouvelle à ceux du dedans.

12 En même temps le roi se leva, quoiqu'il fût nuit, et dit à ses officiers : Je vois bien le dessein des Syriens contre nous. Comme ils savent que la faim nous presse, ils sont sortis de leur camp et se sont cachés *quelque part* à la campagne, en disant : Ils sortiront de la ville, et alors nous les prendrons vifs, et nous entrerons sans peine dans la ville.

13 L'un des serviteurs du roi lui répondit : Il y a encore cinq chevaux qui sont restés seuls de ce grand nombre qui était dans Israël, tous les autres ayant été mangés ; prenons-les, et envoyons *des gens* pour connaître *l'état des ennemis*.

14 On amena donc deux chevaux. Et le roi envoya *deux hommes* dans le camp des Syriens, et leur dit : Allez et voyez.

15 Ils allèrent donc après les Syriens jusqu'au Jourdain, et ils trouvèrent que tous les chemins étaient pleins de vêtements et d'armes que les Syriens avaient jetés dans le trouble où ils étaient ; et les coureurs étant revenus, en rendirent compte au roi.

16 Le peuple aussitôt sortit *de la ville*, et pilla le camp des Syriens ; et la mesure de pure farine fut vendue un sicle, et on donna pour un sicle deux mesures d'orge, selon la parole du Seigneur.

17 Or le roi avait mis à la porte *de la ville* cet officier sur la main duquel il avait coutume de s'appuyer, et la foule du peuple fut si grande à l'entrée de la porte *de la ville*, qu'il fut étouffé, et mourut, selon que l'homme de Dieu le lui avait prédit, lorsque le roi vint le trouver chez lui.

18 C'est ainsi que fut accompli ce qu'avait prédit l'homme de Dieu, lorsqu'il dit au roi : Demain à cette même heure, on donnera à la porte de Samarie pour un sicle deux mesures d'orge, et la mesure de pure farine ne vaudra qu'un sicle ;

19 et lorsque cet officier ayant dit à l'homme de Dieu, Quand le Seigneur ferait pleuvoir des vivres du ciel, ce que vous dites pourrait-il être ? l'homme de Dieu lui répondit, Vous le verrez de vos yeux, et vous n'en mangerez point.

20 Car ce qu'Elisée avait prédit lui arriva : et le peuple l'ayant foulé aux pieds, il mourut à la porte *de la ville*.

CHAPITRE VIII.

OR Elisée avait parlé à cette femme dont il avait ressuscité le fils, et il lui avait dit : Allez-vous-en, vous et votre famille, et sortez de votre pays pour demeurer partout où vous pourrez : car le Seigneur a appelé la famine, et elle viendra sur la terre d'Israël pendant sept ans.

2 Cette femme fit donc ce que l'homme de Dieu lui avait dit : elle s'en alla avec sa famille hors de son pays, et demeura longtemps dans la terre des Philistins.

3 Après que les sept années *de famine* furent passées, cette femme revint du pays des Philistins, et alla trouver le roi pour lui demander d'être rétablie dans sa maison et dans ses terres.

4 Le roi parlait alors avec Giézi, serviteur de l'homme de Dieu, et lui disait : Contez-moi toutes les merveilles qu'a faites Elisée.

5 Et comme Giézi rapportait au roi de quelle manière Elisée avait ressuscité un mort, cette femme dont il avait ressuscité le fils, vint se présenter au roi, le conjurant de lui faire rendre sa maison et ses terres. Alors Giézi dit : O roi, mon seigneur ! voilà cette femme, et c'est là son fils qu'Elisée a ressuscité.

6 Le roi ayant interrogé la femme *même*, elle lui rapporta *comment tout s'était passé*. Alors le roi envoya avec elle un eunuque, auquel il dit : Faites-lui rendre tout ce qui est à elle, et le revenu de toutes ses terres, depuis le jour qu'elle est sortie du pays jusqu'aujourd'hui.

7 Elisée vint aussi à Damas, et Benadad, roi de Syrie, était *alors* malade. Et ses gens lui dirent : L'homme de Dieu est venu en ce pays.

8 Sur quoi le roi dit à Hazaël : Prenez des présents, allez au-devant de l'homme de Dieu, et consultez par lui le Seigneur, pour savoir si je pourrai relever de cette maladie.

9 Hazaël alla donc au-devant de l'homme de Dieu, menant avec lui quarante chameaux chargés de présents, de tout ce qu'il y avait de plus précieux à Damas. Hazaël s'étant présenté devant Elisée, lui dit : Benadad, roi de Syrie, votre fils, m'a envoyé vers vous, pour savoir s'il pourra relever de sa maladie.

10 Elisée lui répondit : Allez, dites-lui : Vous guérirez. Mais le Seigneur m'a fait voir qu'il mourra assurément.

11 Et l'homme de Dieu étant devant Hazaël, se trouva ému, et son émotion parut même sur son visage, et il versa des larmes.

12 Hazaël lui dit : Pourquoi mon seigneur pleure-t-il ? Elisée lui répondit : Parce que je sais combien de maux vous devez faire aux enfants d'Israël. Vous brûlerez leurs villes fortes, vous tuerez par l'épée leurs jeunes hommes, vous écraserez contre terre leurs petits enfants, et vous fendrez le ventre aux femmes grosses.

13 Hazaël lui dit : Qui suis-je moi, votre serviteur, qui ne suis qu'un chien, pour faire de si grandes choses ? Elisée lui répondit : Le Seigneur m'a fait voir que vous serez roi de Syrie.

14 Hazaël ayant quitté Elisée, vint retrouver son maître, qui lui dit : Que vous a dit Elisée ? Il lui répondit : Il m'a dit que vous recouvrerez la santé.

15 Le lendemain Hazaël prit une couverture, qu'il trempa dans l'eau, et l'étendit sur le visage du roi ; et le roi étant mort, Hazaël régna en sa place.

16 La cinquième année de Joram, fils d'Achab, roi d'Israël, et de Josaphat, roi de Juda, Joram, fils de Josaphat, roi de Juda, monta sur le trône.

17 Il avait trente-deux ans lorsqu'il commença à régner, et il régna huit ans dans Jérusalem.

18 Il marcha dans les voies des rois d'Israël, comme la maison d'Achab y avait marché, parce que sa femme était fille d'Achab ; et il fit le mal devant le Seigneur.

19 Mais le Seigneur ne voulut pas perdre entièrement Juda, à cause de David, son serviteur, selon la promesse qu'il lui avait faite, de lui conserver toujours une lampe luisante dans la suite de ses descendants.

20 Pendant le temps de son règne, Edom secoua le joug de Juda pour ne lui être plus assujetti, et il s'établit un roi.

21 Mais Joram étant venu à Séir avec tous ses chariots, sortit la nuit contre les Iduméens qui l'avaient environné, et il tailla en pièces leur armée et ceux qui commandaient leurs chariots, et ce peuple s'enfuit dans ses tentes.

22 Depuis ce temps-là donc Edom se retira de Juda, ne voulant plus lui être assujetti, comme il ne l'est plus encore aujourd'hui. En ce même temps Lobna se retira aussi *de la domination de Juda*.

23 Le reste des actions de Joram, et tout ce qu'il a fait, est écrit dans les Annales des rois de Juda.

24 Joram s'endormit avec ses pères. Il fut enseveli avec eux dans la ville de David : et son fils Ochozias régna en sa place.

25 La douzième année de Joram, fils d'Achab, roi d'Israël, Ochozias, fils de Joram, roi de Juda, monta sur le trône.

26 Il avait vingt-deux ans quand il commença à régner, et il régna un an dans Jérusalem. Sa mère s'appelait Athalie, et était *petite-fille* d'Amri, roi d'Israël.

27 Il marcha dans les voies de la maison d'Achab, et il fit le mal devant le Seigneur comme la maison d'Achab, parce qu'il était *fils d'un* gendre de la maison d'Achab.

28 Il marcha aussi avec Joram, fils d'Achab, pour combattre contre Hazaël, roi de Syrie, à Ramoth de Galaad ; et Joram fut blessé par les Syriens.

29 Il revint à Jezrahel pour se faire traiter de la blessure qu'il avait reçue à Ramoth, combattant contre Hazaël, roi de Syrie. Et Ochozias, fils de Joram, roi de Juda, vint à Jezrahel pour voir Joram, fils d'Achab ; parce qu'il y était malade.

CHAPITRE IX.

EN ce même temps le prophète Elisée appela un des enfants des prophètes, et lui dit : Ceignez-vous les reins, prenez en votre main cette petite fiole d'huile, et allez à Ramoth de Galaad.

2 Quand vous serez là, vous verrez Jéhu, fils de Josaphat, fils de Namsi ; et vous approchant de lui, vous le prierez de sortir d'avec ses frères, et d'entrer dans une chambre secrète.

3 Vous prendrez ensuite cette petite fiole d'huile, et vous la lui répandrez sur la tête, en *lui* disant : Voici ce que dit le Seigneur : Je vous ai sacré roi d'Israël. Aussitôt vous ouvrirez la porte, et vous vous enfuirez sans demeurer là davantage.

4 Le jeune homme, serviteur du prophète, alla donc aussitôt à Ramoth de Galaad.

5 Il entra au lieu où les principaux officiers de l'armée étaient assis, et il dit *à Jéhu* : Prince, j'ai un mot à vous dire. Jéhu lui dit : A qui d'entre nous voulez-vous parler ? Il lui répondit : A vous, prince.

6 Jéhu se leva donc, et entra dans une chambre, et le jeune homme lui répandit l'huile sur la tête, et *lui* dit : Voici ce que dit le Seigneur, le Dieu d'Israël : Je vous ai sacré roi sur Israël, le peuple du Seigneur.

7 Vous exterminerez la maison d'Achab, votre seigneur : je vengerai ainsi de la main *cruelle* de Jézabel le sang des prophètes, mes serviteurs, et le sang de tous les serviteurs du Seigneur.

8 Je perdrai toute la maison d'Achab, et je tuerai de la maison d'Achab jusqu'aux petits enfants, jusqu'aux animaux, depuis le premier jusqu'au dernier dans Israël.

9 Et je traiterai la maison d'Achab comme j'ai traité la maison de Jéroboam, fils de Nabat, et la maison de Baasa, fils d'Ahia.

10 Jézabel sera aussi mangée par les chiens dans le champ de Jezrahel ; et il ne se trouvera personne pour l'ensevelir. Ensuite il ouvrit la porte, et s'enfuit.

11 Jéhu rentra aussitôt au lieu où étaient les officiers de son maître, qui lui dirent : Tout va-t-il bien ? Qu'est-ce que cet insensé est venu vous dire ? Jéhu leur dit : Vous connaissez le personnage, et ce qu'il a pu me dire.

12 Ils lui répondirent : Point du tout ; mais contez-le-nous plutôt vous-même. Jéhu leur dit : Il m'a déclaré telle et telle chose, et il a ajouté : Voici ce que dit le Seigneur : Je vous ai sacré roi sur Israël.

13 Ils se levèrent aussitôt, et chacun d'eux prenant son manteau, ils les mirent sous ses pieds, en firent comme une espèce de trône, et sonnant de la trompette, ils crièrent : Jéhu est notre roi.

14 Jéhu, fils de Josaphat, fils de Namsi, fit donc une conjuration contre Joram. Or Joram ayant déclaré la guerre à Hazaël, roi de Syrie, avait assiégé Ramoth de Galaad, avec toute l'armée d'Israël,

15 et ayant été blessé par les Syriens lorsqu'il combattait contre Hazaël, roi de Syrie, il était venu à Jezrahel pour se faire traiter de ses blessures ; et Jéhu dit *à ceux de son parti :* Donnez ordre, je vous prie, que personne ne s'enfuie hors de la ville, de peur qu'il n'aille porter cette nouvelle a Jezrahel.

16 Il partit aussitôt, et marcha vers Jezrahel, où Joram était malade ; et Ochozias, roi de Juda, y était allé pour voir Joram.

17 La sentinelle qui était au haut de la tour de Jezrahel, vit Jéhu avec sa troupe qui venait, et il dit : Je vois une troupe *de gens*. Joram dit *à l'un de ceux qui l'accompagnaient :* Prenez un chariot, et envoyez-le au-devant de ces gens-là, et que celui qui le conduira leur dise : Apportez-vous la paix ?

18 Celui donc qui était monté sur le chariot, alla au-devant de Jéhu, et lui dit : Apportez-vous la paix ? Jéhu lui répondit : Qu'y a-t-il de commun entre vous et la paix ? Passez, et suivez-moi. La sentinelle en donna aussitôt avis, et dit : Celui qu'on avait envoyé est allé à eux ; mais il ne retourne point.

19 Joram *en* envoya encore un autre avec un autre chariot, lequel étant venu vers Jéhu, lui dit : Le roi m'a commandé de savoir de vous si vous apportez la paix. Qu'y a-t-il de commun entre vous et la paix ? dit Jéhu. Passez, et suivez-moi.

20 La sentinelle en avertit aussitôt, et dit : *Celui qu'on avait envoyé* les a joints *encore ;* mais il ne retourne point. Celui qui

s'avance paraît, à sa démarche, être Jéhu, fils de Namsi : car il vient avec *une étrange* précipitation.

21 Alors Joram dit : Qu'on mette les chevaux à mon chariot. Et les chevaux y étant mis, Joram, roi d'Israël, et Ochozias, roi de Juda, marchèrent chacun dans leur chariot, allèrent au-devant de Jéhu, et le trouvèrent dans le champ de Naboth de Jezrahel.

22 Joram ayant vu Jéhu, lui dit : Apportez-vous la paix ? Jéhu lui répondit : Quelle peut être cette paix, pendant que les fornications de Jézabel, votre mère, et ses enchantements, règnent encore en tant de manières ?

23 Joram aussitôt tourna bride, et prenant la fuite, dit à Ochozias : Nous sommes trahis, Ochozias.

24 En même temps Jéhu banda son arc, et frappa Joram d'une flèche entre les épaules. La flèche lui perça le cœur, et il tomba mort dans son chariot.

25 Jéhu dit aussitôt à Badacer, capitaine *de ses gardes :* Prenez-le, et le jetez dans le champ de Naboth de Jezrahel. Car je me souviens que lorsque nous suivions Achab, son père, et que nous étions vous et moi dans un même chariot, le Seigneur prononça contre lui cette prophétie, en disant :

26 Je jure *par moi-même,* dit le Seigneur, que je répandrai votre sang dans ce même champ, pour le sang de Naboth, et pour le sang de ses enfants, que je vous ai vu répandre hier, dit le Seigneur. Prenez-le donc maintenant, et le jetez dans le champ, selon la parole du Seigneur.

27 Ce qu'Ochozias, roi de Juda, ayant vu, il s'enfuit par le chemin de la maison du jardin ; et Jéhu le poursuivit, et dit *à ses gens :* Qu'on tue aussi celui-ci dans son chariot. Ils le frappèrent au lieu où l'on monte à Gaver, qui est près de Jéblaam ; et s'en étant fui à Mageddo, il y mourut.

28 Ses serviteurs l'ayant mis sur son chariot, le portèrent à Jérusalem, et l'ensevelirent avec ses pères dans la ville de David.

29 La onzième année de Joram, fils d'Achab, Ochozias régna sur Juda.

30 Jéhu vint ensuite à Jezrahel ; et Jézabel ayant appris son arrivée, se para les yeux avec du fard, mit ses ornements sur sa tête, et regarda par la fenêtre

31 Jéhu qui entrait dans le palais, et lui dit : Peut-on espérer quelque paix de *celui qui comme Zambri* a tué son maître ?

32 Jéhu levant la tête vers la fenêtre, dit : Qui est celle-là ? Et deux ou trois eunuques, *qui étaient en haut,* lui firent une profonde révérence.

33 Jéhu leur dit : Jetez-la du haut en bas. Aussitôt ils la jetèrent *par la fenêtre*, et la muraille fut teinte de son sang, et elle fut foulée aux pieds des chevaux.

34 Après que Jéhu fut entré *dans le palais* pour boire et pour manger, il dit à ses gens : Allez voir *ce qu'est devenue* cette malheureuse ; ensevelissez-la, parce qu'elle est fille de roi.

35 Et étant allés pour l'ensevelir, ils n'en trouvèrent que le crâne, les pieds, et l'extrémité des mains.

36 Et ils revinrent le dire à Jéhu, qui leur dit : C'est ce que le Seigneur avait prononcé par Elie de Thesbé, son serviteur, en disant : Les chiens mangeront la chair de Jézabel dans le champ de Jezrahel ;

37 et la chair de Jézabel sera dans le champ de Jezrahel comme le fumier sur la face de la terre, et tous ceux qui passeront diront *en la voyant :* Est-ce là cette Jézabel ?

CHAPITRE X.

OR Achab avait soixante et dix fils dans Samarie, et Jéhu écrivit des lettres qu'il envoya aux principaux de Samarie, aux anciens, et à ceux qui nourrissaient les enfants d'Achab, par lesquelles il leur mandait :

2 Aussitôt que vous aurez reçu ces lettres, vous qui avez *entre vos mains* les enfants de votre maître, des chariots, des chevaux, des villes fortes et des armes,

3 choisissez le plus considérable d'entre les fils de votre maître, et celui qui vous plaira davantage, et établissez-le sur le trône de son père, et combattez pour la maison de votre seigneur.

4 Ces gens furent saisis d'une grande crainte, *ayant lu ces lettres,* et ils dirent : Deux rois n'ont pu se soutenir contre lui, et comment donc pourrions-nous lui résister ?

5 Ainsi les maîtres du palais du roi, les principaux officiers de la ville, les anciens, et ceux qui nourrissaient les princes, envoyèrent dire à Jéhu : Nous sommes vos serviteurs, nous ferons tout ce que vous nous commanderez : nous ne nous choisirons point de roi ; mais faites tout ce qu'il vous plaira.

6 Il leur écrivit une seconde fois, et leur manda : Si vous êtes à moi, et que vous vouliez m'obéir, coupez les têtes des fils de votre roi, et venez me les apporter demain à cette même heure à Jezrahel. Or le roi *Achab* avait soixante et dix fils, qui étaient nourris chez les premières personnes de la ville.

7 Lorsque ces personnes eurent reçu les lettres de Jéhu, ils prirent les soixante et dix fils du roi, et les tuèrent ; ils mirent leurs têtes dans des corbeilles, et les envoyèrent à Jezrahel.

8 On vint donc donner cette nouvelle à Jéhu, et ses gens lui dirent : Ils ont apporté les têtes des enfants du roi. Sur quoi il leur dit : Mettez-les en deux tas à l'entrée de la porte, jusqu'à demain matin.

9 Le lendemain matin il sortit au point du jour, et se tenant devant tout le peuple, il leur dit : Vous êtes justes : si j'ai conjuré contre mon seigneur, et si je l'ai tué, qui est celui qui a tué tous ceux-ci ?

10 Considérez donc qu'il n'est tombé en terre aucune des paroles que le Seigneur avait prononcées contre la maison d'Achab, et que le Seigneur a accompli tout ce qu'il avait prédit par son serviteur Elie.

11 Jéhu fit mourir ensuite tout ce qui restait de la maison d'Achab dans Jezrahel, tous les grands de sa cour, ses amis, et les prêtres qui étaient à lui, sans qu'il restât rien de ce qui avait eu quelque liaison à sa personne.

12 Après cela il vint à Samarie ; et lorsqu'il était en chemin près d'une cabane de pasteurs,

13 il trouva les frères d'Ochozias, roi de Juda, et il leur dit : Qui êtes-vous ? Ils lui répondirent : Nous sommes les frères d'Ochozias : nous étions venus ici pour saluer les fils du roi et les fils de la reine.

14 Et Jéhu dit *à ses gens :* Prenez-les vifs. Et les ayant pris ainsi, ils les menèrent à une citerne près de cette cabane, où ils les égorgèrent, sans en laisser échapper un seul de quarante-deux qu'ils étaient.

15 Etant parti de là, il trouva Jonadab, fils de Réchab, qui venait au-devant de lui, et il le salua, et lui dit : Avez-vous le cœur droit à mon égard, comme le mien l'est à l'égard du vôtre ? Oui, lui répondit Jonadab. S'il est ainsi, dit Jéhu, donnez-moi la main. Jonadab la lui ayant présentée, Jéhu le fit monter dans son chariot,

16 et lui dit : Venez avec moi, et vous verrez mon zèle pour le Seigneur. Et l'ayant fait asseoir *ainsi* dans son chariot,

17 il le mena à Samarie. Etant entré dans la ville, il fit tuer tous ceux qui restaient de la maison d'Achab, sans en épargner un seul, selon la sentence que le Seigneur avait prononcée par Elie.

18 En même temps Jéhu fit assembler tout le peuple, et leur dit : Achab a rendu quelque honneur à Baal ; mais je veux lui en rendre plus que lui.

19 Qu'on me fasse donc venir maintenant tous les prophètes de Baal, tous ses ministres et tous ses prêtres ; qu'il n'y en manque pas un seul : car je veux faire un grand sacrifice à Baal ; quiconque ne s'y trouvera pas, sera puni de mort. Or ceci était un piège que Jéhu tendait aux adorateurs de Baal, pour les exterminer tous.

20 Jéhu dit encore : Qu'on publie une fête solennelle à *l'honneur de* Baal.

21 Et il envoya dans toutes les terres d'Israël pour appeler tous les ministres de Baal, qui y vinrent tous sans qu'il en manquât un seul. Ils entrèrent dans le temple de Baal, et la maison de Baal en fut remplie depuis un bout jusqu'à l'autre.

22 Il dit ensuite à ceux qui gardaient les vêtements : Donnez des vêtements à tous les ministres de Baal. Et ils leur en donnèrent.

23 Et Jéhu étant entré dans le temple de Baal, avec Jonadab, fils

de Réchab, dit aux adorateurs de Baal : Prenez bien garde qu'il n'y ait parmi vous aucun des ministres du Seigneur, mais seulement les adorateurs de Baal.

24 Ils entrèrent ensuite dans le temple pour offrir leurs victimes et leurs holocaustes. Or Jéhu avait donné ordre à quatre-vingts hommes de se tenir tout prêts hors du temple, et il leur avait dit : S'il échappe un seul homme de tous ceux que je vous livrerai entre les mains, votre vie me répondra de la sienne.

25 Après donc que l'holocauste eut été offert, Jéhu donna l'ordre à ses soldats et à ses officiers, et leur dit : Entrez, tuez, et qu'il ne s'en sauve pas un seul. Et les officiers *entrèrent* avec les soldats, les firent *tous* passer au fil de l'épée, et jetèrent hors du temple *leurs corps morts*. Ils allèrent ensuite à la ville, où était le temple de Baal.

26 Ils tirèrent du temple la statue de Baal, et l'ayant brisée ils la brûlèrent.

27 Ils détruisirent aussi le temple de Baal, et ils firent à la place un lieu destiné pour les besoins de la nature, *qui y est demeuré jusqu'aujourd'hui*.

28 Ainsi Jéhu extermina Baal d'Israël.

29 Mais il ne se retira point des péchés de Jéroboam, fils de Nabat, qui avait fait pécher Israël ; et il ne quitta point les veaux d'or qui étaient à Béthel et à Dan.

30 Cependant le Seigneur dit à Jéhu : Parce que vous avez accompli avec soin ce qui était juste, et ce qui était agréable à mes yeux, et que vous avez exécuté contre la maison d'Achab tout ce que j'avais dans le cœur, vos enfants seront assis sur le trône d'Israël jusqu'à la quatrième génération.

31 Mais Jéhu n'eut pas soin de marcher de tout son cœur dans la loi du Seigneur, le Dieu d'Israël, et il ne se retira point des péchés de Jéroboam, qui avait fait pécher Israël.

32 En ce temps-là le Seigneur commença à se lasser d'Israël. Et Hazaël les tailla en pièces dans toutes leurs frontières,

33 depuis le Jourdain vers l'orient ; il ruina tout le pays de Galaad, de Gad, de Ruben et de Manassé, depuis Aroër qui est le long du torrent d'Arnon, et Galaad et Basan.

34 Le reste des actions de Jéhu, tout ce qu'il a fait, et sa valeur dans la guerre, a été écrit au livre des Annales des rois d'Israël.

35 Jéhu s'endormit avec ses pères, et fut enseveli à Samarie ; et son fils Joachaz régna en sa place.

36 Le temps que Jéhu régna sur Israël en Samarie, fut de vingt-huit ans.

CHAPITRE XI.

ATHALIE, mère d'Ochozias, voyant son fils mort, s'éleva contre les princes de la race royale, et les fit tous tuer.

2 Mais Josaba, fille du roi Joram, sœur d'Ochozias, prit Joas, fils d'Ochozias, avec sa nourrice, qu'elle fit sortir de sa chambre, et le déroba du milieu des enfants du roi, lorsqu'on les tuait, et lui sauva la vie, le tenant caché, sans qu'Athalie pût le savoir.

3 Il fut six ans caché avec sa nourrice dans la maison du Seigneur. Et Athalie cependant régnait sur la terre de Juda.

4 La septième année, Joïada envoya quérir les centeniers et les soldats. Il les fit entrer dans le temple du Seigneur, et fit un traité avec eux, et leur fit prêter le serment dans la maison du Seigneur, en leur montrant le fils du roi ;

5 et il leur donna cet ordre : Voici ce que vous devez faire :

6 Ceux qui entreront en semaine se diviseront en trois bandes : la première fera garde à la maison du roi ; la seconde sera à la porte de Sur, et la troisième à la porte qui est derrière la maison de ceux qui portent les boucliers : et vous ferez garde à la maison de Messa.

7 Quant à ceux qui sortiront de semaine, qu'ils se divisent en deux bandes, et qu'ils fassent garde à la maison du Seigneur, auprès du roi.

8 Vous vous tiendrez auprès de sa personne, les armes à la main. Si quelqu'un entre dans le temple, qu'il soit tué *aussitôt ;* et vous vous tiendrez avec le roi, lorsqu'il entrera, ou qu'il sortira.

9 Les centeniers exécutèrent tout ce que le pontife Joïada leur avait ordonné ; et tous prenant leurs gens qui entraient en semaine avec ceux qui en sortaient, ils vinrent trouver le pontife Joïada,

10 et il leur donna les lances et les armes du roi David, qui étaient dans la maison du Seigneur.

11 Ils se tinrent donc tous rangés auprès du roi, les armes à la main, depuis le côté droit du temple jusqu'au côté gauche de l'autel et du temple.

12 Il leur présenta ensuite le fils du roi, et mit sur sa tête le diadème, et le livre de la loi. Ils l'établirent roi, ils le sacrèrent, et frappant des mains, ils crièrent : Vive le roi !

13 Athalie entendit le bruit du peuple qui accourait ; et entrant parmi la foule dans le temple du Seigneur,

14 elle vit le roi assis sur son trône selon la coutume, et auprès de lui les chantres et les trompettes, tout le peuple étant en joie, et sonnant de la trompette. Alors elle déchira ses vêtements, et s'écria : Trahison ! trahison !

15 En même temps Joïada fit ce commandement aux centeniers qui commandaient les troupes, et leur dit : Emmenez-la hors du temple, et si quelqu'un la suit, qu'il périsse par l'épée. Car le pontife avait dit : Qu'on ne la tue pas dans le temple du Seigneur.

16 *Les officiers* se saisirent donc de sa personne, et l'emmenèrent par force dans le chemin par où passaient les chevaux auprès du palais ; et elle fut tuée en ce lieu-là.

17 Joïada en même temps fit une alliance entre le Seigneur, le roi et le peuple, afin qu'il fût *désormais* le peuple du Seigneur, et entre le peuple et le roi.

18 Et tout le peuple étant entré dans le temple de Baal, ils renversèrent ses autels, brisèrent ses images en cent pièces, et tuèrent Mathan, prêtre de Baal, devant l'autel. Le pontife mit des gardes dans la maison du Seigneur.

19 Il prit *avec lui* les centeniers, et les légions de Céreth et de Phéleth, avec tout le peuple : et ils conduisirent le roi hors de la maison du Seigneur, et passèrent par l'entrée où logeaient ceux qui portaient les boucliers, qui menait au palais *royal*. Et le roi fut assis sur le trône des rois *de Juda*.

20 Tout le peuple fit une grande réjouissance, et la ville demeura en paix, Athalie ayant été tuée par l'épée dans la maison du roi.

21 Joas avait sept ans lorsqu'il commença à régner.

CHAPITRE XII.

LA septième année de Jéhu, Joas commença à régner, et il régna quarante ans dans Jérusalem. Sa mère s'appelait Sébia, et elle était de Bersabée.

2 Il régna justement devant le Seigneur tant qu'il fut conduit par le pontife Joïada.

3 Il n'ôta pas néanmoins les hauts lieux, et le peuple y immolait encore, et y offrait de l'encens.

4 Alors Joas dit aux prêtres : *Que les prêtres prennent* tout l'argent consacré qui sera apporté dans le temple du Seigneur par ceux ou qui passent *pour entrer dans le dénombrement des enfants d'Israël*, ou qui l'offrent à Dieu pour le prix de leur âme, ou qui font d'eux-mêmes au temple des dons volontaires.

5 Que les prêtres prennent cet argent, chacun selon son rang, et qu'ils en fassent les réparations de la maison *du Seigneur*, lorsqu'ils verront quelque chose qui ait besoin d'être réparé.

6 Mais les prêtres n'avaient point fait ces réparations du temple jusqu'à la vingt-troisième année du règne de Joas.

7 Le roi fit donc venir *devant lui* le pontife Joïada et les prêtres, et leur dit : Pourquoi ne faites-vous point les réparations du temple ? N'en recevez donc plus l'argent selon l'ordre de votre ministère ; mais rendez *celui que vous avez reçu*, afin qu'on l'emploie aux réparations du temple.

8 Et il ordonna que les prêtres ne recevraient plus à l'avenir l'argent du peuple, et qu'ils ne seraient point aussi chargés des réparations de la maison *du Seigneur*.

9 Alors le pontife Joïada prit un coffre *d'un des prêtres*, et y fit faire une ouverture par-dessus, et il le mit auprès de l'autel à la

main droite de ceux qui entraient dans la maison du Seigneur ; et les prêtres qui gardaient les portes, y mettaient tout l'argent qui s'apportait au temple du Seigneur.

10 Lorsqu'ils voyaient qu'il y avait trop d'argent dans le tronc, le secrétaire du roi venait avec le pontife, et ils en tiraient et comptaient l'argent qui s'était trouvé dans la maison du Seigneur ;

11 et ils le déposaient par compte et par poids entre les mains des personnes qui avaient soin de ceux qui travaillaient à la fabrique du temple. Et cet argent était employé pour les charpentiers et pour les maçons qui faisaient les réparations de la maison du Seigneur,

12 et pour les tailleurs de pierres, afin qu'on en achetât du bois et des pierres qu'on faisait polir ; et pour toute la dépense de tout ce qui était nécessaire aux réparations et au rétablissement de la maison du Seigneur.

13 On ne faisait point néanmoins de cet argent qui était apporté au temple du Seigneur, les vaisseaux du temple du Seigneur, les fourchettes, les encensoirs, les trompettes, et tous les vases d'or et d'argent.

14 On donnait cet argent à ceux qui avaient soin de faire faire les réparations du temple du Seigneur ;

15 et on n'en redemandait point compte à ceux qui le recevaient pour le distribuer aux ouvriers ; mais ils l'employaient de bonne foi.

16 On ne portait point dans le temple du Seigneur l'argent qui était donné pour les fautes et pour les péchés, parce qu'il appartenait aux prêtres.

17 Alors Hazaël, roi de Syrie, vint mettre le siège devant Geth, et il la prit, et il tourna visage pour marcher vers Jérusalem.

18 C'est pourquoi Joas, roi de Juda, prit tout l'argent consacré que Josaphat, Joram et Ochozias, rois de Juda, ses pères, et lui-même, avaient offert au temple, et tout ce qui put se trouver d'argent dans les trésors du temple du Seigneur, et dans le palais du roi, et il l'envoya à Hazaël, roi de Syrie, qui se retira de Jérusalem.

19 Le reste des actions de Joas, et tout ce qu'il a fait, est écrit au livre des Annales des rois de Juda.

20 Or les officiers de Joas firent une conspiration entre eux, et se soulevèrent contre lui, et le tuèrent en sa maison de Mello, à la descente de Sella.

21 Josachar, fils de Sémaath, et Jozabad, fils de Somer, ses serviteurs, le tuèrent : et étant mort, il fut enseveli avec ses pères dans la ville de David ; et Amasias, son fils, régna en sa place.

CHAPITRE XIII.

LA vingt-troisième année de Joas, fils d'Ochozias, roi de Juda, Joachaz, fils de Jéhu, régna sur Israël dans Samarie pendant dix-sept ans.

2 Il fit le mal devant le Seigneur, et il suivit Jéroboam, fils de Nabat, en commettant les péchés dans lesquels il avait fait tomber Israël, et il ne s'en retira point.

3 Alors la fureur du Seigneur s'alluma contre *les enfants d'*Israël ; et il les livra pendant tout ce temps-là entre les mains d'Hazaël, roi de Syrie, et entre les mains de Benadad, fils d'Hazaël.

4 Mais Joachaz *se prosterna* devant la face du Seigneur *et* lui fit sa prière, et le Seigneur l'écouta, parce qu'il vit l'affliction *des enfants* d'Israël, et l'extrémité où le roi de Syrie les avait réduits.

5 Le Seigneur donna un sauveur à Israël, et il fut délivré de la main du roi de Syrie, et les enfants d'Israël demeurèrent dans leurs tentes comme auparavant.

6 Ils ne se retirèrent point néanmoins des péchés de la maison de Jéroboam, qui avait fait pécher Israël ; mais ils continuèrent d'y marcher ; et le *grand* bois consacré *aux idoles* demeura toujours en Samarie.

7 Il n'était resté à Joachaz de tout son peuple, que cinquante cavaliers, dix chariots, et dix mille hommes de pied : car le roi de Syrie les avait taillés en pièces, et les avait réduits comme la poudre de l'aire où l'on bat le grain.

8 Le reste des actions de Joachaz, tout ce qu'il a fait, et son courage *dans les combats*, est écrit au livre des Annales des rois d'Israël.

9 Enfin Joachaz s'endormit avec ses pères, et il fut enseveli à Samarie. Joas, son fils, régna en sa place.

10 La trente-septième année de Joas, roi de Juda, Joas, fils de Joachaz, régna dans Samarie pendant seize ans.

11 Il fit le mal devant le Seigneur : il ne se détourna point de tous les péchés de Jéroboam, fils de Nabat, qui avait fait pécher Israël ; mais il y marcha *toujours*.

12 Le reste des actions de Joas, tout ce qu'il a fait, son courage, et la manière dont il combattit contre Amasias, roi de Juda, tout cela est écrit au livre des Annales des rois d'Israël ;

13 et Joas s'endormit avec ses pères ; et Jéroboam monta sur le trône, après que Joas eut été enseveli dans Samarie avec les rois d'Israël.

14 Or Elisée était malade de la maladie dont il mourut, et Joas, roi d'Israël, vint le voir ; et il pleurait devant lui, en disant : Mon père ! mon père ! vous êtes le char d'Israël, et celui qui le conduit.

15 Elisée lui dit : Apportez-moi un arc et des flèches. Et le roi d'Israël lui ayant apporté un arc et des flèches,

16 Elisée lui dit : Mettez votre main sur cet arc. Et ayant mis les mains sur l'arc, Elisée mit ses mains sur celles du roi,

17 et *lui* dit : Ouvrez la fenêtre qui regarde l'orient. Le roi l'ayant ouverte, Elisée lui dit : Jetez une flèche. Et l'ayant jetée, Elisée dit : C'est la flèche du salut du Seigneur, c'est la flèche du salut contre la Syrie : vous taillerez en pièces la Syrie à Aphec, jusqu'à ce que vous l'exterminiez.

18 Il lui dit encore : Prenez des flèches. Le roi en ayant pris, Elisée lui dit : Frappez la terre avec vos flèches. Il la frappa trois fois, et il s'arrêta.

19 Et l'homme de Dieu se mit en colère contre lui, et lui dit : Si vous eussiez frappé la terre cinq, ou six, ou sept fois, vous eussiez battu la Syrie jusqu'à l'exterminer entièrement ; mais maintenant vous la battrez par trois fois.

20 Elisée mourut donc, et fut enseveli. Cette même année il vint des voleurs de Moab sur les terres *d'Israël*.

21 Et il arriva que quelques-uns enterrant un homme, virent ces voleurs, et jetèrent le corps mort dans le sépulcre d'Elisée. Le corps ayant touché les os d'Elisée, cet homme ressuscita, et se leva sur ses pieds.

22 Après donc qu'Hazaël, roi de Syrie, eut affligé Israël pendant tout le règne de Joachaz,

23 le Seigneur eut pitié d'eux, et il revint à eux à cause de l'alliance qu'il avait faite avec Abraham, Isaac et Jacob. Il ne voulut pas les perdre, ni les rejeter entièrement jusqu'à ce temps-ci.

24 Après cela Hazaël, roi de Syrie, mourut ; et Benadad, son fils, régna en sa place.

25 Mais Joas, fils de Joachaz, reprit d'entre les mains de Benadad, fils d'Hazaël, les villes qu'Hazaël avait prises à son père pendant la guerre. Joas le battit par trois fois, et il rendit à Israël les villes *qui lui avaient été prises*.

CHAPITRE XIV.

LA seconde année de Joas, fils de Joachaz, roi d'Israël, Amasias, fils de Joas, roi de Juda, commença son règne.

2 Il avait vingt-cinq ans lorsqu'il commença à régner, et il en régna vingt-neuf dans Jérusalem. Sa mère était de Jérusalem, et s'appelait Joadan.

3 Il fit ce qui était juste devant le Seigneur, mais non comme David, son père. Il se conduisit en tout comme Joas, son père, s'était conduit ;

4 sinon qu'il n'ôta point les hauts lieux : car le peuple y sacrifiait encore, et y brûlait de l'encens.

5 Lorsqu'il eut affermi son règne, il fit mourir ceux de ses officiers qui avaient tué le roi, son père ;

6 mais il ne fit point mourir les enfants de ces meurtriers, selon ce qui est écrit au livre de la loi de Moïse, et selon cette ordonnance

du Seigneur : Les pères ne mourront point pour les fils, et les fils ne mourront point pour les pères ; mais chacun mourra dans son péché.

7 Ce fut lui qui battit dix mille Iduméens dans la vallée des Salines, et qui prit d'assaut une forteresse qu'il appela Jectéhel, comme elle s'appelle encore aujourd'hui.

8 Alors Amasias envoya des ambassadeurs vers Joas, fils de Joachaz, fils de Jéhu, roi d'Israël, et lui fit dire : Venez, et voyons-nous l'un l'autre.

9 Joas, roi d'Israël, renvoya *cette réponse* à Amasias, roi de Juda : Le chardon du Liban envoya vers le cèdre qui est au Liban, et lui fit dire : Donnez-moi votre fille, afin que mon fils l'épouse. Mais les bêtes de la forêt du Liban passèrent, et foulèrent aux pieds le chardon.

10 Parce que vous avez eu de l'avantage sur les Iduméens, et que vous les avez battus, votre cœur s'est élevé d'orgueil. Soyez content de votre gloire, et demeurez en repos dans votre maison. Pourquoi cherchez-vous votre malheur, pour périr vous-même, et faire périr Juda avec vous ?

11 Mais Amasias ne voulut point écouter cette remontrance, et Joas, roi d'Israël, marcha *contre lui :* ils se virent donc, Amasias, roi de Juda, et lui, près de Beth-samès, qui est une ville de Juda.

12 L'armée de Juda fut taillée en pièces par celle d'Israël, et chacun s'enfuit chez soi.

13 Et Joas, roi d'Israël, prit dans *le combat de* Beth-samès Amasias, roi de Juda, fils de Joas, fils d'Ochozias, et l'emmena à Jérusalem. Il fit une brèche à la muraille de Jérusalem de quatre cents coudées de long, depuis la porte d'Ephraïm jusqu'à la porte de l'angle.

14 Il emporta tout l'or et l'argent, et tous les vases qui se trouvèrent dans la maison du Seigneur et dans *tous* les trésors du roi ; il prit des otages, et retourna à Samarie.

15 Le reste des actions de Joas, et la grandeur du courage avec lequel il combattit contre Amasias, roi de Juda, est écrit au livre des Annales des rois d'Israël.

16 Joas s'endormit enfin avec ses pères, et fut enseveli à Samarie avec les rois d'Israël ; et Jéroboam, son fils, régna en sa place.

17 Mais Amasias, fils de Joas, roi de Juda, régna encore quinze ans après la mort de Joas, fils de Joachaz, roi d'Israël.

18 Le reste des actions d'Amasias est écrit au livre des Annales des rois de Juda.

19 Il se fit une conjuration contre lui à Jérusalem, qui l'obligea de s'enfuir à Lachis. Mais ils envoyèrent après lui à Lachis, et ils le tuèrent en ce même lieu.

20 Ils transportèrent son corps sur des chevaux, et il fut enseveli à Jérusalem avec ses pères en la ville de David.

21 Tout le peuple de Juda prit ensuite Azarias, âgé de seize ans, et il fut établi roi en la place de son père Amasias.

22 Ce fut lui qui bâtit Elath, l'ayant reconquise pour Juda, après que le roi se fut endormi avec ses pères.

23 La quinzième année d'Amasias, fils de Joas, roi de Juda, Jéroboam, fils de Joas, roi d'Israël, commença à régner à Samarie, *et y régna* quarante et un ans.

24 Il fit le mal devant le Seigneur : il ne se retira point de tous les péchés de Jéroboam, fils de Nabat, qui avait fait pécher Israël.

25 Il rétablit les limites d'Israël depuis l'entrée d'Emath jusqu'à la mer du désert, selon la parole que le Seigneur, le Dieu d'Israël, avait prononcée par son serviteur Jonas, fils d'Amathi, prophète, qui était de Geth qui est en Opner.

26 Car le Seigneur vit l'affliction d'Israël, qui était venue à son comble : *il vit* qu'ils étaient tous consumés, jusqu'à ceux qui étaient renfermés dans la prison, et jusqu'aux derniers du peuple, sans qu'il y eût personne qui secourût Israël ;

27 et le Seigneur ne voulut pas effacer le nom d'Israël de dessous le ciel ; mais il les sauva par la main de Jéroboam, fils de Joas.

28 Le reste des actions de Jéroboam, tout ce qu'il a fait, le courage avec lequel il combattit, comment il reconquit pour Israël Damas et Emath qui avaient été à Juda : tout cela est écrit au livre des Annales des rois d'Israël.

29 Jéroboam s'endormit avec les rois d'Israël, ses pères ; et Zacharias, son fils, régna en sa place.

CHAPITRE XV.

LA vingt-septième année de Jéroboam, roi d'Israël, Azarias, fils d'Amasias, roi de Juda, commença à régner.

2 Il n'avait que seize ans lorsque son règne commença, et il régna cinquante-deux ans dans Jérusalem. Sa mère était de Jérusalem, et s'appelait Jéchélie.

3 Il fit ce qui était agréable au Seigneur, et il se conduisit en tout comme Amasias, son père.

4 Il ne ruina pas néanmoins les hauts lieux, et le peuple y sacrifiait et y brûlait de l'encens.

5 Mais le Seigneur frappa ce roi, et il demeura lépreux jusqu'au jour de sa mort ; il vivait à part dans une maison écartée : cependant Joatham, fils du roi, était grand maître du palais, et jugeait le peuple.

6 Le reste des actions d'Azarias, et tout ce qu'il a fait, est écrit au livre des Annales des rois de Juda.

7 Et Azarias s'endormit avec ses pères : il fut enseveli avec ses ancêtres dans la ville de David ; et Joatham, son fils, régna en sa place.

8 La trente-huitième année d'Azarias, roi de Juda, Zacharias, fils de Jéroboam, régna dans Israël à Samarie pendant six mois.

9 Il fit le mal devant le Seigneur, comme avaient fait ses pères, et il ne se retira point des péchés de Jéroboam, fils de Nabat, qui avait fait pécher Israël.

10 Sellum, fils de Jabès, fit une conspiration contre lui : il l'attaqua et le tua publiquement, et il régna en sa place.

11 Le reste des actions de Zacharias est écrit au livre des Annales des rois d'Israël.

12 Ainsi fut accompli ce que le Seigneur avait dit à Jéhu : Vos enfants seront assis sur le trône d'Israël jusqu'à la quatrième génération.

13 La trente-neuvième année d'Azarias, roi de Juda, Sellum, fils de Jabès, commença à régner, et il régna un mois seulement à Samarie.

14 Car Manahem, fils de Gadi, étant venu de Thersa à Samarie, attaqua Sellum, fils de Jabès, le tua dans la même ville, et régna en sa place.

15 Le reste des actions de Sellum, et la conspiration qu'il fit pour surprendre *le roi*, est écrite au livre des Annales des rois d'Israël.

16 En ce même temps Manahem prit *la ville de* Thapsa, tua tout ce qui était dedans, et en ruina tout le territoire jusqu'aux confins de Thersa, parce que les habitants n'avaient pas voulu lui ouvrir *les portes :* il tua toutes les femmes grosses, et il leur fendit le ventre.

17 La trente-neuvième année d'Azarias, roi de Juda, Manahem, fils de Gadi, commença à régner sur Israël à Samarie, et y régna dix ans.

18 Il fit le mal devant le Seigneur, et pendant tout son règne il ne se retira point des péchés de Jéroboam, fils de Nabat, qui avait fait pécher Israël.

19 Phul, roi des Assyriens, étant venu dans la terre *d'Israël*, Manahem lui donna mille talents d'argent, afin qu'il le secourût, et qu'il affermît son règne.

20 Manahem leva cet argent dans Israël sur toutes les personnes puissantes et riches, pour le donner au roi d'Assyrie, et il les taxa à cinquante sicles d'argent par tête : le roi d'Assyrie retourna aussitôt, et il ne demeura pas dans le pays.

21 Le reste des actions de Manahem, et tout ce qu'il a fait, est écrit au livre des Annales des rois d'Israël.

22 Manahem s'endormit avec ses pères ; et Phacéia, son fils, régna en sa place.

23 La cinquantième année d'Azarias, roi de Juda, Phacéia, fils de Manahem, commença à régner sur Israël à Samarie, et y régna deux ans.

24 Il fit le mal devant le Seigneur, et il ne se retira point des

péchés de Jéroboam, fils de Nabat, qui avait fait pécher Israël.

25 Phacée, fils de Romélie, général de ses troupes, fit une conspiration contre lui : il l'attaqua à Samarie dans la tour de la maison royale près d'Argob et d'Arié, et cinquante hommes des Galaadites qui étaient avec lui ; et il le tua, et régna en sa place.

26 Le reste des actions de Phacéia, et tout ce qu'il a fait, est écrit au livre des Annales des rois d'Israël.

27 La cinquante-deuxième année d'Azarias, roi de Juda, Phacée, fils de Romélie, régna dans Israël à Samarie pendant vingt ans.

28 Il fit le mal devant le Seigneur, et il ne se retira point des péchés de Jéroboam, fils de Nabat, qui avait fait pécher Israël.

29 Pendant le règne de Phacée, roi d'Israël, Théglath-Phalasar, roi des Assyriens, vint *en Israël*, et prit Aïon, Abéi-maison-de-Maacha, Janoé, Cédés, Asor, Galaad, la Galilée, et tout le pays de Nephthali, et en transporta tous les habitants en Assyrie.

30 Mais Osée, fils d'Ela, fit une conspiration contre Phacée, fils de Romélie, pour le surprendre : il l'attaqua, le tua, et régna en sa place la vingtième année de Joatham, fils d'Ozias.

31 Le reste des actions de Phacée, et tout ce qu'il a fait, est écrit au livre des Annales des rois d'Israël.

32 La seconde année de Phacée, fils de Romélie, roi d'Israël, Joatham, fils d'Ozias, roi de Juda, commença à régner.

33 Il avait vingt-cinq ans lorsque son règne commença, et il régna dans Jérusalem pendant seize ans. Sa mère s'appelait Jérusa, et était fille de Sadoc.

34 Il fit ce qui était agréable au Seigneur, et se conduisit en tout comme avait fait Ozias, son père.

35 Il ne détruisit pas néanmoins les hauts lieux : car le peuple y sacrifiait encore et y brûlait de l'encens. Ce fut lui qui bâtit la plus haute porte de la maison du Seigneur.

36 Le reste des actions de Joatham, et tout ce qu'il a fait, est écrit au livre des Annales des rois de Juda.

37 En ce même temps le Seigneur commença à envoyer en Juda, Rasin, roi de Syrie, et Phacée, fils de Romélie.

38 Joatham s'endormit avec ses pères, il fut enseveli avec eux dans la ville de David, son père ; et Achaz, son fils, régna en sa place.

CHAPITRE XVI.

LA dix-septième année de Phacée, fils de Romélie, Achaz, fils de Joatham, roi de Juda, monta sur le trône.

2 Il avait vingt-*cinq* ans lorsqu'il commença à régner, et il régna seize ans à Jérusalem : il ne fit point ce qui était agréable au Seigneur, son Dieu, comme David, son père.

3 Mais il marcha dans la voie des rois d'Israël, et consacra même son fils, le faisant passer par le feu, suivant l'idolâtrie des nations que le Seigneur avait détruites à l'entrée des enfants d'Israël.

4 Il immolait aussi des victimes, et offrait de l'encens sur les hauts lieux, sur les collines, et sous tous les arbres chargés de feuillage.

5 Alors Rasin, roi de Syrie, et Phacée, fils de Romélie, roi d'Israël, vinrent mettre le siège devant Jérusalem, et tenant Achaz assiégé, ils ne purent *néanmoins* le prendre.

6 En ce même temps Rasin, roi de Syrie, reconquit Elam pour les Syriens, et en chassa les Juifs ; et les Iduméens vinrent à Elam, et y habitèrent, comme ils y sont encore aujourd'hui.

7 Alors Achaz envoya des ambassadeurs à Théglath-Phalasar, roi des Assyriens, pour lui dire de sa part : Je suis votre serviteur et votre fils ; venez me sauver des mains du roi de Syrie et des mains du roi d'Israël, qui se sont ligués contre moi.

8 Et ayant amassé l'argent et l'or qui put se trouver dans la maison du Seigneur et dans les trésors du roi, il en fit des présents au roi des Assyriens.

9 Le roi des Assyriens s'étant rendu à ce qu'il désirait de lui, vint à Damas, ruina la ville, en transféra les habitants à Cyrène, et tua Rasin.

10 Alors le roi Achaz alla à Damas au-devant de Théglath-Phalasar, roi des Assyriens, et ayant vu l'autel qui était à Damas, il en envoya au pontife Urie un modèle qui en représentait exactement tout l'ouvrage.

11 Et le pontife Urie bâtit un autel tout semblable à celui de Damas, selon l'ordre qu'il en avait reçu du roi Achaz, en attendant que ce roi fût revenu de Damas.

12 Lorsque le roi Achaz fut revenu de Damas, il vit cet autel, et il le révéra, et il vint y immoler des holocaustes et son sacrifice.

13 Il y fit des oblations de liqueur, et y répandit le sang des hosties pacifiques qu'il avait offertes sur l'autel.

14 Il transféra l'autel d'airain, qui était devant le Seigneur, de devant la face du temple, du lieu de l'autel et du temple du Seigneur, et il le mit à côté de l'autel vers le septentrion.

15 Le roi Achaz donna aussi ces ordres au pontife Urie : Vous offrirez sur le grand autel l'holocauste du matin et le sacrifice du soir, l'holocauste du roi et son sacrifice, l'holocauste de tout le peuple, leurs sacrifices et leurs oblations de liqueur ; et vous répandrez sur cet autel tout le sang des holocaustes et tout le sang des victimes ; mais pour ce qui est de l'autel d'airain, je me réserve d'en ordonner à ma volonté.

16 Le pontife Urie exécuta donc en toutes choses les ordres que le roi Achaz lui avait donnés.

17 Le roi Achaz fit aussi ôter les socles ornés de gravures, et les cuves *d'airain* qui étaient dessus. Il fit aussi ôter la mer de dessus les bœufs d'airain qui la portaient, et il la mit sur le pavé du temple qui était de pierre.

18 Il ôta aussi le couvert du sabbat qu'il avait bâti dans le temple, et au lieu de l'entrée du dehors par où le roi passait *du palais* au temple, il en fit une au-dedans à cause du roi des Assyriens.

19 Le reste des actions d'Achaz est écrit au livre des Annales des rois de Juda.

20 Achaz s'endormit avec ses pères, et fut enseveli avec eux dans la ville de David ; et Ezéchias, son fils, régna en sa place.

CHAPITRE XVII.

LA douzième année d'Achaz, roi de Juda, Osée, fils d'Ela, régna sur Israël à Samarie pendant neuf ans.

2 Il fit le mal devant le Seigneur, mais non comme les rois d'Israël qui avaient été avant lui.

3 Salmanasar, roi des Assyriens, marcha contre lui, et Osée fut asservi à Salmanasar, roi des Assyriens, et lui payait tribut.

4 Mais le roi des Assyriens ayant découvert qu'Osée pensait à se révolter *contre lui*, et que pour s'affranchir du tribut qu'il lui payait tous les ans, il avait envoyé des ambassadeurs à Sua, roi d'Egypte, il l'assiégea ; et l'ayant pris, il l'envoya lié en prison.

5 Salmanasar fit *d'abord* des courses par tout le pays ; et étant venu *ensuite* à Samarie, il la tint assiégée pendant trois ans.

6 La neuvième année d'Osée, le roi des Assyriens prit Samarie, et transféra les Israélites au pays des Assyriens, et les fit demeurer dans Hala et dans Habor, villes des Mèdes, près du fleuve de Gozan.

7 Car *depuis longtemps* les enfants d'Israël avaient péché contre le Seigneur, leur Dieu, qui les avait tirés de l'Egypte, et *délivrés* de la main de Pharaon, roi d'Egypte, et ils adoraient des dieux étrangers.

8 Ils vivaient selon les coutumes des nations que le Seigneur avait exterminées à l'entrée des enfants d'Israël, et selon les coutumes des rois d'Israël, qui avaient imité ces nations.

9 Les enfants d'Israël avaient offensé le Seigneur, leur Dieu, par ces actions criminelles, et s'étaient bâti des hauts lieux dans toutes leurs villes, depuis les tours des gardes jusqu'aux villes fortes.

10 Ils avaient aussi dressé des statues et planté des bois sur toutes les hautes collines, et sous tous les arbres chargés de feuillage.

11 Et ils brûlaient de l'encens sur les autels, comme les nations que le Seigneur avait exterminées à leur entrée. Ils commettaient des actions très-criminelles par lesquelles ils irritaient le Seigneur.

12 Ils adoraient des abominations, contre la défense expresse que le Seigneur leur en avait faite.

13 Le Seigneur avait fait souvent ces protestations dans Israël et

dans Juda par tous ses prophètes, et par *ceux qu'on appelait* les voyants, et il leur avait dit : Quittez vos voies corrompues, et revenez à moi ; gardez mes préceptes et mes cérémonies selon toutes les lois que j'ai prescrites à vos pères, et selon que je vous l'ai déclaré par les prophètes, mes serviteurs, que je vous ai envoyés.

14 Et ils n'avaient point voulu écouter *le Seigneur ;* mais leur tête était devenue dure et inflexible comme celle de leurs pères, qui n'avaient point voulu obéir au Seigneur, leur Dieu.

15 Ils avaient rejeté ses lois, et l'alliance qu'il avait faite avec leurs pères, aussi bien que toutes les remontrances qu'il leur avait fait faire *par ses serviteurs*. Ils avaient couru après les vanités *et le mensonge*, et ils avaient agi vainement, en suivant les nations dont ils étaient environnés, quoique le Seigneur leur eût défendu si expressément de faire ce qu'elles faisaient.

16 Ils avaient abandonné toutes les ordonnances du Seigneur, leur Dieu ; ils s'étaient fait deux veaux de fonte ; ils avaient planté de grands bois, avaient adoré tous les astres du ciel, et avaient servi Baal.

17 Ils sacrifiaient leurs fils et leurs filles, *et* les faisaient passer par le feu. Ils s'attachaient aux divinations et aux augures, et s'abandonnaient aux actions criminelles, qu'ils commettaient devant le Seigneur, en sorte qu'ils l'irritaient.

18 Le Seigneur ayant donc conçu une grande indignation contre *les enfants d'*Israël, les rejeta de devant sa face, et il ne demeura plus que la seule tribu de Juda.

19 Et Juda même ne garda point les commandements du Seigneur, son Dieu, mais marcha dans les erreurs et les égarements d'Israël.

20 Le Seigneur abandonna donc toute la race d'Israël : il les affligea, et les livra en proie à ceux qui étaient venus les piller, jusqu'à ce qu'il les rejetât entièrement de devant sa face.

21 *Ceci commença* dès le temps qu'Israël fit schisme, qu'il se sépara de la maison de David, et que *les dix tribus* établirent Jéroboam, fils de Nabat, pour être leur roi : car Jéroboam sépara Israël d'avec le Seigneur, et les fit tomber dans un grand péché.

22 Les enfants d'Israël marchèrent ensuite dans tous les péchés de Jéroboam, et ils ne s'en retirèrent point,

23 jusqu'à ce qu'enfin le Seigneur rejetât Israël de devant sa face, comme il l'avait prédit par tous les prophètes, ses serviteurs, et qu'Israël fût transféré de son pays dans l'Assyrie, comme il l'est encore aujourd'hui.

24 Or le roi des Assyriens fit venir *des habitants* de Babylone, de Cutha, d'Avah, d'Emath et de Sépharvaïm, et les établit dans les villes de Samarie en la place des enfants d'Israël. Ces peuples possédèrent Samarie, et habitèrent dans ses villes.

25 Lorsqu'ils eurent commencé à y demeurer, comme ils ne craignaient point le Seigneur, le Seigneur envoya contre eux des lions qui les tuaient.

26 On en porta la nouvelle au roi des Assyriens, et on lui fit dire : Les peuples que vous avez transférés en Samarie, et auxquels vous avez commandé de demeurer dans ses villes, ignorent la manière dont le Dieu de ce pays-là veut être adoré ; et ce Dieu a envoyé contre eux des lions qui les tuent, parce qu'ils ne savent pas la manière dont le Dieu de cette terre veut être adoré.

27 Alors le roi des Assyriens leur donna cet ordre, et leur dit : Envoyez en Samarie l'un des prêtres que vous en avez emmenés captifs ; qu'il y retourne, et demeure avec ces peuples, afin qu'il leur apprenne le culte qui doit être rendu au Dieu du pays.

28 Ainsi l'un des prêtres qui avaient été emmenés captifs *de la province de* Samarie, y étant revenu, demeura à Béthel, et il leur apprenait la manière dont ils devaient honorer le Seigneur.

29 Chacun de ces peuples ensuite se forgea son dieu, et ils les mirent dans les temples des hauts lieux que les Samaritains avaient bâtis ; chaque nation mit le sien dans la ville où elle habitait :

30 Les Babyloniens se firent *leur dieu* Sochoth-Bénoth ; les Cuthéens, Nergel ; ceux d'Emath, Asima ;

31 les Hévéens firent Nébahaz et Tharthac ; mais ceux de Sépharvaïm faisaient passer leurs enfants par le feu *et* les brûlaient pour *honorer* Adramélech et Anamélech, dieux de Sépharvaïm.

32 Tous ces peuples ne laissaient pas d'adorer le Seigneur. Ils choisissaient les derniers du peuple pour les établir prêtres de leurs hauts lieux, et ils offraient leurs sacrifices dans ces temples.

33 Et quoiqu'ils adorassent le Seigneur, ils servaient en même temps leurs dieux, selon la coutume des nations, du milieu desquelles ils avaient été transférés en Samarie.

34 Ces peuples suivent encore aujourd'hui leurs anciennes coutumes. Ils ne craignent point le Seigneur, ils ne gardent point ses cérémonies, ni ses ordonnances, ni ses lois, ni les préceptes qu'il donna aux enfants de Jacob, qu'il surnomma Israël,

35 avec lesquels il avait contracté son alliance, en leur donnant ce commandement si exprès : Ne révérez point les dieux étrangers, ne les adorez point, ne les servez point, et ne leur sacrifiez point ;

36 mais rendez tous ces devoirs au Seigneur, votre Dieu, qui vous a tirés de l'Egypte par une grande puissance, et en déployant la force de son bras. Révérez-le, adorez-le, et lui offrez vos sacrifices.

37 Gardez ses cérémonies, ses ordonnances, ses lois, et les préceptes qu'il vous a donnés par écrit ; observez-les tous les jours de votre vie : n'ayez aucune crainte des dieux étrangers.

38 N'oubliez jamais l'alliance qu'il a faite avec vous, et n'honorez point les dieux étrangers ;

39 mais craignez le Seigneur, votre Dieu ; et ce sera lui qui vous délivrera de la puissance de tous vos ennemis.

40 Cependant ils n'ont point écouté *ces préceptes*, et ils ont suivi leurs anciennes coutumes.

41 Ainsi ces peuples ont craint le Seigneur ; mais ils ont servi en même temps les idoles. Car leurs fils et leurs petits-fils font encore aujourd'hui ce qu'ont fait leurs pères.

CHAPITRE XVIII.

LA troisième année d'Osée, fils d'Ela, roi d'Israël, Ezéchias, fils d'Achaz, roi de Juda, commença à régner.

2 Il avait vingt-cinq ans lorsqu'il monta sur le trône, et il régna vingt-neuf ans dans Jérusalem. Sa mère s'appelait Abi, et était fille de Zacharie.

3 Il fit ce qui était bon *et* agréable au Seigneur, selon tout ce qu'avait fait David, son père.

4 Il détruisit les hauts lieux, brisa les statues, abattit les bois profanes, et fit mettre en pièces le serpent d'airain que Moïse avait fait, parce que les enfants d'Israël lui avaient brûlé de l'encens jusqu'alors, et il l'appela Nohestan.

5 Il mit son espérance au Seigneur, le Dieu d'Israël : c'est pourquoi il n'y en eut point après lui, d'entre tous les rois de Juda, qui lui fût semblable, comme il n'y en avait point eu avant lui.

6 Il demeura attaché au Seigneur : il ne se retira point de ses voies, et il observa les commandements que le Seigneur avait donnés à Moïse.

7 C'est pourquoi le Seigneur était avec ce prince, et il se conduisait avec sagesse dans toutes ses entreprises. Il secoua aussi le joug du roi des Assyriens, et ne voulut plus lui être asservi.

8 Il battit les Philistins jusqu'à Gaza, et ruina leurs terres depuis les tours des gardes jusqu'aux villes fortes.

9 La quatrième année du roi Ezéchias, qui était la septième d'Osée, fils d'Ela, roi d'Israël, Salmanasar, roi des Assyriens, vint à Samarie, l'assiégea,

10 et la prit : car Samarie fut prise après *un siège de* trois ans, la sixième année du roi Ezéchias, c'est-à-dire, la neuvième année d'Osée, roi d'Israël ;

11 et le roi des Assyriens transféra les Israélites eu Assyrie, et les fit demeurer dans Halaet dans Habor, villes des Mèdes, près du fleuve de Gozan :

12 parce qu'ils n'avaient point écouté la voix du Seigneur, leur Dieu, qu'ils avaient violé son alliance, et qu'ils n'avaient ni écouté ni suivi toutes les ordonnances que Moïse, serviteur du Seigneur, leur avait prescrites.

13 La quatorzième année du roi Ezéchias, Sennachérib, roi des Assyriens, vint attaquer toutes les villes fortes de Juda, et les prit.

14 Alors Ezéchias, roi de Juda, envoya des ambassadeurs au roi des Assyriens, à Lachis, et lui dit : J'ai fait une faute ; mais retirez-vous de dessus mes terres, et je souffrirai tout ce que vous m'imposerez. Le roi des Assyriens ordonna à Ezéchias, roi de Juda, de lui donner trois cents talents d'argent et trente talents d'or.

15 Ezéchias lui donna tout l'argent qui se trouva dans la maison du Seigneur, et dans les trésors du roi.

16 Alors Ezéchias détacha, des battants des portes du temple du Seigneur, les lames d'or que lui-même y avait attachées, et les donna au roi des Assyriens.

17 Le roi des Assyriens envoya ensuite Tharthan, Rabsaris et Rabsacès, de Lachis à Jérusalem, vers le roi Ezéchias, avec un grand nombre de gens de guerre, qui étant venus à Jérusalem, s'arrêtèrent près de l'aqueduc du haut étang, qui est sur le chemin du champ du foulon,

18 et ils demandèrent à parler au roi. Eliacim, fils d'Helcias, grand maître de la maison du roi ; Sobna, secrétaire ; et Joahé, fils d'Asaph, chancelier, allèrent les trouver ;

19 et Rabsacès leur dit : Allez dire ceci à Ezéchias : Voici ce que dit le grand roi, le roi des Assyriens : Quelle est cette confiance où vous êtes ? Sur quoi vous appuyez-vous ?

20 Vous avez peut-être fait dessein de vous préparer au combat ; mais en quoi mettez-vous votre confiance, pour oser vous opposer à moi ?

21 Est-ce que vous espérez *du soutien* du roi d'Egypte ? Ce n'est qu'un roseau cassé ; et si un homme s'appuie dessus, il se brisera, lui entrera dans la main et la transpercera. Voilà ce qu'est Pharaon, roi d'Egypte, pour tous ceux qui mettent leur confiance en lui.

22 Si vous me dites : Nous mettons notre espérance au Seigneur, notre Dieu ; n'est-ce pas ce Dieu dont Ezéchias a détruit les autels et les hauts lieux, ayant fait ce commandement à Juda et à Jérusalem : Vous n'adorerez plus que dans Jérusalem, et devant ce seul autel ?

23 Marchez donc maintenant contre le roi des Assyriens, mon maître : je vous donnerai deux mille chevaux ; voyez si vous pourrez trouver *seulement* autant d'hommes qu'il en faut pour les monter.

24 Et comment pourriez-vous tenir ferme devant un seul capitaine des derniers serviteurs de mon seigneur ? Est-ce que vous mettez votre confiance dans l'Egypte, à cause des chariots et de la cavalerie *que vous en espérez ?*

25 Mais n'est-ce pas par la volonté du Seigneur que je suis venu en ce pays pour le détruire ? Le Seigneur m'a dit : Entrez dans cette terre-là, et ravagez tout.

26 *Sur quoi* Eliacim, fils d'Helcias, Sobna et Joahé lui dirent : Nous vous supplions de parler à vos serviteurs en syriaque, parce que nous entendons bien cette langue, et de ne nous pas parler en langue judaïque devant le peuple, qui écoute de dessus les murailles.

27 Rabsacès leur répondit : Est-ce pour parler à votre maître et à vous, que mon seigneur m'a envoyé ici ? et n'est-ce pas plutôt pour parler à ces hommes qui sont sur la muraille, qui seront réduits à manger leurs excréments avec vous, et à boire leur urine ?

28 Rabsacès se tenant donc debout, cria à haute voix en langue judaïque : Ecoutez les paroles du grand roi, du roi des Assyriens.

29 Voici ce que le roi dit : Qu'Ezéchias ne vous séduise point : car il ne pourra point vous délivrer de ma main.

30 Ne vous laissez point aller à cette confiance qu'il veut vous donner, en disant : Le Seigneur nous délivrera de ce péril, et cette ville ne sera point livrée entre les mains du roi des Assyriens.

31 Gardez-vous bien d'écouter Ezéchias : car voici ce que dit le roi des Assyriens : Prenez un conseil utile, et traitez avec moi ; venez vous rendre à moi, et chacun de vous mangera *le fruit* de sa vigne et de son figuier, et vous boirez des eaux de vos citernes ;

32 jusqu'à ce que je vienne vous transférer en une terre qui est semblable à la vôtre, une terre fertile, abondante en vin et en pain, une terre de vignes et d'oliviers, une terre d'huile et de miel, et vous vivrez et vous ne mourrez point. N'écoutez donc point Ezéchias qui vous trompe, en disant : Le Seigneur nous délivrera.

33 Les dieux des nations ont-ils délivré leurs terres de la main du roi des Assyriens ?

34 Où est maintenant le dieu d'Emath et le dieu d'Arphad ? Où est le dieu de Sépharvaïm, d'Ana et d'Ava ? Ont-ils délivré de ma main la ville de Samarie ?

35 Où trouvera-t-on un dieu parmi tous les dieux des nations, qui ait délivré de ma main son propre pays, pour croire que le Seigneur pourra délivrer de ma main la ville de Jérusalem ?

36 Cependant le peuple demeura dans le silence, et ne répondit pas un seul mot : car ils avaient reçu ordre du roi de ne lui répondre rien.

37 Après cela Eliacim, fils d'Helcias, grand maître de la maison ; Sobna, secrétaire, et Joahé, fils d'Asaph, chancelier, vinrent trouver Ezéchias, ayant leurs habits déchirés, et ils lui rapportèrent les paroles de Rabsacès.

CHAPITRE XIX.

LE roi Ezéchias ayant entendu *ce que Rabsacès avait dit*, déchira ses vêtements, se couvrit d'un sac, et entra dans la maison du Seigneur.

2 Et il envoya Eliacim, grand maître de sa maison, Sobna, secrétaire, et les plus anciens des prêtres couverts de sacs, au prophète Isaïe, fils d'Amos,

3 qui lui dirent : Voici ce que dit Ezéchias : Ce jour est un jour d'affliction, de reproches et de blasphèmes. Les enfants sont venus jusqu'à faire effort pour sortir ; mais celle qui est en travail n'a pas assez de force pour enfanter.

4 Sans doute que le Seigneur, votre Dieu, aura entendu les paroles de Rabsacès, qui a été envoyé par le roi des Assyriens, son maître, pour blasphémer le Dieu vivant, et pour lui insulter par des paroles que le Seigneur, votre Dieu, a entendues. Faites donc votre prière au Seigneur pour ce qui se trouve encore de reste.

5 Les serviteurs du roi Ezéchias allèrent donc trouver Isaïe.

6 Et Isaïe leur répondit : Vous direz ceci à votre maître : Voici ce que dit le Seigneur : Ne craignez point ces paroles que vous avez entendues, par lesquelles les serviteurs du roi des Assyriens m'ont blasphémé.

7 Je vais lui envoyer un certain esprit, et il apprendra une nouvelle, après laquelle il retournera en son pays, et je l'y ferai périr par l'épée.

8 Rabsacès retourna donc vers le roi des Assyriens, et il le trouva qui assiégeait Lobna : car il avait su qu'il s'était retiré de devant Lachis.

9 Et les nouvelles étant venues à Sennachérib, que Tharaca, roi d'Ethiopie, s'était mis en campagne pour venir le combattre, il *résolut* de marcher contre ce roi, et il envoya *auparavant* ses ambassadeurs à Ezéchias, avec cet ordre :

10 Vous direz à Ezéchias, roi de Juda : Prenez garde de vous laisser séduire par votre Dieu, en qui vous mettez votre confiance ; et ne dites point : Jérusalem ne sera point livrée entre les mains du roi des Assyriens.

11 Car vous avez appris vous-même ce que les rois des Assyriens ont fait à toutes les nations, et de quelle manière ils les ont ruinées. Serez-vous donc le seul qui pourrez vous en sauver ?

12 Les dieux des nations ont-ils délivré les peuples que mes pères ont ravagés. Ont-ils délivré Gozan, Haran, Réseph, et les enfants d'Eden qui étaient en Thélassar ?

13 Où est maintenant le roi d'Emath, le roi d'Arphad, le roi de la ville de Sépharvaïm, d'Ana et d'Ava ?

14 Ezéchias ayant reçu cette lettre de Sennachérib de la main des ambassadeurs, la lut, vint dans le temple, étendit la lettre devant le Seigneur,

15 et fit sa prière devant lui en ces termes : Seigneur, Dieu d'Israël ! qui êtes assis sur les chérubins, c'est vous seul qui êtes le Dieu de tous les rois du monde ; c'est vous qui avez fait le ciel et la terre.

16 Prêtez l'oreille, et écoutez : ouvrez les yeux, Seigneur ! et

considérez ; écoutez toutes les paroles de Sennachérib, qui a envoyé ses ambassadeurs pour blasphémer devant nous le Dieu vivant.

17 Il est vrai, Seigneur ! que les rois des Assyriens ont détruit les nations, qu'ils ont ravagé toutes leurs terres,

18 et qu'ils ont jeté leurs dieux dans le feu, et les ont exterminés, parce que ce n'étaient point des dieux, mais des images de bois et de pierre faites par la main des hommes.

19 Sauvez-nous donc maintenant, Seigneur, notre Dieu ! des mains de ce roi, afin que tous les royaumes de la terre sachent que c'est vous seul qui êtes le Seigneur *et le vrai* Dieu.

20 Alors Isaïe, fils d'Amos, envoya dire à Ezéchias : Voici ce que dit le Seigneur, le Dieu d'Israël : J'ai entendu la prière que vous m'avez faite touchant Sennachérib, roi des Assyriens.

21 Voici ce que le Seigneur a dit de lui : La vierge, fille de Sion, t'a méprisé et t'a insulté ; la fille de Jérusalem a secoué la tête derrière toi.

22 A qui penses-tu avoir insulté ? qui crois-tu avoir blasphémé ? Contre qui as-tu haussé la voix et élevé tes yeux insolents ? C'est contre le Saint d'Israël.

23 Tu as blasphémé le Seigneur par tes serviteurs, et tu as dit : Je suis monté sur le haut des montagnes du Liban avec la multitude de mes chariots : j'ai abattu ses hauts cèdres, et les plus grands d'entre ses sapins : j'ai pénétré jusqu'à l'extrémité de son bois, et j'ai abattu sa forêt de Carmel.

24 J'ai bu les eaux étrangères, et j'ai séché toutes celles qui étaient fermées, en y faisant marcher mes gens.

25 N'as-tu point ouï dire ce que j'ai fait dès le commencement ? Avant les premiers siècles j'ai formé ce dessein, et je l'ai exécuté maintenant : les villes fortes défendues *par un grand nombre de* combattants ont été ruinées comme des collines *désertes*.

26 Les mains de ceux qui étaient dedans ont été sans force : ils ont été saisis d'effroi et couverts de confusion ; ils sont devenus comme le foin qui est dans les champs, et comme l'herbe verte *qui croît* sur les toits, *et* qui se sèche avant de venir à maturité.

27 J'ai prévu *il y a longtemps* et ta demeure, et ton entrée, et ta sortie, et le chemin par où tu es venu, et la fureur avec laquelle tu t'es élevé contre moi.

28 Tu m'as attaqué par ton insolence, et *le bruit de* ton orgueil est monté jusqu'à mes oreilles. Je te mettrai donc un cercle au nez et un mors à la bouche, et je te ferai retourner par le même chemin par lequel tu es venu.

29 Mais pour vous, ô Ezéchias ! voici le signe que je vous donnerai : Mangez cette année ce que vous pourrez trouver, la seconde année ce qui naîtra de soi-même : mais pour la troisième année, semez et recueillez ; plantez des vignes, et mangez-en le fruit.

30 Et tout ce qui restera de la maison de Juda, jettera ses racines en bas, et poussera son fruit en haut.

31 Car il sortira de Jérusalem un reste *de peuple ; et il en demeurera* de la montagne de Sion qui seront sauvés. Le zèle du Seigneur des armées fera ceci.

32 C'est pourquoi voici ce que le Seigneur a dit du roi des Assyriens : Il n'entrera point dans cette ville, il ne tirera point de flèche contre ses murailles, elle ne sera point forcée par les boucliers des siens, ni environnée de retranchements ni de terrasses.

33 Il retournera par le même chemin par lequel il est venu, et il n'entrera point dans cette ville, dit le Seigneur.

34 Je protégerai cette ville, et je la sauverai à cause de moi et de David, mon serviteur.

35 Cette même nuit l'ange du Seigneur vint dans le camp des Assyriens, et y tua cent quatre-vingt-cinq mille hommes : et Sennachérib, roi des Assyriens, s'étant levé au point du jour, vit tous ces corps morts, et il s'en retourna aussitôt.

36 Il se retira en son pays, et demeura à Ninive.

37 Et lorsqu'il adorait Nesroch, son dieu, dans son temple, ses deux fils, Adramélech et Sarasar, le tuèrent à coups d'épée, et s'enfuirent en Arménie ; et Asarhaddon, son fils, régna en sa place.

CHAPITRE XX.

EN ce temps-là Ezéchias fut malade à la mort, et le prophète Isaïe, fils d'Amos, vint le trouver, et lui dit : Voici ce que dit le Seigneur : Mettez ordre à votre maison : car vous ne vivrez pas *davantage*, et vous mourrez.

2 Alors Ezéchias tournant le visage vers la muraille, fit sa prière au Seigneur en ces termes :

3 Seigneur ! souvenez-vous, je vous prie, de quelle manière j'ai marché devant vous dans la vérité et avec un cœur parfait, et que j'ai fait ce qui vous était agréable. Ezéchias versa ensuite une grande abondance de larmes.

4 Et avant qu'Isaïe eût passé la moitié du vestibule, le Seigneur lui parla, et lui dit :

5 Retournez, et dites à Ezéchias, chef de mon peuple : Voici ce que dit le Seigneur, le Dieu de David, votre père : J'ai entendu votre prière et j'ai vu vos larmes, et vous allez être guéri : vous irez dans trois jours au temple du Seigneur,

6 et j'ajouterai encore quinze années aux jours de votre vie. De plus je vous délivrerai, vous et cette ville, de la main du roi des Assyriens, et je la protégerai à cause de moi-même et en considération de David, mon serviteur.

7 Alors Isaïe dit *aux serviteurs du roi :* Apportez-moi une masse de figues. Ils la lui apportèrent, et la mirent sur l'ulcère du roi ; et il fut guéri.

8 Mais Ezéchias avait dit *d'abord* à Isaïe : Quel signe aurai-je que le Seigneur me guérira et que j'irai dans trois jours au temple ?

9 Isaïe lui répondit : Voici le signe que le Seigneur vous donnera pour vous assurer qu'il accomplira la parole qu'il a dite en votre faveur : Voulez-vous que l'ombre *du soleil* s'avance de dix lignes, ou qu'elle retourne en arrière de dix degrés ?

10 Ezéchias lui dit : Il est aisé que l'ombre s'avance de dix lignes ; et ce n'est pas ce que je désire que le Seigneur fasse, mais qu'il la fasse retourner en arrière de dix degrés.

11 Le prophète Isaïe invoqua donc le Seigneur, et il fit que l'ombre retourna en arrière sur l'horloge d'Achaz, par les dix degrés par lesquels elle était déjà descendue.

12 En ce temps-là Bérodach-Baladan, fils de Baladan, roi des Babyloniens, envoya des lettres et des présents à Ezéchias, parce qu'il avait su qu'il avait été malade.

13 Ezéchias eut une grande joie de leur arrivée ; et il leur montra ses parfums, son or et son argent, tous ses aromates et ses huiles de senteur, tous ses vases précieux, et ce qu'il avait dans tous ses trésors. Il n'y eut rien dans tout son palais, ni de tout ce qui était à lui, qu'il ne leur fît voir.

14 Le prophète Isaïe vint ensuite trouver le roi Ezéchias, et lui dit : Que vous ont dit ces gens-là ? et d'où sont-ils venus pour vous parler ? Ezéchias lui répondit : Ils sont venus vers moi d'un pays fort éloigné, *ils sont venus* de Babylone.

15 Isaïe lui dit : Qu'ont-ils vu dans votre maison ? Ezéchias répondit : Ils ont vu tout ce qu'il y a dans mon palais ; il n'y a rien dans tous mes trésors que je ne leur aie fait voir.

16 Alors Isaïe dit à Ezchias : Ecoutez la parole du Seigneur :

17 Il viendra un temps où tout ce qui est dans votre maison, et tout ce que vos pères y ont amassé jusqu'à ce jour, sera transporté à Babylone, sans qu'il en demeure rien, dit le Seigneur.

18 Vos enfants mêmes qui seront sortis de vous, que vous aurez engendrés, seront pris alors pour être eunuques dans le palais du roi de Babylone.

19 Ezéchias répondit à Isaïe : Il n'y a rien que de juste dans ce que vous m'annoncez de la part du Seigneur : *mais au moins* que la paix et la vérité règnent pendant les jours de ma vie.

20 Le reste des actions d'Ezéchias, son grand courage, et de quelle manière il fit faire une piscine et un aqueduc pour donner des eaux à la ville, tout cela est écrit au livre des Annales des rois de Juda.

21 Ezéchias s'endormit enfin avec ses pères ; et Manassé, son fils, régna en sa place.

CHAPITRE XXI.

MANASSÉ avait douze ans lorsqu'il commença à régner, et il régna cinquante-cinq ans dans Jérusalem. Sa mère s'appelait Haphsiba.

2 Il fit le mal devant le Seigneur, et il adora les idoles des nations que le Seigneur avait exterminées à l'entrée des enfants d'Israël.

3 Il rebâtit les hauts lieux que son père Ezéchias avait détruits ; il dressa des autels à Baal ; il fit planter de grands bois, comme avait fait Achab, roi d'Israël ; il adora tous les astres du ciel, et il leur sacrifia.

4 Il bâtit aussi des autels dans la maison du Seigneur, de laquelle le Seigneur avait dit : J'établirai mon nom dans Jérusalem.

5 Et il dressa des autels à tous les astres du ciel dans les deux parvis du temple du Seigneur.

6 Il fit passer son fils par le feu, aima les divinations, observa les augures, institua ceux qu'on appelle Pythons, et multiplia les enchanteurs ; de sorte qu'il commit le mal aux yeux du Seigneur, et l'irrita.

7 Il mit aussi l'idole du *grand* bois qu'il avait planté, dans le temple du Seigneur, duquel le Seigneur avait dit à David et à Salomon, son fils : C'est dans ce temple et dans Jérusalem, que j'ai choisie d'entre toutes les tribus d'Israël, que j'établirai mon nom pour jamais ;

8 et je ne permettrai plus qu'Israël mette le pied hors de la terre que j'ai donnée à leurs pères : pourvu qu'ils gardent tout ce que je leur ai commandé, et toute la loi que mon serviteur Moïse leur a donnée.

9 Et ils n'ont point écouté *le Seigneur*, mais ils se sont laissé séduire par Manassé, pour faire encore plus de mal que n'en avaient fait les nations que le Seigneur a exterminées à l'entrée des enfants d'Israël.

10 Le Seigneur a parlé ensuite par les prophètes, ses serviteurs, et il a dit :

11 Parce que Manassé, roi de Juda, a commis ces abominations encore plus détestables que tout ce que les Amorrhéens avaient fait avant lui, et qu'il a fait pécher Juda par ses infamies ;

12 voici ce que dit le Seigneur, le Dieu d'Israël : Je vais faire fondre de *tels* maux sur Jérusalem et sur Juda, que les oreilles en seront étourdies à quiconque les entendra.

13 J'étendrai sur Jérusalem le cordeau de Samarie et le poids de la maison d'Achab : j'effacerai Jérusalem, comme on efface *ce qui est écrit sur* des tablettes ; je passerai et repasserai souvent la plume de fer par-dessus, afin qu'il n'en demeure rien.

14 J'abandonnerai les restes de mon héritage, et je les livrerai entre les mains de leurs ennemis ; et tous ceux qui les haïssent les pilleront et les ravageront :

15 parce qu'ils ont commis le mal devant moi, et qu'ils ont continué à m'irriter depuis le jour où leurs pères sortirent de l'Egypte jusques aujourd'hui.

16 Manassé répandit de plus des ruisseaux de sang innocent, jusqu'à en remplir toute la ville de Jérusalem, outre les péchés par lesquels il avait fait pécher Juda, faisant ainsi le mal devant le Seigneur.

17 Le reste des actions de Manassé, toutes les choses qu'il a faites, et le péché qu'il a commis, tout cela est écrit au livre des Annales des rois de Juda.

18 Manassé s'endormit ensuite avec ses pères, et fut enseveli dans le jardin de sa maison, dans le jardin d'Oza ; et Amon, son fils, régna en sa place.

19 Amon avait vingt-deux ans lorsqu'il commença à régner, et il régna deux ans dans Jérusalem. Sa mère s'appelait Messalémeth, et elle était fille de Harus de Jétéba.

20 Il fit le mal devant le Seigneur, comme avait fait Manassé, son père.

21 Il marcha dans toutes les voies par lesquelles son père avait marché. Il révéra les mêmes abominations que son père avait révérées, et les adora *comme lui*.

22 Il abandonna le Dieu de ses pères, et ne marcha point dans la voie du Seigneur.

23 Ses serviteurs lui dressèrent des embûches, et le tuèrent dans sa maison.

24 Mais le peuple tua tous ceux qui avaient conspiré contre le roi Amon, et établit Josias, son fils, pour régner en sa place.

25 Le reste des actions d'Amon est écrit au livre des Annales des rois de Juda.

26 Il fut enseveli en son sépulcre dans le jardin d'Oza ; et Josias, son fils, régna en sa place.

CHAPITRE XXII.

JOSIAS avait huit ans lorsqu'il commença à régner, et il régna trente et un ans à Jérusalem. Sa mère s'appelait Idida, et était fille d'Hadaïa de Bésécath.

2 Il fit ce qui était agréable au Seigneur, et marcha dans toutes les voies de David, son père, sans se détourner ni à droite ni à gauche.

3 La dix-huitième année de son règne, il envoya Saphan, fils d'Aslia, fils de Messulam, secrétaire du temple du Seigneur, en lui donnant cet ordre :

4 Allez trouver le grand prêtre Helcias, afin qu'il fasse amasser tout l'argent qui a été porté au temple du Seigneur, que les portiers du temple ont reçu du peuple ;

5 et que les maîtres de la maison du Seigneur le donnent aux entrepreneurs, afin qu'ils le distribuent à ceux qui travaillent aux réparations du temple du Seigneur,

6 aux charpentiers, aux maçons, et à ceux qui rétablissent les murs entr'ouverts, afin qu'on achète aussi du bois, et qu'on tire des pierres des carrières, pour rétablir le temple du Seigneur.

7 Qu'on ne leur fasse point néanmoins rendre compte de l'argent qu'ils reçoivent, mais qu'ils en soient les maîtres, et qu'on se repose sur leur bonne foi.

8 Alors le grand prêtre Helcias dit à Saphan, secrétaire : J'ai trouvé un livre de la loi dans le temple du Seigneur. Et il donna ce livre à Saphan qui le lut.

9 Saphan, secrétaire, revint ensuite trouver le roi pour lui rendre compte de ce qu'il lui avait commandé, et lui dit : Vos serviteurs ont amassé *tout* l'argent qui s'est trouvé dans la maison du Seigneur, et ils l'ont donné aux intendants des bâtiments du temple du Seigneur, pour le distribuer aux ouvriers.

10 Saphan, secrétaire, dit encore au roi : Le pontife Helcias m'a donné un livre. Et il le lut devant le roi.

11 Le roi ayant entendu ces paroles du livre de la loi du Seigneur, déchira ses vêtements,

12 et dit au *grand* prêtre Helcias, à Ahicam, fils de Saphan, à Achobor, fils de Micha, à Saphau, secrétaire, et à Asaïas, officier du roi :

13 Allez, consultez le Seigneur sur ce qui me regarde, *moi* et tout le peuple, avec tout Juda, touchant les paroles de ce livre qui a été trouvé : car la colère du Seigneur s'est embrasée contre nous, parce que nos pères n'ont point écouté les paroles de ce livre, et n'ont point fait ce qui nous avait été prescrit.

14 Alors le *grand* prêtre Helcias, Ahicam, Achobor, Saphan et Asaïas allèrent trouver Holda la prophétesse, femme de Sellum, fils de Thécuas, fils d'Araas, gardien des vêtements, qui demeurait à Jérusalem dans la seconde *enceinte de la ville*. Ils lui parlèrent *selon l'ordre du roi.*

15 Holda leur répondit : Voici ce que dit le Seigneur, le Dieu d'Israël : Dites à l'homme qui vous a envoyés vers moi :

16 Voici ce que dit le Seigneur : Je vais faire tomber sur ce lieu et sur ses habitants tous les maux que le roi de Juda a lus dans *ce livre de* la loi ;

17 parce qu'ils m'ont abandonné, qu'ils ont sacrifié à des dieux étrangers, et qu'ils m'ont irrité généralement par toutes leurs couvres i et mon indignation s'allumera de telle sorte contre ce lieu, qu'il n'y aura rien qui puisse l'éteindre.

18 Mais pour le roi de Juda, qui vous a envoyés consulter le Seigneur, vous lui direz : Voici ce que dit le Seigneur, le Dieu d'Israël : Parce que vous avez écouté les paroles de ce livre,

19 que votre cœur en a été épouvanté, que vous vous êtes humilié devant le Seigneur, après avoir appris les maux dont il menace cette ville et ses habitants, *en les assurant* qu'ils deviendront un jour l'étonnement et l'exécration *de toute la terre* ; et parce que vous avez déchiré vos vêtements et pleuré devant moi, j'ai écouté votre prière, dit le Seigneur.

20 C'est pourquoi je vous ferai reposer avec vos pères, et vous serez enseveli en paix, afin que vos yeux ne voient point les maux que je dois faire tomber sur cette ville.

CHAPITRE XXIII.

ILS vinrent donc rapporter au roi ce que cette prophétesse leur avait dit ; et le roi ayant fait assembler et venir auprès de lui tous les anciens de Juda et de Jérusalem,

2 alla au temple du Seigneur, accompagné de tous les hommes de Juda, et de tous ceux qui habitaient dans Jérusalem, des prêtres, des prophètes, et de tout le peuple, depuis le plus petit jusqu'au plus grand ; et il lut devant eux tous toutes les paroles de ce livre de l'alliance, qui avait été trouvé dans la maison du Seigneur.

3 Le roi se tint debout sur un lieu élevé, et il fit alliance avec le Seigneur, afin qu'ils marchassent dans la voie du Seigneur, qu'ils observassent ses préceptes, ses ordonnances, et ses cérémonies de tout leur cœur et de toute leur âme, et qu'ils accomplissent toutes les paroles de l'alliance qui étaient écrites dans ce livre. Et le peuple consentit à cet accord.

4 Alors le roi ordonna au pontife Helcias, aux prêtres du second ordre et aux portiers, de jeter hors du temple du Seigneur tous les vaisseaux qui avaient servi à Baal, au bois consacré et à tous les astres du ciel, et il les brûla hors de Jérusalem dans la vallée de Cédron, et en emporta la poussière à Béthel.

5 Il extermina aussi les augures, qui avaient été établis par les rois d'Israël pour sacrifier sur les hauts lieux dans les villes de Juda, et autour de Jérusalem ; et ceux qui offraient de l'encens à Baal, au Soleil, à la Lune, aux douze signes, et à toutes les étoiles du ciel.

6 Il commanda aussi que l'on ôtât de la maison du Seigneur *l'idole du* bois sacrilège, et qu'on la portât hors de Jérusalem en la vallée de Cédron, où l'ayant brûlée et réduite en cendres, il en fit jeter les cendres sur les sépulcres du peuple.

7 Il abattit aussi les petites maisons des efféminés qui étaient dans la maison du Seigneur, pour lesquels des femmes travaillaient à faire des tentes, ou des voiles destinés au *culte de l'idole du* bois sacrilège.

8 Le roi assembla tous les prêtres des villes de Juda, et il profana tous les hauts lieux où les prêtres sacrifiaient, depuis Gabaa jusqu'à Bersabée, et il détruisit les autels des portes *de Jérusalem* à l'entrée de la maison de Josué, prince de la ville, qui était à main gauche de la porte de la ville.

9 Depuis ce temps-là les prêtres des hauts lieux ne montaient point à l'autel du Seigneur dans la ville, de Jérusalem ; mais ils mangeaient seulement du pain sans levain au milieu de leurs frères.

10 Le roi souilla *et* profana pareillement le lieu de Topheth, qui est dans la vallée du fils d'Ennom, afin que personne ne sacrifiât son fils ou sa fille a Moloch, en les faisant passer par le feu.

11 Il ôta aussi les chevaux que les rois de Juda avaient donnés au Soleil, *et dont les écuries étaient* à l'entrée du temple du Seigneur, près du logement de Nathan-Mélech, eunuque, qui était à Pharurim ; et il brûla les chariots du Soleil.

12 Le roi détruisit aussi les autels qui étaient sur la terrasse de la chambre d'Achaz, que les rois de Juda avaient faits, et les autels que Manassé avait bâtis aux deux parvis du temple du Seigneur, et il courut de ce même lieu pour en répandre les cendres dans le torrent de Cédron.

13 Le roi souilla aussi *et* profana les hauts lieux qui étaient, à main droite de la montagne du Scandale, que Salomon, roi d'Israël, avait bâtis à Astaroth, idole des Sidoniens, à Chamos, le scandale de Moab, et à Melchom, l'abomination des enfants d'Ammon.

14 Il en brisa les statues et en abattit les bois, et il remplit ces lieux-là d'ossements de morts.

15 Et pour ce qui est de l'autel qui était à Béthel, et du haut lieu qu'avait bâti Jéroboam, fils de Nabat, qui avait fait pécher Israël, il détruisit et cet autel, et ce haut lieu : il les brûla et les réduisit en cendres, et consuma aussi par le feu le bois *consacré*.

16 Josias retournant en ce lieu, vit les sépulcres qui étaient sur la montagne, et il envoya prendre les os qui étaient dans ces sépulcres, et les brûla sur l'autel, et il le souilla *et* profana selon la parole du Seigneur, qu'avait prononcée l'homme de Dieu qui avait prédit ces choses.

17 Il dit ensuite : Quel est ce tombeau que je vois ? Les citoyens de cette ville-là lui dirent : C'est le sépulcre de l'homme de Dieu qui était venu de Juda, et qui avait prédit ce que vous venez de faire sur l'autel de Béthel.

18 Josias dit : Laissez-le là, et que personne ne touche à ses os. Et ses os demeurèrent au même lieu, sans que personne y touchât, avec les os du prophète qui était venu de Samarie.

19 Outre tout cela, Josias détruisit tous les temples des hauts lieux qui étaient dans les villes de Samarie, que les rois d'Israël avaient bâtis pour irriter le Seigneur, et il les réduisit au même état que tous ceux qui étaient à Béthel.

20 Il tua même tous les prêtres des hauts lieux, qui avaient soin des autels en ces lieux-là, et il brûla sur ces autels des os d'hommes morts. Après cela il retourna à Jérusalem.

21 Josias dit ensuite à tout le peuple : Célébrez la pâque en l'honneur du Seigneur, votre Dieu, en la manière qui est écrite dans ce livre de l'alliance.

22 Car depuis le temps des juges qui jugèrent Israël, et depuis tout le temps des rois d'Israël et des rois de Juda,

23 jamais pâque ne fut célébrée comme celle qui se fit en l'honneur du Seigneur, dans Jérusalem, la dix-huitième année du roi Josias.

24 Josias extermina aussi les pythons, les devins et les figures des idoles, les impuretés et les abominations qui avaient été dans le pays de Juda et de Jérusalem, pour accomplir les paroles de la loi qui étaient écrites dans ce livre que Helcias, pontife, avait trouvé dans le temple du Seigneur.

25 Il n'y a point eu avant Josias de roi qui lui fût semblable, et qui soit retourné comme lui au Seigneur de tout son cœur, de toute son âme et de toute sa force, selon tout ce qui est écrit dans la loi de Moïse, et il n'y en a point eu non plus apres lui.

26 Cependant l'extrême colère et la fureur du Seigneur, qui s'était allumée contre Juda, à cause des crimes par lesquels Manassé l'avait irrité, ne fut point apaisée alors.

27 C'est pourquoi le Seigneur a dit : Je rejetterai encore Juda de devant ma face, comme j'ai rejeté Israël, et j'abandonnerai Jérusalem, cette ville que j'ai choisie, et cette maison de laquelle j'ai dit : C'est là que mon nom sera présent.

28 Le reste des actions de Josias, et tout ce qu'il a fait, est écrit au livre des Annales des rois de Juda.

29 En ce temps-là Pharaon-Néchao, roi d'Égypte, marcha contre le roi des Assyriens, vers le fleuve d'Euphrate ; et le roi Josias alla *avec son armée* au-devant de lui, et lui ayant donné bataille, il fut tué à Mageddo.

30 Ses serviteurs le rapportèrent mort de Mageddo à Jérusalem, et l'ensevelirent dans son sépulcre ; et le peuple prit Joachaz, fils de Josias, et il fut sacré et établi roi en la place de son père.

31 Joachaz avait vingt-trois ans lorsqu'il commença à régner, et Il régna trois mois dans Jérusalem. Sa mère se nommait Amital, et était fille de Jérémie de Lobna.

32 Il fit le mal devant le Seigneur, et commit tous les mêmes crimes que ses pères.

33 Pharaon-Néchao *le prit et* l'enchaîna à Rébla, qui est au pays d'Emath, afin qu'il ne régnât point à Jérusalem. Il condamna le pays a lui donner cent talents d'argent et un talent d'or.

34 Et Pharaon-Néchao établit roi Eliacim, fils de Josias, en la place de Josias, son père, et changea son nom, *et l'appela* Joakim ; et ayant pris *avec lui* Joachaz, il l'emmena en Égypte, où il

mourut.

35 Joakim donna à Pharaon de l'argent et de l'or, selon la taxe qu'il avait faite par tête sur le pays, pour payer la contribution ordonnée par Pharaon ; il tira de même de l'argent et de l'or de tout le peuple, exigeant de chacun à proportion de son bien, pour donner cet argent à Pharaon-Néchao.

36 Joakim avait vingt-cinq ans lorsqu'il commença à régner, et il régna onze ans à Jérusalem. Sa mère s'appelait Zébida, et était fille de Phadaïa de Ruma.

37 Il fit le mal devant le Seigneur, et commit tous les mêmes crimes que ses pères.

CHAPITRE XXIV.

NABUCHODONOSOR, roi de Babylone, marcha *contre Juda* au temps de Joakim, et Joakim lui fut assujetti pendant trois ans ; et après cela il ne voulut plus lui obéir.

2 Alors le Seigneur envoya des troupes de voleurs de Chaldée, de Syrie, de Moab et des enfants d'Ammon, et les fit venir contre Juda pour l'exterminer, selon la parole que le Seigneur avait dite par les prophètes, ses serviteurs.

3 Ceci arriva en vertu de la parole du Seigneur contre Juda, afin de le rejeter de devant sa face, à cause de tous les crimes que Manassé avait commis,

4 et à cause du sang innocent qu'il avait répandu : car il avait rempli Jérusalem du sang des innocents. C'est pourquoi le Seigneur ne voulut point se rendre propice à son peuple.

5 Le reste des actions de Joakim, et tout ce qu'il a fait, est écrit au livre des Annales des rois de Juda : et Joakim s'endormit avec ses pères ;

6 et Joachin, son fils, régna en sa place.

7 Le roi d'Égypte depuis ce temps-là ne sortit plus de son royaume ; parce que le roi de Babylone avait emporté tout ce qui était au roi d'Égypte, depuis les frontières d'Égypte jusqu'au fleuve d'Euphrate.

8 Joachin avait dix-huit ans lorsqu'il commença à régner, et il régna trois mois à Jérusalem. Sa mère s'appelait Nohesta, et elle était fille d'Elnathan de Jérusalem.

9 Il fit le mal devant le Seigneur, et commit tous les mêmes crimes que son père.

10 En ce temps-là les serviteurs du roi de Babylone vinrent assiéger Jérusalem, et ils firent une circonvallation autour de la ville

11 Et Nabuchodonosor, roi de Babylone, vint aussi avec ses gens pour prendre la ville ;

12 et Joachin, roi de Juda, sortit de Jérusalem, et vint se rendre au roi de Babylone avec sa mère, ses serviteurs, ses princes et ses eunuques ; et le roi de Babylone le reçut *bien en apparence* la huitième année de son règne.

13 Mais ensuite il emporta de Jérusalem tous les trésors de la maison du Seigneur, et les trésors de la maison du roi ; il brisa tous les vases d'or que Salomon, roi d'Israël, avait faits dans le temple du Seigneur, selon ce que le Seigneur avait prédit.

14 Il transféra les principaux de Jérusalem, tous les princes, tous les plus vaillants de l'armée, au nombre de dix mille captifs ; il emmena aussi tous les artisans et les lapidaires, et il ne laissa que les plus pauvres d'entre le peuple.

15 Il transféra aussi à Babylone Joachin, la mère du roi, les femmes du roi, et ses eunuques, et il emmena captifs de Jérusalem à Babylone les juges du pays.

16 Le roi de Babylone emmena tous les plus vaillants de Juda au nombre de sept mille, les artisans et les lapidaires au nombre de mille, tous les hommes de cœur et les gens de guerre ; et il les emmena captifs à Babylone.

17 Il établit *roi* en la place de Joachin, Mathanias, son oncle ; et il l'appela Sédécias.

18 Sédécias avait vingt et un ans lorsqu'il commença à régner, et il régna onze ans à Jérusalem. Sa mère s'appelait Amital, et elle était fille de Jérémie de Lobna.

19 Il fit le mal devant le Seigneur, et commit tous les mêmes crimes que Joakim.

20 Car la colère du Seigneur s'augmentait toujours contre Jérusalem et contre Juda, jusqu'à ce qu'il les rejetât de devant sa face : et Sédécias se retira de l'obéissance qu'il rendait au roi de Babylone.

CHAPITRE XXV.

LA neuvième année du règne de Sédécias, le dixième jour du dixième mois, Nabuchodonosor, roi de Babylone, marcha avec toute son armée contre Jérusalem, et mit le siège devant la ville, et y fit des retranchements tout autour ;

2 et la ville demeura enfermée par la circonvallation qu'il avait faite, jusqu'à la onzième année du roi Sédécias,

3 et jusqu'au neuvième jour du *quatrième* mois : la ville fut extrêmement pressée par la famine, et il ne se trouvait point de pain pour *nourrir* le peuple ;

4 et la brèche ayant été faite, tous les gens de guerre s'enfuirent la nuit par le chemin de la porte qui est entre les deux murailles près le jardin du roi, pendant que les Chaldéens étaient occupés au siège autour des murailles. Sédécias s'enfuit donc par le chemin qui mène aux campagnes du désert :

5 et l'armée des Chaldéens poursuivit le roi, et le prit dans la plaine de Jéricho ; et tous les gens de guerre qui étaient avec lui furent dissipés et l'abandonnèrent.

6 Ayant donc pris le roi, ils l'emmenèrent au roi de Babylone, à Réblatha, et le roi de Babylone lui prononça son arrêt.

7 Il fit mourir les fils de Sédécias aux yeux de leur père. Il lui creva les yeux, le chargea de chaînes, et l'emmena à Babylone.

8 La dix-neuvième année de Nabuchodonosor, roi de Babylone, le septième jour du cinquième mois, Nabuzardan, serviteur du roi de Babylone et général de son armée, vint à Jérusalem.

9 Il brûla la maison du Seigneur et le palais du roi ; il consuma par le feu tout ce qu'il y avait de maisons dans Jérusalem.

10 Toute l'armée des Chaldéus qui était avec ce général, abattit les murailles de Jérusalem.

11 et Nabuzardan, général de l'armée, transporta à Babylone tout le reste du peuple qui était demeuré dans la ville, les transfuges qui étaient allés se rendre au roi de Babylone, et le reste de la populace.

12 Il laissa seulement les plus pauvres du pays pour labourer les vignes et pour cultiver les champs.

13 Et les Chaldéens mirent en pièces les colonnes d'airain qui étaient dans le temple du Seigneur, et les socles, et la mer d'airain qui était dans la maison du Seigneur, et ils en transportèrent tout l'airain à Babylone.

14 Ils emportèrent aussi les chaudières d'airain, les coupes, les fourchettes, les tasses, les mortiers, et tous les vases d'airain qui servaient au temple.

15 Le général de l'armée emporta aussi les encensoirs et les coupes ; tout ce qui était d'or, et tout ce qui était d'argent,

16 avec les deux colonnes, la mer, et les socles que Salomon avait faits pour le temple du Seigneur ; et le poids de l'airain de tous ces vases était infini.

17 Chacune de ces colonnes était de dix-huit coudées de haut, et le chapiteau de dessus, qui était d'airain, avait trois coudées de haut ; le chapiteau de la colonne était environné d'un rets *qui enfermait* des grenades, et le tout était d'airain : la seconde colonne avait les mêmes ornements *que la première*.

18 Le général de l'armée emmena aussi Saraïas, grand prêtre, et Sophonie qui était le premier au-dessous de lui, et les trois portiers ;

19 et un eunuque de la ville, qui commandait les gens de guerre, et cinq de ceux qui étaient toujours auprès de la personne du roi, lesquels il trouva dans la ville ; et Sopher, l'un des principaux officiers de l'armée, qui avait soin d'exercer les jeunes soldats qu'on avait pris d'entre le peuple, et soixante hommes des premiers du peuple qui se trouvèrent alors dans la ville.

20 Nabuzardan, général de l'armée, prit toutes ces personnes, et les emmena au roi de Babylone à Réblatha.

21 Et le roi de Babylone les fit tous mourir à Réblatha, au pays d'Emath ; et Juda fut transféré hors de son pays.

22 Après cela Nabuchodonosor, roi de Babylone, donna le commandement du peuple qui était demeuré au pays de Juda, à Godolias, fils d'Ahicam, fils de Saphan.

23 Et tous les officiers de guerre, et les gens qui étaient avec eux, ayant appris que le roi de Babylone avait établi Godolias *pour commander dans le pays*, Ismahel, fils de Nathanie, Johanan, fils de Carée, et Saraïa, fils de Thanéhumeth, Nétophathite, et Jézonias, fils de Maachati, vinrent le trouver à Maspha avec tous leurs gens.

24 Et Godolias les rassura par serment, eux et ceux qui les accompagnaient, en leur disant : Ne craignez point de servir les Chaldéens ; demeurez dans le pays, et servez le roi de Babylone, et vous vivrez en paix.

25 Sept mois après, Ismahel, fils de Nathanie, fils d'Elisama, de la race royale, vint à Maspha, accompagné de dix hommes ; et il attaqua Godolias, et le tua avec les Juifs et les Chaldéens qui étaient avec lui.

26 Et tout le peuple depuis le plus grand jusqu'au plus petit, avec les officiers de guerre, appréhendant les Chaldéens, sortirent de Juda, et s'en allèrent en Égypte.

27 La trente-septième année de la captivité de Joachin, roi de Juda, le vingt septième jour du douzième mois, Evilmerodach, roi de Babylone, qui était en la première année de son règne, tira de prison Joachin, et le releva *de l'état malheureux où il était*.

28 Il lui parla avec beaucoup de bonté, et mit son trône au-dessus du trône des rois qui étaient auprès de lui à Babylone ;

29 il lui fit quitter les vêtements qu'il avait eus dans la prison, et le fit manger à sa table tous les jours de sa vie.

30 Il lui assigna même sa subsistance pour toujours, et le roi la lui fit donner chaque jour tant qu'il vécut.

PARALIPOMÈNES.

LIVRE PREMIER.

CHAPITRE PREMIER.

ADAM, Seth, Enos

2 Caïnan, Malaléel, Jared,

3 Hénoch, Mathusalé, Lamech,

4 Noé, Sem, Cham et Japheth.

5 Les fils de Japhet *sont* Gomer, Magog, Madaï, Javan, Thubal, Mosoch *et* Thiras.

6 Les fils de Gomer : Ascenez, Riphath et Thogorma.

7 Les fils de Javan : Elisa, Tharsis, Céthim et Dodanim.

8 Les fils de Cham : Chus, Mesraïm, Phut et Chanaan.

9 Les fils de Chus : Saba, Hévila, Sabatha, Regma, et Sabathacha. Regma eut aussi pour fils Saba et Dadan.

10 Mais Chus engendra Nemrod ; et celui-ci commença à être puissant sur la terre.

11 Mesraïm engendra Ludim, Anamim, Laabim, Nephthuim,

12 Phétrusim et Casluim, d'où sont sortis Philisthiim, et Caphtorim.

13 Chanaan engendra Sidon son aîné, et ensuite Héthéus,

14 Jébuséus, Amorrhéus, Gergéséus,

15 Hévéus, Aracéus, Sinéus,

16 Aradius, Samaréus, et Hamathéus.

17 Les fils de Sem sont : Élam, Assur, Arphaxad, Lud, Aram. *Les fils d'Aram sont* Hus, Hul, Géther, et Mosoch.

18. Arphaxad engendra Salé qui fut père d'Héber.

19 Héber eut deux fils, dont l'un fut nommé Phaleg, *c'est-à-dire, division*, parce que la terre fut divisée de son temps, et le nom de son frère *est* Jectan.

20 Jectan engendra Elmodad, Saleph, Asarmoth, et Jaré,

21 avec Adoram, Huzal et Décla,

22 comme aussi Hébal, Abimaël, et Saba,

23 et encore Ophir, Hévila, et Jobab : tous ceux-ci *étaient* fils de Jectan.

24 Sem *engendra donc* Arphaxad, Salé,

25 Héber, Phaleg, Ragaü,

26 Sérug, Nachor, Tharé,

27 Abram : celui-ci est le même qu'Abraham.

28 Les enfants d'Abraham *sont* Isaac et Ismaël.

29 Et voici leur postérité : Ismaël eut Nabajoth, l'aîné de tous, Cédar, Adbéel, Mabsam,

30 Masma, Duma, Massa, Hadad, Théma,

31 Jétur, Naphis, Cedma ; ce sont là les fils d'Ismaël.

32 Mais les enfants qu'eut Abraham de sa seconde femme Cétura, *furent* Zamran, Jecsan, Madan, Madian, Jesboc, et Sué. Les fils de Jecsan *furent* Saba et Dadan. Ceux de Dadan, Assurim, Latussim, et Laomim.

33 Les enfants de Madian *sont* Épha, Épher, Hénoch, Abida, et Eldaa : tous ceux-là étaient enfants de Cétura.

34 Abraham engendra *de Sara* Isaac, qui eut deux fils, Ésaü, et Israël, *ou Jacob*.

35 Les fils d'Ésaü *sont* Éliphaz, Rahuël, Jéhus, Ihélom, et Coré.

36 Ceux d'Éliphaz : Théman, Omar, Séphi, Gatham, Cenez, *et de* Thamna *il eut* Amalec.

37 Ceux de Rahuel : Nahath, Zara, Samma, Méza.

38 Les fils de Séir *sont* : Lotan, Sobal, Sébéon, Ana, Dison, Éser, Disan.

39 Ceux de Lotan : Hori, et Homam. Or la sœur de Lotan était Thamna.

40 Les enfants de Sobal *étaient* Alian, Manahath, Ébal, Séphi, et Onam. Ceux de Sébéon : Aia et Ana. Ceux d'Ana : Dison.

41 Les fils de Dison *étaient* Hamran, Éséban, Jéthran, et Charan.

42 Ceux d'Eser : Balaan, Zavan, Jacan. Ceux de Disan : Hus et Aran.

43 Voici les rois qui régnèrent au pays d'Édom avant qu'il y eût un roi établi sur les enfants d'Israël : Balé, fils de Béor, dont la ville s'appelait Dénaba.

44 Balé étant mort, Jobab, fils de Zaré de Bosra, régna en sa place.

45 Après la mort de Jobab, Husam, qui était du pays de Théman, succéda à la couronne.

46 Husam étant mort aussi, Adad, fils de Badad, régna en sa place. Ce fut lui qui défit les Madianites dans le pays de Moab ; et sa ville s'appelait Avith.

47 Après la mort d'Adad, Semla, qui était de Masréca, lui succéda au royaume.

48 Semla étant mort aussi, Saül de Rohoboth, *ville* située sur le fleuve *d'Euphrate*, régna après lui.

49 Et après la mort de Saül, Balanan, fils d'Achobor, régna au lieu de lui.

50 Celui-ci mourut aussi ; et Adad régna en sa place ; sa ville s'appelait Phaü, et sa femme se nommait Méétabel, fille de Matred, *qui était* fille de Mézaab.

51 Après la mort d'Adad *le pays d*'Édom n'eut plus de rois, mais des gouverneurs, savoir : le gouverneur Thamna, le gouverneur Alva, le gouverneur Jetheth,

52 Le gouverneur Oolibama, le gouverneur Éla, le gouverneur Phinon,

53 Le gouverneur Cénez, le gouverneur Théman, le gouverneur Mabsar,

54 Le gouverneur Magdiel, le gouverneur Hiram. Ce furent là les gouverneurs *du pays* d'Édom.

CHAPITRE II.

OR les fils d'Israël *sont* Ruben, Siméon, Lévi, Juda, Issachar, et Zabulon, *de Lia* ;

2 Joseph et Benjamin, *de Rachel* ; Dan et Nephthali, *de Bala* ; Gad et Aser, *de Zelpha*.

3 Les fils de Juda *sont* Her, Onan, et Séla. Il eut ces trois enfants d'une Chananéenne, fille de Sué. Mais Her, qui était l'aîné de Juda, fut méchant aux yeux du Seigneur, et Dieu le frappa de mort.

4 Thamar, belle-fille de Juda, eut aussi de lui Pharès et Zara. Juda eut donc en tout cinq fils.

5 Pharès eut deux fils : Hesron et Hamul.

6 Les fils de Zara *furent* aussi au nombre de cinq : *savoir* Zamri, Éthan, Éman, Chalchal, et Dara.

7 Charmi, *fils de Zamri*, n'eut d'enfants qu'Achar, qui troubla Israël, et pécha par le larcin de l'anathème.

8 Éthan n'eut *aussi* d'enfants qu'Azarias.

9 Les fils qu'eut Hesron sont Jéraméel, Ram, *ou Aram*, et Calubi.

10 Ram engendra Aminadab ; Aminadab engendra Nahasson, prince des fils de Juda ;

11 Nahasson engendra aussi Salma, *ou Salmon*, duquel est venu Booz.

12 Or Booz engendra Obed, lequel engendra Isaï.

13 Isaï eut pour fils aîné Éliab ; le second fut Abinadab ; le troisième, Simmaa ;

14 Le quatrième, Nathanaël ; le cinquième, Raddaï ;

15 Le sixième, Asom ; le septième, *Eliu, le huitième* David.

16 Leurs sœurs étaient Sarvia et Abigaïl. Les fils de Sarvia *furent* trois : Ahisaï, Joab, et Asaël.

17 Abigaïl fut mère d'Amasa, dont le père était Jéther, Ismahélite.

18 Or Caleb, fils d'Hesron, épousa une femme qui se nommait Azuba, dont il eut Jérioth ; et ses fils furent Jaser, Sobab, et Ardon.

19 Mais Caleb, après la mort d'Azuba, épousa Éphratha, dont il eut *un fils nommé* Hur.

20 Hur engendra Uri ; et Uri engendra Bézéléel.

21 Ensuite Hesron prit pour femme la fille de Machir, père de Galaad. Il avait soixante ans quand il l'épousa ; et il eut d'elle Ségub.

22 Ségub eut aussi pour fils Jaïr, lequel fut seigneur de vingt-trois villes dans la terre de Galaad.

23 Et Gessur et Aram prirent les villes *de la terre* de Jaïr, comme aussi Canath, avec les soixante villages de sa dépendance, qui valaient des villes. Tous ces lieux apartenaient aux enfants de Machir, père de Galaad

24 Après la mort d'Hesron, Caleb *son fils* épousa Éphratha ; mais Hesron avait eu encore une femme *nommée* Abia, de laquelle il eut *un fils nommé* Ashur, qui fut père de Thécua.

25 Mais Jéraméel, premier-né du même Hesron, eut pour fils aîné Ram, et *ensuite* Buna, Aram, Asom, et Achia ;

26 Et Jéraméel épousa encore une autre femme, nommée Atara, qui fut mère d'Onam.

27 Ram, fils-aîné de Jéraméel, eut aussi pour fils Moos, Jamin et Achar.

28 Onam eut pour fils Séméi et Jada. Les fils de Séméi sont Nadab, et Abisur.

29 Abisur épousa une femme nommée Abihaïl, de laquelle il eut *deux enfants*, Ahobban et Molid.

30 Nadab fut père de Saleb et d'Apphaïm, dont le premier mourut sans enfants.

31 Mais Apphaïm eut un fils nommé Jési, qui fut père de Sésan. Et Sésan engendra Oholaï.

32 Les fils de Jada, frère de Séméi, *furent* Jéther et Jonathan. Jéther mourut aussi sans enfants.

33 Mais Jonathan eut Phaleth et Ziza. Voilà quels ont été les fils de Jéraméel.

34 Pour Sésan, il n'eut point de garçons, mais des filles ; *et il prit* un esclave égyptien, nommé Jéraa,

35 Auquel il donna sa fille *Olohaï* en mariage ; et elle accoucha d'Éthéi.

36 Éthéi fut père de Nathan, et Nathan père de Zabad.

37 Zabad eut pour fils Ophlal ; et Ophlal engendra Obed.

38 Obed engendra Jéhu ; et Jéhu, Azarias.

39 Azarias engendra Hellès ; et Hellès, Élasa.

40 Élasa engendra Sisamoï ; et Sisamoï, Sellum.

41 Sellum engendra Icamia ; et Icamia, Élisama.

42 Or les enfants de Caleb, frères de Jéraméel, *furent* Mésa son aîné, prince de Ziph ; et les descendants de Marésa, père d'Hébron.

43 Les fils d'Hébron *furent* Coré, Thaphua, Récem, et Samma.

44 Samma engendra Raham, père de Jercaam ; et Récem engendra Sammaï.

45 Sammaï eut un fils nommé Maon ; et Maon *fut* père de Bethsur.

46 Or Épha, seconde femme de Caleb, fut mère de Haran, de Mosa, et de Gézez. Et Haran eut un fils *nommé aussi* Gézez, *ou Jahaddaï*.

47 Les enfants de Jahaddaï *furent* Regom, Joathan, Gésan, Phalet, Épha, et Saaph.

48 Maacha, *autre* concubine *ou femme* de Caleb, lui donna *aussi* Saber et Tharana.

49 Mais Saaph, père de Madména, engendra Sué, père de Machbéna et de Gabaa. Caleb eut aussi une fille nommée Achsa.

50 Ceux-ci furent *encore* de la postérité de Caleb, étant descendus de Hur, fils aîné de *sa femme* Éphratha, savoir : Sobal, père de Cariath-iarim ;

51 Salma, père de Bethléhem ; Hariph, père de Beth-gader.

52 Or Sobal, père de Cariath-iarim, qui jouissait de la moitié du *pays que l'on nommait le Lieu du Repos*, eut des fils ;

53 Et des familles qu'ils *établirent dans* Cariath-iarim sont descendus les Jethréens, les Aphuthéens, les Sémathéens, les Maséréens, desquels sont aussi venus les Saraïtes, et les Esthaolites.

54 Les enfants de Salma *habitèrent* Bethléhem, et Nétophathi, Ataroth *qui appartint depuis* à la maison de Joab ; et la moitié du *pays que l'on nommait le* Lieu du Repos *fut habitée par les descendants* de Saraï.

55 *Il y faut joindre* les familles des docteurs de la loi qui demeurent à Jabès, et qui se retirent sous des tentes, où ils chantent les louanges de Dieu avec la voix et sur les instruments. Ce sont eux qu'on nomme Cinéens, qui sont descendus de Chamath, dont le nom signifie Chaleur, et qui fut chef de la maison de Réchab.

CHAPITRE III.

VOICI les enfants de David qui lui sont nés *pendant qu'il demeurait* à Hébron : L'aîné fut Amnon, *fils* d'Achinoam de Jezrahel ; le second, Daniel, *fils* d'Abigaïl du Carmel ;

2 Le troisième, Absalom, fils de Maacha, *qui était* fille de Tholmaï, roi de Gessur ; le quatrième, Adonias, fils d'Aggith ;

3 Le cinquième, Saphatias, fils d'Abital ; le sixième, Jéthraham, fils d'Égla, ses légitimes épouses.

4 Ainsi David eut six fils *pendant qu'il demeura* à Hébron, où il régna sept ans et demi. Mais il régna trente-trois ans à Jérusalem.

5 Et les enfants qu'il eut à Jérusalem furent Simmas, Sobab, Nathan, et Salomon, *tous* quatre fils de Bethsabée, fille d'Ammiel.

6 Il eut encore Jébaar et Élisama,

7 Éliphaleth, Nogé, Népheg, et Japhia ;

8 comme aussi Élisama, Éliada, et Éliphéleth, *c'est-à-dire*, neuf.

9 Ce sont là tous les enfants de David, outre les enfants de ses concubines ; et ils eurent une sœur nommée Thamar.

10 Or Salomon fut père de Roboam, qui eut pour fils Abia, qui engendra Asa, duquel est venu Josaphat,

11 père de Joram, qui engendra Ochozias, et de celui-ci naquit Joas ;

12 Joas eut pour fils Amasias, père d'Azarias ; et le fils d'Azarias fut Joatham,

13 qui engendra Achaz, père d'Ezéchias, qui eut pour fils Manassé ;

14 Manassé engendra Amon, père de Josias,

15 dont les fils sont Johanan, l'aîné ; le second, Joakim ; le troisième, Sédécias ; le quatrième, Sellum.

16 De Joakim sont venus Jéchonias et Sédécias.

17 Les fils de Jéchonias furent Asir, Salathiel ;

18 *Les fils de Salathiel furent* Melchiram, Païdia, Sennéser, Jécémia, Sama et Nadabia.

19 De Phadaïa sont venus Zorobabel et Semeï. Zorobabel engendra Mosolla et Hananie, avec Salomith, leur sœur ;

20 et encore ces cinq *autres* : Hasaba, Ohol, Barachias, Hasadias et Josabhésed.

21 Haunanias eut pour fils Phaltias, qui fut père de Jésélas, dont le fils nommé Rapahaïa fut père d'Arnan, duquel est venu Obdia, qui eut pour fils Séchénias.

22 Le fils de Séchénias fut Séméia, duquel sont sortis Hattus, Jegaal, Baria, Naaria, Saphat, ... qui font six.

23 Naaria eut trois fils : Elioénaï, Ezéchias et Erizcam.

24 Elioénaï en eut sept : Oduïa, Eliasub, Phéléia, Accub, Johanan, Dalaïa et Anani.

CHAPITRE IV.

LES descendants de Juda sont Pharès, Hesron, Charmi, *ou Calubi*, Hur et Sobal.

2 Raïa, fils de Sobal, engendra Janath, père d'Ahumaï et de Laad, d'où les Sarathites sont sortis.

3 Voici encore la postérité d'Etam : Jezrahel, Jéséma et Jédébos, qui eurent une sœur nommée Asalelphuni.

4 Phanuel fut père de Gédor, et Ezer père d'Hosa : ce sont là les descendants d'Hur, fils aîné d'Ephrata et père de Bethléhem.

5 Assur, prince de Thécua, eut deux femmes, *savoir* Halaa et Naara.

6 De Naara il eut Oozam et Hépher, et les Thémaniens, et les Ahasthariens, qui sont tous descendus de Naara.

7 Les fils de Halaa *sont* Séreth, Isaar, et Ethnan.

8 Cos engendra Anob, et Soboba, et c'est de lui que sont venus tous ceux qui portent le nom d'Aharéhel, fils d'Arum.

9 Mais Jabès devint plus illustre que ses frères ; et ce fut sa mère qui lui donna le nom de Jabès, disant : C'est parce que je l'ai mis au monde avec beaucoup de douleur.

10 Or Jabès invoqua le Dieu d'Israël, en disant : Ah ! si vous vouliez bien répandre sur moi vos bénédictions, et étendre les bornes de mes terres, et si votre bras m'était favorable pour empêcher que je ne succombe sous la malice *des hommes*. Et Dieu lui accorda ce qu'il avait demandé.

11 Caleb, frère de Sua, engendra Mahir, qui fut père d'Esthon,

12 Esthon engendra Belhrapha, Phessé, et Téhinna, qui fut le père de la ville de Nahas. Ce sont ceux-ci qui ont peuplé la ville de Récha.

13 Cénez eut pour fils Othoniel, et Saraïa. Othoniel fut père d'Hathath et de Maonathi.

14 Maonathi engendra Ophra. Saraïa engendra Joab, le père de la Vallée des ouvriers ; car il y avait là toutes sortes d'ouvriers.

15 Les enfants de Caleb, fils de Jéphoné, *sont* Hir, Éla, et Naham. Éla *fut* père de Cénez.

16 Les fils de Jaléléel *furent* Ziph, Zipha, Thiria, et Asraël.

17 Ceux d'Ezra *étaient* Jéther, Méred, Epher, et Jalon. Il eut encore Marie, Sammaï, et Jesba, prince d'Esthamo.

18 Sa femme *fut* Judaïa, qui enfanta Jared, prince de Gédor, et Héber, prince de Socho, et Icuthiel, père de Zanoé. Et tous ceux-là descendent aussi de Béthia, fille de Pharaon, qui épousa Méred.

19 Et les fils de sa femme Odaïa, sœur de Naham, père de Céila, *sont* Garmi, et Esthamo qui était de Machathi.

20 Les fils de Simon *sont* Amnon, et Rinna, qu'il eut de Hanan, et Thilon. Et les fils de Jési *sont* Zoheth, et Benzoheth.

21 Les fils de Séla, fils de Juda, *sont* Her, père de Lécha, et Laada, père de Marésa, et les familles de ceux qui travaillent aux ouvrages de fin lin dans la maison du jurement.

22 Et Joachim, et les habitants de Chozéba, et Joas et Saraph, dont les noms signifient le Certain et le Brûlant, qui commandèrent dans Moab, et qui revinrent à Lahem. Or c'est ce que nous apprenons de l'ancienne tradition.

23 Ce sont là les potiers qui demeuraient à Nétaïm et à Gadéra, dans les maisons du roi, où ils travaillent pour lui, et qui s'y sont établis.

24 Les fils de Siméon *sont* Namuel, Jamin, Jarib, Zara, et Saül,

25 dont le fils *fut* Sellum, père de Mapsam, lequel eut Masma pour fils.

26 Le fils de Masma *fut* Hamuel, celui de Hamuel *fut* Zachur, et celui de Zachur *fut* Séméi.

27 Séméi eut seize garçons et six filles ; mais ses frères n'eurent pas beaucoup d'enfants, et toute leur postérité ne put égaler le nombre des enfants de Juda.

28 Ils s'établirent dans Bersabée, dans Molada, dans Hasarsuhal,

29 dans Bala, dans Asom, dans Tholad,

30 dans Bathuel, dans Horma, dans Sicéleg,

31 dans Bethmarchaboth, dans Hasarsusim, dans Beth-béraï, et dans Saarim. Ce sont les villes qu'ils possédèrent jusqu'au règne de David.

32 Ils eurent encore des bourgs au nombre de cinq, qui peuvent passer pour villes, *savoir* Étam, Aën, Remmon, Thochen et Asan ;

33 Et *avec cela* tous les villages qui sont aux environs de ces villes, jusqu'à Baal. Voila le pays que les descendants de Siméon ont habité, et la distribution de leurs demeures.

34 Mosobab, Jemlech, et Josa, fils d'Amasias ;

35 Joël, et Jéhu, fils de Josabia *qui fut* fils de Saraïa, fils d'Asiel ;

36 Élioénaï, Jacoba, Isuhaïa, Asaïa, Adiel, Ismiel, et Banaïa.

37 Ziza, fils de Séphéi, fils d'Allon, fils d'Idaïa, fils de Semri, fils de Samaïa.

38 Tous ceux-là devinrent les chefs célèbres de plusieurs maisons *de la tribu de Siméon*, et ils se multiplièrent extrêmement dans les familles qui sortirent d'eux.

39 Ils partirent *de leur pays* pour se rendre maîtres de Gador, et s'étendre jusqu'à l'orient de la vallée, afin de chercher des pâturages à leurs troupeaux.

40 Ils en trouvèrent de fertiles et d'excellents, et une terre très-spacieuse, paisible et abondante, où quelques gens de la postérité de Cham s'étaient établis auparavant.

41 Ceux-ci, que nous avons nommés plus haut, vinrent donc *les attaquer* sous le règne d'Ézéchias, roi de Juda ; ils renversèrent leurs tentes et tuèrent ceux qui y habitaient, et ils en sont demeurés jusqu'à présent les maîtres, s'y étant établis en leur place, à cause des pâturages très-gras qu'ils y trouvèrent.

42 Quelques autres de la même tribu de Siméon, *s'étant assemblés* au nombre de cinq cents, s'en allèrent à la montagne de Séir, sous la conduite de Phaltias, de Naarias, de Raphaïs, et d'Oziel, enfants de Jési ;

43 et ayant défait les restes des Amalécites, qui avaient pu échapper *jusqu'alors*, ils se rendirent maîtres du pays, où ils sont demeurés jusqu'à ce jour.

CHAPITRE V.

Voici les enfants de Ruben, fils aîné d'Israël (car c'est lui qui était son aîné ; mais parce qu'il déshonora le lit nuptial de son père, son droit d'aînesse fut donné aux enfants de Joseph qui était aussi fils d'Israël, et Ruben ne fut plus considéré comme l'aîné.

2 Or Juda était le plus vaillant de tous ses frères ; et de sa race sont sortis des princes ; mais le droit d'aînesse fut conservé à Joseph).

3 Voici donc *quels furent* les fils de Ruben, qui était l'aîné d'Israël : Énoch, Phallu, Esron, et Carmi.

4 Joël eut pour fils Samaïa, père de Gog, dont le fils *fut* Séméi.

5 Micha *fut* fils de Séméi, Reia fut fils de Micha, et Baal *fut* fils de Réia.

6 Bééra, son fils, l'un des chefs de la tribu de Ruben, fut emmené captif par Thelgath-Phalnasar, roi des Assyriens.

7 Ses frères et toute sa parenté, dans le dénombrement qui en fut

fait par familles, se trouvaient avoir pour chefs Jéhiel et Zacharie.

8. Bala, fils d'Azaz, qui était fils de Samma, fils de Joël, s'établit dans Aroër, *et s'étendit* jusqu'à Nébo et Béel-méon.

9 Il poussa aussi ses habitations jusqu'au pays oriental, jusqu'à l'entrée du désert et jusqu'au fleuve de l'Euphrate, à cause de la grande quantité de bestiaux qu'ils possédaient dans la terre de Galaad.

10 Du temps de Saül ils combattirent contre les *Ismaélites*, descendants d'Agar, et les ayant taillés en pièces, ils demeurèrent dans leurs tentes, et s'établirent dans tout le pays qui est à l'orient de Galaad.

11 Les enfants de Gad s'établirent vis-à-vis d'eux dans le pays de Basan jusqu'à Selcha.

12 Joël était leur chef, et Saphan tenait le second rang. Janaï et Saphat commandaient dans *la ville de* Basan.

13 Leurs frères *étaient* Michel, Mosollam, Sébé, Joraï, Jachan, Zié, et Héber, lesquels sont sept en tout, et qui eurent chacun leur maison et leur postérité.

14 Ceux-ci *furent* fils d'Abihaïl, *qui était* fils d'Huri, fils de Jara, fils de Galaad, fils de Michel, fils de Jésési, fils de Jeddo, fils de Buz.

15. Leurs frères furent encore les fils d'Abdiel, fils de Guni, qui firent *chacun* une maison et une branche.

16 Ils s'établirent dans le pays de Galaad, dans Basan et les bourgades qui en dépendent, et dans tous les villages de Saron, depuis un bout jusqu'à l'autre.

17 Tous ceux-ci se trouvent dans le dénombrement qui fut fait du temps de Joatham, roi de Juda, et dans celui du temps de Jéroboam, roi d'Israël.

18 Les enfants de Ruben, de Gad et de la demi-tribu de Manassé furent des gens très-guerriers, qui portaient le bouclier et l'épée, sachant se servir de l'arc, et qui étaient très-expérimentés au métier de la guerre. Quand ils marchaient en bataille, ils étaient au nombre de quarante-quatre mille sept cent soixante.

19 Ils eurent la guerre contre les Agaréens, à qui les Ituréens, avec ceux de Naphis et de Nodab

20 donnèrent du secours. Et Dieu leur livra entre les mains les Agaréens avec tous les gens de leur parti, parce qu'ils eurent soin d'invoquer Dieu dans le combat ; et il les exauça, parce qu'ils avaient cru en lui.

21 Ils se rendirent maîtres de tout ce que possédaient ces peuples, *c'est-à-dire*, de cinquante mille chameaux, de deux cent cinquante mille brebis et de deux mille ânes ; et ils firent cent mille prisonniers ;

22 sans compter aussi un grand nombre de blessés qui périrent dans le combat, parce que le Seigneur y présidait. Et ils demeurèrent dans ce pays jusqu'à ce qu'ils en furent transférés.

23 La demi-tribu de Manassé occupa aussi toutes les terres qui sont depuis les extrémités de Basan jusqu'à Baal-Hermon et Sanir, et posséda même la montagne d'Hermon, parce qu'ils étaient en fort grand nombre.

24 Voici ceux qui furent chefs de leurs diverses familles : Épher, Jési, Éliel, Ezriel, Jérémie, Odoïa, et Jédiel ; tous gens braves et très-forts, qui acquirent beaucoup de réputation parmi ceux de leur maison qu'ils commandaient.

25 Cependant ils abandonnèrent le Dieu de leurs pères, et commirent un adultère *spirituel*, en suivant les dieux de ces peuples que Dieu avait exterminés en leur présence.

26 Mais enfin le Dieu d'Israël fit marcher contre eux Phul, roi des Assyriens, et Thelgath-Phalnasar, roi d'Assur ; et il fit enlever la tribu de Ruben, avec la tribu de Gad, et la demi-tribu de Manassé, et les emmena à Lahela, *ou Hala*, à Habor, et à Ara sur le fleuve de Gozan, *où ils sont toujours demeurés* jusqu'à ce jour.

CHAPITRE VI.

LES fils de Lévi *furent* Gerson, Caath, et Mérari.

2 Les fils de Caalh *sont* Amram, Isaar, Hébron, et Oziel.

3 Les fils d'Amram *sont* Aaron, Moïse, et Marie *leur sœur*. Les fils d'Aaron *sont* Nadab et Abiu, Éléazar et Ithamar.

4 Éléazar engendra Phinéés, et Phinéés engendra Abisué.

5 Abisué engendra Bocci ; et Bocci engendra Ozi ;

6 Ozi engendra Zaraïas, et Zaraïas engendra Méraïoth.

7 Méraïoth engendra Amarias, et Amarias engendra Achitob.

8 Achitob engendra Sadoc, et Sadoc engendra Achimaas.

9 Achimaas engendra Azarias, *et* Azarias engendra Johanan.

10 Johanan engendra Azarias : ce fut lui qui exerça le sacerdoce dans le temple que Salomon avait fait bâtir dans Jérusalem.

11 Or Azarias engendra Amarias, et Amarias engendra Achitob.

12 Achitob engendra Sadoc, et Sadoc engendra Sellum.

13 Sellum engendra Helcias, et Helcias engendra Azarias.

14 Azarias engendra Saraïas, et Saraïas engendra Josédec.

15 Or Josédec sortit du pays quand le Seigneur transféra *en Babylone la tribu de* Juda et *le peuple de* Jérusalem par la main de Nabuchodonosor.

16 Les fils de Lévi *furent* donc Gerson, Caath, et Mérari.

17 Les fils de Gerson *furent* Lobni et Séméi.

18 Les fils de Caath *furent* Amram, Isaac, Hébron, et Oziel.

19 Les fils de Mérari *furent* Moholi et Musi. Mais voici quelle a été la postérité de Lévi, *prise* selon ses différentes familles :

20 Gerson eut pour fils Lobni ; le fils de Lobni *fut* Jahath, le fils de Jahath *fut* Zamma ;

21 Le fils de Zamma *fut* Joah ; le fils de Joah *fut* Addo ; le fils d'Addo *fut* Zara ; le fils de Zara *fut* Jethraï.

22 Les fils de Caath *sont ceux-ci* : Aminadab, fils de Caath ; Coré, fils d'Aminadab ; Asir, fils de Coré,

23 Elcana, fils d'Asir ; Abiasaph, fils d'Elcana ; Asir, fils d'Abiasaph ;

24 Thahath, fils d'Asir ; Uriel, fils de Thahath ; Ozias, fils d'Uriel ; Saül, fils d'Ozias.

25 Les fils d'Elcana *furent* Amasaï, Achimoth, et Elcana.

26 Les fils d'Elcana *furent* Sophaï, fils d'Elcana ; Nahath, fils de Sophaï ;

27 Éliab, fils de Nahath ; Jéroham, fils d'Éliab ; Elcana, fils de Jéroham *et père de Samuel*.

28 Les enfants de Samuel *furent* Joël, *ou* Vasséni qui était l'aîné, et Abia.

29 Les enfants de Mérari *sont* Moholi ; son fils, Lobni ; Séméi, fils de Lobni ; Oza, fils de Séméi ;

30 Sammaa, fils d'Oza, Haggia, fils de Sammaa, Asaïa, fils d'Haggia.

31 Ce sont là ceux que David préposa sur les chantres de la maison du Seigneur, depuis que l'arche eut été placée *dans Jérusalem*.

32 Ils accomplissaient leur ministère en chantant devant le tabernacle de l'alliance, jusqu'à ce que Salomon eut bâti le temple du Seigneur dans Jérusalem ; et ils entraient en office chacun selon l'ordre de leurs familles.

33 Voici les noms de ceux qui servaient avec leurs enfants : Dans la postérité de Caath, Héman faisait l'office de chantre ; il était fils de Johel, fils de Samuel,

34 Fils d'Elcana, fils de Jéroham, fils d'Éliel,

35 Fils de Suph, fils d'Elcana, fils de Mahath, fils d'Amasaï,

36 Fils d'Elcana, fils de Johel, fils d'Azaria, fils de Sophonias,

37 Fils de Thahath, fils d'Asir, fils d'Abiasaph, fils de Coré,

38 Fils d'Isaar, fils de Caath, fils de Lévi, fils d'Israël.

39 Son frère Asaph était à sa droite ; il était fils de Barachias, fils de Samaa,

40 Fils de Michel, fils de Basaïa, fils de Melchias,

41 Fils d'Athanai, fils de Zara, fils d'Adaïa,

42 Fils d'Éthan, fils de Zamma, fils de Séméi,

43 Fils de Jeth, fils de Gerson, fils de Lévi.

44 Les enfants de Mérari, leurs frères, tenaient la gauche ; *savoir*, Éthan, fils de Cusi, fils d'Abdi, fils de Maloch,

45 Fils d'Hasabias, fils d'Amasias, fils d'Helcias,

46 Fils d'Amasaï, fils de Boni, fils de Somer,

47 Fils de Moholi, fils de Musi, fils de Mérari, fils de Lévi.

48 Les lévites, leurs frères, étaient aussi destinés à tout ce qui

était du service du tabernacle de la maison du Seigneur.

49 Mais Aaron et ses fils offraient tout ce qui se brûlait sur l'autel des holocaustes et sur l'autel des parfums, pour tout ce qui regardait les fonctions du sanctuaire ; et ils priaient pour *la maison d'*Israël, suivant en tout l'ordre que Moïse, serviteur de Dieu, leur avait prescrit.

50 Or voici les fils d'Aaron : Éléazar son fils ; Phinéès, fils d'Éléazar ; Abisué, fils de Phinéès ;

51 Bocci, fils d'Abisué ; Ozi, fils de Bocci ; Zarahia, fils d'Ozi ;

52 Mérajoth, fils de Zarahia ; Amarias, fils de Mérajoth ; Achitob, fils d'Amarias ;

53 Sadoc, fils d'Achitob ; Achimaas, fils de Sadoc.

54 Et voici les lieux où demeuraient *les enfants de Lévi,* savoir, les bourgades et les environs qui leur échurent par le sort, en commençant par les enfants d'Aaron qui étaient de la branche de Caath.

55 On leur donna donc Hébron dans la tribu de Juda, et tous les faubourgs qui l'environnaient ;

56 Mais les terres qui en dépendent, avec les villages, furent données à Caleb, fils de Jéphoné.

57 On donna aussi aux enfants d'Aaron Hébron, ville de refuge, et Lobna avec ses faubourgs,

58 Comme aussi Jéther et Esthémo avec leurs faubourgs ; et même Hélon et Dabir, avec leurs faubourgs,

59 Et encore Asan, *Jéta* et Bethsémès, avec leurs faubourgs.

60 *On leur donna* aussi de la tribu de Benjamin, Gabée avec ses faubourgs, Almath avec ses faubourgs, comme aussi Anathoth avec ses faubourgs ; *et Gabaon avec ses faubourgs ;* le tout faisant treize villes partagées entre leurs familles.

61 On donna aussi en partage aux autres qui restaient de la postérité de Caath dix villes *des tribus de Dan et d'Ephraïm, et de* la demi-tribu de Manassé.

62 Les descendants de Gerson, divisés en plusieurs branches, eurent treize villes de la tribu d'Issachar, de la tribu d'Aser, de la tribu de Nephthali, et de la tribu de Manassé dans Basan.

63 On donna aux descendants de Mérari, divisés en plusieurs branches, douze villes qui leur échurent par le sort dans la tribu de Ruben, dans la tribu de Gad et dans la tribu de Zabulon.

64 Les enfants d'Israël donnèrent donc aux lévites différentes villes avec leurs faubourgs ;

65 et ces villes leur furent données par le sort *aux enfants d'Aaron* dans la tribu des enfants de Juda, dans la tribu des enfants de Siméon, et dans la tribu des enfants de Benjamin ; et ils les nommèrent chacune de leurs noms.

66 *On en donna* de même aux lévites qui étaient de la famille de Caath, et il y eut quelques unes de leurs villes qui étaient de la tribu d'Éphraïm.

67 On leur donna donc Sichem, villes de refuge, avec ses faubourgs, dans la montagne d'Éphraïm, et Gazer avec ses faubourgs ;

68 Jecmaam, aussi avec ses faubourgs, et de même Bethoron,

69 *On leur donna aussi de la tribu de Dan, Elthéco et Gabathon, avec leurs faubourgs ; Aïalou ou* Hélon, avec ses faubourgs, et encore Geth-remmon, de la même sorte.

70 *On donna* de plus dans la demi-tribu de Manassé, Aner avec ses faubourgs, et Baalam avec ses faubourgs, à ceux de la maison de Caath qui restaient encore à partager.

71 Ceux de la branche de Gerson eurent de même dans la demi-tribu de Manassé, Gaulon en Basan avec ses faubourgs, et Astharoth avec ses faubourgs.

72 Dans la tribu d'Issachar, *ils eurent* Cédés avec ses faubourgs, et Dabéreth avec ses faubourgs ;

73 Comme aussi Ramoth avec ses faubourgs, et Anem, avec ses faubourgs.

74 Dans celle d'Aser, *ils eurent* Masal avec ses faubourgs, et Abdon de même ;

75 Hucac aussi avec ses faubourgs, et Rohob, *de même* avec ses faubourgs.

76 Dans la tribu de Nephthali *ils eurent* Cédés en Galilée et ses faubourgs, Hamon avec ses faubourgs, Cariathaïm, et ses faubourgs.

77 Ceux de la branche de Mérari qui restaient *à partager,* eurent, dans la tribu de Zabulon, Recnam et Cartha, avec leurs faubourgs ; Remmono, avec ses faubourgs, et Thabor, avec ses faubourgs.

78 Au-delà du Jourdain, vis-à-vis de Jéricho, à l'orient de ce fleuve, ils eurent dans la tribu de Ruben, Bosor qui est dans le désert, avec ses faubourgs, et Jassa avec ses faubourgs ;

79 Cadémoth, aussi avec ses faubourgs, et Méphaat, avec ses faubourgs ;

80 Comme aussi dans la tribu de Gad, Ramoth de Galaad, et ses faubourgs ; et Manaïm, avec ses faubourgs ;

81 Et de plus Hésébo, avec ses faubourgs ; et Jézer, avec ses faubourgs.

CHAPITRE VII.

ISSACHAR eut quatre enfants : Thola, Phua, Jasub, et Simeron.

2 Thola eut pour fils : Ozi, Raphaïa, Jériel, Jémaï, Jebsem, et Samuel, *qui furent* tous chefs de diverses branches ou maisons. Et dans le dénombrement qui fut fait sous David, il se trouva vingt-deux mille six cents hommes de la maison de Thola, gens braves *et* très-forts.

3 Ozi eut pour fils Izrahia, duquel sont venus Michaël, Obadia, Johel, et Jésia, tous cinq chefs de branches.

4 Ils eurent avec eux, à cause de leurs diverses branches et familles, jusqu'à trente-six mille hommes, très-braves et toujours prêts à combattre, parce qu'ils avaient eu *chacun* plusieurs femmes et beaucoup d'enfants.

5 Et les parents de ceux-ci, en y comprenant toute la maison d'Issachar, se trouvèrent monter, dans le dénombrement qui en fut fait, jusqu'à quatre-vingt-sept mille hommes, tous très-forts *et propres* pour la guerre.

6 Les fils de Benjamin étaient Bêla, Béchor, et Jadihel, *au nombre* de trois.

7 Bêla eut cinq fils : Esbon, Ozi, Oziel, Jérimoth, et Uraï, chefs d'autant de familles remplies d'hommes très-forts pour le combat, dont le nombre se trouva monter à vingt-deux mille trente-quatre.

8 Les fils de Béchor *furent* Zamira, Joas, Éliézer, Élioënaï, Amri, Jérimoth, Abia, Anathoth, et Almath ; tous fils de Béchor.

9 Le dénombrement de ceux-ci, selon leurs diverses branches d'où sont descendues différentes familles, monta à vingt mille deux cents, tous braves *et propres* à la guerre.

10 Les descendants de Jadihel *sont* Balan qui eut pour fils Jéhus, Benjamin, Aod, Chanana, Zéthan, Tharsis, et Ahisahar.

11 Tous ceux-ci descendent de Jadihel, et sont chefs d'autant de maisons remplies d'hommes très-braves, dont le dénombrement monta à dix-sept mille deux cents marchant au combat.

12 Sépham et Hapham *sont* les fils de Hir, et Hasim est fils d'Aher.

13 Les fils de Nephthali *furent* Jasiel, Guni, Jéser, et Sellum, qui venaient de Bala.

14 Esriel *fut* fils de Manassé, qui eut encore d'une Syrienne, sa concubine, Machir, père de Galaad.

15 Or Machir eut soin de marier ses fils Happhim et Saphan, et il eut une sœur, nommée Maacha ; Salphand fut son petit-fils, qui n'eut que des filles.

16 Et Maacha, femme de Machir, accoucha d'un fils qu'elle nomma Pharès, qui eut aussi un frère nommé Sarès, père d'Ulam et de Récen.

17 Ulam *fut* père de Badan ; et tous ceux-là sont fils de Galaad, fils de Machir, fils de Manassé.

18 Sa sœur, *qui s'appelait* Malchet eut un fils *nommé* Ishod, outre Abiézer et Mohola.

19 Sémida, *fils de Galaad,* fut père d'Ahin, de Séchem, de Léci, et d'Aniam.

20 D'Éphraïm sont sortis Suthala, Bared son fils, Thahath son fils, Élada son fils, Thahath son fils, Zabad son fils,

21 Suthala, fils de Zabad ; Ézer, et Élad, fils de Suthala ; mais les

habitants de Geth les tuèrent tous, parce qu'ils étaient venus ravager leurs terres.

22 C'est pourquoi Éphraïm, leur père, les pleura durant plusieurs jours, et ses frères vinrent pour le consoler.

23 Ensuite il s'approcha de sa femme, et elle conçut et eut un fils, qu'elle nomma Béria, *c'est-à-dire, dans l'affliction,* parce qu'il était né dans l'affliction de sa famille.

24 Éphraïm eut aussi une *arrière-petite-*fille, *nommée* Sara, qui bâtit la haute et la basse Béthoron, et Ozensara.

25 Il eut encore pour fils Rapha, Réseph, et Thalé, duquel est venu Thaan, *ou Théhen,*

26 qui fut père de Laadan, dont le fils fut Ammiud, lequel engendra Élisama,

27 duquel sortit Nun, qui fut père de Josué.

28 Leurs possessions et leur demeure *furent* Béthel avec ses dépendances, Noran du côté de l'orient, et Gazer avec ce qui en relève du côté de l'occident, comme aussi Sichem et ses dépendances jusqu'à Aza, et tout ce qui en dépend.

29 Ils possédèrent aussi du côté de Manassé, Bethsan et ses dépendances, Thanach et ses dépendances, Mageddo et ses dépendances, Dor et ses dépendances : ce sont les lieux où demeurèrent les fils de Joseph, fils d'Israël.

30 Les enfants d'Aser *furent* Jemna, Jésua, Jessui, et Baria, avec Sara, *qui était* leur sœur.

31 Les fils de Baria *furent* Héber et Melchiel : c'est lui qui est père de Barsaïth.

32 Héber engendra Jéphlat, Somer, et Hotham, avec Suaa leur sœur.

33 Les fils de Jéphlat *furent* Phosecb, Chamaal, et Asoth : ce sont là les fils de Jéphlat.

34 Les fils de Somer *sont* Ahi, Roaga, Haba, et Aram.

35 Ceux d'Hélem, *ou Hotham,* son frère sont Supha et Jemna, Sellés et Amal.

36 Les fils de Supha *sont* Sué, Harnapher, Suai, Béri, et Jamra,

37 Bosor, Hod, Samma, Salusa, Jethran, et Béra.

38 Les fils de Jéther *sont* Jéphoné, Phaspha, et Ara.

39 Les fils d'Olla *sont* Aréé, Haniel, et Résia.

40 Tous ceux-ci sont les descendants d'Aser et chefs d'autant de familles, fort distingués et considérés comme les plus braves d'entre ceux qui commandaient les armées. Le nombre de ceux qui étaient en âge de porter les armes *sous David* montait à vingt-six mille.

CHAPITRE VIII.

BENJAMIN engendra Balé son aîné, Asbel le second, Ahara le troisième,

2 Nohaa le quatrième, et Rapha le cinquième.

3 Les fils de Balé furent Addar, Géra, et Abiud,

4 Abisué, Naaman, et Ahoé ;

5 comme aussi Géra, Séphuphan, et Huram.

6 Ceux-ci sont fils d'Ahod, *descendant de Géra,* et chefs *d'autant* de familles qui demeurèrent à Gabaa, *et* qui furent transportées en Manahath.

7 *Ce furent* Naaman, Achia, et Géra ; *ce fut* celui-ci *qui* les transporta *à Manahat ;* et il engendra Oza, et Ahiud *et Saharaïm.*

8 Or Saharaïm ayant renvoyé ses femmes Husim et Bara, il eut des enfants dans le pays des Moabites.

9 Il eut donc de Hodès, son épouse, Jobad, Sébia, Mosa, et Molchom,

10 Avec Jéhus, Séchia, et Marma, qui furent tous ses enfants, *et* chefs d'autant de familles différentes.

11 Méhusim engendra Abitob, et Elphaal.

12 Les enfants d'Elphaal *sont* Héber, Misaam, et Samad, qui bâtit Ono et Lod, avec les lieux qui en dépendent.

13 *et encore* Baria et Sama, *qui furent* chefs des branches qui s'établirent en Aïalon : ce furent eux qui chassèrent les habitants de Geth.

14 Ahio, Sésac, Jérimoth,

15 Zabadia, Arod, Héder,

16 Michaël, Jespha et Joha *sont* les enfants de Baria.

17 (Zabadia, Mosollam, Hézéci, et Héber,

18 Jésamari, Jezali et Jobab *sont encore* les enfants d'Elphaal.)

19 Jacim, Zéchri, Zabdi,

20 Élioënaï, Séléthaï, Éliel,

21 Adaïa, Baraïa, et Samarath, sont les enfants de Séméi.

22 Jespham, Héber, Éliel,

23 Abdon, Zéchri, Hanan,

24 Hanania, Élam, Anathothia,

25 Jephdaïa et Phanuel *sont* les enfants de Sésac.

26 Samsari, Sohoria, Otholia,

27 Jersia, Élia, Zechri, *sont* les enfants de Jéroham, *ou Jérimoth.*

28 Ce sont là les premiers pères et les chefs des familles qui s'établirent à Jérusalem.

29 Mais *Jéhiel,* père *ou prince* de Gabaon s'établit dans Gabaon : sa femme se nommait Maacha.

30 Son fils aîné était Abdon, et *les autres,* Sur, Cis, Baal, *Ner* et Nadab,

31 Comme aussi Gédor, Ahio, Zacher, et Macelloth

32 Qui engendra Samaa ; et tous ceux-ci s'établirent à Jérusalem avec ceux de la même branche à l'opposite de leurs frères.

33 Ner engendra Cis, Cis engendra Saül, Saül engendra Jonathas, Melchisua, Abinadab, et Esbaal, *ou Isboseth.*

34 Le fils de Jonathas *fut* Meribbaal, *ou Miphiboseth* ; et Meribbaal fut père de Micha.

35 Les fils de Micha *furent* Phithon, Mélech, Tharaa, et Ahaz.

36 Ahaz engendra Joada ; Joada engendra Alamath, Azmoth et Zamri ; Zamri engendra Mosa.

37 Mosa engendra Banaa, dont le fils fut Rapha, duquel est venu Élasa qui engendra Asel.

38 Asel eut six fils dont voici les noms : Ezricam, Bocru, Ismaël, Saria, Obdia, et Hanan ; tous fils d'Asel.

39 Les enfants d'Ésec, son frère, *étaient* Ulam, l'aîné de tous, Jéhus le second, et Èliphalet le troisième.

40 Les enfants d'Ulam furent des hommes très-robustes, et qui avaient une grande force pour tirer de l'arc ; ils eurent un grand nombre de fils et de petits-fils, jusqu'à cent cinquante : tous ceux-là sont de la postérité de Benjamin.

CHAPITRE IX.

VOILA donc le dénombrement de tout Israël, et le nombre auquel il se montait a été écrit dans le livre des Rois d'Israël et de Juda ; et ils furent transportés à Babylone à cause de leurs péchés.

2 Or, ceux qui s'établirent les premiers dans leurs biens et dans leurs villes *après le retour de cette captivité,* furent les Israélites, les prêtres, les lévites, et les Nathinéens.

3 Il s'en établit *donc* à Jérusalem plusieurs de la tribu de Juda, de la tribu de Benjamin, et même des tribus d'Éphraïm et de Manassé.

4 Othéi, fils d'Ammiud, fils d'Amri, fils d'Omraï, fils de Bonni, *l'un* des fils de Pharès, fils de Juda ;

5 Asaïa, fils aîné de Siloni, et ses autres fils ;

6 Jéhuel, l'un des enfants de Zara, et les autres de la même maison, *montant au nombre de* six cent quatre-vingt-dix.

7 De la tribu de Benjamin : Salo, fils de Mosollam, fils d'Oduïa, fils d'Asana ;

8 Et Jobania, fils de Jéroham, avec Éla, fils d'Ozi, fils de Mochori ; et Mosollam, fils de Saphatias, fils de Rahuel, fils de Jébanias ;

9 Et encore tous les parents de ceux-ci divisés en diverses branches, *jusqu'au nombre de* neuf cent cinquante-six. Tous ceux-ci *furent* chefs de différentes branches dans les maisons dont ils étaient descendus.

10 De la famille sacerdotale, il y eut Jédaïa, Joïarib et Jachin ;

11 Comme aussi Azarias, fils d'Helcias, fils de Mosollam, fils de Sadoc, fils de Maraïoth, fils d'Achitob, pontife de la maison de Dieu ;

12 Adaïa qui était fils de Jéroham, fils de Phassur, fils de Melchias ; et Maasaï, qui était fils d'Adiel, fils de Jezra, fils de Mosollam, fils de Mosollamith, fils d'Emmer ;

13 Avec encore leurs parents qui ont été chefs de plusieurs autres *branches, ou* familles, *montant au au nombre de* mille sept cent soixante, *tous* hommes, forts *et* robustes pour s'acquitter de tout le service qu'ils avaient à faire dans la maison de Dieu.

14 Des lévites, *il y eut* Séméia. fils d'Hassub, filsd'Ezricam, fils d'Hasébia, l'un des fils de Mérari ;

15 Bacbacar, charpentier, Galal et Mathania, fils de Micha, fils de Zechri, fils d'Asaph ;

16 Avec Obdia, fils de Séméias, fils de Galal, fils d'Idithun, et Barachia, fils d'Asa, fils d'Elcana, qui demeura dans les faubourgs de Nétophati.

17 Les portiers *étaient* Sellum, Accub, Telmon, et Ahimam ; et leur frère Sellum était le chef.

18 Jusqu'à ce temps-là, des enfants de Lévi avaient gardé chacun à leur tour la porte du roi, qui était à l'orient.

19 Sellum, fils de Coré, fils d'Abiasaph, fils du *vieux* Coré, *était là* avec ses frères et toute la maison de son père, c'est-à-dire les Corites établis sur les ouvrages qui regardaient le ministère, ayant la garde des portes du tabernacle, chacune de leurs familles gardant tour à tour l'entrée du camp du Seigneur.

20 Or Phinéès, fils d'Éléazar, était leur chef *dans ce ministère, dont ils s'acquittaient* devant le Seigneur.

21 Zacharie, fils de Mosollamia, était *particulièrement* chargé de la porte du tabernacle du témoignage.

22 Tous ces officiers destinés à la garde des portes du temple *étaient au nombre de* deux cent douze, et inscrits chacun sur le rôle de leur ville. David et Samuel le Voyant les avaient établis par un effet *de la lumière* de leur foi,

23 Tant eux que leurs enfants, afin de garder chacun à leur tour les portes de la maison du Seigneur et celles de son sanctuaire.

24 Les portiers étaient placés selon la situation des quatre vents, c'est-à-dire à l'orient, à l'occident, au septentrion, et au midi.

25 Et leurs frères demeuraient dans leurs bourgades ; mais ils venaient chacun à leur tour les jours de sabbat *pour faire leur office*, depuis le commencement de la semaine jusqu'à la fin.

26 Ces quatre lévites avaient l'intendance sur tous les portiers, et ils étaient *encore* chargés du soin de toutes les chambres du trésor de la maison du Seigneur.

27 Ils demeuraient aussi autour du temple du Seigneur, chacun dans leur département, afin que, quand l'heure était venue, ils en ouvrissent eux-mêmes les portes dès le matin.

28 Il y avait aussi quelques uns de leurs frères qui avaient soin de toutes les choses qui servaient au ministère *du temple* ; car on apportait toutes choses par compte, et on les remportait de même.

29 C'était d'entre ceux qui avaient en garde tout ce qui servait au sanctuaire, qu'on en prenait quelques uns pour avoir soin de la farine, du vin, de l'huile, de l'encens, et des aromates.

30 Mais ceux qui étaient de la famille sacerdotale composaient seuls les parfums de plusieurs aromates mêlés ensemble.

31 Le lévite Mathathias, fils aîné de Sellum, descendant de Coré, avait l'intendance sur tout ce qu'on faisait frire dans la poêle.

32 Quelques uns de la branche de Caath, leurs frères, avaient la charge des pains qu'on exposait devant le Seigneur, afin d'en préparer toujours de nouveaux pour tous les jours de sabbat.

33 C'étaient les premiers d'entre les chantres des familles de lévites qui demeuraient près du temple, afin de pouvoir plus librement remplir jour et nuit les fonctions de leur ministère.

34 Les chefs des lévites, princes de leurs familles, demeurèrent à Jérusalem.

35 Mais Jéhiel, *de la tribu de Benjamin*, demeura dans Gabaon dont il était le prince ; sa femme se nommait Maacha.

36 Abdon son fils aîné, Sur, Cis, Baal, Ner, et Nadab,

37 comme aussi Gédor, Ahio, Zacharie, Macelloth

38 qui fut père de Samaan : tous ceux-ci demeurèrent à Jérusalem, eux et ceux de leur maison, vis-à-vis de leurs autres frères.

39 Ner fut père de Cis, et Cis père de Saül. Saül engendra Jonathas, Melchisua, Abinadab, et Esbaal, *ou Isboseth*.

40 Jonathas eut pour fils Meribbaal, *ou Miphiboseth*, qui fut père de Micha.

41 Les fils de Micha *furent* Phithon, Mélech, Tharaa, et Ahaz.

42 Ahaz engendra Jara, et Jara engendra Alamath, Azmoth, et Zamri ; Zamri engendra Mosa.

43 Mosa engendra Banaa dont le fils *nommé* Raphaïa engendra Élasa duquel est sorti Asel.

44 Asel eut six fils dont voici les noms : Ezricam, Bocru , Ismahel, Saria , Obdia, Hanan. Ce sont là les fils d'Asel.

CHAPITRE X.

OR les Philistins ayant donné bataille contre Israël, les Israélites furent mis en fuite par les Philistins, et un grand nombre d'Israélites furent tués sur la montagne de Gelboé.

2 Les Philistins étant venus fondre sur Saül et sur ses enfants, tuèrent Jonathas, Abinadab, et Melchisua, enfants de Saül.

3 Enfin le sort du combat tomba sur Saül *même*. Les archers le reconnurent, et le blessèrent de leurs flèches.

4 Saül dit alors à son écuyer : Tire ton épée, et tue-moi, de peur que ces incirconcis ne viennent, et ne m'insultent. Son écuyer épouvanté *et* tout effrayé ne voulut point le faire. Ainsi Saül prit lui-même son épée, et se jeta dessus.

5 Ce que son écuyer ayant vu, et regardant Saül comme mort, il se jeta de même sur sa propre épée, et mourut.

6 Telle fut la mort de Saül, et de ses trois fils, et toute sa maison tomba avec lui.

7 Les Israélites qui habitaient la campagne, ayant vu la défaite de l'armée, s'enfuirent ; et comme Saül était mort aussi bien que ses enfants, ils abandonnèrent leurs villes, se dispersant de tous côtés ; ainsi les Philistins y vinrent et s'y établirent.

8 Le jour d'après *la défaite*, les Philistins dépouillant les morts, trouvèrent Saül et ses fils étendus sur la montagne de Gelboé,

9 Et l'ayant *aussi* dépouillé lui-même, ils lui coupèrent la tête, prirent ses armes, et les envoyèrent en leur pays, pour les faire voir de tous côtés, et les exposer à la vue du peuple dans les temples de leurs idoles.

10 Ils consacrèrent ses armes dans le temple de leur dieu Astaroth, et attachèrent sa tête dans le temple de Dagon.

11 Quand les habitants de Jabès de Galaad eurent appris le traitement *si indigne* que les Philistins avaient fait à Saül,

12 les plus courageux d'entre eux s'étant assemblés, s'en allèrent enlever les corps de Saül et de ses enfants, et les apportèrent à Jabès. Ils enterrèrent leurs os sous le chêne qui était à Jabès, et ils jeûnèrent pendant sept jours.

13 Ainsi mourut Saül à cause de ses iniquités, parce qu'au lieu de garder le commandement que le Seigneur lui avait fait, il l'avait violé ; et de plus il avait consulté un esprit de divination ;

14 et qu'il n'avait point mis son espérance au Seigneur ; c'est pour cela que Dieu le fit mourir, et qu'il transféra son royaume à David, fils d'Isaï.

CHAPITRE XI.

TOUT le peuple d'Israël vint donc trouver David à Hébron, et lui dit : Nous sommes vos os et votre chair.

2 Et ci-devant même, lorsque Saül régnait encore, c'était vous qui meniez Israël *au combat* et le rameniez. Car c'est à vous que le Seigneur, votre Dieu a dit : Vous serez le pasteur de mon peuple d'Israël, et c'est vous qui en serez le prince.

3 Tous les anciens d'Israël vinrent donc trouver le roi à Hébron, et le roi fit alliance avec eux devant le Seigneur ; et ils le sacrèrent roi sur Israël, suivant la parole que le Seigneur avait dite par la bouche de Samuel.

4 David, accompagné de tout Israël, marcha ensuite vers Jérusalem, nommée autrement Jébus, dont étaient maîtres les

Jébuséens, habitants du pays.

5 Ceux qui demeuraient dans Jébus dirent alors à David : Vous n'entrerez point ici. Néanmoins David prit la forteresse de Sion, qui *depuis* fut appelée la Cité de David.

6 Car il fit publier, que quiconque battrait le premier les Jébuséens serait fait chef et général *de l'armée*. Ainsi Joab, fils de Sarvia, monta le premier à l'assaut, et fut fait général.

7 David prit son logement dans la citadelle ; et c'est ce qui la fit appeler la Ville de David.

8 Il fit ensuite bâtir tout autour une ville, depuis Mello, et d'un bout jusqu'à l'autre ; et Joab fit réparer le reste de la ville.

9 David faisait tous les jours de nouveaux progrès, s'avançant et s'affermissant de plus en plus, et le Seigneur des armées était avec lui.

10 Voici les premiers d'entre les braves de David, qui l'ont aidé à se faire reconnaître roi sur tout Israël, suivant la déclaration que Dieu en avait faite *lui-même* au peuple d'Israël.

11 Et voici le dénombrement des plus vaillants hommes de David : Jesbaam, fils d'Hachamoni, prince *ou* chef de trente *autres*. C'est lui qui ayant pris sa lance, en blessa trois cents hommes tout en une fois.

12 Après lui Éléazar, Ahohite, fils de Dodo, était entre les trois plus vaillants.

13 C'est lui qui se trouva avec David à Phesdomim, quand les Philistins s'y rassemblèrent pour donner bataille. *Après lui était Semma, fils d'Agé. Les Philistins s'étaient assemblés au lieu nommé Léchi*. La campagne était en ce lieu toute semée d'orge, et le peuple s'était enfui devant les Philistins.

14 Mais ceux-ci firent ferme au milieu du champ, et le défendirent *généreusement* ; et après qu'ils eurent battu les Philistins, Dieu donna une grande prospérité à son peuple.

15 Ces trois qui étaient les *premiers* d'entre les trente principaux *officiers du roi*, vinrent trouver David sur cette roche, où il était près de la caverne d'Odollam, quand les Philistins vinrent camper dans la vallée de Raphaïm.

16 David étant donc ainsi dans son fort, et une garnison des Philistins dans Bethléhem ;

17 il se trouva pressé de la soif, et il dit : Oh ! si quelqu'un pouvait me donner de l'eau de la citerne de Bethléhem, qui est près de la porte !

18 A l'heure même ces trois hommes traversèrent le camp des Philistins, puisèrent de l'eau dans la citerne qui était à la porte de Bethléhem, et l'apportèrent à David, afin qu'il en bût ; mais il ne voulut jamais *en boire*, et il aima mieux l'offrir au Seigneur,

19 en disant : A Dieu ne plaise que je fasse *cette faute* en sa présence, et que je boive le sang de ces hommes qui m'ont apporté cette eau au péril de leur vie ! Ainsi cette raison l'empêcha d'en boire. Voilà ce que firent ces trois vaillants hommes.

20 Abisaï, frère de Joab, était le premier des trois *seconds*. Ce fut lui qui combattit avec une lance contre trois cents hommes qu'il tua. Et il était fort renommé entre les trois.

21 On le regardait comme le plus illustre de ces trois seconds, et comme *leur chef et* leur prince. Néanmoins il n'égalait pas encore la valeur des trois premiers.

22 Banaïas de Cabséel, fils de Joïada, qui fut un homme très-vaillant, se signala par plusieurs grandes actions. Il tua les deux Ariel de Moab ; et étant descendu dans une citerne en un temps de neige, il y tua un lion.

23 Ce fut lui aussi qui tua un Égyptien haut de cinq coudées, qui portait une lance *forte* comme ces grands bois des tisserands. Il l'attaqua n'ayant qu'une baguette *à la main*, et lui ayant arraché la lance qu'il avait en sa main, il le tua de cette lance même.

24 Voilà ce que fit Banaïas, fils de Joïada ; il était aussi très-illustre entre les trois *seconds*,

25 et le premier entre les trente ; néanmoins il n'égalait pas encore les trois *premiers*. David l'admit dans son conseil secret.

26 Mais les plus braves de ceux qui étaient dans *le reste de* l'armée *étaient* Asahel, frère de Joab ; et Eichanan, fils de l'oncle paternel d'Asahel ;

27 Sammoth, d'Arori, et Hellès, de Phaloni ;

28 Ira, de Thécua, fils d'Accès, Abiézer, d'Anathoth ;

29 Sobbochaï, d'Husathi, Haï d'Ahoh ;

30 Maharaï de Nétophath ; Héled, fils de Baana, aussi de Nétophath ;

31 Éthaï, fils de Ribaï de Gabaath, de la tribu de Benjamin ; Banaïa, de Pharathon ;

32 Huraï, du torrent de Gaas, Abiel, d'Arbath ; Azmoth, de Rauram ; Éliaba, de Saloboni ;

33 Jonathan, des enfants d'Assem, Gézonite ; *Semma*, fils de Sagé, d'Arari ;

34 Ahiam, fils de Sachar, *aussi* d'Arari ;

35 Éliphal, fils d'Ur ;

36 Hépher, de Méchérath ; Ahia, de Phéloni ;

37 Hesro, du Carmel ; Naaraï, fils d'Azbaï ;

38 Joël, frère de Nathan ; Mibahar, fils d'Agaraï ;

39 Sélec, d'Ammoni ; Naharaï, de Béroth, écuyer de Joab, fils de Sarvia ;

40 Ira, de Jethri ; Gareb, *aussi* de Jethri ;

41 Urie, Héthéen ; Zabad, fils d'Oholi ;

42 Adina, fils de Siza, de la tribu de Ruben, et chef de cette tribu, lequel en avait encore trente avec lui ;

43 Hanan, fils de Maacha ; et Josaphat, de Mathani ;

44 Ozia, d'Astaroth ; Samma et Jéhiel, fils d'Hotham, d'Arori ;

45 Jédihel, fils de Samri, et Joha, son frère, qui étaient de Thosa ;

46 Eliel, de Mahumi, avec Jéribaï et Josaïa, enfants d'Elnaëm ; et Jethma, de Moab ; Eliel, et Obed et jasiel, de Masobia.

CHAPITRE XII.

CEUX-CI vinrent aussi vers David à Sicéleg, lorsqu'il était encore obligé de fuir Saül, fils de Cis ; c'étaient des hommes très-forts et très-braves dans la guerre ;

2 qui tiraient de l'arc, et qui se servaient également des deux mains pour jeter des pierres avec la fronde, ou pour tirer des flèches. Ils étaient parents de Saül, et de la tribu de Benjamin.

3 Le premier *d'entre eux était* Ahiézer, et *ensuite* Joas, *tous deux* fils de Samaa, de Gabaath ; Jaziel et Phallet, fils d'Asmoth, Baracha et Jéhu d'Anathoth ;

4 Samaïas, de Gabaon, le plus brave d'entre les trente, et celui qui les commandait ; Jérémie, Jéhéziel, Johanan et Jézabad, de Gadéroth ;

5 Éluzaï, Jérimuth, Baalia, Samaria, et Saphatia d'Haruphi ;

6 Elcana, Jésia, Azaréel, Joézer, et Jesbaam de Caréhim ;

7 Joéla et Zabadia, *tous deux* fils de Jéroham, qui était de Gédor.

8 Il y eut aussi des hommes très-forts et très-braves de la tribu de Gad, qui vinrent se retirer près de David, lorsqu'il était caché dans le désert. Ils étaient très vaillants dans le combat, se servant du bouclier et de la lance ; ils avaient un visage de lion, et ils égalaient à la course les chèvres des montagnes.

9 Le premier *d'entre eux était* Ézer ; le second, Obdias ; le troisième, Éliab ;

10 Le quatrième, Masmana ; le cinquième, Jérémie,

11 le sixième, Ethi ; le septième, Eliel ;

12 le huitième, Johanan ; le neuvième, Elzébad ;

13 le dixième, Jérémie ; le onzième, Machbanaï.

14 Tous ceux-ci *étaient* de la tribu de Gad ; ils étaient chefs dans l'armée. Le moindre commandait cent soldats, et le plus grand en avait mille sous sa conduite.

15 Ce furent eux qui passèrent le Jourdain au premier mois, lorsqu'il a coutume de se déborder *et* d'inonder les campagnes ; et qui mirent en fuite tous ceux qui demeuraient dans les vallées, tant à l'orient qu'à l'occident.

16 Plusieurs aussi de la tribu de Benjamin et de la tribu de Juda vinrent trouver David dans la forteresse où il s'était retiré.

17 Et lui, étant sorti au-devant d'eux, leur dit : Si vous venez avec un esprit de paix pour me secourir, je ne veux avoir qu'un même cœur avec vous ; mais si vous venez de la part de mes ennemis pour me surprendre, quoique je n'aie fait aucun mal, que le Dieu

de nos pères soit le témoin et le juge.

18 Alors Amasaï, qui était le premier entre trente *autres*, tout transporté en lui-même, lui répondit : Nous sommes à vous, ô David, et nous ne nous séparerons jamais de vous, ô fils d'Isaï ; que la paix soit avec vous, et qu'elle soit aussi avec ceux qui prennent votre défense : car *il est visible que* votre Dieu vous a pris en sa protection. David les reçut donc *avec joie*, et les établit officiers dans ses troupes.

19 Il y en eut de même de *la tribu de* Manassé, qui se retirèrent *aussi* vers David, lorsqu'il marchait avec les Philistins contre Saül ; quoiqu'il ne combattît pas avec eux : parce que les princes des Philistins ayant tenu conseil le renvoyèrent, en disant : Il *fera sa paix* à nos dépens, *et* s'en retournera vers Saül son maître, *en nous trahissant*.

20 Ce fut donc lorsqu'il revint à Sicéleg, que quelques uns de *la tribu de* Manassé se retirèrent vers lui, *savoir*, Ednas, Jozabad, Jédihel, Michaël, Ednas, Jozabad, Éliu et Salathi, qui avaient mille hommes de cette tribu sous leur conduite.

21 Et ce furent eux qui donnèrent du secours à David pour arrêter les voleurs. Car ils étaient tous des hommes très-braves ; et David leur donna commandement dans son armée.

22 Enfin il venait tous les jours un si grand nombre de personnes se joindre à ses troupes, que son armée devint très-puissante.

23 Voici le nombre des chefs de l'armée qui vinrent trouver David à Hébron, pour lui transférer la couronne de Saül, suivant la parole du Seigneur.

24 Ceux de la tribu de Juda portant le bouclier et la lance, montaient au nombre de six mille huit cents, tous gens prêts à combattre.

25 Ceux de la tribu de Siméon, qui étaient *aussi* très-braves dans le combat, sept mille cent.

26 De la tribu de Lévi, il y en avait quatre mille six cents.

27 Joïada, prince *et chef* de la race d'Aaron, *amena* avec lui trois mille sept cents *hommes*.

28 Sadoc, jeune homme d'un naturel excellent, *y vint* avec toute la maison de son père, où il y avait vingt-deux chefs de famille.

29 Il y vint aussi trois mille hommes de la tribu de Benjamin, d'où était Saül *lui-même*, quoique la plupart des autres suivissent encore la maison de ce prince.

30 De la tribu d'Éphraïm, *il y en eut* vingt mille huit cents, tous gens très-robustes, qui s'étaient acquis beaucoup de réputation dans leur tribu.

31 *Il y en eut* dix-huit mille de la demi-tribu de Manassé *en deça du Jourdain*, qui vinrent en se joignant chacun avec ceux de leur maison, afin d'établir David sur le trône.

32 *Il en vint* aussi de la tribu d'Issachar, qui étaient des hommes sages *et* expérimentés, capables de discerner *et* de remarquer tous les temps, afin d'ordonner à Israël ce qu'il devait faire. Les principaux de ceux-ci étaient au nombre de deux cents, et tout le reste de cette tribu suivait leur conseil.

33 Ceux de Zabulon, qui étaient gens aguerris, et qui étaient toujours bien armés et prêts à combattre, vinrent au nombre de cinquante mille offrir leurs services à David, sans aucune duplicité de cœur.

34 Mille officiers de la tribu de Nephthali, suivis de trente-sept mille hommes armés de lances et de boucliers, *y vinrent de même*.

35 Comme aussi vingt-huit mille six cents de la tribu de Dan, tous gens guerriers ;

36 et quarante mille de celle d'Aser, marchant en bataille, et toujours prêts à aller attaquer l'ennemi.

37 Il en vint encore six vingt mille d'au-delà du Jourdain, tant des deux tribus de Ruben et de Gad, que de la demi-tribu de Manassé, qui étaient tous bien armés.

38 Tous ces guerriers, qui ne demandaient qu'à combattre, vinrent avec un cœur parfait trouver David à Hébron, pour l'établir roi sur tout Israël ; enfin tout le reste d'Israël conspirait d'un même cœur à faire déclarer David pour roi.

39 Ils demeurèrent là pendant trois jours près de David, mangeant et buvant ce que leurs frères *qui étaient déjà avec lui,* leur avaient préparé.

40 Mais de plus, tous les peuples des environs jusqu'aux tribus d'Issachar, de Zabulon et de Nephthali, apportaient sur des ânes et des chameaux, sur des mulets et des bœufs, des vivres pour les nourrir ; ils apportaient de la farine, des figues, des raisins secs, du vin et de l'huile ; et ils amenaient des bœufs et des moutons, afin qu'ils eussent toutes choses en abondance ; car c'était une réjouissance générale en Israël.

CHAPITRE XIII.

CEPENDANT David tint conseil avec les tribuns, les centeniers et tous les principaux *de sa cour*,

2 et parla *ainsi* à toute l'assemblée d'Israël : Si vous êtes de l'avis que je vais vous proposer, et qu'il vienne du Seigneur, notre Dieu, envoyons à nos autres frères dans tout le pays d'Israël, aux prêtres et aux Lévites qui demeurent dans les faubourgs des villes, afin qu'ils s'assemblent près de nous,

3 et que nous ramenions l'arche de notre Dieu chez nous ; parce que nous ne nous sommes point assez mis en peine de l'honorer pendant le règne de Saül.

4 Toute l'assemblée répondit en témoignant le désir qu'ils en avaient : car cette proposition avait fort plu à tout le peuple.

5 David fit donc assembler tout Israël, depuis *le fleuve* Sihor d'Egypte, jusqu'à l'entrée d'Emath, afin que l'on ramenât l'arche de Cariath-iarim, *où elle était*.

6 Et David, suivi de tout Israël, prit le chemin de la colline de Cariath-iarim, qui est dans *la tribu de* Juda, pour aller quérir l'arche du Seigneur Dieu assis sur les chérubins, où l'on a invoqué son nom.

7 On mit donc l'arche de Dieu sur un chariot neuf *pour l'amener* de la maison d'Abinadab : Oza et son frère conduisaient le chariot.

8 Or David et tout Israël témoignaient leur joie devant l'arche en chantant de toute leur force des cantiques, et jouant de la harpe, de la lyre, du tambour, des timbales et des trompettes.

9 Mais lorsqu'on fut arrivé près de l'aire de Chidon, *ou Nachon*, Oza qui vit qu'un des bœufs avait fait un peu pencher l'arche en regimbant, étendit sa main pour la soutenir.

10 Alors le Seigneur irrité contre Oza, le frappa pour avoir touché l'arche ; et il tomba mort devant le Seigneur.

11 David fut affligé de ce que le Seigneur avait frappé Oza ; et il appela ce lieu, le Châtiment d'Oza, comme on le nomme encore aujourd'hui.

12 Il eut donc alors une grande crainte du Seigneur, et il dit : Comment pourrai-je *entreprendre de* faire venir l'arche de Dieu chez moi ?

13 C'est la raison pour laquelle il ne voulut point la faire venir chez lui, c'est-à-dire, dans la ville de David : mais il la fit détourner et conduire en la maison d'Obédédom de Geth.

14 L'arche de Dieu demeura donc dans la maison d'Obédédom pendant trois mois : et le Seigneur bénit sa maison et tout ce qui lui appartenait.

CHAPITRE XIV.

HIRAM, roi de Tyr, envoya aussi des ambassadeurs à David, avec du bois de cèdre, des maçons et des charpentiers pour lui bâtir une maison.

2 Et David reconnut que Dieu l'avait confirmé roi sur Israël, et qu'il l'avait élevé en autorité sur Israël, son peuple.

3 Et il épousa encore d'autres femmes à Jérusalem, dont il eut des fils et des filles.

4 Voici les noms des enfants qu'il eut à Jérusalem : Samua, Sobab, Nathan et Salomon,

5 Jébahar, Elisua et Eliphalet,

6 Noga, Napheg et Japhia,

7 Elisama, Baaliada et Eliphalet.

8 Or les Philistins ayant appris que David avait été sacré roi sur

tout Israël, s'assemblèrent tous pour venir l'attaquer. Ce que David ayant su, il marcha au-devant d'eux.

9 Les Philistins s'avançant se répandirent dans la vallée de Raphaïm.

10 David consulta alors le Seigneur, en lui disant : Irai-je contre les Philistins, et me les livrerez-vous entre les mains ? Et le Seigneur lui dit : Allez, et je les livrerai entre vos mains.

11 Les ennemis étant donc venus à Baal-pharasim, David *les y attaqua*, et les défit ; et il dit : Le Seigneur s'est servi de moi pour dissiper mes ennemis, comme les eaux *se répandent* et se dissipent *en un moment*. Et c'est pour cette raison que ce lieu fut appelé Baal-pharasim, *c'est-à-dire, la plaine des divisions*.

12 Les Philistins ayant laissé là leurs dieux, David commanda qu'on les brûlât.

13 Mais les Philistins revinrent encore une autre fois pour l'attaquer, et se répandirent dans la vallée.

14 David consulta donc Dieu de nouveau ; et Dieu lui dit : N'allez pas directement les attaquer ; éloignez-vous d'eux plutôt ; et vous vous tournerez contre eux quand vous serez vis-à-vis des poiriers.

15 Ainsi quand vous entendrez au haut de ces poiriers comme le bruit de quelqu'un qui marche, vous ferez aussitôt avancer vos troupes pour combattre. Car *alors* le Seigneur aura commencé à marcher devant vous, pour défaire l'armée des Philistins.

16 David fit donc ce que Dieu lui avait commandé ; et il battit les Philistins depuis Gabaon jusqu'à Gazer.

17 Ainsi la réputation de David se répandit parmi tous les peuples ; et le Seigneur rendit son nom redoutable à toutes les nations.

CHAPITRE XV.

DAVID se bâtit aussi des maisons dans la ville qui portait son nom, et il prépara un lieu pour y placer l'arche du Seigneur, et lui dressa un tabernacle.

2 Il dit ensuite : Il n'est permis à personne de porter l'arche de Dieu, sinon aux Lévites que le Seigneur a choisis pour la porter, et pour les rendre ses ministres à jamais.

3 Et il assembla tout Israël à Jérusalem, afin de faire apporter l'arche de Dieu au lieu qu'il lui avait préparé.

4 *Il fit* aussi *venir* les enfants d'Aaron et les Lévites :

5 Uriel était chef des descendants de Caath, et avait *sous lui* cent vingt de ses frères ;

6 Asaïa était chef des descendants de Mérari, et avait *sous lui* deux cent vingt de ses frères ;

7 Joël était chef des descendants de Gerson, et avait *sous lui* cent trente de ses frères ;

8 Seméias était chef des descendants d'Elisaphan, et avait *sous lui* deux cents de ses frères ;

9 Eliel était chef des descendants d'Hébron, et avait *sous lui* quatre-vingts de ses frères ;

10 Aminadab était chef des descendants d'Oziel, et avait *sous lui* cent douze de ses frères.

11 David appela donc Sadoc et Abiathar, prêtres, avec les Lévites Uriel, Asaïa, Joël, Seméias, Eliel et Aminadab ;

12 et il leur dit : Vous qui êtes les chefs des familles de Lévi, purifiez-vous avec vos frères, et portez l'arche du Seigneur, le Dieu d'Israël, au lieu qui lui a été préparé :

13 de peur que comme le Seigneur nous frappa d'abord parce que vous n'étiez pas présents, il ne nous arrive un même malheur, si nous faisions quelque chose de contraire à ses lois.

14 Les prêtres se purifièrent donc avec les Lévites, afin de porter l'arche du Seigneur, le Dieu d'Israël.

15 Et les enfants de Lévi prirent *ensuite* l'arche de Dieu sur leurs épaules avec des bâtons, selon l'ordre que Moïse en avait donné, après l'avoir reçu du Seigneur.

16 David dit aussi aux *mêmes* chefs des Lévites, d'établir quelques-uns de leurs frères pour *faire la fonction de* chantres, et pour jouer de toutes sortes d'instruments de musique, comme de la lyre, de la guitare, des timbales ; afin de faire retentir bien haut le bruit de leur joie.

17 Ils choisirent donc plusieurs Lévites, *savoir* : Héman, fils de Joël ; et entre ses frères, Asaph. fils de Barachias ; et entre les fils de Mérari, leurs frères, Ethan, fils de Casaïa ;

18 et leurs frères avec eux : et au second rang, Zacharie, Ben, Jaziel, Sémiramoth, Jahiel, Ani, Eliab, Banaïas, Maasias, Mathathias, Eliphalu, Macénias, Obédédom et Jéhiel, qui étaient portiers.

19 Or les chantres Héman, Asaph et Ethan jouaient des timbales d'airain.

20 Mais Zacharie, Oziel, Sémiramoth, Jahiel, Ani, Eliab, Maasias et Banaïas chantaient sur un autre instrument des airs sacrés *et* mystérieux.

21 Mathathias, Eliphalu, Macénias, Obédédom, Jéhiel et Ozaziu chantaient des chants de victoire et d'actions de grâces sur des guitares à huit cordes.

22 Chonénias, chef des Lévites, présidait à toute cette musique, pour commencer le premier cette *sainte* symphonie, parce qu'il était très-sage *et* très-habile.

23 Barachias et Elcana faisaient la fonction d'huissiers à l'égard de l'arche.

24 Sébénias, Josaphat, Nathanaël, Amasaï, Zacharie, Banaïas et Eliézer, qui étaient prêtres, sonnaient des trompettes devant l'arche de Dieu ; Obédédom et Jéhias faisaient *encore* la fonction d'huissiers à l'égard de l'arche.

25 Ainsi David et tous les anciens d'Israël, et les officiers de l'armée, s'en allèrent pour transporter l'arche de l'alliance du Seigneur, de la maison d'Obédédom *à Jérusalem*, dans de *saints* transports de joie.

26 Et comme *on vit que* Dieu avait assisté les Lévites qui portaient l'arche de l'alliance du Seigneur, on immola sept taureaux et sept béliers.

27 Or David était revêtu d'une robe de fin lin ; aussi bien que tous les Lévites qui portaient l'arche, et les chantres, et Chonénias qui était le maître de la musique *et* du chœur des chantres : mais David avait de plus un éphod de lin.

28 Tout Israël conduisait donc l'arche de l'alliance du Seigneur, avec de grandes acclamations, au son des trompettes, des hautbois, des timbales, des guitares, et des autres instruments de musique.

29 Et l'arche de l'alliance du Seigneur étant arrivée jusqu'à la ville de David, Michol, fille de Saül, regardant par la fenêtre, vit le roi David qui sautait et qui dansait, et elle le méprisa dans son cœur.

CHAPITRE XVI.

L'ARCHE de Dieu fut donc apportée et placée au milieu du tabernacle que David lui avait fait dresser, où l'on offrit des holocaustes et des sacrifices d'actions de grâces en la présence de Dieu.

2 Quand David eut achevé d'offrir les holocaustes et les sacrifices d'actions de grâces, il bénit le peuple au nom du Seigneur.

3 Et il distribua à chacun en particulier, tant aux hommes qu'aux femmes, une portion de pain et un morceau de bœuf rôti, avec de la farine frite à l'huile.

4 Il établit des Lévites pour servir devant l'arche du Seigneur ; pour le glorifier, et lui rendre de continuelles actions de grâces de toutes ses merveilles, et pour chanter les louanges du Seigneur, le Dieu d'Israël :

5 Asaph fut le premier de tous, Zacharie le second ; et ensuite Jahiel, Sémiramoth, Jéhiel, Mathathias, Eliab, Banaïas et Obédédom. Jéhiel fut chargé de toucher le psaltérion et la lyre ; et Asaph de jouer des cymbales ;

6 mais Banaïas et Jaziel qui étaient prêtres, devaient sonner continuellement de la trompette devant l'arche de l'alliance du Seigneur.

7 Ce fut *donc* en ce jour-là que David établit Asaph premier chantre, et tous ceux de sa maison *sous lui*, pour chanter les louanges du Seigneur, *en disant* :

8 Louez le Seigneur, et invoquez son nom ; publiez ses œuvres dans tous les peuples.
9 Chantez ses louanges ; chantez-les sur les instruments ; annoncez toutes ses merveilles.
10 Glorifiez son saint nom : que le cœur de ceux qui cherchent le Seigneur soit dans la joie.
11 Cherchez le Seigneur et la force qui vient de lui : cherchez à vous présenter sans cesse devant sa face.
12 Souvenez-vous des merveilles qu'il a faites, de ses prodiges, et des jugements *qui sont sortis* de sa bouche,
13 vous qui êtes les descendants d'Israël, son serviteur, et les enfants de Jacob, son élu.
14 Il est le Seigneur, notre Dieu ; il exerce ses jugements dans toute la terre.
15 Souvenez-vous à jamais de son alliance, et de la loi qu'il a prescrite pour tous les âges à venir ;
16 de l'accord qu'il a fait avec Abraham, et du serment par lequel il s'est obligé envers Isaac ;
17 qu'il a confirmé à Jacob comme une loi inviolable, et à Israël comme une alliance éternelle,
18 en disant : Je vous donnerai la terre de Chanaan pour votre héritage ;
19 *et le disant*, lorsqu'ils étaient en petit nombre, peu considérables et étrangers dans cette terre.
20 Et ils passèrent d'une nation à une autre, et d'un royaume à un autre peuple.
21 Il ne permit pas que qui que ce soit leur fît insulte ; mais il châtia même des rois à cause d'eux,
22 *en leur disant* : Gardez-vous bien de toucher à mes oints, et ne faites point de mal à mes prophètes.
23 Chantez *des hymnes* au Seigneur, vous tous qui habitez sur la terre ; annoncez tous les jours le salut qu'il vous a donné.
24 Publiez sa gloire parmi les nations, et ses merveilles parmi tous les peuples.
25 Car le Seigneur est grand, et mérite des louanges infinies ; il est *sans comparaison* plus redoutable que tous les dieux.
26 Tous les dieux des peuples *ne sont que* des idoles ; mais c'est le Seigneur qui a fait les cieux.
27 Il est tout environné de gloire et de majesté ; la force et la joie se trouvent dans le lieu où il habite.
28 Peuples, *venez avec* toutes vos familles offrir *vos dons* au Seigneur ; offrez au Seigneur la gloire et la puissance.
29 Offrez au Seigneur la gloire *qui est due* à son nom ; apportez des hosties, et présentez-vous devant lui ; adorez le Seigneur dans un saint respect.
30 Que toute la terre tremble devant sa face ; car c'est lui qui l'a établie sur ses fondements, et elle ne sera point ébranlée.
31 Que les cieux se réjouissent ; que la terre tressaille de joie ; et que l'on publie dans les nations ; Le Seigneur est entré dans son règne.
32 Que la mer et tout ce qu'elle renferme fasse retentir *son allégresse* ; que les campagnes et tout ce qu'elles contiennent soient dans la joie.
33 Les arbres des forêts chanteront alors les louanges du Seigneur en sa présence ; parce qu'il est venu pour juger la terre.
34 Rendez gloire au Seigneur, parce qu'il est bon, parce que sa miséricorde est éternelle.
35 Et dites-lui : Sauvez-nous, ô Dieu ! qui êtes notre Sauveur ; rassemblez-nous, et retirez-nous du milieu des nations, afin que nous rendions gloire à votre saint nom, et que nous témoignions notre joie par de saints cantiques.
36 Que le Seigneur, le Dieu d'Israël, soit béni dans la suite de tous les siècles ! et que tout le peuple dise : Amen ! et chante les louanges du Seigneur.
37 David laissa donc en ce lieu, devant l'arche de l'alliance du Seigneur, Asaph et ses frères, afin qu'ils servissent continuellement en la présence de l'arche, *en s'acquittant* tous les jours *de leur ministère*, chacun à leur tour.
38 Il établit Obédédom et ses frères, qui étaient *au nombre de* soixante-huit ; et Obédédom, fils d'Idithun, avec Hosa, pour portiers.
39 *Il établit* aussi Hadoc et ceux de sa maison, pour faire les fonctions de prêtres devant le tabernacle du Seigneur, sur le lieu élevé de Gabaon ;
40 afin d'y offrir continuellement des holocaustes au Seigneur sur l'autel destiné à ces sortes de sacrifices, tant le matin que le soir, suivant tout ce qui est ordonné dans la loi que le Seigneur a prescrite à Israël.
41 Après Sadoc était Héman et Idithun, avec les autres choisis *pour cela*, chacun selon qu'ils étaient marqués pour chanter les louanges du Seigneur, *en disant* : Que sa miséricorde est éternelle.
42 Héman et Idithun jouaient aussi de la trompette, touchaient les timbales, et tous les autres instruments de musique, pour chanter les louanges de Dieu. Mais pour les fils d'Idithun, *le roi* les établit portiers.
43 Ensuite chacun s'en retourna en sa maison ; et David *se retira aussi* pour faire part à sa famille de la bénédiction *de ce jour*.

CHAPITRE XVII.

DAVID étant établi dans son palais, Il dit au prophète Nathan : Me voici logé dans une maison de cèdre ; et l'arche de l'alliance du Seigneur est *encore* sous des *tentes de* peaux *de bêtes*.
2 Nathan répondit à David : Faites tout ce que vous avez dans le cœur : car Dieu est avec vous.
3 Mais la nuit suivante Dieu parla à Nathan, et lui dit :
4 Allez-vous-en trouver mon serviteur David, et dites-lui : Voici ce que dit le Seigneur ; Vous ne me bâtirez point de maison pour y faire ma demeure.
5 Car je n'ai point eu de maison ni de demeure depuis le temps que j'ai tiré Israël *de l'Egypte* jusqu'à présent ; mais j'ai été sous des tentes, changeant toujours de lieu où l'on dressait mon pavillon,
6 quand je demeurais avec tout le peuple d'Israël. Ai-je jamais parlé à aucun des juges d'Israël, à qui j'avais commandé d'avoir soin de mon peuple, et lui ai-je dit : D'où vient que vous ne m'avez point bâti de maison de cèdre ?
7 Vous direz donc maintenant à mon serviteur David ; Voici ce que dit le Seigneur des armées : Je vous ai choisi lorsque vous meniez paître des troupeaux *de moutons*, pour vous établir chef d'Israël, mon peuple ;
8 et j'ai été avec vous partout où vous marchiez : j'ai exterminé tous vos ennemis devant vous, et j'ai rendu votre nom aussi illustre que celui des grands hommes qui sont célèbres dans le monde.
9 J'ai donné un lieu à mon peuple d'Israël : il y sera affermi, et il y demeurera sans être ébranlé à l'avenir ; et les enfants d'iniquité ne l'humilieront plus, comme ils ont fait auparavant,
10 depuis le temps que j'ai donné des juges à Israël, mon peuple, et que j'ai humilié tous vos ennemis *devant vous*. Je vous déclare donc que le Seigneur doit établir votre maison.
11 Et lorsque vos jours seront accomplis pour aller avec vos pères, j'élèverai *sur le trône* après vous un de votre race et de vos enfants ; et j'affermirai son règne.
12 Ce sera lui qui me bâtira une maison *à mon nom*, et j'établirai son trône pour jamais.
13 Je serai son père, et il sera mon fils ; et je ne retirerai point ma miséricorde de dessus lui, comme je l'ai retirée de dessus votre prédécesseur.
14 Je l'établirai dans ma maison et dans mon royaume pour jamais ; et son trône sera très-ferme pour toujours.
15 Nathan parla donc dans ces mêmes termes à David, et lui rapporta tout ce que Dieu lui avait fait entendre dans cette vision.
16 Ensuite le roi David étant venu devant le Seigneur, et s'y étant arrêté, il lui dit : Qui suis-je, ô Seigneur *mon* Dieu ! et quelle est ma maison, pour *vous porter à* me faire de si grandes grâces ?
17 Mais cela vous a encore paru peu de chose ; c'est pourquoi vous avez voulu assurer votre serviteur *de l'établissement* de sa

maison, même pour les siècles à venir ; et vous m'avez rendu plus considérable que tous les autres hommes, ô Seigneur *mon* Dieu !

18 Après cela que peut *dire* David en voyant jusqu'où vous avez élevé votre serviteur, et comment vous vous êtes souvenu de lui ?

19 *Oui*, Seigneur ! c'est pour *l'amour de* votre serviteur, que selon vos desseins vous en avez usé *envers lui* d'une manière si magnifique, et que vous avez voulu faire connaître tant de grandes choses.

20 Seigneur ! nul n'est semblable à vous, et il n'y a point d'autre Dieu que vous entre tous ceux dont nous avons entendu parler.

21 En effet, y a-t-il encore un autre *peuple* semblable à Israël, votre peuple, cette nation unique sur la terre, dont Dieu ait daigné s'approcher pour la délivrer de captivité, et en faire un peuple qui lui fût particulièrement consacré, et pour chasser par sa puissance et par la terreur *de son nom* toutes les nations de devant ce peuple qu'il avait tiré d'Egypte ?

22 Ainsi, Seigneur ! vous avez établi Israël, votre peuple, pour être à jamais votre peuple ; et vous avez bien voulu être son Dieu.

23 Confirmez donc maintenant pour jamais, Seigneur ! la promesse que vous avez faite a votre serviteur pour lui et pour sa maison, et accomplissez-la selon votre parole.

24 Que votre nom demeure et soit glorifié éternellement ; qu'on dise *partout* : Le Seigneur des armées est le Dieu d'Israël ; et la maison de David, son serviteur, subsiste toujours devant lui.

25 Car c'est vous, Seigneur mon Dieu ! qui avez révélé à votre serviteur, que vous vouliez lui établir sa maison ; et c'est pour cela que votre serviteur a trouvé *son cœur rempli* de confiance pour vous offrir sa prière.

26 *Je reconnais* donc maintenant, Seigneur ! *que* vous êtes Dieu. Vous avez fait à votre serviteur ces grandes promesses ;

27 et vous avez déjà commencé à bénir la maison de votre serviteur, afin qu'elle subsiste éternellement devant vous : car puisque vous la bénissez, Seigneur ! elle sera bénie pour jamais.

CHAPITRE XVIII.

APRÈS cela David battit les Philistins ; il les humilia, et retira Geth avec ses dépendances d'entre leurs mains.

2 Il défit aussi les Moabites, et se les assujettit, et les obligea de lui payer tribut.

3 En ce même temps David battit encore Adarézer, roi de Soba, dans le pays d'Hémath, lorsqu'il marcha pour étendre son empire jusqu'au fleuve de l'Euphrate.

4 David lui prit donc mille chariots, et sept mille hommes de cheval, avec vingt mille hommes d'infanterie. Il coupa les nerfs des jambes à tous les chevaux des chariots, hormis cent attelages qu'il réserva pour son service.

5 Les Syriens de Damas vinrent au secours d'Adarézer, roi de Soba ; mais David en défit vingt-deux mille.

6 Il mit garnison dans Damas pour tenir la Syrie soumise, et se la rendre tributaire : et le Seigneur l'assista dans toutes les guerres qu'il entreprenait.

7 David prit aussi les carquois d'or des soldats d'Adarézer, et les porta à Jérusalem.

8 Il enleva encore une grande quantité d'airain des villes de Thébathet de Chun, sujettes au roi Adarézer, dont Salomon fit faire cette grande mer d'airain, avec les colonnes et les vases de même métal.

9 Thoü, roi d'Hémath, ayant appris que David avait défait toute l'armce d'Adarézer, roi de Soba,

10 envoya Adoram, *ou Joram,* son fils, au roi David, pour lui demander son alliance, et lui témoigner sa joie de ce qu'il avait défait et vaincu entièrement Adarézer : car Thoü était ennemi d'Adarézer.

11 Le roi David consacra au Seigneur tous les vases d'or, d'argent et d'airain *qu'Adoram lui avait apportés*, avec ce qu'il avait pris d'or et d'argent sur tous les peuples, tant sur les Iduméens, les Moabites et les Ammonites, que sur les Philistins et les Amalécites.

12 Abisaï, fils de Sarvia, défit aussi dix-huit mille Iduméens dans la vallée des Salines.

13 Il mit garnison dans *les villes de* l'Idumée, pour tenir cette province dans l'obéissance de David : et le Seigneur conserva toujours David dans toutes les expéditions qu'il entreprit.

14 David régna donc sur tout Israël ; et dans les jugements qu'il rendait, il faisait justice à tout son peuple.

15 Joab, fils de Sarvia, était général de ses armées ; et Josaphat, fils d'Ahilud, avait la charge des requêtes.

16 Sadoc, fils d'Achitob, et Ahimélech, fils d'Abiathar, étaient *grands* prêtres. Susa, *ou Saraïas,* était secrétaire.

17 Banaïas, fils de Joïada, commandait les Céréthiens et les Phéléthiens. Mais les fils de David étaient les premiers auprès du roi.

CHAPITRE XIX.

NAAS, roi des Ammonites, étant mort, son fils régna en sa place.

2 Alors David dit : Je veux témoigner de l'affection à Hanon, fils de Naas ; parce que son père m'a obligé. Il envoya donc des ambassadeurs pour le consoler de la mort de son père. Mais quand ils furent arrivés sur les terres des Ammonites pour consoler Hanon,

3 les principaux du pays dirent à ce prince : Vous croyez peut-être que ce soit pour rendre quelque honneur à la mémoire de votre père, que David a envoyé ici des ambassadeurs pour vous consoler : et vous ne voyez pas qu'ils n'y sont venus que pour reconnaître votre pays, pour y découvrir tout, et pour remarquer jusqu'aux moindres choses.

4 Hanon fit donc raser la tête et la barbe aux serviteurs de David, leur fit couper leurs robes depuis le haut des cuisses jusqu'aux pieds, et les renvoya *ensuite*.

5 Lorsqu'ils s'en furent allés, et qu'ils eurent fait savoir à David ce qui était arrivé, il envoya au-devant d'eux à cause de ce grand outrage qu'ils avaient reçu, et leur ordonna de demeurer à Jéricho jusqu'à ce que leur barbe fût crue, et de revenir ensuite.

6 Mais les Ammonites voyant bien qu'ils avaient offensé David, envoyèrent, tant de la part d'Hanon, que de celle de tout le peuple, mille talents d'argent pour acheter des chariots de guerre, et lever de la cavalerie dans la Mésopotamie, dans la Syrie de Maacha, et dans Soba.

7 Ils assemblèrent donc trente-deux mille *hommes montés sur des chariots*, et *engagèrent* le roi de Maacha avec ses sujets *dans leur parti*. Tous ces gens s'étant mis en marche, vinrent camper vis-à-vis de Médaba. Et les Ammonites s'étant aussi assemblés de toutes leurs villes, se préparèrent à la guerre.

8 Lorsque David eut été informé de tous ces préparatifs, il envoya Joab avec toutes ses meilleures troupes.

9 Les Ammonites s'étant avancés *pour le combattre*, rangèrent leur armée en bataille près de la porte de la ville. Et les rois qui étaient venus à leur secours, campèrent séparément dans la plaine.

10 Ainsi Joab ayant remarqué qu'on se préparait à le combattre et de front et par derrière, prit l'élite de toutes les troupes d'Israël, et marcha contre les Syriens.

11 Il donna le reste de l'armée à Abisai, son frère, pour marcher contre les Ammonites ;

12 et il lui dit : Si les Syriens ont de l'avantage sur moi, vous viendrez à mon secours ; et si les Ammonites en ont sur vous, j'irai *aussi* pour vous secourir.

13 Agissez en homme de cœur, et combattons généreusement pour notre peuple, et pour les villes de notre Dieu ; et le Seigneur ordonnera de tout comme il lui plaira.

14 Joab marcha donc contre les Syriens avec les troupes qu'il commandait, *les battit* et les mit en fuite.

15 Les Ammonites voyant la fuite des Syriens, s'enfuirent aussi eux-mêmes de devant son frère Abisaï, et se retirèrent dans la ville. Et Joab s'en retourna à Jérusalem.

16 Lorsque les Syriens eurent vu que leur armée n'avait pu se soutenir devant Israël, ils envoyèrent solliciter les autres Syriens

qui étaient au delà du fleuve *de l'Euphrate*, et les engagèrent à venir à leur secours. Sophac, *ou Sobach,* général de l'armée d'Adarézer, les commandait.

17 David en ayant reçu nouvelle, assembla toutes les troupes d'Israël, passa le Jourdain, et vint fondre tout d'un coup sur eux, en les attaquant de front avec son armée rangée en bataille, et eux soutenant de leur côté ce rude choc.

18 Mais les Syriens prirent la fuite devant Israël ; et David tailla en pièces sept mille *hommes des* chariots, et quarante mille hommes de pied, avec Sophac, général de cette armée.

19 Alors tous les sujets *et alliés* d'Adarézer se voyant vaincus par les Israélites, passèrent dans le parti de David, et lui furent assujettis. Et *depuis ce temps* les Syriens ne voulurent plus donner de secours aux Ammonites.

CHAPITRE XX.

UN an après, au temps que les rois ont accoutumé d'aller à la guerre, Joab assembla une armée composée de l'élite de toutes les troupes ; et ravagea le pays des Ammonites : puis s'avançant il mit le siège devant Rabba. Mais David demeura à Jérusalem pendant que Joab fit battre Rabba ; et *y étant allé,* il la fit détruire.

2 Alors David prit la couronne de dessus la tête de leur roi, et il y trouva un talent d'or pesant, et des pierreries très-précieuses, dont il se fit un diadème, sans parler de plusieurs autres dépouilles qu'il remporta de cette ville.

3 Il en fit sortir aussi tout le peuple qui y était, et fit passer sur eux des traîneaux et des chariots armés de fer et de tranchants, pour les briser et les mettre en pièces. Il en usa de la même sorte dans toutes les villes des Ammonites, et il s'en revint ensuite à Jérusalem avec tout son peuple.

4 Après cela on fit la guerre à Gazer contre les Philistins, où Sobochaï de Husathi tua Saphaï, qui était de la race des géants, et les humilia *extrêmement*.

5 On fit encore une autre guerre contre les Philistins, où Elchanan, fils de Jaïr, qui était de Bethléhem, tua un frère de Goliath de Geth, dont la hampe de la lance était comme le grand bois des tisserands.

6 Il y eut encore une autre guerre *que l'on fit* à Geth, où il se trouva un homme extrêmement grand, qui avait six doigts aux pieds et aux mains ; c'est-à-dire, vingt-quatre en tout ; et qui était aussi lui-même de la race des géants.

7 Celui-ci outrageait insolemment les Israélites ; et Jonathan, fils de Samaa, frère de David, le tua. Ce sont là les enfants des géants qui se trouvèrent à Geth, et qui furent tués par David et par ses gens.

CHAPITRE XXI.

CEPENDANT Satan s'éleva contre Israël, et excita David à faire le dénombrement d'Israël.

2 David dit donc à Joab et aux premiers d'entre le peuple : Allez, faites le dénombrement de tout Israël, depuis Bersabée jusques à Dan, et afin que j'en sache le nombre, apportez-m'en le rôle.

3 Joab lui répondit : Que le Seigneur daigne multiplier son peuple au centuple de ce qu'il est maintenant. Mon seigneur *et mon* roi, tous ne sont-ils pas vos serviteurs ? Pourquoi recherchez-vous une chose qui sera imputée à péché à Israël ?

4 Néanmoins le commandement du roi l'emporta. Joab partit donc, et fit tout le tour des terres d'Israël ; et il s'en revint à Jérusalem.

5 Il donna à David le dénombrement de tous ceux qu'il avait comptés, et il se trouva onze cent mille hommes d'Israël, tous gens capables de porter les armes ; et quatre cent soixante et dix mille hommes de guerre de Juda.

6 Joab ne fit point le dénombrement de la tribu de Lévi ni de celle de Benjamin, parce qu'il n'exécutait qu'à regret l'ordre du roi.

7 En effet ce commandement déplut à Dieu ; et *il fut cause de la plaie dont* Dieu frappa Israël.

8 Mais David dit à Dieu : J'ai commis une grande faute d'avoir fait faire ce dénombrement : je vous prie, Seigneur ! de pardonner cette iniquité à votre serviteur, parce que j'ai fait une *grande* folie.

9 Alors le Seigneur parla à Gad, prophète de David, et lui dit :

10 Allez trouver David, et dites-lui : Voici ce que dit le Seigneur : Je vous donne le choix de trois choses ; choisissez celle que vous voudrez, et je suivrai votre choix.

11 Lors donc que Gad fut venu trouver David, il lui dit : Voici ce que dit le Seigneur : Choisissez ce que vous voudrez :

12 ou de souffrir la famine durant trois ans ; ou de fuir devant vos ennemis durant trois mois, sans pouvoir éviter leur épée ; ou d'être sous le glaive du Seigneur durant trois jours, la peste étant dans vos États, et l'ange du Seigneur tuant les peuples dans toutes les terres d'Israël. Voyez donc ce que vous voulez que je réponde à celui qui m'a envoyé.

13 David répondit à Gad : De quelque côté que je me tourne, je me vois pressé par de grandes extrémités : cependant il m'est plus avantageux de tomber entre les mains du Seigneur, sachant qu'il est plein de miséricorde, que non pas en celles des hommes.

14 Le Seigneur envoya donc la peste en Israël ; et il mourut soixante et dix mille Israélites.

15 Il envoya aussi son ange à Jérusalem pour la ravager. Et comme la ville était toute pleine de morts, le Seigneur la regarda, et fut touché de compassion d'une plaie si terrible. Il dit donc a l'ange exterminateur : C'est assez ; que votre main s'arrête. Or l'ange du Seigneur était *alors* près de l'aire d'Ornan, Jébuséen.

16 Et David levant les yeux vit l'ange du Seigneur, qui était entre le ciel et la terre, et qui avait à la main une épée nue et tournée contre Jérusalem. À l'heure même, lui et les anciens *qui étaient avec lui*, couverts de cilices, se prosternèrent en terre.

17 Et David dit à Dieu : N'est-ce pas moi qui ai commandé de faire ce dénombrement du peuple ! C'est moi qui ai péché, c'est moi qui ai commis tout le mal ; mais pour ce troupeau, qu'a-t-il mérité ? Tournez donc, je vous supplie, Seigneur mon Dieu ! votre main contre moi, et contre la maison de mon père ; mais épargnez votre peuple.

18 Alors l'ange du Seigneur commanda à Gad de dire à David de venir, et de dresser un autel au Seigneur, le Dieu *d'Israël*, dans l'aire d'Ornan, Jébuséen.

19 David s'y transporta donc, suivant l'ordre que Gad lui en avait signifié de la part de Dieu.

20 Mais Oman ayant levé les yeux et vu l'ange, qui fut aussi vu de ses quatre fils (car c'était le temps où il battait son grain dans l'aire), ils se cachèrent.

21 Lors donc que David approchait, Ornan l'aperçut, et sortant de son aire pour aller au-devant de lui, il lui fit une profonde révérence, en se baissant jusqu'en terre.

22 David lui dit : Donnez-moi la place qu'occupe votre aire, afin que j'y dresse un autel au Seigneur, et que je fasse cesser cette plaie de dessus le peuple ; et je vous payerai le prix qu'elle vaut.

23 Ornan répondit à David : Le roi, mon seigneur, n'a qu'à la prendre, et en faire ce qu'il lui plaira. Je lui donnerai aussi les bœufs pour l'holocauste, des traînoirs au lieu de bois, et le blé qui est nécessaire pour le sacrifice. Je lui donnerai toutes ces choses avec joie.

24 Le roi David lui répondit : Je ne puis en user ainsi ; mais je vous en payerai le prix. Car je ne dois pas vous ôter *ce qui vous appartient*, pour offrir au Seigneur des holocaustes qui ne me coûtent rien.

25 David donna donc à Ornan pour la place six cents sicles d'or d'un poids très-juste.

26 Et il dressa là un autel au Seigneur, et y offrit des holocaustes et des hosties pacifiques. Il invoqua le Seigneur ; et *le Seigneur* l'exauça, en faisant descendre le feu du ciel sur l'autel de l'holocauste.

27 Alors le Seigneur commanda à l'ange de remettre son épée dans le fourreau ; ce qu'il fit.

28 Et à l'heure même, David voyant que le Seigneur l'avait exaucé dans l'aire d'Ornan, Jébuséen, lui immola des victimes.

29 Le tabernacle du Seigneur que Moïse avait fait dans le désert, et l'autel des holocaustes, étaient alors au haut lieu de Gabaon.

30 Et David n'eut pas la force d'aller jusque là pour y offrir sa prière à Dieu, parce qu'il avait été frappé d'une trop grande frayeur en voyant l'épée de l'ange du Seigneur.

CHAPITRE XXII.

DAVID dit ensuite : C'est ici la maison de Dieu ; et c'est là *que sera placé* l'autel où Israël lui offrira ses holocaustes.

2 Il commanda qu'on assemblât tous les prosélytes qui se trouveraient dans la terre d'Israël ; et il en prit pour tirer les pierres et les marbres des carrières, pour les tailler et pour les polir, afin que l'on commençât à disposer les choses pour la construction du temple.

3 David fit aussi provision de fer pour les clous et les pentures des portes, et pour joindre *les ais et les pierres* ensemble. Il fit de même amasser quantité d'airain, dont le poids était innombrable.

4 Ceux de Tyr et de Sidon lui apportèrent aussi des bois de cèdre, dont on ne pouvait estimer la quantité.

5 Et David dit : Mon fils Salomon est encore jeune et faible ; et la maison que je désire que l'on bâtisse au Seigneur doit être telle qu'on en parle *avec admiration* dans tous les pays. Je veux donc lui préparer toutes les choses nécessaires *pour cet ouvrage*. Et c'est pour cette raison qu'avant sa mort il voulut disposer tout ce qui pouvait contribuer à une si grande entreprise.

6 Ensuite il appela Salomon, son fils, et lui ordonna de *s'employer* à bâtir un temple au Seigneur, le Dieu d'Israël.

7 Il lui dit donc : Mon fils, j'avais conçu le dessein de bâtir un temple au nom du Seigneur qui est mon Dieu ;

8 mais Dieu me parla et me dit : Vous avez répandu beaucoup de sang, et vous vous êtes trouvé en quantité de batailles. Ainsi vous ne pourrez point bâtir un temple à mon nom, après tant de sang répandu en ma présence.

9 *Mais* vous aurez un fils dont la vie sera tout à fait tranquille : car je le maintiendrai en paix sans qu'il soit inquiété par aucun des ennemis qui vous environnent. C'est pour cette raison qu'il sera appelé *Salomon, c'est-à-dire,* Pacifique. Je ferai vivre en repos, et lui donnerai la paix pendant tout son règne.

10 Ce sera lui qui bâtira un temple à mon nom. Il sera mon fils, et moi je serai son père, et j'affermirai pour jamais le trône de son règne sur tout Israël.

11 Que le Seigneur soit donc maintenant avec vous, mon fils, qu'il vous rende heureux ; et édifiez une maison au Seigneur, votre Dieu, comme il a prédit que vous deviez faire.

12 Qu'il vous donne aussi la sagesse et le bon sens, afin que vous puissiez conduire Israël, et garder fidèlement la loi du Seigneur, votre Dieu.

13 Car vous ne pourrez être heureux qu'en suivant ses ordres, et en observant les lois qu'il a commandé à Moïse d'enseigner à tout Israël. Armez-vous de force ; agissez en homme de cœur ; ne craignez rien ; ne vous étonnez de rien.

14 Vous voyez que dans ma pauvreté j'ai préparé de quoi fournir à la dépense *du bâtiment* de la maison du Seigneur ; *savoir,* cent mille talents d'or, et un million de talents d'argent, avec une quantité d'airain et de fer, dont on ne peut dire le poids ni le nombre, sans parler du bois et des pierres que j'ai préparées pour les employer à tout ce qui sera nécessaire, *et vous y ajouterez encore*.

15 Vous avez aussi quantité d'ouvriers, des tailleurs de pierres, des maçons, des ouvriers qui sont habiles dans les ouvrages de bois, et des gens qui excellent dans toutes sortes d'*autres* ouvrages,

16 soit en or ou en argent, en cuivre ou en fer, dont on ne peut dire le nombre. Mettez-vous donc en état de travailler, et le Seigneur sera avec vous.

17 David commanda en même temps à tous les chefs d'Israël d'assister son fils Salomon *dans cette entreprise.*

18 Vous voyez, leur dit-il, que le Seigneur, votre Dieu, est avec vous, et qu'il vous a établis dans une profonde paix de tous côtés, en livrant tous vos ennemis entre vos mains ; et que la terre est assujettie devant le Seigneur et devant son peuple.

19 Disposez donc vos cœurs et vos âmes pour chercher le Seigneur, votre Dieu. Levez-vous, et bâtissez un sanctuaire au Seigneur, votre Dieu : afin que l'arche de l'alliance du Seigneur, et les vases qui sont consacrés au Seigneur, soient transportés dans cette maison qu'on va bâtir a son nom.

CHAPITRE XXIII.

DAVID étant donc fort âgé et plein de jours, établit son fils Salomon roi sur Israël.

2 Et il assembla tous les princes d'Israël, avec les prêtres et les Lévites.

3 Le rôle des Lévites qui avaient trente ans et au-dessus, monta à trente-huit mille hommes :

4 desquels on choisit vingt-quatre mille, qui furent distribués dans les divers offices de la maison du Seigneur. Et ceux qui faisaient la fonction de chefs et de juges, montaient encore au nombre de six mille.

5 Il y avait quatre mille portiers, et autant de chantres qui chantaient les louanges du Seigneur sur les instruments que David avait fait faire pour ce sujet.

6 David les distribua tous pour servir chacun à son tour selon les diverses maisons de la tribu de Lévi ; savoir, celles de Gerson, de Caath et de Mérari.

7 Les enfants de Gerson *étaient* Léedan et Seméi.

8 Léedan eut pour fils Jahiel, qui fut chef *de cette famille*. Jahiel eut pour fils Seméi, Zéthan et Joël ; *au nombre de trois*.

9 Seméi eut *aussi* trois enfants : Salomith, Hosiel et Aran. Ce sont là les chefs des familles *qui descendent* de Léedan.

10 Les enfants de Seméi *sont* Léheth, *ou Jahath*, Ziza, Jaüs et Baria ; ce sont là les quatre enfants de Seméi :

11 Léheth était donc l'aîné, Ziza le second. Or Jaüs et Baria n'eurent pas beaucoup d'enfants ; c'est pourquoi on les comprit sous une seule famille et une seule maison.

12 Les fils de Caath *sont au nombre de* quatre ; savoir, Amram, Isaar, Hébron et Oziel.

13 Ceux d'Amram *furent* Aaron et Moïse. Aaron fut *choisi et* séparé pour servir à jamais, lui et ses enfants, dans le sanctuaire, pour offrir l'encens au Seigneur selon les cérémonies qu'il avait ordonnées, et pour bénir éternellement son *saint* nom.

14 Les enfants de Moïse, qui était l'homme de Dieu, furent aussi compris dans la tribu de Lévi.

15 Les enfants de Moïse *furent* Gersom et Eliézer.

16 Gersom eut pour fils Subuel, *qui était* l'aîné.

17 Eliézer eut pour fils Rohobia, qui fut un chef de famille ; et Eliézer n'eut point d'autres fils ; mais Rohobia eut un fort grand nombre d'enfants.

18 Isaar eut pour fils Salomith, *qui était* l'aîné.

19 Les enfants d'Hébron *furent* Jériau, l'aîné ; Amarias, le second ; Jahaziel, le troisième ; Jeemaam, le quatrième.

20 Les fils d'Oziel *étaient* Micha, l'aîné ; et Jésia, le second.

21 Les fils de Mérari *étaient* Moholi et Musi. Les fils de Moholi étaient Eléazar et Cis.

22 Eléazar mourut sans avoir de fils, et il ne laissa que des filles, qui furent mariées aux fils de Cis, leurs cousins germains.

23 Les fils de Musi *furent* trois : Moholi, Eder et Jérimoth.

24 Voilà les fils de Lévi selon leurs branches et leurs familles ; *qui* comme les chefs *servaient* à leur tour avec un certain nombre de particuliers, qui s'acquittaient des différents ministères dans la maison du Seigneur, depuis l'âge de vingt ans et au-dessus.

25 David dit donc : Le Seigneur, le Dieu d'Israël, a donné la paix à son peuple, et l'a établi dans Jérusalem pour jamais.

26 Les Lévites ne seront plus obligés de transporter *en différents lieux* le tabernacle avec tous les vases destinés pour son ministère.

27 On comptera aussi à l'avenir le nombre des enfants de Lévi, en les prenant depuis l'âge de vingt ans et au-dessus, suivant les

dernières ordonnances de David.

28 Et ils seront soumis aux fils d'Aaron pour tout ce qui regarde le service de la maison du Seigneur, soit dans les vestibules, ou dans les chambres *du temple* ; soit dans le lieu de la purification, ou dans le sanctuaire ; soit enfin dans toutes les différentes fonctions qui regardent le ministère du temple du Seigneur.

29 Mais les prêtres auront l'intendance sur les pains exposés devant le Seigneur, sur le sacrifice qui se fait de la fleur de farine, sur les beignets de pâte sans levain, sur *ce qu'on frit dans* les poêles, sur les *prémices des épis* que l'on rôtit sur le feu, et sur tous les poids et toutes les mesures.

30 Les Lévites seront aussi obligés de se trouver dès le matin pour chanter les louanges du Seigneur ; et ils le feront aussi le soir,

31 tant au sacrifice des holocaustes qu'on offre au Seigneur, qu'aux jours de sabbat, aux premiers jours des mois, et aux autres solennités, en observant toujours le nombre qui leur est prescrit, et les cérémonies que l'on doit garder en chaque chose, se tenant continuellement en la présence du Seigneur.

32 Et ils observeront avec soin les ordonnances qui sont prescrites touchant le tabernacle de l'alliance et le culte du sanctuaire, et rendront une respectueuse obéissance aux *prêtres*, enfants d'Aaron, qui sont leurs frères, pour s'acquitter *comme ils le doivent* de leur ministère dans la maison du Seigneur.

CHAPITRE XXIV.

VOICI en quelles classes fut partagée la postérité d'Aaron : Les fils d'Aaron *sont* Nadab, Abiu, Eléazar et Ithamar.

2 Mais Nadab et Abiu moururent avant leur père sans laisser d'enfants ; ainsi Eléazar et Ithamar firent toutes les fonctions sacerdotales.

3 David divisa donc la famille de Sadoc, qui venait d'Eléazar, et celle d'Ahimélech, qui descendait d'Ithamar ; afin qu'elles servissent alternativement, et s'acquittassent chacune de leur ministère.

4 Mais il se trouva beaucoup plus de chefs de famille descendus d'Eléazar que d'Ithamar : et il distribua les descendants d'Eléazar en seize familles, chaque famille ayant son prince ; et ceux d'Ithamar en huit seulement.

5 Il distribua encore *les diverses fonctions de* l'une et *de* l'autre famille par le sort : car les enfants d'Eléazar et ceux d'Ithamar étaient les princes du sanctuaire et les princes de Dieu.

6 Seméias, fils de Nathanaël, de la tribu de Lévi, en dressa le rôle, comme secrétaire, en présence du roi et des princes, de Sadoc, prêtre, et d'Ahimélech, fils d'Abiathar, et devant tous les chefs des familles sacerdotales et lévitiques : prenant d'une part la maison d'Eléazar, qui était comme la souche de plusieurs branches ; et d'autre part celle d'Ithamar, qui en avait plusieurs autres sous elle.

7 Ainsi le premier sort échut à Joïarib ; le second, à Jédéi ;

8 le troisième, à Harim ; le quatrième, à Séorim ;

9 le cinquième, à Melchia ; le sixième, à Maïman ;

10 le septième, à Accos ; le huitième, à Abia ;

11 le neuvième, à Jésua ; le dixième, à Séchénia ;

12 le onzième, à Eliasib ; le douzième, à Jacim ;

13 le treizième, à Hoppha ; le quatorzième, à Iabaab ;

14 le quinzième, à Belga ; le seizième, à Emmer ;

15 le dix-septième, à Hézir ; le dix-huitième, à Aphsès ;

16 le dix-neuvième, à Phétéia ; le vingtième, à Hézéchiel ;

17 le vingt et unième, à Jachin ; le vingt-deuxième, à Gamul ;

18 le vingt-troisième, à Dalaïau ; le vingt-quatrième, à Maaziau.

19 Voilà quel fut leur partage selon les différentes fonctions de leur ministère, afin qu'ils pussent chacun à leur tour être employés dans le temple, en gardant les cérémonies accoutumées, sous le nom *et* l'autorité d'Aaron leur père, comme le Seigneur Dieu d'Israël l'avait commandé.

20. Les autres enfants de Lévi, desquels on n'a point parlé, sont Subaël, descendant d'Amram, et Jéhédéia, descendant de Subaël.

21 Entre les enfants de Rohobia, le chef *était* Jésias.

22 Salémolh *était* fils d'Isaar ; et Jahath était fils de Salémoth.

23 Le fils ainé *d'Hébron fut* Jériau ; le second, Amarias; le troisième, Jahaziel ; le quatrième, Jecmaan.

24 Le fils d'Oziel fut Micha ; et le fils de Micha fut Samir.

25 Jésia était frère de Micha ; et Zacharie était fils de Jésia.

26 Les enfants de Mérari *sont* Moholi, et Musi. Oziau eut un fils nommé Benno.

27 Mais Mérari eut encore *depuis* Oziau, Soam, Zachur, et Hébri.

28 Moholi eut un fils nommé Éléazar, qui n'eut point d'enfants.

29 Jéraméel était fils de Cis.

30 Les fils de Musi *sont* Moholi, Éder, et Jérimoth. Ce sont là les enfants de Lévi, comptés selon leurs diverses familles.

31 Et ceux-ci jetèrent aussi au sort avec leurs frères, enfants d'Aaron, en la présence du roi David, de Sadoc, d'Abimélech, et des chefs des familles sacerdotales et lévitiques. Ainsi tout se jetait au sort, pour diviser également les offices, soit entre les anciens, ou les plus jeunes.

CHAPITRE XXV.

DAVID, avec les principaux officiers de l'armée, choisirent donc pour remplir les fonctions *de chantres* les enfants d'Asaph, d'Héman et d'Idithun, *ou Ethan*, afin qu'ils touchassent les guitares, les harpes et les timbales, s'employant chacun *à leur tour* à remplir les offices qui leur étaient destinés à proportion de leur nombre.

2 Des enfants d'Asaph il y avait Zacchur, Joseph, Nathania et Asaréla, *tous* fils d'Asaph, qui les conduisait et les faisait chanter, suivant ce que le roi ordonnait.

3 Pour ce qui est d'Idithun, ses enfants *étaient* Godolias, Sori, Jéséias, Seméias, Hasabias, Mathathias, qui font six. Le père conduisait ses enfants, et chantait sur la harpe, ayant la direction des chantres, lorsqu'ils faisaient retentir les louanges du Seigneur.

4 Quant à Héman, ses fils *étaient* Bocciau, Mathaniau, Oziel, Subuel, Jérimoth, Hananias, Hanani, Eliatha, Geddelthi, Romemthiézer, Jesbacassa, Mellothi, Othir, Mahazioth.

5 Tous ceux-là étaient fils d'Héman, lequel était musicien du roi, pour chanter les louanges de Dieu et relever sa puissance ; Dieu ayant donné quatorze fils à Héman, avec trois filles.

6 Ces enfants d'Asaph, d'Idithun et d'Héman avaient donc été tous distribués sous la conduite de leur père pour chanter dans le temple du Seigneur, en jouant des timbales, des harpes et des guitares, et pour remplir les *divers* ministères de la maison du Seigneur, selon l'ordre prescrit par le roi.

7 Or le nombre de ceux-ci, avec leurs frères qui étaient habiles dans l'art, et qui montraient aux autres à chanter les louanges du Seigneur, allait à deux cent quatre-vingt-huit :

8 et ils jetèrent au sort dans chaque classe, sans faire acception de personnes, soit jeunes ou vieux, soit habiles ou moins habiles.

9 Le premier sort échut à Joseph, qui était de la maison d'Asaph ; *tant pour lui que pour ses fils et ses frères qui étaient au nombre de douze*. Le second, à Godolias ; pour lui, ses fils et ses frères, au nombre de douze.

10 Le troisième, à Zachur ; pour lui, ses fils et ses frères, au nombre de douze.

11 Le quatrième, à Isari, *ou Sori,* à ses fils et à ses frères, au nombre de douze.

12 Le cinquième, à Nathanias, à ses fils et à ses frères, au nombre de douze.

13 Le sixième, à Bocciau, à ses fils et à ses frères, au nombre de douze.

14 Le septième, à Isréela, *ou Asaréla,* à ses fils et à ses frères, au nombre de douze.

15 Le huitième, à Jésaïa, à ses fils et à ses frères, au nombre de douze.

16 Le neuvième, à Mathanias, à ses fils et à ses frères, au nombre de douze.

17 Le dixième, à Seméia, à ses fils et à ses frères, au nombre de douze.

18 Le onzième, à Azaréel, *ou Oziel*, à ses fils et à ses frères, au

nombre de douze.

19 Le douzième, à Hasabias, à ses fils et à ses frères, au nombre de douze.

20 Le treizième, à Subaël, à ses fils et à ses frères, au nombre de douze.

21 Le quatorzième, à Mathathias, à ses fils et à ses frères, au nombre de douze.

22 Le quinzième, à Jérimoth, à ses fils et à ses frères, au nombre de douze.

23 Le seizième, à Hananias, à ses fils et à ses frères, au nombre de douze.

24 Le dix-septième, à Jesbacassa, à ses fils et à ses frères, au nombre de douze.

25 Le dix-huitième, à Hanani, à ses fils et à ses frères, au nombre de douze.

26 Le dix-neuvième, à Mellothi, à ses fils et à ses frères, au nombre de douze.

27 Le vingtième, à Eliatha, à ses fils et à ses frères, au nombre de douze.

28 Le vingt et unième, à Othir, à ses fils et à ses frères, au nombre de douze.

29 Le vingt-deuxième, à Geddelthi, à ses fils et à ses frères, au nombre de douze.

30 Le vingt troisième, à Mahazioth, à ses fils et à ses frères, au nombre de douze.

31 Le vingt-quatrième, à Romemthiézer, à ses fils et à ses frères, au nombre de douze.

CHAPITRE XXVI.

CEUX qui gardaient les portes furent ainsi distribués. Dans la maison de Coré, *on choisit* Mésélémia, fils de Coré, d'entre les fils d'Asaph, *ou Abiasaph*.

2 Les enfants de Mésélémia *furent* Zacharie, son ainé ; Jadihel, le second ; Zabadias, le troisième ; Jathanaël, le quatrième ;

3 Élam, le cinquième ; Johanan, le sixième ; Élioënaï, le septième.

4 Les enfants d'Obédédom furent Séméias, l'aîné ; Jozabad, le second ; Joaha, le troisième ; Sachar, le quatrième ; Nathanaël, le cinquième ;

5 Ammiel, le sixième ; Issachar, le septième ; et Phollathi, le huitième : parce que le Seigneur le bénit.

6 Séméi, *ou Séméias*, son fils, eut aussi plusieurs enfants qui furent tous chefs d'autant de familles, parce qu'ils étaient des hommes forts et robustes.

7 Les fils de Séméi *furent* donc Othni, Raphaël, Obed, Elzabad, et ses frères qui étaient des hommes très-forts, comme encore Éliu et Samachias.

8 Ils étaient tous de la maison d'Obédédom, eux, leurs fils et leurs frères, ayant tous beaucoup de force pour s'acquitter de leur emploi. *Ils étaient donc* soixante-deux *de la maison* d'Obédédom.

9 Les enfants de Mésélémia et leurs frères, qui faisaient le nombre de dix-huit, étaient aussi très-robustes,

10 Mais d'Hosa qui descendait de Mérari, sont venus Semri, qui était le chef : car il n'y avait point d'aîné, et son père lui avait donné le premier lieu.

11 Helcias était le second ; Tabélias, le troisième ; Zacharie, le quatrième. Ces enfants d'Hosa joints avec ses frères faisaient le nombre de treize.

12 Voilà quelle était la distribution des portiers, en sorte que les capitaines des gardes servaient toujours dans la maison du Seigneur, de même que leurs frères.

13 On jeta donc au sort avec une égalité entière chaque famille, soit grands ou petits, pour *connaître ceux qui seraient de garde* à chaque porte.

14 Celle d'orient échut à Sélémias, *ou Mésélémia*. Zacharie, son fils, qui était un homme très-sage et fort habile, eut celle du septentrion.

15 Obédédom avec ses fils fut chargé de celle du midi, où était aussi le conseil des anciens.

16 Séphim et Hosa furent placés à l'occident près de la porte qui conduit au chemin par où l'on monte. Et ces corps de garde se répondaient l'un à l'autre.

17 La porte d'orient était gardée par six Lévites ; et celle du septentrion par quatre, que l'on changeait tous les jours. Il y en avait aussi quatre par jour pour celle du midi ; et là où se tenait le conseil, ils servaient deux à deux.

18 Il y en avait aussi quatre au logis des portiers à l'occident, sur le chemin ; deux à chaque chambre.

19 Voilà de quelle manière on partagea les *fonctions des* portiers, qui étaient tous descendus de Coré et de Mérari.

20 Achias avait la garde des trésors de la maison de Dieu, et des vases sacrés.

21 Les fils de Lédan *sont* fils de Gerson ; et de Lédan viennent ces chefs de famille, Lédan, Gersonni et Jéhiéli.

22 Les fils de Jéhiéli, Zathan et Joël, son frère, gardaient les trésors de la maison du Seigneur,

23 avec ceux de la famille d'Amram, d'Isaar, d'Hébron et d'Ozihel.

24 Subaël, qui descendait de Gersom, fils de Moïse, était un des trésoriers ;

25 Eliézer, son proche parent, eut pour fils Rahabia, qui fut père d'Isaïe ; et Isaïe le fut de Joram ; Joram, de Zechri ; et Zechri, de Sélémith.

26 Sélémith et ses frères étaient encore officiers du trésor des choses saintes, que le roi David, les princes des familles, les tribuns, les centeniers, et les chefs de l'armée avaient consacrées à Dieu,

27 *c'est-à-dire*, des dépouilles remportées dans les guerres et dans les combats, qu'ils avaient consacrées pour la construction du temple du Seigneur, et pour faire tous les vaisseaux, et les autres choses qui y servaient.

28 Toutes ces choses avaient été consacrées par le prophète Samuel, par Saül, fils de Cis, par Abner, fils de Ner, et par Joab, fils de Sarvia. Or tous ceux qui offraient quelques présents les mettaient entre les mains de Sélémith et de ses frères.

29 Ceux de la famille d'Isaar avaient à leur tête Chonénias et ses enfants ; et ils avaient soin des choses de dehors qui regardaient Israël ; c'est-à-dire, de les instruire, et de juger leurs différends.

30 Hasabias de la famille d'Hébron, et ses frères qui étaient tous des hommes très-forts, au nombre de mille sept cents, gouvernaient les Israélites qui étaient au deçà du Jourdain vers l'occident, soit dans les choses qui regardaient le service du Seigneur, ou dans celles qui regardaient le service du roi.

31 Jéria fut *aussi* l'un des chefs de la postérité d'Hébron, divisée selon ses diverses familles en diverses branches : la quarantième année du règne de David, on en fit le dénombrement à Jazer de Galaad, et l'on trouva

32 qu'eux et leurs frères, qui étaient tous gens de cœur, et dans la force de leur age, faisaient le nombre de deux mille sept cents chefs de famille. Or David les établit sur la tribu de Ruben, sur celle de Gad, et sur la demi-tribu de Manassé, pour présider dans toutes les choses qui regardaient le culte de Dieu et le service du roi.

CHAPITRE XXVII.

OR le nombre des enfants d'Israël qui entraient en service par brigades pour la garde du roi, et qu'on relevait tous les mois de l'année, suivant le partage qu'on en avait fait, était de vingt-quatre mille hommes à chaque fois : chaque brigade ayant ses chefs de famille, ses tribuns, ses centeniers et ses préfets.

2 La première troupe qui entrait en service au premier mois, était commandée par Jesboam, fils de Zabdiel, qui avait vingt-quatre mille hommes sous lui.

3 Il était de la maison de Pharès, et le premier entre tous les princes, *ou généraux*, commandant au premier mois.

4 Dudia, qui était d'Ahobi, commandait les troupes du second mois ; et il avait sous lui Macelloth, qui commandait une partie de cette armée qui était *encore* de vingt-quatre mille hommes.

5 Le chef de la troisième troupe était Banaïas, prêtre, fils de Joïada ; et il avait *aussi* sous lui vingt-quatre mille hommes.

6 C'est ce même Banaïas qui était le plus courageux d'entre les trente, et qui les surpassait tous. Son fils Amizabad commandait *aussi* l'armée sous lui.

7 Le quatrième général pour les troupes du quatrième mois était Asahel, frère de Joab ; et Zabadias, son fils, commandait après lui. Le nombre de ses troupes était *aussi* de vingt-quatre mille hommes.

8 Le cinquième chef pour le cinquième mois était Samaoth de Jézer ; et son armée était *de même* de vingt-quatre mille hommes.

9 Le sixième pour le sixième mois était Dira, fils d'Accès, de la ville de Thécua ; et il avait *aussi* vingt-quatre mille hommes dans ses troupes.

10 Le septième pour le septième mois était Hellès, de Phalloni, de la tribu d'Ephraïm ; son armée était *aussi* de vingt-quatre mille hommes.

11 Le huitième pour le huitième mois était Sobochaï de Husathi, de la race de Zaraï, qui avait *de même* vingt-quatre mille hommes sous lui.

12 Le neuvième pour le neuvième mois était Abiézer d'Anathoth, des enfants de Jémini, qui commandait *encore* vingt-quatre mille hommes.

13 Le dixième pour le dixième mois était Maraï de Nétophath, qui descendait de Zaraï ; il avait *de même* vingt-quatre mille hommes sous lui.

14 Le onzième pour le onzième mois était Banaïas de Pharathon, de la tribu d'Ephraïm, dont les troupes faisaient *encore* vingt-quatre mille hommes.

15 Le douzième pour le douzième mois était Holdaï de Nétophath, qui descendait de Gothoniel, *ou Othoniel* ; et ses troupes étaient *encore* de vingt-quatre mille hommes.

16 Or les premiers de chaque tribu d'Israël étaient ceux-ci : Dans celle de Ruben, Eliézer, fils de Zechri ; dans celle de Siméon, Saphatias, fils de Maacha ;

17 dans celle de Lévi, Hasabias, fils de Camuel ; dans la branche d'Aaron, Sadoc.

18 Dans celle de Juda, Ellu, frère de David ; dans celle d'Issachar, Amri, fils de Michel ;

19 dans celle de Zabulon, Jesmaïas, fils d'Abdias ; dans celle de Nephthali, Jérimoth, fils d'Ozriel ;

20 dans celle d'Ephraïm, Osée, fils d'Ozaziu ; dans la demi-tribu de Manassé, Joël, fils de Phadaïa ;

21 et dans l'autre moitié de la tribu de Manassé en Galaad, Jaddo, fils de Zacharie ; dans la tribu de Benjamin, Jaziel, fils d'Abner ;

22 dans celle de Dan, Ezrihel, fils de Jéroham. Voilà ceux qui étaient les premiers parmi les enfants d'Israël.

23 Or David ne voulut point compter ceux qui étaient au-dessous de vingt ans, parce que le Seigneur avait dit, qu'il multiplierait *les enfants d'*Israël comme les étoiles du ciel.

24 Joab, fils de Sarvia, avait commencé à faire le dénombrement. Mais il ne l'acheva pas : parce que cette entreprise avait attiré la colère *de Dieu* sur Israël : et c'est pour cela que le nombre de ceux qu'on avait déjà comptés, n'est pas écrit dans les fastes du roi David.

25 Le surintendant des finances du roi était Azmoth, fils d'Adiel ; mais l'intendant des revenus particuliers des villes, des villages et des châteaux était Jonathan, fils d'Ozias.

26 Ezri, fils de Chélub, avait la conduite du travail de la campagne, et des laboureurs qui cultivaient la terre.

27 Seméias de Romathi avait l'autorité sur ceux qui travaillaient aux vignes ; Zabdias d'Aphoni, sur les caves et sur les celliers ;

28 Balanan de Géder, sur les oliviers et les figuiers de la campagne ; et Joas, sur les magasins d'huile.

29 Les troupeaux que l'on faisait paître sur la montagne de Saron, étaient sous la charge de Sétraï le Saronite ; et Saphat, fils d'Adli, était préposé sur les bœufs *qu'on nourrissait* dans les vallées ;

30 mais Ubil, Ismaélite, avait la charge des chameaux ; Jadias de Méronath, celle des ânes ;

31 et Jaziz, Agaréen, celle des brebis. Tous ceux-là avaient l'intendance sur les biens du roi David.

32 Mais Jonathan, oncle de David, qui était un homme sage et savant, était un de ses conseillers ; lui et Jahiel, fils d'Hachamon, étaient près des enfants du roi.

33 Achitophel était aussi du conseil du roi ; et Chusaï, Arachite, était son favori.

34 Joïada, fils de Banaïas, et Abiathar étaient après Achitophel. Mais Joab était le généralissime de toute l'armée du roi.

CHAPITRE XXVIII.

DAVID assembla donc tous les princes d'Israël, les chefs des tribus, et les généraux des troupes qui étaient à son service, les tribuns et les centeniers, et tous les officiers du domaine du roi. Il fit venir aussi ses enfants, les principaux officiers de son palais, avec les plus puissants et les plus braves de l'armée, *et les assembla tous* à Jérusalem.

2 Et s'étant levé, il leur dit demeurant debout : Ecoutez-moi, vous qui êtes mes frères et mon peuple : J'avais eu la pensée de bâtir un temple pour y faire reposer l'arche de l'alliance du Seigneur, qui est comme le marchepied de notre Dieu, et j'ai préparé tout ce qui était nécessaire pour la construction de cet édifice ;

3 mais Dieu m'a dit : Vous ne bâtirez point *et ne consacrerez point* une maison à mon nom, parce que vous êtes un homme de guerre, et que vous avez répandu le sang.

4 Mais le Seigneur, le Dieu d'Israël, a bien voulu me choisir dans toute la maison de mon père, pour me faire roi à jamais sur Israël. Car c'est de la tribu de Juda qu'il a déterminé de tirer vos princes. Il a choisi la maison de mon père dans cette tribu ; et entre tous les enfants de mon père, il lui a plu de jeter les yeux sur moi pour me faire roi de tout Israël.

5 De plus, comme le Seigneur m'a donné beaucoup d'enfants, il a aussi choisi entre mes enfants Salomon, mon fils, pour le faire asseoir sur le trône du royaume du Seigneur, *en l'établissant* sur Israël ;

6 et il m'a dit : Ce sera Salomon, votre fils, qui me bâtira une maison avec ses parvis : car je l'ai choisi pour mon fils, et je lui tiendrai lieu de père.

7 Et j'affermirai son règne à jamais, pourvu qu'il persévère dans l'observance de mes préceptes et de mes jugements, comme il fait présentement.

8 *Je vous conjure* donc maintenant en présence de toute l'assemblée du peuple d'Israël, et devant notre Dieu qui nous entend, de garder avec exactitude tous les commandements du Seigneur, notre Dieu, et de rechercher à les connaître ; afin que vous possédiez cette terre qui est remplie de biens, et que vous la laissiez pour jamais à vos enfants après vous.

9 Et vous, mon fils Salomon, appliquez-vous à reconnaître le Dieu de votre père, et le servez avec un cœur parfait et une pleine volonté : car le Seigneur sonde tous les cœurs, et il pénètre toutes les pensées des esprits. Si vous le cherchez, vous le trouverez : mais si vous l'abandonnez, il vous rejettera pour jamais.

10 Puis donc que le Seigneur vous a choisi pour bâtir la maison de son sanctuaire, armez-vous de force, et accomplissez son ouvrage.

11 Or David donna à son fils Salomon le dessein du vestibule, celui du temple, des garde-meubles, des chambres hautes destinées pour y manger, des chambres secrètes et du propitiatoire.

12 Il y ajouta celui de tous les parvis qu'il voulait faire, et des logements qui devaient être tout autour, pour garder les trésors de la maison du Seigneur, et toutes les choses consacrées au temple.

13 Il lui donna aussi l'ordre et la distribution des prêtres et des Lévites pour remplir toutes les fonctions de la maison du Seigneur ; et il lui marqua tous les vaisseaux qui devaient être employés dans le temple du Seigneur.

14 Il lui spécifia le poids que devaient avoir tous les différents vases d'or, et le poids que devaient avoir aussi ceux d'argent, selon les divers emplois auxquels ils étaient destinés.

15 Il donna encore l'or qu'il fallait pour les chandeliers d'or, avec leurs lampes ; et l'argent qu'il fallait pour les chandeliers d'argent, avec leurs lampes, à proportion de leurs différentes grandeurs.

16 Il donna de même de l'or pour faire les tables qui servaient à exposer les pains, selon les mesures qu'elles devaient avoir : et donna aussi de l'argent pour en faire d'autres tables d'argent.

17 Il donna encore pour faire les fourchettes, les coupes, et les encensoirs d'un or très-pur, et pour les petits lions d'or, proportionnant le poids de l'or à la grandeur que chacun de ces petits lions devait avoir ; et donnant aussi de l'argent pour les lions qui devaient être d'argent, selon la mesure de chacun d'eux.

18 Il donna du plus pur or pour faire l'autel des parfums, et ces chérubins qui formaient la ressemblance d'un char, et qui étendant leurs ailes couvraient l'arche de l'alliance du Seigneur.

19 Toutes ces choses, leur dit le roi, m'ont été données écrites de la main de Dieu, afin que j'eusse l'intelligence de tous les ouvrages suivant ce modèle.

20 David dit encore à son fils Salomon : Agissez en homme de cœur, prenez une forte résolution, et accomplissez *l'ouvrage de Dieu*. Ne craignez rien, et ne vous étonnez de rien : car le Seigneur, mon Dieu, sera avec vous : il ne vous abandonnera point, que vous n'ayez achevé tout ce qui est nécessaire pour le service de la maison du Seigneur.

21 Voilà les prêtres et les Lévites divisés par bandes, lesquels seront toujours avec vous dans tout ce qui regarde le service de la maison du Seigneur ; les voilà tout prêts : et les princes aussi bien que le peuple sont disposés à exécuter tous vos ordres.

CHAPITRE XXIX.

ENSUITE le roi adressa la parole à toute cette assemblée, et leur dit : Dieu a bien voulu choisir mon fils Salomon entre tous les autres, quoiqu'il soit encore jeune et délicat ; et que l'entreprise dont il s'agit soit grande, puisque ce n'est pas pour un homme, mais pour Dieu *même*, que nous voulons préparer une maison.

2 Pour moi je me suis employé de toutes mes forces à amasser ce qui était nécessaire pour fournir à la dépense de la maison de mon Dieu : de l'or pour les vases d'or, et de l'argent pour ceux d'argent ; du cuivre pour les ouvrages de cuivre, du fer pour ceux de fer, et du bois pour ceux de bois. J'ai aussi préparé des pierres d'onyx, des pierres blanches comme l'albâtre, du jaspe de diverses couleurs, toutes sortes de pierres précieuses, et du marbre de Paros en quantité.

3 Outre toutes ces choses que j'ai offertes pour la maison de mon Dieu, j'ai encore ménagé de mon propre bien de l'or et de l'argent que je donne pour le temple de mon Dieu, sans parler de ce que j'ai préparé pour bâtir son sanctuaire.

4 J'ai donc amassé trois mille talents d'or d'Ophir, et sept mille talents d'argent *très-fin* et très-pur pour en revêtir les murailles du temple :

5 en sorte que partout où il en sera besoin, les ouvriers puissent faire d'or pur les ouvrages d'or, et d'argent ceux qui doivent être d'argent. Mais si quelqu'un veut encore offrir quelque chose de lui-même au Seigneur, qu'il remplisse aujourd'hui ses mains, et qu'il offre au Seigneur ce qu'il lui plaira.

6 Les chefs des maisons, et les plus considérables de chaque tribu promirent donc *d'offrir leurs présents*, aussi bien que les tribuns, les centeniers, et les intendants du domaine du roi.

7 Et ils donnèrent pour les ouvrages de la maison de Dieu cinq mille talents d'or, et dix mille solides, dix mille talents d'argent, dix-huit mille talents de cuivre, et cent mille talents de fer.

8 Tous ceux qui avaient quelques pierres *précieuses* les donnèrent aussi pour être mises au trésor de la maison du Seigneur, sous la charge de Jahiel de la famille de Gerson.

9 Et tout le monde témoigna une grande joie en faisant ces offrandes volontaires, parce qu'ils les offraient de tout leur cœur au Seigneur. Et le roi David était aussi tout transporté de joie.

10 C'est pourquoi il commença à louer Dieu devant toute cette multitude, et il dit : Seigneur ! qui êtes le Dieu d'Israël, notre père, vous êtes béni dans tous les siècles !

11 C'est à vous, Seigneur ! qu'appartient la grandeur, la puissance, la gloire et la victoire ; et c'est à vous que sont dues les louanges : car tout ce qui est dans le ciel et sur la terre est à vous. C'est à vous qu'il appartient de régner, et vous êtes élevé au-dessus de tous les princes.

12 Les richesses et la gloire sont à vous. C'est vous qui avez le souverain domaine sur toutes les créatures. La force et la puissance sont entre vos mains ; vous possédez la grandeur et le commandement sur tous *les hommes*.

13 C'est pourquoi nous vous rendons maintenant nos hommages, à vous qui êtes notre Dieu, et nous donnons à votre saint nom les louanges *qui lui sont dues*.

14 *Et en effet* qui suis-je moi, et qui est mon peuple, pour pouvoir vous offrir toutes ces choses ? Tout est à vous, et nous ne vous avons présenté que ce que nous avons reçu de votre main.

15 Car nous sommes *comme* des étrangers et des voyageurs devant vous, ainsi que l'ont été tous nos pères. Nos jours *passent* comme l'ombre sur la terre, et nous n'y demeurons qu'un moment.

16 Seigneur notre Dieu ! toutes les grandes richesses que nous avons amassées pour bâtir une maison à *la gloire de* votre saint nom, sont venues de votre main, et toutes choses sont à vous.

17 Je sais, mon Dieu ! que vous sondez les cœurs, et que vous aimez la simplicité. C'est pourquoi je vous ai aussi offert toutes ces choses dans la simplicité de mon cœur et avec joie ; et j'ai été ravi de voir aussi tout ce peuple rassemblé en ce lieu vous offrir de même ses présents.

18 Seigneur ! qui êtes le Dieu de nos pères Abraham, Isaac et Israël, conservez éternellement cette volonté dans leur cœur, et faites qu'ils demeurent toujours fermes dans cette résolution de vous rendre *toute* la vénération *et le culte qu'ils vous doivent*.

19 Donnez aussi à mon fils Salomon un cœur parfait, afin qu'il garde vos commandements et vos paroles, et *qu'il observe* vos cérémonies, et accomplisse tous vos ordres ; qu'il bâtisse votre maison, pour laquelle j'ai préparé toutes les choses nécessaires.

20 David dit ensuite à toute l'assemblée : Bénissez le Seigneur, notre Dieu. Et toute l'assemblée bénit le Seigneur, le Dieu de leurs pères ; et se prosternant ils adorèrent Dieu, et rendirent ensuite leur hommage au roi.

21 Et le lendemain ils immolèrent des victimes au Seigneur, et lui offrirent en holocauste mille taureaux, mille béliers et mille agneaux, avec leurs offrandes de liqueurs, et tout ce qui était prescrit ; et grand nombre de victimes pour tout Israël.

22 Ainsi ils mangèrent et burent ce jour-là en la présence du Seigneur avec de grandes réjouissances. Ils sacrèrent une seconde fois Salomon, fils de David. Ils le sacrèrent par l'ordre du Seigneur, pour être roi, et Sadoc pour être pontife.

23 Ainsi Salomon fut mis sur le trône du Seigneur, pour régner au lieu de David, son père. Il fut agréable à tous, et tout Israël lui rendit obéissance.

24 Tous les princes même, les grands du royaume, et les fils du roi David, vinrent rendre leurs hommages, et se soumettre au roi Salomon *comme à leur roi*.

25 Dieu éleva donc Salomon sur tout Israël ; et il combla son règne d'une telle gloire, que nul *autre* roi d'Israël n'en avait eu avant lui de semblable.

26 David, fils d'Isaï, régna donc sur tout le peuple d'Israël.

27 Et la durée de son règne sur Israël fut de quarante ans : il régna sept ans à Hébron, et trente-trois à Jérusalem.

28 Il mourut dans une heureuse vieillesse, comblé d'années, de biens et de gloire ; et Salomon, son fils, régna en sa place.

29 Or toutes les actions du roi David, tant les premières que les dernières, sont écrites dans le livre du prophète Samuel, et dans le livre du prophète Nathan, et dans celui du prophète Gad,

30 avec tout ce qui s'est passé sous son règne, et les grands événements que l'on vit alors, soit dans le royaume d'Israël, soit dans tous les autres royaumes de la terre.

PARALIPOMÈNES.

LIVRE SECOND.

CHAPITRE PREMIER.

LE règne de Salomon, fils de David, fut donc affermi : et le Seigneur, son Dieu, était avec lui ; et il l'éleva à un très-haut degré de puissance.

2 Ce prince donna ses ordres à tout Israël, aux colonels, aux capitaines et aux *autres* officiers, aux magistrats, et aux chefs de toutes les familles.

3 Et il s'en alla avec toute cette multitude au lieu haut de Gabaon, où était le tabernacle de l'alliance de Dieu, que Moïse, son serviteur, lui avait dressé dans le désert.

4 Or David avait déjà fait venir l'arche de Dieu, de *la ville de* Cariath-iarim, au lieu qu'il lui avait préparé, et où il lui avait élevé un tabernacle, c'est-à-dire, à Jérusalem.

5 Mais l'autel d'airain qu'avait fait Béséléel, fils d'Uri, fils de Hur, était là devant le tabernacle du Seigneur ; et Salomon, accompagné de toute cette multitude, alla l'y chercher.

6 Il monta à cet autel d'airain qui était devant le tabernacle de l'alliance, et il immola dessus mille victimes.

7 Cette nuit-là même Dieu lui apparut, et lui dit : Demandez-moi ce que vous voulez que je vous donne.

8 Alors Salomon dit à Dieu : Vous avez fait éclater la grandeur de votre miséricorde envers David, mon père, et vous avez bien voulu m'établir roi en sa place.

9 *Qu'il vous plaise donc,* Seigneur *mon* Dieu ! d'accomplir maintenant votre parole, et la promesse que vous avez faite à David, mon père. Puisque vous m'avez établi roi sur votre grand peuple qui est aussi innombrable que la poussière de la terre ;

10 donnez-moi la sagesse et l'intelligence, afin que je sache comment je dois me conduire à l'égard de votre peuple. Car qui pourrait gouverner dignement un si grand peuple ?

11 Alors Dieu répondit à Salomon : Puisque votre cœur a préféré ces choses *à toutes les autres* ; que vous ne m'avez point demandé des richesses, ni de grands biens, ni de la gloire, ni la mort de ceux qui vous haïssent, ni même une vie longue, et que vous m'avez demandé la sagesse et la science, afin que vous puissiez gouverner mon peuple sur lequel je vous ai établi roi ;

12 la sagesse et la science vous sont accordées ; et de plus je vous donnerai tant de biens, tant de richesses et tant de gloire, que nul roi après vous, ni devant vous, ne vous aura été égal.

13 Salomon descendit donc de ce haut lieu de Gabaon, et s'en revint de devant le tabernacle de l'alliance à Jérusalem, et il régna sur Israël.

14 Il amassa un grand nombre de chariots de guerre et de cavalerie. Il eut mille quatre cents chariots, et douze mille hommes de cavalerie. Il en fit mettre une partie dans les villes destinées à loger les équipages, et le reste à Jérusalem près de sa personne.

15 Il rendit l'or et l'argent aussi commun dans Jérusalem que les pierres, et les cèdres aussi communs que ce grand nombre de sycomores qui naissent dans la campagne.

16 Les marchands qui trafiquaient pour ce prince, faisaient des voyages en Égypte et à Coa, et lui amenaient des chevaux qu'ils y achetaient.

17 L'attelage de quatre chevaux revenait à six cents sicles d'argent, et un cheval à cent cinquante. Et l'on en achetait ainsi de tous les rois des Héthéens, et de ceux de Syrie.

CHAPITRE II.

SALOMON résolut donc de bâtir un temple au nom du Seigneur, et un palais pour lui-même.

2 Et il fit compter soixante et dix mille hommes pour porter *les fardeaux* sur leurs épaules, et quatre-vingt mille pour tailler les pierres dans les montagnes ; et *il en établit* trois mille six cents pour être inspecteurs.

3 Salomon envoya aussi vers Hiram, roi de Tyr, et donna ordre qu'on lui dît de sa part : Faites-moi la même grâce que vous avez faite à David, mon père, lui ayant envoyé des bois de cèdre pour bâtir le palais où il a demeuré *depuis* :

4 afin que je puisse bâtir un temple au nom du Seigneur, mon Dieu, et le lui dédier pour y brûler de l'encens en sa présence, y consumer des parfums, et y exposer toujours des pains *devant lui* ; comme aussi pour offrir des holocaustes le matin et le soir, ainsi qu'il a été ordonné pour toujours à Israël, les jours du sabbat, les premiers jours des mois, et dans les autres solennités du Seigneur.

5 Car le temple que j'ai dessein de bâtir doit être grand, parce que notre Dieu est grand au-dessus de tous les dieux.

6 Qui pourra donc se croire capable de lui bâtir une maison digne de lui ? Si le ciel et les cieux des cieux ne peuvent le contenir, qui suis-je moi pour entreprendre de lui bâtir une maison ? mais aussi c'est seulement pour faire brûler de l'encens en sa présence.

7 Envoyez-moi donc un homme habile, qui sache travailler en or, en argent, en cuivre, en fer, en *ouvrages de* pourpre, d'écarlate et d'hyacinthe, et qui sache faire toutes sortes de sculptures et de ciselures, *pour l'employer* avec les ouvriers que j'ai auprès de moi dans la Judée et à Jérusalem, et que David, mon père, avait choisis.

8 Envoyez-moi aussi des bois de cèdre, de sapin, et des pins du Liban. Car je sais que vos sujets sont adroits à couper les arbres du Liban ; et les miens travailleront avec les vôtres :

9 afin que l'on me prépare quantité de bois, parce que la maison que je désire de bâtir doit être très-grande et très-magnifique.

10 Je donnerai pour la nourriture de vos gens qui seront occupés à la coupe de ces bois, vingt mille sacs de froment, et autant d'orge, avec vingt mille barils de vin, et vingt mille barriques d'huile.

11 Hiram, roi de Tyr, écrivit à Salomon, et lui manda : C'est parce que le Seigneur a aimé son peuple, qu'il vous en a établi roi.

12 Et il ajouta : Que le Seigneur, le Dieu d'Israël, qui a fait le ciel et la terre, soit béni, d'avoir donné au roi David un fils si sage, si habile, si plein d'esprit et de prudence, pour bâtir un temple au Seigneur, et un palais pour soi.

13 Je vous envoie donc Hiram, homme intelligent et très-habile, *que j'honore comme* mon père.

14 Sa mère est *de la ville* de Dan, et son père est Tyrien. Il sait travailler en or, en argent, en cuivre, en fer, en marbre, en bois, et même en pourpre, en hyacinthe, en lin lin et en écarlate. Il sait encore graver toutes sortes de figures ; et il a un génie merveilleux pour inventer tout ce qui est nécessaire pour toutes sortes d'ouvrages. *Il travaillera* avec vos ouvriers et avec ceux de David, mon seigneur, votre père.

15 Envoyez donc, mon seigneur, à vos serviteurs, le blé, l'orge, l'huile et le vin que vous leur avez promis.

16 Nous ferons couper dans le Liban tout le bois dont vous aurez besoin, et nous le ferons lier en radeaux pour le conduire par mer à Joppé, d'où vous le ferez transporter à Jérusalem.

17 Salomon fit donc faire un dénombrement de tous les prosélytes qui étaient dans la terre d'Israël, depuis le dénombrement qu'en avait fait faire David, son père : et il s'en trouva cent cinquante-trois mille six cents.

18 Il en choisit soixante et dix mille, pour porter les fardeaux sur leurs épaules, et quatre-vingt mille pour tailler les pierres dans les montagnes, et trois mille six cents pour conduire les ouvrages.

CHAPITRE III.

SALOMON commença donc à bâtir le temple du Seigneur à Jérusalem sur la montagne de Moria, qui avait été montrée à David, son père, et au lieu même que David avait disposé dans l'aire d'Ornan, Jébuséen.

2 Il commença cet édifice le second mois en la quatrième année

de son règne.

3 Et voici le plan que suivit ce prince pour construire cette maison de Dieu : La longueur était de soixante coudées, suivant la première mesure ; la largeur de vingt coudées.

4 Le vestibule qui était devant, dont la longueur répondait à la largeur du temple, était aussi de vingt coudées ; mais sa hauteur était de cent vingt. Et Salomon le fit tout dorer par dedans d'un or *très-fin et* très-pur.

5 Il fit aussi lambrisser la partie la plus grande du temple de bois de sapin, et fit appliquer sur tout ce lambris des lames de l'or le plus pur. Et il y fit graver des palmes, et comme de petites chaînes qui étaient entrelacées les unes dans les autres.

6 Il fit paver le temple d'un marbre très-précieux, dont les compartiments faisaient un très-grand ornement.

7 L'or des lames dont il fit couvrir le lambris de cet édifice, les poutres, les pilastres, les murailles et les portes, était très-fin. Et il fit aussi représenter des chérubins sur les murailles.

8 Il fit encore le sanctuaire : sa longueur, qui répondait à la largeur du temple, était de vingt coudées, sa largeur avait pareillement vingt coudées : il le couvrit tout de lames d'or, qui pouvaient monter à six cents talents.

9 Il fit aussi *tous* les clous d'or *massif*, dont chacun pesait cinquante sicles. Les chambres des étages d'en haut étaient aussi revêtues d'or.

10 Outre cela il fit faire dans le sanctuaire deux statues de chérubins, qu'il couvrit toutes d'or.

11 L'étendue des ailes de ces chérubins était de vingt coudées : de sorte qu'une de ces ailes avait cinq coudées, et touchait la muraille du temple ; et que l'autre, qui avait encore cinq coudées, touchait l'aile du second chérubin.

12 De même une des ailes de ce second chérubin, de cinq coudées d'étendue, touchait la muraille ; et son autre aile, qui était aussi de cinq coudées, venait joindre l'aile du premier.

13 Les ailes de ces deux chérubins étaient donc déployées, et avaient vingt coudées d'étendue. Et ces chérubins étaient *représentés* droits sur leurs pieds, et leurs faces tournées vers le temple extérieur.

14 Il fit aussi un voile d'hyacinthe, de pourpre, d'écarlate et de fin lin, sur lequel il fit représenter des chérubins.

15 *Il fit de plus* devant la porte du temple deux colonnes, qui avaient *ensemble* trente-cinq coudées de haut, et leurs chapiteaux étaient de cinq coudées.

16 Il fit aussi des chaînes comme il y en avait dans le sanctuaire, et il les mit sur les chapiteaux des colonnes ; *et deux rangs de* cent grenades, qui étaient entrelacées dans ces chaînes.

17 Il fit mettre ces colonnes au vestibule du temple : l'une à droite, l'autre à gauche. Il appela celle qui était du côté droit, Jachin ; et celle qui était du côté gauche, Booz.

CHAPITRE IV.

SALOMON fit ensuite un autel d'airain de vingt coudées de long, de vingt de large, et de dix de haut.

2 Et une mer de fonte qui avait dix coudées d'un bord à l'autre, et qui était toute ronde. Elle avait cinq coudées de haut ; et un cordon de trente coudées entourait sa circonférence.

3 Au-dessous *du bord* de cette mer il y avait des figures de bœufs ; et elle était environnée au dehors de deux rangs de consoles, y en ayant dix dans l'espace de chaque coudée. Or ces bœufs avaient été jetés en fonte.

4 Cette mer était posée sur douze bœufs, trois desquels regardaient le septentrion, trois l'occident, trois le midi, et les trois autres l'orient. Cette mer était posée sur ces bœufs, et le derrière du corps de ces bœufs était caché sous cette mer.

5 L'épaisseur de ce vaisseau était d'un palme ; et son bord était comme celui d'une coupe, ou comme la feuille d'un lis courbée en dehors : et il contenait trois mille mesures.

6 Il fit aussi dix bassins, et il en mit cinq à droite et cinq à gauche, pour y laver tout ce qui devait être offert en holocauste ; au lieu que les prêtres se lavaient dans cette mer.

7 Il fit encore dix chandeliers d'or, selon la forme en laquelle il avait été ordonné qu'on les fît ; et il les mit dans le temple, cinq d'un côté, et cinq de l'autre.

8 Il fit aussi dix tables, et les mit dans le temple, cinq à droite et cinq à gauche ; et cent fioles d'or.

9 Il fit aussi le parvis des prêtres, et un grand lieu destiné pour la prière, où il y avait des portes qui étaient couvertes de cuivre.

10 Il mit la mer au côté droit vis-à-vis l'orient, vers le midi.

11 Hiram fit aussi des chaudières, des fourchettes et des fioles. Et il acheva tout l'ouvrage que le roi avait entrepris de faire dans le temple de Dieu :

12 c'est-à-dire, les deux colonnes, les cordons qui étaient dessus, et leurs chapiteaux, avec une espèce de rets qui couvrait les chapiteaux par-dessus les cordons.

13 Il fit encore quatre cents grenades et deux rets : de sorte qu'il y avait deux rangs de ces grenades à chaque rets, jointes ensemble par autant de petites chaînes faites en forme de rets, qui couvraient les cordons et les chapiteaux des colonnes.

14 Il fit aussi des socles *d'airain*, et des bassins qu'il mit dessus ;

15 une mer, et douze bœufs qui la soutenaient ;

16 les chaudières, les fourchettes et les fioles. Enfin Hiram fit à Salomon, *qui l'aimait comme* son père, toutes sortes de vases pour la maison du Seigneur, de l'airain le plus pur.

17 Le roi les fit jeter en fonte dans la terre d'argile en une plaine *proche* du Jourdain, entre Socoth et Sarédatha.

18 La multitude de ces vases était innombrable, et l'on ne put savoir le poids du métal *qui y entra*.

19 Ainsi Salomon fit faire tous les vaisseaux du temple du Seigneur, avec l'autel d'or, et les tables sur lesquelles on mettait les pains qu'on exposait *devant le Seigneur*.

20 Il fit encore d'un or très-pur les chandeliers, avec leurs lampes pour les faire brûler devant l'oracle, selon la coutume.

21 Il fit aussi les fleurons, les lampes et les pincettes d'un or très-pur.

22 Les cassolettes, les encensoirs, les coupes, les mortiers étaient de même d'un or très-pur. Les portes du temple intérieur, c'est-à-dire, du saint des saints, étaient toutes ciselées ; et les portes du temple étaient d'or par le dehors. Et ainsi Salomon acheva tous les ouvrages qu'il avait entrepris de faire pour la maison du Seigneur.

CHAPITRE V.

SALOMON fit donc apporter *dans le temple* tout ce que David, son père, y avait voué ; et mit l'or, l'argent et tous les vases dans les trésors de la maison de Dieu.

2 Après cela il assembla à Jérusalem tous les anciens d'Israël, tous les princes des tribus, et les chefs des familles des enfants d'Israël, pour transporter l'arche de l'alliance du Seigneur de la ville de David, c'est-à-dire, de Sion.

3 Ainsi tout Israël se rendit auprès du roi le jour solennel du septième mois.

4 Et tous les anciens d'Israël étant venus, les enfants de Lévi prirent l'arche,

5 et ils la portèrent *dans le temple*, avec *le tabernacle du témoignage, et* toutes les dépendances du tabernacle. Or les prêtres et les Lévites portèrent tous les vases du sanctuaire qui étaient dans le tabernacle.

6 Le roi Salomon et tout le peuple d'Israël, et généralement tous ceux qui s'étaient assemblés, *marchaient* devant l'arche ; *et* ils immolaient des moutons et des bœufs sans nombre, tant était grande la multitude des victimes.

7 Les prêtres portèrent l'arche de l'alliance du Seigneur, au lieu qui lui avait été destiné ; c'est-à-dire, dans l'oracle du temple, dans le saint des saints, sous les ailes des chérubins :

8 de sorte que les chérubins étendaient leurs ailes sur le lieu où l'arche avait été mise, et la couvraient tout entière avec les bâtons qui y tenaient.

9 Et parce que ces bâtons avec lesquels on portait l'arche étaient

un peu longs, on en voyait l'extrémité de devant le sanctuaire ; mais si l'on était un peu dehors, on ne pouvait plus les voir. Et l'arche a *toujours été* là jusqu'à présent.

10 Il n'y avait *alors* dans l'arche que les deux tables qui y furent mises par Moïse à Horeb, lorsque le Seigneur donna sa loi aux enfants d'Israël, à leur sortie d'Égypte.

11 Lors donc que les prêtres furent sortis du sanctuaire (car tous les prêtres qui purent se trouver là furent sanctifiés, et jusqu'alors les fonctions et l'ordre des ministères n'avaient point encore été distribués entre eux),

12 tant les Lévites que les chantres, c'est-à-dire, ceux qui étaient sous Asaph, sous Héman, sous Idithun, avec leurs enfants et leurs parents, revêtus de lin, faisaient retentir leurs timbales, leurs psaltérions et leurs guitares, et étaient à l'orient de l'autel, avec cent vingt prêtres qui sonnaient de leurs trompettes.

13 Tous chantant donc en un même temps avec des trompettes, des voix, des timbales, des orgues, et diverses autres sortes d'instruments de musique, et faisant retentir leur voix fort haut, ce bruit s'entendait de bien loin. Et quand ils eurent commencé à louer le Seigneur, et à entonner *ce cantique*, Rendez gloire au Seigneur, parce qu'il est bon, et parce que sa miséricorde est éternelle ; la maison de Dieu fut remplie d'une nuée :

14 en sorte que les prêtres ne pouvaient y demeurer, ni faire les fonctions de leur ministère à cause de la nuée : la gloire du Seigneur ayant rempli la maison de Dieu.

CHAPITRE VI.

ALORS Salomon dit : Le Seigneur avait promis qu'il habiterait dans une nuée.

2 Et moi j'ai élevé une maison à son nom, afin qu'il pût y demeurer à jamais.

3 Ensuite le roi se tournant vers toute l'assemblée d'Israël, la bénit (car toute cette multitude était debout attentive), et il dit :

4 Béni soit le Seigneur, le Dieu d'Israël, qui a accompli ce qu'il avait fait entendre à David, mon père, lorsqu'il lui dit :

5 Depuis le jour que j'ai fait sortir mon peuple de la terre d'Égypte, je n'ai point choisi de ville dans toutes les tribus d'Israël pour y élever une maison à mon nom ; et je n'ai point non plus choisi d'autre homme pour lui donner la conduite d'Israël, mon peuple :

6 mais j'ai choisi Jérusalem pour être le lieu où mon nom soit honoré, et j'ai élu David pour l'établir *roi* sur Israël, mon peuple.

7 Et lorsque mon père eut formé le dessein d'élever une maison au nom du Seigneur, le Dieu d'Israël,

8 le Seigneur lui dit : Quand vous avez eu la volonté d'élever une maison à mon nom, vous avez bien fait de prendre cette résolution :

9 mais ce ne sera pas vous néanmoins qui bâtirez cette maison. Votre fils qui sortira de vous, sera celui qui élèvera une maison à mon nom.

10 Ainsi le Seigneur a accompli la parole qu'il avait dite. C'est moi qui ai succédé à David, mon père. Je suis assis sur le trône d'Israël comme le Seigneur l'avait dit ; et j'ai bâti une maison au *saint* nom du Seigneur, le Dieu d'Israël.

11 J'y ai fait apporter l'arche, où est l'alliance que le Seigneur a faite avec les enfants d'Israël.

12 Salomon se tint donc devant l'autel du Seigneur à la vue de toute l'assemblée d'Israël, et il étendit ses mains.

13 Car il avait fait faire une espèce d'estrade d'airain de cinq coudées de long, d'autant de large, et de trois de haut, qu'il avait fait mettre au milieu du parvis : il s'y tint *quelque temps* debout ; puis il se mit à genoux tourné vers toute cette multitude, et les mains élevées au ciel,

14 et il dit : Seigneur, Dieu d'Israël ! il n'y a point de Dieu semblable à vous, ni dans le ciel, ni sur la terre. Vous qui conservez l'alliance et la miséricorde que vous avez promise à vos serviteurs qui marchent devant vous de tout leur cœur ;

15 qui avez exécuté la promesse que vous aviez faite à David, mon père, votre serviteur, et qui avez mis en effet la parole que vous lui aviez donnée, ainsi que nous le voyons aujourd'hui :

16 accomplissez donc maintenant, Seigneur, Dieu d'Israël ! en faveur de David, mon père, votre serviteur, tout ce que vous lui avez promis, en *lui* disant : Vous ne manquerez point d'héritiers qui seront assis devant moi sur le trône d'Israël : pourvu toutefois que vos enfants veillent sur leurs voies, en sorte qu'ils marchent dans l'observance de ma loi, comme vous avez marché en ma présence.

17 Faites voir présentement, Seigneur, Dieu d'Israël ! la vérité et l'effet de la parole que vous avez donnée à David, votre serviteur.

18 Est-il donc croyable que Dieu habite avec les hommes sur la terre ? Car si le ciel et les cieux des cieux ne peuvent vous contenir ; combien moins cette maison que j'ai bâtie !

19 Aussi n'a-t-elle été faite que pour vous porter, Seigneur mon Dieu ! a regarder favorablement l'oraison de votre serviteur, et ses humbles demandes, et à exaucer les prières qu'il fera en votre présence ;

20 afin que jour et nuit vous ayez les yeux ouverts sur cette maison, en laquelle vous avez promis qu'on invoquerait votre nom ;

21 que vous écouteriez l'oraison qu'y ferait votre serviteur, et exauceriez ses prières, et celles d'Israël, votre peuple. Écoutez *donc*, Seigneur ! de votre demeure qui est dans le ciel, tous ceux qui feront ici leurs prières, et faites-leur miséricorde.

22 Lorsque quelqu'un aura péché contre son prochain, et qu'il se présentera pour prêter serment contre lui, et qu'il se sera dévoué à la malédiction *en jurant* dans cette maison devant votre autel,

23 vous écouterez du ciel, et vous ferez justice à vos serviteurs, vous ferez retomber la perfidie du coupable sur sa tête, et vous vengerez le juste, et le traiterez favorablement selon sa justice.

24 Lorsque le peuple d'Israël, après avoir péché contre vous, sera vaincu par ses ennemis ; et que rentrant en lui-même il fera pénitence, invoquera votre nom, et viendra faire ses prières en ce lieu ;

25 vous l'exaucerez du ciel, vous pardonnerez à Israël, votre peuple, son péché, et le ramènerez dans la terre que vous leur avez donnée, à eux et à leurs pères.

26 Lorsque le ciel sera fermé, et qu'il ne tombera point de pluie à cause des péchés de votre peuple, et que venant faire ses prières dans ce lieu, il rendra gloire à votre nom, se convertissant *et* faisant pénitence de ses péchés, à cause de l'affliction où vous l'aurez réduit ;

27 exaucez-le du ciel, Seigneur ! et pardonnez les péchés de vos serviteurs, et d'Israël, votre peuple : enseignez-leur une voie droite par laquelle ils marchent, et répandez la pluie sur la terre que vous avez donnée à votre peuple pour la posséder.

28 Lorsqu'il viendra sur la terre une famine, une peste, de la nielle, ou quelque autre corruption d'air, des sauterelles et des chenilles ; ou que l'ennemi, après avoir ravagé tout le pays, viendra assiéger la ville, et que le peuple se trouvera pressé de toutes sortes de maux et de maladies :

29 si quelqu'un d'Israël, votre peuple, considérant ses plaies et ses maladies, vient à lever ses mains vers vous en cette maison,

30 vous l'exaucerez du ciel, ce lieu élevé de votre demeure, et vous lui serez favorable, et vous rendrez à chacun selon ses œuvres, et selon les dispositions que vous voyez dans son cœur, puisqu'il n'y a que vous seul qui connaissiez les cœurs des enfants des hommes :

31 afin qu'ils vous craignent, et qu'ils marchent dans vos voies, tant qu'ils vivront sur la terre que vous avez donnée à nos pères.

32 Si même un étranger qui ne sera point d'Israël, votre peuple, vient d'un pays éloigné, attiré par *votre nom* (car ils connaîtront la grandeur de votre nom, la force de votre main, et la puissance de votre bras) ; et s'il vous adore dans ce temple ;

33 vous l'exaucerez du ciel, qui est votre demeure ferme *et* inébranlable, et vous accorderez à cet étranger tout ce qu'il vous aura demandé dans ses prières : afin que tous les peuples de la terre apprennent à connaître votre nom, et qu'ils vous craignent

comme fait Israël, votre peuple, et qu'ils reconnaissent que votre nom a été invoqué sur cette maison que j'ai bâtie.

34 Si votre peuple se met en campagne pour faire la guerre à ses ennemis, et que marchant par le chemin par lequel vous les aurez envoyés, il vous adore la face tournée vers la ville que vous avez choisie, et vers la maison que j'ai bâtie à votre nom ;

35 vous exaucerez du ciel leurs oraisons et leurs prières, et vous les vengerez *de leurs ennemis*.

36 S'ils viennent à pécher contre vous (car il n'y a point d'homme qui ne pèche), et qu'étant en colère contre eux, vous les livriez à leurs ennemis, et que ces ennemis les emmènent captifs, soit dans un pays éloigné, ou dans un autre plus proche,

37 et qu'étant convertis du fond du cœur, ils fassent pénitence dans le pays où ils auront été emmenés captifs ; et que dans cette captivité ils aient recours à vous, et vous disent, Nous avons péché, nous avons commis l'iniquité, et nous avons fait des actions injustes :

38 s'ils reviennent à vous de tout leur cœur et de toute leur âme dans le lieu de leur captivité, où ils ont été emmenés, et qu'ils vous adorent la face tournée vers la terre que vous avez donnée à leurs pères, vers la ville que vous avez choisie, et le temple que j'ai bâti à votre nom ;

39 vous exaucerez du ciel, c'est-à-dire, de votre demeure stable, leurs prières ; vous ferez justice *de leurs ennemis*, et vous ferez grâce à votre peuple, quoiqu'il ait péché :

40 car vous êtes mon Dieu. Que vos yeux soient ouverts, je vous en conjure, et vos oreilles attentives aux prières qui se feront en ce lieu.

41 Levez-vous donc maintenant, ô Seigneur *mon* Dieu ! pour établir ici votre repos, vous et l'arche par laquelle vous signalez votre puissance. Que vos prêtres, ô Seigneur *mon* Dieu ! soient secourus *et* protégés par vous, et que vos saints jouissent de vos biens avec joie !

42 Seigneur *mon* Dieu ! ne rejetez point la prière de votre christ ; souvenez-vous de toutes les bontés que vous avez eues pour David, votre serviteur.

CHAPITRE VII.

SALOMON ayant achevé sa prière, le feu descendit du ciel et consuma les holocaustes et les victimes : et la majesté de Dieu remplit la maison ;

2 de sorte que les prêtres mêmes ne pouvaient entrer dans le temple du Seigneur, parce que sa majesté avait rempli son temple.

3 Tous les enfants d'Israël virent descendre le feu et la gloire du Seigneur sur ce temple : ils se prosternèrent la face contre terre sur le pavé qui était de pierre, ils adorèrent le Seigneur et le louèrent, *en disant : Rendez grâces au Seigneur,* parce qu'il est bon, et que sa miséricorde est éternelle.

4 Le roi et tout le peuple immolaient donc des victimes devant le Seigneur.

5 Le roi Salomon sacrifia vingt-deux mille bœufs, et cent vingt mille moutons : et le roi avec tout le peuple fit la dédicace de la maison du Seigneur.

6 Les prêtres étaient appliqués chacun à leurs fonctions ; et les Lévites touchaient les instruments et faisaient retentir les hymnes du Seigneur, que le roi David a composées pour louer le Seigneur, *telles que celle-ci :* Qu'il est vrai que sa miséricorde est éternelle. Ils chantaient *ainsi* les hymnes de David sur les instruments qu'ils touchaient. Or les prêtres sonnaient de la trompette devant eux, et tout le peuple était présent *et* debout.

7 Le roi consacra aussi le milieu du parvis qui était devant le temple du Seigneur : car il avait offert là les holocaustes, et la graisse des victimes pacifiques ; parce que l'autel d'airain qu'il avait fait ne pouvait suffire pour les holocaustes, les sacrifices, et les graisses *des hosties pacifiques*.

8 Salomon fit dans le même temps une *autre* fête solennelle pendant sept jours ; et tout Israël la fit avec lui : cette assemblée fut fort grande, *parce que l'on y vint en foule* depuis l'entrée d'Emath jusqu'au torrent de l'Égypte.

9 Le huitième jour il célébra *la fête de* l'assemblée solennelle, à cause qu'il avait employé sept jours à la dédicace de l'autel, et sept jours à la fête *des tabernacles*.

10 Ainsi le vingt-troisième jour du septième mois il renvoya le peuple à ses tentes ; tout le monde était rempli de joie et de reconnaissance des grâces que le Seigneur avait faites à David, à Salomon, et à Israël, son peuple.

11 Salomon acheva donc la maison du Seigneur, et le palais du roi : et il réussit dans tout ce qu'il s'était proposé de faire, tant dans la maison du Seigneur que dans son *propre* palais.

12 Le Seigneur lui apparut la nuit, et lui dit : J'ai exaucé votre prière, et j'ai choisi pour moi ce lieu pour en faire une maison de sacrifice.

13 S'il arrive que je ferme le ciel, et qu'il ne tombe point de pluie, ou que j'ordonne et que je commande aux sauterelles de ravager la terre, et que j'envoie la peste parmi mon peuple,

14 et que mon peuple, sur qui mon nom a été invoqué, se convertisse, qu'il *vienne* me prier, qu'il recherche mon visage, et qu'il fasse pénitence de sa mauvaise vie, je l'exaucerai du ciel, et je lui pardonnerai ses péchés, et je purifierai la terre où il fait sa demeure.

15 Mes yeux seront ouverts, et mes oreilles attentives à la prière de celui qui m'invoquera en ce lieu :

16 parce que j'ai choisi ce lieu, et que je l'ai sanctifié, afin que mon nom y soit à jamais, et que mes yeux et mon cœur y soient toujours attachés.

17 Et vous-même, si vous marchez en ma présence, ainsi que David, votre père, y a marché ; si vous agissez en tout selon les ordres que je vous ai donnés, et que vous gardiez mes préceptes et mes ordonnances ;

18 je conserverai le trône de votre règne *à votre race*, ainsi que je l'ai promis à David, votre père, lorsque je lui dis : Vous aurez toujours des successeurs de votre race, qui seront princes en Israël.

19 Mais si vous *et vos enfants*, vous vous détournez de moi, si vous abandonnez les lois et les ordonnances que je vous ai proposées, si vous courez après les dieux étrangers, et que vous les serviez et les adoriez ;

20 je vous exterminerai de la terre qui est a moi, et que je vous ai donnée ; je rejetterai loin de moi ce temple que j'ai consacré à mon nom ; et je le rendrai la fable du monde, et je ferai en sorte qu'il serve d'exemple à tous les peuples *de la terre*.

21 Et cette maison sera *tournée* en proverbe par tous ceux qui passeront devant, et qui frappés d'étonnement diront : Pourquoi le Seigneur a-t-il traité ainsi cette terre et cette maison ?

22 Et l'on répondra : C'est qu'ils ont abandonné le Seigneur, le Dieu de leurs pères, qui les avait retirés de la terre d'Égypte, qu'ils ont pris des dieux étrangers, et qu'ils les ont adorés et révérés. Voilà ce qui a attiré tous ces maux sur eux.

CHAPITRE VIII.

APRÈS vingt années que Salomon employa à bâtir le temple du Seigneur et son *propre* palais,

2 il fit bâtir *et* fortifier les villes que Hiram lui avait données, et y établit les enfants d'Israël.

3 Il s'en alla aussi à Émath de Suba, et en prit possession.

4 Il fit bâtir *et* bien fortifier Palmyre dans le désert, et encore plusieurs autres villes très-fortes dans le pays d'Émath.

5 Il bâtit aussi Bethoron, tant la haute que la basse, qui étaient des villes murées, et qui avaient de bonnes portes garnies de barres et de serrures.

6 *Il en fit* de même à Balaath, et *à* toutes les meilleures places qui étaient à lui, et *à* toutes les villes des chariots et de la cavalerie. *Enfin* Salomon fit *et* bâtit tout ce qu'il lui plut tant dans Jérusalem que sur le Liban, et dans toute l'étendue de ses États.

7 Il soumit aussi à son empire tous les peuples qui étaient restés des Héthéens, des Amorrhéens, des Phérézéens, des Hévéens et des Jébuséens, qui n'étaient point de la race d'Israël,

8 mais qui étaient les enfants ou les descendants de ceux que les Israélites n'avaient point fait mourir : Salomon se les rendit tributaires, comme ils le sont encore aujourd'hui.

9 Il ne voulut point que les enfants d'Israël fussent assujettis à travailler à ses ouvrages ; mais il s'en servit pour la guerre, et leur donna le commandement de ses armées, de sa cavalerie et de ses chariots.

10 Or tous les principaux officiers de l'armée du roi Salomon montaient au nombre de deux cent cinquante, qui avaient le commandement *et* le gouvernement du peuple.

11 Ensuite il fit passer la fille de Pharaon de la ville de David dans la maison qu'il lui avait bâtie : car il dit : Il ne faut pas que ma femme demeure dans la maison de David, roi d'Israël, parce qu'elle a été sanctifice par le séjour que l'arche du Seigneur y a fait.

12 Alors Salomon offrit des holocaustes au Seigneur sur l'autel qu'il lui avait élevé devant le vestibule *du temple*,

13 pour y offrir chaque jour *des sacrifices* selon l'ordonnance de Moïse, les jours du sabbat, les premiers jours du mois, les trois grandes fêtes de l'année ; savoir, celle des azymes, celle des semaines, et celle des tabernacles.

14 Il ordonna aussi que les prêtres s'acquittassent de leurs devoirs dans leur ministère, selon l'ordre prescrit par David, son père ; et que les Lévites gardassent leur rang pour chanter les louanges de Dieu, et pour servir devant les prêtres, observant les cérémonies propres à chaque jour ; et que les portiers fissent aussi leur devoir aux portes dont la garde leur avait été donnée, selon la distribution que David, l'homme de Dieu, en avait faite à chacun d'eux. I

15 Les prêtres et les Lévites suivirent exactement les ordres du roi en tout ce qu'il avait ordonné, et spécialement en ce qui regardait la garde du trésor.

16 Salomon avait préparé de quoi fournir à la dépense de toutes choses, depuis le jour qu'il commença à jeter les fondements du temple, jusqu'au jour qu'il y mit la dernière main.

17 Ensuite il alla à Asiongaber et à Aïlath, qui sont sur le bord de la mer Rouge, qui est dans la terre d'Édom.

18 Car Hiram lui avait envoyé par ses sujets des vaisseaux, et des matelots expérimentés *et* bons hommes de mer, qui s'en allèrent avec des gens de Salomon à Ophir, d'où ils apportèrent au roi Salomon quatre cent cinquante talents d'or.

CHAPITRE IX.

LA reine de Saba, ayant entendu parler de la grande réputation de Salomon, vint à Jérusalem pour en faire expérience par des énigmes : elle avait avec elle de grandes richesses, et des chameaux qui portaient des aromates, et une grande quantité d'or, et des pierres précieuses. Elle vint trouver Salomon, et lui exposa tout ce qu'elle avait dans le cœur.

2 Et Salomon lui expliqua tout ce qu'elle lui avait proposé ; et il n'y eut rien qu'il ne lui éclaircît entièrement.

3 Après que cette reine eut connu la sagesse de Salomon, et qu'elle eut vu la maison qu'il avait bâtie,

4 la manière dont sa table était servie, les appartements de ses officiers, les diverses classes de ceux qui le servaient, *la magnificence de* leurs habits, ses échansons, les victimes qu'il immolait dans la maison du Seigneur, elle en fut tellement étonnée, qu'elle paraissait toute hors d'elle-même.

5 Et elle dit au roi : Ce qu'on m'avait dit dans mon royaume de votre mérite et de votre sagesse, est bien véritable.

6 Je ne voulais point croire néanmoins ce qu'on m'en rapportait, jusqu'à ce que je sois venue moi-même, et que j'aie tout vu de mes propres yeux, et que j'aie reconnu qu'on ne m'avait pas dit la moitié *de ce que je vois* de votre sagesse. *Votre mérite et* votre vertu va au delà de tout ce qu'en publie la renommée.

7 Heureux ceux qui sont à vous ! heureux vos serviteurs qui sont sans cesse devant vous, et qui écoutent votre sagesse !

8 Béni soit le Seigneur, votre Dieu, qui a voulu vous faire seoir sur son trône, et vous établir roi pour tenir la place du Seigneur, votre Dieu ! Comme Dieu aime Israël et qu'il veut le conserver à jamais, aussi il vous a établi roi pour le gouverner et pour rendre la justice avec toute sorte d'équité.

9 Ensuite la reine de Saba présenta au roi cent vingt talents d'or, et une quantité prodigieuse de parfums, et des pierres très-précieuses. On n'a jamais vu *depuis à Jérusalem* des parfums si excellents que ceux dont la reine fit présent à Salomon.

10 Les sujets d'Hiram, avec les sujets de Salomon, apportèrent aussi de l'or d'Ophir, et d'une espèce de bois très-rare, et des pierres très-précieuses.

11 Et le roi fit faire de ces bois les degrés de la maison du Seigneur, et ceux de la maison du roi, les harpes et les lyres pour les musiciens. On n'avait jamais vu jusqu'alors de ces sortes de bois dans la terre de Juda.

12 Le roi Salomon de son côté donna à la reine de Saba tout ce qu'elle put désirer, et ce qu'elle demanda, et beaucoup plus qu'elle ne lui avait apporté. Et la reine s'en retourna dans son royaume avec toute sa suite.

13 Le poids de l'or qu'on apportait tous les ans à Salomon, était de six cent soixante-six talents d'or ;

14 sans compter ce qu'avaient accoutumé de lui apporter les députés de diverses nations, les marchands, tous les rois de l'Arabie, et tous les gouverneurs des provinces, qui apportaient tous de l'or et de l'argent à Salomon.

15 Le roi Salomon fit donc faire deux cents piques d'or du poids de six cents *sicles*, qu'il donnait pour chacune.

16 Il fit faire aussi trois cents boucliers, chacun de trois cents *sicles* d'or, que l'on employait à les couvrir. Et le roi les mit dans son arsenal, qui était planté d'arbres.

17 Le roi fit de plus un grand trône d'ivoire, qu'il revêtit d'un or très-pur.

18 Les six degrés par lesquels on montait au trône et le marchepied, étaient d'or, avec deux bras qui le tenaient de chaque côté, et deux lions près de ces deux bras,

19 et douze autres petits lions posés sur les degrés de côté et d'autre : *de sorte qu*'il n'y a jamais eu de trône semblable dans tous les royaumes du monde.

20 Tous les vases de la table du roi étaient d'or, et toute la vaisselle de la maison du bois du Liban était aussi d'un or très-pur. Car l'argent était alors regardé comme rien :

21 parce que la flotte du roi faisait voile de trois en trois ans, et allait avec celle d'Hiram en Tharsis ; et elles apportaient de là de l'or, de l'argent, de l'ivoire, des singes et des paons.

22 Ainsi le roi Salomon surpassa tous les rois du monde en richesses et en gloire :

23 de sorte que tous les rois de la terre désiraient de voir le visage de Salomon, et d'entendre la sagesse que Dieu avait répandue dans son cœur :

24 et chacun lui faisait présent tous les ans de vases d'or et d'argent, d'étoffes *précieuses*, d'armes, de parfums, de chevaux et de mulets.

25 Salomon eut aussi quarante mille chevaux dans ses écuries, douze mille chariots et *douze mille* hommes de cheval ; et il les distribua dans les villes qui étaient destinées à les loger, et dans Jérusalem auprès de sa personne.

26 Sa puissance s'étendit même sur tous les rois qui étaient depuis l'Euphrate jusqu'à la terre des Philistins, et jusques aux frontières de l'Égypte.

27 Et il fit que *de son temps* l'argent devint aussi commun à Jérusalem que les pierres, et *qu'on y vit* autant de cèdres qu'il y a de sycomores qui naissent dans la campagne.

28 On lui amenait aussi des chevaux d'Égypte et de tous les autres pays.

29 Pour le reste des actions de Salomon, tant les premières que les dernières, elles sont écrites dans les livres du prophète Nathan, dans ceux du prophète Ahias, qui était de Silo, et dans les prédictions du prophète Addo contre Jéroboam, fils de Nabat.

30 Salomon régna quarante ans à Jérusalem, et sur tout Israël.

31 Et il s'endormit avec ses pères, et fut enseveli en la ville de

David ; et Roboam, son fils, régna en sa place.

CHAPITRE X.

ROBOAM vint alors à Sichem, parce que tout Israël s'y était assemblé pour l'établir roi.

2 Mais Jéroboam, fils de Nabat, qui s'était enfui en Égypte par la crainte de Salomon, ayant appris cette nouvelle, revint aussitôt.

3 Le peuple d'Israël députa vers lui pour le faire venir ; il se rendit au lieu où ils étaient tous assemblés, et il vint avec tout ce peuple trouver Roboam, et ils lui dirent :

4 Votre père nous a tenus opprimés sous un joug très-dur ; traitez-nous plus favorablement que votre père, qui nous a tenus dans une si onéreuse servitude, et diminuez quelque chose de ce poids, afin que nous puissions vous servir.

5 Il leur dit : Revenez me trouver dans trois jours. Et après que le peuple se fut retiré,

6 Roboam tint conseil avec les vieillards qui avaient été du conseil de Salomon, son père, pendant sa vie, et leur dit : Quelle réponse me conseillez-vous de faire à ce peuple ?

7 Ils lui dirent : Si vous témoignez de la bonté à ce peuple, et que vous l'apaisiez par des paroles douces, ils s'attacheront pour toujours à votre service.

8 Mais Roboam n'approuva point le conseil des vieillards, et consulta les jeunes gens qui avaient été nourris avec lui, et qui l'accompagnaient toujours ;

9 et il leur dit : Que vous en semble ? Que dois-je répondre à ce peuple, qui est venu me dire : Adoucissez le joug dont votre père nous a chargés ?

10 Ils lui répondirent comme de jeunes gens qui avaient été nourris avec lui dans les délices, et lui dirent : Voici la réponse que vous devez faire à ce peuple qui est venu vous dire, Votre père a rendu notre joug très-pesant, nous vous supplions de le rendre léger *et* supportable ; et vous lui parlerez en ces termes : Le plus petit de mes doigts est plus gros que n'était le dos de mon père.

11 Mon père vous a imposé un joug très pesant ; et moi j'y ajouterai un poids encore plus pesant. Mon père vous a frappés avec des verges ; et moi je vous frapperai avec des verges de fer.

12 Jéroboam et tout le peuple vinrent donc trouver Roboam le troisième jour, selon l'ordre qu'il leur avait donné.

13 Et le roi ne fit point de cas du conseil des vieillards, et fit une réponse dure.

14 Il leur parla selon le conseil des jeunes gens. Mon père, *leur dit-il,* vous a imposé un joug très-pesant ; et moi je l'appesantirai encore davantage. Mon père vous a frappés avec des verges ; et moi je vous frapperai avec des verges de fer.

15 Ainsi il ne se rendit point aux prières du peuple, parce que Dieu avait résolu d'accomplir la parole qu'il avait dite à Jéroboam, fils de Nabat, par le ministère d'Ahias, Silonite.

16 Mais tout le peuple se voyant traité si durement par le roi, lui répondit : Nous n'avons que faire de la maison de David, ni de biens à espérer du fils d'Isaï. Israël, retirez-vous dans vos tentes ; et vous, David, prenez soin de votre maison. Et ainsi Israël se retira dans ses tentes.

17 Roboam *ne* régna donc *que* sur les enfants d'Israël qui demeurèrent dans les villes de Juda.

18 Le roi Roboam envoya ensuite Aduram, surintendant de ses tributs : mais les enfants d'Israël le lapidèrent, et il mourut. Roboam monta aussitôt sur son char, et s'enfuit à Jérusalem.

19 Ainsi Israël se sépara de la maison de David, comme il l'est encore aujourd'hui.

CHAPITRE XI.

ROBOAM étant arrivé à Jérusalem, assembla toute la tribu de Juda et la tribu de Benjamin, et marcha à la tête de cent quatre-vingt mille hommes de guerre choisis, pour combattre contre Israël, et pour le remettre sous son obéissance.

2 Mais le Seigneur adressa sa parole à Seméias, homme de Dieu, et lui dit :

3 Allez dire à Roboam, fils de Salomon, roi de Juda, et à tout le peuple d'Israël qui est dans la tribu de Juda et de Benjamin :

4 Voici ce que dit le Seigneur : Vous ne vous mettrez point en campagne, et vous ne combattrez point contre vos frères. Que chacun s'en retourne en sa maison : car cela *ne* s'est fait *que* par ma volonté. Après qu'ils eurent entendu la parole du Seigneur, ils s'en retournèrent, et n'avancèrent pas davantage contre Jéroboam.

5 Ainsi Roboam établit sa demeure à Jérusalem, et fortifia *plusieurs* villes dans la tribu de Juda.

6 Il bâtit aussi Bethléhem, et Étam, et Thécué,

7 comme encore Bethsur, Socho, Odollam,

8 avec Geth, Marésa et Ziph,

9 et même Aduram, Lachis et Azéca,

10 Saraa, Aïalon, Hébron, qui étaient dans Juda et Benjamin, *et dont il fit* des places très-fortes.

11 Et quand il les eut fermées de murailles, il y mit des gouverneurs, et y fit des magasins de vivre, c'est-à-dire, d'huile et de vin.

12 Il établit dans chaque ville un arsenal *qu'il fit remplir* de boucliers et de piques, et fit fortifier ces places avec grand soin. Ainsi il régna sur la tribu de Juda et de Benjamin.

13 Les prêtres et les Lévites qui étaient dans tout Israël quittèrent leurs demeures, et vinrent se rendre auprès de sa personne.

14 Ils abandonnèrent les faubourgs et les biens qui leur avaient été donnés, et se retirèrent dans Juda et à Jérusalem, parce que Jéroboam et ses enfants les avaient chassés, afin qu'ils n'exerçassent aucune fonction du sacerdoce du Seigneur.

15 Jéroboam se fit lui-même des prêtres pour les hauts lieux, pour les démons et pour les veaux *d'or* qu'il avait fait faire.

16 Tous ceux aussi qui dans toutes les tribus d'Israël s'étaient appliqués de tout leur cœur à chercher le Seigneur, le Dieu d'Israël, vinrent à Jérusalem pour immoler leurs victimes en la présence du Seigneur, le Dieu de leurs pères.

17 Ainsi ils affermirent le royaume de Juda, et ils soutinrent Roboam, fils de Salomon, durant trois ans. Car ils ne marchèrent dans les voies de David et de Salomon que durant ces trois *premières* années.

18 Roboam épousa Mahalath, fille de Jérimoth, fils de David ; et encore Abihaïl, fille d'Éliab, fils d'Isaï,

19 de laquelle il eut Jéhus, et Somoria, et Zoom.

20 Après celle-ci il épousa encore Maacha, fille d'Absalom, dont il eut Abia, Éthaï, Ziza et Salomith.

21 Or Roboam aima Maacha, fille d'Absalom, plus que toutes ses autres femmes *et que toutes ses* concubines. Car il eut dix-huit femmes et soixante concubines, et il eut vingt-huit fils et soixante filles.

22 Il éleva Abia, fils de Maacha, au-dessus de tous ses frères, dans le dessein qu'il avait de le faire régner après lui,

23 parce qu'il était plus sage, et *qu'il s'était rendu* plus puissant que tous ses *autres* enfants *dispersés* dans toute l'étendue de Juda et de Benjamin, et dans toutes les villes murées, où il leur donnait de quoi vivre en abondance, et leur faisait épouser plusieurs femmes.

CHAPITRE XII.

LE royaume de Roboam ayant été fortifié et affermi, il abandonna la loi du Seigneur, et tout Israël suivit son exemple.

2 Mais la cinquième année du règne de Roboam, Sésac, roi d'Égypte, marcha contre Jérusalem, parce que *les Israélites* avaient péché contre le Seigneur.

3 Il avait avec lui douze cents chariots de guerre, et soixante mille hommes de cavalerie ; et le petit peuple qui était venu d'Égypte avec lui ne pouvait se compter : ils étaient tous Libyens, Troglodytes et Éthiopiens.

4 Et il se rendit maître des plus fortes places *du royaume de* Juda, et s'avança jusque devant Jérusalem.

5 Alors le prophète Seméias vint trouver le roi et les princes de

Juda, qui s'étaient retirés à Jérusalem pour ne pas tomber entre les mains de Sésac, et il leur dit : Voici ce que dit le Seigneur : Vous m'avez abandonné, et je vous ai aussi abandonnés au pouvoir de Sésac.

6 Alors les princes d'Israël et le roi fort consternés, dirent : Le Seigneur est juste.

7 Et lorsque le Seigneur les vit humiliés, il fit entendre sa parole à Seméias, et lui dit : Puisqu'ils se sont humiliés, je ne les exterminerai point ; je leur donnerai quelque secours, et je ne ferai point tomber ma fureur sur Jérusalem par les armes de Sésac.

8 Mais ils lui seront assujettis, afin qu'ils apprennent *par là* quelle différence il y a entre me servir et servir les rois de la terre.

9 Sésac, roi d'Égypte, se retira donc de Jérusalem, après avoir enlevé les trésors de la maison du Seigneur et ceux du palais du roi, et il emporta tout avec lui, et même les boucliers d'or que Salomon avait fait faire ;

10 au lieu desquels le roi en fit faire d'autres d'airain, et les donna aux officiers de ceux qui les portaient, et qui gardaient la porte du palais.

11 Et lorsque le roi entrait dans la maison du Seigneur, ceux qui portaient les boucliers venaient prendre ceux-ci, et les reportaient ensuite dans le magasin.

12 Et parce qu'ils s'étaient humiliés, Dieu détourna sa colère de dessus eux, et ils ne furent pas entièrement exterminés ; parce qu'il trouva encore quelques bonnes œuvres dans Juda.

13 Ainsi le roi Roboam se fortifia dans Jérusalem, et y régna. Il avait quarante et un ans quand il commença à régner, et il régna dix-sept ans à Jérusalem, cette ville que le Seigneur avait choisie entre toutes celles des tribus d'Israël pour y établir *la gloire de* son nom. Sa mère s'appelait Naama, et elle était Ammonite.

14 Ce prince fit le mal, et ne prépara point son cœur pour chercher le Seigneur.

15 Quant aux *autres* actions de Roboam, tant les premières que les dernières, elles sont écrites dans les livres du prophète Seméias et du prophète Addo, où elles sont rapportées avec soin. Roboam et Jéroboam se firent la guerre durant toute leur vie.

16 Et Roboam s'endormit avec ses pères : il fut enseveli dans la ville de David ; et son fils Abia régna en sa place.

CHAPITRE XIII.

LA dix-huitième année du règne de Jéroboam, Abia régna en Juda.

2 Il régna trois ans dans Jérusalem ; et sa mère s'appelait Michaïa, *ou Maacha*, et était fille d'Uriel de Gabaa. Et il y eut guerre entre Abia et Jéroboam.

3 Abia se mit en état de donner combat : il avait de très-braves gens, et quatre cent mille hommes choisis. Jéroboam mit aussi son armée en bataille : elle était de huit cent mille hommes, tous gens choisis et très-vaillants.

4 Abia s'en alla camper sur la montagne de Séméron, qui était dans *la tribu d'*Éphraïm, et il dit : Écoutez, Jéroboam, et *que* tout Israël *écoute*.

5 Ignorez-vous que le Seigneur, le Dieu d'Israël, a donné à David et à ses descendants la souveraineté pour toujours sur Israël, par un pacte inviolable ;

6 que Jéroboam, fils de Nabat, sujet de Salomon, fils de David, s'est élevé et révolté contre son seigneur ;

7 et qu'une multitude de gens de néant, *vrais* enfants de Bélial, se sont joints à lui, et se sont rendus plus forts que Roboam, fils de Salomon, parce qu'il était homme sans expérience et sans cœur, et incapable de leur résister ?

8 Et vous osez dire aujourd'hui que vous serez assez forts pour résister au royaume du Seigneur, qu'il possède par les descendants de David ; et que vous avez une grande multitude de peuple, et des veaux d'or que Jéroboam vous a faits pour vos dieux.

9 Vous avez chassé les prêtres du Seigneur, qui sont enfants d'Aaron, et les Lévites ; et vous vous êtes fait vous-mêmes des prêtres, comme font les autres peuples de la terre. Quiconque vient et consacre sa main par l'immolation d'un jeune taureau et de sept béliers, est fait prêtre de ceux qui ne sont point dieux.

10 Mais *pour nous*, le Seigneur est notre Dieu, et nous ne l'avons point abandonné. Les prêtres qui le servent sont de la race d'Aaron, et les Lévites servent chacun à leur rang.

11 On offre chaque jour, soir et matin, des holocaustes au Seigneur, et des parfums composés selon que la loi l'ordonne. On expose aussi les pains sur une table très-nette. Nous avons le chandelier d'or garni de sept lampes qu'on doit toujours allumer au soir. Car nous gardons fidèlement les ordonnances du Seigneur, notre Dieu, que vous avez abandonné.

12 Ainsi le chef de notre armée, c'est Dieu même ; et ses prêtres sonnent des trompettes, dont le son retentit contre vous. Vous donc, enfants d'Israël, prenez garde de ne pas combattre contre le Seigneur, le Dieu de vos pères : car cela ne vous sera pas avantageux.

13 Comme il parlait ainsi, Jéroboam tâchait de le surprendre par derrière ; et étant campé vis-à-vis des ennemis, il déployait son armée de sorte qu'il enfermait Juda sans qu'il s'en aperçût.

14 Mais Juda ayant tourné la tête, reconnut qu'on allait fondre sur lui par devant et par derrière ; il cria en même temps au Seigneur, et les prêtres commencèrent à sonner de la trompette.

15 Toute l'armée de Juda fit de grands cris ; et comme ils criaient ainsi, Dieu jeta l'épouvante dans *l'esprit de* Jéroboam et dans toute l'armée d'Israël, qui était vis-à-vis d'Abia et de Juda.

16 Ainsi les enfants d'Israël prirent la fuite devant Juda, et Dieu les leur livra entre les mains.

17 Abia et ses gens en défirent donc une grande partie, et il y eut cinq cent mille hommes des plus braves tués ou blessés du côté d'Israël :

18 de sorte que dans cette occasion Israël fut fort humilié ; et Juda reprit de nouvelles forces *et* un nouveau courage, parce qu'il avait mis sa confiance dans le Seigneur, le Dieu de ses pères.

19 Abia poursuivit Jéroboam dans sa fuite, et il prit plusieurs de ses villes, comme Béthel et toutes ses dépendances, Jésana et ses dépendances, avec Éphron et ses dépendances.

20 Et depuis cela Jéroboam ne fut plus en état de faire aucune résistance durant tout le règne d'Abia. Enfin le Seigneur le frappa, et il mourut.

21 Abia voyant donc son royaume affermi, épousa quatorze femmes, dont il eut vingt-deux fils et seize filles.

22 Pour le reste des paroles, des mœurs et des actions d'Abia, il a été très-exactement écrit dans le livre du prophète Addo.

CHAPITRE XIV.

APRÈS cela Abia s'endormit avec ses pères : et on l'ensevelit dans la ville de David ; et son fils Asa régna en sa place : et sous son règne la terre fut en paix pendant dix années.

2 Or Asa fit ce qui était juste et agréable aux yeux de son Dieu : il détruisit les autels des cultes superstitieux, et les hauts lieux,

3 brisa les statues, abattit les bois des faux dieux,

4 et commanda à Juda de chercher le Seigneur, le Dieu de leurs pères, et d'observer la loi et tout ce qui etait ordonné.

5 Il ôta aussi les autels et les temples de toutes les villes de Juda, et il régna en paix.

6 Il fit réparer les murailles des villes dans Juda, parce qu'il était tranquille, qu'il n'y avait point alors de guerre, et que le Seigneur lui donnait la paix.

7 C'est pourquoi il dit au peuple de Juda : Travaillons à réparer ces villes, fortifions-les de murailles, et ajoutons-y des tours, avec des portes et des serrures, pendant que nous n'avons point de guerre, parce que nous avons cherché le Seigneur, le Dieu de nos pères, et qu'il nous a donné la paix avec tous nos voisins. Ils se mirent donc à bâtir *et* à fortifier les places, et personne ne les en empêcha.

8 Or Asa leva dans Juda une armée de trois cent mille hommes qui portaient des boucliers et des piques, et dans Benjamin deux cent quatre-vingt mille hommes qui portaient aussi des boucliers et

qui tiraient des flèches, tous gens de cœur *et* d'exécution.

9 Zara, roi d'Ethiopie, vint les attaquer avec une armée d'un million d'hommes, et trois cents chariots *de guerre*, et s'avança jusqu'à Marésa.

10 Asa marcha au-devant de lui, et rangea son armée en bataille dans la vallée de Séphata, près de Marésa ;

11 et il invoqua le Seigneur, *son* Dieu, et dit : Seigneur ! quand vous voulez secourir, le petit nombre et le grand nombre sont la même chose devant vous. Secourez-nous donc, Seigneur ! vous qui êtes notre Dieu : car c'est parce que nous nous confions en vous et en votre nom, que nous sommes venus contre cette multitude. Seigneur ! vous êtes notre Dieu : ne permettez pas que l'homme l'emporte sur vous.

12 Ainsi le Seigneur jeta l'épouvante parmi les Éthiopiens qui étaient en présence d'Asa et de Juda : et les Éthiopiens prirent la fuite.

13 Asa et tout le peuple qui était avec lui les poursuivit jusqu'à Gérare, et les Éthiopiens furent défaits, sans qu'il en restât un seul, parce que c'était le Seigneur qui les taillait en pièces pendant que son armée combattait. Ainsi *les Juifs* remportèrent de grandes dépouilles.

14 Ils ravagèrent toutes les villes qui étaient aux environs de Gérare, parce que l'épouvante avait saisi toute monde ; de sorte qu'ils pillèrent les villes, et en emportèrent un grand butin.

15 Ils ravagèrent encore les bergeries et les étables des troupeaux, et ils emmenèrent une grande multitude de moutons et de chameaux, et s'en revinrent ainsi à Jérusalem.

CHAPITRE XV.

ALORS Azarias, fils d'Oded, fut rempli de l'Esprit de Dieu.

2 Il alla au-devant d'Asa, et lui dit : Écoutez-moi, Asa, et vous tous, *peuples de* Juda et *de* Benjamin : Le Seigneur vous a assistés, parce que vous vous êtes tenus attachés à lui. Si vous le cherchez, vous le trouverez ; mais si vous le quittez, il vous abandonnera.

3 Il se passera beaucoup de temps pendant lequel Israël sera sans vrai Dieu, sans prêtre qui l'instruise, et sans loi.

4 Si dans leur affliction ils reviennent au Seigneur, le Dieu d'Israël, et qu'ils le cherchent, ils le trouveront.

5 Dans ce temps-là on ne pourra point aller et venir sûrement. La terreur sera de toutes parts parmi les habitants de la terre.

6 Une nation se soulèvera contre une nation, et une ville contre une ville ; parce que le Seigneur jettera le trouble parmi eux, et les réduira à la dernière extrémité.

7 Prenez donc courage : que vos mains ne s'affaiblissent point, et votre persévérance sera récompensée.

8 Asa ayant entendu ce discours et ces prédictions du prophète Azarias, fils d'Oded, sentit en lui de nouvelles forces. Il extermina les idoles de toute la terre de Juda et de Benjamin, et des villes du mont Éphraïm qu'il avait prises, et il rétablit *et* dédia l'autel du Seigneur, qui était devant le portique du Seigneur.

9 Il assembla tous *ses sujets de la tribu de* Juda et *de* Benjamin, et avec eux plusieurs étrangers des tribus d'Éphrnïm, de Manassé et de Siméon : car beaucoup d'Israélites étaient venus se rendre à lui, voyant que le Seigneur, son Dieu, était avec lui.

10 Et lorsqu'ils se furent rendus à Jérusalem le troisième mois, et l'an quinzième du règne d'Asa,

11 ils immolèrent au Seigneur en ce jour-là sept cents bœufs et sept mille moutons, des dépouilles et du butin qu'ils avaient emmenés.

12 Et le roi entra, selon la coutume, pour confirmer l'alliance, *et promettre de nouveau* de chercher le Dieu de leurs pères de tout leur cœur et de toute leur âme.

13 Et si quelqu'un, ajouta-t-il, ne cherche pas le Seigneur, le Dieu d'Israël, qu'il soit puni de mort, grands ou petits, hommes ou femmes, sans exception.

14 Ils firent donc serment au Seigneur avec de grandes exclamations et des cris de joie, au son des trompettes et des hautbois.

15 Tous ceux qui étaient dans Juda accompagnèrent d'exécration ce serment : car ils jurèrent de tout leur cœur, et cherchèrent Dieu de toute la plénitude de leur volonté ; aussi ils le trouvèrent, et le Seigneur leur donna le repos *et* la paix avec tous leurs voisins.

16 Il ôta aussi l'autorité souveraine à Maacha, sa *grand'*mère, parce qu'elle avait élevé dans un bois une idole à Priape, laquelle il détruisit entièrement, la mit en pièces, et la brûla dans le torrent de Cédron.

17 Cependant il y eut encore quelques hauts lieux dans Israël ; mais le cœur d'Asa fut néanmoins parfait tous les jours de sa vie.

18 Et il porta dans la maison du Seigneur ce que son père et lui avaient fait vœu d'y donner : l'argent, l'or, et les vases de différentes sortes.

19 Et il n'y eut point de guerre jusqu'à la trente-cinquième année *depuis le schisme, quinzième* du règne d'Asa.

CHAPITRE XVI.

MAIS l'an trente-sixième *depuis le schisme, seizième* du règne d'Asa, Baasa, roi d'Israël, vint en Juda, et fortifia Rama d'une muraille tout autour, afin que nul du royaume d'Asa ne pût sûrement ni entrer ni sortir.

2 Alors Asa prit l'or et l'argent qui était dans les trésors de la maison du Seigneur, et dans les trésors du roi, et les envoya à Benadad, roi de Syrie, qui demeurait à Damas, et lui fit dire de sa part :

3 Il y a une alliance entre vous et moi, conformément à la bonne intelligence qui a toujours été entre mon père et le vôtre. C'est pourquoi je vous ai envoyé de l'argent et de l'or, afin que vous rompiez l'alliance que vous avez faite avec Baasa, roi d'Israël, et que vous l'obligiez de se retirer de mes États.

4 Benadad n'eut pas plutôt reçu cette nouvelle, qu'il envoya ses généraux d'armée contre les villes d'Israël, qui prirent Ahion, Dan, Abel-maïm, et toutes les villes murées de Nephthali.

5 Ce que Baasa ayant appris, il cessa de bâtir Hama, et laissa son ouvrage imparfait.

6 Alors le roi Asa prit ce qu'il y avait de monde dans Juda, et fit enlever de Rama toutes les pierres et tout le bois que Baasa avait préparés pour la bâtir, et il les employa à bâtir Gabaa et Maspha.

7 En même temps le prophète Hanani vint trouver le roi Asa, et lui dit : Parce que vous avez mis votre confiance dans le roi de Syrie, et non pas dans le Seigneur, votre Dieu ; pour cette raison, l'armée du roi de Syrie s'est échappée de vos mains.

8 Les Éthiopiens et les Libyens n'avaient-ils pas une armée plus nombreuse en chariots, en cavalerie, et en une multitude prodigieuse ? Et parce que vous mîtes votre confiance en Dieu, Dieu vous les livra entre les mains.

9 Car les yeux du Seigneur sont ouverts sur toute la terre, et ils inspirent de la force à ceux qui se contient en lui d'un cœur parfait. Vous avez donc agi follement ; et pour cela même, il va s'allumer des guerres contre vous.

10 Asa en colère contre le prophète, commanda qu'on le mit en prison : car la remontrance de ce prophète l'avait irrité au dernier point. Et dans ce même temps il en lit mourir plusieurs d'entre le peuple.

11 Quant aux actions d'Asa, depuis les premières jusqu'aux dernières, elles sont écrites dans le livre des Rois de Juda et d'Israël.

12 Asa tomba aussi malade la trenteneuvième année de son règne, d'une très-violente douleur aux pieds ; et cependant il n'eut point recours au Seigneur dans son mal ; mais il mit plutôt sa confiance dans la science des médecins.

13 Et il s'endormit avec ses pères, et mourut la quarante et unième année de son règne.

14 Il fut enterré dans la sépulture qu'il s'était fait faire en la ville de David, et on le mit sur son lit tout rempli d'odeurs et de parfums les plus excellents, où les parfumeurs avaient employé toute leur science ; et ils les brûlèrent sur lui avec beaucoup d'appareil *et* de pompe.

CHAPITRE XVII.

JOSAPHAT, son fils, régna en sa place, et il eut *toujours* l'avantage sur Israël.

2 Il distribua ses troupes dans toutes les villes de Juda fermées de murailles, et il mit des garnisons dans la terre de Juda, et dans les villes d'Éphraïm qu'Asa, son père, avait prises.

3 Le Seigneur fut avec Josaphat, parce qu'il marcha dans les premières voies de David, son aïeul, et qu'il ne mit point sa confiance dans les idoles,

4 mais dans le Dieu de son père, et qu'il marcha fidèlement dans la voie de ses préceptes, et ne suivit point les dérèglements d'Israël.

5 Ainsi Dieu affermit le royaume dans sa main, et tous ceux de Juda vinrent lui faire des présents : de sorte qu'il se trouva comblé d'une infinité de richesses et d'une très-grande gloire.

6 Comme son cœur était plein de force *et* de zèle pour l'observation des préceptes du Seigneur, il fit abattre dans Juda les hauts lieux et les bois *consacrés aux idoles*.

7 La troisième année de son règne, il envoya des premiers seigneurs de sa cour ; *savoir,* Benhaïl, Obdias, Zacharie, Nathanaël et Michée, pour instruire dans les villes de Juda.

8 Il joignit à eux les Lévites Seméias, Nathanias, Zabadias, Asaël, Sémiramoth, Jonathan, Adonias, Thobias et Thobadonias, *tous* Lévites ; et les prêtres Élisama et Joram ;

9 et ils instruisaient tout le peuple de Juda, et portaient avec eux le livre de la loi du Seigneur ; et ils allaient dans toutes les villes de Juda, et y enseignaient le peuple.

10 Ainsi la terreur du nom de Dieu se répandit dans tous les royaumes qui étaient aux environs de Juda : de sorte qu'ils n'osaient prendre les armes contre Josaphat.

11 Les Philistins mêmes venaient faire des présents à Josaphat, et ils lui payaient un tribut d'argent. Les Arabes lui amenaient des troupeaux, sept mille sept cents moutons et autant de boucs :

12 de sorte que Josaphat devint puissant, et s'éleva jusqu'à un très-haut point de grandeur ; et il bâtit des forteresses dans Juda en forme de tours, et des villes fermées de murailles.

13 Et il fit de grandes choses dans toutes les villes de Juda. Et il avait aussi des gens aguerris et vaillants dans Jérusalem,

14 dont voici le dénombrement, selon les maisons et les familles de chacun : Dans Juda les principaux officiers de l'armée étaient, Ednas, qui en était le général, et qui avait avec lui trois cent mille hommes très-vaillants.

15 Après lui, le premier était Johanan, qui avait avec lui deux cent quatre-vingt mille hommes.

16 Après celui-ci était Amasias, fils de Zechri, consacré au Seigneur, et avec lui deux cent mille hommes fort braves.

17 Il était suivi d'Éliada, redoutable dans les combats, qui commandait deux cent mille hommes armés d'arcs et de boucliers.

18 Après lui était aussi Jozabad, qui était à la tête de cent quatre-vingt mille hommes, tous gens prêts à combattre.

19 Toutes ces troupes étaient près de la personne du roi, sans compter les autres qu'il avait mises dans les villes murées par tout le royaume de Juda.

CHAPITRE XVIII.

JOSAPHAT fut donc très-riche, et acquit beaucoup de gloire ; et il contracta alliance avec Achab.

2 Quelques années après, il alla le voir à Samarie ; et Achab à son arrivée fit immoler beaucoup de bœufs et de moutons en sa considération, et en considération du monde qui était venu avec lui, et il lui persuada de marcher *avec lui* contre Ramoth de Galaad.

3 Achab, roi d'Israël, dit donc à Josaphat, roi de Juda : Venez avec moi à Ramoth de Galaad. Et Josaphat lui répondit : Vous pouvez disposer de moi comme de vous ; mon peuple est votre peuple, et nous vous accompagnerons a cette guerre.

4 Et Josaphat dit au roi d'Israël ; Consultez, je vous prie, aujourd'hui la volonté du Seigneur.

5 Le roi d'Israël assembla donc quatre cents prophètes, et il leur dit : Devons-nous aller attaquer Ramoth de Galaad, ou demeurer en paix ? Allez, dirent-ils, Dieu livrera la ville entre les mains du roi.

6 Josaphat lui dit : N'y a-t-il point ici quelque prophète du Seigneur, afin que nous le consultions aussi ?

7 Et le roi d'Israël dit à Josaphat : Il y a *ici* un homme par qui nous pouvons consulter la volonté du Seigneur ; mais je le hais, parce qu'il ne me prophétise jamais rien de bon, et me prédit toujours du mal. C'est Michée, fils de Jemla. Josaphat répondit : Ô roi ! ne parlez pas ainsi.

8 Le roi d'Israël fit donc venir un de ses eunuques, et lui dit : Faites-moi venir tout présentement Michée, fils de Jemla.

9 Cependant le roi d'Israël et Josaphat, roi de Juda, étaient assis chacun sur un trône, vêtus avec une magnificence royale ; et ils étaient assis dans la place qui est près de la porte de Samarie, et tous les prophètes prophétisaient devant eux.

10 Alors Sédécias, fils de Chanaana, se fit des cornes de fer, et dit : Voici ce que dit le Seigneur : Vous secouerez *et* vous frapperez avec ces cornes la Syrie, jusqu'à ce que vous l'ayez détruite.

11 Les autres prophètes prophétisaient tous la même chose, et disaient *au roi* : Marchez contre Ramoth de Galaad, vous aurez un succès heureux, et le Seigneur la livrera entre les mains du roi.

12 Celui qui avait été envoyé pour faire venir Michée, lui dit : Voilà que tous les prophètes prédisent tout d'une voix un non succès au roi : je vous prie donc que vos paroles ne soient point différentes des leurs, et que votre prédiction soit favorable.

13 Michée lui répondit : Vive le Seigneur ! je dirai tout ce que mon Dieu m'aura ordonné de dire.

14 Michée vint donc se présenter au roi ; et le roi lui dit : Michée, devons-nous marcher contre Kamoth de Galaad pour l'assiéger, ou demeurer ici en paix ? Michée lui répondit : Allez, toutes choses vous réussiront heureusement, et les ennemis vous seront livrés entre les mains.

15 Le roi ajouta : Je vous conjure instamment de ne me parler que selon la vérité, au nom du Seigneur.

16 Michée *alors* lui dit : J'ai vu tout Israël dispersé dans les montagnes comme des brebis sans pasteur ; et le Seigneur a dit : Ces gens-là n'ont point de chef ; que chacun retourne en paix dans sa maison.

17 Aussitôt le roi dit à Josaphat : Ne vous ai-je pas bien dit, que cet homme ne me prophétise jamais rien de bon, mais seulement des malheurs ?

18 Et Michée répliqua : Écoutez donc la parole du Seigneur : J'ai vu le Seigneur assis sur son trône, et toute l'armée du ciel autour de lui à droite et à gauche.

19 Et le Seigneur a dit : Qui séduira Achab, roi d'Israël, afin qu'il marche contre Ramoth de Galaad, et qu'il y périsse ? Comme l'un répondait d'une façon, et l'autre d'une autre,

20 l'esprit s'avança, et se présenta devant le Seigneur, et lui dit : C'est moi qui le séduirai. Le Seigneur ajouta : Comment le séduiras-tu ?

21 J'irai, répondit cet esprit, et je serai un esprit menteur en la bouche de tous ses prophètes. Le Seigneur dit : Tu le séduiras et tu en viendras à bout ; va, et fais ce que tu dis.

22 C'est donc maintenant que le Seigneur a mis un esprit de mensonge en la bouche de tous vos prophètes ; et le Seigneur a prononcé des malheurs contre vous.

23 Or Sédécias, fils de Chanaana, s'approcha de Michée, et le frappa sur la joue, et dit : Par où l'esprit du Seigneur a-t-il passé, et s'en est-il allé de moi pour te parler ?

24 Michée répondit : Vous le verrez vous-même le jour où vous passerez dans la chambre la plus retirée pour vous cacher.

25 Le roi d'Israël donna ses ordres, et dit : Prenez Michée, et le menez à Amon, gouverneur de la ville, et à Joas, fils d'Amélech,

26 et dites-leur : Voici ce que le roi a ordonné : Mettez cet homme dans la prison, et qu'on ne lui donne qu'un peu de pain et un peu

d'eau, jusqu'à ce que je revienne en paix.

27 Michée repartit : Si vous revenez en paix, le Seigneur n'a point parlé par ma bouche. Et il ajouta : Peuples, écoutez tous *ce que je dis.*

28 Le roi d'Israël et Josaphat, roi de Juda, marchèrent donc contre Ramoth de Galaad.

29 Et le roi d'Israël dit à Josaphat : J'irai au combat après avoir changé d'habit. Mais pour vous, prenez vos habits *ordinaires.* Ainsi le roi d'Israël changea d'habit, et vint au combat.

30 Mais le roi de Syrie donna ses ordres aux officiers qui commandaient la cavalerie, et leur dit : Ne vous attachez dans le combat à aucun, ni petit ni grand, mais seulement au roi d'Israël.

31 Ainsi lorsque ceux qui commandaient la cavalerie aperçurent Josaphat, ils dirent : C'est le roi d'Israël. Ils l'environnèrent de tous côtés, et commencèrent à le charger ; mais ce prince poussa des cris au Seigneur, qui le secourut, et les écarta tous de lui.

32 Car comme ces chefs de la cavalerie virent que ce n'était point le roi d'Israël, ils le laissèrent.

33 Mais il arriva qu'un homme du peuple tira une flèche au hasard, et qu'il en frappa le roi d'Israël entre le cou et les épaules. Il dit aussitôt à son cocher : Tourne bride, et tire-moi du combat, car je suis blessé.

34 Ainsi la guerre fut terminée en ce jour. Cependant le roi d'Israël demeura dans son chariot jusqu'au soir, faisant ferme contre les Syriens, et il mourut au coucher du soleil.

CHAPITRE XIX.

JOSAPHAT s'en revint en paix dans son palais à Jérusalem.

2 Le prophète Jéhu, fils d'Hanani, vint au-devant de lui, et lui dit : Vous donnez du secours à un impie, et vous faites alliance avec ceux qui haïssent le Seigneur : vous vous étiez rendu digne pour ce sujet de la colère de Dieu ;

3 mais il s'est trouvé de bonnes œuvres en vous, parce que vous avez exterminé de la terre de Juda les bois *consacrés aux idoles*, et que vous avez porté votre cœur à chercher le Seigneur, le Dieu de vos pères.

4 Josaphat demeura donc à Jérusalem, et il fit encore la visite de son peuple, depuis Bersabée jusqu'aux montagnes d'Éphraïm, et les fit rentrer dans le culte du Seigneur, le Dieu de leurs pères.

5 Il établit aussi des juges dans toutes les places fortes de Juda, et dans chaque lieu *particulier*.

6 Et il donna ses ordres à ces juges, et leur dit : Prenez bien garde à tout ce que vous ferez : car ce n'est pas la justice des hommes que vous exercez ; c'est celle du Seigneur ; et tout ce que vous aurez jugé retombera sur vous.

7 Que la crainte du Seigneur soit avec vous, et apportez tous les soins imaginables à vous bien acquitter de votre devoir. Car il n'y a point d'injustice dans le Seigneur, notre Dieu, ni d'acception de personnes, ni aucun désir de présents.

8 Josaphat établit aussi dans Jérusalem des Lévites, des prêtres et des chefs des familles d'Israël ; afin qu'ils y rendissent la justice à ceux qui y demeuraient, dans les affaires qui regardaient le Seigneur, et dans celles qui regardaient les particuliers.

9 Il leur donna ses ordres, et leur dit : Vous ferez toutes choses dans la crainte du Seigneur avec fidélité, et avec un cœur parfait.

10 Quand quelque affaire de vos frères qui sont dans leurs villes *particulières*, viendra à vous, soit qu'il s'agisse de quelque intérêt de famille, ou de quelque question de la loi, des commandements, des cérémonies et des préceptes, apprenez-leur *ce qui est conforme à la loi,* de peur qu'ils ne pèchent contre le Seigneur, et que sa colère ne tombe sur vous et sur vos frères. Et si vous vous conduisez de la sorte, vous ne pécherez point.

11 Amarias, votre pontife, présidera dans les choses qui regardent Dieu ; et Zabadias, fils d'Ismahel, chef de la maison de Juda, présidera dans les affaires qui regardent le roi. Vous avez aussi parmi vous les Lévites, qui vous serviront de maîtres. Soyez pleins de force, et acquittez-vous avec soin de vos devoirs, et le Seigneur vous traitera favorablement.

CHAPITRE XX.

APRÈS ceci les Moabites et les Ammonites, avec leurs alliés, s'assemblèrent contre Josaphat pour lui faire la guerre.

2 Des courriers vinrent en apporter la nouvelle à Josaphat, et lui dirent : Voici une grande multitude qui vient contre vous des lieux qui sont au delà de la mer, et de la Syrie, et ils sont campés à Asason-thamar, qui est Engaddi.

3 Alors Josaphat, saisi de crainte, s'appliqua entièrement à prier le Seigneur, et fit publier un jeûne dans tout le royaume de Juda.

4 Tout Juda s'assembla pour implorer l'assistance du Seigneur ; et tout le monde même sortit de ses villes pour lui venir offrir leurs prières.

5 Après que Josaphat se fut levé au milieu de cette multitude dans la maison du Seigneur, devant le nouveau parvis,

6 il dit : Seigneur, qui êtes le Dieu de nos pères ! vous êtes le Dieu du ciel, et vous dominez sur tous les royaumes des nations ; vous avez la force et la puissance entre vos mains, et nul ne peut vous résister.

7 N'est-ce pas vous, mon Dieu ! qui avez fait mourir tous les habitants de cette terre en présence d'Israël, votre peuple, et qui l'avez donnée à la postérité d'Abraham, votre ami, *pour la posséder à jamais ?*

8 Ils y ont établi leur demeure, et y ont bâti un sanctuaire à votre nom, et ils ont dit :

9 Si les maux viennent fondre sur nous, l'épée de *votre* jugement, la peste, la famine ; nous nous présenterons devant vous dans cette maison, où votre nom a été invoqué, et nous pousserons nos cris vers vous dans nos afflictions : vous nous exaucerez, et vous nous délivrerez.

10 Voici donc maintenant que les enfants d'Ammon et de Moab, et *ceux qui habitent* la montagne de Séir, sur les terres desquels vous ne voulûtes pas permettre à Israël, votre peuple, de passer lorsqu'ils sortaient d'Égypte, les obligeant de prendre une autre route, et de ne les pas détruire ;

11 *voici, dis-je, qu'*ils tiennent une conduite bien différente, faisant tous leurs efforts pour nous chasser des terres que vous nous avez données, et dont vous nous avez mis en possession.

12 Vous qui êtes notre Dieu ! ne ferezvous donc point justice de ces gens-là ? *Nous reconnaissons que* nous n'avons point assez de force pour résister à toute cette multitude qui vient fondre sur nous. Mais comme nous ne savons pas même ce que nous avons à faire, il ne nous reste autre chose que de tourner les yeux vers vous.

13 Or tout le peuple de Juda était devant le Seigneur, avec leurs femmes, leurs enfants, et ceux même qui étaient encore à la mamelle.

14 Là se trouva aussi Jahaziel, fils de Zacharie, fils de Banaïas, fils de Jéhiel, fils de Mathanias, Lévite de la famille d'Asaph ; et l'Esprit de Dieu descendit sur lui au milieu de cette multitude,

15 et il dit : Écoutez, vous tous, *peuple de* Juda, et vous autres qui demeurez à Jérusalem, et vous aussi, roi Josaphat : Voici ce que le Seigneur vous dit : Ne craignez rien, et n'appréhendez point cette multitude. Ce ne sera pas vous qui combattrez, mais Dieu.

16 Demain vous irez au-devant d'eux : car ils monteront par le coteau du mont appelé Sis, et vous les rencontrerez à l'extrémité du torrent qui regarde le désert de Jéruel.

17 Ce ne sera pas vous qui combattrez ; demeurez seulement fermes, et vous verrez le secours du Seigneur sur vous, ô Juda et Jérusalem ! ne craignez point, et ne vous effrayez point ; vous marcherez demain contre eux, et le Seigneur sera avec vous.

18 Alors Josaphat et *le peuple de* Juda, et tous ceux qui demeuraient à Jérusalem, se prosternèrent en terre devant le Seigneur, et l'adorèrent.

19 Et en même temps les Lévites de la famille de Caath et de celle de Coré chantaient hautement les louanges du Seigneur, le Dieu d'Israël, et de toute la force de leur voix.

20 Et le lendemain au matin ils se levèrent, et marchèrent au travers du désert de Thécué. Et comme ils étaient en chemin,

Josaphat se tint debout au milieu d'eux, et leur dit : Écoutez-moi, hommes de Juda, et vous tous qui demeurez à Jérusalem : Mettez votre confiance dans le Seigneur, votre Dieu, et vous n'aurez rien à craindre ; croyez à ses prophètes, et tout vous réussira.

21 Après avoir donné ses avis au peuple, il établit par troupes des chantres pour louer le Seigneur. Ils marchaient devant l'armée, et tous ne faisant qu'un chœur, ils chantaient *ce cantique* : Louez le Seigneur, parce que sa miséricorde est éternelle.

22 Et dans le même temps qu'ils eurent commencé à chanter ces paroles, le Seigneur tourna tous les desseins des ennemis contre eux-mêmes ; c'est-à-dire, des enfants d'Ammon et de Moab, *et des habitants* du mont Séir, qui s'étant mis en marche dans le dessein de battre Juda, furent tous défaits.

23 Car les enfants d'Ammon et de Moab se mirent à combattre ceux du mont Séir, les tuèrent et les défirent. Et après cette action ils tournèrent encore leurs armes contre eux-mêmes, et ils se tuèrent les uns les autres.

24 L'armée de Juda étant donc arrivée sur ce lieu élevé, d'où l'on découvre le désert, elle vit de loin toute la plaine couverte de corps morts, sans qu'il fût resté un seul homme qui eût pu se sauver.

25 Josaphat s'avança donc avec tout son monde, pour prendre les dépouilles des morts : ils trouvèrent parmi les corps morts diverses sortes de meubles, des habits et des vases très-précieux qu'ils prirent : de sorte qu'ils ne purent emporter tout, ni enlever pendant trois jours ces dépouilles, tant le butin fut grand.

26 Le quatrième jour ils s'assemblèrent dans la vallée de Bénédiction : car parce qu'ils y avaient béni le Seigneur, ils nommèrent ce lieu la vallée de Bénédiction, *et ce nom lui est demeuré* jusqu'à présent.

27 Ensuite tout Juda, et ceux qui habitaient dans Jérusalem, s'en retournèrent à Jérusalem. Josaphat marchait devant eux, et ils étaient tous comblés de joie de ce que le Seigneur les avait fait triompher de leurs ennemis.

28 Ils entrèrent donc à Jérusalem et dans le temple au son des harpes, des guitares et des trompettes.

29 Et la terreur du Seigneur se répandit sur tous les royaumes *voisins*, lorsqu'ils eurent appris que le Seigneur avait lui-même combattu contre les ennemis d'Israël.

30 Ainsi le royaume de Josaphat demeura tranquille, et Dieu lui donna la paix avec ses voisins.

31 Josaphat régna donc sur Juda : il commença à régner à l'âge de trente-cinq ans ; il en régna vingt-cinq à Jérusalem. Sa mère se nommait Azuba, et était fille de Sélahi.

32 Il marcha dans les voies de son père Asa, il ne s'en détourna point, et il fit ce qui était agréable aux yeux de Dieu.

33 Néanmoins il ne détruisit pas les hauts lieux ; et le peuple n'avait pas encore tourné son cœur vers le Seigneur, le Dieu de ses pères.

34 Pour le reste des actions de Josaphat, tant les premières que les dernières, elles sont écrites dans l'histoire de Jéhu, fils d'Hanani, qui a été insérée dans les livres des Rois d'Israël.

35 Après cela Josaphat, roi de Juda, fit amitié avec Ochozias, roi d'Israël, dont les actions furent très-impies.

36 Et il convint avec lui qu'ils équiperaient une flotte pour aller à Tharsis. Ils firent donc bâtir des vaisseaux à Asiongaber.

37 Mais Éliézer, fils de Dodaü de Marésa, prophétisa à Josaphat, et lui dit : Parce que vous avez fait alliance avec Ochozias, Dieu a renversé vos desseins. En effet, les vaisseaux furent brisés, et ils ne purent aller à Tharsis.

CHAPITRE XXI.

JOSAPHAT s'endormit avec ses pères, et il fut enseveli avec eux dans la ville de David ; et son fils Joram régna en sa place.

2 Joram eut pour frères Azarias, Jahiel, Zacharias, Azarias, Michaël et Saphatias, tous fils de Josaphat, roi de Juda.

3 Leur père leur donna de grandes sommes d'or et d'argent, avec des pensions et des villes très-fortes dans le royaume de Juda : mais il donna le royaume à Joram, parce qu'il était l'aîné.

4 Joram prit donc possession du royaume de son père ; et lorsqu'il s'y fut bien affermi, il fit mourir par l'épée tous ses frères et quelques-uns des principaux d'Israël.

5 Joram avait trente-deux ans lorsqu'il commença à régner, et il régna huit ans à Jérusalem.

6 Il marcha dans les voies des rois d'Israël, comme avait fait la maison d'Achab : car *Athalie*, sa femme, était fille d'Achab ; et il fit le mal en la présence du Seigneur.

7 Cependant le Seigneur ne voulut point perdre la maison de David, à cause de l'alliance qu'il avait faite avec lui, et parce qu'il avait promis qu'il lui donnerait toujours une lampe, à lui et à ses enfants.

8 Édom se révolta alors pour n'être plus assujetti à Juda, et se fit un roi.

9 Joram se mit en campagne avec ses principaux officiers, et toute sa cavalerie qui le suivait ; et s'étant levé la nuit, il attaqua et défit Édom qui l'avait environné, et tous ceux qui commandaient sa cavalerie.

10 Édom a continué néanmoins de se révolter jusqu'aujourd'hui, afin de n'être plus sous la puissance de Juda. En ce même temps Lobna se retira aussi de l'obéissance de Joram, parce qu'il avait abandonné le Seigneur, le Dieu de ses pères.

11 Il fit faire outre cela des hauts lieux dans les villes de Juda ; et il engagea les habitants de Jérusalem dans la fornication *de l'idolâtrie*, et rendit Juda prévaricateur.

12 Or on lui apporta des lettres du prophète Élie, où il était écrit : Voici ce que dit le Seigneur, le Dieu de David, votre aïeul : Parce que vous n'avez point marché dans les voies de Josaphat, votre père, ni dans celles d'Asa, roi de Juda,

13 mais que vous avez suivi l'exemple des rois d'Israël, et que vous avez fait tomber Juda et les habitants de Jérusalem dans la fornication, imitant la fornication de la maison d'Achab, et que de plus vous avez fait tuer vos frères qui étaient de la maison de votre père, et meilleurs que vous ;

14 le Seigneur va aussi vous frapper d'une grande plaie, vous et votre peuple, vos enfants, vos femmes, et tout ce qui vous appartient.

15 Vous serez frappé dans le ventre d'une maladie très-maligne, qui vous fera jeter tous les jours peu à peu vos entrailles.

16 Le Seigneur excita donc contre Joram l'esprit des Philistins et des Arabes, voisins des Éthiopiens.

17 Ils entrèrent dans la terre de Juda, la ravagèrent, et emportèrent tout ce qu'ils trouvèrent dans le palais du roi, emmenèrent ses fils et ses femmes : de sorte qu'il ne lui resta d'enfants que Joachaz, le plus jeune de tous.

18 Et par-dessus tout cela Dieu le frappa d'une maladie incurable dans les entrailles.

19 Ainsi les jours et les temps se succédant les uns aux autres, deux ans se passèrent : de sorte qu'étant tout consumé et pourri par la longueur de ce mal, il jetait même ses entrailles, et il ne trouva la fin de son mal que dans celle de sa vie. Il mourut donc d'une très-horrible maladie ; et le peuple ne lui rendit point dans sa sépulture les honneurs qu'on avait rendus à ses ancêtres, en brûlant *pour lui des parfums* selon la coutume.

20 Joram avait trente-deux ans quand il commença à régner, et il régna huit ans à Jérusalem : mais il ne marcha pas avec un cœur droit. On l'enterra dans la ville de David, mais on ne le mit point dans le sépulcre des rois.

CHAPITRE XXII.

LES habitants de Jérusalem établirent roi en sa place Ochozias, le plus jeune de ses fils : parce qu'une troupe de voleurs arabes qui avaient fait une irruption dans le camp, avaient tué tous ses frères qui étaient plus âgés que lui. Ainsi Ochozias, fils de Joram, roi de Juda, prit possession du royaume.

2 Il avait vingt-deux ans quand il commença à régner, et il ne régna qu'un an à Jérusalem. Sa mère se nommait Athalie, *petite-fille* d'Amri.

3 Ce prince suivit aussi les voies de la maison d'Achab : car sa mère le porta à l'impiété.

4 Il fit donc le mal en la présence du Seigneur, comme la maison d'Achab, qui lui servit de conseil après la mort de son père ; et ce fut là la cause de sa perte.

5 Il marcha selon leurs conseils, et il alla à Ramoth de Galaad, avec Joram, fils d'Achab, roi d'Israël, faire la guerre à Hazaël, roi de Syrie ; et Joram fut blessé par les Syriens.

6 Comme il avait reçu beaucoup de blessures dans cette bataille, il s'en revint à Jezrahel pour s'y faire traiter. Ochozias, fils de Joram, roi de Juda, vint donc à Jezrahel pour voir Joram qui y était malade.

7 Et ce fut par la volonté de Dieu, qui voulait punir Ochozias, qu'il vint rendre visite à Joram, et qu'y étant venu, il marcha avec lui contre Jéhu, fils de Namsi, que le Seigneur avait oint pour exterminer la maison d'Achab.

8 Comme donc Jéhu s'en allait pour ruiner la maison d'Achab, il trouva les princes de Juda, et les fils des frères d'Ochozias qui le servaient ; il les tua *tous*.

9 Et cherchant aussi Ochozias, il le surprit caché dans *la province de* Samarie, et après qu'on le lui eut amené, il le fit mourir. On lui rendit l'honneur de la sépulture, parce qu'il était fils de Josaphat, qui avait cherché le Seigneur de tout son cœur : mais il n'y avait plus d'espérance qu'aucun de la race d'Ochozias pût régner ;

10 parce qu'Athalie, sa mère, voyant que son fils était mort, fit tuer tout ce qui restait de la maison royale de Joram.

11 Néanmoins Josabeth, fille du roi, prit Joas, fils d'Ochozias, et le déroba du milieu des *autres* enfants du roi, lorsqu'on les massacrait ; et elle le cacha, lui et sa nourrice, dans la chambre des lits : et Josabeth, qui l'avait *ainsi* caché, était fille de Joram, femme du pontife Joïada, et sœur d'Ochozias : c'est pourquoi Athalie ne put point le faire mourir.

12 Joas fut donc caché avec les prêtres dans la maison de Dieu durant les six années que régna Athalie sur le pays.

CHAPITRE XXIII.

LA septième année Joïada, animé d'un nouveau courage, choisit les centeniers, Azarias, fils de Jéroham, Ismahel, fils de Johanan, Azarias, fils d'Obed, Maasias, fils d'Adaïas, et Élisaphat, fils de Zechri, et fit un traité avec eux.

2 Et comme ils parcouraient toute la Judée, ils assemblèrent les Lévites de toutes les villes de Juda, et les chefs de toutes les familles d'Israël, qui se rendirent à Jérusalem.

3 Toute cette multitude fit donc un traité dans le temple avec le roi ; et Joïada leur dit : Voilà le fils du roi, *c'est lui* qui doit régner, selon ce que le Seigneur a prononcé en faveur de tous les descendants de David.

4 Voici ce que vous devez faire :

5 La troisième partie de vous tous, prêtres, Lévites et portiers, qui venez pour faire votre semaine dans le temple, gardera les portes ; l'autre troisième partie se placera vers le palais du roi ; et la troisième à la porte que l'on nomme du fondement : le reste du peuple se tiendra dans le parvis de la maison du Seigneur.

6 Que qui que ce soit n'entre dans la maison du Seigneur, que les prêtres et les Lévites qui sont en fonction ; il n'y entrera que ceux-là, parce qu'ils sont sanctifiés. Le reste du peuple fera garde à la maison du Seigneur.

7 Que les Lévites *qui sortiront de semaine*, demeurent *tous* auprès de la personne du roi avec leurs armes ; et si quelque autre *que les Lévites* entrait dans le temple, qu'on le tue. Qu'ils accompagnent toujours le roi, soit qu'il entre ou qu'il sorte.

8 Les Lévites et tout Juda exécutèrent tout ce que le pontife Joïada leur avait ordonné. Tous prirent les gens qui étaient sous eux, tant ceux qui venaient à leur rang faire leur semaine, que ceux qui l'avaient faite et qui sortaient de service ; parce que le pontife Joïada n'avait point permis aux troupes qui devaient se succéder chaque semaine, de se retirer.

9 Le grand prêtre Joïada donna à tous les centeniers les lances et les boucliers, grands et petits, du roi David, qu'il avait consacrés dans la maison du Seigneur ;

10 et il rangea tout le peuple, qui avait l'épée à la main, devant l'autel, depuis le côté droit du temple jusqu'au côté gauche, tout autour du roi.

11 Ensuite ils amenèrent le fils du roi, et lui mirent sur la tête la couronne et *le livre de* la loi ; et ils lui mirent dans la main *le livre de* la loi, et le déclarèrent roi. Le grand prêtre Joïada, assisté de ses enfants, l'oignit *et le sacra* ; et *tous* lui souhaitant un heureux règne, se mirent à crier : Vive le roi !

12 Lorsque Athalie eut entendu la voix du peuple qui courait et qui bénissait le roi, elle vint vers ce peuple dans le temple du Seigneur.

13 Et dès qu'elle eut vu à l'entrée du temple le roi sur une estrade, les princes et des troupes autour de lui, et tout le peuple qui dans la joie sonnait de la trompette et jouait de toutes sortes d'instruments, et *qu'elle eut entendu* les voix de ceux qui chantaient les louanges du roi, elle déchira ses vêtements, et s'écria : Trahison ! trahison !

14 Or le pontife Joïada s'avançant vers les centeniers et les chefs de l'armée, leur dit : Tirez-la hors de l'enceinte du temple, et lorsqu'elle sera dehors, percez-la de vos épées. Mais il leur commanda *surtout* de ne la pas tuer dans la maison du Seigneur.

15 Ils la prirent donc par le cou ; et lorsqu'elle fut entrée dans la porte des chevaux de la maison du roi, ils la tuèrent en cet endroit.

16 Joïada fit une alliance entre lui, tout le peuple et le roi, afin qu'ils fussent à l'avenir le peuple du Seigneur.

17 C'est pourquoi tout le peuple entra dans le temple de Baal, et le détruisit : il brisa toutes ses images et ses autels, et tua Mathan, prêtre de Baal, devant l'autel.

18 Joïada établit aussi des officiers pour la garde du temple du Seigneur, qui dépendraient des prêtres et des Lévites, selon la distribution que David en avait faite ; *afin qu'ils servissent* dans la maison du Seigneur, *et* qu'ils offrissent des holocaustes au Seigneur, comme il est écrit dans la loi de Moïse, avec joie et avec des cantiques, ainsi que David l'avait ordonné.

19 Il mit encore des portiers aux portes de la maison du Seigneur, afin que nul souillé de quelque impureté que ce fût, n'y pût entrer.

20 Ensuite il prit les centeniers, et les plus braves et les premiers du peuple, avec tout le reste de la multitude, et ils firent descendre le roi de la maison du Seigneur, le conduisirent dans son palais, le firent passer par la grande porte, et le mirent sur le trône royal.

21 Tout le peuple fut dans la joie, et la ville en paix, après que l'on eut fait mourir Athalie par l'épée.

CHAPITRE XXIV.

JOAS n'avait que sept ans quand il commença à régner, et il régna quarante ans à Jérusalem. Sa mère s'appelait Sébie, et elle était de Bersabée.

2 Et il fit ce qui était bon en la présence du Seigneur, tant que vécut le pontife Joïada.

3 Joïada lui fit épouser deux femmes, dont il eut des fils et des filles.

4 Après cela Joas conçut le dessein de réparer la maison de Dieu.

5 Ainsi il fit assembler les prêtres et les Lévites, et il leur dit : Allez par toutes les villes de Juda, et ramassez de tout Israël l'argent *qu'il doit fournir* tous les ans pour les réparations du temple, et faites cela avec toute la diligence possible. Mais les Lévites exécutèrent cet ordre avec assez de négligence.

6 Le roi fit donc appeler le pontife Joïada, et lui dit : Pourquoi n'avez-vous point eu soin d'obliger les Lévites d'apporter tout l'argent qui se lève sur Juda et sur Jérusalem, selon l'ordonnance que fit Moïse, serviteur de Dieu, lorsqu'il engagea tout Israël de contribuer à la construction du tabernacle de l'alliance ?

7 Car la très-impie Athalie et ses enfants avaient ruiné la maison de Dieu, et avaient orné le temple de Baalim de tout ce qui avait été *offert et* consacré au temple du Seigneur.

8 Et le roi leur commanda de faire un tronc, et ils le mirent auprès de la porte de la maison du Seigneur en dehors.

9 Puis on fit publier en Juda et à Jérusalem, que chacun vînt apporter au Seigneur l'argent que Moïse, son serviteur, avait imposé sur tout Israël dans le désert.

10 Tous les officiers et le peuple eurent une grande joie. Ils entrèrent et mirent dans le tronc du Seigneur l'argent *qu'ils devaient donner ;* et ils y en jetèrent tant qu'il en fut rempli.

11 Lorsqu'il était temps de faire porter ce tronc devant le roi, par les mains des Lévites, parce qu'ils voyaient qu'il y avait beaucoup d'argent ; le secrétaire du roi venait avec celui que le grand prêtre avait choisi, et ils vidaient tout l'argent de ce tronc, puis ils reportaient le tronc à sa place ; ce qu'ils faisaient tous les jours : et *ainsi* ils amassèrent une somme immense d'argent,

12 que le roi et le pontife mirent entre les mains des officiers qui conduisaient les ouvrages de la maison du Seigneur : ces officiers l'employèrent à payer les tailleurs de pierres, et tous les autres ouvriers qu'ils faisaient travailler aux réparations de la maison du Seigneur ; ils en payaient aussi les artisans qui travaillaient en fer et en cuivre, afin qu'ils rétablissent ce qui menaçait ruine.

13 Ces ouvriers *habiles* travaillèrent avec beaucoup *de soin et* d'industrie, et ils réparèrent toutes les fentes *et* ouvertures des murs. Ils rétablirent la maison du Seigneur dans son premier état, et l'affermirent sur ses fondements.

14 Après avoir fait faire entièrement tous ces ouvrages, ils portèrent au roi et au pontife Joïada l'argent qui restait, et l'on en fit les vases nécessaires pour le ministère du temple, et pour les holocaustes ; des tasses et tous les autres vaisseaux d'or et d'argent : et l'on offrait continuellement des holocaustes dans le temple du Seigneur durant toute la vie de Joïada.

15 Joïada vécut jusqu'à une grande vieillesse, et étant plein de jours, il mourut âgé de cent trente ans.

16 On l'ensevelit avec les rois dans la ville de David, parce qu'il avait fait beaucoup de bien à Israël, et à l'égard de *Dieu et de* sa maison.

17 Après que Joïada fut mort, les princes de Juda vinrent trouver le roi, et lui rendirent de profonds respects. Ce prince gagné par leurs soumissions, se rendit fort complaisant à leur égard.

18 Ils abandonnèrent le temple du Seigneur, le Dieu de leurs pères, et s'attachèrent au culte des idoles et des bois consacrés aux faux dieux. Et ce péché attira la colère *du Seigneur* sur Juda et sur Jérusalem.

19 Il leur envoyait des prophètes pour les ramener au Seigneur ; mais ils ne voulaient point les écouter, quelques protestations qu'ils leur fissent.

20 L'Esprit de Dieu remplit donc le *grand* prêtre Zacharie, fils de Joïada, et il vint se présenter devant le peuple, et leur dit : Voici ce que dit le Seigneur Dieu : Pourquoi violez-vous les préceptes du Seigneur ? Cela ne vous sera pas avantageux. Et pourquoi avez-vous abandonné le Seigneur, pour le porter aussi à vous abandonner ?

21 Ces gens s'unirent ensemble contre lui, et le lapidèrent dans le parvis de la maison du Seigneur, selon l'ordre qu'ils en avaient reçu du roi.

22 Ainsi Joas ne se souvint point des extrêmes obligations qu'il avait à Joïada, père de Zacharie ; mais il fit tuer son fils, qui sur le point d'expirer, dit : Que le Seigneur le vole, et qu'il en tire *lui-même* la vengeance !

23 L'année finie, l'armée de Syrie vint contre Joas ; elle entra dans Juda et dans Jérusalem, et fit mourir tous les princes du peuple, et elle envoya au roi de Damas tout le butin qu'elle fit.

24 Et il est remarquable que ces Syriens étaient venus en fort petit nombre, et que Dieu leur livra entre les mains une multitude infinie, parce qu'ils avaient abandonné le Seigneur, le Dieu de leurs pères. Et ils traitèrent Joas même avec la dernière ignominie.

25 Ils se retirèrent ensuite, et le laissèrent dans d'extrêmes langueurs : ses serviteurs mêmes s'élevèrent contre lui, pour venger le sang du fils de Joïada, souverain pontife, et ils le tuèrent dans son lit. Il fut enterré dans la ville de David, mais non dans le tombeau des rois.

26 Ceux qui avaient conspiré contre lui étaient Zabad, fils de Semmaath, *qui était une* Ammonite, et Jozabad, fils de Sémarith, *qui était une* Moabite.

27 Ce qui regarde ses enfants, la grande somme d'argent qu'on avait amassée sous lui, et le rétablissement de la maison de Dieu, est écrit avec plus de soin *et plus en détail* dans le livre des Rois ; et Amasias, son fils, régna au lieu de lui.

CHAPITRE XXV.

AMASIAS avait vingt-cinq ans lorsqu'il commença à régner, et il en régna vingt-neuf à Jérusalem. Sa mère s'appelait Joadan, *et était* de Jérusalem.

2 Il fit le bien en la présence du Seigneur, mais non pas d'un cœur parfait.

3 Lorsqu'il vit son empire affermi, il fit mourir les serviteurs qui avaient tué le roi, son père ;

4 mais il ne fit point mourir leurs enfants, comme il est écrit dans le livre de la loi de Moïse, où le Seigneur fait cette ordonnance, et dit : Vous ne ferez point mourir les pères pour les enfants, ni les enfants pour les pères ; mais chacun souffrira la mort pour son propre péché.

5 Amasias assembla donc *tout le peuple de* Juda ; il les distribua par familles, et *leur donna* des tribuns et des centeniers dans toute l'étendue de Juda et de Benjamin : et dans le dénombrement qu'il en fit depuis l'âge de vingt ans et au-dessus, il trouva trois cent mille jeunes hommes qui pouvaient aller à la guerre et porter la lance et le bouclier.

6 Il prit aussi à sa solde cent mille hommes forts et robustes du royaume d'Israël, pour *lesquels il donna* cent talents d'argent.

7 Alors un prophète vint le trouver, et lui dit : Ô roi ! ne souffrez point que l'armée d'Israël marche avec vous : car Dieu n'est point avec Israël, ni avec les enfants d'Éphraïm.

8 Si vous vous imaginez que *le succès de* la guerre dépende de la force de l'armée, Dieu fera que vous serez vaincu par vos ennemis. Car c'est de Dieu que vient le secours, et c'est lui qui met en fuite.

9 Amasias répondit à l'homme de Dieu : Que deviendront donc les cent talents que j'ai donnés aux soldats d'Israël ? Et le prophète répliqua : Dieu est assez riche pour vous en rendre beaucoup davantage.

10 Ainsi Amasias sépara l'armée qui lui était venue d'Éphraïm, et la renvoya en son pays. Ces troupes s'en retournèrent chez eux, mais étrangement irritées contre Juda.

11 Amasias plein de force *et* de confiance lit marcher son peuple, et se rendit dans la vallée des Salines, où il défit dix mille des enfants de Séir.

12 Les fils de Juda prirent aussi dix mille prisonniers ; ils les menèrent sur la pointe du rocher, et les précipitèrent du haut en bas, de sorte qu'ils furent tous brisés.

13 Mais l'année qu'Amasias avait congédiée, afin qu'elle ne vînt point à la guerre avec lui, se répandit par toutes les villes de Juda, depuis Samarie jusqu'à Bethoron, et après avoir tué trois mille hommes, elle fit un grand butin.

14 Et Amasias après avoir taillé en pièces les Iduméens, et avoir emporté les dieux des enfants de Séir, en fit ses propres dieux, les adora et leur offrit de l'encens.

15 Cette action irrita le Seigneur contre Amasias, et il lui envoya un prophète pour lui dire : Pourquoi avez-vous adoré des dieux qui n'ont pu délivrer leur peuple de vos mains ?

16 Comme le prophète parlait ainsi, Amasias répondit : Est-ce à vous à donner conseil au roi ? Taisez-vous, de peur qu'il ne vous en coûte la vie. Alors le prophète se retira, et lui dit : Je sais que Dieu a résolu de vous perdre, parce que vous avez commis un si grand crime, et que de plus vous n'avez pas voulu vous rendre à mes avis.

17 Amasias, roi de Juda, prit donc une malheureuse résolution, et envoya des ambassadeurs à Joas, fils de Joachaz, fils de Jéhu, roi d'Israël, et lui fit dire : Venez, et voyons-nous l'un l'autre.

18 Mais Joas lui fit cette réponse par ses ambassadeurs : Le chardon qui est sur le mont Liban, envoya vers le cèdre du Liban,

et lui dit : Donnez votre fille en mariage à mon fils. Et voilà que les bêtes qui étaient dans la forêt du Liban, passèrent, et foulèrent aux pieds le chardon.

19 Vous avez dit, J'ai défait Édom ; et votre cœur s'est enflé d'orgueil de ce succès : demeurez chez vous *en paix* ; pourquoi cherchez-vous votre malheur pour périr vous-même, et faire périr Juda avec vous ?

20 Amasias ne voulut point l'écouter, parce que le Seigneur avait résolu de le livrer entre les mains de ses ennemis, à cause des dieux d'Édom.

21 Joas, roi d'Israël, s'avança donc, et les deux armées se mirent en présence : Amasias, roi de Juda, était *campé* à Beth-samès de Juda :

22 et Juda plia devant Israël, et s'enfuit dans ses tentes.

23 Enfin Joas, roi d'Israël, prit Amasias, roi de Juda, fils de Joas, fils de Joachaz, dans *le camp de* Beth-samès, et l'emmena à Jérusalem, et fit abattre quatre cents coudées des murailles de cette ville, depuis la porte d'Éphraïm jusqu'à la porte de l'angle.

24 Il emporta même à Samarie tout l'or et l'argent, et tous les vases qu'il trouva dans la maison de Dieu, chez *les descendants d'*Obédédom, et dans les trésors du palais royal. Il ramena aussi à Samarie les fils de ceux qui étaient en ôtage.

25 Amasias, fils de Joas, roi de Juda, vécut quinze ans après la mort de Joas, fils de Joachaz, roi d'Israël.

26 Le reste des actions d'Amasias, tant les premières que les dernières, est écrit dans le livre des Rois de Juda et d'Israël.

27 Après que ce prince eut abandonné le Seigneur, il se fit une conspiration contre lui dans Jérusalem. Et comme il se fut enfui à Lachis, les conjurés y envoyèrent, et l'y firent assassiner.

28 Ils le rapportèrent sur des chevaux, et l'enterrèrent avec ses ancêtres dans la ville de David.

CHAPITRE XXVI.

TOUT le peuple de Juda prit Ozias, âgé de seize ans, et le déclara roi en la place d'Amasias, son père.

2 Ce prince bâtit Ailath, et la remit sous l'empire de Juda, après que le roi *Amasias* se fut endormi avec ses pères.

3 Ozias avait seize ans quand il commença à régner, et il en régna cinquante-deux dans Jérusalem. Sa mère *était* de Jérusalem, et s'appelait Jéchélie.

4 Il fit ce qui était droit aux yeux du Seigneur, et il se conduisit en tout comme Amasias, son père.

5 Il chercha le Seigneur, tant que vécut Zacharie qui avait le don d'intelligence, et qui voyait Dieu. Et parce qu'il cherchait Dieu, Dieu le conduisit en toutes choses.

6 Enfin il se mit en campagne pour faire la guerre aux Philistins, il ruina les murs de Geth, de Jabnie et d'Azot, et il bâtit des places fortes dans Azot, et dans les terres des Philistins.

7 Et Dieu le soutint contre les Philistins, et contre les Arabes qui demeuraient dans Gurbaal, et contre les Ammonites.

8 Les Ammonites faisaient des présents à Ozias ; et sa réputation se répandit jusqu'à l'Égypte, à cause de ses fréquentes victoires.

9 Ozias éleva aussi des tours à Jérusalem sur la porte de l'angle, et sur la porte de la vallée, et d'autres encore dans le même côté de la muraille, et il fortifia ces tours.

10 Il bâtit encore des tours dans le désert, et il fit creuser plusieurs citernes, parce qu'il avait beaucoup de troupeaux, tant dans la campagne que dans l'étendue du désert. Il avait aussi des vignes et des vignerons sur les montagnes, et dans le Carmel, parce qu'il se plaisait fort à l'agriculture.

11 Les troupes qui composaient son armée, et qui étaient destinées à faire la guerre, étaient commandées par Jéhiel, secrétaire, par Maasias, docteur *de la loi*, et par Hananias, l'un des généraux du roi.

12 Le nombre des chefs de famille, et des hommes d'une valeur distinguée, montait à deux mille six cents.

13 Et toute l'armée qu'ils avaient sous eux était de trois cent sept mille cinq cents *soldats*, tous gens de cœur *et* aguerris, et qui combattaient pour le roi contre ses ennemis.

14 Ozias donna ordre qu'il y eût toujours provision d'armes pour toute cette armée : des boucliers, des piques, des casques, des cuirasses, des arcs, et des frondes pour jeter des pierres.

15 Et il fit faire dans Jérusalem toutes sortes de machines, qu'il lit mettre dans les tours, et dans les angles des murailles, pour tirer des flèches et jeter de grosses pierres : de sorte que *la gloire de* son nom se répandit fort loin, parce que le Seigneur était son secours et sa force.

16 Mais dans ce haut point de puissance *et* de grandeur, son cœur s'éleva d'orgueil pour sa perte : il négligea le Seigneur, son Dieu, et après être entré dans le temple du Seigneur, il voulut y offrir de l'encens sur l'autel des parfums.

17 Le pontife Azarias y entra aussitôt après lui, accompagné de quatre-vingts prêtres du Seigneur, tous gens d'une grande fermeté.

18 Ils s'opposèrent au roi, et lui dirent : Il ne vous appartient pas, sire, d'offrir de l'encens devant le Seigneur ; mais c'est aux prêtres, c'est-à-dire, aux enfants d'Aaron, qui ont été consacrés pour ce ministère. Sortez du sanctuaire, et ne méprisez point *notre conseil*, parce que cette action ne vous sera pas imputée à gloire par le Seigneur Dieu.

19 Ozias transporté de colère, et tenant *toujours* l'encensoir à la main pour offrir de l'encens, menaça les prêtres. Dans ce moment il fut frappé de lèpre, et elle parut sur son front en présence des prêtres, dans le temple du Seigneur, auprès de l'autel des parfums.

20 Et comme le pontife Azarias, et tous les autres prêtres eurent jeté les yeux sur lui, ils aperçurent la lèpre sur son front, et ils le chassèrent promptement. Et lui-même saisi de frayeur se hâta de sortir, parce qu'il sentit tout d'un coup que le Seigneur l'avait frappé de cette plaie.

21 Le roi Ozias fut donc lépreux jusqu'au jour de sa mort ; et il demeura dans une maison séparée, à cause de cette lèpre qui le couvrait, et qui l'avait fait chasser de la maison du Seigneur. Joatham, son fils, gouvernait la maison du roi, et rendait la justice au peuple du pays.

22 Le reste des actions d'Ozias, tant les premières que les dernières, a été écrit par le prophète Isaïe, fils d'Amos.

23 Et Ozias s'endormit avec ses pères, et on l'enterra dans le champ où étaient les tombeaux des rois, *mais non dans les tombeaux mêmes,* parce qu'il était lépreux ; et Joatham, son fils, régna en sa place.

CHAPITRE XXVII.

JOATHAM avait vingt-cinq ans quand il commença à régner, et il régna seize ans dans Jérusalem. Sa mère s'appelait Jérusa, *et était* fille de Sadoc.

2 Il fit ce qui était droit en la présence du Seigneur, et il se conduisit en tout comme avait fait Ozias, son père, si ce n'est qu'il n'entra point dans le temple du Seigneur, et le peuple continuait encore de vivre dans ses désordres.

3 Ce fut lui qui bâtit la grande porte de la maison du Seigneur, et qui fit faire beaucoup de bâtiments sur la muraille d'Ophel.

4 Il fit encore bâtir des villes sur les montagnes de Juda, et des châteaux et des tours dans les bois.

5 Il fit la guerre au roi des Ammonites, et il les vainquit ; et ils lui donnèrent en ce temps-là cent talents d'argent, dix mille mesures de froment, et autant d'orge. Ce fut là ce que les enfants d'Ammon lui donnèrent en la seconde et en la troisième année.

6 Et Joatham devint puissant, parce qu'il avait réglé ses voies en la présence du Seigneur, son Dieu.

7 Le reste des actions de Joatham, tous ses combats, et ce qu'il a fait de grand, est écrit dans le livre des Rois d'Israël et de Juda.

8 Il avait vingt-cinq ans quand il commença à régner, et il en régna seize dans Jérusalem.

9 Et Joatham s'endormit avec ses pères, et ils l'ensevelirent dans la ville de David ; et Achaz, son fils, régna en sa place.

CHAPITRE XXVIII.

ACHAZ avait vingt-*cinq* ans quand il commença à régner, et il régna seize ans à Jérusalem. Il ne fit point ce qui était droit en la présence du Seigneur, comme David, son père ;

2 mais il marcha dans les voies des rois d'Israël, et fit même fondre des statues à Baal.

3 C'est lui qui brûla de l'encens dans la vallée de Ben-Ennom, et qui fit passer ses enfants par le feu, selon la superstition des nations que le Seigneur fit mourir à l'arrivée des enfants d'Israël.

4 Il sacrifiait aussi, et brûlait des parfums sur les hauts lieux, sur les collines, et sous tous les arbres chargés de feuilles.

5 Et le Seigneur, son Dieu, le livra entre les mains du roi de Syrie, qui le défit, pilla ses États, et emmena un grand butin à Damas. Dieu le livra aussi entre les mains du roi d'Israël, et il fut frappé d'une grande plaie.

6 Car Phacée, fils de Romélie, tua cent vingt mille hommes de Juda en un seul jour, tous gens braves ; parce qu'ils avaient abandonné le Seigneur, le Dieu de leurs pères.

7 En même temps Zechri, homme très-puissant dans Éphraïm, tua Maasias, fils du roi, Ezrica, grand maître de la maison du roi, et Elcana, qui tenait après le roi le second rang dans ses États.

8 Et les enfants d'Israël prirent *et* firent captifs deux cent mille de leurs frères, tant femmes que garçons et filles, avec un butin infini qu'ils emmenèrent à Samarie.

9 Il y avait là alors un prophète du Seigneur, nommé Oded, qui alla au-devant de l'armée qui venait à Samarie ; et il leur dit : Vous avez vu que le Seigneur, le Dieu de vos pères, étant en colère contre Juda, l'a livré entre vos mains ; et vous les avez tués très-inhumainement, en sorte que votre cruauté est montée jusqu'au ciel.

10 Mais outre cela vous voulez encore vous assujettir les enfants de Juda et de Jérusalem, pour en faire vos esclaves et vos servantes : ce que vous ne devez point faire ; car vous avez en cela même péché contre le Seigneur, votre Dieu.

11 Mais écoutez le conseil que je vais vous donner : Remenez ces captifs que vous avez amenés d'entre vos frères : car Dieu est prêt à faire éclater sa fureur sur vous.

12 Ainsi quelques-uns des principaux des enfants d'Éphraïm, *savoir,* Azarias, fils de Johanan, Barachias, fils de Mosollamoth, Ézéchias, fils de Sellum, et Amasa, fils d'Adali, se présentèrent devant ceux qui revenaient du combat,

13 et leur dirent : Vous ne ferez point entrer ici vos captifs, de peur que nous ne péchions contre le Seigneur. Pourquoi voulez-vous ajouter de *nouveaux* péchés à ceux que nous avons déjà commis, et mettre le comble à nos anciens crimes ? Car ce péché est grand, et le Seigneur est sur le point de faire tomber sur Israël les plus redoutables effets de sa fureur.

14 Cette armée renvoya le butin, et tout ce qu'elle avait pris, en présence des principaux et de toute la multitude.

15 Et les personnes dont nous avons parlé, prirent les captifs et tous ceux qui étaient nus, les vêtirent des dépouilles, les habillèrent, les chaussèrent, et leur donnèrent à boire et à manger ; ils les oignirent, à cause qu'ils étaient fort fatigués, et en prirent tout le soin qu'ils purent : ils mirent sur des chevaux ceux qui ne pouvaient marcher, et dont les corps étaient dans une grande faiblesse, et les menèrent à Jéricho, ville des palmiers, vers leurs frères ; après quoi ils s'en retournèrent à Samarie.

16 En ce même temps le roi Achaz envoya au roi des Assyriens pour lui demander du secours.

17 Alors les Iduméens vinrent, tuèrent beaucoup de monde de Juda, et firent un grand butin.

18 Les Philistins se répandirent aussi dans les villes de la campagne, et au midi de Juda : ils prirent Beth-samès, Aïalon, Gadéroth, Socho, Thamnan et Gamzo, avec leurs bourgades, et ils s'y établirent.

19 Car Dieu avait humilié Juda à cause de son roi Achaz, parce qu'il l'avait réduit à être dénué de tout secours, et qu'il avait méprisé le Seigneur.

20 Le Seigneur fit aussi venir contre lui Thelgath-Phalnasar, roi des Assyriens, qui le battit et ravagea *son pays* sans trouver aucune résistance.

21 Achaz prenant donc tout ce qu'il y avait dans la maison du Seigneur, et dans le palais du roi et des princes, fit des présents au roi des Assyriens. Ce qui néanmoins ne lui servit de rien.

22 Mais de plus, le roi Achaz, dans le temps même de sa plus grande affliction, fit paraître encore un plus grand mépris du Seigneur, *par cette action qu'il fit* de lui-même :

23 Il immola des victimes aux dieux de Damas, qu'il regardait comme les auteurs de son malheur, et dit : Ce sont les dieux des rois de Syrie qui leur donnent secours ; je me les rendrai favorables par mes sacrifices, et ils m'assisteront : au lieu qu'au contraire ils furent cause de sa ruine et de celle de tout Israël.

24 Achaz ayant donc pris tous les vases de la maison de Dieu, et les ayant brisés, fit fermer les portes du temple de Dieu, et il fit dresser des autels dans toutes les places de Jérusalem.

25 Il éleva aussi des autels dans toutes les villes de Juda pour y offrir de l'encens *aux dieux étrangers*, et ainsi il provoqua la colère du Seigneur, le Dieu de ses ancêtres.

26 Pour le reste de ses actions, et de toute sa conduite, depuis le commencement jusqu'à la fin, il est écrit dans les livres des Rois de Juda et d'Israël.

27 Enfin Achaz s'endormit avec ses pères, et il fut enseveli dans la ville de Jérusalem ; mais ils ne le mirent pas dans les tombeaux des rois d'Israël. Et Ézéchias, son fils, régna en sa place.

CHAPITRE XXIX.

ÉZÉCHIAS commença donc à régner à l'âge de vingt-cinq ans, et il en régna vingt-neuf dans Jérusalem. Sa mère s'appelait Abia, *et était* fille de Zacharie.

2 Il fit ce qui était agréable aux yeux du Seigneur, selon tout ce qu'avait fait David, son père.

3 Dès le premier mois de la première année de son règne, il fit ouvrir les grandes portes de la maison du Seigneur, et il les rétablit.

4 Il fit aussi venir les prêtres et les Lévites, et les assembla dans la place qui est à l'orient,

5 et il leur parla ainsi : Écoutez-moi, Lévites ; purifiez-vous ; nettoyez la maison du Seigneur, le Dieu de vos pères, et ôtez toutes les impuretés du sanctuaire.

6 Nos pères ont péché, et ils ont commis le mal devant le Seigneur, notre Dieu, en l'abandonnant. Ils ont détourné leur visage de son tabernacle, et lui ont tourné le dos.

7 Ils ont fermé les portes du vestibule, et ont éteint les lampes ; ils n'ont plus brûlé d'encens, et n'ont plus offert de victimes dans le sanctuaire au Dieu d'Israël.

8 Ainsi la colère de Dieu s'est enflammée contre Juda et Jérusalem, il les a livrés à tous les mauvais traitements *de leurs ennemis*, jusqu'à les faire périr, et il les a rendus l'objet de leurs railleries, comme vous le voyez vous-mêmes de vos propres yeux.

9 C'est ainsi que nos pères sont péris par l'épée, et que nos fils, nos filles et nos femmes ont été emmenées captives en punition d'un si grand crime.

10 Je suis donc d'avis que nous renouvelions l'alliance avec le Seigneur, le Dieu d'Israël, et il détournera la fureur de sa colère de dessus nous.

11 Mes *chers* enfants, ne négligez pas *cet avis*. Le Seigneur vous a choisis pour paraître devant lui, pour le servir, pour lui rendre le culte qui lui est dû, et pour brûler de l'encens en son honneur.

12 Alors plusieurs Lévites se levèrent : D'entre les descendants de Caath, Mahath, fils d'Amasaï, et Joël, fils d'Azarias ; des descendants de Mérari, Cis, fils d'Abdi, et Azarias, fils de Jalaléel ; des descendants de Gerson, Joah, fils de Zemma, et Éden, fils de Joah ;

13 des descendants d'Élisaphan, Samri et Jahiel ; des descendants d'Asaph, Zacharie et Mathanie ;

14 des descendants d'Héman, Jahiel et Seméi ; des descendants

d'Idithun, Séméias et Oziel.

15 Ils assemblèrent leurs frères ; et s'étant sanctifiés, ils entrèrent dans le temple, suivant l'ordre du roi et le commandement du Seigneur, pour le purifier.

16 Les prêtres entrèrent aussi dans le temple du Seigneur pour le sanctifier, et ils ôtèrent tout ce qu'ils trouvèrent d'impur au dedans, et le portèrent dans le vestibule de la maison du Seigneur, où les Lévites le prirent pour le jeter dans le torrent de Cédron.

17 Ils commencèrent le premier jour du premier mois à tout nettoyer ; et le huitième jour du même mois ils entrèrent dans le portique du temple du Seigneur. Ils employèrent *encore* huit jours a purifier le temple ; et le seizième du même mois ils achevèrent ce qu'ils avaient commencé.

18 Ils se rendirent ensuite au palais du roi Ézéchias, et lui dirent : Nous avons sanctifié toute la maison du Seigneur, l'autel de l'holocauste, les vases sacrés, la table où l'on expose les pains, avec tous les vaisseaux,

19 et tous les ustensiles du temple, que le roi Achaz avait souillés durant son règne, depuis qu'il eut abandonné Dieu ; et l'on a tout exposé devant l'autel du Seigneur.

20 Alors le roi Ézéchias se levant de grand matin, assembla les principaux de la ville, et monta à la maison du Seigneur.

21 Ils offrirent donc ensemble sept taureaux, sept béliers et sept agneaux ; et sept boucs pour l'expiation des péchés, pour le royaume, pour le sanctuaire, et pour Juda : et il dit aux prêtres descendants d'Aaron, d'offrir *tout cela* sur l'autel du Seigneur.

22 Les prêtres immolèrent donc les taureaux, et en prirent le sang, qu'ils répandirent sur l'autel. Ils immolèrent aussi les béliers, et en répandirent le sang sur l'autel. Ils immolèrent de même les agneaux, et en répandirent le sang sur l'autel.

23 Ils firent amener les boucs, qui étaient pour le péché, devant le roi et devant tout le monde, et ils leur imposèrent les mains.

24 Les prêtres les immolèrent, et en répandirent le sang devant l'autel pour l'expiation des péchés de tout Israël. Car le roi avait commandé qu'on offrît pour tout Israël l'holocauste et *l'hostie* pour le péché.

25 Il établit aussi les Lévites dans la maison du Seigneur, avec les cymbales, les harpes et les guitares, en suivant ce que le roi David avait réglé par l'avis des prophètes Gad et Nathan : car c'était un ordre du Seigneur, qui avait été donné par le ministère des prophètes.

26 Les Lévites se trouvèrent donc *dans le temple* ; ils tenaient les instruments de David, et les prêtres avaient des trompettes.

27 Aussitôt Ézéchias commanda qu'on offrît les holocaustes sur l'autel ; et lorsque l'on offrait les holocaustes, ils se mirent à chanter les louanges du Seigneur, à sonner des trompettes, et à jouer de diverses sortes d'instruments que David, roi d'Israël, avait inventés.

28 Et pendant que le peuple *prosterné* adorait *le Seigneur*, les chantres et ceux qui tenaient des trompettes s'acquittaient de leur devoir, jusqu'à ce que l'holocauste fût achevé.

29 L'oblation finie, le roi se prosterna, et tous ceux qui étaient avec lui, et ils adorèrent.

30 Ézéchias et les principaux de la cour commandèrent aux Lévites de chanter les louanges de Dieu, et de n'y employer que les paroles de David et du prophète Asaph. Ils le firent avec grande joie, et s'étant mis à genoux, ils adorèrent.

31 Ézéchias ajouta encore ceci : Vous avez empli vos mains *pour faire des offrandes* au Seigneur ; approchez-vous *donc*, et offrez des victimes et des louanges dans la maison du Seigneur. Ainsi toute cette multitude offrit des hosties, des louanges et des holocaustes, avec un esprit rempli de dévotion.

32 Voici le nombre des holocaustes qui furent offerts : Soixante et dix taureaux, cent béliers et deux cents agneaux.

33 Outre cela ils sanctifièrent encore au Seigneur six cents bœufs et trois mille moutons.

34 Or il y avait alors peu de prêtres, et ils ne pouvaient suffire à ôter la peau des victimes destinées aux holocaustes. C'est pourquoi leurs frères, les Lévites, les aidèrent jusqu'à ce que tout fût achevé, et que l'on eût consacré des prêtres : car il y a bien moins de cérémonies à faire pour consacrer des Lévites, que pour consacrer des prêtres.

35 Ainsi l'on offrit beaucoup d'holocaustes, de graisses des hosties pacifiques, et de libations des holocaustes, et l'on rétablit entièrement le culte de la maison du Seigneur.

36 Et Ézéchias, avec tout son peuple, témoigna une grande joie de ce que le ministère du culte du Seigneur était rétabli : car la résolution de le faire en fut prise tout d'un coup.

CHAPITRE XXX.

ÉZÉCHIAS envoya aussi avertir tout Israël et tout Juda, et il écrivit à ceux d'Éphraïm et de Manassé, pour les inviter de venir au temple de Jérusalem pour immoler la pâque au Seigneur, le Dieu d'Israël.

2 Car le roi et les princes, et tout le peuple, s'étant assemblés à Jérusalem, avaient arrêté qu'on la ferait au second mois ;

3 parce qu'ils n'avaient pu la faire en son temps, n'ayant pas assez de prêtres sanctifiés, et *tout* le peuple n'étant pas encore assemblé à Jérusalem.

4 Cette résolution ayant été prise par le roi et par tout le peuple,

5 ils ordonnèrent qu'on enverrait des courriers dans tout *le royaume d'*Israël, depuis Bersabée jusqu'à Dan, pour les inviter à venir célébrer la pâque du Seigneur, le Dieu d'Israël, dans Jérusalem, parce que plusieurs ne l'avaient point célébrée *depuis longtemps,* comme il est ordonné par la loi.

6 Les courriers partirent par le commandement du roi et des princes, étant chargés de lettres, et ils passèrent dans tout Israël et Juda, publiant *partout* ce que le roi avait ordonné : Enfants d'Israël, revenez au Seigneur, le Dieu d'Abraham, d'Isaac et d'Israël ; et il reviendra aux restes qui ont échappé à la main du roi des Assyriens.

7 Ne faites pas comme vos pères et vos frères, qui se sont retirés du Seigneur, le Dieu de leurs pères, qui les a livrés à la mort, comme vous le voyez.

8 N'endurcissez pas vos cœurs comme vos pères *ont fait* ; donnez les mains au Seigneur, et venez à son sanctuaire, qu'il a sanctifié pour jamais. Servez le Seigneur, le Dieu de vos pères, et il détournera sa colère et sa fureur de dessus vous.

9 Car si vous revenez au Seigneur, vos frères et vos enfants trouveront miséricorde auprès des maîtres qui les ont emmenés captifs, et ils reviendront en ce pays-ci : parce que le Seigneur, votre Dieu, est bon, et porté à faire miséricorde ; et il ne détournera point son visage de vous, si vous revenez à lui.

10 Les courriers faisaient diligence, et allaient de ville en ville dans toute la terre d'Éphraïm, de Manassé et de Zabulon ; mais ces peuples se moquaient d'eux, et leur insultaient d'une manière insolente.

11 Néanmoins il y en eut quelques-uns d'Aser, de Manassé et de Zabulon, qui suivirent l'avis qu'on leur donnait, et vinrent à Jérusalem.

12 Pour ce qui est du royaume de Juda, la main du Seigneur agissant sur eux, fit qu'ils n'eurent tous qu'un cœur pour accomplir la parole du Seigneur, selon les ordres du roi et des princes.

13 Ainsi beaucoup de peuples s'assemblèrent à Jérusalem pour y célébrer la solennité des azymes le second mois.

14 Et se levant ils détruisirent les autels qui étaient à Jérusalem : ils mirent en pièces tout ce qui servait à offrir de l'encens aux idoles, et le jetèrent dans le torrent de Cédron.

15 Ils immolèrent donc la pâque le quatorzième jour du second mois : et enfin les prêtres et les Lévites qui s'étaient sanctifiés, offrirent des holocaustes dans la maison du Seigneur.

16 Et ils se mirent tous en leur rang selon l'ordonnance et la loi de Moïse, l'homme de Dieu : et les prêtres recevaient de la main des Lévites le sang que l'on devait répandre ;

17 parce qu'une grande partie du peuple ne s'était point *encore* sanctifié : et c'est pour cela que les Lévites immolèrent la pâque

pour ceux qui n'avaient pas assez pris de soin de se sanctifier au Seigneur.

18 Une grande partie du peuple d'Éphraïm, de Manassé, d'Issachar et de Zabulon, qui n'était point non plus sanctifié, ne laissa pas de manger la pâque, ne suivant point en cela ce qui est écrit. Ézéchias pria pour eux ; et dit : Le Seigneur est bon, il fera miséricorde

19 à tous ceux qui cherchent de tout leur cœur le Seigneur, le Dieu de leurs pères, et il ne leur imputera point ce défaut de sanctification.

20 Le Seigneur exauça ce prince, et se rendit favorable au peuple.

21 Ainsi les enfants d'Israël qui se trouvèrent à Jérusalem, célébrèrent *tous* la solennité des azymes pendant sept jours dans une grande joie, chantant tous les jours les louanges du Seigneur. Les Lévites et les prêtres *firent* aussi *la même chose*, en touchant les instruments qui étaient convenables à leur fonction.

22 Ézéchias parla avec beaucoup de bonté à tous les Lévites, qui entendaient le mieux le culte du Seigneur, et ils mangèrent *la pâque* pendant les sept jours que dura cette fête, immolant des victimes d'action de grâces, et louant le Seigneur, le Dieu de leurs pères.

23 Tout le monde fut aussi d'avis de célébrer encore sept autres jours de fête : ce qu'ils firent avec grande joie.

24 Car Ézéchias, roi de Juda, avait donné à tout ce monde mille taureaux et sept mille moutons ; et les principaux de la cour donnèrent au peuple mille taureaux et dix mille moutons. Ainsi il y eut une grande quantité de prêtres qui se purifièrent.

25 Et tout le peuple de Juda fut comblé de joie, tant les prêtres et les Lévites, que toute la multitude qui était venue *du royaume d'Israël* ; et les prosélytes mêmes, tant de la terre d'Israël, que ceux qui demeuraient dans celle de Juda.

26 Et il se fit une grande solennité à Jérusalem, telle qu'il n'y en avait point eu de semblable dans cette ville depuis le temps de Salomon, fils de David.

27 Enfin les prêtres et les Lévites se levèrent pour bénir le peuple ; et leur voix fut exaucée, leur prière ayant pénétré jusque dans le sanctuaire du ciel.

CHAPITRE XXXI.

TOUTES ces choses s'étant faites avec les cérémonies accoutumées, tous les Israélites qui se trouvèrent dans les villes de Juda, sortirent et brisèrent *toutes* les idoles, abattirent les bois profanes, ruinèrent les hauts lieux, et renversèrent les autels, non-seulement dans la terre de Juda et de Benjamin, mais aussi dans celle d'Éphraïm et de Manassé, jusqu'à ce qu'ils eussent tout détruit. Après cette action tous les enfants d'Israël s'en retournèrent dans leurs héritages et dans leurs villes.

2 Et Ézéchias divisa les prêtres et les Lévites en diverses classes, selon le partage qui avait été fait, tant des prêtres que des Lévites, chacun dans son office propre pour *offrir* les holocaustes et les sacrifices de paix ; afin qu'ils pussent servir dans leur ministère, louer Dieu, et chanter aux portes du camp du Seigneur.

3 Et le roi pour sa part voulut que l'on prît sur son domaine de quoi offrir l'holocauste du matin et du soir, comme aussi pour celui des jours de sabbat, des premiers jours des mois, et des autres solennités, ainsi qu'il est marqué dans la loi de Moïse.

4 Il commanda aussi au peuple qui demeurait à Jérusalem, de donner aux prêtres et aux Lévites la part *qui leur était due*, afin qu'ils pussent se donner tout entiers à la loi de Dieu.

5 Ce qui étant venu aux oreilles du peuple, les enfants d'Israël leur offrirent plusieurs prémices, du blé, du vin, de l'huile et du miel ; et leur donnèrent encore la dîme de tout ce que porte la terre.

6 Les enfants d'Israël et de Juda qui demeuraient dans les villes de Juda, offrirent aussi la dîme des bœufs et des moutons, avec la dîme des choses sanctifiées qu'ils avaient vouées au Seigneur, leur Dieu ; et portant tout cela, ils en firent de grands monceaux.

7 Ils commencèrent à faire ces monceaux le troisième mois, et ils les achevèrent le septième.

8 Le roi et les principaux de sa cour étant entrés, virent ces *grands* monceaux, et ils en louèrent le Seigneur, *et* souhaitèrent des bénédictions au peuple d'Israël.

9 Ézéchias demanda aux prêtres et aux Lévites pourquoi ces *grands* monceaux demeuraient ainsi exposés.

10 Le prêtre Azarias, qui était le premier de la race de Sadoc, répondit : Nous avons toujours vécu de ces prémices, depuis que l'on a commencé à les offrir au Seigneur, nous en avons pris abondamment : cependant il en est encore resté beaucoup, parce que le Seigneur a béni son peuple ; et cette grande abondance que vous voyez, n'en est que les restes.

11 Ézéchias donna donc ordre que l'on préparât des greniers dans la maison du Seigneur.

12 Ce qui étant fait, ils y portèrent fidèlement tant les prémices que les dîmes, et tout ce qui avait été offert, et l'on en donna le soin au Lévite Chonénias, et à son frère Seméi en second,

13 après lequel on établit encore pour gardes Jahiel, Azarias, Nahath, Asaël, Jérimoth, Jozabad, Éliel, Jesmachias, Mahath et Banaïas, sous l'autorité de Chonénias et de Seméi, son frère, par l'ordre du roi Ézéchias et d'Azarias, intendant de la maison de Dieu, auxquels on rendait compte de toutes choses.

14 Le Lévite Coré, fils de Jemna, qui gardait la porte orientale, était préposé sur les dons qu'on offrait volontairement au Seigneur, et sur les prémices et autres choses que l'on offrait dans le sanctuaire.

15 Sous lui *étaient* Éden, Benjamin, Jésué, Seméias, Amarias et Séchénias, dans les villes des prêtres, pour distribuer fidèlement à *chacun de* leurs confrères leur part, tant aux grands qu'aux petits,

16 et même aux enfants mâles depuis l'âge de trois ans et au-dessus, *enfin à* tous ceux qui avaient droit d'entrer dans le temple du Seigneur. *Ces officiers avaient encore soin de* tout ce que l'on devait distribuer chaque jour à ceux qui étaient en service et dans les divers offices, selon la distribution qu'on en avait faite,

17 aux prêtres mêmes pris selon l'ordre de leurs familles, et aux Lévites, *à compter* depuis vingt ans et au-dessus, en les divisant par troupes selon leur ordre.

18 Enfin l'on prenait sur les choses qui avaient été offertes, des vivres pour toute la multitude, pour les femmes et pour les enfants, garçons ou filles.

19 Il y avait même des descendants d'Aaron dans la campagne, et dans les faubourgs de toutes les villes, qui avaient soin de ce qu'il fallait donner à tous les mâles qui descendaient des prêtres ou des Lévites.

20 Ézéchias accomplit donc tout ce que nous venons de dire, dans toute l'étendue de Juda ; et il fit ce qui était bon, droit et véritable en la presence du Seigneur, son Dieu,

21 dans tout ce qui concerne le service de la maison du Seigneur, selon la loi et les cérémonies, cherchant Dieu de tout son cœur. Il le fit, et tout lui réussit heureusement.

CHAPITRE XXXII.

APRÈS que toutes ces choses eurent-été fidèlement exécutées, Sennachérib, roi des Assyriens, vint ; et étant entré dans *les terres de* Juda, il assiégea les plus fortes places pour s'en rendre maître.

2 Ézéchias voyant que Sennachérib s'avançait, et que tout l'effort de la guerre allait tomber sur Jérusalem,

3 tint conseil avec les principaux de la cour, et les plus braves officiers, s'il ne fallait point boucher les sources des fontaines qui étaient hors de la ville ; et tous en ayant été d'avis,

4 il assembla beaucoup de monde, et ils bouchèrent toutes les sources des fontaines, et le ruisseau qui coulait au milieu du pays : afin, disaient-ils, que si les rois des Assyriens viennent, ils ne trouvent pas cette abondance d'eau.

5 Il rebâtit aussi avec grand soin tous les remparts qui avaient été ruinés, et il fit faire des tours dessus avec une autre *enceinte de* murailles par dehors. Il rétablit la forteresse de Mello en la ville de David, et donna ordre que l'on fît toutes sortes d'armes et de

boucliers.

6 Il nomma ensuite des officiers pour commander son armée : puis assemblant tout le monde dans la place de la porte de la ville, il leur fit ce discours pour les animer :

7 Soyez braves, et conduisez-vous en gens de cœur : ne craignez rien, et n'ayez point peur du roi des Assyriens, ni de toute cette multitude qui l'accompagne : car il y a beaucoup plus de monde avec nous qu'avec lui.

8 Tout ce qui est avec lui n'est qu'un bras de chair : mais nous avons avec nous le Seigneur, notre Dieu, qui nous secourt et combat pour nous. Le peuple prit un nouveau courage par ces paroles d'Ézéchias, roi de Juda.

9 Après cela Sennachérib, roi des Assyriens, qui assiégeait Lachis avec toute son armée, envoya quelques officiers à Jérusalem vers Ézéchias, roi de Juda, et à tout le peuple qui était dans la ville, pour leur dire :

10 Voici ce que vous mande Sennachérib, roi des Assyriens : Sur qui pouvez-vous vous appuyer, pour demeurer en repos, assiégés dans Jérusalem ?

11 Ne voyez-vous pas qu'Ézéchias vous trompe, pour vous faire mourir de faim et de soif, vous assurant que le Seigneur, votre Dieu, vous délivrera de la main du roi des Assyriens ?

12 N'est-ce pas cet Ézéchias qui a renversé ses hauts lieux et ses autels, et qui a publié un ordre dans Juda et dans Jérusalem, qui porte que vous ne devez adorer que devant un seul autel, et que vous y brûlerez aussi votre encens ?

13 Ignorez-vous ce que nous avons fait, moi et mes ancêtres, à tous les peuples de la terre ? Les dieux des nations, et de toutes les provinces du monde, ont-ils été assez forts pour les délivrer de mes mains ?

14 Qui de tous les dieux des nations que mes ancêtres ont ravagées, a pu tirer son peuple de mes mains, pour vous donner lieu de croire que votre Dieu pourra vous sauver d'une telle puissance ?

15 Prenez donc garde qu'Ézéchias ne vous trompe, et qu'il ne vous joue par une vaine persuasion. Ne croyez rien de ce qu'il vous dit. Si aucun dieu des nations ni des autres royaumes n'a pu délivrer son peuple de ma main ni de celle de mes pères, votre Dieu par conséquent ne pourra non plus vous tirer de la mienne.

16 Les officiers de Sennachérib dirent encore beaucoup d'autres choses contre le Seigneur, et contre Ézéchias, son serviteur.

17 Il écrivit aussi des lettres pleines de blasphèmes contre le Seigneur, le Dieu d'Israël, et il parla contre lui, *en disant :* Comme les dieux des autres nations n'ont pu délivrer leur peuple de ma main, de même le Dieu d'Ézéchias ne pourra pas non plus sauver son peuple de cette puissance.

18 De plus *ces officiers* élevant leur voix de toutes leurs forces, ils parlèrent en langue judaïque au peuple qui était sur les murs de Jérusalem, pour l'épouvanter, et se rendre ainsi maîtres de la ville.

19 Ils parlèrent contre le Dieu de Jérusalem, comme contre les dieux des peuples de la terre, qui sont l'ouvrage de la main des hommes.

20 Mais le roi Ézéchias et le prophète Isaïe, fils d'Amos, opposèrent leurs prières à ces blasphèmes, et poussèrent des cris jusqu'au ciel.

21 Et *bientôt* le Seigneur envoya un ange qui tua tout ce qu'il y avait de gens forts et portant armes dans l'armée du roi des Assyriens, et les chefs mêmes qui la commandaient : de sorte que *Sennachérib* s'en retourna avec ignominie en son pays ; et étant entré dans le temple de son dieu, ses enfants qui étaient sortis de lui, le tuèrent de leur *propre* épée.

22 Le Seigneur délivra ainsi Ézéchias et les habitants de Jérusalem de la main de Sennachérib, roi des Assyriens, et de la main de tous *leurs ennemis*, et il leur donna la paix avec leurs voisins.

23 Plusieurs même faisaient porter des victimes à Jérusalem pour y offrir des sacrifices au Seigneur, et *faisaient des* présents à Ézéchias, roi de Juda, dont la réputation fut depuis fort grande parmi toutes les nations.

24 En ce temps Ézéchias fut malade d'une maladie mortelle, et il fit sa prière au Seigneur qui l'exauça, et il lui *en* donna un signe.

25 Mais Ézéchias ne rendit pas *à Dieu* ce qu'il *lui* devait pour les biens qu'il avait reçus *de lui* ; parce que son cœur s'éleva, et la colère *de Dieu* s'alluma contre lui, contre Juda et contre Jérusalem.

26 Ensuite il s'humilia avec tous les citoyens de Jérusalem, de ce que son cœur s'était élevé : c'est pourquoi la colère de Dieu ne vint point sur eux durant la vie d'Ézéchias.

27 Or Ezéchias fut *un prince* très-riche et très-glorieux : il amassa de grands trésors d'argent, d'or et de pierreries, d'aromates, de toutes sortes d'armes et de vases de grand prix.

28 *Il avait aussi* de grands magasins de blé, de vin et d'huile, des étables *et* des écuries pour toutes sortes de gros bétail *et* de bêtes de charge, et des bergeries pour ses troupeaux.

29 Et il lit bâtir des villes pour lui, parce qu'il avait une infinité de troupeaux de brebis, et de toutes sortes de grandes bêtes, et que le Seigneur lui avait donné une abondance extraordinaire de biens.

30 C'est ce même *roi* Ézéchias qui boucha la haute fontaine des eaux de Gihon, et les fit couler sous terre vers l'occident de la ville de David, et qui réussit heureusement en toutes ses entreprises.

31 Néanmoins Dieu pour le tenter, et pour faire voir tout ce qu'il avait dans son cœur, se retira de lui dans cette ambassade des princes de Babylone, qui avaient été envoyés vers lui pour s'informer du prodige qui était arrivé sur la terre.

32 Pour le reste des actions d'Ézéchias, et de toutes ses bonnes œuvres, il est écrit dans les prophéties du prophète Isaïe, fils d'Amos, et dans le livre des Rois de Juda et d'Israël.

33 Ézéchias s'endormit enfin avec ses pères, et on l'ensevelit dans un lieu plus élevé que les tombeaux des rois, ses prédécesseurs. Tout Juda et tout Jérusalem célébrèrent ses funérailles ; et Menassé, son fils, régna en sa place.

CHAPITRE XXXIII.

MANASSÉ avait douze ans quand il commença à régner, et il en régna cinquante-cinq à Jérusalem.

2 Mais il fit le mal devant le Seigneur, suivant les abominations des peuples que le Seigneur avait exterminés devant les enfants d'Israël.

3 Il rebâtit les hauts lieux que son père Ézéchias avait démolis, il dressa des autels à Baal, il planta des bois profanes, et il adora toute la milice du ciel, et lui sacrifia.

4 Il bâtit aussi des autels *profanes* dans la maison du Seigneur, de laquelle le Seigneur avait dit : Mon nom demeurera éternellement dans Jérusalem.

5 Et il les éleva en l'honneur de toute l'armée du ciel, dans les deux parvis du temple du Seigneur.

6 Il fit aussi passer ses fils par le feu dans la vallée de Ben-Ennom ; il observait les songes, il suivait les augures, il s'adonnait à l'art de magie, il avait auprès de lui des magiciens et des enchanteurs, et commit beaucoup de maux devant le Seigneur, qui en fut irrité.

7 Il mit aussi une idole, ou statue de fonte, dans la maison du Seigneur, de laquelle Dieu avait dit, parlant à David et a Salomon, son fils : J'établirai mon nom pour jamais dans cette maison et dans Jérusalem, que j'ai choisie entre toutes les tribus d'Israël.

8 Et je ne ferai plus sortir Israël de la terre que j'ai donnée à leurs pères ; pourvu seulement qu'ils aient soin d'accomplir ce que je leur ai commandé, toute la loi, les cérémonies et les préceptes que je leur ai donnés par l'entremise de Moïse.

9 Manassé séduisit donc Juda et *tous* les habitants de Jérusalem, les porta à faire plus de mal que toutes les autres nations que le Seigneur avait détruites en présence des enfants d'Israël.

10 Et Dieu lui parla, à lui et à son peuple, et ils ne voulurent point l'écouter.

11 C'est pourquoi Dieu fit venir sur eux les princes de l'armée du roi des Assyriens, qui après avoir pris Manassé, lui mirent les fers aux pieds et aux mains, et l'emmenèrent à Babylone.

12 Manassé réduit à cette grande extrémité pria le Seigneur, son Dieu, et il conçut un très-vif repentir en la présence du Dieu de ses pères.

13 Il lui adressa ses gémissements et ses instantes supplications : et le Seigneur exauça sa prière, et le ramena à Jérusalem dans son royaume ; et Manassé reconnut que le Seigneur était *le vrai* Dieu.

14 Après cela il fit travailler à la muraille qui est hors de la ville de David, à l'occident de Gihon dans la vallée, depuis l'entrée de la porte des poissons, continuant l'enceinte jusqu'à Ophel ; et il éleva fort cette muraille. Il mit aussi des officiers de l'armée dans toutes les places fortes de Juda.

15 Il ôta les dieux étrangers et l'idole de la maison du Seigneur. *Il détruisit* les autels qu'il avait fait faire sur la montagne de la maison du Seigneur et en Jérusalem, et il fit jeter tout hors de la ville.

16 Il rétablit aussi l'autel du Seigneur, et il y immola des victimes et des hosties pacifiques et d'action de grâces ; et il ordonna *à tous les peuples de* Juda de servir le Seigneur, le Dieu d'Israël.

17 Cependant le peuple immolait encore sur les hauts lieux au Seigneur, son Dieu.

18 Le reste des actions de Manassé, la prière qu'il fit à son Dieu, et les remontrances qui lui furent faites par les prophètes qui lui parlaient de la part du Seigneur, le Dieu d'Israël, sont rapportées dans le livre des Rois d'Israël.

19 La prière aussi qu'il fit à Dieu, et la manière dont Dieu l'exauça, tous les crimes qu'il commit, et le mépris *qu'il eut pour Dieu*, les hauts lieux qu'il fit construire, les bois profanes qu'il planta, et les statues qu'il y érigea avant sa pénitence, sont écrits dans le livre d'Hozaï.

20 Manassé s'endormit donc avec ses pères, et il fut enseveli dans sa maison ; son fils Amon régna au lieu de lui.

21 Amon avait vingt-deux ans quand il commença à régner, et il régna deux ans dans Jerusalem.

22 Il fit le mal en la présence du Seigneur, comme Manassé, son père, et il sacrifia à toutes les idoles que Manassé avait fait faire, et il les adora.

23 Il ne respecta point le Seigneur, comme son père Manassé l'avait respecté ; mais il commit des crimes beaucoup plus grands.

24 Ses serviteurs conspirèrent contre lui, et le tuèrent dans sa maison.

25 Mais le reste du peuple ayant fait mourir tous ceux qui avaient tué Amon, établit roi Josias, son fils, au lieu de lui.

CHAPITRE XXXIV.

JOSIAS avait huit ans quand il commença à régner, et il régna trente et un ans à Jérusalem.

2 Il fit ce qui était bon en la présence du Seigneur, et marcha dans les voies de David, son père, sans se détourner ni à droite ni à gauche.

3 Dès la huitième année de son règne, étant encore fort jeune, il commença à chercher le Dieu de David, son père. Et la douzième année après qu'il eut commencé à régner, il purifia Juda et Jérusalem des hauts lieux, des bois profanes, des idoles et des figures de sculpture.

4 Il fit détruire en sa présence les autels de Baal, et briser les idoles qu'on avait posées dessus. Il fit encore abattre les bois profanes, et mit en pièces les idoles *qui y étaient*, et en jeta tous les morceaux sur les tombeaux de ceux qui avaient accoutumé de leur offrir des victimes.

5 De plus il brûla les os des prêtres *des idoles* sur leurs autels, et purifia Juda et Jérusalem.

6 Il renversa encore tout dans les villes de Manassé, d'Éphraïm et de Siméon, jusqu'à Nephthali.

7 Et après qu'il eut renversé les autels et les bois profanes, et qu'il eut mis en pièces les idoles et ruiné tous leurs temples dans toute la terre d'Israël, il s'en revint à Jérusalem.

8 Ainsi l'an dix-huit de son règne, ayant déjà purifié la terre et le temple du Seigneur, il envoya Saphan, fils d'Ésélie, et Maasias, gouverneur de la ville, et Joha, fils de Joachaz, son secrétaire, pour rétablir la maison du Seigneur, son Dieu.

9 Ils vinrent trouver le grand prêtre Helcias, et ayant reçu de lui l'argent qui avait été porté en la maison du Seigneur, et que les Lévites et les portiers avaient recueilli *de la tribu* de Manassé et d'Éphraïm, et de tout ce qui était resté d'Israël, et encore de tout Juda et Benjamin, et de ceux qui demeuraient à Jérusalem,

10 ils le mirent entre les mains de ceux qui faisaient travailler les ouvriers dans le temple pour le rétablir, et pour en réparer toutes les ruines :

11 et ceux-ci donnèrent cet argent à des ouvriers et à des tailleurs de pierres, afin qu'ils en achetassent des pierres des carrières, et du bois pour la charpente, et pour faire les planchers des maisons que les rois de Juda avaient détruites.

12 Et ces officiers s'acquittaient fidèlement de toutes ces choses. Or ceux qui avaient soin de faire travailler les ouvriers, et qui pressaient l'ouvrage, étaient Jahath et Abdias, de la race de Mérari, Zacharie et Mosollam, de la race de Caath ; tous Lévites qui savaient jouer des instruments.

13 Mais ceux qui portaient les fardeaux pour divers usages, étaient commandés par des scribes, des juges et des portiers de l'ordre des Lévites.

14 Or comme l'on transférait l'argent qui avait été porté au temple du Seigneur, le pontife Helcias trouva un livre de la loi du Seigneur *donnée* par les mains de Moïse,

15 et il dit au secrétaire Saphan : J'ai trouvé le livre de la loi du Seigneur dans le temple. Et il le lui mit entre les mains.

16 Et Saphan porta ce livre au roi, et lui rendant compte de tout, lui dit : Ce que vous avez commandé à vos serviteurs, s'exécute fidèlement.

17 Ils ont ramassé tout l'argent qu'ils ont trouvé dans la maison du Seigneur, et ils l'ont donné à ceux qui veillent sur les ouvriers, et sur les gens de métier qui font divers ouvrages.

18 Outre cela le pontife Helcias m'a encore chargé de ce livre. Et il le lut devant le roi.

19 Le roi ayant entendu les paroles de la loi, déchira ses vêtements ;

20 et il donna ses ordres à Helcias, à Ahicam, fils de Saphan, à Abdon, fils de Micha, à Saphan, secrétaire, et à Asaas, officier du roi, et leur dit :

21 Allez et priez le Seigneur pour moi et pour ce qui reste d'Israël et de Juda, sur tout ce qui est écrit dans ce livre qui a été trouvé : car la colère du Seigneur est près de fondre sur nous, parce que nos pères n'ont point écouté les paroles du Seigneur, ni accompli ce qui a été écrit dans ce livre.

22 Helcias et les autres qui avaient été envoyés par le roi, s'en allèrent donc trouver la prophétesse Olda, femme de Sellum, fils de Thécuath, fils de Hasra, gardien des vêtements, laquelle demeurait à Jérusalem dans la seconde partie de la ville ; et ils lui dirent ce que nous venons de rapporter ci-dessus.

23 Olda leur répondit : Voici ce que dit le Seigneur, le Dieu d'Israël : Dites à l'homme qui vous a envoyés vers moi :

24 Le Seigneur a dit : Je vais faire tomber sur ce lieu et sur ses habitants les maux et toutes les malédictions qui sont écrites dans ce livre qui a été lu devant le roi de Juda ;

25 parce qu'ils m'ont abandonné, qu'ils ont sacrifié aux dieux étrangers, et qu'ils m'ont irrité par toutes les œuvres de leurs mains. C'est pourquoi ma fureur se répandra sur ce lieu, et elle ne s'apaisera point.

26 Quant au roi de Juda, qui vous a envoyés pour implorer par des prières la miséricorde du Seigneur, vous lui direz : Voici ce que dit le Seigneur, le Dieu d'Israël : Parce que vous avez écouté les paroles de ce livre,

27 que votre cœur en a été attendri, et que vous vous êtes humilié devant Dieu, en entendant les maux dont Dieu menace ce lieu-ci et les habitants de Jérusalem ; et parce que vous avez été touché de ma crainte, que vous avez déchiré vos vêtements, et que vous avez pleuré devant moi : je vous ai aussi exaucé, dit le Seigneur.

28 C'est pourquoi je vous ferai reposer avec vos pères : vous

serez mis en paix dans votre tombeau, et vos yeux ne verront point tous les maux que je dois faire tomber sur cette ville et sur ses habitants. Ils vinrent donc rapporter au roi tout ce que cette prophétesse leur avait dit.

29 Et le roi ayant fait assembler tous les anciens de Juda et de Jérusalem,

30 il monta à la maison du Seigneur accompagné de tous les hommes de Juda et des citoyens de Jérusalem, des prêtres, des Lévites, et de tout le peuple, depuis le plus petit jusqu'au plus grand. Ils se mirent *tous* à écouter dans la maison du Seigneur, et le roi leur lut toutes les paroles de ce livre ;

31 et se tenant debout dans son tribunal, il fit alliance avec le Seigneur, pour marcher après lui dans ses voies, et pour garder ses préceptes, ses ordonnances et ses cérémomes, de tout son cœur et de toute son âme, et pour accomplir tout ce qui était écrit dans ce livre qu'il avait lu.

32 Et il fit promettre avec serment la même chose à tous ceux qui s'étaient trouvés à Jérusalem et dans *la terre de* Benjamin ; et tous ceux qui demeuraient à Jérusalem consentirent à cette alliance du Seigneur, le Dieu de leurs pères.

33 Ainsi Josias bannit toutes sortes d'abominations de toutes les terres des enfants d'Israël ; et il obligea tous ceux qui restaient encore dans Israël, de servir le Seigneur, leur Dieu. Et tant qu'il vécut, ils ne se séparèrent point du Seigneur, le Dieu de leurs pères.

CHAPITRE XXXV.

JOSIAS fit ensuite célébrer à Jérusalem la pâque du Seigneur, et elle fut immolée le quatorzième jour du premier mois.

2 Il établit les prêtres dans leurs fonctions, et les exhorta de servir dans la maison du Seigneur.

3 Il parla aussi aux Lévites, par les exhortations desquels tout Israël était sanctifié au Seigneur, *et il leur dit :* Remettez l'arche dans le sanctuaire du temple que Salomon, fils de David, roi d'Israël, a fait bâtir : car vous ne la porterez plus. Ayez seulement soin maintenant de servir le Seigneur, votre Dieu, et Israël, son peuple.

4 Préparez-vous donc par vos maisons et par vos familles, selon la distribution de chacun de vous, ainsi que l'avait ordonné David, roi d'Israël, et que l'a écrit Salomon, son fils.

5 Et servez dans le sanctuaire selon la distribution des familles et des compagnies établies parmi les Lévites.

6 Après vous être sanctifiés, immolez la pâque, et disposez aussi vos frères à pouvoir faire ce que le Seigneur a commandé par le ministère de Moïse.

7 Josias donna à tout le peuple qui se trouva à la solennité de paque, des agneaux et des chevreaux de ses troupeaux, et du reste de son bétail *jusqu'à* trente mille, et trois mille bœufs. Le roi donna tous ces animaux de son propre bien.

8 Ses officiers offrirent aussi ce qu'ils avaient promis tant au peuple qu'aux prêtres et aux Lévites. Outre cela Helcias, Zacharie et Jahiel, qui étaient les premiers officiers de la maison du Seigneur, donnèrent aux prêtres pour célébrer cette pâque, deux mille six cents bêtes de menu bétail, avec trois cents bœufs.

9 Mais Chonénias, avec Seméias et Nathanaël, ses frères, comme aussi Hasabias, et Jéhiel, et Jozabad, chefs des Lévites, donnèrent aux autres Lévites pour célébrer la pâque, cinq mille menues bêtes et cinq cents bœufs.

10 Après que tout fut préparé pour ce ministère, les prêtres se rendirent à leurs fonctions, et les Lévites aussi divisés par compagnies, selon le commandement du roi.

11 On immola donc la pâque : et les prêtres en répandirent eux-mêmes le sang, et les Levites écorchèrent les victimes des holocaustes ;

12 et ils les séparèrent, pour les distribuer par les maisons et les familles, afin qu'elles les offrissent au Seigneur, selon ce qui est écrit dans le livre de Moïse ; et ils firent la même chose des bœufs.

13 Ensuite ils firent rôtir la pâque sur le feu, comme il est écrit dans la loi ; ils firent cuire les victimes pacifiques dans des marmites, des chaudrons et des pots, et les distribuèrent promptement à tout le peuple.

14 Après quoi ils en préparèrent pour eux, et pour les prêtres : car les prêtres furent occupés jusqu'à la nuit à offrir les holocaustes et les graisses ; ce qui fut cause que les Lévites ne purent en préparer pour eux, ni pour les prêtres, fils d'Aaron, que les derniers.

15 Les chantres, fils d'Asaph, étaient aussi là dans leur rang selon l'ordre de David, et d'Asaph, Héman et Idithun, prophètes du roi. Les portiers étaient aussi soigneux de garder toutes les portes, sans s'éloigner un seul moment de leur office : c'est pourquoi les Lévites, leurs frères, leur préparèrent à manger.

16 Tout le culte du Seigneur fut donc exactement accompli ce jour-là, soit dans la célébration de la pâque, soit dans l'oblation des holocaustes, qui se fit sur l'autel du Seigneur, selon que le roi Josias l'avait ordonné.

17 Et les enfants d'Israël qui se trouvèrent là, firent la pâque en ce temps, et célébrèrent les azymes durant sept jours.

18 Il n'y eut point de pâque semblable à celle-ci dans Israël depuis le temps du prophète Samuel ; et de tous les rois d'Israël, il n'y en a point eu qui ait fait une pâque comme celle que Josias fit avec les prêtres, les Lévites, tout le peuple de Juda et ce qui se trouva d'Israël, et les habitants de Jérusalem.

19 Cette pâque fut célébrée la dix-huitième année du règne de Josias.

20 Après que Josias eut réparé le temple, Néchao, roi d'Égypte, alla porter la guerre à Charcamis sur l'Euphrate ; et Josias marcha pour s'opposer à lui.

21 Mais ce prmce lui envoya des ambassadeurs, qui lui dirent : Qu'avez-vous à démêler avec moi, ô roi de Juda ? Ce n'est pas contre vous que je viens aujourd'hui ; mais je vais faire la guerre à une autre maison, contre laquelle Dieu m'a commandé de marcher en diligence. Cessez donc de vous opposer aux desseins de Dieu qui est avec moi, de peur qu'il ne vous tue.

22 Josias ne voulut point s'en retourner ; mais il se prépara à le combattre, et il ne se rendit point à ce que lui dit Néchao, de la part de Dieu ; mais il continua sa marche pour lui livrer bataille dans le champ de Mageddo.

23 Et étant là il fut blessé par des archers, et il dit à ses gens : Tirez-moi d'ici, parce que je suis extrêmement blessé.

24 Ils le transportèrent d'un char dans un autre qui le suivait, selon la coutume des rois, et ils le portèrent à Jérusalem. Il mourut, et fut mis dans le tombeau de ses pères ; et tout Juda et Jérusalem le pleura,

25 particulièrement Jérémie, dont les lamentations sur la mort de Josias se chantent jusqu'à cette heure par les musiciens et par les musiciennes : cette coutume est comme une espèce de loi établie dans Israël. On les trouve écrites parmi les Lamentations.

26 Le reste des actions de Josias et toutes ses bonnes œuvres, conformes à ce qui est ordonné par la loi de Dieu,

27 et tout ce qu'il a fait, tant au commencement qu'a la fin de son règne, est écrit dans le livre des Rois de Juda et d'Israël.

CHAPITRE XXXVI.

LE peuple de ce pays prit donc Joachaz, fils de Josias, et l'établit roi en la place de son père dans Jérusalem.

2 Joachaz avait vingt-trois ans quand il commença à régner, et il régna trois mois dans Jérusalem.

3 Mais le roi d'Égypte étant venu à Jérusalem, le déposa, et condamna le pays à lui donner cent talents d'argent et un talent d'or.

4 Et il établit Éliakim, son frère, roi en sa place, sur Juda et sur Jérusalem, et l'appela Joakim. Et après s'être saisi de Joachaz, il l'emmena en Égypte avec lui.

5 Joakim avait vingt-cinq ans quand il commença à régner, et il regna onze ans à Jérusalem ; mais il fit le mal devant le Seigneur, son Dieu.

6 Ce fut contre lui que marcha Nabuchodonosor, roi des

Chaldéens ; et l'ayant chargé de chaînes, il l'emmena à Babylone,

7 où il transporta aussi les vases du Seigneur, et les mit dans son temple.

8 Le reste des actions de Joakim, et des abominations qu'il commit et qui se trouvèrent en lui, est contenu dans le livre des Rois de Juda et d'Israël. Son fils Joachin régna en sa place.

9 Joachin avait *dix*-huit ans quand il commença à régner ; il régna trois mois et dix jours dans Jérusalem, et il commit le mal en la présence du Seigneur.

10 Et à la fin de l'année le roi Nabuchodonosor envoya des troupes qui l'emmenèrent à Babylone, et emportèrent avec lui les vases les plus précieux de la maison du Seigneur ; et il établit roi en sa place sur Juda et sur Jérusalem son oncle Sédécias.

11 Sédécias avait vingt et un ans quand il commença à régner, et il régna onze ans à Jérusalem.

12 Il fit le mal en la présence du Seigneur, son Dieu, et il n'eut point de respect pour la présence du prophète Jérémie, qui lui parlait de la part du Seigneur.

13 Il se révolta même contre le roi Nabuchodonosor, à qui il avait juré fidélité, en employant le nom de Dieu. Il endurcit donc sa tête et son cœur pour ne plus retourner au Seigneur, le Dieu d'Israël.

14 Et en même temps tous les princes des prêtres et le peuple s'abandonnèrent à toutes les abominations des gentils, et profanèrent la maison du Seigneur, qu'il avait sanctifiée pour soi à Jérusalem.

15 Or le Seigneur, le Dieu de leurs pères, leur adressait souvent sa parole par l'entremise de ceux qu'il leur envoyait ; et il s'empressait de leur donner chaque jour des avertissements, parce qu'il voulait épargner son peuple et sa maison.

16 Mais eux se moquaient des personnes que Dieu leur envoyait, ils méprisaient ses paroles, et traitaient très-indignement ses prophètes, jusqu'à ce que la fureur du Seigneur s'élevât contre son peuple, et que le mal fût sans remède.

17 Car il fit venir contre eux le roi des Chaldéens, qui égorgea leurs enfants dans la maison de son sanctuaire, sans avoir pitié ni des jeunes gens, ni des jeunes filles, ni des personnes âgées, ni même de ceux qui étaient dans la dernière vieillesse : *Dieu* les livra tous entre ses mains ;

18 comme aussi tous les vaisseaux du temple tant grands que petits, tous les trésors de la maison du Seigneur, et de celle du roi et des princes, qu'il fit emporter à Babylone.

19 Les ennemis ensuite brûlèrent la maison du Seigneur, et ruinèrent les murs de Jérusalem ; ils mirent le feu à toutes les tours, et détruisirent tout ce qu'il y avait de précieux.

20 Si quelqu'un avait échappé la mort, il était emmené à Babylone pour être esclave du roi et de ses enfants, jusqu'à ce que le roi de Perse devînt le maître de cet empire ;

21 que la parole du Seigneur, qui avait été prononcée par la bouche de Jérémie, fût accomplie ; et que la terre célébrât ses jours de sabbat : car elle fut dans un sabbat continuel durant tout le temps de sa désolation, jusqu'à ce que les soixante et dix ans fussent accomplis.

22 Mais dans la première année de Cyrus, roi des Perses, le Seigneur, pour accomplir la parole qu'il avait dite par la bouche du prophète Jérémie, toucha le cœur de Cyrus, roi des Perses, qui commanda de publier dans tout son royaume l'édit qui suit, et d'en expédier même les patentes en cette forme :

23 Voici ce que dit Cyrus, roi des Perses : Le Seigneur, le Dieu du ciel, m'a mis tous les royaumes de la terre entre les mains, et il m'a aussi commandé de lui bâtir une maison dans Jérusalem qui est en Judée. Qui d'entre vous se trouve être de son peuple ? *Je souhaite* que le Seigneur, son Dieu, soit avec lui ! Qu'il parte donc promptement.

ESDRAS.

CHAPITRE PREMIER.

LA première année de Cyrus, roi de Perse, le Seigneur, pour accomplir la parole qu'il avait prononcée par la bouche de Jérémie, toucha le cœur de Cyrus, roi de Perse, qui fit publier dans tout son royaume cette ordonnance, même par écrit :

2 Voici ce que dit Cyrus, roi de Perse : Le Seigneur, le Dieu du ciel, m'a donné tous les royaumes de la terre, et m'a commandé de lui bâtir une maison dans la ville de Jérusalem qui est en Judée.

3 Qui d'entre vous est de son peuple ? Que son Dieu soit avec lui ! Qu'il aille à Jérusalem qui est en Judée ; et qu'il rebâtisse la maison du Seigneur, le Dieu d'Israël. Ce Dieu qui est à Jérusalem est le *vrai* Dieu.

4 Et que tous les autres, en quelques lieux qu'ils habitent, les assistent du lieu où ils sont, soit en argent et en or, soit de tous leurs autres biens, et de leurs bestiaux, outre ce qu'ils offriront volontairement pour le temple de Dieu, qui est à Jérusalem.

5 Alors les chefs des familles paternelles de Juda et de Benjamin, les prêtres et les Lévites, et tous ceux dont Dieu toucha le cœur, se préparèrent à s'en retourner pour bâtir le temple du Seigneur, qui était dans Jérusalem.

6 Et tous ceux qui demeuraient aux environs les assistèrent de vaisselle d'argent et d'or, de leurs biens, de leurs bêtes et de leurs meubles, outre ce qu'ils avaient offert volontairement *pour le temple*.

7 Le roi Cyrus leur remit aussi entre les mains les vases du temple du Seigneur, que Nabuchodonosor avait emportés de Jérusalem, et qu'il avait mis dans le temple de son dieu.

8 Cyrus, roi de Perse, les leur fit rendre par Mithridate, fils de Gazabar, qui les donna par compte à Sassabasar, prince de Juda.

9 Voici le nombre de ces vases : Trente coupes d'or, mille coupes d'argent, vingt-neuf couteaux, trente tasses d'or ;

10 quatre cent dix tasses d'argent pour de moindres usages, et mille autres vases.

11 Il y avait cinq mille quatre cents vases, tant d'or que d'argent. Sassabasar les emporta tous, en même temps que ceux qui avaient été emmenés captifs à Babylone retournèrent à Jérusalem.

CHAPITRE II.

VOICI le dénombrement des enfants d'Israël, qui ayant été emmenés captifs à Babylone par Nabuchodonosor, roi de Babylone, revinrent à Jérusalem et dans *le pays de* Juda, chacun en sa ville :

2 Ceux qui vinrent avec Zorobabel, *furent* Josué, Néhémias, Saraïa, Rahélaïa, Mardochaï, Belsan, Mesphar, Béguaï, Réhum et Baana. Voici le nombre des hommes du peuple d'Israël :

3 Les enfants de Pharos *étaient* deux mille cent soixante et douze ;

4 les enfants de Séphatia, trois cent soixante et douze ;

5 les enfants d'Aréa, sept cent soixante et quinze ;

6 les enfants de Phahath-Moab, *qui étaient* d'entre les fils de Josué *et de* Joab, deux mille huit cent douze ;

7 les enfants d'Élam, mille deux cent cinquante-quatre ;

8 les enfants de Zéthua, neuf cent quarante-cinq ;

9 les enfants de Zachaï, sept cent soixante ;

10 les enfants de Bani, six cent quarante-deux ;

11 les enfants de Bébaï, six cent vingt-trois ;

12 les enfants d'Azgad, mille deux cent vingt-deux ;

13 les enfants d'Adonicam, six cent soixante-six ;

14 les enfants de Béguaï, deux mille cinquante-six ;

15 les enfants d'Adin, quatre cent cinquante-quatre ;

16 les enfants d'Ather, qui venaient d'Ézéchias, quatre-vingt-dix-huit ;

17 les enfants de Bésaï, trois cent vingt-trois ;
18 les enfants de Jora, cent douze ;
19 les enfants d'Hasum, deux cent vingt-trois ;
20 les enfants de Gebbar, quatre-vingt-quinze ;
21 les enfants de Bethléhem, cent vingt-trois ;
22 les hommes de Nétupha, cinquante-six ;
23 les hommes d'Anathoth, cent vingt-huit ;
24 les enfants d'Azmaveth, quarante-deux ;
25 les enfants de Cariath-iarim, de Céphira et de Béroth, sept cent quarante-trois ;
26 les enfants de Rama et de Gabaa, six cent vingt et un ;
27 les hommes de Machmas, cent vingt-deux ;
28 les hommes de Béthel et de Haï, deux cent vingt-trois ;
29 les enfants de Nébo, cinquante-deux ;
30 les enfants de Megbis, cent cinquante-six ;
31 les enfants de l'autre Élam, douze cent cinquante-quatre ;
32 les enfants d'Harim, trois cent vingt ;
33 les enfants de Lod, d'Hadid et d'Ono, sept cent vingt-cinq ;
34 les enfants de Jéricho, trois cent quarante-cinq ;
35 les enfants de Senaa, trois mille six cent trente.
36 Les prêtres : Les enfants de Jadaïa, dans la maison de Josué, neuf cent soixante et treize ;
37 les enfants d'Emmer, mille cinquante-deux ;
38 les enfants de Pheshur, douze cent quarante-sept ;
39 les enfants d'Harim, mille dix-sept.
40 Les Lévites : Les enfants de Josué et de Cedmihel, fils d'Odovia, soixante et quatorze.
41 Les chantres : Les enfants d'Asaph, cent vingt-huit.
42 Les enfants des portiers : Les enfants de Sellum, les enfants d'Ater, les enfants de Telmon, les enfants d'Accub, les enfants d'Hatita, les enfants de Sobaï, qui tous ensemble font cent trente-neuf.
43 Les Nathinéens : Les enfants de Siha, les enfants d'Hasupha, les enfants de Tabbaoth,
44 les enfants de Céros, les enfants de Siaa, les enfants de Phadon,
45 les enfants de Lébana, les enfants d'Hagaba, les enfants d'Accub,
46 les enfants d'Hagab, les enfants de Semlaï, les enfants de Hanan,
47 les enfants de Gaddel, les enfants de Gaher, les enfants de Raaïa,
48 les enfants de Rasin, les enfants de Nécoda, les enfants de Gazam,
49 les enfants d'Aza, les enfants de Phaséa, les enfants de Bésée,
50 les enfants d'Aséna, les enfants de Munim, les enfants de Néphusim,
51 les enfants de Bacbuc, les enfants de Hacupha, les enfants de Harhur,
52 les enfants de Besluth, les enfants de Mahida, les enfants de Harsa,
53 les enfants de Bercos, les enfants de Sisara, les enfants de Théma,
54 les enfants de Nasia, les enfants d'Hatipha.
55 Les enfants des serviteurs de Salomon : Les enfants de Sotaï, les enfants de Sophereth, les enfants de Pharuda,
56 les enfants de Jala, les enfants de Dercon, les enfants de Geddel,
57 les enfants de Saphatia, les enfants de Hatil, les enfants de Phochereth, qui étaient d'Asébaïm, les enfants d'Ami.
58 Tous les Nathinéens, et les enfants des serviteurs de Salomon, *étaient au nombre de* trois cent quatre-vingt-douze.
59 Voici ceux qui vinrent de Thelmala, de Thelharsa, de Chérub, d'Adon et d'Émer ; et qui ne purent faire connaître la maison de leurs pères, ni s'ils étaient de la maison d'Israël :
60 Les enfants de Dalaïa, les enfants de Tobie, les enfants de Nécoda, *étaient* six cent cinquante-deux.
61 Et des enfants des prêtres : Les enfants d'Hobie, les enfants d'Accos, les enfants de Berzellaï, qui épousa une des filles de Berzellaï de Galaad, et qui fut appelé de leur nom :
62 ceux-ci cherchèrent l'écrit où était leur généalogie, et ne l'ayant point trouvé, ils furent rejetés du sacerdoce ;
63 et l'Athersatha, *ou gouverneur,* leur dit, de ne point manger des viandes sacrées, jusqu'à ce qu'il s'élevât un pontife docte et parfait.
64 Toute cette multitude était comme un seul homme, et comprenait quarante-deux mille trois cent soixante personnes,
65 sans les serviteurs et les servantes, qui étaient sept mille trois cent trente-sept ; et parmi eux il y avait deux cents chantres, hommes et femmes.
66 Ils menaient avec eux sept cent trente-six chevaux, deux cent quarante-cinq mulets,
67 quatre cent trente-cinq chameaux, six mille sept cent vingt ânes.
68 Quelques-uns des chefs des familles étant entrés dans Jérusalem au lieu où avait été le temple du Seigneur, offrirent d'eux-mêmes de quoi rebâtir la maison de Dieu au lieu où elle était autrefois.
69 Ils donnèrent selon leurs forces, pour faire la dépense de cet ouvrage, soixante et un mille drachmes d'or, cinq mille mines d'argent, et cent vêtements sacerdotaux.
70 Les prêtres et les Lévites, et ceux d'entre le peuple, les chantres, les portiers et les Nathinéens s'établirent donc dans leurs villes, et tout le peuple d'Israël demeura chacun dans sa ville.

CHAPITRE III.

LE septième mois étant venu, les enfants d'Israël qui étaient dans leurs villes, s'assemblèrent tous comme un seul homme dans Jérusalem.
2 Et Josué, fils de Josédec, et ses frères, *qui étaient* prêtres, avec Zorobabel, fils de Salathiel, et ses frères, commencèrent à bâtir l'autel du Dieu d'Israël, pour y offrir des holocaustes, selon qu'il est écrit dans la loi de Moïse, l'homme de Dieu.
3 Ils posèrent l'autel de Dieu sur ses bases, pendant que tous les peuples dont ils étaient environnés, s'efforçaient de les en empêcher. Et ils offrirent au Seigneur sur cet autel l'holocauste le matin et le soir.
4 Ils célébrèrent la fête des tabernacles, selon qu'il est prescrit, et ils offrirent l'holocauste chaque jour, selon son ordre, en la manière qu'il est commandé de l'observer jour par jour.
5 Ils offrirent encore l'holocauste perpétuel, tant au premier jour des mois que dans toutes les fêtes solennelles consacrées au Seigneur, et dans toutes celles auxquelles on offrait volontairement des présents au Seigneur.
6 Ils commencèrent au premier jour du septième mois à offrir des holocaustes au Seigneur. Or ou n'avait pas encore jeté les fondements du temple de Dieu.
7 Ils distribuèrent donc de l'argent aux tailleurs de pierres et aux maçons, et ils donnèrent à manger et à boire, avec de l'huile, aux Sidoniens et aux Tyriens, afin qu'ils portassent des bois de cèdre du Liban jusqu'au port de Joppé, selon l'ordre que Cyrus, roi de Perse, leur en avait donné.
8 La seconde année de l'arrivée du peuple en la ville de Jérusalem où avait été le temple de Dieu, au second mois, Zorobabel, fils de Salathiel, Josué, fils de Josédec, et leurs autres frères, prêtres et Lévites, avec tous ceux qui étaient venus du lieu de leur captivité à Jérusalem, commencèrent à presser l'œuvre du Seigneur, et ils établirent pour cela des Lévites depuis vingt ans et au-dessus.
9 Et Josué avec ses fils et ses frères, Cedmihel et ses enfants, et *tous* les enfants de Juda comme un seul homme, furent toujours présents pour presser ceux qui travaillaient au temple de Dieu ; comme aussi les enfants de Hénadad, avec leurs fils et leurs frères qui étaient Lévites.
10 Les fondements du temple du Seigneur ayant donc été posés par les maçons, les prêtres revêtus de leurs ornements se présentèrent avec leurs trompettes, et les Lévites, fils d'Asaph, avec leurs timbales, pour louer Dieu avec *les paroles de* David, roi

d'Israël.

11 Ils chantaient tous ensemble des hymnes, et publiaient la gloire du Seigneur, en disant : *Louez le Seigneur,* parce qu'il est bon, et que sa miséricorde s'est répandue pour jamais sur Israël. Tout le peuple poussait aussi de grands cris en louant le Seigneur, parce que les fondements du temple du Seigneur étaient posés.

12 Et plusieurs des prêtres et des Lévites, des chefs des familles, et des anciens, qui avaient vu le premier temple, considérant les fondements de celui-ci, qui était devant leurs yeux, jetaient de grands cris mêlés de larmes ; et plusieurs aussi élevant leur voix poussaient des cris de réjouissance :

13 et on ne pouvait discerner les cris de joie d'avec les plaintes de ceux qui pleuraient, parce que tout était confus dans cette grande clameur du peuple, et le bruit en retentissait bien loin.

CHAPITRE IV.

OR les ennemis de Juda et de Benjamin apprirent que les Israélites revenus de leur captivité bâtissaient un temple au Seigneur, le Dieu d'Israël :

2 et étant venus trouver Zorobabel et les chefs des familles, ils leur dirent : Laissez-nous bâtir avec vous ; parce que nous cherchons votre Dieu comme vous, et nous lui avons toujours immolé des victimes, depuis qu'Asor-Haddan, roi d'Assyrie, nous a envoyés en ce lieu.

3 Zorobabel, Josué et les autres chefs des familles d'Israël leur répondirent : Nous ne pouvons bâtir avec vous une maison à notre Dieu ; mais nous bâtirons nous seuls un temple au Seigneur, notre Dieu, comme Cyrus, roi des Perses, nous l'a ordonné.

4 Ainsi tout le peuple du pays empêcha autant qu'il put le peuple de Juda de bâtir *le temple*, et il le troubla dans son ouvrage.

5 Ils gagnèrent aussi par argent des ministres *du roi*, pour ruiner leur dessein pendant tout le règne de Cyrus, roi des Perses, jusqu'au règne de Darius, roi des Perses.

6 Au commencement du règne d'Assuérus, ils présentèrent par écrit une accusation contre ceux qui habitaient en Juda et dans Jérusalem.

7 Et sous le règne d'Artaxerxès, Bésélam, Mithridate, Thabéel et les autres qui étaient de leur conseil, écrivirent à Artaxerxès, roi des Perses. Leur lettre, par laquelle ils accusaient les Israélites, était écrite en syriaque, et se lisait en la langue des Syriens.

8 Réum Béeltéem, et Samsaï, secrétaire, écrivirent de Jérusalem une lettre au roi Artaxerxès.

9 Réum Béeltéem, *ou intendant,* Samsaï, secrétaire, et leurs autres conseillers, les Dinéens, les Apharsathachéens, les Terphaléens, les Apharséens, les Erchuéens, les Babyloniens, les Susanéchéens, les Diévéens et les Élamites,

10 et les autres d'entre les peuples que le grand et glorieux Asénaphar a transférés *d'Assyrie,* et qu'il a fait demeurer en paix dans les villes de Samarie, et dans les autres provinces au delà du fleuve : *c'était l'inscription de la lettre.*

11 Et voici la copie de la lettre qu'ils lui envoyèrent : Les serviteurs du roi Artaxerxès qui sont au delà du fleuve, souhaitent au roi toute sorte de prospérité.

12 Nous avons cru devoir avertir le roi, que les Juifs qui sont retournés d'Assyrie en ce pays, étant venus à Jérusalem, qui est une ville rebelle et mutine, la rebâtissent, et travaillent à en rétablir les murailles et les maisons.

13 Nous supplions donc le roi de considérer que si cette ville se rebâtit, et qu'on en relève les murailles, on ne payera plus les tributs, ni les impôts et les revenus annuels, et cette perte retombera jusque sur les rois.

14 Et comme nous nous souvenons que nous avons été nourris autrefois au palais du roi, et que nous ne pouvons souffrir qu'on blesse ses intérêts en la moindre chose, nous avons cru devoir vous donner cet avis,

15 et vous supplier d'ordonner que l'on consulte les livres de l'histoire des rois vos prédécesseurs, où vous trouverez écrit, et où vous reconnaîtrez que cette ville est une ville rebelle, ennemie des rois et des provinces, qui a excité des guerres depuis plusieurs siècles, et que c'est pour cela même qu'elle a été ruinée.

16 Nous vous déclarons donc, ô roi ! que si cette ville est rétablie, et qu'on en rebâtisse les murailles, vous perdrez toutes les terres que vous possédez au delà du fleuve.

17 Le roi répondit à Réum Béeltéem, et à Samsaï, secrétaire, aux autres habitants de Samarie qui étaient de leur conseil, et à tous ceux qui demeuraient au delà du fleuve. Il leur souhaita premièrement le salut et la paix ; et il leur écrivit en ces termes :

18 La lettre d'accusation que vous m'avez envoyée a été lue devant moi.

19 J'ai commandé que l'on consultât les histoires : on l'a fait, et il s'est trouvé que cette ville depuis plusieurs siècles s'est révoltée contre les rois, et qu'il s'y est excité des séditions et des troubles :

20 car il y a eu dans Jérusalem des rois très-vaillants, qui ont été maîtres de tous les pays qui sont au delà du fleuve, et ils recevaient d'eux des tributs, des tailles et des impôts.

21 Voici donc ce que j'ai ordonné sur ce que vous proposez : Empêchez ces gens-la de rebâtir cette ville jusqu'à nouvel ordre de ma part.

22 Prenez garde de n'être pas négligents à faire exécuter cette ordonnance, de peur que ce mal ne croisse peu à peu contre l'intérêt des rois.

23 La copie de cet édit du roi Artaxerxès fut lue devant Réum Béeltéem, Samsaï, secrétaire, et leurs conseillers. Ils allèrent ensuite en grande hâte la porter aux Juifs dans Jérusalem, et ils les empêchèrent par force de continuer à bâtir.

24 Alors l'ouvrage de la maison du Seigneur fut interrompu à Jérusalem, et on n'y travailla point jusqu'à la seconde année du règne de Darius, roi de Perse.

CHAPITRE V.

CEPENDANT le prophète Aggée et Zacharie, fils d'Addo, prophétisèrent au nom du Dieu d'Israël, *en parlant* aux Juifs qui étaient en Judée et dans Jérusalem.

2 Alors Zorobabel, fils de Salathiel, et Josué, fils de Josédec, commencèrent à bâtir le temple de Dieu à Jérusalem. Les prophètes de Dieu étaient avec eux, et les assistaient.

3 En même temps Thathanaï, chef de ceux qui étaient au delà du fleuve, Stharbuzanaï et leurs conseillers vinrent les trouver, et leur dirent : Qui vous a conseillé de rebâtir ce temple, et de rétablir ses murailles ?

4 Nous leur répondîmes en leur déclarant les noms de ceux qui nous avaient conseillé de travailler à ce bâtiment.

5 Or l'œil de Dieu regarda favorablement les anciens des Juifs, et ces gens ne purent les empêcher de bâtir. Il fut arrêté que l'affaire serait rapportée à Darius, et que les Juifs répondraient devant lui à l'accusation qu'on formait contre eux.

6 Voici la lettre que Thathanaï, chef des provinces d'au delà du fleuve, et Stharbuzanaï, et leurs conseillers, les Apharsachéens qui étaient au delà du fleuve, envoyèrent au roi Darius.

7 La lettre qu'ils lui envoyèrent était écrite en ces termes : Au roi Darius, paix et toute sorte de prospérité !

8 Nous avons cru devoir donner avis au roi, que nous avons été en la province de Judée, à la maison du grand Dieu, qui se bâtit de pierres non polies, où la charpenterie se pose déjà sur les murailles, et cet ouvrage se fait avec grand soin, et s'avance entre leurs mains *de jour en jour*.

9 Nous nous sommes informés des anciens, et nous leur avons dit : Qui vous a donné le pouvoir de rebâtir cette maison, et de rétablir ces murailles ?

10 Nous leur avons aussi demandé leurs noms pour pouvoir vous les rapporter, et nous avons écrit les noms de ceux qui sont les premiers entre eux.

11 Ils nous ont répondu en ces termes à la demande que nous leur avons faite : Nous sommes serviteurs du Dieu du ciel et de la terre ; nous rebâtissons le temple qui subsistait il y a plusieurs années, ayant été fondé et bâti par un grand roi d'Israël.

12 Mais nos pères ayant attiré sur eux la colère du Dieu du ciel, Dieu les livra entre les mains de Nabuchodonosor, roi de Babylone, *qui régnait* en Chaldée. *Ce prince* détruisit cette maison, et transféra à Babylone le peuple de cette ville.

13 Mais Cyrus, roi de Babylone, la première année de son règne, fit un édit pour rétablir cette maison de Dieu ;

14 et il ordonna qu'on retirerait du temple de Babylone les vases d'or et d'argent du temple de Dieu, que Nabuchodonosor avait fait transporter du temple de Jérusalem au temple de Babylone ; et ces vases furent donnés à Sassabasar, que le roi établit chef des Israélites :

15 et il lui dit : Prenez ces vases, allez *en Judée*, et mettez-les dans le temple qui était à Jérusalem, et que la maison de Dieu soit rebâtie au lieu où elle était *autrefois*.

16 Alors Sassabasar vint à Jérusalem, et il y jeta les fondements du temple de Dieu. Depuis ce temps-là jusqu'a présent on travaille à cet édifice, et il n'est pas encore achevé.

17 Nous supplions donc le roi d'agréer, si c'est sa volonté, qu'on voie en la bibliothèque du roi, qui est à Babylone, s'il est vrai que le roi Cyrus ait ordonné *par son édit* que la maison de Dieu fût rebâtie à Jérusalem, et qu'il plaise au roi de nous envoyer sur cela *son ordre et* sa volonté.

CHAPITRE VI.

ALORS le roi Darius commanda qu'on allât consulter les livres de la bibliothèque qui était à Babylone ;

2 et il se trouva à Ecbatane, qui est un château de la province de Médie, un livre où était écrit ce qui suit :

3 La première année *du règne* du roi Cyrus : Le roi Cyrus a ordonné que la maison de Dieu, qui est à Jérusalem, fut rebâtie dans le lieu *où elle était,* pour y offrir des hosties, et qu'on en posât les fondements qui pussent porter un édifice de soixante coudées de haut, et de soixante coudées d'étendue ;

4 qu'il y eût trois étages de pierres non polies, et que l'on mît dessus une charpenterie de bois tout neuf ; et que l'argent de cette dépense fût fourni de la maison du roi :

5 que l'on rendît aussi les vases d'or et d'argent du temple de Dieu, que Nabuchodonosor avait transportés du temple de Jérusalem à Babylone, et qu'ils fussent reportés dans ce temple au même lieu où ils avaient été autrefois placés dans le temple de Dieu.

6 *Le roi Darius envoya copie de ce mémorial, et à la suite de cette copie il ajouta :* Maintenant donc, vous Thathanaï, chef du pays qui est au delà du fleuve, Stharbuzanaï, et vous Apharsachéens, qui êtes leurs conseillers, et qui demeurez au delà du fleuve, retirez-vous loin des Juifs ;

7 et n'empêchez point le chef de ces Juifs et leurs anciens de travailler au temple de Dieu, et de bâtir sa maison dans le même lieu où elle était.

8 J'ai ordonné aussi de quelle manière on doit en user envers les anciens des Juifs pour rebâtir cette maison de Dieu, et je veux que de l'épargne du roi et des tributs qui se lèvent sur le pays au delà du fleuve, on leur fournisse avec soin tout ce qui sera nécessaire pour les frais de cet édifice, afin que rien n'empêche qu'il ne continue à se bâtir.

9 *Nous voulons de plus,* que s'il est nécessaire, on leur donne chaque jour les veaux, les agneaux et les chevreaux pour les offrir en holocauste au Dieu du ciel ; le froment, le sel, le vin et l'huile, selon les cérémonies des prêtres qui sont à Jérusalem, sans qu'on leur laisse aucun sujet de se plaindre :

10 afin qu'ils offrent des sacrifices au Dieu du ciel, et qu'ils prient pour la vie du roi et de ses enfants.

11 C'est pourquoi nous ordonnons que si quelqu'un, *de quelque qualité qu'il soit,* contrevient à cet édit, on tire une pièce de bois de sa maison, qu'on la plante en terre, qu'on l'y attache, et que sa maison soit confisquée.

12 Que le Dieu qui a établi son nom en ce lieu-là, dissipe tous les royaumes, et extermine le peuple qui étendra sa main pour lui contredire, et pour ruiner cette maison qu'il a dans Jérusalem ! Moi, Darius, j'ai fait cet édit, et je veux qu'il soit exécuté très-exactement.

13 Thathanaï, gouverneur des provinces au delà du fleuve, Stharbuzanaï et leurs conseillers exécutèrent donc avec un grand soin ce que le roi Darius avait ordonné.

14 Cependant les anciens des Juifs bâtissaient *le temple*, et tout leur succédait heureusement, selon la prophétie d'Aggée et de Zacharie, fils d'Addo. Ils travaillaient à cet édifice par le commandement du Dieu d'Israël, et par l'ordre de Cyrus, de Darius et d'Artaxerxès, rois de Perse.

15 Et la maison de Dieu fut achevée de bâtir le troisième jour du mois d'Adar, la sixième année du règne du roi Darius.

16 Alors les enfants d'Israël, les prêtres et les Lévites, et tous les autres qui étaient revenus de captivité, firent la dédicace de la maison de Dieu avec de grandes réjouissances.

17 Et ils offrirent pour cette dédicace de la maison de Dieu cent veaux, deux cents béliers, quatre cents agneaux, et douze boucs pour le péché de tout Israël, selon le nombre des tribus d'Israël.

18 Et les prêtres furent établis en leurs ordres, et les Lévites en leur rang, pour faire l'œuvre de Dieu dans Jérusalem, selon qu'il est écrit dans le livre de Moïse.

19 Les enfants d'Israël qui étaient revenus de captivité, célébrèrent la pâque le quatorzième jour du premier mois.

20 Car les prêtres et les Lévites avaient été tous purifiés comme s'ils n'eussent été qu'un seul homme ; et étant tous purs, ils immolèrent la pâque pour tous les Israélites revenus de captivité, pour les prêtres, leurs frères, et pour eux-mêmes.

21 Les enfants d'Israël qui étaient retournés après la captivité, mangèrent la pâque avec tous ceux qui s'étant séparés de la corruption des peuples du pays, s'étaient joints à eux afin de chercher le Seigneur, le Dieu d'Israël :

22 et ils célébrèrent la fête solennelle des pains sans levain pendant sept jours avec grande réjouissance, parce que le Seigneur les avait comblés de joie, et avait tourné le cœur du roi d'Assyrie, afin qu'il les favorisât de son assistance pour pouvoir rebâtir la maison du Seigneur, le Dieu d'Israël.

CHAPITRE VII.

APRÈS ces choses, sous le règne d'Artaxerxès, roi de Perse, Esdras, fils de Saraïas, fils d'Azarias, fils d'Helcias,

2 fils de Sellum, fils de Sadoc, fils d'Achitob,

3 fils d'Amarias, fils d'Azarias, fils de Maraïoth,

4 fils de Zarahias, fils d'Ozi, fils de Bocci,

5 fils d'Abisué, fils de Phinéès, fils d'Éléazar, fils d'Aaron, *qui fut* le premier pontife :

6 Esdras, *dis-je,* vint de Babylone : il était docteur et fort habile dans la loi de Moïse, que le Seigneur Dieu avait donnée à Israël : et le roi lui accorda tout ce qu'il lui avait demandé, parce que la main favorable du Seigneur, son Dieu, était sur lui.

7 *Plusieurs* des enfants d'Israël, des enfants des prêtres, des enfants des Lévites, des chantres, des portiers et des Nathinéens vinrent avec lui à Jérusalem en la septième année du roi Artaxerxès.

8 Et ils arrivèrent à Jérusalem au cinquième mois, la septième année *du règne* de ce roi.

9 Il partit de Babylone le premier jour du premier mois, et arriva a Jérusalem le premier jour du cinquième mois, parce que la main favorable de son Dieu était sur lui.

10 Car Esdras avait préparé son cœur pour rechercher la loi du Seigneur, et pour exécuter et enseigner dans Israël ses préceptes et ses ordonnances.

11 Voici la copie de la lettre en forme d'édit, que le roi Artaxerxès donna à Esdras, prêtre et docteur, instruit dans la parole et dans les préceptes du Seigneur, et dans les cérémonies qu'il a données à Israël :

12 Artaxerxès, roi des rois, à Esdras, prêtre et docteur très-savant dans la loi du Dieu du ciel, salut !

13 Nous avons ordonné, que quiconque se trouvera dans mon royaume du peuple d'Israël, de ses prêtres et de ses Lévites, qui voudra aller à Jérusalem, y aille avec vous.

14 Car vous êtes envoyé par le roi et par ses sept conseillers, pour visiter la Judée et Jérusalem selon la loi de votre Dieu, dont vous êtes très-instruit ;

15 et pour porter l'argent et l'or que le roi et ses conseillers offrent volontairement au Dieu d'Israël, qui a établi son tabernacle à Jérusalem.

16 Prenez avec liberté tout l'or et l'argent que vous trouverez dans toute la province de Babylone, que le peuple aura voulu offrir, et que les prêtres auront offert d'eux-mêmes au temple de leur Dieu, qui est dans Jérusalem ;

17 et ayez soin d'acheter de cet argent des veaux, des béliers, des agneaux, et des hosties avec des libations, pour les offrir sur l'autel du temple de votre Dieu, qui est à Jérusalem.

18 Si vous trouvez bon, vous et vos frères, de disposer en quelque autre sorte du reste de l'argent et de l'or qui vous aura été donné, usez-en selon *l'ordonnance et* la volonté de votre Dieu.

19 Portez aussi à Jérusalem, et exposez devant votre Dieu les vases qui vous ont été donnés pour servir au ministère du temple de votre Dieu.

20 S'il est nécessaire de faire quelque autre dépense pour la maison de votre Dieu, quelque grande qu'elle puisse être, on vous fournira de quoi la faire, du trésor et de l'épargne du roi, et de ce que je vous donnerai en particulier.

21 Moi, Artaxerxès, roi, j'ordonne et je commande à tous les trésoriers de mon épargne, qui sont au delà du fleuve, qu'ils donnent sans aucune difficulté à Esdras, prêtre et docteur de la loi du Dieu du ciel, tout ce qu'il leur demandera ;

22 jusqu'à cent talents d'argent, cent muids de froment, cent tonneaux de vin, cent barils d'huile, et du sel sans mesure.

23 Qu'on ait grand soin de fournir au temple du Dieu du ciel tout ce qui sert à son culte ; de peur que sa colère ne s'allume contre le royaume du roi et de ses enfants.

24 Nous vous déclarons aussi, que vous n'aurez point le pouvoir d'imposer ni taille, ni tribut, ni d'autres charges sur aucun des prêtres, des Lévites, des chantres, des portiers, des Nathinéens et des ministres du temple du Dieu d'Israël.

25 Et vous, Esdras, établissez des juges et des magistrats, selon la sagesse que votre Dieu vous a donnée, afin qu'ils jugent tout le peuple qui est au delà du fleuve, c'est-à-dire, tous ceux qui connaissent la loi de votre Dieu ; et enseignez aussi avec liberté ceux qui auront besoin d'être instruits.

26 Quiconque n'observera pas exactement la loi de votre Dieu et cette ordonnance du roi, il sera condamné ou à la mort, ou à l'exil, ou à une amende sur son bien, ou à la prison.

27 Béni soit le Seigneur, le Dieu de nos pères, qui a mis au cœur du roi cette pensée, de relever la gloire du temple du Seigneur, qui est dans Jérusalem ;

28 et qui par sa miséricorde m'a fait trouver grâce devant le roi et ses conseillers, et devant tous les plus puissants princes de sa cour ! C'est pourquoi étant soutenu de la main du Seigneur, mon Dieu, qui était sur moi, j'ai assemblé les premiers d'Israël pour venir avec moi à *Jérusalem*.

CHAPITRE VIII.

VOICI les noms des chefs de familles, et le dénombrement de ceux qui sont venus avec moi de Babylone, sous le règne du roi Artaxerxès :

2 Des enfants de Phinéès, Gersoni ; des enfants d'Ithamar, Daniel ; des enfants de David, Hattus ;

3 des enfants de Séchénias, *qui étaient* enfants de Pharos, Zacharias, et on compta avec lui cent cinquante hommes ;

4 des enfants de Phahath-Moab, Élioénaï, fils de Zaréhé, et avec lui deux cents hommes ;

5 des enfants de *Zéthua*, Séchénias, fils d'Ézéchiel, et avec lui trois cents hommes ;

6 des enfants d'Adan, Abed, fils de Jonathan, et avec lui cinquante hommes ;

7 des enfants d'Alam, Isaïe, fils d'Athalias, et avec lui soixante et dix hommes ;

8 des enfants de Saphatias, Zébédia, fils de Michaël, et avec lui quatre-vingts hommes ;

9 des enfants de Joab, Obédia, fils de Jahiel, et avec lui deux cent dix-huit hommes ;

10 des enfants de *Bani*, Sélomith, fils de Josphias, et avec lui cent soixante hommes ;

11 des enfants de Bébaï, Zacharie, fils de Bébaï, et avec lui vingt-huit hommes ;

12 des enfants d'Azgad, Johanan, fils d'Eccétan, et avec lui cent dix hommes ;

13 des enfants d'Adonicam, qui étaient les derniers, voici leurs noms : Éliphéleth, Jéhiel, Samaïas, et avec eux soixante hommes ;

14 des enfants de Béguï, Uthaï et Zachur, et avec eux soixante et dix hommes.

15 Je les assemblai près du fleuve qui coule vers Ahava ; et nous demeurâmes trois jours en ce lieu ; et avant cherché parmi le peuple et les prêtres, des enfants de Lévi, je n'y en trouvai point.

16 J'envoyai donc Éliézer, Ariel, Seméia, Elnathan, Jarib, et un autre El-nathan, Nathan, Zacharie et Mosollam, qui *étaient* les chefs, Joïarib et Elnathan, *qui étaient* pleins de sagesse *et de science* ;

17 je les envoyai, *dis-je,* vers Eddo, qui était le chef *de ceux qui demeuraient* au lieu nommé Casphia, et je leur marquai les propres paroles qu'ils devaient dire à Eddo et aux Nathinéens, ses frères, afin qu'ils nous amenassent des ministres du temple de notre Dieu.

18 Et comme la main favorable de notre Dieu était sur nous, ils nous amenèrent un homme très-savant des enfants de Moholi, fils de Lévi, fils d'Israël ; savoir, Sarabia avec ses fils et ses frères, qui étaient dix-huit personnes ;

19 et Hasabia, et avec lui Isaïe, des enfants de Mérari, avec ses frères et ses fils, qui étaient vingt personnes ;

20 et deux cent vingt Nathinéens de ceux que David et les princes avaient institués pour servir les Lévites. Toutes ces personnes étaient distinguées *et* nommées par leurs noms.

21 Étant sur le bord du fleuve Ahava, je publiai un jeûne, pour nous affliger devant le Seigneur, notre Dieu, et pour lui demander qu'il nous conduisît heureusement dans notre chemin, nous, nos enfants, et tout ce que nous portions avec nous.

22 Car j'eus honte de demander au roi une escorte de cavaliers pour nous défendre de nos ennemis pendant le chemin, parce que nous avions dit au roi : La main de notre Dieu est sur tous ceux qui le cherchent, *et il leur est* favorable ; et son empire, sa puissance et sa fureur éclatent sur tous ceux qui l'abandonnent.

23 Nous jeunâmes donc, et nous fîmes dans ce dessein notre prière à notre Dieu, et tout nous succéda heureusement.

24 Et je choisis douze d'entre les premiers des prêtres, que je séparai des autres, Sarabias, Hasabias, et dix d'entre leurs frères ;

25 et je pesai devant eux l'argent et l'or, et les vases consacrés *pour le service* de la maison de notre Dieu, que le roi, ses conseillers et ses princes, et tous ceux qui s'étaient trouvés d'Israël, avaient offerts au Seigneur.

26 Je pesai entre leurs mains six cent cinquante talents d'argent, cent vases d'argent, cent talents d'or ;

27 vingt tasses d'or du poids de mille drachmes, et deux vases d'un airain clair et brillant, aussi beaux que s'ils eussent été d'or :

28 et je leur dis : Vous êtes les saints du Seigneur ; et ces vases sont saints, comme tout cet or et cet argent, qui a été offert volontairement au Seigneur, le Dieu de nos pères.

29 Gardez *donc ce dépôt* avec grand soin, jusqu'à ce que vous le rendiez dans le même poids a Jérusalem aux princes des prêtres et des Lévites, et aux chefs des familles d'Israël, pour être conservé au trésor de la maison au Seigneur.

30 Les prêtres et les Lévites reçurent cet argent, cet or et ces vases dans le même poids *qui leur fut marqué*, pour les porter à Jérusalem dans la maison de notre Dieu.

31 Nous partîmes donc du bord du fleuve Ahava le douzième jour du premier mois, pour aller à Jérusalem, et la main *favorable* de notre Dieu fut sur nous, et il nous délivra des mains de nos ennemis, et de tous ceux qui nous dressaient des embûches pendant le voyage.

32 Nous arrivâmes à Jérusalem, et après y avoir demeuré trois jours,

33 le quatrième jour l'argent, l'or et les vases furent portés en la maison de notre Dieu par Mérémoth, fils d'Urie, prêtre, qui était accompagné d'Éléazar, fils de Phinéès ; et Jozabed, fils de Josué, et Noadaïa, fils de Bennoï, Lévites, étaient avec eux.

34 Tout fut livré par compte et par poids, et on écrivit alors ce que pesait chaque chose.

35 Les enfants d'Israël qui étaient revenus de captivité, offrirent aussi pour holocauste au Dieu d'Israël douze veaux pour tout le peuple d'Israël, quatre-vingt-seize béliers, soixante et dix-sept agneaux, et douze boucs pour le péché ; et le tout *fut offert* en holocauste au Seigneur.

36 Ils donnèrent les édits du roi aux satrapes qui étaient de sa cour, et aux gouverneurs des pays au delà du fleuve, lesquels commencèrent à favoriser le peuple et la maison de Dieu.

CHAPITRE IX.

APRÈS que cela fut fait, les chefs *des tribus* vinrent me dire : Le peuple d'Israël, les prêtres et les Lévites ne se sont point séparés des abominations des peuples de ce pays, des Chananéens, des Héthéens, des Phérézéens, des Jébuséens, des Ammonites, des Moabites, des Égyptiens et des Amorrhéens.

2 Car ils ont pris de leurs filles, et les ont épousées. Ils ont donné aussi de ces filles à leurs fils, et ils ont mêlé la race sainte avec les nations : et les chefs *des familles* et les magistrats sont entrés les premiers dans ce violement de la loi.

3 Lorsque je les eus entendus parler de la sorte, je déchirai mon manteau et ma tunique, je m'arrachai les cheveux de la tête et les poils de la barbe, et je m'assis tout abattu de tristesse.

4 Tous ceux qui craignaient la parole du Dieu d'Israël s'assemblèrent auprès de moi pour ce violement de la loi, qu'avaient commis ceux qui étaient revenus de captivité, et je demeurai assis et tout triste jusqu'au sacrifice du soir.

5 Et lorsqu'on offrait le sacrifice du soir, je me relevai de la consternation où j'avais été, et ayant mon manteau et ma tunique déchirés, je me mis à genoux, et j'étendis mes mains vers le Seigneur, mon Dieu,

6 et je lui dis : Mon Dieu ! je suis dans la confusion, et j'ai honte de lever les yeux devant vous ; parce que nos iniquités se sont accumulées sur nos têtes, depuis le temps de nos pères, et que nos péchés se sont accrus *et sont montés* jusqu'au ciel ;

7 nous sommes tombés aussi nous-mêmes jusqu'aujourd'hui dans de grands péchés, et nos iniquités ont été cause que nous avons été livrés, nous, nos rois et nos prêtres, entre les mains des rois des nations, et que nous avons été abandonnés à l'épée, à la servitude, au pillage, aux insultes et à la confusion, comme *nous le sommes* encore aujourd'hui.

8 Et maintenant le Seigneur, notre Dieu, a écouté un peu nos prières et nous a fait une grâce, comme d'un moment, pour nous laisser ce qui était demeuré d'entre nous, pour nous donner un établissement dans son lieu saint, pour éclairer nos yeux, et pour nous laisser un peu de vie dans notre esclavage.

9 Car nous sommes esclaves, et notre Dieu ne nous a pas abandonnés dans notre captivité, mais il nous a fait trouver *grâce et* miséricorde devant le roi des Perses, afin qu'il nous donnât la vie, qu'il élevât la maison de notre Dieu, qu'il la rebâtît après avoir été longtemps désolée, et qu'il nous laissât un lieu de retraite dans Juda et dans Jérusalem.

10 Et maintenant, ô mon Dieu ! que dirons-nous après tant de grâces ? puisque nous avons violé vos commandements,

11 que vous nous avez donnés par les prophètes, vos serviteurs, en nous disant : La terre que vous allez posséder est une terre impure, comme le sont celles de tous les autres peuples, et elle est remplie des ordures et des abominations dont ils l'ont couverte depuis un bout jusqu'à l'autre.

12 C'est pourquoi ne donnez point vos filles à leurs fils, ne prenez point leurs filles pour les faire épouser à vos fils, et ne recherchez jamais ni leur paix, ni leur prospérité ; afin que vous deveniez puissants, que vous mangiez en repos les biens de cette terre, et qu'après vous vos enfants en héritent et en jouissent pour jamais.

13 Mais après tous ces maux qui nous sont arrivés à cause de nos œuvres très déréglées et de nos grands péchés, vous nous avez délivrés de nos iniquités, ô mon Dieu ! et vous nous avez sauvés, comme nous le voyons aujourd'hui.

14 Vous l'avez fait, afin que nous ne retournassions point en arrière, que nous ne violassions point vos commandements, et que nous ne fissions point d'alliance par les mariages avec les peuples abandonnés à toutes ces abominations ? Ô *Seigneur* ! serez-vous en colère contre nous jusqu'à nous perdre entièrement, sans laisser aucun reste de votre peuple pour le sauver ?

15 Ô Seigneur, Dieu d'Israël ! vous êtes juste. Nous sommes aujourd'hui les seuls restes *de votre peuple* qui attendons le salut de vous. Vous nous voyez *abattus* devant vos yeux, dans la vue de notre péché : car après cet excès on ne peut pas subsister devant votre face.

CHAPITRE X.

LORSQUE Esdras priait de cette sorte, qu'il implorait *la miséricorde de Dieu*, qu'il pleurait, et qu'il était étendu par terre devant le temple de Dieu, une grande foule du peuple d'Israël, d'hommes et de femmes, et de petits enfants, s'assembla autour de lui, et le peuple versa une grande abondance de larmes.

2 Alors Séchénias, fils de Jéhiel, *l'un* des enfants d'Élam, dit à Esdras : Nous avons violé la loi de notre Dieu : nous avons épousé des femmes des nations étrangères. Et maintenant, si Israël se repent de ce péché,

3 faisons alliance avec le Seigneur, notre Dieu ; chassons toutes ces femmes et ceux qui en sont nés, nous conformant à la volonté du Seigneur et de ceux qui révèrent les préceptes du Seigneur, notre Dieu ; et que tout se fasse selon la loi.

4 Levez-vous ; c'est à vous à ordonner. Nous serons avec vous ; revêtez-vous de force, et agissez.

5 Esdras se leva, et obligea les princes des prêtres et des Lévites, et tout Israël, de lui promettre avec serment qu'ils feraient ce qu'on venait de dire ; et ils le lui jurèrent.

6 Esdras se leva de devant la maison de Dieu, et s'en alla à la chambre de Johanan, fils d'Éliasib : où étant entré, il ne mangea point de pain et ne but point d'eau, parce qu'il pleurait le péché de ceux qui étaient revenus de captivité.

7 Alors on fit publier dans Juda et dans Jérusalem : Que tous ceux qui étaient revenus de captivité s'assemblassent à Jérusalem :

8 et que quiconque ne s'y trouverait pas dans trois jours, selon l'ordre des princes et des anciens, perdrait tout son bien, et serait chassé de l'assemblée de ceux qui étaient revenus en leur pays.

9 Ainsi tous ceux de Juda et de Benjamin furent assemblés en trois jours à Jérusalem, *et y vinrent* le vingtième jour du neuvième mois ; et tout le peuple se tint dans la place de devant le temple de Dieu, étant tout tremblants à cause de leurs péchés, et des *grandes* pluies *qu'il faisait alors*.

10 Et Esdras, prêtre, se levant, leur dit : Vous avez violé *la loi du Seigneur*, et vous avez épousé des femmes étrangères, pour ajouter *encore* ce péché à tous ceux d'Israël.

11 Rendez donc maintenant gloire au Seigneur, le Dieu de vos pères ; faites ce qui lui est agréable, et séparez-vous des nations et des femmes étrangères.

12 Tout le peuple répondit à haute voix : Que ce que vous nous avez dit, soit exécuté.

13 Mais parce que l'assemblée du peuple est grande, et que pendant cette pluie nous ne pouvons demeurer dehors, outre que ce n'est pas ici l'ouvrage d'un jour ni de deux, le péché que nous

avons commis étant très-grand,

14 qu'on établisse des chefs d'entre tout le peuple, que tous ceux d'entre nous qui ont épousé des femmes étrangères viennent au jour qu'on leur marquera, et *que* les anciens et les magistrats de chaque ville *viennent* avec eux, jusqu'à ce que nous ayons détourné de dessus nous la colère de notre Dieu, que nous nous sommes attirée par ce péché.

15 Jonathan, fils d'Azahel, et Jaasia, fils de Thécué, furent donc établis pour cette affaire, et Mésollam et Sébéthaï, Lévites, les y aidèrent.

16 Et ceux qui étaient revenus de captivité firent ce qui était ordonné. Esdras, prêtre, et les chefs de familles allèrent dans les maisons de leurs pères, chacun selon son nom, et commencèrent au premier jour du dixième mois de faire leurs informations.

17. Et le dénombrement de ceux qui avaient épousé des femmes étrangères fut achevé le premier jour du premier mois *de l'année*.

18. Entre les enfants des prêtres on trouva ceux-ci qui avaient épousé des femmes étrangères : Des enfants de Josué, fils de Josédec, *et d'entre* ses frères, Maasia et Éliézer, Jarib et Godolia.

19. Et ils consentirent à chasser leurs femmes, et à offrir un bélier du troupeau pour leur péché.

20 Des enfants d'Emmer, Hanani, et Zébédia ;

21 des enfants d'Harim, Maasia, Élia, Séméia, Jéhiel, et Ozias ;

22 des enfants de Phéshur, Élioénaï, Maasia, Ismaël, Nathanaël, Josabed, et Élasa ;

23 des enfants des Lévites, Jozabed, Séméi, Célaïa (c'est le même qui est appelé Calita), Phataïa, Juda et Éliézer ;

24 des chantres, Éliasib ; Des portiers, Sellum, Télem, et Uri.

25 Entre les enfants d'Israël : Des enfants de Pharos, Réméia, Jézia, Melchia, Miamin, Eliézer, Asabia, et Banéa ;

26 des enfants d'Élam, Mathania, Zacharias, Jéhiel, Abdi, Jérimoth, et Élia ;

27 des enfants de Zéthua, Élioénaï, Éliasib, Mathania, Jérimuth, Zabad, et Aziza ;

28 des enfants de Bébaï, Johanan, Hanania, Zabbaï, et Athalaï ;

29 des enfants de Bani, Mosollam, Melluch, Adaïa, Jasub, Saal, et Ramoth ;

30 des enfants de Phahath-Moab, Edna, Chalal, Banaïas, Maasias, Mathanias, Béséléel, Bennui, et Manassé ;

31 des enfants de Hérem, Éliézer, Josué, Melchias, Seméias, et Siméon.

32 Benjamin, Maloch, Samarias ;

33 des enfants d'Hasom, Mathanaï, Mathatha, Zabad, Éliphélet, Jermaï, Manassé et Semeï ;

34 des enfants de Bani, Maaddi, Amram, Vel,

35 Banéas, Badaïas, Chéliau,

36 Vania, Marimuth, Éliasib,

37 Mathanias, Mathanaï, Jasi,

38 Banni, Bennui, Seméi,

39 Salmias, Nathan, Adaïas,

40 Mechnédébaï, Sisaï, Saraï,

41 Ezréel, Sélémiau, Séméria,

42 Sellum, Amaria et Joseph ;

43 des enfants de Nébo, Jéhiel, Mathathias, Zabad, Zabina, Jeddu, Joël et Banaïa.

44 Toutes ces personnes avaient pris des femmes étrangères, et il y en avait *quelques-unes* qui avaient eu des enfants.

NÉHÉMIAS,

OU

SECOND LIVRE D'ESDRAS.

CHAPITRE PREMIER.

HISTOIRE de Néhémias, fils de Helchias. La vingtième année *du règne d'Artaxerxès Longuemain*, au mois de Casleu, lorsque j'étais dans le château de Suse,

2 Hanani, l'un de mes frères, vint me trouver avec quelques-uns *de la tribu* de Juda, et je leur demandai des nouvelles des Juifs qui étaient restés après la captivité, et qui vivaient encore, et de *l'état où était* Jérusalem.

3 Ils me répondirent : Ceux qui sont restés après la captivité, et qui demeurent en la province *de Judée*, sont dans une grande affliction et dans l'opprobre. Les murailles de Jérusalem sont toutes détruites, et ses portes ont été consumées par le feu.

4 Ayant entendu ces paroles, je m'assis, je pleurai, et je demeurai tout triste pendant quelque temps. Je jeûnai, et je priai en la présence du Dieu du ciel,

5 et je *lui* dis : Seigneur, Dieu du ciel ! qui êtes fort, grand et terrible, qui gardez votre alliance, et conservez votre miséricorde à ceux qui vous aiment, et qui observent vos commandements,

6 ayez, je vous prie, l'oreille attentive et les yeux ouverts pour écouter la prière de votre serviteur, que je vous offre maintenant pendant le jour et pendant la nuit, pour les enfants d'Israël, vos serviteurs. Je vous confesse les péchés que les enfants d'Israël ont commis contre vous. Nous avons péché, moi et la maison de mon père.

7 Nous avons été séduits par la vanité *et le mensonge* ; et nous n'avons point observé vos commandements, vos cérémonies et vos ordonnances que vous aviez prescrites à Moïse, votre serviteur.

8 Souvenez-vous de la parole que vous avez dite à votre serviteur Moïse : Lorsque vous aurez violé ma loi, je vous dispersai parmi les peuples :

9 et alors si vous revenez à moi, si vous observez mes préceptes, et que vous fassiez ce que je vous ai commandé, quand vous auriez été emmenés jusqu'aux extrémités du monde, je vous rassemblerai de ces pays-là, et je vous ramènerai au lieu que j'ai choisi pour y établir mon nom.

10 Ceux-ci, *Seigneur !* sont vos serviteurs et votre peuple, *et* vous les avez rachetés par votre souveraine force, et par votre main puissante.

11 Que votre oreille, Seigneur ! soit attentive à la prière de votre serviteur, et aux prières de vos serviteurs qui sont résolus de craindre votre nom ! Conduisez aujourd'hui votre serviteur, et faites-lui trouver miséricorde devant ce prince. Car j'étais l'échanson du roi.

CHAPITRE II.

LA vingtième année du règne d'Artaxerxès, au mois de Nisan, on apporta du vin devant le roi : je le pris et le lui servis. Alors le roi me trouvant le visage tout abattu,

2 me dit : Pourquoi avez-vous le visage *si* triste, quoique vous ne me paraissiez pas malade ? Il faut que vous en ayez sujet, et que vous cachiez dans votre cœur quelque chagrin. *À ces paroles* je fus saisi d'une grande crainte,

3 et je dis au roi : Ô roi, que votre vie soit éternelle ! Pourquoi mon visage ne serait-il pas abattu, puisque la ville où sont les tombeaux de mes pères est toute déserte, et que ses portes ont été brûlées ?

4 Le roi me dit : Que me demandez-vous ? Je priai le Dieu du ciel,

5 et je dis au roi : Si ma demande ne déplaît pas au roi, et si votre serviteur vous est agréable, envoyez-moi, *je vous prie,* en Judée, à la ville des sépulcres de mes pères, afin que je la fasse rebâtir.

6 Le roi et la reine, qui était assise auprès de lui, me dirent : Combien durera votre voyage, et quand reviendrez-vous ? Je leur marquai le temps *de mon retour,* et le roi l'agréa, et il me permit de m'en aller.

7 Je lui dis encore : Je supplie le roi de me donner des lettres pour les gouverneurs du pays de delà le fleuve, afin qu'ils me fassent passer *sûrement,* jusqu'à ce que je sois arrivé en Judée.

8 *Je le supplie* aussi *qu'il me donne* une lettre pour Asaph, grand maître de la forêt du roi, afin qu'il me soit permis d'y prendre du bois pour pouvoir couvrir les portes des tours du temple, les murailles de la ville, et la maison où je me retirerai. Le roi m'accorda ma demande, parce que la main favorable de mon Dieu était sur moi.

9 J'allai *donc* trouver les gouverneurs du pays de delà le fleuve, et je leur présentai les lettres du roi. Or le roi avait envoyé avec moi des officiers de guerre et des cavaliers.

10 Sanaballat, Horonite, et Tobie, Ammonite, serviteur *du roi,* ayant été avertis *de mon arrivée,* furent saisis d'une extrême affliction, voyant qu'il était venu un homme qui cherchait à procurer le bien des enfants d'Israël.

11 Étant arrivé à Jérusalem, j'y demeurai pendant trois jours,

12 et je me levai la nuit ayant peu de gens avec moi. Je ne dis à personne ce que Dieu m'avait inspiré de faire dans Jérusalem, et je ne pris point avec moi de chevaux, hors celui sur lequel j'étais monté.

13 Je sortis la nuit par la porte de la vallée, je vins devant la fontaine du dragon, et à la porte du fumier ; et je considérais les murailles de Jérusalem, qui étaient toutes abattues, et ses portes qui avaient été brûlées.

14 Je passai de là à la porte de la fontaine et à l'aqueduc du roi, et je n'y trouvai point de lieu par où pût passer le cheval sur lequel j'étais monté.

15 Il était encore nuit quand je remontai par le torrent, et je considérais les murailles, et je rentrai par la porte de la vallée, et m'en revins.

16 Les magistrats cependant ne savaient point où j'étais allé, ni ce que je faisais, et jusqu'alors je n'avais rien découvert *de mon dessein* ni aux Juifs, ni aux prêtres, ni aux plus considérables *d'entre le peuple,* ni aux magistrats, ni à aucun de ceux qui avaient le soin des ouvrages.

17 Je leur dis *donc* alors : Vous voyez l'affliction où nous sommes. Jérusalem est déserte, et ses portes ont été brûlées. Venez, rebâtissons les murailles de Jérusalem, afin qu'à l'avenir nous ne soyons plus en opprobre.

18 Je leur rapportai ensuite de quelle manière Dieu avait étendu sa main favorable sur moi, et les paroles que le roi m'avait dites, et je leur dis : Venez, rebâtissons *les murailles.* Et ils s'encouragèrent à bien *travailler.*

19 Mais Sanaballat, Horonite, Tobie, Ammonite, serviteur *du roi,* et Gosem, Arabe, ayant été avertis *de notre entreprise,* se raillèrent de nous avec mépris, et dirent : Que faites-vous là ? cette entreprise n'est-elle pas une révolte contre le roi ?

20 Je répondis à cette parole, et je leur dis : C'est le Dieu du ciel qui nous assiste lui-même, et nous sommes ses serviteurs. Continuons donc à bâtir : car pour vous, vous n'avez ni aucune part, ni aucun droit à Jérusalem, et on ne vous y connaît point.

CHAPITRE III.

ALORS Eliasib, grand prêtre, et les prêtres, ses frères, s'appliquèrent à l'ouvrage, et ils bâtirent la porte du troupeau ; ils la consacrèrent ; ils posèrent le bois, le seuil et les poteaux, et ils en consacrèrent tout l'espace jusqu'à la tour de cent coudées, jusqu'à la tour d'Hananéel.

2 Ceux de Jéricho bâtirent d'un côté auprès de lui ; et de l'autre, Zachur, fils d'Amri.

3 Les enfants d'Asnaa bâtirent la porte des poissons ; ils la couvrirent, et y mirent les deux battants, les serrures et les barres. Marimuth, fils d'Urie, fils d'Accus, bâtit auprès d'eux.

4 Mosollam, fils de Barachias, fils de Mésézébel, bâtit auprès de lui ; et Sadoc, fils de Baana, bâtit auprès d'eux.

5 Ceux de Thécua bâtirent auprès de ceux-ci ; mais les principaux d'entre eux ne voulurent point s'abaisser pour travailler à l'ouvrage de leur Seigneur.

6 Joïada, fils de Phaséa, et Mosollam, fils de Bésodia, bâtirent la vieille porte, la couvrirent, et y mirent les deux battants, les serrures et les barres.

7 Meltias, Gabaonite, et Jadon, Méronathite, qui étaient de Gabaon et de Maspha, bâtirent auprès d'eux devant la maison du gouverneur du pays de delà le fleuve.

8 Éziel, fils d'Araïa, orfèvre, bâtit auprès de lui ; et auprès d'Éziel, Ananias, fils d'un parfumeur ; et ils laissèrent ensuite *cette partie de* Jérusalem *qui s'étend* jusqu'à la muraille de la grande rue.

9 Raphaïa, fils de Hur, capitaine d'un quartier de Jérusalem, bâtit auprès de lui.

10 Jédaïa, fils d'Haromaph, bâtit auprès de Raphaïa, vis-à-vis de sa maison ; et Hattus, fils d'Asébonias, bâtit auprès de lui.

11 Melchias, fils d'Hérem, et Hasub, fils de Phahath-Moab, bâtirent la moitié d'une rue, et la tour des fours.

12 Sellum, fils d'Alohès, capitaine de la moitié d'un quartier de Jérusalem, bâtit auprès de ces deux, lui et ses filles.

13 Hanun et les habitants de Zanoé bâtirent la porte de la vallée ; ce furent eux qui bâtirent cette porte, qui y mirent les deux battants, les serrures et les barres, et qui refirent mille coudées des murailles jusqu'à la porte du fumier.

14 Melchias, fils de Réchab, capitaine du quartier de Bethacharam, bâtit la porte du fumier ; il bâtit cette porte, et y mit les deux battants, les serrures et les barres.

15 Sellum, fils de Cholhoza, capitaine du quartier de Maspha, bâtit la porte de la fontaine ; il bâtit cette porte, la couvrit, y mit les deux battants, les serrures et les barres, et *refit* les murailles de la piscine de Siloé le long du jardin du roi, jusqu'aux degrés par où l'on descend de la ville de David.

16 Néhémias, fils d'Azboc, capitaine de la moitié du quartier de Bethsur, bâtit proche de Sellum, jusque vis-à-vis le sépulcre de David, jusqu'à la piscine qui avait été bâtie avec grand travail, et jusqu'à la maison des forts.

17 Les Lévites bâtirent après lui : Réhum, fils de Benni, et après Réhum, Hasébias, capitaine de la moitié du quartier de Céila, bâtit le long de sa rue.

18 Leurs frères bâtirent après lui : Bavaï, fils d'Énadad, capitaine de la moitié *du quartier* de Céila.

19 Azer, fils de Josué, capitaine *du quartier* de Maspha, travailla auprès de lui, et bâtit un double espace vis-à-vis de la montée de l'angle très-fort.

20 Baruch, fils de Zachaï, rebâtit après lui sur la montagne un double espace, depuis l'angle jusqu'à la porte de la maison du grand prêtre Éliasib.

21 Mérimuth, fils d'Urie, fils d'Haccus, bâtit après lui un double espace depuis la porte de la maison d'Éliasib, jusqu'au lieu où se terminait la maison d'Éliasib.

22 Les prêtres qui habitaient les plaines situées le long du Jourdain, bâtirent après lui.

23 Benjamin et Hasub bâtirent ensuite vis-à-vis de leur maison ; et après eux Azarias, fils de Maasias, fils d'Ananias, bâtit vis-à-vis de sa maison.

24 Bennui, fils d'Hénadad, bâtit après lui un double espace depuis la maison d'Azarias, jusqu'au tournant et jusqu'à l'angle.

25 Phalel, fils d'Ozi, *bâtit* vis-à-vis du tournant, et de la tour qui s'avance de la haute maison du roi, c'est-à-dire, le long du vestibule de la prison ; et après lui Phadaïa, fils de Pharos.

26 (Or les Nathinéens demeuraient à Ophel jusque vis-à-vis la

porte des eaux vers l'orient, et jusqu'à la tour qui s'avance au dehors.)

27 Ceux de Thécua bâtirent après lui un double espace tout vis-à-vis, depuis la grande tour qui s'avance au dehors jusqu'à la muraille du temple.

28 Les prêtres bâtirent en haut depuis la porte des chevaux, chacun vis-à-vis de sa maison.

29 Sadoc, fils d'Emmer, bâtit après eux vis-à-vis de sa maison ; et après lui Semaïa, fils de Séchénias, qui gardait la porte d'orient.

30 Hanania, fils de Sélémias, et Hanun, sixième fils de Séleph, bâtirent après lui un double espace ; et après lui Mosollam, fils de Barachias, bâtit le mur vis-à-vis de ses chambres. Melchias, fils de l'orfèvre, bâtit après lui jusqu'à la maison des Nathinéens et des merciers, vers la porte des juges et jusqu'à la chambre de l'angle.

31 Les orfèvres et les marchands bâtirent à la porte du troupeau le long de la chambre de l'angle.

CHAPITRE IV.

MAIS Sanaballat ayant appris que nous rebâtissions les murailles, entra dans une grande colère ; et dans l'émotion où il était, il commença à se railler des Juifs,

2 et dit devant ses frères et *devant* un grand nombre de Samaritains : Que font ces pauvres Juifs ? Les peuples les laisseront-ils faire ? Sacrifieront-ils, et achèveront-ils leur ouvrage en un même jour ? Bâtiront-ils avec des pierres que le feu a réduites en un grand monceau de poussière ?

3 Tobie, Ammonite, qui était proche de lui, disait de même : Laissez-les bâtir : s'il vient un renard, il sautera par-dessus leurs murailles de pierre.

4 Écoutez, *Seigneur* notre Dieu ! *dis-je alors : considérez que* nous sommes devenus la fable *et* le mépris *des hommes.* Faites retomber leurs insultes sur leurs têtes, rendez-les un objet de mépris dans le lieu de leur captivité.

5 Ne couvrez point leur iniquité, et que leur péché ne s'efface point de devant vos yeux, parce qu'ils se sont raillés de ceux qui bâtissaient.

6 Nous rebâtîmes donc la muraille, et toutes les brèches en furent réparées jusqu'à la moitié ; et le peuple s'encouragea *de nouveau* à *bien* travailler.

7 Mais Sanaballat, Tobie, les Arabes, les Ammonites et ceux d'Azot ayant appris que la plaie des murs de Jérusalem se refermait, et qu'on commençait à en réparer toutes les brèches, ils entrèrent dans une étrange colère ;

8 et ils s'assemblèrent tous d'un commun accord pour venir attaquer Jérusalem, et nous dresser des embûches.

9 Nous offrîmes aussitôt nos prières à notre Dieu, et nous mîmes des gardes jour et nuit sur la muraille pour nous opposer à leurs efforts.

10 Cependant les Juifs disaient : Ceux qui sont occupés à porter sont fatigués. Il y a beaucoup de terre *à ôter*, et ainsi nous ne pourrons bâtir la muraille.

11 Et nos ennemis *se* dirent *entre eux :* Qu'ils ne sachent point notre dessein, afin que lorsqu'ils n'y penseront pas, nous venions tout d'un coup au milieu d'eux les tailler en pièces, et faire cesser l'ouvrage.

12 Mais les Juifs qui demeuraient au milieu de ces gens-là étant venus *à Jérusalem,* et m'ayant marqué dix fois leur dessein de tous les lieux différents d'où ils venaient me trouver ;

13 je mis le peuple en haie derrière les murs tout au long des murailles de la ville, avec leurs épées, leurs lances et leurs arcs.

14 Et ayant considéré toutes choses, j'allai trouver les personnes les plus considérables, les magistrats et le reste du peuple, et je leur dis : Ne craignez point ces gens-là ; souvenez-vous que le Seigneur est grand et terrible, et combattez pour vos frères, pour vos fils, pour vos filles, pour vos femmes et pour vos maisons.

15 Mais nos ennemis ayant su que nous avions été avertis *de leur* entreprise, Dieu dissipa leur dessein ; nous revînmes tous aux murailles, et chacun reprit son ouvrage.

16 Depuis ce jour-là la moitié des jeunes gens était occupée au travail ; et l'autre moitié se tenait prête à combattre. Ils avaient leur lance, leur bouclier, leur arc et leur cuirasse ; et les chefs du peuple étaient derrière eux dans toute la maison de Juda.

17 Ceux qui étaient employés à bâtir les murs, et à porter ou à charger *les porteurs*, faisaient leur ouvrage d'une main, et tenaient leur épée de l'autre.

18 Car tous ceux qui bâtissaient avaient l'épée au côté. Ils travaillaient au bâtiment, et ils sonnaient de la trompette auprès de moi.

19 Alors je dis aux personnes les plus considérables, aux magistrats, et à tout le reste du peuple : Cet ouvrage est grand et de longue étendue, et nous sommes ici le long des murailles, séparés bien loin les uns des autres.

20 *C'est pourquoi* partout où vous entendrez sonner la trompette, courez-y aussitôt pour nous secourir ; et notre Dieu combattra pour nous.

21 Cependant continuons à faire notre ouvrage, et que la moitié de ceux qui sont avec nous ait toujours la lance à la main depuis le point du jour jusqu'à ce que les étoiles paraissent.

22 Je dis aussi au peuple en ce même temps : Que chacun demeure avec son serviteur au milieu de Jérusalem, afin que nous puissions travailler jour et nuit chacun en notre rang.

23 Pour ce qui est de moi, de mes frères, de mes gens et des gardes qui m'accompagnaient, nous ne quittions point nos vêtements, et on ne les ôtait que pour se purifier.

CHAPITRE V.

ALORS le peuple et leurs femmes firent de grandes plaintes contre les Juifs, leurs frères ;

2 et il y en avait qui disaient : Nous avons trop de fils et de filles : vendons-les, et en achetons du blé pour nous nourrir, et pour avoir de quoi vivre.

3 D'autres disaient : Engageons nos champs, nos vignes et nos maisons, afin d'en avoir du blé pendant la famine.

4 D'autres disaient encore : Faut-il que nous empruntions de l'argent pour payer les tributs du roi, et que nous abandonnions nos champs et nos vignes ?

5 Notre chair est comme la chair de nos frères, et nos fils sont comme leurs fils : et cependant nous sommes contraints de réduire en servitude nos fils et nos filles, et nous n'avons rien pour racheter celles de nos filles qui sont esclaves. Nos champs et nos vignes sont possédés par des étrangers.

6 Lorsque je les entendis se plaindre de la sorte, j'entrai dans une grande colère.

7 Je pensai en moi-même au fond de mon cœur *ce que j'avais à faire.* Je fis une réprimande aux principaux du peuple et aux magistrats, et je leur dis : Exigez-vous donc de vos frères *les intérêts et* l'usure de ce que vous leur donnez ? Je fis faire en même temps une grande assemblée du peuple contre eux,

8 et je leur dis : Vous savez que nous avons racheté, autant que nous l'avons pu, les Juifs, nos frères, qui avaient été vendus aux nations. Est-ce donc que *maintenant* vous vendrez vos frères, et qu'il faudra que nous les rachetions ? *Quand je leur eus parlé de la sorte,* ils demeurèrent dans le silence, et ils ne surent que *me* répondre.

9 Je leur dis ensuite : Ce que vous faites n'est pas bien : pourquoi ne marchez-vous point dans la crainte de notre Dieu, pour ne nous point exposer aux reproches des peuples qui sont nos ennemis ?

10 Mes frères, mes gens et moi, nous avons prêté à plusieurs de l'argent et du blé ; accordons-nous tous, *je vous prie,* à ne leur rien redemander, et à leur quitter ce qu'ils nous doivent.

11 Rendez-leur aujourd'hui leurs champs et leurs vignes, leurs plants d'oliviers et leurs maisons. Payez même pour eux le centième de l'argent, du blé, du vin et de l'huile, que vous avez accoutumé d'exiger d'eux.

12 Ils me répondirent : Nous leur rendrons *ce que nous avons à eux.* Nous ne leur redemanderons rien *de ce qu'ils nous doivent* ; et

nous ferons ce que vous nous avez dit. Alors je fis venir les prêtres, et je leur fis promettre avec serment qu'ils agiraient comme j'avais dit.

13 Après cela je secouai mes habits, et je dis : Que tout homme qui n'accomplira point ce que j'ai dit, soit ainsi secoué et rejeté de Dieu loin de sa maison, et privé *du fruit* de ses travaux : qu'il soit ainsi secoué *et* rejeté, et réduit à l'indigence. Tout le peuple répondit, Amen ! et ils louèrent Dieu. Le peuple fit donc ce qui avait été proposé.

14 Pour ce qui est de moi, depuis le jour que le roi m'avait commandé d'être gouverneur dans le pays de Juda, c'est-à-dire, depuis la vingtième année du règne d'Artaxerxès jusqu'à la trente-deuxième, pendant l'espace de douze ans, nous n'avons rien pris, mes frères ni moi, des revenus qui étaient dus aux gouverneurs.

15 En effet ceux qui l'avaient été avant moi avaient accablé le peuple, en prenant tous les jours quarante sicles sur le pain, sur le vin et sur l'argent ; et leurs officiers les surchargeaient encore. Mais pour moi je ne l'ai point fait, parce que je crains Dieu.

16 J'ai travaillé même *comme les autres* aux réparations des murailles sans acheter aucun champ ; et mes gens se sont tous trouvés ensemble au travail.

17 Les Juifs même et les magistrats au nombre de cent cinquante personnes, et ceux qui venaient nous trouver d'entre les peuples qui étaient autour de nous, mangeaient *toujours* à ma table.

18 On m'apprêtait tous les jours un bœuf et six excellents moutons, sans les volailles. De dix en dix jours je distribuais une grande abondance de vin, et je donnais aussi beaucoup d'autres choses, quoique je ne prisse rien de tout ce qui était dû à ma charge : car le peuple était extrêmement pauvre.

19 Ô mon Dieu ! souvenez-vous de moi pour me faire miséricorde, selon tout le bien que j'ai fait à ce peuple.

CHAPITRE VI.

MAIS Sanaballat, Tobie, Gossem, Arabe, et nos autres ennemis ayant appris que j'avais rebâti tous les murs, et qu'il n'y avait plus aucune brèche, quoique jusqu'alors je n'eusse pas fait mettre encore les battants aux portes,

2 Sanaballat et Gossem m'envoyèrent des gens pour me dire : Venez, afin que nous fassions alliance avec vous en quelque village dans la campagne d'Ono. Mais leur dessein était de me faire quelque violence.

3 Je leur envoyai donc de mes gens, et leur fis dire : Je travaille à un grand ouvrage ; ainsi je ne puis aller vous trouver, de peur qu'il ne soit négligé pendant mon absence, lorsque je serai allé vers vous.

4 Ils me renvoyèrent dire la même chose par quatre fois, et je leur fis toujours la même réponse.

5 Enfin Sanaballat m'envoya encore pour la cinquième fois un de ses gens, qui portait une lettre *ouverte* écrite en ces termes :

6 Il court un bruit parmi le peuple, et Gossem le publie, que vous avez résolu de vous révolter avec les Juifs ; que votre dessein, dans le rétablissement des murs de Jérusalem, est de vous faire roi des Juifs ; et que dans cette même pensée,

7 vous avez aposté des prophètes, afin qu'ils relèvent votre nom dans Jérusalem, et qu'ils disent *de vous* : C'est lui qui est le roi de Judée. Et comme le roi doit être informé de ces choses, venez avec nous, afin que nous en délibérions ensemble.

8 Je lui envoyai un homme, et lui répondis : Tout ce que vous dites n'est point véritable ; mais ce sont des choses que vous inventez de votre tête.

9 Tous ces gens ne travaillaient qu'à nous effrayer, s'imaginant que nous cesserions ainsi de bâtir, et que nous quitterions notre travail. Mais je m'y appliquai avec encore plus de courage.

10 J'entrai ensuite en secret dans la maison de Semaïas, fils de Dalaïas, fils de Métabéel, et il me dit : Consultons ensemble dans la maison de Dieu au milieu du temple, et fermons-en les portes : car ils doivent venir pour vous faire violence, et ils viendront la nuit pour vous tuer.

11 Je lui répondis : Un homme en la place où je suis doit-il s'enfuir ? et qui est l'homme comme moi qui entrera dans le temple, et y trouvera la vie ? Je n'irai point.

12 Et je reconnus que ce n'était point Dieu qui l'avait envoyé, mais qu'il m'avait parlé en feignant d'être prophète, et qu'il avait été gagné par Tobie et par Sanaballat :

13 car il avait été payé par eux pour m'intimider, afin que je tombasse *ainsi* dans le péché, et qu'ils eussent toujours à me faire ce reproche.

14 Souvenez-vous de moi, Seigneur ! en considérant toutes ces œuvres *de la malice* de Tobie et de Sanaballat. Et souvenez-vous aussi de ce qu'a fait le prophète Noadie et les autres prophètes, pour me donner de la terreur.

15 La muraille fut enfin toute rebâtie le vingt-cinquième jour du mois d'Élul, *et* fut achevée en cinquante-deux jours.

16 Et nos ennemis l'ayant appris, tous les peuples qui étaient autour de nous furent frappés de terreur, et consternés au dedans d'eux-mêmes ; et ils reconnurent que cet ouvrage était l'ouvrage de Dieu.

17 Pendant tout ce temps plusieurs d'entre les principaux des Juifs envoyaient des lettres à Tobie, et Tobie leur envoyait aussi des siennes.

18 Car il y en avait plusieurs dans la Judée qui avaient juré d'être de son parti, parce qu'il était gendre de Séchénias, fils d'Area, et que Johanan, son fils, avait épousé la fille de Mosollam, fils de Barachias.

19 Ils venaient même le louer devant moi, et ils lui faisaient savoir ce que je disais ; et Tobie *ensuite* envoyait des lettres pour m'épouvanter.

CHAPITRE VII.

APRÈS que les murs *de la ville* furent achevés, que j'eus fait poser les portes, et que j'eus fait la revue des portiers, des chantres et des Lévites,

2 je donnai mes ordres touchant Jérusalem à mon frère Hanani, et à Hananias, grand maître du palais, qui *me* paraissait un homme sincère et craignant Dieu plus que tous les autres, et je leur dis :

3 Qu'on n'ouvre point les portes de Jérusalem, jusqu'à ce que le soleil soit déjà bien haut. Et lorsqu'ils étaient encore devant moi, les portes furent fermées et barrées. Je mis en garde les habitants de Jérusalem chacun à leur tour, et chacun devant sa maison.

4 Or la ville était fort grande et fort étendue, et il n'y avait dedans que fort peu de peuple, et les maisons n'étaient point bâties.

5 Dieu me mit donc dans le cœur, d'assembler les plus considérables *d'entre les Juifs*, les magistrats et le peuple, pour en faire la revue. Et je trouvai un mémoire où était le dénombrement de ceux qui étaient venus la première fois, où était écrit ce qui suit :

6 Ce sont ici ceux de la province qui sont revenus de la captivité où ils étaient, qui après avoir été transférés à Babylone par le roi Nabuchodonosor, sont retournés à Jérusalem et dans la Judée, chacun dans sa ville :

7 Ceux qui vinrent avec Zorobabel *furent* Josué, Néhémias, Azarias, Raamias, Nahamani, Mardochée, Belsam, Mespharath, Bégoaï, Nahum, Baana. Voici le nombre des hommes du peuple d'Israël :

8 Les enfants de Pharos *étaient* deux mille cent soixante et douze ;

9 les enfants de Saphatia *étaient* trois cent soixante et douze ;

10 les enfants d'Aréa, six cent cinquante-deux ;

11 les enfants de Phahath-Moab, d'entre les fils de Josué et de Joab, *étaient* deux mille huit cent dix-huit ;

12 les enfants d'Élam, mille deux cent cinquante-quatre ;

13 les enfants de Zéthua, huit cent quarante cinq ;

14 les enfants de Zachaï, sept cent soixante ;

15 les enfants de Bannui, six cent quarante-huit ;

16 les enfants de Bébaï, six cent vingt-huit ;

17 les enfants d'Azgad, deux mille trois cent vingt-deux ;

18 les enfants d'Adonicam, six cent soixante-sept ;
19 les enfants de Béguaï, deux mille soixante-sept ;
20 les enfants d'Adin, six cent cinquante-cinq ;
21 les enfants d'Ater, fils d'Hézécias, quatre-vingt-dix-huit ;
22 les enfants d'Hasem, trois cent vingt-huit ;
23 les enfants de Bésaï, trois cent vingt-quatre ;
24 les enfants d'Hareph, cent douze ;
25 les enfants de Gabaon, quatre-vingt-quinze ;
26 les enfants de Bethléhem et de Nétupha, cent quatre-vingt-huit ;
27 les hommes d'Anathoth, cent vingt-huit ;
28 les hommes de Béthazmoth, quarante-deux ;
29 les hommes de Cariath-iarim, de Céphira et de Béroth, sept cent quarante-trois ;
30 les hommes de Rama et de Géba, six cent vingt et un ;
31 les hommes de Machmas, cent vingt-deux ;
32 les hommes de Béthel et de Haï, cent vingt-trois ;
33 les hommes de l'autre Nébo, cinquante-deux ;
34 les hommes de l'autre Élam, mille deux cent cinquante-quatre ;
35 les enfants d'Harem, trois cent vingt ;
36 les enfants de Jéricho, trois cent quarante-cinq ;
37 les enfants de Lod, d'Hadid et d'Ono, sept cent vingt et un ;
38 les enfants de Senaa, trois mille neuf cent trente.
39 Les prêtres *étaient ; savoir :* Les enfants d'Idaïa dans la maison de Josué, neuf cent soixante et treize ;
40 les enfants d'Emmer, mille cinquante-deux ;
41 les enfants de Phashur, mille deux cent quarante-sept ;
42 les enfants d'Arem, mille dix-sept. Les Lévites *étaient* :
43 Les enfants de Josué et de Cedmihel, *l'un et l'autre* fils
44 d'Oduïa, *au nombre* de soixante et quatorze. Les chantres *étaient* :
45 Les enfants d'Asaph, *au nombre de* cent quarante-huit.
46 Les portiers *étaient :* Les enfants de Sellum, les enfants d'Ater, les enfants de Telmon, les enfants d'Accub, les enfants d'Hatita, les enfants de Sobaï, *au nombre de* cent trente-huit.
47 Les Nathinéens *étaient* : Les enfants de Soha, les enfants d'Hasupha, les enfants de Tebbaoth,
48 les enfants de Céros, les enfants de Siaa, les enfants de Phadon, les enfants de Lébaua, les enfants de Hagaba, les enfants de Selmaï,
49 les enfants d'Hanan, les enfants de Geddel, les enfants de Gaher,
50 les enfants de Raaïa, les enfants de Rasin, les enfants de Nécoda,
51 les enfants de Gézem, les enfants d'Asa, les enfants de Phaséa,
52 les enfants de Bésaï, les enfants de Munim, les enfants de Néphussim,
53 les enfants de Bacbuc, les enfants d'Hacupha, les enfants d'Harhur,
54 les enfants de Besloth, les enfants de Mahida, les enfants d'Harsa,
55 les enfants de Bercos, les enfants de Sisara, les enfants de Théma,
56 les enfants de Nasia, les enfants d'Hatipha.
57 Les enfants des serviteurs de Salomon *étaient* : Les enfants de Sothaï, les enfants de Sophereth, les enfants de Pharida,
58 les enfants de Jahala, les enfants de Darcon, les enfants de Jeddel,
59 les enfants de Saphatia, les enfants d'Hatil, les enfants de Phochereth, qui était ne de Sabaïm, fils d'Amon.
60 Tous les Nathinéens et les enfants des serviteurs de Salomon étaient *au nombre de* trois cent quatre-vingt-douze.
61 Or voici ceux qui vinrent de Thelméla, de Thelharsa, de Chérub, d'Addon et d'Emmer, et qui ne purent faire connaître la maison de leurs pères, ni leur race, et s'ils étaient d'Israël :
62 Les enfants de Dalaïa, les enfants de Tobie et les enfants de Nécoda, *qui étaient au nombre de* six cent quarante-deux.
63 Et entre les prêtres : Les enfants d'Habia, les enfants d'Accos,

les enfants de Berzellaï, qui épousa l'une des filles de Berzellaï de Galaad, et qui fut appelé de leur nom :
64 ceux-ci cherchèrent l'écrit de leur généalogie dans le dénombrement, et ne l'ayant point trouvé, ils furent rejetés du sacerdoce ;
65 et l'Athersatha, *ou gouverneur,* leur dit, de ne point manger des viandes sacrées jusqu'à ce qu'il y eût un pontife docte et éclairé.
66 Toute cette multitude étant comme un seul homme, *se montait* à quarante-deux mille trois cent soixante personnes,
67 sans leurs serviteurs et leurs servantes, qui étaient sept mille trois cent trente-sept ; et parmi eux il y avait deux cent quarante-cinq chantres, tant hommes que femmes.
68 Ils avaient sept cent trente-six chevaux, deux cent quarante-cinq mulets,
69 quatre cent trente-cinq chameaux, et six mille sept cent vingt ânes.
Jusqu'ici sont les paroles qui étaient écrites dans le livre du dénombrement. Ce qui suit est l'histoire de Néhémie.
70 Or quelques-uns des chefs des familles contribuèrent à l'ouvrage. L'Athersatha, *ou gouverneur,* donna mille drachmes d'or pour être mises dans le trésor, cinquante fioles, et cinq cent trente tuniques sacerdotales.
71 Et quelques chefs des familles donnèrent au trésor destiné pour l'ouvrage, vingt mille drachmes d'or, et deux mille deux cents mines d'argent.
72 Le reste du peuple donna vingt mille drachmes d'or, deux mille mines d'argent, et soixante-sept tuniques sacerdotales.
73 Les prêtres et les Lévites, les portiers et les chantres, avec tout le reste du peuple, les Nathinéens, et tout Israël, demeurèrent dans leurs villes.

CHAPITRE VIII.

AU septième mois, les enfants d'Israël qui étaient dans leurs villes, s'assemblèrent tous comme un seul homme dans la place qui est devant la porte des eaux : et ils prièrent Esdras, docteur de la loi, d'apporter le livre de la loi de Moïse, que le Seigneur avait prescrite à Israël.
2 Esdras, prêtre, apporta donc la loi devant l'assemblée des hommes et des femmes, et de tous ceux qui pouvaient l'entendre, le premier jour du septième mois :
3 et il lut dans ce livre clairement et distinctement au milieu de la place qui était devant la porte des eaux, depuis le matin jusqu'à midi, en présence des hommes, des femmes, et de ceux qui étaient capables de l'entendre, et tout le peuple avait les oreilles attentives à *la lecture de* ce livre.
4 Esdras, docteur de la loi, se tint debout sur une estrade de bois qu'il avait faite pour parler devant le peuple : Mathathias, Seméia, Ania, Uria, Helcia et Maasia étaient à sa droite ; et Phadaïa, Misaël, Melchia, Hasum, Hasbadana, Zacharie et Mosollam étaient à sa gauche.
5 Esdras ouvrit le livre devant-tout le peuple ; car il était élevé au-dessus de tous ; et après qu'il l'eut ouvert, tout le peuple se tint debout.
6 Et Esdras bénit le Seigneur, le grand Dieu ; et tout le peuple levant les mains en haut, répondit ; Amen ! amen ! Et s'étant prosternés en terre, ils adorèrent Dieu.
7 Cependant Josué, Bani, Sérébia, Jamin, Accub, Septhaï, Odia, Maasia, Célita, Azarias, Jozabed, Hanan, Phalaïa, Lévites, faisaient faire silence au peuple, qui était debout *chacun* en sa place, afin qu'il écoutât la loi.
8 Et ils lurent dans le livre de la loi de Dieu distinctement et d'une manière fort intelligible, et le peuple entendit ce qu'on lui lisait.
9 Or Néhémie, qui avait la dignité d'Athersatha, *ou gouverneur*, Esdras, prêtre et docteur de la loi, et les Lévites qui interprétaient la loi à tout le peuple, leur dirent : Ce jour est un jour saint *et* consacré au Seigneur, notre Dieu ; ne vous attristez point, et ne

pleurez point. Car tout le peuple entendant les paroles de la loi, fondait en pleurs.

10 Et il leur dit : Allez, mangez des viandes grasses, et buvez du vin nouveau, et faites-en part à ceux qui n'ont rien apprêté pour manger, parce que ce jour est le jour saint du Seigneur ; et ne vous attristez point : car la joie du Seigneur est notre force.

11 Or les Lévites faisaient faire silence à tout le peuple, en leur disant : Demeurez en silence, et ne vous affligez point, parce que ce jour est saint.

12 Tout le peuple s'en alla donc manger et boire, et envoya de ce qu'il avait *à ceux qui n'en avaient point*, et fit grande réjouissance ; parce qu'il avait compris les paroles qu'Esdras leur avait enseignées.

13 Le lendemain les chefs des familles de tout le peuple, les prêtres et les Lévites vinrent trouver Esdras, docteur de la loi, afin qu'il expliquât les paroles de la loi.

14 Et ils trouvèrent écrit dans la loi, que le Seigneur avait ordonné par le ministère de Moïse, que les enfants d'Israël demeurassent sous des tentes en la fête solennelle du septième mois ;

15 et qu'ils devaient faire publier ceci dans toutes les villes et dans Jérusalem, en disant au peuple : Allez sur les montagnes, et apportez des branches d'olivier, et des plus beaux arbres, des branches de myrte, des rameaux de palmier, et des arbres les plus touffus, pour en faire des couverts de branchages, selon qu'il est écrit.

16 Tout le peuple alla donc *quérir de ces branches d'arbres* ; et en ayant apporté, ils se firent des couverts *en forme* de tentes, chacun sur le haut de sa maison, dans leur vestibule, dans le parvis de la maison de Dieu, dans la place de la porte des eaux, et dans la place de la porte d'Éphraïm ;

17 et toute l'assemblée de ceux qui étaient revenus de captivité, se fit des tentes *et* des couverts, et ils demeurèrent dans ces tentes. Les enfants d'Israël n'avaient point célébré ainsi cette fête depuis le temps de Josué, fils de Nun, jusqu'à ce jour-là, auquel il y eut une très-grande réjouissance.

18 Or Esdras lut dans le livre de la loi de Dieu chaque jour de la fête, depuis le premier jusqu'au dernier. Cette solennité dura sept jours, et le huitième jour ils firent l'assemblée *du peuple*, selon la coutume.

CHAPITRE IX.

LE vingt-quatrième jour de ce même mois, les enfants d'Israël s'assemblèrent étant dans le jeûne, revêtus de sacs, et couverts de terre.

2 Ceux de la race des enfants d'Israël se séparèrent de tous les enfants étrangers. Ils se présentèrent *devant le Seigneur*, et ils confessaient leurs péchés et les iniquités de leurs pères.

3 Et se levant sur leurs pieds, ils lisaient dans le volume de la loi du Seigneur, leur Dieu, quatre fois le jour, et ils bénissaient et adoraient par quatre fois le Seigneur, leur Dieu.

4 Josué, Bani, Cedmihel, Sabania, Bonni, Sarébias, Bani et Chanani se présentèrent sur le degré des Lévites, et ils élevèrent leur voix, et poussèrent des cris au Seigneur, leur Dieu.

5 Et Josué, Cedmihel, Bonni, Hasebnia, Sérébia, Odaïa, Sebnia, Phathahia, dirent *au peuple* : Levez-vous, bénissez le Seigneur, votre Dieu, de siècle en siècle. *Et ils ajoutèrent :* Que votre grand nom, *Seigneur ! que le nom* de votre gloire soit comblé pour jamais de bénédictions et de louanges !

6 Car c'est vous qui êtes le seul Seigneur, qui avez fait le ciel, et le ciel des cieux, et toute l'armée céleste ; *qui avez fait* la terre et tout ce qu'elle contient, la mer et tout ce qu'elle renferme. C'est vous qui donnez la vie à toutes ces créatures, et c'est vous que l'armée du ciel adore.

7 C'est vous, ô Seigneur Dieu ! qui avez choisi vous-même Abram, qui l'avez tiré du feu des Chaldéens, et qui lui avez donné le nom d'Abraham.

8 Vous avez trouvé son cœur fidèle à vos yeux, et vous avez fait alliance avec lui, en lui promettant de lui donner, à lui et à sa race, le pays des Chananéens, des Héthéens, des Amorrhéens, des Phérézéens, des Jébuséens et des Gergéséens ; et vous avez accompli vos paroles, parce que vous êtes juste.

9 Vous avez vu dans l'Égypte l'affliction de nos pères, et vous avez entendu leurs cris sur le bord de la mer Rouge.

10 Vous avez fait éclater vos merveilles et vos prodiges sur Pharaon, sur ses serviteurs, et sur tout le peuple de ce pays-là ; parce que vous saviez qu'ils avaient traité les Israélites avec orgueil *et* avec insolence ; et vous vous êtes fait un *grand* nom, tel qu'il l'est encore aujourd'hui.

11 Vous avez divisé la mer devant eux : ils ont passé à sec au milieu de la mer, et vous avez précipité leurs persécuteurs au fond *de ses eaux*, comme une pierre qui tombe dans les abîmes.

12 Vous avez été leur guide pendant le jour par la colonne de la nuée, et pendant la nuit par la colonne de feu, afin qu'ils discernassent le chemin par où ils devaient marcher.

13 Vous êtes descendu sur la montagne de Sinaï, vous leur avez parlé du ciel, vous leur avez donné des ordonnances justes, une loi de vérité, des cérémonies *saintes*, et de bons préceptes.

14 Vous leur avez appris à sanctifier votre sabbat, et vous leur avez prescrit par Moïse, votre serviteur, vos commandements, vos cérémonies et votre loi.

15 Vous leur avez aussi donné un pain du ciel lorsqu'ils étaient pressés de la faim, et vous leur avez fait sortir l'eau de la pierre lorsqu'ils avaient soif ; vous leur avez dit d'entrer dans la terre, et de posséder le pays que vous aviez juré de leur donner.

16 Mais eux et nos pères ont agi avec orgueil ; leur tête est devenue dure *et* inflexible ; et ils n'ont point écouté vos commandements.

17 Ils n'ont point voulu *les* entendre, et ils ont perdu le souvenir des merveilles que vous aviez faites en leur faveur. Ils n'ont point voulu se soumettre à votre joug ; et par un esprit de révolte ils se sont opiniâtrés à vouloir retourner à leur *première* servitude. Mais vous, ô Dieu favorable, clément et miséricordieux, toujours patient et plein de miséricorde ! vous ne les avez point abandonnés,

18 lors même qu'ils se firent un veau *d'or* jeté en fonte, et qu'ils dirent, *Israël,* c'est là votre dieu qui vous a tiré de l'Égypte ; et qu'ils commirent de *si* grands blasphèmes.

19 Vous ne les avez point abandonnés dans le désert, parce que vos miséricordes sont grandes. La colonne de nuée ne les a point quittés, et n'a point cessé de les conduire pendant le jour, ni la colonne de feu pendant la nuit, pour leur faire voir le chemin par où ils devaient marcher.

20 Vous leur avez donné votre bon Esprit pour les instruire. Vous n'avez point retiré votre manne de leur bouche, et vous leur avez donné de l'eau dans leur soif.

21 Vous les avez nourris pendant quarante ans dans le désert ; il ne leur a rien manqué : leurs vêtements ne sont point devenus vieux, et leurs pieds n'ont point été foulés.

22 Vous leur avez donné les royaumes et les peuples, et vous leur avez partagé les terres par sort ; et ils ont possédé le pays de Séhon, *c'est-à-dire,* le pays du roi d'Hésébon, et le pays d'Og, roi de Basan.

23 Vous avez multiplié leurs enfants comme les étoiles du ciel, et vous les avez conduits en cette terre, où vous aviez promis à leurs pères de les faire entrer, afin qu'ils la possédassent.

24 Leurs enfants y sont venus, et ils l'ont possédée. Vous avez humilié devant eux les Chananéens, habitants de cette terre, et vous leur avez livré entre les mains les rois et les peuples de ce pays, afin qu'ils en fissent comme il leur plairait.

25 Ils ont pris ensuite des villes fortes ; ils ont possédé une bonne terre, et des maisons pleines de toutes sortes de biens, des citernes que d'autres avaient bâties, des vignes, des plants d'oliviers, et beaucoup d'arbres fruitiers : ils en ont mangé, ils se sont rassasiés, ils se sont engraissés, et votre grande bonté les a mis dans l'abondance et dans les délices.

26 Mais ils ont irrité votre colère : ils se sont retirés de vous, ils ont rejeté votre loi avec mépris ; ils ont tué vos prophètes, qui les conjuraient *de votre part* de revenir à vous ; et ils ont blasphémé

votre nom avec outrage.

27 C'est pourquoi vous les avez livrés entre les mains de leurs ennemis, qui les ont opprimés : pendant le temps de leur affliction ils ont crié vers vous, et vous les avez écoutés du ciel ; et selon la multitude de vos miséricordes, vous leur avez donné des sauveurs pour les délivrer d'entre les mains de leurs ennemis.

28 Et lorsqu'ils ont été en repos, ils ont commis de nouveau le mal devant vous ; et vous les avez abandonnés entre les mains de leurs ennemis, qui s'en sont rendus les maîtres. Ils se sont *ensuite* tournés vers vous, et ils vous ont adressé leurs cris ; et vous les avez exaucés du ciel, et les avez délivrés souvent *et* en divers temps, selon la multitude de vos miséricordes.

29 Vous les avez encore sollicités de retourner à votre loi ; mais ils ont agi avec orgueil, ils n'ont point écouté vos commandements : ils ont péché contre vos ordonnances, que l'homme n'a qu'à observer pour y trouver la vie : ils *vous* ont tourné le dos ; ils se sont endurcis *et* entêtés, et ils n'ont point *voulu vous* écouter.

30 Vous avez différé de les punir pendant plusieurs années : vous les avez exhortés par votre Esprit en leur parlant par vos prophètes ; et ils ne vous ont point écouté ; et vous les avez livrés entre les mains des nations.

31 Vous ne les avez point néanmoins exterminés entièrement, et vous ne les avez point abandonnés, à cause de la multitude de vos bontés : parce que vous êtes un Dieu de miséricorde, *un Dieu* doux *et* clément.

32 Maintenant donc, ô *Seigneur* notre Dieu ! grand, fort et terrible, qui conservez inviolablement votre alliance et votre miséricorde, ne détournez point vos yeux de tous les maux qui nous ont accablés, nous, nos rois, nos princes, nos prêtres, nos prophètes, et nos pères, et tout votre peuple, depuis le temps du roi d'Assyrie jusqu'aujourd'hui.

33 Vous êtes juste, ô Dieu ! dans toutes les afflictions qui nous sont arrivées : parce que vous nous avez traités selon votre vérité, et que nous avons agi comme des impies.

34 Nos rois, nos princes , nos prêtres et nos pères, n'ont point gardé votre loi; ils n'ont point écouté vos commandements, ni la voix de ceux qui leur déclaraient votre volonté.

35 Lorsqu'ils jouissaient de leurs royaumes, et de cette abondance de biens dont votre bonté les faisait jouir dans cette terre si spacieuse et si fertile que vous leur aviez donnée, ils ne vous ont point servi, et ne sont point revenus de leurs inclinations méchantes *et* corrompues.

36 Vous voyez, *Seigneur !* que nous sommes aujourd'hui nous-mêmes esclaves aussi bien que la terre que vous aviez donnée à nos pères, afin qu'ils en mangeassent le pain et le fruit qu'ils en recueilleraient ; nous sommes nous-mêmes devenus esclaves comme elle.

37 Tous les fruits qu'elle porte sont pour les rois que vous avez mis sur nos têtes à cause de nos péchés ; ils dominent sur nos corps et sur nos bêtes comme il leur plaît, et nous sommes dans une grande affliction.

38 Dans la vue donc de toutes ces choses, nous faisons nous-mêmes une alliance *avec vous* ; nous en dressons l'acte, et nos princes, nos Lévites et nos prêtres vont le signer.

CHAPITRE X.

1 Ceux qui signèrent *cette alliance* furent, Néhémias Athersata, fils d'Hachélaï, et Sédécias,

2 Saraïas, Azarias, Jérémie,

3 Pheshur, Amarias, Melchias,

4 Hattus, Sébénia, Melluch,

5 Harem, Mérimuth, Obdias,

6 Daniel, Genthon, Baruch,

7 Mosollam, Abia, Miamin,

8 Maazia, Belgaï, Seméia : ceux-là *étaient* prêtres.

9 Les Lévites *étaient*, Josué, fils d'Azanias, Bennui, des enfants d'Hénadad, Cedmihel ;

10 et leurs frères, Sébénia, Odaïa, Célita, Palaïa, Hanan,

11 Micha, Rohob, Hasébia,

12 Zachur, Sérébia, Sabania,

13 Odaïa, Bani, Baninu.

14 Les chefs du peuple *étaient,* Pharos, Phahath-Moab, Élam, Zéthu, Bani,

15 Bonni, Azgad, Bébaï,

16 Adonia, Bégoaï, Adin,

17 Ater, Hézécia, Azur,

18 Odaïa, Hashum, Bésaï,

19 Hareph, Anathoth, Nébaï,

20 Megphias, Mosollam, Hazir,

21 Mésizabel, Sadoc, Jeddua,

22 Pheltia, Hanan, Anaïa,

23 Osée, Hanania, Hasub,

24 Alohès, Phaléa, Sobec,

25 Réhum, Hasebna, Maasia,

26 Échaïa, Hanan, Anan,

27 Melluch, Haran, Baana.

28 Et le reste du peuple, les prêtres, les Lévites, les portiers, les chantres, les Nathinéens, et tous ceux qui s'étaient séparés des nations pour embrasser la loi de Dieu, leurs femmes, leurs fils et leurs filles.

29 Tous ceux qui avaient le discernement *et* l'intelligence donnèrent parole pour leurs frères ; et les principaux d'entre eux vinrent promettre et jurer qu'ils marcheraient dans la loi de Dieu, que le Seigneur a donnée par Moïse, son serviteur, pour garder et observer tous les commandements du Seigneur, notre Dieu, ses ordonnances et ses cérémonies ;

30 pour ne point donner nos filles à aucun d'entre les nations, et ne point prendre leurs filles pour *les donner* à nos fils.

31 Nous n'achèterons point, *ajoutèrent-ils,* aux jours du sabbat, ni dans les autres jours consacrés, ce que les nations pourront nous apporter à vendre, ni rien de ce qui peut servir à l'usage de la vie. Nous laisserons *la terre libre* la septième année, et nous n'*y* exigerons aucune dette.

32 Nous nous imposerons aussi une obligation de donner chaque année la troisième partie d'un sicle, pour tout ce qu'il faut faire à la maison de notre Dieu ;

33 pour les pains exposés devant le Seigneur, pour le sacrifice perpétuel, et pour l'holocauste éternel au jour du sabbat, aux premiers jours du mois, aux fêtes solennelles, pour les sacrifices pacifiques, et pour ceux qu'on offre pour le péché, afin que les prières soient offertes pour Israël, et qu'il ne manque rien au ministère de la maison du *Seigneur*, notre Dieu.

34 Nous jetâmes aussi le sort sur les prêtres, les Lévites et le peuple, pour l'offrande du bois : afin que chaque maison *des familles* de nos pères en fît porter chaque année en la maison de notre Dieu, au temps qui aurait été marqué, pour le faire brûler sur l'autel du Seigneur, notre Dieu, selon qu'il est écrit dans la loi de Moïse.

35 *Nous promîmes* aussi d'apporter tous les ans en la maison du Seigneur les prémices de notre terre, les prémices des fruits de tous les arbres ;

36 les premiers-nés de nos fils et de nos troupeaux, comme il est écrit dans la loi ; et les premiers-nés de nos bœufs et de nos brebis, pour les offrir dans la maison de notre Dieu aux prêtres qui servent dans la maison de notre Dieu.

37 *Nous promîmes* encore d'apporter aux prêtres, au trésor de notre Dieu, les prémices de nos aliments et de nos liqueurs, des fruits de tous les arbres, de la vigne et des oliviers, et de payer la dîme de notre terre aux Lévites. Les mêmes Lévites recevront de toutes les villes les dîmes de tout ce qui pourra venir de notre travail.

38 Le prêtre de la race d'Aaron aura part avec les Lévites aux dîmes qu'ils recevront ; et les Lévites offriront la dixième partie de la dîme qu'ils auront reçue en la maison de notre Dieu, pour être réservée dans la maison du trésor.

39 Car les enfants d'Israël et les enfants de Lévi porteront les

prémices du blé, du vin et de l'huile en la maison du trésor : c'est là que seront les vases consacrés, les prêtres, les chantres, les portiers et les ministres ; et nous n'abandonnerons point la maison de notre Dieu.

CHAPITRE XI.

LES princes du peuple demeurèrent dans Jérusalem : mais pour tout le reste du peuple, on jeta le sort, afin que la dixième partie demeurât dans cette sainte cité, et que les neuf autres habitassent dans les autres villes.

2 Et le peuple donna des bénédictions *et* des louanges à tous les hommes qui s'offrirent volontairement à demeurer dans Jérusalem.

3 Voici donc quels furent les princes de la province, qui demeurèrent dans Jérusalem et dans les villes de Juda. Chacun habita dans son héritage et dans ses villes ; soit le peuple d'Israël, soit les prêtres ou les Lévites, les Nathinéens et les enfants des serviteurs de Salomon.

4 Voici ceux des enfants de Juda et des enfants de Benjamin qui demeurèrent à Jérusalem : Des enfants de Juda, *il y eut* Athaïas, fils d'Aziam, lequel était fils de Zacharie, fils d'Amarias, fils de Saphatias, fils de Malaléel. Des enfants de Pharès,

5 *il y eut* Maasia, fils de Baruch, fils de Cholhoza, fils d'Hazia, fils d'Adaïa, fils de Joïarib, fils de Zacharie, fils de Silonite :

6 tous les enfants de Pharès qui demeurèrent dans Jérusalem, étaient *au nombre de* quatre cent soixante-huit, *tous* hommes forts *et* courageux.

7 Voici quels étaient les enfants de Benjamin : Sellum, fils de Mosollam, fils de Joëd, fils de Phadaïa, fils de Colaïa, fils de Masia, fils d'Éthéel, fils d'Isaïa ;

8 et après lui, Gebbaï, Sellaï ; *faisant* neuf cent vingt-huit hommes :

9 Joël, fils de Zechri, était leur chef ; et Judas, fils de Sénua, avait après lui l'intendance sur la ville.

10 Ceux d'entre les prêtres *étaient*, Idaïa, fils de Joarib, et Jachin ;

11 Saraïa, fils d'Helcias, fils de Mosollam, fils de Sadoc, fils de Mérajoth, fils d'Achitob, *qui était* prince *ou intendant* de la maison de Dieu ;

12 et leurs frères, occupés aux fonctions du temple, *au nombre de* huit cent vingt-deux. Adaïa aussi, fils de Jéroham, fils de Phélélia, fils d'Amsi, fils de Zacharie, fils de Pheshur, fils de Melchias ;

13 et ses frères, les princes des familles, *faisant en tout* deux cent quarante-deux ; comme aussi Amassaï, fils d'Azréel, fils d'Ahazi, fils de Mosollamoth, fils d'Emmer ;

14 et leurs frères, qui étaient des hommes très-puissants, *au nombre de* cent vingt-huit : leur chef était Zabdiel, l'un des grands *et* des puissants *d'*Israël.

15 Ceux d'entre les Lévites *étaient*, Seméia, fils d'Hasub, fils d'Azaricam, fils d'Hasabia, fils de Boni ;

16 et Sabathaï et Jozabed, intendants de tous les ouvrages qui se faisaient au dehors pour la maison de Dieu, et princes des Lévites.

17 Et Mathania, fils de Micha, fils de Zébédéi, fils d'Asaph, *qui était* le chef de ceux qui chantaient les louanges *du Seigneur*, et qui publiaient sa gloire dans la prière ; et Becbécia, le second après lui d'entre ses frères ; et Abda, fils de Samua, fils de Galal, fils d'Idithum.

18 Tous les Lévites *qui demeurèrent* dans la ville sainte, *étaient au nombre de* deux cent quatre-vingt-quatre.

19 Les portiers *étaient*, Accub, Telmon, et leurs frères qui gardaient les portes *du temple*, *au nombre de* cent soixante et douze.

20 Le reste *du peuple* d'Israël, *et les autres* prêtres et Lévites, demeurèrent dans toutes les villes de Juda, chacun dans son héritage.

21 Les Nathinéens demeurèrent aussi dans Ophel ; et Siaha et Gaspha étaient chefs des Nathinéens.

22 Le chef établi sur les Lévites qui demeuraient à Jérusalem, *était* Azzi, fils de Bani, fils d'Hasabia, fils de Mathanias, fils de Micha. Des enfants d'Asaph, *il y avait* des chantres occupés au ministère de la maison de Dieu :

23 car le roi *David* avait prescrit tout ce qui les regardait, et l'ordre qui devait être observé tous les jours parmi les chantres.

24 Et Phathahia, fils de Mésézébel, des enfants de Zara, fils de Juda, était commissaire du roi pour toutes les affaires du peuple.

25 Et pour ce qui est des *autres* demeures où ils s'établirent dans tout le pays, les enfants de Juda demeurèrent dans Cariath-arbé et ses dépendances, dans Dibon et ses dépendances, dans Cabséel et dans ses villages,

26 dans Jésué, dans Molada et dans Bethphaleth,

27 dans Hasersual, dans Bersabée et ses dépendances,

28 dans Siceleg, dans Mochona et ses dépendances,

29 dans Remmon, dans Saraa, dans Jérimuth,

30 dans Zanoa, dans Odollam et dans leurs villages, dans Lachis et ses dépendances, dans Azéca et ses dépendances : et ils demeurèrent depuis Bersabée jusqu'à la vallée d'Ennom.

31 Quant aux enfants de Benjamin, ils demeurèrent depuis Géba, dans Mechmas, Haï, Béthel et ses dépendances,

32 *dans* Anathoth , Nob, Anania,

33 Asor, Rama, Géthaïm,

34 Hadid, Séboïm, Néballat, Lod,

35 et *dans* Ono, la Vallée des ouvriers.

36 Et les lévites avaient leur demeure dans les partages de Juda et de Benjamin.

CHAPITRE XII.

Voici les prêtres et les Lévites qui montèrent *à Jérusalem* avec Zorobabel, fils de Salathiel, et avec Josué : Saraïa, Jérémie, Esdras,

2 Amaria , Melluch, Hattus,

3 Sébénias, Rhéum, Mérimuth,

4 Addo, Genthon, Abia,

5 Miamin, Madia, Belga,

6 Séméia, et Joïarib, Idaïa, Sellum, Amoc, Helcias,

7. Idaïa : c'étaient là les principaux d'entre les prêtres qui furent avec leurs frères du temps de Josué.

8 Les lévites *étaient* Jésua, Bennui, Cedmihel, Sarébia, Juda, Mathanias, qui présidaient avec leurs frères aux saints cantiques ;

9 Becbécia et Hanni, avec leurs frères, chacun appliqué à son emploi.

10 Or Josué engendra Joacim ; Joacim engendra Éliasib ; Éliasib engendra Joïada ;

11 Joïada engendra Jonathan, et Jonathan engendra Jeddoa.

12 Voici quels étaient du temps de Joacim les prêtres et les chefs des familles *sacerdotales* : Maraïa *l'était de celle* de Saraïa ; Hananias *l'était de celle* de Jérémie ;

13 Mosollam *l'était de celle* d'Esdras ; Johanan *l'était de celle* d'Amarias ;

14 Jonathan *l'était de celle* de Milicho ; Joseph *l'était de celle* de Sébénias ;

15 Edna *l'était de celle* de Haram ; Helci *l'était de celle* de Maraïoth ;

16 Zacharie *l'était de celle* d'Adaïa ; Mosollam *l'était de celle* de Genthon ;

17 Zéchri *l'était de celle* d'Abia ; Phelti *l'était de celles* de Miamin et de Moadia ;

18 Sammua *l'était de celle* de Belga ; Jonathan *l'était de celle* de Sémaïa ;

19 Mathanaï *l'était de celle* de Joïarib ; Azzi *l'était de celle* de Joïada ;

20 Célaï *l'était de celle* de Sellaï ; Héber *l'était de celle* d'Amoc ;

21 Hasébia *l'était de celle* d'Helcias ; Nathanaël *l'était de celle* d'Idaïa.

22 Quant aux lévites *qui étaient* du temps d'Éliasib, de Joïada, de Johanan , et de Jeddoa, les noms des chefs de familles et des prêtres ont été écrits sous le règne de Darius, roi de Perse.

23 Les chefs des familles des enfants de Lévi ont été écrits dans le livre des Annales, jusqu'au temps de Jonathan, fils d'Éliasib.

24 Or les chefs des Lévites *étaient* Hasébia, Sérébia, et Josué, fils de Cedmihel ; et leurs frères, qui devaient chacun en leur rang chanter les louanges et relever la grandeur de Dieu, suivant l'ordre prescrit par David, l'homme de Dieu, et observer également chacun à son tour *tous les devoirs de leur ministère*.

25 Mathania, Becbécia, Obédia, Mosollam, Telmon, Accub, étaient les gardes des portes, et des vestibules de devant les portes *du temple*.

26 Ceux-là étaient du temps de Joacim, fils de Josué, fils de Josédec, et du temps de Néhémias, gouverneur *de la province*, et d'Esdras, prêtre et docteur de la loi.

27 Au temps de la dédicace du mur de Jérusalem, on rechercha les Lévites dans tous les lieux où ils demeuraient, pour les faire venir à Jérusalem : afin qu'ils fissent cette dédicace avec joie et actions de grâces, en chantant des cantiques, et en jouant des timbales, des lyres et des harpes.

28 Les enfants des chantres s'assemblèrent donc de la campagne des environs de Jérusalem, et des villages de Néthuphati,

29 et de la maison de Galgal, et des cantons de Géba et d'Azmaveth ; parce que les chantres s'étaient bâti des villages tout autour de Jérusalem.

30 Et les prêtres s'étant purifiés avec les Lévites, ils purifièrent le peuple, les portes et les murailles *de la ville*.

31 Quant aux princes de Juda, je les fis monter sur la muraille, et j'établis deux grands chœurs *de chantres* qui chantaient les louanges *du Seigneur*. Les uns marchèrent à main droite sur le mur, vers la porte du fumier.

32 Osaïas marcha après eux, et la moitié des princes de Juda,

33 et Azarias, Esdras, Mosollam, Judas, Benjamin, Seméia, et Jérémie.

34 Et des enfants des prêtres *suivaient* avec leurs trompettes, Zacharie, fils de Jonathan, fils de Seméia, fils de Mathanias, fils de Michaïa, fils de Zéchur, fils d'Asaph ;

35 et ses frères, Seméia, Azaréel, Malalaï, Galalaï, Maaï, Nathanaël, Judas et Hanani, avec les instruments ordonnés par David, l'homme de Dieu, pour chanter les *saints* cantiques ; et Esdras, docteur de la loi, était devant eux à la porte de la fontaine.

36 Ils montèrent à l'opposite des autres sur les degrés de la ville de David, à l'endroit où le mur s'élève au-dessus de la maison de David, et jusqu'à la porte des eaux vers l'orient.

37 Le second chœur de ceux qui rendaient grâces *à Dieu*, marchait à l'opposite *du premier* ; et je le suivais avec la moitié du peuple sur le mur, et sur la tour des fourneaux, jusqu'à l'endroit où le mur est le plus large,

38 et sur la porte d'Éphraïm, et sur la porte ancienne, et sur la porte des poissons, et sur la tour d'Hananéel, et sur la tour d'Émath, et jusqu'à la porte du troupeau ; et ils s'arrêtèrent à la porte de la prison.

39 Et les deux chœurs de ceux qui chantaient les louanges du Seigneur, s'arrêtèrent *vis-à-vis l'un de l'autre*, devant la maison de Dieu, aussi bien que moi, et la moitié des magistrats *qui étaient* avec moi.

40 Les prêtres aussi, *savoir*, Éliachim, Maasia, Miamin, Michéa, Élioénaï, Zacharie et Hanania, avec leurs trompettes,

41 et Maasia, Seméia, Éléazar, Azzi, Johanan, Melchia, Élam et Ézer. Et les chantres firent retentir bien haut leur voix en chantant, avec Jezraïa *qui était* leur chef.

42 Ils immolèrent en ce jour-là de grandes victimes dans des transports de joie : car Dieu les avait remplis d'une joie très-grande. Leurs femmes mêmes et leurs enfants se réjouirent comme eux ; et la joie de Jérusalem se fit entendre fort loin.

43 On choisit aussi ce jour-là entre les prêtres et les Lévites, des hommes pour les établir sur les chambres du trésor ; afin que les principaux de la ville se servissent d'eux pour recevoir avec de dignes actions de grâces, et renfermer dans ces chambres les offrandes de liqueurs, les prémices et les décimes : car Juda était dans une grande joie de voir les prêtres et les Lévites ainsi rassemblés.

44 Et ils observèrent l'ordonnance de leur Dieu, et celle de l'expiation, et de même les chantres et les portiers, suivant ce qui avait été prescrit par David et par Salomon, son fils.

45 Car dès le commencement, au temps de David et d'Asaph, il y eut des chefs établis sur les chantres, qui louaient Dieu par de *saints* cantiques, et qui chantaient des hymnes à sa gloire.

46 Tout le peuple d'Israël eut donc soin du temps de Zorobabel et du temps de Néhémias, de donner aux chantres et aux portiers leur portion chaque jour. Ils donnaient aussi aux Lévites ce qui leur était dû des choses saintes ; et les Lévites donnaient de même aux enfants d'Aaron la part sainte qui leur était destinée.

CHAPITRE XIII.

EN ce jour-là on fit lecture du livre de Moïse devant le peuple, et on y trouva écrit : Que les Ammonites et les Moabites ne doivent jamais entrer dans l'Église de Dieu,

2 parce qu'ils ne vinrent pas au-devant des enfants d'Israël avec du pain et de l'eau, et qu'ils corrompirent par argent Balaam pour les maudire ; mais notre Dieu changea en bénédiction les malédictions *que Balaam voulait nous donner*.

3 Lors donc qu'ils eurent entendu ces paroles de la loi, ils séparèrent d'Israël tous les étrangers.

4 Le prêtre Éliasib était aussi coupable de ce crime. Il avait eu l'intendance du trésor de la maison de notre Dieu, et il était allié de Tobie.

5 Or il lui avait fait une grande chambre dans le lieu du trésor, où l'on portait, avant qu'il y fût, les présents, l'encens, les vases, les dîmes du blé, du vin et de l'huile, la part des Lévites, des chantres et des portiers, et les prémices qu'on offrait aux prêtres.

6 Pendant tout ce temps-là je n'étais point à Jérusalem ; parce que la trente-deuxième année du règne d'Artaxerxès, roi de Babylone, j'étais allé le retrouver, et j'obtins enfin mon congé du roi.

7 Étant revenu à Jérusalem, je reconnus le mal qu'Éliasib avait fait en la personne de Tobie, de lui faire un appartement dans le parvis de la maison de Dieu.

8 Le mal me parut extrêmement grand. C'est pourquoi je jetai les meubles de la maison de Tobie hors du trésor,

9 et je donnai ordre qu'on purifiât le trésor : ce qui fut fait : et j'y apportai les vases de la maison de Dieu, le sacrifice et l'encens.

10 Je reconnus aussi que la part des Lévites ne leur avait point été donnée, et que chacun d'eux, des chantres, et de ceux qui servaient au temple, s'en était fui *et* retiré en son pays.

11 Alors je parlai avec force aux magistrats, et je leur dis : Pourquoi avons-nous abandonné la maison de Dieu ? Après cela je rassemblai les Lévites, et je les fis demeurer chacun dans les fonctions de son ministère.

12 Tout Juda apportait dans les greniers les dîmes du blé, du vin et de l'huile ;

13 et nous établîmes pour avoir soin des greniers, Sélémias, prêtre, Sadoc, docteur de la loi, et Phadaïas, d'entre les Lévites, et avec eux Hanan, fils de Zachur, fils de Mathanias ; parce qu'ils avaient été reconnus fidèles : et la part de leurs frères leur fut confiée.

14 Souvenez-vous de moi, *Seigneur* mon Dieu ! pour ces choses, et n'effacez pas de votre souvenir les bonnes œuvres que j'ai faites dans la maison de mon Dieu, et à l'égard de ses cérémonies.

15 En ce temps-là je vis des gens en Juda qui foulaient le pressoir au jour du sabbat ; qui portaient des gerbes, et qui mettaient sur des ânes du vin, des raisins, des figues, et toutes sortes de charges, et les apportaient à Jérusalem au jour du sabbat. Et je leur ordonnai expressément de ne plus rien vendre que dans les jours où il était permis de vendre.

16 Les Tyriens aussi demeuraient dans la ville, et y portaient du poisson et toutes sortes de choses à vendre, et les vendaient dans Jérusalem aux enfants de Juda les jours de sabbat.

17 C'est pourquoi j'en fis des reproches aux premiers de Juda, et je leur dis : Quel est ce désordre que vous faites ? et pourquoi profanez-vous le jour du sabbat ?

18 N'est-ce pas ainsi qu'ont agi nos pères, ensuite de quoi notre

Dieu a fait tomber sur nous et sur cette ville tous les maux que vous voyez ? Et après cela vous attirez encore sa colère sur Israël en violant le sabbat.

19 Lors donc que les portes de Jérusalem commençaient à être en repos au jour du sabbat, je commandai qu'on les fermât, et qu'on ne les ouvrît point jusqu'après le jour du sabbat, et j'ordonnai à quelques-uns de mes gens de se tenir aux portes, afin que personne ne fît entrer aucun fardeau au jour du sabbat.

20 Et les marchands, et ceux qui portaient toutes sortes de choses à vendre, demeurèrent une fois ou deux hors de Jérusalem ;

21 et ensuite je leur fis cette déclaration, et je leur dis . Pourquoi demeurez-vous *ainsi* près des murailles ? Si cela vous arrive encore une fois, je vous en ferai punir. Depuis ce temps-là ils ne vinrent plus au jour du sabbat.

22 J'ordonnai aussi aux Lévites de s'armer, et de venir garder les portes, et de sanctifier le jour du sabbat. Souvenez-vous de moi, ô mon Dieu ! pour ces choses, et pardonnez-moi, selon la multitude de vos miséricordes.

23 En ce même temps je vis des Juifs qui épousaient des femmes d'Azot, d'Ammon et de Moab ;

24 et leurs enfants parlaient à demi la langue d'Azot, et ne pouvaient parler juif, en sorte que leur langage tenait de la langue de ces deux peuples.

25 Je les repris donc fortement, et leur donnai ma malédiction. J'en battis quelques-uns : je leur fis raser les cheveux ; je leur fis jurer devant Dieu qu'ils ne donneraient point leurs filles aux fils des étrangers, et qu'ils ne prendraient point de leurs filles pour les épouser eux-mêmes, ou pour les donner a leurs fils ; et je leur dis :

26 N'est-ce pas ainsi que pécha Salomon, roi d'Israël ? Cependant il n'y avait point de roi qui pût l'égaler dans tous les peuples : il était aimé de son Dieu, et Dieu l'avait établi roi sur tout Israël ; et après cela néanmoins des femmes étrangères le firent tomber dans le péché.

27 Serons-nous donc aussi désobéissants ? et nous rendrons-nous coupables d'un si grand crime ? et violerons-nous la loi de notre Dieu, en épousant des femmes étrangères ?

28 Or entre les fils de Joïada, fils d'Eliasib, grand prêtre, il y en avait un qui était gendre de Sanaballat, Horonite, et je le chassai.

29 Seigneur mon Dieu ! souvenez-vous dans votre indignation de ceux qui violent le sacerdoce, et la loi des prêtres et des Lévites.

30 Je les purifiai donc de toutes les *femmes* étrangères ; et j'établis les prêtres et les Lévites chacun dans son ordre et dans son ministère,

31 et pour présider à l'offrande des bois, qui devait se faire dans les temps marqués, et *à l'offrande* des prémices. Ô mon Dieu! souvenez-vous de moi, pour me faire miséricorde. Amen !

ESTHER.

CHAPITRE PREMIER.

AU temps d'Assuérus, qui a régné depuis les Indes jusqu'à l'Ethiopie, sur cent vingt-sept provinces,

2 lorsqu'il s'assit sur le trône de son royaume, Suse était la capitale de son empire.

3 La troisième année de son règne il fit un festin magnifique à tous les princes *de sa cour*, à tous ses officiers, aux plus braves d'entre les Perses, aux premiers d'entre les Mèdes, et aux gouverneurs des provinces, étant lui-même présent,

4 pour faire éclater la gloire et les richesses de son empire, et pour montrer la grandeur de sa puissance. Ce *festin dura* longtemps, ayant été continué pendant cent quatre-vingts jours.

5 Et vers le temps que ce festin finissait, le roi invita tout le peuple qui se trouva dans Suse, depuis le plus grand jusqu'au plus petit. Il commanda qu'on préparât un festin pendant sept jours dans le vestibule de son jardin, et du bois qui avait été planté de la main des rois avec une magnificence royale.

6 On avait tendu de tous côtés des voiles de couleur de bleu céleste, de blanc et d'hyacinthe, qui étaient soutenus par des cordons de fin lin teints en écarlate, qui étaient passés dans des anneaux d'ivoire, et attachés à des colonnes de marbre. Des lits d'or et d'argent étaient rangés en ordre sur un pavé de porphyre et de marbre blanc, qui était embelli de plusieurs figures avec une admirable variété.

7 Ceux qui avaient été invités *à ce festin*, buvaient en des vases d'or, et les viandes étaient servies dans des bassins tous différents les uns des autres. On y présentait aussi du plus excellent vin, et en grande abondance, comme il était digne de la magnificence royale.

8 Nul ne contraignait à boire ceux qui ne le voulaient pas; mais le roi avait ordonné que l'un des grands de sa cour fût assis à chaque table, afin que chacun prît ce qu'il lui plairait.

9 La reine Vasthi fit aussi un festin aux femmes dans le palais où le roi Assuérus avait accoutumé de demeurer.

10 Le septième jour, lorsque le roi était plus gai *qu'à l'ordinaire*, et dans la chaleur du vin qu'il avait bu avec excès, il commanda à Maiiman, Bazatha, Harbona, Bagatha, Abgatha, Zéthar et Charchas, qui étaient les sept eunuques officiers *ordinaires* du roi Assuérus,

11 de faire venir devant le roi la reine Vasthi, avec le diadème en tête, pour faire voir sa beauté à tous ses peuples et aux premières personnes *de sa cour*, parce qu'elle était extrêmement belle.

12 Mais elle refusa *d'obéir*, et dédaigna de venir selon le commandement que le roi lui en avait fait faire par ses eunuques. Assuérus entra donc en colère, et étant transporté de fureur,

13 il consulta les sages qui étaient toujours près de sa personne, selon la coutume ordinaire à tous les rois : par le conseil desquels il faisait toutes choses, parce qu'ils savaient les lois et les ordonnances anciennes.

14 Or *entre ces sages* les premiers et les plus proches du roi étaient Charséna, Séthar, Admatha, Tharsis, Mares, Marsana et Mamuchan, qui étaient les sept principaux seigneurs des Perses et des Mèdes, qui voyaient *toujours* le visage du roi, et qui avaient accoutumé de s'asseoir les premiers après lui.

15 *le roi leur demanda donc* quelle peine méritait la reine Vasthi, qui n'avait point obéi au commandement que le roi lui avait fait faire par ses eunuques.

16 Mamuchan répondit en présence du roi et des premiers de sa cour : La reine Vasthi n'a pas seulement offensé le roi, mais encore tous les peuples et tous les grands seigneurs qui sont dans toutes les provinces du roi Assuérus.

17 Car cette conduite de la reine étant sue de toutes les femmes, leur apprendra à mépriser leurs maris en disant : Le roi Assuérus a commandé à la reine Vasthi de venir se présenter devant lui, et elle n'a point voulu *lui obéir*.

18 Et à son imitation les femmes de tous les grands seigneurs des Perses et des Mèdes mépriseront les commandements de leurs maris. Ainsi la colère du roi est *très*-juste.

19 Si *donc* vous l'agréez, qu'il se fasse un édit par votre ordre, et qu'il soit écrit, selon la loi des Perses et des Mèdes qu'il n'est pas permis de violer, que la reine Vasthi ne se présentera plus devant le roi ; mais que sa couronne sera donnée à une autre qui en sera plus digne qu'elle :

20 et que cet édit soit public dans toute l'étendue des provinces de votre empire, afin que toutes les femmes, tant des grands que des petits, rendent à leurs maris l'honneur *qu'elles leur doivent*.

21 Le conseil de Mamuchan plut au roi et aux grands *de sa cour* ; et pour exécuter ce qu'il lui avait conseillé,

22 il envoya des lettres à toutes les provinces de son royaume en diverses langues, selon qu'elles pouvaient être lues et entendues par les peuples différents de son royaume, afin que les maris eussent tout le pouvoir et toute l'autorité chacun dans sa maison, et que cet édit fût publié parmi tous les peuples.

CHAPITRE II.

CES choses s'étant passées de la sorte, lorsque la colère du roi Assuérus fut adoucie, il se ressouvint de Vasthi, et de ce qu'elle avait fait, et de ce qu'elle avait souffert.

2 Alors les serviteurs et les officiers du roi lui dirent : Qu'on cherche pour le roi des filles qui soient vierges et belles,

3 et qu'on envoie dans toutes les provinces des gens qui considèrent les plus belles d'entre les jeunes filles qui sont vierges, pour les amener dans la ville de Suse, et les mettre dans le palais des femmes sous la conduite de l'eunuque Egée, qui a soin de garder les femmes du roi : là on leur donnera tout ce qui leur est nécessaire, tant pour leur parure que pour les autres besoins ;

4 et celle qui plaira davantage aux yeux du roi, sera reine à la place de Vasthi. Cet avis plut au roi, et il leur commanda de faire ce qu'ils lui avaient conseillé.

5 Il y avait *alors* dans la ville de Suse un homme Juif, nommé Mardochée, fils de Jaïr, fils de Seméi, fils de Cis, de la race de Jémini,

6 qui avait été transféré de Jérusalem au temps où Nabuchodonosor, roi de Babylone, y avait fait amener Jéchonias, roi de Juda.

7 Il avait élevé auprès de lui la fille de son frère, *nommée* Edisse, qui s'appelait autrement Esther : elle avait perdu son père et sa mère. Elle était parfaitement belle, et elle avait tout à fait bonne grâce. Son père et sa mère étant morts, Mardochée l'avait adoptée pour sa fille.

8 Cette ordonnance du roi ayant donc été répandue partout, lorsqu'on amenait à Suse plusieurs filles très-belles, et qu'on les mettait entre les mains de l'eunuque Egée, on lui amena aussi Esther entre les autres, afin qu'elle fût gardée avec les femmes *destinées pour le roi*.

9 Esther lui plut, et trouva grâce devant lui. C'est pourquoi il commanda à un eunuque de se hâter de lui préparer tous ses ornements, et de lui donner tout ce qui devait lui appartenir *selon son rang*, avec sept filles parfaitement belles de la maison du roi *pour la servir*, et d'avoir grand soin de tout ce qui pouvait contribuer à la parer et à l'embellir, elle et ses filles.

10 Esther ne voulut point lui dire de quel pays et de quelle nation elle était, parce que Mardochée lui avait ordonné de tenir cela très-secret.

11 Il se promenait tous les jours devant le vestibule de la maison où étaient gardées les vierges choisies, se mettant en peine de l'état d'Esther, et voulant savoir ce qui lui arriverait.

12 Lorsque le temps de ces filles était venu, elles étaient présentées au roi en leur rang, après avoir fait tout ce qui était nécessaire pour se parer, et se rendre plus agréables pendant l'espace de douze mois, se servant pour cela pendant les six *premiers* mois d'une onction d'huile de myrrhe, et pendant les six autres de parfums et d'aromates.

13 Lorsqu'elles allaient trouver le roi, on leur donnait tout ce qu'elles demandaient pour se parer, et elles passaient de la chambre des femmes à celle du roi avec tous les ornements qu'elles avaient désirés.

14 Celle qui était entrée au soir en sortait le matin, et elle était conduite de là dans un autre appartement, où demeuraient les concubines du roi, dont Susagazi, eunuque, avait soin ; et elle ne pouvait plus de nouveau se présenter devant le roi, à moins que lui-même ne le voulût, et qu'il ne l'eût commandé expressément en la nommant par son nom.

15 Après donc qu'il se fut passé du temps, le jour vint auquel Esther, fille d'Abihaïl, frère de Mardochée, et que Mardochée avait adoptée pour sa fille, devait être présentée au roi en son rang. Elle ne demanda rien pour se parer ; mais Egée, eunuque, qui avait le soin de ces filles, lui donna pour cela tout ce qu'il voulut. Car elle était parfaitement bien faite, et son incroyable beauté la rendait aimable et agréable à tous ceux qui la voyaient.

16 Elle fut donc menée à la chambre du roi Assuérus, au dixième mois, appelé Tébeth, la septième année de son règne.

17 Le roi l'aima plus que toutes ses *autres* femmes, et elle s'acquit dans son cœur et dans son esprit une considération plus grande que toutes les autres. Il lui mit sur la tête le diadème royal, et il la fit reine en la place de Vasthi.

18 Et le roi commanda qu'on fît un festin très-magnifique à tous les grands de sa cour, et à tous ses serviteurs, pour le mariage et les noces d'Esther. Il soulagea les peuples de toutes les provinces, et il fit des dons dignes de la magnificence d'un *si grand* prince.

19 Et tant qu'on chercha des filles pour le second *mariage du roi*, et qu'on les assemblait en un même lieu, Mardochée demeura toujours à la porte du roi.

20 Esther n'avait point encore découvert ni son pays ni son peuple, selon l'ordre que Mardochée lui en avait donné. Car Esther observait tout ce qu'il lui ordonnait, et elle faisait toutes choses en ce temps-là *par son avis*, de même que lorsqu'il la nourrissait auprès de lui étant encore toute petite.

21 Lors donc que Mardochée demeurait à la porte du roi, Bagathan et Tharès, deux de ses eunuques qui commandaient à la première entrée du palais, ayant conçu quelque mécontentement contre le roi, entreprirent d'attenter sur sa personne, et de le tuer.

22 Mais Mardochée ayant découvert leur dessein, en avertit aussitôt la reine Esther. La reine en avertit le roi au nom de Mardochée, dont elle avait reçu l'avis.

23 On en fit informer aussitôt, et l'avis ayant été trouvé véritable, l'un et l'autre fut pendu : et tout ceci fut écrit dans les histoires, et marqué dans les Annales sous les yeux du roi.

CHAPITRE III.

APRÈS cela le roi Assuérus éleva Aman, fils d'Amadath, qui était de la race d'Agag ; et le trône sur lequel il le fit asseoir, était au-dessus de tous les princes qu'il avait *près de sa personne*.

2 Et tous les serviteurs du roi qui étaient à la porte du palais, fléchissaient le genou devant Aman et l'adoraient, parce que l'empereur leur avait commandé. Il n'y avait que Mardochée qui ne fléchissait point le genou devant lui, et ne l'adorait point ;

3 et les serviteurs du roi qui commandaient à la porte du palais, lui dirent : Pourquoi n'obéissez-vous point au commandement du roi, comme tous les autres ?

4 Et après lui avoir dit cela fort souvent, voyant qu'il ne voulait point les écouter, ils en avertirent Aman, voulant savoir s'il demeurerait toujours dans cette résolution, parce qu'il leur avait dit qu'il était Juif.

5 Aman ayant reçu cet avis, et ayant reconnu par expérience que Mardochée ne fléchissait point le genou devant lui, et ne l'adorait point, entra dans une grande colère.

6 Mais il compta pour rien de se venger seulement de Mardochée ; et ayant su qu'il était Juif, il aima mieux entreprendre de perdre toute la nation des Juifs qui étaient dans le royaume d'Assuérus.

7 La douzième année du règne d'Assuérus, au premier mois, appelé Nisan, le sort qui s'appelle en hébreu Phur, fut jeté dans l'urne devant Aman, *pour savoir* en quel mois et en quel jour on devait *faire* tuer toute la nation juive, et le sort tomba sur le douzième mois, appelé Adar.

8 Alors Aman dit au roi Assuérus : Il y a un peuple dispersé par toutes les provinces de votre royaume, gens qui sont séparés les uns des autres, qui ont des lois et des cérémonies *toutes* nouvelles, et qui de plus méprisent les ordonnances du roi. Et vous savez fort bien qu'il est de l'intérêt de votre royaume de ne souffrir pas que la licence le rende encore plus insolent.

9 Ordonnez donc, s'il vous plaît, qu'il périsse, et je payerai aux trésoriers de votre épargne dix mille talents d'argent.

10 Alors le roi tira de son doigt l'anneau dont il avait accoutumé de se servir, et le donna à Aman, fils d'Amadath, de la race d'Agag, ennemi des Juifs,

11 et lui dit : Gardez pour vous l'argent que vous m'offrez ; et pour ce qui est de ce peuple, faites-en ce qu'il vous plaira.

12 Au premier mois, *appelé* Nisan, le treizième jour du même

mois, on fit venir les secrétaires du roi, et l'on écrivit au nom du roi Assuérus, en la manière qu'Aman l'avait commandé, à tous les satrapes du roi, aux juges des provinces et des diverses nations, en autant de langues différentes qu'il était nécessaire pour pouvoir être lues et entendues de chaque peuple ; et les lettres furent scellées de l'anneau du roi,

13 et envoyées par les courriers du roi dans toutes les provinces : afin qu'on tuât et qu'on exterminât tous les Juifs, depuis les plus jeunes jusqu'aux plus vieux, jusqu'aux femmes et aux petits enfants, en un même jour, c'est-à-dire, le treizième jour du douzième mois, appelé Adar, et qu'on pillât tous leurs biens.

14 C'est ce que contenaient ces lettres *du roi*, afin que toutes les provinces sussent *son intention*, et qu'elles se tinssent prêtes pour ce même jour.

15 Les courriers envoyés par le roi allaient en grande hâte de tous côtés pour exécuter ses ordres. Aussitôt cet édit fut affiché dans Suse, dans le même temps que le roi et Aman faisaient festin, et que tous les Juifs qui étaient dans la ville fondaient en larmes.

CHAPITRE IV.

MARDOCHÉE ayant appris ceci, déchira ses vêtements, se revêtit d'un sac, et se couvrit la tête de cendres ; et jetant de grands cris au milieu de la place de la ville, il faisait éclater l'amertume de son cœur.

2 Il vint donc en se lamentant jusqu'à la porte du palais : car il n'était pas permis d'entrer revêtu d'un sac dans le palais du roi.

3 Dans toutes les provinces et les villes, et dans tous les lieux où ce cruel édit du roi avait été envoyé, les Juifs faisaient paraître une extrême affliction par les jeûnes, les cris et les larmes, plusieurs se servant de sac et de cendre au lieu de lit.

4 En même temps les filles d'Esther et ses eunuques vinrent lui en apporter la nouvelle. Et elle fut toute consternée en l'apprenant : elle envoya une robe à *Mardochée*, afin qu'il la mît au lieu du sac dont il était revêtu ; mais il ne voulut point la recevoir.

5 Elle appela donc Athach, eunuque que le roi lui avait donné pour la servir, et lui commanda d'aller trouver Mardochée, et de savoir de lui pourquoi il faisait *tout* cela.

6 Athach alla aussitôt vers Mardochée, qui était dans la place de la ville devant la porte du palais.

7 Et Mardochée lui découvrit tout ce qui était arrivé, et de quelle sorte Aman avait promis de mettre beaucoup d'argent dans les trésors du roi pour le massacre des Juifs.

8 Il lui donna aussi une copie de l'édit qui était affiché dans Suse, pour la faire voir à la reine, et pour l'avertir d'aller trouver le roi, afin d'intercéder pour son peuple.

9 Athach étant retourné, rapporta à Esther tout ce que Mardochée lui avait dit.

10 Esther pour réponse lui ordonna de dire *ceci* à Mardochée :

11 Tous les serviteurs du roi, et toutes les provinces de son empire, savent que qui que ce soit, homme ou femme, qui entre dans la salle intérieure du roi sans y avoir été appelé *par son ordre*, est mis à mort infailliblement à la même heure, à moins que le roi n'étende vers lui son sceptre d'or, pour marque de clémence, et qu'il lui sauve ainsi la vie. Comment donc puis-je maintenant aller trouver le roi ; puisqu'il y a déjà trente jours qu'il ne m'a point fait appeler ?

12 Mardochée ayant entendu cette réponse,

13 envoya encore dire *ceci* à Esther : Ne croyez pas qu'à cause que vous êtes dans la maison du roi, vous pourriez sauver seule votre vie, si tous les Juifs périssaient.

14 Car si vous demeurez maintenant dans le silence, Dieu trouvera quelque autre moyen pour délivrer les Juifs, et vous périrez, vous et la maison de votre père. Et qui sait si ce n'est point pour cela même que vous avez été élevée à la dignité royale, afin d'être en état d'agir dans une occasion comme celle-ci ?

15 Esther envoya faire cette réponse à Mardochée :

16 Allez, assemblez tous les Juifs que vous trouverez dans Suse, et priez tous pour moi. Passez trois jours et trois nuits sans manger ni boire, et je jeûnerai de même avec les filles qui me servent ; et après cela j'irai trouver le roi contre la loi qui le défend, et sans y être appelée, en m'abandonnant au péril et à la mort.

17 Mardochée alla aussitôt exécuter ce qu'Esther lui avait ordonné.

CHAPITRE V.

LE troisième jour Esther se vêtit de li ses habits royaux, et s'étant rendue dans la salle intérieure de l'appartement du roi, elle s'arrêta vis-à-vis la chambre du roi. Il était assis sur son trône dans l'alcôve de sa chambre, tout vis-à-vis de la porte même de sa chambre.

2 Et ayant vu paraître la reine Esther, elle plut à ses yeux, et il étendit vers elle le sceptre d'or qu'il avait à la main. Esther s'approchant baisa le bout du sceptre.

3 Et le roi lui dit : Que voulez-vous, reine Esther ? que demandez-vous ? Quand vous me demanderiez la moitié de mon royaume, je vous la donnerais.

4 Esther lui répondit : Je supplie le roi de venir aujourd'hui, s'il lui plaît, au festin que je lui ai préparé, et Aman avec lui.

5 Qu'on appelle Aman, dit le roi aussitôt, afin qu'il obéisse à la volonté de la reine. Le roi et Aman vinrent donc au festin que la reine leur avait préparé.

6 Et le roi lui dit après avoir bu beaucoup de vin : Que désirez-vous que je vous donne, et que *me* demandez-vous ? Quand vous me demanderiez la moitié de mon royaume, je vous la donnerais.

7 Esther lui répondit : La demande et la prière que j'ai à faire est,

8 que si j'ai trouvé grâce devant le roi, et s'il lui plaît de m'accorder ce que je demande, et de faire ce que je désire, que le roi vienne *encore*, et Aman *avec lui*, au festin que je leur ai préparé, et demain je déclarerai au roi ce que je souhaite.

9 Aman sortit donc ce jour-là fort content et plein de joie ; et ayant vu que Mardochée, qui était assis devant la porte du palais, non-seulement ne s'était pas levé pour lui faire honneur, mais ne s'était même pas remué de la place où il était, il en conçut une grande indignation ;

10 et dissimulant la colère *où il était*, il retourna chez lui, et fit assembler ses amis avec sa femme Zarès.

11 Et après leur avoir représenté quelle était la grandeur de ses richesses, le grand nombre de ses enfants, et cette haute gloire où le roi l'avait élevé au-dessus de tous les grands de sa cour et de tous ses officiers,

12 il ajouta : La reine Esther n'en a point aussi invité d'autres que moi pour être du festin qu'elle a fait au roi, et je dois encore demain dîner chez elle avec le roi.

13 Mais quoique j'aie tous ces avantages, je croirai n'avoir rien, tant que je verrai le Juif Mardochée demeurer assis devant la porte du palais du roi.

14 Zarès, sa femme, et tous ses amis lui répondirent : Commandez qu'on dresse une potence fort élevée, qui ait cinquante coudées de haut, et dites au roi *demain* au matin, qu'il y fasse pendre Mardochée : et vous irez ainsi plein de joie au festin avec le roi. Ce conseil lui plut, et il commanda qu'on préparât cette haute potence.

CHAPITRE VI.

LE roi passa cette nuit-là sans dormir, et il commanda qu'on lui apportât les histoires et les Annales des années précédentes. Et lorsqu'on les lisait devant lui,

2 on tomba sur l'endroit où il était écrit de quelle sorte Mardochée avait donné avis de la conspiration de Bagathan et de Tharès, eunuques, qui avaient voulu assassiner le roi Assuérus.

3 Ce que le roi ayant entendu, il dit : Quel honneur et quelle récompense Mardochée a-t-il reçue pour cette fidélité qu'il m'a témoignée ? Ses serviteurs et ses officiers lui dirent : Il n'en a reçu aucune récompense.

4 Le roi ajouta en même temps : Qui est là dans l'antichambre ?

Or Aman était entré dans la salle intérieure de l'appartement du roi pour le prier de commander que Mardochée fût attaché à la potence qu'il lui avait préparée.

5 Ses officiers lui répondirent : Aman est dans l'antichambre. Le roi dit : Qu'il entre.

6 Aman étant entre, le roi lui dit : Que doit-on faire pour honorer un homme que le roi désire de combler d'honneur ? Aman pensant en lui-même, et s'imaginant que le roi n'en voulait point honorer d'autre que lui,

7 lui répondit : Il faut que l'homme que le roi veut honorer,

8 soit vêtu des habits royaux ; qu'il soit monté sur un des chevaux que le roi monte ; qu'il ait le diadème royal sur sa tête,

9 et que le premier des princes et des grands de la cour du roi tienne son cheval *par les* rênes *; et que marchant* devant *lui par la place de la ville, il crie : C'est ainsi que sera honoré celui qu'il plaira au roi d'honorer.*

10 Le roi lui répondit : Hâtez-vous *donc*, prenez une robe et un cheval ; et tout ce que vous avez dit, faites-le à Mardochée, Juif, qui est devant la porte du palais. Prenez bien garde de ne rien oublier de tout ce que vous venez de dire.

11 Aman prit donc une robe *royale* et un cheval ; et ayant revêtu Mardochée de la robe dans la place de la ville, et lui ayant fait monter le cheval, il marchait devant lui, et criait : C'est ainsi que mérite d'être honoré celui qu'il plaira au roi d'honorer.

12 Mardochée revint aussitôt à la porte du palais ; et Aman s'en retourna chez lui en grande hâte, tout affligé, et ayant la tête couverte.

13 Il raconta à Zarès, sa femme, et à ses amis tout ce qui lui était arrivé ; et les sages dont il prenait conseil, et sa femme, lui répondirent : Si ce Mardochée devant lequel vous avez commencé de tomber, est de la race des Juifs, vous ne pourrez lui résister; mais vous tomberez devant lui.

14 Lorsqu'ils *lui* parlaient encore, les eunuques du roi survinrent, et l'obligèrent de venir aussitôt au festin que la reine avait préparé.

CHAPITRE VII.

LE roi vint donc, et Aman *avec lui*, pour boire *et manger* avec la reine.

2 Et le roi dans la chaleur du vin lui dit encore ce second jour : Que me demandez-vous, Esther ? et que désirez-vous que je fasse ? Quand vous me demanderiez la moitié de mon royaume, je vous la donnerais.

3 Esther lui répondit : O roi ! si j'ai trouvé grâce devant vos yeux, je vous conjure de m'accorder, s'il vous plaît, ma propre vie, et celle de mon peuple pour lequel j'implore votre clémence.

4 Car nous avons été livrés, moi et mon peuple, pour être foulés aux pieds, pour être égorgés et exterminés. Et plût à Dieu qu'on nous vendît au moins et hommes et femmes comme des esclaves ! ce mal serait supportable, et je me tairais en me contentant de gémir ; mais maintenant nous avons un ennemi dont la cruauté retombe sur le roi même.

5 Le roi Assuérus lui répondit : Qui est celui-là ? et qui est assez puissant pour oser faire ce que vous dites ?

6 Esther lui répondit : C'est cet Aman *que vous voyez*, qui est notre cruel adversaire et notre ennemi mortel. Aman entendant ceci demeura tout interdit, ne pouvant supporter les regards ni du roi ni de la reine.

7 Le roi en même temps se leva tout en colère ; et étant sorti du lieu du festin, il entra dans un jardin planté d'arbres. Aman se leva aussi de table, pour supplier la reine Esther de lui sauver la vie, parce qu'il avait bien vu que le roi était résolu de le perdre.

8 Assuérus étant revenu du jardin planté d'arbres, et étant rentré dans le lieu du festin, trouva qu'Aman s'était jeté sur le lit où était Esther, et il dit : Comment ! il veut même faire violence à la reine en ma présence et dans ma maison ! A peine cette parole était sortie de la bouche du roi, qu'on couvrit le visage à Aman.

9 Alors Harbona, l'un des eunuques qui servaient d'ordinaire le roi, lui dit : Il y a une potence de cinquante coudées de haut dans la maison d'Aman, qu'il avait fait préparer pour Mardochée, qui a donné un avis salutaire au roi. Le roi dit : Qu'Aman y soit pendu *tout à cette heure*.

10 Aman fut donc pendu à la potence qu'il avait préparée à Mardochée. Et la colère du roi s'apaisa.

CHAPITRE VIII.

LE même jour le roi Assuérus donna à la reine Esther la maison d'Aman, ennemi des Juifs, et Mardochée fut présenté au roi. Car Esther lui avait avoué qu'il était son oncle.

2 Et le roi commandant qu'on reprît son anneau qu'Aman avait eu, le donna à Mardochée. Esther fit aussi Mardochée intendant de sa maison.

3 Esther n'étant pas encore contente, alla se jeter aux pieds du roi, et le conjura avec larmes d'arrêter les mauvais effets de l'entreprise pleine de malice qu'Aman, fils d'Agag, avait formée pour perdre les Juifs.

4 Le roi lui tendit son sceptre d'or, pour lui donner, selon la coutume, des marques de sa bonté. Et la reine se levant et se tenant en sa présence,

5 *lui* dit : S'il plait au roi, si j'ai trouvé grâce devant ses yeux, et si ma prière ne lui paraît pas contraire *à ses intentions*, je le conjure de vouloir ordonner que les premières lettres d'Aman, ennemi des Juifs, qui ne cherchait qu'à les perdre, par lesquelles il avait commandé qu'on les exterminât dans toutes les provinces du royaume, soient révoquées par de nouvelles lettres *du roi*.

6 Car comment pourrais-je souffrir la mort et le carnage de tout mon peuple ?

7 Le roi Assuérus répondit à la reine Esther et à Mardochée, Juif : J'ai donné à Esther la maison d'Aman, et j'ai commandé qu'il fût attaché à une croix, parce qu'il avait osé entreprendre de perdre les Juifs.

8 Ecrivez donc aux Juifs, au nom du roi, comme vous le jugerez à propos, et scellez les lettres de mon anneau. Car c'était la coutume que nul n'osait s'opposer aux lettres qui étaient envoyées au nom du roi, et cachetées de son anneau.

9 On fit donc venir aussitôt les secrétaires et les écrivains du roi (c'était alors le troisième mois, appelé Siban) ; et le vingt-troisième de ce même mois les lettres *du roi* furent écrites en la manière que Mardochée voulut, et adressées aux Juifs, aux grands seigneurs, aux gouverneurs et aux juges qui commandaient aux cent vingt-sept provinces du royaume, depuis les Indes jusqu'en Ethiopie ; elles furent écrites en diverses langues et en divers caractères, selon la diversité des provinces et des peuples, afin qu'elles pussent être lues et entendues de tout le monde ; et *celles qui furent adressées* aux Juifs, *étaient aussi en leur langue et en leur caractère*.

10 Ces lettres que l'on envoyait au nom du roi furent cachetées de son anneau, et envoyées par les courriers, afin que courant en diligence par toutes les provinces, ils prévinssent les anciennes lettres par ces nouvelles.

11 Le roi leur commanda en même temps d'aller trouver les Juifs en chaque ville, et de leur ordonner de s'assembler et de se tenir prêts pour défendre leur vie, pour tuer et exterminer leurs ennemis avec leurs femmes, leurs enfants, et toutes leurs maisons, et de piller leurs dépouilles.

12 Et l'on marqua à toutes les provinces un même jour pour la vengeance *que les Juifs devaient prendre de leurs ennemis* ; savoir, le treizième jour du douzième mois, *appelé* Adar.

13 C'est ce que contenait la lettre qui fut écrite pour faire savoir dans toutes les provinces et à tous les peuples qui étaient soumis à l'empire du roi Assuérus, que les Juifs étaient prêts à se venger de leurs ennemis.

14 Les courriers partirent aussitôt en grande hâte portant cette lettre, et l'édit *du roi* fut affiché dans Suse.

15 Mardochée sortant du palais et d'avec le roi, parut dans un grand éclat, portant une robe royale de couleur d'hyacinthe et de blanc, ayant une couronne d'or sur la tête, et un manteau de soie et

de pourpre. Toute la ville fut transportée de joie,

16 Et quant aux Juifs, il leur sembla qu'une nouvelle lumière se levait sur eux, à cause de cet honneur, de ces congratulations et de ces réjouissances publiques.

17 Parmi toutes les nations, les provinces et les villes où l'ordonnance du roi était portée, ils étaient dans une joie extraordinaire ; ils faisaient des festins et des jours de fête : jusque-là que plusieurs des autres nations, et qui étaient d'une autre religion qu'eux, embrassèrent leur religion et leurs cérémonies. Car le nom du peuple juif avait rempli tous les esprits d'une très-grande terreur.

CHAPITRE IX.

AINSI le treizième jour du douzième mois, que nous avons déjà dit auparavant se nommer Adar, lorsque l'on se préparait à tuer tous les Juifs, et que ceux qui étaient leurs ennemis aspiraient à se repaître de leur sang, les Juifs au contraire commencèrent a être les plus forts, et à se venger de leurs adversaires.

2 Ils s'assemblèrent dans toutes les villes, *dans tous* les bourgs et *tous les autres* lieux, pour attaquer leurs persécuteurs et leurs ennemis ; et nul n'osait leur résister, parce que la crainte de leur puissance avait saisi tous les peuples.

3 Car les juges des provinces, les gouverneurs et les intendants, et tous ceux qui avaient quelque dignité dans tous les lieux, et qui présidaient sur les ouvrages, relevaient la gloire des Juifs par la crainte qu'ils avaient de Mardochée,

4 qu'ils savaient être grand maître du palais, et avoir beaucoup de pouvoir. Sa réputation croissait aussi de jour en jour, et tout le monde parlait de lui.

5 Les Juifs firent donc un grand carnage de leurs ennemis, et ils les tuèrent, leur rendant le mal qu'ils s'étaient préparés à leur faire.

6 Jusque-là qu'ils tuèrent dans Suse même cinq cents hommes, sans compter les dix fils d'Aman, fils d'Agag, ennemi des Juifs, *qu'ils tuèrent aussi*, et dont voici les noms :

7 Pharsandatha, Delphon, Esphatha,

8 Phoratha, Adalia, Aridatha,

9 Phermestha, Arisaï, Aridaï et Jézatha.

10 Et ils ne voulurent toucher à rien de ce qui avait été à ceux qu'ils avaient tués.

11 On rapporta aussitôt au roi le nombre de ceux qui avaient été tués dans Suse ;

12 et il dit à la reine : Les Juifs ont tué cinq cents hommes dans la ville de Suse, outre les dix fils d'Aman. Combien grand croyez-vous que doit être le carnage qu'ils font dans toutes les provinces ? Que demandez-vous davantage ? et que voulez-vous que j'ordonne encore ?

13 La reine lui répondit : *Je supplie le roi d'ordonner*, s'il lui plaît, que les Juifs aient le pouvoir de faire encore demain dans Suse ce qu'ils ont fait aujourd'hui, et que les dix fils d'Aman soient pendus.

14 Le roi commanda que cela fût fait ; et aussitôt l'édit fut affiché dans Suse, et les dix fils d'Aman furent pendus.

15 Les Juifs s'assemblèrent *donc encore* le quatorzième jour du mois d'Adar, et ils tuèrent trois cents hommes dans Suse, sans vouloir rien prendre de leur bien.

16 Les Juifs se tinrent aussi prêts pour la défense de leur vie dans toutes les provinces qui étaient soumises à l'empire du roi ; et ils tuèrent leurs ennemis et leurs persécuteurs en si grand nombre que soixante et quinze mille hommes furent enveloppés dans ce carnage, sans qu'aucun *des Juifs* touchât à leur bien.

17 Ils commencèrent tous à tuer *leurs ennemis* le treizième jour du mois d'Adar, et ils cessèrent au quatorzième; ils firent de ce jour une fête solennelle, et ils ordonnèrent qu'elle serait célébrée dans tous les siècles suivants avec joie et par des festins.

18 Mais ceux qui étaient dans la ville de Suse avaient fait le carnage pendant le treizième et le quatorzième jour de ce même mois, et n'avaient cessé qu'au quinzième. C'est pourquoi ils le choisirent pour en faire une fête solennelle de festins et de réjouissances *publiques*.

19 Les Juifs qui demeuraient dans les bourgs sans murailles et dans les villages, choisirent le quatorzième jour du mois d'Adar, pour être un jour de festin, dans lequel ils font une grande réjouissance, et s'envoient les uns aux autres quelque chose de ce qui a été servi dans leurs festins.

20 Mardochée eut donc soin d'écrire toutes ces choses, et en ayant fait une lettre, il l'envoya aux Juifs qui demeuraient dans toutes les provinces du roi, soit dans les plus proches ou dans les plus éloignées,

21 afin que le quatorzième et le quinzième jour du mois d'Adar leur fussent des jours de fête qu'ils célébrassent tous les ans à perpétuité par des honneurs solennels :

22 parce que ce fut en ce jour-là que les Juifs se vengèrent de leurs ennemis, et que leur deuil et leur tristesse fut changée en une réjouissance *publique*. *C'est pourquoi il voulut* que ces jours fussent des jours de festin et de joie, qu'ils s'envoyassent les uns aux autres des mets de leur table, et qu'ils y fissent aux pauvres de petits présents.

23 Les Juifs établirent donc une fête solennelle de tout ce qu'ils avaient commencé de faire en ce temps-là, selon l'ordre que Mardochée leur en avait donné par ses lettres.

24 Car Aman, fils d'Amadath, de la race d'Agag, ennemi déclaré des Juifs, avait formé le dessein de les perdre, de les tuer et de les exterminer, et il avait jeté pour cela le Phur (c'est-à-dire, le sort, en notre langue).

25 Mais Esther alla ensuite trouver le roi : elle le supplia de prévenir le mauvais dessein d'Aman par une nouvelle lettre, et de faire retomber sur sa tête le mal qu'il avait résolu de faire aux Juifs. En effet le roi fit pendre Aman à une croix, aussi bien que tous ses fils.

26 C'est pourquoi depuis ce temps-là ces jours ont été appelés les jours de Phurim (c'est-à-dire, *les jours* des sorts); parce que le Phur (c'est-à-dire, le sort) avait été jeté dans l'urne. Et cette lettre, ou plutôt ce livre, contient tout ce qui se passa alors.

27 Les Juifs donc en mémoire de ce qui avait été concerté contre eux, et de ce grand changement qui était arrivé ensuite, s'obligèrent, eux et leurs enfants, et tous ceux qui voudraient se joindre à leur religion, d'en faire en ces deux jours une fête solennelle, sans que personne pût s'en dispenser, selon qu'il est marqué dans cet écrit, et ce qui s'observe exactement chaque année aux jours destinés à cette fête.

28 Ce sont ces jours qui ne seront jamais effacés de la mémoire des hommes, et que toutes les provinces d'âge en âge célébreront par toute la terre. Et il n'y a point de ville en laquelle les jours de Phurim (c'est-à-dire, *les jours* des sorts) ne soient observés par les Juifs et par leurs enfants, qui sont obligés de pratiquer ces cérémonies.

29 La reine Esther, fille d'Abihaïl, et Mardochée, Juif, écrivirent encore une seconde lettre, afin qu'on eût tout le soin possible de faire de ce jour une fête solennelle dans toute la postérité,

30 et ils envoyèrent à tous les Juifs qui demeuraient dans les cent vingt-sept provinces du roi Assuérus, afin qu'ils eussent la paix et qu'ils reçussent la vérité,

31 en observant *exactement* ces jours solennels des sorts, et les célébrant en leur temps avec grande joie. Les Juifs s'engagèrent donc, selon que Mardochée et Esther l'avaient ordonné, à observer, eux et toute leur postérité, ces jours solennels du sort, en jeûnant et en adressant leurs cris à Dieu,

32 et à *recevoir* tout ce qui est contenu dans ce livre qui porte le nom d'Esther.

CHAPITRE X.

OR le roi Assuérus se rendit toute la terre et toutes les îles de la mer tributaires.

2 Et l'on trouve écrit dans le Livre des Mèdes et des Perses, quelle a été sa puissance et son empire, et le haut point de grandeur auquel il avait élevé Mardochée,

3 et de quelle sorte Mardochée, Juif de nation, devint la seconde personne dans l'empire du roi Assuérus, comme il fut grand parmi les Juifs, et aimé généralement de tous ses frères, ne cherchant qu'à faire du bien à sa nation, et ne parlant que pour procurer la paix et la prospérité de son peuple.

JOB.

CHAPITRE PREMIER.

IL y avait en la terre de Hus un homme qui s'appelait Job. Cet homme était simple et droit *de cœur* ; il craignait Dieu, et fuyait le mal.

2 Il avait sept fils et trois filles.

3 Il possédait sept mille moutons, trois mille chameaux, cinq cents paires de bœufs et cinq cents ânesses. Il avait de plus un très-grand nombre de domestiques ; et il était grand *et* illustre parmi tous les Orientaux.

4 Ses enfants allaient les uns chez les autres, et ils se traitaient chacun à leur jour. Ils envoyaient prier leurs trois sœurs de venir manger et boire avec eux.

5 Et lorsque ce cercle des jours de festin était achevé, Job envoyait chez ses enfants, et les purifiait ; et se levant de grand matin, il offrait des holocaustes pour chacun d'eux. Car il disait *en lui-même* : Peut-être que mes enfants auront commis quelque péché, et qu'ils auront offensé Dieu dans leur cœur. C'est ainsi que Job se conduisait tous les jours *de sa vie*.

6 Or les enfants de Dieu s'étant un jour présentés devant le Seigneur, Satan se trouva aussi parmi eux.

7 Le Seigneur lui dit : D'où viens-tu ? Il lui répondit : J'ai fait le tour de la terre, et je l'ai parcourue tout entière.

8 Le Seigneur ajouta : N'as-tu point considéré mon serviteur Job, qui n'a point d'égal sur la terre, qui est un homme simple et droit *de cœur*, qui craint Dieu et fuit le mal ?

9 Satan lui répondit : Est-ce en vain que Job craint Dieu ?

10 N'avez-vous pas remparé de toutes parts et sa personne, et sa maison, et tous ses biens ? N'avez-vous pas béni les œuvres de ses mains ? et tout ce qu'il possède ne se multiplie-t-il pas *de plus en plus* sur la terre ?

11 Mais étendez un peu votre main, et frappez tout ce qui est à lui, et vous verrez s'il ne vous maudira pas en face.

12 Le Seigneur répondit à Satan : Va, tout ce qu'il a est en ton pouvoir ; mais je te défends de porter la main sur lui. Et Satan sortit *aussitôt* de devant le Seigneur.

13 Un jour donc que les fils et les filles de Job mangeaient et buvaient ensemble dans la maison de leur frère aîné,

14 un homme vint *tout d'un coup* dire à Job : Lorsque vos bœufs labouraient, et que vos ânesses paissaient auprès,

15 les Sabéens sont venus fondre tout d'un coup, ont tout enlevé, ont passé vos gens au fil de l'épée ; et je me suis sauvé seul pour venir vous en dire la nouvelle.

16 Cet homme parlait encore, lorsqu'un second vint dire *à Job* : Le feu du ciel est tombé sur vos moutons, et sur ceux qui les gardaient, et il a tout réduit en cendres ; et je me suis sauvé seul pour venir vous en dire la nouvelle.

17 Il n'avait pas achevé de parler, qu'un troisième vint dire *à Job* : Les Chaldéens se sont divisés en trois bandes ; ils se sont jetés sur vos chameaux, et les ont enlevés ; ils ont tué tous vos gens, et je me suis sauvé seul pour venir vous en dire la nouvelle.

18 Cet homme parlait encore, quand un quatrième se présenta *devant Job*, et *lui* dit : Lorsque vos fils et vos filles mangeaient et buvaient dans la maison de leur frère aîné,

19 un vent impétueux s'étant levé tout d'un coup du côté du désert, a ébranlé les quatre coins de la maison, et l'ayant fait tomber sur vos enfants, ils ont été accablés *sous ses ruines*, et ils sont tous morts. Je me suis échappé seul pour venir vous en dire la nouvelle.

20 Alors Job se leva, déchira ses vêtements, et s'étant rasé la tête, il se jeta par terre, et adora *Dieu*,

21 et dit : Je suis sorti nu du ventre de ma mère, et je retournerai nu dans le sein de la terre. Le Seigneur m'avait *tout* donné, le Seigneur m'a *tout* ôté ; il n'est arrivé que ce qu'il lui a plu ; que le nom du Seigneur soit béni !

22 *Ainsi* dans tout cela Job ne pécha point par ses lèvres, et il ne dit rien contre Dieu qui fût indiscret.

CHAPITRE II.

OR les enfants de Dieu s'étant un jour présentés devant le Seigneur, et Satan étant venu aussi parmi eux se présenter devant le Seigneur,

2 le Seigneur lui dit : D'où viens-tu ? Il lui répondit : J'ai fait le tour de la terre, et je l'ai parcourue tout entière.

3 Le Seigneur lui dit encore : N'as-tu point considéré mon serviteur Job, qui n'a point d'égal sur la terre, qui est un homme simple et droit *de cœur*, qui craint Dieu et fuit le mal, et qui se conserve encore dans l'innocence, quoique tu m'aies porté à m'élever contre lui pour l'affliger sans qu'il l'ait mérité ?

4 Satan lui répondit : L'homme donnera *toujours* peau pour peau, et il abandonnera *volontiers* tout ce qu'il possède, pour sauver sa vie :

5 mais étendez votre main, et frappez ses os et sa chair, et vous verrez s'il ne voue maudira pas en face.

6 Le Seigneur dit à Satan : Va, il est en ta main : mais ne touche point à sa vie.

7 Satan étant donc sorti de devant le Seigneur, frappa Job d'une effroyable plaie, depuis la plante des pieds jusqu'au sommet de la tête.

8 Et Job s'étant assis sur un fumier, ôtait avec un morceau d'un pot de terre la pourriture qui sortait de ses ulcères.

9 Alors sa femme vint lui dire : Quoi ! vous demeurez encore dans votre simplicité ? Maudissez Dieu, et mourez.

10 Job lui répondit : Vous parlez comme une femme qui n'a point de sens. Si nous avons reçu les biens de la main du Seigneur, pourquoi n'en recevrons-nous pas *aussi* les maux ? *Ainsi* dans toutes ces choses Job ne pécha point par ses lèvres.

11 Cependant trois amis de Job apprirent tous les maux qui lui étaient arrivés, et étant partis chacun de leur pays, vinrent le trouver, Eliphaz de Théman, Baldad de Suh, et Sophar de Naamath. Car ils s'étaient donné jour pour venir ensemble le voir et le consoler.

12 Lors donc que de loin ils eurent levé les yeux *pour le considérer*, ils ne le reconnurent point ; et ayant jeté un grand cri, ils commencèrent à pleurer. Ils déchirèrent leurs vêtements, ils jetèrent de la poussière en l'air *pour la faire retomber* sur leur tête.

13 Ils demeurèrent avec lui assis sur la terre durant sept jours et durant sept nuits, et nul *d'eux* ne lui dit aucune parole : car ils voyaient que sa douleur était excessive.

CHAPITRE III.

APRÈS cela Job ouvrit la bouche, et maudit le jour de sa naissance,

2 et il parla *de cette sorte* :

3 Puisse périr le jour auquel je suis né, et la nuit en laquelle il a été dit : Un homme est conçu !

4 Que ce jour se change en ténèbres, que Dieu ne le regarde *non plus* du ciel, *que s'il n'avait jamais été !* qu'il ne soit point éclairé de la lumière !

5 Qu'il soit couvert de ténèbres et de l'ombre de la mort ! qu'une noire obscurité l'environne, et qu'il soit plongé dans l'amertume !

6 Qu'un tourbillon ténébreux règne dans cette nuit ! qu'elle ne soit point comptée parmi les jours de l'année, ni mise au nombre

des mois !

7 Que cette nuit soit dans une *affreuse* solitude, et qu'elle ne soit jamais jugée digne de louange !

8 Que ceux qui maudissent le jour la maudissent, ceux qui sont près de susciter Léviathan !

9 Que les étoiles soient obscurcies par sa noirceur ! qu'elle attende la lumière, et qu'elle ne la voie point, et qu'elle ne jouisse point des premiers rayons de l'aurore !

10 parce qu'elle n'a point fermé le sein qui m'a porté, et qu'elle n'a point détourné de moi les maux *qui m'accablent*.

11 Pourquoi ne suis-je point mort dans le sein de ma mère ? pourquoi n'ai-je point cessé de vivre aussitôt que j'en suis sorti ?

12 Pourquoi m'a-t-on reçu sur les genoux ? pourquoi ai-je été nourri du lait de la mamelle ?

13 Car je dormirais maintenant dans le silence, et je me reposerai dans mon sommeil,

14 avec les rois et les consuls de la terre, qui *durant leur vie* se bâtissent des *tombeaux dans les* solitudes,

15 ou avec les princes qui possèdent l'or, et qui remplissent d'argent leurs maisons.

16 Je n'aurais point paru *dans le monde*, non plus qu'un fruit avorté *dans le sein de la mère*, ou que ceux qui ayant été conçus n'ont point vu le jour.

17 C'est là que les impies cessent d'exciter des tumultes ; et c'est là que trouvent le repos ceux dont les forces sont épuisées *par les travaux de cette vie*.

18 C'est là que ceux qui étaient autrefois enchaînés ensemble, ne souffrent plus aucun mal, et qu'ils n'entendent plus la voix de ceux qui exigeaient d'eux *des travaux insupportables*.

19 Là les grands et les petits se trouvent *égaux*, là l'esclave est affranchi *de la domination* de son maître.

20 Pourquoi la lumière a-t-elle été donnée à un misérable, et la vie à ceux qui sont dans l'amertume du cœur ?

21 qui attendent la mort, et la mort ne vient point ; *qui la cherchent* comme s'ils creusaient *dans la terre* pour *trouver* un trésor,

22 et qui sont ravis de joie lorsqu'ils ont *enfin* trouvé le tombeau.

23 *Pourquoi la vie a-t-elle été donnée* à un homme qui marche dans une route inconnue, et que Dieu a environné de ténèbres ?

24 Je soupire avant de manger, et les cris que je fais sont comme le bruit d'un débordement de grandes eaux ;

25 parce que ce qui faisait le sujet de ma crainte m'est arrivé et que ce que j'appréhendais est tombé sur moi.

26 N'ai-je pas *toujours* conservé la retenue et la patience ? N'ai-je pas gardé le silence ? Ne me suis-je pas tenu dans le repos ? Et *cependant* la colère *de Dieu* est tombée sur moi.

CHAPITRE IV.

ALORS Eliphaz de Théman, prenant la parole, dit *à Job* :

2 Vous trouverez peut-être mauvais si nous vous parlons ; mais qui pourrait retenir ses paroles *en une telle rencontre ?*

3 Vous en avez autrefois instruit plusieurs, et vous avez soutenu les mains lasses *et affaiblies*.

4 Vos paroles ont affermi ceux qui étaient ébranlés, et vous avez fortifié les genoux tremblants.

5 Et maintenant à peine la plaie est-elle venue sur vous, que vous perdez courage ; Dieu vous frappe, et vous êtes dans le trouble.

6 Où est cette crainte *de Dieu ?* où est cette force, cette patience, et cette perfection qui a paru dans toutes vos voies ?

7 Considérez, je vous prie, si jamais un innocent est péri, ou si ceux qui avaient le cœur droit ont été exterminés.

8 Ne voyons-nous pas au contraire que ceux qui travaillent tant à faire des injustices, qui sèment les maux et qui les recueillent,

9 sont renversés *tout d'un coup* par le souffle de Dieu, et sont emportés par le tourbillon de sa colère ?

10 Le rugissement du lion, et la voix de la lionne, ont été étouffés, et les dents des lionceaux ont été brisées.

11 Le tigre est mort, parce qu'il n'avait point de proie, et les petits du lion ont été dissipés.

12 Cependant une parole m'a été dite en secret, et à peine en ai-je entendu les faibles sons qui se dérobaient à mon oreille.

13 Dans l'horreur d'une vision de nuit, lorsque le sommeil assoupit davantage *tous* les *sens des* hommes,

14 je fus saisi de crainte et de tremblement, et la frayeur pénétra jusque dans mes os.

15 Un esprit vint se présenter devant moi, et les cheveux m'en dressèrent à la tête.

16 Je vis quelqu'un dont je ne connaissais point le visage, un spectre *parut* devant mes yeux, et j'entendis une voix *faible* comme un petit souffle, *qui me dit* :

17 L'homme osera-t-il se dire juste en se comparant à Dieu ? et sera-t-U plus pur que celui qui l'a créé ?

18 Ceux mêmes qui servaient Dieu n'ont pas été stables, et il a trouvé du déréglement *jusque* dans ses anges.

19 Comment donc ceux qui habitent dans des maisons de boue, qui n'ont qu'un fondement de terre, ne seront-ils pas beaucoup plutôt consumés *et* comme rongés des vers ?

20 Du matin au soir ils seront exterminés ; et parce que nul *d'eux* n'a l'intelligence, ils périront pour jamais.

21 Ceux qui seront restés de leurs races seront emportés, et ils mourront, parce qu'ils n'ont point eu la sagesse.

CHAPITRE V.

APPELEZ donc *à votre secours*, s'il y a quelqu'un qui vous réponde, et adressez-vous à quelqu'un des saints.

2 Certes *il n'y a que* l'insensé *qui* se donne la mort par l'indignation *qu'il conçoit contre la prospérité des méchants* ; et *il n'y a que* les petits esprits qui se consument par l'envie *qu'ils portent au bonheur des injustes*.

3 J'ai vu l'insensé *qui paraissait* affermi par de profondes racines, et j'ai dans l'instant donné ma malédiction à tout son *vain* éclat.

4 Ses enfants, loin de trouver leur salut, seront foulés aux pieds à la porte *de la ville*, et il ne se trouvera personne pour les délivrer.

5 Celui qui mourait de faim, mangera le blé de cet *insensé* ; l'homme armé s'emparera de lui *comme de sa proie*, et ceux qui séchaient de soif, boiront ses richesses.

6 Rien ne se fait dans le monde sans sujet, et ce n'est point de la terre que naissent les maux.

7 L'homme est né pour le travail, comme l'oiseau pour voler.

8 C'est pourquoi j'adresserai mes prières au Seigneur, et je parlerai *avec confiance* à Dieu,

9 qui fait des choses grandes et impénétrables, des choses miraculeuses et qui sont sans nombre :

10 qui répand la pluie sur la face de la terre, et qui arrose d'eau tout l'univers ;

11 qui élève ceux qui étaient abaissés, qui console et guérit ceux qui étaient dans les larmes ;

12 qui dissipe les pensées des méchants, et qui les empêche d'achever ce qu'ils avaient commencé ;

13 qui surprend les *faux* sages dans leur propre finesse, et qui renverse les desseins des injustes.

14 Au milieu du jour ils trouveront les ténèbres, et ils marcheront à tâtons en plein midi, comme s'ils étaient dans une *profonde* nuit.

15 Mais Dieu sauvera le pauvre des traits de leur langue, et de la violence des injustes.

16 Le pauvre ne sera point trompé dans son espérance, et l'iniquité demeurera muette.

17 Heureux l'homme que Dieu corrige *lui-même !* Ne rejetez donc point le châtiment du Seigneur.

18 Car c'est lui qui blesse, et *c'est lui* qui rétablit ; *c'est lui* qui frappe, et *c'est* sa main *qui* guérit.

19 Après vous avoir affligé six fois, il vous délivrera ; et le mal ne vous touchera pas une septième fois.

20 Il vous sauvera de la mort pendant la famine, et de l'épée pendant la guerre.

21 Il vous mettra à couvert des traits de la langue perçante ; et si

l'affliction survient, vous ne l'appréhenderez point.

22 Vous rirez au milieu de la désolation et de la famine, et vous ne craindrez point les bêtes de la terre.

23 Mais les pierres des champs seront d'accord avec vous, *elles ne vous blesseront point* ; et les bêtes sauvages seront douces pour vous.

24 Vous verrez la paix régner dans votre maison, et la tenant dans l'ordre par le soin que vous en aurez, vous la gouvernerez d'une manière irréprochable.

25 Vous verrez votre race se multiplier, et votre postérité *croître* comme l'herbe de la terre.

26 Vous entrerez riche dans le sépulcre, comme un monceau de blé qui est serré en son temps.

27 Voilà ce que nous ont appris les réflexions les plus sérieuses, et cela est très-véritable ; écoutez-le donc, et le repassez dans votre esprit.

CHAPITRE VI.

JOB répondit en ces termes :

2 Plût à Dieu que les péchés par lesquels j'ai mérité la colère *de Dieu*, et les maux que je souffre, fussent mis *les uns avec les autres* dans une balance !

3 Ceux-ci surpasseraient les autres de toute la pesanteur du sable de la mer ; c'est pourquoi mes paroles sont pleines de douleur.

4 Car *je sens que* le Seigneur m'a mis en butte à ses flèches : l'indignation qu'il répand sur moi épuise mes esprits, et les terreurs qu'il me donne *m'assiègent et* combattent contre moi.

5 L'âne sauvage crie-t-il lorsqu'il a de l'herbe ? ou le bœuf mugit-il lorsqu'il est devant une auge pleine *de fourrage* ?

6 Peut-on manger d'une viande fade, qui n'est point assaisonnée avec le sel ? ou quelqu'un peut-il goûter ce qui fait mourir celui qui en goûte ?

7 Ce que mon âme refusait auparavant de toucher, m'est offert maintenant pour me servir de nourriture.

8 Plaise au Seigneur que ce que je demande soit accompli, et qu'il m'accorde ce que j'attends ;

9 qu'après avoir commencé, il achève de me réduire en poudre ; qu'il laisse aller sa main pour me couper jusqu'à la racine ;

10 et que dans ces douleurs extrêmes dont il m'accablera sans m'épargner, il me reste au moins cette consolation, que je ne contredise jamais en rien aux ordonnances de celui qui est *souverainement* saint !

11 Car quelle est ma force, pour pouvoir subsister *dans ces maux* ? ou quelle sera ma fin, pour me conserver dans la patience ?

12 Ma force n'est point la force des pierres, et ma chair n'est pas de bronze.

13 Je ne trouve en moi aucun secours, et mes propres amis m'ont abandonné.

14 Celui qui voyant souffrir son ami n'en a point de compassion, abandonne la crainte du Seigneur.

15 Mes propres frères ont passé devant moi, comme un torrent qui s'écoule avec rapidité dans les vallées.

16 Ceux qui craignent la gelée, seront accablés par la neige.

17 Ils périront au temps qu'ils commenceront à s'écouler ; dès que la chaleur viendra, ils tomberont du lieu où ils étaient, comme une eau qui se fond et s'écoule.

18 Ils vont par des sentiers embarrassés, ils marchent sur le vide, et ils périront.

19 Considérez les sentiers de Théma, les chemins de Saba, et attendez un peu.

20 Ils sont confus, parce que j'ai *toujours* espéré ; ils sont venus jusqu'à moi, et ils ont été couverts de confusion.

21 Vous ne faites que de venir, et aussitôt que vous voyez la plaie dont j'ai été frappé, vous en avez de l'horreur.

22 Vous ai-je dit : Apportez-moi *quelque chose*, ou donnez-moi de votre bien ;

23 ou, Délivrez-moi de la main de celui qui m'afflige, et tirez-moi de la puissance des forts ?

24 Instruisez-moi, et je me tairai ; et si j'ai fait quelque faute par ignorance, faites-le-moi connaître.

25 Pourquoi formez-vous des médisances contre des paroles de vérité, puisque nul d'entre vous ne peut me reprendre *avec justice ?*

26 Vous n'étudiez dans vos discours qu'à trouver des moyens d'accuser *les autres*, et vous ne faites que parler en l'air.

27 Vous vous jetez sur un *homme abandonné comme* un orphelin, et vous vous efforcez d'accabler votre ami.

28 Mais achevez ce que vous avez commencé ; prêtez l'oreille, et voyez si je mens.

29 Répondez, je vous prie, sans contention ; et en parlant, jugez des choses selon la justice.

30 Alors vous ne trouverez point d'iniquité sur ma langue, ni de folie dans ma bouche.

CHAPITRE VII.

LA vie de l'homme sur la terre est une guerre continuelle, et ses jours sont comme les jours d'un mercenaire.

2 Comme un esclave soupire après l'ombre pour *se reposer*, et comme un mercenaire attend la fin de son ouvrage ;

3 ainsi je ne vois dans ma vie que des mois vides *et sans fruit*, et je n'y compte que des nuits pleines de travail *et de douleur*.

4 Si je m'endors, je dis aussitôt, Quand me lèverai-je ? et étant levé j'attends le soir *avec impatience*, et je suis rempli de douleurs jusqu'à la nuit.

5 Ma chair est couverte de pourriture et d'une sale poussière ; ma peau est toute sèche et toute retirée.

6 Mes jours ont été retranchés plus vite que le fil de la toile n'est coupé par le tisserand, et ils se sont écoulés sans *me laisser* aucune espérance.

7 Souvenez-vous, *Seigneur !* que ma vie n'est qu'un souffle, et que mes yeux ne reverront plus les biens *de ce monde*.

8 Celui qui m'a vu *jusqu'à cette heure* ne me verra plus : vous avez arrêté sur moi votre œil sévère, et je ne pourrai subsister *devant vous*.

9 Comme une nuée se dissipe et passe *sans qu'il en reste de trace* ; ainsi celui qui descend sous la terre ne remontera plus.

10 *Son âme* ne reviendra plus dans sa maison, et le lieu où il était ne le reconnaîtra plus.

11 C'est pourquoi je ne retiendrai pas ma langue *plus longtemps* ; je parlerai dans l'affliction de mon esprit, j'exprimerai dans l'amertume de mon cœur mes réflexions.

12 Suis-je une mer, ou une baleine, pour avoir été enfermé par vous comme dans une prison ?

13 Si je dis en moi-même, Mon lit me consolera *peut-être*, et m'entretenant avec mes pensées je me reposerai sur ma couche ;

14 vous me tourmenterez par des songes, et vous me troublerez par d'horribles visions.

15 C'est pourquoi je choisirais plutôt de mourir d'une mort violente, et il vaudrait mieux que mes os fussent réduits en poudre.

16 J'ai perdu toute espérance de pouvoir vivre davantage : épargnez-moi, *Seigneur !* car mes jours ne sont qu'un néant.

17 Qu'est-ce que l'homme pour mériter que vous le regardiez comme quelque chose de grand ? et comment daignez-vous appliquer votre cœur sur lui ?

18 Vous le visitez le matin, et aussitôt vous le mettez à l'épreuve.

19 Jusqu'à quand ne m'épargnerez-vous point, et ne me donnerez-vous point quelque relâche, afin que je puisse un peu respirer ?

20 J'ai péché : que ferai-je pour vous apaiser, ô Sauveur des hommes ? Pourquoi m'avez-vous mis en butte à tous vos traits, et dans un état où je suis à charge à moi-même ?

21 Pourquoi n'ôtez-vous point mon péché, et ne me pardonnez-vous point mon iniquité ? Je vais m'endormir dans la poussière du tombeau, et quand vous me chercherez le matin, je ne serai plus.

CHAPITRE VIII.

ALORS Baldad de Sun, prenant la parole, dit *à Job* :

2 Jusqu'à quand direz-vous toutes ces choses, et votre bouche proférera-t-elle des paroles qui sont comme un vent impétueux ?

3 Dieu est-il injuste dans ses jugements ? et le Tout-Puissant renverse-t-il la justice ?

4 Quoique vos enfants, après avoir péché contre lui, aient été livrés à *la juste peine* de leur iniquité ;

5 pour vous néanmoins, si vous vous empressez d'aller à Dieu, et de conjurer par vos prières le Tout-Puissant,

6 si vous marchez *devant lui avec un cœur* pur et droit, il se lèvera aussitôt pour vous secourir, et il récompensera votre justice par la paix qu'il fera régner dans votre maison.

7 Il augmentera de telle sorte tout ce que vous avez eu *de grandeur* jusqu'alors, que votre premier état ne paraîtra rien en comparaison du second.

8 Interrogez les races passées ; consultez avec soin les histoires de nos pères.

9 (Car nous ne sommes que d'hier au monde, et nous ignorons *beaucoup de choses*, parce que nos jours s'écoulent sur la terre comme l'ombre.)

10 Et nos ancêtres vous enseigneront *ce que je vous dis* : ils vous parleront, et vous découvriront les sentiments de leur cœur.

11 Le jonc peut-il verdir sans humidité ? ou peut-il croître sans eau ?

12 A peine est-il dans sa vigueur, que sans qu'on le cueille, il sèche plutôt que toutes les herbes.

13 Telle est la voie de tous ceux qui oublient Dieu ; et c'est ainsi que périra l'espérance de l'hypocrite.

14 Il sera forcé *à la fin* de condamner lui-même sa folie, et *ce qui fait* sa confiance *ne sera que* comme une toile d'araignée.

15 Il voudra s'appuyer sur sa maison, et elle n'aura point de fermeté ; il fera ses efforts pour la soutenir, et elle ne subsistera point.

16 Il est comme *une plante* qui a quelque fraîcheur avant que le soleil se lève, et qui pousse sa tige aussitôt qu'il est levé ;

17 ses racines se multiplient dans un tas de pierres, et elle demeure *ferme* au milieu des cailloux :

18 si on l'arrache de sa place, le lieu même où elle était la renoncera, et lui dira : Je ne vous ai jamais connue.

19 C'est donc là à quoi se réduit toute la prospérité de l'hypocrite : *il se sèche* sur la terre, afin que d'autres prennent sa place.

20 *Mais* Dieu ne rejettera point celui qui est simple, et il ne tendra point la main aux méchants :

21 jusqu'à ce que la joie se répande sur votre visage, et les chants d'allégresse sur vos lèvres :

22 *alors* ceux qui vous haïssaient seront couverts de confusion, et la maison des impies ne subsistera plus.

CHAPITRE IX.

JOB répondit *à Baldad* :

2 Je sais assurément que cela est ainsi, et que l'homme, si on le compare avec Dieu, ne sera point juste.

3 S'il veut disputer contre Dieu, il ne pourra lui répondre sur une seule chose de mille *que Dieu pourra lui objecter*.

4 Dieu est sage et tout-puissant : qui lui a résisté, et est demeuré en paix ?

5 C'est lui qui transporte les montagnes, et ceux *mêmes* qu'il renverse *avec elles* dans sa fureur ne s'en aperçoivent pas.

6 C'est lui qui remue la terre de sa place, et *qui fait que* les colonnes sont ébranlées.

7 C'est lui qui commande au soleil, et le soleil ne se lève point ; et qui tient les étoiles enfermées comme sous le sceau.

8 C'est lui qui a formé seul la vaste étendue des cieux, et qui marche sur les flots de la mer.

9 C'est lui qui a créé les étoiles de l'Ourse, de l'Orion, des Hyades, et celles qui sont plus proches du Midi.

10 C'est lui qui fait des choses grandes et incompréhensibles, des choses miraculeuses qui sont sans nombre.

11 S'il vient à moi, je ne le verrai point ; et s'il s'en va, je ne m'en apercevrai point.

12 S'il interroge tout d'un coup, qui osera lui répondre ? ou qui pourra lui dire : Pourquoi faites-vous ainsi ?

13 C'est un Dieu à la colère duquel nul ne peut résister ; et ceux mêmes qui gouvernent le monde fléchissent sous lui.

14 Qui suis-je donc moi pour lui répondre, et pour oser lui parler ?

15 Quand il y aurait en moi quelque trace de justice, je ne répondrais point, mais je conjurerais mon juge de me pardonner.

16 Et lors même qu'il aurait exaucé ma prière, je ne croirais pas qu'il eût *daigné* entendre ma voix.

17 Car il me brisera *quand il lui plaira*, comme d'un coup de foudre, et il multipliera mes plaies sans *que j'en sache* même la raison.

18 Il ne me laisse pas seulement respirer, et il me remplit d'amertume.

19 Si l'on implore quelque puissance, il est tout-puissant ; si l'on en appelle à la justice d'un juge, il n'y a personne qui osât rendre témoignage en ma faveur.

20 Si j'entreprends de me justifier, ma propre bouche me condamnera ; si je veux montrer que je suis innocent, il me convaincra d'être coupable.

21 Quand je serais juste et simple, cela même me serait caché, et ma vie me serait à charge à moi-même.

22 Tout ce que j'ai dit se réduit à ce principe : Dieu afflige le juste aussi bien que l'impie.

23 S'il frappe de plaies, qu'il me tue tout d'un coup, et qu'il ne se rie pas des peines des innocents.

24 La terre est *souvent* livrée entre les mains de l'impie ; et alors il couvre d'un voile les yeux des juges : si ce n'est pas lui, qui est-ce donc ?

25 Les jours de ma vie ont passé plus vite qu'un courrier : ils se sont évanouis sans que j'y aie goûté aucune douceur.

26 Ils ont passe avec la même vitesse que des vaisseaux qui portent du fruit, et qu'un aigle qui fond sur sa proie.

27 Lorsque je dis *en moi-même*, Je ne parlerai plus *pour me plaindre* ; je sens que mon visage se change aussitôt, et que la douleur me déchire.

28 Je tremblais à chaque action que je faisais, sachant que vous ne pardonnez pas à celui qui pèche.

29 Si après cela je passe pour un méchant, pourquoi aurais-je travaillé en vain ?

30 Quand j'aurais été lavé dans de l'eau de neige, et que la pureté de mes mains éclaterait,

31 *votre lumière, Seigneur !* me ferait paraître à moi-même tout couvert d'ordure, et mes vêtements m'auraient en horreur.

32 Car je n'aurai pas à répondre à un homme semblable à moi, ni à contester avec lui comme avec mon égal.

33 Il n'y a personne qui puisse reprendre les deux parties, ni mettre sa main entre les deux.

34 Qu'il retire *donc* sa verge de dessus moi, et que sa terreur ne m'épouvante pas.

35 Je parlerai alors sans l'appréhender : car dans la crainte où je suis, je ne puis répondre.

CHAPITRE X.

MA vie m'est devenue ennuyeuse : je m'abandonnerai aux plaintes contre moi-même, je parlerai dans l'amertume de mon âme.

2 Je dirai à Dieu : Ne me condamnez pas ; faites-moi connaître pourquoi vous me traitez de la sorte.

3 Pourriez-vous vous plaire à me livrer à la calomnie, et à m'accabler, moi qui suis l'ouvrage de vos mains ? Pourriez-vous favoriser les mauvais desseins des impies ?

4 Avez-vous des yeux de chair, et regardez-vous les choses comme un homme les regarde ?

5 Vos jours sont-ils semblables aux jours de l'homme, et vos années sont-elles comme ses années,

6 pour vous informer de mes iniquités, et faire une exacte recherche de mon péché ;

7 et pour savoir que je n'ai rien fait d'impie, n'y ayant personne qui puisse me tirer d'entre vos mains ?

8 Ce sont vos mains, *Seigneur !* qui m'ont formé ; ce sont elles qui ont arrangé toutes les parties de mon corps : et voudriez-vous après cela m'abîmer en un moment ?

9 Souvenez-vous, je vous prie, que vous m'avez fait comme un ouvrage d'argile ; et que *dans peu de temps* vous me réduirez en poudre.

10 Ne m'avez-vous pas fait d'abord comme un lait qui se caille, comme un lait qui s'épaissit *et* qui se durcit ?

11 Vous m'avez revêtu de peau et de chair, vous m'avez affermi d'os et de nerfs.

12 Vous m'avez donné la vie et comblé de bienfaits ; et la continuation de votre secours a conservé mon âme.

13 Quoique vous teniez toutes ces choses cachées en vous-même, je sais néanmoins que vous vous souvenez de tout.

14 Si j'ai péché, et si vous m'avez épargné sur l'heure, pourquoi ne permettez-vous pas que je sois *au moins à présent* purifié de mon iniquité ?

15 Si j'ai été méchant, malheur à moi ! et si je suis juste, je ne lèverai point la tête, étant accablé d'affliction et de misère.

16 Vous vous saisirez de moi à cause de mon orgueil, comme une lionne *se saisit de sa proie*, et vous me tourmenterez de nouveau d'une terrible manière.

17 Vous produisez contre moi des témoins, vous multipliez sur moi les effets de votre colère, et je suis assiégé de maux comme d'une armée.

18 Pourquoi m'avez-vous tiré du ventre de ma mère ? Plût à Dieu que je fusse mort, et que personne ne m'eût jamais vu !

19 J'aurais été comme n'ayant point été, n'ayant fait que passer du sein de ma mère dans le tombeau.

20 Le peu de jours qui me restent, ne finira-t-il point bientôt ? Donnez-moi donc quelque relâche, afin que je puisse un peu respirer dans ma douleur :

21 avant que j'aille, *sans espérance d'*aucun retour, en cette terre ténébreuse, couverte de l'obscurité de la mort ;

22 cette terre de misère et de ténèbres, où habite l'ombre de la mort, où tout est sans ordre, et dans une éternelle horreur.

CHAPITRE XI.

SOPHAR de Naamath parla ensuite de cette sorte :

2 Celui qui se répand en tant de paroles, n'écoutera-t-il pas à son tour ? et suffira-t-il d'être un grand parleur pour paraître juste ?

3 Faut-il que tous les hommes se taisent pour vous entendre seul ? et après vous être moqué des autres, n'y aura-t-il personne qui vous confonde ?

4 Car vous avez dit *à Dieu* : Ma conduite est pure, et je suis sans tache devant vos yeux.

5 Qu'il serait à souhaiter que Dieu parlât lui-même avec vous, et qu'il ouvrît sa bouche,

6 pour vous découvrir les secrets de sa sagesse et la multitude des préceptes de sa loi, et pour vous faire comprendre qu'il exige beaucoup moins de vous, que ne mérite votre iniquité !

7 Prétendez-vous sonder ce qui est caché en Dieu, et connaître parfaitement le Tout-Puissant ?

8 Il est plus élevé que le ciel ; comment y atteindrez-vous ? Il est plus profond que l'enfer, comment pénétrerez-vous jusqu'à lui ?

9 La longueur de la terre et la largeur de la mer *nous étonnent* ; mais il s'étend au delà de l'une et de l'autre.

10 S'il renverse tout, s'il confond toutes choses ensemble, qui pourra s'opposer à lui ?

11 Car il connaît la vanité des hommes ; et l'iniquité étant présente à ses yeux, ne la considère-t-il pas attentivement ?

12 L'homme vain s'élève d'orgueil en lui-même, et il se croit né libre comme le petit de l'âne sauvage.

13 Mais pour vous, vous avez endurci votre cœur, et cependant vous élevez vos mains vers Dieu.

14 Si vous bannissez l'iniquité de vos œuvres, et si l'injustice ne demeure point dans votre maison ;

15 vous pourrez élever alors votre visage *comme étant* sans tache : vous serez stable, et vous ne craindrez point ;

16 vous oublierez même la misère *où vous aurez été*, et elle passera dans votre souvenir comme un *torrent* d'eau qui s'est écoulé.

17 Lorsque votre vie semblera être à son couchant, vous paraîtrez comme le soleil dans l'éclat de son midi ; et lorsque vous vous croirez perdu, vous vous lèverez comme l'étoile du matin.

18 L'espérance qui vous sera proposée vous remplira de confiance ; et entrant dans le sépulcre, vous dormirez dans une entière assurance.

19 Vous serez en repos sans que personne vous trouble, et plusieurs vous supplieront de les regarder favorablement.

20 Mais les yeux des méchants se consumeront *d'envie* ; les impies périront sans ressource ; et les choses où ils avaient mis leur espérance, deviendront l'horreur et l'abomination de leur âme.

CHAPITRE XII.

JOB reprenant la parole, *lui* dit :

2 N'y a-t-il donc que vous qui soyez hommes ? et la sagesse mourra-t-elle avec vous ?

3 J'ai du sens aussi bien que vous ; et je ne vous suis point inférieur : car qui est celui qui ignore ce que vous savez ?

4 Celui qui devient comme moi l'objet des railleries de son ami, invoquera Dieu, et Dieu l'exaucera : car on se moque de la simplicité du juste.

5 *C'est* une lampe que les riches regardent avec mépris ; *mais* qui est prête à luire au temps *que Dieu* a marqué.

6 Les maisons des voleurs publics sont dans l'abondance, et ils s'élèvent audacieusement contre Dieu, quoique ce soit lui qui leur a mis entre les mains tout *ce qu'ils possèdent*.

7 Interrogez les animaux, et ils vous enseigneront ; consultez les oiseaux du ciel, et ils seront vos maîtres.

8 Parlez à la terre, et elle vous répondra, et les poissons de la mer vous instruiront.

9 *Car* qui ignore que c'est la puissance de Dieu qui a fait toutes ces choses ?

10 lui qui tient dans sa main l'âme de tout ce qui a vie, et tous les esprits qui animent la chair des hommes.

11 L'oreille ne juge-t-elle pas des paroles, et le palais, de ce qui a du goût ?

12 La sagesse est dans les vieillards, et la prudence est *le fruit* de la longue vie.

13 *Mais* la sagesse et la puissance souveraine est en Dieu ; c'est lui qui possède le conseil et l'intelligence.

14 S'il détruit *une fois*, nul ne pourra édifier ; s'il tient un homme enfermé, nul ne pourra lui ouvrir.

15 S'il retient les eaux, tout deviendra sec ; et s'il les lâche, elles inonderont la terre.

16 La force et la sagesse résident en lui ; il connaît et celui qui trompe, et celui qui est trompé.

17 Il fait tomber ceux qui donnent conseil *aux autres* en des pensées extravagantes, dont la fin est malheureuse ; et il frappe d'étourdissement les juges.

18 Il ôte le baudrier aux rois, et il ceint leurs reins avec une corde.

19 Il fait que les pontifes sont privés de leur gloire, et que les grands tombent par terre.

20 Il fait changer de langage à ceux qui enseignaient la vérité, et il retire la science des vieillards.

21 Il fait tomber les princes dans le mépris *et* la confusion ; il relève ceux qui avaient été opprimés.

22 Il découvre ce qui était caché dans de profondes ténèbres, et il produit au jour l'ombre de la mort.

23 Il multiplie les nations, et les perd *ensuite* ; et il les rétablit après leur ruine.

24 Il change le cœur des princes qui sont établis sur les peuples de la terre : il les trompe, et les fait marcher inutilement par des routes égarées.

25 Ils iront à tâtons comme dans les ténèbres, au lieu de marcher dans la lumière du jour, et il les fera chanceler à chaque pas, comme s'ils étaient ivres.

CHAPITRE XIII.

J'AI vu de mes yeux toutes ces choses ; je les ai entendues de mes oreilles, et je les ai toutes comprises.

2 Ce que vous savez, ne m'est point inconnu, et je ne vous suis pas inférieur.

3 Mais je veux parler au Tout-Puissant, et je désire m'entretenir avec Dieu,

4 en faisant voir auparavant que vous êtes des fabricateurs de mensonges, et des défenseurs d'une doctrine corrompue.

5 Et plût à Dieu que vous demeurassiez dans le silence, afin que vous pussiez passer pour sages !

6 Ecoutez donc ce que j'ai à dire contre vous ; prêtez l'oreille au jugement que mes lèvres prononceront.

7 Dieu a-t-il besoin de votre mensonge, ou que vous usiez de déguisements pour le défendre ?

8 Est-ce que vous prétendez favoriser Dieu ? et faites-vous des efforts pour le justifier ?

9 Cela peut-il plaire à Dieu, lui à qui rien n'est caché ? ou se laissera-t-il surprendre, comme un homme, à vos tromperies ?

10 C'est lui-même qui vous condamnera, puisque ce n'est que par dissimulation que vous défendez ses intérêts.

11 Aussitôt qu'il fera paraître sa colère, il vous épouvantera, et il vous accablera par la terreur de son nom.

12 Votre mémoire sera semblable à la cendre, et vos têtes *superbes* ne seront plus que comme de la boue.

13 Demeurez un peu dans le silence, afin que je dise tout ce que mon esprit me suggérera.

14 Pourquoi déchiré-je ma chair avec mes dents ? et pourquoi ma vie est-elle *toujours* comme si je la portais entre mes mains ?

15 Quand Dieu me tuerait, je ne laisserais pas d'espérer en lui ; et je m'accuserai néanmoins de toutes mes fautes en sa présence.

16 Et il sera lui-même mon Sauveur : car aucun hypocrite n'osera paraître devant ses yeux.

17 Rendez-vous *donc* attentifs à mes paroles, prêtez l'oreille aux vérités cachées que je vais vous dire.

18 Si ma cause était jugée, je sais que je serais reconnu innocent.

19 Qui est celui qui veut entrer avec moi en jugement ? Qu'il vienne : car pourquoi me laisserai-je consumer sans avoir parlé *pour ma défense* ?

20 Je vous demande, *Seigneur !* seulement deux choses, et après cela je ne me cacherai point de devant votre face.

21 Retirez votre main de dessus moi, ne m'épouvantez point par la terreur de votre puissance.

22 Appelez-moi, et je vous répondrai ; ou permettez que je *vous* parle, et daignez me répondre.

23 Combien ai-je *commis* d'iniquités et de péchés ? Faites-moi voir mes crimes et mes offenses.

24 Pourquoi me cachez-vous votre visage ? et pourquoi me croyez-vous votre ennemi ?

25 Vous faites éclater votre puissance contre une feuille que le vent emporte, et vous poursuivez une paille sèche.

26 Car vous donnez contre moi des arrêts très-sévères ; et vous voulez me consumer pour les péchés de ma jeunesse.

27 Vous avez mis mes pieds dans les ceps ; vous avez observé tous mes sentiers, et vous avez considéré avec soin toutes les traces de mes pas :

28 moi *qui dans un moment* ne serai que pourriture, et qui deviendrai comme un vêtement mangé des vers.

CHAPITRE XIV.

L'HOMME né de la femme vit très-peu de temps, et il est rempli de beaucoup de misères.

2 Il naît comme une fleur, qui n'est pas plutôt éclose qu'elle est foulée aux pieds ; il fuit comme l'ombre, et il ne demeure jamais dans un même état.

3 Et vous croirez, *Seigneur !* qu'il soit digne de vous d'ouvrir *seulement* les yeux sur lui, et de le faire entrer en jugement avec vous ?

4 Qui peut rendre pur celui qui est né d'un sang impur ? n'est-ce pas vous seul qui le pouvez ?

5 Les jours de l'homme sont courts ; le nombre de ses mois *et de ses années* est entre vos mains ; vous avez marqué les bornes de sa vie, et il ne peut les passer.

6 Retirez-vous *donc* un peu de lui, afin qu'il ait quelque repos, jusqu'à ce qu'il trouve comme le mercenaire la fin désirée de tous ses travaux.

7 Un arbre n'est point sans espérance : quoiqu'on le coupe, il ne laisse pas de reverdir, et ses branches poussent de nouveau.

8 Quand sa racine serait vieillie dans la terre, quand son tronc desséché serait mort dans la poussière,

9 il ne laissera pas de pousser aussitôt qu'il aura senti l'eau, et il se couvrira de feuilles comme lorsqu'il a été planté.

10 Mais quand l'homme est mort *une fois*, que son corps séparé de son esprit est consumé, que devient-il ?

11 De même que si les eaux d'une mer ou d'un lac se retiraient, et si les fleuves abandonnant leur lit se séchaient ;

12 ainsi quand l'homme est mort *une fois*, il ne ressuscitera point jusqu'à ce que le ciel soit consume et détruit ; il ne se réveillera point, et il ne sortira point de son sommeil.

13 Qui pourra me procurer cette grâce que vous me mettiez à couvert, et me cachiez dans l'enfer, jusqu'à ce que votre fureur soit entièrement passée, et que vous me marquiez un temps où vous vous souviendrez de moi ?

14 L'homme étant mort *une fois*, pourrait-il bien vivre de nouveau ? Dans cette guerre où je me trouve tous les jours de ma vie, j'attends que mon changement arrive.

15 Vous m'appellerez, et je vous répondrai ; vous tendrez votre main droite à l'ouvrage de vos mains.

16 Je sais que vous avez compté tous mes pas : mais pardonnez-moi mes péchés.

17 Vous avez mis mes offenses eu réserve comme dans un sac cacheté ; mais vous avez guéri mon iniquité.

18 *Comme* une montagne se détruit en tombant, et *comme* un rocher est arraché de sa place ;

19 *comme* les eaux cavent les pierres, et comme l'eau qui bat contre la terre la consume peu à peu : c'est ainsi que vous perdez l'homme.

20 Vous l'avez affermi pour un peu de temps, afin qu'il passât *ensuite* pour jamais ; vous changerez son visage, et vous le ferez sortir de ce monde.

21 Que ses enfants soient dans l'éclat, ou dans l'ignominie, il ne connaîtra ni l'un ni l'autre.

22 Sa chair pendant qu'il vivra sera dans la douleur, et son âme déplorera elle-même son état.

CHAPITRE XV.

APRÈS cela Eliphaz de Théman répondit *à Job, et lui* dit :

2 Le sage doit-il dans ses réponses parler comme en l'air, et remplir son cœur d'une chaleur *inconsidérée* ?

3 Vous accusez dans vos discours celui qui ne vous est point égal, et vous parlez d'une manière qui ne peut vous être que désavantageuse.

4 Vous avez détruit, autant qu'il est en votre pouvoir, la crainte de Dieu, et vous avez banni toutes les prières qu'on doit lui offrir.

5 Car votre iniquité a instruit votre bouche, et vous imitez les discours des blasphémateurs.

6 C'est votre propre bouche qui vous condamnera, et non pas moi, et ce seront vos lèvres qui répondront contre vous.

7 Etes-vous le premier homme qui ait été créé ? et avez-vous été formé avant les collines ?

8 Etes-vous entré dans le conseil de Dieu ? et sa sagesse sera-t-elle inférieure à la vôtre ?

9 Que savez-vous que nous ignorions ? et quelle lumière avez-vous que nous n'ayons pas ?

10 Il y a parmi nous des hommes vénérables par leur grand âge et par leur vieillesse, et il y en a de beaucoup plus anciens que vos pères.

11 Serait-il difficile à Dieu de vous consoler ? Mais vous l'en empêchez par *l'emportement de* vos paroles.

12 Pourquoi votre cœur conçoit-il de si hauts sentiments de lui-même, en sorte que l'égarement même de vos yeux témoigne l'orgueil de vos pensées.

13 Pourquoi votre esprit s'enfle-t-il contre Dieu, jusqu'à proférer de si étranges discours ?

14 Qu'est-ce que l'homme pour être sans tache *devant Dieu*, et pour paraître juste étant né d'une femme ?

15 Entre ses saints mêmes, il n'y en a aucun qui ne soit sujet au changement, et les cieux ne sont pas purs devant ses yeux.

16 Combien plus l'homme qui boit l'iniquité comme l'eau, est-il abominable et inutile !

17 Ecoutez-moi, et je vous dirai *ce que je pense* ; je vous rapporterai ce que j'ai vu.

18 Les sages publient ce qu'ils savent, et ils ne cachent point *ce qu'ils ont reçu de* leurs pères ;

19 à qui seuls cette terre a été donnée, et qui l'ont défendue des courses des étrangers.

20 L'impie croît en orgueil de jour en jour, et le nombre des années de sa tyrannie est incertain.

21 Son oreille est toujours frappée de bruits effrayants ; et au milieu même de la paix il s'imagine toujours qu'on forme contre lui de mauvais desseins.

22 Quand il est dans la nuit, il n'espère plus le retour de la lumière, et il ne voit de tous côtés que des épées nues.

23 Lorsqu'il se remue pour chercher du pain, il se voit près d'être accablé parle jour des ténèbres.

24 *La vue* de l'adversité l'épouvante, et les malheurs *qu'il se figure* l'assiègent, comme un roi qui se prépare à donner bataille.

25 Car il a porté sa main contre Dieu, et il s'est roidi contre le Tout-Puissant.

26 Il a couru contre Dieu la tête levée, il s'est armé d'un orgueil inflexible.

27 La graisse a couvert tout son visage, et elle lui pend de tous côtés.

28 Il a fait sa demeure dans des villes désolées, dans des maisons désertes, qui ne sont plus que des monceaux *de pierres*.

29 Il ne s'enrichira point, son bien se dissipera en peu de temps, et il ne poussera point de racine sur la terre.

30 Il ne sortira point des ténèbres *qui l'environnent ; et s'il étend* ses branches, la flamme *de la colère de Dieu* les brûlera ; un seul souffle de sa bouche l'emportera.

31 Il ne croira point, dans la vaine erreur qui le possède, qu'il puisse être racheté d'aucun prix.

32 Il périra avant que ses jours soient accomplis, et ses mains se sécheront.

33 Il se flétrira comme la vigne tendre qui ne commençait qu'à fleurir, et comme l'olivier qui laisse tomber sa fleur.

34 Car tout ce qu'amasse l'hypocrite sera sans fruit, et le feu dévorera les maisons de ceux qui aiment à recevoir des présents.

35 Il conçoit la douleur, et il enfante l'iniquité, et son cœur s'occupe à inventer de nouveaux pièges.

CHAPITRE XVI.

JOB répondit *à Eliphaz*, et lui dit :

2 J'ai entendu souvent de pareils discours ; vous êtes tous des consolateurs importuns.

3 Ces discours en l'air ne finiront-ils jamais ? et qu'y a-t-il de plus aisé que de parler *de la sorte* ?

4 Je pourrais aussi moi-même parler comme vous : et plût à Dieu que votre âme fût au même état que la mienne !

5 Je vous consolerais aussi par mes discours, et je témoignerais sur mon visage ce que je ressentirais pour vous ;

6 je vous fortifierais par mes paroles, et je vous épargnerais dans tout ce qui sortirait de ma bouche.

7 Mais que ferai-je ? Si je parle, ma douleur ne s'apaisera point ; et si je demeure dans le silence, elle ne me quittera point.

8 Ma douleur me presse et m'accable maintenant, et tous les membres de mon corps sont réduits à rien.

9 Les rides qui paraissent sur ma peau, rendent témoignage de l'extrémité où je suis ; et un homme s'élève en même temps contre moi, pour me contredire et me résister en face par de faux discours.

10 Il s'est armé contre moi de toute sa fureur ; il a grincé les dents en me menaçant ; mon ennemi m'a envisagé avec un regard terrible.

11 Ils ont ouvert leurs bouches contre moi, et en me couvrant d'opprobres, ils m'ont frappé sur la joue, et se sont rassasiés de mes peines.

12 Dieu m'a fait tomber sous la puissance de l'injuste, il m'a livré entre les mains des impies.

13 J'ai été tout d'un coup réduit en poudre, moi qui étais si puissant autrefois. Le Seigneur m'a fait plier le cou *sous sa verge*, il m'a brisé, et il m'a mis comme en butte *à tous ses traits*.

14 Il m'a environné *des pointes* de ses lances, il m'en a percé les reins de toutes parts ; il ne m'a point épargné, et il a répandu mes entrailles sur la terre.

15 Il m'a déchiré, il m'a fait plaie sur plaie, il est venu fondre sur moi comme un géant.

16 J'ai étendu un sac sur ma peau, et j'ai couvert ma tête de cendres.

17 Mon visage s'est bouffi à force de pleurer, et mes paupières sont couvertes de ténèbres.

18 J'ai souffert tout cela sans que ma main fût souillée par l'iniquité, lorsque j'offrais à Dieu des prières pures.

19 Terre, ne couvre point mon sang, et que mes cris ne se trouvent point étouffés dans ton sein.

20 Car le témoin *de mon innocence* est dans le ciel, et celui qui connaît le fond de mon cœur réside en ces lieux sublimes.

21 Mes amis se répandent en paroles ; mais mes yeux fondent en larmes devant Dieu.

22 Que je souhaiterais qu'un homme pût se justifier devant Dieu, comme il peut se justifier devant un homme comme lui !

23 Car mes années coulent et passent vite, et je marche par un sentier par lequel je ne reviendrai jamais.

CHAPITRE XVII.

TOUTES mes forces sont épuisées, mes jours ont été abrégés ; et il ne me reste plus que le tombeau.

2 Je n'ai point péché, et *cependant* mon œil ne voit rien que de triste et d'affligeant.

3 Délivrez-moi, Seigneur ! et me mettez auprès de vous ; et après cela que la main de qui que ce soit s'arme contre moi.

4 Vous avez éloigné leur cœur de l'intelligence ; c'est pourquoi ils ne seront point élevés.

5 Il promet du butin à ses compagnons ; mais les yeux de ses enfants tomberont dans la défaillance.

6 Il m'a rendu comme la fable du peuple, et je suis *devenu* à leurs yeux un exemple *de la justice de Dieu*.

7 Le chagrin m'obscurcit les yeux, et les membres de mon corps

sont comme réduits à rien.

8 Les justes sont épouvantés de cet état *où je suis*, et l'innocent s'élèvera contre l'hypocrite.

9 Le juste demeurera toujours ferme dans sa voie, et celui qui a les mains pures en deviendra plus fort.

10 Revenez donc tous, et convertissez-vous, *je vous en prie*, et je vous ferai voir qu'il ne se trouve point de sage parmi vous.

11 Mes jours se sont écoulés, et toutes les pensées que j'avais, ayant été renversées, ne servent qu'à me déchirer le cœur.

12 Elles ont changé la nuit en jour, et j'attends que la lumière reparaisse après les ténèbres.

13 Quand j'attendrai *jusqu'au bout*, le tombeau sera ma maison, et je me suis préparé mon lit dans les ténèbres.

14 J'ai dit à la pourriture, Vous êtes mon père ; et aux vers, Vous êtes ma mère et ma sœur.

15 Où est donc maintenant toute mon attente ? et qui est celui qui considère ma patience ?

16 Tout ce que je puis espérer descendra avec moi dans le plus profond du tombeau ; croyez-vous qu'au moins en ce lieu je puisse avoir du repos ?

CHAPITRE XVIII.

BALDAD de Sun répondit *à Job, et lui* dit:

2 Jusqu'a quand vous répandrez-vous en tant de paroles ? Comprenez auparavant, et après cela nous parlerons.

3 Pourquoi passons-nous dans votre esprit pour des animaux sans raison ? et pourquoi n'avez-vous que du mépris pour nous ?

4 Si vous êtes résolu de perdre votre âme dans votre fureur, la terre serat-elle abandonnée à cause de vous ? et les rochers seront-ils transportés hors de leur place ?

5 La lumière de l'impie ne s'éteindrat-elle pas ? et la flamme qui sort de son feu ne sera-t-elle pas sans éclat ?

6 La clarté qui luisait dans sa maison sera obscurcie ; et la lampe qui éclairait au-dessus de lui perdra sa lumière.

7 Avec toute sa force il ne marchera qu'à l'étroit et avec peine ; et ses conseils le feront tomber dans le précipice.

8 Car il a engagé ses pieds dans les rets, et il marche au milieu du filet.

9 Son pied sera pris dans ce filet, et la soif le brûlera par ses ardeurs.

10 Le piège qu'on lui a préparé est caché sous la terre, et on lui tend un appât le long du sentier.

11 Les terreurs l'assiégeront de toutes parts, et l'envelopperont dans ses démarches.

12 La faim changera sa force en langueur, et son estomac n'ayant point de nourriture deviendra tout faible.

13 La mort la plus terrible dévorera l'éclat de son teint, et elle consumera toute la force de ses bras.

14 Les choses où il mettait sa confiance seront arrachées de sa maison ; et la mort le foulera aux pieds comme un roi *qui le dominera*.

15 Les compagnons de celui qui n'est plus, habiteront dans sa maison, et on y répandra le soufre.

16 Ses racines qui tendaient en bas se sécheront, ses branches qui montaient en haut seront retranchées.

17 Sa mémoire périra de dessus la terre, et on ne parlera plus de son nom avec honneur dans les places publiques.

18 On le chassera de la lumière dans les ténèbres, et il sera transporté hors de ce monde.

19 Sa race ne subsistera plus ; il n'aura point de postérité parmi son peuple, et il n'en restera rien dans son pays.

20 Ceux qui viendront apres lui, seront étonnés de sa perte, et les hommes de son temps en seront saisis d'horreur.

21 Ainsi sera désolée la maison de l'injuste, et la demeure de celui qui ne connaît point Dieu.

CHAPITRE XIX.

LORS Job répondit *à Baldad, et lui* dit :

2 Jusqu'à quand affligerez-vous mon âme, et me tourmenterez-vous par vos discours ?

3 Voilà déjà dix fois que vous voulez me confondre, et que vous ne rougissez point de m'accabler.

4 Quand Je serais dans l'ignorance, mon ignorance ne regarde que moi seul.

5 Mais vous vous élevez contre moi, et vous prétendez que l'état humiliant où je suis réduit, est une preuve que je suis coupable.

6 Comprenez au moins maintenant que ce n'est point par un jugement de justice que Dieu m'a affligé, et m'a frappé de ses plaies.

7 Si je crie dans la violence que je souffre, on ne m'écoutera point ; si j'élève ma voix, on ne me rendra point justice.

8 Le Seigneur a fermé de toutes parts le sentier que je suivais, et je ne puis plus passer ; et il a répandu des ténèbres dans le chemin étroit par où je marchais.

9 Il m'a dépouillé de ma gloire, et il m'a ôté la couronne de dessus la tête.

10 Il m'a détruit de tous côtés, et je péris ; il m'a ôté toute espérance, comme à un arbre qui est arraché.

11 Sa fureur s'est allumée contre moi, et il m'a traite comme son ennemi.

12 Il est venu accompagné de ses soldats ; ils m'ont foulé aux pieds, et ils ont assiégé ma tente de toutes parts.

13 Il a écarté mes frères loin de moi, et mes amis m'ont fui comme ceux qui m'étaient les plus étrangers.

14 Mes proches m'ont abandonné, et ceux qui me connaissaient *plus particulièrement* m'ont oublié.

15 Mes domestiques et mes servantes m'ont regardé comme un inconnu, et je leur ai paru comme un étranger.

16 J'ai appelé mon serviteur, et il ne m'a point répondu, *lors même que* je le priais en lui parlant de ma propre bouche.

17 Ma femme a eu horreur de mon haleine, et j'usais de prières envers les enfants qui sont sortis de moi.

18 Les insensés mêmes me méprisaient, et je ne les avais pas plutôt quittés, qu'ils médisaient de moi.

19 Ceux du conseil desquels je me servais autrefois m'ont eu en exécration, et celui que j'aimais le plus, s'est déclaré mon ennemi.

20 Mes chairs ont été réduites à rien, mes os se sont collés à ma peau, et il ne me reste que les lèvres autour des dents.

21 Ayez pitié de moi, vous au moins ! qui êtes mes amis, ayez pitié de moi : car la main du Seigneur m'a frappé.

22 Pourquoi me persécutez-vous comme Dieu, et vous plaisez-vous à vous rassasier de ma chair ?

23 Qui m'accordera que mes paroles soient écrites ? Qui me donnera qu'elles soient tracées dans un livre ;

24 qu'elles soient gravées sur une lame de plomb avec une plume de fer, ou sur la pierre avec le ciseau ?

25 Car je sais que mon Rédempteur est vivant, et que je ressusciterai de la terre au dernier jour ;

26 que je serai encore revêtu de ma peau, et que je verrai mon Dieu dans ma chair ;

27 que je le verrai, *dis-je*, moi-même et non un autre, et que je le contemplerai de mes propres yeux. C'est là l'espérance que j'ai, et qui reposera toujours dans mon cœur.

28 Pourquoi donc dites-vous : Persécutons-le, et cherchons en lui des prétextes pour le décrier ?

29 Fuyez donc de devant l'épée qui vous menace, parce qu'il y a une épée vengeresse de l'iniquité ; et vous devez savoir qu'il y a un juge *au-dessus des hommes*.

CHAPITRE XX.

SOPHAR de Naamath répondit ensuite *à Job, et lui* dit

2 C'est pour cela qu'il me vient pensées sur pensées, et que mon esprit est diversement agité.

3 J'écouterai les reproches que vous me faites ; mais l'esprit d'intelligence qui est en moi répondra pour moi.

4 Voici ce que je sais, et ce qui a toujours été vrai depuis que l'homme a été créé sur la terre :

5 *C'est* que la gloire des impies passe bien vite, et que la joie de l'hypocrite n'est que d'un moment.

6 Quand son orgueil s'élèverait jusqu'au ciel, et que sa tête toucherait les nues ;

7 il périra à la fin, *et il sera rejeté* comme un fumier ; et ceux qui l'avaient vu, diront : Où est-il ?

8 Il s'évanouira comme un songe dont on a perdu le souvenir, et il disparaîtra comme un fantôme que l'on voit durant la nuit.

9 L'œil qui l'avait vu ne le verra plus, et le lieu où il était ne le reconnaîtra plus.

10 Ses enfants seront accablés de pauvreté, et ses propres mains lui rendront le mal qu'il a fait aux autres.

11 Les dérèglements de sa jeunesse pénétreront jusque dans ses os, et se reposeront avec lui dans la poussière.

12 Car lorsque le mal est doux à sa bouche, il le cache sous sa langue.

13 Il ménage cette viande, il ne cesse de la goûter, et la retient dans sa bouche.

14 Le pain qu'il mange *se corrompra* dans son estomac, *et* se changera dans ses entrailles en un fiel d'aspic.

15 Il rejettera les richesses qu'il avait dévorées, et Dieu les arrachera de ses entrailles.

16 Il sucera la tête des aspics, et la langue de la vipère le tuera.

17 Il ne verra point *couler sur lui* les ruisseaux d'un fleuve, ni les torrents de miel et de lait.

18 Il souffrira les peines des maux qu'il a faits, et n'en sera pas consumé, et l'excès de ses tourments égalera celui de ses crimes.

19 Car il a dépouillé les pauvres, et il les a foulés aux pieds ; il leur a ravi leurs maisons, qu'il n'avait pas fait bâtir.

20 Son cœur a toujours été insatiable ; et après qu'il a obtenu ce qu'il avait tant désiré, il n'a pu en jouir.

21 Il n'est rien resté de ses repas : c'est pour cela qu'il ne lui demeurera rien de tous ses biens.

22 Après qu'il se sera bien soûlé, il se trouvera dans des étouffements qui le déchireront, et les douleurs l'accableront de toutes parts.

23 Après qu'il aura pris plaisir à remplir son estomac de viandes, Dieu l'attaquera dans sa fureur, et fera pleuvoir sur lui ses traits et ses foudres.

24 S'il fuit d'un côté les pointes de fer, il sera percé par un arc d'airain.

25 L'épée tirée du fourreau, l'épée foudroyante le percera cruellement ; des ennemis effroyables passeront et repasseront sur lui.

26 Les ténèbres les plus épaisses sont cachées dans le secret de son âme : il sera dévoré par un feu qui ne s'allume point ; et celui qui sera laissé dans sa tente, sera pénétré d'affliction.

27 Les cieux révéleront son iniquité, et la terre s'élèvera contre lui.

28 Les enfants de sa maison seront exposés à la violence, ils seront retranchés au jour de la fureur de Dieu.

29 C'est le partage que Dieu réserve à l'impie ; c'est le prix qu'il recevra du Seigneur pour ses paroles.

CHAPITRE XXI.

JOB répondit ensuite *à Sophar*, et dit :

2 Ecoutez, je vous prie, mes paroles, et changez de sentiment.

3 Souffrez que je parle ; et après cela moquez-vous, si vous voulez, de ce que je dis.

4 Est-ce avec un homme que je prétends disputer ? N'est-ce pas avec grand sujet que je m'afflige ?

5 Jetez les yeux sur moi, et soyez frappés d'étonnement, mettez le doigt sur votre bouche.

6 Pour moi quand je me souviens *de mon état*, j'en suis épouvanté, et j'en tremble de tout mon corps.

7 Pourquoi donc les impies vivent-ils *si heureusement* ? Pourquoi sont-ils si élevés et si remplis de richesses ?

8 Ils voient leur race fleurir et se conserver devant leurs yeux ; ils sont environnés d'une grande troupe de leurs proches et de leurs petits-enfants.

9 Leurs maisons jouissent d'une profonde paix, et la verge de Dieu ne les touche point.

10 Leurs vaches conçoivent et conservent leur fruit, elles s'en déchargent sans avorter jamais.

11 On voit sortir en foule *de leurs maisons* leurs enfants qui dansent *et* qui sautent en se jouant.

12 Ils tiennent des tambours et des harpes, et ils se divertissent au son des instruments de musique.

13 Ils passent leurs jours dans les plaisirs, et en un moment ils descendent dans le tombeau.

14 Ils disent à Dieu : Retirez-vous de nous, nous ne voulons point connaître vos voies.

15 Qui est le Tout-Puissant pour nous obliger à le servir ? et si nous le prions, quel bien nous en reviendra-t-il ?

16 Mais que les pensées de ces impies soient loin de moi, puisque les biens dont ils jouissent ne sont point en leur puissance.

17 Combien de fois *aussi voyons-nous que* la lumière des impies s'éteint *tout d'un coup*, et qu'il leur survient un déluge de maux, lorsque Dieu les accable de douleurs, et leur partage les effets de sa fureur ?

18 Ils deviennent comme la paille que le vent dissipe, et comme la poussière qui est enlevée par un tourbillon.

19 Dieu fera passer aux enfants la peine du père ; et après l'avoir puni selon *son impiété*, alors il lui fera comprendre *la grandeur de son crime*.

20 Il verra de ses propres yeux sa ruine entière ; et il boira de la fureur du Tout-Puissant.

21 Car que lui importe ce que deviendra sa maison après lui, si Dieu lui retranche la moitié de ses années ?

22 Qui entreprendra d'enseigner à Dieu quelque chose, lui qui juge les grands *de la terre* ?

23 Un homme meurt fort de corps, sain, riche et heureux,

24 dont les entrailles étaient chargées de graisse, et les os *pleins et comme* arrosés de moelle ;

25 un autre meurt dans l'amertume de son âme, et sans aucun bien :

26 et néanmoins ils dormiront tous deux dans la poussière *du sépulcre*, et ils seront tous deux mangés des vers.

27 Je connais bien vos pensées, et les jugements injustes que vous faites de moi.

28 Car vous dites : Qu'est devenue la maison de ce prince ? et où sont maintenant les tentes des impies ?

29 Consultez le premier de ceux que vous trouverez dans le chemin, et vous verrez qu'il connaît cette même vérité :

30 Que le méchant est réservé pour le moment où il doit périr, et que Dieu le conduira jusqu'au jour où il doit répandre sur lui sa fureur.

31 Qui le reprendra en sa présence de ses voies *injustes* ? et qui lui rendra le mal qu'il a fait ?

32 Il sera porté *un jour* au tombeau, et il demeurera pour jamais parmi la foule des morts.

33 Sa présence a été agréable sur le rivage du Cocyte ; un nombre innombrable de personnes l'y ont précédé, et il y entraînera tous les hommes après lui.

34 Comment donc voulez-vous me donner une vaine consolation, puisque j'ai fait voir que ce que vous dites est contraire à la vérité ?

CHAPITRE XXII.

ELIPHAZ de Théman, prenant la parole, dit *à Job* :

2 L'homme peut-il être comparé à Dieu, quand même il aurait une science consommée ?

3 Que sert à Dieu que vous soyez juste ? ou que lui donnerez-vous, quand votre conduite sera sans tache ?

4 Vous craindra-t-il lorsqu'il vous accusera et qu'il viendra pour vous juger ?

5 Et ne trouvera-t-il pas plutôt en vous des dérèglements très-grands et une infinité d'actions injustes ?

6 Vous avez enlevé sans raison des gages à vos frères, et vous avez dépouillé de leurs vêtements ceux qui par là sont demeurés nus.

7 Vous avez refusé de l'eau à celui qui était abattu de lassitude, et du pain à celui qui souffrait la faim !

8 Vous vous êtes mis en possession de la terre *que vous avez*, par la force de votre bras, et vous vous la conserviez comme étant le plus puissant.

9 Vous avez renvoyé la veuve *les mains* vides, et vous avez détruit *tout* l'appui des orphelins.

10 C'est pour cela que vous vous trouvez environné de pièges, et frappé tout d'un coup de trouble et de crainte.

11 Et vous pensiez ne devoir point tomber dans les ténèbres, ni être accablé par un impétueux débordement d'eaux ?

12 Ne considérez-vous point que Dieu est plus élevé que le ciel, et qu'il est beaucoup au-dessus des astres ?

13 Et vous dites : Que peut connaître Dieu ? Il juge *des choses* comme au travers d'un voile.

14 Il est environné d'un nuage ; il ne considère point ce qui se passe parmi nous, et il se promène dans le ciel d'un pôle à l'autre.

15 Voulez-vous suivre la route des siècles *anciens*, et *marcher* sur les traces de ces impies,

16 qui ont été emportés par une mort précipitée, et que le déluge a renversés jusqu'aux fondements ?

17 qui disaient à Dieu, Retirez-vous de nous ; et qui s'imaginaient que le Tout-Puissant ne pouvait rien *contre eux*,

18 quoique ce fût lui qui eût comblé leurs maisons de biens. Mais loin de moi les pensées de ces *impies*.

19 Les justes les verront *périr*, et s'en réjouiront ; et l'innocent leur insultera.

20 Ce qu'ils avaient élevé, n'a-t-il pas été détruit ? et le feu n'en a-t-il pas dévoré les restes ?

21 Soumettez-vous donc à Dieu, et rentrez dans la paix ; et vous vous trouverez comblé de biens.

22 Recevez la loi de sa bouche, et gravez ses paroles dans votre cœur.

23 Si vous retournez au Tout-Puissant, vous serez rétabli de nouveau, et vous bannirez l'iniquité de votre maison.

24 Il vous donnera au lieu de la terre, le rocher ; et au lieu de la pierre, des torrents d'or.

25 Le Tout-Puissant se déclarera contre vos ennemis, et vous aurez des monceaux d'argent.

26 Vous trouverez vos délices dans le Tout-Puissant, et vous élèverez votre visage vers Dieu.

27 Vous le prierez, et il vous exaucera, et vous vous acquitterez de vos vœux *avec joie*.

28 Vous formerez des desseins, et ils vous réussiront ; et la lumière brillera dans les voies par lesquelles vous marcherez.

29 Car celui qui aura été humilié, sera dans la gloire ; et celui qui aura baissé ses yeux, sera sauvé.

30 L'innocent sera délivré ; et il le sera, parce que ses mains auront été pures.

CHAPITRE XXIII.

JOB parla ensuite de cette sorte :

2 Mes paroles sont encore pleines d'amertume, et la violence de ma plaie est beaucoup au-dessus de mes gémissements.

3 Que je souhaiterais de savoir comment je pourrais aller trouver Dieu, et me présenter jusqu'à son trône !

4 J'exposerais ma cause devant lui, et je remplirais ma bouche de mes plaintes :

5 afin que je susse ce qu'il me répondrait, et que je comprisse ce qu'il pourrait me dire.

6 Je ne voudrais point qu'il me combattît de toute sa force, ni qu'il m'accablât par le poids de sa grandeur.

7 *Je souhaiterais* qu'il *ne* proposât contre moi que l'équité et la justice, et j'espérerais gagner ma cause devant un tel juge.

8 Mais que ferai-je ? Si je vais en orient, il ne paraît point ; si je vais en occident, je ne l'aperçois point.

9 Si je me tourne à gauche, je ne puis l'atteindre ; si je vais à droite, je ne le verrai point.

10 Mais il connaît lui-même ma voie, et il m'éprouve comme l'or qui passe par le feu.

11 Mon pied a suivi ses traces, j'ai été fidèle à garder sa voie, et je ne m'en suis point détourné.

12 Je ne me suis point écarté des commandements qui sont sortis de ses lèvres, et j'ai caché dans mon sein les paroles de sa bouche.

13 Car il est *et* subsiste lui seul. Nul ne peut empêcher ses desseins, et il fait absolument tout ce qu'il lui plaît.

14 Quand il aura accompli sur moi sa volonté, il lui reste encore beaucoup d'autres moyens semblables.

15 C'est pourquoi le trouble me saisit en sa présence, et lorsque je le considère, je suis agité de crainte.

16 Dieu a amolli mon cœur, et le Tout-Puissant m'a épouvanté.

17 Car je ne me suis point perdu *en l'oubliant* au milieu des ténèbres qui m'environnent, et l'obscurité où je suis n'a point mis un voile sur mon visage.

CHAPITRE XXIV.

LES temps n'ont point été cachés par le Tout-Puissant ; mais ceux qui le connaissent, ne connaissent point ses jours.

2 Il y en a qui passent au delà des limites de leurs terres, qui ravissent les troupeaux, et les mènent dans leurs pâturages.

3 Ils saisissent l'âne des pupilles, et ils emmènent pour gage le bœuf de la veuve.

4 Ils renversent la voie des pauvres, et ils oppriment tous ceux qui sont *humbles et* doux sur la terre.

5 D'autres *sont* comme des ânes sauvages dans le désert, ils vont *au butin* comme à leur ouvrage ; ils cherchent leur proie dès le matin, pour donner de quoi vivre à leurs enfants.

6 Ils moissonnent le champ qui n'est point à eux, et ils vendangent la vigne de celui qu'ils ont opprimé par violence.

7 Ils renvoient les hommes tout nus, et ils ôtent les habits à ceux qui n'ont pas de quoi se couvrir pendant le froid,

8 qui sont percés par les pluies des montagnes, et qui se trouvant sans vêtements se mettent à couvert sous les rochers.

9 Ils ravissent le bien des pupilles par force, et ils dépouillent le pauvre peuple.

10 Ils arrachent jusqu'à quelque peu d'épis à ceux qui sont nus, qui vont sans habits et meurent de faim.

11 Ils se reposent sur le midi au milieu des tas *de fruits* de ceux qui après avoir foulé le vin dans leurs pressoirs sont dans la soif.

12 Ils font soupirer les hommes dans les villes : les âmes blessées poussent leurs cris *au ciel*, et Dieu ne laissera point ces désordres impunis.

13 Ils ont été rebelles à la lumière ; ils n'ont point connu les voies de Dieu, et ils ne sont point revenus par ses sentiers.

14 Le meurtrier se lève dès le matin, il tue le faible et le pauvre, et il dérobe la nuit comme un larron.

15 L'œil de l'adultère épie l'obscurité *de la nuit* ; il dit : Personne ne me verra. Et il se couvre le visage

16 Il perce les maisons dans les ténèbres, à l'heure qu'ils s'étaient donnée pendant le jour, et ils n'ont point connu la lumière.

17 Si l'aurore paraît tout d'un coup, ils croient que c'est l'ombre de la mort, et ils marchent dans les ténèbres comme dans le jour.

18 Il est plus léger que la surface de l'eau ; *mais* qu'il soit maudit sur la terre, et qu'il ne marche point par le chemin de la vigne.

19 Qu'il passe des eaux *froides* de la neige à une chaleur excessive, et que son péché le conduise jusqu'aux enfers.

20 Que la miséricorde le mette en oubli, que les vers soient sa

douceur *et* ses délices ; qu'on ne se souvienne point de lui, mais qu'il soit arraché comme un arbre qui ne porte point de fruit.

21 Car il a nourri celle qui était stérile et qui n'enfantait point, et il n'a point fait de bien à la veuve.

22 Il a fait tomber les *plus* forts par sa puissance ; et lorsqu'il sera le plus ferme, il ne s'assurera point de sa vie.

23 Dieu lui a donné du temps pour faire pénitence, et il en abuse pour devenir *encore plus* superbe ; mais les yeux de Dieu sont sur ses voies.

24 Ces personnes s'élèvent pour un moment ; et après cela ils ne subsistent plus ; ils seront humiliés comme toutes choses ; ils seront emportés et retranchés comme le haut des épis.

25 Si cela n'est ainsi, qui pourra me convaincre de mensonge *dans ce que je dis*, et accuser mes paroles devant Dieu ?

CHAPITRE XXV.

BALDAD de Suh parla ensuite *à Job*, en ces termes :

2 Celui-là *seul* est puissant et redoutable, qui fait régner la paix dans ses hauts lieux.

3 Peut-on compter le nombre de ses soldats ? et sur qui sa lumière ne se lève-t-elle point ?

4 L'homme comparé avec Dieu peut-il être justifié ? et celui qui est né d'une femme paraîtra-t-il pur devant lui ?

5 La lune même ne brille point, et les étoiles ne sont pas pures devant ses yeux ;

6 combien moins le sera l'homme qui n'est que pourriture, et le fils de l'homme qui n'est qu'un ver ?

CHAPITRE XXVI.

ALORS Job répondit *à Baldad*, et lui dit :

2 Qui prétendez-vous assister ? est-ce un *homme* faible ? ou soutenez-vous quelqu'un qui n'ait pas le bras assez fort ?

3 A qui donnez-vous conseil ? est-ce à celui qui n'a pas *assez de* sagesse ? et voulez-vous ainsi signaler votre prudence ?

4 Qui entreprenez-vous d'enseigner ? n'est-ce pas celui qui a créé les âmes et les esprits ?

5 Les géants mêmes, et ceux qui habitent avec eux, gémissent *devant lui* sous les eaux.

6 L'enfer est nu devant ses yeux, et l'abîme n'a point de voile pour se couvrir *devant lui*.

7 C'est lui qui fait reposer le *pôle du* septentrion sur le vide, et qui suspend la terre sur le néant.

8 C'est lui qui lie les eaux dans les nuées, afin qu'elles ne fondent pas sur la terre tout à la fois :

9 qui empêche que son trône ne paraisse à découvert, et qui répand au devant les nuages qu'il a formés :

10 qui a renfermé les eaux dans leurs bornes, *pour y demeurer* tant que durera la lumière et les ténèbres.

11 Les colonnes du ciel tremblent *devant lui*, et il les fait trembler au moindre clin d'œil.

12 Sa puissance a rassemblé les mers en un instant ; et sa sagesse a dompté l'orgueil de *cet élément*.

13 Son esprit a orné les cieux, et l'adresse de sa main *puissante* a fait paraître le Serpent plein de replis.

14 Ce que nous venons de dire n'est qu'une petite partie de ses œuvres. Si ce que nous avons entendu est seulement comme une goutte, en comparaison de ce que l'on peut en dire, qui pourra soutenir l'éclat du tonnerre de sa grandeur ?

CHAPITRE XXVII.

JOB prenant encore la parole, et usant du même discours figuré, continua en ces termes :

2 Je prends à témoin le Dieu vivant qui m'a ôté tout moyen de justifier mon innocence, et le Tout-Puissant qui a rempli mon âme d'amertume,

3 que tant que j'aurai un souffle *de vie*, et que Dieu me laissera la respiration,

4 mes lèvres ne prononceront rien d'injuste, et ma langue ne dira point de mensonge.

5 Dieu me garde de vous croire équitables ! tant que je vivrai, je ne me désisterai point *de la défense* de mon innocence.

6 Je n'abandonnerai point la justification que j'ai commencé à faire de ma conduite : car mon cœur ne me reproche rien dans toute ma vie.

7 Que *celui qui se déclare* mon ennemi, passe lui-même pour un impie, et que celui qui me combat, soit regardé comme un injuste.

8 Car quelle est l'espérance de l'hypocrite, s'il ravit *le bien d'autrui* par son avarice, et que Dieu ne délivre point son âme ?

9 Dieu entendra-t-il ses cris, lorsque l'affliction viendra fondre sur lui ?

10 Ou pourra-t-il trouver sa joie dans le Tout-Puissant, et invoquer Dieu en tout temps ?

11 Je vous enseignerai avec le secours de Dieu ; je ne vous cacherai point ce qui est renfermé dans le Tout-Puissant.

12 Mais vous le savez déjà tous ; et pourquoi donc vous répandez-vous inutilement en de vains discours ?

13 Voici le partage de l'homme impie devant Dieu, et l'héritage que le Tout-Puissant réserve pour les violents.

14 Quand ses enfants seraient en grand nombre, ils passeront tous au fil de l'épée, et ses petits-enfants ne seront point rassasiés de pain.

15 Ceux qui resteront de sa race seront ensevelis dans *leur* ruine, et ses veuves ne le pleureront point.

16 S'il fait un monceau d'argent comme de terre, s'il amasse des habits comme *il ferait* de la boue :

17 il est vrai qu'il les préparera ; mais le juste s'en revêtira, et l'innocent partagera son argent.

18 Il s'est bâti, comme le ver, une maison ; et il s'est fait une cabane, comme le gardien *d'une vigne*.

19 Lorsque le riche s'endormira en mourant, il n'emportera rien avec lui ; il ouvrira les yeux, et il ne trouvera rien.

20 Il sera surpris de la pauvreté comme *d'une inondation* d'eaux, il sera accablé de la tempête au milieu d'une nuit *profonde*.

21 Un vent brûlant le saisira et l'emportera, et l'enlèvera de sa place comme un tourbillon.

22 *Dieu* enverra sur lui *plaie sur plaie*, et ne l'épargnera point : il fera tout son possible pour s'enfuir de ses mains.

23 Celui qui verra le lieu d'où il est tombé, frappera des mains, et sifflera en lui insultant.

CHAPITRE XXVIII.

L'ARGENT a un principe *et une source* de ses veines, et l'or a un lieu où il se forme.

2 Le fer se tire de la terre ; et la pierre étant fondue par la chaleur se change en airain.

3 Il a borné le temps des ténèbres ; il considère lui-même la fin de toutes choses, et la pierre même ensevelie dans l'obscurité et *dans* l'ombre de la mort.

4 Le torrent divise d'avec le peuple voyageur *et* étranger, ceux que le pied de l'homme pauvre a oubliés, et qui sont hors de la voie.

5 La terre d'où le pain naissait comme de son lieu, a été renversée par le feu.

6 Le saphir se trouve dans ses pierres, et ses mottes sont de l'or.

7 L'oiseau a ignoré la route *pour y aller*, et l'œil du vautour ne l'a point vue.

8 Les enfants des marchands n'y ont point marché, et la lionne n'y a point passé.

9 *L'homme* a étendu sa main contre les rochers, il a renversé les montagnes jusque dans leurs racines.

10 Il a ouvert les pierres pour en faire sortir les ruisseaux, et son œil a vu tout ce qu'il y a de rare *et* de précieux.

11 Il a pénétré jusqu'au fond des fleuves, et il a produit au jour les choses les plus secrètes.

12 Mais où trouvera-t-on la sagesse ? et quel est le lieu de l'intelligence ?

13 L'homme n'en connaît point le prix, et elle ne se trouve point en la terre de ceux qui vivent dans les délices.

14 L'abîme dit, Elle n'est point en moi ; et la mer, Elle n'est point avec moi.

15 Elle ne se donne point pour l'or le plus pur, et elle ne s'achète point au poids de l'argent.

16 On ne la mettra point en comparaison avec les marchandises des Indes, dont les couleurs sont les plus vives, ni avec la sardonique la plus précieuse, ni avec le saphir.

17 On ne lui égalera ni l'or ni le cristal, et on ne la donnera point en échange pour des vases d'or.

18 Ce qu'il y a de *plus* grand et de *plus* élevé, ne sera pas seulement nommé auprès d'elle ; mais la sagesse a une secrète origine d'où elle se tire.

19 On ne la comparera point avec la topaze de l'Ethiopie, ni avec les teintures les plus éclatantes.

20 D'où vient donc la sagesse ? et où l'intelligence se trouve-t-elle ?

21 Elle est cachée aux yeux de tous ceux qui vivent ; elle est inconnue aux oiseaux mêmes du ciel.

22 La perdition et la mort ont dit : Nous avons ouï parler d'elle.

23 C'est Dieu qui comprend quelle est sa voie ; c'est lui qui connaît le lieu où elle habite.

24 Car il voit le monde d'une extrémité à l'autre, et il considère tout ce qui se passe sous le ciel.

25 C'est lui qui a donné du poids aux vents ; et c'est lui qui a pesé et mesuré l'eau.

26 Lorsqu'il prescrivait une loi aux pluies, lorsqu'il marquait un chemin aux foudres et aux tempêtes ;

27 c'est alors qu'il l'a vue, qu'il l'a découverte, qu'il l'a préparée, et qu'il en a sondé la profondeur.

28 Et il a dit à l'homme : La parfaite sagesse est de craindre le Seigneur, et la vraie intelligence est de se retirer du mal.

CHAPITRE XXIX.

JOB prenant encore la parole, continua son discours, et dit :

2 Qui m'accordera d'être encore comme j'ai été autrefois, dans ces jours *heureux* où Dieu prenait *lui-même* soin de me garder ;

3 lorsque sa lampe luisait sur ma tête, et que dans les ténèbres je marchais à *la lueur de* sa lumière :

4 comme j'étais aux jours de ma jeunesse, lorsque Dieu habitait en secret dans ma maison,

5 lorsque le Tout-Puissant était avec moi, et toute ma famille autour de moi ;

6 lorsque je lavais mes pieds dans le beurre, et que la pierre répandait pour moi des ruisseaux d'huile ;

7 lorsque j'allais *prendre ma place* à la porte de la ville, et que l'on me préparait un siège *élevé* dans la place publique ?

8 Les jeunes gens me voyant se retiraient *par respect*, et les vieillards se levant se tenaient debout ;

9 les princes cessaient de parler, ils mettaient le doigt sur leur bouche ;

10 les grands s'imposaient silence, et leur langue demeurait *comme* attachée à leur palais.

11 L'oreille qui m'écoutait me publiait bienheureux, et l'œil qui me voyait me rendait témoignage, *en publiant*

12 que j'avais délivré le pauvre qui criait, et l'orphelin qui n'avait personne pour le secourir.

13 Celui qui était près de périr me comblait de bénédictions, et je remplissais de consolation le cœur de la veuve.

14 Je me suis revêtu de la justice ; et l'équité *que j'ai gardée dans mes jugements*, m'a servi comme d'un vêtement royal et d'un diadème.

15 J'ai été l'œil de l'aveugle, et le pied du boiteux.

16 J'étais le père des pauvres, et je m'instruisais avec un extrême soin des affaires que je ne savais pas.

17 Je brisais les mâchoires de l'injuste, et je lui arrachais sa proie d'entre les dents.

18 Je disais : Je mourrai dans le petit nid que je me suis fait, et je multiplierai mes jours comme le palmier.

19 Je suis comme un arbre dont la racine s'étend le long des eaux, et la rosée se reposera sur mes branches.

20 Ma gloire se renouvellera de jour en jour, et mon arc se fortifiera dans ma main.

21 Ceux qui m'écoutaient, attendaient que j'eusse parlé, et ils recevaient mon avis avec un silence plein de respect.

22 Ils n'osaient rien ajouter à mes paroles, et elles tombaient sur eux comme les gouttes de la rosée.

23 Ils me souhaitaient comme *la campagne sèche* attend l'eau du ciel, et leur bouche s'ouvrait *pour m'entendre*, comme *la terre s'ouvre* aux pluies de l'arrière-saison.

24 Si je riais quelquefois avec eux, ils ne pouvaient pas le croire, et la lumière de mon visage ne tombait point à terre.

25 Si je voulais aller parmi eux, je prenais ma place au-dessus de tous ; et lorsque j'étais assis comme un roi au milieu des gardes qui m'environnaient, je ne laissais pas d'être le consolateur des affligés.

CHAPITRE XXX.

MAIS maintenant je suis méprisé par des personnes plus jeunes que moi, dont je n'aurais pas daigné *autrefois* mettre les pères avec les chiens de mon troupeau,

2 dont la force *et* le travail des mains était moins que rien à mon égard, et qui étaient même regardés comme indignes de la vie ;

3 des gens tout secs de faim et de pauvreté, qui allaient chercher ce qu'ils pourraient ronger dans un désert, dont l'affliction et la misère avaient défiguré le visage ;

4 qui mangeaient l'herbe et les écorces des arbres, et qui se nourrissaient de racines de genévrier ;

5 qui allaient ravir ces choses dans le fond des vallées, et qui en ayant trouve quelqu'une, y accouraient avec de grands cris ;

6 qui habitaient dans les creux des torrents, dans les cavernes de la terre, ou dans les rochers ;

7 qui trouvaient même leur joie dans cet état, et qui faisaient leurs délices d'être sous les ronces et les épines :

8 ces hommes dont les pères sont des insensés, ces hommes de la dernière bassesse, qui sont le mépris et le rebut de la terre, *sont ceux qui m'insultent*.

9 Je suis devenu le sujet de leurs chansons, je suis l'objet de leurs railleries.

10 Ils m'ont en horreur, et ils fuient loin de moi ; ils ne craignent pas de me cracher au visage.

11 Car *Dieu* a ouvert son carquois pour me percer de douleur, et il a mis un frein à ma bouche.

12 Aussitôt que j'ai commencé à paraître, mes maux se sont élevés à côté de moi ; ils ont renversé mes pieds, et me surprenant ils m'ont accablé comme sous leurs flots.

13 Ils ont rompu les chemins par où je marchais ; ils m'ont dressé des pièges, et ils ont eu sur moi l'avantage : et il ne s'est trouvé personne pour me secourir.

14 Ils se sont jetés sur moi, comme par la brèche d'une muraille et par une porte ouverte, et ils sont venus m'accabler dans ma misère.

15 J'ai été réduit dans le néant : vous avez emporté comme un tourbillon ce qui m'était le plus cher, et ma vie a passé *en un moment* comme un nuage.

16 Mon âme est maintenant toute languissante en moi-même, et je suis tout pénétré des maux qui m'accablent.

17 Mes douleurs pendant la nuit transpercent mes os, et *les vers* qui me dévorent ne dorment point.

18 Leur multitude consume mon vêtement ; et ils m'environnent *et* me serrent comme le haut d'une tunique.

19 Je suis devenu comme de la boue, je suis semblable à la poussière et à la cendre.

20 Je crie vers vous, *Ô mon Dieu !* et vous ne m'écoutez point ; je me présente à vous, et vous ne me regardez pas.

21 Vous êtes changé et devenu cruel envers moi, et vous employez la dureté de votre main pour me combattre.

22 Vous m'avez élevé, et me tenant comme suspendu en l'air, vous m'avez *laissé tomber et* brisé entièrement.

23 Je sais que vous me livrerez à la mort, où est marquée la maison de tous ceux qui vivent.

24 Mais vous n'étendez pas néanmoins votre main pour les consumer entièrement : car lorsqu'ils sont abattus, vous les sauvez.

25 Je pleurais autrefois sur celui qui était affligé, et mon âme était compatissante envers le pauvre.

26 J'attendais les biens, et les maux sont venus *fondre* sur moi ; j'espérais la lumière, et les ténèbres m'ont enveloppé.

27 Un feu brûle dans mes entrailles sans me donner aucun repos ; les jours de l'affliction m'ont prévenu.

28 Je marchais tout triste, mais sans *me laisser aller à* l'emportement ; je me levais tout d'un coup, et faisais retentir ma voix au milieu du peuple.

29 J'ai été le frère des dragons, et le compagnon des autruches.

30 Ma peau est devenue toute noire sur ma chair, et mes os se sont desséchés par l'ardeur qui me consume.

31 Ma harpe s'est changée en de tristes plaintes, et mes instruments de musique en des voix lugubres.

CHAPITRE XXXI.

J'AI fait un accord avec mes yeux, pour ne penser pas seulement a une vierge.

2 Car *autrement* quelle union Dieu aurait-il pu avoir avec moi ? et quelle part le Tout-Puissant me donnerait-il à son céleste héritage ?

3 *Dieu* ne perdra-t-il pas le méchant ? et ne rejettera-t-il pas celui qui commet l'injustice ?

4 Ne considère-t-il pas mes voies ? et ne compte-t-il pas toutes mes démarches ?

5 Si j'ai marché dans la vanité *et* le mensonge, et si mes pieds se sont hâtés pour tendre des pièges aux autres ;

6 que Dieu pèse mes actions dans une juste balance, et qu'il connaisse la simplicité de mon cœur.

7 Si mes pas se sont détournés de la voie, si mon cœur a suivi *l'attrait de* mes yeux, et si quelque souillure s'est attachée à mes mains ;

8 que je sème, et qu'un autre mange *ce que j'aurai semé*, et que ma race soit retranchée *de la terre* jusqu'à la racine.

9 Si l'agrément d'une femme a séduit mon cœur, et si j'ai dressé des embûches à la porte de mon ami ;

10 que ma femme soit déshonorée par un autre, et qu'elle soit exposée à une prostitution honteuse.

11 Car l'adultère est un crime énorme et une très-grande iniquité.

12 C'est un feu qui dévore jusqu'à une perte entière, et qui extermine jusqu'aux moindres rejetons.

13 Si j'ai dédaigné d'entrer en jugement avec mon serviteur et avec ma servante, lorsqu'ils disputaient contre moi :

14 car que ferai-je, quand Dieu s'élèvera pour *me* juger, et lorsqu'il *me* demandera compte *de ma vie*, que lui répondrai-je ?

15 Celui qui m'a créé dans le sein de ma mère, n'a-t-il pas aussi créé celui *qui me sert* ? et n'est-ce pas le même Dieu qui nous a formés *tous deux* ?

16 Si j'ai refusé aux pauvres ce qu'ils voulaient, et si j'ai fait attendre *en vain* les yeux de la veuve ;

17 si j'ai mangé seul mon pain, et si l'orphelin n'en a pas mangé *aussi* ;

18 (car la compassion est crue avec moi dès mon enfance, et elle est sortie avec moi du sein de ma mère :)

19 si j'ai négligé *de secourir* celui qui n'ayant point d'habits mourait *de froid*, et le pauvre qui était sans vêtement ;

20 si les membres de son corps ne m'ont pas béni, lorsqu'ils ont été réchauffés par les toisons de mes brebis ;

21 si j'ai levé la main sur le pupille, lors même que je me voyais le plus fort dans l'assemblée des juges :

22 que mon épaule tombe étant désunie de sa jointure, et que mon bras se brise avec tous ses os.

23 Car j'ai toujours craint Dieu comme des flots suspendus au-dessus de moi, et je n'ai pu en supporter le poids.

24 Si j'ai cru que l'or était ma force, et si j'ai dit à l'or le plus pur, *Vous êtes* ma confiance ;

25 si j'ai mis ma joie dans mes grandes richesses, et dans les grands biens que j'ai amassés par mon travail ;

26 si j'ai regardé le soleil dans son plus grand éclat, et la lune lorsqu'elle était la plus claire ;

27 si mon cœur alors a ressenti une secrète joie, et si j'ai porté ma main à ma bouche pour la baiser ;

28 (ce qui est le comble de l'iniquité, et un renoncement du Dieu très-haut :)

29 si je me suis réjoui de la ruine de celui qui me haïssait, si j'ai été ravi de ce qu'il était tombé dans quelque mal :

30 car je n'ai point abandonné ma langue au péché pour faire des imprécations contre celui *qui ne m'aimait pas*.

31 Si les gens de ma maison n'ont pas dit *de moi* : Qui nous donnera de sa chair, afin que nous en soyons rassasiés ?

32 L'étranger n'est point demeuré dehors, ma porte a *toujours* été ouverte au voyageur.

33 Si j'ai tenu mon péché secret, comme les hommes *font d'ordinaire*, et si j'ai caché mon iniquité dans mon sein ;

34 si la grande multitude m'a épouvanté, ou si j'ai été effrayé par le mépris de mes proches ; si je ne suis pas au contraire demeuré dans le silence, sans sortir de la porte *de ma maison*.

35 Qui me donnera une personne qui m'entende, afin que le Tout-Puissant écoute ce que je désire *lui représenter*, et que celui qui juge, écrive tout lui-même *dans un livre* ?

36 afin que je porte ce livre sur mon épaule, et que je le mette autour de ma tête comme une couronne :

37 à chaque pas que je ferai j'en prononcerai les paroles, et je le présenterai comme à mon prince.

38 Si la terre que je possède crie contre moi, et si ses sillons pleurent avec elle ;

39 si j'en ai mangé les fruits sans donner d'argent, et si j'ai affligé le cœur de ceux qui l'ont cultivée :

40 qu'elle produise pour moi des ronces au lieu de froment, et des épines au lieu d'orge !

Ainsi finit le discours de Job.

CHAPITRE XXXII.

APRÈS cela les trois amis de Job cessèrent de lui répondre, voyant qu'il continuait à se croire juste.

2 Et *alors* Eliu, fils de Barachel de Buz, de la famille de Ram, entra dans une grande colère, et se fâcha contre Job, de ce qu'il assurait qu'il était juste devant Dieu.

3 Il s'irrita aussi contre ses amis, de ce qu'ils n'avaient rien trouvé de raisonnable pour répondre à Job, mais qu'ils s'étaient contentés de le condamner.

4 Eliu attendit donc que Job eût cessé de parler, parce qu'il était moins âgé que ceux qui lui avaient répondu.

5 Mais voyant qu'ils n'avaient pu tous trois répondre *à Job*, il fut transporté de colère.

6 Et voici la manière dont Eliu, fils de Barachel, *de la race* de Buz, leur parla : Je suis le plus jeune, et vous êtes plus vieux que moi : c'est pourquoi *je suis demeuré* la tête baissée, sans oser *seulement* dire mon avis.

7 Car je m'attendais qu'un âge si avancé vous donnerait des paroles, et que le grand nombre de vos années *vous* instruirait de la sagesse.

8 Mais, à ce que je vois, quoique l'esprit soit dans tous les hommes, c'est l'inspiration du Tout-Puissant qui donne l'intelligence.

9 Ce ne sont pas *toujours* ceux qui ont vécu longtemps qui sont

les plus sages, et la lumière de la justice n'est pas toujours le partage de la vieillesse.

10 C'est pourquoi je vous dirai : Ecoutez-moi, et je vous ferai voir quelle est ma sagesse.

11 J'ai attendu que vous eussiez achevé de parler ; j'ai voulu voir, tant que vous avez disputé *contre Job,* quelle pouvait être votre sagesse.

12 Je me suis contenté de vous regarder, tant que j'ai cru que vous diriez quelque chose ; mais, à ce que je vois, nul d'entre vous ne peut convaincre Job, ni répondre à ce qu'il a dit.

13 Ce serait en vain que vous diriez peut-être : Nous avons trouvé *le secret de* la *vraie sagesse* : C'est Dieu qui l'a rejeté, et non l'homme.

14 Ce n'est point à moi que Job a adressé la parole ; et ce ne sera point selon vos raisonnements que je lui répondrai.

15 Les voilà intimidés, ils n'ont plus rien à répondre, ils se sont eux-mêmes fermé la bouche.

16 Puis donc que j'ai attendu, et qu'ils n'ont point parlé, et qu'ils sont demeurés *muets* et sans réponse ;

17 je parlerai aussi à mon tour, et je ferai voir *quelle est* ma science.

18 Car je suis plein des choses que j'ai à dire, et mon esprit est comme en travail, voulant enfanter toutes les pensées qu'il a conçues.

19 Mon estomac est comme un vin nouveau qui n'a point d'air, qui rompt les vaisseaux neufs *où on le renferme.*

20 Je parlerai donc pour respirer un peu, j'ouvrirai mes lèvres, et je répondrai.

21 Je n'aurai d'égard pour personne ; et je n'égalerai point l'homme à Dieu.

22 Car je ne sais combien de temps je subsisterai *sur la terre,* et *j'ignore* si celui qui m'a créé ne m'ôtera point bientôt *du monde.*

CHAPITRE XXXIII.

ECOUTEZ donc, Job, mes paroles, et soyez attentif à tous mes discours.

2 J'ai ouvert ma bouche, afin que ma langue vous fasse entendre distinctement les paroles qu'elle aura formées.

3 Mes discours sortiront de la simplicité de mon cœur, et mes lèvres ne prononceront que la pure vérité.

4 C'est l'Esprit de Dieu qui m'a créé, et c'est le souffle du Tout-Puissant qui m'a donné la vie.

5 Répondez-moi, si vous pouvez, et opposez vos raisons aux miennes.

6 Dieu est mon créateur comme il est le vôtre, et j'ai été formé de la même boue.

7 Mais vous ne verrez en moi rien de merveilleux qui vous épouvante ; et vous n'y trouverez pas non plus une éloquence qui vous accable.

8 Vous avez dit devant moi, et je vous ai entendu, lorsque vous prononciez ces paroles :

9 Je suis pur et sans péché ; je suis sans tache, et il n'y a point d'iniquité en moi :

10 car Dieu a cherché des sujets de plainte contre moi ; c'est pourquoi il a cru que j'étais son ennemi :

11 il a mis mes pieds à la chaîne ; il a observé toutes mes démarches.

12 C'est donc en cela même que vous avez montré que vous n'êtes pas juste : car je vous réponds que Dieu est plus grand que l'homme.

13 Disputez-vous contre lui, parce qu'il n'a pas répondu à toutes vos paroles ?

14 Dieu ne parle qu'une fois, et il ne répète point ce qu'il a dit.

15 Pendant les songes, dans les visions de la nuit, lorsque les hommes sont accablés de sommeil, et qu'ils dorment dans leur lit ;

16 c'est alors que Dieu leur ouvre l'oreille, qu'il les avertit et les instruit de ce qu'ils doivent savoir :

17 pour détourner *ainsi* l'homme *du mal qu'il* fait, et pour le délivrer de l'orgueil ;

18 pour tirer son âme de la corruption, et pour sauver sa vie de l'épée *qui le menace.*

19 Il le châtie encore par la douleur *qu'il souffre* dans son lit ; et il fait sécher tous ses os.

20 Dans cet état il a le pain en horreur, et la nourriture qu'il trouvait auparavant délicieuse, devient l'aversion de son âme.

21 Toute sa chair se consume, et ses os qui étaient couverts paraissent à nu.

22 Il se voit près de la corruption, et sa vie est menacée d'une mort prochaine.

23 Si un ange choisi entre mille parle pour lui, et qu'il annonce l'équité de l'homme,

24 Dieu aura compassion de lui, et il dira *à ses ministres* : Délivrez-le, afin qu'il ne descende point dans la corruption ; j'ai trouvé lieu de lui faire grâce.

25 Sa chair est consumée par les maux qui sont la peine *de ses péchés* ; qu'il retourne aux jours de sa jeunesse.

26 Il priera Dieu de lui pardonner, et Dieu lui sera favorable ; il verra sa face avec un ravissement de joie, et Dieu justifiera de nouveau cet homme.

27 En regardant les *autres* hommes, il *leur* dira : J'ai péché, j'ai vraiment offensé Dieu, et je n'en ai point été châtié, comme je le méritais.

28 Il a *ainsi* délivré son âme, afin qu'elle ne tombât point dans la mort, mais qu'en vivant elle jouît de la lumière.

29 Voilà tout ce que Dieu fait à l'égard de chacun des hommes, *en les reprenant* jusqu'à trois fois,

30 pour rappeler leurs âmes de la corruption, et pour les éclairer de la lumière des vivants.

31 Job, soyez attentif et écoutez-moi ; soyez dans le silence pendant que je parle.

32 Si vous avez quelque chose à dire, répondez-moi, parlez : car je veux bien vous donner lieu de vous justifier.

33 Si vous n'avez rien *à répondre*, écoutez-moi ; demeurez dans le silence, et je vous enseignerai la sagesse.

CHAPITRE XXXIV.

ELIU continuant encore de parler, prononça ce qui suit :

2 Sages, écoutez mes paroles ; savants, soyez attentifs :

3 car l'oreille juge des discours *par l'ouïe*, comme le palais juge des viandes par le goût.

4 Convenons ensemble de ce qui est selon la justice, et voyons entre nous ce qui doit être regardé comme le meilleur.

5 Car Job a dit : Je suis juste, et Dieu ne me traite pas selon l'équité.

6 Il y a de la fausseté *et de l'abus* dans le jugement que l'on a porté contre moi ; je suis percé de flèches très-cuisantes sans que j'aie péché.

7 Où trouvera-t-on un homme semblable à Job, qui insulte *à Dieu* avec une impiété qu'il avale comme l'eau ;

8 qui marche avec ceux qui commettent l'iniquité, et qui se joint avec les impies ?

9 Car il a dit : L'homme ne sera point agréable à Dieu, quand même il aurait couru dans sa voie.

10 Vous donc qui avez du sens et de la sagesse, écoutez-moi : L'impiété est infiniment éloignée de Dieu ; et l'injustice, du Tout-Puissant :

11 car il rendra à l'homme selon ses œuvres, et il traitera chacun selon le mérite de sa vie.

12 Certainement Dieu ne condamne point sans sujet, et le Tout-Puissant ne renverse point la justice.

13 A-t-il donc commis à quelque autre le soin de la terre ? et qui est celui qu'il a établi pour gouverner *au lieu de lui* le monde qu'il a créé ?

14 S'il le regardait dans sa rigueur, il attirerait à soi *dans l'instant* l'esprit qui l'anime.

15 Toute chair périrait en même temps, et tous les hommes

retourneraient en cendre.

16 Si vous avez donc de l'intelligence, écoutez ce que l'on *vous* dit, et soyez attentif à mes paroles :

17 Peut-on guérir celui qui n'aime point la justice ? Et comment condamnez-vous avec tant de hardiesse celui qui est *souverainement* juste ?

18 lui qui dit à un roi, Vous êtes un apostat ; qui appelle impies les grands, *lorsqu'ils le sont* ;

19 qui n'a point d'égard à la personne des princes ; qui n'a point eu de considération pour le tyran lorsqu'il disputait contre le pauvre : parce que sa main a fait tous les hommes.

20 Ils mourront tout d'un coup, et au milieu de la nuit les peuples seront tout remplis de trouble ; ils passeront, et le violent sera emporté sans qu'on voie la main *qui le frappe*.

21 Car les yeux de Dieu sont sur les voies des hommes, et il considère toutes leurs démarches.

22 Il n'y a point de ténèbres, il n'y a point d'ombre de la mort, qui puissent dérober à ses yeux ceux qui commettent l'iniquité.

23 Car il n'est plus au pouvoir de l'homme de venir en jugement devant Dieu.

24 Il en exterminera une multitude innombrable, et il en établira d'autres en leur place.

25 Car il connaît leurs œuvres, et c'est pour cela qu'il répandra *sur eux* une nuit *obscure*, et qu'il les brisera.

26 Il les frappera *de plaies* comme des impies, à la vue de tout le monde,

27 eux qui ont fait un dessein formé de se retirer de lui, et qui n'ont pas voulu comprendre toutes ses voies :

28 en sorte qu'ils ont fait monter jusqu'à lui les cris de l'indigent, et qu'il a entendu la voix *des plaintes* des pauvres.

29 Car s'il donne la paix, qui est celui qui le condamnera ? S'il cache une fois son visage, qui pourra le contempler *dans sa conduite* sur toutes les nations *en général*, et sur tous les hommes ?

30 C'est lui qui fait régner l'homme hypocrite, à cause des péchés du peuple.

31 Puis donc que j'ai parlé de Dieu, je ne vous empêcherai point *de parler* aussi.

32 Si je suis tombé dans quelque erreur, enseignez-moi ; si ce que j'ai dit n'est pas selon la justice, je ne dirai rien davantage.

33 Dieu ne vous redemandera-t-il point compte de ce que je puis avoir dit contre la justice, qui vous a déplu ? car c'est vous qui avez commencé à parler, et non pas moi. Si vous savez quelque chose de meilleur, parlez *vous-même*.

34 Que des personnes intelligentes me parlent, et qu'un homme sage m'écoute.

35 Mais Job a parlé inconsidérément, et il ne paraît point de sagesse dans ses discours.

36 Mon Père! que Job soit éprouvé jusqu'à la fin, ne cessez point de *frapper* un homme injuste ;

37 parce qu'il ajoute le blasphème à ses péchés : qu'il soit cependant pressé de nouveau par nos raisons, et qu'après cela il appelle Dieu en jugement par ses discours.

CHAPITRE XXXV.

ELIU dit encore ce qui suit :

2 Croyez-vous, *Job*, avoir eu une pensée raisonnable en disant : Je suis plus juste que Dieu ?

3 Car vous avez dit *en lui parlant* : Ce qui est juste ne vous plaît point : ou quel avantage retirerez-vous si je pèche ?

4 Je répondrai donc à vos discours, et à vos amis aussi bien qu'à vous.

5 Levez les yeux au ciel, voyez, et contemplez combien les cieux sont plus hauts que vous.

6 Si vous péchez, en quoi nuirez-vous à Dieu ? et si vos iniquités se multiplient, que ferez-vous contre lui ?

7 Si vous êtes juste, que donnerez-vous à Dieu ? ou que recevra-t-il de votre main ?

8 Votre impiété peut nuire à un homme semblable à vous, et votre justice peut servir à celui qui est *comme vous* enfant de l'homme.

9 Ils crieront à cause de la multitude des calomniateurs, et ils se répandront en pleurs à cause de la domination violente des tyrans.

10 Et nul *d'eux* ne dit : Où est le Dieu qui m'a créé, qui fait que les siens lui chantent pendant la nuit des cantiques *d'actions de grâces* ?

11 qui nous rend plus éclairés que les animaux de la terre, et plus instruits que les oiseaux du ciel.

12 Ils crieront alors, et il ne les exaucera point, à cause de l'orgueil des méchants.

13 Ce ne sera donc point inutilement que Dieu écoutera *leurs cris* ; et le Tout-Puissant considérera avec attention la cause de chaque personne.

14 Lors même que vous avez dit *de Dieu*, Il ne considère point *ce qui se passe* ; jugez-vous vous-même en sa présence, et l'attendez.

15 Car il n'exerce pas maintenant *toute* sa fureur, et il ne punit pas les crimes dans sa sévérité.

16 C'est donc en vain que Job ouvre la bouche, et qu'il se répand en beaucoup de paroles sans science.

CHAPITRE XXXVI.

ELIU ajouta encore, et dit :

2 Ecoutez-moi un peu, et je vous découvrirai *ce que je pense* : car j'ai encore à parler pour Dieu.

3 Je reprendrai mon discours dès le commencement, et je prouverai que mon Créateur est juste.

4 Car il est certain qu'il n'y a point de mensonge dans mes discours, et vous serez convaincu qu'ils enferment une parfaite science.

5 Dieu ne rejette point les puissants, étant puissant lui-même.

6 Mais il ne sauve point les impies, et il fait justice aux pauvres.

7 Il ne retirera point ses yeux de dessus le juste, et il établit les rois sur le trône pour toujours, et les conserve dans leur élévation.

8 Si quelques-uns sont dans les chaînes, et resserrés par les liens de la pauvreté,

9 Dieu leur découvrira leurs œuvres et leurs crimes, parce qu'ils ont été violents.

10 Il leur ouvrira aussi l'oreille pour les reprendre, et il leur parlera, afin qu'ils reviennent de leur iniquité.

11 S'ils l'écoutent et qu'ils observent *ce qu'il leur dit*, ils passeront tous les jours en joie, et leurs années en gloire.

12 Mais s'ils ne l'écoutent point, ils passeront par *le tranchant de l'épée*, et ils périront dans leur folie.

13 Ceux qui sont dissimulés et doubles de cœur, attirent sur eux la colère de Dieu : ils ne crieront point lorsqu'ils seront dans les chaînes.

14 Leur âme mourra d'une mort précipitée, et leur vie aura le même sort que les efféminés et les exécrables.

15 Dieu tirera le pauvre des maux qui l'accablent, et il lui ouvrira l'oreille au jour de l'affliction.

16 Après vous avoir sauvé de l'abîme étroit et sans fond, il vous mettra fort au large ; et vous vous reposerez à votre table, qui sera pleine de viandes très-délicieuses.

17 Votre cause a été jugée comme celle d'un impie ; mais vous gagnerez votre cause, et l'on vous rendra la justice *que vous demandez*.

18 Que la colère donc ne vous surmonte point pour vous porter à opprimer l'innocent, et que la multitude des dons ne vous détourne point *de la droite voie*.

19 Abaissez votre grandeur sans *que* l'affliction *vous y porte* ; abaissez encore ceux qui abusent de l'excès de leur puissance.

20 N'allongez point la nuit *et le temps du sommeil*, afin que les peuples puissent monter jusqu'à vous au lieu de ces personnes *puissantes*.

21 Prenez garde de ne vous point laisser aller à l'iniquité : car vous avez commencé de la suivre, après que vous êtes tombé dans la misère.

22 Ne voyez-vous pas que Dieu est *infiniment* élevé dans sa puissance, et que nul de ceux qui ont imposé des lois aux hommes ne lui est semblable ?

23 Qui pourra approfondir ses voies ? ou qui peut lui dire : Vous avez fait une injustice ?

24 Souvenez-vous que vous ne connaissez point ses ouvrages, dont les hommes ont parlé dans leurs cantiques.

25 Tous les hommes le voient ; mais chacun *d'eux ne* le regarde *que* de loin.

26 Certes Dieu est grand : il passe toute notre science, et ses années sont innombrables :

27 lui qui après avoir enlevé jusqu'aux moindres gouttes de la pluie, répand ensuite les eaux du ciel comme des torrents,

28 qui fondent des nues, dont toute la face du ciel est couverte :

29 lui qui étend les nuées quand il lui plaît pour s'en servir comme d'un pavillon ;

30 qui fait éclater du ciel ses foudres *et* ses éclairs, et couvre la mer même d'une extrémité à l'autre.

31 Il exerce ainsi ses jugements sur les peuples, et distribue la nourriture à un grand nombre d'hommes.

32 Il cache la lumière dans ses mains ; et lui commande ensuite de paraître de nouveau.

33 Il fait connaître à celui qu'il aime, que la lumière est son partage, et qu'il pourra s'élever jusqu'à elle.

CHAPITRE XXXVII.

C'EST pour cela que mon cœur est saisi d'effroi, et qu'il sort comme hors de lui-même.

2 Ecoutez avec une profonde attention sa voix terrible, et les sons qui sortent de sa bouche.

3 Il considère tout *ce qui se passe* sous le ciel, et il répand sa lumière jusqu'aux extrémités de la terre.

4 Un grand bruit s'élèvera après lui, il tonnera par la voix de sa grandeur ; et après *même* qu'on aura entendu sa voix, on ne pourra la comprendre.

5 Dieu se rendra admirable par la voix de son tonnerre. C'est lui qui fait des choses grandes et impénétrables ;

6 qui commande à la neige de descendre sur la terre, *qui fait tomber* les pluies ordinaires de l'hiver, et les eaux impétueuses des grands orages ;

7 qui met comme un sceau sur la main de tous les hommes, afin qu'ils reconnaissent leurs œuvres.

8 La bête rentrera dans sa tanière, et elle demeurera dans sa caverne.

9 La tempête sortira des lieux les plus cachés, et le froid, des vents d'aquilon.

10 La glace se forme au souffle de Dieu, et les eaux se répandent ensuite en grande abondance.

11 Le froment désire les nuées, et les nuées répandent leur lumière.

12 Elles éclairent de toutes parts sur la face de la terre, partout où elles sont conduites par la volonté de celui qui les gouverne, et selon les ordres qu'elles ont reçus de lui ;

13 soit dans une tribu *étrangère*, ou dans une terre qui soit à lui, soit en quelque lieu que ce puisse être, où il veut répandre sa miséricorde, et où il leur aura commandé de se trouver.

14 Job, écoutez ceci avec attention ; arrêtez-vous, et considérez les merveilles de Dieu.

15 Savez-vous quand Dieu a commandé aux pluies de faire paraître la lumière de ses nuées ?

16 Connaissez-vous les grandes routes des nuées, et la parfaite science *de celui qui les conduit* ?

17 Vos vêtements ne sont-ils pas échauffés, lorsque le vent du midi souffle sur la terre ?

18 Vous avez peut-être formé avec lui les cieux, qui sont aussi solides que s'ils étaient d'airain ?

19 Apprenez-nous ce que nous pourrons lui dire : car pour nous autres nous sommes enveloppés de ténèbres.

20 Qui pourra lui rendre raison des choses que je viens de dire ? Si quelque homme entreprenait d'en parler, il serait comme absorbé *par la grandeur du sujet*.

21 Mais maintenant ils ne voient point la lumière ; l'air s'épaissit tout d'un coup en nuées ; et un vent qui passe les dissipera.

22 L'or vient du côté de l'aquilon ; et la louange que l'on donne à Dieu, doit être accompagnée de tremblement.

23 Nous ne pouvons le comprendre d'une manière digne de lui ; il est grand par sa puissance, par son jugement et par sa justice ; et il est véritablement ineffable.

24 C'est pourquoi les hommes le craindront ; et nul de ceux qui se croient sages, n'osera envisager sa grandeur.

CHAPITRE XXXVIII.

ALORS le Seigneur parla à Job du milieu d'un tourbillon, et lui dit :

2 Qui est celui-là qui enveloppe de grands sens sous des paroles peu réfléchies ?

3 Ceignez vos reins comme un homme *ferme* ; je vous interrogerai, et vous me répondrez.

4 Où étiez-vous quand je jetais les fondements de la terre ? dites-le-moi, si vous avez de l'intelligence.

5 Savez-vous qui en a réglé toutes les mesures, ou qui a tendu sur elle le cordeau ?

6 *Savez-vous* sur quoi ses bases sont affermies, ou qui en a posé la pierre angulaire ?

7 *Où étiez-vous* lorsque les astres du matin me louaient tous ensemble, et que tous les enfants de Dieu étaient transportés de joie ?

8 Qui a mis des digues à la mer pour la tenir enfermée, lorsqu'elle se débordait en sortant comme du sein *de sa mère*,

9 lorsque pour vêtement je la couvrais d'un nuage, et que je l'enveloppai s d'obscurité comme *on enveloppe* de bandelettes les *petits* enfants ;

10 *lorsque* je l'ai resserrée dans les bornes que je lui ai marquées, *que* j'y ai mis des portes et des barrières,

11 et *que* je lui ai dit : Vous viendrez jusque-là, et vous ne passerez pas plus loin, et vous briserez ici l'orgueil de vos flots ?

12 Est-ce vous qui depuis que vous êtes au monde, avez donné les ordres à l'étoile du matin, et qui avez montré à l'aurore le lieu où elle doit naître ?

13 Est-ce vous qui tenant *en votre main* les extrémités de la terre, l'avez ébranlée, et en avez comme secoué et rejeté les impies ?

14 La figure empreinte se rétablira comme l'argile, et elle demeurera comme un vêtement.

15 La lumière des impies leur sera ôtée : et leur bras, *quelque* élevé *qu'il puisse être*, sera brisé.

16 Etes-vous entré jusqu'au fond de la mer ? et avez-vous parcouru les réduits les plus secrets de l'abîme ?

17 Les portes de la mort vous ont-elles été ouvertes ? les avez-vous vues, ces portes noires *et* ténébreuses ?

18 Avez-vous considéré toute l'étendue de la terre ? Déclarez-moi toutes ces choses, si vous en avez la connaissance.

19 *Dites-moi* quelle est la voie *qui conduit* où habite la lumière, et quel est le lieu des ténèbres :

20 afin que vous conduisiez *cette lumière et ces ténèbres* chacune en son propre lieu, ayant connu le chemin et les routes de leur demeure.

21 Saviez-vous alors que vous deviez naître ? et connaissiez-vous le nombre de vos jours ?

22 Etes-vous entré dans les trésors de la neige ? ou avez-vous vu les trésors de la grêle,

23 que j'ai préparés pour le temps de l'ennemi, pour le jour de la guerre et du combat ?

24 *Savez-vous* par quelle voie la lumière descend *du ciel*, et la chaleur se répand sur la terre ?

25 Qui a donné cours aux pluies impétueuses, et un passage au bruit éclatant du tonnerre,

26 pour faire pleuvoir dans une terre qui est sans homme, dans un désert où personne ne demeure,

27 pour inonder des champs affreux et inhabités, et pour y produire des herbes vertes ?

28 Qui est le père de la pluie ? et qui a produit les gouttes de la rosée ?

29 Du sein de qui la glace est-elle sortie ? et qui a produit la gelée qui tombe du ciel ?

30 Les eaux se durcissent comme la pierre, et la surface de l'abîme se presse et devient solide.

31 Pourrez-vous joindre ensemble les étoiles brillantes des Pléiades, et détourner l'Ourse de son cours ?

32 Est-ce vous qui faites paraître en son temps sur les enfants des hommes l'étoile du matin, ou qui faites lever *ensuite* l'étoile du soir ?

33 Savez-vous l'ordre *et* les mouvements du ciel ? êtes-vous l'auteur des influences qu'il exerce sur la terre ?

34 Elèverez-vous votre voix jusqu'aux nues, et répandront-elles aussitôt sur vous leurs eaux avec abondance ?

35 Commanderez-vous aux tonnerres, et partiront-ils dans l'instant ? et en revenant ensuite, vous diront-ils : Nous voici ?

36 Qui a mis la sagesse dans le cœur de l'homme ? ou qui a donné au coq l'intelligence ?

37 Qui expliquera toute la disposition des cieux ? ou qui fera cesser l'harmonie du ciel ?

38 Lorsque la poussière se répandait sur la terre, et que les mottes se formaient *et* se durcissaient, *où étiez-vous* ?

39 Prendrez-vous la proie pour la lionne ? et en rassasierez-vous la faim de ses petits,

40 lorsqu'ils sont couchés dans leurs antres, et qu'ils épient *les passants* du fond de leurs cavernes ?

41 Qui prépare au corbeau sa nourriture, lorsque ses petits crient vers Dieu, et qu'ils vont errants, n'ayant rien à manger ?

CHAPITRE XXXIX.

SAVEZ-VOUS le temps auquel les chèvres sauvages enfantent dans les rochers ? ou avez-vous observé l'enfantement des biches ?

2 Avez-vous compté les mois qu'elles portent leur fruit ? et savez-vous le temps auquel elles s'en déchargent ?

3 Elles se courbent pour faire sortir leur faon, et elles le mettent au jour en jetant des cris *et* des hurlements.

4 Leurs petits *ensuite* se séparent d'elles pour aller chercher leur nourriture ; et étant sortis ils ne reviennent plus à elles.

5 Qui a laissé aller libre l'âne sauvage ? et qui lui a rompu ses liens ?

6 Je lui ai donné une maison dans la solitude, et des lieux de retraite dans une terre stérile.

7 Il méprise *toutes* les assemblées des villes, il n'entend point la voix d'un maître dur et impérieux.

8 Il regarde de tous côtés les montagnes où il trouvera ses pâturages, et il cherche partout des herbages verts.

9 Le rhinocéros voudra-t-il bien vous servir ? et demeurera-t-il à votre étable ?

10 Lierez-vous le rhinocéros aux traits *de votre charrue*, afin qu'il laboure, et rompra-t-il après vous *avec la herse* les mottes des vallons ?

11 Aurez-vous confiance en sa grande force ? et lui laisserez-vous *le soin de* votre labour ?

12 Croirez-vous qu'il vous rendra ce que vous aurez semé, et qu'il remplira votre aire *de blé* ?

13 La plume de l'autruche est semblable à celle de la cigogne et de l'épervier.

14 Lorsqu'elle abandonne ses œufs sur la terre, sera-ce vous qui les échaufferez dans la poussière ?

15 Elle oublie qu'on les foulera *peut-être* aux pieds, ou que les bêtes sauvages les écraseront.

16 Elle est dure *et* insensible à ses petits, comme s'ils n'étaient point à elle ; elle a rendu son travail inutile sans y être forcée par aucune crainte.

17 Car Dieu *en ceci* l'a privée de sagesse, et ne lui a point donné l'intelligence.

18 A la première occasion *elle court* élevant ses ailes ; elle se moque du cheval et de celui qui est dessus.

19 Est-ce vous qui donnerez au cheval sa force, ou qui lui ferez pousser ses hennissements ?

20 Le ferez-vous bondir comme les sauterelles, tandis que le souffle si fier de ses narines répand la terreur ?

21 Il frappe du pied la terre, il s'élance avec audace, il court au-devant des hommes armés.

22 Il ne peut être touché de la peur ; le tranchant des épées ne l'arrête point.

23 Les flèches sifflent autour de lui, le fer des lances et des dards le frappe de ses éclairs.

24 Il écume, il frémit, *et semble vouloir* manger la terre ; il est intrépide au bruit des trompettes.

25 Lorsque l'on sonne la charge, il dit, Allons ! il sent de loin l'approche des troupes ; *il entend* la voix des capitaines qui encouragent les soldats, et les cris confus d'une armée.

26 Est-ce par votre sagesse que l'épervier se couvre de plumes étendant ses ailes vers le midi ?

27 L'aigle à votre commandement s'élèvera-t-elle en haut, et fera-t-elle son nid dans les lieux les plus élevés ?

28 Elle demeure dans des pierres, dans des montagnes escarpées, et dans des rochers inaccessibles.

29 Elle cherche de là sa proie, et ses yeux *perçants* découvrent de loin.

30 Ses petits sucent le sang, et en quelque lieu que paraisse un corps mort, elle fond dessus.

31 Le Seigneur parla de nouveau à Job, *et lui dit* :

32 Celui qui dispute contre Dieu, se réduit-il si facilement au silence ? Certainement quiconque reprend Dieu, doit lui répondre.

33 Job répondit au Seigneur :

34 Puisque, j'ai parlé avec *trop de* légèreté, comment pourrai-je répondre ? Je n'ai qu'à mettre ma main sur ma bouche.

35 J'ai dit une chose que je souhaiterais n'avoir point dite ; et une autre encore ; et je n'y ajouterai rien davantage.

CHAPITRE XL.

LE Seigneur parlant à Job du milieu d'un tourbillon, lui dit :

2 Ceignez vos reins comme un homme ; je vous interrogerai, et répondez-moi.

3 Est-ce que vous prétendez détruire l'équité de mes jugements, et me condamner *moi-même* pour vous justifier ?

4 Avez-vous comme Dieu un bras *tout-puissant* ? et votre voix tonne-t-elle comme la sienne ?

5 Revêtez-vous d'éclat *et* de beauté, montez sur un trône élevé, soyez plein de gloire, et parez-vous des vêtements *les plus* magnifiques.

6 Dissipez les superbes dans votre fureur, et humiliez les insolents par *un seul de* vos regards.

7 Jetez les yeux sur tous les orgueilleux, et confondez-les ; brisez *et* foulez aux pieds les impies dans le lieu même où ils s'élèvent.

8 Cachez-les *tous* ensemble dans la poussière ; ensevelissez leurs visages, *et* les jetez au fond de la terre.

9 Et alors je confesserai que votre droite a le pouvoir de vous sauver.

10 Considérez Béhémoth que j'ai créé avec vous ; il mangera le foin comme un bœuf.

11 Sa force est dans ses reins ; sa vertu est dans le nombril de son ventre.

12 Sa queue se serre et s'élève comme un cèdre ; les nerfs de cette partie qui sert à la conservation de l'espèce sont entrelacés l'un dans l'autre.

13 Ses os sont comme des tuyaux d'airain, ses cartilages sont comme des lames de fer.

14 Il est le commencement des voies de Dieu : celui qui l'a fait, appliquera *et conduira* son épée.

15 Les montagnes lui produisent des herbages : c'est là que toutes les bêtes des champs viendront se jouer.

16 Il dort sous l'ombre dans le secret des roseaux, et dans les lieux humides.

17 Les ombres couvrent son ombre ; les saules du torrent l'environnent.

18 Il absorbera le fleuve, et il n'en sera point étonné ; il se promet même que le Jourdain viendra couler dans sa gueule.

19 On le prendra par les yeux comme un poisson se prend à l'amorce, et on lui percera les narines avec des pieux.

20 Pourrez-vous enlever Léviathan avec l'hameçon, et lui lier la langue avec une corde ?

21 Lui mettrez-vous un cercle au nez ? et lui percerez-vous la mâchoire avec un anneau ?

22 Le réduirez-vous à vous faire d'instantes prières, et à vous dire des paroles douces ?

23 Fera-t-il un pacte avec vous ? et le recevrez-vous comme un esclave éternel ?

24 Vous jouerez-vous de lui comme d'un oiseau ? et le lierez-vous *pour servir de jouet* à vos servantes ?

25 Ferez-vous que vos amis le coupent par pièces, et que ceux qui trafiquent le divisent par morceaux ?

26 Remplirez-vous de sa peau les filets des pêcheurs, et de sa tête le réservoir des poissons ?

27 Mettez la main sur lui : souvenez-vous de la guerre, et ne parlez plus.

28 Il se verra enfin trompé dans ses espérances, et il sera précipité à la vue de tout le monde.

CHAPITRE XLI.

JE ne le susciterai point par un effet de cruauté. Car qui est-ce qui peut résister à mon visage ?

2 Qui m'a donné le premier, afin que je lui rende *ce qui lui est dû ?* Tout ce qui est sous le ciel, est à moi.

3 Je ne l'épargnerai point ; *je ne me laisserai point fléchir* ni à la force de ses paroles, ni à ses prières les plus touchantes.

4 Qui découvrira la superficie de son vêtement ? et qui entrera dans le milieu de sa gueule ?

5 Qui ouvrira l'entrée de ses mâchoires ? La terreur habite autour de ses dents.

6 Son corps est semblable à des boucliers d'airain fondu ; il est couvert d'écailles qui se serrent et se pressent.

7 L'une est jointe à l'autre sans que le moindre souffle passe entre deux.

8 Elles s'attachent ensemble, et elles s'entretiennent, sans que jamais elles se séparent.

9 Lorsqu'il éternue, il jette des éclats de feu, et ses yeux *étincellent* comme la lumière du point du jour.

10 Il sort de sa gueule des lampes *qui brûlent* comme des torches ardentes.

11 Une fumée se répand de ses narines, comme d'un pot qui bout sur un brasier.

12 Son haleine allume des charbons, et la flamme sort *du fond de* sa gueule.

13 La force est dans son cou, et la famine marche devant lui.

14 Les membres de son corps sont liés les uns avec les autres ; les foudres tomberont sur lui sans qu'il s'en remue d'un côté ni d'autre.

15 Son cœur s'endurcira comme la pierre, et se resserrera comme l'enclume sur laquelle on bat sans cesse.

16 Lorsqu'il sera élevé, les anges craindront, et dans leur frayeur ils se purifieront.

17 Si *on le veut* percer de l'épée, *ni l'épée*, ni les dards, ni les cuirasses ne pourront subsister *devant lui*.

18 Car il méprisera le fer comme de la paille, et l'airain comme un bois pourri.

19 L'archer *le plus adroit* ne le mettra point en fuite ; les pierres de la fronde sont pour lui de la paille sèche.

20 Le marteau n'est encore pour lui qu'une paille légère, et il se rira des dards lancés contre lui.

21 Les rayons du soleil seront sous lui, et il marchera sur l'or comme sur la boue.

22 Il fera bouillir le fond de la mer comme *l'eau d'*un pot, et il la fera paraître comme *un vaisseau plein* d'onguents qui s'élèvent par l'ardeur du feu.

23 La lumière brillera sur ses traces ; il verra blanchir l'abîme après lui.

24 Il n'y a point de puissance sur la terre qui puisse lui être comparée, puisqu'il a été créé pour ne rien craindre.

25 Il ne voit rien que de haut *et* de sublime ; c'est lui qui est le roi de tous les enfants d'orgueil.

CHAPITRE XLII.

JOB répondit au Seigneur, et *lui* dit :

2 Je sais que vous pouvez toutes choses, et qu'il n'y a point de pensée qui vous soit cachée.

3 Qui est celui-là qui cache les desseins *de Dieu sous des paroles* dont il n'a pas l'intelligence ? C'est pourquoi *j'avoue que* j'ai parlé indiscrètement, et de choses qui surpassaient sans comparaison toute *la lumière de* ma science.

4 Écoutez-*moi, disais-je,* et je parlerai ; je vous interrogerai, et répondez-moi, *je vous prie*.

5 *Mais alors* j'avais seulement entendu parler de vous ; maintenant je vous vois de mes propres yeux.

6 C'est pourquoi je m'accuse moi-même, et je fais pénitence dans la poussière et dans la cendre.

7 Le Seigneur ayant parlé à Job de cette sorte, dit à Eliphaz de Théman : Ma fureur s'est allumée contre vous et contre vos deux amis : parce que vous n'avez point parlé devant moi dans la droiture *de la vérité* comme mon serviteur Job.

8 Prenez donc sept taureaux et sept béliers, et allez à mon serviteur Job, et offrez-les pour vous en holocauste. Job, mon serviteur, priera pour vous ; je le regarderai et l'écouterai favorablement, afin que cette imprudence ne vous soit point imputée ; parce que vous n'avez point parlé dans la droiture *de la vérité* comme mon serviteur Job.

9 Eliphaz de Théman, Baldad de Suh, et Sophar de Naamath, s'en allèrent donc, et firent ce que le Seigneur leur avait dit ; et le Seigneur écouta Job *en leur faveur*.

10 Le Seigneur aussi se laissa fléchir à la pénitence de Job, lorsqu'il priait pour ses amis, et il lui rendit au double tout ce qu'il possédait auparavant.

11 Tous ses frères, toutes ses sœurs, et tous ceux qui l'avaient connu dans son premier état, vinrent le trouver et mangèrent avec lui dans sa maison. Ils lui témoignèrent leur compassion, et ils le consolèrent de toutes les afflictions que le Seigneur lui avait envoyées, et ils lui donnèrent chacun une brebis et un pendant d'oreille d'or.

12 Mais le Seigneur bénit Job dans son dernier état encore plus que dans le premier, et il eut quatorze mille brebis, six mille chameaux, mille paires de bœufs, et mille ânesses.

13 Il eut aussi sept fils, et trois filles :

14 et il appela la première Jémima, la seconde Cassia, et la troisième Kérenhappouc.

15 Il ne se trouva point dans tout le reste du monde de femmes aussi belles que ces filles de Job ; et leur père leur donna leur part dans son héritage comme à leurs frères.

16 Job vécut après cela cent quarante ans ; il vit ses fils et les enfants de ses fils jusqu'à la quatrième génération, et il mourut fort âgé et plein de jours.

PSAUMES.

PSAUME PREMIER.

HEUREUX l'homme qui ne s'est point laissé aller à *suivre le* conseil des impies, qui ne s'est point arrêté dans la voie des pécheurs, et qui ne s'est point assis dans la chaire contagieuse *des libertins* ;

2 mais dont la volonté est attachée à la loi du Seigneur, et qui médite jour et nuit cette loi.

3 Il sera comme un arbre qui est planté proche le courant des eaux, lequel donnera son fruit dans son temps, et dont la feuille ne tombera point ; toutes les choses qu'il fera, auront un heureux succès.

4 Il n'en est pas ainsi des impies ; il n'en est pas ainsi : mais ils sont comme la poussière que le vent emporte de dessus la face de la terre.

5 C'est pourquoi les impies ne ressusciteront point dans le jugement *des justes*, ni les pécheurs dans l'assemblée des *mêmes* justes.

6 Car le Seigneur connaît la voie des justes, et la voie des impies périra.

PSAUME II.

POURQUOI les nations se sont-elles soulevées avec un grand bruit ? et *pourquoi* les peuples ont-ils formé de vains desseins ?

2 Les rois de la terre se sont élevés, et les princes ont conspiré ensemble contre le Seigneur, et contre son Christ.

3 Rompons, *disent-ils*, leurs liens, et rejetons loin de nous leur joug.

4 Celui qui demeure dans les cieux se rira d'eux ; et le Seigneur s'en moquera.

5 Il leur parlera alors dans sa colère, et les remplira de trouble dans sa fureur.

6 Mais pour moi, j'ai été établi roi par lui sur Sion, sa sainte montagne, (7) afin que j'annonce ses préceptes. Le Seigneur m'a dit : Vous êtes mon Fils ; je vous ai engendré aujourd'hui.

8 Demandez-moi, et je vous donnerai les nations pour votre héritage ; *j'étendrai* votre possession *jusqu'*aux extrémités de la terre.

9 Vous les gouvernerez avec une verge de fer, et les briserez comme un vase *sorti des mains* du potier.

10 Et vous maintenant, ô rois ! ouvrez votre cœur à l'intelligence : recevez les instructions *de la vérité*, vous qui jugez la terre.

11 Servez le Seigneur dans la crainte, et réjouissez-vous en lui avec tremblement.

12 Embrassez étroitement *la pureté de* la discipline ; de peur qu'enfin le Seigneur ne se mette en colère, et que vous ne périssiez hors de la voie de la justice.

Lorsque dans peu de temps sa colère se sera embrasée, heureux tous ceux qui mettent en lui leur confiance.

PSAUME III.

Psaume de David, lorsqu'il fuyait devant Absalom, son fils.

2 SEIGNEUR ! pourquoi le nombre de ceux qui me persécutent s'est-il si fort augmenté ? Une multitude d'ennemis s'élèvent contre moi.

3 Plusieurs disent à mon âme : Elle n'a point de salut à espérer de son Dieu.

4 Mais vous, Seigneur ! vous êtes mon protecteur et ma gloire ; et vous élevez ma tête.

5 J'ai élevé ma voix vers le Seigneur, et il m'a exaucé de sa montagne sainte.

6 Je me suis endormi, et j'ai été assoupi ; et *ensuite* je me suis levé, parce que le Seigneur m'a pris en sa protection.

7 Je ne craindrai point ces milliers de peuples qui m'environnent.

8 Levez-vous, Seigneur ! sauvez-moi, mon Dieu ! car vous avez frappé tous ceux qui se déclaraient contre moi sans raison, vous avez brisé les dents des pécheurs.

9 C'est au Seigneur qu'appartient le salut ; daignez sur votre peuple répandre votre bénédiction.

PSAUME IV.

Psaume de David, pour la fin, sur les cantiques.

2 DIEU *qui est le principe* de ma justice, m'a exaucé dans le temps que je l'invoquais : lorsque j'étais dans la détresse, vous m'avez mis au large : ayez pitié de moi, et exaucez ma prière.

3 Jusques à quand, ô enfants des hommes, aurez-vous le cœur appesanti ? pourquoi aimez-vous la vanité, et cherchez-vous le mensonge ?

4 Reconnaissez que le Seigneur a couvert son Saint d'une gloire admirable ; le Seigneur m'exaucera quand je crierai vers lui.

5 Mettez-vous en colère ; mais gardez-vous de pécher : soyez touchés de componction dans *le repos de* vos lits, sur les choses que vous méditez *contre moi* au fond de vos cœurs.

6 Offrez *à Dieu* un sacrifice de justice, et espérez au Seigneur.

7 Plusieurs disent : Qui nous fera voir les biens *que l'on nous promet ?* La lumière de votre visage est gravée sur nous, Seigneur ! (8) vous avez fait naître la joie dans mon cœur.

Ils se sont accrus *et* enrichis par l'abondance de leur froment, de leur vin et de leur huile.

9 *Mais pour moi* je dormirai en paix, et je jouirai d'un parfait repos : parce que vous m'avez, Seigneur ! affermi d'une manière toute singulière dans l'espérance.

PSAUME V.

Pour la fin, pour celle qui obtient l'héritage, Psaume de David.

2 SEIGNEUR ! prêtez l'oreille à mes paroles ; entendez mes cris

3 Soyez attentif à la voix de ma prière, vous qui êtes mon Roi et mon Dieu : car c'est vous que je prierai.

4 Seigneur ! bientôt vous exaucerez ma voix ; bientôt je me présenterai devant vous ; et je reconnaîtrai (5) que vous n'êtes pas un Dieu qui approuve l'iniquité.

L'homme malin ne demeurera point près de vous ; (6) et les injustes ne subsisteront point devant vos yeux.

Vous haïssez tous ceux qui commettent l'iniquité ; (7) vous perdrez toutes les personnes qui profèrent le mensonge : le Seigneur aura en abomination l'homme sanguinaire et trompeur.

8 Mais pour moi, me confiant dans l'abondance de votre miséricorde, j'entrerai dans votre maison ; et rempli de votre crainte, je *vous* adorerai dans votre saint temple.

9 Conduisez-moi, Seigneur ! dans *la voie de* votre justice : rendez droite ma voie devant vos yeux à cause de mes ennemis.

10 Car la vérité n'est pas dans leur bouche ; leur cœur est rempli de vanité ; leur gosier est *comme* un sépulcre ouvert : ils se sont servis de leurs langues pour tromper.

11 Jugez-les, ô Dieu ! que leurs desseins soient renversés : repoussez-les à cause de la multitude de leurs impiétés ; parce qu'ils vous ont irrité, Seigneur !

12 Mais que tous ceux qui mettent en vous leur espérance se réjouissent ; ils seront éternellement remplis de joie, et vous habiterez dans eux ; et tous ceux qui aiment votre *saint* nom, se glorifieront en vous.

13 Car vous répandrez votre bénédiction sur le juste : Seigneur !

vous nous avez couverts de votre amour, comme d'un bouclier.

PSAUME VI.

Pour la fin, sur les cantiques, Psaume de David, pour l'octave.

2 SEIGNEUR ! ne me reprenez pas dans votre fureur, et ne me punissez pas dans votre colère.

3 Ayez pitié de moi, Seigneur ! parce que je suis faible : Seigneur ! guérissez-moi, parce que mes os sont tout ébranlés.

4 Et mon âme est toute troublée : mais vous, Seigneur ! jusques à quand me laisserez-vous en cet état ?

5 Tournez-vous vers moi, Seigneur ! et délivrez mon âme : sauvez-moi en considération de votre miséricorde.

6 Car il n'y a personne qui se souvienne de vous dans la mort ; et qui est celui qui vous louera dans l'enfer ?

7 Je me suis épuisé à force de gémir : je laverai toutes les nuits mon lit *de mes pleurs* : j'arroserai de mes larmes le lieu où je suis couché.

8 L'affliction a rempli mon œil de trouble : je suis devenu vieux au milieu de tous mes ennemis.

9 Retirez-vous de moi, vous tous qui commettez l'iniquité ; parce que le Seigneur a exaucé la voix de mes larmes.

10 Le Seigneur a exaucé l'humble supplication que je lui ai faite : le Seigneur a agréé ma prière.

11 Que tous mes ennemis rougissent, et soient remplis de trouble : qu'ils se retirent très-promptement, et qu'ils soient couverts de confusion.

PSAUME VII.

Psaume de David, qu'il chante au Seigneur à cause des paroles de Chus, fils de Jémini.

2 SEIGNEUR mon Dieu ! C'est en vous que j'ai mis mon espérance : sauvez-moi de tous ceux qui me persécutent, et délivrez-moi :

3 de peur qu'enfin il ne ravisse mon âme comme un lion, lorsqu'il n'y a personne qui *me* tire *d'entre ses mains* et qui *me* sauve.

4 Seigneur mon Dieu ! si j'ai fait ce *que l'on m'impute* ; si mes mains se trouvent coupables d'iniquité ;

5 si j'ai rendu le mal à ceux qui m'en avaient fait, je consens de succomber sous mes ennemis, frustré *de mes espérances*.

6 Que l'ennemi poursuive mon âme et s'en rende maître ; qu'il me foule aux pieds sur la terre *en m'ôtant* la vie ; et qu'il réduise *toute* ma gloire en poussière.

7 Levez-vous, Seigneur ! dans votre colère ; et faites éclater votre grandeur au milieu de mes ennemis : levez-vous, Seigneur mon Dieu ! suivant le précepte que vous avez établi.

8 Alors l'assemblée des peuples vous environnera : en considération d'elle remontez en haut.

9 C'est le Seigneur qui juge les peuples : jugez-moi, Seigneur ! selon ma justice, et selon l'innocence qui est en moi.

10 La malice des pécheurs finira ; et vous conduirez le juste, ô Dieu ! qui sondez les cœurs et les reins.

C'est avec justice *que* (11) j'attends le secours du Seigneur, puisqu'il sauve ceux dont le cœur est droit.

12 Dieu est un juge *également* juste, fort et patient ; se met-il en colère tous les jours ?

13 Si vous ne vous convertissez, il fera briller son épée : il a déjà tendu son arc, et le tient tout prêt.

14 Il a préparé pour son arc des instruments de mort : il a préparé ses flèches contre ceux qui me poursuivent avec ardeur.

15 *L'ennemi* a travaillé à commettre l'injustice ; il a conçu la douleur, et a enfanté l'iniquité.

16 Il a ouvert une fosse, et l'a creusée ; et il est tombé dans la *même* fosse qu'il avait faite.

17 La douleur *qu'il a voulu me causer* retournera sur lui-même ; et son injustice descendra sur sa tête.

18 Je rendrai gloire au Seigneur, à cause de sa justice ; et je chanterai *des cantiques* au nom du Seigneur *qui est* le Très-Haut.

PSAUME VIII.

Pour la fin, pour les pressoirs, Psaume de David.

2 SEIGNEUR, notre *souverain* Maître ! Que la gloire de votre nom est admirable dans toute la terre, ô vous dont la grandeur est élevée au-dessus des cieux !

3 Vous avez formé dans la bouche des enfants, et de ceux qui sont encore à la mamelle, une louange parfaite, pour confondre vos adversaires, et pour détruire l'ennemi et celui qui veut se venger.

4 Quand je considère vos cieux, qui sont les ouvrages de vos doigts ; la lune et les étoiles que vous avez fondées *et établies* ;

5 *je m'écrie* : Qu'est-ce que l'homme, pour *mériter* que vous vous souveniez de lui ? ou le fils de l'homme, pour *être digne* que vous le visitiez ?

6 Vous *ne* l'avez *qu'*un peu abaissé au-dessous des anges ; vous l'avez couronné de gloire et d'honneur.

7 Vous l'avez établi sur les ouvrages de vos mains ; vous avez mis toutes choses sous ses pieds, et les lui avez assujetties :

8 tous les troupeaux de brebis et de bœufs, et même les bêtes des champs ;

9 les oiseaux du ciel, et les poissons de la mer, qui se promènent dans les sentiers de l'Océan.

10 Seigneur, notre *souverain* Maître ! que *la gloire* de votre nom est admirable dans toute la terre !

PSAUME IX.

Pour la fin, Psaume de David, pour les secrets du Fils.

2 JE vous louerai, Seigneur ! de toute l'étendue de mon cœur ; je raconterai toutes vos merveilles.

3 Je me réjouirai en vous, et je ferai paraître ma joie *au dehors* : je chanterai à *la gloire de* votre nom, ô vous qui êtes le Très-Haut !

4 parce que vous avez renversé et fait tourner en arrière mon ennemi ; *ceux qui me haïssent* tomberont dans la dernière faiblesse, et périront devant votre face.

5 Car vous m'avez rendu justice, et vous vous êtes déclaré pour ma cause : vous vous êtes assis sur votre trône, vous qui jugez selon la justice.

6 Vous avez repris et traité avec rigueur les nations ; et l'impie a péri : vous avez effacé leur nom pour toute l'éternité, et pour tous les siècles des siècles.

7 Les armes de l'ennemi ont perdu leur force pour toujours ; et vous avez détruit leurs villes : leur mémoire a péri avec grand bruit.

8 Mais le Seigneur demeure éternellement : il a préparé son trône pour *exercer* son jugement.

9 Il jugera lui-même toute la terre dans l'équité ; il jugera les peuples avec justice.

10 Le Seigneur est devenu le refuge du pauvre ; et il vient à son secours lorsqu'il en a besoin, et qu'il est dans l'affliction.

11 Que ceux-là espèrent en vous, qui connaissent votre *saint* nom, parce que vous n'avez point abandonné, Seigneur ! ceux qui vous cherchent.

12 Chantez des cantiques au Seigneur qui demeure dans Sion ; annoncez parmi les nations *la sagesse de* ses conseils :

13 parce qu'il s'est souvenu du sang de ses serviteurs, pour en prendre la vengeance ; il n'a point mis en oubli le cri des pauvres.

14 Ayez pitié de moi, Seigneur ! voyez l'état d'humiliation où mes ennemis m'ont réduit, ô vous qui me relevez et me retirez des portes de la mort !

15 *voyez-le et ayez pitié de moi*, afin que j'annonce toutes vos louanges aux portes de la fille de Sion : alors je serai transporté de joie, à cause du salut que vous m'aurez procuré.

16 Les nations se sont elles-mêmes engagées dans la fosse qu'elles avaient faite *pour m'y faire périr* : leur pied a été pris dans le même piège qu'ils avaient tendu en secret.

17 Le Seigneur sera reconnu en exerçant ses jugements : le pécheur a été pris dans les œuvres de ses mains.

18 Que les pécheurs soient précipités dans l'enfer, *et* toutes les nations qui oublient Dieu.

19 Car le pauvre ne sera pas en oubli pour jamais : la patience des pauvres ne sera pas frustrée pour toujours.

20 Levez-vous, Seigneur ! que l'homme ne s'affermisse pas dans sa puissance : que les nations soient jugées devant vous.

21 Etablissez, Seigneur ! un législateur sur eux, afin que les nations connaissent qu'ils sont hommes.

PSAUME X.

Selon l'hébreu.

POURQUOI, Seigneur ! vous êtes-vous retiré loin de moi, et dédaignez-vous de me regarder dans le temps de mon besoin et de mon affliction ?

2 Tandis que l'impie s'enfle d'orgueil, le pauvre est brûlé : ils sont trompés dans les pensées dont leur esprit est occupé.

3 Car le pécheur est loué dans les désirs de son âme, et le méchant est béni.

Le pécheur a irrité le Seigneur ; (4) et à cause de la grandeur de sa colère, il ne se mettra plus en peine de le chercher.

Dieu n'est point devant ses yeux : (5) ses voies sont souillées en tout temps.

Vos jugements sont ôtés de devant sa vue ; il dominera tous ses ennemis.

6 Car il a dit en son cœur : Je ne serai point ébranlé ; *et* de race en race *je vivrai toujours* sans *souffrir* aucun mal.

7 Sa bouche est pleine de malédiction, d'amertume et de tromperie ; le travail et la douleur sont sous sa langue.

8 Il se tient assis en embuscade avec les riches dans des lieux cachés, afin de tuer l'innocent.

Ses yeux regardent *toujours* le pauvre : (9) il lui dresse des embûches dans le secret, ainsi qu'un lion dans sa caverne.

Il se tient en embuscade, afin d'enlever le pauvre ; afin, *dis-je*, d'enlever le pauvre lorsqu'il l'attire *par ses artifices*.

Après qu'il l'aura surpris dans son piège, (10) il le jettera par terre ; il se baissera, et il tombera *avec violence* sur les pauvres, lorsqu'il se sera rendu maître d'eux.

11 Car il a dit en son cœur : Dieu a mis cela en oubli : il a détourné son visage, pour n'en voir jamais rien.

12 Levez-vous, Seigneur Dieu ! élevez votre main *puissante* ; et n'oubliez pas les pauvres.

13 Pourquoi l'impie a-t-il irrité Dieu ? C'est qu'il a dit en son cœur : Il n'en recherchera point la vengeance.

14 *Mais* vous voyez *ce qui se passe* : car vous considérez le travail et la douleur *dont le juste est accablé*, afin de livrer entre vos mains ceux *qui l'oppriment*.

C'est à vous que le pauvre s'abandonne ; vous serez le protecteur de l'orphelin.

15 Brisez le bras du pécheur et de celui qui est rempli de malice ; et l'on cherchera son péché, sans qu'on puisse le trouver.

16 Le Seigneur régnera éternellement, et dans les siècles des siècles ; et vous, nations, vous périrez *et serez exterminées* de sa terre.

17 Le Seigneur a exaucé le désir des pauvres : votre oreille, ô mon Dieu ! a entendu la préparation de leur cœur,

18 pour juger en faveur de l'orphelin et de celui qui est opprimé ; afin que l'homme n'entreprenne plus de s'élever sur la terre.

PSAUME X.

Selon la Vulgate.
Pour la fin, Psaume de David.

C'EST dans le Seigneur que je mets ma confiance : comment dites-vous à mon âme : Passez promptement sur la montagne comme un passereau ?

2 Car voilà les pécheurs qui ont *déjà* tendu leur arc ; ils ont préparé leurs flèches dans leur carquois, afin d'en tirer dans l'obscurité contre ceux qui ont le cœur droit.

3 Car ils ont détruit tout ce que vous aviez fait de plus grand : mais le juste, qu'a-t-il fait ?

4 Le Seigneur habite dans son saint temple : le trône du Seigneur est dans le ciel.

Ses yeux sont attentifs à regarder le pauvre : ses paupières interrogent les enfants des hommes.

5 Le Seigneur interroge le juste et l'impie : or celui qui aime l'iniquité hait son âme.

6 Il fera pleuvoir des pièges sur les pécheurs : le feu, et le soufre, et le vent impétueux des tempêtes, sont le calice *qui leur sera présenté* pour leur partage.

7 Car le Seigneur est juste, et il aime la justice : son visage est appliqué à regarder l'équité.

PSAUME XI.

Pour la fin, pour l'octave, Psaume de David.

2 SAUVEZ-MOI, Seigneur ! parce qu'il n'y a plus aucun saint, parce que les vérités ont été toutes altérées par les enfants des hommes.

3 Chacun ne parle *et* ne s'entretient avec son prochain que de choses vaines : leurs lèvres sont pleines de tromperie, et ils parlent avec un cœur double.

4 Que le Seigneur perde entièrement toutes les lèvres trompeuses, et la langue qui se vante avec insolence.

5 Ils ont dit : Nous acquerrons de la gloire *et* de l'éclat par notre langue ; nos lèvres dépendent de nous *et nous appartiennent* : qui est notre seigneur *et* notre maître ?

6 Je me lèverai maintenant, dit le Seigneur, à cause de la misère de ceux qui sont sans secours, et du gémissement des pauvres.

Je procurerai leur salut en les mettant en un lieu sûr ; j'agirai en cela avec une entière liberté.

7 Les paroles du Seigneur sont des paroles chastes *et* pures : c'est *comme* un argent éprouvé au feu, purifié dans la terre, et raffiné jusqu'à sept fois.

8 Vous *donc*, Seigneur ! vous nous garderez, et vous nous mettrez éternellement à couvert de cette nation *corrompue*.

9 Les impies marchent en tournant sans cesse : vous avez, Seigneur ! selon la profondeur *de* votre *sagesse*, multiplié les enfants des hommes.

PSAUME XII.

Pour la fin, Psaume de David.

2 JUSQUES à quand, Seigneur ! m'oublierez-vous toujours ? jusques à quand détournerez-vous de moi votre face ?

3 Jusques à quand mon âme sera-t-elle agitée de différentes pensées, et mon cœur d'inquiétudes pendant tout le jour ? jusque ? à quand mon ennemi sera-t-il élevé au-dessus de moi ?

4 Regardez-moi, et exaucez-moi, Seigneur mon Dieu ! éclairez mes yeux, afin que je ne m'endorme jamais dans la mort :

5 de peur que mon ennemi ne dise : J'ai eu l'avantage sur lui. *Car* ceux qui me persécutent ressentiront une grande joie, s'il arrive que je sois ébranlé.

6 Mais j'ai mis mon espérance dans votre miséricorde : mon cœur sera transporté de joie, à cause du salut que vous me procurerez.

Je chanterai des cantiques au Seigneur, qui m'a comblé de faveurs ; et je ferai retentir des airs à la gloire du nom du Seigneur, qui est le Très-Haut.

PSAUME XIII.

Pour la fin, Psaume de David.

L'INSENSÉ a dit dans son cœur : Il n'y a point de Dieu. Ils se sont corrompus, et sont devenus abominables dans toutes leurs affections et leurs désirs : il n'y en a point qui fasse le bien, il n'y en a pas un seul.

2 Le Seigneur a regardé du haut du ciel sur les enfants des hommes, afin de voir s'il en trouvera quelqu'un qui ait de l'intelligence, ou qui cherche Dieu.

3 Mais tous se sont détournés *de la droite voie*, ils sont tous devenus inutiles : il n'y en a point qui fasse le bien, il n'y en a pas un seul.

Leur gosier est *comme* un sépulcre ouvert ; ils se servent de leurs langues pour tromper ; le venin des aspics est sous leurs lèvres.

Leur bouche est remplie de malédiction et d'amertume ; leurs pieds courent avec vitesse pour répandre le sang.

Toutes leurs voies ne tendent qu'à affliger et opprimer *les autres* ; et ils n'ont point connu la voie de la paix : la crainte de Dieu n'est point devant leurs yeux.

4 Tous ces hommes qui commettent l'iniquité, ne connaîtront-ils donc point *enfin ma justice* ; eux qui dévorent mon peuple ainsi qu'un morceau de pain ?

Ils n'ont point invoqué le Seigneur : (5) ils ont tremblé et ont été effrayés là où il n'y a aucun lieu de craindre.

Car le Seigneur *ne* se trouve *que* parmi les justes ; (6) *mais* vous avez voulu confondre le pauvre dans le dessein *qu'il a pris* ; parce que le Seigneur est son espérance.

7 Qui fera sortir de Sion le salut d'Israël ? Quand le Seigneur aura fait finir la captivité de son peuple, Jacob sera transporté de joie, et Israël sera rempli d'allégresse.

PSAUME XIV.

Psaume de David.

SEIGNEUR ! qui demeurera dans votre tabernacle ? ou qui reposera sur votre sainte montagne ?

2 *Ce sera* celui qui vit sans tache, et qui pratique la justice ;

qui parle *sincèrement* selon la vérité qui est dans son cœur, (3) qui n'a point usé de tromperie dans ses paroles ;

qui n'a point fait de mal à son prochain, et qui n'a point écouté les calomnies contre ses frères.

4 Le méchant paraît à ses yeux comme un néant ; mais il relève et il honore ceux qui craignent le Seigneur.

Il ne trompe jamais son prochain dans les serments qu'il lui fait ; (5) il ne donne point son argent à usure, et ne reçoit point de présents pour opprimer l'innocent.

Quiconque pratique ces choses, ne sera point ébranlé dans toute l'éternité.

PSAUME XV.

L'inscription du titre, pour David.

CONSERVEZ-MOI, Seigneur ! parce que j'ai mis en vous mon espérance.

2 J'ai dit au Seigneur : Vous êtes mon Dieu : car vous n'avez aucun besoin de mes biens.

3 Il a fait paraître d'une manière admirable toutes mes volontés à l'égard des saints qui sont dans sa terre.

4 Après que leurs infirmités se sont multipliées, ils ont couru avec vitesse.

Je ne les réunirai point dans des assemblées particulières pour répandre le sang *des bêtes* ; et je ne me souviendrai plus de leurs noms pour en parler.

5 Le Seigneur est la part qui m'est échue en héritage, et la portion qui m'est destinée : c'est vous, *Seigneur !* qui me rendrez l'héritage qui m'est propre.

6 Le sort m'est échu d'une manière très-avantageuse : car mon héritage est excellent.

7 Je bénirai le Seigneur de m'avoir donné l'intelligence, et de ce que jusque dans la nuit même mes reins m'ont repris *et* instruit.

8 Je regardais le Seigneur, et l'avais toujours devant mes yeux ; parce qu'il est à mon côté droit pour empêcher que je ne sois ébranlé.

9 C'est pour cela que mon cœur s'est réjoui, et que ma langue a chanté *des cantiques* de joie, et que de plus ma chair même se reposera dans l'espérance.

10 Car vous ne laisserez point mon âme dans l'enfer, et ne souffrirez point que votre Saint éprouve la corruption.

11 Vous m'avez donné la connaissance des voies de la vie : vous me comblerez de joie en me montrant votre visage : des délices *ineffables* sont éternellement à votre droite.

PSAUME XVI.

Prière de David.

ECOUTEZ, Seigneur ! favorablement la justice *de ma cause* ; soyez attentif à mon humble supplication : ouvrez vos oreilles à la prière que je vous présente avec des lèvres qui ne sont point trompeuses.

2 Que mon jugement sorte *de la lumière* de votre visage ; que vos yeux regardent ce qu'il y a d'équitable *dans ma cause*.

3 Vous avez mis mon cœur à l'épreuve, et vous l'avez visité durant la nuit : vous m'avez éprouvé par le feu ; et l'iniquité ne s'est point trouvée en moi.

Afin que ma bouche ne parle point (4) selon les œuvres des hommes, j'ai eu soin, à cause des paroles *qui sont sorties* de vos lèvres, de garder *exactement* des voies dures *et pénibles*.

5 Affermissez mes pas dans vos sentiers, afin que mes pieds ne soient point ébranlés.

6 J'ai crié *vers vous*, ô Dieu ! parce que vous m'avez exaucé ; prêtez l'oreille pour m'écouter, et exaucez mes paroles.

7 Faites paraître d'une manière éclatante vos miséricordes, vous qui sauvez ceux qui espèrent en vous.

Gardez-moi de ceux qui résistent à votre droite ; (8) gardez-moi comme la prunelle de l'œil : *couvrez-moi* sous l'ombre de vos ailes, (9) et protégez-moi contre les impies qui me comblent d'affliction.

Mes ennemis ont environné mon âme de toutes parts ; (10) ils ont fermé sur moi leurs entrailles ; leur bouche a parlé avec orgueil.

11 Après qu'ils m'ont rejeté, ils m'assiègent maintenant : et ils ont résolu de tenir leurs yeux baissés vers la terre.

12 Ils ont aspiré à me perdre, comme un lion qui est préparé à ravir sa proie, et comme le petit d'un lion qui habite dans des lieux cachés.

13 Levez-vous, Seigneur ! prévenez-le, et faites-le tomber lui-même : délivrez mon âme de l'impie, *et arrachez* votre épée (14) d'entre les mains des ennemis de votre droite.

Seigneur ! séparez-les *en les ôtant* de la terre au milieu de leur vie, d'avec ceux qui ne sont qu'en petit nombre : leur ventre est rempli des biens qui sont renfermés dans vos trésors.

Ils sont rassasiés *par la multitude* de leurs enfants ; et ils ont laissé ce qui leur restait *de biens* à leurs petits-enfants.

15 Mais pour moi je paraîtrai devant vos yeux avec la *seule*

justice ; et je serai rassasié, lorsque vous aurez fait paraître votre gloire.

PSAUME XVII.

Pour la fin, à David, serviteur du Seigneur, lequel a prononcé à la gloire du Seigneur les paroles de ce cantique, au jour où le Seigneur l'a délivre, de la main de tous ses ennemis, et de la main de Saül ; et il a dit :

2 JE vous aimerai, Seigneur ! vous *qui êtes toute* ma force. (3) Le Seigneur est mon ferme appui, mon refuge, et mon libérateur.

Mon Dieu est mon aide, et j'espérerai en lui : il est mon défenseur et la force de *laquelle dépend* mon salut ; et il m'a reçu sous sa protection.

4 J'invoquerai le Seigneur en le louant : et il me sauvera de mes ennemis.

5 Les douleurs de la mort m'ont environné ; et les torrents de l'iniquité m'ont rempli de trouble.

6 J'ai été assiégé par les douleurs de l'enfer ; et les filets de la mort m'ont enveloppé.

7 Dans mon affliction j'ai invoqué le Seigneur, et j'ai poussé mes cris vers mon Dieu.

Et de son saint temple il a exaucé ma voix ; et le cri que j'ai poussé en sa présence a pénétré jusqu'a ses oreilles.

8 La terre a été émue, et elle a tremblé : les fondements des montagnes ont été secoués et ébranlés, à cause que *le Seigneur* s'est mis en colère contre eux.

9 Sa colère a fait élever la fumée, et le feu s'est allumé par ses regards : des charbons en ont été embrasés.

10 Il a abaissé les cieux, et est descendu ; un nuage obscur est sous ses pieds.

11 Il est monté sur les chérubins, et il s'est envolé ; il a volé sur les ailes des vents.

12 Il a choisi sa retraite dans les ténèbres : il a sa tente tout autour de lui ; *et cette tente est* l'eau ténébreuse des nuées de l'air.

13 Les nuées se sont fendues par l'éclat de sa présence : *et il en a fait sortir* de la grêle et des charbons de feu.

14 Le Seigneur a tonné du *haut* du ciel : le Très-Haut a fait entendre sa voix ; et *il a fait tomber* de la grêle et des charbons de feu.

15 Il a tiré ses flèches *contre eux*, et il les a dissipés ; il a fait briller partout les éclairs, et il les a troublés *et* renversés.

16 Les sources des eaux ont paru ; et les fondements du vaste corps de la terre ont été découverts par un effet de vos menaces, Seigneur ! et par le souffle impétueux de votre colère.

17 Il a envoyé *son secours* du haut du ciel ; et m'ayant pris, il m'a tiré du milieu des grandes eaux.

18 Il m'a arraché d'entre les mains de mes ennemis *qui étaient* très-forts, et de ceux qui me haïssaient ; parce qu'ils étaient devenus plus puissants que moi.

19 Ils m'ont assailli au jour de mon affliction ; et le Seigneur s'est rendu mon protecteur.

20 Il m'a retiré et *comme* mis au large : il m'a sauvé par un effet de sa bonne volonté pour moi.

21 Le Seigneur me rendra selon ma justice ; il me récompensera selon la pureté de mes mains.

22 Car j'ai gardé les voies du Seigneur ; et je n'ai point commis d'infidélité contre mon Dieu.

23 Car tous ses jugements sont présents devant mes yeux ; et je n'ai point rejeté de devant moi ses ordonnances pleines de justice.

24 Je me conserverai pur avec lui ; j'aurai soin de me garder *du fond* d'iniquité qui est en moi.

25 Et le Seigneur me rendra selon ma justice, et selon la pureté de mes mains qui est présente devant ses yeux.

26 Vous serez saint avec celui qui est saint, et innocent avec l'homme qui est innocent.

27 Vous serez pur *et sincère* avec celui qui est pur *et sincère* ; et à l'égard de celui dont la conduite n'est pas droite, vous vous conduirez avec *une espèce de dissimulation et de* détour.

28 Car vous sauverez le peuple qui est humble ; et vous humilierez les yeux des superbes.

29 Car c'est vous, Seigneur ! qui allumez ma lampe : mon Dieu ! éclairez mes ténèbres.

30 Car c'est par vous que je serai délivré de la tentation ; et ce sera par le secours de mon Dieu que je passerai le mur.

31 La voie de mon Dieu est toute pure : les paroles du Seigneur sont pures comme *l'or qui a passé* par le feu : il est le protecteur de tous ceux qui espèrent en lui.

32 Car quel autre Dieu y a-t-il que le Seigneur ? et quel autre Dieu y a-t-il que notre Dieu ?

33 Le Dieu qui m'a revêtu de force, et qui a fait que ma voie a été sans tache ;

34 qui a rendu mes pieds aussi vîtes que ceux des cerfs, et m'a établi sur les lieux hauts ;

35 qui instruit mes mains pour le combat : et c'est vous, *ô mon Dieu !* qui avez fait de mes bras comme un arc d'airain ;

36 qui m'avez donné votre protection pour me sauver, et qui m'avez soutenu par votre droite.

Votre *sainte* discipline m'a corrigé et instruit jusqu'à la fin ; et cette même discipline m'instruira *encore*.

37 Vous avez élargi sous moi la voie où je marchais ; et mes pieds ne se sont point affaiblis.

38 Je poursuivrai mes ennemis, et les atteindrai ; et je ne m'en retournerai point qu'ils ne soient entièrement défaits.

39 Je les romprai, et ils ne pourront tenir *ferme devant moi* ; ils tomberont sous mes pieds.

40 Car vous m'avez revêtu de force pour la guerre ; et vous avez abattu sous moi ceux qui s'élevaient contre moi.

41 Vous avez fait tourner le dos à mes ennemis devant moi ; et vous avez exterminé ceux qui me haïssaient.

42 Ils ont crié, mais il n'y avait personne pour les sauver : *ils ont crié* au Seigneur, et il ne les a point exaucés.

43 Je les briserai comme la poussière que le vent emporte : je les ferai disparaître comme la boue des rues.

44 Vous me délivrerez des contradictions du peuple : vous m'établirez Chef des nations.

Un peuple que je n'avais point connu m'a été assujetti : (45) il m'a obéi aussitôt qu'il a entendu *ma voix*.

Des enfants étrangers ont agi avec dissimulation à mon égard : (46) des enfants étrangers sont tombés dans la vieillesse ; ils ont boité *et n'ont plus marché* dans leurs voies.

47 Vive le Seigneur, et que mon Dieu soit béni ! que le Dieu qui me sauve soit glorifié !

48 vous, ô Dieu ! qui prenez le soin de me venger, et qui me soumettez les peuples ; vous qui me délivrez de la fureur de mes ennemis.

49 Vous m'élèverez au-dessus de ceux qui s'élèvent contre moi ; vous m'arracherez des mains de l'homme injuste *et méchant*.

50 C'est pour cela que je vous louerai, Seigneur ! parmi les nations ; et que je chanterai un cantique à *la gloire de* votre nom :

51 *à la gloire du Seigneur*, qui opère avec tant de magnificence le salut de son roi, et qui fait miséricorde à David, son Christ, et à sa postérité dans tous les siècles.

PSAUME XVIII.

Pour la fin, Psaume de David.

2 LES cieux racontent la gloire de Dieu, et le firmament publie les ouvrages de ses mains.

3 Un jour annonce cette vérité à un *autre* jour ; et une nuit en donne la connaissance à une *autre* nuit.

4 Il n'y a point de langue, ni de *différent* langage, au milieu de qui leur voix ne soit entendue.

5 Leur bruit s'est répandu dans toute la terre ; et leurs paroles *se sont fait entendre* jusqu'aux extrémités du monde.

Il a établi sa tente dans le soleil ; (6) il est lui-même comme un époux qui sort de sa chambre nuptiale : il sort plein d'ardeur pour courir comme un géant dans sa carrière.

7 Il part de l'extrémité du ciel ; il arrive jusqu'à l'*autre* extrémité ; et il n'y a personne qui se cache à sa chaleur.

8 La loi du Seigneur est sans tache ; elle convertit les âmes : le témoignage du Seigneur est fidèle ; il donne la sagesse aux petits.

9 Les ordonnances du Seigneur sont droites ; elles font naître la joie dans les cœurs : le précepte du Seigneur est rempli de lumière ; il éclaire les yeux.

10 La crainte du Seigneur est sainte ; elle subsiste dans tous les siècles : les jugements du Seigneur sont véritables, et pleins de justice en eux-mêmes.

11 Ils sont plus désirables que l'abondance de l'or et des pierres précieuses, et plus doux que n'est le miel, et que le rayon de miel le plus excellent.

12 Aussi votre serviteur les garde avec soin ; et en les gardant, il y trouve une grande récompense.

13 Qui est celui qui connaît ses fautes ? Purifiez-moi, *mon Dieu !* de celles qui sont cachées en moi, (14) et préservez votre serviteur *de la corruption* des étrangers.

Si je n'en suis point dominé, je serai alors sans tache, et purifié d'un très grand péché.

15 Alors les paroles de ma bouche vous seront agréables, aussi bien que la méditation *secrète* de mon cœur, *que je ferai* toujours en votre présence, Seigneur ! qui êtes mon aide et mon Rédempteur.

PSAUME XIX.

Pour la fin, Psaume de David.

2 QUE le Seigneur vous exauce au jour de l'affliction : que le nom du Dieu de Jacob vous protège.

3 Qu'il vous envoie du secours de son lieu saint ; et que de *la montagne de* Sion il soit votre défenseur.

4 Qu'il se souvienne de tous vos sacrifices ; et que l'holocauste que vous lui offrez lui soit agréable.

5 Qu'il vous accorde *toutes choses* selon votre cœur ; et qu'il accomplisse tous vos desseins.

6 Nous nous réjouirons à cause du salut que vous recevrez ; et nous nous glorifierons dans le nom de notre Dieu.

Que le Seigneur vous accorde toutes vos demandes : (7) c'est présentement que j'ai connu que le Seigneur a sauvé son Christ.

Il l'exaucera *du haut* du ciel, qui est son sanctuaire ; le salut qu'opère sa droite, est d'une force invincible.

8 Ceux-là *se confient* dans leurs chariots, et ceux-ci dans leurs chevaux : mais pour nous, nous aurons recours à l'invocation du nom du Seigneur, notre Dieu.

9 Quant à eux, ils se sont trouvés *comme* liés, et ils sont tombés ; au lieu que nous nous sommes relevés, et avons été redressés.

10 Seigneur ! sauvez le roi ; et exaucez-nous au jour où nous vous aurons invoqué.

PSAUME XX.

Pour la fin, Psaume de David.

2 SEIGNEUR ! le roi se réjouira dans votre force ; et il sera transporté de joie, à cause du salut que vous lui avez procuré.

3 Vous lui avez accordé le désir de son cœur ; et vous ne l'avez point frustré de la demande de ses lèvres.

4 Car vous l'avez prévenu de bénédictions et de douceurs ; vous avez mis sur sa tête une couronne de pierres précieuses.

5 Il a demandé que vous lui conservassiez la vie ; et les jours que vous lui avez accordés s'étendront dans tous les siècles, et dans l'éternité.

6 Le salut que vous lui avez procuré est accompagné d'une grande gloire : vous couvrirez sa tête de gloire, et lui donnerez une beauté admirable.

7 Car vous le rendrez le sujet des bénédictions de toute la postérité : vous lui donnerez une joie pleine *et* parfaite, en lui montrant votre visage.

8 Parce que le roi espère au Seigneur, la miséricorde du Très-Haut le rendra inébranlable.

9 Que votre main s'appesantisse sur tous vos ennemis ; que votre droite se fasse sentir à tous ceux qui vous haïssent.

10 Vous les embraserez comme un four ardent au temps où vous montrerez votre visage *enflammé* : la colère du Seigneur les jettera dans le trouble, et le feu les dévorera.

11 Vous exterminerez leurs enfants de dessus la terre, et leur race du milieu des hommes :

12 parce qu'ils ont travaillé à faire tomber *toute sorte* de maux sur vous : ils ont conçu des desseins qu'ils n'ont pu exécuter.

13 Car vous leur ferez tourner le dos ; et vous disposerez leur visage à *recevoir les coups* qui vous restent.

14 Elevez-vous, Seigneur ! en faisant paraître votre puissance : nous chanterons et nous publierons par nos cantiques les merveilles de votre pouvoir.

PSAUME XXI.

Pour la fin, pour le secours du matin, Psaume de David.

2 O DIEU ! ô mon Dieu ! jetez sur moi vos regards ; pourquoi m'avez-vous abandonné ? La voix de mes péchés est bien opposée au salut que j'attends.

3 Mon Dieu ! je crierai pendant le jour, et vous ne m'exaucerez pas ; *je crierai* pendant la nuit, et l'on ne me l'imputera point à folie.

4 Mais pour vous, vous habitez dans le *lieu* saint, *vous qui êtes* la louange d'Israël.

5 Nos pères ont espéré en vous ; ils ont espéré, et vous les avez délivrés.

6 Ils ont crié vers vous, et ils ont été sauvés ; ils ont espéré en vous, et ils n'ont point été confondus.

7 Mais pour moi, je suis un ver *de terre*, et non un homme ; je suis l'opprobre des hommes et le rebut du peuple.

8 Ceux qui me voyaient se sont tous moqués de moi ; ils en parlaient *avec outrage, et ils m'insultaient* en remuant la tête.

9 Il a espéré au Seigneur, *disaient-ils,* que le Seigneur le délivre *maintenant* : qu'il le sauve, s'il est vrai qu'il l'aime.

10 Il est vrai, *Seigneur !* que c'est vous qui m'avez tiré du ventre de ma mère, et que vous avez été mon espérance dès le temps que je suçais ses mamelles.

11 J'ai été mis entre vos mains au sortir de son sein ; vous avez été mon Dieu, dès que j'ai quitté les entrailles de ma mère.

12 Ne vous retirez pas de moi ; parce que l'affliction est proche ; parce qu'il n'y a personne qui m'assiste.

13 J'ai été environné par un grand nombre de jeunes bœufs, et assiégé par des taureaux gras.

14 Ils ouvraient leur bouche pour me dévorer, comme un lion ravissant et rugissant.

15 Je me suis répandu comme l'eau, et tous mes os se sont déplacés ; mon cœur au milieu de mes entrailles a été semblable à la cire qui se fond.

16 Toute ma force est desséchée comme la terre *qui est cuite au feu* ; ma langue est demeurée attachée a mon palais ; et vous m'avez conduit jusqu'à la poussière du tombeau.

17 Car un grand nombre de chiens m'ont environné ; une assemblée de personnes remplies de malice m'a assiégé. Ils ont percé mes mains et mes pieds ; (18) et ils ont compté tous mes os.

Ils se sont appliqués à me regarder et à me considérer ; (19) ils ont partagé entre eux mes habits, et ils ont jeté le sort sur ma robe.

20 Mais pour vous, Seigneur ! n'éloignez point votre assistance

de moi ; appliquez-vous à me défendre.

21 Délivrez mon âme de l'épée, ô Dieu ! *délivrez* de la puissance du chien mon âme qui est tout à fait abandonnée.

22 Sauvez-moi de la gueule du lion, et des cornes des licornes dans cet état d'humiliation où je suis.

23 Je ferai connaître votre *saint* nom à mes frères ; je publierai vos louanges au milieu de l'assemblée.

24 Vous qui craignez le Seigneur, louez-le ; glorifiez-le, vous tous qui êtes la race de Jacob ; qu'il soit craint par toute la postérité d'Israël.

25 Car il n'a point méprisé ni dédaigné l'humble supplication du pauvre ; et il n'a point détourné de moi son visage ; mais il m'a exaucé lorsque je criais vers lui.

26 Vous serez le sujet de mes louanges dans une grande assemblée ; je rendrai mes vœux à Dieu en présence de ceux qui le craignent.

27 Les pauvres mangeront, et ils seront rassasiés ; et ceux qui cherchent le Seigneur le loueront : leurs cœurs vivront dans toute l'éternité.

28 Tous les peuples jusqu'aux extrémités de la terre se ressouviendront du Seigneur, et se convertiront à lui : toutes les nations se prosterneront devant lui et l'adoreront.

29 Car c'est au Seigneur qu'appartient la souveraineté ; et il régnera sur les nations.

30 Tous les riches de la terre ont mangé et ont adoré ; tous ceux qui descendent dans la terre, tomberont en sa présence.

Et mon âme vivra pour lui ; (31) et ma race le servira.

La postérité qui doit venir sera déclarée *appartenir* au Seigneur : (32) et les cieux annonceront sa justice au peuple qui doit naître *dans la suite, au peuple* qui a été fait par le Seigneur.

PSAUME XXII.

Psaume de David.

C'EST le Seigneur qui me conduit : rien ne pourra me manquer.

2 Il m'a établi dans un lieu abondant en pâturages ; il m'a élevé près d'une eau fortifiante.

3 Il a fait revenir mon âme ; il m'a conduit par les sentiers de la justice, pour *la gloire de* son nom.

4 Car quand même je marcherais au milieu de l'ombre de la mort, je ne craindrai aucuns maux, parce que vous êtes avec moi.

Votre houlette et votre bâton ont été le sujet de ma consolation.

5 Vous avez préparé une table devant moi contre ceux qui me persécutent ; vous avez oint ma tête avec une huile *de parfums*. Que mon calice qui a la force d'enivrer, (6) est admirable !

Et votre miséricorde me suivra dans tous les jours de ma vie ; afin que j'habite éternellement dans la maison du Seigneur.

PSAUME XXIII.

Le premier de la semaine, Psaume de David.

C'EST au Seigneur qu'appartient la terre, et tout ce qu'elle contient, toute la terre et tous ceux qui l'habitent.

2 Car c'est lui qui l'a fondée au-dessus des mers, et établie au-dessus des fleuves.

3 Qui est-ce qui montera sur la montagne du Seigneur ? ou qui s'arrêtera dans son lieu saint ?

4 *Ce sera* celui dont les mains sont innocentes et le cœur pur ; qui n'a point pris son âme en vain, ni fait un serment faux *et* trompeur à son prochain.

5 C'est celui-là qui recevra du Seigneur la bénédiction, et *qui obtiendra* miséricorde de Dieu, son Sauveur.

6 Telle est la race de ceux qui le cherchent *sincèrement*, de ceux qui cherchent à voir la face du Dieu de Jacob.

7 Levez vos portes, ô princes ! et vous, portes éternelles, levez-vous *et vous ouvrez*, afin de laisser entrer le Roi de gloire.

8 Qui est ce Roi de gloire ? Le Seigneur qui est *vraiment* fort et puissant, le Seigneur qui est puissant dans les combats.

9 Levez vos portes, ô princes ! et vous, portes éternelles, levez-vous *et vous ouvrez*, afin de laisser entrer le Roi de gloire.

10 Qui est *donc* ce Roi de gloire ? Le Seigneur des armées est lui-même ce Roi de gloire.

PSAUME XXIV.

Pour la fin, Psaume de David.

(ALEPH.) C'est vers vous, Seigneur ! que j'ai élevé mon âme : (2) mon Dieu ! c'est en vous que je mets ma confiance.

(Beth.) Ne permettez pas que je tombe dans la confusion, ni que mes ennemis se moquent de moi.

3 *(Ghimel.)* Car tous ceux qui vous attendent *avec patience* ne seront point confondus : mais que tous ceux qui commettent l'iniquité en vain, soient couverts de confusion.

4 *(Daleth.)* Montrez-moi, Seigneur ! vos voies, et enseignez-moi vos sentiers.

5 *(Hé.)* Conduisez-moi dans *la voie de* votre vérité, et instruisez-moi ; parce que vous êtes le Dieu, mon Sauveur, et que je vous ai attendu *avec constance* durant tout le jour.

6 *(Zaïn.)* Souvenez-vous de vos bontés, Seigneur ! et de vos miséricordes que vous avez fait paraître de tout temps.

7 *(Cheth.)* Ne vous souvenez point des fautes de ma jeunesse, ni de mes ignorances : souvenez-vous de moi selon votre miséricorde ; *souvenez-vous-en*, Seigneur ! à cause de votre bonté.

8 *(Teth.)* Le Seigneur est plein de douceur et de droiture : c'est pour cela qu'il donnera à ceux qui pèchent, la loi *qu'ils doivent suivre* dans la voie.

9 *(Jod.)* Il conduira dans la justice ceux qui sont dociles, il enseignera ses voies à ceux qui sont doux.

10 *(Caph.)* Toutes les voies du Seigneur ne sont que miséricorde et vérité, pour ceux qui recherchent son alliance et ses préceptes.

11 *(Lamed.)* Vous me pardonnerez mon péché, Seigneur ! parce qu'il est grand ; et *vous le ferez* pour *la gloire de* votre nom.

12 *(Mem.)* Qui est l'homme qui craint le Seigneur ? Il lui a établi une loi dans la voie qu'il a choisie.

13 *(Noun.)* Son âme demeurera paisiblement dans la jouissance des biens ; et sa race aura la terre en héritage.

14 *(Samech.)* Le Seigneur est le ferme appui de ceux qui le craignent, et il doit leur faire connaître son alliance.

15 *(Aïn.)* Je tiens mes yeux toujours élevés vers le Seigneur ; parce que c'est lui qui retirera mes pieds du piège *qu'on m'aura dressé*.

16 *(Phé.)* Jetez vos regards sur moi, et ayez compassion de moi : car je suis seul et pauvre.

17 *(Tsadé.)* Les afflictions se sont multipliées au fond de mon cœur : délivrez-moi des nécessités *malheureuses* où je suis réduit.

18 *(Coph.)* Regardez l'état si humilié et si pénible où je me trouve ; et remettez-moi tous mes péchés.

19 *(Resh.)* Jetez les yeux sur mes ennemis, sur leur multitude, et sur la haine injuste qu'ils me portent.

20 *(Shin.)* Gardez mon âme, et me délivrez : ne permettez pas que je rougisse, après avoir espéré en vous.

21 *(Thau.)* Les innocents et ceux dont le cœur est droit sont demeurés attachés à moi, parce que je vous ai attendu *avec patience*.

22 Rachetez Israël, ô Dieu ! et délivrez-le de tous les maux dont il est affligé.

PSAUME XXV.

Pour la fin, Psaume de David.

JUGEZ-MOI, Seigneur ! parce que j'ai marché dans mon innocence ; et ayant mis mon espérance au Seigneur, je ne serai point affaibli.

2 Eprouvez-moi, Seigneur ! et sondez-moi ; éprouvez *comme* par le feu mes reins et mon cœur.

3 Car votre miséricorde est devant mes yeux, et je trouve ma joie dans votre vérité.

4 Je ne me suis point assis dans l'assemblée de la vanité et du mensonge ; et je n'entrerai point dans le lieu où sont ceux qui commettent l'iniquité.

5 Je hais l'assemblée des personnes remplies de malignité, et je ne m'assiérai point avec les impies.

6 Je laverai mes mains dans la compagnie des innocents ; et je me tiendrai, Seigneur ! autour de votre autel :

7 afin que j'entende la voix de vos louanges, et que je raconte moi-même toutes vos merveilles.

8 Seigneur ! j'ai aimé *uniquement* la beauté de votre maison, et le lieu où habite votre gloire.

9 Ne perdez pas, ô Dieu ! mon âme avec les impies, ni ma vie avec les hommes sanguinaires ;

10 de qui les mains sont souillées d'iniquité, et dont la droite est remplie de présents.

11 Car pour moi, j'ai marché dans mon innocence ; daignez *donc* me racheter, et avoir pitié de moi.

12 Mon pied est demeuré ferme dans la droiture *de la justice* : je vous bénirai, Seigneur ! dans les assemblées.

PSAUME XXVI.

Psaume de David, avant qu'il fut oint

LE Seigneur est ma lumière et mon salut ; qui craindrai-je ? Le Seigneur est le défenseur de ma vie ; qui pourra me faire trembler ?

2 Lorsque ceux qui veulent me perdre ont été près de fondre sur moi, comme pour dévorer ma chair ; ces mêmes ennemis qui me persécutent, ont été affaiblis et sont tombés.

3 Quand des armées seraient campées contre moi, mon cœur ne serait point effrayé ; quand on me livrerait un combat, alors même je serai encore plein de confiance.

4 J'ai demandé au Seigneur une seule chose, et je la rechercherai *uniquement* : c'est d'habiter dans la maison du Seigneur tous les jours de ma vie ; afin que je contemple les délices du Seigneur, et que je considère son temple.

5 Car il m'a caché dans son tabernacle ; et il m'a protégé au jour de l'affliction en me mettant dans le secret de son tabernacle : il m'a élevé sur la pierre.

6 Et dès maintenant il a élevé ma tête au-dessus de mes ennemis : j'ai fait plusieurs tours, et j'ai immolé dans son tabernacle une hostie avec des cris et des cantiques de joie ; je chanterai et je ferai retentir des hymnes à *la gloire du* Seigneur.

7 Exaucez, Seigneur ! la voix par laquelle j'ai crié vers vous ; ayez pitié de moi, et exaucez-moi.

8 Mon cœur vous a dit : Mes yeux vous cherchent. Je chercherai, Seigneur ! votre visage.

9 Ne détournez pas de moi votre face ; et ne vous retirez point de votre serviteur dans votre colère.

Soyez mon aide *tout-puissant* ; ne m'abandonnez point ; et ne me méprisez pas, ô Dieu, mon Sauveur !

10 Car mon père et ma mère m'ont quitté : mais le Seigneur s'est chargé de moi, *pour en prendre soin*.

11 Prescrivez-moi, Seigneur ! la loi *que je dois suivre* dans votre voie, et daignez à cause de mes ennemis me conduire dans le droit sentier.

12 Ne me livrez pas à la volonté de ceux qui m'affligent ; parce que des témoins d'iniquité se sont élevés contre moi, et que l'iniquité a menti contre elle-même.

13 Je crois *fermement* voir *un jour* les biens du Seigneur dans la terre des vivants.

14 Attendez le Seigneur : agissez avec courage : que votre cœur prenne une nouvelle force, et soyez ferme dans l'attente du Seigneur.

PSAUME XXVII.

Psaume de David, ou pour David.

JE crierai vers vous, Seigneur ! ne gardez pas le silence à mon égard, ô mon Dieu ! de peur que, si vous refusez de me répondre, je ne sois semblable à ceux qui descendent dans la fosse.

2 Exaucez, Seigneur ! la voix de mon humble supplication, lorsque je vous prie, lorsque j'élève mes mains vers votre saint temple.

3 Ne m'entraînez pas avec les pécheurs, et ne me perdez pas avec ceux qui commettent l'iniquité, qui parlent de paix avec leur prochain, et qui dans leurs cœurs ne pensent qu'à faire du mal.

4 Rendez-leur selon leurs œuvres, et selon la malignité de leurs desseins ; traitez-les selon que les œuvres de leurs mains le méritent, et donnez-leur la récompense qui leur est due.

5 Car ils ne sont point entrés dans l'intelligence des ouvrages du Seigneur et des œuvres de ses mains : vous les détruirez, et ne les rétablirez plus.

6 Que le Seigneur soit béni, parce qu'il a exaucé la voix de mon humble supplication.

7 Le Seigneur est mon aide et mon protecteur : mon cœur a mis en lui son espérance, et j'ai été secouru ; ma chair même a comme refleuri : c'est pourquoi je le louerai de tout mon cœur.

8 Le Seigneur est la force de son peuple, et le protecteur qui sauve son Christ en tant de rencontres.

9 Sauvez, Seigneur ! votre peuple, et bénissez votre héritage : conduisez-les, et élevez-les jusque dans l'éternité.

PSAUME XXVIII.

Psaume de David, pour la perfection, ou la consommation du tabernacle.

APPORTEZ au Seigneur *vos présents*, enfants de Dieu ; apportez au Seigneur les petits des béliers : rendez au Seigneur la gloire et l'honneur qui lui sont dus.

2 Rendez au Seigneur la gloire *que vous devez* à son nom ; adorez le Seigneur à l'entrée de son tabernacle.

3 La voix du Seigneur a retenti sur les eaux ; le Dieu de majesté a tonné ; le Seigneur *s'est fait entendre* sur une grande abondance d'eaux.

4 La voix du Seigneur est accompagnée de force : la voix du Seigneur est pleine de magnificence *et* d'éclat.

5 La voix du Seigneur brise les cèdres ; et le Seigneur brisera les cèdres du Liban.

6 Il les brisera et les mettra en pièces aussi facilement que si c'étaient de jeunes taureaux du Liban, ou les petits des licornes chéris *de leurs mères*.

7 La voix du Seigneur divise les flammes et les feux *qui sortent des nuées* : (8) la voix du Seigneur ébranle le désert ; le Seigneur remuera et agitera le désert de Cadès.

9 La voix du Seigneur prépare les cerfs, et découvre les lieux sombres et épais ; et dans son temple tous publieront sa gloire.

10 Le Seigneur fait demeurer un déluge *sur la terre* : et le Seigneur sera assis comme le Roi *souverain* dans toute l'éternité.

11 Le Seigneur donnera la force à son peuple : le Seigneur bénira son peuple en *lui donnant la* paix.

PSAUME XXIX.

Psaume pour servir de cantique à la dédicace de la maison de David.

2 JE publierai vos grandeurs, Seigneur ! parce que vous m'avez relevé, et que vous n'avez pas donné lieu à mes ennemis de se réjouir sur mon sujet.

3 Seigneur mon Dieu ! j'ai crié vers vous, et vous m'avez guéri.

4 Vous avez, Seigneur ! retiré mon âme de l'enfer ; vous m'avez sauvé du milieu de ceux qui descendent dans la fosse.

5 Chantez des cantiques au Seigneur, vous qui êtes ses saints, et célébrez par vos louanges sa mémoire sainte.

6 Car la colère *qu'il a fait paraître envers moi* est venue *d'un juste sujet* d'indignation, et la vie *qu'il m'a rendue* est un *pur* effet de sa volonté : les pleurs se répandent le soir, et la joie viendra le matin.

7 Pour moi, j'ai dit étant dans l'abondance : Je ne déchoirai jamais *de cet état*.

8 C'était, Seigneur ! par un pur effet de votre volonté, que vous m'aviez affermi dans l'état florissant où j'étais : *mais* vous avez détourné votre visage de dessus moi, et *aussitôt* j'ai été rempli de trouble.

9 Je crierai vers vous, Seigneur ! et j'adresserai mes prières à mon Dieu.

10 Quelle utilité retirerez-vous de ma mort, lorsque je descendrai dans la pourriture *du tombeau* ? Est-ce que la poussière pourra vous louer ? Publiera-t-elle votre vérité ?

11 Le Seigneur m'a entendu ; il a eu pitié de moi : le Seigneur s'est déclaré mon protecteur.

12 Vous avez changé mes gémissements en réjouissance : vous avez déchiré le sac dont je m'étais revêtu ; et vous m'avez tout environné de joie ;

13 afin qu'au milieu de ma gloire je chante vos louanges, et que je ne sente plus les pointes *de la tristesse* : Seigneur mon Dieu ! je vous louerai *et* vous rendrai grâces éternellement.

PSAUME XXX.

Pour la fin, Psaume de David, pour l'extase.

C'EST en vous, Seigneur ! que j'ai mis mon espérance ; ne permettez pas que je sois confondu pour jamais : délivrez-moi selon votre justice.

3 Rendez votre oreille attentive à mes prières : hâtez-vous de me retirer *de ce danger* : que je trouve en vous un Dieu qui soit mon protecteur et un asile assuré, afin que vous me sauviez.

4 Car vous êtes ma force et mon refuge ; et à cause de votre nom vous me conduirez et me nourrirez.

5 Vous me tirerez de ce piège qu'ils m'avaient caché : parce que vous êtes mon protecteur.

6 Je remets mon âme entre vos mains : vous m'avez racheté, Seigneur, Dieu de vérité !

7 Vous haïssez ceux qui observent des choses vaines, *et* sans aucun fruit : mais pour moi, je n'ai espéré que dans le Seigneur.

8 Je me réjouirai et serai ravi de joie dans votre miséricorde ; parce que vous avez regardé mon état si humilié, vous avez sauvé mon âme des nécessités *fâcheuses qui l'accablaient.*

9 Et vous ne m'avez point livré entre les mains de l'ennemi ; *mais* vous avez mis mes pieds en un lieu spacieux.

10 Ayez pitié de moi, Seigneur ! parce que je suis *très*-affligé : mon œil, mon âme et mes entrailles sont toutes troublées par *l'excès de* la tristesse.

11 Car ma vie se consume dans la douleur, et mes années *se passent* dans de *continuels* gémissements.

Toute ma force s'est affaiblie par la pauvreté où je suis réduit ; et je sens le trouble jusque dans mes os.

12 Je suis devenu plus que tous mes ennemis un sujet d'opprobre, principalement à mes voisins ; et une occasion de frayeur pour ceux dont je suis connu : ceux qui me voyaient s'enfuyaient loin de moi.

13 J'ai été mis en oubli *et effacé* de leur cœur, comme si j'eusse été mort ; je suis devenu semblable à un vase qui est brisé.

14 Car j'ai entendu les discours injurieux de plusieurs de ceux qui demeurent autour *de moi* : dans le temps qu'ils s'assemblaient contre moi, ils ont tenu conseil pour m'ôter la vie.

15 Mais j'ai espéré en vous, Seigneur ! j'ai dit : Vous êtes mon Dieu : (16) *tous* les événements de ma vie sont entre vos mains.

Délivrez-moi des mains de mes ennemis et de mes persécuteurs : (17) répandez sur votre serviteur la lumière de votre visage ; sauvez-moi selon votre miséricorde.

18 Que je ne sois point confondu, Seigneur ! parce que je vous ai invoqué : que les impies rougissent, et qu'ils soient conduits dans l'enfer.

19 Que les lèvres trompeuses soient rendues muettes, *ces lèvres* qui profèrent des paroles d'iniquité contre le juste, avec un orgueil plein de mépris.

20 Combien est grande, Seigneur ! l'abondance de votre douceur *ineffable*, que vous avez cachée et réservée pour ceux qui vous craignent ! Vous l'avez rendue pleine et parfaite pour ceux qui espèrent en vous à la vue des enfants des hommes.

21 Vous les cacherez dans le secret de votre face, *afin qu'ils soient à couvert* de trouble du côté des hommes ; vous les défendrez dans votre *saint* tabernacle contre les langues qui les attaquent.

22 Que le Seigneur soit béni, parce qu'il a fait paraître envers moi sa miséricorde d'une manière admirable, *en me retirant* dans une ville bien fortifiée.

23 Pour moi, j'avais dit dans le transport de mon esprit : J'ai été rejeté de devant vos yeux. C'est pour cela que vous avez exaucé la voix de ma prière, lorsque j'ai crié vers vous.

24 Aimez le Seigneur, vous tous qui êtes ses saints ; parce que le Seigneur recherchera la vérité, et qu'il rendra abondamment aux superbes ce qu'ils méritent.

25 Agissez avec grand courage ; et que votre cœur s'affermisse, vous tous qui mettez votre espérance dans le Seigneur.

PSAUME XXXI.

Psaume de David, pour l'intelligence.

HEUREUX ceux à qui les iniquités ont été remises, et dont les péchés sont couverts.

2 Heureux l'homme à qui le Seigneur n'a imputé aucun péché, et dont l'esprit est exempt de tromperie.

3 Parce que je me suis tu, mes os ont vieilli *et* perdu leur force, tandis que je criais tout le jour.

4 Car votre main s'est appesantie jour et nuit sur moi ; je me suis tourné *vers vous* dans mon affliction, pendant que j'étais percé par la pointe de l'épine.

5 Je vous ai fait connaître mon péché, et je n'ai point caché *davantage* mon injustice.

J'ai dit : Je déclarerai au Seigneur et confesserai contre moi-même mon injustice ; et vous m'avez *aussitôt* remis l'impiété de mon péché.

6 C'est pour cette raison que tout *homme* saint vous priera dans le temps qui est favorable : et quand les grandes eaux inonderont *comme* dans un déluge, elles n'approcheront point de lui.

7 Vous êtes mon refuge dans l'affliction dont je suis environné : délivrez-moi de ceux qui m'environnent, vous, *mon Dieu !* qui êtes toute ma joie.

8 Je vous donnerai l'intelligence ; je vous enseignerai la voie par laquelle vous devez marcher ; et j'arrêterai mes yeux sur vous.

9 Gardez-vous d'être comme le cheval et le mulet, qui n'ont point d'intelligence, et dont il faut que vous resserriez la bouche avec le mors et le frein, parce qu'autrement ils ne s'approcheraient point

de vous.

10 Le pécheur sera exposé à un grand nombre de peines : mais pour celui qui espère au Seigneur, il sera tout environné de sa miséricorde.

11 Réjouissez-vous au Seigneur, et soyez transportés de joie, vous qui êtes justes ; et publiez sa gloire *par vos cantiques*, vous tous qui avez le cœur droit.

PSAUME XXXII.

Psaume de David.

JUSTES, louez le Seigneur avec joie : c'est à ceux qui ont le cœur droit qu'il appartient de lui donner les louanges.

2 Louez le Seigneur avec la harpe ; chantez sa gloire sur l'instrument à dix cordes.

3 Chantez à sa gloire un nouveau cantique : célébrez-la par un *juste* concert de voix et d'instruments.

4 Car la parole du Seigneur est droite, et sa fidélité éclate dans toutes ses œuvres.

5 Il aime la miséricorde et la justice : la terre est toute remplie de la miséricorde du Seigneur.

6 C'est par la parole du Seigneur que les cieux ont été affermis ; et c'est le souffle de sa bouche qui a produit toute l'armée des cieux.

7 C'est lui qui rassemble toutes les eaux de la mer *dans leur lit* comme dans un vase ; c'est lui qui tient les abîmes renfermés dans ses trésors.

8 Que toute la terre craigne le Seigneur ; et que tous ceux qui habitent l'univers, soient émus *d'une sainte frayeur* par sa présence.

9 Car il a parlé, et *toutes choses* ont été faites ; il a commandé, et *toutes choses* ont été créées.

10 Le Seigneur dissipe les desseins des nations ; il rend vaines les pensées des peuples, et il renverse les conseils des princes.

11 Mais le conseil du Seigneur demeure éternellement ; et les pensées de son cœur subsistent dans la suite de toutes les races.

12 Heureuse la nation qui a le Seigneur pour son Dieu ! *heureux* le peuple qu'il a choisi pour son héritage !

13 Le Seigneur a regardé *du haut* du ciel ; il a vu tous les enfants des hommes.

14 De la demeure qu'il s'est préparée, il a jeté ses regards sur tous ceux qui habitent la terre.

15 C'est lui qui a formé le cœur de chacun d'eux, et qui a une connaissance exacte de toutes leurs œuvres.

16 Ce n'est point dans sa grande puissance qu'un roi trouve son salut, et le géant ne se sauvera point par sa force extraordinaire.

17 Le cheval trompe *souvent* celui qui en attend son salut ; et toute sa force, quelque grande qu'elle soit, ne le sauvera point.

18 Mais les yeux du Seigneur *sont arrêtés* sur ceux qui le craignent, et sur ceux qui mettent leur espérance en sa miséricorde ;

19 pour délivrer leurs âmes de la mort, et les nourrir dans leur faim.

20 Notre âme attend le Seigneur *avec patience* ; parce qu'il est notre secours et notre protecteur :

21 car c'est en lui que notre cœur trouvera sa joie ; et c'est en son saint nom que nous avons mis notre espérance.

22 Faites paraître votre miséricorde sur nous, Seigneur ! selon l'espérance que nous avons mise en vous.

PSAUME XXXIII.

À David, lorsqu'il changea son visage en présence d'Aebimélech, qui le renvoya, et qu'il s'en alla.

2 *(ALEPH.)* Je bénirai le Seigneur en tout temps : sa louange sera toujours dans ma bouche.

3 *(Beth.)* Mon âme ne mettra sa gloire que dans le Seigneur : que ceux qui sont doux *et* humbles écoutent ceci, et qu'ils se réjouissent.

4 *(Ghimel.)* Publiez avec moi combien le Seigneur est grand ; et célébrons tous ensemble la gloire de son *saint* nom.

5 *(Daleth.)* J'ai cherché le Seigneur, et il m'a exaucé ; et il m'a tiré de toutes mes peines par sa puissance.

6 *(Hé.)* Approchez-vous de lui, afin que vous en soyez éclairés ; et vos visages ne seront point couverts de confusion.

7 *(Zaïn.)* Ce pauvre a crié, et le Seigneur l'a exaucé ; et il l'a sauvé de toutes ses *différentes* afflictions.

8 *(Cheth.)* L'ange du Seigneur environnera ceux qui le craignent ; et il les délivrera.

9 *(Teth.)* Goûtez, et voyez combien le Seigneur est doux : heureux l'homme qui espère en lui !

10 *(Jod.)* Craignez le Seigneur, vous tous qui êtes ses saints ; parce que ceux qui le craignent ne tombent point dans l'indigence.

11 *(Caph.)* Les riches ont été dans le besoin, et ont eu faim : mais pour ceux qui cherchent le Seigneur, ils ne seront privés d'aucun bien.

12 *(Lamed.)* Venez, *mes* enfants, écoutez-moi : je vous enseignerai la crainte du Seigneur.

13 *(Mem.)* Qui est l'homme qui souhaite une vie *heureuse*, et qui désire de voir des jours comblés de biens ?

14 *(Noun.)* Gardez votre langue de tout mal ; et que vos lèvres ne profèrent aucune parole de tromperie.

15 *(Samech.)* Détournez-vous du mal, et faites le bien : recherchez la paix, et poursuivez-la *avec persévérance*.

16 *(Aïn.)* Les yeux du Seigneur *sont attachés* sur les justes, et ses oreilles *sont ouvertes* à leurs prières.

17 *(Phé.)* Mais le Seigneur regarde d'un œil *sévère* ceux qui font le mal, pour exterminer leur mémoire de dessus la terre.

18 *(Tsadé.)* Les justes ont crié, et le Seigneur les a exaucés ; et il les a délivrés de toutes leurs peines.

19 *(Coph.)* Le Seigneur est proche de ceux dont le cœur est affligé ; et il sauvera les humbles d'esprit.

20 *(Resh.)* Les justes sont exposés à beaucoup d'afflictions ; et le Seigneur les délivrera de toutes ces peines.

21 *(Shin.)* Le Seigneur garde exactement tous leurs os : un seul de ces os ne pourra être brisé.

22 *(Thau.)* La mort des pécheurs est très-funeste ; et ceux qui ont de la haine pour le juste, pécheront *contre eux-mêmes*.

23 Le Seigneur rachètera les âmes de ses serviteurs ; et tous ceux qui mettent en lui leur espérance, ne seront point frustrés.

PSAUME XXXIV.

À David, ou pour David.

JUGEZ, Seigneur ! ceux qui me font injustice ; désarmez ceux qui combattent contre moi.

2 Prenez vos armes et votre bouclier ; et levez-vous pour venir à mon secours.

3 Tirez votre épée, et fermez *tout passage* a ceux qui me persécutent : dites à mon âme : Je suis ton salut.

4 Que ceux qui cherchent à m'ôter la vie, soient couverts de confusion et de honte ; que ceux qui ont de mauvais desseins contre moi, soient renversés et confondus.

5 Qu'ils deviennent comme la poussière qui est emportée par le vent ; et que l'ange du Seigneur *les pousse* en les serrant de fort près.

6 Que leur chemin soit couvert de ténèbres et glissant ; et que l'ange du Seigneur soit attaché à les poursuivre.

7 Car sans aucun sujet ils ont voulu me faire périr dans le piège qu'ils m'ont dressé en secret, et ils m'ont très-injustement couvert d'outrages.

8 Qu'un piège dont il ne se doute pas vienne le surprendre : qu'il

soit pris dans celui qu'il avait caché *pour prendre les autres* ; et qu'il tombe dans le filet même qu'il avait tendu.

9 Mais mon âme se réjouira au Seigneur, et trouvera toute sa consolation dans son Sauveur.

10 Tous mes os vous rendront gloire, en disant : Seigneur ! qui vous est semblable ? C'est vous qui délivrez le pauvre des mains de ceux qui étaient plus forts que lui ; et celui qui est abandonné et dans l'indigence, *des mains* de ses ennemis qui le pillaient.

11 Des témoins injustes s'étant élevés, m'ont interrogé sur des choses que je ne connaissais pas.

12 Ils me rendaient *plusieurs* maux, au lieu des biens *qu'ils avaient reçus de moi, et voulaient jeter* mon âme dans une stérilité *et* dans une désolation entière.

13 Mais pour moi, lorsqu'ils m'accablaient de cette sorte, je me revêtais d'un cilice : j'humiliais mon âme par le jeûne ; et je répandais ma prière dans *le secret de* mon sein.

14 J'avais *pour chacun d'eux* de la complaisance comme pour un proche et pour un frère ; et je m'abaissais comme étant touché d'une vraie douleur qui me portait à gémir *pour eux*.

15 Quant à eux, ils se sont réjouis sur mon sujet, et ils se sont assemblés contre moi : ils m'ont accablé de maux, sans que j'en connusse *la raison*.

Ils ont été divisés : mais n'étant pas néanmoins touchés de componction, (16) ils m'ont tenté *et éprouvé de nouveau* ; ils m'ont insulté avec moquerie ; ils ont grincé les dents contre moi.

17 Quand sera-ce que vous ouvrirez les yeux, Seigneur ? Rendez-moi la vie, *en me délivrant* de leur mauvaise volonté ; *sauvez de la cruauté* des lions mon *âme* qui est abandonnée.

18 Je publierai vos louanges dans une grande assemblée ; je vous louerai au milieu d'un peuple très-nombreux.

19 Que je ne sois point un sujet de joie *et* d'insulte à ceux qui m'attaquent injustement, qui me haïssent sans aucun sujet, et qui feignent par leurs regards *d'être mes amis*.

20 Car ils me parlaient en apparence avec un esprit de paix ; mais lorsqu'ils parlaient au milieu des peuples émus de colère *contre moi*, ils ne pensaient qu'à des tromperies.

21 Ils ont ouvert contre moi leur bouche, et ils ont dit : Courage, courage ! nos yeux ont vu *à la fin ce qu'ils souhaitaient*.

22 Vous l'avez vu, Seigneur ! ne gardez pas le silence : Seigneur ! ne vous éloignez pas de moi.

23 Levez-vous, et appliquez-vous à *ce qui regarde* mon jugement ; mon Dieu et mon Seigneur ! *songez* à la défense de ma cause.

24 Jugez-moi selon *les règles de* votre justice, Seigneur mon Dieu ! et qu'ils ne se réjouissent pas *en triomphant* de moi.

25 Qu'ils ne disent pas dans leurs cœurs : Courage ! réjouissons-nous. Qu'ils ne disent pas : Nous l'avons *enfin* dévoré.

26 Que ceux qui témoignent de la joie de mes maux rougissent et soient confondus ; que ceux qui parlent avec orgueil contre moi, soient couverts de confusion et de honte.

27 Que ceux qui s'intéressent à la justice de ma cause, se réjouissent et soient transportés de joie ; et que ceux qui désirent que le serviteur du Seigneur goûte la paix, disent sans cesse : Que le Seigneur soit glorifié.

28 Et ma langue publiera votre justice ; *elle célébrera* durant tout le jour vos louanges.

PSAUME XXXV.

Pour la fin, à David, le serviteur du Seigneur.

2 L'INJUSTE a dit en lui-même, qu'il voulait pécher : la crainte de Dieu n'est point devant ses yeux.

3 Car il a agi avec tromperie en sa présence : en sorte que son iniquité l'a rendu digne de *toute* haine.

4 Les paroles de sa bouche ne sont qu'iniquité et que tromperie : il n'a point voulu s'instruire pour faire le bien.

5 Il a médité l'iniquité dans *le secret de* son lit : il s'est arrêté dans toutes les voies qui n'étaient pas bonnes, et il n'a point eu de haine pour la malice.

6 Seigneur ! votre miséricorde est dans le ciel ; et votre vérité *s'élève* jusques aux nues.

7 Votre justice est comme les montagnes les plus élevées : vos jugements sont un abîme très-profond.

Vous sauverez, Seigneur ! et les hommes et les bêtes, (8) selon l'abondance de votre infinie miséricorde, ô Dieu !

Mais les enfants des hommes espéreront *particulièrement*, étant à couvert sous vos ailes : (9) ils seront enivrés de l'abondance qui est dans votre maison ; et vous les ferez boire dans le torrent de vos délices.

10 Car la source de la vie est dans vous ; et nous verrons la lumière dans votre lumière *même*.

11 Étendez votre miséricorde sur ceux qui vous connaissent, et votre justice sur ceux qui ont le cœur droit.

12 Que le pied du superbe ne vienne point jusqu'à moi ; et que la main du pécheur ne m'ébranle point.

13 C'est là que ceux qui commettent l'iniquité sont tombés : on les a chassés, et ils n'ont pu demeurer fermes.

PSAUME XXXVI.

Psaume pour David.

(ALEPH.) Gardez-vous de porter envie aux méchants, et n'ayez point de jalousie contre ceux qui commettent l'iniquité.

2 Car ils se sécheront aussi promptement que le foin, et se faneront aussi vite que les herbes et les légumes.

3 (Beth.) Mettez votre espérance dans le Seigneur, et faites le bien : et alors vous habiterez la terre, et vous serez nourri de ses richesses.

4 Mettez vos délices dans le Seigneur ; et il vous accordera ce que votre cœur demande.

5 (Ghimel.) Découvrez au Seigneur votre voie, et espérez en lui ; il fera lui-même *ce qu'il faut pour vous*.

6 Il fera éclater votre justice comme une lumière, et l'équité de votre cause comme le *soleil lorsqu'il est dans son* midi.

7 (Daleth.) Soyez *donc* soumis au Seigneur, et le priez.

Ne portez point d'envie à celui qui est heureux dans sa voie, à l'homme qui s'abandonne aux injustices.

8 (Hé.) Quittez tous ces mouvements de colère et de fureur ; ne vous laissez point aller à une *mauvaise* émulation qui vous porte à imiter les méchants.

9 Car les méchants seront exterminés ; mais la terre sera donnée en héritage à ceux qui attendent le Seigneur *avec patience*.

10 (Vav.) Encore quelque peu de temps, et le pécheur ne sera plus ; et vous chercherez le lieu où il était, et vous ne pourrez le trouver.

11 Mais la terre tombera en héritage à ceux qui sont doux ; et ils se verront comblés de joie dans l'abondance d'une paix *heureuse*.

12 (Zaïn.) Le pécheur observera le juste, et grincera les dents contre lui.

13 Mais le Seigneur s'en moquera ; parce qu'il voit que son jour doit venir *bientôt*.

14 (Cheth.) Les pécheurs ont tiré l'épée du fourreau, et ils ont tendu leur arc, pour renverser celui qui est pauvre et dans l'indigence, pour égorger ceux qui ont le cœur droit.

15 Mais que leur épée leur perce le cœur à eux-mêmes, et que leur arc soit brisé.

16 (Teth.) Un bien médiocre vaut mieux aux justes, que les grandes richesses des pécheurs.

17 Car les bras des pécheurs seront brisés : mais le Seigneur affermit les justes.

18 (Jod.) Le Seigneur connaît les jours de ceux qui vivent sans tache, et l'héritage qu'ils posséderont sera éternel.

19 Ils ne seront point confondus dans le temps mauvais ; et dans les jours de famine ils seront rassasiés.

20 *(Caph.)* Car les pécheurs périront : mais les ennemis du Seigneur n'auront pas plutôt été honorés et élevés *dans le monde*, qu'ils tomberont, et s'évanouiront comme la fumée.

21 *(Lamed.)* Le pécheur empruntera et ne payera point : mais le juste est touché de compassion, et fait charité *aux autres*.

22 Car ceux qui bénissent *et qui* louent *Dieu* recevront la terre en héritage ; mais ceux qui le maudissent périront sans ressource.

23 *(Mem.)* Les pas de l'homme seront conduits par le Seigneur ; et sa voie sera approuvée de lui.

24 Lors même qu'il tombera, il ne se brisera point : parce que le Seigneur met sa main sous *lui*.

25 *(Noun.)* J'ai été jeune, et je suis vieux *maintenant* ; mais je n'ai point encore vu que le juste ait été abandonné, ni que sa race ait cherché du pain.

26 Il passe *au contraire* tout le jour à faire charité et à prêter ; et sa race sera en bénédiction.

27 *(Samech.)* Détournez-vous du mal, et faites le bien ; et vous aurez une demeure éternelle.

28 Car le Seigneur aime l'équité, et il n'abandonnera point ses saints ; ils seront éternellement conservés.

(Aïn.) Ceux qui sont injustes seront punis ; et la race des impies périra.

29 Mais les justes recevront la terre en héritage ; et ils y demeureront dans les siècles des siècles.

30 *(Phé.)* La bouche du juste méditera la sagesse ; et sa langue parlera selon l'équité *et la justice*.

31 La loi de son Dieu est dans son cœur ; et il ne sera point renversé en marchant.

32 *(Tsadé.)* Le pécheur observe *et* considère le juste ; et il cherche à le tuer.

33 Mais le Seigneur ne le laissera point entre ses mains, et ne le condamnera point lorsqu'il sera jugé.

34 *(Coph.)* Attendez le Seigneur, et ayez soin de garder sa voie.

Il vous élèvera, afin que vous receviez la terre en héritage : et quand les pécheurs auront péri, c'est alors que vous *le* verrez.

35 *(Resh.)* J'ai vu l'impie extrêmement élevé, et qui égalait en hauteur les cèdres du Liban.

36 Mais j'ai passé, et dans le moment il n'était plus ; je l'ai cherché, et l'on n'a pu trouver le lieu où il était.

37 *(Shin.)* Gardez l'innocence, et n'ayez en vue que l'équité ; parce que plusieurs biens resteront à l'homme pacifique *après sa mort*.

38 Mais les injustes périront tous également ; et tout ce que les impies auront laissé périra aussi.

39 *(Thau.)* Le salut des justes vient du Seigneur, et il est leur protecteur dans le temps de l'affliction.

40 Le Seigneur les assistera, et les délivrera : il les arrachera d'entre les mains des pécheurs, et les sauvera, parce qu'ils ont espéré en lui.

PSAUME XXXVII.

Psaume de David, pour le souvenir du sabbat.

2 SEIGNEUR ! ne me reprenez pas dans votre fureur, et ne me punissez pas dans votre colère.

3 Car j'ai été percé de vos flèches, et vous avez appesanti votre main sur moi.

4 Votre colère n'a laissé rien de sain dans ma chair ; *et* mes péchés ne laissent aucune paix dans mes os.

5 Car mes iniquités se sont élevées jusques au-dessus de ma tête ; et elles se sont appesanties sur moi comme un fardeau insupportable.

6 Mes plaies ont été remplies de corruption et de pourriture, à cause de mon *extrême* folie.

7 Je suis devenu misérable, et tout courbé ; je marchais accablé de tristesse durant tout le jour.

8 Car mes reins ont été remplis d'illusions ; et il n'y a dans ma chair aucune partie qui soit saine.

9 J'ai été affligé, et je suis tombé dans la dernière humiliation ; et le gémissement *secret* de mon cœur m'a fait pousser *au dehors comme* des rugissements.

10 Seigneur ! tout mon désir est exposé à vos yeux ; et mon gémissement ne vous est point caché.

11 Mon cœur est rempli de trouble, toute ma force m'a quitté ; et même la lumière de mes yeux n'est plus avec moi.

12 Mes amis et mes proches se sont élevés et déclarés contre moi ; et ceux qui étaient proches de moi, s'en sont *tenus* éloignés.

13 Ceux qui cherchaient à m'ôter la vie usaient de violence à mon égard ; et ceux qui cherchaient à m'accabler de maux, tenaient des discours pleins de vanité *et de mensonge*, et ne pensaient qu'à des tromperies durant tout le jour.

14 Mais pour moi, *je suis devenu* comme sourd, *et* je ne *les* écoutais point ; j'étais comme un muet qui n'ouvre pas la bouche.

15 Je suis devenu semblable à un homme qui n'entend point, et qui n'a rien dans la bouche pour répliquer.

16 Car c'est en vous, Seigneur ! que j'ai mis mon espérance ; vous m'exaucerez, Seigneur mon Dieu !

17 Car je vous ai demandé que mes ennemis ne triomphent point de joie sur moi ; eux qui ayant vu mes pieds ébranlés, ont parlé avec orgueil sur mon sujet.

18 Car je suis préparé à souffrir tous les châtiments ; et ma douleur est continuellement devant mes yeux.

19 Car je déclarerai mon iniquité ; et je serai toujours occupé de la pensée de mon péché.

20 Mes ennemis cependant sont pleins de vie ; ils se sont fortifiés de plus en plus contre moi ; et le nombre de ceux qui me haïssent injustement, s'est beaucoup augmenté.

21 Ceux qui rendent des maux pour les biens qu'ils ont reçus, me déchiraient par leurs médisances, à cause que je m'attachais au bien.

22 Ne m'abandonnez pas, Seigneur ! Mon Dieu ! ne vous retirez pas de moi. (23) Hâtez-vous de me secourir, Seigneur *mon* Dieu ! de *qui dépend* mon salut.

PSAUME XXXVIII.

Pour la fin, à Idithun, Cantique de David.

2 J'AI dit *en moi-même* : J'observerai avec soin mes voies ; afin que je ne pèche point par ma langue. J'ai mis une garde a ma bouche, dans le temps que le pécheur s'élevait contre moi.

3 Je me suis tu et me suis humilié ; et j'ai gardé le silence pour ne pas dire même de bonnes choses : et ma douleur a été renouvelée.

4 Mon cœur s'est échauffé au dedans de moi ; et tandis que je méditais, un feu s'y est embrasé : je me suis servi de ma langue pour dire *à Dieu* :

5 Faites-moi connaître, Seigneur ! *quelle est* ma fin, et quel est le nombre de mes jours, afin que je sache ce qui m'en reste *encore*.

6 Je comprends que vous avez mis à mes jours une mesure *fort bornée* ; et que le temps que j'ai à vivre est devant vous comme un néant : oui, tout homme qui vit *sur la terre*, et tout ce qui est dans l'homme, n'est que vanité.

7 Oui, l'homme passe *comme une ombre et* comme une image ; et néanmoins il ne laisse pas de s'inquiéter *et de se troubler*, quoiqu'en vain : il amasse des trésors ; et il ne sait pas pour qui il les aura amassés.

8 Et maintenant quelle est mon attente ? n'est-ce pas le Seigneur ? Tout mon trésor est en vous, *mon Dieu !*

9 Délivrez-moi de toutes mes iniquités : vous m'avez rendu un objet de raillerie *et de mépris* à l'insensé.

10 Je suis devenu *comme* muet, et je n'ai pas *seulement* ouvert la bouche ; parce que c'est vous qui avez agi.

11 *Mais* détournez vos plaies de moi : *car* je suis tombé en défaillance sous la force de votre main, (12) lorsque vous m'avez repris.

Vous avez puni l'homme à cause de son iniquité ; et vous avez fait sécher son âme comme l'araignée : en vérité c'est bien en vain que tous les hommes se troublent *et* s'inquiètent.

13 Exaucez, Seigneur ! ma prière et mon humble supplication : rendez-vous attentif à mes larmes.

Ne gardez pas le silence : car je suis devant vous *comme* un étranger et un voyageur, de même que tous mes pères l'ont été.

14 Accordez-moi quelque relâche, afin que je reçoive quelque rafraîchissement, avant que je parte et que je ne sois plus.

PSAUME XXXIX.

Pour la fin, Psaume à David.

2 J'AI attendu, et je ne me suis point lassé d'attendre le Seigneur, et il m'a *enfin* regardé : il a exaucé mes prières.

3 Il m'a tiré de l'abîme de misère et de la boue profonde *où j'étais* ; et il a placé mes pieds sur la pierre, et a conduit mes pas.

4 Il m'a mis dans la bouche un cantique nouveau, pour être chanté à *la gloire de* notre Dieu.

Plusieurs le verront, et seront remplis de crainte ; et ils mettront leur espérance au Seigneur.

5 Heureux l'homme qui a mis son espérance au Seigneur, et qui n'a point arrêté sa vue sur des vanités et sur des objets également pleins d'extravagance *et* de tromperie.

6 Vous avez fait, Seigneur mon Dieu ! un grand nombre d'œuvres admirables ; et il n'y a personne qui vous soit semblable dans vos pensées. Lorsque j'ai voulu les annoncer et en parler, leur multitude m'a paru innombrable.

7 Vous n'avez voulu ni sacrifice, ni oblation ; mais vous m'avez donné des oreilles parfaites.

Vous n'avez point demandé d'holocauste, ni *de sacrifice* pour le péché ; (8) et j'ai dit alors : Me voici, je viens.

Il est écrit de moi dans le livre : (9) que je devais faire votre volonté. C'est aussi, mon Dieu ! ce que j'ai voulu ; et *je ne désire que* votre loi au fond de mon cœur.

10 J'ai publié votre justice dans une grande assemblée ; et j'ai résolu de ne point fermer mes lèvres : Seigneur ! vous le connaissez.

11 Je n'ai point caché votre justice au fond de mon cœur ; j'ai déclaré votre vérité et votre miséricorde salutaire ; je n'ai point caché votre miséricorde et votre vérité à une grande multitude de peuples.

12 Vous donc, Seigneur ! n'éloignez point de moi les effets de votre bonté ; vous qui la miséricorde et la vérité m'ont toujours servi d'appui.

13 Car je me trouve environné de maux qui sont innombrables ; mes iniquités m'ont enveloppé ; et je n'ai pu en soutenir la vue : elles ont surpassé par leur multitude le nombre des cheveux de ma tête, *jusque-là que* mon cœur même m'a manqué.

14 Qu'il vous plaise, Seigneur ! de m'*en* délivrer *par votre puissance* : Seigneur ! regardez vers moi pour me secourir.

15 Que ceux-là soient confondus et couverts de honte, qui cherchent ma vie pour me l'ôter ; que ceux qui veulent m'accabler de maux, soient obligés de retourner en arrière, et chargés de confusion ; (16) que ceux qui me disent des paroles de raillerie *et* d'insulte, en reçoivent promptement la honte.

17 Mais que tous ceux qui vous cherchent, se réjouissent en vous et soient transportés de joie ; et que ceux qui aiment le salut qui vient de vous, disent sans cesse : Que le Seigneur soit glorifié.

18 Pour moi, je suis pauvre et dans l'indigence ; et le Seigneur prend soin de moi.

C'est vous qui êtes mon aide *tout-puissant* et mon protecteur : mon Dieu ! ne tardez pas *à venir à mon secours*.

PSAUME XL.

Pour la fin. Psaume à David.

2 HEUREUX l'homme qui a de l'intelligence sur le pauvre et l'indigent : le Seigneur le délivrera dans le jour mauvais.

3 Que le Seigneur le conserve et lui donne une *longue* vie ; qu'il le rende heureux sur la terre, et qu'il ne le livre pas au désir de ses ennemis.

4 Que le Seigneur le soulage lorsqu'il sera sur le lit de sa douleur : vous avez, *mon Dieu !* changé *et* remué tout son lit durant son infirmité.

5 Pour moi, j'ai dit : Seigneur ! ayez pitié de moi : guérissez mon âme, parce que j'ai péché contre vous.

6 Mes ennemis m'ont souhaité *plusieurs* maux, *en disant :* Quand mourra-t-il *donc ?* et *quand* son nom sera-t-il exterminé ?

7 Si *l'un d'eux* entrait pour *me* voir, il ne me tenait que de vains discours ; et son cœur s'est amassé un trésor d'iniquité : *en même temps* qu'il était sorti dehors, il allait s'entretenir (8) avec les autres.

Tous mes ennemis parlaient en secret contre moi ; et ils conspiraient pour me faire *plusieurs* maux.

9 Ils ont arrêté une chose très-injuste contre moi : mais celui qui dort, ne pourra-t-il *donc* pas se relever ?

10 Car l'homme avec lequel je vivais en paix, en qui je me suis même confié, et qui mangeait de mes pains, a fait éclater sa trahison contre moi.

11 Mais vous, Seigneur ! ayez compassion de moi, et ressuscitez-moi ; et je leur rendrai *ce qu'ils méritent*.

12 J'ai connu quel a été votre amour pour moi, en ce que mon ennemi ne se réjouira point sur mon sujet.

13 Car vous m'avez pris en votre protection à cause de mon innocence ; et vous m'avez établi *et* affermi pour toujours devant vous.

14 Que le Seigneur, le Dieu d'Israël, soit béni dans tous les siècles ! Ainsi soit-il ! Ainsi soit-il !

PSAUME XLI.

Pour la fin, intelligence aux enfants de Coré.

2 COMME le cerf soupire après les eaux ; de même mon cœur soupire vers vous, ô Dieu !

3 Mon âme est toute brûlante de soif pour Dieu, *pour le Dieu* fort *et* vivant : quand viendrai-je, et quand paraîtrai-je devant la face de Dieu ?

4 Mes larmes m'ont servi de pain le jour et la nuit, lorsqu'on me dit tous les jours : Où est ton Dieu ?

5 Je me suis souvenu de ces choses, et j'ai répandu mon âme au dedans de moi-même ; parce que je passerai dans le lieu du tabernacle admirable, jusqu'à la maison de Dieu : au milieu des chants d'allégresse et de louange, et des cris de joie de ceux qui sont dans un grand festin.

6 Pourquoi, mon âme, êtes-vous triste ? et pourquoi me troublez-vous ? Espérez en Dieu ; parce que je dois encore le louer, *comme celui qui est* le salut *et la lumière* de mon visage, et (7) mon Dieu.

Mon âme a été toute troublée en moi-même ; c'est pourquoi je me souviendrai de vous dans le pays du Jourdain, dans les régions d'Hermon sur la petite montagne.

8 Un abîme appelle *et attire* un autre abîme, au bruit des tempêtes *et* des eaux que vous envoyez : toutes vos *eaux* élevées *comme des* montagnes, et vos flots, ont passé sur moi.

9 Le Seigneur a envoyé sa miséricorde durant le jour ; et *je lui chanterai* la nuit un cantique d'action de grâces.

Voici la prière que j'offrirai au dedans de moi, à Dieu *qui est l'auteur* de ma vie : (10) je dirai à Dieu : Vous êtes mon défenseur *et* mon refuge.

Pourquoi m'avez-vous oublié ? et pourquoi faut-il que je marche tout accablé de tristesse, tandis que je suis affligé par l'ennemi ?

11 Pendant qu'on brise mes os, mes ennemis qui me persécutent m'accablent par leurs reproches, en me disant tous les jours : Où est ton Dieu ?

12 Pourquoi, mon âme, êtes-vous triste ? et pourquoi me remplissez-vous de trouble ? Espérez en Dieu ; parce que je dois encore le louer, *comme celui qui est* le salut *et la lumière* de mon visage, et mon Dieu.

PSAUME XLII.

Psaume de David.

JUGEZ-MOI, ô Dieu ! et faites le discernement de ma cause, *en me défendant* d'une nation qui n'est pas sainte : tirez-moi *des mains* de l'homme méchant et trompeur.

2 Puisque vous êtes ma force, ô Dieu ! pourquoi m'avez-vous repoussé ? et pourquoi me vois-je réduit à marcher dans la tristesse, étant affligé par l'ennemi ?

3 Répandez *sur moi* votre lumière et votre vérité : elles me conduiront et m'amèneront jusqu'à votre montagne sainte et à vos divins tabernacles.

4 Et j'entrerai jusqu'à l'autel de Dieu, jusqu'à Dieu même, qui remplit de joie ma jeunesse *renouvelée*. Ô Dieu ! ô mon Dieu ! je vous louerai sur la harpe.

5 Pourquoi, mon âme, êtes-vous triste ? et pourquoi me troublez-vous ? Espérez en Dieu ; parce que je dois encore le louer, *comme celui qui est* le salut *et la lumière* de mon visage, et mon Dieu.

PSAUME XLIII.

Pour la fin, aux enfants de Coré, pour l'intelligence.

2 NOUS avons, ô Dieu ! entendu de nos oreilles, et nos pères nous ont annoncé l'ouvrage que vous avez fait dans leurs jours, et dans les jours anciens.

3 Votre main a exterminé les nations, et vous les avez établis *en leur place* ; vous avez affligé et chassé ces *peuples*.

4 Car ce n'a point été par la force de leur épée qu'ils se sont mis en possession de cette terre ; et ce n'a point été leur bras qui les a sauvés ; mais ç'a été votre droite et votre bras *tout-puissant*, et la lumière de votre visage, parce qu'il vous a plu de les aimer.

5 C'est vous aussi qui êtes mon Roi et mon Dieu ; vous qui avez tant de fois sauvé Jacob par votre *seul* commandement.

6 Ce sera en vous que nous trouverons la force de renverser nos ennemis ; et en *invoquant* votre nom, nous mépriserons tous ceux qui s'élèvent contre nous.

7 Car ce ne sera point dans mon arc que je mettrai mon espérance, et ce ne sera point mon épée qui me sauvera.

8 Puisque c'est vous qui nous avez sauvés de ceux qui nous affligeaient, et qui avez confondu ceux qui étaient animés de haine contre nous.

9 Ce sera toujours en Dieu que nous mettrons notre gloire ; et nous donnerons éternellement des louanges à votre *saint* nom.

10 Mais maintenant vous nous avez repoussés et couverts de confusion ; et vous ne voulez plus, ô Dieu ! marcher avec nos armées.

11 Vous nous avez fait tourner le dos devant nos ennemis ; et nous sommes devenus la proie de ceux qui nous haïssaient.

12 Vous nous avez exposés comme des brebis que l'on mène à la boucherie ; et vous nous avez dispersés parmi les nations.

13 Vous avez vendu votre peuple sans en recevoir de prix ; et dans l'achat qui s'en est fait, ils ont été donnés presque pour rien.

14 Vous nous avez rendus un sujet d'opprobre à nos voisins, et un objet d'insulte et de moquerie à ceux qui sont autour de nous.

15 Vous nous avez fait devenir la fable des nations ; et les peuples secouent la tête en nous regardant.

16 J'ai devant les yeux ma confusion durant tout le jour ; et la honte qui paraît sur mon visage, me couvre entièrement,

17 quand j'entends la voix de celui qui m'accable par ses reproches et ses calomnies ; et lorsque je vois mon ennemi et mon persécuteur.

18 Tous ces *maux* sont venus fondre sur nous ; et cependant nous ne vous avons point oublié, et nous n'avons point commis d'iniquité contre votre alliance.

19 Notre cœur ne s'est point éloigné, *ni retiré en arrière* ; et vous n'avez point détourné nos pas de votre voie.

20 Car vous nous avez humiliés dans un lieu d'affliction, et l'ombre de la mort nous a tout couverts.

21 *Mais* si nous avons oublié le nom de notre Dieu, et si nous avons étendu nos mains vers un dieu étranger ;

22 Dieu n'en redemandera-t-il pas compte ? Car il connaît ce qu'il y a de caché au fond du cœur.

23 Puisque nous sommes tous les jours livrés à la mort à cause de vous, et que nous sommes regardés comme des brebis destinées à la boucherie ;

24 levez-vous, Seigneur ! pourquoi paraissez vous *comme* endormi ? Levez-vous, et ne nous rejetez pas pour toujours.

25 Pourquoi détournez-vous votre visage ? *et pourquoi* oubliez-vous notre pauvreté et notre *extrême* affliction ?

26 Car notre âme est humiliée jusqu'à la poussière ; et notre ventre est *comme* collé à la terre.

27 Levez-vous, Seigneur ! secourez-nous, et rachetez-nous pour *la gloire de* votre nom.

PSAUME XLIV.

Jusques à la fin, pour ceux qui seront changés, intelligence aux enfants de Coré, Cantique pour le bien-aimé.

2 MON cœur a produit une excellente parole ; c'est au Roi *suprême* que j'adresse *et* que je chante mes ouvrages : ma langue est *comme* la plume de l'écrivain qui écrit très-vite.

3 Vous surpassez en beauté les enfants des hommes ; et une grâce *admirable* s'est répandue sur vos lèvres : c'est pour cela que Dieu vous a béni éternellement.

4 Vous qui êtes le Très-Puissant, ceignez votre épée sur votre cuisse ; *faites éclater* votre gloire et votre majesté, (5) *et* signalez-vous.

Étendez vos succès, et régnez par la vérité, par la douceur et par la justice ; et votre droite vous fera faire des progrès merveilleux.

6 Vos flèches sont très-aiguës : les peuples tomberont sous vous ; *et elles pénétreront* jusqu'au cœur des ennemis du Roi.

7 Votre trône, ô Dieu ! *subsistera* éternellement ; le sceptre de votre règne sera un sceptre de rectitude *et* d'équité.

8 Vous avez aimé la justice, et haï l'iniquité : c'est à cause de cela, ô Dieu ! que votre Dieu vous a oint d'une huile de joie d'une manière plus excellente que tous ceux qui y ont part avec vous.

9 *Il sort* de vos habits et de vos maisons d'ivoire une odeur de myrrhe, d'aloès et de cannelle ; ce qui a engagé (10) les filles des rois à vous procurer de la joie dans l'éclat de votre gloire.

La reine s'est tenue à votre droite, ayant un habit enrichi d'or, *et* étant environnée de ses divers ornements.

11 Écoutez, *ma* fille, ouvrez vos yeux, et ayez l'oreille attentive ; et oubliez votre peuple et la maison de votre père ; (12) et le Roi désirera *de voir* votre beauté.

Car il est le Seigneur, votre Dieu, et *les peuples* l'adoreront : (13) et les filles de Tyr *viendront* avec leurs présents : tous les riches d'entre le peuple vous offriront leurs humbles prières.

14 Toute la gloire de celle qui est la fille du Roi lui vient du dedans, au milieu des franges d'or, (15) et des divers ornements dont elle est environnée.

Des vierges seront amenées au Roi après elle ; et l'on vous présentera celles qui sont ses plus proches.

16 Elles seront présentées avec des transports de joie : on les

conduira jusque dans le temple du Roi.

17 Vous avez engendré plusieurs enfants pour succéder à vos pères ; et vous les établirez princes sur toute la terre.

18 Ils se souviendront de votre nom dans la suite de toutes les races ; et c'est pour cela que les peuples publieront éternellement vos louanges dans tous les siècles et dans l'éternité.

PSAUME XLV.

Pour la fin, aux enfants de Coré, pour les secrets.

2 DIEU est notre refuge et *notre* force ; et c'est lui qui nous assiste dans les grandes afflictions qui nous ont enveloppés.

3 C'est pourquoi nous ne serons point saisis de crainte, quand la terre serait renversée, et que les montagnes seraient transportées dans le fond de la mer.

4 Ses eaux ont fait un grand bruit et ont été toutes agitées : les montagnes ont été renversées par sa puissance.

5 Un fleuve réjouit la cité de Dieu par l'abondance *de ses eaux* : le Très-Haut a sanctifié *et* s'est consacré son tabernacle.

6 Dieu est au milieu d'elle : *c'est pourquoi* elle sera inébranlable ; et Dieu la protégera dès le grand matin.

7 Les nations ont été remplies de trouble, et les royaumes ont été abaissés : il a fait entendre sa voix, et la terre a été ébranlée.

8 Le Seigneur des armées est avec nous ; le Dieu de Jacob est notre défenseur.

9 Venez, et voyez les œuvres du Seigneur, les prodiges qu'il a fait paraître sur la terre, (10) en faisant cesser *toutes* les guerres jusqu'au bout de l'univers.

Il brisera l'arc, et mettra les armes en pièces ; et il brûlera les boucliers *en les jetant* dans le feu.

11 Soyez dans un *saint* repos, et considérez que c'est moi qui suis Dieu *véritablement* : je serai élevé au milieu des nations, et je serai élevé dans toute la terre.

12 Le Seigneur des armées est avec nous ; le Dieu de Jacob est notre défenseur.

PSAUME XLVI.

Pour la fin, pour les enfants de Coré, Psaume.

2 NATIONS, frappez des mains toutes *ensemble* : témoignez à Dieu votre ravissement par des cris d'une *sainte* allégresse.

3 Car le Seigneur est *très*-élevé et *très*-redoutable ; il est le Roi suprême *qui a l'empire* sur toute la terre.

4 Il nous a assujetti les peuples, et a mis les nations sous nos pieds.

5 Il a choisi dans nous son héritage ; *savoir*, la beauté de Jacob qu'il a aimée.

6 Dieu est monté au milieu des cris de joie ; et le Seigneur au bruit de la trompette.

7 Chantez à la gloire de notre Dieu, chantez ; chantez à la gloire de notre Roi, chantez.

8 Chantez avec sagesse ; parce que Dieu est le Roi de toute la terre.

9 Dieu régnera sur les nations : Dieu est assis sur son saint trône.

10 Les princes des peuples se sont assemblés *et* unis avec le Dieu d'Abraham ; parce que les dieux puissants de la terre ont été extraordinairement élevés.

PSAUME XLVII.

Psaume pour servir de cantique aux enfants de Coré, le second jour de la semaine.

2 LE Seigneur est grand, et digne de toute louange, dans la cité de notre Dieu et sur sa sainte montagne.

3 Le mont de Sion est fondé avec la joie de toute la terre : la ville du Roi est du côté de l'aquilon.

4 Dieu sera connu dans ses maisons, lorsqu'il prendra sa défense.

5 Car les rois de la terre se sont assemblés, et ont conspiré unanimement *contre elle*.

6 Mais l'ayant vue, ils ont été tout étonnés, tout remplis de trouble et d'une émotion extraordinaire.

7 Le tremblement les a saisis ; ils ont ressenti alors les douleurs que sent la femme qui est en travail d'enfant.

8 Vous briserez les vaisseaux de Tharse par le souffle d'un vent impétueux.

9 Nous avons vu dans la cité du Seigneur des armées, dans la cité de notre Dieu, ce que nous en avons entendu *annoncer* : Dieu l'a fondée *et* affermie pour toute l'éternité.

10 Nous avons reçu, ô Dieu ! votre miséricorde au milieu de votre temple.

11 Comme la *gloire de* votre nom, ô Dieu ! s'étend jusqu'aux extrémités de la terre, votre louange s'y étend de même : votre droite est pleine de justice.

12 Que le mont de Sion se réjouisse, et que les filles de Juda soient dans des transports de joie, à cause de vos jugements, Seigneur !

13 Environnez Sion, et embrassez-la ; racontez *toutes ces choses* du haut de ses tours.

14 Appliquez-vous à considérer sa force, et faites la distribution *et* le dénombrement de ses maisons ; afin que vous en fassiez le récit aux autres races.

15 Car c'est là le *vrai* Dieu, notre Dieu pour tous les siècles et pour toute l'éternité ; et il régnera sur nous dans *tous* les siècles.

PSAUME XLVIII.

Pour la fin, aux enfants de Coré, Psaume.

2 PEUPLES, écoutez tous ceci : soyez attentifs, vous tous qui habitez l'univers ;

3 soit que vous soyez d'une basse ou d'une illustre naissance, soit que vous soyez riches ou pauvres.

4 Ma bouche proférera *des paroles de sagesse*, et la méditation de mon cœur *des paroles de* prudence.

5 Je rendrai *moi-même* mon oreille attentive à *l'intelligence de* la parabole ; je découvrirai sur la harpe ce que j'ai à proposer.

6 Quel sujet aurai-je de craindre au jour mauvais ? *Ce sera* si je me trouve enveloppé dans l'iniquité de ma voie.

7 *Que* ceux qui se confient dans leur force, et qui se glorifient dans l'abondance de leurs richesses, *entendent ceci :*

8 Le frère ne rachète point *son frère :* l'homme *étranger* le rachètera-t-il ? Il ne pourra pas pour soi-même rien donner à Dieu qui l'apaise ; (9) ni un prix qui soit capable de racheter son âme.

Il sera éternellement dans le travail *et* la peine ; (10) et il vivra néanmoins jusqu'à la fin.

Il ne verra point lui-même la mort, (11) lorsqu'il verra les sages mourir.

Cependant l'insensé et le fou ne laisseront pas de périr ; et ils abandonneront leurs richesses à des étrangers ;

12 et leurs sépulcres seront leurs maisons jusqu'à la consommation des siècles : *telles seront* leurs demeures dans la suite de toutes les races ; *quoiqu'*ils aient voulu *se rendre immortels* en donnant leurs noms à leurs terres.

13 L'homme, tandis qu'il était en honneur, ne l'a point compris : il a été comparé aux bêtes qui n'ont aucune raison ; et il leur est devenu semblable.

14 Cette voie par laquelle ils marchent, leur est une occasion de scandale *et* de chute ; et ils ne laisseront pas néanmoins de s'en vanter *et* de s'y complaire.

15 Ils ont été *à la fin* placés dans l'enfer comme des brebis : la mort les dévorera.

Et les justes auront l'empire sur eux au matin ; et tout l'appui sur lequel ils se confiaient sera détruit dans l'enfer, après qu'ils auront été dépouillés de leur gloire.

16 Mais Dieu rachètera *et* délivrera mon âme de la puissance de l'enfer, lorsqu'il m'aura pris *en sa protection*.

17 Ne craignez *donc* point en voyant un homme devenu riche, et sa maison comblée de gloire ;

18 parce que, lorsqu'il sera mort, il n'emportera point tous ses biens, et que sa gloire ne descendra point avec lui.

19 Car son âme recevra la bénédiction pendant sa vie : il vous louera quand vous lui ferez du bien.

20 *Mais* il entrera dans le lieu de la demeure de *tous* ses pères ; et durant toute l'éternité il ne verra plus la lumière.

21 L'homme, tandis qu'il était en honneur, ne l'a point compris : il a été comparé aux bêtes qui n'ont aucune raison ; et il leur est devenu semblable.

PSAUME XLIX.

Psaume d'Asaph, ou, pour Asaph.

LE Seigneur, le Dieu des dieux, a parlé, et il a appelé la terre depuis le lever du soleil jusqu'à son couchant.

2 C'est de Sion que vient tout l'éclat de sa beauté : (3) Dieu viendra manifestement ; notre Dieu *viendra*, et il ne se taira point.

Le feu s'enflammera en sa présence ; et une tempête violente l'environnera.

4 Il appellera d'en haut le ciel, *et d'en bas* la terre, pour faire le discernement de son peuple.

5 Assemblez devant lui tous ses saints, qui font alliance avec lui pour lui offrir des sacrifices.

6 Alors les cieux annonceront sa justice, *et publieront* que c'est Dieu *même* qui est le juge.

7 Écoutez, mon peuple, et je parlerai ; Israël, *écoutez-moi,* et je vous attesterai *la vérité* : C'est moi qui suis Dieu, *qui suis* votre Dieu.

8 Ce n'est point pour vos sacrifices que je vous reprendrai : car vos holocaustes *sont* toujours devant moi.

9 Je n'ai pas besoin de prendre des veaux de votre maison, ni des boucs du milieu de vos troupeaux.

10 Car toutes les bêtes qui sont dans les bois m'appartiennent ; aussi bien que celles qui sont répandues sur les montagnes, et les bœufs.

11 Je connais tous les oiseaux du ciel ; et *tout ce qui fait* la beauté des champs est en ma puissance.

12 Si j'ai faim, je ne vous le dirai pas : car toute la terre est à moi, avec tout ce qu'elle renferme.

13 Est-ce que je mangerai la chair des taureaux ? ou boirai-je le sang des boucs ?

14 Immolez à Dieu un sacrifice de louange, et rendez vos vœux au Très-Haut.

15 Invoquez-moi au jour de l'affliction : je vous en délivrerai ; et vous m'honorerez.

16 Mais Dieu a dit au pécheur : Pourquoi racontez-vous mes justices ? et pourquoi avez-vous mon alliance dans la bouche ?

17 vous qui haïssez la discipline, et qui avez rejeté derrière vous mes paroles.

18 Si vous voyiez un larron, vous couriez *aussitôt* avec lui, et vous faisiez alliance avec les adultères.

19 Votre bouche était toute remplie de malice ; et votre langue ne s'exerçait qu'à inventer des tromperies.

20 Étant assis, vous parliez contre votre frère, et vous prépariez un piège pour *faire tomber* le fils de votre mère.

21 Vous avez fait toutes ces choses, et je me suis tu : vous avez cru, *ô homme* plein d'iniquité ! que je vous serai semblable : *mais* je vous reprendrai *sévèrement*, et je vous exposerai vous-même devant votre face.

22 Comprenez ces choses, vous qui tombez dans l'oubli de Dieu ; de peur qu'il ne vous enlève tout d'un coup, et que nul ne puisse vous délivrer.

23 Le sacrifice de louange est celui par lequel *l'homme* m'honore *véritablement* ; et c'est là la voie par laquelle je lui montrerai le salut de Dieu.

PSAUME L.

Pour la fin, Psaume que composa David (2) lorsque le prophète Nathan vint le trouver à cause qu'il avait péché avec Bethsabée.

3 AYEZ pitié de moi, ô Dieu ! selon votre grande miséricorde ; et effacez mon iniquité selon la multitude de vos bontés.

4 Lavez-moi de plus en plus de mon iniquité ; et purifiez-moi de mon péché.

5 Car je reconnais mon iniquité, et j'ai toujours mon péché devant les yeux.

6 J'ai péché devant vous seul, et j'ai fait le mal en votre présence ; de sorte que vous serez reconnu juste *et véritable* dans vos paroles, et que vous demeurerez victorieux lorsqu'on jugera de votre conduite.

7 Car vous savez que j'ai été formé dans l'iniquité, et que ma mère m'a conçu dans le péché.

8 Car vous avez aimé la vérité ; et vous m'avez révélé les secrets et les mystères de votre sagesse.

9 Vous m'arroserez avec l'hysope, et je serai purifié ; vous me laverez, et je deviendrai plus blanc que la neige.

10 Vous ferez entendre à mon cœur *une parole de* consolation et *de* joie ; et mes os qui sont *brisés et* humiliés *de douleur* tressailliront d'allégresse.

11 Détournez votre face de dessus mes péchés ; et effacez toutes mes iniquités.

12 Créez en moi, ô Dieu ! un cœur pur ; et rétablissez de nouveau un esprit droit dans le fond de mes entrailles.

13 Ne me rejetez pas de devant votre face ; et ne retirez pas de moi votre Esprit-Saint.

14 Rendez-moi la joie qui naît *de la grâce* de votre salut, et affermissez-moi en me donnant un esprit de force.

15 J'enseignerai vos voies aux méchants ; et les impies se convertiront vers vous.

16 Délivrez-moi, ô Dieu ! vous qui êtes le Dieu *et l'auteur* de mon salut, du sang *que j'ai répandu* ; et ma langue relèvera votre justice par des cantiques de joie.

17 Vous ouvrirez mes lèvres, Seigneur ! et ma bouche publiera vos louanges.

18 Car si vous aviez souhaité un sacrifice, je n'aurais pas manqué à vous en offrir : mais vous n'auriez pas les holocaustes pour agréables.

19 Un esprit brisé de douleur est un sacrifice digne de Dieu : vous ne mépriserez pas, ô Dieu ! un cœur contrit et humilié.

20 Seigneur ! traitez favorablement Sion, et faites-lui sentir les effets de votre bonté ; afin que les murs de Jérusalem soient bâtis.

21 C'est alors que vous agréerez un sacrifice de justice, les oblations et les holocaustes ; c'est alors qu'on mettra des veaux sur votre autel *pour vous les offrir*.

PSAUME LI.

Pour la fin, intelligence à David, (2) lorsque Doëz, Iduméen, vint annoncer à Saül que David était venu dans la maison d'Achimélech.

3 POURQUOI vous glorifiez-vous dans votre malice, vous qui *n'*êtes puissant *que* pour commettre l'iniquité ?

4 Votre langue a médité l'injustice durant tout le jour : vous avez comme un rasoir affilé fait passer *insensiblement* votre tromperie.

5 Vous avez plus aimé la malice que la bonté, et vous avez préféré

un langage d'iniquité à celui de la justice.

6 Vous avez aimé, ô langue trompeuse ! toutes les paroles qui tendaient à précipiter *et* à perdre.

7 C'est pourquoi Dieu vous détruira pour toujours ; il vous arrachera *de votre place*, vous fera sortir de votre tente, et *ôtera* votre racine de la terre des vivants.

8 Les justes le verront, et seront dans la crainte ; et ils se riront de lui en disant :

9 Voilà l'homme qui n'a point pris Dieu pour son protecteur, mais qui a mis son espérance dans la multitude de ses richesses, et qui s'est prévalu de son vain pouvoir.

10 Mais pour moi, je suis comme un olivier qui porte du fruit dans la maison de Dieu : j'ai établi mon espérance dans la miséricorde de Dieu pour tous les siècles et pour l'éternité.

11 Je vous louerai éternellement, parce que vous avez agi *ainsi* : et j'attendrai *les effets de l'assistance* de votre *saint* nom ; parce qu'il est rempli de bonté devant les yeux de vos saints.

PSAUME LII.

Pour la fin, sur Mahéleth, intelligence à David.

2 L'INSENSÉ a dit dans son cœur : Il n'y a point de Dieu. Ils ont été corrompus et sont devenus abominables dans leurs iniquités : il n'y en a point qui fasse le bien.

3 Dieu a regardé du haut du ciel sur les enfants des hommes ; afin de voir s'il en trouvera quelqu'un qui ait de l'intelligence, et qui cherche Dieu.

4 *Mais* tous se sont détournés *de la véritable voie*, et sont devenus inutiles : il n'y en a point qui fasse le bien, il n'y en a pas un seul.

5 Ne connaîtront-ils point *enfin ma justice*, tous ces hommes qui commettent l'iniquité, qui dévorent mon peuple ainsi qu'un morceau de pain ?

Ils n'ont point invoqué Dieu ; (6) ils ont tremblé et ont été effrayés là où il n'y avait aucun lieu de craindre.

Car Dieu a brisé les os de ceux qui s'attachent à plaire aux hommes : ils sont tombés dans la confusion, parce que Dieu les a méprisés.

7 Qui fera sortir de Sion le salut d'Israël ? Quand Dieu aura fait finir la captivité de son peuple, Jacob sera transporté de joie, et Israël d'allégresse.

PSAUME LIII.

Pour la fin, sur les cantiques, intelligence à David ; (2) lorsque les habitants du pays de Ziph furent venus, et eurent dit à Saül : David n'est-il pas caché au milieu de nous ?

3 SAUVEZ-MOI, ô Dieu ! par *la vertu de* votre nom ; et faites éclater votre puissance en jugeant en ma faveur.

4 Exaucez, ô Dieu ! ma prière ; rendez vos oreilles attentives aux paroles de ma bouche.

5 Car des étrangers se sont élevés contre moi ; des *ennemis* puissants ont cherché à m'ôter la vie ; et ils ne se sont point proposé Dieu devant les yeux.

6 Mais voilà que Dieu prend ma défense, et que le Seigneur se déclare le protecteur de ma vie.

7 Faites retomber sur mes ennemis les maux *dont ils veulent m'accabler*, et exterminez-les selon la vérité de votre parole.

8 Je vous offrirai volontairement un sacrifice, et je louerai votre nom, Seigneur ! parce qu'il est rempli de bonté.

9 Car vous m'avez délivré de toutes mes afflictions ; et mon œil a regardé mes ennemis avec assurance.

PSAUME LIV.

Pour la fin, sur les cantiques, intelligence à David.

2 EXAUCEZ, ô Dieu ! ma prière ; et ne méprisez pas mon humble supplication : (3) regardez-moi *favorablement*, et exaucez-moi.

J'ai été rempli de tristesse dans l'exercice *et* la méditation *de ma misère* ; et le trouble m'a saisi (4) à la voix *menaçante* de mon ennemi, et sous l'oppression du pécheur.

Car ils m'ont chargé de plusieurs iniquités ; et dans la colère où ils étaient, ils m'ont affligé par leurs persécutions.

5 Mon cœur s'est troublé au dedans de moi, et la crainte de la mort est venue fondre sur moi.

6 J'ai été saisi de frayeur et de tremblement ; et j'ai été tout couvert de ténèbres.

7 Et j'ai dit : Qui me donnera des ailes comme à la colombe, afin que je puisse m'envoler, et me reposer ?

8 Je me suis éloigné par la fuite ; et j'ai demeuré dans la solitude.

9 J'attendais *là* celui qui m'a sauvé de l'abattement *et* de la crainte de *mon* esprit, et de la tempête.

10 Précipitez-les, Seigneur ! divisez leurs langues : parce que j'ai vu la ville toute pleine d'iniquité et de contradiction.

11 L'iniquité l'environnera jour et nuit sur ses murailles : le travail (12) et l'injustice sont au milieu d'elle : il n'y a qu'usure et que tromperie dans ses places publiques.

13 Car si celui qui était mon ennemi m'avait chargé de malédictions, je l'aurais plutôt souffert ; et si celui qui me haïssait avait parlé de moi avec mépris *et* hauteur, peut-être que je me serais caché de lui.

14 Mais c'est vous qui viviez dans un même esprit avec moi, qui étiez le chef de mon conseil, et dans mon étroite confidence ;

15 qui trouviez tant de douceur à vous nourrir des mêmes viandes que moi, et avec qui je marchais avec tant d'union dans la maison de Dieu.

16 Que la mort vienne les accabler, et qu'ils descendent tout vivants dans l'enfer : car leurs demeures sont pleines de malice *et* d'iniquité, et eux-mêmes en sont tout remplis.

17 Mais pour moi, j'ai crié vers Dieu, et le Seigneur me sauvera.

18 Le soir, le matin et à midi, je raconterai *mes misères*, et j'annoncerai *ses miséricordes* ; et il exaucera ma voix.

19 Il me donnera la paix, et rachètera mon âme *des mains* de ceux qui s'approchent *pour* me *perdre* : car ils étaient en grand nombre contre moi.

20 Dieu m'exaucera, et il les humiliera, lui qui subsiste avant tous les siècles.

Car il n'y a point de changement *à attendre* en eux ; parce qu'ils n'ont point la crainte de Dieu : (21) *c'est pourquoi* il a étendu sa main pour leur rendre ce qu'ils méritaient.

Ils ont souillé son alliance, (22) et ils ont été dissipés par la colère de son visage ; et son cœur s'est approché.

Ses discours sont plus doux que l'huile ; mais ils sont en même temps *comme* des flèches.

23 Abandonnez au Seigneur le soin de tout ce qui vous regarde, et lui-même vous nourrira : il ne laissera point le juste dans une éternelle agitation.

24 Mais vous, ô Dieu ! vous les ferez descendre dans le puits *et dans l'abîme* de la mort *éternelle* : les hommes sanguinaires et trompeurs n'arriveront point à la moitié de leurs jours : mais pour moi, Seigneur ! je mettrai en vous toute mon espérance.

PSAUME LV.

Pour la fin. Pour le peuple qui a été éloigné des saints. David mit cette inscription pour titre, lorsque des étrangers l'eurent arrêté à Geth.

2 AYEZ pitié de moi, ô Dieu ! parce que l'homme m'a foulé aux pieds : il n'a point cessé de m'attaquer tout le jour et de m'accabler d'affliction.

3 Mes ennemis m'ont foulé aux pieds tout le jour : car il y en a beaucoup qui me font la guerre.

4 La hauteur du jour me donnera de la crainte : mais j'espérerai en vous.

5 Je louerai en Dieu les paroles *qu'il m'a fait entendre* ; j'ai mis en Dieu mon espérance ; je ne craindrai point tout ce que les hommes pourront faire contre moi.

6 Ils témoignaient tout le jour avoir mes paroles en exécration : toutes leurs pensées ne tendaient qu'à me faire du mal.

7 Ils s'assembleront, et se cacheront : et cependant ils observeront mes démarches.

Comme ils se sont attendus *de* m'ôter la vie, (8) vous ne les sauverez en aucune sorte : vous briserez *plutôt* ces peuples dans votre colère.

Ô Dieu ! (9) je vous ai exposé toute ma vie ; vous avez vu mes larmes *et* vous en avez été touché, ainsi que vous vous y êtes engagé par votre promesse.

10 Mes ennemis seront enfin renversés *et* obligés de retourner en arrière : en quelque jour que je vous invoque, je connais que vous êtes mon Dieu.

11 Je louerai en Dieu la parole *qu'il m'a donnée*, je louerai dans le Seigneur ce qu'il lui a plu de me faire entendre.

12 J'ai mis en Dieu mon espérance ; je ne craindrai point tout ce que l'homme peut me faire.

13 Je conserve, ô Dieu ! le souvenir des vœux que je vous ai faits, et des louanges dont je m'acquitterai envers vous.

14 Car vous avez délivré mon âme de la mort, et mes pieds de la chute *où ils étaient exposés* ; afin que je puisse me rendre agréable devant Dieu dans la lumière des vivants.

PSAUME LVI.

Pour la fin. Ne m'exterminez pas. David a mis cette inscription pour titre, lorsqu'il s'enfuit de devant la face de Saül dans une caverne.

2 AYEZ pitié de moi, ô Dieu ! ayez pitié de moi : car c'est en vous que mon âme a mis sa confiance ; et j'espérerai à l'ombre de vos ailes, jusqu'à ce que l'iniquité soit passée.

3 Je crierai vers le Dieu très-haut, vers le Dieu qui a été mon bienfaiteur.

4 Il a envoyé *son secours* du haut du ciel, et il m'a délivré : il a couvert de confusion *et* d'opprobre ceux qui me foulaient aux pieds.

Dieu a envoyé sa miséricorde et sa vérité, (5) et il a arraché mon âme du milieu des petits lions : j'ai dormi plein de trouble.

Les enfants des hommes ont des dents qui sont comme des armes et des flèches, et leur langue est une épée très-aiguë.

6 Ô Dieu ! élevez-vous au-dessus des cieux ; et *que* votre gloire *éclate* dans toute la terre.

7 Ils ont tendu un piège à mes pieds, et ils y ont abaissé mon âme : ils ont creusé une fosse devant mes yeux ; et ils y sont eux-mêmes tombés.

8 Mon cœur est préparé, ô Dieu ! mon cœur est *tout* préparé : je chanterai, et je ferai retentir *vos louanges* sur les instruments.

9 Levez-vous, ma gloire ; excitez-vous, mon luth et ma harpe : je me lèverai de grand matin.

10 Je vous louerai, Seigneur ! au milieu des peuples, et je chanterai votre gloire parmi les nations ;

11 parce que votre miséricorde s'est élevée jusques aux cieux, et votre vérité jusques aux nuées.

12 Ô Dieu ! élevez-vous au-dessus des cieux, et *que* votre gloire *éclate* dans toute la terre.

PSAUME LVII.

Pour la fin. Ne m'exterminez pas. David a mis celle inscription pour titre.

2 SI vous parlez véritablement et selon la justice, jugez donc aussi selon la même équité, ô enfants des hommes !

3 Mais au contraire vous formez dans le fond de votre cœur des desseins d'iniquité ; et vos mains ne s'emploient qu'à commettre avec adresse des injustices sur la terre.

4 Les pécheurs se sont éloignés *de la justice* dès leur naissance ; et ils se sont égarés dès qu'ils sont sortis du sein de leur mère : ils ont dit des choses fausses.

5 Leur fureur est semblable à celle du serpent, et de l'aspic qui se rend sourd en se bouchant les oreilles ;

6 et qui ne veut point entendre la voix des enchanteurs, *non pas même celle* de l'homme qui sait le mieux l'art d'enchanter.

7 Dieu brisera leurs dents dans leur bouche : le Seigneur mettra en poudre les mâchoires des lions.

8 Ils seront réduits à rien, comme une eau qui passe : il a tendu son arc jusu'à ce qu'ils tombent dans la dernière faiblesse.

9 Ils seront détruits comme la cire que la chaleur fait fondre et couler : le feu est tombé d'en haut sur eux ; et ils n'ont plus vu le soleil.

10 Avant qu'ils puissent connaître que leurs épines sont parvenues jusqu'à la force d'un arbrisseau, il les engloutit comme tout vivants dans sa colère.

11 Le juste se réjouira en voyant la vengeance *que Dieu prendra des impies* ; et il lavera ses mains dans le sang du pécheur.

12 Et les hommes diront alors : Puisque le juste retire du fruit *de sa justice*, il y a sans doute un Dieu qui juge les hommes *sur la terre*.

PSAUME LVIII.

Pour la fin. Ne m'exterminez pas. David a mis cette inscription pour titre, quand Saül envoya des gens, et fit garder sa maison pour le tuer.

2 SAUVEZ-MOI, mon Dieu ! des mains de mes ennemis, et délivrez-moi de ceux qui s'élèvent contre moi.

3 Arrachez-moi du milieu de ces ouvriers d'iniquité ; et sauvez-moi de *tous* ces hommes de sang.

4 Car les voilà qui se sont rendus maîtres de ma vie : des hommes puissants sont venus fondre sur moi.

Ce n'est point, Seigneur ! mon iniquité ni mon péché *qui en est cause :* (5) j'ai couru, et j'ai conduit tous mes pas sans injustice : levez-vous pour venir au-devant de moi *à mon secours*, et considérez *le péril où je me trouve*.

6 Vous, Seigneur ! *qui êtes* le Dieu des armées, le Dieu d'Israël, appliquez-vous à visiter toutes les nations : ne faites point de miséricorde à tous ceux qui commettent l'iniquité.

7 Ils reviendront vers le soir ; et ils seront affamés comme des chiens, et ils tourneront autour de la ville.

8 Ils parleront dans leur bouche *contre moi*, et ils ont une épée sur leurs lèvres : car qui est celui qui nous a écoutés ? *disent-ils*.

9 Et vous, Seigneur ! vous vous rirez d'eux : vous regarderez toutes les nations comme un néant.

10 C'est en vous que *je mettrai et que* je conserverai *toute* ma force ; parce que vous êtes, ô Dieu ! mon défenseur.

11 La miséricorde de mon Dieu me préviendra : Dieu me fera voir la manière dont il veut traiter mes ennemis.

12 Ne les faites pas mourir ; de peur qu'on n'oublie tout à fait mon peuple : dispersez-les par votre puissance, et faites-les déchoir *de cet état d'élévation où ils sont*, vous, Seigneur ! qui êtes mon protecteur,

13 *à cause* du crime sorti de leur bouche, et du discours qu'ils ont proféré de leurs lèvres ; et qu'ils soient surpris dans leur propre

orgueil.

Et l'on publiera contre eux l'exécration et le mensonge dont ils sont coupables, (14) au jour de la consommation, lorsqu'ils seront consumés par votre colère, et ils ne subsisteront plus.

Et ils connaîtront alors que Dieu possédera l'empire, non seulement sur Jacob, mais encore sur toute l'étendue de la terre.

15 Ils reviendront vers le soir, et ils souffriront la faim comme des chiens ; et ils tourneront autour de la ville.

16 Ils se disperseront pour chercher de quoi manger ; et s'ils ne sont point rassasiés, ils s'abandonneront au murmure.

17 Mais pour moi, je chanterai les louanges de votre puissance, et je rendrai gloire dès le matin à votre miséricorde par des chants de joie ; parce que vous vous êtes déclaré mon protecteur, et que vous êtes devenu mon refuge au jour de mon affliction.

18 Je chanterai votre gloire, ô mon défenseur ! parce que vous êtes le Dieu qui me protégez : vous êtes mon Dieu, ma miséricorde.

PSAUME LIX.

Pour la fin, pour ceux qui seront changés. Ceci est l'inscription du titre, pour servir d'instruction à David, (2) lorsqu'il brûla la Mésopotamie de Syrie et la Province de Sobal, et que Joab étant revenu, frappa l'Idumée dans la vallée des Salines, par la défaite de douze mille hommes.

3 Ô DIEU ! vous nous avez rejetés, et vous nous avez détruits ; vous vous êtes mis en colère, et vous avez eu *ensuite* pitié de nous.

4 Vous avez ébranlé la terre, et vous l'avez toute troublée : guérissez en elle ce qu'il y a de brisé, parce qu'elle a été ébranlée.

5 Vous avez fait voir *et* sentir à votre peuple des choses dures : vous nous avez fait boire d'un vin de douleur *et* de componction.

6 Vous avez donné à ceux qui vous craignent un signal, afin qu'ils fuient de devant l'arc.

7 Afin donc que vos bien-aimés soient délivrés, sauvez-moi par votre droite, et exaucez-moi.

8 Dieu a parlé par son saint : je me réjouirai, et je ferai le partage de Sichem ; et je prendrai les mesures de la Vallée des tentes.

9 Galaad est à moi, aussi bien que Manassé ; et Éphraïm est la force de ma tête ; Juda est le prince de mes États.

10 Moab est comme un vase qui nourrit mon espérance ; je m'avancerai dans l'Idumée, et la foulerai aux pieds : les étrangers m'ont été assujettis.

11 Qui est celui qui me conduira jusque dans la ville fortifiée ? qui est celui qui me conduira jusqu'en Idumée ?

12 Ne sera-ce pas vous, ô Dieu ! vous qui nous aviez rejetés, et qui ne marchiez plus, ô Dieu ! à la tête de nos armées ?

13 Donnez-nous votre secours pour nous tirer de l'affliction ; parce qu'on espère en vain son salut de la part de l'homme.

14 Avec Dieu nous ferons des actions de vertu *et* de courage ; et il réduira lui-même au néant tous ceux qui nous persécutent.

PSAUME LX.

Pour la fin, sur les cantiques de David.

2 EXAUCEZ, ô Dieu ! l'ardente supplication que je vous fais : soyez attentif à ma prière.

3 J'ai crié vers vous des extrémités de la terre, lorsque mon cœur était accablé de tristesse : vous m'avez placé en un lieu élevé sur la pierre.

Vous m'avez conduit vous-même ; (4) parce que vous êtes devenu mon espérance, et *comme* une forte tour contre l'ennemi.

5 Je demeurerai pour toujours dans votre *saint* tabernacle : je serai en sûreté et à couvert sous vos ailes.

6 Car vous avez exaucé, ô mon Dieu ! ma prière : vous avez donné un héritage à ceux qui craignent votre nom.

7 Vous multiplierez les jours du Roi, et *vous étendrez* ses années dans la suite de toutes les races.

8 Il demeurera éternellement en la présence de Dieu : qui est celui qui recherchera *et* qui approfondira sa miséricorde et sa vérité ?

9 C'est ainsi que je chanterai dans toute la suite des siècles des cantiques à *la gloire de* votre nom, pour m'acquitter chaque jour des vœux dont je vous suis redevable.

PSAUME LXI.

Pour la fin, pour Idithun, Psaume de David.

2 MON âme ne sera-t-elle pas soumise à Dieu, puisque c'est de lui que je dois attendre mon salut ?

3 C'est lui-même qui est mon Dieu et mon Sauveur ; c'est lui qui est mon protecteur : *c'est pourquoi* je ne serai plus ébranlé.

4 Jusques à quand vous jetterez-vous sur un homme *seul* ; et vous joignant tous ensemble pour le tuer, *le pousserez-vous* comme une muraille qui penche déjà, et une masure tout ébranlée ?

5 Ils ont entrepris de me dépouiller de ma dignité, et j'ai couru dans l'ardeur de ma soif : ils me bénissaient de bouche, et me maudissaient dans leur cœur.

6 Néanmoins, mon âme, tenez-vous soumise à Dieu ; puisque c'est de lui que vient ma patience :

7 puisque c'est lui-même qui est mon Dieu et mon Sauveur, c'est lui qui prend ma défense ; et je ne serai point ébranlé.

8 C'est en Dieu que je trouve mon salut et ma gloire ; c'est de Dieu que j'attends du secours, et mon espérance est en Dieu.

9 Espérez en lui, vous tous qui composez l'assemblée de *mon* peuple ; répandez vos cœurs devant lui : Dieu sera notre défenseur éternel.

10 Mais les enfants des hommes sont vains : les enfants des hommes ont de fausses balances, et ils s'accordent ensemble dans la vanité pour user de tromperie.

11 Gardez-vous bien de mettre votre espérance dans l'iniquité, et de désirer d'avoir du bien par violence. Si vous avez beaucoup de richesses, gardez-vous bien d'y attacher votre cœur.

12 Dieu a parlé une fois, et j'ai entendu ces deux choses : *l'une,* Que la puissance appartient à Dieu, (13) et qu'à vous, Seigneur ! est la miséricorde. *l'autre,* Que vous rendrez à chacun selon ses œuvres.

PSAUME LXII.

Psaume de David, lorsqu'il était dans le désert de l'Idumée.

2 Ô DIEU ! ô mon Dieu ! je veille *et* j'aspire vers vous dès que la lumière paraît : mon âme brûle d'une soif *ardente* pour vous ; et en combien de manières ma chair se sent-elle aussi pressée de cette ardeur !

Dans cette terre déserte où je me trouve, et où il n'y a ni chemin, ni eau, (3) je me suis présenté devant vous comme dans votre sanctuaire, pour contempler votre puissance et votre gloire.

4 Car votre miséricorde m'est plus précieuse que la vie : mes lèvres seront occupées a vous louer.

5 Ainsi je vous bénirai tant que je vivrai ; et je lèverai mes mains *vers le ciel* en *invoquant* votre nom.

6 Que mon âme soit remplie, et comme rassasiée et engraissée, et ma bouche vous louera dans de *saints* transports de joie.

7 Si je me suis souvenu de vous étant sur mon lit, je serai occupé le matin de la méditation de votre *grandeur*.

8 Car vous avez pris ma défense ; et je me réjouirai à l'ombre de vos ailes.

9 Mon âme s'est attachée à vous suivre ; et votre droite m'a soutenu.

10 Quant à eux, c'est en vain qu'ils ont cherché à m'ôter la vie :

ils entreront dans les parties les plus basses de la terre.

11 Ils seront livrés à l'épée, ils deviendront le partage des renards.

12 Mais pour le Roi, il se réjouira en Dieu : tous ceux qui se sont engagés à lui par serment, recevront des louanges ; parce que la bouche de ceux qui disaient des choses injustes a été fermée.

PSAUME LXIII.

Pour la fin, Psaume de David.

2 EXAUCEZ, ô Dieu ! la prière que je vous offre avec ardeur : délivrez mon âme de la crainte de l'ennemi.

3 Vous m'avez protégé contre l'assemblée des méchants, contre la multitude de ceux qui commettent l'iniquité.

4 Car ils ont aiguisé leurs langues comme une épée ; et ils ont tendu leur arc avec la dernière aigreur, (5) afin de percer de leurs flèches l'innocent dans l'obscurité.

Ils perceront tout d'un coup, sans qu'il leur reste aucune crainte, (6) s'étant affermis dans l'impie résolution qu'ils ont prise.

Ils ont consulté ensemble les moyens de cacher leurs pièges ; *et* ils ont dit : Qui pourra les découvrir ?

7 Ils ont cherché des crimes *pour m'en accuser* ; mais ils se sont épuisés inutilement dans ces recherches.

L'homme entrera dans le plus profond de son cœur, (8) et Dieu sera élevé.

Les plaies qu'ils font sont comme celles des flèches des petits enfants ; (9) et leurs langues ont perdu leur force en se tournant contre eux-mêmes.

Tous ceux qui les voyaient ont été remplis de trouble, (10) et tout homme a été saisi de frayeur.

Et ils ont annoncé les œuvres de Dieu ; et ils ont eu l'intelligence de ses ouvrages.

11 Le juste se réjouira au Seigneur, et espérera en lui ; et tous ceux qui ont le cœur droit, seront *éternellement* loués.

PSAUME LXIV.

Pour la fin, Psaume de David. Cantique de Jérémie et d'Ézéchiel, pour le peuple qui a été transporté, lorsqu'il commençait à sortir.

2 C'EST vous, ô Dieu ! qu'il convient de louer dans Sion ; et c'est à vous que l'on doit rendre des vœux dans Jérusalem.

3 Exaucez *donc* ma prière : toute chair viendra à vous.

4 Les paroles des méchants ont prévalu contre nous : mais vous nous accorderez le pardon de nos impiétés.

5 Heureux celui que vous avez choisi et pris à votre service : il demeurera dans votre temple.

Nous serons remplis des biens de votre maison : votre temple est saint ; (6) il est admirable à cause de la justice *et* de l'équité *qui y règne*.

Exaucez-nous, ô Dieu notre Sauveur ! qui êtes l'espérance de toutes les nations de la terre, et même de celles qui sont les plus éloignées dans la mer :

7 vous qui êtes revêtu de force ; qui affermissez les montagnes par votre puissance ; (8) qui troublez la mer jusque dans son fond, et *qui faites retentir* le bruit de ses flots.

Les nations seront troublées. (9) et ceux qui habitent les extrémités de la terre seront effrayés par les signes éclatants *de votre puissance* : vous répandrez la joie depuis l'orient jusqu'à l'occident.

10 Vous avez visité la terre, et vous l'avez comme enivrée *de vos pluies* : vous l'avez comblée de toutes sortes de richesses. Le fleuve de Dieu a été rempli d'eaux ; et vous avez *par là* préparé de quoi nourrir les habitants de la terre : car c'est ainsi que vous préparez la terre *pour leur nourriture*.

11 Enivrez d'eau ses sillons, multipliez ses productions ; et elle semblera se réjouir de l'abondance de ses rosées par les fruits qu'elle produira.

12 Vous comblerez de bénédiction tout le cours de l'année *par les effets* de votre miséricorde ; et vos champs seront remplis par l'abondance de toutes sortes de fruits.

13 Les lieux déserts *que les pâturages rendent* agréables seront engraissés, et l'allégresse environnera les collines.

14 Les béliers ont été environnés d'une multitude de brebis ; et les vallées seront pleines de froment : *enfin* tout retentira de cris et de cantiques *à votre gloire*.

PSAUME LXV.

Pour la fin, Cantique *ou* Psaume de la résurrection.

TÉMOIGNEZ à Dieu de saints transports de joie, vous tous, habitants de la terre ; (2) chantez des cantiques en son honneur ; rendez-lui par vos louanges la gloire qui lui est due.

3 Dites à Dieu : Que vos ouvrages, Seigneur ! sont terribles ! la grandeur de votre puissance convaincra vos ennemis de mensonge.

4 Que toute la terre vous adore, et chante vos louanges ; qu'elle chante des cantiques à *la gloire de* votre nom.

5 Venez et voyez les œuvres de Dieu ; *et combien* il est terrible dans ses desseins sur les enfants des hommes :

6 lui qui a changé la mer en une terre sèche ; et qui a fait que les peuples ont passé le fleuve à pied sec : c'est là que nous nous réjouirons en lui ;

7 lui qui a par lui-même un empire souverain et éternel, et dont les yeux sont appliqués à regarder les nations : que ceux-là *donc* qui irritent sa colère, ne s'élèvent point d'orgueil en eux-mêmes.

8 Nations, bénissez notre Dieu ; et faites entendre votre voix en publiant ses louanges.

9 C'est lui qui a conservé la vie à mon âme, et qui n'a point permis que mes pieds aient été ébranlés.

10 Car vous nous avez éprouvés, ô Dieu ! vous nous avez éprouvés par le feu, ainsi qu'on éprouve l'argent.

11 Vous nous avez fait tomber dans le piège *de nos ennemis* ; vous avez chargé nos épaules de toutes sortes d'afflictions *comme d'un fardeau*.

12 Vous avez mis sur nos têtes des hommes *qui nous accablaient* : nous avons passé par le feu et par l'eau ; et vous nous avez enfin conduits dans un lieu de rafraîchissement.

13 J'entrerai dans votre maison, où je vous offrirai des holocaustes : je m'acquitterai envers vous des vœux (14) que mes lèvres ont proférés, et que ma bouche a prononcés durant mon affliction.

15 Je vous offrirai en holocauste des victimes grasses, avec la fumée des chairs brûlées des béliers ; et je vous offrirai des bœufs avec des boucs.

16 Venez et écoutez, vous tous qui avez la crainte de Dieu ; et je vous raconterai combien il a fait de grâces à mon âme.

17 J'ai ouvert ma bouche, et crié vers lui ; et je me suis servi de ma langue pour relever sa grandeur.

18 Si j'ai regardé l'iniquité au fond de mon cœur, le Seigneur ne m'exaucera pas.

19 C'est pour cela que Dieu m'a exaucé, et qu'il a été attentif à la voix de mon humble prière.

20 Que Dieu soit béni, lui qui n'a point rejeté ma prière, ni retiré sa miséricorde de dessus moi.

PSAUME LXVI.

Pour la fin, sur les hymnes, Psaume *ou* cantique de David.

2 QUE Dieu ait *enfin* pitié de nous, et nous comble de ses bénédictions : qu'il répande sur nous la lumière de son visage, et qu'il fasse éclater sur nous sa miséricorde :

3 afin que nous connaissions, *Seigneur !* votre voie sur la terre, et que le salut que vous procurez soit connu de toutes les nations.

4 Que tous les peuples, ô Dieu ! publient vos louanges ; que tous les peuples vous louent *et* vous rendent grâces.

5 Que les nations se réjouissent et soient transportées de joie ; parce que vous jugez les peuples dans l'équité, et que vous conduisez dans la droiture les nations sur la terre.

6 Que les peuples, ô Dieu ! publient vos louanges ; que tous les peuples vous louent : (7) la terre a donné son fruit.

Que Dieu, que notre Dieu nous bénisse ; (8) que Dieu nous comble de ses bénédictions ; et qu'il soit craint jusqu'aux extrémités de la terre.

PSAUME LXVII.

Pour la fin, Psaume *ou* cantique à David.

2 QUE le Seigneur se lève, et que ses ennemis soient dissipés ; et que ceux qui le haïssent, fuient de devant sa face.

3 Comme la fumée disparaît, qu'ils disparaissent de même ; et comme la cire fond au feu, que les pécheurs périssent aussi devant la face de Dieu.

4 Mais que les justes soient comme dans un festin ; qu'ils se réjouissent en la présence de Dieu, et qu'ils soient dans des transports de joie.

5 Chantez les louanges de Dieu, faites retentir des cantiques à *la gloire de* son nom : préparez le chemin à celui qui est monté sur le couchant ; le Seigneur est son nom.

Soyez dans de saints transports de joie en sa présence. *Ses ennemis* seront remplis de trouble à la vue de son visage.

6 Il est le père des orphelins, et le juge des veuves. Dieu est présent dans son lieu saint.

7 Dieu fait demeurer dans sa maison ceux qui n'ont qu'un même esprit : il délivre *et* fait sortir par sa puissance ceux qui étaient dans les liens, comme *il a délivré* ceux qui irritaient sa colère, et qui habitaient dans des sépulcres.

8 Ô Dieu ! quand vous marchiez devant votre peuple, quand vous passiez dans le désert,

9 la terre fut ébranlée, et les cieux fondirent en eaux devant le Dieu de Sinaï, devant le Dieu d'Israël.

10 Vous séparerez, ô Dieu ! *et* vous destinerez pour *les peuples qui sont* votre héritage, une pluie toute volontaire ; et s'ils ont été affaiblis, vous leur avez donné votre protection.

11 Vos animaux demeureront dans votre héritage : vous avez, ô Dieu ! préparé par *un effet de* votre douceur *une* nourriture pour le pauvre.

12 Le Seigneur remplira de sa parole les hérauts de sa gloire, afin qu'ils l'annoncent avec une grande force.

13 Le roi le plus fort tombera sous celui qui est chéri, et le bien-aimé *de Dieu* ; et le partage qu'il fera des dépouilles *des vaincus* contribuera à la beauté de sa maison.

14 Quand vous seriez comme à demi morts au milieu des plus grands périls, vous deviendriez comme la colombe dont les ailes sont argentées, et dont l'extrémité du dos représente l'éclat de l'or.

15 Pendant que le *Roi* du ciel exerce son jugement sur les rois en faveur de notre terre, *ses habitants* deviendront blancs comme la neige du mont Selmon.

16 La montagne de Dieu est une montagne grasse ; c'est une montagne fertile et remplie de graisse.

17 Mais pourquoi regardez-vous avec admiration des montagnes qui sont grasses et fertiles ? C'est une montagne où il a plu à Dieu d'habiter : car le Seigneur y demeurera jusqu'à la fin.

18 Le char de Dieu est environné de plus de dix mille : ce sont des millions *d'anges* qui sont dans de *saints* transports de joie : le Seigneur est au milieu d'eux dans son sanctuaire, comme autrefois à Sinaï.

19 Vous êtes monté en haut ; vous avez emmené un grand nombre de captifs : vous avez distribué des présents aux hommes ; et même *vous avez fait en faveur* des incrédules, que le Seigneur, *notre* Dieu, demeurât *au milieu d'eux*.

20 Que le Seigneur soit béni dans toute la suite des jours : le Dieu qui nous sauve en tant de manières nous rendra heureuse la voie où nous marchons.

21 Notre Dieu est le Dieu qui a la vertu de sauver *les peuples* ; et il appartient au Seigneur, au Seigneur *suprême*, de délivrer de la mort.

22 Mais Dieu brisera les têtes de ses ennemis, les têtes superbes de ceux qui marchent avec complaisance dans leurs péchés.

23 Le Seigneur a dit : Je vous retirerai *d'entre les mains du roi* de Basan ; et je vous retirerai du fond de la mer :

24 en sorte que votre pied sera teint dans le sang de vos ennemis ; et que la langue de vos chiens en sera aussi abreuvée.

25 Ils ont vu, ô Dieu ! votre entrée, l'entrée *triomphante* de mon Dieu, de mon Roi, qui réside dans son sanctuaire.

26 Et les princes, conjointement avec ceux qui chantent de saints cantiques, *se sont hâtés de venir au-devant de lui,* au milieu des jeunes filles qui jouaient des instruments *et* qui battaient du tambour.

27 Bénissez Dieu dans les assemblées ; *bénissez* le Seigneur, *vous qui êtes des ruisseaux sortis* des sources d'Israël.

28 Là se trouve le petit Benjamin, qui est dans l'admiration *et* l'étonnement ; là se trouvent les princes de Juda, leurs chefs ; les princes de Zabulon, et les princes de Nephthali.

29 Faites éclater, ô Dieu ! *en notre faveur* votre vertu *toute-puissante* ; ô Dieu ! affermissez ce que vous avez fait en nous ; *affermissez-le* (30) du milieu de votre temple qui est dans Jérusalem : les rois vous offriront des présents.

31 Réprimez ces bêtes sauvages qui habitent dans les roseaux : c'est une assemblée de peuples semblable à un troupeau de taureaux et de vaches *qui sont en fureur*, qui a conspiré de chasser ceux qui ont été éprouvés comme l'argent.

Dissipez les nations qui ne respirent que la guerre. (32) Il viendra de l'Égypte des ambassadeurs ; l'Éthiopie sera la première à tendre ses mains vers Dieu.

33 Royaumes de la terre, chantez les louanges de Dieu ; faites retentir des cantiques à *la gloire du* Seigneur ; chantez en l'honneur de Dieu, (34) qui est monté au-dessus de tous les cieux vers l'orient.

Sachez qu'il rendra sa voix une voix forte et puissante : (35) rendez gloire à Dieu pour *les prodiges qu'il a faits en faveur d'*Israël. Sa magnificence et sa force paraissent dans les nuées.

36 Dieu est admirable dans ses saints : le Dieu d'Israël donnera lui-même à son peuple une vertu et une force *invincible*. Que Dieu soit béni !

PSAUME LXVIII.

Pour la fin, pour ceux qui seront changés, *Psaume* de David.

2 SAUVEZ-MOI, ô Dieu ! parce que les eaux sont entrées jusque dans mon âme.

3 Je suis enfoncé dans une boue profonde, et je n'y trouve pas où poser le pied ; je suis descendu dans la profondeur de la mer ; et la tempête m'a submergé.

4 Je me suis fatigué à crier, et ma gorge en a été enrouée ; mes yeux se sont épuisés par la longue attente qui les tient attachés sur mon Dieu.

5 Ceux qui me haïssent sans sujet sont en plus grand nombre que les cheveux de ma tête ; mes ennemis qui me persécutent injustement, se sont fortifiés contre moi ; et j'ai payé ce que je n'avais pas pris.

6 Ô Dieu ! vous connaissez ma folie, et mes péchés ne vous sont point cachés.

7 Seigneur, *qui êtes* le Dieu des armées ! que ceux qui vous attendent ne rougissent point à cause de moi, que ceux qui vous cherchent ne soient point confondus sur mon sujet, ô Dieu

d'Israël !

8 car c'est pour votre gloire que j'ai souffert tant d'opprobres, et que mon visage a été couvert de confusion.

9 Je suis devenu comme un étranger à mes frères, et comme un inconnu aux enfants de ma mère ;

10 parce que le zèle de *la gloire de* votre maison m'a dévoré ; et que les outrages de ceux qui vous insultaient sont tombés sur moi.

11 J'ai *affligé et* humilié mon âme par le jeûne ; et cela même a été pour moi un sujet d'opprobre.

12 J'ai pris pour mon vêtement un cilice ; et je suis par là devenu *encore* le sujet de leur raillerie.

13 Ceux qui étaient assis à la porte, parlaient contre moi ; et ceux qui buvaient du vin, me raillaient par leurs chansons.

14 Mais pour moi, Seigneur ! *je vous offrais* ma prière *en vous disant :* Voici le temps, ô Dieu ! de faire éclater votre bonté : exaucez-moi selon la grandeur de votre miséricorde, et selon la vérité *des promesses que vous m'avez faites* de me sauver.

15 Retirez-moi du milieu de cette boue, afin que je n'y demeure point enfoncé : délivrez-moi de ceux qui me haïssent, et du fond des eaux.

16 Que la tempête ne me submerge point ; que je ne sois point enseveli dans cet abîme ; et que l'ouverture du puits *où je suis tombé*, ne soit point fermée sur moi.

17 Exaucez-moi, Seigneur ! vous dont la miséricorde est remplie de douceur : regardez-moi favorablement selon l'abondance de vos *divines* miséricordes.

18 Ne détournez point votre visage de dessus votre serviteur : exaucez-moi promptement, parce que je suis accablé d'affliction.

19 Soyez attentif sur mon âme, et délivrez-la : tirez-moi de cet état pour *humilier* mes ennemis.

20 Vous connaissez les opprobres dont ils m'ont chargé ; la confusion et la honte dont je suis couvert : tous ceux qui me persécutent sont exposés à vos yeux.

21 Mon cœur s'est préparé à toutes sortes d'opprobres et de misères : et j'ai attendu que quelqu'un s'attristât avec moi ; mais nul ne l'a fait : j'ai attendu que quelqu'un me consolât ; mais je n'ai trouvé personne *qui voulût le faire*.

22 Ils m'ont donné du fiel pour ma nourriture ; et dans ma soif ils m'ont présenté du vinaigre à boire.

23 Que leur table soit devant eux *comme* un filet *où ils soient pris* ; qu'elle leur soit une juste punition, et une pierre de scandale.

24 Que leurs yeux soient tellement obscurcis, qu'ils ne voient point ; et faites que leur dos soit toujours courbé contre terre.

25 Faites fondre sur eux *tous les traits de* votre colère ; et qu'ils se trouvent exposés à *toute* la violence de votre fureur.

26 Que leur demeure devienne déserte ; et qu'il n'y ait personne qui habite dans leurs tentes ;

27 parce qu'ils ont persécuté celui que vous avez frappé, et qu'ils ont ajouté à la douleur de mes plaies *des douleurs nouvelles*.

28 Faites qu'ils ajoutent iniquité sur iniquité ; et qu'ils n'entrent point dans votre justice.

29 Qu'ils soient effacés du livre des vivants ; et qu'ils ne soient point écrits avec les justes.

30 Pour moi, je suis pauvre et dans la douleur : *mais* votre puissance, ô Dieu ! m'a sauvé.

31 Je louerai le nom de Dieu en chantant un cantique ; et je relèverai sa grandeur par mes louanges :

32 et cela sera plus agréable à Dieu que le sacrifice d'un jeune veau, à qui les cornes et les ongles ont commencé à pousser.

33 Que les pauvres voient ceci, et qu'ils se réjouissent : cherchez Dieu ; et votre âme vivra.

34 Car le Seigneur a exaucé les pauvres ; et il n'a point méprisé ses *serviteurs* qui étaient dans les liens.

35 Que les cieux et la terre le louent, aussi bien que la mer, et tous les animaux qu'ils contiennent.

36 Car Dieu sauvera Sion, et les villes de Juda seront bâties *de nouveau : ses enfants* y habiteront, et posséderont *de nouveau* cette terre comme leur héritage.

37 Et la race de ses serviteurs la possédera ; et ceux qui aiment son nom, y établiront leur demeure.

PSAUME LXIX.

Pour la fin, Psaume de David, en mémoire (2) de ce que Dieu l'avait sauvé.

VENEZ à mon aide, ô Dieu ! hâtez-vous, Seigneur ! de me secourir.

3 Que ceux qui cherchent à m'ôter la vie, soient confondus et couverts de honte ; que ceux qui veulent m'accabler de maux, soient obligés de retourner en arrière, et qu'ils soient chargés de confusion ; (4) que ceux qui me disent des paroles de raillerie *et* d'insulte, soient renversés aussitôt avec honte.

5 Mais que tous ceux qui vous cherchent, se réjouissent en vous et soient transportés de joie ; et que ceux qui aiment le salut qui vient de vous, disent sans cesse : Que le Seigneur soit glorifié.

6 Pour moi, je suis pauvre et dans l'indigence ; ô Dieu ! aidez-moi : vous êtes mon protecteur et mon libérateur ; Seigneur ! ne tardez pas.

PSAUME LXX.

Psaume de David, des enfants de Jonadab, et des premiers captifs.

C'EST en vous, Seigneur ! que j'ai mis mon espérance : ne permettez pas que je sois confondu pour jamais.

2 Délivrez-moi par un effet de votre justice, et sauvez-moi : rendez votre oreille attentive pour m'écouter ; et sauvez-moi.

3 Que je trouve en vous un Dieu qui me protège, et un asile assuré, afin que vous me sauviez ; parce que vous êtes ma force et mon refuge.

4 Tirez-moi, mon Dieu ! d'entre les mains du pécheur, et de la puissance de celui qui agit contre votre loi, et de l'homme injuste.

5 Car vous êtes, Seigneur ! *l'objet de* mon attente : Seigneur ! vous avez toujours été mon espérance dès ma jeunesse.

6 J'ai été affermi en vous avant ma naissance : vous vous êtes déclaré mon protecteur dès que je suis sorti du sein de ma mère : vous avez toujours été *le sujet de* mes cantiques.

7 J'ai paru comme un prodige à plusieurs ; mais vous êtes mon protecteur tout-puissant.

8 Que ma bouche soit *toujours* remplie de *vos* louanges ; afin que je chante votre gloire, et que je sois continuellement appliqué a publier votre grandeur.

9 Ne me rejetez pas dans le temps de ma vieillesse ; et maintenant que ma force s'est affaiblie, ne m'abandonnez pas.

10 Car mes ennemis ont parlé contre moi ; et ceux qui observent mon âme, ont tenu ensemble conseil *pour me perdre*,

11 en disant : Dieu l'a abandonné : attachez-vous à le poursuivre et à le prendre ; parce qu'il n'y a personne pour le délivrer.

12 Ô Dieu ! ne vous éloignez point de moi : regardez-moi, mon Dieu ! pour me secourir.

13 Que ceux qui répandent des calomnies contre moi, soient confondus et frustrés de leurs desseins ; que ceux qui cherchent à m'accabler de maux, soient couverts de confusion et de honte.

14 Pour moi, je ne cesserai jamais d'espérer, et je vous donnerai toujours de nouvelles louanges.

15 Ma bouche publiera votre justice, et *racontera* tout le jour votre assistance salutaire.

Car je ne connais point la science *humaine* ; (16) *mais* je me renfermerai dans la considération de la puissance du Seigneur : Seigneur ! je me souviendrai seulement de votre justice.

17 C'est vous-même, ô Dieu ! qui m'avez instruit dès ma jeunesse ; et je publierai vos merveilles que j'ai éprouvées jusqu'à présent.

18 Ne m'abandonnez donc pas, ô Dieu ! dans ma vieillesse, et dans mon âge avancé : jusqu'à ce que j'aie annoncé *la force* de

votre bras a toute la postérité qui doit venir ;

votre puissance (19) et votre justice *qui a éclaté*, ô Dieu ! jusque dans les lieux les plus élevés, par les grandes choses que vous avez faites : ô Dieu ! qui est semblable à vous ?

20 Combien m'avez-vous fait éprouver d'afflictions différentes et très-pénibles ! et en vous tournant de nouveau vers moi, vous m'avez comme redonné la vie, et retiré des abîmes de la terre.

21 Vous avez fait éclater en plusieurs manières à mon égard la magnificence de votre *gloire* ; et me regardant de nouveau favorablement, vous m'avez rempli de consolation.

22 Car je vous glorifierai encore, ô Dieu ! en publiant votre vérité au son des instruments de musique : je chanterai vos louanges sur la harpe, ô Saint d'Israël !

23 Mes lèvres feront retentir leur joie au milieu des airs que je chanterai à votre louange ; et mon âme, que vous avez délivrée, *participera à cette allégresse*.

24 Ma langue enfin sera appliquée tout le jour à annoncer votre justice, lorsque ceux qui cherchent à m'accabler, seront tout couverts de confusion et de honte.

PSAUME LXXI.

Psaume pour Salomon.

2 Ô DIEU ! donnez au roi *la droiture de* vos jugements, et au fils du roi *la lumière de* votre justice : afin qu'il juge votre peuple selon *les règles de* cette justice, et vos pauvres selon *l'équité de* vos jugements.

3 Que les montagnes reçoivent la paix pour le peuple, et les collines la justice.

4 Il jugera les pauvres d'entre le peuple : il sauvera les enfants des pauvres, et humiliera le calomniateur.

5 Il demeurera autant que le soleil et la lune, dans toutes les générations.

6 Il descendra comme la pluie sur une toison, et comme l'eau qui tombe goutte à goutte sur la terre.

7 La justice paraîtra de son temps, avec une abondance de paix, qui durera autant que la lune.

8 Et il régnera depuis une mer jusqu'à une autre mer, et depuis le fleuve jusqu'aux extrémités de la terre.

9 Les Éthiopiens se prosterneront devant lui, et ses ennemis baiseront la terre.

10 Les rois de Tharse et les îles lui offriront des présents ; les rois de l'Arabie et de Saba lui apporteront des dons ;

11 et tous les rois de la terre l'adoreront ; toutes les nations lui seront assujetties.

12 Car il délivrera le pauvre des mains du puissant, le pauvre qui n'avait personne qui l'assistât.

13 Il aura compassion de celui qui est pauvre et dans l'indigence, et il sauvera les âmes des pauvres.

14 Il rachètera leurs âmes des usures et de l'iniquité, et leur nom sera en honneur devant lui.

15 Et il vivra, et on lui donnera de l'or de l'Arabie, on sera dans de perpétuelles adorations sur son sujet, et les peuples le béniront durant tout le jour.

16 Et l'on verra le froment semé dans la terre sur le haut des montagnes pousser son fruit, qui s'élèvera plus haut que *les cèdres du* Liban ; et la cité *sainte* produira une multitude de peuples semblable à l'herbe de la terre.

17 Que son nom soit béni dans tous les siècles ; son nom subsistera autant que le soleil : et tous les peuples de la terre seront bénis en lui ; toutes les nations rendront gloire à sa grandeur.

18 Que le Seigneur, le Dieu d'Israël, soit béni, lui qui fait seul des choses miraculeuses.

19 Et que le nom de sa majesté soit béni éternellement ; et que toute la terre soit remplie de sa majesté. Que cela soit ainsi ! que cela soit ainsi !

20 Ici finissent les cantiques de David, fils de Jessé.

PSAUME LXXII.

Psaume d'Asaph.

QUE Dieu est bon à Israël, à ceux qui ont le cœur droit !

2 Mais pour moi, mes pieds ont pensé me manquer ; et je suis presque tombé en marchant ;

3 parce que j'ai été touché d'un sentiment de jalousie contre les méchants, en voyant la paix des pécheurs ;

4 car ils n'envisagent point leur mort ; et les plaies dont ils sont frappés, ne durent pas.

5 Ils ne participent point aux travaux ni aux misères des hommes, et n'éprouvent point les fléaux auxquels les autres hommes sont exposés.

6 C'est ce qui les rend superbes ; ils sont tout couverts de leur iniquité et de leur impiété.

7 Leur iniquité est comme née de leur abondance *et* de leur graisse : ils se sont abandonnés à toutes les passions de leur cœur.

8 Toutes leurs pensées et toutes leurs paroles étaient remplies de malice : ils ont proféré hautement l'iniquité *qu'ils avaient conçue*.

9 Ils ont ouvert leur bouche contre le ciel ; et leur langue a répandu par toute la terre *leurs calomnies*.

10 C'est pourquoi mon peuple tournant sa vue vers ces choses, et trouvant en eux des jours pleins *et heureux*,

11 il se laisse aller à dire : Comment est-il possible que Dieu connaisse ce qui se passe ? et le Très-Haut a-t-il véritablement la connaissance de toutes choses ?

12 Voilà les pécheurs eux-mêmes dans l'abondance de tous les biens de ce monde ; ils ont acquis de grandes richesses.

13 Et j'ai dit : C'est donc inutilement que j'ai travaillé à purifier mon cœur ; et que j'ai lavé mes mains dans la compagnie des innocents ;

14 puisque j'ai été affligé durant tout le jour, et châtié dès le matin.

15 Si je disais *en moi-même*, que je parlerais de la sorte, j'ai reconnu ne pouvoir le faire sans condamner toute la *sainte* société de vos enfants.

16 J'ai donc pensé à vouloir pénétrer *ce secret* ; mais un grand travail s'est présenté devant moi ;

17 jusqu'à ce que j'entre dans le sanctuaire de Dieu, et que j'y comprenne quelle doit être leur fin.

18 Il est très-vrai, *ô Dieu !* que cette prospérité où vous les avez établis, leur est devenue un piège : vous les avez renversés dans le temps même qu'ils s'élevaient.

19 Oh ! comment sont-ils tombés dans la dernière désolation ? Ils ont manqué tout d'un coup ; et ils ont péri à cause de leur iniquité.

20 Seigneur ! vous réduirez au néant dans votre cité *la vaine* image *de* leur *bonheur*, comme le songe de ceux qui s'éveillent.

21 *Mais* parce que mon cœur a été tout enflammé, et mes reins tout altérés ; (22) que je me suis vu comme réduit au néant, et dans la dernière ignorance,

23 et qu'étant enfin devenu comme une bête en votre présence, je ne me suis point cependant éloigné de vous ;

24 vous avez soutenu ma main droite ; vous m'avez conduit selon votre volonté, et comblé de gloire en me recevant entre vos bras.

25 Car qu'y a-t-il pour moi dans le ciel, et que désiré-je sur la terre, sinon vous ?

26 Ma chair et mon cœur ont été dans la défaillance ; ô Dieu ! qui êtes le Dieu de mon cœur, et mon partage pour toute l'éternité.

27 Car ceux qui s'éloignent de vous périront, et vous avez résolu de perdre tous ceux qui vous abandonnent pour se prostituer *aux créatures*.

28 Mais pour moi, mon avantage est de demeurer attaché à Dieu, et de mettre mon espérance dans celui qui est le Seigneur Dieu : afin que je publie toutes vos louanges aux portes de la fille de Sion.

PSAUME LXXIII.

Intelligence à Asaph.

POURQUOI, ô Dieu ! nous avez-vous rejetés pour toujours, *et pourquoi* votre fureur s'est-elle allumée contre les brebis que vous nourrissez dans vos pâturages ?

2 Souvenez-vous de ceux que vous avez assemblés *et* réunis en un peuple, et que vous avez possédés dès le commencement ; vous avez vous-même racheté votre héritage ; *et cet héritage est* le mont de Sion, dans lequel il vous a plu d'habiter.

3 Levez vos mains, afin d'abattre pour jamais leur insolence *et* leur orgueil. Combien l'ennemi a-t-il commis de méchancetés dans le sanctuaire !

4 Ceux qui vous haïssent ont fait leur gloire *de vous insulter* au milieu de votre solennité.

Ils ont placé leurs étendards en forme de trophées, (5) au haut du temple, comme aux portes ; et ils n'ont point connu ce qu'ils faisaient.

Ils sont venus armés de haches comme pour *abattre* des arbres au milieu d'une forêt, (6) *et* ils ont d'un commun accord abattu *et* mis en pièces ses portes ; ils ont avec la cognée et la hache renversé votre héritage.

7 Ils ont mis le feu à votre sanctuaire *et* l'ont brûlé ; ils ont souillé sur la terre le tabernacle de votre *saint* nom.

8 Ils ont conspiré tous ensemble et dit au fond de leur cœur : Faisons cesser *et* abolissons de dessus la terre tous les jours de fête consacrés à Dieu.

9 Nous ne voyons plus les signes *éclatants de* notre *Dieu* ; il n'y a plus de prophète, et *nul* ne nous connaîtra plus.

10 Jusques à quand, ô Dieu ! l'ennemi *vous* fera-t-il des reproches avec insulte ? Et *notre* adversaire continuera-t-il toujours à *vous* irriter *par ses blasphèmes contre* votre nom ?

11 Pourquoi votre main cessera-t-elle de nous protéger ? et *pourquoi tenez-vous* toujours votre droite dans votre sein ?

12 Cependant Dieu, qui est notre Roi depuis tant de siècles, a opéré notre salut au milieu de la terre.

13 C'est vous qui avez affermi la mer par votre puissance, et brisé les têtes des dragons dans le fond des eaux.

14 C'est vous qui avez écrasé les têtes du grand dragon : vous l'avez donné en nourriture aux peuples d'Éthiopie.

15 Vous avez fait sortir des fontaines et des torrents du sein de la pierre ; vous avez séché les fleuves *pleins* de force.

16 Le jour vous appartient, et la nuit est aussi à vous : c'est vous qui êtes le créateur de l'aurore et du soleil.

17 Vous avez formé toute l'étendue de la terre : vous avez créé l'été comme le printemps.

18 Souvenez-vous de ceci : que l'ennemi a outragé le Seigneur par ses reproches injurieux ; et qu'un peuple extravagant a irrité votre nom.

19 Ne livrez pas aux bêtes les âmes de ceux qui s'occupent à vous louer ; et n'oubliez pas pour toujours les âmes de vos pauvres *serviteurs*.

20 Jetez les yeux sur votre *sainte* alliance ; parce que des hommes des plus méprisables de la terre se sont emparés injustement de toutes nos maisons.

21 Que celui qui est dans l'humiliation ne soit pas renvoyé couvert de confusion : le pauvre et celui qui est sans secours loueront votre nom.

22 Levez-vous, ô Dieu ! jugez votre cause ; souvenez-vous des reproches injurieux qu'un *peuple* insensé vous fait tout le jour.

23 N'oubliez pas ce que disent vos ennemis : l'orgueil de ceux qui vous haïssent monte toujours.

PSAUME LXXIV.

Pour la fin. Ne nous détruisez pas. Psaume et cantique d'Asaph.

2 NOUS vous louerons, ô Dieu ! nous vous louerons, et nous invoquerons votre nom ; nous raconterons vos merveilles.

3 Lorsque j'aurai pris mon temps, *dit le Seigneur,* je jugerai *et* rendrai justice.

4 La terre s'est fondue avec tous ses habitants : c'est moi qui ai affermi ses colonnes.

5 J'ai dit aux méchants : Ne commettez plus l'iniquité ; et aux pécheurs : Cessez de vous élever avec orgueil.

6 Cessez de lever vos têtes avec insolence ; cessez de parler contre Dieu et de proférer des blasphèmes ;

7 parce que ni de l'orient, ni de l'occident, ni du côté des déserts des montagnes, *il ne vous viendra aucun secours.*

8 Car c'est Dieu même qui est *votre juge* : il humilie celui-ci, et il élève celui-là.

9 Car le Seigneur tient en sa main une coupe de vin pur, pleine d'amertume ; et quoiqu'il en verse tantôt à l'un et tantôt à l'autre, la lie n'en est pas pourtant encore épuisée : tous les pécheurs de la terre en boiront.

10 Mais pour moi, j'annoncerai *ses louanges* dans toute l'éternité : je chanterai des cantiques à *la gloire du* Dieu de Jacob.

11 Alors je briserai, *dit le Seigneur,* toute la puissance des pécheurs ; et le juste sera élevé à une souveraine puissance.

PSAUME LXXV.

Pour la fin, sur les cantiques, Psaume d'Asaph, cantique qui regarde les Assyriens.

2 DIEU s'est fait connaître dans la Judée : son nom est grand dans Israël.

3 Il a choisi la *ville de* paix pour son lieu, et Sion pour sa demeure.

4 C'est là qu'il a brisé toute la force des arcs, les boucliers et les épées ; et *qu'il a éteint* la guerre.

5 Vous avez, ô Dieu ! fait éclater votre secours d'une manière admirable du haut des montagnes éternelles ; (6) et tous ceux dont le cœur était rempli de folie ont été troublés.

Ils se sont endormis du sommeil *de la mort* ; et tous ces hommes qui se glorifiaient de leurs richesses, n'ont rien trouvé dans leurs mains *lorsqu'ils se sont éveillés.*

7 Votre voix menaçante, ô Dieu de Jacob ! a frappé d'un profond assoupissement ces hommes qui étaient montés sur des chevaux.

8 Vous êtes vraiment terrible, et qui pourra vous résister au moment que vous vous mettrez en colère ?

9 Vous avez fait entendre du ciel le jugement *que vous avez prononcé* : la terre a tremblé, et elle est demeurée en paix,

10 lorsque Dieu s'est levé pour rendre justice, afin de sauver tous ceux qui sont doux *et* paisibles sur la terre.

11 La pensée de l'homme sera occupée à vous louer ; et le souvenir qui lui restera de cette pensée le tiendra *dans une reconnaissance et comme* dans une fête perpétuelle devant vous.

12 Faites des vœux au Seigneur, votre Dieu, et acquittez-vous de ces vœux, vous tous qui environnez son autel pour lui offrir des présents.

Faites des vœux à celui qui est vraiment terrible, (13) qui ôte la vie aux princes, qui est terrible aux rois de la terre.

PSAUME LXXVI.

Pour la fin, pour Idithun, Psaume d'Asaph.

2 J'AI élevé ma voix, *et* j'ai crié au Seigneur : j'ai poussé ma voix vers Dieu, et il m'a écouté.

3 J'ai cherché Dieu au jour de mon affliction, j'ai tendu mes mains vers lui durant la nuit, et je n'ai pas été trompé.

Mon âme a refusé toute consolation ; (4) je me suis souvenu de Dieu, et j'y ai trouvé ma joie : je me suis exercé dans la méditation, et mon esprit est tombé dans la défaillance.

5 Mes yeux devançaient les veilles *et* les sentinelles de la nuit : j'étais plein de trouble, et je ne pouvais parler.

6 Je songeais aux jours anciens, et j'avais les années éternelles dans l'esprit.

7 Je méditais durant la nuit au fond de mon cœur, et m'entretenant en moi-même, j'agitais et je roulais dans mon esprit plusieurs pensées.

8 Dieu nous rejettera-t-il *donc* pour toujours ? ou ne pourra-t-il plus se résoudre à nous être favorable ?

9 Nous privera-t-il de sa miséricorde éternellement et dans toute la suite des races ?

10 Dieu oubliera-t-il sa bonté compatissante *envers les hommes* ? sa colère arrêtera-t-elle le cours de ses miséricordes ?

11 Et j'ai dit : C'est maintenant que je commence. Ce changement est l'ouvrage de la droite du Très-Haut.

12 Je me suis souvenu des œuvres du Seigneur ; et je me souviendrai de toutes les merveilles que vous avez faites depuis le commencement.

13 Et je méditerai sur toutes vos œuvres ; et je considérerai tous les secrets de votre conduite.

14 Ô Dieu ! vos voies sont *toutes* dans la sainteté : quel est le Dieu aussi grand que notre Dieu ?

15 Vous êtes le Dieu qui opérez des merveilles : vous avez fait connaitre parmi les peuples votre puissance.

16 Vous avez racheté *et* délivré votre peuple, les enfants de Jacob et de Joseph, par la force de votre bras.

17 Les eaux vous ont vu, ô Dieu ! les eaux vous ont vu, et ont été effrayées, et les abîmes ont été troublés.

18 Les eaux sont tombées en abondance et avec grand bruit, les nuées ont fait retentir leur voix.

Vos flèches ont été aussi lancées, (19) et la voix de votre tonnerre a éclaté pour *renverser* les roues *des Égyptiens*.

Vos éclairs ont fait briller leur lumière dans toute la terre : elle en a été émue, et en a tremblé.

20 Vous vous êtes fait un chemin dans la mer : vous avez marché au milieu des eaux : et les traces de vos pieds ne seront point connues.

21 Vous avez conduit votre peuple comme un troupeau de brebis par la main de Moïse et d'Aaron.

PSAUME LXXVII.

Intelligence à Asaph.

ÉCOUTEZ ma loi, ô mon peuple ! et rendez vos oreilles attentives aux paroles de ma bouche.

2 J'ouvrirai ma bouche pour vous parler en paraboles ; je vous parlerai en énigmes de ce qui s'est fait dès le commencement ;

3 de ce que nous avons entendu et connu, et que nos pères nous ont raconté.

4 Ils ne l'ont point caché à leurs enfants, ni à leur postérité : ils ont publié les louanges du Seigneur, les effets de sa puissance, et les merveilles qu'il a faites.

5 Il a fait une ordonnance dans Jacob, et établi une loi dans Israël ; qu'il a commandé à nos pères de faire connaître à leurs enfants,

6 afin que les autres races en aient aussi la connaissance ; les enfants qui naîtront et s'élèveront après eux, et qui la raconteront à leurs enfants ;

7 afin qu'ils mettent en Dieu leur espérance, qu'ils n'oublient jamais les œuvres de Dieu, et qu'ils recherchent de plus en plus ses commandements :

8 de peur qu'ils ne deviennent comme leurs pères, une race corrompue, qui irrite Dieu continuellement, une race qui n'a point eu soin de conserver son cœur droit ; et dont l'esprit n'est point demeuré fidèle a Dieu.

9 Les enfants d'Éphraïm, quoique habiles à tendre l'arc et à en tirer, ont tourné le dos au jour du combat.

10 Ils n'ont point gardé l'alliance faite avec Dieu, et n'ont point voulu marcher dans sa loi.

11 Ils ont oublié ses bienfaits, et les œuvres merveilleuses qu'il a faites devant eux.

12 Il a fait devant les vœux de leurs pères des œuvres vraiment merveilleuses dans la terre de l'Égypte, dans la plaine de Tanis.

13 Il divisa la mer, et les fit passer ; et il resserra ses eaux comme dans un vase.

14 Il les conduisit durant le jour avec la nuée ; et durant toute la nuit avec un feu qui les éclairait.

15 Il fendit la pierre dans le désert ; et il leur donna à boire, comme s'il y avait eu là de profonds abîmes *d'eaux*.

16 Car il fit sortir l'eau de la pierre ; et la fit couler comme des fleuves.

17 Et ils ne laissèrent pas de pécher encore contre lui ; ils excitèrent la colère du Très-Haut dans un lieu qui était sans eau.

18 Et ils tentèrent Dieu dans leurs cœurs, en lui demandant des viandes pour *satisfaire le désir* de leurs âmes.

19 Et ils parlèrent mal de Dieu, en disant : Dieu pourra-t-il bien préparer une table dans le désert *pour nous nourrir ?*

20 À cause qu'il a frappé la pierre, et que les eaux en ont coulé, et que des torrents ont inondé la terre ; pourra-t-il de même nous donner du pain, ou préparer une table pour nourrir son peuple ?

21 C'est pourquoi le Seigneur ayant entendu ces discours, différa *de s'acquitter de ses promesses ;* le feu *de son indignation* s'alluma contre Jacob, et sa colère s'éleva contre Israël ;

22 parce qu'ils ne crurent point à Dieu, et qu'ils n'espérèrent point en son assistance salutaire.

23 Et il commanda aux nuées qui étaient au-dessus d'eux ; et il ouvrit les portes du ciel ;

24 et il fit tomber la manne comme une pluie pour leur servir de nourriture, et il leur donna le pain du ciel.

25 L'homme mangea le pain des anges : il leur envoya en abondance de quoi se nourrir.

26 Il changea dans l'air le vent du midi ; et substitua par sa puissance le vent du couchant ;

27 et il fit pleuvoir sur eux des viandes comme la poussière de la terre, et des oiseaux comme le sable de la mer.

28 Ils tombèrent dans le milieu de leur camp, autour de leurs tentes.

29 Et ils en mangèrent, et en furent pleinement rassasiés : Dieu leur accorda ce qu'ils désiraient ; (30) et ils ne furent point frustrés de ce qu'ils avaient *tant* souhaité.

Ces viandes étaient encore dans leur bouche, (31) lorsque la colère de Dieu s'éleva contre eux :

il tua les plus gras d'entre eux ; et il fit tomber ceux qui étaient comme l'élite d'Israël.

32 Après tout cela ils ne laissèrent pas de pécher encore ; et ils n'ajoutèrent point de foi à ses merveilles.

33 Et leurs jours passèrent comme une ombre, et leurs années *s'écoulèrent* très-promptement.

34 Lorsqu'il les faisait mourir, ils le cherchaient, et ils retournaient à lui, et se hâtaient de venir le trouver.

35 Ils se souvenaient que Dieu était leur défenseur ; et que le Dieu très-haut était leur Sauveur.

36 Mais ils l'aimaient seulement de bouche, et ils lui mentaient *en le louant* de la langue.

37 Car leur cœur n'était point droit devant lui ; et ils ne furent point fidèles dans *l'observation de* son alliance.

38 Mais pour lui, il usait de miséricorde à leur égard ; il leur pardonnait leurs péchés, et ne les perdait pas entièrement.

Et il arrêtait souvent les effets de sa fureur, et n'allumait point contre eux toute sa colère.

39 Il se souvenait *de la faiblesse* de leur chair *et de la fragilité de leur vie, semblable* à une vapeur qui passe et ne revient plus.

40 Combien de fois l'ont-ils irrité dans le désert, et ont-ils excité sa colère dans les lieux secs *et* sans eau !

41 Ils recommençaient sans cesse à tenter Dieu, et à irriter le

Saint d'Israël.

42 Ils ne se souvenaient point de la puissance qu'il fit paraître au jour qu'il les délivra des mains de celui qui les affligeait ;

43 de quelle sorte il fit éclater dans l'Égypte les signes de sa puissance, et ses prodiges dans la plaine de Tanis ;

44 lorsqu'il changea en sang leurs fleuves et leurs eaux, afin qu'ils n'en pussent boire ;

45 qu'il leur envoya une infinité de mouches différentes qui les dévoraient, et des grenouilles qui perdaient tout ;

46 qu'il fit consumer leurs fruits par des insectes, et leurs travaux par les sauterelles ;

47 qu'il fit mourir leurs vignes par la grêle, et leurs mûriers par la gelée ;

48 qu'il extermina leurs bêtes par cette, grêle, et tout ce qu'ils possédaient par le feu *du ciel* :

49 qu'il leur fit sentir les effets de sa colère et de son indignation ; qu'il les accabla parle poids de sa fureur, et les affligea par les différents fléaux qu'il leur envoya par le ministère des mauvais anges ;

50 qu'il ouvrit un chemin spacieux à sa colère pour n'épargner plus leur vie, et pour envelopper dans une mort *commune* leurs bestiaux ;

51 qu'il frappa tous les premiers-nés dans la terre d'Égypte, et les prémices de tous leurs travaux dans les tentes de Cham ;

52 et qu'il enleva son peuple comme des brebis, et les conduisit comme un troupeau dans le désert.

53 Il les mena pleins d'espérance, et leur ôta toute crainte, leurs ennemis ayant été couverts par la mer.

54 Il les amena sur la montagne qu'il s'était consacrée, sur la montagne que sa droite a acquise.

55 Il chassa les nations de devant leur face, et il leur distribua au sort la terre *promise*, après l'avoir partagée avec le cordeau ; et il établit les tribus d'Israël dans les demeures de ces nations.

56 Mais ils tentèrent et irritèrent *de nouveau* le Dieu très-haut ; et ils ne gardèrent point ses préceptes.

57 Ils se détournèrent *de lui*, et n'observèrent point son alliance ; et à l'exemple de leurs pères ils devinrent comme un arc renversé dont on tire de travers.

58 Ils irritèrent sa colère sur leurs collines ; et ils le piquèrent d'une jalousie *d'indignation* par les idoles qu'ils se fabriquaient.

59 Dieu entendit *leurs blasphèmes* ; et il n'eut plus que du mépris pour Israël, qu'il réduisit à la dernière humiliation.

60 Et il rejeta le tabernacle qui était à Silo, son propre tabernacle où il avait demeuré parmi les hommes.

61 Il livra *l'arche, qui était* toute leur force et toute leur gloire, entre les mains de l'ennemi, la rendant captive.

62 Et il exposa de tous côtés son peuple à l'épée *de ses ennemis*, et il regarda son héritage avec mépris.

63 Le feu dévora leurs jeunes hommes, et leurs filles ne furent point pleurées.

64 Leurs prêtres furent mis à mort par l'épée, et nul ne versait des larmes sur leurs veuves.

65 Et le Seigneur se réveilla comme s'il avait dormi *jusqu'alors*, et comme un homme que le vin qui l'a enivré rend plus fort.

66 Il frappa ses ennemis par derrière, et les couvrit d'une confusion éternelle.

67 Et il rejeta le tabernacle de Joseph, et ne choisit point la tribu d'Éphraïm ;

68 mais il choisit la tribu de Juda, la montagne de Sion qu'il a aimée.

69 Et il bâtit dans la terre qu'il a affermie pour tous les siècles, son sanctuaire, qu'il a rendu comme la licorne.

70 Il a choisi David, son serviteur, et l'a tiré *de la garde* des troupeaux de brebis.

71 Il l'a pris lorsqu'il suivait celles qui étaient pleines ; afin qu'il servît de pasteur à son serviteur Jacob, et à Israël, son héritage.

72 Aussi il a pris soin d'eux comme leur pasteur avec un cœur plein d'innocence, et les a conduits avec une intelligence pleine de lumière, *qui a paru dans toutes les œuvres* de ses mains.

PSAUME LXXVIII.

Psaume d'Asaph.

Ô DIEU ! les nations sont entrées dans votre héritage ; elles ont souillé votre temple ; elles ont réduit Jérusalem à être comme une cabane qui sert à garder les fruits.

2 Elles ont exposé les corps morts de vos serviteurs pour servir de nourriture aux oiseaux du ciel ; les chairs de vos saints pour être la proie des bêtes de la terre.

3 Elles ont répandu leur sang comme l'eau autour de Jérusalem, et il n'y avait personne qui leur donnât la sépulture.

4 Nous sommes devenus un sujet d'opprobre à nos voisins ; ceux qui sont autour de nous se moquent de nous et nous insultent.

5 Jusques à quand, Seigneur ! serez-vous toujours en colère ? jusques à quand votre fureur s'allumera-t-elle comme un feu ?

6 Répandez abondamment votre colère sur les nations qui ne vous connaissent pas, et sur les royaumes qui n'invoquent point votre nom.

7 Car ils ont dévoré Jacob, et rempli de désolation le lieu de sa demeure.

8 Ne vous souvenez point de nos anciennes iniquités, et que vos miséricordes nous préviennent promptement, parce que nous sommes réduits à la dernière misère.

9 Aidez-nous, ô Dieu, qui êtes notre Sauveur ; et délivrez-nous, Seigneur ! pour la gloire de votre nom.

Pardonnez-nous nos péchés, à cause du nom *vraiment saint* qui vous est propre ; (10) de peur qu'on ne dise parmi les peuples : Où est leur Dieu ?

Faites éclater contre les nations devant nos yeux la vengeance du sang de vos serviteurs qui a été répandu.

11 Que les gémissements de ceux qui sont captifs, s'élèvent jusqu'à vous : possédez *et* conservez par la force toute-puissante de votre bras les enfants de ceux qu'on a fait mourir.

12 Et rendez dans le sein de nos voisins sept fois *autant qu'ils nous ont donné à souffrir ; faites retomber sur eux sept fois* plus d'opprobres qu'ils ne vous en ont fait, Seigneur !

13 Mais pour nous qui sommes votre peuple, et les brebis que vous nourrissez, nous vous rendrons grâces éternellement ; et nous annoncerons *le sujet de* vos louanges à toutes les races.

PSAUME LXXIX.

Pour la fin, pour ceux qui seront changés, Témoignage d'Asaph.

2 VOUS qui gouvernez Israël, et qui y conduisez Joseph comme une brebis, écoutez-nous.

Vous qui êtes assis sur les chérubins, manifestez-vous (3) devant Éphraïm, Benjamin et Manassé.

Excitez et faites paraître votre puissance, et venez pour nous sauver.

4 Ô Dieu ! convertissez-nous ; montrez-nous votre visage, et nous serons sauvés.

5 Seigneur, Dieu des armées ! jusques à quand vous mettrez-vous en colère, sans vouloir écouter la prière de votre serviteur ?

6 *Jusques à quand* nous nourrirez-vous d'un pain de larmes, et nous ferez-vous boire l'eau de nos pleurs avec abondance ?

7 Vous nous avez mis en butte à la contradiction de nos voisins ; et nos ennemis se sont moqués de nous avec insulte.

8 Dieu des armées ! convertissez-nous ; montrez-nous votre visage, et nous serons sauvés.

9 Vous avez transporté votre vigne de l'Égypte ; et après avoir chassé les nations, vous l'avez plantée *en leur place*.

10 Vous lui avez servi de guide dans le chemin en marchant devant elle ; vous avez affermi ses racines, et elle a rempli la terre.

11 Son ombre a couvert les montagnes, et ses branches les cèdres les plus hauts.

12 Elle a étendu ses pampres jusqu'à la mer, et ses rejetons

jusqu'au fleuve.

13 Pourquoi avez-vous *donc* détruit la muraille qui l'environnait ? et pourquoi *souffrez-vous que* tous ceux qui passent dans le chemin la pillent ?

14 Le sanglier de la forêt l'a toute ruinée, et la bête sauvage l'a dévorée.

15 Dieu des armées ! tournez-vous *vers nous* ; regardez du haut du ciel, et voyez, et visitez *de nouveau* votre vigne.

16 Donnez la perfection à celle que votre droite a plantée ; et *jetez les yeux* sur le fils de l'homme que vous vous êtes attaché.

17 Elle a été toute brûlée par le feu, et toute renversée ; et *ses habitants* sont sur le point de périr par la sévérité menaçante de votre visage.

18 Étendez votre main sur l'homme de votre droite, et sur le fils de l'homme que vous vous êtes attaché.

19 Et nous ne nous éloignerons plus de vous : vous nous donnerez une vie *nouvelle* ; et nous invoquerons votre nom.

20 Seigneur, Dieu des armées ! convertissez-nous ; montrez-nous votre visage, et nous serons sauvés.

PSAUME LXXX.

Pour la fin, pour les pressoirs, Psaume *qui est* pour Asaph.

2 RÉJOUISSEZ-VOUS en louant Dieu, notre protecteur : chantez dans de *saints* transports les louanges du Dieu de Jacob.

3 Entonnez le cantique, et faites entendre le tambour, l'instrument harmonieux à douze cordes, avec la harpe.

4 Sonnez de la trompette en ce premier jour du mois, au jour célèbre de votre grande solennité.

5 Car c'est un commandement qui a été fait en Israël, et une ordonnance *établie* en l'honneur du Dieu de Jacob.

6 Il l'a institué pour être un monument à Joseph, lorsqu'il sortit de l'Égypte, et qu'il entendit une voix qui lui était inconnue.

7 Il a déchargé leur dos des fardeaux *qui les accablaient* : leurs mains servaient à porter sans cesse des corbeilles *toutes pleines*.

8 Vous m'avez invoqué dans l'affliction où vous étiez ; et je vous ai délivré : je vous ai exaucé en me cachant au milieu de la tempête : je vous ai éprouvé proche les eaux de contradiction.

9 Écoutez, mon peuple, et je vous attesterai ma volonté : Israël, si vous voulez m'écouter, (10) vous n'aurez point parmi vous un dieu nouveau, et vous n'adorerez point un dieu étranger.

11 Car je suis le Seigneur, votre Dieu, qui vous ai fait sortir de la terre d'Égypte : *ouvrez et* élargissez votre bouche, et je la remplirai.

12 Mais mon peuple n'a point écouté ma voix ; et Israël ne s'est point appliqué à m'entendre.

13 C'est pourquoi je les ai abandonnés aux désirs de leur cœur ; et ils marcheront dans des voies qu'ils ont inventées eux-mêmes.

14 Si mon peuple m'avait écouté ; si Israël avait marché dans mes voies ;

15 j'aurais pu facilement humilier leurs ennemis, et j'aurais appesanti ma main sur ceux qui les affligeaient.

16 Les ennemis du Seigneur lui ont manqué de parole ; et le temps de leur misère durera autant que les siècles.

17 Et *cependant* il les a nourris de la plus pure farine de froment ; et il les a rassasiés du miel sorti de la pierre.

PSAUME LXXXI.

Psaume d'Asaph.

DIEU s'est trouvé dans l'assemblée des dieux ; et il juge les dieux étant au milieu d'eux.

2 Jusques à quand jugerez-vous injustement ? et jusques à quand aurez-vous égard aux personnes des pécheurs ?

3 Jugez la cause du pauvre et de l'orphelin : rendez justice aux petits et aux pauvres.

4 Délivrez le pauvre, et arrachez l'indigent des mains du pécheur.

5 Mais ils sont dans l'ignorance, et ils ne comprennent point ; ils marchent dans les ténèbres, et *c'est pour cela que* tous les fondements de la terre seront ébranlés.

6 J'ai dit : Vous êtes des dieux, et vous êtes tous enfants du Très-Haut.

7 Mais vous mourrez cependant comme des hommes, et vous tomberez comme l'un des princes.

8 Levez-vous, ô Dieu ! jugez la terre : parce que vous devez avoir toutes les nations pour votre héritage.

PSAUME LXXXII.

Cantique ou Psaume d'Asaph.

2 Ô DIEU ! qui sera semblable à vous ? Ne vous taisez pas, ô Dieu ! *et* n'arrêtez pas plus longtemps les effets de votre puissance.

3 Car vous voyez que vos ennemis ont excité un grand bruit : et que ceux qui vous haïssent ont élevé *orgueilleusement* leur tête.

4 Ils ont formé un dessein plein de malice contre votre peuple ; et ils ont conspiré contre vos saints.

5 Ils ont dit : Venez et exterminons-les du milieu des peuples ; et qu'on ne se souvienne plus à l'avenir du nom d'Israël.

6 On a vu conspirer ensemble, et faire alliance contre vous,

7 les tentes des Iduméens, et les Ismaélites, Moab et les Agaréniens,

8 Gébal, et Ammon, et Amalec ; les étrangers, et les habitants de Tyr.

9 Les Assyriens sont aussi venus avec eux, et se sont joints aux enfants de Lot pour les secourir.

10 Traitez-les comme les Madianites ; comme vous avez traité Sisara et Jabin proche le torrent de Cisson.

11 Ils périrent à Endor, et devinrent comme le fumier de la terre.

12 Traitez leurs princes comme vous avez traité Oreb et Zeb, Zébée et Salmana.

Traitez de même tous les princes (13) qui ont dit : Mettons-nous en possession du sanctuaire de Dieu comme de notre héritage.

14 Rendez-les, mon Dieu ! comme une roue *qui tourne sans cesse,* et comme la paille, qui est emportée par le vent.

15 De même qu'un feu brûle une forêt, et qu'une flamme consume les montagnes ;

16 vous les poursuivrez par *le souffle impétueux de* votre tempête, et vous les troublerez entièrement dans votre colère.

17 Couvrez leurs visages de confusion : et ils chercheront votre nom, Seigneur !

18 Qu'ils rougissent, et soient troublés pour toujours ; qu'ils soient confondus, et qu'ils périssent.

19 Et qu'ils connaissent *enfin* que votre nom est le Seigneur ; et que vous seul êtes le Très-Haut *qui dominez* sur toute la terre.

PSAUME LXXXIII.

Pour la fin, pour les pressoirs, Psaume pour les enfants de Coré.

2 SEIGNEUR des armées ! que vos tabernacles sont aimables !

3 Mon âme désire *ardemment* d'être dans la maison du Seigneur, et elle est presque dans la défaillance par l'ardeur de ce désir : mon cœur et ma chair tressaillent d'empressement pour le Dieu vivant.

4 Car le passereau trouve une maison pour s'y retirer ; et la tourterelle un nid pour y placer ses petits : vos autels, Seigneur des armées, mon Roi et mon Dieu ! *sont l'unique objet de mes désirs.*

5 Heureux ceux qui demeurent dans votre maison, Seigneur ! ils vous loueront éternellement.

6 Heureux l'homme qui attend de vous son secours, (7) et qui dans cette vallée de larmes a résolu en son cœur de monter *et de*

s'élever jusqu'au lieu que le Seigneur a établi. Car le *divin* Législateur leur donnera sa bénédiction : (8) ils s'avanceront de vertu en vertu ; et ils verront le Dieu des dieux dans Sion.

9 Seigneur, Dieu des armées ! exaucez ma prière : rendez votre oreille attentive, ô Dieu de Jacob !

10 Regardez-nous, ô Dieu, notre protecteur ! et jetez vos yeux sur le visage de votre Christ.

11 Car un seul jour de demeure dans vos tabernacles vaut mieux que mille autres jours : j'ai choisi d'être plutôt des derniers dans la maison de mon Dieu, que d'habiter dans les tentes des pécheurs.

12 Car Dieu aime la miséricorde et la vérité, *et* le Seigneur donnera la grâce et la gloire : il ne privera point de *ses* biens ceux qui marchent dans l'innocence.

13 Seigneur des armées ! heureux est l'homme qui espère en vous.

PSAUME LXXXIV.

Pour la fin. Psaume pour les enfants de Coré.

2 VOUS avez béni, Seigneur ! votre terre : vous avez délivré Jacob de sa captivité.

3 Vous avez remis l'iniquité de votre peuple : vous avez couvert tous leurs péchés.

4 Vous avez adouci toute votre colère, et vous avez arrêté les effets rigoureux de votre indignation.

5 Convertissez-nous, ô Dieu notre Sauveur ! et détournez votre colère de dessus nous.

6 Serez-vous éternellement en colère contre nous ? ou étendrez-vous votre colère sur toutes les races ?

7 Ô Dieu ! vous vous tournerez *de nouveau* vers nous, et vous nous donnerez la vie ; et votre peuple se réjouira en vous.

8 Montrez-nous, Seigneur ! votre miséricorde ; et accordez-nous votre assistance salutaire.

9 J'écouterai ce que le Seigneur Dieu dira au dedans de moi ; car il *m'*annoncera la paix pour son peuple, pour ses saints, et pour ceux qui se convertissent en rentrant au fond de leur cœur.

10 Son salut est assurément proche de ceux qui le craignent : et *sa* gloire doit habiter dans notre terre.

11 La miséricorde et la vérité se sont rencontrées : la justice et la paix se sont donné le baiser.

12 La vérité est sortie de la terre, et la justice nous a regardés du haut du ciel.

13 Car le Seigneur répandra sa bénédiction, et notre terre portera son fruit.

14 La justice marchera devant lui, et il la suivra dans le chemin.

PSAUME LXXXV.

Prière pour David.

ABAISSEZ, Seigneur ! votre oreille, et exaucez-moi ; parce que je suis pauvre et dans l'indigence.

2 Gardez mon âme, parce que je suis saint : sauvez, mon Dieu ! votre serviteur qui espère en vous.

3 Ayez pitié de moi, Seigneur ! parce que j'ai crié vers vous durant tout le jour.

4 Remplissez de joie l'âme de votre serviteur, parce que j'ai élevé mon âme vers vous, Seigneur !

5 Car, Seigneur ! vous êtes rempli de douceur et de bonté ; et vous répandez vos miséricordes avec abondance sur tous ceux qui vous invoquent.

6 Prêtez l'oreille, Seigneur ! pour écouter ma prière : rendez-vous attentif à la voix de mon humble supplication.

7 J'ai crié vers vous au jour de mon affliction, parce que vous m'avez exaucé.

8 Entre tous les dieux il n'y en a point, Seigneur ! qui vous soit semblable, ni qui puisse vous être comparé dans les œuvres que vous faites.

9 Toutes les nations que vous avez créées viendront se prosterner devant vous, Seigneur ! et vous adorer ; et elles rendront gloire à votre nom.

10 Car vous êtes vraiment grand ; vous faites des prodiges, et vous seul êtes Dieu.

11 Conduisez-moi, Seigneur ! dans votre voie, et faites que j'entre dans votre vérité : que mon cœur se réjouisse, afin qu'il craigne votre *saint* nom.

12 Je vous louerai, Seigneur mon Dieu ! *et* je vous rendrai grâces de tout mon cœur, et je glorifierai éternellement votre nom.

13 Car vous avez usé d'une grande miséricorde envers moi, et vous avez retiré mon âme de l'enfer le plus profond.

14 Les méchants, ô Dieu ! se sont élevés contre moi ; et une assemblée de puissants ont cherché *à perdre* mon âme, sans qu'ils vous aient eu présent devant leurs yeux.

15 Mais vous, Seigneur ! vous êtes un Dieu plein de compassion et de clémence ; vous êtes patient, rempli de miséricorde, et véritable *dans vos promesses*.

16 Regardez-moi favorablement, et ayez pitié de moi : donnez votre souverain pouvoir à votre serviteur, et sauvez le fils de votre servante.

17 Faites éclater quelque signe en ma faveur ; afin que ceux qui me haïssent le voient, et qu'ils soient confondus en voyant que vous, Seigneur ! m'avez secouru, et que vous m'avez consolé.

PSAUME LXXXVI.

Pour les enfants de Coré, Psaume ou cantique.

SES fondements sont posés sur les saintes montagnes.

2 Le Seigneur aime les portes de Sion plus que toutes les tentes de Jacob.

3 On a dit de vous des choses glorieuses, ô cité de Dieu !

4 Je me souviendrai de Rahab et de Babylone, qui me connaîtront : les étrangers, ceux de Tyr, et le peuple d'Éthiopie, s'y sont trouvés *réunis*.

5 Ne dira-t-on pas à Sion : Un grand nombre d'hommes sont nés dans elle ; et le Très-Haut lui-même l'a fondée ?

6 Le Seigneur pourra *lui seul*, dans la description des peuples et des princes, dire le nombre de ceux qui auront été dans elle.

7 Ceux qui habitent dans vous, *ô Sion !* sont tous dans la joie.

PSAUME LXXXVII.

Cantique ou Psaume, aux enfants de Coré, pour la fin, pour Mahéleth, pour répondre, Intelligence d'Éman, Ezrahite.

2 SEIGNEUR ! qui êtes le Dieu *et l'auteur* de mon salut, j'ai crié vers vous durant le jour et durant la nuit.

3 Que ma prière pénètre jusqu'à vous : daignez prêter l'oreille à mon humble supplication.

4 Car mon âme est remplie de maux, et ma vie est toute proche de la mort.

5 J'ai été regardé comme étant du nombre de ceux qui descendent dans la fosse : je suis devenu comme un homme abandonné de tout secours, (6) et qui est libre entre les morts ;

comme ceux qui ayant été blessés *à mort*, dorment dans les sépulcres, dont vous ne vous souvenez plus, et qui ont été rejetés de votre main.

7 Ils m'ont mis dans une fosse profonde, dans des lieux ténébreux, et dans l'ombre de la mort.

8 Votre fureur s'est appesantie sur moi, et vous avez fait passer sur moi tous les flots de votre colère.

9 Vous avez éloigné de moi tous ceux qui me connaissent ; ils m'ont eu en abomination : j'ai été *comme* livré *et* assiégé sans

pouvoir sortir.

10 Mes yeux se sont presque desséchés d'affliction : j'ai crié vers vous, Seigneur ! durant tout le jour, et j'ai étendu mes mains vers vous.

11 Ferez-vous *donc* des miracles à l'égard des morts ? ou les médecins les ressusciteront-ils, afin qu'ils vous louent ?

12 Quelqu'un racontera-t-il dans le sépulcre votre miséricorde, et votre vérité dans le tombeau ?

13 Vos merveilles seront-elles connues dans les ténèbres *de la mort*, et votre justice dans la terre de l'oubli ?

14 Mais pour moi, je crie vers vous, Seigneur ! et je me hâte de vous offrir dès le matin ma prière.

15 Pourquoi, Seigneur ! rejetez-vous la prière que je vous présente ? *et pourquoi* détournez-vous votre face de dessus moi ?

16 Je suis pauvre et dans les travaux dès ma jeunesse ; et après avoir été élevé, j'ai été humilié, et rempli de trouble.

17 *Les flots de* votre colère ont passé sur moi ; et les terreurs dont vous m'avez frappé m'ont tout troublé.

18 Elles m'ont environné durant tout le jour comme *une grande abondance* d'eaux ; elles m'ont enveloppé toutes ensemble.

19 Vous avez éloigné de moi mes amis et mes proches, et *vous avez fait que* ceux qui me connaissaient *m'ont quitté* à cause de ma misère.

PSAUME LXXXVIII.

Intelligence ou instruction d'Éthan, Ezrahite.

2 JE chanterai éternellement les miséricordes du Seigneur ; et ma bouche annoncera la vérité de *vos* promesses dans toutes les races.

3 Car vous avez dit : La miséricorde s'élèvera comme un édifice éternel dans les cieux : votre vérité, *Seigneur !* y sera établie d'une manière solide.

4 J'ai fait un pacte avec ceux que j'ai choisis : j'ai juré à David, mon serviteur :

5 *que* je conserverai éternellement sa race, *et que* j'affermirai son trône dans toute la postérité.

6 Les cieux publieront, Seigneur ! vos merveilles ; et *on louera* votre vérité dans l'assemblée des saints.

7 Car qui dans les cieux sera égal au Seigneur ? et qui parmi les enfants de Dieu sera semblable à Dieu ?

8 Dieu, qui est rempli de gloire au milieu des saints, est plus grand et plus redoutable que tous ceux qui l'environnent.

9 Seigneur, Dieu des armées ! qui est semblable à vous ? Vous êtes, Seigneur ! *très*-puissant ; et votre vérité est *sans cesse* autour de vous.

10 Vous dominez sur la puissance de la mer, et vous apaisez le mouvement de ses flots.

11 Vous avez humilié l'orgueilleux comme celui qui étant blessé *n'a aucune force ;* vous avez dispersé vos ennemis par la force de votre bras.

12 Les cieux sont à vous, et la terre vous appartient ; vous avez fondé l'univers avec tout ce qu'il contient.

13 Vous avez créé l'aquilon et la mer : Thabor et Hermon feront retentir leur joie par les louanges de votre nom.

14 Votre bras est accompagné d'une souveraine puissance : que votre main s'affermisse, et que votre droite paraisse avec éclat.

15 La justice et l'équité sont l'appui de votre trône : la miséricorde et la vérité marcheront devant votre face.

16 Heureux est le peuple qui sait *vous* louer et se réjouir *en vous* : Seigneur ! ils marcheront dans la lumière de votre visage.

17 Ils se réjouiront dans les louanges qu'ils donneront à votre nom durant tout le jour ; et ils seront élevés par votre justice.

18 Car c'est à vous qu'est due la gloire de leur force ; et notre puissance *ne s'élève que* par *l'effet de* votre bon plaisir.

19 Car c'est le Seigneur qui nous a pris pour son peuple ; c'est le Saint d'Israël et notre Roi.

20 Alors vous parlâtes dans une vision à vos saints *prophètes*, et vous leur dîtes : J'ai mis mon secours dans un homme qui est puissant ; et j'ai élevé celui que j'ai choisi du milieu de mon peuple.

21 J'ai trouvé David, mon serviteur, et je l'ai oint de mon huile sainte.

22 Car ma main l'assistera, et mon bras le fortifiera.

23 L'ennemi ne pourra prévaloir sur lui ; et le méchant ne pourra lui nuire.

24 Je taillerai en pièces à sa vue ses ennemis, et je ferai prendre la fuite à ceux qui le haïssent.

25 Ma miséricorde et ma vérité seront toujours avec lui, et il sera élevé en puissance par *la vertu de* mon nom.

26 Et j'étendrai *la puissance de* sa main sur la mer, et *de* sa droite sur les fleuves.

27 Il m'invoquera *en disant* : Vous êtes mon Père, mon Dieu, et l'auteur de mon salut.

28 Je l'établirai le premier-né, et je relèverai au-dessus des rois de la terre.

29 Je lui conserverai éternellement ma miséricorde, et l'alliance que j'ai faite avec lui sera inviolable.

30 Et je ferai subsister sa race dans tous les siècles, et son trône autant que les cieux.

31 Si ses enfants abandonnent ma loi, et s'ils ne marchent point dans mes préceptes ;

32 s'ils violent la justice de mes ordonnances, et s'ils ne gardent point mes commandements ;

33 je visiterai avec la verge leurs iniquités, et je punirai leurs péchés par des plaies différentes :

34 mais je ne retirerai point de dessus lui ma miséricorde, et je ne manquerai point à la vérité *des promesses que je lui ai faites*.

35 Je ne violerai point mon alliance ; et je ne rendrai point inutiles les paroles qui sont sorties de mes lèvres.

36 J'ai fait à David un serment irrévocable par mon saint *nom* ; et je ne lui mentirai point :

37 *Je lui ai promis que* sa race demeurera éternellement ; et *que* son trône sera éternel en ma présence comme le soleil ;

38 comme la lune qui est pleine, et *comme l'arc qui est* dans le ciel le témoin fidèle *de mon alliance*.

39 Cependant vous avez rejeté et méprisé *votre peuple* ; vous avez éloigné de vous votre Christ.

40 Vous avez renversé l'alliance que vous avez faite avec votre serviteur ; et vous avez jeté par terre comme une chose profane les marques sacrées de sa dignité.

41 Vous avez détruit toutes les haies qui l'environnaient ; vous avez rempli de frayeur ses forteresses.

42 Tous ceux qui passaient dans le chemin l'ont pillé ; et il est devenu en opprobre à ses voisins.

43 Vous avez relevé la main de ceux qui travaillaient à l'accabler ; vous avez rempli de joie tous ses ennemis.

44 Vous avez ôté toute la force à son épée, et ne l'avez point secouru durant la guerre.

45 Vous l'avez dépouillé de tout son éclat, et vous avez brisé son trône contre la terre.

46 Vous avez abrégé les jours de son règne, vous l'avez couvert de confusion.

47 Jusques à quand, Seigneur ! détournerez-vous toujours *votre visage de dessus nous ? jusques a quand* votre colère s'embrasera-t-elle comme un feu ?

48 Souvenez-vous combien c'est peu de chose que ma vie : car est-ce en vain que vous avez créé tous les enfants des hommes ?

49 Qui est l'homme qui pourra vivre sans voir la mort ? *et qui est-ce* qui retirera son âme de la puissance de l'enfer ?

50 Où sont, Seigneur ! vos anciennes miséricordes que vous avez promises à David avec serment, et en *prenant* votre vérité *à témoin* ?

51 Souvenez-vous, Seigneur ! de l'opprobre que vos serviteurs ont souffert de la part de plusieurs nations, et que j'ai tenu comme renfermé dans mon sein ;

52 du reproche de vos ennemis, de ce reproche qu'ils ont fait,

Seigneur ! que vous avez changé à l'égard de votre Christ.

53 Que le Seigneur soit béni éternellement ! que cela soit ainsi ! que cela soit ainsi !

PSAUME LXXXIX.

Prière de Moïse, l'homme de Dieu.

SEIGNEUR ! vous avez été notre refuge dans la suite de toutes les races.

2 Avant que les montagnes eussent été faites, ou que la terre eut été formée, et tout l'univers, vous êtes Dieu de toute éternité, et dans tous les siècles.

3 Ne réduisez pas l'homme dans le *dernier* abaissement, puisque vous avez dit : Convertissez-vous, ô enfants des hommes !

4 Car devant vos yeux mille ans sont comme le jour d'hier qui est passé, et comme une veille de la nuit : (5) leurs années seront regardées comme un néant.

L'homme est le matin comme l'herbe qui passe *bientôt* ; (6) il fleurit le matin, et il passe ; il tombe le soir, il s'endurcit, et il se sèche.

7 C'est par un effet de votre colère, que nous nous voyons réduits à cet état de défaillance ; et par un effet de votre fureur, que nous sommes remplis de trouble.

8 Vous avez mis nos iniquités en votre présence, et exposé toute notre vie à la lumière de votre visage.

9 Car tous nos jours se sont consumés ; et nous nous sommes trouvés consumés nous-mêmes par *la rigueur de* votre colère : nos années se passent en de vaines inquiétudes, comme celles de l'araignée.

10 Les jours de tous nos ans ne vont ordinairement qu'à soixante et dix années : si les plus forts vivent jusqu'à quatre-vingts ans, le surplus n'est que peine et douleur ; et c'est même par un effet de votre douceur que vous nous traitez de cette sorte.

11 Qui peut connaître la grandeur de votre colère, et en comprendre toute l'étendue, autant qu'elle est redoutable ?

12 Faites enfin éclater la puissance de votre droite ; et instruisez notre cœur par la *vraie* sagesse.

13 Tournez-vous vers nous, Seigneur ! jusques à quand *nous rejetterez-vous ?* Laissez-vous fléchir en faveur de vos serviteurs.

14 Nous avons été comblés de votre miséricorde dès le matin ; nous avons tressailli de joie, et nous avons été remplis de consolation tous les jours de notre vie.

15 Nous nous sommes réjouis à proportion des jours où vous nous avez humiliés, et des années où nous avons éprouvé les maux.

16 Jetez vos regards sur vos serviteurs et sur vos ouvrages ; et conduisez leurs enfants.

17 Que la lumière du Seigneur, notre Dieu, se répande sur nous : conduisez d'en haut les ouvrages de nos mains ; et que l'œuvre de nos mains soit conduite par vous-même.

PSAUME XC.

Louange sur le cantique de David.

CELUI qui demeure *ferme* sous l'assistance du Très-Haut, se reposera *sûrement* sous la protection du Dieu du ciel.

2 Il dira au Seigneur : Vous êtes mon défenseur et mon refuge : il est mon Dieu, et j'espérerai en lui ;

3 parce qu'il m'a délivré lui-même du piège des chasseurs, et de la parole âpre *et* piquante.

4 Il vous mettra comme à l'ombre sous ses épaules, et vous espérerez ainsi sous ses ailes : sa vérité vous environnera comme un bouclier.

5 Vous ne craindrez rien de tout ce qui effraye durant la nuit, ni la flèche qui vole durant le jour ; (6) ni les maux que l'on prépare dans les ténèbres, ni les attaques du démon du midi.

7 Mille tomberont à votre côté, et dix mille à votre droite ; mais *la mort* n'approchera point de vous.

8 Vous contemplerez seulement, et vous verrez de vos yeux le châtiment des pécheurs.

9 Parce que *vous avez dit :* Seigneur ! vous êtes mon espérance, et que vous avez choisi le Très-Haut pour votre refuge ;

10 le mal ne viendra point jusqu'à vous, et les fléaux n'approcheront point de votre tente.

11 Car il a commandé à ses anges de vous garder dans toutes vos voies.

12 Ils vous porteront dans leurs mains, de peur que vous ne heurtiez votre pied contre la pierre.

13 Vous marcherez sur l'aspic et sur le basilic ; et vous foulerez aux pieds le lion et le dragon.

14 Parce qu'il a espéré en moi, *dit Dieu,* je le délivrerai ; je serai son protecteur, parce qu'il a connu mon nom.

15 Il criera vers moi, et je l'exaucerai : je suis avec lui dans *le temps de* l'affliction ; je le sauverai et je le glorifierai.

16 Je le comblerai de jours ; et je lui ferai voir le salut que je lui destine.

PSAUME XCI.

Psaume ou cantique, pour le jour du sabbat.

2 IL est bon de louer le Seigneur, et de chanter à *la gloire de* votre nom, ô Très-Haut !

3 pour annoncer le matin votre miséricorde, et votre vérité durant la nuit,

4 sur l'instrument à dix cordes joint au chant, et sur la harpe.

5 Car vous m'avez, Seigneur ! rempli de joie, dans la vue de vos ouvrages ; et je tressaillirai d'allégresse en considérant les œuvres de vos mains.

6 Que vos ouvrages, Seigneur ! sont grands ! vos pensées sont infiniment profondes.

7 L'homme insensé ne pourra les connaître, et le fou n'en aura point l'intelligence.

8 Lorsque les pécheurs se seront produits au dehors comme l'herbe, et que tous ceux qui commettent l'iniquité auront paru avec éclat, ils périront dans tous les siècles : (9) mais pour vous, Seigneur ! vous êtes éternellement le Très-Haut.

10 Car voici, Seigneur ! que vos ennemis, voici que vos ennemis vont périr ; et tous ceux qui commettent l'iniquité seront dissipés.

11 Et ma force s'élèvera comme la corne de la licorne, et ma vieillesse *se renouvellera* par votre abondante miséricorde.

12 Et mon œil a regardé mes ennemis avec mépris ; et mon oreille entendra *parler de la punition* des méchants qui s'élèvent contre moi.

13 Le juste fleurira comme le palmier, et il se multipliera comme le cèdre du Liban.

14 Ceux qui sont plantés dans la maison du Seigneur, fleuriront a l'entrée de la maison de notre Dieu.

15 Ils se multiplieront de nouveau dans une vieillesse comblée de biens, et ils seront remplis de vigueur,

16 pour annoncer que le Seigneur, notre Dieu, est plein d'équité, et qu'il n'y a point d'injustice en lui.

PSAUME XCII.

Louange pour servir de cantique à David au jour de devant le sabbat, lorsque la terre fut affermie, *ou* habitée.

LE Seigneur règne, et s'est revêtu de gloire *et* de majesté : le Seigneur s'est revêtu de force ; il s'est armé *de son pouvoir.*

Car il a affermi le vaste corps de la terre, en sorte qu'il ne sera point ébranlé.

2 Votre trône, ô Dieu ! était établi dès lors ; vous êtes de toute

éternité.

3 Les fleuves, Seigneur ! ont élevé, les fleuves ont élevé leur voix.

Les fleuves ont élevé leurs flots, (4) au bruit des grandes eaux.

Les soulèvements de la mer sont admirables : *mais* le Seigneur *qui est* dans les cieux est *encore plus* admirable.

5 Vos témoignages, Seigneur ! sont très-dignes de créance : la sainteté doit être l'ornement de votre maison dans toute la suite des siècles.

PSAUME XCIII.

Psaume de David, pour le quatrième jour après le sabbat.

LE Seigneur est le Dieu des vengeances : le Dieu des vengeances a agi avec *une entière* liberté.

2 Faites éclater votre grandeur, *ô Dieu* qui jugez la terre ! rendez aux superbes ce qui leur est dû.

3 Jusques à quand, Seigneur ! les pécheurs, jusques à quand les pécheurs se glorifieront-ils *avec insolence* ?

4 *Jusques à quand* tous ceux qui commettent des injustices, se répandront-ils en des discours *insolents*, et proféreront-ils des paroles impies *contre vous* ?

5 Ils ont, Seigneur ! humilié *et* affligé votre peuple ; ils ont opprimé votre héritage.

6 Ils ont mis à mort la veuve et l'étranger ; ils ont tué les orphelins.

7 Et ils ont dit : Le Seigneur ne le verra point ; et le Dieu de Jacob n'en saura rien.

8 Vous qui parmi le peuple êtes des insensés, entrez dans l'intelligence *de la vérité* : vous qui êtes fous, commencez enfin à devenir sages.

9 Celui qui a fait l'oreille, n'entendra-t-il point ? ou celui qui a formé l'œil, ne verra-t-il point ?

10 Celui qui reprend les nations, ne vous convaincra-t-il pas *de péché* ; lui qui enseigne la science à l'homme ?

11 Le Seigneur connaît les pensées des hommes ; *et il sait* qu'elles sont vaines.

12 Heureux est l'homme que vous avez vous-même instruit, Seigneur ! et à qui vous avez enseigné votre loi,

13 afin que vous lui procuriez quelque adoucissement dans les jours mauvais, jusqu'à ce que soit creusée la fosse destinée au pécheur.

14 Car le Seigneur ne rejettera point son peuple, et n'abandonnera point son héritage ;

15 jusqu'à ce que la *divine* justice fasse éclater son jugement, et que tous ceux qui ont le cœur droit paraissent devant elle avec confiance.

16 Qui est-ce qui s'élèvera avec moi contre les méchants ? ou qui se tiendra ferme auprès de moi contre ceux qui commettent l'iniquité ?

17 Si le Seigneur ne m'eût assisté, il s'en serait peu fallu que mon âme ne fût tombée dans l'enfer.

18 Si je disais, Mon pied a été ébranlé ; votre miséricorde, Seigneur ! me soutenait *aussitôt*.

19 Vos consolations ont rempli de joie mon âme, à proportion du grand nombre de douleurs qui ont pénétré mon cœur.

20 Le tribunal de l'injustice peut-il avoir quelque union avec vous, lorsque vous nous faites des commandements pénibles ?

21 Les méchants tendront des pièges à l'âme du juste, et condamneront le sang innocent.

22 Mais le Seigneur est devenu mon refuge ; et mon Dieu, l'appui de mon espérance.

23 Et il fera retomber sur eux leur iniquité ; et il les fera périr par leur propre malice : le Seigneur, notre Dieu, les fera périr.

PSAUME XCIV.

Louange pour servir de cantique à David.

VENEZ, réjouissons-nous au Seigneur : chantons en l'honneur de Dieu, notre Sauveur.

2 Présentons-nous devant lui en lui offrant nos actions de grâces, et au milieu de nos cantiques poussons des cris de joie à sa gloire.

3 Car le Seigneur est le grand Dieu, et le grand Roi *élevé* au-dessus de tous les dieux.

4 Car la terre dans toute son étendue est en sa main, et les plus hautes montagnes lui appartiennent.

5 Car la mer est à lui, elle est son ouvrage ; et ce sont ses mains qui ont formé la terre.

6 Venez, adorons-le, prosternons-nous, et pleurons devant le Seigneur qui nous a créés.

7 Car il est le Seigneur, notre Dieu, et nous sommes son peuple qu'il nourrit dans ses pâturages, et ses brebis qu'il conduit *comme* avec la main.

Si vous entendez aujourd'hui sa voix, (8) gardez-vous bien d'endurcir vos cœurs :

comme il arriva au temps du murmure qui excita ma colère, et au jour de la tentation dans le désert, (9) où vos pères me tentèrent et éprouvèrent ma *puissance*, et furent témoins de mes œuvres *miraculeuses*.

10 Je fus durant quarante ans en colère contre cette race, et je disais : Le cœur de ce peuple est toujours dans l'égarement ; et ils n'ont point connu mes voies.

11 C'est pourquoi j'ai juré dans ma colère, qu'ils n'entreraient point dans *le lieu de* mon repos.

PSAUME XCV.

Cantique pour David, *qui fut chanté* lorsqu'on bâtissait la maison *de Dieu* après la captivité.

CHANTEZ au Seigneur un cantique nouveau : chantez au Seigneur, *peuples de* toute la terre.

2 Chantez au Seigneur, et bénissez son *saint* nom : annoncez dans toute la suite des jours son assistance salutaire.

3 Annoncez sa gloire parmi les nations, *et* ses merveilles au milieu de tous les peuples.

4 Car le Seigneur est grand, et infiniment louable : il est *sans comparaison* plus redoutable que tous les dieux.

5 Car tous les dieux des nations sont des démons ; mais le Seigneur est le créateur des cieux.

6 Il ne voit devant lui que gloire et que sujets de louanges : la sainteté et la magnificence éclatent dans son saint lieu.

7 Venez, ô nations différentes ! apporter *vos présents* au Seigneur : *venez* offrir au Seigneur l'honneur et la gloire : (8) *venez* offrir au Seigneur la gloire due à son nom.

Prenez des victimes, et entrez dans sa maison : (9) adorez le Seigneur à l'entrée de son saint tabernacle.

Que toute la terre tremble devant sa face : (10) dites parmi les nations, Que le Seigneur a établi son règne *suprême*.

Car il a affermi toute la terre, qui ne sera point ébranlée ; il jugera les peuples selon l'équité.

11 Que les cieux se réjouissent, et que la terre tressaille de joie : que la mer avec ce qui la remplit en soit toute émue.

12 Les campagnes ressentiront cette joie, aussi bien que tout ce qu'elles contiennent : tous les arbres des forêts tressailliront d'allégresse,

13 par la présence du Seigneur ; à cause qu'il vient, à cause qu'il vient juger la terre.

Il jugera toute la terre dans l'équité, et les peuples selon sa vérité.

PSAUME XCVI.

À David, quand sa terre fut rétablie.

LE Seigneur est entré dans son règne : que la terre tressaille de joie : que toutes les îles se réjouissent.

2 Une nuée est autour de lui, et l'obscurité l'environne : la justice et le jugement sont le soutien de son trône.

3 Le feu marchera devant lui, et embrasera tout autour de lui ses ennemis.

4 Ses éclairs ont paru dans toute la terre ; elle les a vus, et en a été toute émue.

5 Les montagnes se sont fondues comme la cire à la présence du Seigneur ; la présence du Seigneur a fait fondre toute la terre.

6 Les cieux ont annoncé sa justice ; et tous les peuples ont vu sa gloire.

7 Que tous ceux-là soient confondus qui adorent les ouvrages de sculpture, et qui se glorifient dans leurs idoles : adorez-le, vous tous qui êtes ses anges.

8 Sion l'a entendu, et s'en est réjouie ; et les filles de Juda ont tressailli de joie, Seigneur ! à cause de vos jugements.

9 Car vous êtes le Seigneur très-haut *qui avez l'empire* sur toute la terre : vous êtes infiniment élevé au-dessus de tous les dieux.

10 Vous qui aimez le Seigneur, haïssez le mal : le Seigneur garde les âmes de ses saints ; et il les délivrera de la main du pécheur.

11 La lumière s'est levée sur le juste ; et la joie dans ceux qui ont le cœur droit.

12 Réjouissez-vous, justes, au Seigneur ; et célébrez par vos louanges la mémoire de sa sainteté.

PSAUME XCVII.

Psaume pour David.

CHANTEZ au Seigneur un nouveau cantique ; parce qu'il a fait des prodiges : c'est par sa droite *seule*, c'est par son bras saint qu'il a opéré le salut.

2 Le Seigneur a fait connaître le salut qu'il nous réservait ; il a manifesté sa justice aux yeux des nations.

3 Il s'est souvenu de sa miséricorde, et de la vérité des promesses qu'il avait faites à la maison d'Israël : toute l'étendue de la terre a vu le salut que notre Dieu nous a envoyé.

4 Poussez des cris de joie à *la gloire de* Dieu, vous tous, habitants de la terre : élevez vos voix, faites entendre des chants d'allégresse, et joignez-y le son des instruments.

5 Chantez sur la harpe des cantiques au Seigneur ; sur la harpe, et sur l'instrument à dix cordes.

6 Au son des trompettes battues au marteau, et de celle qui est faite avec la corne ; faites retentir de saints transports de joie en présence du Seigneur, *votre* Roi.

7 Que la mer en soit émue avec tout ce qui la remplit, toute la terre, et ceux qui l'habitent.

8 Les fleuves frapperont des mains, comme aussi les montagnes tressailliront de joie,

9 à la présence du Seigneur, à cause qu'il vient juger la terre.

Il jugera toute la terre selon la justice, et les peuples selon l'équité.

PSAUME XCVIII.

Psaume pour David.

LE Seigneur, qui est assis sur les chérubins, est entré dans son règne ; que les peuples en soient émus de colère, que la terre en soit ébranlée.

2 Le Seigneur est grand dans Sion : il est élevé au-dessus de tous les peuples.

3 Qu'ils rendent gloire à votre grand nom ; parce qu'il est terrible et saint, (4) et que la majesté du Roi *suprême éclate* dans son amour pour la justice.

Vous nous avez marqué une conduite très-droite : vous avez exercé la justice et le jugement dans Jacob.

5 Relevez la gloire du Seigneur, notre Dieu, et adorez l'escabeau de ses pieds, parce qu'il est saint.

6 Moïse et Aaron étaient ses prêtres, et Samuel était au nombre de ceux qui invoquaient son nom.

Ils invoquaient *tous* le Seigneur, et le Seigneur les exauçait : (7) il leur parlait au milieu de la colonne de nuée.

Ils gardaient ses ordonnances, et les préceptes qu'il leur avait donnés.

8 Seigneur notre Dieu ! vous les exauciez : ô Dieu ! vous avez usé envers eux de miséricorde, lors même que vous punissiez en eux tout ce qui pouvait vous y déplaire.

9 Glorifiez le Seigneur, notre Dieu, et adorez-*le* sur sa sainte montagne ; parce que le Seigneur, notre Dieu, est saint.

PSAUME XCIX.

Psaume d'actions de grâces.

POUSSEZ des cris de joie à *la gloire de* Dieu, vous tous, habitants de la terre : (2) servez le Seigneur avec joie ; présentez-vous devant lui avec des chants d'allégresse.

3 Sachez que le Seigneur est *le vrai* Dieu : que c'est lui qui nous a faits, et que nous ne nous sommes pas faits nous-mêmes.

Vous qui êtes son peuple, et les brebis qu'il nourrit dans ses pâturages, (4) entrez par les portes *de son tabernacle* en l'honorant par vos actions de grâces, et *venez* dans sa maison en chantant des hymnes : glorifiez-le ; louez son nom.

5 Car le Seigneur est plein de douceur ; sa miséricorde est éternelle, et sa vérité s'étendra dans la suite de toutes les races.

PSAUME C.

Psaume pour David.

JE chanterai, Seigneur ! devant vous votre miséricorde et votre justice.

Je les chanterai sur des instruments *de musique* ; (2) et je m'appliquerai à connaître la voie qui est pure *et* sans tache : quand viendrez-vous à moi ?

Je marchais dans l'innocence de mon cœur au milieu de ma maison : (3) je ne me proposais rien d'injuste devant les yeux ; je haïssais ceux qui violaient votre loi.

4 Celui dont le cœur était corrompu n'avait aucune société avec moi ; et je ne connaissais point celui qu'une conduite maligne éloignait de moi.

5 Je persécutais celui qui médisait en secret de son prochain ; je ne mangeais point avec ceux dont l'œil est superbe, et le cœur insatiable.

6 Mes yeux ne regardaient sur la terre que ceux qui étaient vraiment fidèles, afin de les faire asseoir près de moi ; et je n'avais pour ministre *et* pour officier que celui qui marchait dans une voie innocente.

7 Celui qui agit avec orgueil, ne demeurera point dans ma maison : celui qui profère des choses injustes, n'a pu se rendre agréable devant mes yeux.

8 Je mettais à mort dès le matin tous les pécheurs de la terre, afin de bannir de la ville du Seigneur tous ceux qui commettent l'iniquité.

PSAUME CI.

Oraison du pauvre, lorsqu'il sera dans l'affliction, et qu'il répandra sa prière en la présence du Seigneur.

2 SEIGNEUR ! exaucez ma prière, et que mes cris s'élèvent jusqu'à vous.

3 Ne détournez point de moi votre visage ; en quelque jour que je me trouve affligé, rendez-vous attentif à ma demande ; en quelque jour que je vous invoque, exaucez-moi promptement.

4 Car mes jours se sont évanouis comme la fumée, et mes os sont devenus aussi secs que les matières les plus aisées à brûler.

5 J'ai été frappé comme l'herbe *l'est par l'ardeur du soleil,* et mon cœur s'est desséché, parce que j'ai oublié de manger mon pain.

6 À force de gémir *et* de soupirer, je n'ai plus que la peau collée sur les os.

7 Je suis devenu semblable au pélican qui habite dans la solitude : je suis devenu comme le hibou qui se retire dans les *lieux obscurs des* maisons.

8 J'ai veillé *pendant la nuit* ; et j'étais comme le passereau qui *se tient* seul sur un toit.

9 Mes ennemis me faisaient durant tout le jour de continuels reproches ; et ceux qui me donnaient des louanges, conspiraient par des serments contre moi.

10 Car je mangeais la cendre comme le pain, et je mêlais mes larmes avec ce que je buvais,

11 sous le poids de votre colère et de votre indignation ; parce qu'après m'avoir élevé, vous m'avez brisé.

12 Mes jours se sont évanouis comme l'ombre, et je suis devenu sec comme l'herbe.

13 Mais pour vous, Seigneur ! vous subsistez éternellement, et la mémoire de votre nom s'étendra dans toutes les races.

14 Vous vous lèverez, et vous aurez pitié de Sion, parce que le temps est venu, le temps d'avoir pitié d'elle.

15 Car ses pierres sont très-agréables à vos serviteurs ; et ils auront compassion de sa terre.

16 Et les nations craindront votre nom, Seigneur ! et tous les rois de la terre *révéreront* votre gloire ;

17 parce que le Seigneur a bâti Sion, et qu'il sera vu dans sa gloire.

18 Il a regardé la prière de ceux qui sont dans l'humiliation, et il n'a point méprisé leurs demandes.

19 Que ces choses soient écrites pour les autres races ; afin que le peuple qui sera créé *alors*, loue le Seigneur.

20 Car il a regardé du haut de son lieu saint : le Seigneur a regardé du ciel sur la terre ;

21 pour entendre les gémissements de ceux qui étaient dans les liens, pour délivrer les enfants de ceux qui avaient été tués ;

22 afin qu'ils annoncent dans Sion le nom du Seigneur, et *qu'ils publient* ses louanges dans Jérusalem ;

23 lorsque les peuples et les rois s'assembleront pour servir conjointement le Seigneur.

24 Il dit à Dieu dans sa plus grande vigueur : Faites-moi connaître le petit nombre de mes jours.

25 Ne me rappelez pas lorsque je ne suis encore qu'à la moitié de mes jours : vos années, *Seigneur !* s'étendent dans la suite de toutes les races.

26 Dès le commencement, Seigneur ! vous avez fondé la terre ; et les cieux sont les ouvrages de vos mains : (27) ils périront : mais vous subsisterez dans toute l'éternité.

Ils vieilliront tous comme un vêtement ; vous les changerez comme un habit dont on se couvre ; et ils seront en effet changés : (28) mais pour vous, vous êtes toujours le même, et vos années ne finiront point.

29 Les enfants de vos serviteurs auront une demeure permanente ; et leur race sera stable éternellement.

PSAUME CII.

Pour David.

MON âme, bénissez le Seigneur ; et que tout ce qui est au dedans de moi, bénisse son saint nom.

2 Mon âme, bénissez le Seigneur ; et gardez-vous bien d'oublier jamais tous ses bienfaits.

3 Car c'est lui qui vous pardonne toutes vos iniquités, et qui guérit toutes vos infirmités ;

4 qui rachète votre vie de la mort, qui vous environne de sa miséricorde et des effets de sa tendresse ;

5 qui remplit votre désir en vous comblant de ses biens ; et qui renouvelle votre jeunesse comme celle de l'aigle.

6 Le Seigneur fait ressentir les effets de sa miséricorde, et il fait justice à tous ceux qui souffrent l'injustice *et* la violence.

7 Il a fait connaître ses voies à Moïse, et ses volontés aux enfants d'Israël.

8 Le Seigneur est miséricordieux et plein de tendresse ; il est patient et tout rempli de miséricorde.

9 Il ne sera pas toujours en colère, et n'usera pas éternellement de menaces.

10 Il ne nous a pas traités selon nos péchés ; et il ne nous a pas punis selon la grandeur de nos iniquités.

11 Car autant que le ciel est élevé au-dessus de la terre, autant a-t-il affermi sa miséricorde sur ceux qui le craignent.

12 Autant que l'orient est éloigné du couchant, autant il a éloigné de nous nos iniquités.

13 De même qu'un père a une compassion pleine de tendresse pour ses enfants ; aussi le Seigneur est touché de compassion pour ceux qui le craignent.

14 Car il connaît lui-même la fragilité de notre origine ; il s'est souvenu que nous ne sommes que poussière.

15 Le jour de l'homme *passe* comme l'herbe ; il est comme la fleur des champs, qui fleurit *pour un peu de temps.*

16 Car l'esprit ne fera que passer en lui ; et l'homme ensuite ne subsistera plus ; et il n'occupera plus son lieu *comme auparavant.*

17 Mais la miséricorde du Seigneur est de toute éternité, et demeurera éternellement sur ceux qui le craignent.

Et sa justice se répandra sur les enfants des enfants (18) de ceux qui gardent son alliance, et qui se souviennent de ses préceptes, pour les accomplir.

19 Le Seigneur a préparé son trône dans le ciel ; et toutes choses seront assujetties à son empire.

20 Bénissez le Seigneur, vous tous qui êtes ses anges, remplis de force ; et fidèles à exécuter ses ordres, dès que vous avez entendu le son de sa voix.

21 Bénissez tous le Seigneur, vous qui composez ses armées *célestes*, et qui êtes ses ministres appliqués à exécuter ses volontés.

22 Que tous les ouvrages du Seigneur le bénissent dans tous les lieux de son empire : mon âme, bénissez le Seigneur.

PSAUME CIII.

Pour David.

BÉNISSEZ le Seigneur, ô mon âme ! Seigneur mon Dieu ! vous avez fait paraître votre grandeur d'une manière bien éclatante ; vous êtes tout environné de majesté et de gloire :

2 vous qui êtes revêtu de la lumière comme d'un vêtement, et qui étendez le ciel comme une tente ;

3 vous qui couvrez d'eaux sa partie la plus élevée, qui montez sur les nuées, et qui marchez sur les ailes des vents ;

4 vous qui rendez vos anges *aussi prompts* que les vents, et vos ministres aussi ardents que les flammes ;

5 vous qui avez fondé la terre sur sa propre fermeté, sans qu'elle puisse jamais être renversée.

6 L'abîme l'environne comme un vêtement ; et les eaux s'élèvent

comme des montagnes.

7 Mais vos menaces les font fuir ; et la voix de votre tonnerre les remplit de crainte.

8 Elles s'élèvent comme des montagnes, et elles descendent comme des vallées dans le lieu que vous leur avez établi.

9 Vous leur avez prescrit des bornes qu'elles ne passeront point ; et elles ne reviendront point couvrir la terre.

10 Vous conduisez les fontaines dans les vallées, et vous faites couler les eaux entre les montagnes.

11 Elles servent à abreuver toutes les bêtes des champs ; les ânes sauvages soupirent après elles dans leur soif.

12 Sur leurs bords habitent les oiseaux du ciel ; ils font entendre leur voix du milieu des rochers.

13 Vous arroserez les montagnes des eaux qui tombent d'en haut ; la terre sera rassasiée des fruits qui sont vos ouvrages.

14 Vous produisez le foin pour les bêtes, et l'herbe pour servir à l'usage de l'homme.

Vous faites sortir le pain de la terre, (15) et le vin qui réjouit le cœur de l'homme.

Vous lui donnez l'huile, afin qu'elle répande la joie sur son visage ; et le pain, afin qu'il fortifie son cœur.

16 Les arbres de la campagne seront nourris avec abondance, aussi bien que les cèdres du Liban que *Dieu* a plantés.

17 Les petits oiseaux y feront leurs nids : celui de la cigogne est comme le premier *et* le chef des autres.

18 Les hautes montagnes servent de retraite aux cerfs, et les rochers aux hérissons.

19 Il a fait la lune pour les temps *qu'il lui* a marqués ; le soleil sait où il doit se coucher.

20 Vous avez répandu les ténèbres ; et la nuit a été faite : et c'est durant la nuit que toutes les bêtes de la forêt se répandent *sur la terre* ;

21 et que les petits des lions rugissent après leur proie, et cherchent la nourriture que Dieu leur a destinée.

22 Le soleil se levant ensuite, elles se rassemblent, et vont se coucher dans leurs retraites.

23 Alors l'homme sort pour aller faire son ouvrage, et travailler jusqu'au soir.

24 Que vos œuvres sont grandes, Seigneur ! Vous avez fait toutes choses avec *une souveraine* sagesse : la terre est toute remplie de vos biens.

25 Dans cette mer si grande et d'une si vaste étendue se trouve un nombre infini de poissons, de grands et de petits animaux.

26 C'est là que les navires passeront ; *là se promène* ce monstre que vous avez formé, Seigneur ! pour s'y jouer.

27 Toutes les créatures attendent de vous que vous leur donniez leur nourriture, lorsque le temps en est venu.

28 Lorsque vous la leur donnez, elles la recueillent ; et lorsque vous ouvrez votre main, elles sont toutes remplies des effets de votre bonté.

29 Mais si vous détournez d'elles votre face, elles seront troublées ; vous leur ôterez l'esprit *de vie* ; elles tomberont dans la défaillance, et retourneront dans leur poussière.

30 Vous enverrez *ensuite* votre Esprit *et* votre souffle *divin*, et elles seront créées *de nouveau*, et vous renouvellerez *toute* la face de la terre.

31 Que la gloire du Seigneur soit célébrée dans tous les siècles : le Seigneur se réjouira dans ses ouvrages ;

32 lui qui regarde la terre, et la fait trembler ; qui touche seulement les montagnes, et en fait sortir *les flammes et* la fumée.

33 Je chanterai des cantiques à *la gloire du* Seigneur tant que je vivrai ; je chanterai des hymnes à *l'honneur de* mon Dieu tant que je subsisterai.

34 Que les paroles que je proférerai *en son honneur* puissent lui être agréables ; pour moi, je trouverai *toute* ma joie dans le Seigneur.

35 Que les pécheurs et les injustes soient effacés de dessus la terre, en sorte qu'ils ne soient plus. Ô mon âme ! bénis le Seigneur.

PSAUME CIV.

Alleluia.

LOUEZ le Seigneur, et invoquez son nom : annoncez ses œuvres parmi les nations.

2 Chantez ses louanges, chantez-les sur les instruments ; racontez toutes ses merveilles.

3 Glorifiez-vous dans son saint nom : que le cœur de ceux qui cherchent le Seigneur se réjouisse.

4 Cherchez le Seigneur, et soyez remplis de force ; cherchez sa face sans cesse.

5 Souvenez-vous de ses merveilles, des prodiges qu'il a faits, et des jugements *qui sont sortis* de sa bouche :

6 vous qui êtes la race d'Abraham, son serviteur ; vous, enfants de Jacob qu'il a choisis.

7 C'est lui qui est le Seigneur, notre Dieu ; et ses jugements s'exercent dans toute la terre.

8 Il s'est souvenu pour toujours de son alliance, de la parole qu'il a prononcée pour être accomplie dans la suite de toutes les races ;

9 *de l'alliance* qu'il a contractée avec Abraham, et du serment qu'il a fait à Isaac ;

10 qu'il a confirmé à Jacob pour être un décret *irrévocable*, et à Israël pour être un accord éternel ;

11 en disant, Je vous donnerai la terre de Chanaan pour héritage ;

12 *et le disant,* lorsqu'ils étaient encore en très-petit nombre, peu considérables, et étrangers dans cette terre.

13 Et ils passèrent d'une nation dans une autre, et d'un royaume à un autre peuple.

14 Il ne permit point qu'aucun homme leur fît du mal ; et il châtia même des rois à cause d'eux ;

15 *en leur disant :* Gardez-vous bien de toucher à mes oints, et de maltraiter mes prophètes.

16 Il appela la famine sur la terre ; et il brisa toute la force *de l'homme, le faisant manquer* de pain.

17 Il envoya avant eux un homme *en Égypte* ; Joseph, qui fut vendu pour être esclave.

18 Il fut humilié par les chaînes qu'on lui mit aux pieds ; le fer transperça son âme, (19) jusqu'à ce que sa parole fût accomplie.

Il fut embrasé par la parole du Seigneur : (20) le roi envoya *dans la prison*, et le délia ; le prince des peuples *d'Égypte* le renvoya libre.

21 Il l'établit le maître de sa maison, et *comme* le prince de tout ce qu'il possédait ;

22 afin qu'il instruisît tous les princes de sa cour comme lui-même, et qu'il apprît la sagesse aux anciens de son conseil.

23 Et Israël entra dans l'Égypte ; et Jacob demeura dans la terre de Cham.

24 Or *le Seigneur* multiplia extraordinairement son peuple, et le rendit plus puissant que ses ennemis.

25 Et il changea le cœur des Égyptiens, afin qu'ils haïssent son peuple, et qu'ils accablassent ses serviteurs par mille artifices.

26 Alors il envoya Moïse, son serviteur, et Aaron qu'il choisit aussi *pour l'accompagner.*

27 Il mit en eux sa puissance, pour faire des signes et des prodiges dans la terre de Cham.

28 Il envoya les ténèbres, et remplit l'air d'obscurité : et ils ne résistèrent point à ses ordres.

29 Il changea leurs eaux en sang, et fit mourir leurs poissons.

30 Leur terre produisit des grenouilles, jusque dans les chambres des rois mêmes.

31 Il parla, et on vit venir toutes sortes de mouches et de moucherons dans tout leur pays.

32 Il changea leurs pluies en grêle, et fit tomber un feu qui brûlait *tout* dans leur terre ;

33 et il frappa leurs vignes et leurs figuiers, et il brisa tous les arbres qui étaient dans tout le pays.

34 Il commanda, et on vit venir un nombre infini de sauterelles de

différentes espèces :

35 elles mangèrent toute l'herbe de leur terre : elles consumèrent tous les fruits de leur pays.

36 Et il frappa tous les premiers-nés de l'Égypte, les prémices de tout leur travail.

37 Il fit sortir les Israélites avec beaucoup d'or et d'argent ; et il n'y avait point de malades dans leurs tribus.

38 L'Égypte se réjouit de leur départ, à cause que la frayeur qu'elle avait d'eux l'avait saisie.

39 Il étendit une nuée pour les mettre à couvert *durant le jour* ; et *il fit paraître* un feu pour les éclairer pendant la nuit.

40 Ils demandèrent *à manger*, et il fit venir des cailles ; et il les rassasia du pain du ciel.

41 Il fendit la pierre, et il en coula des eaux ; des fleuves se répandirent dans un lieu sec *et* aride.

42 Car il se souvint de la sainte parole qu'il avait donnée à Abraham, son serviteur.

43 Et il fit sortir son peuple avec allégresse, et ses élus avec des transports de joie.

44 Il leur donna les pays des nations, et les fit entrer en possession des travaux des peuples :

45 afin qu'ils gardassent ses ordonnances pleines de justice, et qu'ils s'appliquassent à la recherche de sa loi.

PSAUME CV.

Alleluia.

LOUEZ le Seigneur, parce qu'il est bon ; parce que sa miséricorde est éternelle.

2 Qui racontera les œuvres de la puissance du Seigneur, et qui fera entendre toutes ses louanges ?

3 Heureux ceux qui gardent l'équité, et qui pratiquent la justice en tout temps.

4 Souvenez-vous de nous, Seigneur ! selon la bonté qu'il vous a plu de témoigner à votre peuple : visitez-nous par votre assistance salutaire ;

5 afin que nous nous voyions comblés des biens de vos élus ; afin que nous nous réjouissions de la joie qui est propre à votre peuple, et que vous soyez loué dans votre héritage.

6 Nous avons péché avec nos pères ; nous avons agi injustement ; nous nous sommes abandonnés à l'iniquité.

7 Nos pères ne comprirent point vos merveilles dans l'Égypte ; ils ne se souvinrent point de la multitude de vos miséricordes : et ils vous irritèrent étant près d'entrer dans la mer, dans la mer Rouge.

8 Cependant le Seigneur les sauva pour *la gloire de* son nom, afin de faire connaître sa puissance.

9 Il menaça la mer Rouge, et elle sécha ; il les conduisit au milieu des abîmes, comme dans un lieu *sec et* désert.

10 Et il les sauva des mains de ceux qui les haïssaient, et les délivra des mains de *Pharaon*, leur ennemi.

11 L'eau couvrit ceux qui les poursuivaient, sans qu'il en restât un seul.

12 Alors ils crurent à ses paroles, et ils chantèrent ses louanges.

13 Mais ils tombèrent bientôt dans l'oubli de ses œuvres *si merveilleuses* ; et ils n'attendirent pas avec patience qu'il accomplît ses desseins sur eux.

14 Ils désirèrent de manger des viandes dans le désert ; et tentèrent Dieu dans un lieu où il n'y avait point d'eau.

15 Il leur accorda leur demande, et envoya de quoi rassasier leurs âmes.

16 Et ils irritèrent dans le camp Moïse, et Aaron, le saint du Seigneur.

17 La terre s'entr'ouvrit alors : elle engloutit Dathan, et couvrit Abiron et toute sa troupe.

18 Un feu s'alluma au milieu de ces factieux ; et la flamme consuma ces méchants.

19 Et ils se firent un veau près d'Horeb, et adorèrent un ouvrage de sculpture.

20 Et ils substituèrent à *Dieu qui était* leur gloire, la ressemblance d'un veau qui mange de l'herbe.

21 Ils oublièrent le Dieu qui les avait sauvés ; qui avait fait de grandes choses dans l'Égypte, (22) des prodiges dans la terre de Cham, des choses terribles dans la mer Rouge.

23 Et il avait résolu de les perdre, si Moïse qu'il avait choisi ne s'y fût opposé en brisant *ce veau d'or*, et se présentant devant lui pour détourner sa colère, et empêcher qu'il ne les exterminât.

24 Mais ils n'eurent que du mépris pour une terre si désirable, et ne crurent point à sa parole.

25 Ils murmurèrent dans leurs tentes, et n'écoutèrent point la voix du Seigneur.

26 Et il éleva sa main sur eux pour les exterminer dans le désert ;

27 pour rendre leur race misérable parmi les nations, et les disperser en divers pays.

28 Ils se consacrèrent à Béelphégor, et mangèrent des sacrifices offerts à des *dieux* morts.

29 Et ils irritèrent le Seigneur par leurs œuvres *criminelles* ; et il en périt un grand nombre.

30 Phinéès s'opposa *à leur impiété*, et il apaisa la colère *du Seigneur* ; et fit cesser cette plaie dont il les avait frappés.

31 Et ce zèle lui a été imputé à justice pour toujours et dans la suite de toutes les races.

32 Ils irritèrent encore Dieu aux eaux de contradiction ; et Moïse fut châtié à cause d'eux.

33 Car ils remplirent son esprit de tristesse ; et il fit paraître de la défiance dans ses paroles.

34 Ils n'exterminèrent point les nations que le Seigneur leur avait marquées.

35 Mais ils se mêlèrent parmi ces nations ; et ils apprirent à les imiter dans leurs œuvres.

36 Ils adorèrent leurs idoles, qui leur devinrent une occasion de scandale *et de* chute.

37 Ils immolèrent leurs fils et leurs filles aux démons.

38 Ils répandirent le sang innocent, le sang de leurs fils et de leurs filles, qu'ils sacrifièrent aux idoles de Chanaan.

Et la terre fut infectée par l'abondance du sang qu'ils répandirent : (39) elle fut souillée par leurs œuvres *criminelles*, et ils se prostituèrent à leurs passions.

40 C'est pourquoi le Seigneur se mit en colère contre son peuple ; et il eut en abomination son héritage.

41 Il les livra entre les mains des nations ; et ceux qui les haïssaient, eurent l'empire sur eux.

42 Leurs ennemis leur firent souffrir plusieurs maux ; et ils furent humiliés *et* accablés sous leur puissance.

43 Souvent Dieu les délivra : mais ils l'irritaient de nouveau par *l'impiété de* leurs desseins ; et leurs propres iniquités leur attiraient de nouvelles humiliations.

44 Il les regarda lorsqu'ils étaient affligés ; et il écouta leur prière.

45 *En leur faveur* il se souvint de son alliance ; et il fut touché de repentir selon la grandeur de sa miséricorde.

46 Il leur fit trouver compassion dans le cœur de tous ceux qui les avaient assujettis.

47 Sauvez-nous, Seigneur notre Dieu ! et rassemblez-nous du milieu des nations ; afin que nous rendions gloire à votre saint nom, et que nous puissions mettre notre gloire à vous louer.

48 Que le Seigneur, le Dieu d'Israël, soit béni dans tous les siècles !

Et tout le peuple dira : Ainsi soit-il ! ainsi soit-il !

PSAUME CVI.

Alleluia.

LOUEZ le Seigneur, parce qu'il est bon ; parce que sa miséricorde est éternelle.

2 Que ceux-là le disent *et le publient*, qui ont été rachetés par le

Seigneur, qu'il a rachetés de la puissance de l'ennemi,

3 et qu'il a rassemblés de *divers* pays, du lever du soleil, et du couchant ; du nord, et de la mer *méridionale*.

4 Ils ont erré dans la solitude, dans les lieux où il n'y avait point d'eau ; et ils ne trouvaient point de chemin pour aller en une ville habitable.

5 Ils ont souffert la faim et la soif ; et leur âme était tombée en défaillance.

6 Au milieu de leur affliction ils ont crié au Seigneur, qui les a tirés *par sa puissance* des nécessités *pressantes* où ils se trouvaient ;

7 et les a conduits dans le droit chemin, afin qu'ils pussent aller à la ville où ils devaient demeurer.

8 Que les miséricordes du Seigneur soient le sujet de ses louanges ; qu'il soit loué à cause des merveilles qu'il a faites en faveur des enfants des hommes.

9 Car il a rassasié l'âme qui était vide, et rempli de biens l'âme qui souffrait la faim.

10 Ils étaient assis dans les ténèbres et dans l'ombre de la mort ; ils étaient captifs, dans l'indigence *de toutes choses,* et chargés de fers.

11 Car ils avaient irrité Dieu, en violant ses préceptes ; et mis en colère le Très-Haut, en méprisant son conseil.

12 Leur cœur a été humilié par la fatigue des travaux ; ils ont été affaiblis, et il n'y avait personne qui les secourût.

13 Ils ont crié au Seigneur du milieu de leur affliction ; et il les a délivrés des nécessités *pressantes* où ils se trouvaient.

14 Il les a fait sortir des ténèbres et de l'ombre de la mort ; et il a rompu leurs liens.

15 Que les miséricordes du Seigneur soient le sujet de ses louanges ; qu'il soit loué à cause des merveilles qu'il a faites en faveur des enfants des hommes.

16 Car il a brisé les portes d'airain, et rompu les barres de fer.

17 Il les a retirés de la voie de leur iniquité : car ils avaient été humiliés à cause de leurs injustices.

18 Leur âme avait en horreur toute sorte de nourriture ; et ils étaient proche des portes de la mort.

19 Ils ont crié au Seigneur du milieu de leur affliction ; et il les a délivrés de l'extrémité où ils se trouvaient.

20 Il a envoyé sa parole, et il les a guéris, et les a tirés de la mort.

21 Que les miséricordes du Seigneur soient le sujet de ses louanges ; qu'il soit loué à cause des merveilles qu'il a faites en faveur des enfants des hommes.

22 Qu'ils lui offrent un sacrifice de louange ; et qu'ils publient ses œuvres avec allégresse.

23 Ceux qui descendent sur mer dans les navires, et qui travaillent au milieu des grandes eaux,

24 ont vu les œuvres du Seigneur, et ses merveilles dans la profondeur des abîmes.

25 Il a commandé, et aussitôt il s'est levé un vent qui a amené la tempête ; et les flots de la mer se sont élevés.

26 Ils montaient jusqu'au ciel, et descendaient jusqu'au fond des abîmes : leur âme tombait en défaillance à la vue de tant de maux.

27 Ils étaient troublés et agités comme un homme qui est ivre ; et leur sagesse était toute renversée.

28 Ils ont crié au Seigneur du milieu de leur affliction ; et il les a tirés de l'extrémité où ils se trouvaient.

29 Il a changé cette tempête en un vent doux ; et les flots de la mer se sont calmés.

30 Ils se sont réjouis de ce que ses flots s'étaient calmés ; et il les a conduits jusqu'au port où ils voulaient arriver.

31 Que les miséricordes du Seigneur soient le sujet de ses louanges ; qu'il soit loué à cause des merveilles qu'il a faites en faveur des enfants des hommes.

32 Que l'on relève sa gloire dans l'assemblée du peuple, et qu'on le loue dans le lieu où sont assis les anciens.

33 Il a changé les fleuves en un désert, et les pays arrosés d'eau en un lieu sec ;

34 et il a rendu la terre qui portait du fruit, aussi stérile que celle qui est semée de sel, à cause de la malice de ses habitants.

35 Il a changé les déserts en des étangs, et la terre qui était sans eaux en des eaux courantes.

36 Il y a établi ceux qui étaient affamés ; et ils y ont bâti une ville pour y demeurer.

37 Ils y ont semé les champs, et planté des vignes, qui ont produit grande abondance de fruits.

38 Il les a bénis, et ils se sont multipliés extrêmement ; et il n'a pas laissé diminuer leurs bestiaux.

39 Mais ils ont été ensuite réduits à un petit nombre : ils ont été affligés de plusieurs maux, et accablés de douleurs.

40 Les princes sont tombés *aussi* dans le mépris ; et il les a fait errer hors de la voie, par des lieux où il n'y avait point de chemin.

41 *Mais* il a *enfin* délivré le pauvre de son indigence, et multiplié ses enfants comme les brebis.

42 Les justes le verront, et seront remplis de joie ; et nul des méchants n'osera ouvrir la bouche.

43 Qui est sage, pour garder *la mémoire de* ces choses, et pour comprendre les miséricordes du Seigneur ?

PSAUME CVII.

Cantique ou Psaume de David.

2 MON cœur est préparé, ô Dieu ! mon cœur est préparé. Je chanterai et je ferai retentir *vos louanges* sur les instruments au milieu de ma gloire.

3 Levez-vous, ma gloire : excitez-vous, mon luth, et ma harpe : je me lèverai de grand matin.

4 Je vous louerai, Seigneur ! au milieu des peuples ; et je chanterai votre gloire parmi les nations.

5 Car votre miséricorde est plus élevée que les cieux, et votre vérité s'élève jusques aux nuées.

6 Élevez-vous, ô Dieu ! au-dessus des cieux, et *que* votre gloire *éclate* sur toute la terre ;

7 afin que vos bien-aimés soient délivrés. Sauvez-*moi* par *le secours de* votre droite, et exaucez-moi.

8 Dieu a parlé de son lieu saint : je me réjouirai, et je ferai le partage de Sichem ; et je prendrai les mesures de la Vallée des tentes.

9 Galaad est à moi, aussi bien que Manassé ; et Éphraïm est le soutien de ma tête ; Juda est le prince de mes États.

10 Moab est *comme* un vase *qui nourrit* mon espérance ; je m'avancerai dans l'Idumée, et je la foulerai aux pieds : les étrangers me sont devenus amis.

11 Qui est celui qui me conduira jusque dans la ville fortifiée ? qui est celui qui me conduira jusqu'en Idumée ?

12 Ne sera-ce pas vous, ô Dieu ! vous qui nous aviez rejetés, vous, ô Dieu ! qui ne marchiez plus à la tête de nos armées ?

13 Donnez-nous votre secours, pour nous tirer de l'affliction : car on espère en vain son salut de la part de l'homme.

14 Ce sera par le secours de Dieu que nous ferons des actions de vertu *et* de courage ; et lui-même réduira au néant nos ennemis.

PSAUME CVIII.

Pour la fin, Psaume de David.

NE vous taisez pas, ô Dieu ! sur le sujet de mon innocence : (2) car la bouche du pécheur et la bouche de l'homme trompeur se sont ouvertes.

Ils ont parlé contre moi avec une langue trompeuse : (3) ils m'ont comme assiégé par leurs discours remplis de haine ; et ils m'ont fait la guerre sans aucun sujet.

4 Au lieu qu'ils devaient m'aimer, ils me déchiraient par leurs médisances : mais pour moi, je me contentais de prier.

5 Ils m'ont fait plusieurs maux au lieu du bien que je leur ai fait ;

et leur haine a été la récompense de l'amour que je leur portais.

6 Donnez au pécheur l'empire sur lui ; et que le démon soit *toujours* à son côté droit.

7 Lorsqu'on le jugera, qu'il soit condamné ; et que sa prière même lui soit imputée à péché.

8 Que ses jours soient abrégés ; et qu'un autre reçoive son épiscopat.

9 Que ses enfants deviennent orphelins ; et que sa femme devienne veuve.

10 Que ses enfants soient vagabonds et errants, qu'ils soient contraints de mendier, et qu'ils soient chassés de leurs demeures.

11 Que l'usurier recherche et enlève tout son bien ; et que des étrangers lui ravissent *tout le fruit de* ses travaux.

12 Qu'il ne se trouve personne pour l'assister ; et que nul n'ait compassion de ses orphelins.

13 Que ses enfants périssent ; et que son nom soit effacé dans le cours d'une seule génération.

14 Que l'iniquité de ses pères revive dans le souvenir du Seigneur ; et que le péché de sa mère ne soit point effacé.

15 Qu'ils soient toujours en butte *aux traits* du Seigneur ; et que leur mémoire soit exterminée de dessus la terre ;

16 parce qu'il ne s'est point souvenu de faire miséricorde ; mais qu'il a poursuivi l'homme qui était pauvre et dans l'indigence, et dont le cœur était percé de douleur, afin de le faire mourir.

17 Il a aimé la malédiction, et elle tombera sur lui : il a rejeté la bénédiction, et elle sera éloignée de lui.

18 Il s'est revêtu de la malédiction ainsi que d'un vêtement : elle a pénétré comme l'eau au dedans de lui, et comme l'huile jusque dans ses os.

19 Qu'elle lui soit comme l'habit qui le couvre, et comme la ceinture de laquelle il est toujours ceint.

20 C'est là la manière dont le Seigneur punira ceux qui m'attaquent par leurs médisances, et qui profèrent des paroles meurtrières contre mon âme.

21 Et vous, Seigneur ! qui êtes le souverain Maître, prenez ma défense pour *la gloire de* votre nom, parce que votre miséricorde est remplie de douceur.

Délivrez-moi ; (22) parce que je suis pauvre et dans l'indigence, et que mon cœur est tout troublé au dedans de moi.

23 J'ai disparu comme l'ombre qui est sur son déclin ; et j'ai été emporté de côté et d'autre, ainsi que les sauterelles.

24 Mes genoux se sont affaiblis par le jeûne ; et ma chair a été toute changée, à cause de l'huile *qui me manquait*.

25 Je suis devenu un sujet d'opprobre à leur égard : ils m'ont vu, et ils ont secoué la tête.

26 Secourez-moi, Seigneur mon Dieu ! sauvez-moi par votre miséricorde.

27 Et que tous sachent que c'est ici un coup de votre main ; et que c'est vous, Seigneur ! qui faites ces choses.

28 Ils me maudiront, et vous me bénirez : que ceux qui s'élèvent contre moi, soient confondus ; mais pour votre serviteur, il sera rempli de joie.

29 Que ceux qui médisent de moi, soient couverts de honte ; et que leur confusion soit comme une double robe dont ils seront revêtus.

30 Je publierai de toute ma voix la gloire du Seigneur ; et je le louerai au milieu d'une grande assemblée :

31 parce qu'il s'est tenu à la droite du pauvre, afin de sauver mon âme *de la violence* de ceux qui la persécutent.

PSAUME CIX.

Psaume de David.

LE Seigneur a dit à mon Seigneur : Asseyez-vous à ma droite ; jusqu'à ce que je réduise vos ennemis à vous servir de marchepied.

2 Le Seigneur fera sortir de Sion le sceptre de votre puissance : régnez au milieu de vos ennemis.

3 Vous posséderez la principauté *et* l'empire au jour de votre puissance, et au milieu de l'éclat *qui environnera* vos saints : je vous ai engendré de mon sein avant l'étoile du jour.

4 Le Seigneur a juré, et son serment demeurera immuable : Vous êtes le prêtre éternel selon l'ordre de Melchisédech.

5 Le Seigneur est à votre droite ; il a brisé *et* mis en poudre les rois au jour de sa colère.

6 Il exercera son jugement au milieu des nations ; il remplira tout de la ruine *de ses ennemis* ; il écrasera sur la terre les têtes d'un grand nombre de personnes.

7 Il boira de l'eau du torrent dans le chemin ; et c'est pour cela qu'il élèvera sa tête.

PSAUME CX.

Alleluia.

(ALEPH.) Seigneur ! je vous louerai de tout mon cœur,

(Beth.) dans la société des justes, et dans l'assemblée *de votre peuple*.

2 (Ghimel.) Les œuvres du Seigneur sont grandes ;

(Daleth.) elles sont proportionnées à toutes ses volontés.

3 (Hé.) Tout ce qu'il a fait publie sa gloire, et annonce sa grandeur :

(Vav.) sa justice demeure éternellement.

4 (Zaïn.) Le Seigneur a éternisé la mémoire de ses merveilles :

(Cheth.) il est miséricordieux et plein de tendresse.

5 (Teth.) Il a donné la nourriture à ceux qui le craignent :

(Jod.) il se souviendra éternellement de son alliance.

6 (Caph.) Il fera connaître à son peuple la puissance de ses œuvres,

(Lamed.) en leur donnant l'héritage des nations.

7 (Mem.) Les œuvres de ses mains sont vérité et justice :

(Noun.) tous ses décrets sont fidèles *et infaillibles*.

8 (Samech.) Ils sont *établis et* affermis pour tous les siècles :

(Aïn.) ils sont faits selon la vérité et selon l'équité.

9 (Phé.) Il a envoyé la rédemption à son peuple :

(Tsadé.) il a fait *avec lui* une alliance pour toute l'éternité :

(Coph.) son nom est saint et terrible.

10 (Resh.) La crainte du Seigneur est le commencement de la sagesse :

(Shin.) tous ceux qui agissent conformément à cette crainte, sont remplis d'une intelligence salutaire :

(Thau.) sa louange subsiste dans tous les siècles.

PSAUME CXI.

Alleluia, pour le retour d'Aggée et de Zacharie.

(ALEPH.) Heureux l'homme qui craint le Seigneur,

(Beth.) et qui a une grande affection pour ses commandements.

2 (Ghimel.) Sa race sera puissante sur la terre :

(Daleth.) la postérité des justes sera bénie.

3 (Hé.) La gloire et les richesses sont dans sa maison ;

(Vav.) et sa justice demeure éternellement.

4 (Zaïn.) La lumière s'est levée dans les ténèbres sur ceux qui ont la droiture *du cœur* :

(Cheth.) le Seigneur est plein de miséricorde, de tendresse et de justice.

5 (Teth.) Heureux l'homme qui est touché de compassion, et qui prête *à ceux qui sont pauvres* ;

(Jod.) heureux *l'homme* qui règle tous ses discours avec prudence *et* discernement :

6 (Caph.) car il ne sera jamais ébranlé.

(Lamed.) La mémoire du juste sera éternelle.

7 (Mem.) Quelque mal qu'on lui annonce, il sera sans crainte :

(Noun.) il a le cœur toujours préparé à espérer au Seigneur.

8 *(Samech.)* Son cœur est puissamment affermi : il ne sera point ébranlé ;
(Aïn.) jusqu'à ce qu'il soit en état de mépriser ses ennemis.
9 *(Phé.)* Il a répandu ses biens avec libéralité sur les pauvres :
(Tsadé.) sa justice demeure éternellement ;
(Coph.) sa puissance sera élevée en gloire.
10 *(Resh.)* Le pécheur le verra, et en sera irrité :
(Shin.) il grincera des dents, et séchera de dépit :
(Thau.) le désir des pécheurs périra.

PSAUME CXII.

Alleluia.

LOUEZ le Seigneur, vous qui êtes ses serviteurs ; louez le nom du Seigneur.
2 Que le nom du Seigneur soit béni dès maintenant, et dans tous les siècles.
3 Le nom du Seigneur doit être loué depuis le lever du soleil jusqu'au couchant.
4 Le Seigneur est élevé au-dessus de toutes les nations ; et sa gloire au-dessus des cieux.
5 Qui est semblable au Seigneur, notre Dieu, qui habite les lieux les plus élevés, (6) et qui regarde ce qu'il y a de plus abaissé dans le ciel et sur la terre ;
7 qui tire de la poussière celui qui est dans l'indigence, et qui élève le pauvre de dessus le fumier,
8 pour le placer avec les princes, avec les princes de son peuple ;
9 qui donne à celle qui était stérile la joie de se voir dans sa maison la mère de plusieurs enfants ?

PSAUME CXIII.

Alleluia.

LORSQUE Israël sortit de l'Égypte, et la maison de Jacob du milieu d'un peuple barbare,
2 Dieu consacra à son service la maison de Juda, et établit son empire dans Israël.
3 La mer le vit, et s'enfuit ; le Jourdain retourna en arrière ;
4 les monts sautèrent comme des béliers, et les collines comme les agneaux des brebis.
5 Pourquoi, ô mer ! vous êtes-vous enfuie ? et vous, ô Jourdain ! pourquoi êtes-vous retourné en arrière ?
6 Pourquoi, montagnes, avez-vous sauté comme des béliers ; et vous, collines, comme les agneaux des brebis !
7 La terre a été ébranlée à la présence du Seigneur, à la présence du Dieu de Jacob ;
8 qui changea la pierre en des torrents d'eaux, et la roche en des fontaines.

Psaume CXV selon les Hébreux.
CE n'est point à nous, Seigneur ! *ce n'est* point à nous *qu'appartient* la gloire ; mais donnez-la à votre nom, en faisant éclater votre miséricorde et votre vérité ;
2 de peur que les nations ne disent : Où est leur Dieu ?
3 Notre Dieu est dans le ciel ; et tout ce qu'il a voulu, il l'a fait.
4 Les idoles des nations *ne sont que* de l'argent et de l'or, et les ouvrages des mains des hommes.
5 Elles ont une bouche, et elles ne parleront point ; elles ont des yeux, et elles ne verront point ;
6 elles ont des oreilles, et n'entendront point ; elles ont des narines, et seront sans odorat ;
7 elles ont des mains, sans pouvoir toucher ; elles ont des pieds, sans pouvoir marcher ; et avec la gorge qu'elles ont, elles ne pourront crier.
8 Que ceux qui les font, leur deviennent semblables, avec tous ceux qui mettent en elles leur confiance.

9 La maison d'Israël a espéré au Seigneur : il est leur soutien et leur protecteur.
10 La maison d'Aaron a espéré au Seigneur : il est leur soutien et leur protecteur.
11 Ceux qui craignent le Seigneur, ont mis au Seigneur leur espérance : il est leur soutien et leur protecteur.
12 Le Seigneur s'est souvenu de nous, et nous a bénis.
Il a béni la maison d'Israel ; il a béni la maison d'Aaron.
13 Il a béni tous ceux qui craignent le Seigneur, les plus petits comme les plus grands.
14 Que le Seigneur vous comble de nouveaux biens, vous et vos enfants.
15 Soyez bénis du Seigneur, qui a fait le ciel et la terre.
16 Le ciel le plus élevé est pour le Seigneur ; mais il a donné la terre aux enfants des hommes.
17 Les morts, Seigneur ! ne vous loueront point ; ni tous ceux qui descendent dans l'enfer.
18 Mais nous qui vivons, nous bénissons le Seigneur dès maintenant, et dans tous les siècles.

PSAUME CXIV.

Alleluia.

J'AI aimé, parce que le Seigneur exaucera la voix de ma prière.
2 Parce qu'il a abaissé son oreille vers moi, je l'invoquerai pendant tous les jours de ma vie.
3 Les douleurs de la mort m'ont environné ; et les périls de l'enfer m'ont surpris : j'ai trouvé l'affliction et la douleur *dans ma voie*.
4 Et j'ai invoqué le nom du Seigneur, *en disant :* Ô Seigneur ! délivrez mon âme.
5 Le Seigneur est miséricordieux et juste ; et notre Dieu est plein d'une tendre compassion.
6 Le Seigneur garde les petits : j'ai été humilié, et il m'a délivré.
7 Rentre, ô mon âme ! dans le repos ; parce que le Seigneur a répandu sur toi ses bienfaits.
8 Car il a délivré mon âme de la mort, mes yeux des larmes *qu'ils répandaient*, mes pieds de leur chute.
9 Je serai agréable au Seigneur dans la terre des vivants.

PSAUME CXV.

Ce Psaume dans l'hébreu est la suite du précédent.
Alleluia.

10 J'AI cru, c'est pourquoi j'ai parlé ; mais j'ai été dans la dernière humiliation.
11 J'ai dit dans ma fuite : Tout homme est menteur.
12 Que rendrai-je au Seigneur, pour tous les biens qu'il m'a faits.
13 Je prendrai le calice du salut ; et j'invoquerai le nom du Seigneur.
14 Je m'acquitterai de mes vœux envers le Seigneur devant tout son peuple.
15 C'est une chose précieuse devant les yeux du Seigneur, que la mort de ses saints.
16 Ô Seigneur ! parce que je suis votre serviteur, parce que je suis votre serviteur, et le fils de votre servante, vous avez rompu mes liens.
17 *C'est pourquoi* je vous sacrifierai une hostie de louanges ; et j'invoquerai le nom du Seigneur.
18 Je m'acquitterai de mes vœux envers le Seigneur devant tout son peuple ; (19) à l'entrée de la maison du Seigneur, au milieu de vous, ô Jérusalem !

PSAUME CXVI.

Alleluia.

NATIONS, louez toutes le Seigneur ; peuples, louez-le tous ;
2 parce que sa miséricorde a été puissamment affermie sur nous ; et que la vérité du Seigneur demeure éternellement.

PSAUME CXVII.

Alleluia.

LOUEZ le Seigneur, parce qu'il est bon ; parce que sa miséricorde s'étend dans tous les siècles.
2 Qu'Israël dise maintenant, Qu'il est bon, *et* que sa miséricorde s'étend dans tous les siècles.
3 Que la maison d'Aaron dise maintenant, Que sa miséricorde s'étend dans tous les siècles.
4 Que ceux qui craignent le Seigneur disent maintenant, Que sa miséricorde s'étend dans tous les siècles.
5 J'ai invoqué le Seigneur du milieu de l'affliction *qui me tenait comme resserré ;* et le Seigneur m'a exaucé et mis au large.
6 Le Seigneur est mon soutien ; et je ne craindrai point ce que l'homme pourra me faire.
7 Le Seigneur est mon soutien ; et je mépriserai mes ennemis.
8 Il est bon de se confier au Seigneur, plutôt que de se confier dans l'homme.
9 Il est bon d'espérer au Seigneur, plutôt que d'espérer dans les princes.
10 Toutes les nations m'ont assiégé : mais c'est au nom du Seigneur, que je m'en suis vengé.
11 Elles m'ont assiégé et environné : mais c'est au nom du Seigneur, que je m'en suis vengé.
12 Elles m'ont environné comme des abeilles, et elles se sont embrasées comme un feu qui a pris à des épines : mais c'est au nom du Seigneur, que je m'en suis vengé.
13 J'ai été poussé, et on a fait effort pour me renverser ; mais le Seigneur m'a soutenu.
14 Le Seigneur est ma force et ma gloire, et il est devenu mon salut.
15 Les cris d'allégresse et de salut se font entendre dans les tentes des justes : la droite du Seigneur a fait éclater sa puissance.
16 La droite du Seigneur m'a élevé : la droite du Seigneur a fait éclater sa puissance.
17 Je ne mourrai point ; mais je vivrai, et je raconterai les œuvres du Seigneur.
18 Le Seigneur m'a châtié avec sévérité ; mais il ne m'a point livré à la mort.
19 Ouvrez-moi les portes de la justice, afin que j'y entre, et que je rende grâces au Seigneur.
20 C'est là la porte du Seigneur, et les justes entreront par elle.
21 Je vous rendrai grâces de ce que vous m'avez exaucé, et que vous êtes devenu mon salut.
22 La pierre que ceux qui bâtissaient avaient rejetée, a été placée à la tête de l'angle.
23 C'est le Seigneur qui a fait cela ; et c'est ce qui paraît à nos yeux digne d'admiration.
24 C'est ici le jour qu'a fait le Seigneur : réjouissons-nous-y *donc*, et soyons pleins d'allégresse.
25 Ô Seigneur ! sauvez-moi : ô Seigneur ! faites prospérer *le règne de votre Christ :* (26) béni soit celui qui vient au nom du Seigneur !
Nous vous bénissons de la maison du Seigneur : (27) le Seigneur est *le vrai* Dieu, et il a fait paraître sa lumière sur nous.
Rendez ce jour solennel, en couvrant de branches tous les lieux, jusqu'à la corne de l'autel.
28 Vous êtes mon Dieu, et je vous rendrai mes actions de grâces : vous êtes mon Dieu, et je relèverai votre gloire.
Je vous rendrai grâces de ce que vous m'avez exaucé, et que vous êtes devenu mon salut.
29 Louez le Seigneur, parce qu'il est bon ; parce que sa miséricorde s'étend dans tous les siècles.

PSAUME CXVIII.

Alleluia.

(aleph.)
HEUREUX ceux dont la voie est pure et sans tache, et qui marchent dans la loi du Seigneur.
2 Heureux ceux qui s'efforcent de connaître les témoignages de sa loi, et qui le cherchent de tout leur cœur.
3 Car ceux qui commettent l'iniquité ne marchent point dans ses voies.
4 Vous avez ordonné que vos commandements soient gardés très-exactement.
5 Puissent mes voies être réglées de telle sorte que je garde vos ordonnances pleines de justice !
6 Je ne serai point confondu, lorsque j'aurai *toujours* devant les yeux tous vos préceptes.
7 Je vous louerai dans la droiture de mon cœur, à cause de la connaissance que j'ai eue de vos jugements pleins de justice.
8 Je garderai vos ordonnances pleines de justice ; ne m'abandonnez pas entièrement.
(beth.)
9 Comment celui qui est jeune corrigera-t-il sa voie ? Ce sera en accomplissant vos paroles.
10 Je vous ai cherché dans toute l'étendue de mon cœur : ne me rejetez pas de *la voie de* vos préceptes.
11 J'ai caché vos paroles au fond de mon cœur, afin que je ne pèche point devant vous.
12 Vous êtes digne, Seigneur ! de toute sorte de bénédictions : instruisez-moi de vos ordonnances pleines de justice.
13 Mes lèvres annoncent tous les jugements de votre bouche.
14 Je me suis plu dans la voie de vos préceptes, comme au milieu de toutes les richesses.
15 Je m'exercerai dans *la méditation de* vos commandements, et je considérerai vos voies.
16 Je méditerai sur vos ordonnances pleines de justice ; je n'oublierai point vos paroles.
(ghimel.)
17 Accordez à votre serviteur cette grâce de me faire vivre, et je garderai vos paroles.
18 Ôtez le voile qui est sur mes yeux ; et je considérerai les merveilles qui sont enfermées dans votre loi.
19 Je suis étranger sur la terre : ne me cachez pas vos commandements.
20 Mon âme a désiré en tout temps avec une grande ardeur vos ordonnances pleines de justice.
21 Vous avez fait éclater votre fureur contre les superbes : ceux-là sont maudits, qui se détournent de vos préceptes.
22 Délivrez-moi de l'opprobre et du mépris *de ces superbes*, à cause que j'ai recherché avec soin les témoignages de votre loi.
23 Car les princes se sont assis, et ont parlé contre moi : mais cependant votre serviteur s'exerçait à *méditer* vos ordonnances pleines de justice.
24 Car vos préceptes sont le sujet de ma méditation, et vos ordonnances pleines de justice me tiennent lieu de conseil.
(daleth.)
25 Mon âme a été *comme* attachée à la terre : rendez-moi la vie selon votre parole.
26 Je vous ai exposé mes voies, et vous m'avez exaucé : enseignez-moi vos ordonnances pleines de justice.
27 Instruisez-moi de la voie de ces ordonnances si justes ; et je m'exercerai dans *la méditation de* vos merveilles.

28 Mon âme s'est assoupie d'ennui : fortifiez-moi par vos paroles.
29 Éloignez de moi la voie de l'iniquité : faites-moi miséricorde selon votre loi.
30 J'ai choisi la voie de la vérité ; et je n'ai point oublié vos jugements.
31 Je me suis attaché, Seigneur ! aux témoignages de votre loi : ne permettez pas que je sois confondu.
32 J'ai couru dans la voie de vos commandements, lorsque vous avez élargi mon cœur.
(hé.)
33 Imposez-moi pour loi, Seigneur ! la voie de vos ordonnances pleines de justice ; et je ne cesserai point de la rechercher.
34 Donnez-moi l'intelligence ; et je m'appliquerai à connaître votre loi, et la garderai de tout mon cœur.
35 Conduisez-moi dans le sentier de vos commandements ; parce que je désire ardemment *de marcher dans* cette voie.
36 Faites pencher mon cœur vers les témoignages de votre loi, et non vers l'avarice.
37 Détournez mes yeux, afin qu'ils ne regardent pas la vanité : faites-moi vivre dans votre voie.
38 Établissez fortement votre parole dans votre serviteur par votre crainte.
39 Éloignez de moi l'opprobre que j'ai *toujours* appréhendé ; parce que vos jugements sont pleins de douceur.
40 Vous savez que j'ai beaucoup désiré vos commandements : faites-moi vivre par la justice *qui vient* de vous.
(vav.)
41 Que votre miséricorde, Seigneur ! descende sur moi, et votre assistance salutaire, selon votre parole.
42 Alors je répondrai à ceux qui m'insultent : que j'ai mis mon espérance en votre parole.
43 N'ôtez pas de ma bouche pour toujours la parole de la vérité ; parce que c'est dans vos jugements que je mets mon attente.
44 Je garderai toujours votre loi : *je la garderai* dans tous les siècles, et dans l'éternité.
45 Je marchais au large ; parce que j'ai recherché vos commandements.
46 Je parlais des témoignages de votre loi devant les rois ; et je n'en avais point de confusion.
47 Je méditais sur vos commandements, que j'aime beaucoup.
48 Je levais mes mains pour pratiquer ces mêmes commandements qui me sont si chers ; et je m'exerçais dans *la méditation de* vos ordonnances pleines de justice.
(zaïn.)
49 Souvenez-vous de votre parole en faveur de votre serviteur ; *de cette parole* qui est le fondement de l'espérance que vous m'avez donnée.
50 Ce qui m'a consolé dans mon humiliation, c'est que votre parole m'a donné la vie.
51 Les superbes agissaient avec beaucoup d'injustice *à mon égard* ; mais je ne me suis point détourné de votre loi.
52 Je me suis souvenu, Seigneur ! des jugements que vous avez exercés dans tous les siècles ; et j'ai été consolé.
53 Je suis tombé en défaillance à cause des pécheurs qui abandonnaient votre loi.
54 Vos ordonnances pleines de justice me tenaient lieu de cantiques dans le lieu de mon exil.
55 Je me suis souvenu, Seigneur ! de votre nom durant la nuit ; et j'ai gardé votre loi.
56 C'est ce qui m'est arrivé, parce que j'ai recherché avec soin vos ordonnances pleines de justice.
(cheth.)
57 Mon partage, Seigneur ! ai-je dit, c'est de garder votre loi.
58 Je me suis présenté devant votre face, et vous ai prié de tout mon cœur : ayez pitié de moi selon votre parole.
59 J'ai examiné mes voies, et j'ai dressé mes pieds pour marcher dans les témoignages de votre loi.
60 Je suis tout prêt, et je ne suis point troublé ; *je suis tout prêt* à garder vos commandements.
61 Je me suis trouvé tout enveloppé par les liens des pécheurs ; mais je n'ai point oublié votre loi.
62 Je me levais au milieu de la nuit pour vous louer sur les jugements de votre justice.
63 Je suis uni avec tous ceux qui vous craignent, et qui gardent vos commandements.
64 La terre, Seigneur ! est remplie de votre miséricorde : faites-moi connaître vos ordonnances pleines de justice.
(teth.)
65 Vous avez, Seigneur ! usé de bonté envers votre serviteur, selon *la vérité de* votre parole.
66 Enseignez-moi la bonté, la discipline et la science ; parce que j'ai cru à vos commandements.
67 Avant que j'eusse été humilié, j'ai péché ; et c'est pour cela que j'ai gardé votre parole.
68 Vous êtes bon : enseignez-moi selon votre bonté vos ordonnances pleines de justice.
69 L'iniquité des superbes s'est multipliée envers moi ; mais pour moi, je chercherai de tout mon cœur vos commandements.
70 Leur cœur s'est épaissi comme le lait ; mais pour moi, je me suis appliqué à la méditation de votre loi.
71 Il m'est bon que vous m'ayez humilié ; afin que j'apprenne vos ordonnances pleines de justice.
72 La loi qui est sortie de votre bouche me paraît préférable à des millions d'or et d'argent.
(jod.)
73 Vos mains m'ont fait et m'ont formé : donnez-moi l'intelligence, afin que j'apprenne vos commandements.
74 Ceux qui vous craignent me verront, et se réjouiront ; parce que j'ai mis toute mon espérance dans vos paroles.
75 J'ai reconnu, Seigneur ! que vos jugements sont *pleins* d'équité, et que *c'est* selon la vérité *de* votre *parole que* vous m'avez humilié.
76 Répandez sur moi votre miséricorde, afin qu'elle soit ma consolation, selon la parole que vous avez donnée à votre serviteur.
77 Faites-moi sentir les effets de votre tendresse, afin que je vive ; parce que votre loi est le sujet de toute ma méditation.
78 Que les superbes soient confondus ; parce qu'ils m'ont injustement maltraité : mais pour moi, je m'exercerai toujours dans *la méditation de* vos commandements.
79 Que ceux qui vous craignent se tournent vers moi ; et ceux qui connaissent les témoignages de votre loi.
80 Faites que mon cœur se conserve pur dans *la pratique de* vos ordonnances pleines de justice ; afin que je ne sois point confondu.
(caph.)
81 Mon âme est tombée en défaillance dans l'attente de votre secours salutaire ; et j'ai conservé une espérance très-ferme dans vos paroles.
82 Mes yeux se sont affaiblis à force d'être attentifs à votre parole, vous disant *sans cesse* : Quand me consolerez-vous ?
83 Car je suis devenu *sec* comme un vase de peau exposé à la gelée ; et cependant je n'ai point oublié vos ordonnances pleines de justice.
84 Quel est le nombre des jours de votre serviteur ? Quand exercerez-vous votre jugement contre ceux qui me persécutent ?
85 Les méchants m'ont entretenu de choses vaines *et* fabuleuses ; mais ce n'était pas comme votre loi.
86 Tous vos commandements sont *remplis de* vérité. Ils m'ont persécuté injustement, secourez-moi.
87 Peu s'en est fallu qu'ils ne m'aient fait périr sur la terre ; mais je n'ai point pour cela abandonné vos commandements.
88 Faites-moi vivre selon votre miséricorde, et je garderai les témoignages de votre bouche.
(lamed.)
89 L'ordre que vous avez, Seigneur ! une fois donné au ciel, y demeure établi pour toujours.
90 Votre vérité subsiste dans la suite de toutes les races ; vous

avez affermi la terre, et elle demeure *stable*.

91 C'est par votre ordre que jusqu'à présent le jour subsiste : car toutes choses vous obéissent.

92 Si je n'avais fait ma méditation de votre loi, j'aurais peut-être péri dans mon humiliation.

93 Je n'oublierai jamais vos ordonnances pleines de justice ; parce que ç'a été par elles que vous m'avez donné la vie.

94 Je suis à vous, sauvez-moi ; parce que j'ai recherché vos ordonnances pleines de justice.

95 Les pécheurs m'ont attendu pour me perdre ; mais je me suis appliqué à l'intelligence des témoignages de votre loi.

96 J'ai vu la fin de toutes les choses les plus parfaites ; mais votre commandement est d'une étendue infinie.

(mem.)

97 Combien est grand, Seigneur ! l'amour que j'ai pour votre loi ! elle est le sujet de ma méditation durant tout le jour.

98 Vous m'avez rendu plus prudent que mes ennemis par les préceptes de votre loi ; parce qu'ils sont perpétuellement devant mes yeux.

99 J'ai eu plus d'intelligence que tous ceux qui m'instruisaient ; parce que les témoignages de votre loi étaient le sujet de ma méditation *continuelle*.

100 J'ai été plus intelligent que les vieillards ; parce que j'ai recherché vos commandements.

101 J'ai détourné mes pieds de toute voie mauvaise, afin de garder vos paroles.

102 Je ne me suis point écarté de vos jugements ; parce que vous m'avez prescrit une loi.

103 Que vos paroles me sont douces ! elles le sont plus que le miel ne l'est à ma bouche.

104 J'ai acquis l'intelligence par *la lumière de* vos préceptes ; et c'est pour cela que j'ai haï toute voie d'iniquité.

(noun.)

105 Votre parole est la lampe qui éclaire mes pieds, et la lumière qui me fait voir les sentiers où je dois marcher.

106 J'ai juré, et résolu fortement de garder les jugements de votre justice.

107 Je suis tombé dans la dernière humiliation, Seigneur ! faites-moi vivre selon votre parole.

108 Faites, Seigneur ! que les vœux que ma bouche a prononcés volontairement vous soient agréables ; et enseignez-moi vos jugements.

109 Mon âme est toujours entre mes mains ; et *cependant* je n'ai point oublié votre loi.

110 Les pécheurs m'ont tendu un piège, et je ne me suis point écarté de vos commandements.

111 J'ai acquis les témoignages de votre loi, pour être éternellement mon héritage ; parce qu'ils sont toute la joie de mon cœur.

112 J'ai porté mon cœur à accomplir éternellement vos ordonnances pleines de justice, à cause de la récompense *que vous y avez attachée*.

(samech.)

113 J'ai haï les méchants, et j'ai aimé votre loi.

114 Vous êtes mon défenseur et mon soutien ; et j'ai mis toute mon espérance dans votre parole.

115 Éloignez-vous de moi, vous qui êtes pleins de malignité ; et je rechercherai l'intelligence des commandements de mon Dieu.

116 Affermissez-moi selon votre parole, et faites-moi vivre : ne permettez pas que je sois confondu dans mon attente.

117 Assistez-moi, et je serai sauvé ; et je méditerai continuellement sur vos ordonnances pleines de justice.

118 Vous avez méprisé tous ceux qui s'éloignent de vos jugements ; parce que leur pensée est injuste.

119 J'ai regardé comme des prévaricateurs tous les pécheurs de la terre ; c'est pourquoi j'ai aimé les témoignages de votre loi.

120 Transpercez mes chairs par votre crainte, *comme avec des clous* : car vos jugements me remplissent de frayeur.

(aïn.)

121 J'ai fait ce qui est juste et équitable ; ne me livrez pas à ceux qui me calomnient.

122 Affermissez votre serviteur dans le bien, et que les superbes ne m'accablent point par leurs calomnies.

123 Mes yeux se sont affaiblis dans l'attente de votre assistance salutaire, et de vos promesses *pleines* de justice.

124 Traitez votre serviteur selon votre miséricorde ; et enseignez-moi vos ordonnances pleines de justice.

125 Je suis votre serviteur : donnez-moi l'intelligence ; afin que je connaisse les témoignages de votre loi.

126 Il est temps que vous agissiez, Seigneur ! ils ont renversé votre loi.

127 C'est pour cela que j'ai aimé vos commandements plus que l'or et que la topaze.

128 C'est pour cela que je dirigeais *mes pas* selon la voie de tous vos commandements : j'ai haï toute voie injuste.

(phé.)

129 Les témoignages de votre loi sont admirables ; c'est pourquoi mon âme en a recherché la connaissance avec soin.

130 La manifestation de vos paroles éclaire *les âmes*, et donne l'intelligence aux petits.

131 J'ai ouvert la bouche, et j'ai attiré l'air que je respire ; parce que je désirais beaucoup vos commandements.

132 Regardez-moi, et ayez pitié de moi selon l'équité dont vous usez envers ceux qui aiment votre nom.

133 Conduisez mes pas selon votre parole ; et faites que nulle injustice ne me domine.

134 Délivrez-moi des calomnies des hommes ; afin que je garde vos commandements.

135 Faites luire sur votre serviteur la lumière de votre visage ; et enseignez-moi vos ordonnances pleines de justice.

136 Mes yeux ont répandu des ruisseaux de larmes ; parce qu'ils n'ont pas gardé votre loi.

(tsadé.)

137 Vous êtes juste, Seigneur ! et vos jugements sont équitables.

138 Les témoignages de votre loi que vous nous avez donnés, sont tout remplis de justice et de votre vérité.

139 Mon zèle m'a fait sécher *de douleur* ; parce que mes ennemis ont oublié vos paroles.

140 Votre parole est *aussi pure que l'argent* éprouvé très-parfaitement par le feu ; et votre serviteur l'aime *uniquement*.

141 Je suis petit et méprisé : mais je n'ai point oublié vos ordonnances pleines de justice.

142 Votre justice est la justice éternelle ; et votre loi est la vérité même.

143 L'affliction et l'angoisse sont venues fondre sur moi ; et vos commandements sont tout le sujet de ma méditation.

144 Les témoignages de votre loi sont remplis d'une justice éternelle : donnez-moi l'intelligence, et je vivrai.

(coph.)

145 J'ai crié de tout mon cœur : Exaucez-moi, Seigneur ! je rechercherai vos ordonnances pleines de justice.

146 J'ai crié vers vous : Sauvez-moi, afin que je garde vos commandements.

147 Je me suis hâté, et j'ai crié de bonne heure ; parce que j'ai mis mon espérance en vos promesses.

148 Mes yeux vous ont regardé de grand matin en prévenant la lumière, afin que je méditasse sur vos paroles.

149 Écoutez ma voix, Seigneur ! selon votre miséricorde ; et faites-moi vivre selon *l'équité de* votre jugement.

150 Mes persécuteurs ont approché de l'iniquité, et se sont fort éloignés de votre loi.

151 Vous êtes proche, Seigneur ! et toutes vos voies sont *remplies de* vérité.

152 J'ai connu dès le commencement, que vous avez établi pour toute l'éternité les témoignages de votre loi.

(resh.)

153 Considérez l'humiliation où je suis, et daignez m'en retirer ; parce que je n'ai point oublié votre loi.

154 Jugez ma cause, et délivrez-moi : donnez-moi la vie selon votre parole.

155 Le salut est loin des pécheurs : parce qu'ils n'ont point recherché vos ordonnances pleines de justice.

156 Vos miséricordes sont abondantes, Seigneur ! donnez-moi la vie selon *l'équité de* votre jugement.

157 Il y en a beaucoup qui me persécutent et qui m'accablent d'afflictions ; mais je ne me suis point détourné des témoignages de votre loi.

158 J'ai vu les prévaricateurs *de vos ordonnances*, et je séchais *de douleur ;* parce qu'ils n'ont point gardé vos paroles.

159 Considérez, Seigneur ! que j'ai aimé vos commandements : faites-moi vivre par un effet de votre miséricorde.

160 La vérité est le principe de vos paroles : tous les jugements de votre justice sont éternels.

(shin.)

161 Les princes m'ont persécuté sans sujet ; et mon cœur n'a été touché que de la crainte de vos paroles.

162 Je me réjouirai dans vos ordonnances, comme celui qui a trouvé de grandes dépouilles.

163 J'ai haï l'iniquité, et je l'ai eue en abomination ; mais j'ai aimé votre loi.

164 Je vous ai loué sept fois le jour, à cause des jugements de votre justice.

165 Ceux qui aiment votre loi, jouissent d'une grande paix ; et il n'y a point pour eux de scandale.

166 J'attendais *toujours,* Seigneur ! votre assistance salutaire ; et j'ai aimé vos commandements.

167 Mon âme a gardé les témoignages de votre loi, et les a aimés très-ardemment.

168 J'ai observe vos commandements, et les témoignages de votre loi : parce que toutes mes voies sont exposées à vos yeux.

(thau.)

169 Que ma prière s'approche, Seigneur ! *et* se présente devant vous : donnez-moi l'intelligence selon votre parole.

170 Que ma demande pénètre jusqu'à votre présence : délivrez-moi selon votre promesse.

171 Mes lèvres feront retentir une hymne *à votre gloire*, lorsque vous m'aurez enseigné vos ordonnances pleines de justice.

172 Ma langue publiera votre loi ; parce que tous vos commandements sont pleins d'équité.

173 Étendez votre main pour me sauver ; parce que j'ai choisi et préféré vos commandements *à toute autre chose*.

174 J'ai désiré, Seigneur ! votre assistance salutaire, et votre loi est le sujet de ma méditation.

175 Mon âme vivra, et vous louera ; et vos jugements seront mon appui *et* ma défense.

176 J'ai erré comme une brebis qui s'est perdue : cherchez votre serviteur, parce que je n'ai point oublié vos commandements.

PSAUME CXIX.

Cantique des degrés.

J'AI crié vers le Seigneur lorsque j'étais dans l'accablement de l'affliction ; et il m'a exaucé.

2 Seigneur ! délivrez mon âme des lèvres injustes, et de la langue trompeuse.

3 Que recevrez-vous, et quel fruit vous reviendra-t-il de votre langue trompeuse ?

4 *Elle est de même que* des flèches très pointues, poussées par une main puissante, avec des charbons dévorants.

5 Hélas ! que mon sort est triste, d'être si longtemps exilé ! J'ai demeuré avec ceux qui habitent dans Cédar : (6) mon âme a été longtemps étrangère.

7 J'étais pacifique avec ceux qui haïssaient la paix : lorsque je leur parlais, ils m'attaquaient sans sujet.

PSAUME CXX.

Cantique des degrés.

J'AI élevé mes yeux vers les montagnes d'où viendra mon secours.

2 Mon secours viendra du Seigneur, qui a fait le ciel et la terre.

3 Qu'il ne permette point que votre pied soit ébranlé ; et que celui qui vous garde, ne s'endorme point.

4 Assurément celui qui garde Israël ne s'assoupira, ni ne s'endormira point.

5 Le Seigneur vous garde ; le Seigneur est à votre main droite pour vous donner sa protection.

6 Le soleil ne vous brûlera point durant le jour, ni la lune pendant la nuit.

7 Le Seigneur vous garde de tout mal : que le Seigneur garde votre âme.

8 Que le Seigneur soit votre garde tant à votre entrée qu'à votre sortie, dès maintenant et toujours.

PSAUME CXXI.

Cantique des degrés.

JE me suis réjoui lorsqu'on m'a dit : Nous irons en la maison du Seigneur.

2 Nos pieds se sont arrêtés à ton entrée, ô Jérusalem !

3 Jérusalem, que l'on bâtit comme une ville dont toutes les parties sont dans une parfaite union entre elles.

4 Car c'est là que sont montées toutes les tribus, les tribus du Seigneur, *selon* le précepte donné à Israël, pour y célébrer les louanges du nom du Seigneur.

5 Car c'est là qu'ont été établis les trônes *destinés* pour le jugement, les trônes *préparés* pour la maison de David.

6 Demandez *à Dieu* tout ce qui peut contribuer à la paix de Jérusalem : et que ceux qui t'aiment, *ô ville sainte !* soient dans l'abondance.

7 Que la paix soit dans ta force, et l'abondance dans tes tours.

8 J'ai parlé de paix, *et* je te l'ai souhaitée, à cause de mes frères et de mes proches.

9 J'ai cherché à te procurer toutes sortes de biens, à cause de la maison du Seigneur, notre Dieu.

PSAUME CXXII.

Cantique des degrés.

J'AI élevé mes yeux vers vous, *ô Dieu !* qui habitez dans les cieux.

2 Comme les yeux des serviteurs sont attentifs sur les mains de leurs maîtres ; et comme les yeux de la servante sont attentifs sur les mains de sa maîtresse ; de même nos yeux sont fixés vers le Seigneur, notre Dieu, en attendant qu'il ait pitié de nous.

3 Ayez pitié de nous, Seigneur ! ayez pitié de nous ; parce que nous sommes dans le dernier mépris.

4 Car notre âme est toute remplie *de confusion, étant devenue* un sujet d'opprobre à tous ceux qui sont dans l'abondance, et de mépris aux superbes.

PSAUME CXXIII.

Cantique des degrés.

SI le Seigneur n'avait été avec nous ; qu'Israël le dise maintenant ; (2) si le Seigneur n'avait été avec nous,

lorsque les hommes s'élevaient contre nous, (3) ils auraient pu nous dévorer tout vivants ;

lorsque leur fureur s'est irritée contre nous, (4) ils auraient pu *comme* une mer nous engloutir.

Notre âme a traversé le torrent ; (5) et peut-être que notre âme aurait passé dans une eau d'où elle n'aurait pu se tirer.

6 Béni soit le Seigneur, qui ne nous a point livrés en proie à leurs dents.

7 Notre âme s'est échappée, comme un passereau, du filet des chasseurs : le filet a été brisé, et nous avons été délivrés.

8 Notre secours est dans le nom du Seigneur, qui a fait le ciel et la terre.

PSAUME CXXIV.

Cantique des degrés.

CEUX qui mettent leur confiance dans le Seigneur, sont *inébranlables* comme la montagne de Sion :

celui qui demeure dans Jérusalem ne sera jamais ébranlé.

2 *Jérusalem* est environnée de montagnes ; et le Seigneur est tout autour de son peuple, dès maintenant et pour toujours.

3 Car le Seigneur ne laissera pas toujours la race des justes sous la verge des pécheurs ; de peur que les justes n'étendent leurs mains vers l'iniquité.

4 Faites du bien, Seigneur ! à ceux qui sont bons, et dont le cœur est droit.

5 Mais pour ceux qui se détournent dans des voies tortues, le Seigneur les joindra à ceux qui commettent l'iniquité. Que la paix soit sur Israël.

PSAUME CXXV.

Cantique des degrés.

LORSQUE le Seigneur a fait revenir ceux de Sion qui étaient captifs, nous avons été comblés de consolation.

2 Alors notre bouche a été remplie *de chants* de joie, et notre langue *de cris* d'allégresse.

Alors on dira parmi les nations : Le Seigneur a fait de grandes choses en leur faveur.

3 *Il est vrai que* le Seigneur a fait pour nous de grandes choses ; et nous en sommes remplis de joie.

4 Faites revenir, Seigneur ! nos captifs, comme un torrent dans le pays du midi.

5 Ceux qui sèment dans les larmes, moissonneront dans la joie.

6 Ils marchaient et s'en allaient en pleurant, et jetaient leur semence *sur la terre* ; mais ils reviendront avec des transports de joie en portant les gerbes de leur moisson.

PSAUME CXXVI.

Cantique des degrés, de Salomon.

SI le Seigneur ne bâtit une maison, c'est en vain que travaillent ceux qui la bâtissent : si le Seigneur ne garde une ville, c'est en vain que veille celui qui la garde.

2 C'est en vain que vous vous levez avant le jour : levez-vous après que vous vous serez reposés, vous qui mangez d'un pain de douleur.

Lorsqu'il aura accordé *le repos comme* un sommeil à ses bien-aimés, (3) ils jouiront de l'héritage du Seigneur, et auront pour récompense des enfants qui sont le fruit des entrailles *de leurs mères*.

4 Les enfants de ceux qui sont éprouvés par l'affliction, sont comme des flèches entre les mains d'un homme robuste *et* puissant.

5 Heureux l'homme qui a accompli son désir en eux ; il ne sera point confondu, lorsqu'il parlera à ses ennemis à la porte *de la ville*.

PSAUME CXXVII.

Cantique des degrés.

HEUREUX sont tous ceux qui craignent le Seigneur, et qui marchent dans ses voies.

2 Vous mangerez *le fruit* des travaux de vos mains ; et en cela vous êtes heureux, et vous le serez encore à l'avenir.

3 Votre épouse sera comme une vigne fertile *appuyée* sur le mur de votre maison ; vos enfants seront autour de votre table comme de jeunes oliviers.

4 C'est ainsi que sera béni l'homme qui craint le Seigneur.

5 Que le Seigneur vous bénisse de Sion, en sorte que vous voyiez les biens de Jérusalem pendant tous les jours de votre vie ;

6 et que vous voyiez les enfants de vos enfants, et la paix en Israël.

PSAUME CXXVIII.

Cantique des degrés.

ILS m'ont souvent attaqué depuis ma jeunesse ; qu'Israël le dise maintenant :

2 ils m'ont souvent attaqué depuis ma jeunesse ; mais ils n'ont pu *prévaloir* sur moi.

3 Les pécheurs ont travaillé sur mon dos : ils m'ont fait sentir longtemps leur injustice.

4 Le Seigneur qui est juste, coupera la tête des pécheurs.

5 Que tous ceux qui haïssent Sion, soient couverts de confusion, et retournent en arrière :

6 qu'ils deviennent comme l'herbe qui croît sur les toits, qui se sèche avant qu'on l'arrache ;

7 dont celui qui fait la moisson ne remplit point sa main, ni celui qui ramasse les gerbes, son sein.

8 Et ceux qui passaient n'ont pas dit : Que la bénédiction du Seigneur soit sur vous : nous vous bénissons au nom du Seigneur.

PSAUME CXXIX.

Cantique des degrés.

DU fond de l'abîme j'ai crié vers vous, Seigneur ! (2) Seigneur ! écoutez ma voix.

Que vos oreilles se rendent attentives à la voix de ma prière.

3 Si vous observez *exactement*, Seigneur ! nos iniquités ; Seigneur ! qui subsistera *devant vous* ?

4 Mais vous êtes plein de miséricorde ; et à cause *des promesses* de votre loi, (5) j'espère en vous, Seigneur !

Mon âme met son attente dans la parole du Seigneur, (6) mon âme a esperé au Seigneur.

Depuis le point du jour jusqu'à la nuit, (7) qu'Israël espère au Seigneur.

Car le Seigneur est plein de miséricorde, et l'on trouve en lui une rédemption abondante.

8 Lui-même rachètera Israël de toutes ses iniquités.

PSAUME CXXX.

Cantique des degrés, de David.

SEIGNEUR ! mon cœur ne s'est point enflé d'orgueil, et mes yeux ne se sont point élevés : je ne me suis point engagé dans des démarches grandes et éclatantes qui fussent au-dessus de moi.

2 Si je n'avais pas des sentiments humbles *et* rabaissés, et si au contraire j'ai élevé mon âme ; que mon âme soit réduite au même état que l'est un enfant lorsque sa mère l'a sevré.

3 Qu'Israël espère au Seigneur, dès maintenant et dans tous les siècles.

PSAUME CXXXI.

Cantique des degrés.

SOUVENEZ-VOUS, Seigneur ! de David, et de toute sa douceur.

2 *Souvenez-vous* qu'il a juré au Seigneur, et a fait ce vœu au Dieu de Jacob :

3 Si j'entre dans le secret de ma maison ; si je monte sur le lit qui est préparé pour me coucher ;

4 si je permets à mes yeux de dormir, et à mes paupières de sommeiller,

5 et si je donne aucun repos à mes tempes, jusqu'à ce que je trouve un lieu propre pour le Seigneur, et un tabernacle pour le Dieu de Jacob.

6 Nous avons entendu dire, que l'arche était autrefois dans Éphrata ; nous l'avons trouvée dans un pays plein de bois.

7 Nous entrerons dans son tabernacle : nous l'adorerons dans le lieu où il a posé ses pieds.

8 Levez-vous, Seigneur ! pour entrer dans votre repos, vous et l'arche où éclate votre sainteté.

9 Que vos prêtres soient revêtus de justice, et que vos saints tressaillent de joie.

10 En considération de David, votre serviteur, ne rejetez pas le visage de votre Christ.

11 Le Seigneur a fait à David un serment très-véritable ; et il ne le trompera point : J'établirai, lui a-t-il dit, sur votre trône le fruit de votre ventre.

12 Si vos enfants gardent mon alliance, et ces préceptes que je leur enseignerai ; et que leurs enfants les gardent aussi pour toujours ; ils seront assis sur votre trône.

13 Car le Seigneur a choisi Sion ; il l'a choisie pour sa demeure.

14 C'est là pour toujours le lieu de mon repos : c'est là que j'habiterai, parce que je l'ai choisie.

15 Je donnerai à sa veuve une bénédiction abondante ; je rassasierai de pain ses pauvres.

16 Je revêtirai ses prêtres d'une vertu salutaire ; et ses saints seront ravis de joie.

17 C'est là que je ferai paraître la puissance de David : *c'est là que* j'ai préparé une lampe à mon Christ.

18 Je couvrirai de confusion ses ennemis ; mais je ferai éclater sur lui *la gloire de* ma propre sanctification.

PSAUME CXXXII.

Cantique des degrés, de David.

HA ! que c'est une chose bonne et agréable que les frères soient unis ensemble !

2 C'est comme le parfum *excellent* qui fut répandu sur la tête d'Aaron, et qui descendit sur les deux côtés de sa barbe, et jusque sur le bord de son vêtement :

(3) *c'est* comme la rosée du mont Hermon, qui descend sur la montagne de Sion.

Car c'est là que le Seigneur a ordonné *que fût* la bénédiction et la vie jusque dans l'éternité.

PSAUME CXXXIII.

Cantique des degrés.

BÉNISSEZ maintenant le Seigneur, vous tous qui êtes les serviteurs du Seigneur.

Vous qui demeurez dans la maison du Seigneur, dans les parvis de la maison de notre Dieu ;

durant les nuits (2) élevez vos mains vers le sanctuaire, et bénissez le Seigneur.

3 Que le Seigneur te bénisse de Sion, lui qui a fait le ciel et la terre.

PSAUME CXXXIV.

Alleluia.

LOUEZ le nom du Seigneur ; louez le Seigneur, vous qui êtes ses serviteurs ;

2 qui demeurez dans la maison du Seigneur, dans les parvis de la maison de notre Dieu.

3 Louez le Seigneur, parce que le Seigneur est bon : chantez à *la gloire de* son nom, parce qu'il est plein de douceur.

4 Car le Seigneur a choisi Jacob pour être à lui, Israël pour être sa possession.

5 Car j'ai reconnu que le Seigneur est grand, et que notre Dieu est élevé au-dessus de tous les dieux.

6 Le Seigneur a fait tout ce qu'il a voulu dans le ciel, dans la terre, dans la mer, et dans tous les abîmes.

7 Il fait venir les nuées de l'extrémité de la terre ; il change les éclairs en pluie, et il fait sortir les vents de ses trésors.

8 Il a frappé les premiers-nés de l'Égypte, depuis l'homme jusqu'à la bête.

9 Et il a fait éclater des signes et des prodiges au milieu de toi, ô Égypte ! contre Pharaon et contre tous ses serviteurs.

10 Il a frappé plusieurs nations : il a tué des rois puissants ;

11 Séhon, roi des Amorrhéens, et Og, roi de Basan : *il a détruit* tous les royaumes de Chanaan.

12 Et il a donné leur terre en héritage à Israël ; *il l'a donnée* pour être l'héritage de son peuple.

13 Seigneur ! votre nom subsistera éternellement ; et le souvenir de votre gloire s'étendra dans toutes les races.

14 Car le Seigneur jugera son peuple, et se laissera fléchir aux prières de ses serviteurs.

15 Les idoles des nations *ne sont que* de l'argent et de l'or, et les ouvrages des mains des hommes.

16 Elles ont une bouche, et elles ne parleront point ; elles ont des yeux, et elles ne verront point ;

17 elles ont des oreilles, et elles n'entendront point : car il n'y a point d'esprit *de vie* dans leur bouche.

18 Que ceux qui les font leur deviennent semblables, et tous ceux aussi qui se confient en elles.

19 Maison d'Israël, bénissez le Seigneur ; maison d'Aaron, bénissez le Seigneur ;

20 maison de Lévi, bénissez le Seigneur : vous qui craignez le Seigneur, bénissez le Seigneur.

21 Que le Seigneur soit béni de Sion, lui qui habite dans Jérusalem.

PSAUME CXXXV.

Alleluia.

LOUEZ le Seigneur, parce qu'il est bon ; parce que sa

miséricorde est éternelle.

2 Louez le Dieu des dieux ; parce que sa miséricorde est éternelle.

3 Louez le Seigneur des seigneurs ; parce que sa miséricorde est éternelle.

4 *Louez* celui qui fait seul de grands prodiges ; parce que sa miséricorde est éternelle.

5 Qui a fait les cieux avec une *souveraine* intelligence ; parce que sa miséricorde est éternelle.

6 Qui a affermi la terre sur les eaux ; parce que sa miséricorde est éternelle.

7 Qui a fait de grands luminaires ; parce que sa miséricorde est éternelle :

8 le soleil, pour présider au jour ; parce que sa miséricorde est éternelle :

9 la lune et les étoiles, pour présider à la nuit ; parce que sa miséricorde est éternelle.

10 Qui a frappé l'Égypte avec ses premiers-nés ; parce que sa miséricorde est éternelle :

11 qui a fait sortir Israël du milieu d'eux ; parce que sa miséricorde est éternelle :

12 avec une main puissante et un bras élevé ; parce que sa miséricorde est éternelle.

13 Qui a divisé *et* séparé en deux la mer Rouge ; parce que sa miséricorde est éternelle :

14 qui a fait passer Israël par le milieu de cette mer ; parce que sa miséricorde est éternelle :

15 et a renversé Pharaon avec son armée dans la mer Rouge ; parce que sa miséricorde est éternelle.

16 Qui a fait passer son peuple par le désert ; parce que sa miséricorde est éternelle.

17 Qui a frappé de grands rois ; parce que sa miséricorde est éternelle :

18 qui a fait mourir des rois puissants ; parce que sa miséricorde est éternelle :

19 Séhon, roi des Amorrhéens ; parce que sa miséricorde est éternelle ;

20 et Og, roi de Basan ; parce que sa miséricorde est éternelle ;

21 et a donné leur terre en héritage : parce que sa miséricorde est éternelle ;

22 en héritage à Israël, son serviteur ; parce que sa miséricorde est éternelle.

23 Il s'est souvenu de nous dans notre humiliation ; parce que sa miséricorde est éternelle.

24 Et il nous a rachetés de *la servitude de* nos ennemis ; parce que sa miséricorde est éternelle.

25 Il donne la nourriture à toute chair ; parce que sa miséricorde est éternelle.

26 Louez le Dieu du ciel ; parce que sa miséricorde est éternelle.

Louez le Seigneur des seigneurs ; parce que sa miséricorde est éternelle.

PSAUME CXXXVI.

Psaume de David, à Jérémie, ou pour Jérémie.

NOUS nous sommes assis sur le bord des fleuves de Babylone ; et là nous avons pleuré en nous souvenant de Sion.

2 Nous avons suspendu nos instruments de musique aux saules qui sont au milieu de Babylone.

3 Car là ceux qui nous avaient emmenés captifs nous demandaient que nous chantassions des cantiques ; et ceux qui nous avaient enlevés, *nous disaient :* Chantez-nous quelqu'un des cantiques de Sion.

4 Comment chanterons-nous un cantique du Seigneur dans une terre étrangère ?

5 Si je t'oublie, ô Jérusalem ! que ma main droite soit mise en oubli.

6 Que ma langue soit attachée à mon gosier, si je ne me souviens point de toi ; si je ne me propose pas Jérusalem comme le principal sujet de ma joie.

7 Souvenez-vous, Seigneur ! des enfants d'Édom ; *de ce qu'ils ont fait* au jour de *la ruine de* Jérusalem, lorsqu'ils disaient : Détruisez-la ! détruisez-la jusqu'aux fondements.

8 Malheur à toi ! fille de Babylone : heureux celui qui te rendra tous les maux que tu nous as faits.

9 Heureux celui qui prendra tes petits enfants, et les brisera contre la pierre.

PSAUME CXXXVII.

Pour David.

JE vous louerai, Seigneur ! *et* vous rendrai grâces de tout mon cœur ; parce que vous avez écouté les paroles de ma bouche : je célébrerai votre gloire à la vue des anges.

2 J'adorerai dans votre saint temple, et je publierai les louanges de votre nom, sur le sujet de votre miséricorde et de votre vérité : parce que vous avez élevé votre saint nom au-dessus de tout.

3 En quelque jour que je vous invoque, exaucez-moi : vous augmenterez la force de mon âme.

4 Que tous les rois de la terre vous louent, Seigneur ! parce qu'ils ont entendu *annoncer* toutes les paroles de votre bouche.

5 Et que l'on chante dans les voies du Seigneur, que la gloire du Seigneur est grande.

6 Car le Seigneur est très-élevé : il regarde les choses basses, et il ne voit que de loin les choses hautes.

7 Si je marche au milieu des afflictions, vous me sauverez la vie : vous avez étendu votre main contre la fureur de mes ennemis ; et votre droite m'a sauvé.

8 Le Seigneur prendra ma défense : Seigneur ! votre miséricorde est éternelle : ne méprisez pas les ouvrages de vos mains.

PSAUME CXXXVIII.

Pour la fin, Psaume de David.

SEIGNEUR ! vous m'avez éprouvé, et connu *parfaitement :* (2) vous m'avez connu, soit que je fusse assis ou levé.

Vous avez découvert de loin mes pensées : (3) vous avez remarqué le sentier par lequel je marche, et toute la suite de ma vie.

Et vous avez prévu toutes mes voies : (4) avant même que ma langue ait proféré aucune parole, *vous la savez.*

Vous avez, Seigneur ! une égale connaissance de toutes les choses (5) et futures et anciennes : c'est vous qui m'avez formé, et vous avez mis votre main sur moi.

6 Votre science est élevée d'une manière merveilleuse au-dessus de moi : elle me surpasse infiniment ; et je ne pourrai jamais y atteindre.

7 Où irai-je pour me dérober à votre Esprit ? et où m'enfuirai-je de devant votre face ?

8 Si je monte dans le ciel, vous y êtes : si je descends dans l'enfer, vous y êtes encore.

9 Si je prends des ailes dès le matin, et si je vais demeurer dans les extrémités de la mer ;

10 votre main même m'y conduira, et ce sera votre droite qui me soutiendra.

11 Et j'ai dit, Peut-être que les ténèbres me cacheront : mais la nuit même devient toute lumineuse pour me découvrir dans mes plaisirs ;

12 parce que les ténèbres n'ont aucune obscurité pour vous ; que la nuit est aussi claire que le jour, et que ses ténèbres sont à votre égard comme la lumière du jour même.

13 Car vous êtes le maître de mes reins *et de mon cœur ;* vous m'avez formé dès le ventre de ma mère.

14 Je vous louerai, parce que vous avez fait éclater votre grandeur d'une manière étonnante : vos ouvrages sont admirables ; et mon âme en est vivement frappée.

15 Mes os ne vous sont point cachés, à vous qui les avez faits dans un lieu caché ; ni toute ma substance *que vous avez formée* comme au fond de la terre.

16 Vos yeux m'ont vu lorsque j'étais encore informe ; et tous sont écrits dans votre livre : les jours ont chacun leur degré de formation ; et nul d'eux *ne manque à y être écrit*.

17 Mais je vois, ô Dieu ! que vous avez honoré vos amis d'une façon toute singulière ; et leur empire s'est affermi et augmenté extraordinairement.

18 Si j'entreprends de les compter, je trouverai que leur nombre surpasse celui des grains de sable *de la mer*. Et quand je me lève, je me trouve encore *au même état* devant vous.

19 Si vous tuez, ô Dieu ! les pécheurs : hommes de sang, éloignez-vous de moi ;

20 parce que vous dites dans votre pensée : C'est en vain que *les justes* deviendront maîtres de vos villes.

21 Seigneur ! n'ai-je pas haï ceux qui vous haïssaient ; et ne séchais-je pas d'ennui, à cause de vos ennemis ?

22 Je les haïssais d'une haine parfaite ; et ils sont devenus mes ennemis.

23 Ô Dieu ! éprouvez-moi, et sondez mon cœur : interrogez-moi, et connaissez les sentiers par lesquels je marche.

24 Voyez si la voie de l'iniquité se trouve en moi ; et conduisez-moi dans la voie qui est éternelle.

PSAUME CXXXIX.

Pour la fin, Psaume de David.

2 DÉLIVREZ-MOI, Seigneur ! de l'homme méchant : délivrez-moi de l'homme injuste.

3 Ceux qui ne pensent dans leur cœur qu'à commettre des injustices, me livraient tous les jours des combats.

4 Ils ont aiguisé leurs langues comme celle du serpent : le venin des aspics est sous leurs lèvres.

5 Seigneur ! préservez-moi de la main du pécheur, et délivrez-moi des hommes injustes, qui ne pensent qu'à me faire tomber.

6 Les superbes m'ont dressé des pièges en secret ; ils ont tendu des filets pour me surprendre, et ils ont mis près du chemin de quoi me faire tomber.

7 J'ai dit au Seigneur : Vous êtes mon Dieu : exaucez, Seigneur ! la voix de mon humble supplication.

8 Seigneur, *souverain* Maître ! qui êtes toute la force d'où dépend mon salut, vous avez mis ma tête à couvert au jour du combat.

9 Seigneur ! ne me livrez pas au pécheur selon le désir qu'il a de me perdre : ils ont formé des desseins contre moi ; ne m'abandonnez pas, de peur qu'ils ne s'en élèvent.

10 Toute la malignité de leurs détours, et tout le mal que leurs lèvres s'efforcent de faire, les accablera eux-mêmes.

11 Des charbons tomberont sur eux : vous les précipiterez dans le feu ; ils ne pourront subsister dans les malheurs où ils seront engagés.

12 L'homme qui se laisse emporter par sa langue, ne prospérera point sur la terre : l'homme injuste se trouvera accablé de maux à la mort.

13 Je sais que le Seigneur fera justice à celui qui est affligé, et qu'il vengera les pauvres.

14 Mais les justes loueront votre nom ; et ceux qui ont le cœur droit habiteront en votre présence.

PSAUME CXL.

Psaume de David.

SEIGNEUR ! j'ai crié vers vous ; exaucez-moi : écoutez ma voix lorsque je pousserai mes cris vers vous.

2 Que ma prière s'élève vers vous comme la fumée de l'encens : que l'élévation de mes mains *vous* soit *agréable comme* le sacrifice du soir.

3 Mettez, Seigneur ! une garde à ma bouche, et à mes lèvres une porte qui les ferme exactement.

4 Ne souffrez point que mon cœur se laisse aller à des paroles de malice, pour chercher des excuses à mes péchés, comme les hommes qui commettent l'iniquité ; et je ne prendrai aucune part à ce qu'ils trouvent de plus délicieux.

5 Que le juste me reprenne *et me corrige* avec charité : mais que l'huile du pécheur ne parfume *et n'engraisse* point ma tête ; car j'opposerai même ma prière à toutes les choses qui flattent leur cupidité.

6 Leurs juges ont été précipités et brisés contre la pierre ; et ils écouteront *enfin* mes paroles, à cause qu'elles sont puissantes *et* efficaces.

7 De même qu'une terre dure et serrée étant rompue *avec le soc*, est renversée sur une *autre terre* ; nos os ont été brisés *et* renversés, jusqu'à nous voir aux approches du sépulcre.

8 Mais, Seigneur *qui êtes le souverain* Maître ! parce que mes yeux sont élevés vers vous, *parce que* j'ai espéré en vous, ne m'ôtez pas la vie.

9 Gardez-moi du piège qu'ils m'ont dressé, et des embûches de ceux qui commettent l'iniquité.

10 Les pécheurs tomberont dans le filet : pour moi, je suis seul, jusqu'à ce que je passe.

PSAUME CXLI.

Intelligence de David, lorsqu'il était dans la caverne, Prière.

2 J'AI élevé ma voix pour crier vers le Seigneur : j'ai élevé ma voix pour prier le Seigneur.

3 Je répands ma prière en sa présence ; et j'expose devant lui mon affliction, (4) lorsque mon âme est toute prête à me quitter.

Vous connaissez mes voies, *Seigneur !* et vous voyez qu'ils m'ont tendu un piège eu secret dans cette voie où je marchais.

5 Je considérais à ma droite, et je regardais *à ma gauche ;* et il n'y avait personne qui me connût : il ne m'est resté aucun moyen de fuir ; et nul ne cherche à sauver ma vie.

6 J'ai crié vers vous, Seigneur ! j'ai dit : Vous êtes mon espérance, et mon partage dans la terre des vivants.

7 Soyez attentif à ma prière ; parce que je suis extrêmement humilié : délivrez-moi de ceux qui me persécutent ; parce qu'ils sont devenus plus forts que moi.

8 Tirez mon âme de la prison où elle est, afin que je bénisse votre nom : les justes sont dans l'attente de la justice que vous me rendrez.

PSAUME CXLII.

Psaume de David, lorsque son fils Absalom le poursuivait.

SEIGNEUR ! exaucez ma prière : rendez vos oreilles attentives à ma supplication selon la vérité *de* vos *promesses* : exaucez-moi selon l'équité de votre justice.

2 Et n'entrez point en jugement avec votre serviteur ; parce que nul homme vivant ne sera trouvé juste devant vous.

3 Car l'ennemi a poursuivi mon âme ; il a humilié ma vie jusqu'en terre : il m'a réduit dans l'obscurité, comme ceux qui sont morts depuis plusieurs siècles.

4 Mon âme a été toute remplie d'angoisse, à cause de l'état où je me trouvais : mon cœur a été tout troublé au dedans de moi.

5 Je me suis souvenu des jours anciens : j'ai médité sur toutes vos œuvres ; et je m'appliquais à considérer les ouvrages de vos mains.

6 J'ai étendu mes mains vers vous : mon âme est en votre présence comme une terre sans eau.

7 Hâtez-vous, Seigneur ! de m'exaucer ; mon âme est tombée dans la défaillance : ne détournez pas de moi votre visage ; de peur que je ne sois semblable à ceux qui descendent dans la fosse.

8 Faites-moi bientôt entendre *une réponse de* miséricorde ; parce que c'est en vous que j'ai mis mon espérance : faites-moi connaître la voie dans laquelle je dois marcher ; parce que j'ai élevé mon âme vers vous.

9 Délivrez-moi de mes ennemis. Seigneur ! parce que c'est à vous que j'ai recours : (10) enseignez-moi à faire votre volonté ; parce que vous êtes mon Dieu.

Votre Esprit qui est *souverainement* bon, me conduira dans une terre droite *et* unie : (11) vous me ferez vivre, Seigneur ! pour *la gloire de* votre nom, selon l'équité de votre justice.

Vous ferez sortir mon âme de l'affliction qui la presse ; (12) et vous exterminerez mes ennemis par un effet de votre miséricorde.

Et vous perdrez tous ceux qui persécutent mon âme ; parce que je suis votre serviteur.

PSAUME CXLIII.

Psaume de David, contre Goliath.

BÉNI soit le Seigneur, mon Dieu, qui apprend à mes mains à combattre, et à mes doigts à faire la guerre.

2 Il est tout rempli de miséricorde pour moi : il est mon refuge, mon défenseur et mon libérateur.

Il est mon protecteur, et j'ai espéré en lui : c'est lui qui assujettit mon peuple sous moi.

3 Seigneur ! qu'est-ce que l'homme, pour vous être fait connaître à lui ? ou qu'est-ce que le fils de l'homme, pour qui vous faites paraître tant d'estime ?

4 L'homme est devenu semblable au néant même : ses jours passent comme l'ombre.

5 Seigneur ! abaissez vos cieux et descendez : frappez les montagnes, et elles se réduiront en fumée.

6 Faites briller vos éclairs *contre mes ennemis* ; et vous les dissiperez : envoyez vos flèches contre eux ; et vous les remplirez de trouble.

7 Faites éclater du haut du ciel votre main *toute-puissante*, et délivrez-moi : sauvez-moi de l'inondation des eaux, de la main des enfants étrangers,

8 dont la bouche profère des paroles vaines, et dont la droite est une droite pleine d'iniquité.

9 Je vous chanterai, ô Dieu ! un nouveau cantique, et je célébrerai votre gloire sur l'instrument à dix cordes.

10 Ô vous, qui procurez le salut aux rois, qui avez sauvé David, votre serviteur, de l'épée meurtrière ! (11) délivrez-moi.

Et retirez-moi d'entre les mains des enfants étrangers, dont la bouche profère des paroles vaines, et dont la droite est une droite pleine d'iniquité.

12 Leurs fils sont comme de nouvelles plantes dans leur jeunesse ; leurs filles sont parées et ornées comme des temples ;

13 leurs celliers sont si remplis, qu'il faut les vider les uns dans les autres : leurs brebis sont fécondes, et leur multitude se fait remarquer quand elles sortent ; (14) leurs vaches sont grasses *et* puissantes ;

il n'y a point de brèche dans leurs murailles, ni d'ouverture par laquelle on puisse passer ; et l'on n'entend point de cris dans les rues.

15 Ils ont appelé heureux le peuple qui possède tous ces biens : *mais plutôt* heureux le peuple qui a le Seigneur pour son Dieu !

PSAUME CXLIV.

Louange pour David.

(ALEPH.) Je célébrerai votre gloire, ô mon Dieu, qui êtes le *souverain* roi ! et je bénirai votre nom dans tous les siècles, et dans l'éternité.

2 *(Beth.)* Je vous bénirai chaque jour, et je louerai votre nom dans tous les siècles, et dans l'éternité.

3 *(Ghimel.)* Le Seigneur est grand et infiniment digne de louange ; et sa grandeur n'a point de bornes.

4 *(Daleth.)* Toutes les races loueront vos œuvres, et publieront votre puissance.

5 *(Hé.)* Elles parleront de la magnificence de votre gloire et de votre sainteté, et raconteront vos merveilles.

6 *(Vav.)* Elles publieront la puissance de vos œuvres terribles, et annonceront votre grandeur.

7 *(Zaïn.)* Elles attesteront quelle est l'abondance de votre douceur *ineffable* ; et elles tressailliront de joie en *chantant* votre justice.

8 *(Cheth.)* Le Seigneur est clément et miséricordieux ; il est patient et rempli de miséricorde.

9 *(Teth.)* Le Seigneur est bon envers tous ; et ses miséricordes s'étendent sur toutes ses œuvres.

10 *(Jod.)* Que toutes vos œuvres vous louent, Seigneur ! et que vos saints vous bénissent.

11 *(Caph.)* Ils publieront la gloire de votre règne, et célébreront votre puissance ;

12 *(Lamed.)* afin de faire connaître aux enfants des hommes *la grandeur de* votre pouvoir, et la gloire si magnifique de votre règne.

13 *(Mem.)* Votre règne est un règne qui s'étend dans tous les siècles ; et votre empire passe de race en race dans toutes les générations.

(Noun.) Le Seigneur est fidèle dans toutes ses paroles, et saint dans toutes ses œuvres.

14 *(Samech.)* Le Seigneur soutient tous ceux qui sont près de tomber, et il relève tous ceux qui sont brisés.

15 *(Aïn.)* Tous, Seigneur ! ont les yeux tournés vers vous ; et ils attendent de vous, que vous leur donniez leur nourriture dans le temps propre.

16 *(Phé.)* Vous ouvrez votre main ; et vous remplissez tous les animaux des effets de votre bonté.

17 *(Tsadé.)* Le Seigneur est juste dans toutes ses voies, et saint dans toutes ses œuvres.

18 *(Coph.)* Le Seigneur est proche de tous ceux qui l'invoquent, de tous ceux qui l'invoquent en vérité.

19 *(Resh.)* Il accomplira la volonté de ceux qui le craignent ; il exaucera leurs prières, et les sauvera.

20 *(Shin.)* Le Seigneur garde tous ceux qui l'aiment ; et il perdra tous les pécheurs.

21 *(Thau.)* Ma bouche publiera les louanges du Seigneur : que toute chair bénisse son saint nom dans tous les siècles et dans l'éternité.

PSAUME CXLV.

Alleluia, *Cantique* d'Aggée et de Zacharie.

Ô mon âme ! louez le Seigneur : (2) je louerai le Seigneur pendant ma vie ; je célébrerai la gloire de mon Dieu tant que je vivrai.

3 Gardez-vous bien de mettre votre confiance dans les princes, ni dans les enfants des hommes, d'où ne peut venir le salut.

4 Leur âme étant sortie *de leur corps*, ils retournent dans la terre d'où ils sont sortis ; et ce jour-là même toutes leurs *vaines* pensées périront.

5 Heureux est celui de qui le Dieu de Jacob se déclare le protecteur, et dont l'espérance est dans le Seigneur, son Dieu : (6)

qui a fait le ciel et la terre, la mer, et toutes les choses qu'ils contiennent ;

qui garde toujours la vérité *de ses promesses* ; (7) qui fait justice à ceux qui souffrent injure ; qui donne la nourriture à ceux qui ont faim.

Le Seigneur délie ceux qui sont enchaînés ; (8) le Seigneur éclaire ceux qui sont aveugles ;

le Seigneur relève ceux qui sont brisés ; le Seigneur aime ceux qui sont justes.

9 Le Seigneur garde les étrangers ; il prendra en sa protection l'orphelin et la veuve ; et il détruira les voies des pécheurs.

10 Le Seigneur régnera dans tous les siècles : votre Dieu, ô Sion ! *régnera* dans toutes les races.

PSAUME CXLVI.

Alleluia.

LOUEZ le Seigneur, parce qu'il est bon de le louer : que la louange que l'on donne à notre Dieu lui soit agréable, et digne de lui.

2 C'est le Seigneur qui bâtit Jérusalem, et qui rassemblera tous les enfants d'Israël qui sont dispersés ;

3 qui guérit ceux dont le cœur est brisé *d'affliction*, et qui bande leurs plaies ;

4 qui sait le nombre prodigieux des étoiles, et qui les connaît toutes par leur nom.

5 Notre Seigneur est *vraiment* grand : sa puissance est infinie, et sa sagesse n'a point de bornes.

6 Le Seigneur prend en sa protection ceux qui sont doux ; mais il abaisse les pécheurs jusqu'en terre.

7 Chantez les louanges du Seigneur par de saints cantiques ; et publiez avec la harpe la gloire de notre Dieu.

8 C'est lui qui couvre le ciel de nuées, et qui prépare la pluie pour la terre ;

qui produit le foin sur les montagnes, et *fait croître* l'herbe pour l'usage des hommes ;

9 qui donne aux bêtes la nourriture qui leur est propre, et qui nourrit les petits des corbeaux qui invoquent son secours.

10 Il n'aime point qu'on se fie à la force du cheval ; et il ne se plaît point que l'homme s'assure sur *la force de* ses jambes.

11 Le Seigneur met son plaisir en ceux qui le craignent, et en ceux qui espèrent en sa miséricorde.

PSAUME CXLVII.

Ce psaume dans l'hébreu est joint au précédent.
Alleluia.

12 JÉRUSALEM, loue le Seigneur ; Sion, loue ton Dieu.

13 Car il a fortifié les serrures de tes portes ; et il a béni tes enfants au milieu de toi.

14 Il a établi la paix sur tes frontières, et il te rassasie du meilleur froment.

15 Il envoie sa parole à la terre ; et cette parole est portée partout avec une extrême vitesse.

16 Il fait que la neige tombe comme de la laine *sur la terre* ; il y répand la gelée blanche comme la cendre.

17 Il envoie sa glace divisée en une infinité de parties ; qui pourra soutenir la rigueur extrême de son froid ?

18 Mais au moment qu'il aura donné ses ordres, il fera fondre toutes ses glaces : son vent soufflera, et les eaux couleront *à l'heure même*.

19 Il annonce sa parole à Jacob ; ses jugements et ses ordonnances à Israël.

20 Il n'a point traité de la sorte toutes les autres nations ; et il ne leur a point manifesté ses préceptes.

PSAUME CXLVIII.

Alleluia.

LOUEZ le Seigneur, ô vous qui êtes dans les cieux ! louez-le dans les plus hauts lieux.

2 Louez-le, vous tous qui êtes ses anges ; louez-le, vous tous qui composez ses armées.

3 Soleil et lune, louez-le ; étoiles et lumière, louez-le toutes ensemble.

4 Louez-le, cieux des cieux ; et que toutes les eaux qui sont au-dessus des cieux (5) louent le nom du Seigneur.

Car il a parlé, et toutes *ces choses* ont été faites ; il a commandé, et elles ont été créées.

6 Il les a établies pour subsister éternellement et dans tous les siècles : il leur a prescrit ses ordres, qui ne manqueront point de s'accomplir.

7 Louez le Seigneur, ô vous qui êtes sur la terre ! vous dragons, et vous tous abîmes *d'eaux* ;

8 feu, grêle, neige, glace, vents qui excitez les tempêtes, vous tous qui exécutez sa parole ;

9 vous montagnes, avec toutes les collines ; arbres qui portez du fruit, avec tous les cèdres ;

10 vous bêtes sauvages, avec tous les autres animaux ; vous reptiles, et vous oiseaux qui avez des ailes.

11 Que les rois de la terre, et tous les peuples ; que les princes, et tous les juges de la terre ;

12 que les jeunes hommes et les jeunes filles ; les vieillards et les enfants, (13) louent le nom du Seigneur : parce qu'il n'y a que lui dont le nom est vraiment grand *et* élevé.

Le ciel et la terre publient ses louanges : (14) et c'est lui qui a élevé la puissance de son peuple.

Qu'il soit loué par tous ses saints, par les enfants d'Israël, par ce peuple qui est proche de lui. Alleluia !

PSAUME CXLIX.

Alléluia

CHANTEZ au Seigneur un nouveau cantique ; que sa louange retentisse dans l'assemblée des saints.

2 Qu'Israël se réjouisse en celui qui l'a créé : que les enfants de Sion tressaillent de joie en celui qui est leur Roi.

3 Qu'ils louent son nom par de saints concerts : qu'ils célèbrent ses louanges avec le tambour, et avec l'instrument à dix cordes.

4 Car le Seigneur a mis sa complaisance dans son peuple ; et il élèvera ceux qui sont doux, et les sauvera.

5 Les saints seront dans la joie se voyant comblés de gloire : ils se réjouiront dans le lieu de leur repos.

6 Les louanges de Dieu seront *toujours* dans leur bouche ; et ils auront dans leurs mains des épées à deux tranchants :

7 pour exercer la vengeance *du Seigneur* sur les nations, et *la rigueur de* ses châtiments sur les peuples ;

8 pour mettre leurs rois à la chaîne, et les plus nobles d'entre eux dans les fers : (9) pour exécuter sur eux le jugement qui est prescrit.

Telle est la gloire qui est *réservée* à tous ses saints. Alleluia !

PSAUME CL.

Alleluia.

LOUEZ le Seigneur *résidant* dans son sanctuaire ; louez-le dans le firmament où il fait éclater sa puissance.

2 Louez-le dans les effets de son pouvoir ; louez-le dans toute l'étendue de sa grandeur.

3 Louez-le au son de la trompette ; louez-le avec l'instrument à

dix cordes et avec la harpe ;

4 louez-le avec le tambour et dans les chœurs ; louez-le avec le luth et avec l'orgue ;

5 louez-le avec des timbales harmonieuses ; louez-le avec des timbales claires *et* résonnantes,

6 Que tout ce qui vit *et* qui respire loue le Seigneur. Alleluia !

PROVERBES DE SALOMON.

CHAPITRE PREMIER.

LES Paraboles de Salomon, fils de David, *et* roi d'Israël :

2 pour *faire* connaître *aux hommes* la sagesse et la discipline ;

3 pour *leur faire* comprendre les paroles de la prudence, et pour *les porter à* recevoir les instructions de la doctrine, la justice, le jugement et l'équité :

4 pour donner de la discrétion aux simples, la science et l'intelligence aux jeunes hommes.

5 Le sage *les* écoutera, et *en* deviendra plus sage ; et celui qui aura de l'intelligence *y* acquerra l'art de gouverner.

6 Il pénétrera les paraboles et leurs sens mystérieux, les paroles des sages et leurs énigmes.

7 La crainte du Seigneur est le principe de la sagesse : les insensés méprisent la sagesse et la doctrine.

8 Écoutez, mon fils, les instructions de votre père, et n'abandonnez point la loi de votre mère ;

9 et elles seront un ornement à votre tête, et *comme* de riches colliers à votre cou.

10 Mon fils, si les pécheurs vous attirent par leurs caresses, ne vous laissez point aller à eux.

11 S'ils disent : Venez avec nous, dressons des embûches pour *répandre* le sang ; tendons en secret des pièges à l'innocent qui ne nous a fait aucun mal ;

12 dévorons-le tout vivant comme l'enfer, et tout entier comme celui qui descend dans la fosse.

13 Nous trouverons toutes sortes de biens *et* de choses précieuses : nous remplirons nos maisons de dépouilles.

14 Entrez en société avec nous ; n'ayons tous qu'une même bourse.

15 Mon fils, n'allez point avec eux : gardez-vous bien de marcher dans leurs sentiers.

16 Car leurs pieds courent au mal, et ils se hâtent de répandre le sang.

17 Mais c'est en vain qu'on jette le filet devant les yeux de ceux qui ont des ailes.

18 Ils dressent eux-mêmes des embûches à leur propre sang, et ils tendent des pièges pour perdre leurs âmes.

19 Telles sont les voies de tous les avares : elles surprennent les âmes de ceux qui sont engagés dans cette passion.

20 La Sagesse enseigne au dehors ; elle fait entendre sa voix dans les places publiques.

21 Elle crie à la tête des assemblées du peuple ; elle fait retentir ses paroles aux portes de la ville, et elle dit :

22 Ô enfants ! jusques à quand aimerez-vous l'enfance ? jusques à quand les insensés désireront-ils ce qui leur est pernicieux, et les imprudents haïront-ils la science ?

23 Convertissez-vous par les remontrances que je vous fais. Je vais répandre sur vous mon esprit, et je vous ferai entendre mes paroles.

24 Parce que je vous ai appelés, et que vous n'avez point voulu m'écouter ; que j'ai tendu ma main, et qu'il ne s'est trouvé personne qui m'ait regardé ;

25 que vous avez méprisé tous mes conseils, et que vous avez négligé mes réprimandes ;

26 je rirai aussi à votre mort ; et je vous insulterai, lorsque ce que vous craigniez vous sera arrivé ;

27 lorsque le malheur viendra tout d'un coup, et que la mort fondra sur vous comme une tempête ; lorsque vous vous trouverez surpris par l'affliction, et par les maux les plus pressants.

28 Alors ils m'invoqueront, et je ne les écouterai point ; ils se lèveront dès le matin, et ils ne me trouveront point :

29 parce qu'ils ont haï les instructions ; qu'ils n'ont point embrassé la crainte du Seigneur ;

30 qu'ils ne se sont point soumis à mes conseils, et qu'ils n'ont eu que du mépris pour toutes mes remontrances.

31 Ainsi ils mangeront le fruit de leur voie, et ils seront rassasiés de leurs conseils.

32 L'égarement des enfants les tuera ; et la prospérité des insensés les perdra.

33 Mais celui qui m'écoute, reposera en assurance ; et il jouira d'une abondance de biens sans craindre aucun mal.

CHAPITRE II.

MON fils, si vous recevez mes paroles, et si vous tenez mes préceptes cachés dans le fond de votre cœur,

2 en sorte que votre oreille se rende attentive à la sagesse, abaissez votre cœur pour connaître la prudence.

3 Car si vous invoquez la sagesse, et que vous soumettiez votre cœur à la prudence ;

4 si vous la recherchez comme on recherche l'argent, et que vous creusiez bien avant pour la trouver, comme *font ceux qui déterrent* des trésors ;

5 alors vous comprendrez la crainte du Seigneur, et vous trouverez la science de Dieu :

6 parce que c'est le Seigneur qui donne la sagesse ; et c'est de sa bouche que sort la prudence et la science.

7 Il réserve le salut *comme un trésor* pour ceux qui ont le cœur droit, et il protégera ceux qui marchent dans la simplicité :

8 gardant *lui-même* les sentiers de la justice, et veillant sur la voie des saints.

9 Alors vous connaîtrez la justice, le jugement et l'équité, et tous les sentiers qui sont droits.

10 si la sagesse entre dans votre cœur, et que la science plaise à votre âme :

11 le conseil vous gardera, et la prudence vous conservera ;

12 afin que vous soyez délivré de la mauvaise voie, et des hommes qui tiennent des discours corrompus ;

13 qui abandonnent le chemin droit, et qui marchent par des voies ténébreuses ;

14 qui se réjouissent lorsqu'ils ont fait le mal, et qui triomphent dans les choses les plus criminelles ;

15 dont les voies sont *toutes* corrompues, et dont les démarches sont infâmes :

16 afin que vous soyez délivré de la femme étrangère, de l'étrangère dont le langage est doux *et* flatteur ;

17 qui abandonne celui qu'elle a épousé en sa jeunesse ;

18 et qui oublie l'alliance qu'elle avait faite avec son Dieu : sa maison penche vers la mort, et ses sentiers mènent aux enfers ;

19 quiconque s'engage avec elle n'en reviendra point, et ne rentrera point dans les sentiers de la vie.

20 *La sagesse vous gardera de tous ces maux,* afin que vous marchiez dans la bonne voie, et que vous ne quittiez point les sentiers des justes.

21 Car ceux qui ont le cœur droit habiteront sur la terre ; et les simples y seront fermement établis.

22 Mais les méchants seront retranchés de dessus la terre, et ceux qui commettent l'iniquité en seront exterminés.

CHAPITRE III.

MON fils, n'oubliez point ma loi, et que votre cœur garde mes préceptes :

2 car vous y trouverez la longueur des jours, la multiplication des

années de votre vie, et la paix.

3 Que la miséricorde et la vérité ne vous abandonnent point : mettez-les comme un collier autour de votre cou, et gravez-les sur les tables de votre cœur :

4 et vous trouverez grâce devant Dieu et devant les hommes ; *vous serez honoré comme ayant* une conduite sage.

5 Ayez confiance en Dieu de tout votre cœur, et ne vous appuyez point sur votre prudence.

6 Pensez à lui dans toutes vos voies, et il conduira lui-même vos pas.

7 Ne soyez point sage à vos propres yeux : craignez Dieu, et éloignez-vous du mal.

8 Ainsi votre chair sera saine, et l'arrosement pénétrera jusque dans vos os.

9 Honorez de votre bien le Seigneur, et donnez-lui les prémices de tous vos fruits ;

10 et alors vos greniers seront remplis de blé, et vos pressoirs regorgeront de vin.

11 Mon fils ! ne rejetez point la correction du Seigneur, et ne vous abattez point lorsqu'il vous châtie.

12 Car le Seigneur châtie celui qu'il aime, et il trouve en lui son plaisir comme un père dans son fils.

13 Heureux celui qui a trouvé la sagesse, et qui est riche en prudence.

14 Le trafic de la sagesse vaut mieux que celui de l'argent ; et le fruit qu'on en tire, est plus excellent que l'or le plus fin et le plus pur.

15 Son prix passe toutes les richesses : et tout ce qu'on désire le plus, ne mérite pas de lui être comparé.

16 Elle a la longueur des jours dans sa droite ; et dans sa gauche, les richesses et la gloire.

17 Ses voies sont belles ; et tous ses sentiers sont pleins de paix.

18 Elle est un arbre de vie pour ceux qui l'embrassent ; et heureux celui qui se tient fortement uni à elle.

19 Le Seigneur a fondé la terre par la sagesse : il a établi les cieux par la prudence.

20 C'est par sa sagesse que les eaux des abîmes se sont ouvert un passage, et que les nuées en s'épaississant forment la rosée.

21 Mon fils, ne cessez point d'avoir ces choses devant vos yeux : gardez la loi et le conseil *que je vous donne* ;

22 et ils seront la vie de votre âme, et comme un ornement à votre cou.

23 Vous marcherez alors avec confiance dans votre voie, et votre pied ne se heurtera point.

24 Si vous dormez, vous ne craindrez point ; vous reposerez, et votre sommeil sera tranquille.

25 Vous ne serez point saisi d'une frayeur soudaine ; et vous ne craindrez point que la puissance des impies vienne vous accabler.

26 Car le Seigneur sera à votre côté, et il gardera vos pieds, afin que vous ne soyez point pris *dans le piège*.

27 N'empêchez point de bien faire celui qui le peut ; faites bien vous-même, si vous le pouvez.

28 Ne dites point à votre ami, Allez et revenez, je vous le donnerai demain ; lorsque vous pouvez le lui donner à l'heure même.

29 Ne cherchez point à faire du mal à votre ami, qui a confiance en vous.

30 Ne faites point sans sujet de procès à un homme, lorsqu'il ne vous a fait aucun tort.

31 Ne portez point envie à l'injuste, et n'imitez point ses voies :

32 parce que tous les trompeurs sont en abomination au Seigneur, et qu'il communique ses secrets aux simples.

33 Le Seigneur frappera d'indigence la maison de l'impie ; mais il bénira les maisons des justes.

34 Il se moquera des moqueurs : et il donnera *sa* grâce à ceux qui sont doux.

35 Les sages posséderont la gloire ; l'élévation des insensés sera leur confusion.

CHAPITRE IV.

ECOUTEZ, *mes* enfants, les instructions de *votre* père ; rendez-vous attentifs pour connaître la prudence.

2 Je vous ferai un excellent don : n'abandonnez point ma loi.

3 Car je suis moi-même fils d'un père qui m'a tendrement aimé, et d'une mère qui me chérissait comme *si j'eusse été* son fils unique ;

4 et *mon père* m'instruisait, et me disait : Que votre cœur reçoive mes paroles ; gardez mes préceptes, et vous vivrez.

5 Travaillez à acquérir la sagesse, à acquérir la prudence ; n'oubliez point les paroles de ma bouche, et ne vous en détournez point.

6 N'abandonnez point la sagesse, et elle vous gardera ; aimez-la, et elle vous conservera.

7 Travaillez à acquérir la sagesse : c'en est le commencement. Travaillez à acquérir la prudence aux dépens de tout ce que vous pouvez posséder.

8 Faites effort pour atteindre jusqu'à elle, et elle vous élèvera ; elle deviendra votre gloire, lorsque vous l'aurez embrassée.

9 Elle mettra sur votre tête un accroissement de grâce, et elle vous couvrira d'une éclatante couronne.

10 Ecoutez, mon fils, et recevez mes paroles ; afin que les années de votre vie se multiplient.

11 Je vous montrerai la voie de la sagesse, je vous conduirai par les sentiers de l'équité.

12 Et lorsque vous y serez entré, vos pas ne se trouveront plus resserrés, et vous courrez sans que rien vous fasse tomber.

13 Tenez-vous attaché à la discipline, ne la quittez point : gardez-la, parce que c'est votre vie.

14 Ne regardez point avec plaisir les sentiers des impies, et que la voie des méchants ne vous agrée point.

15 Fuyez-la, n'y passez point : détournez-vous-en, et ne vous y arrêtez point.

16 Car ils ne peuvent dormir s'ils n'ont fait du mal ; et ils perdent le sommeil, s'ils n'ont fait tomber quelqu'un *dans leurs pièges*.

17 Ils se nourrissent du pain de l'impiété, et ils boivent le vin de l'iniquité.

18 Mais le sentier des justes est comme une lumière brillante, qui s'avance et qui croît jusqu'au jour parfait.

19 La voie des méchants est pleine de ténèbres : ils ne savent où ils tombent.

20 Mon fils, écoutez mes discours ; prêtez l'oreille à mes paroles.

21 Qu'elles ne partent point de devant vos yeux : conservez-les au milieu de votre cœur :

22 car elles sont la vie de ceux qui les trouvent, et la santé de toute chair.

23 Appliquez-vous avec tout le soin possible à la garde de votre cœur ; parce qu'il est la source de la vie.

24 Rejetez de vous la bouche maligne, et que les lèvres médisantes soient bien loin de vous.

25 Que vos yeux regardent droit *devant vous*, et que vos paupières précèdent vos pas.

26 Dressez le sentier où vous mettez votre pied, et toutes vos démarches seront fermes.

27 Ne *vous* détournez ni à droite ni à gauche ; retirez votre pied du mal : car le Seigneur connaît les voies qui sont à droite ; mais celles qui sont à gauche sont des voies de perdition. Ce sera lui-même qui redressera votre course, et qui vous conduira en paix dans votre chemin.

CHAPITRE V.

MON fils, rendez-vous attentif à la sagesse que je vous enseigne ; prêtez l'oreille à la prudence que je vous montre :

2 afin que vous veilliez à la garde de vos pensées, et que vos lèvres conservent une *exacte* discipline. Ne vous laissez point aller aux artifices de la femme :

3 car les lèvres de la prostituée sont comme le rayon d'où coule le

miel, et son gosier est plus doux que l'huile ;

4 mais la fin en est amère comme l'absinthe, et perçante comme une épée à deux tranchants.

5 Ses pieds descendent dans la mort ; ses pas s'enfoncent jusqu'aux enfers.

6 Ils ne vont point par le sentier de la vie : ses démarches sont vagabondes et impénétrables.

7 Maintenant donc, ô mon fils ! écoutez-moi, et ne vous détournez point des paroles de ma bouche.

8 Eloignez d'elle votre voie, et n'approchez point de la porte de sa maison.

9 Ne prostituez point votre honneur à des étrangers, ni vos années à un cruel :

10 de peur que ces étrangers ne s'enrichissent de vos biens, et que vos travaux ne passent en la maison d'un autre ;

11 et que vous ne soupiriez enfin quand vous aurez consumé votre vigueur et votre corps, en disant :

12 Pourquoi ai-je détesté la discipline ? et pourquoi mon cœur ne s'est-il point rendu aux remontrances *qu'on m'a faites* ?

13 Pourquoi n'ai-je point écouté la voix de ceux qui m'enseignaient, ni prêté l'oreille à mes maîtres ?

14 J'ai été presque plongé dans toutes sortes de maux au milieu de l'Eglise et de l'assemblée.

15 Buvez de l'eau de votre citerne, et des ruisseaux de votre fontaine.

16 Que les ruisseaux de votre fontaine coulent dehors, et répandez vos eaux dans les rues.

17 Possédez-les seul, et que les étrangers n'y aient point de part.

18 Que votre source soit bénie : vivez dans la joie avec la femme que vous avez prise dans votre jeunesse.

19 Qu'elle vous soit *comme* une biche très-chère, et *comme* un faon très-agréable : que sa douceur vous enivre en tout temps, et que son amour soit toujours votre joie.

20 Mon fils, pourquoi vous laisserez-vous séduire par une étrangère, et pourquoi vous reposerez-vous dans le sein d'une autre ?

21 Le Seigneur regarde attentivement les voies de l'homme, et il considère toutes ses démarches.

22 Le méchant se trouve pris dans son iniquité, et il est lié par les chaînes de ses péchés.

23 Il mourra, parce qu'il n'a point reçu la correction ; et il sera trompé par l'excès de sa folie.

CHAPITRE VI.

MON fils, si vous avez répondu pour votre ami, et que vous ayez engagé *votre foi* et votre main à un étranger,

2 vous vous êtes mis dans le filet par votre propre bouche, et vous vous trouvez pris par vos paroles.

3 Faites donc ce que je vous dis, mon fils, et délivrez-vous vous-même : parce que vous êtes tombé entre les mains de votre prochain. Courez de tous côtés ; hâtez-vous, et réveillez votre ami.

4 Ne laissez point aller vos yeux au sommeil, et que vos paupières ne s'assoupissent point.

5 Sauvez-vous comme un daim qui échappe de la main, et comme un oiseau qui fuit d'entre les mains de l'oiseleur.

6 Allez à la fourmi, paresseux, considérez sa conduite, et apprenez à devenir sage :

7 puisque n'ayant ni chef, ni maître, ni prince,

8 elle fait néanmoins sa provision durant l'été, et amasse pendant la moisson de quoi se nourrir.

9 Jusques à quand dormirez-vous, paresseux ? quand vous réveillerez-vous de votre sommeil ?

10 Vous dormirez un peu, vous sommeillerez un peu, vous mettrez un peu les mains l'une dans l'autre pour vous reposer :

11 et l'indigence viendra vous surprendre comme un homme qui marche à grands pas, et la pauvreté se saisira de vous comme un homme armé. Si vous êtes diligent, votre moisson sera comme une source abondante, et l'indigence fuira loin de vous.

12 L'homme apostat est un homme qui n'est bon à rien ; ses actions démentent sa bouche.

13 Il fait des signes des yeux, il frappe du pied, il parle avec les doigts.

14 Il médite le mal dans la corruption de son cœur, et il sème des querelles en tout temps.

15 Sa ruine viendra fondre sur lui en un moment ; il sera brisé tout d'un coup, et sa perte sera sans ressource.

16 Il y a six choses que le Seigneur hait, et son âme déteste la septième :

17 Les yeux altiers, la langue amie du mensonge, les mains qui répandent le sang innocent,

18 le cœur qui forme de noirs desseins, les pieds légers pour courir au mal,

19 le témoin trompeur qui assure des mensonges, et celui qui sème des dissensions entre les frères.

20 Observez, mon fils, les préceptes de votre père, et n'abandonnez point la loi de votre mère.

21 Tenez-les sans cesse liés à votre cœur, et attachez-les autour de votre cou.

22 Lorsque vous marchez, qu'ils vous accompagnent ; lorsque vous dormez, qu'ils vous gardent ; et en vous réveillant, entretenez-vous avec eux :

23 parce que le commandement est une lampe ; la loi est une lumière ; et la réprimande qui retient dans la discipline, est la voie de la vie :

24 afin qu'ils vous défendent de la femme corrompue, et de la langue flatteuse de l'étrangère.

25 Que votre cœur ne conçoive point de passion pour sa beauté, et ne vous laissez pas surprendre aux regards de ses yeux :

26 car le prix de la courtisane est à peine d'un pain seul ; mais la femme mariée tend à vous ravir ce que vous avez de plus précieux, *qui est* l'âme.

27 Un homme peut-il cacher le feu dans son sein, sans que ses vêtements en soient consumés ?

28 Ou peut-il marcher sur les charbons, sans se brûler la plante des pieds ?

29 Ainsi celui qui s'approche de la femme de son prochain, ne sera pas pur lorsqu'il l'aura touchée.

30 Ce n'est pas une grande faute, qu'un homme dérobe pour avoir de quoi manger, lorsqu'il est pressé de la faim.

31 S'il est pris, il rendra sept fois autant, et il donnera tout ce qu'il a dans sa maison.

32 Mais celui qui est adultère perdra son âme par la folie de son cœur.

33 Il s'attire de plus en plus l'opprobre et l'ignominie, et son opprobre ne s'effacera jamais.

34 Car la jalousie et la fureur du mari ne pardonnera point au jour de la vengeance.

35 il ne se rendra aux prières de personne ; et il ne recevra point pour satisfaction tous les présents qu'on pourra lui faire.

CHAPITRE VII.

MON fils, gardez mes paroles, et faites-vous dans votre cœur un trésor de mes préceptes.

2 Observez, mon fils, mes commandements, et vous vivrez : gardez ma loi comme la prunelle de votre œil ;

3 tenez-la liée à vos doigts, et écrivez-la sur les tables de votre cœur.

4 Dites à la sagesse, Vous êtes ma sœur ; et appelez la prudence votre amie :

5 afin qu'elle vous défende de la femme étrangère, de l'étrangère qui se sert d'un langage doux *et flatteur*.

6 Car étant à la fenêtre de ma maison, et regardant par les barreaux,

7 j'aperçois des insensés, et je considère parmi eux un jeune homme insensé,

8 qui passe dans une rue au coin de la maison de cette femme, et

qui marche dans le chemin qui y conduit,

9 sur le soir, à la fin du jour, lorsque la nuit devient noire et obscure.

10 Et je vois venir au-devant de lui cette femme parée comme une courtisane, adroite à surprendre les âmes, causeuse et coureuse,

11 inquiète, dont les pieds n'ont point d'arrêt, et qui ne peut demeurer dans la maison ;

12 mais qui tend ses pièges au-dehors, ou dans les places publiques, ou dans un coin de rue.

13 Elle prend ce jeune homme, et le baise ; et le caressant avec un visage effronté, elle lui dit :

14 Je m'étais obligée à offrir des victimes pour me rendre le ciel favorable, et je me suis acquittée aujourd'hui de mes vœux.

15 C'est pourquoi je suis venue au-devant de vous, désirant de vous voir, et je vous ai rencontré.

16 J'ai suspendu mon lit, et je l'ai couvert de courtes-pointes d'Egypte en broderie.

17 Je l'ai parfumé de myrrhe, d'aloès et de cinnamome.

18 Venez, enivrons-nous de délices, et jouissons de ce que nous avons désiré, jusqu'à ce qu'il fasse jour.

19 Car mon mari n'est point à la maison, il est allé faire un voyage qui sera très-long.

20 Il a emporté avec lui un sac d'argent, et il ne doit revenir à sa maison qu'à la pleine lune.

21 Elle le prend ainsi au filet par de longs discours, et l'entraîne par les caresses de ses paroles.

22 Il la suit aussitôt, comme un bœuf qu'on mène pour servir de victime, et comme un agneau qui va à la mort en bondissant ; et il ne comprend pas, insensé qu'il est, qu'on l'entraîne pour le lier :

23 jusqu'à ce qu'il ait le cœur transpercé d'une flèche, comme si un oiseau courait à grande hâte dans le filet, ne sachant pas qu'il y va de la vie pour lui.

24 Ecoutez-moi donc maintenant, mon fils, rendez-vous attentif aux paroles de ma bouche :

25 Que votre esprit ne se laisse point entraîner dans les voies de cette femme, et ne vous égarez point dans ses sentiers :

26 car elle en a blessé et renversé plusieurs, et elle a fait perdre la vie aux plus forts.

27 Sa maison est le chemin de l'enfer, qui pénètre jusque dans la profondeur de la mort.

CHAPITRE VIII.

LA Sagesse ne crie-t-elle pas ? et la prudence ne fait-elle pas entendre sa voix ?

2 Elle se tient le long du chemin sur les lieux les plus hauts et les plus élevés ; *elle se met* au milieu des sentiers,

3 près des portes, à l'entrée de la ville, et elle parle en ces termes :

4 C'est à vous, hommes, que je crie ; et c'est aux enfants des hommes que ma voix s'adresse.

5 Vous, imprudents, apprenez ce que c'est que la sagesse ; et vous, insensés, rentrez en vous-mêmes.

6 Ecoutez-moi : car je vais vous dire de grandes choses ; et mes lèvres s'ouvriront pour annoncer des choses justes.

7 Ma bouche publiera la vérité ; mes lèvres détesteront l'impiété.

8 Tous mes discours sont justes ; ils n'ont rien de mauvais, ni de corrompu.

9 Ils sont pleins de droiture pour ceux qui sont intelligents, et ils sont équitables pour ceux qui ont trouvé la science.

10 Recevez les instructions que je vous donne, *avec plus de joie que si c'était* de l'argent ; et préférez la doctrine à l'or.

11 Car la sagesse est plus estimable que ce qu'il y a de plus précieux ; et tout ce qu'on désire le plus, ne peut lui être comparé.

12 Moi qui suis la sagesse, j'habite dans le conseil, et je me trouve présente parmi les pensées judicieuses.

13 La crainte du Seigneur hait le mal. Je déteste l'insolence et l'orgueil, la voie corrompue et la langue double.

14 C'est de moi que vient le conseil et l'équité ; c'est de moi que vient la prudence et la force.

15 Les rois règnent par moi ; et c'est par moi que les législateurs ordonnent ce qui est juste.

16 Les princes commandent par moi ; et c'est par moi que ceux qui sont puissants rendent la justice.

17 J'aime ceux qui m'aiment ; et ceux qui veillent dès le matin pour me chercher, me trouveront.

18 Les richesses et la gloire sont avec moi, la magnificence et la justice.

19 Car les fruits que je porte sont plus estimables que l'or et les pierres précieuses ; et ce qui vient de moi vaut mieux que l'argent le plus pur.

20 Je marche dans les voies de la justice, au milieu des sentiers de la prudence,

21 pour enrichir ceux qui m'aiment, et pour remplir leurs trésors.

22 Le Seigneur m'a possédée au commencement de ses voies ; avant qu'il créât aucune chose, j'étais dès lors.

23 J'ai été établie dès l'éternité et dès le commencement, avant que la terre fût créée.

24 Les abîmes n'étaient point encore, lorsque j'étais déjà conçue ; les fontaines n'étaient point encore sorties de la terre ;

25 la pesante masse des montagnes n'était pas encore formée ; j'étais enfantée avant les collines.

26 Il n'avait point encore créé la terre, ni les fleuves, ni affermi le monde sur ses pôles.

27 Lorsqu'il préparait les cieux, j'étais présente : lorsqu'il environnait les abîmes de leurs bornes, et qu'il leur prescrivait une loi inviolable ;

28 lorsqu'il affermissait l'air au-dessus de la terre, et qu'il dispensait dans leur équilibre les eaux des fontaines ;

29 lorsqu'il renfermait la mer dans ses limites, et qu'il imposait une loi aux eaux, afin qu'elles ne passassent point leurs bornes ; lorsqu'il posait les fondements de la terre,

30 j'étais avec lui, et je réglais toutes choses : j'étais chaque jour dans les délices, me jouant sans cesse devant lui,

31 me jouant dans le monde ; et mes délices sont d'être avec les enfants des hommes.

32 Ecoutez-moi donc maintenant, mes enfants : heureux ceux qui gardent mes voies.

33 Ecoutez mes instructions ; soyez sages, et ne les rejetez point.

34 Heureux celui qui m'écoute, qui veille tous les jours à l'entrée de ma maison, et qui se tient à ma porte.

35 Celui qui m'aura trouvée, trouvera la vie, et il puisera le salut *de la bonté* du Seigneur.

36 Mais celui qui péchera contre moi, blessera son âme : tous ceux qui me haïssent, aiment la mort.

CHAPITRE IX.

LA Sagesse s'est bâti une maison ; elle a taillé sept colonnes.

2 Elle a immolé ses victimes, préparé le vin, et disposé sa table.

3 Elle a envoyé ses servantes à la forteresse et aux murailles de la ville, pour appeler les hommes :

4 Quiconque est simple, qu'il vienne à moi. Et elle a dit aux insensés :

5 Venez, mangez le pain que je vous donne, et buvez le vin que je vous ai préparé.

6 Quittez l'enfance, et vivez ; et marchez par les voies de la prudence.

7 Celui qui instruit le moqueur, se fait injure ; et celui qui reprend l'impie, se déshonore lui-même.

8 Ne reprenez point le moqueur, de peur qu'il ne vous haïsse ; reprenez le sage, et il vous aimera.

9 Donnez une occasion au sage, et il deviendra encore plus sage ; enseignez le juste, et il recevra *l'instruction* avec empressement.

10 La crainte du Seigneur est le principe de la sagesse, et la science des saints est la vraie prudence.

11 Car c'est moi qui augmenterai le nombre de vos jours, et qui ajouterai de nouvelles années à votre vie.

12 Si vous êtes sage, vous le serez pour vous-même ; et si vous

êtes un moqueur, vous en porterez la peine vous seul.

13 La femme insensée et querelleuse, pleine d'attraits, et qui ne sait rien du tout,

14 s'est assise à la porte de sa maison, sur un siège, en un lieu élevé de la ville,

15 pour appeler ceux qui passaient, et qui allaient leur chemin :

16 Que celui qui est simple se détourne *et s'en vienne* a moi. Et elle a dit à l'insensé :

17 Les eaux dérobées sont plus douces, et le pain pris en cachette est plus agréable.

18 Mais il ignore que les géants sont avec elle, et que ceux qui mangent à sa table sont dans le plus profond de l'enfer.

CHAPITRE X.

Paraboles de Salomon.

LE fils qui est sage est la joie de son père ; le fils insensé est la tristesse de sa mère.

2 Les trésors de l'iniquité ne serviront de rien ; mais la justice délivrera de la mort.

3 Le Seigneur n'affligera point par la famine l'âme du juste ; mais il détruira les mauvais desseins des méchants.

4 La main relâchée produit l'indigence ; la main des forts acquiert les richesses.

Celui qui s'appuie sur des mensonges se repaît de vents, et le même encore court après des oiseaux qui volent.

5 Celui qui amasse pendant la moisson est sage ; mais celui qui dort pendant l'été est un enfant de confusion.

6 La bénédiction du Seigneur est sur la tête du juste ; mais l'iniquité des méchants leur couvrira le visage.

7 La mémoire du juste sera accompagnée de louanges ; le nom des méchants pourrira *comme eux*.

8 Celui qui a la sagesse du cœur, reçoit les avis *qu'on lui donne* ; l'insensé est frappé par les lèvres.

9 Celui qui marche simplement, marche en assurance ; mais celui qui pervertit ses voies, sera découvert.

10 L'œil flatteur *et* doux causera de la douleur ; mais celui dont les lèvres sont insensées, sera puni.

11 La bouche du juste est une source de vie ; la bouche des méchants cache l'iniquité.

12 La haine excite les querelles ; la charité couvre toutes les fautes.

13 La sagesse se trouve sur les lèvres du sage ; et la verge sur le dos de celui qui n'a point de sens.

14 Les sages cachent leur science ; la bouche de l'insensé est toujours près de s'attirer la confusion.

15 Les richesses du riche sont sa ville forte ; l'indigence des pauvres les tient dans la crainte.

16 L'œuvre du juste conduit à la vie ; le fruit du méchant tend au péché.

17 Celui qui garde la discipline est dans le chemin de la vie ; mais celui qui néglige les réprimandes s'égare.

18 Les lèvres menteuses cachent la haine ; celui qui outrage ouvertement, est un insensé.

19 La multitude des paroles ne sera point exempte de péché ; mais celui qui est modéré dans ses discours, est très-prudent.

20 La langue du juste est un argent épuré ; mais le cœur des méchants est de nul prix.

21 Les lèvres du juste en instruisent plusieurs ; mais les ignorants mourront dans l'indigence de leur cœur.

22 La bénédiction du Seigneur fait les hommes riches ; et l'affliction n'aura point de part avec eux.

23 L'insensé commet le crime comme en se jouant ; mais la sagesse est la prudence de l'homme.

24 Ce que craint le méchant lui arrivera ; les justes obtiendront ce qu'ils désirent.

25 Le méchant disparaîtra comme une tempête qui passe ; mais le juste sera comme un fondement éternel.

26 Ce qu'est le vinaigre aux dents et la fumée aux yeux ; tel est le paresseux à l'égard de ceux qui l'ont envoyé.

27 La crainte du Seigneur prolonge les jours ; les années des méchants seront abrégées.

28 L'attente des justes c'est la joie ; mais l'espérance des méchants périra.

29 La voie du Seigneur est la force du simple ; ceux qui font le mal sont dans l'effroi.

30 Le juste ne sera jamais ébranlé ; mais les méchants n'habiteront point sur la terre.

31 La bouche du juste enfantera la sagesse ; la langue des hommes corrompus périra.

32 Les lèvres du juste considèrent ce qui peut plaire ; et la bouche des méchants se répand en paroles malignes.

CHAPITRE XI.

LA balance trompeuse est en abomination devant le Seigneur ; le poids juste est selon sa volonté.

2 Où sera l'orgueil, là sera aussi la confusion : mais ou est l'humilité, là est pareillement la sagesse.

3 La simplicité des justes les conduira heureusement : les tromperies des méchants seront leur *propre* ruine.

4 Les richesses ne serviront de rien au jour de la vengeance ; mais la justice délivrera de la mort.

5 La justice du simple rendra sa voie heureuse ; la malice du méchant lui fera faire de funestes chutes.

6 La justice des justes les délivrera : les méchants seront pris dans leurs propres pièges.

7 A la mort du méchant, il ne restera plus d'espérance, et l'attente des ambitieux périra.

8 Le juste a été délivré des maux qui le pressaient ; le méchant sera livré au lieu de lui.

9 Le faux ami séduit son ami par ses paroles ; mais les justes seront délivrés par la science.

10 Le bonheur des justes comblera de joie toute la ville ; et on louera *Dieu* à la ruine des méchants.

11 La ville sera élevée en gloire par la bénédiction des justes ; et elle sera renversée par la bouche des méchants.

12 Celui qui méprise son ami, n'a point de sens ; mais l'homme prudent se tiendra dans le silence.

13 Le trompeur révélera les secrets ; mais celui qui a la fidélité dans le cœur, garde avec soin ce qui lui a été confié.

14 Où il n'y a personne pour gouverner, le peuple périt ; mais où il y a beaucoup de conseils, là est le salut.

15 Celui qui répond pour un étranger, tombera dans le malheur ; mais celui qui évite les pièges, sera en sûreté.

16 La femme douée de grâces *et de vertus* sera élevée en gloire ; et les forts acquerront des richesses.

17 L'homme charitable fait du bien à son âme ; mais celui qui est cruel, rejette ses proches mêmes.

18 L'ouvrage du méchant ne sera point stable ; mais la récompense,est assurée à celui qui sème la justice.

19 La clémence ouvre le chemin à la vie ; la recherche du mal conduit à la mort.

20 Le Seigneur a en abomination le cœur corrompu, et il met son affection en ceux qui marchent simplement.

21 Le méchant ne sera point innocent, lors même qu'il aura les mains l'une dans-l'autre ; mais la race des justes sera sauvée.

22 La femme belle et insensée est comme un anneau d'or au museau d'une truie.

23 Le désir des justes se porte à tout bien ; l'attente des méchants est la fureur.

24 Les uns donnent ce qui est à eux, et sont toujours riches ; les autres ravissent le bien d'autrui, et sont toujours pauvres.

25 Celui qui donne abondamment, sera engraissé lui-même ; et celui qui enivre, sera lui-même enivré *à son tour*.

26 Celui qui cache le blé, sera maudit des peuples ; mais la bénédiction viendra sur la tête de ceux qui le vendent.

27 Celui qui cherche le bien, est heureux de se lever dès le point

du jour ; mais celui qui recherche le mal en sera accablé.

28 Celui qui se fie en ses richesses, tombera ; mais les justes germeront comme *l'arbre dont* la feuille *est toujours* verte.

29 Celui qui met le trouble dans sa maison, ne possédera que du vent ; et l'insensé sera assujetti au sage.

30 Le fruit du juste est un arbre de vie ; et celui qui assiste les âmes, est sage.

31 Si le juste est puni sur la terre, combien plus le sera le méchant et le pécheur !

CHAPITRE XII.

CELUI qui aime la correction, aime la science ; mais celui qui hait les réprimandes, est un insensé.

2 Celui qui est bon, puisera la grâce du Seigneur ; mais celui qui met sa confiance en ses propres pensées, agit en impie.

3 L'homme ne s'affermira point par l'impiété ; la racine des justes sera inébranlable.

4 La femme vigilante est la couronne de son mari ; et celle qui fait des choses dignes de confusion, fera sécher le sien jusqu'au fond des os.

5 Les pensées des justes sont pleines de justice ; les pensées des méchants sont pleines de tromperie.

6 Les paroles des méchants dressent des embûches pour verser le sang ; les justes seront délivrés par leur propre bouche.

7 Au moindre changement les méchants tombent et ne sont plus ; mais la maison des justes demeurera ferme.

8 L'homme sera connu par sa doctrine ; mais celui qui est vain et qui n'a point de sens, tombera dans le mépris.

9 Le pauvre qui se suffit à lui-même, vaut mieux que l'homme glorieux qui n'a point de pain.

10 Le juste se met en peine de la vie des bêtes qui sont à lui ; mais les entrailles des méchants sont cruelles.

11 Celui qui laboure sa terre, sera rassasié de pain ; mais celui qui aime à ne rien faire, est très-insensé.

Celui qui passe le temps à boire du vin avec plaisir, laissera des marques de sa honte dans ses places fortes.

12 Le désir de l'impie est de s'appuyer de la force des plus méchants ; mais la racine des justes germera de plus en plus.

13 Le méchant attire sa ruine par les péchés de ses lèvres ; mais le juste sera délivré des maux pressants.

14 L'homme sera rempli de biens selon le fruit de sa bouche, et il lui sera rendu selon les œuvres de ses mains.

15 La voie de l'insensé est droite à ses yeux ; mais celui qui est sage, écoute les conseils.

16 L'insensé découvre sa colère à la première occasion ; mais celui qui dissimule l'injure, est un homme prudent.

17 Celui qui assure ce qu'il sait bien, rend un témoignage juste ; mais celui qui ment, est un témoin trompeur.

18 Tel promet, qui est percé ensuite comme d'une épée par sa conscience ; mais la langue des sages est une source de santé.

19 La bouche véritable sera toujours ferme ; mais le témoin précipité se fait avec peine une langue de mensonge.

20 Ceux qui forment de mauvais desseins, ont la tromperie dans le cœur ; mais ceux qui n'ont que des conseils de paix, seront dans la joie.

21 Quoi qu'il arrive au juste, il ne s'attristera point ; mais les méchants auront le cœur pénétré d'affliction.

22 Les lèvres menteuses sont en abomination au Seigneur ; mais ceux qui agissent sincèrement, lui sont agréables.

23 L'homme prudent cache sa science ; le cœur de l'insensé se hâte de produire sa folie.

24 La main des forts dominera ; mais la main relâchée sera tributaire.

25 La tristesse du cœur humiliera l'homme, et la bonne parole le réjouira.

26 Celui qui pour son ami néglige une perte, est juste ; mais la voie des méchants les séduira.

27 Le trompeur ne jouira point du gain qu'il cherche ; les richesses de l'homme *juste* sont précieuses comme l'or.

28 La vie est dans le sentier de la justice ; mais le chemin détourné conduit à la mort.

CHAPITRE XIII.

LE fils qui est sage est *attentif* aux instructions de son père ; mais celui qui est un moqueur, n'écoute point quand on le reprend.

2 L'homme sera rassasié de biens par le fruit de sa bouche ; mais l'âme des violateurs de la loi est pleine d'iniquité.

3 Celui qui garde sa bouche, garde son âme ; mais celui qui est inconsidéré dans ses paroles, tombera dans beaucoup de maux.

4 Le paresseux veut et ne veut pas ; mais l'âme de ceux qui travaillent, s'engraissera.

5 Le juste détestera la parole de mensonge, le méchant confond *les autres*, et sera confondu *lui-même*.

6 La justice garde la voie de l'innocent ; l'iniquité fait tomber le pécheur dans le piège.

7 Tel paraît riche, qui n'a rien ; et tel paraît pauvre, qui est fort riche.

8 Les richesses de l'homme sont la rançon de son âme ; mais celui qui est pauvre ne peut résister aux menaces.

9 La lumière des justes donne de la joie ; mais la lampe des méchants s'éteindra.

10 Il y a toujours des querelles entre les superbes ; mais ceux qui font tout avec conseil, sont conduits par la sagesse.

11 Le bien amassé à la hâte diminuera ; mais celui qui se recueille à la main et peu à peu, se multipliera.

12 L'espérance différée afflige l'âme ; le désir qui s'accomplit est un arbre de vie.

13 Celui qui parle avec mépris de quelque chose, s'engage pour l'avenir ; mais celui qui craint le précepte, demeurera en paix.

Les âmes trompeuses errent dans les péchés ; mais les justes sont compatissants et font miséricorde.

14 La loi du sage est une source de vie, pour éviter la ruine de la mort.

15 La bonne doctrine attire la grâce ; la voie des moqueurs mène au précipice.

16 L'homme prudent fait tout avec conseil ; mais l'insensé fait voir sa folie.

17 L'ambassadeur de l'impie tombera dans le mal ; mais celui qui est fidèle est une source de santé.

18 Celui qui se retire de la discipline, tombera dans l'indigence et l'ignominie ; mais celui qui reçoit de bon cœur les répréhensions, sera élevé en gloire.

19 L'accomplissement du désir est la joie de l'âme ; les insensés détestent ceux qui fuient le mal.

20 Celui qui marche avec les sages, deviendra sage ; l'ami des insensés leur ressemblera.

21 Le mal poursuit les pécheurs ; et les biens seront la récompense des justes.

22 L'homme vertueux laisse des fils et des petits-fils pour ses héritiers ; et le bien du pécheur est réservé pour le juste.

23 Les champs cultivés par les pères sont pleins de fruits ; dans les autres on amasse sans jugement.

24 Celui qui épargne la verge, hait son fils ; mais celui qui l'aime, s'applique à le corriger.

25 Le juste mange et remplit son âme ; mais le ventre des méchants est insatiable.

CHAPITRE XIV.

LA femme sage bâtit sa maison ; l'insensée détruit de ses mains celle même qui était déjà bâtie.

2 Celui qui marche par un chemin droit et qui craint Dieu, est méprisé par celui qui marche dans une voie infâme.

3 La langue de l'insensé est une verge d'orgueil ; mais les lèvres des sages les conservent.

4 Où il n'y a point de bœufs, la grange est vide ; mais la force du

bœuf paraît clairement où l'on recueille beaucoup de blé.

5 Le témoin fidèle ne ment point ; mais le faux témoin publie le mensonge.

6 Le moqueur cherche la sagesse, et il ne la trouve point ; l'homme prudent s'instruira sans peine.

7 Opposez-vous à l'homme insensé, et *vous trouverez qu'il* ne connaît point les paroles de prudence.

8 La sagesse de l'homme prudent est de bien comprendre sa voie ; l'imprudence des insensés est toujours errante.

9 L'insensé se joue du péché, et la grâce demeurera parmi les justes.

10 Lorsque le cœur connaîtra bien l'amertume de son âme, l'étranger ne se mêlera point dans sa joie.

11 La maison des méchants sera détruite ; mais les tentes des justes seront florissantes.

12 Il y a une voie qui paraît droite à l'homme, dont la fin néanmoins conduit à la mort.

13 Le ris sera mêlé de douleur, et la tristesse succède à la joie.

14 L'insensé sera rassasié de ses voies, et l'homme vertueux le sera encore plus *des biens qu'il a faits*.

15 L'imprudent croit tout ce qu'on lui dit ; l'homme prudent considère tous ses pas.

Tout succède mal à l'enfant qui n'est point sincère ; mais le serviteur sage sera heureux dans ses entreprises, et il réussira dans sa voie.

16 Le sage craint, et se détourne du mal ; l'insensé passe outre, et se croit en sûreté.

17 L'impatient fera des actions de folie ; et l'homme dissimulé se rend odieux.

18 Les imprudents posséderont la folie, et les hommes prudents attendront la science.

19 Les méchants seront couchés par terre devant les bons, et les impies devant la porte des justes.

20 Le pauvre sera odieux à ses proches mêmes ; mais les riches auront beaucoup d'amis.

21 Celui qui méprise son prochain pèche ; mais celui qui a compassion du pauvre, sera bienheureux.

Celui qui croit au Seigneur, aime la miséricorde.

22 Ceux qui s'appliquent à faire le mal, se trompent ; c'est la miséricorde et la vérité qui nous acquièrent les biens.

23 Où l'on travaille beaucoup, là est l'abondance ; mais où l'on parle beaucoup, l'indigence se trouve souvent.

24 Les richesses des sages leur sont *comme* une couronne ; la folie des insensés est *toujours* folie.

25 Le témoin fidèle délivre les âmes ; celui qui est double, publie des mensonges.

26 Celui qui craint le Seigneur, est dans une confiance pleine de force, et ses enfants auront sujet de bien espérer.

27 La crainte du Seigneur est une source de vie, pour éviter la chute qui donne la mort.

28 La multitude du peuple est l'honneur du roi ; et le petit nombre des sujets est la honte du prince.

29 Celui qui est patient se gouverne avec une grande prudence ; mais l'impatient signale sa folie.

30 La santé du cœur est la vie de la chair ; l'envie est la pourriture des os.

31 Celui qui opprime le pauvre, fait injure à celui qui l'a créé ; mais celui qui en a compassion, rend honneur à Dieu.

32 L'impie sera rejeté à cause de sa malice ; mais le juste espère au jour de sa mort.

33 La sagesse repose dans le cœur de l'homme prudent ; et il instruira tous les ignorants.

34 La justice élève les nations ; et le péché rend les peuples misérables.

35 Le ministre intelligent est aimé du roi, et celui qui est inutile ressentira sa colère.

CHAPITRE XV.

LA parole douce rompt la colère ; la parole dure excite la fureur.

2 La langue des sages orne la science ; la bouche des insensés se répand en folies.

3 Les yeux du Seigneur contemplent en tout lieu les bons et les méchants.

4 La langue pacifique est un arbre de vie ; mais celle qui est immodérée, brise l'esprit.

5 L'insensé se moque de la correction de son père ; mais celui qui se rend au châtiment, deviendra plus sage

La justice abondante aura une grande vertu ; mais les pensées des impies sécheront jusqu'à la racine.

6 Il y a une grande force dans la maison du juste ; et il n'y a que trouble dans les fruits de l'impie.

7 Les lèvres des sages répandront la science comme une semence ; il n'en est pas de même du cœur des insensés.

8 Les victimes des impies sont abominables devant le Seigneur ; les vœux des justes lui sont agréables.

9 La voie de l'impie est en abomination devant le Seigneur ; celui qui suit la justice est aimé de lui.

10 L'instruction est amère à celui qui abandonne la voie de la vie ; celui qui hait les réprimandes mourra.

11 L'enfer et la perdition sont à nu devant le Seigneur ; combien plus les cœurs des enfants des hommes !

12 L'homme corrompu n'aime point celui qui le reprend, et il ne va point trouver les sages.

13 La joie du cœur se répand sur le visage ; la tristesse de l'âme abat l'esprit.

14 Le cœur du sage cherche l'instruction ; la bouche des insensés se repaît d'ignorance.

15 Tous les jours du pauvre sont mauvais ; l'âme tranquille est comme un festin continuel.

16 Peu, avec la crainte de Dieu, vaut mieux que de grands trésors qui ne rassasient point.

17 Il vaut mieux être invité avec affection à manger des herbes, qu'à manger le veau gras lorsqu'on est haï.

18 L'homme colère excite des querelles ; celui qui est patient, apaise celles qui étaient déjà nées.

19 Le chemin des paresseux est comme une haie d'épines ; la voie du juste n'a rien qui l'arrête.

20 L'enfant sage est la joie de son père ; et l'homme insensé méprise sa mère.

21 La folie est la joie de l'insensé ; mais l'homme prudent mesure tous ses pas.

22 Les pensées se dissipent où il n'y a point de conseil ; mais où il y a plusieurs conseillers, elles s'affermissent.

23 Chacun aime son sentiment quand il l'a dit ; mais ce qu'on doit estimer, est la parole dite à propos.

24 L'homme bien instruit voit au-dessus de lui le sentier de la vie, qui lui fait éviter le profond *abîme* de l'enfer.

25 Le Seigneur détruira la maison des superbes, et il affermira l'héritage de la veuve.

26 Les pensées mauvaises sont en abomination au Seigneur ; la parole pure lui sera très-agréable.

27 Celui qui se livre à l'avarice, met le trouble dans sa maison ; mais celui qui hait les présents, vivra.

Les péchés se purifient par la miséricorde et par la foi ; et tout homme évitera les maux par la crainte du Seigneur.

28 L'âme du juste médite l'obéissance ; la bouche des impies se répand en toutes sortes de maux.

29 Le Seigneur est loin des impies, et il exaucera les prières des justes.

30 La lumière des yeux est la joie de l'âme ; la bonne réputation engraisse les os.

31 L'oreille qui écoute les réprimandes salutaires, demeurera au milieu des sages.

32 Celui qui rejette la correction, méprise son âme ; mais celui qui se rend aux réprimandes, possède son cœur.

33 La crainte du Seigneur est ce qui apprend la sagesse ; et l'humilité précède la gloire.

CHAPITRE XVI.

C'EST à l'homme à préparer son âme, et au Seigneur à gouverner la langue.

2 Toutes les voies de l'homme sont exposées à ses yeux ; mais le Seigneur pèse les esprits.

3 Exposez vos œuvres au Seigneur ; et il fera réussir vos pensées.

4 Le Seigneur a tout fait pour lui, et le méchant même pour le jour mauvais.

5 Tout homme insolent est en abomination au Seigneur ; et lors même qu'il a les mains l'une dans l'autre, il n'est point innocent.

Le commencement de la bonne voie est de faire la justice ; et elle est plus agréable à Dieu que l'immolation des hosties.

6 L'iniquité se rachète par la miséricorde et la vérité ; et on évite le mal par la crainte du Seigneur.

7 Lorsque Dieu agréera les voies de l'homme, il réduira à la paix ses ennemis mêmes.

8 Peu avec la justice vaut mieux que de grands biens avec l'iniquité.

9 Le cœur de l'homme prépare sa voie ; mais c'est au Seigneur à conduire ses pas.

10 Les lèvres du roi sont comme un oracle ; sa bouche ne se trompera point dans les jugements.

11 Les jugements du Seigneur sont pesés à la balance, et toutes ses œuvres ont leur mesure et leur poids.

12 Ceux qui agissent injustement, sont abominables au roi ; parce que la justice est l'affermissement du trône.

13 Les lèvres justes sont les délices des rois ; celui qui parle dans l'équité sera aimé *d'eux*.

14 La colère du roi est un avant-coureur de mort, et l'homme sage l'apaisera.

15 Le regard favorable du roi donne la vie, et sa clémence est comme les pluies de l'arrière-saison.

16 Possédez la sagesse, parce qu'elle est meilleure que l'or ; et acquérez la prudence, parce qu'elle est plus précieuse que l'argent.

17 Le sentier des justes s'écarte des maux ; celui qui garde son âme, se tient dans sa voie.

18 L'orgueil précède la ruine *de l'âme*, et l'esprit s'élève avant la chute.

19 Il vaut mieux être humilié avec les humbles, que de partager les dépouilles avec les superbes.

20 Celui qui est habile dans les choses qu'il entreprend, y réussira ; et celui qui espère au Seigneur, sera vraiment heureux.

21 Celui qui a la sagesse du cœur, sera appelé prudent ; et celui qui se rend agréable dans ses paroles, recevra de plus grands dons.

22 L'intelligence de celui qui possède ce qu'il sait, est une source de vie ; la science des insensés est une folie.

23 Le cœur du sage instruira sa bouche, et il répandra une nouvelle grâce sur ses lèvres.

24 Le discours agréable est un rayon de miel ; la douceur de l'âme est la santé des os.

25 Il y a une voie qui paraît droite à l'homme, dont la fin néanmoins conduit à la mort.

26 L'âme de celui qui travaille, travaille pour sa propre vie, parce que sa bouche l'y a contraint.

27 Le méchant creuse pour trouver le mal ; et il y a sur ses lèvres *comme* un feu brûlant.

28 L'homme corrompu excite des querelles, et le grand parleur divise les princes.

29 L'homme injuste attire son ami par ses flatteries, et il le conduit par une voie qui n'est pas bonne.

30 Celui qui pense à de noirs desseins avec un œil fixe, exécute le mal en se mordant les lèvres.

31 La vieillesse est une couronne d'honneur, lorsqu'elle se trouve dans la voie de la justice.

32 L'homme patient vaut mieux que le courageux ; et celui qui est maître de son esprit, vaut mieux que celui qui force les villes.

33 Les billets du sort se jettent dans un pan de la robe ; mais c'est le Seigneur qui en dispose.

CHAPITRE XVII.

UN peu de pain sec avec la joie, vaut mieux qu'une maison pleine de victimes avec des querelles.

2 Le serviteur sage dominera les enfants insensés, et il partagera l'héritage entre les frères.

3 Comme l'argent s'éprouve par le feu, et l'or dans le creuset ; ainsi le Seigneur éprouve les cœurs.

4 Le méchant obéit à la langue injuste ; et le trompeur écoute les lèvres menteuses.

5 L'homme qui méprise le pauvre, fait injure à celui qui l'a créé ; et celui qui se réjouit de la ruine des autres, ne demeurera point impuni.

6 Les enfants des enfants sont la couronne des vieillards, et les pères sont la gloire des enfants.

7 Les paroles graves ne conviennent pas à un insensé ; et la langue menteuse sied mal à un prince.

8 L'attente de celui qui attend, est une perle très-belle ; de quelque côté qu'il se tourne, il agira avec intelligence et avec prudence.

9 Celui qui cache les fautes, recherche l'amitié ; celui qui fait des rapports, sépare ceux qui étaient unis.

10 Une réprimande sert plus à un homme prudent, que cent coups à l'insensé.

11 Le méchant cherche toujours des querelles : l'ange cruel sera envoyé contre lui.

12 Il vaudrait mieux rencontrer une ourse à qui on a ravi ses petits, qu'un insensé qui se fie en sa folie.

13 Le malheur ne sortira jamais de la maison de celui qui rend le mal pour le bien.

14 Celui qui commence une querelle, est comme celui qui donne une ouverture à l'eau ; et il abandonne la justice avant même qu'il ait souffert quelque injure.

15 Celui qui justifie l'injuste, et celui qui condamne le juste, sont tous deux abominables devant Dieu.

16 Que sert à l'insensé d'avoir de grands biens, puisqu'il ne peut pas en acheter la sagesse ?

Celui qui élève sa maison bien haut, en cherche la ruine ; et celui qui évite d'apprendre, tombera dans les maux.

17 Celui qui est ami, aime en tout temps ; et le frère se connaît dans l'affliction.

18 L'insensé frappera des mains après qu'il aura répondu pour son ami.

19 Celui qui médite des dissensions, aime les querelles ; et celui qui élève son portail, cherche sa ruine.

20 Celui dont le cœur est corrompu, ne trouvera point le bien ; et celui qui a la langue double, tombera dans le mal.

21 L'insensé est né pour sa honte ; il ne donnera point de joie à son propre père.

22 La joie de l'esprit rend le corps plein de vigueur ; la tristesse du cœur dessèche les os.

23 Le méchant reçoit des présents en secret, pour pervertir les sentiers de la justice.

24 La sagesse reluit sur le visage de l'homme prudent ; l'insensé a toujours les yeux égarés.

25 L'enfant insensé est l'indignation du père, et la douleur de la mère qui l'a mis au monde.

26 Il n'est pas bon de faire tort au juste, ni de frapper le prince qui juge selon la justice.

27 Celui qui est modéré dans ses discours, est docte et prudent ; et l'homme savant ménage *la pensée de* son esprit comme une chose précieuse.

28 L'insensé même passe pour sage lorsqu'il se tait, et pour intelligent lorsqu'il tient sa bouche fermée.

CHAPITRE XVIII.

CELUI qui veut quitter son ami, en cherche les occasions ; il sera couvert d'opprobres en tout temps.

2 L'insensé ne reçoit point les paroles de prudence, si vous ne lui parlez selon ce qu'il a dans le cœur.

3 Lorsque le méchant est venu au plus profond des péchés, il méprise tout ; mais l'ignominie et l'opprobre le suivent.

4 Les paroles sortent de la bouche de l'homme comme une eau profonde ; et la source de la sagesse est comme un torrent qui se déborde.

5 Il n'est pas bon d'avoir égard à la qualité d'un méchant homme, pour se détourner de la vérité dans le jugement.

6 Les lèvres de l'insensé s'embarrassent dans les disputes, et sa bouche s'attire des querelles.

7 La bouche de l'insensé le brise lui-même, et ses lèvres sont la ruine de son âme.

8 Les paroles de la langue double paraissent simples ; mais elles pénètrent jusqu'au fond des entrailles.

La crainte abat le paresseux ; mais les âmes des efféminés languiront de faim.

9 Celui qui est mou et lâche dans son ouvrage, est frère de celui qui détruit ce qu'il fait.

10 Le nom du Seigneur est une forte tour : le juste y a recours, et il y trouve une haute forteresse.

11 Les richesses du riche sont comme une ville qui le fortifie, et comme une épaisse muraille dont il est environné.

12 Le cœur de l'homme s'élève avant d'être brisé, et il est humilié avant d'être élevé en gloire.

13 Celui qui répond avant d'écouter, fait voir qu'il est insensé, et digne de confusion.

14 L'esprit de l'homme soutient sa faiblesse ; mais qui pourra soutenir un esprit qui s'emporte aisément à la colère ?

15 Le cœur de l'homme prudent acquiert la science ; l'oreille des sages cherche la doctrine.

16 Le présent que fait un homme, lui ouvre une large voie, et lui fait faire place devant les princes.

17 Le juste s'accuse lui-même le premier ; son ami vient ensuite, et il sonde le fond de son cœur.

18 Le sort apaise les différends, et il est l'arbitre entre les grands mêmes.

19 Le frère qui est aidé par son frère, est comme une ville forte, et leurs jugements sont comme les barres *des portes* des villes.

20 Les entrailles de l'homme seront remplies du fruit de sa bouche ; et il sera rassasié de ce que ses lèvres auront produit.

21 La mort et la vie sont au pouvoir de la langue : ceux qui l'aiment, mangeront de ses fruits.

22 Celui qui a trouvé une bonne femme, a trouvé un *grand* bien, et il a reçu du Seigneur une source de joie.

Celui qui chasse une femme vertueuse, rejette un *grand* bien ; mais celui qui retient une adultère, est insensé et méchant.

23 Le pauvre ne parle qu'avec des supplications ; mais le riche lui répond avec des paroles dures.

24 L'homme dont la société est agréable, sera plus aimé que le frère.

CHAPITRE XIX.

LE pauvre qui marche dans la simplicité, vaut mieux que le riche qui a les lèvres perverses, et qui est insensé.

2 Où la science de l'âme n'est point, il n'y a point de bien ; et celui qui va trop vite, tombera.

3 La folie de l'homme lui fait prendre une fausse route, et il brûle *de colère* en son cœur contre Dieu.

4 Les richesses donnent beaucoup de nouveaux amis ; mais ceux mêmes qu'avait le pauvre, se séparent de lui.

5 Le faux témoin ne demeurera point impuni ; et celui qui dit des mensonges, n'échappera pas.

6 Plusieurs honorent la personne d'un homme puissant, et sont amis de celui qui a de quoi donner.

7 Les frères du pauvre le haïssent, et ses amis se retirent loin de lui.

Celui qui ne cherche que des paroles, n'aura rien ; (8) mais celui qui possède son cœur, aime son âme ; et celui qui conserve la prudence, trouvera le bien.

9 Le faux témoin ne demeurera point impuni ; et celui qui dit des mensonges, périra.

10 Les délices siéent mal à l'insensé ; et ce n'est pas à l'esclave à dominer sur les princes.

11 La science d'un homme se connaît par sa patience, et c'est sa gloire que de passer par-dessus le tort qu'on lui a fait.

12 La colère du roi est comme le rugissement du lion ; et la sérénité de son visage est comme la rosée qui tombe sur l'herbe.

13 L'enfant insensé est la douleur du père ; et la femme querelleuse est comme un toit d'où l'eau dégoutte toujours.

14 Le père et la mère donnent les maisons et les richesses ; mais c'est proprement le Seigneur qui donne à l'homme une femme prudente.

15 La paresse produit l'assoupissement, et l'âme lâche languira de faim.

16 Celui qui garde le commandement, garde son âme ; mais celui qui *se* néglige *dans* sa voie, tombera dans la mort.

17 Celui qui a pitié du pauvre, prête au Seigneur a intérêt ; et il lui rendra ce qu'il lui aura prêté.

18 Corrigez votre fils, et n'en désespérez pas ; et ne prenez pas une résolution qui aille à sa mort.

19 Celui qui ne peut rien endurer, en souffrira de la perte ; et lorsqu'il aura pris quelque chose par violence, il le rendra au double.

20 Ecoutez le conseil et recevez les instructions, afin que vous soyez sage à la fin de votre vie.

21 Le cœur de l'homme a diverses pensées ; mais la volonté du Seigneur demeurera ferme.

22 L'homme qui est dans le besoin, a de la compassion ; et le pauvre vaut mieux que celui qui ment.

23 La crainte du Seigneur conduit à la vie ; et elle jouira de l'abondance sans être traversée par aucun mal.

24 Le paresseux cache sa main sous son aisselle, et il ne prend pas la peine de la porter à sa bouche.

25 Quand l'homme corrompu sera châtié, l'insensé deviendra plus sage ; mais si vous reprenez l'homme sage, il comprendra ce que vous voulez lui faire savoir.

26 Celui qui afflige son père et met en fuite sa mère, est infâme et malheureux.

27 Ne cessez point, mon fils, d'écouter ce qu'on vous enseigne, et n'ignorez point les paroles de science.

28 Le témoin injuste se moque de la justice ; et la bouche des méchants dévore l'iniquité.

29 Le jugement est préparé pour les moqueurs, et les marteaux sont prêts à frapper les corps des insensés.

CHAPITRE XX.

LE vin est une source d'intempérance, et l'ivrognerie est pleine de désordres : quiconque y met son plaisir, ne deviendra point sage.

2 La terreur du roi est comme le rugissement du lion ; quiconque l'irrite, pèche contre son âme.

3 C'est une gloire à l'homme de se séparer des contestations ; mais tous les imprudents s'embarrassent dans *ce qui leur attire de* la confusion.

4 Le paresseux n'a pas voulu labourer à cause du froid : il mendiera donc pendant l'été, et on ne lui donnera rien.

5 Le conseil est dans le cœur de l'homme *sage* comme une eau profonde ; mais l'homme prudent l'y puisera.

6 Il y a bien des hommes qu'on appelle miséricordieux ; mais qui trouvera un homme fidèle ?

7 Le juste qui marche dans sa simplicité, laissera après lui ses

enfants heureux.

8 Le roi qui est assis sur son trône pour rendre justice, dissipe tout mal par son seul regard.

9 Qui peut dire : Mon cœur est net, je suis pur de péché ?

10 Le double poids et la double mesure sont deux choses abominables devant Dieu.

11 On jugera par les inclinations de l'enfant, si *un jour* ses œuvres seront pures et droites.

12 L'oreille qui écoute et l'œil qui voit, sont deux choses que le Seigneur a faites.

13 N'aimez point le sommeil, de peur que la pauvreté ne vous accable ; ouvrez les yeux, et rassasiez-vous de pain.

14 Cela ne vaut rien, cela ne vaut rien, dit tout homme qui achète ; mais après qu'il se sera retire, il se glorifiera.

15 On trouve assez d'or et assez de perles ; mais les lèvres savantes sont un vase *rare et* précieux.

16 Otez le vêtement à celui qui a répondu pour un étranger ; ôtez-lui le gage *qu'il a donné* pour les autres.

17 Un pain de mensonge est doux à l'homme ; mais sa bouche ensuite sera pleine de gravier.

18 Les pensées s'affermissent par les conseils, et la guerre doit être conduite par la prudence.

19 Ne vous familiarisez point avec un homme qui découvre les secrets, qui use de déguisements, et dont la bouche est toujours ouverte.

20 Quiconque maudit son père et sa mère, sa lampe s'éteindra au milieu des ténèbres.

21 L'héritage que l'on se hâte d'acquérir d'abord, ne sera point à la fin béni *de Dieu*.

22 Ne dites point : Je rendrai le mal. Attendez le Seigneur, et il vous délivrera.

23 Avoir deux poids est en abomination devant le Seigneur ; la balance trompeuse n'est pas bonne.

24 C'est le Seigneur qui dresse les pas de l'homme ; et qui est l'homme qui puisse comprendre la voie par laquelle il marche ?

25 C'est une ruine à l'homme de dévorer les saints, et de penser ensuite à faire des vœux.

26 Le roi sage dissipe les méchants ; et il les fait passer sous l'arc de son triomphe.

27 Le souffle de *Dieu dans* l'homme est une lampe divine, qui découvre tout ce qu'il y a de secret dans ses entrailles.

28 La miséricorde et la vérité conservent le roi ; et la clémence affermit son trône.

29 La force des jeunes gens est leur joie ; et les cheveux blancs sont la gloire des vieillards.

30 Le mal se guérira par les meurtrissures livides, et par les plaies qui pénètrent jusque dans le secret des entrailles.

CHAPITRE XXI.

LE cœur du roi est dans la main du Seigneur comme une eau courante ; il le fait tourner de tel côté qu'il veut.

2 Toutes les voies de l'homme lui paraissent droites ; mais le Seigneur pèse les cœurs.

3 Faire miséricorde et justice, est plus agréable au Seigneur, que *de lui offrir* des victimes.

4 L'orgueil du cœur rend les yeux altiers : la lampe des méchants *n'est que* péché.

5 Les pensées d'un homme fort et laborieux produisent toujours l'abondance ; mais tout paresseux est toujours pauvre.

6 Celui qui amasse des trésors avec une langue de mensonge, est un homme vain et sans jugement, et il s'engagera dans les filets de la mort.

7 Les rapines des impies seront leur ruine, parce qu'ils n'ont pas voulu agir selon la justice.

8 La voie corrompue de l'homme est une voie étrangère ; mais quand l'homme est pur, ses œuvres sont droites.

9 Il vaudrait mieux demeurer en un coin sur le haut de la maison, que d'habiter avec une femme querelleuse dans une maison commune.

10 L'âme du méchant désire le mal, et il n'aura point compassion de son prochain.

11 Quand un homme contagieux sera puni, le simple en deviendra plus sage ; et s'il s'attache à un homme sage, il acquerra la science.

12 Le juste pense avec application à la maison du méchant, pour retirer les méchants du mal.

13 Celui qui ferme l'oreille au cri du pauvre, criera lui-même, et ne sera point écouté.

14 Un présent secret éteint la colère ; et un don qu'on met dans le sein, apaise l'indignation la plus grande.

15 La joie du juste est de faire la justice ; mais ceux qui commettent l'iniquité sont dans l'effroi.

16 L'homme qui s'égare de la voie de la doctrine, demeurera dans l'assemblée des géants.

17 Celui qui aime les festins, sera dans l'indigence ; celui qui aime le vin et la bonne chère, ne s'enrichira point.

18 Le méchant sera livré pour le juste, et l'injuste pour ceux qui ont le cœur droit.

19 Il vaut mieux habiter dans une terre déserte, qu'avec une femme querelleuse et colère.

20 Il y a un trésor précieux, et de l'huile dans la maison du juste ; mais l'homme imprudent dissipera tout.

21 Celui qui exerce la justice et la miséricorde, trouvera la vie, la justice et la gloire.

22 Le sage s'est rendu maître de la ville des forts, et il a détruit la force où elle mettait sa confiance.

23 Celui qui garde sa bouche et sa langue, garde son âme des pressantes afflictions.

24 Le superbe et l'insolent passera pour ignorant ; parce que dans sa colère il s'emporte en des actions pleines d'orgueil.

25 Les désirs tuent le paresseux : car ses mains ne veulent rien faire.

26 Il passe toute la journée à faire des souhaits ; mais celui qui est juste, donne et ne cesse point.

27 Les hosties des méchants sont abominables, parce qu'ils les offrent *du fruit* de leurs crimes.

28 Le témoin menteur périra ; celui qui obéit, sera victorieux dans ses paroles.

29 Le méchant fait paraître sur son visage une assurance effrontée ; mais celui qui a le cœur droit, corrige sa voie.

30 Il n'y a point de sagesse, il n'y a point de prudence, il n'y a point de conseil contre le Seigneur.

31 On prépare un cheval pour le jour du combat ; mais c'est le Seigneur qui sauve.

CHAPITRE XXII.

LA bonne réputation vaut mieux que les grandes richesses ; et l'amitié est plus estimable que l'or et l'argent.

2 Le riche et le pauvre se sont rencontrés : le Seigneur est le créateur de l'un et de l'autre.

3 L'homme prudent voit le mal, et se met à couvert : l'imprudent passe outre, et il trouve sa perte.

4 Le fruit de la modestie est la crainte du Seigneur, les richesses, la gloire et la vie.

5 Les armes et les épées sont dans la voie des méchants : celui qui garde son âme, s'en retirera bien loin.

6 On dit d'ordinaire : Le jeune homme suit sa première voie ; dans sa vieillesse même, il ne la quittera point.

7 Le riche commande aux pauvres ; et celui qui emprunte, est assujetti à celui qui prête.

8 Celui qui sème l'injustice, moissonnera les maux ; et il sera brisé par la verge de sa colère.

9 Celui qui est porté à faire miséricorde, sera béni ; parce qu'il a donné de ses pains aux pauvres.

Celui qui fait des présents, remportera la victoire et l'honneur ; mais il ravit les âmes de ceux qui les reçoivent.

10 Chassez le moqueur, et les disputes s'en iront avec lui : alors les plaintes et les outrages cesseront.

11 Celui qui aime la pureté du cœur, aura le roi pour ami, à cause de la grâce qui est répandue sur ses lèvres.

12 Les yeux du Seigneur gardent la science ; les paroles de l'injuste seront confondues.

13 Le paresseux dit : Le lion est là dehors ; je serai tue au milieu des rues.

14 La bouche de l'étrangère est une fosse profonde : celui contre qui le Seigneur est en colère, y tombera.

15 La folie est liée au cœur de l'enfant, et la verge de la discipline l'en chassera.

16 Celui qui opprime le pauvre pour accroître ses richesses, donnera lui-même à un plus riche que lui, et deviendra pauvre.

17 Prêtez l'oreille, écoutez les paroles des sages, et appliquez votre cœur à la doctrine que je vous enseigne.

18 Vous en reconnaîtrez la beauté, lorsque vous la garderez au fond de votre cœur ; et elle se répandra sur vos lèvres.

19 Elle vous servira à mettre votre confiance dans le Seigneur ; c'est pour cela que je vous l'ai représentée aujourd'hui.

20 Je vous l'ai décrite triplement, avec méditation et avec science,

21 pour faire voir la certitude des paroles de la vérité ; afin qu'elles vous servent à répondre à ceux qui vous ont envoyé.

22 Ne faites point de violence au pauvre, parce qu'il est pauvre ; n'opprimez point dans le jugement celui qui n'a rien.

23 Car le Seigneur se rendra lui-même le défenseur de sa cause, et il percera ceux qui auront percé son âme.

24 Ne soyez point ami d'un homme colère, et ne vivez point avec un homme furieux ;

25 de peur que vous n'appreniez à vivre comme lui, et que vous ne donniez à votre âme un sujet de chute.

26 Ne vous liez point avec ceux qui s'engagent en touchant dans la main, et qui s'offrent à répondre pour ceux qui doivent ;

27 car si vous n'avez pas de quoi restituer, qui empêchera qu'on ne vous emporte la couverture de votre lit ?

28 Ne passez point les anciennes bornes qui ont été posées par vos pères.

29 Avez-vous vu un homme prompt à faire son œuvre ? il paraîtra, non devant les hommes du peuple, mais devant les rois.

CHAPITRE XXIII.

LORSQUE vous serez assis pour manger avec le prince, considérez avec attention ce qui sera servi devant vous :

2 mettez un couteau à votre gorge, si néanmoins vous êtes maître de votre âme ;

3 ne désirez point des viandes de celui où se trouve le pain du mensonge.

4 Ne vous fatiguez point à vous enrichir ; mais mettez des bornes à votre prudence.

5 Ne levez point les yeux vers les richesses que vous ne pouvez avoir ; parce qu'elles prendront des ailes comme l'aigle, et s'envoleront au ciel.

6 Ne mangez point avec un homme envieux, et ne désirez point de ses viandes ;

7 parce qu'il juge de ce qu'il ignore, comme un homme qui devine, et qui suit ses conjectures.

Buvez et mangez, vous dira-t-il ; mais son cœur n'est point avec vous.

8 Vous rejetterez les viandes que vous aviez mangées, et vous perdrez vos sages discours.

9 Ne parlez point avec les insensés ; parce qu'ils mépriseront la doctrine que vous leur aurez enseignée par vos paroles.

10 Ne touchez point aux bornes des petits, et n'entrez point dans le champ des orphelins ;

11 car celui qui est leur proche est puissant ; et il se rendra lui-même contre vous le défenseur de leur cause.

12 Que votre cœur entre dans la doctrine, et que vos oreilles reçoivent les paroles de science.

13 N'épargnez point la correction à l'enfant : car si vous le frappez avec la verge, il ne mourra point.

14 Vous le frapperez avec la verge, et vous délivrerez son âme de l'enfer.

15 Mon fils, si votre cœur est sage, mon cœur se réjouira avec vous ;

16 et mes entrailles tressailliront de joie, lorsque vos lèvres auront prononcé des paroles de vérité.

17 Que votre cœur ne porte point d'envie aux pécheurs ; mais demeurez ferme dans la crainte du Seigneur pendant tout le jour.

18 Car vous aurez *ainsi* de la confiance en votre dernière heure ; et ce que vous attendez, ne vous sera point ravi.

19 Ecoutez, mon fils, et soyez sage, et faites que votre âme marche droit dans la voie.

20 Ne vous trouvez point dans les festins de ceux qui aiment à boire, ni dans les débauches de ceux qui apportent des viandes pour manger ensemble ;

21 car passant le temps à boire et à se traiter ainsi, ils se ruineront ; et la paresse toujours endormie sera vêtue de haillons.

22 Ecoutez votre père qui vous a donné la vie, et ne méprisez pas votre mère lorsqu'elle sera dans la vieillesse.

23 Achetez la vérité, et ne la vendez point ; et faites le même à l'égard de la sagesse, de la doctrine et de l'intelligence.

24 Le père du juste tressaille d'allégresse ; celui qui a donné la vie au sage, trouvera sa joie en lui.

25 Que votre père et votre mère soient dans l'allégresse ; et que celle qui vous a mis au monde, tressaille de joie.

26 Mon fils, donnez-moi votre cœur, et que vos yeux s'attachent à mes voies.

27 Car la femme prostituée est une fosse profonde, et l'étrangère est un puits étroit.

28 Elle dresse des embûches sur le chemin comme un voleur, et elle tue ceux qu'elle voit n'être pas bien sur leurs gardes.

29 A qui *dira-t-on* : Malheur ? Au père de qui *dira-t-on* : Malheur ? Pour qui *seront* les querelles ? pour qui les précipices ? pour qui les blessures sans sujet ? pour qui la rougeur *et* l'obscurcissement des yeux ?

30 sinon pour ceux qui passent le temps à boire du vin, et qui mettent leur plaisir à vider les coupes ?

31 Ne regardez point le vin, lorsqu'il paraît clair, lorsque sa couleur brille dans le verre : il entre agréablement ;

32 mais il mord à la fin comme un serpent, et il répand son venin comme un basilic.

33 Vos yeux regarderont les étrangères, et votre cœur dira des paroles déréglées.

34 Et vous serez comme un homme endormi au milieu de la mer, comme un pilote assoupi qui a perdu le gouvernail ;

35 et vous direz : Ils m'ont battu ; mais je ne l'ai point senti : ils m'ont entraîné ; mais je ne m'en suis point aperçu. Quand me réveillerai-je ? et quand trouverai-je encore du vin pour boire ?

CHAPITRE XXIV.

NE portez point d'envie aux méchants, et ne désirez point d'être avec eux :

2 parce que leur esprit médite les rapines, et que les paroles de leurs lèvres ne sont que tromperies.

3 La maison se bâtira par la sagesse, et s'affermira par la prudence.

4 La science remplira les maisons de toutes sortes de biens précieux et agréables.

5 L'homme sage est vaillant ; l'homme habile est fort et résolu :

6 parce que la guerre se conduit par la prudence, et que le salut se trouvera où il y aura beaucoup de conseils.

7 La sagesse est trop relevée pour l'insensé ; il n'ouvrira point la bouche dans l'assemblée des juges.

8 Celui qui applique son esprit à faire le mal, passera pour un insensé.

9 La pensée de l'insensé est le péché ; et le médisant est

l'abomination des hommes.

10 Si vous vous abattez au jour de l'affliction, en perdant la confiance, votre force en sera affaiblie.

11 Tirez du péril ceux que l'on mène à la mort ; et ne cessez point de délivrer ceux qu'on entraîne pour les faire mourir.

12 Si vous dites, Les forces me manquent ; celui qui voit le fond du cœur saura bien le discerner : rien n'échappe au Sauveur de votre âme, et il rendra à l'homme selon ses œuvres.

13 Mon fils, mangez le miel, parce qu'il est bon, et le rayon de miel, qui est très-doux à votre bouche.

14 Telle est à votre âme la doctrine de la sagesse ; quand vous l'aurez trouvée, vous espérerez à votre dernière heure, et votre espérance ne périra point.

15 Ne dressez point d'embûche au juste ; ne cherchez point l'impiété dans sa maison, et ne troublez point son repos.

16 Car le juste tombera sept fois, et se relèvera ; mais les méchants seront précipités dans le mal.

17 Ne vous réjouissez point quand votre ennemi sera tombé, et que votre cœur ne tressaille point de joie dans sa ruine :

18 de peur que le Seigneur ne le voie, que cela ne lui déplaise, et qu'il ne retire sa colère de dessus lui.

19 N'ayez point d'émulation pour les hommes corrompus, et ne portez point d'envie aux méchants :

20 car les méchants n'ont point d'espérance pour l'avenir ; et la lampe des impies s'éteindra.

21 Mon fils, craignez le Seigneur et le roi, et n'ayez point de commerce avec les médisants :

22 car leur ruine viendra tout d'un coup ; et qui pourra comprendre la punition *que* l'un et l'autre *en fera* ?

23 Ce que je vais dire est aussi pour les sages : Il n'est pas bon de faire acception des personnes dans le jugement.

24 Ceux qui disent au méchant, Vous êtes juste ; seront maudits des peuples, et détestés des nations.

25 Ceux qui le reprennent en seront loués, et la bénédiction descendra sur eux.

26 Celui qui répond *à un homme* avec droiture, *lui* donne un baiser à la bouche.

27 Préparez votre ouvrage au dehors, et remuez votre champ avec grand soin, pour bâtir ensuite votre maison.

28 Ne soyez point un faux témoin contre votre prochain, et que vos lèvres ne séduisent personne en le caressant.

29 Ne dites point : Je traiterai cet homme-là comme il m'a traité ; je rendrai à chacun selon ses œuvres.

30 J'ai passé par le champ du paresseux, et par la vigne de l'homme insensé ;

31 et j'ai trouvé que tout était plein d'orties, que les épines en couvraient toute la surface, et que la muraille de pierre était abattue.

32 Ce qu'ayant vu, je l'ai mis dans mon cœur, et je me suis instruit par cet exemple.

33 Vous dormirez un peu, ai-je dit ; vous sommeillerez un peu ; vous mettrez un peu vos mains l'une dans l'autre pour vous reposer :

34 et l'indigence viendra se saisir de vous comme un homme qui marche à grands pas, et la pauvreté s'emparera de vous comme un homme armé.

CHAPITRE XXV.

LES paraboles suivantes sont aussi de Salomon ; et elles ont été transportées *dans ce recueil* par les serviteurs d'Ezéchias, roi de Juda.

2 La gloire de Dieu est de cacher *sa parole et ses desseins*, et la gloire des rois est de découvrir la parole *ou les desseins des hommes*.

3 Le ciel dans sa hauteur, la terre dans sa profondeur, et le cœur des rois, est impénétrable.

4 Otez la rouille de l'argent, et il s'en formera un vase très-pur.

5 Otez l'impiété de devant le roi, et son trône s'affermira par la justice.

6 Ne vous élevez point en honneur devant le roi, et ne vous tenez point au rang des grands.

7 Car il vaut mieux qu'on vous dise, Montez ici ; que d'être humilié devant le prince.

8 Ne découvrez pas sitôt dans une querelle ce que vous avez vu de vos propres yeux ; de peur qu'après avoir ôté l'honneur à votre ami, vous ne puissiez plus le réparer.

9 Traitez de votre affaire avec votre ami, et ne découvrez point votre secret à un étranger ;

10 de peur que l'ayant appris il ne vous insulte, et qu'il ne vous le reproche sans cesse.

La grâce et l'amitié délivrent : conservez-les avec soin ; de peur que vous ne tombiez dans le mépris.

11 La parole dite en son temps est *comme* des pommes d'or sur un lit d'argent.

12 La réprimande faite au sage et à l'oreille obéissante, est *comme* un pendant d'oreille d'or avec une perle brillante.

13 L'ambassadeur fidèle est à celui qui l'a envoyé, ce qu'est la fraîcheur de la neige pendant la moisson : il donne le repos à l'âme de son maître.

14 Celui qui se vante et qui ne tient point ses promesses, est *comme* le vent et les nuées qui ne sont point suivies de la pluie.

15 Le prince se laisse fléchir par la patience, et la langue douce rompt ce qu'il y a de plus dur.

16 Avez-vous trouvé du miel ? mangez-en ce qui vous suffit ; de peur qu'en ayant pris avec excès vous ne le rejetiez.

17 Retirez *insensiblement* votre pied de la maison de votre prochain ; de peur qu'étant dégoûté de vous il ne vous haïsse.

18 Celui qui porte un faux témoignage contre son prochain, est un dard, une épée et une flèche perçante.

19 Espérer en un *ami* infidèle au jour de l'affliction, c'est faire fond sur une dent pourrie et sur un pied lassé ; (20) et c'est se trouver sans manteau dans le plus grand froid.

Les cantiques que l'on chante devant celui dont le cœur est corrompu, sont *comme* le vinaigre *qu'on met* dans le nitre.

Comme le ver mange le vêtement, et la pourriture le bois ; ainsi la tristesse de l'homme lui ronge le cœur.

21 Si votre ennemi a faim, donnez-lui à manger ; s'il a soif, donnez-lui de l'eau à boire.

22 Car vous amasserez *ainsi* sur sa tête des charbons de feu, et le Seigneur vous le rendra.

23 Le vent d'aquilon dissipe la pluie, et le visage triste la langue médisante.

24 Il vaut mieux se retirer en un coin sur le haut de la maison, que de demeurer avec une femme querelleuse dans une maison commune.

25 Une bonne nouvelle qui vient d'un pays éloigné, est comme de l'eau fraîche à celui qui a soif.

26 Le juste qui tombe devant le méchant, est *comme* une fontaine qu'on a troublée avec le pied, et une source qu'on a corrompue.

27 Le miel n'est pas bon à celui qui en mange beaucoup ; et celui qui veut sonder la majesté, sera accablé de sa gloire.

28 Celui qui ne peut retenir son esprit en parlant, est comme une ville toute ouverte qui n'est point environnée de murailles.

CHAPITRE XXVI.

COMME la neige *vient mal* en été et la pluie pendant la moisson, ainsi la gloire sied mal à un insensé.

2 Comme l'oiseau s'envole aisément, et comme le passereau court de tous côtés ; ainsi la médisance qu'on publie sans sujet contre une personne, se répand partout.

3 Le fouet est pour le cheval, le mors pour l'âne, et la verge pour le dos de l'insensé.

4 Ne répondez point au fou selon sa folie, de peur que vous ne lui deveniez semblable.

5 Répondez au fou selon sa folie, de peur qu'il ne s'imagine qu'il est sage.

6 Celui qui fait porter ses paroles par l'entremise d'un insensé, se rend boiteux, et il boit l'iniquité.

7 Comme en vain le boiteux a de belles jambes ; ainsi les sentences graves sont indécentes dans la bouche de l'insensé.

8 Celui qui élève en honneur un homme qui n'est pas sage, est comme celui qui jette une pierre dans le monceau de Mercure.

9 La parabole est dans la bouche des insensés comme une épine qui naîtrait dans la main d'un homme ivre.

10 La sentence décide les procès ; et celui qui impose silence à l'insensé, apaise les troubles.

11 L'imprudent qui retombe dans sa folie, est comme le chien qui retourne à ce qu'il avait vomi.

12 Avez-vous vu un homme qui se croit sage ? il y a plus à espérer de celui qui n'a point de sens.

13 Le paresseux dit : Le lion est dans la voie, la lionne est dans les chemins.

14 Comme une porte roule sur ses gonds, ainsi le paresseux tourne dans son lit.

15 Le paresseux cache sa main sous son aisselle, et il a peine à la porter jusqu'à sa bouche.

16 Le paresseux se croit plus sage que sept hommes qui ne disent que des choses bien sensées.

17 Celui qui en passant se mêle dans une querelle qui ne le regarde point, est comme celui qui prend un chien par les oreilles.

18 Comme celui qui lance des flèches et des dards pour tuer un autre est coupable de sa mort ;

19 ainsi l'est celui qui use d'artifices pour nuire à son ami, et qui dit lorsqu'il est surpris : Je ne l'ai fait qu'en jouant.

20 Quand il n'y aura plus de bois, le feu s'éteindra ; et quand il n'y aura plus de semeurs de rapports, les querelles s'apaiseront.

21 Ce qu'est le charbon à la braise et le bois au feu, l'homme colère l'est pour allumer des disputes.

22 Les paroles du semeur de rapports paraissent simples ; mais elles pénètrent jusqu'au fond des entrailles.

23 Les lèvres superbes jointes au cœur corrompu, sont comme de l'argent impur dont on veut orner un vase de terre.

24 L'ennemi se fait connaître par ses paroles, lorsqu'au fond de son cœur il ne pense qu'à tromper.

25 Quand il vous parlerait d'un ton humble, ne vous fiez point à lui ; parce qu'il y a sept replis de malice au fond de son cœur.

26 Celui qui cache sa haine sous une apparence feinte, verra sa malice découverte dans l'assemblée publique.

27 Celui qui creuse la fosse tombera dedans, et la pierre retournera contre celui qui l'aura roulée.

28 La langue trompeuse n'aime point la vérité, et la bouche flatteuse cause des ruines.

CHAPITRE XXVII.

NE vous glorifiez point pour le lendemain, parce que vous ignorez ce que doit produire le jour suivant.

2 Qu'un autre vous loue, et non votre bouche ; que ce soit un étranger, et non vos propres lèvres.

3 La pierre est lourde, et le sable est pesant ; mais la colère de l'insensé pèse encore plus que l'une et l'autre.

4 La colère et la fureur qui éclate est sans miséricorde ; et qui pourra soutenir la violence d'un homme emporté ?

5 La correction manifeste vaut mieux qu'un amour secret.

6 Les blessures que fait celui qui aime, valent mieux que les baisers trompeurs de celui qui hait.

7 L'âme rassasiée foulera aux pieds le rayon de miel ; et l'âme pressée de la faim trouvera même doux ce qui est amer.

8 Un homme qui abandonne son propre lieu, est comme un oiseau qui quitte son nid.

9 Le parfum et la variété des odeurs est la joie du cœur, et les bons conseils d'un ami sont les délices de l'âme.

10 N'abandonnez point votre ami, ni l'ami de votre père ; et n'entrez point dans la maison de votre frère au jour de votre affliction.

Un voisin qui est proche vaut mieux qu'un frère qui est éloigné.

11 Travaillez, mon fils, à acquérir la sagesse, et donnez de la joie à mon cœur : afin que vous puissiez répondre à celui qui vous fera des reproches.

12 L'homme prudent a vu le mal, et s'est caché ; les imprudents ont passé outre, et ils en ont souffert la perte.

13 Otez le vêtement à celui qui a répondu pour un étranger ; ôtez-lui le gage *qu'il a donné* pour les autres.

14 Celui qui se hâte dès le matin de louer son ami à haute voix, sera *bientôt* semblable à celui qui en dit du mal.

15 La femme querelleuse est semblable à un toit d'où l'eau dégoutte sans cesse pendant l'hiver.

16 Celui qui veut la retenir, est comme s'il voulait arrêter le vent ; et elle lui sera comme une huile qui s'écoule de sa main.

17 Le fer aiguise le fer, et la vue de l'ami excite l'ami.

18 Celui qui garde le figuier, mangera de son fruit ; et celui qui garde son maître, sera élevé en gloire.

19 Comme on voit reluire dans l'eau le visage de ceux qui s'y regardent ; ainsi les cœurs des hommes sont découverts aux hommes prudents.

20 L'enfer et *l'abîme de* perdition ne sont jamais rassasiés ; ainsi les yeux des hommes sont insatiables.

21 Comme l'argent s'éprouve dans le creuset, et l'or dans le fourneau ; ainsi l'homme est éprouvé par la bouche de celui qui le loue.

Le cœur du méchant recherche le mal, et le cœur droit cherche la science.

22 Quand vous pileriez l'insensé dans un mortier, comme on y bat du grain en frappant dessus avec un pilon, vous ne lui ôteriez pas sa folie.

23 Remarquez avec soin l'état de vos brebis, et considérez vos troupeaux.

24 Car la puissance que vous avez ne durera pas toujours ; mais la couronne que vous recevrez, sera stable dans tous les siècles.

25 Les prés sont ouverts, les herbes vertes ont paru, et on a recueilli le foin des montagnes.

26 Les agneaux sont pour vous vêtir, et les chevreaux pour le prix du champ.

27 Que le lait des chèvres vous suffise pour votre nourriture, pour ce qui est nécessaire à votre maison, et pour nourrir vos servantes.

CHAPITRE XXVIII.

LE méchant fuit sans être poursuivi de personne ; mais le juste est hardi comme un lion, et ne craint rien.

2 C'est à cause des péchés du peuple que plusieurs princes se succèdent rapidement ; mais lorsqu'il y a des gens sages et instruits, le prince en vivra plus longtemps.

3 Le pauvre qui opprime les pauvres, est semblable à une pluie violente qui apporte la famine.

4 Ceux qui abandonnent la loi, louent le méchant ; ceux qui la gardent, s'irritent contre lui.

5 Les méchants ne pensent point à ce qui est juste ; mais ceux qui recherchent le Seigneur, prennent garde à tout.

6 Le pauvre qui marche dans sa simplicité, vaut mieux que le riche qui va dans des chemins pervers.

7 Celui qui garde la loi, est un enfant sage ; mais celui qui nourrit des gens de bonne chère, couvre son père de confusion.

8 Celui qui amasse de grandes richesses par des usures et des intérêts, les amasse pour un homme qui sera libéral envers les pauvres.

9 Quiconque détourne l'oreille pour ne point écouter la loi, sa prière même sera exécrable.

10 Celui qui séduit les justes en les poussant dans une mauvaise voie, tombera lui-même dans la fosse qu'il avait creusée, et les simples posséderont ses biens.

11 L'homme riche se croit sage ; mais le pauvre qui est prudent, le sondera *jusqu'au fond du cœur.*

12 La prospérité des justes est accompagnée d'une grande gloire ;

mais le règne des méchants est la ruine des hommes.

13 Celui qui cache ses crimes, ne réussira point ; mais celui qui les confesse et s'en retire, obtiendra miséricorde.

14 Heureux l'homme qui est toujours dans la crainte ; mais celui qui a le cœur dur, tombera dans le mal.

15 Un méchant prince est au peuple pauvre un lion rugissant et un ours affamé.

16 Un prince imprudent opprimera plusieurs personnes par ses violences ; mais celui qui hait l'avarice, prolongera les jours de sa vie.

17 Quand le meurtrier du sang innocent irait se jeter dans la fosse, personne ne le retiendrait.

18 Celui qui va simplement, sera sauvé ; celui qui marche par des voies corrompues, tombera sans ressource.

19 Celui qui laboure sa terre, sera rassasié de pain ; mais celui qui aime l'oisiveté, sera dans une profonde indigence.

20 L'homme fidèle sera comblé de bénédictions ; mais celui qui se hâte de s'enrichir, ne sera pas innocent.

21 Celui qui en jugeant a égard à la personne, ne fait pas bien ; et un tel homme, pour une bouchée de pain, abandonnera la vérité.

22 Un homme qui se hâte de s'enrichir, et qui porte envie aux autres, ne sait pas qu'il se trouvera surpris *tout d'un coup* de la pauvreté.

23 Celui qui reprend un homme, trouvera grâce ensuite auprès de lui, plus que celui qui le trompe par des paroles flatteuses.

24 Celui qui dérobe son père et sa mère, et qui dit que ce n'est pas un péché, a part au crime des homicides.

25 Celui qui se vante et s'enfle d'orgueil, excite des querelles ; mais celui qui espère au Seigneur, sera guéri.

26 Celui qui se confie en son cœur, est un insensé ; mais celui qui marche sagement, se sauvera.

27 Celui qui donne au pauvre, ne manquera de rien ; mais celui qui le méprise lorsqu'il le prie, tombera lui-même dans la pauvreté.

28 Quand les méchants seront élevés, les hommes se cacheront ; quand ils périront, le nombre des justes se multipliera.

CHAPITRE XXIX.

L'HOMME qui méprise avec une tête dure celui qui le reprend, tombera tout d'un coup par une chute mortelle, et ne guérira jamais.

2 Quand les justes se multiplieront, le monde sera dans la joie ; et quand les méchants prendront le gouvernement, le peuple gémira.

3 Celui qui aime la sagesse, sera la joie de son père ; mais celui qui nourrit des prostituées, perdra son bien.

4 Le roi juste fait fleurir son Etat, et l'homme avare le détruira.

5 Celui qui tient à son ami un langage flatteur et déguisé, tend un filet à ses pieds.

6 Le filet enveloppera le méchant qui pèche ; et le juste louera *Dieu*, et se réjouira.

7 Le juste prend connaissance de la cause des pauvres ; mais le méchant ne s'informe de rien.

8 Les hommes corrompus détruisent la ville ; mais les sages apaisent la fureur.

9 Si le sage dispute avec l'insensé, soit qu'il se fâche ou qu'il rie, il ne trouvera point de repos.

10 Les hommes de sang haïssent le simple ; mais les justes cherchent à lui conserver la vie.

11 L'insensé répand *tout d'un coup* tout ce qu'il a dans l'esprit ; le sage ne se hâte pas, et se réserve pour l'avenir.

12 Le prince qui écoute favorablement les faux rapports, n'aura que des méchants pour ministres.

13 Le pauvre et le créancier se sont rencontrés : le Seigneur est celui qui éclaire l'un et l'autre.

14 Lorsqu'un roi juge les pauvres dans la vérité, son trône s'affermira pour jamais.

15 La verge et la correction donnent la sagesse ; mais l'enfant qui est abandonné à sa volonté, couvrira sa mère de confusion.

16 Les crimes se multiplieront dans la multiplication des méchants, et les justes en verront la ruine.

17 Elevez bien votre fils, et il vous consolera, et deviendra les délices de votre âme.

18 Quand il n'y aura plus de prophétie, le peuple se dissipera ; mais celui qui garde la loi, est heureux.

19 L'esclave ne peut être corrigé par des paroles : car il entend bien ce que vous lui dites, et il néglige d'y répondre.

20 Avez-vous vu un homme prompt à parler ? attendez plutôt de lui des folies, que non pas qu'il se corrige.

21 Celui qui nourrit délicatement son serviteur dès son enfance, le verra ensuite se révolter contre lui.

22 L'homme colère excite des querelles ; et celui qui se fâche aisément, sera plus prompt a pécher.

23 L'humiliation suivra le superbe ; et la gloire sera le partage de l'humble d'esprit.

24 Celui qui s'associe avec un voleur, hait sa propre vie : il entend qu'on le prend à serment, et il ne *le* décèle point.

25 Celui qui craint les hommes, tombera bientôt ; celui qui espère au Seigneur, sera élevé.

26 Plusieurs recherchent le regard du prince ; mais le Seigneur est le juge de chacun des hommes.

27 Les justes ont en abomination les méchants ; et les méchants ont en abomination ceux qui marchent par la droite voie.

L'enfant qui gardera la parole, ne tombera point dans la perdition.

CHAPITRE XXX.

PAROLES de celui qui assemble, du fils de celui qui répand *les vérités*.

Vision *prophétique* d'un homme qui a Dieu avec lui, et qui étant fortifié par la présence de Dieu qui réside en lui, a dit :

2 Je suis le plus insensé de tous les hommes, et la sagesse des hommes ne se trouve point en moi.

3 Je n'ai point appris la sagesse, et je ne connais point la science des saints.

4 Qui est monté au ciel, et qui en est descendu ? qui a retenu le souffle *du vent* dans ses mains ? qui a lié les eaux comme dans un vêtement ? qui a affermi toute l'étendue de la terre ? quel est son nom, et quel est le nom de son fils, si vous le savez ?

5 Toute parole de Dieu est purifiée *comme* par le feu ; il est un bouclier pour ceux qui espèrent en lui.

6 N'ajoutez rien à ses paroles ; de peur que vous n'en soyez repris et trouvé menteur.

7 Je vous ai demandé deux choses ; ne me les refusez pas avant que je meure.

8 Eloignez de moi la vanité et les paroles de mensonge. Ne me donnez ni la pauvreté, ni les richesses ; donnez-moi seulement ce qui me sera nécessaire pour vivre :

9 de peur qu'étant rassasié, je ne sois tenté de vous renoncer, et de dire, Qui est le Seigneur ? ou qu'étant contraint par la pauvreté, je ne dérobe, et que je ne viole par un parjure le nom de mon Dieu.

10 N'accusez point le serviteur devant son maître ; de peur qu'il ne vous maudisse, et que vous ne tombiez.

11 Il y a une race qui maudit son père, et qui ne bénit point sa mère.

12 Il y a une race qui se croit pure, et qui néanmoins n'a point été lavée de ses taches.

13 Il y a une race dont les yeux sont altiers, et les paupières élevées.

14 Il y a une race qui au lieu de dents a des épées ; qui se sert de ses dents pour déchirer, et pour dévorer ceux qui n'ont rien sur la terre, et qui sont pauvres parmi les hommes.

15 La sangsue a deux filles qui disent toujours : Apporte, apporte.

Il y a trois choses insatiables, et une quatrième qui ne dit jamais, C'est assez :

16 L'enfer ; la matrice *stérile* ; la terre qui ne se soûle point d'eau ; et le feu qui ne dit jamais, C'est assez.

17 Que l'œil qui insulte à son père, et qui méprise l'enfantement

de sa mère, soit arraché par les corbeaux des torrents, et dévoré par les enfants de l'aigle.

18 Trois choses me sont difficiles à comprendre, et la quatrième m'est entièrement inconnue :

19 La trace de l'aigle dans l'air ; la trace du serpent sur la terre ; la trace d'un navire au milieu de la mer ; et la voie de l'homme dans sa jeunesse.

20 Telle est la voie de la femme adultère, qui après avoir mangé s'essuie la bouche, et dit : Je n'ai point fait de mal.

21 La terre est troublée par trois choses, et elle ne peut supporter la quatrième :

22 *Elle est troublée* par un esclave, lorsqu'il règne ; par un insensé, lorsqu'il est rassasié de pain ;

23 par une femme digne de haine, lorsqu'un homme l'a épousée ; et par une servante, lorsqu'elle est devenue l'héritière de sa maîtresse.

24 Il y a quatre choses sur la terre qui sont très-petites, et qui sont plus sages que les sages mêmes :

25 Les fourmis, ce petit peuple, qui fait sa provision pendant la moisson ;

26 les lapins, cette troupe faible, qui établit sa demeure dans les rochers ;

27 les sauterelles, qui n'ont point de roi, et qui toutefois marchent toutes par bandes ;

28 et le lézard, qui se soutient sur ses mains, et demeure dans le palais du roi.

29 Il y a trois choses qui marchent bien, et une quatrième qui marche magnifiquement :

30 Le lion, le plus fort des animaux, qui ne craint rien de tout ce qu'il rencontre ;

31 le coq, dont la démarche est hardie ; et le bélier ; et un roi à qui rien ne résiste.

32 Il y a un homme qui a paru un insensé, après qu'il a été élevé en un rang sublime : car s'il avait eu de l'intelligence, il aurait mis sa main sur sa bouche.

33 Celui qui presse fort la mamelle pour en tirer le lait, en fait sortir un suc épaissi ; celui qui se mouche trop fort, tire le sang ; et celui qui excite la colère, produit les querelles.

CHAPITRE XXXI.

PAROLES de Lamuel, roi. Vision *prophétique* par laquelle sa mère l'instruit.

2 Que vous dirai-je, mon fils bien-aimé ? Que vous dirai-je, ô cher fruit de mes entrailles ? Que vous dirai-je, enfant chéri, et souhaité par tant de vœux ?

3 Ne donnez point votre bien aux femmes ; et n'employez point vos richesses pour perdre les rois.

4 Ne donnez point, ô Lamuel ! ne donnez point de vin aux rois, parce qu'il n'y a nul secret où règne l'ivrognerie :

5 de peur qu'ils ne boivent, et qu'ils n'oublient la justice, et qu'ils ne blessent l'équité dans la cause des enfants du pauvre.

6 Donnez à ceux qui sont affligés une liqueur capable de les enivrer, et du vin à ceux qui sont dans l'amertume du cœur :

7 qu'ils boivent, et qu'ils oublient leur pauvreté, et qu'ils perdent pour jamais la mémoire de leurs douleurs.

8 Ouvrez la bouche pour le muet, et pour *soutenir* la cause de tous les enfants qui ne font que passer.

9 Ouvrez votre bouche, ordonnez ce qui est juste, et rendez justice au pauvre et à l'indigent.

10 (*Aleph.*) Qui trouvera une femme forte ? Elle est plus précieuse que ce qui s'apporte de l'extrémité du monde.

11 (*Beth.*) Le cœur de son mari met sa confiance en elle, et il ne manquera point de dépouilles.

12 (*Ghimel.*) Elle lui rendra le bien, et non le mal, pendant tous les jours de sa vie.

13 (*Daleth.*) Elle a cherché la laine et le lin, et elle a travaillé avec des mains sages et ingénieuses.

14 (*Hé.*) Elle est comme le vaisseau d'un marchand, qui apporte de loin son pain.

15 (*Vav.*) Elle se lève lorsqu'il est encore nuit ; elle a partagé le butin à ses domestiques, et la nourriture à ses servantes.

16 (*Za'in.*) Elle a considéré un champ, et l'a acheté ; elle a planté une vigne du fruit de ses mains.

17 (*Cheth.*) Elle a ceint ses reins de force, et elle a affermi son bras.

18 (*Teth.*) Elle a goûté, et elle a vu que son trafic est bon ; sa lampe ne s'éteindra point pendant la nuit.

19 (*Jod.*) Elle a porté sa main à des choses fortes, et ses doigts ont pris le fuseau.

20 (*Caph.*) Elle a ouvert sa main à l'indigent ; elle a étendu ses bras vers le pauvre.

21 (*Lamed.*) Elle ne craindra point pour sa maison le froid de la neige ; parce que tous ses domestiques ont un double vêtement.

22 (*Mem.*) Elle s'est fait des meubles de tapisserie ; elle se revêt de lin et de pourpre.

23 (*Noun.*) Son mari sera illustre dans l'assemblée des juges, lorsqu'il sera assis avec les sénateurs de la terre.

24 (*Samech.*) Elle a fait un linceul, et l'a vendu ; et elle a donné une ceinture au Chananéen.

25 (*Aïn.*) Elle est revêtue de force et de beauté, et elle rira au dernier jour.

26 (*Phé.*) Elle a ouvert sa bouche à la sagesse, et la loi de la clémence est sur sa langue.

27 (*Tsadé.*) Elle a considéré les sentiers de sa maison, et elle n'a point mangé son pain dans l'oisiveté.

28 (*Coph.*) Ses enfants se sont levés, et ont publié qu'elle était très-heureuse ; son mari *s'est levé*, et l'a louée.

29 (*Kesh.*) Beaucoup de filles ont amassé des richesses ; mais vous les avez toutes surpassées.

30 (*Shin.*) La grâce est trompeuse, et la beauté est vaine : la femme qui craint le Seigneur, est celle qui sera louée.

31 (*Thau.*) Donnez-lui du fruit de ses mains ; et que ses propres œuvres la louent dans l'assemblée des juges.

ECCLÉSIASTE.

CHAPITRE PREMIER.

LES paroles de l'Ecclésiaste, fils de David, et roi de Jérusalem.

2 Vanité des vanités, dit l'Ecclésiaste ; vanité des vanités, et tout *n'est que* vanité.

3 Que retire l'homme de tout le travail qui l'occupe sous le soleil ?

4 Une race passe, et une autre lui succède ; mais la terre demeure toujours.

5 Le soleil se lève et se couche, et il retourne d'où il était parti ; et renaissant du même lieu,

6 il prend son cours vers le midi, et revient vers le nord. Le souffle *du vent* tournoie de toutes parts, et il revient sur lui-même par de longs circuits.

7 Tous les fleuves entrent dans la mer, et la mer n'en regorge point. Les fleuves retournent au même lieu d'où ils étaient sortis, pour couler encore.

8 Toutes les choses du monde sont difficiles, l'homme ne peut les expliquer par ses paroles. L'œil ne se rassasie point de voir, et l'oreille ne se lasse point d'écouter.

9 Qu'est-ce qui a été autrefois ? c'est ce qui doit être à l'avenir. Qu'est-ce qui s'est fait ? c'est ce qui se doit faire encore.

10 Rien n'est nouveau sous le soleil ; et nul ne peut dire, Voilà une chose nouvelle : car elle a été déjà dans les siècles qui se sont passés avant nous.

11 On ne se souvient plus de ce qui a précédé ; et de même les

choses qui doivent arriver après nous, seront oubliées de ceux qui viendront ensuite.

12 Moi, l'Ecclésiaste, j'ai été roi d'Israël dans Jérusalem.

13 Je résolus en moi-même de rechercher et d'examiner avec sagesse tout ce qui se passe sous le soleil : Dieu a donné aux enfants des hommes cette fâcheuse occupation qui les exerce *pendant leur vie*.

14 J'ai vu tout ce qui se fait sous le soleil, et j'ai trouvé que tout était vanité et affliction d'esprit.

15 Les âmes perverties se corrigent difficilement, et le nombre des insensés est infini.

16 J'ai dit dans mon cœur : Je suis devenu grand, et j'ai surpassé en sagesse tous ceux qui ont été avant moi dans Jérusalem ; mon esprit a contemplé les choses avec une grande sagesse, et j'ai beaucoup appris.

17 J'ai appliqué mon cœur pour connaître la prudence et la science, les erreurs et l'imprudence ; et j'ai reconnu qu'en cela mime il y avait bien de la peine et de l'affliction d'esprit :

18 parce qu'une grande sagesse est accompagnée d'une grande indignation, et que plus on a de science, plus on a de peine.

CHAPITRE II.

J'AI dit en moi-même, Prenons toutes sortes de délices, et jouissons des biens ; et j'ai reconnu que cela même n'était que vanité.

2 J'ai condamné le ris de folie, et j'ai dit à la joie : Pourquoi vous trompez-vous si vainement ?

3 J'ai pensé en moi-même de retirer ma chair du vin, pour porter mon esprit à la sagesse, et pour éviter l'imprudence, jusqu'à ce que j'eusse reconnu ce qui est utile aux enfants des hommes, et ce qu'ils doivent faire sous le soleil pendant les jours de leur vie.

4 J'ai fait faire des ouvrages magnifiques ; j'ai bâti des maisons ; j'ai planté des vignes.

5 J'ai fait des jardins et des clos, où j'ai mis toutes sortes d'arbres.

6 J'ai fait faire des réservoirs d'eaux pour arroser les plants des jeunes arbres.

7 J'ai eu des serviteurs et des servantes, et un grand nombre d'esclaves nés en ma maison, un grand nombre de bœufs, et de troupeaux de brebis, plus que n'en ont jamais eu tous ceux qui ont été avant moi dans Jérusalem.

8 J'ai amassé une grande quantité d'or et d'argent, et les richesses des rois et des provinces ; j'ai eu des musiciens et des musiciennes, et tout ce qui fait les délices des enfants des hommes ; des coupes et des vases pour servir le vin :

9 et j'ai surpassé en richesses tous ceux qui ont été avant moi dans Jérusalem ; et la sagesse est demeurée toujours avec moi.

10 Je n'ai rien refusé à mes yeux de tout ce qu'ils ont désiré, et j'ai permis à mon cœur de jouir de toutes sortes de plaisirs, et de prendre ses délices dans tout ce que j'avais préparé ; et j'ai cru que mon partage était de jouir ainsi de mes travaux.

11 Et tournant ensuite les yeux vers tous les ouvrages que mes mains avaient faits, et tous les travaux où j'avais pris une peine si inutile, j'ai reconnu qu'il n'y avait que vanité et affliction d'esprit dans toutes ces choses, et que rien n'est stable sous le soleil.

12 J'ai passé à la contemplation de la sagesse, des erreurs et de l'imprudence. Qu'est-ce que l'homme, ai-je dit, pour pouvoir suivre le Roi qui l'a créé ?

13 Et j'ai reconnu que la sagesse a autant d'avantage sur l'imprudence, que la lumière en a sur les ténèbres.

14 Les yeux du sage sont à sa tête ; l'insensé marche dans les ténèbres : et j'ai reconnu qu'ils meurent tous deux l'un comme l'autre.

15 J'ai donc dit en moi-même : Si je dois mourir aussi bien que l'insensé, que me servira de m'être plus appliqué à la sagesse ? Et m'étant entretenu de ceci en mon esprit, j'ai reconnu qu'il y avait en cela même de la vanité.

16 Car la mémoire du sage ne sera pas éternelle, non plus que celle de l'insensé ; et les temps à venir enseveliront tout également dans l'oubli : l'homme savant meurt comme l'ignorant.

17 C'est pourquoi la vie m'est devenue ennuyeuse, considérant que toutes sortes de maux sont sous le soleil, et que tout n'est que vanité et affliction d'esprit.

18 J'ai regardé ensuite avec détestation toute cette application si grande avec laquelle j'avais tant travaillé sous le soleil ; devant laisser après moi un héritier,

19 qui deviendra le maître de tous les ouvrages auxquels je me suis appliqué avec tant de peine et de travail, sans que je sache s'il doit être sage ou insensé ; et y a-t-il rien de si vain ?

20 C'est pourquoi j'ai quitté toutes ces choses, et j'ai pris dans mon cœur la résolution de ne me tourmenter pas davantage sous le soleil.

21 Car après qu'un homme a bien travaillé à acquérir la sagesse et la science, et qu'il s'est donné bien de la peine, il laisse tout ce qu'il a acquis à une personne qui n'aimera que l'oisiveté. Tout cela donc est une vanité et un grand mal.

22 Car que retirera l'homme de tout son travail, et de l'affliction d'esprit avec laquelle il s'est tourmenté sous le soleil ?

23 Tous ses jours sont pleins de douleur et de misère, et il n'y a point de repos dans son âme, même pendant la nuit. Et n'est-ce pas là une vanité ?

24 Ne vaut-il pas mieux manger et boire, et faire du bien à son âme du fruit de ses travaux ? Et ceci vient de la main de Dieu.

25 Qui se rassasiera et jouira de toutes sortes de délices autant que moi ?

26 Dieu a donné à l'homme qui lui est agréable la sagesse, la science et la joie ; et il a donné au pécheur l'affliction et les soins inutiles, afin qu'il amasse sans cesse, et qu'il ajoute bien sur bien, et le laisse à un homme qui sera agréable à Dieu. Mais cela même est une vanité et un tourment d'esprit fort inutile.

CHAPITRE III.

TOUTES choses ont leur temps, et tout passe sous le ciel, après le terme qui lui a été prescrit.

2 Il y a temps de naître, et temps de mourir ; temps de planter, et temps d'arracher ce qui a été planté.

3 Il y a temps de tuer, et temps de guérir ; temps d'abattre, et temps de bâtir.

4 Il y a temps de pleurer, et temps de rire ; temps de s'affliger, et temps de sauter de joie.

5 Il y a temps de jeter les pierres, et temps de les ramasser ; temps d'user du mariage, et temps de s'en abstenir.

6 Il y a temps d'acquérir, et temps de perdre ; temps de conserver, et temps de rejeter.

7 Il y a temps de déchirer, et temps de rejoindre ; temps de se taire, et temps de parler.

8 Il y a temps pour aimer, et temps pour haïr ; temps pour la guerre, et temps pour la paix.

9 Que retire l'homme de tout son travail ?

10 J'ai vu l'occupation que Dieu a donnée aux enfants des hommes, qui les travaille pendant leur vie.

11 Tout ce qu'il a fait est bon en son temps, et il a livré le monde à leurs disputes, sans que l'homme puisse reconnaître les ouvrages que Dieu a faits depuis le commencement du monde jusqu'à la fin.

12 Et j'ai reconnu qu'il n'y avait rien de meilleur que de se réjouir et de bien faire pendant sa vie.

13 Car tout homme qui mange et qui boit, et qui retire du bien de son travail, reçoit cela par un don de Dieu.

14 J'ai appris que tous les ouvrages que Dieu a créés demeurent à perpétuité ; et que nous ne pouvons ni rien ajouter, ni rien ôter, à tout ce que Dieu a fait, afin qu'on le craigne.

15 Ce qui a été, est encore ; ce qui doit être, a déjà été ; et Dieu rappelle ce qui est passé.

16 J'ai vu sous le soleil l'impiété dans le lieu du jugement, et l'iniquité dans le lieu de la justice.

17 Et j'ai dit en mon cœur : Dieu jugera le juste et l'injuste ; et alors ce sera le temps de toutes choses.

18 J'ai dit en mon cœur touchant les enfants des hommes, que Dieu les éprouve, et qu'il fait voir qu'ils sont semblables aux bêtes.

19 C'est pourquoi les hommes meurent comme les bêtes, et leur sort est égal. Comme l'homme meurt, les bêtes meurent aussi. Les uns et les autres respirent de même, et l'homme n'a rien de plus que la bête : tout est soumis à la vanité ;

20 et tout tend en un même lieu. Ils ont tous été tirés de la terre, et ils retournent tous dans la terre.

21 Qui connaît si l'âme des enfants des hommes monte en haut, et si l'âme des bêtes descend en bas ?

22 Et j'ai reconnu qu'il n'y a rien de meilleur à l'homme que de se réjouir dans ses œuvres, et que c'est là son partage. Car qui pourra le mettre en état de connaître ce qui doit arriver après lui ?

CHAPITRE IV.

J'AI porté mon esprit ailleurs : j'ai vu les oppressions qui se font sous le soleil, les larmes des innocents qui n'ont personne pour les consoler, et l'impuissance où ils se trouvent de résister à la violence, abandonnés qu'ils sont du secours de tout le monde.

2 Et j'ai préféré l'état des morts à celui des vivants :

3 j'ai estimé plus heureux que les uns et les autres, celui qui n'est pas encore né, et qui n'a point vu les maux qui se font sous le soleil.

4 J'ai considéré aussi tous les travaux des hommes, et j'ai reconnu que leur industrie est exposée à l'envie des autres ; et qu'ainsi cela même est une vanité et une inquiétude inutile.

5 L'insensé met ses mains l'une dans l'autre, et il mange sa propre chair, en disant :

6 Un peu dans le creux de la main vaut mieux avec du repos, que plein les deux mains avec travail et affliction d'esprit.

7 En considérant toutes choses, j'ai trouvé encore une autre vanité sous le soleil :

8 Tel est seul et n'a personne avec lui, ni enfant, ni frère, qui néanmoins travaille sans cesse : ses yeux sont insatiables de richesses ; et il ne lui vient point dans l'esprit de se dire à lui-même : Pour qui est-ce que je travaille ? et pourquoi me priver moi-même de l'usage de mes biens ? C'est là encore une vanité, et une affliction bien malheureuse.

9 Il vaut donc mieux être deux ensemble, que d'être seul : car ils tirent de l'avantage de leur société.

10 Si l'un tombe, l'autre le soutient : malheur à l'homme seul ! car lorsqu'il sera tombé, il n'aura personne pour le relever.

11 Si deux dorment ensemble, ils s'échauffent l'un l'autre ; mais comment un seul s'échauffera-t-il ?

12 Si quelqu'un a de l'avantage sur l'un des deux, tous deux lui résistent : un triple cordon se rompt difficilement.

13 Un enfant pauvre, mais qui est sage, vaut mieux qu'un roi vieux et insensé, qui ne saurait rien prévoir pour l'avenir.

14 Car quelquefois tel est dans la prison et dans les chaînes, qui en sort pour être roi ; et tel est né roi, qui tombe dans une extrême pauvreté.

15 J'ai vu tous les hommes vivants qui marchent sous le soleil, avec le second jeune homme qui doit se lever en la place de l'autre.

16 Tous ceux qui ont été avant lui sont un peuple infini en nombre, et ceux qui doivent venir après, ne se réjouiront point en lui ; mais cela même est une vanité et une affliction d'esprit.

17 Considérez où vous mettez le pied, lorsque vous entrez dans la maison du Seigneur, et approchez-vous pour écouter. Car l'obéissance vaut beaucoup mieux que les victimes des insensés, qui ne connaissent pas le mal qu'ils font.

CHAPITRE V.

NE dites rien inconsidérément, et que votre cœur ne se hâte point de proférer des paroles devant Dieu. Car Dieu est dans le ciel, et vous sur la terre ; c'est pourquoi parlez peu.

2 La multitude des soins produit des songes ; et l'imprudence se trouve dans l'abondance des paroles.

3 Si vous avez fait un vœu à Dieu, ne différez point de vous en acquitter : car la promesse infidèle et imprudente lui déplaît. Mais accomplissez tous les vœux que vous aurez faits.

4 Il vaut beaucoup mieux ne faire point de vœux, que d'en faire et ne les pas accomplir.

5 Que la légèreté de votre bouche ne soit pas à votre chair une occasion de tomber dans le péché ; et ne dites pas devant l'ange, Il n'y a point de providence ; de peur que Dieu étant irrité contre vos paroles, ne détruise tous les ouvrages de vos mains.

6 Où il y a beaucoup de songes, il y a aussi beaucoup de vanité et des discours sans fin ; mais pour vous, craignez Dieu.

7 Si vous voyez l'oppression des pauvres, la violence qui règne dans les jugements, et le renversement de la justice dans une province, que cela ne vous étonne pas : car celui qui est élevé en a un autre au-dessus de lui : et il y en a encore d'autres qui sont élevés au-dessus d'eux ;

8 et de plus, il y a un roi qui commande à tout le pays qui lui est assujetti.

9 L'avare n'aura jamais assez d'argent, et celui qui aime les richesses n'en recueillera point de fruit : c'est donc là encore une vanité.

10 Où il y a beaucoup de bien, il y a aussi beaucoup de personnes pour le manger. De quoi donc sert-il à celui qui le possède, sinon qu'il voit de ses yeux beaucoup de richesses ?

11 Le sommeil est doux à l'ouvrier qui travaille, soit qu'il ait peu ou beaucoup mangé ; mais le riche est si rempli de viandes, qu'il ne peut dormir.

12 Il y a encore une autre maladie bien fâcheuse que j'ai vue sous le soleil : des richesses conservées avec soin pour le tourment de celui qui les possède.

13 Il les voit périr avec une extrême affliction : il a mis au monde un fils qui sera réduit à la dernière pauvreté.

14 Comme il est sorti nu du sein de sa mère, il y retournera de même, et n'emportera rien avec lui de son travail.

15 C'est là vraiment une maladie bien digne de compassion : il s'en retournera comme il est venu. De quoi lui sert donc d'avoir tant travaillé en vain ?

16 Tous les jours de sa vie il a mangé dans les ténèbres, dans un embarras de soins, dans la misère et dans le chagrin.

17 J'ai donc cru qu'il est bon qu'un homme mange et boive, et qu'il se réjouisse dans le fruit qu'il tire de tout son travail qu'il endure sous le soleil, pendant les jours que Dieu lui a donnés pour la durée de sa vie ; et que c'est là son partage.

18 Et quand Dieu a donné à un homme des richesses, du bien, et le pouvoir d'en manger, de jouir de ce qu'il a eu en partage, et de trouver sa joie dans son travail, cela même est un don de Dieu.

19 Car il se souviendra peu des jours de sa vie, parce que Dieu occupe son cœur de délices.

CHAPITRE VI.

IL y a encore un autre mal que j'ai vu sous le soleil, et qui est ordinaire parmi les hommes :

2 Un homme à qui Dieu a donné des richesses, du bien, de l'honneur, et à qui il ne manque rien pour la vie de tout ce qu'il peut désirer ; et Dieu ne lui a point donné le pouvoir d'en manger ; mais un étranger dévorera tout : c'est là une vanité et une grande misère.

3 Quand un homme aurait eu cent enfants, qu'il aurait vécu beaucoup d'années, et qu'il serait fort avancé en âge, si son âme n'use point des biens qu'il possède, et qu'il soit même privé de la sépulture ; je ne crains pas d'avancer de cet homme, qu'un avorton vaut mieux que lui :

4 car c'est en vain que *cet avorton* est venu au monde ; il s'en retournera dans les ténèbres, et son nom sera enseveli dans l'oubli ;

5 il n'a point vu le soleil, et n'a point connu la différence du bien

et du mal.

6 Quand il aurait vécu deux mille ans, s'il n'a point joui de ses biens : tous ne vont-ils pas au même lieu ?

7 Tout le travail de l'homme est pour sa bouche ; mais son âme n'en sera pas remplie.

8 Qu'a le sage de plus que l'insensé ? qu'a le pauvre au-dessus de lui, sinon qu'il va au lieu où est la vie ?

9 Il vaut mieux voir ce que l'on désire, que de souhaiter ce que l'on ignore ; mais cela même est une vanité et une présomption d'esprit.

10 Celui qui doit être, est déjà connu par son nom ; on sait qu'il est homme, et qu'il ne peut pas disputer en jugement contre un plus puissant que lui.

11 On discourt beaucoup, on se répand en beaucoup de paroles dans la dispute ; et ce n'est que vanité.

CHAPITRE VII.

QU'EST-IL nécessaire à un homme de rechercher ce qui est au-dessus de lui, lui qui ignore ce qui lui est avantageux en sa vie pendant les jours qu'il est étranger sur la terre, et durant le temps qui passe comme l'ombre ? Ou qui pourra lui découvrir ce qui doit être après lui sous le soleil ?

2 La bonne réputation vaut mieux que les parfums précieux, et le jour de la mort que celui de la naissance.

3 Il vaut mieux aller à une maison de deuil qu'à une maison de festin : car dans celle-là on est averti de la fin de tous les hommes, et celui qui est vivant pense à ce qui doit lui arriver un jour.

4 La colère vaut mieux que le ris ; parce que le cœur de celui qui pèche est corrige par la tristesse qui paraît sur le visage.

5 Le cœur des sages est où se trouve la tristesse, et le cœur des insensés où la joie se trouve.

6 Il vaut mieux être repris par un homme sage, que d'être séduit par les flatteries des insensés :

7 car le ris de l'insensé est comme le bruit que font les épines, lorsqu'elles brûlent sous un pot ; mais cela même est une vanité.

8 La calomnie trouble le sage, et elle abattra la fermeté de son cœur.

9 La fin d'un discours vaut mieux que le commencement ; l'homme patient vaut mieux qu'un présomptueux.

10 Ne soyez point prompt à vous mettre en colère ; parce que la colère repose dans le sein de l'insensé.

11 Ne dites point : D'où vient que les premiers temps ont été meilleurs que ceux d'aujourd'hui ? Car cette demande n'est pas sage.

12 La sagesse est plus utile avec les richesses, et elle sert davantage à ceux qui voient le soleil.

13 Car comme la sagesse protège, l'argent protège aussi ; mais la science et la sagesse ont cela de plus, qu'elles donnent la vie à celui qui les possède.

14 Considérez les œuvres de Dieu, et que nul ne peut corriger celui qu'il méprise.

15 Jouissez des biens au jour heureux, et tenez-vous prêt pour le mauvais jour : car Dieu a fait l'un comme l'autre, sans que l'homme ait aucun juste sujet de se plaindre de lui.

16 J'ai vu encore ceci pendant les jours de ma vanité : Le juste périt dans sa justice, et le méchant vit longtemps dans sa malice.

17 Ne soyez pas trop juste, et ne soyez pas plus sage qu'il n'est nécessaire, de peur que vous n'en deveniez stupide.

18 Ne vous affermissez pas dans les actions criminelles, et ne devenez pas insensé, de peur que vous ne mouriez avant votre temps.

19 Il est bon que vous souteniez le juste ; mais ne retirez pas aussi votre main de celui qui ne l'est pas : car celui qui craint Dieu, ne néglige rien.

20 La sagesse rend le sage plus fort que dix princes d'une ville.

21 Car il n'y a point d'homme juste sur la terre qui fasse le bien et ne pèche point.

22 Que votre cœur ne se rende point attentif à toutes les paroles qui se disent ; de peur que vous n'entendiez votre serviteur parler mal de vous :

23 car vous savez en votre conscience que vous avez vous-même souvent parlé mal des autres.

24 J'ai tenté tout pour acquérir la sagesse. J'ai dit en moi-même, Je deviendrai sage ; et la sagesse s'est retirée loin de moi,

25 encore beaucoup plus qu'elle n'était auparavant. O combien est grande sa profondeur ! et qui pourra la sonder ?

26 Mon esprit a porté sa lumière sur toutes choses, pour savoir, pour considérer, pour chercher la sagesse et les raisons de tout, et pour connaître la malice des insensés, et l'erreur des imprudents :

27 et j'ai reconnu que la femme est plus amère que la mort, qu'elle est le filet des chasseurs, que son cœur est un rets, et que ses mains sont des chaînes. Celui qui est agréable à Dieu, se sauvera d'elle ; mais le pécheur s'y trouvera pris.

28 Voici ce que j'ai trouvé, dit l'Ecclésiaste, après avoir comparé une chose avec une autre pour trouver une raison,

29 que mon âme cherche encore sans l'avoir pu découvrir : Entre mille hommes j'en ai trouvé un ; mais de toutes les femmes je n'en ai pas trouvé une seule.

30 Ce que j'ai trouvé seulement, est que Dieu a créé l'homme droit et juste, et qu'il s'est lui-même embarrassé dans une infinité de questions. Qui est semblable au sage ? et qui connaît l'éclaircissement de cette parole ?

CHAPITRE VIII.

LA sagesse de l'homme luit sur son visage, et le Tout-Puissant le lui change comme il lui plaît.

2 Pour moi, j'observe la bouche du roi, et les préceptes que Dieu a donnés avec serment.

3 Ne vous hâtez point de vous retirer de devant sa face, et ne persévérez point dans l'œuvre mauvaise ; parce qu'il fera tout ce qu'il voudra.

4 Sa parole est pleine de puissance, et nul ne peut lui dire : Pourquoi faites-vous ainsi ?

5 Celui qui garde le précepte, ne ressentira aucun mal. Le cœur du sage sait ce qu'il doit répondre, et quand il est temps de le faire.

6 Toutes choses ont leur temps et leurs moments favorables ; et c'est une grande misère à l'homme

7 de ce qu'il ignore le passé, et qu'il ne peut avoir aucune nouvelle de l'avenir.

8 Il n'est pas au pouvoir de l'homme d'empêcher que l'âme ne quitte le corps ; il n'a point de puissance sur le jour de la mort ; il ne peut avoir de trêve dans la guerre qui le menace, et l'impiété ne sauvera point l'impie.

9 J'ai considéré toutes ces choses, et j'ai appliqué mon cœur à discerner tout ce qui se fait sous le soleil. Un homme quelquefois en domine un autre pour son propre malheur.

10 J'ai vu des impies ensevelis, qui lors même qu'ils vivaient étaient dans le lieu saint, et qui étaient loués dans la cité, comme si leurs œuvres eussent été justes. Mais cela même est une vanité.

11 Car parce que la sentence ne se prononce pas sitôt contre les méchants, les enfants des hommes commettent le crime sans aucune crainte.

12 Mais néanmoins cette patience même avec laquelle le pécheur est souffert, après avoir cent fois commis des crimes, m'a fait connaître que ceux qui craignent Dieu et qui respectent sa face, seront heureux.

13 Que les méchants ne réussissent point, que les jours de leur vie ne soient pas longs, et que ceux qui ne craignent point la face du Seigneur, passent comme l'ombre.

14 Il se trouve encore une autre vanité sur la terre : Il y a des justes à qui les malheurs arrivent, comme s'ils avaient fait les actions des méchants ; et il y a des méchants qui vivent dans l'assurance, comme s'ils avaient fait les œuvres des justes. Mais je crois que c'est là encore une très-grande vanité.

15 C'est ce qui m'a porté à louer la joie *et le repos*. J'ai cru que le bien que l'on pouvait avoir sous le soleil était de manger, de boire

et de se réjouir, et que l'homme n'emportait que cela avec lui de tout le travail qu'il avait enduré en sa vie, pendant les jours que Dieu lui a donnés sous le soleil.

16 J'ai appliqué mon cœur pour connaître la sagesse, et pour remarquer cette dissipation de l'esprit des hommes qui sont sur la terre. Tel se trouve parmi eux, qui ne dort *et ne repose* ni jour ni nuit.

17 Et j'ai reconnu que l'homme ne peut trouver aucune raison de toutes les œuvres de Dieu qui se font sous le soleil ; et que plus il s'efforcera de la découvrir, moins il la trouvera : quand le sage même dirait qu'il a cette connaissance, il ne pourra la trouver.

CHAPITRE IX.

J'AI agité toutes ces choses dans mon cœur, et je me suis mis en peine d'en trouver l'intelligence. Il y a des justes et des sages, et leurs œuvres sont dans la main de Dieu ; néanmoins l'homme ne sait s'il est digne d'amour ou de haine :

2 mais tout est réservé pour l'avenir et demeure *ici* incertain, parce que tout arrive également au juste et à l'injuste, au bon et au méchant, au pur et à l'impur, à celui qui immole des victimes, et à celui qui méprise les sacrifices. L'innocent est traité comme le pécheur, et le parjure comme celui qui jure dans la vérité.

3 C'est là ce qu'il y a de plus fâcheux dans tout ce qui se passe sous le soleil, de ce que tout arrive de même à tous. De là vient que les cœurs des enfants des hommes sont remplis de malice et de mépris pendant leur vie, et après cela ils seront mis entre les morts.

4 Il n'y a personne qui vive toujours, ni qui ait même cette espérance : un chien vivant vaut mieux qu'un lion mort.

5 Car ceux qui sont en vie, savent qu'ils doivent mourir ; mais les morts ne connaissent plus rien, et il ne leur reste plus de récompense : parce que leur mémoire est ensevelie dans l'oubli.

6 L'amour, la haine et l'envie sont péries avec eux, et ils n'ont plus de part à ce siècle, ni à tout ce qui se passe sous le soleil.

7 Allez donc, et mangez votre pain avec joie, buvez votre vin avec allégresse ; parce que vos œuvres sont agréables à Dieu.

8 Que vos vêtements soient blancs en tout temps, et que l'huile qui parfume votre tête ne défaille point.

9 Jouissez de la vie avec la femme que vous aimez, pendant tous les jours de votre vie passagère, qui vous ont été donnés sous le soleil, pendant tout le temps de votre vanité : car c'est là votre partage dans la vie et dans le travail qui vous exerce sous le soleil.

10 Faites promptement tout ce que votre main pourra faire ; parce qu'il n'y aura plus ni œuvre, ni raison, ni sagesse, ni science dans le tombeau où vous courez.

11 J'ai tourné mes pensées ailleurs, et j'ai vu que sous le soleil le prix n'est point pour ceux qui sont les plus légers à la course, ni la guerre pour les plus vaillants, ni le pain pour les plus sages, ni les richesses pour les plus habiles, ni la faveur pour les meilleurs ouvriers ; mais que tout se fait par rencontre et à l'aventure.

12 L'homme ignore quelle sera sa fin ; et comme les poissons sont pris à l'hameçon, et les oiseaux au filet, ainsi les hommes se trouvent surpris par l'adversité, lorsque tout d'un coup elle fond sur eux.

13 J'ai vu aussi sous le soleil une action de sagesse, et qui m'a paru en effet d'une très-grande sagesse :

14 Une ville fort petite, où il y avait peu de monde : un grand roi est venu pour la prendre ; il l'a investie ; il a bâti des forts tout autour, et l'a assiégée de toutes parts.

15 Il s'est trouvé dedans un homme pauvre, mais sage, qui a délivré la ville par sa sagesse ; et après cela nul ne s'est plus souvenu de cet homme pauvre.

16 Je disais alors, que la sagesse est meilleure que la force. Comment donc la sagesse du pauvre a-t-elle été méprisée ? et comment ses paroles n'ont-elles point été écoutées ?

17 Les paroles des sages s'entendent dans le repos, plus que les cris du prince parmi les insensés.

18 La sagesse vaut mieux que les armes des gens de guerre ; et celui qui pèche en une chose, perdra de grands biens.

CHAPITRE X.

LES mouches qui meurent dans le parfum, en gâtent la bonne odeur : *ainsi* une imprudence légère et de peu de durée l'emporte sur la sagesse et la gloire.

2 Le cœur du sage est dans sa main droite, et le cœur de l'insensé est dans sa main gauche.

3 L'imprudent même qui marche dans sa voie, croit tous les autres insensés comme il l'est lui-même.

4 Si l'esprit de celui qui a la puissance, s'élève sur vous, ne quittez point votre place : parce que les remèdes qu'on vous appliquera, vous guériront des plus grands péchés.

5 Il y a un mal que j'ai vu sous le soleil, qui semble venir de l'erreur du prince :

6 l'imprudent élevé dans une dignité sublime, et les riches assis en bas.

7 J'ai vu les esclaves à cheval, et les princes marcher à pied comme des esclaves.

8 Qui creuse la fosse, y tombera ; et qui rompt la haie, sera mordu du serpent.

9 Qui transporte les pierres, en sera meurtri ; et qui fend le bois, en sera blessé.

10 Si le fer s'émousse, et qu'au lieu de le rétablir dans son premier état, on le rebrousse encore, on aura bien de la peine à l'aiguiser ; ainsi la sagesse ne s'acquiert que par un long travail.

11 Celui qui médit en secret, est comme un serpent qui mord sans faire de bruit.

12 Les paroles qui sortent de la bouche du sage sont pleines de grâce ; les lèvres de l'insensé le feront tomber dans le précipice ;

13 ses premières paroles sont une imprudence, et les dernières qui sortent de sa bouche, sont une erreur très-maligne.

14 L'insensé se répand en paroles. L'homme ignore ce qui a été avant lui ; et qui pourra lui découvrir ce qui doit être après lui ?

15 Le travail des insensés les accablera, parce qu'ils ne savent comment il faut aller à la ville.

16 Malheur à toi, terre, dont le roi est un enfant, et dont les princes mangent dès le matin !

17 Heureuse est la terre dont le roi est d'une race illustre, et dont les princes ne mangent qu'au temps destiné pour se nourrir, et non pour satisfaire leur sensualité.

18 La charpente du toit se gâtera peu à peu par la paresse, et les mains lâches seront cause qu'il pleuvra partout dans la maison.

19 Les hommes emploient le pain et le vin pour rire *et* se divertir, et pour passer leur vie en festins ; et toutes choses obéissent à l'argent.

20 Ne parlez point mal du roi dans votre pensée, et ne médisez point du riche dans le secret de votre chambre : parce que les oiseaux mêmes du ciel rapporteront vos paroles, et ceux qui ont des ailes publieront ce que vous aurez dit.

CHAPITRE XI.

RÉPANDEZ votre pain sur les eaux qui passent ; parce que vous le retrouverez après un long espace de temps.

2 Faites-en part à sept et à huit personnes ; parce que vous ignorez le mal qui doit venir sur la terre.

3 Lorsque les nuées se seront remplies, elles répandront la pluie sur la terre. Si l'arbre tombe au midi ou au septentrion, en quelque lieu qu'il sera tombé, il y demeurera.

4 Celui qui observe les vents, ne sème point ; et celui qui considère les nuées, ne moissonnera jamais.

5 Comme vous ignorez par où l'âme vient, et de quelle manière les os se lient dans les entrailles d'une femme grosse ; ainsi vous ne connaissez point les œuvres de Dieu qui est le Créateur de toutes choses.

6 Semez votre grain dès le matin, et que le soir votre main ne cesse point de semer : parce que vous ne savez lequel des deux lèvera plus tôt, celui-ci, ou celui-là ; que si l'un et l'autre lève, ce

sera encore mieux.

7 La lumière est douce, et l'œil se plaît à voir le soleil.

8 Si un homme vit beaucoup d'années, et qu'il se réjouisse dans tout ce temps-là, il doit se souvenir de ce temps de ténèbres, et de cette multitude de jours, qui étant venus, convaincront de vanité tout le passé.

9 Réjouissez-vous donc, jeune homme, dans votre jeunesse ; que votre cœur soit dans l'allégresse pendant votre premier âge : marchez selon les voies de votre cœur, et selon les regards de vos yeux ; et sachez que Dieu vous fera rendre compte en son jugement de toutes ces choses.

10 Bannissez la colère de votre cœur ; éloignez le mal de votre chair : car la jeunesse et le plaisir ne sont que vanité.

CHAPITRE XII.

SOUVENEZ-VOUS de votre Créateur pendant les jours de votre jeunesse, avant que le temps de l'affliction soit arrivé, et que vous approchiez des années dont vous direz, Ce temps me déplaît :

2 avant que le soleil, la lumière, la lune et les étoiles s'obscurcissent, et que les nuées retournent après la pluie ;

3 lorsque les gardes de la maison commenceront à trembler ; que les hommes les plus forts s'ébranleront ; que celles qui avaient accoutumé de moudre, seront réduites en petit nombre et deviendront oisives ; et que ceux qui regardaient par les trous, seront couverts de ténèbres :

4 quand on fermera les portes de la rue ; quand la voix de celle qui avait accoutumé de moudre sera faible ; qu'on se lèvera au chant de l'oiseau ; et que les filles de l'harmonie deviendront sourdes :

5 quand on aura même peur des lieux élevés, et qu'on craindra en chemin ; quand l'amandier fleurira, que la sauterelle s'engraissera, et que les câpres se dissiperont ; parce que l'homme s'en ira dans la maison de son éternité, et qu'on marchera en pleurant autour des rues :

6 avant que la chaîne d'argent soit rompue, que la bandelette d'or se retire, que la cruche se brise sur la fontaine, et que la roue se rompe sur la citerne ;

7 que la poussière rentre en la terre d'où elle avait été tirée, et que l'esprit retourne à Dieu qui l'avait donné.

8 Vanité des vanités, dit l'Ecclésiaste ; tout est vanité.

9 L'Ecclésiaste étant très-sage, enseigna le peuple ; il publia ce qu'il avait fait, et dans cette étude il composa plusieurs paraboles.

10 Il rechercha des paroles utiles, et il écrivit des discours pleins de droiture et de vérité.

11 Les paroles des sages sont comme des aiguillons, et comme des clous enfoncés profondément, que le Pasteur unique nous a donnés par le conseil et la sagesse des maîtres.

12 Ne recherchez rien davantage, mon fils. Il n'y a point de fin à multiplier les livres ; et la continuelle méditation de l'esprit afflige le corps.

13 Ecoutons tous ensemble la fin de tout ce discours. Craignez Dieu, et observez ses commandements : car c'est là *le* tout *de* l'homme.

14 Et Dieu fera rendre compte en son jugement de toutes les fautes, et de tout le bien et le mal qu'on aura fait.

CANTIQUE DES CANTIQUES

DE SALOMON.

CHAPITRE PREMIER.

L'ÉPOUSE.

QU'IL me donne un baiser de sa bouche : car vos mamelles sont meilleures que le vin ;

2 elles ont l'odeur des parfums les plus précieux. Votre nom est *comme* une huile *qu'on a* répandue : c'est pourquoi les jeunes filles vous aiment.

3 Entraînez-moi après vous : nous courrons à l'odeur de vos parfums. Le Roi m'a fait entrer dans ses appartements secrets. *C'est là que* nous nous réjouirons en vous, et *que* nous serons ravis de joie, en nous souvenant que vos mamelles sont meilleures que le vin. Ceux qui ont le cœur droit vous aiment.

4 Je suis noire, mais je suis belle, ô filles de Jérusalem ! *je suis noire* comme les tentes de Cédar, *et belle* comme les pavillons de Salomon.

5 Ne considérez pas que je suis devenue brune : car *c'est* le soleil *qui* m'a ôté ma couleur. Les enfants de ma mère se sont élevés contre moi : ils m'ont mise dans les vignes pour les garder, et je n'ai pas gardé ma *propre* vigne.

6 O vous qui êtes le bien-aimé de mon âme ! apprenez-moi où vous menez paître *votre troupeau*, où vous vous reposez à midi ; de peur que je ne m'égare en suivant les troupeaux de vos compagnons.

L'ÉPOUX.

7 Si vous ne le savez pas, ô vous qui êtes la plus belle d'entre les femmes ! sortez, suivez les traces des troupeaux, et menez paître vos chevreaux près des tentes des pasteurs.

8 O vous qui êtes ma bien-aimée ! je vous compare à la beauté de mes cavales attachées aux chars de Pharaon.

9 Vos joues ont la beauté de la tourterelle ; votre cou est comme de *riches* colliers.

10 Nous vous ferons des chaînes d'or, marquetées d'argent.

L'ÉPOUSE.

11 Pendant que le Roi se reposait, le nard dont j'étais parfumée a répandu sa *bonne* odeur.

12 Mon bien-aimé est pour moi *comme* un bouquet de myrrhe *qui* demeurera entre mes mamelles.

13 Mon bien-aimé est pour moi *comme* une grappe de raisin de cypre dans les vignes d'Engaddi.

L'ÉPOUX.

14 Oh ! que vous êtes belle, ma bien-aimée ! oh ! que vous êtes belle ! Vos yeux sont *comme* les yeux des colombes.

L'ÉPOUSE.

15 Que vous êtes beau, mon bien-aimé ! que vous avez de grâces *et* de charmes ! Notre lit est couvert de fleurs ;

16 les solives de nos maisons sont de cèdre, nos lambris sont de cyprès.

CHAPITRE II.

L'ÉPOUX.

JE suis la fleur des champs, et je suis le lis des vallées.
2 Tel qu'est le lis entre les épines, telle est ma bien-aimée entre les filles.

L'ÉPOUSE.

3 Tel qu'est un pommier entre les arbres des forêts, tel est mon bien-aimé entre les enfants *des hommes*. Je me suis reposée sous l'ombre de celui que j'avais *tant* désiré, et son fruit est doux à ma bouche.
4 Il m'a fait entrer dans le cellier où il met son vin ; il a mis dans moi son amitié.
5 Soutenez-moi avec des fleurs, fortifiez-moi avec des fruits ; parce que je languis d'amour.
6 Il met sa main gauche sur ma tête, et il m'embrasse de sa main droite.

L'ÉPOUX.

7 Filles de Jérusalem, je vous conjure par les chevreuils et par les cerfs de la campagne, de ne point réveiller celle qui est la bien-aimée *de mon âme*, et de ne la point tirer de son repos, jusqu'à ce qu'elle le veuille.

L'ÉPOUSE.

8 J'entends la voix de mon bien-aimé : le voici qui vient, sautant sur les montagnes, passant par-dessus les collines.
9 Mon bien-aimé est semblable à un chevreuil, et à un faon de biche. Le voici qui se tient derrière notre mur, qui regarde par les fenêtres, qui jette sa vue au travers des barreaux.
10 Voilà mon bien-aimé qui me parle et qui me dit : Levez-vous, hâtez-vous, ma bien-aimée, ma colombe, mon unique beauté, et venez.
11 Car l'hiver est déjà passé, les pluies se sont dissipées, et ont cessé entièrement.
12 Les fleurs paraissent sur notre terre ; le temps de tailler *la vigne* est venu ; la voix de la tourterelle s'est fait entendre dans notre terre ;
13 le figuier a commencé à pousser ses premières figues ; les vignes sont en fleur, et elles répandent leur *agréable* odeur. Levez-vous, ma bien-aimée, mon unique beauté, et venez :
14 vous qui êtes ma colombe, vous qui vous retirez dans les creux de la pierre, dans les enfoncements de la muraille : montrez-moi votre visage ; que votre voix se fasse entendre à mes oreilles : car votre voix est douce, et votre visage est agréable.
15 Prenez-nous les petits renards qui détruisent les vignes : car notre vigne est en fleur.
16 Mon bien-aimé est à moi, et je suis à lui, et il se nourrit parmi les lis,
17 jusqu'à ce que le jour commence à paraître, et que les ombres se dissipent peu à peu. Retournez, mon bien-aimé, et soyez semblable à un chevreuil, et à un faon de cerf, qui court sur les montagnes de Béther.

CHAPITRE III.

L'ÉPOUSE.

J'AI cherché dans mon lit durant les nuits celui qu'aime mon âme : je l'ai cherché, et je ne l'ai point trouvé.
2 Je me lèverai, *ai-je dit*, je ferai le tour de la ville ; et je chercherai dans les rues et dans les places publiques celui qui est le bien-aimé de mon âme : je l'ai cherché, et je ne l'ai point trouvé.
3 Les sentinelles qui gardent la ville, m'ont rencontrée, *et je leur ai dit* : N'avez-vous point vu celui qu'aime mon âme ?
4 Lorsque j'eus passé tant soit peu au delà d'eux, je trouvai celui qu'aime mon âme : je l'ai arrêté ; et je ne le laisserai point aller, jusqu'à ce que je le fasse entrer dans la maison de ma mère, et dans la chambre de celle qui m'a donné la vie.

L'ÉPOUX.

5 Filles de Jérusalem, je vous conjure par les chevreuils et par les cerfs de la campagne, de ne point réveiller celle qui est la bien-aimée *de mon âme*, et de ne la point tirer de son repos, jusqu'à ce qu'elle le veuille.

LES COMPAGNES DE L'ÉPOUSE.

6 Qui est celle-ci qui s'élève du désert comme une fumée qui monte des parfums de myrrhe, d'encens, et de toutes sortes de poudres de senteur ?

L'ÉPOUSE.

7 Voici le lit de Salomon environné de soixante hommes des plus vaillants d'entre les forts d'Israël,
8 qui portent tous des épées, qui sont très-expérimentés dans la guerre : chacun d'eux a l'épée au côté, à cause des surprises qu'on peut craindre durant la nuit.
9 Le roi Salomon s'est fait une litière de bois du Liban :
10 il en a fait les colonnes d'argent, et le reposoir d'or ; les degrés pour y monter sont de pourpre ; et il a orné le milieu de tout ce qu'il y a de plus aimable, en faveur des filles de Jérusalem.
11 Sortez, filles de Sion, et venez voir le roi Salomon avec le diadème dont sa mère l'a couronné le jour de ses noces, le jour où son cœur a été comblé de joie.

CHAPITRE IV.

L'ÉPOUX.

QUE vous êtes belle, ma bien-aimée ! que vous êtes belle ! Vos yeux sont *comme* ceux des colombes, sans ce qui est caché au dedans. Vos cheveux sont comme des troupeaux de chèvres qui sont montées sur la montagne de Galaad.
2 Vos dents sont comme des troupeaux de brebis tondues, qui sont montées du lavoir, et qui portent toutes un double fruit, sans qu'il y en ait de stériles parmi elles.
3 Vos lèvres sont comme une bandelette d'écarlate ; votre parler est agréable. Vos joues sont comme une moitié de pomme de grenade, sans ce qui est caché au dedans.
4 Votre cou est comme la tour de David, qui est bâtie avec des boulevards : mille boucliers y sont suspendus, et toutes les armes des plus vaillants.
5 Vos deux mamelles sont comme deux petits jumeaux de la femelle d'un chevreuil, qui paissent parmi les lis.
6 Jusqu'à ce que le jour commence à paraître, et que les ombres se retirent, j'irai à la montagne de la myrrhe, et à la colline de l'encens.
7 Vous êtes toute belle, ma bien-aimée, et il n'y a point de tache en vous.
8 Venez du Liban, mon épouse, venez du Liban, venez, vous serez couronnée : *venez* de la pointe *du mont* Amana, du haut des monts

Sanir et Hermon, des cavernes des lions, et des montagnes des léopards.

9 Vous avez blessé mon cœur, ma sœur, mon épouse, vous avez blessé mon cœur par un de vos yeux, et par un cheveu de votre cou.

10 Que vos mamelles sont belles, ma sœur, *mon* épouse ! Vos mamelles sont plus agréables que le vin, et l'odeur de vos parfums passe celle de tous les aromates.

11 Vos lèvres, ô *mon* épouse ! sont *comme* un rayon d'où distille le miel ; le miel et le lait sont sous votre langue, et l'odeur de vos vêtements est comme l'odeur de l'encens.

12 Ma sœur, *mon* épouse, est un jardin fermé ; elle est un jardin fermé, et une fontaine scellée.

13 Vos plants forment comme un jardin de délices, rempli de pommes de grenade, et de toutes sortes de fruits, de cypre et de nard ;

14 le nard et le safran, la canne *aromatique* et le cinnamome, avec tous les arbres du Liban, *s'y trouvent*, aussi bien que la myrrhe, l'aloès, et tous les parfums les plus excellents.

15 *C'est là qu'est* la fontaine des jardins, et le puits des eaux vivantes, qui coulent avec impétuosité du Liban.

16 Levez-vous, aquilon ; venez, vent du midi : soufflez *de toutes parts* dans mon jardin, et que les parfums en découlent.

CHAPITRE V.

L'ÉPOUSE.

QUE mon bien-aimé vienne dans son jardin, et qu'il mange du fruit de ses arbres.

L'ÉPOUX.

Je suis venu dans mon jardin, ma sœur, *mon* épouse : j'ai recueilli ma myrrhe avec mes parfums ; j'ai mangé le rayon avec mon miel ; j'ai bu mon vin avec mon lait. Mangez, mes amis, et buvez ; enivrez-vous, vous qui êtes mes très-chers amis.

L'ÉPOUSE.

2 Je dors, et mon cœur veille : *j'entends* la voix de mon bien-aimé qui frappe *à ma porte, disant* : Ouvrez-moi, ma sœur, ma bien-aimée, ma colombe, vous qui êtes mon *épouse* sans tache ; parce que ma tête est toute chargée de la rosée *du soir*, et mes cheveux des gouttes d'eau *qui tombent* pendant la nuit.

3 Je me suis dépouillée de ma robe ; comment la revêtirai-je ? J'ai lavé mes pieds ; comment pourrai-je les salir de nouveau ?

4 Mon bien-aimé passa sa main par l'ouverture de la porte, et mes entrailles furent émues au bruit qu'il fit.

5 Je me levai *alors* pour ouvrir à mon bien-aimé : mes mains étaient toutes dégouttantes de myrrhe, et mes doigts étaient pleins de la myrrhe la plus précieuse.

6 J'ouvris ma porte à mon bien-aimé, en ayant tiré le verrou ; mais il s'en était déjà allé, et il avait passé *ailleurs*. Mon âme s'était comme fondue au son de sa voix : je le cherchai, et je ne le trouvai point ; je l'appelai, et il ne me répondit point.

7 Les gardes qui font la ronde par la ville, m'ont rencontrée : ils m'ont frappée et blessée. Ceux qui gardent les murailles, m'ont ôté mon manteau.

8 Je vous conjure, ô filles de Jérusalem ! si vous trouvez mon bien-aimé, de lui dire, que je languis d'amour.

LES COMPAGNES DE L'ÉPOUSE.

9 Quel est *celui que vous appelez* votre bien-aimé entre tous les bien-aimés, ô la plus belle d'entre les femmes ? Quel est votre bien-aimé entre tous les autres, au sujet duquel vous nous avez conjurées de cette sorte ?

L'ÉPOUSE.

10 Mon bien-aimé éclate par sa blancheur et par sa rougeur : il est choisi entre mille.

11 Sa tête est *comme* un or très-pur ; ses cheveux sont comme les jeunes rameaux des palmiers, et ils sont noirs comme un corbeau.

12 Ses yeux sont comme les colombes *qu'on voit* auprès des ruisseaux, qui ont été *comme* lavées dans du lait, et qui se tiennent sur le bord d'un grand courant d'eaux.

13 Ses joues sont comme de petits parterres de plantes aromatiques, qui ont été plantées par les parfumeurs ; ses lèvres sont *comme* des lis qui distillent la myrrhe la plus pure.

14 Ses mains sont *comme si elles étaient* d'or et faites au tour, et elles sont pleines d'hyacinthes ; sa poitrine est comme d'un ivoire enrichi de saphirs.

15 Ses jambes sont *comme* des colonnes de marbre posées sur des bases d'or. Sa figure est comme celle du *mont* Liban, et il se distingue *entre les autres*, comme les cèdres *parmi tous les arbres*.

16 Le son de sa voix a une admirable douceur ; et *enfin* il est tout aimable. Tel est *donc* mon bien-aimé, tel est celui que j'aime, ô filles de Jérusalem !

LES COMPAGNES DE L'ÉPOUSE.

17 Où est allée votre bien-aimé, ô la plus belle d'entre les femmes ? Où s'est retiré votre bien-aimé ? et nous irons le chercher avec vous.

CHAPITRE VI.

L'ÉPOUSE.

MON bien-aimé est descendu dans son jardin, dans le parterre des plantes aromatiques, pour se nourrir dans ses jardins, et pour y cueillir des lis.

2 Je suis à mon bien-aimé, et mon bien-aimé est à moi, lui qui se nourrit parmi les lis.

L'ÉPOUX.

3 Vous êtes belle, ô ma bien-aimée ! et pleine de douceur ; vous êtes belle comme Jérusalem, et terrible comme une armée rangée en bataille.

4 Détournez vos yeux de moi : car ce sont eux qui m'ont obligé de me retirer promptement. Vos cheveux sont comme un troupeau de chèvres, qui se sont fait voir *venant* de la montagne de Galaad.

5 Vos dents sont comme un troupeau de brebis qui sont montées du lavoir, et qui portent toutes un double fruit, sans qu'il y en ait de stériles parmi elles.

6 Vos joues sont comme l'écorce d'une pomme de grenade, sans ce qui est caché au dedans de vous.

7 Il y a soixante reines, et quatre-vingts femmes du second rang, et les jeunes filles sont sans nombre.

8 *Mais* une seule est ma colombe, *et* ma parfaite amie : elle est unique à sa mère, et choisie *préférablement* par celle qui lui a donné la vie. Les filles *l'ont vue*, et elles ont publié qu'elle est très-heureuse ; les reines et les autres femmes l'ont vue, et lui ont donné des louanges.

9 Quelle est celle-ci, *ont-elles dit,* qui s'avance comme l'aurore lorsqu'elle se lève, qui est belle comme la lune, et éclatante comme le soleil, et qui est terrible comme une armée rangée en bataille ?

L'ÉPOUSE.

10 Je suis descendue dans le jardin des noyers, pour voir les fruits des vallées, pour considérer si la vigne avait fleuri, et si les pommes de grenade avaient poussé.

11 Je n'ai plus su *où j'étais* : mon âme a été toute troublée dans moi à cause des chariots d'Aminadab.

LES COMPAGNES DE L'ÉPOUSE.

12 Revenez, revenez, ô Sulamite ! revenez, revenez ; afin que nous vous considérions.

CHAPITRE VII.

L'ÉPOUX.

QUE verrez-vous dans la Sulamite, sinon des chœurs *de musique dans* un camp *d'armée ?* Que vos démarches sont belles, ô fille du prince ! *par l'agrément de* votre chaussure ! Les jointures de vos hanches sont comme des colliers travaillés par la main d'un *excellent* ouvrier.

2 Votre nombril est *comme* une coupe faite au tour, où il ne manque jamais de liqueur. Votre ventre est comme un monceau de froment, tout environné de lis.

3 Vos deux mamelles sont comme deux petits jumeaux de la femelle d'un chevreuil.

4 Votre cou est comme une tour d'ivoire. Vos yeux sont comme les piscines d'Hésébon, situées à la porte du plus grand concours des peuples. Votre nez est comme la tour du Liban, qui regarde vers Damas.

5 Votre tête est comme le mont Carmel ; et les cheveux de votre tête sont comme la pourpre du roi, liée et teinte *deux fois* dans les canaux *des teinturiers*.

6 Que vous êtes belle et pleine de grâces, à vous qui êtes *ma* très-chère, et les délices *de mon cœur !*

7 Votre taille est semblable à un palmier, et vos mamelles à des grappes de raisin.

8 J'ai dit : Je monterai sur le palmier, et j'en cueillerai des fruits, et vos mamelles seront comme des grappes de raisin, et l'odeur de votre bouche comme celle des pommes.

9 *Ce qui sort de* votre gorge est comme un vin excellent.

L'ÉPOUSE.

Il est digne d'être bu par mon bien-aimé, et longtemps goûté entre ses lèvres et ses dents.

10 Je suis à mon bien-aimé, et son cœur se tourne vers moi.

11 Venez, mon bien-aimé, sortons dans les champs, demeurons dans les villages.

12 Levons-nous dès le matin pour aller aux vignes : voyons si la vigne a fleuri ; si les fleurs produisent des fruits ; si les pommes de grenade sont en fleur : c'est là que je vous offrirai mes mamelles.

13 Les mandragores ont répandu leur odeur : nous avons toutes sortes de fruits à nos portes. Je vous ai gardé, ô mon bien-aimé ! les nouveaux et les anciens.

CHAPITRE VIII.

L'ÉPOUSE.

QUI me procurera le bonheur de vous avoir pour frère, suçant le lait de ma mère ; afin que je vous trouve dehors, que je vous donne un baiser, et qu'à l'avenir personne ne me méprise ?

2 Je vous prendrai, et je vous conduirai dans la maison de ma mère : c'est là que vous m'instruirez, et je vous donnerai un breuvage d'un vin mêlé de parfums, et un suc nouveau de mes pommes de grenade.

3 Sa main gauche est sous ma tête, et il m'embrassera de sa main droite.

L'ÉPOUX.

4 Je vous conjure, ô filles de Jérusalem ! de ne point réveiller celle qui est la bien-aimée *de mon âme*, et de ne la point tirer de son repos, jusqu'à ce qu'elle le veuille.

LES COMPAGNES DE L'ÉPOUSE.

5 Qui est celle-ci qui s'élève du désert, toute remplie de délices, et appuyée sur son bien-aimé ?

L'ÉPOUX.

Je vous ai réveillée sous le pommier : c'est là que votre mère vous a conçue ; c'est là que celle qui vous a donné la vie vous a mise au monde.

6 Mettez-moi comme un sceau sur votre cœur, comme un sceau sur votre bras : parce que l'amour est fort comme la mort, et que le zèle de l'amour est inflexible comme l'enfer : ses lampes sont comme des lampes de feu et de flammes.

7 Les grandes eaux n'ont pu éteindre la charité, et les fleuves n'auront pas la force de l'étouffer. Quand un homme aurait donné toutes les richesses de sa maison pour la charité, il les mépriserait comme s'il n'avait rien donné.

L'ÉPOUSE.

8 Notre sœur est *encore* petite, et elle n'a point de mamelles : que ferons-nous à notre sœur au jour où il faudra lui parler ?

L'ÉPOUX.

9 Si elle est *comme* un mur, bâtissons dessus des tours d'argent ; si elle est *comme* une porte, fermons-la avec des ais de bois de cèdre.

L'ÉPOUSE.

10 Je suis moi-même *comme* un mur ; et mes mamelles sont comme une tour depuis que j'ai paru en sa présence, comme ayant trouvé *en lui ma* paix.

11 Le Pacifique a eu une vigne dans celle où il y a une multitude de peuples ; il l'a donnée à des gens pour la garder : chaque homme doit rendre mille pièces d'argent pour le fruit qu'il en retire.

12 Pour ma vigne, elle est devant moi. O Pacifique ! vous retirerez mille pièces d'argent de votre vigne, et ceux qui en gardent *et en recueillent* les fruits en retireront deux cents.

L'ÉPOUX.

13 Ô vous qui habitez dans les jardins ! nos amis sont attentifs à écouter : faites-moi entendre votre voix.

L'ÉPOUSE.

14 Fuyez, ô mon bien-aimé ! et soyez semblable à un chevreuil et

à un faon de cerf, *en vous retirant* sur les montagnes des aromates.

ISAIE.

CHAPITRE PREMIER.

VISION *prophétique* d'Isaïe, fils d'Amos, qu'il a vue sur *le sujet de* Juda et de Jérusalem, au temps d'Ozias, de Joathan, d'Achaz et d'Ezechias, rois de Juda.

2 Cieux, écoutez ; et toi, terre, prête l'oreille ; car c'est le Seigneur qui a parlé. J'ai nourri des enfants, et je les ai élevés ; et *après cela* ils m'ont méprisé.

3 Le bœuf connaît celui à qui il est, et l'âne l'étable de son maître ; mais Israël ne m'a point connu, et mon peuple a été sans entendement.

4 Malheur à la nation pécheresse, au peuple chargé d'iniquité, à la race corrompue, aux enfants méchants et scélérats ! Ils ont abandonné le Seigneur ; ils ont blasphémé le Saint d'Israël ; ils sont retournés en arrière.

5 A quoi servirait de vous frapper davantage, vous qui ajoutez *sans cesse* péché *sur péché ?* Toute tête est languissante, et tout cœur est abattu.

6 Depuis la plante des pieds jusqu'au haut de la tête, il n'y a rien de sain dans lui. *Ce n'est que* blessure, *que* contusion, et *qu'*une plaie enflammée, qui n'a point été bandée, à laquelle on n'a point appliqué de remède, et qu'on n'a point adoucie avec l'huile.

7 Votre terre est déserte, vos villes sont brûlées par le feu ; les étrangers dévorent votre pays devant vous, et il sera désolé comme une terre ravagée par ses ennemis.

8 Et la fille de Sion demeurera comme une loge de branchages dans une vigne, comme une cabane dans un champ de concombres, et comme une ville livrée au pillage.

9 Si le Seigneur des armées ne nous avait réservé quelques-uns de notre race, nous aurions été comme Sodome, et nous serions devenus semblables à Gomorrhe.

10 Ecoutez la parole du Seigneur, princes de Sodome : prêtez l'oreille à la loi de notre Dieu, peuple de Gomorrhe.

11 Qu'ai-je affaire de cette multitude de victimes que vous m'offrez ? dit le Seigneur : tout cela m'est à dégoût. Je n'aime point les holocaustes de vos béliers, ni la graisse de vos troupeaux, ni le sang des veaux, des agneaux et des boucs.

12 Lorsque vous veniez devant moi pour entrer dans mon temple, qui vous a demandé que vous eussiez ces dons dans les mains ?

13 Ne m'offrez plus de sacrifices inutilement : l'encens m'est en abomination : je ne puis plus souffrir vos nouvelles lunes, vos sabbats et vos autres fêtes : l'iniquité règne dans vos assemblées.

14 Je hais vos solennités des premiers jours des mois et toutes les autres : elles me sont devenues à charge ; je suis las de les souffrir.

15 Lorsque vous étendrez vos mains *vers moi*, je détournerai mes yeux de vous ; et lorsque vous multiplierez vos prières, je ne vous écouterai point ; parce que vos mains sont pleines de sang.

16 Lavez-vous, purifiez-vous ; ôtez de devant mes yeux la malignité de vos pensées ; cessez de faire le mal ;

17 apprenez à faire le bien ; recherchez ce qui est juste ; assistez l'opprimé ; faites justice à l'orphelin ; défendez la veuve.

18 Et *après cela* venez, et soutenez votre cause contre moi, dit le Seigneur. Quand vos péchés seraient comme l'écarlate, ils deviendront blancs comme la neige ; et quand ils seraient rouges comme le vermillon, ils seront blancs comme la laine *la plus blanche*.

19 Si vous voulez m'écouter, vous serez rassasiés des biens de la terre.

20 Si vous ne le voulez pas, et si vous m'irritez contre vous, l'épée vous dévorera : car *c'est* le Seigneur qui l'a prononcé de sa bouche.

21 Comment la cité fidèle, pleine de droiture *et* d'équité, est-elle devenue une prostituée ? La justice habitait dans elle ; et il n'y a maintenant que des meurtriers.

22 Votre argent s'est changé en écume, et votre vin a été mêlé d'eau.

23 Vos princes sont des infidèles ; ils sont les compagnons des voleurs. Ils aiment tous les présents ; ils ne cherchent que le gain et l'intérêt. Ils ne font point justice au pupille, et la cause de la veuve n'a point d'accès auprès d'eux.

24 C'est pourquoi le Seigneur, le Dieu des armées, le Fort d'Israël a dit : Hélas ! je me consolerai dans *la perte de* ceux qui me combattent, et je serai vengé de mes ennemis.

25 J'étendrai ma main sur vous ; je vous purifierai de toute votre écume par le feu ; j'ôterai tout l'étain qui est en vous.

26 Et je rétablirai vos juges comme ils ont été d'abord, et vos conseillers comme ils étaient autrefois ; et après cela vous serez appelée la Cité du juste, la ville fidèle.

27 Sion sera rachetée par un juste jugement, et elle sera rétablie par la justice.

28 Les méchants et les scélérats périront tous ensemble, et ceux qui auront abandonné le Seigneur, seront consumés.

29 Vous serez confondus par les idoles mêmes auxquelles vous avez sacrifié, et vous rougirez des jardins que vous aviez choisis *pour vos sacrilèges*.

30 Car vous deviendrez comme un chêne dont toutes les feuilles tombent, et comme un jardin qui est sans eau.

31 Votre force sera comme de l'étoupe sèche, et votre ouvrage comme une étincelle de feu ; et l'un et l'autre s'embrasera, sans qu'il y ait personne pour l'éteindre.

CHAPITRE II.

VISION *prophétique* d'Isaïe, fils d'Amos, touchant Juda et Jérusalem.

2 Dans les derniers temps la montagne sur laquelle se bâtira la maison du Seigneur, sera fondée sur le haut des monts, et elle s'élèvera au-dessus des collines : toutes les nations y accourront en foule,

3 et plusieurs peuples y viendront, en disant : Allons, montons à la montagne du Seigneur, et à la maison du Dieu de Jacob. Il nous enseignera ses voies, et nous marcherons dans ses sentiers ; parce que la loi sortira de Sion, et la parole du Seigneur, de Jérusalem.

4 Il jugera les nations, et il convaincra d'erreur plusieurs peuples ; et ils forgeront de leurs épées des socs de charrue, et de leurs lances des faux. Un peuple ne tirera plus l'épée contre un peuple, et ils ne s'exerceront plus à combattre *l'un contre l'autre*.

5 Venez, ô maison de Jacob ! marchons dans la lumière du Seigneur.

6 Car vous avez rejeté la maison de Jacob, qui est votre peuple, parce qu'ils ont été remplis *de superstitions* comme autrefois, qu'ils ont eu des augures comme les Philistins, et qu'ils se sont attachés à des enfants étrangers.

7 Leur terre est remplie d'or et d'argent, et leurs trésors sont infinis.

8 Leur pays est plein de chevaux, et leurs chariots sont innombrables. Et leur terre est remplie d'idoles, ils ont adoré l'ouvrage de leurs mains, *l'ouvrage* qu'ils avaient formé de leurs propres doigts.

9 L'homme s'est abaissé profondément *devant ses idoles ;* les premiers d'entre eux se sont humiliés *devant elles :* ne leur pardonnez donc point.

10 Entrez dans la pierre, et cachez-vous dans les ouvertures de la terre, pour vous mettre à couvert de la terreur du Seigneur, et de la gloire de sa majesté.

11 Les yeux altiers de l'homme seront humiliés ; la hautesse des grands sera abaissée, et le Seigneur seul paraîtra grand en ce jour-là.

12 Car le jour du Seigneur des armées *va éclater* sur tous les

superbes, sur les hautains, et sur tous les insolents ; et ils seront humiliés.

13 *Il va éclater* sur tous les grands et hauts cèdres du Liban, sur tous les chênes de Basan,

14 sur toutes les montagnes les plus hautes, et sur toutes les collines les plus élevées,

15 sur toutes les tours les plus hautes, et sur toutes les murailles les plus fortes,

16 sur tous les vaisseaux de Tharsis, et sur tout ce qui est beau, et qui plaît à l'œil ;

17 et l'élévation de l'homme sera abaissée, la hautesse des grands sera humiliée ; le Seigneur seul paraîtra grand en ce jour-là ;

18 et les idoles seront toutes réduites en poudre.

19 Les hommes fuiront au fond des cavernes des rochers, et dans les antres les plus creux de la terre, pour se mettre à couvert de la frayeur du Seigneur, et de la gloire de sa majesté, lorsqu'il se lèvera pour frapper la terre.

20 En ce jour-là l'homme rejettera loin de lui ses idoles d'argent et ses statues d'or, les *images des* taupes et *des* chauves-souris, qu'il s'était faites pour les adorer.

21 Et il s'enfuira dans les ouvertures des pierres, et dans les cavernes des rochers, pour se mettre à couvert de la frayeur au Seigneur, et de la gloire de sa majesté, lorsqu'il se lèvera pour frapper la terre.

22 Cessez donc d'*irriter* cet homme qui respire l'air *comme les autres*, parce que c'est lui qui est le Très-Haut.

CHAPITRE III.

CAR le Dominateur, le Seigneur des armées, va ôter de Jérusalem et de Juda le courage et la vigueur, toute la force du pain et toute la force de l'eau,

2 tous les gens de cœur, et tous les hommes de guerre, tous les juges, les prophètes, les devins, et les vieillards,

3 les capitaines de cinquante hommes, les personnes d'un visage vénérable, ceux qui peuvent donner conseil, les plus sages d'entre les architectes, et les hommes qui ont l'intelligence de la parole mystique.

4 Je leur donnerai des enfants pour princes, et des efféminés les domineront.

5 Tout le peuple sera en tumulte : les grands s'élèveront contre les grands, et le reste des hommes les uns contre les autres ; l'enfant se soulèvera contre le vieillard, et les derniers du peuple contre les nobles.

6 Chacun prendra son propre frère né dans la maison de son père, *et lui dira :* Vous êtes riche en vêtements, soyez notre prince, et soutenez de votre main cette ruine qui nous menace.

7 Il répondra alors : Je ne suis point médecin ; il n'y a point de pain ni de vêtement dans ma maison ; ne m'établissez point prince du peuple.

8 Car Jérusalem va tomber, et Juda est près de sa ruine ; parce que leurs paroles et leurs œuvres *se sont élevées* contre le Seigneur, pour irriter les yeux de sa majesté.

9 L'impudence même de leur visage rend témoignage contre eux. Ils ont publié hautement leur péché comme Sodome, et ils ne l'ont point caché. Malheur à eux ! parce que Dieu leur a rendu le mal qu'ils s'étaient attiré.

10 Dites au juste, *qu'il espère* bien, parce qu'il recueillera le fruit de ses œuvres.

11 Malheur à l'impie *qui ne pense qu'*au mal ! parce qu'il sera puni selon la mesure de ses crimes.

12 Mon peuple a été dépouillé par ses exacteurs, et des femmes les ont dominés. Mon peuple, ceux qui vous disent heureux, vous séduisent, et ils rompent le chemin par où vous devez marcher.

13 Le Seigneur est près de juger ; il est près de juger les peuples.

14 Le Seigneur entrera en jugement avec les anciens et les princes de son peuple ; parce que vous avez mangé *tout le fruit de* la vigne, et que vos maisons sont pleines de la dépouille du pauvre.

15 Pourquoi foulez-vous aux pieds mon peuple ? Pourquoi meurtrissez-vous de coups le visage des pauvres ? dit le Seigneur, le Dieu des armées.

16 Le Seigneur a dit encore : Parce que les filles de Sion se sont élevées, qu'elles ont marché la tête haute, en faisant des signes des yeux et des gestes *des mains*, qu'elles ont mesuré tous leurs pas, et étudié toutes leurs démarches ;

17 le Seigneur rendra chauve la tête des filles de Sion, et il fera tomber tous leurs cheveux.

18 En ce jour-là le Seigneur leur ôtera leurs chaussures magnifiques, leurs croissants *d'or*,

19 leurs colliers, leurs filets de perles, leurs bracelets, leurs coiffes,

20 leurs rubans de cheveux, leurs jarretières, leurs chaînes d'or, leurs boîtes de parfum, leurs pendants d'oreilles,

21 leurs bagues, leurs pierreries qui leur pendent sur le front,

22 leurs robes magnifiques, leurs écharpes, leurs beaux linges, leurs poinçons *de diamants*,

23 leurs miroirs, leurs chemises de grand prix, leurs bandeaux et leurs habillements légers *qu'elles portent en été*.

24 Et leur parfum sera changé en puanteur, leur ceinture *d'or* en une corde ; leurs cheveux frisés en une tête nue et sans cheveux ; et leurs riches corps de jupes en un cilice.

25 De même les hommes les mieux faits parmi vous passeront au fil de l'épée, et vos plus braves périront dans le combat.

26 Les portes de Sion seront dans le deuil et dans les larmes, et elle s'assiéra sur la terre toute désolée.

CHAPITRE IV.

EN ce temps-là sept femmes prendront un homme, et elles lui diront : Nous nous nourrirons nous-mêmes, et nous nous entretiendrons nous-mêmes d'habits : *agréez* seulement que nous portions votre nom, et délivrez-nous de l'opprobre *où nous sommes*.

2 En ce temps-là le Germe du Seigneur sera dans la magnificence et dans la gloire ; le fruit de la terre sera élevé *en honneur*, et ceux qui auront été sauvés *de la ruine* d'Israël seront comblés de joie.

3 Alors tous ceux qui seront restés dans Sion, et qui seront demeurés dans Jérusalem, seront appelés saints, tous ceux qui auront été écrits en Jérusalem au rang des vivants :

4 après que le Seigneur aura purifié les souillures des filles de Sion, et qu'il aura lavé Jérusalem du sang *impur* qui est au milieu d'elle, par un esprit de justice et par un esprit d'ardeur.

5 Et le Seigneur fera naître sur toute la montagne de Sion, et au lieu où il aura été invoqué, une nuée obscure pendant le jour, et l'éclat d'une flamme ardente pendant la nuit : car il protégera de toutes parts *le lieu de* sa gloire.

6 Son tabernacle *nous* défendra par son ombre contre la chaleur pendant le jour, et il sera une retraite assurée pour mettre à couvert des tempêtes et de la pluie.

CHAPITRE V.

JE chanterai *maintenant* à mon bien-aimé le cantique de mon proche parent pour sa vigne. Mon bien-aimé avait une vigne sur un lieu élevé, gras et fertile.

2 Il l'environna d'une haie, il en ôta les pierres, et la planta d'un plant rare et excellent ; il bâtit une tour au milieu, et il y fit un pressoir : il s'attendait qu'elle porterait de bons fruits ; et elle n'en a porté que de sauvages.

3 Maintenant donc, vous habitants de Jérusalem, et vous hommes de Juda, soyez les juges entre moi et ma vigne.

4 Qu'ai-je dû faire de plus à ma vigne que je n'aie point fait ? Est-ce que je lui ai fait tort d'attendre qu'elle portât de bons raisins, au lieu qu'elle n'en a produit que de mauvais ?

5 Mais je vous montrerai maintenant ce que je vais faire à ma vigne : J'en arracherai la haie, et elle sera exposée au pillage : je détruirai tous les murs qui la défendent, et elle sera foulée aux pieds.

6 Je la rendrai toute déserte, et elle ne sera ni taillée, ni labourée : les ronces et les épines la couvriront, et je commanderai aux nuées de ne pleuvoir plus sur elle.

7 La maison d'Israël est la vigne du Seigneur des armées ; et les hommes de Juda sont le plant auquel il a pris ses délices : j'ai attendu que *la maison d'*Israël fît des actions justes, et je ne vois qu'iniquité ; et qu'elle portât *des fruits* de justice, et je n'entends que les cris *de ceux qui sont dans l'oppression.*

8 Malheur à vous qui joignez maison à maison, et qui ajoutez terres à terres, jusqu'à ce qu'enfin le lieu vous manque ! serez-vous donc les seuls qui habiterez sur la terre ?

9 J'ai appris ce que vous faites, dit le Seigneur des armées ; et je vous déclare que cette multitude de maisons, ces maisons si vastes et si embellies, seront toutes désertes, sans qu'un seul homme y habite.

10 Car alors dix arpents de vignes rempliront à peine un petit vase de vin, et trente boisseaux de blé qu'on aura semés n'en rendront que trois.

11 Malheur à vous qui vous levez dès le matin pour vous plonger dans les excès de la table, et pour boire jusqu'au soir, jusqu'à ce que le vin vous échauffe *par ses fumées !*

12 Le luth et la harpe, les flûtes et les tambours, et les vins *les plus délicieux* se trouvent dans vos festins : vous n'avez aucun égard à l'œuvre du Seigneur, et vous ne considérez point les ouvrages de ses mains.

13 C'est pour cela que mon peuple sera emmené captif, parce qu'il n a point eu d'intelligence ; que les plus grands d'Israël mourront de faim, et que tout le reste du peuple séchera de soif.

14 C'est pour cela que l'enfer a étendu ses entrailles, et qu'il a ouvert sa gueule jusqu'à l'infini : et tout ce qu'il y a de puissant, d'illustre et de glorieux dans Israël, avec tout le peuple, y descendra *en foule.*

15 Tous les hommes seront forcés de plier ; les grands seront humiliés, et les yeux des superbes seront abaissés.

16 Le Seigneur des armées fera connaître sa grandeur dans son jugement ; le Dieu saint signalera sa sainteté en *faisant éclater* sa justice.

17 Alors les agneaux paîtront à leur ordinaire, et les étrangers viendront se nourrir dans les déserts devenus fertiles.

18 Malheur à vous qui vous servez du mensonge comme de cordes pour traîner une longue suite d'iniquités, et qui tirez après vous le péché comme les traits emportent le chariot !

19 Vous qui dites, *en parlant de Dieu :* Qu'il se hâte : que ce qu'il doit faire arrive bientôt, afin que nous le voyions : que les desseins du Saint d'Israël s'avancent et s'accomplissent, afin que nous reconnaissions *s'il est véritable*.

20 Malheur à vous qui dites que le mal est bien, et que le bien est mal ; qui donnez aux ténèbres le nom de lumière, et à la lumière le nom de ténèbres ; qui faites passer pour doux ce qui est amer, et pour amer ce qui est doux !

21 Malheur à vous qui êtes sages à vos propres yeux, et qui êtes prudents en vous-mêmes !

22 Malheur à vous qui êtes puissants à boire du vin, et vaillants à vous enivrer ;

23 qui pour des présents justifiez l'impie, et qui ravissez au juste sa propre justice !

24 C'est pourquoi comme la paille se consume au feu, et comme la flamme ardente la dévore ; ainsi ils seront brûlés jusqu'à la racine, et leurs rejetons seront réduits en poudre : parce qu'ils ont foulé aux pieds la loi du Seigneur des armées, et qu'ils ont blasphémé la parole du Saint d'Israël.

25 C'est pour cela que la fureur du Seigneur s'est allumée contre son peuple, qu'il a étendu sa main sur lui, et qu'il l'a frappé *de plaies :* que les montagnes ont été ébranlées, et que leurs corps morts ont été jetés comme de l'ordure au milieu des places publiques. Et néanmoins après tous ces maux, sa fureur n'est point encore apaisée, et son bras est toujours levé.

26 Il élèvera son étendard pour servir de signal à un peuple très-éloigné : il l'appellera d'un coup de sifflet des extrémités de la terre, et il accourra aussitôt avec une vitesse prodigieuse.

27 Il ne sentira ni la lassitude, ni le travail ; il ne dormira ni ne sommeillera point ; il ne quittera jamais sa ceinture, et un seul cordon de ses souliers ne se rompra dans sa marche.

28 Toutes ses flèches ont une pointe perçante, et tous ses arcs sont toujours bandés. La corne du pied de ses chevaux est dure comme les cailloux, et la roue de ses chariots est rapide comme la tempête.

29 Il rugira comme un lion, il poussera des hurlements terribles comme les lionceaux : il frémira, il se jettera sur sa proie ; et il l'emportera sans que personne puisse la lui ôter.

30 En ce jour-là il s'élancera sur Israël avec des cris semblables au bruissement des flots de la mer : nous regarderons sur la terre de *tous côtés*, et nous ne verrons que ténèbres et qu'affliction, sans qu'il paraisse aucun rayon de lumière dans une obscurité si profonde.

CHAPITRE VI.

L'ANNÉE de la mort du roi Ozias, je vis le Seigneur assis sur un trône sublime et élevé, et le bas de ses vêtements remplissait le temple.

2 Les séraphins étaient autour du trône : ils avaient chacun six ailes ; deux dont ils voilaient leur face, deux dont ils voilaient leurs pieds, et deux autres dont ils volaient.

3 Ils criaient l'un à l'autre, et ils disaient : Saint, saint, saint est le Seigneur, le Dieu des armées ! la terre est toute remplie de sa gloire.

4 Le dessus de la porte fut ébranlé par le retentissement de ce grand cri, et la maison fut remplie de fumée.

5 Alors je dis : Malheur à moi de ce que je me suis tu, parce que je suis un homme dont les lèvres sont impures, et que j'habite au milieu d'un peuple qui a aussi les lèvres souillées, et j'ai vu le Roi, le Seigneur des armées, de mes propres yeux !

6 En même temps l'un des séraphins vola vers moi, tenant en sa main un charbon de feu qu'il avait pris avec des pincettes de dessus l'autel ;

7 et m'en ayant touché la bouche, il me dit : Ce charbon a touché vos lèvres : votre iniquité sera effacée, et vous serez purifié de votre péché.

8 J'entendis ensuite le Seigneur qui dit : Qui enverrai-je ? et qui ira porter nos paroles ? Me voici, dis-je alors ; envoyez-moi.

9 Le Seigneur me dit : Allez, et dites à ce peuple : Ecoutez ce que je vous dis, et ne le comprenez pas ; voyez ce que je vous fais voir, et ne le discernez point.

10 Aveuglez le cœur de ce peuple, rendez ses oreilles sourdes, et fermez-lui les yeux ; de peur que ses yeux ne voient, que ses oreilles n'entendent, que son cœur ne comprenne, et qu'il ne se convertisse à moi, et que je ne le guérisse.

11 Eh ! Seigneur ! lui dis-je, jusques à quand *durera votre colère ?* Jusques à ce, dit-il, que les villes soient désolées et sans citoyens, les maisons sans habitants, et que la terre demeure déserte.

12 Le Seigneur bannira les hommes loin de leur pays, et celle qui avait été délaissée au milieu de la terre, se multipliera.

13 Dieu la décimera encore, et *après cela* elle reviendra *au Seigneur*, et elle paraîtra dans sa grandeur comme le térébinthe, et comme un chêne qui étend ses branches bien loin ; et la race qui demeurera dans elle, sera une race sainte.

CHAPITRE VII.

AU temps d'Achaz, fils de Joathan, fils d'Ozias, roi de Juda ; Rasin, roi de Syrie, et Phacée, fils de Romélie, roi d'Israël, vinrent à Jérusalem pour l'assiéger : et ils ne purent la prendre.

2 Et la maison de David ayant appris que la Syrie s'était jointe avec Ephraïm *pour la combattre*, le cœur d'Achaz et le cœur de son peuple fut saisi et trembla de crainte, comme les arbres des forêts tremblent lorsqu'ils sont agités des vents.

3 Alors le Seigneur dit à Isaïe : Allez au-devant d'Achaz, vous et

Jasub, votre fils qui vous est resté, au bout du canal qui conduit l'eau dans la piscine supérieure sur le chemin du champ du foulon ;

4 et dites-lui : Ayez soin de demeurer dans le silence, ne craignez point, et que votre cœur ne se trouble point devant ces deux bouts de tisons fumants de colère et de fureur, Rasin, roi de Syrie, et le fils de Romélie :

5 parce que la Syrie, Ephraïm, et le fils de Romélie ont conspiré ensemble pour vous perdre, en disant :

6 Allons contre Juda ; faisons-lui la guerre ; rendons-nous-en les maîtres, et établissons-y pour roi le fils de Tabéel.

7 Mais voici ce que dit le Seigneur Dieu : Ce dessein ne subsistera pas, et leurs pensées n'auront point d'effet.

8 Mais Damas demeurera la capitale de Syrie, et Rasin régnera dans Damas : et dans soixante et cinq ans Ephraïm périra, et cessera d'être au rang des peuples.

9 Samarie sera la capitale d'Ephraïm, et le fils de Romélie régnera dans Samarie. Si vous n'avez une ferme foi, vous ne persévérerez point.

10 Le Seigneur continua de parler à Achaz, et lui dit :

11 Demandez au Seigneur, votre Dieu, qu'il vous fasse voir un prodige, ou du fond de la terre, ou du plus haut du ciel.

12 Achaz répondit : Je ne demanderai point *de prodige*, et je ne tenterai point le Seigneur.

13 Et Isaïe dit : Ecoutez donc, maison de David : Ne vous suffit-il pas de lasser la patience des hommes, sans lasser encore celle de mon Dieu !

14 C'est pourquoi le Seigneur vous donnera lui-même un prodige. Une vierge concevra, et elle enfantera un fils qui sera appelé Emmanuel.

15 Il mangera le beurre et le miel, en sorte qu'il sache rejeter le mal et choisir le bien.

16 Car avant que l'enfant sache rejeter le mal et choisir le bien, les deux pays que vous détestez à cause de leurs deux rois, seront abandonnés *à leurs ennemis*.

17 *Mais* le Seigneur fera venir sur vous, sur votre peuple, et sur la maison de votre père, par les armes du roi des Assyriens, des temps *si malheureux* qu'on n'en aura jamais vu de semblables, depuis la séparation d'Ephraïm d'avec Juda.

18 En ce temps-là le Seigneur appellera comme d'un coup de sifflet la mouche qui est à l'extrémité des fleuves de l'Egypte, et l'abeille qui est au pays d'Assur ;

19 et elles viendront toutes se reposer dans les torrents des vallées, et dans les creux des rochers, sur tous les arbrisseaux, et dans tous les trous.

20 En ce jour-là le Seigneur se servira des peuples qui sont au delà du fleuve, et du roi des Assyriens, comme d'un rasoir qu'il aura loué pour raser la tête, le poil des pieds, et toute la barbe.

21 En ce temps-là un homme qui n'aura qu'une vache et deux brebis,

22 en aura tant de lait, qu'il se nourrira de beurre ; et quiconque sera demeuré sur la terre, y mangera le beurre et le miel.

23 Il viendra un temps auquel dans tous les lieux où l'on avait vendu mille pieds de vigne mille pièces d'argent, il ne croîtra que des ronces et des épines.

24 On n'y entrera qu'avec l'arc et les flèches, parce que les ronces et les épines couvriront toute la terre.

25 Et toutes les montagnes, après avoir été sarclées et cultivées, ne craindront point les ronces et les épines ; mais elles serviront de pâturages aux bœufs, et les troupeaux y viendront en foule.

CHAPITRE VIII.

LE Seigneur me dit : Prenez un grand livre, et écrivez-y en des caractères connus *et* lisibles : Hâtez-vous de prendre les dépouilles, prenez vite le butin.

2 Et je pris des témoins fidèles, Urie, sacrificateur, et Zacharie, fils de Barachie :

3 et m'étant approché de la prophétesse, elle conçut et enfanta un fils. Alors le Seigneur me dit : Appelez-le *d'un nom qui signifie*, Hâtez-vous de prendre les dépouilles, prenez vite le butin ;

4 parce qu'avant que l'enfant sache nommer son père et sa mère, on emportera la puissance de Damas et les dépouilles de Samarie *en triomphe* devant le roi des Assyriens.

5 Le Seigneur me parla encore, et me dit :

6 Parce que ce peuple a rejeté les eaux de Siloé qui coulent *paisiblement et* en silence, et qu'il a mieux aimé s'appuyer sur Rasin et sur le fils de Romélie,

7 le Seigneur fera fondre sur lui le roi des Assyriens avec toute sa gloire, comme de grandes et de violentes eaux d'un fleuve *rapide* : il s'élèvera de tous côtés au-dessus de son lit ; il ira par-dessus tous ses bords,

8 et inondant tout le pays, il se répandra dans la Judée jusqu'à ce qu'elle ait de l'eau jusqu'au cou. Il étendra ses ailes, et il en couvrira toute l'étendue de votre terre, ô Emmanuel !

9 Assemblez-vous, peuples, et vous serez vaincus : peuples éloignés, peuples de toute la terre, écoutez : Réunissez vos forces, et vous serez vaincus ; prenez vos armes, et vous serez vaincus ;

10 formez des desseins, et ils seront dissipés ; donnez des ordres, et ils ne s'exécuteront point : parce que Dieu est avec nous.

11 Car le Seigneur me tenant de sa main puissante, et m'instruisant afin que je ne marchasse point dans la voie de ce peuple, m'a dit :

12 Ne dites point, *vous autres :* Faisons une conspiration tous ensemble : car tout ce que dit ce peuple n'est qu'une conspiration *contre moi :* ne craignez point leurs menaces, et ne vous épouvantez point.

13 Mais rendez gloire à la sainteté du Seigneur des armées ; qu'il soit lui-même votre crainte et votre terreur,

14 et il deviendra votre sanctification : et il sera une pierre d'achoppement, une pierre de scandale pour les deux maisons d'Israël ; un piège et un sujet de ruine à ceux qui habitent dans Jérusalem.

15 Plusieurs d'entre eux se heurteront *contre cette pierre :* ils tomberont, et se briseront ; ils s'engageront dans le filet, et y seront pris.

16 Que ce que je vous déclare, demeure secret ; tenez ma loi scellée *et* comme cachetée parmi mes disciples.

17 J'attendrai donc le Seigneur qui cache son visage à la maison de Jacob, et je demeurerai dans cette attente.

18 Me voici, moi et les enfants que le Seigneur m'a donnés, pour être par *l'ordre du* Seigneur des armées qui habite sur la montagne de Sion, un prodige et un signe *miraculeux* dans Israël.

19 Et lorsqu'ils vous diront, Consultez les magiciens et les devins qui parlent tout bas dans leurs enchantements ; *répondez-leur : Chaque* peuple ne consulte-t-il pas son Dieu ? et va-t-on parler aux morts de ce qui regarde les vivants ?

20 C'est plutôt à la loi *de Dieu qu'il faut recourir*, et au témoignage *qu'il rend de lui-même*. S'ils ne parlent point de cette sorte, la lumière du matin ne luira point pour eux.

21 Ils seront vagabonds sur la terre, ils tomberont, ils souffriront la faim ; et dans cette faim ils se mettront en colère, ils maudiront leur Roi et leur Dieu, ils jetteront leurs yeux *tantôt* au ciel,

22 *et tantôt* sur la terre, et ils ne verront partout qu'affliction, ténèbres, abattement, serrement de cœur, et une nuit sombre qui les persécutera, sans qu'ils puissent s'échapper de cet abîme de maux.

CHAPITRE IX.

LE Seigneur a d'abord frappé légèrement la terre de Zabulon et la terre de Nephthali ; et à la fin sa main s'est appesantie sur la Galilée des nations, qui est le long de la mer au delà du Jourdain.

2 Le peuple qui marchait dans les ténèbres, a vu une grande lumière ; et le jour s'est levé pour ceux qui habitaient dans la région de l'ombre de la mort.

3 Vous avez multiplié le peuple, et vous n'avez point augmenté la joie. Ils se réjouiront lorsque vous serez venu, comme on se réjouit

pendant la moisson, et comme les victorieux se réjouissent lorsqu'ils ont pillé les ennemis, et qu'ils partagent le butin.

4 Car vous avez brisé le joug qui accablait votre peuple, la verge qui lui déchirait les épaules, et le sceptre de celui qui l'opprimait tyranniquement, comme vous fîtes *autrefois* à la journée de Madian.

5 Car toutes les dépouilles remportées avec violence *et* dans le tumulte, et les vêtements souillés de sang, seront mis au feu, et deviendront la pâture de la flamme.

6 Car un petit enfant nous est né ; et un fils nous a été donné. Il portera sur son épaule *la marque de* sa principauté ; et il sera appelé Admirable, Conseiller, Dieu, Fort, Père du siècle futur, Prince de la paix.

7 Son empire s'étendra de plus en plus, et la paix *qu'il établira* n'aura point de fin : il s'assiéra sur le trône de David, et il possédera son royaume pour l'affermir et le fortifier dans l'équité et dans la Justice, depuis ce temps jusqu'à jamais : le zèle du Seigneur des armées fera ce que je dis.

8 Le Seigneur a envoyé sa parole contre Jacob, et elle est tombée sur Israël.

9 Tout le peuple le saura, Ephraïm et les habitants de Samarie, qui disent dans l'orgueil et dans l'élèvement de leur cœur :

10 Les *maisons de* briques sont tombées, mais nous en bâtirons de pierres de taille : ils ont abattu les *toits de* sycomores, mais nous élèverons des *toits de* cèdres en leur place.

11 Le Seigneur suscitera contre Israël les ennemis mêmes de Rasin, et il fera venir en foule tous ses ennemis :

12 les Syriens du côté d'orient, et les Philistins du côté d'occident ; et ils s'acharneront avec toute leur rage sur Israël pour le dévorer. Après tous ces maux sa fureur n'est point encore apaisée, et son bras est toujours levé.

13 Le peuple n'est point retourné vers celui qui le frappait, et ils n'ont point recherché le Dieu des armées.

14 Le Seigneur retranchera dans un même jour la tête et la queue, ceux qui commandent et ceux qui obéissent.

15 Le vieillard et les personnes vénérables en sont la tête ; et le prophète qui enseigne le mensonge, en est la queue.

16 Alors ceux qui appellent ce peuple heureux, se trouveront être des séducteurs ; et ceux qu'on flatte de ce bonheur, se trouveront avoir été conduits dans le précipice.

17 C'est pourquoi le Seigneur ne mettra point sa joie dans les jeunes gens d'Israël ; il n'aura point de compassion des orphelins et des veuves : parce qu'ils sont tous des hypocrites et des méchants, et que leur bouche ne s'ouvre que pour dire des folies. Après tous ces maux sa fureur n'est point encore apaisée, et son bras est toujours levé.

18 Car l'impiété s'est allumée comme un feu ; elle dévorera les ronces et les épines : elle s'embrasera comme dans l'épaisseur d'une forêt, et elle poussera en haut des tourbillons de fumée.

19 Toute la terre sera dans l'effroi par la colère du Dieu des armées ; le peuple deviendra comme la pâture du feu ; le frère n'épargnera point le frère.

20 Il ira à droite, et la faim le tourmentera ; il ira à gauche, et ce qu'il aura mangé, ne le rassasiera point ; chacun dévorera la chair de son bras. Manassé dévorera Ephraïm, et Ephraïm Manassé ; et l'un et l'autre se soulèveront contre Juda.

21 Après tous ces maux sa fureur n'est point encore apaisée, et son bras est toujours levé.

CHAPITRE X.

MALHEUR à ceux qui établissent des lois d'iniquité, et qui font des ordonnances injustes,

2 pour opprimer les pauvres dans le jugement, pour accabler l'innocence des plus faibles de mon peuple par la violence, pour dévorer la veuve comme leur proie, et pour mettre au pillage le bien des pupilles !

3 Que ferez-vous au jour où Dieu vous visitera, au jour de l'affliction qui viendra de loin *fondre sur vous ?* A qui aurez-vous recours, et où laisserez-vous votre gloire,

4 pour n'être pas accablés sous le poids des chaînes, pour ne tomber pas sous un monceau de corps morts ? Après tous ces maux sa fureur n'est point encore apaisée, et son bras est toujours levé.

5 Malheur à Assur ! c'est lui qui est la verge et le bâton de ma fureur ; j'ai rendu sa main l'instrument de ma colère.

6 Je l'enverrai à une nation perfide, et je lui commanderai d'aller contre un peuple que je regarde dans ma fureur, afin qu'il en remporte les dépouilles, qu'il le mette au pillage, et qu'il le foule aux pieds comme la boue qui est dans les rues.

7 Mais Assur n'aura pas ce sentiment ; il ne sera pas dans cette pensée ; et son cœur ne respirera que les ravages et la destruction de beaucoup de peuples.

8 Car il dira : Les princes qui me servent, ne sont-ils pas autant de rois ?

9 *Ne me suis-je pas assujetti* Calane comme Charcamis, Emath comme Arphad, Samarie comme Damas ?

10 Comme mon bras a détruit les royaumes qui adorent les idoles, ainsi *j'emporterai* de Jérusalem comme de Samarie les statues qu'on y adore.

11 Qui m'empêchera de traiter Jérusalem, avec les dieux qu'elle révère, comme j'ai traité Samarie avec ses idoles ?

12 Mais lorsque le Seigneur aura accompli toutes ses œuvres sur la montagne de Sion et dans Jérusalem : Je visiterai, *dit-il,* cette fierté du cœur insolent du roi d'Assur, et cette gloire de ses yeux altiers.

13 Car il a dit en lui-même : *C'est par* la force de mon bras *que* j'ai fait *ces grandes choses,* et *c'est* ma propre sagesse qui m'a éclairé : j'ai enlevé les anciennes bornes des peuples, j'ai pillé les trésors des princes, et comme un conquérant j'ai arraché les rois de leurs trônes.

14 Les peuples les plus redoutables ont été pour moi comme un nid de petits oiseaux qui s'est trouvé sous ma main : j'ai réuni sous ma puissance tous les peuples de la terre, comme on ramasse quelques œufs *que la mère* a abandonnés ; et il ne s'est trouvé personne qui osât seulement remuer l'aile, et ouvrir la bouche, ou faire le moindre son.

15 La cognée se glorifie-t-elle contre celui qui s'en sert ? La scie se soulève-t-elle contre la main qui l'emploie ? C'est comme si la verge s'élevait contre celui qui la lève, et si le bâton se glorifiait, quoique ce ne soit que du bois.

16 C'est pour cela que le Dominateur, le Seigneur des armées, fera sécher de maigreur les forts de l'Assyrien ; et sous sa victoire il se formera un feu qui les consumera.

17 La lumière d'Israël sera le feu, et le Saint d'Israël sera la flamme, qui embrasera et dévorera en un même jour les épines et les ronces d'Assur.

18 La gloire de ses forêts et de ses champs délicieux sera consumée : tout périra depuis l'âme jusqu'au corps ; il prendra la fuite dans la frayeur qui le saisira.

19 Et il restera si peu de grands arbres de sa forêt, qu'on les compterait sans peine, et qu'un enfant en ferait le dénombrement.

20 En ce temps-là ceux qui seront restés d'Israël, et ceux de la maison de Jacob qui auront échappé, ne s'appuieront plus sur celui qui les frappait ; mais ils s'appuieront sincèrement sur le Seigneur, le Saint d'Israël.

21 Les restes se convertiront, les restes, dis-je, de Jacob *se convertiront* au Dieu fort.

22 Car quand votre peuple, ô Israël ! serait aussi nombreux que sont les sables de la mer, un petit reste *seulement* se convertira *à Dieu ;* et ce qui restera répandra la justice avec abondance.

23 Car le Seigneur, le Dieu des armées, fera un grand retranchement au milieu de toute la terre, et il réduira son peuple à un petit nombre.

24 C'est pourquoi, voici ce que dit le Seigneur, le Dieu des armées : Mon peuple, qui habitez dans Sion, ne craignez point Assur ; il vous frappera avec sa verge, et il lèvera le bâton sur vous, sur le chemin de l'Egypte.

25 Mais encore un peu, encore un moment, et je vais punir leurs crimes dans toute l'étendue de mon indignation et de ma fureur.

26 Le Seigneur des armées lèvera sa main sur lui pour le frapper, comme il frappa autrefois Madian à la pierre d'Oreb, et comme il leva sa verge sur la mer *Rouge pour perdre les Egyptiens*, il la lèvera de même sur le chemin de l'Egypte, *pour perdre les Assyriens*.

27 En ce temps-là on vous citera le fardeau d'Assur qui vous chargeait les épaules, et son joug qui vous accablait le cou ; et ce joug sera *comme* réduit en poudre par *l'abondance de* l'huile.

28 Il viendra à Aïath, il passera par Magron ; il laissera son bagage à Machmas.

29 Ils passeront comme un éclair, ils camperont à Gaba ; Rama sera dans l'épouvante ; Gabaath, *ville de* Satil, prendra la fuite.

30 Fille de Gallim, faites retentir vos cris ; faites entendre *les vôtres* jusqu'à Laïsa, pauvre *ville* d'Anathoth.

31 Médéména a déjà abandonné ses murailles : vous, habitants de Gabim, ralliez-vous.

32 Il ne lui faut plus qu'un jour pour être à Nobé ; il menacera de la main la montagne de Sion, et la colline de Jérusalem.

33 Mais le Dominateur, le Seigneur des armées, va briser le vase de terre par son bras terrible : ceux qui étaient les plus hauts seront coupés *par le pied*, et les grands seront humiliés.

34 Les forêts les plus épaisses seront abattues par le fer, et le Liban tombera avec ses hauts *cèdres*.

CHAPITRE XI.

IL sortira un rejeton de la tige de Jessé, et une fleur naîtra de sa racine.

2 Et l'esprit du Seigneur se reposera sur lui ; l'esprit de sagesse et d'intelligence, l'esprit de conseil et de force, l'esprit de science et de piété ;

3 et il sera rempli de l'esprit de la crainte du Seigneur. Il ne jugera point sur le rapport des yeux, et il ne condamnera point sur un ouï-dire :

4 mais il jugera les pauvres dans la justice, et il se déclarera le juste vengeur des humbles *qu'on opprime* sur la terre : il frappera la terre par la verge de sa bouche, et il tuera l'impie par le souffle de ses lèvres.

5 La justice sera la ceinture de ses reins, et la foi le baudrier dont il sera *toujours* ceint.

6 Le loup habitera avec l'agneau ; le léopard se couchera auprès du chevreau ; le veau, le lion et la brebis demeureront ensemble, et un petit enfant les conduira *tous*.

7 Le veau et l'ours iront dans les mêmes pâturages ; leurs petits se reposeront les uns avec les autres ; et le lion mangera la paille comme le bœuf.

8 L'enfant qui sera encore à la mamelle, se jouera sur le trou de l'aspic ; et celui qui aura été sevré, portera sa main dans la caverne du basilic.

9 Ils ne nuiront point, et ils ne tueront point sur toute ma montagne sainte : parce que la terre est remplie de la connaissance du Seigneur, comme la mer des eaux dont elle est couverte.

10 En ce jour-là le rejeton de Jessé sera exposé comme un étendard devant tous les peuples ; les nations viendront lui offrir leurs prières, et son sépulcre sera glorieux.

11 Alors le Seigneur étendra encore sa main pour posséder les restes de son peuple, qui seront échappés à la violence des Assyriens, de l'Egypte, de Phétros, de l'Ethiopie, d'Elam, de Sennaar, d'Emath, et des îles de la mer.

12 Il lèvera son étendard parmi les nations, il réunira les fugitifs d'Israël, et il rassemblera des quatre coins de la terre ceux de Juda qui avaient été dispersés.

13 La jalousie d'Ephraïm sera détruite, et les ennemis de Juda périront : Ephraïm ne sera plus envieux de Juda, et Juda ne combattra plus contre Ephraïm.

14 Ils voleront sur la mer pour aller fondre sur les Philistins ; ils pilleront ensemble les peuples de l'Orient ; l'Idumée et Moab se soumettront à leurs lois, et les enfants d'Ammon leur obéiront.

15 Le Seigneur rendra déserte la langue de la mer d'Egypte, il élèvera sa main sur le fleuve, il l'agitera par son souffle puissant ; il le frappera dans ses sept branches, en sorte qu'on pourra le passer à pied.

16 Et le reste de mon peuple qui sera échappé des mains des Assyriens, y trouvera un passage *au travers de l'Euphrate*, comme Israël en trouva un *dans la mer* lorsqu'il sortit de l'Egypte.

CHAPITRE XII.

EN ce jour-là vous chanterez *ce cantique :* Je vous rends grâces, Seigneur ! de ce qu'après vous être mis en colère contre moi, votre fureur s'est apaisée, et vous m'avez consolé.

2 Je sais que Dieu est mon Sauveur : j'agirai avec confiance, et je ne craindrai point ; parce que le Seigneur est ma force et ma gloire, et qu'il est devenu mon salut.

3 Vous puiserez avec joie des eaux des fontaines du Sauveur.

4 Et vous direz en ce jour-là : Chantez les louanges du Seigneur, et invoquez son nom ; publiez ses ouvrages parmi les peuples ; souvenez-vous que son nom est grand.

5 Chantez *des hymnes* au Seigneur, parce qu'il a fait des choses magnifiques : annoncez sa grandeur dans toute la terre.

6 Maison de Sion, tressaillez de joie, et bénissez Dieu, parce que le Saint d'Israël a fait éclater sa grandeur au milieu de vous.

CHAPITRE XIII.

PROPHÉTIE contre Babylone, qui a été révélée à Isaïe, fils d'Amos.

2 Levez l'étendard sur la montagne couverte de nuages, haussez la voix, étendez la main, et que les princes entrent dans ses portes.

3 J'ai donné mes ordres à ceux que j'ai consacrés à *cet ouvrage ;* j'ai fait venir mes guerriers qui sont les ministres de ma fureur, et qui travaillent avec joie pour ma gloire.

4 Déjà les montagnes retentissent de cris différents comme d'un grand nombre de personnes, et de voix confuses de plusieurs rois, et de plusieurs nations réunies ensemble. Le Seigneur des armées commande *lui-même* les troupes qu'il destine à cette guerre.

5 Elles viennent des terres les plus reculées, et de l'extrémité du monde : le Seigneur *vient* avec les instruments de sa fureur, pour exterminer tout le pays.

6 Poussez des cris *et* des hurlements, parce que le jour du Seigneur est proche : le Tout-Puissant viendra pour tout perdre.

7 C'est pourquoi tous les bras seront languissants, et tous les cœurs se fondront *comme la cire ;* (8) ils seront brisés ; ils seront agités de convulsions et de douleurs, ils souffriront des maux comme une femme qui est en travail : ils se regarderont l'un l'autre avec étonnement, et leurs visages seront desséchés comme s'ils avaient été brûlés par le feu.

9 Voici le jour du Seigneur qui va venir, jour cruel, plein d'indignation, de colère et de fureur, pour dépeupler la terre, et pour en exterminer les méchants.

10 Les étoiles du ciel les plus éclatantes ne répandront plus leur lumière : le soleil à son lever se couvrira de ténèbres, et la lune n'éclairera plus.

11 Je viendrai venger les crimes du monde, et *punir* l'iniquité des impies : je ferai cesser l'orgueil des infidèles, et j'humilierai l'insolence de ceux qui se rendent redoutables.

12 L'homme sera plus précieux que l'or ; il sera plus précieux que l'or le plus pur.

13 J'ébranlerai le ciel même ; et la terre tremblera sur ses fondements, à cause de l'indignation du Seigneur des armées, et du jour de sa colère et de sa fureur.

14 Alors comme un daim qui s'enfuit, et comme des brebis *qui se dispersent* sans qu'il y ait personne qui les rassemble, ainsi tous l'abandonneront pour retourner vers leur peuple, et ils fuiront tous dans leur pays.

15 Quiconque sera trouvé *dans ses murailles*, sera tué : tous ceux

qui se présenteront *pour la défendre*, passeront au fil de l'épée.

16 Les enfants seront écrasés *contre la terre* à leurs yeux : leurs maisons seront pillées, et leurs femmes violées.

17 Je vais susciter contre eux les Mèdes, qui ne chercheront point d'argent, et qui ne se mettront point en peine de l'or ;

18 mais ils perceront les petits enfants de leurs flèches, ils n'auront point de compassion de ceux qui sont encore dans les entrailles de leurs mères, et ils n'épargneront point ceux qui ne font que de naître.

19 Cette grande Babylone, cette reine entre les royaumes du monde, qui avait porté dans un si grand éclat l'orgueil des Chaldéens, sera détruite, comme le Seigneur renversa Sodome et Gomorrhe.

20 Elle ne sera plus jamais habitée, et elle ne se rebâtira point dans la suite de tous les siècles ; les Arabes n'y dresseront pas même leurs tentes, et les pasteurs n'y viendront point pour s'y reposer.

21 Mais les bêtes *sauvages* s'y retireront ; ses maisons seront remplies de dragons, les autruches viendront y habiter, et les satyres y feront leurs danses ;

22 les hiboux hurleront à l'envi l'un de l'autre dans ses maisons *superbes*, et les *cruelles* sirènes habiteront dans ses palais de délices.

CHAPITRE XIV.

CE temps *de la ruine* de Babylone est déjà proche, et les jours n'en sont point éloignés : car le Seigneur fera miséricorde a Jacob ; il choisira encore *ses serviteurs* dans Israël, et il les fera reposer dans leur terre : les étrangers se joindront à eux, et ils s'attacheront à la maison de Jacob.

2 Les peuples les prendront, et les introduiront dans leur pays ; et la maison d'Israël aura ces peuples pour serviteurs et pour servantes dans la terre du Seigneur : ceux qui les avaient pris seront leurs captifs, et ils s'assujettiront ceux qui les avaient dominés avec tant d'empire.

3 En ce temps-là, lorsque le Seigneur aura terminé vos travaux, votre oppression, et cette dure servitude sous laquelle vous soupiriez auparavant ;

4 vous userez de ces discours figurés contre le roi de Babylone, et vous direz : Qu'est devenu ce maître impitoyable ? Comment ce tribut *qu'il exigeait si sévèrement*, a-t-il cessé ?

5 Le Seigneur a brisé le bâton des impies, la verge de ces *fiers* dominateurs,

6 qui dans son indignation frappait les peuples d'une plaie incurable, qui s'assujettissait les nations dans sa fureur, et qui les persécutait cruellement.

7 Toute la terre est maintenant dans le repos et dans le silence, elle est dans la joie et dans l'allégresse :

8 les sapins mêmes et les cèdres du Liban se sont réjouis de ta perte : Depuis que tu es mort, *disent-ils,* il ne vient plus personne qui nous coupe et qui nous abatte.

9 L'enfer *même* s'est vu tout en trouble à ton arrivée ; il a fait lever les géants à cause de toi. Tous les princes de la terre, et tous les rois des nations sont descendus de leur trône.

10 Ils t'adresseront tous leur parole pour te dire : Tu as donc été percé de plaies aussi bien que nous, et tu es devenu semblable à nous.

11 Ton orgueil a été précipité dans les enfers ; ton corps mort est tombé par terre ; ta couche sera la pourriture, et ton vêtement seront les vers.

12 Comment es-tu tombé du ciel, Lucifer, toi qui paraissais si brillant au point du jour ? Comment as-tu été renversé sur la terre, toi qui frappais de plaies les nations ?

13 qui disais en ton cœur : Je monterai au ciel, j'établirai mon trône au-dessus des astres de Dieu, je m'assiérai sur la montagne de l'alliance, aux côtés de l'aquilon ;

14 je me placerai au-dessus des nuées les plus élevées, et je serai semblable au Très-Haut ?

15 Et néanmoins tu as été précipité *de cette gloire* dans l'enfer, jusqu'au plus profond des abîmes.

16 Ceux qui te verront, s'approcheront près de toi, et après t'avoir envisagé, *ils te diront :* Est-ce là cet homme qui a épouvanté la terre, qui a jeté la terreur dans les royaumes,

17 qui a fait du monde un désert, qui en a détruit les villes, et qui a retenu dans les chaînes ceux qu'il avait faits ses prisonniers.

18 Tous les rois des nations sont morts avec gloire, et chacun d'eux a son tombeau.

19 Mais pour toi, tu as été jeté loin de ton sépulcre comme un tronc inutile, et tout couvert de ton sang tu as été enveloppé dans la foule de ceux qui ont été tués par l'épée, et qu'on a fait descendre au fond de la terre comme un corps déjà pourri.

20 Tu n'auras pas même, comme l'un d'eux, cette misérable sépulture, parce que tu as ruiné ton royaume, tu as fait périr ton peuple. La race des scélérats ne s'établira point sur la terre.

21 Préparez ses enfants à une mort violente à cause de l'iniquité de leurs pères : ils ne s'élèveront point, ils ne seront point les héritiers du royaume *de leur père*, et ils ne rempliront point de villes la face du monde.

22 Je m'élèverai contre eux, dit le Seigneur des armées : je perdrai le nom de Babylone, j'en exterminerai les rejetons, les descendants et toute la race, dit le Seigneur.

23 Je la rendrai la demeure des hérissons, *je la réduirai* à des marais d'eaux *bourbeuses*, je la nettoierai, et j'en jetterai jusqu'aux moindres restes, dit le Seigneur des armées.

24 Le Seigneur des armées a fait ce serment : Je jure que ce que j'ai pensé arrivera, et que ce que j'ai arrêté dans mon esprit

25 s'exécutera : Je perdrai les Assyriens dans ma terre, je les foulerai aux pieds sur mes montagnes ; et *Israël* secouera le joug qu'ils lui avaient imposé, et se déchargera des fardeaux dont ils l'accablaient.

26 C'est là le dessein que j'ai formé sur toute la terre ; c'est pour cela que j'ai étendu mon bras sur toutes les nations.

27 Car c'est le Seigneur des armées qui l'a ordonné ; qui pourra s'y opposer ? Il a étendu son bras ; qui pourra le détourner ?

28 Cette prophétie *qui suit*, a été prononcée l'année de la mort du roi Achaz :

29 Ne te réjouis point, terre de Palestine, de ce que la verge de celui qui te frappait a été brisée : car de la race du serpent il sortira un basilic, et ce qui en naîtra dévorera les oiseaux.

30 Ceux qui étaient réduite à la dernière indigence seront nourris, et les pauvres se reposeront avec confiance : je vous sécherai jusqu'à la racine par la faim que je vous enverrai, et je perdrai tout ce qui restera de vous.

31 Porte, fais entendre tes hurlements ; ville, fais retentir tes cris : toute la Palestine est renversée : car les bataillons viennent de l'Aquilon comme un tourbillon de fumée, et nul ne pourra se sauver de leurs mains.

32 Que répondra-t-on alors aux envoyés de cette nation ? *sinon que c'est* le Seigneur *qui* a fondé Sion, et que *c'est* en lui qu'espéreront les pauvres de son peuple.

CHAPITRE XV.

PROPHÉTIE contre Moab. Ar, *la capitale* de Moab, a été saccagée pendant la nuit ; elle est détruite entièrement : la muraille de Moab a été renversée la nuit ; on n'en parlera plus.

2 La maison *royale* et *la ville de* Dibon sont montées à leurs hauts lieux pour pleurer la perte de Nabo et de Médaba ; Moab sera dans les cris et les hurlements : ils s'arracheront tous les cheveux, ils se feront tous raser la barbe.

3 Ils iront dans les rues revêtus de sacs : les toits *des maisons* et les places publiques retentiront de toutes parts du bruit de leurs plaintes mêlées de leurs larmes.

4 Hésébon et Eléalé jetteront de grands cris ; leur voix se fera entendre jusqu'à Jasa : les plus vaillants de Moab s'écrieront aussi, *et ce peuple pénétré d'affliction* dévorera ses plaintes au fond de son âme.

5 Mon cœur poussera des soupirs sur *l'affliction de* Moab ; ses appuis et les plus vaillants mêmes d'entre eux s'enfuient jusqu'à Ségor, qui crie elle-même aussi fortement qu'une génisse de trois ans : ils montent en pleurant par la colline de Luith, et le cri de leur affliction s'est élevé dans le chemin d'Oronaïm.

6 Les eaux de Nemrim se changeront en un désert, et l'herbe se séchera, les plantes languiront, et toute la verdeur *de la terre* s'évanouira.

7 La grandeur de leurs châtiments égalera celle de leurs crimes ; *les ennemis* les mèneront au torrent des saules.

8 Les cris de Moab se feront entendre dans tous ses confins, ses plaintes passeront jusqu'à Gallim, et ses hurlements retentiront jusqu'au puits d'Elim.

9 Car les eaux de Dibon seront remplies de sang, parce que j'enverrai à Dibon un surcroît *de sang* ; et j'enverrai le lion contre ceux de Moab qui auront échappé, et contre les restes *malheureux* de cette terre.

CHAPITRE XVI.

SEIGNEUR ! envoyez l'Agneau dominateur de la terre, de la pierre du désert à la montagne de la fille de Sion.

2 Et alors les filles de Moab seront au passage de l'Arnon comme un oiseau qui s'enfuit, et comme les petits qui s'envolent de leur nid.

3 Prenez conseil, faites des assemblées ; préparez en plein midi une ombre aussi noire qu'est la nuit même : cachez ceux qui s'enfuient, et ne trahissez point ceux qui sont errants et vagabonds.

4 Mes fugitifs habiteront dans votre terre : Moab, servez-leur de retraite où ils se mettent a couvert de celui qui les persécute : car la poussière a trouvé sa fin, ce misérable n'est plus ; et celui qui foulait la terre aux pieds, est réduit en cendre.

5 *Il viendra un Roi* dans la maison de David ; son trône s'établira dans la miséricorde, et il s'y assiéra dans la vérité ; il sera un juge équitable, il s'informera avec soin de toutes choses, et il rendra à tous une prompte *et exacte* justice.

6 Nous avons appris *quel est* l'orgueil de Moab ; il est étrangement superbe : sa fierté, son insolence et sa fureur sont plus grandes que n'est son pouvoir.

7 Alors Moab criera et hurlera contre Moab : ils seront tous dans les plaintes et les hurlements : annoncez à ceux qui se glorifient sur leurs murailles de brique, de quelles plaies ils doivent être frappés.

8 Car les environs d'Hésébon sont *déjà* déserts, les princes des nations ont ruiné la vigne de Sabama : ses branches se sont étendues jusqu'à Jazer : elles ont couru dans le désert, et ce qui est resté de ses rejetons a passé au delà de la mer.

9 C'est pourquoi je mêlerai mes pleurs avec ceux de Jazer pour pleurer la vigne de Sabama : je vous arroserai de mes larmes, ô Hésébon et Eléalé ! parce que *l'ennemi* s'est jeté avec de grands cris sur vos vignes et sur vos moissons, et les a foulées aux pieds.

10 On ne verra plus de réjouissance ni d'allégresse dans les campagnes les plus fertiles, et on n'entendra plus dans les vignes ces cris de joie. Ceux qui avaient accoutumé de fouler le vin n'en fouleront plus ; et je rendrai muettes les voix de ceux qui pressaient *le vin dans les cuves*.

11 C'est pourquoi le fond de mon cœur fera retentir sur Moab comme les sons d'une harpe, et mes entrailles *pousseront des soupirs* sur *la ruine de* ses murailles de brique.

12 Et il arrivera que Moab étant las d'avoir été *tant de fois inutilement* à ses hauts lieux, entrera dans son sanctuaire pour prier, et il ne pourra *encore rien obtenir*.

13 C'est là la prédiction que le Seigneur avait faite de Moab il y a déjà longtemps :

14 mais maintenant voici ce que dit le Seigneur : Comme les mercenaires ont leur temps marqué, ainsi dans trois ans *précisément* la gloire de Moab sera détruite avec tout son peuple qui est fort nombreux ; il y restera peu d'hommes, et ce qui en restera ne sera pas nombreux.

CHAPITRE XVII.

PROPHÉTIE contre Damas. Damas va cesser d'être une ville, et elle deviendra comme un monceau de pierres d'une maison ruinée.

2 Les villes d'Aroër seront abandonnées aux troupeaux, et ils s'y reposeront sans qu'il y ait personne qui les en chasse.

3 Le soutien sera ôté à Ephraïm, et le règne à Damas ; et les restes des Syriens périront de même que la gloire des enfants d'Israël, dit le Seigneur des armées.

4 En ce temps-là la gloire de Jacob se dissipera, et son corps perdra son embonpoint, *et* deviendra tout maigre et tout défait.

5 Il sera semblable à *ce peu de grain que ramasse* celui qui glane dans la moisson, et qui recueille avec la main les épis *qui sont restés*, et à *ce peu que trouve* celui qui cherche des épis dans la vallée de Raphaïm.

6 Ce qui restera d'Israël sera comme une grappe de raisin qui aura été laissée *par les vendangeurs*, et comme lorsqu'on dépouille l'olivier il reste deux ou trois olives au bout d'une branche, ou quatre ou cinq au haut de l'arbre, dit le Seigneur, le Dieu d'Israël.

7 En ce temps-là l'homme s'abaissera devant celui qui l'a créé, il jettera les yeux sur le Saint d'Israël ;

8 et il ne s'abaissera plus devant les autels qu'il avait faits de ses mains : il ne regardera plus ces bois et ces temples *des idoles*, qui étaient l'ouvrage de ses doigts.

9 En ce temps-là ses plus fortes villes seront abandonnées comme une charrue *qu'on laisse en un champ*, et comme les blés *prêts à recueillir* qui furent laissés par les Chananéens à l'entrée des enfants d'Israël *dans leur pays* ; et votre terre sera déserte.

10 Parce que vous avez oublié le Dieu qui vous a sauvée, et que vous ne vous êtes point souvenue de votre puissant protecteur, vous planterez de bon plant, et vous sèmerez des graines qui viennent de loin :

11 et néanmoins ce que vous aurez planté ne produira que des fruits sauvages : votre semence fleurira dès le matin ; mais lorsque le temps de recueillir sera venu, vous ne trouverez rien, et vous serez percée de douleur.

12 Malheur à cette multitude nombreuse de peuple qui ressemble au bruit d'une grande mer ! *malheur* à ces voix tumultueuses qui retentissent comme le bruit des vagues et des flots !

13 Les peuples frémiront comme des eaux qui se débordent : *Dieu* s'élèvera contre eux, et les fera fuir bien loin : ils seront dissipés devant lui comme la poussière que le vent enlève sur les montagnes, et comme un tourbillon *de poudre* qui est emporté par la tempête.

14 Au soir ils répandaient l'épouvante, et au point du jour ils ne seront plus. C'est là le partage de ceux qui ont ruiné nos terres, et ce que doivent attendre ceux qui nous pillent.

CHAPITRE XVIII.

MALHEUR à la terre qui fait du bruit de ses ailes, qui est au delà des fleuves d'Ethiopie,

2 qui envoie ses ambassadeurs sur la mer, et *les fait courir* sur les eaux dans des vaisseaux de jonc ! Allez, anges légers, vers une nation divisée et déchirée ; vers un peuple terrible, le plus terrible de tous, vers une nation qui attend et qui est foulée aux pieds, dont la terre est gâtée *et* ravagée par les inondations de *divers* fleuves.

3 Habitants du monde, vous tous qui demeurez sur la terre, lorsque l'étendard sera élevé sur les montagnes, vous le verrez, et vous entendrez le bruit éclatant de la trompette.

4 Car voici ce que le Seigneur m'a dit : Je me tiendrai en repos, et je contemplerai du lieu où je suis *élevé*, comme une lumière aussi claire qu'est le soleil en plein midi, et comme un nuage de rosée dans le temps de la moisson.

5 Car *la vigne* fleurira toute avant le temps ; elle germera sans jamais mûrir ; ses rejetons seront coupés avec la faux, et ce qui en restera sera retranché et rejeté comme inutile.

6 On le laissera aux oiseaux des montagnes et aux bêtes de la

terre : les oiseaux y demeureront pendant tout l'été, et toutes les bêtes de la terre y passeront l'hiver.

7 En ce temps-là ce peuple divisé et déchiré, ce peuple terrible, le plus terrible de tous, cette nation qui attendait et qui était foulée aux pieds, dont la terre était gâtée *et* ravagée par l'inondation de *divers* fleuves, offrira un présent au Dieu des armées, dans le lieu où est *invoqué* le nom du Seigneur des armées, sur la montagne de Sion.

CHAPITRE XIX.

PROPHÉTIE contre l'Egypte. Le Seigneur montera sur un nuage léger, et il entrera dans l'Egypte, et les idoles d'Egypte seront ébranlées devant sa face, et le cœur de l'Egypte se fondra au milieu d'elle.

2 Je ferai que les Egyptiens s'élèveront contre les Egyptiens ; que le frère combattra contre le frère, l'ami contre l'ami, la ville contre la ville, et le royaume contre le royaume.

3 L'esprit de l'Egypte s'anéantira dans elle, et je renverserai sa prudence : ils consulteront leurs idoles, leurs devins, leurs pythons et leurs magiciens.

4 Je livrerai l'Egypte entre les mains d'un maître cruel, et un roi violent les dominera avec empire, dit le Seigneur, le Dieu des armées.

5 La mer se trouvera sans eaux, et le fleuve deviendra sec et aride.

6 Les rivières tariront, les ruisseaux de l'Egypte se sécheront, les roseaux et les joncs se faneront :

7 le lit des ruisseaux sera sec à sa source même, et tous les grains *qu'on avait semés* le long de ses eaux, se sécheront et mourront.

8 Les pêcheurs pleureront ; tous ceux qui jettent l'hameçon dans le fleuve, seront dans les larmes ; et ceux qui étendent leurs filets sur la surface de ses eaux, tomberont dans la défaillance.

9 Ceux qui travaillaient en lin, qui le préparaient, et qui en faisaient des ouvrages fins *et* déliés, seront dans la confusion.

10 Les lieux arrosés d'eau sécheront, et tous ceux qui faisaient des fosses pour y prendre du poisson, *seront dans l'abattement*.

11 Les princes de Tanis ont perdu le sens, ces sages conseillers de Pharaon ont donné un conseil plein de folie. Comment dites-vous à Pharaon : Je suis le fils des sages, je suis le fils des anciens rois ?

12 Où sont maintenant vos sages ? qu'ils vous annoncent, qu'ils vous prédisent ce que le Seigneur des armées a résolu de faire à l'Egypte.

13 Les princes de Tanis sont devenus insensés, les princes de Memphis ont perdu courage ; ils ont séduit l'Egypte, *ils ont détruit* la force *et* le soutien de ses peuples.

14 Le Seigneur a répandu au milieu d'elle un esprit d'étourdissement : et ils ont fait errer l'Egypte dans toutes ses œuvres, comme un homme ivre, qui ne va qu'en chancelant, et qui rejette ce qu'il a pris.

15 L'Egypte sera dans l'incertitude de ce qu'elle doit faire, les grands comme les petits, ceux qui commandent, et ceux qui obéissent.

16 En ce temps-là les Egyptiens deviendront comme des femmes ; ils s'étonneront, ils trembleront parmi le trouble et l'épouvante que la main du Seigneur des armées répandra sur eux.

17 Après cela l'exemple de la terre de Juda deviendra l'effroi de l'Egypte ; et quiconque se souviendra de cette terre, tremblera de crainte dans la vue des desseins que le Seigneur des armées a formés sur elle.

18 En ce temps-là il y aura cinq villes dans l'Egypte qui parleront la langue de Chanaan, et qui jureront par le Seigneur des armées : l'une *d'entre elles* sera appelée la Ville du soleil.

19 Il y aura en ce temps-là un autel du Seigneur au milieu de l'Egypte, et un monument au Seigneur à l'extrémité du pays.

20 Ce sera dans l'Egypte un signe et un témoignage *des desseins* du Seigneur des armées *sur ce pays* : car ils crieront au Seigneur étant accablés par celui qui les opprimait, et il leur enverra un sauveur et un protecteur qui les délivrera.

21 Alors le Seigneur sera connu de l'Egypte, et les Egyptiens connaîtront le Seigneur : ils l'honoreront avec des hosties et des oblations ; ils lui feront des vœux, et les lui rendront.

22 Ainsi le Seigneur frappera l'Egypte d'une plaie, et il la refermera : ils reviendront au Seigneur, et il leur deviendra favorable, et il les guérira.

23 En ce temps-là il y aura un passage *et un commerce* de l'Egypte en Assyrie : les Assyriens entreront dans l'Egypte, et les Egyptiens dans l'Assyrie, et les Egyptiens serviront les Assyriens.

24 En ce temps-là Israël se joindra pour troisième aux Egyptiens et aux Assyriens : il sera une *source de* bénédiction au milieu de la terre.

25 Car le Seigneur des armées l'a béni, en disant : Mon peuple d'Egypte est béni, l'Assyrien est l'ouvrage de mes mains, et Israël est mon héritage.

CHAPITRE XX.

L'ANNÉE que Tharthan, envoyé par Sargon, roi des Assyriens, vint à Azot, l'assiégea et la prit :

2 cette année-là, *dis-je*, le Seigneur parla à Isaïe, fils d'Amos, et lui dit : Allez, ôtez le sac de dessus vos reins, et les souliers de vos pieds. Isaïe le fit, et il alla nu et sans souliers.

3 Alors le Seigneur dit : Comme mon serviteur Isaïe a marché nu et sans souliers pour être comme un prodige qui marque ce qui doit arriver durant trois ans à l'Egypte et à l'Ethiopie ;

4 ainsi le roi des Assyriens emmènera d'Egypte et d'Ethiopie une foule de captifs et de prisonniers de guerre, les jeunes et les vieillards, tout nus, sans habits et sans souliers, sans avoir même de quoi couvrir ce qui doit être caché dans le corps, à la honte de l'Egypte.

5 Et *les Juifs* seront saisis de crainte, et ils rougiront d'avoir fondé leur espérance sur l'Ethiopie, et leur gloire sur l'Egypte.

6 Les habitants de cette île diront alors : C'était donc là notre espérance ; *voilà* ceux dont nous implorions le secours pour nous délivrer de la violence du roi des Assyriens ; et comment pourrons-nous nous sauver *nous-mêmes* ?

CHAPITRE XXI.

PROPHÉTIE contre le désert de la mer. *Je vois* venir du désert, *je vois venir* d'une terre affreuse, comme des tourbillons poussés par le vent du midi *pour tout renverser*.

2 Dieu m'a révélé une épouvantable prophétie : le perfide continue d'agir dans sa perfidie ; et celui qui dépeuplait continue de dépeupler tout. Marche, Elam ; Mède, assiège *la ville* : je vais faire cesser les gémissements qui s'élèvent du milieu d'elle.

3 C'est pourquoi mes entrailles sont saisies de douleur ; je suis déchiré au dedans de moi comme une femme qui est en travail : ce que j'entends m'effraye, et ce que je vois m'épouvante.

4 Mon cœur est tombé dans la défaillance ; mon esprit est rempli d'effroi et de ténèbres : cette Babylone qui était mes délices, me devient un sujet d'effroi.

5 Couvrez la table, contemplez d'une guérite ceux qui mangent et qui boivent : levez-vous, princes, prenez le bouclier.

6 Car voici ce que le Seigneur m'a dit : Allez, posez une sentinelle qui vienne vous dire tout ce qu'il verra.

7 Et *la sentinelle* vit un chariot conduit par deux hommes, montés l'un sur un âne, et l'autre sur un chameau : et il s'appliqua avec grande attention à considérer *ce qu'il voyait*.

8 Alors il cria *comme un* lion : Je fais sentinelle pour le Seigneur, et j'y demeure pendant tout le jour : je fais ma garde, et j'y passe les nuits entières.

9 Les deux hommes qui conduisaient le chariot s'étant approchés, j'entendis une voix qui me dit : Babylone est tombée ; elle est tombée *cette grande ville*, et toutes les images de ses dieux ont été brisées contre terre.

10 O vous que je laisse dans l'oppression, vous que je laisse briser comme la paille dans l'aire ! ce que j'ai appris du Seigneur des armées, du Dieu d'Israël, je vous l'annonce.

11 Prophétie contre Duma. J'entends qu'on crie à moi de Séir : Sentinelle, qu'avez-vous vu cette nuit» Sentinelle, qu'avez-vous vu cette nuit ?

12 La sentinelle répondit : Le point du jour est venu, et la nuit *va suivre* : si vous cherchez, cherchez *avec soin :* convertissez-vous, et venez.

13 Prophétie contre l'Arabie. Vous dormirez au soir dans le bois, dans les sentiers de Dédanim.

14 Vous qui habitez la terre du midi, venez au-devant de ceux qui ont soif, et portez-leur de l'eau ; venez au-devant de ceux qui fuient, et portez-leur du pain.

15 Car ils fuient de devant les épées *tirées*, devant l'épée qui allait les percer, devant l'arc tout prêt à tirer, et devant une sanglante mêlée.

16 Voici encore ce que le Seigneur m'a dit : Je ne donne plus qu'une année à Cédar, comme on marque une année précise à un mercenaire ; et après cela toute sa gloire sera détruite.

17 Le nombre même des plus forts archers de Cédar qui seront restés, diminuera *peu à peu :* car le Seigneur, le Dieu d'Israël, a parlé.

CHAPITRE XXII.

PROPHÉTIE contre la vallée de vision. D'où vient que tu montes ainsi en foule sur les toits,

2 ville pleine de tumulte, ville pleine de peuple, ville triomphante ? Tes enfants sont tués, et ils ne sont point morts par l'épée ; ce n'est point la guerre qui les a fait périr.

3 Tes princes tous ensemble ont pris la fuite, ils ont été chargés de rudes chaînes : tous ceux que *l'ennemi* a trouvés ont été enchaînés ensemble, quoiqu'ils se fussent enfuis bien loin.

4 C'est pourquoi j'ai dit : Retirez-vous de moi, je répandrai des larmes amères : ne vous mettez point en peine de me consoler sur la ruine de la fille de mon peuple.

5 Car voici un jour de carnage, un jour où tout est foulé aux pieds, un jour de cris *lamentables*, que le Seigneur, le Dieu des armées, envoie en la vallée de vision. *Je le vois* qui perce la muraille, et qui fait paraître sa gloire sur la montagne.

6 Elam prend déjà son carquois, il prépare ses chariots pour ses cavaliers, il détache ses boucliers des murailles.

7 Tes plus belles vallées sont couvertes de chariots de guerre, et la cavalerie ira *d'abord* se camper à tes portes.

8 *L'ennemi* détruira toutes les murailles qui couvraient Juda, et vous jetterez alors les yeux sur l'arsenal du palais, *appelé* la maison de la forêt.

9 Vous remarquerez le grand nombre des brèches de la ville de David, et vous amasserez les eaux de la piscine d'en bas.

10 Vous ferez le dénombrement des maisons de Jérusalem, et vous en détruirez quelques-unes pour fortifier la muraille.

11 Vous ferez encore un réservoir d'eau entre deux murs auprès de la piscine ancienne : et *dans tout cet appareil* vous ne lèverez point les yeux vers celui qui a fait Jérusalem, et vous ne regarderez pas même de loin celui qui en est le Créateur.

12 Alors le Seigneur, le Dieu des armées, vous invitera *à avoir recours* aux larmes et aux soupirs, à raser vos cheveux, et à vous revêtir de sacs :

13 et au lieu de cela *vous ne penserez qu'à* vous réjouir et vous divertir, à tuer des veaux et égorger des moutons, à manger de la chair et boire du vin. Mangeons et buvons, *direz-vous ;* nous mourrons demain.

14 C'est pourquoi le Seigneur, *le Dieu* des armées, m'a fait entendre cette parole dans une révélation : Je jure que vous porterez cette iniquité jusqu'à la mort, dit le Seigneur, le Dieu des armées.

15 Voici ce que le Seigneur, le Dieu des armées, a dit : Allez trouver celui qui habite dans le tabernacle, *allez trouver* Sobna qui est le préfet du temple, et vous lui direz :

16 Que faites-vous ici, ou quel droit y avez-vous, vous qui vous êtes préparé ici un sépulcre, qui vous êtes dressé un monument avec tant d'appareil dans un lieu élevé, *et qui vous êtes taillé* dans la pierre un lieu de repos.

17 Le Seigneur va vous faire transporter d'ici, comme un coq *les pieds liés*, et il vous enlèvera aussi *facilement* qu'un manteau qu'on met sur soi.

18 Il vous couronnera d'une couronne de maux, il vous jettera comme *on jette* une balle dans un champ large et spacieux : vous mourrez là, et c'est à quoi se réduira le char *et la pompe* de votre gloire, *vous qui êtes* la honte de la maison de votre maître.

19 Je vous chasserai du rang où vous êtes, et je vous déposerai de votre ministère.

20 Et en ce jour-là j'appellerai mon serviteur Eliacim, fils d'Helcias.

21 Je le revêtirai de votre tunique, je l'honorerai de votre ceinture, je lui remettrai entre les mains toute la puissance que vous avez ; et il sera comme le père des habitants de Jérusalem et de la maison de Juda.

22 Je mettrai sur son épaule la clef de la maison de David : il ouvrira sans qu'on puisse fermer, et il fermera sans qu'on puisse ouvrir.

23 Je le ferai entrer comme un bois qu'on enfonce dans un lieu ferme, et il sera comme un trône de gloire pour la maison de son père.

24 Toute la gloire de la maison de son père *reposera et* sera comme suspendue sur lui : *on y mettra* des vases de diverses sortes, toutes sortes de petits instruments, depuis les coupes jusqu'aux instruments de musique.

25 En ce temps-là, dit le Seigneur des armées, le bois qu'on avait fait sceller dans un lieu stable, sera arraché ; il sera brisé et il tombera, et tout ce qui y était suspendu périra, parce que le Seigneur a parlé.

CHAPITRE XXIII.

PROPHÉTIE contre Tyr. Criez et hurlez, vaisseaux de la mer ; parce que le lieu d'où les navires avaient accoutumé de faire voile a été détruit : c'est de la terre de Céthim, que *ce malheur se* manifestera sur eux.

2 Demeurez dans le silence, habitants de l'île : les marchands de Sidon passaient la mer pour venir remplir vos ports.

3 Les semences que le Nil fait croître par le débordement de ses eaux, les moissons que *l'Égypte* doit à ce fleuve, étaient la nourriture de Tyr ; et elle était devenue comme la ville de commerce de toutes les nations.

4 Sidon, rougis de honte, parce que cette ville maritime, cette ville qui était la force *et la gloire* de la mer, dira dans ta ruine : Je n'ai point conçu, je n'ai point mis d'enfants au monde, je n'ai point nourri de jeunes gens, je n'ai point élevé de jeunes filles.

5 Lorsque le bruit *de la destruction* de Tyr sera passé en Égypte, on sera saisi de douleur.

6 Traversez les mers, poussez des cris *et des* hurlements, habitants de l'île.

7 N'est-ce pas la cette ville que vous vantiez tant, qui se glorifiait de son antiquité depuis tant de siècles ? Ses enfants sont allés à pied bien loin dans des terres étrangères.

8 Qui a formé ce dessein contre Tyr, autrefois la reine *des villes*, dont les marchands étaient des princes, dont les traficants étaient les personnes les plus éclatantes de la terre ?

9 C'est le Seigneur des armées qui a résolu de la traiter de la sorte, pour renverser toute la gloire des superbes, et pour faire tomber dans l'ignominie tous ceux qui paraissaient dans le monde avec tant d'éclat.

10 Hâtez-vous de sortir de votre terre comme un fleuve *qui précipite son cours, ô ville,* fille de la mer ! toute votre enceinte a été détruite.

11 Le Seigneur a étendu sa main sur la mer : il a ébranlé les royaumes : il a donné ses ordres contre Chanaan, pour réduire en poudre ses plus vaillants hommes ;

12 et il a dit : O fille de Sidon ! vierge qui allez être déshonorée :

vous ne vous glorifierez plus à l'avenir avec tant de faste : levez-vous, faites voile en Céthim, et vous n'y trouverez pas même du repos.

13 Considérez l'empire des Chaldéens : il n'y eut *jamais* un tel peuple ; les Assyriens l'avaient fondé : *cependant* on a emmené captifs les plus grands d'entre eux, on a renversé leurs maisons, et on les a entièrement ruinés.

14 *Criez,* hurlez, vaisseaux de la mer, parce que toute votre force est détruite.

15 En ce temps-là, ô Tyr ! vous demeurerez en oubli pendant soixante et dix ans, comme durant les jours *du règne* d'un roi ; et après soixante et dix ans Tyr deviendra comme une femme prostituée qui chante, *et à qui l'on dit :*

16 Prenez le luth, tournez tout autour de la ville, courtisane mise en oubli depuis longtemps ; étudiez-vous à bien chanter, répétez souvent vos airs, afin qu'on se souvienne de vous.

17 Soixante et dix ans après le Seigneur visitera Tyr, il la remettra en état de recommencer son premier trafic, et elle se prostituera comme autrefois à tous les royaumes qui sont sur la terre.

18 *Mais enfin* tout le gain qui reviendra de son commerce et de son trafic sera consacré au Seigneur : il ne sera point mis en réserve, ni dans un trésor ; mais il sera tout employé pour ceux qui assistent devant le Seigneur, afin qu'ils en soient nourris et rassasiés, et qu'ils en soient revêtus jusqu'à leur vieillesse.

CHAPITRE XXIV.

VOICI le temps où le Seigneur rendra déserte la terre *de Juda ;* il la dépouillera, il lui fera changer de face dans ses ruines, et il en dispersera tous les habitants.

2 Alors le prêtre sera comme le peuple ; le maître comme l'esclave ; la maîtresse comme la servante ; celui qui vend comme celui qui achète ; celui qui emprunte comme celui qui prête ; et celui qui doit comme celui qui redemande ce qu'il a prêté.

3 Il n'y aura que renversement dans la terre, et elle sera exposée à toutes sortes de pillages : car c'est le Seigneur qui a parlé.

4 La terre est dans les larmes ; elle fond, elle tombe dans la défaillance : le monde périt, tout ce qu'il y a de grand parmi le peuple est dans l'abaissement.

5 La terre est infectée par la corruption de ceux qui l'habitent, parce qu'ils ont violé les lois, qu'ils ont changé les ordonnances, et qu'ils ont rompu l'alliance qui devait durer éternellement.

6 C'est pourquoi la malédiction dévorera la terre ; ceux qui l'habitent s'abandonneront au péché, ceux qui la cultivent seront insensés, et il n'y demeurera que très-peu d'hommes.

7 Le vin pleure, la vigne languit, tous ceux qui avaient la joie dans le cœur sont dans les larmes.

8 Le bruit des tambours a cessé, les cris de réjouissance ne s'entendent plus, la harpe a fait taire ses accords si doux.

9 Ils ne boiront plus le vin en chantant des airs ; toutes les liqueurs agréables deviendront amères à ceux qui boiront.

10 Cette ville de faste est détruite, toutes les maisons en sont fermées, et personne n'y entre plus.

11 Les cris retentiront dans les rues, parce qu'il ne se trouvera plus de vin ; tous les divertissements seront en oubli ; toute la joie de la terre en sera bannie.

12 La ville ne sera plus qu'un désert ; toutes les portes en seront détruites.

13 Et ce qui restera au milieu de la terre, au milieu de tant de peuples, sera comme quelques olives qui demeurent sur un arbre après qu'on l'a dépouillé de tous ses fruits, ou comme quelques raisins *qu'on trouve sur un cep* après qu'on a fait la vendange.

14 Ceux-là élèveront leur voix, et ils chanteront des cantiques de louanges : ils jetteront de grands cris de dessus la mer, lorsque le Seigneur sera entré dans sa gloire.

15 C'est pourquoi rendez gloire au Seigneur par une doctrine *pure ; célébrez* le nom du Seigneur, du Dieu d'Israël, dans les îles de la mer.

16 Nous avons entendu des extrémités du monde les louanges *dont on relève* la gloire du juste. Et j'ai dit alors : Mon secret est pour moi, mon secret est pour moi. Malheur à moi ! ils ont violé la loi, et le mépris qu'ils en ont fait, est monté jusqu'à son comble.

17 Habitants de la terre, l'effroi, la fosse et le piège vous sont réservés.

18 Celui que l'effroi aura fait fuir, tombera dans la fosse : celui qui sera sauvé de la fosse, sera pris au piège ; parce que les cieux s'ouvriront pour faire *pleuvoir comme au temps du* déluge, et que les fondements de la terre seront ébranlés.

19 La terre souffrira des élancements qui la déchireront, des renversements qui la briseront, des secousses qui l'ébranleront.

20 Elle sera agitée, et elle chancellera comme un homme ivre ; elle sera transportée comme une tente dressée pour une nuit : elle sera accablée par le poids de son iniquité, et elle tombera sans que jamais elle s'en relève.

21 En ce temps-là le Seigneur visitera les armées d'en haut qui sont sur les cieux, et les rois du monde qui sont sur la terre.

22 Et les ayant ramassés et liés ensemble comme un faisceau de bois, *il les jettera* dans le lac où il les tiendra en prison, et il les visitera longtemps après.

23 La lune rougira, et le soleil sera tout obscurci, lorsque le Seigneur des armées fera éclater son règne sur la montagne de Sion et dans Jérusalem, et qu'il sera couvert de gloire devant les anciens de son peuple.

CHAPITRE XXV.

SEIGNEUR ! vous êtes mon Dieu ; je vous glorifierai, et je bénirai votre nom ; parce que vous avez fait des prodiges, et *que vous avez fait voir* la vérité de vos desseins éternels. Amen !

2 Car vous avez réduit toute une ville en un monceau *de pierres ;* vous avez fait que cette ville si forte est toute en ruines ; et que cette demeure superbe des étrangers a tellement cessé d'être une ville, qu'elle ne sera jamais rétablie.

3 C'est pour cela qu'un peuple puissant vous rendra gloire, et que la cité des nations redoutables vous révérera :

4 parce que vous êtes devenu la force du pauvre, la force du faible dans son affliction ; son refuge contre la tempête, son rafraîchissement contre la chaleur. Car la colère des puissants est comme une tempête qui vient fondre contre une muraille.

5 Vous humilierez l'insolence tumultueuse des étrangers, comme *un homme est abattu par* l'ardeur du soleil dans un lieu aride ; et vous ferez sécher les rejetons des violents, comme par la chaleur étouffée du un temps couvert de nuages.

6 Et le Seigneur des armées préparera à tous les peuples sur cette montagne un festin de viandes délicieuses, un festin de vin ; de *viandes* pleines de suc et de moelle, d'un vin tout pur sans aucune lie.

7 Il brisera sur cette montagne cette chaîne qui tenait liés tous les peuples : *il rompra* cette toile que *l'ennemi* avait ourdie, qui enveloppait toutes les nations.

8 Il précipitera la mort pour jamais ; et le Seigneur Dieu séchera les larmes de tous les yeux, et il effacera de dessus la terre l'opprobre de son peuple : car c'est le Seigneur qui a parlé.

9 En ce jour-là *son peuple* dira : C'est là vraiment celui qui est notre Dieu ; nous l'avons attendu, et il nous sauvera : c'est lui qui est le Seigneur ; nous l'avons attendu longtemps, et *maintenant* nous serons pleins d'allégresse, nous serons ravis de joie dans le salut qu'il nous donne.

10 Car la puissance du Seigneur se reposera sur cette montagne ; et Moab sera brisé sous lui comme le sont les pailles par la roue d'un chariot.

11 Il étendra ses mains sous *le poids dont* Dieu *l'accablera,* comme un homme qui nage étend ses mains pour nager. Le Seigneur déploiera la force de son bras pour détruire son orgueil.

12 Il renversera la masse superbe de tes murailles ; il les abattra, les fera tomber en terre, et *les réduira* en poudre.

CHAPITRE XXVI.

ALORS on chantera ce cantique dans la terre de Juda : Sion est notre ville forte ; le Sauveur en sera lui-même la muraille et le boulevard.

2 Ouvrez-en les portes, et qu'un peuple juste y entre, *un peuple* observateur de la vérité.

3 L'erreur ancienne est *enfin* bannie : vous *nous* conserverez la paix, *vous nous la conserverez, cette* paix, parce que nous avons espéré en vous.

4 Vous avez mis pour jamais votre confiance dans le Seigneur, dans le Seigneur Dieu, *dans* le Fort toujours invincible.

5 Car il abaissera ceux qui sont dans l'élévation ; il humiliera la ville superbe ; il l'humiliera jusqu'en terre, il la fera descendre jusqu'à la poussière.

6 Elle sera foulée aux pieds, *elle sera foulée* aux pieds du pauvre, aux pieds de ceux qui n'ont rien.

7 Le sentier du juste est droit ; le chemin du juste le conduira droit dans sa voie.

8 Aussi nous vous avons attendu, Seigneur ! dans le sentier de votre justice : votre nom et votre souvenir sont le désir *et les délices* de l'âme.

9 Mon âme vous a désiré pendant la nuit ; et je m'éveillerai dès le point du jour, pour vous chercher *de toute l'étendue* de mon esprit et de mon cœur. Lorsque vous aurez exercé vos jugements sur la terre, les habitants du monde apprendront à être justes.

10 Faisons grâce à l'impie, et il n'apprendra point à être juste : il a fait des actions injustes dans la terre des saints ; il ne verra point la majesté du Seigneur.

11 Seigneur ! élevez votre main *puissante*, et qu'ils ne la voient point ; *ou* s'ils voient *vos merveilles*, qu'ils soient confondus ; et jaloux du *bonheur de votre* peuple ; et que le feu dévore vos ennemis.

12 Seigneur ! vous nous donnerez la paix : car c'est vous qui avez fait *en* nous toutes nos œuvres.

13 Seigneur notre Dieu ! des maîtres *étrangers* nous ont possédés sans vous : faites qu'*étant* dans vous maintenant, nous ne nous souvenions que de votre nom.

14 Que ceux qui sont morts ne revivent point ; que les géants ne ressuscitent plus : car c'est pour cela que vous êtes venu contre eux, que vous les avez réduits en poudre, et que vous en avez effacé toute la mémoire.

15 Vous avez favorisé cette nation, Seigneur ! vous l'avez favorisée ; vous *y* avez établi votre gloire ; vous avez étendu toutes les limites de *votre* terre.

16 Seigneur ! ils vous ont cherché dans leurs maux pressants, et vous les avez instruits par l'affliction qui les a obligés de vous adresser leur humble prière.

17 Nous avons été devant vous, Seigneur ! comme une femme qui a conçu, et qui étant près d'enfanter, jette de grands cris dans *la violence de* ses douleurs.

18 Nous avons conçu, nous avons été comme en travail, et nous *n*'avons enfanté *que* du vent : nous n'avons point produit sur la terre des *fruits de* salut ; c'est pourquoi les habitants de la terre n'ont point été exterminés.

19 Ceux de votre peuple qu'on avait fait mourir vivront *de nouveau*, ceux qui étaient tués au milieu de moi ressusciteront. Réveillez-vous de votre sommeil, et chantez les louanges *de Dieu*, vous qui habitez dans la poussière ; parce que la rosée qui tombe sur vous est une rosée de lumière, et que vous ruinerez la terre *et le règne* des géants.

20 Allez, mon peuple, entrez dans *le secret de* votre chambre ; fermez vos portes sur vous, et tenez-vous un peu caché pour un moment, jusqu'à ce que la colère soit passée.

21 Car le Seigneur va sortir du lieu où il réside, pour venger l'iniquité que les habitants du monde ont commise contre lui, et la terre ne cachera plus le sang qui a été répandu ; elle ne retiendra plus dans son sein ceux qu'on y avait fait descendre par une mort violente.

CHAPITRE XXVII.

EN ce temps-là le Seigneur viendra avec sa grande épée, son épée pénétrante et invincible, pour punir Léviathan, ce serpent immense, Léviathan, ce serpent à divers plis et replis, et il fera mourir la baleine qui est dans la mer.

2 En ce temps-là la vigne qui portera le vin pur, chantera les louanges de Dieu.

3 Je suis le Seigneur qui la conserve : je l'arroserai à tout moment ; je la garde nuit et jour, de peur qu'elle ne soit gâtée.

4 Je ne me porte point *de moi-même* à la colère ; *mais* si quelqu'un est comme une ronce et une épine qui me pique et qui m'attaque, ne la foulerai-je pas aux pieds, et n'y mettrai-je pas le feu pour la consumer ?

5 Est-ce qu'il prétendra lier ma puissance ? Qu'il me demande la paix : qu'il fasse la paix avec moi.

6 Un jour les racines de Jacob pousseront avec vigueur, Israël fleurira et germera, et ils rempliront de fruit toute la face du monde.

7 Dieu a-t-il frappé son peuple comme il a frappé ceux qui en étaient les tyrans ? et le supplice des siens qu'il a punis, a-t-il égalé celui des persécuteurs de son peuple ?

8 Lors même qu'Israël sera rejeté, il le jugera avec modération *et* avec mesure ; il cherchera des moyens *de tempérer* sa rigueur et sa colère, lors même qu'elle paraîtra plus ardente.

9 C'est pour cela que l'iniquité de la maison de Jacob lui sera remise ; et le fruit *de tous ses maux* sera l'expiation de son péché, lorsque Israël aura brisé toutes les pierres *de l'autel de ses idoles*, comme des pierres de chaux, et qu'il *aura* renversé tous les bois profanes et tous les temples.

10 Car *cette* ville si forte sera désolée : *cette* ville si belle sera dépeuplée, elle sera abandonnée comme un désert ; les jeunes bœufs viendront y paître et s'y reposer, et ils mangeront les herbes *qui y seront crues*.

11 Leurs blés se dessécheront et seront foulés aux pieds : des femmes viendront les instruire : car ce peuple n'a point d'intelligence, et c'est pour cela que celui dont il est l'ouvrage n'en aura point de pitié, et que celui qui l'a formé ne lui pardonnera point.

12 En ce temps-là le Seigneur étendra sa main et ses plaies depuis le lit du fleuve *d'Euphrate* jusqu'au torrent de l'Egypte ; et vous, enfants d'Israël, vous serez rassemblés un à un.

13 En ce temps-là la trompette retentira avec un grand bruit ; ceux qui étaient perdus dans la terre des Assyriens, ou bannis au pays d'Egypte, reviendront pour adorer le Seigneur sur la montagne sainte dans Jérusalem.

CHAPITRE XXVIII.

MALHEUR à la couronne d'orgueil, aux ivrognes d'Ephraïm, à la fleur passagère qui fait leur faste et leur joie ; *à ceux* qui habitent au haut de la vallée grasse, et que les fumées du vin font chanceler !

2 Le Seigneur fort et puissant *sera* comme une grêle impétueuse ; *il sera* comme un tourbillon qui brise tout, comme un déluge d'eaux qui se répand sur une grande campagne, et qui l'inonde.

3 La couronne d'orgueil des ivrognes d'Ephraïm sera foulée aux pieds.

4 Et cette fleur passagère qui fait la vanité et la joie de celui qui habite au haut de la vallée grasse, sera semblable à un fruit qui est mûr avant les autres fruits de l'automne, que celui qui l'aperçoit prend de la main, et le mange en même temps.

5 En ce jour-là le Seigneur des armées sera une couronne de gloire, et *comme* un bouquet de fleurs et de réjouissance pour le reste de son peuple.

6 *Il sera* un esprit de justice pour celui qui sera assis sur *le tribunal de* la justice, et la force de ceux qui retourneront du combat à la porte *de la ville*.

7 Mais ceux-ci mêmes *qui sont restés*, sont si pleins de vin, qu'ils

ne savent ce qu'ils font ; ils sont si ivres qu'ils ne peuvent se soutenir : le prêtre et le prophète sont sans connaissance dans l'ivresse *qui les possède ;* ils sont absorbés dans le vin, ils chancellent comme étant ivres, ils n'ont point connu la prophétie, ils ont ignoré la justice.

8 Toutes les tables sont si pleines de ce que rejettent ceux qui vomissent, et de saletés, qu'il n'y reste plus de lieu *qui soit net.*

9 A qui *le Seigneur* enseignera-t-il sa loi ? à qui donnera-t-il l'intelligence de sa parole ? *Ce sont* des enfants qu'on ne fait que de sevrer, qu'on vient d'arracher de la mamelle.

10 Instruisez, instruisez encore ; instruisez, instruisez encore : attendez, attendez encore ; attendez, attendez encore : *vous serez un* peu ici, *vous serez un* peu ici.

11 Car *le Seigneur* parlera *désormais* d'une autre manière à ce peuple, il ne lui tiendra plus le même langage.

12 Lui qui lui avait dit autrefois : C'est ici mon repos ; soulagez-moi dans ma lassitude : voici *le lieu de* mon rafraîchissement. Et cependant ils n'ont pas voulu l'entendre.

13 C'est pourquoi le Seigneur leur dira : Instruisez, instruisez encore ; instruisez, instruisez encore : attendez, attendez encore ; attendez, attendez encore : *vous serez un* peu ici, *vous serez un* peu ici : afin qu'ils sortent *de ce lieu,* qu'ils soient renversés en arrière, qu'ils soient brisés, qu'ils tombent dans le piège, et qu'ils y soient pris.

14 C'est pourquoi écoutez la parole du Seigneur, vous qui vous moquez *de lui*, qui exercez votre domination sur mon peuple qui est en Jérusalem.

15 Car vous avez dit : Nous avons fait un pacte avec la mort, nous avons contracté une alliance avec l'enfer : lorsque les maux se déborderont comme des torrents, ils ne viendront point jusqu'à nous, parce que nous avons établi notre confiance dans le mensonge, et que le mensonge nous a protégés.

16 Voici donc ce que dit le Seigneur Dieu : Je vais mettre pour fondement de Sion une pierre, une pierre éprouvée, angulaire, précieuse, qui sera un ferme fondement. Que celui qui croit *attende, et qu'il* ne se hâte point.

17 J'établirai un poids de justice, et une mesure exacte d'équité ; et la grêle détruira l'espérance *fondée sur* le mensonge, et un déluge d'eaux emportera toute la protection *qu'on en attendait.*

18 L'alliance que vous aviez contractée avec la mort sera rompue, et le pacte que vous aviez fait avec l'enfer ne subsistera plus : lorsque les maux se déborderont comme un torrent, vous en serez accablés.

19 Aussitôt qu'ils se répandront, ils vous emporteront ; et ils se répandront dès le matin sans discontinuer ni jour ni nuit ; et l'affliction seule vous donnera l'intelligence de ce qu'on vous dit.

20 Car le lit est si resserré que si *deux personnes* s'y mettent, l'une tombera ; et la couverture est *si* étroite qu'elle ne peut en couvrir deux.

21 Le Seigneur va s'élever *contre vous,* comme *il fit* sur la montagne de division ; il va se mettre en colère *contre vous,* comme il s'y mit en la vallée de Gabaon ; et il fera son œuvre *de votre punition, qui est* une œuvre bien éloignée de lui ; il fera, *dis-je, en cela* son œuvre, et il agira d'une manière qui est étrangère à sa bonté.

22 Cessez donc de vous moquer, de peur que vos chaînes ne se resserrent encore davantage : car le Seigneur, le Dieu des armées, m'a fait entendre qu'il va faire une *grande* destruction et un *grand* retranchement sur toute la terre.

23 Prêtez l'oreille ; écoutez ma voix : rendez-vous attentifs, et ne rejetez pas mes paroles.

24 Le laboureur labourera-t-il toujours afin de semer ? Travaillera-t-il sans cesse à fendre les mottes de la terre et à la sarcler ?

25 Lorsqu'il l'a aplanie *et* égalée, n'y sème-t-il pas du gith et du cumin ? et n'y mettra-t-il pas du blé, de l'orge, du millet et de la vesce, chacun en sa place et en son rang ?

26 Car Dieu lui a donné du sens *pour cela,* et il lui a appris *ce qu'il doit faire.*

27 Le gith ne se foule pas avec des pointes de fer, et on ne fait point passer la roue du chariot sur le cumin ; mais le gith se bat avec une verge, et le cumin avec un fléau.

28 *Le blé dont on fait* le pain se brise avec le fer ; et néanmoins celui qui le brise, ne le brise pas toujours ; il ne le presse pas toujours sous la roue du chariot, et il n'en rompt pas toujours la paille avec les ongles de fer.

29 Toute cette conduite vient du Seigneur, du Dieu des armées, qui a voulu faire ainsi admirer ses conseils, et signaler la grandeur de sa justice.

CHAPITRE XXIX.

MALHEUR à Ariel, à Ariel ! à cette ville qui a été prise par David : les années se sont succédé, et les fêtes se sont écoulées.

2 J'environnerai Ariel de tranchées ; elle sera triste et désolée, et elle sera *pleine de sang* comme Ariel.

3 Je ferai tout autour de tes murailles comme un cercle ; j'élèverai des forts contre toi, et je ferai des fortifications pour te tenir assiégée.

4 Vous serez humiliée, vous parlerez comme de dessous la terre, et vos paroles en sortiront *à peine* pour se faire entendre. Votre voix sortant de la terre sera semblable à celle d'une pythonisse, et vous ne pousserez qu'un son faible *et obscur,* comme s'il était sorti de la terre.

5 Le nombre de ceux qui vous dissiperont, sera comme la poussière la plus menue ; et la multitude de ceux qui vous tiendront sous leur puissance, sera comme ces pailles qui volent en l'air ; et *tous ces maux* vous surprendront en un moment.

6 Le Seigneur des armées visitera *cette ville* au milieu des foudres et des tremblements de terre, parmi les bruits effroyables des tourbillons et des tempêtes, et parmi les flammes d'un feu dévorant.

7 Mais après cela la multitude des peuples qui auront pris les armes contre Ariel, qui l'auront combattue, qui l'auront assiégée, et qui s'en seront rendus les maîtres, *disparaîtra tout d'un coup* comme un songe et une vision de nuit.

8 Et comme un homme qui a faim songe qu'il mange pendant la nuit, mais lorsqu'il est éveillé il se trouve *aussi* vide *qu'auparavant ;* et comme celui qui a soif songe qu'il boit, et après que son sommeil est passé, il se lève encore fatigue et altéré, et il est *aussi* vide *qu'il était :* ainsi se trouvera toute la multitude de ces nations qui auront combattu contre la montagne de Sion.

9 Soyez dans l'étonnement et dans la surprise : soyez dans l'agitation et le tremblement : soyez ivres, mais non pas de vin : soyez chancelants, mais non pour avoir bu avec excès.

10 Car le Seigneur va répandre sur vous un esprit d'assoupissement ; il vous fermera les yeux, il couvrira *d'un voile* vos prophètes et vos princes qui voient des visions.

11 Et les visions de tous *les vrais prophètes* vous seront comme les paroles d'un livre fermé avec des sceaux, qu'on donnera à un homme qui sait lire, en lui disant, Lisez ce livre ; et il répondra : Je ne le puis, parce qu'il est fermé.

12 Et on donnera le livre à un homme qui ne sait pas lire, et on lui dira, Lisez ; et il répondra : Je ne sais pas lire.

13 C'est pourquoi le Seigneur a dit : Parce que ce peuple s'approche de moi de bouche, et me glorifie des lèvres ; mais que son cœur est éloigné de moi, et que le culte qu'il me rend est *altéré* par des maximes et des ordonnances humaines ;

14 je ferai encore une merveille dans ce peuple, un prodige étrange, qui surprendra tout le monde : car la sagesse des sages périra, et la prudence des hommes intelligents sera obscurcie.

15 Malheur à vous qui vous retirez dans la profondeur de vos cœurs, pour cacher à Dieu *même* le secret de vos desseins ! qui faites vos œuvres dans les ténèbres, et qui dites : Qui est-ce qui nous voit ? et qui sait ce que nous faisons ?

16 Cette pensée est folle *et* impie ; *c'est* comme si l'argile s'élevait contre le potier, et si le vase disait à celui qui l'a formé, Ce n'est point vous qui m'avez fait ; et comme si l'ouvrage disait à

l'ouvrier : Vous êtes un ignorant.

17 Ne verra-t-on pas dans très-peu de temps le Liban *inculte* devenir *une plaine fertile semblable au* Carmel, et le Carmel se changer en forêt ?

18 En ce temps-là les sourds entendront les paroles de *ce* livre, et les yeux des aveugles *sortant* de leur nuit passeront des ténèbres à la lumière.

19 Ceux qui sont doux *et* humbles se réjouiront de plus en plus dans le Seigneur, et les pauvres trouveront dans le Saint d'Israël un ravissement de joie :

20 parce que celui qui les opprimait a été détruit, que le moqueur n'est plus, et qu'on a retranché *de dessus la terre* tous ceux qui veillaient pour faire le mal ;

21 ceux qui faisaient pécher les hommes par leurs paroles, qui tendaient des pièges à ceux qui les reprenaient dans l'assemblée, et qui cherchaient de vains prétextes pour s'éloigner du juste.

22 C'est pourquoi, voici ce que le Seigneur qui a racheté Abraham, dit à la maison de Jacob : Jacob ne sera plus confondu, son visage ne rougira plus :

23 mais lorsqu'il verra ses enfants qui sont les ouvrages de mes mains, rendre au milieu de lui gloire à mon saint nom, il bénira avec eux le Saint de Jacob, et il glorifiera le Dieu d'Israël ;

24 et ceux dont l'esprit était égaré seront éclairés, et les murmurateurs apprendront la loi *de Dieu*.

CHAPITRE XXX.

MALHEUR à vous, enfants rebelles ! dit le Seigneur, qui faites des desseins sans moi ; qui formez des entreprises qui ne viennent point de mon esprit, pour ajouter toujours péché sur péché ;

2 qui faites résolution d'aller en Égypte sans me consulter, espérant de trouver du secours dans la force de Pharaon, et mettant votre confiance dans la protection de l'Égypte.

3 Cette force de Pharaon sera votre honte ; et cette confiance que vous avez dans la protection de l'Égypte, vous couvrira de confusion.

4 Vos princes ont été jusqu'à Tanis, et vos ambassadeurs jusqu'à Hanès.

5 Mais ils ont tous été confondus en voyant un peuple qui ne pouvait les assister ; qui loin de les secourir et de leur rendre quelque service, est devenu leur honte et leur opprobre.

6 *Voilà leurs* bêtes *déjà* chargées *pour aller* au midi : *ils vont* dans une terre d'affliction et de misère, d'où sortent le lion et la lionne, la vipère et le basilic volant. Ils portent leurs richesses sur des chevaux, et leurs trésors sur le dos des chameaux, *pour les donner* à un peuple qui ne pourra leur rendre aucune assistance.

7 Car le secours de l'Égypte sera vain et inutile. C'est ce qui me fait crier à Israël : Vous ne trouverez là que de l'orgueil, demeurez en repos.

8 Maintenant donc allez graver ceci sur le buis en leur présence, et écrivez-le avec soin dans un livre, afin que dans les jours à venir il soit comme un monument qui ne périra jamais.

9 Car ce peuple est un peuple qui m'irrite sans cesse ; ce sont des enfants menteurs, des enfants qui ne veulent point écouter la loi de Dieu :

10 qui disent à ceux qui ont des yeux, Ne voyez point ; et à ceux qui voient : Ne regardez point pour nous à ce qui est droit *et* juste, dites-nous des choses qui nous agréent ; que votre œil voie des erreurs pour nous.

11 Eloignez de nous la voie *de Dieu ;* détournez de nous ce sentier *étroit ;* que le Saint d'Israël cesse de paraître devant nous.

12 C'est pourquoi, voici ce que dit le Saint d'Israël : Parce que vous avez rejeté la parole du Seigneur, et que vous avez mis votre confiance dans la calomnie et le tumulte, et que vous y avez mis votre appui ;

13 cette iniquité retombera sur vous, comme une haute muraille qui s'étant entr'ouverte, et ayant menacé ruine, tombe tout d'un coup lorsqu'on ne croyait pas sa chute si proche,

14 et se brise comme un vase de terre qu'on casse avec effort en mille morceaux, sans qu'il en reste seulement un têt pour y mettre un charbon *pris* d'un feu, ou pour puiser un peu d'eau dans une fosse.

15 Car le Seigneur Dieu, le Saint d'Israël, vous dit : Si vous revenez, et si vous demeurez en paix, vous serez sauvés : votre force sera dans le silence et dans l'espérance. Et vous n'avez point voulu *l'écouter.*

16 *Vous avez dit,* Nous n'en ferons rien, et nous nous enfuirons sur des chevaux : c'est pour cela que vous fuirez. Vous avez dit, Nous monterons sur des coureurs très-vites : c'est pour cela que ceux qui vous poursuivront, courront encore plus vite.

17 Un seul homme en épouvantera mille d'entre vous : *quatre ou cinq* des ennemis vous frapperont de terreur, et vous feront fuir jusqu'à ce que ceux qui restent d'entre vous soient comme le mât d'un vaisseau *brisé* qu'on élève sur une montagne, ou comme un étendard qu'on dresse sur une colline.

18 C'est pourquoi le Seigneur vous attend, afin de vous faire miséricorde : et il signalera sa gloire en vous pardonnant ; parce que le Seigneur est un Dieu d'équité : heureux tous ceux qui l'attendent !

19 Car le peuple de Sion habitera *encore* à Jérusalem : vous finirez enfin vos pleurs, il vous fera certainement miséricorde : lorsque vous crierez à lui, il n'aura pas plutôt entendu votre voix, qu'il vous répondra.

20 Le Seigneur vous donnera du pain de douleur, et de l'eau d'affliction ; *mais* ensuite il fera que celui qui vous instruit ne disparaîtra plus de devant vous : vos yeux verront le Maître qui vous enseigne.

21 Vos oreilles entendront sa parole lorsqu'il criera derrière vous : C'est ici la voie, marchez dans ce chemin sans vous détourner ni à droite ni à gauche.

22 Vous mettrez au rang des choses profanes ces lames d'argent de vos idoles, et ces vêtements *précieux* de vos statues d'or. Vous les rejetterez avec abomination, comme le linge le plus souillé : Sortez d'ici, leur direz-vous *avec mépris.*

23 Le Seigneur répandra la pluie sur vos grains partout où vous aurez semé ; la terre produira des blés avec abondance, dont vous ferez d'excellent pain ; et en ce temps-là les agneaux trouveront dans vos champs de spacieux pâturages ;

24 et vos taureaux et vos ânons qui labourent la terre, mangeront toutes sortes de grains mêlés ensemble, comme ils auront été vannés dans l'aire.

25 En ce temps-là toutes les montagnes les plus hautes, et toutes les collines les plus élevées, seront arrosées de ruisseaux d'eaux courantes, lorsque plusieurs auront été tués, et que les tours seront tombées.

26 La lumière de la lune deviendra comme la lumière du soleil, et la lumière du soleil sera sept fois plus grande, comme serait la lumière de sept jours ensemble, lorsque le Seigneur aura bandé la plaie de son peuple, et qu'il aura guéri la blessure qu'il avait reçue.

27 Voici la majesté du Seigneur qui vient de loin ; il paraîtra dans une fureur ardente, dont nul ne pourra soutenir l'effort. Ses lèvres sont pleines d'indignation, et sa langue est comme un feu dévorant.

28 Son souffle est comme un torrent débordé, où l'on se trouve jusqu'au cou. Il vient perdre et anéantir les nations, et *briser* ce frein de l'erreur qui retenait les mâchoires de tous les peuples.

29 Vous chanterez alors des cantiques comme en la nuit d'une fête solennelle, et votre cœur sera dans la joie, comme est celui qui va au son des hautbois à la montagne du Seigneur, au *temple du* Fort d'Israël.

30 Le Seigneur fera entendre la gloire de sa voix *puissante ;* il étendra son bras terrible dans les menaces de sa fureur, et dans les ardeurs d'un feu dévorant ; et il brisera tout par l'effusion de ses tempêtes et d'une effroyable grêle.

31 Assur, frappé de la verge du Seigneur, tremblera à sa voix.

32 La verge *qui le frappera,* passera *partout,* et deviendra stable ; le Seigneur la fixera et la fera reposer sur lui *avec la joie des siens,* et au chant des tambours et des harpes, et il vaincra *ces ennemis de*

son peuple dans un grand combat.

33 Il y a déjà longtemps que Topheth a été préparée : le Roi la tient toute prête ; elle est profonde et étendue. Un grand amas de feu et de bois doit lui servir de nourriture ; et le souffle du Seigneur est comme un torrent de soufre qui l'embrase.

CHAPITRE XXXI.

MALHEUR à ceux qui vont en Égypte chercher du secours, qui espèrent dans *ses* chevaux, qui mettent leur confiance dans *ses* chariots, parce qu'elle en a un grand nombre ; et dans sa cavalerie, parce qu'elle est très-forte : et qui ne s'appuient point sur le Saint d'Israël, et ne cherchent point *l'assistance du* Seigneur !

2 Cependant le Seigneur, sage comme il est, a fait venir sur eux les maux *qu'il avait prédits ;* et il n'a point manqué d'accomplir toutes ses paroles. Il s'élèvera contre la maison des méchants, et contre le secours de ceux qui commettent l'iniquité.

3 L'Egyptien est un homme et non pas un Dieu ; ses chevaux ne sont que chair et non pas esprit. Le Seigneur étendra sa main, et celui qui donnait secours sera renversé par terre ; celui qui espérait d'être secouru tombera avec lui, et une même ruine les enveloppera tous.

4 Car voici ce que le Seigneur m'a dit : Comme lorsqu'un lion ou un lionceau fond en rugissant sur sa proie, si une troupe de bergers se présente devant lui, tous leurs cris ne l'étonnent point, et leur multitude ne l'épouvante point ; ainsi le Seigneur des armées viendra pour combattre sur la montagne de Sion et sur sa colline.

5 Le Seigneur des armées viendra secourir Jérusalem comme un oiseau qui vole *au secours de ses petits :* il la protégera, il la délivrera, il passera *au travers de ses ennemis*, et il la sauvera.

6 Convertissez-vous à Dieu dans le fond *du cœur*, enfants d'Israël, selon que vous vous étiez éloignés de lui.

7 En ce temps-là chacun de vous rejettera ses idoles d'argent et ses idoles d'or, que vous vous étiez faites de vos propres mains pour commettre un crime *en les adorant*.

8 Assur périra par l'épée, non d'un homme, *mais d'un ange*. L'épée qui le dévorera, ne sera point l'épée d'un homme. Il fuira sans être poursuivi par l'épée, et ses jeunes hommes seront tributaires.

9 Toute sa force disparaîtra dans sa frayeur, et ses princes fuiront pleins d'effroi. Voilà ce que dit le Seigneur qui a un feu *brûlant* dans Sion, et une fournaise *ardente* dans Jérusalem.

CHAPITRE XXXII.

IL viendra un temps où le Roi régnera dans la justice, et les princes commanderont justement.

2 Ce Roi sera comme un refuge pour mettre à couvert du vent, et une retraite contre la tempête. Il sera ce que sont les ruisseaux dans une terre altérée, et ce qu'est l'ombre d'une roche avancée dans une terre brûlée du soleil.

3 Les yeux de ceux qui verront ne seront point troublés, et les oreilles de ceux qui entendront écouteront avec attention.

4 Le cœur des insensés sera éclairé de l'intelligence, et la langue de ceux qui bégayaient, s'exprimera promptement et nettement.

5 L'imprudent n'aura plus le nom de prince, ni le trompeur le titre de grand.

6 Car l'imprudent dira des extravagances, et son cœur s'abandonnera à l'iniquité, pour achever le mal qu'il dissimulait, pour parler à Dieu avec une langue double, pour réduire à l'extrémité l'âme du pauvre, et pour ôter l'eau à celui qui meurt de soif.

7 Les armes du trompeur sont malignes : car il s'étudie à trouver des inventions pour perdre les humbles par un discours plein de mensonge, lorsque le pauvre parle selon la justice.

8 Mais le prince aura des pensées dignes d'un prince, et il conservera son autorité sur les chefs *du peuple*.

9 Femmes comblées de richesses, levez-vous, et entendez ma voix ; filles qui vous croyez si assurées, prêtez l'oreille à mes paroles.

10 Après des jours et une année votre assurance se changera en un grand trouble : car on ne fera plus de vendange dans les vignes, et on ne moissonnera plus rien.

11 Tremblez, *femmes* riches, pâlissez, audacieuses ; dépouillez-vous *de vos ornements*, couvrez-vous de confusion, et revêtez-vous de sacs.

12 Pleurez vos enfants ; *pleurez* votre terre qui était si abondante, et vos vignes qui ont été si fertiles.

13 Les ronces et les épines couvriront les champs de mon peuple ; combien donc plus *couvriront-elles* toutes ces maisons de plaisir d'une ville plongée dans les délices !

14 Car ses palais seront abandonnés, cette ville si peuplée deviendra une solitude, *ses maisons changées en* cavernes seront couvertes pour jamais d'épaisses ténèbres. Les ânes sauvages s'y joueront, les troupeaux viendront y paître,

15 jusqu'à ce que l'Esprit soit répandu sur nous du haut du ciel, et que le désert se change en un champ cultivé et plein de fruits, et le champ cultivé en un bois sauvage.

16 L'équité habitera dans le désert, et la justice se reposera dans le champ fertile.

17 La paix sera l'ouvrage de la justice, et le soin de cultiver la justice procurera un repos et une sécurité qui dureront éternellement.

18 Mon peuple se reposera dans la beauté de la paix, dans des tabernacles de confiance et dans un repos plein d'abondance.

19 Mais la grêle tombera sur la forêt, et la ville sera profondément humiliée.

20 Vous êtes heureux, vous qui semez sur toutes les *terres arrosées* d'eaux, et qui y envoyez *paître* le bœuf et l'âne.

CHAPITRE XXXIII.

MALHEUR à vous qui pillez *les autres !* ne serez-vous pas aussi pillé ? *Malheur à vous* qui méprisez *les autres !* ne serez-vous pas aussi méprisé ? Lorsque vous aurez achevé de dépouiller *les autres*, vous serez dépouillé : lorsque vous serez las de mépriser *les autres*, vous tomberez dans le mépris.

2 Seigneur ! faites-nous miséricorde, parce que nous vous avons *toujours* attendu : soyez le bras qui nous soutienne dès le matin, et notre salut au temps de l'affliction.

3 Les peuples ont fui au bruit de *votre* ange, et les nations se sont dispersées à l'éclat de votre grandeur.

4 *Peuples*, on amassera vos dépouilles comme on amasse une multitude de hannetons, dont on remplit des fosses entières.

5 Le Seigneur a fait paraître sa grandeur ; *il a montré* qu'il réside dans les lieux très-hauts : il a rempli Sion d'équité et de justice.

6 La foi régnera dans votre temps ; la sagesse et la science seront les richesses du salut ; et la crainte du Seigneur en sera le trésor.

7 Ceux de la campagne voyant la désolation du pays, seront dans les cris, les députés pour la paix pleureront amèrement.

8 Les chemins sont abandonnés, il ne passe plus personne dans les sentiers : *l'ennemi* a rompu l'alliance, il a rejeté les villes, il ne considère plus les hommes.

9 La terre est dans les pleurs et dans la langueur : le Liban est dans la confusion et dans un état affreux ; Saron a été changé en un désert ; Basan et le Carmel ont été dépouillés *de leurs fruits*.

10 Je me lèverai maintenant, dit le Seigneur ; je signalerai ma grandeur, je ferai éclater ma puissance.

11 Vous concevrez des flammes ardentes, et vous *n'*enfanterez *que* des pailles : votre esprit sera comme un feu que vous dévorera.

12 Les peuples seront semblables à des cendres qui restent après un embrasement, et à un faisceau d'épines qu'on met dans le feu.

13 Vous qui êtes loin de moi, écoutez ce que j'ai fait ; et vous qui en êtes proche, reconnaissez *les effets de* ma puissance.

14 Les méchants ont été épouvantés en Sion, la frayeur a saisi les hypocrites. Qui de vous pourra demeurer dans le feu dévorant ? Qui d'entre vous pourra subsister dans les flammes éternelles ?

15 Celui qui marche dans la justice, et qui parle dans la vérité ;

qui a horreur d'un bien acquis par extorsion ; qui garde ses mains pures, et rejette tous les présents ; qui bouche ses oreilles pour ne point entendre *des paroles* de sang, et qui ferme ses yeux afin de ne point voir le mal :

16 celui-là demeurera dans des lieux élevés ; il se retirera dans de hautes roches fortifiées *de toutes parts ;* il ne manquera point de pain, et ses eaux seront fidèles *à couler toujours.*

17 Ses yeux contempleront le Roi dans l'éclat de sa beauté, et verront la terre de loin.

18 Votre cœur se ressouviendra de ses frayeurs passées, *et vous direz :* Que sont devenus les savants ? que sont devenus ceux qui pesaient toutes les paroles de la loi ? que sont devenus les maîtres des petits enfants ?

19 Vous ne verrez plus ce peuple impudent, ce peuple profond *et obscur* dans ses discours, dont vous ne pouviez entendre le langage étudié, et qui n'a aucune sagesse.

20 Considérez Sion, cette ville consacrée à vos fêtes solennelles : vos yeux verront Jérusalem *comme* une demeure comblée de richesses, *comme* une tente qui ne sera point transportée ailleurs. Les pieux qui l'affermissent en terre ne s'arracheront jamais, et tous les cordages qui la tiennent, ne se rompront point.

21 Le Seigneur ne fera voir sa magnificence qu'en ce lieu-là ; les eaux qui y couleront, auront un canal très-large et très-spacieux ; les vaisseaux à rame ne prendront point leur route par là, et la grande galère n'y passera point.

22 Car le Seigneur est notre Juge, le Seigneur est notre Législateur, le Seigneur est notre Roi : c'est lui qui nous sauvera.

23 *Peuple ennemi,* vos cordages se relâcheront, ils ne pourront plus *résister au vent ;* votre mât sera dans un tel état que vous ne pourrez plus étendre vos voiles. Alors on partagera les dépouilles et le grand butin qu'on aura pris ; les boiteux *mêmes* viendront en prendre leur part.

24 Celui qui sera proche ne dira point : Je suis trop las ; et le peuple qui y habitera, recevra le pardon de ses péchés.

CHAPITRE XXXIV.

VENEZ, nations, écoutez-moi ; peuples, soyez attentifs : que la terre et tout ce qu'elle renferme, prête l'oreille ; que le monde et tout ce qu'il produit, *entende ma voix.*

2 Car l'indignation du Seigneur *va fondre* sur toutes les nations ; sa fureur *se répandra* sur toutes leurs armées : ils mourront d'une mort sanglante ; il les fera passer au fil de l'épée.

3 Ceux qui auront été tués seront jetés *en morceaux*, une puanteur horrible s'élèvera de leurs corps, et les montagnes dégoutteront de leur sang.

4 Toutes les étoiles du ciel seront comme languissantes ; les cieux se plieront et se rouleront comme un livre ; tous les astres en tomberont comme les feuilles tombent de la vigne et du figuier.

5 Car mon épée s'est enivrée de sang dans le ciel : elle va se décharger sur l'Idumée, et sur un peuple dans le carnage duquel je signalerai ma justice.

6 L'épée du Seigneur est plein de sang ; elle s'est engraissée du sang des agneaux et des boucs, du sang des béliers les plus gras : car le Seigneur s'est préparé un sacrifice dans Bosra, et il fera un grand carnage dans la terre d'Edom.

7 Les licornes descendront avec eux, et les taureaux avec les plus puissants d'entre eux : la terre *s'enivrera* de leur sang, et les champs s'engraisseront de la graisse de leurs corps :

8 car le jour de la vengeance du Seigneur *est venu*, et le temps de faire justice à Sion.

9 Les torrents *d'Edom* se changeront en poix ; la poussière s'y changera en soufre ; et sa terre deviendra une poix brûlante.

10 *Son feu* ne s'éteindra ni jour ni nuit ; il en sortira pour jamais un tourbillon de fumée ; sa désolation subsistera de race en race, et il n'y passera personne dans la suite de tous les siècles.

11 Le butor et le hérisson la posséderont ; l'ibis et le corbeau y établiront leur demeure : *le Seigneur* étendra la ligne sur elle pour la réduire au néant, et le niveau pour la détruire de fond en comble.

12 Les grands du pays n'y demeureront plus ; mais ils invoqueront un roi, et tous ses princes seront anéantis.

13 Les épines et les orties croîtront dans ses maisons, les chardons rempliront ses forteresses, et elle deviendra la demeure des dragons, et le pâturage des autruches.

14 Les démons et les onocentaures s'y rencontreront, et les satyres y jetteront des cris les uns aux autres. C'est là que la sirène se retire ; c'est où elle trouve son repos.

15 C'est là que le hérisson fait son trou, et qu'il nourrit ses petits, et qu'ayant fouillé tout autour il les fait croître dans l'ombre de sa caverne : c'est là que les milans s'assemblent, et qu'ils se joignent l'un à l'autre.

16 Cherchez et lisez avec soin dans le livre du Seigneur, et vous trouverez qu'il ne manquera rien de ce que j'annonce : aucune de mes paroles ne sera vaine ; parce que ce qui sort de ma bouche, m'a été inspiré de Dieu, et que c'est son esprit qui rassemblera tous ces monstres.

17 C'est lui qui leur fera leur partage *dans l'Idumée ;* sa main la divisera entre eux avec mesure : ils la posséderont éternellement ; ils y habiteront dans la suite de toutes les générations.

CHAPITRE XXXV.

LA terre déserte et sans chemin se réjouira, la solitude sera dans l'allégresse, et elle fleurira comme le lis.

2 Elle poussera, elle germera de toutes parts, elle sera dans une effusion de joie et de louanges : la gloire du Liban lui sera donnée, la beauté du Carmel et de Saron. Ils verront eux-mêmes la gloire du Seigneur, et la magnificence de notre Dieu.

3 Fortifiez les mains languissantes, et soutenez les genoux tremblants.

4 Dites à ceux qui ont le cœur abattu : Prenez courage, ne craignez point ; voici votre Dieu qui vient vous venger, et rendre aux hommes ce qu'ils méritent : Dieu viendra lui-même, et il vous sauvera.

5 Alors les yeux des aveugles verront ; le jour, et les oreilles des sourds seront ouvertes.

6 Le boiteux bondira comme le cerf, et la langue des muets sera déliée ; parce que des sources d'eaux sortiront de terre dans le désert, et *que* des torrents *couleront* dans la solitude.

7 La terre qui était desséchée se changera en un étang, et celle qui brûlait de soif en des fontaines. Dans les cavernes où les dragons habitaient auparavant, on verra naître la verdeur des roseaux et du jonc.

8 Il y aura là un sentier, et une voie qui sera appelée la voie sainte : celui qui est impur n'y passera point, et ce sera pour vous une voie droite, en sorte que les ignorants y marcheront sans s'égarer.

9 Il n'y aura point là de lion, la bête farouche n'y montera point, et ne s'y trouvera point : ceux qui auront été délivrés y marcheront.

10 Ceux que le Seigneur aura rachetés retourneront, et viendront à Sion chantant ses louanges : ils seront couronnés d'une allégresse éternelle : le ravissement de leur joie ne les quittera point, la douleur et les gémissements en seront bannis *pour jamais.*

CHAPITRE XXXVI.

LA quatorzième année du règne d'Ezéchias, Sennachérib, roi des Assyriens, vint assiéger toutes les villes les plus fortes de Juda, et les prit.

2 Il envoya Rabsacès de Lachis à Jérusalem avec une grande armée contre le roi Ezéchias, et il s'arrêta à l'aqueduc de la piscine supérieure dans le chemin du champ du foulon.

3 Eliacim, fils d'Helcias, qui était grand maître de la maison *du roi*, Sobna, secrétaire, et Joahé, fils d'Asaph, chancelier, étant venus le trouver,

4 Rabsacès leur parla de la sorte : Dites à Ezéchias : Voici ce que dit le grand roi, le roi des Assyriens : Quelle est cette confiance

dont vous vous flattez ?

5 Par quel dessein et avec quelle force prétendez-vous vous révolter contre moi ? et sur quoi vous appuyez-vous, lorsque vous refusez de m'obéir ?

6 Vous vous appuyez sur l'Egypte, sur ce roseau cassé, qui entrera dans la main de celui qui s'appuie dessus, et qui la transpercera : c'est ce que sera Pharaon, roi d'Egypte, pour tous ceux qui espèrent en lui.

7 Si vous me dites, Nous mettons notre espérance dans le Seigneur, notre Dieu ; n'est-ce pas ce Dieu dont Ezéchias a détruit les hauts lieux et les autels, ayant dit à Juda et à Jérusalem : Vous adorerez devant cet autel *que j'ai dressé*.

8 Maintenant donc, rendez-vous au roi des Assyriens, mon seigneur et mon maître, et je vous donnerai deux mille chevaux, si vous pouvez seulement trouver assez de gens parmi votre peuple pour les monter.

9 Et comment pourrez-vous seulement tenir contre l'un des moindres gouverneurs des places de mon maître ? Si vous mettez votre confiance dans l'Egypte, dans ses chariots et dans sa cavalerie ;

10 croyez-vous que je sois venu dans cette terre pour la perdre sans l'ordre de Dieu ? C'est le Seigneur qui m'a dit : Entrez dans cette terre, et détruisez tout.

11 Alors Eliacim, Sobna et Joahé dirent à Rabsacès : Parlez à vos serviteurs en langue syriaque, parce que nous la savons ; mais ne nous parlez point la langue des Juifs pendant que tout le peuple qui est sur la muraille nous écoute.

12 Rabsacès leur répondit : Est-ce à votre maître et à vous, que mon maître m'a envoyé dire ceci ? et n'est-ce pas plutôt à ces gens qui font garde sur la muraille, et qui vont être réduits à manger leurs propres excréments et à boire leur urine avec vous ?

13 Rabsacès se tenant donc debout, et criant de toute sa force, dit en langue judaïque : Ecoutez les paroles du grand roi, du roi des Assyriens.

14 Voici ce que le roi m'a commandé de vous dire : Qu'Ezéchias ne vous trompe point : car il ne pourra vous délivrer.

15 Qu'il ne vous persuade point de mettre votre confiance dans le Seigneur, en disant : Le Seigneur indubitablement nous délivrera ; cette ville ne sera point livrée entre les mains du roi des Assyriens.

16 Gardez-vous bien d'écouter Ezéchias : car voici ce que dit le roi des Assyriens : Faites alliance avec moi, et venez vous rendre à moi ; et chacun de vous mangera du fruit de sa vigne, et du fruit de son figuier, et boira de l'eau de sa citerne,

17 jusqu'à ce que je vienne vous emmener en une terre semblable à la vôtre, une terre de blé et de vin, une terre abondante en pains et en vignes.

18 Qu'Ezéchias ne vous trompe point, en disant : Le Seigneur nous délivrera. Chaque dieu des nations a-t-il délivré la terre qui l'adorait, de la puissance du roi des Assyriens ?

19 Où est le dieu d'Emath et d'Arphad ? où est le dieu de Sépharvaïm ? Ont-ils délivré Samarie de ma main *puissante* ?

20 Qui est celui d'entre tous ces dieux qui ait pu délivrer son pays *de la force* de mon bras, pour oser croire que le Seigneur en sauvera Jérusalem ?

21 *Tous ceux qui l'entendaient*, demeurèrent dans le silence, et ne lui répondirent pas un mot. Car le roi leur avait *expressément* commandé de ne lui rien répondre.

22 Après cela Eliacim, fils d'Helcias, grand-maître de la maison *du roi*, Sobna, secrétaire, et Joahé, fils d'Asaph, chancelier, allèrent trouver Ezéchias, ayant leurs vêtements déchirés, et lui rapportèrent les paroles de Rabsacès.

CHAPITRE XXXVII.

LE roi Ezéchias ayant entendu ces paroles, déchira ses vêtements, se couvrit d'un sac, et entra dans la maison du Seigneur.

2 Il envoya en même temps Eliacim, grand-maître de *sa* maison, et Sobna, secrétaire, et les plus anciens d'entre les prêtres, couverts de sacs, au prophète Isaïe, fils d'Amos ;

3 et ils lui dirent : Voici ce qu'Ezéchias nous a commandé de vous dire : Ce jour est un jour d'affliction, de reproche et de blasphèmes : les enfants sont près de sortir du sein de la mère ; mais elle n'a pas assez de force pour les mettre au monde.

4 Le Seigneur, votre Dieu, aura sans doute entendu ce qu'a dit Rabsacès, qui a été envoyé par le roi des Assyriens, son maître, pour blasphémer le Dieu vivant, et pour lui insulter par des paroles que le Seigneur, votre Dieu, a entendues. Offrez donc à Dieu vos prières pour ce qui se trouve encore de reste.

5 Les serviteurs du roi Ezéchias étant venus trouver Isaïe,

6 Isaïe leur répondit : Vous direz ceci à votre maître : Voici ce que le Seigneur dit : Ne craignez point ces paroles de blasphème que vous avez entendues, et dont les serviteurs du roi des Assyriens m'ont déshonoré.

7 Je vais lui donner un esprit *de frayeur*, et il n'aura pas plutôt entendu une nouvelle, qu'il retournera en son pays, où je le ferai mourir d'une mort sanglante.

8 Rabsacès ayant su que le roi d'Assyrie avait quitté Lachis, alla le trouver au siège de Lobna.

9 En même temps le roi des Assyriens reçut nouvelle que Tharaca, roi d'Ethiopie, s'était mis en campagne pour venir le combattre. Ce qu'ayant appris, il envoya ses ambassadeurs à Ezechias avec cet ordre :

10 Vous direz à Ezéchias, roi de Juda : Que votre Dieu, auquel vous avez mis votre confiance, ne vous séduise point, et ne dites pas : Jérusalem ne sera point livrée entre les mains du roi des Assyriens.

11 Vous savez ce que les rois des Assyriens ont fait à tous les pays, comment ils les ont ruinés ; et après cela vous espérez que vous pourrez vous en sauver ?

12 Les dieux des nations ont-ils délivré les peuples que mes pères ont détruits, Gozan, Haran, Réseph, les enfants d'Eden qui étaient à Thalassar ?

13 Où est maintenant le roi d'Emath, le roi d'Arphad, le roi de la ville de Sépharvaïm, d'Ana et d'Ava ?

14 Ezéchias ayant reçu la lettre du roi de la main de ses ambassadeurs, et l'ayant lue, monta à la maison du Seigneur, et la présenta ouverte devant le Seigneur ;

15 et il lui fit cette prière :

16 Seigneur des armées ! Dieu d'Israël ! vous qui êtes assis sur les chérubins ! c'est vous seul qui êtes le Dieu de tous les royaumes du monde ; c'est vous qui avez fait le ciel et la terre.

17 Prêtez l'oreille, Seigneur ! et écoutez : ouvrez les yeux, Seigneur ! et voyez : et écoutez toutes les paroles que Sennachérib m'a envoyé dire pour blasphémer le Dieu vivant.

18 Il est vrai, Seigneur ! que les rois des Assyriens ont ruiné les peuples ; *qu'ils ont désolé* les provinces,

19 et qu'ils ont jeté leurs dieux dans le feu ; parce que ce n'étaient pas des dieux, mais l'ouvrage de la main des hommes, un peu de bois et de pierre, qu'ils ont mis en poudre.

20 Maintenant donc, Seigneur notre Dieu ! délivrez-nous de sa main, afin que tous les royaumes de la terre sachent qu'il n'y a point d'autre Seigneur que vous.

21 Alors Isaïe, fils d'Amos, envoya dire ceci à Ezéchias : Voici ce que dit le Seigneur, le Dieu d'Israël : *J'ai entendu* ce que vous m'avez demandé touchant Sennachérib, roi d'Assyrie.

22 Voici ce que le Seigneur a dit de lui : La vierge, fille de Sion, t'a méprisé et insulté ; la fille de Jérusalem a secoué la tête derrière toi.

23 A qui penses-tu avoir insulté ? Qui crois-tu avoir blasphémé ? Contre qui as-tu haussé la voix et élevé tes yeux insolents ? *C'est* contre le Saint d'Israël.

24 Tu as outragé le Seigneur par tes serviteurs, et tu as dit : Je suis monté avec la multitude de mes chariots sur le haut des montagnes, sur le mont Liban ; j'ai coupé ses grands cèdres et ses beaux sapins, je suis monté jusqu'à la pointe de son sommet, je suis entré dans les bois de ses campagnes les plus fertiles ;

25 j'ai creusé et j'ai épuisé les eaux, j'ai séché par la multitude de mes gens de pied toutes les rivières qui étaient retenues par des

chaussées.

26 Ne sais-tu pas que c'est moi qui ai disposé toutes ces choses dès l'éternité ? Il y a longtemps que je les ai ordonnées ; et c'est moi qui les fais présentement, et qui les exécute en renversant les collines qui s'entre-battent, et en détruisant les villes fortes.

27 La frayeur a saisi les habitants de ces villes, comme s'ils étaient sans cœur et sans mains : ils sont couverts de confusion, ils sont devenus semblables au foin *qui se sèche* dans les champs, aux herbages que paissent les troupeaux, et à cette herbe qui croît sur les toits, qui devient toute sèche avant qu'elle puisse porter son fruit.

28 J'ai su où tu étais, d'où tu sortais, et où tu es venu, et cette fureur extravagante que tu as conçue contre moi.

29 Lorsque ta rage s'est déclarée contre moi, ton orgueil est monté jusqu'à mon trône. C'est pourquoi je te mettrai un cercle aux narines et un mors à la bouche, et je te remènerai par le même chemin par lequel tu es venu.

30 Mais pour vous, ô Ezéchias ! voici le signe que vous aurez *de la vérité de ce que je dis :* Mangez cette année ce qui naîtra de soi-même ; et vivez encore de fruits l'année d'après ; mais la troisième année semez et moissonnez, plantez des vignes et recueillez-en le fruit.

31 Et ce qui sera échappé et demeuré de la maison de Juda, poussera en bas ses racines, et produira son fruit en haut.

32 Car il y en aura dans Jérusalem qui échapperont de sa ruine, il y en aura du mont de Sion qui seront sauvés : c'est ce que fera le zèle du Seigneur des armées.

33 Voici donc ce que le Seigneur a dit touchant le roi des Assyriens : Il n'entrera point dans cette ville, et il n'y jettera point de flèches ; il ne l'attaquera point avec le bouclier, et il n'élèvera point de terrasses autour de ses murailles.

34 Il retournera par le même chemin qu'il est venu, et il n'entrera point dans cette ville, dit le Seigneur.

35 Je protégerai cette ville, et je la sauverai pour ma propre gloire, et en faveur de David, mon serviteur.

36 L'ange du Seigneur étant sorti *ensuite*, frappa cent quatre-vingt-cinq mille hommes dans le camp des Assyriens. Et de grand matin, quand on fût levé, on trouva le camp plein de ces corps morts.

37 Sennachérib, roi des Assyriens, partit donc de là et s'en alla ; il retourna *en son royaume*, et il habita dans Ninive.

38 Et un jour qu'il était au temple de Nesroch, son dieu, et qu'il l'adorait, Adramélech et Sarasar, ses enfants, le percèrent de leurs épées, et s'enfuirent à la terre d'Ararat ; et Asarhaddon, son fils, régna en sa place.

CHAPITRE XXXVIII.

EN ce temps-là Ezéchias fut malade jusqu'à la mort ; et Isaïe, prophète, fils d'Amos, étant venu le trouver, lui dit : Voici ce que dit le Seigneur : Donnez ordre aux affaires de votre maison : car vous mourrez, et vous n'en réchapperez point.

2 Alors Ezéchias tourna le visage du côté de la muraille, et pria le Seigneur, en lui disant :

3 Souvenez-vous, je vous prie, Seigneur ! que j'ai marché devant vous dans la vérité et avec un cœur parfait ; et que j'ai toujours fait ce qui était bon *et agréable* à vos yeux. Et Ezéchias répandit beaucoup de larmes.

4 Alors le Seigneur parla à Isaïe, et lui dit :

5 Allez, dites à Ezéchias : Voici ce que dit le Seigneur, le Dieu de David, votre père : J'ai entendu vos prières, et j'ai vu vos larmes : j'ajouterai encore quinze années à votre vie ;

6 et je vous délivrerai de la puissance du roi des Assyriens ; j'en délivrerai aussi cette ville, et je la protégerai.

7 Voici le signe que le Seigneur vous donnera pour vous assurer qu'il accomplira ce qu'il a dit :

8 Je ferai que l'ombre du soleil, qui est descendue de dix degrés sur le cadran d'Achaz, retournera de dix degrés en arrière. Et le soleil remonta de dix degrés par lesquels il était déjà descendu.

9 Cantique d'Ezéchias, roi de Juda, lorsque après avoir été malade *à la mort*, il fut guéri de sa maladie.

10 J'ai dit : Lorsque je ne suis encore qu'à la moitié de ma vie, je m'en vais aux portes du tombeau : je cherche *en vain* le reste de mes années.

11 J'ai dit : Je ne verrai plus le Seigneur Dieu dans la terre des vivants : je ne verrai plus aucun homme, aucun de ceux qui habitent dans le monde.

12 Le temps de ma demeure *sur la terre* est fini : *je suis* comme la tente d'un berger qu'on plie *déjà pour l'emporter*. Dieu coupe le fil de ma vie, comme le tisserand *coupe le fil de sa toile :* il la retranche lorsqu'elle ne faisait que commencer : du matin au soir vous terminerez ma vie.

13 *Le soir* j'espérais *au plus* d'aller jusqu'au matin ; mais *Dieu* comme un lion m'avait brisé tous les os ; *et je disais encore :* Du matin au soir vous terminerez ma vie.

14 Je criais *vers vous* comme le petit de l'hirondelle, je gémissais comme la colombe ; mes yeux se sont lassés à force de regarder en haut ; Seigneur ! je souffre violence ; répondez pour moi.

15 *Mais* que dis-je ? Il me l'a promis, et il a *déjà* fait ce *que je lui ai demandé :* je repasserai devant vous toutes les années de ma vie dans l'amertume de mon âme.

16 Seigneur ! si c'est ainsi que l'on vit, si c'est par de telles épreuves que la vie est donnée à mon esprit ; vous me châtierez, et vous me rendrez la vie.

17 *Lorsque j'étais* dans la paix, *vous m'avez envoyé* cette amertume la plus amère de toutes ; mais vous avez délivré mon âme, vous l'avez empêchée de périr, vous avez jeté derrière vous tous mes péchés.

18 Car *ceux qui sont dans* le tombeau ne célébreront point cette gloire ; les morts ne publieront point vos louanges ; et ceux qui descendent sous la terre ne sont plus ici pour attendre la vérité de vos promesses.

19 Ce sont les vivants, ce sont les vivants qui vous loueront comme je fais aujourd'hui : le père apprendra votre vérité à ses enfants.

20 Sauvez-moi, Seigneur ! et nous chanterons nos cantiques dans la maison du Seigneur tous les jours de notre vie.

21 Or Isaïe avait commandé que l'on prit une masse de figues, et qu'on en fît un cataplasme sur le mal *d'Ezéchias*, afin qu'il recouvrât la santé.

22 Et Ezéchias avait dit : Quel signe me donnerez-vous *pour m'assurer* que j'irai *encore* à la maison du Seigneur ?

CHAPITRE XXXIX.

EN ce même temps Mérodach-Baladan, fils de Baladan, roi de Babylone, envoya des lettres et des présents à Ezéchias ; parce qu'il avait appris qu'ayant été fort malade il avait été guéri.

2 Ezéchias reçut ces ambassadeurs avec grande joie, et leur fit voir le lieu où étaient les aromates, l'or et l'argent, les parfums et les plus excellentes huiles de senteur, tout ce qu'il avait de riches meubles, et enfin tout ce qui était gardé dans ses trésors. Il n'y eut rien dans son palais, ni dans tout ce qu'il avait en sa puissance, qu'il ne leur montrât.

3 Alors le prophète Isaïe vint trouver le roi Ezéchias, et lui dit : Que vous ont dit ces gens-là ? et d'où viennent-ils ? Ezéchias lui répondit : Ils sont venus de fort loin vers moi ; *ils viennent* de Babylone.

4 Qu'ont-ils vu dans votre maison ? dit Isaïe. Ezéchias lui répondit : Ils ont vu tout ce qui est dans ma maison ; il n'y a rien dans tous mes trésors que je ne leur aie montré.

5 Isaïe dit à Ezéchias : Ecoutez la parole du Seigneur des armées :

6 Il viendra un temps où tout ce qui est en votre maison en sera enlevé, et tous ces trésors que vos pères ont amassés jusqu'aujourd'hui seront emportés à Babylone, sans qu'il en reste rien du tout, dit le Seigneur.

7 Et ils prendront de vos enfants, de ceux qui seront sortis de vous, et que vous aurez engendrés, pour servir d'eunuques dans le

palais du roi de Babylone.

8 Ezéchias répondit à Isaïe ; Ce que le Seigneur a dit, est très-juste. Et il ajouta : Que la paix et la vérité seulement durent pendant toute ma vie.

CHAPITRE XL.

CONSOLEZ-VOUS, mon peuple, consolez-vous, dit votre Dieu.

2 Parlez au cœur de Jérusalem, et dites-lui que ses maux sont finis, que ses iniquités lui sont pardonnées : *car* elle a reçu de la main du Seigneur des peines redoublées pour tous ses péchés.

3 *On a entendu* la voix de celui qui crie dans le désert : Préparez la voie du Seigneur, rendez droits dans la solitude les sentiers de notre Dieu.

4 Toutes les vallées seront comblées : toutes les montagnes et les collines seront abaissées ; les *chemins* tortus seront redressés ; ceux qui étaient raboteux seront aplanis :

5 et la gloire du Seigneur se manifestera, et toute chair verra en même temps que c'est la bouche du Seigneur qui a parlé.

6 Une voix m'a dit : Criez. Et j'ai dit : Que crierai-je ? Toute chair n'est que de l'herbe, et toute sa gloire est comme la fleur des champs.

7 L'herbe s'est séchée, et la fleur est tombée, parce que le Seigneur l'a frappée de son souffle. Le peuple est vraiment de l'herbe.

8 L'herbe se sèche, et la fleur tombe : mais la parole de notre Dieu demeure éternellement.

9 Montez sur une haute montagne, vous qui annoncez l'heureuse nouvelle à Sion ; élevez votre voix avec force, vous qui annoncez l'heureuse nouvelle à Jérusalem ; élevez-la, ne craignez point : dites aux villes de Juda : Voici votre Dieu.

10 Voici le Seigneur Dieu qui vient dans sa puissance ; il dominera par *la force de* son bras : il porte avec lui ses récompenses, et il tient entre ses mains le prix des travaux.

11 Il mènera son troupeau dans les pâturages, comme un pasteur *qui paît ses brebis :* il rassemblera par la force de son bras les petits agneaux, et il les prendra dans son sein ; il portera lui-même les brebis qui seront pleines.

12 Qui est celui qui a mesuré les eaux dans le creux de sa main, et qui la tenant étendue a pesé les cieux ? Qui soutient de trois doigts toute la masse de la terre ? qui pèse les montagnes ? et qui met les collines dans la balance ?

13 Qui a aidé l'Esprit du Seigneur ? Qui lui a donné conseil ? Qui lui a appris ce qu'il devait faire ?

14 Qui a-t-il consulté ? Qui l'a instruit ? Qui lui a montré le sentier de la justice ? Qui lui a donné le don de science ? Qui lui a ouvert le chemin de la sagesse ?

15 *Toutes* les nations ne sont devant lui que comme une goutte d'eau *qui tombe* d'un seau, et comme ce petit grain qui donne à peine la moindre inclination à la balance : *toutes* les îles sont *devant ses yeux* comme un petit grain de poussière.

16 Tout ce que le Liban a d'arbres ne suffirait pas pour allumer le feu *du sacrifice qui lui est dû*, et tout ce qu'il y a d'animaux serait trop peu pour être un holocauste *digne de lui*.

17 Tous les peuples du monde sont devant lui comme s'ils n'étaient point, et il les regarde comme un vide et comme un néant.

18 A qui donc ferez-vous ressembler Dieu ? et quelle image en tracerez-vous ?

19 L'ouvrier ne jette-t-il pas sa statue en fonte ? Celui qui travaille en or, n'en forme-t-il pas une d'or ? et celui qui travaille en argent, ne la couvre-t-il pas de lames d'argent ?

20 L'ouvrier habile choisit un bois fort qui ne pourrisse point ; il cherche à placer sa statue en sorte qu'elle ne tombe pas.

21 N'avez-vous point su *qui je suis ?* ne l'avez-vous point appris ? ne vous l'a-t-on point annoncé dès le commencement ? N'avez-vous point compris la manière dont la terre a été fondée ?

22 *Je suis* celui qui est assis sur le globe de la terre, et qui voit tous les hommes qu'elle renferme comme n'étant que des sauterelles *devant lui*, qui a suspendu les cieux comme une toile, et qui les étend comme un pavillon qu'on dresse pour s'y retirer ;

23 qui anéantit ceux qui recherchent avec tant de soin les secrets de la nature, et qui réduit à rien les juges du monde.

24 Ils n'avaient point été plantés, ils n'avaient point été semés sur la terre, leur tronc n'y avait point jeté de racines : et lorsqu'il les a frappés de son souffle, ils se sont séchés, ils ont été enlevés comme un tourbillon emporte la paille.

25 A qui m'avez-vous fait ressembler ? à qui m'avez-vous égalé ? dit le Saint.

26 Levez les yeux en haut, et considérez qui a créé les cieux ; qui fait sortir sous ses ordres l'armée nombreuse des étoiles, et qui les appelle toutes par leur nom, sans qu'une seule manque *à lui obéir ;* tant il excelle en grandeur, en vertu et en puissance.

27 Pourquoi donc dites-vous, ô Jacob ! pourquoi osez-vous dire, ô Israël : La voie où je marche est cachée au Seigneur ; mon Dieu ne se met point en peine de me rendre justice ?

28 Ne savez-vous point, n'avez-vous point appris que le Seigneur est le Dieu éternel qui a créé toute l'étendue de la terre, qui ne s'épuise point et ne se fatigue point, et dont la sagesse est impénétrable ?

29 C'est lui qui soutient ceux qui sont las, et qui remplit de force et de vigueur ceux qui étaient tombés dans la défaillance.

30 La fleur de l'âge se lasse et succombe au travail, et la vigueur de la jeunesse a ses affaiblissements.

31 Mais ceux qui espèrent au Seigneur trouveront des forces toujours nouvelles ; ils prendront des ailes, *et ils voleront* comme l'aigle ; ils courront sans se fatiguer, et ils marcheront sans se lasser.

CHAPITRE XLI.

QUE les îles se taisent, *et* qu'elles m'écoutent ; que les peuples prennent de nouvelles forces ; qu'ils s'approchent, et qu'après cela ils parlent ; allons ensemble devant un juge.

2 Qui a fait sortir le juste de l'Orient ? et qui l'a appelé en lui ordonnant de le suivre ? Il a terrassé les peuples devant lui, et il l'a rendu le maître des rois : il a fait tomber sous son épée *ses ennemis* comme la poussière, et il les a fait fuir devant son arc, comme la paille que le vent emporte.

3 Il les a poursuivis, il a passé en paix sans laisser de trace de son passage.

4 Qui est-ce qui a fait et opéré toutes *ces merveilles ?* qui dès le commencement du monde appelle les races *futures ?* C'est moi qui suis le Seigneur, c'est moi qui suis le premier et le dernier.

5 Les îles ont vu, et elles ont été saisies de crainte ; les hommes ont été frappés d'étonnement jusqu'aux extrémités du monde, ils se sont approchés, et se sont rassemblés.

6 Ils s'entr'aideront tous les uns les autres, chacun dira à son frère : Prenez courage.

7 Celui qui travaillait en airain en frappant du marteau a encouragé celui qui forgeait alors, en lui disant : Ceci sera bon pour unir *l'ouvrage*. Et ils l'ont affermi avec des clous, afin qu'il ne fût point ébranlé.

8 Mais vous, Israël, mon serviteur ; vous, Jacob, que j'ai élu ; vous, race d'Abraham qui a été mon ami,

9 dans lequel je vous ai pris *pour vous tirer* des extrémités du monde ; je vous ai appelé à moi d'un pays éloigné, et je vous ai dit : Vous êtes mon serviteur, je vous ai choisi, et je ne vous ai point rejeté.

10 *Vous, dis-je*, ne craignez point, parce que je suis avec vous ; ne vous détournez point, parce que je suis votre Dieu : je vous ai fortifié, je vous ai secouru, et la droite de mon Juste vous a soutenu.

11 Tous ceux qui vous combattaient seront confondus, et rougiront de honte ; et tous ceux qui s'opposaient à vous par leurs contradictions, seront réduits au néant, et périront.

12 Vous chercherez ces hommes qui s'élevaient contre vous, et vous ne les trouverez point ; et ceux qui vous faisaient la guerre,

seront comme s'ils n'avaient jamais été, *et* disparaîtront :

13 parce que je suis le Seigneur, votre Dieu, qui vous prends par la main, et qui vous dis : Ne craignez point ; c'est moi qui vous aide *et* qui vous soutiens.

14 Ne craignez point, ô Jacob ! qui êtes devenu comme un ver *qu'on écrase*, ni vous, *enfants* d'Israël, qui êtes comme morts : c'est moi qui viens vous secourir, dit le Seigneur, et c'est le Saint d'Israël qui vous rachète.

15 Je vous rendrai comme un de ces chariots tout neufs qui foulent les blés, qui ont des pointes et des dents de fer : vous foulerez et vous briserez les montagnes, et vous réduirez en poudre les collines.

16 Vous les secouerez *comme lorsqu'on vanne le blé*, le vent les emportera, et la tempête les dissipera ; mais pour vous, vous vous réjouirez dans le Seigneur, vous trouverez vos délices dans le Saint d'Israël.

17 Les pauvres et les affligés cherchent de l'eau, et ils n'en trouvent point ; leur langue est brûlée par les ardeurs de la soif. Mais je suis le Seigneur, et je les exaucerai ; je suis le Dieu d'Israël, et je ne les abandonnerai point.

18 Je ferai sortir des fleuves du haut des collines, et des fontaines du milieu des champs : je changerai les déserts en des étangs, et la terre *sèche et* sans chemin en des eaux courantes.

19 Je ferai naître dans le désert le cèdre, l'épine *blanche*, le myrte et les oliviers ; je ferai croître ensemble dans la solitude les sapins, les ormes et les buis :

20 afin que tous les hommes voient, qu'ils sachent, qu'ils considèrent, et qu'ils comprennent que c'est la main du Seigneur qui a fait cette merveille, et que le Saint d'Israël en est l'auteur.

21 Venez plaider votre cause, dit le Seigneur : si vous avez quelque chose à dire pour votre défense, produisez-le, dit le Roi de Jacob.

22 (Qu'ils viennent, qu'ils nous prédisent ce qui doit arriver à l'avenir, et qu'ils nous fassent savoir les choses passées ; et nous les écouterons avec attention de cœur et d'esprit, et nous apprendrons d'eux quel doit être leur dernier état.

23 Découvrez-nous ce qui doit arriver à l'avenir, et nous reconnaîtrons que vous êtes dieux ; faites du bien ou du mal si vous pouvez, afin que nous publiions *votre puissance*, quand nous l'aurons vue.

24 Mais vous venez du néant ; vous avez reçu l'être de ce qui n'est point ; et celui qui vous choisit *pour dieux* est abominable.

25 Je l'appellerai du Septentrion, et il viendra de l'Orient : il reconnaîtra la grandeur de mon nom, il traitera les grands du monde comme la boue, et les foulera comme le potier foule l'argile sous ses pieds.

26 Qui nous a annoncé *ces choses* dès le commencement, afin que nous le connaissions ? Qui les a prédites, afin que nous lui disions : Vous êtes juste *et véritable, vous êtes Dieu ?* Mais il n'y a personne *parmi vous* qui annonce et qui prédise *l'avenir ;* il n'y a personne qui vous ait jamais ouï dire un seul mot.

27 *C'est le Seigneur* qui dira le premier à Sion : Les voici, *vos enfants*. Et je donnerai à Jérusalem celui qui lui annoncera l'heureuse nouvelle *de son rétablissement*.

28 J'ai regardé, et je n'ai trouvé même aucun de ces *faux dieux* qui eut de l'intelligence, ni qui répondît un seul mot à ce qu'on lui demandait.

29 Tous *ceux qui les adorent* sont injustes ; ce qu'ils font n'est que vanité, et toutes leurs idoles ne sont qu'un vide et un néant.

CHAPITRE XLII.

VOICI mon serviteur dont je prendrai la défense ; voici mon élu dans lequel mon âme a mis toute son affection : je répandrai mon Esprit sur lui, et il annoncera la justice aux nations.

2 Il ne criera point, il n'aura point d'égard aux personnes, et on n'entendra point sa voix dans les rues.

3 Il ne brisera point le roseau cassé, et il n'éteindra point la mèche qui fume encore : il jugera dans la vérité.

4 Il ne sera point triste, ni précipité, jusqu'à ce qu'il exerce son jugement sur la terre ; et les îles attendront sa loi.

5 Voici ce que dit le Seigneur Dieu, qui a créé et qui a étendu les cieux ; qui a affermi la terre, et qui en a fait sortir toutes les plantes ; qui donne le souffle et la respiration au peuple qui la remplit, et la vie à ceux qui y marchent :

6 Je suis le Seigneur qui vous ai appelé dans la justice, qui vous ai pris par la main, et vous ai conservé ; qui vous ai établi pour être le réconciliateur du peuple et la lumière des nations ;

7 pour ouvrir les yeux aux aveugles, pour tirer des fers ceux qui étaient enchaînés, et pour faire sortir de prison ceux qui étaient assis dans les ténèbres.

8 Je suis le Seigneur, c'est là le nom qui m'est propre : je ne donnerai point ma gloire à un autre, ni les hommages qui me sont dus, à des idoles.

9 Mes premières prédictions ont été accomplies ; j'en fais encore de nouvelles, et je vous découvre l'avenir avant qu'il arrive.

10 Chantez au Seigneur un cantique nouveau, *publiez* ses louanges d'un bout de la terre à l'autre, vous qui allez sur la mer et sur toute l'étendue de ses eaux, vous îles, et vous tous qui les habitez.

11 Que le désert et toutes les villes qui y sont, élèvent leurs voix. Cédar habitera dans des palais : habitants des rochers, louez le Seigneur, jetez de grands cris du haut des montagnes.

12 Ils publieront la gloire du Seigneur ; ils annonceront ses louanges dans les îles.

13 Le Seigneur sortira comme un guerrier invincible : il excitera sa colère comme un homme qui marche au combat : il haussera sa voix, il jettera des cris, il se rendra le maître de ses ennemis.

14 Je me suis tu jusqu'à cette heure, je suis demeuré dans le silence, j'ai été dans la retenue ; mais maintenant je me ferai entendre comme une femme qui est dans *les douleurs de* l'enfantement : je détruirai tout, j'abîmerai tout.

15 Je rendrai désertes les montagnes et les collines ; j'en ferai mourir jusqu'aux moindres herbes ; je tarirai les fleuves *et* les changerai en îles, et je sécherai tous les étangs.

16 Je conduirai les aveugles dans une voie qui leur était inconnue, et je les ferai marcher dans des sentiers qu'ils avaient ignorés *jusqu'alors :* je ferai que les ténèbres devant eux se changeront en lumière, et que les chemins tortus seront redressés : je ferai ces merveilles en leur faveur, et je ne les abandonnerai point.

17 Ceux qui mettent leur confiance dans des images taillées retourneront en arrière ; ils seront couverts de confusion, eux qui disent à des images de fonte : Vous êtes nos dieux.

18 Ecoutez, sourds ; aveugles, ouvrez les yeux, et voyez.

19 Qui est l'aveugle, sinon Israël, mon serviteur ? qui est le sourd, sinon celui à qui j'ai envoyé mes prophètes ? Qui est l'aveugle, sinon celui qui s'est vendu lui-même ? qui est l'aveugle *encore*, sinon le serviteur du Seigneur ?

20 Vous qui voyez tant de choses, n'observez-vous point *ce que vous voyez ?* Vous qui avez les oreilles ouvertes, n'entendez-vous point ?

21 Le Seigneur a voulu *choisir son peuple* pour le sanctifier, pour rendre sa loi célèbre, et pour en relever la grandeur.

22 Cependant mon peuple est ruiné, il est pillé *de toutes parts ;* ils ont été pris dans les filets des soldats ; ils ont été tenus cachés au fond des prisons ; ils ont été emmenés captifs, sans que personne soit venu les délivrer ; ils ont été *exposés* au pillage, sans que personne ait dit à leurs ennemis : Rendez *le butin*.

23 Qui est celui d'entre vous qui écoute ce que je dis, qui s'y rende attentif, et qui croie les choses futures ?

24 Qui a livré Jacob en proie *à ses ennemis*, et Israël entre les mains de ceux qui le pillent ? N'est-ce pas le Seigneur même que nous avons offensé ? car on n'a pas voulu marcher dans ses voies, ni obéir à sa loi.

25 C'est pourquoi il a répandu sur lui son indignation et sa fureur ; il lui a déclaré une forte guerre ; il a allumé un feu autour de lui sans qu'il le sût ; il l'a brûlé dans ses flammes sans qu'il le comprît.

CHAPITRE XLIII.

ET maintenant voici ce que dit le Seigneur qui vous a créé, ô Jacob ! et qui vous a formé, ô Israël ! Ne craignez point, parce que je vous ai racheté, et que je vous ai appelé par votre nom ; vous êtes à moi.

2 Lorsque vous marcherez au travers des eaux, je serai avec vous, et les fleuves ne vous submergeront point ; lorsque vous marcherez dans le feu, vous n'en serez point brûlé, et la flamme sera sans ardeur pour vous :

3 parce que je suis le Seigneur, votre Dieu, le Saint d'Israël, votre Sauveur ; j'ai livré *aux Assyriens* l'Egypte pour vous racheter, l'Ethiopie et Saba, pour vous *sauver*.

4 Depuis que vous êtes devenu considérable et précieux devant mes yeux, et que je vous ai élevé en gloire, je vous ai aimé, et je livrerai les hommes pour vous *sauver*, et les peuples pour *racheter* votre vie.

5 Ne craignez point, parce que je suis avec vous : je ramènerai vos enfants de l'Orient, et je vous rassemblerai de l'Occident.

6 Je dirai à l'Aquilon, Donnez-moi *mes enfants ;* et au Midi, Ne les empêchez point *de venir :* amenez mes fils des climats les plus éloignés, et mes filles des extrémités de la terre.

7 Car c'est moi qui ai créé pour ma gloire tous ceux qui invoquent mon nom ; c'est moi qui les ai formés et qui les ai faits.

8 Faites sortir dehors ce peuple qui était aveugle, quoiqu'il eût des yeux ; qui était sourd, quoiqu'il eût des oreilles.

9 Que toutes les nations s'amassent, et que tous les peuples se rassemblent. Qui de vous a jamais annoncé ces vérités ? qui nous a fait connaître ce qui est arrivé autrefois ? Qu'ils produisent leurs témoins ; qu'ils vérifient leurs prophéties : et alors on les écoutera, et on leur dira : *Vous dites* vrai.

10 Vous êtes mes témoins, dit le Seigneur, *vous* et mon serviteur que j'ai choisi ; afin que vous sachiez, que vous croyiez, et que vous compreniez que c'est moi-même qui suis ; qu'il n'y a point eu de Dieu formé avant moi, et qu'il n'y en aura point après moi.

11 C'est moi, c'est moi qui suis le Seigneur, et hors moi il n'y a point de sauveur.

12 C'est moi qui vous ai annoncé *les choses futures ;* c'est moi qui vous ai sauvés : je vous ai fait entendre *l'avenir ;* et il n'y a point eu parmi vous de *Dieu* étranger : vous m'en êtes témoins, dit le Seigneur, et c'est moi qui suis Dieu.

13 C'est moi qui suis dès le commencement : nul ne peut m'arracher ce que je tiens entre mes mains. Quand j'ai résolu d'agir, qui pourra s'y opposer ?

14 Voici ce que dit le Seigneur qui vous a rachetés, le Saint d'Israël : J'ai envoyé à cause de vous *des ennemis* à Babylone ; j'ai fait tomber tous ses appuis ; j'ai renversé les Chaldéens qui mettaient leur confiance dans leurs vaisseaux.

15 Je suis le Seigneur, le Saint qui est parmi vous, le Créateur d'Israël, et votre Roi.

16 Voici ce que dit le Seigneur qui a ouvert un chemin au milieu de la mer, et un sentier au travers des abîmes d'eaux ;

17 qui fit entrer *dans la mer Rouge* les chariots et les chevaux, les troupes *d'Egypte*, et toutes leurs forces. Ils furent tous ensevelis dans un sommeil dont ils ne se réveilleront point : ils furent étouffés et éteints pour jamais comme on éteindrait la mèche d'une *lampe*.

18 Mais ne vous souvenez plus des choses passées, ne considérez plus ce qui s'est fait autrefois.

19 Je vais faire *des miracles* tout nouveaux ; ils vont paraître, et vous les verrez : je ferai un chemin dans le désert, je ferai couler des fleuves dans une terre inaccessible.

20 Les bêtes sauvages, les dragons et les autruches me glorifieront ; parce que j'ai fait naître des eaux dans le désert, et des fleuves dans une terre inaccessible, pour donner à boire à mon peuple, au peuple que j'ai choisi.

21 J'ai formé ce peuple pour moi, et il publiera mes louanges.

22 Jacob, vous ne m'avez point invoqué ; Israël, vous ne vous êtes point appliqué à me servir.

23 Vous ne m'avez point offert vos béliers en holocauste ; vous ne m'avez point glorifié par vos victimes : je ne vous ai point contraint en esclave de m'offrir des oblations ; je ne vous ai point donné la peine d'aller me chercher de l'encens.

24 Vous n'avez point donné votre argent pour m'acheter de bonnes odeurs, vous ne m'avez point soûlé par la graisse de vos victimes : mais vous m'avez rendu comme esclave par vos péchés, et vos iniquités m'ont fait une peine *insupportable*.

25 C'est moi *donc*, c'est moi-même qui efface vos iniquités pour l'amour de moi ; et je ne me souviendrai plus de vos péchés.

26 *Si vous avez fait quelque bien*, faites-moi souvenir de tout : plaidons chacun notre cause, et proposez tout ce qui pourrait servir à vous justifier.

27 Votre père m'a offensé le premier, et ceux qui vous interprétaient ma loi m'ont désobéi.

28 C'est pourquoi j'ai traité comme des profanes les princes du sanctuaire ; j'ai livré Jacob à la boucherie, et j'ai fait tomber Israël dans l'opprobre.

CHAPITRE XLIV.

ECOUTEZ-MOI donc maintenant, vous Jacob, mon serviteur, et vous Israël, que j'ai choisi.

2 Voici ce que dit le Seigneur qui vous a créé, qui vous a formé, et qui vous a soutenu dès le sein de votre mère : Ne craignez point, ô Jacob, mon serviteur ! et vous, Ô Israël ! que j'ai choisi.

3 Car je répandrai les eaux sur *les champs* altérés, et les fleuves sur la terre sèche ; je répandrai mon Esprit sur votre postérité, et ma bénédiction sur votre race,

4 et ils germeront parmi les herbages comme les saules plantés sur les eaux courantes.

5 L'un dira, Je suis au Seigneur : l'autre se glorifiera du nom de Jacob : un autre écrira de sa main, Je suis au Seigneur ; et il fera gloire de porter le nom d'Israël.

6 Voici ce que dit le Seigneur, le Roi d'Israël, et son Rédempteur, le Seigneur des années : Je suis le premier, et je suis le dernier, et il n'y a point de Dieu que moi *seul*.

7 Qui est semblable à moi ? Qu'il rappelle *tout le passé ;* qu'il explique par ordre *ce que j'ai fait* depuis que j'ai établi ce peuple qui subsiste depuis tant de siècles ; qu'il leur prédise les choses futures, et ce qui doit arriver.

8 Ne craignez *donc* point ; ne vous épouvantez point : je vous ai fait savoir des le commencement, et je vous ai annoncé *ce que vous voyez maintenant :* vous êtes témoins de ce que je dis. Y a-t-il *donc* quelque autre Dieu que moi, et un Créateur que je ne connaisse pas ?

9 Tous ces artisans d'idoles ne sont rien ; leurs ouvrages les plus estimés ne leur serviront de rien. Ils sont eux-mêmes témoins, à leur confusion, que leurs idoles ne voient point et ne comprennent rien.

10 Comment donc un homme *est-il assez insensé* pour vouloir former un Dieu, et pour jeter en fonte une statue qui n'est bonne à rien ?

11 Tous ceux qui ont part à cet ouvrage seront confondus : car tous ces artisans ne sont que des hommes. Qu'ils s'assemblent tous, et qu'ils se présentent, ils seront tous saisis de crainte et couverts de honte.

12 Le forgeron travaille avec sa lime ; il met le fer dans le feu, et le bat avec le marteau pour en former une idole ; il y emploie toute la force de son bras : il souffrira la faim jusqu'à être dans la langueur et n'en pouvoir plus ; il endurera la soif jusqu'à tomber dans la défaillance.

13 Le sculpteur étend sa règle sur le bois, il le forme avec le rabot, il le dresse à l'équerre, il lui donne ses traits et ses proportions avec le compas, et fait enfin l'image d'un homme qu'il rend le plus beau qu'il peut, et il le loge dans une niche.

14 Il va abattre des cèdres, il prend un orme ou un chêne, qui avait été longtemps parmi les arbres d'une forêt, ou un pin que *quelqu'un* avait planté, et que la pluie avait fait croître.

15 Cet arbre doit servir à l'homme pour brûler ; il en a pris lui-même pour se chauffer, il en a mis au feu pour cuire son pain : et il prend le reste, il en fait un dieu, et l'adore, il en fait une image *morte* devant laquelle il se prosterne.

16 Il a mis au feu la moitié de ce bois, et de *l'autre* moitié il en a pris pour cuire sa viande, et pour faire bouillir son pot, dont il a mangé tant qu'il a voulu ; il s'est chauffé, et a dit, Bon, j'ai bien chaud, j'ai fait bon feu :

17 et du reste de ce même bois il s'en fait un dieu et une idole devant laquelle il se prosterne, qu'il adore et qu'il prie, en lui disant : Délivrez-moi : car vous êtes mon dieu.

18 Ils ne connaissent rien, et ils ne comprennent rien : ils sont tellement couverts *de boue*, que leurs yeux ne voient point, et que leur cœur n'entend point.

19 Ils ne rentrent point en eux-mêmes ; ils ne font point de réflexion, et il ne leur vient pas la moindre pensée de dire : J'ai fait du feu de la moitié de ce bois, j'en ai fait cuire des pains sur les charbons, j'y ai fait cuire la chair que j'ai mangée, et du reste j'en ferai une idole ? Je me prosternerai devant un tronc d'arbre ?

20 Une partie de ce bois est déjà réduite en cendre, *et cependant* son cœur insensé adore l'autre, et il ne pense point à tirer son âme *de l'égarement où elle est*, en disant : Certainement cet ouvrage de mes mains n'est qu'un mensonge.

21 Souvenez-vous de ceci, Jacob ; *souvenez-vous,* Israël, que vous êtes mon serviteur, et *que* c'est moi qui vous ai créé : Israël, vous êtes mon serviteur, ne m'oubliez point.

22 J'ai effacé vos iniquités comme une nuée *qui passe*, et vos péchés comme un nuage : revenez à moi, parce que je vous ai racheté.

23 Cieux, louez le Seigneur, parce qu'il a fait miséricorde : terre, soyez dans un tressaillement de joie depuis un bout jusqu'à l'autre : montagnes, forêts avec tous vos arbres, faites retentir les louanges du Seigneur : parce que le Seigneur a racheté Jacob, et qu'il a établi sa gloire dans Israël.

24 Voici ce que dit le Seigneur, qui vous a racheté, et qui vous a formé dans le sein de votre mère : Je suis le Seigneur, qui fais toutes choses : c'est moi seul qui ai étendu les cieux, et personne ne m'a aidé quand j'ai affermi la terre.

25 C'est moi qui fais voir la fausseté des prodiges de la magie ; qui rends insensés ceux qui se mêlent de deviner ; qui renverse l'esprit des sages, et qui convaincs de folie leur *vaine* science.

26 C'est moi qui exécute les paroles de mon serviteur, et qui accomplis les oracles de mes prophètes ; qui dis à Jérusalem, Vous serez habitée *de nouveau ;* et aux villes de Juda, Vous serez rebâties, et je repeuplerai vos déserts ;

27 qui dis à l'abîme, Epuise-toi, je mettrai tes eaux à sec ;

28 qui dis à Cyrus, Vous êtes le pasteur de mon troupeau, et vous accomplirez ma volonté en toutes choses ; qui dis à Jérusalem, Vous serez rebâtie ; et au temple, Vous serez fondé *de nouveau.*

CHAPITRE XLV.

VOICI ce que dit le Seigneur à Cyrus qui est mon christ, que j'ai pris par la main pour lui assujettir les nations, pour mettre les rois en fuite, pour ouvrir devant lui *toutes* les portes sans qu'aucune lui soit fermée :

2 Je marcherai devant vous ; j'humilierai les grands de la terre : je romprai les portes d'airain, et je briserai les gonds de fer.

3 Je vous donnerai les trésors cachés et les *richesses* secrètes et inconnues, afin que vous sachiez que je suis le Seigneur, le Dieu d'Israël, qui vous ai appelé par votre nom,

4 à cause de Jacob qui est mon serviteur, d'Israël qui est mon élu : je vous ai appelé par votre nom : j'y en ai encore ajouté un autre, et vous ne m'avez point connu.

5 Je suis le Seigneur, et il n'y en a point d'autre : il n'y a point de Dieu que moi. Je vous ai mis les armes à la main, et vous ne m'avez point connu :

6 afin que depuis le lever du soleil jusqu'au couchant, on sache qu'il n'y a point *de Dieu* que moi. Je suis le Seigneur, et il n'y en a point d'autre.

7 C'est moi qui forme la lumière, et qui crée les ténèbres ; qui fais la paix, et qui crée les maux : je suis le Seigneur qui fais toutes ces choses.

8 Cieux, envoyez d'en haut votre rosée, et que les nuées fassent descendre le Juste comme une pluie : que la terre s'ouvre, et qu'elle germe le Sauveur, et que la justice naisse en même temps. Je suis le Seigneur qui l'ai créé.

9 Malheur à l'homme qui dispute contre celui qui l'a créé ! lui qui n'est qu'un peu d'argile et qu'un vase de terre. L'argile dit-elle au potier : Qu'avez-vous fait ? Votre ouvrage n'a rien d'une main *habile*.

10 Malheur à celui qui dit à son père, Pourquoi *m'*avez-vous engendré ? et à sa mère. Pourquoi *m'*avez-vous enfanté ?

11 Voici ce que dit le Seigneur, le Saint d'Israël, et celui qui l'a formé : Interrogez-moi sur les choses futures : donnez-moi des règles touchant mes enfants et les ouvrages de mes mains.

12 C'est moi qui ai fait la terre, et c'est moi qui ai créé l'homme pour l'habiter : mes mains ont étendu les cieux, et c'est moi qui ai donné tous les ordres à la milice des astres.

13 C'est moi qui le susciterai pour *faire régner* la justice, et qui aplanirai devant lui tous les chemins : il rebâtira la ville qui m'est consacrée, et il renverra libres mes captifs, sans recevoir pour eux ni rançon, ni présents, dit le Seigneur, le Dieu des armées.

14 Voici ce que dit le Seigneur : L'Egypte avec tous ses travaux, l'Ethiopie avec son trafic, et Saba avec ses hommes d'une haute taille, *tous ces peuples* passeront vers vous, *Ô Israël !* ils seront a vous, ils marcheront après vous, ils viendront les fers aux mains, ils se prosterneront devant vous, et ils vous prieront avec soumission, *ils diront :* Il n'y a de Dieu que parmi vous, et il n'y a point d'autre Dieu que le vôtre.

15 Vous êtes vraiment le Dieu caché, O Dieu d'Israël ! *Dieu* Sauveur !

16 Les fabricateurs de l'erreur ont tous été confondus ; ils rougissent de honte, et ils sont couverts de confusion.

17 Mais Israël a reçu du Seigneur un salut éternel : vous ne serez point confondus, et vous ne rougirez point de honte dans les siècles éternels.

18 Car voici ce que dit le Seigneur qui a créé les cieux, le Dieu qui a créé la terre, et qui l'a formée, qui lui a donné l'être, et qui ne l'a pas créée en vain ; mais qui l'a formée, afin qu'elle fût habitée : Je suis le Seigneur, et il n'y en a point d'autre.

19 Je n'ai point parlé en secret, ni dans quelque coin obscur de la terre : ce n'est point en vain que j'ai dit à la race de Jacob : Recherchez-moi. *Car* je suis le Seigneur qui enseigne la justice, et qui annonce la droiture *et* la vérité.

20 Assemblez-vous, venez et approchez-vous, vous tous qui avez été sauvés des nations : ceux-là sont plongés dans l'ignorance qui élèvent *en honneur* une sculpture de bois, et qui adressent leurs prières à un dieu qui ne peut sauver.

21 Parlez, approchez, et prenez conseil ensemble. Qui a annoncé ces merveilles dès le commencement ? qui les a prédites dès les premiers temps ? N'est-ce pas moi qui suis le Seigneur ? et il n'y a point d'autre Dieu que moi. *Je suis* le Dieu juste, et personne ne vous sauvera que moi.

22 Convertissez-vous à moi, peuples de toute la terre, et vous serez sauvés ; parce que je suis Dieu, et qu'il n'y en a point d'autre.

23 J'ai juré par moi-même ; cette parole de justice est sortie de ma bouche, et elle ne sera point vaine : Que tout genou fléchira devant moi, et que toute langue jurera *par mon nom*.

24 *Chacun d'eux dira alors :* Ma justice et ma force viennent du Seigneur. Tous ceux qui s'opposaient à lui s'en approcheront et seront dans la confusion.

25 Toute la race d'Israël sera justifiée par le Seigneur, et elle se glorifiera en lui.

CHAPITRE XLVI.

BEL a été rompu ; Nabo a été brisé : les idoles des Babyloniens ont été mises sur des bêtes et sur des chevaux : ces dieux que vous portiez *dans vos solennités*, et qui lassaient par leur grand poids *ceux qui les portaient.*

2 Ils ont été rompus et mis en pièces : ils n'ont pu sauver ceux qui les portaient, et ils ont été eux-mêmes emmenés captifs.

3 Ecoutez-moi, maison de Jacob, et vous tous qui êtes restés de la maison d'Israël ; vous que je porte dans mon sein, que je renferme dans mes entrailles.

4 *Je vous porterai moi-même* encore jusqu'à la vieillesse, je vous porterai jusqu'à l'âge le plus avancé : je vous ai créés, et je vous soutiendrai : je vous porterai, et je vous sauverai.

5 A qui m'avez-vous fait ressembler ? à qui m'avez-vous égalé ? A qui m'avez-vous comparé ? qui avez-vous rendu semblable à moi ?

6 Vous qui tirez l'or de votre bourse, et qui pesez l'argent dans la balance, et qui prenez un orfèvre pour vous faire un dieu ; afin qu'on se prosterne devant lui, et qu'on l'adore.

7 On le porte sur les épaules, on s'en charge et on le met en sa place : il y demeure et il ne branlera point. Lorsqu'on criera vers lui, il n'entendra point ; et il ne sauvera point ceux qui sont dans l'affliction.

8 Souvenez-vous de ces choses, et rougissez-en ; rentrez dans votre cœur, violateurs de ma loi.

9 Rappelez le passé dans votre mémoire, *reconnaissez* que je suis Dieu, qu'il n'y a point d'autre Dieu que moi, et qu'il n'y en a point de semblable à moi.

10 C'est moi qui annonce dès le commencement ce qui ne doit arriver qu'à la fin *des siècles*, qui prédis les choses longtemps avant qu'elles soient faites. Toutes mes résolutions seront immuables, et toutes mes volontés s'exécuteront.

11 Je ferai venir de l'Orient un oiseau, et d'une terre éloignée un homme qui exécutera ma volonté. Je l'ai dit, et je le ferai ; j'en ai formé le dessein, et je l'accomplirai.

12 Ecoutez-moi, cœurs endurcis, vous qui êtes éloignés de la justice :

13 Le temps d'envoyer ma justice est proche, je ne le différerai pas, et le Sauveur que je dois envoyer ne tardera plus. J'établirai le salut dans Sion, et ma gloire dans Israël.

CHAPITRE XLVII.

DESCENDEZ, asseyez-vous dans la poussière, ô vierge, fille de Babylone, asseyez-vous sur la terre : vous n'êtes plus sur le trône, fille des Chaldéens : on ne vous flattera plus de votre mollesse et de votre délicatesse.

2 Tournez la meule, faites moudre la farine ; dévoilez ce qui vous fait rougir, découvrez votre épaule, levez vos vêtements, passez les fleuves.

3 Votre ignominie sera découverte, votre opprobre paraîtra *à tout le monde* : je me vengerai *de vous*, et il n'y aura point d'homme qui me résiste.

4 Celui qui nous rachètera, *c'est* le Saint d'Israël, qui a pour nom le Seigneur des armées.

5 Asseyez-vous, demeurez dans le silence, et entrez dans les ténèbres, ô fille des Chaldéens ! parce que vous ne serez plus appelée à l'avenir la dominatrice des royaumes.

6 J'avais été en colère contre mon peuple, j'avais traité comme profane mon héritage, je les avais livrés entre vos mains, et vous n'avez point usé de miséricorde envers eux ; mais vous avez appesanti cruellement votre joug sur les vieillards *mêmes*.

7 Vous avez dit : Je régnerai éternellement. Vous n'avez point fait de réflexion sur tout ceci, et vous ne vous êtes point représenté ce qui devait vous arriver un jour.

8 Ecoutez donc maintenant, vous qui vivez dans les délices, vous qui demeurez dans une pleine assurance, qui dites en votre cœur : Je suis *souveraine*, et après moi il n'y en a point d'autre : je ne deviendrai point veuve, et je ne saurai ce que c'est que la stérilité.

9 Cependant ces deux maux viendront fondre tout d'un coup sur vous en un même temps, la stérilité et la viduité : tous ces malheurs vous accableront à cause de la multitude de vos enchantements, et de l'extrême dureté de vos enchanteurs.

10 Vous vous êtes tenue assurée dans votre malice, et vous avez dit ; Il n'y a personne qui me voie. C'est votre sagesse et votre science même qui vous a séduite. Vous avez dit dans votre cœur : Je suis souveraine, et il n'y en a point d'autre que moi.

11 Le mal vous attaquera sans que vous sachiez d'où il vient : vous vous trouverez surprise d'une affliction dont vous ne pourrez vous défendre ; et une misère que vous n'avez jamais prévue, viendra tout d'un coup fondre sur vous.

12 Venez avec vos enchanteurs et avec tous vos secrets de magie, auxquels vous vous êtes appliquée avec tant de travail dès votre jeunesse, pour voir si vous en tirerez quelque avantage, et si vous pourrez en devenir plus forte.

13 Cette multitude de conseillers n'a fait que vous fatiguer. Que ces augures qui étudient le ciel, qui contemplent les astres, et qui comptent les mois pour en tirer les prédictions qu'ils veulent vous donner de l'avenir, viennent maintenant, et qu'ils vous sauvent.

14 Ils sont devenus comme la paille, le feu les a dévorés : ils ne pourront délivrer leurs âmes des flammes ardentes : il ne restera pas même *de leur embrasement* des charbons auxquels on puisse se chauffer, ni du feu devant lequel on puisse s'asseoir.

15 Voilà ce que deviendront toutes ces choses auxquelles vous vous étiez employée avec tant de travail : ces marchands qui avaient trafiqué avec vous dès votre jeunesse, s'enfuiront tous, l'un d'un côté, et l'autre d'un autre, sans qu'il s'en trouve un seul qui vous tire de vos maux.

CHAPITRE XLVIII.

ECOUTEZ ceci, maison de Jacob, vous qui portez le nom d'Israël, qui êtes sortis de la tige de Juda, qui jurez au nom du Seigneur, qui vous souvenez du Dieu d'Israël, sans être *à lui* dans la vérité et dans la justice.

2 Car ils prennent le nom de *citoyens* de la ville sainte, ils s'appuient sur le Dieu d'Israël, qui a pour nom le Seigneur des armées.

3 Je vous avais annoncé longtemps auparavant ce qui s'est fait depuis, je l'avais assuré de ma bouche, et je vous l'avais fait entendre : je l'ai fait tout d'un coup, et vous l'avez vu arriver.

4 Car je savais que vous êtes dur, que votre cou est comme une barre de fer, et que vous avez un front d'airain.

5 *C'est pourquoi* je vous ai prédit longtemps auparavant *ce qui devait arriver* : je vous l'avais marqué par avance, de peur que vous ne dissiez : Ce sont mes idoles qui ont fait ces choses, ce sont mes images taillées et jetées en fonte qui l'ont ainsi ordonné.

6 *Voyez accompli* tout ce que vous avez ouï *devoir arriver* : mais pour vous, avez-vous ainsi annoncé *les choses futures ?* Je vous ferai entendre maintenant de nouvelles prédictions que je vous ai réservées, et qui vous sont inconnues.

7 Ce sont *des prédictions* que je fais présentement, et non d'autrefois : elles n'étaient point auparavant, et vous n'en avez point entendu parler, afin que vous ne veniez pas dire : Je savais toutes ces choses.

8 Vous ne les avez ni entendues, ni connues, et présentement même votre oreille n'est point ouverte *pour les comprendre* : car je sais certainement que vous serez un prévaricateur, et dès le sein de votre mère je vous ai appelé le violateur de ma loi.

9 *Néanmoins* j'éloignerai ma fureur de vous, à cause de mon nom ; et pour ma gloire, je vous retiendrai comme avec un frein, de peur que vous ne périssiez.

10 Je vous ai purifié par le feu, mais non comme l'argent ; je vous ai choisi dans la fournaise de la pauvreté.

11 C'est pour moi-même que j'agirai, c'est pour moi-même, afin que mon nom ne soit point blasphémé ; et je n'abandonnerai point ma gloire à un autre.

12 Ecoutez-moi, Jacob, et vous Israël que j'appelle *à moi* : C'est moi, c'est moi-même qui suis le premier, et qui suis le dernier.

13 C'est ma main qui a fondé la terre, c'est ma droite qui a mesuré les cieux : je les appellerai, et ils se présenteront *tous* ensemble *devant moi*.

14 Assemblez-vous tous, et écoutez-moi : Qui d'entre les idoles a prédit ce que je dis ? Le Seigneur a aimé *Cyrus* ; il exécutera sa volonté dans Babylone, et *il sera* son bras parmi les peuples de Chaldée.

15 C'est moi, c'est moi qui ai parlé, je l'ai appelé, je l'ai amené, et j'ai aplani tous les chemins devant lui.

16 Approchez-vous de moi, et écoutez ceci : dés le commencement je n'ai point parlé en secret : j'étais présent lorsque ces choses ont été résolues, avant qu'elles se fissent ; et maintenant j'ai été envoyé par le Seigneur Dieu, et par son Esprit.

17 Voici ce que dit le Seigneur qui vous a racheté, le Saint d'Israël : Je suis le Seigneur, votre Dieu, qui vous enseigne ce qui vous est utile, et qui vous gouverne dans la voie par laquelle vous marchez,

18 Oh ! si vous vous fussiez appliqué à mes préceptes, votre paix serait comme un fleuve, et votre justice comme les flots de la mer ;

19 votre postérité se serait multipliée comme le sable *de ses rivages*, et les enfants de votre sein, comme les petites pierres qui sont sur ses bords : le nom de votre race n'aurait point été effacé, ni aboli de devant mes yeux.

20 Sortez de Babylone, fuyez de Chaldée ; faites entendre des cris de joie ; annoncez *cette nouvelle*, et publiez-la jusqu'aux extrémités du monde. Dites *en tous lieux* : Le Seigneur a racheté Jacob, son serviteur.

21 Ils n'ont point souffert la soif dans le désert où il les a fait marcher ; il leur a tiré l'eau du rocher ; il a ouvert la pierre, et les eaux en sont sorties en abondance.

22 *Mais* il n'y a point de paix pour les impies, dit le Seigneur.

CHAPITRE XLIX.

ECOUTEZ, îles ; et vous, peuples éloignés, prêtez l'oreille : Le Seigneur m'a appelé dès le sein *de ma mère* ; il s'est souvenu de mon nom lorsque j'étais encore dans ses entrailles.

2 Il a rendu ma bouche comme une épée perçante ; il m'a protégé sous l'ombre de sa main ; il m'a mis *en réserve* comme une flèche choisie ; il m'a tenu caché dans son carquois.

3 Et il m'a dit : Israël, vous êtes mon serviteur, et je me glorifierai en vous.

4 Je lui ai dit : J'ai travaillé en vain, j'ai consumé inutilement et sans fruit toute ma force : mais le Seigneur me fera justice, et j'attends de mon Dieu la récompense de mon travail.

5 Et maintenant le Seigneur m'a dit, lui qui m'a formé dès le sein de ma mère pour être son serviteur, pour ramener Jacob à lui ; et quoique Israël ne se réunisse point à lui, je serai néanmoins glorifié aux yeux du Seigneur, et mon Dieu deviendra ma force ;

6 le Seigneur, *dis-je,* m'a dit : C'est peu que vous me serviez pour réparer les tribus de Jacob, et pour convertir à moi les restes d'Israël : je vous ai établi pour être la lumière des nations, et le salut que j'envoie jusqu'aux extrémités de la terre.

7 Voici ce que dit le Seigneur, le Rédempteur et le Saint d'Israël, à celui qui a été dans le dernier mépris, à la nation détestée, à l'esclave de ceux qui dominent : Les rois *vous* verront, et les princes se lèveront *devant vous*, et ils *vous* adoreront à cause du Seigneur qui a été fidèle *dans ses paroles*, et du Saint d'Israël qui vous a choisi.

8 Voici ce que dit le Seigneur : Je vous ai exaucé au temps favorable ; je vous ai assisté au jour du salut ; je vous ai conservé, et je vous ai établi pour être le réconciliateur du peuple, pour réparer la terre, pour posséder les héritages dissipés ;

9 pour dire à ceux qui étaient dans les chaînes, Sortez *de prison* ; et à ceux qui étaient dans les ténèbres, Voyez la lumière. Ils paîtront dans les chemins, et toutes les plaines leur serviront de pâturages.

10 Ils n'auront plus ni faim ni soif ; la chaleur et le soleil ne les brûleront plus ; parce que celui qui est plein de miséricorde pour eux les conduira, et les mènera boire aux sources des eaux.

11 Alors je changerai toutes mes montagnes en un chemin aplani, et mes sentiers seront rehaussés.

12 Je vois venir de bien loin, les uns du septentrion, les autres du couchant, et les autres de la terre du midi.

13 Cieux, louez *le Seigneur ;* terre, soyez dans l'allégresse ; montagnes, faites retentir ses louanges : parce que le Seigneur consolera son peuple, et qu'il aura compassion de ses pauvres.

14 Cependant Sion a dit : Le Seigneur m'a abandonnée ; le Seigneur m'a oubliée.

15 Une mère peut-elle oublier son enfant, et n'avoir point compassion du fils qu'elle a porté dans ses entrailles ? Mais quand même elle l'oublierait, pour moi je ne vous oublierai jamais.

16 Je vous porte gravée dans mes mains : vos murailles sont sans cesse devant mes yeux.

17 Ceux qui doivent vous rebâtir sont venus : ceux qui vous détruisaient et qui vous dissipaient, sortiront du milieu de vous.

18 Levez les yeux, et regardez tout autour de vous : toute cette grande assemblée de monde vient se rendre à vous. Je jure par moi-même, dit le Seigneur, que tous ceux-ci seront comme un habillement *précieux* dont vous vous serez revêtue, et que vous en serez parée comme une épouse *l'est de ses ornements*.

19 Vos déserts, vos solitudes et votre terre pleine de ruines, seront trop étroites pour la foule de ceux qui viendront s'y établir, et ceux qui vous dévoraient seront chassés loin de vous.

20 Les enfants qui vous viendront après votre stérilité, vous diront encore : Le lieu où je suis est trop étroit ; donnez-moi une place où je puisse demeurer.

21 Et vous direz en votre cœur : Qui m'a engendré ces enfants, à moi qui étais stérile et n'enfantais point ; à moi qui avais été chassée de mon pays, et qui étais demeurée captive ? Qui a nourri tous ces enfants ? car pour moi j'étais seule et abandonnée ; et d'où sont-ils venus ?

22 Voici ce que dit le Seigneur Dieu : Je vais étendre ma main vers les nations, et j'élèverai mon étendard devant tous les peuples. Ils vous apporteront vos fils entre leurs bras, et ils vous amèneront vos filles sur leurs épaules.

23 Les rois seront vos nourriciers, et les reines vos nourrices : ils vous adoreront en baissant le visage contre terre, et ils baiseront la poussière de vos pieds. Et vous saurez que c'est moi qui suis le Seigneur, et que tous ceux qui m'attendent, ne seront point confondus.

24 Peut-on ravir a un géant la proie *dont il est saisi*, et enlever à un homme fort ceux qu'il a rendus ses captifs ?

25 Mais voici ce que dit le Seigneur : Les captifs du géant lui seront ravis ; et ceux que le fort avait pris seront arrachés de ses mains : je jugerai ceux qui vous avaient jugée, et je sauverai vos enfants.

26 Je ferai manger à vos ennemis leur propre chair ; je les enivrerai de leur propre sang comme d'un vin nouveau ; et toute chair saura que c'est moi qui suis le Seigneur qui vous sauve, et que le puissant Dieu de Jacob est votre Rédempteur.

CHAPITRE L.

VOICI ce que dit le Seigneur : Quel est cet écrit de divorce, par lequel j'ai répudié votre mère ? ou quel est ce créancier auquel je vous ai vendus ? Je vous déclare que c'est à cause de vos péchés que vous avez été vendus ; et que ce sont vos crimes qui m'ont fait répudier votre mère.

2 Car je suis venu *vers vous*, et il ne s'est point trouvé d'homme *qui ait voulu me recevoir* : j'ai appelé, et personne ne m'a entendu. Ma main s'est-elle raccourcie ? est-elle devenue plus petite ? N'ai-je plus le pouvoir de vous racheter, ni la force de vous délivrer ? *Si je veux*, au seul bruit de mes menaces, je tarirai les eaux de la mer, je mettrai les fleuves à sec : les poissons n'ayant plus d'eau, pourriront et mourront de soif.

3 J'envelopperai les cieux de ténèbres, et je les couvrirai *comme* d'un sac.

4 Le Seigneur m'a donné une langue savante, afin que je puisse soutenir par la parole celui qui est abattu. Il me prend et me touche l'oreille tous les matins, afin que je l'écoute comme un maître.

5 Le Seigneur Dieu m'a ouvert l'oreille, et je ne lui ai point contredit ; je ne me suis point retiré en arrière.

6 J'ai abandonné mon corps à ceux qui me frappaient, et mes joues à ceux qui m'arrachaient le poil de la barbe : je n'ai point détourné mon visage de ceux qui me couvraient d'injures et de crachats.

7 Le Seigneur Dieu me soutient de son secours ; c'est pourquoi je n'ai point été confondu : j'ai présenté mon visage comme une pierre très-dure, et je sais que je ne rougirai point.

8 Celui qui me justifie est auprès de moi : qui est celui qui se déclarera contre moi ? Allons ensemble *devant le Juge :* qui est mon adversaire ? qu'il s'approche de moi.

9 Le Seigneur Dieu me soutient de son secours : qui entreprendra de me condamner ? Je les vois déjà pourrir tous comme un vêtement ; ils seront mangés des vers.

10 Qui d'entre vous craint Dieu ? et qui entend la voix de son serviteur ? Que celui qui marche dans les ténèbres, et qui n'a point de lumière, espère au nom du Seigneur, et qu'il s'appuie sur son Dieu.

11 Mais vous avez tous allumé un feu *qui vous brûle*, vous êtes environnés de flammes : marchez dans la lumière du feu que vous avez préparé, et des flammes que vous avez allumées. C'est ma main *puissante* qui vous a traités de la sorte, vous serez frappés d'assoupissement au milieu de vos douleurs.

CHAPITRE LI.

ECOUTEZ-MOI, vous qui suivez la justice, et qui cherchez le Seigneur : rappelez dans votre esprit cette roche d'où vous avez été taillés, et cette carrière profonde d'où vous avez été tirés.

2 Jetez les yeux sur Abraham, votre père, et sur Sara qui vous a enfantés ; et considérez que l'ayant appelé *lorsqu'il était* seul, je l'ai béni et je l'ai multiplié.

3 C'est ainsi que le Seigneur consolera Sion ; il la consolera de toutes ses ruines ; il changera ses déserts en des lieux de délices, et sa solitude en un jardin du Seigneur. On y verra *partout* la joie et l'allégresse ; on y entendra les actions de grâces et les cantiques de louanges.

4 Ecoutez-moi, vous qui êtes mon peuple ; nation que j'ai choisie, entendez ma voix : car la loi sortira de moi, et ma justice éclairera les peuples et se reposera parmi eux.

5 Le Juste que je dois envoyer est proche, le Sauveur que j'ai promis va paraître, et mon bras fera justice aux nations : les îles m'attendront, elles attendront mon bras.

6 Elevez les yeux au ciel, et rabaissez-les vers la terre : car le ciel disparaîtra comme la fumée, la terre s'en ira en poudre comme un vêtement usé, et ceux qui l'habitent périront avec elle. Mais le salut que je donnerai sera éternel, et ma justice subsistera pour jamais.

7 Ecoutez-moi, vous qui connaissez la justice, vous, mon peuple, qui avez ma loi gravée dans vos cœurs : ne craignez point l'opprobre des hommes, n'appréhendez point leurs blasphèmes.

8 Car ils seront mangés des vers comme un vêtement, ils seront consumés par la pourriture comme la laine : mais le salut que je donnerai sera éternel, et ma justice subsistera dans la suite de tous les siècles.

9 Elevez-vous, ô bras du Seigneur ! élevez-vous ; armez-vous de force : élevez-vous comme vous avez fait aux siècles passés et dès le commencement du monde. N'est-ce pas vous qui avez frappé le superbe, qui avez blessé le dragon *d'une plaie mortelle ?*

10 N'est-ce pas vous qui avez séché la mer et la profondeur de l'abîme ; qui avez fait un chemin au fond de ses eaux, pour y faire passer ceux dont vous étiez le libérateur ?

11 C'est ainsi que ceux qui auront été rachetés par le Seigneur, retourneront *à lui :* ils viendront à Sion chantant ses louanges, ils seront comblés et couronnés d'une éternelle allégresse, ils seront dans la joie et dans le ravissement ; les douleurs et les soupirs fuiront *pour jamais*.

12 C'est moi, c'est moi-même qui vous consolerai : qui êtes-vous pour avoir peur d'un homme mortel, d'un homme qui séchera comme l'herbe ?

13 Quoi ! vous avez oublié le Seigneur qui vous a créé, qui a étendu les cieux, et fondé la terre, et vous avez tremblé sans cesse devant la fureur d'un ennemi qui vous affligeait, et qui était prêt à vous perdre ! Où est maintenant la furie de votre persécuteur ?

14 Celui qui vient ouvrir *les prisons* arrivera bientôt ; il ne laissera point mourir ses serviteurs jusqu'à les exterminer entièrement, et le pain qu'il donne ne manquera jamais.

15 Car c'est moi qui suis le Seigneur, votre Dieu, qui trouble la mer, et qui fais soulever ses flots : mon nom est le Seigneur des armées.

16 J'ai mis mes paroles dans votre bouche, et je vous ai mis à couvert sous l'ombre de ma main *puissante :* afin que vous établissiez les cieux, que vous fondiez la terre, et que vous disiez à Sion : Vous êtes mon peuple.

17 Réveillez-vous, réveillez-vous ; levez-vous, Jérusalem, qui avez bu de la main du Seigneur le calice de sa colère ; qui avez bu ce calice d'assoupissement jusqu'au fond, et qui en avez pris jusqu'à la lie.

18 De tous les enfants qu'elle a engendrés, il ne s'en trouve aucun qui la soutienne ; et nul de ceux qu'elle a nourris ne lui prend la main pour la secourir.

19 Deux *maux* vont fondre sur vous ; qui compatira à votre douleur ? La désolation *de la famine*, et le ravage *de l'épée :* la faim, *dis-je,* et l'épée : qui vous consolera ?

20 Vos enfants sont tombes par terre ; ils sont demeurés abattus le long des rues comme un bœuf sauvage pris dans les rets *des chasseurs ;* ils ont été rassasiés de l'indignation du Seigneur et de la vengeance de votre Dieu.

21 Ecoutez donc maintenant, pauvre *Jérusalem,* enivrée *de maux* et non pas de vin.

22 Voici ce que dit le Seigneur, votre Dominateur et votre Dieu, qui combattra pour son peuple : Je vais vous ôter de la main cette coupe d'assoupissement, cette coupe, où vous avez bu de mon indignation jusqu'à la lie ; vous n'en boirez plus à l'avenir.

23 Mais je la mettrai dans la main de ceux qui vous ont humiliée, qui ont dit à votre âme, Prosterne-toi, afin que nous passions ; et vous avez rendu votre corps comme une terre *qu'on foule aux pieds*, et comme le chemin des passants.

CHAPITRE LII.

LEVEZ-VOUS, Sion ! levez-vous, revêtez-vous de votre force ; parez-vous des vêtements de votre gloire, Jérusalem, ville du Saint : parce qu'à l'avenir il n'y aura plus d'incirconcis ni d'impur qui passe au travers de vous.

2 Sortez de la poussière, levez-vous, asseyez-vous, ô Jérusalem ! rompez les chaînes de votre cou, fille de Sion, captive *depuis si longtemps*.

3 Car voici ce que dit le Seigneur : Vous avez été vendus pour rien, et vous serez rachetés sans argent.

4 Voici ce que dit le Seigneur Dieu : Mon peuple descendit autrefois en Égypte pour habiter dans ce pays étranger ; et Assur l'a *depuis* opprimé sans aucun sujet.

5 Qu'ai-je donc à faire maintenant, dit le Seigneur, voyant mon peuple enlevé sans aucune raison ? Ceux qui le dominent, le traitent injustement, et mon nom est blasphémé sans cesse pendant tout le jour.

6 C'est pourquoi il viendra un jour auquel mon peuple connaîtra *la grandeur de* mon nom, parce qu'*alors je dirai :* Moi qui parlais autrefois, me voici présent.

7 Que les pieds de celui qui annonce et qui prêche la paix sur les montagnes sont beaux ! *les pieds* de celui qui annonce la bonne

nouvelle, qui prêche le salut, qui dit à Sion : Votre Dieu va régner !

8 Alors vos sentinelles se feront entendre, ils élèveront leur voix, ils chanteront ensemble des cantiques de louanges ; parce qu'ils verront de leurs yeux que le Seigneur aura ramené Sion.

9 Réjouissez-vous, déserts de Jérusalem, louez tous ensemble le Seigneur : parce qu'il a consolé son peuple, et qu'il a racheté Jérusalem.

10 Le Seigneur a fait voir son bras saint aux yeux de toutes les nations ; et toutes les régions de la terre verront le Sauveur que notre Dieu doit nous envoyer.

11 Retirez-vous, retirez-vous ; sortez de Babylone, ne touchez rien d'impur : sortez du milieu d'elle, purifiez-vous, vous qui portez les vases du Seigneur.

12 Vous n'en sortirez point en tumulte, ni par une fuite précipitée ; parce que le Seigneur marchera devant vous, et que le Dieu d'Israël fermera votre marche.

13 Mon serviteur sera rempli d'intelligence ; il sera grand et élevé, il montera au plus haut comble de gloire.

14 Comme vous avez été l'étonnement de plusieurs *par votre désolation*, il paraîtra aussi sans gloire devant les hommes, et dans une forme méprisable aux yeux des enfants des hommes.

15 Il arrosera beaucoup de nations, les rois se tiendront devant lui dans le silence ; parce que ceux auxquels il n'avait point été annoncé le verront, et ceux qui n'avaient point entendu parler de lui, le contempleront.

CHAPITRE LIII.

QUI a cru à notre parole ? et à qui le bras du Seigneur a-t-il été révélé ?

2 Il s'élèvera devant le Seigneur comme un arbrisseau, et comme un rejeton *qui sort* d'une terre sèche : il est sans beauté et sans éclat : nous l'avons vu, et il n'avait rien qui attirât l'œil, et nous l'avons méconnu.

3 Il nous a paru un objet de mépris, le dernier des hommes, un homme de douleurs, qui sait ce que c'est que souffrir : son visage était comme caché : il paraissait méprisable, et nous n'en avons fait aucune estime.

4 Il a pris véritablement nos langueurs *sur lui*, et il s'est chargé lui-même de nos douleurs : nous l'avons considéré comme un lépreux, comme un homme frappé de Dieu et humilié.

5 Et cependant il a été percé de plaies pour nos iniquités ; il a été brisé pour nos crimes. Le châtiment qui devait nous procurer la paix *est tombé* sur lui, et nous avons été guéris par ses meurtrissures.

6 Nous nous étions tous égarés comme des brebis *errantes* ; chacun s'était détourné pour suivre sa propre voie ; et le Seigneur l'a chargé lui *seul* de l'iniquité de nous tous.

7 Il a été offert, parce que lui-même l'a voulu, et il n'a point ouvert la bouche. Il sera mené *à la mort* comme une brebis qu'on va égorger ; il demeurera dans le silence sans ouvrir la bouche, comme un agneau est muet devant celui qui le tond.

8 Il est mort au milieu des douleurs, ayant été condamné par des juges. Qui racontera sa génération ? Car il a été retranché de la terre des vivants. Je l'ai frappé à cause des crimes de mon peuple.

9 Il donnera les impies pour le prix de sa sépulture, et les riches pour la récompense de sa mort ; parce qu'il n'a point commis d'iniquité, et que le mensonge n'a jamais été dans sa bouche.

10 Mais le Seigneur a voulu le briser dans son infirmité. S'il livre son âme pour le péché, il verra sa race durer longtemps, et la volonté de Dieu s'exécutera heureusement par sa conduite.

11 Il verra le fruit de ce que son âme aura souffert ; et il en sera rassasié. Comme mon serviteur est juste, il justifiera par sa doctrine un grand nombre d'hommes, et il portera sur lui leurs iniquités.

12 C'est pourquoi je lui donnerai pour partage une grande multitude de personnes, et il distribuera les dépouilles des forts ; parce qu'il a livré son âme à la mort, et qu'il a été mis au nombre des scélérats, qu'il a porté les péchés de plusieurs, et qu'il a prié pour les violateurs de la loi.

CHAPITRE LIV.

RÉJOUISSEZ-VOUS, stérile qui n'enfantiez point : chantez des cantiques de louanges, et poussez des cris *de joie*, vous qui n'aviez point d'enfants ; parce que celle qui était abandonnée a *maintenant* plus d'enfants que celle qui avait un mari, dit le Seigneur.

2 Donnez plus d'espace a vos tentes, étendez le plus que vous pourrez les peaux qui les couvrent : rendez-en les cordages plus longs, et les pieux plus affermis.

3 Vous vous étendrez à droite et à gauche : votre postérité aura les nations pour héritage, et elle habitera les villes désertes.

4 Ne craignez point ; vous ne serez point confondue, vous ne rougirez point. Il ne vous restera plus de sujet de honte ; parce que vous oublierez la confusion de votre jeunesse, et vous perdrez le souvenir de l'opprobre de votre veuvage.

5 Car celui qui vous a créée sera votre maître ; son nom est le Seigneur des armées ; et le Saint d'Israël qui vous rachètera, s'appellera le Dieu de toute la terre.

6 Car le Seigneur vous a appelée *à lui* comme une femme qui était abandonnée, dont l'esprit était dans la douleur ; comme une femme qu'il avait épousée lorsqu'elle était jeune, mais qu'il a depuis répudiée, dit votre Dieu.

7 Je vous ai abandonnée pour un peu de temps, et pour un moment, et je vous rassemblerai par une grande miséricorde.

8 J'ai détourné mon visage de vous pour un moment, dans le temps de ma colère ; mais je vous ai regardée ensuite avec une compassion qui ne finira jamais, dit le Seigneur, qui vous a rachetée.

9 J'ai fait pour vous ce que je fis au temps de Noé. Comme j'ai juré à Noé de ne répandre plus sur la terre les eaux *du déluge* ; ainsi j'ai juré de ne me mettre plus en colère contre vous, et de ne vous plus faire de reproches.

10 Car les montagnes seront ébranlées, et les collines trembleront ; mais ma miséricorde ne se retirera point de vous, et l'alliance par laquelle je fais la paix avec vous, ne sera jamais ébranlée, dit le Seigneur, qui a pour vous une tendresse de compassion.

11 Pauvre désolée, qui avez été *si longtemps* battue de la tempête et sans consolation, je vais poser moi-même dans leur rang toutes les pierres pour vous rebâtir, et vos fondements seront de saphirs.

12 Je bâtirai vos remparts de jaspe ; je ferai vos portes de pierres ciselées, et toute votre enceinte sera de pierres choisies.

13 Tous vos enfants seront instruits du Seigneur, et ils jouiront de l'abondance de la paix.

14 Vous serez fondée dans la justice ; vous serez à couvert de l'oppression, sans l'appréhender désormais, et de la frayeur des maux qui ne s'approcheront plus de vous.

15 Il vous viendra des habitants qui n'étaient point avec moi ; et ceux qui vous étaient autrefois étrangers, se joindront à vous.

16 C'est moi qui ai créé l'ouvrier qui souffle les charbons de feu pour former les instruments dont il a besoin pour son ouvrage : c'est moi qui ai créé le meurtrier qui ne pense qu'à tout perdre.

17 *C'est pourquoi* toutes les armes qui auront été préparées pour vous blesser, ne porteront point contre vous ; et vous jugerez vous-même toutes les langues qui se seront élevées contre vous pour vous faire condamner. C'est là l'héritage des serviteurs du Seigneur : c'est ainsi qu'ils trouveront justice auprès de moi, dit le Seigneur.

CHAPITRE LV.

VOUS tous qui avez soif, venez aux eaux ; vous qui n'avez point d'argent, hâtez-vous, achetez et mangez : venez, achetez sans argent et sans aucun échange le vin et le lait.

2 Pourquoi employez-vous votre argent à ce qui ne peut vous nourrir, et vos travaux à ce qui ne peut vous rassasier ? Ecoutez-moi avec attention ; nourrissez-vous de la bonne nourriture *que je*

vous donne ; et votre âme étant *comme* engraissée, sera dans la joie.

3 Prêtez l'oreille, et venez à moi ; écoutez-moi, et votre âme trouvera la vie : je ferai avec vous une alliance éternelle, *selon la* miséricorde stable *que j'ai promise* à David.

4 Je vais le donner pour témoin aux peuples, pour maître et pour chef aux gentils.

5 Vous appellerez une nation que vous ne connaissiez point ; et les peuples qui ne vous connaissaient point, accourront à vous, à cause du Seigneur, votre Dieu, et du Saint d'Israël, qui vous aura comblé de sa gloire.

6 Cherchez le Seigneur pendant qu'on peut le trouver ; invoquez-le pendant qu'il est proche.

7 Que l'impie quitte sa voie, et l'injuste ses pensées, et qu'il retourne au Seigneur, et il lui fera miséricorde : *qu'il retourne* à notre Dieu, parce qu'il est plein *de bonté* pour pardonner.

8 Car mes pensées ne sont pas vos pensées, et mes voies ne sont pas vos voies, dit le Seigneur.

9 Mais autant que les cieux sont élevés au-dessus de la terre, autant mes voies sont élevés au-dessus de vos voies, et mes pensées au-dessus de vos pensées.

10 Et comme la pluie et la neige descendent du ciel, et n'y retournent plus, mais qu'elles abreuvent la terre, la rendent féconde, et la font germer, et qu'elle donne la semence pour semer, et le pain pour s'en nourrir :

11 ainsi ma parole qui sort de ma bouche, ne retournera point à moi sans fruit ; mais elle fera tout ce que je veux, et elle produira l'effet pour lequel je l'ai envoyée.

12 Car vous sortirez avec joie, et vous serez conduits dans la paix : les montagnes et les collines retentiront devant vous de cantiques de louanges, et tous les arbres du pays feront entendre leurs applaudissements.

13 Le sapin s'élèvera au lieu de la lavande ; le myrte croîtra au lieu de l'ortie ; et le Seigneur éclatera comme un signe éternel qui ne disparaîtra jamais.

CHAPITRE LVI.

VOICI ce que dit le Seigneur : Gardez les règles de l'équité, et agissez selon la justice ; parce que le salut que je dois envoyer est proche, et que ma justice sera bientôt découverte.

2 Heureux l'homme qui agit de cette sorte, et le Fils de l'homme qui suit cette règle ; qui observe le sabbat, et ne le viole point ; qui conserve ses mains *pures*, et qui s'abstient de faire aucun mal.

3 Que le fils de l'étranger, qui se sera attaché au Seigneur, ne dise point : Le Seigneur m'a entièrement séparé d'avec son peuple. Et que l'eunuque ne dise point : Je ne suis qu'un tronc desséché.

4 Car voici ce que le Seigneur dit aux eunuques : *Je donnerai* à ceux qui gardent mes jours de sabbat, qui embrassent ce qui me plaît, et qui demeurent fermes dans mon alliance :

5 je leur donnerai, *dis-je,* dans ma maison et dans l'enceinte de mes murailles, une place avantageuse et un nom qui leur sera meilleur que des fils et des filles ; je leur donnerai un nom éternel qui ne périra jamais.

6 Et si les enfants des étrangers s'attachent au Seigneur pour l'adorer ; s'ils aiment son nom pour se donner *tout entiers* à son service, et si quelqu'un, quel qu'il soit, garde mes jours de sabbat pour ne les point violer, et demeure ferme dans mon alliance ;

7 je les ferai venir sur ma montagne sainte, je les remplirai de joie dans la maison *consacrée* à me prier : les holocaustes et les victimes qu'ils m'offriront sur mon autel, me seront agréables ; parce que ma maison sera appelée la maison de prière pour tous les peuples.

8 Voici ce que dit le Seigneur, le Dieu qui rassemble les dispersés d'Israël : Je réunirai encore à Israël ceux qui viendront pour se joindre à lui.

9 Bêtes des champs, bêtes des forêts, venez toutes pour dévorer *votre proie.*

10 Les sentinelles d'Israël sont tous aveugles, ils sont tous dans l'ignorance. Ce sont des chiens muets qui ne sauraient aboyer ; qui ne voient que de vains fantômes, qui dorment, et qui se plaisent dans leurs songes.

11 Ce sont des chiens qui ont perdu toute honte, et qui ne se rassasient jamais : les pasteurs mêmes n'ont aucune intelligence : chacun se détourne pour suivre sa voie ; chacun suit ses intérêts, depuis le plus grand jusqu'au plus petit.

12 Venez, *disent-ils,* prenons du vin, remplissons-nous-en jusqu'à nous enivrer ; et *nous boirons* demain comme aujourd'hui, et encore beaucoup davantage.

CHAPITRE LVII.

LE juste périt, et personne n'y fait réflexion en lui-même : les hommes de piété sont retirés *de ce monde,* parce qu'il n'y a personne qui ait de l'intelligence : car le juste a été enlevé pour être délivre des maux *de ce siècle.*

2 Que la paix vienne *enfin.* Que celui qui a marché dans un cœur droit, se repose dans son lit.

3 Venez ici, vous autres, enfants d'une devineresse, race d'un homme adultère et d'une femme prostituée.

4 De qui vous êtes-vous joués ? contre qui avez-vous ouvert la bouche, et lancé vos langues *perçantes ?* N'êtes-vous pas des enfants perfides et des rejetons bâtards,

5 vous qui cherchez votre consolation dans vos dieux sous tous les arbres chargés de feuillage, qui sacrifiez vos petits enfants dans les torrents sous les roches avancées ?

6 *Epouse infidèle*, vous avez mis votre confiance dans les pierres du torrent ; c'est là votre partage. Vous avez répandu des liqueurs pour les honorer ; vous leur avez offert des sacrifices. Après cela mon indignation ne s'allumera-t-elle pas ?

7 Vous avez mis votre lit sur une montagne haute et élevée, et vous y avez monté pour y immoler des hosties.

8 Vous avez placé derrière votre porte, derrière ses poteaux, vos monuments *sacriléges ;* et même jusqu'auprès de moi, vous n'avez pas rougi de vous découvrir ; vous avez reçu les adultères, vous avez agrandi votre lit ; vous avez fait une alliance avec eux, et vous avez aimé leur couche *honteuse* sans vous en cacher.

9 Vous vous êtes parfumée pour plaire au roi ; vous avez recherché toutes sortes de senteurs. Vous avez envoyé vos ambassadeurs bien loin, et vous vous êtes abaissée jusqu'à l'enfer.

10 Vous vous êtes fatiguée dans la multiplicité de vos voies ; et vous n'avez point dit : Demeurons en repos. Vous avez trouvé de quoi vivre par le travail de vos mains : c'est pourquoi vous ne vous êtes point mise en peine de *me* prier.

11 Qui avez-vous appréhendé ? de qui avez-vous eu peur, pour me manquer de parole, pour m'effacer de votre mémoire, sans rentrer dans votre cœur ? Vous m'avez oublié, parce que je suis demeuré dans le silence, comme si je ne *vous* voyais pas.

12 Je publierai *devant tout le monde* quelle est votre justice ; et vos œuvres ne vous serviront de rien.

13 Lorsque vous crierez *dans vos maux*, que tous ceux que vous avez assemblés vous délivrent : le vent les dissipera tous, ils seront emportés au moindre souffle. Mais ceux qui mettent leur confiance en moi, auront la terre pour héritage, et ils posséderont ma montagne sainte.

14 Je dirai alors : Faites place, laissez le chemin libre, détournez-vous du sentier, ôtez de la voie de mon peuple tout ce qui peut le faire tomber.

15 Voici ce que dit le Très-Haut, le Dieu sublime qui habite dans l'éternité, dont le nom est saint : J'habite dans le lieu très-haut, dans le lieu saint, et avec l'esprit humble et *le cœur* brisé, pour donner la vie à ceux qui ont l'esprit humble, pour la donner à ceux qui ont le cœur contrit *et* brisé.

16 Car je ne disputerai pas éternellement, et ma colère ne durera pas toujours ; parce que les esprits sont sortis de moi, et c'est moi qui ai créé les âmes.

17 Mon indignation s'est émue contre mon peuple à cause de son iniquité et de son avarice, et je l'ai frappé : je me suis caché de lui

dans ma colère ; il s'en est allé comme un vagabond en suivant les égarements de son cœur.

18 J'ai considéré ses voies, et je l'ai guéri ; je l'ai ramené, je l'ai consolé, lui et *tous* ceux qui le pleuraient.

19 J'ai produit la paix qui est le fruit de mes paroles ; je l'ai donnée à celui qui est éloigné et à celui qui est proche, dit le Seigneur, et j'ai guéri l'un et l'autre.

20 Mais les méchants sont comme une mer *toujours* agitée, qui ne peut se calmer, et dont les flots vont se rompre *sur le rivage* avec une écume sale et bourbeuse.

21 Il n'y a point de paix pour les méchants, dit le Seigneur Dieu.

CHAPITRE LVIII.

CRIEZ sans cesse, faites retentir votre voix comme une trompette ; annoncez à mon peuple les crimes qu'il a faits, et à la maison de Jacob les péchés qu'elle a commis.

2 Car ils me cherchent chaque jour, et ils demandent à connaître mes voies, comme si c'était un peuple qui eût agi selon la justice, et qui n'eût point abandonné la loi de son Dieu. Ils me consultent sur les règles de la justice, et ils veulent s'approcher de Dieu.

3 Pourquoi avons-nous jeûné, *disent-ils*, sans que vous nous ayez regardés ? pourquoi avons-nous humilié nos âmes, sans que vous vous en soyez mis en peine ? C'est parce que votre *propre* volonté se trouve au jour de votre jeûne, et que vous exigez tout ce qu'on vous doit.

4 Vous jeûnez, et vous faites des procès et des querelles, et vous frappez vos frères avec une violence impitoyable. Ne jeûnez plus à l'avenir comme vous avez fait jusqu'à cette heure, en faisant retentir l'air de vos cris.

5 Le jeûne que je demande consiste-t-il à faire qu'un homme afflige son âme pendant un jour, qu'il fasse comme un cercle de sa tête en baissant *le cou*, et qu'il prenne le sac et la cendre ? Est-ce là ce que vous appelez un jeûne, et un jour agréable au Seigneur ?

6 Le jeûne que j'approuve n'est-ce pas plutôt celui-ci ? Rompez les chaînes de l'impiété, déchargez de tous leurs fardeaux ceux qui en sont accablés ; renvoyez libres ceux qui sont opprimés *par la servitude*, et brisez tout ce qui charge les autres.

7 Faites part de votre pain à celui qui a faim, et faites entrer en votre maison les pauvres et ceux qui ne savent où se retirer. Lorsque vous verrez un homme nu, revêtez-le ; et ne méprisez point *propre* chair.

8 Alors votre lumière éclatera comme l'aurore ; et vous recouvrerez bientôt votre santé ; votre justice marchera devant vous, et la gloire du Seigneur fermera votre marche.

9 Alors vous invoquerez le Seigneur, et il vous exaucera : vous crierez *vers lui*, et il vous dira : Me voici. Si vous ôtez la chaîne du milieu de vous, si vous cessez d'étendre la main *contre les autres*, et de dire des paroles désavantageuses *à votre prochain ;*

10 si vous assistez le pauvre avec une effusion de cœur, et si vous remplissez *de consolation* l'âme affligée, votre lumière se lèvera dans les ténèbres, et vos ténèbres deviendront comme le midi.

11 Le Seigneur vous tiendra toujours dans le repos ; il remplira votre âme de ses splendeurs, et il engraissera vos os : vous deviendrez comme un jardin toujours arrosé, et comme une fontaine dont les eaux ne sèchent jamais ;

12 les lieux qui avaient été déserts depuis plusieurs siècles, seront dans vous remplis d'édifices ; vous relèverez les fondements *abandonnés* pendant une longue suite d'années ; et l'on dira de vous, que vous réparez les haies, et que vous faites une demeure paisible des chemins passants.

13 Si vous vous empêchez de voyager le jour du sabbat, et de faire votre volonté au jour qui m'est consacré ; si vous le regardez comme un repos délicieux, comme le jour saint et glorieux du Seigneur, dans lequel vous lui rendez l'honneur qui lui est dû, en ne suivant point vos inclinations, en ne faisant point votre propre volonté, et en ne disant point de paroles *vaines :*

14 alors vous trouverez vos délices dans le Seigneur ; je vous élèverai au-dessus de ce qu'il y a de plus élevé sur la terre, et je vous donnerai pour vous nourrir l'héritage de Jacob, votre père : car *c'est* la bouche du Seigneur *qui* a parlé.

CHAPITRE LIX.

LA main du Seigneur n'est point raccourcie pour ne pouvoir plus sauver, et son oreille n'est point devenue plus dure pour ne pouvoir plus écouter.

2 Mais ce sont vos iniquités qui ont fait une séparation entre vous et votre Dieu ; et ce sont vos péchés qui lui ont fait cacher son visage pour ne vous plus écouter.

3 Car vos mains sont souillées de sang ; vos doigts *sont pleins* d'iniquité ; vos lèvres ont prononcé le mensonge, et votre langue a dit des paroles criminelles.

4 Il n'y a personne qui parle pour la justice, ni qui juge dans la vérité : ils mettent leur confiance dans le néant, et ils ne s'entretiennent que de choses vaines : ils conçoivent l'affliction, et ils enfantent l'iniquité.

5 Ils ont fait éclore des œufs d'aspic, et ils ont formé des toiles d'araignée : celui qui mangera de ces œufs, en mourra ; et si on les fait couver, il en sortira un basilic.

6 Leurs toiles ne serviront point à les couvrir, et ils ne se revêtiront point de leur travail : car tous leurs travaux sont des travaux inutiles, et l'ouvrage de leurs mains est un ouvrage d'iniquité.

7 Leurs pieds courent pour faire le mal, et ils se hâtent de répandre le sang innocent ; leurs pensées sont des pensées injustes ; leur conduite ne tend qu'à perdre et à opprimer les autres.

8 Ils ne connaissent point la voie de la paix ; ils ne marchent point selon la justice ; ils se sont fait des sentiers *faux et* tortus ; et quiconque y marche ne connaîtra point la paix.

9 C'est pour cela que le jugement *favorable que nous attendions* s'est éloigné de nous, et que la justice *que nous espérions* ne vient point jusqu'à nous. Nous attendions la lumière, et nous voilà dans les ténèbres ; *nous espérions* un grand jour, et nous marchons dans une nuit sombre.

10 Nous allons comme des aveugles le long des murailles, nous marchons à tâtons comme si nous n'avions point d'yeux ; nous nous heurtons en plein midi comme si nous étions dans les ténèbres ; nous nous trouvons dans l'obscurité comme les morts.

11 Nous rugissons tous comme des ours ; nous soupirons et nous gémissons comme des colombes. Nous attendions un jugement *favorable*, et il n'est point venu ; *nous espérions* le salut, et *le salut* est bien loin de nous.

12 Car nos iniquités se sont multipliées devant vos yeux, et nos péchés portent témoignage contre nous ; parce que nos crimes nous sont présents, et que nous connaissons les iniquités *que nous avons commises :*

13 *parce que* nous avons péché et nous avons menti contre le Seigneur ; nous nous sommes détournés pour ne point marcher sur les pas de notre Dieu ; pour semer des calomnies et violer toute justice : nous avons conçu et fait sortir de notre cœur des paroles de mensonge.

14 Le jugement *favorable que nous attendions* s'est retiré *de nous*, et la justice *que nous espérions* s'est tenue éloignée ; parce que la vérité a été renversée dans les places *publiques*, et que l'équité n'y a trouvé aucune entrée.

15 La vérité a été en oubli, et celui qui s'est retiré du mal, a été exposé en proie. Le Seigneur l'a vu, et ses yeux ont été blessés de ce qu'il n'y avait plus de justice *au monde*.

16 Il a vu qu'il ne se présentait personne, et il a été saisi d'étonnement de voir que personne ne s'opposait *à ces maux*. Son bras seul lui a suffi pour sauver *son peuple*, et sa propre justice l'a soutenu.

17 Il s'est armé de *sa* justice comme d'une cuirasse, et il a mis sur sa tête le casque du salut : il s'est revêtu de *sa* vengeance comme d'un vêtement, et il s'est couvert de sa fureur jalouse comme d'un manteau.

18 Il se prépare à se venger, à punir dans sa colère ceux qui lui font la guerre, et à rendre à ses ennemis ce qu'ils méritent ; il traitera les îles selon leurs œuvres.

19 Ceux qui sont du côté de l'occident, craindront le nom du Seigneur ; et ceux qui sont du côté de l'orient, *révéreront* sa gloire : lorsqu'il viendra comme un fleuve impétueux, dont le souffle de Dieu pousse les eaux ;

20 lorsqu'il sera venu un Rédempteur pour Sion, et pour ceux de Jacob, qui abandonneront l'iniquité, dit le Seigneur.

21 Voici l'alliance que je ferai avec eux, dit le Seigneur : Mon esprit qui est en vous, *leur dirai-je*, et mes paroles que j'ai mises en votre bouche, ne sortiront point de votre bouche, ni de la bouche de vos enfants, ni de la bouche des enfants de vos enfants, depuis le temps présent jusque dans l'éternité, dit le Seigneur.

CHAPITRE LX.

LEVEZ-VOUS, Jérusalem, recevez la lumière : car votre lumière est venue, et la gloire du Seigneur s'est levée sur vous.

2 Oui, les ténèbres couvriront la terre, et une nuit sombre *enveloppera* les peuples ; mais le Seigneur se lèvera sur vous, et l'on verra sa gloire éclater au milieu de vous.

3 Les nations marcheront à la faveur de votre lumière, et les rois à la splendeur qui se lèvera sur vous.

4 Levez vos yeux, et regardez autour de vous : tous ceux que vous voyez assemblés ici, viennent pour vous : vos fils viendront de bien loin, et vos filles s'élèveront à vos côtés.

5 Alors vous verrez, vous serez dans une abondance *de joie* ; votre cœur s'étonnera et se répandra hors de lui-même, lorsque vous serez comblée des richesses de la mer, et que tout ce qu'il y a de grand dans les nations, viendra se donner à vous.

6 Vous serez inondée par une foule de chameaux, par les dromadaires de Madian et d'Epha. Tous viendront de Saba vous apporter de l'or et de l'encens, et publier les louanges du Seigneur.

7 Tous les troupeaux de Cédar se rassembleront en vous, les béliers de Nabajoth seront employés pour votre service : on me les offrira sur mon autel comme des hosties agréables, et je remplirai de gloire la maison de ma majesté.

8 Qui sont ceux-ci qui sont emportés en l'air comme des nuées, et qui volent comme des colombes lorsqu'elles retournent à leurs colombiers ?

9 Car les îles m'attendent, et il y a déjà longtemps que les vaisseaux sont prêts sur la mer pour faire venir vos enfants de loin, pour apporter avec eux leur argent et leur or, et le consacrer au nom du Seigneur, votre Dieu, et du Saint d'Israël qui vous a glorifiée.

10 Les enfants des étrangers bâtiront vos murailles, et leurs rois vous rendront service ; parce que je vous ai frappée dans mon indignation, et que je vous ai fait miséricorde en me réconciliant avec vous.

11 Vos portes seront toujours ouvertes ; elles ne seront fermées ni jour ni nuit, afin qu'on vous apporte les richesses des nations, et qu'on vous amène leurs rois.

12 Car le peuple et le royaume qui ne vous sera point assujetti, périra ; et je ferai de ces nations un effroyable désert.

13 La gloire du Liban viendra dans vous ; le sapin, le buis et le pin serviront ensemble pour l'ornement de mon sanctuaire ; et je glorifierai le lieu où mes pieds *se seront reposés*.

14 Les enfants de ceux qui vous avaient humiliée, viendront se prosterner devant vous, et tous ceux qui vous décriaient, adoreront les traces de vos pas, et vous appelleront la Cité du Seigneur, la Sion du Saint d'Israël.

15 Au lieu que vous avez été abandonnée et exposée à la haine, et qu'il n'y avait personne qui passât jusqu'à vous ; je vous établirai dans une gloire qui ne finira jamais, et dans une joie qui durera dans la succession de tous les âges.

16 Vous sucerez le lait des nations, vous serez nourrie de la mamelle des rois ; et vous connaîtrez que je suis le Seigneur qui vous sauve, et le Fort de Jacob qui vous rachète.

17 Je vous donnerai de l'or au lieu d'airain, de l'argent au lieu de fer, de l'airain au lieu de bois, et du fer au lieu de pierres. Je ferai que la paix régnera sur vous, et que la justice vous gouvernera.

18 On n'entendra plus parler de violence dans votre territoire, ni de destruction et d'oppression dans toutes vos terres ; le salut environnera vos murailles, et les louanges retentiront à vos portes.

19 Vous n'aurez plus le soleil pour vous éclairer pendant le jour, et la clarté de la lune ne luira plus sur vous ; mais le Seigneur deviendra lui-même votre lumière éternelle, et votre Dieu sera votre gloire.

20 Votre soleil ne se couchera plus, et votre lune ne souffrira plus de diminution ; parce que le Seigneur sera votre lumière éternelle, et que les jours de vos larmes seront finis.

21 Tout votre peuple sera un peuple de justes ; ils posséderont la terre pour toujours, *parce qu'ils seront* les rejetons que j'ai plantés, les ouvrages que ma main a faits pour me rendre gloire.

22 Mille sortiront du moindre d'entre eux, et du plus petit tout un grand peuple. Je suis le Seigneur, et c'est moi qui ferai tout d'un coup ces merveilles, quand le temps en sera venu.

CHAPITRE LXI.

L'ESPRIT du Seigneur *s'est reposé* sur moi, parce que le Seigneur m'a rempli de son onction : il m'a envoyé pour annoncer *sa parole* à ceux qui sont doux, pour guérir ceux qui ont le cœur brisé ; pour prêcher la grâce aux captifs, et la liberté à ceux qui sont dans les chaînes ;

2 pour publier l'année de la réconciliation du Seigneur, et le jour de la vengeance de notre Dieu, pour consoler ceux qui pleurent ;

3 pour avoir soin de ceux de Sion qui sont dans les larmes ; pour leur donner une couronne au lieu de la cendre, une huile de joie au lieu des larmes, et un vêtement de gloire au lieu d'un esprit affligé : et il y aura dans elle des hommes puissants en justice, qui seront des plantes du Seigneur pour lui rendre gloire.

4 Ils rempliront d'édifices les lieux déserts depuis plusieurs siècles ; ils relèveront les anciennes ruines, et ils rétabliront les villes abandonnées, où il n'y avait eu qu'une solitude pendant plusieurs âges.

5 Les étrangers viendront, et seront les pasteurs de vos troupeaux ; et les enfants des étrangers seront vos laboureurs et vos vignerons.

6 Mais pour vous, vous serez appelés les Prêtres du Seigneur ; vous serez nommés les Ministres de notre Dieu ; vous nous nourrirez des richesses des nations, et leur grandeur servira à votre gloire.

7 Au lieu de la double confusion dont vous rougissiez, *vos enfants* publieront l'excellence de leur partage ; et en effet ils posséderont dans leur terre un double héritage, et seront remplis d'une joie qui ne finira jamais.

8 Car je suis le Seigneur qui aime la justice, et qui hais les holocaustes qui viennent de rapines et de violence : j'établirai leurs œuvres dans la vérité, et je ferai avec eux une alliance éternelle.

9 Leur postérité sera connue des nations, leurs rejetons *seront célèbres* parmi les peuples ; et tous ceux qui les verront, les reconnaîtront pour la race que le Seigneur a bénie.

10 Je me réjouirai avec une effusion de joie dans le Seigneur, et mon âme sera ravie d'allégresse dans mon Dieu, parce qu'il m'a revêtue des vêtements du salut, et qu'il m'a parée des ornements de la justice, comme un époux qui a la couronne sur la tête, et comme une épouse parée de toutes ses pierreries.

11 Car comme la terre fait germer la semence, et comme un jardin fait pousser ce qu'on a planté ; ainsi le Seigneur Dieu fera germer sa justice, *et fleurir* sa louange aux yeux de toutes les nations.

CHAPITRE LXII.

JE ne me tairai point en faveur de Sion, je n'aurai point de repos en faveur de Jérusalem, jusqu'à ce que son Juste paraisse comme une *vive* lumière, et que son Sauveur brille comme une lampe *allumée.*

2 Les nations verront votre Juste, tous les rois *verront* votre *Prince* éclatant de gloire ; et on vous appellera d'un nom nouveau, que le Seigneur vous donnera de sa propre bouche.

3 Vous serez une couronne de gloire dans la main du Seigneur, et un diadème royal dans la main de votre Dieu.

4 On ne vous appellera plus l'*épouse* délaissée ; et votre terre ne sera plus appelée la *terre* déserte ; mais vous serez appelée ma bien-aimée ; et votre terre la *terre* habitée : parce que le Seigneur a mis son affection en vous, et que votre terre sera remplie d'habitants.

5 Car *de même que* le jeune *époux* demeure avec la vierge *son épouse, ainsi* vos enfants demeureront en vous ; et *de même que* l'époux trouve sa joie dans son épouse, *ainsi* votre Dieu se réjouira en vous.

6 J'ai établi des gardes sur vos murs, ô Jérusalem ! ils ne se tairont jamais, ni durant le jour, ni durant la nuit.

7 Vous qui vous souvenez du Seigneur, ne vous taisez point, et ne demeurez point en silence devant lui, jusqu'à ce qu'il affermisse Jérusalem, et qu'il la rende l'objet des louanges de toute la terre.

8 Le Seigneur a juré par sa droite, et par son bras fort : Je ne donnerai plus votre blé à vos ennemis pour s'en nourrir ; et les étrangers ne boiront plus le vin que vous avez fait venir avec tant de peine.

9 Mais ceux qui ont recueilli votre blé, le mangeront, et loueront le Seigneur ; et ceux qui ont fait venir votre vin, le boiront dans mon temple saint.

10 Passez et repassez de porte en porte, préparez la voie au peuple, aplanissez le chemin, ôtez-en les pierres, élevez l'étendard aux yeux des peuples.

11 Le Seigneur a fait entendre *ces paroles* jusqu'aux extrémités de la terre : Dites à la fille de Sion : Votre Sauveur vient, il porte avec lui ses récompenses, et le prix qu'il rendra aux travaux *marche* devant lui.

12 *Vos enfants* seront appelés le peuple saint, la face rachetée par le Seigneur ; et vous ne serez plus appelée la ville abandonnée, mais la ville recherchée *et chérie de Dieu.*

CHAPITRE LXIII.

QUI est celui-ci qui vient d'Edom, *qui vient* de Bosra, avec sa robe teinte *de rouge ;* qui éclate dans la beauté de ses vêtements, et qui marche avec une force toute-puissante ? C'est moi dont la parole est la parole de justice, qui viens pour défendre et pour sauver.

2 Pourquoi donc votre robe est-elle *toute* rouge ? et pourquoi vos vêtements sont-ils comme *les habits* de ceux qui foulent le vin dans le pressoir ?

3 J'ai été seul à fouler le vin sans qu'aucun homme d'entre tous les peuples fût avec moi. Je les ai foulés dans ma fureur ; je les ai foulés aux pieds dans ma colère, et leur sang a rejailli sur ma robe, et tous mes vêtements en sont tachés.

4 Car j'ai dans mon cœur le jour de la vengeance ; le temps de racheter les miens est venu.

5 J'ai regardé autour de moi, et il n'y avait personne pour m'aider ; j'ai cherché, et je n'ai point trouvé de secours. Ainsi mon bras *seul* m'a suffi pour sauver, et ma colère même m'a soutenu.

6 J'ai foulé aux pieds les peuples dans ma fureur ; je les ai enivrés *de leur sang* dans ma colère, et j'ai renversé leur force par terre.

7 Je me souviendrai des miséricordes du Seigneur ; *je chanterai* ses louanges pour toutes les grâces qu'il nous a faites, pour tous les biens dont il a comblé la maison d'Israël, qu'il a répandus sur elle selon sa bonté et selon la multitude de ses miséricordes.

8 Il a dit *d'eux :* Ce peuple est véritablement mon peuple, ce sont des enfants qui ne renoncent point *leur père*, et il est devenu leur Sauveur.

9 Dans toutes les afflictions qui leur sont arrivées il ne s'est point lassé, *ni rebuté d'eux ;* mais l'Ange qui assistait devant sa face les a sauvés. Dans l'affection et dans la tendresse qu'il avait pour eux, il les a rachetés lui-même, il les a portés et les a toujours élevés *en gloire.*

10 Cependant ils ont irrité sa colère, et ils ont affligé l'esprit de son Saint ; il est devenu alors leur ennemi, et il les a lui-même détruits.

11 Mais il s'est souvenu des siècles anciens, de Moïse et de son peuple. Où est celui qui les a tirés de la mer avec les pasteurs de son troupeau ? Où est celui qui a mis au milieu d'eux l'esprit de son Saint ;

12 qui a pris Moïse par la main droite, *et l'a soutenu* par le bras de sa majesté : qui a divisé les flots devant eux pour s'acquérir un nom éternel ;

13 qui les a conduits au travers des abîmes comme un cheval qu'on mène dans une campagne sans qu'il fasse un faux pas ?

14 L'esprit du Seigneur l'y a conduit comme un animal qui marche dans une campagne. C'est ainsi, Seigneur ! que vous vous êtes rendu le guide de votre peuple, pour signaler à jamais la gloire de votre nom.

15 Seigneur ! regardez-nous du ciel, jetez les yeux sur nous de votre demeure sainte, et *du trône* de votre gloire. Où est *maintenant* votre zèle et votre force ? Où est la tendresse de vos entrailles et de vos miséricordes ? Elle ne se répand plus sur moi.

16 Car c'est vous qui êtes notre Père : Abraham ne nous connaît point ; Israël ne sait qui nous sommes : mais vous, Seigneur ! vous êtes notre Père ; *vous êtes* notre Rédempteur ; *c'est là* votre nom dès l'éternité.

17 Seigneur ! pourquoi nous avez-vous fait sortir de vos voies ? pourquoi avez-vous endurci notre cœur *en nous laissant* perdre votre crainte ? Retournez-vous *vers nous* à cause de vos serviteurs, *à cause* des tribus que vous avez rendues votre héritage.

18 Nos ennemis ont compté pour rien de se rendre maîtres de votre peuple saint ; ils ont *encore* foulé aux pieds votre sanctuaire.

19 Nous sommes devenus comme nous étions au commencement, avant que vous fussiez notre Roi, et que nous portassions votre nom.

CHAPITRE LXIV.

OH ! si vous vouliez ouvrir les cieux, et en descendre ! les montagnes s'écouleraient devant vous :

2 elles fondraient comme si elles étaient consumées par le feu ; les eaux deviendraient toutes embrasées : afin que votre nom se signalât parmi vos ennemis, et que les nations tremblassent devant votre face.

3 Lorsque vous ferez éclater vos merveilles, nous ne pourrons les supporter. Vous êtes descendu, et les montagnes se sont écoulées devant vous.

4 Depuis le commencement du monde les hommes n'ont point entendu, l'oreille n'a point ouï, et l'œil n'a point vu, hors vous seul, ô Dieu ! ce que vous avez préparé à ceux qui vous attendent.

5 Vous êtes allé au-devant de ceux qui étaient dans la joie, et qui vivaient dans la justice : ils se souviendront de vous dans vos voies. Vous vous êtes mis en colère *contre nous*, parce que nous vous avons offensé. Nous avons toujours été dans le péché ; mais nous en serons sauvés.

6 Nous sommes tous devenus comme un homme impur, et toutes les œuvres de notre justice sont comme le linge le plus souillé. Nous sommes tous tombés comme la feuille *des arbres*, et nos iniquités nous ont emportés comme un vent *impétueux.*

7 Il n'y a personne qui invoque votre nom ; il n'y a personne qui s'élève vers vous, et qui se tienne attaché à vous. Vous avez détourné votre visage de nous, et vous nous avez brisés sous le poids de notre iniquité.

8 Cependant, Seigneur ! vous êtes notre Père ; et nous ne sommes que de l'argile. C'est vous qui nous avez formés, et nous sommes tous les ouvrages de vos mains.

9 N'allumez point toute votre colère, Seigneur ! et effacez de votre esprit la mémoire de nos crimes : jetez les yeux sur nous, et

considérez que nous sommes tous votre peuple.

10 La ville de votre Saint a été changée en un désert ; Sion est déserte, Jérusalem est désolée.

11 Le temple de notre sanctification et de notre gloire, où nos pères avaient chanté vos louanges, a été réduit en cendres, et tous nos bâtiments les plus somptueux ne sont plus que des ruines.

12 Après cela, Seigneur ! vous retiendrez-vous encore ? demeurerez-vous dans le silence ? et nous affligerez-vous jusqu'à l'extrémité ?

CHAPITRE LXV.

CEUX qui ne se mettaient point en peine de me connaître, sont venus vers moi ; et ceux qui ne me cherchaient point, m'ont trouvé. J'ai dit à une nation qui n'invoquait point mon nom auparavant : Me voici, me voici.

2 J'ai étendu mes mains pendant tout le jour vers un peuple incrédule, qui marche dans une voie qui n'est pas bonne, en suivant ses pensées ;

3 vers un peuple qui fait sans cesse devant mes yeux ce qui n'est propre qu'à m'irriter, qui immole des hosties dans les jardins, et qui sacrifie sur des *autels de* brique ;

4 qui habite dans les sépulcres, qui dort dans les temples des idoles, qui mange de la chair de pourceau, et qui met dans ses vases une liqueur profane ;

5 qui dit *aux autres :* Retirez-vous de moi, ne vous approchez pas ; parce que vous n'êtes pas pur. Ils deviendront *comme* une fumée au jour de ma fureur, *comme* un feu qui brûlera toujours.

6 *Leur péché* est écrit devant mes yeux, je ne me tairai plus ; mais je le leur rendrai, et je verserai dans leur sein *ce qu'ils méritent.*

7 *Je punirai* vos iniquités, dit le Seigneur, et tout ensemble les iniquités de vos pères, qui ont sacrifié sur les montagnes et qui m'ont déshonoré sur les collines ; et *en vous punissant* je verserai dans votre sein une peine proportionnée à leurs anciens dérèglements.

8 Voici ce que dit le Seigneur : Comme lorsqu'on trouve un beau grain dans une grappe, on dit, Ne le gâtez pas, parce qu'il a été béni *de Dieu ;* ainsi en faveur de mes serviteurs, je n'exterminerai pas *Israël* entièrement.

9 Je ferai sortir de Jacob une postérité *fidèle,* et de Juda *celui* qui possédera mes montagnes : ceux que j'aurai élus seront les héritiers de cette *terre,* et mes serviteurs y habiteront.

10 Les campagnes serviront de parc aux troupeaux, et la vallée d'Achor servira de retraite aux bœufs de mon peuple, de ceux qui m'auront recherché.

11 Mais pour vous qui avez abandonné le Seigneur, qui avez oublié ma montagne sainte, qui dressez à la Fortune un autel, et qui y offrez des liqueurs en sacrifice :

12 je vous ferai passer l'un après l'autre au fil de l'épée, et vous périrez tous dans ce carnage ; parce que j'ai appelé, et vous n'avez point répondu ; j'ai parlé, et vous n'avez point écouté : vous avez fait le mal devant mes yeux, et vous avez voulu tout ce que je ne voulais point.

13 C'est pourquoi, voici ce que dit le Seigneur Dieu : Mes serviteurs mangeront, et vous souffrirez la faim ; mes serviteurs boiront, et vous souffrirez la soif ;

14 mes serviteurs se réjouiront, et vous serez couverts de confusion ; mes serviteurs éclateront par des cantiques de louanges dans le ravissement de leur cœur, et vous éclaterez par de grands cris dans l'amertume de votre cœur, et en de tristes hurlements dans le déchirement de votre esprit :

15 et vous rendrez votre nom à mes élus un nom d'imprécation ; le Seigneur Dieu vous fera périr, et il donnera à ses serviteurs un autre nom.

16 Celui qui sera béni en ce nom sur la terre, sera béni du Dieu de vérité, et celui qui jurera sur la terre, jurera au nom du Dieu de vérité ; parce que les anciennes afflictions seront alors mises en oubli, et qu'elles disparaîtront de devant mes yeux.

17 Car je vais créer de nouveaux cieux et une terre nouvelle ; et tout ce qui a été auparavant, s'effacera de la mémoire, sans qu'il revienne dans l'esprit.

18 Mais vous vous réjouirez, et vous serez éternellement pénétrés de joie dans les choses que je vais créer ; parce que je vais rendre Jérusalem une ville d'allégresse, et son peuple un peuple de joie.

19 Je prendrai mes délices dans Jérusalem, je trouverai ma joie dans mon peuple, et on n'y entendra plus de voix lamentables ni de tristes cris.

20 On n'y verra point d'enfant *qui ne vive que peu* de jours, ni de vieillard qui ne remplisse le temps de sa vie ; parce que celui qui sera un enfant de cent ans, mourra, et le pécheur de cent années sera maudit.

21 Ils bâtiront des maisons, et ils les habiteront ; ils planteront des vignes, et ils en mangeront le fruit.

22 Il ne leur arrivera point de bâtir des maisons, et qu'un autre les habite ; ni de planter des vignes, et qu'un autre en mange *le fruit.* Car la vie de mon peuple égalera celle des *grands* arbres, et les ouvrages de leurs mains seront de longue durée.

23 Mes élus ne travailleront point en vain, et ils n'engendreront point d'enfants qui leur causent de la peine ; parce qu'ils seront la race bénie du Seigneur, et que leurs petits enfants *le seront comme eux.*

24 On verra qu'avant qu'ils crient *vers moi,* je les exaucerai, et lorsqu'ils parleront encore, j'écouterai *leurs prières.*

25 Le loup et l'agneau iront paître ensemble ; le lion et le bœuf mangeront la paille, et la poussière sera la nourriture du serpent. Ils ne nuiront point et ne tueront point sur toute ma montagne sainte, dit le Seigneur.

CHAPITRE LXVI.

VOICI ce que dit le Seigneur : Le ciel est mon trône, et la terre mon marchepied. Quelle maison me bâtirez-vous ? et où me donnerez-vous un lieu de repos ?

2 C'est ma main qui a créé toutes ces choses ; et elles sont toutes, parce que je les ai faites, dit le Seigneur ; et sur qui jetterai-je les yeux, sinon sur le pauvre qui a le cœur brisé *et humilié*, et qui écoute mes paroles avec tremblement ?

3 Celui qui immole un bœuf *parmi vous*, est comme celui qui tuerait un homme ; celui qui sacrifie un agneau ou un chevreau, est comme celui qui assommerait un chien ; celui qui fait *à Dieu* une oblation, est comme celui qui offrirait *à Dieu* le sang d'un pourceau ; et celui qui se souvient de brûler de l'encens, est comme celui qui révérerait une idole. Ils ont pris plaisir et se sont accoutumés à toutes ces choses, et leur âme a fait ses délices de ses abominations.

4 Et moi je prendrai plaisir aussi à me moquer d'eux, et je ferai fondre sur eux ce qu'ils craignaient ; parce que j'ai appelé et personne n'a répondu, j'ai parlé et ils ne m'ont point écouté ; mais ils ont fait le mal devant mes yeux, et ils ont voulu ce que je ne voulais point.

5 Ecoutez la parole du Seigneur, vous qui l'entendez avec tremblement : Vos frères qui vous haïssent et qui vous rejettent à cause de mon nom, vous ont dit : Que le Seigneur fasse paraître sa gloire *en vous*, et nous le reconnaîtrons alors dans votre délivrance et votre joie. Mais ils seront eux-mêmes couverts de confusion.

6 J'entends la voix du peuple *qui retentit de* la ville, une voix *qui vient* du temple, la voix du Seigneur qui rend à ses ennemis ce qu'ils méritent.

7 *Sion* a enfanté avant d'être en travail, elle a mis au monde un enfant mâle avant d'avoir senti les douleurs de l'enfantement.

8 Qui a jamais entendu une telle chose ? qui a jamais rien vu de semblable ? La terre produit-elle *son fruit* en un seul jour ? et tout un peuple est-il engendré en même temps ? Et cependant Sion a été en travail, et elle a enfanté ses enfants en un même temps.

9 Moi qui fais enfanter les autres, n'enfanterai-je point aussi moi-même ? dit le Seigneur. Moi qui donne aux autres la fécondité, demeurerai-je stérile ? dit le Seigneur, votre Dieu.

10 Réjouissez-vous avec Jérusalem ; soyez dans l'allégresse avec

elle, vous tous qui l'aimez : joignez les sentiments de votre joie à la sienne, vous tous qui pleurez sur elle ;

11 afin que vous suciez et que vous tiriez de ses mamelles le lait de ses consolations, et que vous trouviez une abondance de délices dans la gloire qui l'environne de toutes parts.

12 Car voici ce que dit le Seigneur : Je vais faire couler sur elle comme un fleuve de paix ; je répandrai sur elle la gloire des nations comme un torrent qui se déborde : vous sucerez son lait, on vous portera à la mamelle, on vous caressera sur les genoux.

13 Comme une mère caresse son petit enfant, ainsi je vous consolerai, et vous trouverez votre paix dans Jérusalem.

14 Vous verrez ces choses, et votre cœur sera dans la joie : vos os mêmes reprendront une nouvelle vigueur, comme l'herbe *verte ;* et le Seigneur fera connaître sa main *puissante* en faveur de ses serviteurs ; et il répandra sa colère sur ses ennemis.

15 Car le Seigneur va paraître dans les feux, et son char *viendra fondre* comme la tempête pour répandre son indignation et sa fureur, et *pour exercer* sa vengeance au milieu des flammes.

16 Le Seigneur viendra environne de feux, et armé de son glaive pour juger toute chair. Le nombre de ceux que le Seigneur tuera, se multipliera *à l'infini*.

17 Ceux qui croyaient se sanctifier et se rendre purs dans leurs jardins en fermant la porte sur eux ; qui mangeaient de la chair de pourceau, des souris et d'autres semblables abominations, périront tous ensemble, dit le Seigneur.

18 Mais pour moi, je viens pour recueillir toutes leurs œuvres et toutes leurs pensées, et pour les assembler avec tous les peuples, de quelque pays et de quelque langue qu'ils puissent être : ils comparaîtront *tous devant moi*, et ils verront ma gloire.

19 J'élèverai *mon* étendard parmi eux, et j'enverrai ceux d'entre eux qui auront été sauvés vers les nations, dans les mers, dans l'Afrique, dans la Lydie, *dont* les *peuples sont* armés de flèches, dans l'Italie, dans la Grèce, dans les îles les plus reculées, vers ceux qui n'ont jamais entendu parler de moi, et qui n'ont point vu ma gloire. Ils annonceront ma gloire aux gentils.

20 Et ils feront venir tous vos frères de toutes les nations comme un présent pour le Seigneur ; *ils les feront venir* sur des chevaux, sur des chars, sur des litières, sur des mulets et sur des chariots, à ma montagne sainte de Jérusalem, dit le Seigneur, comme lorsque les enfants d'Israël portent un présent au temple du Seigneur dans un vase pur.

21 Et j'en choisirai d'entre eux pour les faire prêtres et Lévites, dit le Seigneur.

22 Car comme les cieux nouveaux, et la terre nouvelle que je vais créer, subsisteront toujours devant moi, dit le Seigneur ; ainsi votre nom et votre race subsisteront éternellement.

23 Et les fêtes *des premiers jours des* mois se changeront en d'autres *fêtes*, et les sabbats en un autre sabbat. Toute chair viendra se prosterner devant moi et m'adorer, dit le Seigneur.

24 Ils sortiront pour voir les corps morts de ceux qui ont péché contre moi. Leur ver ne mourra point, et leur feu ne s'éteindra point, et ils seront un objet de dégoût *et* d'horreur aux yeux de toute chair.

JÉRÉMIE.

CHAPITRE PREMIER.

PROPHÉTIE de Jérémie, fils d'Helcias, *l'un* des prêtres qui demeuraient à Anathoth dans la terre de Benjamin.

2 Le Seigneur lui adressa sa parole au temps de Josias, fils d'Amon, roi de Juda, la treizième année de son règne.

3 Il lui parla encore au temps de Joakim, fils de Josias, roi de Juda, jusqu'à la fin de la onzième année de Sédécias, fils de Josias, roi de Juda, jusqu'au temps de la transmigration de Jérusalem au cinquième mois.

4 Le Seigneur m'adressa donc sa parole, et me dit :

5 Je vous ai connu avant que je vous eusse formé dans les entrailles de votre mère : je vous ai sanctifié avant que vous fussiez sorti de son sein ; et je vous ai établi prophète parmi les nations.

6 Je lui dis : Ah ! ah ! ah ! Seigneur Dieu ! vous voyez que je ne sais pas parler, parce que je ne suis qu'un enfant.

7 Le Seigneur me dit : Ne dites point, Je suis un enfant : car vous irez partout où je vous enverrai, et vous porterez toutes les paroles que je vous commanderai de dire.

8 Ne craignez point *de paraître* devant ceux *à qui je vous enverrai*, parce que je suis avec vous pour vous délivrer, dit le Seigneur.

9 Alors le Seigneur étendit sa main, toucha ma bouche, et me dit : Je mets présentement mes paroles dans votre bouche :

10 je vous établis aujourd'hui sur les nations et sur les royaumes, pour arracher et pour détruire, pour perdre et pour dissiper, pour édifier et pour planter.

11 Le Seigneur me parla encore, et me dit: Que voyez-vous, Jérémie ? Je lui répondis : Je vois une verge qui veille.

12 Le Seigneur ajouta : Vous avez bien vu : car je veillerai aussi pour accomplir ma parole.

13 Le Seigneur me parla une seconde fois, et me dit : Que voyez-vous ? Je lui répondis : Je vois une chaudière bouillante qui vient du côté de l'Aquilon.

14 Le Seigneur me répondit : C'est de l'Aquilon que les maux viendront fondre sur tous les habitants de cette terre.

15 Car je vais appeler tous les peuples des royaumes de l'Aquilon, dit le Seigneur, et ils viendront chacun établir leur trône à l'entrée des portes de Jérusalem, tout autour de ses murailles, et dans toutes les villes de Juda ;

16 et je ferai connaître mes jugements aux habitants de cette terre à cause de toute leur malice ; parce qu'ils m'ont abandonné, qu'ils ont sacrifié aux dieux étrangers, et qu'ils ont adoré les ouvrages de leurs mains.

17 Vous donc, ceignez vos reins, allez promptement, et dites-leur tout ce que je vous commande. N'appréhendez point *de paraître* devant eux, parce que je ferai que vous n'en aurez aucune crainte.

18 Car je vous établis aujourd'hui *comme* une ville forte, une colonne de fer, et un mur d'airain sur toute la terre, à l'égard des rois de Juda, de ses princes, de ses prêtres et de son peuple.

19 Ils combattront contre vous, et ils n'auront point l'avantage sur vous ; parce que je suis avec vous pour vous délivrer *de tous leurs efforts*, dit le Seigneur.

CHAPITRE II.

LE Seigneur me parla *un jour*, et me dit :

2 Allez, et criez aux oreilles de Jérusalem ; dites-lui : Voici ce que dit le Seigneur : Je me suis souvenu de vous, de la compassion que j'ai eue de votre jeunesse, de l'amour que j'eus pour vous, lorsque je vous pris pour mon épouse, quand vous me suivîtes dans le désert, dans une terre qui n'était point semée.

3 Israël fut alors consacré au Seigneur, *il fut choisi pour être* les prémices de ses fruits. Tous ceux qui le dévorent font un crime ; les maux viendront fondre sur eux, dit le Seigneur.

4 Ecoutez la parole du Seigneur, maison de Jacob, et toutes les familles de la maison d'Israël.

5 Voici ce que dit le Seigneur : Quelle injustice vos pères avaient-ils trouvée en moi, lorsqu'ils se sont éloignés de moi ; lorsqu'ils ont suivi la vanité, et qu'ils sont devenus vains eux-mêmes ?

6 Et ils n'ont point dit : Où est le Seigneur qui nous a fait monter de la terre d'Egypte, qui nous a conduits par le désert au travers d'une terre inhabitée et inaccessible, d'une terre sèche et aride, qui était l'image de la mort, d'une terre par où jamais homme n'a passé, et où jamais homme n'a demeuré ?

7 Je vous ai fait entrer dans une terre de délices pour en manger

les fruits et pour jouir de ses biens ; et après y être entrés, vous avez souillé ma terre, et vous avez fait de mon héritage un lieu d'abomination.

8 Les prêtres n'ont point dit : Où est le Seigneur ? Les dépositaires de la loi ne m'ont point connu ; les pasteurs ont été les violateurs de mes préceptes ; les prophètes ont prophétisé au nom de Baal, et ils ont *adoré et* suivi des idoles.

9 C'est pourquoi j'entrerai encore en jugement avec vous, dit le Seigneur, et je soutiendrai la justice de ma cause contre vos enfants.

10 Passez aux îles de Céthim, et voyez *ce qui s'y fait* ; envoyez en Cédar, et considérez bien *ce qui s'y passe* ; et voyez s'il s'y est fait quelque chose de semblable :

11 s'ils ont changé leurs dieux qui certainement ne sont point des dieux. Et cependant mon peuple a changé sa gloire en une idole.

12 O cieux ! frémissez d'étonnement sur ceci ; pleurez, portes du ciel, et soyez inconsolables, dit le Seigneur.

13 Car mon peuple a fait deux maux : ils m'ont abandonné, moi qui suis une source d'eau vive ; et ils se sont creusé des citernes entr'ouvertes, *des citernes* qui ne peuvent retenir l'eau.

14 Israël est-il un esclave, ou un enfant d'esclave ? Pourquoi a-t-il donc été exposé en proie ?

15 Les lions se sont jetés sur lui en rugissant, ils l'ont attaqué avec de grands cris : sa terre a été réduite en un désert ; ses villes ont été brûlées, sans qu'il y ait personne qui y demeure.

16 Les enfants de Memphis et de Taphnès, *ô Jérusalem !* vous ont corrompue *depuis la plante des pieds* jusqu'à la tête.

17 Et d'où cela vous est-il arrivé, sinon de ce que vous avez abandonné le Seigneur, votre Dieu, lorsqu'il vous conduisait lui-même dans *votre* chemin ?

18 Maintenant donc qu'allez-vous chercher dans la voie de l'Egypte ? *est-ce* pour y boire de l'eau bourbeuse du Nil ? Et qu'allez-vous chercher dans la voie des Assyriens ? est-ce pour y boire de l'eau du fleuve de *l'Euphrate ?*

19 Votre malice vous accusera, et votre éloignement *de moi* s'élèvera contre vous. Sachez et comprenez quel mal c'est, et combien il vous est amer d'avoir abandonné le Seigneur, votre Dieu, et de n'avoir plus ma crainte devant les yeux, dit le Seigneur, le Dieu des armées.

20 Vous avez brisé mon joug depuis longtemps ; vous avez rompu mes liens ; vous avez dit : Je ne servirai point. Vous vous êtes prostituée comme une femme impudique sur toutes les collines élevées, et sous tous les arbres chargés de feuillage.

21 Pour moi, je vous avais plantée *comme* une vigne choisie où je n'avais mis que de bon plant. Comment donc êtes-vous devenue pour moi un plant bâtard, ô vigne étrangère ?

22 Quand vous vous laveriez avec du nitre, et que vous vous purifieriez avec une grande abondance d'herbe de borith, vous demeurerez *toujours* souillée devant moi dans votre iniquité, dit le Seigneur Dieu.

23 Comment dites-vous : Je ne me suis point corrompue, je n'ai point couru après Baal ? Voyez les traces de vos pas qui sont encore dans la vallée, et considérez ce que vous y avez fait. *Jérusalem est comme* un chevreuil qui poursuit sa course avec une extrême légèreté.

24 C'est un âne sauvage accoutumé à vivre dans le désert, qui sentant de loin ce qu'il aime, court après avec ardeur, sans que rien puisse l'en détourner. Tous ceux qui la cherchent n'auront point de peine *à la trouver :* car ils la trouveront dans ses souillures.

25 *Je vous ai dit :* Empêchez que votre pied ne marche nu, et que votre gorge ne devienne toute sèche de soif *à force de courir.* Vous avez répondu : J'ai perdu toute espérance, je n'en ferai rien : car j'aime les étrangers avec passion, et ce sont eux que je veux suivre.

26 Comme un voleur est confus lorsqu'il est surpris, ainsi la maison d'Israël, ses rois, ses princes, ses prêtres et ses prophètes ont été couverts de confusion.

27 *Car* ayant dit au bois, Vous êtes mon père ; et à la pierre, Vous m'avez donné la vie ; ils m'ont tourné le dos, et non le visage : et au temps de leur affliction ils viendront me dire : Hâtez-vous de nous délivrer.

28 *Alors je leur répondrai :* Où sont vos dieux que vous vous êtes faits ? Qu'ils se hâtent de vous délivrer maintenant que vous êtes dans l'affliction. Car il s'est trouvé dans vous, ô Juda ! autant de dieux que de villes.

29 Pourquoi voulez-vous entrer avec moi en jugement ? Vous m'avez tous abandonné, dit le Seigneur.

30 C'est en vain que j'ai frappé vos enfants : ils n'ont point reçu le châtiment. Votre épée s'est enivrée du sang de vos prophètes ; votre race est comme un lion qui ravage tout.

31 Ecoutez, *peuple,* la parole du Seigneur : Suis-je devenu pour Israël un désert *stérile,* et une terre tardive, *qui ne porte point de fruit ?* Pourquoi donc mon peuple a-t-il dit : Nous nous retirons, nous ne viendrons plus à vous ?

32 Une fille peut-elle oublier les ornements dont elle se pare, ou une épouse l'écharpe qu'elle porte sur son sein ? Et cependant mon peuple m'a oublié durant un temps infini.

33 Pourquoi voulez-vous justifier votre conduite pour rentrer en grâce avec moi ; puisque vous avez même enseigné aux autres le mal que vous faites ;

34 et qu'on a trouvé dans vos mains le sang des âmes pauvres et innocentes ? Je les ai trouvées assassinées, non dans les fosses, mais dans les mêmes lieux dont j'ai parlé auparavant.

35 Et cependant vous avez dit : Je suis sans péché ; je suis innocente : que votre fureur s'éloigne de moi. Je vais donc entrer en jugement avec vous, puisque vous dites : Je n'ai point péché.

36 Combien êtes-vous devenue méprisable en retombant dans vos premiers égarements ! Vous serez confondue par l'Egypte, comme vous l'avez été déjà par l'Assyrie.

37 Car vous sortirez de l'Egypte *tout éplorée,* tenant vos mains sur votre tête ; parce que le Seigneur brisera cet appui où vous avez mis votre confiance, et que vous ne pourrez en tirer aucun avantage.

CHAPITRE III.

ON dit d'ordinaire : Si une femme après avoir été répudiée par son mari, et l'avoir quitté, en épouse un autre, son mari la reprendra-t-il encore ? et cette femme n'est-elle pas *considérée comme* impure et déshonorée ? Mais pour vous, ô fille d'Israël ! vous vous êtes corrompue avec plusieurs qui vous aimaient ; et néanmoins revenez à moi, dit le Seigneur, et je vous recevrai.

2 Levez les yeux en haut, et voyez où vous ne vous êtes point prostituée. Vous étiez assise dans les chemins, les attendant comme un voleur *attend les passants* à l'écart, et vous avez souillé la terre par vos fornications et par vos méchancetés.

3 C'est ce qui a été cause que l'eau du ciel a été retenue, et que les pluies de l'arrière-saison ne sont point tombées. *Après cela* vous avez pris le front d'une femme débauchée ; vous n'avez point voulu rougir.

4 Appelez-moi donc et invoquez-moi au moins maintenant. *Dites-moi :* Vous êtes mon Père, vous êtes celui qui m'avez épousée lorsque j'étais vierge.

5 Serez-vous donc fâché pour toujours ? et votre colère durera-t-elle éternellement ? Mais vous avez parlé *avec audace ;* vous avez commis toutes sortes de crimes, et vous vous y êtes abandonnée de tout votre pouvoir.

6 Le Seigneur me dit au temps du roi Josias : N'avez-vous point vu ce qu'a fait l'infidèle Israël ? Elle s'en est allée sur toutes les hautes montagnes, et sous tous les arbres chargés de feuillage, et elle s'y est abandonnée à sa fornication honteuse.

7 Et après qu'elle a fait tous ces crimes, je lui ai dit, Revenez à moi ; et elle n'est point revenue.

8 Et la perfide Juda, sa sœur, voyant que j'avais répudié l'infidèle Israël, et que je lui avais donné l'écrit de divorce, Juda, *dis-je,* cette perfide, n'a point eu de crainte ; mais elle s'en est allée, elle m'a quitté, et elle s'est corrompue aussi elle-même.

9 Elle a souillé toute la terre par le débordement de sa

prostitution ; et elle s'est corrompue avec la pierre et le bois.

10 Et après toutes ces choses la perfide Juda, sa sœur, n'est point revenue à moi de tout son cœur, mais d'une manière feinte, dit le Seigneur.

11 Et le Seigneur me dit : L'infidèle Israël a paru juste, si on la compare avec la perfide Juda.

12 Allez, et criez vers l'Aquilon : Faites entendre ces paroles : Revenez, infidèle Israël, dit le Seigneur, et je ne détournerai point mon visage de vous ; parce que je suis saint, dit le Seigneur, et que ma colère ne durera pas éternellement.

13 Mais reconnaissez votre iniquité : car vous avez violé la loi du Seigneur, votre Dieu ; vous vous êtes prostituée à des étrangers sous tous les arbres chargés de feuillage, et vous n'avez point écouté ma voix, dit le Seigneur.

14 Revenez, enfants infidèles, dit le Seigneur ; parce que je suis votre époux, et j'en choisirai d'entre vous un d'une ville, et deux d'une famille, et je vous ferai entrer dans Sion.

15 Je vous donnerai des pasteurs selon mon cœur, qui vous donneront la nourriture de la science et de la doctrine.

16 Et lorsque vous vous serez multipliés, et que vous vous serez accrus dans la terre, dit le Seigneur, on ne dira plus, Voici l'arche de l'alliance du Seigneur ; elle ne reviendra plus dans l'esprit, on ne s'en souviendra plus ; on ne la visitera plus, et il ne se fera plus rien *de semblable*.

17 En ce temps-là Jérusalem sera appelée le trône de Dieu ; toutes les nations viendront s'y assembler au nom du Seigneur, et elles ne suivront plus les égarements de leur cœur endurci dans le mal.

18 En ce temps-là la maison de Juda et la maison d'Israël marcheront l'une avec l'autre, et retourneront ensemble de la terre de l'Aquilon à la terre que j'ai donnée à vos pères.

19 Pour moi, j'avais dit : Je pense à vous mettre au nombre de mes enfants, à vous donner une terre désirable, et l'excellent héritage de la multitude des gentils. Vous m'appellerez votre Père, dis-je alors, et vous ne cesserez jamais de me suivre.

20 Mais la maison d'Israël n'a eu que du mépris pour moi, dit le Seigneur, comme une femme qui dédaigne un homme qui l'aime.

21 *Après cela* on a entendu des voix confuses dans les chemins, les pleurs et les hurlements des enfants d'Israël ; parce qu'ils ont rendu leurs voies criminelles, et qu'ils ont oublié le Seigneur, leur Dieu.

22 Revenez, enfants infidèles, et je guérirai le mal que vous vous êtes fait en vous détournant *de moi*. Nous voici. *Seigneur]* nous revenons à vous : car vous êtes le Seigneur, notre Dieu.

23 Nous reconnaissons maintenant que toutes les collines et les montagnes n'étaient que mensonge : nous reconnaissons que le salut d'Israël est véritablement dans le Seigneur, notre Dieu.

24 Dès notre jeunesse le culte honteux *des idoles* a dévoré les travaux de nos pères ; il a consumé leurs troupeaux de brebis et de bœufs, leurs fils et leurs filles.

25 Nous sommes demeurés couchés dans notre confusion, et nous avons été couverts de honte, parce que nous avons péché contre le Seigneur, notre Dieu, nous et nos pères, depuis notre jeunesse jusqu'à ce jour, et que nous n'avons point écouté la voix du Seigneur, notre Dieu.

CHAPITRE IV.

ISRAËL, si vous revenez, dit le Seigneur, convertissez-vous à moi. Si vous ôtez de devant ma face la cause de vos chutes, vous ne serez point ébranlé :

2 vous jurerez dans la vérité, dans l'équité et dans la justice, en disant, Vive le Seigneur ! et les nations béniront le Seigneur, et publieront ses louanges.

3 Car voici ce que dit le Seigneur aux habitants de Juda et de Jérusalem : Préparez-vous avec soin une terre nouvelle, et ne semez pas sur des épines.

4 Soyez circoncis de la circoncision du Seigneur, retranchez de vos cœurs ce qu'il y a de charnel, habitants de Juda et de Jérusalem : de peur que mon indignation n'éclate tout d'un coup, et ne s'embrase comme un feu, à cause de la malignité de vos pensées, et que personne ne puisse l'éteindre.

5 Annoncez à Juda, faites entendre dans Jérusalem, parlez *devant tous ;* publiez partout à son de trompe, et criez à haute voix, et dites : Assemblez-vous tous, et retirons-nous dans les villes fortes.

6 Levez l'étendard en Sion, fortifiez-vous, ne demeurez point *dans un même lieu ;* parce que je ferai venir de l'Aquilon un mal *horrible* et un grand ravage.

7 Le lion s'est élancé hors de sa tanière, le brigand des nations s'est élevé : il est sorti de son pays pour réduire votre terre en un désert ; et vos villes seront détruites sans qu'il y demeure aucun habitant.

8 C'est pourquoi couvrez-vous de cilices, pleurez et poussez en haut vos cris et vos hurlements ; parce que la colère et la fureur du Seigneur ne s'est point détournée de dessus nous.

9 En ce temps-là, dit le Seigneur, le cœur du roi sera comme mort, aussi bien que le cœur des princes ; les prêtres seront dans l'épouvante, et les prophètes dans la consternation.

10 Je dis alors : Hélas ! hélas ! hélas ! Seigneur Dieu ! avez-vous donc trompé ce peuple et *la ville de* Jérusalem en *leur* disant, Vous aurez la paix ? et cependant l'épée va les percer jusqu'au fond du cœur.

11 En ce temps-là on dira à ce peuple et à Jérusalem : Un vent brûlant souffle dans les routes du désert par le chemin qui conduit vers la fille de mon peuple, non pour vanner et pour purger *le blé*.

12 Mais une grande tempête viendra fondre sur eux : et alors je leur ferai connaître *la sévérité de* mes jugements.

13 Bientôt un peuple s'élèvera comme une nuée : ses chariots seront plus rapides que la tempête, et ses chevaux plus vites que les aigles. Malheur à nous ! tout ce que nous avons est au pillage.

14 Jérusalem, purifiez votre cœur de sa corruption ; afin que vous soyez sauvée. Jusques à quand les pensées mauvaises demeureront-elles dans vous ?

15 Une voix apporte déjà de Dan des nouvelles *de l'armée*, et fait connaître *l'arrivée de* l'idole du côté du mont d'Ephraïm.

16 Dites aux nations, qu'on a fait entendre à Jérusalem qu'il vient des gendarmes d'une terre reculée, qui se jetteront sur les villes de Juda avec de grands cris.

17 Ils environneront Jérusalem *jour et nuit* comme ceux qui gardent un champ : parce qu'elle a irrité ma colère, dit le Seigneur.

18 Vos actions et vos pensées vous ont attiré ces maux : c'est là *le fruit de* votre malice ; parce qu'elle est pleine d'amertume, et qu'elle a pénétré jusqu'au fond de votre cœur.

19 Mes entrailles *sont émues*, mes entrailles sont percées de douleur, mon cœur est saisi de trouble au dedans de moi : je ne puis demeurer dans le silence ; parce que j'ai entendu le bruit des trompettes, et le cri de la mêlée.

20 On a vu venir malheur sur malheur ; toute la terre a été ravagée, mes tentes ont été abattues tout d'un coup, et mes pavillons renversés.

21 Jusques à quand verrai-je des hommes qui fuient ? jusques à quand entendrai-je le bruit des trompettes ?

22 *Tous ces maux sont venus,* parce que mon peuple est insensé, et qu'il ne m'a point connu. Ce sont des enfants qui n'ont point de sens ni de raison : ils ne sont sages que pour faire le mal, et ils n'ont point d'intelligence pour faire le bien.

23 J'ai regardé la terre, et je n'y ai trouvé qu'un vide et un néant ; j'ai considéré les cieux, et ils étaient sans lumière.

24 J'ai vu les montagnes, et elles tremblaient ; j'ai vu les collines, et elles étaient toutes ébranlées.

25 J'ai jeté les yeux *de toutes parts*, et je n'ai point trouvé d'homme ; et tous les oiseaux même du ciel s'étaient retirés.

26 J'ai vu les campagnes les plus fertiles changées en un désert, et toutes les villes détruites devant la face du Seigneur, et par le souffle de sa colère.

27 Car voici ce que dit le Seigneur : Toute la terre sera déserte ; et néanmoins je ne la perdrai pas entièrement.

28 La terre fondra en larmes, et les cieux se couvriront de deuil, à cause de la parole que j'ai prononcée. J'ai formé mon dessein, je

ne m'en suis point repenti, et je ne le rétracterai point.

29 Toute la ville fuit déjà au bruit de la cavalerie, et de ceux qui lancent des flèches. Ils se retirent aux lieux les plus hauts, et ils montent sur les pointes des rochers ; toutes les villes sont abandonnées, et il n'y a plus d'hommes pour les habiter.

30 Mais pour vous, *O fille de Sion !* que ferez-vous dans ce pillage où vous serez exposée ? Quand vous vous revêtiriez de pourpre, quand vous vous pareriez d'ornements d'or, et que vous vous peindriez le visage avec du vermillon, en vain vous travailleriez à vous embellir. Ceux qui vous aimaient n'auront pour vous que du mépris, et ils ne chercheront que votre mort.

31 Car j'entends la voix comme d'une femme qui est en travail, qui est déchirée par les douleurs de l'enfantement ; j'entends la voix de la fille de Sion qui est toute mourante, qui étend les mains *et qui crie :* Malheur à moi ! puisque mon âme m'abandonne à cause du carnage *de mes enfants.*

CHAPITRE V.

ALLEZ dans toutes les rues de Jérusalem, voyez et considérez, cherchez dans toutes ses places, si vous trouverez un seul homme qui agisse selon la justice et qui cherche la vérité, et je pardonnerai à toute la ville.

2 S'il y en a quelqu'un qui jure par moi en disant, Vive le Seigneur ! ils se serviront faussement de ce serment même.

3 Vos yeux, Seigneur ! regardent la vérité : vous les avez frappés, et ils ne l'ont point senti ; vous les avez brisés de coups, et ils n'ont point voulu se soumettre au châtiment. Ils ont rendu leur front plus dur que la pierre, et ils n'ont point voulu revenir *à vous.*

4 Pour moi, je disais : Il n'y a peut-être que les pauvres qui sont sans sagesse, parce qu'ils ignorent la voie du Seigneur et les ordonnances de leur Dieu.

5 J'irai donc trouver les princes *du peuple,* et je leur parlerai : car ce sont ceux-là qui connaissent la voie du Seigneur et les ordonnances de leur Dieu. Mais j'ai trouvé que ceux-là ont conspiré tous ensemble avec encore plus de hardiesse, à briser le joug *du Seigneur* et à rompre ses liens.

6 C'est pourquoi le lion de la forêt les dévorera, le loup qui cherche sa proie sur le soir les ravira, le léopard tiendra toujours les yeux ouverts sur leurs villes, et déchirera tous ceux qui en sortiront ; parce que leurs iniquités se sont multipliées, et qu'ils se sont affermis dans leur désobéissance.

7 Après cela que vous reste-t-il qui puisse attirer ma miséricorde ? Vos enfants m'ont abandonné, et ils jurent par ceux qui ne sont point des dieux. Je les ai rassasiés, et ils sont devenus des adultères : ils ont été satisfaire leurs passions honteuses dans la maison d'une prostituée.

8 Ils sont devenus comme des chevaux qui courent et qui hennissent après les cavales : chacun d'eux a poursuivi de même avec une ardeur furieuse la femme de son prochain.

9 Ne punirais-je point ces excès ? dit le Seigneur ; et ne me vengerais-je point d'une nation si criminelle ?

10 Montez sur ses murailles, et renversez-les, et ne la perdez pas néanmoins entièrement : arrachez les rejetons de sa race, parce qu'ils ne sont point au Seigneur.

11 Car la maison d'Israël et la maison de Juda ont violé l'obéissance qu'elles me devaient, et leur perfidie est montée à son comble, dit le Seigneur.

12 Ils ont renoncé le Seigneur, et ils ont dit : Le Seigneur n'est point Dieu : *quand nous l'aurons abandonné,* il ne nous arrivera aucun mal, nous ne verrons ni la guerre ni la famine.

13 Les prophètes ont prophétisé en l'air, et Dieu n'a point parlé par leur bouche. Voici donc ce qui leur arrivera.

14 Voici ce que le Seigneur, le Dieu des armées, a dit : Parce que vous avez parlé, vous *autres,* de cette sorte, je ferai que mes paroles deviendront du feu dans votre bouche, ô Jérémie ! que ce peuple sera comme du bois, et que ce feu les dévorera.

15 Maison d'Israël, dit le Seigneur, je vais faire venir sur vous un peuple des pays les plus reculés, un peuple puissant, un peuple ancien, un peuple dont la langue vous sera inconnue, et vous ne saurez ce qu'il dira.

16 Son carquois sera comme un sépulcre ouvert ; tous *ses soldats* seront vaillants.

17 Il mangera vos blés et votre pain, il dévorera vos fils et vos filles, il pillera vos moutons et vos bœufs, il dépouillera vos vignes et vos figuiers, et il viendra l'épée à la main détruire vos plus fortes villes, dans lesquelles vous mettiez votre confiance.

18 Et néanmoins en ce temps-là même, dit le Seigneur, je ne vous exterminerai pas entièrement.

19 Si vous dites, Pourquoi le Seigneur, notre Dieu, nous a-t-il fait tous ces maux ? vous leur direz : Comme vous m'avez abandonné pour adorer un dieu étranger dans votre propre pays ; ainsi vous serez assujettis à des étrangers dans une terre étrangère.

20 Annoncez ceci à la maison de Jacob ; faites-le entendre en Juda, et dites-leur :

21 Ecoutez, peuple insensé, qui êtes sans entendement *et* sans esprit ; qui avez des yeux et ne voyez point, qui avez des oreilles et n'entendez point :

22 Ne me respecterez-vous donc point ? dit le Seigneur ; et ne serez-vous point saisis de frayeur devant ma face ; moi qui ai mis le sable pour borne à la mer, qui lui ai prescrit une loi éternelle qu'elle ne violera jamais ? Ses vagues s'agiteront, et elles ne pourront aller au delà ; ses flots s'élèveront avec furie, et ils ne pourront passer ses limites.

23 Mais le cœur de ce peuple est devenu un cœur incrédule et rebelle, ils se sont retirés, et s'en sont allés.

24 Ils n'ont point dit en eux-mêmes : Craignons le Seigneur, notre Dieu, qui donne en son temps aux fruits de la terre les premières et les dernières pluies, et qui nous conserve tous les ans une abondante moisson.

25 Vos iniquités ont détourné ces grâces, et vos péchés se sont opposés au bien que j'étais prêt à vous faire ;

26 parce qu'il s'est trouvé parmi mon peuple des impies qui dressent des pièges comme on en dresse aux oiseaux, et qui tendent des filets pour surprendre les hommes.

27 Leurs maisons sont pleines des fruits de leurs tromperies, comme un trébuchet est plein des oiseaux qu'on y a pris : c'est ainsi qu'ils deviennent grands et qu'ils s'enrichissent.

28 Ils sont gras, ils sont vigoureux, et en même temps ils violent ma loi par les actions les plus criminelles. Ils n'entreprennent point la défense de la veuve ; ils ne soutiennent point le droit du pupille, et ils ne font point justice aux pauvres.

29 Ne punirai-je point ces excès ? dit le Seigneur ; et ne me vengerai-je point d'une nation si criminelle ?

30 Il s'est fait sur la terre des choses étranges, et qu'on ne peut écouter qu'avec le dernier étonnement.

31 Les prophètes débitaient des mensonges comme des prophéties ; les prêtres leur applaudissaient, et mon peuple y trouvait son plaisir. Quelle sera donc enfin la punition que je lui réserve ?

CHAPITRE VI.

ARMEZ-VOUS de force, enfants de Benjamin, au milieu de Jérusalem ; faites retentir la trompette à Thécua, levez l'étendart sur Béthacarem ; parce qu'il paraît du côté de l'Aquilon un mal qui vous menace d'un grand ravage.

2 Je puis comparer la fille de Sion à une *femme* qui est belle et délicate.

3 Les pasteurs y viendront avec leurs troupeaux, ils dresseront leurs tentes autour de ses murs, et chacun d'eux y fera paître le troupeau qu'il aura sous sa main.

4 Préparez-vous *tous* à lui déclarer la guerre, *diront-ils :* allons, montons *sur ses murs* en plein midi : malheur à nous ! parce que le jour s'abaisse, et que les ombres sont devenues plus grandes sur le soir.

5 Allons, montons *sur les murailles* la nuit même, et renversons *toutes* ses maisons.

6 Car voici ce que dit le Seigneur des armées : Coupez les arbres d'alentour, et faites un rempart autour de Jérusalem. C'est la ville destinée à ma vengeance ; parce que toute sorte de calomnies règne au milieu d'elle.

7 Comme la citerne rend froide l'eau qu'elle reçoit ; ainsi *cette ville* a fait de sang-froid les actions les plus criminelles. On n'entend parler dans elle que d'injustice et que d'oppression, et le cri des personnes languissantes et couvertes de plaies monte sans cesse devant moi.

8 Jérusalem, rentrez en vous-même, de peur que je ne me retire de vous, et que je ne vous réduise en un désert, et en une terre inhabitée.

9 Voici ce que dit le Seigneur des armées : On prendra tout ce qui sera resté d'Israël, comme on coupe dans une vigne jusqu'à la dernière grappe de raisin. Retournez et enlevez *le peuple*, comme un vendangeur porte a diverses fois *le raisin* dans le panier.

10 A qui adresserai-je ma parole ? et qui conjurerai-je de m'écouter ? Leurs oreilles sont incirconcises, et ils ne peuvent entendre : ils n'ont que du mépris pour la parole du Seigneur, et ils ne veulent point la recevoir.

11 C'est pourquoi je suis plein de la fureur du Seigneur, je ne puis plus en soutenir l'effort. Répandez en même temps votre indignation sur les troupes des jeunes hommes, et sur les petits enfants qui sont dans les rues. Car l'homme et la femme seront pris ensemble, celui qui est avancé en âge, avec ceux qui sont dans la dernière vieillesse.

12 Leurs maisons passeront à des étrangers, avec leurs champs et leurs femmes mêmes. J'étendrai ma main sur les habitants de la terre, dit le Seigneur ;

13 parce que depuis le plus petit jusqu'au plus grand, tous s'étudient à satisfaire leur avarice, et que depuis le prophète jusqu'au prêtre, tous ne pensent qu'à tromper avec adresse.

14 Ils pansaient la plaie de la fille de mon peuple d'une manière honteuse, en disant, La paix, la paix ; lorsqu'il n'y avait point de paix.

15 Ils ont été confus, parce qu'ils ont fait des choses abominables ; ou plutôt la confusion même n'a pu les confondre, et ils n'ont su *ce que c'était que de* rougir. C'est pourquoi ils tomberont parmi la foule des mourants, ils périront tous ensemble au temps destiné à leur punition, dit le Seigneur.

16 Voici ce que dit le Seigneur : Tenez-vous sur les voies, considérez et demandez quels sont les anciens sentiers pour connaître la bonne voie, et marchez-y, et vous trouverez la paix et le rafraîchissement de vos âmes. Mais ils m'ont répondu : Nous n'y marcherons point.

17 J'ai établi des sentinelles sur vous, *et je vous ai dit :* Ecoutez le bruit de la trompette. Et ils ont répondu : Nous ne l'écouterons point.

18 C'est pourquoi, écoutez, nations ; écoutez, peuples assemblés, avec quelle rigueur je veux les punir.

19 Terre, écoutez-moi : Je vais faire fondre sur ce peuple toutes sortes de maux, qui seront le fruit de leurs pensées *criminelles ;* parce qu'ils n'ont point écouté ma parole, et qu'ils ont rejeté ma loi.

20 Pourquoi m'offrez-vous de l'encens de Saba ? et pourquoi me faites-vous venir des parfums des terres les plus éloignées ? Vos holocaustes ne me sont point agréables ; vos victimes ne me plaisent point.

21 Voici donc ce que dit le Seigneur: Je vais accabler ce peuple de malheurs. Les pères tomberont avec leurs enfants, les proches périront avec leurs proches.

22 Voici ce que dit le Seigneur : Une nation va venir de la terre de l'Aquilon, et un grand peuple s'élèvera des extrémités du monde.

23 Il s'armera de flèches, et prendra son bouclier. Il est cruel et impitoyable : ses troupes feront un bruit comme les vagues de la mer. Ils monteront à cheval, et viendront les armes à la main fondre sur vous, fille de Sion, comme un homme qui va combattre son ennemi.

24 Nous les entendons déjà venir de loin, et nos bras se trouvent sans force : l'affliction nous saisit, et la douleur nous accable comme une femme qui est en travail.

25 Ne sortez point dans les champs, n'allez point dans les chemins ; parce qu'on n'y voit que les épées de l'ennemi, et que l'épouvante de toutes parts.

26 Fille de mon peuple, revêtez-vous de cilice, couchez-vous sur la cendre, pleurez avec amertume comme une mère qui pleure son fils unique ; parce que celui qui doit nous perdre, viendra tout d'un coup fondre sur nous.

27 Je vous ai établi sur ce peuple, *ô Jérémie !* pour le mettre à la dernière épreuve, pour sonder *leurs désirs* et connaître leurs voies.

28 Les princes mêmes d'entre eux se sont détournés du chemin : leurs démarches sont pleines de déguisement : ce n'est que de l'airain et du fer, et ils se sont tous corrompus.

29 Il a été inutile de souffler le creuset ; le plomb s'est consumé dans le feu ; en vain le fondeur les a mis dans le fourneau : leurs malices n'ont point été consumées.

30 Appelez-les un faux argent, parce que le Seigneur les a rejetés.

CHAPITRE VII.

LE Seigneur parlant à Jérémie, lui dit :

2 Tenez-vous à la porte de la maison du Seigneur, prêchez-y ces paroles, et dites : Ecoutez la parole du Seigneur, vous tous habitants de Juda, qui entrez par ces portes pour adorer le Seigneur.

3 Voici ce que dit le Seigneur des armées, le Dieu d'Israël : Redressez vos voies, et corrigez votre conduite, et j'habiterai avec vous dans ce lieu.

4 Ne mettez point votre confiance en des paroles de mensonge, en disant : Ce temple est au Seigneur, ce temple est au Seigneur, ce temple est au Seigneur.

5 Car si vous avez soin de redresser vos voies, et de corriger votre conduite ; si vous rendez justice à ceux qui plaident ensemble ;

6 si vous ne faites point de violence à l'étranger, au pupille et à la veuve ; si vous ne répandez point en ce lieu le sang innocent, et si vous ne suivez point les dieux étrangers pour votre malheur :

7 je demeurerai avec vous de siècle en siècle dans ce lieu et dans cette terre que j'ai donnée à vos pères.

8 Mais vous mettez votre confiance en des paroles de mensonge, où vous ne trouverez aucun secours.

9 Vous volez, vous tuez, vous commettez l'adultère, vous jurez faussement, vous sacrifiez à Baal, vous allez chercher des dieux étrangers qui vous étaient inconnus.

10 Et *après cela* vous venez vous présenter hardiment devant moi, dans cette maison en laquelle mon nom a été invoqué, et vous dites : Nous nous trouvons à couvert, quoique nous ayons commis toutes ces abominations.

11 Ma maison en laquelle mon nom a été invoqué devant vos yeux, est-elle donc devenue une caverne de voleurs ? C'est moi, c'est moi qui suis véritablement : je vous ai vus, dit le Seigneur.

12 Allez à Silo, au lieu qui m'était consacré, où j'avais établi ma gloire dès le commencement ; et considérez comment je l'ai traité à cause de la méchanceté d'Israël, mon peuple.

13 Et maintenant, parce que vous avez fait toutes ces choses, dit le Seigneur ; que je vous ai parlé avec toute sorte d'empressement, sans que vous m'ayez écouté ; que je vous ai appelés, sans que vous m'ayez répondu :

14 je traiterai cette maison où mon nom a été invoqué, en laquelle vous mettez votre confiance, et ce lieu que je vous ai donné après l'avoir donné à vos pères, *je les traiterai, dis-je,* comme j'ai traité Silo.

15 Et je vous chasserai bien loin de ma face, comme j'ai chassé tous vos frères, toute la race d'Ephraïm.

16 Vous donc, *Jérémie,* n'entreprenez point d'intercéder pour ce peuple, ni de me conjurer et de me prier pour eux, et ne vous opposez point à moi ; parce que je ne vous exaucerai point.

17 Ne voyez-vous pas ce que fait ce peuple dans les villes de Juda, et dans les places publiques de Jérusalem ?

18 Les enfants amassent le bois, les pères allument le feu, et les femmes mêlent de la graisse avec de la farine pour faire des gâteaux à la reine du ciel, pour sacrifier à des dieux étrangers, et pour attirer sur eux ma colère.

19 Est-ce à moi *qu'ils font tort* en provoquant ma colère ? dit le Seigneur : n'est-ce pas à eux-mêmes, en se couvrant de confusion ?

20 C'est pourquoi, voici ce que dit le Seigneur : Ma fureur et mon indignation s'est embrasée, *elle va fondre* sur ce lieu, sur les hommes, sur les animaux, sur les arbres des champs, sur les fruits de la terre ; et je mettrai le feu partout, sans qu'il y ait personne pour l'éteindre.

21 Voici ce que dit le Seigneur des armées, le Dieu d'Israël : Ajoutez tant que vous voudrez vos holocaustes à vos victimes, et mangez de la chair *de vos sacrifices*.

22 Car je n'ai point ordonné à vos pères, au jour que je les ai tirés de l'Egypte, de m'offrir des holocaustes et des victimes.

23 Mais voici le commandement que je leur ai fait : Ecoutez ma parole, et je serai votre Dieu, et vous serez mon peuple ; et marchez dans toutes les voies que je vous prescrirai, afin que vous soyez comblés de biens.

24 Et après cela ils ne m'ont point écouté, ils n'ont point prêté l'oreille à ma voix ; mais ils se sont abandonnés à leurs désirs et à la dépravation de leur cœur : ils ont retourné en arrière, au lieu d'avancer,

25 depuis le jour où leurs pères sont sortis de l'Egypte jusques aujourd'hui. Cependant je leur ai envoyé tous les prophètes, mes serviteurs, de jour en jour : je me suis hâté de les envoyer ;

26 et ils ne m'ont point écouté, ils n'ont point prêté l'oreille à ma voix : mais ils ont endurci leur tête, et ils ont agi d'une manière encore plus criminelle que leurs pères.

27 Vous leur déclarerez toutes ces choses, et ils ne vous écouteront point : vous les appellerez, et ils ne vous répondront point.

28 Alors vous leur direz : Voici le peuple qui n'a point écouté la voix du Seigneur, son Dieu, et qui n'a point voulu recevoir ses instructions. Il n'y a plus de foi *parmi eux*, elle est bannie de leur bouche.

29 Coupez vos cheveux, *fille de Sion,* et jetez-les ; poussez vos cris vers le ciel ; parce que le Seigneur a rejeté loin de lui et a abandonné ce peuple qu'il regarde dans sa fureur.

30 Car les enfants de Juda ont commis des crimes devant mes yeux, dit le Seigneur : ils ont mis leurs abominations dans la maison en laquelle mon nom a été invoqué, pour la profaner.

31 Ils ont bâti les lieux hauts de Topheth, qui est dans la vallée du fils d'Ennom, pour y consumer dans le feu leurs fils et leurs filles, qui est une chose que je ne leur ai point ordonnée, et qui ne m'est jamais venue dans l'esprit.

32 C'est pourquoi le temps va venir, dit le Seigneur, qu'on n'appellera plus ce lieu Topheth, ni la vallée du fils d'Ennom, mais la vallée de carnage ; et on ensevelira *les morts* à Topheth, parce qu'il n'y aura plus de lieu *pour les mettre*.

33 Et les corps morts de ce peuple seront en proie aux oiseaux du ciel et aux bêtes de la terre, sans qu'il y ait personne qui les en chasse.

34 Alors je ferai cesser dans les villes de Juda et dans les places publiques de Jérusalem, les cris de réjouissance et les chants de joie, les cantiques de l'époux, et les chansons de l'épouse ; parce que toute la terre sera désolée.

CHAPITRE VIII.

EN ce temps-là, dit le Seigneur, les os des rois de Juda, les os de ses princes, les os des prêtres, les os des prophètes, et les os des habitants de Jérusalem, seront jetés hors de leurs sépulcres ;

2 et on les exposera au soleil, à la lune, et à toute la milice du ciel, qu'ils ont aimés, qu'ils ont servis, qu'ils ont suivis, qu'ils ont recherchés, et qu'ils ont adorés. On ne les ramassera point, et on ne les ensevelira point, mais on les laissera sur la terre comme du fumier :

3 et tous ceux qui seront restés de cette race très-méchante, que j'aurai chassés en divers endroits, dit le Seigneur des armées, en quelque lieu qu'ils soient, souhaiteront plutôt la mort que la vie.

4 Vous leur direz donc : Voici ce que dit le Seigneur : Quand on est tombé, ne se relève-t-on pas ? et quand on s'est détourné du droit chemin, n'y revient-on plus ?

5 Pourquoi donc ce peuple de Jérusalem s'est-il détourné de moi avec une aversion si opiniâtre ? Ils se sont attachés au mensonge, et ne veulent point revenir.

6 Je les ai considérés, je les ai observés. Il n'y en a pas un qui parle selon la justice ; il n'y en a pas un qui fasse pénitence de son péché, en disant : Qu'ai-je fait ? Ils courent tous où leur passion les emporte, comme un cheval qui court à toute bride au combat.

7 Le milan connaît dans le ciel quand son temps est venu ; la tourterelle, l'hirondelle et la cigogne savent discerner la saison de leur passage : mais mon peuple n'a point connu le *temps du* jugement du Seigneur.

8 Comment dites-vous : Nous sommes sages, et nous sommes les dépositaires de la loi du Seigneur ? La plume des docteurs de la loi est vraiment une plume d'erreur, et elle n'a écrit que le mensonge.

9 Les sages sont confus, ils sont épouvantés, ils ne peuvent échapper ; parce qu'ils ont rejeté la parole du Seigneur, et qu'ils n'ont plus aucune sagesse.

10 C'est pourquoi je donnerai leurs femmes à des étrangers, et leurs champs à d'autres qui en hériteront ; parce que depuis le plus petit jusqu'au plus grand, tous s'étudient à satisfaire leur avarice, et que depuis le prophète jusqu'au prêtre, toutes leurs actions ne sont que mensonge,

11 et ils entreprenaient à leur confusion de guérir les blessures de la fille de mon peuple, en disant, La paix, la paix ; lorsqu'il n'y avait point de paix.

12 Ils sont confus, parce qu'ils ont fait des choses abominables, ou plutôt la confusion même n'a pu les confondre, et ils n'ont su *ce que c'était que* de rougir. Ainsi ils tomberont dans la foule des mourants, ils seront tous enveloppés dans une même ruine au temps de leur punition, dit le Seigneur.

13 Je les réunirai, je les rassemblerai tous, dit le Seigneur. Les vignes n'auront point de raisin, ni les figuiers de figues ; les feuilles mêmes tomberont des arbres, et tout ce que je leur avais donné, leur échappera des mains.

14 Pourquoi demeurons-nous assis ? Allons, entrons tous ensemble dans les villes fortes, et demeurons-y en silence. Car le Seigneur, notre Dieu, nous a réduits à nous taire, et il nous a donné à boire de l'eau de fiel, parce que nous avons péché contre le Seigneur.

15 Nous attendions la paix, et il n'est venu rien de bon ; nous espérions la guérison, et nous nous voyons dans la frayeur.

16 Le bruit de la cavalerie de l'ennemi s'entend déjà de Dan ; toute la terre retentit des hennissements de leurs chevaux de bataille. Ils viendront *en foule*, et ils dévoreront le pays et ses fruits, les villes et leurs habitants.

17 J'enverrai contre vous des serpents, des basilics, contre lesquels les enchanteurs ne pourront rien ; et ils vous déchireront par leurs morsures, dit le Seigneur.

18 Ma douleur est au-dessus de toute douleur : mon cœur est tout languissant au dedans de moi.

19 J'entends la voix de la fille de mon peuple qui crie d'une terre éloignée : Le Seigneur n'est-il pas dans Sion ? le Roi de Sion n'est-il pas au milieu d'elle ? Pourquoi donc m'ont-ils irrité par leurs idoles, et par la vanité des dieux étrangers ?

20 La moisson s'est passée, l'été est fini, et nous n'avons point été sauvés.

21 La plaie profonde de la fille de mon peuple me blesse profondément : j'en suis attristé, j'en suis tout épouvanté.

22 N'y a-t-il point de résine dans Galaad ? ne s'y trouve-t-il point de médecin ? Pourquoi donc la blessure de la fille de mon peuple n'a-t-elle point été fermée ?

CHAPITRE IX.

QUI donnera de l'eau à ma tête, et à mes yeux une fontaine de larmes, pour pleurer jour et nuit les enfants de la fille de mon peuple qui ont été tués ?

2 Qui me fera trouver dans le désert une cabane de voyageurs ; afin que j'abandonne ce peuple, et que je me retire du milieu d'eux ? Car ils sont tous des adultères ; c'est une troupe de violateurs de la loi.

3 Ils se servent de leur langue comme d'un arc, afin d'en lancer des traits de mensonge, et non de vérité : ils se sont fortifiés sur la terre ; parce qu'ils ne font que passer d'un crime à un autre, et qu'ils ne me connaissent point, dit le Seigneur.

4 Que chacun se garde de son prochain, et que nul ne se fie à son frère ; parce que le frère ne pense qu'à perdre son frère, et que l'ami use de tromperie contre son ami.

5 Chacun d'eux se rit de son frère, et ils ne disent point la vérité : car ils ont instruit leurs langues à débiter le mensonge ; ils se sont étudiés à faire des injustices.

6 Votre demeure, *ô Jérémie !* est au milieu d'un peuple tout rempli de fourberie ; et ils ont artificieusement refusé de me connaître, dit le Seigneur.

7 Voici donc ce que dit le Seigneur des armées : Je vais les faire passer par le feu, et les éprouver : car que puis-je faire autre chose à l'égard de la fille de mon peuple ?

8 Leur langue est comme une flèche qui perce ; elle ne parle que pour tromper : ils ont la paix dans la bouche, en parlant avec leur ami ; et en même temps ils lui tendent un piège en secret.

9 Ne punirai-je point ces excès ? dit le Seigneur ; et ne me vengerai-je point d'une nation si criminelle ?

10 J'irai répandre des larmes, et jeter de grands cris sur les montagnes, et dans les lieux du désert qui étaient autrefois si agréables ; parce que tout a été brûlé, qu'il n'y a plus personne qui y passe, qu'on n'y entend plus la voix de celui qui les possédait, et que tout a quitté et s'est retiré, depuis les oiseaux du ciel jusqu'aux bêtes *de la terre*.

11 Je ferai de Jérusalem un amas de sable, et une caverne de dragons ; je changerai les villes de Juda en une affreuse solitude, sans qu'il y ait plus personne qui y habite.

12 Qui est l'homme sage qui comprenne ceci, à qui l'on puisse faire entendre la parole du Seigneur, afin qu'il l'annonce aux autres ; qui comprenne pourquoi cette terre a été désolée, qu'elle est devenue sèche et toute brûlée comme un désert, sans qu'il y ait personne qui y passe ?

13 C'est parce qu'ils ont abandonné la loi que je leur avais donnée, dit le Seigneur, qu'ils n'ont point écouté ma voix, qu'ils n'ont point marché selon ce que je leur avais prescrit ;

14 mais qu'ils ont suivi les égarements de leur cœur, et qu'ils ont adoré Baal selon qu'ils l'avaient appris de leurs pères.

15 C'est pourquoi, voici ce que dit le Seigneur des armées, le Dieu d'Israël : Je vais nourrir ce peuple d'absinthe ; je lui donnerai à boire de l'eau de fiel.

16 Je les disperserai parmi des nations qui leur sont inconnues comme elles l'ont été à leurs pères, et je les poursuivrai avec l'épée, jusqu'à ce qu'ils soient entièrement détruits.

17 Voici ce que dit le Seigneur des armées, le Dieu d'Israël : Cherchez avec soin et faites venir les femmes qui pleurent *les morts ;* envoyez à celles qui y sont les plus habiles.

18 Qu'elles se hâtent de pleurer sur nous avec des cris lamentables ; que nos yeux fondent en pleurs, et qu'il sorte de nos paupières des ruisseaux de larmes ;

19 parce qu'on entend de Sion des plaintes et des cris lugubres : A quelle désolation sommes-nous réduits ? et quelle est la confusion où nous nous voyons ? Nous abandonnons notre propre pays, et nos maisons ont été renversées par terre.

20 Ecoutez donc, femmes, la parole du Seigneur ; prêtez l'oreille à sa voix ; apprenez à vos filles à fondre en larmes ; et enseignez-vous les unes aux autres à jeter des cris de douleur ;

21 parce que la mort est montée par nos fenêtres, qu'elle est entrée dans nos maisons pour exterminer nos enfants, en sorte qu'on n'en trouve plus dans les rues, et nos jeunes hommes, en sorte qu'il n'en paraisse plus dans les places publiques.

22 Parlez. Voici ce que dit le Seigneur : Les corps morts des hommes tomberont sur la face de la terre comme le fumier, et comme les javelles tombent derrière les moissonneurs, sans qu'il y ait personne pour les relever.

23 Voici ce que dit le Seigneur : Que le sage ne se glorifie point dans sa sagesse ; que le fort ne se glorifie point dans sa force ; que le riche ne se glorifie point dans ses richesses ;

24 mais que celui qui se glorifie mette sa gloire à me connaître, et à savoir que je suis le Seigneur, qui fais miséricorde, et qui exerce l'équité et la justice sur la terre ; parce que c'est là ce qui me plaît, dit le Seigneur.

25 Le temps vient, dit le Seigneur, que je visiterai *dans ma colère* tous ceux qui sont circoncis, *et ceux qui ne le sont pas :*

26 l'Egypte, Juda, Edom, les enfants d'Ammon et Moab, et tous ceux qui se coupent *les angles de leurs* cheveux, et qui demeurent dans le désert : parce que toutes ces nations sont incirconcises de corps, mais tous les enfants d'Israël sont incirconcis de cœur.

CHAPITRE X.

ECOUTEZ ce que le Seigneur a dit pour vous, maison d'Israël :

2 Voici ce que dit le Seigneur : Ne vous rendez point disciples des erreurs des nations ; ne craignez point les signes du ciel comme les nations les craignent ;

3 parce que les lois des peuples *de la terre* ne sont que vanité. Un ouvrier coupe un arbre avec la cognée dans la forêt ; il le met en œuvre ;

4 il l'embellit en le couvrant *de lames* d'or et d'argent, qu'il unit ensemble *avec des clous* à coups de marteau, afin que nulle partie ne se sépare.

5 Cette statue demeure droite comme un *tronc de* palmier, et elle ne parle point ; on la porte et on la met où l'on veut, parce qu'elle ne peut marcher. Ne craignez donc point toutes ces idoles, parce qu'elles ne peuvent faire ni bien ni mal.

6 Seigneur ! il n'y a point de Dieu qui vous soit semblable. Vous êtes grand, et votre nom est grand en vertu et en puissance.

7 Qui ne vous craindra, ô Roi des nations ? parce que la gloire vous appartient, et que nul n'est semblable à vous parmi tous les sages, et dans tous les royaumes du monde.

8 Aussi on les convaincra qu'ils sont des fous et des insensés : car le bois qu'ils adorent est la preuve de leur folie.

9 On apporte de Tharsis le meilleur argent, et d'Ophaz l'or le plus pur : la main de l'ouvrier et du statuaire le met en œuvre ; l'hyacinthe et la pourpre éclatent dans les vêtements de leurs statues : tout cela n'est que l'ouvrage d'un homme habile dans son art.

10 Mais le Seigneur est lui-même le Dieu véritable, le Dieu vivant, le Roi éternel. Son indignation fait trembler la terre, et les nations ne peuvent soutenir ses menaces.

11 Vous leur parlerez donc de la sorte : Que les dieux qui n'ont point fait le ciel et la terre, périssent sous le ciel, et soient exterminés de la terre.

12 *C'est Dieu* qui a créé la terre par sa puissance, qui a affermi le monde par sa sagesse, qui a étendu les cieux par sa souveraine intelligence.

13 Au seul bruit de sa voix les eaux s'amassent dans le ciel ; il élève les nuées des extrémités de la terre ; il fait fondre en pluie *les foudres et* les éclairs, et il fait sortir les vents *du secret* de ses trésors.

14 La science de tous ces hommes les rend insensés ; la statue est la confusion du sculpteur, parce que ce qu'il a fait est une chose fausse et un corps sans âme.

15 Leur ouvrage n'est que vanité ; ce n'est qu'une illusion dont on doit rire : ils périront tous, lorsque Dieu les visitera *dans sa colère*.

16 Celui que Jacob a pris pour son partage, ne ressemble pas à ces idoles : c'est lui-même qui a créé toutes choses : Israël est son peuple et son héritage, et son nom est le Dieu des armées.

17 Ville qui serez bientôt assiégée, rassemblez des champs *tous vos biens avec vos idoles qui sont* votre honte.

18 Car voici ce que dit le Seigneur : Je jetterai bien loin cette fois les habitants de cette terre, et je les affligerai d'une telle sorte que pas un n'échappera.

19 Hélas ! malheureuse que je suis, *dira alors Sion* : je me suis toute brisée, ma plaie est maligne *et incurable*. Mais je me suis dit à moi-même : Ce sont là les maux dont j'étais menacée ; il est juste que je les souffre.

20 Mes tentes ont été renversées, tous les cordages qui les tenaient ont été rompus ; mes enfants sont sortis de mon enceinte, et ils ne sont plus. Il n'y a plus personne pour dresser mes tentes, ni pour élever mes pavillons.

21 Car tous les pasteurs ont agi d'une manière insensée, ils n'ont point cherché le Seigneur. C'est pourquoi ils ont été sans intelligence, et tout leur troupeau a été dispersé.

22 Un grand bruit s'entend de loin, un tumulte effroyable vient de la terre de l'Aquilon, pour réduire les villes de Juda en un désert, et les rendre la demeure des dragons.

23 Seigneur ! je sais que la voie de l'homme ne dépend point de l'homme, et que l'homme ne marche point et ne conduit point ses pas par lui-même.

24 Châtiez-moi, Seigneur ! mais que ce soit selon *l'équité de vos* jugements, et non selon *la rigueur de* votre colère, de peur que vous ne me réduisiez au néant.

25 Répandez votre indignation sur les nations qui ne vous connaissent point, et sur les provinces qui n'ont point invoqué votre nom ; parce qu'elles se sont acharnées sur Jacob, qu'elles l'ont dévoré entièrement, qu'elles l'ont consumé, et qu'elles ont détruit tout ce qu'il avait de beau.

CHAPITRE XI.

PAROLE qui fut adressée par le Seigneur à Jérémie en ces termes :

2 Ecoutez, *vous et les autres prêtres,* les conditions de l'alliance que je veux faire *avec mon peuple :* Parlez à ceux de Juda, et aux habitants de Jérusalem,

3 et dites-leur : Voici ce que dit le Seigneur, le Dieu d'Israël : Malheur à l'homme qui n'écoutera point *présentement* les paroles de cette alliance,

4 que je fis autrefois avec vos pères au jour où je les tirai de l'Egypte, de la fournaise de fer, et où je leur dis : Ecoutez ma voix, et faites tout ce que je vous ordonnerai : alors vous serez mon peuple, et moi je serai votre Dieu :

5 afin que j'accomplisse le serment que je fis autrefois à vos pères, en leur jurant que je leur donnerais une terre où coulerait le lait et le miel, comme on le voit encore aujourd'hui. Je lui répondis en ces termes : Qu'il soit ainsi, Seigneur !

6 Et le Seigneur me dit : Elevez votre voix, et faites entendre toutes ces paroles dans les villes de Juda, et hors de Jérusalem, et dites-leur : Ecoutez les paroles de cette alliance, et observez-les.

7 Car j'ai conjuré vos pères avec les instances les plus pressantes depuis le jour où je les ai tirés de l'Egypte jusques aujourd'hui ; je les ai conjurés, *dis-je,* avec empressement, et je leur ai dit : Ecoutez ma voix.

8 Cependant ils ne m'ont point écouté, ils n'ont point prêté l'oreille à ma parole ; mais chacun a suivi les égarements de son cœur dépravé et corrompu ; et j'ai fait venir sur eux tous les maux que je leur avais prédits dans cette alliance que j'avais faite avec eux, que je leur ai commandé d'observer, et qu'ils n'ont point observée.

9 Le Seigneur me dit ensuite : Ceux de Juda et les habitants de Jérusalem ont fait une conjuration *contre moi.*

10 Ils sont retournés aux anciennes iniquités de leurs pères qui n'avaient point voulu obéir à ma parole. Ceux-ci ont couru de même après des dieux étrangers pour les servir, et la maison d'Israël et la maison de Juda ont rompu l'alliance que j'avais faite avec leurs pères.

11 C'est pourquoi, voici ce que dit le Seigneur : Je ferai fondre sur eux des maux dont ils ne pourront sortir : ils crieront vers moi, et je ne les exaucerai point :

12 et les villes de Juda et les habitants de Jérusalem iront crier aux dieux auxquels ils offrent des sacrifices, et ils ne les sauveront point au temps de leur affliction.

13 Car pour vous, ô Juda ! vous avez eu autant de dieux différents que de villes ; et pour vous, ô Jérusalem ! vous n'avez point eu de rue qui n'eût son autel de confusion, son autel pour sacrifier à Baal.

14 Vous donc, *ô Jérémie !* n'entreprenez point d'intercéder pour ce peuple ; ne me conjurez point, et ne me priez point pour eux : parce que je ne *les* écouterai point au temps qu'ils crieront vers moi, au temps qu'ils seront le plus affligés.

15 D'où vient que mon bien-aimé a commis plusieurs crimes dans ma maison ? La chair sainte *des victimes* vous purifiera-t-elle de votre malice où vous avez mis votre gloire ?

16 Le Seigneur vous avait établi comme un olivier fertile, très-beau à la vue, et chargé de fruits ; mais au bruit de sa parole un grand feu s'est mis dans cet arbre, et toutes ses branches ont été brûlées.

17 Le Seigneur des armées qui vous avait planté *dans sa terre*, a prononcé l'arrêt contre vous, à cause des maux que la maison d'Israël et la maison de Juda ont commis pour m'irriter en sacrifiant à Baal.

18 Mais vous, Seigneur ! vous m'avez fait voir *quelles sont leurs pensées*, et je les ai reconnues ; vous m'avez découvert leurs *mauvais* desseins.

19 Pour moi, j'étais comme un agneau plein de douceur, qu'on porte pour en faire une victime ; et je n'avais point su les entreprises qu'ils avaient formées contre moi en disant : Mettons du bois dans son pain, exterminons-le de la terre des vivants, et que son nom soit effacé de la mémoire des hommes.

20 Mais vous, ô Dieu des armées ! qui jugez selon l'équité, et qui sondez les reins et le cœur, faites-moi voir la vengeance que vous devez prendre d'eux ; parce que j'ai remis entre vos mains *la justice* de ma cause.

21 C'est pourquoi, voici ce que dit le Seigneur aux habitants d'Anathoth, qui cherchent à m'ôter la vie, et qui disent : Ne prophétisez point au nom du Seigneur, de peur que vous ne mouriez de notre main.

22 Voici donc ce que dit le Seigneur des armées : Je visiterai *dans ma colère* les habitants d'Anathoth. Les jeunes gens mourront par l'épée, leurs fils et leurs filles mourront de faim :

23 et il ne restera rien d'eux ; parce que je ferai fondre les maux sur les habitants d'Anathoth, au temps destiné à leur châtiment.

CHAPITRE XII.

SEIGNEUR ! si je dispute avec vous, ce n'est pas que je ne sache que vous êtes juste : permettez-moi cependant de vous faire ces justes plaintes : Pourquoi les méchants marchent-ils avec tant de prospérité dans leur voie ? Pourquoi tous ceux qui violent votre loi, et qui agissent injustement, sont-ils *si* heureux ?

2 Vous les avez plantés, et ils jettent de profondes racines : ils croissent, et portent du fruit : vous êtes près de leur bouche, et loin de leurs reins.

3 Mais vous, Seigneur ! vous m'avez connu, vous m'avez vu, et vous avez éprouvé que mon cœur est tout à vous. Assemblez-les comme un troupeau qu'on mène à la boucherie, et préparez-les pour le jour auquel ils doivent être égorgés.

4 Jusques à quand la terre pleurera-t-elle ? jusques a quand toute l'herbe des champs sera-t-elle desséchée, à cause de la méchanceté de ceux qui l'habitent ? Il n'y a plus de bêtes ni d'oiseaux, parce qu'ils ont dit : *Le Seigneur* ne verra point quelle sera la fin de notre vie.

5 Si vous avez eu tant de peine à suivre à la course ceux qui étaient à pied, comment pourrez-vous courir contre ceux qui sont à cheval ? Si vous espériez d'être en assurance dans une terre de paix, que ferez-vous parmi des gens aussi fiers que le Jourdain lorsqu'il se déborde ?

6 Car vos frères mêmes, et ceux de la maison de votre père, se sont unis pour vous combattre, et ils se sont élevés contre vous avec de grands cris. C'est pourquoi ne les croyez point, lors même qu'ils vous parleront avec douceur.

7 J'ai quitté ma propre maison ; j'ai abandonné mon héritage ; j'ai exposé celle qui m'était chère comme mon âme entre les mains de ses ennemis.

8 La terre que j'avais choisie pour mon héritage est devenue à mon égard comme un lion de la forêt ; elle a jeté de grands cris contre moi : c'est pourquoi elle est devenue l'objet de ma haine.

9 Ai-je prétendu que l'héritage que j'ai choisi serait comme un oiseau de différentes couleurs, et diversement peint dans tout son plumage ? Bêtes de la terre, assemblez-vous toutes *contre Jérusalem*, hâtez-vous de *la* dévorer.

10 Un grand nombre de pasteurs a détruit ma vigne ; ils ont foulé aux pieds le lieu que j'avais pris pour mon partage, ils ont changé en une affreuse solitude l'héritage que j'avais choisi, et que j'avais rendu si beau.

11 Ils ont renversé la terre, et elle pleure voyant que je l'ai abandonnée : elle est dans une extrême désolation, parce qu'il n'y a personne qui ait le cœur attentif *à Dieu*.

12 Ceux qui doivent la piller, viennent fondre sur elle par tous les endroits du désert : parce que l'épée du Seigneur va la dévorer d'une extrémité à l'autre, et qu'il n'y aura point de paix pour tout ce qui respire en elle.

13 Ils ont semé du froment, et ils ne moissonneront que des épines ; ils ont reçu un héritage, et ils n'en tireront aucun fruit : vous serez confondus par la perte de vos fruits, à cause de la colère et de la fureur du Seigneur.

14 Voici ce que dit le Seigneur contre tous ces méchants qui sont mes voisins, qui touchent à l'héritage que j'ai distribué à mon peuple d'Israël : Je les arracherai de leur pays, de même que j'arracherai la maison de Juda du milieu d'eux.

15 Et lorsque je les aurai ainsi déracinés de leur terre, je me tournerai vers eux, et j'aurai compassion d'eux, et je les ramènerai chacun à son héritage et à sa terre.

16 Alors s'ils sortent de leur ignorance, et s'ils s'instruisent des voies de mon peuple, s'ils apprennent à jurer par mon nom comme ils ont appris à mon peuple à jurer par Baal, je les établirai au milieu de mon peuple.

17 S'ils n'écoutent point ma voix, je détruirai ces nations jusqu'à la racine, et je les perdrai, dit le Seigneur.

CHAPITRE XIII.

LE Seigneur me dit *un jour* : Allez, achetez-vous une ceinture de lin, et vous la mettrez sur vos reins, et vous ne la laverez point dans l'eau.

2 J'achetai donc cette ceinture, selon que le Seigneur me l'avait ordonné, et je me la mis sur les reins.

3 Le Seigneur me parla une seconde fois, et me dit :

4 Prenez cette ceinture que vous avez achetée, qui est sur vos reins ; allez promptement au bord de l'Euphrate, et cachez-la dans le trou d'une pierre.

5 Je m'en allai aussitôt, et je la cachai près de l'Euphrate, comme le Seigneur me l'avait commandé.

6 Il se passa ensuite beaucoup de jours, et le Seigneur me dit : Allez promptement à l'Euphrate, et tirez de là cette ceinture que je vous ai commandé d'y cacher.

7 J'allai donc au bord de l'Euphrate, et ayant creusé dans la terre, je tirai cette ceinture du lieu où je l'avais cachée, et je la trouvai si pourrie qu'elle n'était plus propre à aucun usage.

8 Alors le Seigneur me dit :

9 Voici ce que dit le Seigneur : C'est ainsi que je ferai pourrir l'orgueil de Juda, et l'orgueil excessif de Jérusalem ;

10 et tout ce peuple d'hommes très-méchants, qui ne veulent point écouter mes paroles, qui marchent dans les égarements de leur cœur, qui courent après les dieux étrangers pour les servir et les adorer ; ils deviendront *tous* comme cette ceinture qui n'est plus propre à aucun usage.

11 Car comme une ceinture s'attache autour des reins d'un homme : ainsi j'avais uni étroitement à moi toute la maison d'Israël et toute la maison de Juda, dit le Seigneur, afin qu'elles fussent mon peuple, et que j'y établisse mon nom, ma louange et ma gloire ; et cependant elles ne m'ont point écouté.

12 Vous direz donc à ce peuple : Voici ce que dit le Seigneur, le Dieu d'Israël : Tous les vaisseaux seront remplis de vin. Et ce peuple vous répondra : Est-ce que nous ignorons qu'on remplit de vin toutes ces sortes de vaisseaux ?

13 Vous leur répondrez : Voici ce que dit le Seigneur : Je remplirai *de vin et* d'ivresse tous les habitants de cette terre, les rois de la race de David qui sont assis sur son trône, les prêtres, les prophètes et tous les habitants de Jérusalem.

14 Je les disperserai, *et* je séparerai le frère d'avec le frère, et les enfants d'avec les pères, dit le Seigneur. Je ne pardonnerai point, je n'userai point d'indulgence, je ne ferai point de miséricorde ; mais je les perdrai *sans ressource*.

15 Ecoutez-moi donc, prêtez l'oreille, et ne vous élevez point d'orgueil, parce que *c'est* le Seigneur *qui* a parlé.

16 Rendez gloire au Seigneur, votre Dieu, avant que les ténèbres vous surprennent, avant que vos pieds se heurtent contre les montagnes couvertes de ténèbres. Vous attendrez la lumière, et Dieu la changera en une ombre de mort, en une profonde obscurité.

17 Si vous n'écoutez point ces avertissements, mon âme pleurera en secret sur votre orgueil ; et il sortira de mes yeux des ruisseaux de larmes ; parce que tout le troupeau du Seigneur se trouvera pris.

18 Dites au roi et à la reine : Humiliez-vous, asseyez-vous *par terre dans la poussière*, parce que la couronne de votre gloire est tombée de votre tête.

19 Les villes du Midi sont fermées ; et il n'y a personne qui les ouvre. Tout Juda a été transféré ailleurs ; tout est passé dans une terre étrangère.

20 Levez les yeux, *O Jérusalem !* et considérez ceux qui viennent *contre vous* de l'Aquilon. Où est ce troupeau qui vous avait été confié, ce troupeau si excellent ?

21 Que direz-vous lorsque Dieu vous visitera *dans sa colère ?* Car c'est vous qui avez appris à vos ennemis la manière de vous combattre ; c'est vous qui les avez instruits contre vous-même. Ne sentirez-vous pas *alors* des douleurs semblables à celles d'une femme qui est en travail ?

22 Si vous dites en vous-même : Pourquoi tous ces maux sont-ils venus fondre sur moi ? C'est à cause de la multitude de vos offenses que votre honte a été découverte, et que vos pieds ont été souillés.

23 Si un Ethiopien peut changer sa peau, ou un léopard la variété de ses couleurs, vous pourrez aussi faire le bien, vous qui n'avez appris qu'à faire le mal.

24 Je les disperserai en divers lieux, comme la paille que le vent emporte dans le désert.

25 C'est là le sort qui vous attend, c'est le partage que vous recevrez de moi, dit le Seigneur, parce que vous m'avez oublié, et que vous avez mis votre confiance dans le mensonge.

26 C'est pourquoi j'ai relevé vos vêtements sur votre visage, et on a vu votre honte,

27 vos adultères, vos débordements, et le crime de vos fornications. J'ai vu vos abominations sur les collines, et au milieu des champs. Malheur à vous, Jérusalem ! Ne serez-vous jamais pure, en vous attachant à me suivre ? jusques à quand demeurerez-vous *dans votre impureté ?*

CHAPITRE XIV.

PAROLE du Seigneur à Jérémie, touchant une sécheresse *qui arriva*.

2 La Judée est dans les larmes, les portes de Jérusalem sont tombées par terre, et sont couvertes de ténèbres, et le cri de la ville est monté *au ciel*.

3 Les plus grands ont envoyé à la fontaine ceux qui étaient au-dessous d'eux : ils y sont venus pour puiser de l'eau, et ils n'y en ont point trouvé : ils ont reporté leurs vaisseaux vides : ils ont été tout confus et affligés, et ils ont couvert leurs têtes *dans leur douleur*.

4 Les laboureurs sont dans la consternation, à cause de la stérilité de la terre, et parce qu'il ne vient point de pluie ; ils se couvrent le visage.

5 La biche s'est déchargée de son faon dans la campagne, et l'a abandonné, parce qu'elle ne trouve point d'herbe.

6 Les ânes sauvages montent sur les rochers, ils attirent *fortement* l'air comme les dragons : leurs yeux sont tout languissants, et comme morts, parce qu'il n'y a point d'herbe *pour les nourrir*.

7 Si nos iniquités rendent témoignage contre nous, faites-nous grâce néanmoins, Seigneur ! à cause de votre nom : car nos révoltes sont grandes, et nous avons péché contre vous.

8 O *unique* attente d'Israël, et son Sauveur au temps de l'affliction ! pourquoi serez-vous dans votre terre comme un étranger qui n'a point de demeure stable, ou comme un voyageur qui se détourne en une hôtellerie pour y demeurer *peu de temps ?*

9 Pourquoi serez-vous *à notre égard* comme un homme errant *et* vagabond, ou comme un homme fort, mais qui ne peut pas sauver *ceux qu'il veut ?* Pour vous, Seigneur ! vous êtes dans nous, nous portons votre nom, *comme vous appartenant ;* ne nous abandonnez point.

10 Voici ce que dit le Seigneur à ce peuple qui aime à remuer ses pieds, qui ne demeure point en repos, et qui n'est point agréable à Dieu : Le Seigneur rappellera ses iniquités dans son souvenir, et il visitera ses péchés *dans sa colère*.

11 Le Seigneur me dit encore : Ne me priez point de faire grâce à ce peuple.

12 Lorsqu'ils jeûneront, je n'écouterai point leurs prières ; et quoiqu'ils m'offrent des holocaustes et des sacrifices, je ne les recevrai point, parce que je veux les exterminer par l'épée, par la famine et par la peste.

13 Alors je dis : Ah ! ah ! ah ! Seigneur Dieu ! les prophètes leur disent *sans cesse :* Vous ne verrez point *l'épée ni* la guerre, et la famine ne sera point parmi vous ; mais le Seigneur vous donnera dans ce lieu une véritable paix.

14 Le Seigneur me dit : Les prophètes prophétisent faussement en mon nom : je ne les ai point envoyés, je ne leur ai point ordonné *de dire* ce qu'ils disent, et je ne leur ai point parlé. Les prophéties qu'ils vous débitent, sont des visions pleines de mensonges ; ils parlent en devinant, ils publient les illusions trompeuses, et les séductions de leur cœur.

15 C'est pourquoi, voici ce que dit le Seigneur touchant les prophètes qui prophétisent en mon nom, quoique je ne les aie point envoyés, en disant, L'épée et la famine n'affligeront point cette terre : Ces prophètes périront eux-mêmes par l'épée et par la famine.

16 Et les corps morts de ceux à qui ils prophétisent seront jetés dans les rues de Jérusalem, après avoir été consumés par la famine et par l'épée, sans qu'il y ait personne pour les ensevelir : ils y seront jetés, eux et leurs femmes, leurs fils et leurs filles, et je ferai retomber sur eux les maux qu'ils ont faits.

17 Vous leur direz cette parole : Que mes yeux versent jour et nuit des ruisseaux de larmes, et qu'ils ne se taisent point ; parce que la vierge, la fille de mon peuple, a été accablée sous la grandeur de ses ruines, et que sa plaie est mortelle *et incurable*.

18 Si je sors à la campagne, je trouve des gens que l'épée a transpercés ; si j'entre dans la ville, j'en vois d'autres qui sont consumés par la famine. Les prophètes mêmes et les prêtres ont été emmenés en une terre qui leur était inconnue.

19 *Seigneur !* avez-vous rejeté et abandonné Juda *pour toujours ?* Sion est-elle devenue l'horreur de votre âme ? Pourquoi donc nous avez-vous frappés d'une plaie qui est incurable ? Nous attendions la paix, et la paix n'est point venue ; nous espérions la guérison, et nous voici dans le trouble.

20 Seigneur ! nous reconnaissons nos impiétés et l'iniquité de nos pères, parce que nous avons péché contre vous.

21 Ne nous laissez pas tomber dans l'opprobre, afin que votre nom ne soit pas déshonoré ; et ne nous couvrez pas de confusion, en permettant que le trône de votre gloire soit foulé aux pieds. Souvenez-vous de l'alliance que vous avez faite avec nous, et ne la rendez pas inutile.

22 Y a-t-il quelqu'un parmi les faux dieux des nations qui fasse pleuvoir ? ou sont-ce les cieux qui peuvent donner les pluies ? N'est-ce pas vous qui êtes le Seigneur, notre Dieu, que nous attendons ? car c'est vous qui faites toutes *ces merveilles*.

CHAPITRE XV.

LE Seigneur me dit encore : Quand Moïse et Samuel se présenteraient devant moi, mon cœur ne se tournerait pas vers ce peuple. Chassez-les de devant ma face, et qu'ils se retirent.

2 S'ils vous disent, Où irons-nous ? vous leur direz : Voici ce que dit le Seigneur : Qui *est destiné* à mourir, meure ; qui à périr par l'épée, périsse par l'épée ; qui à périr par la famine, périsse par la famine ; qui à aller en captivité, aille en captivité.

3 J'enverrai pour les punir quatre fléaux différents, dit le Seigneur : L'épée pour les tuer, les chiens pour les déchirer, les oiseaux du ciel, et les bêtes de la terre pour les dévorer et les mettre en pièces.

4 Et je les exposerai à la persécution pleine de fureur de tous les royaumes de la terre, à cause de Manassé, fils d'Ezéchias, roi de Juda, et de tous les crimes qu'il a commis dans Jérusalem.

5 Qui sera touché de compassion pour vous, ô Jérusalem ? Qui s'attristera de vos maux ? qui priera pour obtenir votre paix ?

6 Vous m'avez abandonné, dit le Seigneur ; vous êtes retournée en arrière ; c'est pourquoi j'étendrai ma main sur vous, et je vous perdrai : car je suis las de vous conjurer *de revenir à moi*.

7 Je prendrai le van, et je les disperserai jusques aux extrémités de la terre : j'ai tué et j'ai perdu mon peuple, et néanmoins ils ne sont pas revenus *de l'égarement* de leurs voies.

8 J'ai fait plus de veuves parmi eux qu'il n'y a de grains de sable dans la mer : j'ai fait venir un ennemi pour les perdre, qui a tué en plein midi les jeunes gens entre les bras de leurs mères : j'ai frappé leurs villes d'une terreur soudaine *et universelle*.

9 Celle qui avait eu tant d'enfants, a cessé *tout d'un coup* d'en avoir ; son âme est tombée dans la défaillance ; le soleil s'est couché pour elle, lorsqu'il était encore jour ; elle est couverte de confusion et de honte, et s'il lui reste encore quelques enfants, je les ferai passer au fil de l'épée à la vue de leurs ennemis, dit le Seigneur.

10 Hélas ! ma mère, que je suis malheureux ! Pourquoi m'avez-vous mis au monde, pour être un homme de contradiction, un homme de discorde dans toute la terre ? Je n'ai point donné d'argent à intérêt, et personne ne m'en a donné ; et cependant tous me couvrent de malédictions *et d'injures*.

11 Alors le Seigneur me répondit : Je vous jure que vous serez à la fin comblé de biens, que je vous assisterai dans l'affliction, et que lorsqu'on vous persécutera, *je vous soutiendrai* contre vos ennemis.

12 Le fer peut-il s'allier avec le fer qui vient de l'Aquilon, et avec l'airain ?

13 J'abandonnerai au pillage dans tous vos confins vos richesses et vos trésors, sans que vous en receviez aucun prix, à cause de la multitude de vos péchés.

14 Je ferai venir vos ennemis d'une terre que vous ne connaissez point ; parce que le feu de ma fureur s'est allumé, et qu'il vous embrasera de ses flammes.

15 Seigneur ! vous qui connaissez *le fond de mon âme*, souvenez-vous de moi, visitez-moi, et défendez-moi contre ceux qui me persécutent. N'entreprenez pas ma défense avec tant de patience *et de lenteur :* vous savez que c'est pour vous que je souffre des opprobres.

16 J'ai trouvé vos paroles, je m'en suis nourri ; et votre parole est devenue la joie et les délices de mon cœur ; parce que j'ai porté le nom d'homme de Dieu, ô Seigneur Dieu des armées !

17 Je ne me suis point trouvé dans les assemblées de jeux *et de* divertissements ; je ne me suis point glorifié d'être envoyé de votre part ; mais je me suis tenu retiré et solitaire, parce que vous m'avez rempli de *la terreur de vos* menaces *contre ce peuple.*

18 Pourquoi ma douleur est-elle devenue continuelle ? Pourquoi ma plaie est-elle désespérée, et refuse-t-elle de se guérir ? Elle est à mon égard comme une eau trompeuse, à laquelle on ne peut se fier.

19 C'est pourquoi, voici ce que dit le Seigneur : Si vous vous tournez vers moi, je ferai que vous changerez vous-même, et que vous demeurerez ferme devant ma face ; et si vous savez distinguer ce qui est précieux de ce qui est vil, vous serez alors comme la bouche de Dieu ; et ce ne sera pas vous qui vous tournerez vers le peuple, mais ce sera le peuple qui se tournera vers vous.

20 Et je vous rendrai à l'égard de ce peuple comme un mur d'airain fort *et inébranlable*. Ils vous feront la guerre, et ils n'auront sur vous aucun avantage ; parce que je suis avec vous pour vous sauver et pour vous délivrer, dit le Seigneur.

21 Je vous dégagerai des mains des méchants, et je vous préserverai de la puissance des forts.

CHAPITRE XVI.

ALORS le Seigneur me dit :

2 Vous ne prendrez point de femme, et vous n'aurez point de fils ni de filles en ce lieu.

3 Car voici ce que le Seigneur dit touchant les fils et les filles qui naissent en ce lieu, touchant les mères qui les ont mis au monde, et les pères qui leur ont donné la vie :

4 Ils mourront de divers genres de maladies ; ils ne seront ni pleurés ni ensevelis ; ils seront exposés comme un fumier sur la face de la terre ; ils seront consumés par l'épée et par la famine, et leurs corps morts seront en proie aux oiseaux du ciel et aux bêtes de la terre.

5 Car voici ce que dit le Seigneur : N'entrez point dans une maison de festin *funèbre*, et n'y allez point pour pleurer ou pour consoler ceux qui y sont ; parce que j'ai retiré ma paix de ce peuple, dit le Seigneur, j'en ai retiré ma bonté et mes miséricordes.

6 Ils mourront en cette terre, grands et petits, ils ne seront ni ensevelis ni pleurés : on ne se découpera point le corps pour faire leur deuil, et on ne se rasera point les cheveux.

7 On ne donnera point de pain à celui qui pleure un mort, pour le soulager ; et on ne lui donnera point à boire pour le consoler de la mort de son père et de sa mère.

8 N'entrez point dans une maison de festin pour vous asseoir et pour manger et boire avec eux.

9 Car voici ce que dit le Seigneur des armées, le Dieu d'Israël : Je ferai cesser dans ce lieu en vos jours, et à vos yeux, tous les cris de joie et les chants de réjouissance, les cantiques de l'époux et les chansons de l'épouse.

10 Et lorsque vous annoncerez ces paroles à ce peuple, et qu'ils vous diront, Pourquoi le Seigneur a-t-il résolu de nous affliger de si grands maux ? quelle est notre iniquité ? quel est le péché que nous avons commis contre le Seigneur, notre Dieu ?

11 vous leur direz : C'est parce qu'après que vos pères m'ont abandonné, dit le Seigneur, qu'ils ont couru après des dieux étrangers, qu'ils les ont servis et adorés, et qu'ils m'ont abandonné et n'ont point observé ma loi ;

12 vous-mêmes vous avez encore fait plus de mal que vos pères : car chacun de vous suit les égarements *et* la corruption de son mauvais cœur, et ne veut point écouter ma voix.

13 Je vous chasserai donc de ce pays dans une terre qui vous est inconnue comme elle l'a été à vos pères, et vous servirez là jour et nuit des dieux étrangers qui ne vous donneront aucun repos.

14 C'est pourquoi le temps vient, dit le Seigneur, qu'on ne dira plus à l'avenir, Vive le Seigneur qui a tiré les enfants d'Israël de l'Egypte !

15 mais, Vive le Seigneur qui a tiré les enfants d'Israël de la terre de l'Aquilon, et de tous les pays où je les aurai chassés, et *d'où* je les ramènerai en cette terre que j'ai donnée à leurs pères !

16 J'enverrai beaucoup de pêcheurs, dit le Seigneur, et ils les prendront à la pêche ; et je leur enverrai ensuite beaucoup de chasseurs, et ils iront les chercher pour les prendre dans toutes les montagnes, dans toutes les collines et dans les cavernes des rochers.

17 Mes regards sont arrêtés sur leurs voies ; elles ne me sont point cachées, et leur iniquité n'a pu se dérober à mes yeux.

18 Je leur rendrai premièrement au double ce que méritent leur iniquité et leurs péchés ; parce qu'ils ont souillé ma terre par l'horrible puanteur de leurs idoles, et qu'ils ont rempli mon héritage de leurs abominations.

19 Seigneur ! qui êtes ma force, mon appui, et mon refuge au jour de l'affliction ; les nations viendront à vous des extrémités de la terre, et elles diront : Il est vrai que nos pères n'ont possédé que le mensonge *et* qu'un néant qui leur a été inutile.

20 Comment un homme se ferait-il lui-même des dieux ? et certainement ce ne sont point des dieux.

21 Je vais donc maintenant leur faire connaître, je vais à cette fois leur faire connaître ma main et ma puissance, et ils sauront que mon nom est, Celui qui est.

CHAPITRE XVII.

LE péché de Juda est écrit avec une plume de fer et une pointe de diamant : il est gravé sur la table de leur cœur et sur les coins de leurs autels.

2 Leurs enfants ont imprimé dans leur souvenir leurs autels, leurs grands bois, leurs arbres chargés de feuilles sur les hautes montagnes,

3 et les sacrifices qu'ils offraient dans les champs. C'est pourquoi j'abandonnerai au pillage, *ô Sion !* tout ce qui vous rendait forte, tous vos trésors, et vos hauts lieux, pour punir les péchés que vous avez commis dans toutes vos terres.

4 Vous demeurerez toute seule, dépouillée de l'héritage que je vous avais donné ; et je vous rendrai l'esclave de vos ennemis dans un pays que vous ne connaissez point ; parce que vous avez allumé ma colère comme un feu qui brûlera éternellement.

5 Voici ce que dit le Seigneur : Maudit est l'homme qui met sa confiance en l'homme, qui se fait un bras de chair, et dont le cœur se retire du Seigneur.

6 Il sera semblable au tamaris qui est dans le désert, et il ne verra point le bien lorsqu'il sera arrivé ; mais il demeurera au désert dans la sécheresse, dans une terre salée et inhabitable.

7 Heureux est l'homme qui met sa confiance au Seigneur, et dont le Seigneur est l'espérance.

8 Il sera semblable à un arbre transplanté sur le bord des eaux, qui étend ses racines vers l'eau qui l'humecte, et qui ne craint point la chaleur lorsqu'elle est venue. Sa feuille sera toujours verte : il ne sera point en peine au temps de la sécheresse, et il ne cessera jamais de porter du fruit.

9 Le cœur de tous les hommes est corrompu, il est impénétrable ; qui pourra le connaître ?

10 C'est moi qui suis le Seigneur, qui sonde les cœurs, et qui éprouve les reins, qui rends à chacun selon sa voie, et selon le fruit de ses pensées *et* de ses œuvres.

11 Comme la perdrix couve des œufs qui ne sont point à elle, ainsi l'injustice s'enrichit *du bien des autres* par son injustice. Il quittera ses richesses au milieu de ses jours ; et sa fin sera la conviction de sa folie.

12 Le trône de la gloire du Seigneur est élevé dès le commencement ; et c'est de ce lieu que vient la grâce qui nous sanctifie.

13 Seigneur ! qui êtes l'attente d'Israël, tous ceux qui vous abandonnent seront confondus : ceux qui se retirent de vous, seront écrits sur la terre, parce qu'ils ont abandonné le Seigneur, qui est la source des eaux vives.

14 Seigneur ! guérissez-moi, et alors je serai guéri ; sauvez-moi, et je serai sauvé, parce que vous êtes ma gloire.

15 Je les vois qui me disent sans cesse : Où est la parole du Seigneur ? Qu'elle s'accomplisse.

16 Mais pour moi, je n'ai point été troublé en vous suivant comme mon pasteur ; et je n'ai point désiré le jour de l'homme, vous le savez. Ce qui est sorti de mes lèvres a été droit devant vos yeux.

17 Ne me devenez point un sujet de crainte, puisque c'est vous qui êtes mon espérance au jour de l'affliction.

18 Que ceux qui me persécutent, soient confondus, et que je ne sois point confondu moi-même : qu'ils soient dans l'épouvante, et que je ne sois point épouvanté. Faites venir sur eux un jour de malheur, et brisez-les par les divers maux dont vous les frapperez.

19 Voici ce que le Seigneur me dit *un jour :* Allez, tenez-vous à la porte des enfants de mon peuple, par laquelle les rois de Juda entrent et sortent ; allez dans toutes les portes de Jérusalem,

20 et dites-leur : Ecoutez la parole du Seigneur, rois de Juda, et habitants de la Judée, et vous tous qui demeurez dans Jérusalem et qui entrez par ces portes.

21 Voici ce que dit le Seigneur : Veillez sur vos âmes : ne portez point de fardeaux au jour du sabbat : n'en faites point entrer par les portes de Jérusalem,

22 et n'en faites point sortir hors de vos maisons au jour du sabbat : ne faites point en ce jour d'œuvre servile, et sanctifiez le jour du sabbat, selon que je l'ai ordonné à vos pères.

23 Mais ils ne m'ont point écouté ; leur oreille ne s'est point soumise ; ils ont rendu leur tête dure *et* inflexible pour ne m'entendre point, et pour ne point recevoir mes instructions.

24 Si vous m'écoutez, dit le Seigneur, et si vous ne faites point passer de fardeaux par les portes de cette ville au jour du sabbat ; si vous sanctifiez le jour du sabbat sans y faire aucun ouvrage,

25 des rois et des princes entreront par la porte de cette ville, qui s'assiéront sur le trône de David, qui seront montés sur des chariots et sur des chevaux, eux et leurs princes, les habitants de Juda et ceux de Jérusalem ; et cette ville sera habitée éternellement.

26 Ils viendront des villes de Juda, des environs de Jérusalem, et de la terre de Benjamin, des plaines et des montagnes, et du côté du midi, portant des holocaustes et des victimes, des sacrifices et de l'encens, et ils viendront les offrir à la maison du Seigneur.

27 Mais si vous ne m'écoutez et si vous ne sanctifiez le jour du sabbat, en ne portant point de fardeaux en ce jour, et n'en faisant point entrer par les portes de Jérusalem, je mettrai le feu à ces portes, il dévorera les maisons de Jérusalem, et il ne s'éteindra point.

CHAPITRE XVIII.

PAROLE qui fut adressée à Jérémie par le Seigneur en ces termes :

2 Allez, et descendez dans la maison d'un potier ; et là vous entendrez ce que j'ai à vous dire.

3 J'allai dans la maison d'un potier, et je le trouvai qui travaillait sur sa roue.

4 En même temps le vase qu'il faisait de terre d'argile avec ses mains se rompit ; et aussitôt il en fit un autre vase en la manière qu'il lui plut.

5 Le Seigneur alors m'adressa la parole, et *me* dit :

6 Maison d'Israël, dit le Seigneur, ne pourrai-je donc pas faire de vous, ce que le potier fait de son argile ? car comme l'argile est dans la main du potier, ainsi vous êtes dans ma main, maison d'Israël.

7 Quand j'aurai prononcé l'arrêt contre un peuple ou contre un royaume pour le perdre et pour le détruire jusqu'à la racine ;

8 si cette nation fait pénitence des maux pour lesquels je l'avais menacée, je me repentirai aussi moi-même du mal que j'avais résolu de lui faire.

9 Quand je me serai déclaré en faveur d'une nation ou d'un royaume, pour l'établir et pour l'affermir ;

10 si ce royaume ou cette nation pèche devant mes yeux, et qu'elle n'écoute point ma voix, je me repentirai aussi du bien que j'avais résolu de lui faire.

11 Dites donc maintenant aux habitants de Juda et de Jérusalem : Voici ce que dit le Seigneur : Je vous prépare plusieurs maux, je forme contre vous des pensées *et des résolutions.* Que chacun quitte sa mauvaise voie : faites que vos voies soient droites et vos œuvres *justes.*

12 Et ils m'ont répondu : Nous avons perdu toute espérance ; nous nous abandonnerons à nos pensées, et chacun de nous suivra *l'égarement et* la dépravation de son cœur.

13 Voici donc ce que dit le Seigneur : Interrogez les nations : qui a jamais ouï parler d'excès aussi horribles que sont ceux qu'a commis la vierge d'Israël ?

14 La neige du Liban peut-elle cesser jamais de couvrir la pointe de ses rochers ? l'eut-on faire tarir une source dont les eaux vives et fraîches coulent sur la terre ?

15 Cependant mon peuple m'a oublié en faisant de vains sacrifices, en se heurtant lui-même dans ses propres voies, et dans les sentiers du siècle, et y marchant par un chemin qui n'était point battu,

16 pour attirer *ainsi* la désolation sur leur terre, et pour l'exposer à un opprobre éternel. Quiconque y passera, sera dans l'étonnement, et témoignera sa surprise par le mouvement de sa tête.

17 Je serai comme un vent brûlant, qui les dispersera devant leurs ennemis : je leur tournerai le dos, et non le visage, au jour de leur perte.

18 Et ils ont dit : Venez, formons des desseins contre Jérémie : car nous ne laisserons pas de trouver *sans lui* des prêtres qui nous instruisent de la loi ; des sages qui nous fassent part de leurs conseils ; et des prophètes qui nous annoncent la parole *du Seigneur.* Venez, perçons-le avec les traits de nos langues, et n'ayons aucun égard à tous ses discours.

19 Seigneur ! jetez les yeux sur moi, et faites attention aux paroles de mes adversaires.

20 Est-ce ainsi qu'on rend le mal pour le bien, et que ces personnes creusent une fosse pour m'y faire tomber ? Souvenez-vous que je me suis présenté devant vous, pour vous prier de leur faire grâce, et pour détourner votre indignation de dessus eux.

21 C'est pourquoi abandonnez leurs enfants à la famine, et faites-les passer par le fil de l'épée. Que leurs femmes perdent leurs enfants, et qu'elles deviennent veuves ; que leurs maris soient mis à mort ; que ceux qui sont jeunes parmi eux soient percés de coups dans le combat ;

22 et que leurs maisons retentissent de cris *et de plaintes.* Car vous ferez fondre tout d'un coup sur eux le brigand ; parce qu'ils ont creusé une fosse pour m'y faire tomber, et qu'ils ont *tendu et* caché des filets sous mes pieds.

23 Mais vous, Seigneur ! vous connaissez tous les desseins de mort qu'ils ont formés contre moi. Ne leur pardonnez point leur iniquité, et que leur péché ne s'efface jamais de devant vos yeux ; qu'ils tombent tout d'un coup en votre présence, et traitez-les selon votre sévérité, au temps de votre fureur.

CHAPITRE XIX.

LE Seigneur me dit *un jour :* Allez, recevez *de la main* des plus anciens d'entre les prêtres, un vase de terre fait par un potier,

2 et allez à la vallée du fils d'Ennom, qui est devant la porte *des ouvriers en* argile, et vous leur annoncerez les paroles que je vous

dirai.

3 Vous leur direz : Ecoutez la parole du Seigneur, rois de Juda, et habitants de Jérusalem. Voici ce que dit le Seigneur des armées, le Dieu d'Israël : Je ferai tomber cette ville en une si grande affliction, que quiconque en entendra parler, en sera frappé comme d'un coup de tonnerre ;

4 parce qu'ils m'ont abandonné, et qu'ils ont rendu ce lieu profane en y sacrifiant à des dieux étrangers, qui leur étaient inconnus, comme ils l'avaient été à leurs pères, et aux rois de Juda, et qu'ils ont rempli ce lieu du sang des innocents ;

5 et qu'ils ont bâti un temple à Baal pour brûler leurs enfants dans le feu, et pour les offrir à Baal en holocauste : ce que je ne leur ai point ordonné, ni ne leur en ai point parlé, et ce qui ne m'est jamais venu dans l'esprit.

6 C'est pourquoi le temps vient, dit le Seigneur, que ce lieu ne sera plus appelé Topheth, ni la vallée du fils d'Ennom, mais la vallée du carnage.

7 Car je renverserai en ce lieu tous les desseins *des habitants* de Juda et de Jérusalem : je les perdrai par l'épée à la vue de leurs ennemis, et par la main de ceux qui cherchent à leur ôter la vie ; et je donnerai leurs corps morts en proie aux oiseaux du ciel et aux bêtes de la terre.

8 Je rendrai cette ville l'objet de l'étonnement et de la raillerie des hommes. Quiconque y passera, sera épouvanté, et il insultera à tous ses châtiments.

9 Je nourrirai les habitants *de Jérusalem* de la chair de leurs fils, et de la chair de leurs filles ; l'ami mangera la chair de son ami pendant le siège, dans l'extrémité où les réduiront leurs ennemis qui ne chercheront que leur mort.

10 Vous romprez ce vase de terre devant ces personnes qui iront avec vous,

11 et vous leur direz : Voici ce que dit le Seigneur des armées : Je briserai ce peuple et cette ville comme ce vase de terre est brisé et ne peut plus être rétabli ; et les morts seront ensevelis à Topheth, parce qu'il n'y aura plus d'autre lieu pour les ensevelir.

12 C'est ainsi que je traiterai ce lieu et ses habitants, dit le Seigneur, et je mettrai cette ville dans le même état que Topheth.

13 Les maisons de Jérusalem, et les palais des rois de Juda seront impurs comme Topheth ; toutes ces maisons, dis-je, sur les terrasses desquelles ils ont sacrifié à toute la milice du ciel, et où ils ont présenté des oblations à des dieux étrangers.

14 Jérémie étant revenu de Topheth, où le Seigneur l'avait envoyé pour prophétiser, se tint à l'entrée de la maison du Seigneur, et dit à tout le peuple :

15 Voici ce que dit le Seigneur des armées, le Dieu d'Israël : Je ferai venir sur cette ville, et sur toutes les villes qui en dépendent, tous les maux que j'ai prédits qui doivent lui arriver, parce qu'ils ont endurci leur tête pour ne point obéir à mes paroles.

CHAPITRE XX.

PHASSUR, fils d'Emmer, l'un des prêtres, et qui était établi intendant de la maison du Seigneur, entendit Jérémie prophétiser de la sorte.

2 Et il frappa le prophète Jérémie, et le fit lier et mettre dans la prison qui était à la haute porte de Benjamin en la maison du Seigneur.

3 Le lendemain au point du jour Phassur fit délier Jérémie, et Jérémie lui dit : Le Seigneur ne vous appelle plus Phassur ; mais *il vous donne un nom qui signifie* frayeur de toutes parts.

4 Car voici ce que dit le Seigneur : Je vous remplirai de frayeur, vous et vos amis ; ils périront par l'épée de vos ennemis, et vous les verrez de vos propres yeux. Je livrerai tout Juda entre les mains du roi de Babylone, et il les transportera à Babylone, et les fera mourir par l'épée.

5 J'abandonnerai entre les mains de leurs ennemis toutes les richesses de cette ville, tout le fruit de ses travaux, tout ce qu'elle a de précieux, et tous les trésors des rois de Juda : ils les pilleront, ils s'en empareront, et ils les porteront à Babylone.

6 Et vous, Phassur, vous serez emmené captif avec tous ceux qui demeurent dans votre maison. Vous irez à Babylone et vous y mourrez, et vous y serez enseveli, vous et tous vos amis, à qui vous avez prophétisé le mensonge.

7 Vous m'avez séduit, Seigneur ! et j'ai été séduit. Vous avez été plus fort que moi, et vous avez prévalu contre moi. Je suis devenu l'objet de leur moquerie pendant tout le jour, et tous me raillent avec insulte.

8 Car il y a déjà longtemps que je parle, que je crie contre leurs iniquités, et que je leur prédis une désolation générale ; et la parole du Seigneur est devenue pour moi un sujet d'opprobre et de moquerie pendant tout le jour.

9 J'ai dit *en moi-même :* Je ne nommerai plus le Seigneur, et je ne parlerai plus en son nom. Et en même temps il s'est allumé au fond de mon cœur un feu brûlant qui s'est renfermé dans mes os, et je suis tombé dans la langueur, ne pouvant plus en supporter la violence.

10 Car j'ai entendu les malédictions d'un grand nombre de personnes et la frayeur qu'ils tâchent de me donner de toutes parts en disant : Persécutez-le, persécutons-le tous ensemble. Tous ceux qui auparavant vivaient en paix avec moi, et qui étaient sans cesse à mes côtés, s'entredisent : Tâchons de le tromper en quelque manière que ce soit, tâchons d'avoir avantage sur lui, et de nous venger de lui.

11 Mais le Seigneur est avec moi comme un guerrier invincible. C'est pourquoi ceux qui me persécutent, tomberont, et ils n'auront aucun pouvoir *contre moi*. Ils seront couverts de confusion, parce qu'ils n'ont pas compris quel est cet opprobre éternel qui ne s'effacera jamais.

12 Et vous, Seigneur des armées ! qui éprouvez le juste, qui pénétrez les reins et le cœur, faites-moi voir, je vous prie, la vengeance que vous prendrez d'eux ; parce que j'ai remis entre vos mains *la justice de* ma cause.

13 Chantez des cantiques au Seigneur, louez le Seigneur, parce qu'il a délivré l'âme du pauvre de la main des méchants.

14 Maudit soit le jour auquel je suis né ; que le jour auquel ma mère m'a enfanté, ne soit point béni.

15 Maudit soit l'homme qui en porta la nouvelle à mon père en disant, Il vous est né un enfant mâle ; et qui crut lui donner un sujet de joie.

16 Que cet homme devienne comme les villes que le Seigneur a détruites par un arrêt irrévocable ; qu'il entende les cris le matin, et les hurlements à midi :

17 parce que *Dieu* ne m'a point fait mourir avant que de naître, afin que ma mère devînt mon sépulcre, et que son sein ayant conçu, n'enfantât jamais.

18 Pourquoi suis-je sorti du sein de ma mère pour être accablé de travail et de douleur, et pour voir consumer mes jours dans une confusion *continuelle* ?

CHAPITRE XXI.

VOICI ce que le Seigneur dit à Jérémie, lorsque le roi Sédécias lui envoya Phassur, fils de Melchias, et Sophonias, fils de Maasias, prêtre, pour lui faire dire :

2 Consultez le Seigneur pour nous, parce que Nabuchodonosor, roi de Babylone, nous attaque avec son armée ; *consultez, dis-je,* pour savoir si le Seigneur ne fera point, pour nous délivrer, quelqu'une de ces merveilles qu'il a accoutumé de faire ; et si l'ennemi se retirera.

3 Jérémie leur répondit : Vous direz à Sédécias :

4 Voici ce que dit le Seigneur, le Dieu d'Israël : Je ferai retourner *contre vous toutes* les armes qui sont dans vos mains, par lesquelles vous combattez contre le roi de Babylone et contre les Chaldéens qui vous assiègent, et qui environnent vos murailles : je les rassemblerai toutes au milieu de cette ville.

5 Je vous ferai moi-même la guerre, et je vous perdrai avec une main étendue et avec un bras fort, dans toute l'effusion de ma fureur, de mon indignation et de ma colère ;

6 et je frapperai d'une grande peste les habitants de cette ville : les hommes et les bêtes en mourront.

7 Après cela, dit le Seigneur, je livrerai Sédécias, roi de Juda, ses serviteurs, et son peuple, et ceux qui auront échappé dans la ville, à la peste, à l'épée et a la famine, entre les mains de Nabuchodonosor, roi de Babylone, entre les mains de leurs ennemis, et entre les mains de ceux qui cherchent à leur ôter la vie, et ils les feront passer au fil de l'épée. *Ce prince* ne se laissera point fléchir, il ne pardonnera point, et il ne sera touché d'aucune compassion.

8 Et vous direz à ce peuple : Voici ce que dit le Seigneur : Je mets devant vous la voie de la vie, et la voie de la mort.

9 Celui qui demeurera dans cette ville, mourra par l'épée, par la famine, ou par la peste ; mais celui qui en sortira et qui ira se rendre aux Chaldéens qui vous assiègent, vivra, et son âme lui sera comme une dépouille *qu'il aura sauvée*.

10 Car j'arrête mes regards sur cette ville, dit le Seigneur, non pour lui faire du bien, mais pour l'accabler de maux. Elle sera livrée entre les mains du roi de Babylone, et il la consumera par le feu.

11 *Vous direz* aussi à la maison du roi de Juda : Ecoutez la parole du Seigneur,

12 maison de David : Voici ce que dit le Seigneur : Rendez la justice des le matin, et arrachez d'entre les mains du calomniateur celui qui est opprimé par violence ; de peur que mon indignation ne s'allume comme un feu, et qu'elle ne s'embrase sans qu'il y ait personne pour l'éteindre, à cause du dérèglement de vos affections *et* de vos pensées.

13 Je viens à toi, ô ville ! dit le Seigneur, qui es située dans une vallée et sur un rocher large et spacieux ; à vous qui dites : Qui pourra nous vaincre, et qui entrera dans nos maisons ?

14 Je vous visiterai *dans ma colère*, pour vous faire recueillir le fruit de vos œuvres, dit le Seigneur : je mettrai le feu dans le bois de Jérusalem ; et il dévorera tout ce qui l'environne.

CHAPITRE XXII.

VOICI ce que dit le Seigneur : Descendez dans la maison du roi de Juda, et vous lui parlerez en ces termes :

2 Ecoutez la parole du Seigneur, roi de Juda, qui êtes assis sur le trône de David : *écoutez-la*, vous et vos serviteurs, et votre peuple, qui entrez par les portes *de la maison royale*.

3 Voici ce que dit le Seigneur : Agissez selon l'équité et la justice, et délivrez de la main du calomniateur celui qui est opprimé par violence. N'affligez point l'étranger, l'orphelin et la veuve ; ne les opprimez point injustement, et ne répandez point en ce lieu le sang innocent.

4 Car si vous vous conduisez de cette sorte, des rois qui seront de la race de David, qui s'assiéront sur son trône, et qui monteront sur des chariots et sur des chevaux, passeront par les portes de ce palais, eux, et leurs serviteurs, et leurs peuples.

5 Mais si vous n'écoutez point mes paroles, je jure par moi-même, dit le Seigneur, que ce palais sera réduit en un désert.

6 Car voici ce que le Seigneur dit de la maison du roi de Juda : *Maison riche comme* Galaad, et qui es devant moi comme la tête du Liban, je jure que je te réduirai en une affreuse solitude, et que je rendrai tes villes inhabitables.

7 Je consacrerai les mains et les armes de tes ennemis qui tueront ceux qui t'habitent : ils abattront tes cèdres les plus hauts, et les jetteront dans le feu.

8 Plusieurs peuples passeront par cette ville, et ils se diront l'un à l'autre : Pourquoi Dieu a-t-il ainsi traité cette ville si puissante ?

9 Et on leur répondra : C'est parce qu'ils ont abandonné l'alliance du Seigneur, leur Dieu, et qu'ils ont adoré et servi des dieux étrangers.

10 Ne pleurez point un *roi* mort, ne faites point pour lui le deuil ordinaire ; mais pleurez avec beaucoup de larmes celui qui sort de cette ville, parce qu'il n'y reviendra plus, et qu'il ne reverra jamais le pays de sa naissance.

11 Car voici ce que dit le Seigneur touchant Sellum, fils de Josias, roi de Juda, qui a régné après Josias, son père, et qui est sorti de cette ville : Il n'y reviendra jamais ;

12 mais il mourra au lieu où je l'ai fait transférer, et il ne verra plus cette terre.

13 Malheur à celui qui bâtit sa maison dans l'injustice, et qui se fait de grands appartements dans l'iniquité ; qui opprimera son ami sans aucun sujet, et qui ne le récompensera point de ce qu'il lui aura ravi ;

14 qui dit en lui-même : Je me ferai bâtir une maison vaste, et des appartements spacieux ; qui s'y fait faire de grandes fenêtres, des lambris de cèdre qu'il peint d'un rouge éclatant.

15 Prétendez-vous affermir votre règne, parce que vous vous comparez au cèdre ? Votre père n'a-t-il pas vécu heureusement en suivant l'équité, et en rendant la justice ? et tout ne lui succédait-il pas alors à souhait ?

16 En défendant la cause du pauvre et de l'indigent, il s'est fait du bien à lui-même. Car tout son bonheur ne lui est-il pas arrivé parce qu'il m'a connu ? dit le Seigneur.

17 Mais vos yeux et votre cœur ne sont attentifs qu'à satisfaire votre avarice, qu'à répandre le sang innocent, qu'à inventer des calomnies, qu'à courir au mal.

18 C'est pourquoi, voici ce que dit le Seigneur touchant Joakim, fils de Josias, roi de Juda : Ils ne le pleureront point *en disant* : Ah ! frère malheureux ! ah ! sœur malheureuse ! Ils ne le plaindront point en criant : Ah ! prince *déplorable !* ah ! grandeur *bientôt finie !*

19 Sa sépulture sera comme celle d'un âne mort ; on le jettera tout pourri hors des portes de Jérusalem.

20 Montez, *fille de Sion,* sur le Liban, et criez ; élevez votre voix sur le Basan, et criez à ceux qui passent, parce que tous ceux qui vous aimaient ont été réduits en poudre.

21 Je vous ai parlé lorsque vous étiez dans l'abondance, et vous avez dit : Je n'écouterai point. C'a été votre conduite ordinaire dés votre jeunesse, de vous rendre toujours sourde à ma voix.

22 Tous vos pasteurs ne se repaîtront que de vent, et tous ceux qui vous aimaient seront emmenés captifs. C'est alors que vous serez confondue, et que vous rougirez de toute votre malice.

23 Vous qui êtes assise sur le Liban, et qui faites votre nid dans les cèdres, combien jetterez-vous de cris, lorsque vous vous sentirez tout d'un coup attaquée par des douleurs pareilles à celles d'une femme qui est en travail d'enfant ?

24 Je jure par moi-même, dit le Seigneur, que quand Jéchonias, fils de Joakim, roi de Juda, serait comme un anneau dans ma main droite, je ne laisserais pas de l'arracher de mon doigt,

25 et de le livrer entre les mains de ceux qui cherchent à lui ôter la vie, entre les mains de ceux dont vous redoutez le visage ; entre les mains de Nabuchodonosor, roi de Babylone, et entre les mains des Chaldéens.

26 Et je vous enverrai, vous et votre mère qui vous a mis au monde, dans une terre étrangère dans laquelle vous n'êtes point nés, et vous y mourrez.

27 Et ils ne reviendront jamais dans cette terre vers laquelle leur âme soupirera dans le désir d'y revenir.

28. Ce prince Jéchonias n'est-il donc plus que *comme* un pot de terre qui est cassé, ou comme un vaisseau qui n'a plus rien que de méprisable ? Pourquoi a-t-il été rejeté, lui et sa race, et envoyé dans un pays qui lui était inconnu ?

29 Terre ! terre ! terre ! écoutez la parole du Seigneur.

30 Voici ce que dit le Seigneur : Ecrivez que cet homme sera stérile ; que rien ne lui réussira durant sa vie, et qu'il ne sortira point d'homme de sa race qui soit assis sur le trône de David, ni qui exerce à l'avenir la puissance souveraine dans Juda.

CHAPITRE XXIII.

MALHEUR aux pasteurs qui font périr et qui déchirent les brebis de mes pâturages, dit le Seigneur.

2 C'est pourquoi, voici ce que dit le Seigneur, le Dieu d'Israël,

aux pasteurs qui conduisent mon peuple : Vous avez dispersé les brebis de mon troupeau ; vous les avez chassées, et vous ne les avez point visitées. Et moi, je vous visiterai dans ma colère, pour punir le dérèglement de votre cœur et de vos œuvres, dit le Seigneur.

3 Je rassemblerai toutes les brebis qui resteront de mon troupeau, de toutes les terres dans lesquelles je les aurai chassées ; je les ferai revenir à leurs champs, et elles croîtront et se multiplieront.

4 Je leur donnerai des pasteurs qui auront soin de les paître : elles ne seront plus dans la crainte et dans l'épouvante, et le nombre s'en conservera, sans qu'il en manque une seule, dit le Seigneur.

5 Le temps vient, dit le Seigneur, où je susciterai à David un Germe juste, un Roi régnera qui sera sage, qui agira selon l'équité, et *qui rendra* la justice sur la terre.

6 En ce temps-là Juda sera sauvé, Israël habitera dans ses maisons sans rien craindre ; et voici le nom qu'ils donneront à ce Roi : Le Seigneur qui est notre Juste.

7 C'est pourquoi le temps vient, dit le Seigneur, où l'on ne dira plus, Vive le Seigneur qui a tiré les enfants d'Israël de l'Egypte !

8 mais, Vive le Seigneur qui a tiré et qui a ramené les enfants de la maison d'Israël de la terre d'Aquilon, et de tous les pays où je les avais chassés, afin qu'ils habitassent *de nouveau* dans leur terre !

9 *Paroles adressées* aux *prétendus* prophètes : Mon cœur s'est brisé dans moi-même, tous mes os ont été ébranlés : je suis devenu comme un homme ivre, comme un homme rempli de vin, en contemplant la face du Seigneur, et considérant ses paroles saintes.

10 Car la terre est remplie d'adultères ; la terre pleure à cause des blasphèmes *qu'on y entend ;* les champs du désert sont devenus tout secs. Ils ont couru pour faire le mal, et toute leur puissance n'a servi qu'à l'injustice.

11 Car le prophète et le prêtre se sont corrompus, et j'ai trouvé dans ma maison les maux qu'ils ont faits, dit le Seigneur.

12 C'est pourquoi leur voie sera comme un chemin glissant dans les ténèbres. Car on les poussera *avec effort*, et ils tomberont *tous ensemble ;* parce que je les accablerai de maux au temps où je les visiterai *dans ma colère*, dit le Seigneur.

13 J'ai vu l'extravagance dans les prophètes de Samarie : ils prophétisaient au nom de Baal, et ils séduisaient mon peuple d'Israël.

14 J'ai vu les prophètes de Jérusalem semblables à des adultères, j'ai vu parmi eux la voie du mensonge. Ils ont fortifié les mains des méchants pour empêcher que les hommes ne se convertissent du dérèglement de leur vie. Ils sont tous devenus devant mes yeux comme Sodome, et les habitants de Jérusalem comme Gomorrhe.

15 C'est pourquoi, voici ce que le Seigneur des armées dit aux prophètes : Je les nourrirai d'absinthe, et je les abreuverai de fiel ; parce que la corruption s'est répandue des prophètes de Jérusalem sur toute la terre.

16 Voici ce que dit le Seigneur des armées : N'écoutez point les paroles des prophètes qui vous prophétisent et qui vous trompent. Ils publient les visions de leur cœur, et non ce qu'ils ont appris de la bouche du Seigneur.

17 Ils disent à ceux qui me blasphèment, Le Seigneur l'a dit, vous aurez la paix ; et à tous ceux qui marchent dans la corruption de leur cœur, Il ne vous arrivera point de mal.

18 Mais qui d'entre eux a assisté au conseil de Dieu ? qui l'a vu ? et qui a entendu ce qu'il a dit ?

19 Le tourbillon de la colère du Seigneur va éclater sur la tête des impies ; et la tempête après avoir rompu la nuée, tombera sur eux.

20 La fureur du Seigneur ne se relâchera point, jusqu'à ce qu'elle exécute et qu'elle accomplisse toutes les pensées de son cœur. Vous comprendrez enfin quel aura été son dessein sur vous.

21 Je n'envoyais point ces prophètes, et ils couraient d'eux-mêmes. Je ne leur parlais point, et ils prophétisaient de leur tête.

22 S'ils se fussent soumis à ma volonté, et qu'ils eussent fait connaître mes paroles à mon peuple, je les aurais retirés de leur mauvaise voie et du dérèglement de leurs pensées.

23 Ne suis-je Dieu que de près ? dit le Seigneur ; ne le suis-je pas aussi de loin ?

24 Celui qui se cache, se dérobe-t-il à moi, et ne le vois-je point ? dit le Seigneur. N'est-ce pas moi qui remplis le ciel et la terre ? dit le Seigneur.

25 J'ai entendu ce qu'ont dit ces prophètes qui prophétisent le mensonge en mon nom, en disant : J'ai songé, j'ai songé.

26 Jusques à quand cette imagination sera-t-elle dans le cœur des prophètes qui prophétisent le mensonge, et dont les prophéties ne sont que les séductions de leur cœur ;

27 qui veulent faire que mon peuple oublie mon nom à cause de leurs songes qu'ils débitent à quiconque les consulte, comme leurs pères ont oublié mon nom à cause de Baal ?

28 Que le prophète qui a seulement un songe *à dire*, raconte son songe ; que celui qui a entendu ma parole, annonce ma parole dans la vérité. Quelle comparaison y a-t-il entre la paille et le blé ? dit le Seigneur.

29 Mes paroles ne sont-elles pas comme du feu, dit le Seigneur, et comme un marteau qui brise la pierre ?

30 C'est pourquoi je viens aux prophètes, dit le Seigneur, qui dérobent mes paroles chacun à leurs frères.

31 Je viens aux prophètes, dit le Seigneur, qui prennent d'eux-mêmes *la liberté d'user de* leurs langues, et qui disent : Voici ce que dit le Seigneur.

32 Je viens aux prophètes, dit le Seigneur, qui ont des visions de mensonge, qui les racontent à mon peuple, et qui le séduisent par leurs mensonges et par leurs miracles, quoique je ne les aie point envoyés, et que je ne leur aie donné aucun ordre, et qui n'ont aussi servi de rien à ce peuple, dit le Seigneur.

33 Si donc ce peuple, ou un prophète, ou un prêtre, vous interroge et vous dit, Quel est le fardeau du Seigneur ? vous lui direz : C'est vous-mêmes qui êtes le fardeau, et je vous jetterai bien loin de moi, dit le Seigneur.

34 Si donc un prophète, ou un prêtre, ou quelqu'un du peuple, dit encore, Le fardeau du Seigneur ; je visiterai *dans ma colère* cet homme et sa maison.

35 Chacun de vous dira désormais à son prochain et à son frère : Qu'a répondu le Seigneur ? qu'est-ce que le Seigneur a dit ?

36 Et l'on ne parlera plus du fardeau du Seigneur : car la parole de chacun sera son propre fardeau ; parce que vous avez perverti les paroles du Dieu vivant, du Seigneur des armées *qui est* notre Dieu.

37 Vous direz au prophète : Que vous a répondu le Seigneur ? qu'est-ce que le Seigneur a dit ?

38 Si vous dites encore, Le fardeau du Seigneur ; je vous déclare, dit le Seigneur, que parce que vous avez dit, Le fardeau du Seigneur ; quoique je vous eusse envoyé dire, Ne dites point, Le fardeau du Seigneur ;

39 je vous prendrai moi-même, et je vous emporterai comme un fardeau : je vous abandonnerai, *et je vous rejetterai* loin de ma face, vous et la ville que j'ai donnée à vos pères et à vous.

40 Je vous couvrirai d'un opprobre qui ne finira point, et d'une éternelle ignominie dont la mémoire ne s'effacera jamais.

CHAPITRE XXIV.

LE Seigneur me fit voir *un jour* une vision. Il y avait devant le temple du Seigneur deux paniers pleins de figues. Et ceci arriva depuis que Nabuchodonosor, roi de Babylone, eut transféré Jéchonias, qui était fils de Joakim, roi de Juda, avec ses princes, les architectes et les ingénieurs, et qu'il les eut emmenés de Jérusalem à Babylone.

2 Dans l'un de ces paniers il y avait d'excellentes figues, comme sont d'ordinaire les figues de la première saison ; et dans l'autre il y avait des figues très-méchantes, dont on ne pouvait manger, parce qu'elles ne valaient rien.

3 Alors le Seigneur me dit : Que voyez-vous, Jérémie ? Je lui répondis : Je vois des figues, dont les unes sont bonnes et très-bonnes, et les autres sont méchantes et très-méchantes ; et l'on n'en peut point manger, parce qu'elles ne valent rien.

4 Le Seigneur me parla ensuite, et me dit :

5 Voici ce que dit le Seigneur, le Dieu d'Israël : Comme ces figues que vous voyez sont très-bonnes ; ainsi je traiterai bien ceux que j'ai envoyés hors de ce lieu, et qui ont été transférés de Juda dans le pays des Chaldéens.

6 Je les regarderai d'un œil favorable, et je les ramènerai dans ce pays ; je les édifierai, et je ne les détruirai point ; je les planterai, et je ne les arracherai point.

7 Je leur donnerai un cœur *docile*, afin qu'ils me connaissent, et qu'ils sachent que je suis le Seigneur. Ils seront mon peuple, et je serai leur Dieu, parce qu'ils retourneront à moi de tout leur cœur.

8 Et comme vous voyez ces méchantes figues, dont on ne peut manger, parce qu'elles ne valent rien ; ainsi, dit le Seigneur, j'abandonnerai Sédécias, roi de Juda, ses princes et ceux qui sont restés de Jérusalem qui demeurent dans cette ville, ou qui habitent dans la terre d'Egypte.

9 Je ferai qu'ils seront tourmentés, qu'ils seront affligés en tous les royaumes de la terre, et qu'ils deviendront l'opprobre, le jouet, la fable et la malédiction des hommes dans tous les lieux où je les aurai chassés.

10 J'enverrai contre eux l'épée, la famine et la peste, jusqu'à ce qu'ils soient exterminés de la terre que je leur avais donnée aussi bien qu'à leurs pères.

CHAPITRE XXV.

PAROLE qui fut adressée à Jérémie, touchant tout le peuple de Juda, la quatrième année de Joakim, fils de Josias, roi de Juda, qui est la première année de Nabuchodonosor, roi de Babylone ;

2 et que le prophète Jérémie annonça à tout le peuple de Juda, et à tous les habitants de Jérusalem, en disant :

3 Depuis la treizième année de Josias, fils d'Amon, roi de Juda, jusqu'à ce jour il s'est passé vingt-trois ans, et le Seigneur m'ayant fait entendre sa parole, je vous l'ai annoncée, je me suis empressé de vous parler ; et vous ne m'avez point écouté.

4 Et le Seigneur s'est hâté de vous envoyer tous les prophètes, ses serviteurs ; et vous ne l'avez point écouté, et vous n'avez point soumis vos oreilles pour l'entendre,

5 lorsqu'il vous disait : Que chacun de vous se retire de sa mauvaise voie, et du dérèglement de ses pensées criminelles ; et vous habiterez de siècle en siècle dans la terre que le Seigneur vous a donnée, à vous et à vos pères.

6 Ne courez point après des dieux étrangers pour les servir et les adorer, et n'irritez point ma colère par les œuvres de vos mains, et je ne vous affligerai point.

7 Cependant vous ne m'avez point écouté, dit le Seigneur ; vous m'avez irrité au contraire par les œuvres de vos mains, pour attirer sur vous tous ces maux.

8 C'est pourquoi, voici ce que dit le Seigneur des armées : Parce que vous n'avez point écouté mes paroles,

9 je prendrai tous les peuples de l'Aquilon, dit le Seigneur, je les enverrai avec Nabuchodonosor, roi de Babylone, mon serviteur, et je les ferai venir contre cette terre, contre ses habitants, et contre toutes les nations qui l'environnent ; je les ferai passer au fil de l'épée, je les rendrai l'étonnement et la fable des hommes, et je les réduirai à d'éternelles solitudes.

10 Je ferai cesser parmi eux les cris de joie et les chants de réjouissance, les cantiques de l'époux et les chants de l'épouse, le bruit de la meule et la lumière de la lampe ;

11 et toute cette terre deviendra un désert affreux, qui épouvantera ceux qui le verront, et toutes ces nations seront assujetties au roi de Babylone pendant soixante et dix années.

12 Et lorsque les soixante et dix ans seront finis, je visiterai *dans ma colère* le roi de Babylone et son peuple, dit le Seigneur, pour *punir* leur iniquité ; *je visiterai* la terre des Chaldéens, et je la réduirai à une éternelle solitude.

13 Je vérifierai mes paroles ; je ferai fondre sur cette terre tous les maux que j'ai prédits contre elle, tout ce qui est écrit dans ce livre, et tout ce que Jérémie a prophétisé contre toutes les nations ;

14 parce que quoique ce fussent de grands peuples et de grands rois, ils ont été assujettis aux Chaldéens : et je les traiterai selon leurs mérites et selon les œuvres de leurs mains.

15 Car voici ce que m'a dit le Seigneur des armées, le Dieu d'Israël : Prenez de ma main cette coupe du vin de ma fureur, et vous en ferez boire à tous les peuples vers lesquels je vous enverrai.

16 Ils en boiront, et ils en seront troublés ; et ils sortiront comme hors d'eux-mêmes à la vue de l'épée que j'enverrai contre eux.

17 J'ai reçu la coupe de la main du Seigneur, et j'en ai fait boire à tous les peuples vers lesquels le Seigneur m'a envoyé :

18 à Jérusalem, aux villes de Juda, à ses rois et à ses princes, pour réduire leurs terres en un désert, et pour les rendre l'étonnement, la fable et la malédiction des hommes, comme il paraît aujourd'hui.

19 J'en ai fait boire à Pharaon, roi d'Egypte, à ses serviteurs, à ses princes, et à tout son peuple ;

20 et généralement à tous les rois du pays d'Ausite, à tous les rois des pays des Philistins, d'Ascalon, de Gaza, d'Accaron, et à ce qui reste d'Azot ;

21 à l'Idumée, à Moab, et aux enfants d'Ammon ;

22 à tous les rois de Tyr et à tous les rois de Sidon, et aux rois de la terre des îles qui sont au delà de la mer ;

23 à Dédan, à Théma, à Buz, et à tous ceux qui se font couper les cheveux en rond ;

24 à tous les rois d'Arabie, à tous les rois d'Occident qui habitent dans le désert ;

25 à tous les rois de Zambri, et à tous les rois d'Elam, et à tous les rois des Mèdes ;

26 à tous les rois de l'Aquilon, soit qu'ils soient plus proches ou plus éloignés : j'en ai fait boire à tous ces peuples les uns après les autres ; j'en ai donné à tous les royaumes qui sont sur la face de la terre, et le roi de Sésach en boira après eux.

27 Et vous leur direz encore ceci, *Jérémie :* Voici ce que dit le Seigneur des armées, le Dieu d'Israël : Buvez et enivrez-vous, rejetez ce que vous avez bu, et tombez sans vous relever, à la vue de l'épée que j'enverrai contre vous.

28 S'ils ne veulent pas recevoir de votre main cette coupe que vous leur donnerez à boire, vous leur direz : Voici ce que dit le Seigneur des armées : Vous en boirez certainement :

29 car je vais commencer à affliger les habitants de cette ville même où l'on invoquait mon nom, et vous prétendriez après cela être exempts de châtiment, comme si vous étiez innocents ! Vous ne vous en exempterez point : car je vais envoyer l'épée contre tous les habitants de la terre, dit le Seigneur des armées.

30 Vous leur prophétiserez toutes ces choses, et vous leur direz : Le Seigneur rugira du haut du ciel, et il fera entendre sa voix du lieu de sa demeure sainte. Il rugira comme un lion contre *le lieu même* de sa gloire : et il s'excitera un cri commun contre tous les habitants de la terre, tel qu'en font ceux qui foulent le vin.

31 Le bruit en retentira jusques aux extrémités du monde ; parce que le Seigneur entre en jugement contre les nations : il se rend lui-même juge de tous les hommes. J'ai livré à l'épée les impies, dit le Seigneur.

32 Voici ce que dit le Seigneur des armées : Les maux vont passer d'un peuple à un autre, et une grande tempête sortira des extrémités du monde.

33 Ceux que le Seigneur aura tués ce jour-là, seront étendus sur la terre d'un bout à l'autre : on ne les pleurera point, on ne les relèvera point, on ne les ensevelira point ; mais ils demeureront sur la face de la terre comme du fumier.

34 Hurlez, pasteurs, et criez ; couvrez-vous de cendres, vous qui êtes les chefs de *mon* troupeau : car le temps est accompli où vous devez être tués, où vous serez dispersés, et où vous tomberez par terre comme des vases d'un grand prix *qu'on laisse tomber*.

35 Les pasteurs voudront fuir, et ne le pourront ; les chefs du troupeau chercheront leur salut inutilement.

36 Les cris des pasteurs se mêleront avec les hurlements des principaux du troupeau ; parce que le Seigneur a détruit tous leurs pâturages.

37 Les champs de la paix sont dans un triste silence devant la colère et la fureur du Seigneur.

38 Il a abandonné comme un lion le lieu de sa retraite, et la terre ensuite a été désolée par la colère de la colombe, et par l'indignation et la fureur du Seigneur.

CHAPITRE XXVI.

AU commencement du règne de Joakim, fils de Josias, roi de Juda, le Seigneur me dit ces paroles :

2 Voici ce que dit le Seigneur : Tenez-vous à l'entrée de la maison du Seigneur, et dites à tous les habitants des villes de Juda qui viennent adorer en la maison du Seigneur tout ce que je vous ai ordonné de leur dire ; n'en retranchez pas la moindre parole :

3 pour voir s'ils écouteront, et s'ils se convertiront en quittant leur mauvaise voie, afin que je me repente du mal que j'avais résolu de leur faire, à cause de la malice de leur cœur.

4 Vous leur direz : Voici ce que dit le Seigneur : Si vous ne faites ce que je vous dis en marchant selon la loi que je vous ai donnée,

5 et en écoutant les paroles des prophètes, mes serviteurs, que je vous ai envoyés, que je me suis même empressé de vous envoyer, et que vous n'avez point écoutés *jusqu'à cette heure*,

6 je réduirai cette maison dans le même état où est Silo, et je rendrai cette ville l'exécration de tous les peuples du monde.

7 Les prêtres, les prophètes et tout le peuple entendirent Jérémie qui disait ces paroles en la maison du Seigneur ;

8 et Jérémie ayant dit tout ce que le Seigneur lui avait ordonné de dire à tout le peuple, les prêtres, les prophètes et tout le peuple se saisirent de lui, en disant : Il faut qu'il meure.

9 Pourquoi a-t-il prophétisé au nom du Seigneur en disant : Cette maison sera traitée comme Silo ; et cette ville sera détruite sans qu'il reste personne pour l'habiter ? Alors tout le peuple s'assembla contre Jérémie à la maison du Seigneur ;

10 et les princes de Juda ayant entendu ceci, montèrent de la maison du roi à la maison du Seigneur, et s'assirent a l'entrée de la porte neuve de la maison du Seigneur.

11 Les prêtres et les prophètes parlèrent aux princes et à tout le peuple, en disant : Cet homme mérite la mort ; parce qu'il a prophétisé contre cette ville, comme vous l'avez entendu de vos oreilles.

12 Jérémie dit à tous les princes et à tout le peuple : Le Seigneur m'a envoyé pour parler à cette maison et à cette ville, et pour lui prédire tout ce que vous avez entendu.

13 Redressez donc maintenant vos voies ; rendez plus pures les affections de votre cœur ; et écoutez la parole du Seigneur, votre Dieu, et le Seigneur se repentira du mal qu'il avait résolu de vous faire.

14 Pour moi, je suis entre vos mains, faites de moi ce qu'il vous plaira.

15 Sachez néanmoins et soyez persuadés que si vous me faites mourir, vous répandrez le sang innocent, et vous le ferez retomber sur vous-mêmes, sur cette ville, et sur tous ses habitants ; parce que le Seigneur m'a envoyé véritablement vers vous, pour vous dire tout ce que vous avez entendu.

16 Alors les princes et tout le peuple dirent aux prêtres et aux prophètes : Cet homme n'a point mérité la mort ; parce que c'est au nom du Seigneur, notre Dieu, qu'il nous a parlé.

17 Alors quelques-uns des plus anciens du pays se levèrent, et dirent à toute l'assemblée du peuple :

18 Michée de Morasthi prophétisa au temps d'Ezéchias, roi de Juda ; et il dit à tout le peuple de Juda : Voici ce que dit le Seigneur des armées : Sion se labourera comme un champ ; Jérusalem sera réduite en un monceau de pierres, et cette montagne où est la maison *du Seigneur* deviendra une haute forêt.

19 Fut-il pour cela condamné à mort par Ezéchias, roi de Juda, et par tout le peuple ? Ne craignirent-ils pas au contraire le Seigneur ? N'offrirent-ils pas leurs prières devant le Seigneur ? et il se repentit des maux dont il avait résolu de les affliger. Ainsi nous commettons maintenant un grand crime qui retombera sur nous.

20 Il y avait aussi un homme nommé Urie, fils de Seméi de Cariathiarim, qui prophétisait au nom du Seigneur, et qui avait prédit contre cette ville et contre ce pays toutes les mêmes choses que Jérémie ;

21 et le roi Joakim, tous les princes et les plus puissants de sa cour l'ayant entendu, le roi voulut le faire mourir. Urie le sut, il eut peur, et il s'enfuit, et se retira en Égypte ;

22 et le roi Joakim ayant envoyé Elnathan, fils d'Achobor, et des hommes avec lui, pour le prendre dans l'Égypte,

23 ils en tirèrent Urie, et l'amenèrent au roi Joakim, qui le fit mourir par l'épée, et voulut que son corps fût enseveli sans honneur dans les sépulcres des derniers du peuple.

24 Ahicam, fils de Saphan, soutint donc puissamment Jérémie, et empêcha qu'il ne fût abandonné entre les mains du peuple, et qu'on ne le fît mourir.

CHAPITRE XXVII.

AU commencement du règne de Joakim, fils de Josias, roi de Juda, le Seigneur parla à Jérémie de cette sorte :

2 Voici ce que le Seigneur m'a dit : Faites-vous des liens et des chaînes, et mettez-les à votre cou,

3 et vous les enverrez au roi d'Edom, au roi de Moab, au roi des Ammonites, au roi de Tyr et au roi de Sidon, par les ambassadeurs qui sont venus à Jérusalem vers Sédécias, roi de Juda ;

4 et vous leur ordonnerez de parler ainsi à leurs maîtres : Voici ce que dit le Seigneur des armées, le Dieu d'Israël : Vous direz ceci à vos maîtres :

5 C'est moi qui ai créé la terre, les hommes et les bêtes qui sont sur la face de la terre, par ma grande puissance et par mon bras fort, et j'ai donné la terre à qui il m'a plu.

6 J'ai donc livré maintenant toutes ces terres entre les mains de Nabuchodonosor, roi de Babylone, mon serviteur : je lui ai donné encore les bêtes de la campagne, afin qu'elles lui soient assujetties ;

7 et tous les peuples lui seront soumis, à lui, à son fils, et au fils de son fils, jusqu'à ce que son temps et le temps de son royaume soit venu ; et plusieurs peuples et de grands rois lui seront soumis.

8 Si quelque peuple et quelque royaume ne veut pas se soumettre à Nabuchodonosor, roi de Babylone, ni baisser le cou sous le joug du roi de Babylone, je le visiterai par l'épée, par la famine et par la peste, dit le Seigneur, jusqu'à ce que je les aie consumés par la main de Nabuchodonosor.

9 Vous donc, n'écoutez point vos prophètes, ni vos devins, ni vos inventeurs de songes, ni vos augures, ni vos magiciens, qui vous disent, Vous ne serez point assujettis au roi de Babylone :

10 car ils vous prophétisent le mensonge pour vous envoyer bien loin de votre terre, pour vous en chasser et pour vous faire périr.

11 Quant au peuple qui voudra bien baisser le cou sous le joug du roi de Babylone et lui être soumis, je le laisserai *en paix* dans sa terre, dit le Seigneur ; il la cultivera, et y habitera.

12 J'ai parlé aussi en cette même manière à Sédécias, roi de Juda, en lui disant : Baissez le cou sous le joug du roi de Babylone ; soumettez-vous à lui et à son peuple, et vous vivrez en repos.

13 Pourquoi mourriez-vous, vous et votre peuple, par l'épée, par la famine et par la peste, selon que le Seigneur a dit qu'il arrivera à la nation qui n'aura point voulu se soumettre au roi de Babylone ?

14 N'écoutez point les paroles dès prophètes qui vous disent, Vous ne serez point assujettis au roi de Babylone : car ce qu'ils vous disent n'est que mensonge.

15 Je ne les ai point envoyés, dit le Seigneur ; et ils prophétisent faussement en mon nom pour vous chasser, et pour vous faire périr, vous et vos prophètes qui vous prédisent l'avenir.

16 J'ai aussi parlé aux prêtres, et à ce peuple, en leur disant : Voici ce que dit le Seigneur : N'écoutez point les paroles de vos prophètes, qui vous font des prédictions et qui vous disent, Les vases de la maison du Seigneur seront bientôt rapportés de Babylone : car ils vous prophétisent le mensonge.

17 Ne les écoutez donc point : mais soumettez-vous au roi de Babylone, afin que vous viviez. Pourquoi cette ville serait-elle réduite en un désert ?

18 S'ils sont vraiment prophètes, et si la parole du Seigneur est en eux ; qu'ils s'opposent au Seigneur des armées, afin que les vases qui ont été laissés dans la maison du Seigneur, dans la maison du roi de Juda, dans Jérusalem, ne soient point transférés en Babylone.

19 Car voici ce que dit le Seigneur des armées aux colonnes, à la mer d'airain, aux bases, et aux autres vaisseaux qui sont demeurés en cette ville,

20 que Nabuchodonosor, roi de Babylone, n'emporta point lorsqu'il emmena Jéchonias, fils de Joakim, roi de Juda, à Babylone, et avec lui toutes les personnes les plus considérables de Juda et de Jérusalem :

21 Voici ce que dit le Seigneur des armées, le Dieu d'Israël, aux vases qui ont été laissés dans la maison du Seigneur, et dans la maison du roi de Juda et de Jérusalem :

22 Ils seront transportés à Babylone, et ils y demeureront jusqu'au jour où je les visiterai, dit le Seigneur, et où je les ferai rapporter et remettre en leur premier lieu.

CHAPITRE XXVIII.

LA même année, au commencement du règne de Sédécias, roi de Juda, au cinquième mois de la quatrième année *de son règne*, Hananias, fils d'Azur, prophète de Gabaon, me dit dans la maison du Seigneur, en présence des prêtres et de tout le peuple :

2 Voici ce que dit le Seigneur des armées, le Dieu d'Israël : J'ai brisé le joug du roi de Babylone.

3 Il se passera encore deux ans, et après cela je ferai rapporter en ce lieu tous les vases de la maison du Seigneur, que Nabuchodonosor, roi de Babylone, a emportés de ce lieu, et qu'il a transférés à Babylone.

4 Et je ferai revenir en ce même lieu, dit le Seigneur, Jéchonias, fils de Joakim, roi de Juda, et tous les captifs qu'on a emmenés de Juda en Babylone. Car je briserai le joug du roi de Babylone.

5 Le prophète Jérémie répondit au prophète Hananias devant les prêtres et devant tout le peuple qui était en la maison du Seigneur,

6 et le prophète Jérémie lui dit : Ainsi soit-il : que le Seigneur daigne faire ce que vous venez de dire ! Que le Seigneur vérifie les paroles que vous venez de prophétiser, afin que les vases *sacrés* soient rapportés en la maison du Seigneur, et que tous les captifs qui ont été transférés en Babylone, reviennent en ce lieu !

7 Mais néanmoins écoutez ce que je vais dire devant vous, et en présence de tout le peuple :

8 Les prophètes qui ont été dès le commencement, avant moi et avant vous, ont prédit à plusieurs provinces et à de grands royaumes les guerres, les désolations et la famine.

9 Si donc un prophète prédit la paix, lorsque sa prédiction sera accomplie, on reconnaîtra si c'est le Seigneur qui l'a véritablement envoyé.

10 Alors le prophète Hananias ôta la chaîne du cou du prophète Jérémie, et la rompit ;

11 et il dit devant tout le peuple : Voici ce que dit le Seigneur : C'est ainsi que dans deux ans je briserai le joug de Nabuchodonosor, roi de Babylone, *et que je l'ôterai* de dessus le cou de tous les peuples.

12 Et le prophète Jérémie reprit son chemin et s'en alla. Mais après que le prophète Hananias eut rompu la chaîne du cou du prophète Jérémie, le Seigneur parla à Jérémie, et lui dit :

13 Vous direz à Hananias : Voici ce que dit le Seigneur : Vous avez brisé des chaînes de bois : mais *par là* vous vous en ferez d'autres qui seront de fer.

14 Car voici ce que dit le Seigneur des armées, le Dieu d'Israël : J'ai mis un joug de fer sur le cou de tous ces peuples, afin qu'ils soient assujettis à Nabuchodonosor, roi de Babylone, et ils lui seront assujettis, et je lui ai abandonné même les bêtes de la campagne.

15 Et le prophète Jérémie dit au prophète Hananias : Hananias, écoutez-moi : Le Seigneur ne vous a point envoyé, et vous avez fait que ce peuple a mis sa confiance dans le mensonge.

16 C'est pourquoi, voici ce que dit le Seigneur : Je vous exterminerai de dessus la terre, et vous mourrez cette année même ; parce que vous avez parlé contre le Seigneur.

17 Et le prophète Hananias mourut cette année-là au septième mois.

CHAPITRE XXIX.

VOICI les paroles de la lettre que le prophète Jérémie envoya de Jérusalem à ce qui restait d'anciens parmi les captifs, aux prêtres, aux prophètes et à tout le peuple que Nabuchodonosor avait transférés de Jérusalem en Babylone,

2 après que le roi Jéchonias, la reine, les eunuques, les princes de Juda et de Jérusalem, les architectes et les ingénieurs eurent été transférés de Jérusalem,

3 par Elasa, fils de Saphan, et Gamarias, fils de Helcias, qui furent envoyés à Babylone par Sédécias, roi de Juda, vers Nabuchodonosor, roi de Babylone : *elle était conçue* en ces termes :

4 Voici ce que dit le Seigneur des armées, le Dieu d'Israël, à tous les captifs que j'ai transférés de Jérusalem à Babylone :

5 Bâtissez des maisons, et habitez-les ; plantez des jardins, et nourrissez-vous de leurs fruits.

6 Prenez des femmes, et ayez-en des fils et des filles : donnez des femmes à vos fils et des maris à vos filles, afin qu'il en naisse des fils et des filles, et que votre race se multiplie au lieu où vous êtes, et ne laissez pas diminuer votre nombre.

7 Recherchez la paix de la ville à laquelle je vous ai transférés, et priez le Seigneur pour elle ; parce que votre paix se trouve dans la sienne.

8 Car voici ce que dit le Seigneur des armées, le Dieu d'Israël : Ne vous laissez point séduire par vos prophètes qui sont au milieu de vous, ni par vos devins ; et n'ayez point d'égard aux songes que vous avez songés ;

9 parce qu'ils vous prophétisent faussement en mon nom ; ce n'est point moi qui les ai envoyés, dit le Seigneur.

10 Car voici ce que dit le Seigneur : Lorsque soixante et dix ans se seront passés à Babylone, je vous visiterai, et je vérifierai les paroles favorables que je vous ai données, en vous faisant revenir en cette terre.

11 Car je sais les pensées que j'ai sur vous, dit le Seigneur, qui sont des pensées de paix et non d'affliction, pour vous donner la patience dans vos maux, et pour les finir *au temps que j'ai marqué*.

12 Vous m'invoquerez, et vous retournerez ; vous me prierez, et je vous exaucerai.

13 Vous me chercherez, et vous me trouverez, lorsque vous me chercherez de tout votre cœur.

14 C'est alors que vous me trouverez, dit le Seigneur ; et je ramènerai vos captifs, et je vous rassemblerai du milieu de tous les peuples et de tous les lieux vers lesquels je vous avais chassés, dit le Seigneur, et je vous ferai revenir de ce même lieu où je vous avais fait transporter.

15 Cependant vous avez dit : Le Seigneur nous a suscité des prophètes à Babylone.

16 Car voici ce que dit le Seigneur au roi qui est assis sur le trône de David, et à tout le peuple qui habite dans cette ville, à vos frères qui ne sont point sortis comme vous hors de leur pays :

17 Voici ce que dit le Seigneur des armées : J'enverrai contre eux l'épée, la famine et la peste, et je les rendrai comme de mauvaises figues dont on ne peut manger, parce qu'elles ne valent rien.

18 Je les poursuivrai avec l'épée, la famine et la peste ; je les ferai tourmenter dans tous les royaumes de la terre ; je les rendrai la malédiction et l'étonnement, l'objet des insultes et des opprobres de tous les peuples vers lesquels je les aurai chassés ;

19 parce qu'ils n'ont point écouté, dit le Seigneur, mes paroles que je leur avais fait annoncer par les prophètes, mes serviteurs,

que je leur ai envoyés avec empressement : et cependant vous ne m'avez point écouté, dit le Seigneur.

20 Ecoutez donc la parole du Seigneur, vous tous qui êtes sortis de votre pays, que j'ai envoyés de Jérusalem à Babylone.

21 Voici ce que dit le Seigneur des armées, le Dieu d'Israël, à Achab, fils de Colias, et à Sédécias, fils de Maasias, qui vous prophétisent faussement en mon nom : Je les livrerai entre les mains de Nabuchodonosor, roi de Babylone, et il les fera mourir devant vos yeux.

22 Et tous ceux qui ont été transférés de Juda à Babylone, se serviront de leur nom lorsqu'ils voudront maudire quelqu'un, en disant, Que le Seigneur vous traite comme il traita Sédécias et Achab, que le roi de Babylone fit brûler dans une poêle *ardente !*

23 parce qu'ils ont agi follement dans Israël, qu'ils ont corrompu les femmes de leurs amis, et qu'ils ont parlé faussement en mon nom, en disant ce que je ne leur avais point ordonné de dire. C'est moi-même qui suis le juge et le témoin, dit le Seigneur.

24 *Et dans la suite le Seigneur ajouta :* Vous direz à Seméias, Néhélamite :

25 Voici ce que dit le Seigneur des armées, le Dieu d'Israël : Parce que vous avez envoyé en mon nom des lettres à tout le peuple qui est dans Jérusalem, et à Sophonias, fils de Maasias, prêtre, et à tous les prêtres, en disant :

26 Le Seigneur vous a établi pontife comme il établit le pontife Joïada, afin que vous soyez chef dans la maison du Seigneur, et que prenant autorité sur tout homme qui prophétise par une fureur prophétique, vous le fassiez mettre dans les fers et dans la prison.

27 Pourquoi n'avez-vous donc point repris maintenant Jérémie d'Anathoth, qui vous prophétise,

28 et qui a envoyé des lettres à Babylone en disant : Vous ne reviendrez de longtemps : ainsi bâtissez des maisons, et demeurez-y ; plantez des jardins, et mangez-en le fruit.

29 Sophonie lut donc cette lettre devant le prophète Jérémie.

30 Et en même temps le Seigneur fit entendre sa parole à Jérémie, et lui dit :

31 Ecrivez ceci à tous ceux qui ont été transférés en Babylone : Voici ce que dit le Seigneur à Seméias, Néhélamite : Parce que Seméias vous a prophétisé, quoique je ne l'eusse point envoyé vers vous, et qu'il vous a fait mettre votre confiance dans le mensonge ;

32 voici ce que dit le Seigneur : Je visiterai *dans ma colère* Seméias, Néhélamite, et sa postérité : aucun de ses descendants ne sera assis au milieu du peuple, et il ne verra point le bien que je dois faire à mon peuple, dit le Seigneur ; parce qu'il a dit des paroles criminelles contre le Seigneur.

CHAPITRE XXX.

LE Seigneur parlant à Jérémie, lui dit :

2 Voici ce que dit le Seigneur, le Dieu d'Israël : Ecrivez dans un livre toutes les paroles que je vous ai dites :

3 Car le temps vient, dit le Seigneur, que je ferai revenir les captifs de mon peuple d'Israël et de Juda, dit le Seigneur, que je les ferai, *dis-je,* revenir à la terre que j'ai donnée à leurs pères, et ils la posséderont *de nouveau.*

4 Voici les paroles que le Seigneur a dites à Israël et à Juda :

5 Voici ce que dit le Seigneur : Un bruit terrible a frappé notre oreille, l'épouvante est partout, et il n'y a point de paix.

6 Demandez, et voyez si ce sont les hommes qui enfantent : Pourquoi donc vois-je maintenant les hommes qui tiennent leurs mains sur leurs reins comme une femme qui est dans les douleurs de l'enfantement ? et pourquoi leurs visages sont-ils tout jaunes *et défigurés ?*

7 Hélas ! que ce sera là un grand jour ! Il n'y en aura point eu de semblable. Ce sera un temps d'affliction pour Jacob ; et néanmoins il en sera délivré.

8 Car en ce temps-là, dit le Seigneur des armées, je vous ôterai du cou le joug de vos ennemis, et je le briserai ; je romprai vos chaînes, et les étrangers ne vous domineront plus.

9 Mais *ceux qui seront alors* serviront le Seigneur leur Dieu, et David, leur Roi, que je leur susciterai.

10 Ne craignez donc point, vous, ô Jacob, mon serviteur ! dit le Seigneur, n'ayez point de peur, ô Israël ! Car je vous délivrerai de ce pays si éloigné où vous êtes, et je tirerai vos enfants de la terre où ils sont captifs. Jacob reviendra, il jouira du repos, et il sera dans l'abondance de toutes sortes de biens, sans qu'il lui reste plus d'ennemi à craindre.

11 Car je suis avec vous pour vous sauver, dit le Seigneur : j'exterminerai tous les peuples parmi lesquels je vous ai dispersés ; et pour vous, je ne vous perdrai pas entièrement ; mais je vous châtierai selon ma justice, afin que vous ne vous croyiez pas innocent.

12 Car voici ce que dit le Seigneur : Votre blessure est incurable, votre plaie est très-maligne.

13 Il n'y a personne qui juge comme il faut de la manière dont elle doit être bandée ; tous les remèdes qu'on emploie pour vous guérir sont inutiles.

14 Tous ceux qui vous aimaient vous ont oubliée, et ils ne vont plus vous chercher. Car je vous ai frappée en ennemi, je vous ai châtiée cruellement, à cause de la multitude de vos iniquités, et de votre endurcissement dans le péché.

15 Pourquoi criez-vous de vous voir brisée de coups ? Notre douleur est incurable. C'est à cause de la multitude de vos iniquités, et de votre endurcissement dans le péché, que je vous ai traitée de la sorte.

16 Mais un jour tous ceux qui vous dévorent seront dévorés, tous vos ennemis seront emmenés captifs ; ceux qui vous détruisent seront détruits, et j'abandonnerai au pillage tous ceux qui vous pillent.

17 Car je refermerai la cicatrice de votre plaie, et je vous guérirai de vos blessures, dit le Seigneur. Ils vous ont appelée, ô Sion ! la répudiée. C'est là, *disent-ils,* cette Sion, qui n'a plus personne qui la recherche.

18 Voici ce que dit le Seigneur : Je ferai revenir les captifs qui habitaient dans les tentes de Jacob ; j'aurai compassion de ses maisons ; la ville sera rebâtie sur sa montagne, et le temple sera fondé de nouveau comme il était auparavant.

19 Les louanges sortiront de leur bouche, et les chants de joie. Je les multiplierai, et leur nombre ne diminuera point ; je les mettrai en honneur, et ils ne tomberont plus dans l'abaissement.

20 Leurs enfants seront comme ils ont été dès le commencement, leur assemblée demeurera ferme devant moi, et je visiterai *dans ma colère* tous ceux qui les persécutent.

21 Il sortira de Jacob un Chef qui le conduira, un Prince naîtra du milieu de lui. Je ferai approcher, et il s'approchera de moi. Car qui est celui qui puisse appliquer son cœur pour s'approcher de moi ? dit le Seigneur.

22 Vous serez mon peuple, et je serai votre Dieu.

23 Le tourbillon du Seigneur, sa fureur impétueuse, sa tempête toute prête à fondre, va se reposer sur la tête des impies.

24 Le Seigneur ne détournera point sa colère et son indignation jusqu'à ce qu'il ait exécuté et qu'il ait accompli toutes les pensées de son cœur ; et vous les comprendrez dans le dernier jour.

CHAPITRE XXXI.

EN ce temps-là, dit le Seigneur, je serai le Dieu de toutes les familles d'Israël, et ils seront mon peuple.

2 Voici ce que dit le Seigneur : Mon peuple qui était échappé à l'épée, a trouvé grâce dans le désert ; Israël ira à son repos.

3 Il y a longtemps que le Seigneur s'est fait voir à moi. Je vous ai aimée d'un amour éternel. C'est pourquoi je vous ai attirée *à moi* par la compassion *que j'ai eue de vous.*

4 Je vous édifierai encore, et vous serez édifiée de nouveau, vierge d'Israël. Nous paraîtrez encore en pompe au son de vos tambours, et vous marcherez au milieu des joueurs d'instruments.

5 Vous planterez encore des vignes sur les montagnes de Samarie ; et ceux qui les planteront n'en recueilleront point le fruit jusqu'à ce que ce temps en soit venu.

6 Car il viendra un jour que les gardes crieront sur la montagne d'Ephraïm : Levez-vous : montons en Sion en la maison du Seigneur, notre Dieu.

7 Car voici ce que dit le Seigneur : Jacob, tressaillez de joie, faites retentir des cris d'allégresse à la tête des nations ; faites grand bruit ; chantez des cantiques, et dites : Seigneur ! sauvez votre peuple, sauvez les restes d'Israël.

8 Je les ramènerai de la terre d'Aquilon, je les rassemblerai des extrémités du monde. L'aveugle et le boiteux, la femme grosse et la femme qui enfante, seront parmi eux mêlés ensemble, et reviendront ici en grande foule.

9 Ils reviendront en pleurant *de joie*, et je les ramènerai dans ma miséricorde ; je les ferai passer au travers des torrents d'eau par un chemin droit, où ils ne feront aucun faux pas ; parce que je suis devenu le Père d'Israël, et qu'Ephraïm est mon premier-né.

10 Nations, écoutez la parole du Seigneur : annoncez ceci aux îles les plus reculées, et dites-leur : Celui qui a dispersé Israël, le rassemblera, et il le gardera comme un pasteur garde son troupeau.

11 Car le Seigneur a racheté Jacob, et il l'a délivré de la main d'un ennemi plus puissant que lui.

12 Ils viendront, et ils loueront *Dieu* sur la montagne de Sion ; ils accourront en foule pour jouir des biens du Seigneur, du froment, du vin, de l'huile, et du fruit des brebis et des bœufs : leur âme deviendra comme un jardin qui est toujours arrosé d'eaux, et ils ne souffriront plus de faim.

13 Alors les vierges se réjouiront au chant des instruments de musique, et les jeunes hommes mêlés avec les vieillards ; je changerai leurs pleurs en *des chants de* réjouissance ; je les consolerai, et après leur douleur, je les remplirai de joie.

14 J'enivrerai et j'engraisserai l'âme des prêtres, et mon peuple sera tout rempli de mes biens, dit le Seigneur.

15 Voici ce que dit le Seigneur : Un grand bruit s'est élevé en haut, on y a entendu des cris mêlés de plaintes et de soupirs de Rachel qui pleure ses enfants, et qui ne peut se consoler de leur perte.

16 Voici ce que dit le Seigneur : Que votre bouche étouffe ses plaintes, et que vos yeux cessent de verser des larmes, parce que vos œuvres auront leur récompense, dit le Seigneur, et que *vos enfants* retourneront de la terre de vos ennemis.

17 Vos espérances enfin seront accomplies, dit le Seigneur, et vos enfants retourneront en leur pays.

18 J'ai entendu la voix d'Ephraïm transféré *dans une terre étrangère*. Vous m'avez châtié, *disait-il,* et j'ai été instruit par mes maux comme un jeune taureau qui est indompté. Convertissez-moi, et je me convertirai à vous, parce que vous êtes le Seigneur, mon Dieu.

19 Car après que vous m'avez converti, j'ai fait pénitence, et après que vous m'avez ouvert les yeux, j'ai frappé ma cuisse *dans ma douleur*. J'ai été confus et j'ai rougi de honte, parce que l'opprobre de ma jeunesse est tombé sur moi.

20 Ephraïm n'est-il pas mon fils que j'ai honoré, et un enfant que j'ai élevé avec tendresse ? Ainsi, quoique j'aie parlé contre lui auparavant, je me souviendrai néanmoins encore de lui. C'est pourquoi mes entrailles sont émues de l'état où il est ; j'aurai pitié de lui, et je lui ferai miséricorde, dit le Seigneur.

21 Faites-vous un lieu où vous demeuriez en sentinelle ; abandonnez-vous à l'amertume ; redressez votre cœur, et remettez-le dans la voie droite dans laquelle vous avez marché ; retournez, vierge d'Israël, retournez à ces mêmes villes où vous habitiez.

22 Jusques à quand serez-vous dans la dissolution et dans les délices, fille vagabonde ? Car le Seigneur a créé sur la terre un nouveau *prodige*, une femme environnera un homme.

23 Voici ce que dit le Seigneur des armées, le Dieu d'Israël : Ils diront encore cette parole dans la terre de Juda et dans ses villes, lorsque j'aurai fait revenir leurs captifs : Que le Seigneur vous bénisse, *Jérusalem, qui êtes* la beauté de la justice, et la montagne sainte.

24 Juda habitera dans ce lieu et toutes ses villes avec lui, les laboureurs, et ceux qui conduisent les troupeaux, *y demeureront.*

25 Car j'ai enivré l'âme qui était toute languissante *de soif*, et j'ai rassasié celle qui souffrait la faim.

26 Sur cela je me suis comme réveillé de mon sommeil ; j'ai ouvert les yeux, et mon sommeil m'a été doux.

27 Le temps vient, dit le Seigneur, où je sèmerai la maison d'Israël et la maison de Juda, et je les peuplerai d'hommes et de bêtes.

28 Comme je me suis appliqué à les arracher, à les détruire, à les dissiper, à les perdre et à les affliger ; ainsi je m'appliquerai à les édifier et à les planter, dit le Seigneur.

29 En ce temps-là on ne dira plus : Les pères ont mangé des raisins verts, et les dents des enfants en ont été agacées.

30 Mais chacun mourra dans son iniquité, et si quelqu'un mange des raisins verts, il en aura *lui seul* les dents agacées.

31 Le temps vient, dit le Seigneur, où je ferai une nouvelle alliance avec la maison d'Israël, et avec la maison de Juda ;

32 non selon l'alliance que je fis avec leurs pères au jour où je les pris par la main pour les faire sortir de l'Egypte, parce qu'ils ont violé cette alliance : c'est pourquoi je leur ai fait sentir mon pouvoir, dit le Seigneur.

33 Mais voici l'alliance que je ferai avec la maison d'Israël après que ce temps-là sera venu, dit le Seigneur : J'imprimerai ma loi dans leurs entrailles, et je l'écrirai dans leur cœur ; et je serai leur Dieu, et ils seront mon peuple ;

34 et chacun d'eux n'aura plus besoin d'enseigner son prochain et son frère, en disant, Connaissez le Seigneur ; parce que tous me connaîtront depuis le plus petit jusqu'au plus grand, dit le Seigneur : car je leur pardonnerai leur iniquité, et je ne me souviendrai plus de leurs péchés.

35 Voici ce que dit le Seigneur qui fait lever le soleil pour être la lumière du jour, et qui règle le cours de la lune et des étoiles pour être la lumière de la nuit ; qui agite la mer et qui fait retentir le bruit de ses flots : son nom est le Seigneur des armées.

36 Si ces lois *de l'ordre du monde* peuvent cesser devant moi, dit le Seigneur, alors la race d'Israël cessera d'être mon peuple pour toujours.

37 Voici ce que dit le Seigneur : Si l'on peut mesurer le haut des cieux et sonder la terre jusqu'au plus profond de ses fondements, alors j'abandonnerai toute la race d'Israël, à cause de tout ce qu'ils ont fait contre moi, dit le Seigneur.

38 Le temps vient, dit le Seigneur, où cette ville sera rebâtie pour le Seigneur, depuis la tour d'Hananéel jusqu'à la porte de l'angle,

39 et le cordeau sera porté encore plus loin à sa vue jusque sur la colline de Gareb, et tournera autour de Goatha,

40 et de toute la vallée des corps morts, et des cendres, et de toute la région de mort jusqu'au torrent de Cédron, et jusqu'à l'angle de la porte des chevaux, qui regarde l'orient : *le lieu sera* saint au Seigneur, on n'en renversera plus les fondements, et il ne sera jamais détruit.

CHAPITRE XXXII.

VOICI ce que dit le Seigneur à Jérémie la dixième année de Sédécias, roi de Juda, qui est la dix-huitième année de Nabuchodonosor.

2 Alors l'armée du roi de Babylone assiégeait Jérusalem ; et le prophète Jérémie était enfermé dans le vestibule de la prison qui était dans la maison du roi de Juda.

3 Car Sédécias, roi de Juda, l'avait fait mettre en prison, en disant : Pourquoi nous dites-vous dans vos prophéties : Voici ce que dit le Seigneur : Je livrerai cette ville entre les mains du roi de Babylone, et il la prendra ;

4 et Sédécias, roi de Juda, ne pourra échapper de la main des Chaldéens, mais il sera livré entre les mains du roi de Babylone. Sa bouche parlera à sa bouche, et ses yeux verront ses yeux ;

5 et Sédécias sera mené à Babylone, où il demeurera jusqu'à ce que je le visite, dit le Seigneur. Si vous entreprenez de combattre contre les Chaldéens, vous n'en aurez aucun bon succès.

6 Et Jérémie ajouta : Le Seigneur m'a parlé et m'a dit :

7 Hanaméel, votre cousin germain, fils de Sellum, vient vous trouver pour vous dire : Achetez mon champ qui est à Anathoth ; parce que c'est vous qui avez droit de l'acheter comme étant le plus proche parent.

8 Et Hanaméel, fils de mon oncle, vint effectivement me trouver dans le vestibule de la prison, selon la parole du Seigneur, et me dit : Achetez mon champ qui est à Anathoth en la terre de Benjamin : car cet héritage vous appartient, et c'est vous qui avez droit de l'acheter comme étant le plus proche parent. Or je compris que ceci se faisait par un ordre du Seigneur.

9 J'achetai donc d'Hanaméel, fils de mon oncle, le champ qui est à Anathoth, et je lui en donnai l'argent au poids, sept sicles, et dix pièces d'argent.

10 J'en écrivis le contrat, le cachetai en présence de témoins, et lui pesai son argent dans la balance.

11 Et je pris le contrat de l'acquisition cacheté avec ses clauses selon les ordonnances de la loi, et les sceaux qu'on avait mis au dehors ;

12 et je donnai ce contrat d'acquisition à Baruch, fils de Néri, fils de Maasias, en présence d'Hanaméel, mon cousin germain, et des témoins dont les noms étaient écrits dans le contrat d'acquisition, et aux yeux de tous les Juifs qui étaient assis dans le vestibule de la prison.

13 Et je donnai cet ordre à Baruch devant tout le monde, et je lui dis :

14 Voici ce que dit le Seigneur des armées, le Dieu d'Israël : Prenez ces contrats, ce contrat d'acquisition qui est cacheté, et cet autre qui est ouvert, et mettez-les dans un pot de terre, afin qu'ils puissent se conserver longtemps.

15 Car voici ce que dit le Seigneur des armées, le Dieu d'Israël : On achètera encore des maisons, des champs, et des vignes en cette terre.

16 Et après avoir donné le contrat d'acquisition à Baruch, fils de Néri, je priai le Seigneur, en disant :

17 Hélas ! hélas ! hélas ! Seigneur Dieu ! c'est vous qui avez fait le ciel et la terre par votre grande puissance et par la force invincible de votre bras. Rien ne peut vous être difficile.

18 C'est vous qui faites miséricorde dans la suite de mille générations, et qui rendez l'iniquité des pères dans le sein des enfants qui leur succèdent : c'est vous qui êtes le Fort, le Grand, le Puissant ; votre nom est le Seigneur des armées.

19 Vous êtes grand dans vos conseils, et incompréhensible dans vos pensées. Vos yeux sont ouverts sur toutes les voies des enfants d'Adam, pour rendre à chacun selon sa conduite et selon le fruit de ses œuvres *et* de ses pensées.

20 C'est vous qui avez fait jusqu'à ce jour des signes et des prodiges dans l'Egypte, dans Israël, et parmi *tous* les hommes ; et qui avez rendu votre nom aussi grand qu'il est aujourd'hui.

21 C'est vous qui avez tiré Israël, votre peuple, de l'Egypte par des miracles et des prodiges, avec une main forte et un bras étendu, et dans la terreur de vos jugements.

22 Vous leur avez donné cette terre selon que vous aviez juré à leurs pères de leur donner une terre où couleraient des ruisseaux de lait et de miel.

23 Ils y sont entrés, ils l'ont possédée, et ils n'ont point obéi à votre voix ; ils n'ont point marché dans votre loi, ils n'ont point fait toutes les choses que vous leur aviez commandées ; et tous ces maux ensuite sont tombés sur eux.

24 Et maintenant la ville est toute environnée des travaux qui ont été élevés contre elle pour la prendre : elle a été livrée entre les mains des Chaldéens qui l'assiègent, étant abandonnée à l'épée, à la famine et à la peste ; et tout ce que vous *lui* avez prédit *lui* est arrivé, comme vous le voyez vous-même.

25 Et après cela, Seigneur Dieu ! vous me dites, Achetez un champ avec de l'argent en présence de témoins ; quoique cette ville ait été livrée entre les mains des Chaldéens.

26 Alors le Seigneur parla à Jérémie, et lui dit :

27 C'est moi qui suis le Seigneur, le Dieu de toute chair : y a-t-il rien qui me soit difficile ?

28 C'est pourquoi, voici ce que dit le Seigneur : Je vais abandonner cette ville entre les mains des Chaldéens, entre les mains de *Nabuchodonosor*, roi de Babylone : ils la prendront,

29 et les Chaldéens viendront attaquer cette ville, ils y mettront le feu, et la brûleront, et ils réduiront en cendres ces maisons, sur le haut desquelles on sacrifiait à Baal, et on faisait des oblations à des dieux étrangers pour m'irriter.

30 Car les enfants d'Israël et les enfants de Juda dès leur jeunesse commettaient sans cesse le mal devant mes yeux, les enfants d'Israël, *dis-je,* qui jusqu'aujourd'hui ne cessent point de m'irriter par les œuvres de leurs mains, dit le Seigneur.

31 Cette ville est devenue l'objet de ma fureur et de mon indignation, depuis le jour où elle a été bâtie jusqu'au jour où je l'exterminerai de devant ma face,

32 à cause des maux que les enfants d'Israël et les enfants de Juda ont commis pour m'irriter, eux et leurs rois, leurs princes, leurs prêtres et leurs prophètes, les habitants de Juda et de Jérusalem.

33 Ils m'ont tourné le dos et non le visage, lorsque je prenais un grand soin de les instruire et de les corriger ; et ils n'ont voulu ni m'écouter, ni recevoir le châtiment.

34 Ils ont mis des idoles dans la maison où mon nom a été invoqué, pour la profaner.

35 Ils ont bâti à Baal des autels qui sont dans la vallée du fils d'Ennom, pour sacrifier à Moloch leurs fils et leurs filles ; quoique je ne le leur eusse point commandé, et qu'il ne me soit jamais venu dans l'esprit de les pousser à commettre cette abomination, et à porter ainsi Juda au péché.

36 Après cela néanmoins, voici ce que dit le Seigneur, le Dieu d'Israël, à cette ville que vous dites qui sera livrée entre les mains du roi de Babylone, et abandonnée à l'épée, à la famine et a la peste :

37 Je rassemblerai ses habitants de tous les pays où je les aurai chassés dans l'effusion de ma fureur, de ma colère et de mon indignation ; je les ramènerai en ce lieu, et je les y ferai demeurer dans une entière sûreté.

38 Ils seront mon peuple, et je serai leur Dieu.

39 Je leur donnerai à tous un même cœur, et je les ferai marcher dans la même voie, afin qu'ils me craignent tous les jours de leur vie, et qu'ils soient heureux, eux et leurs enfants.

40 Je ferai avec eux une alliance éternelle, je ne cesserai point de les combler de mes bienfaits, et j'imprimerai ma crainte dans leur cœur, afin qu'ils ne se retirent point de moi.

41 Je trouverai ma joie dans eux, lorsque je leur aurai fait du bien : je les établirai en cette terre dans la vérité, avec toute l'effusion de mon cœur et de mon âme.

42 Car voici ce que dit le Seigneur : Comme j'ai affligé ce peuple par tous ces grands maux, je les comblerai de même de tous les biens que je leur promets maintenant ;

43 et l'on possédera de nouveau des champs dans cette terre dont vous dites qu'elle est toute déserte, n'y étant demeuré ni homme, ni bête, parce qu'elle a été livrée entre les mains des Chaldéens.

44 On y achètera des champs, on en écrira les contrats, et on y mettra le sceau en présence de témoins ; dans la terre de Benjamin, et aux environs de Jérusalem, dans les villes de Juda, et dans les villes qui sont sur les montagnes, dans les villes qui sont dans la plaine, et dans les villes qui sont vers le midi ; parce que je ferai revenir leurs captifs, dit le Seigneur.

CHAPITRE XXXIII.

LE Seigneur parla une seconde fois à Jérémie, lorsqu'il était encore enfermé dans le vestibule de la prison, et il lui dit :

2 Voici ce que dit le Seigneur, qui fera *un jour* ce qu'il a dit, qui le dispose et le prépare par avance : son nom est le Seigneur :

3 Criez vers moi, et je vous exaucerai, et je vous annoncerai des choses grandes et certaines que vous ne savez pas.

4 Car voici ce que dit le Seigneur, le Dieu d'Israël, aux maisons de cette ville, aux maisons du roi de Juda qui ont été détruites, aux fortifications, et à l'épée

5 de ceux qui viennent combattre contre les Chaldéens, pour remplir cette ville de corps morts, *des corps* de ceux que j'ai frappés dans ma fureur et dans mon indignation, ayant détourné mon visage de cette ville, à cause de toutes les méchancetés de ses habitants :

6 Je refermerai leurs plaies : je les guérirai ; je les ferai jouir de la paix qu'ils me demandent, et de la vérité *de mes promesses*.

7 Je ferai revenir les captifs de Juda et les captifs de Jérusalem, et je les rétablirai comme ils étaient au commencement.

8 Je les purifierai de toutes les iniquités qu'ils ont commises contre moi, et je leur pardonnerai tous les péchés par lesquels ils m'ont offensé et m'ont méprisé.

9 Toutes les nations de la terre qui entendront parler de tous les biens que je leur aurai faits, en relèveront mon nom avec joie, et m'en loueront avec des cris de réjouissance ; ils seront effrayés et épouvantés de toutes les grâces que je leur ferai, et de l'abondance de la paix dont je les comblerai.

10 Voici ce que dit le Seigneur : Dans ce lieu que vous dites être désert, parce qu'il n'y a plus ni homme ni bête, dans les villes de Juda, dans les environs de Jérusalem, qui sont désolés, sans hommes, sans habitants et sans troupeaux ;

11 on y entendra encore des cris de joie et des chants de réjouissance, des cantiques de l'époux et de l'épouse mêlés aux voix de ceux qui diront, Bénissez le Seigneur des armées, parce que le Seigneur est bon, parce que sa miséricorde est éternelle ; et la voix de ceux qui porteront leurs oblations dans la maison du Seigneur : parce que je ferai revenir tous les captifs de cette terre, *et je les rétablirai* comme ils étaient dès le commencement, dit le Seigneur.

12 Voici ce que dit le Seigneur des armées : Dans ce lieu qui est désert, sans hommes et sans animaux, et dans toutes ses villes il y aura encore des cabanes de pasteurs qui y feront reposer leurs troupeaux.

13 Dans les villes qui sont sur les montagnes, dans les villes qui sont dans la plaine, dans les villes qui sont vers le midi, dans la terre de Benjamin, dans les environs de Jérusalem, et dans les villes de Juda, les troupeaux passeront encore par les mains de ceux qui les comptent, dit le Seigneur.

14 Le temps vient, dit le Seigneur, où j'accomplirai les paroles favorables que j'ai données à la maison d'Israël et à la maison de Juda.

15 En ces jours-là et en ce temps-là, je ferai sortir de David un germe de justice ; et il agira selon l'équité, et *rendra* la justice sur la terre.

16 En ces jours-là Juda sera sauvé, et Jérusalem habitera dans une entière assurance ; et voici le nom qu'ils lui donneront : Le Seigneur qui est notre Juste.

17 Voici ce que dit le Seigneur : On ne verra point la tige de David manquer d'un homme qui soit assis sur le trône de la maison d'Israël ;

18 et on ne verra point la race des prêtres et des Lévites manquer d'un homme qui offre des holocaustes en ma présence, qui allume le feu de mon sacrifice, et qui égorge des victimes devant moi dans tous les temps.

19 Le Seigneur parla encore à Jérémie, et lui dit :

20 Voici ce que dit le Seigneur : Si l'on peut rompre l'alliance que j'ai faite avec le jour, et l'alliance que j'ai faite avec la nuit, pour empêcher que le jour et la nuit ne paraissent chacun en son temps ;

21 on pourra rompre aussi l'alliance que j'ai faite avec mon serviteur David, et empêcher qu'il ne naisse de lui un fils qui règne sur son trône, et que les Lévites et les prêtres ne soient mes ministres.

22 Comme on ne peut compter les étoiles, ni mesurer le sable de la mer ; ainsi je multiplierai la race de mon serviteur David, et les Lévites qui sont mes ministres.

23 Le Seigneur parla encore à Jérémie, et lui dit :

24 N'avez-vous point vu de quelle manière parle ce peuple lorsqu'il dit : Les deux races que le Seigneur avait choisies ont été rejetées ? Ainsi ils méprisent mon peuple, et ne le considèrent plus comme formant encore une nation.

25 Voici ce que dit le Seigneur : Si l'alliance que j'ai faite avec le jour et avec la nuit n'est pas ferme, et si les lois que j'ai données au ciel et à la terre ne sont pas stables ;

26 j'abandonnerai aussi la postérité de Jacob et de mon serviteur David, et je ne prendrai point de sa tige des princes de la race d'Abraham, d'Isaac et de Jacob : car je ramènerai leurs captifs, et je leur ferai miséricorde.

CHAPITRE XXXIV.

LORSQUE Nabuchodonosor, roi de Babylone, avec toute son armée, et tous les rois et tous les peuples de la terre qui étaient sous sa puissance, faisaient la guerre contre Jérusalem, et contre toutes les villes qui en dépendent, le Seigneur parla ainsi à Jérémie :

2 Voici ce que dit le Seigneur, le Dieu d'Israël : Allez, parlez à Sédécias, roi de Juda, et vous lui direz : Voici ce que dit le Seigneur : Je suis près d'abandonner cette ville entre les mains du roi de Babylone, qui la brûlera.

3 Et vous ne pourrez vous-même échapper de ses mains ; mais vous serez pris très-certainement, et vous serez livré en sa puissance ; vos yeux verront les yeux du roi de Babylone, et vous lui parlerez bouche à bouche, et vous entrerez dans Babylone.

4 Néanmoins écoutez la parole du Seigneur, Sédécias, roi de Juda : Voici ce que dit le Seigneur vous dit : Vous ne mourrez point par l'épée ;

5 mais vous mourrez en paix : on vous brûlera *des parfums*, comme on *en* a brûlé pour les rois vos prédécesseurs, et on fera le deuil pour vous en criant : Hélas ! ce prince *n'est plus !* car j'ai prononcé cet arrêt, dit le Seigneur.

6 Et le prophète Jérémie dit tout ceci à Sédécias, roi de Juda, dans Jérusalem.

7 Cependant le roi de Babylone pressait Jérusalem, et toutes les villes de Juda qui étaient restées, Lachis et Azécha, qui étaient deux villes fortes entre les villes de Juda, qui n'avaient pas encore été prises.

8 Voici ce que le Seigneur dit à Jérémie, après que Sédécias, roi de Juda, eut fait un pacte avec tout le peuple dans Jérusalem,

9 en publiant que chacun renvoyât libre son serviteur et sa servante qui étaient du peuple hébreu, et qu'ils n'exerçassent point sur eux leur domination, puisqu'ils étaient leurs frères et Juifs comme eux.

10 Tous les princes et tout le peuple écoutèrent donc le roi, et s'obligèrent à renvoyer libres leurs serviteurs et leurs servantes, et à ne les traiter plus à l'avenir comme des esclaves. Ils obéirent, et ils les renvoyèrent libres.

11 Mais ils changèrent ensuite de résolution : ils reprirent leurs serviteurs et leurs servantes à qui ils avaient donné la liberté, et ils les assujettirent de nouveau au joug de la servitude.

12 Alors le Seigneur parla à Jérémie, et lui dit :

13 Voici ce que dit le Seigneur, le Dieu d'Israël : J'ai fait alliance avec vos pères au jour où je les ai retirés de l'Egypte, de la maison de servitude, et je leur ai dit :

14 Lorsque, sept ans seront accomplis, que chacun renvoie son frère qui est Hébreu qui lui aura été vendu, qu'il le renvoie, *dis-je*, libre après qu'il l'aura servi pendant six ans. Mais vos pères ne m'ont point écouté, et ils ne se sont point soumis à ce que je leur disais.

15 Et pour vous, vous vous étiez tournés vers moi aujourd'hui : vous aviez fait ce qui était juste devant mes yeux, en publiant que chacun donnerait la liberté à son frère ; et vous avez fait cet accord devant moi dans la maison qui a été appelée de mon nom.

16 Mais après cela vous avez changé de pensée, et vous avez déshonoré mon nom en reprenant chacun votre serviteur et votre servante, que vous aviez renvoyés pour être libres et maîtres d'eux-mêmes, et vous les avez remis sous le joug en les rendant vos esclaves.

17 Voici donc ce que dit le Seigneur : Vous ne m'avez point

écouté pour donner la liberté chacun à son frère et à son ami : c'est pourquoi je vous déclare, dit le Seigneur, que je vous renvoie comme n'étant plus à moi, *que je vous abandonne chacun* à l'épée, à la famine et à la peste, et que je vous rendrai errants et vagabonds par tous les royaumes de la terre.

18 Je livrerai les hommes qui ont violé mon alliance, qui n'ont point observé les paroles de l'accord qu'ils avaient fait en ma présence en passant entre les moitiés du jeune bœuf qu'ils avaient coupé en deux ;

19 *savoir,* les princes de Juda, les princes de Jérusalem, les eunuques, les prêtres et tout le peuple de la terre, qui ont passé entre les deux moitiés du jeune bœuf.

20 Je les livrerai, *dis-je,* entre les mains de leurs ennemis, entre les mains de ceux qui cherchent à leur ôter la vie ; et leurs corps morts seront la pâture des oiseaux du ciel et des bêtes de la terre.

21 Et je livrerai Sédécias, roi de Juda, et ses princes entre les mains de leurs ennemis, entre les mains de ceux qui cherchent à leur ôter la vie, et en la puissance des armées du roi de Babylone, qui se sont retirées pour un temps.

22 C'est moi qui l'ordonne, dit le Seigneur : je les ramènerai dans cette ville ; ils l'assiégeront, ils la prendront et ils la brûleront : je rendrai les villes de Juda une affreuse solitude, et il n'y aura plus personne pour y demeurer.

CHAPITRE XXXV.

VOICI la parole que le Seigneur adressa à Jérémie au temps de Joakim, fils de Josias, roi de Juda, lorsqu'il lui dit :

2 Allez trouver la maison des Réchabites, parlez-leur, et faites-les entrer dans la maison du Seigneur, dans l'une des chambres du trésor ; et vous leur donnerez du vin à boire.

3 Alors je pris Jézonias, fils de Jérémie, fils d'Habsanias, ses frères, et tous ses fils, et toute la maison des Réchabites ;

4 et je les fis entrer dans la maison du Seigneur, dans la chambre du trésor où étaient les enfants d'Hanan, fils de Jegédélias, homme de Dieu, près de la trésorerie des princes, au-dessus de celle de Maasias, fils de Sellum, qui était le gardien du vestibule *du temple ;*

5 et je mis devant les enfants de la maison des Réchabites des tasses et des coupes pleines de vin, et je leur dis : Buvez du vin.

6 Ils me répondirent : Nous ne boirons point de vin, parce que Jonadab, notre père, fils de Réchab, nous a fait ce commandement : Vous ne boirez jamais de vin, ni vous, ni vos enfants.

7 Vous ne bâtirez point de maisons ; vous ne sèmerez point de grains ; vous ne planterez point de vigne, et vous n'en aurez point à vous : mais vous habiterez sous des tentes tous les jours de votre vie, afin que vous viviez longtemps sur la terre, dans laquelle vous êtes étrangers.

8 Nous avons donc obéi à Jonadab, notre père, fils de Réchab, dans toutes les choses qu'il nous a commandées, et nous n'avons point bu de vin tous les jours de notre vie, ni nous, ni nos femmes, ni nos fils, ni nos filles.

9 Nous n'avons point bâti de maisons pour y habiter ; et nous n'avons point eu de vignes, ni de champs, ni de blés ;

10 mais nous avons habité sous des tentes, et nous avons obéi en toutes choses à ce que Jonadab, notre père, nous avait commandé.

11 Mais Nabuchodonosor, roi de Babylone, étant venu dans notre pays, nous dîmes : Allons, entrons dans Jérusalem pour nous mettre à couvert de l'armée des Chaldéens, et de l'armée de Syrie. Et nous sommes demeurés depuis dans Jérusalem.

12 Alors le Seigneur dit à Jérémie :

13 Voici ce que dit le Seigneur des armées, le Dieu d'Israël : Allez, dites au peuple de Juda et aux habitants de Jérusalem : Ne vous corrigerez-vous jamais, et n'obéirez-vous jamais à mes paroles ? dit le Seigneur.

14 Les paroles de Jonadab, fils de Réchab, par lesquelles il commanda à ses enfants de ne point boire de vin, ont fait une telle impression sur eux, qu'ils n'en ont point bu jusqu'à cette heure, et qu'ils ont toujours obéi au commandement de leur père : mais pour moi, je vous ai parlé, et je me suis empressé de vous parler ; et cependant vous ne m'avez point obéi.

15 Je vous ai envoyé tous mes prophètes, mes serviteurs ; je me suis hâte de vous les envoyer, vous disant *par eux :* Convertissez-vous : que chacun quitte sa voie corrompue ; redressez vos affections *et vos désirs :* ne suivez point les dieux étrangers, et ne les adorez point, et vous habiterez dans la terre que je vous ai donnée, et que j'avais donnée à vos pères. Et cependant vous n'avez point voulu m'écouter, et vous avez refusé de m'obéir.

16 Ainsi les enfants de Jonadab, fils de Réchab, ont exécuté inviolablement l'ordre que leur père leur avait donné : mais ce peuple ne m'a point obéi.

17 C'est pourquoi, voici ce que dit le Seigneur des armées, le Dieu d'Israël : Je ferai tomber sur Juda, et sur tous les habitants de Jérusalem, tous les maux que j'avais prédits qui leur arriveraient ; parce que je leur ai parlé, et ils ne m'ont point écouté ; je les ai appelés, et ils ne m'ont point répondu.

18 Mais Jérémie dit à la maison des Réchabites : Voici ce que dit le Seigneur des armées, le Dieu d'Israël : Parce que vous avez obéi au précepte de Jonadab, votre père, que vous avez gardé tout ce qu'il vous a ordonné, et que vous avez fait tout ce qu'il vous a commandé ;

19 voici ce que dit le Seigneur des armées, le Dieu d'Israël : La race de Jonadab, fils de Réchab, ne cessera point de produire des hommes qui se tiendront toujours en ma présence.

CHAPITRE XXXVI.

LA quatrième année de Joakim, fils de Josias, roi de Juda, le Seigneur parla à Jérémie, et lui dit :

2 Prenez un livre, et écrivez-y tout ce que je vous ai dit contre Israël et contre Juda, et contre tous les peuples, depuis le temps du règne de Josias que je vous ai parlé jusqu'à cette heure ;

3 pour voir si lorsque ceux de la maison de Juda entendront tous les maux que je suis résolu de leur faire, ils abandonneront leurs voies criminelles, afin que je leur pardonne leur iniquité et leurs péchés.

4 Jérémie appela donc Baruch, fils de Nérias, et Baruch écrivit dans un livre toutes les paroles que le Seigneur avait dites à Jérémie, selon que Jérémie les lui dictait de sa bouche.

5 Jérémie ensuite donna cet ordre à Baruch : Je suis enfermé, et je ne puis entrer dans la maison du Seigneur.

6 Entrez-y donc vous ; et prenant ce livre où vous avez écrit les paroles du Seigneur que je vous ai dictées, vous les lirez devant le peuple dans la maison du Seigneur, au jour du jeûne, et vous les lirez aussi devant tous les habitants de Juda, qui viennent de leurs villes ;

7 pour voir s'ils se prosterneront avec une humble prière devant le Seigneur, et si chacun reviendra de sa voie corrompue ; parce que le Seigneur a parlé contre ce peuple dans son indignation et dans sa grande fureur.

8 Baruch, fils de Nérias, exécuta tout ce que le prophète Jérémie lui avait ordonné, et il lut dans ce livre les paroles du Seigneur, dans la maison du Seigneur.

9 La cinquième année de Joakim, fils de Josias, roi de Juda, au neuvième mois, on publia un jeûne devant le Seigneur, à tout le peuple qui était dans Jérusalem, et à tous ceux qui étaient venus en foule des villes de Juda dans Jérusalem.

10 Et Baruch lut dans ce livre les paroles de Jérémie, dans la maison du Seigneur, en la chambre du trésor où demeurait Gamarias, fils de Saphan, docteur de la loi, dans le vestibule supérieur, à la porte neuve de la maison du Seigneur, en présence de tout le peuple.

11 Et Michée, fils de Gamarias, fils de Saphan, ayant entendu toutes les paroles du Seigneur écrites dans ce livre,

12 descendit en la maison du roi, en la chambre du trésor, où demeurait le secrétaire, où tous les grands étaient assis : Elisama le secrétaire, Dalaïas, fils de Seméias, Elnathan, fils d'Achobor,

Gamarias, fils de Saphan, Sédécias, fils d'Hananias, et toutes les premières personnes de la cour.

13 Et Michée leur rapporta toutes les paroles qu'il avait entendu lire à Baruch dans ce livre devant le peuple.

14 Tous les grands envoyèrent donc à Baruch, Judi, fils de Nathanias, fils de Sélémias, fils de Chusi, pour lui dire : Prenez le livre que vous avez lu devant le peuple, et venez ici. Baruch, fils de Nérias, prit le livre et vint les trouver,

15 et ils lui dirent : Asseyez-vous là, et lisez ce livre devant nous. Et Baruch le lut devant eux.

16 Ayant donc entendu toutes ces paroles, ils s'entre-regardaient tous avec étonnement, et ils dirent à Baruch : Il faut que nous donnions avis au roi de tout ce qui est écrit dans ce livre.

17 Et ils l'interrogèrent, en lui disant : Déclarez-nous comment vous avez recueilli toutes ces paroles de la bouche de Jérémie.

18 Baruch leur répondit : Il me dictait de sa bouche toutes ces paroles comme s'il les eût lues dans un livre, et moi je les écrivais dans ce livre avec de l'encre.

19 Les princes dirent à Baruch : Allez, et cachez-vous, vous et Jérémie ; et que personne ne sache où vous serez.

20 Ils laissèrent ensuite le livre en dépôt dans la chambre d'Elisama secrétaire, et ils allèrent trouver le roi dans le vestibule de son palais, et lui rapportèrent tout ce qu'ils avaient entendu.

21 Alors le roi envoya Judi pour prendre le livre, et l'ayant pris dans la chambre d'Elisama secrétaire, il le lut devant le roi et devant tous les grands qui l'environnaient.

22 Le roi était dans son appartement d'hiver au neuvième mois, et il y avait devant lui un brasier plein de charbons ardents.

23 Judi ayant lu trois ou quatre pages, le roi coupa le livre avec le canif du secrétaire, et le jeta dans le feu de ce brasier, *où il le laissa* jusqu'à ce que tout le volume y fût consumé.

24 Le roi et tous ses serviteurs qui entendirent les paroles de ce livre, n'eurent point de peur *en les écoutant*, et ils ne déchirèrent point leurs vêtements.

25 Néanmoins Elnathan, Dalaïas et Gamarias s'opposèrent au roi, afin que le livre ne fût point brûlé : mais il ne les écouta point.

26 Et le roi commanda à Jérémiel, fils d'Amélech, à Saraïas, fils d'Ezriel, et à Sélémias, fils d'Abdéel, d'arrêter le secrétaire Baruch avec le prophète Jérémie ; mais le Seigneur les cacha.

27 Et le Seigneur parla à Jérémie après que le roi eut brûlé le livre où étaient les paroles que Baruch avait écrites en les recueillant de la bouche de Jérémie, et il lui dit :

28 Prenez un autre livre, et écrivez-y toutes les paroles qui étaient dans le premier que Joakim, roi de Juda, a brûlé.

29 Et vous direz à Joakim, roi de Juda : Voici ce que dit le Seigneur : Vous avez brûlé ce livre en disant : Pourquoi avez-vous écrit et avez-vous publié que le roi de Babylone se hâtait de venir pour détruire ce pays, et pour en exterminer les hommes et les bêtes ?

30 Mais voici ce que dit le Seigneur contre Joakim, roi de Juda : Il ne sortira point de lui de prince qui soit assis sur le trône de David, et son corps mort sera jeté pour être exposé au chaud pendant le jour, et à la gelée pendant la nuit.

31 Je m'élèverai contre lui, contre sa race, contre ses serviteurs, et je punirai leurs iniquités, et je ferai venir sur eux, sur les habitants de Jérusalem, et sur les hommes de Juda, tous les maux que j'ai prédits qui leur arriveraient, sans qu'ils aient voulu m'entendre.

32 Jérémie prit donc un autre livre, et le donna à Baruch, fils de Nérias, son secrétaire, qui y écrivit tout ce qui était dans le livre que Joakim, roi de Juda, avait brûlé, selon que Jérémie le lui dictait de sa bouche ; et il y fut *alors* ajouté beaucoup d'autres choses qui n'étaient pas dans le premier.

CHAPITRE XXXVII.

LE roi Sédécias, fils de Josias, régna en la place de Jéchonias, fils de Joakim ; Nabuchodonosor, roi de Babylone, l'ayant établi roi dans la terre de Juda.

2 Mais il n'obéit point, ni lui, ni ses serviteurs, ni tout le peuple de Juda, aux paroles que le Seigneur avait dites par la bouche du prophète Jérémie.

3 Et le roi Sédécias envoya Juchal, fils de Sélémias, et Sophonias, fils de Maasias, prêtre, dire au prophète Jérémie : Priez pour nous le Seigneur, notre Dieu.

4 Jérémie allait alors librement parmi le peuple, parce qu'il n'avait pas *encore* été mis en prison. Cependant l'armée de Pharaon étant sortie de l'Egypte, les Chaldéens qui assiégeaient Jérusalem ayant appris cette nouvelle, se retirèrent de devant la ville.

5 Alors le Seigneur parla au prophète Jérémie, et lui dit :

6 Voici ce que dit le Seigneur, le Dieu d'Israël : *Vous, Juchal et Sophonias*, vous direz ceci au roi de Juda qui vous a envoyés pour me consulter : L'armée de Pharaon qui vient pour vous donner du secours, va retourner dans l'Egypte d'où elle est venue ;

7 et les Chaldéens reviendront, et ils assiégeront de nouveau cette ville ; ils la prendront, et la brûleront.

8 Voici ce que dit le Seigneur : Ne vous trompez point vous-mêmes, en disant, Les Chaldéens s'en iront certainement, et se retireront de nous : car ils ne s'en iront point.

9 Mais quand même vous auriez taillé en pièces toute l'armée des Chaldéens qui combattent contre vous, et qu'il en serait demeuré seulement quelques-uns couverts de blessures, ils sortiraient chacun de leur tente, et viendraient mettre le feu dans cette ville.

10 L'armée des Chaldéens s'étant donc retirée du siège de Jérusalem, à cause de l'armée de Pharaon ;

11 Jérémie sortit de Jérusalem pour aller au pays de Benjamin, pour y diviser son bien en présence des habitants de ce lieu.

12 Et étant arrivé à la porte de Benjamin, le capitaine qui était en garde à son tour à la porte, nommé Jérias, fils de Sélémias, fils d'Hananias, arrêta le prophète Jérémie, et lui dit : Vous fuyez pour aller vous rendre aux Chaldéens.

13 Jérémie lui répondit : Cela est faux, je ne fuis point pour aller me rendre aux Chaldéens. Jérias n'écouta point Jérémie ; mais s'étant saisi de lui, il l'amena devant les grands,

14 qui étant en colère contre Jérémie, le firent battre, et l'envoyèrent en la prison qui était dans la maison de Jonathan secrétaire : car c'est lui qui commandait dans la prison.

15 Jérémie ayant donc été mis dans la basse-fosse, et dans un cachot, il y demeura plusieurs jours.

16 Or le roi Sédécias envoya ensuite le tirer de ce cachot, et l'entretenant en secret dans sa maison, il lui demanda : Avez-vous quelque chose à nous dire de la part du Seigneur ? Jérémie lui dit : Oui, vous serez livré entre les mains du roi de Babylone.

17 Et Jérémie dit au roi Sédécias : Quelle faute ai-je commise contre vous, contre vos serviteurs, et contre votre peuple, pour m'avoir fait mettre dans une prison ?

18 Où sont vos prophètes qui vous prophétisaient, et qui disaient : Le roi de Babylone ne viendra point combattre contre vous et contre cette terre ?

19 Ecoutez-moi donc maintenant, je vous supplie, ô roi, mon seigneur ! recevez favorablement la prière que je vous fais, et ne me renvoyez point dans la prison de Jonathan secrétaire, de peur que je n'y meure.

20 Le roi Sédécias ordonna donc que Jérémie fût mis dans le vestibule de la prison, et qu'on lui donnât tous les jours un pain, outre les viandes ordinaires, jusqu'à ce que tout le pain de la ville fût consumé ; et Jérémie demeura *pendant ce temps* dans le vestibule de la prison.

CHAPITRE XXXVIII.

SAPHATIAS, fils de Mathan, Gédélias, fils de Phassur, Juchal, fils de Selémias, et Phassur, fils de Melchias, avaient entendu les paroles de Jérémie à tout le peuple, lorsqu'il leur disait :

2 Voici ce que dit le Seigneur : Quiconque demeurera dans cette ville, mourra par l'épée, par la famine, ou par la peste ; mais celui qui se retirera vers les Chaldéens vivra, et il sauvera son âme.

3 Voici ce que dit le Seigneur : Cette ville sera livrée certainement

à l'armée du roi de Babylone, et il la prendra.

4 C'est pourquoi les grands dirent au roi : Nous vous supplions de commander qu'on fasse mourir cet homme. Car il affaiblit à dessein le courage des hommes de guerre qui sont demeurés dans la ville, et le courage de tout le peuple, en leur disant ces paroles qu'il a accoutumé de dire ; parce que cet homme ne cherche point la prospérité, mais le malheur de ce peuple.

5 Le roi Sédécias leur répondit : Je vous le remets entre les mains : car il n'est pas juste que le roi vous refuse aucune chose.

6 Ils prirent donc Jérémie, et ils le jetèrent dans la basse-fosse de Melchias, fils d'Amélech, qui était dans le vestibule de la prison, et l'ayant attaché avec des cordes, ils le firent descendre dans cette basse-fosse, où il n'y avait point d'eau, mais de la boue ; et Jérémie descendit dans cette boue.

7 Or Abdémélech, Ethiopien, eunuque, qui était dans la maison du roi, sut qu'on avait fait descendre Jérémie dans cette basse-fosse. Le roi était alors dans son siège à la porte de Benjamin.

8 Et Abdémélech étant sorti de la maison du roi, vint le trouver, et lui dit :

9 O roi, mon seigneur ! ces personnes qui ont fait tout ce mal à Jérémie, ont commis une très-mauvaise action, l'ayant jeté dans une basse-fosse, afin qu'il y meure de faim, puisqu'il n'y a plus de pain dans la ville.

10 Le roi fit donc ce commandement à Abdémélech, Ethiopien : Prenez d'ici trente hommes avec vous, et tirez le prophète Jérémie de cette basse-fosse avant qu'il meure.

11 Abdémélech ayant pris ces hommes avec lui, entra dans le palais du roi dans un lieu qui était sous le garde-meuble, et il en tira de vieux drapeaux et de vieilles étoffes qui étaient usées, et les envoya à Jérémie, et les fit descendre avec des cordes dans la basse-fosse.

12 Et Abdémélech, Éthiopien, dit à Jérémie : Mettez ces vieux drapeaux et ces morceaux d'étoffes usées sous vos aisselles, entre vos bras et les cordes. Jérémie fit ce qu'il lui avait dit.

13 Et ils l'enlevèrent avec les cordes, et le tirèrent hors de la basse-fosse, et il demeura dans le vestibule de la prison.

14 Après cela le roi Sédécias envoya quérir le prophète Jérémie, et le fit venir à la troisième porte qui était en la maison du Seigneur. Et le roi dit à Jérémie : J'ai un avis à vous demander ; ne me cachez rien.

15 Jérémie répondit à Sédécias : Si je vous annonce la vérité, n'est-il pas certain que vous me ferez mourir, et *que* quand je vous aurai donné conseil, vous ne m'écouterez point ?

16 Le roi Sédécias jura donc en secret à Jérémie, et lui dit : Je jure par le Seigneur qui a créé dans nous cette âme qui nous fait vivre, que je ne vous ferai point mourir, et que je ne vous livrerai point entre les mains de ces personnes qui cherchent à vous ôter la vie.

17 Jérémie dit à Sédécias : Voici ce que dit le Seigneur des armées, le Dieu d'Israël : Si vous allez vous rendre aux princes du roi de Babylone, votre âme vivra ; cette ville ne sera point brûlée, et vous vous sauverez, vous et votre maison.

18 Si au contraire vous ne vous rendez point aux princes du roi de Babylone, cette ville sera livrée entre les mains des Chaldéens, et ils la brûleront, et vous n'échapperez point de leurs mains.

19 Le roi Sédécias dit à Jérémie : Je suis en peine à cause des Juifs qui ont passé du côté des Chaldéens ; j'ai peur qu'on ne m'abandonne entre leurs mains, et qu'ils ne me traitent indignement.

20 Jérémie lui répondit : Les Chaldéens ne vous livreront point entre leurs mains. Ecoutez, je vous prie, la parole du Seigneur, que je vous annonce ; vous vous en trouverez bien, et vous conserverez votre vie.

21 Si vous ne voulez point sortir *pour vous rendre aux Chaldéens*, voici ce que le Seigneur m'a fait voir :

22 Toutes les femmes qui seront demeurées dans la maison du roi de Juda, seront menées aux princes du roi de Babylone, et elles diront : Ces hommes qui paraissaient vos amis vous ont séduit, et ils ont fait que leur sentiment a prévalu sur le vôtre ; ils vous ont plongé dans la boue, ils ont engagé vos pas dans des lieux glissants, et après cela ils vous ont abandonné.

23 Toutes vos femmes et vos enfants seront emmenés aux Chaldéens : vous ne pourrez échapper d'entre leurs mains ; mais vous serez pris par le roi de Babylone, et il brûlera cette ville.

24 Sédécias dit donc à Jérémie : Que personne ne sache ce que vous venez de me dire, et vous ne mourrez point.

25 Si les grands apprennent que je vous ai parlé ; s'ils viennent vous dire, Dites nous ce que vous avez dit au roi, et ce que le roi vous a dit ; ne nous cachez rien, et nous ne vous ferons point mourir ;

26 vous leur répondrez : J'ai conjuré le roi par une très-humble prière, qu'il ne me fît point remener dans la prison de Jonathan, où je ne pouvais éviter la mort.

27 Les grands étant donc venus trouver Jérémie, lui demandèrent *ce qu'il avait dit au roi*, et il leur parla selon que le roi le lui avait commandé, et ils le laissèrent en paix ; parce qu'on n'avait rien su *de ce qu'ils s'étaient dit l'un à l'autre*.

28 Jérémie demeura dans le vestibule de la prison, jusqu'au jour où Jérusalem fut prise : car elle fut prise enfin *par les Chaldéens*.

CHAPITRE XXXIX.

LA neuvième année de Sédécias, roi de Juda, au dixième mois, Nabuchodonosor, roi de Babylone, vint avec toute son armée assiéger Jérusalem,

2 et la onzième année de Sédécias, le cinquième jour du quatrième mois, la brèche fut faite ;

3 et tous les princes *de la cour* du roi de Babylone entrèrent et se logèrent sur la porte du milieu *des murs ;* Nérégel, Séréser, Sémégarnabu, Sarsachim, Rabsarès, Nérégel, Séréser, Rebmag, et tous les autres princes *de la cour* du roi de Babylone.

4 Sédécias, roi de Juda, et tous les gens de guerre, les ayant vus, ils s'enfuirent, et sortirent la nuit de la ville par les jardins du roi, et par la porte qui était entre les deux murailles, et ils allèrent gagner le chemin du désert.

5 Mais les Chaldéens les ayant poursuivis, ils prirent Sédécias dans le champ de la solitude de Jéricho ; et l'ayant pris, ils l'amenèrent à Nabuchodonosor, roi de Babylone, à Réblatha qui est au pays d'Emath ; et Nabuchodonosor lui prononça son arrêt, *en lui reprochant sa perfidie*.

6 Et le roi de Babylone étant à Réblatha, tua les fils de Sédécias aux yeux de leur père, et il fit mourir tous *les grands et* les nobles de Juda.

7 Il fit aussi arracher les yeux à Sédécias, et le fit charger de fers, afin qu'on l'emmenât à Babylone.

8 Les Chaldéens brûlèrent aussi le palais du roi, et les maisons de tout le peuple, et ils renversèrent les murailles de Jérusalem.

9 Et Nabuzardan, général de l'armée des Chaldéens, transféra à Babylone ceux d'entre le peuple qui étaient demeurés dans Jérusalem, ceux qui étaient allés se rendre à lui, et le reste du peuple qui était demeuré dans la ville.

10 Nabuzardan, général de l'armée, laissa dans le pays de Juda les plus pauvres d'entre le peuple, et ceux qui n'avaient rien du tout, et il leur donna des vignes et des citernes.

11 Mais Nabuchodonosor, roi de Babylone, avait donné à Nabuzardan, général de son armée, cet ordre pour Jérémie, et lui avait dit :

12 Prenez cet homme ; ayez de lui tout le soin possible ; ne lui faites aucun mal, et accordez-lui tout ce qu'il voudra.

13 Nabuzardan, général de l'armée, Nabusezban, Rabsarès, Nérégel, Sérézer, Rebmag, et tous les autres grands *de la cour* du roi de Babylone,

14 envoyèrent à Jérémie, et l'ayant fait sortir du vestibule de la prison, ils le mirent entre les mains de Godolias, fils d'Ahicam, fils de Saphan, afin qu'il habitât dans une maison, et qu'il demeurât *librement* parmi le peuple.

15 Mais lorsque Jérémie était encore enfermé dans le vestibule de la prison, le Seigneur lui avait dit :

16 Allez dire à Abdémélech, Ethiopien : Voici ce que dit le

Seigneur des armées, le Dieu d'Israël : Je vais accomplir tout ce que j'ai prédit de cette ville, non pour la favoriser, mais pour l'accabler de maux ; et vous les verrez en ce jour-là de vos propres yeux.

17 Alors je vous délivrerai, dit le Seigneur, et vous ne serez point livré entre les mains des hommes que vous craignez ;

18 mais je vous en tirerai, je vous délivrerai, et vous ne tomberez point par l'épée ; mais vous sauverez votre âme, parce que vous avez mis votre confiance en moi, dit le Seigneur.

CHAPITRE XL.

PAROLES que le Seigneur fit entendre à Jérémie, après que Nabuzardan, général de l'armée des Babyloniens, l'eut mis en liberté à Rama, en lui faisant ôter les chaînes dont on l'avait chargé parmi la foule de ceux qu'on faisait sortir de Jérusalem et de Juda pour les mener à Babylone.

2 Ce général ayant donc pris Jérémie à part, lui dit : Le Seigneur, ton Dieu, avait déclaré que tout ce mal tomberait sur cette ville,

3 et le Seigneur l'a accompli et a fait ce qu'il a dit, parce que vous avez péché contre lui, et que vous n'avez point écouté sa voix. C'est pour cela que tous ces maux vous sont arrivés.

4 Après donc, *dit-il à Jérémie,* que je viens de t'ôter les chaînes qui te liaient les mains, si tu veux maintenant venir avec moi à Babylone, tu peux y venir, j'aurai de toi tout le soin possible : mais si tu ne veux point venir à Babylone avec moi, demeure ici : toute la terre est en ta disposition : choisis un lieu qui t'agrée ; et va partout où tu voudras.

5 Tu peux ne point venir avec moi, et demeurer chez Godolias, fils d'Ahicam, fils de Saphan ; à qui le roi de Babylone a donné le commandement sur les villes de Juda. Demeure donc avec lui au milieu du peuple, ou va en quelque autre lieu qu'il te plaira. Le général de l'armée lui donna aussi des vivres, lui fit des présents, et le renvoya.

6 Jérémie vint trouver ensuite Godolias, fils d'Ahicam, à Masphath, et il demeura avec lui au milieu du peuple qui avait été laissé dans la terre de Juda.

7 Les principaux officiers de l'armée *des Juifs* qui avaient été dispersés en plusieurs endroits avec leurs gens, ayant appris que le roi de Babylone avait donné à Godolias, fils d'Ahicam, le commandement sur le pays *de Juda*, et qu'il lui avait recommandé les hommes, les femmes, et les petits enfants des plus pauvres du peuple qui n'avaient point été transférés à Babylone,

8 *tous ces officiers, dis-je,* vinrent trouver Godolias à Masphath ; savoir, Ismaël, fils de Nathanias, Johanan et Jonathan, fils de Carée, Saréas, fils de Thanéhumeth, et les enfants d'Ophi qui étaient de Nétophath, et Jézonias, fils de Maachati ; et ils vinrent tous le trouver avec leurs gens.

9 Et Godolias, fils d'Ahicam, fils de Saphan, leur jura, à eux et à leurs gens, et leur dit : Ne craignez point de servir les Chaldéens ; demeurez dans le pays, et servez le roi de Babylone, et vous y vivrez heureusement.

10 Pour moi, je demeure à Masphath, pour pouvoir répondre aux ordres qu'apportent les Chaldéens qui sont envoyés vers nous : mais pour vous, recueillez les fruits de la vigne, des blés et de l'huile, et serrez-les dans vos vaisseaux *et dans vos greniers ;* et demeurez dans les villes que vous occupez.

11 Tous les Juifs aussi qui étaient en Moab, avec les enfants d'Ammon, dans l'Idumée et en divers pays, ayant appris que le roi de Babylone avait laissé dans Juda quelque reste du peuple, et qu'il en avait donné le commandement à Godolias, fils d'Ahicam, fils de Saphan,

12 tous ces Juifs, dis-je, revinrent de tous les lieux où ils s'étaient réfugiés, et étant venus au pays de Juda vers Godolias en Masphath, ils recueillirent du vin et du blé en grande abondance.

13 Mais Johanan, fils de Carée, et tous les principaux de l'armée qui avaient été dispersés en divers endroits, vinrent trouver Godolias en Masphath,

14 et lui dirent : Sachez que Baalis, roi des enfants d'Ammon, a envoyé Ismaël, fils de Nathanias, pour vous tuer. Godolias, fils d'Ahicam, ne les crut point.

15 Et Johanan, fils de Carée, dit en secret à Godolias à Masphath : J'ai résolu d'aller présentement tuer Ismaël, fils de Nathanias, sans que personne le sache, de peur qu'il ne vous tue ; et qu'ainsi tous les Juifs qui se sont rassemblés auprès de vous ne soient dispersés, et que ce qui reste de Juda ne périsse entièrement.

16 Godolias, fils d'Ahicam, répondit à Johanan, fils de Carée : Gardez-vous bien de faire cela : car ce que vous dites d'Ismaël est faux.

CHAPITRE XLI.

IL arriva dans le septième mois, qu'Ismaël, fils de Nathanias, fils d'Elisama, de la race royale, accompagné de quelques grands de la cour du roi, vint avec dix hommes vers Godolias, fils d'Ahicam, à Masphath, et ils y mangèrent ensemble.

2 Et Ismaël, fils de Nathanias, s'étant levé avec les dix hommes qui étaient avec lui, ils tuèrent à coups d'épée Godolias, fils d'Ahicam, fils de Saphan, et firent ainsi mourir celui à qui le roi de Babylone avait donné le commandement de tout le pays.

3 Ismaël tua en même temps tous les Juifs qui étaient avec Godolias à Masphath, tous les Chaldéens qui se trouvèrent au même lieu, et tous les gens de guerre.

4 Le lendemain qu'il eut tué Godolias, sans que personne *de dehors de la ville* le sût encore,

5 quatre-vingts hommes vinrent de Sichem, de Silo et de Samarie ; ayant la barbe rasée, les habits déchirés, et le visage tout défiguré ; et ils portaient dans leurs mains de l'encens et des offrandes, pour les présenter dans la maison du Seigneur.

6 Ismaël, fils de Nathanias, sortit de Masphath pour aller au-devant d'eux, et il marchait en versant des larmes ; et les ayant rencontrés, il leur dit : Venez voir Godolias, fils d'Ahicam.

7 Lorsqu'ils furent arrivés au milieu de la ville, Ismaël, fils de Nathanias, les tua avec le secours de ses gens, *et les jeta* dans une fosse.

8 Mais il s'en trouva dix d'entre eux qui dirent à Ismaël : Ne nous tuez pas, parce que nous avons des trésors dans nos champs, des trésors de blé, d'orge, d'huile et de miel. Et Ismaël s'arrêta, et ne les tua point avec leurs frères.

9 La fosse dans laquelle Ismaël jeta tous les corps morts de ceux qu'il avait tués à cause de Godolias, est celle-là même que le roi Asa avait faite à cause de Baasa, roi d'Israël ; et Ismaël, fils de Nathanias, la remplit des corps de ceux qu'il avait tués.

10 Et il fit prisonnier tout ce qui était reste du peuple qui était à Masphath, les filles du roi, tout le peuple qui y était demeuré, dont Nabuzardan, général de l'armée des Chaldéens, avait donné le soin à Godolias, fils d'Ahicam ; et Ismaël, fils de Nathanias, les ayant tous pris, s'en alla pour passer vers les enfants d'Ammon.

11 Mais Johanan, fils de Carée, et tous les principaux officiers de guerre qui étaient avec lui, ayant appris tous les maux qu'avait faits Ismaël, fils de Nathanias,

12 prirent tous les gens de guerre et marchèrent *avec eux* pour combattre Ismaël, fils de Nathanias, et ils le trouvèrent auprès des grandes eaux qui sont à Gabaon.

13 Le peuple qui était avec Ismaël, ayant vu Johanan, fils de Carée, et les principaux officiers qui étaient avec lui, furent ravis de joie.

14 Et tous ceux qui avaient été pris par Ismaël à Masphath, retournèrent et vinrent trouver Johanan, fils de Carée.

15 Mais Ismaël, fils de Nathanias, s'enfuit avec huit hommes de devant Johanan, et se retira parmi les enfants d'Ammon.

16 Johanan, fils de Carée, et tous les officiers de guerre qui étaient avec lui, ayant repris ainsi d'entre les mains d'Ismaël, fils de Nathanias, tout ce qui était resté du peuple qu'il avait pris à Masphath après avoir tué Godolias, fils d'Ahicam ; ayant repris, *dis-je,* les gens de guerre qui étaient vaillants, les femmes, les enfants et les eunuques qu'il avait ramenés de Gabaon,

17 ils s'en allèrent tous ensemble et s'arrêtèrent en passant à

Chamaam qui rst près de Bethléem, pour se retirer ensuite en Égypte,

18 et se mettre ainsi à couvert des Chaldéens qu'ils craignaient beaucoup, parce qu'Ismaël, fils de Nathanias, avait tué Godolias, fils d'Ahicam, à qui le roi de Babylone avait donné le commandement sur tout le pays de Juda.

CHAPITRE XLII.

ALORS tous les officiers de guerre, Johanan, fils de Carée, et Jézonias, fils d'Osaïas, et tout le reste du peuple depuis le plus petit jusqu'au plus grand,

2 vinrent trouver le prophète Jérémie, et lui dirent : Recevez favorablement notre très-humble supplication, et priez le Seigneur, votre Dieu, pour nous, pour tout ce qui reste *de peuple* : car il en est demeuré très-peu d'une si grande multitude d'hommes, comme vous le voyez de vos propres yeux :

3 afin que le Seigneur, votre Dieu, nous découvre la voie par laquelle nous devons marcher, et ce qu'il désire que nous fassions.

4 Le prophète Jérémie leur répondit : Je ferai ce que vous désirez. Je vais prier le Seigneur, votre Dieu, selon ce que vous venez de me dire, et je vous rapporterai tout ce qu'il m'aura répondu, sans vous rien cacher.

5 Ils dirent à Jérémie : Que le Seigneur soit témoin entre nous de la vérité et de la sincérité *de nos paroles*, si nous ne faisons tout ce que le Seigneur, votre Dieu, vous aura donné ordre de nous dire.

6 Nous obéirons à la voix du Seigneur, notre Dieu, auquel nous vous prions de vous adresser, soit que vous nous annonciez le bien ou le mal ; afin que nous soyons heureux après que nous aurons écouté la voix du Seigneur, notre Dieu.

7 Dix jours après, le Seigneur parla à Jérémie,

8 et *Jérémie* appela Johanan, fils de Carée, tous les principaux officiers de guerre qui étaient avec lui, et tout le peuple depuis le plus petit jusqu'au plus grand.

9 Et il leur dit : Voici ce que dit le Seigneur, le Dieu d'Israël, auquel vous avez voulu que je m'adressasse pour présenter vos prières devant sa face :

10 Si vous demeurez en repos dans ce pays, je vous édifierai, et ne vous détruirai point ; je vous planterai, et ne vous arracherai point : car je suis déjà apaisé par le mal que je vous ai fait.

11 Ne craignez point le roi de Babylone qui vous fait trembler : ne le craignez point, dit le Seigneur ; parce que je suis avec vous pour vous sauver, et pour vous tirer d'entre ses mains.

12 Je répandrai sur vous mes miséricordes, et j'aurai compassion de vous, et je vous ferai demeurer *en paix* dans votre pays.

13 Mais si vous dites, Nous ne demeurerons point dans cette terre, et nous n'écouterons point la voix du Seigneur, notre Dieu ;

14 et que vous répondiez, Nous n'en ferons rien ; mais nous nous retirerons en Égypte, où nous ne verrons point de guerre, où nous n'entendrons point le bruit des trompettes, nous n'y souffrirons point la faim, et nous y demeurerons *en paix* :

15 écoutez la parole du Seigneur, vous qui êtes les restes de Juda : Voici ce que dit le Seigneur des armées, le Dieu d'Israël : Si vous vous obstinez à vouloir vous retirer en Égypte, et que vous vous y retiriez en effet pour y demeurer,

16 l'épée que vous craignez tant, vous y surprendra ; la famine qui vous donne tant d'inquiétude, s'y attachera à vous, et vous y mourrez.

17 Tous ceux qui se seront opiniâtrés à se retirer en Égypte pour y demeurer, mourront par l'épée, par la famine et par la peste ; il n'en demeurera pas un seul, et nul n'échappera des maux que je ferai tomber sur eux.

18 Car voici ce que dit le Seigneur des armées, le Dieu d'Israël : Comme ma fureur et mon indignation s'est allumée contre les habitants de Jérusalem, ainsi mon indignation s'allumera contre vous lorsque vous serez entrés en Égypte ; et vous deviendrez l'objet de l'exécration, de l'étonnement, de la malédiction et des insultes des hommes, et vous ne verrez plus cette terre.

19 Voici ce que le Seigneur vous dit, ô restes de Juda ! N'allez point en Égypte ; et assurez-vous, selon que je vous le proteste aujourd'hui,

20 que vous avez trompé vos âmes, lorsque vous m'avez envoyé vers le Seigneur, votre Dieu, en me disant : Priez pour nous le Seigneur, notre Dieu : rapportez-nous tout ce que le Seigneur, notre Dieu, vous aura dit, et nous le ferons.

21 Je vous ai annoncé aujourd'hui ce qu'il m'a dit, et vous n'avez point écouté la voix du Seigneur, votre Dieu, dans toutes les choses pour lesquelles il m'a envoyé vers vous.

22 Sachez donc maintenant et assurez-vous que vous mourrez par l'épée, par la famine et par la peste, dans ce même lieu auquel vous voulez vous retirer pour y établir votre demeure.

CHAPITRE XLIII.

OR voici ce qui arriva après que Jérémie eut achevé de parler au peuple, et de leur annoncer toutes les paroles que le Seigneur, leur Dieu, lui avait commandé de leur dire en l'envoyant vers eux :

2 Azarias, fils d'Osaïas, Johanan, fils de Carée, et tous ceux d'entre eux qui étaient fiers *et* superbes, dirent à Jérémie : Vous nous dites ici des mensonges. Le Seigneur, notre Dieu, ne vous a point envoyé vers nous pour nous dire de sa part : N'entrez point dans l'Égypte pour y établir votre demeure.

3 Mais c'est Baruch, fils de Nérias, qui vous anime contre nous, pour nous livrer entre les mains des Chaldéens, pour nous exposer à être tués, et pour nous faire mener à Babylone.

4 Et Johanan, fils de Carée, et tous les principaux officiers de guerre, ni tout le peuple, n'écoutèrent point la voix du Seigneur pour demeurer dans le pays de Juda.

5 Mais Johanan, fils de Carée, et tous les principaux officiers de guerre, prirent avec eux tous ceux qui étaient restés de Juda, et qui ayant été dispersés auparavant en divers pays, en étaient revenus pour demeurer dans le pays de Juda,

6 les hommes, les femmes, les petits enfants, et les filles du roi, et tous ceux que Nabuzardan, général de l'armée des Chaldéens, avait laissés avec Godolias, fils d'Ahicam, fils de Saphan, et avec eux le prophète Jérémie, et Baruch, fils de Nérias.

7 Et ils entrèrent en Égypte, parce qu'ils ne voulurent point obéir à la voix du Seigneur, et ils vinrent jusqu'à Taphnis.

8 Alors le Seigneur parla à Jérémie lorsqu'il était dans Taphnis, et lui dit :

9 Prenez de grandes pierres dans votre main, et cachez-les dans la voûte qui est sous la muraille de brique à la porte de la maison de Pharaon à Taphnis, en présence de quelques Juifs,

10 et vous leur direz : Voici ce que dit le Seigneur des armées, le Dieu d'Israël : Je vais mander et faire venir Nabuchodonosor, roi de Babylone, mon serviteur ; je mettrai son trône sur ces pierres que j'ai cachées, et il y établira le siège de sa puissance.

11 Il viendra, et il détruira le pays d'Égypte, et il portera la mort à qui *est destiné à* la mort, la captivité à qui *doit souffrir* la captivité, et l'épée à qui *doit périr par* l'épée.

12 Il mettra le feu dans les temples des dieux de l'Égypte ; il brûlera les temples, et emmènera les dieux captifs ; il se revêtira *des dépouilles* de l'Égypte comme un berger se couvre de son manteau, et il s'en retournera en paix.

13 Il brisera les statues de la maison du soleil qui sont dans l'Égypte, et il consumera par le feu les temples des dieux de l'Égypte.

CHAPITRE XLIV.

PAROLE *de Dieu* adressée à Jérémie, pour *la porter* à tous les Juifs qui habitaient dans le pays d'Égypte, à Magdalo, à Taphnis, à Memphis, et dans le pays de Phaturès.

2 Voici ce que dit le Seigneur des armées, le Dieu d'Israël : Vous avez vu tous les maux que j'ai fait venir sur Jérusalem et sur toutes les villes de Juda : vous voyez qu'elles sont aujourd'hui désertes, et sans aucun habitant ;

3 parce qu'ils ont irrité ma colère par les crimes qu'ils ont

commis en sacrifiant à des dieux étrangers, et adorant ceux qui n'étaient connus ni d'eux, ni de vous, ni de vos pères.

4 Je vous ai envoyé tous les prophètes, mes serviteurs, et je me suis empressé de vous les envoyer, et de vous faire dire par eux : Ne commettez point toutes ces abominations que je déteste.

5 Et cependant ils ne m'ont point écouté ; ils ne se sont point soumis pour écouter ma voix, pour se convertir de leur méchanceté, et ne plus sacrifier aux dieux étrangers.

6 Ainsi ma colère et ma fureur se sont allumées : elles ont embrasé les villes de Juda, et les grandes places de Jérusalem, qui ont été changées en cette solitude et en cet abandonnement, où on les voit aujourd'hui.

7 Et maintenant, voici ce que dit le Seigneur des armées, le Dieu d'Israël : Pourquoi commettez-vous un si grand mal contre vous-mêmes, pour faire mourir parmi vous, et *exterminer* du milieu de Juda les hommes, les femmes, les petits enfants, et ceux qui sont encore a la mamelle, pour vous mettre en un état où il ne reste plus rien de vous ;

8 pour irriter ma colère par les œuvres de vos mains en sacrifiant à des dieux étrangers au pays d'Égypte où vous êtes allés établir votre demeure pour y périr malheureusement, et pour être là malédiction et l'opprobre de toutes les nations de la terre ?

9 Avez-vous oublié les crimes de vos pères, les crimes des rois de Juda, les crimes de leurs femmes, vos propres crimes, et les crimes de vos propres femmes, et qu'elles ont commis dans le pays de Juda, et dans les différents quartiers de Jérusalem ?

10 Ils ne s'en sont point purifiés jusqu'à ce jour. Ils n'ont point eu ma crainte, ils n'ont point marché dans la loi du Seigneur, ni dans les préceptes que je vous avais donnés et à vos pères.

11 C'est pourquoi, voici ce que dit le Seigneur des armées, le Dieu d'Israël : Je ne vous regarderai plus à l'avenir que pour répandre des maux sur vous. Je perdrai tout Juda ;

12 je prendrai les restes de ce peuple qui se sont opiniâtrés à vouloir venir dans l'Égypte pour y habiter, et ils périront tous en Égypte : ils mourront par l'épée et par la famine ; ils seront consumes depuis le plus petit jusqu'au plus grand ; ils mourront par l'épée et par la famine, et ils deviendront l'objet de l'exécration, de l'étonnement, de la malédiction et des insultes de tous les hommes.

13 Je visiterai *dans ma colère* les habitants d'Égypte comme j'ai visité ceux de Jérusalem, par l'épée, par la famine et par la peste.

14 Et de tout ce reste de Juifs qui sont venus en Égypte pour y demeurer, il n'y aura personne qui retourne au pays de Juda, vers lequel ils tiennent sans cesse leur âme élevée par le désir d'y retourner et de s'y établir de nouveau, sinon ceux qui auront fui *de l'Égypte.*

15 Tous ces hommes *qui écoutaient Jérémie,* sachant que leurs femmes sacrifiaient aux dieux étrangers, et toutes les femmes qui étaient là en grand nombre, et tout le peuple qui demeurait en Égypte en Phaturès, répondirent à Jérémie :

16 Nous ne recevrons point de votre bouche les paroles que vous nous dites au nom du Seigneur :

17 mais nous exécuterons les vœux que nous aurons prononcés par notre bouche, en sacrifiant à la reine du ciel, et en lui offrant des oblations comme nous avons fait, nous et nos pères, nos rois et nos princes, dans les villes de Juda et dans les places de Jérusalem : car alors nous avons eu tout en abondance, nous avons été heureux, et nous n'avons souffert aucun mal.

18 Mais depuis le temps que nous avons cessé de sacrifier à la reine du ciel, et de lui présenter nos offrandes, nous avons été réduits à la dernière indigence, et nous avons été consumés par l'épée et par la famine.

19 Si nous sacrifions à la reine du ciel, et si nous lui faisons des oblations, est-ce sans *le consentement de* nos maris que nous faisons des gâteaux pour l'honorer et pour lui présenter nos oblations ?

20 Jérémie répondit à tout le peuple, aux hommes, aux femmes, et a toute l'assemblée qui lui avait fait cette réponse, et il leur dit :

21 Le Seigneur ne s'est-il pas souvenu des sacrifices que vous avez offerts dans les villes de Juda, et dans les places de Jérusalem, vous et vos pères, vos rois et vos princes, et tout le peuple ; et son cœur n'en a-t-il pas été touché ?

22 Le Seigneur ne pouvait plus supporter vos inclinations corrompues, ni les abominations que vous avez commises ; et c'est pour cela que votre terre a été réduite dans la désolation où elle est aujourd'hui, et qu'elle est devenue l'étonnement et l'exécration de ceux qui la voient, sans qu'il y ait plus personne qui y demeure.

23 Tous ces maux qui vous affligent aujourd'hui, vous sont arrivés parce que vous avez sacrifié aux idoles, que vous avez péché contre le Seigneur, que vous n'avez point écouté sa voix, et que vous n'avez point marché dans sa loi, dans ses préceptes et dans ses ordonnances.

24 Jérémie dit encore à tout le peuple, et à toutes les femmes : Ecoutez la parole du Seigneur, peuple de Juda, vous tous qui êtes en Égypte.

25 Voici ce que dit le Seigneur des armées, le Dieu d'Israël : Vous avez parlé, vous et vos femmes, et vos mains ont accompli les paroles de votre bouche : Rendons, disiez-vous, les vœux que nous avons faits ; sacrifions à la reine du ciel, et présentons-lui nos offrandes. Vous avez accompli vos vœux, et ils ont été suivis de vos œuvres.

26 C'est pourquoi écoutez la parole du Seigneur, peuple de Juda, vous tous qui habitez dans l'Égypte : J'ai juré par mon grand nom, dit le Seigneur, que mon nom ne sera plus nommé à l'avenir par la bouche d'aucun homme juif dans tout le pays d'Égypte, et qu'ils ne diront plus : Vive le Seigneur Dieu !

27 Je veillerai sur eux, non pour leur bonheur, mais pour leur malheur ; et tous les hommes de Juda qui sont en Égypte périront par l'épée et par la famine, jusqu'à ce qu'ils soient exterminés entièrement.

28 Il n'y en aura qu'un petit nombre qui retourneront du pays d'Égypte dans le pays de Juda, *savoir,* ceux qui auront fui l'épée *en sortant d'Égypte ;* et tout ce qui reste d'hommes de Juda qui se sont retirés en Égypte pour y demeurer, sauront par expérience de qui la parole sera accomplie, si ce sera la mienne ou la leur.

29 Et voici le signe que je vous donne, dit le Seigneur, *pour vous assurer* que je vous punirai en ce lieu ; afin que vous sachiez que les maux que je vous ai prédits, arriveront véritablement.

30 Voici ce que dit le Seigneur : Je vais livrer Pharaon Ephrée, roi d'Égypte, entre les mains de ses ennemis, entre les mains de ceux qui cherchent à lui ôter la vie : comme j'ai livré Sédécias, roi de Juda, entre les mains de Nabuchodonosor, roi de Babylone, son ennemi, qui cherchait à lui ôter la vie.

CHAPITRE XLV.

PAROLE que le prophète Jérémie dit à Baruch, fils de Nérias, lorsqu'il eut écrit dans un livre ces paroles que Jérémie lui dictait la quatrième année de Joakim, fils de Josias, roi de Juda. Jérémie lui dit :

2 Voici ce que le Seigneur, le Dieu d'Israël, vous dit à vous, ô Baruch !

3 Vous avez dit : Hélas ! que je suis malheureux ! Le Seigneur m'a ajouté douleur sur douleur ; je me suis lassé à force de gémir, et je ne puis trouver de repos.

4 Voici ce que vous lui direz, dit le Seigneur : Je vais détruire ceux que j'ai édifiés, je vais arracher ceux que j'ai plantés, et *je perdrai* toute cette terre.

5 Et après cela cherchez-vous pour vous-même quelque chose de grand ? N'en cherchez point : car j'accablerai de maux tous les hommes, dit le Seigneur ; et en même temps je vous conserverai la vie, et je vous sauverai en quelque lieu que vous vous retiriez.

CHAPITRE XLVI.

PAROLE du Seigneur au prophète Jérémie contre les nations ;

2 contre l'Égypte, et contre l'armée de Pharaon-Néchao, roi d'Égypte, qui était près du fleuve d'Euphrate à Charcamis ; qui fut

défait par Nabuchodonosor, roi de Babylone, la quatrième année de Joakim, fils de Josias, roi de Juda.

3 Préparez les armes et les boucliers, et marchez au combat.

4 Que les chariots de guerre soient tout prêts ; que les cavaliers montent à cheval : mettez vos casques, faites reluire vos lances, revêtez-vous de vos cuirasses.

5 Mais quoi ! je les vois tout effrayés ; ils tournent le dos ; les plus vaillants sont taillés en pièces ; ils se précipitent dans la fuite sans regarder derrière eux : la terreur les environne de toutes parts, dit le Seigneur.

6 Que les plus vites à la course n'espèrent rien de leur fuite, et que les plus forts n'espèrent pas pouvoir se sauver. Ils ont été vaincus vers l'Aquilon sur le bord de l'Euphrate : ils ont été renversés par terre.

7 Qui est celui-ci qui s'élève comme un fleuve, et qui s'enfle comme les flots des grandes rivières ?

8 L'Égypte se grossit comme un fleuve, et ses vagues écument comme celles des grandes rivières. Elle dit en elle-même : Je ferai monter mes eaux, et je couvrirai toute la terre : je perdrai la ville, et ceux qui l'habitent.

9 Montez à cheval ; courez sur vos chariots de guerre. Que les vaillants d'Ethiopie marchent, et les Libyens armés de leurs boucliers. Que les Lydiens prennent *leurs carquois* et lancent leurs flèches.

10 Ce jour est le jour du Seigneur, du Dieu des armées : c'est le jour de la vengeance, où il se vengera lui-même de ses ennemis. L'épée dévorera leur chair et s'en soûlera, et elle s'enivrera de leur sang : car c'est la victime du Seigneur, du Dieu des armées, qui sera égorgée au pays de l'Aquilon sur le bord de l'Euphrate.

11 Montez en Galaad, et prenez de la résine, ô vierge fille de l'Égypte ! en vain vous multipliez les remèdes ; vous ne guérirez point de vos plaies.

12 Le bruit de votre honteuse fuite s'est fait entendre parmi les nations, et vos hurlements ont rempli le monde, parce que le fort a choqué le fort, et qu'ils se sont tous deux renversés par terre.

13 Parole que le Seigneur dit au prophète Jérémie sur ce que Nabuchodonosor, roi de Babylone, devait venir en Égypte, et tailler en pièces les Egyptiens.

14 Annoncez en Égypte, faites entendre votre voix à Magdalo, et faites-la retentir à Memphis et à Taphnis, et dites : Présentez-vous en armes, et tenez-vous tout prêts, parce que l'épée a déjà dévoré tout ce qui est autour de vous.

15 Pourquoi les plus vaillants d'entre vous sont-ils tombés morts et pourris sur la terre ? Ils n'ont pu demeurer fermes, parce que le Seigneur les a renversés.

16 Ils sont tombés en foule, ils ont été terrassés les uns sur les autres, et ils ont dit : Allons, retournons à notre peuple, et au pays de notre naissance, et fuyons de devant l'épée de la colombe.

17 Appelez à l'avenir Pharaon, roi d'Égypte, de ce nom : Le temps a apporté le tumulte.

18 Je jure par moi-même, dit le Roi qui a pour nom le Seigneur des armées, que Nabuchodonosor venant, paraîtra comme le Thabor entre les montagnes, et comme le mont Carmel *qui commande* à la mer.

19 O fille habitante de l'Égypte ! préparez ce qui doit vous servir dans votre captivité ; parce que Memphis sera réduite en un désert ; elle sera abandonnée, et elle deviendra inhabitable.

20 L'Égypte est comme une génisse belle et agréable ; celui qui doit la piquer avec l'aiguillon, viendra du pays du Nord.

21 Les soldats étrangers qu'elle entretenait, qui étaient au milieu d'elle comme des veaux qu'on engraisse, se sont tournés tout d'un coup, et ont pris la fuite sans pouvoir demeurer fermes ; parce que le temps était venu qu'ils devaient être égorgés, le temps où Dieu devait les visiter *en sa colère*.

22 La voix de ses ennemis retentira comme *le bruit de* la trompette : ils marcheront en hâte avec une grande armée, et ils viendront avec des cognées, comme ceux qui vont abattre des arbres.

23 Ils couperont par le pied, dit le Seigneur, *les grands arbres de* sa forêt qui étaient sans nombre ; leur armée sera comme une multitude de sauterelles qui est innombrable.

24 La fille d'Égypte est couverte de confusion, et elle a été livrée entre les mains du peuple de l'Aquilon.

25 Le Seigneur des armées, le Dieu d'Israël, a dit : Je vais visiter *dans ma colère* le tumulte d'Alexandrie, Pharaon et l'Égypte, ses dieux et ses rois ; Pharaon et ceux qui mettent leur confiance en lui.

26 Je les livrerai entre les mains de ceux qui cherchent à leur ôter la vie, entre les mains de Nabuchodonosor, roi de Babylone, et entre les mains de ses serviteurs. Et après cela je ferai encore habiter l'Égypte comme elle était autrefois, dit le Seigneur.

27 Ne craignez donc point, vous Jacob, mon serviteur ; et vous Israël, ne vous épouvantez point ; parce que quelque loin que vous soyez, je vous sauverai, et je tirerai vos enfants du pays où vous êtes captifs. Jacob reviendra, et se reposera en paix ; tout lui réussira heureusement, et il n'y aura plus personne qui lui donne de la crainte.

28 N'ayez point de peur, vous, mon serviteur Jacob, dit le Seigneur ; parce que je suis avec vous : car je perdrai tous les peuples parmi lesquels je vous ai banni, et pour vous je ne vous perdrai point ; mais je vous châtierai avec une juste modération, sans vous épargner comme si vous étiez innocent.

CHAPITRE XLVII.

PAROLE du Seigneur au prophète Jérémie, contre les peuples de Palestine, avant que Pharaon prît Gaza.

2 Voici ce que dit le Seigneur : De grandes eaux s'élèvent de l'Aquilon ; elles seront comme un torrent qui inondera les campagnes, qui couvrira la terre et tout ce qu'elle contient, les villes et tous ceux qui les habitent. Les hommes crieront, et tous ceux qui sont sur la terre pousseront des hurlements,

3 à cause du bruit éclatant des armes et des gens de guerre, de l'agitation de ses chariots, et de la multitude de leurs roues. Les pères n'ont pas seulement regardé leurs enfants, tant leurs bras étaient abattus ;

4 parce que le jour est venu auquel tous les Philistins doivent être ruinés, auquel Tyr et Sidon seront détruites avec tout ce qui était venu à leur secours. Car le Seigneur a mis au pillage les peuples de Palestine, les restes de l'île de Cappadoce.

5 Gaza s'arrache les cheveux, Ascalon est dans le silence avec ce qui lui reste de sa vallée. Jusques à quand vous ferez-vous des incisions *dans votre douleur ?*

6 O épée du Seigneur ! ne te reposeras-tu jamais ? Rentre en ton fourreau, refroidis-toi, et ne frappe plus.

7 Comment se reposerait-elle, puisque le Seigneur lui a commandé d'attaquer Ascalon, et tout le pays de la côte de la mer, et qu'il lui a prescrit ce qu'elle doit y faire ?

CHAPITRE XLVIII.

VOICI ce que le Seigneur des armées, le Dieu d'Israël, dit contre Moab : Malheur à Nabo ! parce qu'elle a été détruite, et qu'elle est tombée dans la confusion. Cariathaïm a été prise, la ville forte a été couverte de confusion et pénétrée de frayeur.

2 Moab ne se glorifiera plus d'Hésébon : *les ennemis* ont fait dessein de la perdre. Venez, *ont-ils dit*, exterminons-la du nombre des peuples. Vous serez donc réduite au silence, et l'épée vous suivra *partout*.

3 Un grand cri s'élève d'Oronaïm, *le bruit d'*un pillage et d'une grande défaite.

4 Moab est détruite : apprenez à ses petits enfants à jeter de grands cris.

5 Elle montera tout éplorée par la colline de Luith ; parce que les ennemis ont entendu dans la descente d'Oronaïm les cris et les hurlements de son peuple taillé en pièces.

6 Fuyez, sauvez vos âmes, et cachez-vous comme des bruyères dans le désert.

7 Parce que vous avez mis votre confiance dans vos fortifications et dans vos trésors, vous serez prise aussi comme les autres, et Chamos sera mené captif avec ses prêtres et ses princes.

8 Il n'y aura point de ville qui ne soit attaquée par l'ennemi ; il n'y aura point de ville qui échappe. Les vallées seront au pillage, et les campagnes seront ravagées, parce que c'est le Seigneur qui l'a dit.

9 Quelque florissante que soit Moab, elle sera au milieu de tout son éclat emmenée captive ; ses villes seront désertes et inhabitées.

10 Maudit celui qui fait l'œuvre de Dieu avec fraude *et* déguisement ! maudit celui qui retient son épée, et qui l'empêche de verser le sang !

11 Moab dès sa jeunesse a été dans l'abondance ; il s'est reposé sur sa lie ; on ne l'a point fait passer d'un vaisseau dans un autre, et il n'a point été emmené captif. C'est pourquoi son goût lui est toujours demeuré, et son odeur ne s'est point changée.

12 Mais voici le temps, dit le Seigneur, où je lui enverrai des gens pour déranger et pour renverser ses vases pleins de vin. Ils le renverseront lui-même ; ils videront ses vaisseaux, et ils briseront jusqu'à ses petits vases.

13 Et Chamos donnera de la confusion à Moab, comme Bethel est devenu le sujet de la confusion de la maison d'Israël, qui y avait mis sa confiance.

14 Comment dites-vous : Nous sommes forts, et nous sommes vaillants pour combattre ?

15 Moab a été détruit, ses villes ont été brûlées, les plus vaillants de ses jeunes gens ont été égorgés, dit le Roi qui a pour nom le Dieu des armées.

16 La destruction de Moab est proche, et sa ruine va venir très-promptement.

17 Consolez-le, vous tous qui êtes autour de lui ; vous tous qui avez entendu parler de son nom, dites : Comment ce sceptre si fort, ce sceptre de gloire a-t-il été brisé ?

18 Descends de ta gloire, et repose-toi *dans l'indigence et* dans la soif, fille habitante de Dibon ; parce que l'ennemi qui a ravagé Moab, montera sur tes murs et renversera tes remparts.

19 Habitante d'Aroër, tenez-vous sur le chemin, et regardez ce qui se passe ; interrogez celui qui s'enfuit, et dites à celui qui se sauve : Qu'est-il arrivé ?

20 Moab est confus, parce qu'il a été vaincu. Hurlez, criez, publiez sur l'Arnon, que *la grande* Moab a été détruite.

21 Le jugement *de Dieu* est tombé sur la campagne, sur Hélon, sur Jasa, sur Méphaath,

22 sur Dibon, sur Nabo, sur la maison de Déblathaïm,

23 sur Cariathaïm, sur Bethgamul, sur Bethmaon,

24 sur Carioth, sur Bosra, et sur toutes les villes de Moab, ou voisines, ou éloignées.

25 La corne de Moab a été rompue, et son bras a été brisé, dit le Seigneur.

26 Enivrez Moab, parce qu'il s'est élevé contre le Seigneur ; qu'il se blesse la main *en tombant* sur ce qu'il avait vomi ; et qu'il devienne lui-même le sujet de la moquerie des hommes.

27 Car vous vous êtes, *ô Moab !* moqué d'Israël, comme d'un voleur qui est surpris au milieu de ses complices, et vous serez vous-même mené captif, à cause de la dureté avec laquelle vous avez parlé de lui.

28 Abandonnez les villes, et demeurez dans les roches, habitants de Moab. Soyez comme la colombe qui fait son nid dans les plus hautes ouvertures *des rochers*.

29 Nous avons appris l'orgueil de Moab, il est extraordinairement superbe ; nous connaissons son élèvement, son insolence, son orgueil et la fierté de son cœur altier.

30 Je sais, dit le Seigneur, quelle est sa présomption ; que sa force ne répond pas à sa vanité, et que ses efforts ont été beaucoup au delà de son pouvoir.

31 C'est pourquoi je répandrai des larmes sur Moab, j'adresserai mes cris à toute la ville de Moab ; je joindrai mes pleurs à ceux des habitants de ses murailles de brique.

32 O vigne de Sabama ! je vous pleurerai comme *j'ai pleuré* Jazer. Vos rejetons ont passé la mer, ils se sont étendus jusqu'à la mer de Jazer. L'ennemi a ravagé vos blés et vos vignes.

33 La joie et la réjouissance ont été bannies de ce Carmel, et de la terre de Moab. J'ai fait cesser le vin des pressoirs, et ceux qui foulaient les raisins ne chanteront plus leurs chansons ordinaires.

34 Les cris d'Hésébon ont pénétré jusqu'à Eléalé et jusqu'à Jasa : ils ont fait entendre leur voix depuis Ségor jusqu'à Oronaïm ; *ils poussent des cris* comme une génisse de trois ans : les eaux mêmes de Nemrim deviendront très-mauvaises.

35 Et je bannirai de Moab, dit le Seigneur, tous ceux qui présentaient leurs oblations sur les hauts lieux, et qui sacrifiaient à ses dieux.

36 C'est pourquoi mon cœur poussera des soupirs sur Moab, et imitera les sons de la flûte ; mon cœur imitera ces sons en faisant retentir ses gémissements sur les habitants de ses murailles de brique. Ils se sont perdus, parce qu'ils ont voulu faire plus qu'ils ne pouvaient.

37 Toutes les têtes seront sans cheveux, et toutes les barbes seront rasées ; ils auront tous les mains liées, et le cilice sur le dos.

38 On n'entendra que pleurs et soupirs sur tous les toits de Moab et dans toutes ses places ; parce que j'ai brisé Moab comme *on brise* un vase inutile, dit le Seigneur.

39 Comment la ville de Moab a-t-elle été vaincue ? Comment a-t-elle jeté tant de cris et de hurlements ? Comment a-t-elle enfin baissé la tête dans la confusion dont elle est couverte ? Moab deviendra un sujet de raillerie, et un exemple redoutable à tous ceux qui l'environnent.

40 Voici ce que dit le Seigneur : *L'ennemi* va prendre son vol comme un aigle, il étendra ses ailes et *viendra fondre* sur Moab.

41 Carioth est prise, l'ennemi s'est saisi de ses remparts, et en ce jour-là le cœur des plus vaillants de Moab sera semblable à celui d'une femme qui est dans le travail de l'enfantement.

42 Moab cessera d'être peuple, parce qu'il s'est glorifié contre le Seigneur.

43 La frayeur, la fosse et le piège vous attendent, ô habitant de Moab ! dit le Seigneur.

44 Qui aura fui dans son épouvante, tombera dans la fosse ; et qui se sera tiré de la fosse, sera pris au piège. Car je vais faire venir sur Moab l'année où je les visiterai *dans ma colère*, dit le Seigneur.

45 Ceux qui fuyaient le piège, se sont arrêtés à l'ombre d'Hésébon ; mais le feu est sorti d'Hésébon, et la flamme au milieu de Séhon : elle a dévoré une partie de Moab, et les principaux des enfants *de confusion et* de tumulte.

46 Malheur à vous, ô Moab ! Vous êtes perdu, peuple de Chamos ; vos fils et vos filles ont été emmenés en captivité.

47 Mais dans les derniers jours je ferai revenir les captifs de Moab, dit le Seigneur. Jusqu'ici *ce sont* les jugements du Seigneur contre Moab.

CHAPITRE XLIX.

PROPHÉTIE adressée aux enfants d'Ammon. Voici ce que dit le Seigneur : Israël n'a-t-il point d'enfants ? ou n'a-t-il point d'héritiers ? Pourquoi donc Melchom s'est-il emparé de Gad comme de son héritage ? et pourquoi son peuple a-t-il établi sa demeure dans ses villes ?

2 C'est pour cela qu'il viendra un jour, dit le Seigneur, que je ferai entendre dans Rabbath, capitale des enfants d'Ammon, le frémissement et le bruit des armes ; qu'elle deviendra par sa ruine un monceau de pierres ; que ses filles seront consumées par le feu, et qu'Israël se rendra maître de ceux qui l'auront maîtrisé, dit le Seigneur.

3 Poussez *des cris et* des hurlements, ô Hésébon ! parce que Haï a été détruite. Criez, enfants de Rabbath ; revêtez-vous de cilices ; faites retentir vos plaintes et vos soupirs en courant autour des haies ; parce que Melchom sera emmené captif, et avec lui ses prêtres et ses princes.

4 Pourquoi vous glorifiez-vous dans vos vallées ? Votre vallée s'est écoulée comme l'eau, ô fille délicate ! qui mettiez votre

confiance dans vos trésors, et qui disiez : Qui viendra contre moi ?

5 Je vais faire tomber la frayeur sur vous, dit le Seigneur, le Dieu des armées : vous tremblerez devant tous ceux qui vous environnent ; et vous serez tous dispersés, l'un d'un côté, l'autre de l'autre, sans qu'il y ait personne pour vous rallier dans vôtre fuite.

6 Apres cela je ferai revenir les captifs des enfants d'Ammon, dit le Seigneur.

7 *Prophétie adressée* à l'Idumée. Voici ce que dit le Seigneur des armées : N'y a-t-il donc plus de sagesse dans Théman ? Ses enfants sont sans conseil ; leur sagesse leur est devenue inutile.

8 Fuyez, sauvez-vous de vos ennemis, descendez dans les creux de la terre les plus profonds, habitants de Dédan ; parce que j'ai fait venir sur Esaü le jour de sa destruction, le temps où je dois le visiter *dans ma colère.*

9 Si des gens fussent venus pour dépouiller vos vignes, ne vous auraient-ils pas laissé quelques raisins ? Si des voleurs fussent venus vous voler la nuit, ils n'auraient pris que ce qu'ils auraient cru devoir leur suffire.

10 Mais pour moi, j'ai fouillé *et* j'ai découvert Esaü : j'ai mis au jour ce qu'il tenait le plus caché, et il ne pourra plus demeurer secret. Ses enfants, ses frères, et ses voisins ont été ruinés, et il ne sera plus.

11 Laissez vos pupilles, je leur sauverai la vie, et vos veuves espéreront en moi.

12 Car voici ce que dit le Seigneur : Ceux qui ne semblaient pas devoir être jugés à la rigueur pour boire du calice de l'affliction, seront néanmoins contraints d'en boire ; et vous, ô Edom ! demeurerez-vous impuni comme si vous étiez innocent ? Vous ne serez point traité comme innocent ; mais vous boirez certainement de ce calice.

13 Je jure par moi-même, dit le Seigneur, que Bosra sera désolée, qu'elle sera déserte, qu'elle deviendra l'objet des insultes et de la malédiction des hommes, et que toutes ses villes seront réduites en des solitudes éternelles.

14 Car j'ai entendu une voix qui venait du Seigneur, et un ambassadeur a été envoyé vers les nations *pour leur dire :* Assemblez-vous *tous,* et venez contre Bosra, et marchons tous ensemble pour la combattre.

15 Car je vais vous rendre petit entre les peuples, et méprisable entre les hommes.

16 Votre insolence et l'orgueil de votre cœur vous a séduit, vous qui habitez dans les creux des rochers, et qui tâchez de monter jusqu'au sommet des coteaux. Quand vous auriez élevé votre nid aussi haut que l'aigle, je vous arracherais néanmoins de là, dit le Seigneur.

17 L'Idumée sera déserte : quiconque passera au travers de ses terres, sera frappé d'étonnement, et se rira de toutes ses plaies.

18 Elle sera renversée comme l'ont été Sodome et Gomorrhe avec les villes voisines, dit le Seigneur : il n'y aura plus personne qui y demeure, il n'y aura plus d'hommes pour y habiter.

19 L'ennemi *viendra* comme un lion *qui sort* des rives superbes du Jourdain, il s'avancera contre ses villes si fortes et si belles : car je le ferai fondre tout d'un coup sur l'Idumée. Où sont les vaillants hommes, afin que je les emploie contre elle ? Car qui est semblable à moi ? Qui pourra subsister devant moi ? Qui est le pasteur et *le roi des hommes* qui puisse soutenir l'éclat de ma face ?

20 Ecoutez donc le dessein que le Seigneur a formé contre Edom, et les résolutions qu'il a prises contre les habitants de Théman ; Je jure, *a-t-il dit,* que les plus petits *et les moindres* de l'armée les mettront en fuite, et renverseront avec eux *toute* leur ville.

21 Le bruit de leur ruine a ému toute la terre, et leurs cris se sont fait entendre sur les eaux de la mer Rouge.

22 *L'ennemi* va paraître comme un aigle ; il prendra son vol, et il étendra ses ailes *et viendra fondre* sur Bosra ; et en ce jour-là le cœur des vaillants d'Idumée sera semblable à celui d'une femme qui est dans les douleurs de l'enfantement.

23 *Prophétie adressée* à Damas. Hémath et Arphad sont dans la confusion *et* dans l'épouvante, parce qu'une nouvelle funeste les a étonnés. Ceux de la côte de la mer sont saisis de trouble ; et dans l'inquiétude qui les agite ils ne peuvent trouver de repos.

24 Damas a perdu courage, elle fuit de toutes parts ; elle est pénétrée de frayeur ; elle est accablée des douleurs qui la pressent et qui la déchirent comme une femme qui est en travail.

25 Comment ont-ils ainsi abandonné cette ville si belle, cette ville de délices ?

26 Ses jeunes gens tomberont morts dans ses places, et tous ses hommes de guerre seront dans un profond silence en ce jour-là, dit le Seigneur des armées.

27 Je mettrai le feu aux murs de Damas, et il dévorera les murailles de Bénadad.

28 *Prophétie adressée* à Cédar et aux royaumes d'Asor, qui ont été *ensuite* détruits par Nabuchodonosor, roi de Babylone. Voici ce que dit le Seigneur : Allez, marchez contre Cédar, et ruinez les peuples de l'Orient.

29 Ils enlèveront leurs tentes et leurs troupeaux : ils prendront pour eux leurs pavillons, tout leur équipage avec leurs chameaux, et ils les frapperont de terreur de toutes parts.

30 Fuyez, habitants d'Asor, courez à perte d'haleine ; cachez-vous dans les creux de la terre, dit le Seigneur. Car Nabuchodonosor, roi de Babylone, a formé des desseins contre vous, et il a résolu de vous perdre.

31 Allez tous ensemble, marchez contre un peuple qui jouit de la paix, et qui vit dans une entière sûreté, dit le Seigneur. Vous n'y trouverez ni portes ni serrures ; ils demeurent seuls.

32 Tous leurs chameaux seront au pillage, et la multitude de leurs troupeaux sera en proie. Je dispersai dans tous les coins de la terre ces gens qui se coupent les cheveux en rond, et je leur susciterai des ennemis mortels d'entre tous les peuples qui les environnent, dit le Seigneur.

33 Et Asor deviendra la demeure des dragons, elle sera éternellement déserte, il n'y demeurera personne, il n'y aura pas un seul homme qui y habite.

34 Parole que le Seigneur dit au prophète Jérémie contre Elam, au commencement du règne de Sédécias, roi de Juda.

35 Voici ce que dit le Seigneur des armées : Je vais briser l'arc d'Elam, et je détruirai toutes leurs forces.

36 Je ferai venir contre Elam les quatre vents des quatre coins de la terre, je les dispersai dans tous ces vents ; et il n'y aura point de peuple où les fugitifs d'Elam n'aillent chercher leur retraite.

37 Je ferai trembler Elam devant ses ennemis, devant ceux qui chercheront à lui ôter la vie. Je ferai tomber sur eux les maux et l'indignation de ma fureur, dit le Seigneur, et j'enverrai après eux l'épée qui les poursuivra jusqu'à ce que je les aie consumés.

38 J'établirai mon trône dans Elam, et j'en exterminerai les rois et les princes, dit le Seigneur.

39 Mais dans les derniers jours, dit le Seigneur, je ferai revenir les captifs d'Elam.

CHAPITRE L.

PAROLES que le Seigneur dit touchant Babylone, et touchant le pays des Chaldéens, par le prophète Jérémie.

2 Annoncez *ceci* parmi les nations, faites-*le* entendre, levez l'étendard, publiez-le, et ne le cachez point ; dites : Babylone a été prise, Bel est confondu, Mérodach est vaincu, leurs statues sont brisées, et leurs idoles vaincues.

3 Car un peuple vient de l'Aquilon contre Babylone, qui réduira son pays en solitude, sans qu'il y ait plus ni homme ni bête qui y habite : ils ont pris la fuite, et ils se sont retirés ailleurs.

4 En ce jour-là et en ce temps-là, dit le Seigneur, les enfants d'Israël et les enfants de Juda retourneront tous ensemble ; ils marcheront et viendront à grande hâte en pleurant, et ils chercheront le Seigneur, leur Dieu.

5 Ils demanderont le chemin pour aller à Sion ; tous leurs regards seront tournés de ce côté-là : ils viendront, et ils se réuniront au Seigneur, par une alliance éternelle, dont la mémoire ne s'effacera

jamais.

6 Mon peuple est devenu un troupeau de brebis égarées : leurs pasteurs les ont séduites, ils les ont fait errer par les montagnes ; elles ont passé des montagnes sur les collines ; elles ont oublié le lieu de leur repos.

7 Tous ceux qui les ont trouvées, les ont dévorées, et leurs ennemis ont dit : Nous ne péchons point en les traitant si mal, parce qu'elles avaient offensé le Seigneur qui est la beauté de la justice, le Seigneur qui avait été l'attente de leurs pères.

8 Fuyez du milieu de Babylone, sortez du pays des Chaldéens, et soyez comme les chevreaux qui marchent a la tête du troupeau.

9 Car je vais susciter du pays de l'Aquilon une multitude de peuples réunis ensemble, et je les ferai venir contre Babylone ; ils se prépareront pour l'assiéger, et ils la prendront. Leurs flèches seront comme la flèche qui part de la main meurtrière d'un vaillant homme, qui n'est jamais sans effet.

10 La Chaldée sera livrée en proie, et tous ceux qui la pilleront, s'enrichiront de ses dépouilles, dit le Seigneur.

11 Comme vous avez triomphé de joie, et que vous avez parlé insolemment en pillant mon héritage ; comme vous vous êtes répandus *en des réjouissances*, ainsi que de jeunes veaux qui bondissent sur l'herbe, et comme des taureaux qui font retentir leurs mugissements :

12 votre mère sera *aussi* couverte d'une extrême confusion, cette ville où vous êtes nés sera égalée à la poussière qui est sur la terre, elle deviendra la dernière des nations, et elle sera changée en un désert sans chemin et sans eau.

13 La colère du Seigneur la rendra inhabitée et la réduira en un désert : quiconque passera par Babylone, sera frappé d'étonnement, et se rira de toutes ses plaies.

14 Attaquez Babylone de tous côtés, vous tous qui savez manier l'arc : combattez-la ; n'épargnez point les flèches, parce qu'elle a péché contre le Seigneur.

15 Jetez de grands cris contre elle : elle tend déjà les mains de toutes parts ; ses fondements se renversent, ses murailles tombent par terre, parce que le jour de la vengeance du Seigneur est venu. Vengez-vous d'elle, et traitez-la comme elle a traité les autres.

16 Exterminez de Babylone celui qui sème, et celui qui tient la faucille au temps de la moisson : ils fuiront tous devant l'épée de la colombe, et chacun retournera à son peuple, et se retirera dans son pays.

17 Israël est un troupeau de brebis dispersées ; les lions l'ont chassé *de son pays*. Le roi d'Assur l'a dévoré le premier : mais Nabuchodonosor, roi de Babylone, qui est son dernier ennemi, lui a brisé tous les os.

18 C'est pourquoi, voici ce que dit le Seigneur des armées, le Dieu d'Israël : Je vais visiter *dans ma colère* le roi de Babylone et son pays, comme j'ai visité le roi d'Assur.

19 Je ramènerai Israël dans le lieu de sa demeure ; il rentrera dans ses pâturages du Carmel et de Basan, et son âme se rassasiera sur la montagne d'Ephraïm et de Galaad.

20 En ces jours-là et en ce temps-là, dit le Seigneur, on cherchera l'iniquité d'Israël, et elle ne sera plus ; le péché de Juda, et il ne se trouvera point, parce que je me rendrai favorable à ceux que je me serai réservés.

21 Marchez contre la terre des dominateurs *des peuples*, et faites la vengeance de ses habitants ; renversez, tuez tous ceux qui les suivent, dit le Seigneur, et faites tout selon l'ordre que je vous ai donné.

22 Le bruit des armées s'entend sur la terre, et *il est suivi* d'une grande plaie.

23 Comment *celui qui était comme* le marteau de toute la terre a-t-il été brisé et réduit en poudre ? Comment cette Babylone *si fameuse* parmi les nations a-t-elle été changée en un désert ?

24 Je vous ai fait tomber dans un piége, O Babylone ! et vous avez été prise, sans vous en être aperçue : vous avez été surprise et saisie tout d'un coup, parce que c'est le Seigneur que vous avez irrité.

25 Le Seigneur a ouvert son trésor, il en a tiré les armes de sa colère : car c'est ici l'œuvre du Seigneur, *l'œuvre* du Dieu des armées contre le pays des Chaldéens.

26 Marchez contre elle des extrémités du monde, ouvrez tout pour donner entrée à ceux qui doivent la fouler aux pieds ; ôtez les pierres des chemins et mettez-les en monceaux ; tuez tout dans elle, sans y rien laisser.

27 Exterminez tout ce qu'elle a de vaillants hommes ; faites-les venir pour être égorgés ; malheur à eux ! parce que leur jour est venu, le temps où Dieu devait les visiter *dans sa colère*.

28 On *entend* la voix de ceux qui fuient, de ceux qui sont échappés du pays de Babylone, qui viennent annoncer à Sion la vengeance du Seigneur, notre Dieu, la vengeance *qu'il a faite* de son temple.

29 Annoncez à tous ceux qui tirent de l'arc, qu'ils viennent en foule contre Babylone ; attaquez-la, environnez-la de toutes parts, et que personne n'échappe : rendez-lui ce que ses œuvres ont mérité ; traitez-la selon tous les crimes qu'elle a commis, parce qu'elle s'est élevée contre le Seigneur, contre le Saint d'Israël.

30 C'est pourquoi ses jeunes hommes tomberont morts dans ses places et dans ses rues, et tous ses gens de guerre seront réduits en ce jour-là dans un profond silence, dit le Seigneur.

31 Je viens à toi, *ô prince* superbe ! dit le Seigneur, le Dieu des armées, parce que ton jour est venu, le temps où je dois te visiter *dans ma colère*.

32 Il sera renversé ce superbe ; il tombera par terre, et il n'y aura personne pour le relever ; je mettrai le feu à ses villes, et il dévorera tout ce qui est aux environs.

33 Voici ce que dit le Seigneur des armées : Les enfants d'Israël, aussi bien que les enfants de Juda, souffrent *l'oppression et* la calomnie : tous ceux qui les ont pris les retiennent et ne veulent point les laisser aller.

34 *Mais* leur Rédempteur est fort ; son nom est le Seigneur des armées : il prendra, en les jugeant, la défense de leur cause ; il épouvantera la terre, et il jettera le trouble *et la terreur* parmi les habitants de Babylone.

35 L'épée est tirée contre les Chaldéens, dit le Seigneur, contre les habitants de Babylone, contre ses princes et contre ses sages.

36 L'épée est tirée contre ses devins qui paraîtront des insensés ; l'épée est tirée contre ses braves qui seront saisis de crainte.

37 L'épée est tirée contre ses chevaux, contre ses chariots, et contre tout le peuple qui est au milieu d'elle, et ils deviendront comme des femmes. L'épée est tirée contre ses trésors, et ils seront pillés.

38 La sécheresse tombera sur ses eaux, et elles sécheront ; parce qu'elle est une terre d'idoles, et qu'elle se glorifie en des monstres.

39 C'est pourquoi les dragons viendront y demeurer avec les faunes qui vivent de figues sauvages ; elle servira de retraite aux autruches ; elle ne sera plus habitée ni rebâtie dans la suite de tous les siècles.

40 Le Seigneur la renversera, comme il renversa Sodome et Gomorrhe, et les villes voisines, dit le Seigneur : personne n'y demeurera *plus*, et *jamais* homme n'y habitera.

41 Je vois un peuple qui vient de l'Aquilon, une nation redoutable, et de grands rois s'élèveront des extrémités du monde.

42 Ils prennent leur arc et leur bouclier ; ils sont cruels et impitoyables ; le bruit de leurs troupes retentira comme celui de la mer ; ils monteront sur leurs chevaux, et ils paraîtront contre toi, ô fille de Babylone ! comme un homme prêt à combattre.

43 Le roi de Babylone a eu avis de leurs grands préparatifs, et ses mains en sont demeurées sans force ; il a été saisi d'épouvante et pénétré de douleur comme une femme qui est en travail d'enfant.

44 L'ennemi viendra comme un lion *qui sort* des rives superbes du Jourdain, il s'avancera contre ses villes si fortes et si belles : car je le ferai fondre tout d'un coup sur Babylone. Où sont les hommes vaillants, afin que je les emploie contre elle ? Car qui est semblable à moi ? Qui pourra subsister devant moi ? Qui est le pasteur *et le roi des hommes* qui puisse soutenir l'éclat de ma face ?

45 C'est pourquoi écoutez le dessein du Seigneur, le dessein qu'il

a formé dans son esprit contre Babylone, et les résolutions qu'il a prises contre le pays des Chaldéens. Je jure, a-t-il dit, que les moindres soldats de l'armée les mettront en fuite, et qu'ils ruineront avec eux toute leur ville.

46 Le bruit de la captivité de Babylone a épouvanté la terre, et ses cris se sont fait entendre parmi les nations.

CHAPITRE LI.

VOICI ce que dit le Seigneur : Je susciterai comme un vent de peste contre Babylone et contre ses habitants, qui ont élevé leur cœur contre moi ;

2 et j'enverrai contre Babylone des gens le van à la main qui la vanneront et qui ravageront tout son pays, parce qu'ils viendront fondre sur elle tous ensemble au jour de son affliction.

3 Que celui qui s'apprête à tendre son arc, ne le tende point ; que l'homme d'armes ne prenne point sa cuirasse : n'épargnez point ses jeunes hommes, exterminez toutes ses troupes.

4 Les morts tomberont en foule au pays des Chaldéens, et ils seront percés de coups dans ses provinces ;

5 parce qu'Israël et Juda n'ont point été abandonnés de leur Dieu qui est le Seigneur des armées, et que le Saint d'Israël a rempli le pays des Chaldéens *du fruit* de leurs crimes.

6 Fuyez du milieu de Babylone, et que chacun ne pense qu'à sauver sa vie. Ne cachez point son iniquité sous le silence ; parce que voici le temps où le Seigneur doit se venger d'elle, et c'est lui-même qui lui rendra ce qu'elle mérite.

7 Babylone est une coupe d'or dans la main du Seigneur, qui a enivré toute la terre : toutes les nations ont bu de son vin, et elles en ont été agitées.

8 Babylone est tombée en un moment, et elle s'est brisée dans sa chute. Poussez des cris *et* des hurlements sur elle ; prenez de la résine, *et l'appliquez* sur son mal, pour voir si elle pourra guérir.

9 Nous avons traité Babylone, et elle n'a point été guérie : abandonnons-la, et que chacun retourne en son pays ; parce que la condamnation qu'elle mérite est montée jusqu'au ciel, et s'est élevée jusqu'aux nues.

10 Le Seigneur nous a fait justice publiquement. Venez, et publions en Sion l'ouvrage du Seigneur, notre Dieu.

11 Aiguisez vos flèches, remplissez vos carquois. Le Seigneur a suscité le courage du roi des Mèdes, il a formé sa résolution contre Babylone, afin de la perdre ; parce que le temps de la vengeance du Seigneur est arrivé, le temps de la vengeance de son temple.

12 Levez l'étendard sur les murs de Babylone, augmentez sa garde, posez des sentinelles, mettez des gens en embuscade ; parce que le Seigneur va exécuter tout ce qu'il avait résolu et ce qu'il avait prédit contre les habitants de Babylone.

13 Vous qui habitez sur de grandes eaux, vous qui étiez si abondante dans vos trésors, votre fin est venue, votre entière destruction est arrivée.

14 Le Seigneur des armées a juré par lui-même : Je ferai, *dit-il,* fondre les hommes sur vous, comme une nuée de chenilles, et ils jetteront des cris de joie en vous détruisant.

15 C'est lui qui a fait la terre par sa puissance, qui a établi le monde par sa sagesse, et qui a, par sa prudence, étendu les cieux.

16 Au bruit de sa voix les eaux s'amassent dans le ciel, il élève les nuées des extrémités de la terre, il fait résoudre les tonnerres en pluie, et il tire les vents de ses trésors.

17 L'art des hommes les a rendus tous insensés, les statues sont devenues la confusion de ceux qui les ont faites, parce que leur ouvrage n'est qu'un mensonge, et une matière qui n'a point de vie.

18 Ce sont des ouvrages vains, et dignes de risée ; ils périront au temps où Dieu les visitera *dans sa colère.*

19 Celui que Jacob a pris pour son partage, n'est pas comme ces faux dieux. Car c'est lui qui a créé toutes choses : Israël est son royaume héréditaire, et son nom est le Seigneur des armées.

20 Vous êtes le marteau dont je briserai *les traits et* les armes ; je briserai par vous les nations, et je détruirai par vous les royaumes.

21 Je briserai par vous les chevaux et les cavaliers ; je briserai par vous les chariots et ceux qui combattent dessus.

22 Je briserai par vous les hommes et les femmes ; je briserai par vous les vieillards et les enfants ; je briserai par vous les jeunes hommes et les jeunes filles.

23 Je briserai par vous le pasteur et son troupeau ; je briserai par vous le laboureur et les bœufs qu'il mène ; je briserai par vous les chefs et les magistrats.

24 Et après cela je rendrai à Babylone et à tous les habitants de la Chaldée, tous les maux qu'ils ont faits dans Sion ; *je les leur rendrai à* vos yeux, dit le Seigneur.

25 Je vais à toi, ô montagne contagieuse ! dit le Seigneur, qui corromps toute la terre ; j'étendrai ma main sur toi : je t'arracherai d'entre les rochers, et te rendrai une montagne consumée par les flammes.

26 On ne tirera point de toi de pierre pour l'angle de l'édifice, ni de pierre pour le fondement ; mais tu seras éternellement détruite, dit le Seigneur.

27 Levez l'étendard sur la terre ; faites sonner la trompette parmi les peuples ; préparez les nations contre Babylone : appelez contre elle les rois d'Ararat, de Menni et d'Ascenez ; assemblez contre elle Taphsar ; faites venir les chevaux en foule comme des chenilles hérissées de toutes parts.

28 Armez contre elle les nations, le roi de Médie, ses capitaines, tous ses magistrats et toutes les provinces soumises à sa puissance.

29 Toute la terre sera dans l'émotion et dans l'épouvante ; parce que le Seigneur appliquera sa pensée contre Babylone, pour rendre le pays de Babylone tout désert et inhabité.

30 Les vaillants hommes de Babylone se sont retirés du combat, ils sont demeurés dans les places de guerre ; toute leur force s'est anéantie, ils sont devenus comme des femmes : leurs maisons ont été brûlées, et toutes les barres en ont été rompues.

31 Les courriers rencontreront les courriers, et les messagers se rencontreront l'un l'autre pour aller dire au roi de Babylone que sa ville a été prise d'un bout à l'autre ;

32 que l'ennemi s'est emparé des gués du fleuve, qu'il a mis le feu dans les marais, et que tous les gens de guerre sont dans l'épouvante.

33 Car voici ce que dit le Seigneur des armées, le Dieu d'Israël : La fille de Babylone est comme l'aire ; il y aura un temps où elle sera foulée *comme le blé ;* encore un peu, et viendra le temps de la moissonner.

34 Nabuchodonosor, roi de Babylone, m'a pillée, il m'a dévorée : il m'a rendue comme un vaisseau vide ; il m'a absorbée comme un dragon, il a rempli son ventre de ce que j'avais de plus délicieux, et il m'a chassée.

35 La violence qui m'a été faite, et le carnage de mes enfants, est sur Babylone, dit la fille de Sion ; et mon sang est sur les habitants de la Chaldée, dit Jérusalem.

36 C'est pourquoi, voici ce que dit le Seigneur : Je vais moi-même vous faire justice, et je vous vengerai moi-même : je mettrai à sec la mer de Babylone, et je tarirai ses eaux.

37 Babylone sera réduite en des monceaux de pierres, elle deviendra la demeure des dragons, l'objet de l'étonnement et de la raillerie des hommes ; parce qu'il n'y aura plus personne qui y demeure.

38 Ils rugiront comme des lions, ils dresseront leur crinière comme des lionceaux.

39 Je les ferai boire dans leur chaleur, et je les enivrerai, afin qu'ils s'assoupissent et qu'ils dorment d'un sommeil éternel, et qu'ils ne se relèvent jamais, dit le Seigneur.

40 Je les conduirai comme des agneaux qu'on va égorger, et comme des béliers qu'on mène avec des chevreaux.

41 Comment Sésach a-t-elle été prise ? comment la plus belle ville du monde est-elle tombée entre les mains de ses ennemis ? Comment Babylone est-elle devenue l'étonnement de tous les peuples ?

42 La mer est montée sur Babylone, elle a été couverte par l'inondation de ses flots.

43 Ses villes sont devenues un spectacle d'horreur, une terre

déserte et inhabitée, une terre où personne ne demeure, où il ne passe pas un seul homme.

44 J'exercerai mes jugements sur Bel à Babylone ; je ferai sortir de sa bouche ce qu'il avait déjà absorbé. Les peuples n'iront plus en foule vers cette idole, parce que toutes les murailles de Babylone tomberont par terre.

45 Sortez, ô mon peuple ! du milieu d'elle ; afin que chacun sauve son âme de l'ardente fureur du Seigneur.

46 Que votre cœur ne s'affaiblisse point, et ne craignez point les bruits qui courront sur la terre. Il en viendra un dans une année, et un autre l'année d'après ; l'oppression régnera dans le pays, et les dominateurs violents se succéderont l'un à l'autre.

47 C'est pourquoi le temps vient, dit le Seigneur, ou j'exercerai mes jugements sur les idoles de Babylone ; toute sa terre sera couverte de confusion, et tous ses enfants percés de coups tomberont au milieu d'elle.

48 Alors le ciel et la terre et tout ce qu'ils contiennent, loueront *Dieu* sur *le sujet de* Babylone ; parce qu'il viendra de l'Aquilon des ennemis pour la piller, dit le Seigneur.

49 Comme Babylone a fait un carnage d'hommes dans Israël, ainsi il se fera un carnage des enfants de Babylone dans toute la terre.

50 Vous qui avez fui l'épée nue, venez, ne vous arrêtez point : souvenez-vous de loin du Seigneur, et que Jérusalem soit l'objet de votre cœur et de vos pensées.

51 Nous sommes tout confus des opprobres que nous avons entendus : la honte a couvert nos visages, parce que des étrangers sont venus détruire le sanctuaire de la maison du Seigneur.

52 C'est pourquoi le temps vient, dit le Seigneur, que je ferai éclater mes jugements sur ses idoles, et qu'on entendra crier dans tout le pays des hommes percés de coups.

53 Quand Babylone serait montée jusqu'aux cieux, et qu'elle aurait affermi son trône sur les lieux les plus élevés, je lui enverrais néanmoins des gens qui la renverseraient par terre, dit le Seigneur.

54 Un grand cri s'élève de Babylone, un bruit de ruine *et de débris* retentit du pays des Chaldéens.

55 Car le Seigneur a ruiné Babylone ; il a fait cesser les voix confuses de son grand peuple : le bruit de ses ennemis retentira comme celui des flots irrités, et leurs cris éclateront comme le frémissement des grandes eaux.

56 Car l'exterminateur de Babylone est venu contre elle ; ses vaillants hommes ont été pris ; leur arc a été brisé, parce que le Seigneur qui est puissant dans sa vengeance lui rendra tout ce qu'elle a mérité.

57 J'enivrerai ses princes, ses sages, ses chefs, ses magistrats et ses braves, et ils dormiront d'un sommeil éternel dont ils ne se réveilleront jamais, dit le Roi qui a pour nom le Seigneur des armées.

58 Voici ce que dit le Seigneur des armées : Ces larges murailles de Babylone seront sapées par les fondements, et renversées par terre ; ses portes si hautes seront brûlées, et les travaux de tant de peuples et de nations seront réduits au néant, ils seront consumés par les flammes, et périront.

59 Ordre donné par le prophète Jérémie à Saraïas, fils de Nérias, fils de Maasias, lorsqu'il allait de la part du roi Sédécias a Babylone, la quatrième année de son règne. Saraïas était le chef de l'ambassade.

60 Jérémie avait écrit sur un livre tous les maux qui devaient tomber sur Babylone, toutes ces paroles qui avaient été écrites contre Babylone.

61 Jérémie dit donc à Saraïas : Lorsque vous serez arrivé à Babylone, que vous aurez vu *les captifs*, et que vous leur aurez lu toutes les paroles de ce livre,

62 vous direz : C'est vous, Seigneur ! qui avez parlé contre ce lieu pour le perdre, en sorte qu'il n'y ait plus ni homme ni bête qui y habite, et qu'il soit réduit en une éternelle solitude.

63 Et après que vous aurez achevé de lire ce livre, vous le lierez à une pierre, et vous le jetterez au milieu de l'Euphrate,

64 et vous direz : C'est ainsi que Babylone sera submergée ; elle ne se relèvera plus de l'affliction que je vais faire tomber sur elle, et elle sera détruite pour jamais. Jusqu'ici *ce sont* les paroles de Jérémie.

CHAPITRE LII.

SÉDÉCIAS avait vingt et un ans lorsqu'il commença à régner, et il régna onze ans dans Jérusalem, sa mère s'appelait Amital, et était fille de Jérémie de Lobna.

2 Il pécha devant le Seigneur, et commit tous les mêmes crimes que Joakim ;

3 parce que la fureur du Seigneur était sur Jérusalem et sur Juda, jusqu'à ce qu'il les eût rejetés loin de sa face. Et Sédécias se révolta contre le roi de Babylone.

4 Or la neuvième année de son règne, le dixième jour du dixième mois, Nabuchodonosor, roi de Babylone, marcha avec toute son armée contre Jérusalem ; il l'assiégea, et il bâtit des forts autour de ses murailles.

5 La ville fut assiégée jusqu'à la onzième année du règne de Sédécias.

6 Mais le neuvième jour du quatrième mois, la famine fut grande dans toute la ville, et il n'y avait plus de vivres pour le peuple.

7 La brèche ayant été faite, tous les gens de guerre s'enfuirent, et sortirent de la ville pendant la nuit par le chemin de la porte qui est entre les deux murailles, qui mené au jardin du roi, et ils se retirèrent par le chemin qui mène au désert, pendant que les Chaldéens environnaient la ville de toutes parts.

8 En même temps l'armée des Chaldéens poursuivit le roi Sédécias ; ils le prirent dans le désert qui est près de Jéricho, et tous ceux qui l'avaient suivi s'enfuirent et l'abandonnèrent.

9 Les Chaldéens ayant pris le roi, l'amenèrent au roi de Babylone à Réblatha qui est au pays d'Emath, et Nabuchodonosor lui prononça son arrêt.

10 Le roi de Babylone fit tuer les fils de Sédécias devant les yeux de leur père, et il fit mourir en même temps tous les princes de Juda à Réblatha.

11 Il fit arracher les yeux à Sédécias, le fit charger de fers, et le roi de Babylone l'emmena à Babylone, et l'enferma dans une prison jusqu'au jour de sa mort.

12 La dix-neuvième année du règne de Nabuchodonosor, roi de Babylone, le dixième jour du cinquième mois, Nabuzardan, général de l'armée *des Chaldéens*, l'un de ceux qui se tenaient en présence du roi de Babylone, vint à Jérusalem,

13 brûla la maison du Seigneur, le palais du roi, et toutes les maisons de Jérusalem, et il mit le feu dans toutes les grandes maisons ;

14 et toute l'armée des Chaldéens qui était avec leur général, abattit toutes les murailles qui étaient autour de la ville de Jérusalem.

15 Et Nabuzardan, général de l'armée, transféra à Babylone les plus pauvres d'entre le peuple qui étaient demeurés dans la ville, ceux qui étaient allés se rendre au roi de Babylone, et tout le reste du peuple.

16 Il laissa seulement d'entre les plus pauvres du pays les vignerons et les laboureurs.

17 Les Chaldéens brisèrent aussi les colonnes d'airain qui étaient dans la maison du Seigneur, avec leurs bases et la mer d'airain qui était dans la maison du Seigneur, et ils en emportèrent tout l'airain à Babylone.

18 Ils emportèrent aussi les chaudières, les poêles, les instruments de musique, les coupes, les mortiers, tous les vases d'airain qui servaient au ministère du temple.

19 Le général de l'armée prit aussi les vases, les encensoirs, les bassins et les chaudrons, les chandeliers, les mortiers et les tasses, une partie de ces vases étant d'or et l'autre d'argent.

20 Il prit aussi les deux colonnes, la mer et les douze bœufs d'airain qui en faisaient la base, que le roi Salomon avait fait faire dans la maison du Seigneur. Le poids de l'airain de tous ces vases

ne pouvait s'estimer.

21 Chacune de ces colonnes avait dix-huit coudées de haut, elle était environnée d'un cordon de douze coudées, elle était épaisse de quatre doigts, et était creuse au dedans.

22 L'une et l'autre de ces colonnes avait son chapiteau d'airain. Le chapiteau de l'une avait cinq coudées de haut, et des rets et des grenades qui le couvraient tout autour ; le tout était d'airain ; et la seconde colonne avait des grenades et tout le reste de même.

23 Quatre-vingt-seize grenades pendaient et se liaient ensemble, et il y avait cent grenades en tout qui étaient environnées d'un rets.

24 Le général de l'armée prit aussi Saraïas qui était le premier sacrificateur, et Sophonias qui était le second, et les trois gardiens du vestibule du temple.

25 Il enleva encore de la ville un eunuque qui commandait les gens de guerre, et sept personnes de ceux qui étaient toujours devant le roi, qui se trouvèrent dans la ville, et le secrétaire intendant de l'armée qui avait soin de former les nouveaux soldats, et soixante hommes d'entre le peuple qui se trouvèrent au milieu de la ville.

26 Nabuzardan les prit tous, et les emmena au roi de Babylone à Réblatha ;

27 et le roi de Babylone les fit tous mourir à Réblatha au pays d'Emath ; et Juda fut transféré hors de son pays.

28 Voici le dénombrement du peuple qui fut transféré par Nabuchodonosor *à Babylone* : La septième année de son règne il transféra trois mille vingt-trois Juifs.

29 La dix-huitième année de son règne il transféra de Jérusalem huit cent trente-deux personnes ;

30 et la vingt-troisième année du règne de Nabuchodonosor, Nabuzardan, général de son armée, transféra sept cent quarante-cinq Juifs. Ainsi le nombre de tous ceux qui furent transférés fut de quatre mille six cents.

31 Mais la trente-septième année après que Joachin, roi de Juda, eut été transféré à Babylone, le vingt-cinquième jour du douzième mois, Evilmérodach, roi de Babylone, releva Joachin, roi de Juda, de cet abaissement où il avait été jusqu'alors, et le fit sortir de prison.

32 Il lui parla avec beaucoup de bonté ; et il éleva son trône au-dessus des trônes des rois qui étaient au-dessous de lui à Babylone.

33 Il lui fit changer les vêtements qu'il avait dans sa prison, et le fit manger devant lui tous les jours de sa vie.

34 Le roi de Babylone ordonna ce qui lui serait donné pour sa table chaque jour, et il le lui fit donner tout le temps de sa vie jusqu'au jour de sa mort.

LAMENTATIONS DE JÉRÉMIE.

CHAPITRE PREMIER.

Après que le peuple d'Israël eut été mené en captivité et que Jérusalem fut demeurée entièrement déserte, le prophète Jérémie fondant en larmes s'assit, et fit ces lamentations sur Jérusalem, soupirant dans l'amertume de son cœur, et disant avec de grands cris :

(ALEPH.) Comment cette ville si pleine de peuple est-elle maintenant si solitaire *et si désolée* ? Ma maîtresse des nations est devenue comme veuve ; la reine des provinces a été assujettie au tribut.

2 (*Beth.*) Elle n'a point cessé de pleurer pendant la nuit, et ses joues sont trempées de larmes : de tous ceux qui lui étaient chers, il n'y en a pas un qui la console ; tous ses amis l'ont méprisée, et sont devenus ses ennemis.

3 (*Ghimel.*) La *fille de* Juda s'est retirée en d'autres pays, à cause de la servitude insupportable qui l'affligeait : elle a demeuré parmi les nations, et elle n'y a point trouvé de repos : tous ses persécuteurs se sont saisis d'elle dans son extrême douleur.

4 (*Daleth.*) Les rues de Sion pleurent, parce qu'il n'y a plus personne qui vienne à ses solennités : toutes ses portes sont détruites : ses prêtres ne font que gémir : ses vierges sont toutes défigurées *de douleur* ; et elle est plongée dans l'amertume.

5 (*Hé.*) Ses ennemis se sont élevés au-dessus d'elle ; ceux qui la haïssaient se sont enrichis, parce que le Seigneur l'a condamnée, à cause de la multitude de ses iniquités : ses petits enfants ont été emmenés captifs devant l'ennemi qui les chassait.

6 (*Vav.*) Tout ce que la fille de Sion avait de beau lui a été enlevé : ses princes sont devenus comme des béliers qui ne trouvent point de pâturage, et ils sont allés tout faibles *et languissants* devant l'ennemi qui les poursuivait.

7 (*Zaïn.*) Jérusalem s'est souvenue des jours de son affliction, de ses prévarications, et de tout ce qu'elle avait eu dans les siècles passés de plus désirable, lorsque son peuple tombait sous la main ennemie, sans qu'il y eût personne pour la secourir ; ses ennemis l'ont vue, et ils se sont moqués de ses jours de repos.

8 (*Cheth.*) Jérusalem a commis un grand péché : c'est pourquoi elle est devenue errante et vagabonde : tous ceux qui l'honoraient l'ont méprisée, parce qu'ils ont vu son ignominie ; et elle a tourné son visage en arrière, en gémissant.

9 (*Teth.*) Ses souillures ont paru sur ses pieds, et elle ne s'est point souvenue de sa fin : elle a été prodigieusement abaissée, sans qu'elle ait de consolateur. Seigneur ! considérez mon affliction, parce que l'ennemi s'est élevé *avec orgueil*.

10 (*Jod.*) Les ennemis ont porté leurs mains à tout ce qu'elle avait de plus désirable : car elle a vu les nations entrer dans son sanctuaire, les *nations* au sujet desquelles vous aviez ordonné qu'elles n'entreraient jamais dans votre assemblée.

11 (*Caph.*) Tout son peuple est dans les gémissements, et cherche du pain : ils ont donné tout ce qu'ils avaient de plus précieux pour trouver de quoi soutenir leur vie : voyez, Seigneur ! et considérez l'avilissement où je suis réduite.

12 (*Lamed.*) O vous tous qui passez par le chemin ! considérez, et voyez s'il y a une douleur semblable à la mienne : car le Seigneur m'a traitée selon sa parole au jour de sa fureur, comme une vigne qu'on a vendangée.

13 (*Mem.*) Il a envoyé d'en haut un feu dans mes os, et il m'a châtiée : il a tendu un rets à mes pieds, et il m'a fait tomber en arrière : il m'a rendue *toute* désolée et tout épuisée de tristesse pendant tout le jour.

14 (*Noun.*) Le joug que m'ont attiré mes iniquités m'a accablée tout d'un coup : la main de Dieu en a fait comme des chaînes, qu'il m'a mises sur le cou : ma force a été affaiblie : le Seigneur m'a livrée à une main de laquelle je ne pourrai jamais me défaire.

15 (*Samech.*) Le Seigneur a retiré du milieu de mon peuple tout ce que j'avais d'hommes de cœur : il a fait venir contre moi le temps qu'il avait marqué pour réduire en poudre mes soldats choisis : le Seigneur a foulé lui-même le pressoir à l'égard de la vierge fille de Juda.

16 (*Aïn.*) C'est pour cela que je fonds en pleurs, et que mes yeux répandent des ruisseaux de larmes; parce que celui qui devait me consoler en me redonnant la vie, s'est retiré loin de moi : mes enfants sont perdus, parce que l'ennemi est devenu le plus fort.

17 (*Phé.*) Sion a étendu ses mains, et il n'y a eu personne pour la consoler : le Seigneur a ordonné aux ennemis de Jacob de venir l'attaquer de toutes parts : Jérusalem est devenue au milieu d'eux comme une femme souillée de ses impuretés.

18 (*Tsadé.*) Le Seigneur est juste, parce que je me suis attiré sa colère en désobéissant à sa parole : peuples, écoutez tous, je vous en conjure, et considérez ma douleur : mes vierges et mes jeunes hommes ont été menés en captivité.

19 (*Coph.*) J'ai appelé mes amis, et ils ont trompé mon espérance : mes prêtres et mes vieillards ont été consumés dans la ville lorsqu'ils voulaient chercher quelque nourriture pour soutenir leur vie.

20 (*Resh.*) Seigneur ! considérez que je suis dans l'affliction : mes

entrailles sont émues, mon cœur est renversé dans moi-même, parce que je suis remplie d'amertume. L'épée tue mes enfants au dehors, et l'on voit au dedans de moi une image de la mort.

21 (*Shin.*) Ils ont su que je suis dans les gémissements, et il n'y a personne qui me console : tous mes ennemis ont appris mon malheur, et ils se réjouissent de ce que vous m'avez réduite en cet état : mais quand le jour sera arrivé auquel vous devez me consoler, ils deviendront semblables à moi.

22 (*Thau.*) Que tout le mal qu'ils ont commis se présente devant vous : traitez-les comme une vigne qu'on vendange, comme vous m'avez traitée à cause de toutes mes iniquités : car mes soupirs se redoublent sans cesse, et mon cœur est accablé de douleur.

CHAPITRE II.

(ALEPH.) Comment le Seigneur a-t-il couvert de ténèbres dans sa fureur la fille de Sion ? *Comment* a-t-il fait tomber du ciel en terre la fille d'Israël qui était si éclatante ? *Comment* ne s'est-il point souvenu au jour de sa fureur de *l'arche sainte qui est* son marchepied ?

2 (*Beth.*) Le Seigneur a renversé tout ce qu'il y avait de beau dans Jacob, et il n'a rien épargné : il a détruit dans sa fureur les remparts de la fille de Juda ; il les a jetés par terre ; il a profané son royaume et ses princes.

3 (*Ghimel.*) Il a brisé dans le transport de sa fureur toute la force d'Israël : il a retiré sa main droite de devant l'ennemi ; et il a allumé dans Jacob comme un feu dont la flamme dévorante a couru de toutes parts.

4 (*Daleth.*) Il a étendu son arc comme un ennemi ; il a affermi sa main droite comme un homme qui attaque ; il a tué tout ce qu'il y avait de beau dans la tente de la fille de Sion ; il a répandu sa colère comme un feu.

5 (*Hé.*) Le Seigneur est devenu comme un ennemi : il a renversé Israël : il a fait tomber toutes ses murailles ; il a détruit ses remparts ; et il a rempli d'humiliation les hommes et les femmes *dans le sein de* la fille de Juda.

6 (*Vav.*) Il a renversé sa *propre* tente comme un jardin qu'on détruit ; il a démoli son tabernacle : le Seigneur a fait oublier dans Sion les fêtes et les jours de sabbat ; il a livré les rois et les prêtres à l'opprobre et à l'indignation de sa fureur.

7 (*Zaïn.*) Le Seigneur a rejeté son autel ; il a donné sa malédiction à son sanctuaire : il a livré entre les mains des ennemis les murs de ses tours ; et ils ont jeté des cris en la maison du Seigneur, comme dans une fête solennelle.

8 (*Cheth.*) Le Seigneur a résolu d'abattre la muraille de la fille de Sion ; il a tendu son cordeau, et il n'a point retiré sa main que tout ne fût renversé : le boulevard est tombé d'une manière déplorable ; et le mur a été détruit de même.

9 (*Teth.*) Ses portes sont enfoncées dans la terre ; il en a rompu et brisé les barres : il a banni son roi et ses princes parmi les nations : il n'y a plus de loi, et ses prophètes n'ont point reçu de visions *prophétiques* du Seigneur.

10 (*Jod.*) Les vieillards de la fille de Sion se sont assis sur la terre, et demeurent dans le silence. Ils ont couvert leur tête de cendre ; ils se sont revêtus de cilices ; les vierges de Jérusalem tiennent leur tête baissée vers la terre.

11 (*Caph.*) Mes yeux se sont affaiblis à force de verser des larmes ; le trouble a saisi mes entrailles : mon cœur s'est répandu en terre en voyant la ruine de la fille de mon peuple, en voyant les petits enfants et ceux qui étaient à la mamelle tomber morts dans les places de la ville.

12 (*Lamed.*) Ils disaient à leurs mères, Où est le blé ? où est le vin ? lorsqu'ils tombaient dans les places de la ville comme s'ils eussent été blessés à mort, et qu'ils rendaient leurs âmes entre les bras de leurs mères.

13 (*Mem.*) A qui vous comparerai-je, ô fille de Jérusalem ? à qui dirai-je que vous ressemblez ? Où trouverai-je quelque chose d'égal à vos maux ? et comment vous consolerai-je, ô vierge fille de Sion ? Le débordement de vos maux est semblable à une mer : qui vous donnera quelque remède ?

14 (*Noun.*) Vos prophètes ont eu pour vous des visions fausses et extravagantes, et ils ne vous découvraient point votre iniquité pour vous exciter à la pénitence ; mais ils ont eu pour vous des rêveries pleines de mensonge, et ils ont vu, *à ce qu'ils disaient*, la fuite *de vos ennemis*.

15 (*Samech.*) Tous ceux qui passaient par le chemin ont frappé des mains en vous voyant. Ils ont sifflé la fille de Jérusalem en branlant la tête, et disant : Est-ce là cette ville d'une beauté si parfaite, qui était la joie de toute la terre ?

16 (*Phé.*) Tous vos ennemis ont ouvert la bouche contre vous : ils ont sifflé, ils ont grincé les dents, et ils ont dit : Nous la dévorerons : voici ce jour que nous attendions ; nous l'avons trouvé, nous l'avons vu.

17 (*Aïn.*) Le Seigneur a fait ce qu'il avait résolu : il a accompli ce qu'il avait arrêté depuis longtemps : il vous a détruite sans vous épargner ; il vous a rendue un sujet de joie à vos ennemis, et il a relevé la force de ceux qui ne pensaient qu'à vous affliger.

18 (*Tsadé.*) Leur cœur a crié au Seigneur, sur les murailles de la fille de Sion : Faites couler de vos yeux jour et nuit un torrent de larmes ; ne vous donnez point de relâche, et que la prunelle de votre œil ne se taise point.

19 (*Coph.*) Levez-vous, louez *le Seigneur* dès le commencement des veilles de la nuit : répandez votre cœur comme de l'eau devant le Seigneur : élevez vos mains vers lui pour l'âme de vos petits enfants qui sont tombés morts de faim à tous les coins des rues.

20 (*Resh.*) Voyez, Seigneur ! et considérez quel est le peuple que vous avez ravage de cette sorte : est-il donc possible que les mères soient réduites à manger le fruit de leurs entrailles, *à manger de* petits enfants qui ne sont pas plus grands que la main ? Est-il possible que les prêtres et les prophètes soient tués dans le sanctuaire même du Seigneur ?

21 (*Shin.*) Les enfants et les vieillards sont étendus *morts* sur la terre le long des rues : mes vierges et mes jeunes hommes sont tombés sous l'épée ; vous les avez tués au jour de votre fureur ; vous les avez percés de *coups*, sans être touché de compassion.

22 (*Thau.*) Vous avez fait venir des gens comme en un jour solennel pour m'épouvanter de toutes parts : il ne s'est trouvé personne qui pût échapper, et qui fût excepté dans ce jour de la fureur du Seigneur : ceux que j'ai nourris et élevés ont été consumés par mes ennemis.

CHAPITRE III.

(ALEPH.) Je suis un homme qui vois quelle est ma misère, étant sous la verge de l'indignation du Seigneur.

2 (*Aleph.*) Il m'a conduit, et il m'a amené dans les ténèbres et non dans la lumière.

3 (*Aleph.*) Il a tourné et retourné sans cesse sa main sur moi pendant tout le jour.

4 (*Beth.*) Il a fait vieillir ma peau et ma chair; il a brisé mes os.

5 (*Beth.*) Il a bâti autour de moi, il m'a environne de fiel et de peine.

6 (*Beth.*) Il m'a mis en des lieux ténébreux comme ceux qui sont morts pour jamais.

7 (*Ghimel.*) Il a élevé un mur autour de moi pour m'empêcher de sortir ; il a appesanti mes fers.

8 (*Ghimel.*) En vain je crierais vers lui, et je le prierais ; il a rejeté ma prière.

9 (*Ghimel.*) Il a fermé mon chemin avec des pierres carrées; il a renversé mes sentiers.

10 (*Daleth.*) Il est à mon égard comme un ours prêt à se jeter sur sa proie, et comme un lion *qui l'attend* dans un lieu caché.

11 (*Daleth.*) Il a renversé mes sentiers, il m'a brisé, il m'a laissé dans la désolation.

12 (*Daleth.*) Il a tendu son arc, et il m'a mis comme en butte à ses flèches.

13 (*Hé.*) Il a lancé dans mes reins *toutes* les flèches de son carquois.

14 (*Hé.*) Je suis devenu le jouet de tout mon peuple, le sujet de leurs chansons pendant tout le jour.

15 (*Hé.*) Il m'a rempli d'amertume ; il m'a enivré d'absinthe.

16 (*Vav.*) Il m'a rompu les dents sans m'en laisser une seule ; il m'a nourri de cendres.

17 (*Vav.*) La paix a été bannie de mon âme ; j'ai perdu le souvenir de toute joie.

18 (*Vav.*) J'ai dit en moi-même : Enfin c'est fait de moi, et l'espérance que j'avais au Seigneur s'est évanouie.

19 (*Zaïn.*) Souvenez-vous de la pauvreté où je suis, de l'excès *de mes maux*, de l'absinthe et du fiel où je suis plongé.

20 (*Zaïn.*) Je repasserai *toujours ces choses* dans ma mémoire, et mon âme s'anéantira en elle-même.

21 (*Zaïn.*) Ce souvenir que j'entretiendrai dans mon coeur, deviendra le sujet de mon espérance.

22 (*Cheth.*) Si nous n'avons point été perdus entièrement, c'est l'effet des miséricordes du Seigneur; c'est parce que nous avons trouvé en lui un fonds de bonté inépuisable.

23 (*Cheth.*) Vous me faites tous les jours de nouvelles *grâces. O Seigneur !* que vous êtes fidèle dans vos promesses !

24 (*Cheth.*) Le Seigneur est mon partage, dit mon âme *en elle-même* ; c'est pour cela que je l'attendrai.

25 (*Teth.*) Le Seigneur est bon à ceux qui espèrent en lui ; *il est bon* à l'âme qui le cherche.

26 (*Teth.*) Il est bon d'attendre en silence le salut que Dieu nous promet.

27 (*Teth.*) Il est bon à l'homme de porter le joug dès sa jeunesse.

28 (*Jod.*) Il s'assiéra, il se tiendra solitaire, et il se taira, parce qu'il a mis ce joug sur lui.

29 (*Jod.*) Il mettra sa bouche dans la poussière, pour concevoir ainsi quelque espérance.

30 (*Jod.*) Il tendra la joue à celui qui le frappera; il se rassasiera d'opprobres.

31 (*Caph.*) Car le Seigneur ne nous rejettera pas pour jamais.

32 (*Caph.*) S'il *nous* a rejetés, il aura aussi compassion *de nous* selon la multitude de ses miséricordes.

33 (*Caph.*) Son coeur ne se porte pas volontiers à humilier et à rejeter les enfants des hommes.

34 (*Lamed.*) Briser et fouler aux pieds tous ceux qui sont dans les liens sur la terre ;

35 (*Lamed.*) écarter la justice qu'un homme peut attendre du tribunal du Très-Haut,

36 (*Lamed.*) et condamner injustement un homme dans le jugement de sa cause; c'est ce que le Seigneur ne connaît point.

37 (*Mem.*) Qui est celui qui a dit qu'une chose se fît, sans que le Seigneur l'ait commandée ?

38 (*Mem.*) Est-ce que les maux et les biens ne sortent pas de la bouche du Très-Haut ?

39 (*Mem.*) Pourquoi l'homme murmure-t-il pendant sa vie, l'homme qui souffre pour ses péchés ?

40 (*Xoun.*) Examinons avec soin nos voies ; cherchons *ce qu'elles ont de mauvais* ; et retournons au Seigneur.

41 (*Xoun.*) Elevons au ciel nos cœurs avec nos mains vers le Seigneur.

42 (*Xoun.*) Nous avons agi injustement ; nous nous sommes attiré votre colère, *Seigneur !* c'est pourquoi vous êtes devenu inexorable.

43 (*Samech.*) Vous vous êtes caché dans votre fureur, et vous nous avez frappés, vous *nous* avez tués sans *nous* épargner.

44 (*Samech.*) Vous avez mis une nuée au devant de vous, afin que notre prière ne passe point.

45 (*Samech.*) Vous m'avez mis au milieu des peuples comme une plante que vous avez arrachée et rejetée.

46 (*Phé.*) Tous nos ennemis ont ouvert la bouche contre nous.

47 (*Phé.*) La prophétie est devenue notre frayeur, notre filet et notre ruine.

48 (*Phé.*) Mon œil a répandu des ruisseaux de larmes en voyant la ruine de la fille de mon peuple.

49 (*Aïn.*) Mon œil s'est affligé et ne s'est point tu, parce qu'il n'y avait point de repos,

50 (*Aïn.*) jusqu'à ce que le Seigneur jetât les yeux *sur nous*, et *nous* regardât du ciel.

51 (*Aïn.*) Mon œil m'a presque ôté la vie *à force de pleurer* sur le malheur de toutes les filles de Jérusalem.

52 (*Tsadé.*) Ceux qui me haïssent sans sujet, m'ont pris comme un oiseau qu'on prend à la chasse.

53 (*Tsadé.*) Mon âme est tombée dans la fosse, et ils ont mis sur moi une pierre.

54 (*Tsadé.*) Un déluge d'eau s'est répandu sur ma tête, et j'ai dit : Je suis perdu.

55 (*Coph.*) J'ai invoqué votre nom, ô Seigneur ! du plus profond de l'abîme.

56 (*Coph.*) Vous avez entendu ma voix ; ne détournez point votre oreille de mes gémissements et de mes cris.

57 (*Coph.*) Vous vous êtes approché *de moi* au jour où je vous ai invoqué ; vous *m*'avez dit : Ne craignez point.

58 (*Resh.*) O Seigneur ! vous avez pris la défense de la cause de mon âme, vous qui êtes le Rédempteur de ma vie.

59 (*Resh.*) Vous avez vu, ô Seigneur ! leur iniquité contre moi ; faites-moi vous-même justice.

60 (*Resh.*) Vous avez vu toute leur fureur, et tous les mauvais desseins qu'ils ont contre moi.

61 (*Shin.*) Vous avez entendu, Seigneur ! les injures qu'ils me disent, et tout ce qu'ils pensent contre moi.

62 (*Shin.*) Vous avez entendu les paroles de ceux qui m'insultent, et ce qu'ils méditent contre moi pendant tout le jour.

63 (*Shin.*) Considérez-les, soit qu'ils se reposent, soit qu'ils agissent, et vous trouverez Que je suis devenu le sujet de leurs chansons.

64 (*Thau.*) Seigneur ! vous leur rendrez ce qu'ils méritent, selon les œuvres de leurs mains.

65 (*Thau.*) Vous leur mettrez comme un bouclier sur le cœur, par le travail dont vous les accablerez.

66 (*Thau.*) Vous les poursuivrez dans votre fureur, et vous les exterminerez, ô Seigneur ! de dessous le ciel.

CHAPITRE IV.

(*ALEPH.*) Comment l'or s'est-il obscurci ? comment a-t-il changé sa couleur qui était si belle ? Comment les pierres du sanctuaire ont-elles été dispersées aux coins de toutes les rues ?

2 (*Beth.*) Comment les enfants de Sion qui étaient si éclatants, et couverts de l'or le plus pur, ont-ils été traités comme des vases de terre, comme l'ouvrage des mains du potier ?

3 (*Ghimel.*) Les bêtes farouches ont découvert leurs mamelles et donné du lait à leurs petits ; mais la fille de mon peuple est cruelle comme une autruche qui est dans le désert.

4 (*Daleth.*) La langue de l'enfant qui était à la mamelle s'est attachée à son palais dans son extrême soif : les petits ont demandé du pain, et il n'y avait personne pour leur en donner.

5 (*Hé.*) Ceux qui se nourrissaient des viandes les plus délicates sont morts dans les rues ; ceux qui mangeaient au milieu de la pourpre ont embrassé l'ordure et le fumier.

6 (*Vav.*) L'iniquité de la fille de mon peuple est devenue plus grande que le péché de *la ville de* Sodome, qui fut renversée en un moment sans que la main *des hommes* ait eu part à sa ruine.

7 (*Zaïn.*) Ses nazaréens étaient plus blancs que la neige, plus purs que le lait, plus rouges que l'ancien ivoire, et plus beaux que le saphir.

8 (*Cheth.*) Maintenant leur visage est devenu plus noir que les charbons : ils ne sont plus connaissables dans les rues : leur peau est collée sur leurs os, elle est *toute* desséchée, et elle est devenue comme du bois.

9 (*Telh.*) Ceux qui ont été tués par l'épée ont été plus heureux que ceux qui sont morts par la famine ; parce que ceux-ci ont souffert une mort lente, étant consumés par la stérilité de la terre.

10 (*Jod.*) Les femmes tendres *et* compatissantes ont fait cuire leurs enfants de leurs propres mains : leurs enfants sont devenus

leur nourriture dans la ruine de la fille de mon peuple.

11 (*Caph.*) Le Seigneur a satisfait sa fureur ; il a répandu son indignation et sa colère ; il a allumé un feu dans Sion qui l'a dévorée jusqu'aux fondements.

12 (*Lamed.*) Les rois de la terre et tous ceux qui habitent dans le monde, n'auraient jamais cru que les ennemis de Jérusalem, et ceux qui la haïssaient, dussent entrer par ses portes.

13 (*Mem.*) Cela est arrivé à cause des péchés de ses prophètes, et des iniquités de ses prêtres, qui ont répandu au milieu d'elle le sang des justes.

14 (*Noun.*) Ils ont erré dans les rues comme des aveugles; ils se sont souillés du sang qui y était répandu ; et ne pouvant *faire* autrement, ils levaient leurs robes.

15 (*Samech.*) Retirez-vous, vous qui êtes souillés, leur criaient les autres ; retirez-vous, allez-vous-en, ne nous touchez point : car ils se sont querellés, et dans l'émotion où ils étaient, on a dit parmi les nations : Le Seigneur n'habitera plus parmi eux.

16 \'7b*Phé.*) Le Seigneur les a écartés dans sa colère ; il ne les regardera plus : ils n'ont point eu de respect pour le visage des prêtres, ni de compassion pour les vieillards.

17 (*Aïn.*) Lorsque nous subsistions encore, nos yeux se sont lassés dans l'attente d'un vain secours, en tenant nos regards attachés sur une nation qui ne pouvait nous sauver.

18 (*Tsadé.*) Nos pas ont glissé en marchant dans nos rues : notre fin s'est approchée, nos jours se sont accomplis ; parce que le terme de notre vie était arrivé.

19 (*Coph.*) Nos persécuteurs ont été plus vites que les aigles du ciel ; ils nous ont poursuivis sur les montagnes ; ils nous ont tendu des pièges dans le désert.

20 \'7b*Resh.*) Le Christ, le Seigneur, l'esprit et le souffle de notre bouche, a été pris à cause de nos péchés, lui à qui nous avions dit : Nous vivrons sous votre ombre parmi les nations.

21 (*Shin.*) Réjouissez-vous et soyez dans la joie, ô fille d'Edom ! vous qui habitez dans la terre de Hus : la coupe viendra aussi jusqu'à vous; vous en serez enivrée, et vous serez mise à nu.

22 (*Thau.*) O fille de Sion ! *la peine de* votre iniquité est accomplie : le Seigneur ne vous transportera plus hors de votre pays. O fille d'Edom ! il visitera votre iniquité, il découvrira vos péchés.

CHAPITRE V.

Prière du prophète Jérémie.

SOUVENEZ-VOUS, Seigneur ! de ce qui nous est arrivé : considérez et regardez l'opprobre où nous sommes.

2 Notre héritage est passé à ceux d'un autre pays, et nos maisons à des étrangers.

3 Nous sommes devenus comme des orphelins qui n'ont plus de père; nos mères sont comme des femmes veuves.

4 Nous avons acheté à prix d'argent l'eau que nous avons bue ; nous avons payé chèrement le bois que nous avons brûlé.

5 On nous a entraînés *les chaînes* au cou, sans donner aucun repos à ceux qui étaient las.

6 Nous avons tendu la main à l'Egypte et aux Assyriens, pour avoir de quoi nous rassasier de pain.

7 Nos pères ont péché, et ils ne sont plus ; et nous avons porté *la peine de* leurs iniquités.

8 Des esclaves nous ont dominés, sans qu'il se trouvât personne pour nous racheter d'entre leurs mains.

9 Nous allions chercher du pain pour nous dans le désert, au travers des épées nues, et au péril de notre vie.

10 Notre peau s'est brûlée et s'est noircie comme un four, à cause de l'extrémité de la faim.

11 Ils ont humilié les femmes dans Sion, et les vierges dans les villes de Juda.

12 Ils ont pendu les princes de leurs propres mains ; ils n'ont point respecté le visage des vieillards.

13 Ils ont abusé des jeunes hommes par un crime abominable, et les enfants sont morts sous le bois.

14 Il n'y a plus de vieillards dans les assemblées des juges, ni de jeunes hommes dans les concerts de musique.

15 La joie de notre cœur est éteinte, nos concerts sont changés en lamentations.

16 La couronne est tombée de notre tête : malheur à nous parce que nous avons péché !

17 C'est pourquoi notre cœur est devenu triste, nos yeux ont été couverts de ténèbres ;

18 parce que le mont de Sion a été détruit, et que les renards y courent en sûreté.

19 Mais vous, Seigneur ! vous demeurerez éternellement ; votre trône subsistera dans la suite de tous les siècles.

20 Pourquoi nous oublierez-vous toujours ? pourquoi nous abandonnerez-vous si longtemps ?

21 Convertissez-nous à vous, Seigneur ! et nous nous convertirons : renouvelez nos jours comme ils étaient au commencement ;

22 quoique vous nous ayez rejetés si loin de vous, et que votre colère contre nous soit extrême.

ÉZÉCHIEL.

CHAPITRE PREMIER.

EN la trentième année, le cinquième jour du quatrième mois, étant au milieu des captifs près du fleuve de Chobar, les cieux furent ouverts, et j'eus des visions divines.

2 Le cinquième jour de ce même mois, dans l'année qui fut la cinquième depuis que le roi Joachin fut transféré *à Babylone*,

3 le Seigneur adressa sa parole à Ezéchiel, prêtre, fils de Busi, dans le pays des Chaldéens, près du fleuve de Chobar ; et étant en ce lieu la main du Seigneur agit sur lui.

4 Voici la vision qui me fut présentée : Un tourbillon de vent venait du côté de l'Aquilon, et une grosse nuée, et un feu qui l'environnait, et une lumière qui éclatait tout autour ; et au milieu, c'est-à-dire au milieu du feu, il y avait une espèce de métal très-brillant.

5 Et au milieu de ce même feu on voyait la ressemblance de quatre animaux qui étaient de cette sorte : On y voyait la ressemblance d'un homme.

6 Chacun d'eux avait quatre faces et quatre ailes.

7 Leurs pieds étaient droits, la plante de leurs pieds était comme la plante du pied d'un veau, et il sortait d'eux des étincelles comme il en sort de l'airain le plus luisant.

8 Il y avait des mains d'homme sous leurs ailes aux quatre côtés, et ils avaient chacun quatre faces et quatre ailes.

9 Les ailes de l'un étaient jointes aux ailes de l'autre. Ils ne se retournaient point lorsqu'ils marchaient ; mais chacun d'eux allait devant soi.

10 Pour ce qui est de la forme qui y paraissait, ils avaient tous quatre une face d'homme, tous quatre à droite une face de lion, tous quatre à gauche une face de bœuf, et tous quatre au-dessus une face d'aigle.

11 Leurs faces et leurs ailes s'étendaient en haut. Ils se tenaient l'un l'autre par deux de leurs ailes, et ils couvraient leurs corps par les deux autres.

12 Chacun d'eux marchait devant soi : ils allaient où les emportait l'impétuosité de l'esprit, et ils ne se retournaient point lorsqu'ils marchaient.

13 Et les animaux paraissaient, à les voir, comme des charbons de feu brûlants, et comme des lampes ardentes. On voyait courir au milieu des animaux des flammes de feu, et des éclairs qui sortaient du feu.

14 Et les animaux allaient et revenaient comme des éclairs qui brillent *dans l'air*.

15 Lorsque je regardais ces animaux, je vis paraître près d'eux une roue qui était sur la terre, et qui avait quatre faces.

16 A voir les roues et la manière dont elles étaient faites, elles paraissaient semblables à l'eau de la mer. Elles se ressemblaient toutes quatre, et elles paraissaient dans leur forme et dans leur mouvement comme si une roue était au milieu d'une autre roue.

17 Leurs quatre parties allaient toutes en même temps, et elles ne se retournaient point lorsqu'elles marchaient.

18 Les roues avaient aussi une étendue, une hauteur et une forme qui était horrible à voir, et tout le corps des quatre roues était plein d'yeux tout autour.

19 Lorsque les animaux marchaient, les roues marchaient aussi auprès d'eux ; et lorsque les animaux s'élevaient de terre, les roues s'élevaient aussi avec eux.

20 Partout où allait l'esprit et où l'esprit s'élevait, les roues s'élevaient aussi et le suivaient ; parce que l'esprit de vie était dans les roues.

21 Lorsque les animaux allaient, les roues allaient aussi : lorsqu'ils demeuraient, elles demeuraient : lorsqu'ils s'élevaient de terre, elles s'élevaient aussi avec eux et les suivaient ; parce que l'esprit de vie était dans les roues.

22 Au-dessus de la tête des animaux on voyait un firmament qui paraissait comme un cristal étincelant et terrible à voir, qui était étendu sur leurs têtes.

23 Sous ce firmament ils tenaient droites leurs ailes les unes vis-à-vis celles de l'autre : l'un couvrait son corps de deux de ses ailes, et l'autre le couvrait de même.

24 Le bruit que je leur entendais faire de leurs ailes, était comme le bruit des plus grandes eaux, et comme la voix que Dieu fait entendre du haut du ciel. Ils faisaient un bruit lorsqu'ils marchaient, comme le bruit d'une grande multitude et comme le bruit de toute une armée ; et quand ils s'arrêtaient, ils baissaient leurs ailes.

25 Car quand ils entendaient retentir la voix du firmament qui était au-dessus de leurs têtes, ils s'arrêtaient et baissaient leurs ailes.

26 Et sur ce firmament qui était au-dessus de leurs têtes, on voyait comme un trône qui ressemblait au saphir, et il paraissait comme un homme assis sur ce trône.

27 Je vis comme un métal très-brillant et semblable au feu, tant au dedans qu'autour de lui. Depuis ses reins jusqu'en haut, et depuis ses reins jusqu'en bas, je vis comme un feu qui jetait sa lumière tout autour ;

28 et comme l'arc qui paraît *au ciel* dans une nuée en un jour de pluie. C'est à quoi ressemblait la lumière qui brillait tout autour.

CHAPITRE II.

TELLE fut cette image de la gloire du Seigneur, *qui me fut présentée*. Ayant donc vu ces choses je tombai le visage en terre, et j'entendis une voix qui me parla, et qui me dit : Fils de l'homme, tenez-vous sur vos pieds, et je parlerai avec vous.

2 Et l'esprit m'ayant parlé de la sorte, entra dans moi, et m'affermit sur mes pieds, et je l'entendis qui me parlait,

3 et me disait : Fils de l'homme, je vous envoie aux enfants d'Israël, vers un peuple apostat qui s'est retiré de moi. Ils ont violé jusqu'à ce jour, eux et leurs pères, l'alliance que j'avais faite avec eux.

4 Ceux vers qui je vous envoie sont des enfants qui ont un front dur et un cœur indomptable. Vous leur direz donc, Voici ce que dit le Seigneur Dieu ;

5 *pour voir* s'ils écouteront enfin eux-mêmes, et s'ils cesseront *de pécher* : parce que c'est un peuple qui m'irrite *sans cesse* ; et ils sauront au moins qu'un prophète a été au milieu d'eux.

6 Vous donc, fils de l'homme, ne les craignez point, n'appréhendez point leurs discours ; parce que ceux qui sont avec vous sont des incrédules et des rebelles, et que vous habitez au milieu des scorpions. Ne craignez point leurs paroles, et que leurs visages ne vous fassent point de peur ; parce que c'est un peuple qui m'irrite *sans cesse*.

7 Vous leur rapporterez donc les paroles que je vous ordonne de leur dire, pour voir s'ils écouteront, et s'ils cesseront *de pécher* : parce que c'est un peuple qui ne fait que m'irriter.

8 Mais vous, fils de l'homme, écoutez tout ce que je vous dis, et ne m'irritez pas vous-même comme fait ce peuple : ouvrez votre bouche, et mangez ce que je vous donne.

9 Alors j'eus cette vision : Tout d'un coup une main s'avança vers moi, laquelle tenait un livre roulé : elle étendit devant moi ce livre, qui était écrit dedans et dehors, et on y avait écrit des plaintes lugubres, des cantiques, et des malédictions.

CHAPITRE III.

ENSUITE *le Seigneur* me dit : Fils de l'homme, mangez tout ce que vous trouverez ; mangez ce livre, et allez parler aux enfants d'Israël.

2 En même temps j'ouvris la bouche, et il me fit manger ce livre,

3 et me dit : Fils de l'homme, votre ventre se nourrira de ce livre que je vous donne, et vos entrailles en seront remplies. Je mangeai ce livre, et il devint doux à ma bouche comme le miel.

4 Et il me dit : Fils de l'homme, allez trouver la maison d'Israël, et vous leur annoncerez mes paroles.

5 Car c'est à la maison d'Israël que je vous envoie, et non pas à un peuple dont le langage ne vous soit pas intelligible, et dont la langue vous soit inconnue.

6 Je ne vous envoie pas vers des hommes de diverses nations dont le langage vous soit inintelligible et la langue inconnue, en sorte que vous ne puissiez pas les entendre ; et quand je vous enverrais vers des peuples de cette sorte, ils vous écouteraient.

7 Mais ceux de la maison d'Israël ne veulent pas vous entendre, parce qu'ils ne veulent pas m'écouter. Car toute la maison d'Israël a un front d'airain et un cœur endurci.

8 Mais j'ai rendu votre visage plus ferme que leur visage, et votre front plus dur que leur front.

9 Je vous ai donné un front de pierre et de diamant. Ne les craignez *donc* point, et n'ayez point peur devant eux ; parce que c'est une maison qui ne cesse point de m'irriter.

10 Et il me dit : Fils de l'homme, mettez dans votre cœur toutes les paroles que je vous dis, et écoutez-les attentivement.

11 Allez trouver ceux qui ont été emmenés captifs, et les enfants de mon peuple ; parlez-leur, et dites-leur : Voici ce que dit le Seigneur Dieu, *pour voir* s'ils écouteront, et s'ils cesseront *de pécher*.

12 Alors l'esprit se saisit de moi, et j'entendis derrière moi une voix *qui disait* avec un grand bruit : Bénie soit la gloire du Seigneur du lieu où il réside.

13 *J'entendis* aussi le bruit des animaux qui frappaient leurs ailes l'une contre l'autre, et le bruit des roues qui suivaient les animaux, et le bruit comme d'une grande secousse.

14 L'esprit aussi m'éleva, et m'emporta avec lui, et je m'en allai plein d'amertume, et mon esprit était rempli d'indignation. Mais la main du Seigneur était avec moi, qui me fortifiait.

15 Je vins au lieu où étaient les captifs près d'un tas de blé qui venait d'être coupé, et je me joignis à ceux qui demeuraient près du fleuve de Chobar. Je m'assis où ils étaient assis, et je demeurai là sept jours au milieu d'eux dans l'affliction.

16 Après que les sept jours furent passés, le Seigneur m'adressa sa parole, et me dit :

17 Fils de l'homme, je vous ai donné pour sentinelle à la maison d'Israël : vous écouterez la parole de ma bouche, et vous leur annoncerez ce que vous aurez appris de moi.

18 Si lorsque je dirai à l'impie, Vous serez puni de mort ; vous ne lui annoncez pas ce que je vous dis, et si vous ne lui parlez pas, afin qu'il se détourne de la voie de son impiété, et qu'il vive ; l'impie mourra dans son iniquité : mais je vous redemanderai son sang.

19 Si au contraire vous annoncez la vérité à l'impie, et qu'il ne se convertisse point de son impiété, et ne quitte point sa voie impie, il mourra dans son iniquité : mais pour vous, vous aurez délivré votre âme.

20 Si le juste abandonne sa justice, et qu'il commette l'iniquité, je mettrai devant lui une pierre d'achoppement : il mourra, parce que vous ne l'avez pas averti ; il mourra dans son péché, et la mémoire de toutes les actions de justice qu'il avait faites sera effacée : mais je vous redemanderai son sang.

21 Si au contraire vous avertissez le juste, afin qu'il ne pèche point, et qu'en effet il ne tombe point dans le péché, il vivra de la vraie vie, parce que vous l'aurez averti ; et vous aurez ainsi délivré votre âme.

22 Alors la vertu du Seigneur se saisit de moi, et il me dit : Levez-vous, sortez à la campagne, et là je vous parlerai.

23 Je me levai donc, et je sortis à la campagne ; et tout d'un coup je vis paraître en ce lieu la gloire du Seigneur, comme celle que j'avais vue près du fleuve de Chobar. En même temps je tombai le visage contre terre,

24 et l'esprit entra en moi, me fit tenir sur mes pieds, me parla et me dit : Allez vous enfermer au milieu de votre maison.

25 Fils de l'homme, voilà qu'ils vous ont préparé des chaînes : ils vous en lieront, et vous n'en sortirez point.

26 Je ferai que votre langue s'attachera à votre palais, et que vous deviendrez muet comme un homme qui ne reprend personne ; parce que la maison d'Israël ne cesse point de m'irriter.

27 Mais lorsque je vous aurai parlé, j'ouvrirai votre bouche, et vous leur direz ; Voici ce que dit le Seigneur Dieu, Que celui qui écoute, écoute ; que celui qui se repose, se repose : parce que la maison d'Israël m'irrite sans cesse.

CHAPITRE IV.

ET pour vous, fils de l'homme, prenez une brique, mettez-la devant vous, et tracez dessus la ville de Jérusalem.

2 Figurez un siège formé contre elle, des forts bâtis, des levées de terre, une armée qui l'environne, et des machines de guerre autour de ses murs.

3 Prenez aussi une poêle de fer, et vous la mettrez comme un mur de fer entre vous et la ville ; vous regarderez ensuite d'un visage ferme cette ville, et elle sera assiégée, et vous l'assiégerez. C'est un signe pour la maison d'Israël.

4 Vous dormirez aussi sur le côté gauche, et vous mettrez les iniquités de la maison d'Israël sur ce côté-là pour autant de jours que vous dormirez dessus, et vous prendrez sur vous leurs iniquités.

5 Je vous ai donné trois cent quatre-vingt-dix jours pour les années de leurs iniquités, et vous porterez l'iniquité de la maison d'Israël.

6 Lorsque vous aurez accompli ceci, vous dormirez une seconde fois sur votre côté droit ; et vous prendrez sur vous l'iniquité de la maison de Juda pendant quarante jours : c'est un jour que je vous donne pour chaque année ; un jour, dis-je, pour chaque année.

7 Vous tournerez le visage vers le siège de Jérusalem, et votre bras sera étendu, et vous prophétiserez contre elle.

8 Vous voyez comme je vous ai environnés de chaînes, et vous ne vous retournerez point d'un côté sur l'autre jusqu'à ce que les jours du siège soient accomplis.

9 Prenez aussi du froment, de l'orge, des fèves, des lentilles, du millet, et de la vesce ; mettez-les dans un vaisseau, et faites-en des pains pour autant de jours que vous dormirez sur le côté ; vous les mangerez pendant trois cent quatre-vingt-dix jours.

10 Ce que vous mangerez chaque jour sera du poids de vingt sicles ; et vous le mangerez ainsi, depuis le temps où vous commencerez à vous coucher, jusqu'au temps on vous vous relèverez.

11 Vous boirez aussi de l'eau par mesure, la sixième partie du hin ; et vous la boirez ainsi depuis un temps jusqu'à l'autre.

12 Ce que vous mangerez sera comme un pain d'orge cuit sous la cendre : vous le couvrirez devant eux de l'ordure qui sort de l'homme.

13 Les enfants d'Israël, dit le Seigneur, mangeront ainsi leur pain tout souillé parmi les nations vers lesquelles je les chasserai.

14 Je dis alors : Ah ! ah ! ah ! Seigneur Dieu ! mon âme n'a point encore été souillée, et depuis mon enfance jusqu'à maintenant jamais bête morte d'elle-même, ou déchirée par d'autres bêtes, ni aucune chair impure, n'est entrée dans ma bouche.

15 *Le Seigneur* me répondit : Allez, je vous donne de la fiente de bœuf, au lieu de ce qui sort du corps de l'homme, et vous ferez cuire votre pain sous cette fiente.

16 Ensuite il me dit : Fils de l'homme, je vais briser dans Jérusalem la force du pain. Ils mangeront le pain au poids et dans la frayeur, et ils boiront l'eau par mesure et dans une grande affliction d'esprit.

17 En sorte que n'ayant plus ni pain ni eau, ils tomberont sur les bras les uns des autres, et sécheront de faim dans leur iniquité.

CHAPITRE V.

ET vous, fils de l'homme, prenez un rasoir tranchant, faites-le passer sur votre tête et sur votre barbe *pour en raser tous les poils*, et prenez un poids et une balance pour les partager.

2 Vous en mettrez un tiers au feu, *et* le brûlerez au milieu de la ville, à mesure que les jours du siège s'accompliront ; vous en prendrez l'autre tiers, et vous le couperez avec l'épée autour de la ville ; vous jetterez au vent les poils du tiers qui restera, et je les poursuivrai l'épée nue.

3 Et vous prendrez de cette troisième partie un petit nombre que vous lierez an bord de votre manteau.

4 Vous tirerez encore quelques-uns de ceux-ci, et vous les jetterez au milieu du feu, et les y brûlerez ; d'où il sortira une flamme qui se répandra sur toute la maison d'Israël.

5 Voici ce que dit le Seigneur Dieu : C'est là cette Jérusalem que j'ai établie au milieu des nations, et qui est environnée de leurs terres.

6 Elle a méprisé mes ordonnances jusqu'à se rendre plus impie que les nations ; *et elle a violé* mes préceptes plus que toutes celles qui sont autour d'elle. Car ils ont foulé aux pieds mes ordonnances, et n'ont point marché dans *la voie* de mes préceptes.

7 C'est pourquoi, voici ce que dit le Seigneur Dieu : Parce que vous avez surpassé en impiété les nations qui sont autour de vous, que vous n'avez point marché dans la voie de mes préceptes, ; que vous n'avez point observé mes ordonnances, et que vous n'avez pas même agi comme les peuples qui vous environnent,

8 je viens à vous maintenant, dit le Seigneur Dieu, et j'exercerai moi-même mes jugements au milieu de vous à la vue des nations,

9 et je ferai parmi vous des choses que je n'ai *jamais* faites, et que je ne ferai point dans la suite, pour punir toutes vos abominations.

10 Les pères mangeront leurs enfants au milieu de vous, et les enfants mangeront leurs pères. J'exercerai parmi vous mes jugements, et je disperserai de tous côtés tous ceux qui seront restés de vous.

11 Je jure par moi-même, dit le Seigneur Dieu, que comme vous avez violé mon sanctuaire par tous vos crimes et par toutes vos abominations, je vous réduirai aussi en poudre ; que mon œil vous verra sans être fléchi, et que je ne serai point touché de compassion.

12 Le tiers d'entre vous mourra de peste, et sera consumé par la faim au milieu de vous ; l'autre tiers sera passé au fil de l'épée, autour de vos murs, et je disperserai de tous côtés le tiers qui sera resté, et je les poursuivrai l'épée nue.

13 Je contenterai ma fureur, je satisferai mon indignation dans leurs maux, et je me consolerai : et ils sauront que c'est moi qui suis le Seigneur, qui ai parlé dans ma colère, lorsque mon indignation se sera satisfaite dans leurs maux.

14 Je vous réduirai en un désert, je vous rendrai l'objet des insultes des nations qui sont autour de vous à la vue de tous les passants.

15 Et vous deviendrez à l'égard des peuples qui vous environnent, un sujet de mépris et de malédiction, et un exemple terrible et étonnant, lorsque j'aurai exercé mes jugements au milieu de vous dans ma fureur, dans mon indignation, et dans toute l'effusion de ma colère.

16 Car c'est moi qui ai parlé, moi qui suis le Seigneur. *Vous deviendrez, dis-je, un exemple terrible,* lorsque je lancerai les flèches perçantes de la famine qui seront mortelles, et que je les lancerai pour vous perdre ; lorsque j'enverrai de toutes parts la famine pour vous accabler, et que je briserai parmi vous la force du pain ;

17 lorsque je ferai venir tout ensemble la famine et les bêtes les plus cruelles pour vous exterminer entièrement ; que la peste et le sang régneront parmi vous, et que je vous ferai passer au fil de l'épée. C'est moi qui ai parlé, moi qui suis le Seigneur.

CHAPITRE VI.

LE Seigneur m'adressa encore sa parole, et me dit :

2 Fils de l'homme, tournez le visage vers les montagnes d'Israël ; prophétisez *ce qui* leur *doit arriver*,

3 et dites-leur : Montagnes d'Israël, écoutez la parole du Seigneur Dieu : Voici ce que dit le Seigneur Dieu, aux montagnes et aux collines, aux rochers et aux vallées : Je vais faire tomber l'épée sur vous : je détruirai vos hauts lieux.

4 J'abattrai vos autels ; je briserai vos statues, et je ferai tomber morts devant vos idoles ceux d'entre vous que j'aurai frappés.

5 J'étendrai les corps morts des enfants d'Israël devant vos statues, et je répandrai vos os autour de vos autels.

6 Les villes seront désertes dans tout le pays où vous habitez, les hauts lieux seront détruits et renversés, vos autels tomberont et seront brisés, vos idoles ne seront plus adorées, vos temples seront abattus, et tous vos ouvrages périront.

7 Il se fera un carnage d'hommes au milieu de vous ; et vous saurez que c'est moi qui suis le Seigneur.

8 Je m'en réserverai parmi vous quelques-uns qui auront échappé de l'épée des nations, lorsque je vous aurai dispersés parmi les peuples.

9 Et ceux d'entre vous qui auront été délivrés, se souviendront de moi parmi les nations où ils auront été emmenés captifs ; parce que je briserai leur cœur qui était tombé dans la fornication en se retirant de moi, et leurs yeux qui s'étaient corrompus par la fornication en se prostituant aux idoles ; et ils se déplairont à eux-mêmes à cause des maux qu'ils ont faits dans toutes les abominations où ils sont tombés.

10 Ils sauront alors que c'est moi qui suis le Seigneur, et que ma parole n'a pas été vaine, lorsque j'ai prédit que je leur ferais ces maux.

11 Voici ce que dit le Seigneur Dieu : Frappez de la main et battez du pied, et dites : Hélas ! gémissez sur tous les crimes et sur toutes les abominations de la maison d'Israël ; parce qu'ils périront par l'épée, par la famine et par la peste.

12 Celui qui est loin mourra de peste ; celui qui est près périra par l'épée ; celui qui sera reste et qui sera assiégé mourra par la faim, et mon indignation se satisfera dans leur supplice.

13 Et vous saurez que je suis le Seigneur, lorsque vos corps morts et tout sanglants seront étendus au milieu de vos idoles, autour de vos autels, sur toutes vos collines élevées et sur toutes vos hautes montagnes, sous tous vos arbres chargés de feuilles, sous tous vos chênes touffus, c'est-à-dire, dans tous les lieux où l'on sentait auparavant l'odeur de l'encens que vous brûliez en l'honneur de vos idoles.

14 J'étendrai ma main sur eux, et je rendrai la terre toute désolée et abandonnée depuis le désert de Déblatha, dans tous les lieux où ils habitaient ; et ils sauront que c'est moi qui suis le Seigneur.

CHAPITRE VII.

LE Seigneur m'adressa encore sa parole, et me dit :

2 Et vous, fils de l'homme, voici ce que dit le Seigneur Dieu à la terre d'Israël : La fin vient, elle vient cette fin sur les quatre coins de cette terre.

3 Votre fin est arrivée ; je vais maintenant répandre ma fureur sur vous : je vous jugerai selon vos voies, et je ferai retomber sur vous toutes vos abominations.

4 Mon œil vous verra sans être fléchi, et je ne serai point touché de compassion. Je mettrai sur vous *le poids de* vos crimes, vos abominations seront au milieu de vous ; et vous saurez que c'est moi qui suis le Seigneur.

5 Voici ce que dit le Seigneur Dieu : Une affliction vient, *et tout aussitôt* il en vient une autre.

6 La fin vient, la fin est proche ; elle s'avance contre vous, la voilà qui vient.

7 Vous qui habitez sur la terre, une ruine entière vient vous accabler. Le temps est venu, le jour est proche, le jour du carnage *des hommes,* et non de la gloire des montagnes.

8 C'est maintenant que je répandrai de près ma colère sur vous, que ma fureur se satisfera dans vous ; je vous jugerai selon vos voies, et je vous chargerai de tout *le poids de* vos crimes.

9 Mon œil vous verra sans être fléchi ; et je ne serai point touché de compassion ; mais je mettrai sur vous *le poids de* vos actions criminelles, vos abominations seront au milieu de vous ; et vous saurez que c'est moi qui vous frappe, moi qui suis le Seigneur.

10 Le jour vient, le jour est déjà présent ; la ruine va tomber ; la verge a fleuri, l'orgueil a poussé ses rejetons.

11 L'iniquité s'est élevée sur la verge de l'impiété, et elle ne viendra point d'eux, ni du peuple, ni de tout le bruit qu'ils ont fait ; et ils n'auront point de repos.

12 Le temps est venu, le jour est proche : que celui qui achète ne se réjouisse point, et que celui qui vend ne s'afflige point, parce que la colère accablera tout le peuple.

13 Celui qui vend ne rentrera point en possession de ce qu'il vend *au temps du jubilé,* quand même il serait encore alors au nombre des vivants. Les visions *prophétiques* qui regardent tout le peuple ne seront point vaines, et l'homme ne trouvera point d'appui dans le dérèglement de sa vie.

14 Sonnez de la trompette : que tous se préparent. Cependant il ne se trouvera personne qui aille au combat, parce que ma colère est sur tout le peuple.

15 L'épée au dehors, la peste et la famine au dedans. Celui qui est aux champs mourra par l'épée ; et celui qui est dans la ville, sera dévoré par la peste et par la famine.

16 Ceux d'entre eux qui s'enfuiront seront sauvés ; mais ils seront tous sur les montagnes comme les colombes des vallées, tremblant de crainte dans la vue de leurs péchés.

17 Toutes les mains seront affaiblies, et tous les genoux seront sans force.

18 Ils se revêtiront de cilices, et ils seront saisis de frayeur ; tous les visages seront couverts de confusion, et toutes les têtes deviendront chauves.

19 Leur argent sera jeté dehors, et leur or sera comme du fumier. Leur argent ni leur or ne pourra les délivrer au jour de la fureur du Seigneur ; ils ne leur serviront point pour se rassasier et pour remplir leur estomac : parce que leur iniquité s'en est fait un sujet de chute.

20 Ils se sont servis de l'ornement de leurs colliers pour repaître leur orgueil, et ils en ont fait les images de leurs abominations et de leurs idoles. C'est pourquoi je mettrai leur or *et* leur argent au rang des choses impures.

21 Je l'abandonnerai au pillage entre les mains des étrangers ; il deviendra la proie des plus impies de la terre, et ils en useront comme d'une chose souillée.

22 Je détournerai d'eux mon visage, et on violera le secret de mon *sanctuaire,* des brigands y entreront et le profaneront.

23 Faites une fin à *leur condamnation ;* parce que la terre est pleine du sang *des innocents* qu'ils ont répandu, et que la ville est remplie d'iniquité.

24 Je ferai venir les plus méchants d'entre les nations, ils

s'empareront de leurs maisons. Je ferai cesser l'orgueil des puissants, et *leurs ennemis* posséderont leurs sanctuaires.

25 Leurs maux fondront *sur eux* tout d'un coup ; ils chercheront alors la paix, et ils n'en trouveront point.

26 Ils verront venir épouvante sur épouvante, et les bruits *affligeants* se succéderont l'un à l'autre. Ils chercheront quelque vision *favorable* d'un prophète. La loi périra dans la bouche des prêtres ; et le conseil dans les anciens.

27 Le roi sera dans les larmes, le prince sera couvert de tristesse, et les mains du peuple trembleront de frayeur. Je les traiterai selon leurs voies ; je les jugerai selon qu'ils auront jugé les autres ; et ils sauront que c'est moi qui suis le Seigneur.

CHAPITRE VIII.

LE cinquième jour du sixième mois de la sixième année, comme j'étais assis dans ma maison, et que les anciens de Juda étaient assis avec moi au même lieu, la main du Seigneur Dieu tomba tout d'un coup sur moi,

2 et j'eus cette vision : Quelqu'un me parut comme un feu ardent. Depuis les reins jusqu'au bas ce n'était qu'une flamme ; et depuis les reins jusqu'au haut, il paraissait un airain mêlé d'or, étincelant de lumière.

3 Je vis en même temps comme une main qui vint me prendre par les cheveux de ma tête. Et l'esprit m'éleva entre le ciel et la terre, et m'amena à Jérusalem dans une vision de Dieu, près la porte intérieure qui regardait du côté de l'aquilon, où était placée l'idole de jalousie pour irriter le Dieu jaloux.

4 Je vis paraître en ce même lieu la gloire du Dieu d'Israël, selon la vision que j'avais eue dans le champ.

5 Et il me dit : Fils de l'homme, levez les yeux du côté de l'aquilon. Et ayant levé les yeux de ce côté-là, je vis du côté de l'aquilon de la porte de l'autel cette idole de jalousie qui était à l'entrée.

6 Il me dit ensuite : Fils de l'homme, voyez-vous ce que font ceux-ci ? *Voyez-vous* les grandes abominations que la maison d'Israël fait en ce lieu, pour m'obliger à me retirer de mon sanctuaire ? Et quand vous vous retournerez d'un autre côté, vous verrez des abominations encore plus grandes.

7 Et m'ayant conduit à l'entrée du parvis, je vis qu'il y avait un trou à la muraille,

8 et il me dit : Fils de l'homme, percez la muraille. Et lorsque j'eus percé la muraille, il parut une porte.

9 Alors le Seigneur me dit : Entrez, et voyez les effroyables abominations que ces gens-ci font en ce lieu.

10 J'entrai, et en même temps je vis des images de toutes sortes de reptiles et d'animaux, objet *d'un culte* abominable, et toutes les idoles de la maison d'Israël étaient peintes sur la muraille tout autour.

11 Et soixante et dix des anciens de la maison d'Israël étaient debout devant ces peintures ; et Jézonias, fils de Saphan, était au milieu d'eux. Chacun d'eux avait un encensoir à la main, et la fumée de l'encens qui en sortait s'élevait en haut.

12 Et il me dit : Certes vous voyez, fils de l'homme, ce que les anciens de la maison d'Israël font dans les ténèbres, ce que chacun d'eux fait dans le secret de sa chambre ; car ils disent : Le Seigneur ne nous voit point, le Seigneur a abandonné la terre.

13 Alors il me dit : Si vous vous tournez d'un autre côté, vous verrez des abominations encore plus grandes que celles que font ceux-ci.

14 Et m'ayant mené à l'entrée de la porte de la maison du Seigneur, qui regarde du côté du septentrion, je vis des femmes assises en ce lieu qui pleuraient Adonis.

15 Et il me dit : Certes vous voyez, fils de l'homme, *ce qu'ils font* ; et si vous allez encore d'un autre côté, vous verrez des abominations encore plus grandes.

16 Et m'ayant fait entrer dans le parvis intérieur de la maison du Seigneur, je vis à l'entrée du temple du Seigneur, entre le vestibule et l'autel, environ vingt-cinq hommes qui tournaient le dos au temple du Seigneur, et dont le visage regardait l'orient, et ils adoraient le soleil levant.

17 Et il me dit : Certes vous voyez, fils de l'homme, *ce qu'ils font*. Est-ce peu à la maison de Juda d'avoir fait les abominations qu'ils ont faites en ce lieu, d'avoir rempli la terre d'iniquité, et d'avoir comme entrepris d'irriter mon indignation contre eux ? Et vous voyez comme ils approchent de leurs narines un rameau.

18 C'est pour cela que je les traiterai aussi dans ma fureur ; mon œil les verra sans être fléchi ; je ne serai point touché de compassion, et lorsqu'ils crieront vers moi à haute voix, je ne les écouterai point.

CHAPITRE IX.

IL cria ensuite devant moi avec une voix forte, et me dit : Ceux qui doivent visiter la ville sont proche, et chacun tient en sa main un instrument de mort.

2 En même temps je vis venir six hommes du côté de la porte supérieure qui regarde vers le septentrion, ayant chacun à la main un instrument de mort. Il y en avait aussi un au milieu d'eux qui était revêtu d'une robe de fin lin, et qui avait une écritoire pendue sur les reins ; et étant entrés ils se tinrent près de l'autel d'airain.

3 Et la gloire du Dieu d'Israël s'éleva de dessus le chérubin où elle était, *et* vint à l'entrée de la maison *du Seigneur,* et elle appela celui qui était vêtu d'une robe de lin, et qui avait une écritoire pendue sur les reins.

4 Et le Seigneur lui dit : Passez au travers de la ville, au milieu de Jérusalem, et marquez un thau sur le front des hommes qui gémissent, et qui sont dans la douleur de voir toutes les abominations qui se font au milieu d'elle.

5 Et j'entendis ce qu'il disait aux autres : Suivez-le, et passez au travers de la ville, et frappez *indifféremment*. Que votre œil ne se laisse point fléchir, et ne soyez touchés d'aucune compassion.

6 Tuez tout, sans qu'aucun échappe, vieillards, jeunes hommes, vierges, femmes et enfants : mais ne tuez aucun de ceux sur le front desquels vous verrez le thau *écrit* ; et commencez par mon sanctuaire. Ils commencèrent donc le carnage par les plus anciens qui étaient devant la maison.

7 Et il leur dit : Profanez la maison, et remplissez le parvis de corps tout sanglants, et sortez ensuite. Et étant sortis ils allèrent tuer tous ceux qui étaient dans la ville.

8 Et après qu'ils eurent fait tout ce carnage, je demeurai là ; et m'étant jeté le visage contre terre, je dis en criant : Hélas ! hélas ! hélas ! Seigneur Dieu ! perdrez-vous donc tout ce qui reste d'Israël, en répandant votre fureur sur Jérusalem ?

9 Et il me dit : L'iniquité de la maison d'Israël et de la maison de Juda est dans le dernier excès. La terre est toute couverte de sang, la ville est remplie de gens qui m'ont quitté, parce qu'ils ont dit : Le Seigneur a abandonné la terre, le Seigneur ne vous voit point.

10 C'est pourquoi mon œil ne se laissera point fléchir ; je ne serai point touché de compassion, et je ferai tomber sur leurs têtes les maux qu'ils méritent.

11 Alors celui qui était vêtu d'une robe de lin, et qui avait une écritoire pendue sur ses reins, dit ces mots : J'ai fait ce que vous m'avez commandé.

CHAPITRE X.

J'EUS encore une vision. Il parut sur le firmament qui était sur la tête des chérubins, comme une pierre de saphir, et comme une espèce de trône qui s'élevait au-dessus d'eux.

2 Et *le Seigneur* dit à l'homme vêtu d'une robe de lin : Allez au milieu des roues qui sont sous les chérubins, et prenez plein votre main des charbons de feu qui sont entre les chérubins, et répandez-les sur la ville. Et il s'y en alla devant moi.

3 Les chérubins étaient au côté droit de la maison *du Seigneur* lorsqu'il y entra, et une nuée remplit le parvis intérieur.

4 La gloire du Seigneur s'éleva de dessus les chérubins, *et* vint à l'entrée de la maison ; et la maison fut couverte de la nuée, et le

parvis fut rempli de l'éclat de la gloire du Seigneur.

5 Le bruit des ailes des chérubins retentissait jusqu'au parvis extérieur, et paraissait comme la voix du Dieu tout-puissant qui parlait.

6 *Le Seigneur* ayant donc fait ce commandement à celui qui était vêtu d'une robe de lin, et lui ayant dit, Prenez du feu du milieu des roues qui sont entre les chérubins ; il y alla, et se tint près d'une des roues.

7 Alors l'un des chérubins étendit sa main du milieu des chérubins, vers le feu qui était entre les chérubins, et en ayant pris, il le mit dans les mains de celui qui était vêtu d'une robe de lin, qui l'ayant reçu s'en revint.

8 Et il parut dans les chérubins comme une main d'homme qui était sous leurs ailes.

9 Voici encore ce que je vis : Il me parut quatre roues près des chérubins. Il y avait une roue près d'un chérubin, et une autre roue près d'un autre. Les roues paraissaient, à les voir, comme une pierre de chrysolithe ;

10 et toutes les quatre paraissaient semblables, comme si une roue était au milieu d'une autre.

11 Lorsqu'elles marchaient, elles marchaient des quatre côtés, et ne se retournaient point en marchant : mais quand celle qui était la première allait d'un côté, les autres suivaient aussitôt sans tourner ailleurs.

12 Le corps des quatre roues, leur cou, leurs mains, leurs ailes et leurs cercles étaient pleins d'yeux tout autour :

13 et il appela ces roues devant moi, les roues légères.

14 Chacun *de ces animaux* avait quatre faces : la première était celle d'un chérubin, la seconde celle d'un homme, la troisième celle d'un lion, et la quatrième celle d'un aigle.

15 Et les chérubins s'élevèrent en haut. C'étaient les mêmes animaux que j'avais vus près du fleuve de Chobar.

16 Lorsque les chérubins marchaient, les roues marchaient aussi auprès d'eux ; et lorsque les chérubins étendaient leurs ailes pour s'élever de terre, les roues n'y demeuraient point, mais elles se trouvaient auprès d'eux.

17 Elles demeuraient quand ils demeuraient, et elles s'élevaient quand ils s'élevaient, parce que l'esprit de vie était en elles.

18 La gloire du Seigneur sortit ensuite de l'entrée du temple, et elle se plaça sur les chérubins.

19 Et les chérubins étendant leurs ailes en haut, s'élevèrent de terre devant moi ; et lorsqu'ils partirent, les roues les suivirent aussi. Et *les chérubins* s'arrêtèrent à l'entrée de la porte de la maison du Seigneur du côté de l'orient ; et la gloire du Dieu d'Israël était sur eux.

20 C'étaient les mêmes animaux que j'avais vus au-dessous du Dieu d'Israël près le fleuve de Chobar ; et je reconnus que c'étaient des chérubins.

21 Chacun avait quatre visages et quatre ailes, et il paraissait comme une main d'homme sous leurs ailes.

22 Les faces qui m'y parurent, leur regard et cette impétuosité avec laquelle chacun marchait devant soi, étaient les mêmes que j'avais vus près le fleuve de Chobar.

CHAPITRE XI.

L'ESPRIT ensuite m'éleva en haut, et me mena à la porte orientale de la maison du Seigneur, qui regarde le soleil levant. Je vis alors à l'entrée de la porte vingt-cinq hommes, et j'aperçus au milieu d'eux Jézonias, fils d'Azur, et Pheltias, fils de Banaïas, princes du peuple.

2 Et *le Seigneur* me dit : Fils de l'homme, ce sont là ceux qui ont des pensées d'iniquité, et qui forment des desseins pernicieux en cette ville,

3 en disant : Nos maisons ne sont-elles pas bâties depuis longtemps ? *Si* cette *ville* est *comme* la chaudière *qui est sur le feu*, nous *sommes* la chair *qui doit y demeurer*.

4 C'est pourquoi prophétisez sur leur sujet, fils de l'homme, prophétisez.

5 En même temps l'Esprit de Dieu me saisit, et *le Seigneur* me dit : Parlez : Voici ce que dit le Seigneur : *C'est* ainsi *que* vous avez parlé, maison d'Israël, et je connais les pensées de votre cœur.

6 Vous avez tué un grand nombre de personnes dans cette ville, et vous avez rempli ses rues de corps morts.

7 C'est pourquoi, voici ce que dit le Seigneur Dieu : Ceux que vous avez tués, que vous avez étendus morts au milieu de la ville ; ceux-là sont la chair, et la ville est la chaudière : mais pour vous, je vous ferai sortir du milieu de cette ville.

8 Vous craignez l'épée, et je ferai tomber sur vous l'épée, dit le Seigneur Dieu.

9 Je vous chasserai du milieu de cette ville ; je vous livrerai entre les mains des ennemis, et j'exercerai sur vous mes jugements.

10 Vous périrez par l'épée : je vous jugerai dans les confins d'Israël ; et vous saurez que c'est moi qui suis le Seigneur.

11 Cette ville ne sera point une chaudière à votre égard, et vous ne serez point *comme* la chair au milieu d'elle : mais je vous jugerai dans les confins d'Israël ;

12 et vous saurez que c'est moi qui suis le Seigneur : parce que vous n'avez point marché dans *la voie de* mes préceptes, et que vous n'avez point observé mes ordonnances, mais que vous vous êtes conduits selon les coutumes des nations qui vous environnent.

13 Comme je prophétisais *de cette sorte*, Pheltias, fils de Banaïas, mourut. Alors je tombai le visage contre terre, et je criai a haute voix, en disant : Hélas ! hélas ! hélas ! Seigneur Dieu ! vous achevez donc de perdre ce qui reste d'Israël ?

14 Et le Seigneur m'adressa sa parole, et me dit :

15 Fils de l'homme, vos frères, vos frères, *dis-je,* vos proches, et toute la maison d'Israël, *sont* tous ceux à qui les habitants de Jérusalem ont dit : Allez-vous-en bien loin du Seigneur ; c'est à nous que la terre a été donnée pour la posséder.

16 C'est pourquoi, voici ce que dit le Seigneur Dieu : Quoique je les aie envoyés si loin parmi les nations, et que je les aie dispersés en divers pays, je ne laisserai pas de sanctifier leur petit nombre dans les pays où ils sont allés.

17 Dites-leur donc : Voici ce que dit le Seigneur Dieu : Je vous rassemblerai du milieu des peuples ; je vous réunirai des pays où vous avez été dispersés, et je vous donnerai *encore* la terre d'Israël.

18 Ils y entreront *de nouveau*, et ils ôteront du milieu d'elle tout ce qui lui a été un sujet de chute, et toutes ses abominations.

19 Et je leur donnerai à *tous* un même cœur, et je répandrai dans leurs entrailles un esprit nouveau ; j'ôterai de leur chair le cœur de pierre, et je leur donnerai un cœur de chair ;

20 afin qu'ils marchent dans *la voie de* mes préceptes, qu'ils gardent ce que je leur ai ordonné, et qu'ils le fassent ; : qu'ils soient mon peuple, et que je sois leur Dieu.

21 *Mais* pour ceux dont le cœur s'abandonne à ce qui leur est un sujet de chute et à leurs abominations, je ferai retomber leurs crimes sur leurs têtes, dit le Seigneur Dieu.

22 Alors les chérubins élevèrent leurs ailes en haut, les roues s'élevèrent avec eux, et la gloire du Dieu d'Israël était sur les chérubins.

23 Et la gloire du Seigneur monta du milieu de la ville, et alla s'arrêter sur la montagne qui est à l'orient de la ville.

24 Après cela l'esprit m'éleva en haut, et me ramena en vision par *la vertu de* l'Esprit de Dieu en Chaldée, vers le peuple qui était captif ; et la vision que j'avais eue s'étant évanouie de mon esprit,

25 je dis au peuple captif tout ce que le Seigneur m'avait fait voir.

CHAPITRE XII.

LE Seigneur m'adressa encore sa parole, et me dit :

2 Fils de l'homme, vous demeurez au milieu d'un peuple qui ne cesse point de m'irriter, au milieu de ceux qui ont des yeux pour voir, et ne voient point ; qui ont des oreilles pour entendre, et n'entendent point ; parce que c'est un peuple qui m'irrite *sans cesse*.

3 Vous donc, fils de l'homme, préparez pour vous ce que peut avoir une personne qui quitte son pays pour aller ailleurs. Vous délogerez devant eux en plein jour, et vous passerez vous-même d'un lieu à un autre devant leurs yeux, pour voir s'ils y feront attention ; parce que c'est un peuple qui ne cesse point de m'irriter.

4 Vous transporterez hors de chez vous à leurs yeux pendant le jour tous vos meubles comme un homme qui déloge ; et vous en sortirez vous-même le soir devant eux, comme un homme qui sort de chez lui pour aller demeurer ailleurs.

5 Percez devant leurs yeux la muraille *de votre maison*, et sortez par l'ouverture que vous aurez faite.

6 Vous aurez des hommes qui vous porteront sur leurs épaules devant eux ; on vous emportera dans l'obscurité ; vous vous mettrez un voile sur le visage, et vous ne verrez point la terre : car je vous ai choisi pour être *comme un signe et* un prodige à la maison d'Israël.

7 Je fis donc ce que le Seigneur m'avait commandé, je transportai mes meubles en plein jour, comme un homme qui déloge pour aller ailleurs. Le soir je fis de ma propre main un trou à la muraille *de ma maison*, et je sortis dans l'obscurité, des hommes me portant sur leurs épaules devant tout le peuple.

8 Le matin le Seigneur m'adressa sa parole, et me dit :

9 Fils de l'homme, le peuple d'Israël, ce peuple qui m'irrite *sans cesse*, ne vous a-t-il point dit : Qu'est-ce donc que vous faites ?

10 Dites-leur : Voici ce que dit le Seigneur Dieu : Cette prédiction de maux tombera sur le chef qui est dans Jérusalem, et sur toute la maison d'Israël, qui est au milieu d'eux.

11 Dites-leur : Je suis le prodige qui vous prédis ces maux : ils souffriront tout ce que j'ai fait ; ils passeront ainsi d'un pays en un autre, et seront emmenés captifs.

12 Le chef qui est au milieu d'eux sera emporté sur les épaules ; il sortira dans l'obscurité ; ils perceront la muraille pour le faire sortir de la ville. Son visage sera couvert d'un voile, afin que son œil ne voie rien sur la terre.

13 Je jetterai mon rets sur lui, et il sera pris dans mon filet : je l'emmènerai à Babylone dans la terre des Chaldéens : cependant il ne la verra point, et il y mourra.

14 Je disperserai de tous côtés tous ceux qui sont autour de lui, tous ceux qui le gardent et qui composent ses troupes, et je les poursuivrai l'épée nue.

15 Et ils sauront que c'est moi qui suis le Seigneur, quand je les aurai répandus en divers pays, et que je les aurai dispersés parmi les peuples.

16 Je me réserverai d'entre eux un petit nombre d'hommes qui échapperont à l'épée, à la famine et à la peste, afin qu'ils publient tous leurs crimes parmi les nations où ils auront été envoyés ; et ils sauront que c'est moi qui suis le Seigneur.

17 Le Seigneur m'adressa sa parole, et me dit :

18 Fils de l'homme, mangez votre pain dans l'épouvante ; buvez votre eau à la hâte et dans la tristesse ;

19 et vous direz à ce peuple : Voici ce que le Seigneur Dieu dit à ceux qui habitent dans Jérusalem, dans le pays d'Israël : Ils mangeront leur pain dans la frayeur, et ils boiront leur eau dans l'affliction, et cette terre autrefois si peuplée deviendra toute désolée, à cause de l'iniquité de tous ceux qui y habitent.

20 Ces villes qui sont maintenant habitées, deviendront une solitude, la terre sera déserte ; et vous saurez que c'est moi qui suis le Seigneur.

21 Le Seigneur m'adressa encore sa parole, et me dit :

22 Fils de l'homme, quel est ce proverbe qu'ils font courir dans Israël, en disant : Les jours *de ces malheurs* sont différés pour longtemps, et toutes les visions des prophètes s'en iront en fumée ?

23 Dites-leur donc : Voici ce que dit le Seigneur Dieu : Je ferai cesser ce proverbe, et on ne le dira plus à l'avenir dans Israël. Assurez-leur que les jours sont proches, et *que* les visions des prophètes *seront bientôt accomplies*.

24 Les visions à l'avenir ne seront point vaines, et les prédictions ne seront point incertaines ni ambiguës au milieu des enfants d'Israël.

25 Je parlerai moi-même qui suis le Seigneur ; et toutes les paroles que j'aurai prononcées seront accomplies sans retardement. Et pendant vos jours mêmes, peuple qui ne cessez point de m'irriter, dit le Seigneur Dieu, je parlerai, et j'exécuterai ce que j'aurai dit :

26 Le Seigneur m'adressa ensuite sa parole, et me dit :

27 Fils de l'homme, la maison d'Israël a coutume de dire : Les visions de celui-ci sont bien éloignées, et il prophétise pour les temps futurs.

28 Dites-leur donc : Voici ce que dit le Seigneur Dieu : Mes paroles à l'avenir ne seront point différées ; mais tout ce que j'ai dit s'accomplira, dit le Seigneur Dieu.

CHAPITRE XIII.

LE Seigneur me parla encore en ces termes, et me dit :

2 Fils de l'homme, adressez vos prophéties aux prophètes d'Israël qui se mêlent de prophétiser, et vous direz à ces gens-là qui prophétisent de leur tête : Ecoutez la parole du Seigneur.

3 Voici ce que dit le Seigneur Dieu : Malheur aux prophètes insensés qui suivent leur propre esprit, et qui ne voient rien !

4 Vos prophètes, ô Israël ! ont été *parmi vous* comme des renards dans les déserts.

5 Vous n'êtes point montés contre *l'ennemi*, et vous ne vous êtes point opposés comme un mur pour la maison d'Israël, pour tenir ferme dans le combat au jour du Seigneur.

6 Ils n'ont que des visions vaines, et ne prophétisent que le mensonge, en disant, Le Seigneur a dit ceci ; quoique le Seigneur ne les ait point envoyés ; et ils persistent à assurer ce qu'ils ont dit une fois.

7 Les visions que vous avez eues ne sont-elles pas vaines, et les prophéties que vous publiez ne sont-elles pas pleines de mensonges ? Et après cela vous dites, C'est le Seigneur qui a parlé ; quoique je n'aie point parlé.

8 C'est pourquoi, voici ce que dit le Seigneur Dieu : Parce que vous avez publié des choses vaines, et que vous avez eu des visions de mensonge ; je viens à vous, dit le Seigneur Dieu.

9 Ma main s'appesantira sur les prophètes qui ont des visions vaines, et qui prophétisent le mensonge : ils ne se trouveront point dans l'assemblée de mon peuple, ils ne seront point écrits dans le livre de la maison d'Israël, ils n'entreront point dans la terre d'Israël ; et vous saurez que c'est moi qui suis le Seigneur Dieu ;

10 parce qu'ils ont séduit mon peuple, en lui annonçant la paix, lorsqu'il n'y avait point de paix : lorsque mon peuple bâtissait une muraille, ils l'ont enduite avec de la boue seule, sans y mêler de la paille.

11 Dites à ceux qui enduisent *la muraille* sans y rien mêler, qu'elle tombera, parce qu'il viendra une forte pluie, que je ferai tomber de grosses pierres qui l'accableront, et souffler un vent impétueux qui la renversera par terre.

12 Et quand on verra que la muraille sera tombée, ne vous dira-t-on pas alors : Où est l'enduit dont vous l'avez enduite ?

13 C'est pourquoi, voici ce que dit le Seigneur Dieu : Je ferai éclater des tourbillons et des tempêtes dans mon indignation ; les torrents de pluie se déborderont dans ma fureur, et de grosses pierres tomberont dans ma colère, pour renverser tout ce qui se rencontrera.

14 Et je détruirai la muraille que vous avez enduite sans rien mêler avec la boue ; je l'égalerai à la terre, et on en verra paraître les fondements ; elle tombera, *et celui qui l'avait enduite,* sera enveloppé dans sa ruine ; et vous saurez que c'est moi qui suis le Seigneur.

15 Mon indignation se satisfera dans la muraille et dans ceux qui l'enduisent sans y mêler ce qui l'aurait affermie. Je vous dirai alors : La muraille n'est plus, et ceux qui l'avaient enduite ne sont plus.

16 *Ils ne sont plus* ces prophètes d'Israël, qui se mêlaient de prophétiser à Jérusalem, et qui avaient pour elle des visions de

paix, lorsqu'il n'y avait point de paix, dit le Seigneur Dieu.

17 Et vous, fils de l'homme, tournez le visage contre les filles de votre peuple, qui se mêlent de prophétiser de leur tête *et* de leur propre cœur ; et prophétisez contre elles,

18 et dites : Voici ce que dit le Seigneur Dieu : Malheur à celles qui préparent des coussinets pour les mettre sous tous les coudes, et qui font des oreillers pour en appuyer la tête des personnes de tout âge, afin de surprendre *ainsi* les âmes ; et qui lorsqu'elles ont surpris les âmes de mon peuple, les assurent que leurs âmes sont pleines de vie !

19 Elles ont détruit la vérité de ma parole dans l'esprit de mon peuple, pour une poignée d'orge et pour un morceau de pain, en tuant les âmes qui n'étaient point mortes, et en assurant de la vie celles qui n'étaient point vivantes, et séduisant ainsi par leurs mensonges la crédulité *inconsidérée* de mon peuple.

20 C'est pourquoi, voici ce que dit le Seigneur Dieu : Je viens à vos coussinets, par lesquels vous surprenez les âmes comme des oiseaux qu'on prend dans leur vol : je romprai vos coussinets entre vos bras, et je laisserai aller les âmes que vous avez prises, ces âmes qui devaient voler.

21 Je romprai vos oreillers ; je délivrerai mon peuple de votre puissance, et ils ne seront plus à l'avenir exposés en proie entre vos mains ; et vous saurez que c'est moi qui suis le Seigneur.

22 Car vous avez affligé le cœur du juste sur de fausses suppositions, lorsque je ne l'avais point attristé moi-même, et vous avez fortifié les mains de l'impie pour l'empêcher de revenir de sa voie mauvaise *et* corrompue, et de trouver la vie.

23 C'est pourquoi vous n'aurez plus vos fausses visions à l'avenir, et vous ne débiterez plus vos divinations *phantastiques* ; parce que je délivrerai mon peuple d'entre vos mains ; et vous saurez que c'est moi qui suis le Seigneur.

CHAPITRE XIV.

QUELQUES-UNS des plus anciens d'Israël étant venus me voir, ils s'assirent devant moi.

2 Alors le Seigneur m'adressa sa parole, et me dit :

3 Fils de l'homme, ceux que vous voyez ont dans leur cœur les impuretés *de leurs idoles,* et ils tiennent fixé devant leurs yeux l'objet scandaleux de leur iniquité : comment donc répondrai-je aux demandes qu'ils me font ?

4 C'est pourquoi parlez-leur, et leur dites : Voici ce que dit le Seigneur Dieu : Tout homme de la maison d'Israël, qui conservera dans son cœur les impuretés *de ses idoles,* qui tiendra fixé devant ses yeux l'objet scandaleux de son iniquité, et qui viendra trouver un prophète, pour savoir par lui ma réponse ; je lui répondrai, moi qui suis le Seigneur, selon toutes ses impuretés *qu'il cache en lui-même :*

5 afin que la maison d'Israël soit surprise dans *le dérèglement de* son cœur, par lequel ils se sont retirés de moi, pour suivre toutes leurs idoles.

6 C'est pourquoi dites à la maison d'Israël : Voici ce que dit le Seigneur Dieu : Convertissez-vous, et quittez vos idoles, et détournez vos visages de toutes vos abominations.

7 Car si un homme de la maison d'Israël, quel qu'il puisse être, ou un étranger d'entre les prosélytes qui sont en Israël, s'éloigne de moi, garde toujours ses idoles dans son cœur, et tient fixé devant ses yeux l'objet scandaleux de son iniquité ; et qu'*après cela* il vienne trouver un prophète pour savoir par lui ma réponse ; moi qui suis le Seigneur, je répondrai à cet homme-là par moi-même.

8 Je regarderai cet homme *dans ma colère ;* j'en ferai un exemple ; *je le rendrai* l'objet des insultes des hommes ; je l'exterminerai du milieu de mon peuple ; et vous saurez que c'est moi qui suis le Seigneur.

9 Et lorsqu'un prophète tombera dans l'erreur, et répondra *faussement,* c'est moi qui suis le Seigneur, qui aurai trompé ce prophète ; mais j'étendrai ma main sur lui, et je l'exterminerai du milieu de mon peuple d'Israël.

10 Ils porteront tous deux la peine de leur iniquité, et le peuple qui a désiré d'être séduit, et le prophète qui en a été le séducteur :

11 afin que la maison d'Israël ne s'égare plus à l'avenir en se retirant de moi, et qu'elle ne se corrompe plus dans tous ses crimes par lesquels elle a violé ma loi ; mais qu'ils soient tous mon peuple, et que je sois leur Dieu, dit le Seigneur des armées.

12 Le Seigneur m'adressa encore sa parole, et me dit :

13 Fils de l'homme, lorsqu'un pays aura péché contre moi, et qu'il se sera endurci dans le violentent de mes préceptes, j'étendrai ma main sur ce pays-là, j'y briserai la force du pain, j'y enverrai la famine, et j'y ferai mourir les hommes avec les bêtes.

14 Si ces trois hommes, Noé, Daniel et Job, se trouvent au milieu de ce pays-là, ils délivreront leurs âmes par leur propre justice, dit le Seigneur des armées.

15 si j'envoie en ce pays-là des bêtes farouches pour le détruire, et qu'il devienne inaccessible, sans que personne puisse plus y passer à cause des bêtes,

16 je jure par moi-même, dit le Seigneur Dieu, que si ces trois hommes sont en ce pays-là, ils n'en délivreront ni leurs fils ni leurs filles, mais qu'eux seuls seront délivrés, et que le pays sera détruit.

17 Si je fais venir l'épée sur ce pays-là, et si je dis à l'épée, Passez au travers de ce pays-là ; et que j'y tue les hommes avec les bêtes :

18 si ces trois hommes s'y trouvent en même temps ; je jure par moi-même, dit le Seigneur Dieu, qu'ils n'en délivreront ni leurs fils ni leurs filles, mais qu'eux seuls seront délivrés.

19 Si j'envoie la peste contre ce pays-là, et si je répands mon indignation sur lui par un arrêt sanglant, pour en exterminer les hommes avec les bêtes ;

20 et que Noé, Daniel et Job s'y trouvent en même temps ; je jure par moi-même, dit le Seigneur Dieu, qu'ils n'en délivreront ni leurs fils ni leurs filles, mais qu'ils en délivreront seulement leurs propres âmes par leur justice.

21 Cependant voici ce que dit le Seigneur Dieu : Si j'envoie tout ensemble contre Jérusalem ces quatre plaies mortelles, l'épée, la famine, les bêtes farouches et la peste, pour y faire mourir les hommes avec les bêtes ;

22 il en restera néanmoins quelques-uns qui se sauveront, et qui en feront sortir leurs fils et leurs filles, et ils viendront vous trouver, et vous verrez quelle a été leur conduite et leurs œuvres, et vous vous consolerez des maux que j'aurai fait tomber sur Jérusalem, et de toute l'affliction dont je l'aurai accablée.

23 Ils vous consoleront, *dis-je,* lorsque vous verrez quelle a été leur voie et leurs œuvres ; et vous reconnaîtrez que ce n'aura pas été sans un juste sujet, que j'aurai fait fondre sur Jérusalem tous les maux dont je l'aurai affligée, dit le Seigneur Dieu.

CHAPITRE XV.

LE Seigneur m'adressa encore sa parole, et me dit :

2 Fils de l'homme, que fera-t-on du bois de la vigne, si on le compare à tous les autres arbres qui sont dans les bois et dans les forêts ?

3 Peut-on en prendre pour quelque ouvrage de bois, ou peut-on en faire seulement une cheville pour y pendre quelque chose dans une maison ?

4 On le met dans le feu pour en être la pâture ; la flamme en consume l'un et l'autre bout, et le milieu est réduit en cendres : *après cela,* sera-t-il bon à quelque chose ?

5 Lors même qu'il était entier, il n'était bon à rien ; combien plus sera-t-il inutile à toutes sortes d'ouvrages après que le feu l'aura dévoré ?

6 C'est pourquoi, voici ce que dit le Seigneur Dieu : Comme le bois des arbres des forêts étant utiles à *divers ouvrages,* celui de la vigne est jeté au feu pour en être consumé, je traiterai de même les habitants de Jérusalem.

7 Je les regarderai *dans ma colère :* ils sortiront d'un feu, et ils tomberont dans un autre qui les consumera ; et vous saurez que c'est moi qui suis le Seigneur, lorsque je les aurai regardés *dans*

ma colère,

8 et que j'aurai rendu leur terre déserte et inaccessible, parce qu'ils ont violé ma loi, dit le Seigneur Dieu.

CHAPITRE XVI.

LE Seigneur me parla encore, et me dit :

2 Fils de l'homme, faites connaître à Jérusalem ses abominations,

3 et vous lui direz : Voici ce que dit le Seigneur Dieu à Jérusalem : Votre race et votre origine vient de la terre de Chanaan ; votre père était Amorrhéen, et votre mère Céthéenne.

4 Lorsque vous êtes venue au monde, au jour de votre naissance, on ne vous a point coupé comme aux autres enfants, le conduit par où vous receviez la nourriture dans le sein de votre mère ; vous ne fûtes point lavée dans l'eau qui vous aurait été alors si salutaire, ni purifiée avec le sel, ni enveloppée de langes.

5 On vous a regardée d'un œil sans pitié, et on n'a point eu compassion de vous, pour vous rendre quelqu'une de ces assistances ; mais on vous a jetée sur la terre nue au jour de votre naissance, comme une personne pour qui l'on n'avait que du mépris.

6 Passant auprès de vous, je vous vis foulée aux pieds dans votre sang, et je vous dis lorsque vous étiez couverte de votre sang : Vivez ; quoique vous soyez, vous dis-je, couverte de votre sang, vivez.

7 *Depuis ce temps-là* je vous ai fait croître comme l'herbe qui est dans les champs ; vous avez crû, vous êtes devenue grande, vous vous êtes avancée en âge, vous êtes venue au temps où les filles pensent à se parer, votre sein s'est formé, vous avez été en état d'être mariée, et vous étiez alors toute nue et pleine de confusion.

8 J'ai passé auprès de vous, et je vous ai considérée ; j'ai vu que le temps où vous étiez, était le temps d'être aimée ; j'ai étendu sur vous mon vêtement, et j'ai couvert votre ignominie. Je vous ai juré *de vous protéger,* j'ai fait une alliance avec vous, dit le Seigneur Dieu, et vous êtes devenue comme une personne qui était à moi.

9 Je vous ai lavée dans l'eau, je vous ai purifiée de ce qui pouvait vous souiller, et j'ai répandu sur vous l'huile *de parfum.*

10 Je vous ai donné des robes en broderie, et une chaussure magnifique ; je vous ai ornée du lin le plus beau, et je vous ai revêtue des habillements les plus fins *et* les plus riches.

11 Je vous ai parée des ornements les plus précieux ; je vous ai mis des bracelets aux mains et un collier autour de votre cou.

12 Je vous ai donné un ornement *d'or* pour vous mettre sur le front, et des pendants d'oreilles, et une couronne éclatante sur votre tête.

13 Vous avez été parée d'or et d'argent, et vêtue de fin lin et de robes en broderie de diverses couleurs ; vous vous êtes nourrie de la plus pure farine, de miel et d'huile ; vous avez acquis une parfaite beauté, et vous êtes parvenue jusqu'à être reine.

14 Votre nom est devenu célèbre parmi les peuples, à cause de l'éclat de votre visage ; parce que vous étiez devenue parfaitement belle par la beauté que j'avais moi-même mise en vous, dit le Seigneur Dieu.

15 Et après cela vous avez mis votre confiance en votre beauté, vous vous êtes abandonnée à la fornication dans votre gloire, et vous vous êtes prostituée à tous les passants pour être asservie à leur passion.

16 Vous avez pris de vos riches vêtements que vous avez cousus l'un à l'autre pour en faire les ornements de vos hauts lieux où vous vous êtes plongée dans la fornication d'une manière qu'on n'a jamais vue, et qu'on ne verra jamais.

17 Vous avez pris ce qui servait à vous parer, qui était fait de mon or et de mon argent, et que je vous avais donné, et vous en avez formé des images d'hommes, auxquelles vous vous êtes prostituée.

18 Vous avez pris vos vêtements brodés de diverses couleurs, vous en avez couvert vos idoles, et vous avez mis mon huile et mes parfums devant elles.

19 Vous leur avez présenté comme un sacrifice d'agréable odeur le pain que je vous avais donné, et la plus pure farine, l'huile et le miel dont je vous avais nourrie : voilà ce que vous avez fait, *et dont je suis témoin,* dit le Seigneur Dieu.

20 Vous avez pris vos fils et vos filles à qui vous aviez donné la vie, et vous les avez sacrifiés à ces idoles, en les faisant dévorer *au feu.* Ne comprenez-vous pas combien est grand le crime par lequel vous vous êtes ainsi prostituée *aux idoles ?*

21 Vous avez immolé vos enfants, et en les consacrant à vos idoles vous les leur avez abandonnés.

22 Et après toutes ces abominations et ces prostitutions, vous ne vous êtes point souvenue des jours de votre jeunesse, lorsque vous étiez toute nue, pleine de confusion et foulée aux pieds dans votre sang.

23 Et il est encore arrivé après toutes ces méchancetés (malheur, malheur à vous ! dit le Seigneur Dieu) :

24 *il est arrivé que* vous avez bâti pour vous un lieu infâme, et vous vous êtes préparé dans toutes les places publiques une maison d'impudicité.

25 Vous avez dressé à l'entrée de toutes les rues la marque publique de votre prostitution ; vous avez rendu votre beauté abominable ; vous vous êtes abandonnée à tous les passants, et vous avez multiplié les crimes de votre honteuse fornication.

26 Vous vous êtes prostituée aux enfants de l'Egypte qui sont vos voisins et qui ont de grands corps, et vous avez commis infamie sur infamie pour irriter ma colère.

27 Mais je vais *maintenant* étendre ma main sur vous, je vous ôterai ce que j'avais accoutumé de vous donner ; et je vous livrerai à la passion des filles de la Palestine qui vous haïssent, et qui rougissent elles-mêmes de l'impiété criminelle de votre conduite.

28 Et n'étant pas encore satisfaite *de ces excès,* vous vous êtes prostituée aux enfants des Assyriens ; et après cette prostitution vous n'avez pas encore été contente.

29 Vous avez poussé plus loin votre fornication, et vous avez commis crime sur crime dans la terre de Chanaan avec les Chaldéens ; et après cela même vous n'avez pas été satisfaite.

30 Comment purifierai-je *maintenant* votre cœur, dit le Seigneur Dieu, puisque toutes ces actions que vous faites, sont les actions d'une femme prostituée et qui a essuyé toute honte ?

31 Car vous vous êtes bâti un lieu infâme à l'entrée de toutes les rues, et vous vous êtes fait une retraite d'impudicité dans toutes les places publiques : vous n'avez pas été comme une courtisane qui dédaigne ce qu'on lui offre pour se mettre à plus haut prix,

32 mais comme une femme adultère, qui cherche des étrangers en se retirant de son mari.

33 On donne une récompense à toutes les femmes prostituées ; mais vous avez payé vous-même tous ceux qui vous aimaient, et vous leur faisiez des présents, afin qu'ils vinssent de tous côtés pour commettre avec vous une infamie détestable.

34 Ainsi il vous est arrivé dans votre prostitution tout le contraire de ce qui arrive aux femmes prostituées ; et il n'y aura point de fornication semblable à la vôtre : car ayant payé vous-même le prix de vos crimes au lieu de le recevoir, vous avez fait tout le contraire de ce que les autres font.

35 C'est pourquoi écoutez la parole du Seigneur, femme prostituée.

36 Voici ce que dit le Seigneur Dieu : Parce que vous avez dissipé tout votre argent, et que vous avez découvert votre ignominie dans vos fornications, attirant ainsi ceux que vous aimiez, et dans les abominations de vos idoles, en leur donnant le sang de vos enfants, que vous avez sacrifiés :

37 je vais assembler contre vous tous ceux qui vous aimaient, auxquels vous vous êtes prostituée, tous ceux pour qui vous avez brûlé de passion, avec tous ceux que vous haïssiez ; je les assemblerai tous de toutes parts ; je leur découvrirai votre honte, et toute votre infamie paraîtra devant eux.

38 Je vous jugerai comme on juge les femmes adultères, et qui ont répandu le sang ; et je ferai répandre le vôtre dans un transport de fureur et de jalousie.

39 Je vous livrerai entre les mains de vos ennemis, et ils détruiront votre lieu infâme, et renverseront votre retraite

d'impudicité : ils vous arracheront vos vêtements, ils vous emporteront ce qui servait à vous parer, et ils vous laisseront toute nue pleine de honte *et* d'ignominie.

40 Ils amèneront contre vous une multitude de peuples ; ils vous assommeront a coups de pierres ; ils vous perceront de leurs épées ;

41 ils mettront le feu dans vos maisons et les brûleront ; ils exerceront contre vous des jugements sévères aux yeux d'un grand nombre de femmes ; et vous cesserez de vous prostituer, et vous ne récompenserez plus *ceux avec qui vous vous corrompez.*

42 Je ferai cesser mon indignation à votre égard : mon zèle *et* ma jalousie se retirera de vous, je me tiendrai en paix, et je ne me mettrai plus en colère ;

43 parce que vous ne vous êtes point souvenue des jours de votre jeunesse, et que vous m'avez irrité par tous ces excès : c'est pourquoi j'ai fait retomber sur votre tête les désordres de votre vie, dit le Seigneur Dieu ; et je ne vous ai pas encore traitée selon la mesure des crimes que vous avez commis dans toutes les abominations que vous avez faites.

44 On dit d'ordinaire, Telle mère, telle fille ; mais ceux qui se servent de ce proverbe, le diront de vous.

45 Vous êtes *vraiment* la fille de votre mère, qui a abandonné son époux et ses enfants ; et vous êtes la sœur de vos sœurs, qui ont abandonné leurs époux et leurs enfants. Votre mère est Céthéenne, et votre père est Amorrhéen.

46 Votre sœur plus grande *que vous* est Samarie, avec ses filles qui habitent à votre main gauche. Votre sœur plus petite *que vous* est Sodome, qui habite à votre main droite avec ses filles.

47 Et vous n'avez pas seulement marché dans leur voie, et commis les mêmes excès qu'elles ont commis ; mais vous les avez presque surpassées dans tous les crimes de votre vie.

48 Je jure par moi-même, dit le Seigneur Dieu, que ce qu'a fait Sodome, votre sœur, et ses filles, n'est point si criminel que ce que vous avez fait, vous et vos filles.

49 Voici quelle a été l'iniquité de Sodome, votre sœur : *c'est qu*'elle et ses filles *se sont livrées à* l'orgueil *en se voyant* rassasiées de pain dans *le sein de* l'abondance et *du* repos, et *qu*'elles n'ont point tendu la main au pauvre et à l'indigent *pour les assister.*

50 Et elles se sont élevées, et ont commis des abominations devant moi : c'est pourquoi je les ai détruites comme vous avez vu.

51 Samarie aussi n'a pas fait la moitié des crimes que vous avez commis ; mais vous avez surpassé l'une et l'autre par vos excès, et vous avez justifié vos sœurs par toutes les abominations que vous avez faites.

52 Portez donc vous-même votre confusion, vous qui avez surpassé vos sœurs par vos péchés, vous rendant encore plus criminelle qu'elles, qui sont justes en comparaison de vous. Confondez-vous, dis-je, et portez votre ignominie, vous qui avez justifié vos *deux* sœurs.

53 Je les rétablirai toutes deux en faisant revenir les captifs de Sodome et de ses filles, aussi bien que les captifs de Samarie et de ses filles ; et je vous rétablirai en faisant revenir de même vos captifs au milieu d'elles :

54 afin que vous portiez votre ignominie, et que vous soyez chargée de la confusion de tout ce que vous avez fait pour les excuser *et* les consoler.

55 Votre sœur Sodome et ses filles retourneront à leur ancien état ; Samarie et ses filles retourneront aussi à leur ancien état ; et vous et vos filles vous retournerez de même à votre premier état.

56 On ne vous a pas même entendu parler de votre sœur Sodome, au temps de votre gloire,

57 avant que votre méchanceté eût été découverte, comme elle l'a été en ce temps où vous êtes devenue un objet d'insulte aux filles de Syrie, et à toutes les filles de la Palestine, qui vous environnent de toutes parts.

58 Vous avez porté le poids de vos crimes et de votre propre ignominie, dit le Seigneur Dieu.

59 Car voici ce que dit le Seigneur Dieu : Je vous traiterai comme vous le méritez, ayant méprisé le serment *que vous m'aviez prêté*, et violé l'alliance *que j'avais faite avec vous ;*

60 et après cela je me souviendrai de l'alliance que j'avais faite avec vous au jour de votre jeunesse, et je contracterai avec vous une alliance qui durera éternellement.

61 Vous vous souviendrez alors des dérèglements de votre vie ; et vous serez couverte de confusion, lorsque vous recevrez avec vous vos sœurs plus grandes *que vous*, avec vos sœurs plus petites *que vous* : et je vous les donnerai pour être vos filles, mais non par une alliance qui vienne de vous.

62 J'établirai alors mon alliance avec vous ; et vous saurez que c'est moi qui suis le Seigneur :

63 afin que vous repassiez *votre vie* dans votre souvenir, et que vous soyez confondue sans oser seulement ouvrir la bouche dans la confusion que vous *en* aurez, lorsque je m'apaiserai à votre égard, en vous pardonnant tout ce que vous avez fait contre moi, dit le Seigneur Dieu.

CHAPITRE XVII.

LE Seigneur me parla encore, et me dit :

2 Fils de l'homme, proposez cette énigme, et rapportez cette parabole à la maison d'Israël.

3 Vous leur parlerez de cette sorte : Voici ce que dit le Seigneur Dieu : Un aigle puissant qui avait de grandes ailes, et un corps très-long, plein de plumes diversifiées par la variété *des couleurs,* vint sur le mont Liban, et emporta la moelle d'un cèdre.

4 Il arracha les branches naissantes, et les transporta au pays de Chanaan : il les mit dans une ville de gens de trafic.

5 Et ayant pris de la graine, il la mit en terre comme une semence, afin qu'elle prît racine, *et* qu'elle s'affermît sur les grandes eaux ; et il la planta sur la face *de la terre*.

6 Lorsqu'elle eut poussé, elle crût et devint une vigne assez étendue, mais basse, dont les branches regardaient cet aigle, et dont les racines étaient sous lui. S'en étant donc formé une vigne, elle porta du bois et du fruit, et elle produisit des rejetons.

7 Un autre aigle parut ensuite, qui était grand, à longues ailes, et chargé de plumes ; et alors cette vigne sembla porter ses racines et étendre ses branches vers ce second aigle, afin qu'il l'arrosât des eaux fécondes qu'il pouvait lui procurer.

8 *Cette* vigne était déjà plantée dans une bonne terre sur *le bord* des grandes eaux, afin qu'elle poussât du bois, et qu'elle portât du fruit, et qu'elle devînt une grande vigne.

9 Après cela dites-leur : Voici ce que dit le Seigneur Dieu : Cette vigne donc réussira-t-elle ? Et au contraire ce premier aigle n'en arrachera-t-il pas les racines ? n'en abattra-t-il pas le fruit ? n'en fera-t-il pas mourir tous les rejetons, afin qu'elle sèche, sans qu'il ait besoin d'employer toute la force de son bras, ni beaucoup de peuple, pour la déraciner entièrement ?

10 La voilà plantée ; espère-t-elle donc de pouvoir s'affermir ? Lorsqu'un vent brûlant l'aura frappée, ne mourra-t-elle pas ? et ne séchera-t-elle pas avec toutes les eaux dont elle avait été arrosée ?

11 Le Seigneur m'adressa encore sa parole, et me dit :

12 Dites à ce peuple qui m'irrite *sans cesse* : Ne savez-vous pas ce que cette énigme signifie ? Le roi de Babylone, ajouterez-vous, est venu à Jérusalem, il en a pris le roi et les princes, et il les a emmenés avec lui à Babylone.

13 Il a choisi *un prince* de la race royale, il a fait alliance avec lui, et il lui a fait prêter le serment. Il a transporté même les plus vaillants hommes hors du pays ;

14 afin que le royaume de ce prince restât bas *et* faible sans pouvoir s'élever, et qu'il demeurât dans les conditions qu'il lui a prescrites, et les gardât *inviolablement*.

15 Mais ce prince se révoltant contre lui a envoyé des ambassadeurs au roi d'Egypte, afin qu'il lui donnât des chevaux et de grandes troupes. Celui qui s'est conduit de cette sorte réussira-t-il dans ses desseins, et y trouvera-t-il sa sûreté ? Après avoir violé les conditions qu'il avait jurées, échappera-t-il à ses ennemis ?

16 Je jure par moi-même, dit le Seigneur Dieu, qu'il sera emmené au pays même de ce prince qui l'avait établi roi, dont il a rompu l'alliance en violant le serment qu'il lui avait prêté, et qu'il mourra au milieu de Babylone.

17 Et Pharaon, *quoiqu'*avec une grande armée et un grand peuple, ne réussira point dans le combat contre le roi de Babylone, qui élèvera des terrasses, et bâtira des forts pour tuer un grand nombre d'hommes.

18 Car ce prince après avoir violé la parole qu'il avait donnée, et rompu l'alliance qu'il avait faite, s'est allié *à l'Egypte*. Mais quoiqu'il ait fait toutes ces choses *pour sa sûreté*, il n'échappera point.

19 C'est pourquoi, voici ce que dit le Seigneur Dieu : Je jure par moi-même que je ferai retomber sur la tête de ce prince, le violement de sa parole qu'il a méprisée, et la rupture de l'alliance qu'il avait faite.

20 J'étendrai mon rets sur lui, et je le prendrai dans mon filet : je l'emmènerai dans Babylone, et je lui prononcerai là son arrêt, à cause de la perfidie dans laquelle il est tombé en me méprisant.

21 Tous les déserteurs qui l'ont suivi avec toutes ses troupes, tomberont par l'épée, et ceux qui échapperont seront dispersés de tous côtés ; et vous saurez que c'est moi qui suis le Seigneur qui ai parlé.

22 Voici ce que dit le Seigneur Dieu : Mais moi, je prendrai de la moelle du plus grand cèdre, et je la placerai : je couperai du haut de ses branches une greffe tendre, et je la planterai sur une montagne haute et élevée.

23 Je la planterai sur la haute montagne d'Israël, elle poussera un rejeton, elle portera du fruit, et deviendra un grand cèdre. Tous les oiseaux habiteront sous ce cèdre, et tout ce qui vole fera son nid sous l'ombre de ses branches.

24 Et tous les arbres de cette terre sauront que c'est moi qui ai humilié le grand arbre, et qui ai élevé l'arbre bas *et* faible, qui ai séché l'arbre vert, et qui ai fait reverdir l'arbre sec, moi *qui suis* le Seigneur. C'est moi qui ai parlé et qui ai fait ce que j'avais dit, moi *qui suis* le Seigneur.

CHAPITRE XVIII.

LE Seigneur me parla de nouveau, et me dit :

2 D'où vient que vous vous servez parmi vous de cette parabole, et que vous l'avez tournée en proverbe dans Israël : Les pères, dites-vous, ont mangé des raisins verts, et les dents des enfants en sont agacées ?

3 Je jure par moi-même, dit le Seigneur Dieu, que cette parabole ne passera plus parmi vous en proverbe dans Israël.

4 Car toutes les âmes sont à moi : l'âme du fils est à moi comme l'âme du père ; l'âme qui a péché mourra elle-même.

5 Si un homme est juste, s'il agit selon l'équité et la justice ;

6 s'il ne mange point sur les montagnes, et s'il ne lève point les yeux vers les idoles de la maison d'Israël ; s'il ne viole point la femme de son prochain ; s'il ne s'approche point de sa femme lorsqu'elle a ses mois ;

7 s'il n'attriste *et* n'opprime personne ; s'il rend à son débiteur le gage qu'il lui avait donné ; s'il ne prend rien du bien d'autrui par violence ; s'il donne de son pain à celui qui a faim ; s'il couvre de vêtements ceux qui étaient nus ;

8 s'il ne prête point à usure, et ne reçoit point plus qu'il n'a donné ; s'il détourne sa main de l'iniquité, et s'il rend un jugement équitable entre deux hommes qui plaident ensemble ;

9 s'il marche dans *la voie* de mes préceptes, et garde mes ordonnances, pour agir selon la vérité : celui-là est juste, et il vivra très-certainement, dit le Seigneur Dieu.

10 Si cet homme a un fils qui soit un voleur et qui répande le sang, ou qui commette quelqu'une de ces fautes,

11 quand même il ne les commettrait pas toutes ; qui mange sur les montagnes ; qui viole la femme de son prochain ;

12 qui attriste *et* opprime le faible et le pauvre : qui prenne par violence le bien d'autrui ; qui ne rende point le gage à son débiteur ; qui lève les yeux vers les idoles ; qui commette des abominations ;

13 qui prête à usure et qui reçoive plus qu'il n'a prêté, vivra-t-il après cela ? Non certes, Il ne vivra point ; il mourra très certainement, puisqu'il a fait toutes ces actions détestables, et son sang sera sur sa tête.

14 Si cet homme a un fils, qui voyant tous les crimes que son père avait commis, en soit saisi de crainte, et se garde bien de l'imiter ;

15 qui ne mange point sur les montagnes, et qui ne lève point les yeux vers les idoles de la maison d'Israël ; qui ne viole point la femme de son prochain ;

16 qui n'attriste *et* n'opprime personne ; qui ne retienne point le gage à son débiteur ; qui ne prenne point par violence le bien d'autrui ; qui donne de son pain au pauvre ; qui habille celui qui était nu ;

17 qui détourne sa main de toute injustice à l'égard du pauvre ; qui ne donne point à usure et ne reçoive rien au delà de ce qu'il a prêté ; qui observe mes ordonnances, et qui marche dans *la voie de* mes préceptes : celui-là ne mourra point à cause de l'iniquité de son père, mais il vivra très-certainement.

18 Son père qui avait opprimé les autres par des calomnies, et qui avait commis des actions criminelles au milieu de son peuple, est mort à cause de sa propre iniquité.

19 *Si* vous dites : Pourquoi le fils n'a-t-il pas porté l'iniquité de son père ? C'est parce que le fils a agi selon l'équité et la justice ; qu'il a gardé tous mes préceptes, et qu'il les a pratiqués : c'est pourquoi il vivra très-certainement.

20 L'âme qui a péché mourra elle-même : le fils ne portera point l'iniquité du père, et le père ne portera point l'iniquité du fils : la justice du juste sera sur lui, et l'impiété de l'impie sera sur lui.

21 Si l'impie fait pénitence de tous les péchés qu'il avait commis, s'il garde tous mes préceptes, et s'il agit selon l'équité et la justice, il vivra certainement, et il ne mourra point.

22 Je ne me souviendrai plus de toutes les iniquités qu'il avait commises ; il vivra dans les œuvres de justice qu'il aura faites.

23 Est-ce que je veux la mort de l'impie ? dit le Seigneur Dieu ; et ne veux-je pas plutôt qu'il se convertisse, *et qu'il se retire* de sa mauvaise foi, et qu'il vive ?

24 Si le juste se détourne de sa justice, et qu'il vienne à commettre l'iniquité, et toutes les abominations que l'impie commet d'ordinaire, vivra-t-il alors ? Toutes les œuvres de justice qu'il avait faites seront oubliées, et il mourra dans la perfidie où il est tombé, et dans le péché qu'il a commis.

25 Après cela vous dites : La voie du Seigneur n'est pas juste. Ecoutez donc, maison d'Israël : Est-ce ma voie qui n'est pas juste ? et ne sont-ce pas plutôt les vôtres qui sont corrompues ?

26 Car lorsque le juste se sera détourné de la justice, et qu'il aura commis l'iniquité, il y trouvera la mort ; il mourra dans les œuvres injustes qu'il a commises.

27 Et lorsque l'impie se sera détourné de l'impiété où il avait vécu, et qu'il agira selon l'équité et la justice, il rendra ainsi la vie à son âme.

28 Comme il a considéré son état, et qu'il s'est détourné de toutes les œuvres d'iniquité qu'il avait commises, il vivra certainement, et ne mourra point.

29 Après cela les enfants d'Israël disent encore : La voie du Seigneur n'est pas juste. Sont-ce mes voies qui ne sont pas justes, maison d'Israël ? Ne sont-ce pas plutôt les vôtres qui sont corrompues ?

30 C'est pourquoi, maison d'Israël, je jugerai chacun selon ses voies, dit le Seigneur Dieu. Convertissez-vous et faites pénitence de toutes vos iniquités, et l'iniquité n'attirera plus votre ruine.

31 Ecartez loin de vous toutes les prévarications dont vous vous êtes rendus coupables, et faites-vous un cœur nouveau et un esprit nouveau. Pourquoi mourrez-vous, maison d'Israël ?

32 Je ne veux point la mort de celui qui meurt, dit le Seigneur Dieu : retournez *à moi*, et vivez.

CHAPITRE XIX.

ET vous, ô *Ezéchiel !* prononcez un cantique lugubre sur les princes d'Israël,

2 et dites : Pourquoi votre mère qui est une lionne, s'est-elle reposée parmi les lions, et pourquoi a-t-elle nourri ses petits au milieu des lionceaux ?

3 Elle a produit un de ses lionceaux, et il est devenu lion : il s'est instruit à prendre la proie, et à dévorer les hommes.

4 Les peuples ont entendu parler de lui, et ils l'ont pris, non sans en recevoir beaucoup de blessures, et ils l'ont emmené enchaîné en Égypte.

5 Mais la mère voyant qu'elle était sans force, et que ses espérances étaient ruinées, prit un autre de ses lionceaux, et l'établit pour être lion.

6 Il marcha parmi les lions, et il devint lion. Il s'instruisit à prendre la proie et à dévorer les hommes.

7 Il apprit à faire des veuves, et à déserter les villes ; et au bruit de son rugissement toute la terre fut désolée.

8 Alors les peuples de toutes les provinces s'assemblèrent contre lui ; ils jetèrent sur lui leur filet, et ils le prirent, non sans recevoir des blessures.

9 Ils le mirent dans une cage, et l'emmenèrent au roi de Babylone chargé de chaînes ; et ils le renfermèrent dans une prison, afin qu'on n'entendît plus à l'avenir son rugissement sur les montagnes d'Israël.

10 Votre mère est comme une vigne qui a été plantée dans votre sang sur le bord des eaux : elle a crû sur les grandes eaux, et elle a poussé son bois et son fruit.

11 Les branches solides qui en sont sorties, sont devenues les sceptres des princes ; sa tige s'est élevée au milieu de ses branches, et elle s'est vue dans une grande hauteur parmi la multitude de ses branches.

12 Elle a été arrachée ensuite avec colère, et jetée contre terre ; un vent brûlant a séché son fruit : ses branches si vigoureuses ont perdu leur force, et elles sont devenues toutes sèches, et le feu l'a dévorée.

13 Elle a été maintenant transplantée dans le désert, dans une terre sans eau et sans route.

14 Il est sorti du bois de ses branches une flamme qui a dévoré son fruit ; en sorte qu'elle n'a plus poussé de bois assez fort pour devenir le sceptre des princes. Voilà le cantique lugubre *que le Seigneur m'a ordonné de prononcer,* et il servira de cantique lugubre *pour les enfants d'Israël.*

CHAPITRE XX.

LE dixième jour du cinquième mois de la septième année, il arriva que quelques-uns des anciens d'Israël vinrent pour consulter le Seigneur, et ils s'assirent devant moi.

2 Alors le Seigneur me parla en ces termes :

3 Fils de l'homme, parlez aux anciens d'Israël, et dites-leur : Voici ce que dit le Seigneur Dieu : Etes-vous venus vous autres pour me consulter ? Je jure par moi-même, dit le Seigneur Dieu, que je ne vous répondrai point.

4 Si vous les jugez, fils de l'homme, si vous les jugez, représentez-leur les abominations de leurs pères,

5 et dites-leur : Voici ce que dit le Seigneur Dieu : Lorsque je choisis Israël, que je levai ma main pour *m'engager avec serment à* la race de la maison de Jacob, que je leur apparus dans l'Égypte, et que je levai ma main en leur faveur, en disant : Je suis le Seigneur, votre Dieu.

6 En ce jour-là je levai ma main en leur faveur pour *m'engager à* les tirer de l'Égypte, *et à les conduire* dans une terre que j'avais choisie pour eux, où coulent des ruisseaux de lait et de miel, et qui excelle au-dessus de toutes les terres.

7 Je leur dis alors : Que chacun éloigne de soi les scandales de ses yeux, et ne vous souillez point par les idoles d'Égypte : car c'est moi qui suis le Seigneur, votre Dieu.

8 Mais ils m'ont irrité, et ils n'ont point voulu m'écouter : ils n'ont point rejeté les abominations de leurs yeux, et ils n'ont point quitté les idoles de l'Égypte. J'avais résolu de répandre mon indignation sur eux, et de satisfaire ma colère dans leur punition, au milieu même de l'Egypte.

9 Mais j'ai agi *puissamment* pour les faire sortir de l'Egypte pour *la gloire de* mon nom, afin qu'il ne fût pas violé aux yeux des nations, parmi lesquelles ils étaient, et devant lesquelles je leur avais apparu.

10 Je les ai donc retirés de l'Egypte, et je les ai conduits dans le désert.

11 Je leur ai proposé mes lois et mes ordonnances, dans l'observation desquelles l'homme trouvera la vie.

12 Je leur ai prescrit encore mes *jours de* sabbat, afin qu'ils fussent *comme* un signe entre moi et eux, et qu'ils sussent que c'est moi qui suis le Seigneur qui les sanctifie.

13 Mais après cela les enfants d'Israël m'ont irrité dans le désert ; ils n'ont point marché dans *la voie de* mes préceptes : ils ont rejeté mes ordonnances, dans l'observation desquelles l'homme trouvera la vie ; et ils ont entièrement profané mes *jours de* sabbat. Je résolus donc de répandre ma fureur sur eux dans le désert, et de les exterminer.

14 Mais j'ai agi *en leur faveur* pour *la gloire de* mon nom, afin qu'il ne fût pas déshonoré devant les peuples, du milieu desquels et aux yeux desquels je les avais fait sortir.

15 J'ai donc élevé ma main sur eux dans le désert, *et je leur ai juré* que je ne les ferais point entrer dans la terre que je leur avais donnée, où coulent des ruisseaux de lait et de miel, et qui est la première de toutes les terres ;

16 parce qu'ils avaient rejeté mes ordonnances, qu'ils n'avaient point marché dans *la voie de* mes préceptes, qu'ils avaient violé mes *jours de* sabbat, et que leur cœur courait encore après leurs idoles.

17 Mon œil néanmoins les a regardés avec compassion, et je me suis retenu pour ne leur point ôter la vie, et je ne les ai point exterminés tous dans le désert.

18 J'ai dit ensuite à leurs enfants dans la solitude : Ne marchez point dans *la voie des* préceptes de vos pères, ne gardez point leurs coutumes, et ne vous souillez point par *le culte de* leurs idoles.

19 *Car* c'est moi qui suis le Seigneur, votre Dieu : marchez dans *la voie de* mes préceptes ; révérez mes ordonnances, et gardez-les.

20 Sanctifiez mes *jours de* sabbat, afin qu'ils soient comme un signe entre moi et vous, et que vous sachiez que c'est moi qui suis le Seigneur, votre Dieu.

21 Mais leurs enfants m'ont aigri contre eux ; ils n'ont point marché dans *la voie de* mes préceptes, ils n'ont ni révéré ni gardé mes ordonnances, dans l'observation desquelles l'homme trouvera la vie ; et ils ont violé mes *jours de* sabbat. Je les ai menacés de répandre ma fureur sur eux dans le désert, et de satisfaire ma colère en les punissant.

22 Mais j'ai retenu ma main, et j'ai agi ainsi pour *la gloire de* mon nom, afin qu'il ne fût pas déshonoré devant les nations du milieu desquelles et aux yeux desquelles je les avais fait sortir.

23 J'ai élevé encore ma main sur eux dans la solitude, pour les disperser parmi les nations, et les envoyer bien loin en divers climats ;

24 parce qu'ils n'avaient pas observé mes ordonnances, qu'ils avaient rejeté mes préceptes, qu'ils avaient violé mes *jours de* sabbat, et que leurs yeux s'étaient attachés aux idoles de leurs pères.

25 C'est pourquoi je leur ai donné des préceptes imparfaits, et des ordonnances où ils ne trouveront point la vie :

26 mais je les ai souillés dans leurs présents, lorsqu'ils offraient pour leurs péchés tout ce qui sort le premier du sein de la mère ; et ils sauront que c'est moi qui suis le Seigneur.

27 C'est pourquoi, fils de l'homme, parlez aux enfants d'Israël, et dites-leur : Voici ce que dit le Seigneur Dieu : Après que vos pères m'ont déshonoré avec mépris,

28 moi qui les avais fait entrer dans la terre que j'avais juré de

leur donner, ils m'ont encore blasphémé en ceci : ils ont vu *d'un œil impie* toutes les collines élevées, et tous les arbres chargés de bois et de feuilles, et ils y ont immolé leurs victimes ; ils y ont attiré ma colère par leurs offrandes, ils y ont brûlé les odeurs les plus excellentes, et ils y ont fait leurs oblations de liqueurs.

29 Je leur ai dit alors : Quel est ce haut lieu où vous allez ? Et ce nom de haut lieu est demeuré à ces lieux *sacrilèges* jusqu'à cette heure.

30 C'est pourquoi dites à la maison d'Israël : Voici ce que dit le Seigneur Dieu : Vous vous souillez dans la même voie où ont marché vos pères, et vous vous abandonnez à la fornication des idoles où ils sont tombés.

31 Vous vous souillez par l'oblation de vos dons, en faisant passer vos enfants par le feu, *vous vous souillez, dis-je,* par toutes vos idoles jusques aujourd'hui. Et après cela je vous répondrai, enfants d'Israël ? Je jure par moi-même, dit le Seigneur Dieu, que je ne vous répondrai point.

32 Vous ne parviendrez point aussi a exécuter ce que vous méditez dans votre esprit, lorsque vous dites : Nous serons comme les nations et comme les autres peuples de la terre, et nous adorerons *comme eux* le bois et la pierre.

33 Je jure par moi-même, dit le Seigneur Dieu, que je régnerai sur vous avec une main forte, avec un bras étendu, et dans toute l'effusion de ma fureur.

34 Je vous retirerai du milieu des peuples, je vous rassemblerai des pays où vous avez été dispersés, et je régnerai sur vous avec une main forte, avec un bras étendu, et dans toute l'effusion de ma fureur.

35 Je vous mènerai dans un désert écarté de tous les peuples, et étant là l'un devant l'autre, j'entrerai en jugement avec vous.

36 Comme je suis entré en jugement avec vos pères dans le désert de l'Egypte, ainsi je vous jugerai, dit le Seigneur Dieu ;

37 je vous assujettirai à mon sceptre, et je vous ferai entrer dans les liens de mon alliance.

38 Je séparerai d'avec vous les violateurs de ma loi, et les impies ; je les ferai sortir de la terre où ils demeuraient, et ils n'entreront point dans la terre d'Israël ; et vous saurez que c'est moi qui suis le Seigneur.

39 Maison d'Israël, voici ce que dit le Seigneur Dieu : Suivez chacun vos idoles, et les servez : si en cela même vous ne m'écoutez point, et si vous profanez encore mon saint nom, en *m'*offrant vos présents, et continuant à servir vos idoles,

40 *je ferai,* dit le Seigneur Dieu, *que* toute la maison d'Israël me servira sur ma montagne sainte, sur la haute montagne d'Israël : *me serviront* tous dans la terre en laquelle ils me seront agréables ; et c'est là que j'accepterai vos prémices et les offrandes de vos décimes, dans tout le culte saint que vous me rendrez.

41 Je vous recevrai comme une oblation d'excellente odeur, lorsque je vous aurai retirés d'entre les peuples *infidèles*, et que je vous aurai rassemblés des pays où vous avez été dispersés ; et je serai sanctifié parmi vous aux yeux des nations ;

42 et vous saurez que c'est moi qui suis le Seigneur, lorsque je vous aurai fait rentrer dans la terre d'Israël, dans la terre pour laquelle j'avais levé la main en jurant à vos pères de la leur donner.

43 Vous vous souviendrez alors *du dérèglement* de vos voies, de tous les crimes dont vous vous êtes souillés ; vous vous déplairez à vous-mêmes, en vous représentant devant les yeux toutes les actions criminelles que vous avez faites ;

44 et vous saurez, maison d'Israël, que c'est moi qui suis le Seigneur, lorsque je vous aurai comblés de biens pour *la gloire de* mon nom ; au lieu de vous traiter selon *le dérèglement de* vos voies, et selon vos crimes détestables, dit le Seigneur Dieu.

45 Le Seigneur me parla encore, et me dit :

46 Fils de l'homme, tournez le visage du côté du midi, parlez vers le vent d'Afrique, et prophétisez au grand bois du champ du Midi.

47 Dites au bois du Midi : Ecoutez la parole du Seigneur ; voici ce que dit le Seigneur Dieu : Je vais allumer un feu devant vous, je brûlerai tous vos arbres, les verts et les secs indifféremment, sans que la flamme de cet embrasement puisse s'éteindre ; et toutes les faces *de ce pays* seront brûlées depuis le midi jusqu'au septentrion ;

48 et toute chair verra que c'est moi qui ai mis le feu à ce bois, moi qui suis le Seigneur ; *j'ai allumé ce feu,* et il ne s'éteindra point.

49 Je dis alors : Hélas ! hélas ! hélas ! Seigneur Dieu ! Ils me disent sans cesse : Celui-ci ne parle-t-il pas *toujours* en parabole ?

CHAPITRE XXI.

LE Seigneur me parla encore en cette manière :

2 Fils de l'homme, tournez le visage contre Jérusalem ; parlez au sanctuaire, et prophétisez contre la terre d'Israël :

3 vous direz donc à la terre d'Israël : Voici ce que dit le Seigneur Dieu : Je viens à vous, je vais tirer mon épée hors du fourreau, et je tuerai dans vous le juste et l'impie.

4 Et parce que je dois exterminer dans vous le juste et l'impie, mon épée sortira hors du fourreau, pour attaquer toute chair, depuis le midi jusqu'au septentrion ;

5 afin que toute chair sache que c'est moi qui ai tiré mon épée hors du fourreau pour ne l'y remettre plus, moi qui suis le Seigneur.

6 Vous donc, fils de l'homme, poussez des soupirs jusqu'à vous rompre les reins, et gémissez en leur présence dans l'amertume de votre cœur ;

7 et lorsqu'ils vous diront, Pourquoi soupirez-vous ? vous leur direz : *Je soupire,* parce que j'entends l'ennemi qui vient. Tous les cœurs sécheront de crainte, toutes les mains seront sans force, tous les esprits s'abattront, et l'eau coulera le long de tous les genoux. Le voici qui vient, et ce que j'ai prédit arrivera, dit le Seigneur Dieu.

8 Le Seigneur me parla encore, et me dit :

9 Fils de l'homme, prophétisez, et dites : Voici ce que dit le Seigneur Dieu : Parlez : L'épée, *oui,* l'épée est aiguisée, elle est polie.

10 Elle est aiguisée pour tuer les victimes, elle est polie pour jeter un grand éclat. C'est vous, ô épée ! qui renverserez le sceptre de mon fils, qui couperez *par le pied* tous les arbres.

11 J'ai donné cette épée à polir pour la tenir à la main : elle est aiguisée, elle est polie, afin qu'elle soit dans la main de celui qui doit faire le carnage.

12 Criez, fils de l'homme, et poussez des hurlements ; parce que cette épée est tirée contre mon peuple, contre tous les princes d'Israël, qui fuiront devant elle : ils sont tous livrés à cette épée avec mon peuple : frappez-vous donc la cuisse *dans votre douleur* ;

13 parce que cette épée agira par mon ordre, lors même qu'elle brisera le sceptre *de Juda*, qui ne subsistera plus, dit le Seigneur Dieu.

14 Vous donc, fils de l'homme, prophétisez, frappez de vos mains l'une contre l'autre. Que cette épée meurtrière double et triple sa violence. C'est là cette épée qui doit faire un *si* grand carnage, qui frappera les esprits d'étonnement,

15 qui fera sécher les cœurs, et multipliera les meurtres *et* les ruines. Je jetterai l'épouvante à toutes leurs portes devant cette épée perçante, polie pour briller, et affilée pour tuer.

16 *O épée !* aiguisez votre pointe ; allez à droite ou à gauche partout où le désir des meurtres vous appellera.

17 Je *vous* applaudirai moi-même en frappant des mains, et je satisferai *par vous* ma colère. C'est moi qui ai parlé, moi qui suis le Seigneur.

18 Alors le Seigneur me parla de nouveau, et me dit :

19 Fils de l'homme, représentez-vous deux chemins par où l'épée du roi de Babylone pourra venir : que ces chemins sortent tous deux d'un même pays ; et ce prince étant à la tête de ces deux chemins, tirera au sort dans la main, pour reconnaître vers quelle ville il doit marcher.

20 Vous figurerez un chemin par où cette épée irait attaquer

Rabbath au pays des Ammonites, et un autre par où elle viendrait en Juda, pour assiéger la très-forte ville de Jérusalem.

21 Car le roi de Babylone s'est arrêté à la tête de deux chemins ; il a mêlé des flèches *dans un carquois*, pour en tirer un augure de la marche qu'il doit prendre : il a interrogé ses idoles, il a consulté les entrailles des bêtes mortes.

22 Le sort est tombé sur Jérusalem, et lui a fait prendre la droite, afin qu'il mène avec lui l'appareil d'un siège ; qu'il n'ait que le sang *et* le carnage dans la bouche ; qu'il excite les cris et les frémissements de son armée ; qu'il dresse des machines contre les portes *de la ville* ; qu'il fasse de grandes levées de terre, et qu'il bâtisse des forts *autour de ses murs*.

23 Cette consultation des oracles paraîtra un jeu *aux enfants d'Israël*, et ils s'imagineront que ce prince imite dans son oisiveté le repos des jours de sabbat : mais le souvenir de l'iniquité *de Jérusalem* le déterminera à venir la prendre.

24 C'est pourquoi, voici ce que dit le Seigneur Dieu : Parce que vous avez rendu si publique la mémoire de vos iniquités, que vous avez découvert vos perfidies, et que vos péchés et vos pensées criminelles ont paru devant tout le monde ; parce, dis-je, que vous avez signalé la mémoire de vos crimes, vous serez pris *par vos ennemis*.

25 Mais vous, profane ; vous, prince impie d'Israël, voici le jour que Dieu avait marqué pour la punition de vos injustices.

26 Voici ce que dit le Seigneur Dieu : Otez-*lui* la tiare, ôtez-*lui* la couronne. N'est-ce pas cette *couronne* qui a élevé les petits et humilié les grands ?

27 J'en ferai voir l'injustice ; l'injustice, *dis-je,* l'*extrême* injustice ; mais j'attendrai jusqu'à ce que soit venu celui à qui appartient le jugement, et je la lui remettrai.

28 Et vous, fils de l'homme, prophétisez et dites : Voici ce que dit le Seigneur Dieu aux enfants d'Ammon, *pour répondre* à leurs insultes : Vous leur direz : Epée, épée, sors du fourreau pour verser le sang : sois tranchante *et* claire, pour tuer et pour briller.

29 Pendant que les enfants d'Ammon n'ont que des visions fausses, et que leurs devins ne leur disent que des mensonges, *sors, épée,* pour tomber tout d'un coup sur la tête des impies, et les couvrir de plaies au jour qui a été marqué pour la punition de leurs injustices.

30 Apres cela, *ô épée !* rentre dans ton fourreau au lieu où tu as été créée, et je te jugerai dans la terre de ta naissance.

31 Je répandrai mon indignation sur toi ; j'allumerai contre toi le feu de ma fureur ; et je t'abandonnerai entre les mains des hommes insensés qui ont conspiré ta mort.

32 Tu seras la pâture du feu, la terre nagera dans ton sang, et ton nom tombera dans un *éternel* oubli : car c'est moi qui ai parlé, moi qui suis le Seigneur.

CHAPITRE XXII.

LE Seigneur me dit encore ces paroles :

2 Et vous, fils de l'homme, ne jugerez-vous point, ne jugerez-vous point la ville de sang ?

3 Ne lui ferez-vous point voir toutes ses abominations ? Vous lui direz : Voici ce que dit le Seigneur Dieu : C'est là la ville qui répand le sang au milieu d'elle, afin que le temps de sa destruction arrive ; et qui a dressé des idoles contre elle-même, pour se souiller *en les adorant*.

4 Vous vous êtes rendue criminelle par le sang que vous avez répandu ; vous vous êtes souillée par les idoles que vous avez faites, et vous avez avancé vos jours et hâté le temps de votre ruine. C'est pourquoi je vous ai rendue l'opprobre des nations, et l'objet des insultes de toute la terre.

5 Les peuples voisins et les peuples éloignés triompheront de vous, vous qui vous êtes remplie d'infamie, et qui vous êtes rendue illustre par la grandeur *et* l'éclat de votre chute.

6 Les princes d'Israël se sont tous appuyés sur *la force de* leur bras, pour répandre dans vous le sang.

7 Ils ont traité dans vous d'une manière outrageuse leur père et leur mère : ils ont opprimé l'étranger au milieu de vous, et ils ont affligé dans vous la veuve et les orphelins.

8 Vous avez méprisé mon sanctuaire, et vous avez violé mes *jours de* sabbat.

9 Des calomniateurs ont été au milieu de vous pour répandre le sang : ils ont mangé sur les montagnes au milieu de vous ; ils ont commis au milieu de vous les crimes *les plus honteux*.

10 Ils ont violé parmi vous la femme de leur propre père ; ils n'ont point épargné dans vous la femme en son impureté ordinaire.

11 Ils ont déshonoré la femme de leur prochain par une action abominable : le beau-père a corrompu par un horrible inceste sa belle-fille ; le frère a fait violence à sa propre sœur, à la fille de son père au milieu de vous.

12 Ils ont reçu des présents au milieu de vous, afin de répandre le sang : vous avez reçu un profit et un intérêt illégitime ; vous avez opprimé vos frères pour satisfaire votre avarice, et vous m'avez mis en oubli, dit le Seigneur Dieu.

13 C'est pourquoi j'ai frappé des mains, en me déclarant contre *les excès de* votre avarice, et contre le sang qui a été répandu au milieu de vous.

14 Votre cœur soutiendra-t-il *ma colère*, ou vos mains auront-elles encore quelque force dans le temps des maux que je ferai fondre sur vous ? C'est moi qui suis le Seigneur : j'ai parlé, et je ferai ce que j'ai dit.

15 Je vous dispersai parmi les nations : je vous écarterai en divers pays, et je ferai cesser dans vous votre impureté.

16 Je me rendrai maître de vous à la vue des nations ; et vous saurez que c'est moi qui suis le Seigneur.

17 Le Seigneur me parla encore, et me dit :

18 Fils de l'homme, la maison d'Israël s'est changée pour moi en écume : ils sont tous comme de l'airain, de l'étain, du fer et du plomb au milieu du fourneau, et ils sont devenus comme l'écume de l'argent.

19 C'est pourquoi, voici ce que dit le Seigneur Dieu : Parce que vous êtes devenus tous comme de l'ccume, je vous rassemblerai tous au milieu de Jérusalem,

20 comme on jette tout ensemble l'argent, l'airain, le fer, l'étain et le plomb au milieu du fourneau, et je l'embraserai pour vous y faire passer par le feu. C'est ainsi que je vous rassemblerai dans ma fureur et dans ma colère ; je me satisferai, et je vous éprouverai par le feu.

21 Je vous rassemblerai, dis-je ; je vous embraserai par les flammes de ma fureur, et vous serez éprouvés au milieu de Jérusalem.

22 Vous serez au milieu de cette ville comme est l'argent que l'on éprouve au milieu du fourneau, et vous saurez que c'est moi qui suis le Seigneur, lorsque j'aurai répandu mon indignation sur vous.

23 Le Seigneur me dit encore ces paroles :

24 Fils de l'homme, dites à Jérusalem : Vous êtes une terre impure, qui n'a point été arrosée de pluies au jour de la fureur.

25 Les prophètes ont conjuré ensemble au milieu d'elle ; ils ont dévoré les âmes comme un lion qui rugit et ravit sa proie. Ils ont reçu de grands biens et des récompenses ; et ils ont multiplié les veuves au milieu d'elle.

26 Ses prêtres ont méprisé ma loi ; ils ont violé mon sanctuaire, ils n'ont point fait de discernement entre les choses saintes et les profanes ; ils n'ont point voulu comprendre la différence de ce qui est pur d'avec ce qui est impur. Ils ont détourné leurs yeux de mes *jours de* sabbat ; et j'étais indignement déshonoré au milieu d'eux.

27 Ses princes étaient au milieu d'elle comme des loups toujours attentifs à ravir leur proie, à répandre le sang, à perdre les âmes, et a courir après le gain, pour satisfaire leur avarice.

28 Ses prophètes mettaient l'enduit sur la muraille sans y rien mêler qui la rendît ferme : ils avaient de vaines visions, et ils prophétisaient le mensonge en disant, Voici ce que dit le Seigneur Dieu : quoique le Seigneur n'eût point parlé.

29 Ceux du peuple aussi commettaient toutes sortes d'oppressions ; ils ravissaient *le bien d'autrui* par violence ; ils affligeaient le faible et le pauvre, ils opprimaient les étrangers sans

aucune forme de justice.

30 J'ai cherché parmi eux un homme qui se présentât comme une haie entre moi et eux, qui s'opposât à moi pour la défense de cette terre, afin que je ne la détruisisse point ; et je n'en ai point trouvé.

31 C'est pourquoi j'ai répandu mon indignation sur eux : je les ai consumes dans le feu de ma colère, et j'ai fait retomber leurs crimes sur leur tête, dit le Seigneur Dieu.

CHAPITRE XXIII.

LE Seigneur me parla encore, et me dit :

2 Fils de l'homme, une même mère a eu deux filles,

3 qui sont tombées dans la fornication en Égypte, et qui se sont prostituées dans leur jeunesse : c'est là que leur sein a été déshonoré, et que leur virginité a été corrompue.

4 La plus grande s'appelait Oolla, et la plus petite s'appelait Ooliba. Elles ont été à moi, et elles m'ont enfanté des fils et des filles. Celle qui s'appelle Oolla est Samarie, et celle qui s'appelle Ooliba est Jérusalem.

5 Oolla s'est donc élevée contre moi par sa fornication, et elle a aimé d'un amour furieux ceux qu'elle aimait, *elle a aimé* les Assyriens, ses voisins,

6 vêtus d'hyacinthe, qui étaient princes, magistrats, jeunes et propres à allumer sa passion ; tous hommes de cheval, et montés sur des chevaux.

7 Elle s'est abandonnée dans sa fornication à ces hommes choisis, qui étaient tous enfants des Assyriens, et elle s'est souillée par ses infamies, avec tous ceux dont elle était follement passionnée.

8 Elle n'a pas même quitté alors la fornication par laquelle elle s'était prostituée aux Egyptiens : car ils l'avaient aussi corrompue dans sa jeunesse, ils avaient déshonoré son sein lorsqu'elle était vierge, et ils avaient répandu sur elle leur fornication.

9 C'est pourquoi je l'ai livrée entre les mains de ceux qu'elle avait aimés, entre les mains des Assyriens, dont elle avait été passionnée jusqu'à la fureur.

10 Ce sont eux qui ont découvert son ignominie ; qui ont enlevé ses fils et ses filles ; qui l'ont tuée elle-même avec l'épée ; qui l'ont rendue l'exemple des femmes par les jugements qu'ils ont exercés sur elle.

11 Sa sœur Ooliba après l'avoir vue punie de la sorte, a porté encore plus loin qu'elle la fureur de sa passion.

12 Elle s'est prostituée sans aucune honte aux enfants des Assyriens par une fornication qui a surpassé encore celle de sa sœur : elle s'est prostituée à des officiers de guerre, à des magistrats qui venaient vers elle avec des habits de différentes couleurs, à des cavaliers qui étaient montés sur leurs chevaux, et à des jeunes hommes qui avaient tous une mine avantageuse.

13 Ainsi j'ai vu toutes les deux marcher dans la même voie et dans les mêmes dérèglements.

14 Et Ooliba a augmenté encore les excès de sa fornication : car ayant vu des hommes peints sur la muraille, des images des Chaldéens tracées avec des couleurs,

15 qui avaient leurs baudriers sur les reins, et sur la tête des tiares de différentes couleurs, qui paraissaient tous des officiers de guerre, et avaient l'air des enfants de Babylone, et du pays des Chaldéens, où ils sont nés,

16 elle s'est laissée emporter à la concupiscence de ses yeux ; elle a conçu pour eux une folle passion, et elle leur a envoyé ses ambassadeurs en Chaldée.

17 Et les enfants de Babylone étant venus vers elle, et s'étant approchés de la couche de sa prostitution, ils l'ont déshonorée par leurs infamies, et elle a été corrompue par eux ; et son âme s'est rassasiée *et dégoûtée* d'eux.

18 Elle a exposé à nu les excès de sa fornication, et elle a découvert son ignominie ; et je me suis retiré d'avec elle, comme je m'étais retiré d'avec sa sœur.

19 Car elle a multiplié les crimes de sa fornication en renouvelant la mémoire des jours de sa jeunesse, pendant lesquels elle s'était prostituée dans l'Égypte.

20 Et elle s'est abandonnée avec fureur à l'impudicité, pour se joindre à ceux dont la chair est comme la chair des ânes, et dont l'alliance est comme celle qu'on aurait avec des chevaux.

21 Et vous avez renouvelé les crimes de votre jeunesse, lorsque votre sein a été déshonoré dans l'Égypte, et que votre virginité y a été corrompue.

22 C'est pourquoi, ô Ooliba ! voici ce que dit le Seigneur Dieu : Je vais susciter contre vous tous ceux que vous aimiez, dont votre âme s'est rassasiée *jusqu'à vous en dégoûter* ; et je les assemblerai contre vous de toutes parts.

23 *Je rassemblerai* les enfants de Babylone, les plus fameux d'entre les Chaldéens, les souverains et les princes, tous les enfants d'Assyrie, les jeunes hommes les mieux faits, les chefs et les principaux officiers de guerre, les princes des princes, et les plus considérables d'entre tous ceux qui montent à cheval.

24 Ils viendront à vous avec une multitude de roues et de chariots, avec une foule de peuples, et ils vous attaqueront de toutes parts, étant armés de cuirasses, de boucliers et de casques. Je leur donnerai le pouvoir de vous juger, et ils vous jugeront selon leurs lois.

25 Je les rendrai les exécuteurs de ma colère contre vous, et ils l'exerceront dans leur fureur. Ils vous couperont le nez et les oreilles, et ce qui restera *de votre peuple* tombera par l'épée. Ils prendront vos fils et vos filles, et le feu dévorera tout ce qui sera resté de vous.

26 Ils vous dépouilleront de vos vêtements, ils enlèveront vos meubles précieux.

27 Je ferai cesser vos crimes dans vous, et la fornication que vous avez apprise en Égypte : vous ne lèverez plus vos yeux vers ces idoles, et vous ne vous souviendrez plus de l'Égypte.

28 Car voici ce que dit le Seigneur Dieu : Je vais vous livrer entre les mains de ceux que vous haïssez, entre les mains de ceux dont votre âme s'est rassasiée *jusqu'à vous en dégoûter*.

29 Ils vous traiteront avec haine, ils enlèveront tous vos travaux, ils vous laisseront toute nue et pleine d'ignominie, et la honte de votre fornication, vos crimes et vos infamies seront découvertes.

30 Ils vous traiteront de cette sorte, parce que vous vous êtes prostituée aux nations, parmi lesquelles vous vous êtes souillée par *le culte de* leurs idoles.

31 Vous avez marché dans la voie de votre sœur, et je vous mettrai en la main la coupe dont elle a bu.

32 Voici ce que dit le Seigneur Dieu : Vous boirez de la coupe de votre sœur, de cette coupe large et profonde ; et vous deviendrez l'objet des insultes et des railleries des hommes *en buvant dans* cette coupe grande et vaste.

33 Vous serez enivrée par cette coupe, vous serez remplie de douleur par cette coupe d'affliction et de tristesse, par cette coupe de votre sœur Samarie.

34 Vous la boirez et vous la viderez jusqu'à la lie, vous en mangerez même les morceaux rompus, et vous vous déchirerez le sein *dans votre douleur ;* parce que c'est moi qui ai parlé, dit le Seigneur Dieu.

35 C'est pourquoi, voici ce que dit le Seigneur Dieu : Parce que vous m'avez oublié, et que vous m'avez rejeté derrière vous, portez aussi votre crime énorme, et le poids de votre fornication.

36 Le Seigneur me dit aussi : Fils de l'homme, ne jugerez-vous point Oolla et Ooliba ? et ne leur déclarerez-vous point leurs méchancetés ?

37 Car ce sont des femmes adultères qui ont les mains pleines de sang, et qui se sont prostituées à leurs idoles. Elles ont pris même les enfants qu'elles avaient engendrés pour moi, et elles les ont offerts à leurs idoles pour être dévorés.

38 Mais elles m'ont fait encore cet outrage : elles ont violé en ce jour-là mon sanctuaire ; elles ont profané mes *jours de* sabbat.

39 Et lorsqu'elles sacrifiaient leurs enfants à leurs idoles, et qu'elles entraient dans mon sanctuaire en ce jour-là pour le profaner, elles m'ont fait même cette injure au milieu de ma maison.

40 Elles ont fait chercher des hommes qui venaient de bien loin,

auxquels elles avaient envoyé des ambassadeurs ; et lorsqu'ils sont venus, pour les mieux recevoir, vous avez eu soin de vous laver, vous avez mis du fard sur votre visage, et vous vous êtes parée de vos ornements les plus précieux.

41 Vous vous êtes reposée sur un lit parfaitement beau, et on a mis devant vous une table ornée magnifiquement ; on a fait brûler dessus mon encens et mes parfums.

42 On y entendait la voix d'une multitude de gens qui étaient dans la joie ; et choisissant quelques-uns de cette foule d'hommes qu'on faisait venir du désert, elles leur mettaient leurs bracelets aux mains et des couronnes éclatantes sur la tête.

43 Je dis alors de cette femme qui a vieilli dans l'adultère : Cette prostituée continuera encore maintenant à s'abandonner à ses désordres.

44 Ils sont entrés chez elle comme on entre chez une femme débauchée. C'est ainsi qu'ils sont entrés chez ces femmes perdues *et* criminelles, Oolla et Ooliba.

45 Ces hommes sont donc justes *en comparaison d'elles* ; et ce seront eux qui les jugeront comme on juge les adultères, comme on juge celles qui répandent le sang ; parce que ce sont des adultères, et que leurs mains sont pleines de sang.

46 Car voici ce que dit le Seigneur Dieu : Faites venir contre ces deux femmes prostituées une multitude d'hommes, et livrez-les en proie dans ce tumulte de guerre.

47 Que les peuples prennent des pierres, *et* les lapident ; qu'ils les percent de leurs épées ; qu'ils tuent leurs fils et leurs filles ; qu'ils consument leurs maisons par le feu.

48 C'est ainsi que j'abolirai les crimes de dessus la terre, et que toutes les femmes apprendront à n'imiter pas les abominations de celles-ci.

49 Et *vos ennemis* feront retomber sur vous votre crime ; vous porterez le péché de vos idoles ; et vous saurez que c'est moi qui suis le Seigneur Dieu.

CHAPITRE XXIV.

LE dixième jour du dixième mois de la neuvième année, le Seigneur m'adressa sa parole et me dit :

2 Fils de l'homme, marquez bien ce jour, *et* écrivez-le ; parce que c'est en ce jour que le roi de Babylone a rassemblé ses troupes devant Jérusalem.

3 Vous parlerez en figure à la maison d'Israël, qui ne cesse point de m'irriter ; et vous lui direz cette parabole : Voici ce que dit le Seigneur Dieu : Mettez une marmite *sur le feu* ; mettez, dis-je, une chaudière, et de l'eau dedans ;

4 remplissez-la de viande de tous les meilleurs endroits ; mettez-y la cuisse, l'épaule, les morceaux choisis et pleins d'os.

5 Prenez la chair des bêtes les plus grasses, mettez au-dessous les os les uns sur les autres, faites-la bouillir à gros bouillons jusqu'à faire cuire les os mêmes au milieu de la chaudière.

6 Voici ce que dit le Seigneur Dieu : Malheur à la ville de sang ! qui est comme une marmite toute enrouillée, dont la rouille n'est point sortie ; jetez toutes les pièces de viande qui y sont, les unes après les autres, sans qu'on jette le sort sur ses habitants.

7 Car son sang est au milieu d'elle, elle l'a répandu sur les pierres les plus luisantes *et les plus polies*, et non sur la terre, où il aurait pu être couvert de poussière.

8 *Aussi* pour faire tomber mon indignation sur elle, et pour me venger d'elle selon qu'elle le mérite, j'ai répandu son sang sur les pierres les plus luisantes ; afin qu'il n'y ait rien qui le couvre.

9 C'est pourquoi, voici ce que dit le Seigneur Dieu : Malheur à la ville de sang ! a laquelle je vais moi-même préparer un grand bûcher.

10 Mettez les os les uns sur les autres, afin que je les fasse brûler dans le feu : la chair sera consumée : on en arrangera toutes les pièces, et on les fera cuire ensemble, et les os seront réduits à rien.

11 Mettez aussi la chaudière vide sur les charbons ardents, afin qu'elle s'échauffe, que l'airain se brûle, que son ordure se fonde au dedans, et que sa rouille se consume.

12 On s'est efforcé avec grande peine de la nettoyer : mais la rouille y est si enracinée, qu'elle n'a pu même en sortir par le feu.

13 Votre impureté est exécrable, parce que j'ai voulu vous purifier, et que vous n'avez point quitté vos ordures ; mais vous ne deviendrez point pure non plus, avant que j'aie satisfait mon indignation en vous *punissant*.

14 C'est moi qui ai parlé, moi qui suis le Seigneur : *Le temps* est venu, je vais agir. Je ne laisserai plus les fautes impunies ; je ne pardonnerai plus, je ne m'apaiserai plus : mais je vous jugerai selon vos voies et selon le dérèglement de vos œuvres, dit le Seigneur.

15 Le Seigneur me dit encore ces paroles :

16 Fils de l'homme, je vais vous frapper d'une plaie, et vous ravir ce qui est le plus agréable à vos yeux : mais vous ne ferez point de plaintes funèbres ; vous ne pleurerez point, et les larmes ne couleront point sur votre visage.

17 Vous soupirerez en secret, et vous ne ferez point le deuil comme on le fait pour les morts : votre couronne demeurera liée sur votre tête, et vous aurez vos souliers à vos pieds ; vous ne vous couvrirez point le visage, et vous ne mangerez point des viandes qu'on donne à ceux qui sont dans le deuil.

18 Je parlai donc le matin au peuple, et le soir ma femme mourut. Le lendemain au matin je fis ce que Dieu m'avait ordonné.

19 Alors le peuple me dit : Pourquoi ne nous découvrez-vous pas ce que signifie ce que vous faites ?

20 Je leur répondis : Le Seigneur m'a adressé sa parole, et m'a dit : Dites à la maison d'Israël :

21 Voici ce que dit le Seigneur Dieu : Je vais profaner mon sanctuaire *dont vous faites* l'ornement superbe de votre empire, *ce sanctuaire* qui est ce que vos yeux aiment le plus, et l'objet des craintes de votre âme. Vos fils et vos filles qui seront restés tomberont par l'épée.

22 Et vous ferez comme j'ai fait : vous ne vous couvrirez point le visage, et vous ne mangerez point des viandes qu'on donne à ceux qui sont dans le deuil.

23 Vous aurez des couronnes sur vos têtes et des souliers à vos pieds ; vous ne ferez point de plaintes funèbres, et vous ne verserez point de larmes : mais vous sécherez dans vos iniquités ; et chacun de vous regardant son frère, jettera de grands soupirs.

24 Ezéchiel vous sera un signe pour l'avenir : *car* lorsque ce *temps-là* sera arrivé, vous ferez toutes les mêmes choses qu'il a faites ; et vous saurez que c'est moi qui suis le Seigneur Dieu.

25 Vous donc, fils de l'homme, quand ce jour sera venu, auquel je leur ôterai ce qui faisait leur force, leur joie et leur gloire, ce que leurs yeux aimaient le plus, et ce que leurs âmes estimaient davantage, *et outre cela* leurs fils et leurs filles :

26 en ce jour-là, lorsqu'un homme qui sera échappé du péril viendra vous dire des nouvelles *de Jérusalem ;*

27 quand ce jour-là, dis-je, sera arrivé, votre bouche s'ouvrira pour parler avec celui qui sera échappé par la fuite : vous parlerez, et vous ne demeurerez plus dans le silence ; vous leur serez un signe pour l'avenir ; et vous saurez *tous* que c'est moi qui suis le Seigneur.

CHAPITRE XXV.

LE Seigneur me parla encore de cette sorte :

2 Fils de l'homme, tournez votre visage contre les enfants d'Ammon, et prophétisez contre eux ;

3 et vous direz aux enfants d'Ammon : Ecoutez la parole du Seigneur Dieu. Voici ce que dit le Seigneur Dieu : Parce que vous avez jeté des cris de joie contre mon sanctuaire lorsqu'il a été profané ; contre la terre d'Israël, lorsqu'elle a été désolée ; et contre la maison de Juda, lorsqu'ils ont été emmenés captifs :

4 je vous livrerai aux peuples de l'Orient, afin que vous deveniez leur héritage ; et ils établiront sur votre terre les parcs de leurs troupeaux, et ils y dresseront leurs tentes ; ils mangeront eux-mêmes vos blés, et ils boiront votre lait.

5 J'abandonnerai Rabbath pour être la demeure des chameaux, et

le pays des enfants d'Ammon pour être la retraite des bestiaux ; et vous saurez que c'est moi qui suis le Seigneur.

6 Car voici ce que dit le Seigneur Dieu : Parce que vous avez battu des mains et frappé du pied, et que vous vous êtes réjouis de tout votre cœur, en voyant *les maux de* la terre d'Israël ;

7 j'étendrai ma main sur vous : je vous livrerai en proie aux nations, je vous ferai passer au fil de l'épée, je vous effacerai du nombre des peuples, je vous exterminerai de dessus la terre, je vous réduirai en poudre ; et vous saurez que c'est moi qui suis le Seigneur.

8 Voici ce que dit le Seigneur Dieu : Parce que Moab et Séir ont dit, Enfin la maison de Juda est devenue comme toutes les autres nations :

9 pour cela vous allez voir que j'ouvrirai ce qu'il y a de plus fort dans Moab ; j'ouvrirai ses villes, les plus belles villes de ses provinces et de son pays, Bethjésimoth, Béelméon et Cariathaïm ;

10 *je les ouvrirai, dis-je,* aux peuples de l'Orient ; je traiterai les Moabites comme j'ai traité les enfants d'Ammon ; je leur livrerai Moab pour être leur héritage ; afin qu'à l'avenir le nom des enfants d'Ammon soit effacé de la mémoire des peuples,

11 et que j'exerce aussi sur Moab *la rigueur de* mes jugements ; et ils sauront que c'est moi qui suis le Seigneur.

12 Voici ce que dit le Seigneur Dieu : Parce que l'Idumée s'est satisfaite en se vengeant des enfants de Juda, et qu'elle est tombée dans le péché en souhaitant avec ardeur de se venger d'eux ;

13 voici ce que dit le Seigneur Dieu : J'étendrai ma main sur l'Idumée : j'en exterminerai les hommes et les bêtes, je la réduirai en un désert du côté du midi, et ceux qui sont à Dédan périront par l'épée.

14 J'exercerai ma vengeance sur l'Idumée par la main de mon peuple d'Israël, et ils traiteront Edom selon ma colère et ma fureur ; et les Iduméens sauront que je sais punir *les coupables*, dit le Seigneur Dieu.

15 Voici ce que dit le Seigneur Dieu : Parce que les princes de la Palestine ont exécuté les desseins de leur vengeance, et qu'ils se sont vengés de tout leur cœur en tuant *les Israélites* pour satisfaire leur ancienne inimitié ;

16 voici ce que dit le Seigneur Dieu : J'étendrai ma main sur les peuples de la Palestine : je ferai un carnage de ces meurtriers, et je perdrai les restes de la côte de la mer ;

17 j'exercerai sur eux des jugements rigoureux en les reprenant dans ma fureur ; et ils sauront que c'est moi qui suis le Seigneur, lorsque je me serai *enfin* vengé d'eux.

CHAPITRE XXVI.

LE premier jour du *premier* mois de la onzième année, le Seigneur me dit ces paroles :

2 Fils de l'homme, parce que Tyr a dit de Jérusalem avec des cris de joie, Les portes de cette ville si pleine de peuples sont brisées ; ses habitants viendront à moi, et je m'agrandirai *de ses ruines* maintenant qu'elle est déserte :

3 voici ce que dit le Seigneur Dieu : Je viens contre vous, ô Tyr ! et je ferai monter contre vous plusieurs peuples, comme la mer fait monter ses flots.

4 Ils détruiront les murs de Tyr, et ils abattront ses tours ; j'en raclerai jusqu'à la poussière, et je la rendrai comme une pierre luisante *et* toute nue.

5 Elle deviendra au milieu de la mer un lieu pour servir à sécher les rets ; parce que c'est moi qui ai parlé, dit le Seigneur Dieu ; et elle sera livrée en proie aux nations.

6 Ses filles qui sont dans les champs, seront aussi passées au fil de l'épée ; et ils sauront que c'est moi qui suis le Seigneur.

7 Car voici ce que dit le Seigneur Dieu : Je vais faire venir à Tyr des pays du septentrion, Nabuchodonosor, roi de Babylone, ce roi des rois. *Il viendra* avec des chevaux, des chariots de guerre, de la cavalerie, et de grandes troupes composées de divers peuples.

8 Il fera tomber par le fer vos filles qui sont dans les champs : il vous environnera de forts et de terrasses, et il lèvera le bouclier contre vous.

9 Il dressera contre vos murs ses mantelets et ses béliers, et il détruira vos tours par *la force de* ses armes.

10 La multitude de ses chevaux vous couvrira d'un nuage de poussière, et le bruit de sa cavalerie, des roues et des chariots, fera trembler vos murailles, lorsqu'il entrera dans vos portes comme par la brèche d'une ville prise.

11 Le pavé de toutes vos rues sera foulé par les pieds de ses chevaux. Il fera passer votre peuple par le tranchant de l'épée, et il renversera par terre vos belles statues.

12 Ils feront leur butin de vos richesses, ils pilleront vos marchandises : ils renverseront vos murailles, ils ruineront vos maisons magnifiques ; et ils jetteront au milieu des eaux les pierres, le bois, et la poussière même de vos bâtiments.

13 Je ferai cesser tous vos concerts de musique, et l'on n'entendra plus parmi vous le son de vos harpes.

14 Je vous rendrai comme une pierre lissée : vous deviendrez un lieu à sécher les rets ; et vous ne serez plus rebâtie à l'avenir ; parce que c'est moi qui ai parlé, dit le Seigneur Dieu.

15 Voici ce que le Seigneur Dieu dit à Tyr : Les îles ne trembleront-elles pas au bruit de votre chute, et aux cris lugubres de ceux qui seront tués dans le carnage qui se fera au milieu de vous ?

16 Tous les princes de la mer descendront de leurs trônes ; ils quitteront les marques de leur grandeur, ils rejetteront leurs habits superbes *et* éclatants par la variété de leurs couleurs ; ils seront remplis de frayeur ; ils s'assiéront sur la terre ; et frappés d'un profond étonnement de votre chute soudaine,

17 ils feront sur vous des plaintes mêlées de pleurs, et vous diront : Comment êtes-vous tombée si malheureusement, vous qui habitiez dans la mer, ô ville superbe ! vous qui étiez si forte sur la mer avec tous vos habitants qui s'étaient rendus redoutables à tout le monde ?

18 Les vaisseaux maintenant trembleront, en vous voyant vous-même saisie de frayeur, et les îles seront épouvantées dans la mer, en voyant que personne ne sort de vos portes.

19 Car voici ce que dit le Seigneur Dieu : Lorsque je vous aurai rendue toute déserte comme les villes qui ne sont plus habitées, que j'aurai fait fondre une mer sur vous, et que je vous aurai couverte d'un déluge d'eaux ;

20 lorsque je vous aurai précipitée avec ceux qui descendent dans la fosse profonde, pour vous joindre à la multitude des morts éternels ; lorsque je vous aurai placée au fond de la terre, avec ceux qui sont descendus dans le tombeau, pour être toujours inhabitée comme les solitudes de plusieurs siècles, et qu'en même temps j'aurai fait éclater ma gloire dans la terre des vivants ;

21 je vous réduirai à rien, vous ne serez plus : et quoiqu'on vous cherche, on ne vous trouvera plus jamais, dit le Seigneur Dieu.

CHAPITRE XXVII.

LE Seigneur me parla encore, et me dit :

2 Vous donc, fils de l'homme, faites une plainte lugubre sur *la chute de* Tyr,

3 et vous direz à cette ville qui est située près de la mer, qui est le siège du commerce et du trafic des peuples de tant d'îles différentes : Voici ce que dit le Seigneur Dieu : O Tyr ! vous avez dit en vous-même : Je suis une ville d'une beauté parfaite,

4 et je suis placée au milieu de la mer. Les *peuples* voisins qui vous ont bâtie, n'ont rien oublié pour vous embellir.

5 Ils ont fait tout le corps et les divers étages de votre vaisseau, de sapins de Sanir. Ils ont pris un cèdre du Liban pour vous faire un mât.

6 Ils ont mis en œuvre les chênes de Basan, pour faire vos rames. Ils ont employé l'ivoire des Indes, pour faire vos bancs, et ce qui vient des îles vers l'Italie, pour faire vos chambres *et* vos magasins.

7 Le fin lin d'Egypte tissu en broderie, a composé la voile qui a été suspendue à votre mât ; l'hyacinthe et la pourpre des îles

d'Elisa ont fait votre pavillon.

8 Les habitants de Sidon et d'Arad ont été vos rameurs ; et vos sages, ô Tyr ! sont devenus vos pilotes.

9 Les vieillards de Gébal, les plus habiles d'entre eux, ont donné leurs mariniers pour vous servir dans tout l'équipage de votre vaisseau. Tous les navires de la mer et tous les mariniers ont été engagés dans votre commerce *et* votre trafic.

10 Les Perses, ceux de Lydie et ceux de Lybie, étaient vos gens de guerre dans votre armée, et ils ont suspendu dans vous leurs boucliers et leurs casques pour vous servir d'ornement.

11 Les Aradiens avec leurs troupes étaient tout autour de vos murailles ; et les Pygmées qui étaient sur vos tours, ont suspendu leurs carquois le long de vos murs, afin qu'il ne manquât rien à votre beauté.

12 Les Carthaginois trafiquaient avec vous, en vous apportant toutes sortes de richesses, et remplissaient vos marchés d'argent, de fer, d'étain et de plomb.

13 La Grèce, Thubal et Mosoch entretenaient aussi votre commerce, et amenaient à votre peuple des esclaves et des vases d'airain.

14 On a amené de Thogorma dans vos marchés, des chevaux, des cavaliers, et des mulets.

15 Les enfants de Dédan ont trafiqué avec vous ; votre commerce s'est étendu en plusieurs îles, et ils vous ont donné en échange de vos marchandises, des dents d'ivoire et de l'ébène.

16 Les Syriens ont été engagés dans votre trafic à cause de la multitude de vos ouvrages ; et ils ont exposé en vente dans vos marchés des perles, de la pourpre, de petits écussons, du fin lin, de la soie, et toutes sortes de marchandises précieuses.

17 Les peuples de Juda et d'Israël ont entretenu aussi leur commerce avec vous, et ils ont apporté dans vos marchés le plus pur froment, le baume, le miel, l'huile et la résine.

18 Damas trafiquait avec vous, et en échange de vos ouvrages si différents, il vous apportait de grandes richesses, du vin excellent, et des laines d'une couleur vive *et* éclatante.

19 Dan, la Grèce et Mosel ont exposé en vente dans vos marchés des ouvrages de fer poli, et vous avez fait un trafic de casse et de cannes d'excellente odeur.

20 Ceux de Dédan trafiquaient avec vous pour les housses magnifiques des chevaux.

21 L'Arabie et tous les princes de Cédar étaient aussi engagés dans votre commerce, et ils venaient vous amener leurs agneaux, leurs béliers et leurs boucs.

22 Saba et Réema venaient aussi vendre et acheter avec vous, et exposaient dans vos marchés tous les plus excellents parfums, les pierres précieuses, et l'or.

23 Haran, Chéné et Eden entraient pareillement dans votre trafic ; Saba, Assur et Chelmad venaient vous vendre leurs marchandises.

24 Ils entretenaient un grand trafic avec vous, et ils vous apportaient des balles d'hyacinthe, d'ouvrages en broderie, et de meubles précieux qui étaient enveloppés et liés de cordes : et ils trafiquaient encore avec vous pour des bois de cèdre.

25 Les vaisseaux de la mer ont entretenu votre principal commerce ; vous avez été comblée de biens, et élevée dans la plus haute gloire au milieu de la mer.

26 Vos rameurs vous ont conduite sur les grandes eaux ; mais le vent du midi vous a brisée au milieu de la mer.

27 Vos richesses, vos trésors, votre équipage si grand et si magnifique, vos mariniers et vos pilotes qui disposaient de tout ce qui servait à votre grandeur et à votre usage : vos gens de guerre qui combattaient pour vous avec toute la multitude de peuple qui était au milieu de vous, tomberont tous ensemble au fond de la mer, au jour de votre ruine.

28 Les cris et les plaintes de vos pilotes épouvanteront les flottes *entières*.

29 Tous ceux qui tenaient la rame descendront de leurs vaisseaux ; les mariniers avec tous leurs pilotes se tiendront sur la terre ;

30 ils déploreront vos maux avec de grandes plaintes, ils crieront dans leur douleur ; ils se jetteront de la poussière sur la tête, ils se couvriront de cendres ;

31 ils se raseront les cheveux ; ils se vêtiront de cilices ; et dans l'amertume de leur cœur, ils verseront des larmes sur vous avec un regret sensible *et* cuisant ;

32 ils feront sur vous des plaintes lugubres ; ils déploreront votre malheur en disant : Où trouvera-t-on une ville semblable à Tyr, qui est devenue muette, *et qui a été ensevelie* au milieu de la mer ?

33 *O Tyr !* qui par votre grand commerce sur la mer, avez comblé de biens tant de nations différentes, qui par la multitude de vos richesses, et par l'abondance de vos peuples, avez enrichi les rois de la terre ;

34 la mer maintenant vous a brisée, vos richesses sont au fond de ses eaux ; et toute cette multitude de peuple qui était au milieu de vous, est tombée *et* périe avec vous.

35 Vous êtes devenue un sujet de surprise *et* d'étonnement à tous les habitants des îles ; et tous leurs rois abattus par cette tempête ont changé de visage.

36 Les marchands de tous les peuples vous ont considérée comme l'objet de leurs railleries *et* de leurs insultes ; vous êtes réduite dans le néant, et vous ne serez jamais rétablie.

CHAPITRE XXVIII.

LE Seigneur me dit encore ces paroles :

2 Fils de l'homme, dites au prince de Tyr : Voici ce que dit le Seigneur Dieu : Parce que votre cœur s'est élevé, et que vous avez dit *en vous-même*, Je suis Dieu, et je suis assis sur la chaire de Dieu au milieu de la mer ; quoique vous ne soyez qu'un homme, et non pas un Dieu ; et parce que votre cœur s'est élevé comme si c'était le cœur d'un Dieu :

3 car vous avez cru être plus sage que Daniel, et qu'il n'y avait point de secret qui vous fût caché.

4 Par votre sagesse et votre prudence vous vous êtes rendu puissant, et vous avez amassé de l'or et de l'argent dans vos trésors.

5 Vous avez accru votre puissance par l'étendue de votre sagesse, et par la multiplication de votre commerce ; et votre cœur s'est élevé dans votre force.

6 C'est pourquoi, voici ce que dit le Seigneur Dieu : Parce que votre cœur s'est élevé comme si c'était le cœur d'un Dieu,

7 je ferai venir contre vous des étrangers qui sont les plus puissants d'entre les peuples, et ils viendront l'épée à la main exterminer votre sagesse avec tout son éclat, et ils souilleront votre beauté.

8 Ils vous tueront, et ils vous précipiteront du trône, et vous mourrez dans le carnage de ceux qui seront tués au milieu de la mer.

9 Direz-vous encore lorsque vous serez devant vos meurtriers, lorsque vous serez sous la main de ceux qui vous ôteront la vie ; *direz-vous encore,* Je suis un Dieu ? vous qui n'êtes qu'un homme, et non pas un Dieu.

10 Vous mourrez de la mort des incirconcis et par la main des étrangers ; parce que c'est moi qui ai parlé, dit le Seigneur Dieu.

11 Le Seigneur m'adressa encore sa parole, et me dit : Fils de l'homme, faites une plainte lugubre sur le roi de Tyr,

12 et dites-lui : Voici ce que dit le Seigneur Dieu : Vous étiez le sceau de la ressemblance *de Dieu*, vous étiez plein de sagesse et parfait en beauté ;

13 vous avez été dans les délices du paradis de Dieu ; votre vêtement était enrichi de toutes sortes de pierres précieuses ; la sardoine, la topaze, le jaspe, la chrysolithe, l'onyx, le béryl, le saphir, l'escarboucle, l'émeraude et l'or ont été employés pour relever votre beauté ; et les instruments de musique les plus excellents ont été préparés pour *célébrer* le jour auquel vous avez été créé.

14 Vous étiez *comme* un chérubin qui étend ses ailes, et qui protège : je vous ai établi sur la montagne sainte de Dieu, et vous avez marché au milieu des pierres brûlantes.

15 Vous étiez parfait dans vos voies au jour de votre création, jusqu'à ce que l'iniquité a été trouvée en vous.

16 Dans la multiplication de votre commerce vos entrailles ont été remplies d'iniquité : vous êtes tombé dans le péché, et je vous ai chassé de la montagne de Dieu. Je vous ai exterminé, ô chérubin ! qui protégiez *les autres*, du milieu des pierres brûlantes.

17 Car votre cœur s'est élevé dans son éclat, vous avez perdu la sagesse dans votre beauté. Je vous ai précipité en terre ; je vous ai exposé devant la face des rois, afin qu'ils jetassent les yeux sur vous.

18 Vous avez violé *la* sainteté *de* votre *demeure* par la multitude de vos iniquités, et par les injustices de votre commerce ; c'est pourquoi je ferai sortir du milieu de vous un feu qui vous dévorera, et je vous réduirai en cendres sur la terre, aux yeux de tous ceux qui vous verront.

19 Tous ceux qui vous considéreront parmi les peuples, en seront frappés d'étonnement ; vous avez été anéanti, et vous ne serez plus pour jamais.

20 Le Seigneur me parla encore, et me dit :

21 Fils de l'homme, tournez votre visage contre Sidon, et prophétisez contre cette ville,

22 et dites : Voici ce que dit le Seigneur Dieu : Je viens à vous, Sidon, je serai glorifié au milieu de vous ; et vos habitants sauront que je suis le Seigneur, lorsque j'aurai exercé mes jugements sur eux, et que j'aurai fait éclater ma puissance *et* ma sainteté au milieu d'eux.

23 J'enverrai la peste dans Sidon ; je ferai couler le sang dans ses rues ; ses habitants tomberont de tous côtés au milieu d'elle, et périront par l'épée ; et ils sauront que c'est moi qui suis le Seigneur.

24 Alors il n'y aura plus de sujet d'amertume pour la maison d'Israël, ni d'épine qui la blesse, de la part de tous ceux qui les environnaient et qui s'élevaient contre eux ; et ils sauront que c'est moi qui suis le Seigneur Dieu.

25 Voici ce que dit le Seigneur Dieu : Lorsque j'aurai rassemblé la maison d'Israël d'entre tous les peuples parmi lesquels je les ai dispersés, je serai sanctifié parmi eux à la vue des nations, et ils habiteront dans leur terre, que j'avais donnée à mon serviteur Jacob.

26 Ils y habiteront sans aucune crainte, ils bâtiront des maisons, ils planteront des vignes, et ils vivront dans une pleine assurance, lorsque j'aurai exercé mes jugements sur tous ceux qui sont autour d'eux, et qui les combattent ; et ils sauront que c'est moi qui suis le Seigneur, leur Dieu.

CHAPITRE XXIX.

LE onzième jour du dixième mois de la dixième année, le Seigneur me parla et me dit :

2 Fils de l'homme, tournez le visage contre Pharaon, roi d'Egypte, et prophétisez tout ce qui doit lui arriver, *à lui* et à l'Egypte.

3 Parlez-*lui*, et dites-*lui* : Voici ce que dit le Seigneur Dieu : Je viens à vous, Pharaon, roi d'Egypte, grand dragon qui vous couchez au milieu de vos fleuves, et qui dites : Le fleuve est à moi, et c'est moi-même qui me suis créé.

4 Je mettrai un frein à vos mâchoires, et j'attacherai à vos écailles les poissons de vos fleuves ; je vous entraînerai du milieu de vos fleuves, et tous vos poissons demeureront attachés à vos écailles.

5 Je vous jetterai dans le désert avec tous les poissons de votre fleuve ; vous tomberez sur la face de la terre ; on ne vous relèvera point, et on ne vous ensevelira point : mais je vous donnerai en proie aux bêtes de la terre et aux oiseaux du ciel ;

6 et tous les habitants de l'Egypte sauront que c'est moi qui suis le Seigneur ; parce que vous avez été à la maison d'Israël un appui aussi faible qu'un roseau.

7 Lorsqu'ils se sont attachés à vous en vous prenant avec la main, vous vous êtes rompu ; vous leur avez déchiré toute l'épaule ; et lorsqu'ils pensaient s'appuyer sur vous, vous vous êtes éclaté en pièces, et vous leur avez rompu tous les reins.

8 C'est pourquoi, voici ce que dit le Seigneur Dieu : Je vais faire tomber la guerre sur vous, et je tuerai parmi vous les hommes avec les bêtes.

9 Le pays d'Egypte sera réduit en un désert et en une solitude ; et ils sauront que c'est moi qui suis le Seigneur, parce que vous avez dit : Le fleuve est à moi, et c'est moi qui l'ai fait.

10 Je viens donc à vous et à vos fleuves ; et je changerai le pays d'Egypte en des solitudes, après que l'a guerre l'aura ravagé depuis la tour de Syène jusqu'aux confins de l'Ethiopie.

11 Elle ne sera plus battue par le pied des hommes, ni par le pied des bêtes, et elle ne sera point habitée pendant quarante ans.

12 Je mettrai le pays d'Egypte au rang des pays déserts, et ses villes au rang des villes détruites, et elles seront désolées pendant quarante ans. J'écarterai les Egyptiens parmi les nations, et je les disperserai en divers pays.

13 Car voici ce que dit le Seigneur Dieu : Après que quarante ans seront passés, je rassemblerai les Egyptiens du milieu des peuples parmi lesquels ils avaient été dispersés ;

14 je ramènerai les captifs d'Egypte, je les établirai dans la terre de Phathurès, dans la terre de leur naissance, et ils deviendront un royaume bas *et* humilié.

15 L'Egypte sera le plus faible de tous les royaumes, elle ne s'élèvera plus à l'avenir au-dessus des nations, et je les affaiblirai, afin qu'ils ne dominent plus sur les peuples.

16 Ils ne seront plus l'appui *et* la confiance des enfants d'Israël, et ils ne leur enseigneront plus l'iniquité, en les portant *à me* fuir, et à les suivre ; et ils sauront que c'est moi qui suis le Seigneur Dieu.

17 Le premier jour du premier mois de la vingt-septième année, le Seigneur me dit encore ces paroles :

18 Fils de l'homme, Nabuchodonosor, roi de Babylone, m'a rendu avec son armée un grand service au siège de Tyr : toutes les têtes *de ses gens* en ont perdu les cheveux, et toutes les épaules en sont écorchées, et néanmoins ni lui ni son armée n'a point reçu de récompense pour le service qu'il m'a rendu à la prise de Tyr.

19 C'est pourquoi, voici ce que dit le Seigneur Dieu : Je vais donner à Nabuchodonosor, roi de Babylone, le pays d'Egypte ; il en prendra tout le peuple ; il en fera son butin, et il en partagera les dépouilles. Son armée recevra ainsi sa récompense,

20 et il sera payé du service qu'il m'a rendu dans le siège de cette ville. Je lui ai abandonné l'Egypte, parce qu'il a travaillé pour moi, dit le Seigneur Dieu.

21 En ce jour-là je ferai refleurir *le règne et* la puissance de la maison d'Israël, et je vous ouvrirai la bouche au milieu d'eux ; et ils sauront que c'est moi qui suis le Seigneur.

CHAPITRE XXX.

LE Seigneur me parla encore, et me dit :

2 Fils de l'homme, prophétisez, et dites : Voici ce que dit le Seigneur Dieu : Poussez des cris et des hurlements : Malheur ! malheur en ce jour-là !

3 car le jour est proche ; il est proche, ce jour du Seigneur, ce jour de nuage, qui sera le temps des nations.

4 L'épée va venir sur l'Egypte, et la frayeur saisira l'Ethiopie, lorsque les Egyptiens tomberont en foule percés de coups, lorsque la multitude du peuple d'Egypte périra, et qu'elle sera détruite jusqu'aux fondements.

5 L'Ethiopie, la Libye, les Lydiens, tous les autres peuples et Chub, et les enfants de la terre avec laquelle j'ai fait mon alliance, tomberont avec eux sous le tranchant de l'épée.

6 Voici ce que dit le Seigneur Dieu : Ceux qui soutenaient l'Egypte seront enveloppés dans sa chute, et l'orgueil de son empire sera détruit. Ils tomberont dans l'Egypte par l'épée, depuis la tour de Syène, dit le Seigneur, le Dieu des armées.

7 *Ses provinces* seront mises au nombre des provinces désolées, et ses villes au rang des villes désertes ;

8 et ils sauront que c'est moi qui suis le Seigneur, lorsque j'aurai mis le feu dans l'Egypte, et que tous ceux qui la soutenaient seront

réduits en poudre.

9 En ce jour-là je ferai sortir de devant ma face, des messagers qui viendront sur des vaisseaux, pour détruire la fierté de l'Ethiopie, et les Ethiopiens seront saisis de frayeur au jour de l'Egypte : car ce jour viendra très-assurément.

10 Voici ce que dit le Seigneur Dieu : J'anéantirai cette multitude d'hommes qui est dans l'Egypte, par la main de Nabuchodonosor, roi de Babylone.

11 Je le ferai venir lui et son peuple, *eux qui sont* les plus puissants des nations, pour perdre l'Egypte. Ils viendront l'attaquer l'épée à la main, et ils rempliront la terre de corps morts.

12 Je sécherai le lit de ses fleuves, et je livrerai ses champs entre les mains des plus méchants de tous les hommes : je détruirai cette terre avec tout ce qu'elle contient, par la main des étrangers. C'est moi qui ai parlé, moi qui suis le Seigneur.

13 Voici ce que dit le Seigneur Dieu : J'exterminerai les statues, et j'anéantirai les idoles de Memphis. Il n'y aura plus à l'avenir de prince du pays d'Egypte, et je répandrai la terreur dans toutes ses terres.

14 Je ruinerai le pays de Phathurès, je mettrai le feu dans Taphnis, j'exercerai mes jugements dans Alexandrie.

15 Je répandrai mon indignation sur Péluse, qui est la force de l'Egypte. Je ferai mourir cette multitude *de peuple* d'Alexandrie ;

16 et je mettrai le feu dans l'Egypte. Péluse sera dans les douleurs comme une femme qui est en travail ; Alexandrie sera ravagée, et Memphis sera tous les jours dans l'angoisse *et* le serrement de cœur.

17 Les jeunes hommes d'Héliopolis et de Bubaste seront passés au fil de l'épée, et les femmes seront emmenées captives.

18 Le jour deviendra tout noir à Taphnis, lorsque j'y briserai le sceptre d'Egypte, et que j'y détruirai le faste de sa puissance : elle sera couverte d'un nuage, et ses filles seront emmenées captives.

19 J'exercerai dans l'Egypte la rigueur de mes jugements : et ils sauront que c'est moi qui suis le Seigneur.

20 Le septième jour du premier mois de la onzième année, le Seigneur me dit *encore* ces paroles :

21 Fils de l'homme, j'ai rompu le bras de Pharaon, roi d'Egypte, et il n'a point été pansé pour être guéri ; il n'a point été lié avec des bandes, ni enveloppé dans du linge, afin qu'ayant repris sa force, il pût tenir l'épée *comme auparavant*.

22 C'est pourquoi, voici ce que dit le Seigneur Dieu : Je viens à Pharaon, roi d'Egypte, et j'achèverai de briser son bras qui a été fort, mais qui est rompu, et je lui ferai tomber l'épée de la main.

23 J'écarterai les Egyptiens en diverses nations, et je les disperserai parmi les peuples.

24 Je fortifierai en même temps les bras du roi de Babylone, je mettrai mon épée entre ses mains ; je briserai les bras de Pharaon, et ses gens pousseront des cris et des soupirs, étant tués à ses propres yeux.

25 Je fortifierai les bras du roi de Babylone, et les bras de Pharaon seront sans aucune force ; et ils sauront que c'est moi qui suis le Seigneur, lorsque j'aurai mis mon épée entre les mains du roi de Babylone, et qu'il la tirera sur le pays d'Egypte.

26 J'écarterai les Egyptiens en diverses nations, et je les disperserai parmi les peuples ; et ils sauront que c'est moi qui suis le Seigneur.

CHAPITRE XXXI.

LE premier jour du troisième mois de l'année onzième, le Seigneur me parla encore, et me dit :

2 Fils de l'homme, dites à Pharaon, roi d'Egypte, et à son peuple : A qui ressemblez-vous dans votre grandeur ?

3 Considérez Assur ; il était comme un cèdre sur le Liban : ses branches étaient belles et touffues ; il était fort haut, et son sommet s'élevait au milieu de ses branches épaisses.

4 Les pluies l'avaient nourri ; un grand amas d'eaux *l'arrosant*, l'avait fait pousser en haut ; les fleuves coulaient tout autour de ses racines, et il avait envoyé ses ruisseaux à tous les arbres de la campagne.

5 C'est pourquoi il avait surpassé en hauteur tous les arbres du pays ; son bois avait poussé fortement, et ses branches s'étaient étendues à cause des grandes eaux qui l'arrosaient.

6 Et comme son ombre s'étendait fort loin, tous les oiseaux du ciel avaient fait leur nid sur ses branches, toutes les bêtes des forêts avaient fait leurs petits sous ses feuilles, et un grand nombre de nations habitaient sous l'ombre de ses rameaux.

7 Il était parfaitement beau dans sa grandeur et dans l'étendue de son bois, parce que sa racine était près des grandes eaux.

8 Il n'y avait point de cèdres dans le jardin de Dieu qui fussent plus hauts que celui-là ; les sapins ne l'égalaient point dans sa hauteur, ni les platanes dans *l'étendue de* ses branches : il n'y avait point d'arbre dans le jardin de Dieu qui ressemblât à celui-là, ni qui lui fût comparable en beauté.

9 Comme je l'avais fait si beau, et qu'il avait poussé tant de branches et si épaisses, tous les arbres les plus délicieux qui étaient dans le jardin de Dieu, lui portaient envie.

10 Mais voici ce que dit le Seigneur Dieu : Parce que ce cèdre s'est élevé dans sa hauteur ; qu'il a poussé si haut la pointe de ses rameaux verts et touffus, et que son cœur s'est élevé dans sa grandeur ;

11 je l'ai livré entre les mains du plus fort d'entre les peuples, qui le traitera comme il lui plaira ; je l'ai chassé comme son impiété le méritait.

12 Des étrangers, et les plus cruels de tous les peuples, le couperont par le pied, et le jetteront sur les montagnes. Ses branches tomberont de toutes parts le long des vallées, ses rameaux seront rompus sur toutes les roches de la terre ; et tous les peuples du monde se retireront de dessous son ombre, et l'abandonneront.

13 Tous les oiseaux du ciel habiteront dans ses ruines ; et toutes les bêtes de la terre se retireront dans ses branches.

14 C'est pourquoi tous les arbres plantés sur les eaux ne s'élèveront plus dans leur grandeur ; ils ne pousseront plus la pointe de leurs rameaux au-dessus de leurs branches épaisses ; et tous ceux qui seront arrosés des eaux ne se soutiendront plus dans leur élévation ; parce qu'ils ont tous été livrés à la mort, *et jetés* au fond de la terre au milieu des enfants des hommes, parmi ceux qui descendent au fond de la fosse.

15 Voici ce que dit le Seigneur Dieu : Au jour qu'il est descendu aux enfers, j'ai fait faire un grand deuil ; je l'ai couvert de l'abîme ; j'ai arrêté les fleuves qui l'arrosaient, et j'en ai retenu les grandes eaux. Le Liban s'est attristé de sa chute, et tous les arbres des champs ont tremblé de crainte.

16 J'ai épouvanté les nations par le bruit de sa ruine, lorsque je le conduisais dans l'enfer avec ceux qui étaient descendus au fond de la fosse ; et tous les arbres *du jardin* de délices, les plus grands et les plus hauts du Liban, qui avaient été arrosés d'eau, se sont consolés au fond de la terre.

17 Car ils descendront aussi eux-mêmes dans l'enfer, parmi ceux qui ont été tués par l'épée : et chacun d'eux qui lui avait servi de bras *et d'appui*, sera assis sous son ombre au milieu des nations.

18 A qui donc ressemblez-vous, vous qui êtes si grand et si élevé parmi tous les arbres *du jardin* de délices ? Vous serez enfin précipité avec tous ces arbres délicieux au fond de la terre ; vous dormirez au milieu des incirconcis, avec ceux qui ont été tués par l'épée. Tel sera le sort de Pharaon, et de tout son peuple, dit le Seigneur Dieu.

CHAPITRE XXXII.

IL arriva le premier jour du douzième mois de la douzième année, que le Seigneur me fit entendre sa parole en me disant :

2 Fils de l'homme, faites une plainte lugubre sur Pharaon, roi d'Egypte, et dites-lui : Vous avez été semblable au lion des nations, et au dragon qui est dans la mer ; vous frappiez de la corne tout ce qui était dans vos fleuves, vous en troubliez les eaux avec les pieds, et vous renversiez tous les fleuves.

3 C'est pourquoi, voici ce que dit le Seigneur Dieu : J'assemblerai une multitude de peuples ; j'étendrai sur vous mon rets, et je vous entraînerai dans mon filet.

4 Je vous jetterai sur la terre, et je vous laisserai au milieu des champs : je ferai habiter sur vous les oiseaux du ciel ; et je soûlerai de votre corps toutes les bêtes de la terre.

5 Je répandrai sur les montagnes des morceaux de votre chair, et je remplirai les collines de vos membres ensanglantés.

6 J'arroserai la terre de votre sang noir et pourri le long des montagnes ; et les vallées seront remplies de ce qui sera sorti de vous.

7 J'obscurcirai le ciel à votre mort, et je ferai noircir les étoiles : je couvrirai le soleil d'une nuée, et la lune ne répandra plus sa lumière.

8 Je ferai que toutes les étoiles du ciel pleureront sur votre perte ; et je répandrai les ténèbres sur votre terre, dit le Seigneur Dieu, lorsque ceux qui étaient à vous tomberont au milieu des champs percés de plaies, dit le Seigneur Dieu.

9 Je ferai frémir le cœur de plusieurs peuples, lorsque j'aurai répandu *la nouvelle de* votre ruine parmi les nations en des pays que vous ne connaissez pas.

10 Je frapperai d'étonnement les peuples par la vue de votre perte ; leurs rois en seront pénétrés de frayeur *et* d'épouvante, lorsque mon épée nue passera *et* étincellera devant leurs yeux ; et il n'y aura personne d'eux qui ne tremble pour lui-même au jour de votre ruine.

11 Car voici ce que dit le Seigneur Dieu : L'épée du roi de Babylone viendra fondre sur vous ;

12 je renverserai vos troupes si nombreuses, par les armes des forts ; tous ces peuples sont des peuples invincibles : ils détruiront l'orgueil de l'Egypte, et toute la multitude de ses gens sera dissipée.

13 Je ferai périr toutes les bêtes qu'elle nourrissait *dans les prairies* qui sont le long des grandes eaux ; ces eaux ne seront plus troublées à l'avenir par le pied des hommes, et l'ongle des bêtes ne les troublera plus.

14 Je rendrai alors leurs eaux très-pures, et je ferai couler leurs fleuves comme l'huile, dit le Seigneur Dieu,

15 lorsque j'aurai désolé le pays d'Egypte, lorsque toute sa terre qui était si abondante, sera déserte, lorsque j'en aurai frappé tous les habitants ; et ils sauront alors que c'est moi qui suis le Seigneur.

16 Voilà les plaintes lugubres que l'on fera sur Pharaon ; les filles des nations le pleureront ; on fera le deuil de l'Egypte, et de tout son peuple, dit le Seigneur Dieu.

17 Le quinzième du *premier* mois de la douzième année, le Seigneur me parla encore, et me dit :

18 Fils de l'homme, chantez un cantique lugubre sur tout le peuple d'Egypte ; précipitez-la elle-même avec les filles des nations les plus fortes, dans la terre la plus basse, avec ceux qui descendent au fond de la fosse.

19 En quoi, ô *peuple d'Egypte !* êtes-vous meilleur et plus estimable *que les autres ?* Vous descendrez donc, et vous mourrez avec les incirconcis.

20 Ils périront tous par l'épée dans la foule de ceux qui ont été tués : l'épée a été tirée *contre l'Egypte* ; elle sera précipitée en terre avec tous ses peuples.

21 Les plus puissants d'entre les forts viendront lui parler du milieu de l'enfer, eux qui sont descendus avec ceux qui étaient venus à son secours, et qui étant passés par le fil de l'épée, sont morts incirconcis.

22 Assur est là avec tout son peuple ; ses sépulcres sont autour de lui ; ils ont tous été tués ; ils sont tous tombés par l'épée.

23 Ils ont été ensevelis au plus profond de l'abîme, et tout son peuple est autour de son sépulcre ; toute cette foule de morts qui ont péri par l'épée, qui autrefois avaient répandu la terreur dans la terre des vivants.

24 Là est Elam et tout son peuple autour de son sépulcre ; toute cette foule de morts qui ont été passés au fil de l'épée, qui sont descendus incirconcis aux lieux les plus bas de la terre ; eux qui avaient répandu la terreur dans la terre des vivants, et qui ont porté leur ignominie avec ceux qui descendent au fond de la fosse.

25 Ils ont mis son lit parmi tous ces peuples, au milieu de ceux qui ont été tués ; son sépulcre est autour de lui. Tous ceux-là sont des incirconcis, et ils ont été passés au fil de l'épée, parce qu'ils avaient répandu la terreur dans la terre des vivants ; et ils sont tombés honteusement avec ceux qui descendent au plus profond de la fosse ; ils ont été mis en la foule de ceux qui avaient été tués.

26 Là est Mosoch et Titubai, et tout son peuple ; et ses sépulcres sont autour de lui. Tous ceux-là sont des incirconcis, qui sont tombés sous l'épée, parce qu'ils avaient répandu la terreur dans la terre des vivants.

27 Ils ne dormiront point avec les vaillants hommes qui sont tombés morts, et qui étaient incirconcis, qui sont descendus dans l'enfer avec leurs armes, et ont mis leurs épées sous leurs têtes ; et leurs iniquités ont pénétré jusque dans leurs os, parce qu'ils étaient devenus la terreur des âmes fortes dans la terre des vivants.

28 Vous serez donc vous-même réduit en poudre au milieu des incirconcis, et vous dormirez avec ceux qui ont été passés au fil de l'épée.

29 Là est l'Idumée, ses rois et tous ses chefs, qui ont été mis avec leur armée parmi ceux qui ont été tués par l'épée, qui ont dormi avec les incirconcis, et avec ceux qui sont descendus au fond de la fosse.

30 Là sont tous les princes de l'Aquilon, et tous les hommes violents qui ont été conduits avec ceux qui avaient été tués, étant tout tremblants et tout confus malgré leur fierté. Ils sont morts incirconcis avec ceux qui avaient péri par l'épée, et ils ont porté leur confusion avec ceux qui descendent au fond de la fosse.

31 Pharaon les a vus, et il s'est consolé de la foule de tout son peuple qui a été tué par le tranchant de l'épée ; Pharaon *les a vus*, avec toute son armée, dit le Seigneur Dieu.

32 J'ai répandu ma terreur dans la terre des vivants, *dit le Seigneur ;* et Pharaon avec tout son peuple a dormi au milieu des incirconcis, avec ceux qui avaient été tués par l'épée, dit le Seigneur Dieu.

CHAPITRE XXXIII.

LE Seigneur me dit encore ces paroles :

2 Fils de l'homme, parlez aux enfants de votre peuple, et dites-leur : Lorsque j'aurai fait venir l'épée sur une terre, et que le peuple de cette terre prenant l'un des derniers d'entre eux, l'aura établi pour leur servir de sentinelle ;

3 et que cet homme ensuite voyant l'épée qui vient fondre sur ce pays-là, sonne de la trompette, et en avertisse le peuple ;

4 si celui qui a entendu le son de la trompette ne se tient pas sur ses gardes, et que l'épée survenant, l'emporte *et le tue,* quel que puisse être cet homme, son sang retombera sur sa tête.

5 Il a entendu le son de la trompette, et il ne s'est pas tenu sur ses gardes ; il sera responsable de son sang ; mais s'il se tient sur ses gardes, il sauvera sa propre vie.

6 Si la sentinelle voyant venir l'épée ne sonne point de la trompette, et que le peuple ne se tenant point sur ses gardes, l'épée vienne et leur ôte la vie ; ils seront pour eux surpris dans leur iniquité ; mais néanmoins je redemanderai leur sang à la sentinelle.

7 Fils de l'homme, vous êtes celui que j'ai établi pour servir de sentinelle à la maison d'Israël : vous écouterez donc les paroles de ma bouche ; *et* vous leur annoncerez ce que je vous aurai dit.

8 Si lorsque je dirai à l'impie, Impie, vous mourrez très-certainement ; vous ne parlez point à l'impie, afin qu'il se retire de sa mauvaise voie ; et qu'il meure ensuite dans son iniquité ; je vous redemanderai son sang à vous-même.

9 Mais si vous avertissez l'impie qu'il se convertisse et qu'il quitte sa mauvaise voie, et que lui néanmoins ne se convertisse point et ne la quitte point, il mourra dans son iniquité, et vous aurez délivré votre âme.

10 Vous donc, fils de l'homme, dites à la maison d'Israël : Voici

la manière dont vous avez accoutumé de parler : Nos iniquités, dites-vous, et nos péchés sont sur nous : nous séchons et nous languissons dans le péché ; comment donc pourrions-nous vivre ?

11 Dites-leur ces paroles : Je jure par moi-même, dit le Seigneur Dieu, que je ne veux point la mort de l'impie, mais que *je veux que* l'impie se convertisse, qu'il quitte sa mauvaise voie, et qu'il vive. Convertissez-vous, convertissez-vous, quittez vos voies toutes corrompues : pourquoi mourrez-vous, maison d'Israël ?

12 Vous donc, fils de l'homme, dites aux enfants de mon peuple : En quelque jour que le juste pèche, sa justice ne le délivrera point : et en quelque jour que l'impie se convertisse, son impiété ne lui nuira point : et en quelque jour que le juste vienne à pécher, il ne pourra point vivre dans la justice.

13 Si après que j'aurai dit au juste qu'il vivra très-certainement, il met sa confiance dans sa propre justice, et commet l'iniquité ; toutes ses œuvres justes seront mises en oubli, et il mourra lui-même dans l'iniquité qu'il aura commise.

14 Si après que j'aurai dit à l'impie, Vous mourrez très-certainement ; il fait pénitence de son péché, et il agit selon la droiture et la justice ;

15 si cet impie rend le gage qu'on lui avait confié ; s'il restitue le bien qu'il avait ravi ; s'il marche dans *la voie* des commandements de la vie ; et s'il ne fait rien d'injuste, il vivra très-assurément, et ne mourra point.

16 Tous les péchés qu'il avait commis ne lui seront point imputés ; il a fait ce qui était droit et juste, et ainsi il vivra très-certainement.

17 Les enfants de votre peuple ont répondu sur cela, La voie du Seigneur n'est pas juste et équitable ; mais c'est leur voie qui est injuste.

18 Car lorsque le juste aura abandonné sa propre justice, et qu'il aura commis des œuvres d'iniquité, il y trouvera la mort.

19 Au contraire, lorsque l'impie aura quitté son impiété, et qu'il aura fait ce qui est droit et juste, il vivra dans sa justice.

20 Et néanmoins vous dites : La voie du Seigneur n'est pas droite. Maison d'Israël, je jugerai chacun de vous selon ses propres voies.

21 Le cinquième jour du dixième mois, la douzième année depuis que nous avions été emmenés captifs, un homme qui avait fui de Jérusalem, vint me trouver, et me dit : La ville a été ruinée.

22 Or la main du Seigneur s'était fait sentir à moi le soir de devant le jour où arriva cet homme qui avait fui de Jérusalem : et le Seigneur m'avait ouvert la bouche jusqu'à ce que cet homme vînt me trouver le matin ; et la bouche m'ayant été ouverte, je ne demeurai plus dans le silence.

23 Le Seigneur me parla encore, et me dit :

24 Fils de l'homme, ceux qui habitent dans ces maisons ruinées sur la terre d'Israël disent maintenant : Abraham n'était qu'un seul homme, et il a reçu cette terre pour la posséder comme son héritage ; nous autres, nous sommes en grand nombre, et *c'est* à nous *qu*'elle a été donnée pour la posséder.

25 Dites-leur donc ceci : Voici ce que dit le Seigneur Dieu : Posséderez-vous cette terre comme votre héritage, vous qui mangez des viandes avec le sang, qui levez vos yeux vers vos impuretés *et* vos idoles, et qui répandez le sang des hommes ?

26 Vous avez toujours été prêts à tirer l'épée ; vous avez commis des abominations ; chacun de vous a violé la femme de son prochain ; et *après cela*, vous posséderez cette terre comme votre héritage ?

27 Vous leur direz donc : Voici ce que dit le Seigneur Dieu : Je jure par moi-même, que ceux qui habitent dans ces lieux ruinés périront par l'épée ; que ceux qui sont dans les champs seront livrés aux bêtes pour en être dévorés ; et que ceux qui se sont retirés dans les lieux forts et dans les cavernes, mourront de peste.

28 Je réduirai cette terre en une solitude et en un désert : sa force altière *et* superbe sera détruite, et les montagnes d'Israël seront désolées, sans qu'il y ait plus personne qui y passe.

29 Et ils sauront que c'est moi qui suis le Seigneur, lorsque j'aurai rendu ainsi cette terre déserte et abandonnée, à cause de toutes les abominations qu'ils y ont commises.

30 Quant à vous, fils de l'homme, les enfants de votre peuple qui parlent de vous le long des murs, et aux portes de leurs maisons, se disent l'un à l'autre : Allons entendre quelle est la parole qui sort de la bouche du Seigneur.

31 Ils viennent à vous comme un peuple qui s'assemble en foule, et ils s'asseyent devant vous comme étant mon peuple : mais ils écoutent vos paroles, et ils n'en font rien ; parce qu'ils les changent en des cantiques qu'ils repassent dans leur bouche pendant que leur cœur suit leur avarice.

32 Vous êtes à leur égard comme un air de musique qui se chante d'une manière douce et agréable. C'est ainsi qu'ils entendent vos paroles avec plaisir, sans faire néanmoins ce que vous *leur* dites.

33 Mais quand ce qui aura été prédit par vous sera arrivé, comme il est tout près d'arriver, c'est alors qu'ils sauront qu'il y aura eu un prophète parmi eux.

CHAPITRE XXXIV.

LE Seigneur me parla encore, et me dit :

2 Fils de l'homme, prophétisez touchant les pasteurs d'Israël, prophétisez, et dites aux pasteurs : Voici ce que dit le Seigneur Dieu : Malheur aux pasteurs d'Israël qui se paissent eux-mêmes ! les pasteurs ne paissent-ils pas leurs troupeaux ?

3 Et cependant vous mangiez le lait *de mon troupeau*, et vous vous couvriez de sa laine, vous preniez les brebis les plus grasses pour les tuer ; et vous ne vous mettiez pas en peine de paître mon troupeau.

4 Vous n'avez point travaillé à fortifier celles qui étaient faibles, ni à panser *et* à guérir celles qui étaient malades ; vous n'avez point bandé les plaies de celles qui étaient blessées ; vous n'avez point relevé celles qui étaient tombées, et vous n'avez point cherché celles qui s'étaient perdues ; mais vous vous contentiez de les dominer avec une rigueur sévère et pleine d'empire.

5 Ainsi mes brebis ont été dispersées, parce qu'elles n'avaient point de pasteur ; elles ont été dispersées en divers lieux, et elles sont devenues la proie de toutes les bêtes sauvages.

6 Mes troupeaux ont erré partout sur les montagnes et sur toutes les collines élevées : mes troupeaux ont été dispersés sur toute la face de la terre, sans qu'il y eût personne pour aller les chercher, sans, dis-je, qu'il y eût personne qui se mît en peine de les chercher.

7 C'est pourquoi, ô pasteurs ! écoutez la parole du seigneur :

8 Je jure par moi-même, dit le Seigneur Dieu, que parce que mes troupeaux ont été livrés en proie, et que mes brebis ont été exposées à être dévorées par les bêtes sauvages, comme n'ayant point de pasteur ; puisque mes pasteurs n'ont point cherché mes troupeaux, mais qu'ils n'ont eu soin que de se paître eux-mêmes, sans se mettre en peine de paître mes troupeaux ;

9 vous, *dis-je*, ô pasteurs ! écoutez la parole du Seigneur.

10 Voici ce que dit le Seigneur Dieu : Je viens moi-même à ces pasteurs ; j'irai chercher mon troupeau, et je le reprendrai d'entre leurs mains ; je les empêcherai à l'avenir de continuer à paître mon troupeau ; je ferai que ces pasteurs ne se paîtront plus eux-mêmes ; je délivrerai mon troupeau de leur violence, et il ne deviendra plus leur proie.

11 Car voici ce que dit le Seigneur Dieu : Je viendrai moi-même chercher mes brebis, et je les visiterai moi-même.

12 Comme un pasteur visite son troupeau lorsqu'il se trouve au milieu de ses brebis dispersées ; ainsi je visiterai mes brebis, et je les délivrerai de tous les lieux où elles avaient été dispersées dans les jours de nuage et d'obscurité.

13 Je les retirerai d'entre les peuples ; je les rassemblerai de divers pays, et je les ferai revenir dans leur propre terre, et je les ferai paître sur les montagnes d'Israël le long des ruisseaux et dans tous les lieux habitables du pays.

14 Je les mènerai paître dans les pâturages les plus fertiles : les hautes montagnes d'Israël seront le lieu de leur pâture ; elles s'y reposeront sur les herbes vertes ; et elles paîtront sur les montagnes d'Israël dans les pâturages les plus gras.

15 Je ferai moi-même paître mes brebis ; je les ferai reposer moi-même, dit le Seigneur Dieu.

16 J'irai chercher celles qui étaient perdues ; je relèverai celles qui étaient tombées ; je banderai les plaies de celles qui étaient blessées ; je fortifierai celles qui étaient faibles ; je conserverai celles qui étaient grasses et fortes ; et je les conduirai dans la droiture *et* dans la justice.

17 Mais vous, mes brebis, voici ce que dit le Seigneur Dieu : Je viens moi-même pour être le juge entre les brebis et les brebis, entre les béliers et les boucs.

18 Ne vous devait-il pas suffire, *ô riches !* de vous nourrir en d'excellents pâturages, sans fouler aux pieds ce qui en restait ? et après avoir bu de l'eau claire, vous avez troublé le reste avec vos pieds.

19 Ainsi mes brebis paissaient ce que vous aviez foulé aux pieds, et elles buvaient l'eau que vos pieds avaient troublée.

20 C'est pourquoi, voici ce que le Seigneur Dieu vous dit : Je viens moi-même juger *et* discerner entre les brebis grasses et les brebis maigres ;

21 parce que vous heurtiez de l'épaule, et vous choquiez de vos cornes toutes les brebis maigres, jusqu'à ce que vous les eussiez dispersées *et* chassées dehors :

22 mais je sauverai mon troupeau, il ne sera plus exposé en proie, et je jugerai entre les brebis et les brebis.

23 Je susciterai sur elles le Pasteur Unique pour les paître, David, mon serviteur ; lui-même aura soin de les paître, et il leur tiendra lui-même lieu de Pasteur.

24 Mais moi qui suis le Seigneur, je serai leur Dieu et mon serviteur David sera au milieu d'elles comme leur Prince. C'est moi qui ai parlé, moi qui suis le Seigneur.

25 Je ferai avec mes brebis une alliance de paix, j'exterminerai de la terre les bêtes les plus cruelles ; et ceux qui habitent dans le désert dormiront en assurance au milieu des bois.

26 Je les comblerai de bénédictions autour de ma colline ; je ferai tomber les pluies en leur temps, et ce seront des pluies de bénédiction.

27 Les arbres des champs porteront leur fruit, la terre donnera son germe *et* sera féconde ; *mes brebis* habiteront sans crainte dans leur pays ; et elles sauront que c'est moi qui suis le Seigneur, lorsque j'aurai brisé leurs chaînes et rompu leur joug, et que je les aurai arrachées d'entre les mains de ceux qui les dominaient avec empire.

28 Elles ne seront plus en proie aux nations, et les bêtes de la terre ne les dévoreront plus ; mais elles habiteront dans une pleine assurance sans avoir plus rien à craindre.

29 Je leur susciterai une plante d'un grand nom : ils ne seront plus consumés par la famine sur la terre, et ils ne seront plus en opprobre parmi les nations.

30 Ils sauront alors que je serai avec eux, moi qui suis le Seigneur, leur Dieu ; et qu'ils seront mon peuple, eux qui sont la maison d'Israël, dit le Seigneur Dieu.

31 Mais vous, mes brebis, vous, les brebis de mon pâturage, vous êtes des hommes, et moi je suis le Seigneur, votre Dieu, dit le Seigneur Dieu.

CHAPITRE XXXV.

LE Seigneur me dit encore ces paroles :

2 Fils de l'homme, tournez le visage contre la montagne de Séir, prophétisez contre elle, et dites-lui :

3 Voici ce que dit le Seigneur Dieu : Je viens à vous, montagne de Séir, j'étendrai ma main sur vous, et je vous rendrai toute déserte et abandonnée.

4 Je détruirai vos villes ; vous serez déserte ; et vous saurez que c'est moi qui suis le Seigneur.

5 Parce que vous avez été l'éternel ennemi des enfants d'Israël, que vous les avez poursuivis l'épée à la main, au temps de leur affliction, au temps où leur iniquité était à son comble :

6 c'est pourquoi je jure par moi-même, dit le Seigneur Dieu, que je vous livrerai au sang, et que le sang vous poursuivra ; et parce que vous avez haï *votre* sang, vous serez aussi persécutée par *votre* sang.

7 Je rendrai la montagne de Séir toute déserte et abandonnée, et j'en écarterai tous ceux qui y passaient et y repassaient.

8 Je remplirai ses montagnes des corps de ses enfants qui auront été tués, et ils tomberont percés de coups d'épée le long de vos collines, de vos vallées et de vos torrents.

9 Je vous réduirai en des solitudes éternelles, vos villes ne seront plus habitées ; et vous saurez que c'est moi qui suis le Seigneur Dieu.

10 Parce que vous avez dit, Deux nations et deux pays seront à moi, et je les posséderai comme mon héritage, quoique le Seigneur fût présent dans Israël :

11 pour cette raison je jure par moi-même, dit le Seigneur Dieu, que je vous traiterai selon cette colère et cette envie pleine de haine que vous avez témoignée contre les Israélites, et que ce que je ferai parmi eux me rendra célèbre, lorsque j'aurai exercé mes jugements contre vous.

12 Vous saurez alors que c'est moi qui suis le Seigneur, et que j'ai entendu toutes les paroles d'insultes que vous avez prononcées contre les montagnes d'Israël, en disant : Ce sont des montagnes désertes qui nous ont été abandonnées pour les dévorer.

13 Votre bouche s'est élevée contre moi, vous avez prononcé contre moi des paroles insolentes, et je les ai entendues.

14 Voici donc ce que dit le Seigneur Dieu : Lorsque toute la terre sera dans la joie, je vous réduirai en un désert.

15 Comme vous avez vu avec joie la ruine des terres de la maison d'Israël, je vous traiterai de même : vous serez ruinée, montagne de Séir, et toute l'Idumée sera détruite ; et ils sauront que c'est moi qui suis le Seigneur.

CHAPITRE XXXVI.

MAIS vous, fils de l'homme, prophétisez aux montagnes d'Israël, et dites-leur : Montagnes d'Israël, écoutez la parole du Seigneur.

2 Voici ce que dit le Seigneur Dieu : Parce que l'ennemi a dit de vous avec des cris de joie, Ces hauteurs éternelles *des monts d'Israël* nous ont été données pour notre héritage :

3 prophétisez et dites : Voici ce que dit le Seigneur Dieu : *Vous, montagnes*, parce que vous avez été désolées, que vous avez été foulées aux pieds de tous les passants, que vous avez été l'héritage des autres nations, que vous êtes devenues la fable et l'objet des railleries de tous les peuples ;

4 parce, *dis-je*, que vous avez été traitées de la sorte, montagnes d'Israël, écoutez la parole du Seigneur Dieu : Voici ce que dit le Seigneur Dieu, aux montagnes, aux collines, aux torrents, aux vallées, aux déserts, aux maisons ruinées, et aux villes désertes, qui ont été dépeuplées et déchirées de toutes parts par les railleries des autres peuples.

5 Voici donc ce que dit le Seigneur Dieu : Comme j'ai parlé dans l'ardeur de ma colère contre les autres peuples, et contre tous les Iduméens, qui se sont emparés de la terre qui était à moi, dans toute la joie de leur âme, et de tout leur cœur, pour en faire leur héritage, et qui en ont chassé les habitants pour la ravager *et* pour la détruire

6 prophétisez, *dis-je*, à la terre d'Israël, et dites aux montagnes, aux collines, aux coteaux et aux vallées : Voici ce que dit le Seigneur Dieu : J'ai parlé maintenant dans mon zèle et dans ma fureur, parce que vous avez été chargées d'opprobres parmi les nations.

7 Voici ce que dit le Seigneur Dieu : J'ai levé la main *et* j'ai juré que les nations qui sont autour de vous, porteront aussi elles-mêmes leur confusion *à leur tour*.

8 Et vous, montagnes d'Israël, poussez vos branches et portez votre fruit pour Israël, mon peuple : car ce temps est proche.

9 Je viens à vous, et je me retournerai vers vous ; vous serez labourées, et vous recevrez la semence.

10 Je multiplierai les hommes en vous, *j'y ferai croître* toute la

maison d'Israël : les villes seront habitées, et les lieux ruinés seront rétablis.

11 Je vous remplirai d'hommes et de bêtes : ils multiplieront et ils s'accroîtront : je vous ferai habiter comme auparavant ; je vous donnerai de plus grands biens que vous n'en aviez eu au commencement ; et vous saurez que c'est moi qui suis le Seigneur.

12 Je ferai venir sur vous des hommes, Israël *même qui est* mon peuple, ils vous posséderont comme leur héritage. Vous serez, *dis-je,* leur héritage ; et à l'avenir vous ne vous trouverez plus sans eux.

13 Voici ce que dit le Seigneur Dieu : Parce qu'on a dit de vous, que vous étiez une terre qui dévorait les hommes, et qui étouffait son propre peuple ;

14 vous ne dévorerez plus les hommes à l'avenir, et vous ne ferez plus mourir votre peuple, dit le Seigneur Dieu.

15 Je ne ferai plus entendre parmi vous les reproches *et* la confusion dont les nations vous couvraient. Vous ne porterez plus l'opprobre des nations, et vous ne perdrez plus votre peuple, dit le Seigneur Dieu.

16 Le Seigneur me parla encore, et me dit :

17 Fils de l'homme, les enfants d'Israël ont habité dans leur terre, ils l'ont souillée par le dérèglement de leurs affections et de leurs œuvres ; leur voie est devenue à mes yeux comme l'impureté d'une femme qui souffre l'accident de son sexe.

18 C'est pourquoi j'ai répandu mon indignation sur eux, à cause du sang qu'ils avaient répandu sur la terre, et de leurs idoles par lesquelles ils l'avaient déshonorée.

19 Je les ai écartés en divers pays, et je les ai dispersés parmi les peuples : je les ai jugés, et je leur ai rendu selon leurs voies et selon leurs œuvres.

20 Ils ont vécu parmi les peuples où ils étaient allés, et ils ont déshonoré mon saint nom, lorsqu'on disait d'eux : C'est le peuple du Seigneur : ce sont là ceux qui sont sortis de sa terre.

21 Et j'ai voulu épargner la sainteté de mon nom que la maison d'Israël avait déshonoré parmi les nations où ils étaient allés.

22 C'est pourquoi vous direz à la maison d'Israël : Voici ce que dit le Seigneur Dieu : Ce n'est pas pour vous, maison d'Israël, que je ferai ce que je dois faire ; mais c'est pour mon saint nom que vous avez déshonoré parmi les nations où vous étiez allés ;

23 et je sanctifierai mon grand nom qui a été souillé parmi les nations, que vous avez déshonoré au milieu d'elles ; afin que les nations sachent que je suis le Seigneur, dit le Seigneur des armées, lorsque j'aurai été sanctifié à leurs yeux au milieu de vous.

24 Car je vous retirerai d'entre les peuples, je vous rassemblerai de tous les pays, et je vous ramènerai dans votre terre.

25 Je répandrai sur vous de l'eau pure, et vous serez purifiés de toutes vos souillures, et je vous purifierai des ordures de toutes vos idoles.

26 Je vous donnerai un cœur nouveau, et je mettrai un esprit nouveau au milieu de vous ; j'ôterai de votre chair le cœur de pierre, et je vous donnerai un cœur de chair.

27 Je mettrai mon esprit au milieu de vous : je ferai que vous marcherez dans *la voie de* mes préceptes, que vous garderez mes ordonnances, et que vous les pratiquerez.

28 Vous habiterez dans la terre que j'ai donnée à vos pères : vous serez mon peuple, et moi je serai votre Dieu.

29 Je vous délivrerai de toutes vos souillures : J'appellerai le froment, et je le multiplierai ; et je ne vous frapperai plus *par la plaie de* la famine.

30 Je multiplierai le fruit des arbres, et les semences des champs, afin qu'à l'avenir vous ne portiez plus l'opprobre de la stérilité *et* de la famine devant les nations.

31 Vous vous ressouviendrez alors de vos voies toutes corrompues, et de vos affections déréglées ; vos iniquités et vos crimes vous déplairont.

32 Ce n'est point pour vous que je ferai ceci, dit le Seigneur Dieu, je veux bien que vous le sachiez. Soyez confus et rougissez de honte pour les excès de votre vie, maison d'Israël.

33 Voici ce que dit le Seigneur Dieu : Lorsque je vous aurai purifiés de toutes vos iniquités, que j'aurai repeuplé vos villes, et rétabli les lieux ruinés ;

34 lorsque cette terre qui paraissait déserte et toute désolée aux yeux des passants, aura commencé à être cultivée de nouveau,

35 on dira : Cette terre qui était inculte, est devenue comme un jardin de délices, et les villes qui étaient désertes, abandonnées et ruinées, sont maintenant rebâties *et* fortifiées.

36 Et tout ce qui restera des peuples qui vous environnent, reconnaîtra que c'est moi qui suis le Seigneur, qui ai rétabli les lieux ruinés, et qui ai mis de nouveaux plants dans les champs incultes : que c'est moi, dis-je, qui ai parlé, et qui ai fait ce que j'avais dit, moi qui suis le Seigneur.

37 Voici ce que dit le Seigneur Dieu : Les enfants d'Israël me trouveront encore favorable en ceci, et je leur ferai encore cette grâce. Je les multiplierai comme un troupeau d'hommes,

38 comme un troupeau saint, comme le troupeau de Jérusalem dans ses fêtes solennelles. C'est ainsi que les villes qui étaient désertes seront remplies de troupeaux d'hommes ; et ils sauront que c'est moi qui suis le Seigneur.

CHAPITRE XXXVII.

UN jour la main du Seigneur fut sur moi ; et m'ayant mené dehors par l'esprit du Seigneur, elle me laissa au milieu d'une campagne qui était toute pleine d'os.

2 Elle me mena tout autour de ces os : il y en avait une très-grande quantité qui étaient sur la face de la terre, et extrêmement secs.

3 Alors le Seigneur me dit : Fils de l'homme, croyez-vous que ces os puissent revivre ? Je lui répondis : Seigneur Dieu ! vous le savez.

4 Et il me dit : Prophétisez sur ces os, et dites-leur : Os secs, écoutez la parole du Seigneur.

5 Voici ce que le Seigneur Dieu dit à ces os : Je vais envoyer un esprit en vous, et vous vivrez.

6 Je ferai naître des nerfs sur vous, j'y formerai des chairs *et* des muscles, j'étendrai la peau par-dessus, et je vous donnerai un esprit, et vous vivrez ; et vous saurez que c'est moi qui suis le Seigneur.

7 Je prophétisai donc comme *le Seigneur* me l'avait commandé, et lorsque je prophétisais, on entendit un bruit, et aussitôt il se fit un *grand* remuement parmi ces os : ils s'approchèrent l'un de l'autre, et chacun se plaça dans sa jointure.

8 Je vis tout d'un coup que des nerfs se formèrent *sur ces os*, des chairs les environnèrent, et de la peau s'étendit par-dessus ; mais l'esprit n'y était point encore.

9 Alors le Seigneur me dit : Prophétisez à l'esprit ; prophétisez, fils de l'homme, et dites à l'esprit : Voici ce que dit le Seigneur Dieu : Esprit, venez des quatre vents, et soufflez sur ces morts, afin qu'ils revivent.

10 Je prophétisai donc comme *le Seigneur* me l'avait commandé ; et en même temps l'esprit entra dans ces os ; ils devinrent vivants et animés : ils se tinrent tout droits sur leurs pieds, et il s'en forma une grande armée.

11 Alors le Seigneur me dit : Fils de l'homme, tous ces os sont les enfants d'Israël. Nos os, disent-ils, sont devenus tout secs, notre espérance est perdue, et nous sommes retranchés *du nombre des hommes*.

12 Prophétisez donc, et dites-leur : Voici ce que dit le Seigneur Dieu : O mon peuple ! je vais ouvrir vos tombeaux, je vous ferai sortir de vos sépulcres, et je vous ferai entrer dans la terre d'Israël ;

13 et vous saurez, ô mon peuple ! que c'est moi qui suis le Seigneur, lorsque j'aurai ouvert vos sépulcres, que je vous aurai fait sortir de vos tombeaux,

14 que j'aurai répandu mon esprit en vous, que vous serez rentrés dans la vie, et que je vous aurai fait vivre en paix *et* en repos sur votre terre. Vous saurez alors que c'est moi qui ai parlé, et qui ai fait ce que j'avais dit, moi qui suis le Seigneur, dit le Seigneur

Dieu.

15 Le Seigneur me dit encore ces paroles :

16 Fils de l'homme, prenez un morceau de bois, et écrivez dessus : Pour Juda, et pour les enfants d'Israël qui lui sont unis. Prenez encore un autre morceau de bois, et écrivez dessus : Ce bois est pour Joseph, pour Ephraïm, pour toute la maison d'Israël, et pour ceux qui lui sont unis.

17 Puis approchez ces deux morceaux de bois l'un de l'autre pour les unir, et ils deviendront en votre main comme un seul morceau de bois.

18 Et lorsque les enfants de votre peuple vous diront, Ne nous découvrirez-vous point ce que signifie ce que vous faites ?

19 vous leur direz : Voici ce que dit le Seigneur Dieu : Je vais prendre le bois de Joseph qui est dans la main d'Ephraïm, et les tribus d'Israël qui lui sont unies, et je les joindrai avec le bois de Juda, pour n'en faire plus qu'un de ces deux ; et ils seront dans ma main comme un seul bois.

20 Vous tiendrez à la main devant leurs yeux ces morceaux de bois sur lesquels vous aurez écrit, et vous leur direz :

21 Voici ce que dit le Seigneur Dieu : Je vais prendre les enfants d'Israël du milieu des nations où ils étaient allés : je les rassemblerai de toutes parts ; je les ramènerai en leur pays,

22 et je n'en ferai plus qu'un seul peuple dans leurs terres et sur les montagnes d'Israël. Il n'y aura plus qu'un seul Roi qui les commandera tous ; et à l'avenir ils ne seront plus divisés en deux peuples, ni en deux royaumes.

23 Ils ne se souilleront plus à l'avenir par leurs idoles, par leurs abominations, et par toutes leurs iniquités : je les retirerai sains *et* saufs de tous les lieux où ils avaient péché, et je les purifierai ; et ils seront mon peuple, et je serai leur Dieu.

24 Mon serviteur David régnera sur eux ; ils n'auront plus tous qu'un seul Pasteur ; ils marcheront dans *la voie de* mes ordonnances ; ils garderont mes commandements, et ils les pratiqueront.

25 Ils habiteront sur la terre que j'ai donnée à mon serviteur Jacob, et où vos pères ont habité. Ils y habiteront eux et leurs enfants, et les enfants de leurs enfants jusqu'à jamais ; et mon serviteur David sera leur Prince pour toujours.

26 Je ferai avec eux une alliance de paix ; mon alliance avec eux sera éternelle : je les établirai sur un ferme fondement : je les multiplierai, et j'établirai pour jamais mon sanctuaire au milieu d'eux.

27 Mon tabernacle sera dans eux : je serai leur Dieu, et ils seront mon peuple :

28 et les nations sauront que c'est moi qui suis le Seigneur et le sanctificateur d'Israël, lorsque mon sanctuaire se conservera pour jamais au milieu d'eux.

CHAPITRE XXXVIII.

LE Seigneur me parla encore, et me dit :

2 Fils de l'homme, tournez le visage vers Gog, vers la terre de Magog, vers ce prince et ce chef de Mosoch et de Thubal ; et prophétisez sur lui,

3 et vous lui direz : Voici ce que dit le Seigneur Dieu : Je viens à vous, Gog, prince et chef de Mosoch et de Thubal.

4 Je vous ferai tourner de toutes parts, et je mettrai un frein dans vos mâchoires ; je vous ferai sortir vous et toute votre armée, les chevaux et les cavaliers tous couverts de cuirasses, qui viendront en grandes troupes, armés de lances, de boucliers et d'épées.

5 Les Perses, les Ethiopiens et les Libyens seront avec eux, tous couverts de boucliers, et le casque en tête.

6 Gomer et toutes ses troupes, la maison de Thogorma, vers l'Aquilon, et toutes ses forces, et plusieurs *autres* peuples seront avec vous.

7 Préparez-vous, disposez-vous avec toute cette troupe nombreuse qui s'est rassemblée auprès de vous, et soyez le chef dont ils prennent l'ordre.

8 Vous serez visité après un long temps ; et dans les dernières années vous viendrez en une terre qui a été sauvée de l'épée, qui a été tirée d'entre plusieurs peuples et rassemblée aux montagnes d'Israël, qui avaient été longtemps désertes *et* abandonnées ; en une terre dont les habitants avaient été retirés d'entre les peuples, et où tout le monde *ensuite* a été rétabli dans une pleine assurance.

9 Vous y viendrez alors, et vous paraîtrez comme une tempête et comme une nuée pour couvrir la terre, vous et toutes vos troupes, et plusieurs peuples avec vous.

10 Voici ce que dit le Seigneur Dieu : En ce temps-là vous formerez des desseins dans votre cœur, et vous prendrez une résolution très-criminelle,

11 en disant : Je viendrai dans un pays *qui est* sans muraille *et* sans défense ; j'attaquerai des gens qui sont en paix, qui se croient dans une pleine assurance, qui habitent tous en des villes sans murailles, où il n'y a ni barres ni portes.

12 Vous ne penserez qu'à vous enrichir de dépouilles, à vous charger de butin et de pillage, et à porter votre main cruelle contre ceux qui après avoir été abandonnés, avaient été rétablis, contre un peuple qui avait été rassemblé des nations, et qui commençait à habiter et à posséder cette terre qui est au milieu du monde.

13 Saba, Dédan, les gens de trafic de Tharsis, et tous ses *princes cruels comme des* lions, vous diront : Ne venez-vous pas pour prendre les dépouilles ? Nous voyons que vous avez assemblé vos troupes si nombreuses pour faire un grand butin ; pour prendre l'argent et l'or, pour emporter les meubles, et tout ce qu'il y a de précieux, et pour piller des richesses infinies.

14 C'est pourquoi prophétisez, fils de l'homme, et dites à Gog : Voici ce que dit le Seigneur Dieu : N'arrivera-t-il pas qu'en ce jour-là, lorsque mon peuple d'Israël demeurera en paix *et* dans une pleine assurance, vous le saurez ?

15 Vous viendrez alors de votre pays, des climats de l'Aquilon, vous et plusieurs peuples avec vous, tous montés à cheval en grandes troupes, et avec une puissante armée,

16 et vous viendrez fondre sur Israël, mon peuple, comme un tourbillon pour couvrir toute la terre. Vous serez dans les derniers jours, et je vous ferai venir sur ma terre, afin que les nations me connaissent lorsque j'aurai fait paraître en vous ma puissance *et* ma sainteté à leurs yeux, ô Gog !

17 Voici ce que dit le Seigneur Dieu : C'est vous donc qui êtes celui dont j'ai parlé dans les siècles passés, par mes serviteurs, les prophètes d'Israël, qui ont prophétisé en ces temps-là, que je devais vous faire venir contre eux.

18 En ce jour-là, en ce jour de l'arrivée de Gog sur la terre d'Israël, dit le Seigneur Dieu, mon indignation passera jusqu'à la fureur.

19 Je parlerai dans mon zèle et dans le feu de ma colère : parce qu'alors il y aura un grand trouble et un grand renversement dans la terre d'Israël.

20 Les poissons de la mer, les oiseaux du ciel, les bêtes de la campagne, tous les reptiles qui se meuvent sur la terre, et tous les hommes qui sont sur la face de la terre, trembleront devant ma face. Les montagnes seront renversées, les haies seront arrachées, et toutes les murailles tomberont par terre.

21 J'appellerai contre Gog l'épée sur toutes mes montagnes, dit le Seigneur Dieu, et ils tourneront tous l'un contre l'autre la pointe de leurs épées.

22 J'exercerai mes jugements sur eux par la peste, par le sang, par les pluies violentes et par les grosses pierres ; et je répandrai *du ciel* des pluies de feu et de soufre sur Gog, sur son armée, et sur tous les peuples qui seront avec lui.

23 Je ferai voir ma grandeur, je signalerai ma toute-puissance *et* ma sainteté : je me ferai connaître aux yeux de plusieurs peuples ; et ils sauront que c'est moi qui suis le Seigneur.

CHAPITRE XXXIX.

MAIS vous, fils de l'homme, prophétisez contre Gog, et dites-lui : Voici ce que dit le Seigneur Dieu : Je viens à vous, Gog, prince et chef de Mosoch et de Thubal.

2 Je vous ferai tourner de toutes parts ; je vous tirerai, et je vous ferai venir des climats de l'Aquilon, et je vous amènerai sur les montagnes d'Israël.

3 Je briserai votre arc dans votre main gauche, et je ferai tomber vos flèches de votre main droite.

4 Vous tomberez sur les montagnes d'Israël, vous et toutes vos troupes, et tous les peuples qui sont avec vous. Je vous ai livré aux bêtes farouches, aux oiseaux et à tout ce qui vole dans l'air, et aux bêtes de la terre, afin qu'ils vous dévorent.

5 Vous tomberez au milieu des champs, parce que c'est moi qui ai parlé, dit le Seigneur Dieu.

6 J'enverrai le feu sur Magog, et sur ceux qui habitent en assurance dans les îles ; et ils sauront que c'est moi qui suis le Seigneur.

7 Je ferai connaître mon saint nom au milieu de mon peuple d'Israël ; je ne laisserai plus profaner mon saint nom ; et les nations sauront que c'est moi qui suis le Seigneur, le Saint d'Israël.

8 Voici le temps ; ce que j'ai prédit est arrivé, dit le Seigneur Dieu : voici le jour dont j'avais parlé.

9 Les habitants des villes d'Israël en sortiront ; ils brûleront et réduiront en cendres les armes, les boucliers, les lances, les arcs et les flèches, les bâtons qu'ils portent à la main, et les piques, et ils les consumeront par le feu pendant sept ans.

10 Ils n'apporteront point de bois des champs, et ils n'en couperont point dans les forêts, parce qu'ils feront du feu de ces armes ; qu'ils feront leur proie de ceux dont ils avaient été la proie, et qu'ils pilleront ceux qui les avaient pillés, dit le Seigneur Dieu.

11 En ce jour-là je donnerai à Gog dans Israël un lieu célèbre, pour lui servir de sépulcre, qui est la vallée des passants, à l'orient de la mer, où tous ceux qui passeront seront frappés d'étonnement : ils enseveliront là Gog avec toutes ses troupes ; et ce lieu s'appellera la Vallée des troupes de Gog.

12 La maison d'Israël les ensevelira *en ce lieu-là* durant sept mois, pour purger la terre.

13 Tout le peuple du pays les ensevelira ; et ce jour où j'ai signalé ma gloire, leur sera un jour célèbre, dit le Seigneur Dieu.

14 Et ils établiront des hommes qui visiteront le pays sans cesse, pour chercher et pour ensevelir ceux qui seraient encore demeurés sur la face de la terre, afin de la purifier ; et ils commenceront à faire cette recherche après sept mois.

15 Ils parcourront tout le pays ; et lorsqu'ils auront trouvé l'os d'un homme mort, ils mettront auprès une marque, afin que ceux qui sont chargés d'ensevelir les morts *le trouvent, et* l'ensevelissent en la Vallée des troupes de Gog.

16 Or la ville recevra le nom d'Amona ; et ils purifieront le pays.

17 Voici donc, ô fils de l'homme ! ce que dit le Seigneur Dieu : Dites à tous les oiseaux, à tout ce qui vole dans l'air, et à toutes les bêtes de la terre : Venez tous ensemble, hâtez-vous, accourez de toutes parts à la victime que je vous immole, à cette grande victime qui a été égorgée sur les montagnes d'Israël : afin que vous en mangiez la chair, et que vous en buviez le sang ;

18 que vous mangiez la chair des forts, et que vous buviez le sang des princes de la terre, des béliers, des agneaux, des boucs, des taureaux, des oiseaux domestiques, et de tout ce qu'il y a de plus délicat.

19 Et vous mangerez de la chair grasse jusqu'à vous en soûler, et vous boirez le sang de la victime que je vous immolerai, jusqu'à vous enivrer.

20 Et vous vous soûlerez sur ma table de la chair des chevaux, et de la chair des cavaliers les plus braves, et de tous les hommes de guerre, dit le Seigneur Dieu.

21 J'établirai ma gloire parmi les nations ; toutes les nations verront le jugement que j'aurai exercé contre eux, et ils reconnaîtront ma main puissante que j'aurai appesantie sur eux.

22 Et les enfants d'Israël sauront depuis ce jour-là, et dans tous les temps qui suivront, que c'est moi qui suis le Seigneur, leur Dieu.

23 Les peuples sauront alors que la maison d'Israël sera devenue captive à cause de son iniquité ; parce qu'ils m'avaient abandonné, et que je leur avais caché mon visage, et les avais livrés entre les mains de leurs ennemis qui les ont tous fait passer au fil de l'épée.

24 Je les ai traités selon leur impureté et selon leur crime, et j'ai détourné d'eux mon visage.

25 C'est pourquoi, voici ce que dit le Seigneur Dieu : Je ramènerai maintenant les captifs de Jacob, j'aurai compassion de toute la maison d'Israël, et je deviendrai jaloux de l'honneur de mon saint nom.

26 Et ils porteront leur confusion *et le poids de* tous leurs péchés par lesquels ils avaient violé ma loi, lorsqu'ils habiteront en leur pays dans une pleine assurance, sans crainte de personne ;

27 lorsque je les aurai ramenés d'entre les peuples, que je les aurai rassemblés des pays de leurs ennemis, et que j'aurai été sanctifié au milieu d'eux, aux yeux de plusieurs nations.

28 Et ils sauront que c'est moi qui suis le Seigneur, leur Dieu, en voyant qu'après les avoir fait transporter parmi les nations, je les aurai fait revenir tous ensemble dans leur pays, sans laisser aucun d'eux en cette terre étrangère.

29 Je ne leur cacherai plus alors mon visage ; parce que je répandrai mon Esprit sur toute la maison d'Israël, dit le Seigneur Dieu.

CHAPITRE XL.

LA vingt-cinquième année de notre captivité, au commencement de l'année, le dixième du *premier* mois, quatorze ans après la ruine de la ville de Jérusalem, ce jour-là même la main du Seigneur fut sur moi, et il me mena *en esprit* à Jérusalem.

2 Il me mena en une vision divine au pays d'Israël, et il me mit sur une fort haute montagne, sur laquelle était comme le bâtiment d'une ville qui était tournée vers le midi.

3 Il me fit entrer dans ce bâtiment ; et je rencontrai d'abord un homme dont le regard brillait comme de l'airain *étincelant*. Il tenait d'une main un cordeau de fin lin ; il portait dans l'autre une canne pour mesurer, et il se tenait devant la porte.

4 Cet homme me parla, et me dit : Fils de l'homme, voyez bien de vos yeux, écoutez bien de vos oreilles, et gravez dans votre cœur *et* votre esprit tout ce que je vais vous montrer ; parce qu'on vous a amené ici pour vous le faire voir : et annoncez à la maison d'Israël tout ce que vous aurez vu.

5 En même temps je vis au dehors une muraille qui environnait la maison de tous côtés ; et cet homme tenant à la main une canne pour mesurer, qui avait six coudées et un palme de long, mesura la largeur de la muraille qui était d'une toise, et la hauteur qui était aussi d'une toise.

6 Il vint ensuite à la porte qui regardait vers l'orient, et il y monta par les degrés. Il mesura le seuil de la porte, qui avait une toise de largeur ; c'est-à-dire, que le seuil était large d'une toise.

7 Il mesura aussi les chambres qui avaient une toise de long et une toise de large, et il y avait cinq coudées entre les chambres.

8 Le seuil de la porte près du vestibule au dedans de la porte avait une toise.

9 Il mesura le vestibule de la porte qui avait huit coudées, et le frontispice qui en avait deux. Le vestibule de la porte était au dedans.

10 La porte qui regardait vers l'orient avait trois chambres d'un côté et trois chambres d'un autre, et les trois chambres et les trois frontispices des deux côtés étaient d'une même mesure.

11 Il mesura la largeur du seuil de la porte qui était de dix coudées, et la longueur de la porte qui était de treize coudées.

12 Il y avait devant les chambres un rebord d'une coudée ; une coudée finissait ces rebords qui se répondaient ; et les chambres d'un côté et d'autre étaient de six coudées.

13 Il mesura la porte depuis le toit d'une chambre jusqu'au toit de l'autre, qui était de la largeur de vingt-cinq coudées, *et* les portes *des chambres* étaient vis-à-vis l'une de l'autre.

14 Il fit *ainsi à l'égard* des frontispices *qui étaient* de soixante coudées, et il ajouta aux frontispices le vestibule de la porte qui

régnait tout autour.

15 Devant la face de la porte qui s'étendait jusqu'à la face du vestibule de la porte intérieure, il y avait cinquante coudées ;

16 et des fenêtres de biais aux chambres et aux frontispices qui étaient au dedans de la porte tout autour d'un côté et d'autre. Il y avait aussi au dedans des vestibules des fenêtres tout autour, et devant les frontispices des palmes peintes.

17 Il me mena aussi au parvis de dehors, où je vis des chambres ; et le parvis était pavé de pierre de tous côtés, et il y avait trente chambres autour du pavé.

18 Et le pavé au frontispice des portes était plus bas, selon la longueur des portes.

19 Et il mesura la largeur depuis la face de la porte d'en bas, jusqu'au frontispice du parvis intérieur par le dehors ; et il y avait cent coudées vers l'orient et vers l'aquilon.

20 Il mesura aussi la longueur et la largeur de la porte du parvis extérieur qui regardait vers l'aquilon ;

21 et ses chambres, dont il y en avait trois d'un côté et trois d'un autre, et son frontispice et son vestibule selon la mesure de la première porte ; et il y avait cinquante coudées de long et vingt-cinq coudées de large.

22 Ses fenêtres, son vestibule et sa sculpture étaient de la même mesure que celle de la porte qui regardait vers l'orient ; on y montait par sept degrés, et il y avait au devant un vestibule.

23 Et la porte du parvis intérieur était vis-à-vis de l'autre porte du côté de l'aquilon et du côté de l'orient ; et ayant mesuré l'espace d'une porte à l'autre, il y trouva cent coudées.

24 Il me mena aussi vers le midi, et je vis une porte qui regardait vers le midi : il en mesura le frontispice et le vestibule qui étaient de même mesure que les autres.

25 Et ses fenêtres avec les vestibules autour étaient comme les autres fenêtres : elles avaient cinquante coudées de long et vingt-cinq coudées de large.

26 On y montait par sept degrés. Le vestibule était devant la porte ; et il y avait au frontispice des palmes de sculpture, une d'un côté et l'autre de l'autre.

27 Et la porte du parvis intérieur était du côté du midi ; et ayant mesuré l'espace d'une porte jusqu'à l'autre du côté du midi, il trouva cent coudées.

28 Il me fit entrer aussi dans le parvis intérieur à la porte du midi ; et il prit la mesure de la porte comme celle des autres.

29 Il prit aussi les mêmes mesures de la chambre, du frontispice, du vestibule, des fenêtres et du vestibule tout autour ; et il trouva cinquante coudées de long et vingt-cinq de large.

30 Le vestibule qui régnait tout autour avait vingt-cinq coudées de long et cinq de large.

31 Le vestibule allait au parvis extérieur ; et il y avait des palmes au frontispice, et huit degrés pour y monter.

32 Puis il me fit entrer dans le parvis intérieur par le chemin qui regarde l'orient, et il mesura la porte selon les mesures dont nous avons déjà parlé.

33 Il en mesura la chambre, le frontispice et le vestibule, comme il est dit auparavant ; les fenêtres aussi et le vestibule tout autour, qui avaient cinquante coudées de long et vingt-cinq coudées de large.

34 Et il en mesura le vestibule qui regardait le parvis extérieur, et il y avait des palmes de côté et d'autre qui étaient sculptées au frontispice, et on y montait par huit degrés.

35 Il me mena ensuite vers la porte qui regardait l'aquilon, et il en prit les mesures comme il avait fait à l'égard des précédentes.

36 Il en mesura la chambre, le frontispice, le vestibule et les fenêtres tout autour, qui avaient cinquante coudées de long et vingt-cinq de large.

37 Son vestibule regardait vers le parvis extérieur, et il y avait de côté et d'autre des palmes sculptées au frontispice, et on y montait par huit degrés.

38 Et en chaque chambre du trésor, il y avait une porte au frontispice de l'entrée. C'était là qu'ils lavaient l'holocauste.

39 Au vestibule de la porte il y avait deux tables d'un côté, et deux tables de l'autre, afin d'y immoler les holocaustes et les victimes pour les péchés et pour les fautes.

40 Et au côté de dehors qui monte vers l'entrée de la porte qui regarde vers l'aquilon, il y avait deux tables ; et de l'autre côté devant le vestibule de la porte, il y en avait encore deux.

41 Quatre tables d'un côté, et quatre tables de l'autre, au côté de la porte, qui étaient en tout huit tables, sur lesquelles on immolait *les sacrifices*.

42 Les quatre tables pour l'holocauste étaient faites de pierres carrées qui avaient une coudée et demie de long, une coudée et demie de large et une coudée de hauteur ; et on mettait dessus les vases où l'on immolait l'holocauste et la victime.

43 Elles avaient un bord d'un palme qui se courbait en dedans tout autour, et on mettait sur les tables les chairs de l'oblation.

44 Au dehors de la porte intérieure étaient les chambres des chantres au parvis intérieur, qui était à côté de la porte qui regarde vers l'aquilon. Leur face était tournée vers le midi. Il y en avait une à côté de la porte orientale qui regardait vers l'aquilon.

45 Et cet homme me dit : Cette chambre qui regarde le midi sera pour les prêtres qui veillent à la garde du temple.

46 Et cette autre chambre qui regarde vers l'aquilon sera pour les prêtres qui veillent pour le ministère de l'autel. Ceux-ci sont les fils de Sadoc, qui sont ceux d'entre les enfants de Lévi qui s'approchent du Seigneur pour le servir.

47 Il mesura aussi le parvis, qui avait cent coudées de long, et cent coudées de large en carré ; et l'autel qui était devant la face du temple.

48 Il me fit entrer dans le vestibule du temple, et il en mesura l'entrée qui avait cinq coudées d'un côté, et cinq coudées de l'autre ; et la largeur de la porte qui avait trois coudées d'un côté, et trois coudées de l'autre.

49 Le vestibule avait vingt coudées de long, et onze de large ; et on y montait par huit degrés. Il y avait au front deux colonnes, une d'un côté, et l'autre d'un autre.

CHAPITRE XLI.

APRÈS cela il me fit entrer dans le temple. Il mesura les poteaux de l'entrée *du temple*, qui avaient chacun six coudées de large, selon la largeur de l'*ancien* tabernacle.

2 Il mesura la largeur *de l'ouverture* de la porte, qui était de dix coudées. Et l'un et l'autre des côtés de la porte avait chacun cinq coudées *par dedans*. Il mesura aussi la longueur du temple, qui était de quarante coudées, et sa largeur de vingt.

3 Puis il entra dans le lieu du temple le plus intérieur. Il y mesura un poteau de la porte qui était de deux coudées. *La hauteur de* la porte était de six coudées, et sa largeur de sept.

4 Puis il mesura sur la surface du temple une longueur de vingt coudées, et une largeur aussi de vingt coudées. Et il me dit : C'est ici le saint des saints.

5 Puis il mesura l'*épaisseur de* la muraille du temple, qui était de six coudées, et la largeur des chambres bâties *en dehors* tout autour du temple, *dont chacune était* de quatre coudées.

6 Ces chambres étaient l'une auprès de l'autre en deux rangs, *l'un dessus et l'autre au-dessous*, dont chacun contenait trente-trois chambres. Il y avait des arcs-boutants qui s'avançaient tout autour de la muraille du temple, et qu'on avait disposés pour servir d'appui à la charpenterie de ces chambres, sans qu'elles touchassent à la muraille du temple.

7 Il y avait aussi un espace et un degré fait en rond, qui allait d'étage en étage, montant jusqu'à la chambre la plus haute toujours en tournant. C'est pourquoi le temple était plus large en haut qu'en bas. Et ainsi passant de l'étage le plus bas à celui du milieu, on montait jusqu'au plus haut.

8 Je considérai les chambres hautes qui étaient autour de cet édifice, et elles avaient par le bas la mesure d'une canne, ou de six coudées ;

9 et l'épaisseur du mur extérieur qui les enfermait était de cinq coudées : et la maison intérieure était enfermée dans une autre enceinte de bâtiments.

10 Entre le bâtiment de ces petites chambres et celui du temple, il y avait un espace de vingt coudées.

11 Et les portes de toutes ces chambres étaient tournées vers *le lieu de* la prière ; l'une du côté du septentrion, et l'autre du côté du midi : et la largeur du lieu destiné pour la prière, était de cinq coudées tout autour.

12 L'édifice qui était séparé *du temple*, et tourné du côté du chemin qui regarde vers la mer, avait soixante et dit coudées de largeur : mais la muraille qui enfermait tout l'édifice, et qui avait cinq coudées d'épaisseur, était longue de quatre-vingt-dix.

13 Il mesura la longueur de la maison, qui se trouva de cent coudées ; et l'édifice qui en était séparé avec ses murailles, où il se trouva aussi cent coudées de long.

14 La place qui était devant la face du temple, entre l'édifice qui en était séparé du côté de l'orient, se trouva encore de cent coudées.

15 Il mesura aussi la longueur de l'édifice vis-à-vis de celui qui en était séparé par derrière *du côté de l'occident* : et les galeries avec les chambres des deux côtés avaient cent coudées, y compris le temple intérieur et les vestibules du parvis.

16 Il mesura encore les portes, les fenêtres qui étaient de biais, et les portiques qui environnaient *le temple* de trois côtés vis-à-vis de chaque porte, tout étant revêtu de bois alentour. Or la terre allait jusqu'aux fenêtres, et les fenêtres étaient fermées au-dessus des portes.

17 Et il y en avait jusqu'à la maison intérieure dans tout le mur d'alentour, tant au dedans qu'au dehors, avec mesure *et* proportion.

18 Il y avait aussi *au dedans du mur du temple* des chérubins travaillés en sculpture, et des palmes ; en sorte qu'il y avait une palme entre un chérubin et l'autre ; et ces chérubins avaient chacun deux faces.

19 La face d'un homme tournée du côté d'une de ces palmes, et la face d'un lion tournée de l'autre côté vers l'autre palme ; et cet ordre était régulièrement observé tout autour du temple.

20 Ces chérubins et ces palmes en sculpture se voyaient sur la muraille du temple, depuis la terre jusqu'au haut de la porte.

21 La porte du temple était carrée : et la face du sanctuaire répondait à celle *du temple*, étant en regard l'une devant l'autre.

22 L'autel qui était de bois avait trois coudées de hauteur et deux de largeur : ses cornes, sa surface et ses côtés étaient de bois. Et *l'ange* me dit : Voilà la table qui doit être devant le Seigneur.

23 Or il y avait double porte dans le temple et dans le sanctuaire.

24 Et chaque battant avait encore une petite porte à deux battants, qui se fermaient l'une sur l'autre : car il y avait une double porte du côté de chaque battant de la grande porte.

25 Et il y avait des chérubins et des palmes travaillés en sculpture aux portes mêmes du temple, comme on en voyait à ses murailles ; c'est pourquoi il y avait de grosses pièces de bois au frontispice du vestibule par le dehors :

26 au-dessus desquelles étaient des fenêtres en biais, et des figures de palmes de chaque côté sur les chapiteaux des pilastres du vestibule, aussi bien que sur les côtés *ou arcs-boutants* du temple, et dans toute l'étendue des murailles.

CHAPITRE XLII.

ET l'ange me fit passer dans le parvis extérieur par le chemin qui conduit au septentrion, et me fit entrer dans les chambres du trésor, à l'opposite de l'édifice séparé *du temple*, et de la maison qui regardait vers le nord.

2 La longueur de la face de ce bâtiment, depuis la porte septentrionale, était de cent coudées sur cinquante de largeur.

3 Il avait vue d'un côté sur le parvis intérieur de vingt coudées, et de l'autre sur le parvis extérieur pavé de pierres, où était la galerie jointe à trois autres.

4 Devant les chambres du trésor il y avait une allée de dix coudées de large, qui regardait du côté intérieur vers un sentier d'une coudée : et leurs portes étaient du côté du nord.

5 Ces chambres du trésor étaient plus basses en haut qu'en bas, parce qu'elles étaient soutenues sur les galeries qui saillaient en dehors, et qui s'élevant du premier étage, passaient par celui du milieu de l'édifice.

6 Car il y avait trois étages ; et leurs colonnes n'étaient point comme les colonnes des parvis ; parce qu'elles étaient élevées depuis la terre de cinquante coudées en passant par l'étage d'en-bas et par celui du milieu.

7 L'enceinte extérieure des chambres du trésor, qui étaient dans le chemin du parvis extérieur de devant ces chambres, avait cinquante coudées de long :

8 parce que la longueur de ce bâtiment des chambres du parvis extérieur, était de cinquante coudées ; et que sa longueur vis-à-vis de la face du temple, était de cent coudées.

9 Et il y avait sous ces chambres du trésor une entrée du côté de l'orient, pour ceux qui y venaient du parvis extérieur.

10 Dans la largeur de l'enceinte du parvis qui était à l'opposite du chemin vers l'orient, et de la face de l'édifice séparé *du temple*, il y avait encore des chambres vis-à-vis de cet édifice.

11 Et il y avait aussi une allée le long de ces chambres, comme il y en avait une le long des chambres qui étaient du côté du nord. Leur longueur était la même, aussi bien que leur largeur, leur entrée, leur figure et leurs portes.

12 Telles qu'étaient les portes des chambres du trésor, situées dans l'allée qui regardait vers le midi, telle était aussi une porte que l'on voyait à la tête de l'allée qui était devant le vestibule séparé, pour servir à ceux qui entraient par l'orient.

13 Et l'ange me dit : Ces chambres du trésor qui sont au septentrion, et celles qui sont au midi, étant toutes devant le temple qui en est séparé, sont des chambres saintes ; et c'est où mangent les prêtres qui approchent du Seigneur dans le sanctuaire. C'est là qu'ils mettront les choses les plus saintes, *comme* les oblations *non sanglantes* et les victimes pour le péché et pour la faute : car le lieu est saint.

14 Quand les prêtres seront entrés, ils ne sortiront point du lieu saint, dans le parvis extérieur, avec les habits destinés au ministère du temple ; mais ils auront soin de les resserrer dans ces chambres ; parce que ces habits sont saints : et ils reprendront leurs vêtements ordinaires avant d'aller trouver le peuple.

15 Lorsque l'ange eut achevé de mesurer la maison intérieure, il me fit sortir par la porte qui regardait vers l'orient, et il mesura toute cette enceinte.

16 Il mesura donc le côté de l'orient avec la mesure de la canne qu'il avait, et il trouva cinq cents mesures de cette canne tout autour.

17 Il mesura le côté du septentrion, et il trouva cinq cents mesures de cette canne tout autour.

18 Il mesura le côté du midi, et il trouva cinq cents mesures de cette canne tout autour.

19 Il mesura le côté de l'occident, et il trouva cinq cents mesures de cette canne tout autour.

20 Il mesura la muraille de toutes parts, selon les quatre vents, en tournant tout autour ; et il trouva qu'elle avait cinq cents coudées de longueur, et cinq cents coudées de largeur : c'était ce mur qui séparait le sanctuaire d'avec le lieu destiné pour tout le monde.

CHAPITRE XLIII.

ENSUITE il me mena à la porte qui regarde vers l'orient ;

2 et tout d'un coup parut la gloire du Dieu d'Israël, laquelle entrait par le côté de l'orient. Le bruit qu'elle faisait était semblable au bruit des grandes eaux ; et la terre était toute éclairée par la présence de sa majesté.

3 Et la vision que j'eus était semblable à celle que j'avais eue lorsqu'il vint pour perdre la ville. Il me parut dans la même forme que je l'avais vu près du fleuve de Chobar, et je tombai sur mon visage.

4 La majesté du Seigneur entra dans le temple par la porte qui regardait l'orient.

5 Et l'esprit m'éleva, et me fit entrer dans le parvis intérieur ; et je vis que la maison était remplie de la gloire du Seigneur.

6 Alors je l'entendis qui me parlait du dedans de la maison ; et l'homme qui était proche de moi,

7 me dit : Fils de l'homme, c'est ici le lieu de mon trône ; le lieu où je poserai mes pieds, et où je demeurerai pour jamais au milieu des enfants d'Israël ; et la maison d'Israël ne profanera plus mon saint nom à l'avenir, ni eux, ni leurs rois, par leurs idolâtries, par les sépulcres de leurs rois, ni par les hauts lieux.

8 Ils ont fait leur porte contre ma porte, et les poteaux de l'entrée de leurs maisons proche des miens : et il n'y avait *qu'*un mur entre moi et eux ; et ils ont profané mon saint nom, par les abominations qu'ils ont commises : c'est pourquoi je les ai détruits dans ma colère.

9 Qu'ils rejettent donc maintenant loin d'eux leur idolâtrie ; qu'ils éloignent loin de moi les sépulcres de leurs rois : et je demeurerai toujours au milieu d'eux.

10 Mais vous, fils de l'homme, montrez le temple à la maison d'Israël, afin qu'ils reçoivent la confusion de leurs iniquités : qu'ils mesurent eux-mêmes toute sa structure,

11 et qu'ils rougissent de toutes les choses qu'ils ont faites. Montrez-leur la figure de la maison, ses sorties et ses entrées, et tout son dessein ; toutes les ordonnances qui doivent y être observées, tout l'ordre qu'il faut y garder, toutes les lois qui y sont prescrites : représentez toutes ces choses devant leurs yeux, afin qu'ils gardent exactement tout ce que vous aurez décrit, qu'ils pratiquent et observent tous les préceptes qui la regardent.

12 Telle est la règle qu'on doit garder en *bâtissant* la maison *de Dieu* sur le haut de la montagne. Toute son étendue dans son circuit sera très-sainte. Telle est donc la loi qu'il faut observer dans *le bâtiment de* cette maison.

13 Or voici quelles sont les mesures de l'autel, en le mesurant avec la coudée à bonne mesure, qui avait une coudée et un palme. Son enfoncement était profond d'une coudée, et avait aussi une coudée de largeur ; et sa clôture jusqu'à son bord et tout alentour était d'un palme. Telle était donc la fosse de l'autel.

14 Du bas de la terre jusqu'au premier rebord, il y avait deux coudées de hauteur, et ce' rebord avait une coudée de large. Et de ce rebord qui était le plus petit, jusqu'au rebord qui était le plus grand, il y avait quatre coudées, et ce rebord avait aussi une coudée de large.

15 L'autel appelé Ariel, *qui était dessus*, avait quatre coudées *de hauteur* ; et de cet autel s'élevaient en haut quatre cornes.

16 Ariel avait douze coudées de long, et douze coudées de large, et était ainsi carré, ayant ses côtés égaux.

17 Son rebord était de quatorze coudées de long, et de quatorze coudées de large, à mesurer ses quatre côtés d'un angle à l'autre. La couronne *ou* corniche qui régnait autour, avançait d'une demi-coudée, et son enfoncement était d'une coudée tout autour. Or ses degrés étaient tournés vers l'orient.

18 Et *l'ange* me dit : Fils de l'homme, voici ce que dit le Seigneur Dieu : Ce sont ici les cérémonies qu'on doit observer à l'égard de l'autel, aussitôt qu'il aura été bâti, afin qu'on offre dessus l'holocauste, et que l'on y répande *tout autour* le sang *des victimes*.

19 Et vous les donnerez aux prêtres, enfants de Lévi, qui sont de la race de Sadoc, qui s'approchent de mon autel, dit le Seigneur Dieu ; afin qu'ils me sacrifient un veau du troupeau pour le péché.

20 Vous prendrez du sang de ce veau, et vous en mettrez sur les quatre cornes de l'autel, et sur les quatre coins de son rebord, et sur la corniche tout autour ; et vous le purifierez, et le sanctifierez.

21 Vous emporterez ensuite le veau qui aura été offert pour le péché, et vous le brûlerez dans un lieu de la maison tout séparé hors le sanctuaire.

22 Le second jour vous offrirez pour le péché un jeune bouc qui soit sans tache ; et on purifiera l'autel, comme on l'a déjà purifié avec le veau.

23 Et lorsque vous aurez achevé de le purifier, vous offrirez un veau du troupeau qui soit sans tache, et un bélier du troupeau qui soit de même sans aucune tache.

24 Vous les offrirez en la présence du Seigneur ; et les prêtres répandront du sel sur eux, et les offriront en holocauste au Seigneur.

25 Sept jours de suite vous offrirez chaque jour un bouc pour le péché ; et l'on offrira de même un veau et un bélier du troupeau qui soient sans tache.

26 Ils feront la purification et la consécration de l'autel pendant sept jours, et ils l'empliront *de leurs offrandes*.

27 Et les *sept* jours étant accomplis, le huitième jour et dans la suite les prêtres offriront sur l'autel vos holocaustes et vos victimes pacifiques ; et je serai réconcilié avec vous, dit le Seigneur Dieu.

CHAPITRE XLIV.

ET il me fit retourner vers le chemin de la porte du sanctuaire extérieur, qui regardait vers l'orient, et qui était fermée.

2 Et le Seigneur me dit : Cette porte demeurera fermée : elle ne sera point ouverte, et nul homme n'y passera ; parce que le Seigneur, le Dieu d'Israël, est entré par cette porte ; et elle demeurera fermée

3 pour le prince. Le prince s'y assiéra pour manger le pain devant le Seigneur ; mais il entrera et sortira par la porte du vestibule.

4 Et il m'amena par le chemin de la porte du septentrion, à la vue du temple. Alors je vis que la gloire du Seigneur avait rempli la maison du Seigneur ; et je tombai sur mon visage.

5 Et le Seigneur me dit : Fils de l'homme, mettez bien dans votre cœur, regardez de vos yeux, et écoutez de vos oreilles toutes les choses que je vous dis, qui regardent toutes les cérémonies de la maison du Seigneur, et tous ses divers règlements ; et appliquez votre cœur à considérer les chemins du temple, et toutes les sorties du sanctuaire.

6 Vous direz à la maison d'Israël qui ne cesse point de m'irriter : Voici ce que dit le Seigneur Dieu : Contentez-vous, maison d'Israël, d'avoir commis tant de crimes ;

7 vous qui avez introduit dans mon sanctuaire des étrangers incirconcis de cœur et de chair, qui souillent et profanent ma maison ; vous qui tandis que vous m'offriez des pains, de la graisse et du sang *des victimes*, violiez mon alliance par tous vos crimes ;

8 vous qui n'avez point observé mes ordonnances touchant mon sanctuaire, et qui avez établi, pour garder ce que j'ai prescrit à l'égard de ce sanctuaire qui m'appartient, tels ministres qu'il vous a plu.

9 Voici ce que dit le Seigneur Dieu : Tout étranger incirconcis de cœur et de chair, n'entrera point dans mon sanctuaire, ni tout enfant étranger qui est au milieu des enfants d'Israël.

10 Les enfants mêmes de Lévi, qui se sont retirés loin de moi, en s'abandonnant à l'erreur des enfants d'Israël, et qui se sont égarés en me quittant pour courir après leurs idoles, et qui ont déjà porté *la peine de* leur iniquité,

11 feront simplement la fonction de trésoriers dans mon sanctuaire, de portiers et d'officiers dans ma maison ; ils tueront les bêtes destinées pour l'holocauste, et les victimes du peuple ; et se tiendront en sa présence prêts à le servir ;

12 parce qu'ils lui ont prêté leur ministère en présence de ses idoles, et qu'ils sont devenus à la maison d'Israël une occasion de scandale pour la faire tomber dans l'iniquité : c'est pour cela que j'ai levé ma main sur eux, dit le Seigneur Dieu ; et *que j'ai juré qu'*ils porteront *la peine de* leur iniquité.

13 Ils ne s'approcheront point de moi pour faire les fonctions du sacerdoce en ma présence ; et ils n'approcheront d'aucun de mes sanctuaires qui sont près du saint des saints ; mais ils porteront leur confusion *et la peine* des crimes qu'ils ont commis.

14 Et je les établirai portiers du temple, et les emploierai dans tous les offices et les services *les plus bas* qu'on est obligé d'y rendre.

15 Mais pour les prêtres, enfants de Lévi, qui sont de la race de

Sadoc ; qui ont observé fidèlement les cérémonies de mon sanctuaire, lorsque les enfants d'Israël s'éloignaient de moi ; ce seront eux qui s'approcheront de moi pour me servir de ministres ; et ils se tiendront en ma présence, pour m'offrir la graisse et le sang *des victimes*, dit le Seigneur Dieu.

16 Ce seront eux qui entreront dans mon sanctuaire, et qui s'approcheront de ma table pour me servir, et pour garder mes cérémonies.

17 Lorsqu'ils entreront dans les portes du parvis intérieur, ils seront vêtus de robes de lin, et ils n'auront rien sur eux qui soit de laine, en faisant les fonctions de leur ministère aux portes du parvis intérieur et au dedans.

18 Ils auront des bandelettes de lin à leur tête, et des caleçons de lin sur leurs reins ; ils ne se ceindront point d'une manière qui leur excite la sueur.

19 Lorsqu'ils sortiront dans le parvis extérieur pour aller parmi le peuple, ils quitteront les habits dont ils étaient revêtus en faisant les fonctions de leur ministère, et les remettront dans la chambre du sanctuaire. Ils se vêtiront d'autres habits, et prendront garde de ne pas sanctifier le peuple avec leurs habits *sacrés*.

20 Ils ne raseront point leur tête, et ne laisseront point non plus croître leurs cheveux ; mais ils auront soin de les couper *de temps en temps,* pour les tenir courts.

21 Nul prêtre ne boira de vin lorsqu'il doit entrer dans le parvis intérieur.

22 Ils n'épouseront ni une veuve, ni une femme répudiée : mais des filles de la race de la maison d'Israël. Et ils pourront néanmoins épouser aussi une veuve qui sera veuve d'un prêtre.

23 Ils enseigneront à mon peuple la différence qu'il y a entre ce qui est saint et ce qui est profane ; et lui apprendront à discerner ce qui est pur, d'avec ce qui est impur.

24 Lorsqu'il se sera élevé quelque différend, ils le jugeront, en se tenant attachés à mes jugements : ils observeront mes lois et mes ordonnances dans toutes mes fêtes solennelles, et sanctifieront *exactement* mes jours de sabbat.

25 Ils n'entreront point où est un homme mort, pour n'en être pas souillés, à moins que ce ne soit leur père ou leur mère, leur fils ou leur fille, leur frère ou leur sœur qui n'ait point eu un second mari : car ils deviendraient impurs.

26 Et lorsqu'un d'entre eux aura été purifié, on lui comptera encore sept jours *pour s'abstenir de son ministère.*

27 Et le jour qu'il entrera dans le sanctuaire au parvis intérieur pour me servir de ministre dans le sanctuaire, il fera une oblation pour son péché, dit le Seigneur Dieu.

28 Ils n'auront point d'héritage : car je suis moi-même leur héritage : et vous ne leur donnerez point de partage dans Israël ; parce que c'est moi qui suis leur partage.

29 Ils mangeront les victimes qui seront offertes pour le péché et pour la faute ; et tout ce qu'Israël offrira par vœu leur appartiendra.

30 Les prémices de tous les premiers-nés, et les prémices de toutes les choses différentes qui sont offertes, appartiendront aux prêtres : et vous donnerez aussi aux prêtres les prémices de ce qui sert à vous nourrir ; afin qu'il répande la bénédiction sur votre maison.

31 Les prêtres ne mangeront ni d'aucun oiseau, ni d'aucune bête qui soit morte d'elle-même, ou qui aura été prise par une autre bête.

CHAPITRE XLV.

LORSQUE vous commencerez à diviser la terre par sort, séparez-en les prémices pour le Seigneur ; *c'est-à-dire*, un lieu qui soit sanctifié *et séparé du reste* de la terre, qui ait vingt-cinq mille *mesures* de longueur, et dix mille de largeur : et il sera saint dans toute son étendue.

2 De tout cet espace, vous en séparerez pour le lieu saint un lieu carré, qui aura cinq cents *mesures* de chaque côté tout alentour ; et cinquante coudées encore aux environs pour ses faubourgs.

3 Vous mesurerez donc avec cette mesure une place de vingt-cinq mille de longueur et de dix mille de largeur ; et dans cette place sera le temple et le saint des saints.

4 Cette terre ainsi sanctifiée sera pour les prêtres, qui sont les ministres du sanctuaire, et qui s'approchent pour s'acquitter des fonctions du ministère du Seigneur. Et ce lieu sera destiné pour leurs maisons, et pour le sanctuaire très-saint.

5 Il y aura vingt-cinq mille *mesures* de longueur et dix mille de largeur, pour les Lévites qui servent au temple. Et ils auront aussi eux-mêmes vingt chambres dans le trésor.

6 Et vous donnerez à la ville pour son étendue cinq mille *mesures* de large et vingt-cinq mille de long, selon ce qui est séparé pour le sanctuaire ; et ce sera pour toute la maison d'Israël.

7 Vous désignerez aussi le partage du prince, qui s'étendra de part et d'autre, le long de ce qui a été séparé pour le lieu saint et pour la place de la ville, et vis-à-vis de ce lieu saint et de cette place depuis un côté de la mer jusqu'à l'autre ; et depuis un côté de l'orient jusqu'à l'autre. Et la longueur de ce qui lui appartiendra sera égale à ces deux autres portions, depuis les bornes de l'occident jusqu'aux bornes de l'orient.

8 Il aura son partage de la terre dans Israël : et les princes ne pilleront plus à l'avenir mon peuple ; mais ils distribueront la terre à la maison d'Israël, selon *la grandeur de* chaque tribu.

9 Voici ce que dit le Seigneur Dieu : Qu'il vous suffise, ô princes d'Israël ! *d'avoir fait tant d'injustices* : cessez de commettre l'iniquité, et de piller *mon peuple* ; rendez la justice, et agissez selon l'équité ; séparez vos terres d'avec celles de mon peuple, dit le Seigneur Dieu.

10 Que votre balance soit juste : que l'éphi et le bate soient aussi pour vous de justes mesures.

11 L'éphi et le bate seront égaux, et d'une même mesure ; en sorte que le bate tiendra la dixième partie du core, et que l'éphi tiendra de même la dixième partie du core. Leur poids sera égal par rapport à la mesure du core.

12 Le sicle doit avoir vingt oboles : et vingt sicles, vingt-cinq sicles, et quinze sicles, font la mine.

13 Et voici quelles seront les prémices que vous offrirez : La sixième partie de l'éphi prise sur un core de froment ; et la sixième partie de l'éphi prise sur un core d'orge.

14 Quant à la mesure de l'huile, c'est le bate d'huile qui est la dixième partie du core : car les dix bates font le core, et le core est rempli de dix bates.

15 *On offrira* un bélier d'un troupeau de deux cents bêtes, de celles que le peuple d'Israël nourrit pour les sacrifices, pour les holocaustes, pour les oblations pacifiques ; afin qu'il serve à les expier, dit le Seigneur Dieu.

16 Tout le peuple du pays sera obligé de payer ces prémices à celui qui sera son prince en Israël.

17 Et le prince sera chargé d'offrir les holocaustes, les sacrifices et les oblations de liqueurs les jours solennels, les premiers jours de chaque mois, les jours de sabbat, et tous les jours solennisés par la maison d'Israël. Il offrira le sacrifice pour le péché, l'holocauste et les victimes pacifiques pour l'expiation de la maison d'Israël.

18 Voici ce que dit le Seigneur Dieu : Le premier mois, et le premier jour de ce mois, vous prendrez un veau du troupeau qui soit sans tache, et vous vous en servirez pour expier le sanctuaire.

19 Le prêtre prendra du sang *du sacrifice* qu'on offrira pour le péché, et il en mettra sur les poteaux du temple, aux quatre coins du rebord de l'autel, et aux poteaux de la porte du parvis intérieur.

20 Vous ferez la même chose le septième jour du mois pour tous ceux qui ont péché par ignorance, et qui ont été trompés par une erreur *humaine* ; et vous expierez ainsi le temple.

21 Le premier mois, et le quatorzième jour de ce mois, vous solenniserez la fête de Pâque : on mangera les pains sans levain sept jours durant.

22 Et le prince offrira en ce jour-là pour soi-même, et pour tout le peuple du pays, un veau *en sacrifice* pour le péché.

23 Il offrira en holocauste au Seigneur pendant la solennité des sept jours, sept veaux et sept béliers sans tache, chaque jour durant

les sept jours. Et il offrira aussi chaque jour un jeune bouc pour le péché.

24 Il joindra dans son sacrifice un éphi *de farine* à chaque veau, et un éphi *de farine* à chaque bélier, et ajoutera un hin d'huile à chaque éphi *de farine*.

25 Le septième mois, et le quinzième jour de ce mois, il fera en cette fête solennelle, sept jours de suite, les mêmes choses qui ont été dites auparavant, soit pour l'expiation du péché, soit pour l'holocauste, soit pour le sacrifice *des oblations* et de l'huile.

CHAPITRE XLVI.

VOICI ce que dit le Seigneur Dieu : La porte du parvis intérieur, qui regarde vers l'orient, sera fermée les six jours où l'on travaille ; mais on l'ouvrira le jour du sabbat, et on l'ouvrira encore le premier jour de chaque mois.

2 Le prince viendra par le chemin du vestibule de la porte de dehors ; et il s'arrêtera à l'entrée de la porte : et les prêtres offriront pour lui l'holocauste, et les sacrifices pacifiques : il adorera sur le pas de cette porte, puis il sortira ; et la porte ne sera point fermée jusqu'au soir.

3 Et le peuple du pays adorera aussi le Seigneur devant cette porte les jours du sabbat, et les premiers jours de chaque mois.

4 Or le prince offrira au Seigneur cet holocauste ; savoir, le jour du sabbat six agneaux qui soient sans tache, et un bélier de même sans tache ;

5 avec l'oblation d'un éphi *de farine* pour le bélier ; et ce que sa main offrira volontairement en sacrifice pour chaque agneau, et un hin d'huile pour chaque éphi *de farine*.

6 Et le premier jour de chaque mois, un veau du troupeau qui soit sans tache, avec six agneaux et six béliers qui n'aient point non plus de tache.

7 Et il offrira en sacrifice un éphi *de farine* pour le veau, avec un éphi *de farine* pour chaque bélier ; il donnera pour chaque agneau ce que sa main pourra trouver, et un hin d'huile pour chaque éphi *de farine*.

8 Lorsque le prince doit entrer dans le temple, il entrera par le vestibule de la porte orientale ; et il sortira par le même endroit.

9 Mais lorsque le peuple du pays entrera pour se présenter devant le Seigneur aux jours solennels, celui qui sera entré par la porte du septentrion pour adorer, sortira par la porte du midi ; et celui qui sera entré par la porte du midi, sortira par la porte du septentrion. Nul ne retournera par la porte par laquelle il sera entré ; mais il sortira par l'autre qui lui est opposée.

10 Mais le prince étant au milieu d'eux tous, entrera avec ceux qui entrent, et sortira avec ceux qui sortent.

11 Aux jours de foire, et aux fêtes solennelles, on offrira en sacrifice un éphi *de farine* pour un veau, et un éphi *de farine* pour un bélier : pour les agneaux chacun offrira en sacrifice ce que sa main trouvera ; et l'on joindra un hin d'huile à chaque éphi *de farine*.

12 Or quand le prince offrira volontairement au Seigneur un holocauste, ou un sacrifice pacifique, on lui ouvrira la porte qui regarde vers l'orient ; et il offrira son holocauste et ses victimes pacifiques, comme il a accoutumé de faire le jour du sabbat, et il sortira ensuite, et on fermera la porte après qu'il sera sorti.

13 Il offrira tous les jours en holocauste au Seigneur un agneau de la même année, qui sera sans tache ; et il l'offrira toujours le matin.

14 Et il offrira tous les matins en sacrifice pour cet agneau la sixième partie d'un éphi *de farine*, et la troisième partie d'un hin d'huile, afin qu'elle soit mêlée avec la farine. C'est là le sacrifice qu'il est obligé, selon la loi, d'offrir au Seigneur, et qui doit être perpétuel et de chaque jour.

15 Il immolera donc l'agneau, et offrira le sacrifice et l'huile tous les matins, et cet holocauste sera éternel.

16 Voici ce que dit le Seigneur Dieu : Si le prince fait quelque don à l'un de ses fils, ce don lui demeurera pour son héritage à lui et à ses enfants, qui le posséderont par droit de succession.

17 Mais s'il fait un legs de son bien propre à l'un de ses serviteurs, il ne lui appartiendra que jusqu'à l'année du jubilé ; et alors il retournera au prince, et la propriété en appartiendra à ses enfants.

18 Le prince ne prendra rien par violence de l'héritage du peuple, ni de ses biens : mais il donnera de son bien propre un héritage à ses enfants ; afin que mon peuple ne soit point chassé et dépouillé de ce qu'il possède légitimement.

19 Or *l'ange* me fit passer par une entrée qui était à côté de la porte, dans les chambres du sanctuaire où logeaient les prêtres, et qui regardaient le septentrion. Et il y avait là un lieu particulier qui était tourné vers le couchant.

20 Alors il me dit : C'est ici le lieu où les prêtres feront cuire les *viandes des* victimes immolées pour le péché et pour la faute, et les autres oblations du sacrifice ; afin qu'ils ne les portent point dans le parvis extérieur, et que ces choses saintes ne soient point exposées au peuple.

21 Et il me fit sortir dans le parvis extérieur, et me mena aux quatre coins du parvis ; et je vis qu'il y avait une petite place à chacun des quatre coins de ce parvis.

22 Or ces petites places ainsi disposées à ces quatre coins du parvis, avaient quarante coudées de long, sur trente de large ; étant toutes quatre d'une seule et même mesure.

23 Et il y avait une muraille qui enfermait chacune de ces quatre petites places ; l'on y voyait aussi les cuisines bâties sur lès portiques tout autour.

24 Et il me dit : C'est ici la maison des cuisines, où les ministres de la maison du Seigneur feront cuire les victimes destinées pour le peuple.

CHAPITRE XLVII.

ENSUITE il me fit revenir vers la porte de la maison *du Seigneur* : et je vis des eaux qui sortaient de dessous la porte vers l'orient : car la face de la maison regardait vers l'orient. Or les eaux descendaient au côté droit du temple, vers le midi de l'autel.

2 Et il me fit sortir par la porte du septentrion, et me fit tourner par le chemin de dehors la porte, vers le chemin qui regarde à l'orient : et je vis que les eaux venaient en abondance du côté droit.

3 L'homme *qui me conduisait*, sortant donc vers l'orient, et ayant un cordeau à la main, mesura un espace de mille coudées, qu'il me fit passer dans l'eau, dont j'avais jusqu'à la cheville des pieds.

4 Il mesura un autre espace de mille coudées, qu'il me fit aussi passer dans l'eau ; et j'en avais jusqu'aux genoux.

5 Il mesura un *troisième* espace de mille coudées, qu'il me fit encore passer dans l'eau ; et j'en avais jusqu'aux reins. Enfin il mesura un *quatrième* espace de mille coudées ; et je trouvai que c'était alors comme un torrent que je ne pus passer, parce que les eaux s'étaient tellement enflées, et le fleuve était devenu si profond qu'on ne pouvait le passer à gué.

6 Alors il me dit : Certes vous l'avez bien vu, fils de l'homme. Et il me fit aussitôt sortir en me menant au bord du torrent.

7 M'étant ainsi tourné, j'aperçus une très-grande quantité d'arbres des deux côtés sur le bord de ce torrent.

8 Et il me dit : Ces eaux qui en sortant amassent des monceaux de sable vers l'orient, et qui descendent dans la plaine du désert, entreront dans la mer et en sortiront, et les eaux de la mer seront adoucies.

9 Et tout animal vivant qui rampe, vivra partout où viendra le torrent ; et il y aura une grande quantité de poissons où ces eaux viendront se rendre ; et tout ce qui sera abreuvé de l'eau de ce torrent, sera guéri et vivra.

10 Les pêcheurs se tiendront sur ces eaux ; et depuis Engaddi jusqu'à Engallim on séchera des filets. Il y aura beaucoup d'espèces différentes de poissons, et en très-grande abondance, comme il y en a dans la Grande mer.

11 Mais dans ses rivages et dans les marais qu'elle forme, les eaux ne seront point adoucies, parce qu'elles sont destinées pour

les salines.

12 Il s'élèvera aussi sur les bords et aux deux côtés du torrent toutes sortes d'arbres fruitiers. Leurs feuilles ne tomberont point, et ils ne manqueront jamais de fruits. Ils en porteront de nouveaux tous les mois, parce que les eaux du torrent seront sorties du sanctuaire : leurs fruits serviront pour nourrir *les peuples*, et leurs feuilles pour les guérir.

13 Voici ce que dit le Seigneur Dieu : Ce sont ici les bornes selon lesquelles vous posséderez la terre, *et la partagerez* entre les douze tribus : car Joseph a pour lui un double partage.

14 Vous posséderez tous également et chacun autant que son frère de cette terre, touchant laquelle j'ai levé la main *en protestant* de la donner à vos pères. C'est cette terre qui vous tombera en partage.

15 Or voici quelles sont les bornes de cette terre : Du côté du septentrion, depuis la Grande mer, en venant par Héthalon à Sédada,

16 à Emath, à Bérotha, à Sabarim, qui est entre les confins de Damas et les confins d'Emath, et à la maison de Tichon, qui est sur les confins d'Auran ;

17 ses bornes seront depuis la mer, jusqu'à la cour d'Enon, qui fait les limites de Damas ; et depuis un côté du septentrion jusqu'à l'autre côté. Emath fera ses bornes du côté de l'aquilon.

18 Sa région orientale se prendra de ce qui est entre Auran et Damas, entre Galaad et la terre d'Israël ; le Jourdain la bornera en tirant vers la mer orientale. Vous mesurerez aussi cette région qui est du côté de l'orient.

19 Sa région méridionale se prendra depuis Thamar, jusqu'aux eaux de contradiction à Cadès, et depuis le torrent *d'Egypte* jusqu'à la Grande mer. C'est là la région qui doit s'étendre vers le midi.

20 Sa région du côté de la mer sera la Grande mer, à prendre en droite ligne depuis un bout jusqu'à Emath. Ce sera la région qui regardera vers la mer.

21 Vous partagerez entre vous cette terre, selon les tribus d'Israël ;

22 et vous la prendrez pour votre héritage conjointement avec les étrangers qui viendront se joindre à vous, et qui auront des enfants au milieu de vous. Car vous les regarderez, et ils vivront au milieu des enfants d'Israël, comme s'ils étaient naturels du pays, partageant avec vous la terre, pour en posséder leur part au milieu des tribus d'Israël.

23 Et dans quelque tribu que se trouve un étranger, vous lui donnerez là son partage. C'est ce que dit le Seigneur Dieu.

CHAPITRE XLVIII.

ET voici les noms des tribus, *selon qu'elles seront partagées*, depuis l'extrémité du nord, le long du chemin de Héthalon, lorsqu'on va à Emath : La cour d'Enan sera la borne du côté de Damas vers l'aquilon, le long du chemin d'Emath : la région orientale et la mer borneront la portion *de la tribu* de Dan.

2 Proche les bornes *de la tribu* de Dan, Aser aura son partage, depuis la région orientale jusqu'à celle de la mer.

3 Proche les bornes d'Aser, Nephthali aura son partage, depuis la région orientale jusqu'à celle de la mer.

4 Proche les bornes de Nephthali, Manassé aura son partage, depuis la région orientale jusqu'à celle de la mer.

5 Proche les bornes de Manassé, Ephraïm aura son partage, depuis la région orientale jusqu'à celle de la mer.

6 Proche les bornes d'Ephraïm, Ruben aura son partage, depuis la région orientale jusqu'à celle de la mer.

7 Proche les bornes de Ruben, Juda aura son partage, depuis la région orientale jusqu'à celle de la mer.

8 Proche les bornes de Juda, depuis la région orientale jusqu'à celle de la mer, seront les prémices que vous séparerez, qui auront vingt-cinq mille *mesures* de largeur et de longueur, selon l'étendue qu'ont tous les autres partages, depuis la région orientale jusqu'à celle de la mer : et le sanctuaire sera au milieu de ce partage.

9 Les prémices que vous séparerez pour le Seigneur, auront vingt-cinq mille *mesures* de long sur dix mille de large.

10 Or ces prémices du sanctuaire des prêtres auront vingt-cinq mille *mesures* de longueur vers l'aquilon, dix mille *mesures* de largeur vers la mer, dix mille *mesures* aussi de largeur vers l'orient, et vingt-cinq mille *mesures* de longueur vers le midi : et le sanctuaire du Seigneur sera au milieu.

11 Le sanctuaire sera pour les prêtres, pour ceux qui sont les enfants de Sadoc, qui ont gardé mes cérémonies, et qui ne se sont point égarés lorsque les enfants d'Israël étaient dans l'égarement, comme les Lévites s'y sont eux-mêmes laissés aller.

12 Et ils auront pour prémices, au milieu des prémices de la terre, le saint des saints, proche le partage des Lévites.

13 Les Lévites auront de même, proche le partage des prêtres, vingt-cinq mille *mesures* de longueur, sur dix mille de largeur. Toute la longueur de leur partage sera de vingt-cinq mille *mesures*, et la largeur de dix mille.

14 Et ils n'en pourront ni rien vendre, ni rien changer : ces prémices de la terre ne seront point transférées à d'autres, parce qu'elles sont sanctifiées *et* consacrées au Seigneur.

15 Les cinq mille *mesures* qui restent de largeur sur les vingt-cinq mille, seront censées comme profanes, et destinées aux édifices de la ville, et à ses faubourgs ; et la ville sera placée au milieu.

16 Or voici quelles seront ses mesures : Vers sa région septentrionale, elle aura quatre mille cinq cents *mesures* ; et vers sa région méridionale, quatre mille cinq cents *mesures* ; autant vers sa région orientale, et autant vers sa région occidentale.

17 Les faubourgs de la ville auront, tant du côté du nord que du côté du midi, deux cent cinquante *mesures* ; et ils auront *de même*, tant du côté de l'orient que du côté de la mer, deux cent cinquante *mesures*.

18 Quant à ce qui restera sur la longueur proche les prémices du sanctuaire ; savoir, dix mille *mesures* vers l'orient, et dix mille mesures vers l'occident, elles seront comme les prémices mêmes du sanctuaire ; et les fruits que l'on en retirera, seront destinés pour nourrir ceux qui rendent service à la ville.

19 Or ceux qui travailleront à rendre service a la ville, seront de toutes les tribus d'Israël.

20 Toutes les prémices qui contiendront un carré de vingt-cinq mille *mesures*, seront séparées pour être les prémices du sanctuaire, et le partage de la ville.

21 Quant à ce qui restera, ce sera pour le partage du prince, tout autour des prémices du sanctuaire, et du partage de la ville, vis-à-vis des vingt-cinq mille *mesures* des prémices, jusqu'aux bornes qui sont du côté de l'orient : et de même du côté de la mer vis-à-vis des vingt-cinq mille *mesures*, jusqu'aux bornes de la mer, ce sera encore le partage du prince : et les prémices du sanctuaire avec le saint lieu du temple, seront placées au milieu.

22 Or ce qui restera du partage des Lévites et du partage de la ville, au milieu des autres partages, et qui appartiendra au prince, sera entre les bornes de Juda et les bornes de Benjamin.

23 Pour ce qui regarde les autres tribus, le partage de Benjamin sera depuis la région orientale jusqu'à l'occidentale.

24 Et proche le partage de Benjamin, Siméon aura son partage depuis la région orientale jusqu'à l'occidentale.

25 Et proche les bornes de Siméon, Issachar aura son partage depuis la région orientale jusqu'à l'occidentale.

26 Et proche les bornes d'Issachar, Zabulon aura son partage depuis la région orientale jusqu'à l'occidentale.

27 Et proche les bornes de Zabulon, Gad aura son partage depuis la région orientale jusqu'à celle de la mer.

28 Et vers les confins de Gad sera la région méridionale. Ses bornes seront depuis Thamar, jusqu'aux eaux de contradiction à Cades : son héritage s'étendra vers la Grande mer.

29 C'est là la terre que vous distribuerez au sort entre les tribus d'Israël ; et tels seront leurs partages, dit le Seigneur Dieu.

30 Et voici quelles seront les sorties de la ville : Vous mesurerez du côté du septentrion quatre mille cinq cents *mesures* ;

31 et les portes de la ville prendront leurs noms des tribus

d'Israël. Il y aura trois portes au septentrion : la porte de Ruben, la porte de Juda, et la porte de Lévi.

32 Vous mesurerez de même vers le côté de l'orient quatre mille cinq cents *mesures* ; et il y aura aussi trois portes de ce côté-là : la porte de Joseph, la porte de Benjamin, et la porte de Dan.

33 Vous mesurerez encore quatre mille cinq cents *mesures* vers le côté du midi ; et il y aura de même trois portes : la porte de Siméon, la porte d'Issachar, et la porte de Zabulon.

34 Vous mesurerez enfin quatre mille cinq cents *mesures* vers le côté du couchant ; et il y aura aussi trois portes : la porte de Gad, la porte d'Aser, et la porte de Nephthali.

35 Son circuit sera de dix-huit mille *mesures*. Et de ce jour-là cette ville s'appellera, Le Seigneur est là.

DANIEL.

CHAPITRE PREMIER.

LA troisième année du règne de Joakim, roi de Juda, Nabuchodonosor, roi de Babylone, vint mettre le siège devant la ville de Jérusalem.

2 Et le Seigneur livra entre ses mains Joakim, roi de Juda, et une partie des vases de la maison de Dieu, qu'il emporta au pays de Sennaar en la maison de son dieu, et il mit les vases en la maison du trésor de son dieu.

3 Alors le roi dit à Asphénez, chef des eunuques, qu'il prît d'entre les enfants d'Israël, et de la race des rois et des princes, de jeunes hommes,

4 en qui il n'y eût aucun défaut, qui fussent bien faits, instruits dans tout ce qui regarde la sagesse, habiles dans les sciences et dans les arts ; afin qu'ils demeurassent dans le palais du roi, et qu'il leur apprît à écrire et à parler la langue des Chaldéens.

5 Et le roi ordonna qu'on leur servît chaque jour des viandes qu'on servait devant lui, et du vin dont il buvait lui-même ; afin qu'ayant été nourris de cette sorte pendant trois ans, ils pussent ensuite paraître et demeurer en la présence du roi.

6 Entre ces jeunes gens il s'en trouva quatre qui étaient des enfants de Juda, Daniel, Ananias, Misaël et Azarias.

7 Et le chef des eunuques leur donna des noms, appelant Daniel Baltassar, Ananias Sidrach, Misaël Misach, et Azarias Abdénago.

8 Or Daniel fit une ferme résolution dans son cœur de ne se point souiller en mangeant de ce qui venait de la table du roi, et en buvant du vin dont il buvait ; et il pria le chef des eunuques de lui permettre de ne point manger de ces viandes qui l'auraient rendu impur.

9 Dieu fit en même temps que Daniel se concilia les bonnes grâces et la bienveillance du chef des eunuques.

10 Alors le chef des eunuques dit à Daniel : Je crains le roi, mon seigneur, qui a ordonné qu'on vous servît des viandes et du vin *de sa table* : car s'il voit vos visages plus maigres que ceux des autres jeunes hommes de votre âge, vous serez cause que le roi me fera perdre la tête.

11 Daniel répondit à Malasar, à qui le chef des eunuques avait ordonné de prendre soin de Daniel, d'Ananias, de Misaël et d'Azarias :

12 Éprouvez, je vous prie, vos serviteurs pendant dix jours, et qu'on ne nous donne que des légumes à manger, et que de l'eau à boire :

13 et après cela regardez nos visages et les visages des jeunes hommes qui mangent des viandes du roi ; et vous traiterez vos serviteurs selon ce que vous aurez vu vous-même.

14 Ayant entendu ces paroles, il les éprouva pendant dix jours.

15 Et après les dix jours leur visage parut meilleur et dans un embonpoint tout autre que celui de tous les jeunes hommes qui mangeaient des viandes du roi.

16 Malasar prenait donc les viandes et le vin qu'on leur donnait pour boire, et leur donnait des légumes.

17 Or Dieu donna à ces jeunes hommes la science et la connaissance de tous les livres et de toute la sagesse, et il communiqua en particulier à Daniel l'intelligence de toutes les visions et de tous les songes.

18 Le temps étant donc passé, après lequel le roi avait commandé que l'on fît paraître ces jeunes hommes devant lui, le chef des eunuques les présenta devant Nabuchodonosor.

19 Et le roi s'étant entretenu avec eux, il trouva que parmi tous les autres jeunes hommes il n'y en avait point qui égalassent Daniel, Ananias, Misaël et Azarias : et ils demeurèrent *pour servir* à la chambre du roi.

20 Quelque question que le roi leur fît touchant la sagesse et l'intelligence des choses, il trouva en eux dix fois davantage de lumière, qu'il n'en avait trouvé dans tous les devins et les mages qui étaient dans tout son royaume.

21 Or Daniel vécut jusqu'à la première année du roi Cyrus.

CHAPITRE II.

LA seconde année du règne de Nabuchodonosor, ce prince eut un songe dont son esprit fut extrêmement effrayé, et ensuite il l'oublia entièrement.

2 Le roi commanda en même temps qu'on fît assembler les devins, les mages, les enchanteurs et les Chaldéens, afin qu'ils lui déclarassent quel avait été son songe. Ils vinrent donc, et se présentèrent devant lui.

3 Et le roi leur dit : J'ai eu un songe ; et je ne sais ce que j'ai vu, parce que rien ne m'en est resté dans l'esprit qu'une idée confuse.

4 Les Chaldéens répondirent au roi en langue syriaque : Ô roi ! vivez à jamais ; dites à vos serviteurs le songe que vous avez eu, et nous l'interpréterons.

5 Le roi répondit aux Chaldéens : Mon songe m'est échappé de la mémoire ; si vous ne me déclarez ce que j'ai songé, et ce que mon songe signifie, vous périrez tous, et vos maisons seront confisquées :

6 mais si vous me dites mon songe et ce qu'il signifie, je vous ferai des dons et des présents, et je vous élèverai à de grands honneurs : dites-moi donc et interprétez-moi ce que j'ai songé.

7 Les Chaldéens lui répondirent pour la seconde fois : S'il plaît au roi de déclarer son songe à ses serviteurs, nous lui en donnerons l'interprétation.

8 Le roi leur répondit : Je vois bien que vous ne cherchez qu'à gagner du temps, parce que vous savez que j'ai oublié mon songe.

9 si vous ne pouvez me dire ce que j'ai songé, c'est une marque que si je vous l'avais dit, vous lui auriez donné une interprétation trompeuse et pleine d'illusion, pour m'entretenir de paroles jusqu'à ce qu'il se fût passé beaucoup de temps. Dites-moi donc quel a été mon songe, afin que je sache aussi que l'interprétation que vous lui donnerez sera véritable.

10 Les Chaldéens répondirent au roi : Seigneur, il n'y a point d'homme sur la terre qui puisse faire ce que vous nous commandez, et il n'y a point de roi, quelque grand et puissant qu'il soit, qui ait jamais exigé une telle chose des devins, des magiciens et des Chaldéens.

11 Car ce que vous nous demandez, ô roi ! est si difficile, qu'il ne se trouvera personne qui puisse vous en éclaircir, excepté les dieux qui n'ont point de commerce avec les hommes.

12 Après cette réponse le roi entra en fureur, et dans son extrême colère il commanda qu'on fît mourir tous les sages de Babylone.

13 Cet arrêt ayant été prononcé, on faisait mourir les sages, et l'on cherchait Daniel et ses compagnons pour les faire périr *avec les autres*.

14 Alors Daniel voulant savoir quelle était cette loi et cette ordonnance, s'en informa d'Arioch, général des armées du roi, qui se préparait à faire mourir les sages de Babylone.

15 Et comme c'était lui qui avait reçu cet ordre du roi, Daniel lui demanda quel était le sujet qui avait pu porter le roi à prononcer une sentence si cruelle. Arioch ayant dit toute l'affaire à Daniel,

16 Daniel se présenta devant le roi, et le supplia de lui accorder quelque temps pour lui donner l'éclaircissement qu'il désirait.

17 Et étant entré dans sa maison, il déclara ce qui se passait à ses compagnons, Ananias, Misaël et Azarias ;

18 afin qu'ils implorassent la miséricorde du Dieu du ciel pour la révélation de ce secret, et que Daniel et ses compagnons ne périssent pas avec les autres sages de Babylone.

19 Alors ce mystère fut découvert à Daniel dans une vision pendant la nuit, et il bénit le Dieu du ciel, et dit :

20 Que le nom du Seigneur soit béni dans tous les siècles, comme il l'a été dès le commencement, parce que la sagesse et la force sont à lui.

21 C'est lui qui change les temps et les siècles, qui transfère et qui établit tous les royaumes, qui donne la sagesse aux sages, et la science à ceux qui ont l'intelligence et la lumière.

22 C'est lui qui révèle les choses les plus profondes et les plus cachées, qui connaît ce qui est dans les ténèbres ; et c'est en lui que se trouve, la *vraie* lumière.

23 Je vous rends grâces et je vous bénis, ô Dieu de nos pères ! parce que vous m'avez donné la sagesse et la force, et que vous m'avez fait voir ce que nous vous avons demandé, en nous découvrant ce que le roi désire de nous.

24 Daniel alla ensuite trouver Arioch, à qui le roi avait ordonné de faire mourir les sages de Babylone, et il lui dit : Ne faites point mourir les sages de Babylone ; menez-moi au roi, *et* je lui donnerai l'éclaircissement *qu'il demande*.

25 Arioch aussitôt présenta Daniel au roi, et lui dit : J'ai trouvé un homme d'entre les captifs des enfants de Juda, qui donnera au roi l'éclaircissement *qu'il demande*.

26 Le roi répondit en se tournant vers Daniel, surnommé Baltassar : Croyez-vous pouvoir me dire véritablement ce que j'ai vu dans mon songe, et m'en donner l'interprétation ?

27 Daniel répondit au roi : Les sages, les mages, les devins et les augures ne peuvent découvrir au roi le mystère dont il est en peine.

28 Mais il y a un Dieu au ciel qui révèle les mystères, qui vous a montré, ô roi ! 1rs choses qui doivent arriver dans les temps à venir. Voici donc quel a été votre songe, et les visions qui vous ont passé dans l'esprit, lorsque vous étiez dans votre lit.

29 Vous pensiez, ô roi ! étant dans votre lit, à ce qui devait arriver après ce temps ; et celui qui révèle les mystères, vous a découvert les choses à venir.

30 Ce secret m'a aussi été particulièrement révélé, non par une sagesse naturelle que j'aie, et qui ne se trouve pas dans le reste des hommes ; mais afin que le roi sût l'interprétation de son songe, et que les pensées de son esprit lui fussent connues.

31 Voici donc, ô roi ! ce que vous avez vu : Il vous a paru comme une grande statue : cette statue grande et haute extraordinairement, se tenait debout devant vous, et son regard était effroyable.

32 La tête de cette statue était d'un or très-pur ; la poitrine et les bras étaient d'argent ; le ventre et les cuisses étaient d'airain ;

33 les jambes étaient de fer, et une partie des pieds était de fer, et l'autre d'argile.

34 Vous étiez attentif à cette vision, lorsqu'une pierre se détacha de la montagne sans la main d'aucun homme ; et que frappant la statue dans ses pieds de fer et d'argile, elle les mit en pièces.

35 Alors le fer, l'argile, l'airain, l'argent et l'or se brisèrent tout ensemble, et devinrent comme la menue paille que le vent emporte hors de l'aire pendant l'été, et ils disparurent sans qu'il s'en trouvât plus rien en aucun lieu : mais la pierre qui avait frappé la statue, devint une grande montagne qui remplit toute la terre.

36 Voilà votre songe, ô roi ! et nous l'interpréterons aussi devant vous.

37 Vous êtes le roi des rois, et le Dieu du ciel vous a donné le royaume, la force, l'empire et la gloire.

38 Il vous a assujetti les enfants des hommes, et les bêtes de la campagne, en quelque lieu qu'ils habitent ; il a mis en votre main les oiseaux mêmes du ciel, et il a soumis toutes choses à votre puissance. C'est donc vous qui êtes la tête d'or.

39 Il s'élèvera après vous un autre royaume moindre que le vôtre, qui sera d'argent ; et ensuite un troisième royaume qui sera d'airain, et qui commandera à toute la terre.

40 Le quatrième royaume sera comme le fer : il brisera et il réduira tout en poudre, comme le fer brise et dompte toutes choses.

41 Mais comme vous avez vu que les pieds de la statue et les doigts des pieds étaient en partie d'argile et en partie de fer, ce royaume, quoique prenant son origine du fer, sera divisé, selon que vous avez vu que le fer était mêlé avec la terre et l'argile ;

42 et comme les doigts des pieds étaient en partie de fer et en partie de terre, ce royaume aussi sera ferme en partie, et en partie faible *et* fragile.

43 Et comme vous avez vu que le fer était mêlé avec la terre et l'argile, ils se mêleront aussi par des alliances humaines : mais ils ne demeureront point unis, comme le fer ne peut se lier *ni* s'unir avec l'argile.

44 Dans le temps de ces royaumes, le Dieu du ciel suscitera un royaume qui ne sera jamais détruit ; un royaume qui ne passera point à un autre peuple ; qui renversera et qui réduira en poudre tous ces royaumes, et qui subsistera éternellement.

45 Selon que vous avez vu que la pierre qui avait été détachée de la montagne, sans la main d'aucun homme, a brisé l'argile, le fer, l'airain, l'argent et l'or ; le grand Dieu a fait voir au roi ce qui doit arriver à l'avenir. Le songe est véritable, et l'interprétation en est très-certaine.

46 Alors le roi Nabuchodonosor se prosterna le visage contre terre, et adora Daniel ; et il commanda que l'on fît venir des victimes et de l'encens, et qu'on lui sacrifiât.

47 Et le roi parlant ensuite à Daniel, lui dit : Votre Dieu est véritablement le Dieu des dieux, et le Seigneur des rois, et celui qui révèle les mystères ; puisque vous avez pu découvrir un mystère si caché.

48 Alors le roi éleva en honneur Daniel, lui fit beaucoup de grands et magnifiques présents, lui donna le gouvernement de toutes les provinces de Babylone, et l'éleva au-dessus de ceux qui possédaient les premières dignités.

49 Et le roi ordonna, selon que Daniel le lui avait demandé, que Sidrach, Misach et Abdénago auraient l'intendance des affaires de la province de Babylone : mais Daniel était toujours dans le palais, *et* près de la personne du roi.

CHAPITRE III.

LE roi Nabuchodonosor fit faire une statue d'or, qui avait soixante coudées de haut et six de large, et il la fit mettre dans la campagne de Dura, qui était de la province de Babylone.

2 Il envoya ensuite un ordre pour faire assembler les satrapes, les magistrats, les juges, les officiers de l'armée, les intendants, ceux qui possédaient les premières charges, et tous les gouverneurs de provinces, afin qu'ils se trouvassent au jour qu'on dédierait la statue qu'il avait dressée.

3 Alors les satrapes, les magistrats, les juges, les officiers de l'armée, les intendants, les seigneurs qui étaient établis dans les premières charges, et tous les gouverneurs de provinces, s'assemblèrent pour assister à la dédicace de la statue que le roi Nabuchodonosor avait dressée. Ils se tenaient debout devant la statue que le roi Nabuchodonosor avait fait dresser ;

4 et le héraut criait à haute voix : Peuples, tribus et gens de toutes langues, on vous ordonne

5 qu'au moment que vous entendrez le son de la trompette, de la flûte, de la harpe, du hautbois, de la lyre, et des concerts de toute sorte de musiciens, vous vous prosterniez en terre, et que vous adoriez la statue d'or que le roi Nabuchodonosor a dressée.

6 Si quelqu'un ne se prosterne pas, et n'adore pas cette statue, il sera jeté sur l'heure au milieu des flammes de la fournaise.

7 Aussitôt donc que tous les peuples entendirent le son de la trompette, de la flûte, de la harpe, du hautbois, de la lyre, et des

concerts de toute sorte de musiciens, tous les hommes de quelque nation, de quelque tribu et de quelque langue qu'ils fussent, adorèrent la statue d'or que Nabuchodonosor avait dressée.

8 Aussitôt et dans le même moment, des Chaldéens s'approchèrent, et accusèrent les Juifs,

9 en disant au roi Nabuchodonosor : Ô roi, vivez à jamais !

10 Vous avez fait une ordonnance, ô roi ! que tout homme au moment qu'il entendrait le son de la trompette, de la flûte, de la harpe, du hautbois, de la lyre, et des concerts de toute sorte de musiciens, se prosternât en terre, et adorât la statue d'or ;

11 et que si quelqu'un ne se prosternait pas et ne l'adorait pas, il serait jeté au milieu des flammes de la fournaise.

12 Cependant ceux des Juifs à qui vous avez donné l'intendance des affaires de la province de Babylone, Sidrach, Misach et Abdénago, méprisent, ô roi ! votre ordonnance ; ils n'honorent point vos dieux, et ils n'adorent point la statue d'or que vous avez dressée.

13 Alors Nabuchodonosor plein de fureur et de colère, commanda qu'on amenât devant lui Sidrach, Misach et Abdénago, qui furent amenés aussitôt devant le roi.

14 Et le roi Nabuchodonosor leur dit ces paroles : Est-il vrai, Sidrach, Misach et Abdénago, que vous n'honorez point mes dieux, et que vous n'adorez point la statue d'or que j'ai dressée ?

15 Maintenant donc, si vous êtes prêts à m'obéir, au moment que vous entendrez le son de la trompette, de la flûte, de la harpe, du hautbois, de la lyre, et des concerts de toute sorte de musiciens, prosternez-vous en terre, et adorez la statue que j'ai faite. Si vous ne l'adorez pas, vous serez jetés au même moment au milieu des flammes de la fournaise : et qui est le Dieu qui puisse vous arracher d'entre mes mains ?

16 Sidrach, Misach et Abdénago répondirent au roi Nabuchodonosor : Il n'est pas besoin, ô roi ! que nous vous répondions sur ce sujet.

17 Car notre Dieu, *le Dieu* que nous adorons, peut certainement nous retirer du milieu des flammes de la fournaise, et nous délivrer, ô roi ! d'entre vos mains.

18 S'il ne veut pas le faire, nous vous déclarons *néanmoins*, ô roi ! que nous n'honorons point vos dieux, et que nous n'adorons point la statue d'or que vous avez fait élever.

19 Alors Nabuchodonosor fut rempli de fureur, il changea de visage, et il regarda d'un œil de colère Sidrach, Misach et Abdénago : il commanda que le feu de la fournaise fût sept fois plus ardent qu'il n'avait accoutumé d'être.

20 Il donna ordre aux plus forts soldats de ses gardes de lier les pieds à Sidrach, Misach et Abdénago, et de les jeter ainsi au milieu des flammes de la fournaise.

21 En même temps ces trois hommes furent liés et jetés au milieu des flammes de la fournaise, avec leurs chausses, leurs tiares, leurs souliers et leurs vêtements :

22 car le commandement du roi pressait fort. Et comme la fournaise était extrêmement embrasée, les flammes du feu firent mourir les hommes qui y avaient jeté Sidrach, Misach et Abdenago.

23 Cependant ces trois hommes, Sidrach, Misach et Abdénago, tombèrent tout liés au milieu des flammes de la fournaise.

24 Alors le roi Nabuchodonosor fut frappé d'étonnement ; il se leva tout d'un coup, et dit aux grands de sa cour : N'avons-nous pas jeté trois hommes liés au milieu du feu ? Ils répondirent au roi : Oui, seigneur.

25 Nabuchodonosor leur dit : J'en vois quatre néanmoins qui marchent sans être liés au milieu du feu, qui sont incorruptibles dans les flammes, et dont le quatrième est semblable à un fils de Dieu.

26 Alors Nabuchodonosor s'étant approché de la porte de la fournaise ardente, dit : Sidrach, Misach et Abdénago, serviteurs du Dieu très-haut, sortez et venez. Aussitôt Sidrach, Misach et Abdénago sortirent du milieu du feu :

27 et les satrapes, les premiers officiers, les juges, et les grands de la cour du roi, regardaient attentivement ces jeunes hommes, voyant que le feu n'avait eu aucun pouvoir sur leurs corps, qu'un seul cheveu de leur tête n'en avait été brûlé, qu'il n'en paraissait aucune trace sur leurs vêtements, et que l'odeur même du feu n'était pas venue jusqu'à eux.

28 Alors Nabuchodonosor étant comme hors de lui-même, s'écria : Béni soit leur Dieu, le Dieu de Sidrach, de Misach et d'Abdénago, qui a envoyé son ange, et a délivré ses serviteurs qui ont cru en lui, qui ont résisté au commandement du roi, et qui ont abandonné leurs corps pour ne point se rendre esclaves, et pour n'adorer aucun autre dieu que le seul Dieu qu'ils adorent.

29 Voici donc l'ordonnance que je fais : Que tout homme, de quelque peuple, de quelque tribu et de quelque langue qu'il puisse être, qui aura proféré un blasphème contre le Dieu de Sidrach, de Misach et d'Abdénago, périsse, et que sa maison soit détruite ; parce qu'il n'y a point d'autre dieu qui puisse sauver que celui-là.

30 Alors le roi éleva en dignité Sidrach, Misach et Abdénago dans la province de Babylone.

31 Le roi Nabuchodonosor : à tous les peuples et à toutes les nations, quelque langue qu'elles parlent dans toute la terre. Que la paix s'établisse en vous de plus en plus !

32 Le Dieu très-haut a fait des prodiges et des merveilles dans mon royaume.

33 J'ai donc résolu de publier ses prodiges, parce qu'ils sont grands, et ses merveilles, parce qu'elles sont étonnantes ; car son royaume est un royaume éternel, et sa puissance s'étend dans la suite de tous les siècles.

CHAPITRE IV.

MOI, Nabuchodonosor, étant en paix dans ma maison, et plein de gloire dans mon palais,

2 j'ai vu un songe qui m'a effrayé ; et étant dans mon lit, mes pensées, et les images qui se présentaient à mon imagination, m'épouvantèrent.

3 C'est pourquoi je publiai une ordonnance pour faire venir devant moi tous les sages de Babylone, afin qu'ils me donnassent l'explication de mon songe.

4 Alors les devins, les mages, les Chaldéens et les augures étant venus devant moi, je leur racontai mon songe, et ils ne purent me l'expliquer.

5 Enfin Daniel, notre collègue, parut devant nous, lui à qui j'ai donné le nom de Baltassar, selon le nom de mon dieu, et qui a dans lui-même l'esprit des dieux saints. Je lui racontai mon songe, et je lui dis :

6 Baltassar, prince des devins, comme je sais que vous avez dans vous l'esprit des dieux saints, et qu'il n'y a point de secret que vous ne puissiez pénétrer ; dites-moi ce que j'ai vu en songe, et donnez-m'en l'explication.

7 Voici ce qui m'a été représenté en vision lorsque j'étais dans mon lit : Il me semblait que je voyais au milieu de la terre un arbre qui était excessivement haut.

8 C'était un arbre grand et fort, dont la hauteur allait jusqu'au ciel, et qui paraissait s'étendre jusqu'aux extrémités du monde.

9 Ses feuilles étaient très-belles, et il était chargé de fruits capables de nourrir toutes sortes d'animaux : les bêtes privées et les bêtes sauvages habitaient dessous, les oiseaux du ciel demeuraient sur ses branches, et tout ce qui avait vie y trouvait de quoi se nourrir.

10 J'eus cette vision étant sur mon lit. Alors un des veillants et des saints descendit du ciel,

11 et cria d'une voix forte : Abattez l'arbre par le pied, coupez-en les branches, faites-en tomber les feuilles, et répandez-en les fruits ; que les bêtes qui étaient dessous s'enfuient, et que les oiseaux s'envolent de dessus ses branches.

12 Laissez-en néanmoins en terre la tige avec ses racines ; qu'il soit lié avec des chaînes de fer et d'airain parmi les herbes des champs ; qu'il soit mouillé de la rosée du ciel, et qu'il paisse avec les bêtes sauvages l'herbe de la terre.

13 Qu'on lui ôte son cœur d'homme, et qu'on lui donne un cœur

de bête, et que sept temps se passent sur lui.

14 C'est ce qui a été ordonné par ceux qui veillent ; c'est la parole et la demande des saints, jusqu'à ce que les vivants connaissent que c'est le Très-Haut qui a la domination sur les royaumes des hommes, qui les donne à qui il lui plaît, et qui établit roi quand il veut le dernier d'entre tous les hommes.

15 Voilà le songe que j'ai eu, moi, Nabuchodonosor, roi. Hâtez-vous donc, Baltassar, de m'en donner l'explication : car tous les sages de mon royaume n'ont pu me l'interpréter : mais pour vous, vous le pouvez, parce que l'esprit des dieux saints est en vous.

16 Alors Daniel, surnommé Baltassar, commença à penser en lui-même sans rien dire, pendant près d'une heure, et les pensées qui lui venaient lui jetaient le trouble dans l'esprit. Mais le roi prenant la parole, lui dit : Baltassar, que ce songe ni l'interprétation que vous avez à lui donner ne vous troublent point. Baltassar lui répondit : Seigneur, que le songe retourne sur ceux qui vous haïssent, et son interprétation sur vos ennemis.

17 Vous avez vu un arbre qui était très-grand et très-fort, dont la hauteur allait jusqu'au ciel, qui semblait s'étendre sur toute la terre ;

18 ses branches étaient très-belles ; il était chargé de fruits, et tous y trouvaient de quoi se nourrir : les bêtes de la campagne habitaient dessous, et les oiseaux du ciel se retiraient sur ses branches.

19 Cet arbre, ô roi ! c'est vous-même qui êtes devenu si grand et si puissant : car votre grandeur s'est accrue et élevée jusqu'au ciel ; votre puissance s'est étendue jusqu'aux extrémités du monde.

20 Vous avez vu ensuite, ô roi ! que l'un des veillants et des saints est descendu du ciel, et qu'il a dit : Abattez cet arbre, coupez-en les branches, réservez-en néanmoins en terre la tige avec les racines ; qu'il soit lié avec le fer et l'airain parmi les herbes des champs ; qu'il soit mouillé par la rosée du ciel, et qu'il paisse avec les bêtes sauvages, jusqu'à ce que sept temps soient passés sur lui.

21 Et voici l'interprétation de la sentence du Très-Haut, qui a été prononcée contre le roi, mon seigneur :

22 Vous serez chassé de la compagnie des hommes, et vous habiterez avec les animaux et les bêtes sauvages ; vous mangerez du foin comme un bœuf ; vous serez trempé de la rosée du ciel ; sept temps passeront sur vous, jusqu'à ce que vous reconnaissiez que le Très-Haut tient sous sa domination les royaumes des hommes, et qu'il les donne à qui il lui plaît.

23 Quant à ce qui a été commandé qu'on réservât la tige de l'arbre avec ses racines, cela vous marque que votre royaume vous demeurera, après que vous aurez reconnu que toute puissance vient du ciel.

24 C'est pourquoi suivez, ô roi ! le conseil que je vous donne. Rachetez vos péchés par les aumônes, et vos iniquités par les œuvres de miséricorde envers les pauvres : peut-être que le Seigneur vous pardonnera vos offenses.

25 Toutes ces choses arrivèrent depuis au roi Nabuchodonosor.

26 Douze mois après, il se promenait dans le palais de Babylone,

27 et il commença à dire : N'est-ce pas là cette grande Babylone dont j'ai fait le siège de mon royaume, que j'ai bâtie dans la grandeur de ma puissance, et dans l'éclat de ma gloire ?

28 À peine le roi avait prononcé cette parole, qu'on entendit cette voix du ciel : Voici ce qui vous est annoncé, ô Nabuchodonosor roi ! votre royaume passera en d'autres mains ;

29 vous serez chassé de la compagnie des hommes ; vous habiterez avec les animaux et avec les bêtes farouches ; vous mangerez du foin comme un bœuf ; et sept temps passeront sur vous, jusqu'à ce que vous reconnaissiez que le Très-Haut a un pouvoir absolu sur les royaumes des hommes, et qu'il les donne à qui il lui plaît.

30 Cette parole fut accomplie à la même heure en la personne de Nabuchodonosor. Il fut chassé de la compagnie des hommes ; il mangea du foin comme un bœuf ; son corps fut trempé de la rosée du ciel, en sorte que les cheveux lui crûrent comme les plumes d'un aigle, et que ses ongles devinrent comme les griffes des oiseaux.

31 Après que le temps *marqué de Dieu* eut été accompli, moi, Nabuchodonosor, j'élevai les yeux au ciel ; le sens *et* l'esprit me furent rendus ; je bénis le TrèsHaut, je louai et glorifiai celui qui vit éternellement, parce que sa puissance est une puissance éternelle, et que son royaume s'étend dans la succession de tous les siècles.

32 Tous les habitants de la terre sont devant lui comme un néant ; il fait tout ce qu'il lui plaît, soit dans les armées célestes, soit parmi les habitants de la terre ; et nul ne peut résister à sa main *puissante*, ni lui dire : Pourquoi avez-vous fait ainsi ?

33 En même temps le sens me revint, et je recouvrai tout l'éclat et toute la gloire de la dignité royale : ma première forme me fut rendue ; les grands de ma cour et mes principaux officiers vinrent me chercher : je fus rétabli dans mon royaume, et je devins plus grand que jamais.

34 Maintenant donc, moi, Nabuchodonosor, je loue le Roi du ciel, et je publie sa grandeur et sa gloire ; parce que toutes ses œuvres sont fondées dans la vérité, que toutes ses voies sont pleines de justice, et qu'il peut humilier ceux qui se conduisent avec orgueil.

CHAPITRE V.

LE roi Baltassar fit un grand festin à mille des plus grands de sa cour, et chacun buvait selon son âge.

2 Le roi étant donc déjà plein de vin, commanda qu'on apportât les vases d'or et d'argent que son père Nabuchodonosor avait emportés du temple de Jérusalem, afin que le roi bût dedans avec ses femmes, ses concubines, et les grands de sa cour.

3 On apporta donc aussitôt les vases d'or et d'argent qui avaient été transportés du temple de Jérusalem ; et le roi but dedans avec ses femmes, ses concubines, et les grands de sa cour.

4 Ils buvaient du vin, et ils louaient leurs dieux d'or et d'argent, d'airain et de fer, de bois et de pierre.

5 Au même moment on vit paraître des doigts et comme la main d'un homme qui écrivait vis-à-vis du chandelier sur la muraille de la salle du roi, et le roi voyait le mouvement des doigts de la main qui écrivait.

6 Alors le visage du roi se changea, son esprit fut saisi d'un grand trouble ; ses reins se relâchèrent, et dans son tremblement ses genoux se choquaient l'un l'autre.

7 Le roi fit donc un grand cri, et ordonna qu'on fît venir les mages, les Chaldéens et les augures ; et le roi dit aux sages de Babylone : Quiconque lira cette écriture, et me l'interprétera, sera revêtu de pourpre, aura un collier d'or au cou, et sera la troisième personne de mon royaume.

8 Mais tous les sages du roi étant venus devant lui, ne purent ni lire cette écriture, ni lui en dire l'interprétation.

9 Ce qui redoubla encore le trouble du roi Baltassar ; son visage en fut tout changé, et les grands de sa cour en furent épouvantés comme lui.

10 Mais la reine touchée de ce qui était arrivé au roi, et aux grands qui étaient près de lui, entra dans la salle du festin, et lui dit : Ô roi, vivez à jamais ! que vos pensées ne vous troublent point, et que votre visage ne se change point.

11 Il y a dans votre royaume un homme qui a dans lui-même l'esprit des dieux saints, en qui on a trouvé plus de science et de sagesse qu'en aucun autre sous le règne de votre père. C'est pourquoi le roi Nabuchodonosor, votre père, l'établit chef des mages, des enchanteurs, des Chaldéens et des augures : votre père, dis-je, ô roi ! l'établit au-dessus d'eux tous ;

12 parce qu'on reconnut que cet homme appelé Daniel, à qui le roi donna le nom de Baltassar, avait reçu une plus grande étendue d'esprit qu'aucun autre, plus de prudence et d'intelligence pour interpréter les songes, pour découvrir les secrets, et pour développer les choses *les plus obscures et* les plus embarrassées. Qu'on fasse donc maintenant venir Daniel, et il interprétera cette écriture.

13 Aussitôt on fit venir Daniel devant le roi, et le roi lui dit : Êtes-vous Daniel, l'un des captifs des enfants de Juda, que le roi, mon

père, avait emmené de Judée ?

14 On m'a dit de vous, que vous avez l'esprit des dieux ; et qu'il s'est trouvé en vous plus de science, d'intelligence et de sagesse qu'en aucun autre.

15 Je viens de faire venir devant moi les sages et les mages pour lire et pour interpréter cette écriture, et ils n'ont pu me dire ce que ces lettres signifient.

16 Mais pour vous, on m'a rapporté que vous pouvez expliquer les choses les plus obscures, et développer les plus embarrassées. Si vous pouvez donc lire cette écriture, et m'en dire l'interprétation, vous serez vêtu de pourpre, vous porterez au cou un collier d'or, et vous serez le troisième d'entre les princes de mon royaume.

17 Daniel répondit à ces paroles du roi, et lui dit : Que vos présents, ô roi ! soient pour vous ; et faites part à un autre des honneurs de votre maison : je ne laisserai pas de vous lire cette écriture, et de vous dire ce qu'elle signifie.

18 Le Dieu très-haut, ô roi ! donna à Nabuchodonosor, votre père, le royaume, la grandeur, la gloire et l'honneur ;

19 et à cause de cette grande puissance que Dieu lui avait donnée, tous les peuples et toutes les nations, de quelque langue qu'elles fussent, le respectaient et tremblaient devant lui. Il faisait mourir ceux qu'il voulait ; il détruisait ceux qu'il lui plaisait ; il élevait ou il abaissait les uns ou les autres selon sa volonté.

20 Mais après que son cœur se fut élevé, et que son esprit se fut affermi dans son orgueil, il fut chassé du trône, il perdit son royaume, et sa gloire lui fut ôtée.

21 Il fut retranché de la société des enfants des hommes ; son cœur devint semblable à celui des bêtes ; il demeura avec les ânes sauvages, et il mangea l'herbe des champs comme un bœuf, et son corps fut trempé de la rosée du ciel, jusqu'à ce qu'il reconnût que le Très-Haut a un souverain pouvoir sur les royaumes des hommes, et qu'il établit sur le trône qui il lui plaît.

22 Et vous, Baltassar, qui êtes son fils, vous-même n'avez point humilié votre cœur, quoique vous sussiez toutes ces choses ;

23 mais vous vous êtes élevé contre le Dominateur du ciel, vous avez fait apporter devant vous les vases de sa maison sainte, et vous avez bu dedans, vous, vos femmes et vos concubines, avec les grands de votre cour. Vous avez loué en même temps vos dieux d'argent et d'or, d'airain et de fer, de bois et de pierre, qui ne voient point, qui n'entendent point, et qui ne sentent point ; et vous n'avez point rendu gloire à Dieu qui tient dans sa main votre âme et tous les moments de votre vie.

24 C'est pourquoi Dieu a envoyé les doigts de cette main, qui a écrit ce qui est marqué sur la muraille.

25 Or voici ce qui est écrit : Mané, Thécel, Pharés :

26 et en voici l'interprétation : Mané : Dieu a compté *les jours* de votre règne, et il en a marqué l'accomplissement.

27 Thécel : Vous avez été pesé dans la balance, et on vous a trouvé trop léger.

28 Pharès : Votre royaume a été divisé, et il a été donné aux Mèdes et aux Perses.

29 Alors Daniel fut vêtu de pourpre par l'ordre du roi ; on lui mit au cou un collier d'or, et on fit publier qu'il aurait la puissance dans le royaume, comme en étant la troisième personne.

30 Cette même nuit, Baltassar, roi des Chaldéens, fut tué ;

31 et Darius, qui était Mède, lui succéda au royaume, étant âgé de soixante et deux ans.

CHAPITRE VI.

DARIUS jugea à propos d'établir cent vingt satrapes sur son royaume, afin qu'ils eussent l'autorité dans toutes les provinces de son État.

2 Mais il mit au-dessus d'eux trois princes, dont Daniel était un ; afin que ces satrapes leur rendissent compte, et que le roi fût déchargé de tout soin.

3 Daniel surpassait donc en autorité tous les princes et tous les satrapes, parce qu'il était plus rempli de l'esprit de Dieu.

4 Et comme le roi pensait à l'établir sur tout son royaume, les princes et les satrapes cherchaient un sujet de l'accuser dans ce qui regardait les affaires du roi : mais ils ne purent trouver aucun prétexte pour le rendre suspect, parce qu'il était très-fidèle, et qu'on ne pouvait faire tomber sur lui le soupçon de la moindre faute.

5 Ils dirent donc entre eux : Nous ne trouverons point d'occasion d'accuser Daniel, si nous ne la faisons naître de la loi de son Dieu.

6 Alors les princes et les satrapes surprirent le roi en cette manière, et lui dirent : Ô roi, vivez éternellement !

7 Tous les princes de votre royaume, les principaux officiers, les satrapes, les sénateurs et les juges sont d'avis que par votre puissance impériale, il se fasse un édit qui ordonne que tout homme qui, durant l'espace de trente jours, demandera quoi que ce soit à quelque dieu ou à quelque homme que ce puisse être, sinon à vous seul, ô roi ! soit jeté dans la fosse des lions.

8 Confirmez donc maintenant, ô roi ! cet avis, et faites cet édit ; afin qu'il demeure ferme comme ayant été établi par les Mèdes et par les Perses, sans qu'il soit permis à personne de le violer.

9 Le roi Darius fit donc publier cet édit et cette défense.

10 Daniel ayant appris que cette loi avait été faite, entra dans sa maison ; et ouvrant les fenêtres de sa chambre du côté de Jérusalem, il fléchissait les genoux chaque jour à trois différentes heures, et il adorait son Dieu, et lui rendait ses actions de grâces, comme il faisait auparavant.

11 Ces hommes donc qui épiaient avec grand soin toutes les actions de Daniel, le trouvèrent qui priait et qui adorait son Dieu.

12 Et ils vinrent aussitôt trouver le roi pour lui représenter son édit, et lui dirent : Ô roi ! n'avez-vous pas ordonné que pendant l'espace de trente jours, tout homme qui ferait quelque prière à quelqu'un des dieux ou des hommes, sinon à vous seul, ô roi ! serait jeté dans la fosse des lions ? Le roi leur répondit : Ce que vous dites est vrai ; et c'est une ordonnance des Perses et des Mèdes, qu'il n'est permis à personne de violer.

13 Alors ils dirent au roi : Daniel, un des captifs d'entre les enfants de Juda, sans avoir égard à votre loi ni à l'édit que vous avez fait, prie son Dieu chaque jour à trois heures différentes.

14 Ce que le roi ayant entendu, il fut extrêmement affligé : il prit en lui-même la résolution de délivrer Daniel, et jusqu'au soleil couché il fit ce qu'il put pour le sauver.

15 Mais ces personnes voyant bien quelle était l'intention du roi, lui dirent : Ô roi ! sachez que c'est une loi des Mèdes et des Perses, Qu'il n'est point permis de rien changer dans tous les édits que le roi fait.

16 Alors Daniel fut emmené par le commandement du roi, et ils le jetèrent dans la fosse des lions. Et le roi dit à Daniel : Votre Dieu, que vous adorez sans cesse, vous délivrera.

17 En même temps on apporta une pierre qui fut mise à l'entrée de la fosse, et scellée du sceau du roi et du sceau des grands de la cour, de peur qu'on ne fît quelque chose contre Daniel.

18 Le roi étant rentré dans sa maison, se mit au lit sans avoir soupé : on ne servit point de viandes devant lui, et il ne put pas même dormir.

19 Le lendemain il se leva dès le point du jour, et alla en diligence à la fosse des lions ;

20 et étant près de la fosse, il appela Daniel avec une voix triste et entrecoupée de soupirs, et lui cria : Daniel, serviteur du Dieu vivant ! votre Dieu, que vous servez sans cesse, aurait-il bien pu vous délivrer de la gueule des lions ?

21 Daniel lui répondit : Ô roi, vivez éternellement !

22 Mon Dieu a envoyé son ange qui a fermé la gueule des lions, et ils ne m'ont fait aucun mal, parce que j'ai été trouvé juste devant lui ; et je n'ai rien fait non plus devant vous, ô roi ! qui puisse me rendre coupable.

23 Alors le roi fut transporté de joie, et il commanda qu'on fît sortir Daniel de la fosse des lions : d'où ayant été tiré, on ne trouva sur son corps aucune blessure, parce qu'il avait cru en son Dieu.

24 En même temps le roi commanda qu'on fît venir ceux qui avaient accusé Daniel, et ils furent jetés dans la fosse des lions

avec leurs femmes et leurs enfants : et avant qu'ils fussent venus jusqu'au pavé de la fosse, les lions les prirent entre leurs dents, et leur brisèrent tous les os.

25 Après cela Darius envoya cette ordonnance à tous les peuples et à toutes les nations, de quelque langue qu'elles fussent, qui habitaient dans toute la terre : Que la paix s'affermisse parmi vous de plus en plus !

26 J'ordonne par cet édit, que dans tout mon empire et mon royaume, tous mes sujets révèrent le Dieu de Daniel avec crainte et avec tremblement : car c'est lui qui est le Dieu vivant, l'Éternel *qui vit* dans tous les siècles : son royaume ne sera jamais détruit, et sa puissance passera jusque dans l'éternité.

27 C'est lui qui est le Libérateur et le Sauveur, qui fait des prodiges et des merveilles dans le ciel et dans la terre, qui a délivré Daniel de la fosse des lions.

28 Or Daniel fut toujours en dignité jusqu'au règne de Darius, et au règne de Cyrus, *roi* de Perse.

CHAPITRE VII.

LA première année de Baltassar, roi de Babylone, Daniel eut une vision en songe. Il eut cette vision étant dans son lit ; et ayant écrit son songe, il le recueillit en peu de mots, et en marqua ainsi les principaux points :

2 J'ai eu, dit-il, cette vision pendant la nuit. Il me semblait que les quatre vents du ciel se combattaient l'un l'autre sur une grande mer,

3 et que quatre grandes bêtes fort différentes les unes des autres, montaient hors de la mer.

4 La première était comme une lionne, et elle avait des ailes d'aigle, et comme je la regardais, ses ailes lui furent arrachées : elle fut ensuite relevée de terre, et elle se tint sur ses pieds comme un homme, et il lui fut donné un cœur d'homme.

5 Après cela il parut à côté une autre bête qui ressemblait à un ours. Elle avait trois rangs de dents dans la gueule, et il y en avait qui lui disaient : Levez-vous, et rassasiez-vous de carnage.

6 Après cela comme je regardais, j'en vis une autre qui était comme un léopard ; et elle avait au-dessus de soi quatre ailes comme les ailes d'un oiseau. Cette bête avait quatre têtes, et la puissance lui fut donnée.

7 Je regardais ensuite dans cette vision que j'avais pendant la nuit, et je vis paraître une quatrième bête qui était terrible et étonnante. Elle était extraordinairement forte ; elle avait de grandes dents de fer ; elle dévorait, et mettait en pièces, et foulait aux pieds ce qui restait : elle était fort différente des autres bêtes que j'avais vues avant elle ; et elle avait dix cornes.

8 Je considérais ses cornes, et je vis une petite corne qui sortait du milieu des autres : trois de ses premières cornes furent arrachées de devant elle : cette corne avait des yeux comme les yeux d'un homme, et une bouche qui proférait des paroles insolentes.

9 J'étais attentif à ce que je voyais, jusqu'à ce que des trônes furent placés, et que l'Ancien des jours s'assit : son vêtement était blanc comme la neige, et les cheveux de sa tête étaient comme la laine *la plus blanche et* la plus pure : son trône était des flammes ardentes, et les roues de ce trône un feu brûlant.

10 Un fleuve de feu et *très*-rapide sortait de devant sa face ; un million *d'anges* le servaient, et mille millions assistaient devant lui. Le jugement se tint, et les livres furent ouverts.

11 Je regardais attentivement à cause du bruit des paroles insolentes que cette corne prononçait, et je vis que la bête avait été tuée ; que son corps était détruit, et qu'il avait été livré au feu pour être brûlé.

12 Je vis aussi que la puissance des autres bêtes leur avait été ôtée, et que la durée de leur vie leur avait été marquée jusqu'à un temps et un temps.

13 Je considérais ces choses dans une vision de nuit, et je vis comme le Fils de l'homme qui venait avec les nuées du ciel, et qui s'avança jusqu'à l'Ancien des jours. Ils le présentèrent devant lui,

14 et il lui donna la puissance, l'honneur et le royaume ; et tous les peuples, toutes les tribus et toutes les langues le serviront : sa puissance est une puissance éternelle qui ne lui sera point ôtée, et son royaume ne sera jamais détruit.

15 Mon esprit fut saisi d'étonnement : moi, Daniel, je fus épouvanté par ces choses : et ces visions qui m'étaient représentées, me jetèrent dans le trouble.

16 Je m'approchai d'un de ceux qui étaient présents ; et je lui demandai la vérité de toutes ces choses, et il m'interpréta ce qui se passait, et me l'enseigna.

17 Ces quatre grandes bêtes sont quatre royaumes qui s'élèveront de la terre.

18 Mais les saints du Dieu très-haut entreront en possession du royaume, et ils régneront jusqu'à la fin des siècles, et dans les siècles des siècles.

19 J'eus ensuite un grand désir d'apprendre ce que c'était que la quatrième bête, qui était très-différente de toutes les autres, et effroyable au delà de ce qu'on peut dire : ses dents et ses ongles étaient de fer ; elle dévorait, mettait en pièces, et foulait aux pieds ce qui avait echappé à sa violence.

20 Je voulus m'enquérir aussi des dix cornes qu'elle avait à la tête ; et de l'autre qui lui vint de nouveau, en présence de laquelle trois de ces cornes étaient tombées ; de cette corne, *dis-je*, qui avait des yeux, et une bouche qui prononçait des paroles insolentes ; et cette corne était plus grande que les autres.

21 Et comme je regardais attentivement, je vis que cette corne faisait la guerre contre les saints, et avait l'avantage sur eux,

22 jusqu'à ce que l'Ancien des jours parut : alors il donna aux saints du Très-Haut la puissance de juger ; et le temps étant accompli, les saints entrèrent en possession du royaume.

23 Sur quoi il me dit : La quatrième bête est le quatrième royaume qui dominera sur la terre, et il sera plus grand que tous les autres royaumes : il dévorera toute la terre, la foulera aux pieds, et la réduira en poudre.

24 Les dix cornes de ce même royaume sont dix rois qui régneront : il s'en élèvera un autre après eux qui sera plus puissant que ceux qui l'auront devancé ; et il abaissera trois rois.

25 Il parlera *insolemment* contre le Très-Haut, il foulera aux pieds les saints du Très-Haut, et il s'imaginera qu'il pourra changer les temps et les lois, et ils seront livrés entre ses mains jusqu'à un temps, *deux* temps, et la moitié d'un temps.

26 Le jugement se tiendra ensuite, afin que la puissance soit ôtée à cet homme, qu'elle soit entièrement détruite, et qu'il périsse pour jamais ;

27 et qu'en même temps le royaume, la puissance et l'étendue de l'empire de tout ce qui est sous le ciel, soit donné au peuple des saints du Très-Haut : car son royaume est un royaume éternel, auquel tous les rois seront assujettis avec une entière soumission.

28 Ce fut là la fin de ce qui me fut dit. Moi, Daniel, je fus fort troublé ensuite dans mes pensées, mon visage en fut tout changé ; et je conservai ces paroles dans mon cœur.

CHAPITRE VIII.

LA troisième année du règne du roi Baltassar, j'eus une vision. Moi, Daniel, après ce que j'avais vu au commencement,

2 je vis dans une vision lorsque j'étais au château de Suse, qui est au pays d'Élam, et il me parut dans cette vision, que j'étais à la porte d'Ulaï.

3 Je levai les yeux, et je vis un bélier qui se tenait devant le marais ; il avait les cornes élevées, et l'une l'était plus que l'autre, et croissait peu à peu.

4 Après cela je vis que ce bélier donnait des coups de corne contre l'Occident, contre l'Aquilon et contre le Midi, et toutes les bêtes ne pouvaient lui résister, ni se délivrer de sa puissance : en sorte qu'il fit tout ce qu'il voulut, et il devint fort puissant.

5 J'étais attentif *à ce que je voyais* : et en même temps un bouc vint de l'Occident sur la face de toute la terre, sans qu'il touchât néanmoins la terre ; et ce bouc avait une corne fort grande entre les deux yeux.

6 Il vint jusqu'à ce bélier qui avait des cornes, que j'avais vu se tenir devant la porte ; et *s'élançant* avec une grande impétuosité, il courut à lui de toute sa force.

7 Lorsqu'il fut venu près du bélier, il l'attaqua avec furie, et le perça de coups : il lui rompit les deux cornes, sans que le bélier pût lui résister ; et l'ayant jeté par terre, il le foula aux pieds ; et personne ne put délivrer le bélier de sa puissance.

8 Le bouc ensuite devint extraordinairement grand ; et lorsqu'il eut ainsi pris son accroissement, sa grande corne se rompit, et il se forma au-dessous quatre cornes vers les quatre vents du ciel.

9 Mais de l'une de ces quatre cornes il en sortit une petite, qui s'éleva extrêmement contre le Midi, contre l'Orient, et contre le peuple le plus fort.

10 Elle s'éleva jusque contre l'armée du ciel : elle en fit tomber une partie, *c'est-à-dire,* une partie des étoiles, et les foula aux pieds.

11 Elle s'éleva même jusque contre le Chef de cette armée ; elle lui ravit son sacrifice perpétuel, et déshonora le lieu de son sanctuaire.

12 La puissance lui fut donnée contre le sacrifice perpétuel à cause des péchés *des hommes*, et la vérité sera renversée sur la terre : cette corne *puissante* entreprendra tout, et tout lui réussira.

13 Alors j'entendis un des saints qui parlait, et un saint dit à un autre que je ne connaissais point, et qui lui parlait : Jusques à quand durera cette vision touchant le *violement du* sacrifice perpétuel, et le péché qui causera cette désolation ? *Jusques à quand* le sanctuaire et l'armée *de Dieu* seront-ils foulés aux pieds ?

14 Et il lui dit : Jusqu'à deux mille trois cents jours, soir et matin : et après cela le sanctuaire sera purifié.

15 Moi, Daniel, ayant vu cette vision, j'en cherchais l'intelligence ; alors il se présenta devant moi comme une figure d'homme,

16 et j'entendis la voix d'un homme *à la porte* d'Ulaï, qui cria et qui dit : Gabriel, faites-lui entendre cette vision.

17 En même temps *Gabriel* vint, et se tint au lieu où j'étais ; et lorsqu'il fut venu à moi, je tombai le visage contre terre tout tremblant de crainte, et il me dit : Comprenez bien, fils de l'homme, parce que cette vision s'accomplira à la fin en son temps.

18 Et lorsqu'il me parlait encore, je tombai le visage contre terre : alors il me toucha, et m'ayant fait tenir debout,

19 il me dit : Je vous ferai voir ce qui doit arriver dans la suite au jour de la malédiction, parce que le temps *de ces visions* viendra enfin.

20 Le bélier que vous avez vu, qui avait des cornes, est le roi des Mèdes et des Perses.

21 Le bouc est le roi des Grecs, et la grande corne qu'il avait entre les deux yeux est le premier de leurs rois.

22 Les quatre cornes qui se sont élevées après que la première a été rompue, sont les quatre rois qui s'élèveront de sa nation, mais non avec sa force *et* sa puissance.

23 Et après leur règne, lorsque les iniquités se seront accrues, il s'élèvera un roi qui aura l'impudence sur le front, et qui entendra les énigmes.

24 Sa puissance s'établira, mais non par ses forces, et il fera un ravage étrange, et au delà de toute croyance : il réussira dans tout ce qu'il entreprendra. Il fera mourir selon qu'il lui plaira les plus forts et le peuple des saints.

25 Il conduira avec succès tous ses artifices *et* toutes ses tromperies : son cœur s'enflera de plus en plus ; et se voyant comblé de toutes sortes de prospérités, il en fera mourir plusieurs : il s'élèvera contre le Prince des princes, et il sera enfin réduit en poudre sans la main des hommes.

26 Cette vision du soir et du matin qui vous a été représentée, est véritable. Scellez donc cette vision, parce qu'elle n'arrivera qu'après beaucoup de jours.

27 Après cela, moi, Daniel, je tombai dans la langueur, et je fus malade pendant quelques jours ; et m'étant levé, je travaillais aux affaires du roi ; et j'étais dans l'étonnement en pensant à cette vision, sans trouver personne qui pût me l'interpréter.

CHAPITRE IX.

LA première année de Darius, fils d'Assuérus, de la race des Mèdes, qui régna dans l'empire des Chaldéens ;

2 la première année, *dis-je,* de son règne, moi, Daniel, j'eus par la lecture des livres *saints*, l'intelligence du nombre des années dont le Seigneur avait parlé au prophète Jérémie, *en disant* que la désolation de Jérusalem durerait soixante et dix ans.

3 J'arrêtai *mes yeux et* mon visage sur le Seigneur, mon Dieu, pour le prier et le conjurer, dans les jeûnes, le sac et la cendre.

4 Je priai le Seigneur, mon Dieu, je lui confessai mes fautes, et je lui dis : Écoutez ma parole, ô Seigneur Dieu ! grand et terrible, qui gardez votre alliance et votre miséricorde envers ceux qui vous aiment et qui observent vos commandements.

5 Nous avons péché, nous avons commis l'iniquité, nous avons fait des actions impies, nous nous sommes retirés de vous, et nous nous sommes détournés *de la voie* de vos préceptes et de vos ordonnances.

6 Nous n'avons point obéi à vos serviteurs les prophètes, qui ont parlé en votre nom à nos rois, à nos princes, à nos pères, et à tout le peuple de la terre.

7 La justice est à vous, ô Seigneur ! et pour nous, il ne nous reste que la confusion de notre visage, qui couvre aujourd'hui les hommes de Juda, les habitants de Jérusalem et tous les enfants d'Israël, et ceux qui sont près, et ceux qui sont éloignés, dans tous les pays où vous les avez chassés, à cause des iniquités qu'ils ont commises contre vous.

8 Il ne nous reste, *dis-je,* Seigneur ! que la confusion de notre visage, à nous, à nos rois, à nos princes, et à nos pères qui ont péché *contre vous*.

9 Mais a vous qui êtes le Seigneur, notre Dieu, appartient la miséricorde et la grâce de la réconciliation : car nous nous sommes retirés de vous,

10 et nous n'avons point écouté la voix du Seigneur, notre Dieu, pour marcher dans la loi qu'il nous avait prescrite par les prophètes ses serviteurs.

11 Tout Israël a violé votre loi ; ils se sont détournés pour ne point écouter votre voix ; et cette malédiction et cette exécration qui est écrite dans la loi de Moïse, serviteur de Dieu, est tombée sur nous, parce que nous avons péché contre vous.

12 Le Seigneur a accompli ses oracles, qu'il a prononcés contre nous et contre nos princes qui nous ont jugés, pour faire fondre sur nous ces grands maux qui ont accablé Jérusalem, en sorte qu'on n'a jamais rien vu de semblable sous le ciel.

13 Tous ces maux sont tombés sur nous, selon qu'il est écrit dans la loi de Moïse, et nous ne nous sommes point présentés devant votre face pour vous prier, ô Seigneur notre Dieu ! de nous retirer de nos iniquités, et de nous appliquer à la connaissance de votre verité.

14 Ainsi l'œil du Seigneur a été ouvert et attentif aux maux, et il les a fait fondre sur nous : le Seigneur, notre Dieu, est juste dans toutes les œuvres qu'il a faites, parce que nous n'avons point écouté sa voix.

15 *Je confesse* donc maintenant, ô Seigneur notre Dieu ! qui avez tiré votre peuple de l'Égypte avec une main puissante, et qui vous êtes acquis alors un nom qui dure encore aujourd'hui, *que nous* avons péché, *que* nous avons commis l'iniquité.

16 Mais je vous conjure selon toute votre justice, Seigneur ! que votre colère et votre fureur se détournent de votre cité de Jérusalem, et de votre montagne sainte : car Jérusalem et votre peuple sont aujourd'hui en opprobre à toutes les nations qui nous environnent, à cause de nos péchés et des iniquités de nos pères.

17 Écoutez donc maintenant, *Seigneur* notre Dieu ! les vœux et les prières de votre serviteur : fnites reluire votre face sur votre sanctuaire qui est tout désert, et faites-le pour vous-même.

18 Abaissez, mon Dieu ! votre oreille jusqu'à nous, et nous écoutez : ouvrez les yeux, et considérez notre désolation, et la

ruine de cette ville, qui a eu la gloire de porter votre nom. Car ce n'est point par la confiance en notre propre Justice que nous vous offrons nos prières, en nous prosternant devant vous ; mais c'est dans la vue de la multitude de vos miséricordes.

19 Exaucez-nous, Seigneur ! Seigneur ! apaisez votre colère ; jetez les yeux sur nous, et agissez : ne différez plus, mon Dieu ! pour *l'amour* de vous-même ; parce que cette ville et ce peuple sont à vous, et ont la gloire de porter votre nom.

20 Lorsque je parlais encore et que je priais, et que je confessais mes péchés et les péches d'Israël, mon peuple, et que dans un profond abaissement j'offrais mes prières en la présence de mon Dieu pour sa montagne sainte ;

21 lors, *dis-je,* que je n'avais pas encore achevé les paroles de ma prière, Gabriel que j'avais vu au commencement dans une vision, vola tout d'un coup à moi, et me toucha au temps du sacrifice du soir.

22 Il m'instruisit, me parla, et me dit : Daniel, je suis venu maintenant pour vous enseigner et pour vous donner l'intelligence.

23 Dès le commencement de votre prière j'ai reçu cet ordre, et je suis venu pour vous découvrir toutes choses, parce que vous êtes un homme *rempli* de désirs : soyez donc attentif à ce que je vais vous dire, et comprenez cette vision.

24 Dieu a abrégé *et* fixé le temps à soixante et dix semaines en faveur de votre peuple et de votre ville sainte, afin que les prévarications soient abolies ; que le péché trouve sa fin ; que l'iniquité soit effacée ; que la justice éternelle vienne sur la terre ; que les visions et les prophéties soient accomplies ; et que le Saint des saints soit oint *de l'huile sacrée.*

25 Sachez donc ceci, et gravez-le dans votre esprit : Depuis l'ordre qui sera donné pour rebâtir Jérusalem, jusqu'au Christ, Chef *de mon peuple,* il y aura sept semaines et soixante et deux semaines ; et les places et les murailles de la ville seront bâties de nouveau parmi des temps fâcheux *et* difficiles, *pendant sept semaines.*

26 Et après soixante et deux semaines le Christ sera mis à mort ; et le peuple qui doit le renoncer ne sera plus son peuple : un peuple avec son chef qui doit venir, détruira la ville et le sanctuaire : elle finira par une ruine entière, et la désolation qui lui a été prédite arrivera après la fin de la guerre.

27 Il confirmera son alliance avec plusieurs dans une semaine, et à la moitié de la semaine les hosties et les sacrifices seront abolis, l'abomination de la désolation sera dans le temple, et la désolation durera jusqu'à la consommation et jusqu'à la fin.

CHAPITRE X.

LA troisième année de Cyrus, roi des Perses, une parole fut révélée à Daniel, surnommé Baltassar, une parole véritable, qui concernait de grandes armées. Il comprit ce qui lui fut dit : car on a besoin d'intelligence dans les visions.

2 En ces jours-là, moi, Daniel, je fus dans les pleurs tous les jours pendant trois semaines.

3 Je ne mangeai d'aucun pain agréable au goût ; et ni chair, ni vin, n'entra dans ma bouche ; je ne me servis même d'aucune huile, jusqu'à ce que ces trois semaines furent accomplies.

4 Le vingt-quatrième jour du premier mois, j'étais près du grand fleuve du Tigre.

5 Et ayant levé les yeux, je vis tout d'un coup un homme qui était vêtu de lin, dont les reins étaient ceints *d'une ceinture* d'or très-pur.

6 Son corps était comme la pierre de chrysolithe, son visage brillait comme les éclairs, et ses yeux paraissaient une lampe ardente : ses bras et tout le reste du corps jusqu'aux pieds, était comme d'un airain étincelant, et le son de sa voix était comme le bruit d'une multitude *d'hommes.*

7 Moi, Daniel, je vis seul cette vision ; et ceux qui étaient avec moi, ne la virent point ; mais ils furent saisis d'horreur *et* d'épouvante, et ils s'enfuirent dans des lieux obscurs.

8 Étant donc demeuré tout seul, j'eus cette grande vision ; la vigueur de mon corps m'abandonna, mon visage fut tout changé, je tombai en faiblesse, et il ne me demeura aucune force.

9 Le bruit d'une voix retentissait à mon oreille, et l'entendant j'étais couché sur le visage dans une extrême frayeur, et mon visage était collé à la terre.

10 Alors une main me toucha, et me fit lever sur mes genoux et sur mes mains.

11 Et *la même voix* me dit : Daniel, homme de désirs, entendez les paroles que je viens vous dire, et tenez-vous debout : car je suis maintenant envoyé vers vous. Après qu'il m'eut dit cela, je me tins debout, étant tout tremblant ;

12 et il me dit : Daniel, ne craignez point : car dès le premier jour qu'en vous affligeant en la présence de votre Dieu, vous avez appliqué votre cœur à l'intelligence, vos paroles ont été exaucées, et vos prières m'ont fait venir ici.

13 Le prince du royaume des Perses m'a résisté vingt et un jours ; mais Michel, le premier d'entre les premiers princes, est venu à mon secours ; et cependant j'ai demeuré là près du roi des Perses.

14 Je suis venu pour vous apprendre ce qui doit arriver à votre peuple dans les jours postérieurs : car cette vision ne s'accomplira qu'après bien du temps.

15 Lorsqu'il me disait ces paroles, je baissais le visage contre terre, et je demeurais dans le silence.

16 Et en même temps celui qui avait la ressemblance d'un homme, me toucha les lèvres ; et ouvrant la bouche je parlai, et je dis à celui qui se tenait debout devant moi : Mon seigneur, lorsque je vous ai vu, tout ce qu'il y a en moi de nerfs et de jointures, s'est relâché, et il ne m'est resté aucune force.

17 Et comment le serviteur de mon seigneur pourra-t-il parler avec mon seigneur ? Je suis demeuré sans aucune force, et je perds même la respiration.

18 Celui donc que je voyais sous la figure d'un homme, me toucha encore, me fortifia,

19 et me dit : Ne craignez point, *Daniel,* homme de désirs : la paix soit avec vous ! reprenez vigueur, et soyez ferme. Lorsqu'il me parlait *encore,* je me trouvai plein de force, et je lui dis : Parlez, mon seigneur, parce que vous m'avez fortifié.

20 Alors il me dit : Savez-vous pourquoi je suis venu à vous ? Je retourne maintenant pour combattre contre le prince des Perses : *car* lorsque je sortais, le prince des Grecs est venu à paraître.

21 Mais je vous annoncerai présentement ce qui est marqué dans l'écriture de la vérité ; et nul ne m'assiste dans toutes ces choses, sinon Michel, qui est votre prince.

CHAPITRE XI.

DÈS la première année de Darius, de la race des Mèdes, j'ai travaillé pour l'aider à s'établir et à se fortifier *dans son royaume.*

2 Mais maintenant je vous annoncerai la vérité. Il y aura encore trois rois en Perse ; le quatrième s'élèvera par la grandeur de ses richesses au-dessus de tous ; et lorsqu'il sera devenu si puissant et si riche, il animera tous les peuples contre le royaume des Grecs.

3 Mais il s'élèvera un roi vaillant, qui dominera avec une grande puissance, et qui fera ce qu'il lui plaira.

4 Et après qu'il sera *le plus* affermi, son royaume sera détruit, et il se partagera vers les quatre vents du ciel ; ainsi son royaume ne passera point à sa postérité, et ne conservera point la même puissance qu'avait eue ce premier roi : car son royaume sera déchiré, et passera à des princes étrangers, outre ces quatre *plus grands.*

5 Le roi du Midi se fortifiera : l'un de ses princes sera plus puissant que celui-ci : il dominera sur beaucoup de pays ; car son empire sera grand.

6 Quelques années après, ils feront alliance ensemble, et la fille du roi du Midi viendra épouser le roi de l'Aquilon pour faire amitié ensemble : mais elle ne s'établira point avec un bras fort, et sa race ne subsistera point ; elle sera livrée elle-même avec les jeunes hommes qui l'avaient amenée, et qui l'avaient soutenue en divers temps.

7 Mais il sortira un rejeton de la même tige et de la même racine : il viendra avec une grande armée ; il entrera dans les provinces du roi de l'Aquilon, il y fera de grands ravages, et il s'en rendra le maître.

8 Il emmènera en Égypte leurs dieux captifs, leurs statues, et leurs vases d'argent et d'or les plus précieux, et il remportera toute sorte d'avantages sur le roi de l'Aquilon.

9 Le roi du Midi étant ainsi entré dans le royaume *de celui-ci*, il reviendra ensuite en son pays.

10 Les enfants de ce roi *du Septentrion* animés *par tant de pertes*, lèveront de puissantes armées ; et *l'un d'eux* marchera avec une grande vitesse comme un torrent qui se déborde : il reviendra ensuite ; et étant plein d'ardeur, il combattra contre les forces *du roi du Midi*.

11 Le roi du Midi étant attaqué, se mettra en campagne, et combattra contre le roi de l'Aquilon ; il lèvera une très-grande armée, et des troupes nombreuses seront livrées entre ses mains.

12 Il en prendra un très-grand nombre, et son cœur s'élèvera : il en fera passer plusieurs milliers au fil de l'épée ; mais il n'en deviendra pas plus fort.

13 Car le roi de l'Aquilon viendra de nouveau : il assemblera encore plus de troupes qu'auparavant ; et après un certain nombre d'années, il s'avancera en grande hâte avec une armée nombreuse et une grande puissance.

14 En ce temps-là plusieurs s'élèveront contre le roi du Midi ; les enfants de ceux de votre peuple qui auront violé la loi *du Seigneur* s'élèveront aussi pour accomplir une prophétie, et ils tomberont.

15 Le roi de l'Aquilon viendra, il fera des terrasses et des remparts, il prendra les villes les plus fortes : les bras du Midi ne pourront en soutenir l'effort ; les plus vaillants d'entre eux s'élèveront pour lui résister, et ils se trouveront sans force.

16 Il s'avancera contre le roi *du Midi* et fera tout ce qu'il lui plaira, et il ne se trouvera personne qui puisse subsister devant lui ; il entrera dans la terre *si* célèbre, et elle sera abattue sous sa puissance.

17 Il s'affermira dans le dessein de venir s'emparer de tout le royaume du roi *du Midi* : il feindra de vouloir agir de bonne foi avec lui ; il lui donnera en mariage sa fille d'une excellente beauté, afin de le perdre : mais son dessein ne lui réussira pas, et elle ne sera point pour lui.

18 Il se tournera contre les îles, et il en prendra plusieurs : il arrêtera d'abord le prince qui doit le couvrir d'opprobre ; et la honte dont il couvrait les autres, retombera sur lui.

19 Il reviendra dans les terres de son empire, *après quoi* il se heurtera et tombera, et il disparaîtra pour jamais.

20 Un homme très-misérable et indigne du nom de roi, prendra sa place, et il périra en peu de jours ; non par une mort violente, ni dans un combat.

21 Un prince méprisé lui succédera, à qui on ne donnera point d'abord le titre de roi : il viendra en secret, et il se rendra maître du royaume par artifice.

22 Les forces opposées seront entièrement renversées devant lui ; elles seront détruites, ainsi que le chef même du parti.

23 Et après avoir fait amitié avec lui, il le trompera : il se mettra en marche, et prévaudra avec peu de troupes.

24 Il entrera dans les villes les plus grandes et les plus riches, et il fera ce que ne firent jamais ses pères, ni les pères de ses pères : il amassera un grand butin de leurs dépouilles, et il pillera toutes leurs richesses : il formera des entreprises contre leurs villes les plus fortes : mais cela ne durera qu'un certain temps.

25 Sa force se réveillera, son cœur *s'animera* contre le roi du Midi, qu'il attaquera avec une grande armée, et le roi du Midi étant attaqué lui fera la guerre avec de grandes et fortes troupes, qui ne demeureront pas fermes ; parce qu'on formera des desseins contre lui.

26 Ceux qui mangeront à sa table, seront cause de sa ruine : son armée sera accablée, et un grand nombre *des siens* sera mis à mort.

27 Ces deux rois auront le cœur attentif à se faire du mal *l'un à l'autre* : étant assis à la même table, ils diront des paroles *pleines* de mensonges, et ils ne réussiront pas *dans leurs desseins*, parce que le temps n'en sera pas encore venu.

28 *Le roi de l'Aquilon* retournera dans son pays avec de grandes richesses : son cœur *s'élèvera* contre l'alliance sainte : il fera *beaucoup de maux*, et retournera dans son pays.

29 Il retournera au temps prescrit, et reviendra vers le Midi, et cette dernière expédition ne sera pas semblable aux premières.

30 Les Romains viendront contre lui sur des vaisseaux ; il sera abattu ; il retournera, et il concevra une grande indignation contre l'alliance du sanctuaire : et il agira *dans sa fureur* : il retournera, *dis-je*, et entreprendra contre ceux qui avaient abandonné l'alliance du sanctuaire.

31 Des hommes puissants établis pur lui, violeront le sanctuaire du *Dieu* fort : ils feront cesser le sacrifice perpétuel, et ils mettront *dans le temple* l'abomination de la désolation.

32 Les impies prévaricateurs de la *sainte* alliance useront de déguisements et de fictions ; mais le peuple qui connaîtra son Dieu, s'attachera fermement *à la loi*, et fera *ce qu'elle ordonne*.

33 Ceux qui seront instruits parmi le peuple, en instruiront plusieurs, et ils seront tourmentés par l'épée, par la flamme, par la captivité, et par les brigandages de ces jours.

34 Mais lorsqu'ils seront abattus, ils seront soulagés par *le moyen* d'un petit secours, et plusieurs se joindront furtivement à eux.

35 Entre ces hommes instruits, il y en aura qui tomberont *en de grands maux*, afin qu'ils passent par le feu, et qu'ils deviennent purs et blancs jusqu'au temps prescrit ; parce qu'il y aura encore un autre temps.

36 Le roi agira selon qu'il lui plaira : il s'élèvera, et portera le faste de son orgueil contre tout dieu ; il parlera insolemment contre le Dieu des dieux ; et il réussira jusqu'à ce que la colère *de Dieu* soit satisfaite, parce qu'il a été ainsi arrêté.

37 Il n'aura aucun égard au dieu de ses pères, il sera dans la passion des femmes ; il ne se souciera de quelque dieu que ce soit, parce qu'il s'élèvera contre toutes choses.

38 Il révérera le dieu Maozim dans le lieu qu'il lui aura choisi ; et il honorera avec l'or, l'argent, les pierres précieuses, et tout ce qu'il y a de plus beau, un dieu que ses pères ont ignoré.

39 Il fortifiera les citadelles par le culte du dieu étranger qu'il a connu : il en élèvera les adorateurs à une grande gloire ; il leur donnera beaucoup de puissance, et il *leur* partagera la terre gratuitement.

40 *Ainsi* au temps prescrit, le roi du Midi combattra contre le roi de l'Aquilon, et le roi de l'Aquilon marchera comme une tempête contre le roi du Midi avec *une multitude de* chariots et *de gens de* cheval, et avec une grande flotte : il entrera dans les terres *de ce prince*, il ravagera tout, et il passera au travers de son pays.

41 Il entrera ensuite dans le pays de gloire, et plusieurs provinces seront ruinées. Ceux-là seuls seront sauvés de ses mains : Édom, Moab, et les premières terres des enfants d'Ammon.

42 Il étendra sa main sur les provinces, et le pays d'Égypte ne *lui* échappera point.

43 Il se rendra maître des trésors d'or et d'argent, et de tout ce qu'il y a de plus précieux dans l'Égypte ; il passera au travers de la Lybie et de l'Éthiopie.

44 Il sera troublé par des nouvelles qui lui viendront de l'Orient et de l'Aquilon ; après quoi il viendra avec de grandes troupes pour perdre tout, et pour faire un grand carnage.

45 Il dressera les tentes de son palais entre les mers sur la montagne célèbre et sainte ; et il montera jusqu'au haut de la montagne, et il ne se trouvera personne pour le secourir.

CHAPITRE XII.

EN ce temps-là Michel, le grand prince, s'élèvera, lui qui est le protecteur des enfants de votre peuple ; et il viendra un temps tel qu'on n'en aura jamais vu un semblable, depuis que les peuples ont été établis jusqu'alors. En ce temps-là tous ceux de votre peuple qui seront trouvés écrits dans le livre, seront sauvés.

2 Et toute la multitude de ceux qui dorment dans la poussière de

la terre, se réveilleront, les uns pour la vie éternelle, et les autres pour un opprobre *éternel* qu'ils auront toujours devant les yeux.

3 Or ceux qui auront été savants, brilleront comme les feux du firmament ; et ceux qui en auront instruit plusieurs dans la voie de la justice, luiront comme des étoiles dans toute l'éternité.

4 Mais pour vous, Daniel, tenez ces paroles fermées, et mettez le sceau sur ce livre jusqu'au temps marqué : car plusieurs le parcourront, et la science se multipliera.

5 Alors moi, Daniel, je vis comme deux autres hommes qui étaient debout : l'un était en deçà sur le bord du fleuve, et l'autre au delà sur le bord du même fleuve.

6 Et je dis à l'homme vêtu de lin qui se tenait debout sur les eaux du fleuve : Jusques à quand sera *différée* la fin de ces *maux* étonnants ?

7 Et j'entendis cet homme qui était vêtu de lin, et qui se tenait debout sur les eaux du fleuve, qui élevant au ciel la main droite et la main gauche, jura par celui qui vit dans l'éternité, que cela *durerait* pendant un temps, *deux* temps, et la moitié d'un temps ; et que toutes ces choses seraient accomplies, lorsque la dispersion de l'assemblée du peuple saint serait achevée.

8 J'entendis ce qu'il disait, et je ne le compris pas, et je lui dis : Mon seigneur, qu'arrivera-t-il après cela ?

9 Et il me dit : Allez, Daniel : car ces paroles sont fermées et sont scellées jusqu'au temps qui a été marqué.

10 Plusieurs seront élus, seront rendus blancs *et* purs, et seront éprouvés comme par le feu : les impies agiront avec impiété, et tous les impies n'auront point l'intelligence ; mais ceux qui seront instruits, comprendront *la vérité des choses*.

11 Depuis le temps que le sacrifice perpétuel aura été aboli, et que l'abomination de la désolation aura été établie, il se passera mille deux cent quatre-vingt-dix jours.

12 Heureux celui qui attend, et qui arrive jusqu'à mille trois cent trente-cinq jours.

13 Mais pour vous, allez jusqu'au temps qui a été marqué, et vous serez en repos, et vous demeurerez dans l'état où vous êtes jusqu'à la fin de vos jours.

OSÉE.

CHAPITRE PREMIER.

PAROLES du Seigneur adressées à Osée, fils de Béeri, sous le règne d'Ozias, de Joathan, d'Achaz et d'Ézéchias, rois de Juda, et sous le règne de Jéroboam, fils de Joas, roi d'Israël.

2 Commencement des paroles que le Seigneur adressa à Osée : Le Seigneur lui dit : Allez prendre pour votre femme une prostituée, et ayez d'elle des enfants nés d'une prostituée : car la terre *d'Israël* quittera le Seigneur en s'abandonnant à la prostitution.

3 Osée prit donc pour sa femme Gomer, fille de Débélaïm, qui conçut et lui enfanta un fils.

4 Et le Seigneur dit à Osée : Appelez l'enfant, Jezrahel ; parce que dans peu de temps je vengerai le sang de Jezrahel sur la maison de Jéhu, et je ferai cesser le règne de la maison d'Israël.

5 En ce jour-là je briserai l'arc d'Israël dans la vallée de Jezrahel.

6 Gomer ayant conçu encore, enfanta une fille ; et le Seigneur dit à Osée : Appelez-la, *Lo-ruchama, c'est-à-dire,* Sans-miséricorde ; parce qu'à l'avenir je ne serai plus touché de miséricorde pour la maison d'Israël, et je les oublierai d'un profond oubli.

7 Mais j'aurai compassion de la maison de Juda, et je les sauverai par le Seigneur, leur Dieu, et non par l'arc, ni par l'épée, ni par les combats, ni par les chevaux, ni par les cavaliers.

8 Gomer sevra sa fille, appelée, Sansmiséricorde. Elle conçut, et enfanta un fils :

9 et le Seigneur dit à Osée : Appelez cet enfant, *Lo-ammi, c'est-à-dire,* Non-mon-peuple ; parce que vous ne serez plus mon peuple, et que je ne serai plus votre *Dieu*.

10 Mais le nombre des enfants d'Israël sera *un jour* comme celui du sable de la mer, qui ne peut ni se mesurer, ni se compter : et il arrivera que dans le *même* lieu où on leur avait dit, Vous n'êtes point mon peuple ; on leur dira : *Vous êtes* les enfants du Dieu vivant.

11 Après cela les enfants de Juda et les enfants d'Israël se rassembleront et se réuniront ensemble ; ils s'établiront un même chef, et ils s'élèveront de la terre : parce que le jour de Jezrahel sera grand.

CHAPITRE II.

DITES à vos frères, Vous êtes mon peuple ; et à votre sœur, Vous avez reçu miséricorde.

2 Élevez-vous contre votre mère : condamnez ses excès ; parce qu'elle n'est plus mon épouse, et que je ne suis plus son époux. Que ses fornications ne paraissent plus sur son visage, ni ses adultères au milieu de son sein :

3 de peur que je ne la dépouille ; que je ne l'expose toute nue, et que je ne la mette dans le même état où elle était au jour de sa naissance ; que je ne la réduise en un désert ; que je ne la change en une terre sans chemin, et que je ne la fasse mourir de soif.

4 Je n'aurai point de pitié de ses fils, puisque ce sont des enfants de prostitution :

5 car leur mère s'est prostituée, et celle qui les a conçus a été déshonorée : mais parce qu'elle a dit, J'irai après ceux que j'aime *et dont je suis aimée,* qui me donnent mon pain, mon eau, ma laine, mon lin, mon huile, et tout ce que je bois ;

6 c'est pour cela que je vais lui fermer le chemin avec une haie d'épines ; je le fermerai avec une muraille, et elle ne pourra trouver de sentier par où elle puisse passer.

7 Elle poursuivra ceux qu'elle aimait, et elle ne pourra les atteindre ; elle les cherchera, et elle ne les trouvera point, jusqu'à ce qu'elle soit réduite à dire : Il faut que j'aille retrouver mon premier époux ; parce que j'étais alors plus heureuse que je ne le suis maintenant.

8 Et elle n'a pas su que c'était moi qui lui avais donné le blé, le vin, l'huile, et cette abondance d'argent et d'or, dont elle a fait des dons à Baal.

9 C'est pourquoi je changerai maintenant de conduite à son égard : je reprendrai mon blé et mon vin quand le temps en sera venu ; et je délivrerai ma laine et mon lin, qui servaient à couvrir son ignominie.

10 Je découvrirai maintenant sa folie aux yeux de ceux qu'elle aimait, et il n'y aura point d'homme qui puisse la tirer de ma main.

11 Je ferai cesser toute sa joie, ses jours solennels, ses nouvelles lunes, son sabbat, et toutes ses fêtes.

12 Je gâterai toutes les vignes et les figuiers dont elle a dit : C'est là ma récompense, que m'ont donnée ceux que j'aime. Je la réduirai en un bois *abandonné* aux bêtes sauvages, qui la dévoreront.

13 Je me vengerai sur elle des jours qu'elle a consacrés à Baal, lorsqu'elle brûlait de l'encens en son honneur, et qu'elle se parait de ses pendants d'oreilles et de son collier précieux ; qu'elle allait après ceux qu'elle aimait, et qu'elle m'oubliait entièrement, dit le Seigneur.

14 Après cela *néanmoins* je l'attirerai doucement à moi ; je la mènerai dans la solitude, et je lui parlerai au cœur.

15 Je lui donnerai des vignerons du même lieu, et la vallée d'Achor, pour lui ouvrir *une entrée* à l'espérance ; et elle chantera là des cantiques comme aux jours de sa jeunesse, et comme au temps où elle sortit de l'Égypte.

16 En ce jour-là, dit le Seigneur, elle m'appellera son époux, et elle ne m'appellera plus Baali.

17 J'ôterai de sa bouche le nom de Baal, et elle ne se souviendra plus de ce nom.

18 En ce temps-là je ferai que les bêtes sauvages, les oiseaux du ciel, et les animaux qui rampent sur la terre, auront alliance avec eux ; je briserai l'arc et l'épée, je ferai cesser les combats, et je les ferai reposer dans une entière assurance.

19 Alors je vous rendrai mon épouse pour jamais ; je vous rendrai mon épouse par *une alliance de* justice et *de* jugement, *de* compassion et *de* miséricorde.

20 Je vous rendrai mon épouse par une inviolable fidélité ; et vous saurez que c'est moi qui suis le Seigneur.

21 En ce temps-là j'exaucerai les cieux, dit le Seigneur ; je les exaucerai, et ils exauceront la terre.

22 La terre exaucera le blé, le vin et l'huile ; et le blé, le vin et l'huile exauceront Jezrahel.

23 Elle sera comme une semence que je sèmerai pour moi sur la terre ; alors je serai touché de miséricorde pour celle qui s'appelait Sans-miséricorde ;

24 et je dirai à celui que j'appelais, Non-mon-peuple : Vous êtes mon peuple. Et il me dira : Vous êtes mon Dieu.

CHAPITRE III.

LE Seigneur me dit : Allez, et aimez encore une femme adultère, qui est aimée d'un autre *que de son mari*, comme le Seigneur aime les enfants d'Israël, pendant qu'ils portent leurs regards vers les dieux étrangers, et qu'ils aiment le marc du vin, *au lieu du vin même.*

2 Je donnai donc à cette femme quinze pièces d'argent, et une mesure et demie d'orge.

3 Alors je lui dis : Vous m'attendrez pendant un long temps ; vous ne vous prostituerez point, et vous ne vous attacherez à aucun homme ; et je vous attendrai aussi moi-même.

4 C'est l'état où les enfants d'Israël seront pendant un long temps ; sans roi, sans prince, sans sacrifice, sans autel, sans éphod et sans théraphim.

5 Et après cela les enfants d'Israël reviendront, et ils chercheront le Seigneur, leur Dieu, et David, leur roi ; et dans les derniers jours ils recevront avec une frayeur respectueuse le Seigneur, et les graces qu'il doit leur faire

CHAPITRE IV.

ÉCOUTEZ la parole du Seigneur, enfants d'Israël : car le Seigneur va entrer en jugement avec les habitants de la terre ; parce qu'il n'y a point de vérité, qu'il n'y a point de miséricorde, qu'il n'y a point de connaissance de Dieu sur la terre.

2 Les outrages, le mensonge, l'homicide, le larcin et l'adultère s'y sont répandus comme un déluge, et l'on y a commis meurtres sur meurtres.

3 C'est pourquoi la terre sera désolée, et tous ceux qui y habitent tomberont dans la langueur, jusqu'aux bêtes de la campagne et aux oiseaux du ciel ; et les poissons mêmes de la mer seront enveloppes *dans cette ruine.*

4 En vain on s'élèverait contre vous, et on vous reprocherait vos crimes ; parce q ue vous êtes tous comme un peuple *endurci*, qui se révolte contre les prêtres.

5 C'est pourquoi vous périrez aujourd'hui *tous ensemble*, et vos prophètes périront avec vous. J'ai fait tomber votre mère dans une nuit sombre, et je l'ai réduite au silence.

6 Mon peuple s'est trouvé sans parole, parce qu'il a été destitué de science. Comme vous avez rejeté la science, je vous rejetterai *aussi*, en sorte que vous n'ayez aucune part aux fonctions de mon sacerdoce ; et comme vous avez oublié la loi de votre Dieu, j'oublierai aussi vos enfants.

7 Ils ont multiplié leurs péchés à proportion qu'ils se sont multipliés eux-mêmes ; je changerai leur gloire en ignominie.

8 Ils se nourrissent des péchés de mon peuple ; et flattant leurs âmes, ils les entretiennent dans leurs iniquités.

9 Le prêtre sera *traité* comme le peuple ; je me vengerai sur lui du dérèglement de ses œuvres, et je lui rendrai ce que ses pensées ont mérité.

10 Ils mangeront, et ils ne seront point rassasiés ; ils sont tombés dans la fornication, et ils ne se sont point mis en peine de s'en retirer, parce qu'ils ont abandonné le Seigneur, et n'ont pas gardé *sa loi.*

11 La fornication, le vin et l'enivrement *leur* ont fait perdre le sens.

12 Mon peuple a consulté un morceau de bois, et des verges de bois lui ont prédit l'avenir : car l'esprit de fornication les a trompés, et ils se sont prostitués en quittant leur Dieu.

13 Ils sacrifiaient sur le sommet des montagnes, et ils brûlaient de l'encens sur les collines, *aussi bien que* sous les chênes, sous les peupliers et sous les térébinthes, lorsque l'ombre leur en était agréable : c'est pourquoi vos filles se prostitueront, et vos femmes seront adultères.

14 Et je ne punirai point vos filles de leur prostitution, ni vos femmes de leurs adultères ; parce que vous vivez vous-mêmes avec des courtisanes, et que vous sacrifiez avec des efféminés. C'est ainsi que ce peuple qui est sans intelligence sera châtié.

15 Si vous vous abandonnez à la fornication, ô Israël ! que Juda au moins ne tombe pas dans le péché : n'allez point à Galgala, ne montez point à Bethaven, et ne dites point *en jurant par les idoles :* Vive le Seigneur !

16 Parce qu'Israël s'est détourné *du Seigneur*, comme une génisse qui ne peut souffrir le joug ; dans peu de temps le Seigneur le fera paître comme un agneau dans une large campagne.

17 Éphraïm a pris des idoles pour son partage ; abandonnez-le, *ô Juda !*

18 Ses festins sont séparés *des vôtres* ; il s'est plongé dans la fornication ; ceux qui devaient le protéger ont pris plaisir à le couvrir d'ignominie.

19 Un vent *impétueux* l'emportera *comme* lié sur ses ailes, et les sacrifices qu'ils ont offerts *aux idoles*, les couvriront de confusion.

CHAPITRE V.

PRÊTRES, écoutez ceci ; maison d'Israël, soyez attentive ; maison du roi, prêtez l'oreille : car c'est vous tous que regarde le jugement *que je vais prononcer* ; parce que vous êtes devenus à ceux sur qui vous étiez obligés de veiller, *ce que sont* les pièges *aux oiseaux*, et les filets que l'on tend sur le Thabor.

2 Vous avez détourné *adroitement* les hosties *de Dieu*, pour les *transférer aux idoles et les jeter* dans l'abîme, et je n'ai *point cessé* de vous instruire *et de vous* ; reprendre.

3 Je connais Éphraïm, et Israël n'a pu échapper à mes yeux. *Je sais que* maintenant Éphraïm se prostitue *aux idoles*, et qu'Israël s'est souillé *du même crime.*

4 Ils n'appliqueront point leurs pensées à revenir a leur Dieu, parce qu'ils sont possédés de l'esprit de fornication, et qu'ils ne connaissent point le Seigneur.

5 L'impudence d'Israël est peinte sur son visage : Israël et Éphraïm tomberont *et seront renversés* par leur iniquité, et Juda tombera *et sera renversé* avec eux.

6 Ils rechercheront le Seigneur par *le sacrifice de* leurs brebis et *de* leurs bœufs, et ils ne le trouveront point ; il s'est retiré d'eux.

7 *Parce qu*'ils ont violé la loi du Seigneur, parce qu'ils ont engendré des enfants bâtards ; maintenant ils seront consumés en un mois, eux et tout ce qu'ils possèdent.

8 Sonnez du cor à Gabaa ; faites retentir la trompette à Rama ; poussez des cris *et des* hurlements à Bethaven, et vous, Benjamin, *sachez que l'ennemi est* derrière vous.

9 Éphraïm sera désolé au jour *que j'ai marqué pour* son châtiment : j'ai fait voir dans les tribus d'Israël la fidélité *de mes paroles.*

10 *Et après cela* les princes de Juda sont devenus *par leurs prévarications* comme des gens qui arrachent les bornes *posées du temps de leurs pères* ; je répandrai sur eux ma colère comme un déluge d'eaux.

11 Éphraïm est opprimé *par l'ennemi* ; il est brisé par le jugement

du Seigneur ; parce qu'il s'est laissé aller à l'abomination *des idoles*.

12 Je suis devenu à Éphraïm comme le ver *qui ronge le vêtement* ; et à la maison de Juda comme la pourriture *qui mange le bois*.

13 Éphraïm a senti son mal ; et Juda *le poids de* ses chaînes. Éphraïm a eu recours à Assur ; et *Juda* a cherché un roi pour le défendre : mais ils ne pourront rien pour votre guérison, ni pour rompre vos liens.

14 Car je serai comme une lionne à Éphraïm, et comme un jeune lion à la maison de Juda : j'irai moi-même prendre ma proie ; je l'enlèverai, et personne ne l'arrachera *de mes mains*.

15 Je retournerai après au lieu où j'habite, jusqu'à ce que vous tombiez dans l'extrémité de la misère, et que vous soyez réduits à me rechercher.

CHAPITRE VI.

DANS *l'excès de* leur affliction ils se hâteront d'avoir recours à moi : Venez, *diront-ils,* retournons au Seigneur :

2 parce que c'est lui-même qui nous a faits captifs, et qui nous délivrera ; qui nous a blessés, et qui nous guérira.

3 Il nous rendra la vie après deux jours : le troisième jour il nous ressuscitera ; et nous vivrons en sa présence : nous entrerons dans la science du Seigneur, et nous le suivrons, afin de le connaître *de plus en plus*. Son lever est préparé pour être *sur nous* comme celui de l'aurore, et il descendra sur nous, comme les pluies de l'automne et du printemps viennent sur la terre.

4 Que *puis-je* vous faire, ô Éphraïm ? que *puis-je* vous faire, ô Juda ? La miséricorde que vous avez faite *envers vos frères*, n'a pas eu plus de durée que les nuages du matin, et que la rosée qui se sèche aux premiers rayons du soleil.

5 C'est pourquoi je les ai traités durement par mes prophètes ; je les ai tués par les paroles de ma bouche ; et les jugements *que j'exercerai* sur vous éclateront comme le jour.

6 Car c'est la miséricorde que je veux, et non le sacrifice ; et j'aime mieux la connaissance de Dieu que les holocaustes.

7 Mais pour eux, ils ont rompu comme Adam l'alliance *qu'ils avaient faite avec moi, et* dans ce lieu *même* ils ont violé mes ordres.

8 Galaad est une retraite de fabricateurs d'idoles ; *elle sera* supplantée *et* renversée par le sang.

9 Elle conspire avec les prêtres, qui se liguent ensemble pour faire le mal, comme les voleurs qui dressent des embûches sur le chemin de Sichem, pour égorger les passants ; et toute leur vie n'est qu'une suite de crimes.

10 J'ai vu une chose horrible dans la maison d'Israël : j'y ai vu Éphraïm prostitué *aux idoles* ; et *tout* Israël souillé *de la même sorte*.

11 Mais vous aussi, Juda, préparez-vous à être moissonné vous-même, jusqu'à ce que je ramène mon peuple qui avait été captif.

CHAPITRE VII.

LORSQUE je voulais guérir Israël, l'iniquité d'Éphraïm et la malice de Samarie ont éclaté par les œuvres de mensonge qu'ils ont faites : c'est pourquoi les voleurs les ont pillés au dedans, et les brigands au dehors.

2 Et qu'ils ne disent point dans leurs cœurs, que je ramasse toutes leurs iniquités : celles qu'ils commettent tous les jours, et qu'ils commettent en ma présence, suffisent pour les accabler.

3 Ils se sont rendus agréables au roi par leurs méchancetés, et aux princes par leurs mensonges.

4 Ils sont tous des adultères, semblables à un four, où l'on a déjà mis le feu ; et la ville ne s'est presque point reposée depuis que le levain a été mêlé avec la pâte, jusqu'à ce que la pâte ait été toute levée.

5 C'est ici, *disaient-ils, c'est ici* le jour de notre roi : les princes se sont enivrés jusqu'à la fureur ; *et le roi* leur a tendu la main, et a pris part à leurs emportements.

6 Lorsqu'il leur tendait un piège, ils lui ont exposé leur cœur comme un four : le maître du four *y a mis le feu, et* a dormi *ensuite* toute la nuit ; et au matin le four s'est trouvé embrasé comme un feu *qui jette de tous côtés les* flammes.

7 Ils ont tous conçu une chaleur *brûlante* comme un four ; et leur ardeur a consumé leurs juges avec eux : tous leurs rois sont tombés *l'un après l'autre*, et il ne s'en est pas trouvé un seul qui eût recours à moi.

8 Éphraïm même s'est mêlé avec les nations ; Éphraïm est devenu comme un pain qu'on fait cuire sous la cendre, et qu'on ne retourne point *de l'autre côté*.

9 Des étrangers ont dévoré toute sa force, et il ne l'a point senti : ses cheveux sont devenus tout blancs, et il ne s'en est point aperçu.

10 Israël verra de ses yeux son orgueil humilié : il ne reviendra point ensuite au Seigneur, son Dieu, et il ne le recherchera point dans tous ces maux.

11 Éphraïm est devenu comme une colombe facile à séduire, et sans intelligence : ils ont appelé l'Égypte *à leur secours* ; ils sont allés chercher les Assyriens.

12 Après qu'ils s'en seront allés *ainsi*, j'étendrai mes filets sur eux : je les ferai tomber comme des oiseaux : je leur ferai souffrir tous les maux dont je les ai menacés dans leurs assemblées.

13 Malheur à eux ! parce qu'ils se sont retirés de moi : ils seront la proie de leurs ennemis ; parce qu'ils m'ont offensé par leur perfidie : je les ai rachetés, et ils ont publié des mensonges contre moi.

14 Ils n'ont point crié vers moi du fond de leurs cœurs ; mais ils poussaient des cris et des hurlements dans leurs lits : ils ne méditaient que sur le blé et le vin ; et ils se sont écartés de moi.

15 Soit que je les aie châtiés, ou que j'aie fortifié leurs bras, ils n'ont eu pour moi que des pensées de malice.

16 Ils ont voulu de nouveau secouer le joug ; ils sont devenus comme un arc trompeur : leurs princes seront punis de la fureur de leur langue, par l'épée *de leurs ennemis* ; et alors l'Égypte, *au lieu de les secourir*, leur insultera dans leur malheur.

CHAPITRE VIII.

QUE votre voix s'élève comme *le son de* la trompette : *Voici l'ennemi qui vient fondre* comme un aigle sur la maison du Seigneur, parce qu'ils ont rompu mon alliance, et qu'ils ont violé ma loi.

2 Ils m'invoqueront en disant : Nous vous reconnaissons pour notre Dieu, nous qui sommes Israël, *votre peuple*.

3 Israël a rejeté celui qui était son souverain bien : son ennemi le persécutera.

4 Ils ont régné par eux-mêmes, et non par moi ; ils ont été princes, et je ne l'ai point su : ils se sont fait des idoles de leur argent et de leur or, et c'est ce qui les a perdus.

5 Le veau que tu adorais, ô Samarie ! a été jeté par terre ; ma fureur, s'est allumée contre ce peuple ; jusques à quand ne pourront-ils se purifier ?

6 C'est Israël qui a inventé cette idole : ce n'est point un Dieu, puisque c'est l'ouvrage d'un homme ; et le veau de Samarie deviendra aussi méprisable que les toiles d'araignées.

7 Ils ont semé du vent, et ils moissonneront des tempêtes : il n'y demeurera pas un épi debout, son grain ne rendra point de farine ; et s'il en rend, les étrangers la mangeront.

8 Israël a été dévoré ; il est traité maintenant parmi les nations comme un vaisseau souillé par des usages honteux.

9 Ils ont eu recours aux Assyriens : Éphraïm est un âne sauvage, qui veut être à lui seul : il a payé ceux à qui il se prostituait.

10 Mais après qu'ils auront acheté *chèrement* le secours des nations, je les mènerai tous ensemble *en Assyrie* ; et c'est ainsi qu'ils seront déchargés pour quelque temps des tributs qu'ils payaient aux rois et aux princes.

11 Voilà le fruit de ces autels sacrilèges qu'Éphraïm a multipliés, de ces autels qui ont été autant de crimes.

12 Je leur avais prescrit un grand nombre *d'ordonnances et de* lois, et ils les ont regardées comme n'étant point pour eux

13 Ils offriront des hosties, ils immoleront des victimes, et ils en mangeront la chair, et le Seigneur ne les aura point agréables : il ne se souviendra que de leur iniquité, et il se vengera de leurs crimes : ils retourneront en Égypte.

14 Israël a oublié celui qui l'avait créé ; il a bâti de nouveaux temples ; et *après cela* Juda a multiplié ses villes fortes : mais j'enverrai un feu qui brûlera ses villes, et qui dévorera ses maisons.

CHAPITRE IX.

ISRAEL, ne soyez point dans la joie, et ne faites point retentir des cris d'allégresse comme les nations : parce que vous avez abandonné votre Dieu, dans l'espérance que votre prostitution *aux idoles* serait récompensée d'une abondance de blé.

2 Mais Israël ne trouvera ni dans ses granges ni dans ses pressoirs de quoi se nourrir, et ses vignes tromperont son attente.

3 Ils n'habiteront point dans la terre du Seigneur : Éphraïm retournera en Égypte, et il mangera des viandes impures parmi les Assyriens.

4 Ils n'offriront point le vin au Seigneur, et ils ne lui seront point agréables : leurs sacrifices seront comme les banquets des funérailles, qui rendent impurs tous ceux qui y participent : ils n'auront du pain que pour soutenir leur vie, et non pour être offert dans la maison du Seigneur.

5 Que feront-ils au jour solennel, au jour de la grande fête du Seigneur ?

6 Je les vois déjà qui fuient à cause de la désolation *de leur pays* : l'Égypte les recueillera *dans son sein* ; Memphis leur servira de sépulcre : leur argent qu'ils aimaient avec tant de passion sera caché sous les orties, et l'on verra croître les épines dans leurs maisons.

7 Le jour de la visite *du Seigneur est* venu, le jour de sa vengeance est arrivé : sachez, Israël, que vos prophètes sont devenus des fous, et vos spirituels des insensés, à cause de la multitude de vos iniquités et de l'excès de votre folie.

8 Le prophète *devait être* dans Éphraïm une sentinelle pour mon Dieu ; mais il est devenu un filet tendu sur tous les chemins pour faire tomber *les hommes* : il est devenu *un exemple de* folie dans la maison de son Dieu.

9 Ils ont péché par une profonde corruption, comme il arriva autrefois à Gabaa : le Seigneur se souviendra de leur iniquité, et il se vengera de leurs péchés.

10 J'ai trouvé Israël comme des grappes de raisin *que l'on rencontre* dans le désert ; j'ai vu leurs pères *avec plaisir* comme les premières figues qui paraissent au haut du figuier : et cependant ils ont adoré l'idole de Béelphégor, ils se sont éloignés *de moi* pour se couvrir de confusion, et ils sont devenus abominables comme les choses qu'ils ont aimées.

11 La gloire d'Éphraïm s'est envolée comme un oiseau ; ses enfants sont morts, ou dès leur naissance, ou dans le sein de leurs mères, ou au moment qu'ils ont été conçus.

12 Mais quand ils auraient élevé quelques enfants, je les réduirai dans le monde au même état que s'ils n'en avaient jamais eu : malheur à eux lorsque je les aurai abandonnés !

13 J'ai vu Éphraïm comme une autre Tyr, *se flattant* de sa force et de sa beauté ; et je verrai ce même Éphraïm livrer ses enfants à celui qui leur ôtera la vie.

14 Donnez-leur, Seigneur ! et que leur donnerez-vous ? Donnez-leur des entrailles qui ne portent point d'enfants, et des mamelles qui soient *toujours* sèches.

15 Toute leur malice *a paru* dans Gaigala : c'est là qu'ils ont attiré ma haine : je les chasserai de ma maison ; parce que toutes leurs actions sont pleines de la malignité de leur cœur : je n'aurai plus d'amour pour eux : tous leurs princes sont des rebelles, qui se retirent *de moi*.

16 Éphraïm a été frappé *à mort* : ils sont devenus secs jusqu'a la racine : ils ne porteront plus de fruit : s'ils ont des enfants, je ferai mourir ceux pour qui ils auront plus de tendresse.

17 Mon Dieu les rejettera *loin de lui*, parce qu'ils ne l'ont point écouté : et ils seront errants parmi les peuples.

CHAPITRE X.

ISRAEL *était* une vigne qui poussait de grandes branches, et ne portait pas moins de raisin ; *mais* elle a multiplié ses autels à proportion de l'abondance de ses fruits, et elle a été féconde en idoles autant que sa terre a été fertile.

2 Leur cœur a été partagé *entre Dieu et leurs idoles* : mais le temps de leur désolation est venu ; le Seigneur va briser leurs idoles, et renverser leurs autels.

3 Ils diront alors : Nous n'avons point de roi, parce que nous n'avons point craint le Seigneur : et que pourrait faire un roi pour nous ?

4 Entretenez-vous *maintenant* des fausses visions *de vos prophètes* ; faites alliance *avec qui vous voudrez : vous n'empêcherez pas que les* jugements *de Dieu ne* vous accablent, comme ces *herbes* amères qui étouffent le blé dans les champs.

5 Les habitants de Samarie ont adoré la vache de Bethaven : et le peuple *adorateur* de cette idole et les gardiens de son temple avaient fait leur joie de sa gloire ; mais elle leur est devenue un sujet de larmes, lorsqu'elle a été transférée hors de leur pays.

6 Car *leur* Dieu même a été porté en Assyrie, et ils en ont fait un présent au roi, dont ils voulaient acheter la protection : mais Éphraïm n'en aura que la honte, et Israël rougira du peu de succès de ses desseins.

7 Samarie a fait disparaître son roi comme une écume *qui s'élève* sur la surface de l'eau.

8 Les hauteurs *consacrées* à l'idole, qui font le péché d'Israël, seront désolées : il croîtra des ronces et des chardons sur leurs autels, et ils diront aux montagnes, Couvrez-nous ; et aux collines, Tombez sur nous.

9 Israël a péché dès le temps de *ce qui se passa* à Gabaa : ils cessèrent dès lors *d'obéir à Dieu* ; ils ne seront pas traités dans la guerre que je leur susciterai, comme lorsqu'ils combattirent à Gabaa contre les enfants d'iniquité.

10 Mais je vais me satisfaire en les punissant ; et les peuples s'assembleront contre eux, lorsque je les punirai pour leur double iniquité.

11 Éphraïm est une génisse instruite *et* qui se plaît à fouler *le grain* : je mettrai un joug sur son cou superbe : je monterai sur Éphraïm : *et après cela* Juda labourera, et Jacob fendra les mottes de ses sillons.

12 Semez pour vous dans la justice, et moissonnez dans la miséricorde : travaillez à défricher votre terre ; et *il sera* temps de rechercher le Seigneur, lorsque celui qui doit vous enseigner la justice sera venu.

13 Mais vous avez cultivé l'impiété, *et* vous avez moissonné l'iniquité ; vous vous êtes nourris du fruit du mensonge ; parce que vous avez mis votre confiance dans votre propre conduite, et dans le nombre et la valeur de vos soldats.

14 Le bruit *de l'armée ennemie* s'élèvera parmi votre peuple ; toutes vos fortifications seront détruites : *vous périrez* comme Salmana fut exterminé par l'armée de celui qui lui fit la guerre, après avoir détruit l'autel de Baal ; et la mère sera écrasée sur les enfants.

15 C'est là le malheur que Béthel attirera sur vous, à cause de l'excès de votre méchanceté.

CHAPITRE XI.

LE roi d'Israël passera comme passent *les heures d'*une matinée. J'ai aimé Israël, lorsqu'il n'était qu'un enfant ; et j'ai rappelé mon fils de l'Égypte.

2 Plus *mes prophètes* les ont appelés, plus ils se sont éloignés d'eux : ils ont immolé à Baal, ils ont sacrifié aux idoles.

3 Je me suis rendu comme le *père* nourricier d'Éphraïm : je les portais entre mes bras ; et ils n'ont point compris que c'était moi qui avais soin d'eux.

4 Je les ai attirés *à moi* par *tous* les attraits qui gagnent les hommes, par *tous* les attraits de la charité : j'ai ôté moi-même le joug qui leur serrait la bouche, et je leur ai présenté de quoi manger.

5 Comme ils n'ont pas voulu se convertir *au Seigneur*, ils ne retourneront pas en Égypte ; mais les Assyriens deviendront leurs maîtres.

6 La guerre s'allumera dans leurs villes : elle consumera les plus braves d'entre eux, elle dévorera leurs *principaux* chefs.

7 Mon peuple attendra *toujours* que je revienne *le secourir* ; et cependant on leur imposera à tous un joug dont personne ne les délivrera.

8 Comment vous traiterai-je, ô Éphraïm ? Puis-je prendre votre protection, ô Israël ? Mais aussi vous abandonnerai-je comme Adama, et vous exterminerai-je comme Séboïm ? Mon cœur est ému en moi-même ; il est agité de trouble et de repentir.

9 *Non*, je ne laisserai point agir ma colère dans toute son étendue ; je ne réitérerai point *mes coups* jusqu'à exterminer Éphraïm ; parce que je suis Dieu, et non pas un homme : je suis le Saint *qui a été adoré* au milieu de vous, et je n'entrerai point dans vos villes *pour les ruiner*.

10 Ils iront après le Seigneur : le Seigneur rugira comme un lion ; il rugira lui-même, et les enfants de la mer trembleront d'effroi.

11 Ils s'envoleront de l'Égypte comme un oiseau, et de l'Assyrie comme une colombe : et je les établirai dans leurs maisons, dit le Seigneur.

12 Éphraïm s'est rangé autour de moi avec des promesses trompeuses, et la maison d'Israël avec hypocrisie ; mais Juda s'est conduit avec Dieu et avec ses saints comme un témoin fidèle.

CHAPITRE XII.

ÉPHRAÏM se repaît de vent ; il suit une chaleur *mortelle* : il ajoute tous les jours mensonge sur mensonge, et violences sur violences : il a fait alliance avec les Assyriens, et a porté en même temps en Égypte son huile *et ses dons*.

2 Le Seigneur entrera donc un jour en jugement avec Juda ; *mais* il va visiter Jacob dans sa colère : il lui rendra selon ses voies, et selon *le mérite de* ses œuvres.

3 *Autrefois Jacob, leur père,* supplanta dans le sein de sa mère son frère *Ésaü* : Dieu le rendit assez fort pour lutter contre l'ange.

4 Et après avoir prévalu contre cet esprit qui céda à ses forces, il le conjura avec larmes *de le bénir* : il l'avait déjà trouvé à Béthel, et c'est là que le Seigneur nous parla.

5 Aussi le Seigneur, le Dieu des armées, devint son Seigneur, et l'objet perpétuel de son souvenir.

6 Convertissez-vous donc à votre Dieu, ô *Israël !* gardez la miséricorde et la justice, et espérez toujours en votre Dieu.

7 Mais Chanaan *tient* en sa main une balance trompeuse ; il *n'*aime *que* l'injustice.

8 Éphraïm a dit : Je n'ai pas laissé de devenir riche, j'ai éprouvé que l'idole m'était *favorable* : mais on ne trouvera point dans toute ma conduite que j'aie commis aucune iniquité qui me rende criminel.

9 C'est moi néanmoins qui suis le Seigneur, votre Dieu, *dès le temps où je vous ai tirés de* la terre d'Égypte, et qui vous ai fait goûter dans vos maisons le repos *et la joie* des jours de fêtes.

10 C'est moi qui ai parlé aux prophètes, je les ai *instruits* par un grand nombre de visions, et ils m'ont représenté *à vous* sous des images différentes.

11 C'est bien en vain que vous alliez offrir tant de sacrifices aux bœufs de Galgal : puisqu'il y avait tant d'idoles en Galaad, et que néanmoins leurs autels ne sont plus aujourd'hui que des monceaux *de pierres* comme ceux que l'on trouve dans les champs.

12 Jacob, *votre père,* a été réduit à fuir en Syrie : Israël *y* a servi et *y* a gardé *les troupeaux* pour avoir ses femmes.

13 Après cela le Seigneur a tiré Israël de l'Égypte par un prophète, et il l'a gardé par *divers autres* prophètes.

14 Cependant je n'ai trouvé dans Éphraïm que de l'amertume et des sujets de m'irriter contre lui : c'est pourquoi le sang qu'il a répandu retombera sur lui, et son Seigneur le couvrira de l'opprobre qu'il a mérité.

CHAPITRE XIII.

À LA parole d'Éphraïm la frayeur a saisi Israël : il a péché jusqu'à adorer Baal ; et il s'est donné la mort.

2 Ils ont ajouté ensuite péché sur péché ; ils ont employé leur argent à se forger des statues semblables aux idoles *des nations*, qui ne sont que l'ouvrage d'un artisan : et après cela ils disent : Ô hommes qui adorez les veaux ! venez sacrifier *à nos nouveaux dieux*.

3 C'est pourquoi ils seront *dissipés* comme les nuages du point du jour, comme la rosée qui se sèche au matin, comme la poussière qu'un tourbillon emporte de l'aire, et comme la fumée *qui se perd en sortant* d'une cheminée.

4 Mais c'est moi qui suis le Seigneur, votre Dieu, dès *le temps où je vous ai tirés de* la terre d'Égypte : vous ne connaîtrez point d'autre Dieu que moi, et nul autre que moi n'a été votre Sauveur.

5 J'ai eu soin de vous dans le désert, dans une terre sèche *et* stérile.

6 Ils se sont remplis, et rassasiés à proportion *de la fertilité* de leurs pâturages : et après cela ils ont élevé leur cœur, et ils m'ont oublié.

7 Et moi je serai pour eux comme une lionne ; *je les attendrai,* comme un léopard, sur le chemin de l'Assyrie.

8 Je viendrai à eux comme une ourse à qui l'on a ravi ses petits ; je leur déchirerai les entrailles jusqu'au cœur, je les dévorerai comme un lion dans leur exil même ; et les bêtes farouches les déchireront.

9 Votre perte, ô Israël ! *ne vient que de vous,* et vous ne pouvez *attendre* de secours que de moi seul.

10 Qu'est devenu votre roi ? Qu'il vous sauve maintenant avec toutes vos villes ; que vos gouverneurs *vous sauvent,* eux dont vous avez dit : Donnez-moi un roi et des princes.

11 Je vous ai donné un roi dans ma fureur, et je vous l'ôterai dans ma colère.

12 *Je tiens* toutes les iniquités d'Éphraïm liées ensemble ; son péché est réservé dans *mon* secret.

13 Éphraïm sera comme une femme qui est surprise par les douleurs de l'enfantement : il est *maintenant* comme un enfant sans raison ; mais un jour il sera exterminé dans le carnage de tout son peuple.

14 Je les délivrerai de la puissance de la mort, je rachèterai de la mort. Ô mort ! un *jour* je serai ta mort ; ô enfer ! je serai ta ruine. *Mais maintenant* je ne vois rien qui me console *dans ma douleur* ;

15 parce que *l'enfer* séparera les frères les uns d'avec les autres. Le Seigneur fera venir un vent brûlant qui s'élèvera du désert, qui séchera les ruisseaux *d'Éphraïm*, et qui en fera tarir la source : il lui ravira son trésor, et tous ses vases les plus précieux.

CHAPITRE XIV.

QUE Samarie périsse, parce qu'elle a changé en amertume *la douceur de* son Dieu ; que *ses habitants* passent par *le tranchant de* l'épée ; que ses petits enfants soient écrasés *contre terre,* et qu'on fende le ventre aux femmes grosses.

2 Ô Israël ! convertissez-vous au Seigneur, votre Dieu ; puisque c'est votre iniquité qui vous a fait tomber *en de si grands maux*.

3 Prenez avec vous *au lieu de victimes* des paroles *humbles*, et convertissez-vous au Seigneur ; dites-lui : Ôtez-*nous* toutes *nos* iniquités : recevez le bien *que nous vous ofrons* ; et nous *vous* offrirons *au lieu de* jeunes bœufs *le sacrifice* de nos lèvres.

4 Nous n'attendrons plus notre salut de l'Assyrie, et nous ne

monterons plus sur des chevaux ; nous ne dirons plus aux œuvres de nos mains, *Vous êtes* nos dieux ; parce que vous aurez compassion du pupille qui se repose sur vous.

5 Je guérirai leurs blessures profondes, *dit le Seigneur* ; je les aimerai par une pure bonté ; parce que j'aurai détourné ma fureur de dessus eux.

6 Je serai, à l'égard d'Israël, comme une rosée ; il germera comme le lis, et sa racine poussera avec force comme *les plantes* du Liban.

7 Ses branches s'étendront ; sa gloire sera semblable à l'olivier, et *elle répandra* une odeur comme *l'encens* du Liban.

8 *Les peuples* viendront se reposer sous son ombre ; ils vivront du *plus pur* froment, ils germeront comme la vigne ; son nom *répandra une bonne odeur*, comme les vins du Liban.

9 Éphraïm, qu'y aura-t-il désormais de commun entre moi et les idoles ? C'est moi qui exaucerai ce peuple ; c'est moi qui le ferai pousser en haut comme un sapin dans sa force ; c'est moi qui vous ferai porter votre fruit.

10 Qui est sage pour comprendre ces merveilles ? QUi a l'intelligence pour les pénétrer ? Car les voies du Seigneur sont droites, et les justes y marcheront *sûrement* : mais les violateurs de la loi y périront.

JOËL.

CHAPITRE PREMIER.

PAROLE du Seigneur adressée à Joël, fils dePhatuel.

2 Écoutez ceci, vieillards ; et vous, habitants de la terre, prêtez tous l'oreille : s'est-il jamais rien fait de tel de votre temps, ou du temps de vos pères ?

3 Entretenez-en vos enfants ; que vos enfants le disent à ceux qui naîtront d'eux, et ceux-là aux races suivantes.

4 Les restes de la chenille ont été mangés par la sauterelle ; les restes de la sauterelle, par le ver : les restes du ver, par la nielle.

5 Réveillez-vous, hommes enivrés, pleurez et criez, vous tous qui mettez vos délices à boire du vin ; parce qu'il vous sera ôté de la bouche.

6 Car un peuple fort et innombrable est venu fondre sur ma terre : ses dents *sont* comme les dents d'un lion ; *elles sont* comme *les dents les plus dures* d'un *fier* lionceau.

7 Il a réduit ma vigne en un désert ; il a dépouillé mon figuier de son écorce ; et après l'avoir dépouillé et mis à nu, il l'a laissé, en sorte que ses branches sont restées blanches *et mortes*.

8 Pleurez comme une jeune femme qui se revêt d'un sac pour pleurer celui qu'elle avait épousé étant fille.

9 Les oblations du blé et du vin sont bannies de la maison du Seigneur : les prêtres, les ministres du Seigneur pleurent.

10 Tout le pays est ravagé ; la terre est dans les larmes, parce que le blé est gâté, la vigne est perdue, et les oliviers ne font que languir.

11 Les laboureurs sont confus, les vignerons poussent de grands cris, parce qu'il n'y a ni blé, ni orge, et qu'on ne recueille rien de la moisson ;

12 que la vigne est perdue, et le figuier gâté, que le grenadier, le palmier, le pommier, et tous les arbres des champs sont devenus tout secs ; et qu'il ne reste plus *rien de ce qui faisait* la joie des enfants des hommes."

13 Prêtres, couvrez-vous d'habits de deuil ; jetez de grands cris, ministres des autels ; allez passer la nuit dans le sac, ministres de mon Dieu, parce que les oblations du blé et du vin ont été retranchées de la maison de votre Dieu.

14 Publiez un jeûne saint, convoquez l'assemblée, faites venir les anciens et tous les habitants du pays en la maison du Seigneur, votre Dieu, et criez au Seigneur.

15 Hélas ! quel jour ! car le jour du Seigneur est proche, et le Tout-Puissant le fera fondre *sur nous* comme une tempête.

16 N'avons-nous pas vu périr devant nos yeux tout ce qui devait être le soutien de notre vie, et l'allégresse et la joie bannies de la maison de notre Dieu ?

17 Les animaux sont pourris dans leurs ordures, les greniers ont été détruits, et les magasins ruinés, parce que le froment est perdu.

18 Pourquoi les bêtes se plaignent-elles ? pourquoi les bœufs font-ils retentir leurs mugissements ? sinon parce qu'ils ne trouvent plus rien à paître ; et les troupeaux mêmes des brebis périssent *comme eux*.

19 Seigneur ! je pousserai mes cris vers vous ; parce que le feu a dévoré ce qu'il y avait de plus beau dans les prairies, et que la flamme a brûlé tous les arbres de la campagne.

20 Les bêtes mêmes des champs lèvent la tête vers vous, comme la terre altérée qui demande de la pluie ; parce que les sources des eaux ont été séchées, et que le feu a dévoré ce qu'il y avait de plus agréable dans les prairies.

CHAPITRE II.

FAITES retentir la trompette en Sion ; jetez des cris sur ma montagne sainte ; que tous les habitants de la terre soient dans l'épouvante : car le jour du Seigneur va venir ; il est déjà proche :

2 jour de ténèbres et d'obscurité, jour de nuages et de tempêtes. Comme *la lumière de* l'aurore s'étend *en un moment* sur les montagnes, ainsi un peuple nombreux et puissant *se répandra sur la terre*. Il n'y en a jamais eu, et il n'y en aura jamais de semblable dans tous les siècles.

3 Il est précédé d'un feu dévorant, et suivi d'une flamme qui brûle *tout* : la campagne qu'il a trouvée comme un jardin de délices, n'est après lui qu'un désert affreux, et nul n'échappe à sa violence.

4 À les voir *marcher*, on les prendrait pour des chevaux *de combat* ; et ils s'élanceront comme une troupe de cavalerie.

5 Ils sauteront sur le sommet des montagnes avec un bruit semblable à celui des chariots *armés*, et d'un feu qui brille de la paille sèche, *et ils s'avanceront* comme une puissante armée qui se prépare au combat.

6 À leur approche les peuples seront saisis de douleur ; on ne verra partout que des visages ternis *et* plombés

7 Ils courront comme de vaillants *soldats* ; ils monteront sur les murs comme des hommes de guerre ; ces hommes marcheront chacun dans leur voie, et ils ne se détourneront point de la route qu'ils auront prise.

8 Ils ne se presseront point l'un l'autre, chacun suivra son sentier ; ils entreront *dans les maisons* par les fenêtres mêmes, sans avoir besoin de rien abattre.

9 Ils se répandront dans la ville, ils courront vers la muraille, ils monteront dans les maisons, ils entreront par les fenêtres comme des voleurs.

10 La terre tremblera devant eux, les cieux seront ébranlés ; le soleil et la lune seront obscurcis, et les étoiles retireront l'éclat de leur lumière.

11 Le Seigneur a fait entendre sa voix avant d'envoyer son armée ; parce que ses troupes sont très-nombreuses, qu'elles sont fortes, et qu'elles exécuteront ses ordres : car le jour du Seigneur est grand et très-redoutable ; et qui pourra en soutenir l'éclat ?

12 Maintenant donc, dit le Seigneur, convertissez-vous à moi de tout votre cœur, dans les jeûnes, dans les larmes et dans les gémissements.

13 Déchirez vos cœurs, et non vos vêtements, et convertissez-vous au Seigneur, votre Dieu ; parce qu'il est bon et compatissant, patient et riche en miséricorde, disposé à se repentir du mal *dont il avait menacé*.

14 Qui sait s'il *ne* se retournera *point vers vous*, s'il *ne* vous pardonnera *point*, et s'il ne laissera point encore après lui quelque bénédiction, *en sorte que vous puissiez offrir* au Seigneur, votre

Dieu, vos oblat ions de blé et de vin ?

15 Faites retentir la trompette en Sion, publiez un jeûne saint, convoquez l'assemblée.

16 Assemblez le peuple, avertissez-le qu'il se purifie, faites venir les vieillards, amenez les enfants, et ceux même qui sont encore à la mamelle : que l'époux sorte de sa couche, et l'épouse de son lit nuptial.

17 Que les prêtres, ministres du Seigneur, pleurent entre le vestibule et l'autel, et qu'ils disent : Épargnez, Seigneur ! épargnez votre peuple, et ne laissez point tomber votre héritage dans l'opprobre, en l'abandonnant à la puissance des nations : pourquoi dira-t-on parmi les peuples : Où est leur Dieu ?

18 Le Seigneur a été touché de zèle pour sa terre : il a pardonné à son peuple.

19 Le Seigneur a parlé à son peuple, et il lui a dit : Je vous enverrai du blé, du vin et de l'huile, et vous en serez rassasiés, et je ne vous abandonnerai plus aux insultes des nations.

20 J'écarterai loin de vous ce peuple qui est du côté de l'Aquilon ; et *je* le chasserai dans une terre déserte, et où personne ne passe : je ferai périr les premiers corps de ses troupes vers la mer d'Orient, et les derniers vers la mer la plus reculée : l'air sera tout infecté de leur puanteur, et l'odeur de leur pourriture s'élèvera dans les airs ; parce qu'ils ont agi avec orgueil.

21 Ô terre ! cessez de craindre, tressaillez d'allégresse, et soyez dans la joie ; parce que le Seigneur va faire *en votre faveur* de grandes choses.

22 Ne craignez plus, animaux de la campagne ; parce que les prairies vont reprendre leur première beauté, les arbres porteront leur fruit, le figuier et la vigne pousseront avec vigueur.

23 Et vous, enfants de Sion, soyez dans des transports d'allégresse, et réjouissez-vous dans le Seigneur, votre Dieu ; parce qu'il vous a donné un Maître qui vous enseignera la justice, et qu'il répandra sur vous comme autrefois les pluies de l'automne et du printemps.

24 Les granges seront pleines de blé, et les pressoirs regorgeront de vin et d'huile.

25 Je vous rendrai les *fruits des* années que vous ont fait perdre la sauterelle, le ver, la nielle et la chenille, *et* ma grande armée que j'ai envoyée contre vous.

26 Vous vous nourrirez *de tous ces biens*, et vous en serez rassasiés : vous louerez le nom du Seigneur, votre Dieu, qui aura fait pour vous tant de merveilles ; et mon peuple ne tombera plus jamais dans la confusion.

27 Alors vous saurez que je suis au milieu d'Israël ; que c'est moi qui suis le Seigneur, votre Dieu, et qu'il n'y en a point d'autre *que moi*. Et mon peuple ne tombera plus jamais dans la confusion.

28 Après cela je répandrai mon Esprit sur toute chair : vos fils et vos filles prophétiseront, vos vieillards seront instruits par des songes, et vos jeunes gens auront des visions.

29 Alors je répandrai aussi mon Esprit sur mes serviteurs et sur mes servantes.

30 Je ferai paraître des prodiges dans le ciel et sur la terre, du sang, du feu, et des tourbillons de fumée.

31 Le soleil sera changé en ténèbres, et la lune en sang, avant que le grand et terrible jour du Seigneur arrive.

32 Alors quiconque invoquera le nom du Seigneur, sera sauvé : car le salut se trouvera sur la montagne de Sion et dans Jérusalem, comme le Seigneur l'a dit, et dans les restes que le Seigneur aura appelés.

CHAPITRE III.

CAR en ces jours-là, lorsque j'aurai fait revenir les captifs de Juda et de Jérusalem,

2 j'assemblerai tous les peuples, et je les amènerai dans la vallée de Josaphat, où j'entrerai en jugement avec eux, touchant Israël, mon peuple et mon héritage, qu'ils ont dispersé parmi les nations, et touchant ma terre qu'ils ont divisée entre eux.

3 Ils ont partagé mon peuple au sort, ils ont exposé les *jeunes* enfants dans des lieux de prostitution, et ils ont vendu les jeunes filles pour avoir du vin, et pour s'enivrer.

4 Mais qu'y avait-il à *démêler* entre vous et moi, Tyr et Sidon, et vous terre des Philistins ? Est-ce que *je vous ai fait quelque injure dont* vous vouliez vous venger ? Mais si vous entreprenez de vous venger de moi, je ferai bientôt retomber sur votre tête le mal que vous voulez me faire.

5 Car vous avez enlevé mon argent et mon or ; et vous avez emporté dans vos temples ce que j'avais de plus précieux et de plus beau.

6 Vous avez vendu les enfants de Juda et de Jérusalem aux enfants des Grecs, pour les transporter bien loin de leur pays.

7 Mais je vais les retirer du lieu où vous les avez vendus, et je ferai retomber sur votre tête le mal que vous leur avez fait.

8 Je livrerai vos fils et vos filles entre les mains des enfants de Juda, et ils les vendront aux Sabéens, à un peuple très-éloigné ; c'est le Seigneur qui l'a dit.

9 Publiez ceci parmi les peuples : Qu'ils se liguent entre eux par les serments les plus saints ; que leurs braves s'animent *au combat* : que tout ce qu'il y a d'hommes de guerre marche, et se mette en campagne.

10 Forgez des épées du coutre de vos charrues, et des lances du fer de vos hoyaux : que le faible dise : Je suis fort.

11 Peuples, venez tous en foule ; accourez et assemblez-vous de toutes parts *en un même lieu* : c'est là que le Seigneur fera périr tous vos braves.

12 Que les peuples viennent se rendre à la vallée de Josaphat ; j'y serai assis *sur mon trône*, pour y juger tous les peuples qui y viendront de toutes parts.

13 Mettez la faucille dans le blé, parce qu'il est déjà mûr : venez, et descendez, le pressoir est plein, les cuves regorgent ; parce que leur malice est montée a son comble.

14 Peuples, peuples, *accourez* dans la vallée du carnage : car le jour du Seigneur est proche : *accourez* dans la vallée du carnage.

15 Le soleil et la lune se couvriront de ténèbres, et les étoiles retireront leur lumière.

16 Le Seigneur rugira *du haut* de Sion, et sa voix retentira *du milieu* de Jérusalem : le ciel et la terre trembleront ; et alors le Seigneur *sera* l'espérance de son peuple, et la force des enfants d'Israël.

17 Vous saurez *en ce jour-là* que j'habite sur ma montagne sainte de Sion, moi *qui suis* le Seigneur, votre Dieu : et Jérusalem sera sainte, sans que les étrangers passent désormais au milieu d'elle.

18 En ce jour-là la douceur *du miel* dégouttera des montagnes, le lait coulera des collines, et les eaux *vives* couleront dans tous les ruisseaux de Juda. il sortira de la maison du Seigneur une fontaine qui remplira le torrent des épines.

19 L'Égypte sera *toute* désolée, et l'Idumée *deviendra* un désert affreux ; parce qu'ils ont opprimé injustement les enfants de Juda, et qu'ils ont répandu dans leur pays le sang innocent.

20 La Judée sera habitée éternellement, Jérusalem *subsistera* dans toutes les races.

21 Je purifierai alors leur sang que je n'aurai point purifié auparavant : et le Seigneur habitera dans Sion.

AMOS.

CHAPITRE PREMIER.

RÉVÉLATIONS *qu'a eues* Amos, l'un des bergers de Thécué, touchant Israël, sous le règne d'Ozias, roi de Juda, et sous le règne de Jéroboam, fils de Joas, roi d'Israël, deux ans avant le tremblement de terre.

2 *Alors donc il* a dit : Le Seigneur rugira *du haut* de Sion, il fera retentir sa voix *du milieu* de Jérusalem : les pâturages les plus

beaux seront désolés, et le haut du Carmel deviendra tout sec.

3 Voici ce que dit le Seigneur : Après les crimes que Damas a commis trois et quatre fois, je ne changerai point l'arrêt que j'ai prononcé *contre lui* ; parce qu'il a fait passer des chariots armés de fer sur *les habitants de* Galaad.

4 Je mettrai le feu dans la maison d'Azaël, et les palais de Bénadad seront consumés.

5 Je briserai la force de Damas : j'exterminerai du champ de l'idole ceux qui l'habitent ; je chasserai celui qui a le sceptre à la main, de sa maison de plaisir, et le peuple de Syrie sera transporté à Cyrène, dit le Seigneur.

6 Voici ce que dit le Seigneur : Après les crimes que Gaza a commis trois et quatre fois, je ne changerai point l'arrêt que j'ai prononcé *contre ses habitants* ; parce qu'ils se sont saisis de ceux qui s'étaient réfugiés vers eux, sans en excepter aucun, et les ont emmenés captifs dans l'idumée.

7 Je mettrai le feu aux murs de Gaza, et il réduira ses maisons en cendre.

8 J'exterminerai d'Azot ceux qui l'habitent, et d'Ascalon, celui qui porte le sceptre : j'appesantirai encore ma main sur Accaron ; et je ferai périr le reste des Philistins, dit le Seigneur Dieu.

9 Voici ce que dit le Seigneur : Après les crimes que Tyr a commis trois et quatre fois, je ne changerai point l'arrêt que j'ai prononcé *contre ses habitants* ; parce qu'ils ont livré tous les captifs *d'Israël* aux Iduméens, sans se souvenir de l'alliance qu'ils avaient avec leurs frères.

10 C'est pourquoi je mettrai le feu aux murs de Tyr, et il réduira ses maisons en cendre.

11 Voici ce que dit le Seigneur : Après les crimes qu'Édom a commis trois et quatre fois, je ne changerai point l'arrêt que j'ai prononcé *contre lui* ; parce qu'il a persécuté son frère avec l'épée, qu'il a violé la compassion qu'il lui devait, qu'il n'a point mis de bornes à sa fureur, et qu'il a conservé jusqu'à la fin le ressentiment de sa colère.

12 Je mettrai le feu dans Théman, et il réduira en cendre les maisons de Bosra.

13 Voici ce que dit le Seigneur : Après les crimes qu'ont commis trois et quatre fois les enfants d'Ammon, je ne changerai point l'arrêt que j'ai prononcé *contre eux* ; parce qu'ils ont fendu le ventre des femmes grosses de Galaad, pour étendre les limites de leur pays.

14 Je mettrai le feu aux murs de Rabba, et il en consumera les maisons au milieu des cris au jour du combat, et au milieu des tourbillons au jour de la tempête.

15 *Leur dieu* Melchom sera emmené lui-même captif avec tous leurs princes, dit le Seigneur.

CHAPITRE II.

VOICI ce que dit le Seigneur : Après les crimes que Moab a commis trois et quatre fois, je ne changerai point l'arrêt que j'ai prononcé *contre lui* ; parce qu'il a brûlé les os du roi d'Idumée jusqu'à les réduire en cendre.

2 J'allumerai dans Moab un feu qui consumera les maisons de Carioth, et les Moabites périront parmi le bruit *des armes*, et le son des trompettes.

3 Je perdrai celui qui tient le premier rang dans ce royaume, et je ferai mourir avec lui tous ses princes, dit le Seigneur.

4 Voici ce que dit le Seigneur : Après les crimes que Juda a commis trois et quatre fois, je ne changerai point l'arrêt que j'ai prononcé *contre lui* ; parce qu'il a rejeté la loi du Seigneur, et qu'il n'a point gardé ses commandements : car leurs idoles les ont trompés, *ces idoles* après lesquelles leurs pères avaient couru.

5 Je mettrai le feu dans Juda, et il réduira en cendre les maisons de Jérusalem.

6 Voici ce que dit le Seigneur : Après les crimes qu'Israël a commis trois et quatre fois, je ne changerai point l'arrêt que j'ai prononcé *contre lui* ; parce qu'il a vendu le juste pour de l'argent, et le pauvre pour les choses les plus viles.

7 Ils brisent contre terre la tête des pauvres, ils écartent *et détournent dans le jugement* la voie des faibles : le fils et le père se sont approchés d'une *même* fille, pour violer mon saint nom.

8 Ils ont fait festin près de toute sorte d'autels, assis sur les vêtements *que les pauvres leur avaient* donnés en gage, et ils ont bu dans la maison de leur dieu le vin de ceux qu'ils avaient condamnés *injustement*.

9 Cependant c'est moi qui à leur arrivée *dans la Palestine* ai exterminé les Amorrhéens, ce peuple dont la hauteur égalait celle des cèdres, et qui était fort comme des chênes : j'ai écrasé tous les fruits qui étaient sur *ses branches*, et *j'ai brisé dans* la terre toutes ses racines.

10 C'est moi qui vous ai fait sortir de l'Égypte, et qui vous ai conduits dans le désert pendant quarante ans, pour vous faire posséder la terre des Amorrhéens.

11 De vos enfants je me suis fait des prophètes ; et de vos jeunes hommes, des nazaréens. Enfants d'Israël, ce que je dis n'est-il pas vrai ? dit le Seigneur.

12 *Et après cela* vous avez présenté du vin aux nazaréens ; et vous avez dit hardiment aux prophètes : Ne prophétisez point.

13 Ma colère va éclater avec grand bruit, *étant pressée du poids de vos crimes,* comme *les roues d'*un chariot crient sous la pesanteur d'une grande charge de foin.

14 Celui qui court le mieux ne pourra se sauver par la fuite : le plus vaillant ne sera plus maître de son cœur ; le plus fort ne pourra sauver sa vie.

15 Celui qui combattait avec l'arc, tremblera de peur ; le plus vite à la course n'échappera point ; le cavalier ne se sauvera point avec son cheval ;

16 et le plus hardi d'entre les braves s'enfuira tout nu en ce jour-là, dit le Seigneur.

CHAPITRE III.

ENFANTS d'Israël, écoutez ce que j'ai dit sur votre sujet, sur vous tous *qui êtes ce peuple né* d'un même sang, que j'ai fait sortir de l'Égypte.

2 Je n'ai connu que vous de toutes les nations de la terre, *dit le Seigneur :* c'est pourquoi je vous punirai de toutes vos iniquités.

3 Deux *hommes* peuvent-ils marcher ensemble, à moins qu'ils ne soient dans quelque union ?

4 Le lion rugit-il dans une forêt, sans qu'il ait trouvé de quoi repaître sa faim ? Le lionceau fait-il retentir sa voix dans sa tanière, sans qu'il soit prêt à se jeter sur sa proie ?

5 Un oiseau tombe-t-il sur la terre dans le filet, sans *qu'il lui ait été tendu par* un oiseleur ? Ôte-t-on un piège de dessus la terre avant que quelque chose y ait été pris ?

6 La trompette sonnera-t-elle dans la ville sans que le peuple soit dans l'épouvante ? Y arrivera-t-il quelque mal qui ne vienne pas du Seigneur ?

7 Car le Seigneur Dieu ne fait rien sans avoir révélé auparavant son secret aux prophètes ses serviteurs.

8 Le lion rugit ; qui ne craindra point ? Le Seigneur Dieu a parlé ; qui ne prophétisera point ?

9 Faites entendre ceci dans les maisons d'Azot, et dans les palais d'Égypte ; et dites *à ces peuples* : Assemblez-vous sur les montagnes de Samarie, et voyez les extravagances sans nombre qui s'y commettent, et de quelle manière on opprime au milieu d'elle les innocents par des calomnies.

10 Ils n'ont su *ce que c'était que de* suivre les règles de la justice, dit le Seigneur, et ils ont amassé dans leurs maisons un trésor de rapines et d'iniquité.

11 C'est pourquoi, voici ce que dit le Seigneur Dieu ; La terre sera foulée aux pieds *comme le blé l'est dans l'aire ;* elle sera environnée *de gens de guerre* ; on vous ôtera toute votre force, et *toutes* vos maisons seront pillées.

12 Voici ce que dit le Seigneur : De tous les enfants d'Israël qui vivent à Samarie dans les délices et dans la mollesse de Damas, s'il en échappe quelques-uns, ce sera comme lorsqu'un berger

arrache de la gueule du lion les deux cuisses ou le bout de l'oreille *d'une brebis.*

13 Écoutez ceci, et déclarez-le publiquement à la maison de Jacob, dit le Seigneur, le Dieu des armées :

14 *dites-lui,* qu'au jour où je commencerai à punir Israël pour les violements de ma loi, j'étendrai aussi ma vengeance sur les autels de Béthel ; les cornes de ces autels seront arrachées et jetées par terre.

15 Je renverserai le palais d'hiver et le palais d'été : les chambres d'ivoire périront, et une multitude de maisons sera détruite, dit le Seigneur.

CHAPITRE IV.

ÉCOUTEZ ceci, vaches grasses de la montagne de Samarie, qui opprimez les faibles par la violence, qui réduisez les pauvres en poudre, et qui dites à vos seigneurs : Apportez, et nous boirons.

2 Le Seigneur Dieu a juré par son saint *nom,* qu'il va venir un jour malheureux pour vous, où l'on vous enlèvera avec des crocs, et *où l'on mettra* ce qui restera de votre corps dans des chaudières bouillantes.

3 On vous fera passer par les brèches *des murailles*, l'une d'un côté et l'autre de l'autre, et l'on vous jettera dans *le pays* d'Armon, dit le Seigneur.

4 Allez *donc* à Béthel, et continuez vos impiétés : *allez* à Galgala, et ajoutez crimes sur crimes : amenez-y vos victimes dès le matin, *et portez-y* vos dîmes dans les trois jours *solennels*.

5 Offrez avec du levain des sacrifices d'actions de grâces : appelez-les des oblations volontaires, et publiez-les *devant tout le monde* : car ce sont là en effet des œuvres de votre volonté, enfants d'Israël, *et non de la mienne,* dit le Seigneur Dieu.

6 C'est pourquoi j'ai fait que dans toutes vos villes vos dents sont devenues faibles et branlantes : j'ai frappé toutes vos terres d'une stérilité de blé ; et cependant vous n'êtes point revenus à moi, dit le Seigneur.

7 J'ai empêché la pluie d'arroser vos champs, lorsqu'il restait encore trois mois jusqu'à la moisson : j'ai fait, ou qu'il a plu sur une ville et qu'il n'a point plu sur l'autre ; ou qu'il a plu sur un endroit *d'une ville,* et que l'autre est demeuré sec, parce que j'ai empêché qu'il n'y plût.

8 Deux ou trois villes sont allées à une autre pour y trouver de l'eau à boire, et ils n'ont pu apaiser leur soif ; et vous n'êtes point revenus à moi, dit le Seigneur.

9 Je vous ai frappés par un vent brûlant et par la nielle : la chenille a gâté tous vos grands jardins, toutes vos vignes, et tous vos plants d'oliviers et de figuiers ; et vous n'êtes point revenus à moi, dit le Seigneur.

10 Je vous ai frappés de plaies mortelles, comme je fis autrefois à l'égard des Égyptiens : j'ai frappé par l'épée vos jeunes hommes, et vos chevaux ont été la proie *de vos ennemis :* j'ai fait monter à vos narines la puanteur *des corps morts* de votre armée ; et vous n'êtes point revenus à moi, dit le Seigneur.

11 Je vous ai détruits *en partie* comme Dieu a détruit Sodome et Gomorrhe ; *et* ceux d'entre vous *qui ont été sauvés*, l'ont été comme un tison que l'on tire à peine d'un embrasement ; et vous n'êtes point revenus à moi, dit le Seigneur.

12 Je vous frapperai donc, ô Israël ! de toutes les plaies dont je vous ai menacés ; et après que je vous aurai traités de la sorte, préparez-vous, ô Israël ! à aller au-devant de votre Dieu.

13 Car voici celui qui forme les montagnes, qui crée le vent, et qui annonce sa parole à l'homme ; qui produit les nuages du matin, et qui marche sur ce qu'il y a de plus élevé dans la terre : son nom est le Seigneur, le Dieu des armées.

CHAPITRE V.

ÉCOUTEZ ces paroles avec lesquelles je déplore votre malheur : La maison d'Israël est tombée, elle ne se relèvera point.

2 La vierge d'Israël a été jetée par terre, et il n'y a personne qui la relève.

3 Car voici ce que dit le Seigneur Dieu *touchant la maison d'Israël* : S'il se trouve mille hommes dans une de ses villes, il *n'*en restera *plus que* cent ; et s'il s'y en trouvait cent, il *n'*y en restera *plus que* dix.

4 Voici donc ce que dit le Seigneur à la maison d'Israël : Cherchez-moi, et vous vivrez.

5 Ne cherchez point Béthel, n'allez point à Galgala, et ne passez point à Bersabée ; parce que Galgala sera emmenée captive, et Béthel sera réduite à rien.

6 Cherchez le Seigneur, et vous vivrez ; de peur qu'il ne fonde sur la maison de Joseph comme un feu qui la réduise en cendre, et qui embrase Béthel sans que personne puisse l'éteindre :

7 ô vous qui changez en absinthe les jugements, et qui abandonnez la justice sur la terre !

8 *Cherchez* celui qui a créé l'étoile de l'Ourse et l'étoile de l'Orion ; qui fait succéder aux ténèbres de la nuit la clarté du matin, et la nuit au jour ; qui appelle les eaux de la mer, et les répand sur la face de la terre : son nom est le Seigneur.

9 C'est lui qui renverse les plus forts comme en souriant, *et sans effort,* et qui expose au pillage les plus puissants.

10 Ils ont haï celui qui les reprenait dans les assemblées publiques ; et ils ont eu en abomination celui qui parlait d'une manière irréprochable.

11 Comme donc vous avez pillé le pauvre, et que vous lui avez emporté tout ce qu'il avait de plus précieux, vous n'habiterez point dans ces maisons de pierre de taille que vous avez bâties : vous ne boirez point du vin de ces excellentes vignes que vous avez plantées.

12 Car je connais vos crimes qui sont en grand nombre ; *je sais* que vous êtes puissants à faire le mal ; *Je sais* que vous êtes les ennemis du juste ; que vous recevez des dons, et que vous opprimez le pauvre dans les jugements.

13 C'est pourquoi l'*homme* prudent se tiendra alors en silence, parce que le temps est mauvais.

14 Cherchez le bien, et non pas le mal, afin que vous viviez : et alors le Seigneur, le Dieu des armées, sera *vraiment* avec vous, comme vous prétendez *qu'il y est*.

15 Haïssez le mal, et aimez le bien : faites que la justice règne dans les jugements ; et le Seigneur, le Dieu des armées, aura peut-être compassion des restes de Joseph.

16 Mais *puisque vous ne m'écoutez pas*, voici ce que dit le Seigneur, le Dieu des armées, le souverain Maître : Les cris *éclateront* dans toutes les places ; et dans tous les dehors *de la ville* on n'entendra dire que, Malheur ! malheur ! Ils appelleront à ce deuil les laboureurs *mêmes, et ils feront venir* pour pleurer ceux qui savent faire les plaintes funèbres.

17 Toutes les vignes retentiront de voix lamentables, parce que je passerai *comme une tempête* au milieu de vous, dit le Seigneur.

18 Malheur à ceux qui désirent le jour du Seigneur ! de quoi vous servira-t-il ? Ce jour du Seigneur sera *pour vous* un jour de ténèbres, et non de lumière.

19 Ce sera comme si un homme fuyait de devant un lion, et qu'il rencontrât un ours ; ou qu'étant entré dans la maison, et s'appuyant de la main sur la muraille, *il trouvât* un serpent *qui* le mordît.

20 Quel sera *pour vous* le jour du Seigneur, sinon un jour de ténèbres, et non de clarté ; un jour d'obscurité, et non de lumière ?

21 Je hais vos fêtes, et je les abhorre ; je ne puis souffrir vos assemblées.

22 En vain vous m'offrirez des holocaustes et des oblations, je ne les recevrai point : et quand vous me sacrifierez les hosties les plus grasses pour vous acquitter de vos vœux, je ne daignerai pas les regarder.

23 Ôtez-moi le bruit tumultueux de vos cantiques ; je n'écouterai point les airs que vous chanterez sur la lyre.

24 *Mes* jugements se répandront *sur vous* comme une eau *qui se déborde,* et *ma* justice comme un torrent impétueux.

25 Maison d'Israël, m'avez-vous offert des hosties et des

sacrifices dans le désert pendant quarante ans ?

26 Vous y avez porté le tabernacle de votre Moloch, l'image de vos idoles, et l'étoile de votre dieu, qui n'étaient que les ouvrages de vos mains.

27 *C'est pour cela que* je vous ferai transporter au delà de Damas, dit le Seigneur, qui a pour nom le Dieu des armées.

CHAPITRE VI.

MALHEUR à vous qui vivez en Sion dans l'abondance de toutes choses, et qui mettez votre confiance en la montagne de Samarie ! grands qui êtes les chefs des peuples, qui entrez avec une pompe fastueuse dans les assemblées d'Israël.

2 Passez à Chalane, et la considérez ; allez de là dans la grande *ville* d'Émath ; descendez à Geth, au pays des Philistins, et dans les plus beaux royaumes qui dépendent de ces villes ; et voyez si les terres qu'ils possèdent sont plus étendues que celles que vous possédez.

3 Vous que *Dieu* réserve pour le jour de l'affliction, et qui êtes près d'être asservis à un roi barbare ;

4 qui dormez sur des lits d'ivoire, et qui employez le temps du sommeil pour satisfaire votre mollesse ; qui mangez les agneaux les plus excellents, et des veaux choisis de tout le troupeau ;

5 qui accordez vos voix avec le son de la harpe ; et qui croyez imiter David en vous servant comme lui des instruments de musique ;

6 qui buvez le vin à *pleines* coupes, qui vous parfumez des huiles de senteur les plus précieuses, et qui êtes insensibles a l'affliction de Joseph.

7 C'est pour cela que ces hommes *voluptueux* vont être emmenés les premiers loin de leur pays : et que cette troupe nourrie dans les délices sera dissipée.

8 Le Seigneur Dieu a juré par lui-même, le Seigneur, le Dieu des armées a dit : Je déteste l'orgueil de Jacob, et je hais ses maisons *superbes* ; je livrerai leur ville avec ses habitants *entre les mains de leurs ennemis*.

9 S'il reste seulement dix hommes dans une maison, ils mourront comme les autres.

10 Leur plus proche les prendra l'un après l'autre, et les brûlera dans la maison pour en emporter les os : il dira à celui qui sera resté seul au fond du logis : Y a-t-il encore quelqu'un avec vous ?

11 Et après qu'il lui aura répondu, Il n'y en a plus ; il ajoutera : Ne dites mot, et ne parlez point du nom du Seigneur.

12 Car le Seigneur va donner ses ordres ; il ruinera la grande maison, et il fera des brèches à la petite.

13 Les chevaux peuvent-ils courir au travers des rochers ? ou peut-on *y* labourer avec des bœufs ? *Comment donc pourriez-vous espérer le secours de Dieu,* vous qui avez changé en amertume les jugements *que vous deviez rendre,* et en absinthe le fruit de la justice ?

14 vous qui mettez votre joie dans le néant, et qui dites : N'est-ce pas par notre propre force que nous nous sommes rendus si redoutables ?

15 Maison d'Israël, dit le Seigneur, le Dieu des armées, je vais susciter contre vous une nation qui vous réduira en poudre, depuis l'entrée du pays d'Émath, jusqu'au torrent du désert.

CHAPITRE VII.

VOICI ce que le Seigneur Dieu me fit voir *dans une vision* : Il parut une multitude de sauterelles qui se forma lorsque les pluies de l'arrière-saison commençaient à faire repousser l'herbe, et ces pluies *la faisaient repousser* après qu'elle avait été coupée pour le roi.

2 Lorsque *la sauterelle* achevait de manger l'herbe de la terre, je dis : Seigneur Dieu ! faites-*leur,* je vous prie, miséricorde : qui pourra rétablir Jacob, après qu'il est devenu si faible ?

3 Alors le Seigneur fut touché de compassion, et *me* dit : Ce que vous craignez, n'arrivera point.

4 Le Seigneur Dieu me fit voir *encore* cette vision : Je voyais le Seigneur Dieu qui appelait un feu pour exercer son jugement. Ce feu dévorait un grand abîme, et consumait en même temps le partage d'*Israël*.

5 Alors je dis : Seigneur Dieu ! apaisez-vous, je vous prie : qui pourra rétablir Jacob, après qu'il est devenu si faible ?

6 Alors le Seigneur fut touché de compassion, et *me* dit : Cette plaie non plus n'arrivera pas, *comme vous craignez*.

7 Le Seigneur me fit voir *encore* cette vision : Je vis le Seigneur au-dessus d'une muraille crépie, qui avait à la main une truelle de maçon.

8 Et il me dit : Que voyez-vous, Amos ? Je lui répondis : *Je vois* la truelle d'un maçon. Il ajouta : Je ne me servirai plus à l'avenir de la truelle parmi mon peuple d'Israël, et je n'en crépirai plus les murailles.

9 Les hauts lieux consacrés à l'idole seront détruits : ces lieux qu'Israël prétend être saints, seront renversés ; et j'exterminerai par l'épée la maison de Jéroboam.

10 Alors Amasias, prêtre de Béthel, envoya dire à Jéroboam, roi d'Israël : Amos s'est révolté contre vous au milieu de votre État : les discours qu'il sème partout ne peuvent plus se souffrir.

11 Car voici ce que dit Amos : Jéroboam mourra par l'épée, et Israël sera emmené captif hors de son pays.

12 Amasias dit ensuite à Amos : Sortez d'ici, homme de vision ; fuyez au pays de Juda, où vous trouverez de quoi vivre : et vous prophétiserez là *tant que vous voudrez.*

13 Mais qu'il ne vous arrive plus de prophétiser dans Béthel ; parce que c'est là qu'est la religion du roi, et l'une de ses maisons royales.

14 Amos répondit à Amasias : Je ne suis ni prophète, ni fils de prophète ; mais je mène paître les bœufs, et je me nourris *du fruit* des sycomores.

15 Le Seigneur m'a pris lorsque je menais mes bêtes ; et il m'a dit : Allez, et parlez comme *mon prophète* à mon peuple d'Israël.

16 Écoutez donc maintenant la parole du Seigneur : Vous me dites : Ne vous mêlez point de prophétiser sur Israël, ni de prédire des malheurs à la maison de l'idole.

17 Mais voici ce que le Seigneur *vous* dit : Votre femme sera exposée à la prostitution dans la ville ; vos fils et vos filles périront par l'épée ; *l'ennemi* partagera vos terres au cordeau ; vous mourrez parmi une nation impure, et Israël sera emmené captif hors de son pays.

CHAPITRE VIII.

LE Seigneur Dieu me fit voir cette vision : Je voyais un crochet à *faire tomber le* fruit *des arbres*.

2 Et *le Seigneur* me dit : Que voyez-vous, Amos ? Je vois, lui dis-je, un crochet à *faire tomber les* fruits. Et le Seigneur me dit : Le temps de la ruine de mon peuple d'Israël est venu : je ne dissimulerai plus ses fautes à l'avenir.

3 En ce temps-là, dit le Seigneur Dieu, on entendra un horrible bruit *à la chute* des principaux soutiens du temple ; il se fera un grand carnage d'hommes, et un silence affreux régnera de toutes parts.

4 Écoutez ceci, vous qui réduisez en poudre les pauvres, et qui faites périr ceux qui sont dans l'indigence :

5 vous qui dites : Quand seront passés ces mois *où tout est à bon marché,* afin que nous vendions *nos* marchandises ? Quand finiront ces semaines *ennuyeuses,* afin que nous ouvrions nos greniers, que nous vendions le blé bien cher et à fausse mesure, et que nous pesions dans de fausses balances *l'argent qu'on nous donnera :*

6 pour nous rendre par nos richesses les maîtres des pauvres, pour nous les assujettir sans qu'il nous en coûte presque rien, et pour leur vendre les criblures de notre blé ?

7 Le Seigneur a prononcé ce serment contre l'orgueil de Jacob : Je jure que je n'oublierai pas toujours toutes leurs œuvres.

8 Après cela toute leur terre ne sera-t-elle pas renversée ? *Elle le*

sera certainement. Tous ses habitants seront dans les larmes ; elle sera *accablée de maux,* comme *une campagne* inondée par un fleuve : *ses richesses* seront enlevées, et se dissiperont, comme les eaux *du Nil s'écoulent après avoir couvert toute* l'Égypte.

9 En ce jour-là, dit le Seigneur Dieu, le soleil se couchera en plein midi, et je couvrirai la terre de ténèbres, lorsqu'elle devrait être pleine de lumière.

10 Je changerai vos *jours de* fêtes en *des jours de* larmes, et vos chants de joie en plaintes *lamentables* : je vous réduirai tous à vous revêtir d'un sac, et à vous raser la tête : je plongerai *Samarie* dans les larmes, comme *une mère* qui pleure son fils unique, et sa fin ne sera qu'amertume *et que douleur.*

11 Il viendra un temps, dit le Seigneur, où j'enverrai la famine sur la terre ; non la famine du pain, ni la soif de l'eau, mais *la famine et la soif* de la parole du Seigneur.

12 Et ils seront dans le trouble depuis une mer jusqu'à l'autre, et depuis l'aquilon jusqu'à l'orient : ils iront chercher de tous côtés la parole du Seigneur, et ils ne la trouveront point.

13 En ce temps-là les vierges d'une beauté extraordinaire mourront de soif, et *avec elles* les jeunes hommes,

14 qui jurent par le péché de Samarie, en disant : Ô Dan ! vive votre dieu ! vive la religion de Bersabée ! Et ils tomberont sans que jamais ils se relèvent.

CHAPITRE IX.

J'AI vu le Seigneur *qui était* debout sur l'autel, et qui a dit : Frappez le gond, et ébranlez le haut de la porte ; parce qu'ils ont tous l'avarice dans la tête *et dans le cœur.* Je ferai mourir par l'épée jusqu'au dernier d'entre eux : nul n'en échappera ; et celui qui voudra fuir, ne se sauvera point par la fuite.

2 Quand ils descendraient jusqu'aux enfers, ma main les en retirerait ; et quand ils monteraient jusqu'au ciel, je les en ferais tomber.

3 S'ils se cachent sur le haut du *mont* Carmel, j'irai les y chercher et les en faire sortir ; et s'ils vont au plus profond de la mer pour se dérober à mes yeux, je commanderai à un serpent qu'il les morde *au fond des eaux.*

4 S'il en reste *quelques-uns* que leurs ennemis emmènent captifs en une terre étrangère, je commanderai là à l'épée, et elle les tuera ; et j'arrêterai mes yeux sur eux, non pour leur faire du bien, mais pour les accabler de maux.

5 Le Seigneur, le Dieu des armées, est celui qui frappe la terre, et la terre sèche *de frayeur,* et tous ceux qui l'habitent sont dans les larmes : elle sera *comme* inondée d'un fleuve de maux, et toutes ses richesses se dissiperont comme les eaux *du Nil s'écoulent après avoir couvert toute* l'Egypte.

6 C'est lui qui a établi son trône dans le ciel, et qui soutient sur la terre la société qu'il s'est unie ; qui appelle les eaux de la mer, et les répand sur la face de la terre. Son nom est Le Seigneur.

7 Enfants d'Israël, vous êtes à moi, dit le Seigneur : mais les enfants des Ethiopiens ne m'appartiennent-ils pas aussi ? J'ai tiré Israël de l'Egypte : mais n'ai-je pas tiré aussi les Philistins de la Cappadoce, et les Syriens de Cyrène ?

8 Les yeux du Seigneur Dieu sont ouverts sur tous les royaumes qui s'abandonnent au péché : je les exterminerai de dessus la terre, dit le Seigneur ; néanmoins je ne ruinerai pas entièrement la maison de Jacob.

9 Car je vais donner mes ordres, et je ferai que la maison d'Israël sera agitée parmi toutes les nations, comme le blé est remué dans le crible, sans néanmoins qu'il en tombe à terre un seul grain.

10 Je ferai mourir par l'épée tous ceux de mon peuple qui s'abandonnent au péché ; tous ceux qui disent : Ces maux *qu'on nous prédit* ne viendront pas jusqu'à nous, et ils n'arriveront jamais.

11 En ce jour-là je relèverai le tabernacle de David, qui sera tombé ; je refermerai les ouvertures de ses murailles ; je rebâtirai ce qui était tombé, et je le rétablirai comme il était autrefois,

12 afin que *mon peuple* possède les restes de l'Idumée, et toutes les nations du monde ; parce qu'il a été appelé de mon nom, dit le Seigneur qui fera ces choses.

13 Il viendra un temps, dit le Seigneur, où les ouvrages du laboureur et du moissonneur, de celui qui foule les raisins, et de celui qui sème la terre, s'entresuivront : la douceur *du miel* dégouttera des montagnes, et toutes les collines seront cultivées.

14 Je ferai revenir les captifs de mon peuple d'Israël : ils rebâtiront les villes désertes, et ils les habiteront ; ils planteront des vignes, et ils en boiront le vin ; ils feront des jardins, et ils en mangeront le fruit.

15 Je les établirai dans leur pays, et je ne les arracherai plus à l'avenir de la terre que je leur ai donnée, dit le Seigneur, votre Dieu.

ABDIAS.

VISION *prophétique* d'Abdias. Voici ce que le Seigneur Dieu dit à Edom : Nous avons entendu la parole du Seigneur : il a déjà envoyé son ange aux nations .. Allons, *disent-elles,* conspirons ensemble contre Edom pour le combattre.

2 Je vous ai rendu l'un des moindres peuples, et vous n'êtes dignes que de mépris.

3 *Mais* l'orgueil de votre cœur vous a élevé, parce que vous habitez dans les fentes des rochers ; et qu'ayant mis votre trône dans les lieux les plus hauts, vous dites en vous-même : Qui m'en tirera, et me fera tomber en terre ?

4 Quand vous prendriez votre vol aussi haut que l'aigle, et que vous mettriez votre nid parmi les astres, je vous arracherais de là, dit le Seigneur.

5 Si des voleurs, si des brigands étaient entrés chez vous pendant la nuit, ne vous seriez-vous pas tenu dans le silence ? Ne se seraient-ils pas contentés de prendre ce qui les aurait accommodés ? Si des gens étaient venus *malgré vous* pour vendanger votre vigne, ne vous auraient-ils pas laissé au moins une grappe de raisin ?

6 *Mais* comment *les ennemis* ont-ils traité Esaü ? Ils ont cherché, ils ont fouillé partout, et dans les endroits les plus cachés *sans lui rien laisser.*

7 Ils vous ont poursuivi jusqu'à vous chasser de votre pays ; tous vos alliés se sont joués de vous ; ceux avec qui vous viviez en paix, se sont élevés contre vous ; ceux qui mangeaient à votre table, vous ont dresse des embûches ; Edom est sans intelligence.

8 N'est-ce pas en ce jour-là, dit le Seigneur, que je perdrai les sages de l'Idumée, et *que je bannirai* la prudence de la montagne d'Esaü ?

9 Vos braves du midi seront saisis de frayeur, parce qu'il se fera un grand carnage sur la montagne d'Esaü.

10 Vous serez couvert de confusion à cause des meurtres *que vous avez commis,* et à cause de l'injustice que vous avez faite à Jacob, votre frère ; et vous périrez pour jamais.

11 Vous vous êtes déclaré contre lui, lorsque son armée a été défaite par les ennemis, lorsque les étrangers entraient dans ses villes, et qu'ils jetaient le sort sur *les dépouilles de* Jérusalem : c'est alors que vous avez paru dans leurs troupes comme l'un d'entre eux.

12 Ne vous moquez donc point de votre frère au jour de son affliction, au jour où il sera emmené hors de son pays : que les enfants de Juda ne vous deviennent point dans leur malheur un sujet de joie ; et ne vous glorifiez point insolemment lorsqu'ils seront accablés de maux.

13 N'entrez point dans la ville de mon peuple quand il sera ruiné : ne lui insultez point comme les autres dans son malheur lorsqu'il périra ; et ne vous jetez point sur son armée lorsqu'il sera mis en fuite.

14 Ne vous tenez point sur les chemins pour tuer ceux qui fuiront, et pour envelopper dans sa ruine les restes de ses habitants.

15 Car le jour du Seigneur est près *d'éclater* sur toutes les nations : vous serez traité comme vous avez traité les autres : et Dieu fera tomber sur votre tête le mal que vous leur avez fait.

16 Car comme vous avez bu dans *le calice de ma colère, vous enfants de Juda, qui habitez* sur ma montagne sainte, toutes les nations en boiront *aussi ; elles en boiront* sans discontinuer : elles en prendront jusqu'au fond du vase, et elles deviendront comme si elles n'avaient jamais été.

17 Mais ce sera sur la montagne de Sion que se trouvera le salut : elle sera sainte ; et la maison de Jacob possédera ceux qui l'avaient possédée.

18 La maison de Jacob sera un feu, la maison de Joseph une flamme, et la maison d'Esaü sera une paille sèche : elle en sera embrasée, et ils la dévoreront ; et il ne demeurera aucun reste de la maison d'Esaü : car c'est le Seigneur qui a parlé.

19 Ceux qui seront du côté du midi, hériteront de la montagne d'Esaü ; et ceux qui *habiteront* dans la plaine *deviendront maîtres du pays* des Philistins. *Les enfants de mon peuple* posséderont le pays d'Ephraïm et le pays de Samarie ; et Benjamin possédera *la terre de* Galaad.

20 L'armée des enfants d'Israël qui avait été transférée hors de son pays, possédera toutes les terres des Chananéens jusqu'à Sarepta : et les villes du midi obéiront à ceux qui avaient été emmenés de Jérusalem jusqu'au Bosphore.

21 Ceux qui doivent sauver *le peuple* monteront sur la montagne de Sion pour juger la montagne d'Esaü : et le règne demeurera au Seigneur.

JONAS

CHAPITRE PREMIER.

LE Seigneur adressa sa parole à Jonas, fils d'Amathi, et lui dit :

2 Allez présentement en la grande ville de Ninive, et y prêchez ; parce que *la voix de* sa malice s'est élevée jusqu'à moi.

3 Jonas donc se mit en chemin ; mais il résolut d'aller à Tharsis pour fuir de devant la face du Seigneur. Il descendit au *rivage de* Joppé, et ayant trouvé un vaisseau qui faisait voile à Tharsis, il y entra avec les autres, et paya son passage pour aller en cette ville, *et fuir* de devant la face du Seigneur.

4 Mais le Seigneur envoya sur la mer un vent furieux ; et une grande tempête s'étant excitée, le vaisseau était en danger d'être brisé.

5 La peur saisit les mariniers : chacun invoqua son dieu avec de grands cris ; et ils jetèrent dans la mer *toute* la charge du vaisseau pour le soulager. Cependant Jonas étant descendu au fond du navire, y dormait d'un profond sommeil.

6 Et le pilote s'approchant de lui, lui dit : Comment pouvez-vous ainsi dormir ? Levez-vous, invoquez votre Dieu ; et peut-être que Dieu se souviendra de nous, et ne permettra pas que nous périssions.

7 Ils se dirent ensuite l'un à l'autre : Allons, jetons le sort, pour savoir d'où ce malheur a pu nous venir. Et ayant jeté le sort, il tomba sur Jonas.

8 Ils lui dirent donc : Apprenez-nous quelle est la cause de ce péril où nous sommes. À quoi vous occupez-vous ? D'où êtes-vous ? Où allez-vous ? Et quel est votre peuple ?

9 Il leur répondit : Je suis Hébreu, et je sers le Seigneur, le Dieu du ciel, qui a fait la mer et la terre.

10 Alors ils furent saisis d'une grande crainte, et ils lui dirent : Pourquoi avez-vous fait cela ? Car ils avaient su de lui-même, qu'il fuyait de devant la face du Seigneur.

11 Ils lui dirent donc : Que vous ferons-nous pour nous mettre à couvert de la violence de la mer ? Car les vagues s'élevaient, et se grossissaient de plus en plus.

12 Jonas leur répondit : Prenez-moi, et me jetez dans la mer, et elle s'apaisera. Car je sais que c'est à cause de moi, que cette grande tempête est venue fondre sur vous.

13 Cependant les mariniers tâchaient de regagner la terre ; mais ils ne pouvaient : parce que la mer s'élevait de plus en plus, et les couvrait de ses vagues.

14 Ainsi ils crièrent au Seigneur, et lui dirent : Nous vous prions, Seigneur ! que la mort de cet homme ne soit pas cause de notre perte ; et ne faites pas retomber sur nous le sang innocent : parce que c'est vous-même, Seigneur ! qui faites en ceci ce que vous voulez.

15 Puis ayant pris Jonas, ils le jetèrent dans la mer, et elle s'apaisa aussitôt.

16 Alors ces hommes conçurent pour *le vrai* Dieu une frayeur pleine de respect. Ils immolèrent des hosties au Seigneur, et firent des vœux.

CHAPITRE II.

DIEU fit en même temps, qu'il se trouva là un grand poisson qui engloutit Jonas. Il demeura trois jours et trois nuits dans le ventre de ce poisson,

2 où adressant sa prière au Seigneur, son Dieu,

3 il lui dit : J'ai crié au Seigneur dans le fort de mon affliction, et il m'a exaucé ; j'ai crié du fond du tombeau, et vous avez entendu ma voix.

4 Vous m'avez jeté au milieu de la mer, jusqu'au fond des eaux ; j'en ai été inondé de toutes parts ; toutes vos vagues et tous vos flots ont passé sur moi ;

5 et j'ai dit *en moi-même* : Je suis rejeté de devant vos yeux ; mais néanmoins je verrai encore votre temple saint.

6 Je me suis vu à l'extrémité parmi les eaux qui m'environnaient ; l'abîme m'a enveloppé de toutes parts, les flots de la mer ont couvert ma tête.

7 Je suis descendu jusque dans les racines des montagnes ; je me vois comme exclu pour jamais de la terre, par les barrières qui m'enferment ; et vous préserverez *néanmoins* ma vie de la corruption, ô Seigneur mon Dieu !

8 Dans la douleur profonde dont mon âme a été saisie, je me suis souvenu de vous, Seigneur ! que ma prière monte jusqu'à vous, jusqu'à votre temple saint.

9 Ceux qui s'attachent inutilement à la vanité, abandonnent la miséricorde qui les aurait délivrés.

10 Mais pour moi, je vous offrirai des sacrifices avec des cantiques de louanges ; je rendrai au Seigneur tous les vœux que j'ai faits pour mon salut.

11 Alors le Seigneur commanda au poisson *de rendre* Jonas, et il le jeta sur le bord.

CHAPITRE III.

LE Seigneur parla une seconde fois à Jonas, et lui dit :

2 Allez présentement en la grande ville de Ninive, et prêchez-y ce que je vous ordonne de *leur dire*.

3 Jonas partit aussitôt, et alla à Ninive, selon l'ordre du Seigneur : Ninive était une grande ville qui avait trois jours de chemin.

4 Et Jonas y étant entré, y marcha pendant un jour ; et il cria en disant : Dans quarante jours Ninive sera détruite.

5 Les Ninivites crurent à *la parole de* Dieu ; ils ordonnèrent un jeûne public, et se couvrirent de sacs, depuis le plus grand jusqu'au plus petit.

6 Cette nouvelle ayant été portée au roi de Ninive, il se leva de son trône, quitta ses habits *royaux*, se couvrit d'un sac, et s'assit sur la cendre.

7 Ensuite il fit crier partout et publier dans Ninive cet ordre, *comme venant* de la bouche du roi et de ses princes : Que les

hommes, les chevaux, les bœufs et les brebis ne mangent rien, qu'on ne les mène point aux pâturages, et qu'ils ne boivent point d'eau.

8 Que les hommes et les bêtes soient couverts de sacs, et qu'ils crient au Seigneur de toute leur force : que chacun se convertisse ; qu'il quitte sa mauvaise voie, et l'iniquité dont ses mains sont souillées.

9 Qui sait si Dieu ne se retournera point vers nous pour nous pardonner, s'il n'apaisera point sa fureur et sa colère, et s'il ne changera point l'arrêt qu'il a donné pour nous perdre ?

10 Dieu donc considéra leurs œuvres ; il vit qu'ils s'étaient convertis en quittant leur mauvaise voie ; et la compassion qu'il eut d'eux, l'empêcha de leur envoyer les maux qu'il avait résolu de leur faire.

CHAPITRE IV.

ALORS Jonas fut saisi d'une grande affliction, et il se fâcha ;

2 et s'adressant au Seigneur, il lui dit : Seigneur ! n'est-ce pas là ce que je disais lorsque j'étais encore en mon pays ? C'est pour cela que j'ai pris d'abord la résolution de fuir vers Tharsis. Car je savais que vous êtes un Dieu clément, bon, patient, plein de miséricorde, et qui pardonnez les péchés *des hommes*.

3 Je vous conjure donc, Seigneur ! de retirer maintenant mon âme de mon corps ; parce que la mort m'est meilleure que la vie.

4 Le Seigneur lui dit : Croyez-vous que votre colère soit bien raisonnable ?

5 Jonas sortit ensuite de Ninive, et s'assit du côté de l'orient : il se fit là un petit couvert *de feuillages* où il se reposa à l'ombre, jusqu'à ce qu'il eût vu ce qui arriverait à la ville.

6 Le Seigneur Dieu fit naître alors un lierre qui s'éleva au-dessus de la tête de Jonas, pour lui faire ombre, et pour le mettre à couvert, parce qu'il était fort incommodé *de la chaleur* : ce qu'il reçut avec une extrême joie.

7 Le lendemain dès le point du jour le Seigneur envoya un ver qui, ayant piqué *la racine de* ce lierre, le rendit tout sec.

8 Le soleil ayant paru ensuite, le Seigneur fit lever un vent chaud et brûlant ; et les rayons du soleil donnant sur la tête de Jonas, il se trouva dans un étouffement et dans un abattement extrême ; et il souhaita de mourir en disant : La mort m'est meilleure que la vie.

9 Alors le Seigneur dit à Jonas : Pensez-vous avoir raison de vous fâcher pour ce lierre ? Jonas lui répondit : J'ai raison de me fâcher jusqu'à *souhaiter* la mort.

10 Le Seigneur lui dit ; Vous vous fâchez pour un lierre qui ne vous avait point coûté de peine, qui est crû sans vous, qui est né en une nuit, et qui est mort la nuit suivante :

11 et moi je ne pardonnerais pas à la grande ville de Ninive, où il y a plus de cent vingt mille personnes qui ne savent pas discerner leur main droite d'avec leur main gauche, et un grand nombre d'animaux ?

MICHÉE.

CHAPITRE PREMIER.

VOICI les paroles que le Seigneur a dites à Michée de Morasthi, qui prophétisa touchant Samarie et Jérusalem, sous le règne de Joathan, d'Achaz et d'Ezéchias, rois de Juda.

2 Peuples, écoutez tous ; que la terre avec tout ce qu'elle contient soit attentive, et que le Seigneur Dieu soit lui-même témoin contre vous ; le Seigneur *qui voit tout* de son temple saint.

3 Car le Seigneur va sortir du lieu *saint* où il réside : il descendra, et foulera aux pieds tout ce qu'il y a de grand sur la terre.

4 Sous lui les montagnes disparaîtront ; les vallées s'entr'ouvrant *se fondront* comme de la cire devant le feu, et *s'écouleront* comme des eaux qui se précipitent dans un abîme.

5 Tout ceci *arrivera* à cause du crime de Jacob, et des péchés de la maison d'Israël. D'où est venu le crime de Jacob, sinon de Samarie ? et quelle est la source des hauts lieux de Juda, sinon Jérusalem ?

6 Je rendrai donc Samarie comme un monceau de pierres *qu'on met* dans un champ, lorsque l'on plante une vigne : je ferai rouler ses pierres dans la vallée, et j'en découvrirai les fondements.

7 Toutes ses statues seront brisées, tout ce qu'elle a gagné sera brûlé par le feu, et je réduirai en poudre toutes ses idoles ; parce que ses *richesses* ont été amassées du prix de la prostitution, et elles deviendront aussi la récompense des prostituées.

8 C'est pourquoi je m'abandonnerai aux plaintes, je ferai retentir mes cris, je déchirerai mes vêtements et j'irai tout nu ; je pousserai des hurlements comme les dragons, et des sons lugubres comme les autruches :

9 parce que la plaie de Samarie est désespérée ; qu'elle est venue jusqu'à Juda ; qu'elle a gagné jusqu'à la porte de mon peuple, jusqu'à Jérusalem.

10 Que le bruit de vos maux ne s'étende point jusqu'à Geth : étouffez vos larmes et vos soupirs : couvrez-vous de poussière dans une maison qui sera réduite en poudre.

11 Passez, couverte de honte et d'ignominie, vous qui habitez dans un lieu si beau : celle qui est située sur les confins ne sort pas, *mais est enlevée :* la maison voisine qui s'est soutenue par elle-même, trouvera dans votre perte le sujet de sa douleur.

12 Elle s'est trouvée trop faible pour vous assister, et elle est *elle-même* plongée dans l'amertume ; parce que le mal envoyé par le Seigneur est descendu jusqu'aux portes de Jérusalem.

13 Les habitants de Lachis ont été épouvantés par le bruit confus des chariots de guerre. *Lachis,* vous êtes la source du péché de la fille de Sion ; parce que vous avez imité les sacrilèges d'Israël.

14 Le roi d'Israël enverra de ses gens aux princes de Geth ; mais ils n'y trouveront qu'une maison de mensonge qui les trompera.

15 Vous qui habitez à Marésa, je vous amènerai des gens qui hériteront de tous vos biens ; et *ce renversement de* la gloire d'Israël s'étendra jusqu'à la ville d'Odollam.

16 *Samarie,* arrachez-vous les cheveux ; coupez-les entièrement, pour pleurer vos enfants qui étaient toutes vos délices. Demeurez sans aucun poil comme l'aigle *qui mue et se dépouille de toutes ses plumes ;* parce qu'on vous a enlevé et que l'on a emmené captifs *ceux qui vous étaient si chers*.

CHAPITRE II.

MALHEUR à vous qui formez des desseins injustes, et qui prenez dans votre lit des résolutions criminelles, que vous exécutez dès le point du jour ! car c'est contre Dieu même que vous élevez la main.

2 Ils ont désiré des terres, et les ont prises avec violence : ils ont ravi des maisons par force : ils ont opprimé l'un pour *lui ravir* sa maison, et l'autre pour *s'emparer de* tous ses biens.

3 C'est pourquoi, voici ce que dit le Seigneur : J'ai résolu de faire fondre sur ce peuple des maux dont vous ne dégagerez point votre tête, et vous ne marcherez plus d'un pas superbe, parce que le temps sera très-mauvais.

4 En ce temps-là vous deviendrez la fable des hommes, et l'on prendra plaisir à chanter des chansons sur vous, et à vous faire dire : Nous sommes ruinés, nous sommes pillés de toutes parts : le pays qui était à nous, est passé à d'autres : nos ennemis se sont retirés ; mais de quelle sorte ? Ce n'a été qu'afin de revenir, et de partager nos terres *entre eux*.

5 C'est pourquoi il n'y aura plus personne d'entre vous qui ait sa part et son héritage dans l'assemblée du Seigneur.

6 Ne dites point sans cesse : Ces paroles *de menace* ne tomberont point sur ceux *qui sont à Dieu* ; ils ne seront point couverts de confusion.

7 L'Esprit du .Seigneur, dit la maison de Jacob, est-il devenu

moins étendu *en miséricorde qu'il n'était ?* et peut-il avoir ces pensées *de nous perdre qu'on lui attribue ?* Il est vrai, je n'ai que des pensées de bonté, *dit le Seigneur* ; mais c'est pour ceux qui marchent dans la droiture du cœur.

8 Mon peuple au contraire s'est révolté contre moi : vous avez ôté aux hommes non-seulement le manteau, mais la tunique ; et vous avez traité en ennemis ceux qui ne pensaient à aucun mal.

9 Vous avez chassé les femmes de mon peuple des maisons où elles vivaient en repos ; et vous avez étouffé pour jamais ma louange *dans la bouche* de leurs petits enfants.

10 Allez-vous-en, sortez *de votre terre*, vous n'y trouverez point de repos ; parce que l'impureté dont vous l'avez souillée, l'a remplie d'une effroyable puanteur.

11 Plût à Dieu que je n'eusse point l'Esprit *du Seigneur*, et que je disse plutôt des mensonges ! *Mais ma parole* tombera sur vous comme un vin qui vous enivrera : et ce sera sur vous-même, *ô Israël !* que cette parole sera accomplie.

12 Ô Jacob ! je vous rassemblerai *un jour* tout entier : je réunirai les restes d'Israël : je mettrai mon peuple tout ensemble comme un troupeau dans la bergerie, comme des brebis au milieu de leur parc ; et la foule des hommes y sera si grande, qu'elle y causera même de la confusion et du trouble.

13 Car celui qui doit leur ouvrir le chemin, marchera devant eux : ils passeront en troupes à la porte, et y entreront : leur Roi passera devant leurs yeux, et le Seigneur *sera* à leur tête.

CHAPITRE III.

J'AI dit encore : Écoutez, princes de Jacob, et vous chefs de la maison d'Israël : N'est-ce pas à vous de savoir ce qui est juste ?

2 Cependant vous avez de la haine pour le bien et de l'amour pour le mal ; vous arrachez aux pauvres jusqu'à leur peau, et vous leur ôtez la chair de dessus les os.

3 Ils ont mangé la chair de mon peuple ; ils lui ont arraché la peau ; ils lui ont brisé les os ; ils les ont hachés comme *pour les faire cuire* dans une chaudière, et comme de la chair *qu'on fait bouillir* dans un pot.

4 Il viendra un jour où ils crieront au Seigneur, et il ne les exaucera point : il détournera alors son visage d'eux, comme le mérite la malignité de leurs actions.

5 Voici ce que dit le Seigneur contre les prophètes qui séduisent mon peuple, qui déchirent avec les dents, et ne laissent pas de prêcher la paix ; et si quelqu'un ne leur donne pas de quoi manger, ils mettent leur piété à lui déclarer la guerre.

6 C'est pourquoi vous n'aurez pour vision qu'une nuit *sombre*, et pour révélation que des ténèbres. Le soleil sera sans lumière à l'égard de ces prophètes, et le jour deviendra pour eux une obscurité profonde.

7 Ceux qui ont des visions seront confus, ceux qui se mêlent de deviner l'avenir, seront couverts de honte : *ils rougiront* tous, *et ils* se cacheront le visage lors *qu'il paraîtra* que Dieu aura été muet pour eux.

8 Mais pour moi, j'ai été rempli de la force, de la justice et de la vertu de l'Esprit du Seigneur, pour annoncer à Jacob son crime, et à Israël son iniquité.

9 Écoutez ceci, princes de la maison de Jacob, et vous juges de la maison d'Israël ; vous qui avez l'équité en abomination, et qui renversez tout ce qui est juste ;

10 qui bâtissez Sion du sang *des hommes*, et Jérusalem *du fruit* de l'iniquité.

11 Leurs princes rendent des arrêts pour des présents ; leurs prêtres enseignent pour l'intérêt ; leurs prophètes devinent pour de l'argent ; et après cela ils se reposent sur le Seigneur, en disant : Le Seigneur n'est-il pas au milieu de nous ? Nous serons à couvert de tous maux.

12 C'est pour cela même que vous serez cause que Sion sera labourée comme un champ ; que Jérusalem sera réduite en un monceau de pierres, et que la montagne où le temple est bâti, deviendra une forêt.

CHAPITRE IV.

MAIS dans les derniers temps, la montagne sur laquelle se bâtira la maison du Seigneur, sera fondée sur le haut des monts, et s'élèvera au-dessus des collines : les peuples y accourront ;

2 et les nations se hâteront d'y venir en foule, en disant : Allons à la montagne du Seigneur, et à la maison du Dieu de Jacob : il nous enseignera ses voies, et nous marcherons dans ses sentiers ; parce que la loi sortira de Sion, et la parole du Seigneur, de Jérusalem.

3 Il exercera son jugement sur plusieurs peuples, et il châtiera des nations puissantes jusqu'aux pays les plus éloignés : ils feront de leurs épées des socs de charrue ; et de leurs lances, des instruments pour remuer la terre : un peuple ne tirera plus l'épée contre un autre peuple, et ils ne s'exerceront plus à combattre *l'un contre l'autre*.

4 Chacun se reposera sous sa vigne et sous son figuier, sans avoir aucun *ennemi* à craindre : c'est ce que le Seigneur des armées a dit de sa bouche.

5 Que chaque peuple marche sous la protection de son dieu : mais pour nous, nous marcherons sous la protection du Seigneur, notre Dieu, jusque dans l'éternité et au delà *de tous les temps*.

6 En ce jour-là, dit le Seigneur, je rassemblerai celle qui était boiteuse, et je réunirai celle que j'avais chassée et affligée.

7 Je réserverai les restes de celle qui était boiteuse, et je formerai un peuple puissant de celle qui avait été si affligée : et le Seigneur régnera sur eux dans la montagne de Sion, depuis ce temps jusque dans l'éternité.

8 Et vous, tour du troupeau, fille de Sion, environnée de nuages, *le Seigneur* viendra jusqu'à vous : vous possèderez la puissance souveraine, l'empire de la fille de Jérusalem.

9 Pourquoi donc êtes-vous maintenant si affligée ? Est-ce que vous n'avez point de roi, ni de conseiller, que vous êtes ainsi dans la douleur, comme une femme qui est en travail ?

10 Mais affligez-vous, et tourmentez-vous, ô fille de Sion ! comme une femme qui enfante ; parce que vous sortirez maintenant de votre ville, vous habiterez dans un pays *étranger*, et vous viendrez jusqu'à Babylone : c'est là que vous serez délivrée, et que le Seigneur vous rachètera de la main de vos ennemis.

11 Plusieurs peuples se sont maintenant assemblés contre vous, qui disent de sion : Qu'elle soit lapidée, et que nos yeux se repaissent de son malheur.

12 Mais ils n'ont pas connu quelles sont les pensées du Seigneur : ils n'ont pas compris que son dessein était de les assembler comme on amasse la paille dans l'aire.

13 Levez-vous, fille de sion, et foulez la paille : car je vous donnerai une corne de fer, je vous donnerai des ongles d'airain, et vous briserez plusieurs peuples ; vous immolerez au Seigneur ce qu'ils ont ravi aux autres, et *vous consacrerez* au Dieu de toute la terre ce qu'ils ont de plus précieux.

CHAPITRE V.

VOUS allez être pillée, ô fille de voleurs ! Ils nous assiégeront *de toutes parts*, ils lèveront la verge sur le prince d'Israël, et le frapperont sur la joue.

2 Et vous, Bethléhem *appelée* Éphrata, vous êtes petite entre les villes de Juda ; mais c'est de vous que sortira celui qui doit régner dans Israël, dont la génération est dès le commencement, dès l'éternité.

3 Après cela il les abandonnera jusqu'à ce que celle qui doit enfanter ait enfanté ; et ceux de ses frères qui seront restés se convertiront, *et se joindront* aux enfants d'Israël.

4 Il demeurera ferme, et il paîtra son troupeau dans la force du Seigneur, dans la sublimité de la majesté du Seigneur, son Dieu : *et les peuples* seront convertis, parce que sa grandeur éclatera jusqu'aux extrémités du monde.

5 C'est lui qui sera notre paix. Lorsque les Assyriens seront venus dans notre terre, et qu'ils seront entrés jusque dans nos maisons, nous susciterons contre eux sept pasteurs et huit princes,

6 qui détruiront avec l'épée la terre d'Assur, et le pays de Nemrod avec ses lances. Il nous délivrera *de la violence* des Assyriens, après qu'ils seront venus dans notre terre, et qu'ils auront mis le pied dans notre pays.

7 Les restes de Jacob seront au milieu de la multitude des peuples comme une rosée qui vient du Seigneur, et comme des gouttes d'eau *qui tombent* sur l'herbe, sans dépendre de personne, et sans attendre rien des enfants des hommes.

8 Et les restes de Jacob seront parmi les nations et au milieu de la multitude des peuples comme un lion parmi les autres bêtes de la forêt ; et un lionceau parmi les brebis, qui passe *au travers du troupeau*, qui le foule aux pieds, et ravit sa proie, sans que personne puisse la lui ôter.

9 Votre main s'élèvera au-dessus de ceux qui vous combattent, et tous vos ennemis périront.

10 En ce jour-là, dit le Seigneur, je vous ôterai vos chevaux, et je briserai vos chariots de guerre.

11 Je ruinerai les villes de votre pays, et je détruirai tous vos remparts : j'arracherai d'entre vos mains tout ce qui servait à vos sortilèges, et il n'y aura plus de devins parmi vous.

12 J'exterminerai du milieu de vous vos idoles et vos statues ; et vous n'adorerez plus les ouvrages de vos mains.

13 J'arracherai les grands bois que vous avez plantés ; je réduirai vos villes en poudre ;

14 et je me vengerai dans ma fureur et dans mon indignation, de tous les peuples qui ne m'ont point écouté.

CHAPITRE VI.

ÉCOUTEZ ce que le Seigneur *m'*a dit : Allez, soutenez ma cause devant les montagnes, et faites entendre aux collines votre voix.

2 Montagnes, écoutez la défense du Seigneur, *écoutez-la,* vous qui êtes les fondements de la terre. Car le Seigneur veut entrer en jugement avec son peuple, et se justifier devant Israël.

3 Mon peuple, que vous ai-je fait ? en quoi vous ai-je donné sujet de vous plaindre ? Répondez-moi.

4 Est-ce à cause que je vous ai tiré de l'Égypte, que je vous ai délivré d'une maison d'esclavage, et que j'ai envoyé pour vous conduire, Moïse, Aaron et Marie ?

5 Mon peuple, souvenez-vous, je vous prie, du dessein *malicieux* que Balac, roi de Moab, avait formé *contre vous*, de ce que lui répondit Balaam, fils de Béor, *et de ce que j'ai fait pour vous* entre Sétim et Galgala ; et reconnaissez combien le Seigneur est juste *et plein de bonté.*

6 Qu'offrirai-je au Seigneur qui soit digne de lui ? Fléchirai-je les genoux devant le Dieu très-haut ? Lui offrirai-je des holocaustes, et des veaux d'un an ?

7 L'apaiserai-je en lui sacrifiant mille béliers, ou des milliers de boucs engraissés ? Lui sacrifierai-je pour mon crime mon fils aîné, et pour mon péché quelque autre de mes enfants ?

8 Ô homme ! je vous dirai ce qui vous est utile, et ce que le Seigneur demande de vous : c'est que vous agissiez selon la justice, que vous aimiez la miséricorde, et que vous marchiez en la présence du Seigneur, avec une vigilance pleine d'une crainte respectueuse.

9 Le Seigneur parle à la ville avec une voix puissante : et ceux qui craindront votre nom, ô Dieu ! seront sauvés. Écoutez-le *donc*, ô tribus ! mais qui est-ce qui recevra avec soumission cette parole ?

10 Les trésors de l'iniquité sont encore dans la maison de l'impie comme un feu *qui la consume* : et la fausse mesure *dont il se sert*, est pleine de la colère *de Dieu.*

11 Puis-je, *dit le Seigneur,* ne pas condamner la balance injuste, et le poids trompeur du sac ?

12 C'est par ces moyens que les riches *de cette ville* sont remplis d'iniquité : ses habitants usent *de déguisement et* de mensonge, et leur langue est dans leur bouche comme un instrument de tromperie.

13 C'est donc pour cela, c'est pour vos péchés que j'ai commencé à vous frapper d'une plaie mortelle.

14 Vous mangerez, et vous ne serez point rassasié ; vous serez pénétré de confusion *et de maux* : vous prendrez entre vos bras *vos enfants pour les sauver,* et vous ne les sauverez point : si vous en sauvez quelques-uns, je les livrerai encore au tranchant de l'épée.

15 Vous sèmerez, et vous ne recueillerez point ; vous presserez les olives, et vous ne vous servirez point de l'huile *qui en sortira* ; vous foulerez les raisins, et vous n'en boirez point le vin.

16 Vous avez gardé avec soin les ordonnances d'Amri : vous avez imité en toutes choses la maison d'Achab, et vous avez marché sur leurs traces. C'est pourquoi je vous abandonnerai à votre perte ; je rendrai vos habitants l'objet de la raillerie *des hommes*, et vous serez couvert de l'opprobre que mérite un peuple *rebelle à son Dieu.*

CHAPITRE VII.

MALHEUR à moi ! parce que je suis réduit à cueillir des raisins à la fin de l'automne, après *que* la vendange *a été faite* : je ne trouve pas à manger une *seule* grappe, et j'ai désiré *en vain* quelques-unes de ces figues les premières mûres.

2 On ne trouve plus de saints sur la terre ; il n'y a personne qui ait le cœur droit : tous tendent des pièges pour verser le sang ; le frère cherche la mort de son frère.

3 Ils appellent bien le mal qu'ils font : le prince exige : le juge est à vendre : un grand fait éclater dans ses paroles la passion de son cœur ; et *ceux qui l'approchent* la fortifient.

4 Le meilleur d'entre eux est comme une ronce, et le plus juste est comme l'épine d'une haie. Mais voici le jour qu'ont vu *les prophètes*, voici le temps où Dieu vous visitera *dans sa colère* : vous allez être détruits.

5 Ne vous fiez point à votre ami ; ne vous reposez point sur celui qui vous gouverne : tenez fermée la porte de votre bouche, *et ne vous ouvrez pas* à celle-là même qui dort auprès de vous.

6 Car le fils traite son père avec outrage ; la fille s'élève contre sa mère, la belle-fille contre sa belle-mère : et l'homme a pour ennemis ceux de sa propre maison.

7 Mais pour moi, je jetterai les yeux sur le Seigneur ; j'attendrai Dieu, mon Sauveur, et mon Dieu écoutera ma voix.

8 Ô mon ennemie ! ne vous réjouissez point de ce que je suis tombée : je me relèverai après que je me serai assise dans les ténèbres ; le Seigneur est ma lumière.

9 Je porterai *le poids de* la colère du Seigneur, parce que j'ai péché contre lui, jusqu'à ce qu'il juge ma cause, et qu'il se déclare pour moi *contre ceux qui me persécutent : alors* il me fera passer *des ténèbres* à la lumière ; je contemplerai sa justice.

10 Mon ennemie *me* verra *alors*, et elle sera couverte de confusion, elle qui me dit maintenant : Où est le Seigneur, votre Dieu ? Mes yeux la verront, et elle sera foulée aux pieds comme la boue qui est dans les rues.

11 En ce jour-là vos masures seront changées en des bâtiments ; en ce jour-là vous serez affranchis de la loi *qui vous avait été imposée.*

12 En ce jour-là on viendra de l'Assyrie jusqu'à vous, et jusqu'à vos villes fortes, et de vos villes fortes jusqu'au fleuve, depuis une mer jusqu'à l'autre mer, et depuis les montagnes jusqu'aux montagnes.

13 Et la terre *cependant* sera désolée à cause de ses habitants, pour les punir de leurs desseins criminels.

14 *Ô Seigneur !* paissez et conduisez avec votre verge votre peuple, le troupeau de votre héritage, *désolé* comme ceux qui habitent seuls dans une forêt : *paissez-le* au milieu du Carmel. Les troupeaux iront paître en Basan et en Galaad, comme ils y allaient autrefois.

15 Je ferai voir des merveilles à mon peuple, comme lorsque je vous tirai de l'Égypte.

16 Les nations les verront *devant leurs yeux*, et elles seront confondues avec toute leur puissance : les peuples mettront leur main sur leur bouche, et leurs oreilles deviendront sourdes.

17 Ils mangeront la poussière comme les serpents ; ils seront

épouvantés dans leurs maisons comme les bêtes qui rampent sur la terre : ils trembleront devant le Seigneur, notre Dieu, et ils vous craindront.

18 Ô Dieu ! qui est semblable à vous, qui effacez l'iniquité, et qui oubliez les péchés du reste de votre héritage ? *Le Seigneur* ne répandra plus sa fureur contre les siens, parce qu'il se plaît à faire miséricorde.

19 Il aura encore compassion de nous : il détruira nos iniquités, et il jettera tous nos péchés au fond de la mer.

20 *Ô Seigneur !* vous accomplirez vos paroles sur Jacob ; vous ferez miséricorde à Abraham, selon que vous l'avez promis avec serment à nos pères depuis tant de siècles.

NAHUM.

CHAPITRE PREMIER.

PROPHÉTIE contre Ninive. Livre des visions *divines* de Nahum, *qui était* d'Elcès.

2 Le Seigneur est un Dieu jaloux, un Dieu vengeur : le Seigneur fait éclater sa vengeance, et le fait avec fureur : le Seigneur se venge de ses ennemis, et se met en colère contre ceux qui le haïssent.

3 Le Seigneur est patient ; il est grand en puissance, et il diffère à punir ; mais il punit à la fin : le Seigneur marche parmi les tourbillons et les tempêtes ; et sous ses pieds *s'élèvent* des nuages de poussière.

4 Il menace la mer, et la dessèche ; et il change tous les fleuves en un désert : la beauté de Basan et du Carmel s'efface, et les fleuves du Liban se flétrissent *aussitôt qu'il a parlé*.

5 Il ébranle les montagnes ; il désole les collines : la terre, le monde, et tous ceux qui l'habitent, tremblent devant lui.

6 Qui pourra soutenir sa colère ? et qui lui résistera lorsqu'il sera dans sa fureur ? Son indignation se répand comme un feu, et elle fait fondre les pierres.

7 Le Seigneur est bon, il soutient *les siens* au jour de l'affliction, et il connaît ceux qui espèrent en lui.

8 Il détruira ce lieu par l'inondation d'un déluge qui passera ; et les ténèbres poursuivront ses ennemis.

9 Pourquoi formez-vous des desseins contre le Seigneur ? Il a entrepris lui-même de vous détruire absolument ; et il n'en fera point à deux fois.

10 Car comme les épines s'entrelacent et s'embrassent dans les halliers ; ainsi ils s'unissent dans les festins où ils s'enivrent ensemble : *mais ils seront enfin* consumés comme la paille sèche.

11 Car il sortira de vous un homme qui formera contre le Seigneur de noirs desseins, et qui nourrira dans son esprit des pensées de malice *et* de perfidie.

12 Voici ce que dit le Seigneur : Qu'ils soient aussi forts et en aussi grand nombre qu'ils voudront, ils tomberont comme les cheveux sous le rasoir, et *toute cette armée* disparaîtra : je vous ai affligé ; mais je ne vous affligerai plus.

13 Je vais briser cette verge dont l'ennemi vous frappait, et je romprai vos chaînes.

14 Le Seigneur prononcera ses arrêts contre vous, *prince de Ninive* : le bruit de votre nom ne se répandra plus à l'avenir : j'exterminerai les statues et les idoles de la maison de votre dieu ; je la rendrai votre sépulcre, et vous tomberez dans le mépris.

15 Je vois les pieds de celui qui apporte la bonne nouvelle et qui annonce la paix, je les vois paraître sur les montagnes. Ô Juda ! célébrez vos jours de fête, et rendez vos vœux *au Seigneur* ; parce que Hélial ne passera plus à l'avenir au travers de vous : il est péri avec tout son peuple.

CHAPITRE II.

VOICI celui qui doit renverser *vos murailles* à vos yeux, et *vous* assiéger de toutes parts : mettez des sentinelles sur les chemins, prenez les armes : rassemblez toutes vos forces.

2 Car le Seigneur va punir l'insolence avec laquelle les ennemis de Jacob et d'Israël *les ont traités* lorsqu'ils les ont pillés, qu'ils les ont dispersés, et qu'ils ont gâté les rejetons d'une vigne si fertile.

3 *Voici celui qui doit vous détruire :* le bouclier de ses braves jette des flammes de feu ; ses gens d'armes sont couverts de pourpre ; ses chariots étincellent lorsqu'ils marchent au combat ; ceux qui les conduisent sont furieux comme des gens ivres.

4 Les chemins sont pleins de trouble et de tumulte, *et* les chariots dans les places se heurtent l'un contre l'autre : les yeux des soldats paraissent des lampes, et leurs visages semblent lancer des foudres et des éclairs.

5 L'ennemi fera marcher ses plus vaillants hommes ; ils iront à l'attaque avec une course précipitée : ils se hâteront de monter sur la muraille, et ils prépareront des machines où ils seront à couvert.

6 Enfin les portes *de Ninive* sont ouvertes par l'inondation des fleuves ; son temple est détruit jusqu'aux fondements.

7 Tous ses gens de guerre sont pris ; ses femmes sont emmenées captives, gémissant comme des colombes, et dévorant leurs plaintes au fond de leur cœur.

8 Ninive est toute couverte d'eau comme un grand étang : ses citoyens prennent la fuite : *elle crie,* Au combat ! au combat ! mais personne ne retourne.

9 Pillez l'argent, pillez l'or ; ses richesses sont infinies ; ses vases et ses meubles précieux sont inépuisables.

10 Ninive est détruite ; elle est renversée ; elle est déchirée : on n'y voit *que des hommes* dont les cœurs sèchent d'effroi, dont les genoux tremblent, dont les corps tombent en défaillance, dont les visages paraissent tout noirs et défigurés.

11 Où est maintenant cette caverne de lions ? où sont ces pâturages de lionceaux ? cette caverne où le lion se retirait avec ses petits, sans que personne vînt les y troubler ?

12 où le lion apportait les bêtes toutes sanglantes qu'il avait égorgées pour en nourrir ses lionnes et ses lionceaux ; remplissant son antre de sa proie, et ses cavernes de ses rapines.

13 Je viens à vous, dit le Seigneur des armées : je mettrai le feu à vos chariots, et je les réduirai en poudre : l'épée dévorera vos jeunes lions : je vous arracherai tout ce que vous aviez pris aux autres ; et on n'entendra plus la voix *insolente* des ambassadeurs que vous envoyiez.

CHAPITRE III.

MALHEUR à toi, ville de sang ! qui es toute pleine de fourberie, et qui te repais sans cesse de tes rapines et de tes brigandages.

2 J'entends déjà les fouets *qui retentissent de loin* ; les roues qui se précipitent avec un grand bruit, les chevaux qui hennissent fièrement, les chariots qui courent comme la tempête, et la cavalerie qui s'avance à toute bride.

3 Je vois les épées qui brillent, les lances qui étincellent, une multitude d'hommes percés de coups, une défaite sanglante et cruelle, un carnage qui n'a point de fin, et des monceaux de corps qui tombent les uns sur les autres.

4 *Tous ces maux arriveront à Ninive :* parce qu'elle s'est tant de fois prostituée ; qu'elle est devenue une courtisane qui a tâché de plaire et de se rendre agréable ; qui s'est servie des enchantements ; qui a vendu les peuples par ses fornications, et les nations par ses sortilèges.

5 Je viens à vous, dit le Seigneur des armées ; je vous dépouillerai de tous vos vêtements qui couvrent ce qui doit être caché ; j'exposerai votre nudité aux nations, et votre ignominie à tous les royaumes.

6 Je ferai retomber vos abominations sur vous, je vous couvrirai d'infamie, et je vous rendrai un exemple *de mes vengeances*.

7 Tous ceux qui vous verront, se retireront en arrière, et diront : Ninive est détruite. Qui sera touché de votre malheur ? Où trouverai-je un homme qui vous console ?

8 Êtes-vous plus considérable que la ville d'Alexandrie si pleine de peuples, située au milieu des fleuves, et toute environnée d'eau ; dont la mer est le trésor, et dont les eaux font les murailles *et les remparts* ?

9 L'Éthiopie était sa force, et elle trouvait dans l'Égypte des ressources infinies : il lui venait des secours de l'Afrique et de la Libye.

10 Et cependant elle a été elle-même emmenée captive dans une terre étrangère : ses petits enfants ont été écrasés au milieu de ses rues ; les plus illustres de son peuple ont été partagés au sort, et tous ses plus grands seigneurs ont été chargés de fers.

11 Vous serez donc aussi enivrée *du vin de la colère de Dieu* ; vous tomberez dans le mépris ; et vous serez réduite à demander du secours contre l'ennemi.

12 Toutes vos fortifications seront comme les premières figues, qui aussitôt qu'on a secoué les branches du figuier tombent dans la bouche de celui qui veut les manger.

13 Tous vos citoyens vont devenir au milieu de vous comme des femmes ; vos portes et celles de tout le pays seront ouvertes à vos ennemis, et le feu en dévorera les barres *et les verrous*.

14 Puisez de l'eau pour vous préparer au siège ; rétablissez vos remparts ; entrez dans l'argile, foulez-la aux pieds, et mettez-la en œuvre pour faire des briques.

15 Après cela néanmoins le feu vous consumera ; l'épée vous exterminera, et vous dévorera comme *si vous n'étiez que* des hannetons : assemblez-vous comme un nuage de ces insectes, et venez en foule comme les sauterelles ; *et ce sera en vain*.

16 Vous avez plus amassé de trésors par votre trafic qu'il n'y a d'étoiles dans le ciel ; mais tout cela sera comme une multitude de hannetons qui couvre la terre, et s'envole ensuite.

17 Vos gardes sont comme des sauterelles, et vos petits enfants sont comme les petites sauterelles, qui s'arrêtent sur les haies quand le temps est froid ; mais lorsque le soleil est levé, elles s'envolent, et on ne reconnaît plus la place où elles étaient.

18 Ô roi d'Assur ! vos pasteurs *et vos gardes* se sont endormis, vos princes ont été ensevelis *dans le sommeil*, votre peuple est allé se cacher dans les montagnes, et il n'y a personne pour le rassembler.

19 Votre ruine est exposée aux yeux de tous ; votre plaie est mortelle : tous ceux qui ont appris ce qui vous est arrivé, ont applaudi à vos maux : car qui n'a pas ressenti les effets continuels de votre malice ?

HABACUC.

CHAPITRE PREMIER.

PROPHÉTIE révélée au prophète Habacuc.

2 Seigneur ! jusques à quand pousserai-je mes cris vers vous, sans que vous m'écoutiez ? Jusques à quand élèverai-je ma voix jusqu'à vous dans la violence que je souffre, sans que vous me sauviez ?

3 Pourquoi me réduisez-vous à ne voir devant mes yeux que des iniquités et des maux, des violences et des injustices ? Si l'on juge une affaire, c'est la passion qui la décide.

4 De là vient que les lois sont foulées aux pieds, et que l'on ne rend jamais la justice ; parce que le méchant l'emporte au-dessus du juste, et que les jugements sont tout corrompus.

5 Jetez les yeux sur les nations, et soyez attentifs ; *préparez-vous* à être surpris et frappés d'étonnement : car il va se faire dans vos jours une chose que nul ne croira lorsqu'il l'entendra dire.

6 Je vais susciter les Chaldéens, cette nation cruelle et d'une incroyable vitesse, qui court toutes les terres pour s'emparer des maisons des autres.

7 Elle porte avec soi l'horreur et l'effroi ; elle ne reconnaît point d'autre juge qu'elle-même, et elle fera tous les ravages qu'il lui plaira.

8 Ses chevaux sont plus légers que les léopards, et plus vites que les loups qui courent au soir : sa cavalerie se répandra de toutes parts, et ses cavaliers viendront de loin *charger l'ennemi*, comme un aigle qui fond sur sa proie.

9 Ils viendront tous au butin : leur visage est comme un vent brûlant ; et ils assembleront des troupes de captifs, comme des monceaux de sable.

10 *Leur prince* triomphera des rois, et il se rira des tyrans : il se moquera de toutes les fortifications *que l'on pourra faire contre lui* ; il *leur* opposera des levées de terre, et il les prendra.

11 Alors son esprit sera changé ; il passera toutes bornes, et il tombera enfin : c'est à quoi se réduira toute la puissance de son dieu.

12 Mais n'est-ce pas vous, Seigneur ! qui êtes dès le commencement mon Dieu et mon Saint ? et n'est-ce pas vous qui nous sauverez de la mort ? Seigneur ! vous avez établi ce prince pour exercer vos jugements ; et vous l'avez rendu fort pour châtier *les coupables*.

13 Vos yeux sont purs pour ne point souffrir le mal, et vous ne pouvez regarder l'iniquité : pourquoi donc voyez-vous avec tant de patience ceux qui commettent de si grandes injustices ? Pourquoi demeurez-vous dans le silence, pendant que l'impie dévore ceux qui sont plus justes que lui ?

14 Et pourquoi traitez-vous les hommes comme des poissons de la mer, et comme des reptiles qui n'ont point de roi *pour les défendre* ?

15 *L'ennemi* va les enlever tous : il tire les uns hors de l'eau avec l'hameçon, il en entraîne une partie dans son filet, et il amasse les autres dans son rets : il triomphera ensuite, et il sera ravi de joie.

16 C'est pour cela qu'il offrira des hosties à son filet, et qu'il sacrifiera à son rets ; parce qu'ils lui auront servi à accroître son empire, et à se préparer une viande choisie *et délicieuse*.

17 C'est pour cela encore qu'il tient son filet toujours étendu, et qu'il ne cesse point de répandre le sang des peuples.

CHAPITRE II.

JE me tiendrai en sentinelle au lieu où j'ai été mis ; je demeurerai ferme sur les remparts, et je regarderai attentivement pour voir ce que l'on pourra me dire, et ce que je devrai répondre à celui qui me reprendra.

2 Alors le Seigneur me parla, et me dit : Écrivez ce que vous voyez, et marquez-le distinctement sur des tablettes, afin qu'on puisse le lire couramment.

3 Car ce qui vous a été révélé paraîtra enfin, et ne manquera point d'arriver : s'il diffère *un peu*, attendez-le ; car il arrivera assurément, et il ne tardera pas.

4 Celui qui est incrédule, n'a point l'âme droite ; mais le juste vivra de sa foi.

5 Comme le vin trompe celui qui en boit *avec excès*, ainsi le superbe sera *trompé*, et il ne demeurera point dans son éclat ; parce que ses désirs sont vastes comme l'enfer, qu'il est insatiable comme la mort, et qu'il travaille à réunir *sous sa domination* toutes les nations, et à s'assujettir tous les peuples.

6 Mais ne deviendra-t-il pas lui-même *comme* la fable de tous *ces peuples* ? et ne lui insulteront-ils pas par des railleries sanglantes ? Ne dira-t-on pas : Malheur à celui qui ravit sans cesse ce qui ne lui appartient point ! Jusques à quand amassera-t-il contre lui-même des monceaux de boue ?

7 Ne verrez-vous pas s'élever tout d'un coup contre vous des gens qui vous mordront et vous déchireront, dont vous deviendrez vous-même la proie ?

8 Comme vous avez dépouillé tant de peuples, tous ceux qui en seront restés, vous dépouilleront *à leur tour*, à cause du sang des hommes que vous avez versé, et des injustices que vous avez exercées contre toutes les terres de la ville *sainte*, et contre tous ceux qui y habitaient.

9 Malheur à celui qui amasse *du bien par* une avarice criminelle pour *établir* sa maison, et pour mettre son nid le plus haut qu'il pourra, s'imaginant qu'il sera ainsi à couvert de tous les maux !

10 Vos grands desseins pour votre maison en seront la honte : vous avez ruiné plusieurs peuples, et votre âme s'est plongée dans le péché.

11 Mais la pierre criera contre vous du milieu de la muraille, et le bois qui sert à lier le bâtiment, rendra témoignage *contre vous*.

12 Malheur à celui qui bâtit une ville du sang *des hommes*, et qui la fonde dans l'iniquité !

13 Ne sera-ce pas le Seigneur des armées qui fera *ce que je vais dire* ? Tous les travaux des peuples seront consumés par le feu, et *les efforts des* nations seront réduits au néant :

14 parce que la terre sera remplie *d'ennemis*, comme le fond de la mer est tout couvert de ses eaux : afin que tous connaissent la gloire *et la justice* du Seigneur.

15 Malheur à celui qui mêle son fiel dans le breuvage qu'il donne à son ami, et qui l'enivre pour voir sa nudité !

16 Vous serez rempli d'ignominie au lieu de la gloire *qui vous environne : on vous dira :* Buvez aussi vous-même, et soyez frappé d'assoupissement. Le calice que vous recevrez de la main du Seigneur vous enivrera, et toute votre gloire se terminera à un infâme vomissement.

17 Car les maux que *vous avez faits* sur le Liban, retomberont sur vous ; vos peuples seront épouvantés des ravages *que feront vos ennemis comme* des bêtes farouches, à cause du sang des hommes *que vous avez répandu*, et des injustices que vous avez commises dans la terre et la ville *sainte*, et contre tous ceux qui y habitaient.

18 Que sert la statue qu'un sculpteur a faite, ou l'image fausse qui se jette en fonte ? et néanmoins l'ouvrier espère en son propre ouvrage, et dans l'idole muette qu'il a formée.

19 Malheur à celui qui dit au bois, Réveillez-vous ; *et* à la pierre muette, Levez-vous ! Cette pierre pourra-t-elle lui apprendre quelque chose ? Elle est couverte au dehors d'or et d'argent : et elle est au dedans sans âme *et sans vie*.

20 Mais le Seigneur habite dans son temple saint : que toute la terre demeure en silence devant lui.

CHAPITRE III.

PRIÈRE du prophète Habacuc, pour les ignorances.

2 Seigneur ! j'ai entendu votre parole, et j'ai été saisi de crainte. Seigneur ! accomplissez au milieu des temps votre *grand ouvrage* : vous le ferez connaître au milieu des temps : lorsque vous serez en colère, vous vous souviendrez de votre miséricorde.

3 Dieu viendra du côté du Midi, et le Saint de la montagne de Pharan : sa gloire a couvert les cieux ; et la terre est pleine de ses louanges.

4 Son éclat sera comme celui de la lumière : sa force est dans ses mains : c'est là que sa puissance est cachée.

5 La mort paraîtra devant sa face ; et le diable marchera devant lui.

6 Il s'est arrêté, et il a mesuré la terre : il a jeté les yeux sur les nations, et il les a fait fondre *comme la cire*. Les montagnes du siècle ont été réduites en poudre : les collines du monde ont été abaissées sous les pas du Dieu éternel.

7 J'ai vu les tentes des Éthiopiens *dressées* contre l'iniquité *d'Israël*, et j'ai vu les pavillons de la terre de Madian dans le trouble *et dans l'épouvante*.

8 Est-ce donc, Seigneur ! que vous êtes en colère contre les fleuves ? est-ce que votre fureur s'exercera sur les fleuves ? est-ce que votre indignation éclatera contre la mer ? vous qui montez sur vos chevaux, et qui donnez le salut par vos chariots *de guerre*.

9 Vous préparerez et vous banderez votre arc ; *vous accomplirez* les promesses que vous avez faites avec serment aux tribus : vous diviserez les fleuves de la terre.

10 Les montagnes vous ont vu, et elles ont été saisies de douleur : les grandes eaux se sont écoulées : l'abîme a fait retentir sa voix, et a élevé ses mains *vers vous*.

11 Le soleil et la lune se sont arrêtés dans le lieu de leur demeure ; ils ont poursuivi leur course à la lueur de vos flèches, à l'éclat foudroyant de votre lance.

12 Vous avez foulé aux pieds la terre dans votre colère : vous avez épouvanté les nations dans votre fureur.

13 Vous êtes sorti pour sauver votre peuple, pour sauver *votre peuple* par votre Christ : vous avez frappé le chef de la famille de l'impie ; vous avez ruiné sa maison de fond en comble.

14 Vous avez maudit son sceptre, et le chef de ses guerriers, qui venaient comme une tempête pour me mettre en poudre, *qui venaient* avec une joie semblable à celle d'un homme qui dévore le pauvre en secret.

15 Vous avez fait un chemin à vos chevaux au travers de la mer, au travers de la fange des grandes eaux.

16 J'ai entendu *ce que vous m'avez révélé*, et mes entrailles ont été émues : mes lèvres ont tremblé au son de votre voix. Que la pourriture entre jusqu'au fond de mes os, et qu'elle me consume au dedans de moi : afin que je sois en repos au jour de mon affliction, et que je me joigne à notre peuple pour marcher avec lui.

17 Car le figuier ne fleurira plus, et les vignes ne pousseront plus : l'olivier trompera *l'attente*, et ne donnera plus d'olives, et les campagnes ne porteront plus de grain pour la nourriture *de l'homme* : les brebis seront enlevées des bergeries ; et il n'y aura plus de bœufs dans les étables.

18 Mais pour moi, je me réjouirai dans le Seigneur : je tressaillirai de joie en Dieu, mon Sauveur.

19 Le Seigneur Dieu est ma force ; et il rendra mes pieds *légers* comme ceux des cerfs : et après avoir vaincu nos ennemis, il me ramènera sur nos montagnes au son des cantiques que je chanterai *à sa louange*.

SOPHONIE.

CHAPITRE PREMIER.

PAROLE du Seigneur, qui fut adressée à Sophonie, fils de Chusi, fils de Godolias, fils d'Amarias, fils d'Ezécias, sous le règne de Josias, fils d'Amon, roi de Juda.

2 Je rassemblerai tout *ce qui se trouvera* sur la face de la terre, dit le Seigneur.

3 Je rassemblerai les hommes et les bêtes, les oiseaux du ciel et les poissons de la mer ; je ruinerai les impies, et je ferai disparaître les hommes de dessus la terre, dit le Seigneur.

4 J'étendrai ma main sur Juda et sur tous les habitants de Jérusalem, et j'exterminerai de ce lieu les restes de Baal, les noms de ses ministres avec les prêtres ;

5 ceux qui adorent les astres du ciel sur les toits *des maisons* ; ceux qui adorent le Seigneur et jurent en son nom, et qui *en même temps* jurent au nom de Melchom ;

6 ceux qui se détournent du Seigneur, et ne veulent point marcher après lui ; ceux qui ne cherchent point le Seigneur, et ne se mettent point en peine de le trouver.

7 Demeurez en silence devant la face du Seigneur Dieu : car le jour du Seigneur est proche : le Seigneur a préparé sa victime ; il a invité ses conviés.

8 En ce jour de la victime du Seigneur, je visiterai *dans ma colère* les princes, les enfants du roi, et tous ceux qui s'habillent de

vêtements étrangers ;

9 et je punirai en ce jour-là tous ceux qui entrent insolemment dans le temple, et qui remplissent d'iniquité et de tromperie la maison de leur Seigneur et de leur Dieu.

10 En ce temps-là, dit le Seigneur, on entendra de la porte des poissons un grand cri, et de la seconde *partie de la ville s'élèveront* des hurlements, et le bruit d'un grand carnage retentira du haut des collines.

11 Hurlez, vous qui serez *pilés en votre ville* comme en un mortier ; toute cette race de Chanaan sera réduite au silence, ces gens couverts d'argent seront tous exterminés.

12 En ce temps-là je porterai la lumière des lampes jusque dans les lieux les plus cachés de Jérusalem, et je visiterai *dans ma colère* ceux qui sont enfoncés dans leurs ordures, qui disent en leur cœur : Le Seigneur ne fera ni bien ni mal.

13 Toutes leurs richesses seront pillées, et leurs maisons ne seront plus qu'un désert : ils feront des bâtiments, et ils n'y demeureront pas ; ils planteront des vignes, et ils n'en boiront point le vin.

14 Le jour du Seigneur est proche ; il est proche, ce grand jour ; il s'avance à grands pas : *j'entends déjà* les bruits lamentables de ce jour du Seigneur, où les plus puissants seront accablés de maux.

15 Ce jour sera un jour de colère, un jour de tristesse et de serrement *de cœur*, un jour d'affliction et de misère, un jour de ténèbres et d'obscurité, un jour de nuages et de tempêtes,

16 un jour où le son de la trompette retentira contre les villes fortes et les hautes tours.

17 J'accablerai d'affliction les hommes, et ils marcheront comme des aveugles ; parce qu'ils ont péché contre le Seigneur : leur sang sera répandu comme la poussière, et leurs corps morts *foulés aux pieds* comme du fumier.

18 Tout leur or et leur argent ne pourra les délivrer au jour de la colère du Seigneur. Le feu de son indignation va dévorer toute la terre, parce qu'il se hâtera d'exterminer tous ceux qui l'habitent.

CHAPITRE II.

VENEZ tous, assemblez-vous, peuple indigne d'être aimé,

2 avant que l'ordre *de Dieu* forme tout d'un coup ce jour terrible, *qui vous enlèvera* comme un tourbillon de poussière ; avant que la fureur du Seigneur éclate contre vous, et que sa colère fonde sur vous.

3 Cherchez le Seigneur, vous tous qui êtes doux *et* humbles sur la terre, vous qui avez agi selon ses préceptes : ne cessez point de chercher la justice et l'humble douceur, afin que vous puissiez trouver quelque asile au jour de la colère du Seigneur.

4 Car Gaza sera détruite ; Ascalon deviendra un désert ; Azot sera ruinée en plein midi, et Accaron sera renversée jusqu'aux fondements.

5 Malheur à vous qui habitez sur la côte de la mer, peuple d'hommes perdus ! la parole du Seigneur va tomber sur vous, *peuple de* Chanaan, terre des Philistins : je vous exterminerai sans qu'il reste un seul de vos habitants.

6 La côte de la mer deviendra un lieu de repos pour les pasteurs, et un parc pour les brebis.

7 Elle deviendra une retraite pour ceux qui seront demeurés de la maison de Juda : ils trouveront là des pâturages ; ils se reposeront le soir dans les maisons d'Ascalon : parce que le Seigneur, leur Dieu, les visitera, et qu'il les fera revenir du lieu où ils auront été captifs.

8 J'ai entendu les insultes de Moab, et les blasphèmes des enfants d'Ammon, qui ont traité mon peuple avec outrage, et qui ont agrandi leur royaume en s'emparant de leurs terres.

9 C'est pourquoi je jure par moi-même, dit le Seigneur des armées, le Dieu d'Israël, que Moab deviendra comme Sodome, et les enfants d'Ammon comme Gomorrhe : leur terre ne sera plus qu'un amas d'épines sèches, que des monceaux de sel, et une solitude éternelle : le reste de mon peuple les pillera ; et ceux d'entre les miens qui auront survécu à leur malheur, en seront les maîtres.

10 C'est pour *punir* leur orgueil que ces maux leur arriveront ; parce qu'ils se sont élevés d'une manière insolente et pleine de blasphèmes, sur le peuple du Dieu des armées.

11 Le Seigneur se rendra terrible dans leur châtiment ; il anéantira tous les dieux de la terre, et il sera adoré par chaque homme dans chaque pays, et par toutes les îles *où habitent* les nations.

12 Mais vous, ô Éthiopiens ! *dit le Seigneur,* vous tomberez aussi morts sous *le fer de* mon épée.

13 Le Seigneur étendra sa main contre l'Aquilon ; il perdra le peuple d'Assyrie ; il dépeuplera leur ville qui était si belle, et la changera en une terre par où personne ne passe, et en un désert.

14 Des troupeaux *de bêtes sauvages* se reposeront au milieu d'elle, et toutes les bêtes du pays *d'alentour* : le butor et le hérisson habiteront dans ses riches vestibules, les oiseaux crieront sur les fenêtres, et le corbeau au-dessus des portes ; parce que j'anéantirai toute sa puissance.

15 Voilà, *dira-t-on,* cette orgueilleuse ville qui se tenait si fière et si assurée, qui disait en son cœur : Je suis l'unique, et après moi il n'y en a point d'autre. Comment a-t-elle été changée en un désert, et en une retraite de bêtes sauvages ? Tous ceux qui passeront au travers d'elle, lui insulteront avec des sifflements et des gestes pleins de mépris.

CHAPITRE III.

MALHEUR à la ville qui irrite *sans cesse* le Seigneur, et qui après avoir été rachetée, demeure *stupide et insensible* comme une colombe !

2 Elle n'a point écouté la voix, ni reçu les instructions *de ceux qui l'avertissaient de son devoir ;* elle n'a point mis sa confiance au Seigneur, et elle ne s'est point approchée de son Dieu.

3 Ses princes sont au milieu d'elle comme des lions rugissants ; ses juges sont comme des loups qui dévorent leur proie au soir, sans rien laisser pour le lendemain.

4 Ses prophètes sont des extravagants, des hommes perfides ; ses prêtres ont souillé les choses saintes, et ils ont violé la loi par leurs injustices.

5 Le Seigneur qui est au milieu d'elle, est juste, et il ne fera rien que de juste : dès le matin, dès le point du jour, il produira son jugement à la lumière, et il ne se cachera point ; mais ce *peuple* perverti a essuyé toute honte.

6 J'ai exterminé les peuples, et leurs tours ont été abattues : j'ai rendu leurs chemins déserts sans qu'il y ait plus personne qui y passe : leurs villes sont désolées, et il n'y reste plus aucun homme, il n'y a plus personne qui y habite.

7 J'ai dit : Au moins après cela vous me craindrez, vous profiterez de mes avertissements. *J'ai dit d'eux :* Leur ville évitera la ruine pour tous les crimes pour lesquels je l'ai déjà visitée. Et cependant ils se sont hâtés de se corrompre dans toutes leurs affections *et* leurs pensées.

8 C'est pourquoi attendez-moi, dit le Seigneur, pour le jour à venir de ma résurrection : car j'ai résolu d'assembler les peuples et de réunir les royaumes, pour répandre sur eux mon indignation, pour y répandre toute ma fureur ; parce que toute la terre sera dévorée par le feu de ma colère *et* de ma vengeance.

9 Ce sera alors que je rendrai pures les lèvres des peuples, afin que tous invoquent le nom du Seigneur, et que tous se soumettent à son joug dans un même esprit.

10 Ceux qui demeurent au delà des fleuves d'Éthiopie, viendront m'offrir leurs prières, et les enfants de mon peuple dispersé *en tant de lieux* m'apporteront leurs présents.

11 En ce temps-là vous ne serez plus dans la confusion *où vous devez* être de toutes les œuvres criminelles par lesquelles vous avez violé ma loi ; parce que j'exterminerai du milieu de vous ceux qui par leurs paroles pleines de faste vous entretenaient dans votre orgueil, et que vous ne vous élèverez plus à l'avenir de *ce que vous possédez* ma montagne sainte.

12 Mais je laisserai au milieu de vous un peuple pauvre et destitué de toutes choses ; et ils espéreront au nom du Seigneur.

13 Ceux qui resteront d'Israël, ne commettront point d'iniquité, et ne diront point de mensonge : il n'y aura point dans leur bouche de langue trompeuse ; parce qu'ils seront comme des brebis qui paissent et qui se reposent, sans qu'il y ait personne qui les épouvante.

14 Fille de Sion, chantez des cantiques de louange ; Israël, poussez des cris d'allégresse ; fille de Jerusalem, soyez remplie de joie, et tressaillez de tout votre cœur.

15 Le Seigneur a effacé l'arrêt de votre condamnation : il a éloigné de vous vos ennemis : le Seigneur, le Roi d'Israël, est au milieu de vous ; vous ne craindrez plus à l'avenir aucun mal.

16 En ce jour-là on dira à Jérusalem : Ne craignez point ; que vos mains ne s'affaiblissent point, ô Sion !

17 Le Seigneur, votre Dieu, le *Dieu* fort, est au milieu de vous ; c'est lui-même qui vous sauvera : il mettra son plaisir et sa joie en vous ; il ne se souviendra plus que de l'amour qu'il vous a porté, et il se plaira à entendre vos cantiques d'action de grâces.

18 Je rassemblerai ces hommes vains qui avaient abandonné la loi ; *je les rassemblerai,* parce qu'ils vous appartenaient, afin que vous n'ayez plus en eux un sujet de honte.

19 En ce temps-là je ferai mourir tous ceux qui vous auront affligée : je sauverai celle qui boitait ; je ferai revenir celle qui avait été rejetée, et je rendrai le nom de ce peuple célèbre dans tous les pays où il avait été en opprobre.

20 En ce temps-là où je vous ferai venir à moi, et où je vous rassemblerai tous, je vous établirai en honneur et en gloire, devant tous les peuples de la terre, lorsque j'aurai fait revenir devant vos yeux toute la troupe de vos captifs, dit le Seigneur.

AGGÉE.

CHAPITRE PREMIER.

LA seconde année du règne de Darius, le premier jour du sixième mois, le Seigneur adressa cette parole au prophète Aggée, pour la porter à Zorobabel, fils de Salathiel, chef de Juda, et à Jésus, fils de Josédec, grand prêtre.

2 Voici ce que dit le Seigneur des armées : Ce peuple dit : Le temps de rebâtir la maison du Seigneur n'est pas encore venu.

3 Alors le Seigneur adressa sa parole au prophète Aggée, et lui dit :

4 Quoi ! il est toujours temps pour vous de demeurer dans des maisons *superbement* lambrissées, pendant que ma maison est déserte !

5 Voici donc ce que dit le Dieu des armées : Appliquez vos cœurs à considérer vos voies.

6 Vous avez semé beaucoup, et vous avez peu recueilli ; vous avez mangé, et vous n'avez point été rassasiés ; vous avez bu, et votre soif n'a point été étanchée ; vous vous êtes couverts d'habits, et vous n'avez point été échauffés ; et celui qui a amassé de l'argent, l'a mis dans un sac percé.

7 Voici ce que dit le Dieu des armées : Appliquez vos cœurs à considérer vos voies.

8 Montez sur la montagne, apportez du bois, bâtissez ma maison ; et elle me sera agréable, et j'y ferai éclater ma gloire, dit le Seigneur.

9 Vous avez espéré de grands biens, et vous en avez trouvé beaucoup moins ; vous les avez portés à votre maison, et mon souffle a tout dissipé. Et pourquoi ? dit le Seigneur des armées. C'est parce que ma maison est déserte, pendant que chacun de vous ne s'empresse que pour la sienne.

10 C'est pour cela que j'ai commandé aux cieux de ne point verser leur rosée, et que j'ai défendu à la terre de rien produire.

11 C'est pour cela que j'ai fait venir la sécheresse *et la stérilité* sur la terre, sur les montagnes, sur le blé, sur le vin, sur l'huile, sur tout ce que la terre produit de son sein, sur les hommes, sur les bêtes, et sur tous les travaux de vos mains.

12 Alors Zorobabel, fils de Salathiel, Jésus, fils de Josédec, grand prêtre, et tous ceux qui étaient restés du peuple, entendirent la voix du Seigneur, leur Dieu, et les paroles du prophète Aggée, que le Seigneur, leur Dieu, avait envoyé vers eux ; et le peuple craignit le Seigneur.

13 Et Aggée, l'ambassadeur de Dieu, dit au peuple de la part du Seigneur : Je suis avec vous, dit le Seigneur.

14 En même temps le Seigneur suscita l'esprit de Zorobabel, fils de Salathiel, chef de Juda ; l'esprit de Jésus, fils de Josédec, grand prêtre, et l'esprit de tous ceux qui étaient restés du peuple ; et ils se mirent à travailler à la maison du Seigneur des armées, leur Dieu.

CHAPITRE II.

ILS commencèrent la seconde année du règne de Darius, le vingt-quatrième jour du sixième mois.

2 Le vingt et un du septième mois, le Seigneur parla au prophète Aggée, et lui dit :

3 Parlez à Zorobabel, fils de Salathiel, chef de Juda ; à Jésus, fils de Josédec, grand prêtre, et à ceux qui sont restés du peuple ; et leur dites :

4 Qui est celui d'entre vous qui soit resté *jusqu'à ce jour*, après avoir vu cette maison dans sa première gloire ? et en quel état la voyez-vous maintenant ? Ne paraît-elle point à vos yeux comme n'étant rien au prix de ce qu'elle a été ?

5 Mais, ô Zorobabel ! armez-vous de force, dit le Seigneur : armez-vous de force, Jésus, fils de Josédec, grand prêtre : armez-vous de force, vous tous qui êtes restés du peuple, dit le Seigneur des armées ; et travaillez *hardiment*, parce que je suis avec vous, dit le Seigneur des armées :

6 *et moi je garderai* l'alliance que j'ai faite avec vous lorsque vous êtes sortis de l'Égypte, et mon Esprit sera au milieu de vous : ne craignez point.

7 Car voici ce que dit le Seigneur des armées : Encore un peu de temps, et j'ébranlerai le ciel et la terre, la mer et tout l'univers :

8 j'ébranlerai tous les peuples ; et le Désiré de toutes les nations viendra : et je remplirai de gloire cette maison, dit le Seigneur des armées.

9 L'argent est à moi, et l'or est aussi à moi, dit le Seigneur des armées.

10 La gloire de cette dernière maison sera encore plus grande que celle de la première, dit le Seigneur des armées : et je donnerai la paix en ce lieu, dit le Seigneur des armées.

11 La seconde année du règne de Darius, le vingt-quatrième du neuvième mois, le Seigneur parla au prophète Aggée, et lui dit :

12 Voici ce que dit le Seigneur des armées : Proposez aux prêtres cette question sur la loi :

13 Si un homme met au coin de son vêtement un morceau de la chair qui aura été sanctifiée, et qu'il en touche du pain ou de la viande, du vin ou de l'huile, ou quelque autre chose à manger, sera-t-elle sanctifiée ? Non, lui répondirent les prêtres.

14 Aggée ajouta : Si un homme qui aura été souillé pour avoir touché à un corps mort, touche à quelqu'une de toutes ces choses, n'en sera-t-elle point souillée ? Elle en sera souillée, dirent les prêtres.

15 Alors Aggée leur dit : C'est ainsi que ce peuple et cette nation est devant ma face, dit le Seigneur : c'est ainsi que toutes les œuvres de leurs mains et tout ce qu'ils m'offrent en ce lieu est souillé devant mes yeux.

16 Rappelez donc maintenant dans votre esprit *ce qui s'est passé* jusqu'à ce jour, avant que la première pierre eût été mise au temple du Seigneur.

17 Souvenez-vous que lorsque vous veniez à un tas *de blé*, vingt boisseaux se réduisaient à dix ; et lorsque vous veniez au pressoir pour en rapporter cinquante vaisseaux pleins de vin, vous n'en

retiriez que vingt.

18 Je vous ai frappés d'un vent brûlant ; j'ai frappé de nielle et de grêle tous les travaux de vos mains, et il ne s'est trouvé personne d'entre vous qui revînt à moi, dit le Seigneur.

19 Mais maintenant gravez dans vos cœurs *tout ce qui se fera* depuis ce jour et à l'avenir, depuis ce vingt-quatrième jour du neuvième mois : depuis ce jour auquel les fondements du temple ont été jetés : gravez, dis-je, dans votre cœur tout ce qui se passera à l'avenir.

20 Ne voyez-vous pas que les grains n'ont pas encore germé, que la vigne, que les figuiers, que les grenadiers, que les oliviers n'ont pas encore fleuri ? mais dès ce jour je bénirai tout.

21 Le vingt-quatrième jour du mois, le Seigneur parla à Aggée pour la seconde fois, et lui dit :

22 Parlez à Zorobabel, chef de Juda, et dites-lui : J'ébranlerai tout-ensemble le ciel et la terre.

23 Je ferai tomber le trône des royaumes, je briserai la force du règne des nations, je renverserai les chariots et ceux qui les montent ; les chevaux et les cavaliers tomberont les uns sur les autres ; et le frère sera percé par l'épée de son frère.

24 En ce temps-là, dit le Seigneur des armées, je vous prendrai en ma protection, ô mon serviteur Zorobabel, fils de Salathiel ! dit le Seigneur : et je vous garderai comme *mon* sceau et *mon* cachet ; parce que je vous ai choisi, dit le Seigneur des armées.

ZACHARIE.

CHAPITRE PREMIER.

LA seconde année du règne de Darius, le huitième mois, le Seigneur adressa sa parole au prophète Zacharie, fils de Barachie, fils d'Addo, et lui dit :

2 Le Seigneur a conçu une violente indignation contre vos pères.

3 Vous leur direz donc ceci : Voici ce que dit le Seigneur des armées : Retournez-vous vers moi, dit le Seigneur des armées, et je me retournerai vers vous, dit le Seigneur des armées.

4 Ne soyez pas comme vos pères, auxquels les prophètes qui vous ont devancés, ont si souvent adressé leurs paroles *et* leurs cris, en disant : Voici ce que dit le Seigneur des armées : Convertissez-vous, *quittez* vos mauvaises voies, et la malignité de vos pensées corrompues. Et cependant ils ne m'ont point écouté, et Ils n'ont point fait d'attention à ce que je leur disais, dit le Seigneur.

5 Où sont *maintenant* vos pères ? et les prophètes vivront-ils éternellement ?

6 Mais vos pères n'ont-ils pas éprouvé sur eux-mêmes la vérité de mes paroles, et des justes remontrances que je leur avais fait faire par les prophètes mes serviteurs ? et ne sont-ils pas enfin rentrés en eux-mêmes, en disant : Le Seigneur des armées a exécuté la résolution qu'il avait prise de nous traiter selon *le déréglement* de nos voies et *de* nos œuvres ?

7 La seconde année *du règne* de Darius, le vingt-quatrième jour du onzième mois, *appelé* Sabat, le Seigneur adressa sa parole au prophète Zacharie, fils de Barachie, fils d'Addo.

8 J'eus alors une vision pendant la nuit : Je voyais un homme monté sur un cheval roux, qui se tenait parmi des myrtes plantés en un lieu bas et profond, et il y avait après lui des chevaux, dont les uns étaient roux, d'autres marquetés, et les autres blancs.

9 Je dis alors : Seigneur, qui sont ceux-ci ? Et l'ange qui parlait en moi, me dit : Je vous ferai voir ce que c'est que cette vision.

10 Alors celui qui se tenait parmi les myrtes, prenant la parole, me dit : Ceux-ci *que vous voyez* sont ceux que le Seigneur a envoyés parcourir toute la terre.

11 Et ceux-là s'adressant à l'ange du Seigneur, qui était parmi les myrtes, lui dirent : Nous avons parcouru la terre, et toute la terre maintenant est habitée et en repos.

12 L'ange du Seigneur parla ensuite, et dit : Seigneur des armées ! jusques à quand différerez-vous à faire miséricorde à Jérusalem, et aux villes de Juda, contre lesquelles votre colère s'est émue ? Voici déjà la soixante et dixième année.

13 Alors le Seigneur répondit à l'ange qui parlait en moi, *et lui fit entendre* de bonnes paroles, des paroles de consolation.

14 Et l'ange qui parlait en moi, me dit : Criez, et dites : Voici ce que dit le Seigneur des armées : J'ai un grand zèle et un grand amour pour Jérusalem et pour Sion.

15 Et j'ai conçu une grande indignation contre les nations puissantes qui l'ont affligée avec excès, lorsque j'étais seulement un peu en colère *contre elle*.

16 C'est pourquoi, voici ce que dit le Seigneur : Je reviendrai à Jérusalem avec *des entrailles de* miséricorde : ma maison y sera bâtie *de nouveau*, dit le Seigneur des armées ; et on étendra *encore* le cordeau sur Jérusalem.

17 Criez encore, et dites : Voici ce que dit le Seigneur des armées : Mes villes seront encore comblées de biens : le Seigneur consolera encore Sion, et choisira encore Jérusalem *pour le lieu de sa demeure*.

18 J'élevai ensuite les yeux, et j'eus cette vision : Je voyais quatre cornes devant moi.

19 Et je dis à l'ange qui parlait en moi : Qu'est-ce que cela ? Il me répondit : Ce sont les cornes qui ont dissipé Juda, Israël et Jérusalem.

20 Le Seigneur me fit voir ensuite quatre ouvriers *en fer*.

21 Et je lui dis : Que viennent faire ceux-ci ? Il me répondit : Vous voyez les cornes qui ont tellement accablé tous les hommes de Juda, qu'il n'y en a pas un seul qui ose lever la tête ; mais ceux-ci sont venus pour les frapper de terreur, et pour abattre les cornes *et la puissance* des nations, qui se sont élevées contre le pays de Juda, pour en disperser tous les habitants.

CHAPITRE II.

JE levai encore les yeux, et j'eus cette vision : Je voyais un homme qui avait à la main un cordeau comme *en ont* ceux qui mesurent.

2 Je lui dis : Où allez-vous ? Il me répondit : Je vais mesurer Jérusalem, pour voir quelle est sa largeur, et quelle est sa longueur.

3 En même temps l'ange qui parlait en moi, sortit ; et un autre ange vint au-devant de lui,

4 et lui dit : Courez, parlez à ce jeune homme, et lui dites : Jérusalem sera tellement peuplée, qu'elle ne sera plus environnée de murailles, à cause de la multitude d'hommes et de bêtes *qui seront* au milieu d'elle.

5 Je lui serai moi-même, dit le Seigneur, un mur de feu *qui la couvrira* tout autour ; et j'établirai ma gloire au milieu d'elle.

6 Ha ! ha ! fuyez de la terre d'Aquilon, dit le Seigneur ; parce que je vous ai dispersés vers les quatre vents du ciel, dit le Seigneur.

7 Fuyez, ô sion ! vous qui habitez chez la fille de Habylone.

8 Car voici l'ordre que me donne le Seigneur des armées : Après *qu'il vous aura rétablis en* gloire, il m'enverra contre les nations qui vous ont dépouillés : parce que celui qui vous touche, *dit le Seigneur,* touche la prunelle de mon œil.

9 Je vais étendre ma main sur ces peuples, et ils deviendront la proie de ceux qui étaient leurs esclaves ; et vous reconnaîtrez que c'est le Seigneur des armées qui m'a envoyé.

10 Fille de Sion, chantez des cantiques de louange, et soyez dans la joie ; parce que je viens moi-même habiter au milieu de vous, dit le Seigneur.

11 En ce jour-là plusieurs peuples s'attacheront au Seigneur, et ils deviendront mon peuple, et j'habiterai au milieu de vous ; et vous saurez que c'est le Seigneur des armées qui m'a envoyé vers vous.

12 Le Seigneur possédera *encore* Juda comme son héritage, dans le pays qui lui a été consacré, et il choisira encore Jérusalem *pour sa demeure*.

13 Que toute chair soit dans le silence devant la face du

Seigneur ; parce qu'il s'est réveillé *enfin*, et qu'il s'est avancé de son sanctuaire.

CHAPITRE III.

LE Seigneur me fit voir ensuite le grand prêtre Jésus, qui était devant l'ange du Seigneur, et Satan était à sa droite pour s'opposer à lui.

2 Et le Seigneur dit à Satan : Que le Seigneur te réprime, ô Satan ! que le Seigneur te réprime, lui qui a élu Jérusalem *pour sa demeure*. N'est-ce pas là ce tison qui a été tiré du milieu du feu ?

3 Jésus était revêtu d'habits sales, et il se tenait devant la face de l'ange.

4 Et l'ange dit à ceux qui étaient debout devant lui : Ôtez-lui ses vêtements sales. Et il dit à Jésus : Je vous ai dépouillé de votre iniquité, et je vous ai revêtu d'un vêtement précieux.

5 Il ajouta : Mettez-lui sur la tête une tiare éclatante. Et ils lui mirent sur la tête une tiare éclatante, et le revêtirent de vêtements *précieux*. Cependant l'ange du Seigneur se tenait debout.

6 Et le même ange du Seigneur fit cette déclaration à Jésus, et lui dit :

7 Voici ce que dit le Seigneur des armées : Si vous marchez dans mes voies, si vous observez tout ce que j'ai commandé que l'on observe, vous gouvernerez aussi ma maison, et vous garderez mon temple, et je vous donnerai quelques-uns de ceux qui assistent ici *devant moi*, afin qu'ils marchent *toujours* avec vous.

8 Écoutez, ô Jésus grand prêtre ! vous et vos amis qui sont auprès de vous, parce qu'ils sont destinés pour être la figure de l'avenir : Je vais faire venir l'Orient, qui est mon serviteur.

9 Car voici la pierre que j'ai mise devant Jésus : Il y a sept yeux sur cette unique pierre : je la taillerai, et je la graverai moi-même avec le ciseau, dit le Seigneur des armées, et j'effacerai en un jour l'Iniquité de cette terre.

10 En ce jour-là, dit le Seigneur des armées, l'ami appellera son ami sous sa vigne et sous son figuier.

CHAPITRE IV.

ET l'ange qui parlait en moi, revint, et me réveilla comme un homme qu'on réveille de son sommeil,

2 et il me dit : Que voyez-vous ? Je lui répondis : Je vois un chandelier tout d'or, qui a une lampe au haut de sa principale tige, et sept lampes sur ses branches. *Je vis aussi qu'*il y avait sept canaux, pour faire couler l'huile dans les lampes qui étaient sur le chandelier.

3 Il y avait aussi deux oliviers *qui s'élevaient* au-dessus : l'un à la droite de la lampe, et l'autre à la gauche.

4 Alors je dis à l'ange qui parlait en moi : Seigneur, qu'est-ce que ceci ?

5 Et l'ange qui parlait en moi, me répondit : Ne savez-vous pas ce que c'est ? Non, mon seigneur, lui dis-je.

6 Il me dit ensuite : Voici la parole que le Seigneur adresse à Zorobabel : *Vous n'espérerez*, ni en une armée, ni en aucune force *humaine*, mais en mon Esprit, dit le Seigneur des armées.

7 Qui êtes-vous, ô grande montagne ! devant Zorobabel ? Soyez aplanie. Et il mettra les principales pierres *au temple*, et il rendra le second aussi beau que le premier.

8 Alors le Seigneur m'adressa sa parole, et me dit :

9 Les mains de Zorobabel ont fondé cette maison, et ses mains l'achèveront entièrement ; et vous saurez *tous* que c'est le Seigneur des armées qui m'a envoyé vers vous.

10 Qui est celui qui fait peu d'état de ces faibles commencements *du temple* ? Il sera dans la joie lorsqu'il verra Zorobabel le plomb à la main. Ce sont là les sept yeux du Seigneur, qui parcourent toute la terre.

11 Alors je lui dis : Que marquent ces deux oliviers, *dont l'un est* à la droite du chandelier, *et l'autre* à la gauche ?

12 Je lui dis encore une seconde fois : Que signifient ces deux oliviers, qui sont auprès des deux becs d'or où sont les canaux d'or, par où coule l'huile ?

13 Ne savez-vous pas, me dit-il, ce que cela signifie ? Je lui répondis : Non, mon seigneur.

14 Et il me dit : Ces deux oliviers sont les deux oints de l'huile *sacrée*, qui assistent devant le Dominateur de toute la terre.

CHAPITRE V.

JE me retournai ensuite, et ayant levé les yeux, je vis un livre qui volait.

2 Et l'ange me dit : Que voyez-vous ? Je lui dis : Je vois un livre volant, long de vingt coudées, et large de dix.

3 L'ange ajouta : C'est la malédiction qui va se répandre sur la face de toute la terre : car tout voleur sera jugé par ce qui est écrit dans ce livre ; et quiconque jure *faussement* sera jugé de même par ce qu'il contient.

4 Je le produirai au jour, dit le Seigneur des armées : il entrera dans la maison du voleur, et dans la maison de celui qui jure faussement en mon nom ; et il demeurera au milieu de cette maison, et la consumera avec tout le bois et toutes les pierres.

5 Alors l'ange qui parlait en moi, sortit dehors, et me dit : Levez les yeux, et considérez ce qui va paraître.

6 Et qu'est-ce ? lui dis-je. Il me répondit : C'est un vase qui sort. Et il ajouta : Ce vase est ce qu'on voit en eux dans toute la terre.

7 *Je vis ensuite* que l'on portait une masse de plomb, et j'aperçus une femme assise au milieu du vase.

8 Alors l'ange me dit : C'est là l'impiété. Et il jeta la femme au fond du vase, et en ferma l'entrée avec la masse de plomb.

9 Je levai ensuite les yeux, et j'eus cette vision : Je voyais paraître deux femmes ; le vent soufflait dans leurs ailes, qui étaient semblables à celles d'un milan : et elles élevèrent le vase entre le ciel et la terre.

10 Je dis à l'ange qui parlait en moi : Où ces femmes portent-elles ce vase ?

11 Il me répondit : En la terre de Sennaar, afin qu'on lui bâtisse une maison, et qu'il y soit placé et affermi sur sa base.

CHAPITRE VI.

M'ÉTANT retourné, je levai les yeux, et j'eus cette vision : Je voyais quatre chariots, qui sortaient d'entre deux montagnes ; et ces montagnes étaient des montagnes d'airain.

2 Il y avait au premier chariot des chevaux roux, au second des chevaux noirs,

3 au troisième des chevaux blancs, et au quatrième des chevaux tachetés et vigoureux.

4 Je dis alors à l'ange qui parlait en moi : Qu'est-ce que cela, mon seigneur ?

5 L'ange me répondit : Ce sont les quatre vents du ciel, qui sortent pour paraître devant le Dominateur de toute la terre.

6 Les chevaux noirs du second chariot allaient vers le pays de l'Aquilon ; les chevaux blancs les suivirent ; et les tachetés allèrent dans le pays du Midi.

7 Les plus forts parurent ensuite, et ils demandaient d'aller et de courir par toute la terre. Et *le Seigneur* leur dit : Allez, courez par toute la terre. Et ils coururent par toute la terre.

8 Alors il m'appela, et me dit : Ceux *que vous voyez* qui vont du côté de l'Aquilon, ont entièrement satisfait la colère que j'avais conçue contre le pays d'Aquilon.

9 Le Seigneur m'adressa sa parole, et me dit :

10 Recevez ce que vous donneront Holdaï, Tobie et Idaïa, qui reviennent du lieu où ils étaient captifs : vous irez lorsqu'ils seront arrivés, et vous entrerez dans la maison de Josias, fils de Sophonie, qui est venu *aussi* de Babylone.

11 Vous recevrez *d'eux* de l'or et de l'argent, et vous en ferez des couronnes, que vous mettrez sur la tête du grand prêtre Jésus, fils de Josédec ;

12 et vous lui direz : Voici ce que dit le Seigneur des armées : Voilà l'homme qui a pour nom, l'Orient : ce sera un germe qui

poussera de lui-meme, et il bâtira un temple au Seigneur.

13 Il bâtira, *dis-je,* un temple au Seigneur ; il sera couronné de gloire, il s'assiéra sur son trone, et il dominera : le *grand* prêtre sera aussi assis sur le sien, et il y aura entre eux, une alliance de paix.

14 Ces couronnes seront *consacrées au nom* d'Hélem, de Tobie, d'Idaïa, et de Hem, fils de Sophonie, comme un monument dans le temple du Seigneur.

15 Ceux qui sont les plus éloignés viendront, et bâtiront dans le temple du Seigneur ; et vous saurez *tous* que c'est le Seigneur des armées qui m'a envoyé vers vous. Tout ceci arrivera, si vous écoutez avec soumission la voix du Seigneur, votre Dieu.

CHAPITRE VII.

LA quatrième année du règne de Darius, le Seigneur adressa sa parole à Zacharie le quatrième jour du neuvième mois, qui est le mois de Casleu,

2 sur ce que Sarasar, Rogommélech, et ceux qui étaient avec lui, envoyèrent à la maison de Dieu pour présenter leurs prières devant le Seigneur,

3 et pour faire cette demande aux prêtres de la maison du Seigneur des armées et aux prophètes : Faut-il que nous pleurions encore au cinquième mois, et devons-nous nous purifier, comme nous avons déjà fait pendant plusieurs années ?

4 Et le Seigneur des armées m'adressa sa parole, et me dit :

5 Parlez à tout le peuple de la terre, et aux prêtres, et dites-leur : Lorsque vous avez jeûné, et que vous avez pleuré le cinquième et le septième *mois* pendant ces soixante et dix années, est-ce pour moi que vous avez jeûné ?

6 Et lorsque vous avez mangé et que vous avez bu, n'est-ce pas pour vous-mêmes que vous avez mangé et que vous avez bu ?

7 N'est-ce pas là ce que le Seigneur a dit par les prophètes qui nous ont devancés, lorsque Jérusalem était encore habitée, qu'elle était pleine de richesses, elle et les villes des environs, et que le côté du midi et la plaine étaient habités ?

8 Le Seigneur parla ensuite à Zacharie, et lui dit :

9 Voici ce que dit le Seigneur des armées : Jugez selon la vérité, et que chacun exerce la miséricorde et la charité envers son frère.

10 N'opprimez ni la veuve, ni le pupille, ni l'étranger, ni le pauvre ; et que nul ne forme dans son cœur de mauvais desseins contre son frère.

11 Mais ils n'ont point voulu se rendre attentifs à ma voix : ils se sont retirés en me tournant le dos ; et ils ont appesanti leurs oreilles pour ne point m'entendre.

12 Ils ont rendu leur cœur *dur* comme le diamant, pour ne point écouter la loi, ni les paroles que le Seigneur des armées leur avait adressées par son Esprit, qu'il avait répandu dans les prophètes qui nous ont devancés : et le Seigneur des armées a conçu une grande indignation *contre eux*.

13 Comme donc le Seigneur a parlé, et qu'ils ne l'ont point écouté ; ainsi ils crieront, et je ne les écouterai point, dit le Seigneur des armées.

14 Je les ai dispersés partout dans des royaumes qui leur étaient inconnus : ils sont cause que leur pays est tout désolé sans qu'il y passe personne ; et ils ont changé en un désert une terre de délices.

CHAPITRE VIII.

LE Seigneur des armées m'adressa encore sa parole, et *me* dit :

2 Voici ce que dit le Seigneur des armées : J'ai eu pour Sion un amour ardent et jaloux, et je l'ai aimée avec une ardeur qui m'a rempli d'indignation.

3 Voici ce que dit le Seigneur des armées : Je suis revenu à Sion, et j'habiterai au milieu de Jérusalem : et Jérusalem sera appelée la Ville de la vérité, et la montagne du Seigneur des armées sera appelée la Montagne sainte.

4 Voici ce que dit le Seigueur des armées : *On verra* encore dans les places de Jérusalem des vieillards et des vieilles femmes, et des gens qui auront un bâton à la main pour se soutenir à cause de leur grand âge.

5 Et les rues de la ville seront remplies de petits garçons et de petites filles, qui joueront dans les places publiques.

6 Voici ce que dit le Seigneur des armées : Si ce que je prédis de ce temps-là paraît difficile à ceux qui sont restés de ce peuple, me sera-t-il difficile à moi ? dit le Seigneur des armées.

7 Voici ce que dit le Seigneur des armées : Je sauverai mon peuple *en le faisant venir* des terres de l'Orient et des terres du Couchant.

8 Je les ramènerai, et ils habiteront au milieu de Jérusalem : ils seront mon peuple, et moi je serai leur Dieu dans la vérité et dans la justice.

9 Voici ce que dit le Seigneur des armées : Que vos mains s'arment de force, vous qui écoutez maintenant ces paroles de la bouche des prophètes, en ces jours où la maison du Seigneur des armées a été fondée, et où son temple se rebâtit.

10 Car avant ce temps, le travail des hommes et le travail des bêtes était inutile ; et ni ceux qui venaient parmi vous, ni ceux qui en sortaient, ne pouvaient trouver de repos dans les maux dont vous étiez accablés ; et j'avais abandonné tous les hommes *à cette fureur qui les emportait* l'un contre l'autre.

11 Or je ne traiterai point maintenant ce qui sera resté de ce peuple, comme je les ai traités autrefois, dit le Seigneur des armées ;

12 mais il y aura *parmi eux* une semence de paix : la vigne portera son fruit, la terre produira ses grains, les cieux verseront leur rosée ; et je ferai posséder tous ces biens à ceux qui seront restés de ce peuple.

13 Et alors, ô maison de Juda et maison d'Israël ! comme vous avez été *un objet de* malédiction parmi les peuples, ainsi je vous sauverai, et vous serez *un exemple de* bénédiction. Ne craignez donc point, et que vos mains s'arment de force.

14 Car voici ce que dit le Seigneur des armées : Comme j'ai résolu de vous affliger, lorsque vos pères ont irrité ma colère, dit le Seigneur,

15 et que je n'ai point été touché de compassion ; ainsi j'ai résolu au contraire en ce temps de combler de bienfaits la maison de Juda et Jérusalem. Ne craignez point.

16 Voici donc ce que je vous ordonne de faire : Que chacun parle à son prochain dans la vérité, et rendez dans vos tribunaux des jugements d'équité et de paix.

17 Que nul ne forme dans son cœur de mauvais desseins contre son ami ; et n'aimez point à faire de faux serments : car ce sont là toutes choses que j'ai en haine, dit le Seigneur.

18 Le Seigneur des armées m'adressa encore sa parole, et me dit :

19 Voici ce que dit le Seigneur des armées : Les jeûnes du quatrième, du cinquième, du septième et du dixième mois, seront *changés* pour la maison de Juda, en des jours de joie et d'allégresse, et en des fêtes éclatantes et solennelles. Aimez seulement la vérité et la paix.

20 Voici ce que dit le Seigneur des armées : Il y aura un temps où les peuples tiendront habiter en plusieurs *de vos* villes ;

21 et les habitants d'une de ces villes iront trouver ceux d'une autre, en leur disant, Allons offrir nos prières devant le Seigneur ; allons chercher le Seigneur des armées ; et ceux-là répondront : Nous irons aussi avec vous.

22 Il viendra alors une multitude de nations et de peuples puissants, pour chercher dans Jérusalem le Seigneur des armées, et pour offrir leurs vœux devant le Seigneur.

23 Voici ce que dit le Seigneur des armées : Ceci arrivera lorsque dix hommes des peuples de toutes langues prendront un Juif par la frange de sa robe, et lui diront : Nous irons avec vous, parce que nous avons appris que Dieu est avec vous.

CHAPITRE IX.

PROPHÉTIE contre le pays d'Hadrach, et contre *la ville de* Damas, en laquelle ce pays met toute sa confiance : car les yeux du Seigneur sont ouverts sur tous les hommes, et sur toutes les tribus d'Israël.

2 Cette prophétie s'étendra aussi sur Émath, sur Tyr et sur Sidon : parce qu'ils se sont flattés insolemment de leur sagesse.

3 La ville de Tyr à élevé de forts remparts : elle a fait des monceaux d'argent, comme on en ferait de poussière ; et d'or, comme on en fait de la boue des rues.

4 Mais le Seigneur va s'en rendre maître ; il détruira sa force sur la mer, et elle sera dévorée par le feu.

5 Ascalon verra *sa chute*, et elle en tremblera de crainte ; Gaza *la verra*, et elle en sera saisie de douleur ; Accaron *s'en affligera*, parce qu'elle verra toutes ses espérances trompées : Gaza sera sans roi, et Ascalon sans habitants.

6 Un étranger dominera dans Azot, et je détruirai l'orgueil des Philistins.

7 J'ôterai de la bouche de ce peuple le sang *de ses victimes*, et ses abominations d'entre ses dents ; il demeurera *soumis* à notre Dieu ; il sera comme chef dans Juda, et Accaron *sera traité* comme le Jébuséen.

8 Je ferai garder ma maison par mes soldats, qui l'environneront de tous côtés, *pour la défendre,* et ceux qui exigent les tributs ne viendront plus troubler mon peuple ; parce que je le regarde maintenant d'un œil *favorable*.

9 Fille de Sion, soyez comblée de joie ; fille de Jérusalem, poussez des cris d'allégresse : Voici votre Roi qui vient à vous, ce Roi juste qui est le Sauveur ; il est pauvre, et il est monté sur une ânesse et sur le poulain de l'ânesse.

10 J'exterminerai les chariots d'Éphraïm et les chevaux de Jérusalem, et les arcs dont on se sert à la guerre seront rompus : il annoncera la paix aux nations, et sa puissance s'étendra depuis une mer jusqu'à l'autre mer, et depuis le fleuve jusqu'aux extrémités du monde.

11 C'est vous aussi, qui par le sang de votre alliance avez fait sortir les captifs du fond du lac qui était sans eau.

12 Retournez à vos places fortes, vous captifs qui n'avez point perdu l'espérance ; je vous comblerai des grands biens que je vous annonce aujourd'hui.

13 Car Juda est mon arc que je tiens tout bandé, Éphraïm est *mon carquois que* j'ai rempli *de flèches.* Je susciterai vos enfants, ô Sion ! *je les animerai,* ô Grèce ! contre tes enfants ; et je vous rendrai, *ô Sion !* comme l'épée des plus vaillants.

14 Le Seigneur Dieu paraîtra *en haut* au-dessus d'eux, d'où il lancera ses dards comme des foudres ; le Seigneur Dieu les animera par le son de sa trompette, et il marchera *à leur secours* parmi les tourbillons du midi.

15 Le Seigneur des armées les protégera : ils dévoreront *leurs ennemis,* et ils les assujettiront avec les pierres de leurs frondes. Ils boiront *leur sang,* ils eu seront enivrés comme de vin ; ils en seront remplis comme les coupes *des sacrifices,* et comme les cornes de l'autel.

16 Et le Seigneur, leur Dieu, les sauvera en ce jour-là, comme étant son troupeau et son peuple, et on élèvera *comme un monument de sa gloire* des pierres saintes dans la terre qui lui appartient.

17 Car qu'est-ce que le Seigneur a de bon et d'excellent *à donner à son peuple,* sinon le froment des élus, et le vin qui fait germer les vierges ?

CHAPITRE X.

DEMANDEZ au Seigneur les dernières pluies, et le Seigneur fera tomber la neige ; il vous donnera des pluies abondantes, et il fera naître des herbes, dans le champ de chacun de vous.

2 Car les idoles *n'ont rendu que* des réponses vaines, les devins *n'ont eu que* des visions trompeuses, les conteurs de songes ont parlé en l'air, et ils donnaient de fausses consolations *à mon peuple.* C'est pourquoi il a été emmené comme un troupeau, et il a beaucoup souffert, parce qu'il était sans pasteur.

3 Ma fureur s'est allumée contre les pasteurs, et je visiterai les boucs *dans ma colère.* Car le Seigneur des armées visitera *dans sa bonté* la maison de Juda, qui est son troupeau, et il en fera son cheval de bataille, *et l'instrument* de sa gloire.

4 C'est de Juda que viendra l'angle *qui lie le bâtiment* ; c'est de lui que viendra le pieu *enté dans le mur* ; c'est de lui que viendra l'arc pour combattre ; c'est de lui que viendront les maîtres et les intendants *des ouvrages*.

5 Et ils seront comme de vaillants soldats, qui dans la mêlée fouleront aux pieds *l'ennemi comme* la boue *qui est* dans les rues : ils combattront *vaillamment,* parce que le Seigneur sera avec eux, et ils mettront en désordre la cavalerie *de leurs ennemis*.

6 Je fortifierai la maison de Juda, et je sauverai la maison de Joseph ; je les ferai revenir, parce que j'aurai compassion d'eux ; et ils seront comme ils étaient avant que je les eusse rejetés. Car je suis le Seigneur, leur Dieu, et je les exaucerai.

7 *Les hommes d'*Éphraïm seront comme de vaillants *soldats* : ils auront la joie dans le cœur comme *un homme qui a bu* du vin : leurs filles les verront, et ils seront dans l'allégresse, et leur cœur tressaillira de joie dans le Seigneur.

8 Je les rassemblerai *comme le pasteur* en sifflant *rassemble son troupeau,* parce que je les ai rachetés ; et je les multiplierai comme auparavant.

9 Je les répandrai parmi les peuples, et ils se souviendront de moi dans les lieux les plus reculés : ils vivront avec leurs enfants, et ils reviendront.

10 Je les ferai revenir de l'Égypte, je les rassemblerai de l'Assyrie, je les ramènerai dans le pays de Galaad et du Liban en *si grand nombre,* qu'ils ne trouveront pas assez de place *pour se loger*.

11 *Israël* passera par le détroit de la mer ; *le Seigneur* en frappera les flots : les fleuves seront desséchés jusqu'au fond de leurs eaux : l'orgueil d'Assur sera humilié ; et je ferai cesser la domination de l'Égypte *sur les enfants d'Israël*.

12 Je les rendrai forts dans le Seigneur, et ils marcheront en son nom, dit le Seigneur.

CHAPITRE XI.

OUVREZ vos portes, ô Liban ! et que le feu dévore vos cèdres.

2 Hurlez, sapins, parce que les cèdres sont tombés ; ceux qui étaient si élevés ont été détruits : faites retentir vos cris, chênes de Rasan, parce que le grand bois qui était si fort, a été coupé.

3 *J'entends* les voix lamentables des pasteurs ; parce que tout ce qu'ils avaient de magnifique a été ruiné : *j'entends* les lions qui rugissent de ce que les rives superbes du Jourdain *où étaient leurs retraites,* sont désolées.

4 Voici ce que dit le Seigneur, mon Dieu : Paissez ces brebis qui étaient *comme* destinées à la boucherie,

5 que leurs maîtres égorgeaient sans aucune compassion, qu'ils vendaient en disant : Béni soit le Seigneur, nous sommes devenus riches. Et leurs propres pasteurs n'avaient que de la dureté pour elles.

6 Je ne pardonnerai donc plus à l'avenir aux habitants de *cette* terre, dit le Seigneur ; mais je les livrerai tous entre les mains les uns des autres, et entre les mains de leur roi : leur terre sera ruinée, et je ne les délivrerai point de la main de ceux *qui les opprimeront*.

7 C'est pourquoi, ô pauvres du troupeau ! j'aurai soin de paître ces brebis exposées à la boucherie. Je pris alors deux houlettes, dont j'appelai l'une, la Beauté ; et l'autre, le Cordon : et je menai paître le troupeau.

8 J'ai fait mourir trois pasteurs en un mois, et mon cœur s'est resserré à leur égard, parce que leur âme m'a été infidèle.

9 Et j'ai dit : Je ne serai plus votre pasteur ; que ce qui meurt, meure ; que ce qui est égorgé, soit égorgé ; et que ceux qui échapperont du carnage, se dévorent les uns les autres.

10 Je pris *alors* la houlette que j'avais appelée la Beauté, et je la rompis, pour rompre ainsi l'alliance que j'avais faite avec tous les peuples.

11 *Cette alliance* fut donc rompue en ce jour-là ; et les pauvres de *mon* troupeau, qui me gardent *la fidélité,* reconnurent que c'était là

un ordre du Seigneur.

12 Et je leur dis : Si vous jugez qu'il soit juste *de me payer*, rendez-moi la récompense qui m'est due ; sinon, ne le faites pas. Ils pesèrent alors trente pièces d'argent *qu'ils me donnèrent* pour ma récompense.

13 Et le Seigneur me dit : Allez jeter à l'ouvrier en argile cet argent, cette belle somme qu'ils ont cru que je valais, lorsqu'ils m'ont mis à prix. Je pris donc ces trente pièces d'argent, et j'allai en la maison du Seigneur les porter à l'ouvrier en argile.

14 Je rompis *alors* ma seconde houlette, qui s'appelait le Cordon, pour rompre ainsi l'union fraternelle qui liait Juda avec Israël.

15 Et le Seigneur me dit : Prenez encore toutes les marques d'un pasteur insensé.

16 Car je vais susciter sur la terre un pasteur qui ne visitera point les brebis abandonnées, qui ne cherchera point celles qui auront été dispersées, qui ne guérira point les malades, qui ne nourrira point les saines ; mais qui mangera la chair des plus grasses, et qui leur rompra la corne des pieds.

17 Ô pasteur ! ô idole qui abandonne le troupeau ! l'épée tombera sur son bras et sur son œil droit : son bras deviendra tout sec, et son œil droit s'obscurcira, et sera couvert de ténèbres.

CHAPITRE XII.

PROPHÉTIE menaçante : parole du Seigneur touchant Israël. *Voici ce que* dit le Seigneur, qui a étendu le ciel, qui a fondé la terre, et qui a formé dans l'homme l'esprit de l'homme :

2 Je vais rendre Jérusalem pour tous les peuples d'alentour, comme la porte d'un lieu où l'on va s'enivrer. Juda même se trouvera parmi ceux qui assiégeront Jérusalem.

3 En ce temps-là je ferai que Jérusalem sera pour tous les peuples comme une pierre très-pesante : tous ceux qui viendront la lever en seront meurtris et déchirés : et toutes les nations de la terre s'assembleront contre cette ville.

4 En ce jour-là, dit le Seigneur, je frapperai d'étourdissement tous les chevaux, et de frénésie ceux qui les montent : j'aurai les yeux ouverts sur la maison de Juda, et je frapperai d'aveuglement les chevaux de tous les peuples.

5 Alors les chefs de Juda diront en leur cœur : Que les habitants de Jérusalem trouvent leurs forces dans le Seigneur des armées, qui est leur Dieu.

6 En ce jour-là je rendrai les chefs de Juda comme un tison de feu qu'on met sous le bois, comme un flambeau allumé parmi la paille ; et ils dévoreront à droite et à gauche tous les peuples qui les environnent ; et Jérusalem sera encore habitée dans le même lieu où elle a été bâtie la première fois.

7 Et le Seigneur sauvera les tentes de Juda comme il a fait au commencement ; afin que la maison de David ne se glorifie point avec faste en elle-même, et que les habitants de Jérusalem ne s'élèvent point contre Juda.

8 En ce jour-là le Seigneur protégera les habitants de Jérusalem ; et alors le plus faible d'entre eux sera *fort* comme David ; et la maison de David paraîtra à leurs yeux comme *une maison* de Dieu, comme un ange du Seigneur.

9 En ce temps-là je travaillerai à réduire en poudre toutes les nations qui viendront contre Jérusalem.

10 Et je répandrai sur la maison de David, et sur les habitants de Jérusalem, un Esprit de grâce et de prières : ils jetteront les yeux sur moi qu'ils auront percé *de plaies* : ils pleureront avec larmes et avec soupirs celui *qu'ils auront blessé*, comme on pleure un fils unique ; et ils seront pénétrés de douleur Comme on l'est à la mort d'un fils aîné.

11 En ce temps-là il y aura un grand deuil dans Jérusalem, tel que fut celui *de la ville* d'Adadremmon dans la plaine de Mageddon.

12 Tout le pays sera dans les larmes ; une famille à part, et une autre à part : les familles de la maison de David à part, et leurs femmes à part ;

13 les familles de la maison de Nathan à part, et leurs femmes à part ; les familles de la maison de Lévi à part, et leurs femmes à part ; les familles de la maison de Seméi à part, et leurs femmes à part ;

14 et toutes les autres familles chacune à part, et leurs femmes à part.

CHAPITRE XIII.

EN ce jour-là il y aura une fontaine ouverte à la maison de David et aux habitants de Jérusalem, pour y laver les souillures du pécheur, et de la femme impure.

2 En ce jour-là, dit le Seigneur des armées, j'abolirai de la terre les noms des idoles, et il n'en sera plus de mémoire ; j'exterminerai de la terre les faux prophètes, et l'esprit impur.

3 Si quelqu'un entreprend encore de faire le prophète, son père et sa mère qui lui auront donné la vie, lui diront : Vous mourrez, parce que vous vous êtes servi du nom du Seigneur pour débiter des mensonges. Et son père et sa mère qui lui auront donné la vie, le perceront eux-mêmes pour avoir ainsi prophétisé.

4 En ce jour-là chacun de ces prophètes qui auront inventé des prophéties, sera confondu par sa propre vision : ils ne se couvriront plus de sacs, pour donner de l'autorité à leurs mensonges ;

5 mais chacun d'eux dira : Je ne suis point prophète ; je suis un homme qui laboure la terre, et qui *me suis employé au travail* dès ma jeunesse à l'exemple d'Adam.

6 Alors on lui dira : D'où viennent ces plaies que vous avez au milieu des mains ? Et il répondra : J'ai été percé de ces plaies dans la maison de ceux qui m'aimaient.

7 Ô épée ! réveille-toi, *viens* contre mon pasteur, contre l'homme qui se tient toujours attaché à moi, dit le Seigneur des armées ; frappe le pasteur, et les brebis seront dispersées, et j'étendrai ma main sur les petits.

8 Il y aura alors dans toute la terre, dit le Seigneur, deux partis qui seront dispersés, et qui périront ; et il y en aura un troisième qui demeurera.

9 Je ferai passer ces derniers par le feu, où je les épurerai comme on épure l'argent, et je les éprouverai comme on éprouve l'or. Ils invoqueront mon nom, et je les exaucerai. Je *leur* dirai, *vous êtes* mon peuple ; et chacun d'eux me dira, *Vous êtes* le Seigneur, mon Dieu.

CHAPITRE XIV.

LES jours du Seigneur vont venir, et l'on partagera vos dépouilles au milieu de vous.

2 J'assemblerai tous les peuples pour combattre Jérusalem : la ville sera prise, les maisons seront ruinées, les femmes seront violées : la moitié de la ville sera emmenée captive, et le reste du peuple ne sera point chassé de la ville.

3 Le Seigneur paraîtra ensuite, et il combattra contre ces nations, comme il a fait quand il a combattu *pour son peuple*.

4 En ce jour-là il posera ses pieds sur la montagne des Oliviers, qui est vis-à-vis de Jérusalem vers l'orient : la montagne des Oliviers se divisant en deux par le milieu du côté de l'orient, et du côté de l'occident, laissera une fort grande ouverture ; et une partie de la montagne se jettera vers le septentrion, et l'autre vers le midi.

5 Vous fuirez à la vallée *enfermée* entre mes montagnes, parce qu'elle sera proche : vous fuirez comme vous avez fait au tremblement de terre qui arriva sous le règne d'Ozias, roi de Juda : et alors le Seigneur, mon Dieu, viendra, et tous ses saints avec lui.

6 En ce temps-là on ne verra point de lumière : mais il n'y aura que froid et gelée.

7 Il y aura un jour connu du Seigneur, qui ne sera ni jour ni nuit, et sur le soir de ce jour la lumière paraîtra.

8 En ce temps-là il sortira de Jérusalem des eaux vives, dont la moitié *se répandra* vers la mer d'Orient, et l'autre vers la mer d'Occident ; et elles couleront l'hiver et l'été.

9 Le Seigneur sera le Roi de toute la terre : en ce jour-là le Seigneur sera seul *reconnu Dieu*, et son nom seul sera *révéré*.

10 Tout le pays sera habité jusque dans les lieux les plus déserts, depuis la colline jusqu'à Remmon, qui est au midi de Jérusalem. *Jérusalem* sera élevée *en gloire*, et elle occupera le lieu où elle était d'abord, depuis la porte de Benjamin jusqu'à l'endroit où était l'ancienne porte, et jusqu'à la porte des angles ; et depuis la tour d'Hananéel jusqu'aux pressoirs du roi.

11 Jérusalem sera habitée, et elle ne sera plus frappée d'anathème ; mais elle se reposera dans une entière sûreté.

12 Voici la plaie dont le Seigneur frappera toutes les nations qui auront combattu contre Jérusalem : chacun d'eux *mourra* tout vivant, *et* verra son corps tomber par pièces ; leurs yeux pourriront dans leur place naturelle, et leur langue séchera dans leur palais.

13 En ce temps-là le Seigneur excitera un grand tumulte parmi eux : l'un prendra la main de l'autre, et le frère mettra sa main sur la main de son frère.

14 Juda combattra aussi lui-même contre Jérusalem : et il se fera un grand amas de richesses de tous les peuples d'alentour ; d'or, d'argent, et de toute sorte de vêtements.

15 Les chevaux et les mulets, les chameaux et les ânes, et toutes les bêtes qui se trouveront alors dans leur camp, seront frappées de la même plaie.

16 Tous ceux qui seront restés de tous les peuples qui auront combattu contre Jérusalem, viendront chaque année pour adorer le *souverain* Roi, le Seigneur des armées, et pour célébrer la fête des tabernacles.

17 Alors si dans les maisons du pays il se trouve quelqu'un qui ne vienne point à Jérusalem adorer le *souverain* Roi, le Seigneur des armées, la pluie du ciel ne tombera point sur lui.

18 S'il se trouve des familles d'Égypte qui n'y montent point et n'y viennent point, la pluie ne tombera point aussi sur elles : mais elles seront enveloppées dans la même ruine dont le Seigneur frappera tous les peuples qui ne seront point montés pour célébrer la fête des tabernacles.

19 C'est ainsi que sera *puni* le péché de l'Égypte, et le péché de tous les peuples qui ne seront point montés pour célébrer la fête des tabernacles.

20 En ce jour-là tous les ornements des chevaux seront consacrés au Seigneur ; et les vaisseaux qu'on met sur le feu dans la maison du Seigneur, seront aussi *sacrés* que les coupes de l'autel.

21 Toutes les chaudières qui seront dans Jérusalem et dans Juda seront consacrées au Seigneur des armées : et tous ceux qui offriront des sacrifices s'en serviront pour y cuire *la chair des victimes* ; et en ce jour-là il n'y aura plus de marchand dans la maison du Seigneur des armées.

MALACHIE.

CHAPITRE PREMIER.

REPROCHES du Seigneur adressés à Israël par Malachie.

2 Je vous ai aimés, dit le Seigneur, et vous avez dit : Quelles marques nous avez-vous données de cet amour ? Esaü n'était-il pas frère de Jacob ? dit le Seigneur ; et cependant j'ai aimé Jacob,

3 et j'ai haï Ésaü. J'ai réduit ses montagnes en une solitude, et j'ai abandonné son héritage aux dragons des déserts.

4 Si l'Idumée dit, Nous avons été détruits ; mais nous reviendrons, et nous rebâtirons ce qui a été détruit : voici ce que dit le Seigneur des armées : Ils bâtiront, et moi je détruirai ; et on les appellera une terre d'impiété, et un peuple contre qui le Seigneur a conçu une colère qui durera éternellement.

5 Vous verrez ceci de vos propres yeux, et vous direz *alors* : Que le Seigneur soit glorifié dans la terre d'Israël.

6 Le fils honore son père, et le serviteur révère son seigneur. Si donc je suis votre Père, où est l'honneur que vous me rendez ? et si je suis votre Seigneur, où est la crainte *respectueuse* que vous me devez ? dit le Seigneur des armées. Je m'adresse à vous, ô prêtres ! qui méprisez mon nom, et qui dites : Quel est le mépris que nous avons fait de votre nom ?

7 Vous offrez sur mon autel un pain impur, et vous dites : En quoi vous avons-nous déshonoré ? En ce que vous avez dit : La table du Seigneur est dans le mépris.

8 Si vous présentez une *hostie* aveugle pour être immolée, n'est-ce pas un mal que vous faites ? si vous en offrez une qui soit boiteuse ou malade, n'est-ce pas *encore* un mal ? Offrez ces bêtes à celui qui vous gouverne, pourvoir si elles lui plairont, ou s'il vous recevra favorablement, dit le Seigneur des armées.

9 Étant donc coupables de toutes ces choses, offrez maintenant vos prières devant Dieu, afin qu'il vous fasse miséricorde, et qu'il vous reçoive enfin d'une manière plus favorable, dit le Seigneur des armées.

10 Qui est celui d'entre vous qui ferme les portes *de mon temple*, et qui allume *le feu* sur mon autel gratuitement ? Mon affection n'est point en vous, dit le Seigneur des armées, et je ne recevrai point de présents de votre main.

11 Car depuis le lever du soleil jusqu'au couchant, mon nom est grand parmi les nations ; et l'on me sacrifie en tout lieu, et l'on offre à mon nom une oblation toute pure ; parce que mon nom est grand parmi les nations, dit le Seigneur des armées.

12 Et cependant vous avez déshonoré mon nom, en ce que vous dites : La table du Seigneur est devenue impure, et ce que l'on offre dessus est méprisable aussi bien que le feu qui le dévore.

13 Vous *me* dites, Ce *que nous vous sacrifions* est *le fruit* de notre travail ; et cependant vous le rendez digne de mépris, dit le Seigneur des armées. Vous m'avez amené des hosties boiteuses et malades, qui étaient le fruit de vos rapines, et vous me les avez offertes en présent : pensez-vous que je reçoive un tel présent de votre main ? dit le Seigneur.

14 Malheur à *l'homme* trompeur, qui après avoir fait un vœu, ayant dans son troupeau un mâle *sans défaut*, offre en sacrifice au Seigneur une bête malade ! car c'est moi qui suis le grand Roi, dit le Seigneur des armées, et mon nom sera révéré avec une sainte frayeur parmi les nations.

CHAPITRE II.

VOICI donc, ô prêtres ! ce que j'ai maintenant ordre de vous dire :

2 Si vous ne voulez point m'écouter, dit le Seigneur des armées ; si vous ne voulez point appliquer votre cœur *à ce que je vous dis*, pour rendre gloire à mon nom ; j'enverrai l'indigence parmi vous : je maudirai vos bénédictions, et je les maudirai, parce que vous n'avez point imprimé *mes paroles* dans votre cœur.

3 Je vous jetterai sur le visage l'épaule *de vos cictimes*, et les ordures de vos sacrifices solennels, et elles vous emporteront avec elles.

4 Vous saurez alors que c'était moi qui vous avais fait dire ces choses, afin que l'alliance que j'avais faite avec Lévi demeurât ferme, dit le Seigneur des armées.

5 J'ai fait avec lui une alliance de vie et de paix, je lui ai donné *pour moi* une crainte *respectueuse* ; et il m'a respecté, et il tremblait de frayeur devant ma face.

6 La loi de la vérité a été dans sa bouche, et l'iniquité ne s'est point trouvée sur ses lèvres : il a marché avec moi dans la paix et dans l'équité, et il a détourné plusieurs personnes de l'injustice.

7 Car les lèvres du prêtre seront les dépositaires de la science ; et c'est de sa bouche que l'on recherchera *la connaissance de* la loi : parce qu'il est l'ange du Seigneur des armées.

8 Mais pour vous, vous vous êtes écartés de la *droite* voie ; vous avez été à plusieurs une occasion de scandale et de violement de la loi ; et vous avez rendu nulle l'alliance que j'avais faite avec Lévi, dit le Seigneur des armées.

9 C'est pourquoi comme vous n'avez point gardé mes voies, et que lorsqu'il s'agissait de ma loi vous avez eu égard à la qualité des personnes, je vous ai rendus vils et méprisables aux yeux de tous les peuples.

10 N'avons-nous pas tous le même Père ? n'est-ce pas le même Dieu qui nous a tous créés ? Pourquoi donc chacun de nous traite-t-il son frère avec mépris, en violant l'alliance qui a été faite avec nos pères ?

11 Juda a violé la loi, et l'abomination s'est trouvée dans Israël et dans Jérusalem : parce que Juda en prenant pour femme celle qui adorait des dieux étrangers, a souillé le peuple consacré au Seigneur, et qui lui était si cher.

12 Le Seigneur perdra celui qui aura commis ce crime ; il l'exterminera des tentes de Jacob, soit qu'il soit maître ou disciple, et quelques dons qu'il puisse offrir au Seigneur des armées.

13 Voici encore *une suite de* ce que vous avez fait : Vous avez couvert l'autel du Seigneur de larmes et de pleurs, *vous l'avez fait retentir* de cris ; c'est pourquoi je ne regarderai plus vos sacrifices, et quoi que vous fassiez pour m'apaiser, je ne recevrai point *de présent* de votre main.

14 Et vous *me* dites : Pourquoi *nous traiterez-vous de la sorte ? C'est* parce que le Seigneur a été témoin de l'union que vous avez contractée avec la femme que vous avez épousée dans votre jeunesse : et qu'après cela vous l'avez méprisée, quoiqu'elle fût votre compagne et votre épouse par le contrat que vous aviez fait avec elle.

15 N'est-elle pas l'ouvrage du même *Dieu*, et n'est-ce pas son souffle qui l'a animée comme vous ? Et que demande cet *auteur unique de l'un et de l'autre*, sinon qu'il sorte de vous une race *d'enfants* de Dieu ? Conservez donc votre esprit *pur*, et ne méprisez pas la femme que vous avez prise dans votre jeunesse.

16 *Vous direz peut-être :* Le Seigneur, le Dieu d'Israël, a dit : Lorsque vous aurez conçu de l'aversion *pour votre femme*, renvoyez-la. Mais *moi je vous réponds :* Le Seigneur des armées a dit : Que l'iniquité de celui *qui agira de la sorte,* couvrira *tous* ses vêtements. Gardez donc votre esprit *pur*, et ne méprisez point *vos femmes*.

17 Vous avez fait souffrir le Seigneur par vos discours. Et en quoi, dites-vous, l'avons-nous fait souffrir ? En ce que vous avez dit : Tous ceux qui font le mal, passent pour bons aux yeux du Seigneur, et ces personnes lui sont agréables : ou si cela n'est pas, où est donc ce Dieu *si* juste ?

CHAPITRE III.

JE vais vous envoyer mon ange, qui préparera ma voie devant ma face ; et aussitôt le Dominateur que vous cherchez, et l'Ange de l'alliance si désiré de vous, viendra dans son temple. Le voici qui vient, dit le Seigneur des armées.

2 Qui pourra seulement penser au jour de son avènement, ou qui pourra en soutenir la vue ? Car il sera comme le feu qui fond les métaux, et comme l'herbe dont se servent les foulons.

3 Il sera comme un homme qui s'assied pour faire fondre et pour épurer l'argent ; il purifiera les enfants de Lévi, et les rendra purs comme l'or et l'argent qui a passé par le feu ; et ils offriront des sacrifices au Seigneur dans la justice.

4 Et le sacrifice de Juda et de Jérusalem sera agréable au Seigneur, comme l'ont été ceux des siècles passés, ceux des premiers temps.

5 Alors je me hâterai de venir, pour être moi-même juge et témoin contre les empoisonneurs, contre les adultères et les parjures, contre ceux qui retiennent par violence le prix du mercenaire, et qui oppriment les veuves, les orphelins et les étrangers, sans être retenus par ma crainte, dit le Seigneur des armées.

6 Car je suis le Seigneur, et je ne change point ; c'est pourquoi, vous enfants de Jacob, vous n'avez pas encore été consumés,

7 quoique dès le temps de vos pères vous vous soyez écartés de mes ordonnances et de mes lois, et que vous ne les ayez point observées : revenez à moi, et je retournerai vers vous, dit le Seigneur des armées. Vous me dites : Comment retournerons-nous *à vous* ?

8 Un homme doit-il outrager son Dieu comme vous m'avez outragé ? En quoi, dites-vous, vous avons-nous outragé ? En *ne me payant pas* les dîmes et les prémices *qui me sont dues*.

9 Vous avez été maudits *et frappés* d'indigence, parce que vous m'outragez tous.

10 Apportez toutes mes dîmes dans mes greniers, et qu'il y ait dans ma maison de quoi nourrir *mes ministres* ; et après cela considérez ce que je ferai, dit le Seigneur : si je ne vous ouvrirai pas toutes les sources du ciel, et si je ne répandrai pas ma bénédiction sur vous, pour vous combler d'une abondance *de toute sorte de biens* :

11 Je ferai entendre mes ordres en votre faveur *aux insectes* qui mangent les fruits ; et ils ne mangeront point ceux de vos terres, et il n'y aura point de vignes stériles dans vos champs, dit le Seigneur des armées.

12 Toutes les nations vous appelleront *un peuple* heureux ; et votre terre deviendra une terre de délices, dit le Seigneur des armées.

13 Les paroles *injurieuses* que vous dites contre moi, se multiplient *de jour en jour*, dit le Seigneur.

14 Et cependant vous répondez : Qu'avons-nous dit contre vous ? Vous avez dit : C'est en vain que l'on sert Dieu : qu'avons-nous gagné pour avoir gardé ses commandements, et pour avoir marché avec un visage abattu devant le Seigneur des armées ?

15 C'est pourquoi nous *n'*appellerons maintenant heureux *que* les hommes superbes ; puisqu'ils s'établissent en vivant dans l'impiété, et qu'après avoir tenté Dieu, ils se tirent de tous les périls.

16 Mais ceux qui craignent le Seigneur, ont tenu dans leurs entretiens un *autre* langage ; aussi le Seigneur s'est rendu attentif *à leurs paroles* : il les a écoutés, et il a fait écrire un livre qui doit lui servir de monument en faveur de ceux qui craignent le Seigneur, et qui s'occupent *de la grandeur* de son nom.

17 Et dans le Jour où je dois agir, dit le Seigneur, ils seront le peuple que je me réserve, et je les traiterai avec indulgence, comme un père traite son fils qui le sert.

18 Vous changerez alors de sentiment, et vous verrez quelle différence il y a entre le juste et l'injuste, entre celui qui sert Dieu et celui qui ne le sert point.

CHAPITRE IV.

CAR il viendra un jour de feu semblable à une fournaise ardente : tous les superbes et tous ceux qui commettent l'impiété seront alors comme de la paille : et ce jour qui doit venir les embrasera, dit le Seigneur des armées, sans leur laisser ni germe, ni racine.

2 Le Soleil de justice se lèvera pour vous qui avez une crainte *respectueuse* pour mon nom, et vous trouverez votre salut sous ses ailes : vous sortirez alors, et vous tressaillirez *de joie* comme les jeunes bœufs d'un troupeau *bondissent sur l'herbe*.

3 Vous foulerez aux pieds les impies, lorsqu'ils seront devenus comme de la cendre sous la plante de vos pieds, en ce jour où j'agirai moi-même, dit le Seigneur des armées.

4 Souvenez-vous de la loi de Moïse, mon serviteur, que je lui ai donnée sur *la montagne* d'Horeb, afin qu'il portât à tout le peuple d'Israël mes préceptes et mes ordonnances.

5 Je vous enverrai le prophète Élie, avant que le grand et épouvantable jour du Seigneur arrive :

6 et il réunira le cœur des pères avec leurs enfants, et le cœur des enfants avec leurs pères ; de peur qu'en venant je ne frappe la terre d'anathème.

Table Des Matières

GENÈSE 1
    CHAPITRE PREMIER 1
    CHAPITRE II 1
    CHAPITRE III 2
    CHAPITRE IV 2
    CHAPITRE V 3
    CHAPITRE VI 3
    CHAPITRE VII 4
    CHAPITRE VIII 4
    CHAPITRE IX 4
    CHAPITRE X 5
    CHAPITRE XI 5
    CHAPITRE XII 6
    CHAPITRE XIII 6
    CHAPITRE XIV 7
    CHAPITRE XV 7
    CHAPITRE XVI 8
    CHAPITRE XVII 8
    CHAPITRE XVIII 8
    CHAPITRE XIX 9
    CHAPITRE XX 10
    CHAPITRE XXI 10
    CHAPITRE XXII 11
    CHAPITRE XXIII 11
    CHAPITRE XXIV 12
    CHAPITRE XXV 13
    CHAPITRE XXVI 14
    CHAPITRE XXVII 15
    CHAPITRE XXVIII 15
    CHAPITRE XXIX 16
    CHAPITRE XXX 17
    CHAPITRE XXXI 17
    CHAPITRE XXXII 19
    CHAPITRE XXXIII 19
    CHAPITRE XXXIV 20
    CHAPITRE XXXV 20
    CHAPITRE XXXVI 21
    CHAPITRE XXXVII 21
    CHAPITRE XXXVIII 22
    CHAPITRE XXXIX 23
    CHAPITRE XL 23
    CHAPITRE XLI 24
    CHAPITRE XLII 25
    CHAPITRE XLIII 25
    CHAPITRE XLIV 26
    CHAPITRE XLV 27
    CHAPITRE XLVI 28
    CHAPITRE XLVII 28
    CHAPITRE XLVIII 29
    CHAPITRE XLIX 29
    CHAPITRE L 30

EXODE 31
    CHAPITRE PREMIER 31
    CHAPITRE II 31
    CHAPITRE III 32
    CHAPITRE IV 32
    CHAPITRE V 33
    CHAPITRE VI 33
    CHAPITRE VII 34
    CHAPITRE VIII 34
    CHAPITRE IX 35
    CHAPITRE X 36
    CHAPITRE XI 37
    CHAPITRE XII 37

- CHAPITRE XIII..38
- CHAPITRE XIV..38
- CHAPITRE XV...39
- CHAPITRE XVI..40
- CHAPITRE XVII...41
- CHAPITRE XVIII..41
- CHAPITRE XIX..41
- CHAPITRE XX...42
- CHAPITRE XXI..43
- CHAPITRE XXII...43
- CHAPITRE XXIII..44
- CHAPITRE XXIV..45
- CHAPITRE XXV...45
- CHAPITRE XXVI..46
- CHAPITRE XXVII...46
- CHAPITRE XXVIII..47
- CHAPITRE XXIX..48
- CHAPITRE XXX...49
- CHAPITRE XXXI..49
- CHAPITRE XXXII...50
- CHAPITRE XXXIII..51
- CHAPITRE XXXIV..51
- CHAPITRE XXXV...52
- CHAPITRE XXXVI..52
- CHAPITRE XXXVII...53
- CHAPITRE XXXVIII..54
- CHAPITRE XXXIX..54
- CHAPITRE XL..55

LÉVITIQUE..56
- CHAPITRE PREMIER...56
- CHAPITRE II..56
- CHAPITRE III...56
- CHAPITRE V...57
- CHAPITRE VI..58
- CHAPITRE VII...58
- CHAPITRE VIII..59
- CHAPITRE IX..60
- CHAPITRE X...60
- CHAPITRE XI..61
- CHAPITRE XII...62
- CHAPITRE XIII..62
- CHAPITRE XIV..63
- CHAPITRE XV...64
- CHAPITRE XVI..65
- CHAPITRE XVII...65
- CHAPITRE XVIII..66
- CHAPITRE XIX..66
- CHAPITRE XX...67
- CHAPITRE XXI..68
- CHAPITRE XXII...68
- CHAPITRE XXIII..69
- CHAPITRE XXIV..70
- CHAPITRE XXV...70
- CHAPITRE XXVI..71
- CHAPITRE XXVII...72

NOMBRES..73
- CHAPITRE PREMIER...73
- CHAPITRE II..74
- CHAPITRE III...75
- CHAPITRE IV..75
- CHAPITRE V...76
- CHAPITRE VI..77
- CHAPITRE VII...78
- CHAPITRE VIII..79
- CHAPITRE IX..80
- CHAPITRE X...80
- CHAPITRE XI..81

- CHAPITRE XII...82
- CHAPITRE XIII..82
- CHAPITRE XIV...83
- CHAPITRE XV...83
- CHAPITRE XVI...84
- CHAPITRE XVII..85
- CHAPITRE XVIII...85
- CHAPITRE XIX...86
- CHAPITRE XX...87
- CHAPITRE XXI...87
- CHAPITRE XXII..88
- CHAPITRE XXIII...89
- CHAPITRE XXIV...89
- CHAPITRE XXV..90
- CHAPITRE XXVI...90
- CHAPITRE XXVII..92
- CHAPITRE XXVIII...92
- CHAPITRE XXIX...93
- CHAPITRE XXX..93
- CHAPITRE XXXI...94
- CHAPITRE XXXII..95
- CHAPITRE XXXIII...95
- CHAPITRE XXXIV..96
- CHAPITRE XXXV...97
- CHAPITRE XXXVI..97

DEUTÉRONOME..98
- CHAPITRE PREMIER..98
- CHAPITRE II..99
- CHAPITRE III...100
- CHAPITRE IV..100
- CHAPITRE V...101
- CHAPITRE VI..102
- CHAPITRE VII...103
- CHAPITRE VIII..103
- CHAPITRE IX..104
- CHAPITRE X...105
- CHAPITRE XI..105
- CHAPITRE XII...106
- CHAPITRE XIII..107
- CHAPITRE XIV...107
- CHAPITRE XV...108
- CHAPITRE XVI...108
- CHAPITRE XVII..109
- CHAPITRE XVIII...109
- CHAPITRE XIX...110
- CHAPITRE XX...110
- CHAPITRE XXI...111
- CHAPITRE XXII..111
- CHAPITRE XXIII...112
- CHAPITRE XXIV..112
- CHAPITRE XXV..113
- CHAPITRE XXVI..113
- CHAPITRE XXVII...114
- CHAPITRE XXVIII..114
- CHAPITRE XXIX..116
- CHAPITRE XXX..117
- CHAPITRE XXXI..117
- CHAPITRE XXXII...118
- CHAPITRE XXXIII..119
- CHAPITRE XXXIV...120

JOSUÉ...120
- CHAPITRE PREMIER..120
- CHAPITRE II..121
- CHAPITRE III...121
- CHAPITRE IV..122
- CHAPITRE V...122
- CHAPITRE VI..122

- CHAPITRE VII...123
- CHAPITRE VIII...124
- CHAPITRE IX...125
- CHAPITRE X..125
- CHAPITRE XI...126
- CHAPITRE XII..127
- CHAPITRE XIII...127
- CHAPITRE XIV..128
- CHAPITRE XV..128
- CHAPITRE XVI..129
- CHAPITRE XVII...129
- CHAPITRE XVIII..130
- CHAPITRE XIX..130
- CHAPITRE XX..131
- CHAPITRE XXI..132
- CHAPITRE XXII...132
- CHAPITRE XXIII..133
- CHAPITRE XXIV..134

JUGES...134
- CHAPITRE PREMIER..134
- CHAPITRE II..135
- CHAPITRE III...136
- CHAPITRE IV...136
- CHAPITRE V..137
- CHAPITRE VI...138
- CHAPITRE VII..139
- CHAPITRE VIII..139
- CHAPITRE IX...140
- CHAPITRE X..142
- CHAPITRE XI...142
- CHAPITRE XII..143
- CHAPITRE XIII...143
- CHAPITRE XIV..144
- CHAPITRE XV..144
- CHAPITRE XVI..145
- CHAPITRE XVII...146
- CHAPITRE XVIII..146
- CHAPITRE XIX..147
- CHAPITRE XX..148
- CHAPITRE XXI..149

RUTH..149
- CHAPITRE PREMIER..149
- CHAPITRE II..150
- CHAPITRE III...151
- CHAPITRE IV...151

ROIS...152
- **LIVRE PREMIER**..152
  - CHAPITRE PREMIER..152
  - CHAPITRE II..152
  - CHAPITRE III...153
  - CHAPITRE IV...154
  - CHAPITRE V..154
  - CHAPITRE VI...154
  - CHAPITRE VII..155
  - CHAPITRE VIII..155
  - CHAPITRE IX...156
  - CHAPITRE X..157
  - CHAPITRE XI...157
  - CHAPITRE XII..158
  - CHAPITRE XIII...158
  - CHAPITRE XIV..159
  - CHAPITRE XV..160
  - CHAPITRE XVI..161
  - CHAPITRE XVII...161
  - CHAPITRE XVIII..163
  - CHAPITRE XIX..163

CHAPITRE XX.	164
CHAPITRE XXI.	165
CHAPITRE XXII.	165
CHAPITRE XXIII.	166
CHAPITRE XXIV.	167
CHAPITRE XXV.	167
CHAPITRE XXVI.	168
CHAPITRE XXVII.	169
CHAPITRE XXVIII.	169
CHAPITRE XXIX.	170
CHAPITRE XXX.	170
CHAPITRE XXXI.	171
LIVRE SECOND.	171
CHAPITRE PREMIER.	171
CHAPITRE II.	172
CHAPITRE III.	172
CHAPITRE IV.	173
CHAPITRE V.	173
CHAPITRE VI.	174
CHAPITRE VII.	174
CHAPITRE VIII.	175
CHAPITRE IX.	176
CHAPITRE X.	176
CHAPITRE XI.	176
CHAPITRE XII.	177
CHAPITRE XIII.	178
CHAPITRE XIV.	179
CHAPITRE XV.	179
CHAPITRE XVI.	180
CHAPITRE XVII.	181
CHAPITRE XVIII.	181
CHAPITRE XIX.	182
CHAPITRE XX.	183
CHAPITRE XXI.	184
CHAPITRE XXII.	184
CHAPITRE XXIII.	185
CHAPITRE XXIV.	186
ROIS	187
LIVRE TROISIÈME	187
CHAPITRE PREMIER.	187
CHAPITRE II.	188
CHAPITRE III.	189
CHAPITRE IV.	190
CHAPITRE V.	190
CHAPITRE VI.	191
CHAPITRE VII.	191
CHAPITRE VIII.	193
CHAPITRE IX.	194
CHAPITRE X.	195
CHAPITRE XI.	196
CHAPITRE XII.	197
CHAPITRE XIII.	197
CHAPITRE XIV.	198
CHAPITRE XV.	199
CHAPITRE XVI.	200
CHAPITRE XVII.	200
CHAPITRE XVIII.	201
CHAPITRE XIX.	202
CHAPITRE XX.	203
CHAPITRE XXI.	204
CHAPITRE XXII.	204
ROIS	205
LIVRE QUATRIÈME.	205
CHAPITRE PREMIER.	205
CHAPITRE II.	206
CHAPITRE III.	207

CHAPITRE IV.	207
CHAPITRE V.	208
CHAPITRE VI.	209
CHAPITRE VII.	210
CHAPITRE VIII.	210
CHAPITRE IX.	211
CHAPITRE X.	212
CHAPITRE XI.	213
CHAPITRE XII.	213
CHAPITRE XIII.	214
CHAPITRE XIV.	214
CHAPITRE XV.	215
CHAPITRE XVI.	216
CHAPITRE XVII.	216
CHAPITRE XVIII.	217
CHAPITRE XIX.	218
CHAPITRE XX.	219
CHAPITRE XXI.	220
CHAPITRE XXII.	220
CHAPITRE XXIII.	221
CHAPITRE XXIV.	222
CHAPITRE XXV.	222
PARALIPOMÈNES.	223
LIVRE PREMIER.	223
CHAPITRE PREMIER	223
CHAPITRE II.	224
CHAPITRE III.	224
CHAPITRE IV.	225
CHAPITRE V.	225
CHAPITRE VI.	226
CHAPITRE VII.	227
CHAPITRE VIII.	228
CHAPITRE IX.	228
CHAPITRE X.	229
CHAPITRE XI.	229
CHAPITRE XII.	230
CHAPITRE XIII.	231
CHAPITRE XIV.	231
CHAPITRE XV.	232
CHAPITRE XVI.	232
CHAPITRE XVII.	233
CHAPITRE XVIII.	234
CHAPITRE XIX.	234
CHAPITRE XX.	235
CHAPITRE XXI.	235
CHAPITRE XXII.	236
CHAPITRE XXIII.	236
CHAPITRE XXIV.	237
CHAPITRE XXV.	237
CHAPITRE XXVI.	238
CHAPITRE XXVII.	238
CHAPITRE XXVIII.	239
CHAPITRE XXIX.	240
PARALIPOMÈNES.	241
LIVRE SECOND.	241
CHAPITRE PREMIER	241
CHAPITRE II.	241
CHAPITRE III.	241
CHAPITRE IV.	242
CHAPITRE V.	242
CHAPITRE VI.	243
CHAPITRE VII.	244
CHAPITRE VIII.	244
CHAPITRE IX.	245
CHAPITRE X.	246
CHAPITRE XI.	246
CHAPITRE XII.	246

- CHAPITRE XIII...247
- CHAPITRE XIV...247
- CHAPITRE XV..248
- CHAPITRE XVI...248
- CHAPITRE XVII..249
- CHAPITRE XVIII...249
- CHAPITRE XIX...250
- CHAPITRE XX..250
- CHAPITRE XXI...251
- CHAPITRE XXII..251
- CHAPITRE XXIII...252
- CHAPITRE XXIV...252
- CHAPITRE XXV..253
- CHAPITRE XXVI...254
- CHAPITRE XXVII..254
- CHAPITRE XXVIII...255
- CHAPITRE XXIX...255
- CHAPITRE XXX..256
- CHAPITRE XXXI...257
- CHAPITRE XXXII..257
- CHAPITRE XXXIII...258
- CHAPITRE XXXIV...259
- CHAPITRE XXXV..260
- CHAPITRE XXXVI...260

E S D R A S...261
- CHAPITRE PREMIER..261
- CHAPITRE II...261
- CHAPITRE III..262
- CHAPITRE IV..263
- CHAPITRE V...263
- CHAPITRE VI..264
- CHAPITRE VII...264
- CHAPITRE IX..266
- CHAPITRE X...266

NÉHÉMIAS OU SECOND LIVRE D'ESDRAS..267
- CHAPITRE PREMIER..267
- CHAPITRE II...267
- CHAPITRE III..268
- CHAPITRE IV..269
- CHAPITRE V...269
- CHAPITRE VI..270
- CHAPITRE VII...270
- CHAPITRE VIII..271
- CHAPITRE IX..272
- CHAPITRE X...273
- CHAPITRE XI..274
- CHAPITRE XII...274
- CHAPITRE XIII..275

ESTHER...276
- CHAPITRE PREMIER..276
- CHAPITRE II...277
- CHAPITRE III..277
- CHAPITRE IV..278
- CHAPITRE V...278
- CHAPITRE VI..278
- CHAPITRE VII...279
- CHAPITRE VIII..279
- CHAPITRE IX..280
- CHAPITRE X...280

JOB..281
- CHAPITRE PREMIER..281
- CHAPITRE II...281
- CHAPITRE III..281
- CHAPITRE IV..282
- CHAPITRE V...282

- CHAPITRE VI. ... 283
- CHAPITRE VII. ... 283
- CHAPITRE VIII. ... 284
- CHAPITRE IX. ... 284
- CHAPITRE X. ... 284
- CHAPITRE XI. ... 285
- CHAPITRE XII. ... 285
- CHAPITRE XIII. ... 286
- CHAPITRE XIV. ... 286
- CHAPITRE XV. ... 286
- CHAPITRE XVI. ... 287
- CHAPITRE XVII. ... 287
- CHAPITRE XVIII. ... 288
- CHAPITRE XIX. ... 288
- CHAPITRE XX. ... 288
- CHAPITRE XXI. ... 289
- CHAPITRE XXII. ... 289
- CHAPITRE XXIII. ... 290
- CHAPITRE XXIV. ... 290
- CHAPITRE XXV. ... 291
- CHAPITRE XXVI. ... 291
- CHAPITRE XXVII. ... 291
- CHAPITRE XXVIII. ... 291
- CHAPITRE XXIX. ... 292
- CHAPITRE XXX. ... 292
- CHAPITRE XXXI. ... 293
- CHAPITRE XXXII. ... 293
- CHAPITRE XXXIII. ... 294
- CHAPITRE XXXIV. ... 294
- CHAPITRE XXXV. ... 295
- CHAPITRE XXXVI. ... 295
- CHAPITRE XXXVII. ... 296
- CHAPITRE XXXVIII. ... 296
- CHAPITRE XXXIX. ... 297
- CHAPITRE XL. ... 297
- CHAPITRE XLI. ... 298
- CHAPITRE XLII. ... 298

PSAUMES ... 299
- PSAUME PREMIER. ... 299
- PSAUME II. ... 299
- PSAUME III. ... 299
- PSAUME IV. ... 299
- PSAUME V. ... 299
- PSAUME VI. ... 300
- PSAUME VII. ... 300
- PSAUME VIII. ... 300
- PSAUME IX. ... 300
- PSAUME X. ... 301
- PSAUME X. ... 301
- PSAUME XI. ... 301
- PSAUME XII. ... 301
- PSAUME XIII. ... 302
- PSAUME XIV. ... 302
- PSAUME XV. ... 302
- PSAUME XVI. ... 302
- PSAUME XVII. ... 303
- PSAUME XVIII. ... 303
- PSAUME XXII. ... 305
- PSAUME XXIV. ... 305
- PSAUME XXV. ... 306
- PSAUME XXVI. ... 306
- PSAUME XXVII. ... 306
- PSAUME XXVIII. ... 306
- PSAUME XXIX. ... 307
- PSAUME XXX. ... 307
- PSAUME XXXI. ... 307
- PSAUME XXXII. ... 308
- PSAUME XXXIII. ... 308

PSAUME XXXIV.	308
PSAUME XXXV.	309
PSAUME XXXVI.	309
PSAUME XXXVII.	310
PSAUME XXXVIII.	310
PSAUME XXXIX.	311
PSAUME XL.	311
PSAUME XLI.	311
PSAUME XLII.	312
PSAUME XLIII.	312
PSAUME XLIV.	312
PSAUME XLV.	313
PSAUME XLVI.	313
PSAUME XLVII.	313
PSAUME XLVIII.	313
PSAUME XLIX.	314
PSAUME L.	314
PSAUME LI.	314
PSAUME LII.	315
PSAUME LIII.	315
PSAUME LV.	315
PSAUME LVI.	316
PSAUME LVII.	316
PSAUME LVIII.	316
PSAUME LIX.	317
PSAUME LX.	317
PSAUME LXII.	317
PSAUME LXIII.	318
PSAUME LXIV.	318
PSAUME LXV.	318
PSAUME LXVI.	318
PSAUME LXVII.	319
PSAUME LXVIII.	319
PSAUME LXIX.	320
PSAUME LXX.	320
PSAUME LXXI.	321
PSAUME LXXII.	321
PSAUME LXXIII.	322
PSAUME LXXIV.	322
PSAUME LXXV.	322
PSAUME LXXVI.	322
PSAUME LXXVII.	323
PSAUME LXXVIII.	324
PSAUME LXXIX.	324
PSAUME LXXX.	325
PSAUME LXXXI.	325
PSAUME LXXXII.	325
PSAUME LXXXIII.	325
PSAUME LXXXIV.	326
PSAUME LXXXV.	326
PSAUME LXXXVII.	326
PSAUME LXXXVIII.	327
PSAUME LXXXIX.	328
PSAUME XC.	328
PSAUME XCI.	328
PSAUME XCII.	328
PSAUME XCIII.	329
PSAUME XCIV.	329
PSAUME XCVI.	330
PSAUME XCVII.	330
PSAUME XCVIII.	330
PSAUME CI.	331
PSAUME CII.	331
PSAUME CIII.	331
PSAUME CIV.	332
PSAUME CV.	333
PSAUME CVI.	333
PSAUME CVII.	334
PSAUME CVIII.	334

- PSAUME CIX. 335
- PSAUME CX. 335
- PSAUME CXI. 335
- PSAUME CXII. 336
- PSAUME CXIII. 336
- PSAUME CXIV. 336
- PSAUME CXV. 336
- PSAUME CXVI. 337
- PSAUME CXVII. 337
- PSAUME CXVIII. 337
- PSAUME CXIX. 340
- PSAUME CXX. 340
- PSAUME CXXI. 340
- PSAUME CXXII. 340
- PSAUME CXXIII. 340
- PSAUME CXXIV. 341
- PSAUME CXXV. 341
- PSAUME CXXVI. 341
- PSAUME CXXVII. 341
- PSAUME CXXVIII. 341
- PSAUME CXXIX. 341
- PSAUME CXXX. 342
- PSAUME CXXXI. 342
- PSAUME CXXXII. 342
- PSAUME CXXXIII. 342
- PSAUME CXXXIV. 342
- PSAUME CXXXV. 342
- PSAUME CXXXVI. 343
- PSAUME CXXXVII. 343
- PSAUME CXXXVIII. 343
- PSAUME CXXXIX. 344
- PSAUME CXL. 344
- PSAUME CXLI. 344
- PSAUME CXLII. 344
- PSAUME CXLIII. 345
- PSAUME CXLIV. 345
- PSAUME CXLV. 345
- PSAUME CXLVI. 346
- PSAUME CXLVII. 346
- PSAUME CXLVIII. 346
- PSAUME CXLIX. 346
- PSAUME CL. 346

PROVERBES DE SALOMON...347
- CHAPITRE PREMIER. 347
- CHAPITRE II. 347
- CHAPITRE III. 347
- CHAPITRE IV. 348
- CHAPITRE V. 348
- CHAPITRE VI. 349
- CHAPITRE VII. 349
- CHAPITRE VIII. 350
- CHAPITRE IX. 350
- CHAPITRE X. 351
- CHAPITRE XI. 351
- CHAPITRE XII. 352
- CHAPITRE XIII. 352
- CHAPITRE XIV. 352
- CHAPITRE XV. 353
- CHAPITRE XVI. 354
- CHAPITRE XVII. 354
- CHAPITRE XVIII. 355
- CHAPITRE XIX. 355
- CHAPITRE XX. 355
- CHAPITRE XXI. 356
- CHAPITRE XXII. 356
- CHAPITRE XXIII. 357
- CHAPITRE XXIV. 357
- CHAPITRE XXV. 358

- CHAPITRE XXVI. 358
- CHAPITRE XXVII. 359
- CHAPITRE XXVIII. 359
- CHAPITRE XXIX. 360
- CHAPITRE XXX. 360

ECCLÉSIASTE 361
- CHAPITRE PREMIER. 361
- CHAPITRE II. 362
- CHAPITRE III. 362
- CHAPITRE IV. 363
- CHAPITRE V. 363
- CHAPITRE VI. 363
- CHAPITRE VII. 364
- CHAPITRE VIII. 364
- CHAPITRE IX. 365
- CHAPITRE X. 365
- CHAPITRE XI. 365
- CHAPITRE XII. 366

CANTIQUE DES CANTIQUES DE SALOMON. 366
- CHAPITRE PREMIER. 366
- CHAPITRE II. 367
- CHAPITRE III. 367
- CHAPITRE IV. 367
- CHAPITRE V. 368
- CHAPITRE VI. 368
- CHAPITRE VII. 369
- CHAPITRE VIII. 369

ISAIE 370
- CHAPITRE PREMIER. 370
- CHAPITRE II. 370
- CHAPITRE III. 371
- CHAPITRE IV. 371
- CHAPITRE V. 371
- CHAPITRE VI. 372
- CHAPITRE VII. 372
- CHAPITRE VIII. 373
- CHAPITRE IX. 373
- CHAPITRE X. 374
- CHAPITRE XI. 375
- CHAPITRE XII. 375
- CHAPITRE XIII. 375
- CHAPITRE XIV. 376
- CHAPITRE XV. 376
- CHAPITRE XVI. 377
- CHAPITRE XVII. 377
- CHAPITRE XVIII. 377
- CHAPITRE XIX. 378
- CHAPITRE XX. 378
- CHAPITRE XXI. 378
- CHAPITRE XXII. 379
- CHAPITRE XXIII. 379
- CHAPITRE XXIV. 380
- CHAPITRE XXV. 380
- CHAPITRE XXVI. 381
- CHAPITRE XXVII. 381
- CHAPITRE XXVIII. 381
- CHAPITRE XXIX. 382
- CHAPITRE XXX. 383
- CHAPITRE XXXI. 384
- CHAPITRE XXXII. 384
- CHAPITRE XXXIII. 384
- CHAPITRE XXXIV. 385
- CHAPITRE XXXV. 385
- CHAPITRE XXXVI. 385
- CHAPITRE XXXVII. 386
- CHAPITRE XXXVIII. 387

- CHAPITRE XXXIX 387
- CHAPITRE XL 388
- CHAPITRE XLI 388
- CHAPITRE XLII 389
- CHAPITRE XLIII 390
- CHAPITRE XLIV 390
- CHAPITRE XLV 391
- CHAPITRE XLVI 392
- CHAPITRE XLVII 392
- CHAPITRE XLVIII 392
- CHAPITRE XLIX 393
- CHAPITRE L 393
- CHAPITRE LI 394
- CHAPITRE LII 394
- CHAPITRE LIII 395
- CHAPITRE LIV 395
- CHAPITRE LV 395
- CHAPITRE LVI 396
- CHAPITRE LVII 396
- CHAPITRE LVIII 397
- CHAPITRE LIX 397
- CHAPITRE LX 398
- CHAPITRE LXI 398
- CHAPITRE LXII 398
- CHAPITRE LXIII 399
- CHAPITRE LXIV 399
- CHAPITRE LXV 400
- CHAPITRE LXVI 400

JÉRÉMIE 401
- CHAPITRE PREMIER 401
- CHAPITRE II 401
- CHAPITRE IV 403
- CHAPITRE V 404
- CHAPITRE VI 404
- CHAPITRE VII 405
- CHAPITRE IX 407
- CHAPITRE X 407
- CHAPITRE XI 408
- CHAPITRE XII 408
- CHAPITRE XIII 409
- CHAPITRE XIV 410
- CHAPITRE XV 410
- CHAPITRE XVI 411
- CHAPITRE XVII 411
- CHAPITRE XVIII 412
- CHAPITRE XIX 412
- CHAPITRE XX 413
- CHAPITRE XXI 413
- CHAPITRE XXII 414
- CHAPITRE XXIII 414
- CHAPITRE XXIV 415
- CHAPITRE XXV 416
- CHAPITRE XXVI 417
- CHAPITRE XXVII 417
- CHAPITRE XXVIII 418
- CHAPITRE XXIX 418
- CHAPITRE XXX 419
- CHAPITRE XXXI 419
- CHAPITRE XXXII 420
- CHAPITRE XXXIII 421
- CHAPITRE XXXIV 422
- CHAPITRE XXXV 423
- CHAPITRE XXXVI 423
- CHAPITRE XXXVII 424
- CHAPITRE XXXVIII 424
- CHAPITRE XXXIX 425
- CHAPITRE XL 426
- CHAPITRE XLI 426

- CHAPITRE XLII.....427
- CHAPITRE XLIII.....427
- CHAPITRE XLIV.....427
- CHAPITRE XLV.....428
- CHAPITRE XLVI.....428
- CHAPITRE XLVII.....429
- CHAPITRE XLVIII.....429
- CHAPITRE XLIX.....430
- CHAPITRE L.....431
- CHAPITRE LI.....433
- CHAPITRE LII.....434

LAMENTATIONS DE JÉRÉMIE.....435
- CHAPITRE PREMIER.....435
- CHAPITRE II.....436
- CHAPITRE III.....436
- CHAPITRE IV.....437
- CHAPITRE V.....438

ÉZÉCHIEL.....438
- CHAPITRE PREMIER.....438
- CHAPITRE II.....439
- CHAPITRE III.....439
- CHAPITRE IV.....440
- CHAPITRE V.....440
- CHAPITRE VI.....441
- CHAPITRE VII.....441
- CHAPITRE VIII.....442
- CHAPITRE IX.....442
- CHAPITRE X.....442
- CHAPITRE XI.....443
- CHAPITRE XII.....443
- CHAPITRE XIII.....444
- CHAPITRE XIV.....445
- CHAPITRE XV.....445
- CHAPITRE XVI.....446
- CHAPITRE XVII.....447
- CHAPITRE XVIII.....448
- CHAPITRE XIX.....449
- CHAPITRE XX.....449
- CHAPITRE XXI.....450
- CHAPITRE XXII.....451
- CHAPITRE XXIII.....452
- CHAPITRE XXIV.....453
- CHAPITRE XXV.....453
- CHAPITRE XXVI.....454
- CHAPITRE XXVII.....454
- CHAPITRE XXVIII.....455
- CHAPITRE XXIX.....456
- CHAPITRE XXX.....456
- CHAPITRE XXXI.....457
- CHAPITRE XXXII.....457
- CHAPITRE XXXIII.....458
- CHAPITRE XXXIV.....459
- CHAPITRE XXXV.....460
- CHAPITRE XXXVI.....460
- CHAPITRE XXXVII.....461
- CHAPITRE XXXVIII.....462
- CHAPITRE XXXIX.....462
- CHAPITRE XL.....463
- CHAPITRE XLI.....464
- CHAPITRE XLII.....465
- CHAPITRE XLIII.....465
- CHAPITRE XLIV.....466
- CHAPITRE XLV.....467
- CHAPITRE XLVI.....468
- CHAPITRE XLVII.....468
- CHAPITRE XLVIII.....469

DANIEL 470
    CHAPITRE PREMIER 470
    CHAPITRE II 470
    CHAPITRE III 471
    CHAPITRE IV 472
    CHAPITRE V 473
    CHAPITRE VI 474
    CHAPITRE VII 475
    CHAPITRE VIII 475
    CHAPITRE IX 476
    CHAPITRE X 477
    CHAPITRE XI 477
    CHAPITRE XII 478

OSÉE 479
    CHAPITRE PREMIER 479
    CHAPITRE II 479
    CHAPITRE III 480
    CHAPITRE IV 480
    CHAPITRE V 480
    CHAPITRE VI 481
    CHAPITRE VII 481
    CHAPITRE VIII 481
    CHAPITRE IX 482
    CHAPITRE X 482
    CHAPITRE XI 482
    CHAPITRE XII 483
    CHAPITRE XIII 483
    CHAPITRE XIV 483

JOËL 484
    CHAPITRE PREMIER 484
    CHAPITRE II 484
    484
    CHAPITRE III 485

AMOS 485
    CHAPITRE PREMIER 485
    CHAPITRE II 486
    CHAPITRE III 486
    CHAPITRE IV 487
    CHAPITRE V 487
    CHAPITRE VI 488
    CHAPITRE VII 488
    CHAPITRE VIII 488
    CHAPITRE IX 489

ABDIAS 489

JONAS 490
    CHAPITRE PREMIER 490
    CHAPITRE II 490
    CHAPITRE III 490
    CHAPITRE IV 491

MICHÉE 491
    CHAPITRE PREMIER 491
    CHAPITRE II 491
    CHAPITRE III 492
    CHAPITRE IV 492
    CHAPITRE V 492
    CHAPITRE VI 493
    CHAPITRE VII 493

NAHUM 494
    CHAPITRE PREMIER 494
    CHAPITRE II 494
    CHAPITRE III 494

HABACUC 495
    CHAPITRE PREMIER 495
    CHAPITRE II 495
    CHAPITRE III 496

SOPHONIE 496
    CHAPITRE PREMIER 496
    CHAPITRE II 497
    CHAPITRE III 497

AGGÉE 498
    CHAPITRE PREMIER 498
    CHAPITRE II 498

ZACHARIE 499
    CHAPITRE PREMIER 499
    CHAPITRE II 499
    CHAPITRE III 500
    CHAPITRE IV 500
    CHAPITRE V 500
    CHAPITRE VI 500
    CHAPITRE VII 501
    CHAPITRE VIII 501
    CHAPITRE IX 501
    CHAPITRE X 502
    CHAPITRE XI 502
    CHAPITRE XII 503
    CHAPITRE XIII 503
    CHAPITRE XIV 503

MALACHIE 504
    CHAPITRE PREMIER 504
    CHAPITRE II 504
    CHAPITRE III 505
    CHAPITRE IV 505

Printed in Poland
by Amazon Fulfillment
Poland Sp. z o.o., Wrocław
07 February 2024